D1720915

J. von Staudingers
Kommentar zum Bürgerlichen Gesetzbuch
mit Einführungsgesetz und Nebengesetzen
Buch 2 · Recht der Schuldverhältnisse
§§ 616–630

**Kommentatorinnen
und Kommentatoren**

Dr. Karl-Dieter Albrecht
Vorsitzender Richter am Bayerischen
Verwaltungsgerichtshof, München

Dr. Hermann Amann
Notar in Berchtesgaden

Dr. Christian Armbrüster
Professor an der Bucerius Law School,
Hamburg

Dr. Martin Avenarius
Wiss. Assistent an der Universität
Göttingen

Dr. Wolfgang Baumann
Notar in Wuppertal

Dr. Roland Michael Beckmann
Professor an der Universität des
Saarlandes, Saarbrücken

Dr. Okko Behrends
Professor an der Universität Göttingen

Dr. Detlev W. Belling, M.C.L.
Professor an der Universität Potsdam

Dr. Werner Bienwald
Professor an der Evangelischen
Fachhochschule Hannover

Dr. Dr. h. c. Klaus Bilda
Präsident des Oberlandesgerichts
Düsseldorf a. D., Vizepräsident des
Verfassungsgerichtshofs für das Land
Nordrhein-Westfalen a. D., Münster

Dr. Claudia Bittner, LL.M.
Privatdozentin an der Universität
Freiburg i. Br.

Dr. Dieter Blumenwitz
Professor an der Universität Würzburg

Dr. Reinhard Bork
Professor an der Universität Hamburg,
Richter am Hanseatischen Oberlandes-
gericht zu Hamburg

Dr. Wolf-Rüdiger Bub
Rechtsanwalt in München, Professor an
der Universität Potsdam

Dr. Elmar Bund
Professor an der Universität Freiburg
i. Br.

Dr. Jan Busche
Professor an der Universität Düsseldorf

Dr. Michael Coester, LL.M.
Professor an der Universität München

Dr. Dagmar Coester-Waltjen,
LL.M.
Professorin an der Universität München

Dr. Matthias Cremer
Notar in Dresden

Dr. Heinrich Dörner
Professor an der Universität Münster

Dr. Christina Eberl-Borges
Professorin an der Universität Siegen

Dr. Werner F. Ebke, LL.M.
Professor an der Universität Konstanz

Dr. Jörn Eckert
Professor an der Universität zu Kiel,
Richter am Schleswig-Holsteinischen
Oberlandesgericht in Schleswig

Dr. Volker Emmerich
Professor an der Universität Bayreuth,
Richter am Oberlandesgericht Nürnberg
a. D.

Dipl.-Kfm. Dr. Norbert Engel
Ministerialdirigent im Thüringer Landtag,
Erfurt

Dr. Helmut Engler
Professor an der Universität Freiburg
i. Br., Minister in Baden-Württemberg
a. D.

Dr. Karl-Heinz Fezer
Professor an der Universität Konstanz,
Honorarprofessor an der Universität
Leipzig, Richter am Oberlandesgericht
Stuttgart

Dr. Johann Frank
Notar in Amberg

Dr. Rainer Frank
Professor an der Universität Freiburg
i. Br.

Dr. Bernhard Großfeld, LL.M.
Professor an der Universität Münster

Dr. Karl-Heinz Gursky
Professor an der Universität Osnabrück

Dr. Ulrich Haas
Professor an der Universität Mainz

Norbert Habermann
Richter am Amtsgericht Offenbach

Dr. Stefan Habermeier
Professor an der Universität Greifswald

Dr. Johannes Hager
Professor an der Humboldt-Universität zu
Berlin

Dr. Rainer Hausmann
Professor an der Universität Konstanz

Dr. Dr. h. c. mult. Dieter
Henrich
Professor an der Universität Regensburg

Dr. Reinhard Hepting
Professor an der Universität Mainz

Christian Hertel, LL.M.
Notar a. D., Geschäftsführer des
Deutschen Notarinstituts, Würzburg

Joseph Hönle
Notar in Tittmoning

Dr. Bernd von Hoffmann
Professor an der Universität Trier

Dr. Heinrich Honsell
Professor an der Universität Zürich,
Honorarprofessor an der Universität
Salzburg

Dr. Dr. Dres. h. c. Klaus J.
Hopt, M.C.J.
Professor, Direktor des Max-Planck-
Instituts für Ausländisches und Inter-
nationales Privatrecht, Hamburg

Dr. Norbert Horn
Professor an der Universität zu Köln

Dr. Heinz Hübner
Professor an der Universität zu Köln

Dr. Rainer Jagmann
Vorsitzender Richter am Landgericht
Freiburg i. Br.

Dr. Ulrich von Jeinsen
Rechtsanwalt und Notar in Hannover

Dr. Joachim Jickeli
Professor an der Universität zu Kiel

Dr. Dagmar Kaiser
Professorin an der Universität
Mainz

Dr. Rainer Kanzleiter
Notar in Neu-Ulm, Professor an der
Universität Augsburg

Dr. Benno Keim
Notar a. D. in München

Dr. Sibylle Kessal-Wulf
Richterin am Bundesgerichtshof,
Karlsruhe

Dr. Hans-Georg Knothe
Professor an der Universität Greifswald

Dr. Helmut Köhler
Professor an der Universität München,
Richter am Oberlandesgericht München

Dr. Jürgen Kohler
Professor an der Universität Greifswald

Dr. Heinrich Kreuzer
Notar in München

Dr. Jan Kropholler
Professor an der Universität Hamburg,
Wiss. Referent am Max-Planck-Institut
für Ausländisches und Internationales
Privatrecht, Hamburg

Dr. Hans-Dieter Kutter
Notar in Schweinfurt

Dr. Gerd-Hinrich Langhein
Notar in Hamburg

Dr. Dr. h. c. Manfred Löwisch
Professor an der Universität Freiburg
i. Br., vorm. Richter am Oberlandesgericht Karlsruhe

Dr. Stephan Lorenz
Professor an der Universität Augsburg

Dr. Dr. h. c. Werner Lorenz
Professor an der Universität München

Dr. Peter Mader
Professor an der Universität
Salzburg

Dr. Ulrich Magnus
Professor an der Universität Hamburg,
Richter am Hanseatischen Oberlandes-
gericht zu Hamburg

Dr. Peter Mankowski
Professor an der Universität Hamburg

Dr. Heinz-Peter Mansel
Professor an der Universität zu Köln

Dr. Peter Marburger
Professor an der Universität Trier

Dr. Wolfgang Marotzke
Professor an der Universität Tübingen

Dr. Dr. Michael Martinek,
M.C.J.
Professor an der Universität des
Saarlandes, Saarbrücken

Dr. Annemarie Matusche-
Beckmann
Privatdozentin an der Universität zu Köln

Dr. Jörg Mayer
Notar in Pottenstein

Dr. Dr. Detlef Merten
Professor an der Deutschen Hochschule
für Verwaltungswissenschaften Speyer

Dr. Peter O. Mülbert
Professor an der Universität Mainz

Dr. Dirk Neumann
Vizepräsident des Bundesarbeitsgerichts
a. D., Kassel, Präsident des Landes-
arbeitsgerichts Chemnitz a. D.

Dr. Ulrich Noack
Professor an der Universität Düsseldorf

Dr. Hans-Heinrich Nöll
Rechtsanwalt in Hamburg

Dr. Jürgen Oechsler
Professor an der Universität Potsdam

Dr. Hartmut Oetker
Professor an der Universität Jena,
Richter am Thüringer Oberlandesgericht
in Jena

Wolfgang Olshausen
Notar in Rain am Lech

Dr. Dirk Olzen
Professor an der Universität Düsseldorf

Dr. Gerhard Otte
Professor an der Universität Bielefeld

Dr. Hansjörg Otto
Professor an der Universität Göttingen

Dr. Lore Maria Peschel-Gutzeit
Rechtsanwältin in Berlin, Senatorin für
Justiz a. D. in Hamburg und Berlin, Vor-
sitzende Richterin am Hanseatischen
Oberlandesgericht zu Hamburg i. R.

Dr. Frank Peters
Professor an der Universität Hamburg,
Richter am Hanseatischen Oberlandes-
gericht zu Hamburg

Dr. Axel Pfeifer
Notar in Hamburg

Dr. Jörg Pirrung
Ministerialdirigent im Bundesministerium
der Justiz, Berlin, Richter am Gericht
erster Instanz der Europäischen Gemeinschaften, Luxemburg

Dr. Ulrich Preis
Professor an der Universität zu Köln

Dr. Manfred Rapp
Notar in Landsberg a. L.

Dr. Thomas Rauscher
Professor an der Universität Leipzig,
Dipl. Math.

Dr. Peter Rawert, LL.M.
Notar in Hamburg, Professor an der
Universität zu Kiel

Eckhard Rehme
Vorsitzender Richter am Oberlandesgericht Oldenburg

Dr. Wolfgang Reimann
Notar in Passau, Professor an der
Universität Regensburg

Dr. Tilman Repgen
Privatdozent an der Universität zu Köln

Dr. Dieter Reuter
Professor an der Universität zu Kiel,
Richter am Schleswig-Holsteinischen
Oberlandesgericht in Schleswig

Dr. Reinhard Richardi
Professor an der Universität Regensburg

Dr. Volker Rieble
Professor an der Universität Mannheim

Dr. Anne Röthel
Wiss. Mitarbeiterin an der Universität
Erlangen-Nürnberg

Dr. Christian Rolfs
Professor an der Universität Bielefeld

Dr. Herbert Roth
Professor an der Universität Regensburg

Dr. Rolf Sack
Professor an der Universität Mannheim

Dr. Ludwig Salgo
Professor an der Fachhochschule Frankfurt
a. M., Apl. Professor an der Universität
Frankfurt a. M.

Dr. Gottfried Schiemann
Professor an der Universität Tübingen

Dr. Eberhard Schilken
Professor an der Universität Bonn

Dr. Peter Schlosser
Professor an der Universität München

Dr. Karsten Schmidt
Professor an der Universität Bonn

Assessor Martin Schmidt-Kessel
Wiss. Assistent an der Universität
Freiburg i. Br.

Dr. Günther Schotten
Notar in Köln, Professor an der
Universität Bielefeld

Dr. Hans Schulte-Nölke
Professor an der Universität Bielefeld

Dr. Hans Hermann Seiler
Professor an der Universität Hamburg

Dr. Reinhard Singer
Professor an der Universität Rostock,
Richter am Oberlandesgericht Rostock

Dr. Ulrich Spellenberg
Professor an der Universität Bayreuth

Dr. Sebastian Spiegelberger
Notar in Rosenheim

Dr. Malte Stieper
Wiss. Assistent an der Universität zu Kiel

Dr. Markus Stoffels
Professor an der Universität Bonn

Dr. Hans-Wolfgang Strätz
Professor an der Universität Konstanz

Dr. Dr. h. c. Fritz Sturm
Professor an der Universität Lausanne

Dr. Gudrun Sturm
Assessorin, Wiss. Mitarbeiterin an der
Universität Lausanne

Dr. Uwe Theobald
Notarassessor in Saarbrücken

Burkhard Thiele
Ministerialdirigent im Justizministerium
Mecklenburg-Vorpommern, Schwerin

Dr. Gregor Thüsing, LL.M.
Professor an der Bucerius Law School,
Hamburg

Dr. Bea Verschraegen, LL.M.
Professorin an der Universität Wien

Dr. Klaus Vieweg
Professor an der Universität Erlangen-
Nürnberg

Dr. Reinhard Voppel
Rechtsanwalt in Köln

Dr. Günter Weick
Professor an der Universität Gießen

Gerd Weinreich
Richter am Oberlandesgericht Oldenburg

Dr. Birgit Weitemeyer
Wiss. Assistentin an der Universität zu
Kiel

Dr. Joachim Wenzel
Vizepräsident des Bundesgerichtshofs,
Karlsruhe

Dr. Olaf Werner
Professor an der Universität Jena, Richter am Thüringer Oberlandesgericht Jena

Dr. Wolfgang Wiegand
Professor an der Universität Bern

Dr. Peter Winkler von
Mohrenfels
Professor an der Universität Rostock,
Richter am Oberlandesgericht Rostock

Dr. Hans Wolfsteiner
Notar in München

Dr. Eduard Wufka
Notar in Starnberg

Dr. Michael Wurm
Richter am Bundesgerichtshof, Karlsruhe

**Redaktorinnen
und Redaktoren**

Dr. Christian von Bar, FBA

Dr. Wolf-Rüdiger Bub

Dr. Heinrich Dörner

Dr. Helmut Engler

Dr. Karl-Heinz Gursky

Norbert Habermann

Dr. Dr. h. c. mult. Dieter
Henrich

Dr. Norbert Horn

Dr. Heinz Hübner

Dr. Jan Kropholler

Dr. Dr. h. c. Manfred Löwisch

Dr. Ulrich Magnus

Dr. Dr. Michael Martinek, M.C.J.

Dr. Gerhard Otte

Dr. Lore Maria Peschel-Gutzeit

Dr. Peter Rawert, LL.M.

Dr. Dieter Reuter

Dr. Herbert Roth

Dr. Hans-Wolfgang Strätz

Dr. Wolfgang Wiegand

J. von Staudingers
Kommentar zum Bürgerlichen Gesetzbuch
mit Einführungsgesetz und Nebengesetzen

Buch 2
Recht der Schuldverhältnisse
§§ 616–630

Neubearbeitung 2002
von
Dirk Neumann
Hartmut Oetker
Ulrich Preis

Redaktor
Dieter Reuter

Sellier – de Gruyter · Berlin

Die Kommentatorinnen und Kommentatoren

Neubearbeitung 2002
§§ 616–619a: HARTMUT OETKER
Vorbem zu §§ 620 ff: DIRK NEUMANN
§§ 620–622: ULRICH PREIS
§ 623: HARTMUT OETKER
§§ 624–630: ULRICH PREIS

Zur Beachtung: Durch das „Gesetz zur Modernisierung des Schuldrechts" vom 26. November 2001 (BGBl I 3138) wurde gemäß Art 1 Abs 2 dem BGB eine Inhaltsübersicht vorangestellt, die sowohl dessen Untergliederung modifiziert als auch Überschriften für dessen einzelne Vorschriften eingeführt hat. Darüber hinaus wurde – in neuer Rechtschreibung – der vollständige Wortlaut des BGB in der seit 1. 1. 2002 geltenden Fassung am 2. 1. 2002 (BGBl I 42) bekannt gemacht. Dies wurde in diesem Band mit der Erläuterung der §§ 616–630 BGB berücksichtigt. Wird in den Erläuterungen auf durch das SchRModG geänderte oder neu eingeführte Bestimmungen verwiesen, so erhalten diese erforderlichenfalls den Zusatz „nF", die überholten den Zusatz „aF". Die Erläuterungen selbst entsprechen dem Stand vom Januar 2002. Im übrigen siehe die Broschüre „Das Schuldrechtsmodernisierungsgesetz – Seine Auswirkungen auf J. von Staudingers Kommentar zum BGB. Benutzeranleitung 2002" (Beilage zum Band Art 27–37 EGBGB [13. Bearbeitung 2002] und kostenlos zu erhalten beim Verlag oder unter www.sellier.de).

Dreizehnte Bearbeitung
§§ 616–619: HARTMUT OETKER (1997)
Vorbem zu §§ 620 ff: DIRK NEUMANN (1995)
§§ 620–630: ULRICH PREIS (1995)

12. Auflage
§§ 616–619: HARTMUT OETKER (1993)
Vorbem zu §§ 620 ff, §§ 620–630:
DIRK NEUMANN (1979)

Sachregister

Rechtsanwalt Dr. Dr. VOLKER KLUGE, Berlin

Zitierweise

STAUDINGER/NEUMANN (2002) Vorbem 1 zu §§ 620 ff
STAUDINGER/OETKER (2002) § 616 Rn 1

Zitiert wird nach Paragraph bzw Artikel und Randnummer.

Hinweise

Das Vorläufige Abkürzungsverzeichnis 1993 für das „Gesamtwerk STAUDINGER" befindet sich in einer Broschüre, die den Abonnenten zusammen mit dem Band §§ 985–1011 (1993) bzw seit 2000 gesondert mitgeliefert wird. Eine aktualisierte Neubearbeitung befindet sich in Vorbereitung und wird den Abonnenten wiederum kostenlos geliefert werden.

Der Stand der Bearbeitung ist jeweils mit Monat und Jahr auf den linken Seiten unten angegeben.

Am Ende des Bandes befindet sich eine Übersicht über den aktuellen Stand des „Gesamtwerk STAUDINGER".

Die Deutsche Bibliothek – CIP-Einheitsaufnahme

J. von Staudingers Kommentar zum Bürgerlichen Gesetzbuch : mit Einführungsgesetz und Nebengesetzen / [Kommentatoren Karl-Dieter Albrecht . . .]. – Berlin : Sellier de Gruyter
ISBN 3-8059-0784-2

Buch 2. Recht der Schuldverhältnisse
§§ 616–630 / von Dirk Neumann . . . Red. Dieter Reuter. – Neubearb.. – 2002
ISBN 3-8059-0965-9

Satz: jürgen ullrich typosatz, Nördlingen.

Druck: H. Heenemann GmbH & Co., Berlin.

Bindearbeiten: Lüderitz und Bauer, Buchgewerbe GmbH, Berlin.

Umschlaggestaltung: Bib Wies, München.

⊗ Gedruckt auf säurefreiem Papier, das die DIN ISO 9706 über Haltbarkeit erfüllt.

Inhaltsübersicht

---

* Zitiert wird nicht nach Seiten, sondern nach
Paragraph bzw Artikel und Randnummer; siehe
dazu auch S VI.

§ 616
Vorübergehende Verhinderung

Der zur Dienstleistung Verpflichtete wird des Anspruchs auf die Vergütung nicht dadurch verlustig, daß er für eine verhältnismäßig nicht erhebliche Zeit durch einen in seiner Person liegenden Grund ohne sein Verschulden an der Dienstleistung verhindert wird. Er muß sich jedoch den Betrag anrechnen lassen, welcher ihm für die Zeit der Verhinderung aus einer auf Grund gesetzlicher Verpflichtung bestehenden Kranken- oder Unfallversicherung zukommt.

Materialien: E I § 562, II § 557, III § 609; Mot II 280 ff; Prot II 463 f; zuletzt geändert durch Ges v 26. 5. 1994 (BGBl I 1068); vgl STAUDINGER/ BGB-Synopse 1896–2000 § 616.

Schrifttum

1. Allgemein zu § 616
AMMERMÜLLER, Freistellung von der Arbeit bei Erkrankung des Kindes, DB 1974, 187
BECK, Gewissenskonflikt und Arbeitsverhältnis (Diss Darmstadt 1995)
BERTERMANN, Der Einfluß eines Abgeordnetenmandats auf Dienst-, Arbeits- und Gesellschaftsverträge, BB 1967, 270
BRILL, Persönliche Arbeitsverhinderung, AR-Blattei, Arbeitsausfall IV (1973)
ders, Arztbesuche während der Arbeitszeit, NZA 1984, 281
BRÖTZMANN/TILLY, Arbeitsausfälle bei Smog-Wetterlagen, BB 1986, 1843
BULLA, Lohn trotz Nichtleistung von Arbeit, DB 1965, 1517, 1555
BÜRGE, Überlegungen zum normativen Schaden am Beispiel der Lohnfortzahlung, in: FS Lange (1992) 413
DEBUS, Wandlungen in der Auslegung des § 616 BGB, AuR 1959, 129
DERSCH, Wechselwirkungen zwischen Arbeitsrecht und Sozialversicherung auf dem Gebiet der Leistungen, RdA 1952, 53
ders, Schadensersatz und Lohnanspruch bei Körperverletzung eines Arbeitnehmers durch Verschulden eines Dritten, BB 1952, 891
DIEKHOFF, Gehaltsfortzahlung bei Beschäftigungsverbot wegen Ansteckungsgefahr, DB 1967, 383

EHMANN, Das Lohnrisiko bei Smogalarm, NJW 1987, 401
ERASMY, Arbeitsrechtliche Auswirkungen der Neuregelung des Kinderkrankengeldes in § 45 SGB V, NZA 1992, 921
FISCHER, Wer trägt die Beweislast dafür, daß die Krankheit des Arbeitnehmers verschuldet bezw unverschuldet ist?, DB 1961, 1226
GRABAU, Die Wahrnehmung religiöser Pflichten, BB 1991, 1257
GUMPERT, Einzelvertragliche Regelung der Entgeltfortzahlung bei Arbeitsausfall, BB 1963, 519
GUTZEIT, Das arbeitsrechtliche System der Lohnfortzahlung (2000)
HENDEL, Das sogenannte Verschulden gegen sich selbst im Arbeitsverhältnis (Diss Köln 1971)
HOFMANN, Zum Problem des Verschuldens bei krankheitsbedingter Arbeitsunfähigkeit, ZfA 1979, 275
ISELE, Zum Lohnfortzahlungsanspruch des Arbeitnehmers nach § 616 BGB, JuS 1961, 87
KEMPEN, Persönliche Leistungsverhinderung und Grundrechte im Arbeitsverhältnis, ArbR-GegW 25 (1988) 75
KOHTE, Gewissenskonflikte am Arbeitsplatz, NZA 1989, 161
KOLLHOSSER, Lohnfortzahlung und Regreßinteressen beim Unfall eines Angestellten, AcP 166 (1966) 277

Hartmut Oetker

KONZEN/RUPP, Gewissenskonflikte im Arbeits-
verhältnis (1990)
KRASNEY, Zur Beweislast für die Erkrankung
ohne Verschulden im Sinne des § 1 LohnFG,
DOK 1971, 57
KÜCHENHOFF, Lohnfortzahlung bei sozial be-
dingter Arbeitsverhinderung, SGb 1981, 89
LEPKE, Die Beweislast für das Verschulden bei
Krankheit des Arbeitnehmers, DB 1972, 922
LÖWISCH, Zum Anspruch auf bezahlte Arbeits-
befreiung zur Pflege eines erkrankten Kindes,
DB 1979, 209
MAJERSKI, Entgeltfortzahlung im Falle der Ar-
beitsverhinderung wegen Pflege des erkrankten
Kindes?, SozSich 1982, 10
MARBURGER, Gehaltsfortzahlung und Kranken-
geld bei Erkrankung eines Kindes, NJW 1978,
1677
MAURER, Arbeitsbehinderung für verhältnismä-
ßig unerhebliche Zeit, AuR 1955, 214
MERTENS, Gehaltsfortzahlung und Krankengeld
bei Erkrankung eines Kindes, NJW 1978, 1677
MOLL, Dienstvergütung bei persönlicher Ver-
hinderung, RdA 1980, 138
MÜNKEL, Das Verschulden im System der Ent-
geltfortzahlungsregeln (1989)
NEUMANN/DUESBERG, Der Lohn- und Gehalts-
anspruch des Arbeitnehmers bei der vom
Arbeitgeber verschuldeten Arbeitsunfähigkeit,
DB 1969, 261, 305
PALME, Lohnzahlung bei unverschuldeter
Arbeitsverhinderung, BlStSozArbR 1963, 283
PICKER, Betriebsstillstand und Lohngefahrtra-
gung, in: GS Hofmeister (1996) 549
REINECKE, Der Anspruch auf Entgeltfort-
zahlung beim Zusammentreffen mehrerer Ver-
hinderungsgründe, DB 1991, 1168
ders, Entgeltfortzahlng bei Arztbesuchen, AuA
1996, 329
RICHARDI, Lohn oder Kurzarbeitergeld bei
Smog-Alarm, NJW 1987, 1231
SCHÄCKER, Die Ausübung staatsbürgerlicher
Pflichten und Lohnausfallvergütung, DB 1962,
905
SCHAUB, Der Entgeltfortzahlungsanspruch des
GmbH-Geschäftsführers, WiB 1994, 637
SCHIMANA, Lohnzahlung bei Arbeitsverhinde-
rung des Arbeitnehmers, AuR 1956, 321

SCHNECK, Die Beweislast für das Verschulden
bei Krankheit des Arbeitnehmers, DB 1972, 926
SCHUMACHER, Arbeitsversäumnis infolge Smog-
Alarms, ZTR 1987, 140
SCHWEGMANN, Zur Dogmatik des § 616 BGB
(Diss Münster 1962)
SELB, Schadensbegriff und Regreßmethoden
(1963)
SIEBERT, Schadensersatz und Lohnfortzahlung,
in: FS H Lehmann II (1956) 670
SIEG, Schadensersatz und Versorgung, JZ 1954,
337
ders, Die Beweislast beim sogen Lohnfortzahlungsanspruch, zugleich ein Beitrag zur Be-
weislasttheorie, JZ 1963, 162
SOWKA, Freistellungspflichten des Arbeitgebers
zur Ermöglichung der Pflege eines kranken
Kindes, RdA 1993, 34
THOME, Lohnfortzahlung bei Arbeitsverhinderung (1987)
TRIESCHMANN, Lohnzahlung bei Dienstlei-
stungsverhinderung des Arbeitnehmers im Falle
des § 616 BGB, DB 1955, 800
WALK, § 616 BGB und Leistungshindernisse in
neutraler Sphäre (Diss Tübingen 1997).
Weitere Nachweise zum älteren Schrifttum s
auch die 10./11. Auflage.

**2. Allgemein zur Entgeltfortzahlung im
Krankheitsfall**
ALEWELL/NELL, Die Entgeltfortzahlung im
Krankheitsfall als gesetzliche Sozialleistung, in:
Hamburger Jahrbuch für Wirtschafts- und
Gesellschaftspolitik 45 (2000) 145
BAUER/LINGEMANN, Probleme der Entgeltfort-
zahlung nach neuem Recht, BB 1996 Beil 17, 8
BAUER/RÖDER/LINGEMANN, Krankheit im
Arbeitsverhältnis (2. Aufl 1996)
BECHER, Entgeltfortzahlung im Krankheitsfalle
(3. Aufl 1994)
BELLING/HARTMANN, Ausschluß der Entgelt-
fortzahlung durch hypothetische Nichtleistung,
ZfA 1994, 519
BERENZ, Aktuelle Probleme bei der Entgelt-
fortzahlung im Krankheitsfall, DB 1995, 2166
BIRK, Lohnfortzahlungsgesetz und Auslands-
beziehungen, DB 1973, 1551
ders, Entwicklung und Reform der Fortzahlung
des Arbeitsentgelts bei Krankheit des Arbeit-

nehmers aus rechtsvergleichender Sicht, in:
Festschrift zum 50-jährigen Bestehen der Ar-
beitsgerichtsbarkeit in Rheinland-Pfalz (1999)
37
BIRK/PRÜTTING/SPRANG/STECKHAN, Gemein-
schaftskommentar zum Entgeltfortzahlungs-
recht (Loseblatt, eingestellt 1993)
BIRK ua, Lohnfortzahlung im Krankheitsfall –
Vergleichender Überblick über das Recht der
EG-Staaten, Österreich und der Schweiz,
ZIAS 1987, 45, 159
BISPINCK, Der Streit um die Lohnfortzahlung –
Eine Untersuchung zum tariflichen Schutz von
Karenztagen, SozSich 1992, 234
BOECKEN, Probleme der Entgeltfortzahlung im
Krankheitsfall, NZA 1999, 673
BRECHT, Lohnfortzahlung, Lohnfortzahlung für
Arbeiter (3. Aufl 1979)
ders, Entgeltfortzahlung an Feiertagen und im
Krankheitsfall (2. Aufl 2000)
CHO, Einkommenssicherung im Krankheitsfalle
nach koreanischem und deutschem Recht (Diss
Bonn 1993)
DENECKE, Krankheit im Arbeitsverhältnis, BB
1951, 58
DOETSCH/SCHNABEL/PAULSDORFF, Gesetz über
die Fortzahlung des Arbeitsentgelts im Krank-
heitsfall (6. Aufl 1983)
DUDEK, Lohnfortzahlung und Kündigung von
Arbeitsverhältnissen (Diss Würzburg 1981)
EICH, Rechtsfragen bei Krankheit des Arbeit-
nehmers, BB 1988, 197
FEICHTINGER, Lohn- und Gehaltsfortzahlung im
Krankheitsfalle (1989)
ders, Krankheit des Arbeitnehmers, AR-Blattei
SD 1000.1 (2001)
ders, Anzeige- und Nachweispflichten bei Ar-
beitsunfähigkeit, AR-Blattei SD 1000.2 (1997)
ders, Entgeltfortzahlung im Krankheitsfall,
AR-Blattei SD 1000.3 (1999)
ders, Entgeltfortzahlung im Krankheitsfall
(1999)
FELDGEN, Das neue Entgeltfortzahlungsgesetz,
DB 1994, 1289
FROEHMER, Karenztag und Kurzzeiterkrankun-
gen, ZBlSozVers 1992, 281
GAUL, Aspekte der krankheitsbedingten
Arbeitsunfähigkeit, DB 1992, 2189
GEYER/KNORR/KRASNEY, Entgeltfortzahlung,

Krankengeld, Mutterschaftsgeld, Loseblatt
(7. Aufl 1996)
GIESEN, Das neue Entgeltfortzahlungs- und
Urlaubsrecht, RdA 1997, 193
GÖPPNER, Die Lohnfortzahlung im Krankheits-
falle unter besonderer Berücksichtigung des
Verhältnisses zur öffentlichen Krankenversi-
cherung (Diss Würzburg 1971)
GOLA, Krankheit im Arbeitsverhältnis, BB 1987,
538
ders, Das neue Entgeltfortzahlungsgesetz, RiA
1995, 1
ders, Entgeltfortzahlungsgesetz (2. Aufl 1998)
HALLMANN, Das Entgeltfortzahlungsgesetz,
BKK 1994, 609
HANAU, Lohnfortzahlung, Haftung und
„Direktanspruch" bei einer von Angehörigen
des Arbeitnehmers zu vertretenden Krankheit,
BB 1968, 1044
ders, Ergänzende Hinweise zur Neuregelung der
Entgeltfortzahlung im Krankheitsfall, RdA
1997, 205
HARTH, Die Neuregelung der Entgeltfortzahlung im Krankheitsfall (2000)
HARTUNG, Lohnfortzahlung im Krankheitsfall
und bilanzielle Herstellungskosten, BB 1991,
872
HELML, Entgeltfortzahlungsgesetz (1995)
HERDER/DORNEICH/NIEDERFAHRENHORST/
GERDELMANN, Systemanalyse und Problemgeschichte der arbeitsrechtlichen und versicherungsrechtlichen Lösung sozialer Aufgaben
(1973)
HESSEL/MARIENHAGEN, Krankheit im Arbeitsrecht, (4. Aufl 1980)
HÖFER, Zum handels- und steuerbilanziellen
Ausweis von Lohnfortzahlungsverpflichtungen
im Krankheitsfall, BB 1992, 1753
HOFMANN, Grenzen gesetzlicher Unabdingbarkeitsnormen im Arbeitsrecht, in: 25 Jahre Bundesarbeitsgericht (1979) 217
ders, Lohnfortzahlung in Fällen mit Auslands-
berührung, in: FS Zajtay (1982) 233
HOLD, Das neue Entgeltfortzahlungsgesetz,
AuA 1994, 193
A HUECK, Fortzahlung des Lohnes bei Erkrankung, RdA 1955, 291
HUNOLD, Krankheit des Arbeitnehmers (2. Aufl
1990)

JEDZIG, Der Bestandsschutz des Arbeitsverhältnisses im Krankheitsfall (1984)
KAISER/DUNKL/HOLD/KLEINSORGE, Die Entgeltfortzahlung im Krankheitsfalle (5. Aufl 2000)
KEHRMANN, Fragen des Lohnfortzahlungsgesetzes, ArbRGegW Bd 8 (1971) 55
ders, Die Lage des Arbeitnehmers im Krankheitsfall, RdA 1978, 313
ders, Neues Recht der Entgeltfortzahlung bei Krankheit und an Feiertagen, AiB 1994, 322
KEHRMANN/PELIKAN, Lohnfortzahlungsgesetz (2. Aufl 1973)
KLEINSORGE, Gesetz über die Zahlung des Arbeitsentgelts an Feiertagen und im Krankheitsfall (Entgeltfortzahlungsgesetz), NZA 1994, 640
KÖSTER, Wie teuer ist die Lohnfortzahlung?, Arbgeb 1982, 596
KUNZ/WEDDE, Entgeltfortzahlungsrecht (2000)
LEPKE, Die Arbeitsunfähigkeit des Arbeitnehmers, in: Deutsches Anwaltsinstitut e V (Hrsg), Brennpunkte des Arbeitsrechts 1993 (1993) 159
ders, Kündigung bei Krankheit (10. Aufl 2000)
MARBURGER, Zu den Auswirkungen der Lohn- und Gehaltsfortzahlung im Krankheitsfalle auf die Bereiche der sozialen Sicherung, BB 1973, 851
ders, Zur neueren Rechtsentwicklung im Bereich der Lohnfortzahlung und Gehaltsfortzahlung im Krankheitsfalle, BB 1976, 1079
ders, Die neuere Rechtsprechung zur Entgeltfortzahlung an Arbeitnehmer insbesondere nach dem Lohnfortzahlungsgesetz, DB 1987, 2566
ders, Neu geregelt: Entgeltfortzahlung im Krankheitsfall, BB 1994, 1417
ders, Neuregelung der Entgeltfortzahlung und ihre Auswirkungen auf den öffentlichen Dienst, DÖD 1995, 217
ders, Entgeltfortzahlung im Krankheitsfall (8. Aufl 2001)
MARIENHAGEN/KÜNZL, Entgeltfortzahlung – Kommentar (Loseblatt, Stand: Mai 2001)
MATTHES, Das Lohnfortzahlungsgesetz in der Rechtsprechung, DB 1971 Beil 6
vMAYDELL, Die arbeitsrechtliche Lohnsicherung im Krankheitsfall, DB 1973 Beil 15
MAYERHOFER, Karenztage und versicherungsrechtliche Lösung, NZA 1993, 400

E MÜLLER/BERENZ, Entgeltfortzahlungsgesetz (3. Aufl 2001)
G MÜLLER/F GAMILLSCHEG (Hrsg), 9. Kongreß der Internationalen Gesellschaft für das Recht der Arbeit und der sozialen Sicherung (1979)
NAENDRUP, Rechtliche und tatsächliche Probleme um Krankenstand und Lohnfortzahlung, ZfA 1984, 383
NOORDAM, Die Lohnfortzahlung im Krankheitsfall zwischen Sozialleistung und Arbeitgeberpflicht: Die neue Gesetzgebung in den Niederlanden, ZIAS 1997, 53
OLDEROG, Rechtsfragen bei Krankheit im Arbeitsverhältnis, BB 1989, 1684
ORTLEPP, Neuere Probleme der Lohnfortzahlung, BlStSozArbR 1976, 149
PALLASCH, Das Entgeltfortzahlungsgesetz, JA 1995, 897
PIEPER, Entgeltfortzahlung im Krankheitsfall neu geregelt, PersR 1995, 471
RAATZ, Die objektiven Anspruchsvoraussetzungen der gesetzlichen Entgeltfortzahlung im Krankheitsfalle (Diss Göttingen 1963)
SCHÄFER, Pflicht zu gesundheitsförderndem Verhalten?, NZA 1992, 529
SCHAUB, Rechtsprobleme der Arbeitsverhinderung, AuA 1996, 82
SCHELP/TRIESCHMANN, Das Arbeitsverhältnis im Krankheitsfalle (1958)
SCHLIEMANN, Neues und Bekanntes im Entgeltfortzahlungsgesetz, AuR 1994, 317
SCHMITT, Der Mißbrauch der Lohnfortzahlung – Ursachen und Bekämpfungsmöglichkeiten, ZTR 1990, 223
ders, Lohnfortzahlungsgesetz (1992)
ders, Der Beitrag der Arbeitsgerichte zur Beseitigung von Ungleichbehandlungen zwischen Arbeitern und Angestellten im Entgeltfortzahlungsrecht, in: FS Kissel (1994) 1015
ders, Die Neuregelung der Entgeltfortzahlung im Krankheitsfall, RdA 1996, 5
ders, Entgeltfortzahlungsgesetz (4. Aufl 1999)
SCHNEIDER, Neuregelung der Entgeltfortzahlung ab 1. 6. 1994, ZBlSozVers 1994, 257
SCHOOF, Entgeltfortzahlung im Krankheitsfall und bei Kur, in: KITTNER/ZWANZIGER (Hrsg), Arbeitsrecht-Handbuch für die Praxis (2001) § 58, S 759 ff
SCHULTE/MIMBERG/SABEL, Rechtsprechung zur

Entgeltfortzahlung im Krankheitsfalle (3. Aufl 1991)

SEFFEN, Einkommenssicherung bei Krankheit in westlichen Industrieländern (1980)

ders, Entgeltfortzahlung und Krankengeld – ein internationaler Vergleich, Die Ersatzkasse 1981, 235, 275

SIEG, Versicherungsabdeckung und Arbeitgeberaufwendungen nach dem Lohnfortzahlungsgesetz, SGb 1979, 249

SIELCK, Ist § 616 Abs 1 BGB neben dem Lohnfortzahlungsgesetz anwendbar?, AuR 1970, 206

STAHLHACKE, Das Lohnfortzahlungsgesetz in der Rechtsprechung, BlStSozArbR 1971, 193

STÜCKMANN, Kostensenkung bei Entgeltfortzahlung im Krankheitsfalle?! (1997)

TÖNS, Die wirtschaftliche Sicherung der Arbeitnehmer bei Arbeitsunfähigkeit (1970)

VIETHEN, Die Neuregelung der Entgeltfortzahlung, DZWir 1993, 479

ders, Entgeltfortzahlungsgesetz (3. Aufl 1999)

VOSSEN, Entgeltfortzahlung, in: LEINEMANN (Hrsg), Handbuch zum Arbeitsrecht, Gruppe 2.2 (2. Aufl 2000)

WALTER, Die Rechtsprechung des Bundesarbeitsgerichts zum Lohnfortzahlungs-Gesetz, ArbRGegW 10 (1973) 37

WANK, Reform des Lohnfortzahlungsrechts, BB 1992, 1993

ders, Arbeiter und Angestellte (1992) 139 ff

WEDDE/GERNTKE/KUNZ/PLATOW, Entgeltfortzahlungsgesetz (2. Aufl 1997)

WEILAND, Probleme der Lohnfortzahlung (Diss Gießen 1981)

P WESTERMANN, Gesetzesauslegung im Arbeitsrecht, beispielsweise dargestellt anhand von Entscheidungen des Bundesarbeitsgerichts zur Lohnfortzahlung im Krankheitsfall (Diss Göttingen 1964)

WILLEMSEN, „Anstandspflichten" des erkrankten Arbeitnehmers, DB 1981, 2619

WORZALLA/SÜLLWALD, Entgeltfortzahlung – Kommentar für die Praxis (1995)

ZETL, Krankenbezüge für Arbeiter, PersV 1989, 111

ZEUNER, Begrenzung der Lohnfortzahlungspflicht als Problem der Risikotragung, AuR 1975, 300

D ZÖLLNER, Die Situation des Arbeitnehmers im Falle der Krankheit, RdA 1978, 304.

Weitere Nachweise bei den jeweiligen Einzelerläuterungen sowie zum älteren Schrifttum s auch STAUDINGER/NIPPERDEY/MOHNEN/NEUMANN[11].

Systematische Übersicht

Hartmut Oetker

Alphabetische Übersicht

A. Vergütung bei persönlicher Dienstverhinderung (§ 616 BGB)

I. Entstehungsgeschichte

Die Pflicht des Dienstberechtigten zur Fortzahlung der Vergütung in § 616 S 1 ent- **1** hielt bereits der von der I. Kommission vorgelegte Entwurf, wobei die Motive auf verwandte Vorschriften (§ 60 ADHGB, Art 341 des schweizerischen Obligationen- rechts) sowie gemeinrechtliche Grundsätze verweisen (vgl MUGDAN II 258; zu den rechts- geschichtlichen Fundamenten MAYER/MALY RdA 1975, 61 f; MOLL RdA 1980, 142 ff, mwN sowie zuletzt WALK 88 ff, 93, 121 ff).

Der **personelle Anwendungsbereich** des § 616 fand bei der Schaffung des Bürgerlichen **2** Gesetzbuches erst relativ spät seine nunmehr geltende Reichweite. Die von der I. Kommission ursprünglich befürwortete Beschränkung auf **dauernde Dienstverhält- nisse,** die die Erwerbstätigkeit des Dienstverpflichteten vollständig oder hauptsäch- lich in Anspruch nehmen, die später für § 617 Abs 1 aufgegriffen wurde (s u § 617 Rn 1), ließ bereits die Vorkommission des Reichsjustizamtes fallen (vgl JAKOBS/SCHU- BERT 774 f).

Den von der **II. Kommission** unterbreiteten Vorschlag, den personellen Anwendungs- **3** bereich auf solche Dienstleistende zu beschränken, deren **Vergütung nach Zeitab- schnitten** bemessen ist (vgl MUGDAN II 899), verwarf die **XII. Kommission des Reichs- tages** aufgrund eines Antrages der sozialdemokratischen Abgeordneten FROHME und STADTHAGEN; es sollte deutlich zum Ausdruck gebracht werden, daß die Vergütungs- pflicht auch dann fortbesteht, wenn der Dienstberechtigte die Vergütung nicht nach Zeitabschnitten, sondern in Form des Stücklohns schuldet (vgl MUGDAN II 1286; sowie JAKOBS/SCHUBERT 777 f).

In den **Beratungen der II. Kommission** wurde ferner beantragt, diejenigen Dienst- **4** verpflichteten aus dem Anwendungsbereich der Norm herauszunehmen, „auf welche sich die gesetzliche Verpflichtung zur Krankenversicherung oder Unfallversiche- rung" bezieht (vgl MUGDAN II 899). Begründet wurde dies vor allem mit dem Zweck der **Arbeiterversicherungsgesetze,** nach denen die durch Krankheit oder Unfall ein- tretenden Nachteile von speziellen Einrichtungen (Verbände bzw Kassen) getragen werden sollten, nicht hingegen von dem einzelnen Arbeitgeber (vgl MUGDAN II 900). Diesem Standpunkt schloß sich die **Mehrheit der II. Kommission** nicht an, da es nicht das Ziel der Versicherungsgesetze gewesen sei, weitergehende privatrechtliche Ansprüche auszuschließen. Die Anrechnungsvorschrift in § 616 S 2 verhindere ausreichend, daß der Dienstverpflichtete infolge der Krankheit oder des Unfalls einen Gewinn erlangt (vgl MUGDAN II 900 f; s auch FUCHS, Zivilrecht und Sozialrecht [1992] 61).

5 Auf eine **Konkretisierung**, welche **Zeit** als „**verhältnismäßig nicht erheblich**" im Sinne des § 616 S 1 zu gelten habe, verzichtete die I. Kommission wegen der Verschiedenartigkeiten der in Betracht kommenden Verhinderungsgründe und überantwortete die weitere Präzisierung der Rechtsprechung (vgl MUGDAN II 258). Die in den Beratungen der XII. Kommission des Reichtages zT geforderte Ergänzung der Norm durch Beispiele wurde im späteren Gesetzgebungsverfahren nicht aufgegriffen (vgl JAKOBS/SCHUBERT 777).

6 Kontroverse und für die Dogmatik der Leistungsstörungen im Dienstvertragsrecht grundlegende Diskussionen (statt aller STAUDINGER/RICHARDI [1999] § 615 Rn 17 ff) löste das **Verhältnis zwischen § 616 und § 615** aus. In den **Beratungen der II. Kommission** wurde insoweit ein Antrag mehrheitlich verworfen, nach dem § 616 durch den Verzicht auf die Worte „durch einen in seiner Person liegenden Grund" im Verhältnis zu § 615 den Charakter eines Auffangtatbestandes erlangt hätte (vgl MUGDAN II 899). Für die Ablehnung des Antrags war die Überlegung maßgebend, daß bei einer vom Dienstverpflichteten unverschuldeten Verhinderung keineswegs stets ein Annahmeverzug des Dienstberechtigten vorliege. Wenn der Dienstverpflichtete infolge Zufalls nicht in der Lage sei, die vertraglich geschuldeten Dienste zu erbringen, sollte nach Auffassung der Antragsteller nicht Annahmeverzug, sondern Unmöglichkeit vorliegen, so daß ein Vergütungsanspruch entfalle (so auch MOMMSEN, Beiträge zum Obligationenrecht I [1853] 362 f); diese Rechtsfolge widerspreche jedoch der Billigkeit (vgl MUGDAN II 899 f).

7 Die **Mehrheit der II. Kommission** schloß sich diesem Antrag nicht an, wobei die Protokolle die tiefgreifenden Unterschiede hinsichtlich der dogmatischen Einordnung der vorübergehenden Dienstverhinderung offenbaren. Ein Teil der Mehrheitsauffassung lehnte ihn bereits deshalb ab, weil der von den Antragstellern unterstellte Verlust des Vergütungsanspruches nicht eintreten könne. Nach der Natur des Dienstvertrages liege der Grund für die Verhinderung entweder in der Person des Dienstverpflichteten oder es trete ein Annahmeverzug des Dienstberechtigten ein, da § 615 auch den Fall der sog Annahmeunmöglichkeit erfasse (vgl MUGDAN II 900; s auch STAUDINGER/RICHARDI [1999] § 615 Rn 17 ff). Die Protokolle lassen indes nicht erkennen, ob diese rechtliche Würdigung der zeitweiligen Unmöglichkeit der Dienstleistung in den Beratungen der II. Kommission eine mehrheitliche Unterstützung fand, denn ein Teil der Vertreter, die eine Ablehnung des in Rn 6 genannten Antrages befürwortete, billigte zwar die grundsätzliche Rechtsansicht der Antragsteller, daß der Vergütungsanspruch des Dienstverpflichteten bei einer infolge Zufalls eintretenden Dienstverhinderung aus Gründen der Unmöglichkeit entfalle, also nicht von § 615 erfaßt werde, hielt dieses Resultat aber für angemessen (vgl MUGDAN II 900).

8 Durch **Art 56** des **Pflege-Versicherungsgesetzes** v 26. 5. 1994 (BGBl I 1068) erhielt § 616 wieder die Fassung, die die Vorschrift bereits bei Inkrafttreten des Bürgerlichen Gesetzbuches besaß. Die zwischenzeitlich eingefügten Absätze 2 und 3 (zu ihrer Entwicklung STAUDINGER/OETKER[12] § 616 Rn 132 f sowie u Rn 164 f) hob die vorgenannte Bestim-

mung des Pflege-Versicherungsgesetzes auf und ersetzte diese vollständig durch die Regelungen des Entgeltfortzahlungsgesetzes (§§ 3 ff EFZG).

II. Normzweck und Dogmatik der Vorschrift

1. Normzweck

Nach **tradierter Vorstellung** ist die Aufrechterhaltung des Vergütungsanspruches trotz 9
Nichtleistung in § 616 S 1 auf die **Fürsorgepflicht** des Dienstberechtigten zurückzu-
führen (BGHZ 21, 114 f; BAG [GS] AP Nr 22 zu § 616 BGB; BAG AP Nr 2 zu § 616 BGB; RAG
ARS 40, 286; 42, 216; für das Schrifttum zB ERMAN/BELLING § 616 Rn 1; MünchArbR/BOEWER § 80
Rn 1; HUECK/NIPPERDEY I § 44 III 1; SOERGEL/KRAFT § 616 Rn 2; STAUDINGER/MOHNEN/NEU-
MANN10/11 § 616 Rn 3; NIKISCH I § 43 I 1; SCHAUB, Arbeitsrechts-Handbuch [9. Aufl 2000] § 97
Rn 2; SCHIMANA AuR 1956, 321 f; THOME 13 f). In diese Richtung wiesen bereits die **Motive:**
Sie stützten den Fortbestand des Vergütungsanspruches auf „sozialpolitische Rück-
sichten" sowie auf „Gründe der Humanität" (vgl MUGDAN II 258). Auch die **II. Kommission** ließ sich von dieser Einschätzung leiten und wertete die Aufrechterhaltung
des Vergütungsanspruches trotz Nichtleistung als Ausdruck der dem Dienstberechtigten obliegenden Fürsorge (vgl MUGDAN II 901).

Nicht zuletzt die dogmatische Ableitung des § 616 S 1 aus der Fürsorgepflicht ver- 10
ursachte erhebliche Unsicherheiten bei der Konkretisierung der **Rechtsnatur des** dem
Dienstverpflichteten zustehenden **Anspruches.** Es wurde insbesondere in Frage gestellt, ob die fortgewährte Vergütung ein Lohnanspruch oder ein Anspruch sui generis sei. In die letztgenannte Richtung gingen auch die Überlegungen von LOTMAR,
der in § 616 einen Entschädigungsanspruch erblickt (LOTMAR I 148 f), und von SIEG,
nach dessen Auffassung der Arbeitnehmer seinen Lohnanspruch verliert und statt
dessen einen Anspruch mit Versorgungscharakter erhält (SIEG JZ 1954, 338).

Der **tradierten dogmatischen Ableitung** des § 616 S 1 aus einer dem Dienstberechtig- 11
ten auferlegten Fürsorgepflicht ist **zu widersprechen;** sie verstellt den Blick auf eine
systemkonforme Integration der Vorschrift in das Gefüge des Bürgerlichen Rechts.
Ungeachtet der allgemeinen Bedenken gegenüber der rechtlichen Legitimation der
Fürsorgepflicht für die Pflichtenstruktur des Arbeitsverhältnisses (hierzu STAUDINGER/
RICHARDI [1999] § 611 Rn 807 ff sowie MünchArbR/BLOMEYER § 94 Rn 4 ff, 9 ff) hellt sie den
Sinngehalt des § 616 aus zwei Gründen nicht überzeugend auf.

Erstens ist die Fürsorgepflicht eine Rechtsfigur, die auf die spezifischen **Besonder-** 12
heiten des Arbeitsverhältnisses reagiert. Da § 616 bei allen Dienstverhältnissen anzuwenden ist (s u Rn 30 ff) und der personelle Anwendungsbereich der Vorschrift – im
Unterschied zu § 617 und dem von der I. Kommission vorgelegten Vorschlag (o Rn 2)
– nicht nur „dauernde" Dienstverhältnisse umfaßt, liefert die Fürsorgepflicht **keinen**
universellen und für alle Dienstverhältnisse gleichermaßen zutreffenden **Erklärungs-**
ansatz (vgl auch BAG [GS] AP Nr 22 zu § 616 BGB; treffend hebt GÖPPNER 13 hervor, daß hierdurch der soziale Charakter der Vorschrift „verwischt" wurde).

Zweitens ist es mit dem überragenden Charakter, der der Fürsorgepflicht nach der 13
überkommenen Vorstellung für das Arbeitsverhältnis beigemessen wird, nur schwer
vereinbar, daß zwar die §§ 617, 618, die nach den Vorstellungen des historischen

Gesetzgebers ebenfalls der Fürsorgepflicht entspringen sollen (s u § 617 Rn 5, § 618 Rn 7 ff), von § 619 als **zwingende Rechtssätze** ausgeformt werden, nicht aber die Regelung des § 616 (dies korrigiert Dersch RdA 1952, 56, der § 616 Abs 1 aufgrund des Zwecks zwingende Wirkung beilegt).

14 Einen von der tradierten teleologischen Erklärung abweichenden Ansatz leitet Kempen aus der Prämisse ab, daß die Vertragsfreiheit nicht zur Aufhebung der **persönlichen und politischen Autonomie der Vertragsparteien** führen dürfe und dies durch § 616 gesichert werde (Kempen ArbRGegW 25 [1988] 81 ff, 87). Dieser Überlegung steht entgegen, daß es auch die Prämisse der persönlichen und politischen Autonomie nicht zwingend rechtfertigt, den Vergütungsanspruch für die Dauer der Dienstverhinderung aufrechtzuerhalten; ihr würde – die Richtigkeit der Ausgangsthese unterstellt – bereits ausreichend entsprochen, wenn dem Dienstverpflichteten ein Anspruch auf unbezahlte Freistellung zusteht.

15 Überzeugender ist der Versuch, die Auswirkungen einer persönlichen Dienstverhinderung für eine „verhältnismäßig nicht erhebliche Zeit" auf den Vergütungsanspruch und die hierfür in § 616 vorgesehene Problemlösung **mittels allgemeiner Grundsätze des Bürgerlichen Gesetzbuches** zu legitimieren. Bereits Kisch (Die Wirkungen der nachträglich eintretenden Unmöglichkeit der Erfüllung bei gegenseitigen Verträgen nach dem Bürgerlichen Gesetzbuch für das deutsche Reich [1901] 182 Anm 40) äußerte die These, daß § 616 S 1 einen zu verallgemeinernden Rechtssatz enthält. Seiner Annahme, dieser habe nur für den Dienstvertrag normative Gestalt erlangt, ist bei näherer Betrachtung der einschlägigen Vorschriften des Bürgerlichen Gesetzbuches zur Zeit seines Inkrafttretens jedoch nicht beizupflichten. Es ist als eines der charakteristischen Strukturelemente des Schuldrechts zu werten, daß der Vergütungsanspruch in Anlehnung an die **Rechtsregel „minima non curat praetor"** ungekürzt bleibt, wenn die geschuldete Leistung ein Defizit aufweist, das bei wertender Betrachtung „unerheblich" ist. Neben den §§ 459 Abs 1 S 2, 498 Abs 2 S 2, 537 Abs 1 S 2, 634 Abs 2, 348 S 2 (jeweils aF) kommt dieser Grundsatz auch in den §§ 320 Abs 2, 119 Abs 1 zum Ausdruck. Für den Dienstvertrag ließ sich dieser Rechtsgedanke wegen des Verzichts auf spezielle Gewährleistungsbestimmungen nur dadurch umsetzen, daß „für eine verhältnismäßig nicht erhebliche Zeit" eine Verringerung des Vergütungsanspruchs ausgeschlossen wurde.

16 Die Entstehungsgeschichte der vorgenannten Bestimmungen liefert für den hier vertretenen Begründungsansatz eine Bestätigung. Neben den Protokollen, die für die kaufrechtlichen Gewährleistungsvorschriften unter Berufung auf die parallele Rechtslage bei der Anfechtung die Geltung der Rechtsregel „minima non curat praetor" ausdrücklich bekräftigten (vgl Mugdan II 658), wiesen bereits die Motive zu § 320 Abs 2 darauf hin, daß der Einrede des nicht erfüllten Vertrages bei einer „verhältnismäßigen Geringfügigkeit des quantitativen oder qualitativen Mangels" der Einwand der exceptio doli entgegensteht (Mugdan II 112). Dieser Ansatz rechtfertigte auch die erst später in das Bürgerliche Gesetzbuch aufgenommene Regelung in § 537 Abs 1 S 2 aF, die die bereits zuvor allgemein befürwortete Auffassung, die Berufung auf geringfügige Mängel verstoße gegen Treu und Glauben, in das positive Recht transformierte (vgl RegBegr BT-Drucks IV/806, 8).

17 Diese Überlegung beansprucht für Dienstverträge gleichermaßen Gültigkeit, da der

Dienstberechtigte bei verständiger Würdigung in Rechnung stellen muß, daß die
Dienstleistung an die Person des Schuldners gebunden ist, so daß die Nichtleistung
aus Gründen in der Person des Dienstverpflichteten bei einer geringfügigen Dauer
vorhersehbar ist (vgl bereits PLANCK/GUNKEL § 616 Anm 2 b; sowie HUECK/NIPPERDEY I § 44
III 1). Bereits MOMMSEN räumte insoweit ein, daß die Vertragsparteien kürzere Unterbrechungen regelmäßig schon bei der Festlegung der Vergütungshöhe berücksichtigt hätten, so daß sich aus diesem Grund ein Abzug von der vereinbarten Vergütung
verbiete (MOMMSEN, Beiträge zum Obligationenrecht I [1853] 363 Fn 12). Diese Seh- und
Wertungsweise lag, wie die Vorlagen für die I. Kommission belegen, auch den späteren Gesetzesberatungen zugrunde (vgl SCHUBERT [Hrsg], Die Vorlagen der Redaktoren für
die erste Kommission zur Ausarbeitung des Entwurfs eines Bürgerlichen Gesetzbuchs – Recht der
Schuldverhältnisse Teil 2 [1980] 611 f), die sich zudem im Einklang mit einer verbreiteten
Strömung in der gemeinrechtlichen Doktrin befand (vgl WALK 88 ff mwN). Dementsprechend ist die „verhältnismäßig nicht erhebliche" Dienstverhinderung aus persönlichen Gründen wertungsmäßig mit geringfügigen Mängeln des Kaufgegenstandes
oder der vermieteten Sache vergleichbar und die Aufrechterhaltung des Vergütungsanspruches in § 616 S 1 deshalb **Ausdruck eines allgemeinen Prinzips** (so im Ansatz auch
SCHWEGMANN 22). Die in den Motiven angesprochenen **Schutzerwägungen** (s o Rn 1)
werden zwar durch § 616 S 1 befriedigt, zeigen aber nicht das bürgerlich-rechtliche
Fundament der Norm auf. Das gilt entsprechend für den tradierten **Rückgriff auf die
Fürsorgepflicht;** er erweist sich bei dem hiesigen Verständnis als **überflüssig** und
verschleiert das dogmatische Fundament der Norm mehr als er zu seiner Aufhellung
beiträgt. Allerdings neigt die **neuere Gesetzgebung** verstärkt dazu, sich von der
Rechtsregel „minima non curat praetor" zu verabschieden. Vor allem die mit dem
Schuldrechtsmodernisierungsgesetz für den Kaufvertrag und den Werkvertrag neu-
gefaßten Bestimmungen zum Begriff des Sach- bzw Rechtsmangels, die bewußt auf
einen Geringfügigkeitsvorbehalt verzichten und auch in dieser Konstellation eine
Minderung des Gegenleistungsanspruchs ermöglichen (vgl §§ 433 Abs 1, 633 Abs 2
nF sowie BT-Drucks 14/6040, 216 f), sind als derartige Durchbrechung zu bewerten, die in
dem Reisevertragsrecht (§ 651c) einen Vorläufer finden. Allerdings zeigt die Bei-
behaltung des Geringfügigkeitsvorbehalts im Rahmen des **Mietrechtsreformgesetzes**
(vgl § 536 Abs 1 S 3 nF), daß von einer generellen Preisgabe des allgemeinen Grundsatzes nicht die Rede sein kann.

2. Systematische Stellung der Norm

Auf dem Boden des in Rn 15 ff entwickelten Normverständnisses, aber auch bei einer   **18**
Rückführung auf die Fürsorgepflicht ist § 616 eine **Abweichung** von den §§ 275 Abs 1,
326 Abs 1 S 1 (früher: §§ 275 Abs 1, 323 Abs 1), die den Grundsatz **„Ohne Arbeit kein
Lohn"** (zum Synallagma des Arbeitsvertrages mit Nachdruck BAG [GS] AP Nr 21 zu § 616 BGB;
BAG AP Nr 14 zu § 56 BetrVG; BAG AP Nr 13 zu § 63 HGB) durchbricht und die allgemeine
Vorschrift des **§ 326 Abs 1 S 1** (früher: § 323 Abs 1) im Anwendungsbereich des § 616
ausschließt. Diesen systematischen Zusammenhang hoben bereits die Motive (§§ 237
Abs 2, 368 Abs 1 des Entwurfs) hervor (MUGDAN II 258), er entspricht heute der ein-
helligen Ansicht (zB BGHZ 21, 114; RAG ARS 8, 185; BAG [GS] AP Nr 22 zu § 616 BGB;
ERMAN/BELLING § 616 Rn 1; ErfKomm/DÖRNER § 616 BGB Rn 2; PLANCK/GUNKEL § 616 Anm 1;
SOERGEL/KRAFT § 616 Rn 2; KUNZ/WEDDE, EFZR § 616 BGB Rn 3; LARENZ, Schuldrecht II/1
[13. Aufl 1986] § 52 II b; LÖWISCH, Arbeitsrecht [5. Aufl 2000] Rn 967; BGB-RGRK/MATTHES

§ 616 Rn 4; MünchKomm/SCHAUB § 616 Rn 1; SCHIMANA AuR 1956, 321; JAUERNIG/SCHLECHTRIEM § 616 Rn 1; SIEG JZ 1954, 338; ESSER/WEYERS, Schuldrecht II/1 [8. Aufl 1998] § 29 II 3).

19 Der **systematische Zusammenhang zwischen § 616 S 1 und § 326 Abs 1 S 1** bietet insbesondere eine hier nicht zu vertiefende **Interpretationshilfe** für die von § 616 S 1 erfaßten Dienstverhinderungen (s u Rn 45 ff). Nur wenn die Dienstverhinderung weder vom Dienstverpflichteten noch vom Dienstberechtigten zu vertreten ist, kommt der Wegfall einer Vergütungspflicht in Betracht, die durch § 616 S 1 aufrechterhalten wird (ERMAN/BELLING § 616 Rn 1). Die Vorschrift greift aufgrund dieses systematischen Kontextes nicht ein, wenn die Nichterbringung der Dienstleistung bzw die Dienstverhinderung wegen einer Unmöglichkeit (§ 275 Abs 1) oder einer berechtigten Leistungsverweigerung (§ 275 Abs 2 und 3) ohne die Vorschrift in § 616 S 1 allein oder weit überwiegend **vom Dienstberechtigten zu verantworten** ist. In diesen Fällen beurteilt sich das rechtliche Schicksal des Vergütungsanspruches **ausschließlich** nach § 326 **Abs 2** (früher: § 324 Abs 1) (BAG AP Nr 2 zu § 324 BGB; ERMAN/BELLING § 616 Rn 1; GK-EFZG/BIRK § 1 LFZG Rn 8; BRILL AR-Blattei, Arbeitsausfall IV, B I; AK-BGB/DERLEDER § 616 Rn 2; FABRICIUS, Leistungsstörungen im Arbeitsverhältnis [1970] 106; GEYER/KNORR/KRASNEY § 3 EFZG Rn 154; LÖWISCH, Arbeitsrecht [5. Aufl 2000] Rn 967; PALANDT/PUTZO § 616 Rn 3; Münch-Komm/SCHAUB § 616 Rn 1, 76; s auch NEUMANN/DUESBERG DB 1969, 261 ff, 305 ff; abweichend für den Krankheitsfall v MAYDELL DB 1973 Beil 15, 9, der für eine Abwicklung nach den Entgeltfortzahlungsregelungen plädiert). § 104 SGB VII (früher: § 636 RVO) steht einer Aufrechterhaltung des Vergütungsanspruchs durch § 326 Abs 2 entgegen, wenn dem Arbeitgeber an dem Arbeitsunfall lediglich Fahrlässigkeit vorzuwerfen ist (ebenso LÖWISCH, Arbeitsrecht [5. Aufl 2000] Rn 1056; aA BGB-RGRK/MATTHES § 616 Rn 105; NEUMANN/DUESBERG DB 1969, 306 ff, jeweils zu § 636 RVO). Liegt ein durch die gesetzliche Unfallversicherung abgedeckter Versicherungsfall vor, so erhält der verletzte Arbeitnehmer im Fall der Arbeitsunfähigkeit Verletztengeld (§§ 45 ff SGB VII), was denknotwendig voraussetzt, daß der Arbeitnehmer infolge der Arbeitsunfähigkeit seinen vertraglichen Vergütungsanspruch verliert. Da der „Ersatz des Personenschadens" im Sinne des § 104 Abs 1 SGB VII auch den Verdienstausfall umfaßt, verbleibt für eine Aufrechterhaltung des Vergütungsanspruchs durch § 326 Abs 2 lediglich bei einem vorsätzlichen Verhalten des Arbeitgebers Raum. Ist die Nichterbringung der Dienstleistung **vom Dienstverpflichteten zu vertreten,** so scheidet § 616 S 1 regelmäßig aus, weil das Tatbestandsmerkmal „ohne sein Verschulden" (vgl dazu u Rn 103 ff) nicht erfüllt ist.

3. Rechtsnatur des fortzuzahlenden Entgelts

20 § 616 S 1 schafft **keinen** eigenständigen, auf der Fürsorgepflicht beruhenden **Vergütungsanspruch** (in dieser Richtung noch BAG AP Nr 2 zu § 616 BGB) oder einen geldwerten **Anspruch sui generis** (hiergegen auch ERMAN/BELLING § 616 Rn 10 sowie bereits SIEBERT, in: FS H Lehmann II [1956] 680 ff), sondern bewirkt die **Aufrechterhaltung der** vertraglich geschuldeten **Gegenleistung** (= Vergütung) für den Zeitraum, in dem die Dienstleistung nicht erbracht wird (ebenso ERMAN/BELLING § 616 Rn 10; MünchArbR/BOEWER § 80 Rn 1; ErfKomm/DÖRNER § 616 BGB Rn 2; HUECK/NIPPERDEY I § 44 III 1 b; HROMADKA/MASCHMANN, Arbeitsrecht 1 [2. Aufl 2002] 298; JUNKER, Grundkurs Arbeitsrecht [2001] 162 f; SOERGEL/KRAFT § 616 Rn 6; PALANDT/PUTZO § 616 Rn 11; SCHMITT, EFZG [4. Aufl 1999] § 616 BGB Rn 1; SCHWEG-MANN 24 ff; so bereits auch OERTMANN Anm 2; für den Krankheitsfall s u Rn 178 f). Nur dieses dogmatische Verständnis der Norm ist mit dem Gesetzeswortlaut vereinbar. Da § 616 S 1 ausdrücklich anordnet, daß der Dienstverpflichtete seinen Anspruch auf die

Vergütung nicht verliert, kann hiermit nur der im **Vertrag enthaltene Vergütungsanspruch** gemeint sein, den § 616 S 1 aufrechterhält und dessen Untergang abweichend von § 326 Abs 1 S 1 verhindert wird.

Wegen des systematischen Standorts des **§ 616 S 1** weist die Norm **nicht** die Qualität **21** einer eigenständigen **Anspruchsgrundlage** auf (**aA** anscheinend BAG NZA 2002, 48). Ebenso wie die früheren Bestimmungen zur Entgeltfortzahlung im Krankheitsfall (vor allem § 3 Abs 1 S 1 EFZG aF sowie zuvor § 1 Abs 1 S 1 LFG; zu ihnen u Rn 178) ordnet sie lediglich an, daß der Berechtigte seinen **Anspruch auf die Vergütung nicht verliert.** § 616 S 1 begründet deshalb nicht – wie dies die Legaldefinition in § 194 voraussetzt – zugunsten des Dienstverpflichteten ein Recht, von dem Dienstberechtigten ein Tun oder Unterlassen zu verlangen. **Anspruchsgrundlage für die Vergütung** während der Dienstverhinderung ist ausschließlich der **Vertrag** (§ 611 Abs 1; ebenso ERMAN/BELLING § 616 Rn 10; HROMADKA/MASCHMANN, Arbeitsrecht 1 [2. Aufl 2002] 298). § 616 S 1 bewirkt lediglich, daß der Vergütungsanspruch nicht gemäß § 326 Abs 1 S 1 untergeht.

Wegen der in Rn 20 f dargelegten Rechtsnatur unterliegt die nach § 616 S 1 fortzu- **22** zahlende Vergütung uneingeschränkt den **allgemeinen Vorschriften für das Arbeitsentgelt,** insbesondere den vollstreckungsrechtlichen Regelungen zum **Schutz des Arbeitseinkommens** (§§ 850 ff ZPO). Das gilt entsprechend für die **Verjährung** des Anspruches; sie bemißt sich nach der dreijährigen Regelverjährung des § 195. **Tarifliche Ausschlußfristen** sind ebenfalls anwendbar (BAG AP Nr 52 und 53 zu § 4 TVG Ausschlußfristen).

4. Auslegungsmaximen

Der Sinnzusammenhang zwischen § 616 S 1 und dem allgemeinen Leistungsstörungs- **23** recht (o Rn 18) prägt auch die **Auslegung der einzelnen Tatbestandsmerkmale** der Vorschrift. So rückte die Rechtsprechung des Bundesarbeitsgerichts zunächst noch die fürsorgerechtliche Fundierung der Norm in den Vordergrund und ging davon aus, daß die Bestimmung als solche und für sich auszulegen ist (BAG AP Nr 2 zu § 616 BGB). Im Anschluß an den grundlegenden Beschluß des Großen Senats des Bundesarbeitsgerichts v 18. 12. 1959 (AP Nr 22 zu § 616 BGB) und den dort hervorgehobenen Ausnahmecharakter der Vorschrift (hiergegen noch BAG AP Nr 2 zu § 616 BGB) favorisierte die höchstrichterliche Rechtsprechung indes die (methodisch fragwürdige) Maxime einer „engen" Auslegung (BAG AP Nr 23 und 43 zu § 616 BGB; BGB-RGRK/MATTHES § 616 Rn 11; zweifelnd HUECK Anm zu BAG AP Nr 23 zu § 616 BGB; s auch WIEDEMANN, Das Arbeitsverhältnis als Austausch- und Gemeinschaftsverhältnis [1966] 51 f). Mit diesem Auslegungsgrundsatz brach ohne nähere Begründung das Urteil des Vierten Senats v 8. 12. 1982 (AP Nr 58 zu § 616 BGB). Nach Sinn und Zweck der Vorschrift soll eine extensive Auslegung geboten und üblich sein; eine vertiefte Begründung für diesen Paradigmenwechsel ist der Entscheidung nicht zu entnehmen.

III. Normenkonkurrenzen

§ 616 S 1 findet aus Gründen der Gesetzeskonkurrenz **keine Anwendung,** solange und **24** soweit **spezialgesetzliche Vorschriften** für einzelne Dienstverhältnisse den in § 616 S 1 genannten Sachverhalt strukturieren. Bis zu ihrer Aufhebung durch die Art 58 und 59

des Pflegeversicherungs-Gesetzes v 26. 5. 1994 kamen als spezialgesetzliche Vorschriften vor allem **§ 63 Abs 1 S 1 HGB** und **§ 133c S 1 GewO** in Betracht, da sich
deren Anwendungsbereiche durch die Formulierung „unverschuldetes Unglück"
nicht mit dem „in seiner Person liegenden Grund" (§ 616 S 1) deckten (vgl näher
STAUDINGER/OETKER [1996] § 616 Rn 24).

25 Für **Auszubildende** wird § 616 durch **§ 12 Abs 1 S 1 Nr 2 lit b BBiG** verdrängt (SCHMITT,
EFZG [4. Aufl 1999] § 616 BGB Rn 5). Die Vorschrift gilt nicht nur bei einer **Berufsausbildung** im Sinne des **§ 1 Abs 2 BBiG,** sondern auch für andere Personen, die eingestellt werden, um berufliche Kenntnisse, Fertigkeiten oder Erfahrungen zu erwerben
(§ 19 BBiG). Ebenso wie § 616 S 1 verlangt § 12 Abs 1 S 1 Nr 2 lit b BBiG für den
Fortbestand des Vergütungsanspruchs einen „in seiner Person liegenden Grund". Die
Regelung im Berufsbildungsgesetz weist im Vergleich zu § 616 S 1 jedoch die Besonderheit auf, daß die Vergütung nicht nur für Dienstverhinderungen fortzuzahlen
ist, die „eine verhältnismäßig nicht erhebliche Zeit" in Anspruch nehmen, sondern
§ 12 Abs 1 S 1 Nr 2 BBiG erhält die Vergütung „bis zur Dauer von sechs Wochen"
aufrecht und geht damit über § 616 S 1 hinaus (ErfKomm/SCHLACHTER § 12 BBiG Rn 6
sowie SCHMITT, EFZG [4. Aufl 1999] § 12 BBiG Rn 84 und 95 ff; zur Problematik der zeitlichen
Grenze bei Berufsausbildungsverhältnissen s auch u Rn 93).

26 Da § 616 S 1 ohne Einschränkungen alle „in der Person des Dienstverpflichteten
liegenden Gründe" erfaßt, ist die Vergütung nach dieser Vorschrift auch im **Krankheitsfall** fortzuzahlen (s u Rn 54 f). Im Unterschied zu § 616 Abs 3 aF fehlt in § 616 eine
ausdrückliche Vorschrift für das Konkurrenzverhältnis zu den speziellen Vorschriften
für die Entgeltfortzahlung im Krankheitsfall. Gleichwohl sind die **Vorschriften des
Entgeltfortzahlungsgesetzes** bzw die diesbezüglichen Normen des **Seemannsgesetzes
vorrangig** (ebenso PALANDT/PUTZO § 616 Rn 2), sie sind nach ihrem Zweck als **abschließende Sonderregelung** für den dort erfaßten Verhinderungsgrund „Krankheit" zu
bewerten, deren speziellen Wertungen nicht durch einen Rückgriff auf die lex generalis in § 616 unterlaufen werden dürfen. Zweifelhaft ist indes – ebenso wie zu der
früheren Rechtslage – die **konkrete Reichweite** des Spezialitätsverhältnisses. Es erstreckt sich – entsprechend der zu § 616 Abs 3 aF vorherrschenden Ansicht (s STAU-
DINGER/OETKER[12] § 616 Rn 154 mwN) – nur auf **zur Arbeitsunfähigkeit führende Erkrankungen;** eine zur Arbeitsverhinderung führende Erkrankung, die nicht zugleich die
Arbeitsunfähigkeit des Arbeitnehmers bewirkt, unterliegt nicht § 3 Abs 1 S 1 EFZG
(s u Rn 209), so daß die lex specialis nicht den Rückgriff auf § 616 S 1 versperrt.

27 Neben den generalklauselartig formulierten Grundtatbeständen in § 616 S 1 und § 12
Abs 1 S 1 Nr 2 lit b BBiG sehen zahlreiche Spezialbestimmungen für **bestimmte
Dienstverhinderungsgründe besondere Regelungen** vor, die den Dienstberechtigten
abweichend von der allgemeinen Vorschrift des § 326 Abs 1 S 1 ebenfalls zur Fortzahlung der Vergütung verpflichten, obwohl der Dienstverpflichtete keine Dienstleistung erbringt. Im Einzelfall kann die Feststellung einer verdrängenden Wirkung
durch eine „lex specialis" jedoch mit schwer lösbaren Auslegungsproblemen verbunden sein (exemplarisch BAG [GS] AP Nr 21 zu § 616 BGB).

28 Will die **spezielle Gesetzesbestimmung** den Lebenssachverhalt abschließend regeln,
so verdrängt sie den Grundtatbestand in § 616 S 1 vollständig und nicht nur soweit sie
günstiger ist; im Verhältnis zwischen verschiedenen Gesetzen findet **kein Günstig-**

keitsvergleich statt (BAG [GS] AP Nr 21 zu § 616 BGB). Anderenfalls könnte der Gesetzgeber eine bestehende allgemeine gesetzliche Regelung nur zugunsten der Normunterworfenen durch spezielle Vorschriften korrigieren (treffend BAG [GS] AP Nr 21 zu § 616 BGB, unter Bezugnahme auf das Ordnungsprinzip). Die verdrängende Wirkung der „lex specialis" greift indes nur ein, soweit im Hinblick auf den von ihr strukturierten Lebenssachverhalt ihr gegebenenfalls im Wege der Auslegung zu ermittelnder **Anwendungsbereich** reicht. In den übrigen Fällen einer persönlichen Dienstverhinderung bleibt § 616 S 1 uneingeschränkt anwendbar.

Neben den Bestimmungen zur Entgeltfortzahlung im Krankheitsfall (hierzu u **29** Rn 162 ff) sind vor allem folgende **Spezialvorschriften** zu beachten, die für den jeweils umschriebenen Lebenssachverhalt nach ihrer Zielsetzung den Charakter einer abschließenden Regelung haben und den subsidiären Rückgriff auf die allgemeinen Grundtatbestände in den §§ 616 S 1, 12 Abs 1 S 1 Nr 2 lit b BBiG ausschließen:
- §§ 1 und 2 EFZG für die **Entgeltfortzahlung an Feiertagen;**
- **Mindesturlaubsgesetz** für Arbeitnehmer;
- Freistellungsansprüche wegen der **Wahrnehmung gesetzlich definierter Aufgaben und Befugnisse** (zB Betriebsratstätigkeit [§ 37 Abs 2, 6 und 7 BetrVG], Personalratstätigkeit [§ 46 Abs 2 BPersVG bzw entsprechende landesrechtliche Bestimmungen], Wahl von Betriebs- und Personalräten [§ 20 Abs 3 S 2 BetrVG, § 24 Abs 2 S 2 BPersVG], Betriebsärzte und Fachkräfte für Arbeitssicherheit [§§ 2 Abs 2, § 5 Abs 3 ArbSichG], Vertrauensperson der Schwerbehinderten [§ 96 Abs 4 SGB IX]);
- **Gesundheitsschutz** (zB ärztliche Untersuchungen bei Jugendlichen [§ 43 JArbSchG] und im Rahmen der Mutterschaftshilfe [§ 16 MuSchG], Beschäftigungsverbote bei werdenden Müttern [§ 11 MuSchG]);
- **Aus- und Fortbildung** (zB Bildungsurlaubsgesetze [Berlin, Brandenburg, Bremen, Hamburg, Hessen, Niedersachsen, Nordrhein-Westfalen, Rheinland-Pfalz, Saarland, Sachsen-Anhalt, Schleswig-Holstein], **Berufsschulunterricht** und **Prüfungsteilnahme** [§ 12 Abs 1 S 1 Nr 1 BBiG iVm § 7 BBiG, §§ 9 und 10 JArbSchG]);
- **Öffentlich-rechtliche Pflichten** (zB Grundwehrdienst, Wehrübungen und entsprechende Meldepflichten [§§ 1 Abs 2, 11 Abs 1, 14 Abs 1 ArbPlSchG]).

IV.   Voraussetzungen der Vergütungsfortzahlung

1.   Dienstverhältnis

Die Durchbrechung des Grundsatzes in § 326 Abs 1 S 1 ordnet § 616 S 1 unabhängig **30** von der konkreten (sozialen) Schutzbedürftigkeit für **alle Dienstverhältnisse** an. In den Anwendungsbereich der Vorschrift sind in erster Linie diejenigen Personen einbezogen, die nicht dem personellen Schutzbereich arbeitsrechtlicher Bestimmungen unterliegen. Den Vergütungsanspruch erhält § 616 S 1 insbesondere bei **freien Mitarbeitern** (ebenso BGH LM § 632 BGB Nr 17 = NJW 1995, 2629; ErfKomm/Dörner § 616 BGB Rn 3; Soergel/Kraft § 616 Rn 7; Schaub, Arbeitsrechts-Handbuch [9. Aufl 2000] § 97 Rn 2; Schmitt, EFZG [4. Aufl 1999] § 616 BGB Rn 5), **Organmitgliedern** einer juristischen Person im Hinblick auf den von ihnen regelmäßig abgeschlossenen **Anstellungsvertrag** (Baums, Der Geschäftsleitervertrag [1987] 57 f; Boemke ZfA 1998, 215, 225; Fleck, in: FS Hilger/Stumpf [1983] 217; Gissel, Arbeitnehmerschutz für den GmbH-Geschäftsführer [1987] 133 f; Soergel/Kraft § 616 Rn 7; Hachenburg/Stein, GmbH-Gesetz [8. Aufl 1996] § 35 Rn 207; Baum-

BACH/HUECK/ZÖLLNER, GmbH-Gesetz [17. Aufl 2000] § 35 Rn 98; iE auch BGHZ 10, 52 f) und **arbeitnehmerähnlichen Personen** (ErfKomm/DÖRNER § 616 BGB Rn 3; GÖPPNER 71 f; SOERGEL/KRAFT § 616 Rn 7; KUNZ/WEDDE, EFZR § 616 BGB Rn 6; SCHMITT, EFZG [4. Aufl 1999] § 616 BGB Rn 5) aufrecht.

31   Eine entsprechende Anwendung des § 616 auf **Werkverträge** kommt nicht in Betracht (ebenso SOERGEL/KRAFT § 616 Rn 7; MünchKomm/SCHAUB § 616 Rn 3; allg KONZEN/RUPP 132), anders indes bei **typengemischten Verträgen** hinsichtlich des dienstvertraglichen Elements (vgl zB BAG AP Nr 5 zu § 616 BGB für den Heuerlingsvertrag).

32   Besitzt die Dienstleistung eine **gesellschaftsrechtliche Grundlage,** so ist eine entsprechende Anwendung des § 616 allenfalls dann zu erwägen, wenn die Dienstleistung mit einer von der Gesellschaft gezahlten Gegenleistung korrespondiert (SCHNORR V CAROLSFELD, in: FS Hueck [1959] 274).

33   Bei **Handelsvertreterverträgen** ist § 616 nicht anwendbar, wenn als **Vergütung ausschließlich** eine **Provision** geschuldet ist, da die Durchbrechung des Synallagmas in § 616 S 1 nicht mit dem vergütungsrechtlichen Leitbild des Handelsvertreterrechts vereinbar ist. Eine abweichende Würdigung kommt auch bei einer **atypischen Vergütungsabrede** in Gestalt eines monatlichen Fixums nicht in Betracht, da dieses unabhängig von der Tätigkeit gezahlt wird und deshalb nach seinem Zweck bei einer vorübergehenden Dienstverhinderung nicht gekürzt werden darf. Diese Rechtsfolge resultiert jedoch nicht aus § 616 S 1, sondern aus einer teleologischen Auslegung der Vergütungsabrede (iE wie hier HEYMANN/KÖTTER, HGB [4. Aufl 1971] § 86 Anm 1; im Grundsatz auch KÜSTNER, Das Recht des Handelsvertreters [1979] Rn 91, der jedoch Bezirksvertreter iSv § 87 Abs 2 HGB in den Anwendungsbereich des § 616 einbezieht; ebenso LÖWISCH, in: Ebenroth/Boujong/Joost, HGB [2001] § 84 Rn 46; ohne Stellungnahme BGHZ 41, 133).

34   Nach dem Gesetzeswortlaut erfaßt § 616 auch **Arbeitsverhältnisse,** jedoch verdrängen bei ihnen häufig spezielle arbeitsrechtliche Bestimmungen § 616 nach allgemeinen Konkurrenzgesichtspunkten. Das betrifft insbesondere die zur Arbeitsunfähigkeit führende krankheitsbedingte Arbeitsverhinderung; insoweit ist vor allem auf die für alle Arbeitnehmer geltenden §§ 3 ff EFZG sowie auf § 12 Abs 1 S 2 BBiG für Auszubildende hinzuweisen (zum Konkurrenzverhältnis o Rn 24 ff). Die früher geltenden Sonderregeln für **Angestellte des Bergbaus** hob das am 1. 1. 1982 in Kraft getretene Bundesberggesetz auf; statt dessen sind im Krankheitsfall die Bestimmungen des Entgeltfortzahlungsgesetzes auch bei diesen Arbeitnehmern anzuwenden. Erfüllt die Arbeitsverhinderung nicht die Voraussetzungen der spezialgesetzlichen Normen, so ist stets im Wege der Auslegung zu ermitteln, ob die Spezialregelung den Lebenssachverhalt abschließend ordnet und damit den Rückgriff auf die allgemeine Vorschrift des § 616 S 1 ausschließt.

35   Mit Ausnahme der zur Arbeitsunfähigkeit führenden Erkrankung (s §§ 3 ff EFZG) ist § 616 **bei Arbeitsverhältnissen ohne Einschränkungen** anzuwenden. Das gilt auch bei Arbeitsverhältnissen mit **Arbeit auf Abruf** bzw **kapazitätsorientierter variabler Arbeitszeit** (§ 12 TzBfG), wenn die Arbeitsleistung bereits abgerufen, aber noch nicht erbracht wurde. Für eine in den übrigen Fällen eingreifende fiktive Dienstverhinderung fehlt eine tragfähige Rechtsgrundlage, solange das vertraglich geschuldete Arbeitszeitvolumen noch realisiert werden kann (so auch zu Art 1 § 4 BeschFG 1985 Lö-

WISCH/SCHÜREN BB 1984, 930; MARIENHAGEN/KÜNZL § 3 EFZG Rn 25; weitergehend jedoch MEYER, Kapazitätsorientierte Variable Arbeitszeit [1989] 128 ff; ArbG Elmshorn BB 1994, 360; krit auch SCHWERDTNER NZA 1985, 583; zum Meinungsstand ErfKomm/PREIS § 4 BeschFG Rn 43). Beim **job-sharing** (§ 13 TzBfG) findet § 616 uneingeschränkt Anwendung, lediglich die Unzumutbarkeit der Dienstleistung (u Rn 46 f) wird bei dieser Ausgestaltung des Arbeitsverhältnisses häufig fehlen (vgl DANNE, Das Job-sharing [1986] 79 f; SCHÜREN, Job Sharing [1983] Rn 325 f, jeweils zu Art 1 § 5 BeschFG 1985 sowie näher ZIETSCH NZA 1997, 526 ff). Wegen fehlender spezieller Regelungen im Seemannsgesetz gilt § 616 auch für **seemännisch Beschäftigte** (SCHMITT, EFZG [4. Aufl 1999] § 616 BGB Rn 5), sofern bezüglich dieser Arbeitnehmergruppe nicht die Sonderregelungen zur Entgeltfortzahlung im Krankheitsfall (§§ 48, 52 a, 78 Abs 1 SeemG) eingreifen.

Bei **Heimarbeitern** verdrängt § 10 EFZG die allgemeine Regelung des § 616 (ERMAN/ **36** BELLING § 616 Rn 9; SOERGEL/KRAFT § 616 Rn 7; THOME 12 f). Das gilt nicht nur für eine Verhinderung der Arbeitsleistung infolge **Krankheit,** sondern für **alle Sachverhalte,** in denen der Heimarbeiter seine Dienstleistung aus persönlichen Gründen nicht erbringen kann.

Bei Arbeitsverhältnissen sind neben gesetzlichen Vorschriften zusätzlich **tarifvertrag-** **37** **liche Bestimmungen** zu beachten, die nicht nur die Entgeltfortzahlung im Krankheitsfall ausgestalten, sondern vor allem die „verhältnismäßig nicht erheblichen" Dienstverhinderungen konkretisieren (s u Rn 146 f).

Die Vergütungspflicht erhält § 616 S 1 bei jedem Dienstverhältnis aufrecht. Es muß – **38** wie sich im Umkehrschluß aus § 617 Abs 1 S 1 sowie der Entstehungsgeschichte (s o Rn 2) ergibt – **nicht** die besondere Qualität eines **„dauernden" Dienstverhältnisses** aufweisen (MEDICUS, Schuldrecht II [10. Aufl 2000] § 97 III 2 b aa; PALANDT/PUTZO § 616 Rn 2). Der **zeitliche Umfang der Dienstleistung** ist für § 616 unerheblich. Die Vorschrift erfaßt auch solche Arbeitsverhältnisse, die die **sozialversicherungsrechtliche Geringfügigkeitsgrenze** (§ 8 SGB IV) oder eine wöchentliche Arbeitszeit von 8 bzw 10 Stunden nicht überschreiten. Eine Beschränkung der Norm auf Dienstverhältnisse, die die Erwerbstätigkeit des Dienstverpflichteten vollständig oder hauptsächlich in Anspruch nehmen, wurde entgegen den Vorschlägen der I. Kommission nicht in das Gesetz aufgenommen (s o Rn 2), sie erfuhren nur in § 617 Abs 1 S 1 eine normative Anerkennung.

Auf **Art und Form der Vergütung** kommt es – wie die Entstehungsgeschichte der **39** Vorschrift belegt (o Rn 3) – für den Anwendungsbereich der Norm nicht an (ebenso RAG ARS 29, 8).

Zweifelhaft ist die Anwendung des § 616 bei Dienstverträgen, die auf **Einzelleistun-** **40** **gen** gerichtet sind (vgl zB ERMAN/BELLING § 616 Rn 16; LARENZ, Schuldrecht II/1 [13. Aufl 1986] § 52 II b; MEDICUS, Schuldrecht II [10. Aufl 2000] § 97 III 2 b aa; ESSER/WEYERS, Schuldrecht II/1 [8. Aufl 1998] § 29 II 3). Solange die **Leistung pro rata temporis** (zB bei Unterrichtsstunden) und nicht ein zeitunabhängiges Tätigwerden geschuldet wird, können derartige Dienstverhältnisse – wie die Entstehungsgeschichte (o Rn 3) zeigt – nicht aus dem Anwendungsbereich der Norm ausgeschlossen werden. Deshalb kann bei Unterrichtsstunden die volle Vergütung verlangt werden, wenn die Stunde mit einer geringfügigen Verspätung beginnt (ebenso ERMAN/BELLING § 616 Rn 51), nicht hingegen, wenn die Unterrichtsleistung vollständig ausbleibt. In Erwägung zu ziehen ist allerdings, daß die Pflicht zur Vergütungsfortzahlung konkludent (zB durch die Art der Vergütung) abbedungen wurde (s u Rn 148).

41 § 616 S 1 erhält die Vergütungspflicht nur aufrecht, wenn zwischen den Parteien im **Zeitpunkt des Verhinderungsfalles** ein Dienstverhältnis besteht. Mit dessen **Beendigung** scheidet eine Aufrechterhaltung des Vergütungsanspruchs auch dann aus, wenn der Verhinderungsgrund fortbesteht, da § 616 S 1 nur dazu führt, daß ein an sich bestehender Vergütungsanspruch wegen der Verhinderung entfällt (SOERGEL/KRAFT § 616 Rn 11; PALANDT/PUTZO § 616 Rn 11). Unterbleibt eine Vergütung wegen der Beendigung des Dienstverhältnisses, so kann kein Vergütungsanspruch aufrechterhalten werden. Eine Ausnahme gilt nur, wenn die **Dienstverhinderung infolge einer Erkrankung** eintritt. In diesem Fall verlängert § 8 EFZG für die von dieser Norm erfaßten **Arbeitsverhältnisse** (s darüber auch § 12 Abs 1 S 2 BBiG, § 48 Abs 1 SeemG) die Pflicht des Arbeitgebers zur Vergütungsfortzahlung (näher hierzu u Rn 370 ff). Diese Durchbrechung des allgemeinen Grundsatzes beruht auf dem spezifischen Zweck der Vergütungsfortzahlung im Krankheitsfall (s u Rn 373) und ist bei **anderen persönlichen Dienstverhinderungen** nicht entsprechend anwendbar.

42 Wurde das Dienstverhältnis **fehlerhaft begründet,** so ist dieses bis zu einer Beendigungserklärung wie ein wirksam entstandenes Vertragsverhältnis zu behandeln. § 616 gilt deshalb auch bei fehlerhaften Dienst- und Arbeitsverhältnissen bis zu deren Beendigung (ERMAN/BELLING § 616 Rn 18; MünchArbR/BOEWER § 80 Rn 10; FIKENTSCHER, Schuldrecht [9. Aufl 1997] § 79 IV 2 a; HROMADKA/MASCHMANN, Arbeitsrecht 1 [2. Aufl 2002] 299; BGB-RGRK/MATTHES § 616 Rn 11; MünchArbR/SCHAUB § 616 Rn 9; JAUERNIG/SCHLECHTRIEM § 616 Rn 2).

43 Wird der Arbeitnehmer **während eines Kündigungsschutzprozesses** beschäftigt, so ist nach den verschiedenen **Rechtsgrundlagen** für die Weiterbeschäftigung zu differenzieren. Erfolgt die Weiterbeschäftigung nach **§ 102 Abs 5 BetrVG,** so bleibt § 616 anwendbar (ERMAN/BELLING § 616 Rn 19; MünchArbR/BOEWER § 80 Rn 10; HROMADKA/MASCHMANN, Arbeitsrecht 1 [2. Aufl 2002] 299; SOERGEL/KRAFT § 616 Rn 7; MünchKomm/SCHAUB § 616 Rn 11). Das gilt auch, wenn der Arbeitgeber aufgrund eines **allgemeinen Weiterbeschäftigungsanspruches** zur Beschäftigung verpflichtet ist und hierfür ausdrücklich oder konkludent mit dem Arbeitnehmer einen durch den rechtskräftigen Verfahrensabschluß **auflösend bedingten Arbeitsvertrag** abschließt (ERMAN/BELLING § 616 Rn 19; MünchArbR/BOEWER § 80 Rn 10; HROMADKA/MASCHMANN, Arbeitsrecht 1 [2. Aufl 2002] 299; MünchKomm/SCHAUB § 616 Rn 10).

44 Beschäftigt der Arbeitgeber den Arbeitnehmer zur **Abwendung einer angedrohten Zwangsvollstreckung** ohne vertragliche Grundlage, so differenziert das Bundesarbeitsgericht nach dem späteren **Ausgang des Kündigungsschutzprozesses.** Wird rechtskräftig festgestellt, daß die Kündigung das **Arbeitsverhältnis nicht beendete,** so stand dem Arbeitnehmer aufgrund des uneingeschränkt fortbestehenden Arbeitsverhältnisses der Vergütungsanspruch auch bei einer persönlichen Dienstverhinderung zu (MünchKomm/SCHAUB § 616 Rn 10). Das gilt jedoch nicht bei einer **rechtskräftigen Abweisung der Kündigungsschutzklage.** Nach Ansicht des Bundesarbeitsgerichts liegt für die tatsächlich erbrachte **Arbeitsleistung kein Rechtsgrund** vor, so daß die Rechtsbeziehungen **ausschließlich** nach **Bereicherungsrecht rückabzuwickeln** sind (so seit BAG

AP Nr 1 zu § 611 BGB Weiterbeschäftigung). Vergütung in Gestalt des Wertersatzes (§ 818 Abs 2) schuldet der Arbeitgeber nach diesem konzeptionellen Ansatz nur für tatsächlich erbrachte Arbeitsleistungen, so daß während **Zeiten krankheitsbedingter Arbeitsverhinderung** kein Anspruch auf Wertersatz entsteht (so in der Konsequenz zB BARTON/HÖNSCH NZA 1987, 725; BERKOWSKY BB 1986, 798; MünchArbR/BOECKEN § 83 Rn 18 f; FEICHTINGER, Entgeltfortzahlung Rn 30; R GEFFERT, Beschäftigung wider Willen [1994] 193 ff; KONZEN, in: FS Hyung-Bae Kim [1995] 82; LIEB, Arbeitsrecht [7. Aufl 2000] § 4 IV 2; R SCHULZ, Rechtliche Folgeprobleme der Entscheidung des Großen Senats des Bundesarbeitsgerichts zum Allgemeinen Weiterbeschäftigungsanspruch [1993] 210 f; STAHLHACKE/PREIS/VOSSEN, Kündigung und Kündigungsschutz im Arbeitsverhältnis [7. Aufl 1999] Rn 1316; WALKER DB 1988, 1599; **aA** jedoch GAMILLSCHEG, in: FS Dieterich [1999] 200; SCHWERDTNER, in: BRILL/SCHWERDTNER, Aktuelle Rechtsfragen zum Weiterbeschäftigungsanspruch gekündigter Arbeitnehmer [1986] 77; sowie bereits BEUTHIEN RdA 1969, 171). Für die **persönliche Dienstverhinderung** im Sinne des § 616 S 1 kann kein anderes Resultat gelten (so ausdrücklich ERMAN/BELLING § 616 Rn 19; BENGELSDORF SAE 1987, 265; HROMADKA/MASCHMANN, Arbeitsrecht 1 [2. Aufl 2002] 299; SOERGEL/KRAFT § 616 Rn 7; ebenso PALLASCH, Der Beschäftigungsanspruch des Arbeitnehmers [1993] 133). Diejenigen Stimmen im Schrifttum, die bei einer erzwungenen Weiterbeschäftigung für ein „faktisches" Arbeitsverhältnis plädieren, gelangen indes zur Anwendung des § 616 S 1 (so zB MünchKomm/SCHAUB [2. Aufl] § 616 Rn 10; ebenso im Ergebnis BÜRING, Die Rechtsfolgen des allgemeinen Weiterbeschäftigungsanspruchs [Diss Münster 1995] 135 ff; MünchArbR/WANK § 121 Rn 109, die die Rechtsfolgen aus § 102 Abs 5 BetrVG [hierzu o Rn 43] entnehmen; anders jedoch HANAU/ADOMEIT, Arbeitsrecht [11. Aufl 1994] 253, die ein eingeschränktes faktisches Arbeitsverhältnis befürworten und alle Leistungen ausschließen, die kein Entgelt für eine bestimmte Arbeitsleistung sind).

2.   Verhinderungstatbestand

a)   Dienstverhinderung

Das Gesetz erhält den Vergütungsanspruch nur aufrecht, wenn der Dienstverpflich- **45** tete „an der Dienstleistung verhindert ist". Eine Dienstverhinderung liegt nach dem Gesetzeswortlaut stets vor, wenn der Dienstverpflichtete seine Dienstleistung nicht erbringen kann, obwohl er hierzu vertraglich verpflichtet ist. Sie entfällt deshalb, wenn der in der Person des Arbeitnehmers liegende Grund während einer sog Gleitzeit eintritt (BAG AP Nr 5 zu § 52 BAT; LAG Köln LAGE § 616 BGB Nr 7).

Bei grammatikalischer Betrachtung umfaßt die „Dienstverhinderung" im Sinne des **46** § 616 S 1 zunächst die Sachverhalte einer **tatsächlichen Unmöglichkeit** der Arbeitsleistung (ERMAN/BELLING § 616 Rn 21; MünchArbR/BOEWER § 80 Rn 13; ErfKomm/DÖRNER § 616 BGB Rn 4; SOERGEL/KRAFT § 616 Rn 13; THOME 41 f). In dieser Konstellation wird der Dienstverpflichtete von seiner Leistungspflicht frei (§ 275 Abs 1); den Untergang des Vergütungsanspruches nach § 326 Abs 1 S 1 verhindert § 616 S 1.

Rechtsprechung und Literatur beschränken den Anwendungsbereich des § 616 nicht **47** auf die Fälle einer tatsächlichen Unmöglichkeit, sondern gehen von einem **weiten Verständnis der Dienstverhinderung** aus, das auch alle sonstigen Sachverhalte umfaßt, in denen dem Dienstverpflichteten die **Erbringung der Dienstleistung** während des vertraglich vorgesehenen Zeitraums wegen einer Kollision mit höherrangigen rechtlichen oder sittlichen Pflichten **unzumutbar** ist (BAG AP Nr 23, 43, 48, 58 und 59 zu § 616 BGB; BAG AP Nr 21 und 22 zu § 63 HGB; BAG AP Nr 22 zu § 1 TVG Tarifverträge: Metallindustrie;

AMMERMÜLLER DB 1974, 189; ERMAN/BELLING § 616 Rn 24; MünchArbR/BOEWER § 80 Rn 13; BRILL AR-Blattei, Arbeitsausfall IV, B II 2; ErfKomm/DÖRNER § 616 BGB Rn 4; FABRICIUS, Leistungsstörungen im Arbeitsverhältnis [1970] 107; HROMADKA/MASCHMANN, Arbeitsrecht 1 [2. Aufl 2002] 299; KONZEN/RUPP 128 ff, 131 ff; SOERGEL/KRAFT § 616 Rn 13; KUNZ/WEDDE, EFZR § 616 BGB Rn 7; BGB-RGRK/MATTHES § 616 Rn 11; NIKISCH I § 43 I 2; MünchKomm/SCHAUB § 616 Rn 14; SCHIMANA AuR 1956, 322 f; SCHNORR V CAROLSFELD Anm zu BAG AP Nr 43 zu § 616 BGB).

48 Dieser Ausdehnung des Anwendungsbereichs ist im Grundsatz zuzustimmen, allerdings bleibt der konstruktive Begründungsansatz klärungsbedürftig. Während Teile des Schrifttums für eine Anknüpfung an das Tatbestandsmerkmal „ohne sein Verschulden" plädieren (so zB SCHNORR V CAROLSFELD Anm zu BAG AP Nr 43 zu § 616 BGB), liefert ein teleologisches und systematisches Verständnis der „Dienstverhinderung" einen dogmatisch überzeugenderen Zugang zur Konkretisierung des Tatbestandsmerkmals. Der Begriff der Dienstverhinderung umfaßt nach seinem natürlichen Wortsinn alle Sachverhalte, in denen der Dienstverpflichtete seine Dienstleistung nicht erbringt und dies an sich dazu führt, daß er den Vergütungsanspruch gemäß § 326 Abs 1 S 1 verliert. Bis zum Inkrafttreten des Schuldrechtsmodernisierungsgesetzes ergab sich dies aus § 323 Abs 1 aF, da der Anspruch auf die Gegenleistung nicht nur im Falle einer Unmöglichkeit entfiel, sondern auch bei einer Unzumutbarkeit, insbesondere dann, wenn der Schuldner die Unmöglichkeit aufgrund einer Kollision mit höherrangigen Pflichten willentlich herbeigeführt hat und die Kollisionslage für den Dienstverpflichteten nicht abwendbar war (STAUDINGER/LÖWISCH [1995] § 276 Rn 10 ff; sowie allg HENSSLER AcP 190 [1990] 538 ff; KONZEN/RUPP 138 ff mwN). Im Grundsatz beansprucht dieses Verständnis auch nach der Umgestaltung des Leistungsstörungsrechts Gültigkeit, da der Vergütungsanspruch des Dienstverpflichteten nach § 326 Abs 1 S 1 nicht nur bei einer Unmöglichkeit der Dienstleistung, sondern auch dann entfällt, wenn dem Dienstverpflichteten ein Leistungsverweigerungsrecht im Sinne des § 275 Abs 2 und 3 zusteht. Die Fälle der zur Unzumutbarkeit führenden Leistungshindernisse werden nunmehr in § 275 Abs 3 ausdrücklich erfaßt, so daß die bislang notwendige Integration der Unzumutbarkeitsmaxime in den Unmöglichkeitsbegriff entbehrlich ist.

49 Da die Unzumutbarkeit der Dienstleistung aus einer Kollision mit höherrangigen Pflichten resultiert, geht eine **generelle Ausdehnung** des Normprogramms durch den Rückgriff auf eine **„grundrechtsgeleitete Interpretation",** die auch die Ausübung grundrechtlich geschützter Positionen als eine Dienstverhinderung im Sinne des § 616 S 1 begreift (hierfür KEMPEN, ArbRGegW 25 [1988] 87 ff), über den Zweck der Vorschrift hinaus (ablehnend auch LAG Schleswig-Holstein LAGE § 611 BGB Abmahnung Nr 39; ERMAN/BELLING § 616 Rn 28). Es stünde nicht mehr die Kollision von Pflichten im Vordergrund, sondern die Pflicht zur Dienstleistung kollidiert mit der Wahrnehmung grundrechtlich verbürgter Rechtspositionen. Dies mag im Einzelfall zu einem Anspruch aus den arbeitsvertraglichen Nebenpflichten auf unbezahlte Freistellung führen (s STAUDINGER/RICHARDI [1999] § 611 Rn 362), rechtfertigt aber nicht die Durchbrechung des arbeitsvertraglichen Synallagmas. Für **kurzzeitige Gewissenskonflikte** gilt das ebenfalls (s u Rn 69).

50 Wegen des Rückgriffs auf das Leistungsverweigerungsrecht in § 275 Abs 3 (o Rn 48) kann die Unzumutbarkeit der Dienstleistung nicht isoliert im Hinblick auf die Bedeutung des Anlasses für den Dienstverpflichteten ermittelt werden. Erforderlich ist

vielmehr eine **Abwägung,** die sich nicht einseitig an den Belangen des Dienstverpflichteten orientieren darf, sondern in die auch das Interesse des Dienstberechtigten
an der Dienstleistung einzubeziehen ist (so mit Recht hervorgehoben von BAG AP Nr 23 zu
§ 616 BGB; SOERGEL/KRAFT § 616 Rn 17). Diese Abwägung ist nicht mit der Frage zu
verwechseln, ob dem Dienstverpflichteten ein vertraglicher Anspruch auf unbezahlte
Freistellung von der Pflicht zur Dienstleistung zusteht (BAG AP Nr 41 zu § 616 BGB).

Zweifelhaft ist der rechtliche **Stellenwert anderweitiger Ansprüche auf bezahlte Frei-** 51
stellung von der Dienstleistung (zB Erholungsurlaub bei Arbeitsverhältnissen) für
die Abwägung, wenn deren Geltendmachung dazu führt, daß der Dienstverpflichtete
in gleicher Weise seine rechtlichen oder sittlichen Pflichten erfüllen könnte (kritisch
schon MEISEL SAE 1979, 93; s auch BEITZKE SAE 1980, 5). Solange allein darauf abgestellt
wird, ob die Erbringung der Dienstleistung wegen der Erfüllung höherrangiger
Pflichten unzumutbar ist, scheint für eine Einbeziehung dieser Ansprüche kein
Raum zu bestehen. Im Hinblick auf die besondere Rechtsfolge des § 616 S 1 ist
jedoch zu erwägen, daß eine zur Vergütungsfortzahlung nach dieser Vorschrift führende Unzumutbarkeit im Sinne des § 275 Abs 3 nur vorliegt, wenn die Geltendmachung anderweitiger Ansprüche auf bezahlte Freistellung von der Dienstleistung
für den Dienstverpflichteten nicht zumutbar ist (ebenso ERMAN/BELLING § 616 Rn 24, der
die Zumutbarkeit der finanziellen Lastenzuweisung hervorhebt und hierfür auch auf anderweitige
Freistellungsansprüche verweist).

Wegen der systematischen Verknüpfung zwischen § 616 S 1 und § 326 Abs 1 S 1 ist 52
nicht jedwede Dienstverhinderung in den Anwendungsbereich des § 616 S 1 einzubeziehen, die ihre Ursache in den persönlichen Verhältnissen des Dienstverpflichteten besitzt. Da § 616 die Grundnorm in § 326 Abs 1 S 1 durchbricht, kommen nur
solche Dienstleistungshindernisse in Betracht, die **vom Dienstverpflichteten** bei einer
ausschließlichen Anwendung des § 326 Abs 1 S 1 **nicht zu vertreten** sind. Das gilt
sowohl für die Fälle der Unmöglichkeit als auch für diejenigen der Unzumutbarkeit,
da ein Leistungsverweigerungsrecht regelmäßig ausscheidet, wenn der Schuldner das
Leistungshindernis zu vertreten hat. § 616 soll nur solche Vergütungsansprüche aufrechterhalten, die anderenfalls nach der Grundregel des § 326 Abs 1 S 1 entfallen
würden. Geht der Vergütungsanspruch nach § 326 Abs 1 S 1 unter, weil der **Dienst-**
verpflichtete die Dienstverhinderung **zu vertreten** hatte, so wird der Vergütungsanspruch nicht über § 616 S 1 aufrechterhalten (GK-EFZR/BIRK § 1 LFZG Rn 7; ebenso
PALANDT/PUTZO § 616 Rn 3). Dies folgt neben einem systematischen Normverständnis
aus der tatbestandlichen Voraussetzung des § 616 S 1, daß der Dienstverpflichtete
„ohne sein Verschulden" an der Dienstleistung verhindert sein muß.

b)   Personaler Zusammenhang
aa)   Allgemeines
Die Vergütungspflicht des Dienstberechtigten erhält § 616 S 1 nur aufrecht, wenn die 53
Dienstverhinderung in der **persönlichen Sphäre** des Dienstverpflichteten begründet
liegt. Ein Zusammenhang mit **persönlichen Eigenschaften** ist **nicht erforderlich** (BAG
AP Nr 48 und 58 zu § 616 BGB; BRILL AR-Blattei, Arbeitsausfall IV, B II 2; ErfKomm/DÖRNER § 616
BGB Rn 5; PLANCK/GUNKEL § 616 Anm 2b; HROMADKA/MASCHMANN, Arbeitsrecht 1 [2. Aufl 2002]
300; HUECK/NIPPERDEY I § 44 III 1 a bb Fn 21; SOERGEL/KRAFT § 616 Rn 13; MISERA SAE 1983, 152;
MünchKomm/SCHAUB § 616 Rn 12; SCHIMANA AuR 1956, 322; SCHOOF, in: Kittner/Zwanziger [Hrsg],
Arbeitsrecht [2001] § 55 Rn 5), er steht der Anwendung des § 616 S 1 aber auch nicht

entgegen. Zu weit geht eine „grundrechtsgeleitete Interpretation des Person-Begriffs" in § 616 S 1 (hierfür KEMPEN ArbRGegW 25 [1988] 87 ff), da diese nicht mehr an die Person, sondern an die Grundrechtsausübung anknüpft. Sofern nicht spezielle gesetzliche (o Rn 29) oder tarifvertragliche Vorschriften (s u Rn 146 f) für einzelne Sachverhalte den Anspruch auf die Vergütung aufrechterhalten, kommt § 616 S 1 vor allem bei folgenden Verhinderungsgründen in Betracht:

bb) Krankheit des Dienstverpflichteten

54   Die Erkrankung des Dienstverpflichteten und die hieraus folgende Unmöglichkeit oder Unzumutbarkeit im Hinblick auf die vertraglich geschuldete Dienstleistung ist stets ein in der Person liegender Grund und bildete ursprünglich den Hauptanwendungsfall der Vorschrift (MünchArbR/BOECKEN § 82 Rn 3; GAMILLSCHEG, Arbeitsrecht I [8. Aufl 2000] 365; SOERGEL/KRAFT § 616 Rn 12; SCHULIN ZfA 1978, 229). Während das Entgeltfortzahlungsgesetz (hierzu u Rn 162 ff) diesen Verhinderungsgrund für Arbeitsverhältnisse spezialgesetzlich weitgehend abschließend strukturiert, besitzt § 616 S 1 diesbezüglich für solche Dienstverhältnisse seinen vornehmlichen Anwendungsbereich, die nicht die Rechtsnatur eines Arbeitsverhältnisses aufweisen (exemplarisch für freie Mitarbeiter BGH LM § 632 BGB Nr 17 = ZIP 1995, 1280 f sowie ERMAN/BELLING § 616 Rn 4, 22; für den GmbH-Geschäftsführer FLECK, in: FS Hilger/Stumpf [1983] 217; HACHENBURG/ STEIN, GmbH-Gesetz [8. Aufl 1996] § 35 Rn 207). Allerdings erhält § 616 S 1 den Vergütungsanspruch nur bei solchen Erkrankungen aufrecht, die nur für „eine verhältnismäßig nicht erhebliche Zeit" zu einer Dienstverhinderung führen (s u Rn 98, 184).

55   Nach dem Gesetzeswortlaut sowie dem Normzweck ist § 616 S 1 nicht auf die zur Arbeitsunfähigkeit führende Erkrankung des Dienstverpflichteten beschränkt. Gegebenenfalls rechtfertigt die Erkrankung die Anwendung des § 616 S 1, wenn die Dienstleistung bei fortbestehender Arbeitsfähigkeit infolge eines **Arztbesuches** oder einer **stationären oder ambulanten Behandlung** nicht erbracht wird (für Tarifverträge BAG AP Nr 37 und 83 zu § 616 BGB; sowie allg ERMAN/BELLING § 616 Rn 27; BRILL NZA 1984, 281 ff; SCHMITT, EFZG [4. Aufl 1999] § 616 BGB Rn 14 ff sowie u Rn 209). Allerdings bedarf es stets der Prüfung, ob die **Dienstleistung** zu dem vertraglich festgelegten Zeitraum tatsächlich **unzumutbar** ist. Dies muß verneint werden, wenn der Arztbesuch auch **außerhalb der Arbeitszeit möglich und zumutbar** ist (ebenso BAG AP Nr 22 zu § 1 TVG Tarifverträge: Metallindustrie; ERMAN/BELLING § 616 Rn 27; GK-EFZR/BIRK § 1 LFZG Rn 33; ErfKomm/DÖRNER § 616 BGB Rn 12; SOERGEL/KRAFT § 616 Rn 15; KUNZ/WEDDE, EFZR § 616 BGB Rn 13; SCHAUB AuA 1996, 83; SCHMITT, EFZG [4. Aufl 1999] § 616 BGB Rn 16). Sollte der Arztbesuch außerhalb der Arbeitszeit nicht möglich sein, so genießt die **freie Arztwahl** den Vorrang (BAG AP Nr 22 zu § 1 TVG Tarifverträge: Metallindustrie; ErfKomm/ DÖRNER § 616 BGB Rn 12; KUNZ/WEDDE, EFZR § 616 BGB Rn 13).

cc) Pflege erkrankter Familienangehöriger und Lebenspartner

56   Die **Erkrankung von Familienangehörigen** kann ebenfalls zu einer den persönlichen Verhältnissen zuzurechnenden und damit von § 616 S 1 erfaßten Verhinderung führen (s allg AMMERMÜLLER DB 1974, 187 ff; ERMAN/BELLING § 616 Rn 26; GK-EFZR/BIRK § 1 LFZG Rn 36 ff; ErfKomm/DÖRNER § 616 BGB Rn 13; LÖWISCH DB 1979, 209 ff; MERTENS NJW 1978, 1677 ff). Auch in diesem Fall steht die Wertungsfrage im Vordergrund, ob dem Dienstverpflichteten die **Dienstleistung** infolge der Erkrankung von Familienangehörigen **unzumutbar** ist. Das kann nicht stets, sondern allenfalls bejaht werden, wenn der Familienangehörige auf die **Hilfe und Pflege** durch den Dienstverpflichteten

angewiesen und das **Näheverhältnis** zwischen ihm und dem pflegebedürftigen Familienangehörigen so eng ist, daß seine Pflicht zur Hilfe und Pflege gegenüber der Pflicht zur Dienstleistung den Vorrang genießt (vgl BAG AP Nr 48 zu § 616 BGB). Die strafrechtliche Garantenstellung (vgl SCHÖNKE/SCHRÖDER/STREE, StGB [26. Aufl 2001] § 13 Rn 17 ff [enge persönliche Verbundenheit]) liefert hierfür einen Anhaltspunkt, da die Grenze der Unzumutbarkeit im Hinblick auf die Pflicht zur Dienstleistung stets dann erreicht ist, wenn der Dienstverpflichtete zur Erfüllung der Vertragspflicht strafrechtlich bewehrte Verhaltenspflichten verletzen müßte. Das notwendige Näheverhältnis liegt regelmäßig nur vor, wenn der **pflegebedürftige Angehörige in den Haushalt** des Dienstverpflichteten **integriert** ist (ebenso ErfKomm/DÖRNER § 616 BGB Rn 13; aA SCHOOF, in: Kittner/Zwanziger [Hrsg], Arbeitsrecht [2001] § 55 Rn 6).

Eine gegenüber der Verpflichtung zur Dienstleistung höherrangig zu wertende **57** Pflicht zur Pflege erkrankter Familienangehöriger besteht aus diesem Grunde nur **gegenüber Eheleuten** (BAG AP Nr 47 zu § 616 BGB für Ausbildung an Heim-Dialysegerät), **Abkömmlingen** (BAG AP Nr 48 und 50 zu § 616 BGB), den **Eltern** sowie den **Geschwistern**. Eine feste **Altersgrenze** läßt sich für die Pflege erkrankter **Kinder** aus § 616 S 1 nicht ableiten, insbesondere entfaltet die Altersobergrenze in **§ 45 Abs 1 S 1 SGB V** (vollendetes 12. Lebensjahr) **keine verbindliche Ausstrahlung** auf § 616 S 1 (ebenso DÄUBLER, Arbeitsrecht II [11. Aufl 1998] Rn 848; ErfKomm/DÖRNER § 616 BGB Rn 13; KUNZ/WEDDE, EFZR § 616 BGB Rn 16; SCHMITT, EFZG [4. Aufl 1999] § 616 BGB Rn 11; SCHOOF, in: Kittner/Zwanziger [Hrsg], Arbeitsrecht [2001] § 55 Rn 6; aA ERMAN/BELLING § 616 Rn 49, der die Wertung des § 45 Abs 1 SGB V überträgt). Familienangehörigen gleichzustellen sind **Lebenspartner** im Sinne des § 1 Abs 1 S 1 LPartG; sie sind einander zu wechselseitiger Fürsorge und Unterstützung verpflichtet (§ 2 S 1 LPartG) und gelten als Familienangehöriger des Lebenspartners (§ 11 Abs 1 LPartG). Eine weitere Ausdehnung auf **Partner anderer Lebensgemeinschaften** ist abzulehnen, da keine vergleichbaren gesetzlich ausgeformten Beistands- und Unterstützungspflichten bestehen.

Der **Angehörige** muß aus ärztlicher Sicht auf die **Hilfe und Pflege** seitens des Dienst- **58** verpflichteten **angewiesen** sein. Insbesondere bei erkrankten Kindern hängt dies von deren Alter ab. Oberhalb der Altersgrenze in § 45 Abs 1 SGB V (vollendetes 12. Lebensjahr) kommt die Angewiesenheit auf die Pflege nur in Ausnahmefällen in Betracht. Die **Möglichkeit anderweitiger Versorgung** läßt die Pflicht aus § 616 S 1 zur Fortzahlung der Vergütung – entsprechend der in § 45 Abs 1 SGB V zum Ausdruck gelangten Wertung – nicht entstehen (BAG AP Nr 48 und 50 zu § 616 BGB; ERMAN/BELLING § 616 Rn 26). Im Unterschied zu § 45 Abs 1 SGB V ist hierfür nicht erforderlich, daß die anderweitige Versorgung durch Personen erbracht wird, die im Haushalt des Dienstverpflichteten leben. Sind **beide Elternteile berufstätig**, so steht ihnen ein **Wahlrecht** zu, wer von ihnen die Pflege des erkrankten Kindes übernimmt (BAG AP Nr 50 zu § 616 BGB; ERMAN/BELLING § 616 Rn 26; ErfKomm/DÖRNER § 616 BGB Rn 13; SOERGEL/KRAFT § 616 Rn 16; KUNZ/WEDDE, EFZR § 616 BGB Rn 16; kritisch LÖWISCH DB 1979, 211). Sind diese bei **demselben Dienstberechtigten** beschäftigt, haben sie jedoch auf dessen berechtigten Interessen an der jeweiligen Dienstleistung Rücksicht zu nehmen (MünchKomm/SCHAUB § 616 Rn 17; SCHMITT, EFZG [4. Aufl 1999] § 616 BGB Rn 13; aA ErfKomm/DÖRNER § 616 BGB Rn 13).

Im Unterschied zu § 616 S 1 begründet **§ 45 Abs 3 S 1 SGB V** nur einen **Anspruch auf** **59** **unbezahlte Freistellung,** die Gewährung von Krankengeld (§ 44 SGB V) gleicht den

Vergütungsausfall aus (hierzu zB Marburger RdA 1993, 31). Die Pflicht nach § 616 S 1 oder vergleichbaren Vorschriften zur Fortzahlung der Vergütung ist gegenüber dem Anspruch auf Freistellung aus § 45 SGB V vorrangig (§ 45 Abs 3 S 1 SGB V). Das schließt es nicht aus, daß ein Tarifvertrag einen Anspruch auf bezahlte Freistellung zur Pflege erkrankter Kinder nur vorsieht, wenn kein Anspruch auf Krankengeld besteht und damit den in § 45 Abs 3 S 1 SGB V normierten Vorrang der bezahlten Freistellung umkehrt (in dieser Richtung auch Schaub AuA 1996, 83).

dd) Familienereignisse

60 Die **Teilnahme an besonderen Familienereignissen** kann **im Einzelfall** den Vorrang gegenüber der vertraglichen Pflicht zur Dienstleistung genießen. Allerdings muß die Anwesenheit des Dienstverpflichteten nicht nur wünschenswert, sondern nach allgemeiner Anschauung von so großer Bedeutung sein, daß ein **Fernbleiben** des Dienstverpflichteten **als anstößig** gilt und deshalb die Erfüllung der vertraglichen Pflicht zur Erbringung der Dienstleistung auch unter Berücksichtigung der Interessen des Dienstberechtigten unzumutbar ist.

61 Für **Todesfälle und Begräbnisse** kann die Unzumutbarkeit der Dienstleistung bei **nahen Familienangehörigen** (Eltern, Kindern oder Geschwistern) stets bejaht werden, bei **sonstigen Familienangehörigen** hingegen nur, wenn sie **im Haushalt** des Dienstverpflichteten **lebten** (ErfKomm/Dörner § 616 BGB Rn 6). Beim Tod des **Lebenspartners** (§ 1 Abs 1 S 1 LPartG) sind die Grundsätze für nahe Familienangehörige entsprechend anzuwenden; dieser gilt nach § 11 Abs 1 LPartG als Familienangehöriger. Bei zuvor im Haushalt des Dienstverpflichteten lebenden **anderen Personen** kommt eine zur Fortzahlung der Vergütung führende Unzumutbarkeit der Dienstleistung nur in Betracht, wenn neben der Wohn- auch eine **Lebensgemeinschaft** bestand (Erman/ Belling § 616 Rn 26; Schoof, in: Kittner/Zwanziger [Hrsg], Arbeitsrecht [2001] § 55 Rn 6).

62 Eine persönliche Dienstverhinderung im Sinne des § 616 S 1 ist in Ausnahmefällen auch für **Familienfeiern** anzuerkennen, bei denen die Anwesenheit des Dienstverpflichteten gesellschaftlich allgemein erwartet wird. Das gilt nicht nur bei der eigenen (BAG AP Nr 35 zu § 616 BGB; für tarifliche Regelungen BAG AP Nr 61 zu § 616 BGB), sondern auch bei der **Hochzeit** der Kinder und gegebenenfalls auch bei der der eigenen Eltern, nach Auffassung des Bundesarbeitsgerichts sogar bei der goldenen Hochzeit der Eltern, nicht jedoch bei anderen Familienfeiern (BAG AP Nr 43 zu § 616 BGB mit kritischer Anm Schnorr v Carolsfeld; hiervon geht auch BAG AP Nr 55 zu § 616 BGB aus). Der Hochzeit gleichzustellen ist die **Begründung der Lebenspartnerschaft** im Hinblick auf die in gleichzeitiger Anwesenheit vor der zuständigen Behörde abzugebenden Erklärungen (§ 1 Abs 1 LPartG), wenn eine Kollisionslage mit der vertraglichen Pflicht zur Dienstleistung unvermeidbar ist.

63 Die **Niederkunft** begründet zumindest für den **Ehemann** eine höherrangige Beistands- und Fürsorgepflicht gegenüber der Ehefrau. Bei **nichtehelichen Kindern** gilt dies grundsätzlich nicht, es sei denn, die Eltern leben in einer **nichtehelichen Lebensgemeinschaft** (Erman/Belling § 616 Rn 26; BGB-RGRK/Matthes § 617 Rn 23; Schoof, in: Kittner/Zwanziger [Hrsg], Arbeitsrecht [2001] § 55 Rn 6; abweichend aber zu § 52 BAT BAG EzA Art 3 GG Nr 21 und 92; LAG Brandenburg ZfSH/SGB 2000, 351 ff; hiergegen ArbG Frankfurt/Oder NZA-RR 1999, 89 ff; zum Tatbestand einer nichtehelichen Lebensgemeinschaft BVerfGE 87, 264; s ferner

auch BVerfG NJW 1998, 2043 f, das die Annahme einer Verfassungsbeschwerde gegen die höchst-richterliche Rechtsprechung zu § 52 BAT ablehnte).

ee) Öffentliche Einrichtungen

Der Kontakt mit öffentlichen **Ämtern und Gerichten** liegt zwar regelmäßig in den **64** persönlichen Verhältnissen des Dienstverpflichteten begründet, die Pflicht zur Dienstleistung tritt aber nur zurück, wenn der Dienstverpflichtete aus rechtlichen oder tatsächlichen Gründen gezwungen ist, diese **während der Arbeitszeit aufzusu-chen** (ERMAN/BELLING § 616 Rn 25; ErfKomm/DÖRNER § 616 BGB Rn 8). Eine Dienstverhin-derung aus in der Person liegenden Gründen kommt deshalb vor allem in Betracht, wenn ein Gericht das **persönliche Erscheinen** des Dienstverpflichteten (zB als Zeuge oder Sachverständiger) **angeordnet** hat (s LAG Hamm BB 1972, 177, das sich jedoch nur zu einem Anspruch auf Freistellung äußert; wie hier auch DÄUBLER, Arbeitsrecht II [11. Aufl 1998] Rn 847). Die Gewährung einer Entschädigung (zB § 2 ZSEG) steht dem nicht grund-sätzlich entgegen, da diese den tatsächlich eintretenden Verdienstausfall nicht stets vollständig kompensiert (vgl u Rn 127).

Die **Teilnahme an Prüfungen,** deren zeitliche Lage nicht dem Einfluß des Dienst- **65** verpflichteten unterliegt (vgl RAG ARS 11, 544), kann eine Dienstverhinderung im Sinne des § 616 S 1 begründen. Der Rückgriff auf die private Lebenssphäre (hierfür BGB-RGRK/MATTHES § 616 Rn 13; sowie BAG AP Nr 30 zu § 616 BGB, das allerdings eine Tarif-bestimmung auszulegen hatte) verdeckt den zutreffenden dogmatischen Ansatz, der in dem Wegfall der Pflicht zur Arbeitsleistung und dem hierdurch an sich nach § 326 Abs 1 S 1 eintretenden Verdinstausfall begründet liegt (so noch sehr deutlich BAG AP Nr 23 zu § 616 BGB).

Zweifelhaft ist die rechtliche Behandlung der erlittenen **Untersuchungshaft** (offen- **66** gelassen zu § 63 HGB von BAG AP Nr 31 zu § 63 HGB). In den zeitlichen Grenzen der Verhältnismäßigkeit ist dieser Sachverhalt als persönliche Dienstverhinderung zu bewerten (ebenso BAG AP Nr 7 zu § 611 BGB Gefährdungshaftung des Arbeitgebers; ERMAN/ BELLING § 616 Rn 21; ErfKomm/DÖRNER § 616 BGB Rn 6; HROMADKA/MASCHMANN, Arbeitsrecht 1 [2. Aufl 2002] 300), bei dem jedoch stets zu prüfen ist, ob der Dienstverpflichtete den zur Untersuchungshaft führenden Grund schuldhaft herbeigeführt hat (BAG AP Nr 7 zu § 611 BGB Gefährdungshaftung des Arbeitgebers; ERMAN/BELLING § 616 Rn 21). Dementspre-chend kommt eine zur Vergütungsfortzahlung führende Dienstverhinderung nur bei einer **unschuldig erlittenen Untersuchungshaft** in Betracht. Darüber hinaus erhält § 616 S 1 den Vergütungsanspruch nur aufrecht, wenn die Untersuchungshaft die Grenze der „verhältnismäßig nicht erheblichen Zeit" nicht überschreitet.

Die gelegentliche Inanspruchnahme durch **öffentliche Ehrenämter** soll ebenfalls dazu **67** führen, daß die Pflicht zur Vertragserfüllung zurücktritt, ohne daß der Vergütungsan-spruch entfällt (BAG AP Nr 58 zu § 616 BGB; für eine Tarifnorm: BAG AP Nr 60 und 94 zu § 616 BGB sowie RAG ARS 8, 5). Das gilt hingegen nicht für die **Kandidatur zu öffentlichen Ämtern** (ERMAN/BELLING § 616 Rn 8; MünchArbR/BOEWER § 80 Rn 39; ErfKomm/DÖRNER § 616 BGB Rn 7; SCHAUB, Arbeitsrechts-Handbuch [9. Aufl 2000] § 97 Rn 13; SCHOOF, in: Kittner/Zwanziger [Hrsg], Arbeitsrecht [2001] § 55 Rn 7; aA DÄUBLER, Arbeitsrecht II [11. Aufl 1998] Rn 849) oder die **Ausübung eines Abgeordnetenmandats** (ERMAN/BELLING § 616 Rn 8; BERTERMANN BB 1967, 272; ErfKomm/DÖRNER § 616 BGB Rn 7). Ob die Tätigkeit als **Schöffe** oder **ehrenamtlicher Richter** der Arbeits- oder anderer Gerichtsbarkeiten zur Unzumutbarkeit der Dienstleistung führt, ist höchstrichterlich bislang nicht abschließend entschieden (ausdrücklich offengelassen von BAG AP Nr 1 zu § 26 ArbGG 1979), dürfte jedoch zu bejahen sein (so auch ERMAN/BELLING § 616 Rn 25; MünchArbR/BOEWER § 80 Rn 15; AK-BGB/DERLEDER § 616 Rn 5; GRUNSKY Anm zu BAG AP Nr 1 zu § 26 ArbGG 1979; HROMADKA/MASCHMANN, Arbeitsrecht 1 [2. Aufl 2002] 300; BGB-RGRK/MATTHES § 616 Rn 32; aA SIEG SAE 1983, 45; für Zeiten der Akteneinsicht bejahend LAG Bremen LAGE § 616 BGB Nr 5). Allerdings muß die Inanspruchnahme durch öffentliche Ehrenämter stets zu einer nicht anders auflösbaren Pflichtenkollision zwischen der Amtsausübung und den Verpflichtungen aus dem Dienstverhältnis führen. Gerade aus diesem Grunde ist es gerechtfertigt, bei Kandidaturen zu öffentlichen Ämtern die Unzumutbarkeit der Dienstleistung zu verneinen, sie bei der Wahrnehmung öffentlicher Ehrenämter hingegen zu bejahen, wenn der Dienstverpflichtete den Zeitpunkt der Amtstätigkeit nicht beeinflussen kann.

ff)   Religion, Gewerkschaften und Gewissenskonflikt

68 Die **Erfüllung religiöser Pflichten** kann in Ausnahmefällen gegenüber der Pflicht zur Dienstleistung vorrangig sein (so BAG AP Nr 61 zu § 616 BGB, wenn nach Kirchenrecht anderenfalls keine rechtswirksame Eheschließung vorliegt; zu weitgehend GRABAU BB 1991, 1262; generell ablehnend ERMAN/BELLING § 616 Rn 26; GAMILLSCHEG, Arbeitsrecht I [8. Aufl 2000] 364). Für die **Wahrnehmung gewerkschaftlicher Ämter** gilt dies nicht (ERMAN/BELLING § 616 Rn 27; ErfKomm/DÖRNER § 616 BGB Rn 7; BGB-RGRK/MATTHES § 616 Rn 34). Insbesondere bezüglich der letztgenannten Fallgruppe begründen Tarifverträge teilweise jedoch eine Pflicht zur bezahlten Freistellung (zB für Mitglieder der Tarifkommissionen und Mandatsträger, vgl BAG AP Nr 67 zu § 616 BGB; BAG AP Nr 28 zu § 1 TVG Tarifvertrag: Rundfunk).

69 Wenn ein **Gewissenskonflikt** den Dienstverpflichteten zur Verweigerung der Dienstleistung berechtigt, so ist die teilweise befürwortete Anwendung des § 616 S 1 (vgl HENSSLER AcP 190 [1990] 567 f; mit Beschränkung auf unvorhersehbare Gewissenskonflikte OTTO, Personale Freiheit und soziale Bindung [1978] 129; ebenso BECK, Gewissenskonflikt und Arbeitsverhältnis [Diss Darmstadt 1995] 108 ff) kaum mit der Seh- und Wertungsweise des historischen Gesetzgebers zu vereinbaren, da die Norm nur bei solchen Sachverhalten anwendbar sein sollte, bei denen nicht bereits die Dienstleistung selbst die Dienstverhinderung veranlaßt (ebenfalls ablehnend wenn auch mit unterschiedlichen Begründungen ERMAN/BELLING § 616 Rn 28; KOHTE NZA 1989, 167; KONZEN/RUPP 138 ff; SOERGEL/KRAFT § 616 Rn 14; KRAFT/RAAB Anm zu BAG AP Nr 1 zu § 611 BGB Gewissensfreiheit; REUTER BB 1986, 389). Übt der Dienstverpflichtete unter den Voraussetzungen des § 275 Abs 3 sein Leistungsverweigerungsrecht aus, so entfällt der Vergütungsanspruch nach § 326 Abs 1 S 1; § 616 S 1 ist keine Universalnorm, die den Vergütungsanspruch in allen Fallgestaltungen aufrechterhält, die nach § 326 Abs 1 S 1 zum Untergang des Anspruchs auf die Gegenleistung führen (s o Rn 6).

gg)   Umzug und häusliche Arbeiten

70 Der **Umzug eines Dienstverpflichteten** kann als in der persönlichen Sphäre begründete Dienstverhinderung angesehen werden, führt aber nur in extrem gelagerten Ausnahmefällen dazu, daß dem Dienstverpflichteten die Dienstleistung unzumutbar im Sinne des § 275 Abs 3 ist und infolgedessen die Vergütungspflicht des Dienstberechtigten nach § 326 Abs 1 S 1 erlöschen würde. Dem Dienstverpflichteten ist es grundsätzlich zuzumuten, einen Umzug an arbeitsfreien Tagen durchzuführen (so mit Recht BAG AP Nr 23 zu § 616 BGB; ERMAN/BELLING § 616 Rn 27) oder hierfür anderweitige

Freistellungsansprüche zu realisieren (ebenso ERMAN/BELLING § 616 Rn 27). Tarifverträge sehen diese häufig auch für den Fall des Umzugs vor. Die vorstehenden Grundsätze gelten entsprechend für sich regelmäßig wiederholende **häusliche Arbeiten** (RAG ARS 44, 157).

hh) Beschäftigungsverbote

Ein Beschäftigungsverbot im Sinne des **§ 8 MuSchG** rechtfertigt nicht die Anwen- **71** dung des § 616 S 1, da die Ursache der Arbeitsverhinderung nicht in der Person der Arbeitnehmerin, sondern in der betrieblichen Arbeitszeitgestaltung liegt (BAG AP Nr 1 zu § 8 MuSchG). Das gilt nicht für ein Beschäftigungsverbot nach **§ 38 BSeuchG**, da die vom Dienstverpflichteten ausgehende Gefahr das eigentliche Hindernis für die Erbringung der Dienstleistung ist (vgl BGH AP Nr 1 zu § 49 BSeuchG; ERMAN/BELLING § 616 Rn 25; LEPKE NZA-RR 1999, 62; MünchArbR/SCHAUB § 616 Rn 16).

ii) Stellensuche

Die Notwendigkeit der Stellensuche kann nicht nur einen **Anspruch auf Freistellung** **72** begründen (§ 629), sondern kommt auch als Grund einer persönlichen Dienstverhin- derung im Sinne des § 616 S 1 in Betracht (so bereits RAG ARS 3, 23 f; im Grundsatz auch BAG AP Nr 41 zu § 616 BGB; BAG AP Nr 1 zu § 629 BGB; ERMAN/BELLING § 616 Rn 27; Münch- ArbR/BOEWER § 80 Rn 15; SOERGEL/KRAFT § 616 Rn 13; STAUDINGER/PREIS [2002] § 629 Rn 21 ff; MünchArbR/RICHARDI § 45 Rn 46). Eine auf § 616 S 1 gestützte Pflicht zur Fortzahlung der Vergütung besteht allerdings nur, wenn die Dienstverhinderung infolge der Stel- lensuche unvermeidbar ist und zudem nur eine verhältnismäßig nicht erhebliche Zeit beansprucht. Der nach **§ 629** begründete **Freistellungsanspruch** indiziert die Erfüllung dieser Voraussetzung nicht (BAG AP Nr 41 zu § 616 BGB; ERMAN/BELLING § 616 Rn 27; STAUDINGER/PREIS [2002] § 629 Rn 21; MünchArbR/RICHARDI § 45 Rn 46; weitergehend AK- BGB/DERLEDER § 616 Rn 5; SCHAUB AuA 1996, 84, die eine Pflicht zur Vergütungsfortzahlung stets bejahen). Der Grund für die Beendigung des Dienstverhältnisses berührt grundsätz- lich nicht das Vorliegen einer in der Person des Dienstverpflichteten liegenden Dienstverhinderung; er ist jedoch im Rahmen der Verschuldensprüfung zu berück- sichtigen.

kk) Objektive Leistungshindernisse

Bei **allgemeinen (objektiven) Leistungshindernissen** wird der Vergütungsanspruch **73** **nicht** durch § 616 S 1 **aufrechterhalten** (BAG AP Nr 58 und 59 zu § 616 BGB; ERMAN/BELLING § 616 Rn 33; MünchArbR/BOEWER § 80 Rn 12; BRILL AR-Blattei, Arbeitsausfall IV, B II 2 b; Erf- Komm/DÖRNER § 616 BGB Rn 5; FIKENTSCHER, Schuldrecht [9. Aufl 1997] § 79 IV 2 a; GAMILL- SCHEG, Arbeitsrecht I [8. Aufl 2000] 365; HUECK/NIPPERDEY I § 44 III 1 a bb; HROMADKA/MASCH- MANN, Arbeitsrecht 1 [2. Aufl 2002] 300; JUNKER, Grundkurs Arbeitsrecht [2001] 163; SOERGEL/ KRAFT § 616 Rn 18; KUNZ/WEDDE, EFZR § 616 BGB Rn 7; LIEB, Arbeitsrecht [7. Aufl 2000] 52; LÖWISCH, Arbeitsrecht [5. Aufl 2000] Rn 969; BGB-RGRK/MATTHES § 616 Rn 12; MISERA SAE 1983, 152; NIKISCH I § 43 I 3; PICKER ZfA 1981, 451; MünchKomm/SCHAUB § 616 Rn 12; SCHIMANA AuR 1956, 323 f; JAUERNIG/SCHLECHTRIEM § 616 Rn 3; SCHMITT, EFZG [4. Aufl 1999] § 616 BGB Rn 7; SCHOOF, in: Kittner/Zwanziger [Hrsg], Arbeitsrecht [2001] § 55 Rn 5; THOME 121 ff; ZÖLLNER/ LORITZ, Arbeitsrecht [5. Aufl 1998] § 18 II 3 a; sowie OERTMANN § 616 Anm 1 c, mwN; iE auch WALK 126 ff, der „neutrale" Hindernisse aus dem Anwendungsbereich des § 616 S 1 ausklammert, in der Abgrenzung jedoch darauf abstellt, in wessen Sphäre sich das betreffende Leistungshindernis aus- wirkt und die „Einschlagstelle" des Zufalls für maßgeblich erachtet; aA MOLL RdA 1980, 138 ff; kritisch auch DÄUBLER, Arbeitsrecht II [11. Aufl 1998] Rn 846).

74 Bereits die **Entstehungsgeschichte** spricht dagegen, § 616 S 1 im Sinne einer allgemeinen Gefahrtragungsregel zu verstehen, die einen Auffangtatbestand zu § 615 bildet (so mit Recht auch Picker ZfA 1981, 451). Entsprechende Regelungsvorschläge, die auf eine Korrektur des Gesetzeswortlauts abzielten, wurden von der II. Kommission mehrheitlich verworfen (s o Rn 6 f). Auch der **Gesetzeswortlaut** verlangt ausdrücklich einen ursächlichen Zusammenhang zwischen der Dienstverhinderung und der Person des zur Dienstleistung Verpflichteten. Hiermit ist es unvereinbar, in § 616 S 1 eine allgemeine Gefahrtragungsregel zu erblicken, die auch bei allgemeinen oder objektiven Hindernissen eingreift (hierfür aber Moll RdA 1980, 138 ff). Mit der herrschenden Meinung ist vielmehr zu verlangen, daß die Dienstverhinderung **in den persönlichen Verhältnissen des Dienstverpflichteten** begründet liegt.

75 Die bewußte Wertentscheidung des Gesetzes, das dem Dienstberechtigten nicht die Gefahrtragung für allgemeine Leistungshindernisse überantwortet, darf nicht im Wege einer entsprechenden Anwendung des § 616 S 1 unterlaufen werden. Die Pflicht zur Fortzahlung der vertraglich geschuldeten Vergütung folgt bei allgemeinen (objektiven) Leistungshindernissen statt dessen teilweise aus § 615 bzw der Lehre vom Betriebsrisiko (hierzu allg Staudinger/Richardi [1999] § 615 Rn 185 ff; speziell für das Lohnrisiko bei Smogalarm einerseits Ehmann NJW 1987, 405 ff; andererseits Richardi NJW 1987, 1234 f), anderenfalls entfällt der Vergütungsanspruch nach § 326 Abs 1 S 1.

76 **Allgemeine (objektive) Leistungshindernisse,** die den Dienstberechtigten nicht gemäß § 616 S 1 zur Fortzahlung der Vergütung verpflichten, liegen vor, wenn das Ereignis nicht nur den Dienstverpflichteten, sondern eine nicht notwendig **unbestimmte Vielzahl anderer Personen** in gleicher Weise betrifft. Gegebenenfalls genügen wenige Personen (Nikisch I § 43 I 3 Fn 11). Dies ist zB zu bejahen, wenn ein Dienstverpflichteter wegen **witterungsbedingter Straßenverhältnisse** bzw einem hierauf beruhenden **Fahrverbot** seinen Arbeitsplatz nicht erreichen kann (BAG AP Nr 59 zu § 616 BGB; Söllner, Arbeitsrecht [12. Aufl 1998] § 32 II). Des weiteren zählen **behördliche Betriebsverbote** – Landestrauer, Smog-Alarm (Brötzmann BB 1986, 1843 f; ErfKomm/Dörner § 616 BGB Rn 5; Ehmann NJW 1987, 403; Schumacher ZTR 1987, 141) –, **Vernichtung des Arbeitsplatzes** (Brand etc) und **Verkehrshindernisse** (Verkehrsstau, Ausfall der Nahverkehrsmittel, Demonstrationen) zu den allgemeinen (objektiven) Leistungshindernissen. Das gilt auch, wenn der Dienstverpflichtete aufgrund **erhöhter UV-Strahlung** seine Dienstleistung nicht ohne Gefährdung seiner Gesundheit erbringen kann, da diese nicht nur ihn, sondern eine Vielzahl anderer Personen in gleicher Weise hierdurch betrifft.

77 Der Ausschluß eines allgemeinen (objektiven) Leistungshindernisses aus dem Anwendungsbereich des § 616 S 1 greift nicht ein, wenn das Ereignis auf die persönlichen Lebensverhältnisse des Dienstverpflichteten ausstrahlt und ihn **zu Maßnahmen** zwingt, die ausschließlich **in seinen persönlichen Umständen** begründet liegen (BAG AP Nr 59 zu § 616 BGB; Erman/Belling § 616 Rn 33; MünchArbR/Boewer § 80 Rn 12; Hueck/ Nipperdey I § 44 III 1 a bb mit Fn 21; BGB-RGRK/Matthes § 616 Rn 12; MünchKomm/Schaub § 616 Rn 13; Schimana AuR 1956, 323; Schoof, in: Kittner/Zwanziger [Hrsg], Arbeitsrecht [2001] § 55 Rn 5; kritisch Soergel/Kraft § 616 Rn 19). Das ist zu bejahen, wenn die allgemeinen (objektiven) Leistungshindernisse für den Dienstberechtigten mit höherrangigen rechtlichen oder sittlichen Pflichten **kollidieren.** In Betracht kommen zB auch Naturkatastrophen, die eine Pflicht des Dienstverpflichteten zur persönlichen Hilfeleistung begründen oder die Abwendung eines Schadens von seinem Eigentum erfordern.

c)   Zeitpunkt der Dienstverhinderung

Der **Zeitpunkt der Dienstverhinderung** ist für die Aufrechterhaltung des Vergütungs- **78** anspruches nach § 616 S 1 **unerheblich** (SOERGEL/KRAFT § 616 Rn 12). Entscheidend ist allein, daß im Zeitpunkt des zur Dienstverhinderung führenden Ereignisses ein **Dienstverhältnis bestand** und der Dienstverpflichtete während dieses Zeitraums nach dem Vertrag verpflichtet war, dem Dienstberechtigten seine Dienstleistung zur Verfügung zu stellen (zur Problematik der Gleitzeit BAG AP Nr 5 zu § 52 BAT; LAG Köln LAGE § 616 BGB Nr 7).

Die Aufrechterhaltung eines Vergütungsanspruches durch § 616 S 1 kommt auch in **79** Betracht, wenn die Dienstverhinderung bereits **vor dem erstmaligen Beginn der Dienstleistung eintritt** und **bei** dem **beabsichtigten Beginn** der Dienstleistung **noch fortdauert** (RAG ARS 38, 145; ERMAN/BELLING § 616 Rn 38; BRILL AR-Blattei, Arbeitsausfall IV B II 1; HUECK/NIPPERDEY I § 44 III 1 a aa; SOERGEL/KRAFT § 616 Rn 12; JAUERNIG/SCHLECHTRIEM § 616 Rn 2). Lag der Grund der Dienstverhinderung allerdings bereits **bei Abschluß des Arbeitsvertrages** vor, so kann der Einwand des Rechtsmißbrauchs (§ 242 BGB) dem Vergütungsanspruch entgegenstehen (SOERGEL/KRAFT § 616 Rn 12; JAUERNIG/SCHLECHTRIEM § 616 Rn 2; iE auch MünchKomm/SCHAUB § 616 Rn 8: kein Anspruch; zur krankheitsbedingten Arbeitsverhinderung u Rn 226, 342). Dieser ist allerdings auf die Ausnahmesituation beschränkt, in der der **Dienstverpflichtete** bereits bei Vertragsschluß von dem Eintritt der Dienstverhinderung **Kenntnis** hatte.

Für den **Krankheitsfall** weicht § 3 Abs 3 EFZG zumindest teilweise von den Grund- **80** sätzen in Rn 79 ab, da der Anspruch auf Entgeltfortzahlung erst nach **vierwöchiger ununterbrochener Dauer** des Arbeitsverhältnisses entsteht (näher hierzu u Rn 279 ff). Da das Entgeltfortzahlungsgesetz bezüglich dieses in der Person des Arbeitnehmers liegenden Verhinderungsgrundes lex specialis ist (s o Rn 26), scheidet ein Rückgriff auf § 616 S 1 aus, um während der Wartefrist in § 3 Abs 3 EFZG den Vergütungsanspruch aufrechtzuerhalten (ebenso ERMAN/BELLING § 616 Rn 38; s auch u Rn 290). Allerdings muß für diesen Fall der zur Dienstleistung Verpflichtete Arbeitnehmer im Sinne des Entgeltfortzahlungsgesetzes sein und die Krankheit zur Arbeitsunfähigkeit führen. Außerhalb des personellen und sachlichen Anwendungsbereiches des Entgeltfortzahlungsgesetzes gelangt § 616 auch im Krankheitsfalle uneingeschränkt zur Anwendung, so daß der Vergütungsanspruch (s o Rn 30 ff) bereits ab Beginn des Dienstverhältnisses durch § 616 S 1 aufrechterhalten wird. Die fehlende Abstimmung des § 3 Abs 3 EFZG mit § 616 führt zu der teleologisch unbefriedigenden Rechtslage, daß die wirtschaftliche Absicherung im Krankheitsfall bei freien Mitarbeitern und arbeitnehmerähnlichen Personen zumindest in den ersten vier Wochen nach Beginn eines Dienst- bzw Arbeitsverhältnisses besser als bei Arbeitnehmern ist.

Tritt die **Dienstverhinderung** vor Beginn der Dienstleistung ein, so muß sie auch in **81** diesem Fall die **alleinige Ursache** für den Wegfall der Vergütung sein. Entfällt die Dienstleistungspflicht bereits zuvor aus anderen Gründen, so erhält auch § 616 S 1 den Vergütungsanspruch nicht aufrecht (näher zur Kausalität u Rn 84 ff).

d) Spezielle Generalklauseln

82 Die Voraussetzung eines „in der Person liegenden Grundes" für die Aufrechterhaltung des Vergütungsanspruches in § 616 kehrt mit gleichen Worten in **§ 12 Abs 1 S 1 Nr 2 lit b BBiG** wieder. Deshalb gelten hinsichtlich dieses Tatbestandsmerkmals dieselben Auslegungsgrundsätze wie zu § 616 S 1 (vgl MünchKomm/SCHAUB § 616 Rn 27; ErfKomm/SCHLACHTER § 12 BBiG Rn 6; SCHMITT, EFZG [4. Aufl 1999] § 12 BBiG Rn 85 ff).

83 Die früher für Handlungsgehilfen und technische Angestellte geltenden Sonderregelungen in **§ 63 S 1 HGB aF** und **§ 133c S 1 GewO aF,** die den Anspruch auf die vertragsmäßige Vergütung aufrechterhielten, wenn die Dienstverhinderung infolge eines „Unglücks" eintrat, wurden durch die Art 58 und 59 des Pflege-Versicherungsgesetzes v 26. 5. 1994 (BGBl I 1068, 1069) aufgehoben (zur früheren Rechtslage und der Konkurrenz zu § 616 STAUDINGER/OETKER[12] § 616 Rn 60 ff).

3. Kausalität

84 Zwischen dem in der persönlichen Sphäre des Dienstverpflichteten liegenden **Leistungshindernis und** der **Dienstverhinderung** muß ein **ursächlicher Zusammenhang** bestehen (ERMAN/BELLING § 616 Rn 34; MünchArbR/BOEWER § 80 Rn 11; SOERGEL/ KRAFT § 616 Rn 8; BGB-RGRK/MATTHES § 616 Rn 14; ebenso zu der aufgehobenen Regelung des § 133c GewO BAG AP Nr 4 zu § 133c GewO). Da § 616 S 1 den Vergütungsanspruch aufrechterhält, setzt die Vorschrift voraus, daß der Dienstverpflichtete ohne das in seiner Person begründete Hindernis seine Dienstleistung hätte erbringen können bzw müssen und dementsprechend ein Vergütungsanspruch entstanden wäre.

85 Der in der persönlichen Sphäre des Dienstverpflichteten liegende Grund muß die **alleinige Ursache** für die Dienstverhinderung sein (MünchKomm/SCHAUB § 616 Rn 48). Ist der Dienstverpflichtete auch beim Hinwegdenken des persönlichen Leistungshindernisses nicht in der Lage, die Dienstleistung zu erbringen, so sichert ihm § 616 S 1 seinen Vergütungsanspruch nicht (BAG AP Nr 1 BUrlG Nachurlaub; BAG AP Nr 4 zu § 133c GewO; MünchArbR/BOEWER § 80 Rn 11; HUECK/NIPPERDEY I § 44 III 1 b; **aA** GUTZEIT 96 ff). Ob der Vergütungsanspruch fortbesteht, beurteilt sich ausschließlich nach den Vorschriften für die jeweiligen Diensthindernisse. Das gilt entsprechend, wenn die Pflicht zur Arbeitsleistung bereits aus anderen Rechtsgründen ruht (ERMAN/BELLING § 616 Rn 17; BRILL AR-Blattei, Arbeitsausfall IV, B II 1; SOERGEL/KRAFT § 616 Rn 8).

86 Eine nach § 616 S 1 zur Fortzahlung der Vergütung führende persönliche Dienstverhinderung liegt nicht vor, wenn die **Dienstleistungspflicht** infolge eines zuvor angetretenen **Erholungsurlaubs,** einer **Schulungsveranstaltung** (zB § 37 Abs 6 BetrVG oder Bildungsurlaubsgesetze der Länder) oder einer vor der Dienstverhinderung erfolgten **Beteiligung an einem Arbeitskampf ruhte** (SOERGEL/KRAFT § 616 Rn 8).

87 Bei **Beschäftigungsverboten nach dem Mutterschutzgesetz** ist dies nicht der Fall (**aA** SOERGEL/KRAFT § 616 Rn 8), da sie die beiderseitigen Hauptpflichten nicht ipso iure suspendieren, sie untersagen lediglich die tatsächliche Beschäftigung (vgl BUCHNER/ BECKER, MuSchG/BErzGG [6. Aufl 1998] Vorbem zu §§ 3–8 Rn 21). Deshalb kann während

der Zeit eines Beschäftigungsverbots ein Fall der persönlichen Dienstverhinderung insbesondere in Gestalt der Eigenerkrankung eintreten, wenn die Arbeitnehmerin trotz des Beschäftigungsverbots ihre Arbeitsleistung erbringt (näher hierzu u Rn 235 f). Kann der Arbeitnehmer wegen **fehlender Arbeitserlaubnis** und dem hieraus folgenden Beschäftigungsverbot (§ 284 Abs 1 S 1 SGB III) nicht beschäftigt werden, dann ist die Erkrankung regelmäßig nicht die alleinige Ursache für die Arbeitsverhinderung (vgl BAG NZA 1996, 1087 f).

Das Erfordernis eines monokausalen Zusammenhanges, das auch bei anderen Be- **88** stimmungen gilt, die in Durchbrechung der allgemeinen Regelung in § 326 Abs 1 S 1 den Fortbestand des Vergütungsanspruches vorschreiben, führt zu Schwierigkeiten, wenn **mehrere Gründe** für die Dienstverhinderung **ursächlich** sind (**multipler Kausalzusammenhang;** allg hierzu GUTZEIT 96 ff; REINECKE DB 1991, 1168 ff). Eine zeitliche Betrachtungsweise bewirkt in diesen Konstellationen regelmäßig eine sachgerechte Problemlösung. Maßgeblich ist stets die **erste Ursache** (ebenso MünchArbR/BOEWER § 80 Rn 11; SOERGEL/KRAFT § 616 Rn 10; aA GUTZEIT 104). Solange sie fortbesteht, richtet sich die Pflicht zur Fortzahlung der Vergütung ausschließlich nach den für sie vorgesehenen gesetzlichen Bestimmungen. Tritt eine **weitere Ursache** hinzu, für die ein anderes Gesetz ebenfalls die Vergütungspflicht des Dienstberechtigten aufrechterhält, so kann die spätere Ursache erst dann die Fortdauer des Vergütungsanspruches begründen, wenn die erste Ursache entfällt (BAG AP Nr 27 zu § 63 HGB).

Eine zeitliche Betrachtungsweise versagt als Problemlösungsmechanismus, wenn **89** **mehrere Ursachen zeitgleich** und für einen identischen Zeitraum eintreten. Eine uneingeschränkte Anwendung des Erfordernisses eines monokausalen Zusammenhanges würde in diesen Konstellationen dazu führen, daß der Lohnanspruch gänzlich entfällt. Dem Zweck der jeweils einschlägigen Entgeltfortzahlungsvorschriften entspricht das nicht (ebenso SOERGEL/KRAFT § 616 Rn 10; **aA** ERMAN/BELLING § 616 Rn 33, der einen Lohnanspruch verneint, wenn allgemeine und persönliche Hindernisse zusammentreffen). Statt dessen bietet es sich an, den Zweck der jeweiligen Gesetzesbestimmungen heranzuziehen, die den vertraglichen Vergütungsanspruch bezüglich des Verhinderungsfalles aufrechterhalten bzw an deren Stelle ersatzweise einen neuen Vergütungsanspruch begründen (vgl GUTZEIT 104 ff, der dies als allgemeinen Mechanismus vorschlägt). Ob hierbei die Grundregel gilt, daß der Arbeitgeber jeweils nur das geringste Risiko zu tragen hat (so GUTZEIT 105), erscheint angesichts der gegenläufigen Regelung in § 4 Abs 2 EFZG zweifelhaft.

4. Dauer der Verhinderung

Die Pflicht zur Fortzahlung der Vergütung ist nach § 616 S 1 untrennbar mit einer **90** **zeitlichen Begrenzung des Verhinderungsgrundes** verbunden. Das Gesetz knüpft an den Grund der Verhinderung an, der nicht länger als eine „verhältnismäßig nicht erhebliche Zeit" dauern darf. Bei Verhinderungsgründen, die die **Verhältnismäßigkeitsgrenze überschreiten,** fehlt ein für die Anwendung des § 616 S 1 erforderliches **Tatbestandsmerkmal.**

In dieser Konstellation entfällt die Pflicht des Dienstberechtigten zur Fortzahlung der **91** **Vergütung vollständig** und nicht nur hinsichtlich des die Verhältnismäßigkeit überschreitenden Teils (BAG [GS] AP Nr 22 zu § 616 BGB; BGH AP Nr 1 zu § 49 BSeuchG; BAG AP

Nr 7 zu § 611 BGB Gefährdungshaftung des Arbeitgebers; ERMAN/BELLING § 616 Rn 52; Münch-ArbR/BOEWER § 80 Rn 19; ErfKomm/DÖRNER § 616 BGB Rn 15; PLANCK/GUNKEL § 616 Anm 2 b; HROMADKA/MASCHMANN, Arbeitsrecht 1 [2. Aufl 2002] 301; SOERGEL/KRAFT § 616 Rn 24; LARENZ, Schuldrecht II/1 [13. Aufl 1986] § 52 II b Fn 36; BGB-RGRK/MATTHES § 616 Rn 19; NIKISCH I § 43 II 2; OERTMANN § 616 Anm 1 g; PALANDT/PUTZO § 616 Rn 9; MünchKomm/SCHAUB § 616 Rn 23; JAUERNIG/SCHLECHTRIEM § 616 Rn 11; SCHMITT, EFZG [4. Aufl 1999] § 616 BGB Rn 19; ESSER/WEYERS, Schuldrecht II/1 [8. Aufl 1998] § 29 II 3; sowie RAG ARS 6, 589 f; 8, 186; 36, 175; 40, 222; 46, 250; aA noch BAG AP Nr 2, 5 und 7 zu § 616 BGB; sowie im Schrifttum AK-BGB/DERLEDER § 616 Rn 8; KÜCHENHOFF SGb 1981, 90 f; MAURER AuR 1955, 215 f; SCHIMANA AuR 1956, 325 ff; TRIESCHMANN DB 1955, 801; ZÖLLNER/LORITZ, Arbeitsrecht [5. Aufl 1998] § 18 II 3 c; kritisch auch DÄUBLER, Arbeitsrecht II [11. Aufl 1998] Rn 852 f).

92 Das vollständige Entfallen des Vergütungsanspruches bei einer die Verhältnismäßig-keitsgrenze überschreitenden Dienstverhinderung ist durch den **Zweck der Verhält-nismäßigkeitsschranke** und ihre systematische Integration in die **Normstruktur des § 616 S 1** gerechtfertigt. Die Verhältnismäßigkeitsschranke soll keinen generellen wirtschaftlichen Belastungsschutz des Dienstberechtigten etablieren, sondern – wie die Entstehungsgeschichte verdeutlicht (s o Rn 4) – den Anwendungsbereich der Norm hinsichtlich der Sachverhalte begrenzen, die zur Aufrechterhaltung des Ver-gütungsanspruches führen. Nur dieses Verständnis entspricht dem **Gesetzeswortlaut,** da die **Zeitkomponente** auf der **Tatbestandsebene** (deutlich hervorgehoben bereits von OERTMANN § 616 Anm 1 g; ebenso ErfKomm/DÖRNER § 616 BGB Rn 15) und **nicht** auf der **Rechtsfolgenseite der Norm** angesiedelt ist. Eine andere Normstruktur weisen § 3 Abs 1 S 1 EFZG sowie § 12 Abs 1 S 1 BBiG auf, die ausdrücklich den Anspruchs-umfang, also die Rechtsfolgenebene mit einer Zeitkomponente verknüpfen (unter Hinweis auf den unterschiedlichen Gesetzeswortlaut auch BAG [GS] AP Nr 22 zu § 616 BGB; ebenso MünchArbR/BOEWER § 80 Rn 19).

93 In **§ 12 Abs 1 S 1 Nr 2 lit b BBiG** fehlt die in § 616 S 1 enthaltene Begrenzung der Dienstverhinderung auf eine „verhältnismäßig nicht erhebliche Zeit". Vielmehr er-hält § 12 Abs 1 S 1 Einleitungssatz BBiG den Vergütungsanspruch **generell** für die Dauer von **sechs Wochen** aufrecht. Da § 12 Abs 1 S 1 Nr 2 lit b BBiG eine Dienst-verhinderung voraussetzt, führen jedoch die Grundsätze zu § 616 S 1 für die Beja-hung einer tatsächlichen oder rechtlichen Unmöglichkeit der Dienstleistung (o Rn 45 ff) regelmäßig dazu, daß sich die Fortzahlung der Vergütung auf wenige Tage beschränkt (s auch ErfKomm/SCHLACHTER § 12 BBiG Rn 8; SCHMITT, EFZG [4. Aufl 1999] § 12 BBiG Rn 95 ff). Wegen der von § 616 S 1 abweichenden Regelungstechnik erhält § 12 Abs 1 S 1 Nr 2 lit b BBiG den Vergütungsanspruch allerdings stets für maximal sechs Wochen aufrecht, selbst dann, wenn der Verhinderungsgrund die Dauer von sechs Wochen übersteigt.

94 Schwierigkeiten bereitet die Feststellung, ob der zur Dienstverhinderung führende Zeitraum noch die **Grenzen der Verhältnismäßigkeit** wahrt (exemplarisch LG Frankfurt aM SP 2000, 269 f: 50 Arztkonsultationen aufgrund eines Unfalls in 13 Monaten). Der bewußte Verzicht des Gesetzgebers auf eine exakte zeitliche Grenzziehung (s o Rn 4) führt zu erheblichen Unsicherheiten (BAG [GS] AP Nr 21 zu § 616 BGB), die auch in den **Maß-stäben für die Verhältnismäßigkeitsprüfung** zum Ausdruck kommen.

95 Die von der hM mit zT unterschiedlichen Nuancen favorisierte Ableitung der Ver-

gütungsfortzahlung aus der Fürsorgepflicht (s o Rn 9) legt eine **belastungsbezogene Abwägung** nahe, die vor allem auf das Verhältnis zwischen **Verhinderungsdauer** und **Gesamtdauer** des bisherigen und gegebenenfalls auch des voraussichtlichen Fortbestandes **des Dienstverhältnisses** abstellt (so zB BAG [GS] AP Nr 21 zu § 616 BGB; BAG AP Nr 41 zu § 616 BGB; ERMAN/BELLING § 616 Rn 47; BRILL AR-Blattei, Arbeitsausfall IV, B II 4 b; Hk-BGB/ECKERT § 616 Rn 5; GUTZEIT 30 ff; HROMADKA/MASCHMANN, Arbeitsrecht 1 [2. Aufl 2002] 301; HUECK/NIPPERDEY I § 44 III 1 a dd; SOERGEL/KRAFT § 616 Rn 22; KUNZ/WEDDE, EFZR § 616 BGB Rn 19; LARENZ, Schuldrecht II/1 [13. Aufl 1986] § 52 II b; LÖWISCH DB 1979, 210; STAUDINGER/MOHNEN/NEUMANN[10/11] § 616 Rn 18; NIKISCH I § 43 II 2; PALANDT/PUTZO § 616 Rn 9; SCHAUB, Arbeitsrechts-Handbuch [9. Aufl 2000] § 97 Rn 16; ZÖLLNER/LORITZ, Arbeitsrecht [5. Aufl 1998] § 18 II 3c). Hierbei ist die aus der Interessenabwägung im Kündigungsschutzrecht bekannte Überlegung maßgebend, daß sich die Intensität der Fürsorgepflicht zeitproportional zu der Dauer des Dienstverhältnisses verhält, so daß die dem Dienstberechtigten zumutbare Belastung mit zunehmender Dauer des Dienstverhältnisses ansteigt.

Einer **belastungsbezogenen Konkretisierung** der Verhältnismäßigkeitsschranke **steht** **96** **entgegen,** daß für den Hauptanwendungsbereich des § 616 S 1, der krankheitsbedingten Verhinderung zur Dienstleistung, § 3 Abs 1 EFZG zwar im Hinblick auf die wirtschaftliche Belastung des Arbeitgebers bei Arbeitsverhältnissen zeitliche Grenzen vorsieht, diese aber unabhängig von der Dauer des Arbeitsverhältnisses bestehen. Auch für die Pflege erkrankter Kinder bemißt die höchstrichterliche Rechtsprechung den „verhältnismäßig nicht erheblichen" Zeitraum nicht nach der bisherigen Dauer des Dienstverhältnisses (vgl BAG AP Nr 50 zu § 616 BGB). Darüber hinaus ist die teleologische Rechtfertigung für eine belastungsbezogene Betrachtungsweise fragwürdig, da § 616 S 1 nicht als Ausprägung der Fürsorgepflicht, sondern als dienstvertragsspezifische Umsetzung des allgemeinen Rechtsgrundsatzes „minima non curat praetor" zu verstehen ist (o Rn 15 ff). Die hiermit verbundene Vorstellung, der Dienstberechtigte müsse mit geringfügigen Verhinderungen des Dienstverpflichteten rechnen und solle aus diesem Grunde nicht zu einer Kürzung der Vergütung berechtigt sein (s o Rn 15), gilt unabhängig von der Dauer des Dienstvertrages. Ferner bestätigt die Entstehungsgeschichte der Vorschrift die fehlende Harmonie einer belastungsbezogenen Betrachtungsweise mit der Systematik des Entgeltfortzahlungsrechts und dem Zweck des § 616 S 1, da sich die Bestrebungen bei der Schaffung des Gesetzes nicht durchsetzen konnten, den Anwendungsbereich der Vorschrift auf „dauernde" Dienstverhältnisse zu beschränken (s o Rn 2). Aus diesen Gründen ist eine **ereignisbezogene Betrachtungsweise vorzugswürdig** (ebenso MünchArbR/BOEWER § 80 Rn 18; im Grundsatz auch ErfKomm/DÖRNER § 616 BGB Rn 15; Zweifel an der hM bei MünchKomm/SCHAUB § 616 Rn 23; kritisch gegenüber einem proportional zur Dauer des Dienstverhältnisses ansteigenden Verhinderungszeitraum schon PLANCK/GUNKEL § 616 Anm 2 b).

Ob sich der Grund für die Verhinderung auf einen noch verhältnismäßigen Zeitraum **97** beschränkt, ist bei einer ereignisbezogenen Betrachtung **allein nach dem zur Dienstverhinderung führenden Grund zu beurteilen** und ob der Dienstberechtigte erfahrungsgemäß mit einer derartigen Nichtleistung über einen bestimmten Zeitraum rechnen konnte. Dies rechtfertigt es in der Regel, die von § 616 S 1 erfaßten „verhältnismäßig nicht erheblichen" Dienstverhinderungen auf Anlässe zu begrenzen, die **allenfalls wenige Tage** dauern (ebenso ErfKomm/DÖRNER § 616 BGB Rn 15; iE auch Lö-

Hartmut Oetker

WISCH, Arbeitsrecht [5. Aufl 2000] Rn 971; weitergehend bei Organmitgliedern aber BGHZ 10, 191 ff; FLECK, in: FS Hilger/Stumpf [1983] 217; für freie Mitarbeiter BGH LM § 632 BGB Nr 17 = ZIP 1995, 1280 f: Arbeitsunfähigkeit für 2 ½ Wochen).

98 Dies verbietet es, bei **Erkrankungen des Dienstverpflichteten** die „verhältnismäßig nicht erhebliche Zeit" mit dem in § 3 Abs 1 S 1 EFZG genannten **Sechs-Wochen-Zeitraum** gleichzusetzen (so auch ERMAN/BELLING § 616 Rn 50; SCHAUB WiB 1994, 637; **aA** in der Tendenz HACHENBURG/STEIN, GmbH-Gesetz [8. Aufl 1996] § 35 Rn 207). Hiergegen spricht vor allem die früher in § 616 Abs 2 S 2 enthaltene Regelung, die zwar den Sechs-Wochen-Zeitraum als verhältnismäßig nicht erheblich anerkannte, sich hierfür aber der Regelungstechnik einer Fiktion („gilt") bediente.

99 Entsprechendes gilt bei der **Pflege von erkrankten Familienangehörigen;** bei diesen Sachverhalten dürfte die **Obergrenze** bei **fünf Arbeitstagen** liegen (BAG AP Nr 48 zu § 616 BGB; ERMAN/BELLING § 616 Rn 49; ErfKomm/DÖRNER § 616 BGB Rn 16; s auch MERTENS NJW 1978, 1677 f; **aA** MünchKomm/SCHAUB § 616 Rn 17; SCHOOF, in: Kittner/Zwanziger [Hrsg], Arbeitsrecht [2001] § 55 Rn 8). Der spezialgesetzliche Freistellungsanspruch in **§ 45 SGB V** bewirkt nicht nur hinsichtlich des Lebensalters des Kindes (s o Rn 57), sondern auch bezüglich des Freistellungszeitraumes **keine zwingende Konkretisierung** (HANAU/ADOMEIT, Arbeitsrecht [12. Aufl 2000] 241 Fn 43; **aA** MünchKomm/SCHAUB § 616 Rn 17; SCHOOF, in: Kittner/Zwanziger [Hrsg], Arbeitsrecht [2001] § 55 Rn 8), da er nicht das Synallagma von Leistung und Gegenleistung durchbricht und deshalb auf keinem mit § 616 S 1 kongruenten Normzweck beruht. Auch das Bundesarbeitsgericht zog § 45 SGB V vor seiner am 1. 1. 1992 in Kraft getretenen Änderung, die den Freistellungsanspruch des Arbeitnehmers erheblich ausweitete, lediglich als „Anhaltspunkt" heran (BAG AP Nr 48 zu § 616 BGB), so daß er für die Auslegung des § 616 S 1 keine verbindlichen Interpretationsmaximen liefert (zutreffend ERMAN/BELLING § 616 Rn 49; ErfKomm/DÖRNER § 616 BGB Rn 16; ERASMY NZA 1992, 922 f; SCHMITT, EFZG [4. Aufl 1999] § 616 BGB Rn 18; SOWKA RdA 1993, 34 f).

100 Eine **belastungsbezogene Betrachtungsweise** gelangt häufig zu **großzügigeren Resultaten.** Die Grenze der Verhältnismäßigkeit ist jedoch auch hiernach in Anlehnung an die frühere Regelung in § 616 Abs 2 **regelmäßig bei sechs Wochen überschritten** (BAG AP Nr 47 zu § 616 BGB; BAG AP Nr 7 zu § 611 BGB Gefährdungshaftung des Arbeitgebers; ERMAN/BELLING § 616 Rn 48; THOME 139). In einer Entscheidung v 6. 4. 1995 sah der Bundesgerichtshof bei einem freien Mitarbeiter eine krankheitsbedingte Arbeitsunfähigkeit von 2 1/2 Wochen als unschädlich für eine auf § 616 S 1 gestützte Fortzahlung der Vergütung an (BGH LM § 632 BGB Nr 17 = ZIP 1995, 1280 f). Als **Konkretisierungshilfe** bietet SCHAUB folgende Staffelung an: Beschäftigungszeit bis zu 6 Monate = 3 Tage, 6 bis 12 Monate = 1 Woche, ab 1 Jahr = 2 Wochen (SCHAUB, Arbeitsrechts-Handbuch [9. Aufl 2000] § 97 Rn 16; ebenso ERMAN/BELLING § 616 Rn 48; HROMADKA/MASCHMANN, Arbeitsrecht 1 [1998] 289; KUNZ/WEDDE, EFZR § 616 BGB Rn 20). Bei Dienstverhältnissen, die nicht auf unbestimmte Dauer, sondern auf einmalige Dienste gerichtet sind oder weniger als drei Monate dauern, schlägt HANAU als Faustregel $1/20$ der vorgesehenen Dienstzeit vor (ERMAN/HANAU [9. Aufl 1993] § 616 Rn 62). Die Praktikabilität derartiger Richtwerte darf indes nicht über ihre fehlende normative Verankerung hinwegtäuschen (ebenfalls ablehnend ErfKomm/DÖRNER § 616 BGB Rn 15; s auch ERMAN/BELLING § 616 Rn 48, der eine „gewisse Beliebigkeit" einräumt).

Eine ereignisbezogene Betrachtungsweise rechtfertigt es, die Rechtsfolge des § 616 **101**
S 1 **bei jedem Verhinderungsfall neu** eingreifen zu lassen (so auch RAG ARS 25, 200; 43,
443 f; ERMAN/BELLING § 616 Rn 53; MünchArbR/BOEWER § 80 Rn 20; BRILL AR-Blattei, Arbeitsausfall IV, B II 4 c; Hk-BGB/ECKERT § 616 Rn 5; HUECK/NIPPERDEY I § 44 III 1 a dd; HROMADKA/
MASCHMANN, Arbeitsrecht 1 [2. Aufl 2002] 301; SOERGEL/KRAFT § 616 Rn 23; NIKISCH I § 43 II 3;
MünchKomm/SCHAUB § 616 Rn 23; SCHIMANA AuR 1956, 327; **aA** für die Pflege erkrankter Kinder
LÖWISCH DB 1979, 210 f, der in diesem Fall generell eine Zusammenrechnung befürwortet). Allerdings muß es sich **jeweils** um einen **neuen Grund** handeln. Beruht die Verhinderung
auf **derselben Ursache** (zB wöchentlicher Schulbesuch, vgl RAG ARS 10, 471; wiederholte Arztbesuche aufgrund eines Unfalls, vgl LG Frankfurt aM SP 2000, 269 f), so ist eine
Zusammenrechnung trotz der unter Umständen eintretenden Pflicht zur Rückerstattung der bereits fortgezahlten Vergütung vorzugswürdig (ebenso LG Frankfurt aM SP
2000, 269 f; ERMAN/BELLING § 616 Rn 53; NIKISCH I § 43 II 3; **aA** MünchArbR/BOEWER § 80 Rn 20;
KUNZ/WEDDE, EFZR § 616 BGB Rn 22).

Die isolierte Behandlung jedes einzelnen Verhinderungsfalles kann dazu führen, daß **102**
sich die aus § 616 S 1 folgende Pflicht zur Vergütungsfortzahlung zu einem mehrere
Wochen im Jahr in Anspruch nehmenden Zeitraum addiert. Gleichwohl ist eine
schematische **Obergrenze pro Jahr** – wie sie zB § 45 Abs 2 SGB V für den Anspruch
auf unbezahlte Freistellung wegen der Pflege erkrankter Kinder festlegt – de lege lata
nicht anzuerkennen (**aA** ERMAN/BELLING § 616 Rn 53, der eine jährliche Gesamtdauer von
allenfalls vier Wochen als hinnehmbar bewertet). Die wiederholte und über mehrere Jahre
andauernde Pflicht zur Zahlung von Vergütungen ohne Dienstleistung kann jedoch
eine **Störung des Austauschverhältnisses** bewirken und entsprechend den Grundsätzen der höchstrichterlichen Rechtsprechung für die krankheitsbedingte Kündigung
(vgl BAG AP Nr 20 zu § 1 KSchG 1969 Krankheit) bei Arbeitsverhältnissen eine **personenbedingte ordentliche Kündigung** sozial rechtfertigen (s auch u Rn 176).

5. Fehlendes Verschulden

Die Pflicht zur Fortzahlung der Vergütung tritt nach § 616 S 1 nur ein, wenn ein **103**
Verschulden des Dienstverpflichteten hinsichtlich der zur Dienstverhinderung führenden Umstände **fehlt;** § 616 S 1 enthält diese Voraussetzung als **negatives Tatbestandsmerkmal** (FISCHER DB 1961, 1227; LEPKE DB 1972, 923; SIEG JZ 1963, 164), es kehrt mit
geringen sprachlichen Nuancen in den §§ 3 Abs 1 S 1 EFZG, 12 Abs 1 S 1 Nr 2 lit b
BBiG wieder, so daß für die genannten Bestimmungen ein **einheitliches Begriffsverständnis** maßgebend ist (so auch BAG AP Nr 62 zu § 616 BGB; BAG AP Nr 8, 26, 44, 46, 49, 52,
71 und 77 zu § 1 LohnFG; sowie die Nachweise u Rn 242). Zudem verdeutlichen die Vorschriften, daß sich das **Verschulden** nicht auf die Dienstverhinderung, sondern auf den
hierfür **ursächlichen Grund beziehen** muß (BAG AP Nr 7 zu § 611 BGB Gefährdungshaftung
des Arbeitgebers; MünchArbR/BOEWER § 80 Rn 16). Ob er „ohne" Verschulden des Dienstverpflichteten eingetreten ist, gehört zu den dogmatischen Grundfragen der Entgeltfortzahlung im Krankheitsfall (hierzu auch u Rn 243 ff), besitzt aber generelle Bedeutung für den gesamten Anwendungsbereich des § 616 S 1.

Eine unreflektierte **Anwendung des § 276 Abs 1 S 1** scheidet im Rahmen des § 616 S 1 **104**
aus. Durch die Herbeiführung der Dienstverhinderung verletzt der Dienstverpflichtete keine Vertragspflichten gegenüber dem Dienstberechtigten und ist deshalb insoweit kein „Schuldner" im Sinne des § 276 Abs 1 (so auch FABRICIUS, Leistungsstörungen im

Arbeitsverhältnis [1970] 110 f; Zöllner/Loritz, Arbeitsrecht [5. Aufl 1998] § 18 II 2 e; **aA** noch
Oertmann § 616 Anm 1 d; iE auch Hofmann ZfA 1979, 288 ff, 297 f, der jedoch mit Hilfe einer
teleologischen Reduktion eine Begrenzung auf Vorsatz und grobe Fahrlässigkeit befürwortet; ebenso
Erman/Belling § 616 Rn 39).

105 Nicht überzeugen kann die im älteren Schrifttum und in der Judikatur des Bundesarbeitsgerichts verbreitet anzutreffende Tendenz, das Verschuldenserfordernis durch
die Maximen von **Treu und Glauben** zu konkretisieren und ein Verschulden des
Dienstverpflichteten zu bejahen, wenn das Herbeiführen der Dienstverhinderung
als treuwidrig zu werten ist (so zB noch Hueck/Nipperdey I § 44 III 1 a cc; Staudinger/
Mohnen/Neumann[10/11] § 616 Rn 14; aus der Rspr plastisch BAG AP Nr 34 zu § 1 LohnFG: „Fürsor-
gepflichtüberspannung"; ablehnend auch Hofmann ZfA 1979, 282 f).

106 Da das Gesetz nicht positiv ein Verschulden des Dienstverpflichteten verlangt, sondern negativ auf dessen Abwesenheit abstellt, beruht das Erfordernis des fehlenden
Verschuldens in § 616 S 1 auf einem von § 276 Abs 1 S 1 abweichenden Wertungsfundament. Das **(negative) Verschuldenserfordernis** wurzelt in dem **Rechtsgedanken
des § 254** (grundlegend Hofmann ZfA 1979, 288 ff; Wiedemann, Das Arbeitsverhältnis als Aus-
tausch- und Gemeinschaftsverhältnis [1966] 52 ff; ebenso zB GK-EFZR/Birk § 1 LFZG Rn 237;
MünchArbR/Boewer § 80 Rn 16; Gutzeit 34 f; Larenz, Schuldrecht II/1 [13. Aufl 1986] § 52
II b; v Maydell DB 1973 Beil 15, 6; Weiland 85 f; in dieser Richtung auch BAG AP Nr 44 und
46 zu § 1 LohnFG; kritisch aber Denck RdA 1980, 248; abweichend auch Sonnleitner, Entgeltfortzahlung bei Alkoholismus unter besonderer Berücksichtigung der Verschuldensproblematik
[1994] 116 ff, der auf allgemeine Maximen einer Risikozuweisung zurückgreift; ferner auch Münch-
ArbR/Boecken § 83 Rn 94, wegen der Ausrichtung des § 254 auf das zweiseitige Austauschverhältnis). Der Begünstigte soll die Begünstigung nicht erhalten, wenn er sie selbst herbeigeführt hat (treffend Hofmann ZfA 1979, 282 ff).

107 Dieses Verständnis, das letztlich auf das allgemeingültige **Verbot des venire contra
factum proprium** zurückgeht (treffend bereits Wiedemann, Das Arbeitsverhältnis als Aus-
tausch- und Gemeinschaftsverhältnis [1966] 54 f; ferner Hendel 92 ff; sowie zuletzt MünchArbR/
Boecken § 83 Rn 95; Gutzeit 35) schließt es nicht aus, das von § 616 S 1 für eine Be-
freiung von der Pflicht zur Fortzahlung der Vergütung geforderte „Verschulden" des
Dienstverpflichteten als ein **„Verschulden gegen sich selbst"** zu charakterisieren (so zB
BAG AP Nr 44 und 46 zu § 1 LohnFG; Gamillscheg, Arbeitsrecht I [8. Aufl 2000] 344; Hromadka/
Maschmann, Arbeitsrecht 1 [2. Aufl 2002] 300; Soergel/Kraft § 616 Rn 20; Lieb, Arbeitsrecht
[7. Aufl 2000] § 2 II 1 b aa; Nikisch I § 43 II 1; Schaub AuA 1996, 83; Schimana AuR 1956, 324;
Söllner, Arbeitsrecht [12. Aufl 1998] § 32 II; kritisch aber Fabricius, Leistungsstörungen im
Arbeitsverhältnis [1970] 111 f; Hofmann ZfA 1979, 282 ff, 290 ff; vgl auch Zeuner AuR 1975,
301; s ferner Staudinger/Schiemann [1998] § 254 Rn 30; **aA** Marienhagen/Künzl § 3 EFZG
Rn 26a).

108 Trotz des Rückgriffs auf den Rechtsgedanken des § 254 bzw das hierin zum Ausdruck
gelangte Verbot des venire contra factum proprium „bestraft" § 616 S 1 nicht bereits
die Verursachung des Verhinderungsgrundes, sondern verlangt durch die Beschränkung auf ein „Verschulden" ein **vorwerfbares Verhalten des Dienstverpflichteten.** Der
Vergleich mit § 254 zeigt zudem, daß dem Dienstverpflichteten **nicht jedes Verschulden** zur Last fällt, da § 616 S 1 im Unterschied zu § 254 und in der dogmatischen
Tradition der Culpakompensation (vgl dazu zusammenfassend Looschelders, Die Mitver-

antwortlichkeit des Geschädigten im Privatrecht [1999] 20 ff) stets zum gänzlichen Verlust des Vergütungsanspruches führt. Eine Wertungsharmonie mit dem Rechtsgedanken des § 254 erfordert deshalb ein **bestimmtes qualitatives Gewicht** des Verhaltensvorwurfs. Dem Dienstberechtigten muß ein **vorwerfbares Verhalten** angelastet werden können, dessen Schwere es rechtfertigt, den Eintritt der Rechtsfolge in § 616 S 1 gänzlich auszuschließen.

Diese qualitative Voraussetzung ist nach der von der ständigen höchstrichterlichen **109** Rechtsprechung geprägten Formel erfüllt, wenn der Dienstverpflichtete „**gröblich gegen das von einem verständigen Menschen im eigenen Interesse zu erwartende Verhalten verstoßen hat**" (vgl BAG AP Nr 62 und 75 zu § 616 BGB; BAG AP Nr 28 zu § 63 HGB; BAG AP Nr 8, 26, 44, 46, 49, 52, 71, 77 und 94 zu § 1 LohnFG; BAG AP Nr 7 zu § 611 BGB Gefährdungshaftung des Arbeitgebers; ebenso im Schrifttum zB MünchArbR/BOEWER § 80 Rn 16; BRILL AR-Blattei, Arbeitsausfall IV, B II 3; Hk-BGB/ECKERT § 616 Rn 6; HROMADKA/MASCHMANN, Arbeitsrecht 1 [2. Aufl 2002] 300; HUECK/NIPPERDEY I § 44 III 1 a cc; SOERGEL/KRAFT § 616 Rn 20; NIKISCH I § 43 II 1; SCHAUB, Arbeitsrechts-Handbuch [9. Aufl 2000] § 97 Rn 15; SCHMITT, EFZG [4. Aufl 1999] § 616 BGB Rn 20; SCHOOF, in: Kittner/Zwanziger [Hrsg], Arbeitsrecht [2001] § 55 Rn 9; kritisch hierzu HOFMANN ZfA 1979, 282 ff). Sofern verbreitet eine **vorsätzliche oder grob fahrlässige Herbeiführung** des Verhinderungsgrundes gefordert wird (grdl HOFMANN ZfA 1979, 298 ff; sowie zB ERMAN/BELLING § 616 Rn 39; MünchArbR/BOEWER § 80 Rn 16), liegt hierin im Ergebnis keine sachliche Abweichung, da die namentlich von der höchstrichterlichen Rechtsprechung praktizierte Formel mit dem Erfordernis grober Fahrlässigkeit deckungsgleich ist (siehe zB BAG AP Nr 75 zu § 616 BGB; BAG AP Nr 7 zu § 611 BGB Gefährdungshaftung des Arbeitgebers).

Ungeachtet der dogmatischen Fundierung steht die von den Besonderheiten des **110** Einzelfalles dominierte **Wertungsfrage** im Vordergrund, ob die Handlung des Dienstverpflichteten gegen das von einem verständigen Menschen im eigenen Interesse zu erwartende Verhalten gröblich verstößt bzw die im Verkehr erforderliche Sorgfalt in besonders schwerem Maße außer acht läßt. Da § 616 S 1 und die vergleichbaren Bestimmungen in § 3 Abs 1 S 1 EFZG und in § 12 Abs 1 S 1 Nr 2 lit b BBiG die Privilegierung (Aufrechterhaltung des Vergütungsanspruches) bei Bejahung des Verschuldensvorwurfes gänzlich entfallen lassen, verlangt das Gesetz positiv formuliert, daß der Begünstigte sein Verhalten so einrichtet, daß er die durchschnittlichen Anforderungen beachtet, damit die Dienstverhinderung nicht eintritt. Dem Dienstverpflichteten fällt daher die Herbeiführung des Verhinderungsgrundes auch dann zur Last, wenn er dessen Eintritt hätte verhindern können. Eine „sittliche Schuld" oder ein moralisches Unwerturteil findet bei § 616 S 1 keine Berücksichtigung (so aber noch OERTMANN § 616 Anm 1 d: „unverehelichte Arbeiterin läßt sich schwängern ... Unmöglich kann man den Arbeitgeber dafür zahlen lassen müssen!" [so auch zB noch RAG ARS 15, 568 ff]; hiergegen mit Nachdruck NIKISCH I § 43 II 1: „... der Arbeitgeber ist nicht zum Sittenwächter über seine Arbeitnehmer bestellt"; ebenso ZEUNER AuR 1975, 301; sowie auch schon RAG ARS 43, 394 f).

6. Anzeige- und Nachweispflichten

§ 616 verzichtet auf eine explizite Normierung von Anzeige- und Nachweispflichten **111** für den Dienstverpflichteten (vgl aber de lege ferenda § 56 Abs 2 des zum 59. DJT vorgelegten Entwurfs eines Arbeitsvertragsgesetzes, Verhandlungen des 59. DJT I [1992] D 36). Derartige Pflichten kennt lediglich § 5 EFZG für die **Entgeltfortzahlung im Krankheitsfall**. Für eine entsprechende Anwendung dieser Vorschrift auf alle von § 616 erfaßten Verhinderungsgründe fehlen die methodischen Voraussetzungen. Sie ist allenfalls für den Krankheitsfall zu erwägen, wenn der zur Dienstleistung Verpflichtete nicht in den Anwendungsbereich des Entgeltfortzahlungsgesetzes einbezogen ist.

112 Aufgrund seiner **allgemeinen Interessenwahrungspflichten** muß der Dienstverpflichtete jedoch während der gesamten Dauer der Vertragsbeziehung auf die Belange des Dienstberechtigten Rücksicht nehmen (vgl § 241 Abs 2). Die Pflicht zur Rücksichtnahme besteht auch, wenn der Dienstverpflichtete aus in seiner Person liegenden Gründen an der Erbringung der Dienstleistung gehindert ist und der Dienstberechtigte ein für den Dienstverpflichteten erkennbares Interesse an einer Mitteilung der Verhinderung hat. Das gilt insbesondere, wenn der Dienstverpflichtete damit rechnen muß, daß der Dienstberechtigte infolge einer Verhinderung der Dienstleistung umdisponieren muß. In diesem Fall begründet die allgemeine Interessenwahrungspflicht einen **Dispositionsschutz zugunsten des Dienstberechtigten;** § 5 EFZG ist insofern Ausdruck eines allgemeinen Rechtsgedankens, der auch in den in verschiedenen Gesetzesbestimmungen verankerten Ankündigungsfristen seine normative Ausprägung findet (vgl zB § 12 Abs 2 TzBfG, § 16 BErzGG).

113 Aus der allgemeinen Interessenwahrungspflicht folgt die nicht einklagbare und deshalb **unselbständige (Neben-)Pflicht** des Dienstverpflichteten, dem Dienstberechtigten den **Eintritt seiner Leistungsverhinderung anzuzeigen** (iE allgM vgl zB BAG AP Nr 12 zu § 63 HGB; BRILL AR-Blattei, Arbeitsausfall IV, B II 5; ERMAN/BELLING § 616 Rn 54; MünchArbR/BOEWER § 80 Rn 21; HROMADKA/MASCHMANN, Arbeitsrecht 1 [2. Aufl 2002] 301; HUECK/ NIPPERDEY I § 44 III 1 e; SOERGEL/KRAFT § 616 Rn 26; BGB-RGRK/MATTHES § 616 Rn 48; OERTMANN § 616 Anm 1 f; SCHAUB, Arbeitsrechts-Handbuch [9. Aufl 2000] § 97 Rn 2; SCHIMANA AuR 1956, 327; SCHLECHTRIEM/JAUERNIG § 616 Rn 16; ebenso für eine unselbständige Nebenpflicht bei § 5 Abs 1 S 2 EFZG LAG Sachsen-Anhalt NZA-RR 1999, 460). Ist dies vor dem Eintritt des Verhinderungsgrundes möglich, muß die Anzeige so rechtzeitig erfolgen, daß sich der Dienstberechtigte noch auf den Ausfall der Dienstleistung einstellen kann (ERMAN/ BELLING § 616 Rn 54; MünchArbR/BOEWER § 80 Rn 21; HUECK/NIPPERDEY I § 44 III 1 e; SOERGEL/ KRAFT § 616 Rn 26; SCHAUB, Arbeitsrechts-Handbuch [9. Aufl 2000] § 97 Rn 2). War dies nicht möglich, dann entsteht die Anzeigepflicht mit der Dienstverhinderung. Der Dienstverpflichtete muß ihr in dieser Konstellation unverzüglich nachkommen (ERMAN/BELLING § 616 Rn 54; MünchArbR/BOEWER § 80 Rn 21; SOERGEL/KRAFT § 616 Rn 26).

114 Die Anzeigepflicht umfaßt den **Grund der Dienstverhinderung** sowie ihre (voraussichtliche) **Dauer** (ERMAN/BELLING § 616 Rn 54; HROMADKA/MASCHMANN, Arbeitsrecht 1 [2. Aufl 2002] 301). Sie kann ganz oder teilweise entfallen, wenn dem Dienstberechtigten die betreffenden **Tatsachen bereits bekannt** sind (ERMAN/BELLING § 616 Rn 54).

115 Eine Pflicht zur **Vorlage eines Nachweises** besteht unter dem Gesichtspunkt der Interessenwahrung nur, wenn der Dienstberechtigte diesen aus **begründetem Anlaß** verlangt (JAUERNIG/SCHLECHTRIEM § 616 Rn 17; weitergehend MünchKomm/SCHAUB § 616 Rn 28: im allgemeinen; wohl auch HROMADKA/MASCHMANN, Arbeitsrecht 1 [2. Aufl 2002] 301). Eine generelle Pflicht zur Vorlage eines ärztlichen Attestes begründet nur § 5 Abs 1 S 2 und 3 EFZG für die Entgeltfortzahlung im Krankheitsfall. Eine entsprechende Anwendung der Norm bei allen von § 616 erfaßten Verhinderungsgründen kommt ebensowenig in Betracht wie eine analoge Anwendung bei einer Erkrankung des

Dienstverpflichteten, wenn dieser die Fortzahlung der Vergütung auf § 616 S 1 stützt. Möglich bleibt aber die Schaffung einer eigenständigen Rechtsgrundlage, für die das Direktionsrecht des Arbeitgebers jedoch nicht ausreicht. Die Pflicht zur Vorlage einer ärztlichen Bescheinigung kann aber durch Tarifvertrag oder Betriebsvereinbarung begründet werden; es handelt sich zudem um einen kollektiven Tatbestand, der nach § 87 Abs 1 Nr 1 BetrVG der Mitbestimmung des Betriebsrates unterliegt (BAG AP Nr 27 zu § 87 BetrVG 1972 Ordnung des Betriebes; aA MünchArbR/Boewer § 80 Rn 21).

Eine materiellrechtliche Nachweispflicht besteht außerhalb des Anwendungsberei **116** ches des § 45 Abs 3 SGB V grundsätzlich auch nicht bei der **Pflege erkrankter Kinder.** Deren Angewiesenheit auf die Pflege durch den Dienstverpflichteten muß dieser jedoch gegebenenfalls durch ärztliches Attest belegen. Von der materiellrechtlichen Nachweispflicht ist die **Darlegungs- und Beweislast** zu unterscheiden (hierzu Rn 150 ff). Im Prozeß muß der Dienstverpflichtete regelmäßig durch **ärztliches Attest** nachweisen, daß die Betreuung des erkrankten Kindes durch ihn erforderlich war, um die Pflicht zur Dienstleistung als nachrangig bewerten zu können (vgl BAG AP Nr 50 zu § 616 BGB). **Andere Formen** des Strengbeweises sind hierdurch **nicht ausgeschlossen.**

Die **Verletzung der Anzeigepflicht** eröffnet dem Dienstberechtigten **kein Leistungs-** **117** **verweigerungsrecht** aus § 273, da es sich bei ihr um eine unselbständige Nebenpflicht handelt (s o Rn 113; aA Erman/Belling § 616 Rn 54). In Betracht kommen allenfalls **Schadensersatzansprüche** (§ 280 Abs 1; so iE zB MünchArbR/Boewer § 80 Rn 21; Hueck/ Nipperdey I § 44 III 1 e; Soergel/Kraft § 616 Rn 26; Schimana AuR 1956, 327; Jauernig/ Schlechtriem § 616 Rn 16; arg auch § 7 Abs 1 S 1 Nr 1 EFZG), bei besonders groben Verstößen darüber hinaus eine **außerordentliche Kündigung** durch den Dienstberechtigten (BAG AP Nr 12 zu § 63 HGB) und die **Einrede des Rechtsmißbrauchs** gegenüber dem Zahlungsbegehren des Dienstverpflichteten (so BAG AP Nr 12 zu § 63 HGB; Erman/ Belling § 616 Rn 74; Brill AR-Blattei, Arbeitsausfall IV, B II 5; Soergel/Kraft § 616 Rn 26). Ein **Leistungsverweigerungsrecht** des Arbeitgebers begründet **ausschließlich § 7 Abs 1** **S 1 Nr 1 EFZG** für die Verletzung der Nachweispflicht (hierzu u Rn 492 ff). Aus der allgemeinen Vorschrift in **§ 273** ist diese Rechtsfolge nicht abzuleiten, da es sich bei den aus dem dienstvertraglichen Pflichtengefüge abgeleiteten Anzeige- und Nachweispflichten um unselbständige Nebenpflichten handelt (siehe u Rn 292; aA Erman/ Belling § 616 Rn 54, 74, der die Pflicht zur Anzeige als selbständige Nebenpflicht bewertet).

V.   Rechtsfolgen

1.   Umfang des Vergütungsanspruchs

Als Rechtsfolge ordnet § 616 S 1 die **Aufrechterhaltung des dienstvertraglichen Ver-** **118** **gütungsanspruches** an (s auch o Rn 18 f, 20); es handelt sich nicht um einen durch § 616 S 1 begründeten Schadensersatzanspruch, sondern um den von § 616 S 1 aufrechterhaltenen arbeitsvertraglichen Erfüllungsanspruch (MünchArbR/Boewer § 80 Rn 22). Der Dienstverpflichtete ist so zu stellen, als ob er die Dienstleistung erbracht hätte. Es gilt deshalb das sog **Entgeltausfallprinzip** (für die einhellige Ansicht BAG AP Nr 39 und 40 zu § 63 HGB; BAG AP Nr 9 zu § 611 BGB Berufssport; Erman/Belling § 616 Rn 57; MünchKomm/ Boewer § 80 Rn 22; Brill AR-Blattei, Arbeitsausfall IV, B IV 1; Gutzeit 83 f; Hromadka/Maschmann, Arbeitsrecht 1 [2. Aufl 2002] 301; Soergel/Kraft § 616 Rn 28; BGB-RGRK/Matthes § 616 Rn 49; MünchKomm/Schaub § 616 Rn 24; Schimana AuR 1956, 327; sowie bereits RAG ARS 29,

6 ff). Bemessungsgrundlage ist der Anspruch auf die **vertraglich geschuldete Vergütung**. Von den Gästen **freiwillig gewährte Trinkgelder** gehören grundsätzlich nicht zum fortzuzahlenden Entgelt, sofern im Einzelfall keine Anhaltspunkte für einen vertraglichen Anspruch auf diese vorliegen (BAG AP Nr 112 zu § 37 BetrVG 1972; GK-EFZR/Birk § 2 LFZG Rn 38).

119 Bei einer **Monatsvergütung** und einer auf einzelne Tage begrenzten Dienstverhinderung ist die monatlich geschuldete Vergütung durch die Zahl der Arbeitstage (einschließlich etwaiger Feiertage) zu dividieren und der so ermittelte Betrag mit der Zahl der tatsächlich ausgefallenen Arbeitstage zu multiplizieren (BAG AP Nr 40 zu § 63 HGB).

120 Hätte der Dienstverpflichtete gearbeitet und wären **Zuschläge wegen Überstunden oder Nachtarbeit** zu zahlen gewesen, so erhöhen sie den Anspruch (Soergel/Kraft § 616 Rn 31; Nikisch I § 43 II 4; für den Krankheitsfall u Rn 407). Umgekehrt sind auch **Verdienstkürzungen** zu berücksichtigen, die der Dienstverpflichtete hätte hinnehmen müssen, wenn die Dienstverhinderung zB infolge **Kurzarbeit** oder **Werksurlaub** nicht bestanden hätte (Erman/Belling § 616 Rn 65; MünchArbR/Boewer § 80 Rn 22; Hueck/Nipperdey I § 44 III 1 b; Soergel/Kraft § 616 Rn 31; Nikisch I § 43 II 4; Schimana AuR 1956, 328; für den Erkrankungsfall s u Rn 408).

121 Die Anwendung des Entgeltausfallprinzips bereitet Schwierigkeiten, wenn der Dienstverpflichtete eine **leistungs- oder erfolgsabhängige Vergütung** erhält. Wegen der fehlenden Dienstleistung während der Dienstverhinderung fehlt zwar für diesen Zeitraum eine tatsächliche Bemessungsgrundlage, ihre Einbeziehung in die fortzugewährte Vergütung ist im Grundsatz aber unstreitig (vgl bereits RAG ARS 29, 8; 43, 273 f; sowie BAG AP Nr 9 zu § 611 BGB Berufssport; s aber auch für den Krankheitsfall näher u Rn 401 f). Da der Dienstverpflichtete nach dem Zweck des § 616 S 1 keine Einbuße seiner Vergütung erleiden soll, ist eine **hypothetische Betrachtung** erforderlich, die die von dem Dienstverpflichteten voraussichtlich erbrachte Leistung ermittelt (BAG AP Nr 9 zu § 611 BGB Berufssport; MünchArbR/Boewer § 80 Rn 22). Kann auf eine tatsächlich eingetretene Entwicklung nicht abgestellt werden, dann besitzen die in der **Vergangenheit** durchschnittlich erbrachten Leistungen **indiziellen Charakter** (BAG AP Nr 39 zu § 63 HGB). Ein **Referenzzeitraum** von einem Jahr verhindert regelmäßig Zufallsergebnisse (BAG AP Nr 39 zu § 63 HGB), bei häufigen Abrechnungsperioden reichen auch kürzere Zeiträume aus.

122 Da § 616 S 1 den Anspruch auf die vertraglich geschuldete Gegenleistung aufrechterhält, sind Zahlungen des Dienstberechtigten, die nicht den Charakter einer Vergütung besitzen, sondern **Aufwendungen** des Dienstverpflichteten ersetzen, während der Dienstverhinderung nicht fortzuzahlen (BAG AP Nr 39 zu § 63 HGB; Erman/Belling § 616 Rn 63; MünchArbR/Boewer § 80 Rn 22). Die **pauschalierte Gewährung** des Aufwendungsersatzes steht dem nicht entgegen. Eine Ausnahme gilt, wenn der pauschalierte Aufwendungsersatz eine „versteckte" Vergütung enthält, dh wenigstens teilweise über das hinausgeht, was der Dienstverpflichtete im Fall der Dienstleistung erfahrungsgemäß für seine Aufwendungen in Anspruch genommen hätte. In dieser Konstellation ist der „versteckte" Vergütungsanteil in die fortzugewährte Vergütung einzubeziehen (vgl auch u Rn 403).

2. Anrechnungsbefugnis

§ 616 S 2 begründet zugunsten des Dienstberechtigten eine mit § 615 S 2 vergleich- **123** bare Anrechnungsbefugnis; sie fehlt in § 12 Abs 1 S 1 Nr 2 BBiG und in § 3 Abs 1 S 1 EFZG, weil die dortige Pflicht des Arbeitgebers zur Fortzahlung der arbeitsvertraglich geschuldeten Vergütung gegenüber den Leistungen der gesetzlichen Kranken- bzw Unfallversicherung vorrangig ist (§ 44 Abs 1 SGB V). Die Anrechnung führt zu einer **Verringerung** oder einem **Wegfall des Vergütungsanspruches.** Diese Rechtsfolge tritt **nicht ipso iure** ein, sondern bedarf einer **Gestaltungserklärung** des Dienstberechtigten (näher zur Dogmatik der Anrechnungsbefugnis u § 617 Rn 65 ff).

Das Gesetz beschränkt die Anrechnungsbefugnis auf **Leistungen der Kranken- oder 124 Unfallversicherung.** Der Anrechnung unterliegen diese jedoch nur, wenn sie denselben Zweck verfolgen, wie die vom Dienstberechtigten fortzuzahlende Vergütung. In Betracht kommen deshalb ausschließlich Leistungen, die einen **Verdienstausfall** des Dienstverpflichteten **ausgleichen** sollen (Krankengeld). Ausgeschlossen ist eine Anrechnung hingegen bei **sonstigen Leistungen** (zB Renten) **des Versicherungsträgers** (Erman/Belling § 616 Rn 67; Soergel/Kraft § 616 Rn 36). Die praktische Bedeutung der Anrechnungsbefugnis ist gering, da zu den von § 616 S 2 erfaßten Leistungen vor allem das Krankengeld gehört (§§ 44 ff SGB V) und dieses nur subsidiär eingreift, solange und soweit der Versicherte kein Arbeitsentgelt erhält (vgl § 44 Abs 1 SGB V).

Das Gesetz beschränkt die Anrechnungsbefugnis im Hinblick auf die **Person des 125 Leistenden** auf Leistungen eines **Trägers der Kranken- oder Unfallversicherung,** bei dem der Dienstverpflichtete **kraft Gesetzes versichert** ist. Es muß eine gesetzliche Verpflichtung zum Beitritt bestehen (Planck/Gunkel § 616 Anm 3 a). Leistungen einer vom Dienstberechtigten **freiwillig abgeschlossenen Versicherung** berechtigen unabhängig von der Person des Beitragzahlers nicht zur Anrechnung (RAG ARS 38, 145; Erman/Belling § 616 Rn 67; Hueck/Nipperdey I § 44 III 1 d; Soergel/Kraft § 616 Rn 35; Schaub, Arbeitsrechts-Handbuch [9. Aufl 2000] § 97 Rn 21; Schimana AuR 1956, 328; Jauernig/ Schlechtriem § 616 Rn 12). Das gilt unabhängig von der **Organisationsform des Versicherers,** entscheidend ist allein die kraft Gesetzes eintretende Versicherung. Die Anrechnungsbefugnis besteht deshalb auch dann nicht, wenn zwar ein Träger der **gesetzlichen Krankenversicherung** die Leistungen erbringt, der Dienstverpflichtete aber zum Kreis der **freiwillig Versicherten** (siehe § 9 SGB V) gehört.

Die Anrechnungsbefugnis erstreckt sich nicht auf Leistungen des Versicherungsträ- **126** gers, die keinen Vergütungscharakter besitzen (Erman/Belling § 616 Rn 68) oder die nicht von einer Kranken- bzw Unfallversicherung erbracht werden. Sie erfaßt insbesondere nicht **Entschädigungen** für den Dienstverpflichteten wegen eines Vergütungsausfalls, die Dritte gewähren (Brill AR-Blattei, Arbeitsausfall IV, B IV 3 b; Hueck/Nipperdey I § 44 III 1 d; Soergel/Kraft § 616 Rn 36; Schaub, Arbeitsrechts-Handbuch [9. Aufl 2000] § 97 Rn 21; s insoweit auch Staudinger/Mohnen/Neumann[10/11] § 616 Rn 49 ff).

Hat der **Dienstverpflichtete** die **Vergütung erhalten,** so steht dem **Dritten,** der eine **127 Entschädigung geleistet** hat, ein **Anspruch aus ungerechtfertigter Bereicherung** zu, wenn die Entschädigung einen Verdienstausfall abgelten soll (Soergel/Kraft § 616 Rn 36; vgl auch BGH AP Nr 1 zu § 49 BSeuchG). Eine Ausnahme gilt, wenn der Vergütungsanspruch tarifvertraglich für den Fall rechtswirksam abbedungen wird, daß

Dritte den Arbeitnehmer wegen des Verdienstausfalls entschädigen (BAG AP Nr 7 zu
§ 616 BGB).

3. Regreß des Dienstberechtigten

a) Dogmatik des Ersatzanspruches

128 Tiefgreifende und die Fundamente des Schadensersatzrechts berührende Probleme
wirft das Verhältnis zwischen der durch § 616 S 1 oder vergleichbare Bestimmungen
aufrechterhaltenen Pflicht zur Fortzahlung der Vergütung und einem **Schadensersatzanspruch** auf, der dem an der Dienstleistung verhinderten Dienstverpflichteten **gegenüber Dritten** zusteht.

129 Einigkeit besteht darin, daß der zur Fortzahlung der Vergütung verpflichtete **Dienstberechtigte keinen originären Schadensersatzanspruch** gegen den Dritten hat. Das
geltende Deliktsrecht bietet für diesen keine tragfähige Grundlage (BGHZ 7, 33 ff;
Siebert, in: FS H Lehmann II [1956] 671 ff). Für einen Rückgriff auf die Figur des einge-
richteten und ausgeübten Gewerbebetriebes (hierfür Dersch BB 1952, 891) fehlt es an
der Unmittelbarkeit des Eingriffs (BGHZ 7, 35 f; Selb, Schadensbegriff und Regreßmethoden
[1963] 54; Siebert, in: FS H Lehmann II [1956] 672 f; Sieg JZ 1954, 339).

130 Konstruktive Schwierigkeiten bereitet die Begründung eines **Schadensersatzanspruches des Dienstverpflichteten** hinsichtlich der vom Dienstberechtigten fortgezahlten
Vergütung, der entweder im Wege einer cessio legis oder aufgrund einer Abtretung
auf den Dienstberechtigten übergeht. Bei formaler Anwendung der das Schadensersatzrecht beherrschenden Differenzhypothese (zu dieser Staudinger/Schiemann [1998]
§ 249 Rn 4 ff) fehlt ein Schaden des Dienstverpflichteten, da er aufgrund der Vergütungsfortzahlung des Dienstberechtigten keinen **Verdienstausfallschaden** erleidet
(RGZ 165, 239 f; Kollhosser AcP 166 [1966] 282 f; so auch noch Planck/Gunkel § 616 Anm 3 e).

131 Trotz dieser Ausgangslage geht die inzwischen nahezu einhellige Ansicht davon aus,
daß die vom Dienstberechtigten fortgezahlte Vergütung den **Schädiger nicht entlasten**
darf (statt aller BGHZ 62, 387; **aA** noch RGZ 165, 240; Siebert, in: FS H Lehmann II [1956] 270 ff).
Im wesentlichen sind **zwei** verschiedene konstruktive **Ansätze zur Begründung** eines
Schadens zu unterscheiden.

132 Die wohl **überwiegende Auffassung,** namentlich die höchstrichterliche Rechtsprechung (zu deren Entwicklung Marschall v Bieberstein, Reflexschäden und Regreßrechte
[1967] 75 ff), setzt bei der Differenzhypothese an und bejaht trotz der fortgezahlten
Vergütung einen eigenen Schaden des Dienstverpflichteten (so vor allem BGHZ 7, 49 ff;
21, 119). Die Argumente für die **Durchbrechung der Differenzhypothese** sind allerdings
schwankend. So berief sich der Bundesgerichtshof zunächst auf den Gedanken der
versagten Vorteilsausgleichung (BGHZ 7, 49), später zog er argumentativ einen „normativen Schadensbegriff" heran (BGHZ 43, 381 sowie jüngst BGH NJW 2002, 129). Im
Vordergrund steht bei diesem Verständnis der Zweck der vom Dienstberechtigten
erbrachten Vergütungsleistung. Ihr fürsorgerischer Charakter rechtfertige es nicht,
daß sie den Schädiger entlaste (BGHZ 7, 49 f; 21, 114 ff).

133 Mit beiden Begründungsansätzen löste die Rechtsprechung vehementen **Widerspruch** aus, namentlich der Hinweis auf einen eigenen Schaden des Dienstverpflich-

teten über eine **versagte Vorteilsausgleichung** wurde kritisiert (so vor allem KOLLHOSSER AcP 166 [1966] 282 ff; SIEBERT, in: FS H Lehmann II [1956] 677 ff; ablehnend bereits WILBURG JherJb 82 [1932] 80 f). Die Grundlage für die Kritik bildete bereits die Aussage des Reichsgerichts, eine Berücksichtigung von Vorteilen, die der Geschädigte infolge des zum Schadensersatz verpflichtenden Ereignisses erhalte, komme erst in Betracht, wenn zuvor ein Vermögensnachteil entstanden sei (RGZ 165, 239; so auch KOLLHOSSER AcP 166 [1966] 285; SIEBERT, in: FS H Lehmann II [1956] 678). Der Einwand gegenüber dem Reichsgericht ist im Kern berechtigt, wenn die Lehre von der Vorteilsausgleichung im Sinne einer streng logischen Abfolge begriffen wird. In Wirklichkeit geht es bei der Begründung eines eigenen Schadens des Dienstverpflichteten jedoch um das Problem, ob ein Umstand, der einen Vermögensschaden ausschließt, aus rechtlichen Gründen nicht berücksichtigt werden soll und deshalb eine Durchbrechung der Differenzhypothese eintritt (so mit Recht schon SIEBERT, in: FS H Lehmann II [1956] 678; SIEG JZ 1954, 338; s auch THIELE AcP 167 [1967] 216 ff).

Die **Gegenauffassung** im Schrifttum, die einen eigenen Schaden des Dienstverpflich- **134** teten verneint, gelangt nicht zu einer Entlastung des Schädigers, sondern greift auf die Figur der **Drittschadensliquidation** zurück, die den Dienstverpflichteten berechtigen soll, den beim Dienstberechtigten entstandenen Schaden geltend zu machen (so vor allem HUECK/NIPPERDEY I § 44 III 1 g bb mit Fn 84; KOLLHOSSER AcP 166 [1966] 306 f; SOERGEL/ KRAFT § 616 Rn 40; SELB, Schadensbegriff und Regreßmethoden [1963] 63; offengelassen von BGHZ 7, 51; ablehnend jedoch MARSCHALL V BIEBERSTEIN, Reflexschäden und Regreßrechte [1967] 230; SIEBERT, in: FS H Lehmann II [1956] 688 ff; SIEG JZ 1954, 339 f). Problematisch ist bei diesem Ansatz die Begründung eines Schadens beim Dienstberechtigten (vgl KOLLHOSSER AcP 166 [1966] 299; SIEG JZ 1954, 339 f). Der Rückgriff auf einen geminderten Gewinn des Dienstberechtigten (hierfür SIEBERT, in: FS H Lehmann II [1956] 690) ist in tatsächlicher Hinsicht zweifelhaft (LANGE, Schadensersatz [2. Aufl 1990] 529) und für eine alleinige Bezugnahme auf die fortgezahlte Vergütung fehlt der Kausalzusammenhang mit dem zum Schadensersatz verpflichtenden Ereignis, weil die Pflicht zur Fortzahlung der Vergütung kraft Gesetzes besteht und nicht auf einem freiwilligen Verhalten des Dienstberechtigten beruht (KOLLHOSSER AcP 166 [1966] 302 f, im Anschluß an TAUBE VersR 1954, 108). Wegen dieser Schwierigkeiten sei die Lehre von der Drittschadensliquidation fortzubilden, die sich hierfür von dem tradierten Dogma einer Schadensverlagerung lösen müsse (hierfür KOLLHOSSER AcP 166 [1966] 306 f; SOERGEL/KRAFT § 616 Rn 50; SELB, Schadensbegriff und Regreßmethoden [1963] 63 ff; hiergegen aber SIEBERT, in: FS H Lehmann II [1956] 689 ff).

Im Ergebnis kann der konstruktive Weg der wohl herrschenden Meinung über einen **135** **eigenen Schaden des Dienstverpflichteten** überzeugen. Die Differenzhypothese ist keine allgemeingültige, vorgesetzliche Maxime, sondern Ausdruck der normativen Basis des Schadensersatzrechts in § 249 S 1. Ungeachtet der allgemeinen Bestrebungen, die Differenzhypothese insbesondere wegen der von Dritten erlangten Vorteile von einer formal-rechnerischen zu einer normativ-wertenden Betrachtung fortzuentwickeln (vgl STAUDINGER/SCHIEMANN [1998] § 249 Rn 7, 137 ff), steht ihre Geltung und konkrete inhaltliche Ausgestaltung stets unter dem Vorbehalt abweichender spezieller gesetzlicher Regelungen und Wertungen. Dieser Aspekt entfaltet auch für die Behandlung der vom Dienstberechtigten bzw Arbeitgeber geleisteten Entgeltfortzahlung entscheidende Bedeutung.

Hartmut Oetker

136 Hierfür bedarf es keines Rückgriffs auf § 843 Abs 4, dessen Verallgemeinerung (hierfür STAUDINGER/MOHNEN/NEUMANN[10/11] § 616 Rn 59; SCHIMANA AuR 1956, 328) zweifelhaft ist (vgl die Bedenken bei SIEBERT, in: FS H Lehmann II [1956] 684 f). Die **Durchbrechung der Differenzhypothese** ist vielmehr aus denjenigen **Vorschriften zur Entgeltfortzahlung im Krankheitsfall** abzuleiten, die einen gesetzlichen Übergang des Ersatzanspruches auf den das Entgelt fortzahlenden Arbeitgeber anordnen. So sieht **§ 6 Abs 1 EFZG** den Übergang von Schadensersatzansprüchen „wegen des Verdienstausfalls" vor, obwohl der Arbeitgeber zur Fortzahlung der Vergütung verpflichtet ist. Als Schaden erkennt die genannte Vorschrift daher nicht die vom Arbeitgeber aufgewendete Vergütung, sondern einen beim Arbeitnehmer eingetretenen Verdienstausfall an (vgl BGHZ 62, 386, wonach § 4 Abs 1 LFG [nunmehr: § 6 Abs 1 EFZG] einen Vermögensschaden des Arbeitnehmers fingiert). Hiermit hat das Gesetz die zuvor höchstrichterlich herausgearbeitete **Durchbrechung der Differenzhypothese** ausdrücklich **anerkannt** (ebenso ERMAN/BELLING § 616 Rn 80, 151 sowie bereits v MAYDELL DB 1973 Beil 15, 9 mit Fn 119; **aA** jedoch BICKEL DB 1970, 1128 ff, der unter der Geltung des § 4 LFG [nunmehr: § 6 EFZG] einen eigenen Schaden des Arbeiters verneinte und die Norm deshalb für gegenstandslos hielt; gegen diese Sichtweise treffend GK-EFZR/STECKHAN § 4 LFZG Rn 14), so daß ein Schaden des Arbeitnehmers nicht deshalb verneint werden kann, weil der Arbeitgeber die Vergütung aufgrund gesetzlicher Verpflichtung fortgewährt hat. Diese gesetzliche Wertentscheidung besitzt einen verallgemeinerungsfähigen Inhalt, der auch **auf andere Fälle auszudehnen** ist, in denen ein Schaden des Dienstverpflichteten bei formaler Anwendung der Differenzhypothese wegen der Vergütungsfortzahlung des Dienstberechtigten nicht eintritt.

b) Umfang des Schadensersatzes

137 Bei dem in Rn 136 befürworteten Ansatz bereitet der Umfang des Schadensersatzes konstruktive Schwierigkeiten. Aus Sicht des Schadensersatzrechts muß dieser so bemessen werden, als ob der Dienstberechtigte nicht zur Fortzahlung der Vergütung verpflichtet gewesen wäre. Obwohl die dogmatischen Begründungen jeweils nicht zweifelsfrei sind, umfaßt der Schadensersatz die vom Dienstberechtigten gezahlte **Bruttovergütung** (BGHZ 42, 84; 43, 382; BGH NJW 1995, 390; vgl stellvertretend für den Meinungsstand MARSCHALL v BIEBERSTEIN, Reflexschäden und Regreßrechte [1967] 232 ff mwN). **Beitragsleistungen zur Sozialversicherung** sind in vollem Umfang zu erstatten und umfassen auch die **Arbeitgeberanteile zur Sozialversicherung** (BGHZ 43, 382 f; ebenso im Schrifttum zB MARSCHALL v BIEBERSTEIN, Reflexschäden und Regreßrechte [1967] 236 ff; **aA** noch BGHZ 7, 53 sowie SOERGEL/KRAFT § 616 Rn 40). In § 6 Abs 1 EFZG geht das Gesetz ebenfalls davon aus, daß der Schädiger insoweit zum Ersatz verpflichtet ist. Leistungen für eine **betriebliche Altersversorgung** erhöhen nach § 6 Abs 1 EFZG ebenfalls den Schaden. Sie sind jedoch nach zutreffender dogmatischer Würdigung als Arbeitsentgelt zu qualifizieren (zum Entgeltcharakter STEINMEYER, Betriebliche Altersversorgung und Arbeitsverhältnis [1991] 54 ff, 60 ff). Im übrigen kann zur weiteren Konkretisierung auf die Grundsätze zu § 6 EFZG zurückgegriffen werden (zu diesen u Rn 421 ff).

c) Abtretung des Ersatzanspruches

138 Sofern das Gesetz nicht wie in § 6 Abs 1 EFZG eine cessio legis des Ersatzanspruches anordnet (hinsichtlich einer Analogie zu § 67 VVG siehe einerseits ablehnend BGH VersR 1966, 234; andererseits MARSCHALL v BIEBERSTEIN, Reflexschäden und Regreßrechte [1967] 224 f mit Fn 7 sowie BÜRGE, in: FS Lange [1982] 425 ff), ist der Dienstverpflichtete nach einhelliger Ansicht zur **Abtretung des Anspruches an den Dienstberechtigten** verpflichtet. Unterschiedlich sind die **Begründungsansätze:** Namentlich diejenigen Autoren, die auf eine **Drittschadensliquidation** zurückgreifen (o Rn 134), plädieren für die Anwendung des § 285 (zB KOLLHOSSER AcP 166 [1966] 308; SELB, Schadensbegriff und Regreßmethoden [1963] 69 f; so aber auch THIELE AcP 167 [1967] 218 f). Der Bundesgerichtshof greift demgegenüber alternativ auf den Rechtsgedanken in § 255 (BGHZ 21, 119 f; 107, 329; hierfür auch Münch-ArbR/BOECKEN § 87 Rn 19; SIEG JZ 1954, 340) und den **Dienstvertrag** zurück (BGHZ 21, 119 f). Gegen die Anwendung des § 285 spricht, daß die Vorschrift nur eingreift, wenn die Leistung eines Gegenstandes geschuldet ist (s STAUDINGER/LÖWISCH [1995] § 281 Rn 15; ablehnend auch SOERGEL/KRAFT § 616 Rn 39), so daß nur eine Analogie in Betracht kommt, die dann jedoch auch durch eine Gesamtanalogie zu den §§ 255, 285 gebildet werden kann (vgl MARSCHALL V BIEBERSTEIN, Reflexschäden und Regreßrechte [1967] 228 mit Fn 26). Die hiermit verbundenen konstruktiven Schwierigkeiten entfallen bei einem Rückgriff auf den Dienstvertrag, da sich die **Pflicht zur Abtretung** zwanglos auf die **allgemeinen Interessenwahrungspflichten** des Dienstverpflichteten stützen läßt (vgl ERMAN/BELLING § 616 Rn 81; SOERGEL/KRAFT § 616 Rn 39; LANGE, Schadensersatz [2. Aufl 1990] 529).

Da der Dienstverpflichtete seinen Ersatzanspruch an den Dienstberechtigten abtre- **139** ten muß, steht diesem **bis zur Abtretung** nach § 273 ein **Zurückbehaltungsrecht** hinsichtlich der Vergütung zu (statt aller ERMAN/BELLING § 616 Rn 77, 82; GRUNSKY JZ 1989, 800; allg STAUDINGER/SELB [1995] § 255 Rn 45). Zulässig ist auch eine **antezipierte Abtretung** zukünftiger Ersatzansprüche im Rahmen eines **Formulararbeitsvertrages** (ERMAN/BELLING § 616 Rn 81). Verhindert der Dienstverpflichtete durch anderweitige Verfügung über den Ersatzanspruch dessen Übergang auf den Dienstberechtigten, so führt dies zu einer Schadensersatzpflicht gegenüber dem Dienstberechtigten aus § 280 Abs 1 (ERMAN/BELLING § 616 Rn 82).

Der **Schadensersatzanspruch verändert** durch den kraft Gesetzes oder kraft Abtretung **140** eintretenden Übergang auf den Dienstberechtigten **nicht seinen rechtlichen Inhalt.** Deshalb kann der Schädiger auch dem Dienstberechtigten ein **Mitverschulden des Dienstverpflichteten** entgegenhalten (§ 404; ERMAN/BELLING § 616 Rn 83; zu § 6 EFZG u Rn 418). Ein Übergang des Ersatzanspruches ist ausgeschlossen, wenn diesem die **§§ 104, 105 SGB VII** (früher: §§ 636, 637 RVO) entgegenstehen (hierzu auch u § 618 Rn 327 ff). Ferner gelangt der **Rechtsgedanke des § 67 Abs 2 VVG** auch dann zur Anwendung, wenn der Ersatzanspruch nicht kraft Gesetzes, sondern infolge einer Abtretung auf einen Dritten übergeht (so mit Recht ERMAN/BELLING § 616 Rn 84 sowie bereits MARSCHALL V BIEBERSTEIN, Reflexschäden und Regreßrechte [1967] 228; zur Rechtslage im Rahmen des § 6 EFZG s u Rn 417).

VI. Abweichende Vereinbarungen

Die Regelung in § 616 S 1 ist – wie sich im Gegenschluß aus § 619 ergibt – **dispositiver 141 Natur** (allgM vgl BAG AP Nr 8, 30, 35, 43, 49, 55 und 58 zu § 616 BGB; BGH AP Nr 1 zu § 49 BSeuchG; sowie bereits RAG ARS 3, 6; 5, 123; 38, 224; 44, 156; für das Schrifttum zB ERMAN/BELLING § 616 Rn 11; MünchArbR/BOEWER § 80 Rn 8 f; ErfKomm/DÖRNER § 616 BGB Rn 19; HUECK/NIPPERDEY I § 44 III 1 f; SOERGEL/KRAFT § 616 Rn 4; KUNZE/WEDDE, EFZR § 616 BGB Rn 25; LÖWISCH, Arbeitsrecht [5. Aufl 2000] Rn 972; BGB-RGRK/MATTHES § 616 Rn 53; MünchKomm/SCHAUB § 616 Rn 25; SCHMITT, EFZG [4. Aufl 1999] § 616 BGB Rn 22). Der abweichenden Ansicht, die sich auf die teleologische Fundierung der Norm mittels der Fürsorgepflicht stützt und die

Vorschrift zugunsten des Dienstverpflichteten einschränkungslos als zwingend ansieht (so DERSCH RdA 1952, 56 f), stehen wegen § 619 systematische Bedenken entgegen. Ferner erfordert es der Zweck der Fürsorgepflicht nicht, dieser stets und in allen Ausprägungen zugunsten des Dienstverpflichteten zwingenden Charakter zuzuweisen (so mit Recht schon RAG ARS 40, 286 f; sowie allg BAG AP Nr 26 zu § 611 BGB Fürsorgepflicht; MünchArbR/BLOMEYER § 94 Rn 22).

142 Aufgrund der dispositiven Rechtsnatur des § 616 S 1 darf von der Vorschrift stets **zugunsten des Dienstverpflichteten** abgewichen werden. Das gilt im Grundsatz auch bei einer für den Dienstverpflichteten **nachteiligen Abrede** (ErfKomm/DÖRNER § 616 BGB Rn 19). Dabei beschränkt sich die Dispositivität des § 616 S 1 nicht nur auf die zur Fortzahlung der Vergütung führenden Gründe in der Person des Dienstverpflichteten. Vielmehr ist § 616 S 1 auch hinsichtlich der **Rechtsfolgen** abdingbar. Statt des in § 616 S 1 niedergelegten **Entgeltausfallprinzips** (s o Rn 118) kann deshalb auch die Geltung eines **Referenzprinzips** vereinbart werden (ebenso ERMAN/BELLING § 616 Rn 57).

143 Teile des Schrifttums fordern zumindest für den **vollständigen Ausschluß** des § 616 S 1 eine **sachliche Rechtfertigung** (zB durch die Besonderheiten des Wirtschaftszweiges oder eines Betriebes; so bereits SCHIMANA AuR 1956, 330; ebenso DÄUBLER, Arbeitsrecht II [11. Aufl 1998] Rn 854; SCHAUB, Arbeitsrechts-Handbuch [9. Aufl 2000] § 97 Rn 20; einschränkend auch RAG ARS 40, 287, wonach die abweichende Regelung nicht gegen den Rechtsgedanken der Treue- und Fürsorgepflicht verstoßen darf). Gegen eine uneingeschränkte Dispositivität zum Nachteil des Dienstverpflichteten wendet sich auch KEMPEN, der den Wesensgehalt der Grundrechte als Schranke heranzieht, die er jedoch als gewahrt ansieht, solange dem Dienstverpflichteten ein Anspruch auf unbezahlte Freistellung verbleibt (KEMPEN ArbRGegW 25 [1988] 91 ff).

144 Im Grundsatz ist diesem Versuch zur **Beschränkung der privatautonomen Gestaltungsfreiheit** – der seine allgemeine Grundlage in der Lehre von der Ordnungsfunktion der dispositiven Rechtssätze findet (s ENNECCERUS/NIPPERDEY Allgemeiner Teil des Bürgerlichen Rechts I [15. Aufl 1959] § 49 III) – **nicht zu folgen**. Es widerspricht dem Zweck abdingbarer Vorschriften, wenn für ihre Abweichung ein generelles Rechtfertigungserfordernis bestünde (so auch ERMAN/BELLING § 616 Rn 12; SOERGEL/KRAFT § 616 Rn 4 [anders noch in der 11. Aufl]; THOME 209 f); eine Ausnahme ist nach § 307 Abs 2 (früher: § 9 Abs 2 AGBG) nur bei **einseitig formulierten Vertragsbedingungen** zu erwägen (MünchArbR/BOEWER § 80 Rn 9; BGB-RGRK/MATTHES § 616 Rn 56; THOME 211 f).

145 Eine abweichende Konzeption enthält **§ 12 Abs 1 S 1 Nr 2 lit b BBiG**. Wegen § 18 BBiG darf von dieser Norm **nur zugunsten des Auszubildenden** abgewichen werden; **Abweichungen zuungunsten des Auszubildenden** werden ausdrücklich **untersagt**. Das gilt entsprechend für die **Entgeltfortzahlung im Krankheitsfalle**. Für diese ordnet § 12 EFZG an, daß – mit Ausnahme des § 4 Abs 4 EFZG – von den Vorschriften des Entgeltfortzahlungsgesetzes **nicht zuungusten des Arbeitnehmers** abgewichen werden darf. Die in dem generellen Ausschluß abweichender Abreden zuungunsten des Auszubildenden bzw des Arbeitnehmers liegende Ungleichbehandlung gegenüber den von § 616 erfaßten Dienstverpflichteten dürfte durch die Besonderheiten des Berufsausbildungsverhältnisses bzw die gesteigerte Schutzbedürftigkeit des Arbeitnehmers im Krankheitsfall gerechtfertigt sein.

Hinsichtlich § 616 sind Modifizierungen insbesondere durch **Tarifverträge** zulässig (zB **146**
BAG AP Nr 7, 8, 23, 30, 35, 37, 38, 43, 49, 51, 55, 58, 60, 61, 83 und 94 zu § 616 BGB; BAG AP Nr 62 zu
§ 1 LohnFG; BAG NZA 2002, 48; bereits auch RAG ARS 5, 123). Sie enthalten regelmäßig
eine **Konkretisierung,** bei welchen Lebenssachverhalten eine „**verhältnismäßig nicht
erhebliche" Dienstverhinderung** vorliegt. Die entsprechenden Tarifnormen haben –
sofern ihre Auslegung kein abweichendes Ergebnis rechtfertigt – **abschließenden
Charakter** und versperren einen subsidiären Rückgriff auf § 616 S 1 (BAG AP Nr 8,
35, 38, 55, 58, 60, 61, 64, 83 und 94 zu § 616 BGB; BAG AP Nr 62 zu § 1 LohnFG; BAG NZA 2002, 48;
abweichend im Grundansatz BAG AP Nr 41 zu § 616 BGB, wo umgekehrt für einen abschließenden
Charakter der Regelung deutliche Anhaltspunkte verlangt werden; ebenso Kunz/Wedde, EFZR
§ 616 BGB Rn 26; Schmitt EFZG [4. Aufl 1999] § 616 BGB Rn 23; hiergegen jedoch mit Recht
Soergel/Kraft § 616 Rn 4). Das gilt nicht, wenn die aufgeführten Lebenssachverhalte
lediglich exemplarische Bedeutung besitzen sollen (BAG AP Nr 23 und 43 zu § 616 BGB).

Sieht der Tarifvertrag eine Fortzahlung der Vergütung an bestimmten Tagen für **147**
bestimmte Anlässe vor, so weicht er auch von dem für § 616 S 1 geltenden Grundsatz
ab, daß eine Fortzahlung der Vergütung nur für den Fall geschuldet wird, daß die
Arbeitsleistung für den Dienstverpflichteten unzumutbar gewesen sein muß (BAG AP
Nr 35 und 44 zu § 616 BGB). Diese Voraussetzung entfällt bei derartigen Abreden. Erforderlich ist jedoch stets ein **zeitlicher Zusammenhang** zwischen der Arbeitsversäumnis und dem Ereignis, für das der Tarifvertrag eine Fortzahlung der Vergütung anordnet (BAG AP Nr 35 und 38 zu § 616 BGB). Wegen der Dispositivität des § 616 S 1 ist es
zumindest im Hinblick auf diese Vorschrift nicht zu beanstanden, wenn der Tarifvertrag eine Pflicht zur Vergütungsfortzahlung für den Fall ausschließt, daß der Arbeitnehmer von Dritten eine Aufwandsentschädigung erhält und diese auch einen
Verdienstausfall ausgleicht (BAG AP Nr 5 zu § 616 BGB).

Zu einer von § 616 abweichenden Vereinbarung sind auch die **Individualvertragspar-** **148**
teien berechtigt (BAG AP Nr 8, 23, 43 und 49 zu § 616 BGB). Diese kann **ausdrücklich,** aber
auch **konkludent** getroffen werden (OLG Dresden OLGRspr 34, 65; Erman/Belling § 616
Rn 16). Ein konkludenter Ausschluß des § 616 S 1 ist aber nicht bereits aus dem
Umstand abzuleiten, daß andere gesetzliche Vorschriften Dritte zum Ersatz des
Vergütungsausfalls verpflichten (so aber OLG Dresden OLGRspr 34, 65). Ob die Indivi-
dualvertragsparteien den Anspruch auf Fortzahlung der Vergütung für den Eintritt
einer persönlichen Dienstverhinderung vollständig ausschließen dürfen, ließ das
Bundesarbeitsgericht ausdrücklich offen (BAG AP Nr 49 zu § 616 BGB), Teile des
Schrifttums verlangen eine sachliche Rechtfertigung für den vollständigen Ausschluß
(s o Rn 143). Den Ausschluß oder die Modifizierung des § 616 S 1 können sowohl
einzelvertragliche Abreden als auch **Allgemeine Arbeitsbedingungen** herbeiführen.
Die Pflicht zur Fortzahlung der Vergütung nach § 616 S 1 kann deshalb nicht nur in
Einheitlichen Arbeitsbedingungen, sondern auch aufgrund einer **betrieblichen Übung**
abbedungen sein (im Grundsatz auch Erman/Belling § 616 Rn 16).

Der gänzliche oder teilweise Ausschluß der durch § 616 S 1 begründeten Pflicht zur **149**
Fortzahlung der Vergütung ist trotz der Dispositivität der Norm im Hinblick auf § **46
Abs 2 SGB I** zweifelhaft, wenn statt des Arbeitgebers ein **Sozialversicherungsträger**
ganz oder teilweise zum **Ersatz der ausfallenden Vergütung** verpflichtet ist und dessen
Leistungspflicht nur dadurch entsteht, daß die Vergütungspflicht des Arbeitgebers
abbedungen wird (zB bei der Pflege erkrankter Kinder – § 45 Abs 3 SGB V). Sowohl

das Verbot von Verträgen zu Lasten Dritter als auch der in § 46 Abs 2 SGB I zum Ausdruck gelangte Rechtsgedanke stehen in dieser Konstellation der Rechtswirksamkeit individual- oder tarifvertraglicher Ausschlüsse oder Einschränkungen der durch § 616 S 1 vorgeschriebenen Pflicht des Dienstberechtigten zur Fortzahlung der Arbeitsvergütung entgegen (ebenso HECKELMANN SAE 1977, 262; HOFMANN, in: 25 Jahre Bundesarbeitsgericht [1979] 236; OETKER SGb 1984, 196; siehe auch schon v MAYDELL DB 1973 Beil 15, 8, der jedoch keine Rückschlüsse auf die Rechtswirksamkeit des Verzichts ableitet; aA jedoch EICHENHOFER VSSR 1991, 188 f, 196 f; zurückhaltend auch SALJE NZA 1990, 301 ff). Solange die zur Leistungspflicht des Sozialversicherungsträgers führende Abrede als rechtswirksam betrachtet wird, bleibt zu überlegen, ob der Sozialversicherungsträger der Geltendmachung der Sozialleistung das Verbot des venire contra factum proprium entgegenhalten kann.

VII. Darlegungs- und Beweislast

1. Objektiver Tatbestand

150 Hinsichtlich der Verteilung der Darlegungs- und Beweislast ist – angesichts fehlender spezialgesetzlicher Vorschriften – zunächst von der **allgemeinen Regel** auszugehen, nach der der Anspruchssteller **alle anspruchsbegründenden Tatsachen** darlegen und beweisen muß (vgl zB BGH NJW 1989, 1729 mwN). Da § 326 Abs 1 S 1 zum Erlöschen des Anspruchs führen würde und der Dienstberechtigte hierfür mit Ausnahme des fehlenden Verschuldens des Schuldners (§ 280 Abs 1 S 2) die Darlegungs- und Beweislast trägt, obliegt es dem **Dienstverpflichteten,** die **Voraussetzungen** für die Durchbrechung des § 326 Abs 1 S 1 in **§ 616 S 1** darzulegen und zu beweisen. Die Vorschrift des § 616 S 1 besitzt im Hinblick auf die Rechtsfolge des § 326 Abs 1 S 1 die Qualität einer **anspruchserhaltenden Norm** (ebenso ERMAN/BELLING § 616 Rn 86: anspruchserhaltende Gegennorm; ähnlich PALANDT/PUTZO § 616 Rn 7: „rechtserhaltende Einwendung"), die im Hinblick auf die Verteilung der Darlegungs- und Beweislast keine andere Behandlung erfahren kann als anspruchsbegründende Normen. Bei Anwendung der allgemeinen Grundsätze handelt es sich bei § 326 Abs 1 S 1 um eine Einwendung gegenüber dem Vergütungsanspruch und bei § 616 S 1 um eine Gegennorm, für deren Eingreifen stets der Gläubiger des Anspruchs die Darlegungs- und Beweislast trägt (vgl allg BGH NJW 1989, 1729 mwN).

151 Deshalb muß der **Dienstverpflichtete** darlegen und gegebenenfalls beweisen, daß eine **Dienstverhinderung** eingetreten ist, ihr Grund in seinen **persönlichen Verhältnissen** begründet lag und eine **verhältnismäßig nicht erhebliche Zeit** in Anspruch nahm (allg Ansicht vgl BAUMGÄRTEL/BAUMGÄRTEL, Handbuch der Beweislast im Privatrecht I [2. Aufl 1991] § 616 BGB Rn 1; ERMAN/BELLING § 616 Rn 87 ff; MünchArbR/BOEWER § 80 Rn 25; SOERGEL/ KRAFT § 616 Rn 37; MünchKomm/SCHAUB § 616 Rn 29; SIEG JZ 1963, 162 f). Bei der Betreuung erkrankter Kinder genügt in der Regel die **ärztliche Bescheinigung nach § 45 Abs 1 SGB V,** um die Pflegebedürftigkeit des Kindes durch den Dienstverpflichteten nachzuweisen (BAG AP Nr 50 zu § 616 BGB). Zum Beweiswert einer **Arbeitsunfähigkeitsbescheinigung** (§ 5 Abs 1 S 2 EFZG) u Rn 475 ff sowie BGH NJW 2002, 128 f.

2. Fehlendes Verschulden

152 Die Verteilung der Darlegungs- und Beweislast hinsichtlich des Merkmals **„ohne sein**

Verschulden" ist umstritten. Nach dem allgemeinen Grundsatz ist hierfür an sich der Dienstverpflichtete darlegungs- und beweispflichtig, da es sich um ein **(negatives) Tatbestandsmerkmal** derjenigen Norm handelt, die als Gegennorm die zum Erlöschen des Anspruchs führende Regel des § 326 Abs 1 S 1 durchbricht (s o Rn 18). Die Darlegungs- und Beweislast für die tatbestandlichen Voraussetzungen anspruchserhaltender (Gegen-)Normen, die Einwendungen des Schuldners ausräumen, trägt nach allgemeinen Grundsätzen der Anspruchssteller (BGH NJW 1989, 1729 mwN).

Gleichwohl geht die **überwiegende Ansicht** sowohl zu § 616 S 1 als auch zu den **153** Vorschriften, die eine Fortzahlung der Vergütung im Krankheitsfall anordnen, davon aus, daß es dem **Dienstberechtigten** obliegt, das Verschulden des Dienstverpflichteten darzulegen und gegebenenfalls zu beweisen (so zB BAG AP Nr 1 zu § 2 ArbKrankhG; BAG AP Nr 75 zu § 616 BGB; BAG AP Nr 12 zu § 63 HGB; BAG AP Nr 9, 26, 52 und 94 zu § 1 LohnFG; BAUMGÄRTEL/BAUMGÄRTEL, Handbuch der Beweislast im Privatrecht I [2. Aufl 1991] § 616 BGB Rn 8; ERMAN/BELLING § 616 Rn 91; MünchArbR/BOECKEN § 83 Rn 99; MünchArbR/BOEWER § 80 Rn 25; BRECHT, Entgeltfortzahlung § 3 EFZG Rn 39; BRILL AR-Blattei, Arbeitsausfall IV, B III; HUECK/NIPPERDEY I § 44 III 1 c; SOERGEL/KRAFT § 616 Rn 38; BGB-RGRK/MATTHES § 616 Rn 18; STAUDINGER/MOHNEN/NEUMANN[10/11] § 616 Rn 26; PRÜTTING Anm zu BAG EzA § 1 LohnFG Nr 69; PALANDT/PUTZO § 616 Rn 10; MünchKomm/SCHAUB § 616 Rn 29; SCHMITT, EFZG [4. Aufl 1999] § 3 EFZG Rn 92).

Dieser Abkehr von den allgemeinen Grundsätzen der Darlegungs- und Beweislast **154** widersprechen indessen Teile des Schrifttums. Ihrer Ansicht nach trägt der Dienstverpflichtete die Darlegungs- und Beweislast für sein fehlendes Verschulden hinsichtlich der zur Dienstverhinderung führenden Umstände (so zB FISCHER DB 1961, 1227; HOFMANN ZfA 1979, 330 ff; KRASNEY DOK 1971, 61 ff; LEPKE DB 1972, 923; MÜNKEL 65 ff; SCHNECK DB 1972, 926; SIEG JZ 1963, 163 f; SONNLEITNER, Entgeltfortzahlung bei Alkoholismus unter besonderer Berücksichtigung der Verschuldensproblematik [1994] 160 f; THOME 196 ff; ebenso noch im älteren Schrifttum PLANCK/GUNKEL § 616 Anm 2 b; OERTMANN § 616 Anm 3).

Mit den allgemeinen Grundsätzen zur Verteilung der Darlegungs- und Beweislast **155** und der Normstruktur des § 616 S 1 läßt sich die hM nicht vereinbaren (kritisch auch HOFMANN, ZfA 1979, 326 ff). Das **fehlende Verschulden ist** kein anspruchshindernder Umstand, sondern eine **tatbestandliche Voraussetzung,** damit der Vergütungsanspruch des Dienstverpflichteten entgegen § 326 Abs 1 S 1 aufrechterhalten bleibt (so mit Recht schon FISCHER DB 1961, 1227; LEPKE DB 1972, 923; SIEG JZ 1963, 163). Mit den allgemeinen Grundsätzen zur Verteilung der Darlegungs- und Beweislast läßt sich die hM deshalb allenfalls vereinbaren, wenn § 616 Abs 1 rechtsdogmatisch entgegen der hiesigen Ansicht nicht als Gegennorm, die die rechtsvernichtende Einwendung des § 326 Abs 1 S 1 BGB durchbricht, sondern als eigenständige Anspruchsgrundlage qualifiziert wird. Hierfür fehlen jedoch überzeugende Anhaltspunkte im geltenden Gesetzesrecht (zur fehlenden Anspruchsqualität des § 616 S 1 o Rn 20). Der systematische Zusammenhang zwischen § 616 S 1 und § 326 Abs 1 S 1 rechtfertigt keine abweichende Würdigung (so der Einwand von ERMAN/BELLING § 616 Rn 91).

Zur **Begründung der hM** stützte sich das Bundesarbeitsgericht zunächst auf den **Er- 156 fahrungssatz,** daß die schuldhafte Herbeiführung einer Erkrankung ein Einzelfall sei (BAG AP Nr 12 zu § 63 HGB). Der hiermit angedeutete Rückgriff auf die Grundsätze des prima-facie-Beweises rechtfertigt keine Umkehr der Darlegungs- und Beweislast, sondern lediglich eine Beweiserleichterung zugunsten derjenigen Partei, der der wahrscheinliche Geschehensverlauf zugute kommt (so mit Recht BIRK Anm zu BAG AP Nr 9 zu § 1 LohnFG; LEPKE DB 1972, 924). Auch der Hinweis auf die **Menschenwürde** (so BAG AP Nr 12 zu § 63 HGB) kann nicht überzeugen, solange der Nachweis unterbleibt, daß die Belastung des Dienstverpflichteten mit der Darlegungs- und Beweislast gegen die Menschenwürde verstößt (kritisch auch HOFMANN ZfA 1979, 329).

157 Zusätzlich verweist die hM zur Begründung auf den **fürsorgerischen Zweck** der Vorschrift, der es nicht rechtfertige, den Dienstverpflichteten mit dem Nachteil eines non liquet zu belasten (BAUMGÄRTEL/BAUMGÄRTEL, Handbuch der Beweislast im Privatrecht I [2. Aufl 1991] § 616 BGB Rn 8; MünchArbR/BOEWER § 80 Rn 25). Die Überzeugungskraft dieser Erwägung beschränkt sich jedoch – wie die Überlegungen zum Normzweck zeigen (s o Rn 9 ff) – allenfalls auf die Gruppe der Arbeitsverhältnisse, läßt sich jedoch nicht auf alle Dienstverhältnisse ausdehnen. Darüber hinaus dürften auch die allgemeinen Grundsätze regelmäßig zu sachgerechten Ergebnissen führen, die selbst mit einem fürsorgerischen Normfundament vereinbar sind.

158 Auch wenn der Dienstverpflichtete die Darlegungs- und Beweislast für sein fehlendes Verschulden trägt, bleibt zu beachten, daß das Merkmal **„ohne sein Verschulden"** die Qualität einer **„negativen Tatsache"** besitzt (FISCHER DB 1961, 1227; LEPKE DB 1972, 923; SIEG JZ 1963, 164). Im Hinblick auf die mit ihrem Nachweis verbundenen Schwierigkeiten für die darlegungs- und beweisbelastete Partei tritt zwar keine Umkehr der Beweislast ein, diese beschränkt sich aber auf die **Widerlegung derjenigen Tatsachen, die der Dienstberechtigte für ein Verschulden des Dienstverpflichteten anführt** (mit Recht hervorgehoben von FISCHER DB 1961, 1227 f; LEPKE DB 1972, 923 f; SIEG JZ 1963, 164; allg zum Beweis negativer Tatsachen BGH NJW 1958, 1189; BGH VersR 1966, 1022; BGH NJW 1985, 1775 sowie umfassend v GREYERS, Der Beweis negativer Tatsachen [1963] 62 ff).

159 Der **Dienstberechtigte** ist deshalb auch nach den allgemeinen Maximen gezwungen, ein **Verschulden des Dienstverpflichteten substantiiert zu behaupten,** was wiederum für die prozessuale Wirksamkeit voraussetzt, daß die vom Dienstberechtigten vorgetragenen Tatsachen zu Lasten des Dienstverpflichteten einen Verschuldensvorwurf rechtfertigen. Anderenfalls fehlt ein prozessual wirksames Bestreiten, so daß die vom Dienstverpflichteten behauptete negative Tatsache (das fehlende Verschulden) als zugestanden gilt (§ 138 Abs 4 ZPO). Der Dienstverpflichtete ist somit nur gezwungen, die vom Dienstberechtigten vorgetragenen (erheblichen) Tatsachen zu widerlegen, wenn der Dienstberechtigte das fehlende Verschulden des Dienstverpflichteten substantiiert bestreitet. Gelingt dem Dienstverpflichteten dies nicht, so trägt er als beweisbelastete Partei das Risiko, die Grundsätze des prima-facie-Beweises mildern dies jedoch ab (vgl BIRK Anm zu BAG AP Nr 9 zu § 1 LohnFG; HOFMANN ZfA 1979, 330; THOME 199 f).

160 Bei der in Rn 158 f befürworteten Konzeption treten bei einem non-liquet **keine gravierenden Schutzdefizite zu Lasten des Arbeitnehmers** ein, da zumindest im Krankheitsfall die gesetzliche Krankenversicherung durch die Gewährung von Krankengeld die Funktion der Lohnsicherung übernimmt, wenn der Arbeitgeber die Fortzahlung der Vergütung verweigert. Die Pflicht zur Gewährung von Krankengeld entfällt nur, wenn der Arbeitgeber tatsächlich das Entgelt fortzahlt (vgl § 44 SGB V). Aufgrund der cessio legis nach § 115 SGB X trägt im Hinblick auf die Versorgung des

Arbeitnehmers daher nicht dieser, sondern die gesetzliche Krankenversicherung das Risiko, daß sie das fehlende Verschulden des Arbeitnehmers nicht beweisen kann. Als wirtschaftliches Defizit verbleibt allerdings die Differenz zwischen dem Krankengeld und einer dem Entgeltausfallprinzip folgenden Höhe der Entgeltfortzahlung.

Die **hM** überantwortet demgegenüber dem Dienstberechtigten die Darlegungs- und **161** Beweislast für Umstände, die regelmäßig nicht seiner Kenntnissphäre zuzurechnen sind (vgl plastisch HOFMANN ZfA 1979, 328). Sie ist deshalb zur Ableitung von **Offenbarungspflichten des Dienstverpflichteten** gezwungen, die aus seiner **prozessualen Mitwirkungspflicht** (§ 138 Abs 3 ZPO) folgen (MünchArbR/BOEWER § 80 Rn 25; s ausführlich auch u Rn 488). Zusätzliche Erleichterungen zugunsten des Dienstberechtigten bewirkt die **Figur des Anscheinsbeweises,** die den Nachteil eines non liquet letztlich wieder auf den Dienstverpflichteten verlagert (zB für das Bestehen einer Fortsetzungserkrankung BAG AP Nr 42 zu § 63 HGB sowie näher u Rn 489).

B.   Entgeltfortzahlung im Krankheitsfall

I.   Gesetzliche Entwicklung

Mit der Aufrechterhaltung der Vergütung im Krankheitsfall, der bei den Beratungen **162** zu § 616 den Hauptanwendungsbereich der Norm bildete (s o Rn 54), beschritt das Bürgerliche Gesetzbuch bei rechtshistorischer Betrachtung keinen Sonderweg. In ähnlicher Weise ordnete zuvor bereits § **60 ADHGB** für den **„unverschuldeten Unglücksfall"** die Aufrechterhaltung des Vergütungsanspruches für Handlungsgehilfen an; das Arbeiterschutzgesetz v 1. 6. 1891 (RGBl 261) übertrug diese Regelung durch § 133c GewO auf die Personengruppe der technischen Angestellten.

Die mit den in Rn 162 genannten Vorschriften beabsichtigte Versorgung im Krank- **163** heitsfall ist schon bei **Dienstrechtsverhältnissen des Mittelalters** anzutreffen (zu römischrechtlichen Ansätzen MAYER/MALY RdA 1975, 61 f), obwohl sie aufgrund ihres spezifischen Inhalts nicht stets eine Vergütung vorsahen, sondern den Anspruch des Dienstverpflichteten häufig auf den noch in § 617 Abs 1 enthaltenen Versorgungsanspruch reduzierten (vgl zB SCHWEGMANN 10 ff sowie R SCHRÖDER, Das Gesinde war immer frech und unverschämt [1992] 99 ff). Einen Fortbestand der Vergütungspflicht sahen jedoch bereits **partikularrechtliche Gesindeordnungen** vor. So statuierte zB PrALR II 5 § 87 ausdrücklich ein Verbot der Lohnkürzung, wenn die Krankheit durch den Dienst bzw bei dessen Gelegenheit verursacht wurde; § 87 der Preußischen Gesindeordnung v 8. 11. 1810 (GS 101) schrieb diese Regelung fort.

Ihre Fortsetzung erfuhren die gesetzlichen Bestrebungen zu einer wirtschaftlichen **164** Absicherung im Krankheitsfall durch **Ergänzungen des § 616,** die nach Inkrafttreten des Bürgerlichen Gesetzbuches eingefügt wurden. Von einschneidender Bedeutung waren vor allem die **früher in § 616 Abs 2** enthaltenen Regelungen. Sie gingen zurück auf die „Verordnung des Reichspräsidenten zur Sicherung von Wirtschaft und Finanzen" v 1. 12. 1930 (RGBl I 517) und ergänzten § 616 Abs 1 aF – ebenso wie die §§ 63 HGB aF, 133 c GewO aF – dahin, daß der durch § 616 Abs 1 aF aufrechterhaltene Vergütungsanspruch „nicht durch Vertrag ausgeschlossen oder beschränkt werden" durfte (Art 3 Nr 4 der Verordnung). Die „Zweite Verordnung des Reichspräsidenten zur Sicherung von Wirtschaft und Finanzen" v 5. 6. 1931 (RGBl I 279) änderte mit Art IV § 1 diese Regelung. Einerseits beschränkte er die einseitig zwingende Wirkung des § 616 Abs 1 aF auf den Vergütungsanspruch im Krankheitsfall, andererseits bestimmte er in § 616 Abs 2 S 2 aF zusätzlich, daß im Krankheitsfall eine Zeit von sechs Wochen als eine nicht erhebliche Zeit gilt (vgl zur Entstehungsgeschichte ausführlich BAG [GS] AP Nr 22 zu § 616 BGB; BGHZ 7, 47 f). Das „Erste Arbeitsrechtsbereinigungsgesetz" v 14. 8. 1969 (BGBl I 1106) paßte nicht nur die früher im Gesetz enthaltene Verweisung auf das Angestelltenversicherungsgesetz an, sondern ergänzte § 616 Abs 2 aF um die fortan in § 616 Abs 2 S 4 und 5 enthaltenen Bestimmungen (Art 2 Nr 1 lit b). Das „Strafrechtsreform-Ergänzungsgesetz" v 28. 8. 1975 (BGBl I 2289) stellte mit § 7 die nicht rechtswidrige Sterilisation und den nicht rechtswidrigen Schwangerschaftsabbruch dem Krankheitsfall gleich. Seine letzte Fassung vor der Aufhebung durch Art 56 des Pflege-Versicherungsgesetzes v 26. 5. 1994 (BGBl I 1068) fand § 616 Abs 2 aF mit dem „Gesetz zur Reform der gesetzlichen Rentenversicherung" v 18. 12. 1989 (BGBl I 2261), dessen Art 58 Nr 1, der am 1. 1. 1992 in Kraft trat (Art 85 Abs 1), die vormalige Verweisung in § 616 Abs 2 S 1 auf das Angestelltenversicherungsgesetz durch die in § 616 Abs 2 S 6 aF normierte Verweisung auf das Sechste Buch des Sozialgesetzbuches ersetzte.

165 Die Regelung in **§ 616 Abs 3 aF** ging zurück auf das „Gesetz über die Fortzahlung des Arbeitsentgelts im Krankheitsfalle und über Änderungen des Rechts der gesetzlichen Krankenversicherung" v 27. 7. 1969 (BGBl I 946). Die dort in Art 3 § 1 angeordnete Ergänzung des § 616 blieb bis zu ihrer Aufhebung im wesentlichen unverändert, das „Strafrechtsreform-Ergänzungsgesetz" erweiterte mit seinem § 7 die Norm lediglich um die Fälle der nicht rechtswidrigen Sterilisation und des nicht rechtswidrigen Schwangerschaftsabbruchs.

166 Die Rechtsentwicklung der Entgeltfortzahlung im Krankheitsfall seit der Schaffung des § 616 Abs 2 aF war dadurch gekennzeichnet, daß verschiedene legislative Entwicklungsschritte eine zunehmende **Rechtsangleichung der Arbeitnehmergruppen** vollzogen (vgl zu den Einzelheiten MünchArbR/Boecken § 82 Rn 6 ff; zur Entstehungsgeschichte des Lohnfortzahlungsgesetzes ausführlich Geyer/Knorr/Krasney E 306 ff; zu den früheren Rechtslage nach dem „Gesetz zur Verbesserung der wirtschaftlichen Sicherung der Arbeiter im Krankheitsfalle" v 26. 6. 1957 Staudinger/Mohnen/Neumann[10/11] § 616 Rn 83 ff). Bestrebungen zur Rechtsvereinheitlichung im gesamten Bundesgebiet (vgl bereits die Forderungen von vMaydell DB 1973 Beil 15, 9; Trieschmann, in: FS Herschel [1982] 444), die der Gleichheitssatz (Art 3 Abs 1 GG) verfassungsrechtlich untermauerte (vgl hierzu Staudinger/Oetker[12] § 616 Rn 135 ff; Schmitt, in: FS Kissel [1994] 1015 ff), erfuhren mit der Vereinigung Deutschlands zusätzliche Unterstützung. Im **Beitrittsgebiet** (Art 3 EVertr) war mit den zunächst fortgeltenden §§ 115 a ff AGB-DDR (hierzu Staudinger/Oetker[12] § 616 Rn 147 mwN) eine geschlossene Regelung für alle Arbeitnehmergruppen anzuwenden, die für eine gesamtdeutsche Kodifikation Vorbildcharakter besaß, solange der Gesetzgeber eine arbeitsrechtliche Absicherung des Krankheitsrisikos beibehält (vgl Oetker NJ 1991, 151; Schmitt, Lohnfortzahlung in den neuen Bundesländern [1991] Rn 5).

167 Die **Vereinheitlichung der Bestimmungen zur Entgeltfortzahlung im Krankheitsfall** bei Arbeitnehmern wurde in die Koalitionsvereinbarung für die 12. Wahlperiode des Deutschen Bundestages aufgenommen (vgl DZWir 1991, 29; siehe auch die Antwort der

BReg, BT-Drucks 12/3592, 2); entsprechende Gesetzgebungsarbeiten (vgl de lege ferenda
auch die §§ 57 bis 61 des zum 59. DJT vorgelegten Entwurfs eines Arbeitsvertragsgesetzes, Verhandlungen des 59. DJT I [1992] D 36 ff, 107 f; hierzu DÄUBLER AuR 1992, 135 f; HENSSLER JZ 1992, 840 f;
HROMADKA, in: FS Gaul [1992] 375 f; RICHARDI NZA 1992, 776; SCHMITT ZTR 1992, 282 f; WANK BB
1992, 1993 ff) wurden durch einen Entwurf der Fraktionen von CDU/CSU und F.D.P. v
24. 6. 1993 (BT-Drucks 12/5263) eingeleitet (siehe auch den nahezu wortgleichen Regierungsentwurf, BT-Drucks 12/5616). Da die Beratungen zum **Entgeltfortzahlungsgesetz** unmittelbar mit der wirtschaftlichen Kompensation der Arbeitgeberbeiträge für die Einführung der Pflegeversicherung verknüpft waren, verzögerte sich die parlamentarische
Behandlung der Neuregelungen. Dementsprechend konnte das Entgeltfortzahlungsgesetz als Art 35 des Pflege-Versicherungsgesetzes erst am 1. 6. 1994 in Kraft treten
(näher zur Entstehungsgeschichte des Entgeltfortzahlungsgesetzes GEYER/KNORR/KRASNEY E 312 ff;
HOLD AuA 1994, 243 f; SCHMITT, EFZG [4. Aufl 1999] Einleitung Rn 103 ff).

Das **Entgeltfortzahlungsgesetz** vereinheitlichte die früher verstreut anzutreffenden **168**
Bestimmungen zur Entgeltfortzahlung im Krankheitsfall durch ein für alle Arbeitnehmer geltendes Gesetz (zur Beseitigung der Ungleichbehandlungen s den Überblick von
SCHMITT RdA 1996, 5 ff). Dementsprechend wurden § 616 Abs 2 und 3 aF, § 63 HGB
aF, § 133c GewO aF, §§ 1–9 LFG und §§ 115 a ff AGB-DDR durch die Art 54, 56 bis
58 und 60 des Pflege-Versicherungsgesetzes aufgehoben und für **Berufsausbildungsverhältnisse** durch § 12 Abs 1 S 2 BBiG nF eine Verweisung auf das Entgeltfortzahlungsgesetz eingefügt (Art 55 Pflege-Versicherungsgesetz), die die eigenständige
Regelung in § 12 Abs 1 S 1 Nr 2 lit b BBiG aF ablöste. Da § 1 Abs 2 EFZG die zu
ihrer Berufsbildung Beschäftigten als Arbeitnehmer im Sinne des Entgeltfortzahlungsgesetzes definiert und das Gesetz zugleich auf eine mit § 1 Abs 5 LFG aF
vergleichbare Vorrangregelung zugunsten des Berufsbildungsgesetzes verzichtet, besitzt die Verweisung in **§ 12 Abs 1 S 2 BBiG** auf das Entgeltfortzahlungsgesetz ausschließlich **klarstellende Bedeutung** (zum Verhinderungstatbestand s u Rn 210). Hinsichtlich
der Sonderregelungen im **Seemannsgesetz** beschränkte sich Art 65 Pflege-Versicherungsgesetz auf eine Änderung der §§ 48, 52 a und 78 Abs 1 SeemG. Unberührt von
dem Inkrafttreten des Entgeltfortzahlungsgesetzes blieben jedoch die Bestimmungen
des Lohnfortzahlungsgesetzes zum **Ausgleich der Arbeitgeberaufwendungen** (§§ 10 ff
LFG).

Das **Arbeitsrechtliche Beschäftigungsförderungsgesetz v 25. 9. 1996** (BGBl I 1476) än- **169**
derte das Entgeltfortzahlungsgesetz in entscheidenden Partien. Neben der Einführung einer **Wartefrist von vier Wochen** (§ 3 Abs 3 EFZG; näher hierzu u Rn 279 ff) wurde
vor allem die **Höhe** der vom Arbeitgeber geschuldeten **Entgeltfortzahlung** geändert;
an die Stelle des Entgeltausfallprinzips trat eine Höhe von 80% des bei regelmäßiger
Arbeitszeit zustehenden Arbeitsentgelts (zu den Einzelheiten vgl STAUDINGER/OETKER
[1996] § 616 Rn 412 ff). Zusätzlich sollte durch das **Wachstums- und Beschäftigungsförderungs-Ergänzungsgesetz** nicht nur die Rechtsstellung des Arbeitgebers gegenüber
dem Medizinischen Dienst (Art 2; hierzu u Rn 533 ff) verändert, sondern zudem das
Entgeltfortzahlungsgesetz um eine Mitwirkungspflicht des Arbeitnehmers an einer
Prüfung der Arbeitsunfähigkeit durch den Medizinischen Dienst ergänzt werden
(Art 5). Wegen der fehlenden Zustimmung des Bundesrates scheiterte das Inkrafttreten dieses Gesetzes. Das sog **Korrekturgesetz v 19. 12. 1998** (BGBl I 3843) hob die mit
dem Beschäftigungsförderungsgesetz v 25. 9. 1996 eingefügten Änderungen zT wieder auf. Das betrifft vornehmlich die Reduzierung des fortzuzahlenden Arbeitsent-

gelts auf 80% sowie die Anrechnungsbestimmungen bezüglich des Erholungsurlaubs
(§ 4a EFZG aF, § 10 BUrlG aF); die Wartefrist in § 3 Abs 3 EFZG blieb hiervon aber
ausgenommen (vgl näher DÄUBLER NJW 1999, 605 f; HARTH 15 ff; HOLD ZTR 1999, 103 ff; LÖ-
WISCH BB 1999, 105 f).

II. Entgeltfortzahlung im Krankheitsfall im System des Bürgerlichen Rechts

1. Normzweck der Entgeltfortzahlung

170 Die historische Entwicklung der wirtschaftlichen Absicherung der Arbeitnehmer im
Krankheitsfall zeigt plastisch die Schwierigkeiten einer konsistenten Integration die-
ser Materie in das Zivilrecht auf. Im Vordergrund stand lange Zeit die **sozialver-
sicherungsrechtliche Lösung,** die die wirtschaftliche Absicherung der Arbeitnehmer
im Krankheitsfall nicht unmittelbar dem Arbeitgeber überantwortete, sondern einer
Versichertengemeinschaft auferlegte. Lediglich bei Dienstverhältnissen, für die keine
Sozialversicherungspflicht bestand, trug der Dienstberechtigte die wirtschaftlichen
Lasten, aufgrund der Dispositivität der Norm konnte jedoch stets eine abweichende
Lastenverteilung vereinbart werden. Die mit den Verordnungen des Reichspräsidenten zur Sicherung von Wirtschaft und Finanzen eingeleitete (s o Rn 164) und mit dem
Inkrafttreten des Lohnfortzahlungsgesetzes abgeschlossene Entwicklung zu einer
arbeitsrechtlichen Lösung für den Zeitraum der ersten sechs Wochen der Erkrankung (ebenso die neuere Rechtsentwicklung in den Niederlanden, vgl NOORDAM ZIAS 1997, 53 ff)
besitzt keine genuin privatrechtsdogmatischen Gründe, sondern resultiert ausschließlich aus dem Streben nach einer wirtschaftlichen Entlastung der gesetzlichen Krankenversicherung (MünchArbR/BOECKEN § 82 Rn 32; SCHULIN ZfA 1978, 230 ff; ders, in: FS
Kissel [1994] 1062 f).

171 Dem Arbeitgeber werden durch den **Rückgriff auf die arbeitsrechtliche Lösung** sozial-
staatliche Versorgungsaufgaben übertragen (treffend hervorgehoben von BAG AP Nr 36 zu
§ 1 LohnFG), die dem Austauschcharakter des Arbeitsverhältnisses widersprechen (für
eine Reintegration in das Sozialversicherungsrecht deshalb zB SCHULIN, Verhandlungen des 59. DJT
I [1992] E 128 f; ders, in: FS Kissel [1994] 1062 ff; WANK DtZ 1990, 47; ders, Arbeiter und Angestellte
[1992] 151 ff; zugunsten der arbeitsrechtlichen Lösung aber zB NAENDRUP ZfA 1984, 401; allg HER-
DER/DORNEICH/NIEDERFAHRENHORST/GERDELMANN, Systemanalyse und Problemgeschichte der arbeitsrechtlichen und sozialversicherungsrechtlichen Lösung sozialer Aufgaben [1973]; MAYERHOFER
NZA 1993, 400 sowie rechtsvergleichend BIRK, in: Festschrift zum 50-jährigen Bestehen der Arbeits-
gerichtsbarkeit in Rheinland-Pfalz [1999] 39 ff). Funktional übernimmt der Arbeitgeber die
Aufgaben der gesetzlichen Krankenversicherung (DENCK RdA 1980, 251 f; ähnlich BRAUN,
Der Begriff des Verschuldens im Recht der Lohnfortzahlung im Krankheitsfall [Diss Erlangen-Nürnberg 1993] 52 ff; BÜRGE, in: FS Lange [1982] 420 ff; LORENZ SAE 1983, 97; THOME 18; WELTE, Die
Anwesenheitsprämie [1993] 93 ff, die dem Arbeitgeber die Stellung eines Individualversicherers
zusprechen [hiergegen aber MünchArbR/BOECKEN § 82 Rn 40]; s auch ALEWELL/NELL, in: Hamburger Jahrbuch für Wirtschafts- und Gesellschaftspolitik 45 [2000] 148 ff, 156 ff).

172 Eine abschließende **verfassungsgerichtliche Würdigung** der arbeitsrechtlichen Konzeption fehlt bislang; die 1. Kammer des 1. Senats wies lediglich auf Art 14 Abs 1 GG
gestützte Einwände ausdrücklich zurück (BVerfG AP Nr 84 a zu § 1 LohnFG; vgl auch BVerfG
DOK 1971, 751 sowie KRESSEL, in: FS Gitter [1995] 492 ff, 500 f; WANK, Arbeiter und Angestellte [1992]
154 ff).

Die Verpflichtung des Arbeitgebers zur Entgeltfortzahlung im Krankheitsfall läßt **173**
sich nur im Grundansatz mit privatrechtsdogmatischen Erklärungsmodellen rechtfertigen. Für die verhältnismäßig nicht erhebliche Dienstverhinderung konnte gezeigt werden, daß der auch in anderen Bestimmungen des Bürgerlichen Gesetzbuches zum Ausdruck gelangte Grundsatz „minima non curat praetor" mit § 616 S 1
eine dienstvertragstypische Ausprägung besitzt (o Rn 15 ff). Hiermit läßt sich jedoch
nur eine Pflicht zur Fortzahlung des Entgelts für verhältnismäßig nicht erhebliche
Krankheitszeiträume rechtfertigen. Eine Dauer von sechs Wochen dürfte diesen
Zeitraum fast immer übersteigen, wobei dahingestellt bleiben kann, ob die Bestimmung in § 616 Abs 2 S 2 aF wegen der Formulierung „gilt" den rechtsdogmatischen
Charakter einer Fiktion oder einer unwiderlegbaren Vermutung aufwies.

Als privatrechtlicher Erklärungsansatz kann höchstens der nach tradierter Vorstel- **174**
lung das Arbeitsverhältnis beherrschende **Fürsorgegedanke** eine über § 616 S 1 hinausgehende Pflicht zur Fortzahlung der Vergütung im Krankheitsfall legitimieren
(hierauf abstellend zB BAG AP Nr 27 und 28 zu § 63 HGB; BAG AP Nr 18, 34, 68 und 87 zu § 1
LohnFG). Auch insoweit verbleiben jedoch Bedenken, da die Fürsorgepflicht – soll sie
im Rahmen einer modernen Arbeitsrechtsdogmatik überhaupt noch eine rechtsdogmatische Berechtigung besitzen – allenfalls als ancillarische Nebenpflicht das Arbeitsverhältnis prägt. Sie vermag nicht den Austauschcharakter des Arbeitsverhältnisses zu
durchbrechen. Der Arbeitgeber ist nicht – wie dies dem vom Statusgedanken be-
herrschten Modell eines „personenrechtlichen Gemeinschaftsverhältnisses" entspricht – zur Alimentation des Arbeitnehmers verpflichtet (vgl plastisch RAG ARS 37,
236 ff), sondern die von ihm gewährte Vergütung bezieht sich auf die erbrachte Arbeitsleistung des Arbeitnehmers (ablehnend gegenüber dem Rückgriff auf die Fürsorgepflicht zB
auch BIRK Anm zu BAG AP Nr 34 zu § 1 LohnFG; GK-EFZR/BIRK § 1 LFZG Rn 13; MünchArbR/
BOECKEN § 82 Rn 31; GAMILLSCHEG, Arbeitsrecht I [8. Aufl 2000] 336; RICHARDI, in: TOMANDL [Hrsg],
Treue- und Fürsorgepflicht im Arbeitsrecht [1975] 62; SCHULIN ZfA 1978, 231 Fn 57; kritisch auch
DENCK RdA 1980, 250 f).

Die in § 3 Abs 3 S 1 EFZG und in den verwandten Bestimmungen des Seearbeits- **175**
rechts vorgeschriebene Fortzahlung der Vergütung im Krankheitsfall besitzt deshalb
ein **gemischtes teleologisches Normfundament:** Im Kern trägt sie privatrechtliche
Züge, die jedoch durch sozialversicherungsrechtlich geprägte Konkretisierungen insbesondere hinsichtlich des Zeitraums der fortzuzahlenden Vergütung überlagert
werden, so daß die über eine „verhältnismäßig nicht erhebliche Zeit" hinausgehende
Pflicht zur Fortzahlung der Vergütung im Krankheitsfall die Qualität einer vom
Arbeitgeber geschuldeten Versorgungsleistung zugunsten des erkrankten Arbeitnehmers aufweist (vgl BAG AP Nr 2 zu § 616 BGB; BAG AP Nr 4 zu § 63 HGB). Für den
gemischten Charakter der vom Arbeitgeber zu erbringenden Entgeltfortzahlung im
Krankheitsfall liefert die Judikatur des Europäischen Gerichtshofes ein anschauli-
ches Beispiel. Die Entgeltfortzahlung ist einerseits Entgelt im Sinne des Art 141 (ex
119) EG-Vertrag (EuGH Amtl Slg 1989, 2743 „Rinner-Kühn" = EAS EG-Vertrag Art 119 Nr 16)
andererseits eine Leistung der sozialen Sicherheit, die dem Anwendungsbereich der
Verordnung (EWG) 1408/71 unterfällt (EuGH Amtl Slg I 1992, 3423 „Paletta I" = EAS VO
574/72 Art 18 Nr 2).

Die Integration der Existenzsicherung in das Arbeitsverhältnis ist mit dem Makel **176**
behaftet, daß die den Arbeitgeber treffenden wirtschaftlichen Belastungen infolge

der Entgeltfortzahlungskosten den **Bestand des Arbeitsverhältnisses** gefährden können. Wegen der Entgeltfortzahlung im Krankheitsfall kann das **Austauschverhältnis**
des Individualarbeitsverhältnisses **gestört** sein, wobei zur Entgeltfortzahlung verpflichtende Zeiträume, die sechs Wochen pro Kalenderjahr nicht überschreiten,
aus kündigungsrechtlicher Sicht vom Arbeitgeber grundsätzlich hinzunehmen sind.
Übersteigen die Entgeltfortzahlungskosten diese Grenze, so kommt nach den Grundsätzen der höchstrichterlichen Rechtsprechung eine **ordentliche (personenbedingte)
Kündigung** in Betracht (vgl vor allem BAG AP Nr 20 zu § 1 KSchG 1969 Krankheit; aus dem
Schrifttum stellvertretend BEZANI, Die krankheitsbedingte Kündigung [1994] 77 ff; KR/ETZEL
[5. Aufl 1998] § 1 KSchG Rn 349 ff; HUECK/v HOYNINGEN/HUENE, KSchG [12. Aufl 1997] § 1
Rn 233 ff; LEPKE 161 ff; OETKER Anm zu BAG EzA § 1 KSchG 1969 Krankheit Nr 28; STAHL-
HACKE/PREIS/VOSSEN, Kündigung und Kündigungsschutz im Arbeitsverhältnis [7. Aufl 1999]
Rn 743 ff, jeweils mwN). Die kündigungsrechtlichen Konsequenzen greifen unabhängig
von der Höhe der vom Arbeitgeber geschuldeten Entgeltfortzahlung ein, da sie in der
Störung des Austauschverhältnisses begründet liegen.

2. Rechtsnatur der Vergütung

177 Die durch § 616 S 1 begründete Pflicht zur Entgeltfortzahlung dient zwar auch der
wirtschaftlichen Absicherung des Arbeitnehmers im Krankheitsfall, dieser Zweck
strahlt aber für sich allein noch nicht auf die **Rechtsnatur der fortzuzahlenden Vergütung** aus. Der die Entgeltfortzahlung prägende Versorgungscharakter rechtfertigt es
nicht, die Geldleistung des Arbeitgebers als eigenständigen Versorgungsanspruch zu
klassifizieren, der als Surrogat (Versicherungsleistung) an die Stelle des arbeitsvertraglichen Vergütungsanspruches tritt (so aber zB SIEG JZ 1954, 338; LEPKE BB 1971, 1513;
ähnlich HOFMANN, in: FS Hilger/Stumpf, [1983] 351: Umwandlung des Lohnanspruches in einen
Anspruch auf Krankenlohn; zum Charakter der Entgeltfortzahlung als Versicherungsleistung ALE-
WELL/NELL, in: Hamburger Jahrbuch für Wirtschafts- und Gesellschaftspolitik 45 [2000] 156 ff).

178 Insoweit galten **bis zur Neufassung des § 3 Abs 1 EFZG** durch das Gesetz v 25. 9. 1996
(BGBl I 1476) die zu § 616 S 1 herausgearbeiteten allgemeinen Grundsätze (s o Rn 20)
auch für die Entgeltfortzahlung im Krankheitsfalle: Bei dem fortzuzahlenden Entgelt
handelte es sich dogmatisch um den im **Arbeitsvertrag** enthaltenen **Anspruch auf die
vertraglich geschuldete Vergütung,** der unter Durchbrechung des Grundsatzes „ohne
Arbeit kein Lohn" und der allgemeinen Vorschrift in § 326 Abs 1 S 1 während des
Erkrankungsfalls keine Gegenleistung des Arbeitnehmers gegenübersteht (ebenso
BAG AP Nr 92 zu § 1 LohnFG; BAG AP Nr 1 und 12 zu § 6 LohnFG; MünchArbR/BOECKEN
§ 82 Rn 38; BRECHT, Lohnfortzahlung § 1 Rn 19; GÖPPNER 148 ff; v MAYDELL DB 1973 Beil 15, 5,
8; PALLASCH JA 1995, 899; SCHULTE/MIMBERG/SABEL 30 ff; vgl ferner BAG AP Nr 29 und 38 zu § 1
LohnFG; SCHULIN ZfA 1978, 229 Fn 51). Für die vormals in § 12 Abs 1 S 1 Nr 2 lit b BBiG
aF begründete Pflicht zur Fortzahlung der Ausbildungsvergütung traf dies ebenfalls
zu (so zu § 12 BBiG aF BAG AP Nr 12 zu § 6 LohnFG). Dementsprechend war die **Anspruchsgrundlage** für den Vergütungsanspruch der **Arbeitsvertrag** und nicht die entsprechende Vorschrift, die den Arbeitgeber zur Fortzahlung der Vergütung verpflichtete (s o Rn 20; wie hier zu § 1 LohnFG zB BRECHT, Lohnfortzahlung § 1 Rn 19; v HOYNINGEN/
HUENE Anm zu BAG EzA § 63 HGB Nr 42; v MAYDELL DB 1973 Beil 15, 5, 8; SCHULTE/MIMBERG/
SABEL 30 f; ebenso zu § 3 EFZG aF SCHMITT, EFZG [2. Aufl 1995] § 3 EFZG Rn 143; aA zB BAG AP
Nr 58 zu § 1 LohnFG). Die häufig anzutreffende Wendung eines „Lohnfortzahlungsan-
spruches" widersprach deshalb der Gesetzessystematik.

Das rechtsdogmatische Verständnis in Rn 178 beherrschte auch noch die Rechtslage **179**
unter der Geltung von § 3 Abs 1 S 1 EFZG aF, der ausdrücklich festlegte, daß der
Arbeitnehmer den Anspruch auf Arbeitsentgelt beim Eintritt der im Gesetz genannten Fälle nicht verliert (SCHMITT, EFZG [4. Aufl 1999] § 3 Rn 157). **§ 3 Abs 1 S 1 EFZG nF**
weicht hiervon bei ausschließlich am Gesetzeswortlaut orientierter Betrachtung entscheidend ab. Die Vorschrift verhindert nicht mehr – wie es systematisch an sich
zutreffend ist – den Untergang des vertraglichen Anspruches auf Arbeitsentgelt,
sondern bestimmt, daß dem Arbeitnehmer ein **„Anspruch auf Entgeltfortzahlung"**
zusteht. Konsequenterweise enthalten § 3 Abs 1 Satz 2 und Abs 3 EFZG die Formulierung „Anspruch nach Satz 1" bzw „Anspruch nach Abs 1". Diese Wortwahl deutet
einen grundlegenden systematischen Wandel an, obwohl der historische Gesetzgeber
mit der geänderten Gesetzesformulierung nur klarstellen wollte, daß die Vorschrift
den Anspruch auf Entgeltfortzahlung dem Grunde nach regelt (vgl BT-Drucks 13/4612,
15 sowie MünchArbR/BOECKEN § 82 Rn 38). Wird das Gesetz wörtlich genommen, so ist **§ 3
Abs 1 S 1 EFZG nicht mehr** als **Gegennorm** zu § 326 Abs 1 S 1 konzipiert, die den
arbeitsvertraglichen Vergütungsanspruch aufrechterhält (ebenso BRECHT, Entgeltfortzahlung § 3 Rn 4; HROMADKA/MASCHMANN, Arbeitsrecht 1 [1998] 272; KUNZ/WEDDE, EFZR § 3
EFZG Rn 19 f; SCHMITT, EFZG [4. Aufl 1999] § 3 EFZG Rn 158; STÜCKMANN DB 1998, 1664; ebenso
für die Zeit bis zum 1. 1. 1999 ErfKomm/DÖRNER § 3 EFZG Rn 101; aA ERMAN/BELLING § 616
Rn 96; MünchArbR/BOECKEN § 83 Rn 38; SOERGEL/KRAFT § 616 Rn 44; WALTERMANN NZA 1997,
177 Fn 2). Mit der Formulierung „Anspruch auf Entgeltfortzahlung" verwendet § 3
Abs 1 S 1 EFZG einen Wortlaut, der dazu zwingt, die Regelung als **eigenständige
Anspruchsgrundlage** zu qualifizieren (ebenso GUTZEIT 87; HROMADKA/MASCHMANN, Arbeits-
recht 1 [2. Aufl 2002] 284; KUNZ/WEDDE, EFZR § 3 EFZG Rn 19 f; MARIENHAGEN/KÜNZL § 3
EFZG Rn 1a; SCHMITT, EFZG [4. Aufl 1999] § 3 EFZG Rn 158; SCHOOF, in: Kittner/Zwanziger
[Hrsg] Arbeitsrecht [2001] § 58 Rn 16; ebenso für die bis zum 1. 1. 1999 geltende Gesetzesfassung
ErfKomm/DÖRNER § 3 EFZG Rn 101; in diesem Sinne schon HOFMANN, in: FS Hilger/Stumpf [1983]
351: Anspruch auf Krankenlohn [allerdings noch zu § 1 LFG]; sowie SIEG JZ 1954, 338; iE auch BAG
AP Nr 156 zu Art 9 GG Arbeitskampf; aA ERMAN/BELLING § 616 Rn 96; MünchArbR/BOECKEN
§ 82 Rn 38). Das führt jedoch zu dem rechtssystematisch ungereimten Ergebnis, daß
der Untergang des vertraglichen Vergütungsanspruches, der nach § 326 Abs 1 S 1
eintritt, mit der Etablierung eines neuen Anspruches beantwortet wird. Diese systematische Besonderheit in § 3 Abs 1 S 1 EFZG verändert allerdings nicht die rechtsdogmatische Qualität der vom Arbeitgeber geschuldeten Leistung (so mit Recht
MünchArbR/BOECKEN § 82 Rn 38). Unter „Entgeltfortzahlung" kann nur die Gewährung
der arbeitsvertraglich geschuldeten Vergütung verstanden werden. Das Korrekturgesetz v 19.12. 1998 (BGBl I 3843) ließ den insoweit maßgeblichen Wortlaut des § 3
EFZG unverändert, so daß die vorstehenden Aussagen auch für die **Rechtslage seit
dem 1. 1. 1999** Gültigkeit beanspruchen (so mit Recht GUTZEIT 88; ebenso wohl auch BRECHT,
Entgeltfortzahlung § 3 Rn 4; aA ErfKomm/DÖRNER § 3 EFZG Rn 100; KAISER/DUNKL/HOLD/
KLEINSORGE § 3 EFZG Rn 184, ohne sich mit dem unverändert gebliebenen Wortlaut in § 3 Abs 1
S 1 EFZG auseinanderzusetzen). Allein auf § 4 Abs 1 EFZG läßt sich ein gegenteiliger
Schluß nicht stützen (so aber KAISER/DUNKL/HOLD/KLEINSORGE § 3 EFZG Rn 184), da er
lediglich die Höhe des Anspruchs betrifft.

Wegen der vorstehenden rechtsdogmatischen Fundierung der vom Arbeitgeber wäh- **180**
rend der Erkrankung des Arbeitnehmers fortzuzahlenden Vergütung sind auf diese
alle Bestimmungen anzuwenden, die für die Zahlung der **arbeitsvertraglichen Vergütung** gelten (allg Ansicht vgl BAG AP Nr 1 zu § 6 LohnFG; ERMAN/BELLING § 616 Rn 96; Münch-

ArbR/BOECKEN § 82 Rn 39; KUNZ/WEDDE, EFZR § 3 EFZG Rn 20 f; BGB-RGRK/MATTHES § 616 Rn 184; v MAYDELL DB 1973 Beil 15, 8), und zwar unabhängig davon, ob der „Anspruch auf Arbeitsentgelt" aufrechterhalten (§ 616 S 1) oder ein eigenständiger „Anspruch auf Entgeltfortzahlung" (so § 3 Abs 1 S 1 EFZG) begründet wird. Für die letztgenannte Regelungstechnik folgt dies aus der Bezugnahme auf das „Entgelt", dessen Fortzahlung das Gesetz anordnet. Anzuwenden sind deshalb die für die arbeitsvertraglich geschuldete Vergütung geltenden Regelungen für die **Fälligkeit** (BAG AP Nr 1 zu § 6 LohnFG), die **Abtretung** (BAG AP Nr 30 zu § 63 HGB), den **Pfändungsschutz,** die **Verjährungsfristen** (LAG Frankfurt/M BB 1995, 2325) und die **tariflichen Ausschlußfristen** (BAG DB 1995, 2534), aber auch diejenigen für den **Insolvenzschutz** (siehe näher GEYER/ KNORR/KRASNEY § 3 EFZG Rn 25 ff; SCHMITT, EFZG [4. Aufl 1999] § 3 EFZG Rn 159 ff).

181 Zweifelhaft sind die Konsequenzen aus dem Zweck der Entgeltfortzahlung für die **Auslegung** der einschlägigen gesetzlichen Vorschriften. Die aus der Entstehungsgeschichte abzuleitende Entlastungsfunktion zugunsten der Träger der gesetzlichen Krankenversicherung (o Rn 170) könnte es rechtfertigen, diesen Aspekt als wesentliches Auslegungskriterium heranzuziehen (so ausdrücklich MünchArbR/BOECKEN § 82 Rn 34; SCHULIN SAE 1978, 199; vgl auch GAMILLSCHEG, Arbeitsrecht I [8. Aufl 2000] 336). Hiergegen spricht, daß die entgeltfortzahlungsrechtlichen Bestimmungen das zweiseitige Verhältnis der Arbeitsvertragsparteien ausgestalten und auch dann eingreifen, wenn dem Arbeitnehmer keine Leistungsansprüche gegenüber dem Träger der gesetzlichen Krankenversicherung zustehen (ablehnend auch HEITHER, in: FS Hilger/Stumpf [1983] 301).

III. Voraussetzungen der Entgeltfortzahlung

1. Arbeitsverhältnis*

a) Allgemeines

182 Eine auf § 3 Abs 1 S 1 EFZG gestützte Entgeltfortzahlung im Krankheitsfall setzt das Vorliegen eines **Arbeitsverhältnisses** voraus (näher zur Abgrenzung STAUDINGER/RICHARDI [1999] Vorbem 136 ff zu §§ 611 ff). Ein Entgeltfortzahlungsanspruch scheidet deshalb während eines Rechtsverhältnisses zur **Wiedereingliederung** nach § 74 SGB V aus (MünchArbR/BOECKEN § 83 Rn 20; ErfKomm/DÖRNER § 1 EFZG Rn 14; GITTER ZfA 1995, 139), da der Arbeitgeber innerhalb dieses Rechtsverhältnisses keine Vergütung schuldet

---

* **Schrifttum:** BOECKEN, Entgeltfortzahlung bei nebentätigkeitsbedingtem Arbeitsunfall bzw Unfall, NZA 2001, 233; GUMPERT, Anspruch auf Gehalt oder Krankengeldzuschuß in einem zweiten Arbeitsverhältnis, BB 1960, 524; HARTMANN, Lohnfortzahlung für Aushilfskräfte insbesondere bei ein- oder mehrmaliger Verlängerung des Aushilfsverhältnisses, DB 1970, 1130; KLEVEMAN, Befristetes Arbeitsverhältnis von maximal vier Wochen und Lohnfortzahlung, AiB 1988, 234; MARBURGER, Ausnahmen von der Lohnfortzahlung für Arbeiter nach § 1 Abs 3 LFZG, RdA 1984, 339; SABEL, Entgeltfort- zahlung bei nebenberuflicher Tätigkeit, DOK 1973, 105; ders, Entgeltfortzahlung bei nebenberuflicher Tätigkeit, DOK 1975, 249; SCHÄFER, Zur Lohnzahlungspflicht des Arbeitgebers nach verlorenem Kündigungsschutzprozeß, NZA 1984, 105; SCHWERDTNER, Lohnfortzahlung im Krankheitsfall und befristete Arbeitsverhältnisse, NZA 1988, 593; WISSMANN, Lohnfortzahlung auch für geringfügig beschäftigte Arbeiter?, DB 1989, 1922; ZIETSCH, Zur Frage der Lohnfortzahlung im Krankheitsfall beim Job-Sharing, NZA 1997, 526.

(BAG AP Nr 1 und 2 zu § 74 SGB V). Das gilt wegen der Verweisung in § 231 Abs 2 SGB III nicht für das arbeitsförderungsrechtliche **Eingliederungsverhältnis** (MünchArbR/ BOECKEN § 83 Rn 21; ErfKomm/DÖRNER § 1 EFZG Rn 14; FEICHTINGER, Entgeltfortzahlung Rn 8; KassHdb/VOSSEN 2.2 Rn 32); dem Arbeitgeber steht aber ein Erstattungsanspruch gegenüber der Bundesanstalt für Arbeit zu (§ 233 Abs 1 SGB III). **Arbeitnehmer-ähnliche Personen** sind keine Arbeitnehmer im Sinne des § 3 Abs 1 S 1 EFZG (Münch-ArbR/BOECKEN § 83 Rn 8), ihren Vergütungsanspruch kann im Krankheitsfalle nur § 616 S 1 aufrechterhalten (s o Rn 54). Zu kollisionsrechtlichen Fragen GK-EFZR/BIRK § 1 LFZG Rn 50 ff.

Wird die vertraglich geschuldete Tätigkeit nicht auf der Grundlage eines Arbeits- **183** vertrages erbracht, ist das Vertragsverhältnis aber gleichwohl als **Dienstverhältnis** zu qualifizieren (zur Abgrenzung STAUDINGER/RICHARDI [1999] Vorbem 23 ff, 59 ff zu §§ 611 ff), so ist im Erkrankungsfall **ausschließlich § 616** anzuwenden (MünchKomm/SCHAUB § 616 Rn 30; s auch o Rn 54). Für eine analoge Anwendung des § 3 Abs 1 S 1 EFZG auf **GmbH-Geschäftsführer** fehlen die methodischen Voraussetzungen (ERMAN/BELLING § 616 Rn 50; SCHAUB WiB 1994, 637).

Sofern keine abweichenden privatautonomen Abreden getroffen werden, schuldet **184** der Dienstberechtigte die Vergütungsfortzahlung bei ausschließlich **von § 616 erfaß-ten Personen** nur, wenn die Erkrankung eine verhältnismäßig nicht erhebliche Zeit in Anspruch nimmt. Eine analoge Anwendung der für Angestellte in § 616 Abs 2 S 2 aF festgelegten Fiktion („gilt"), nach der eine Erkrankung bis zur Dauer von **sechs Wochen** als nicht verhältnismäßige Zeit anzusehen war, scheidet aus (SCHAUB WiB 1994, 637; abweichend jedoch für den abhängigen GmbH-Geschäftsführer GISSEL, Arbeitnehmer-schutz für den GmbH-Geschäftsführer [1987] 134; sehr weitgehend HACKENBURG/STEIN, GmbHG [8. Aufl 1996] § 35 Rn 207, die § 3 Abs 1 S 1 EFZG einen „gewissen Anhaltspunkt" entnimmt und sogar auch längere Zeiträume zubilligen will; ohne Problematisierung BGH LM § 632 BGB Nr 17 = ZIP 1995, 1280 f, der eine krankheitsbedingte Arbeitsunfähigkeit von 2 1/2 Wochen als unschädlich für die Anwendung des § 616 ansieht). Der Sechs-Wochen-Zeitraum ist eine den Besonder-heiten des Arbeitsverhältnisses geschuldete Zeitgrenze, so daß eine Ausdehnung auf andere Dienstverhältnisse wegen fehlender Vergleichbarkeit der Interessenlage aus-scheidet.

Fehlerhaft begründete Arbeitsverhältnisse sind ebenfalls in den Anwendungsbereich **185** des § 3 EFZG einbezogen (BAG AP Nr 32 zu § 63 HGB; GK-EFZR/BIRK § 1 LFZG Rn 139; MünchArbR/BOECKEN § 83 Rn 12; BRECHT, Entgeltfortzahlung § 3 EFZG Rn 4; FEICHTINGER, Ent-geltfortzahlung Rn 24; HROMADKA/MASCHMANN, Arbeitsrecht 1 [2. Aufl 2002] 285; KAISER/DUNKL/ HOLD/KLEINSORGE § 3 EFZG Rn 17 ff; SOERGEL/KRAFT § 616 Rn 45; MÜLLER/BERENZ § 3 EFZG Rn 6; SCHMITT, EFZG [4. Aufl 1999] § 3 EFZG Rn 17; KassHdb/VOSSEN 2.2 Rn 13; s ferner GÖPPNER 130 ff). Bis zu ihrer Beendigung sind sie wie wirksame Arbeitsverhältnisse zu behan-deln.

Gekündigte Arbeitsverhältnisse unterliegen bis zum Beendigungszeitpunkt stets den **186** Entgeltfortzahlungsvorschriften (SCHMITT, EFZG [4. Aufl 1999] § 3 EFZG Rn 18), gegebe-nenfalls ist der Arbeitgeber zur Entgeltfortzahlung auch nach diesem Zeitpunkt verpflichtet (§ 8 Abs 1 S 1 EFZG; hierzu u Rn 370 ff). Erfolgt während des Kündigungs-schutzprozesses eine **Weiterbeschäftigung** des Arbeitnehmers, so bleibt der Arbeit-geber zur Entgeltfortzahlung verpflichtet, wenn die Weiterbeschäftigung aufgrund einer **selbständigen Abrede** erfolgt (BAG AP Nr 66 zu § 1 LohnFG; MünchArbR/Boecken § 83 Rn 16; Hromadka/Maschmann, Arbeitsrecht 1 [2. Aufl 2002] 285; Kaiser/Dunkl/Hold/ Kleinsorge § 3 EFZG Rn 22; Schmitt, EFZG [4. Aufl 1999] § 3 EFZG Rn 19; KassHdb/Vossen 2.2 Rn 31). Im übrigen gelten die zu § 616 S 1 dargelegten Grundsätze (s o Rn 43 f; vgl auch MünchArbR/Boecken § 83 Rn 15 ff).

187 Nach der Konzeption des Bundesarbeitsgerichts ist eine Pflicht zur Entgeltfortzahlung zu verneinen, wenn der Arbeitnehmer während eines Kündigungsschutzprozesses **zur Abwendung der Zwangsvollstreckung** beschäftigt und die **Kündigung später für rechtswirksam erklärt** wird (so in der Konsequenz zB Barton/Hönsch NZA 1987, 725; Bengelsdorf SAE 1987, 265; Berkowsky BB 1986, 798; MünchArbR/Boecken § 83 Rn 17 ff; Feichtinger, Entgeltfortzahlung Rn 30; Hromadka/Maschmann, Arbeitsrecht 1 [2. Aufl 2002] 285; Kaiser/Dunkl/Hold/Kleinsorge § 3 EFZG Rn 24; Lieb, Arbeitsrecht [7. Aufl 2000] § 4 IV 2; Müller/Berenz § 3 EFZG Rn 8; Olderog BB 1989, 1688; Schmitt, EFZG [4. Aufl 1999] § 3 EFZG Rn 19; R Schulz, Rechtliche Folgeprobleme der Entscheidung des Großen Senats des Bundesarbeitsgerichts zum Allgemeinen Weiterbeschäftigungsanspruch [1993] 210; Walker DB 1988, 1599; ebenso trotz abweichender Begründung Hanau/Adomeit, Arbeitsrecht [11. Aufl 1994] 253; Konzen, in: FS Hyung-Bae Kim [1995] 82; aA jedoch GK-EFZR/Birk § 1 LFZG Rn 140; Büring, Die Rechtsfolgen des allgemeinen Weiterbeschäftigungsanspruchs [Diss Münster 1995] 135 ff; Schwerdtner, in: Brill/Schwerdtner, Aktuelle Rechtsfragen zum Weiterbeschäftigungsanspruch gekündigter Arbeitnehmer [1986] 77; sowie bereits Beuthien RdA 1969, 171). Praktikabel ist die retrospektive Sichtweise der höchstrichterlichen Rechtsprechung nicht (ablehnend auch GK-EFZR/Birk § 1 LFZG Rn 140; zur Rückabwicklung jedoch MünchArbR/Boecken § 83 Rn 18).

188 Auszubildende im Rahmen eines **Berufsausbildungsverhältnisses** sind aufgrund der Legaldefinition in § 1 Abs 2 EFZG ebenfalls Arbeitnehmer im Sinne des § 3 Abs 1 S 1 EFZG; **§ 12 Abs 1 S 2 BBiG,** der die Bestimmungen des Entgeltfortzahlungsgesetzes bei Berufsausbildungsverhältnissen für anwendbar erklärt, besitzt deshalb lediglich **klarstellende Bedeutung** (treffend MünchArbR/Boecken § 83 Rn 6, der § 12 Abs 1 S 2 BBiG als überflüssig bewertet). Das gilt entsprechend für die **von § 19 BBiG erfaßten Vertragsverhältnisse** (Volontäre, Praktikanten und Anlernlinge; nicht hingegen: Werkstudenten und Arbeitsstipendiaten), da auch sie dem Berufsbildungsbegriff in § 1 Abs 2 EFZG unterfallen (MünchArbR/Boecken § 83 Rn 5; ErfKomm/Dörner § 1 EFZG Rn 12; Kaiser/Dunkl/Hold/Kleinsorge § 1 EFZG Rn 39; Schmitt, EFZG [4. Aufl 1999] § 1 EFZG Rn 35; Wedde/Gerntke/Kunz/Platow § 1 EFZG Rn 39 ff). Bei einem engeren Begriffsverständnis, das die in § 19 BBiG genannten Vertragsverhältnisse aus dem Berufsbildungsbegriff in § 1 Abs 2 EFZG ausklammert, ist zu beachten, daß § 19 BBiG ohne Einschränkungen auf § 12 BBiG und damit auch auf die Anordnung einer entsprechenden Anwendung des Entgeltfortzahlungsgesetzes in § 12 Abs 1 S 2 BBiG verweist (GK-EFZR/Birk/Veit § 12 BBiG Rn 17).

189 Da § 1 Abs 2 EFZG ausdrücklich auf den weiten Begriff der **„Berufsbildung"** abstellt und damit schon in grammatikalischer Hinsicht von anderen Vorschriften abweicht, die den Terminus der **„Berufsausbildung"** in den Gesetzeswortlaut aufnehmen (zB § 5 Abs 1 BetrVG), sind auch diejenigen Personen in den Arbeitnehmerbegriff des Entgeltfortzahlungsrechts einbezogen, die zum Zwecke der **beruflichen Fortbildung** (§ 1 Abs 3 BBiG) oder der **beruflichen Umschulung** (§ 1 Abs 4 BBiG) beschäftigt werden (MünchArbR/Boecken § 83 Rn 5).

Keine Anwendung findet § 3 Abs 1 S 1 EFZG bei **Heimarbeitern** (Erman/Belling § 616 **190**
Rn 95; MünchArbR/Boecken § 83 Rn 7; ErfKomm/Dörner § 1 EFZG Rn 13; Kaiser/Dunkl/
Hold/Kleinsorge § 3 EFZG Rn 11; Kunz/Wedde, EFZR § 3 EFZG Rn 18; Schmitt, EFZG
[4. Aufl 1999] § 3 EFZG Rn 25), für sie trifft § 10 EFZG eine eigenständige und abschließende Regelung. Gleiches gilt für **Kapitäne und Besatzungsmitglieder** auf Kauffahr-
teischiffen. Bezüglich dieser Personengruppe wird § 3 Abs 1 S 1 EFZG durch die
leges speciales in den §§ 48 und 78 Abs 1 SeemG verdrängt, die jedoch die Bestimmungen des Entgeltfortzahlungsgesetzes – vorbehaltlich der Sonderregelung zu § 5
EFZG (s u Rn 306) – für anwendbar erklären (vgl auch MünchArbR/Boecken § 83 Rn 9).

b) Arbeitszeitvolumen

Das aufgrund des Arbeitsverhältnisses geschuldete **Arbeitszeitvolumen** ist für die **191**
Anwendung der Entgeltfortzahlungsbestimmungen **ohne Bedeutung.** Die gesetzlichen Vorschriften setzen nicht voraus, daß der Arbeitnehmer für seine wirtschaftliche Existenz auf die Vergütung angewiesen ist (BAG AP Nr 38 zu § 1 LohnFG). Hierfür
fehlen jegliche normativen Anhaltspunkte. § 3 Abs 1 S 1 EFZG ist deshalb auch bei
Arbeitnehmern anzuwenden, deren Beschäftigung nach Maßgabe des § 8 **SGB IV**
nicht sozialversicherungspflichtig ist (Erman/Belling § 616 Rn 95; MünchArbR/Boecken
§ 83 Rn 13; Kaiser/Dunkl/Hold/Kleinsorge § 3 EFZG Rn 6; Schmitt, EFZG [4. Aufl 1999] § 3
EFZG Rn 21; zu den Besonderheiten bei Teilzeitkräften näher Schmitt, in: FS Gitter [1995] 847 ff).
Für Arbeitsverhältnisse mit **kapazitätsorientierter variabler Arbeitszeit** oder mit einer
Arbeitsplatzteilung gelten die Grundsätze zu § 616 S 1 entsprechend (s o Rn 35).

c) Kurzzeitig befristete Arbeitsverhältnisse

Für befristete Arbeitsverhältnisse, die die **Dauer von maximal vier Wochen** nicht **192**
überschritten, sahen **§ 1 Abs 3 Nr 1 LFG** und **§ 115a Abs 3 lit a AGB-DDR** einen
Ausschluß des Anspruches vor (zur damaligen Rechtslage GK-EFZR/Birk § 1 LFZG
Rn 78; Hartmann DB 1970 1130 ff; Schmitt, LFZG [1. Aufl 1992] § 1 LFZG Rn 166 ff). Der
Ausschlußtatbestand in § 1 Abs 3 Nr 1 LFG erfaßte nicht jedes befristete Arbeitsverhältnis mit einer Dauer von höchstens vier Wochen. Probearbeitsverhältnisse
wurden vielmehr ausdrücklich ausgenommen. Des weiteren wendete das Bundesarbeitsgericht § 1 Abs 3 Nr 1 LFG nicht an, wenn die Befristung objektiv funktionswidrig eingesetzt wurde, weil sie nicht durch einen sachlichen Grund gerechtfertigt
war (BAG AP Nr 65 zu § 1 LohnFG). Dies sollte auch gelten, wenn eine Neueinstellung
im Sinne des Art 1 § 1 BeschFG 1985 vorlag (BAG AP Nr 75 zu § 1 LohnFG; kritisch hierzu
zB Schwerdtner NZA 1988, 593 ff). Die Pflicht zur Entgeltfortzahlung griff zudem ein,
wenn das Arbeitsverhältnis nach Ablauf des Vier-Wochen-Zeitraumes fortgesetzt
wurde (§ 1 Abs 3 Nr 1 S 2 LFG).

Die Neuregelung der Entgeltfortzahlung im Krankheitsfall durch das **Entgeltfort-** **193**
zahlungsgesetz verzichtete auf eine Übernahme des Ausnahmetatbestandes, da er
für Angestellte in den alten Bundesländern keine Geltung besaß und § 3 Abs 1 S 1
EFZG aF insbesondere die Rechtsstellung der Arbeiter an diejenige der Angestell-
ten angleichen sollte (zur früheren Problematik im Hinblick auf Art 3 Abs 1 GG Staudinger/
Oetker[12] § 616 Rn 171; kritisch zum Verzicht auf den Ausnahmetatbestand Berenz DB 1995, 2166 f;
Müller/Berenz § 1 EFZG Rn 13 f; Schmitt RdA 1996, 7). Wegen der Wartefrist von vier
Wochen für das Entstehen eines Anspruches auf Entgeltfortzahlung in § 3 Abs 3
EFZG (vgl u Rn 279 ff) kehrt der vormals in § 1 Abs 3 Nr 1 LFG enthaltene Aus-
schlußtatbestand jedoch in anderer rechtlicher Gestalt wieder (ebenso MünchArbR/

BOECKEN § 83 Rn 14; ErfKomm/DÖRNER § 1 EFZG Rn 10; SCHMITT, EFZG [4. Aufl 1999] § 3 EFZG Rn 11).

194 Da § 3 Abs 3 EFZG festlegt, daß der Anspruch auf Entgeltfortzahlung erst nach vierwöchiger ununterbrochener Dauer des Arbeitsverhältnisses entsteht, scheidet ein Anspruch auf Entgeltfortzahlung bei allen Arbeitsverhältnissen aus, die diese Zeitgrenze aufgrund der vereinbarten Befristung nicht erreichen können. Damit ist indirekt ein Anspruch auf Entgeltfortzahlung – entsprechend der früher in § 1 Abs 3 Nr 1 LFG getroffenen Regelung – bei allen Arbeitsverhältnissen ausgeschlossen, die aufgrund einer Befristung die Dauer von maximal vier Wochen nicht überschreiten (KAISER/DUNKL/HOLD/KLEINSORGE § 3 EFZG Rn 126). Im Unterschied zu der Rechtslage nach § 1 Abs 3 Nr 1 LFG gilt dies auch, wenn es sich um ein **Probearbeitsverhältnis** handelt.

195 Da § 3 Abs 3 EFZG befristete Arbeitsverhältnisse mit einer Dauer von maximal vier Wochen nicht direkt aus dem Anwendungsbereich des Entgeltfortzahlungsgesetzes ausschließt, sondern auf die Figur der Wartefrist zurückgreift, ist für die unter der Geltung des § 1 Abs 3 Nr 1 LFG vorgenommene Prüfung, ob die **Befristung des Arbeitsverhältnisses objektiv funktionswidrig** eingesetzt wurde (s o Rn 192), kein Raum (KAISER/DUNKL/HOLD/KLEINSORGE § 3 EFZG Rn 126). Sofern dies zu bejahen war, folgte hieraus lediglich, daß sich der Arbeitgeber nicht auf den Ausschlußtatbestand in § 1 Abs 3 Nr 1 LFG berufen konnte und auch bei diesen Arbeitsverhältnissen uneingeschränkt das Arbeitsentgelt fortzuzahlen war. Diese Rechtsfolge scheidet unter der Geltung des § 3 Abs 3 EFZG aus, da die vierwöchige Wartefrist für alle Arbeitsverhältnisse Anwendung findet.

196 Wird ein zunächst **auf** maximal **vier Wochen befristet begründetes Arbeitsverhältnis fortgesetzt,** so entsteht der Anspruch auf Entgeltfortzahlung nach Ablauf der vierwöchigen Wartefrist in § 3 Abs 3 EFZG. Zur Behandlung von Erkrankungen vor Ablauf der Wartefrist s u Rn 287 ff.

2. Krankheitsbegriff*

197 Die Regelung in § 3 Abs 1 S 1 EFZG setzt einen Krankheitsfall voraus und stimmt insoweit mit der deklaratorischen Vorschrift in § 12 Abs 1 S 2 BBiG überein. Gleiches gilt für die §§ 48, 78 Abs 2 SeemG. Im Rahmen des § 3 Abs 1 S 1 EFZG ist – entsprechend der einhelligen Auffassung zu den früheren Rechtsgrundlagen (stRspr vgl BAG AP Nr 64 zu § 616 BGB; BAG AP Nr 21 zu § 63 HGB; BAG AP Nr 12, 40, 52, 62, 86 und 94 zu § 1 LohnFG; s auch SCHULIN ZfA 1978, 247 ff) – der **medizinische Krankheitsbegriff** maßgebend (für eine autonome Begriffsbestimmung plädiert jedoch GK-EFZR/BIRK § 1 LFZG

---

* **Schrifttum:** DANNECKER, Der Krankheitsbegriff im Arbeits- und Sozialversicherungsrecht (Diss München 1968); GAUBER, Der Begriff der krankheitsbedingten Arbeitsunfähigkeit im Entgeltfortzahlungs- und Krankenversicherungsrecht (1998); LEPKE, Krankheitsbegriff im Arbeitsrecht, NZA-RR 1999, 57; MÜLLER/RODEN, Entgeltfortzahlung bei künstlicher Befruchtung, NZA 1989, 128; THIVESSEN, Lohnfortzahlungsanspruch bei Organspenden, ZTR 1989, 267; REINECKE, Krankheit und Arbeitsunfähigkeit – die zentralen Begriffe des Rechts der Entgeltfortzahlung, DB 1998, 130; VIEFHUES, Der medizinische Krankheitsbegriff, ZSR 1976, 394.

Rn 189). Dieser stellt ausschließlich darauf ab, ob ein **regelwidriger Körper- oder Geisteszustand** vorliegt (MünchArbR/Boecken § 83 Rn 25; Kaiser/Dunkl/Hold/Kleinsorge § 3 EFZG Rn 27; Soergel/Kraft § 616 Rn 50; MünchKomm/Schaub § 616 Rn 38; Schmitt, EFZG [4. Aufl 1999] § 3 EFZG Rn 33; KassHdb/Vossen 2.2 Rn 41; ebenso trotz des abweichenden Grundansatzes GK-EFZR/Birk § 1 LFZG Rn 189).

Regelwidrig ist der Zustand, wenn er nach allgemeiner Erfahrung unter Berück-   **198** sichtigung eines **natürlichen Verlaufs des Lebens** nicht bei jedem anderen Menschen gleichen Alters und gleichen Geschlechts zu erwarten ist (Feichtinger, Entgeltfortzahlung Rn 36; Kaiser/Dunkl/Hold/Kleinsorge § 3 EFZG Rn 27; Kunz/Wedde, EFZR § 3 EFZG Rn 40; ähnlich Marienhagen/Künzl § 3 EFZG Rn 4 sowie MünchArbR/Boecken § 83 Rn 26: Leitbild eines gesunden Menschen). **Altersschwäche** und ähnliche Beschwerden, die als **Folge der natürlichen Körperentwicklung** auftreten und das übliche Maß nicht überschreiten, sind keine regelwidrigen Körper- oder Geisteszustände und somit auch keine Krankheit im Sinne des Entgeltfortzahlungsrechts (Becher 32; Brecht, Entgeltfortzahlung § 3 EFZG Rn 11; ErfKomm/Dörner § 3 EFZG Rn 12; Feichtinger, Entgeltfortzahlung Rn 63; Hromadka/Maschmann, Arbeitsrecht 1 [2. Aufl 2002] 286; Kaiser/Dunkl/Hold/Kleinsorge § 3 EFZG Rn 31; MünchKomm/Schaub § 616 Rn 40; Schmitt, EFZG [4. Aufl 1999] § 3 EFZG Rn 38; Schoof, in: Kittner/Zwanziger [Hrsg], Arbeitsrecht [2001] § 58 Rn 24; KassHdb/Vossen 2.2 Rn 42).

Der in Rechtsprechung und Schrifttum teilweise anzutreffende Rückgriff auf die   **199** **Behandlungsbedürftigkeit** des Arbeitnehmers (so zB BAG AP Nr 64 zu § 616 BGB; BAG AP Nr 40 und 52 zu § 1 LohnFG; im Schrifttum zB Erman/Belling § 616 Rn 100; Brecht, Entgeltfortzahlung § 3 EFZG Rn 9; ErfKomm/Dörner § 3 EFZG Rn 11; Gamillscheg, Arbeitsrecht I [8. Aufl 2000] 337; Hromadka/Maschmann, Arbeitsrecht 1 [2. Aufl 2002] 286; Junker, Grundkurs Arbeitsrecht [2001] 165; Lepke 29; Löwisch, Arbeitsrecht [5. Aufl 2000] Rn 1036; BGB-RGRK/ Matthes § 616 Rn 69; Kunz/Wedde, EFZR § 3 EFZG Rn 40; v Maydell DB 1973 Beil 15, 4; MünchKomm/Schaub § 616 Rn 38; Schoof, in: Kittner/Zwanziger [Hrsg], Arbeitsrecht [2001] § 58 Rn 23; Wedde/Gerntke/Kunz/Platow § 3 EFZG Rn 20) hat im Entgeltfortzahlungsrecht **keine Bedeutung** (treffend MünchArbR/Boecken § 83 Rn 25; Kaiser/Dunkl/Hold/Kleinsorge § 3 EFZG Rn 27; Marienhagen/Künzl § 3 EFZG Rn 4a; Schmitt, EFZG [4. Aufl 1999] § 3 EFZG Rn 32; Schulin ZfA 1978, 248; ders Anm zu BAG EzA § 616 BGB Nr 27). Die Behandlungsbedürftigkeit ist ausschließlich im Krankenversicherungsrecht notwendig (MünchArbR/Boecken § 83 Rn 25; Schmitt, EFZG [4. Aufl 1999] § 3 EFZG Rn 32), eine Gleichsetzung des krankenversicherungsrechtlichen Krankheitsbegriffs mit dem Begriffsverständnis im Entgeltfortzahlungsrecht ist deshalb verfehlt (so mit Recht auch MünchArbR/Boecken § 83 Rn 25; Schmitt, EFZG [4. Aufl 1999] § 3 EFZG Rn 32) und entbehrlich (unter Verzicht hierauf auch zB BAG AP Nr 12, 62 und 86 zu § 1 LohnFG; BAG AP Nr 21 zu § 63 HGB).

Ein **eigenständiger arbeitsrechtlicher Krankheitsbegriff** hat im Entgeltfortzahlungs-   **200** recht **keine normative Grundlage** (so mit Recht Schulin ZfA 1978, 248). Entsprechende Formulierungen in der Judikatur (zB BAG AP Nr 42 zu § 616 BGB; BAG AP Nr 12 zu § 1 LohnFG) trennen nicht präzise zwischen den verschiedenen tatbestandlichen Voraussetzungen für die Pflicht zur Entgeltfortzahlung. Die Auswirkungen der Krankheit auf die **Fähigkeit zur Erfüllung** der **arbeitsvertraglichen Pflichten** (hierzu u Rn 208 ff) nennt § 3 Abs 1 S 1 EFZG als **eigenständiges Tatbestandsmerkmal,** so daß die Bildung eines selbständigen (zweigliedrigen) Krankheitsbegriffs, der die letztgenannte Vor-

aussetzung in sich aufnimmt, eher zu Mißverständnissen Anlaß gibt (ablehnend auch
GK-EFZR/Birk § 1 LFZG Rn 193; Kaiser/Dunkl/Hold/Kleinsorge § 3 EFZG Rn 28; Lepke
107; Schmitt, EFZG [4. Aufl 1999] § 3 EFZG Rn 32 f; Schulin ZfA 1978, 246 f; ders Anm zu BAG
EzA § 616 BGB Nr 27; Sonnleitner, Entgeltfortzahlung bei Alkoholismus unter besonderer Berücksichtigung der Verschuldensproblematik [1994] 17; Thome 54 f; Weiland 36 f). Für die Anwendung der Bestimmungen zur Entgeltfortzahlung im Krankheitsfall ist deshalb
von dem **medizinischen Krankheitsbegriff auszugehen** (so mit Recht auch BAG AP Nr 64 zu
§ 616 BGB; BAG AP Nr 94 zu § 1 LohnFG).

201 Die **Krankheitsursache** ist für die Entgeltfortzahlungspflicht des Arbeitgebers unerheblich (BAG AP Nr 17, 18 und 40 zu § 1 LohnFG; MünchArbR/Boecken § 83 Rn 27; Brecht,
Entgeltfortzahlung § 3 EFZG Rn 9; ErfKomm/Dörner § 3 EFZG Rn 13; Feichtinger, Entgeltfortzahlung Rn 33, 37; Geyer/Knorr/Krasney § 3 EFZG Rn 43; Helml § 3 EFZG Rn 25; Kaiser/
Dunkl/Hold/Kleinsorge § 3 EFZG Rn 29; Soergel/Kraft § 616 Rn 50; Kunz/Wedde, EFZR
§ 3 EFZG Rn 43; v Maydell DB 1973 Beil 15, 4; Müller/Berenz § 3 EFZG Rn 18; MünchKomm/
Schaub § 616 Rn 39; Schmitt, EFZG [4. Aufl 1999] § 3 EFZG Rn 34; KassHdb/Vossen 2.2 Rn 41).
Das gilt auch für **Suchterkrankungen;** insbesondere Alkoholabhängigkeit ist im Entgeltfortzahlungsrecht wie jede andere Krankheit zu behandeln (BAG AP Nr 52 und 94 zu
§ 1 LohnFG; BAG AP Nr 75 zu § 616 BGB; LAG Hamm LAGE § 1 LohnFG Nr 10 sowie Münch-
ArbR/Boecken § 83 Rn 27; Schmitt, EFZG [4. Aufl 1999] § 3 EFZG Rn 34). In gleicher Weise
sind **Geburtsfehler** als Ursache der Krankheit zu behandeln (BAG AP Nr 40 zu § 1
LohnFG; MünchArbR/Boecken § 83 Rn 26).

202 Auch die infolge eines **Arbeitsunfalls** oder einer **Berufskrankheit** eintretende Arbeitsunfähigkeit stellt eine Krankheit im Sinne des Entgeltfortzahlungsrechts dar (Münch-
ArbR/Boecken § 83 Rn 28; Schmitt, EFZG [4. Aufl 1999] § 3 EFZG Rn 34). Die früher in
§ 115a Abs 1 S 1 AGB-DDR enthaltene Legaldefinition, die Krankheit, Berufskrankheit und Arbeitsunfall durch einen Klammerzusatz unter dem Oberbegriff
der „Krankheit" zusammenfaßte, hatte nur klarstellende Bedeutung. Ob die Krankheit infolge eines Arbeitsunfalls eintritt oder als Berufskrankheit zu qualifizieren ist,
berührt ausschließlich die Zuständigkeit des Sozialversicherungsträgers (Krankenver-
sicherungs- oder Unfallversicherungsträger; vgl § 11 Abs 4 SGB V).

203 Keine Krankheit ist die **normal verlaufende Schwangerschaft** (BAG AP Nr 61 zu § 1
LohnFG; MünchArbR/Boecken § 83 Rn 26; Brecht, Entgeltfortzahlung § 3 EFZG Rn 11; Erf-
Komm/Dörner § 3 EFZG Rn 11; Feichtinger, Entgeltfortzahlung Rn 60; Hromadka/Masch-
mann, Arbeitsrecht 1 [1998] 274; Kaiser/Dunkl/Hold/Kleinsorge § 3 EFZG Rn 31; Kunz/
Wedde, EFZR § 3 EFZG Rn 42; MünchKomm/Schaub § 616 Rn 40; Schmitt, EFZG [4. Aufl
1999] § 3 EFZG Rn 38; in diesem Sinne auch für das „Unglück" noch RAG ARS 14, 560; 15, 569;
diese Sachverhalte miteinbeziehend RAG ARS 43, 391 ff). Eine gegenteilige Annahme ist erst
gerechtfertigt, wenn **über das übliche Maß hinausgehende Beschwerden** oder sonstige
krankhafte Störungen auftreten (BAG AP Nr 7 zu § 3 MuSchG 1968; BAG AP Nr 1 zu § 13
MuSchG; BAG AP Nr 61 zu § 1 LohnFG; MünchArbR/Boecken § 83 Rn 26; ErfKomm/Dörner § 3
EFZG Rn 11; Feichtinger, Entgeltfortzahlung Rn 60; Kaiser/Dunkl/Hold/Kleinsorge § 3
EFZG Rn 31; Kunz/Wedde, EFZR § 3 EFZG Rn 42; MünchKomm/Schaub § 616 Rn 40; Schmitt,
EFZG [4. Aufl 1999] § 3 EFZG Rn 38; so auch schon für das „Unglück" RAG ARS 15, 569; zur
Konkurrenz zwischen Entgeltfortzahlung und Mutterschutz u Rn 234 ff).

204 Zweifelhaft ist die rechtliche Bewertung regelwidriger Körper- und Geisteszustände, die der **Arbeitnehmer selbst herbeigeführt** hat. Für den nicht rechtswidrigen **Schwangerschaftsabbruch** und die nicht rechtswidrige **Sterilisation** fingiert § 3 Abs 2 EFZG eine unverschuldete Arbeitsunfähigkeit (für die Sterilisation siehe auch schon RAG ARS 25, 198; abweichend jedoch § 52 a SeemG, der eine Gleichstellung anordnet); näher hierzu u Rn 252 ff.

Der dogmatische Ansatz für den Schwangerschaftsabbruch und die Sterilisation ist **205** auch vorzugswürdig, wenn eine **Organspende** den Arbeitnehmer an der Arbeitsleistung verhindert. Es ist ausschließlich zu prüfen, ob der Arbeitnehmer die Arbeitsunfähigkeit **verschuldet** hat (weitergehend GK-EFZR/BIRK § 1 LFZG Rn 47; MünchArbR/ BOECKEN § 83 Rn 29; SCHMITT, EFZG [4. Aufl 1999] § 3 EFZG Rn 54 f; WEDDE/GERNTKE/KUNZ/ PLATOW § 3 EFZG Rn 66, die für eine generelle Pflicht zur Entgeltfortzahlung plädieren). Eine pauschale Gleichstellung mit einer „unverschuldeten Arbeitsunfähigkeit" scheidet aus, da es hierfür einer mit § 3 Abs 2 EFZG vergleichbaren Fiktion bedurft hätte (ErfKomm/DÖRNER § 3 EFZG Rn 21). Das **Bundesarbeitsgericht** befürwortet demgegenüber eine **generelle Herausnahme** aus dem Entgeltfortzahlungsrecht, wenn die **Organspende komplikationslos** verläuft. Zur Begründung verweist das Gericht auf den sozialen Schutzzweck des Entgeltfortzahlungsrechts, das den Arbeitgeber nur mit dem allgemeinen Krankheitsrisiko des Arbeitnehmers belasten soll (BAG AP Nr 68 zu § 1 LohnFG; ebenso FEICHTINGER, Entgeltfortzahlung Rn 208; Löwisch, Arbeitsrecht [5. Aufl 2000] Rn 1039; BGB-RGRK/MATTHES § 616 Rn 74; MÜLLER/BERENZ § 3 EFZG Rn 30; weitergehend MünchArbR/BOECKEN § 83 Rn 29; SCHMITT, EFZG [4. Aufl 1999] § 3 EFZG Rn 54 f; SCHULIN SAE 1987, 242 ff, die auf diese Differenzierung verzichten wollen; s auch LAG Köln LAGE § 1 LohnFG Nr 8). Die aus den Vorschriften zum nicht rechtswidrigen Schwangerschaftsabbruch und zur nicht rechtswidrigen Sterilisation abzuleitenden Wertungen (kritisch zur Risikoverteilung v MAYDELL SAE 1990, 131 [134] sowie bereits NAENDRUP ZfA 1984, 388) stehen dieser Würdigung entgegen (ErfKomm/DÖRNER § 3 EFZG Rn 21). Im Ergebnis gelangt auch der hier befürwortete Ansatz zu der von der Rechtsprechung herausgearbeiteten Differenzierung, da bei einem mit Komplikationen verbundenen Verlauf der Organspende regelmäßig ein Verschuldensvorwurf zu verneinen ist. In den übrigen Fallgestaltungen liegt jedoch eine krankheitsbedingte Arbeitsunfähigkeit vor, die vom Arbeitnehmer willentlich herbeigeführt wurde, so daß es der Einzelfallprüfung bedarf, ob ein „Verschulden" im Sinne des Entgeltfortzahlungsrechts vorliegt (gegen eine Verschuldensprüfung jedoch SCHMITT, EFZG [4. Aufl 1999] § 3 EFZG Rn 54).

Mit einer Organspende vergleichbare Probleme treten auf, wenn der Arbeitnehmer **206** infolge einer **künstlichen Insemination** an der Arbeitsleistung verhindert ist. Bei diesen Sachverhalten ist – wie bei der Organspende (s o Rn 205) – eine ähnlich differenzierende Problemlösung vorzugswürdig (s MÜLLER/RODEN NZA 1989, 131, der die Grundsätze des Bundesarbeitsgerichts zur Organspende [AP Nr 68 zu § 1 LohnFG] heranzieht; im Grundsatz auch BGB-RGRK/MATTHES § 616 Rn 80; zu weitergehend FEICHTINGER, Entgeltfortzahlung Rn 200; SCHMITT, EFZG [4. Aufl 1999] § 3 EFZG Rn 56 f, die an § 27 a SGB V anknüpfen und bei einer Leistungspflicht des Krankenversicherungsträgers stets eine Pflicht zur Entgeltfortzahlung bejahen; noch weiter BRECHT, Entgeltfortzahlung § 3 EFZG Rn 11, der unter Berufung auf die Rechtslage beim Schwangerschaftsabbruch eine generelle Entgeltfortzahlungspflicht befürwortet); zweifelhaft ist jedenfalls die generelle Verneinung einer Krankheit (hierfür aber MÜLLER/BERENZ § 3 EFZG Rn 20; wie hier im Grundsatz MünchArbR/BOECKEN § 83 Rn 26; ErfKomm/DÖRNER § 3 EFZG Rn 22; MünchKomm/SCHAUB § 616 Rn 38), ebenso wie eine Analogie zu den Sonderbestimmungen über die nicht rechtswidrige Sterilisation (hierfür aber ArbG Düsseldorf NJW 1986, 2394; ablehnend MÜLLER/RODEN NZA 1989, 131 f).

207 Da die gesetzlichen Bestimmungen keine Anhaltspunkte für den Ausschluß bestimmter Krankheitsursachen enthalten (vgl o Rn 201), führt auch die bei einer selbständigen oder unselbständigen **Nebentätigkeit** zugezogene Erkrankung nicht zum Ausschluß dieser Erkrankungen aus dem Krankheitsbegriff (BAG AP Nr 38 und 49 zu § 1 LohnFG; MünchArbR/BOECKEN § 83 Rn 28; ders NZA 2001, 233 ff; ErfKomm/DÖRNER § 3 EFZG Rn 13; HOFMANN SAE 1984, 39 f; SOERGEL/KRAFT § 616 Rn 50; SCHMITT, EFZG [4. Aufl 1999] § 3 EFZG Rn 36; ZEUNER AuR 1975, 301 ff; sowie für den landwirtschaftlichen Nebenbetrieb bereits BAG AP Nr 7, 17, 21 und 24 zu § 1 LohnFG; generell **aA** noch BAG AP Nr 43 zu § 1 ArbKrankhG). Im Einzelfall kann die Inanspruchnahme des Arbeitgebers jedoch rechtsmißbräuchlich sein (MünchArbR/BOECKEN § 83 Rn 28; SCHMITT, EFZG [4. Aufl 1999] § 3 EFZG Rn 36; hierzu u Rn 340 ff).

3.   Arbeitsunfähigkeit und Arbeitsverhinderung*

a)   Arbeitsunfähigkeit

208 Trotz der mit § 616 S 1 gemeinsamen Anknüpfung in § 3 Abs 1 S 1 EFZG an die

* **Schrifttum:** BLENS/VANDIEKEN, Entgeltfortzahlung bei Erkrankung vor Arbeitsaufnahme, DB 1968, 441; BREUER, Die Teilarbeitsfähigkeit-Lösungsmodell oder Problemfaktor, RdA 1984, 332; BRILL, Arztbesuche während der Arbeitszeit, NZA 1984, 281; BÜRGER, Gehaltsfortzahlung bei Erkrankung im Zeitpunkt der Arbeitsaufnahme, BB 1968, 210; COMPENSIS, Sozialrechtliche Auswirkungen der stufenweisen Wiedereingliederung arbeitsunfähiger Arbeitnehmer nach § 74 SGB V, NZA 1992, 631; DOSCH, Die rechtliche Beurteilung der Teil-Arbeitsunfähigkeit, in: BOEWER (Hrsg), Aktuelle Aspekte des Arbeitsrechts (1987) 245; GESING, Lohnfortzahlung für Arbeiter nach Unfall auf dem ersten Weg zur Arbeit, AuR 1971, 291; GITTER, Arbeitsrechtliche Probleme der stufenweisen Wiedereingliederung arbeitsunfähiger Arbeitnehmer – zugleich ein Beitrag zum Rechtsbegriff der Teilarbeitsfähigkeit, ZfA 1995, 123; HITZFELD, Wiedereingliederung und Teilarbeitsfähigkeit, in: Liber Discipulorum – Dankschrift für Wiese (1996) 55; v HOYNINGEN/HUENE, Das Rechtsverhältnis zur stufenweisen Wiedereingliederung arbeitsunfähiger Arbeitnehmer (§ 74 SGB V), NZA 1992, 49; KIPPENBERGER, Die Arbeitsunfähigkeit im Sozial- und Arbeitsrecht (Diss Kassel 1993); KLAGES, Personaleinsatz bei bedingter Arbeitsfähigkeit, BB 1983, 1223; MAY, Die krankheitsbedingte Arbeitsunfähigkeit, SGb 1988, 477; MUSCULUS, Der „Beginn der Beschäftigung" im Sinne des § 1 Abs 1 Satz 1 LFZG, Die Krankenversicherung 1973, 85; REINECKE, Krankheit und Arbeitsunfähigkeit – die zentralen Begriffe des Rechts der Entgeltfortzahlung, DB 1998, 130; RÖWEKAMP, Probleme der Teilarbeitsfähigkeit-Ein Nachruf?, SozSich 1985, 204; SCHMITZ, Der Anspruch auf Entgeltfortzahlung bei Beginn eines Arbeitsverhältnisses, WzS 1995, 225; SCHUMANN, „Beginn der Beschäftigung" im Sinne von § 1 Abs 1 Satz 1 LFZG, DB 1972, 1921; SCHULIN, Anfängliche Arbeitsunfähigkeit im Lohnfortzahlungsrecht, ZfA 1978, 215; ders, Zum Problem der Teilarbeitsunfähigkeit im Krankenversicherungs- und Entgeltfortzahlungsrecht, SGb 1984, 285; STÜBING, Gehaltsfortzahlung bei Erkrankung im Zeitpunkt der Arbeitsaufnahme, BB 1968, 210; STÜCKMANN, Teilarbeitsfähigkeit und teilweise Unmöglichkeit im System der Leistungsstörungen, in: FS Pieper (1998) 551; UNTERHINNIGHOFEN, Arztbesuch während der Arbeitszeit, AiB 1984, 135; WEILAND, Veränderte Rechtsprechung des Bundesarbeitsgerichts beim Unfall auf dem ersten Arbeitsweg?, BB 1979, 1506; ZWADE, Die Teilarbeitsfähigkeit aus arbeits- und sozialrechtlicher Sicht (1995).

Arbeits- bzw Dienstverhinderung, von der aufgrund der Eigenart der vom Auszubildenden geschuldeten Leistung lediglich § 12 Abs 1 S 2 BBiG für **Berufsausbildungsverhältnisse** abweicht und die Voraussetzung vertragsspezifisch modifiziert
(vgl u Rn 210), reicht es bei den von § 3 Abs 1 S 1 EFZG erfaßten Arbeitnehmern
nicht aus, wenn die Erkrankung eine Arbeitsverhinderung bewirkt. Vielmehr muß
die **Krankheit** nach dem Wortlaut des § 3 Abs 1 S 1 EFZG **zur Arbeitsunfähigkeit** und
diese wiederum **zur Arbeitsverhinderung** führen. Entsprechendes gilt für **Besatzungsmitglieder** und **Kapitäne** (ebenso MünchArbR/BOECKEN § 83 Rn 30; SCHMITT, EFZG [4. Aufl
1999] § 48 SeemG Rn 8), da § 48 Abs 1 S 2 SeemG (bzw § 78 Abs 1 SeemG) für den
Sachverhalt der Erkrankung auf das Entgeltfortzahlungsgesetz verweist und damit
das Bestehen eines Anspruches auf Weiterzahlung der Heuer von den Voraussetzungen des § 3 Abs 1 S 1 EFZG abhängt.

Erkrankungen, die zwar eine **Arbeitsverhinderung,** aber **keine Arbeitsunfähigkeit** zur **209**
Folge haben, werden bei den von § 3 EFZG erfaßten Arbeitnehmern nicht in die im
Krankheitsfall zu leistende Entgeltfortzahlung einbezogen. Führt die Erkrankung
nur zur **Arbeitsverhinderung,** ohne mit einer Arbeitsunfähigkeit verbunden zu sein,
kann eine Pflicht zur Entgeltfortzahlung allenfalls aus **§ 616 S 1** abgeleitet werden
(KAISER/DUNKL/HOLD/KLEINSORGE § 3 EFZG Rn 33; SCHMITT, EFZG [4. Aufl 1999] § 3 EFZG
Rn 41; s auch o Rn 54 ff).

Ein anderes Resultat kommt nur für **Berufsausbildungsverhältnisse** in Betracht, da **210**
§ 12 Abs 1 S 2 BBiG die Verweisung auf das Entgeltfortzahlungsgesetz stets anordnet, wenn der Auszubildende „an der Berufsausbildung nicht teilnehmen kann". Die
von § 3 Abs 1 S 1 EFZG abweichende Formulierung deutet auf ein extensiveres
Verständnis hin. Andererseits führt die entsprechende Anwendung des Entgeltfortzahlungsgesetzes zu einem Rückgriff auf § 3 EFZG und die dortigen Voraussetzungen für die Fortgewährung der Vergütung. Des weiteren sind Auszubildende wegen
der Legaldefinition in § 1 Abs 2 EFZG in den Anwendungsbereich des Entgeltfortzahlungsgesetzes einbezogen, so daß § 3 Abs 1 S 1 EFZG auf sie unmittelbar anwendbar ist. Deshalb muß die Erkrankung bei Berufsausbildungsverhältnissen zur
„Ausbildungsunfähigkeit" führen (ebenso GK-EFZR/BIRK/VEIT § 12 BBiG Rn 54 f; Erf-
Komm/SCHLACHTER § 12 BBiG Rn 9; SCHMITT, EFZG [4. Aufl 1999] § 12 BBiG Rn 32 f).

Aufgrund des entstehungsgeschichtlichen Kontextes des Lohnfortzahlungsgesetzes **211**
ging die höchstrichterliche Rechtsprechung vor Inkrafttreten des Entgeltfortzahlungsgesetzes, die im Schrifttum überwiegend gebilligt wurde, von einer **Identität
des krankenversicherungs- und des entgeltfortzahlungsrechtlichen Arbeitsunfähigkeits-
begriffs** aus (grundlegend BAG AP Nr 12 zu § 1 LohnFG; ebenso zB v MAYDELL DB 1973 Beil 15,
4; SCHULIN ZfA 1978, 234 ff; ders Anm zu BAG EzA § 616 BGB Nr 27; WEILAND 32 f; s auch GITTER
ZfA 1995, 149 ff, der treffend darauf hinweist, daß die Judikatur des Bundesarbeitsgerichts und des
Bundessozialgerichts nicht stets deckungsgleich ist; umfassend zum Begriff Arbeitsunfähigkeit im
Arbeits- und Sozialrecht ZWADE 15 ff). **Arbeitsunfähigkeit und Arbeitsverhinderung** sind
nicht deckungsgleich. Arbeitsunfähigkeit liegt erst vor, wenn die Krankheit den Arbeitnehmer außer Stande setzt, die ihm nach dem **Arbeitsvertrag obliegende Arbeit** zu
verrichten, oder er sie nur unter der Gefahr fortsetzen könnte, in absehbarer naher
Zeit seinen Zustand zu verschlimmern (BAG AP Nr 64 zu § 616 BGB; BAG AP Nr 23 zu § 63
HGB; BAG AP Nr 12, 52, 54, 62, 86 und 94 zu § 1 LohnFG; ebenso im Schrifttum zB GK-EFZR/BIRK
§ 1 LFZG Rn 196; ErfKomm/DÖRNER § 3 EFZG Rn 17; HROMADKA/MASCHMANN, Arbeitsrecht 1

[2. Aufl 2002] 286; KAISER/DUNKL/HOLD/KLEINSORGE § 3 EFZG Rn 34; SOERGEL/KRAFT § 616 Rn 50; KUNZ/WEDDE, EFZR § 3 EFZG Rn 42; MÜLLER/BERENZ § 3 EFZG Rn 22; REINECKE DB 1998, 132; MünchKomm/SCHAUB § 616 Rn 42; SCHOOF, in: Kittner/Zwanziger [Hrsg], Arbeitsrecht [2001] § 58 Rn 30). Zu den Fällen einer „teilweisen" Arbeitsunfähigkeit u Rn 215 ff.

212 Dieses Begriffsverständnis beansprucht angesichts des im Vergleich zu § 1 Abs 1 S 1 LFG unveränderten Gesetzeswortlauts auch für § 3 Abs 1 S 1 EFZG Gültigkeit (siehe MünchArbR/BOECKEN § 83 Rn 31; FEICHTINGER, Entgeltfortzahlung Rn 38; MünchArbR/SCHAUB § 616 Rn 42; SCHMITT, EFZG [4. Aufl 1999] § 3 EFZG Rn 40; KassHdb/VOSSEN 2.2 Rn 44). Durch diesen Ausgangspunkt der hM besteht keine Pflicht zur Entgeltfortzahlung bei solchen Erkrankungen, die zwar eine Behandlungsbedürftigkeit zur Folge haben, die den Arbeitnehmer jedoch weder unmittelbar noch mittelbar außer Stande setzen, seine Pflichten aus dem Arbeitsvertrag zu erfüllen (vgl zB SCHAUB, Arbeitsrechts-Handbuch [9. Aufl 2000] § 98 Rn 13).

213 Bedeutsam ist die Arbeitsunfähigkeit als Voraussetzung für einen Anspruch auf Entgeltfortzahlung vor allem bei der Notwendigkeit einer **ambulanten Behandlung** (vgl BAG AP Nr 64 zu § 616 BGB für Zahnarzttermin wegen Verlustes einer Plombe; LAG Hamm LAGE 1 LohnFG Nr 13 für die Entfernung einer Tätowierung; krit SCHULIN Anm zu BAG EzA § 616 BGB Nr 27; WEDDE/GERNTKE/KUNZ/PLATOW § 3 EFZG Rn 27; ebenso PALLASCH JA 1995, 900) oder wenn der Arbeitnehmer infolge der Erkrankung lediglich daran gehindert ist, den **Weg zur Arbeitsstätte** zurückzulegen (BAG AP Nr 4 zu § 11 MuSchG; krit SCHULIN ZfA 1978, 256 f; WEDDE/GERNTKE/KUNZ/PLATOW § 3 EFZG Rn 29). Die **hM verneint** bei derartigen Sachverhalten grundsätzlich die **Arbeitsunfähigkeit,** so daß eine auf § 3 Abs 1 S 1 EFZG gestützte Fortzahlung der Vergütung ausscheidet (BAG AP Nr 64 zu § 616 BGB; ERMAN/BELLING § 616 Rn 105; GK-EFZR/BIRK § 1 LFZG Rn 28 ff; KassHdb/VOSSEN 2.2 Rn 53; aA KUNZ/WEDDE, EFZR § 3 EFZG Rn 49 sowie MünchArbR/BOECKEN § 83 Rn 40, für das „Wegerisiko"). Bei **stationärer Behandlung** bejaht die hM hingegen eine **krankheitsbedingte Arbeitsunfähigkeit** (BAG AP Nr 12 und 40 zu § 1 LohnFG). Im Falle einer **ambulanten Behandlung** gilt dies **erst,** wenn diese eine Verschlimmerung der Krankheit verhindern soll, um dadurch eine **zukünftig eintretende Arbeitsunfähigkeit** zu **vermeiden** (BAG AP Nr 62 zu § 1 LohnFG). Soweit die Rechtsprechung bei einer ambulanten Behandlung eine krankheitsbedingte Arbeitsunfähigkeit verneint und diese damit aus dem Anwendungsbereich des § 3 Abs 1 S 1 EFZG ausklammert, kann allenfalls § 616 S 1 den Vergütungsanspruch des Arbeitnehmers aufrechterhalten (BAG AP Nr 22 zu § 1 TVG Tarifverträge: Metallindustrie; MünchKomm/SCHAUB § 616 Rn 45; SCHMITT, EFZG [4. Aufl 1999] § 3 EFZG Rn 41; ebenso MünchArbR/BOECKEN § 83 Rn 39 sowie o Rn 55).

214 Arbeitsunfähigkeit ist **nicht identisch mit Erwerbsunfähigkeit.** Trotz Gewährung einer **Rente wegen Erwerbsunfähigkeit** ist nicht per definitonem ausgeschlossen, daß der Arbeitnehmer seine arbeitsvertraglichen Pflichten ganz oder zumindest teilweise erfüllen kann (stRspr zB BAG AP Nr 26 zu § 7 BUrlG Abgeltung; sowie BRECHT, Entgeltfortzahlung § 3 EFZG Rn 12; ErfKomm/DÖRNER § 3 EFZG Rn 18; FEICHTINGER, Entgeltfortzahlung Rn 56 f; KAISER/DUNKL/HOLD/KLEINSORGE § 3 EFZG Rn 41; LEPKE 276 f; OETKER SAE 1987, 79; SCHMITT, EFZG [4. Aufl 1999] § 3 EFZG Rn 52; aA KÜNZL BB 1987, 688). Die Erwerbsunfähigkeit des Arbeitnehmers begründet weder eine widerlegbare Vermutung noch ein Indiz – die Arbeitsunfähigkeit ist vielmehr eigenständig zu prüfen (ebenso SCHMITT, EFZG [4. Aufl 1999] § 3 EFZG Rn 52).

Problematisch sind die Fälle einer nur **teilweisen Arbeitsunfähigkeit,** die sowohl **qua-** 215
litativ als auch **quantitativ** auftreten kann (siehe GITTER ZfA 1995, 153). Für die Sachverhalte einer teilweisen Arbeitsverhinderung fehlt in den entgeltfortzahlungsrechtlichen Bestimmungen eine ausdrückliche Problemlösung, insbesondere kann den
entsprechenden Vorschriften – entgegen der Auffassung des Bundesarbeitsgerichts
(BAG AP Nr 1 zu § 74 SGB V) – eine „Alles-oder-nichts-Lösung" nicht zwingend entnommen werden (so mit Recht bereits THIELE Anm zu BAG AP Nr 42 zu § 616 BGB; ebenso
MünchArbR/BOECKEN § 83 Rn 50; ders NZA 1999, 675). Ein alleiniger Rückgriff auf die
allgemeinen Vorschriften des Leistungsstörungsrechts muß zur Anerkennung einer
teilweisen Arbeitsverhinderung infolge der Krankheit führen (ebenso im neueren
Schrifttum GITTER ZfA 1995, 160 ff; KRESSEL, in: FS Gitter [1995] 502 f; MISERA SAE 1992, 355;
ZWADE 47 ff). Ausgangspunkt ist die Überlegung, daß die Bestimmungen zur Entgelt-
fortzahlung den allgemeinen Grundsatz des § 326 Abs 1 S 1 durchbrechen (s o
Rn 177 ff).

Kann der Arbeitnehmer infolge der Krankheit zwar nicht mehr seine zuvor aktuell 216
ausgeübte Arbeitsaufgabe ausführen, wohl aber **andere Tätigkeiten,** zu deren Erbrin-
gung er nach Maßgabe des Arbeitsvertrages ebenfalls verpflichtet ist **(qualitative**
Teilarbeitsfähigkeit), bleibt dem Arbeitnehmer die arbeitsvertraglich geschuldete
Leistung möglich, er ist also nicht an der Erbringung der vertraglich geschuldeten
Arbeitsleistung verhindert (s auch ERMAN/BELLING § 616 Rn 32; GK-EFZR/BIRK § 1 LFZG
Rn 197; MünchArbR/BOECKEN § 83 Rn 48 ff; ErfKomm/DÖRNER § 3 EFZG Rn 25; FEICHTINGER,
Entgeltfortzahlung Rn 51; GAUL DB 1992, 2190 f; GITTER ZfA 1995, 160 ff; KRESSEL, in: FS Gitter
[1995] 502 f; KUNZ/WEDDE, EFZR § 3 EFZG Rn 57; MARIENHAGEN/KÜNZL § 3 EFZG Rn 8a f;
MünchKomm/SCHAUB § 616 Rn 43; SCHMITT, EFZG [4. Aufl 1999] § 3 EFZG Rn 47; enger im Ansatz
LAG München LAGE § 1 LohnFG Nr 16, das jedoch die Übertragung einer anderen Arbeitsaufgabe
im Rahmen des Direktionsrechts für zulässig erachtet; so im Grundsatz auch LAG Hamm LAGE § 1
LohnFG Nr 21; generell **aA** LAG Rheinland-Pfalz LAGE § 1 LohnFG Nr 32).

Liegt eine **zeitlich begrenzte Arbeitsunfähigkeit** vor, kann der Arbeitnehmer zB statt 217
der vertraglich geschuldeten acht Stunden seine Arbeitsleistung nur für vier Stunden
erbringen, so gelten diese Grundsätze entsprechend; es handelt sich um einen Fall der
teilweisen Unmöglichkeit der vertraglich geschuldeten Leistung. Da in derartigen
Sachverhalten wegen des Dauerschuldcharakters der Arbeitsleistung keine Teilleistungen im Sinne des § 266 vorliegen (näher OETKER, Das Dauerschuldverhältnis und seine
Beendigung [1994] 325; iE auch GITTER ZfA 1995, 169 f), können die Bestimmungen zur
Teilunmöglichkeit entsprechend angewendet werden. Deshalb ist darauf abzustellen,
ob bei dem Arbeitgeber hinsichtlich der dem Arbeitnehmer noch möglichen Leistung ein Interessenfortfall vorliegt (so auch ERMAN/HANAU [9. Aufl 1993] § 616 Rn 32; allg
OETKER, Das Dauerschuldverhältnis und seine Beendigung [1994] 346 ff). Ist dieser zu bejahen,
so ist die teilweise einer vollständigen Arbeitsverhinderung gleichzustellen. Der Arbeitgeber kann sie ablehnen, so daß der Arbeitnehmer auch hinsichtlich der tatsächlich noch möglichen Arbeitsleistung gemäß § 326 Abs 1 S 1 seinen Vergütungsanspruch verliert und damit § 3 Abs 1 S 1 EFZG eingreifen kann (ZWADE 70). Ist ein
derartiger Interessenfortfall des Arbeitgebers indes zu verneinen, so bleibt der Arbeitnehmer im Rahmen des ihm trotz seiner Erkrankung noch möglichen Zeitvolu-
mens unverändert zur Arbeitsleistung verpflichtet (siehe GITTER ZfA 1995, 166 ff; ebenso
KRESSEL, in: FS Gitter [1995] 502 f); hinsichtlich des übrigen Zeitraums ist der Arbeitgeber
zur Fortzahlung des Arbeitsentgelts verpflichtet.

218 Die **Rechtsprechung des Bundesarbeitsgerichts** zu dieser Problematik vermittelte zunächst keine klaren Konturen, da es sich jeweils um Ausnahmesachverhalte handelte. So hob das Gericht in dem Urteil v 25. 10. 1973 zunächst mit Recht hervor, daß eine durch Krankheit bedingte Arbeitsunfähigkeit nicht dadurch ausgeschlossen ist, daß der Arbeitnehmer seine Arbeitsleistung ganz oder teilweise erbringt. Mißverständlich war allerdings die sich unmittelbar anschließende Wendung in dem Urteil, daß es arbeitsrechtlich gleichbedeutend sei, ob der Arbeitnehmer durch die Krankheit ganz oder teilweise arbeitsunfähig wird, auch der vermindert Arbeitsfähige sei arbeitsunfähig krank (BAG AP Nr 42 zu § 616 BGB). Die Argumentation bezog sich jedoch augenscheinlich auf denjenigen Zeitraum, in dem eine krankheitsbedingte Arbeitsverhinderung vorlag. In dem Urteil v 25. 6. 1981 bestätigte das Gericht diese Grundsätze, führte allerdings zusätzlich aus, daß die noch mögliche Teilleistung oder eine Leistung zu einer anderen Arbeitszeit nur dann als geschuldete Arbeitsleistung in Betracht kommt, wenn dem Arbeitgeber eine entsprechende Zuweisung der Tätigkeit zuzumuten ist (BAG AP Nr 52 zu § 616 BGB; ebenso Soergel/Kraft § 616 Rn 49).

219 In der Entscheidung v 29. 1. 1992 stellte das Bundesarbeitsgericht seine Rechtsprechung klar und versagte der Figur einer teilweisen Arbeitsunfähigkeit die rechtliche Anerkennung (BAG AP Nr 1 zu § 74 SGB V). Zur Begründung wies das Gericht vor allem darauf hin, daß eine Arbeitsunfähigkeit bereits dann vorliegt, wenn der Arbeitnehmer seine vertraglich geschuldete Arbeitsleistung nicht mehr vollständig erbringen kann (ebenso im Schrifttum zB Compensis NZA 1992, 634; v Hoyningen/Huene NZA 1992, 50; BGB-RGRK/Matthes § 616 Rn 76) und faßte hierunter sowohl qualitative als auch quantitative Einschränkungen hinsichtlich der Möglichkeit zur Arbeitsleistung. Dies ist für die Fälle einer qualitativen Einschränkung jedoch fraglich, da § 74 SGB V die Arbeitsunfähigkeit voraussetzt, die gerade bei qualitativen Einschränkungen nach Maßgabe des Arbeitsvertrages unter Umständen zu verneinen ist (treffend Gitter ZfA 1995, 160 ff; Schmitt, EFZG [4. Aufl 1999] § 3 EFZG Rn 47).

220 Seit **Inkrafttreten des § 74 SGB V** sprechen gewichtige Gründe für die Position des Bundesarbeitsgerichts und eine Abkehr von den allgemeinen Maximen des Leistungsstörungsrechts (zu diesen o Rn 215 ff). Obwohl der Arbeitnehmer trotz der Erkrankung seine bisherige Tätigkeit teilweise verrichten kann, geht § 74 SGB V von einer fortbestehenden Arbeitsunfähigkeit und inzident von einer fehlenden Pflicht zur Arbeitsleistung aus (ErfKomm/Dörner § 3 EFZG Rn 26). Deshalb dürfte der Gesetzgeber durch die spezialgesetzliche Regelung die allgemeinen Grundsätze für den Krankheitsfall verdrängt haben (vgl Misera SAE 1992, 356; ebenso Marienhagen/Künzl § 3 EFZG Rn 9; anders im konzeptionellen Ansatz Gitter ZfA 1995, 158; Zwade 134 ff), so daß auch quantitative Einschränkungen zur vollständigen Arbeitsverhinderung führen (ebenso ErfKomm/Dörner § 3 EFZG Rn 26; Schmitt, EFZG [4. Aufl 1999] § 3 EFZG Rn 48, der dies jedoch für die Fälle einer qualitativen Abweichung verneint).

221 Der Gesetzeswortlaut zwingt allerdings nicht zu diesem Verständnis, da § 74 SGB V die Arbeitsunfähigkeit des Arbeitnehmers voraussetzt. Deshalb kann eine teilweise Arbeitsunfähigkeit nicht in den Anwendungsbereich der Norm fallen (treffend Gitter ZfA 1995, 158 f). Ein parallel neben dem Arbeitsverhältnis bestehendes Wiedereingliederungsverhältnis ist denknotwendig ausgeschlossen. Soll aus § 74 SGB V ein gegenüber dem allgemeinen Leistungsstörungsrecht abweichender Begriff der Arbeitsunfähigkeit abgeleitet werden, so setzt dies die Auslegung voraus, daß § 74

SGB V bereits dann eingreift, wenn die geschuldete Arbeitsleistung nicht mehr vollständig erbracht werden kann. Für ein derartiges (extensives) Verständnis des § 74 SGB V läßt sich zumindest anführen, daß dem Gesetzgeber bei Schaffung der Norm die höchstrichterliche Rechtsprechung bekannt war, die darauf hindeutete, daß eine Teilarbeitsfähigkeit im Arbeitsrecht nicht anzuerkennen sei (s o Rn 218; in diesem Sinne auch KIPPENBERGER, Die Arbeitsunfähigkeit im Sozial- und Arbeitsrecht [Diss Kassel 1993] 180 ff).

b)   Verhinderung an der Arbeitsleistung
Die Pflicht zur Entgeltfortzahlung setzt nach § 3 Abs 1 S 1 EFZG nur ein, wenn der **222** **Arbeitnehmer** infolge der Erkrankung verhindert ist, seine **vertraglich geschuldete Arbeitsleistung** zu erbringen. Für **Besatzungsmitglieder** und **Kapitäne** gilt dies ebenfalls, da § 48 Abs 1 S 2 SeemG (§ 78 Abs 1 SeemG) die Vorschriften des Entgeltfortzahlungsgesetzes für anwendbar erklärt und damit auch auf deren Tatbestandsvoraussetzungen Bezug nimmt. Für **Berufsausbildungsverhältnisse** stellt § 12 Abs 1 S 2 BBiG dieses Erfordernis im Hinblick auf den besonderen Inhalt des Rechtsverhältnisses klar. Bei ihnen ist nicht die Arbeitsverhinderung, sondern die **Nichtteilnahme an der Berufsausbildung** maßgebend (s o Rn 210).

Ob der Arbeitnehmer an der Arbeitsleistung verhindert ist, beurteilt sich **rein tat- 223 sächlich** im Sinne eines **Nichttätigwerden-Könnens** (MünchArbR/BOECKEN § 83 Rn 56). Dafür ist auf die vom Arbeitnehmer **geschuldete Arbeitsleistung** abzustellen und zu werten, ob er diese noch erbringen kann. Ein solcher Fall liegt vor, wenn sich der Arbeitnehmer wegen der Erkrankung in **stationäre oder ambulante Behandlung** begibt. Hierbei ist es unerheblich, ob die Erkrankung selbst bereits zur Arbeitsverhinderung führt, oder die Arbeitsverhinderung erst wegen der ambulanten oder stationären Behandlung eintritt (MünchArbR/BOECKEN § 83 Rn 59). Eine Verhinderung an der Arbeitsleistung liegt auch vor, wenn der Arbeitnehmer zwar die vertraglich geschuldete Tätigkeit ausüben kann, es ihm infolge der Erkrankung aber nicht möglich ist, den **Weg zur Arbeitsstätte** zurückzulegen (MünchArbR/BOECKEN § 83 Rn 40; **aA** ErfKomm/DÖRNER § 3 EFZG Rn 27; MünchKomm/SCHAUB § 616 Rn 41). Zur hiervon zu trennenden Frage, ob die Arbeitsverhinderung durch eine **krankheitsbedingte Arbeitsunfähigkeit** verursacht wurde s o Rn 208 ff.

c)   Zeitpunkt der Arbeitsunfähigkeit bzw Arbeitsverhinderung
§ 3 Abs 1 S 1 EFZG enthält ebenso wie § 616 S 1 keine Anhaltspunkte für die **224** rechtliche Behandlung einer **Arbeitsverhinderung bzw Arbeitsunfähigkeit,** die bereits **vor dem erstmaligen Beginn der Beschäftigung eingetreten** ist. Da die entsprechenden Vorschriften lediglich verlangen, daß die Krankheit eine Arbeitsverhinderung verursacht, können derartige Sachverhalte bei grammatikalischer Betrachtung **nicht** aus dem Anwendungsbereich des § 3 Abs 1 EFZG **ausgeschlossen** werden, sie verpflichten deshalb zur Zahlung der geschuldeten Vergütung. Diese Grundsätze, die zu den früheren Regelungen in den §§ 616 Abs 2, 63 Abs 1 S 1 HGB und 133 c GewO anerkannt waren (s zB BAG AP Nr 86 und 87 zu § 1 LohnFG; SOERGEL/KRAFT § 616 Rn 8; v MAYDELL DB 1973 Beil 15, 3; SCHAUB, Arbeitsrechts-Handbuch [7. Aufl 1992] § 98 II 7; SCHMITT, LFZG [1. Aufl 1992] § 1 LFZG Rn 19; MünchArbR/SCHULIN [1. Aufl 1992] § 81 Rn 59; ZÖLLNER/ LORITZ, Arbeitsrecht [4. Aufl 1992] § 18 II 2 b), beanspruchen auch für § 3 Abs 1 S 1 EFZG Gültigkeit (MünchArbR/BOECKEN § 83 Rn 53; SCHMITT, EFZG [4. Aufl 1999] § 3 EFZG Rn 138; ders RdA 1996, 6). Nach § 3 Abs 1 S 1 EFZG besteht somit auch dann ein Anspruch auf

Fortzahlung des Entgelts, wenn der Arbeitnehmer die Erkrankung auf dem erstmaligen Weg zur Arbeitsstätte oder bei der Anreise erleidet (anders noch unter der Geltung von § 1 LFG aF statt aller GK-EFZR/Birk § 1 LFZG Rn 177 ff).

225 Das vorstehende Verständnis schloß durch die Pflicht zur Entgeltfortzahlung im Krankheitsfalle auch die Schutzlücken im **Krankenversicherungsrecht,** die mit der **Rechtsfigur des „mißglückten Arbeitsversuchs"** verbunden waren, da diese zur Verneinung eines sozialversicherungsrechtlichen Beschäftigungsverhältnisses führte und dementsprechend ein (ersatzweise) eingreifender Anspruch auf Krankengeld (§ 44 SGB V) nicht entstand (so noch BSGE 10, 159; BSGE 15, 92; BSGE 54, 151; BSGE 72, 221; hierzu aus dem Schrifttum zB Kretschmer VSSR 1995, 171 ff; Wollenschläger/Löcher SGb 1997, 137 ff jeweils mit zahlreichen Nachweisen). Das Bundessozialgericht hat die Figur des „mißglückten Arbeitsversuchs" für das am 1. 1. 1989 vollständig neu kodifizierte Recht der gesetzlichen Krankenversicherung im SGB V jedoch ausdrücklich **aufgegeben** (vgl BSGE 81, 231 ff = NZS 1998, 243 ff; bestätigt durch BSG NZS 1999, 500 ff). Zudem beginnt die **Mitgliedschaft in der gesetzlichen Krankenversicherung** seit dem 1. 1. 1998 aufgrund der Änderung des § 186 Abs 1 SGB V nicht erst mit Eintritt in die Beschäftigung, sondern bereits mit **Eintritt in das Beschäftigungsverhältnis,** so daß die Notwendigkeit zur Beseitigung einer Schutzlücke mittels einer vom Arbeitgeber zu gewährenden Entgeltfortzahlung nicht mehr besteht.

226 Anders ist die Rechtslage, wenn die **Arbeitsunfähigkeit** bereits **bei Abschluß des Arbeitsvertrages** und auch noch im Zeitpunkt der vereinbarten Arbeitsaufnahme vorlag. In dieser Konstellation steht einem Anspruch auf Entgeltfortzahlung der Einwand des Rechtsmißbrauchs entgegen, wenn der **Arbeitnehmer** von der zur Arbeitsunfähigkeit führenden Erkrankung **Kenntnis hatte** (BAG AP Nr 86 und 87 zu § 1 LohnFG; sowie schon RAG ARS 36, 177 f; MünchArbR/Boecken § 83 Rn 54; **aA** Schmitt RdA 1996, 6; s auch u Rn 342).

227 Die **Wartefrist** in § 3 Abs 3 EFZG erzwingt keine Modifizierung der Grundsätze in Rn 224 bis 226. Diese legt lediglich fest, daß vor Ablauf der Vier-Wochen-Frist kein Anspruch auf Entgeltfortzahlung entsteht. Das schließt nicht aus, daß der Arbeitnehmer nach Ablauf der Wartefrist seinen Anspruch auf eine Erkrankung stützt, die bereits vor dem Zeitpunkt der vereinbarten Arbeitsaufnahme zur Arbeitsunfähigkeit führte und bei Ablauf der Wartefrist noch andauerte. Auch bei der Anwendung des § 3 Abs 3 EFZG können derartige Sachverhalte einen Anspruch auf Entgeltfortzahlung auslösen, wenn die krankheitsbedingte Arbeitsunfähigkeit über die vierwöchige Wartefrist hinausreicht (zur Behandlung der Arbeitsunfähigkeitszeiten vor Ablauf der Wartefrist s u Rn 287 ff).

228 Im Unterschied zu der bisherigen Rechtslage bewirkt die Wartefrist in § 3 Abs 3 EFZG jedoch, daß ein Entgeltfortzahlungsanspruch stets ausgeschlossen ist, wenn die krankheitsbedingte **Arbeitsunfähigkeit** und die hierauf beruhende Arbeitsverhinderung **vor Ablauf der vierwöchigen Wartefrist endet** (MünchArbR/Boecken § 83 Rn 55). Angesichts der krankenversicherungsrechtlichen Figur des „mißglückten Arbeitsversuchs" (o Rn 225) konnte dies zu einer empfindlichen Schutzlücke führen, da der Arbeitnehmer in den hiervon erfaßten Sachverhalten weder einen Anspruch auf Fortzahlung des Arbeitsentgelts noch einen (ersatzweise) eingreifenden Anspruch auf Krankengeld hatte. Wegen der Aufgabe der Rechtsfigur des „mißglückten Arbeitsversuchs" durch das Bundessozialgericht (vgl o Rn 225) ist dieses Schutzdefizit beseitigt, da dem Arbeitnehmer während der Wartefrist des § 3 Abs 3 EFZG stets ein Anspruch auf Krankengeld zusteht (vgl u Rn 280).

4. Kausalität*

a) Theorie der alleinigen Ursache

Zwischen der Erkrankung, der Arbeitsunfähigkeit sowie der Arbeitsverhinderung **229** muß jeweils ein ursächlicher Zusammenhang bestehen. Hieraus und aus der Funktion der Entgeltfortzahlung einer Entgeltsicherung folgt, daß die **Krankheit** die einzige **(alleinige) Ursache** für die Arbeitsunfähigkeit bzw -verhinderung sein muß (BAG AP Nr 29, 36, 53, 58, 64 und 79 zu § 1 LohnFG; BAG AP Nr 17 zu § 2 LohnFG; BAG AP Nr 1 zu § 15 BErzGG; BAG AP Nr 19 zu § 611 BGB Berufssport; ERMAN/BELLING § 616 Rn 109; MünchArbR/ BOECKEN § 83 Rn 57 ff; ErfKomm/DÖRNER § 3 EFZG Rn 28; FEICHTINGER, Entgeltfortzahlung Rn 70; GAMILLSCHEG, Arbeitsrecht I [8. Aufl 2000] 340; HROMADKA/MASCHMANN, Arbeitsrecht 1 [2. Aufl 2002] 287; JUNKER, Grundkurs Arbeitsrecht [2001] 165; KAISER/DUNKL/HOLD/KLEINSORGE § 3 EFZG Rn 56; KUNZ/WEDDE, EFZR § 3 EFZG Rn 59; BGB-RGRK/MATTHES § 616 Rn 106; MÜLLER/BERENZ § 3 EFZG Rn 31; MünchKomm/SCHAUB § 616 Rn 48; SCHMITT, EFZG [4. Aufl 1999] § 3 EFZG Rn 58; KassHdb/VOSSEN 2.2 Rn 55; s auch SCHULIN Anm zu BAG EzA § 616 BGB Nr 27, der in die Kausalbeziehung nur rechtlich wesentliche Ursachen einbezieht). Wäre der **Vergütungsanspruch** auch ohne die Krankheit **aus anderen Gründen** nach § 326 Abs 1 S 1 **tatsächlich entfallen** (zur Unbeachtlichkeit einer hypothetischen Nichtleistung überzeugend BELLING/HARTMANN ZfA 1994, 532 ff; zustimmend KUNZ/WEDDE, EFZR § 3 EFZG Rn 62; **aA** GUTZEIT 134 ff), so wird der Vergütungsanspruch nicht über die Bestimmungen zur Entgeltfortzahlung im Krankheitsfall wiederhergestellt (BAG AP Nr 29, 36 und 64 zu § 1 LohnFG; ErfKomm/DÖRNER § 3 EFZG Rn 28; BAG AP Nr 19 zu § 611 BGB Berufssport; v MAYDELL DB 1973 Beil 15, 5; SCHMITT, EFZG [4. Aufl 1999] § 3 EFZG Rn 59). Insoweit sind die Grundsätze zu § 616 S 1 für den Krankheitsfall entsprechend anzuwenden (s o Rn 84 ff).

* **Schrifttum:** BELLING/HARTMANN, Ausschluß der Entgeltfortzahlung durch hypothetische Nichtleistung, ZfA 1994, 519; BRILL, Lohnfortzahlung und Arbeitskampf, DB 1972, 532; KITZELMANN, Lohnfortzahlung während der Schutzfristen des Mutterschutzgesetzes?, DB 1971, 288; LEMBKE, Mutterschutzlohn und Entgeltfortzahlung, NZA 1998, 349; MARBURGER, Der Anspruch auf Entgeltfortzahlung und auf Krankengeld im Zusammenhang mit einem Urlaub des Arbeitnehmers, BB 1978, 104; MAURER, Krankheit während bezahlten und unbezahlten Urlaubs, AuR 1972, 318; PROJAHN, Lohnfortzahlung bei unbezahltem Sonderurlaub, DB 1972, 1581; RAAB, Entgeltfortzahlung an arbeitsunfähig erkrankte Arbeitnehmer an Feiertagen nach der Neuregelung des EFZG, NZA 1997, 1144; REINECKE, Der Anspruch auf Entgeltfortzahlung beim Zusammentreffen mehrerer Verhinderungsgründe, DB 1991, 1168; SCHLIEMANN/KÖNIG, Ärztliches Beschäftigungsverbot und krankheitsbedingte Arbeitsunfähigkeit der werdenden Mutter, NZA 1998, 1030; SCHMITZ, Der Anspruch auf Entgeltfortzahlung bei Bezug von Mutterschaftsgeld oder während des Erziehungsurlaubs, WzS 1996, 129; STRÖFER, Zur Lohnfortzahlung bei Krankheit im unbezahlten Sonderurlaub, DB 1984, 2406; VEIT, Der Anspruch auf Lohnfortzahlung für krankheitsbedingte Fehltage und auf Freizeitausgleich nach dem „Freischichtmodell", NZA 1990, 249; WALDEYER, Mutterschutz und Lohnfortzahlung im Krankheitsfall, AuR 1971, 185; WEYAND, Der Anspruch auf Mutterschutzlohn bei krankheitsbedingtem Beschäftigungsverbot, BB 1994, 1852.

b) Ruhen des Arbeitsverhältnisses

230 Wegen der fehlenden Kausalität zwischen der Erkrankung und der Arbeitsverhinderung entfällt die Pflicht zur Entgeltfortzahlung, wenn die Pflicht zur Arbeitsleistung bereits vor der krankheitsbedingten Arbeitsverhinderung ruhte (iE auch Münch-Komm/SCHAUB § 616 Rn 53). Das ist vor allem anzunehmen, wenn der Arbeitnehmer **Elternzeit** in Anspruch genommen hat (BAG AP Nr 1 zu § 15 BErzGG; MünchArbR/BOEKKEN § 83 Rn 76; ErfKomm/DÖRNER § 3 EFZG Rn 43; FEICHTINGER, Entgeltfortzahlung Rn 80; KAISER/DUNKL/HOLD/KLEINSORGE § 3 EFZG Rn 71; KUNZ/WEDDE, EFZX § 3 EFZG Rn 79; Münch-Komm/SCHAUB § 616 Rn 53; SCHMITT, EFZG [4. Aufl 1999] § 3 EFZG Rn 75) oder aus **anderen Gründen** (zB Sonderurlaub [BAG AP Nr 15, 36 und 53 zu § 1 LohnFG]) von der **Pflicht zur Arbeitsleistung freigestellt** ist (siehe REINECKE DB 1991, 1171; zuvor auch v MAYDELL DB 1973 Beil 15, 5). Zu den Auswirkungen auf die Dauer der Entgeltfortzahlung, wenn der Ruhenstatbestand endet, s u Rn 253.

c) Freistellung von Betriebsratsmitgliedern

231 Bei **freigestellten Betriebsratsmitgliedern** beurteilt sich die Pflicht zur Entgeltfortzahlung auch im Krankheitsfalle **ausschließlich** nach **§ 37 Abs 2 BetrVG.** Hierüber wird der Vergütungsanspruch in demselben Umfang aufrecht erhalten, wie wenn der Arbeitnehmer nicht freigestellt worden wäre. Im Krankheitsfall erhält er deshalb die Vergütung ebenfalls für einen Zeitraum von maximal sechs Wochen fortgezahlt (ebenso KNIPPER, Das Arbeitsverhältnis des freigestellten Betriebsratsmitglieds [1992] 75 f, die jedoch § 1 LFG [nunmehr § 3 Abs 1 S 1 EFZG] unmittelbar anwendet).

d) Arbeitskampf

232 Die Pflicht zur Entgeltfortzahlung entfällt wegen fehlender Kausalität, wenn die Arbeitspflicht **infolge der Beteiligung an einem Arbeitskampf** suspendiert ist (ErfKomm/DÖRNER § 3 EFZG Rn 33). Umgekehrt behalten Arbeitnehmer, die **nicht** an einem Streik **teilnehmen** (hierzu BAG AP Nr 121 zu Art 9 GG Arbeitskampf), bei Eintritt der krankheitsbedingten Arbeitsunfähigkeit ihren Vergütungsanspruch, sofern der Arbeitgeber sie nicht zuvor aussperrt oder er den Betrieb in den personellen und zeitlichen Grenzen des gewerkschaftlichen Streikaufrufs stillegt (BAG AP Nr 130 zu Art 9 GG Arbeitskampf) und hierdurch ihre Pflicht zur Arbeitsleistung suspendiert (BAG AP Nr 121 zu Art 9 GG Arbeitskampf; BAG AP Nr 107 zu Art 9 GG Arbeitskampf; LAG Berlin LAGE Art 9 GG Arbeitskampf Nr 42; hierzu auch GK-EFZR/BIRK § 1 LFZG Rn 155; MünchArbR/BOEKKEN § 83 Rn 77 ff; ErfKomm/DÖRNER § 3 EFZG Rn 33; REINECKE DB 1991, 1169 f; SCHMITT, EFZG [4. Aufl 1999] § 3 EFZG Rn 59; SEITER, Streikrecht und Aussperrungsrecht [1975] 299 ff). Die Pflicht zur Entgeltfortzahlung setzt jedoch voraus, daß der Arbeitnehmer seine Arbeitsleistung trotz der Arbeitsniederlegung hätte erbringen können (s v MAYDELL DB 1973 Beil 15, 5; MünchKomm/SCHAUB § 616 Rn 57). Das Bundesarbeitsgericht verneint eine derartige Pflicht, wenn die Arbeitskampfmaßnahme zur **Stillegung des Betriebes** führt (vgl BAG AP Nr 29 zu § 1 LohnFG; im Anschluß an BAG AP Nr 39 zu § 1 ArbKrankhG; ablehnend GK-EFZR/BIRK § 1 LFZG Rn 156). Schwierig ist die Rechtslage, wenn sich der **erkrankte Arbeitnehmer** zuvor **am Streik beteiligt** hat. Nach verbreiteter Ansicht soll ihm das Recht zur einseitigen **Beendigung der Suspendierungswirkung** zustehen (so vor allem SEITER, Streikrecht und Aussperrungsrecht [1975] 299 ff; ebenso GK-EFZR/BIRK § 1 LFZG Rn 158; ErfKomm/DÖRNER § 3 EFZG Rn 33; mit diesem Grundverständnis auch BAG AP Nr 121 zu Art 9 GG Arbeitskampf; aA HUECK/NIPPERDEY II/2 § 47 B VIII). Eine Pflicht zur Fortzahlung der Vergütung folgt hieraus jedoch nur, wenn die **Arbeitsleistung** in dem Betrieb noch **möglich** ist (aA MünchArbR/BOECKEN § 83 Rn 77: Einwand des Rechtsmißbrauchs) und der

Arbeitgeber den **Betrieb nicht** seinerseits in dem personellen und zeitlichen Rahmen des gewerkschaftlichen Streikaufrufs **stillgelegt** hat (vgl BAG AP Nr 130 zu Art 9 GG Arbeitskampf; wie hier MünchArbR/Boecken § 83 Rn 80).

e)   Flexible Arbeitszeit
Die Kausalität ist ebenfalls zu verneinen, wenn der **Arbeitnehmer** infolge einer an-   233
derweitigen **Verteilung der Arbeitszeit** an dem entsprechenden Tag **nicht zur Arbeits-
leistung verpflichtet** war (BAG AP Nr 17 zu § 2 LohnFG). Das gilt auch bei einer durch
Betriebsvereinbarung festgelegten **Arbeitsruhe** (BAG AP Nr 58 und 79 zu § 1 LohnFG;
MünchArbR/Boecken § 83 Rn 63) oder einem **Freizeitausgleich** zur Erreichung der tarif-
lichen Regelarbeitszeit (BAG AP Nr 76 zu § 1 LohnFG; MünchArbR/Boecken § 83 Rn 64;
Schmitt, EFZG [4. Aufl 1999] § 3 EFZG Rn 73, § 616 BGB Rn 64).

f)   Mutterschutz
Schwierige Detailfragen löst das Konkurrenzverhältnis zwischen den **Beschäftigungs-**   234
verboten im **Mutterschutzgesetz** und den Bestimmungen zur Entgeltfortzahlung im
Krankheitsfall aus. Nach der höchstrichterlichen Rechtsprechung ist zwischen den
verschiedenen Beschäftigungsverboten zu differenzieren.

Während des **allgemeinen Beschäftigungsverbots** (§§ 3 Abs 2, 6 Abs 1 MuSchG) be-   235
sitzt die Arbeitnehmerin Anspruch auf Mutterschaftsgeld. Dementsprechend sahen
die §§ 1 Abs 3 Nr 3 LFG, 115 a Abs 3 lit b AGB-DDR noch ausdrücklich vor, daß
während dieses Zeitraums ein Anspruch auf Entgeltfortzahlung entfällt. Die allgemeinen Bestimmungen in § 13 MuSchG, § 49 Abs 1 Nr 3 SGB V bringen zum Ausdruck, daß dieser Grundsatz auch bei allen anderen Arbeitnehmergruppen gilt (vgl
BAG AP Nr 20 zu § 63 HGB). Trotz der fehlenden Übernahme der Ausschlußtatbestände
in § 1 Abs 3 Nr 2 LFG bzw § 115a Abs 3 lit b AGB-DDR in das Entgeltfortzahlungsgesetz finden sie auch im Rahmen des § 3 Abs 1 S 1 EFZG Anwendung (BAG AP Nr 16
zu § 14 MuSchG 1968; ErfKomm/Dörner § 3 EFZG Rn 38; Kaiser/Dunkl/Hold/Kleinsorge § 3
EFZG Rn 78; Schmitt, EFZG [4. Aufl 1999] § 3 EFZG Rn 68; KassHdb/Vossen 2.2 Rn 68; iE auch
MünchArbR/Boecken § 83 Rn 90; ders NZA 1999, 676); es fehlt am Erfordernis der alleinigen Kausalität der krankheitsbedingten Arbeitsunfähigkeit für den Arbeitsausfall.
Bei einer zulässigen Weiterarbeit in der Frist des § 3 Abs 2 MuSchG besteht indessen
ein Anspruch auf Entgeltfortzahlung (ebenso Worzalla/Süllwald § 3 EFZG Rn 31).

Eine differenzierende rechtliche Würdigung gilt bei einem **individuellen Beschäfti-**   236
gungsverbot (zB § 3 Abs 1 MuSchG), da die Vergütungspflicht nach § 11 MuSchG nur
eingreift, wenn das individuelle Beschäftigungsverbot die alleinige Ursache für das
Aussetzen der Arbeit ist („wegen"; vgl BAG AP Nr 7, 10 und 11 zu § 3 MuSchG 1968). Ein
genereller **Vorrang des Mutterschutzlohns** (hierfür MünchArbR/Boecken § 83 Rn 91; iE auch
Gutzeit 108 f) läßt sich dem Gesetz **nicht** entnehmen; ein Anspruch auf Entgeltfortzahlung nach § 11 MuSchG ist vielmehr ausgeschlossen, wenn die Arbeitnehmerin
nach den allgemeinen Bestimmungen zur **Entgeltfortzahlung im Krankheitsfall** die
Fortzahlung der Vergütung verlangen kann (BAG AP Nr 7, 10 und 11 zu § 3 MuSchG 1968;
BSG NZA 1991, 910 f, jeweils mit zahlreichen Nachweisen; Schliemann/König NZA 1998, 1033 f;
aA LAG Bremen NZA-RR 1997, 201 ff; ArbG Hameln BB 1992, 354 ff; GK-EFZR/Birk § 1 LFZG
Rn 224; MünchArbR/Boecken § 83 Rn 91; Gutzeit 107 ff; Lembke NZA 1998, 349 ff; Weyand BB
1994, 1852 ff; zur Entgeltfortzahlungspflicht bei einer Arbeitsverhinderung infolge Schwangerschaft s
o Rn 203). In dieser Konstellation ist grundsätzlich eine **gesonderte ärztliche Beschei-**

nigung der Arbeitsunfähigkeit erforderlich (zu deren Beweiswert BAG AP Nr 10 und 11 zu § 3 MuSchG 1968). Durch die ausschließliche Vorlage eines ärztlichen Zeugnisses im Sinne des § 3 Abs 1 MuSchG genügt die Arbeitnehmerin ihren Nachweispflichten (§ 5 Abs 1 EFZG) nur, wenn dieses einen **anomalen Verlauf der Schwangerschaft** attestiert und zugleich die übrigen in § 3 Abs 1 S 1 EFZG genannten inhaltlichen Angaben enthält, insbesondere auch die Feststellung der Arbeitsunfähigkeit trifft (exemplarisch BAG AP Nr 7 zu § 3 MuSchG 1968 sowie SCHLIEMANN/KÖNIG NZA 1998, 1034 f).

g)   Feiertage und Erholungsurlaub

237   Die Theorie der alleinigen Ursache erfährt zwei wesentliche Einschränkungen, wenn die krankheitsbedingte Arbeitsverhinderung mit einem gesetzlichen Feiertag zusammenfällt oder während des Erholungsurlaubs eintritt.

238   Für **Feiertage** sieht § 4 Abs 2 EFZG ausdrücklich vor, daß der durch § 3 Abs 1 S 1 EFZG begründete Anspruch auf Entgeltfortzahlung fortbesteht (vgl BAG AP Nr 62 zu § 1 FeiertagslohnzahlungsG; SCHMITT, EFZG [4. Aufl 1999] § 2 EFZG Rn 40). Diese gesetzliche Regelung war notwendig, weil § 2 Abs 1 EFZG den Entgeltanspruch nur begründet, wenn der Feiertag die alleinige Ursache des Arbeitsausfalls ist (BAG AP Nr 62 zu § 1 FeiertagslohnzahlungsG; RAAB NZA 1997, 1145 ff). Der in § 4 Abs 2 EFZG zum Ausdruck gelangte Vorrang der Bestimmungen zur Entgeltfortzahlung im Krankheitsfall führt nicht dazu, daß sich die Höhe des an den erkrankten Arbeitnehmer fortzuzahlenden Arbeitsentgelts nach den Vorschriften bemißt, die für die Entgeltfortzahlung im Krankheitsfall gelten. Das in § 2 Abs 1 EFZG niedergelegte Entgeltausfallprinzip verdrängt wegen § 4 Abs 2 EFZG die in § 4 EFZG bzw entsprechenden Tarifbestimmungen festgelegte Höhe des im Krankheitsfalle fortzuzahlenden Arbeitsentgelts. Dementsprechend war die in § 4 Abs 1 S 1 EFZG aF normierte grundsätzliche Begrenzung auf 80% des regelmäßigen Arbeitsentgelts (hierzu STAUDINGER/OETKER [1996] § 616 Rn 412 ff) nicht anzuwenden, wenn der Krankheitstag auf einen Feiertag fiel (RAAB NZA 1997, 1149 f). Wegen der Ausklammerung der Überstunden aus der „regelmäßigen Arbeitszeit" im Sinne des § 4 Abs 1 EFZG durch § 4 Abs 1 a S 1 EFZG (s u Rn 407) ist diese Unterscheidung auch nach der Rückkehr zur Entgeltfortzahlung in Höhe von 100% unverändert von Bedeutung (treffend SCHOOF, in: Kittner/Zwanziger [Hrsg], Arbeitsrecht [2001] § 58 Rn 180).

239   Darüber hinaus bedarf es einer ausdrücklichen gesetzlichen Regelung für den **Erholungsurlaub,** da die Pflicht zur Arbeitsleistung während des Urlaubs suspendiert ist. Im Hinblick auf den Zweck des Erholungsurlaubs, der während der Krankheit nicht erreicht werden kann, legt § 9 BUrlG fest, daß die durch den Erholungsurlaub suspendierte Pflicht zur Arbeitsleistung durch den Erkrankungsfall unterbrochen ist, so daß die Krankheit die alleinige Ursache für die Arbeitsverhinderung ist (BAG AP Nr 3 zu § 9 BUrlG). Bei einem **unbezahlten Sonderurlaub** ist die Bestimmung entsprechend anzuwenden, wenn dieser ebenfalls zu (gegebenenfalls durch einen unmittelbaren zeitlichen Zusammenhang indizierten) **Erholungszwecken** gewährt wird (vgl BAG AP Nr 2, 4, 5 und 8 zu § 9 BUrlG sowie MünchArbR/BOECKEN § 83 Rn 74; FEICHTINGER, Entgeltfortzahlung Rn 105; KUNZ/WEDDE, EFZR § 3 EFZG Rn 89; DERSCH/NEUMANN, BUrlG [8. Aufl 1997] § 9 Rn 17; MünchKomm/SCHAUB § 616 Rn 51; SCHMITT, EFZG [4. Aufl 1999] § 3 EFZG Rn 78 f; STAHLHACKE/STAHLHACKE, GK-BUrlG [5. Aufl 1992] § 9 Rn 30 ff; KassHdb/ VOSSEN 2.2 Rn 72, 74; **aA** GK-EFZR/BIRK § 1 LFZG Rn 162; ErfKomm/DÖRNER § 3 EFZG Rn 11).

5.   Fehlendes Verschulden*

a)   Grundsätze
aa)   Verschuldenserfordernis

Ebenso wie § 616 S 1 sieht § 3 Abs 1 S 1 EFZG vor, daß die Pflicht zur Fortzahlung des   **240**
Arbeitsentgelts nur besteht, wenn hinsichtlich der zur Arbeitsverhinderung führen-
den Erkrankung kein schuldhaftes Verhalten des Arbeitnehmers vorliegt. Beide
Bestimmungen weichen in dem Wortlaut zwar geringfügig voneinander ab (§ 616
S 1: „ohne sein Verschulden", § 3 Abs 1 S 1 EFZG: „ohne daß ihn ein Verschulden trifft"), hieraus

---

* **Schrifttum:** BARWASSER, Regelwidriges Verhalten des Arbeitnehmers vor und während der
Arbeitsunfähigkeit als Konfliktgegenstand, DB
1976, 1332; BECKER/SCHAFFNER, Die Rechtsprechung zur Frage des Verschuldens nach § 1
Abs 1 S 1 LFZG, BlStSozArbR 1974, 103;
BERNSMANN, Zum Zusammenspiel von strafrechtlicher Regelung und „flankierenden Gesetzen" beim Schwangerschaftsabbruch, AuR
1989, 10; BIRK, Selbstmordversuch und Lohnfortzahlung, AuR 1981, 95; BRAUN, Der Begriff
des Verschuldens im Recht der Lohnfortzahlung
im Krankheitsfall (Diss Erlangen-Nürnberg
1993); BRILL, Verschuldete Arbeitsunfähigkeit
nach dem Lohnfortzahlungsgesetz, BB 1971,
1370; DENCK, Entgeltfortzahlung im Krankheitsfall und Gurtanschnallpflicht, RdA 1980,
246; ders, Ausschluß der Lohnfortzahlungspflicht bei Nichtanlegen des Sicherheitsgurtes,
BB 1982, 682; FEY, Die Entgeltfortzahlung bei
Arbeitsunfähigkeit infolge eines Schwangerschaftsabbruchs (1999); FLECK/KÖRKEL, Der
Rückfall von Alkoholabhängigen im Arbeitsrecht, DB 1990, 274; FRANK, Kritik des BAG-
Urteils zum Verlust der Lohnfortzahlung beim
Nichtanlegen des Sicherheitsgurtes, DAR 1982,
118; GERAUER, Keine Vergütungsfortzahlung bei
Verletzungsfolgen beim Bungee-Springen, NZA
1994, 496 f; GERICKE, Zur Lohnzahlungspflicht
des Arbeitgebers bei Sportunfällen, AuR 1959,
359; GIESE, Verschuldete Arbeitsunfähigkeit bei
Suchterkrankungen, BB 1972, 360; GITTER, Der
Verkehrsunfall des Arbeitnehmers, DAR 1992,
409; GOLA, Ist Trunksucht eine selbstverschuldete Krankheit?, BlStSozArbR 1984, 35; HÄN-
DEL, Zur Anwendung des Sicherheitsgurt-Ur-
teils des BGH, NJW 1979, 2289; HENDEL, Das
sogenannte Verschulden gegen sich selbst im
Arbeitsverhältnis (Diss Köln 1971); HOFMANN,

Zum Problem des Verschuldens bei krankheitsbedingter Arbeitsunfähigkeit, ZfA 1979, 275;
HOUBEN, Trifft den Arbeitnehmer eine vertragliche Pflicht, sich gesund zu halten?, NZA
2000, 128; KLEPPE, Arbeitsverhinderung durch
Skiunfall, BB 1969, 47; KLINKHAMMER, Nichtanlegen des Sicherheitsgurtes und Lohnfortzahlung, AuR 1983, 127; KORKHAUS, Ist Trunksucht
eine (selbst) verschuldete Krankheit?, BB 1979,
377; Kossow, Verschuldete Arbeitsunfähigkeit
nach § 1 Lohnfortzahlungsgesetz bei Schläge-
reien und Raufhändeln, BlStSozArbR 1972, 281;
KRASNEY, Sucht als selbstverschuldete Krankheit iSd § 1 LFZG, in: FS Sieg (1976) 309;
KRUSE, Die Frage des Verschuldens beim An-
spruch auf Entgeltfortzahlung im Krankheitsfall,
BB 1976, 984; KUCKUK, Sicherheitsgurt und
Lohnfortzahlung, DB 1980, 302; KÜNZL, Begriff
des Verschuldens bei der Entgeltfortzahlung, BB
1989, 62; KÜNZL/WEINMANN, Arbeitsrechtliche
Maßnahmen (Kündigung und Verweigerung der
Entgeltfortzahlung) bei Vortäuschen einer
Krankheit und wegen des Verhaltens des
Arbeitnehmers während krankheitsbedingter
Arbeitsunfähigkeit (II), AuR 1996, 306; LIPKE,
Alkoholmißbrauch des Arbeitnehmers und
Auswirkungen auf das Arbeitsverhältnis, DB
1978, 1543; MARBURGER, Die Auswirkungen von
Trunksucht auf das Vorliegen eines Arbeitsunfalles und auf den Entgeltfortzahlungsanspruch,
RdA 1977, 295; ders, Zum Verschuldensbegriff
im Bereich der Entgeltfortzahlung, DB 1980,
399; MEYER, Der Verschuldensbegriff bei der
Lohnfortzahlung im Krankheitsfall (Diss Berlin
1966); G MÜLLER, Lohnfortzahlung bei Arbeitsunfähigkeit infolge Schwangerschaftsabbruchs, DB 1986, 2667; MÜNKEL, Das Verschulden im System der Entgeltfortzahlung
(1989); PALLASCH, Entgeltfortzahlung bei

---

folgt aber **kein sachlicher Unterschied.** Für **Berufsausbildungsverhältnisse,** die wegen § 1 Abs 2 EFZG unmittelbar dem Anwendungsbereich des Entgeltfortzahlungsgesetzes unterliegen, wiederholt § 12 Abs 1 S 2 BBiG mit der Forumulierung „unverschuldete" Krankheit diese Voraussetzung deklaratorisch (vgl ErfKomm/SCHLACHTER § 12 BBiG Rn 9).

241 In den **seearbeitsrechtlichen Bestimmungen** (§§ 48 Abs 1 S 1, 78 Abs 1 SeemG) fehlt das Verschuldenserfordernis, jedoch ist die in **§ 3 Abs 1 S 1 EFZG** aufgestellte Voraussetzung eines fehlenden Verschuldens wegen der in § 48 Abs 1 S 2 SeemG angeordneten ergänzenden Anwendung des Entgeltfortzahlungsgesetzes im Seearbeitsrecht **analog** anzuwenden (MünchArbR/BOECKEN § 83 Rn 93; KUNZ/WEDDE, EFZR § 48 SeemG Rn 5; SCHMITT, EFZG [4. Aufl 1999] § 48 SeemG Rn 12; WEDDE/GERNTKE/KUNZ/PLATOW Art 61 Rn 10 f; so auch die hM vor der Neufassung des § 48 Abs 1 SeemG durch Art 61 des Pflege-Versicherungsgesetzes v 26. 5. 1994, s für diese BEMM/LINDEMANN, SeemG [3. Aufl 1991] § 48 Rn 7; GK-EFZR/BIRK/VEIT § 48 SeemG Rn 32; HOFMANN ZfA 1979, 278 mit Fn 12; MÜNKEL 5 f; SCHMITT, LFZG [1. Aufl 1992] § 48 SeemG Rn 12; **aA** BGB-RGRK/MATTHES § 616 Rn 233; MünchArbR/SCHULIN [1. Aufl] § 81 Rn 83; THOME 165 ff).

242 Hinsichtlich der **dogmatischen Fundierung** des Erfordernisses eines fehlenden Verschuldens wirft § 3 Abs 1 S 1 EFZG keine grundsätzlich anderen Probleme als im Rahmen des § 616 S 1 auf, so daß die dortigen Überlegungen (s o Rn 103 ff) für § 3 Abs 1 S 1 EFZG entsprechend gelten. Ungeachtet der Kontroversen um die exakte dogmatische Erfassung des fehlenden Verschuldens herrscht hinsichtlich der wesentlichen Ausgangspunkte weitgehend Einvernehmen in Doktrin und Judikatur. So ist insbesondere anerkannt, daß für das Verschuldenserfordernis ein **einheitliches Begriffsverständnis** gilt (statt aller BAG AP Nr 8, 26, 44, 46, 49, 52, 71 und 77 zu § 1 LohnFG; ERMAN/BELLING § 616 Rn 40; HOFMANN ZfA 1979, 280; MünchKomm/SCHAUB § 616 Rn 60).

bb) Verschuldensmaßstab

243 Für den **Verschuldensmaßstab** besteht ungeachtet aller Schwierigkeiten bei der Suche nach einer konzisen dogmatischen Begründung (s statt aller grdl HOFMANN ZfA 1979, 275 ff; sowie GK-EFZR/BIRK § 1 LFZG Rn 234 ff; MünchArbR/BOECKEN § 83 Rn 94 ff; KÜNZL BB 1989, 62 ff; vgl ferner o Rn 103 ff) im Ergebnis annähernd Einigkeit, wenngleich die

Schwangerschaftsabbruch nach der „Fristenlösungs-Entscheidung" des BVerfG vom 28. 5. 1993, NZA 1993, 973; ders, Entgeltfortzahlung bei Schwangerschaftsabbruch, NJW 1995, 3025; PALME, Zur Frage des Verschuldens bei Lohn- und Gehaltsfortzahlung im Falle krankheitsbedingter Arbeitsunfähigkeit, BlStSozArbR 1981, 166; SCHNEIDER, Lohnfortzahlung bei Selbstmordversuch des Arbeitnehmers, MDR 1975, 111; SONNLEITNER, Alkoholismus und Entgeltfortzahlung unter besonderer Berücksichtigung der Verschuldensproblematik (Diss Passau 1994); STOFFELS, Arbeitsrechtliche Konsequenzen des zweiten Abtreibungsurteils des Bundesverfassungsgerichts, DB 1993, 1718; STÜCKMANN, „Selbstverschuldete" Arbeitsunfähigkeit – spart nur der Zufall Kosten?, DB 1996, 1822; TRÖNDLE, Lohnfortzahlung bei Schwangerschaftsabbruch, NJW 1989, 2990; WEBER, Anschnallpflicht und Lohnfortzahlung, DAR 1983, 9; WEILAND, Sicherheitsgurt und Verschulden nach § 1 LFZG, DB 1979, 1653; W WEIMAR, Der Gehaltsanspruch des kaufmännischen Angestellten bei Sportunfällen, JR 1978, 367; WOLBER, Zur Rechtsprechung über die Verweigerung der Lohnfortzahlung bei Nichtanlegen von Sicherheitsgurten, BlStSozArbR 1980, 113; ders, Verweigerte Lohnfortzahlung nach Unfall wegen Telefonierens im Straßenverkehr?, Sozialversicherung 1995, 211.

Begrifflichkeiten durchaus divergieren. So bejaht die höchstrichterliche **Rechtsprechung** ein „Verschulden" erst bei einer **„gröblich gegen die von einem verständigen
Menschen im eigenen Interesse zu erwartenden Verhaltensweise"** (so zB BAG AP Nr 75 zu
§ 616 BGB; BAG AP Nr 28 zu § 63 HGB; BAG AP Nr 8, 26, 44, 46, 49, 52, 71, 77 und 94 zu § 1
LohnFG; siehe auch MünchKomm/Schaub § 616 Rn 60).

Demgegenüber beschränkt namentlich das **Schrifttum** das Verschulden auf **Vorsatz**　**244**
und grobe Fahrlässigkeit (so zB trotz divergierender dogmatischer Begründungsansätze Erman/
Belling § 616 Rn 34; MünchArbR/Boecken § 83 Rn 96; Hofmann ZfA 1979, 307 ff; ders SAE
1984, 41; Kaiser/Dunkl/Hold/Kleinsorge § 3 EFZG Rn 94; Künzl BB 1989, 66; Kunz/Wedde,
EFZR § 3 EFZG Rn 95; Schmitt, EFZG [4. Aufl 1999] § 3 EFZG Rn 85; Thome 163 ff; ebenso iE
auch der individualversicherungsrechtliche Ansatz [§ 61 VVG] von Lorenz SAE 1983, 97; ihm
folgend Braun 52 ff, 64 ff; weitergehend jedoch der sozialversicherungsrechtliche Ansatz von Denck
RdA 1980, 252, der für eine Beschränkung auf vorsätzliches Verhalten plädiert). Hierfür spricht
vor allem die Parallelbestimmung in § 617 Abs 1 S 1, die für den Verschuldensmaßstab ausdrücklich auf Vorsatz und grobe Fahrlässigkeit abstellt. Im Ergebnis schlagen
sich die sprachlich voneinander abweichenden Verschuldensmaßstäbe zumeist nicht
nieder (ebenso Schmitt, EFZG [4. Aufl 1999] § 3 EFZG Rn 85; s auch MünchArbR/Boecken § 83
Rn 96). So setzte zB das Bundesarbeitsgericht in dem Urteil v 11. 11. 1987 die dortige
Umschreibung für das Verschulden des Arbeitnehmers mit dem Begriff der groben
Fahrlässigkeit gleich (BAG AP Nr 75 zu § 616 BGB).

Im Mittelpunkt der Rechtsprechung steht nicht die dogmatische Fundierung, son-　**245**
dern eine umfangreiche Kasuistik, die hier nicht in allen Verästelungen nachgezeich-
net werden kann (s statt dessen zB GK-EFZR/Birk § 1 LFZG Rn 247 ff; MünchArbR/Boecken
§ 83 Rn 94 ff; Feichtinger, Entgeltfortzahlung Rn 114 ff; Geyer/Knorr/Krasney § 3 EFZG
Rn 102 ff; Hofmann ZfA 1979, 313 ff; Kaiser/Dunkl/Hold/Kleinsorge § 3 EFZG Rn 99 ff;
Münkel 14 ff; MünchKomm/Schaub § 616 Rn 62 ff; Schmitt, EFZG [4. Aufl 1999] § 3 EFZG
Rn 85 ff; Schulte/Mimberg/Sabel 96 ff; Thome 168 ff; KassHdb/Vossen 2.2 Rn 83 ff). Als
Grundtendenz vermittelt die höchstrichterliche Judikatur jedoch den Eindruck,
daß diese ein Verschulden des Arbeitnehmers nur in extrem gelagerten Ausnahme-
fällen anerkennt; es werden stets besondere Umstände verlangt.

Sachverhalte, die einen **Verschuldensvorwurf** rechtfertigen, können vor allem dann　**246**
vorliegen, wenn sich der Arbeitnehmer bewußt über **Verbote zum Schutz der Gesund-**
heit hinwegsetzt und infolgedessen erkrankt oder sich eine bereits bestehende Erkrankung verschlimmert (zB Unfälle im betrieblichen Bereich, Nichtbeachtung ärztlicher Verbote; hierzu Brecht, Entgeltfortzahlung § 3 EFZG Rn 33; Künzl/Weinmann AuR 1996, 308 ff).
Die **Verletzung sonstiger Verhaltensregeln** (zB Straßenverkehr, Sport) kann ebenfalls
einen Verschuldensvorwurf rechtfertigen, wenn ihre Mißachtung für die eingetretene
krankheitsbedingte Arbeitsunfähigkeit ursächlich wurde (vgl zB BAG AP Nr 45, 46 und
49 zu § 1 LohnFG). Das gilt insbesondere im Straßenverkehr, wenn der Arbeitnehmer
infolge seines **Alkoholkonsums** absolut fahruntüchtig ist (1,1 Promille) und verunglückt.

cc) Zurechnungsfähigkeit

Der Verschuldensvorwurf setzt stets die Zurechnungsfähigkeit des Arbeitnehmers　**247**
voraus (BAG AP Nr 44 zu § 1 LohnFG; GK-EFZR/Birk § 1 LFZG Rn 238). Er entfällt nicht
erst, wenn die freie Willensbestimmung ausgeschlossen ist. Es genügt eine **erhebliche**

Beeinträchtigung (BAG AP Nr 44 zu § 1 LohnFG). Diese liegt insbesondere vor, wenn der Entschluß zur Eingehung eines besonderen Risikos (zB Teilnahme am Straßenverkehr) erst im **Stadium fehlender oder eingeschränkter Zurechnungsfähigkeit** gefaßt wurde. Eine Ausnahme gilt jedoch, wenn sich der Arbeitnehmer bewußt in den Zustand fehlender oder erheblich beeinträchtigter Zurechnungsfähigkeit versetzt hat und weiß oder ernstlich damit rechnet, daß er in seinem Zustand zu einem verkehrsgerechten Verhalten nicht mehr in der Lage ist (BAG AP Nr 71 und 77 zu § 1 LohnFG; LAG Frankfurt aM LAGE § 1 LohnFG Nr 22), oder der Arbeitnehmer willentlich die Zurechnungsfähigkeit beseitigt, um im Zustand fehlender Zurechnungsfähigkeit risikoreiche Handlungen vorzunehmen, die er im Normalzustand nicht vorgenommen hätte.

dd) Mitverschulden Dritter

248 Ein **Mitverschulden Dritter entlastet** den Arbeitnehmer **nicht,** er **verliert** selbst in dieser Konstellation seinen **Anspruch** auf Entgeltfortzahlung (allgM vgl zB BAG AP Nr 8 zu § 1 LohnFG; MünchArbR/Boecken § 83 Rn 97; Brecht, Entgeltfortzahlung § 3 EFZG Rn 30; ErfKomm/Dörner § 3 EFZG Rn 47; Feichtinger, Entgeltfortzahlung Rn 112; Kaiser/Dunkl/Hold/Kleinsorge § 3 EFZG Rn 98; BGB-RGRK/Matthes § 616 Rn 89; Müller/Berenz § 3 EFZG Rn 44; MünchArbR/Schaub § 616 Rn 60; Schmitt, EFZG [4. Aufl 1999] § 3 EFZG Rn 89; KassHdb/Vossen 2.2 Rn 82; aA Kunz/Wedde, EFZR § 3 EFZG Rn 98) **unabhängig von den Verschuldensanteilen,** auch wenn der Verschuldensbeitrag des Dritten den des Arbeitnehmers deutlich überwiegt. Allerdings setzt der Verlust des Entgeltfortzahlungsanspruches stets voraus, daß der Verschuldensbeitrag des Arbeitnehmers die Schwelle eines vorwerfbaren Verhaltens im Sinne des Entgeltfortzahlungsrechts überschreitet. **Anders** ist die Rechtslage deshalb, wenn der **Arbeitnehmer** zwar **schuldhaft im Sinne des § 276** gehandelt hat, ihm aber **kein Verschulden im Sinne des Entgeltfortzahlungsrechts** zur Last fällt (zB bei einfacher oder normaler Fahrlässigkeit). In dieser Konstellation behält er seinen Anspruch auf Fortzahlung der Vergütung gegen den Arbeitgeber auch, wenn der Verhinderungsgrund durch einen Dritten mitverschuldet wurde (Schmitt, EFZG [4. Aufl 1999] § 3 EFZG Rn 90).

ee) Mitverschulden des Arbeitgebers

249 Dogmatische Schwierigkeiten bereitet die Behandlung eines Mitverschuldens des Arbeitgebers. Während beim **Alleinverschulden des Arbeitgebers ausschließlich § 326 Abs 2** (früher: § 324 Abs 1) anzuwenden ist und der Anspruch auf die arbeitsvertraglich geschuldete Vergütung hierdurch aufrechterhalten wird (vgl GK-EFZR/Birk § 1 LFZG Rn 8; MünchArbR/Boecken § 83 Rn 98; Brecht, Entgeltfortzahlung § 3 EFZG Rn 30; ErfKomm/Dörner § 3 EFZG Rn 48; Geyer/Knorr/Krasney § 3 EFZG Rn 154; Löwisch, Arbeitsrecht [5. Aufl 2000] Rn 1055; BGB-RGRK/Matthes § 616 Rn 105; Neumann/Duesberg DB 1969, 261 ff, 305 ff; Palandt/Putzo § 616 Rn 3; MünchKomm/Schaub § 616 Rn 76; ders, Arbeitsrechts-Handbuch [9. Aufl 2000] § 98 Rn 48; Schmitt, EFZG [4. Aufl 1999] § 3 EFZG Rn 91; abweichend aber v Maydell DB 1973 Beil 15, 9, der für eine Abwicklung über die Entgeltfortzahlung plädiert und insoweit einen Schaden des Arbeitnehmers verneint; zugunsten einer Parallelität Göppner 113 Fn 1), will eine verbreitete Ansicht bei einem **Mitverschulden des Arbeitgebers** diesem die Berufung auf das Verschulden des Arbeitnehmers abschneiden (so GK-EFZR/Birk § 1 LFZG Rn 243; MünchArbR/Boecken § 83 Rn 98; Hofmann ZfA 1979, 311; Schmitt, EFZG [4. Aufl 1999] § 3 EFZG Rn 91). Wegen § 326 Abs 2 S 1 ist dem nicht zuzustimmen, wenn der Arbeitgeber für den Umstand der Arbeitsverhinderung „weit überwiegend verantwortlich" ist. Auch in dieser Konstellation erhält die vor-

genannte Norm den Vergütungsanspruch aufrecht. In den übrigen Fallgestaltungen ist es bedenklich, ob es auch ein als geringfügig zu bewertender Verschuldensbeitrag des Arbeitgebers rechtfertigt, diesem die Berufung auf den Verschuldensbeitrag des Arbeitnehmers abzuschneiden. Einer analogen Anwendung des § 254 steht entgegen, daß es sich bei der Entgeltfortzahlung im Krankheitsfall um einen fortzugewährenden Vergütungsanspruch und nicht um einen Ersatzanspruch handelt (ebenso ErfKomm/DÖRNER § 3 EFZG Rn 48). Sachgerechter ist deshalb eine **schadensersatzrechtliche Lösung,** die die Entgeltfortzahlung entfallen läßt (iE auch bei Vorsatz des Arbeitnehmers MünchArbR/BOECKEN § 83 Rn 98, der allerdings auf den Einwand des venire contra factum proprium zurückgreift) und den hierdurch beim Arbeitnehmer eintretenden Verdienstausfall als Schadensersatz entsprechend den Mitverschuldensanteilen über das Institut einer Schutzpflichtverletzung ausgleicht (vgl allg STAUDINGER/SCHIEMANN [1998] § 254 Rn 25). Aus diesem Grunde ist auch der Lösungsvorschlag abzulehnen, der die Entgeltfortzahlung nur entfallen läßt, wenn der Verschuldensanteil des Arbeitnehmers überwiegt (so ErfKomm/DÖRNER § 3 EFZG Rn 48).

b)   Einzelfälle

Die **Rechtsprechung des Bundesarbeitsgerichts** verneint bei folgenden Sachverhalten   **250** einen **Verschuldensvorwurf:**

– Aufnahme einer **Liebesbeziehung zu der Freundin eines Arbeitskollegen,** solange kein provozierendes oder herausforderndes Verhalten hinzutritt (BAG AP Nr 45 zu § 616 BGB);

– **Ausübung einer Nebentätigkeit,** die nicht mit einer über das gewöhnliche Maß hinausgehenden Risikoerhöhung verbunden ist und den Arbeitnehmer auch nicht in einer seine Kräfte übersteigenden Weise beansprucht (BAG AP Nr 62 zu § 616 BGB);

– **Teilnahme am Sport,** ohne daß es sich um einen gefährlichen Sport handelt und seine Ausübung die Leistungsfähigkeit des Sporttreibenden nicht übersteigt (so für Amateurfußball BAG AP Nr 39 zu § 1 LohnFG; für Amateurboxen BAG AP Nr 42 zu § 1 LohnFG; für Drachenfliegen BAG AP Nr 45 zu § 1 LohnFG; offengelassen für Oberligafußball von BAG AP Nr 5 zu § 63 HGB; ebenso für Moto-Cross-Rennen von BAG AP Nr 18 zu § 1 LohnFG);

– Unterziehen einer **ärztlich verordneten Heilbehandlung** (BAG AP Nr 40 zu § 1 LohnFG);

– **Arbeitsunfähigkeit infolge eines mißlungenen Suizidversuchs** (BAG AP Nr 44 zu § 1 LohnFG; aA noch BAG AP Nr 25 und 34 zu § 1 LohnFG).

Bejaht wurde ein Verschulden des Arbeitnehmers demgegenüber bei folgenden Sach-   **251** verhalten:

– **Erneute Alkoholabhängigkeit** nach erfolgreicher Beendigung einer Entwöhnungskur (BAG AP Nr 75 zu § 616 BGB; aA LAG Frankfurt aM LAGE § 1 LohnFG Nr 30);

– **Ausübung eines besonders gefährlichen Sports,** bei dem das Verletzungsrisiko bei objektiver Betrachtung so groß ist, daß auch ein gut ausgebildeter Sportler bei sorgfältiger Beachtung aller Regeln dieses Risiko nicht vermeiden kann (BAG AP Nr 45 zu § 1 LohnFG; offengelassen für Oberligafußball von BAG AP Nr 5 zu § 63 HGB; sowie von BAG AP Nr 18 zu § 1 LohnFG für Moto-Cross-Rennen; abweichend LAG Rheinland-Pfalz LAGE § 3 EFZG Nr 2, das für eine Motorradrennsportmeisterschaft ausschließlich auf die persönlichen Fähigkeiten abstellt);

– Teilnahme an einer **Sportart,** die die **individuellen Kräfte** und Fähigkeiten des
  Arbeitnehmers **deutlich übersteigt** (BAG AP Nr 45 zu § 1 LohnFG);
– Unfallverursachung mit PKW infolge **überhöhter Geschwindigkeit** bei schlechten
  Sichtverhältnissen (BAG AP Nr 28 zu § 63 HGB);
– **Unachtsames Überqueren der Fahrbahn,** ohne sich zuvor über die Verkehrslage zu
  vergewissern (BAG AP Nr 8 zu § 1 LohnFG);
– **Nichtanlegen des Sicherheitsgurtes,** wenn die zur Arbeitsunfähigkeit führenden
  Verletzungen auf dieser Säumnis beruhen (BAG AP Nr 46 zu § 1 LohnFG);
– **Trunksucht infolge übermäßigem Alkoholkonsum** (BAG AP Nr 26 und 31 zu § 1
  LohnFG);
– Zur Arbeitsunfähigkeit führender **Unfall infolge Alkoholmißbrauch** (BAG AP Nr 71
  und 77 zu § 1 LohnFG; ferner LAG Hessen LAGE § 3 EFZG Nr 1);
– Eingehung eines **zweiten Arbeitsverhältnisses** unter **Verstoß gegen das öffentlich-**
  rechtliche Arbeitszeitrecht, wenn dieser Verstoß für die krankheitsbedingte Ar-
  beitsunfähigkeit ursächlich wurde (BAG AP Nr 49 zu § 1 LohnFG);
– **Streicheln eines Hundes** nach vorheriger Warnung (ArbG Wetzlar NZA-RR 1996, 5);
– **Körperverletzung durch einen Dritten,** der sich mit Unterstützung des Arbeitnehmers exzessiv bei diesem betrinkt (LAG Baden-Württemberg NZA-RR 2000, 349).

c) Schwangerschaftsabbruch und Sterilisation

252 Eine **unverschuldete Arbeitsunfähigkeit fingiert** (ebenso im Sinne einer Fiktion MünchArbR/
Boecken § 83 Rn 123, 124; Geyer/Knorr/Krasney § 3 EFZG Rn 161; Kaiser/Dunkl/Hold/
Kleinsorge § 3 EFZG Rn 118; Kunz/Wedde, EFZR § 3 EFZG Rn 164; MünchKomm/Schaub
§ 616 Rn 78; KassHdb/Vossen 2.2 Rn 102; Wedde/Gerntke/Kunz/Platow § 3 EFZG Rn 115;
aA ErfKomm/Dörner § 3 EFZG Rn 103: unwiderlegbare Vermutung; ebenso Schoof, in: Kittner/
Zwanziger [Hrsg], Arbeitsrecht [2001] § 58 Rn 89) § 3 Abs 2 EFZG für den nicht rechtswidrigen Abbruch der Schwangerschaft durch einen Arzt und die nicht rechtswidrige
Sterilisation (S 1) sowie einen Schwangerschaftsabbruch im Anschluß an eine Beratung (S 2). Während diese Regelungstechnik wegen des erweiterten Arbeitnehmerbegriffs (§ 1 Abs 2 EFZG) sowie der deklaratorischen Verweisung in § 12 Abs 1 S 2
BBiG auch für **Berufsausbildungsverhältnisse** gilt, beschreiten die **§§ 52 a, 78 Abs 1**
SeemG einen abweichenden konstruktiven Ansatz, da sie sich unter Wiederholung
des Gesetzeswortlauts in § 3 Abs 2 EFZG auf eine **Gleichstellung** beschränken.

aa) Nicht rechtswidrige Sterilisation

253 Eine Sterilisation ist nicht rechtswidrig, wenn eine **rechtswirksame Einwilligung** des
Arbeitnehmers vorliegt und der Eingriff in die körperliche Integrität nicht nach **§ 228**
StGB gegen die **guten Sitten** verstößt (ebenso MünchArbR/Boecken § 83 Rn 125; Brecht,
Entgeltfortzahlung § 3 EFZG Rn 38a; ErfKomm/Dörner § 3 EFZG Rn 107; Kaiser/Dunkl/Hold/
Kleinsorge § 3 EFZG Rn 119; Kunz/Wedde, EFZR § 3 EFZG Rn 166; Schmitt, EFZG [4. Aufl
1999] § 3 EFZG Rn 220). Nach der in der Strafrechtsdogmatik nicht unumstrittenen
Rechtsprechung des Bundesgerichtshofes ist die **freiwillige Sterilisation** bei vorhan-
dener Einwilligung generell nicht strafbar (BGHSt 20, 81). Bei diesem Ansatz hat die
ausdrückliche Hervorhebung der fehlenden Rechtswidrigkeit bei einer freiwilligen
Sterilisation keine praktische Bedeutung (Löwisch, Arbeitsrecht [5. Aufl 2000] Rn 1004;
kritisch MünchArbR/Boecken § 83 Rn 125; Schmitt, EFZG [4. Aufl 1999] § 3 EFZG Rn 220).

bb) Nicht rechtswidriger Schwangerschaftsabbruch

254 Als „unverschuldet" gilt ein Schwangerschaftsabbruch nach § 3 Abs 2 S 1 EFZG (bzw

§ 52 a S 1 SeemG), wenn dieser nicht rechtswidrig ist. Bei ausschließlicher Betrachtung des Gesetzeswortlauts stimmt § 3 Abs 2 S 1 EFZG im wesentlichen mit der früher in **§ 1 Abs 2 LFG aF** enthaltenen Fiktion überein. Ob der Schwangerschaftsabbruch nicht rechtswidrig im Sinne des Entgeltfortzahlungsrechts war, beurteilte sich nach der vorherrschenden Ansicht zum damaligen Recht nicht nach strafrechtlichen Kriterien zur Rechtswidrigkeit, sondern danach, ob der Schwangerschaftsabbruch unter den Voraussetzungen in § 218a StGB aF erlaubt und deshalb nicht strafbar war (BAG AP Nr 84 zu § 1 LohnFG; LAG Hamm AP Nr 70a zu § 1 LohnFG; BERNSMANN AuR 1989, 10 ff; ERMAN/ HANAU [9. Aufl 1993] § 616 Rn 25; MÜNKEL 44 ff; SCHMITT, LFZG [1. Aufl 1992] § 1 LFZG Rn 156 f; **aA** ArbG Iserlohn AP Nr 70 zu § 1 LohnFG; G MÜLLER DB 1986, 2667 ff; ders FamRZ 1990, 153 ff; THOME 84 ff; TRÖNDLE NJW 1989, 2990 ff; kritisch auch GK-EFZR/BIRK § 1 LFZG Rn 289; v MAYDELL SAE 1990, 132 f). Verfassungsrechtliche Einwände gegen diese Auslegung wies das Bundesverfassungsgericht zurück (BVerfG [1. Kammer des 1. Senats] AP Nr 84 a zu § 1 LohnFG); sie wurde vom Bundesarbeitsgericht nochmals bestätigt (BAG AP Nr 1 zu § 3 EntgeltFG = AuR 1995, 275 mit krit Anm FROMMEL; ausführlich zu § 3 Abs 2 EFZG FEY 27 ff).

Für die nunmehr in § 3 Abs 2 EFZG bzw § 52 a S 1 SeemG enthaltene Bestimmung **255** kann das **bisherige Begriffsverständnis keine Gültigkeit** mehr beanspruchen (ebenso MünchArbR/BOECKEN § 83 Rn 127; **aA** KassHdb/VOSSEN 2.2 Rn 108). Die ausdrückliche Regelung in § 3 Abs 2 S 2 bzw § 52 a S 2 SeemG, die einen nach dem Beratungsmodell durchgeführten Schwangerschaftsabbruch (§ 218a Abs 1 StGB) dem nicht rechtswidrigen Schwangerschaftsabbruch gleichstellt, wäre bei unverändertem Festhalten an dem Begriffsverständnis zu der früheren Rechtslage überflüssig (konsequent deshalb KassHdb/VOSSEN 2.2 Rn 111, der § 3 Abs 2 S 2 EFZG lediglich deklaratorische Bedeutung beimißt).

Selbst wenn dem **Tatbestandsmerkmal „Rechtswidrigkeit"** eine eigenständige Bedeu- **256** tung zukommt, bleibt dessen präzise Konturierung problematisch. Insoweit sind bei einem Rückgriff auf die strafrechtliche Dogmatik zwei Auslegungsvarianten in Betracht zu ziehen. Bei einem **weiten Verständnis** würde § 3 Abs 2 EFZG bzw § 52 a SeemG stets eingreifen, wenn aufgrund einer strafrechtlichen Beurteilung die Rechtswidrigkeit des Schwangerschaftsabbruchs entfällt. Dies kommt nicht nur beim Vorliegen der **Indikationstatbestände** in § 218a Abs 2 und 3 StGB (medizinische und kriminologische Indikation) in Betracht, sondern auch, wenn die **Rechtswidrigkeit aus anderen Gründen zu verneinen** ist. Neben den allgemeinen Rechtfertigungsgründen, deren Voraussetzungen tatsächlich vorliegen, ist ebenfalls die irrtümliche Annahme der tatbestandlichen Voraussetzungen eines anerkannten Rechtfertigungsgrundes (Erlaubnistatbestandsirrtum) zu beachten, da dieser nach der vorherrschenden Ansicht analog § 16 Abs 1 StGB zum Vorsatzausschluß (so BGH NJW 1994, 1232; JESCHECK/WEIGEND, Lehrbuch des Strafrechts – Allg Teil [5. Aufl 1996] § 41 IV 1 c; SCHÖNKE/ SCHRÖDER/CRAMER/STERNBERG-LIEBEN, StGB [26. Aufl 2001] § 16 Rn 18) und damit zur Verneinung der Rechtswidrigkeit führt.

Der Gesetzeswortlaut gestattet auch ein **engeres Begriffsverständnis,** das die Rechts- **257** widrigkeit im Rahmen des § 3 Abs 2 EFZG bzw § 52 a SeemG **ausschließlich** nach Maßgabe der speziellen **Regelungen des Strafgesetzbuches zum Schwangerschaftsabbruch** beurteilt. Demnach läge ein „nicht rechtswidriger Schwangerschaftsabbruch" nur vor, wenn sich die Arbeitnehmerin für den Schwangerschaftsabbruch auf die Indikationstatbestände in § 218a Abs 2 StGB (medizinische Indikation) oder § 218a Abs 3 StGB (kriminologische Indikation) stützen kann.

258 **Vorzugswürdig** ist ein **enges Begriffsverständnis** (hierfür auch MünchArbR/BOECKEN § 83 Rn 128; ErfKomm/DÖRNER § 3 EFZG Rn 108), das angesichts der Offenheit des Gesetzeswortlauts vor allem aus der Entstehungsgeschichte der Norm abzuleiten ist. Die Regelung in § 3 Abs 2 EFZG bzw § 52 a SeemG geht historisch auf das „Strafrechtsreform-Ergänzungsgesetz" v 28. 8. 1975 zurück (s o Rn 164). Die Entstehungsgeschichte der damaligen – heftig umstrittenen – Regelung (s BAG AP Nr 94 zu § 1 LohnFG) verdeutlicht, daß mit ihr lediglich eine lohnfortzahlungsrechtliche Flankierung der ursprünglichen „Fristenlösung" beabsichtigt war. Sie sollte sicherstellen, daß ein nach § 218a StGB nicht strafbarer Schwangerschaftsabbruch nicht zu einer Kürzung der arbeitsvertraglich geschuldeten Vergütung führt. Demgegenüber sind aus den Materialien keine Anhaltspunkte für die Annahme erkennbar, daß die entgeltfortzahlungsrechtliche Begleitgesetzgebung sämtliche Fälle erfassen sollte, bei denen nach Maßgabe strafrechtlicher Beurteilung die Rechtswidrigkeit zu verneinen ist. Da durch die Übernahme der Regelung in das Entgeltfortzahlungsgesetz von dieser Konzeption nicht abgewichen werden sollte, liegt ein „nicht rechtswidriger Schwangerschaftsabbruch" im Sinne des § 3 Abs 2 EFZG bzw § 52 a SeemG nur vor, wenn er objektiv die Voraussetzungen der Indikationstatbestände in § 218a Abs 2 und 3 StGB erfüllt. Hinsichtlich der hiervon nicht erfaßten Sachverhalte einer fehlenden Rechtswidrigkeit des Schwangerschaftsabbruchs s u Rn 263 f.

259 Bei der **Überprüfung der Voraussetzungen** für einen Anspruch auf Entgeltfortzahlung ist das Vorliegen der **strafrechtlichen Anforderungen** für einen nicht rechtswidrigen Schwangerschaftsabbruch eigenständig festzustellen. Insbesondere muß das Arbeitsgericht überprüfen, ob die Voraussetzungen der entsprechenden strafrechtlichen Bestimmungen (§ 218a Abs 2 und 3 StGB) erfüllt sind, was auch die ärztliche Bescheinigung über das Vorliegen einer von § 218a Abs 2 und 3 StGB erfaßten Indikationslage umfaßt (vgl BAG AP Nr 1 zu § 3 EntgeltFG). An die rechtliche Würdigung im Rahmen eines Strafverfahrens sind die Arbeitsgerichte nicht gebunden (arg e Art 14 Abs 2 Nr 1 EGZPO).

cc) Schwangerschaftsabbruch nach dem Beratungsmodell

260 Dem Tatbestand eines nicht rechtswidrigen Schwangerschaftsabbruchs stellt § 3 Abs 2 S 2 EFZG bzw § 52 a S 2 SeemG den Schwangerschaftsabbruch nach dem in § 218a Abs 1 StGB geregelten Beratungsmodell gleich. **Verfassungsrechtliche Bedenken** gegen die Verpflichtung des Arbeitgebers zur Entgeltfortzahlung in dieser Konstellation hat das Bundesverfassungsgericht im Hinblick auf den grundrechtlichen Schutz ungeborenen Lebens (Art 2 Abs 2 GG) verneint (BVerfGE 88, 322 ff; ebenso MünchArbR/BOECKEN § 83 Rn 129; FEY 38 ff; anders zuvor KISSEL, in: FS Gnade [1992] 510).

261 Eine unverschuldete Arbeitsversäumnis im Sinne des § 3 Abs 2 S 2 EFZG bzw § 52 a S 2 SeemG liegt nur vor, wenn die dort genannten Voraussetzungen erfüllt sind, die der Sache nach mit den Tatbestandsmerkmalen in **§ 218a Abs 1 StGB** übereinstimmen. Ebenso wie bei einem nicht rechtswidrigen Schwangerschaftsabbruch sind die Voraussetzungen der entgeltfortzahlungsrechtlichen Vorschriften auch bei einem Schwangerschaftsabbruch nach dem Beratungsmodell von den Arbeitsgerichten **eigenständig zu prüfen**. Insbesondere ist eine unverschuldete Arbeitsversäumnis zu bejahen, wenn dem Arzt, der den Schwangerschaftsabbruch durchführt, eine Bescheinigung über die Beratung vorgelegen hat. Hierbei muß es sich um die in

§ 219 Abs 2 S 2 StGB genannte Bescheinigung einer anerkannten Schwangerschaftskonfliktberatungsstelle über die nach § 219 Abs 1 StGB durchgeführte Beratung handeln.

dd) Reichweite der Fiktion

§ 3 Abs 2 EFZG bzw § 52 a SeemG legt für die dort genannten Sachverhalte verbindlich eine unverschuldete Arbeitsunfähigkeit fest. Ein auf das „Verschulden" bezogener **Gegenbeweis** ist deshalb **ausgeschlossen** (KAISER/DUNKL/HOLD/KLEINSORGE § 3 EFZG Rn 120). Das gilt indes nicht uneingeschränkt. Vielmehr gelangt die Fiktion einer unverschuldeten Arbeitsversäumnis nur zur Anwendung, solange und soweit der **medizinische Eingriff** für die Arbeitsunfähigkeit der Arbeitnehmerin **ursächlich** ist. Treten **andere Umstände** hinzu, die zu einer **Verlängerung der Arbeitsunfähigkeit** führen, so greift diesbezüglich die Fiktion nicht ein (MünchArbR/BOECKEN § 83 Rn 124; SCHMITT, EFZG [4. Aufl 1999] § 3 EFZG Rn 215; KassHdb/VOSSEN 2.2 Rn 102). In diesen Fällen ist eigenständig zu prüfen, ob ein Verschuldensvorwurf erhoben werden kann. **262**

ee) Andere Sachverhalte

Erfüllt eine Sterilisation bzw ein Schwangerschaftsabbruch nicht die Voraussetzungen in § 3 Abs 2 EFZG bzw § 52 a SeemG, so kommt ein Anspruch auf Entgeltfortzahlung nur in Betracht, wenn die **allgemeinen Voraussetzungen** in **§ 3 Abs 1 S 1 EFZG** vorliegen (iE wie hier MünchArbR/BOECKEN § 83 Rn 128). Umstritten ist allerdings, ob insoweit bezüglich des Verschuldens stets eine **Einzelfallprüfung** erforderlich ist (hierfür zB BRECHT, Entgeltfortzahlung § 3 EFZG Rn 38a aE; KAISER/DUNKL/HOLD/KLEINSORGE § 3 EFZG Rn 122; KUNZ/WEDDE, EFZR § 3 EFZG Rn 170; MÜNKEL 47; PALLASCH NJW 1995, 3026; SCHOOF, in: Kittner/Zwanziger [Hrsg], Arbeitsrecht [2001] § 58 Rn 92). Hiergegen läßt sich die Regelungstechnik in § 3 Abs 2 EFZG bzw § 52 a SeemG anführen. Wenn das Gesetz in ihnen anordnet, daß die Arbeitsunfähigkeit als unverschuldet „gilt", so könnte hieraus per argumentum e contrario geschlossen werden, daß die Arbeitsunfähigkeit bei den nicht von diesen Normen privilegierten Sachverhalten verschuldet ist. **263**

Einem formallogischen Umkehrschluß steht die Teleologie von § 3 Abs 2 EFZG bzw § 52 a SeemG entgegen. Die Vorschriften bezwecken keine abschließende Regelung hinsichtlich der Frage, unter welchen Voraussetzungen der Arbeitgeber im Falle eines Schwangerschaftsabbruchs zur Fortzahlung der arbeitsvertraglich geschuldeten Vergütung verpflichtet ist. Der Aussagegehalt der Bestimmungen beschränkt sich auf die strafrechtlichen Sonderbestimmungen zum Schwangerschaftsabbruch. Insbesondere bei Sachverhalten, in denen die Rechtswidrigkeit des Schwangerschaftsabbruchs wegen des Eingreifens eines allgemeinen Rechtfertigungsgrundes oder wegen eines Erlaubnistatbestandsirrtums zu verneinen ist, muß im Rahmen des allgemeinen Tatbestandes (§ 3 Abs 1 S 1 EFZG) ermittelt werden, ob der Arbeitnehmerin ein „Verschulden gegen sich selbst" hinsichtlich des durch den Schwangerschaftsabbruch eingetretenen regelwidrigen Körperzustandes zur Last fällt (siehe insoweit auch PALLASCH NJW 1995, 3026 f mwN). **264**

6. Teilnahme an Maßnahmen der medizinischen Vorsorge und Rehabilitation*

a) Allgemeines

265 Die entsprechende Anwendung der Vorschriften zur Entgeltfortzahlung (§§ 3, 4, 4 a, 6 bis 8 EFZG) ordnet § 9 Abs 1 EFZG an, wenn der Arbeitnehmer an einer Maßnahme der medizinischen Vorsorge oder Rehabilitation teilnimmt; lediglich hinsichtlich der Anzeige- und Nachweispflicht des Arbeitnehmers normiert § 9 Abs 2 EFZG Sonderregelungen.

266 Von dem Grundtatbestand in § 3 Abs 1 S 1 EFZG unterscheidet sich § 9 Abs 1 EFZG vor allem durch den Verzicht auf das Tatbestandsmerkmal der Arbeitsunfähigkeit. Die Gleichstellung mit der Erkrankung erfordert jedoch eine funktionale Ausrichtung der Kur auf die **Vorbeugung oder Rehabilitation** (vgl näher MünchArbR/Boecken § 86 Rn 4 ff; ErfKomm/Dörner § 9 EFZG Rn 5 ff; Schmitt, EFZG [4. Aufl 1999] § 9 EFZG Rn 11 ff). Zur Entgeltfortzahlung verpflichteten bis zum Inkrafttreten des SGB IX am 1. 7. 2001 **nur stationäre Maßnahmen** (s näher BAG AP Nr 1 zu § 9 EntgeltFG; LAG Berlin ZTR 2001, 137 [LS]). **Ambulante Maßnahmen** lösten keinen Entgeltfortzahlungsanspruch aus (BAG AP Nr 1 zu § 9 EntgeltFG; MünchArbR/Boecken § 86 Rn 12; ErfKomm/Dörner § 9 EFZG Rn 17; Kaiser/Dunkl/Hold/Kleinsorge § 9 EFZG Rn 19; Kunz/Wedde, EFZR § 9 EFZG Rn 54; Schmitt, EFZG [4. Aufl 1999] § 9 EFZG Rn 21). Art 33 des Begleitgesetzes zum SGB IX v 19. 6. 2001 (BGBl I 1046) strich in § 9 EFZG jeweils das Wort „stationär", so daß **seit dem 1. 7. 2001 auch** für **ambulante Maßnahmen** der Vorbeugung und Rehabilitation eine Pflicht zur Entgeltfortzahlung besteht (vgl BT-Drucks 14/5074, 127). § 9 Abs 1 EFZG unterscheidet im Gegensatz zu der früheren Regelung in § 7 Abs 1 LFG hinsichtlich des Anspruchs auf Entgeltfortzahlung für den Zeitraum der Vorsorge- oder Rehabilitationsmaßnahme zwischen der Bewilligung durch einen öffentlich-rechtlichen Sozialleistungsträger (S 1) und der ärztlichen Verordnung (S 2).

b) Bewilligung durch öffentlich-rechtlichen Sozialleistungsträger

267 Der Grundtatbestand in § 9 Abs 1 S 1 EFZG knüpft an die frühere Regelung in § 7 Abs 1 LFG an. Im Unterschied zu § 7 Abs 1 LFG stellt § 9 Abs 1 S 1 EFZG jedoch nicht mehr auf die „volle Kostenübernahme" ab, sondern läßt es ausreichen, wenn die Maßnahme in einer **Einrichtung der medizinischen Vorsorge oder Rehabilitation** durchgeführt wird. Zur **Konkretisierung** der von § 9 Abs 1 EFZG erfaßten Einrichtungen kann auf die Legaldefinition in **§ 107 Abs 2 SGB V** zurückgegriffen werden (ebenso BAG AP Nr 1 zu § 9 EntgeltFG; MünchArbR/Boecken § 86 Rn 13; ErfKomm/Dörner § 9

---

* **Schrifttum:** Brill, Die Kur im Arbeitsrecht, ZfS 1980, 195; Kramer, Hat die Neuregelung der Entgeltfortzahlung während Kuren (§ 9 EFG) Auswirkungen auf § 50 Abs 1 BAT?, ZTR 1995, 9; Leinemann, Keine Schonzeiten für Arbeitnehmer?, AuR 1995, 83 f; Marburger, Entgeltfortzahlung bei einer Kur, RdA 1982, 149; ders, Lohn- und Gehaltsfortzahlung bei Kuren nach dem Inkrafttreten des Gesundheits-Reformgesetzes, RdA 1990, 149; Molitor, Weiterzahlung des Arbeitsentgelts bei Heilverfahren, BB 1959, 921; Palme, Gehaltsfortzahlung für Angestellte bei Kur und Heilbehandlung, BlStSozArbR 1967, 301; Trappe, Die Kur im Arbeitsrecht, AuR 1966, 359; Zeuner, Rechtsschutz des Arbeitgebers gegenüber den Folgen einer Kurbewilligung im Sinne von § 7 Lohnfortzahlungsgesetz, in: Gedschr W Martens (1987) 529.

EFZG Rn 18; KUNZ/WEDDE, EFZR § 9 EFZG Rn 44; SCHMITT, EFZG [4. Aufl 1999] § 9 EFZG Rn 19; WEDDE/GERNTKE/KUNZ/PLATOW § 9 EFZG Rn 28).

Die Vorsorge- oder Rehabilitationsmaßnahme muß von einem öffentlich-rechtlichen **268** Sozialleistungsträger (vor allem Träger der Sozialversicherung) **förmlich bewilligt** worden sein. Die Bewilligung ist ein **privatrechtsgestaltender Verwaltungsakt** und entfaltet für die Pflicht zur Fortzahlung der Vergütung grundsätzlich **Tatbestandswirkung** (so mit Recht auch MünchArbR/BOECKEN § 86 Rn 11; ZEUNER, in: Gedschr W Martens [1987] 531; **aA** BRECHT, Entgeltfortzahlung § 9 EFZG Rn 3). Sie ist in einem Prozeß um die Fortzahlung der Vergütung wegen § 39 SGB X nur im Hinblick auf ihre Nichtigkeit von den Arbeitsgerichten überprüfbar (vgl ErfKomm/DÖRNER § 9 EFZG Rn 15 sowie ZEUNER, in: Gedschr W Martens [1987] 531 f, der mit beachtlichen Gründen ein eigenständiges Anfechtungsrecht des Arbeitgebers gegenüber dem Bewilligungsbescheid bejaht; wenig präzise die Rechtsprechung des Bundesarbeitsgerichts, die auf das Institut der mißbräuchlichen Rechtsausübung zurückgreift [vgl BAG AP Nr 2 und 3 zu § 7 LohnFG]; schwächer auch KAISER/DUNKL/HOLD/ KLEINSORGE § 9 EFZG Rn 22: Beweis des ersten Anscheins). Die Bewilligung **verliert** aufgrund ihres situationsgebundenen Inhalts allerdings ihre **Tatbestandswirkung,** wenn zwischen der ärztlichen Begutachtung und dem Antritt der Maßnahme ein **längerer Zeitraum** liegt (vgl BAG AP Nr 3 zu § 7 LohnFG: ein Jahr). Eine uneingeschränkte Justiabilität der Bewilligung ist jedoch statthaft, wenn sie nicht die Qualität eines Verwaltungsaktes besitzt.

Umstritten ist, ob die Bewilligung stets vor dem Antritt der Kur vorliegen muß **269** (hierfür die hM zB MünchArbR/BOECKEN § 86 Rn 11; ErfKomm/DÖRNER § 9 EFZG Rn 15; GEYER/KNORR/KRASNEY § 9 EFZG Rn 21; GOLA § 9 EFZG Anm 3.4; KAISER/DUNKL/HOLD/ KLEINSORGE § 9 EFZG Rn 9; MÜLLER/BERENZ § 9 EFZG Rn 10; SCHMITT, EFZG [4. Aufl 1999] § 9 EFZG Rn 25; KassHdb/VOSSEN 2.2 Rn 306) oder auch nachträglich erklärt werden kann (so KUNZ/WEDDE, EFZR § 9 EFZG Rn 33 ff; WEDDE/GERNTKE/KUNZ/PLATOW § 9 EFZG Rn 26). Der Gesetzeswortlaut „hat" spricht für das Erfordernis einer **vorherigen Bewilligung** (so SCHMITT, EFZG [4. Aufl 1999] § 9 EFZG Rn 25; zurückhaltend insoweit MünchArbR/BOECKEN § 86 Rn 11).

c)   Ärztliche Verordnung

Im Unterschied zu der früheren Rechtslage, die Vorbeugungs- und Rehabilitations- **270** maßnahmen **privater Versicherungsträger** nicht einbezog (FEICHTINGER, Lohn- und Gehaltsfortzahlung Rn 149; KEHRMANN/PELIKAN § 7 Rn 5; SCHMITT, LFZG [1. Aufl 1992] § 7 LFZG Rn 16; die Vereinbarkeit des Ausschlusses wurde im Hinblick auf Art 3 Abs 1 GG mit guten Gründen bezweifelt, vgl MünchArbR/SCHULIN [1. Aufl 1992] § 84 Rn 9; anders aber BECKER DB 1987, 1091; THOME 78 f), weicht § 9 Abs 1 S 2 EFZG hiervon zumindest teilweise ab. Allerdings eröffnet das Gesetz (§ 9 Abs 1 S 2 EFZG) diese Möglichkeit nur für Arbeitnehmer, die nicht Mitglied einer gesetzlichen Krankenkasse oder nicht in der gesetzlichen Rentenversicherung versichert sind (ebenso ErfKomm/DÖRNER § 9 EFZG Rn 16). Erfüllen sie diese Voraussetzung nicht, so begründet § 9 Abs 1 EFZG ausschließlich dann einen Entgeltfortzahlungsanspruch, wenn die Maßnahme der medizinischen Rehabilitation oder Vorsorge von einem öffentlich-rechtlichen Sozialleistungsträger bewilligt wurde. Entsprechendes gilt, wenn der Arbeitnehmer eine **private Zusatzversicherung** abgeschlossen hat (SCHMITT, EFZG [4. Aufl 1999] § 9 EFZG Rn 54, 55; ebenso KUNZ/ WEDDE, EFZR § 9 EFZG Rn 60), da § 9 Abs 1 S 2 EFZG nur diejenigen Arbeitnehmer einbeziehen will, die nicht bei einem gesetzlichen Versicherungsträger versichert sind. Allerdings erfaßt § 9 Abs 1 S 2 EFZG nicht nur Maßnahmen, die in Einrichtungen privater Versicherungsträger auf ihre Kosten durchgeführt werden, sondern ein Entgeltfortzahlungsanspruch besteht auch, wenn der Arbeitnehmer an der medizinischen Vorsorge- oder Rehabilitationsmaßnahme auf eigene Kosten teilnimmt (SCHMITT, EFZG [4. Aufl 1999] § 9 EFZG Rn 67).

271 § 9 Abs 1 S 2 EFZG erfaßt nicht nur Maßnahmen, die in einer Einrichtung der medizinischen Vorsorge oder Rehabilitation durchgeführt werden, es genügt eine **„vergleichbare Einrichtung".** Diese muß zwar nicht in allen Einzelheiten den Voraussetzungen in § 107 Abs 2 SGB V entsprechen, die Abweichungen dürfen aber die **Zweckerreichung der Maßnahme** nicht in Frage stellen (ähnlich MünchArbR/BOECKEN § 86 Rn 23; ErfKomm/DÖRNER § 9 EFZG Rn 19; KUNZ/WEDDE, EFZR § 9 EFZG Rn 69; WEDDE/GERNTKE/KUNZ/PLATOW § 9 EFZG Rn 36; enger jedoch KRAMER ZTR 1995, 11, die verlangt, daß die Einrichtung Vertragsbeziehungen zu Sozialleistungsträgern haben muß; schwächer GEYER/KNORR/KRASNEY § 9 EFZG Rn 56, die in dieser Konstellation die Vergleichbarkeit der Einrichtung stets bejahen).

272 Im Unterschied zu § 9 Abs 1 S 1 EFZG verzichtet § 9 Abs 1 S 2 EFZG auf ein förmliches Bewilligungsverfahren, es reicht aus, daß die Maßnahme **ärztlich verordnet** wurde. Die Verordnung darf nur von einem **approbierten Arzt** ausgestellt werden (MünchArbR/BOECKEN § 86 Rn 20; ErfKomm/DÖRNER § 9 EFZG Rn 16; KUNZ/WEDDE, EFZR § 9 EFZG Rn 64; SCHMITT, EFZG [4. Aufl 1999] § 9 EFZG Rn 60). Die **medizinische Notwendigkeit,** die sich nach den Konkretisierungen in den §§ 23 und 40 SGB V beurteilt, ist gerichtlich **uneingeschränkt nachprüfbar,** jedoch besitzt die ärztliche Verordnung einen mit der Arbeitsunfähigkeitsbescheinigung vergleichbaren hohen Beweiswert (ähnlich MünchArbR/BOECKEN § 86 Rn 21: Beweis des ersten Anscheins; weitergehend KUNZ/WEDDE, EFZR § 9 EFZG Rn 64, der für eine Gleichstellung mit dem Bewilligungsbescheid plädiert).

d) Anrechnungsbefugnis des Arbeitgebers

273 Nach der mit dem **Arbeitsrechtlichen Beschäftigungsförderungsgesetz v 25. 9. 1996** geänderten Vorschrift des § 10 BUrlG entfiel der Anspruch auf Entgeltfortzahlung nach dem Entgeltfortzahlungsgesetz, solange und soweit der Arbeitgeber von seiner durch § 10 BUrlG eröffneten Befugnis Gebrauch machte, von jeweils fünf Tagen die ersten zwei Tage auf den Erholungsurlaub anzurechnen (hierzu BAUER/LINGEMANN BB 1996 Beil 17, 12 ff). In diesem Fall galten die anzurechnenden Tage hinsichtlich der Höhe der vom Arbeitgeber geschuldeten Vergütung als Urlaubstage und waren vom Arbeitgeber nach den dafür geltenden vergütungsrechtlichen Grundsätzen zu behandeln. Gegen die Anrechnungsbefugnis wurden **verfassungsrechtliche Bedenken** im Hinblick auf **Art 9 Abs 3 S 1 GG** angemeldet (so zB DÖRNER NZA 1998, 566 f; ders, in: FS Schaub [1998] 152 ff; aA jedoch GITTER, in: FS Zöllner [1998] 737 ff), das Bundesverfassungsgericht hat diese jedoch zurückgewiesen (BVerfG NZA 2001, 777 ff). Das **Korrekturgesetz v 19. 12. 1998** (s o Rn 169) beseitigte die Anrechnungsbefugnis des Arbeitgebers wieder; soweit ein Anspruch auf Entgeltfortzahlung besteht, schließt § 10 BUrlG nF jegliche Anrechnung auf den gesetzlichen Erholungsurlaub aus.

e) Dauer der Entgeltfortzahlung

274 Aufgrund der für analog anwendbar erklärten Regelung in § 3 Abs 1 S 1 EFZG besteht der Anspruch auf Entgeltfortzahlung nur für die **Dauer von sechs Wochen.** Darüber hinaus findet auch die Vorschrift über **Fortsetzungserkrankungen** (§ 3 Abs 1

S 2 EFZG) entsprechend Anwendung. Ein Anspruch des Arbeitgebers gegen den Sozialversicherungsträger, daß eine auf derselben Krankheit beruhende Maßnahme der medizinischen Rehabilitation binnen sechs Monaten nach Ende der früheren Erkrankungen begonnen wird, ist nicht anzuerkennen (BAG AP Nr 8 zu § 7 LohnFG).

f)　Anzeige- und Mitteilungspflichten

Hinsichtlich der Anzeige- und Mitteilungspflichten des Arbeitgebers trifft § 9 Abs 2 **275** eine eigenständige Regelung (ErfKomm/Dörner § 9 EFZG Rn 32). Sowohl die **Mitteilung** über den Zeitpunkt der Maßnahme als auch die **Vorlage** des **Bewilligungsbescheides** bzw der **ärztlichen Bescheinigung** müssen **unverzüglich** erfolgen. Ein „schuldhaftes **Zögern"** (§ 121) des Arbeitnehmers begründet für den Arbeitgeber ein **Leistungsverweigerungsrecht** (§ 9 Abs 1 S 1 EFZG in Verbindung mit § 7 Abs 1 Nr 1 EFZG). Allerdings gilt das nur bezüglich der vorzulegenden Unterlagen, nicht hingegen für die Mitteilungspflicht **nach § 9 Abs 2 EFZG** (so auch MünchArbR/Boecken § 86 Rn 32; ErfKomm/Dörner § 9 EFZG Rn 39; Geyer/Knorr/Krasney § 9 EFZG Rn 45; Kaiser/Dunkl/ Hold/Kleinsorge § 9 EFZG Rn 41; Kunz/Wedde, EFZR § 9 EFZG Rn 100), da § 7 Abs 1 Nr 1 EFZG die Verletzung einer Anzeigepflicht nicht in den Tatbestand des Leistungsverweigerungsrechts einbezieht (s u Rn 501).

g)　Schonungszeiten

Auf eine Übernahme der vormals in **§ 7 Abs 2 LFG** enthaltenen Regelung für Scho- **276** nungszeiten verzichtet das Entgeltfortzahlungsgesetz. Der (bewußte) Verzicht ist problematisch, weil für die nicht von § 7 LFG erfaßten Arbeitnehmer anerkannt war, daß ihr Vergütungsanspruch nach § 616 Abs 1 aF aufrechterhalten wurde, wenn im Anschluß an die Kur eine **Schonungszeit ärztlich verordnet** wurde, ohne daß der Arbeitnehmer während dieses Zeitraumes arbeitsunfähig sein mußte (BAG AP Nr 35 zu § 63 GewO; BAG AP Nr 10 zu § 10 BUrlG Schonungszeit). Hieraus leitet ein Teil der Literatur ab, daß der arbeitsvertragliche Vergütungsanspruch nunmehr bei allen Arbeitnehmern über § 616 S 1 aufrechterhalten wird (so Leinemann AuR 1995, 83 f sowie Kunz/Wedde, EFZR § 616 BGB Rn 5, 15; Wedde/Gerntke/Kunz/Platow § 9 EFZG Rn 7; s auch Schmitt RdA 1996, 10 f). Selbst bei diesem Ansatz bleibt indes zu beachten, daß § 616 S 1 nur eingreift, wenn die Schonungszeit einen „verhältnismäßig nicht erheblichen" Zeitraum umfaßt.

Ungeachtet des vorgenannten Einwandes sprechen die ebenfalls durch das Pflege- **277** Versicherungsgesetz v 26. 5. 1994 erfolgten Änderungen des Bundesurlaubsgesetzes **gegen** einen **Rückgriff auf § 616 S 1,** um während einer Schonungszeit den Vergütungsanspruch des Arbeitnehmers aufrechtzuerhalten (ebenfalls ablehnend Erman/Bel-ling § 616 Rn 4, 107; MünchArbR/Boecken § 86 Rn 37; Brecht, Entgeltfortzahlung § 9 EFZG Rn 16; ErfKomm/Dörner § 616 BGB Rn 14; Kaiser/Dunkl/Hold/Kleinsorge § 9 EFZG Rn 2; Schmitt, EFZG [4. Aufl 1999] § 9 EFZG Rn 92). Erstens sieht § 7 Abs 1 S 2 BUrlG ausdrücklich einen Anspruch auf Urlaubsbewilligung im Anschluß an Maßnahmen der medizinischen Vorsorge oder Rehabilitation vor. Zweitens ist das Verbot der Anrechnung auf den Urlaub in § 10 BUrlG nur verständlich, wenn eine Entgeltfortzahlung in Betracht kommt. Da § 10 BUrlG im Unterschied zu der früheren Fassung Schonungszeiten nicht mehr nennt, folgt hieraus indirekt, daß während dieses Zeitraums kein Anspruch auf Entgeltfortzahlung nach den Vorschriften über die Entgeltfortzahlung im Krankheitsfall, zu denen auch § 616 S 1 gehört, besteht. Drittens ist gegen einen Rückgriff auf § 616 S 1 anzuführen, daß das Krankenversicherungsrecht eine ärztlich verordnete Schonungszeit seit dem 1. 6. 1994 nicht mehr kennt (siehe BT-Drucks 12/5263, 15), diese jedoch auch nach der älteren Rechtsprechung für eine Aufrechterhaltung des Vergütungsanspruches nach § 616 S 1 BGB notwendig war.

278 Ein Anspruch auf Entgeltfortzahlung kommt deshalb ausschließlich in Betracht, wenn der Arbeitnehmer **nach Durchführung** einer Maßnahme der medizinischen Vorsorge und Rehabilitation infolge **krankheitsbedingter Arbeitsunfähigkeit** an seiner Arbeitsleistung verhindert ist. In dieser Konstellation ist § 3 Abs 1 S 1 EFZG unmittelbar anwendbar. Allerdings kann der Anspruch nach § 3 Abs 1 S 2 EFZG ausgeschlossen sein.

7. Ablauf der Wartezeit*

279 Nach dem durch Art 3 Nr 1 des Arbeitsrechtlichen Beschäftigungsförderungsgesetzes v 25. 9. 1996 (BGBl I 1476) eingefügten § 3 Abs 3 EFZG entsteht der Anspruch auf Entgeltfortzahlung erst nach vierwöchiger ununterbrochener Dauer des Arbeitsverhältnisses. Neben der hierdurch beabsichtigten Kostenentlastung der Arbeitgeber soll die Einfügung der Wartefrist das **Prinzip von Leistung und Gegenleistung** stärker betonen. Es erschien dem Gesetzgeber unbillig, dem Arbeitgeber die Kosten der Entgeltfortzahlung im Krankheitsfall auch dann aufzubürden, wenn ein gerade erst eingestellter Arbeitnehmer krankheitsbedingt ausfällt (BT-Drucks 13/4612, 11).

280 Bei historischer Betrachtung griff der Gesetzgeber eine Regelung auf, die bereits in § 1 Abs 2 des Gesetzes zur Verbesserung der wirtschaftlichen Sicherung der Arbeiter im Krankheitsfalle (ArbKrankhG) v 26. 6. 1957 (BGBl I 649) enthalten war. Den Anspruch des Arbeitnehmers auf **Krankengeld** (§ 44 SGB V) berührt die Einführung der Wartefrist nicht (Gesetzesbegründung, BT-Drucks 13/4612, 11; Bericht des BT-Ausschusses für Arbeit und Sozialordnung, BT-Drucks 13/5107, 18); er besteht auch vor Ablauf der Wartefrist in § 3 Abs 3 EFZG (Giesen RdA 1997, 194; Kunz/Wedde, EFZR § 3 EFZG Rn 173; MünchKomm/Schaub § 616 Rn 37d; Vossen NZA 1998, 356).

281 Die Abhängigkeit des Entgeltfortzahlungsanspruches vom Ablauf der vierwöchigen Wartefrist schreibt § 3 Abs 3 EFZG für jedes vom Entgeltfortzahlungsgesetz erfaßte Arbeitsverhältnis und unabhängig von der **Ursache des Erkrankungsfalles** vor. Die Wartefrist müssen auch solche Arbeitnehmer erfüllen, bei denen vor der vereinbarten Arbeitsaufnahme oder während der Wartefrist eine **Schwangerschaft** eingetreten ist. Bestrebungen im Gesetzgebungsverfahren (siehe den Antrag des Freistaats Bayern im Bundesrat, BR-Drucks 519/96), diesen Personenkreis vom Anwendungsbereich der Wartefristregelung herauszunehmen, konnten sich nicht durchsetzen. Dies gilt entsprechend, wenn die Erkrankung während der Wartefrist auf einem **Arbeitsunfall** beruht. Aufgrund des einschränkungslosen Gesetzeswortlauts ist für eine Reduktion der Norm kein Raum (ebenso ErfKomm/Dörner § 3 EFZG Rn 69; Feichtinger, Entgeltfortzahlung Rn 192; Giesen RdA 1997, 195; Harth 22 f; Marienhagen/Künzl § 3 EFZG Rn 67e; Vossen NZA 1998, 354; aA Löwisch NZA 1996, 1013; Waltermann NZA 1997, 179 f). Nur wenn

---

* **Schrifttum:** Gaumann/Schafft, Anspruch auf Entgeltfortzahlung bei Kündigung aus Anlass der Erkrankung innerhalb der Wartefrist des § 3 III EFZG?, NZA 2000, 811; Vossen, Die Wartezeit nach § 3 III EFZG, NZA 1998, 354.

der Arbeitgeber die Erkrankung des Arbeitnehmers während der Wartefrist verschuldet hat, bleibt der Vergütungsanspruch uneingeschränkt bestehen, da in dieser
Konstellation § 326 Abs 2 eingreift (ebenso Löwisch NZA 1996, 1013).

Für die Erfüllung der Wartefrist ist auf das Arbeitsverhältnis abzustellen, das mit **282**
demjenigen Arbeitgeber besteht, gegen den der Anspruch auf Entgeltfortzahlung
geltend gemacht wird. Es muß sich um **denselben Arbeitgeber** handeln, mit dem das
Arbeitsverhältnis während der Wartefrist bestand. Unschädlich ist ein **Betriebsübergang** oder eine **Gesamtrechtsnachfolge** auf der Arbeitgeberseite während der Wartefrist, da hierdurch lediglich ein Wechsel in der Person des Arbeitgebers eintritt, das
Arbeitsverhältnis im übrigen aber bestehen bleibt (Feichtinger, Entgeltfortzahlung
Rn 188; Hanau RdA 1997, 207; Harth 23; KassHdb/Vossen 2.2 Rn 33; ders NZA 1998, 354).

Vergleichbar mit § 1 Abs 1 KSchG verlangt § 3 Abs 3 EFZG, daß das **Arbeitsverhält-** **283**
nis während der Wartefrist **ohne Unterbrechungen** existiert. **Frühere Arbeitszeiten** bei
demselben Arbeitgeber sind deshalb grundsätzlich nicht auf die Wartefrist anzurechnen (ebenso zu § 1 Abs 2 ArbKrankhG BAG AP Nr 25 zu § 1 ArbKrankhG; teilw abw Nikisch § 43
IV 2 d). Im Hinblick auf die vergleichbare Problematik bei den §§ 622 Abs 2, 1 Abs 1
KSchG, 4 BUrlG sind **Unterbrechungen zwischen zwei Arbeitsverhältnissen** jedoch
unbeachtlich, wenn das neue Arbeitsverhältnis mit dem bisherigen Arbeitgeber in
einem **engen sachlichen und zeitlichen Zusammenhang** mit dem früheren Arbeitsverhältnis zwischen denselben Vertragsparteien steht (BAG EzA § 3 EFZG Nr 3;
Kunz/Wedde, EFZR § 3 EFZG Rn 176; Marienhagen/Künzl § 3 EFZG Rn 67g; Schoof, in:
Kittner/Zwanziger [Hrsg], Arbeitsrecht [2001] § 58 Rn 97; Vossen NZA 1998, 355; im Grundsatz
auch Kaiser/Dunkl/Hold/Kleinsorge § 3 EFZG Rn 129; aA MünchArbR/Boecken § 83 Rn 136;
zu den vorgenannten Parallelnormen statt aller KR/Etzel [6. Aufl 2000] § 1 KSchG Rn 110 ff mwN).
Dementsprechend sind auch **Zeiten eines Berufsausbildungsverhältnisses** auf die Vier-
Wochen-Frist anzurechnen, wenn sich das Arbeitsverhältnis unmittelbar an dieses
anschließt (so bereits zu § 1 Abs 2 ArbKrankhG Schelp RdA 1957, 249). Darüber hinaus sind
gesetzliche Fiktionen eines ununterbrochenen Arbeitsverhältnisses zu beachten (s
§ 10 Abs 2 MuSchG). **Ausgeschlossen** ist die **Anrechnung** einer vorherigen Tätigkeit
des Arbeitnehmers, die er bei dem Arbeitgeber auf einer **anderen rechtlichen Grundlage** (zB aufgrund oder in Durchführung eines von anderen abgeschlossenen Werkvertrages, als Leiharbeitnehmer) erbrachte. Das gilt auch, wenn dem neu begründeten Arbeitsverhältnis ein **Eingliederungsverhältnis** im Sinne der §§ 229 ff SGB III
unmittelbar voranging (Feichtinger, Entgeltfortzahlung Rn 189; Schmitt, EFZG [4. Aufl
1999] § 3 EFZG Rn 230; KassHdb/Vossen 2.2 Rn 33; ders NZA 1998, 354 f; ebenso für die Berechnung der Wartezeit im Rahmen des § 1 Abs 1 KSchG BAG AP Nr 14 zu § 1 KSchG 1969 Wartezeit).

Da das Gesetz auf das „Arbeitsverhältnis" abstellt, genügt sein **rechtlicher Bestand** **284**
während der Wartefrist (MünchArbR/Boecken § 83 Rn 136; Brecht, Entgeltfortzahlung § 3
EFZG Rn 68; ErfKomm/Dörner § 3 EFZG Rn 68; Feichtinger, Entgeltfortzahlung Rn 191; Hro-
madka/Maschmann, Arbeitsrecht 1 [2. Aufl 2002] 289; Kaiser/Dunkl/Hold/Kleinsorge § 3
EFZG Rn 128; Kunz/Wedde, EFZR § 3 EFZG Rn 175; Müller/Berenz § 3 EFZG Rn 11; Münch-
Komm/Schaub § 616 Rn 37b; Schoof, in: Kittner/Zwanziger [Hrsg], Arbeitsrecht [2001] § 58 Rn 96;
Vossen NZA 1998, 355; ebenso zu § 1 Abs 2 ArbKrankhG BAG AP Nr 4 zu § 1 ArbKrankhG;
Diekhoff AuR 1957, 300 f; Staudinger/Mohnen/Neumann[10/11] § 616 Rn 92; Nikisch I § 43 IV 2 d;
Schelp RdA 1957, 249). Eine **ununterbrochene Arbeitsleistung** während der Wartefrist
ist **nicht erforderlich** (MünchArbR/Boecken § 83 Rn 136; ders NZA 1999, 677; Feichtinger,

Entgeltfortzahlung Rn 191; KUNZ/WEDDE, EFZR § 3 EFZG Rn 175; MÜLLER/BERENZ § 3 EFZG Rn 11; MünchKomm/SCHAUB § 616 Rn 37b; ebenso zu § 1 Abs 2 ArbKrankhG BAG AP Nr 4 zu § 1 ArbKrankhG; LAG Bayern DB 1958, 55; DIEKHOFF AuR 1957, 300 f; NIKISCH I § 43 IV 2 d; SCHELP RdA 1957, 249; SCHELP/TRIESCHMANN, Das Arbeitsverhältnis im Krankheitsfalle [1958] 140; aA BÜSCHGES BlStSozArbR 1957, 346). Wegen der von § 1 Abs 1 ArbKrankhG abweichenden Berechnung der nach § 3 Abs 1 S 1 EFZG zu gewährenden Entgeltfortzahlung ist es auch aus tatsächlichen Gründen nicht notwendig, daß der Arbeitnehmer während der Wartefrist ein Arbeitsentgelt bezogen hat (zu § 1 Abs 2 ArbKrankhG siehe aber DIEKHOFF AuR 1957, 301; STAUDINGER/MOHNEN/NEUMANN[10/11] § 616 Rn 92). Im Extremfall entsteht der Anspruch auf Entgeltfortzahlung nach Ablauf der Wartefrist auch, wenn der Arbeitnehmer **während der Wartefrist keine Arbeitsleistung** erbracht hat (ebenso MünchArbR/BOECKEN § 83 Rn 142; ders NZA 1999, 677; ErfKomm/DÖRNER § 3 EFZG Rn 68; KUNZ/WEDDE, EFZR § 3 EFZG Rn 175).

285 Zeiten, in denen das **Arbeitsverhältnis ruht,** führen nicht zu einer Unterbrechung der Wartefrist, da sie den Bestand des Arbeitsverhältnisses nicht berühren. Das gilt entsprechend, wenn der Arbeitnehmer während der Wartefrist erkrankt und infolgedessen arbeitsunfähig ist; der Bestand des Arbeitsverhältnisses bleibt hiervon unberührt (ebenso VOSSEN NZA 1998, 355; zu § 1 Abs 2 ArbKrankhG BAG AP Nr 4 zu § 1 ArbKrankhG). Da allein der rechtliche Bestand des Arbeitsverhältnisses maßgebend ist, **verlängert** sich die **Wartefrist nicht** durch Zeiten, in denen das Arbeitsverhältnis ruht.

286 Für die **Berechnung** der vierwöchigen Frist sind die §§ **187 ff** heranzuziehen. Die **Frist beginnt** mit dem Tag der vereinbarten **Arbeitsaufnahme** (§ 187 Abs 2; ebenso MünchArbR/BOECKEN § 83 Rn 135; FEICHTINGER, Entgeltfortzahlung Rn 188; HROMADKA/MASCHMANN, Arbeitsrecht 1 [1998] 277; KAISER/DUNKL/HOLD/KLEINSORGE § 3 EFZG Rn 127; KUNZ/WEDDE, EFZR § 3 EFZG Rn 174; SCHMITT, EFZG [4. Aufl 1999] § 3 EFZG Rn 231, VOSSEN NZA 1998, 354; aA BRECHT, Entgeltfortzahlung § 3 EFZG Rn 68: Antritt des ersten Ganges zur erstmaligen Arbeitsaufnahme). Das gilt auch, wenn der **Vertragsschluß** bereits zu einem früheren Zeitpunkt erfolgte (MünchArbR/BOECKEN § 83 Rn 135; RAAB Anm zu BAG EzA § 3 EFZG Nr 7). Für den **Ablauf der Frist** greift § 188 Abs 2 HS 2 ein. § 193 findet insoweit keine Anwendung, da die Voraussetzungen dieser Norm nicht erfüllt sind (MünchArbR/BOECKEN § 83 Rn 135; FEICHTINGER, Entgeltfortzahlung Rn 190; VOSSEN NZA 1998, 355).

287 Mit Ablauf der Wartefrist entsteht erstmals ein Anspruch auf Entgeltfortzahlung. Angesichts fehlender Anhaltspunkte im Gesetzeswortlaut setzt der Entgeltfortzahlungsanspruch nicht voraus, daß der Arbeitnehmer erst nach Ablauf der Wartefrist erkrankt. Der **Anspruch auf Entgeltfortzahlung** entsteht **auch,** wenn der Arbeitnehmer bereits **vor Ablauf der Wartefrist** infolge Krankheit **arbeitsunfähig** war (ebenso BAG AP Nr 10 zu § 3 EFZG; LAG Niedersachen LAGE § 8 EFZG Nr 1; ERMAN/BELLING § 616 Rn 125; MünchArbR/BOECKEN § 83 Rn 141; ders NZA 1999, 677; FEICHTINGER, Entgeltfortzahlung Rn 187; HARTH 28; KUNZ/WEDDE, EFZR § 3 EFZG Rn 175; MARIENHAGEN/KÜNZL § 3 EFZG Rn 67b; PETERS-LANGE SAE 2000, 276; PREIS NJW 1996, 3374; RAAB Anm zu BAG EzA § 3 EFZG Nr 7; MünchKomm/SCHAUB § 616 Rn 37c; SCHMITT, EFZG [4. Aufl 1999] § 3 EFZG Rn 232; SCHOOF, in: Kittner/Zwanziger [Hrsg], Arbeitsrecht [2001] § 58 Rn 98; KassHdb/VOSSEN 2.2 Rn 37; aA SIEG BB 1996 Beil 17, 19; sowie bereits zu § 1 Abs 2 ArbKrankhG BAG AP Nr 4 zu § 1 ArbKrankhG; NIKISCH I § 43 IV 2 d). Das gilt unabhängig davon, ob die Erkrankung

vor oder nach der vereinbarten Arbeitsaufnahme eintrat (MünchArbR/Boecken § 83 Rn 142; Schmitt, EFZG [4. Aufl 1999] § 3 EFZG Rn 233).

Der Anspruch auf Entgeltfortzahlung entsteht **nur für Zeiten** krankheitsbedingter **288** Arbeitsunfähigkeit, die **nach Ablauf der Wartefrist** liegen. Für ein rückwirkendes Entstehen des Anspruches (so Buschmann AuR 1996, 290) enthält der Gesetzeswortlaut – im Unterschied zu § 4 BUrlG – keinerlei Anhaltspunkte (wie hier BAG AP Nr 10 zu § 3 EntgeltFG; Bauer/Lingemann BB 1996 Beil 17, 8; ErfKomm/Dörner § 3 EFZG Rn 68; Feichtinger, Entgeltfortzahlung Rn 187; Giesen RdA 1997, 194; Hromadka/Maschmann, Arbeitsrecht 1 [2. Aufl 2002] 289; Kaiser/Dunkl/Hold/Kleinsorge § 3 EFZG Rn 125; Kunz/Wedde, EFZR § 3 EFZG Rn 175; Marienhagen/Künzl § 3 EFZG Rn 67b; Raab Anm zu BAG EzA § 3 EFZG Nr 7; Schmitt, EFZG [4. Aufl 1999] § 3 EFZG Rn 232; Vossen NZA 1998, 355). Das entspricht im Ergebnis auch der vorherrschenden Ansicht zu § 1 Abs 2 ArbKrankhG. Erkrankungen während der Wartefrist schlossen zwar die Gewährung eines Zuschusses zum Krankengeld nicht aus, dieser mußte aber nicht rückwirkend für die Zeiträume während der Wartefrist geleistet werden (BAG AP Nr 4 zu § 1 ArbKrankhG; Staudinger/Mohnen/Neumann[10/11] § 616 Rn 92; Nikisch § 43 IV 2 d).

Dem Gesetz läßt sich nicht zweifelsfrei entnehmen, ob der **Sechs-Wochen-Zeitraum** **289** in § 3 Abs 1 S 1 EFZG bereits mit dem **Beginn der Erkrankung** oder erst mit dem **Entstehen eines Anspruches auf Entgeltfortzahlung** zu laufen beginnt, wenn der Arbeitnehmer vor Ablauf der Wartefrist erkrankt. Für die erste Lösung entschied sich die vorherrschende Ansicht zu § 1 Abs 2 ArbKrankhG, da sie den Anspruch auf Zuschuß zum Krankengeld als einen „bedingten Anspruch" qualifizierte (so BAG AP Nr 4 zu § 1 ArbKrankhG). Für das Entgeltfortzahlungsgesetz besitzt dieser konzeptionelle Ansatz keine tragfähige normative Anknüpfung (ebenso Erman/Belling § 616 Rn 125; MünchArbR/Boecken § 83 Rn 140; ders NZA 1999, 677; aA Giesen RdA 1997, 194 f; Harth 28; Peters-Lange SAE 2000, 275 ff; Preis NJW 1996, 3374). Anders als § 1 Abs 2 ArbKrankhG, der lediglich die „Gewährung" des Zuschusses mit dem Ablauf der Wartefrist verknüpfte und wegen der Bezugnahme auf § 1 Abs 1 ArbKrankhG das rechtliche Entstehen des Anspruches vor Ablauf der Wartefrist nicht ausschloß (so ausdrücklich BAG AP Nr 4 zu § 1 ArbKrankhG), legt § 3 Abs 3 EFZG ausdrücklich fest, daß der in § 3 Abs 1 S 1 EFZG begründete Anspruch erst nach Ablauf der Wartefrist entsteht. Da § 3 Abs 3 EFZG expressis verbis auf den „Anspruch nach Abs 1" abstellt, entsteht der Anspruch nach Ablauf der Wartefrist nach Maßgabe der in § 3 Abs 1 EFZG genannten rechtlichen Rahmenbedingungen, so daß dem Arbeitnehmer hiernach ein Anspruch bis zur Dauer von sechs Wochen zusteht und der Sechs-Wochen-Zeitraum erst mit dem Entstehen des Anspruches, also mit Ablauf der Wartefrist beginnt. Selbst wenn der Arbeitnehmer **vor Ablauf der Wartefrist erkrankt,** steht diesem **mit deren Ablauf** somit für die sich anschließenden **sechs Wochen** ein Anspruch auf Entgeltfortzahlung zu (so auch BAG AP Nr 10 zu § 3 EntgeltFG; ArbG Frankfurt aM AuR 1998, 501; Bauer/Lingemann BB 1996 Beil 17, 8 f; Erman/Belling § 616 Rn 125; MünchArbR/Boecken § 83 Rn 140; ders NZA 1999, 677; Brecht, Entgeltfortzahlung § 3 EFZG Rn 68; ErfKomm/Dörner § 3 EFZG Rn 68; Feichtinger, Entgeltfortzahlung Rn 230; Gaumann/Schafft NZA 2000, 814; Hanau RdA 1997, 207; Hromadka/Maschmann, Arbeitsrecht 1 [2. Aufl 2002] 289; Kaiser/Dunkl/Hold/Kleinsorge § 3 EFZG Rn 125; Kunz/Wedde, EFZR § 3 EFZG Rn 175; Marienhagen/Künzl § 3 EFZG Rn 67b; Raab Anm zu BAG EzA § 3 EFZG Nr 7; MünchKomm/Schaub § 616 Rn 37c; Schmitt, EFZG [4. Aufl 1999] § 3 EFZG Rn 232, 234; Schoof, in: Kittner/Zwanziger [Hrsg], Arbeitsrecht [2001] § 58 Rn 98; Viethen 21; KassHdb/Vossen 2.2 Rn 38;

ders NZA 1998, 356; **aA** jüngst noch Peters/Lange SAE 2000, 276 f sowie in der Rechtsprechung der Instanzgerichte LAG Niedersachsen LAGE § 8 EFZG Nr 1).

290 Bei einer krankheitsbedingten Arbeitsunfähigkeit während der Wartefrist schließt § 3 Abs 3 EFZG für diesen Zeitraum nicht nur einen auf § 3 Abs 1 S 1 EFZG gestützten Anspruch auf Entgeltfortzahlung aus. Der Zweck der Regelung verbietet es auch, den Vergütungsanspruch durch einen **Rückgriff auf § 616 S 1** aufrechtzuerhalten. Die Regelungen des Entgeltfortzahlungsgesetzes sind für sämtliche Zeiten einer krankheitsbedingten Arbeitsunfähigkeit leges speciales und verhindern in ihrem Anwendungsbereich den Rückgriff auf die lex generalis in § 616 S 1 (zutreffend Erman/Belling § 616 Rn 4; ebenso zu § 1 Abs 2 ArbkrankhG Hessel BB 1957, 681; Staudinger/Mohnen/Neumann[10/11] § 616 Rn 85, 92; **aA** jedoch Diekhoff AuR 1957, 297 f; Schediwy RdA 1958, 52 f; Schelp/Trieschmann, Das Arbeitsverhältnis im Krankheitsfalle [1958] 155). Nur dieses Verständnis wird dem Zweck des § 3 Abs 3 EFZG gerecht. Die mit der Einführung der Wartefrist beabsichtigte wirtschaftliche Entlastung des Arbeitgebers (s o Rn 279) würde konterkariert, wenn der Ausschluß eines Entgeltfortzahlungsanspruches während der Wartefrist durch einen Rückgriff auf § 616 S 1 unterlaufen werden könnte. Eine andere Rechtsfolge gilt nur außerhalb des persönlichen oder sachlichen Anwendungsbereichs des Entgeltfortzahlungsgesetzes. Führt die Krankheit des Arbeitnehmers nicht zur Arbeitsunfähigkeit, so ist der Anwendungsbereich des Entgeltfortzahlungsgesetzes nicht eröffnet und deshalb die Anwendung des § 616 S 1 unabhängig davon statthaft, ob die Wartefrist des § 3 Abs 3 EFZG erfüllt ist.

IV. Geltendmachung der Entgeltfortzahlung

291 Die Pflicht des Arbeitgebers zur Fortzahlung der Vergütung ist nicht mit einer besonderen Form der Geltendmachung verknüpft. Sie entsteht vielmehr ipso iure mit Eintritt der gesetzlichen Voraussetzungen (s u Rn 343). Gleichwohl erlegt das Gesetz dem Arbeitnehmer für die Geltendmachung seines Anspruches Nebenpflichten auf, deren Verletzung zwar nicht das Entstehen des Anspruchs berührt, dem Arbeitgeber aber teilweise vorübergehend zur Leistungsverweigerung berechtigt (siehe § 7 Abs 1 Nr 1 EFZG; hierzu u Rn 492 ff).

1. Anzeige- und Nachweispflicht*

a) Anzeigepflicht

292 Für die vom Entgeltfortzahlungsgesetz erfaßten Arbeitnehmer begründet § 5 Abs 1 S 1 EFZG die **unselbständige arbeitsvertragliche Nebenpflicht** (Brecht, Entgeltfort-

---

* **Schrifttum:** Aye, Vertrauensärztliche Untersuchung des Arbeitnehmers auf Verlangen des Arbeitgebers?, BB 1956, 1033; Berenz, Anzeige- und Nachweispflichten bei Erkrankung im Ausland, DB 1995, 1462; Bleistein, Die ärztliche Arbeitsunfähigkeitsbescheinigung, betrieb + personal 1995, 19; Borchert, Die Arbeitsunfähigkeitsbescheinigung im Arbeits- und Sozialrecht, AuR 1990, 375; ders, Die Arbeitsunfähigkeitsbescheinigung, DOK 1991, 634; Brill, Die ärztliche Arbeitsunfähigkeitsbescheinigung nach dem Lohnfortzahlungsgesetz, DOK 1971, 623; ders, Die Bedeutung der ärztlichen Arbeitsunfähigkeitsbescheinigung für den Lohnfortzahlungsanspruch des Arbeiters, DOK 1971, 665; ders, Der Nachweis der Arbeitsunfähigkeit des Arbeitnehmers, DOK 1984, 218; ders, Überprüfungsmöglichkeiten des Arbeitgebers bei Zweifeln an der Arbeitsunfähigkeit des Arbeitnehmers, DOK 1985, 64; Denecke, Vorzahlung § 5 EFZG Rn 4; ErfKomm/Dörner § 5 EFZG Rn 3; Hromadka/Maschmann, Arbeitsrecht 1 [2. Aufl 2002] 291; Geyer/Knorr/Krasney § 5 EFZG Rn 13; Kaiser/Dunkl/Hold/Kleinsorge § 5 EFZG Rn 84; Kunz/Wedde, EFZR § 5 EFZG Rn 7; Lepke 364 f; Marienhagen/Künzl § 5 EFZG Rn 1; Müller/Berenz § 5 EFZG Rn 15; MünchKomm/Schaub § 616 Rn 134), dem Arbeitgeber die **Arbeitsunfähigkeit** und deren voraussichtliche **Dauer unverzüglich mitzuteilen.**

Aufgrund des weiten Arbeitnehmerbegriffs in § 1 Abs 2 EFZG und der deklaratorischen Verweisung in § 12 Abs 1 S 2 BBiG gilt die Anzeigepflicht ebenfalls für   **293**

legen von ärztlichen Zeugnissen bei Erkrankungen, BB 1951, 279; Diller, Krankfeiern seit 1. 6. 1994 schwieriger?, NJW 1994, 1690; Fauth, Der Nachweis der Krankheit, BlStSozArbR 1961, 204; Feichtinger, Anzeige- und Nachweispflichten bei Arbeitsunfähigkeit, AR-Blattei, SD 1000.2 (1995); Ferber, Die Arbeitsunfähigkeitsdiagnose des niedergelassenen Arztes und ihre Aussagefähigkeit, DOK 1980, 918; Fleischer, Die formellen und materiellen Voraussetzungen der für den Arbeitgeber bestimmten Arbeitsunfähigkeitsbescheinigungen nach § 3 Lohnfortzahlungsgesetz (Diss Erlangen-Nürnberg 1984); Galahn, Der Mißbrauch der Entgeltfortzahlung im Krankheitsfall und die Abwehrmöglichkeiten des Arbeitgebers (1994); Gaumann, Anordnung der vorzeitigen Vorlage einer Arbeitsunfähigkeitsbescheinigung nach § 5 Abs 1 Satz 3 EFZG – ein mitbestimmungspflichtiger Tatbestand?, FA 2001, 72; Gola, Krankenkontrolle, Datenschutz und Mitbestimmung, BB 1995, 2318; Hanau/Kramer, Zweifel an der Arbeitsunfähigkeit, DB 1995, 94; Kittner, Ärztliche Untersuchung des Arbeitnehmers auf Verlangen des Arbeitgebers (Diss München 1969); Kleinebrink, Die Arbeitsunfähigkeitsbescheinigung (Diss Augsburg 1994); Kramer, Die Vorlage der Arbeitsunfähigkeitsbescheinigung, BB 1996, 1662; Krent, Nachweis der Arbeitsunfähigkeit durch privatärztliches Attest, BB 1961, 99; Lepke, Schuldhaft unterlassene Krankmeldung des Arbeitnehmers und sog Lohnfortzahlungsanspruch, BB 1967, 1173; ders, Rechtsfolgen bei der Verletzung von Verhaltensobliegenheiten des Arbeitnehmers bei feststehender oder behaupteter, aber zweifelhafter krankheitsbedingter Arbeitsunfähigkeit, BB 1974, 430, 478; ders, Zur arbeitsrechtlichen Bedeutung ärztlicher Arbeitsunfähigkeitsbescheinigungen, DB 1993, 2025; ders, Pflichtverletzungen des Arbeitnehmers bei Krankheit als Kündigungsgrund, NZA 1995, 1084; Marburger, Zweifelsfragen aus Anlaß der Arbeitsunfähigkeitsmeldung im Zusammenhang mit der Entgeltfortzahlung, BB 1978, 1419; ders, Vertrauensärztliche Untersuchung auf Verlangen des Arbeitgebers, BB 1987, 1310; ders, Bescheinigung der Arbeitsunfähigkeit bei Erkrankung im Ausland, BB 1988, 557; Otten, Zur Arbeitsunfähigkeits-Bescheinigung im Sinne des Lohnfortzahlungsgesetzes, DB 1976, 389; Paschmann, Anzeige der Arbeitsversäumnis, ZTR 1991, 152; Peter, Die Arbeitsunfähigkeitsbescheinigung als europäisches Rechtsproblem (1999); ders, Die Arbeitsunfähigkeitsbescheinigung als europäisches Rechtsproblem, RdA 1999, 374; Reinecke, Die arbeitsrechtliche Bedeutung der ärztlichen Arbeitsunfähigkeitsbescheinigung, DB 1989, 2068; ders, Entgeltfortzahlung im Krankheitsfall – Arbeitsunfähigkeitsbescheinigung und Sozialversicherungsausweis –, FA 1999, 82; Sabel, Zur Bedeutung der Krankenordnung und der vertrauensärztlichen Begutachtung der Arbeitsunfähigkeit im Entgeltfortzahlungsrecht, SozSich 1974, 111; Schaub, Rechtsfragen der Arbeitsunfähigkeitsbescheinigung nach dem Entgeltfortzahlungsgesetz, BB 1994, 1629; Stückmann, „Krankfeiern" und „Krankschreiben" – Überlegungen zur Entgeltfortzahlung im Krankheitsfalle, NZS 1994, 529; ders, Arbeiten trotz AUB: Wer entscheidet darüber?, AuA 1996, 197; Wanner, Arbeitsunfähigkeits-Richtlinien in Kraft, DB 1992, 93; Weiland, Die rückdatierte Arbeitsunfähigkeitsbescheinigung, BB 1979, 1096; Worzalla, Die Anzeige- und Nachweispflicht nach § 5 I EFZG, NZA 1996, 61.

Berufsausbildungsverhältnisse und **gleichgestellte Vertragsverhältnisse** (§ 19 BBiG) sowie wegen der §§ 48 Abs 1, 78 Abs 1 SeemG auch für **Besatzungsmitglieder** und **Kapitäne.**

294 Die Anzeigepflicht trägt dem **Dispositionsinteresse des Arbeitgebers** Rechnung, der für die Planung des Arbeitseinsatzes wissen muß, für welchen Zeitraum er einen Ausfall des Arbeitnehmers zu berücksichtigen hat (BAG AP Nr 23 zu § 1 KSchG 1969 Verhaltensbedingte Kündigung; MünchArbR/BOECKEN § 85 Rn 3, 8; ErfKomm/DÖRNER § 5 EFZG Rn 5; FEICHTINGER, Entgeltfortzahlung Rn 476; KAISER/DUNKL/HOLD/KLEINSORGE § 5 EFZG Rn 3; KUNZ/WEDDE, EFZR § 5 EFZG Rn 6, 12; MÜLLER/BERENZ § 5 EFZG Rn 7; SCHLIEMANN AuR 1994, 323; SCHMITT, EFZG [4. Aufl 1999] § 5 EFZG Rn 8, 12; ebenso zu § 3 LFG BAG AP Nr 1 zu § 3 LohnFG).

295 Wegen des mit § 5 Abs 1 S 1 EFZG bezweckten Dispositionsschutzes sowie des einschränkungslosen Wortlauts der Vorschrift besteht die **Anzeigepflicht unabhängig davon,** ob der Arbeitgeber im konkreten Einzelfall zur **Fortzahlung der Vergütung verpflichtet ist** (MünchArbR/BOECKEN § 85 Rn 3; BRECHT, Entgeltfortzahlung § 5 EFZG Rn 2; ErfKomm/DÖRNER § 5 EFZG Rn 5; FEICHTINGER, Entgeltfortzahlung Rn 474; KAISER/DUNKL/HOLD/KLEINSORGE § 5 EFZG Rn 1; KUNZ/WEDDE, EFZR § 5 EFZG Rn 6; LEPKE NZA 1995, 1085; MÜLLER/BERENZ § 5 EFZG Rn 7; MünchKomm/SCHAUB § 616 Rn 134; SCHMITT, EFZG [4. Aufl 1999] § 5 EFZG Rn 7; KassHdb/VOSSEN 2.2 Rn 162; WORZALLA NZA 1996, 61). Sie besteht nicht nur bei **Fortsetzungserkrankungen** (LAG Sachsen-Anhalt NZA 1997, 772; SCHMITT, EFZG [4. Aufl 1999] § 5 EFZG Rn 8) und bei einem **„Verschulden" des Arbeitnehmers** (KAISER/DUNKL/HOLD/KLEINSORGE § 5 EFZG Rn 1; KUNZ/WEDDE, EFZR § 5 EFZG Rn 6; SCHMITT, EFZG [4. Aufl 1999] § 5 EFZG Rn 8), sondern auch, wenn der Arbeitnehmer **vor Ablauf der Wartefrist** (§ 3 Abs 3 EFZG) erkrankt (BAUER/LINGEMANN BB 1996 Beil 17; BRECHT, Entgeltfortzahlung § 5 EFZG Rn 2; FEICHTINGER, Entgeltfortzahlung Rn 474; GIESEN RdA 1997, 194; HARTH 146; KAISER/DUNKL/HOLD/KLEINSORGE § 5 EFZG Rn 1; KUNZ/WEDDE, EFZR § 5 EFZG Rn 6; MÜLLER/BERENZ § 5 EFZG Rn 7; SCHMITT, EFZG [4. Aufl 1999] § 5 EFZG Rn 8; VOSSEN NZA 1998, 356). Insofern gelten keine anderen Grundsätze als für diejenigen Arbeitsverhältnisse, die früher wegen § 1 Abs 3 Nr 1 LFG keinen Anspruch auf Fortzahlung des Arbeitsentgelts besaßen (so die allgM zur damaligen Rechtslage, vgl LAG Hamm DB 1971, 872; BRECHT, Lohnfortzahlung § 3 Rn 2; FEICHTINGER, Lohn- und Gehaltsfortzahlung Rn 105; KEHRMANN/PELIKAN § 3 Rn 1; LEPKE [8. Aufl 1991] 177; SCHMITT, LFZG [1. Aufl 1992] § 3 LFZG Rn 6 ff; SCHULTE/MIMBERG/SABEL 159).

296 Wegen des Zwecks der Anzeigepflicht ist diese nicht nur bei einer erstmaligen Erkrankung, sondern auch zu beachten, wenn die **Erkrankung länger als ursprünglich angegeben** dauert (BAG AP Nr 27 zu § 1 KSchG 1969 Verhaltensbedingte Kündigung; FEICHTINGER, Entgeltfortzahlung Rn 486; HANAU/KRAMER DB 1995, 94; HARTH 146; KAISER/DUNKL/HOLD/KLEINSORGE § 5 EFZG Rn 8, 13; LEPKE NZA 1995, 1085; MARIENHAGEN/KÜNZL § 5 EFZG Rn 5b; PALANDT/PUTZO § 616 Rn 27; SCHLIEMANN AuR 1994, 322; SCHMITT, EFZG [4. Aufl 1999] § 5 EFZG Rn 97 f; KassHdb/VOSSEN 2.2 Rn 169).

297 Der **Inhalt der Anzeige** erstreckt sich auf die **Arbeitsunfähigkeit als solche** sowie ihre **voraussichtliche Dauer,** regelmäßig hingegen nicht auf die Art der Erkrankung (BRECHT, Entgeltfortzahlung § 5 EFZG Rn 8; ErfKomm/DÖRNER § 5 EFZG Rn 11; FEICHTINGER, Entgeltfortzahlung Rn 485; KAISER/DUNKL/HOLD/KLEINSORGE § 5 EFZG Rn 9; KUNZ/WEDDE, EFZR § 5 EFZG Rn 19; MÜLLER/BERENZ § 5 EFZG Rn 9 f; MünchKomm/SCHAUB § 616 Rn 137;

SCHMITT, EFZG [4. Aufl 1999] § 5 EFZG Rn 22; KassHdb/VOSSEN 2.2 Rn 174). Ausnahmsweise ist eine Mitteilung über die **Art der Erkrankung** aufgrund der arbeitsvertraglichen Nebenpflicht erforderlich, wenn der **Arbeitgeber** hieran ein **berechtigtes Interesse** hat. Das ist vor allem bei **ansteckenden Krankheiten** oder bei **Fortsetzungskrankheiten** (MünchArbR/BOECKEN § 85 Rn 10; BRECHT, Entgeltfortzahlung § 3 EFZG Rn 8; ErfKomm/DÖRNER § 5 EFZG Rn 11; FEICHTINGER, Entgeltfortzahlung Rn 487 ff; GEYER/KNORR/KRASNEY § 5 EFZG Rn 21; HARTH 145; HELML § 5 EFZG Rn 8; LEPKE NZA 1995, 1085; MARIENHAGEN/KÜNZL § 5 EFZG Rn 6a; MÜLLER/BERENZ § 5 EFZG Rn 10; MünchKomm/SCHAUB § 616 Rn 137; SCHMITT, EFZG [4. Aufl 1999] § 5 EFZG Rn 23; WEDDE/GERNTKE/KUNZ/PLATOW § 5 EFZG Rn 15; WORZALLA NZA 1996, 62; WORZALLA/SÜLLWALD § 5 EFZG Rn 13; **aA** für Fortsetzungserkrankungen KAISER/DUNKL/HOLD/KLEINSORGE § 5 EFZG Rn 11) anzuerkennen.

Eine besondere **Form** muß der Arbeitnehmer bei seiner Anzeige nicht einhalten, sie **298** kann **(fern)mündlich oder schriftlich** erfolgen (ERMAN/BELLING § 616 Rn 140; BRECHT, Entgeltfortzahlung § 5 EFZG Rn 7; FEICHTINGER, Entgeltfortzahlung Rn 482; HARTH 145; KAISER/DUNKL/HOLD/KLEINSORGE § 5 EFZG Rn 8; KUNZ/WEDDE, EFZR § 5 EFZG Rn 18; LEPKE NZA 1995, 1085; MÜLLER/BERENZ § 5 EFZG Rn 11; MünchKomm/SCHAUB § 616 Rn 136; SCHMITT, EFZG [4. Aufl 1999] § 5 EFZG Rn 26; KassHdb/VOSSEN 2.2 Rn 172; im Grundsatz auch ErfKomm/DÖRNER § 5 EFZG Rn 14). Der Arbeitnehmer muß jedoch diejenige Form wählen, die den Anforderungen an die Unverzüglichkeit (vgl u Rn 300) genügt. Da die Anzeige nicht auf die Herbeiführung einer Rechtsfolge gerichtet ist, unterliegt diese **nicht** den allgemeinen **Vorschriften über Willenserklärungen.** Die **Kosten für die Mitteilung** sind – im Umkehrschluß zu § 5 Abs 2 S 2 EFZG – vom Arbeitnehmer zu tragen.

Die Anzeige muß dem Arbeitgeber bzw innerhalb des Betriebs demjenigen zugehen, **299** der für ihre **Entgegennahme zuständig** ist (MünchArbR/BOECKEN § 85 Rn 14; ErfKomm/DÖRNER § 5 EFZG Rn 15; FEICHTINGER, Entgeltfortzahlung Rn 484; KAISER/DUNKL/HOLD/KLEINSORGE § 5 EFZG Rn 6; KUNZ/WEDDE, EFZR § 5 EFZG Rn 23; LEPKE NZA 1995, 1085; MünchKomm/SCHAUB § 616 Rn 136; SCHMITT, EFZG [4. Aufl 1999] § 5 EFZG Rn 27; KassHdb/VOSSEN 2.2 Rn 173; ebenso zu § 3 LFG BAG AP Nr 26 zu § 9 MuSchG; FEICHTINGER, Lohn- und Gehaltsfortzahlung Rn 107; KEHRMANN/PELIKAN § 3 Rn 2). Der Arbeitnehmer muß sie **nicht höchstpersönlich abgeben** (BAG AP Nr 23 zu § 1 KSchG 1969 Verhaltensbedingte Kündigung; MÜLLER/BERENZ § 5 EFZG Rn 14; MünchKomm/SCHAUB § 616 Rn 136; KassHdb/VOSSEN 2.2 Rn 172), er kann sich auch eines **Erklärungsboten** bedienen, trägt in diesem Fall jedoch das Risiko, daß die Anzeige den Arbeitgeber nicht oder nicht rechtzeitig erreicht (MünchArbR/BOECKEN § 85 Rn 14; ErfKomm/DÖRNER § 5 EFZG Rn 16; HELML § 5 EFZG Rn 9; KUNZ/WEDDE, EFZR § 5 EFZG Rn 23; LEPKE NZA 1995, 1085; SCHMITT, EFZG [4. Aufl 1999] § 5 EFZG Rn 28; SCHOOF, in: KITTNER/ZWANZIGER [Hrsg], Arbeitsrecht [2001] § 58 Rn 222, 225; WEDDE/GERNTKE/KUNZ/PLATOW § 5 EFZG Rn 18).

Eine **Frist für die Anzeige** schreibt § 5 Abs 1 S 1 EFZG nicht vor, sie muß jedoch **300** **unverzüglich,** dh ohne schuldhaftes Zögern (§ 121) zugehen (ERMAN/BELLING § 616 Rn 140; MünchArbR/BOECKEN § 85 Rn 13; ErfKomm/DÖRNER § 5 EFZG Rn 12; FEICHTINGER, Entgeltfortzahlung Rn 476; HROMADKA/MASCHMANN, Arbeitsrecht 1 [2. Aufl 2002] 291; KAISER/DUNKL/HOLD/KLEINSORGE § 5 EFZG Rn 7; KEHRMANN/PELIKAN § 3 Rn 2; KUNZ/WEDDE, EFZR § 5 EFZG Rn 14; LEPKE NZA 1995, 1085; MÜLLER/BERENZ § 5 EFZG Rn 13; MünchKomm/SCHAUB § 616 Rn 135; SCHMITT, EFZG [4. Aufl 1999] § 5 EFZG Rn 14; SCHOOF, in: KITTNER/ZWANZIGER [Hrsg], Arbeitsrecht [2001] § 58 Rn 220; KassHdb/VOSSEN 2.2 Rn 170). Eine **briefliche Mitteilung** (zB durch Übersendung der Arbeitsunfähigkeitsbescheinigung) genügt **in der Regel nicht** den Anforderungen an eine „unverzügliche" Benachrichtigung (ebenso BAG AP Nr 23 zu § 1 KSchG 1969 Verhaltensbedingte Kündigung; ERMAN/BELLING § 616 Rn 140; MünchArbR/ BOECKEN § 85 Rn 13; FEICHTINGER, Entgeltfortzahlung Rn 478; KAISER/DUNKL/HOLD/KLEINSORGE § 5 EFZG Rn 7; KUNZ/WEDDE, EFZR § 5 EFZG Rn 14; LEPKE NZA 1995, 1085; SCHMITT, EFZG [4. Aufl 1999] § 5 EFZG Rn 17; SCHOOF, in: KITTNER/ZWANZIGER [Hrsg], Arbeitsrecht [2001] § 58 Rn 220; WORZALLA NZA 1996, 62), sofern der Arbeitnehmer trotz seiner Erkrankung den Arbeitgeber telefonisch unterrichten kann (ErfKomm/DÖRNER § 5 EFZG Rn 13). Ist der Arbeitnehmer wegen seiner Erkrankung hierzu außerstande, so besteht die Verpflichtung, einen **Dritten einzuschalten** (MünchArbR/BOECKEN § 85 Rn 13; ErfKomm/DÖRNER § 5 EFZG Rn 14; HARTH 145; KUNZ/WEDDE, EFZR § 5 EFZG Rn 16; MÜLLER/BERENZ § 5 EFZG Rn 12; SCHMITT, EFZG [4. Aufl 1999] § 5 EFZG Rn 18). Die Anzeige muß deshalb regelmäßig **am ersten Tag der Arbeitsunfähigkeit** erfolgen (BAG AP Nr 23 zu § 1 KSchG 1969 Verhaltensbedingte Kündigung; BERENZ DB 1995, 2169; BRECHT, Entgeltfortzahlung § 5 EFZG Rn 6; MünchKomm/SCHAUB § 616 Rn 135; SCHMITT, EFZG [4. Aufl 1999] § 5 EFZG Rn 14; SCHOOF, in: Kittner/Zwanziger [Hrsg], Arbeitsrecht [2001] § 58 Rn 220; KassHdb/VOSSEN 2.2 Rn 170). Das gilt auch bei **Teilzeitkräften** und einer **unregelmäßigen Verteilung der Arbeitszeit** (zutreffend SCHMITT, in: FS Gitter [1995] 849 ff; ebenso FEICHTINGER, Entgeltfortzahlung Rn 477). Ein schuldhaftes Zögern ist jedoch zu verneinen, wenn der Arbeitnehmer aufgrund seiner Erkrankung die Anzeige weder selbst vornehmen noch einen Dritten hiermit beauftragen konnte (ErfKomm/DÖRNER § 5 EFZG Rn 14).

301 Die **Pflicht zur Anzeige entfällt** ganz oder teilweise, wenn sie ihren **Zweck nicht mehr erfüllen** kann. Das ist der Fall, wenn der **Arbeitgeber die Arbeitsunfähigkeit** und ihre Dauer bereits **kennt** (BRECHT, Entgeltfortzahlung § 5 EFZG Rn 6; KAISER/DUNKL/HOLD/ KLEINSORGE § 5 EFZG Rn 4; KEHRMANN/PELIKAN § 3 Rn 2; KUNZ/WEDDE, EFZR § 5 EFZG Rn 12; BGB-RGRK/MATTHES § 616 Rn 136; MÜLLER/BERENZ § 5 EFZG Rn 8; MünchKomm/ SCHAUB § 616 Rn 135; SCHMITT, EFZG [4. Aufl 1999] § 5 EFZG Rn 13; KassHdb/VOSSEN 2.2 Rn 171). In Betracht kommt dies insbesondere bei **Arbeitsunfällen,** insofern bleibt eine auf die **Dauer der Arbeitsunfähigkeit** beschränkte Pflicht zur Mitteilung zu erwägen (GEYER/KNORR/KRASNEY § 5 EFZG Rn 18; KAISER/DUNKL/HOLD/KLEINSORGE § 5 EFZG Rn 4; KUNZ/WEDDE, EFZR § 5 EFZG Rn 12; MÜLLER/BERENZ § 5 EFZG Rn 8; MünchKomm/ SCHAUB § 616 Rn 135; SCHOOF, in: Kittner/Zwanziger [Hrsg], Arbeitsrecht [2001] § 58 Rn 221).

302 Tritt die **Erkrankung im Ausland** ein, so wiederholt § 5 Abs 2 S 1 EFZG die Anzeigepflicht, erweitert sie jedoch um die Pflicht des Arbeitnehmers, dem Arbeitgeber die **Adresse am Aufenthaltsort mitzuteilen.** Hiermit trägt das Gesetz der Rechtsprechung des Europäischen Gerichtshofes in der Rechtssache „Paletta I" (Amtl Slg 1992 I, 3423 = EAS VO [EWG] 574/72 Art 18 Nr 2) Rechnung. Danach ist es Aufgabe der nationalen Gesetzgebung, eine Verbesserung der Informationsmöglichkeiten der Arbeitgeber herbeizuführen, um ihnen den Rückgriff auf das in Art 18 Abs 5 der VO 574/72 vorgesehene Verfahren zu erleichern (s EuGH EAS VO [EWG] Art 18 Nr 2 Rn 27; ebenso MünchArbR/BOECKEN § 85 Rn 16). Durch abweichende **Regelungen der gesetzlichen Krankenkassen** (§ 5 Abs 2 S 5 EFZG) wird die dem Arbeitnehmer durch § 5 Abs 2 S 1 EFZG auferlegte Pflicht gegenüber dem Arbeitgeber nicht berührt (SCHMITT, EFZG [4. Aufl 1999] § 5 Rn 112; aA MÜLLER/BERENZ § 5 EFZG Rn 86).

303 Ferner konkretisiert § 5 Abs 2 S 1 EFZG die Mitteilungspflicht dahingehend, daß der Arbeitnehmer die **schnellstmögliche Art der Übermittlung** wählen muß. Regelmäßig gewährleistet dies nur eine telefonische oder telegraphische Übermittlung (ERMAN/

BELLING § 616 Rn 140; MünchArbR/BOECKEN § 85 Rn 16; DILLER NJW 1994, 1693; KAISER/DUNKL/ HOLD/KLEINSORGE § 5 EFZG Rn 38; KUNZ/WEDDE, EFZR § 5 EFZG Rn 75; MÜLLER/BERENZ § 5 EFZG Rn 62; MünchKomm/SCHAUB § 616 Rn 160; SCHMITT, EFZG [4. Aufl 1999] § 5 EFZG Rn 106; KassHdb/VOSSEN 2.2 Rn 228). Wenn eine schnellere Information nicht möglich ist, genügt auch die schnellstmögliche briefliche Unterrichtung (KAISER/DUNKL/HOLD/KLEINSORGE § 5 EFZG Rn 38; KUNZ/WEDDE, EFZR § 5 EFZG Rn 75; SCHMITT, EFZG [4. Aufl 1999] § 5 EFZG Rn 106; **aA** DILLER NJW 1994, 1693). Im Unterschied zu Inlandserkrankungen (s o Rn 298) gewährt **§ 5 Abs 2 S 2 EFZG** dem Arbeitnehmer gegenüber dem Arbeitgeber einen Anspruch auf **Erstattung der Kosten** für die Mitteilung an den Arbeitgeber. Dieser umfaßt nach verbreiteter Auffassung jedoch **nicht** die **Gesamtkosten,** sondern lediglich die durch die schnellstmögliche Übermittlungsart gegenüber einer Inlandserkrankung entstandenen **Mehrkosten** (so MünchArbR/BOECKEN § 85 Rn 17; MÜLLER/BERENZ § 5 EFZG Rn 65 ff; MünchKomm/SCHAUB § 616 Rn 160; **aA** ErfKomm/DÖRNER § 5 EFZG Rn 52; KUNZ/WEDDE, EFZR § 5 EFZG Rn 77; SCHMITT, EFZG [4. Aufl 1999] § 5 EFZG Rn 10; SCHOOF, in: Kittner/Zwanziger [Hrsg], Arbeitsrecht [2001] § 58 Rn 266).

Verletzt der Arbeitnehmer seine **Anzeigepflicht** nach § 5 Abs 1 S 1 EFZG oder § 5 **304** Abs 2 S 1 EFZG, so verstößt er gegen seine vertraglichen Nebenpflichten, ohne daß dies den **Anspruch auf Entgeltfortzahlung** berührt (BAG AP Nr 1 zu § 3 LFZG; HANAU/ KRAMER DB 1995, 94; KAISER/DUNKL/HOLD/KLEINSORGE § 5 EFZG Rn 5; KUNZ/WEDDE, EFZR § 5 EFZG Rn 24; MÜLLER/BERENZ § 5 EFZG Rn 15; SCHMITT, EFZG [4. Aufl 1999] § 5 EFZG Rn 137; WORZALLA/SÜLLWALD § 5 EFZG Rn 14). Ein **Leistungsverweigerungsrecht** begründet die Verletzung der Anzeigepflicht nicht, da § 7 Abs 1 Nr 1 EFZG diese Pflichtverletzung nicht erfaßt (s u Rn 499). In Betracht kommt jedoch ein **Schadensersatzanspruch** nach § 280 Abs 1 (iE auch MÜLLER/BERENZ § 5 EFZG Rn 17; MünchKomm/SCHAUB § 616 Rn 139; SCHMITT, EFZG [4. Aufl 1999] § 5 EFZG Rn 138; SCHOOF, in: KITTNER/ZWANZIGER [Hrsg], Arbeitsrecht [2001] § 58 Rn 227).

Zum Ausspruch einer **ordentlichen oder außerordentlichen Kündigung** wegen einer **305** Verletzung der Anzeigepflicht ist der Arbeitgeber regelmäßig erst nach einer vorherigen erfolglosen **Abmahnung** berechtigt (LEPKE NZA 1995, 1090). Der wiederholte Verstoß gegen die Anzeigepflicht wiegt aufgrund ihres Zwecks schwerer als die Nichtbeachtung der Nachweispflicht in § 5 Abs 1 S 2 EFZG (treffend BAG AP Nr 23 zu § 1 KSchG 1969 Verhaltensbedingte Kündigung; BAG AP Nr 93 zu § 626 BGB; LAG Köln LAGE § 611 BGB Abmahnung Nr 42; HANAU/KRAMER DB 1995, 95 Fn 27); dieser kann deshalb nicht nur eine **ordentliche** (verhaltensbedingte) **Kündigung** (BAG AP Nr 27 zu § 1 KSchG 1969 Verhaltensbedingte Kündigung; LAG Köln LAGE § 611 BGB Abmahnung Nr 42; HANAU/KRAMER DB 1995, 94; **aA** KUNZ/WEDDE, EFZR § 5 EFZG Rn 25), sondern auch eine **außerordentliche Kündigung** rechtfertigen (BAG AP Nr 2 zu § 626 BGB Krankheit; KR/FISCHERMEIER [6. Aufl 2002] § 626 BGB Rn 426; STAUDINGER/PREIS [2002] § 626 Rn 176 f). Störungen des Betriebsablaufs oder des Betriebsfriedens sind weder für die ordentliche Kündigung (so BAG AP Nr 27 zu § 1 KSchG 1969 Verhaltensbedingte Kündigung) noch für die außerordentliche Kündigung erforderlich (MünchKomm/SCHAUB § 616 Rn 138; **aA** KUNZ/WEDDE, EFZR § 5 EFZG Rn 25), umgekehrt jedoch im Rahmen der Interessenabwägung zu Lasten des Arbeitnehmers zu berücksichtigen, wenn diese tatsächlich eingetreten sind.

b) Nachweispflicht

aa) Anwendungsbereich und Normzweck

§ 5 Abs 1 S 2 EFZG erlegt dem Arbeitnehmer die **Pflicht eines Nachweises** über die **306**

Arbeitsunfähigkeit und deren Dauer auf und konkretisiert damit die **arbeitsvertrag-lichen Nebenpflichten**. Während diese Nachweispflicht für **Berufsausbildungsverhält-nisse** wegen § 1 Abs 2 EFZG sowie der deklaratorischen Verweisung in § 12 Abs 1 S 2 BBiG ebenfalls uneingeschränkt gilt, trifft § 48 Abs 1 S 2 2. Hbs SeemG für **Besat-zungsmitglieder und Kapitäne** (§ 78 Abs 1 SeemG) teilweise eine Sonderregelung, die den Besonderheiten des Seearbeitsverhältnisses Rechnung trägt. Solange sich das Besatzungsmitglied bzw der Kapitän **an Bord eines Schiffes** oder **im Ausland** aufhält, beschränkt das Gesetz seine Verpflichtung auf die **Anzeigepflicht** in § 5 EFZG. Eine ärztliche Bescheinigung muß in dieser Konstellation nicht vorgelegt werden (BLEI-STEIN betrieb + personal 1995, 19; MünchArbR/BOECKEN § 85 Rn 22; LEPKE 376; ders NZA 1995, 1087). In den **übrigen Fällen** unterliegen auch Besatzungsmitglieder und Kapitäne der in § 5 Abs 1 S 2 EFZG normierten **Nachweispflicht** (SCHMITT, EFZG [4. Aufl 1999] § 48 SeemG Rn 54 ff).

307 Die Nachweispflicht hat primär eine **Nachweisfunktion;** eine **Informationsfunktion** ist ihr allein hinsichtlich des voraussichtlichen Endtermins der Arbeitsunfähigkeit zuzu-sprechen (ebenso SCHMITT, EFZG [4. Aufl 1999] § 5 EFZG Rn 31). Bezüglich des Beginns der Arbeitsunfähigkeit erfolgt die Unterrichtung bereits durch die Anzeige nach § 5 Abs 1 S 1 EFZG (näher zum Zweck der Arbeitsunfähigkeitsbescheinigung FLEISCHER 35 ff). Ebenso wie die Anzeigepflicht (s o Rn 295) greift die Nachweispflicht **unabhängig von der Entgeltfortzahlungspflicht** des Arbeitgebers ein (statt aller LAG Sachsen-Anhalt LAGE § 626 BGB Nr 99; KUNZ/WEDDE, EFZR § 5 EFZG Rn 26; LEPKE 366; ders NZA 1995, 1085; BGB-RGRK/MATTHES § 616 Rn 133; MÜLLER/BERENZ § 5 EFZG Rn 19; SCHMITT, EFZG [4. Aufl 1999] § 5 EFZG Rn 32). Sie besteht deshalb auch **während der Wartefrist** des § 3 Abs 3 EFZG (BAUER/LINGEMANN BB 1996 Beil 17, 9; GIESEN RdA 1997, 194; LEPKE 366; MÜLLER/BERENZ § 5 EFZG Rn 19; VOSSEN NZA 1998, 356) sowie nach **Ablauf einer sechswöchigen Entgeltfort-zahlung** (LAG Sachsen-Anhalt LAGE § 626 BGB Nr 99; LEPKE 367).

308 Die Pflicht zur Vorlage eines Nachweises greift nicht bei jeder zur Arbeitsunfähigkeit führenden Erkrankung, sondern nur ein, wenn die **Arbeitsunfähigkeit länger als drei Kalendertage** dauert. **Kurzerkrankungen,** die den Drei-Tages-Zeitraum nicht über-schreiten, sind – im Unterschied zu der früheren Rechtslage unter § 3 Abs 1 LFG (vgl zu dieser BAG AP Nr 63 zu § 1 LohnFG; BRECHT, Lohnfortzahlung § 3 Rn 11; DOETSCH/SCHNABEL/PAULSDORFF § 3 Rn 4; FEICHTINGER, Lohn- und Gehaltsfortzahlung Rn 108 f; KEHR-MANN/PELIKAN § 3 Rn 3; LEPKE [8. Aufl 1991] 180; MünchKomm/SCHAUB [2. Aufl] § 616 Rn 120; MünchArbR/SCHULIN [1. Aufl 1992] § 83 Rn 21) – **grundsätzlich nicht** durch eine ärztliche Arbeitsunfähigkeitsbescheinigung **nachzuweisen** (BOECKEN NZA 1999, 679; DILLER NJW 1994, 1692; ErfKomm/DÖRNER § 5 EFZG Rn 17; FEICHTINGER, Entgeltfortzahlung Rn 492; GEYER/KNORR/KRASNEY § 5 EFZG Rn 26; GOLA BB 1995, 2319; HALLMANN BKK 1994, 611; HANAU/KRAMER DB 1995, 95; KAISER/DUNKL/HOLD/KLEINSORGE § 5 EFZG Rn 15; KLEINEBRINK 48 f; KLEINSORGE NZA 1994, 642; KRAMER BB 1996, 1662; KUNZ/WEDDE, EFZR § 5 EFZG Rn 28; LEPKE NZA 1995, 1085; ders 367; MARIENHAGEN/KÜNZL § 5 EFZG Rn 7; PALANDT/PUTZO § 616 Rn 27; SCHMITT, EFZG [4. Aufl 1999] § 5 EFZG Rn 36; STÜCKMANN NZS 1994, 533; WEDDE/GERNTKE/KUNZ/PLATOW § 5 EFZG Rn 23; WORZALLA NZA 1996, 62 f; WORZALLA/SÜLLWALD § 5 EFZG Rn 17 ff; KassHdb/VOSSEN 2.2 Rn 176; aA BERENZ DB 1995, 2170, nach dessen Auffassung § 5 Abs 1 S 2 EFZG lediglich den Zeitpunkt normiert, zu dem die Arbeitsunfähigkeitsbescheinigung spätestens vorzulegen ist; ebenso iE MÜLLER/BERENZ § 5 EFZG Rn 22 ff). Eine **Ausnahme** gilt nur, wenn ein entsprechendes **Verlangen des Arbeitgebers** vorliegt (zu diesem u Rn 313 ff).

bb) Drei-Tages-Zeitraum

Der Drei-Tages-Zeitraum **beginnt** abweichend von § 187 mit dem ersten Tag, an dem **309**
der **Arbeitnehmer erkrankt** (ebenso ERMAN/BELLING § 616 Rn 141; MünchArbR/BOECKEN § 85
Rn 41; DILLER NJW 1994, 1691; FEICHTINGER, Entgeltfortzahlung Rn 496; KRAMER BB 1996, 1663;
LEPKE NZA 1995, 1086; ders 368 f; MÜLLER/BERENZ § 5 EFZG Rn 30; SCHMITT, EFZG [4. Aufl
1999] § 5 EFZG Rn 39; SCHOOF, in: Kittner/Zwanziger [Hrsg], Arbeitsrecht [2001] § 58 Rn 230;
KassHdb/VOSSEN 2.2 Rn 179 f; **aA** KAISER/DUNKL/HOLD/KLEINSORGE § 5 EFZG Rn 16; KUNZ/
WEDDE, EFZR § 5 EFZG Rn 29; MÜLLER/BERENZ § 5 EFZG Rn 30, die § 187 Abs 1 anwenden).
Da § 5 Abs 1 S 2 EFZG für den Beginn des Drei-Tages-Zeitraums ausschließlich auf
den **Kalendertag** abstellt, beginnt dieser **unabhängig** davon, ob der Arbeitgeber an
dem entsprechenden Tag bereits **zur Entgeltfortzahlung** verpflichtet ist, gegebenen-
falls auch an **einem Sonn- oder Feiertag** (SCHMITT, EFZG [4. Aufl 1999] § 5 EFZG Rn 41).
Selbst wenn der Arbeitnehmer nach Arbeitsende, aber noch am selben Kalendertag
erkrankt, beginnt der Drei-Tages-Zeitraum mit diesem Kalendertag zu laufen (ebenso
KAISER/DUNKL/HOLD/KLEINSORGE § 5 EFZG Rn 16; KRAMER BB 1996, 1664; MÜLLER/BERENZ § 5
EFZG Rn 31; **aA** KUNZ/WEDDE, EFZR § 5 EFZG Rn 29; KassHdb/VOSSEN 2.2 Rn 180). Der
Zeitraum bemißt sich nach Kalendertagen, er endet deshalb unabhängig davon, ob
der dritte Kalendertag auf einen Samstag bzw Sonn- oder Feiertag fällt (KAISER/
DUNKL/HOLD/KLEINSORGE § 5 EFZG Rn 17; KassHdb/VOSSEN 2.2 Rn 181).

cc) Vorlage der ärztlichen Bescheinigung

Die Pflicht zur Vorlage der ärztlichen Bescheinigung besteht am „darauffolgenden **310**
Arbeitstag". Gemeint ist hiermit der **vierte Tag der Arbeitsunfähigkeit** (ERMAN/BEL-
LING § 616 Rn 141; BRECHT, Entgeltfortzahlung § 5 EFZG Rn 10; DILLER NJW 1994, 1691; Erf-
Komm/DÖRNER § 5 EFZG Rn 18; FEICHTINGER, Entgeltfortzahlung Rn 496; GEYER/KNORR/KRAS-
NEY § 5 EFZG Rn 26; GOLA BB 1995, 2319; HANAU/KRAMER DB 1995, 95; HARTH 151 f; HELML § 5
EFZG 12; HOLD AuA 1994, 195; KAISER/DUNKL/HOLD/KLEINSORGE § 5 EFZG Rn 17; KRAMER BB
1996, 1663; KUNZ/WEDDE, EFZR § 5 EFZG Rn 30; LEPKE NZA 1995, 1086; ders 368; MARIEN-
HAGEN/KÜNZL § 5 EFZG Rn 7; SCHAUB BB 1994, 1629; SCHLIEMANN AuR 1994, 322; SCHMITT,
EFZG [4. Aufl 1999] § 5 EFZG Rn 44; STÜCKMANN NZS 1994, 533; KassHdb/VOSSEN 2.2 Rn 182).

Unter „**Arbeitstag**" ist nicht Kalender- oder Werktag (so aber SCHWEDES, in: FS Stahlhacke **311**
[1995] 499: Werktag), sondern der Tag zu verstehen, an dem **im Betrieb gearbeitet** wird
(MünchArbR/BOECKEN § 85 Rn 42; FEICHTINGER, Entgeltfortzahlung Rn 497; GOLA BB 1995, 2319;
HANAU/KRAMER DB 1995, 95; KRAMER BB 1996, 1663; KUNZ/WEDDE, EFZR § 5 EFZG Rn 30;
LEPKE NZA 1995, 1086; MÜLLER/BERENZ § 5 EFZG Rn 28 f; SCHMITT, EFZG [4. Aufl 1999] § 5
EFZG Rn 46; KassHdb/VOSSEN 2.2 Rn 184; **aA** ErfKomm/DÖRNER § 5 EFZG Rn 20; KAISER/
DUNKL/HOLD/KLEINSORGE § 5 EFZG Rn 17). Das kann unter dieser Voraussetzung auch
ein **Samstag, Sonn- oder Feiertag** sein (GOLA BB 1995, 2320; HANAU/KRAMER DB 1995, 95).
Ob der erkrankte **Arbeitnehmer** an einem derartigen Tage **zur Arbeit verpflichtet**
gewesen wäre, ist unerheblich (MünchArbR/BOECKEN § 85 Rn 42; FEICHTINGER, Entgeltfortzahlung Rn 497; HANAU/KRAMER DB 1995, 95; KUNZ/WEDDE, EFZR § 5 EFZG Rn 30; LEPKE NZA
1995, 1086; ders 369; MÜLLER/BERENZ § 5 EFZG Rn 29; SCHLIEMANN AuR 1994, 323; SCHMITT,
EFZG [4. Aufl 1999] § 5 EFZG Rn 46; KassHdb/VOSSEN 2.2 Rn 184; **aA** für eine individuelle Betrachtung aber ErfKomm/DÖRNER § 5 EFZG Rn 20; KAISER/DUNKL/HOLD/KLEINSORGE § 5 EFZG
Rn 17). Da das Gesetz für den „darauffolgenden Tag" auf den „Arbeitstag" abstellt,
kommt es somit nur zu einer **Verlängerung des Drei-Tages-Zeitraums,** wenn der dritte
Kalendertag auf einen Samstag, Sonn- oder Feiertag fällt und an diesem Tage **im
Betrieb nicht gearbeitet** wird (LEPKE NZA 1995, 1086).

312 Eine **fristgerechte Vorlage** ist zu bejahen, wenn dem Arbeitgeber die ärztliche Bescheinigung am „darauffolgenden" Tag **zugeht**. Das setzt voraus, daß diese in den Machtbereich des Arbeitgebers gelangt (KRAMER BB 1996, 1663; WORZALLA NZA 1996, 64; WORZALLA/SÜLLWALD § 5 EFZG RN 52 f). Die rechtzeitige **Absendung** der ärztlichen Bescheinigung **genügt** für eine fristgerechte Vorlage **nicht** (MünchArbR/BOECKEN § 85 Rn 42; GOLA § 5 EFZG Anm 4.2.4; KAISER/DUNKL/HOLD/KLEINSORGE § 5 EFZG Rn 19; KRAMER BB 1996, 1663; KUNZ/WEDDE, EFZR § 5 EFZG Rn 32; LEPKE NZA 1995, 1086; MARIENHAGEN/KÜNZL § 5 EFZG Rn 7; SCHMITT, EFZG [4. Aufl 1999] § 5 EFZG Rn 49; WEDDE/GERNTKE/KUNZ/PLATOW § 5 EFZG Rn 27; KassHdb/VOSSEN 2.2 Rn 187).

dd) Frühere Vorlage

313 § 5 Abs 1 S 3 EFZG begründet für den Arbeitgeber das Recht, die Vorlage der ärztlichen Bescheinigung zu einem früheren Zeitpunkt zu verlangen. Hierdurch werden die arbeitsvertraglichen Nebenpflichten des Arbeitnehmers erweitert (SCHAUB BB 1994, 1629; ebenso MARIENHAGEN/KÜNZL § 5 EFZG Rn 10) und **zugunsten des Arbeitgebers** kraft Gesetzes ein **Anspruch** begründet (LEPKE NZA 1995, 1086). Dem Arbeitgeber steht deshalb das Recht zur früheren Vorlage unabhängig davon zu, ob er darüber zuvor mit dem Arbeitnehmer eine Vereinbarung getroffen hat.

314 § 5 Abs 1 S 3 EFZG beschränkt die frühere Vorlage der Arbeitsunfähigkeitsbescheinigung nicht nur auf längerdauernde Erkrankungen, sondern greift auch bei **Kurzerkrankungen** ein (BAG AP Nr 34 zu § 87 BetrVG 1972 Ordnung des Betriebes; LEPKE 369; MÜLLER/BERENZ § 5 EFZG Rn 33; SCHMITT, EFZG [4. Aufl 1999] § 5 EFZG Rn 51; STÜCKMANN NZS 1994, 533; WORZALLA/SÜLLWALD § 5 EFZG Rn 56; aA KUNZ/WEDDE, EFZR § 5 EFZG Rn 33; WEDDE/GERNTKE/KUNZ/PLATOW § 5 EFZG Rn 24). Die Vorschrift ermöglicht es dem Arbeitgeber nach hM, die Vorlage der ärztlichen Bescheinigung bereits am und für den **ersten Kalendertag** zu verlangen (ebenso BAG AP Nr 5 zu § 5 EntgeltFG; BERENZ DB 1995, 2170; BOECKEN NZA 1999, 679; FEICHTINGER, Entgeltfortzahlung Rn 501; FELDGEN DB 1994, 1290; HALLMANN BKK 1994, 611; KLEINSORGE NZA 1994, 642; LÖWISCH, Arbeitsrecht [5. Aufl 2000] Rn 1050; MÜLLER/BERENZ § 5 EFZG Rn 32; SCHLIEMANN AuR 1994, 324; VIETHEN DZWir 1993, 481; ders 26; KassHdb/VOSSEN 2.2 Rn 190; WORZALLA NZA 1996, 65 Fn 40). Im Hinblick auf die an einen kranken Arbeitnehmer zu stellenden Anforderungen wird indes teilweise die These geäußert, der Arbeitgeber könne die Vorlage der Arbeitsunfähigkeitsbescheinigung erst am zweiten Kalendertag fordern (hierfür HANAU/KRAMER DB 1995, 95; KRAMER BB 1996, 1666; LEPKE NZA 1995, 1086; ders 369 f; MARIENHAGEN/KÜNZL § 5 EFZG Rn 8a).

315 Ungeachtet des Zeitpunktes, zu dem die ärztliche Bescheinigung vorzulegen ist, lassen sich § 5 Abs 1 S 3 EFZG keine Anhaltspunkte entnehmen, die es dem Arbeitgeber verwehren, von dem Arbeitnehmer einen **Nachweis für den ersten Tag der krankheitsbedingten Arbeitsunfähigkeit** zu verlangen. Bezüglich des **Zeitpunktes** der Vorlage ist zu unterscheiden zwischen der **Geltendmachung des Anspruchs** durch den Arbeitgeber und dem von ihm festgelegten Zeitpunkt, an dem die **ärztliche Bescheinigung vorgelegt werden muß**. Bezüglich der Geltendmachung des Anspruchs auf Vorlage enthält der Gesetzeswortlaut keine Anhaltspunkte, die es dem Arbeitgeber verwehren, sein Vorlageverlangen bereits am ersten Krankeitstag zu äußern. Hinsichtlich des von dem Arbeitgeber festgelegten **Zeitpunktes zur Vorlage** der ärztlichen Bescheinigung sind von ihm jedoch die Grenzen einer „billigen Ermessensausübung" (§ 315; s u Rn 316) zu beachten, die auch durch den allgemeinen Grundsatz „impossibilium nulla obligatio est" konkretisiert werden. Deshalb hängt es von den Umständen des Einzelfalles ab, ob das Verlangen des Arbeitgebers, die ärztliche Bescheinigung bereits am ersten Krankheitstag vorzulegen, den Grundsätzen einer „billigen" Ermessensausübung entspricht. Solange dem Arbeitnehmer dies unter Zuhilfenahme Dritter möglich und zumutbar ist, bestehen hinsichtlich der „Billigkeit" der Ermessensausübung keine Bedenken (ebenso MünchArbR/Boecken § 85 Rn 44; ErfKomm/Dörner § 5 EFZG Rn 23).

Das Verlangen nach früherer Vorlage der ärztlichen Bescheinigung muß **keiner be-** **316** **stimmten Form** genügen (Berenz DB 1995, 2170; Diller NJW 1994, 1692; ErfKomm/Dörner § 5 EFZG Rn 22; Lepke 370; Marienhagen/Künzl § 5 EFZG Rn 11; Müller/Berenz § 5 EFZG Rn 36; Schaub BB 1994, 1629; Schmitt, EFZG [4. Aufl 1999] § 5 EFZG Rn 55; KassHdb/Vossen 2.2 Rn 191), insbesondere bedarf es für seine Rechtswirksamkeit **keiner Begründung** gegenüber dem Arbeitnehmer (Berenz DB 1995, 2170; Boecken NZA 1999, 679; ErfKomm/ Dörner § 5 EFZG Rn 22; Hanau/Kramer DB 1995, 95; Hromadka/Maschmann, Arbeitsrecht 1 [2. Aufl 2002] 292; Lepke NZA 1995, 1086; Marienhagen/Künzl § 5 EFZG Rn 9; Schaub BB 1994, 1629; Schmitt, EFZG [4. Aufl 1999] § 5 EFZG Rn 54; Viethen 26). Es wird jedoch erst wirksam, wenn das Vorlageverlangen dem Arbeitnehmer **zugeht** (§ 130) und ist vom Arbeitgeber nach **billigem Ermessen (§ 315)** auszuüben (Boecken NZA 1999, 679; Feichtinger, Entgeltfortzahlung Rn 502; Gola BB 1995, 2320; Hanau/Kramer DB 1995, 95; Harth 163 f; Kunz/Wedde, EFZR § 5 EFZG Rn 35; Lepke NZA 1995, 1086; Marienhagen/Künzl § 5 EFZG Rn 10; Schaub BB 1994, 1629; Schliemann AuR 1994, 324; KassHdb/Vossen 2.2 Rn 194).

Ein **berechtigtes Interesse** oder ein **sachlicher Grund** ist für das Vorlageverlangen **317** angesichts fehlender Hinweise im Gesetzeswortlaut nicht erforderlich (Erman/Belling § 616 Rn 141; Boecken NZA 1999, 679; Diller NJW 1994, 1692; Geyer/Knorr/Krasney § 5 EFZG Rn 28; Hanau/Kramer DB 1995, 95; Harth 160 ff; Helml § 5 EFZG Rn 12; Hromadka/ Maschmann, Arbeitsrecht 1 [1998] 279; Kaiser/Dunkl/Hold/Kleinsorge § 5 EFZG Rn 22; Lepke 370; Marienhagen/Künzl § 5 EFZG Rn 10; MünchKomm/Schaub § 616 Rn 141; KassHdb/Vossen 2.2 Rn 193; **aA** Kunz/Wedde, EFZR § 5 EFZG Rn 34; Wedde/Gerntke/ Kunz/Platow § 5 EFZG Rn 25, die begründete Zweifel am tatsächlichen Bestehen der Arbeitsunfähigkeit verlangen). Allerdings darf der Arbeitgeber zwischen verschiedenen Arbeitnehmergruppen nicht willkürlich differenzieren; er ist bei abstrakt-generellen Regelungen an den **Gleichbehandlungsgrundsatz** gebunden (Boecken NZA 1999, 679; Diller NJW 1994, 1692; Feichtinger, Entgeltfortzahlung Rn 503; Hromadka/Maschmann, Arbeitsrecht 1 [2. Aufl 2002] 292; Kunz/Wedde, EFZR § 5 EFZG Rn 35; Lepke NZA 1995, 1086; Schaub BB 1994, 1629; Schmitt, EFZG [4. Aufl 1999] § 5 EFZG Rn 60 ff; KassHdb/Vossen 2.2 Rn 195). Das Vorlageverlangen kann sich auch auf **Stichproben** beschränken (Gola BB 1995, 2320; Hanau/Kramer DB 1995, 96; Lepke NZA 1995, 1086 f; ders 372; KassHdb/Vossen 2.2 Rn 193).

Das Verlangen kann ad hoc **anläßlich einer konkreten Erkrankung** gestellt oder bereits **318** **antezipiert** im Rahmen des Arbeitsvertrages vereinbart werden (BAG AP Nr 5 zu § 5 EntgeltFG; BAG AP Nr 34 zu § 87 BetrVG 1972 Ordnung des Betriebes; Erman/Belling § 616 Rn 141; MünchArbR/Boecken § 85 Rn 45; ErfKomm/Dörner § 5 EFZG Rn 23; Lepke 372; Viethen 26; KassHdb/Vossen 2.2 Rn 192; **aA** Kunz/Wedde, EFZR § 5 EFZG Rn 34). Da das Gesetz einem bereits bei Abschluß des Arbeitsvertrages ausgeübten Verlangen nicht entgegensteht, bestehen gegenüber einer **abstrakt-generellen Regelung** in einer Vielzahl von Arbeitsverträgen keine durchgreifenden rechtlichen Bedenken (ebenso Berenz DB 1995, 2170; Bleistein betrieb + personal 1995, 19; Diller NJW 1994, 1692; ErfKomm/Dörner

§ 5 EFZG Rn 23; FEICHTINGER, Entgeltfortzahlung Rn 502; HANAU/KRAMER DB 1995, 96; HARTH 159 f; KAISER/DUNKL/HOLD/KLEINSORGE § 5 EFZG Rn 23; KLEINEBRINK 50 f; KRAMER BB 1996, 1666; LEPKE NZA 1995, 1086; MARBURGER BB 1994, 1421; MÜLLER/BERENZ § 5 EFZG Rn 37; SCHMITT, EFZG [4. Aufl 1999] § 5 EFZG Rn 55; SCHWEDES, in: FS Stahlhacke [1995] 499; KassHdb/VOSSEN 2.2 Rn 192; WORZALLA NZA 1996, 65; WORZALLA/SÜLLWALD § 5 EFZG Rn 63; **aA** GOLA BB 1995, 2320; MARIENHAGEN/KÜNZL § 5 EFZG Rn 11; SCHAUB BB 1994, 1630; SCHOOF, in: Kittner/Zwanziger [Hrsg], Arbeitsrecht [2001] § 58 Rn 237). Das ermöglicht dem Arbeitgeber auch, eine frühere Vorlage für bestimmte Zeiträume oder für bestimmte Arbeitnehmergruppen festzulegen (SCHMITT, EFZG [4. Aufl 1999] § 5 EFZG Rn 56 ff). Der gegen die Rechtswirksamkeit eines antezipierten abstrakt-generellen Vorlageverlangens angeführte Hinweis auf § 12 EFZG (so SCHAUB BB 1994, 1630) würdigt nicht hinreichend, daß eine derartige Regelung den durch § 5 Abs 1 S 3 EFZG eröffneten Spielraum ausfüllt und dieser Norm nicht entnommen werden kann, daß das Vorlageverlangen erst nach einer vorherigen Anzeige seitens des Arbeitnehmers (§ 5 Abs 1 S 1 EFZG) oder nur im Einzelfall ausgeübt werden darf (BAG AP Nr 5 zu § 5 EntgeltFG; BAG AP Nr 34 zu § 87 BetrVG 1972 Ordnung des Betriebes). Deshalb darf eine **frühere Vorlage** der Arbeitsunfähigkeitsbescheinigung **auch in einem Tarifvertrag** vereinbart werden (BAG AP Nr 34 zu § 87 BetrVG 1972 Ordnung des Betriebes; MünchArbR/BOEKKEN § 85 Rn 45; **aA** KUNZ/WEDDE, EFZR § 5 EFZG Rn 38).

319   Da der Arbeitgeber durch das Vorlageverlangen eine ihm vom Gesetz geschaffene vertragliche Rechtsposition ausübt, bedarf er hierfür nicht der vorherigen **Zustimmung des Betriebsrates.** Das gilt zumindest dann, wenn er sie lediglich im **Einzelfall** ad-hoc ausübt. Bei **abstrakt-generellen Regelungen** ist allerdings umstritten, ob diese nach **§ 87 Abs 1 Nr 1 BetrVG** der Mitbestimmung des Betriebsrates unterliegen. Entgegen einer **verbreiteten Ansicht im Schrifttum,** die dies im Hinblick auf die Rechtsnatur und den Zweck des Vorlageverlangens **verneint** (so zB MünchArbR/BOEKKEN § 85 Rn 45; DILLER NJW 1994, 1692; GAUMANN FA 2001, 73 f; HARTH 167 f; HROMADKA/MASCHMANN, Arbeitsrecht 1 [1998] 279; KRAMER BB 1996, 1667; LEPKE 371; MARIENHAGEN/KÜNZL § 5 EFZG Rn 3; SCHMITT, EFZG [4. Aufl 1999] § 5 EFZG Rn 54; KassHdb/VOSSEN 2.2 Rn 202; WIESE, in: GK-BetrVG [6. Aufl 1998] § 87 Rn 226; WORZALLA NZA 1996, 66; WORZALLA/SÜLLWALD § 5 EFZG Rn 65 ff; **aA** BLEISTEIN betrieb + personal 1995, 19; FEICHTINGER, Entgeltfortzahlung Rn 504 f; KAISER/DUNKL/HOLD/KLEINSORGE § 5 EFZG Rn 25; KLEBE, in: Däubler/Kittner/Klebe [Hrsg], BetrVG [7. Aufl 2000] § 87 Rn 52; KUNZ/WEDDE, EFZR § 5 EFZG Rn 37; MARIENHAGEN/KÜNZL § 5 EFZG Rn 3b; SCHAUB BB 1994, 1630; s auch LAG Hamm LAGE § 98 ArbGG 1979 Nr 28, das die offensichtliche Unzuständigkeit der Einigungsstelle verneint), **bejaht** das **Bundesarbeitsgericht** ein Mitbestimmungsrecht des Betriebsrates, da § 5 Abs 1 S 3 EFZG das Bestimmungsrecht nur gegenüber den Arbeitnehmern, nicht aber im Verhältnis zum Betriebsrat begründe (BAG AP Nr 34 zu § 87 BetrVG 1972 Ordnung des Betriebes mit abl Anm WORZALLA; ablehnend auch GAUMANN FA 2001, 73 f; zustimmend jedoch JACOBS, Anm zu BAG EzA § 87 BetrVG 1972 Betriebliche Ordnung Nr 26; SCHOOF, in: Kittner/Zwanziger [Hrsg], Arbeitsrecht [2001] § 58 Rn 236).

ee)   Ärztliche Bescheinigung

320   Den Nachweis muß der Arbeitnehmer mittels einer ärztlichen Bescheinigung führen, die ein **approbierter Arzt** ausgestellt hat (MünchArbR/BOECKEN § 85 Rn 26; ErfKomm/DÖRNER § 5 EFZG Rn 25; FLEISCHER 71 ff; KAISER/DUNKL/HOLD/KLEINSORGE § 5 EFZG Rn 29; KUNZ/WEDDE, EFZR § 5 EFZG Rn 39; LEPKE NZA 1995, 1085; MARIENHAGEN/KÜNZL § 5 EFZG Rn 6b; SCHMITT, EFZG [4. Aufl 1999] § 5 EFZG Rn 73; KassHdb/VOSSEN 2.2 Rn 203). Eine von **ärzt-**

lichen Hilfspersonen ausgestellte Bescheinigung genügt selbst dann nicht den Anforderungen, wenn sie diese auf Veranlassung eines approbierten Arztes und entsprechend seinem ärztlichen Befund angefertigt haben (vgl ErfKomm/Dörner § 5 EFZG Rn 25; Kunz/Wedde, EFZR § 5 EFZG Rn 39; Marienhagen/Künzl § 5 EFZG Rn 6b). Da § 5 Abs 1 S 2 EFZG ausdrücklich eine Bescheinigung vorschreibt, reicht eine mündliche Mitteilung des Arztes an den Arbeitgeber nicht aus, es ist vielmehr **Schriftform** erforderlich (MünchArbR/Boecken § 85 Rn 27; Brecht, Entgeltfortzahlung § 5 EFZG Rn 12; Geyer/Knorr/Krasney § 5 EFZG Rn 30; Kaiser/Dunkl/Hold/Kleinsorge § 5 EFZG Rn 28; Kunz/Wedde, EFZR § 5 EFZG Rn 40; Marienhagen/Künzl § 5 EFZG Rn 6b; Peter 69; MünchKomm/Schaub § 616 Rn 121; Schmitt, EFZG [4. Aufl 1999] § 5 EFZG Rn 75; KassHdb/Vossen 2.2 Rn 205; ausführlich Fleischer 12 ff, 109 ff), so daß die in **§ 126** niedergelegten formellen Anforderungen zu beachten sind, insbesondere muß die ärztliche Bescheinigung die Unterschrift des Arztes tragen. Es muß sich stets um eine Bescheinigung desjenigen Arztes handeln, der den Arbeitnehmer wegen der zur Arbeitsunfähigkeit führenden Krankheit behandelt (arg e § 5 Abs 1 S 5 EFZG; ebenso MünchArbR/Boecken § 85 Rn 26; Kaiser/Dunkl/Hold/Kleinsorge § 5 EFZG Rn 29; Schmitt, EFZG [4. Aufl 1999] § 5 EFZG Rn 72; näher Fleischer 84 ff; Galahn 14 ff).

Hinsichtlich des **Inhalts der Arbeitsunfähigkeitsbescheinigung** schreibt § 5 Abs 1 S 2 **321** EFZG zwingend vor, daß sie die **Arbeitsunfähigkeit** sowie ihre **voraussichtliche Dauer** feststellen muß (vgl auch Fleischer 124 ff). Sie darf sich nicht auf die Krankheit beschränken, sondern muß zugleich bescheinigen, daß die konkrete **arbeitsvertraglich geschuldete Tätigkeit** infolge der Krankheit nicht mehr erbracht werden kann (BAG AP Nr 52 zu § 616 BGB; LAG Frankfurt aM LAGE § 626 BGB Nr 74; MünchArbR/Boecken § 85 Rn 31; Fleischer 151 ff; Gaul DB 1992, 2192 f; Heither, in: FS Hilger/Stumpf [1983] 307; Naendrup ZfA 1984, 394 ff; Schmitt, EFZG [4. Aufl 1999] § 5 EFZG Rn 66; s auch Stückmann AuA 1996, 197 ff).

Einzelheiten zum Inhalt der Arbeitsunfähigkeitsbescheinigung regeln die **Arbeitsun- 322 fähigkeits-Richtlinien** v 3. 9. 1991 (BArbBl 1991, Heft 11, 28 ff; hierzu Wanner DB 1992, 93 ff). Sie sind für die Erfüllung der Nachweispflicht in § 5 Abs 1 S 2 EFZG jedoch **nicht verbindlich** (MünchArbR/Boecken § 85 Rn 27; ErfKomm/Dörner § 5 EFZG Rn 26; Gola § 5 EFZG Anm 4.3.1; Kaiser/Dunkl/Hold/Kleinsorge § 5 EFZG Rn 28; Kunz/Wedde, EFZR § 5 EFZG Rn 40; Lepke NZA 1995, 1087; Müller/Berenz § 5 EFZG Rn 21; Peter 69; Schmitt, EFZG [4. Aufl 1999] § 5 EFZG Rn 75; Wedde/Gerntke/Kunz/Platow § 5 EFZG Rn 29). Es genügt, wenn die von § 5 Abs 1 S 2 EFZG geforderten Angaben der ärztlichen Bescheinigung zu entnehmen sind. Weitergehende Informationen sind zur Einhaltung der gesetzlichen Nachweispflicht nicht notwendig, die Arbeitsunfähigkeitsbescheinigung darf insbesondere ohne Einwilligung des Arbeitnehmers keine Angaben über **Art und Ursache der Krankheit** enthalten (BAG AP Nr 67 zu § 1 LohnFG; MünchArbR/Boecken § 85 Rn 35; ErfKomm/Dörner § 5 EFZG Rn 27; Kaiser/Dunkl/Hold/Kleinsorge § 5 EFZG Rn 30; Kunz/Wedde, EFZR § 5 EFZG Rn 41; Lepke NZA 1995, 1087; Schmitt, EFZG [4. Aufl 1999] § 5 EFZG Rn 67; Schoof, in: Kittner/Zwanziger [Hrsg], Arbeitsrecht [2001] § 58 Rn 239; sowie ausführlich Fleischer 200 ff). Eine **Ausnahme** kommt – wie bei der Anzeige der Arbeitsunfähigkeit (s o Rn 297) – nur bei **ansteckenden Krankheiten** und **Fortsetzungserkrankungen** in Betracht.

ff) Fortdauer der Erkrankung
Dauert die zur Arbeitsunfähigkeit bzw Arbeitsverhinderung führende Erkrankung **323**

länger als in der Bescheinigung angegeben, so ist eine erneute Bescheinigung vorzulegen, die die fortdauernde Arbeitsunfähigkeit sowie eine aktualisierte Prognose
über ihre voraussichtliche Dauer enthalten muß (§ 5 Abs 1 S 4 EFZG). Nach **vorherrschender Ansicht** ist auf diese **§ 5 Abs 1 S 2 EFZG (entsprechend)** anzuwenden, so daß
die neue Arbeitsunfähigkeitsbescheinigung **erst am vierten Tag** nach dem ursprünglich bescheinigten Endtermin beizubringen ist (hierfür BECHER 67; ERMAN/BELLING § 616
Rn 141; ErfKomm/DÖRNER § 5 EFZG Rn 46; KUNZ/WEDDE, EFZR § 5 EFZG Rn 61, 63; LEPKE
NZA 1995, 1087 [anders aber LEPKE 374]; MARIENHAGEN/KÜNZL § 5 EFZG Rn 12a; MünchKomm/
SCHAUB § 616 Rn 147; SCHMITT, EFZG [4. Aufl 1999] § 5 EFZG Rn 100; KassHdb/VOSSEN 2.2
Rn 211; WEDDE/GERNTKE/KUNZ/PLATOW § 5 EFZG Rn 46, 48; **aA** MünchArbR/BOECKEN § 85
Rn 46; FEICHTINGER, Entgeltfortzahlung Rn 509; GEYER/KNORR/KRASNEY § 5 EFZG Rn 34; KAI-
SER/DUNKL/HOLD/KLEINSORGE § 5 EFZG Rn 26; KLEINEBRINK 52 ff; LEPKE 374: spätestens im Lauf
des Tages, an dem der Arbeitnehmer seine Tätigkeit wieder hätte aufnehmen müssen; in diesem
Sinne auch MÜLLER/BERENZ § 5 EFZG Rn 41: „unverzüglich"). Der Arbeitgeber kann jedoch
– folgt man der überwiegenden Auffassung – gestützt auf § 5 Abs 1 S 3 EFZG eine
frühere Vorlage der ärztlichen Bescheinigung verlangen (KassHdb/VOSSEN 2.2 Rn 211).

gg) Rechtswirkungen der ärztlichen Bescheinigung

324 Die vom Arbeitnehmer vorgelegte ärztliche Bescheinigung läßt die gesetzlich festgelegten Voraussetzungen für die Pflicht des Arbeitgebers zur Fortzahlung der Vergütung unberührt; sie hat **keine anspruchsbegründende Bedeutung** (BAG AP Nr 4 zu § 3
EFZG). Das verdeutlicht bereits der Wortlaut des § 5 Abs 1 S 2 EFZG, der ausdrücklich anordnet, daß sich die ärztliche Bescheinigung auf die Feststellung der Arbeitsunfähigkeit beschränkt. Die Arbeitsunfähigkeitsbescheinigung trifft auf dem Boden
der von der hM befürworteten Unterscheidung zwischen Arbeitsunfähigkeit und
Arbeitsverhinderung (s o Rn 208, 222) keine Feststellung darüber, ob der Arbeitnehmer infolge der Arbeitsunfähigkeit an der Arbeitsleistung verhindert ist. Vom Arbeitgeber sind die gesetzlichen Voraussetzungen der Entgeltfortzahlung vielmehr
eigenständig zu prüfen.

325 Bei **Zweifeln an der Richtigkeit** der ärztlich bescheinigten Arbeitsunfähigkeit ist der
Arbeitgeber nicht gehindert, neben einer Einschaltung des **Medizinischen Dienstes**
der gesetzlichen Krankenversicherung (§ 275 Abs 1 Nr 3 lit b SGB V; hierzu u
Rn 517 ff) die **Zahlung der Vergütung einzustellen. Zweifel an der Richtigkeit** der Arbeitsunfähigkeitsbescheinigung können zB aus der **Ankündigung eines „Krankfei-
erns",** einer über zwei Tage hinausgehenden **Rückdatierung** oder auch daraus resultieren, daß der Verdacht besteht, die **Arbeitsunfähigkeit** wurde **pauschal** und ohne
Rücksicht auf die konkreten arbeitsvertraglichen Verpflichtungen des Arbeitnehmers an dessen Arbeitsplatz attestiert (vgl auch MünchArbR/BOECKEN § 85 Rn 50;
FEICHTINGER, Entgeltfortzahlung Rn 629; LEPKE 386 ff; SCHMITT, EFZG [4. Aufl 1999] § 5 EFZG
Rn 90 ff). Zahlt der Arbeitgeber die Vergütung aus diesen Gründen nicht fort, so kann
der Arbeitnehmer bei der gesetzlichen Krankenversicherung einen **Anspruch auf
Krankengeld** (§ 44 SGB V) geltend machen. Sein **Anspruch** auf Zahlung der Vergütung geht bei einer Leistung der Krankenversicherung **kraft Gesetzes** auf die Krankenkasse **über** (§ 115 SGB X). Zum **Beweiswert der Arbeitsunfähigkeitsbescheinigung**
u Rn 475 ff.

hh) Erkrankungen im Ausland

326 Bei Erkrankungen im Ausland trifft den Arbeitnehmer ebenfalls die Nachweispflicht in § 5 Abs 1 EFZG (Bleistein betrieb + personal 1995, 22; MünchKomm/Schaub § 616 Rn 162; Schmitt, EFZG [4. Aufl 1999] § 5 EFZG Rn 103; Schoof, in: Kittner/Zwanziger [Hrsg], Arbeitsrecht [2001] § 58 Rn 270; KassHdb/Vossen 2.2 Rn 231). Die **Sonderregelung des § 5 Abs 2 EFZG** soll **nicht abschließend** die Anzeige- und Nachweispflichten bei Erkrankungen im Ausland regeln, sondern lediglich den Besonderheiten bei Auslandserkrankungen Rechnung tragen und damit bezüglich dieses Sachverhalts die allgemeine Bestimmung in § 5 Abs 1 EFZG ergänzen (ErfKomm/Dörner § 5 EFZG Rn 49 Kaiser/Dunkl/ Hold/Kleinsorge § 5 EFZG Rn 36; Kunz/Wedde, EFZR § 5 EFZG Rn 75; Müller/Berenz § 5 EFZG Rn 56; MünchKomm/Schaub § 616 Rn 162; Schoof, in: Kittner/Zwanziger [Hrsg], Arbeitsrecht [2001] § 58 Rn 270).

Darüber hinaus ist der Arbeitnehmer bei einer Erkrankung im Ausland verpflichtet, **327** diese seiner **gesetzlichen Krankenkasse mitzuteilen** (§ 5 Abs 1 S 3 und 4 EFZG). Gegebenenfalls kann es ausreichen, daß er aufgrund einer Festlegung des Trägers der gesetzlichen Krankenversicherung seine ihm gegenüber bestehenden Anzeige- und Mitteilungspflichten auch gegenüber einem ausländischen Sozialversicherungsträger erfüllt. Weitere Abweichungen können aus zwischenstaatlichen Sozialversicherungsabkommen folgen (näher Schmitt, EFZG [4. Aufl 1999] § 5 EFZG Rn 104 ff).

Bei Erkrankungen in einem **Mitgliedstaat der Europäischen Gemeinschaft** werden die **328** vorstehenden Grundsätze ergänzt durch die **EG-Verordnung 574/72,** deren Art 18 der Europäische Gerichtshof auch auf die vom Arbeitgeber im Krankheitsfalle zu gewährende Entgeltfortzahlung anwendet (s EuGH EAS VO 574/72 Art 18 Nr 2 u 3). Hinsichtlich dieser Geldleistung ist der **Arbeitgeber „zuständiger Träger"** im Sinne der vorgenannten Bestimmung (zustimmend Steinmeyer, in: FS Kissel [1995] 1172; Heinze BB 1996, 1833; kritisch demgegenüber Leipold, in: FS Kissel [1994] 643 ff). Auf der Grundlage der vorgenannten Prämisse gilt für das weitere Verfahren folgendes: Wegen der nach deutschem Recht bestehenden Pflicht, eine vom behandelnden Arzt ausgestellte Arbeitsunfähigkeitsbescheinigung vorzulegen (§ 5 Abs 1 S 2 EFZG) muß sich der Arbeitnehmer innerhalb von drei Tagen nach Eintritt der Arbeitsunfähigkeit an den Träger des (im Ausland gelegenen) Wohnorts wenden (Art 18 Abs 1 VO [EWG] 574/ 72). So bald wie möglich, jedenfalls innerhalb von drei Tagen, nachdem dies geschehen ist, führt dieser eine ärztliche Kontrolluntersuchung in gleicher Weise wie bei seinen eigenen Versicherten durch. Der Bericht des Arztes, der die Kontrolluntersuchung durchgeführt hat, wird von dem Träger des Wohnortes innerhalb von drei Tagen nach der Kontrolluntersuchung an den zuständigen Träger, also im Falle der Entgeltfortzahlung an den Arbeitgeber übersandt (Art 18 Abs 3 der Verordnung). Dem Arbeitgeber bleibt vorbehalten, den Arbeitnehmer durch einen vom Arbeitgeber ausgewählten Arzt untersuchen zu lassen (Art 18 Abs 5 der Verordnung).

Im Hinblick auf die kontrovers diskutierte Problematik des **Beweiswerts ausländi-** **329** **scher Arbeitsunfähigkeitsbescheinigungen** (s u Rn 475 ff) ist im Anwendungsbereich der EG-Verordnung präzise zwischen **unterschiedlichen Arbeitsunfähigkeitsbescheinigungen** zu unterscheiden. Erstens kann eine **vom behandelnden Arzt ausgestellte Arbeitsunfähigkeitsbescheinigung** vorliegen oder aber es handelt sich bei der ärztlichen Bescheinigung um eine solche, die aufgrund einer vom Träger des Wohnortes veranlaßten **Kontrolluntersuchung** angefertigt wurde. Gerade bezüglich der letztgenannten ist bereits im Ansatz zweifelhaft, ob diese überhaupt mit der nach deutschem Recht vom behandelnden Arzt ausgestellten Arbeitsunfähigkeitsbescheinigung vergleichbar ist. Aufgrund ihres amtlichen Charakters ähnelt sie eher einem vom Medizinischen Dienst der Krankenkassen nach § 275 SGB V angefertigten Gutachten über die Arbeitsunfähigkeit des Arbeitnehmers (vgl auch u Rn 486).

ii) Abweichende Regelungen

330 Die Nachweispflicht kann **kollektivvertraglich** beschränkt werden (BAG EzA § 3 LohnFG Nr 13). Zulässig ist dies auch auf **individualvertraglicher** Basis, gegebenenfalls ist eine entsprechende **betriebliche Übung** anzuerkennen (vgl FLEISCHER 51 ff). Da wegen § 12 EFZG von § 5 EFZG nur zugunsten des Arbeitnehmers abgewichen werden darf, kommen entsprechende Regelungen zumeist nur für prozedurale Fragen bei der Erfüllung der Anzeige- und Nachweispflicht in Betracht. Bezüglich solcher Vereinbarungen (Arbeitsvertrag, Tarifvertrag), die vor Inkrafttreten des Entgeltfortzahlungsgesetzes abgeschlossen wurden, ist die Überleitungsbestimmung in Art 67 Abs 2 Pflege-Versicherungsgesetz zu beachten: Bestehende Vereinbarungen bleiben von den neuen gesetzlichen Regelungen unberührt, sofern sie mit den §§ 4 Abs 4, 12 EFZG harmonieren.

331 Zulässig ist ein individual- oder kollektivvertraglich vereinbarter **Ausschluß** des dem Arbeitgeber in **§ 5 Abs 1 S 3 EFZG** eingeräumten Rechts, die Arbeitsunfähigkeitsbescheinigung zu einem früheren Zeitpunkt zu verlangen (ErfKomm/DÖRNER § 5 EFZG Rn 68; HANAU/KRAMER DB 1995, 96; SCHLIEMANN AuR 1994, 324; KassHdb/VOSSEN 2.2 Rn 214; **aA** BERENZ DB 1995, 2171; WORZALLA NZA 1996, 66; WORZALLA/SÜLLWALD § 5 EFZG Rn 69). Ob und in welchem Umfang von den Normen des Entgeltfortzahlungsgesetzes abgewichen werden darf, ist abschließend in § 12 EFZG geregelt. Zugunsten des Arbeitnehmers ist dies stets möglich. Für ein gegenteiliges Verständnis, das Abweichungen zu Ungunsten des Arbeitgebers untersagt, bedarf es angesichts der Schutzrichtung des Entgeltfortzahlungsgesetzes und der in § 12 EFZG zum Ausdruck gelangten Regelungssystematik ausdrücklicher Anhaltspunkte im Gesetz.

332 Auch **tarifliche Regelungen vor Inkrafttreten des Entgeltfortzahlungsgesetzes** können das Recht zur früheren Vorlage der ärztlichen Bescheinigung (hierzu o Rn 313 ff) verdrängen. Das folgt aus Art 67 Abs 2 des Pflege-Versicherungsgesetzes, wonach frühere Vereinbarungen „unberührt" bleiben (ebenso SCHLIEMANN AuR 1994, 324), wenn sie auch nach der neuen Rechtslage zulässig sind. Legen sie die Anzeige- und Nachweispflichten abweichend von der vor Inkrafttreten des Entgeltfortzahlungsgesetzes geltenden Rechtslage wirksam fest, so besitzen sie einen **konstitutiven Geltungsanspruch**, den § 5 Abs 1 S 3 EFZG nicht „berührt". Bei rein **deklaratorischen Wiederholungen der Rechtslage** greift hingegen die neue Gesetzeslage ein, so daß auch ein Recht des Arbeitgebers zur früheren Vorlage der ärztlichen Bescheinigung anzuerkennen ist (zutreffend HANAU/KRAMER DB 1995, 96). Einer Auslegung des Tarifvertrages bedarf es, wenn dieser festlegt, daß die ärztliche Bescheinigung erst am vierten Tag vorgelegt werden muß. Die pauschale Annahme einer deklaratorischen Tarifbestimmung (so HANAU/KRAMER DB 1995, 96; **aA** iE BLEISTEIN betrieb + personal 1995, 20) greift zu kurz, wenn sich der Tarifregelung entnehmen läßt, daß die Pflicht zur Vorlage einer ärztlichen Bescheinigung – abweichend von der früheren Gesetzeslage – bei Kurzerkrankungen von geringerer Dauer nicht besteht.

333 Zweifelhaft ist die Rechtswirksamkeit einer **tariflichen Norm,** die **generell** eine **frühere Vorlage der ärztlichen Bescheinigung** vorschreibt (bejahend: BAG AP Nr 34 zu § 87

BetrVG 1972 Ordnung des Betriebes; Lepke NZA 1995, 1087; Marburger BB 1984, 1421; Schwedes, in: FS Stahlhacke [1995] 499; verneinend: Kunz/Wedde, EFZR § 5 EFZG Rn 38; Marienhagen § 5 EFZG Rn 11; Schaub BB 1994, 1630; Schliemann AuR 1994, 324; KassHdb/Vossen 2.2 Rn 215). Für derartige Regelungen gelten dieselben Überlegungen wie bei einer vergleichbaren einseitigen abstrakt-generellen Festlegung des Arbeitgebers (hierzu o Rn 318). Gegen § 12 EFZG verstößt es demgegenüber, wenn der Anspruch auf Entgeltfortzahlung unter den Vorbehalt gestellt wird, daß sich der Arbeitnehmer auf Verlangen des Arbeitgebers von einem Betriebsarzt untersuchen läßt.

kk) Verletzung der Nachweispflicht

Die Verletzung der Nachweispflicht berechtigt den Arbeitgeber zur **vorübergehenden** 334 **Einstellung der Entgeltfortzahlung** (§ 7 Abs 1 Nr 1 EFZG; näher u Rn 492 ff). Das Leistungsverweigerungsrecht in § 7 Abs 1 Nr 1 EFZG ist keine abschließende Vorschrift, die **weitergehende Maßnahmen** des Arbeitgebers ausschließt (so aber für das österreichische Recht OGH öRdW 1996, 277). Durch einen Verstoß gegen § 5 Abs 1 S 2 und 3 EFZG verletzt der Arbeitnehmer seine arbeitsvertraglichen Nebenpflichten (s o Rn 306), und § 7 Abs 1 Nr 1 EFZG regelt lediglich die Auswirkungen auf den Anspruch auf Entgeltfortzahlung. Die Verletzung der Nachweispflicht berechtigt den Arbeitgeber deshalb zum Ausspruch einer **Abmahnung.** Die Erklärung einer **ordentlichen** oder **außerordentlichen Kündigung** ist regelmäßig erst bei einem wiederholten Verstoß und einer vorherigen erfolglosen Abmahnung gerechtfertigt (für eine außerordentliche Kündigung s BAG AP Nr 93 zu § 626 BGB; LAG Hessen AuR 2000, 75 f [LS]; LAG Köln NZA-RR 2001, 368; LAG Sachsen-Anhalt LAGE § 626 BGB Nr 99; Hromadka/Maschmann, Arbeitsrecht 1 [2. Aufl 2002] 292; ebenso für die ordentliche Kündigung MünchArbR/Boecken § 85 Rn 66; aA generell Kunz/Wedde, EFZR § 5 EFZG Rn 49), da die Verletzung der Nachweispflicht geringer wiegt als der Verstoß gegen die Anzeigepflicht (treffend BAG AP Nr 23 zu § 1 KSchG 1969 Verhaltensbedingte Kündigung; BAG AP Nr 93 zu § 626 BGB; LAG Köln LAGE § 611 BGB Abmahnung Nr 42; LAG Köln NZA-RR 2001, 368; Hanau/Kramer DB 1995, 95 Fn 27; Kramer BB 1996, 1665). Ferner steht dem Arbeitgeber dem Grunde nach gemäß § 280 Abs 1 ein **Anspruch auf Schadensersatz** zu (vgl iE auch MünchArbR/Boecken § 85 Rn 65; Kunz/Wedde, EFZR § 5 EFZG Rn 49; Schmitt, EFZG [4. Aufl 1999] § 5 EFZG Rn 147), dessen Bezifferung jedoch kaum möglich ist. In Betracht kommt ein Schadensersatzanspruch, wenn dem Arbeitgeber Kosten für einen Detektiv entstehen, um dem Arbeitnehmer nachzuweisen, daß er die Arbeitsunfähigkeitsbescheinigung erschlichen hat (BAG AP Nr 113 zu § 611 BGB Haftung des Arbeitnehmers; Schmitt, EFZG [4. Aufl 1999] § 5 EFZG Rn 147 mwN).

2. Hinterlegung des Sozialversicherungsausweises*

Die Rechtsbeziehungen der Arbeitsvertragsparteien werden ferner durch § 100 Abs 2 335 SGB IV konkretisiert. Hiernach kann der Arbeitgeber während einer Gehaltsfortzahlung wegen Arbeitsunfähigkeit von dem Arbeitnehmer die **Hinterlegung des So-**

---

* **Schrifttum:** Böhm, Solum vigilantibus? – Entgeltfortzahlung bei nachträglicher Hinterlegung des Sozialversicherungsausweises, NZA 1995, 1092; Gola, Krankenkontrolle durch Hinterlegung des Sozialversicherungsausweises, BB 1994, 1351; Kreikebohm/v Petersdorf/Reineck/Weigand, Der Sozialversicherungsausweis – geeignetes Mittel zur Bekämpfung der Schwarzarbeit, DAngVers 1988, 333; Marburger, Aktuelle Zweifelsfragen im Zusammenhang mit dem Sozialversicherungsausweis, BB 1994, 421; Moritz/Reineck, Rechtliche,

zialversicherungsausweises verlangen. Ebenso wie § 5 Abs 1 S 3 EFZG begründet § 100 Abs 2 S 1 SGB IV einen eigenständigen arbeitsrechtlichen **Anspruch des Arbeitgebers.** Im Streitfall ist deshalb der **Rechtsweg zu den Arbeitsgerichten** eröffnet (ebenso HAUCK/HAINES, SGB IV § 100 SGB IV Rn 8; KRAUSE, in: GK-SGB IV [2. Aufl 1991] § 100 SGB IV Rn 11; KasselerKomm/MAIER § 100 SGB IV Rn 8). Will der Arbeitgeber den Anspruch ausüben, so ist die **Abgabe einer Willenserklärung** notwendig, die erst mit Zugang beim Arbeitnehmer rechtswirksam wird (§ 130) und der ggf vom Arbeitgeber zu beweisen ist (LAG Rheinland-Pfalz DB 1996, 990).

336 Für das vom Arbeitgeber auszuübende **Verlangen** schreibt das Gesetz **keine Formererfordernisse** vor; es kann nicht nur schriftlich, sondern auch mündlich unmittelbar bei einer Anzeige der Arbeitsunfähigkeit nach § 5 Abs 1 S 1 EFZG geltend gemacht werden. Eine **Begründungspflicht** ordnet das Gesetz ebenfalls nicht an. Wegen der Formulierung „kann" steht das „Verlangen" im **Ermessen des Arbeitgebers.** Ein **sachlicher Grund** oder ein **berechtigtes Interesse ist** nicht erforderlich (ebenso WANNAGAT/ BRANDENBURG § 100 SGB IV Rn 18). Der Arbeitgeber hat bei seinem Verlangen jedoch die **Grenzen billigen Ermessens (§ 315)** einzuhalten (ArbG Ulm DB 1993, 1728; GOLA BB 1994, 1351; MünchKomm/SCHAUB § 616 Rn 200). Ebenso ist der Arbeitgeber frei in der **Wahl des Zeitpunktes,** zu dem er von dem Arbeitnehmer die Vorlage des Sozialversicherungsausweises verlangt. Zulässig ist dies bereits ab dem **ersten Tag der Arbeitsunfähigkeit,** sofern dem Arbeitnehmer die Hinterlegung trotz seiner Erkrankung zugemutet werden kann.

337 Bedeutung erlangen die **Grenzen billigen Ermessens** insbesondere, wenn der Arbeitgeber **abstrakt-generelle Kriterien** aufstellt, welche Arbeitnehmergruppen zu welchen Zeitpunkten zur Vorlage des Sozialversicherungsausweises verpflichtet sind. Dem Gesetz läßt sich nicht entnehmen, daß das „Verlangen" nur im konkreten Einzelfall geltend gemacht werden kann (hierfür aber GOLA BB 1994, 1251). Vielmehr erlaubt § 100 Abs 2 S 1 SGB IV, das „Verlangen" antezipiert **im Rahmen des Arbeitsvertrages** auszuüben (aA ArbG Ulm DB 1993, 1728; GOLA BB 1994, 1251; KasselerKomm/MAIER § 100 SGB IV Rn 8). In diesem Fall muß der Arbeitgeber jedoch den arbeitsrechtlichen **Gleichbehandlungsgrundsatz** beachten. Da der Arbeitgeber durch sein Verlangen einen arbeitsrechtlichen Anspruch verwirklicht, sprechen gute Gründe dafür, daß abstrakt-generelle Regelungen nicht der **Mitbestimmung des Betriebsrates** nach § 87 Abs 1 Nr 1 BetrVG unterliegen (aA LAMBECK NZA 1990, 185; KasselerKomm/MAIER § 100 SGB IV Rn 8). Die **gegenteilige Rechtsprechung des Bundesarbeitsgerichts** zu abstrakt-generellen Regelungen im Rahmen des § 5 Abs 1 S 3 EFZG, die ein Mitbestimmungsrecht des Betriebsrates nach § 87 Abs 1 Nr 1 BetrVG bejaht (BAG AP Nr 34 zu § 87 BetrVG 1972 Ordnung des Betriebes; s auch o Rn 319), ist allerdings auf das Verlangen im Sinne des § 100 Abs 2 S 1 SGB IV übertragbar.

338 Zur Hinterlegung des Sozialversicherungsausweises ist der Arbeitnehmer verpflichtet. Er muß diese Pflicht **nicht höchstpersönlich** erfüllen. Vielmehr kann und muß er gegebenenfalls Dritte einschalten, die dem Arbeitgeber den Sozialversicherungsaus-

---

rechtspolitische sowie dogmatische Probleme zum Sozialversicherungsausweis, NZS 1993, 143; STRAUB, Der Sozialversicherungsausweis als

Melde- und Kontrollinstrument, ZfSH/SGB 1994, 77.

weis überbringen. Insoweit gelten keine anderen Grundsätze als für die Vorlage der ärztlichen Bescheinigung nach § 5 Abs 1 S 2 EFZG (hierzu o Rn 312).

Verletzt der Arbeitnehmer seine **Hinterlegungspflicht,** so steht dem Arbeitgeber vor- **339** rangig ein **Leistungsverweigerungsrecht** zu (§ 100 Abs 2 S 2 SGB IV; näher zu diesem u Rn 514 ff). Das schließt **weitere arbeitsrechtliche Maßnahmen** nicht aus, da der Arbeitnehmer durch die Nichtbeachtung der Hinterlegungspflicht gegen seine arbeitsvertraglichen Nebenpflichten verstößt. Nach vorheriger erfolgloser **Abmahnung** kommt **im Wiederholungsfalle** auch der Ausspruch einer **ordentlichen** (verhaltensbedingten) Kündigung oder in Extremfällen einer **außerordentlichen Kündigung** in Betracht.

3. Allgemeine Schranken der Rechtsausübung*

Die Geltendmachung des Vergütungsanspruchs kann trotz Vorliegens der gesetz- **340** lichen Voraussetzungen für eine Pflicht des Arbeitgebers zur Fortzahlung des Arbeitsentgelts im **Einzelfall** die Voraussetzungen des **Rechtsmißbrauchs** erfüllen (hierzu auch MünchArbR/Boecken § 85 Rn 80 ff; Hofmann SAE 1984, 42 f; Münkel 54 ff; Schmitt, EFZG [4. Aufl 1999] § 3 EFZG Rn 119 ff). Allerdings muß es sich stets um besonders gelagerte **Ausnahmefälle** handeln. Umstände, die nicht die Wertung eines schuldhaften Verhaltens rechtfertigen, erlauben für sich allein nicht die Annahme, die Geltendmachung des Entgeltfortzahlungsanspruches sei rechtsmißbräuchlich (BAG AP Nr 49 zu § 1 LohnFG; Hofmann SAE 1984, 42 f; der Sache nach auch MünchArbR/Boecken § 85 Rn 81).

Das **Bundesarbeitsgericht** greift zur Konkretisierung auf die Grundsätze von **Treu und** **341** **Glauben** zurück, die der Geltendmachung des Entgeltfortzahlungsanspruchs bei krankheitsbedingter Arbeitsverhinderung zB bei verbotenen oder vertragswidrigen **Nebentätigkeiten** entgegenstehen (BAG AP Nr 62 zu § 616 BGB; BAG AP Nr 38 zu § 1 LohnFG; in diesem Sinne auch Zeuner AuR 1975, 302; weitergehend noch BAG AP Nr 5 zu § 63 HGB: „Vertragsspieler" in der Oberliga). Nach der älteren Rechtsprechung, die jedoch inzwischen aufgegeben wurde, galt dies auch, wenn die wirtschaftliche Absicherung des Arbeitnehmers durch eine außerhalb des Arbeitsverhältnisses liegende **selbständige Tätigkeit** erfolgte, die sich nicht auf eine Nebentätigkeit beschränkte (BAG AP Nr 30 zu § 1 LohnFG; anders aber seit BAG AP Nr 38 zu § 1 LohnFG sowie BAG AP Nr 49 zu § 1 LohnFG; vgl näher GK-EFZR/Birk § 1 LFZG Rn 357 ff; MünchArbR/Boecken § 85 Rn 84; Geyer/ Knorr/Krasney § 3 EFZG Rn 255 ff; Hofmann SAE 1984, 42 f; Zeuner AuR 1975, 301 ff).

Eine rechtsmißbräuchliche Inanspruchnahme liegt vor, wenn der Arbeitnehmer bei **342** **Abschluß des Arbeitsvertrages** und auch noch im Zeitpunkt der vereinbarten **Arbeitsaufnahme** wegen einer Erkrankung **arbeitsunfähig** ist (vgl BAG AP Nr 86 und 87 zu § 1 LohnFG; GK-EFZR/Birk § 1 LFZG Rn 355; MünchArbR/Boecken § 85 Rn 83; Feichtinger, Entgeltfortzahlung Rn 203; Soergel/Kraft § 616 Rn 47; ablehnend Hanau RdA 1997, 207; Schmitt RdA 1996, 6 sowie Rn 226). Der Einwand des rechtsmißbräuchlichen Verhaltens entfällt, sobald der Arbeitnehmer seine arbeitsvertraglich geschuldete Dienstleistung erbracht hat. Die **Wartefrist des § 3 Abs 3 EFZG** steht der Annahme eines rechtsmißbräuchlichen Verhaltens nicht entgegen, da diese nicht auf den Sonderfall rea-

---

* **Schrifttum:** Gola, Zur mißbräuchlichen Geltendmachung eines Anspruchs auf Lohn- und Gehaltsfortzahlung im Krankheitsfall, DB 1985, 2044.

giert, daß der Arbeitnehmer bereits bei Abschluß des Arbeitsvertrages wegen einer Erkrankung arbeitsunfähig war und dieser Zustand auch nach Ablauf der Wartefrist noch besteht (ebenso MünchArbR/BOECKEN § 83 Rn 142; KAISER/DUNKL/HOLD/KLEINSORGE § 3 EFZG Rn 125; aA HANAU RdA 1997, 207; HARTH 29 f; KassHdb/VOSSEN 2.2 Rn 40; ders NZA 1998, 355 f; wohl auch ErfKomm/DÖRNER § 3 EFZG Rn 9).

V. Dauer der Entgeltfortzahlung

1. Beginn der Entgeltfortzahlung

343 Die Pflicht zur Fortzahlung des Entgelts beginnt mit dem Zeitpunkt, ab dem der Arbeitnehmer an der **Arbeitsleistung verhindert** ist und die **gesetzlichen Voraussetzungen** für eine Entgeltfortzahlung **erfüllt** sind (BAG AP Nr 3 und 6 zu § 1 LohnFG; MünchArbR/BOECKEN § 84 Rn 52; FEICHTINGER, Entgeltfortzahlung Rn 213; GEYER/KNORR/KRASNEY § 3 EFZG Rn 186; SCHMITT, EFZG [4. Aufl 1999] § 3 EFZG Rn 124). In dem Augenblick, in dem die Vergütungspflicht des Arbeitgebers an sich nach § 326 Abs 1 S 1 entfallen würde, muß nach dem Zweck des Entgeltfortzahlungsrechts die Rechtsfolge des § 3 Abs 1 S 1 EFZG eingreifen, da gerade der Anspruch auf Entgeltfortzahlung den krankheitsbedingten Verlust des arbeitsvertraglichen Vergütungsanspruches kompensieren soll.

344 Deshalb besteht ein Anspruch auf Entgeltfortzahlung auch, wenn die Arbeitsverhinderung **während einer Arbeitsschicht** eintritt (BAG AP Nr 3 zu § 1 LohnFG; GK-EFZR/BIRK § 1 LFZG Rn 295; BRECHT, Entgeltfortzahlung § 3 EFZG Rn 46a; FEICHTINGER, Entgeltfortzahlung Rn 218; KAISER/DUNKL/HOLD/KLEINSORGE § 3 EFZG Rn 134; SOERGEL/KRAFT § 616 Rn 56; KUNZ/WEDDE, EFZR § 3 EFZG Rn 125; MÜLLER/BERENZ § 3 EFZG Rn 69; SCHMITT, EFZG [4. Aufl 1999] § 3 EFZG Rn 125; KassHdb/VOSSEN 2.2 Rn 118; iE auch MünchKomm/SCHAUB § 616 Rn 82; MARIENHAGEN/KÜNZL § 3 EFZG Rn 45, die für den Tag der Arbeitsschicht einen Anspruch aus Gewohnheitsrecht befürworten; s auch MünchArbR/BOECKEN § 84 Rn 53, der auf die Fürsorgepflicht des Arbeitgebers zurückgreift). Er greift ferner unabhängig davon ein, ob der Arbeitnehmer seinen **Anzeige- und Nachweispflichten** (o Rn 292 ff) nachkommt (MünchArbR/BOECKEN § 84 Rn 52; KUNZ/WEDDE, EFZR § 3 EFZG Rn 124; MünchKomm/SCHAUB § 616 Rn 83; SCHMITT, EFZG [4. Aufl 1999] § 3 EFZG Rn 124), gegebenenfalls steht dem Arbeitgeber jedoch ein **Leistungsverweigerungsrecht** zu (hierzu u Rn 507 ff).

2. Dauer der Entgeltfortzahlung*

a) Grundsatz der sechswöchigen Entgeltfortzahlung

345 Nach § 3 Abs 1 EFZG ist der Zeitraum der Entgeltfortzahlung auf **sechs Wochen** begrenzt. In Anlehnung an § 191 **entspricht** dies **42 Kalendertagen** (BAG AP Nr 29 zu § 1

---

* **Schrifttum:** BULLA, Beginn der Sechs-Wochen-Frist für Krankengehalt bei ruhendem Arbeitsverhältnis, DB 1962, 333; GLAUBITZ, Entgeltfortzahlung bei Arbeitsunfähigkeit wegen einer aus der Zeit des Wehrdienstes herrührenden Erkrankung, BB 1971, 359; HEITHER, Der Verhinderungsfall im Recht der Lohnfortzahlung im Krankheitsfall, in: FS Hilger/Stumpf (1983) 299; HOPPE, Berechnung der Fristen nach dem LFZG, BlStSozArbR 1971, 381; MARBURGER, Aktuelle Zweifelsfragen im Zusammenhang mit der Dauer der Lohnfortzahlung im Krankheitsfall, RdA 1984, 28; SABEL, Dauer des Anspruchs auf Entgeltfortzahlung bei Wechsel des Arbeitsverhältnisses, DB 1973, 1601; ders, Die Dauer der Gehaltsfortzahlung für Ange-

LohnFG; ERMAN/BELLING § 616 Rn 127; GK-EFZR/BIRK § 1 LFZG Rn 295; MünchArbR/BOECKEN § 84 Rn 55; BRECHT, Entgeltfortzahlung § 3 EFZG Rn 49; ErfKomm/DÖRNER § 3 EFZG Rn 72; FEICHTINGER, Entgeltfortzahlung Rn 225; HOFMANN, in: 25 Jahre Bundesarbeitsgericht [1979] 241; KUNZ/WEDDE, EFZR § 3 EFZG Rn 127; BGB-RGRK/MATTHES § 616 Rn 151; MünchKomm/ SCHAUB § 616 Rn 83; SCHMITT, EFZG [4. Aufl 1999] § 3 EFZG Rn 143; KassHdb/VOSSEN 2.2 Rn 116). **Tarif- oder einzelvertraglich** kann ein **längerer Zeitraum** festgelegt sein. Die für **Kapitäne** früher in § 78 Abs 2 SeemG aF vorgeschriebene Verlängerung der Entgeltfortzahlung auf 26 Wochen wurde durch Art 61 Nr 3 des Pflege-Versicherungsgesetzes v 26.5. 1994 aufgehoben. Statt dessen gilt für sie über § 78 Abs 1 SeemG die alle **Besatzungsmitglieder** umfassende Sonderregelung des § 48 Abs 1 SeemG, nach der die Heuer mindestens bis zum Verlassen des Schiffes fortzuzahlen ist. Dabei ist die Sechs-Wochen-Grenze des § 3 Abs 1 S 1 EFZG bedeutungslos und kann auch überschritten werden (MünchArbR/BOECKEN § 84 Rn 54; KUNZ/WEDDE, EFZR § 48 SeemG Rn 7).

Der Sechs-Wochen-Zeitraum knüpft ausschließlich an die **Dauer der krankheitsbe-** **346** **dingten Arbeitsverhinderung** an. § 3 Abs 1 S 1 EFZG geht – ebenso wie die früheren gesetzlichen Bestimmungen – von einem **einheitlichen Verhinderungsfall** aus (BAG AP Nr 77 zu § 616 BGB; BAG AP Nr 48, 54, 55, 93 und 99 zu § 1 LohnFG; ERMAN/BELLING § 616 Rn 133; GK-EFZR/BIRK § 1 LFZG Rn 318; MünchArbR/BOECKEN § 84 Rn 72; FEICHTINGER, Entgeltfortzahlung Rn 236; GAMILLSCHEG, Arbeitsrecht I [8. Aufl 2000] 345 f; GEYER/KNORR/KRASNEY § 3 EFZG Rn 240; HEITHER, in: FS Hilger/Stumpf [1983] 301 ff; HOFMANN, in: 25 Jahre Bundesarbeitsgericht [1979] 233 ff; JUNKER, Grundkurs Arbeitsrecht [2001] 169; KAISER/DUNKL/HOLD/ KLEINSORGE § 3 EFZG Rn 152; MARIENHAGEN/KÜNZL § 3 EFZG Rn 52d; SCHMITT, EFZG [4. Aufl 1999] § 3 EFZG Rn 194; KassHdb/VOSSEN 2.2 Rn 131; aA KEHRMANN/PELIKAN § 1 Rn 63 a; KUNZ/WEDDE, EFZR § 3 EFZG Rn 160; WEDDE/GERNTKE/KUNZ/PLATOW § 3 EFZG Rn 112). Der Sechs-Wochen-Zeitraum **verlängert sich nicht,** wenn der Arbeitnehmer während der Erkrankung eine **weitere Krankheit** erleidet, die erste noch innerhalb, die zweite jedoch erst nach Ablauf des Sechs-Wochen-Zeitraumes ausgeheilt ist (BAG AP Nr 77 zu § 616 BGB; BAG AP Nr 27 zu § 133c GewO). Andererseits endet der Anspruch auf Fortzahlung der Vergütung nicht zu dem Zeitpunkt, an dem die erste Erkrankung ausgeheilt ist, da der Arbeitnehmer unverändert wegen einer zur Arbeitsunfähigkeit führenden Erkrankung an der Arbeitsleistung verhindert ist (BAG AP Nr 27 zu § 133c GewO).

Die Dauer des Entgeltfortzahlungszeitraumes bemißt sich ausschließlich nach dem **347** **aktuellen Arbeitsverhältnis.** Krankheitsbedingte Arbeitsverhinderungen im Rahmen eines **früheren Arbeitsverhältnisses** sind bei der Berechnung des Sechs-Wochen-Zeitraums nicht zu berücksichtigen (BAG AP Nr 11 zu § 1 LohnFG; MünchArbR/BOECKEN § 84 Rn 53; KAISER/DUNKL/HOLD/KLEINSORGE § 3 EFZG Rn 148; KEHRMANN/PELIKAN § 1 Rn 71;

---

stellte bei wiederholter Arbeitsunfähigkeit wegen derselben Krankheit, AuR 1974, 166; SCHNEIDER, Die Anspruchsdauer nach dem LFZG, DB 1970, Beil Nr 6; SCHOLZ, Zum Fristverlauf der Lohnfortzahlung bei Parallelereignissen unter besonderer Berücksichtigung des Streiks, BB 1978, 311; SCHULZ, Die Dauer des Anspruchs auf Lohnfortzahlung bei Hinzu-

tritt einer weiteren Krankheit, WzS 1985, 36; ders, Die Dauer des Anspruchs auf Lohnfortzahlung im Krankheitsfall und befristete Arbeitsverhältnisse, NZA 1988, 593; WALDEYER, Die Lohnfortzahlungsdauer beim Zusammentreffen von Krankheit und Schlechtwettergeld, DB 1972, 679.

KUNZ/WEDDE, EFZR § 3 EFZG Rn 138; SCHMITT, EFZG [4. Aufl 1999] § 3 EFZG Rn 89). Der **Eintritt eines Betriebserwerbers** in das Arbeitsverhältnis (§ 613a) während der krankheitsbedingten Arbeitsunfähigkeit begründet keinen neuen Entgeltfortzahlungszeitraum, da der Betriebsübergang die Identität des Arbeitsverhältnisses unberührt läßt (ERMAN/BELLING § 616 Rn 130). Das gilt entsprechend, wenn das Arbeitsverhältnis im Wege einer (gegebenenfalls partiellen) **Gesamtrechtsnachfolge** auf einen neuen Arbeitgeber übergeht (ebenso SCHMITT, EFZG [4. Aufl 1999] § 3 EFZG Rn 193).

b) Berechnung des Sechs-Wochen-Zeitraums

348 Für die **Berechnung** des Sechs-Wochen-Zeitraums sind die §§ **187, 188** anzuwenden (BAG AP Nr 6 und 28 zu § 1 LohnFG; MünchArbR/BOECKEN § 84 Rn 56 ff; BRECHT, Entgeltfortzahlung § 3 EFZG Rn 47; FEICHTINGER, Entgeltfortzahlung Rn 215; GEYER/KNORR/KRASNEY § 3 EFZG Rn 189; HOFMANN, in: 25 Jahre Bundesarbeitsgericht [1979] 240; ders, in: FS Hilger/Stumpf [1983] 349; MünchKomm/SCHAUB § 616 Rn 83; SCHMITT, EFZG [4. Aufl 1999] § 3 EFZG Rn 123), nicht hingegen § **193** (FEICHTINGER, Entgeltfortzahlung Rn 217; GEYER/KNORR/KRASNEY § 3 EFZG Rn 191; KAISER/DUNKL/HOLD/KLEINSORGE § 3 EFZG Rn 134; KUNZ/WEDDE, EFZR § 3 EFZG Rn 125; KassHdb/VOSSEN 2.2 Rn 124), da der in § 3 Abs 1 EFZG genannte Sechs-Wochen-Zeitraum die Voraussetzungen des § 193 nicht erfüllt.

349 Bei der **Festlegung des Beginns** des Sechs-Wochen-Zeitraums sind diejenigen Fälle unproblematisch, in denen die **Arbeitsverhinderung während der Arbeitszeit** eintritt. In dieser Konstellation schreibt § 187 Abs 1 vor, daß die Frist **ab dem nachfolgenden Tag** läuft (so BAG AP Nr 27 zu § 133c GewO; BAG AP Nr 3 zu § 1 LohnFG; ebenso im Schrifttum zB MünchArbR/BOECKEN § 84 Rn 57; BRECHT, Entgeltfortzahlung § 3 EFZG Rn 48; ErfKomm/DÖRNER § 3 EFZG Rn 73; FEICHTINGER, Entgeltfortzahlung Rn 218; GEYER/KNORR/KRASNEY § 3 EFZG Rn 192; KAISER/DUNKL/HOLD/KLEINSORGE § 3 EFZG Rn 134; KUNZ/WEDDE, EFZR § 3 EFZG Rn 125; MARIENHAGEN/KÜNZL § 3 EFZG Rn 43; v MAYDELL DB 1973 Beil 15, 7; MÜLLER/BERENZ § 3 EFZG Rn 69; MünchKomm/SCHAUB § 616 Rn 84; ders Arbeitsrechts-Handbuch [9. Aufl 2000] § 98 Rn 61; SCHMITT, EFZG [4. Aufl 1999] § 3 EFZG Rn 125; KassHdb/VOSSEN 2.2 Rn 117). Der **Beginn** der **Entgeltfortzahlung** (s o Rn 344) und der **Beginn** des **Sechs-Wochen-Zeitraums** sind deshalb **nicht** stets **deckungsgleich** (KassHdb/VOSSEN 2.2 Rn 117). Die abweichende Regelung in § 48 Abs 1 S 2 SeemG aF (Beginn mit dem ersten Tag der Arbeitsunfähigkeit) trat mit der Neufassung des § 48 Abs 1 SeemG durch Art 61 Pflege-Versicherungsgesetz außer Kraft.

350 Zweifelhaft ist der **Fristbeginn,** wenn die Arbeitsunfähigkeit **nach dem Ende der Arbeitszeit,** aber **vor Beginn der nächsten Arbeitsschicht** eintritt. Hierfür weicht die hM von dem Wortlaut des § 187 Abs 1 ab, indem sie die dortige Formulierung „Tag" im Sinne von „Arbeitsschicht" interpretiert (stRspr seit BAG AP Nr 6 zu § 1 LohnFG; zuletzt BAG AP Nr 77 zu § 616 BGB; ebenso ERMAN/BELLING § 616 Rn 127; GK-EFZR/BIRK § 1 LFZG Rn 297; BRECHT, Entgeltfortzahlung § 3 EFZG Rn 48; ErfKomm/DÖRNER § 3 EFZG Rn 73; DOETSCH/SCHNABEL/PAULSDORFF § 1 Rn 22; FEICHTINGER, Entgeltfortzahlung Rn 219; GEYER/KNORR/KRASNEY § 3 EFZG Rn 191; KAISER/DUNKL/HOLD/KLEINSORGE § 3 EFZG Rn 135; SOERGEL/KRAFT § 616 Rn 56; MARIENHAGEN/KÜNZL § 3 EFZG Rn 44; v MAYDELL DB 1973 Beil 15, 7; MÜLLER/BERENZ § 3 EFZG Rn 70; MünchKomm/SCHAUB § 616 Rn 84; ders, Arbeitsrechts-Handbuch [9. Aufl 2000] § 98 Rn 61; KassHdb/VOSSEN 2.2 Rn 119). Die in § 187 Abs 1 festgelegte Rechtsfolge eines Fristbeginns am nachfolgenden Tag greift bei diesem Verständnis nur ein, wenn die Arbeitsverhinderung nach Beginn der Arbeitsschicht eintritt. Bei einem früheren Zeitpunkt (also vor Beginn der Arbeitsschicht) beginnt der Sechs-

Wochen-Zeitraum bereits mit dem Tag, an dem der Arbeitnehmer seine Arbeitsleistung trotz an sich bestehender Arbeitspflicht nicht erbringen kann (aA jedoch
MünchArbR/BOECKEN § 84 Rn 58; HOFMANN, in: 25 Jahre Bundesarbeitsgericht [1979] 242; ders,
in: FS Hilger/Stumpf [1983] 350; KEHRMANN/PELIKAN § 1 Rn 60 a; KUNZ/WEDDE, EFZR § 3 EFZG
Rn 126, die auch in diesen Fällen § 187 Abs 1 anwenden wollen; kritisch ebenfalls SCHMITT, EFZG
[4. Aufl 1999] § 3 EFZG Rn 127).

Die unter der Geltung des § 3 Abs 1 S 1 EFZG aF noch relevante Problematik des **351**
Beginns des Sechs-Wochen-Zeitraums, wenn die Erkrankung **vor dem vereinbarten**
Beginn der Beschäftigung auftritt (Fristbeginn erst mit dem vereinbarten Beginn der
Arbeitsaufnahme, so BAG AP Nr 45 zu § 63 HGB; GEYER/KNORR/KRASNEY § 3 EFZG Rn 187;
SCHMITT, EFZG [4. Aufl 1999] § 3 EFZG Rn 139 f; MünchArbR/SCHULIN [1. Aufl] § 82 Rn 48; aA
BRECHT, Lohnfortzahlung § 1 Rn 24; FEICHTINGER, Lohn- und Gehaltsfortzahlung Rn 60; ERMAN/
HANAU [9. Aufl 1993] § 616 Rn 53; MünchKomm/SCHAUB [2. Aufl] § 616 Rn 83) ist wegen der
Wartefrist von vier Wochen in § 3 Abs 3 EFZG entfallen. Der Sechs-Wochen-Zeit-
raum des § 3 Abs 1 S 1 EFZG beginnt erst nach Ablauf der Wartefrist, also mit dem
Tag, an dem erstmals ein Anspruch auf Entgeltfortzahlung entsteht (s o Rn 289).

Der Beginn der Entgeltfortzahlungspflicht ist nicht stets mit dem erstmaligen Eintritt **352**
der Erkrankung deckungsgleich. Die zeitliche Begrenzung der Entgeltfortzahlung
soll die wirtschaftliche Belastung des Arbeitgebers beschränken und kann deshalb
erst beginnen, wenn der Arbeitgeber ohne die krankheitsbedingte Arbeitsverhinderung zur Zahlung einer Vergütung verpflichtet gewesen wäre. Bestand **zu Beginn**
der Erkrankung **kein Vergütungsanspruch,** weil zB die **beiderseitigen Hauptpflichten**
suspendiert waren, so beginnt die Frist erst, wenn dem Arbeitnehmer wieder ein
Vergütungsanspruch zustehen kann (BAG AP Nr 20 und 27 zu § 63 HGB; BAG AP Nr 5
und 36 zu § 1 LohnFG; MünchArbR/BOECKEN § 84 Rn 60; BRECHT, Entgeltfortzahlung § 3 EFZG
Rn 50; ErfKomm/DÖRNER § 3 EFZG Rn 74; FEICHTINGER, Entgeltfortzahlung Rn 220; v HOYNIN-
GEN/HUENE Anm zu BAG AP Nr 42 zu § 63 HGB; KAISER/DUNKL/HOLD/KLEINSORGE § 3 EFZG
Rn 137; SOERGEL/KRAFT § 616 Rn 56; KUNZ/WEDDE, EFZR § 3 EFZG Rn 128; BGB-RGRK/MAT-
THES § 616 Rn 149; v MAYDELL DB 1973 Beil 15, 7; MÜLLER/BERENZ § 3 EFZG Rn 71; Münch-
Komm/SCHAUB § 616 Rn 85; ders, Arbeitsrechts-Handbuch [9. Aufl 2000] § 98 Rn 62; SCHMITT,
EFZG [4. Aufl 1999] § 3 EFZG Rn 129).

Der Lauf des Sechs-Wochen-Zeitraums ist **gehemmt,** wenn **nach der Arbeitsunfähig-** **353**
keit ein Zustand eintritt, der dazu führt, daß die **Arbeitspflicht entfällt** (ERMAN/BELLING
§ 616 Rn 129; GK-EFZR/BIRK § 1 LFZG Rn 151; MünchArbR/BOECKEN § 84 Rn 60; GEYER/
KNORR/KRASNEY § 3 EFZG Rn 208; HOFMANN, in: FS Hilger/Stumpf [1983] 352 f; KAISER/
DUNKL/HOLD/KLEINSORGE § 3 EFZG Rn 138; KUNZ/WEDDE, EFZR § 3 EFZG Rn 128; SCHMITT,
EFZG [4. Aufl 1999] § 3 EFZG Rn 129). Der Wegfall einer Vergütungspflicht reicht für
eine Fristhemmung nicht aus, abzustellen ist vielmehr auf die Pflicht zur Arbeitsleistung, da nur ihr Fortfall dazu führen kann, daß die Krankheit nicht mehr die
einzige Ursache für die Arbeitsverhinderung ist.

Deshalb tritt **keine** Hemmung ein, wenn **während der Erkrankung im Betrieb gestreikt** **354**
wird und der vor Arbeitskampfbeginn erkrankte **Arbeitnehmer sich nicht** am Arbeitskampf **beteiligt.** Dies suspendiert nicht die Arbeitspflicht des erkrankten Arbeitnehmers und der Anspruch auf das Entgelt besteht zumindest dann fort, wenn die
Arbeitsleistung beim Hinwegdenken der Erkrankung noch hätte erbracht werden

können (s o Rn 232). **Anders** ist die Rechtslage zu beurteilen, wenn die **Beteiligung an dem Streik** oder die Einbeziehung in eine Aussperrung oder eine Stillegung des Betriebes in den Grenzen des gewerkschaftlichen Streikaufrufs (vgl BAG AP Nr 130 zu Art 9 GG Arbeitskampf) zur Suspendierung der Arbeitspflicht des Arbeitnehmers führt. Ein Weiterlaufen der Sechs-Wochen-Frist ist wegen des vorübergehenden Wegfalls der Entgeltfortzahlung (s o Rn 230) in dieser Konstellation vom Normzweck der Frist nicht umfaßt (**aA** BAG AP Nr 29 zu § 1 LohnFG; wie hier MünchArbR/BOECKEN § 84 Rn 61; ErfKomm/DÖRNER § 3 EFZG Rn 74; HOFMANN, in: FS Hilger/Stumpf [1983] 352 f; KAISER/ DUNKL/HOLD/KLEINSORGE § 3 EFZG Rn 140; KUNZ/WEDDE, EFZR § 3 EFZG Rn 131; SCHMITT, EFZG [4. Aufl 1999] § 3 EFZG Rn 134).

c) Wiederholte Erkrankung

355 Liegen wiederholte Erkrankungen vor und ist der Arbeitnehmer nach vollständigem Ausheilen der Erkrankung zwischenzeitlich nicht mehr krankheitsbedingt an der Arbeitsleistung verhindert, so beginnt – vorbehaltlich des Sonderfalles einer entgeltfortzahlungsschädlichen Fortsetzungserkrankung (s u Rn 358 ff) – mit **jeder neuen Erkrankung** ein **neuer Anspruch** auf Entgeltfortzahlung für den **gesamten Zeitraum** von **sechs Wochen** (BAG AP Nr 77 zu § 616 BGB; BAG AP Nr 2 und 3 zu § 63 HGB; BAG AP Nr 43, 48 und 54 zu § 1 LohnFG; ERMAN/BELLING § 616 Rn 133; ErfKomm/DÖRNER § 3 EFZG Rn 95; FEICHTINGER, Entgeltfortzahlung Rn 236; HOFMANN, in: 25 Jahre Bundesarbeitsgericht [1979] 231; JUNKER, Grundkurs Arbeitsrecht [2001] 285; KAISER/DUNKL/HOLD/KLEINSORGE § 3 EFZG Rn 150; KUNZ/WEDDE, EFZR § 3 EFZG Rn 136; MünchKomm/SCHAUB § 616 Rn 88; SCHMITT, EFZG [4. Aufl 1999] § 3 EFZG Rn 194; KassHdb/VOSSEN 2.2 Rn 129).

356 Eine **tatsächliche Arbeitsleistung** zwischen den Verhinderungsfällen ist **nicht erforderlich,** es genügt, wenn der Arbeitnehmer **zwischen den Erkrankungen arbeitsfähig** ist und lediglich aufgrund der individuellen oder betrieblichen Arbeitszeitverteilung keine Arbeitsleistung erbringen konnte (BAG AP Nr 77 zu § 616 BGB; BAG AP Nr 43, 48 und 55 zu § 1 LohnFG; ErfKomm/DÖRNER § 3 EFZG Rn 98; HOFMANN, in: 25 Jahre Bundesarbeitsgericht [1979] 231; KAISER/DUNKL/HOLD/KLEINSORGE § 3 EFZG Rn 152, 155; SCHMITT, EFZG [4. Aufl 1999] § 3 EFZG Rn 197). Im Extremfall können zwei Sechs-Wochen-Zeiträume unmittelbar hintereinander folgen, wenn der Arbeitnehmer an einem Sonnabend wieder arbeitsfähig ist, jedoch am Montag auf dem Weg zur Arbeitsstätte verunglückt (GK-EFZR/BIRK § 1 LFZG Rn 321; SCHMITT, EFZG [4. Aufl 1999] § 3 EFZG Rn 197).

357 Bei einem **Arbeitsversuch,** bei dem die Arbeitsfähigkeit noch nicht wiederhergestellt ist, liegt trotz tatsächlicher Arbeitsaufnahme keine neue Erkrankung vor (BAG AP Nr 54 zu § 1 LohnFG; diese Konstellation ist nicht zu verwechseln mit der krankenversicherungsrechtlichen Rechtsfigur des „mißglückten Arbeitsversuchs" [zu dieser o Rn 225]). Eine Ausnahme sieht ferner § 3 Abs 1 S 2 EFZG vor, wenn die wiederholten und nacheinander eintretenden krankheitsbedingten Arbeitsverhinderungen auf „derselben Krankheit" beruhen, es sich also um eine **Fortsetzungserkrankung** handelt (hierzu u Rn 358 ff).

d) Begrenzung der Entgeltfortzahlung bei Fortsetzungserkrankungen*

358 Um die **wirtschaftliche Belastung des Arbeitgebers** durch die Aufwendungen für die Entgeltfortzahlung zu **begrenzen,** trifft § 3 Abs 1 S 2 EFZG eine Sonderregelung,

---

* **Schrifttum:** BIELER, Lohnfortzahlung und Fortsetzungskrankheit, AuR 1970, 206; BORNE- MANN, Gehaltsfortzahlungsanspruch des Angestellten bei Rückfallerkrankung, AuR 1981, 239;

wenn mehrere zeitlich nacheinanderliegende und zur Arbeitsverhinderung führende Erkrankungen auf „dieselbe Krankheit" zurückzuführen sind (zum Belastungsschutz als Normzweck BAG AP Nr 10, 51, 60 und 93 zu § 1 LohnFG; Hofmann, in: FS Hilger/Stumpf [1983] 354). Hierauf reagiert die vorgenannte Bestimmung mit einem abgestuften System.

Tritt die durch **dieselbe Krankheit** ausgelöste Arbeitsverhinderung **innerhalb von** **359** **zwölf Monaten mehrmals** nacheinander auf, so begrenzt das Gesetz die Pflicht zur Entgeltfortzahlung grundsätzlich auf einen **Gesamtzeitraum von sechs Wochen.** Hierbei sind die einzelnen Zeiten der krankheitsbedingten Arbeitsverhinderung zu addieren, wobei **42 Kalendertage** zugrunde zu legen sind (BAG AP Nr 29 zu § 1 LohnFG; MünchArbR/Boecken § 84 Rn 81; Brecht, Entgeltfortzahlung § 3 EFZG Rn 59; Geyer/Knorr/ Krasney § 3 EFZG Rn 193; Hofmann, in: FS Hilger/Stumpf [1983] 349; Kaiser/Dunkl/Hold/ Kleinsorge § 3 EFZG Rn 157; Kunz/Wedde, EFZR § 3 EFZG Rn 144; MünchKomm/Schaub § 616 Rn 91; Schmitt, EFZG [4. Aufl 1999] § 3 EFZG Rn 175; abweichend Kehrmann/Pelikan § 1 Rn 61). Nach Ablauf von zwölf Monaten erneuert sich die Pflicht zur sechswöchigen Fortzahlung des Entgelts.

Eine auf demselben Grundleiden beruhende **Vorerkrankung** (näher hierzu u Rn 365) **360** begründet einen Fortsetzungszusammenhang wegen des Zwecks der Sonderregelung nur, wenn diese zu einer **Entgeltfortzahlungspflicht** des Arbeitgebers geführt hat. Hieran kann es fehlen, wenn die **Vorerkrankung während einer anderen Erkrankung** eintrat und wegen des **Grundsatzes des einheitlichen Verhinderungsfalles** (s o Rn 346) keine Pflicht zur Fortzahlung des Entgelts auslöste (BAG AP Nr 93 zu § 1 LohnFG). Das gilt allerdings nur solange und soweit die andere Erkrankung für sich alleine zur Entgeltfortzahlung verpflichtete. Die Vorerkrankung begründet deshalb trotz des Grundsatzes des einheitlichen Verhinderungsfalles einen Fortsetzungszusammenhang, wenn sie über das Ende der bereits bestehenden anderen Erkrankung hinausreicht und der Arbeitgeber in diesem Zeitraum wegen der Einheit des Verhinderungsfalles zur Entgeltfortzahlung verpflichtet ist (BAG AP Nr 99 zu § 1 LohnFG; s o Rn 346).

An einem Fortsetzungszusammenhang kann es des weiteren fehlen, wenn die **Vor-** **361** **erkrankung während der Wartefrist** (§ 3 Abs 3 EFZG) eintrat. Erst wenn nach Ablauf der Wartefrist wegen der Vorerkrankung ein Anspruch auf Entgeltfortzahlung entsteht (s o Rn 288), kommt ein Fortsetzungszusammenhang und ein Beginn des Zwölf-Monats-Zeitraums in Betracht.

Der **Zwölf-Monats-Zeitraum beginnt** mit der ersten auf derselben Ursache beruhen- **362** den Arbeitsunfähigkeit zu laufen (**Methode der Vorausberechnung,** vgl BAG AP Nr 33, 56 und 73 zu § 1 LohnFG; ebenso MünchArbR/Boecken § 84 Rn 83; ErfKomm/Dörner § 3 EFZG

Etzel, Die Lohn- und Gehaltsfortzahlung bei wiederholter Arbeitsunfähigkeit des Arbeitnehmers, BlStSozArbR 1971, 215; Hanel, Die Dauer der Gehaltsfortzahlung für Angestellte bei wiederholter Arbeitsunfähigkeit wegen derselben Krankheit, AuR 1974, 166; Hofmann, Zur wiederholten Arbeitsunfähigkeit im Recht der Lohnfortzahlung, in: FS G Müller (1979)

225; ders, Fristenprobleme bei Fortsetzungserkrankungen, in: FS Hilger/Stumpf (1983) 343; Hoppe, Berechnung der Fristen nach dem Lohnfortzahlungsgesetz, BlStSozArbR 1971, 281; Ottow, Lohnfortzahlung nach ruhendem Arbeitsverhältnis: Berücksichtigung der vorherigen Krankheitsdauer, DB 1981, 1042.

Rn 89; ETZEL BlStSozArbR 1971, 217; FEICHTINGER, Entgeltfortzahlung Rn 252; GAMILLSCHEG, Arbeitsrecht I [8. Aufl 2000] 346; GEYER/KNORR/KRASNEY § 3 EFZG Rn 231; KAISER/DUNKL/ HOLD/KLEINSORGE § 3 EFZG Rn 176; KUNZ/WEDDE, EFZR § 3 EFZG Rn 150; v MAYDELL DB 1973 Beil 15, 7; SCHMITT, EFZG [4. Aufl 1999] § 3 EFZG Rn 185). Die zu § 1 Abs 1 S 2 LFG vertretene Gegenmeinung **(Methode der Zurückrechnung),** die vom Beginn der letzten Arbeitsunfähigkeit zurückrechnete (hierfür zB BRECHT, Lohnfortzahlung § 1 Rn 56; HOFMANN, in: FS Hilger/Stumpf [1983] 355 ff; KEHRMANN/PELIKAN § 1 Rn 69; zum Meinungsstand auch GK-EFZR/BIRK § 1 LFZG Rn 311 f), lehnte das Bundesarbeitsgericht bereits zur damaligen Rechtslage ausdrücklich ab (BAG AP Nr 56 zu § 1 LohnFG). Die in § 3 Abs 1 S 2 EFZG aufgenommene Formulierung „seit Beginn der ersten Arbeitsunfähigkeit" entzieht dieser Streitfrage die normative Grundlage (ebenso MünchArbR/ BOECKEN § 84 Rn 83; ErfKomm/DÖRNER § 3 EFZG Rn 89; SCHLIEMANN AuR 1994, 321; SCHMITT, EFZG [4. Aufl 1999] § 3 EFZG Rn 185; ders RdA 1996, 8; KassHdb/VOSSEN 2.2 Rn 151).

363 Eine Ausnahme gilt bei einer **Auflösung des Fortsetzungszusammenhanges.** Dieser tritt nach § 3 Abs 1 S 2 EFZG ein, wenn der Arbeitnehmer in einem **Zeitraum** von **sechs Monaten nicht wegen derselben Krankheit** an der Arbeitsleistung **verhindert** ist (BAG AP Nr 41, 50, 60 und 73 zu § 1 LohnFG; s auch GEYER/KNORR/KRASNEY § 3 EFZG Rn 232; HOFMANN, in: FS Hilger/Stumpf [1983] 360 ff). In dieser Konstellation begründet § 3 Abs 1 S 2 EFZG eine Pflicht zur Vergütungsfortzahlung von noch einmal sechs Wochen. Einer **Auflösung des Fortsetzungszusammenhanges** durch Ablauf der Sechs-Monats-Frist steht eine innerhalb des Sechs-Monats-Zeitraums eintretende Krankheit nicht entgegen, wenn sie auf **einer anderen Krankheitsursache (Grundleiden)** beruht (BAG AP Nr 60 zu § 1 LohnFG; MünchArbR/BOECKEN § 84 Rn 84; ErfKomm/DÖRNER § 3 EFZG Rn 85; KAISER/DUNKL/HOLD/KLEINSORGE § 3 EFZG Rn 172; KUNZ/WEDDE, EFZR § 3 EFZG Rn 146; SCHMITT, EFZG [4. Aufl 1999] § 3 EFZG Rn 178 mwN).

364 Im Hinblick auf den Normzweck sind bei der **Berechnung des Sechs-Monats-Zeitraums,** der zur Auflösung des Fortsetzungszusammenhanges führt, nur Zeiten innerhalb **desselben Arbeitsverhältnisses** zu berücksichtigen (BAG AP Nr 10 zu § 1 LohnFG). **Zeitlich frühere Arbeitsverhältnisse** bleiben **außer Betracht** (BAG AP Nr 11 und 51 zu § 1 LohnFG; FEICHTINGER, Entgeltfortzahlung Rn 262; KAISER/DUNKL/HOLD/KLEINSORGE § 3 EFZG Rn 181; KUNZ/WEDDE, EFZR § 3 EFZG Rn 155 f; MünchKomm/SCHAUB § 616 Rn 94; SCHMITT, EFZG [4. Aufl 1999] § 3 EFZG Rn 189 f). Eine **Ausnahme** gilt nur bei einer **Identität der Arbeitsvertragsparteien** und einem **engen sachlichen Zusammenhang** zwischen beiden Arbeitsverhältnissen (BAG AP Nr 51 zu § 1 LohnFG; ebenso BRECHT, Entgeltfortzahlung § 3 EFZG Rn 61; ErfKomm/DÖRNER § 3 EFZG Rn 94; FEICHTINGER, Entgeltfortzahlung Rn 263; KAISER/DUNKL/HOLD/KLEINSORGE § 3 EFZG Rn 182; SCHMITT, EFZG [4. Aufl 1999] § 3 EFZG Rn 192; SCHOOF, in: Kittner/Zwanziger [Hrsg], Arbeitsrecht [2001] § 58 Rn 127; aA noch BAG AP Nr 33 zu § 1 ArbKrankhG; sowie im neueren Schrifttum KUNZ/WEDDE, EFZR § 3 EFZG Rn 157; WEDDE/ GERNTKE/KUNZ/PLATOW § 3 EFZG Rn 110). Dieser ist zB anzunehmen bei gleichen Arbeitsbedingungen, einer zuvor erteilten **Wiedereinstellungszusage** und wenn zwischen beiden Arbeitsverhältnissen nur eine **kurze Unterbrechung** (zB ein Monat) liegt (so BAG AP Nr 51 zu § 1 LohnFG; s auch SCHMITT, EFZG [4. Aufl 1999] § 3 EFZG Rn 192). Bei einer Identität der Vertragsparteien liegt ein enger sachlicher Zusammenhang auch vor, wenn das Arbeitsverhältnis **im Anschluß an ein Berufsausbildungsverhältnis** begründet und in diesem die Vergütung gem § 3 Abs 1 S 1 EFZG fortgezahlt wurde (ErfKomm/DÖRNER § 3 EFZG Rn 94; DOETSCH/SCHNABEL/PAULSDORFF § 1 Rn 21 a; SCHMITT, EFZG [4. Aufl 1999] § 3 EFZG Rn 193; SCHOOF, in: Kittner/Zwanziger [Hrsg], Arbeitsrecht [2001]

§ 58 Rn 128; **aA** GK-EFZR/Birk § 1 LFZG Rn 149). Beim rechtsgeschäftlichen **Betriebsübergang** bleibt die Identität des Arbeitsverhältnisses wegen § 613a Abs 1 erhalten, so daß die **beim Betriebsveräußerer aufgetretenen Erkrankungen** uneingeschränkt zu berücksichtigen sind (Brecht, Entgeltfortzahlung § 3 EFZG Rn 63; ErfKomm/Dörner § 3 EFZG Rn 94; Feichtinger, Entgeltfortzahlung Rn 265; Schmitt, EFZG [4. Aufl 1999] § 3 EFZG Rn 193; Schulte/Mimberg/Sabel 50; Vossen Rn 172). Sinngemäß gilt das auch bei einem Übergang des Arbeitsverhältnisses im Wege der **Gesamtrechtsnachfolge** (ebenso Schmitt, EFZG [4. Aufl 1999] § 3 EFZG Rn 193).

Die Regelung für Fortsetzungserkrankungen in § 3 Abs 1 S 2 EFZG erfordert in **365** erster Linie eine Konkretisierung des Terminus **„derselben Krankheit".** Hierbei ist **nicht** auf die **Krankheitsart** abzustellen, **sondern** auf dasselbe **Grundleiden,** das unter Umständen durch verschiedene Krankheitsarten in Erscheinung tritt (BAG AP Nr 42 zu § 63 HGB; BAG AP Nr 61 zu § 1 LohnFG). Eine Fortsetzungserkrankung liegt dabei vor, „wenn die Krankheit, auf der die frühere Arbeitsunfähigkeit beruhte, in der Zeit zwischen dem Ende der vorausgegangenen und dem Beginn der neuen Arbeitsunfähigkeit medizinisch nicht vollständig ausgeheilt war, sondern das Grundleiden latent weiter bestanden hat, so daß die neue Erkrankung nur eine Fortsetzung der früheren Erkrankung darstellt" (BAG AP Nr 42 zu § 63 HGB; ebenso zB BAG AP Nr 61 zu § 1 LohnFG; s auch MünchArbR/Boecken § 84 Rn 74 ff, 78 ff; Feichtinger, Entgeltfortzahlung Rn 245 f; Geyer/Knorr/Krasney § 3 EFZG Rn 218 ff; Hofmann, in: 25 Jahre Bundesarbeitsgericht [1979] 228 ff; Kaiser/Dunkl/Hold/Kleinsorge § 3 EFZG Rn 159 ff; Schmitt, EFZG [4. Aufl 1999] § 3 EFZG Rn 169 ff).

Die Begrenzung der Pflicht zur Vergütungsfortzahlung in § 3 Abs 1 S 2 EFZG greift **366** nur ein, wenn die krankheitsbedingte Arbeitsverhinderung auf eine **Fortsetzungserkrankung** zurückzuführen ist. Beruht die Erkrankung **nicht auf demselben Grundleiden,** so ist der Arbeitgeber für ihren Zeitraum uneingeschränkt zur Fortzahlung der Vergütung verpflichtet (BAG AP Nr 60 zu § 1 LohnFG; MünchArbR/Boecken § 84 Rn 74; Schmitt, EFZG [4. Aufl 1999] § 3 EFZG Rn 194). Zur **Mitteilung an den Arbeitgeber,** ob die wiederholten Erkrankungen auf derselben Krankheit beruhen, sind die gesetzlichen Krankenkassen nach § 69 Abs 4 SGB X befugt (weitergehend Müller/Berenz § 3 EFZG Rn 63, die eine Auskunftspflicht der Krankenkassen annehmen).

3. Ende der Entgeltfortzahlung

a) Wegfall der Arbeitsunfähigkeit
Die Pflicht zur Entgeltfortzahlung endet mit Wegfall der Umstände, die zu ihrem **367** Entstehen führten. Entfällt die infolge der Krankheit eintretende Arbeitsunfähigkeit, so ist der Arbeitnehmer uneingeschränkt zur Arbeitsleistung in der Lage und ein Vergütungsanspruch besteht nur, wenn er diese erbringt (vgl MünchArbR/Boecken § 84 Rn 64; Heither, in: FS Hilger/Stumpf [1983] 306 f). Dieselbe Rechtsfolge tritt ein, wenn die Arbeitsverhinderung vor der in der ärztlichen Bescheinigung angegebenen voraussichtlichen Dauer der Arbeitsunfähigkeit endet (MünchArbR/Boecken § 84 Rn 64).

Legt die **Arbeitsunfähigkeitsbescheinigung** das Ende der Arbeitsunfähigkeit auf einen **368** bestimmten Kalendertag fest, so bescheinigt diese in der Regel Arbeitsunfähigkeit **bis zum Ende der üblichen Arbeitszeit** des Arbeitnehmers an diesem **Kalendertag** (BAG AP Nr 77 zu § 616 BGB; BAG AP Nr 48 zu § 1 LohnFG; Heither, in: FS Hilger/Stumpf

[1983] 307 ff; BGB-RGRK/Matthes § 616 Rn 168). Das gilt unabhängig davon, ob der Arbeitnehmer am nachfolgenden Tag zur Arbeitsleistung verpflichtet ist (BAG AP Nr 77 zu § 616 BGB) oder die Arbeitsunfähigkeit für solche Tage bescheinigt, an denen im Betrieb überhaupt nicht gearbeitet wird (BAG AP Nr 55 zu § 1 LohnFG).

b) Ablauf des Sechs-Wochen-Zeitraums

369 Die Pflicht zur Entgeltfortzahlung nach § 3 Abs 1 S 1 EFZG endet spätestens mit Ablauf des Sechs-Wochen-Zeitraums. Für die **Fristberechnung** gilt § 188 Abs 2, § 193 ist nicht anzuwenden (statt aller Geyer/Knorr/Krasney § 3 EFZG Rn 212; Kaiser/Dunkl/ Hold/Kleinsorge § 3 EFZG Rn 143; Kunz/Wedde, EFZR § 3 EFZG Rn 133 f; KassHdb/Vossen 2.2 Rn 124). Lediglich bei **Kapitänen** und **Besatzungsmitgliedern** (s o Rn 345) sowie aufgrund einer **kollektivvertraglichen** oder **individualvertraglichen Abrede** kann der Arbeitgeber verpflichtet sein, das Arbeitsentgelt für einen längeren Zeitraum fortzuzahlen.

c) Beendigung des Arbeitsverhältnisses*
aa) Grundsatz

370 Die Pflicht zur Fortzahlung der Vergütung hängt vorbehaltlich abweichender gesetzlicher Vorschriften davon ab, daß die vertragsrechtliche Wurzel des Vergütungsanspruches besteht. Der Anspruch auf Entgeltfortzahlung entfällt deshalb, wenn das **Arbeitsverhältnis endet** (vgl BAG AP Nr 20 zu § 63 HGB; sowie schon RAG ARS 31, 140; für das Schrifttum zB Erman/Belling § 616 Rn 135; MünchArbR/Boecken § 84 Rn 65; ErfKomm/Dörner § 3 EFZG Rn 77; Geyer/Knorr/Krasney § 3 EFZG Rn 215; BGB-RGRK/Matthes § 616 Rn 155; v Maydell DB 1973 Beil 15, 3; Kunz/Wedde, EFZR § 3 EFZG Rn 135; Schmitt, EFZG [4. Aufl 1999] § 8 EFZG Rn 1). Mit Beendigung des Arbeitsverhältnisses existiert kein Vergütungsanspruch mehr, der entgegen § 326 Abs 1 S 1 durch hiervon abweichende Bestimmungen aufrechterhalten werden könnte.

371 **Endet das Arbeitsverhältnis vor Ablauf** des Sechs-Wochen-Zeitraums, so entfällt damit auch die Pflicht zur Fortzahlung der Vergütung. § 8 Abs 2 EFZG stellt diesen allgemeinen Grundsatz klar (Erman/Belling § 616 Rn 135; MünchArbR/Boecken § 84 Rn 65; ErfKomm/Dörner § 8 EFZG Rn 3). Als **Beendigungssachverhalte** kommen insbesondere die Kündigung, der Ablauf einer Befristung, der Eintritt einer auflösenden Bedingung und der Abschluß eines Aufhebungsvertrages in Betracht (vgl auch Geyer/ Knorr/Krasney § 8 EFZG Rn 4 ff).

bb) Beendigung aus Anlaß der Arbeitsunfähigkeit

372 Von dem Grundsatz in Rn 370 weicht § 8 Abs 1 S 1 EFZG ab, wenn der **Arbeitgeber** das Arbeitsverhältnis **aus Anlaß der Arbeitsunfähigkeit kündigt.** Aufgrund des weiten Arbeitnehmerbegriffs (§ 1 Abs 2 EFZG) sowie wegen der deklaratorischen Verweisung in § 12 Abs 1 S 2 BBiG ist § 8 EFZG auch bei **Berufsausbildungsverhältnissen**

---

* **Schrifttum:** Brill, Lohnfortzahlung bei Beendigung des Arbeitsverhältnisses, WzS 1982, 1; Gaumann/Schafft, Anspruch auf Entgeltfortzahlung bei Kündigung aus Anlass der Erkrankung innerhalb der Wartefrist des § 3 III EFZG, NZA 2000, 811; Heither, Die Rechtsprechung des Bundesarbeitsgerichts zu § 6 LohnFG, ZIP 1984, 403; Hoppe, Kündigung und Entgeltfortzahlung im Krankheitsfall, BlStSozArbR 1971, 142; Süsse, Die Kündigung „aus Anlaß" der Arbeitsunfähigkeit (§ 6 Abs 1 S 1 LFZG), DB 1972, 189.

Titel 8 §	616
Dienstvertrag	373–377

anzuwenden; für das **Seearbeitsrecht** gilt dies wegen der Verweisung in § 48 Abs 1 SeemG bzw § 78 Abs 1 SeemG ebenfalls.

Kündigt der **Arbeitgeber** das Arbeitsverhältnis aus Anlaß der Arbeitsunfähigkeit, so **373** **bleibt er zur Fortzahlung** der Vergütung bis zum Ablauf des Sechs-Wochen-Zeitraumes **verpflichtet,** obwohl das Arbeitsverhältnis bereits zu einem früheren Zeitpunkt endet. Dem Arbeitgeber soll es hierdurch unmöglich gemacht werden, sich durch Ausspruch einer Kündigung seiner Pflicht zur Fortzahlung der Vergütung zu entziehen (BAG AP Nr 2, 3 und 19 zu § 6 LohnFG; BAG AP Nr 10 zu § 3 EntgeltFG; ERMAN/BELLING § 616 Rn 136; SCHMITT, EFZG [4. Aufl 1999] § 8 EFZG Rn 3; KassHdb/VOSSEN 2.2 Rn 280). Dieser Normzweck rechtfertigt die Anwendung des § 8 Abs 1 S 1 EFZG, wenn der Arbeitgeber das Arbeitsverhältnis **während der Wartefrist des § 3 Abs 3 kündigt;** mit Ablauf der Wartefrist kann der Arbeitnehmer gemäß § 8 Abs 1 S 1 EFZG das Arbeitsentgelt beanspruchen, obwohl den Arbeitgeber zuvor keine Pflicht zu dessen Fortzahlung traf (BAG AP Nr 10 zu § 3 EntgeltFG; zustimmend FEICHTINGER, Entgeltfortzahlung Rn 275; KAISER/DUNKL/HOLD/KLEINSORGE § 8 EFZG Rn 8; MÜLLER/BERENZ § 8 EFZG Rn 5; RAAB Anm zu BAG EzA § 3 EFZG Nr 7; **aA** GAUMANN/SCHAFFT NZA 2000, 812 f).

Da § 8 Abs 1 S 1 EFZG das Bestehenbleiben eines Anspruchs anordnet, knüpft die **374** Regelung an den in § 3 Abs 1 S 1 EFZG genannten Anspruch an und verhindert seinen Untergang mit der Beendigung des Arbeitsverhältnisses. Deshalb führt § 8 Abs 1 S 1 EFZG zu einer **Verlängerung des in § 3 Abs 1 S 1 EFZG begründeten Anspruches** und ist keine eigenständige Anspruchsgrundlage (SCHMITT, EFZG [4. Aufl 1999] § 8 EFZG Rn 15; **aA** KUNZ/WEDDE, EFZR § 8 EFZG Rn 7).

Der Wortlaut der Vorschrift („kündigt") erfaßt sowohl die **außerordentliche** als auch **375** die **ordentliche Kündigung** (allgM vgl statt aller ErfKomm/DÖRNER § 8 EFZG Rn 5; LEPKE 471 mwN). Ob es sich um eine **Beendigungskündigung** handeln muß oder auch der Ausspruch einer **Änderungskündigung** ausreicht (hierfür KUNZ/WEDDE, EFZR § 8 EFZG Rn 15; WEDDE/GERNTKE/KUNZ/PLATOW § 8 Rn 17), läßt sich dem Gesetzeswortlaut nicht entnehmen. Da § 8 EFZG den allgemeinen Grundsatz durchbrechen will, daß die Beendigung des Arbeitsverhältnisses zum Ende der Entgeltfortzahlung durch den Arbeitgeber führt, sprechen die besseren Gründe dafür, den Anwendungsbereich der Norm auf Beendigungskündigungen zu beschränken (ebenso ErfKomm/DÖRNER § 8 EFZG Rn 5; LEPKE 471; **aA** KUNZ/WEDDE, EFZR § 8 EFZG Rn 15).

Wegen des Zwecks des § 8 Abs 1 EFZG kommt es bei **ordentlichen Kündigungen 376** nicht darauf an, ob das Arbeitsverhältnis bereits den **Bestandsschutz des Kündigungsschutzgesetzes** genießt. Der Anspruch auf Entgeltfortzahlung wird auch aufrechterhalten, wenn das Arbeitsverhältnis **innerhalb der ersten sechs Monate beendet** wird und aus diesem Grunde (vgl § 1 Abs 1 KSchG) nicht unter das Kündigungsschutzgesetz fällt (ebenso ErfKomm/DÖRNER § 8 EFZG Rn 7; HELML § 8 EFZG Rn 17). Das gilt entsprechend für **Berufsausbildungsverhältnisse,** wenn sie **innerhalb der Probezeit** gemäß § 15 Abs 1 BBiG gekündigt werden.

Die Aufrechterhaltung des Vergütungsanspruches setzt nicht voraus, daß die Kündi- **377** gung wegen der **krankheitsbedingten Arbeitsverhinderung** ausgesprochen wird, sie muß **nicht das tragende Motiv der Kündigung** sein (BAG AP Nr 1, 2 und 3 zu § 6 LohnFG; KAISER/DUNKL/HOLD/KLEINSORGE § 8 EFZG Rn 11; SOERGEL/KRAFT § 616 Rn 59; KUNZ/WEDDE,

127	Hartmut Oetker

EFZR § 8 EFZG Rn 17; Lepke 472). Aufgrund der Formulierung „aus Anlaß" genügt bereits eine **schwächere Motivation.** Die krankheitsbedingte Arbeitsverhinderung muß lediglich eine **wesentlich mitbestimmende Bedingung** für den Kündigungsentschluß des Arbeitgebers sein (BAG AP Nr 1, 2, 3, 5, 6 und 8 zu § 6 LohnFG; BAG AP Nr 3 zu § 1 TVG Tarifverträge: Apotheken; Erman/Belling § 616 Rn 136; MünchArbR/Boecken § 84 Rn 67; Feichtinger, Entgeltfortzahlung Rn 276; Kaiser/Dunkl/Hold/Kleinsorge § 8 EFZG Rn 11; Soergel/Kraft § 616 Rn 59; Kunz/Wedde, EFZR § 8 EFZG Rn 17; Lepke 472; BGB-RGRK/ Matthes § 616 Rn 157; MünchKomm/Schaub § 616 Rn 101; Schmitt, EFZG [4. Aufl 1999] § 8 EFZG Rn 23; KassHdb/Vossen 2.2 Rn 281; sowie bereits BAG AP Nr 1 zu § 3 ArbKrankhG). Hierfür reicht es aus, wenn die Kündigung im Hinblick auf die infolge der Krankheit bewilligte **Rente wegen Berufs- oder Erwerbsunfähigkeit** ausgesprochen wird (BAG AP Nr 2 zu § 6 LohnFG) oder die Erkrankung zu einem **Beschäftigungsverbot** geführt hat und der Arbeitgeber deshalb die Kündigung erklärt (BAG AP Nr 6 zu § 6 LohnFG).

378 Ein **zeitlicher Zusammenhang** zwischen der Kenntnis von der krankheitsbedingten Arbeitsverhinderung und der Kündigung begründet den **Beweis des ersten Anscheins,** daß die Krankheit der Anlaß für die Kündigung war (BAG AP Nr 11, 16, 17 und 19 zu § 6 LohnFG; BAG AP Nr 3 zu § 1 TVG Tarifverträge: Apotheken; generell auch Brecht, Entgeltfortzahlung § 8 EFZG Rn 9; Feichtinger, Entgeltfortzahlung Rn 277; Soergel/Kraft § 616 Rn 44; Kunz/Wedde, EFZR § 8 EFZG En 25; Lepke 476; BGB-RGRK/Matthes § 616 Rn 159; Schmitt, EFZG [4. Aufl 1999] § 8 EFZG Rn 37; vgl ferner Schreiber SAE 1981, 98 f). Das ist insbesondere von Bedeutung, wenn der Arbeitgeber das Arbeitsverhältnis ordentlich kündigen kann, ohne sich hierfür auf eine sachliche Rechtfertigung stützen zu müssen (zB keine Anwendbarkeit des Kündigungsschutzgesetzes oder Kündigung von Auszubildenden innerhalb der Probezeit).

379 Eine „Anlaßkündigung" ist **zu verneinen,** wenn aufgrund des **äußeren Geschehensablaufs** ausgeschlossen ist, daß die krankheitsbedingte Arbeitsverhinderung den Kündigungsentschluß mitbeeinflußt hat. Hierfür kommen vornehmlich **betriebsbedingte Kündigungen** in Betracht, es sei denn, der Arbeitgeber spricht die Kündigung aus, um dadurch betriebliche Störungen infolge der krankheitsbedingten Arbeitsverhinderung zu beseitigen (BAG AP Nr 1 zu § 6 LohnFG) oder er den Arbeitnehmer ohne Rücksicht auf die soziale Auswahl kündigt (BAG AP Nr 8 zu § 6 LohnFG; kritisch Lepke 476).

380 Eine Anlaßkündigung liegt nur vor, wenn der **Arbeitgeber** die Ursache der Arbeitsverhinderung (Krankheit) **kennt** (BAG AP Nr 3, 5, 12 und 16 zu § 6 LohnFG; Erman/Belling § 616 Rn 136; MünchArbR/Boecken § 84 Rn 68; Brecht, Entgeltfortzahlung § 8 EFZG Rn 4; Erf-Komm/Dörner § 8 EFZG Rn 16; Feichtinger, Entgeltfortzahlung Rn 290; Geyer/Knorr/Krasney § 8 EFZG Rn 28; Lepke 472; BGB-RGRK/Matthes § 616 Rn 159; MünchKomm/Schaub § 616 Rn 102; Schmitt, EFZG [4. Aufl 1999] § 8 EFZG Rn 29; GK-EFZR/Steckhan § 6 LFZG Rn 18; KassHdb/Vossen 2.2 Rn 283). Maßgebend sind die Verhältnisse bei **Abgabe der Kündigungserklärung** (BAG AP Nr 14 zu § 6 LohnFG). Die **später erlangte Kenntnis** von der Krankheit ist selbst dann **unschädlich,** wenn sie nach Abgabe, aber **vor Zugang der Kündigungserklärung** eintritt (ebenso Schmitt, EFZG [4. Aufl 1999] § 3 EFZG Rn 32). Hinsichtlich der Kenntnis ist das Wissen um die Abwesenheit des Arbeitnehmers, nicht das um die Arbeitsunfähigkeit entscheidend (BAG AP Nr 13 zu § 6 LohnFG).

381 Auf die **Unkenntnis von der Erkrankung** soll sich der Arbeitgeber nach der höchst-

richterlichen Rechtsprechung **nicht berufen** können, solange er mit der Möglichkeit einer Erkrankung rechnen kann (BAG AP Nr 5 zu § 6 LohnFG). Dies gilt jedoch nur, wenn der Arbeitnehmer vor Ausspruch der Kündigung arbeitsunfähig war (BAG AP Nr 14 zu § 6 LohnFG; vgl ferner CORTS SAE 1981, 103 f).

Mit Ablauf des **Drei-Tage-Zeitraums** in § 5 Abs 1 S 2 EFZG soll sich der Arbeitgeber   **382** stets auf die Unkenntnis berufen können (BAG AP Nr 5, 12 und 16 zu § 6 LohnFG; ebenso LEPKE 473; SCHMITT, EFZG [4. Aufl 1999] § 8 EFZG Rn 32). Die zu § 6 LFG entwickelte Auffassung kann unter der Geltung des § 5 Abs 1 S 2 EFZG nur noch eingeschränkt überzeugen. Abzustellen ist vielmehr auf den Zeitpunkt, bis zu dem der Arbeitgeber bei pflichtgemäßem Verhalten des Arbeitnehmers mit der Vorlage einer Arbeitsunfähigkeitsbescheinigung rechnen mußte. Da dies im Rahmen des § 5 Abs 1 S 2 EFZG erst am „darauffolgenden Arbeitstag" erfolgen muß, kann sich der Arbeitgeber erst ab dem sich hieran anschließenden Tag stets auf die Unkenntnis berufen. Bei einem auf § 5 Abs 1 S 3 EFZG gestützten Verlangen nach früherer Vorlage der Arbeitsunfähigkeitsbescheinigung verschiebt sich der Zeitpunkt indes nach vorne (zutreffend KUNZ/WEDDE, EFZR § 8 EFZG Rn 22; WEDDE/GERNTKE/KUNZ/PLATOW § 8 EFZG Rn 23). Das gilt – abweichend von der früheren Rechtsprechung (siehe BAG AP Nr 18 zu § 6 LohnFG) – entsprechend, wenn der Arbeitnehmer nach dem Ende der zunächst bescheinigten Arbeitsunfähigkeit seine Tätigkeit nicht aufnimmt, weil auch hier aufgrund einer entsprechenden Anwendung des § 5 Abs 1 S 2 EFZG erst nach Ablauf des Zeitraums von drei Kalendertagen für den Arbeitnehmer die Verpflichtung besteht, am „darauffolgenden Arbeitstag" die Arbeitsunfähigkeitsbescheinigung vorzulegen (s o Rn 323; wie hier KassHdb/VOSSEN 2.2 Rn 285; WEDDE/GERNTKE/KUNZ/PLATOW § 8 EFZG Rn 22; aA MünchArbR/BOECKEN § 84 Rn 69).

Da § 8 Abs 1 S 1 EFZG voraussetzt, daß ein Anspruch auf Entgeltfortzahlung infolge   **383** der Kündigung vor Ablauf des Sechs-Wochen-Zeitraums an sich entfällt, verlängert § 8 Abs 1 S 1 EFZG den Entgeltfortzahlungsanspruch nur, wenn die **Kündigung** das Arbeitsverhältnis **rechtswirksam** beendet (BAG AP Nr 2 zu § 6 LohnFG; MünchArbR/BOECKEN § 84 Rn 65; ErfKomm/DÖRNER § 8 EFZG Rn 5; KAISER/DUNKL/HOLD/KLEINSORGE § 8 EFZG Rn 7; KUNZ/WEDDE, EFZR § 8 EFZG Rn 9; MünchKomm/SCHAUB § 616 Rn 90; SCHMITT, EFZG [4. Aufl 1999] § 8 EFZG Rn 10). Anderenfalls besteht das Arbeitsverhältnis fort und die Pflicht zur Fortzahlung der Vergütung folgt unverändert aus § 3 Abs 1 S 1 EFZG (BAG AP Nr 2 zu § 6 LohnFG; BRECHT, Entgeltfortzahlung § 8 EFZG Rn 1; ErfKomm/DÖRNER § 8 EFZG Rn 5; KAISER/DUNKL/HOLD/KLEINSORGE § 8 EFZG Rn 7; KUNZ/WEDDE, EFZR § 8 EFZG Rn 9; SCHMITT, EFZG [4. Aufl 1999] § 8 EFZG Rn 10). Diese Rechtsfolge greift stets ein, wenn die Kündigung an einem Nichtigkeitsgrund leidet (SCHMITT EFZG [4. Aufl 1999] § 8 EFZG Rn 14).

Ist die ordentliche Kündigung **sozial ungerechtfertigt** (§ 1 Abs 2 KSchG) oder **fehlt**   **384** der **wichtige Grund** (§ 626 Abs 1) für eine rechtswirksame außerordentliche Kündigung, so gilt die Kündigung, wenn die übrigen Voraussetzungen für die Anwendung des Kündigungsschutzgesetzes und keine anderweitigen Unwirksamkeits- oder Nichtigkeitsgründe vorliegen, mit **Ablauf der dreiwöchigen Klagefrist** (§§ 4 S 1, 13 Abs 1 S 2 KSchG) als von Anfang an, also seit ihrem Zugang beim Arbeitnehmer, als **rechtswirksam** (§§ 7, 13 Abs 1 S 2 KSchG). Der Fortbestand der Vergütungspflicht des Arbeitgebers beurteilt sich in dieser Konstellation mit Eintritt der Beendigungswirkung ausschließlich nach den für die Anlaßkündigung des Arbeitgebers geltenden

Bestimmungen (BAG AP Nr 9 und 14 zu § 6 LohnFG; ErfKomm/DÖRNER § 8 EFZG Rn 7; KÜCHENHOFF Anm zu BAG AP Nr 7 zu § 6 LohnFG; MünchKomm/SCHAUB § 616 Rn 90; SCHMITT, EFZG [4. Aufl 1999] § 8 EFZG Rn 16; KassHdb/VOSSEN 2.2 Rn 277; iE auch SCHREIBER SAE 1981, 98). Die unwiderlegbare Vermutung der §§ 7, 13 Abs 1 S 2 KSchG greift allerdings nur ein, wenn das Arbeitsverhältnis bei Zugang der Kündigungserklärung bereits an dem Bestandsschutz des Kündigungsschutzgesetzes partizipierte (so auch BAG AP Nr 7 und 19 zu § 6 LohnFG).

385 Die **Pflicht zur Fortzahlung der Vergütung endet** bei einer Anlaßkündigung grundsätzlich mit **Ablauf des Sechs-Wochen-Zeitraums.** Zu einem **früheren Zeitpunkt** endet sie nur, wenn die Vergütungspflicht auch bei einem fortbestehenden Arbeitsverhältnis **aus anderen Gründen** vor Ablauf des Sechs-Wochen-Zeitraums **geendet hätte.** Praktisch bedeutsam ist das, wenn infolge einer **Gesundung des Arbeitnehmers** nach Beendigung des Arbeitsverhältnisses, aber vor Ablauf des Sechs-Wochen-Zeitraumes die Arbeitsverhinderung entfällt (BAG AP Nr 19 zu § 6 LohnFG; MünchArbR/ BOECKEN § 84 Rn 64; KAISER/DUNKL/HOLD/KLEINSORGE § 8 EFZG Rn 19; KUNZ/WEDDE, EFZR § 8 EFZG Rn 23; MÜLLER/BERENZ § 8 EFZG Rn 26; SCHMITT, EFZG [4. Aufl 1999] § 8 EFZG Rn 47). Entsprechendes gilt, wenn der **Arbeitnehmer nur vorübergehend gesundet** und vor Ablauf des Sechs-Wochen-Zeitraumes erneut erkrankt (MünchArbR/BOECKEN § 84 Rn 64; KUNZ/WEDDE, EFZR § 8 EFZG Rn 23; SCHMITT, EFZG [4. Aufl 1999] § 8 EFZG Rn 48), da § 8 Abs 1 EFZG lediglich verhindern soll, daß sich der Arbeitgeber durch die Kündigung seiner Verpflichtung zur Entgeltfortzahlung entzieht (SCHMITT, EFZG [4. Aufl 1999] § 8 EFZG Rn 48 sowie o Rn 373). Dieser Normzweck greift bei der zweiten Erkrankung nicht ein. Die Pflicht zur Fortzahlung der Vergütung erstreckt sich jedoch wegen der **Lehre vom einheitlichen Verhinderungsfall** (s o Rn 346) auf den gesamten Sechs-Wochen-Zeitraum, wenn vor Beendigung der ersten Erkrankung eine andere Krankheitsursache hinzutritt, die die erste überdauert (BAG AP Nr 19 zu § 6 LohnFG; KAISER/DUNKL/HOLD/KLEINSORGE § 8 EFZG Rn 19; SCHMITT, EFZG [4. Aufl 1999] § 8 EFZG Rn 48).

386 Zweifelhaft ist die Rechtslage, wenn der Arbeitgeber aus Anlaß der krankheitsbedingten Arbeitsverhinderung statt der Kündigung auf **andere Instrumente zur Beendigung des Arbeitsverhältnisses** zurückgreift. In Betracht kommt hauptsächlich der Abschluß eines Aufhebungsvertrages, gegebenenfalls aber auch die Anfechtung und die Berufung auf die Nichtigkeit. Zumindest bei einem **vom Arbeitgeber initiierten Aufhebungsvertrag** sprechen gewichtige Gründe für eine entsprechende Anwendung des § 8 EFZG, da ein Rückgriff auf den **materiellen Auflösungsgrund** dem Zweck der Norm besser als das formelle Auflösungsinstrument Rechnung trägt (ebenso BAG AP Nr 10 und 15 zu § 6 LohnFG; ERMAN/BELLING § 616 Rn 139 für Aufhebungsvertrag; BRECHT, Entgeltfortzahlung § 8 EFZG Rn 3; HOFMANN, in: 25 Jahre Bundesarbeitsgericht [1979] 240; KAISER/ DUNKL/HOLD/KLEINSORGE § 8 EFZG Rn 9 f; KUNZ/WEDDE, EFZR § 8 EFZG Rn 13 f; BGB-RGRK/MATTHES § 616 Rn 163; NEUMANN NJW 1978, 1843; MünchKomm/SCHAUB § 616 Rn 101; ders, Arbeitsrechts-Handbuch [9. Aufl 2000] § 98 Rn 80; SCHMITT, EFZG [4. Aufl 1999] § 8 EFZG Rn 17; SCHULTE/MIMBERG/SABEL 225 f; GK-EFZR/STECKHAN § 6 LFZG Rn 37, 40 ff; TRIESCHMANN Anm zu BAG AP Nr 4 zu § 4 LohnFG; WEDDE/GERNTKE/KUNZ/PLATOW § 8 EFZG Rn 15; offengelassen noch von BAG AP Nr 4 zu § 6 LohnFG; **aA** jedoch MünchArbR/BOECKEN § 84 Rn 66; GEYER/KNORR/KRASNEY § 8 EFZG Rn 21; LEPKE 474 f; SCHULIN SAE 1978, 35; grundsätzlich gegen eine Analogie bei Anfechtung und Nichtigkeit ERMAN/BELLING § 616 Rn 139).

Eine analoge Anwendung des § 8 Abs 1 S 1 EFZG scheidet aus, wenn der **Aufhe-** 387
bungsvertrag nicht aus Anlaß der krankheitsbedingten Arbeitsunfähigkeit abgeschlossen wird (BAG AP Nr 10 zu § 6 LohnFG). Ebenso führt die Hinnahme einer Kündigung
nicht zu einer einvernehmlichen Aufhebung des Arbeitsverhältnisses (BAG AP Nr 19
zu § 1 LohnFG). Auch die **Beendigung eines fehlerhaften Arbeitsverhältnisses** ist möglich, ohne daß die in § 8 Abs 1 EFZG normierte Aufrechterhaltung der Entgeltfortzahlung eingreift (im Grundsatz auch GK-EFZR/STECKHAN § 6 LFZG Rn 44 f), sofern nicht
ausnahmsweise die Arbeitsverhinderung den Anlaß für die Anfechtungserklärung
bzw die Abstandnahme von dem Vertragsverhältnis lieferte (KAISER/DUNKL/HOLD/
KLEINSORGE § 8 EFZG Rn 10; KUNZ/WEDDE, EFZR § 8 EFZG Rn 14; LEPKE 475; aA ERMAN/
BELLING § 616 Rn 139; MünchArbR/BOECKEN § 84 Rn 66).

cc) Eigenkündigung des Arbeitnehmers

Eine weitere Durchbrechung des Grundsatzes in Rn 370 ordnet **§ 8 Abs 1 S 2 EFZG** 388
für bestimmte Fälle einer **Eigenkündigung des Arbeitnehmers** an. In dieser Konstellation sind die für die Anlaßkündigung des Arbeitgebers geltenden Grundsätze anzuwenden. Bei **Berufsausbildungsverhältnissen** und **gleichgestellten Vertragsverhältnis-**
sen (§ 19 BBiG) gilt die Vorschrift aufgrund des weiten Arbeitnehmerbegriffs (§ 1
Abs 2 EFZG) sowie der deklaratorischen Verweisung in § 12 Abs 1 S 2 BBiG entsprechend. Im **Seearbeitsrecht** findet § 8 Abs 1 S 2 EFZG wegen § 48 Abs 1 S 1
SeemG bzw § 78 Abs 1 SeemG ebenfalls Anwendung.

Nicht jede Eigenkündigung des Arbeitnehmers verlängert die Pflicht zur Fortzahlung 389
der Vergütung über die Beendigung des Arbeitsverhältnisses hinaus. Diese Rechtsfolge tritt nach § 8 Abs 1 S 2 EFZG nur ein, wenn dem Arbeitnehmer aufgrund eines
vom Arbeitgeber zu vertretenden Grundes die **Fortsetzung des Arbeitsverhältnisses**
nicht zugemutet werden kann. Der vom **Arbeitnehmer** für die Eigenkündigung her-
angezogene Grund muß so gewichtig sein, daß er **berechtigt** wäre, das Arbeitsverhältnis **ohne Einhaltung einer Frist zu kündigen.** Hierfür sind die zu § 626 Abs 1 entwik-
kelten Grundsätze heranzuziehen (MünchArbR/BOECKEN § 84 Rn 71; ErfKomm/DÖRNER § 8
EFZG Rn 21; KAISER/DUNKL/HOLD/KLEINSORGE § 8 EFZG Rn 18; KUNZ/WEDDE, EFZR § 8
EFZG Rn 30; SCHMITT, EFZG [4. Aufl 1999] § 8 EFZG Rn 42 sowie näher STAUDINGER/PREIS
[2002] § 626 Rn 237 ff).

Liegt ein wichtiger Grund im Sinne des § 626 Abs 1 vor, so erhält § 8 Abs 1 S 2 EFZG 390
den Anspruch auf Fortzahlung der Vergütung nicht nur bei einer **außerordentlichen,**
sondern auch bei einer **ordentlichen Eigenkündigung** des Arbeitnehmers aufrecht
(allgM vgl zB BRECHT, Entgeltfortzahlung § 8 Rn 7; ErfKomm/DÖRNER § 8 EFZG Rn 20; FEICH-
TINGER, Entgeltfortzahlung Rn 294; GEYER/KNORR/KRASNEY § 8 EFZG Rn 37; KAISER/DUNKL/
HOLD/KLEINSORGE § 8 EFZG Rn 18; KEHRMANN/PELIKAN § 6 Rn 10; KUNZ/WEDDE, EFZR § 8
EFZG Rn 31; MÜLLER/BERENZ § 8 EFZG Rn 23; MünchKomm/SCHAUB § 616 Rn 105; SCHMITT,
EFZG [4. Aufl 1999] § 8 EFZG Rn 44; SCHOOF, in: Kittner/Zwanziger [Hrsg.], Arbeitsrecht [2001]
§ 58 Rn 143; KassHdb/VOSSEN 2.2 Rn 291). Die entsprechenden gesetzlichen Regelungen
stellen lediglich an den Kündigungsgrund bestimmte qualitative Anforderungen,
überlassen die Wahl der Kündigungsart jedoch dem Arbeitnehmer. Stets ist aber
erforderlich, daß der Arbeitnehmer die Kündigung innerhalb der **Zwei-Wochen-Frist**
des § 626 Abs 2 ausspricht. Das gilt auch für die ordentliche Kündigung, da nach
Ablauf der Kündigungserklärungsfrist die Wichtigkeit des Kündigungsgrundes entfällt (KAISER/DUNKL/HOLD/KLEINSORGE § 8 EFZG Rn 18; aA ErfKomm/DÖRNER § 8 EFZG

Rn 23; Kunz/Wedde, EFZR § 8 EFZG Rn 18; Schoof, in: Kittner/Zwanziger [Hrsg.], Arbeitsrecht [2001] § 58 Rn 144) und der Arbeitnehmer nicht mehr zur Kündigung „ohne Einhaltung einer Kündigungsfrist" berechtigt ist.

391 Ebenso wie bei der Anlaßkündigung des Arbeitgebers (s o Rn 386) sprechen auch bei der Eigenkündigung des Arbeitnehmers gewichtige Gründe für eine **entsprechende Anwendung** der jeweiligen Bestimmungen, wenn der Arbeitnehmer wegen des „wichtigen Grundes" das Arbeitsverhältnis nicht kündigt, sondern ein von ihm initiierter **Aufhebungsvertrag** das Arbeitsverhältnis einvernehmlich beendet. Den gesetzlichen Vorschriften ist die Wertentscheidung zu entnehmen, daß der Arbeitnehmer den Vergütungsanspruch nicht verlieren soll, wenn ein Grund vorliegt, der zur Unzumutbarkeit der weiteren Fortführung des Arbeitsverhältnisses führt. Dieser Zweck rechtfertigt eine von der Beendigungsart unabhängige Problemlösung (wie hier auch Schmitt, EFZG [4. Aufl 1999] § 8 EFZG Rn 45).

VI. Höhe des fortzuzahlenden Entgelts*

1. Allgemeines

392 Die in § 3 Abs 1 S 1 EFZG aF getroffene Regelung ging davon aus, daß der Arbeitnehmer infolge der krankheitsbedingten Arbeitsverhinderung seinen vertraglichen Vergütungsanspruch nicht verliert. Deshalb war der Arbeitnehmer während der Zeit der Arbeitsverhinderung so zu stellen, als ob er seine arbeitsvertraglich geschuldeten Leistungen erbracht hätte; es galt nach der gesetzlichen Konzeption das **Entgeltausfallprinzip** (BAG AP Nr 39 zu § 63 HGB; GK-EFZR/Birk § 2 LFZG Rn 1; Feichtinger, Entgeltfortzahlung Rn 299; Erman/Hanau [9. Aufl 1993] § 616 Rn 68; Soergel/Kraft § 616 Rn 39; Schoof, in: Kittner/Zwanziger [Hrsg.], Arbeitsrecht [2001] § 58 Rn 153).

393 Der Rückgriff auf das Entgeltausfallprinzip verdeutlicht, daß die Entgeltfortzahlung im Krankheitsfall **nicht** den **Lebensstandard** vor dem Krankheitsfall sichern soll (BAG AP Nr 6 zu § 2 LohnFG; mißverständlich BAG AP Nr 18 zu § 2 LohnFG wonach der bisherige Lebensstandard nicht beeinträchtigt werden soll; ähnlich zuvor BAG AP Nr 6 zu § 1 LohnFG). Im Vordergrund steht vielmehr eine wirtschaftliche Absicherung des Arbeitnehmers für das Risiko der krankheitsbedingten Arbeitsverhinderung, die ihn jedoch nicht vor

---

* **Schrifttum:** Buchner, Die vergütungsrechtlichen Konsequenzen des tarifvertraglichen Freischichtmodells der Metallindustrie, BB 1988, 1245; Gotzen, Die Berechnung des Krankenlohnes für Arbeiter nach dem LFG, BlStSozArbR 1969, 289; Kappenhagen, Lohnausfallprinzip und Bezugsmethode (1991); Landvogt, Überstunden und Gehalts- bzw Lohnfortzahlung bei Krankheit, DB 1970, 1883; Lieb, Zur Problematik der Provisionsfortzahlung im Urlaubs-, Krankheits- und Feiertagsfall, DB 1976, 2207; Marburger, Unterschiede und Gemeinsamkeiten zwischen der Berechnung des Krankengeldes und der Lohnfortzahlung im Krankheitsfalle, BB 1980, 473; Matthes, Lohnfortzahlung und Schlechtwettergeldregelung im Baugewerbe, BB 1970, 1400; Schneider, Lohnfortzahlung im Krankheitsfalle bei Mitgliedern von Akkordgruppen, RdA 1973, 300; Veit, Der Anspruch auf Lohnfortzahlung für krankheitsbedingte Fehltage und auf Freizeitausgleich nach dem Freischichtmodell, NZA 1990, 249; Westhoff, Die Fortzahlung der Provision bei Krankheit, Urlaub und in anderen Fällen der Arbeitsverhinderung, NZA 1986 Beil 3, 25; Zietsch, Zur Frage der Lohnfortzahlung im Krankheitsfall beim Job-Sharing, NZA 1997, 526.

einem aus anderen Gründen eintretenden Verlust des Vergütungsanspruches bewahren soll (BAG AP Nr 6 zu § 2 LohnFG).

Aufgrund der Änderungen des Entgeltfortzahlungsgesetzes durch das **Arbeitsrecht-** **394** **liche Beschäftigungsförderungsgesetz v 25. 9. 1996** (BGBl I 1476) gelten diese Grundsätze nicht mehr uneingeschränkt. **Erstens** bewirkt die veränderte Gesetzesformulierung in § 3 Abs 1 S 1 EFZG, daß es sich bei der Entgeltfortzahlung im Krankheitsfall nicht mehr um den entgegen § 326 Abs 1 S 1 aufrechterhaltenen arbeitsvertraglichen Vergütungsanspruch handelt. Vielmehr tritt an dessen Stelle ein **eigenständiger Anspruch,** der jedoch nach Maßgabe des entfallenden arbeitsvertraglichen Vergütungsanspruches zu bemessen ist (s o Rn 178 f). **Zweitens** erforderte die Festlegung der Höhe des fortzuzahlenden Arbeitsentgelts nach § 4 Abs 1 EFZG idF des BeschFG 1996 zunächst die Bestimmung des dem Arbeitnehmer an sich (hypothetisch) zustehenden Arbeitsentgelts und sodann die Prüfung, ob die so ermittelte **Höhe des Arbeitsentgelts auf 80% zu kürzen** ist (vgl näher dazu STAUDINGER/OETKER [1996] § 616 Rn 412 ff). Das **Korrekturgesetz v 19. 12. 1998** (s o Rn 169) beseitigte diese Kürzung des fortzuzahlenden Entgelts wieder und kehrte im Grundsatz zu der Rechtslage zurück, die vor Inkrafttreten des BeschFG 1996 galt; § 4 Abs 1 EFZG nF ist identisch mit § 4 Abs 1 S 1 EFZG 1994. Ergänzend zu der bisherigen Gesetzeslage legt § 4 Abs 1 a S 1 EFZG nF allerdings fest, daß „das zusätzlich für Überstunden gezahlte Arbeitsentgelt" nicht zu dem nach § 4 Abs 1 EFZG fortzuzahlenden Arbeitsentgelt gehört (s u Rn 407) und überträgt damit die Grundsätze für die Bemessung des Urlaubsentgelts (§ 11 Abs 1 S 1 BUrlG) in das Entgeltfortzahlungsrecht. § 4 Abs 1 a EFZG idF des BeschFG 1996 enthielt die Kürzung noch nicht, sie wurde aber von den Tarifvertragsparteien nach Inkrafttreten des BeschFG teilweise zur Kompensation vereinbart, um eine Entgeltfortzahlung in Höhe von 100% des bei regelmäßiger Arbeitszeit zustehenden Arbeitsentgelts zu erreichen (vgl HARTH 82 ff). Infolge der generellen Ausklammerung der Überstundenvergütungen aus dem fortzuzahlenden Arbeitsentgelt kommt es allerdings zu einer Verdoppelung der wirtschaftlichen Kompensation, wenn die Tarifvertragsparteien nach Inkrafttreten des BeschFG 1996 zu diesem Zweck andere Wege (zB Kürzung von Sonderzahlungen) beschritten hatten.

Vorbehaltlich abweichender Vereinbarungen schuldet der Arbeitgeber die fortzuzah- **395** lende Vergütung als **Bruttoentgelt** (BAG AP Nr 9 zu § 2 LohnFG; BRECHT, Entgeltfortzahlung § 4 EFZG Rn 4; FEICHTINGER, Entgeltfortzahlung Rn 320; GEYER/KNORR/KRASNEY § 4 EFZG Rn 8; KEHRMANN/PELIKAN § 2 Rn 8; KUNZ/WEDDE, EFZR § 4 EFZG Rn 11; v MAYDELL DB 1973 Beil 15, 8; SCHMITT, EFZG [4. Aufl 1999] § 4 EFZG Rn 22; KassHdb/VOSSEN 2.2 Rn 341). Das gilt selbst dann, wenn bei einzelnen Zuschlägen die **Steuerfreiheit entfällt** (BAG AP Nr 9 zu § 2 LohnFG). Der Arbeitgeber ist nicht verpflichtet, einen höheren Bruttolohn zu zahlen, um den bisherigen Nettoverdienst aufrecht zu erhalten (BAG AP Nr 9 zu § 2 LohnFG). Eine abweichende Abrede, die auf die **Fortzahlung des Nettolohns** gerichtet ist, muß dies unmißverständlich deutlich machen (BAG AP Nr 9 zu § 2 LohnFG).

2. Festlegung des (hypothetischen) Arbeitsentgelts

a) Bemessungsgrundlagen
Die konkrete Höhe der Entgeltfortzahlung ist aufgrund der ausdrücklichen Rege- **396** lung in § 4 Abs 1 S 1 EFZG aus den (hypothetischen) Faktoren **Arbeitsentgelt** und **Arbeitszeit** zu ermitteln (ebenso BAG EzA § 4 EFZG Nr 4; ErfKomm/DÖRNER § 4 EFZG Rn 6;

KassHdb/Vossen 2.2 Rn 339). Für den **Entgeltfaktor** folgt dies aus der **Anknüpfung an den vertraglichen Vergütungsanspruch** und für den **Zeitfaktor** aus dem Umstand, daß die Vergütung nur für die Zeit der Arbeitsverhinderung geschuldet ist und diese nur vorliegt, wenn der Arbeitnehmer ohne die krankheitsbedingte Arbeitsverhinderung **zur Arbeitsleistung verpflichtet gewesen wäre.**

b)   Entgeltfaktor

397   Die in die Entgeltfortzahlung einzubeziehenden Entgeltfaktoren umfassen **alle geldwerten Leistungen des Arbeitgebers,** die der Arbeitnehmer im Hinblick auf die von ihm zu erbringende **Arbeitsleistung** von dem Arbeitgeber erhält. Das folgt unmittelbar aus dem Zweck der Entgeltfortzahlung, da sie die Rechtsfolge des § 326 Abs 1 S 1 korrigieren und den Arbeitgeber zur Fortgewährung der an sich geschuldeten Gegenleistung verpflichten soll. In die Vergütungsfortzahlung sind deshalb alle Leistungen des Arbeitgebers einzubeziehen, die als **Gegenleistung** in diesem Sinne zu qualifizieren sind. Zum Ausschluß von **Vergütungen für Überstunden** s u Rn 407.

398   Zu dem vom Arbeitgeber fortzuzahlenden Entgelt gehören nicht nur die **Grundvergütung,** sondern auch sonstige **Zuschläge und Zulagen,** die der Arbeitnehmer im Fall der Arbeitsleistung erhalten hätte (zB Erschwernis-, Schmutz- und Gefahrenzulagen sowie Zuschläge für Feiertags-, Wochenend- und Nachtarbeit; vgl auch MünchArbR/ Boecken § 84 Rn 26; Brecht, Entgeltfortzahlung § 4 Rn 5). Die gesetzliche Festlegung einzelner Vergütungsbestandteile (Gebühren) steht ihrer Einbeziehung nicht entgegen (RAG ARS 42, 384). Zu **Trinkgeldern** als vom Arbeitgeber fortzugewährendes Arbeitsentgelt s BAG AP Nr 112 zu § 37 BetrVG 1972; GK-EFZR/Birk § 2 LFZG Rn 38; Treber SAE 1997, 124 sowie o Rn 118.

399   Ist eine **Monatsvergütung** vereinbart und endet die krankheitsbedingte Arbeitsverhinderung während des laufenden Monats, so ist das monatliche Bruttogehalt durch die in dem betreffenden Monat tatsächlich anfallenden Arbeitstage (ohne gesetzliche Feiertage) zu teilen und der sich danach ergebende Betrag mit der Anzahl der krankheitsbedingten Ausfalltage zu multiplizieren (BAG AP Nr 40 zu § 63 HGB).

400   **Einmalige Zuwendungen** bzw **Sonderzahlungen** (zB Gratifikationen, zusätzliche Monatsgehälter, Urlaubsgelder) beeinflussen nicht die Höhe des fortzuzahlenden Entgelts (allgM vgl BAG AP Nr 9 und 12 zu § 611 BGB Anwesenheitsprämie; MünchArbR/Boecken § 84 Rn 22; Doetsch/Schnabel/Paulsdorff § 2 Rn 12; Geyer/Knorr/Krasney § 4 EFZG Rn 19; Kehrmann/Pelikan § 2 Rn 19; Schulte/Mimberg/Sabel 146 ff).

401   Besondere Schwierigkeiten bereitet die Bemessung des Entgeltfaktors bei **leistungsabhängigen Vergütungsbestandteilen.** § 4 Abs 1 a S 2 EFZG läßt sich zumindest die allgemeingültige Wertentscheidung entnehmen, daß sie als Durchschnittsbetrag in die Entgeltfortzahlung einzubeziehen sind. Das gilt nicht nur für die **Akkordentlohnung,** sondern – ungeachtet der dogmatischen und strukturellen Unterschiede – nach der höchstrichterlichen Rechtsprechung auch für **Provisionen und ähnliche erfolgsbezogenen Vergütungsbestandteile** (vgl BAG AP Nr 4, 13 und 39 zu § 63 HGB; vgl auch BAG AP Nr 7 zu § 2 LohnFG für Inkassoprämien; allg Westhoff NZA 1986 Beil 3, 25 ff; aA Lieb DB 1976, 2207 ff; kritisch auch schon Zöllner DB 1965, 1815 ff, für das Urlaubsentgelt).

402   Die Einbeziehung leistungsabhängiger Vergütungsbestandteile in die Entgeltfort-

zahlung erfordert stets den **Rückblick** auf einen in der **Vergangenheit** liegenden Zeitraum (BAG AP Nr 39 zu § 63 HGB). Der **Referenzzeitraum für die Durchschnittsberechnung** kann nicht für alle Formen leistungsabhängiger Vergütungsbestandteile einheitlich bestimmt werden, sondern ist stets so zu bemessen, daß Zufallsergebnisse auszuschließen sind. Die notwendige Länge der Referenzperiode nimmt deshalb proportional mit der Häufigkeit der leistungsabhängigen Zahlungen ab. Bei **häufig oder öfters anfallenden Vergütungsbestandteilen** oder bei einem **Akkordentgelt** reicht deshalb regelmäßig eine auf den letzten Entgeltabrechnungszeitraum bezogene Referenzperiode für eine verläßliche Durchschnittsberechnung aus. Bei **Provisionen und Prämien** ist hingegen zumeist ein längerer Zeitraum erforderlich, normalerweise genügt jedoch eine Referenzperiode von einem Jahr (vgl BAG AP Nr 39 zu § 63 HGB; s auch BAG EzA § 4 EFZG Nr 4). Auf eine Durchschnittsvergütung ist ebenfalls abzustellen, wenn der Arbeitnehmer eine **Akkordvergütung** erhält. Hätte er ohne die krankheitsbedingte Arbeitsverhinderung im **Gruppenakkord** gearbeitet, ist ein Vergleich mit den verbliebenen Gruppenmitgliedern vorzunehmen (BAG AP Nr 10 zu § 2 LohnFG).

Sämtliche Leistungen des Arbeitgebers, die nicht den Charakter einer Gegenleistung **403** haben, sondern dem Arbeitnehmer tatsächlich entstehende **Aufwendungen** ersetzen sollen, sind nicht fortzubezahlen (§ 4 Abs 1 a S 1 EFZG). Ausgenommen sind insbesondere Reisekostenvergütungen, Zuschüsse für Verpflegungsmehraufwendungen, Trennungsentschädigungen und Schmutzzulagen, die Reinigungskosten des Arbeitnehmers ausgleichen sollen. Eine aus Vereinfachungsgründen vorgenommene **Pauschalierung** steht dem Aufwendungsersatzcharakter nicht entgegen, solange die Höhe in der Regel den tatsächlichen Aufwendungen entspricht. Pauschalierter Aufwendungsersatz ist jedoch zumindest anteilig in das fortzuzahlende Entgelt einzubeziehen, wenn dieser „versteckt" Arbeitsentgelt enthält. Bei **Fernauslösungen** verneint dies die höchstrichterliche Rechtsprechung, bei **Nahauslösungen** bejaht sie hingegen den Entgeltcharakter unabhängig von dem jeweils steuerpflichtigen Anteil (BAG AP Nr 5 zu § 2 LohnFG; abweichend wohl BAG AP Nr 14 zu § 2 LohnFG). Tarifverträge können hinsichtlich der Auslösung auch andere Grundsätze festlegen (vgl zB BAG AP Nr 5 zu § 2 LohnFG).

Die Grundsätze in Rn 397 bis 403 gelten nicht nur bei einer Bemessung der fortzu- **404** zahlenden Vergütung nach dem Entgeltausfallprinzip, sondern auch, wenn die Tarifvertragsparteien aufgrund der Öffnungsklausel in § 4 Abs 4 EFZG hiervon abweichen und das **Referenzprinzip** vereinbaren (vgl zB BAG AP Nr 78 zu § 1 LohnFG sowie u Rn 461). Vorbehaltlich abweichender Tarifbestimmungen sind **Einmalzahlungen** jedoch nur solange und soweit in die Durchschnittsberechnung einzubeziehen, wie sie eine in dem Bezugszeitraum erbrachte Arbeitsleistung abgelten sollen (BAG AP Nr 2 zu § 2 LohnFG).

c)   Arbeitszeitfaktor

Hinsichtlich des Arbeitszeitfaktors ist bei Geltung des Entgeltausfallprinzips grund- **405** sätzlich das Arbeitszeitvolumen zugrundezulegen, das der Arbeitnehmer erbracht hätte, wenn er infolge der Erkrankung nicht an der Arbeitsleistung verhindert gewesen wäre. Maßgeblich ist **nicht** die **betriebliche,** sondern die **individuelle Arbeitszeit,** die für den Arbeitnehmer während der Erkrankung gegolten hätte (BAG AP Nr 4 zu § 2 LohnFG; BAG EzA § 4 EFZG Nr 4; LAG Düsseldorf LAGE § 4 EFZG Nr 5; MünchArbR/BOECKEN

§ 84 Rn 33; FEICHTINGER, Entgeltfortzahlung Rn 302; GUTZEIT 88; KAISER/DUNKL/HOLD/KLEIN-SORGE § 4 EFZG Rn 54; KUNZ/WEDDE, EFZR § 4 EFZG Rn 40; SCHMITT, EFZG [4. Aufl 1999] § 4 EFZG Rn 22).

406 Es sind nur solche **geldwerten Leistungen** fortzuzahlen, auf die der Arbeitnehmer bei einem Hinwegdenken der krankheitsbedingten Arbeitsunfähigkeit einen **Anspruch** gehabt hätte, was voraussetzt, daß der Arbeitnehmer ohne die Krankheit eine Arbeitsleistung erbracht hätte. Ist dies unsicher, weil es hierfür eines im Ermessen des Arbeitgebers stehenden Abrufs bedarf, so steht dem Arbeitnehmer kein rechtlich gesicherter Vergütungsanspruch während der Zeit der krankheitsbedingten Arbeitsverhinderung zu. Das ist nicht nur bei einsatzabhängigen **Spiel- und Siegprämien von Lizenzfußballspielern** (hierzu BAG AP Nr 9 zu § 611 BGB Berufssport; BAG AP Nr 65 zu § 616 BGB; LAG Niedersachsen LAGE § 616 BGB Nr 3), sondern auch bei Arbeitnehmern mit **kapazitätsorientierter variabler Arbeitszeit** (§ 12 TzBfG) von besonderer Bedeutung. Solange der Arbeitnehmer die vertraglich festgelegte Dauer der Arbeitszeit trotz der Erkrankung noch erfüllen kann, sprechen die besseren Gründe dafür, daß während der Erkrankung keine Vergütung geschuldet ist (so auch HANAU RdA 1987, 29; SCHMITT, EFZG [4. Aufl 1999] § 4 EFZG Rn 29; aA MEYER, Kapazitätsorientierte Variable Arbeitszeit [1989] 122 ff). Diese Grundsätze gelten bei einer **Arbeitsplatzteilung** entsprechend (job-sharing; hierzu DANNE, Das Job-sharing [1985] 77 f; SCHÜREN, Job sharing [1983] 139 ff).

407 Ähnlich wie bei der Bemessung des Urlaubsentgelts (§ 11 Abs 1 S 1 BUrlG) führen **Überstunden** bei der Entgeltfortzahlung im Krankheitsfalle selbst dann nicht zur Erhöhung des **Arbeitszeitfaktors, wenn sie während des Zeitraums der Arbeitsverhinderung** angefallen und normalerweise auch von dem erkrankten Arbeitnehmer erbracht worden wären. Damit korrigiert § 4 Abs 1 a S 1 EFZG die einhellige frühere Ansicht, Überstunden stets dann bei dem Arbeitszeitfaktor zu berücksichtigen, wenn diese zur „regelmäßigen" Arbeitszeit gehörten (vgl BAG AP Nr 3, 8 und 19 zu § 2 LohnFG; grdl zuvor BAG AP Nr 18 zu § 2 ArbKrankhG). Überstunden im Sinne des § 4 Abs 1 a S 1 EFZG sind nicht die über die betriebliche Arbeitszeit hinaus geleisteten Arbeitsstunden (so aber KAISER/DUNKL/HOLD/KLEINSORGE § 4 EFZG Rn 33; KUNZ/WEDDE, EFZR § 4 EFZG Rn 29; MÜLLER/BERENZ § 4 EFZG Rn 7). Aufgrund der Anknüpfung an die „regelmäßige Arbeitszeit" in § 4 Abs 1 EFZG (s o Rn 346) ist vielmehr die **einzel- oder kollektivvertraglich vereinbarte Arbeitszeit** des erkrankten Arbeitnehmers maßgebend (so auch LAG Düsseldorf NZA-RR 2001, 364; MünchArbR/BOECKEN § 84 Rn 27; SCHMITT, EFZG [4. Aufl 1999] § 4 EFZG Rn 97; vgl auch BAG EzA § 4 EFZG Nr 4; LAG Düsseldorf NZA-RR 2000, 539). Die übliche Arbeitszeit im Betrieb ist erst heranzuziehen, wenn eine für das konkrete Arbeitsverhältnis maßgebende Abrede fehlt. Zu den Überstunden im Sinne des § 4 Abs 1 a S 1 EFZG zählt auch die sog **Mehrarbeit,** die über die im Arbeitszeitgesetz festgelegten zeitlichen Grenzen hinaus geleistet wird. Ihre Einbeziehung in das fortzuzahlende Arbeitsentgelt bei einem regelmäßigen Anfall (hierfür MünchArbR/BOECKEN § 84 Rn 27) trägt dem Zweck des § 4 Abs 1 a S 1 EFZG unzureichend Rechnung. Erhält der Arbeitnehmer eine **Überstundenpauschale,** die unabhängig von den tatsächlich zu leistenden Überstunden gezahlt wird, dann spricht der Zweck des § 4 Abs 1 a S 1 EFZG gegen eine Ausklammerung dieser Pauschale aus dem fortzuzahlenden Arbeitsentgelt (so LAG Düsseldorf NZA-RR 2001, 364 f). Da § 4 Abs 1 a S 1 EFZG das für Überstunden gezahlte Arbeitsentgelt pauschal aus dem nach § 4 Abs 1 EFZG fortzuzahlenden Arbeitsentgelt ausklammert, werden nicht nur **Überstundenzuschläge,** sondern die Überstunden insgesamt unter Einschluß der

Grundvergütung erfaßt (MünchArbR/Boecken § 84 Rn 27; Feichtinger, Entgeltfortzahlung Rn 306; Kaiser/Dunkl/Hold/Kleinsorge § 4 EFZG Rn 34; Löwisch BB 1999, 105; Marien-hagen/Künzl § 4 EFZG Rn 17a; Müller/Berenz § 4 EFZG Rn 7; Schmitt, EFZG [4. Aufl 1999] § 4 EFZG Rn 96; Viethen 23).

Arbeitszeitausfälle (zB durch Kurzarbeit) während des Erkrankungszeitraumes füh-   **408** ren in konsequenter Umsetzung des Entgeltausfallprinzips zur Minderung der fort-zuzahlenden Vergütung, wenn diese auch den erkrankten Arbeitnehmer betroffen hätten und ohne die krankheitsbedingte Arbeitsverhinderung ebenfalls kein oder nur ein geringerer Vergütungsanspruch entstanden wäre (BAG AP Nr 6 zu § 2 LohnFG). Das gilt auch, wenn per Tarifvertrag für die Höhe der fortzuzahlenden Vergütung statt des Entgeltausfallprinzips das Referenzprinzip zur Anwendung kommt (BAG AP Nr 6 zu § 2 LohnFG). § 4 Abs 3 EFZG hält diesen allgemeinen, aus dem Entgeltausfallprinzip folgenden Grundsatz für die Kurzarbeit ausdrücklich fest.

Besondere Probleme hinsichtlich der Bemessung des Arbeitszeitfaktors wirft die   **409** tarifliche Festlegung einer regelmäßigen wöchentlichen Arbeitszeit auf, wenn die **individuelle Arbeitszeit** nicht gleichmäßig, sondern **ungleichmäßig auf die einzelnen Arbeitstage verteilt** ist und freie Tage die Differenz zur tariflichen Regelarbeitszeit ausgleichen. Solange sich die Entgeltfortzahlung nach dem **Entgeltausfallprinzip** be-mißt, ist bezüglich des Arbeitszeitfaktors nicht auf die tarifliche Regelarbeitszeit, sondern auf die **konkrete individuelle Arbeitszeit an dem jeweiligen Ausfalltag** abzu-stellen (BAG AP Nr 18 zu § 2 LohnFG; vgl bereits BAG AP Nr 4 zu § 2 LohnFG). Bei einer längeren als der tariflichen Regelarbeitszeit, ist erstere als Zeitfaktor zugrunde zu legen, da der Arbeitnehmer in diesem Umfang keine Arbeit erbringen konnte (BAG AP Nr 18 zu § 2 LohnFG; BAG AP Nr 53 zu § 1 FeiertagslohnzahlungsG; Geyer/Knorr/Krasney § 4 EFZG Rn 38; Löwisch SAE 1989, 121; Oetker Anm zu BAG EzA § 4 TVG Metallindustrie Nr 40, 41; Veit NZA 1990, 250 f; aA Buchner RdA 1990, 13 f; sowie ders BB 1988, 1245 ff [für Feiertagslohnfortzahlung]).

Umgekehrt entfällt die Pflicht zur Fortzahlung der Vergütung, wenn die **Arbeitsver-**   **410** **hinderung** an einem unbezahlten **Zeitausgleichstag** eintritt, da der Arbeitnehmer an diesem auch ohne die Erkrankung keine Arbeitsleistung erbracht hätte (so auch Buch-ner Anm zu BAG EzA § 1 LohnFG Nr 95; GK-EFZR/Birk § 2 LFZG Rn 23). Diese Grundsätze können nur bei einer vom Gesetz abweichenden Festlegung des Entgeltfaktors zu anderen Ergebnissen führen, wenn sich die Bemessung des Arbeitsentgelts nicht nach der konkret-individuellen Arbeitszeit, sondern nach der tariflichen Regelar-beitszeit richtet und der Arbeitgeber auch für die Zeitausgleichstage eine Vergütung schuldet.

Die Grundsätze in den Rn 409 bis 410 gelten nur, wenn für die Fortzahlung der   **411** Vergütung das **Entgeltausfallprinzip** anzuwenden ist. Die **Tarifvertragsparteien** sind aufgrund der Öffnungsklausel in § 4 Abs 4 EFZG berechtigt, hinsichtlich des Ar-beitszeitfaktors ebenfalls das **Referenzprinzip** vorzusehen, so daß auf die Arbeitszeit in dem Referenzzeitraum abzustellen ist (vgl zB BAG AP Nr 80 zu § 1 LohnFG; BAG AP Nr 16 zu § 2 LohnFG sowie u Rn 461). Das gilt insbesondere bei den Sachverhalten in Rn 409 einer ungleichmäßigen Verteilung der individuellen Arbeitszeit (vgl BAG AP Nr 80 zu § 1 LohnFG; BAG AP Nr 17 zu § 2 LohnFG; vgl auch Buchner Anm zu BAG EzA § 1 LohnFG Nr 95).

3. Kürzung des hypothetischen Arbeitsentgelts

412 Das nach den Grundsätzen in Rn 396 bis 411 ermittelte hypothetische Arbeitsentgelt war nach der bis zum 1. 1. 1999 geltenden und aufgrund des **Arbeitsrechtlichen Beschäftigungsförderungsgesetzes v 25. 9. 1996** geschaffenen Regelung in § 4 Abs 1 EFZG aF auf **80% zu kürzen.** Einen Anspruch auf eine ungekürzte Fortzahlung des Arbeitsentgelts sah § 4 Abs 1 S 2 EFZG aF nur vor, wenn ein Arbeitsunfall oder eine Berufskrankheit den Anspruch auslöste oder der Arbeitnehmer die in § 4 a EFZG aF ermöglichte Anrechnung auf den Erholungsurlaub ausgeübt hatte (vgl näher STAUDINGER/OETKER [1996] § 616 Rn 412 ff). Das **Korrekturgesetz v 19. 12. 1998** (s o Rn 169) stellte den zuvor geltenden Rechtszustand grundsätzlich wieder her. Abgesehen von der zugleich geschaffenen Sonderregelung für Überstunden in § 4 Abs 1 a S 1 EFZG (s o Rn 407) ist die pauschale Absenkung des fortzuzahlenden Arbeitsentgelts einschließlich ihrer Ausnahmen entfallen; der Arbeitgeber ist seit dem 1. 1. 1999 wieder verpflichtet, das dem Arbeitnehmer bei „regelmäßiger Arbeitszeit" zustehende Arbeitsentgelt in Höhe von 100% fortzuzahlen.

4. Höhe der Entgeltfortzahlung bei Maßnahmen der medizinischen Vorsorge oder Rehabilitation

413 Sofern dem Arbeitnehmer nach § 9 EFZG während der Teilnahme an einer Maßnahme der medizinischen Vorsorge oder Rehabilitation ein Anspruch auf Entgeltfortzahlung zusteht (s o Rn 265 ff), ordnet § 9 Abs 1 S 1 und 2 EFZG die entsprechende Geltung der §§ 3 bis 4 a EFZG an. Auch in diesem Fall bemißt sich die Höhe des vom Arbeitgeber fortzuzahlenden Arbeitsentgelts nach der für den Arbeitnehmer maßgebenden regelmäßigen Arbeitszeit. Ebenso wie im Krankheitsfall ist das Arbeitsentgelt in Höhe von 100% fortzuzahlen; Überstunden bleiben bei der Ermittlung der „regelmäßigen Arbeitszeit" wegen § 4 Abs 1 a S 1 EFZG unberücksichtigt.

414 Das durch § 10 BUrlG aF eingeräumte Recht des Arbeitgebers zur Anrechnung auf den Erholungsurlaub (s o Rn 273) hob das **Korrekturgesetz v 19. 12. 1998** (s o Rn 169) wieder auf; seit dem 1. 1. 1999 legt § 10 BUrlG nF ausdrücklich fest, daß für den Zeitraum der Entgeltfortzahlung eine Anrechnung auf den Erholungsurlaub ausgeschlossen ist.

VII. Ausgleich der wirtschaftlichen Belastung des Arbeitgebers

1. Regreß des Arbeitgebers*

415 Die wirtschaftlichen Belastungen der Entgeltfortzahlung im Krankheitsfall kann der Arbeitgeber vorbehaltlich einer Erstattung nach den §§ 10 ff LFG (hierzu u Rn 439 ff)

---

* **Schrifttum:** BENNER, Entgeltfortzahlung und Dritthaftung, DB 1999, 482; BENZ, Der Rückgriff des Arbeitgebers gegen Schädiger seines Arbeitnehmers, BB 1969, 585; BICKEL, Gesetzlicher Übergang eines Schadensersatzanspruches eines Arbeiters wegen Verdienstausfalls auf den Arbeitgeber bei Lohnfortzahlung, DB 1970, 1128; BOMHARD, Schadensersatzumfang bei Dritthaftung nach dem Lohnfortzahlungsgesetz (LFZG), VersR 1974, 316; DENCK, Lohnfortzahlungsregreß und „kranke" Haftpflichtversicherung des Schädigers, VersR 1980, 9; ders, Gehaltsfortzahlungsrückgriff im Krankheitsfall, ZfA 1992, 1; HANAU, Lohnfortzahlung, Haftung

nur über einen Regreß ausgleichen, wenn eine zum Schadensersatz verpflichtende Handlung eines Dritten die Krankheit des Arbeitnehmers verursacht hat. Trotz der Entgeltfortzahlung des Arbeitgebers erleidet der Arbeitnehmer einen eigenen Verdienstausfallschaden, den der Schädiger ersetzen muß (s allg o Rn 128 ff).

In Ergänzung dazu ordnet § 6 EFZG den Übergang des dem Arbeitnehmer gegen **416** den Dritten zustehenden Schadensersatzanspruches auf den Arbeitgeber an. Der Gesetzeswortlaut legt eine Beschränkung auf einen **Ersatz des Schadens im Sinne der §§ 249 ff BGB** nahe; **Aufwendungsersatzansprüche** des Arbeitnehmers gegen den Dritten sind durch dieses enge Verständnis ausgeschlossen (ErfKomm/DÖRNER § 6 EFZG Rn 14 aE; MünchKomm/SCHAUB § 616 Rn 178; kritisch jedoch SIEG BB 1996, 1766 f). Der **Übergang** des Schadensersatzanspruches ist **aufschiebend bedingt** durch die **tatsächliche Leistung des Arbeitgebers,** er geht – anders als nach § 116 SGB X – nicht bereits mit dem Entstehen der Leistungspflicht auf den Arbeitgeber über (MünchArbR/BOECKEN § 87 Rn 28 f; BRECHT, Entgeltfortzahlung § 6 EFZG Rn 6; ErfKomm/DÖRNER § 6 EFZG Rn 19; FEICHTINGER, Entgeltfortzahlung Rn 435; KEHRMANN/PELIKAN § 4 Rn 3; KUNZ/WEDDE, EFZR § 6 EFZG Rn 82; SCHMITT, EFZG [4. Aufl 1999] § 6 EFZG Rn 49; GK-EFZR/STECKHAN § 4 LFZG Rn 35). Der Übergang des Anspruches auf den Arbeitgeber verändert nicht dessen Rechtsnatur, er behält den Charakter eines **zivilrechtlichen Schadensersatzanspruches** und ist deshalb nicht vor den Arbeitsgerichten, sondern vor den **ordentlichen Gerichten** geltend zu machen (MünchArbR/BOECKEN § 87 Rn 4; ErfKomm/DÖRNER § 6 EFZG Rn 4; FEICHTINGER, Entgeltfortzahlung Rn 422; GEYER/KNORR/KRASNEY § 6 EFZG Rn 7; KUNZ/WEDDE, EFZR § 6 EFZG Rn 123; GK-EFZR/STECKHAN § 4 LFZG Rn 7).

---

und „Direktanspruch" bei einer von Angehörigen des Arbeitnehmers zu vertretenden Krankheit, BB 1968, 1044; LEHMANN, Umfang des Forderungsüberganges bei Dritthaftung nach § 4 LFZG, DB 1972, 1390; MARBURGER, Zweifelsfragen bei Anwendung des § 4 Lohnfortzahlungsgesetz, BB 1972, 320; ders, Zur Konkurrenz zwischen Ersatzansprüchen des Arbeitgebers und der Krankenkasse bei KfZ-Unfall des Arbeitnehmers, DB 1975, 932; ders, Ausschluß der Arbeitgeberhaftung bei Arbeitsunfällen und Arbeitgeberansprüche nach § 4 LFZG, DB 1976, 1528; ders, Regreß des Arbeitgebers bei Fortzahlung des Arbeitsentgelts (1984); ders, Konkurrenz zwischen Arbeitgeber und Krankenkasse bei Schadensersatzansprüchen?, RdA 1987, 334; MITTELMEIER, Nochmals: Schadensersatzumfang bei Dritthaftung nach dem Lohnfortzahlungsgesetz, VersR 1974, 1055; ders, Regreß des Arbeitgebers bei Fortzahlung des Arbeitsentgelts (1984); ders, Arbeitgeberregreß bei Fortzahlung des Arbeitsentgelts – insbes beim Weihnachtsgeld und Urlaubsentgelt, VersR 1987, 846; NEUMANN/DUESBERG, Forde-

rungsübergang auf den Arbeitgeber bei Dritthaftung im Falle der Gehaltsfortzahlung an Angestellte, BB 1970, 493; ORTLEPP, Die Behandlung des Unfallversicherungsbeitrages im Rahmen des § 4 LFZG, BlStSozArbR 1971, 118; ders, Schadensausgleich zwischen Betrieb und Drittschädiger im Rahmen des § 4 LFZG, BlStSozArbR 1972, 201; PETERS, Der Schadensausgleich im Falle der Lohnfortzahlung (Diss Bochum 1968); PLATZER, Der Umfang des Forderungsübergangs bei Dritthaftung im Baugewerbe, BB 1993, 1212; RIEDMAIER, Übergang der Schadensersatzansprüche unfallverletzter Arbeitnehmer (Beamter) auf Arbeitgeber (Dienstherren) – Zur Problematik des sog Arbeitgeberschadens, DB 1980, 64; SCHLEICH, Arbeitsentgeltfortzahlung und Schadensersatz, DAR 1993, 409; SCHMIDT, Umfang des Schadensersatzes bei Dritthaftung nach dem Lohnfortzahlungsgesetz, DB 1972, 190; SIEG, Mechanismen zur Minderung des Risikos der Entgeltfortzahlung bei Krankheit, BB 1996, 1766.

Hartmut Oetker

417 Im Hinblick auf den Rechtsgedanken in **§ 67 Abs 2 VVG** bzw **§ 116 Abs 6 S 1 SGB X** scheidet der Übergang des Anspruches bei einer **nicht vorsätzlichen Schädigung durch Familienangehörige** des Arbeitnehmers aus (stRspr zuletzt BGH AP Nr 2 zu § 4 LohnFG; OLG Dresden VersR 2001, 1036; für das Schrifttum zB MünchArbR/Boecken § 87 Rn 16; ders NZA 1999, 681; Brecht, Entgeltfortzahlung § 6 EFZG Rn 4; Denck RdA 1980, 252; ErfKomm/Dörner § 6 EFZG Rn 10; Feichtinger, Entgeltfortzahlung Rn 424 ff; Gamillscheg, Arbeitsrecht I [8. Aufl 2000] 357; Hanau BB 1968, 1044 ff; Kaiser/Dunkl/Hold/Kleinsorge § 6 EFZG Rn 14; Kehrmann/Pelikan § 4 Rn 2; Kunz/Wedde, EFZR § 6 EFZG Rn 34 ff; BGB-RGRK/Matthes § 616 Rn 292; Schaub, Arbeitsrechts-Handbuch [9. Aufl 2000] § 98 Rn 172; Schmitt, EFZG [4. Aufl 1999] § 6 EFZG Rn 23; Schulte/Mimberg/Sabel 177 ff; Sieg BB 1996, 1768; GK-EFZR/Steckhan § 4 LFZG Rn 31). Das Familienprivileg erstreckt sich weder unmittelbar noch analog auf den Partner einer **nichtehelichen Lebensgemeinschaft** (so BGH NJW 1988, 1092 f; ebenso ErfKomm/Dörner § 6 EFZG Rn 11; Schmitt, EFZG [4. Aufl 1999] § 6 LFZG Rn 24 mwN; **aA** MünchArbR/Boecken § 87 Rn 17; ders NZA 1999, 681; Kaiser/Dunkl/Hold/Kleinsorge § 6 EFZG Rn 16; Kunz/Wedde, EFZR § 6 EFZG Rn 44; Schoof, in: Kittner/Zwanziger [Hrsg], Arbeitsrecht [2001] § 58 Rn 283; Wedde/Gerntke/Kunz/Platow § 6 EFZG Rn 21 f). Wegen der Fiktion der Familienangehörigkeit in § 11 Abs 1 LPartG gilt das Familienprivileg der §§ 67 Abs 2 VVG, 116 Abs 6 S 1 SGB X jedoch für die Partner einer **eingetragenen Lebenspartnerschaft.** Eine Inanspruchnahme des Dritten ist ferner ausgeschlossen, wenn ein Schadensersatzanspruch des geschädigten Arbeitnehmers nach den **§§ 104, 105 SGB VII** (früher: §§ 636, 637 RVO; vgl hierzu u § 618 Rn 327 ff) entfällt (allgM vgl zB MünchArbR/Boecken § 87 Rn 18; Brecht, Entgeltfortzahlung § 6 EFZG Rn 4; ErfKomm/Dörner § 6 EFZG Rn 12; Feichtinger, Entgeltfortzahlung Rn 430; Kunz/Wedde, EFZR § 6 EFZG Rn 47 ff; Schmitt, EFZG [4. Aufl 1999] § 6 EFZG Rn 26; Schulte/Mimberg/Sabel 181).

418 Dem **Schädiger** bleiben seine **Einwendungen** gegenüber dem geschädigten Arbeitnehmer gemäß **§ 412 in Verbindung mit § 404** erhalten, insbesondere kann er sich gegenüber einer Inanspruchnahme durch den Arbeitgeber auf ein **Mitverschulden des Arbeitnehmers** berufen (MünchArbR/Boecken § 87 Rn 5; Feichtinger, Entgeltfortzahlung Rn 445; Kehrmann/Pelikan § 4 Rn 6; BGB-RGRK/Matthes § 616 Rn 264; Schulte/Mimberg/Sabel 197 f; GK-EFZR/Steckhan § 4 LFZG Rn 28; Schoof, in: Kittner/Zwanziger [Hrsg], Arbeitsrecht [2001] § 58 Rn 286; KassHdb/Vossen 2.2 Rn 442; **aA** de lege ferenda Benner DB 1999, 483), sofern der Mitverschuldensanteil des Arbeitnehmers nicht ohnehin einer Pflicht zur Entgeltfortzahlung entgegensteht (s o Rn 248; zur irrtümlichen Zahlung u Rn 420).

419 Der Schadensersatzanspruch geht nur insoweit nach § 6 EFZG auf den Arbeitgeber über, als zwischen diesem und dem vom Arbeitgeber fortgezahlten Entgelt eine **sachliche Kongruenz** besteht (MünchArbR/Boecken § 87 Rn 21; Schaub, Arbeitsrechts-Handbuch [9. Aufl 2000] § 98 Rn 177).

420 Sachlich kongruent mit dem Schadensersatzanspruch sind nur solche **Zahlungen des Arbeitgebers,** die er **nach § 3 EFZG** zu erbringen hat ("nach diesem Gesetz Arbeitsentgelt fortgezahlt...hat"). Zusätzliche Leistungen (zB für einen längeren Fortzahlungszeitraum oder einen Zuschuß zum Krankengeld) sind nach dem Wortlaut des § 6 EFZG nicht in dessen Anwendungsbereich einbezogen (MünchArbR/Boecken § 87 Rn 19; Brecht, Entgeltfortzahlung § 6 EFZG Rn 7; ErfKomm/Dörner § 6 EFZG Rn 15; Geyer/Knorr/Krasney § 6 EFZG Rn 39; Kaiser/Dunkl/Hold/Kleinsorge § 6 EFZG Rn 25; Kunz/Wedde, EFZR § 6 EFZG Rn 79, 80; BGB-RGRK/Matthes § 616 Rn 262; Müller/Berenz § 6 EFZG Rn 13; MünchKomm/Schaub § 616 Rn 178; Schmitt, EFZG [4. Aufl 1999] § 6 EFZG Rn 36;

KassHdb/Vossen 2.2 Rn 437). Dementsprechend überzeugt es nicht, daß ein Forderungsübergang nach teilweise vertretener Auffassung auch dann eintreten soll, wenn der
Arbeitgeber die **Entgeltfortzahlung irrtümlich** erbringt, weil er fälschlich (zB wegen
eines Verschuldens des Arbeitnehmers) vom Bestehen eines Anspruchs des Arbeit-
nehmers ausging (so OLG Düsseldorf AP Nr 3 zu § 4 LohnFG; OLG Koblenz MDR 1994, 386;
BRECHT, Entgeltfortzahlung § 6 EFZG Rn 7; GOLA § 6 EFZG Anm 3. 4; GK-EFZR/STECKHAN § 4
LFZG Rn 47; hiergegen jedoch mit Recht KG DB 1974, 1072; GEYER/KNORR/KRASNEY § 6 EFZG
Rn 41; KAISER/DUNKL/HOLD/KLEINSORGE § 6 EFZG Rn 26; KUNZ/WEDDE, EFZR § 6 EFZG
Rn 73 ff; SCHMITT, EFZG [4. Aufl 1999] § 6 EFZG Rn 38; KassHdb/VOSSEN 2.2 Rn 437; WEDDE/
GERNTKE/KUNZ/PLATOW § 6 EFZG Rn 36 f; WORZALLA/SÜLLWALD § 6 EFZG Rn 19). Hinsicht-
lich solcher **Leistungen,** zu denen der Arbeitgeber nicht aufgrund des Entgeltfort-
zahlungsgesetzes, sondern **kraft tarif- oder einzelvertraglicher Regelung** verpflichtet
ist, kann dieser den Schädiger nur in Anspruch nehmen, wenn der Arbeitnehmer
seinen Schadensersatzanspruch in diesem Umfang an den Arbeitgeber abtritt (Münch-
ArbR/BOECKEN § 87 Rn 20; ErfKomm/DÖRNER § 6 EFZG Rn 15; KAISER/DUNKL/HOLD/KLEIN-
SORGE § 6 EFZG Rn 25; KUNZ/WEDDE, EFZR § 6 EFZG Rn 79, 80; MÜLLER/BERENZ § 6 EFZG
Rn 13; SCHMITT, EFZG [4. Aufl 1999] § 6 EFZG Rn 36; KassHdb/VOSSEN 2.2 Rn 437 sowie o
Rn 138 ff).

Der Forderungsübergang erstreckt sich auf das gesamte nach § 4 EFZG fortgezahlte **421**
Arbeitsentgelt (s o Rn 392 ff). Die Rechtsprechung des Bundesgerichtshofes befürwortet darüber hinaus eine extensive Interpretation des Begriffs „Arbeitsentgelt" und
dehnt dieses auf **alle Vorteile** aus, die dem Arbeitnehmer **aus seiner Arbeit** zufließen
und ausschließlich ihm zugute kommen (BGH DB 1986, 1016). Hierzu gehören anteilig
auch ein später gezahltes **Urlaubsgeld** (BGHZ 59, 113 f; ebenso MünchArbR/BOECKEN § 87
Rn 21; FEICHTINGER, Entgeltfortzahlung Rn 437; KAISER/DUNKL/HOLD/KLEINSORGE § 6 EFZG
Rn 29; **aA** ErfKomm/DÖRNER § 6 EFZG Rn 14; KUNZ/WEDDE, EFZR § 6 EFZG Rn 66; SCHMITT,
EFZG [4. Aufl 1999] § 6 EFZG Rn 47; SCHULTE/MIMBERG/SABEL 188 f; WEDDE/GERNTKE/KUNZ/
PLATOW § 6 EFZG Rn 30) und gegebenenfalls die Beiträge zugunsten einer für das Ur-
laubsgeld gegründeten **Gemeinsamen Einrichtung der Tarifvertragsparteien** (BGH DB
1986, 1016; **aA** insoweit MünchArbR/BOECKEN § 87 Rn 27; ErfKomm/DÖRNER § 6 EFZG Rn 17;
GEYER/KNORR/KRASNEY § 6 EFZG Rn 60; KUNZ/WEDDE, EFZR § 6 EFZG Rn 67; KassHdb/Vos-
SEN 2.2 Rn 441).

Mit dem Wortlaut des § 6 Abs 1 EFZG ist die vorgenannte Judikatur nicht vereinbar **422**
(ebenso SCHMITT, EFZG [4. Aufl 1999] § 6 EFZG Rn 47; **aA** MünchArbR/BOECKEN § 87 EFZG
Rn 21), da die zusätzlich einbezogenen Leistungen kein Bestandteil des „nach diesem
Gesetz" fortzuzahlenden Arbeitsentgelts sind. Methodisch gangbar ist allenfalls eine
entsprechende Anwendung. Die wertungsmäßige Vergleichbarkeit ist problematisch,
wenn der Arbeitgeber die Leistungen auch ohne das zum Schadensersatz verpflichtende Ereignis hätte aufwenden müssen. Die Judikatur des Bundesgerichtshofes
beruht auf der Grundüberlegung, daß dem Arbeitgeber durch die Arbeitsverhinderung zeitweilig kein Äquivalent für seine Leistung gegenübersteht. Dieses Defizit
soll § 6 EFZG jedoch nicht ausgleichen. Die cessio legis beschränkt sich auf den
Ersatz eines fiktiven Verdienstausfalls des Arbeitnehmers und dient nicht dazu, einen
Arbeitsausfallschaden des Arbeitgebers zu kompensieren.

Der Forderungsübergang umfaßt nach § 6 Abs 1 EFZG auch die vom Arbeitgeber zu **423**
tragenden **Beiträge zur Arbeitslosenversicherung** sowie seine Anteile an den **Beiträ-**

gen zur Sozialversicherung. Das gilt entsprechend für die Leistungen des Arbeitgebers zugunsten einer **zusätzlichen Alters- und Hinterbliebenenversorgung** (zB Prämien zu einer Kapitallebensversicherung, vgl BGH DB 1986, 1016 sowie MünchArbR/Boecken § 87 Rn 27). Nach der nicht unbestrittenen Rechtsprechung des Bundesgerichtshofes, die sich allerdings auf den Gesetzeswortlaut stützen kann, erstreckt sich der Forderungsübergang nicht auf die vom Arbeitgeber allein zu erbringenden **Beiträge zur gesetzlichen Unfallversicherung** (BGH NJW 1976, 327; ebenso ErfKomm/Dörner § 6 EFZG Rn 17; Feichtinger, Entgeltfortzahlung Rn 439; Geyer/Knorr/Krasney § 6 EFZG Rn 56; Kehrmann/ Pelikan § 4 Rn 5; Kunz/Wedde, EFZR § 6 EFZG Rn 67; Marienhagen/Künzl § 6 EFZG Rn 10; MünchKomm/Schaub § 616 Rn 181; Schmitt, EFZG [4. Aufl 1999] § 6 EFZG Rn 41 f; Schulte/ Mimberg/Sabel 190 f; Schoof, in: Kittner/Zwanziger [Hrsg], Arbeitsrecht [2001] § 58 Rn 285; aA aber MünchArbR/Boecken § 87 Rn 26; Brecht, Entgeltfortzahlung § 6 EFZG Rn 8; Doetsch/ Schnabel/Paulsdorff § 4 Rn 2; Müller/Berenz § 6 EFZG Rn 15).

424 Reicht das Vermögen des Schädigers nicht zur Befriedigung aller Schadensersatzansprüche aus oder ist der Ersatzanspruch der Höhe nach begrenzt (zB § 12 StVG), so begründet **§ 6 Abs 3 EFZG** ein **(Quoten-)Vorrecht zugunsten des Arbeitnehmers,** dh seine Befriedigung genießt den Vorrang (vgl näher MünchArbR/Boecken § 87 Rn 41 ff; Schmitt, EFZG [4. Aufl 1999] § 6 EFZG Rn 58 ff). Dem Arbeitnehmer gegenüber ist wiederum der **Sozialversicherungsträger** grundsätzlich bevorrechtigt, wenn er Leistungen der gesetzlichen Sozialversicherung erbringt (§ 116 Abs 1 SGB X). Ein Quotenvorrecht des Arbeitnehmers greift in diesem Verhältnis nur bei Haftungsobergrenzen ein (§ 116 Abs 2 SGB X); schließlich gilt für das Mitverschulden des Arbeitnehmers eine Sonderbestimmung (§ 116 Abs 3 SGB X).

425 Ist der Anspruch **sowohl** auf den **Arbeitgeber als auch** auf den **Sozialversicherungsträger** übergegangen, so sind zunächst die Forderungen des Sozialversicherungsträgers, anschließend die des Arbeitnehmers und zuletzt die des Arbeitgebers zu befriedigen (vgl BGH NJW 1984, 2629; Schmitt, EFZG [4. Aufl 1999] § 6 EFZG Rn 77). Diese Rangfolge resultiert aus den unterschiedlichen Zeipunkten, zu denen die Ansprüche übergehen; § 116 Abs 1 SGB X knüpft an das Entstehen des Anspruches, § 6 Abs 1 EFZG hingegen an die Leistung des Arbeitgebers an.

2. Ausgleichsverfahren (§§ 10 ff LFG)*

426 Für **Kleinarbeitgeber** mildert das trotz des Inkrafttretens des Entgeltfortzahlungsgesetzes partiell unverändert fortgeltende Lohnfortzahlungsgesetz die wirtschaftli-

---

* **Schrifttum:** Canaris, Das Fehlen einer Kleinbetriebsregelung für die Entgeltfortzahlung an kranke Angestellte als Verfassungsverstoß, RdA 1997, 267; Figge, Ausweitung der Lohnfortzahlungsversicherung ab 1. 1. 1986 auf reine Angestelltenbetriebe, DB 1985, 2560; Götzenberger, Die Lohnfortzahlungsversicherung nach § 10 LFG, SozVers 1993, 117; Heinze/Ricken, Das Umlagesystem – Ein Alternativmodell zur Flexibilisierung im Bereich Entgeltfortzahlung im Krankheitsfall und bei Mutterschutzleistungen, NZS 1998, 257; Hungenberg, Erweiterung des Ausgleichsverfahrens nach dem Lohnfortzahlungsgesetz, BlStSozArbR 1985, 244; Marburger, Die Einwirkung der Lohnfortzahlungsentwicklung auf das Satzungsrecht und die Selbstverwaltung der gesetzlichen Krankenkassen, Krankenversicherung 1971, 292; ders, Teilweiser Ausgleich der Arbeitgeberaufwendungen bei Lohnfortzahlung für Arbeiter im Krankheitsfalle durch die Krankenversicherungsträger, BlStSozArbR

chen Belastungen der Entgeltfortzahlung im Krankheitsfall durch einen in den §§ 10 ff LFG näher ausgestalteten **Erstattungsanspruch** ab (zum Normzweck vgl BSG NJW 1974, 2104), der teilweise als „Lohnfortzahlungsversicherung" charakterisiert wird. Auf freiwilliger Basis kann das Ausgleichsverfahren auf Arbeitgeber ausgedehnt werden, die § 10 LFG nicht in seinen Anwendungsbereich einbezieht (§ 19 LFG).

Organisatorisch ist das Erstattungsverfahren bei den in § 10 Abs 1 LFG abschließend **427** aufgezählten **Körperschaften** angesiedelt (Ortskrankenkassen, Innungskrankenkassen, Bundesknappschaft und See-Krankenkasse). Die finanziellen **Mittel** für die Erstattung werden durch ein in § 14 LFG näher ausgestaltetes **Umlageverfahren** aufgebracht. **Verfassungsrechtliche Bedenken** gegenüber dem Ausgleichsverfahren haben sich im Grundsatz nicht durchgesetzt (zu Art 3 Abs 1 GG BSGE 36, 16 ff; zu Art 2 Abs 1 GG vor allem BSG NJW 1974, 2104; zur früheren Rechtslage [vgl jetzt § 14 Abs 2 S 3 LFG], die unter Verstoß gegen Art 3 Abs 1 GG Kurzarbeitszeiten bei der Höhe der Umlage nicht berücksichtigte, siehe BVerfGE 48, 227 ff; zur Ausklammerung der an Angestellte erbrachten Leistungen u Rn 434).

Das Ausgleichsverfahren nach den §§ 10 ff LFG bezieht nur solche Arbeitgeber ein, **428** die **in der Regel nicht mehr als 20 Arbeitnehmer** beschäftigen. Abzustellen ist hierbei trotz § 10 Abs 2 S 4 LFG **nicht** auf den **Betrieb,** sondern auf die von einer natürlichen oder juristischen Person beschäftigten Arbeitnehmer (Kaiser/Dunkl/Hold/Kleinsorge § 10 LFZG Rn 13), § 10 Abs 1 S 1 Einleitungssatz LFG knüpft ausdrücklich an den Begriff **„Arbeitgeber"** an.

Da der Einleitungssatz in § 10 Abs 1 LFG einschränkungslos auf die Beschäftigung **429** von „Arbeitnehmern" abstellt, werden auch solche Arbeitgeber erfaßt, die **ausschließlich Angestellte beschäftigen.** Für die alleinige Beschäftigung von Personen, die in einem **Berufsausbildungsverhältnis** oder einem **gleichgestellten Vertragsverhältnis** (§ 19 BBiG) stehen, ordnet dies § 10 Abs 1 S 2 LFG ausdrücklich an.

Bei der **Ermittlung der maßgeblichen Arbeitnehmerzahl** (zwanzig) sind die zu ihrer **430** **Berufsausbildung** beschäftigten Personen nicht mitzuzählen (§ 10 Abs 1 S 1 LFG). Das gilt ebenso für **Schwerbehinderte** (§ 10 Abs 2 S 5 LFG). Im Hinblick auf den Zweck einer wirtschaftlichen Entlastung des Arbeitgebers sind **längerfristig ruhende Arbeitsverhältnisse** ebenfalls unbeachtlich (s näher MünchArbR/Boecken § 87 Rn 70 mwN).

1984, 137; ders, Zweifelsfragen im Zusammenhang mit der Lohnfortzahlungsversicherung, BB 1986, 2410; Meydam, Zur verfassungsrechtlichen Beurteilung der Ausgleichsumlage nach dem Lohnfortzahlungsgesetz bei Betrieben mit Kurzarbeit, Krankenversicherung 1978, 217; Nolte, Umlage nach § 14 LFZG bei Kurzarbeit, WzS 1978, 225; ders, Lohnfortzahlungsversicherung für Arbeitgeber erweitert, Krankenversicherung 1985, 176; Schneider, Zweifelsfragen zur Lohnfortzahlungs-Versicherung, BlStSozArbR 1978, 153; ders, Die Erweiterung des Ausgleichsverfahrens nach dem Lohnfortzahlungsgesetz, BB 1985, 2114; Sieg, Versicherungsdeckung der Arbeitgeberaufwendungen nach dem Lohnfortzahlungsgesetz, SGb 1979, 249; Töns, Die Lohnfortzahlungsversicherung der Arbeitgeber, DOK 1969, 755; Tonscheid, Lohnfortzahlungsversicherung, DOK 1987, 416; Wältermann, Erstattung der Arbeitgeberaufwendungen nach dem Lohnfortzahlungsgesetz (6. Aufl 1979); Wussow, Die Rückgriffsansprüche der Krankenkassen in den Fällen des § 10 Abs 1 LFZG, DOK 1971, 633.

431 **Teilzeitbeschäftigte** sind nach Maßgabe eines abgestuften Systems in die Ermittlung der Arbeitnehmerzahl einzubeziehen. Arbeitnehmer mit einer geringeren Arbeitszeit als wöchentlich zehn oder monatlich 45 Stunden sind nicht (§ 10 Abs 2 S 5 LFG), Teilzeitbeschäftigte mit wöchentlich nicht mehr als 20 Stunden sind mit 0,5 und solche mit regelmäßig nicht mehr als 30stündiger Arbeitszeit mit 0,75 zu berücksichtigen (§ 10 Abs 2 S 6 LFG). Im Hinblick auf den Zweck des Erstattungsanspruches bleiben **Beschäftigungsverhältnisse bei anderen Arbeitgebern** bei der Festlegung der in § 10 Abs 2 S 5 und 6 LFG genannten Arbeitszeitgrenzen außer Betracht.

432 Die für die Zahl der beschäftigten Arbeitnehmer notwendige **„Regelmäßigkeit"** beurteilt sich nach den speziellen Regelungen in § 10 Abs 2 S 1 bis 4 LFG. Arbeiter, denen kein Anspruch auf Entgeltfortzahlung nach § 3 EFZG zusteht, sind gleichwohl bei der Ermittlung der Beschäftigtenzahl zu berücksichtigen (LSG Bayern Breith 1982, 13).

433 Hinsichtlich der vom Arbeitgeber erbrachten Entgeltfortzahlung im Krankheitsfall (zu den übrigen Erstattungstatbeständen Schmitt, EFZG [4. Aufl 1999] § 10 LFZG Rn 7 ff) begründet § 10 Abs 1 LFG nur für Leistungen an die dort genannten Arbeitnehmer einen Erstattungsanspruch. Zwar wurde § 10 Abs 1 S 1 Nr 1 LFG redaktionell nicht ausdrücklich an die durch das Pflege-Versicherungsgesetz v 26.5. 1994 geänderte Rechtslage angepaßt, indirekt ergeben sich die notwendigen Änderungen aber aus der Überleitungsvorschrift in Art 67 Abs 3 des Pflege-Versicherungsgesetzes.

434 Aufgrund des unverändert gebliebenen eindeutigen Wortlauts in § 10 Abs 1 S 1 Nr 1 LFG steht dem Arbeitgeber der Erstattungsanspruch nicht generell für alle Arbeitnehmer zu, sondern **nur** hinsichtlich der **Entgeltfortzahlung an Arbeiter. Keinen Erstattungsanspruch** gewährt das Gesetz für die **Entgeltfortzahlung an Angestellte,** selbst wenn sie nach § 3 Abs 1 S 1 EFZG vom Arbeitgeber zu leisten ist (Feichtinger, Entgeltfortzahlung Rn 841; Geyer/Knorr/Krasney § 10 EFZG Rn 26; Kaiser/Dunkl/Hold/ Kleinsorge § 10 LFZG Rn 33; Schmitt, EFZG [4. Aufl 1999] § 10 LFZG Rn 20; Schliemann AuR 1994, 319; KassHdb/Vossen 2.2 Rn 488). Bedenken gegen den Ausschluß der an Angestellte geleisteten Entgeltfortzahlung von dem Erstattungsanspruch im Hinblick auf **Art 3 Abs 1 GG** (vgl vor allem Canaris RdA 1997, 269 ff; ebenso MünchArbR/Boekken § 87 Rn 77; ders NZA 1999, 683; Harth 41 f), wies das Bundessozialgericht ausdrücklich zurück (BSG NZA-RR 1999, 595 f).

435 **Entgeltfortzahlungen an Auszubildende** sind unabhängig davon zu erstatten, ob die Berufsausbildung für einen **Arbeiter- oder Angestelltenberuf** durchgeführt wird. Der Gesetzeswortlaut bietet für eine einschränkende Auslegung, die den Erstattungsanspruch auf die Auszubildenden für einen Arbeiterberuf beschränkt, keine Anhaltspunkte. Soweit § 10 Abs 1 S 1 Nr 1 LFG bezüglich der Auszubildenden auf § 12 Abs 1 Nr 2 lit b BBiG Bezug nimmt, ist die Überleitungsvorschrift in Art 67 Abs 3 des Pflege-Versicherungsgesetzes zu beachten. Da der Erstattungsanspruch die Aufwendungen für die Entgeltfortzahlung im Krankheitsfall kompensieren soll, ist die im Lohnfortzahlungsgesetz genannte Bestimmung durch § 12 Abs 1 S 2 BBiG zu ersetzen. Wegen **§ 19 BBiG,** der einschränkungslos auf § 12 BBiG verweist, besteht der Erstattungsanspruch auch für das an Personen in anderen Vertragsverhältnissen fortgezahlte Entgelt.

Bezüglich der Zeiträume in § 10 Abs 1 S 1 Nr 1 LFG sind die **Verweisungen auf das** **436** **Lohnfortzahlungsgesetz** an die mit Inkrafttreten des Entgeltfortzahlungsgesetzes geänderte Rechtslage anzupassen (s Art 67 Abs 3 Pflege-Versicherungsgesetz). Der Erstattungsanspruch umfaßt nunmehr die in § 3 Abs 1 und 2 EFZG und in § 9 Abs 1 EFZG genannten Zeiträume.

Der Erstattungsanspruch wird mit **Erfüllung des Entgeltfortzahlungsanspruches fällig,** **437** nicht bereits mit dessen Entstehen (Kaiser/Dunkl/Hold/Kleinsorge § 10 LFZG Rn 50); er beläuft sich der **Höhe** nach auf 80% des vom Arbeitgeber gezahlten Betrages, sofern die Statuten des Leistungsträgers keine Beschränkung vorsehen (§ 16 Abs 2 Nr 1 LFG).

Erstattungsfähig sind nur das **nach § 3 Abs 1 EFZG fortgezahlte Arbeitsentgelt** und die **438** in § 10 Abs 1 S 1 Nr 4 LFG abschließend genannten **Sozialversicherungsbeiträge.** Leistungen des Arbeitgebers, zu denen er nicht aufgrund des Entgeltfortzahlungsgesetzes, sondern allein wegen einer einzel- oder kollektivvertraglichen Regelung verpflichtet ist, sind nicht zu erstatten (Kaiser/Dunkl/Hold/Kleinsorge § 10 LFZG Rn 33). Das gilt auch, wenn der Arbeitgeber einen höheren als den nach § 4 EFZG geschuldeten Betrag (zB unter Einschluß von Überstundenvergütungen) zahlt. Beiträge des Arbeitgebers zu anderen Sozialversicherungen (zB gesetzliche Unfallversicherung, Pflegeversicherung) sind wegen der abschließenden Aufzählung in § 10 Abs 1 S 1 Nr 4 LFG bei der Höhe des Erstattungsanspruches nicht zu berücksichtigen (ebenso MünchArbR/Boecken § 87 Rn 78; Kaiser/Dunkl/Hold/Kleinsorge § 10 LFZG Rn 47; Schmitt, EFZG [4. Aufl 1999] § 10 LFZG Rn 19).

Eine **Vergütungsfortzahlung nach § 616 S 1** (zB Arztbesuch, Pflege erkrankter Kinder) **439** ist nicht in den Kreis erstattungsfähiger Zahlungen einbezogen (SG Berlin Breith 1981, 391; SG Marburg SGb 1993, 476; Kaiser/Dunkl/Hold/Kleinsorge § 10 LFZG Rn 34; Schmitt, EFZG [4. Aufl 1999] § 10 LFZG Rn 22).

Sind **Ersatzansprüche** gemäß § 6 Abs 1 EFZG auf den Arbeitgeber übergegangen, so **440** ist der Träger der gesetzlichen Krankenversicherung nur gegen **Abtretung des Ersatzanspruches** zur Erstattung verpflichtet (§ 12 LFG). Die Abtretungspflicht deckt sich prozentual mit der Erstattung. Ist statutarisch ein Erstattungsbetrag von weniger als 80% festgelegt, so verringert sich die Pflicht zur Abtretung im gleichen Umfange (MünchArbR/Boecken § 87 Rn 78; Sieg SGb 1996, 1770).

Der Erstattungsanspruch des Arbeitgebers **verjährt** vier Jahre nach Ablauf des Ka- **441** lenderjahres, in dem er entstanden ist (§ 13 Abs 1 LFG). Die **gerichtliche Durchsetzung** erfolgt nach § 51 Abs 3 SGG vor den **Sozialgerichten** (BSGE 36, 16; MünchArbR/Boecken § 87 Rn 66). Dem **Schuldner des Erstattungsanspruches** ist die **Aufrechnung** nur mit den in § 13 Abs 2 LFG abschließend aufgezählten Ansprüchen gestattet; für den Arbeitgeber bestehen mit Ausnahme der §§ 394 ff keine Beschränkungen (MünchArbR/Boecken § 87 Rn 86).

VIII. Individualvertragliche und kollektivvertragliche Gestaltungsbefugnisse*

1. Normative Ausgangslage

442 Hinsichtlich der Zulässigkeit kollektiv- oder individualvertraglicher Abweichungen von den gesetzlichen Bestimmungen zur Entgeltfortzahlung im Krankheitsfalle weisen die einschlägigen Normen ein einheitliches Bild auf. § 12 EFZG legt ausdrücklich fest, daß von den Vorschriften des Entgeltfortzahlungsgesetzes – mit Ausnahme der Regelung in § 4 Abs 4 EFZG – nicht zuungunsten des Arbeitnehmers abgewichen werden darf. Entsprechendes gilt gemäß § 18 BBiG für § 12 Abs 1 S 2 BBiG und nach § 10 SeemG für die seearbeitsrechtlichen Bestimmungen (§§ 48, 52, 78 Abs 1 SeemG).

2. Abweichungen zu Gunsten des Arbeitnehmers

443 Da § 12 EFZG den **Unabdingbarkeitsgrundsatz** auf Abweichungen beschränkt, die für den Arbeitnehmer ungünstiger sind, bleiben Abreden, die die **Rechtsstellung des**

---

* **Schrifttum:** BECKER/SCHAFFNER, Verzicht auf Lohnfortzahlung nach dem Lohnfortzahlungsgesetz, AuR 1972, 237; BOERNER, Die Reform der Entgeltfortzahlung und der Urlaubsanrechnung im Lichte der Tarifautonomie, ZTR 1996, 435; BUCHNER, Entgeltfortzahlung im Spannungsfeld zwischen Gesetzgebung und Tarifautonomie, NZA 1996, 1177; EICHENHOFER, Sozialrechtliche Grenzen der Privatautonomie, VSSR 1991, 185; FEICHTINGER, Entgeltfortzahlung bei Kündigung aus Anlaß der Arbeitsunfähigkeit und Verzicht, DB 1983, 1202; HARTH, Die Neuregelung der Entgeltfortzahlung im Krankheitsfall (2000) 45 ff; HOFMANN, Grenzen gesetzlicher Unabdingbarkeitsnormen im Arbeitsrecht, in: 25 Jahre Bundesarbeitsgericht (1979) 217; KAMANABROU, Die Auslegung tariflicher Entgeltfortzahlungsklauseln – zugleich ein Beitrag zum Verhältnis der Tarifautonomie zu zwingenden Gesetzen, RdA 1997, 22; KREBS, Der Verzicht auf den Lohnfortzahlungsanspruch und seine Auswirkungen auf den Krankengeldanspruch, DOK 1972, 927; KREFT, Ein Jahr Rechtsprechung zur tariflichen Entgeltfortzahlung, FA 1999, 242; KUNZE, Anspruch auf Krankengeld bei Verzicht auf Lohnfortzahlung?, DOK 1980, 77; LAMBECK, Zum Beweiswert ärztlicher Arbeitsunfähigkeitsbescheinigungen im Entgeltfortzahlungsprozeß, NZA 1990, 88; LEPKE, Der Verzicht des Arbeitnehmers auf den Lohnfortzahlungsan-spruch im Krankheitsfalle, BB 1971, 1509; MARBURGER, Krankengeld bei Verzicht auf Lohnfortzahlung und bei Beendigung des Beschäftigungsverhältnisses, BB 1982, 2055; MAURER, Verzicht auf Lohnfortzahlung im Krankheitsfall, DB 1972, 2481; OETKER, Einführung von Karenztagen für die Lohnfortzahlung im Krankheitsfalle qua Tarifvertrag?, SGb 1984, 193 f; ders, Gesetz und Tarifvertrag als komplementäre Instrumente zur Regulierung des Arbeitsrechts, ZG 1998, 155; ORTLEPP, Die Verzichtbarkeit der Ansprüche aus dem Lohnfortzahlungsgesetz, BlStSozArbR 1971, 172; PREIS, Konstitutive und deklaratorische Klauseln in Tarifverträgen, in: FS Schaub (1998) 571; RIEBLE, Die Einschränkung der gesetzlichen Entgeltfortzahlung im Krankheitsfall und ihre Auswirkung auf inhaltsgleiche Regelungen in Tarifverträgen, RdA 1997, 134; SALJE, Der Vertrag zu Lasten Dritter im Sozialrecht, NZA 1990, 299; TRIESCHMANN, Zum Verzicht des Arbeitnehmers auf unabdingbare gesetzliche Ansprüche, RdA 1976, 68; WENDT, Der Günstigkeitsvergleich im Verhältnis Einzelarbeitsvertrag zu Tarifvertrag – mit einem Ausblick auf das Verhältnis Einzelarbeitsvertrag zu Gesetz am Beispiel der Entgeltfortzahlung (2000); ZACHERT, Auslegungsgrundsätze und Auslegungsschwerpunkte bei der aktuellen Diskussion um die Entgeltfortzahlung, DB 1996, 2078.

Arbeitnehmers verbessern, uneingeschränkt **zulässig.** Für den hierbei erforderlichen **Günstigkeitsvergleich** ist ein **Einzelvergleich** vorzunehmen, dh die individual- oder kollektivvertragliche Regelung ist mit der Bestimmung des Entgeltfortzahlungsgesetzes zu vergleichen, von der sie abweicht (FEICHTINGER, Entgeltfortzahlung Rn 806; KAISER/DUNKL/HOLD/KLEINSORGE § 12 EFZG Rn 6; SCHMITT, EFZG [4. Aufl 1999] § 12 EFZG Rn 25; SCHOOF, in: Kittner/Zwanziger [Hrsg], Arbeitsrecht [2001] § 58 Rn 367; GK-EFZR/STECKHAN § 9 LFZG Rn 13; KassHdb/VOSSEN 2.2 Rn 407; WEDDE/GERNTKE/KUNZ/PLATOW § 12 EFZG Rn 28; WENDT 258 ff; WORZALLA/SÜLLWALD § 12 EFZG Rn 16).

Vereinbarungen, die zB die **Dauer des Entgeltfortzahlungszeitraums** über sechs Wo- **444** chen hinaus **verlängern** oder eine **Nachweispflicht** des Arbeitnehmers nur für Erkrankungen vorsehen, die länger als der in § 5 Abs 1 S 2 EFZG genannte Zeitraum dauern (zum letztgenannten BAG AP Nr 63 zu § 1 LohnFG), sind ebenso zulässig wie Abreden, die das Recht des Arbeitgebers in § 5 Abs 1 S 3 EFZG ausschließen oder beschränken, die ärztliche Bescheinigung zu einem früheren Zeitpunkt zu verlangen (näher o Rn 313 ff). Entsprechendes gilt für Vereinbarungen, die die **Höhe der Entgelt-fortzahlung** im Krankheitsfall zu Gunsten des Arbeitnehmers abweichend von § 4 EFZG festlegen. Nicht untersagt ist insbesondere eine generelle Erhöhung des fortzuzahlenden Arbeitsentgelts um die als „regelmäßig" zu bewertenden Überstunden. Zu Gunsten des Arbeitnehmers wird die Rechtslage auch dann verändert, wenn der Anspruch auf Entgeltfortzahlung unabhängig von dem Ablauf einer **Wartefrist** entsteht (für die Zulässigkeit auch MünchArbR/BOECKEN § 83 Rn 143; KUNZ/WEDDE, EFZR § 3 EFZG Rn 173).

Kontroverse Diskussionen löste die rechtliche Behandlung von tariflichen Regelun- **445** gen zur Höhe der Entgeltfortzahlung aus, die vor der Neuregelung des § 4 Abs 1 S 1 EFZG durch das Arbeitsrechtliche Beschäftigungsförderungsgesetz v 25. 9. 1996 (s o Rn 169) abgeschlossen wurden. Insofern war vor allem zu unterscheiden, ob es sich bei ihnen überhaupt um konstitutive Regelungen handelte, oder lediglich deklaratorische Bestimmungen vorlagen, die auf die nach dem Gesetz bestehende Rechtslage Bezug nahmen. Die umfangreiche Judikatur zu dieser Problematik (vgl im Überblick KREFT, FA 1999, 245 f; KUNZ/WEDDE, EFZR § 4 EFZG Rn 69; NICOLAI ZfA 1999, 689; WALTER-MANN ZfA 2000, 607 f sowie zuletzt HARTH 50 ff; aus der literarischen Diskussion s vor allem KAMANABROU RdA 1997, 22; PREIS, in: FS Schaub [1998] 571; RIEBLE RdA 1997, 134) ist durch die Rückkehr des Gesetzes zu einer Entgeltfortzahlung in Höhe von 100% des fortzuzahlenden Arbeitsentgelts weitgehend obsolet; die seitens des Bundesarbeitsgerichts herausgearbeiteten Auslegungsgrundsätze sind jedoch bei der Höhe der Entgeltfortzahlung zu beachten, da bei Tarifverträgen, die vor dem 1. 1. 1999 abgeschlossen wurden stets zu klären ist, ob Überstunden entgegen § 4 Abs 1 a S 1 EFZG Bestandteil der „regelmäßigen Arbeitszeit" im Sinne des § 4 Abs 1 EFZG sind (vgl dazu ErfKomm/DÖRNER § 4 EFZG Rn 46 f; HARTH 119 ff).

Will der Gesetzgeber **Abreden ausschließen,** die die Rechtsstellung des Arbeit- **446** nehmers verbessern, so muß er dies ausdrücklich anordnen. Das gilt auch für Bestimmungen der Tarifvertragsparteien. Im Hinblick auf die Koalitionsbetätigungsgarantie (Art 9 Abs 3 S 1 GG), die auch die Entgeltfortzahlung im Krankheitsfall einschließt (vgl näher OETKER SGb 1984, 194; sowie allg GITTER und SÄCKER, in: Sozialrecht und Tarifrecht [1984] 15 ff, 64 ff), wäre die Verfassungskonformität einer gesetzlichen Regelung, die verbessernde Tarifverträge ausschließt, zumindest zweifelhaft (für ihre

Zulässigkeit HEINZE NZA 1996, 785 ff; s a BUCHNER NZA 1996, 1179 f; SÖLLNER NZA 1996, 900, die eine gesetzliche Regelung als wirksam ansehen, die das Außerkrafttreten abweichender Tarifverträge anordnet; vgl ferner OETKER ZG 1998, 155 ff).

3. Abreden zuungunsten des Arbeitnehmers

a) Art der Abreden

447 Untersagen die Bestimmungen zur Entgeltfortzahlung im Krankheitsfall eine Abweichung vom Gesetz (so § 12 EFZG, § 10 SeemG), so erfassen diese bei zweckgerechtem Verständnis **jede Vereinbarung,** die für das Einzelarbeitsverhältnis vom Gesetz abweichende und für den Arbeitnehmer ungünstigere Bedingungen herbeiführen soll. Die Vorschrift in § 18 BBiG, die ausdrücklich auf eine „Vereinbarung" abstellt, besitzt deshalb den gleichen Inhalt.

448 Die §§ 12 EFZG, 18 BBiG und 10 SeemG erfassen jegliche Regelungen, die Bestandteil des Arbeitsvertrages sind. Hierzu zählen nicht nur **individuelle Bestimmungen im Arbeitsvertrag,** sondern auch **abstrakt-generelle Abreden** in Allgemeinen Arbeitsbedingungen (Einheitliche Arbeitsbedingungen, Betriebliche Übung oder Gesamtzusage). Obwohl diese nicht frei ausgehandelt werden, sind sie dogmatisch Bestandteil des Individualarbeitsverhältnisses (vgl STAUDINGER/RICHARDI [1999] § 611 Rn 235 ff, 260 ff).

449 Aufgrund der weiten Formulierung der einschlägigen gesetzlichen Regelungen untersagen diese auch alle **kollektivrechtlichen Abreden,** die wegen ihrer normativen Geltung für das Arbeitsverhältnis unmittelbare Wirkung entfalten. Hierzu gehören **Tarifverträge, Betriebsvereinbarungen** und ggf Vereinbarungen zwischen dem **Arbeitgeber** und dem **Sprecherausschuß für leitende Angestellte** (SCHMITT, EFZG [4. Aufl 1999] § 12 EFZG Rn 13).

450 Das Verbot verschlechternder Vereinbarungen gilt auch für Abreden zwischen den **Kollektivvertragsparteien,** die sich auf eine **schuldrechtliche Wirkung** zwischen den am Abschluß Beteiligten beschränken (schuldrechtlicher Teil des Tarifvertrages, Regelungsabrede, Richtlinie zwischen Arbeitgeber und Sprecherausschuß). Sie begründen gegenüber dem Vertragspartner einen einklagbaren Anspruch des kollektivrechtlichen Gegenspielers auf Durchführung und führen damit indirekt den von den entgeltfortzahlungsrechtlichen Vorschriften untersagten Rechtserfolg herbei.

451 Untersagen die gesetzlichen Bestimmungen **verschlechternde Tarifverträge,** so ist dies nicht nur konzeptionell fragwürdig (vgl HANAU, in: FS der Rechtswissenschaftlichen Fakultät zur 600-Jahr-Feier der Universität zu Köln [1988] 201), sondern auch im Hinblick auf die Koalitionsbetätigungsgarantie (Art 9 Abs 3 GG) zweifelhaft. Allenfalls die Entlastungsfunktion der arbeitsrechtlichen Lösung für die gesetzlichen Krankenkassen (s o Rn 170) kann eine derartige Einschränkung der Tarifautonomie rechtfertigen.

b) Inhalt der untersagten Vereinbarungen

452 Allen entgeltfortzahlungsrechtlichen Bestimmungen ist gemeinsam, daß sie den gänzlichen oder teilweisen Ausschluß des Anspruchs auf Fortzahlung der Vergütung untersagen. Das betrifft insbesondere den **Zeitraum** für die vom Arbeitgeber fortzuzahlende Vergütung. Die gesetzlich festgelegte **Dauer von sechs Wochen** darf nicht unterschritten werden (SCHMITT, EFZG [4. Aufl 1999] § 4 EFZG Rn 143).

Dies gilt ebenfalls hinsichtlich des Zeitpunktes, ab dem der Arbeitgeber zur Fortzah- **453** lung der Vergütung verpflichtet ist. **Karenztage** können de lege lata weder durch Individualarbeitsvertrag noch durch Tarifvertrag eingeführt werden (vgl ausführlich OETKER SGb 1984, 194 ff; HAGEMEIER/KEMPEN/ZACHERT/ZILIUS, TVG [2. Aufl 1992] Einleitung Rn 169 b). Auch die in § 3 Abs 3 EFZG normierte **Wartefrist** für das Entstehen eines Entgeltfortzahlungsanspruches darf nicht verlängert werden.

Untersagt sind ferner Abreden, die die **Anzeige- und Nachweispflichten** des Arbeit- **454** nehmers entgegen § 5 EFZG zu seinen Lasten verschärfen (zum Recht auf frühere Vorlage der Arbeitsunfähigkeitsbescheinigung s o Rn 313 f). Unzulässig ist auch die Etablierung im Gesetz nicht vorgesehener **Leistungsverweigerungsrechte** zugunsten des Arbeitgebers (zB bei einer Verletzung der Anzeigepflicht; ebenso SCHMITT, EFZG [4. Aufl 1999] § 4 EFZG Rn 143; offengelassen noch in BAG AP Nr 3 zu § 3 LohnFG).

Zu den unabdingbaren Vorschriften des Entgeltfortzahlungsrechts gehört ebenfalls **455** der in § 3 Abs 1 S 2 EFZG festgelegte Bezugsrahmen von zwölf Monaten für **Fortsetzungserkrankungen** (BAG AP Nr 73 zu § 1 LohnFG). Eine Regelung, nach der der Fortsetzungszusammenhang nicht erst nach sechs Monaten, sondern bereits nach vier Wochen unterbrochen wird, ist als für den Arbeitnehmer günstigere Bestimmung demgegenüber zulässig (BAG AP Nr 73 zu § 1 LohnFG). Untersagt sind hingegen Abreden, die den Bezugsrahmen verlängern oder die Unterbrechung des Fortsetzungszusammenhanges erst nach Ablauf eines längeren als des gesetzlichen Sechs-Monats-Zeitraums vorsehen.

Zu den nicht zuungunsten des Arbeitnehmers abdingbaren Vorschriften gehört auch **456** die in § 4 Abs 1 EFZG festgelegte **Höhe der Entgeltfortzahlung** im Krankheitsfalle. Sie kann nicht auf einen geringeren Prozentsatz als den im Gesetz angegebenen abgesenkt werden.

Das **Verbot abweichender Vereinbarungen** zuungunsten des Arbeitnehmers be- **457** schränkt sich auf die **Vorschriften des Entgeltfortzahlungsgesetzes.** Soweit insbesondere Tarifverträge über den Standard des Entgeltfortzahlungsgesetzes hinaus die Rechtsstellung des Arbeitnehmers verbessern, sind die Tarifvertragsparteien nicht an den Unabdingbarkeitsgrundsatz gebunden. Bedeutsam ist dies vor allem bei einer Verlängerung der Entgeltfortzahlung über den Sechs-Wochen-Zeitraum. Die Voraussetzungen für die Gewährung eines derartigen Anspruches außerhalb des Entgeltfortzahlungsgesetzes können frei festgelegt werden. So könnte zB ein Anspruch auf Entgeltfortzahlung nach Ablauf der sechsten Woche oder während der Wartefrist (§ 3 Abs 3 EFZG) mit einer vorherigen Untersuchung durch den Betriebsarzt verknüpft oder aber ein Leistungsverweigerungsrecht für den Fall einer nicht rechtzeitigen Anzeige der Arbeitsunfähigkeit begründet werden.

4. Vereinbarungen zur Bemessungsgrundlage der fortzuzahlenden Vergütung

Hinsichtlich der Höhe des fortzuzahlenden Entgelts räumt § 4 Abs 4 EFZG den **458** Tarifvertragsparteien eine gesonderte Regelungsbefugnis ein, deren Besonderheit darin besteht, daß die Öffnungsklausel zu Regelungen berechtigt, die zuungunsten des Arbeitnehmers von den Bestimmungen des Entgeltfortzahlungsgesetzes abweichen (arg e § 12 EFZG).

459 Die Öffnungsklausel in § 4 Abs 4 EFZG steht in einem latenten Spannungsverhältnis zu dem unabdingbaren Grundsatz, daß dem Arbeitnehmer bei krankheitsbedingter Arbeitsverhinderung ein **Anspruch auf Entgeltfortzahlung** zusteht. Deshalb bedarf die Reichweite der tariflichen Gestaltungsmacht einer restriktiven Interpretation. Die Tarifvertragsparteien müssen den Anspruch auf Fortzahlung der Vergütung in seiner Substanz unangetastet belassen; sie dürfen ihn durch eine Regelung zur Höhe der fortzuzahlenden Arbeitsvergütung nicht so bemessen, daß die mit § 3 Abs 1 S 1 EFZG intendierte **wirtschaftliche Absicherung des Arbeitnehmers** in ihr Gegenteil verkehrt wird (in diesem Sinne auch FEICHTINGER, Entgeltfortzahlung Rn 414; GEYER/KNORR/KRASNEY § 4 EFZG Rn 62).

460 Die Sichtweise in Rn 459 entspricht auch dem **Zweck der Öffnungsklausel.** Sie reagiert vor allem auf Tarifverträge, die verschiedene Berechnungsprinzipien für die Berechnung des fortzuzahlenden Arbeitsentgeltes kennen und die die Entgeltfortzahlung im Krankheitsfall und die Berechnung des Urlaubsentgelts häufig einheitlich strukturieren. Diese bewährte Tarifpraxis soll durch § 4 Abs 4 EFZG unverändert zulässig bleiben (vgl ausführlich OETKER SGb 1984, 195).

461 Deshalb erlaubt § 4 Abs 4 EFZG insbesondere einen **Wechsel des Berechnungssystems** vom Lohnausfallprinzip zum **Referenzprinzip** (BAG AP Nr 1, 6, 13, 17 und 25 zu § 2 LohnFG; MünchArbR/BOECKEN § 84 Rn 11; BRECHT, Entgeltfortzahlung § 4 EFZG Rn 26; FEICHTINGER, Entgeltfortzahlung Rn 413a; GEYER/KNORR/KRASNEY § 4 EFZG Rn 61; KUNZ/WEDDE, EFZR § 4 EFZG Rn 76; SCHMITT EFZG [4. Aufl 1999] § 4 EFZG Rn 139; ders RdA 1996, 9; SCHOOF, in: Kittner/Zwanziger [Hrsg], Arbeitsrecht [2001] § 58 Rn 193; KassHdb/VOSSEN 2.2 Rn 393; WEDDE/GERNTKE/KUNZ/PLATOW § 4 EFZG Rn 58; aA MünchKomm/SCHAUB § 616 Rn 132a). Die Bezugnahme in § 4 Abs 4 EFZG auf die „Bemessungsgrundlage" steht dieser Auslegung nicht entgegen (ErfKomm/DÖRNER § 4 EFZG Rn 59; zweifelnd jedoch SCHLIEMANN AuR 1994, 321 f). Der von der früheren Regelung in § 2 Abs 3 LFG abweichende Wortlaut sollte lediglich die höchstrichterliche Rechtsprechung zu § 2 Abs 3 LFG korrigieren, die die inhaltliche Reichweite der Öffnungsklausel ausschließlich auf das Berechnungssystem beschränkte (s BAG AP Nr 25 zu § 2 LohnFG). Eine weitergehende Einschränkung der Tarifautonomie war mit der Formulierung „Bemessungsgrundlage" nicht beabsichtigt.

462 Da § 4 Abs 4 EFZG klarstellt, daß die Bemessungsgrundlage Gegenstand einer abweichenden tariflichen Regelung sein kann, sind auch tarifliche Regelungen zulässig, die den **Arbeitszeitfaktor** anders als im Gesetz festlegen (vgl BAG AP Nr 16 zu § 2 LohnFG für den Arbeitszeitfaktor), sofern diese nicht den Zweck des § 3 Abs 1 S 1 EFZG beeinträchtigen (s o Rn 459). Insbesondere eine von der individuellen Arbeitszeit abweichende und auf die tarifliche Regelarbeitszeit abstellende Modifikation des Arbeitszeitfaktors ist den Tarifvertragsparteien gestattet (BAG AP Nr 17 zu § 2 LohnFG; ebenso MünchArbR/BOECKEN § 84 Rn 13; ErfKomm/DÖRNER § 4 EFZG Rn 58).

463 Das in Rn 462 Ausgeführte gilt entsprechend für die **Konkretisierung des Entgeltfaktors,** indem zB einzelne **Vergütungsbestandteile** aus dem vom Arbeitgeber fortzuzahlenden Entgelt **ausgenommen** (vgl zB BAG AP Nr 1 zu § 2 LohnFG für eine Antrittsprämie; BAG AP Nr 13 zu § 2 LohnFG für die gesamte Nahauslösung; BAG AP Nr 11 und 12 zu § 2 LohnFG für Fernauslösung) oder **einbezogen** werden (vgl zB BAG AP Nr 5 und 14 zu § 2 LohnFG für den steuerpflichtigen Anteil der Nahauslösung). Der gegenteiligen Rechtsprechung des Bundesarbeitsgerichts in dem Urteil v 3. 3. 1993 (AP Nr 25 zu § 2 LohnFG) wurde durch die nunmehr im Gesetz enthaltene Formulierung „Bemessungsgrundlage" bewußt der normative Boden entzogen (MünchArbR/BOECKEN § 84 Rn 12; BRECHT, Entgeltfortzahlung § 4 EFZG Rn 26; ErfKomm/DÖRNER § 4 EFZG Rn 57; FEICHTINGER, Entgeltfortzahlung Rn 414; GEYER/KNORR/KRASNEY § 4 EFZG Rn 62; GOLA § 4 EFZG Anm 7. 1. 2; KAISER/DUNKL/HOLD/KLEINSORGE § 4 EFZG Rn 106; MÜLLER/BERENZ § 4 EFZG Rn 33; MünchKomm/SCHAUB § 616 Rn 132a; SCHMITT, EFZG [4. Aufl 1999] § 4 EFZG Rn 142; WORZALLA/SÜLLWALD § 4 EFZG Rn 48). Die Herausnahme einzelner Vergütungsbestandteile aus der Bemessung des fortzuzahlenden Arbeitsentgelts darf die Substanz des Anspruchs jedoch nicht berühren (s o Rn 459; zu restriktiv HELML § 4 EFZG Rn 27; KUNZ/WEDDE, EFZR § 4 EFZG Rn 77; SCHOOF, in: Kittner/Zwanziger [Hrsg], Arbeitsrecht [2001] § 58 Rn 195; WEDDE/GERNTKE/KUNZ/PLATOW § 4 EFZG Rn 59, die die völlige Herausnahme einzelner Vergütungsbestandteile für unzulässig halten; ähnlich KassHdb/VOSSEN 2.2 Rn 396, der die Ausklammerung regelmäßig anfallender Vergütungsbestandteile ausschließt).

464 Wegen der tatbestandlichen Anknüpfung der Öffnungsklausel an die „Bemessungsgrundlage" können **nur die Berechnungsfaktoren** für das fortzuzahlende Arbeitsentgelt zuungunsten der Arbeitnehmer per Tarifvertrag geregelt werden. Das schließt tarifliche Bestimmungen aus, die einen **prozentualen Abschlag** von dem fortzuzahlenden Arbeitsentgelt vorsehen. Diese würden unmittelbar die Höhe des fortzuzahlenden Arbeitsentgelts berühren. Nicht von § 4 Abs 4 EFZG gedeckt wären deshalb tariflichen Normen, die die Höhe des fortzuzahlenden Arbeitsentgelts unter 100% (§ 4 Abs 1 EFZG) herabsenken (FEICHTINGER, Entgeltfortzahlung Rn 415).

465 Die durch § 4 Abs 4 EFZG eröffnete Gestaltungsmacht steht **nur den Tarifvertragsparteien** zu. Aus diesem Grunde müssen sie die vom Gesetz abweichende Regelung zur Bemessungsgrundlage selbst treffen. Die Öffnungsklausel gestattet es den Tarifvertragsparteien nicht, die Festlegung der Bemessungsgrundlage an Dritte zu „delegieren". Nicht von § 4 Abs 4 S 1 EFZG gedeckt ist deshalb auch eine Tarifbestimmung, die Dritten die nähere Ausgestaltung (zB durch Betriebsvereinbarung) überläßt (ebenso KUNZ/WEDDE, EFZR § 4 EFZG Rn 75; WEDDE/GERNTKE/KUNZ/PLATOW § 4 EFZG Rn 57). Zulässig sind derartige Regelungen jedoch, wenn sichergestellt ist, daß sie zu Gunsten des Arbeitnehmers die im Gesetz festgelegte Höhe des Entgelts abändern.

466 Für **nicht tarifgebundene Arbeitsverhältnisse** kann die tarifliche Vorschrift per individualvertraglicher Bezugnahme **übernommen** werden (§ 4 Abs 4 S 2 EFZG). Die Zulässigkeit einer einzelvertraglichen Bezugnahme beschränkt sich auf die Arbeitsvertragsparteien, die ausschließlich wegen fehlender Tarifbindung nicht den Bestimmungen des für sie fachlich, regional und persönlich einschlägigen Tarifvertrages unterliegen (ErfKomm/DÖRNER § 4 EFZG Rn 61; FEICHTINGER, Entgeltfortzahlung Rn 418; KAISER/DUNKL/HOLD/KLEINSORGE § 4 EFZG Rn 125; SCHOOF, in: Kittner/Zwanziger [Hrsg], Arbeitsrecht [2001] § 58 Rn 192). Beiderseits fehlende Tarifgebundenheit ist nicht erforderlich (GK-EFZR/BIRK § 2 LFZG Rn 86; FEICHTINGER, Entgeltfortzahlung Rn 418; GEYER/KNORR/KRASNEY § 4 EFZG Rn 66). Da § 4 Abs 4 S 2 EFZG auf die **„tarifliche Regelung"** abstellt,

Hartmut Oetker

kann die Verweisung auf die gesamte tarifliche Norm als **„Bemessungsgrundlage"** beschränkt werden (Feichtinger, Entgeltfortzahlung Rn 418; Helml § 4 EFZG Rn 30; Schmitt, EFZG [4. Aufl 1999] § 4 EFZG Rn 146; Wedde/Gerntke/Kunz/Platow § 4 EFZG Rn 62; **aA** ErfKomm/Dörner § 4 EFZG Rn 62; Kaiser/Dunkl/Hold/Kleinsorge § 4 EFZG Rn 124; Kunz/Wedde, EFZR § 4 EFZG Rn 80; Schoof, in: Kittner/Zwanziger [Hrsg], Arbeitsrecht [2001] § 58 Rn 192). Die Übernahme anderer entgeltfortzahlungsrechtlicher Regelungen des Tarifvertrages ist nicht notwendig, aber auch nicht ausgeschlossen. Für die einzelvertragliche Vereinbarung stellt das Gesetz **keine Formerfordernisse** auf, sie kann mündlich oder schriftlich erfolgen (GK-EFZR/Birk § 2 LFZG Rn 84; ErfKomm/Dörner § 4 EFZG Rn 63; Feichtinger, Entgeltfortzahlung Rn 418a; Schmitt, EFZG [4. Aufl 1999] § 4 EFZG Rn 147). Trotz der Formulierung „vereinbart" ist auch eine **Bezugnahme in Allgemeinen Arbeitsbedingungen** zulässig. Für Einheitliche Arbeitsbedingungen ergibt sich dies vor allem aus dem Gesetzeszweck, da die Bezugnahmemöglichkeit eine Gleichstellung mit den tarifgebundenen Arbeitnehmern eröffnen soll (Feichtinger, Entgeltfortzahlung Rn 417) und sie regelmäßig Bestandteil einheitlicher Arbeitsbedingungen ist.

467 Wegen der ausdrücklichen Beschränkung in § 4 Abs 4 S 1 EFZG auf die Tarifvertragsparteien steht den **Betriebsvereinbarungsparteien** keine vergleichbare Regelungsbefugnis zu (ebenso ErfKomm/Dörner § 4 EFZG Rn 64; Feichtinger, Entgeltfortzahlung Rn 419; Kaiser/Dunkl/Hold/Kleinsorge § 4 EFZG Rn 122; Kunz/Wedde, EFZR § 4 EFZG Rn 80; Schmitt, EFZG [4. Aufl 1999] § 4 EFZG Rn 147; Schoof, in: Kittner/Zwanziger [Hrsg], Arbeitsrecht [2001] § 58 Rn 192; Wedde/Gerntke/Kunz/Platow § 4 EFZG Rn 57); insbesondere können sie nicht einzelne Entgeltbestandteile aus der im Krankheitsfall fortzuzahlenden Vergütung ausklammern (BAG AP Nr 7 zu § 2 LohnFG). Verwehrt ist ihnen ebenfalls eine Erstreckung der tariflichen Regelung auf Außenseiter, indem sie den Inhalt des Tarifvertrages in eine Betriebsvereinbarung übernehmen (Kaiser/Dunkl/Hold/Kleinsorge § 4 EFZG Rn 122). Eine derartige Betriebsvereinbarung verstößt nach hM gegen § 77 Abs 3 BetrVG und ist nichtig bzw unwirksam (vgl Kreutz, GK-BetrVG II [6. Aufl 1998] § 77 Rn 104; Richardi, BetrVG [7. Aufl 1998] § 77 Rn 292, jeweils mwN).

5. Grenzen privatautonomer Verzichtserklärungen

468 Aufgrund des Verbots abweichender Vereinbarungen zuungunsten des Arbeitnehmers in § 12 EFZG kann dieser **nicht** rechtswirksam **ex ante** auf seinen Anspruch auf Fortzahlung der Vergütung im Krankheitsfall **verzichten** (allgM vgl zB BAG AP Nr 1 und 10 zu § 6 LohnFG; MünchArbR/Boecken § 85 Rn 75; ErfKomm/Dörner § 12 EFZG Rn 10; Hofmann, in: 25 Jahre Bundesarbeitsgericht [1979] 218; v Maydell DB 1973 Beil 15, 8; Schaub, Arbeitsrechts-Handbuch [9. Aufl 2000] § 98 Rn 207; Schmitt, EFZG [4. Aufl 1999] § 12 EFZG Rn 18; Wedde/Gerntke/Kunz/Platow § 12 EFZG Rn 14). Das gilt entsprechend, wenn der Anspruch auf Fortzahlung der Vergütung nicht auf dem Gesetz, sondern einer entsprechenden Tarifbestimmung beruht (§ 4 Abs 4 TVG).

469 Bei isolierter Betrachtung der in Rn 468 genannten Bestimmungen ist ein **Verzicht** auf bereits entstandene und fällige Ansprüche zumindest dann nicht ausgeschlossen, wenn er **nach** der **Beendigung des Arbeitsverhältnisses** vereinbart wird (BAG AP Nr 11 und 12 zu § 6 LohnFG; BAG AP Nr 2 zu § 9 LohnFG; so auch mit ausführlicher Begründung Hofmann, in: 25 Jahre Bundesarbeitsgericht [1979] 229 ff; ebenso Feichtinger, Entgeltfortzahlung Rn 819; Kaiser/Dunkl/Hold/Kleinsorge § 12 EFZG Rn 24; Schmitt, EFZG [4. Aufl 1999]

§ 12 EFZG Rn 21; offengelassen von BAG AP Nr 1 zu § 6 LohnFG; aA Trieschmann Anm zu BAG AP Nr 18 zu § 6 LohnFG; ablehnend auch MünchArbR/Boecken § 85 Rn 77; ErfKomm/Dörner § 12 EFZG Rn 12; Wedde/Gerntke/Kunz/Platow § 12 EFZG Rn 20 f, wenn Krankengeldansprüche in Betracht kommen).

Die besseren Gründe sprechen dafür, einen Verzicht auf **bereits entstandene Entgelt-** **470** **fortzahlungsansprüche** auch dann als vereinbar mit den entgeltfortzahlungsrechtlichen Bestimmungen zu bewerten, wenn er **während des nicht beendeten Arbeitsverhältnisses** abgeschlossen wird (ebenso Erman/Belling § 616 Rn 98; Feichtinger, Entgeltfortzahlung Rn 820; Kaiser/Dunkl/Hold/Kleinsorge § 12 EFZG Rn 25; Lepke BB 1971, 1512 f; v Maydell DB 1973 Beil 15, 8; Schmitt EFZG [4. Aufl 1999] § 12 EFZG Rn 19; aA jedoch MünchArbR/Boecken § 85 Rn 77; ErfKomm/Dörner § 12 EFZG Rn 12; Hofmann, in: 25 Jahre Bundesarbeitsgericht [1979] 229 ff; Schoof, in: Kittner/Zwanziger [Hrsg], Arbeitsrecht [2001] § 58 Rn 365; GK-EFZR/Steckhan § 9 LFZG Rn 24). Hierfür ist aber stets erforderlich, daß der Verzicht **nach Fälligkeit des Anspruches** vereinbart wird (BAG AP Nr 11 zu § 6 LohnFG). Problematisch ist die Möglichkeit eines Verzichts, wenn der Anspruch auf Fortzahlung der Vergütung eine tarifvertragliche Grundlage hat (offengelassen von BAG AP Nr 12 zu § 6 LohnFG).

Ein rechtswirksamer Verzicht auf den Vergütungsanspruch wegen der krankheits- **471** bedingten Arbeitsverhinderung setzt stets voraus, daß der **Arbeitnehmer** noch **Inhaber des Anspruches** ist. Das ist zu verneinen, wenn der **Träger der Krankenversicherung** bereits **Krankengeld** (§ 44 SGB V) gezahlt hat, da der Anspruch des Arbeitnehmers mit der Leistung der Krankenversicherung im Wege einer cessio legis (§ 115 SGB X) auf sie übergeht (BAG AP Nr 15 zu § 6 LohnFG). Eine Ausnahme soll nur gelten, wenn prozessuale Handlungen im Rahmen eines **Kündigungsschutzprozesses** (zB Vergleich) den Verzicht auf die Fortzahlung der Vergütung herbeiführen (BAG AP Nr 14 zu § 6 LohnFG; Corts SAE 1981, 104 f; kritisch Trieschmann Anm zu BAG AP Nr 18 zu § 6 LohnFG).

Die Überlegungen in Rn 470 zur Zulässigkeit eines Verzichts beschränkten sich auf **472** eine Analyse der entgeltfortzahlungsrechtlichen Vorschriften. Diese ist jedoch unvollständig, da sie nicht die bei den Sozialversicherungsträgern hierdurch entstehenden Belastungen einbezieht. Deshalb sprechen gewichtige Gründe dafür, entsprechende Vereinbarungen nach dem Rechtsgedanken des **§ 46 Abs 2 SGB I** als unwirksam anzusehen, soweit sie eine ansonsten nicht bestehende **Leistungspflicht zu Lasten des Sozialversicherungsträgers** begründen (so bereits Heckelmann SAE 1977, 262; Hofmann, in: 25 Jahre Bundesarbeitsgericht [1979] 236; Oetker SGb 1984, 196; Schulte/Mimberg/Sabel 237; wie hier im Ergebnis auch MünchArbR/Boecken § 85 Rn 77, da er aufgrund einer teleologischen Würdigung der Unabdingbarkeitsnormen einen Verzicht nur als rechtswirksam erachtet, wenn dieser die Entlastungsfunktion zugunsten der Krankenkasse nicht beeinträchtigt; s auch schon v Maydell DB 1973 Beil 15, 8, der hieraus jedoch keine Rückschlüsse auf die Rechtswirksamkeit des Verzichts ableitet; aA aber Eichenhofer VSSR 1991, 188 f, 196 f; zurückhaltend auch Salje NZA 1990, 301 ff).

Der Wortlaut des § 46 SGB I erfaßt zwar nur Sozialleistungen im Sinne des § 11 **473** SGB I, im Rahmen der teleologischen Fundierung der Entgeltfortzahlung im Krankheitsfall wurde aber herausgearbeitet (s o Rn 170 f), daß die Leistungen des Arbeitgebers einen sozialstaatlich geprägten Versorgungscharakter besitzen und bei materieller Würdigung Aufgaben der Sozialversicherung übernehmen. Aus diesem Grunde ist der konstruktive Weg einer Analogie zu § 46 Abs 2 SGB I nicht per se von der Hand zu weisen. Zu erwägen ist auch die Anwendung des § 32 Abs 1 SGB I (hierfür zB BÜRCK VSSR 1990, 304 f). Wird die zur Leistungspflicht des Sozialversicherungsträgers führende Abrede hingegen als rechtswirksam betrachtet, so bleibt zu überlegen, ob der Geltendmachung der Sozialleistung das Verbot des venire contra factum proprium entgegensteht.

IX. Darlegungs- und Beweislast*

1. Grundsatz

474 Hinsichtlich der Darlegungs- und Beweislast gelten die Grundsätze zu § 616 S 1 entsprechend (zu ihnen o Rn 150 ff). Der **Arbeitnehmer** trägt hiernach die Beweislast für das Vorliegen des **objektiven Tatbestandes** in § 3 Abs 1 S 1 EFZG, der zum Ausgleich für die Rechtsfolgen der allgemeinen Regel des § 326 Abs 1 S 1 einen eigenständigen Anspruch auf Entgeltfortzahlung begründet (BAG AP Nr 64 zu § 1 LohnFG). Er muß insbesondere die **Erkrankung** sowie deren **Ursächlichkeit** für die **Arbeitsun-**

---

* **Schrifttum:** BECKER, Die Widerlegung ärztlicher Arbeitsunfähigkeitsatteste seit der Änderung der §§ 368m, 368n, 369b RVO, DB 1983, 1253; BERENZ, Lohnfortzahlung an im Urlaub erkrankte Arbeitnehmer, DB 1992, 2442; BLEISTEIN, Die ärztliche Arbeitsunfähigkeitsbescheinigung: Ihre Bedeutung und ihr Beweiswert, betrieb + personal 1995, 19; BRILL, Beweiswert ärztlicher Arbeitsunfähigkeitsbescheinigung, AuA 1993, 197; CLAUSEN, Beweiswert einer Arbeitsunfähigkeitsbescheinigung im Entgeltfortzahlungsprozeß, AuR 1989, 330; FEICHTINGER/POHL, Verminderter Beweiswert der Arbeitsunfähigkeitsbescheinigung, DB 1984 Beil 4, 1; GALAHN, Der Mißbrauch der Entgeltfortzahlung im Krankheitsfall und die Abwehrmöglichkeiten des Arbeitgebers (1994); HEINZE/GIESEN, Die Arbeitsunfähigkeitsbescheinigung und der Europäische Gerichtshof, BB 1996, 1830; HUNOLD, Beweiswert einer Arbeitsunfähigkeitsbescheinigung, BB 1989, 845; KLEINEBRINK, Die Arbeitsunfähigkeitsbescheinigung (Diss Augsburg 1994); KRASNEY, Zur Beweislast für die Erkrankung „ohne Verschulden" im Sinne des § 1 LFZG, DOK 1971, 57; LAMBECK, Zum Beweiswert ärztlicher Arbeitsunfähigkeitsbescheinigungen im Entgeltfortzahlungsprozeß, NZA 1990, 88; LEIPOLD, Schwer zu fassen: die Arbeitsunfähigkeitsbescheinigung

nach deutschem und europäischem Recht, in: FS Kissel (1994) 629; LEPKE, Die Beweislast für das Verschulden bei Krankheit des Arbeitnehmers, DB 1972, 922; ders, Zur Darlegungs- und Beweislast für das Vorliegen einer sog Fortsetzungserkrankung im Sinne von § 1 Abs 1 S 1 1. Halbsatz LFZG, DB 1983, 447; MARBURGER, Bescheinigung der Arbeitsunfähigkeit bei Erkrankung im Ausland, BB 1988, 557; PETER, Die Arbeitsunfähigkeitsbescheinigung als europäisches Rechtsproblem (1999); ders, Die Arbeitsunfähigkeitsbescheinigung als europäisches Rechtsproblem, RdA 1999, 374; REINECKE, Die arbeitsrechtliche Bedeutung der ärztlichen Arbeitsunfähigkeitsbescheinigung, DB 1989, 2069; REWOLLE, Die Beweislast für Verschulden bei Krankheit des Arbeitnehmers, DB 1971, 919; RÜHLE, Der Beweiswert ärztlicher Arbeitsunfähigkeitsbescheinigungen, BB 1989, 2046; SCHNECK, Die Beweislast für das Verschulden bei Krankheit des Arbeitnehmers, DB 1972, 926; STEINMEYER, Die Austauschbarkeit arbeitsrechtlicher und sozialrechtlicher Gestaltungsformen und das Europäische Gemeinschaftsrecht, in: FS Kissel (1994) 1165; STÜCKMANN, Beweiswert der Arbeitsunfähigkeitsbescheinigung, AuA 1995, 44; WETH, in: FS zum 50-jährigen Bestehen der Arbeitsgerichtsbarkeit in Rheinland-Pfalz (1999) 145.

fähigkeit bzw die **Arbeitsverhinderung** darlegen und beweisen (BAG AP Nr 4 zu § 3 LohnFG; BAG AP Nr 4 zu § 3 EntgeltFG; BAG AP Nr 5 zu § 5 EntgeltFG).

2. Beweiswert der Arbeitsunfähigkeitsbescheinigung

Die dem Arbeitnehmer obliegende Darlegungs- und Beweislast (s o Rn 474) wird **475** durch die **Arbeitsunfähigkeitsbescheinigung** (siehe zu ihr o Rn 320 ff) erleichtert. Sie begründet nach bislang hM jedoch **keine gesetzliche Vermutung** für die Erkrankung oder für die Arbeitsunfähigkeit (BAG AP Nr 2 zu § 3 LohnFG; LAG Berlin LAGE § 3 LohnFG Nr 12; ebenso zB Boecken NZA 1999, 679; Galahn 156 f; Kleinebrink 102 ff; aA Borchert DOK 1990, 648; in Richtung einer gesetzlichen Vermutung auch Leipold, in: FS Kissel [1994] 637 ff; für eine tatsächliche Vermutung indes LAG Köln LAGE § 616 BGB Nr 6; Hanau/Adomeit, Arbeitsrecht [12. Aufl 2000] 239; hiergegen jedoch Reinecke DB 1989, 2072 f).

Die ärztliche Bescheinigung besitzt nach der Rechtsprechung des Bundesarbeitsge- **476** richts und der überwiegenden Ansicht im Schrifttum aber zumindest einen **hohen Beweiswert,** den allerdings nach tradierter Vorstellung Zweifel an der inhaltlichen Richtigkeit der Bescheinigung beeinträchtigen können (BAG AP Nr 2 und 3 zu § 3 LohnFG; BAG DB 1992, 2347; BAG AP Nr 4 zu § 3 EFZG; BAG AP Nr 4 und 5 zu § 5 EntgeltFG; BGH NJW 2002, 128; LAG München LAGE § 3 LohnFG Nr 10; LAG Köln LAGE § 3 LohnFG Nr 11; LAG Berlin LAGE § 3 LohnFG Nr 12; aus dem Schrifttum zB Galahn 169 ff; Lepke 378 ff; BGB-RGRK/Matthes § 616 Rn 140 ff; Peter 78 ff; Reinecke DB 1989, 2070 f; Schmitt, EFZG [4. Aufl 1999] § 5 EFZG Rn 81 ff; iE auch MünchArbR/Boecken § 85 Rn 51; Kleinebrink 179 ff; gegen einen Beweiswert LAG München LAGE § 63 HGB Nr 4 und 8; LAG München LAGE § 3 LohnFG Nr 9; sowie Hunold BB 1989, 845 ff; Schilken Anm zu LAG München LAGE § 63 HGB Nr 8; einschränkend LAG München LAGE § 3 LohnFG Nr 3 sowie Weth, in: FS zum 50-jährigen Bestehen der Arbeitsgerichtsbarkeit in Rheinland-Pfalz [1999] 151 ff. Zum Parallelproblem im Rahmen des § 3 Abs 1 MuSchG s BAG AP Nr 10 und 11 zu § 3 MuSchG 1968). Neuere empirische Untersuchungen dokumentieren allerdings erhebliche Kenntnisdefizite der Ärzteschaft hinsichtlich der Voraussetzungen für die Entgeltfortzahlung im Krankheitsfall (vgl Stückmann 33 ff), so daß die beweisrechtliche Privilegierung der Arbeitsunfähigkeitsbescheinigung auf einer empirisch nur wenig fundierten Basis beruht. Dieses Defizit kann nur dadurch überwunden werden, daß auf die Funktion der Arbeitsunfähigkeitsbescheinigung abgestellt wird, die ihr § 5 Abs 1 S 2 EFZG zubilligt (vgl auch BGH NJW 2002, 128). Das Gesetz mißt der Arbeitsunfähigkeitsbescheinigung eine so hohe Richtigkeitswahrscheinlichkeit bei, daß allein deren Vorlage ausreicht, um dem Arbeitgeber das Recht zur Leistungsverweigerung zu entziehen. Diese gesetzgeberische Wertentscheidung muß auch auf die beweisrechtliche Würdigung ausstrahlen.

Zweifel an der Richtigkeit der ärztlichen Bescheinigung (zusammenfassend BAG AP Nr 100 **477** zu § 1 LohnFG) können aus **Erklärungen des Arbeitnehmers** vor der Erkrankung (BAG AP Nr 3 zu § 3 LohnFG), dem **Verhalten während der Arbeitsunfähigkeit** (zB Nachgehen einer Nebentätigkeit BAG AP Nr 112 zu § 626 BGB), dem Entziehen einer ärztlichen **Untersuchung durch den Medizinischen Dienst** (BAG AP Nr 1 zu § 5 LohnFG; vgl auch BAG AP Nr 3 zu § 3 LohnFG; Edenfeld DB 1997, 2276) oder dem Ausstellen der **Arbeitsunfähigkeitsbescheinigung ohne vorherige Untersuchung** (BAG AP Nr 2 zu § 3 LohnFG; s auch LAG Frankfurt aM LAGE § 626 BGB Nr 74: fehlende Auseinandersetzung mit den Auswirkungen der Krankheit auf die zu leistende Arbeit) resultieren (s näher MünchArbR/Boecken § 85 Rn 48 ff; Feichtinger, Entgeltfortzahlung Rn 606 ff; Lepke 386 ff; Schmitt, EFZG [4. Aufl 1999]

§ 5 EFZG Rn 80 ff;). Zu erwägen ist auch, eine Erschütterung des Beweiswerts der Arbeitsunfähigkeitsbescheinigung stets dann anzuerkennen, wenn **Zweifel an der Arbeitsunfähigkeit im Sinne des § 275 Abs 1 a S 1 SGB V** bestehen (so HANAU/KRAMER DB 1995, 99, die jedoch eine Erschütterung des Beweiswerts nur anerkennen wollen, wenn der Arbeitgeber das in § 275 V vorgesehene Verfahren zur Überprüfung der Arbeitsunfähigkeit eingeleitet hat; gegen diese Einschränkung jedoch GOLA BB 1995, 2322; HUNOLD DB 1995, 676 f; LEPKE NZA 1995, 1089).

478 Bei **Zweifeln** an der inhaltlichen Richtigkeit der Arbeitsunfähigkeitsbescheinigung, die der Arbeitgeber darzulegen und gegebenenfalls zu beweisen hat (BAG AP Nr 98 zu § 1 LohnFG; BAG AP Nr 4 zu § 3 EFZG), muß der Arbeitnehmer den **Beweis auf andere Weise** mit prozessual zulässigen Beweismitteln, insbesondere durch Vernehmung des behandelnden Arztes führen (LAG Berlin LAGE § 3 LohnFG Nr 12; sowie LEPKE 407 ff; s auch BAG AP Nr 4 und 5 zu § 5 EntgeltFG).

479 Die Grundsätze über den Beweiswert einer **Arbeitsunfähigkeitsbescheinigung** gelten nach der höchstrichterlichen Rechtsprechung auch, wenn sie **im Ausland außerhalb des Anwendungsbereichs der VO (EWG) 574/72 ausgestellt** wurde (BAG AP Nr 4 zu § 3 LohnFG; BAG AP Nr 4 zu § 3 EFZG; LAG Hamm LAGE § 3 LohnFG Nr 5; mit erheblichen Einschränkungen jedoch LAG München LAGE § 3 LohnFG Nr 3). Zweifel an der inhaltlichen Richtigkeit der ärztlichen Bescheinigung können insbesondere daraus resultieren, daß der ausländische Arzt nicht zwischen bloßer Erkrankung und krankheitsbedingter Arbeitsunfähigkeit unterschieden und damit keine den Begriffen des deutschen Arbeits- und Sozialversicherungsrechts entsprechende Beurteilung vorgenommen hat (BAG AP Nr 4 zu § 3 LohnFG; BAG AP Nr 4 zu § 3 EFZG; BAG AP Nr 4 zu § 5 EFZG; vgl auch LEPKE 391; PETEREK Anm zu BAG EzA § 3 LohnFG Nr 5). Ferner können **wiederholte Krankschreibungen** jeweils am Ende eines Urlaubs, insbesondere wenn sie zu einer Verlängerung des Aufenthalts am Urlaubsort führen, ernsthafte Zweifel an der krankheitsbedingten Arbeitsunfähigkeit begründen (BAG AP Nr 4 zu § 3 EFZG). Im Rahmen der Beweiserleichterungen ist auch zu berücksichtigen, ob der Arbeitnehmer den **Mitteilungspflichten** nach § 5 Abs 2 Satz 1 EFZG entsprochen hat; deren Verletzung kann dazu führen, daß der Beweis für das Vorliegen der krankheitsbedingten Arbeitsunfähigkeit als nicht erbracht anzusehen ist (BAG AP Nr 4 zu § 3 EFZG).

480 Von den vorgenannten Grundsätzen weicht die Entscheidung des Europäischen Gerichtshofes v 3. 6. 1992 in der Rechtssache **„Paletta I"** für einen engbegrenzten Teilbereich ab. Sie betrifft nicht sämtliche in der **Europäischen Gemeinschaft ausgestellten Arbeitsunfähigkeitsbescheinigungen,** sondern nur solche, die aufgrund einer vom Träger des Wohnorts nach **Art 18 Abs 3 VO (EWG) 574/72 angeordneten Kontrolluntersuchung** ausgestellt wurden. Unabhängig von den seitens der Judikatur des Europäischen Gerichtshofes herausgearbeiteten Grundsätzen sind die in Rn 479 genannten Grundsätze zum Beweiswert ausländischer Arbeitsunfähigkeitsbescheinigungen auch im Geltungsbereich der VO (EWG) 574/72 anzuwenden, wenn es sich lediglich um eine **Bescheinigung des behandelnden Arztes** handelt und nicht um eine aufgrund einer Kontrolluntersuchung angefertigte amtliche Bescheinigung (ebenso LAG Düsseldorf NZA-RR 2000, 13 f sowie zB BAG AP Nr 4 zu § 5 EntgeltFG).

481 Im Anwendungsbereich der **EG-Verordnung 574/72** sah der Europäische Gerichtshof in der Rechtssache „Paletta I" den Arbeitgeber jedoch an die im Ausland aufgrund einer Kontrolluntersuchung erstellte amtliche **Arbeitsunfähigkeitsbescheinigung** als **gebunden** an, wenn der „zuständige Träger" den Arbeitnehmer nicht durch einen Arzt nach Wahl des „zuständigen Trägers" untersuchen läßt (EuGH EAS VO 547/72 Art 18 Nr 2; s zuvor bereits EuGH EAS VO 547/72 Art 18 Nr 1 „Rindone"). Aufgrund zahlreicher kritischer Stellungnahmen im Schrifttum (s zB ABELE EuZW 1992, 482 f; BERENZ DB 1992, 2443 ff; BUCHNER ZfA 1993, 303 f; FRANZEN SAE 1995, 59 ff; KLEINEBRINK 171 ff; LEIPOLD, in: FS Kissel [1994] 629 ff; LEPKE DB 1993, 2028; REUTER DZWir 1992, 375 f; SCHLACHTER, Der Europäische Gerichtshof und die Arbeitsgerichtsbarkeit [1995] 49 ff; STEINMEYER, in: FS Kissel [1994] 1165 ff; zustimmend jedoch BOBKE/VON CAMEN/VEIT RdA 1993, 333 f; ZULEEG AuR 1994, 82) legte das Bundesarbeitsgericht in demselben Rechtsstreit die Rechtsfrage dem Europäischen Gerichtshof erneut zur Überprüfung vor (BAG AP Nr 100 zu § 1 LohnFG).

In seinem Urteil v 2. 5. 1996 **(„Paletta II")** hielt der Europäische Gerichtshof im **482** Grundsatz an seiner Entscheidung in der Rechtssache „Paletta I" fest (EuGH NJW 1996, 1881 f = EAS VO 547/72 Art 18 Nr 3; hierzu HEINZE BB 1996, 1830 ff; SCHLACHTER EuZW 1996, 377 f; zum nachfolgenden Verfahrensgang BAG AP Nr 3 zu Art 18 EWG-Verordnung 574/72 sowie das abschließende Urteil des LAG Baden-Württemberg NZA-RR 2000, 514 ff). Insbesondere betonte der Gerichtshof, daß die dem Arbeitnehmer auferlegte Beweislast bei ernsthaften Zweifeln an der inhaltlichen Richtigkeit der Arbeitsunfähigkeitsbescheinigung nicht mit den Zielen des Art 18 der EG-Verordnung 547/72 vereinbar sei (Nr 26 des Urteils). In derartigen Fällen ist der Arbeitgeber deshalb auf die in der Rechtssache „Paletta I" aufgezeigte Möglichkeit angewiesen, daß der „zuständige Träger" den Arbeitnehmer nach Art 18 Abs 5 der EG-Verordnung 547/72 durch einen Arzt seiner Wahl untersuchen läßt (EuGH EAS VO 547/72 Art 18 Nr 2). Allerdings erkannte der Gerichtshof in der Rechtssache „Paletta II" ausdrücklich die Möglichkeit an, daß der Arbeitgeber den Beweis erbringen kann, daß der Arbeitnehmer mißbräuchlich oder betrügerisch die durch ärztliche Bescheinigung festgestellte Arbeitsunfähigkeit gemeldet hat, ohne krank gewesen zu sein (Nr 27 des Urteils; so bereits STAUDINGER/OETKER[12] § 616 Rn 328; REUTER DZWir 1992, 376).

Auf der Grundlage der aktuellen Rechtsprechung des Europäischen Gerichtshofes **483** konnte die Judikatur des Bundesarbeitsgerichts zum Beweiswert der Arbeitsunfähigkeitsbescheinigung, die dem Anwendungsbereich der EG-Verordnung 547/72 unterliegt und aufgrund einer vom Träger des Wohnortes angeordneten Kontrolluntersuchung erstellt wurde, nicht mehr aufrechterhalten werden und wurde inzwischen auch in diesem Sinne korrigiert (BAG AP Nr 3 zu Art 18 EWG-Verordnung Nr 574/72; anders jedoch HEINZE/GIESEN BB 1996, 1832 f). Eine amtliche Arbeitsunfähigkeitsbescheinigung hat nach der Rechtsprechung des Europäischen Gerichtshofes eine Rechtsqualität, die am ehesten einer gesetzlichen Vermutung entspricht, da diese durch **bloße Zweifel nicht erschüttert** werden kann. Insbesondere rechtfertigen diese es nicht, dem Arbeitnehmer die Beweislast für die krankheitsbedingte Arbeitsunfähigkeit allein aufgrund bestehender Zweifel aufzuerlegen.

Nach der Rechtsprechung des Europäischen Gerichtshofes kann der **Arbeitgeber** die **484** gesetzliche Vermutung durch die **Führung des Gegenbeweises** widerlegen. Ihm obliegt der Nachweis, daß der Arbeitnehmer die ärztliche Bescheinigung erlangt hat, ohne krank gewesen zu sein (ebenso BAG AP Nr 3 zu Art 18 EWG-Verordnung Nr 574/72). Gelingt dem Arbeitgeber dies, so sind die vom Europäischen Gerichtshof hinzugefügten subjektiven Merkmale („mißbräuchlich", „betrügerisch") regelmäßig erfüllt (ebenso

BAG AP Nr 3 zu Art 18 EWG-Verordnung 574/72). Damit trägt die Judikatur des Europäischen Gerichtshofes zumindest teilweise den Forderungen des Schrifttums Rechnung, die die Zulassung eines Gegenbeweises gefordert hatten (so zB FRANZEN SAE 1995, 60; SCHLACHTER, Der Europäische Gerichtshof und die Arbeitsgerichtsbarkeit [1995] 50; WANK Anm zu EuGH AR-Blattei ES 1000.3.1 Nr 164). Allerdings ist nicht zu übersehen, daß das Bundesarbeitsgericht eine derartige Verteidigung des Arbeitgebers noch im Jahre 1976 in die Nähe einer Unmöglichkeit gerückt hatte (BAG AP Nr 2 zu § 3 LohnFG). Gleichwohl hat sie nunmehr auch das Bundesarbeitsgericht aufgegriffen und festgehalten, daß dem Arbeitgeber nicht der Nachweis abgeschnitten sei, daß der Arbeitnehmer mißbräuchlich oder betrügerisch Arbeitsunfähigkeit gemeldet hat, ohne krank zu sein (BAG AP Nr 3 zu Art 18 EWG-Verordnung Nr 574/72). Teilweise können die **Beweisschwierigkeiten** durch einen **Indizienbeweis** gemildert werden, wenn aus dem Beweis von Hilfstatsachen auf das Vorliegen der zu beweisenden rechtserheblichen Tatsache geschlossen werden kann (BAG AP Nr 3 zu Art 18 EWG-Verordnung Nr 574/72; MünchArbR/BOECKEN § 85 Rn 54). Ferner kann die Weigerung des Arbeitnehmers, den behandelnden Arzt von der **Schweigepflicht** zu entbinden, als **Beweisvereitelung** zu würdigen sein (BAG AP Nr 3 zu Art 18 EWG-Verordnung Nr 574/72).

485 Die aufgrund der Rechtsprechung des Europäischen Gerichtshofes notwendige Korrektur der höchstrichterlichen Rechtsprechung zum Beweiswert der Arbeitsunfähigkeitsbescheinigung beschränkt sich auf solche Arbeitsunfähigkeitsbescheinigungen, die erstens im **räumlichen Geltungsbereich der VO (EWG) 574/72** und zweitens aufgrund einer **amtlich angeordneten Kontrolluntersuchung** ausgestellt wurden. Gleichwohl wirft die Rechtsprechung des Europäischen Gerichtshofes die Frage auf, ob sie mittelbar auch für „nationale" Sachverhalte oder andere ausländische Arbeitsunfähigkeitsbescheinigungen eine Korrektur der höchstrichterlichen Rechtsprechung erzwingt. Eine derartige Forderung könnte auf das Argument gestützt werden, daß anderenfalls eine mit **Art 3 Abs 1 GG** unvereinbare **Ungleichbehandlung** eintreten würde (so REUTER DZWir 1992, 376; hierzu PETER 154 ff; allg zu einer mit Art 3 Abs 1 GG unvereinbaren Inländerdiskriminierung KÖNIG AöR 118 [1993] 591 ff mwN). Allerdings setzt dies voraus, daß keine sachlichen Gründe erkennbar sind, die es rechtfertigen, der im Inland ausgestellten Arbeitsunfähigkeitsbescheinigung lediglich einen „hohen Beweiswert", amtlichen Arbeitsunfähigkeitsbescheinigungen im Anwendungsbereich der EG-Verordnung 547/72 hingegen die stärkere Qualität einer gesetzlichen Vermutung beizumessen (so aber SCHLACHTER, Der Europäische Gerichtshof und die Arbeitsgerichtsbarkeit [1995] 50).

486 Als **Sachgrund für eine differenzierende Würdigung** läßt sich immerhin die in Art 18 der EG-Verordnung 547/72 vorgesehene Beteiligung des Sozialversicherungsträgers am Wohnort des Arbeitnehmers bei dem Verfahren zur Feststellung der Arbeitsunfähigkeit anführen (so SCHLACHTER, Der Europäische Gerichtshof und die Arbeitsgerichtsbarkeit [1995] 50). Bei der im Verfahren nach Art 18 Abs 3 VO (EWG) 574/72 ausgestellten ärztlichen Bescheinigung handelt es sich um eine solche, die nicht vom behandelnden Arzt stammt, sondern aufgrund einer amtlicherseits angeordneten Kontrolluntersuchung angefertigt wurde. Wird dieser Unterschied hinreichend beachtet, so entspricht eine derartige Arbeitsunfähigkeitsbescheinigung eher einem vom Medizinischen Dienst der gesetzlichen Krankenkassen erstellten Gutachten, das ebenfalls zur Überprüfung der vom behandelnden Arzt attestierten Arbeitsunfähigkeit eingeholt wird. Dieser Umstand rechtfertigt es, der aufgrund einer Kontrolluntersuchung erstellten Arbeitsunfähigkeitsbescheinigung einen höheren Beweiswert beizumessen als einer solchen, die von dem behandelnden Arzt angefertigt wurde.

3. Fehlendes Verschulden des Arbeitnehmers

Das Verschulden des Arbeitnehmers bewertet die ständige Rechtsprechung des Bun- **487** desarbeitsgerichts als anspruchshindernden Umstand, für den der **Arbeitgeber die Beweislast** trägt (BAG AP Nr 75 zu § 616 BGB; BAG AP Nr 12 zu § 63 HGB; BAG AP Nr 9, 26, 52 und 94 zu § 1 LohnFG; ebenso im Schrifttum zB BRECHT, Entgeltfortzahlung § 3 EFZG Rn 39; FEY, Die Entgeltfortzahlung bei Arbeitsunfähigkeit infolge eines Schwangerschaftsabbruchs [1999] 89 ff; SOERGEL/KRAFT § 616 Rn 62; PRÜTTING Anm zu BAG EzA § 1 LohnFG Nr 69; MünchKomm/ SCHAUB § 616 Rn 75 sowie die Nachweise o Rn 153). Die Bedenken in Rn 155 ff gegenüber dieser Verteilung der Darlegungs- und Beweislast beanspruchen auch im Rahmen der Entgeltfortzahlung im Krankheitsfall Gültigkeit.

Die mit dem **Beweis einer** in der persönlichen Sphäre des Arbeitnehmers liegenden **488** **negativen Tatsache** verbundenen Schwierigkeiten für den beweisbelasteten Arbeitgeber (vgl HOFMANN ZfA 1979, 328) mildert die höchstrichterliche Rechtsprechung durch eine **Pflicht des Arbeitnehmers zur Mithilfe und Mitwirkung** an der Aufklärung aller Umstände ab (BAG AP Nr 75 zu § 616 BGB; BAG AP Nr 52 und 94 zu § 1 LohnFG; PRÜTTING Anm zu BAG EzA § 1 LohnFG Nr 69). Das umfaßt auch die **Entbindung des behandelnden Arztes oder eines gerichtlichen Sachverständigen von seiner ärztlichen Schweigepflicht** (BAG AP Nr 75 zu § 616 BGB; BAG AP Nr 67 zu § 1 LohnFG; ablehnend insoweit PRÜTTING Anm zu BAG EzA § 1 LohnFG Nr 69). **Rechtsgrundlage** für die Mitwirkungspflicht ist sowohl die arbeitsvertragliche Nebenpflicht (BAG AP Nr 94 zu § 1 LohnFG; PRÜTTING Anm zu BAG EzA § 1 LohnFG Nr 69) als auch die prozessuale Aufklärungspflicht (§ 138 Abs 3 ZPO).

Ferner greift die Rechtsprechung für den Nachweis des Verschuldens auf das Institut **489** des **prima-facie-Beweises** zurück (vgl zB BAG AP Nr 75 zu § 616 BGB). Einen allgemeinen Erfahrungssatz, daß krankhafte **Alkoholabhängigkeit** selbst verschuldet ist, lehnt das Bundesarbeitsgericht indes in gefestigter Rechtsprechung ab (BAG AP Nr 52 und 94 zu § 1 LohnFG; aA noch BAG AP Nr 26 zu § 1 LohnFG). Einen prima-facie-Beweis erkennt das Bundesarbeitsgericht nur bei einem **Rückfall** an, wenn der Arbeitnehmer nach erfolgreich beendeter Entwöhnungskur und längerer Zeit der Abstinenz dennoch wieder rückfällig wird (BAG AP Nr 75 zu § 1 LohnFG; so auch LAG Frankfurt aM LAGE § 1 LohnFG Nr 12; aA LAG Frankfurt aM LAGE § 1 LohnFG Nr 30).

4. Fortsetzungserkrankungen

Die Begrenzung des Zeitraums der Entgeltfortzahlung bei Fortsetzungserkrankun- **490** gen (hierzu o Rn 358 ff) ist eine zugunsten des **Arbeitgebers** eingreifende Ausnahme, für die er die **Darlegungs- und Beweislast** trägt (BAG AP Nr 42 zu § 63 HGB; BAG AP Nr 67 zu § 1 LohnFG; LEPKE DB 1983, 448; SCHAUB, Arbeitsrechts-Handbuch [9. Aufl 2000] § 98 Rn 73; SCHMITT, EFZG [4. Aufl 1999] § 3 EFZG Rn 183). Dem **Arbeitnehmer** obliegt bei der Ermittlung der rechtserheblichen Tatsachen eine **Mitwirkungspflicht** (BAG AP Nr 67 zu § 1 LohnFG; s auch GK-EFZR/BIRK § 1 LFZG Rn 308 f). Wie bei dem fehlenden Verschulden (s o Rn 489) kann sich der Arbeitgeber auch auf das Instrument des prima-facie-Beweises stützen (BAG AP Nr 42 zu § 63 HGB; SCHAUB, Arbeitsrechts-Handbuch [9. Aufl 2000] § 98 III 4 a).

X. Rechtsschutz des Arbeitgebers

1. Allgemeines

491 Ist der Arbeitgeber der Ansicht, dem Arbeitnehmer stehe im Krankheitsfall kein Vergütungsanspruch zu, da hierfür die gesetzlichen Voraussetzungen fehlen, so kann er die **Zahlung verweigern**. In diesem Fall ist die Krankenkasse zur Gewährung von **Krankengeld** verpflichtet (§ 44 SGB V), der Anspruch des Arbeitnehmers geht gegebenenfalls auf sie nach § 115 SGB X über.

2. Verletzung der Anzeige- und Nachweispflichten

a) Allgemeines

492 Bei einer Verletzung der in **§ 7 Abs 1 Nr 1 EFZG** aufgezählten Anzeige- und Nachweispflichten begründet die genannte Bestimmung zugunsten des Arbeitgebers ein **Leistungsverweigerungsrecht** (näher zu den erfaßten Pflichtverletzungen u Rn 514 ff).

493 Im Unterschied zu § 273 steht dem Arbeitgeber das Recht zur Leistungsverweigerung nicht bereits zu, wenn der Arbeitnehmer objektiv gegen die in § 7 Abs 1 Nr 1 EFZG genannten Pflichten verstößt. Ein **Leistungsverweigerungsrecht** des Arbeitgebers ist nach **§ 7 Abs 2 EFZG** vielmehr **ausgeschlossen,** wenn der **Arbeitnehmer** die Verletzung der ihm obliegenden Verpflichtungen **nicht zu vertreten** hat. Aus der Formulierung in § 7 Abs 2 EFZG folgt, daß den Arbeitnehmer die **Darlegungs- und Beweislast** für sein fehlendes Verschulden trifft (MünchArbR/Boecken § 85 Rn 64; Brecht, Entgeltfortzahlung § 7 EFZG Rn 15; ErfKomm/Dörner § 7 EFZG Rn 32; Helml § 7 EFZG Rn 18; Kaiser/Dunkl/Hold/Kleinsorge § 7 EFZG Rn 32; Kunz/Wedde, EFZR § 7 EFZG Rn 34; Müller/Berenz § 7 EFZG Rn 26; Schmitt, EFZG [4. Aufl 1999] § 7 EFZG Rn 43; Schoof, in: Kittner/Zwanziger [Hrsg], Arbeitsrecht [2001] § 58 Rn 314; Wedde/Gerntke/Kunz/Platow § 7 EFZG Rn 31).

494 Der Arbeitnehmer ist hinsichtlich der Anzeige- und Nachweispflichten in § 7 Abs 1 Nr 1 EFZG Schuldner im Sinne des **§ 276 BGB,** so daß sich der **Verschuldensmaßstab** nach der letztgenannten Vorschrift bestimmt (ebenso MünchArbR/Boecken § 85 Rn 62; Brecht, Entgeltfortzahlung § 7 EFZG Rn 15; ErfKomm/Dörner § 7 EFZG Rn 28; Helml § 7 EFZG Rn 16; Kaiser/Dunkl/Hold/Kleinsorge § 7 EFZG Rn 15; Kunz/Wedde, EFZR § 7 EFZG Rn 31; Müller/Berenz § 7 EFZG Rn 23; Schmitt, EFZG [4. Aufl 1999] § 7 EFZG Rn 38; GK-EFZR/Steckhan § 5 LFZG Rn 43; KassHdb/Vossen 2.2 Rn 262; Worzalla/Süllwald § 7 EFZG Rn 21), deren Anwendbarkeit nicht durch die Grundsätze einer begrenzten Arbeitnehmerhaftung beschränkt wird (Gola § 7 EFZG Anm 4.1; Worzalla/Süllwald § 7 EFZG Rn 21). Der Arbeitnehmer muß somit darlegen und gegebenenfalls beweisen, daß er seine Pflichten weder vorsätzlich noch fahrlässig verletzt hat. Das Verhalten von **Erfüllungsgehilfen** muß er sich gemäß **§ 278** zurechnen lassen (MünchArbR/Boecken § 85 Rn 62; ErfKomm/Dörner § 7 EFZG Rn 28; Helml § 7 EFZG Rn 16; Kaiser/Dunkl/Hold/Kleinsorge § 7 EFZG Rn 15; Kunz/Wedde, EFZR § 7 EFZG Rn 32; Müller/Berenz § 7 EFZG Rn 23; Schmitt, EFZG [4. Aufl 1999] § 7 EFZG Rn 39; Schoof, in: Kittner/Zwanziger [Hrsg], Arbeitsrecht [2001] § 58 Rn 311; GK-EFZR/Steckhan § 5 LFZG Rn 44; Wedde/Gerntke/Kunz/Platow § 7 EFZG Rn 29; Worzalla/Süllwald § 7 EFZG Rn 21).

495 Zweifelhaft ist das Verschulden des Arbeitnehmers, wenn der **behandelnde Arzt** eine

den in § 5 Abs 1 S 2 EFZG genannten Anforderungen nicht entsprechende (fehlerhafte) ärztliche Bescheinigung ausgestellt hat. Während Teile des Schrifttums es
generell ablehnen, dem Arbeitnehmer ein Fehlverhalten des Arztes zuzurechnen
(so ErfKomm/Dörner § 7 EFZG Rn 9; Kaiser/Dunkl/Hold/Kleinsorge § 7 EFZG Rn 15;
Kunz/Wedde, EFZR § 7 EFZG Rn 12, 33; Wedde/Gerntke/Kunz/Platow § 7 EFZG Rn 30),
plädieren andere Autoren für eine uneingeschränkte Zurechnung (so MünchArbR/
Boecken § 85 Rn 62; Schmitt, EFZG [4. Aufl 1999] § 7 EFZG Rn 42). Vorzugswürdig ist
eine differenzierende Problemlösung. Eine gänzliche Freistellung des Arbeitnehmers
scheidet aus, da ihm im Rahmen von § 276 zumindest ein Auswahlverschulden zur
Last fällt. Außerhalb dieser Sachverhalte kommt eine Zurechnung nur über § 278
BGB in Betracht, was voraussetzt, daß der behandelnde **Arzt als Erfüllungsgehilfe** zu
qualifizieren ist (ablehnend Kaiser/Dunkl/Hold/Kleinsorge § 7 EFZG Rn 15; Kunz/Wedde,
EFZR § 7 EFZG Rn 33; Wedde/Gerntke/Kunz/Platow § 7 EFZG Rn 30). Da den Arbeitnehmer gegenüber dem Arbeitgeber eine Pflicht zur Vorlage einer ordnungsgemäßen ärztlichen Bescheinigung trifft, ist der Arzt bezüglich dieser Pflicht ein Erfüllungsgehilfe des Arbeitnehmers. Eine fehlerhafte ärztliche Bescheinigung hat der
Arbeitnehmer somit nur zu vertreten, wenn der behandelnde Arzt seinerseits schuldhaft gehandelt hat.

Dem Arbeitgeber steht – wie sich aus dem Wortlaut („solange") ergibt – im Hinblick **496**
auf die Fortzahlung des Arbeitsentgelts eine **dilatorische Einrede** zu (so zutreffend
Münkel 49; Walter ArbRGegW 10 [1973] 49), so daß der Anspruch auf Fortzahlung
der Vergütung bestehen bleibt (BAG AP Nr 4 zu § 3 EFZG im Anschluß an BAG AP
Nr 62 zu § 1 LohnFG; BAG AP Nr 1 und 2 zu § 3 LohnFG). Kommt der Arbeitnehmer den
gesetzlichen Verpflichtungen – wenn auch verspätet – nach, so ist der Arbeitgeber für
den gesamten Zeitraum der ärztlich bescheinigten Arbeitsunfähigkeit zur Zahlung
der Vergütung verpflichtet (BAG AP Nr 62 zu § 1 LohnFG; BAG AP Nr 1 zu § 3 LohnFG; BAG
AP Nr 4 zu § 3 EFZG; BAG AP Nr 5 zu § 5 EntgeltFG; LAG Düsseldorf EzA § 5 LohnFG Nr 1;
MünchArbR/Boecken § 85 Rn 64; Brecht, Entgeltfortzahlung § 7 Rn 10; ErfKomm/Dörner § 7
EFZG Rn 14; Geyer/Knorr/Krasney § 7 EFZG Rn 13; Hromadka/Maschmann, Arbeitsrecht 1
[2. Aufl 2002] 292; Kunz/Wedde, EFZR § 7 EFZG Rn 19; BGB-RGRK/Matthes § 616 Rn 146; v
Maydell DB 1973 Beil 15, 4; MünchKomm/Schaub § 616 Rn 195; Schmitt, EFZG [4. Aufl 1999] § 7
EFZG Rn 22 f; KassHdb/Vossen 2.2 Rn 263; einschränkend Müller/Berenz § 7 EFZG Rn 6: nur
wenn der Mangel innerhalb einer angemessenen Zeitspanne geheilt wird).

Weder die Säumnis des Arbeitnehmers noch die Beendigung des Arbeitsverhält- **497**
nisses führen – wie sich im Umkehrschluß aus § 7 Abs 1 Nr 2 EFZG ergibt – dazu,
daß die dilatorische zu einer peremptorischen Einrede wird (BAG AP Nr 1 zu § 3
LohnFG). Faktisch kann das Leistungsverweigerungsrecht jedoch die Qualität einer
peremptorischen Einrede erlangen (MünchArbR/Boecken § 85 Rn 64), wenn der Arbeitnehmer die in § 7 Abs 1 Nr 1 EFZG genannten Pflichten nicht mehr erfüllen kann
(ebenso Brecht, Entgeltfortzahlung § 7 EFZG Rn 11; ErfKomm/Dörner § 7 EFZG Rn 14; Mül-
ler/Berenz § 7 EFZG Rn 28). Denkbar ist dies insbesondere, wenn der Arbeitnehmer zu
spät einen Arzt aufsucht und eine Rückdatierung der ärztlichen Bescheinigung bis
zum Beginn der Erkrankung keine Anerkennung finden kann (siehe Bleistein betrieb +
personal 1995, 22; Schmitt, EFZG [4. Aufl 1999] § 7 EFZG Rn 25 f; in diesem Sinne auch Müller/
Berenz § 7 EFZG Rn 27; aA Wedde/Gerntke/Kunz/Platow § 7 EFZG Rn 19). Das gilt jedoch
nur, solange es dem Arbeitnehmer nicht gelingt, den Nachweis der krankheitsbedingten Arbeitsunfähigkeit anderweitig zu führen. Hierdurch soll es dem Arbeit-

nehmer möglich sein, das Zurückbehaltungsrecht des Arbeitgebers nach § 7 EFZG zu beenden (BAG AP Nr 5 zu § 5 EntgeltFG; ErfKomm/DÖRNER § 7 EFZG Rn 15; MÜLLER/ BERENZ § 7 EFZG Rn 5).

498 Die spezialgesetzlichen Rechtsfolgen in § 7 Abs 1 Nr 1 EFZG beziehen sich ausschließlich auf die Pflicht zur Fortzahlung der Vergütung. Das dort normierte **Leistungsverweigerungsrecht** ist **keine abschließende Regelung,** die weitergehende Maßnahmen des Arbeitgebers ausschließt (so aber für das österreichische Recht OGH öRdW 1996, 277), da der Arbeitnehmer durch die Nichtbeachtung der Pflichten in § 5 Abs 1 S 2 und 3 EFZG gegen seine arbeitsvertraglichen Nebenpflichten verstößt. Andere arbeitsrechtliche Reaktionen bei einer Verletzung der Nachweispflichten, insbesondere die Erteilung einer Abmahnung oder der Ausspruch einer ordentlichen oder außerordentlichen Kündigung schließt § 7 Abs 1 Nr 1 EFZG deshalb nicht aus (ErfKomm/DÖRNER § 7 EFZG Rn 4; s o Rn 334). Das gilt entsprechend für einen Schadensersatzanspruch, den der Arbeitgeber auf § 280 Abs 1 stützen kann (vgl MünchArbR/ BOECKEN § 85 Rn 65).

b) Anzeigepflichten
499 Das Leistungsverweigerungsrecht in § 7 Abs 1 Nr 1 EFZG besteht nur bezüglich der Vorlage einer ärztlichen Bescheinigung und der Mitteilung der in § 5 Abs 2 EFZG genannten Angaben. Hieraus folgt per argumentum e contrario, daß die Verletzung der **Anzeigepflicht** in **§ 5 Abs 1 S 1 EFZG** (zu ihr o Rn 292 ff) **nicht von** dem Leistungsverweigerungsrecht in **§ 7 Abs 1 Nr 1 EFZG erfaßt** ist (BLEISTEIN betrieb + personal 1995, 22; MünchArbR/BOECKEN § 85 Rn 58; BRECHT, Entgeltfortzahlung § 7 EFZG Rn 6; ErfKomm/DÖRNER § 7 EFZG Rn 6; HANAU/KRAMER DB 1995, 94; HELML § 7 EFZG Rn 5; KAISER/DUNKL/HOLD/ KLEINSORGE § 5 EFZG Rn 5, § 7 EFZG Rn 5, KUNZ/WEDDE, EFZR § 5 EFZG Rn 25, § 7 EFZG Rn 10; MÜLLER/BERENZ § 7 EFZG Rn 11; SCHMITT, EFZG [4. Aufl 1999] § 7 EFZG Rn 14; WEDDE/ GERNTKE/KUNZ/PLATOW § 7 EFZG Rn 9). Ein Verstoß gegen die Pflicht zur unverzüglichen Mitteilung der Arbeitsunfähigkeit an den Arbeitgeber berechtigt aber zu **anderweitigen arbeitsrechtlichen Maßnahmen** (Abmahnung, Kündigung). Gegebenenfalls begründet eine Verletzung der Anzeigepflicht auch eine Schadensersatzpflicht des Arbeitnehmers nach § 280 Abs 1 (s o Rn 304). Ein **Rückgriff auf § 273** scheidet aus, weil die **Anzeigepflicht** in § 5 Abs 1 S 1 EFZG als **unselbständige Nebenpflicht** ausgestaltet ist (zutreffend MünchArbR/BOECKEN § 85 Rn 56; BRECHT, Entgeltfortzahlung § 7 EFZG Rn 1; HELML § 7 EFZG Rn 1; KAISER/DUNKL/HOLD/KLEINSORGE § 7 EFZG Rn 2; MÜLLER/BERENZ § 7 EFZG Rn 3; SCHMITT, EFZG [4. Aufl 1999] § 7 EFZG Rn 1; aA ERMAN/ BELLING § 616 Rn 149). Auf § 273 kann sich der Arbeitgeber erst stützen, wenn ihm infolge der Anzeigepflichtverletzung ein Schadensersatzanspruch gegen den Arbeitnehmer zusteht (BRECHT, Entgeltfortzahlung § 7 EFZG Rn 2; GOLA § 7 EFZG Anm 1; SCHMITT, EFZG [4. Aufl 1999] § 7 EFZG Rn 2).

500 Die Verletzung von Anzeigepflichten begründet jedoch ein **Leistungsverweigerungsrecht,** wenn sich der Arbeitnehmer bei Beginn der **Arbeitsunfähigkeit im Ausland aufhält.** Da § 7 Abs 1 Nr 1 EFZG ohne Ausnahmen die Verletzung der Pflichten in **§ 5 Abs 2 EFZG** in den Tatbestand des Leistungsverweigerungsrechts einbezieht, berechtigt auch die Verletzung der in § 5 Abs 2 S 1 EFZG genannten Mitteilungspflicht den Arbeitgeber vorübergehend zur Leistungsverweigerung (BAG AP Nr 4 zu § 5 EntgeltFG; ErfKomm/DÖRNER § 7 EFZG Rn 11; SCHMITT, EFZG [4. Aufl 1999] § 7 EFZG Rn 19). Das gilt aufgrund des einschränkungslosen Wortlauts in § 7 Abs 1 Nr 1

EFZG auch, wenn der Arbeitnehmer seine **Anzeigepflichten gegenüber der Kranken-kasse** bzw dem ausländischen Sozialversicherungsträger nicht erfüllt (BLEISTEIN betrieb + personal 1995, 22; ErfKomm/DÖRNER § 7 EFZG Rn 13; GOLA § 7 EFZG Anm 2.3; HELML § 7 EFZG Rn 7; KAISER/DUNKL/HOLD/KLEINSORGE § 7 EFZG Rn 12; KUNZ/WEDDE, EFZR § 7 EFZG Rn 13; MÜLLER/BERENZ § 7 EFZG Rn 16; SCHMITT, EFZG [4. Aufl 1999] § 7 EFZG Rn 19; weiter-gehend im Sinne eines endgültigen Leistungsverweigerungsrechts PETER 117 f).

Zweifelhaft ist die Rechtslage, wenn der Arbeitnehmer seine Mitteilungspflicht bei **501** **Maßnahmen der medizinischen Vorsorge und Rehabilitation** verletzt. Da § 9 Abs 1 S 1 EFZG pauschal die entsprechende Anwendung des § 7 EFZG anordnet und § 7 Abs 1 Nr 1 EFZG – abgesehen von dem Ausnahmefall der Auslandserkrankung – lediglich die Nichtvorlage der ärztlichen Bescheinigung in den Tatbestand des Lei-stungsverweigerungsrechts einbezieht, beschränkt sich die entsprechende Anwen-dung des § 7 Abs 1 Nr 1 EFZG auf die **Nichtvorlage der in § 9 Abs 2 EFZG genannten Bescheinigungen** (ErfKomm/DÖRNER § 7 EFZG Rn 10). Die Verletzung der **Mitteilungs-pflichten** in § 9 Abs 2 EFZG berechtigt hingegen **nicht zur Leistungsverweigerung** (so auch ErfKomm/DÖRNER § 7 EFZG Rn 10; GEYER/KNORR/KRASNEY § 9 EFZG Rn 45; KAISER/ DUNKL/HOLD/KLEINSORGE § 7 EFZG Rn 14, § 9 EFZG Rn 30; KUNZ/WEDDE, EFZR § 7 EFZG Rn 15; WEDDE/GERNTKE/KUNZ/PLATOW § 7 EFZG Rn 16).

Im Unterschied zu der Rechtslage unter der Geltung des § 5 S 1 Nr 1 LFG bezieht § 7 **502** Abs 1 Nr 1 EFZG die Verletzung der in § 6 Abs 2 EFZG normierten Pflicht, dem Arbeitgeber die zur Geltendmachung von **Schadensersatzansprüchen erforderlichen Angaben** unverzüglich zu erteilen, nicht mehr in dem Tatbestand des Leistungsver-weigerungsrechts ein. Hierbei handelt es sich nicht um ein redaktionelles Versehen. Zwar sollte das Leistungsverweigerungsrecht nach den Vorstellungen des histori-schen Gesetzgebers in § 5 S 1 Nr 1 LFG lediglich redaktionell geändert werden (s BT-Drucks 12/5798, S 26), aus den Gesetzesmaterialien ergibt sich aber, daß der Ver-stoß gegen § 6 Abs 2 EFZG durch § 7 Abs 1 Nr 2 EFZG erfaßt wird (s näher u Rn 526 ff).

Eine **entsprechende Anwendung des § 7 Abs 1 Nr 1 EFZG** kommt in Betracht (s BAG **503** AP Nr 67 zu § 1 LohnFG), wenn den Arbeitnehmer eine **besondere,** aus den arbeits-vertraglichen Nebenpflichten folgende **Mitwirkungspflicht** trifft (zB bei Alkoholab-hängigkeit [BAG AP Nr 75 zu § 616 BGB; BAG AP Nr 52, 94 zu § 1 LohnFG], bei Fortset-zungserkrankungen [BAG AP Nr 67 zu § 1 LohnFG]) und er dieser nicht nachkommt (**aA** ErfKomm/DÖRNER § 7 EFZG Rn 4, der sich gegen jede Analogie ausspricht).

c) Nachweispflichten
Hinsichtlich der Verletzung der Nachweispflichten begründet § 7 Abs 1 Nr 1 EFZG **504** ein Leistungsverweigerungsrecht, wenn der Arbeitnehmer die in § 5 Abs 1 S 2 ge-nannte **ärztliche Bescheinigung** nicht vorlegt. Es existiert erst, wenn der **Arbeitnehmer zur Vorlage verpflichtet** ist. Sofern der Arbeitgeber nicht sein Recht zur früheren Vorlage der ärztlichen Bescheinigung ausübt (§ 5 Abs 1 S 3 EFZG), besteht das Leistungsverweigerungsrecht deshalb erst mit Ablauf des auf den Drei-Tages-Zeit-raum folgenden Arbeitstages (§ 5 Abs 1 S 2 EFZG; näher hierzu o Rn 309 f).

Der Tatbestand des Leistungsverweigerungsrechts ist nicht nur erfüllt, wenn der **505** Arbeitnehmer seiner Pflicht zur Vorlage der ärztlichen Bescheinigung überhaupt nicht oder dieser nicht ordnungsgemäß nachkommt. Da § 7 Abs 1 Nr 1 EFZG die Einhaltung der dem Arbeitnehmer obliegenden Nebenpflichten sicherstellen soll, entfällt das Leistungsverweigerungsrecht nur, wenn der Arbeitnehmer eine ärztliche Bescheinigung vorlegt, die den **inhaltlichen Anforderungen** in § 5 Abs 1 EFZG entspricht. Zur Leistungsverweigerung ist der Arbeitgeber deshalb auch berechtigt, wenn die ärztliche Bescheinigung diese Voraussetzungen nicht erfüllt (ebenso Münch-ArbR/Boecken § 85 Rn 59; ErfKomm/Dörner § 7 EFZG Rn 9; Kaiser/Dunkl/Hold/Klein-sorge § 7 EFZG Rn 6; Müller/Berenz § 7 EFZG Rn 7; Schmitt, EFZG [4. Aufl 1999] § 7 EFZG Rn 11).

506 In den Tatbestand des Leistungsverweigerungsrechts in § 7 Abs 1 Nr 1 EFZG sind sämtliche in § 5 Abs 1 EFZG genannten ärztlichen Bescheinigungen einbezogen. Deshalb ist der Arbeitgeber auch zur Verweigerung der Entgeltfortzahlung berechtigt, wenn der Arbeitnehmer die bei einer Fortdauer der Arbeitsunfähigkeit erforderliche **Folgebescheinigung** (§ 5 Abs 1 S 4 EFZG) nicht vorlegt (Müller/Berenz § 7 EFZG Rn 9; Schmitt, EFZG [4. Aufl 1999] § 7 EFZG Rn 12; Wedde/Gerntke/Kunz/Platow § 7 EFZG Rn 10).

507 Aufgrund der in § 9 Abs 1 S 1 EFZG angeordneten entsprechenden Anwendung des § 7 EFZG ist der Arbeitgeber auch bei **Maßnahmen der medizinischen Vorsorge und Rehabilitation** zur Verweigerung der Entgeltfortzahlung nach § 7 Abs 1 Nr 1 EFZG berechtigt, wenn der Arbeitnehmer den **Bewilligungsbescheid** des Sozialleistungsträgers bzw die **ärztliche Bescheinigung** (§ 9 Abs 2 EFZG) nicht vorlegt (ErfKomm/Dörner § 7 EFZG Rn 10).

3. Vereitelung des Forderungsüberganges

508 Ein endgültiges Leistungsverweigerungsrecht begründet § 7 Abs 1 Nr 2 EFZG, wenn der Arbeitnehmer den Übergang eines Schadensersatzanspruches nach § 6 Abs 1 EFZG verhindert.

509 Das endgültige Leistungsverweigerungsrecht soll den Arbeitgeber vor Verfügungen des Arbeitnehmers über den Schadensersatzanspruch schützen, da dieser erst mit der Fortzahlung der Vergütung durch den Arbeitgeber auf ihn übergeht (s o Rn 429). Der Arbeitgeber wird hierdurch insbesondere vor einem Verzicht des Arbeitnehmers auf seinen Schadensersatzanspruch gesichert.

510 Zweifelhaft ist die Rechtslage, wenn der **Arbeitnehmer** auf seinen Schadensersatzanspruch nicht vollständig, sondern nur **teilweise verzichtet.** Der Wortlaut des § 7 Abs 1 Nr 2 EFZG spricht dafür, daß auch in diesen Sachverhalten hinsichtlich der gesamten Entgeltfortzahlung ein dauerndes Leistungsverweigerungsrecht besteht (so auch Brecht, Entgeltfortzahlung § 7 Rn 13; ErfKomm/Dörner § 7 EFZG Rn 20; Geyer/Knorr/Krasney § 7 EFZG Rn 18). Im Hinblick auf den Zweck des Leistungsverweigerungsrechts ist jedoch eine **anteilige Beschränkung des Leistungsverweigerungsrechts** vorzugswürdig (ebenso MünchArbR/Boecken § 87 Rn 40; Feichtinger, Entgeltfortzahlung Rn 463; Gola § 7 EFZG Anm 2.5.3.2; Helml § 7 EFZG Rn 11; Kaiser/Dunkl/Hold/Kleinsorge § 7 EFZG Rn 27; Kunz/Wedde, EFZR § 7 EFZG Rn 28; Schmitt, EFZG [4. Aufl 1999] § 7 EFZG Rn 36; Schoof, in: Kittner/Zwanziger [Hrsg], Arbeitsrecht [2001] § 58 Rn 305; Wedde/Gerntke/

KUNZ/PLATOW § 7 EFZG Rn 26; wohl auch KEHRMANN/PELIKAN § 5 Rn 7; **aA** BRECHT, Entgeltfort-zahlung § 7 EFZG Rn 13; ErfKomm/DÖRNER § 7 EFZG Rn 20).

Nach dem Gesetzeswortlaut muß der Arbeitnehmer den **Übergang** des Schadenser- **511** satzanspruches auf den Arbeitgeber **verhindert** haben. Eine **Verletzung der Mittei-lungspflichten (§ 6 Abs 2 EFZG)** kann diesen Rechtserfolg nicht herbeiführen, da der Übergang des Anspruches kraft Gesetzes und unabhängig von der Kenntnis der Beteiligten eintritt. Nach den Vorstellungen des historischen Gesetzgebers sollte gleichwohl auch eine Verletzung der Mitteilungspflichten zur (endgültigen) Lei-stungsverweigerung berechtigen (vgl BT-Drucks 12/5263, 17). Dies setzt indes voraus, daß die Formulierung „Übergang" im Sinne von **„Durchsetzung"** verstanden wird (so im Ansatz zutreffend MünchArbR/BOECKEN § 87 Rn 38; ders NZA 1999, 682; ErfKomm/DÖRNER § 7 EFZG Rn 18; HELML § 7 EFZG Rn 15; SCHMITT, EFZG [4. Aufl 1999] § 7 EFZG Rn 33).

Die Grenzen des natürlichen Wortsinns werden durch das in den Gesetzesmateria- **512** lien zum Ausdruck gelangte extensive Verständnis indes überschritten, so daß ledig-lich eine entsprechende Gesetzesanwendung in Betracht kommt (ebenso im methodi-schen Ansatz WORZALLA/SÜLLWALD § 7 EFZG Rn 12; für eine unmittelbare Gesetzesanwendung aber BOECKEN NZA 1999, 682; ErfKomm/DÖRNER § 7 EFZG Rn 18; KAISER/DUNKL/HOLD/KLEIN-SORGE § 7 EFZG Rn 27; wiederum anders MünchKomm/SCHAUB § 616 Rn 193, der auf § 273 zu-rückgreift). Dieser steht jedoch zumindest dann die Rechtsfolge eines endgültigen Leistungsverweigerungsrechts entgegen, wenn der Arbeitnehmer die in § 6 Abs 2 EFZG normierten Mitteilungspflichten lediglich verspätet erfüllt. Erst die **gänzliche Verhinderung** einer Geltendmachung des Schadensersatzanspruches durch eine Ver-letzung der in § 6 Abs 2 EFZG normierten Pflichten rechtfertigt es, dem Arbeitgeber ein **dauerndes Leistungsverweigerungsrecht** zuzubilligen (ebenso iE BECHER 78; SCHMITT, EFZG [4. Aufl 1999] § 7 EFZG Rn 33; **aA** BOECKEN NZA 1999, 682; WORZALLA/SÜLLWALD § 7 EFZG Rn 12, die stets für eine entsprechende Anwendung des § 7 Abs 1 Nr 1 EFZG plädieren; generell ablehnend gegenüber einer Anwendung des § 7 Abs 1 Nr 2 EFZG bei einem Verstoß gegen § 6 Abs 2 EFZG KUNZ/WEDDE, EFZR § 7 EFZG Rn 17; WEDDE/GERNTKE/KUNZ/PLATOW § 7 EFZG Rn 25). Erfüllt der Arbeitnehmer die in § 6 Abs 2 EFZG genannten Pflichten hingegen **nicht rechtzeitig**, so ist es vorzugswürdig, dem Arbeitgeber unter **entspre-chender Anwendung des § 7 Abs 1 Nr 1 EFZG** bei einer Verletzung der Pflichten aus § 6 Abs 2 EFZG ein **vorläufiges Leistungsverweigerungsrecht** zu gewähren (iE wie hier BECHER 79; FEICHTINGER, Entgeltfortzahlung Rn 457; GOLA § 7 EFZG Anm 2.5.3.1; KAISER/DUNKL/HOLD/KLEINSORGE § 7 EFZG Rn 27; weitergehend BOECKEN NZA 1999, 682; WOR-ZALLA/SÜLLWALD § 7 EFZG Rn 12, die § 7 Abs 1 Nr 1 EFZG stets analog anwenden wollen; **aA** KUNZ/WEDDE, EFZR § 7 EFZG Rn 18).

Das dauernde Leistungsverweigerungsrecht setzt ebenso wie das in § 7 Abs 1 Nr 1 **513** EFZG begründete vorübergehende Leistungsverweigerungsrecht ein **schuldhaftes Verhalten des Arbeitnehmers** voraus (s insoweit auch o Rn 494).

4. Nichthinterlegung des Sozialversicherungsausweises

Kommt der Arbeitnehmer einem rechtmäßigen Verlangen des Arbeitgebers zur **514** Hinterlegung seines Sozialversicherungsausweises (§ 100 Abs 2 S 1 SGB IV; näher hierzu o Rn 335) nicht nach, so steht dem Arbeitgeber das Recht zu, die Entgeltfort-zahlung zu verweigern (§ 100 Abs 2 S 2 SGB IV). Hieraus folgt per argumentum

e contrario, daß die Hinterlegung des Sozialversicherungsausweises keine tatbestandliche Voraussetzung für die Entstehung des Anspruches auf Entgeltfortzahlung ist
(WANNAGAT/BRANDENBURG § 100 SGB IV Rn 18).

515 Aufgrund des mit § 7 Abs 1 EFZG vergleichbaren Gesetzeswortlauts begründet
§ 100 Abs 2 S 2 SGB IV lediglich eine **dilatorische Einrede** (so auch in der rechtsdogmatischen Qualifizierung MISERA SAE 1996, 65). Kommt der Arbeitnehmer seiner Pflicht zur
Hinterlegung des Sozialversicherungsausweises nach, so ist der Arbeitgeber zur **vollständigen Entgeltfortzahlung** auch **(rückwirkend)** für den Zeitraum verpflichtet, während dem der Sozialversicherungsausweis noch nicht hinterlegt war (BAG AP Nr 1 und 2
zu § 100 SGB IV; LAG Berlin NZA-RR 1998, 54 f; WANNAGAT/BRANDENBURG § 100 SGB IV Rn 18;
FEICHTINGER, Entgeltfortzahlung Rn 210; GEYER/KNORR/KRASNEY § 7 EFZG Rn 25; HAUCK/HAI-
NES, SGB IV § 100 SGB IV Rn 12; KRAUSE, in: GK-SGB IV [2. Aufl 1991] § 100 SGB IV Rn 11;
KUNZ/WEDDE, EFZR § 7 EFZG Rn 2; KasselerKomm/MAIER § 100 SGB IV Rn 12; MISERA SAE
1996, 65 f; MORITZ/REINECK NZS 1993, 149; PETERS, Handbuch der Krankenversicherung [1990]
§ 100 SGB IV Rn 31; MünchKomm/SCHAUB § 616 Rn 201; SCHMITT, EFZG [4. Aufl 1999] § 7
EFZG Rn 22; SCHOOF, in: Kittner/Zwanziger [Hrsg], Arbeitsrecht [2001] § 58 Rn 308; STRAUB
ZfSH/SGB 1994, 80; **aA** LAG Hamm BB 1993, 1877; ArbG Ulm DB 1993, 1727; BERENZ DB
1995, 2167; BÖHM NZA 1995, 1092; BRECHT, Entgeltfortzahlung § 7 EFZG Rn 14; ErfKomm/DÖR-
NER § 7 EFZG Rn 25; GOLA BB 1994, 1352; ders BB 1995, 2322; ders § 7 EFZG Anm 4.2; WOR-
ZALLA/SÜLLWALD § 7 EFZG Rn 29). Das gilt selbst dann, wenn der Arbeitnehmer den
Sozialversicherungsnachweis erst **nach dem Ende der Arbeitsunfähigkeit** und nach
einer **Beendigung des Arbeitsverhältnisses** vorlegt (BAG AP Nr 2 zu § 100 SGB IV).

516 Das dem Arbeitgeber durch § 100 Abs 2 S 2 SGB IV begründete Leistungsverweigerungsrecht steht – vergleichbar mit § 7 Abs 2 EFZG – unter dem Vorbehalt, daß
der Arbeitnehmer die **Verletzung** seiner Hinterlegungspflicht **nicht zu vertreten** hat.
Das Leistungsverweigerungsrecht setzt deshalb voraus, daß der Arbeitnehmer seine
Hinterlegungspflicht vorsätzlich oder fahrlässig (§ 276) verletzt hat. Insoweit gelten
dieselben Grundsätze wie zu § 7 Abs 2 EFZG (näher zu diesen o Rn 494).

5.   Zweifel an der Arbeitsunfähigkeit

517 Bei Zweifeln an der Arbeitsunfähigkeit des Arbeitnehmers kann sich der Arbeit-
geber **nicht** auf ein **Leistungsverweigerungsrecht** stützen. Das gilt auch, wenn der
Arbeitgeber die Einholung einer gutachterlichen Stellungnahme des Medizinischen
Dienstes (§ 275 SGB V) verlangt (FEICHTINGER AR-Blattei SD 1000.2 Rn 110; WORZALLA/
SÜLLWALD Änderungen SGB V Rn 7). Ihm steht es jedoch frei, die Voraussetzungen für
einen Anspruch auf Entgeltfortzahlung zu verneinen und kein Entgelt an den Arbeitnehmer zu zahlen (ErfKomm/DÖRNER § 7 EFZG Rn 4). Der Arbeitgeber kann seine
Leistung unabhängig davon verweigern, ob er bei der Krankenkasse die Einholung
einer gutachterlichen Stellungnahme des Medizinischen Dienstes fordert (ebenso
ArbG Hannover ARST 1993, 106; HUNOLD DB 1995, 676 f). Im Streitfall obliegt es dem
Arbeitnehmer, das Vorliegen einer zur Arbeitsunfähigkeit führenden Erkrankung
zu beweisen. Zum Beweiswert der Arbeitsunfähigkeitsbescheinigung im Rahmen
eines Prozesses s o Rn 475 ff.

518 Nach § 275 Abs 1 a S 3 SGB V kann der Arbeitgeber lediglich von der Krankenkasse
verlangen, daß diese eine gutachterliche **Stellungnahme des Medizinischen Dienstes**

zur Überprüfung der Arbeitsunfähigkeit einholt. Ein unmittelbares Recht gegenüber dem Medizinischen Dienst zur Abgabe einer gutachterlichen Stellungnahme steht dem Arbeitgeber nicht zu (KAISER/DUNKL/HOLD/KLEINSORGE § 5 EFZG Rn 74). Hiervon wollte die durch das Wachstums- und Beschäftigungsförderungs-Ergänzungsgesetz (BT-Drucks 13/4611) beabsichtigte Änderung von § 275 Abs 1 a S 3 SGB V abweichen. Der Arbeitgeber sollte eine Prüfung der Arbeitsunfähigkeit unmittelbar vom Medizinischen Dienst verlangen können. Zugleich sollte die Rechtsgrundlage für einen unmittelbaren Anspruch gegen die Krankenkasse entfallen. Bei ihr hätte der Arbeitgeber jedoch unverändert die Einholung eines Gutachtens des Medizinischen Dienstes anregen können. Das Gesetz scheiterte jedoch im Bundesrat (s o Rn 169).

Begründete Zweifel muß der Arbeitgeber für ein Verlangen gegenüber der Kranken- **519** kasse **nicht** vortragen. Diese Voraussetzung wurde durch Art 68 des Pflege-Versicherungsgesetzes v 26. 5. 1994 ausdrücklich gestrichen (s insoweit noch § 275 Abs 1 Nr 3 lit b SGB V aF; zur damaligen Rechtslage vgl GALAHN, Der Mißbrauch der Entgeltfortzahlung im Krankheitsfall und die Abwehrmöglichkeiten des Arbeitgebers [1994] 102 ff mwN). Problematisch ist allerdings, ob der Arbeitgeber sein **Verlangen** zumindest durch die **Angabe von „Zweifeln"** begründen muß (hierfür zu § 275 Abs 1 a S 3 SGB V HANAU/KRAMER DB 1995, 97; KRAUSKOPF, Soziale Krankenversicherung § 275 SGB V Rn 8; WORZALLA/SÜLLWALD Änderungen SGB V Rn 4; wohl auch KAISER/DUNKL/HOLD/KLEINSORGE § 5 EFZG Rn 72; WEDDE/GERNTKE/KUNZ/PLATOW § 5 EFZG Rn 53; im gegenteiligen Sinne BERENZ DB 1995, 2168: keine konkreten Angaben erforderlich; GOLA BB 1995, 2321: keine Begründung notwendig; so auch FEICHTINGER AR-Blattei SD 1000.2 Rn 94), wobei er sich insbesondere auf die exemplarische Aufzählung in § 275 Abs 1 a S 1 SGB V (hierzu HANAU/KRAMER DB 1995, 97 f; SCHMITT RdA 1996, 13 f) stützen kann. Dem Wortlaut des § 275 Abs 1 a S 3 SGB V läßt sich die Voraussetzung nicht entnehmen, sie folgt aber aus dem Umstand, daß die Krankenkasse eine gutachterliche Stellungnahme des Medizinischen Dienstes nur zur Beseitigung von „Zweifeln" an der Arbeitsunfähigkeit einholen kann (§ 275 Abs 1 Nr 3 lit b SGB V). Es fehlen ausreichende Anhaltspunkte für die Annahme, daß dem Arbeitgeber gegenüber der Krankenkasse eine weitergehende Rechtsmacht als der Krankenkasse gegenüber dem Medizinischen Dienst begründet werden sollte.

Seine Zweifel muß der Arbeitgeber auf **Tatsachen** stützen. Ein bloßer Verdacht „ins **520** Blaue" verpflichtet die Krankenkasse nicht zur Prüfung der Arbeitsunfähigkeit (HANAU/KRAMER DB 1995, 97; LEPKE NZA 1995, 1089). Andererseits ist vom Arbeitgeber nicht zu verlangen, daß die von ihm mitgeteilten Tatsachen den sicheren Rückschluß erlauben, daß die Zweifel an der Arbeitsunfähigkeit begründet sind. Es genügt die Angabe von Umständen, die es zumindest ggf aufgrund allgemeiner Erfahrungen als **möglich erscheinen** lassen, daß die in der ärztlichen Bescheinigung attestierte Arbeitsunfähigkeit nicht oder zumindest nicht so wie angegeben vorliegt.

Da die **Krankenkasse** nur unter der in § 275 Abs 1 a S 5 SGB V genannten Voraus- **521** setzung von einer Untersuchung des Arbeitnehmers absehen darf, ist sie verpflichtet, einem **Verlangen des Arbeitgebers nachzukommen.** Dem Arbeitgeber steht insoweit gegenüber der Krankenkasse ein einklagbarer Rechtsanspruch zu (ebenso HANAU/KRAMER DB 1995, 98; KAISER/DUNKL/HOLD/KLEINSORGE § 5 EFZG Rn 72).

Das **Ergebnis des** vom Medizinischen Dienst erstellten **Gutachtens** ist dem Arbeit- **522** geber **nicht stets mitzuteilen,** sondern nur, wenn das Gutachten mit der ärztlichen

Bescheinigung nicht übereinstimmt (§ 277 Abs 2 S 1 SGB V). Angaben über die Krankheit des Arbeitnehmers darf die Mitteilung nicht enthalten (§ 277 Abs 2 S 2 SGB V). Zur Schadensersatzpflicht des behandelnden Arztes, wenn er vorsätzlich oder grob fahrlässig zu Unrecht die Arbeitsunfähigkeit festgestellt hat, s § 106 Abs 3 a SGB V.

XI. Rechtsschutz des Arbeitnehmers

523 Verweigert der Arbeitgeber die Entgeltfortzahlung, so wird die wirtschaftliche Absicherung vor allem durch den Anspruch auf Krankengeld (§ 44 SGB V) realisiert. Dieser soll sogar die Kraft besitzen, dem Arbeitnehmer den einstweiligen Rechtsschutz gegen den Arbeitgeber abzuschneiden (GK-EFZR/Birk § 1 LFZG Rn 349 f). Der Anspruch des Arbeitnehmers geht mit der Leistung des Sozialversicherungsträgers auf ihn über (§ 115 SGB X).

524 Der in Rn 523 genannte Weg scheidet bei solchen Arbeitnehmern aus, die nicht zu den Leistungsberechtigten der gesetzlichen Krankenversicherung gehören. Sie sind darauf angewiesen, ihren Anspruch vor den Arbeitsgerichten im Rahmen eines Urteilsverfahrens einzuklagen. Hierfür können sie sich auch des einstweiligen Rechtsschutzes bedienen. Angesichts des Versorgungscharakters der Entgeltfortzahlung ist eine Leistungsverfügung statthaft.

§ 617
Pflicht zur Krankenfürsorge

(1) Ist bei einem dauernden Dienstverhältnis, welches die Erwerbstätigkeit des Verpflichteten vollständig oder hauptsächlich in Anspruch nimmt, der Verpflichtete in die häusliche Gemeinschaft aufgenommen, so hat der Dienstberechtigte ihm im Falle der Erkrankung die erforderliche Verpflegung und ärztliche Behandlung bis zur Dauer von sechs Wochen, jedoch nicht über die Beendigung des Dienstverhältnisses hinaus, zu gewähren, sofern nicht die Erkrankung von dem Verpflichteten vorsätzlich oder durch grobe Fahrlässigkeit herbeigeführt worden ist. Die Verpflegung und ärztliche Behandlung kann durch Aufnahme des Verpflichteten in eine Krankenanstalt gewährt werden. Die Kosten können auf die für die Zeit der Erkrankung geschuldete Vergütung angerechnet werden. Wird das Dienstverhältnis wegen der Erkrankung von dem Dienstberechtigten nach § 626 gekündigt, so bleibt die dadurch herbeigeführte Beendigung des Dienstverhältnisses außer Betracht.

(2) Die Verpflichtung des Dienstberechtigten tritt nicht ein, wenn für die Verpflegung und ärztliche Behandlung durch eine Versicherung oder durch eine Einrichtung der öffentlichen Krankenpflege Vorsorge getroffen ist.

Materialien: E I –; II –; III –; Mot –; Prot II
284 ff.

Schrifttum

BONN, Die Fälle der Aufrechnung im Dienstvertrag nach BGB und GewO (1905)
HILSE, Wechselbeziehung zwischen der Fürsorgepflicht des Dienstberechtigten und den Leistungen der Krankenkasse bzw des Armenverbandes für das erkrankte Hausgesinde, Recht 1902, 203
SCHULTZENSTEIN, § 617 BGB, ArchBürgR 23 (1904) 219
SPRINGER, Der Begriff des dauernden Dienstverhältnisses im Bürgerlichen Gesetzbuche, Gruchot 50 (1906) 753.

Systematische Übersicht

Alphabetische Übersicht

Hartmut Oetker

I. Entstehungsgeschichte

Weder die Entwürfe der I. und II. Kommission noch die Regierungsvorlage enthiel- **1**
ten eine § 617 entsprechende Vorschrift. Hierauf abzielende Vorschläge lehnte die
II. Kommission mit knapper Mehrheit (10:9) ab (MUGDAN II 901 ff; zur Kritik vGIERKE, Der
Entwurf des Bürgerlichen Gesetzbuchs und das deutsche Recht [1889] 247; sowie die Erwiderung von
PLANCK AcP 75 [1889] 408). Erst im Rahmen der Beratungen der XII. Kommission des
Reichstages setzte sich ein die Regelung in § 617 beinhaltender Antrag durch (MUG-
DAN II 1286 ff). Bestrebungen, statt der Bestimmung in § 617 die Krankenversiche-
rungspflicht auf den von § 617 erfaßten Personenkreis auszudehnen, fanden weder in
der XII. Kommission noch im Plenum des Reichstages eine Mehrheit (MUGDAN II 1287,
1342 ff).

Mit § 617 vergleichbare Vorschriften kennt das schweizerische Dienstvertragsrecht. **2**
Allerdings weist die Regelung des **schweizerischen Obligationenrechts,** auf die schon
in den Beratungen der II. Kommission hingewiesen wurde (MUGDAN II 902), gravie-
rende dogmatische Unterschiede auf. Obwohl Art 328 a OR für den in Hausgemeinschaft mit dem Arbeitnehmer lebenden Arbeitgeber eine Pflicht zur Pflege und
ärztlichen Behandlung begründet, besitzen diese Leistungen vorbehaltlich abweichender Abreden den Charakter einer im Erkrankungsfall fortzuzahlenden Vergütung (vgl Art 322 Abs 2 OR; zu § 617 u Rn 7). Die mit § 617 ähnlichen Bestimmungen, die
das **österreichische Dienstvertragsrecht** in den §§ 1156 bis 1156b ABGB bis zum Jahre
2000 enthielt, wurden durch das Arbeitsrechtsänderungsgesetz 2000 (BGBl I Nr 44/
2000) aufgehoben.

II. Normzweck

Den Normzweck des § 617 hellt vor allem die Entstehungsgeschichte auf. Anlaß der **3**
Vorschrift waren **sozialpolitische Erwägungen** (OERTMANN § 617 Anm 1), da insbesondere das **Gesinde** zur damaligen Zeit nicht in die gesetzliche Krankenversicherung
einbezogen war. Die hiermit verbundenen Schutzdefizite kompensierten **partikularrechtliche Gesindeordnungen** nur teilweise (vgl aber zB die §§ 86 ff Preußische Gesindeordnung v 8. 11. 1810 [GS 101]; siehe auch R SCHRÖDER, Das Gesinde war immer frech
und unverschämt [1992] 99 ff). Da ihre Schutzdichte zudem unterschiedlich ausgeprägt
war, sollte § 617 – wie insbesondere die Beratungen der II. Kommission verdeutlichen (MUGDAN II 901 ff) – eine reichseinheitliche Absicherung des Gesindes im Krankheitsfall erreichen. Nach Art 95 Abs 2 EGBGB blieben günstigere partikularrechtliche Bestimmungen des Gesinderechts vorrangig anzuwenden.

Aufgrund dieser Regelungsabsicht und wegen des in § 617 Abs 2 normierten Aus- **4**
schlußtatbestandes besitzt die Vorschrift eine **Auffangfunktion** für diejenigen Dienstverhältnisse, die nicht von der **gesetzlichen Krankenversicherung** erfaßt werden (ER-
MAN/BELLING § 617 Rn 1; ErfKomm/DÖRNER § 617 BGB Rn 1; BGB-RGRK/MATTHES § 617 Rn 1;
MünchKomm/SCHAUB § 617 Rn 1). Wegen der seit Inkrafttreten des BGB eingetretenen
personellen Ausdehnung der gesetzlichen Krankenversicherung (vgl §§ 5 ff SGB V) und
der stark zurückgegangenen Anzahl von Dienstverpflichteten, die (patriarchalisch)
in häuslicher Gemeinschaft mit dem Dienstberechtigten leben (vgl BAG AP Nr 1 zu
§ 618 BGB), hat § 617 nur noch einen **geringen praktischen Anwendungsbereich** (ERMAN/

BELLING § 617 Rn 2; ErfKomm/DÖRNER § 617 BGB Rn 1; SOERGEL/KRAFT § 617 Rn 1; BGB-RGRK/MATTHES § 617 Rn 2; JAUERNIG/SCHLECHTRIEM § 617 Rn 1).

III. Rechtsnatur

5 Aufgrund der sozialpolitischen Intention und des Normzwecks (o Rn 3 f) ist der **privatrechtliche Charakter** der Norm zT in Frage gestellt worden (so OERTMANN § 617 Anm 3 a). Dieser Einwand kann nicht überzeugen, da die Aufnahme des Dienstverpflichteten in die häusliche Gemeinschaft ein besonderes Näheverhältnis begründet, das den Dienstberechtigten nicht nur moralisch, sondern auch rechtlich in gesteigertem Maße dazu verpflichtet, auf die Interessen des Vertragspartners Rücksicht zu nehmen (vgl auch § 241 Abs 2). Die Norm gehört deshalb trotz ihrer sozialpolitischen Implikationen dem Privatrecht an (BGB-RGRK/MATTHES § 617 Rn 3; MünchKomm/SCHAUB § 617 Rn 1) und konkretisiert die gesteigerten **Interessenwahrungspflichten** bei einer Aufnahme des Dienstverpflichteten in die häusliche Gemeinschaft des Dienstberechtigten, die als **Nebenpflichten** integraler Bestandteil des Dienstvertrages sind (anders im konstruktiven Ansatz SCHULTZENSTEIN ArchBürgR 23 [1904] 229 ff, der ein selbständiges, neben dem Dienstvertrag stehendes Fürsorgeverhältnis annimmt [232] und § 617 Abs 1 als „sozialpolitische Legalobligation" charakterisiert; ebenso BONN 53; kritisch insoweit OERTMANN § 617 Anm 3 a). Diese rechtsdogmatische Begründung entspricht in der Sache der ganz überwiegenden Ansicht im Schrifttum, die auf die **Fürsorgepflicht** des Dienstberechtigten verweist (so ERMAN/BELLING § 617 Rn 1; HUECK/NIPPERDEY I § 48 II 6; SOERGEL/KRAFT § 617 Rn 1; LEPKE DB 1972, 925; BGB-RGRK/MATTHES § 617 Rn 3; PALANDT/PUTZO § 617 Rn 1; JAUERNIG/SCHLECHTRIEM § 617 Rn 1; SIEG JZ 1963, 163; **aA** OERTMANN § 617 Anm 3 a).

6 Die vor allem aus der Entstehungsgeschichte abzuleitenden Ansätze, die der Norm eine dem **Familienrecht angenäherte Rechtsnatur** beilegen (vgl MUGDAN II 902; ähnlich PLANCK/GUNKEL § 617 Anm 1) und die aus der Aufnahme in die häusliche Gemeinschaft folgen soll, verkennen die schuldrechtliche Natur des Dienstvertrages (ablehnend auch BONN 50 f; OERTMANN § 617 Anm 3 a; SCHULTZENSTEIN ArchBürgR 23 [1904] 224 ff). Ein schuldrechtlicher Austauschvertrag ist nicht in der Lage, familienähnliche Rechtsbeziehungen zu begründen.

7 Der durch § 617 Abs 1 geschaffene **Anspruch** ist – im Unterschied zu der schweizerischen Rechtslage (Art 322 Abs 2 OR) – kein Bestandteil der dem Dienstverpflichteten geschuldeten Vergütung (ERMAN/BELLING § 617 Rn 3; SOERGEL/KRAFT § 617 Rn 1; MünchKomm/SCHAUB § 617 Rn 4; JAUERNIG/SCHLECHTRIEM § 617 Rn 8 sowie schon LOTMAR I 662; BGB-RGRK/MATTHES § 617 Rn 5). Er ist vielmehr **eigenständiger Natur** (ErfKomm/DÖRNER § 617 BGB Rn 2; SOERGEL/KRAFT Rn 1; MünchKomm/SCHAUB § 617 Rn 4), der den Charakter einer **vertraglichen Nebenpflicht** hat (ERMAN/BELLING § 617 Rn 3; HJ WEBER RdA 1980, 298). Der Anspruch ist weder mit der Dienstleistung des Dienstverpflichteten noch mit seinen Interessenwahrungspflichten synallagmatisch verknüpft (BGB-RGRK/MATTHES § 617 Rn 5). Der aktuelle Versorgungszweck der Leistung schließt ein auf § 273 gestütztes **Zurückbehaltungsrecht des Dienstberechtigten** wegen anderweitig fälliger Ansprüche gegen den Dienstverpflichteten aus. Keine Aussage trifft § 617 im Hinblick auf die vom Dienstberechtigten **während der Erkrankung** des Dienstverpflichteten **geschuldete Vergütung;** dies beurteilt sich unabhängig von § 617 ausschließlich nach § 616 bzw den Bestimmungen des Entgeltfortzahlungsgesetzes (MünchKomm/SCHAUB § 617 Rn 2; SCHMITT, EFZG [4. Aufl 1999] § 617 BGB Rn 1).

Der Leistungszweck ist untrennbar mit der Person des Dienstverpflichteten verbun- **8**
den, so daß gem § 399 1. Alt eine **Abtretung der Ansprüche** ausgeschlossen ist (allgM
vgl ERMAN/BELLING § 617 Rn 3; ErfKomm/DÖRNER § 617 BGB Rn 2; SOERGEL/KRAFT § 617 Rn 1;
BGB-RGRK/MATTHES § 617 Rn 7; MünchKomm/SCHAUB § 617 Rn 4; JAUERNIG/SCHLECHTRIEM
§ 617 Rn 8; SCHMITT, EFZG [4. Aufl 1999] § 617 BGB Rn 2; SCHULTZENSTEIN ArchBürgR 23
[1904] 236). Wegen § 851 Abs 1 ZPO ist der Anspruch deshalb **nicht pfändbar** (ER-
MAN/BELLING § 617 Rn 3; ErfKomm/DÖRNER § 617 Rn 2; SOERGEL/KRAFT § 617 Rn 1; Münch-
Komm/SCHAUB § 617 Rn 4; JAUERNIG/SCHLECHTRIEM § 617 Rn 8; SCHMITT, EFZG [4. Aufl 1999]
§ 617 BGB Rn 2; SCHULTZENSTEIN ArchBürgR 23 [1904] 236). Das durch § 399 1. Alt vermittelte Pfändungsverbot wird nicht durch § 851 Abs 2 ZPO überwunden (vgl BGH
NJW 1985, 2264). Die Vorschrift ist **zwingend** (§ 619) und kann **nicht zum Nachteil** des
Dienstverpflichteten **abbedungen werden** (ERMAN/BELLING § 617 Rn 3; ErfKomm/DÖRNER
§ 617 BGB Rn 1; HUECK/NIPPERDEY I § 48 II 7; BGB-RGRK/MATTHES § 617 Rn 36; MünchKomm/
SCHAUB § 617 Rn 1; SCHMITT, EFZG [4. Aufl 1999] § 617 BGB Rn 2; näher unten § 619).

IV. Sonderregelungen

Der praktische Anwendungsbereich der Vorschrift wird neben den in Rn 4 genann- **9**
ten Gründen zusätzlich durch **vorrangige Spezialregelungen** in § 30 Abs 1 Nr 2 JArb-
SchG für **Jugendliche** (§ 2 Abs 2 JArbSchG) sowie in den §§ 42 bis 47, 78 Abs 1
SeemG für **Besatzungsmitglieder** (§ 3 SeemG) und **Kapitäne** (§ 2 Abs 1 SeemG)
verringert.

Ebenso wie § 617 setzt **§ 30 Abs 1 Nr 2 JArbSchG** voraus, daß der Jugendliche in die **10**
häusliche Gemeinschaft des Arbeitgebers aufgenommen ist. Bezüglich der „häusliche Gemeinschaft" gelten dieselben Grundsätze wie zu § 617 (s u Rn 22 ff). Ansonsten weicht § 30 Abs 1 Nr 2 JArbSchG erheblich von § 617 ab. In tatbestandlicher
Hinsicht ist zunächst nicht erforderlich, daß ein „dauerndes" Beschäftigungsverhältnis vorliegt. Hieraus folgert die hM, daß auch **vorübergehende oder kurzfristige Be-**
schäftigungsverhältnisse dem Anwendungsbereich der Norm unterfallen (so MOLITOR/
VOLLMER/GERMELMANN, JArbSchG [3. Aufl 1986] § 30 Rn 12). Die Verpflichtung zur Krankenfürsorge besteht darüber hinaus unabhängig von einem **Verschulden des Jugend-**
lichen (SCHMITT, EFZG [4. Aufl 1999] JArbSchG Rn 7; ZMARZLIK/ANZINGER, JArbSchG [5. Aufl
1998] § 30 Rn 7). Des weiteren läßt § 30 Abs 1 Nr 2 JArbSchG die Verpflichtung des
Arbeitgebers nur entfallen, wenn die erforderliche Pflege und ärztliche Behandlung
von einem **Sozialversicherungsträger** geleistet wird. Das Vorliegen einer **Privatver-**
sicherung läßt die Verpflichtung des Arbeitgebers unberührt (MOLITOR/VOLLMER/GER-
MELMANN, JArbSchG [3. Aufl 1986] § 30 Rn 13; SCHMITT, EFZG [2. Aufl 1995] JArbSchG Rn 15;
ZMARZLIK/ANZINGER, JArbSchG [5. Aufl 1998] § 30 Rn 9). Im Unterschied zu § 617 läßt § 30
Abs 1 Nr 2 JArbSchG die Verpflichtung zur Krankenfürsorge stets mit der **Beendi-**
gung der Beschäftigung enden. Die Norm kennt weder eine mit § 617 Abs 1 S 5
vergleichbare Aufrechthaltung der Krankenfürsorge über die Beendigung der Be-
schäftigung hinaus (weitergehend aber ErfKomm/SCHLACHTER §§ 28–31 JArbSchG Rn 15;
ZMARZLIK/ANZINGER, JArbSchG [5. Aufl 1998] § 30 Rn 7; sowie SCHMITT, EFZG [4. Aufl 1999]
JArbSchG Rn 13, der für eine Analogie zu § 8 EFZG plädiert) noch sieht sie eine Begrenzung
auf einen **Sechs-Wochen-Zeitraum** vor (ErfKomm/SCHLACHTER §§ 28–31 JArbSchG Rn 15;
SCHMITT, EFZG [4. Aufl 1999] JArbSchG Rn 12). Die mit der Erfüllung der Verpflichtungen
aus § 30 Abs 1 Nr 2 JArbSchG verbundenen **Kosten** sind vom Arbeitgeber zu tragen
(ZMARZLIK/ANZINGER, JArbSchG [5. Aufl 1998] § 30 Rn 10). Trotz des Spezialitätscharakters

des § 30 Abs 1 Nr 2 JArbSchG entspricht es der allgemeinen Ansicht, daß dem Arbeitgeber die **Anrechnungsbefugnis** in § 617 Abs 1 S 3 zusteht, wenn er während der Erkrankung das Arbeitsentgelt fortzahlt (MOLITOR/VOLLMER/GERMELMANN, JArbSchG [3. Aufl 1986] § 30 Rn 16; ZMARZLIK/ANZINGER, JArbSchG [5. Aufl 1998] § 30 Rn 10). Ein **Verstoß des Arbeitgebers** gegen die Verpflichtungen aus § 30 Abs 1 Nr 2 JArbSchG berechtigt nicht nur die Aufsichtsbehörde zum Erlaß entsprechender Anordnungen (§ 30 Abs 2 JArbSchG). Zugleich verletzt der Arbeitgeber hierdurch seine vertraglichen Nebenpflichten (MOLITOR/VOLLMER/GERMELMANN, JArbSchG [3. Aufl 1986] § 30 Rn 23), die Grundsätze zu § 617 (s u Rn 69 ff) gelten insoweit entsprechend.

11 **Besatzungsmitglieder,** deren Heuerverhältnis innerhalb des Geltungsbereichs des Grundgesetzes begründet wurde, besitzen nach § 42 Abs 1 SeemG während des Aufenthalts an Bord und außerhalb des Geltungsbereichs des Grundgesetzes im Falle einer Erkrankung Anspruch auf ausreichende und zweckmäßige **Krankenfürsorge** auf Kosten des Reeders. Diese umfaßt die Heilbehandlung, einschließlich der Versorgung mit Arznei- und Heilmitteln, die Verpflegung und die Unterbringung des Erkrankten (§ 43 SeemG). Bei einer unberechtigten Weigerung des Besatzungsmitgliedes, die angebotene Krankenfürsorge des Reeders anzunehmen, ruht der Anspruch für die Dauer der unberechtigten Weigerung (§ 46 SeemG). Für **Kapitäne** gelten diese Bestimmungen entsprechend (§ 78 Abs 1 SeemG).

V.   Anspruchsvoraussetzungen

1.   Dienstverhältnis

12 Der durch § 617 normierte Anspruch besteht nur für solche Rechtsbeziehungen, die als Dienstverhältnis zu qualifizieren sind (zur Abgrenzung des Dienstvertrages von anderen Vertragsverhältnissen STAUDINGER/RICHARDI [1999] Vorbem zu §§ 611 ff Rn 25 ff, 58 ff). § 617 ist nicht anwendbar, wenn die geschuldete Tätigkeit den Charakter einer **Werkleistung** besitzt (ebenso ErfKomm/DÖRNER § 617 BGB Rn 3; LOTMAR II 842; OERTMANN § 617 Anm 6; SCHULTZENSTEIN ArchBürgR 23 [1904] 238; vgl aber auch STAUDINGER/RICHARDI [1999] Vorbem zu §§ 611 ff Rn 37; sowie für § 618 HAHN Gruchot 45 [1901] 215 ff). Einer entsprechenden Anwendung der Vorschrift steht nicht ihr Ausnahmecharakter, wohl aber die geringere Intensität der Interessenwahrungspflicht des Bestellers entgegen (im Grundsatz schon hervorgehoben von HAHN Gruchot 45 [1901] 216). Durch die Annahme eines in den Werkvertrag „eingebauten" Dienstverhältnisses ließe sich die Ausdehnung der Vorschrift auf werkvertragliche Beziehungen zwar konstruktiv bewältigen (so zB RÜMELIN, Dienstvertrag und Werkvertrag [1905] 274); dieser rechtsdogmatischen Fundierung des Werkvertrages kann aber bereits im Ansatz nicht gefolgt werden (näher OETKER, Das Dauerschuldverhältnis und seine Beendigung [1994] 156 f).

13 In den Anwendungsbereich der Vorschrift ist nicht nur der auf selbständige Dienste gerichtete „**freie" Dienstvertrag** einbezogen (BGB-RGRK/MATTHES § 617 Rn 12). Der insbesondere aus der Entstehungsgeschichte abzuleitende Normzweck (o Rn 3) erzwingt die Einbeziehung der auf Grundlage eines **Arbeitsvertrages** erbrachten „abhängigen" Dienstleistung (ERMAN/BELLING § 617 Rn 2; ErfKomm/DÖRNER § 617 BGB Rn 3; SOERGEL/KRAFT § 617 Rn 1; SCHMITT, EFZG [4. Aufl 1999] § 617 BGB Rn 6). Wegen der regelmäßig bestehenden Krankenversicherungspflicht bei Arbeitsverhältnissen (§ 5 Abs 1

Nr 1 SGB V) und des Ausschlußtatbestandes in § 617 Abs 2 hat § 617 Abs 1 für diese aber kaum praktische Bedeutung.

Nach der Seh- und Wertungsweise des historischen Gesetzgebers sind **Berufsausbil- 14 dungsverhältnisse** (§ 1 Abs 2 BBiG) nicht in den Anwendungsbereich der Vorschrift einbezogen (so ausdrücklich noch PLANCK/GUNKEL § 617 Anm 3 a). Dies belegt vor allem ein systematischer Vergleich mit § 1822, der zwischen dem Lehrvertrag (Nr 6) und dem Dienst- oder Arbeitsverhältnis (Nr 7) unterscheidet. In den Anwendungsbereich arbeitsrechtlicher Vorschriften sind Berufsausbildungsverhältnisse jedoch einzubeziehen, wenn ihr Sinn und Zweck einer entsprechenden Anwendung nicht entgegensteht (§ 3 Abs 2 BBiG). Derartige Aspekte sind zwar für § 617 nicht ersichtlich, die Anwendung des § 617 Abs 1 ist aber regelmäßig durch das Bestehen einer Versicherung (§ 617 Abs 2 sowie § 5 Abs 1 Nr 1 SGB V) versperrt. Bei der Vermittlung von Kenntnissen außerhalb eines Berufsausbildungsverhältnisses (§ 19 BBiG) gelten die vorstehenden Erwägungen gleichermaßen. Solange das **18. Lebensjahr nicht vollendet** ist, scheidet die Anwendung des § 617 zudem wegen der lex specialis in **§ 30 Abs 1 Nr 2 JArbSchG** aus (BGB-RGRK/MATTHES § 617 Rn 12; näher zu § 30 Abs 1 Nr 2 JArbSchG o Rn 10).

Rechtliche Mängel in der Begründung des Dienstvertrages stehen dem Anspruch **15** nicht zwingend entgegen (so iE aber SCHULTZENSTEIN ArchBürgR 23 [1904] 238). Nach der Lehre vom fehlerhaften Vertragsverhältnis ist das **fehlerhafte Arbeits- bzw Dienstverhältnis** bis zur Geltendmachung des Begründungsmangels grundsätzlich wie ein wirksames Vertragsverhältnis zu behandeln (näher STAUDINGER/RICHARDI [1999] § 611 Rn 180 ff). Deshalb sind die zuvor nach § 617 erbrachten Leistungen nicht ohne Rechtsgrund erfolgt (iE auch BGB-RGRK/MATTHES § 617 Rn 12).

2. „Dauerndes" Dienstverhältnis

Der Anspruch aus § 617 Abs 1 S 1 besteht nur, wenn das Dienstverhältnis als „dau- **16** ernd" zu bewerten ist. Diese zusätzliche Qualifizierung kehrt in den §§ **627 Abs 1, 629, 630 S 1** wieder, so daß von einem **einheitlichen Begriffsverständnis** des Gesetzes auszugehen ist (ebenso STAUDINGER/PREIS [2002] § 629 Rn 7 ff, § 630 Rn 4; MünchKomm/SCHWERDTNER § 630 Rn 6; näher OETKER, Das Dauerschuldverhältnis und seine Beendigung [1994] 196; aA wohl MünchKomm/SCHAUB § 617 Rn 7). Der Begriff wurde allerdings bereits frühzeitig als unklar und farblos kritisiert (SCHULTZENSTEIN ArchBürgR 23 [1904] 239; SPRINGER Gruchot 50 [1906] 756); auf ihn verzichteten Art 328 a OR und die vormals in § 1156 ABGB enthaltene Regelung. Zu beachten ist aber, daß § 1156 Abs 3 ABGB aF solche Dienstverhältnisse von dem Anspruch ausschloß, die für die Zeit eines vorübergehenden Bedarfs eingegangen wurden und nicht einen Monat gedauert hatten.

In Übernahme der unverändert grundlegenden Untersuchungen von SCHULTZEN- **17** STEIN (ArchBürgR 23 [1904] 239 ff) und SPRINGER (Gruchot 50 [1906] 753 ff) liegt nach verbreiteter Ansicht ein „dauerndes" Dienstverhältnis immer dann vor, „wenn das Dienstverhältnis rechtlich auf längere Zeit angelegt ist, oder wenn es faktisch auf längere Zeit angelegt ist, oder wenn es längere Zeit gedauert hat" (so SCHULTZENSTEIN ArchBürgR 23 [1904] 254; ebenso OERTMANN § 617 Anm 2 a; in der Sache auch ERMAN/BELLING § 617 Rn 4; PLANCK/GUNKEL § 617 Anm 3 b; SOERGEL/KRAFT § 617 Rn 2; BGB-RGRK/MATTHES § 617 Rn 9; MünchKomm/SCHAUB § 617 Rn 7; SCHMITT, EFZG [4. Aufl 1999] § 617 BGB Rn 8; im grundsätzlichen Ansatz verwandt SPRINGER Gruchot 50 [1906] 775). Mit dieser Umschreibung ist für den Einzelfall allerdings wenig Klarheit gewonnen. Das gilt im Grundsatz auch für die bereits in der Rechtsprechung des Reichsgerichts anzutreffende Negativabgrenzung zu den „vorübergehenden" Dienstverhältnissen, die im Ergebnis zu Recht aus dem Anwendungsbereich des § 617 ausgeklammert werden (ebenso SOERGEL/KRAFT § 617 Rn 2; BGB-RGRK/MATTHES § 617 Rn 10; OERTMANN § 617 Anm 2; MünchKomm/SCHAUB § 617 Rn 7; so auch zu § 627 Abs 1 RGZ 146, 117; BGHZ 47, 307 f; hiergegen jedoch SPRINGER Gruchot 50 [1906] 770 ff).

18 Eine sachgerechte Konkretisierung der „dauernden" Dienstverhältnisse läßt sich nicht durch eine begriffliche Gegensatzpaarbildung, sondern nur durch einen Rückgriff auf den **Normzweck** erzielen. Die extensivere Struktur der Rechte und Pflichten für „dauernde" Dienstverhältnisse ist angesichts des ansonsten im Vordergrund stehenden Austauschcharakters nur gerechtfertigt, wenn das Dienstverhältnis eine **gesteigerte Intensität der Leistungsbeziehungen** aufweist (OETKER, Das Dauerschuldverhältnis und seine Beendigung [1994] 197). Weder der personale Aspekt oder der Umfang der Tätigkeit ist dabei alleinentscheidend, sondern vielmehr die **Art der Dienstleistung** (so im Ansatz zu § 627 Abs 1 BGHZ 47, 307; BGH NJW 1985, 2585; BGH DB 1993, 530). Hierfür liefert – wie bereits SPRINGER (Gruchot 50 [1906] 779) darlegte – das Kriterium der **Einzelleistungen** einen geeigneten Ansatz, um die spezifische Besonderheit des „dauernden" Dienstverhältnisses aufzuzeigen. Sind aufgrund des Dienstvertrages einzelne oder mehrere Einzelleistungen geschuldet, so weist die Vertragsbeziehung hinsichtlich des Leistungsaustausches eine **geringere Intensität** auf. In dieser Konstellation ist weder eine Krankenfürsorge (§ 617) noch eine Freistellung zur Stellungssuche (§ 629) oder ein Zeugnisanspruch (§ 630) gerechtfertigt (näher OETKER, Das Dauerschuldverhältnis und seine Beendigung [1994] 198 f).

19 Ein „dauerndes" Dienstverhältnis auch im Sinne des § 617 liegt somit vor, wenn sich die vom Dienstverpflichteten geschuldeten Dienste nicht in der Erbringung **einmaliger oder mehrmalig wiederholender Einzelleistungen** erschöpfen (ebenso ERMAN/BELLING § 617 Rn 4; MünchKomm/SCHAUB § 617 Rn 7). Bei einer **ständigen und langfristigen Aufgabe** liegt ein „dauerndes" Dienstverhältnis vor (BGHZ 47, 307; BGH NJW 1985, 2585; vgl auch KG OLGRspr 9, 291 f). Die **Vertretung für einen begrenzten Zeitraum** erfüllt diese Voraussetzung nicht (vgl OLG Frankfurt aM OLGRspr 9, 289; KG OLGRspr 7, 472). Hieraus folgt, daß nicht nur unbefristete, sondern auch **befristete Dienstverhältnisse** die Qualität eines „dauernden" Dienstverhältnisses aufweisen können (ERMAN/BELLING § 617 Rn 4; ErfKomm/DÖRNER § 617 BGB Rn 4; SOERGEL/KRAFT § 617 Rn 2; MünchKomm/SCHAUB § 617 Rn 7; SCHMITT, EFZG [4. Aufl 1999] § 617 BGB Rn 8; ebenso zu § 627 Abs 1 BGHZ 47, 307; BGH NJW 1985, 2585; BGH DB 1993, 530). Ebenso erlaubt weder die Absicht, das Dienstverhältnis auf längere Zeit fortzusetzen, noch die tatsächliche Dauer zwingende Rückschlüsse, ob ein „dauerndes" Dienstverhältnis vorliegt (in diesem Sinne aber SCHMITT, EFZG [4. Aufl 1999] § 617 BGB Rn 8). Eine **zeitliche Mindestdauer** ist für ein „dauerndes" Dienstverhältnis – im Unterschied zu der früheren österreichischen Rechtslage (vgl § 1156 Abs 1 ABGB aF) – nicht notwendig. Die abweichende Regelung in Österreich zeigte, daß eine Interpretation, die für ein „dauerndes" Dienstverhältnis eine **sechsmonatige Beschäftigung** verlangt (so SCHMITT, EFZG [4. Aufl 1999] § 617 BGB Rn 9; ebenso ErfKomm/DÖRNER § 617 BGB Rn 4; im Grundsatz ähnlich BGB-RGRK/MATTHES § 617 Rn 9), im geltenden Recht **keine Grundlage** besitzt.

3.   Erwerbstätigkeit

Die Leistungspflicht des Dienstberechtigten setzt – in Übereinstimmung mit § 1156   **20**
Abs 1 ABGB aF – voraus, daß das Dienstverhältnis die Erwerbstätigkeit des Dienstverpflichteten **vollständig oder hauptsächlich** in Anspruch nimmt. Hiermit konkretisiert das Gesetz die Anforderungen an die durch § 617 etablierte intensivierte Interessenwahrungspflicht. Diese soll erst einsetzen, wenn der Dienstverpflichtete durch
das Vertragsverhältnis hauptsächlich in Anspruch genommen wird und deshalb typischerweise nicht die **Möglichkeit einer anderweitigen Eigenvorsorge** besitzt (ähnlich
MünchKomm/SCHAUB § 617 Rn 8; zustimmend Hk-BGB/ECKERT §§ 617–619 Rn 5).

Das Gesetz läßt die Leistungspflicht des Dienstberechtigten nicht bereits entfallen,   **21**
wenn der Dienstverpflichtete die Fähigkeit zu einer anderweitigen Erwerbstätigkeit
besitzt. Es stellt vielmehr auf die **tatsächlich ausgeübte Erwerbstätigkeit** ab (vgl
SCHULTZENSTEIN ArchBürgR 23 [1904] 258 f). Deshalb ist ein **tägliches oder wöchentliches
Mindestvolumen** der Erwerbstätigkeit nicht erforderlich (**aA** ErfKomm/DÖRNER § 617
BGB Rn 5; BGB-RGRK/MATTHES § 617 Rn 11; SCHMITT, EFZG [4. Aufl 1999] § 617 BGB Rn 10;
wohl auch MünchKomm/SCHAUB § 617 Rn 8), da hieraus nicht ersichtlich ist, ob die tatsächliche Erwerbstätigkeit des Dienstverpflichteten vollständig oder hauptsächlich
für den Dienstberechtigten geleistet wird. Erst eine anderweitig ausgeübte Erwerbstätigkeit ist in der Lage, die Anwendung des § 617 auszuschließen. Fehlt es hieran, so
steht auch eine geringe tägliche oder wöchentliche Arbeitszeit dem Anspruch aus
§ 617 Abs 1 nicht entgegen. Als anderweitige Erwerbstätigkeit kommen nur entgeltliche Tätigkeiten in Betracht, da das Gesetz ausdrücklich eine auf „Erwerb" gerichtete Tätigkeit verlangt (so mit Recht SCHULTZENSTEIN ArchBürgR 23 [1904] 257 f).

Ob die Erwerbstätigkeit in der **Hauptsache** bei dem Dienstberechtigten erfolgt, be   **22**
urteilt sich **nicht** nach dem **Verhältnis der Vergütungen,** die der Dienstverpflichtete für
seine Tätigkeiten erhält (so auch ERMAN/BELLING § 617 Rn 5; ErfKomm/DÖRNER § 617 BGB
Rn 5; SOERGEL/KRAFT § 617 Rn 3; OERTMANN § 617 Anm 2 b; MünchKomm/SCHAUB § 617 Rn 8;
SCHMITT, EFZG [4. Aufl 1999] § 617 BGB Rn 10; SCHULTZENSTEIN ArchBürgR 23 [1904] 258). Das
Gesetz stellt ausdrücklich auf die Inanspruchnahme durch die Erwerbstätigkeit bei
dem Dienstberechtigten ab, so daß das Schwergewicht der Tätigkeit ausschließlich
durch den **Zeitfaktor** zu bestimmen ist (so treffend bereits LOTMAR I 403 Fn 4). Hierbei ist
nicht auf das Zeitvolumen der tatsächlich erbrachten Arbeitsleistung, sondern auf
den Zeitraum abzustellen, während dem der Dienstverpflichtete rechtlich verpflichtet ist, seine Dienste anzubieten (ERMAN/BELLING § 617 Rn 5; SOERGEL/KRAFT § 617 Rn 3;
SCHMITT, EFZG [4. Aufl 1999] § 617 BGB Rn 10; SCHULTZENSTEIN ArchBürgR 23 [1904] 258).
Deshalb sind auch Zeiten einer **Arbeitsbereitschaft** zu berücksichtigen (ERMAN/BEL
LING § 617 Rn 5).

Bei dem **Zeitvergleich** ist nicht auf den Arbeitstag (so noch OERTMANN § 617 Anm 2 b),   **23**
sondern entsprechend den in anderen Kodifikationen aufgegriffenen Maßstäben (zB
§ 118 SGB III, § 8 SGB IV, § 12 Abs 1 TzBfG) auf **wöchentliche Zeitspannen** abzustellen (ebenso im Grundansatz ErfKomm/DÖRNER § 617 BGB Rn 5; BGB-RGRK/MATTHES § 617
Rn 11; SCHMITT, EFZG [4. Aufl 1999] § 617 BGB Rn 10). Nur so kann einer unterschiedlichen
Verteilung der Erwerbstätigkeit auf verschiedene Tage Rechnung getragen werden.
Ist die zeitliche Inanspruchnahme bei **zwei Erwerbstätigkeiten gleich groß,** so liegt
keine hauptsächliche Tätigkeit vor. Ein subsidiärer Rückgriff auf die erzielte Vergü

tung (so SCHULTZENSTEIN ArchBürgR 23 [1904] 258) ist aufgrund des Gesetzeswortlauts, der ausschließlich auf die Inanspruchnahme des Dienstverpflichteten durch die Erwerbstätigkeit abstellt, nicht möglich. Bei **mehr als zwei Erwerbstätigkeiten** liegt eine hauptsächliche Erwerbstätigkeit für den Dienstberechtigten nur vor, wenn sie mehr als die Hälfte des Gesamtzeitraumes in Anspruch nimmt (ebenso ERMAN/BELLING § 617 Rn 5).

4. Häusliche Gemeinschaft

24 Die intensivierte Interessenwahrungspflicht des Dienstberechtigten ist nur wegen der Aufnahme in die häusliche Gemeinschaft gerechtfertigt. Diese wird regelmäßig dadurch geprägt, daß mehrere Personen zu einem gemeinschaftlichen Haushalt verbunden sind. Von einem **„Haushalt"** kann nur gesprochen werden, wenn sowohl **Verpflegung** als auch **Wohnung** kumulativ vorliegen (ERMAN/BELLING § 617 Rn 6; Erf-Komm/DÖRNER § 617 BGB Rn 6; PLANCK/GUNKEL § 617 Anm 3 d; HUECK/NIPPERDEY I § 48 II 6; SOERGEL/KRAFT § 617 Rn 4; BGB-RGRK/MATTHES § 617 Rn 13; MünchKomm/SCHAUB § 617 Rn 9; SCHMITT, EFZG [4. Aufl 1999] § 617 BGB Rn 11). Die Abwesenheit einzelner Elemente führt nicht zwingend zur Verneinung einer häuslichen Gemeinschaft, solange der Dienstverpflichtete **keinen eigenen Haushalt** begründet (ähnlich ERMAN/BELLING § 617 Rn 6; Hk-BGB/ECKERT §§ 617–619 Rn 6; SOERGEL/KRAFT § 617 Rn 4; LEPKE, Kündigung bei Krankheit [10. Aufl 2000] 477; MünchKomm/SCHAUB § 617 Rn 9; SCHMITT, EFZG [4. Aufl 1999] § 617 BGB Rn 11; abweichend SCHULTZENSTEIN ArchBürgR 23 [1904] 266). Die alleinige Verpflegung reicht jedoch ebensowenig für eine häusliche Gemeinschaft aus, wie das ausschließliche zur Verfügungstellen einer Schlafstätte. Für die Aufnahme in die häusliche Gemeinschaft ist der **zeitliche Umfang der Dienstleistung unbeachtlich,** da das Ausmaß der Erwerbstätigkeit für den Dienstberechtigten in § 617 Abs 1 eigenständiges Tatbestandsmerkmal ist (vgl aber VerwGH [Österreich] DRdA 1992, 269 ff, der zu § 1156 ABGB aF bei einer 20stündigen Arbeitsverpflichtung eine Aufnahme in die „Hausgemeinschaft" verneint).

25 Der Dienstverpflichtete muß in die häusliche Gemeinschaft **integriert** sein. Nur dann ist es gerechtfertigt, ihn als Teil der häuslichen Gemeinschaft zu bewerten. Mithilfe im Haushalt ist hierfür nicht zwingend erforderlich, die **Teilhabe an der Versorgungs- und Wohngemeinschaft** reicht aus. Die Rechtsgrundlage für die Aufnahme in die häusliche Gemeinschaft ist unerheblich. Sie liegt deshalb auch vor, wenn die Aufnahme Teil der vertraglichen Vergütung ist oder der Dienstverpflichtete hierfür ein Entgelt entrichten muß (LOTMAR I 657, 658; OERTMANN § 617 Anm 2 c; SCHULTZENSTEIN ArchBürgR 23 [1904] 266 f). Der **Zeitpunkt der Aufnahme** ist bedeutungslos; sie kann vor, bei oder nach Abschluß des Dienstvertrages erfolgen (OERTMANN § 617 Anm 2 c; SCHULTZENSTEIN ArchBürgR 23 [1904] 259).

26 Nach dem Sinnzusammenhang der Vorschrift muß eine häusliche **Gemeinschaft des Dienstberechtigten** vorliegen. Das setzt zumindest voraus, daß die häusliche Gemeinschaft dem Dienstberechtigten zuzurechnen ist. Die räumliche Zusammenfassung mehrerer Dienstverpflichteter kann daher erst dann eine häusliche Gemeinschaft des Dienstberechtigten begründen, wenn ihm diese zuzurechnen ist, was stets zu bejahen ist, wenn der **Dienstberechtigte** ebenfalls in die Gemeinschaft **integriert** ist.

27 Kontroverse Diskussionen löst die **fehlende Integration des Dienstberechtigten** in die häusliche Gemeinschaft aus. Als Beispiel sind vor allem vom Dienstberechtigten unterhaltene **Wohnheime** zu nennen, die ausschließlich von mehreren Dienstverpflichteten bewohnt werden. Nach der Seh- und Wertungsweise des historischen Gesetzgebers wurde die Leistungspflicht des Dienstberechtigten vor allem mit dem persönlichen Näheverhältnis zwischen den Vertragsparteien gerechtfertigt (vgl MUGDAN II 902 ff). Wird unverändert an dieser Anforderung festgehalten, so ist eine Integration des Dienstberechtigten in die häusliche Gemeinschaft unerläßlich (so auch ERMAN/BELLING §617 Rn 6; SOERGEL/KRAFT §617 Rn 4; LEPKE, Kündigung bei Krankheit [10. Aufl 2000] 477; sowie aus damaliger Sicht LOTMAR I 660). Die **überwiegende Ansicht im Schrifttum** hat sich indessen unter dem Eindruck der höchstrichterlichen Rechtsprechung zu §618 Abs 2 (vgl BAG AP Nr 1 zu §618 BGB; sowie iE LAG Hamburg RdA 1954, 360; näher hierzu u §618 Rn 151 ff) von diesem Ausgangspunkt gelöst und läßt eine Gemeinschaft der Dienstverpflichteten untereinander auch im Rahmen von §617 Abs 1 genügen (AK-BGB/DERLEDER §617 Rn 1; ErfKomm/DÖRNER §617 BGB Rn 6; PLANCK/GUNKEL §617 Anm 3 d; BGB-RGRK/MATTHES §617 Rn 14; PALANDT/PUTZO §617 Rn 2; MünchKomm/SCHAUB §617 Rn 9 aE; JAUERNIG/SCHLECHTRIEM §617 Rn 3; SCHMITT, EFZG [4. Aufl 1999] §617 BGB Rn 11).

Die von der hM befürwortete **extensive Anwendung** der Norm ist **abzulehnen** (ebenso **28** ERMAN/BELLING §617 Rn 6; SOERGEL/KRAFT §617 Rn 4; LEPKE, Kündigung bei Krankheit [10. Aufl 2000] 477). An der Vorstellung des historischen Gesetzgebers einer mit dem Dienstberechtigten bestehenden häuslichen Gemeinschaft ist unverändert festzuhalten, da nur diese Auslegung dem Normzweck der Vorschrift gerecht wird und die durch §617 Abs 1 ausgeformte gesteigerte Interessenwahrungspflicht des Dienstberechtigten legitimiert. Obwohl ein vom historischen Gesetzgeber zugrundegelegtes patriarchalisches Zusammenleben der Dienstvertragsparteien nur noch selten anzutreffen ist, rechtfertigt der Wandel der Normsituation allenfalls eine entsprechende Anwendung der Vorschrift. Deshalb befürwortete das Bundesarbeitsgericht zu §618 Abs 2 mit Recht keine direkte, sondern nur eine „sinngemäße" Anwendung der Norm (BAG AP Nr 1 zu §618 BGB). Während es angesichts des Normzwecks bei §618 Abs 2 ausreicht, daß die häusliche Gemeinschaft der Herrschafts- und Verfügungsmacht des Dienstberechtigten unterliegt (vgl u §618 Rn 239), sind die gesteigerten Interessenwahrungspflichten im Rahmen des §617 Abs 1 vor allem der aus der personalen Gemeinschaft folgenden Rücksichtnahme geschuldet (vgl o Rn 5). Dies steht einer analogen Anwendung entgegen, wenn aufgrund der fehlenden Integration des Dienstberechtigten in die häusliche Gemeinschaft die personale Komponente fehlt (ebenso ERMAN/BELLING §617 Rn 6).

Ist der **Dienstberechtigte** eine **juristische Person,** so schließt dies die Anwendung des **29** §617 nicht aus (BGB-RGRK/MATTHES §617 Rn 15; MünchKomm/SCHAUB §617 Rn 9). Die teleologisch unerläßliche personale Verbundenheit wird in dieser Konstellation durch die Integration der zur **gesetzlichen Vertretung berufenen Personen** in die häusliche Gemeinschaft vermittelt (iE auch LOTMAR I 661; MünchKomm/SCHAUB §617 Rn 9; SCHULTZENSTEIN ArchBürgR 23 [1904] 267; weitergehend BGB-RGRK/MATTHES §617 Rn 15, der die Aufnahme bei „leitenden Bediensteten" ausreichen läßt). Methodisch folgt dies aus einer entsprechenden Anwendung der Norm (so im Ansatz schon BONN 47, der bei juristischen Personen eine entsprechende Anwendung befürwortet). Ansprüche dieser Personen aus §617 Abs 1 sind hierdurch nicht ausgeschlossen.

30 Treten **mehrere Personen als Dienstberechtigte** auf (Gesamtgläubigerschaft), so reicht es aus, wenn eine von ihnen in die häusliche Gemeinschaft integriert ist. Bei juristischen Personen gilt dies entsprechend.

5. Erkrankung

31 Der auf Verpflegung und ärztliche Behandlung gerichtete Anspruch in § 617 setzt die Erkrankung des Dienstverpflichteten voraus. Für den **Begriff der Erkrankung** ist grundsätzlich das Verständnis im **Entgeltfortzahlungsrecht** maßgebend (ERMAN/BELLING § 617 Rn 7; ErfKomm/DÖRNER § 617 BGB Rn 7; SOERGEL/KRAFT § 617 Rn 5; SCHMITT, EFZG [4. Aufl 1999] § 617 BGB Rn 12; sowie o § 616 Rn 197 ff). Aufgrund des Normzwecks reicht eine **Krankheit im medizinischen Sinne,** infolge der eine medizinische **Behandlung notwendig** ist (PLANCK/GUNKEL § 617 Anm 3 e; BGB-RGRK/MATTHES § 617 Rn 17; OERTMANN § 617 Anm 2 d; SCHULTZENSTEIN ArchBürgR 23 [1904] 272 f). Anders als für einen Anspruch auf Entgeltfortzahlung (§ 3 Abs 1 S 1 EFZG) ist eine **Arbeitsunfähigkeit** oder eine **Arbeitsverhinderung** des Dienstverpflichteten **nicht erforderlich.** Der Anspruch aus § 617 Abs 1 besteht deshalb auch, wenn der Dienstverpflichtete noch in der Lage ist, seine Dienste ganz oder teilweise zu erbringen (BGB-RGRK/MATTHES § 617 Rn 19).

32 Die **Ursache der Erkrankung** ist für den Anspruch aus § 617 Abs 1 grundsätzlich unbeachtlich (SCHMITT, EFZG [4. Aufl 1999] § 617 BGB Rn 12). Erst bei einem **Verschulden des Dienstverpflichteten** am Eintritt der Erkrankung kommt ein Ausschluß des Anspruchs in Betracht (s u Rn 33). Bei einem **Verschulden des Dienstberechtigten** bleibt eine Schadensersatzpflicht zu erwägen (BGB-RGRK/MATTHES § 617 Rn 6). Ein **Zusammenhang** zwischen der Erkrankung und der **Dienstleistung** ist nicht erforderlich (OLG Frankfurt aM OLGRspr 9, 289; ERMAN/BELLING § 617 Rn 7; HUECK/NIPPERDEY I § 48 II 6 b; SOERGEL/KRAFT § 617 Rn 5; OERTMANN § 617 Anm 2 d; MünchKomm/SCHAUB § 617 Rn 13; SCHULTZENSTEIN ArchBürgR 23 [1904] 275). Die Erkrankung infolge einer **Freizeitbetätigung** steht dem Anspruch aus § 617 nicht entgegen (OERTMANN § 617 Anm 2 d; SCHULTZENSTEIN ArchBürgR 23 [1904] 275).

33 Der Anspruch auf Verpflegung und ärztliche Behandlung besteht erst nach Beginn des Dienstverhältnisses und der Aufnahme in die häusliche Gemeinschaft. Das Gesetz stellt nicht generell auf die „Krankheit" ab, sondern verlangt eine „Erkrankung" des Dienstverpflichteten. Deshalb darf diese **erst nach Beginn des Dienstverhältnisses und der Aufnahme in die häusliche Gemeinschaft eingetreten** sein, wenn sie die in § 617 Abs 1 genannten Ansprüche auslösen soll (so die hM: PLANCK/GUNKEL § 617 Anm 3 e; ERMAN/BELLING § 617 Rn 7; HUECK/NIPPERDEY I § 48 II 6 b; BGB-RGRK/MATTHES § 617 Rn 17; NIKISCH I § 36 II 3 b Fn 24; MünchKomm/SCHAUB § 617 Rn 13; JAUERNIG/SCHLECHTRIEM § 617 Rn 4; **aA** noch OLG Frankfurt aM OLGRspr 9, 289 f; BONN 48; OERTMANN § 617 Anm 2 d; SCHULTZENSTEIN ArchBürgR 23 [1904] 269 ff sowie unter Aufgabe der in der 11. Aufl vertretenen gegenteiligen Auffassung SOERGEL/KRAFT § 617 Rn 5). Erkrankte der Dienstverpflichtete bereits vor Beginn der Tätigkeit oder der Aufnahme in die häusliche Gemeinschaft, so beginnt die Leistungspflicht erst nach einer zwischenzeitlichen Gesundung und wenn eine neue Erkrankung eintritt (MünchKomm/SCHAUB § 617 Rn 13). Bei **chronischen Erkrankungen** oder der **Disposition zu einer Krankheit** entsteht der Anspruch jedoch gleichwohl (so auch PLANCK/GUNKEL § 617 Anm 3 e; SCHULTZENSTEIN ArchBürgR 23 [1904] 274), wenn die Gesundheit vor dem Beginn des Dienstverhältnisses und der Aufnahme in die häusliche Gemeinschaft so weit hergestellt war, daß keine Behandlungsbedürftigkeit bestand.

Das Gesetz verzichtet auf eine Beschränkung des Anspruchs nach der **Art der Er-** 34
krankung. Insbesondere fehlt eine mit § 3 Abs 1 S 1 EFZG vergleichbare Karenzzeit,
wenn eine **Wiederholungserkrankung** vorliegt. Der Anspruch aus § 617 entsteht stets
bei jeder Erkrankung neu für den gesamten Sechs-Wochen-Zeitraum, wenn der
Dienstberechtigte zwischenzeitlich gesund war (ERMAN/BELLING § 617 Rn 7; **aA** BGB-
RGRK/MATTHES § 617 Rn 30, der die Bestimmungen zur Entgeltfortzahlung im Krankheitsfall heranziehen will).

6. Ausschluß des Anspruchs

a) Schuldhafte Krankheitsverursachung
Der Anspruch des Dienstverpflichteten ist ausgeschlossen, wenn er die Erkrankung 35
vorsätzlich oder infolge grober Fahrlässigkeit herbeigeführt hat. Obwohl das Gesetz
hiermit von der Formulierung in § 616 S 1 („ohne sein Verschulden") abweicht, sind
im Ergebnis dieselben **Maßstäbe** heranzuziehen, die für die **Entgeltfortzahlung im
Krankheitsfall** gelten (ERMAN/BELLING § 617 Rn 8; ErfKomm/DÖRNER § 617 BGB Rn 8; SOER-
GEL/KRAFT § 617 Rn 7; BGB-RGRK/MATTHES § 617 Rn 20; SCHMITT, EFZG [4. Aufl 1999] § 617
BGB Rn 13 f; **aA** MünchKomm/SCHAUB § 617 Rn 11; SCHULTZENSTEIN ArchBürgR 23 [1904] 300).
Dogmatisch handelt es sich auch im Rahmen des § 617 Abs 1 um ein **Verschulden
gegen sich selbst.** Durch die Begrenzung des Verschuldens in § 616 bzw in § 3 Abs 1
S 1 EFZG auf vorsätzliches oder grob fahrlässiges Verhalten (s o § 616 Rn 103 ff, 240 ff)
sind die subjektiven Ausschlußtatbestände beider Vorschriften deckungsgleich. Diejenigen Umstände, die zum Fortfall der Entgeltfortzahlungspflicht im Krankheitsfall
führen, lassen auch den Anspruch in § 617 Abs 1 entfallen.

b) Versicherung
Der Verpflegungs- und Behandlungsanspruch ist nach § 617 Abs 2 1. Alt ausgeschlos- 36
sen, wenn durch eine Versicherung für Verpflegung und ärztliche Behandlung im
Krankheitsfall Vorsorge getroffen wurde. Diese negative Voraussetzung stellt sicher,
daß **§ 617 Abs 1** im Verhältnis zur gesetzlichen Krankenversicherung lediglich eine
Auffangfunktion entfaltet (s o Rn 4; ebenso SOERGEL/KRAFT § 617 Rn 8; SCHMITT, EFZG
[4. Aufl 1999] § 617 BGB Rn 31).

Die in § 617 Abs 2 1. Alt verlangte Vorsorge muß auf einer Versicherung beruhen. 37
Das ist aufgrund des Normzwecks **nicht im versicherungsrechtlichen Sinne** zu verstehen (zutreffend SCHULTZENSTEIN ArchBürgR 23 [1904] 304). Ausreichend ist die **Sicherstellung der Versorgung** des Dienstverpflichteten. Hierfür reicht **jede rechtsverbindliche
Verpflichtung eines Dritten** aus, im Erkrankungsfall die Versorgung des Dienstverpflichteten zu gewährleisten. Eine mit dem Anspruch aus § 617 Abs 1 gleichwertige
„Versicherung" liegt aber nur vor, wenn zugunsten des Dienstverpflichteten ein **eigenständiger Leistungsanspruch** begründet worden ist. Erst dann rechtfertigt es der
Normzweck, den Dienstberechtigten von seinen durch § 617 Abs 1 begründeten Leistungspflichten zu entbinden (ERMAN/BELLING § 617 Rn 9). Die **Versicherungsfähigkeit**
des Dienstverpflichteten (zB gemäß § 9 SGB V) **genügt hierfür nicht** (ERMAN/BELLING
§ 617 Rn 9; SOERGEL/KRAFT § 617 Rn 8).

38 Die **Finanzierung der Versicherung** ist für die Anwendung des Abs 2 unbeachtlich. Die Beiträge können von einer Vertragspartei allein oder von beiden Teilen gleichermaßen geleistet werden (BONN 55 f; PLANCK/GUNKEL § 617 Anm 5 a; SOERGEL/KRAFT § 617 Rn 9; BGB-RGRK/MATTHES § 617 Rn 21; SCHMITT, EFZG [4. Aufl 1999] § 617 BGB Rn 31; aA MünchKomm/SCHAUB § 617 Rn 12). Dem Zweck des § 617 ist schon dann entsprochen, wenn die Krankenpflege des Dienstberechtigten infolge der Versicherung gewährleistet ist (mit Recht hervorgehoben von BONN 56). Die vollständige oder teilweise Pflicht des Dienstverpflichteten zur Beitragszahlung steht einer zum Ausschluß des Anspruchs führenden Versicherung nicht entgegen (aA MünchKomm/SCHAUB § 617 Rn 12; im hiesigen Sinne bereits HEISE Recht 1902, 204 sowie jetzt auch ERMAN/BELLING § 617 Rn 9), da die Krankenfürsorge durch den Dienstberechtigten – wie dessen Anrechnungsbefugnis in § 617 Abs 1 S 3 zeigt – für den Dienstverpflichteten nicht kostenlos sein muß (vgl u Rn 63).

39 Im Gegenschluß zu § 616 S 2 ist die Anwendung von § 617 nicht nur bei einer gesetzlich begründeten Pflicht zur Krankenversicherung ausgeschlossen. Nach Sinn und Zweck genügt der Abschluß einer **freiwilligen Versicherung** (SCHULTZENSTEIN ArchBürgR 23 [1904] 302 f). Auch eine **Privatversicherung** schließt den Verpflegungs- und Behandlungsanspruch des Dienstverpflichteten aus (allgM vgl ERMAN/BELLING § 617 Rn 9; ErfKomm/DÖRNER § 617 BGB Rn 16; PLANCK/GUNKEL § 617 Anm 5 a; HUECK/NIPPERDEY I § 48 II 6 b; SOERGEL/KRAFT § 617 Rn 9; BGB-RGRK/MATTHES § 617 Rn 21; NIKISCH I § 36 II 3 b; OERTMANN § 617 Anm 5 c; PALANDT/PUTZO § 617 Rn 3; MünchKomm/SCHAUB § 617 Rn 12; SCHMITT, EFZG [4. Aufl 1999] § 617 BGB Rn 31; SCHULTZENSTEIN ArchBürgR 23 [1904] 302 f).

40 Eine Versicherung schließt den Anspruch aus § 617 Abs 1 nur aus, wenn diese die Verpflegung und die ärztliche Behandlung des Dienstverpflichteten **in dem gleichen Umfang** sicherstellt, wie er diese nach § 617 Abs 1 von dem Dienstberechtigten verlangen kann (ERMAN/BELLING § 617 Rn 9; SCHULTZENSTEIN ArchBürgR 23 [1904] 301; in diesem Sinne auch SCHMITT, EFZG [4. Aufl 1999] § 617 BGB Rn 32; so ausdrücklich ebenfalls noch § 1156 a Abs 2 S 2 ABGB aF). Deckt die Versicherung nur einen **Teilbereich** ab, so bleibt hinsichtlich der nicht abgesicherten Leistungen der Anspruch aus § 617 Abs 1 bestehen (ERMAN/BELLING § 617 Rn 9; ErfKomm/DÖRNER § 617 BGB Rn 16; SOERGEL/KRAFT § 617 Rn 8; BGB-RGRK/MATTHES § 617 Rn 21; SCHULTZENSTEIN ArchBürgR 23 [1904] 302; teilweise aA HILSE Recht 1902, 204).

41 Vom Gesetz nicht erfaßt wird eine **Eigenbeteiligung des Dienstverpflichteten** für Verpflegung oder ärztliche Behandlung. Ein Ersatzanspruch hinsichtlich des vom Dienstverpflichteten zu tragenden Differenzbetrages kann nicht auf § 617 Abs 1 gestützt werden. Die Vorschrift gewährleistet dem Dienstverpflichteten nicht die kostenfreie Krankenfürsorge, sondern lediglich die ärztliche und medizinische Versorgung (näher o Rn 3 f). Dieses Auslegungsresultat wird durch die Anrechnungsbefugnis des Dienstberechtigten in § 617 Abs 1 S 3 gestützt (zu dieser u Rn 61 ff). Erst wenn die aufgrund der „Versicherung" geschuldete Krankenfürsorge ohne eine vorherige Eigenleistung nicht erbracht wird, bleibt der Anspruch aus § 617 Abs 1 bestehen.

c)   Anderweitige Vorsorge

42 Der Ausschlußtatbestand in § 617 Abs 2 2. Alt, die Versorgung durch Einrichtungen der öffentlichen Krankenpflege, ist praktisch bedeutungslos (zur früheren Rechtslage in

Bayern GÖSSMANN SeuffBl 74 [1909] 335 f). Hierzu gehören nicht die von den Sozialhilfe-
trägern im Krankheitsfall zB nach § 37 BSHG zu erbringenden Leistungen (im Grundsatz bereits BONN 56; SCHULTZENSTEIN ArchBürgR 23 [1904] 309).

VI. Dauer und Inhalt des Anspruchs

1. Beginn

Der Verpflegungs- und Behandlungsanspruch beginnt mit der Erkrankung des **43**
Dienstverpflichteten, nicht jedoch, wenn diese vor Beginn des Dienstverhältnisses
oder der Aufnahme in die häusliche Gemeinschaft eintritt (näher o Rn 31).

2. Inhalt des Anspruchs

a) Verpflegung
Der Anspruch des Dienstverpflichteten richtet sich auf die „Verpflegung". Sie be- **44**
schränkt sich nicht auf die Versorgung mit Nahrungsmitteln (Speisen und Getränke),
da der Anspruch aus § 617 Abs 1 ein Substitut für fehlende Ansprüche des Dienstverpflichteten aus einer gesetzlichen Krankenversicherung ist (ERMAN/BELLING § 617
Rn 12; ErfKomm/DÖRNER § 617 BGB Rn 10; SCHMITT, EFZG [4. Aufl 1999] § 617 BGB Rn 18). Der
Wortlaut der Vorschrift deckt aufgrund einer teleologischen Betrachtung ein extensives Verständnis, das den Anspruch auf **alle zur Krankenpflege erforderlichen sachlichen Mittel** ausdehnt (ERMAN/BELLING § 617 Rn 12; ErfKomm/DÖRNER § 617 BGB Rn 10;
BGB-RGRK/MATTHES § 617 Rn 25; MünchKomm/SCHAUB § 617 Rn 16; SCHMITT, EFZG [4. Aufl
1999] § 617 BGB Rn 18; SCHULTZENSTEIN ArchBürgR 23 [1904] 281), zu deren **Konkretisierung**
aufgrund des Normzwecks vor allem auf die **krankenversicherungsrechtlichen Vorschriften** zurückzugreifen ist (ERMAN/BELLING § 617 Rn 12; MünchKomm/SCHAUB § 617
Rn 14; SCHMITT, EFZG [4. Aufl 1999] § 617 BGB Rn 18; sowie schon SCHULTZENSTEIN ArchBürgR
23 [1904] 280). Hierzu gehören insbesondere **Arznei- und Verbandsmittel** (§ 31 SGB V)
sowie **Heilmittel** (§ 32 SGB V). **Hilfsmittel** (§ 33 SGB V) sind zumindest dann geschuldet, wenn sie zur Beseitigung der Erkrankung notwendig sind (vgl SCHULTZEN-
STEIN ArchBürgR 23 [1904] 281 f; bedenklich weit MünchKomm/SCHAUB § 617 Rn 16, der ohne
Einschränkungen Körperersatzstücke und Hilfsmittel einbezieht; kritisch insoweit auch SCHMITT,
EFZG [4. Aufl 1999] § 617 BGB Rn 18).

Die Verpflichtung des Dienstberechtigten wird durch die in § 617 Abs 1 S 1 ausdrück- **45**
lich verankerte Bindung an den **Erforderlichkeitsgrundsatz** begrenzt. Es reicht nicht,
daß die Sachmittel für die Krankenpflege nützlich sind, vielmehr müssen sie notwendig sein, um bei objektiver Betrachtung die Gesundheit des Dienstverpflichteten
wiederherzustellen (MünchKomm/SCHAUB § 617 Rn 17). Bei mehreren gleichermaßen
geeigneten Sachmitteln richtet sich der Anspruch auf die für den Dienstberechtigten
finanziell günstigere Alternative (so auch schon SCHULTZENSTEIN ArchBürgR 23 [1904] 278).

b) Ärztliche Behandlung
Im Unterschied zur Verpflegung richtet sich der Anspruch auf ärztliche Behandlung **46**
auf **persönliche Hilfsleistungen** zur Wiederherstellung der Gesundheit. Wegen der
Auffangfunktion des § 617 Abs 1 zur fehlenden gesetzlichen Krankenversicherung
(s o Rn 4) ist die Behandlung der Erkrankung durch einen **approbierten (Fach-)Arzt**
geschuldet (ERMAN/BELLING § 617 Rn 11; ErfKomm/DÖRNER § 617 BGB Rn 11; MünchKomm/

SCHAUB § 617 Rn 15; SCHMITT, EFZG [4. Aufl 1999] § 617 BGB Rn 19; SCHULTZENSTEIN ArchBürgR 23 [1904] 282). Die ärztliche Behandlung umfaßt auch persönliche Dienstleistungen durch **nichtärztliches Hilfspersonal,** wenn und soweit dies aus medizinischen Gründen indiziert ist.

47 Bezüglich der ärztlichen Behandlung besteht der Anspruch ebenfalls nur in den Grenzen des **Erforderlichkeitsgrundsatzes.** Er kann deshalb bei **leichteren Erkrankungen** zu verneinen sein, die nach allgemeiner Auffassung keiner ärztlichen Therapie bedürfen (ERMAN/BELLING § 617 Rn 11; PLANCK/GUNKEL § 617 Anm 4 a; SOERGEL/KRAFT § 617 Rn 10; MünchKomm/SCHAUB § 617 Rn 17). Ein Auswahlrecht hinsichtlich der **Person des Arztes** steht dem Dienstverpflichteten grundsätzlich nicht zu (ErfKomm/DÖRNER § 617 BGB Rn 11; PLANCK/GUNKEL § 617 Anm 4 a; MünchArbR/SCHAUB § 617 Rn 17; SCHMITT, EFZG [4. Aufl 1999] § 617 BGB Rn 19; SCHULTZENSTEIN ArchBürgR 23 [1904] 283). Der Dienstberechtigte muß jedoch nach **§ 315** bei der Ausübung seines Leistungsbestimmungsrechts auf die berechtigten Interessen des Dienstverpflichteten Rücksicht nehmen (ebenso MünchArbR/SCHAUB § 617 Rn 17; SCHMITT, EFZG [4. Aufl 1999] § 617 BGB Rn 19). Wegen der aus therapeutischen Gründen unerläßlichen Vertrauensbeziehung zu dem behandelnden Arzt ist ein **Vorschlag des Dienstverpflichteten** zu berücksichtigen, sofern nicht gewichtige Interessen des Dienstberechtigten (zB Vergütungshöhe) seiner Hinzuziehung entgegenstehen (ebenso ErfKomm/DÖRNER § 617 BGB Rn 11; SCHMITT, EFZG [4. Aufl 1999] § 617 BGB Rn 19).

c) Aufnahme in eine Krankenanstalt

48 Der Dienstberechtigte kann den Verpflegungs- und Behandlungsanspruch des Dienstverpflichteten nicht nur im Rahmen der häuslichen Gemeinschaft durch eine stationäre Behandlung erfüllen, sondern seinen Verpflichtungen nach § 617 Abs 1 S 2 auch durch Aufnahme des Dienstverpflichteten in eine Krankenanstalt nachkommen, wobei sowohl eine **öffentliche als auch eine private Krankenanstalt** in Betracht kommt (SCHULTZENSTEIN ArchBürgR 23 [1904] 387). Hierdurch wird zugunsten des Dienstberechtigten **keine Wahlschuld** (so GERNSHEIM, Die Ersetzungsbefugnis im deutschen bürgerlichen Recht [1906] 249 f; BGB-RGRK/MATTHES § 617 Rn 28; MünchKomm/SCHAUB § 617 Rn 18), sondern eine **facultas alternativa** begründet (so auch BONN 50; ERMAN/BELLING § 617 Rn 12; LANGHEINEKEN, Anspruch und Einrede nach dem deutschen Bürgerlichen Gesetzbuch [1903] 208; OERTMANN § 617 Anm 3 b; PALANDT/PUTZO § 617 Rn 3; JAUERNIG/SCHLECHTRIEM § 617 Rn 4; SCHULTZENSTEIN ArchBürgR 23 [1904] 286; wohl auch SOERGEL/KRAFT § 617 Rn 10, der von einem „Wahlrecht" spricht).

49 Wegen der Rechtsnatur einer facultas alternativa kann der Dienstverpflichtete von dem Dienstberechtigten nicht die Ausübung in einer bestimmten Weise verlangen (anders § 1156 Abs 2 S 2 ABGB aF). Ihm steht auch nicht das für die Wahlschuld in § 264 normierte Instrumentarium zur Verfügung, so daß er nicht die Aufnahme in eine Krankenanstalt verlangen kann.

50 Übt der Dienstberechtigte seine Ersetzungsbefugnis aus, so ist er an die **getroffene Wahl gebunden** (SCHULTZENSTEIN ArchBürgR 23 [1904] 288). Dies schließt es allerdings nicht aus, die Behandlung in einer Krankenanstalt zu beginnen und anschließend in der häuslichen Gemeinschaft fortzusetzen. Das Gesetz zwingt nicht zu einem „entweder-oder", sondern läßt auch die Möglichkeit eines „sowohl-als-auch" zu, wenn

dies aus therapeutischen Gründen gerechtfertigt ist (ebenso BGB-RGRK/Matthes § 617 Rn 23).

Die Ersetzungsbefugnis wird nur dann wirksam ausgeübt, wenn die **Krankenanstalt** **51** **geeignet** ist, den nach § 617 Abs 1 S 1 begründeten Anspruch zu erfüllen. Anderenfalls bleibt der Anspruch des Dienstverpflichteten nach § 617 Abs 1 S 1 bestehen. Die **Weigerung zur Aufnahme** in eine ungeeignete Krankenanstalt löst in dieser Konstellation keine für den Dienstverpflichteten nachteiligen Rechtsfolgen aus. An die vom Dienstberechtigten getroffene Entscheidung ist der Dienstverpflichtete nur gebunden, wenn die Krankenanstalt die Leistungen in dem nach § 617 Abs 1 S 1 geschuldeten Umfang erbringt.

Nach verbreiteter Ansicht ist der Dienstberechtigte von seiner Leistungspflicht befreit, wenn der **Dienstverpflichtete** die **Aufnahme** in die Krankenanstalt **verweigert** (so **52** Planck/Gunkel § 617 Anm 4 b; MünchKomm/Schaub § 617 Rn 18; Schmitt, EFZG [4. Aufl 1999] § 617 BGB Rn 20; Schultzenstein ArchBürgR 23 [1904] 286; mit Einschränkungen auch Bonn 50; Hueck/Nipperdey I § 48 II 6 b; Nikisch I § 36 II 3 b Fn 26; siehe auch § 46 SeemG). Dem ist nur teilweise zuzustimmen. Lehnt der Dienstverpflichtete die Aufnahme in die Krankenanstalt bei einer rechtswirksamen Ausübung der Ersetzungsbefugnis (vgl o Rn 51) ab, dann gerät er in Annahmeverzug (so mit Recht Bonn 50), der grundsätzlich nicht zum **Erlöschen der Leistungspflicht** führt. Diese Rechtsfolge tritt vielmehr erst wegen einer Unmöglichkeit ein, die bei einer rechtswirksamen Ausübung der Ersetzungsbefugnis vom Schuldner (= Dienstberechtigten) nicht zu vertreten ist (§ 275 Abs 1). Deshalb erlischt die Leistungspflicht des Dienstberechtigten **nur für die Vergangenheit,** nicht aber für die Zukunft (so mit Recht Schultzenstein ArchBürgR 23 [1904] 288; ebenso Erman/Belling § 617 Rn 12; Soergel/Kraft § 617 Rn 10; iE auch BGB-RGRK/Matthes § 617 Rn 28).

Durch den hier befürworteten konstruktiven Ansatz entfällt das in § 46 SeemG **53** aufgegriffene Problem einer „berechtigten" Weigerung (vgl Bonn 50; Hueck/Nipperdey I § 48 II 6 b; Nikisch I § 36 II 3 b Fn 26). Neben den Erwägungen, die dazu führen, daß die Ersetzungsbefugnis nicht rechtswirksam ausgeübt wurde (o Rn 51), bleibt für eine „berechtigte" Weigerung des Dienstverpflichteten kein Raum. Wurde die Ersetzungsbefugnis nicht wirksam ausgeübt, dann bleibt der Anspruch aus § 617 Abs 1 bestehen; für die Vergangenheit erlischt er jedoch gemäß § 275 Abs 1, an seine Stelle treten Schadensersatzansprüche nach den §§ 280 Abs 1, 283.

3. Dauer des Anspruchs

a) Genesung

Der Anspruch endet, wenn er seinen **Zweck erfüllt** hat, der Dienstverpflichtete also **54** von der Erkrankung genesen ist. Im Einzelfall kann dieser Zeitpunkt problematisch sein. Die völlige Beseitigung der Krankheit ist nicht notwendig, es genügt, daß die **Behandlungsbedürftigkeit entfällt** (vgl Schultzenstein ArchBürgR 23 [1904] 275).

b) Sechs-Wochen-Frist

Im Einklang mit den Vorschriften zur Entgeltfortzahlung im Krankheitsfall (§ 3 **55** Abs 1 S 1 EFZG) begrenzt das Gesetz den Verpflegungs- und Behandlungsanspruch auf die Dauer von sechs Wochen. Eine nach der Länge des Dienstverhältnisses abgestufte Dauer des Anspruchs (so noch § 1156 Abs 1 ABGB aF) kennt § 617 Abs 1 nicht.

56 Das Gesetz knüpft **nicht** an die **Dauer der Erkrankung** an, so daß die Sechs-Wochen-Frist nicht zwingend mit dem ersten Tag der Erkrankung beginnt (so mit Recht schon BONN 50; OERTMANN § 617 Anm 3 a; SCHULTZENSTEIN ArchBürgR 23 [1904] 284). Dem Dienst-verpflichteten soll vielmehr eine sechswöchige Behandlung gesichert werden, die das Gesetz wegen des Gebots einer zumutbaren Belastung des Dienstberechtigten auf diesen Zeitraum begrenzt. Aufgrund dieses Zwecks der Sechs-Wochen-Frist kann sich der Dienstberechtigte nur dann auf den Ablauf der Sechs-Wochen-Frist stützen, wenn er die nach § 617 Abs 1 geschuldeten **Leistungen** in diesem Zeitraum auch **tatsächlich erbracht hat.** Sie beginnt erst, wenn der Dienstberechtigte erstmals die nach § 617 Abs 1 geschuldeten Leistungen erbringt (OERTMANN § 617 Anm 3 c) oder hätte erbringen müssen (ERMAN/BELLING § 617 Rn 14; BGB-RGRK/MATTHES § 617 Rn 29; MünchKomm/SCHAUB § 617 Rn 21; SCHMITT, EFZG [4. Aufl 1999] § 617 BGB Rn 24; SCHULTZEN-STEIN ArchBürgR 23 [1904] 284 f). Zur **Berechnung der Frist** sind die §§ 186, 187, 193 heranzuziehen (PLANCK § 617 Anm 4 c; SCHULTZENSTEIN ArchBürgR 23 [1904] 285).

c)   Beendigung des Dienstverhältnisses
57 Der Anspruch des Dienstverpflichteten besteht grundsätzlich nur während eines bestehenden Dienstverhältnisses und entfällt mit seiner Beendigung. Dies gilt auch, wenn die **Beendigung** des Dienstverhältnisses **während einer Erkrankung** eintritt und die Sechs-Wochen-Frist noch nicht abgelaufen ist (ERMAN/BELLING § 617 Rn 14; SOERGEL/KRAFT § 617 Rn 12; BGB-RGRK/MATTHES § 617 Rn 31; SCHMITT, EFZG [4. Aufl 1999] § 617 BGB Rn 22). Ein Anspruch entfällt deshalb für die Zukunft nicht nur bei einer einvernehmlichen Beendigung infolge Fristablaufs oder Aufhebungsvertrags (ebenso § 8 Abs 2 EFZG für die Entgeltfortzahlung im Krankheitsfall), sondern regelmäßig auch bei einer einseitigen Beendigung des Dienstverhältnisses aufgrund einer Kün-digung durch den Dienstberechtigten.

58 Eine Ausnahme sieht § 617 Abs 1 S 4 nur vor, wenn der Dienstberechtigte das Dienstverhältnis **wegen der Erkrankung außerordentlich kündigt.** Der Anspruch be-steht in dieser Konstellation bis zum Ablauf des Sechs-Wochen-Zeitraums uneinge-schränkt fort. Hierdurch wird sichergestellt, daß sich der Dienstberechtigte seinen gesetzlichen Pflichten nicht durch Ausspruch einer außerordentlichen Kündigung entzieht. Eine außerordentliche **Kündigung aus anderen Gründen** führt jedoch wegen der konditionalen Verknüpfung („wegen") zur Beendigung der Leistungspflicht (OERTMANN § 617 Anm 3 c; SCHULTZENSTEIN ArchBürgR 23 [1904] 285).

59 Ob das Dienstverhältnis **„wegen"** der Erkrankung außerordentlich gekündigt wurde, kann nicht ausschließlich mittels einer objektiven Kausalitätsprüfung entschieden werden. Da mehrere Ursachen für die Kündigung kausal geworden sein können, reicht ein willensmäßig ursächlicher Zusammenhang nicht stets aus. Die Erkrankung muß bei der Möglichkeit mehrerer Ursachen **tragender Beweggrund** für die außer-ordentliche Kündigung gewesen sein (ERMAN/BELLING § 617 Rn 14; SOERGEL/KRAFT § 617 Rn 13).

60 Wird wegen der Erkrankung eine **ordentliche Kündigung** ausgesprochen, so hält § 617 Abs 1 im Unterschied zu der Parallelbestimmung im Entgeltfortzahlungsrecht (§ 8

Abs 1 S 1 EFZG) und der früheren österreichischen Rechtslage (§ 1156 b S 1 ABGB aF) die Leistungspflicht des Dienstberechtigten nicht aufrecht; sie besteht in dieser Konstellation lediglich bis zum Ablauf der Kündigungsfrist. Einer Anwendung des § 617 Abs 1 S 4 auf die ordentliche Kündigung im Wege einer ergänzenden Gesetzesauslegung (hierfür LEPKE, Kündigung bei Krankheit [10. Aufl 2000] 477; BGB-RGRK/MATTHES § 617 Rn 31; MünchKomm/SCHAUB § 617 Rn 20) steht der Gesetzeswortlaut entgegen (ebenso ERMAN/BELLING § 617 Rn 14; SOERGEL/KRAFT § 617 Rn 13; SCHMITT, EFZG [4. Aufl 1999] § 617 BGB Rn 29; iE auch ErfKomm/DÖRNER § 617 BGB Rn 14). Gegen eine entsprechende Anwendung des § 617 Abs 1 S 4 spricht vor allem, daß die Vorschriften des Entgeltfortzahlungsrechts keine Auskunft über die Regelungsvorstellungen bezüglich des in § 617 Abs 1 normierten Verpflegungs- und Behandlungsanspruchs geben.

Kündigt der Dienstverpflichtete während des Sechs-Wochen-Zeitraumes das Dienst- **61** verhältnis, so endet die Leistungspflicht des Dienstberechtigten unabhängig von dem Grund der Kündigung. Das gilt abweichend von § 8 Abs 1 S 2 EFZG auch, wenn dem Dienstverpflichteten ein Grund zur außerordentlichen Kündigung zustand. Im Einzelfall können die nach § 617 Abs 1 zu gewährenden Leistungen aber als Schadensersatz gemäß § 628 Abs 2 geschuldet sein (s u Rn 72).

4. Kostentragung

a) Grundsatz

Der Anspruch des Dienstverpflichteten richtet sich auf Erbringung von Sachleistun- **62** gen. Deshalb ist der Dienstberechtigte zunächst zur Tragung der Kosten verpflichtet (ERMAN/BELLING § 617 Rn 13; ErfKomm/DÖRNER § 617 BGB Rn 15; SOERGEL/KRAFT § 617 Rn 11; BGB-RGRK/MATTHES § 617 Rn 32; NIKISCH I § 36 II 3 b; PALANDT/PUTZO § 617 Rn 3; Münch-Komm/SCHAUB § 617 Rn 22; SCHMITT, EFZG [4. Aufl 1999] § 617 BGB Rn 30). Ob der Dienstberechtigte die Sachleistung persönlich oder durch andere Personen erbringt, bleibt ihm überlassen.

b) Anrechnungsbefugnis

Dem Dienstverpflichteten steht **kein Anspruch auf kostenlose Krankenfürsorge** zu, da **63** § 617 Abs 1 S 3 dem Dienstberechtigten die Befugnis einräumt, die ihm entstehenden Kosten auf eine für die Zeit der Erkrankung geschuldete Vergütung anzurechnen. Ob dem Dienstverpflichteten ein **Vergütungsanspruch** für die Zeit der Erkrankung zusteht, beurteilt sich nach Maßgabe der allgemeinen Vorschriften (zB § 3 Abs 1 S 1 EFZG). Ein Anspruch auf Vergütungsfortzahlung läßt sich auch nicht inzident aus § 617 Abs 1 ableiten.

Die Anrechnungsbefugnis ist auf diejenigen **Vergütungsansprüche** beschränkt, die **64** dem Dienstverpflichteten **während der Erkrankung** zustehen. Ob es sich bei dem Vergütungsanspruch um die Gegenleistung für die trotz der Erkrankung geleisteten Dienste oder um eine Fortzahlung der Vergütung ohne Dienstleistung handelt, ist für die Anrechnungsbefugnis unerheblich. Der Dienstberechtigte ist nicht befugt, die Kosten auf solche Vergütungsansprüche anzurechnen, die aus vorhergehenden oder späteren Zeiträumen herrühren (ERMAN/BELLING § 617 Rn 13; SCHULTZENSTEIN ArchBürgR 23 [1904] 291; aA BGB-RGRK/MATTHES § 617 Rn 33, für Ansprüche aus der Zeit vor der Erkrankung).

65 Die dogmatische Konstruktion der Anrechnungsbefugnis ist § 615 S 2 nachgebildet. Die Anrechnung führt zu einer Verringerung oder einem Wegfall des Vergütungsanspruches. Diese Rechtsfolge tritt nicht ipso iure ein (so aber Lotmar I 663; Schultzenstein ArchBürgR 23 [1904] 294), sondern bedarf – wie sich aus dem Gesetzeswortlaut („können") ergibt – einer **Gestaltungserklärung** des Dienstberechtigten (ebenso schon Bonn 79, 90; Planck/Gunkel § 617 Anm 4 d). Da das Gesetz keine Gegenforderung zugunsten des Dienstberechtigten begründet, handelt es sich bei der **Anrechnung nicht** um eine **Aufrechnung** (Oertmann § 617 Anm 4; Schultzenstein ArchBürgR 23 [1904] 293 f; Sinzheimer, Lohn und Aufrechnung [1902] 44 sowie zu § 615 S 2 Staudinger/Richardi [1999] § 615 Rn 137), auf sie finden insbesondere die §§ 387 ff keine Anwendung. Deshalb wird die Anrechnung nicht durch die **Pfändungsschutzvorschriften** (§§ 850 ff ZPO) beschränkt (Erman/Belling § 617 Rn 13; BGB-RGRK/Matthes § 617 Rn 34; MünchKomm/Schaub § 617 Rn 22; ebenso zu § 615 S 2 Staudinger/Richardi [1999] § 615 Rn 137). Es handelt sich vielmehr um ein spezielles Gestaltungsrecht, durch dessen Ausübung der Berechtigte eine gegen ihn gerichtete Forderung ganz oder teilweise zum Erlöschen bringt.

66 Die **Anrechnungserklärung** ist eine empfangsbedürftige Willenserklärung (Bonn 90 f). Ihre Rechtswirkungen treten erst mit ihrem **Zugang** beim Dienstverpflichteten ein (Bonn 90 f). Bei der Ausübung der Anrechnungsbefugnis soll der Dienstberechtigte nach einer teilweise in der Literatur geäußerten Ansicht an § 315 gebunden sein (so Palandt/Putzo § 617 Rn 3; MünchKomm/Schaub § 617 Rn 22). Da die Anrechnungsbefugnis keine Bestimmung der Leistung ist, kommt allenfalls eine entsprechende Anwendung des § 315 in Betracht, gegen die indes der Normzweck der Anrechnungsbefugnis spricht.

67 Bei wirksamer Ausübung des Anrechnungsrechts entfällt ex nunc der Rechtsgrund für eine vom Dienstberechtigten **bereits gewährte Vergütung;** ihm steht ein bereicherungsrechtlicher **Rückforderungsanspruch** aus § 812 Abs 1 S 2 1. Alt (condictio ob causam finitam) zu (im Grundsatz schon Planck/Gunkel § 617 Anm 4 d, der jedoch die Kondiktionsart offenläßt; iE auch Schultzenstein ArchBürgR 23 [1904] 291; aA Bonn 98, der § 812 Abs 1 S 2 1. Alt übersieht). Unter Beachtung der pfändungsrechtlichen Grenzen kann er diesen mit anderweitigen Vergütungsansprüchen des Dienstverpflichteten aufrechnen (ähnlich MünchKomm/Schaub § 617 Rn 22).

68 Das Anrechnungsrecht des Dienstberechtigten besteht nur soweit er Kosten aufwenden mußte, um seine **durch § 617 Abs 1 begründeten Verpflichtungen** zu erfüllen. War die Verpflegung hingegen Bestandteil der vom Arbeitgeber geschuldeten Vergütung, so kommt eine Anrechnung nicht in Betracht, da es sich bei den hierfür erforderlichen Aufwendungen nicht um die Erfüllung der in § 617 Abs 1 normierten Verpflichtung, sondern um die des arbeitsvertraglichen Vergütungsanspruches handelt (Erman/Belling § 617 Rn 13; ErfKomm/Dörner § 617 BGB Rn 15; BGB-RGRK/Matthes § 617 Rn 33; MünchKomm/Schaub § 617 Rn 22; Schmitt, EFZG [4. Aufl 1999] § 617 BGB Rn 30; sowie schon Lotmar II 217 Fn 5). Dies gilt entsprechend, wenn der Dienstberechtigte aus schadensersatzrechtlichen Gründen zum Ersatz der Heilbehandlungskosten verpflichtet ist (Erman/Belling § 617 Rn 13; Soergel/Kraft § 617 Rn 11; Lotmar I 663 Fn 1, II 217 Fn 2; BGB-RGRK/Matthes § 617 Rn 35; MünchKomm/Schaub § 617 Rn 22; Schultzenstein ArchBürgR 23 [1904] 295; aA Planck/Gunkel § 617 Anm 4 d, der dem Dienstverpflichteten lediglich eine Auf-

rechnungsbefugnis zubilligt, hierbei aber übersieht, daß der Dienstberechtigte seine Leistungen nicht wegen § 617, sondern aufgrund der Schadensersatzpflicht erbringt).

VII. Beweislast

Der **Dienstverpflichtete** trägt hinsichtlich der anspruchsbegründenden Tatsachen die **69** Beweislast. Diese erstreckt sich auf das Vorliegen eines **dauernden Dienstverhältnisses,** das Ausmaß seiner **Erwerbstätigkeit,** die Aufnahme in die **häusliche Gemeinschaft,** seine **Erkrankung** sowie die **Erforderlichkeit** der begehrten Maßnahmen (ERMAN/BELLING § 617 Rn 18; SOERGEL/KRAFT § 617 Rn 14; MünchKomm/SCHAUB § 617 Rn 23). Der Dienstverpflichtete ist ebenfalls für den **Zeitpunkt der Erkankung** beweisbelastet (BGB-RGRK/DENECKE [11. Aufl] § 617 Anm 2; SCHULTZENSTEIN ArchBürgR 23 [1904] 301).

Dem **Dienstberechtigten** obliegt demgegenüber die Beweislast für die **schuldhafte 70 Herbeiführung** der Erkrankung (ERMAN/BELLING § 617 Rn 18; BGB-RGRK/DENECKE [11. Aufl] § 617 Anm 2; PLANCK/GUNKEL § 617 Anm 3 g; SOERGEL/KRAFT § 617 Rn 14; LEPKE DB 1972, 925; NIKISCH I § 36 II 3 b; MünchKomm/SCHAUB § 617 Rn 23; SCHULTZENSTEIN ArchBürgR 23 [1904] 301; **aA** LEONHARD, Die Beweislast [2. Aufl 1926] 372) und andere Tatsachen, die dazu führen, daß seine Verpflichtung entfällt. Hierzu zählt sowohl das **Vorliegen einer anderweitigen Vorsorge** im Sinne des § 617 Abs 2 (ERMAN/BELLING § 617 Rn 18; BGB-RGRK/DENECKE [11. Aufl] § 617 Anm 2; PLANCK/GUNKEL § 617 Anm 5 b; SOERGEL/KRAFT § 617 Rn 14; MünchKomm/SCHAUB § 617 Rn 23) als auch eine rechtswirksame Ausübung der **Ersetzungsbefugnis** nach § 617 Abs 1 S 3. Beruft sich der Dienstberechtigte für die Beendigung seiner Leistungspflicht auf die **Beendigung des Dienstverhältnisses,** so ist er hinsichtlich der zur Beendigung führenden Umstände beweispflichtig. Der **Fortbestand der Leistungspflicht** trotz Beendigung des Dienstverhältnisses (§ 617 Abs 1 S 4) ist demgegenüber vom **Dienstverpflichteten** zu beweisen.

VIII. Rechtsschutz

Kommt der Dienstberechtigte seinen Verpflichtungen nicht oder nicht ordnungsge- **71** mäß nach, so kann der Dienstverpflichtete auf **Erfüllung** klagen (ERMAN/BELLING § 617 Rn 15; PLANCK/GUNKEL § 617 Anm 5 a; SOERGEL/KRAFT § 617 Rn 14; JAUERNIG/SCHLECHTRIEM § 617 Rn 7; SCHULTZENSTEIN ArchBürgR 23 [1904] 314). Hierfür ist der Rechtsweg zu den Arbeitsgerichten eröffnet, wenn ein Arbeitsverhältnis vorliegt. Wegen der besonderen Dringlichkeit der Leistung kommt auch eine **einstweilige Verfügung** (§§ 935 ff ZPO) in Gestalt der **Leistungsverfügung** in Betracht.

Ergreift der Dienstverpflichtete selbst die nach § 617 erforderlichen Maßnahmen, so **72** stehen ihm **Aufwendungsersatzansprüche** nach den Regeln der Geschäftsführung ohne Auftrag zu (ERMAN/BELLING § 617 Rn 16; PLANCK/GUNKEL § 617 Anm 6 b; SOERGEL/KRAFT § 617 Rn 14; BGB-RGRK/MATTHES § 617 Rn 4; MünchKomm/SCHAUB § 617 Rn 24; SCHULTZENSTEIN ArchBürgR 23 [1904] 316). Ein **entgegenstehender Wille des Dienstberechtigten** soll nach verbreiteter Auffassung wegen § 679 unbeachtlich sein. Verpflegung und Behandlung des Dienstverpflichteten besitzen zwar nicht den Charakter einer gesetzlichen Unterhaltspflicht, sie liegen aber – wie sich aus der Anordnung der zwingenden Normwirkung durch § 619 ergibt – im öffentlichen Interesse. Hat der Dienstverpflichtete den Dienstberechtigten ordnungsgemäß in Verzug gesetzt (§ 286), so stehen ihm **Schadensersatzansprüche** zu (§§ 280 Abs 1, 281 Abs 1). Die Weigerung des Dienstberechtigten, die Ansprüche aus § 617 Abs 1 zu erfüllen, kann den Dienstverpflichteten im Einzelfall zur **außerordentlichen Kündigung** (§ 626) berechtigen (ERMAN/BELLING § 617 Rn 17; BGB-RGRK/DENECKE [11. Aufl] § 617 Anm 3; PLANCK/GUNKEL § 617 Anm 6 b; SOERGEL/KRAFT § 617 Rn 14; MünchKomm/SCHAUB § 617 Rn 24; JAUERNIG/SCHLECHTRIEM § 617 Rn 7; SCHULTZEN-STEIN ArchBürgR 23 [1904] 315). In diesem Fall folgt aus § 628 Abs 2 ein eigenständiger **Schadensersatzanspruch des Dienstverpflichteten** (ERMAN/BELLING § 617 Rn 17).

§ 618
Pflicht zu Schutzmaßnahmen

(1) Der Dienstberechtigte hat Räume, Vorrichtungen oder Gerätschaften, die er zur Verrichtung der Dienste zu beschaffen hat, so einzurichten und zu unterhalten und Dienstleistungen, die unter seiner Anordnung oder seiner Leitung vorzunehmen sind, so zu regeln, daß der Verpflichtete gegen Gefahr für Leben und Gesundheit soweit geschützt ist, als die Natur der Dienstleistung es gestattet.

(2) Ist der Verpflichtete in die häusliche Gemeinschaft aufgenommen, so hat der Dienstberechtigte in Ansehung des Wohn- und Schlafraums, der Verpflegung sowie der Arbeits- und Erholungszeit diejenigen Einrichtungen und Anordnungen zu treffen, welche mit Rücksicht auf die Gesundheit, die Sittlichkeit und die Religion des Verpflichteten erforderlich sind.

(3) Erfüllt der Dienstberechtigte die ihm in Ansehung des Lebens und der Gesundheit des Verpflichteten obliegenden Verpflichtungen nicht, so finden auf seine Verpflichtung zum Schadensersatz die für unerlaubte Handlungen geltenden Vorschriften der §§ 842 bis 846 entsprechende Anwendung.

Materialien: E I –, II § 558, III § 619; Mot –, Prot II 289 ff.

Schrifttum

BIRK, Arbeitnehmerschutz – Vom internationalen zum supranationalen Recht –, ZfA 1991, 355
BÜCKER/FELDHOFF/KOHTE, Vom Arbeitsschutz zur Arbeitsumwelt (1994)
DENCK, Arbeitsschutz und Anzeigerecht des Arbeitnehmers, DB 1980, 2132
DEPPE/KANNENGIESSER/KICKHUT, Arbeitsschutzsystem Bd I bis V (1980)
EHMANN, Arbeitsschutz und Mitbestimmung bei neuen Technologien (1981)
FUCHS, Die gesicherten arbeitswissenschaftlichen Erkenntnisse (1984)
FÜHRICH, Die Einordnung des Arbeitsschutzrechts in das öffentliche oder private Recht und die internationalrechtlichen Folgen dieser Einordnung (Diss Würzburg 1979)
GALPERIN, Die Einwirkung öffentlichrechtlicher Arbeitsschutznormen auf das Arbeitsverhältnis, BB 1963, 739
GROSS, Arbeitsschutz und Arbeitsverhältnis, AuR 1955, 75
HAHN, Anwendung von § 618 BGB auf Arbeitsverhältnisse im weiteren Sinne, Gruchot 45 (1901) 213
HANAU, Arbeitsvertragliche Konsequenzen des Arbeitsschutzes, in: FS Wlotzke (1996) 37

HERSCHEL, Arbeitsschutz im sozialen Rechts-
staat, BArbBl 1955, 571
ders, Die rechtliche Bedeutung schutzgesetzli-
cher Vorschriften im Arbeitsrecht, RdA 1964, 7,
44
ders, Staatsentlastende Tätigkeiten im Arbeitsschutz, in: FS Nipperdey II (1965) 221
ders, Der Arbeitsschutz vor neuen Aufgaben,
BB 1967, 929
ders, Zur Dogmatik des Arbeitsschutzrechts,
RdA 1978, 69
HERZBERG, Die Verantwortung für Arbeitsschutz und Unfallverhütung im Betrieb (1984)
HOFBAUER, Der öffentlich-rechtliche Gefahrenschutz für Arbeitnehmer (Diss Würzburg
1976)
A HUECK/FIKENTSCHER, Die Einwirkung von
Arbeitsschutznormen auf das Arbeitsverhältnis,
ArbSch 1957, 63
KASKEL, Die rechtliche Natur des Arbeits-
schutzes, in: FS H Brunner (1914) 163
KLOEPFER/VEIT, Grundstrukturen des techni-
schen Arbeitsschutzrechts, NZA 1990, 121
KOHTE, Arbeitsschutzrecht im Wandel – Struk-
turen und Erfahrungen, ArbRGeg 37 [1999]
2000, 21
KOLLMER, Grundlagen des Arbeitssicherheits-
und Arbeitsschutzrechts, AR-Blattei SD 210.1
(1999)
KORT, Inhalt und Grenzen der arbeitsrechtlichen
Personenfürsorgepflicht, NZA 1996, 854
LEISNER, Arbeitsschutz im öffentlichen Dienst
(1991)
LEWER, Die Haftung des Werkbestellers nach
Dienstleistungsrecht gem den §§ 618, 619 BGB,
JZ 1983, 336
MÄRTINS, Arbeitsschutz und Unfallverhütung
im öffentlichen Dienst, ZTR 1992, 223, 267
MÖX, Außerbetriebliche Beschwerde bei Ge-
sundheitsgefährdung am Arbeitsplatz, AiB 1992,
382
NEUMANN/DUESBERG, Das Verhältnis von
„Verkehrssicherungs- und Fürsorgepflicht" des
Arbeitgebers und die „Teilnahme am allgemei-
nen Verkehr", VersR 1968, 1
NIPPERDEY, Die privatrechtliche Bedeutung des
Arbeiterschutzrechts, in: Festgabe zum 50jähri-
gen Bestehen des Reichsgerichts Bd IV (1929)
203

PIEPER, Das Arbeitsschutzrecht in der deutschen
und europäischen Arbeits- und Sozialordnung
(1998)
SCHWARZ, Öffentliches und privates Recht in
der arbeitsrechtlichen Systembildung (Graz
1973)
STEVENS/BARTOL, Arbeitsvertragsrecht ohne
Umweltschutz, AuR 1992, 262
TERPITZ, Zum Recht des Arbeitsschutzes, WM
1982, 682
THOMSCHKE, Der Betriebsschutz im Arbeits-
und Sozialrecht (Diss Würzburg 1976)
WALTERMANN, Der Arbeitsunfall im Bürgerli-
chen Recht, Arbeitsrecht und Sozialrecht, RdA
1998, 330
WANK, Kommentar zum technischen Arbeits-
schutz (1999)
WANK/BÖRGMANN, Deutsches und europäisches
Arbeitsschutzrecht (1992)
WIESE, Der Schutz von Leben und Gesundheit
sowie eingebrachter Sachen von Mitgliedern der
Schiffsbesatzung (§ 3 Abs 2 BSchG) und mit-
fahrenden Familienangehörigen gegenüber dem
Arbeitgeber, in: BARTELSBERGER/KRAUSE/LO-
RENZ/WIESE, Probleme des Binnenschiffahrtsrechts (1975) 83
WLOTZKE, Zur Aufgabe einer Neuordnung des
Arbeitsschutzrechts, in: FS Herschel (1982) 504
ders, Öffentlich-rechtliche Arbeitsschutznormen
und privatrechtliche Rechte und Pflichten des
einzelnen Arbeitnehmers, in: FS Hilger/Stumpf
(1983) 723
ders, Technischer Arbeitsschutz im Spannungsverhältnis von Arbeits- und Wirtschaftsrecht,
RdA 1992, 85
ders, Auf dem Weg zu einer grundlegenden
Neuregelung des betrieblichen Arbeitsschutzes,
NZA 1994, 602
ders, Zur Neuordnung des technischen Arbeitsschutzrechts, in: FS Raisch (1995) 327
ders, Zur stufenweisen Neuordnung des
Arbeitsschutzrechts, in: FS Kehrmann (1997)
141
ders, Das Arbeitsschutzgesetz und die Arbeitsschutzpflichten der Beschäftigten, in FS Hanau
(1999) 317
ders, Ausgewählte Leitlinien des Arbeitsschutzgesetzes, in: FS Däubler (1999), 654
ders, in: RICHARDI/WLOTZKE (Hrsg), Münche-

ner Handbuch des Arbeitsrechts Bd 2 (2. Aufl 2000) §§ 206–216.
Weitere Nachweise bei den jeweiligen Einzel-

erläuterungen sowie zum älteren Schrifttum s auch STAUDINGER/NIPPERDEY/MOHNEN/NEUMANN[11]

Systematische Übersicht

4. Das Recht zur außerbetrieblichen Beschwerde nach § 22 S 1 Nr 2 AB-BergV

VII. Arbeitsschutzrecht und Wettbewerbsrecht

Alphabetische Übersicht

A. Entstehungsgeschichte

1 Der seit Inkrafttreten des BGB unveränderte § 618 war in dem Entwurf der I. Kommission noch nicht enthalten. Den Regelungsinhalt des **§ 618 Abs 1** und **Abs 3** fügte erst die II. Kommission aufgrund einer Initiative des Reichsjustizamtes (vgl Jakobs/Schubert 783) in das Gesetzeswerk ein (Mugdan II 904 ff). Als Vorbild für § 618 Abs 1 diente vor allem § 120a GewO aF, der kurz zuvor mit der Novelle v 1. 6. 1891 (RGBl 261) Eingang in die Gewerbeordnung fand (vgl zB Denkschrift, bei: Mugdan II 1255; Jakobs/Schubert 783 f).

2 Die Bestrebungen in den Beratungen der II. Kommission, den Kreis der von § 618 Abs 1 **geschützten Rechtsgüter** in Anlehnung an § 120a Abs 1 GewO aF um die „Sittlichkeit" zu erweitern (Mugdan II 905), wies die Kommissionsmehrheit zurück, weil in der Regel kein durch Geld auszugleichender Schaden vorliege und es zudem „keinem Zweifel" unterliege, daß der Dienstverpflichtete den der Sittlichkeit widerstreitenden Anordnungen ohnehin entgegentreten könne und gegebenenfalls zur Kündigung berechtigt sei (Mugdan II 905 f).

3 Die mit § 617 im systematischen Zusammenhang stehende Bestimmung in **§ 618 Abs 2** geht auf die Arbeiten der XII. Kommission des Reichstages zurück, die einen entsprechenden Antrag mit knapper Mehrheit (9:8) annahm (Mugdan II 1288).

4 Gegen die Ausdehnung des § 120a GewO aF auf alle **Dienstverhältnisse** (so die Denkschrift, bei: Mugdan II 1255; Jakobs/Schubert 783 f) wurde in den Gesetzesberatungen vor allem angeführt, daß eine zivilrechtliche Haftungsvorschrift neben den gewerbeaufsichtsrechtlichen Normen entbehrlich sei (vgl Mugdan II 905). Zusätzlich wurde bis zum Schluß erbittert um den **Pflichtenmaßstab** gerungen, der dem Dienstberechtigten aufzuerlegen ist. Das in der II. Kommission und auch noch im Justizausschuß des Bundesrates vorgetragene Plädoyer zugunsten einer Beschränkung der Pflichten auf die „Üblichkeit" (Mugdan II 906; zur Diskussion im Bundesrat Jakobs/Schubert 786 ff) setzte sich nicht durch. Das beruhte sowohl auf der durch das Arbeiterschutzgesetz (oben Rn 1) eingeleiteten rechtspolitischen Entwicklung als auch auf der höchstrichterlichen Judikatur zum gemeinen Recht, die eine Haftungsbegrenzung auf die „übliche" Sorgfalt nicht kannte (vgl RGZ 8, 151; 18, 176; 21, 79). Eine haftungsrechtliche Verschlechterung des Dienstverpflichteten, die durch eine Begrenzung auf die „Üblichkeit" eingetreten wäre, lehnte die II. Kommission mehrheitlich ab (Mugdan II 907).

B. Reichweite und Bedeutung der Vorschrift

Die an den Dienstberechtigten adressierten Verpflichtungen **in § 618 Abs 1 und 2**   5
gelten uneingeschränkt im **gesamten Bundesgebiet.** Im Gegensatz zu speziellen Bestimmungen für einzelne Arbeitsverhältnisse (s u Rn 7) sowie den Vorschriften des
technischen Arbeitsschutzrechts (vgl Anl I Kap VIII Sachgeb B Abschn II und III
EVertr; s dazu u Rn 92 f) erstreckte der Einigungsvertrag die Geltung des § 618 bereits
zum 3. 10. 1990 auch auf das in Art 3 EVertr umschriebene Beitrittsgebiet.

Der **Gesetzgebungsauftrag** in **Art 30 Abs 1 Nr 2 EVertr** beschränkt sich auf den „öf-   6
fentlich-rechtlichen Arbeitsschutz", läßt den zivilrechtlichen Pflichtenkreis des
Arbeitgebers und damit auch § 618 indes unberührt. Seine Integration in ein Arbeits-
vertragsrecht (Art 30 Abs 1 Nr 1 EVertr) ist gleichwohl von dem Kodifikationsauf-
trag an den gesamtdeutschen Gesetzgeber umfaßt (vgl § 77 des zum 59. DJT vorgelegten
Entwurfs eines Arbeitsvertragsgesetzes, Verhandlungen des 59. DJT I [1992] D 43 f; hierzu STEVENS/
BARTOL AuR 1992, 262 ff; ebenso § 77 des Arbeitsvertragsgesetzentwurfs des Freistaates Sachsen, s
BR-Drucks 293/95).

Obwohl § 618 nach seinem Wortlaut **alle Dienstverhältnisse** erfaßt, ist sein **Anwen-**   7
dungsbereich bei Arbeitsverhältnissen aufgrund verdrängender Spezialnormen stark
eingeschränkt. So ist für die Verpflichtung in § 618 Abs 1 neben den §§ 3 und 9
ArbSchG vor allem **§ 62 Abs 1 HGB** (hierzu WAGNER, Die Besonderheiten beim Arbeitsverhältnis der Handlungsgehilfen [1993] 117 ff) zu nennen, der bundeseinheitlich gilt. Das
trifft indes nicht für **§ 62 Abs 2 bis 4 HGB** zu, der die §§ 618 Abs 2 und 3, 619 für das
Recht der Handlungsgehilfen wörtlich wiederholt. Die letztgenannten Vorschriften
sind nur in dem Teil des Bundesgebietes anzuwenden, in dem das Grundgesetz schon
vor dem 3. 10. 1990 galt (Anl I Kap VIII Sachgeb A Abschn III Nr 2 EVertr), so daß
die **§§ 618 Abs 2 und 3, 619 im Beitrittsgebiet** auch für **Handlungsgehilfen** einschlägig
sind. Spezielle Regelungen, die die Pflichten in § 618 Abs 1 wiederholen, enthalten
ferner zB die §§ 22 Abs 1, 28 Abs 1 S 1 JArbSchG, § 2 Abs 1 MuSchG, § 13 HAG, § 80
SeemG, § 81 Abs 4 SGB IX (früher: § 14 Abs 3 SchwbG) sowie § 61 Abs 1 S 1 Nr 1
lit a BBergG.

§ 618 besitzt aufgrund des dichten Netzes **öffentlich-rechtlicher Arbeitsschutznormen**   8
heute nur noch eine **geringe praktische Bedeutung.** Die entsprechenden Vorschriften
auf nationaler und supranationaler Ebene (zu diesen u Rn 28 ff) tasten zwar nicht die
formale Geltung der Norm an, führen aber durch das **aufsichtsrechtliche Instrumen-**
tarium (§ 120d ff GewO; zur Bergaufsicht §§ 69 ff BBergG), die präventive und über-
wachende Tätigkeit der **Berufsgenossenschaften** (§§ 14 ff SGB VII; näher hierzu u
Rn 88 f) sowie die flankierenden Aktivitäten der **Betriebsräte** (§§ 80 Abs 1 Nr 1, 87
Abs 1 Nr 7, 88 Nr 1, 89 und 91 BetrVG; hierzu u Rn 195 ff) dazu, daß eine individualrechtliche Durchsetzung der in § 618 Abs 1 genannten Verpflichtungen häufig entbehrlich ist (ebenso in der Bewertung ERMAN/BELLING § 618 Rn 8; HK-BGB/ECKERT §§ 617–619
Rn 9; MünchKomm/LORENZ § 618 Rn 4; SCHAUB, Arbeitsrechts-Handbuch [9. Aufl 2000] § 108
Rn 14).

Auch der **zivilrechtliche Haftungsanspruch** mit seiner Sonderregelung in **§ 618 Abs 3**   9
(u Rn 303 ff) hat seine Relevanz durch die **Ausschlußtatbestände** in den **§§ 104, 105 SGB**
VII weitgehend verloren. Sobald der Dienstverpflichtete in den personellen Anwen-

dungsbereich der gesetzlichen Unfallversicherung einbezogen ist (§§ 2 ff SGB VII), kommt eine zivilrechtliche Haftung des Dienstberechtigten wegen eines Personenschadens nur noch in Betracht, wenn kein Arbeitsunfall vorliegt oder dieser vorsätzlich herbeigeführt wurde bzw bei einem Wegeunfall im Sinne des § 8 Abs 2 Nr 1–4 SGB VII eintrat (näher u Rn 362 ff).

C. Rechtsnatur und Normzweck

10 **§ 618** ist auch in seinem Abs 1 nicht öffentlich-rechtlicher, sondern **zivilrechtlicher Natur** (statt aller NIPPERDEY, in: Festgabe zum 50jährigen Bestehen des Reichsgerichts Bd IV [1929] 217; HUECK/NIPPERDEY I § 24 I). Er wird von einer verbreiteten Auffasung, die sich unter anderem auf die dogmatische Klassifizierung in der Denkschrift zum Bürgerlichen Gesetzbuch (MUGDAN II 1255) stützen kann, als Ausdruck der dem Dienstberechtigten obliegenden **Fürsorgepflicht** verstanden (zB RAG ARS 40, 12 f; BAG AP Nr 17 und 27 zu § 618 BGB; BGHZ 33, 249; BGH VersR 1974, 566; ERMAN/BELLING § 618 Rn 1; HUECK/NIPPERDEY I § 24, § 48 II 1; SOERGEL/KRAFT § 618 Rn 1; MünchKomm/LORENZ § 618 Rn 1; NIPPERDEY, in: Festgabe zum 50jährigen Bestehen des Reichsgerichts Bd IV [1929] 217; PALANDT/PUTZO § 618 Rn 1; SCHAUB, Arbeitsrechts-Handbuch [9. Aufl 2000] § 108 Rn 12; JAUERNIG/SCHLECHTRIEM §§ 618, 619 Rn 1; WALTERMANN RdA 1998, 330; ErfKomm/WANK § 618 BGB Rn 2).

11 Dieser Deutungsansatz verschleiert den dogmatischen Kern der Vorschrift eher, als er in der Lage ist, das dogmatische und teleologische Fundament des § 618 präzise aufzuhellen. Insbesondere für dessen analoge Anwendung in vergleichbar strukturierten Vertragsbeziehungen ist dies indes unerläßlich. Ein Blick auf die dem Dienstberechtigten obliegenden Pflichten zeigt, daß die Vorschrift **keinen genuin arbeitsrechtlichen Inhalt** aufweist, sondern Ausdruck einer **gesteigerten Interessenwahrungspflicht** ist (vgl auch WEBER, Das aufgespaltene Arbeitsverhältnis [1992] 237; zustimmend RÖCKRATH VersR 2001, 1201 f). Da die Dienstleistung in der **Herrschafts- und Einflußsphäre des Dienstberechtigten** zu erbringen ist, wird der Dienstverpflichtete einer **besonderen Gefahrenlage** ausgesetzt, die seiner Einflußnahme regelmäßig entzogen ist (dies wird von BOEMKE, Schuldvertrag und Arbeitsverhältnis [1999] 335; AK-BGB/DERLEDER § 618 Rn 1; JAUERNIG/SCHLECHTRIEM §§ 618, 619 Rn 1; BGB-RGRK/SCHICK § 618 Rn 1, mit Recht hervorgehoben). Entsprechend den Überlegungen zur **Dogmatik der Verkehrssicherungspflicht** (hierzu STAUDINGER/HAGER [1999] § 823 Rn E 1 ff) führt dies zu einer gesteigerten Pflicht des Dienstberechtigten, die Interessen des Dienstverpflichteten im Hinblick auf diese Gefahrenlage zu wahren (s RGZ 159, 270; vgl auch schon KOHLER AcP 84 [1895] 22 f; sowie mit deutlicher Bezugnahme auf die Verkehrssicherungspflicht NEUMANN/DUESBERG VersR 1968, 2; ähnlich ERMAN/BELLING § 618 Rn 1: vertragsrechtliche Verkehrssicherungspflicht).

12 Die allgemeine Interessenwahrungspflicht des Dienstberechtigten erstreckt sich nicht nur auf die **körperliche Integrität** (Leben und Gesundheit), sondern umfaßt auch die **Persönlichkeitssphäre** des Dienstverpflichteten. In § 62 Abs 1 HGB erfährt dies durch die Einbeziehung „der guten Sitten und des Anstands" in den Pflichtenkreis des Prinzipals eine positivrechtliche Anerkennung, die letztlich diejenigen Verpflichtungen konkretisiert, die den Dienstberechtigten aufgrund seiner allgemeinen Interessenwahrungspflichten treffen (vgl MünchKomm/LORENZ § 618 Rn 36; näher u Rn 127 ff).

§ 618 ist auch bei der in Rn 11 befürworteten dogmatischen Fundierung eine **spezielle** **13** **Ausprägung** der allgemeinen, aus Treu und Glauben folgenden **vertraglichen Nebenpflichten,** die ohne diese Vorschrift aus § 242 folgen würden (so bereits RÜMELIN, Dienstvertrag und Werkvertrag [1905] 265 ff; sowie OERTMANN § 618 Anm 1; so auch RGZ 97, 44, das § 618 als Ausdruck eines allgemeinen Rechtsgedankens wertete). Die Unabdingbarkeit steht diesem Verständnis nicht entgegen, da diese aus § 619 und nicht aus § 618 folgt.

Aus der zivilrechtsdogmatischen Fundierung der Norm in Rn 10 ff, die ungeachtet **14** ihrer seitens der herrschenden Meinung postulierten Ableitung aus der Fürsorgepflicht des Dienstberechtigten allgemein anerkannt ist, folgt nach inzwischen ebenfalls vorherrschender Ansicht zugleich eine **zivilrechtliche Absicherung und Integration** der Normen des **technischen Arbeitsschutzes** in das Zivilrecht (zu den früheren Konzeptionen GALPERIN BB 1963, 739 f; A HUECK/FIKENTSCHER ArbSch 1957, 63 f; vgl auch SCHWARZ 33 ff). Die verschiedenen Vorschriften auf nationaler und supranationaler Ebene sowie die Bestimmungen in den Unfallverhütungsvorschriften der Berufsgenossenschaften schreiben nach Maßgabe ihres jeweiligen personellen Anwendungsbereichs den zugunsten des Dienstverpflichteten einzuhaltenden Schutzstandard verbindlich fest, so daß das **technische Arbeitsschutzrecht** für den Tatbestand in § 618 eine wichtige **Konkretisierungsfunktion** entfaltet (BAG AP Nr 17 zu § 618 BGB; BGH VersR 1974, 566; ArbG Siegen NZA-RR 2001, 630; ebenso im Schrifttum zB GALPERIN BB 1963, 742; GROSS AuR 1955, 76 f; LÖWISCH, Arbeitsrecht [5. Aufl 2000] Rn 1137; MünchKomm/LORENZ § 618 Rn 6; STAUDINGER/RICHARDI [1999] § 611 Rn 833; WALTERMANN, RdA 1998, 331; ErfKomm/WANK § 618 BGB Rn 4; WLOTZKE, in: FS Hilger/Stumpf [1983] 738 ff; grundlegend NIPPERDEY, in: Festgabe zum 50jährigen Bestehen des Reichsgerichts Bd IV [1929] 216 ff; für eine strikte Trennung hingegen noch vor allem KASKEL, in: FS H Brunner [1914] 163 ff).

Die Norm des § 618 ist bildlich gesprochen das **privatrechtliche Medium,** durch das **15** das öffentlich-rechtliche Arbeitsschutzrecht im Zivilrecht seine Rechtswirkungen entfaltet (so treffend SCHWARZ 47; näher zur Reichweite der Konkretisierungsfunktion des technischen Arbeitsschutzrechts unten Rn 144 ff). Die Entstehungsgeschichte des „Gesetzes über die Mindestanforderungen an Unterkünfte für Arbeitnehmer" v 23.7. 1973 (BGBl I 905) liefert für dieses konzeptionelle Verständnis eine plastische Bestätigung. Die hierdurch erfolgte Einfügung des § 120c GewO diente expressis verbis dazu, die vorherige höchstrichterliche Rechtsprechung zu § 618 Abs 2 (BAG AP Nr 1 zu § 618 BGB; s dazu u Rn 238 f) in das öffentlich-rechtliche Arbeitsschutzrecht zu integrieren, ohne hierdurch die zivilrechtliche Verpflichtung aus § 618 Abs 2 anzutasten (BT-Ausschuß für Arbeit und Sozialordnung, BT-Drucks 7/527, 3 f). Keinen Erfolg hatten hingegen die Bestrebungen, diesen allgemeinen Grundsatz in dem Arbeitsschutzgesetz (hierzu u Rn 63 ff) ausdrücklich festzuschreiben. Die noch in dem Referentenentwurf v Dezember 1992 (s u Rn 65) als § 19 Abs 2 vorgesehene Regelung, nach der die den Arbeitgeber treffenden Pflichten „zugleich unabdingbare Mindestpflichten aus dem Beschäftigungsverhältnis gegenüber dem Beschäftigten" sein sollten, fand in das später verabschiedete Arbeitsschutzgesetz keinen Eingang.

Die namentlich von HERSCHEL befürwortete **originäre Gestaltungswirkung des tech-** **16** **nischen Arbeitsschutzrechts,** sofern die jeweiligen Normen den Gegenstand einer vertraglichen Vereinbarung bilden können (vgl HERSCHEL RdA 1964, 11 f; ebenso zB WIESE, in: BARTELSBERGER ua, Probleme des Binnenschiffahrtsrechts [1975] 87 f; ders, GK-BetrVG Bd. II [7. Aufl 2002] § 89 Rn 12 sowie bereits SINZHEIMER 161 ff; de lege ferenda auch § 77 Abs 2 des zum

59. DJT vorgelegten Entwurfs eines Arbeitsvertragsgesetzes, Verhandlungen des 59. DJT I [1992] D 44; ebenso § 77 Abs 2 des Arbeitsvertragsgesetzentwurfes des Freistaates Sachsen, s BR-Drucks 293/95), kann demgegenüber nicht überzeugen, da eine originäre, unmittelbar auf die Gestaltung privatrechtlicher Vertragsbeziehungen abzielende Rechtswirkung den öffentlich-rechtlich strukturierten Normen des technischen Arbeitsschutzrechts regelmäßig nicht im Wege der Auslegung entnommen werden kann. Das gilt insbesondere, wenn die Normen des staatlichen technischen Arbeitsschutzrechts auch den öffentlichen Dienst in ihren Geltungsbereich einbeziehen (vgl Märtins ZTR 1992, 225 ff). In diesem Fall ist eine originäre Gestaltungswirkung bereits aus Gründen der eingeschränkten Gesetzgebungskompetenz des Bundes rechtlich nur bedingt möglich (hierzu Leisner 44 ff; Märtins ZTR 1992, 268 ff).

17 Soweit der **Einigungsvertrag** im Rahmen der Übergangsregelungen zur Inkraftsetzung des technischen Arbeitsschutzrechts für das Beitrittsgebiet (Art 3 EVertr) Privilegierungen vorsieht (vgl Anl I Kap VIII Sachgeb B Abschn III Nr 9 lit b EVertr; näher u Rn 92 f), strahlen diese auch auf die Pflichten des Dienstberechtigten nach § 618 Abs 1 aus. Etabliert das technische Arbeitsschutzrecht einen spezifischen Bestandsschutz für Altanlagen, so widerspricht es zumindest im Grundansatz den Zielsetzungen dieser Vorschriften, wenn dieser über das allgemeine zivilrechtliche Instrumentarium unterlaufen wird. Eine Ausnahme gilt jedoch, wenn konkrete Gefahren für Leben oder Gesundheit der Beschäftigten zu befürchten und diese vermeidbar sind. Da in diesem Fall auch die zuständige Behörde einschreiten darf (s Anl I Kap VIII Sachgeb B Abschn III Nr 9 lit b cc EVertr), erstreckt sich die Einschränkung der Privilegierung ebenfalls auf die zivilrechtliche Haftung.

18 Durch das hier befürwortete dogmatische Grundverständnis wird das öffentlich-rechtliche und das betriebsverfassungsrechtliche Instrumentarium zur **Einhaltung des technischen Arbeitsschutzrechts zivilrechtlich flankiert,** da zugunsten des Dienstverpflichteten ein einklagbarer **Anspruch auf Einhaltung des technischen Arbeitsschutzrechts** besteht (BAG AP Nr 17 zu § 618 BGB; Galperin BB 1963, 739 f; Herschel RdA 1978, 73 f; Löwisch, Arbeitsrecht [5. Aufl 2000] Rn 1137; Schaub, Arbeitsrechts-Handbuch [9. Aufl 2000] § 108 Rn 12; Söllner, Arbeitsrecht [12. Aufl 1998] § 25 III; BGB-RGRK/Schick § 618 Rn 40; Wlotzke, in: FS Hilger/Stumpf [1983] 744 mwN; näher zum Erfüllungsanspruch u Rn 248 ff), den eine etwaige Schadensersatzpflicht des Dienstberechtigten (hierzu u Rn 284 ff) zusätzlich absichert.

19 Hieraus folgt zugleich, daß – in Anlehnung an die früher in § 6 JArbSchG 1960 (s Staudinger/Richardi[12] Vorbem 767 zu §§ 611 ff) positivrechtlich verankerte Konzeption – nur solche Vorschriften des technischen Arbeitsschutzrechts den von § 618 umfaßten Pflichtenkreis des Dienstberechtigten konkretisieren, die **Gegenstand einer arbeitsvertraglichen Verpflichtung** sein können (vgl BAG AP Nr 17 zu § 618 BGB; ArbG Siegen NZA-RR 2001, 630; Galperin BB 1963, 743; A Hueck/Fikentscher ArbSch 1957, 66; Münch-Komm/Lorenz § 618 Rn 7; ErfKomm/Wank § 618 BGB Rn 5; Wlotzke, in: FS Hilger/Stumpf [1983] 740 ff; MünchArbR/Wlotzke § 209 Rn 3; grundlegend Nipperdey, in: Festgabe zum 50jährigen Bestehen des Reichsgerichts Bd IV [1929] 219; ebenso § 19 Abs 2 des Referentenentwurfs zu einem Arbeitsschutzrahmengesetz [Dezember 1992], dazu Oetker ZRP 1994, 225). Zu dem bislang selten erörterten Problem, ob das technische Arbeitsschutzrecht auch den **arbeitsvertraglichen Pflichtenkreis des Arbeitnehmers** gegenüber dem Arbeitgeber konkretisiert, s Hanau, in: FS Wlotzke (1996) 38 f; Vogel, Die Rechtsbindung der

Arbeitnehmer an Unfallverhütungsvorschriften gemäß § 15 Abs 1 S 1 Nr 2 SGB VII (2000) 66 ff; MünchArbR/Wlotzke § 209 Rn 49 ff; ders, in: FS Hanau (1999) 317 ff sowie die §§ 16 und 17 ArbSchG.

Obwohl sich der Schutzzweck des § 618 weitgehend mit den Zielen des technischen 20 Arbeitsschutzrechts deckt, kann hieraus nicht abgeleitet werden, daß sich § 618 Abs 1 auf den Schutz vor denjenigen Gefahren beschränkt, die von den technischen Einrichtungen eines Betriebs her drohen (so aber MünchKomm/Lorenz § 618 Rn 20, 56). Eine **Ausklammerung des sozialen Arbeitsschutzes** und damit insbesondere des öffentlich-rechtlichen Arbeitszeitrechts aus dem Anwendungsbereich des § 618 Abs 1 (hierfür MünchKomm/Lorenz § 618 Rn 20, 56) findet im Gesetz keine Stütze. Zwar bezieht § 618 Abs 1 den Gesundheitsschutz durch die Trias „Räume, Vorrichtungen und Gerätschaften" auf technische Einrichtungen, die Vorschrift erstreckt die Schutzpflicht des Dienstberechtigten aber ebenfalls auf die Regelung der Dienstleistung (s dazu u Rn 123 ff), ohne sich auf die Benutzung der Räume, Vorrichtungen und Gerätschaften zu beschränken. Deshalb umfaßt § 618 Abs 1 auch **sonstige Anordnungen des Dienstberechtigten,** die die Dienstleistung regeln und aus denen Gefahren für das Leben und insbesondere die Gesundheit des Dienstverpflichteten resultieren können. Das gilt insbesondere für die Festlegung von **Umfang und Lage** der täglichen bzw wöchentlichen **Arbeitszeit** (wie hier zB für die tägliche Arbeitszeit eines leitenden Angestellten BAG AP Nr 15 zu § 618 BGB; näher u Rn 126).

D.   § 618 als bürgerlich-rechtliche Grundnorm des Arbeitsschutzrechts

I.   Systematik des Arbeitsschutzrechts

Die mit **§ 618 Abs 1** in das Zivilrecht aufgenommenen Schutzpflichten führen dazu, 21 daß die Vorschrift als **bürgerlich-rechtliche Grundnorm des Arbeitsschutzrechts** zu bewerten ist. Über **Gegenstand und Systematik des Arbeitsschutzrechts** herrscht bislang allerdings kein Einvernehmen. Während zB Lorenz zwischen dem technischen, dem medizinischen und dem sozialen Arbeitsschutz differenziert (MünchKomm/Lorenz § 618 Rn 10 ff), plädieren Zöllner/Loritz zT für eine extensivere Umschreibung und beziehen neben dem Betriebs- und Gefahrenschutz sowie dem Arbeitszeitschutz auch den Entgeltschutz, den Datenschutz und den Umweltschutz in das Arbeitsschutzrecht ein (Zöllner/Loritz, Arbeitsrecht [5. Aufl 1998] § 29 III). Söllner wiederum befürwortet eine Dreiteilung des Arbeitsschutzrechts, das sich aus den Komponenten Gefahrenschutz, Arbeitszeitschutz und Arbeitsvertragsschutz zusammensetzen soll (Söllner, Arbeitsrecht [12. Aufl 1998] § 25 I 2; ähnlich schon Nipperdey, in: Festgabe zum 50jährigen Bestehen des Reichsgerichts Bd IV [1929] 207).

Für die Dogmatik des Arbeitsschutzrechts haben diese Systematisierungsversuche 22 untergeordnete Bedeutung, da sie – soweit ersichtlich – nicht von dem Bestreben geleitet sind, gemeinsame oder trennende Ordnungsstrukturen für das Gesamtgebiet oder die jeweiligen Teilgebiete aufzuzeigen. Das einzig verbindende Ordnungskriterium ist die öffentlich-rechtliche Struktur der zum Schutz des Arbeitnehmers erlassenen Vorschriften, deren Einhaltung durch ein System hoheitlicher Aufsicht überwacht und durch öffentlich-rechtliche Eingriffsbefugnisse sichergestellt wird (so bereits Nipperdey, in: Festgabe zum 50jährigen Bestehen des Reichsgerichts Bd IV [1929] 204; ferner

HUECK/NIPPERDEY I § 24; LEISNER 18 f; STAUDINGER/RICHARDI[12] Vorbem 763 zu §§ 611 ff; SÖLLNER, Arbeitsrecht [12. Aufl 1998] § 25 I 1; WANK/BÖRGMANN 11; ZÖLLNER/LORITZ, Arbeitsrecht [5. Aufl 1998] § 29 I; ausführlich zur systematischen Ausdifferenzierung des Arbeitsschutzrechts SCHWARZ 9 ff). Dieses eher formale Abgrenzungskriterium schließt eine thematisch abschließende Umschreibung des Arbeitsschutzrechts aus; es handelt sich um einen **offenen Ordnungsbegriff,** der durch den aktuellen Status quo des Normbestandes geprägt wird, gleichwohl aber unter dem Vorbehalt einer **kontinuierlichen und dynamischen Fortentwicklung** steht (treffend LEISNER 15 ff, der das Arbeitsschutzrecht als uneinheitliches Regelungskonglomerat bzw Rechtsmaterienbündel charakterisiert; ähnlich schon HERSCHEL RdA 1978, 69).

23 In seinem **Kernbereich** läßt sich das **Arbeitsschutzrecht** in den **technischen** und den **sozialen Arbeitsschutz** unterteilen (statt aller MünchArbR/WLOTZKE § 207 Rn 4 ff; zustimmend STAUDINGER/RICHARDI [1999] Vorbem 507 zu §§ 611 ff). Die Systematik der Anlagen zum Einigungsvertrag (jeweils Kap VIII Sachgeb B [Technischer Arbeitsschutz], Sachgebiet C [Sozialer Arbeitsschutz]) verleihen dieser Unterteilung des Arbeitsschutzrechts nicht nur normative Kraft (Art 45 Abs 2 EVertr), sondern zugleich liefern die Zuordnungen zu den jeweiligen Sachgebieten trotz einzelner Durchbrechungen (s MünchArbR/WLOTZKE § 207 Rn 7) wichtige Anhaltspunkte für die systematische Aufteilung der jeweiligen Vorschriften und Gesetze. Eine legislative Bestätigung für diese Systematisierung des Arbeitsschutzrechts liefert das Seearbeitsrecht, das in seinem Vierten Abschnitt („Arbeitsschutz") sowohl den Schutz gegen Betriebsgefahren (§§ 80–83 SeemG) als auch den Arbeitszeit- (§§ 84–91) sowie den Frauen- (§ 92 SeemG) und Jugendarbeitsschutz (§§ 94–100 a SeemG) zusammenfaßt.

24 Der **technische Arbeitsschutz** umfaßt vor allem den Schutz der Arbeitnehmer vor den aus der **Art der Arbeitsleistung** folgenden **Gefahren für Leben und Gesundheit.** Hierzu zählen neben dem **Arbeitsschutzgesetz,** den **§§ 11 ff** des **Gerätesicherheitsgesetzes** (früher: §§ 24 bis 24 d GewO) einschließlich der zu ihrer Durchführung erlassenen Rechtsverordnungen (u Rn 71 ff), den **§§ 120b bis f, 139 b und i GewO** mit der **Arbeitsstättenverordnung** (u Rn 77 ff) sowie der **Gefahrstoffverordnung** (u Rn 80 ff) auch die **Vorschriften zur institutionellen Optimierung des Gesundheitsschutzes** am Arbeitsplatz im Gesetz über Betriebsärzte, Sicherheitsingenieure und andere Fachkräfte für Arbeitssicherheit (u Rn 84).

25 Der **soziale Arbeitsschutz** betrifft demgegenüber **Umfang und Lage der Arbeitszeit.** Zu diesem gehören deshalb die Vorschriften über die Zulässigkeit von **Sonn- und Feiertagsarbeit** (§§ 105a ff GewO) sowie die Bestimmungen des **Arbeitszeitgesetzes** und die ergänzenden Gesetze und Verordnungen, die Dauer und Lage der Arbeitszeit regeln (näher u Rn 171).

26 Für den **Anwendungsbereich des § 618 Abs 1** lassen sich aus der systematischen Unterteilung des Arbeitsschutzrechts in Rn 23 ff keine verbindlichen Anhaltspunkte ableiten (so aber MünchKomm/LORENZ § 618 Rn 20, 56, der den sozialen Arbeitsschutz aus dem Anwendungsbereich des § 618 Abs 1 ausschließen will). Die Entstehungsgeschichte des § 618 bestätigt zwar, daß diese Norm die dem technischen Arbeitsschutzrecht zuzuordnende Vorschrift in § 120a GewO aF in das Zivilrecht transformieren sollte (o Rn 1). Eine statische Fixierung des Anwendungsbereichs des § 618 Abs 1 im Sinne des damals geltenden Arbeitsschutzrechts kann hieraus aber nicht abgeleitet werden. Im

Vordergrund steht vielmehr der auf den Schutz von Leben und Gesundheit des Dienstverpflichteten ausgerichtete Normzweck. Deshalb umfaßt § 618 Abs 1 **auch den sozialen Arbeitsschutz,** sofern dieser Gefahren für die Gesundheit abwehren soll, die aus Umfang und Lage der Arbeitszeit folgen (vgl auch o Rn 20).

Die teilweise anzutreffende Differenzierung zwischen einem **gesetzlichen** und einem **27** **autonomen Arbeitsschutz,** wobei der letztgenannte unterhalb objektiv feststellbarer Gefahren für Leben und Gesundheit anzusiedeln sei und auf die **Humanisierung der Arbeitswelt** abziele (so zB FITTING/KAISER/HEITHER/ENGELS BetrVG [18. Aufl 1996] vor § 89 Rn 2; MünchKomm/LORENZ § 618 Rn 11 f), ist bereits wegen des schillernden Autonomiebegriffs für eine sinnvolle Systematik des Arbeitsschutzrechts ungeeignet (vgl einerseits MünchKomm/LORENZ § 618 Rn 11 f, der auf den Regelungsinhalt abstellt; andererseits EHMANN, in: FS zum 50-jährigen Bestehen der Arbeitsgerichtsbarkeit in Rheinland-Pfalz [1999] 27 f; MÄRTINS ZTR 1992, 224; MünchArbR/WLOTZKE § 207 Rn 2 f, die eine Differenzierung nach den normerzeugenden Institutionen befürworten; in diesem Sinne auch WANK/BÖRGMANN 12 f). Die Bestrebungen zur Humanisierung der Arbeitsbedingungen richten sich zudem allgemein auf ihre Verbesserung und gehen damit weit über den Bereich des Arbeitsschutzes hinaus (ablehnend auch EHMANN 41 Fn 51; BGB-RGRK/SCHICK § 618 Rn 20; WIESE, GK-BetrVG Bd II [7. Aufl 2002] vor § 90 Rn 2 f; ZÖLLNER/LORITZ, Arbeitsrecht [5. Aufl 1998] § 29 IV). Die arbeitsschutzrechtliche Verpflichtung des Arbeitgebers in § 3 Abs 1 ArbSchG bestätigt dieses Verständnis, da die dort von ihm verlangten Maßnahmen expressis verbis auf „Sicherheit und Gesundheitsschutz der Beschäftigten" abzielen. Zu den vom Arbeitgeber zu ergreifenden Maßnahmen gehören nach der Legaldefinition in § 2 Abs 1 ArbSchG zwar auch solche zur menschengerechten Gestaltung der Arbeit, hierdurch ändert sich aber nicht die in § 3 Abs 1 S 1 ArbSchG vorgegebene finale Ausrichtung der Maßnahmen (aA wohl WIESE, GK-BetrVG Bd II [7. Aufl 2002] vor § 90 Rn 2, der wegen § 2 Abs 1 ArbSchG die menschengerechte Gestaltung der Arbeit dem Arbeitsschutz im weiteren Sinne zurechnet).

II.   Rechtsquellen des technischen Arbeitsschutzrechts

1.   Überblick

Im Gegensatz zu den Vorschriften, die Umfang und Lage der Arbeitszeit regeln, **28** zeichnet sich das technische Arbeitsschutzrecht durch eine Vielzahl unterschiedlicher Rechtsgrundlagen aus, die ein dichtes und sich partiell überschneidendes Normengeflecht zum Schutz der Arbeitnehmer vor den Gefahren am Arbeitsplatz für Leben und Gesundheit knüpfen (s auch die Gesamtdarstellung von BÜCKER/FELDHOFF/KOHTE, Vom Arbeitsschutz zur Arbeitsumwelt [1994]; WANK/BÖRGMANN, Deutsches und europäisches Arbeitsschutzrecht [1992]; MünchArbR/WLOTZKE §§ 207, 210–216). Von zunehmender Bedeutung für den technischen Arbeitsschutz ist das supranationale Recht, das die Ausgestaltung des nationalen Arbeitsschutzrechts vornehmlich durch das primäre und sekundäre Gemeinschaftsrecht prägt und zugleich die Gestaltungsspielräume der jeweiligen nationalen Normsetzungsinstanzen begrenzt (näher u Rn 34 ff).

Auf der Ebene des nationalen Rechts existiert traditionell ein **duales System von 29** **Arbeitsschutzvorschriften** (s zB MÄRTINS ZTR 1992, 224 f). Im Vordergrund stehen diejenigen **staatlichen Gesetze,** die den technischen Arbeitsschutz entweder selbst regeln oder aber Ermächtigungen zum Erlaß von **Rechtsverordnungen** enthalten (näher u

Rn 62 ff; sowie STAUDINGER/RICHARDI[12] Vorbem 769 ff zu §§ 611 ff). Ein vollständiges Verzeichnis der aktuellen Arbeitsschutzvorschriften des Bundes enthält der Unfallverhütungsbericht der Bundesregierung, den sie einmal in der Legislaturperiode mit
Textteil erstattet (§ 25 Abs 1 SGB VII [früher: § 722 RVO]; zuletzt: BT-Drucks 14/
7974, 157 ff [Stand: 31. Oktober 2001]).

30 Ergänzend treten die nach § 15 SGB VII erlassenen **Unfallverhütungsvorschriften der
Berufsgenossenschaften** hinzu (näher u Rn 85 f). Die mit der dualistischen Konzeption
des deutschen technischen Arbeitsschutzrechts verbundene Unübersichtlichkeit wird
kompensiert durch die Vorteile eines flexiblen und auf die spezifischen Bedürfnisse
und Gefahren der unterschiedlichen Gewerbezweige zugeschnittenen Arbeitsschutzrechts (vgl die exemplarischen [allerdings teilweise veralteten] Untersuchungen von BETZLER, Betriebsschutz und Arbeitszeitschutz in der Tabakindustrie [Diss Würzburg 1977]; ECKART, Der Betriebsschutz in der Zement- und zementverarbeitenden Industrie [Diss Würzburg 1981];
GÜNDERMANN, Der Betriebsschutz in Betrieben zur Gewinnung von Blei und seinen Verbindungen
[Diss Würzburg 1977]; KOERNER, Der Betriebsschutz in den Abwrackwerften [Diss Würzburg 1976];
KREUZER, Der Betriebsschutz im Bergbau [Diss Würzburg 1976]; KUNZE/HIERONYMI, Sicherheit und
Unfallverhütung in der landwirtschaftlichen Arbeit unter bes Berücks des Maschinenschutzgesetzes
[Diss Würzburg 1975]; ZIMMERMANN, Der Betriebsschutz in der Lederindustrie [Diss Würzburg
1979]).

31 **Keine Rechtsquellen** sind die **Durchführungsanweisungen, Richtlinien, Sicherheitsre-
geln und Merkblätter der Berufsgenossenschaften.** Das gilt entsprechend für die **tech-
nischen Normen** (zum fehlenden Rechtsnormencharakter der technischen Regeln MARBURGER,
Die Regeln der Technik im Recht [1979] 286 ff; vgl auch HERSCHEL, Rechtsfragen der technischen
Überwachung [2. Aufl 1980] 116 ff; MÜLLER/FOELL, Die Bedeutung technischer Normen für die
Konkretisierung von Rechtsvorschriften [1987] 117 ff; s auch SCHMIDT/PREUSS, in: Kloepfer
[Hrsg], Selbst-Beherrschung im technischen und ökologischen Bereich [1998] 89 ff), die jedoch
ungeachtet ihrer präzisen rechtsdogmatischen Stellung immer dann wichtige Hin-
weise für die Rechtsanwendung geben, wenn Rechtsnormen des technischen Arbeits-
schutzrechts auf die „allgemein anerkannten Regeln der Technik", den „Stand der
Technik" oder den „Stand von Wissenschaft und Technik" Bezug nehmen (vgl
BVerfGE 49, 143 ff; BGHZ 139, 19 f; BGH VersR 2001, 1041; aus dem Schrifttum zB NICKLISCH,
in: NICKLISCH/SCHOTTELIUS/WAGNER [Hrsg], Die Rolle des wissenschaftlich-technischen Sachverstandes bei der Genehmigung chemischer und kerntechnischer Anlagen [1982] 67 ff; MünchArbR/
WLOTZKE § 210 Rn 21 ff, jeweils mwN; ebenso für die Arbeitsstätten-Richtlinien BVerwG NZA
1997, 484; OVG NW GewArch 1998, 202).

32 Aufgestellt werden die **technischen Normen** von verschiedenen **privaten Fachaus-
schüssen** der Wirtschafts-, Fach- oder Berufsverbände (sog Normenorganisationen),
zB Deutsches Institut für Normung, Verband Deutscher Elektrotechniker (ausführlich
MARBURGER, Die Regeln der Technik im Recht [1979] 195 ff; MÜLLER/FOELL, Die Bedeutung der
technischen Normen für die Konkretisierung von Rechtsvorschriften [1987] 59 ff), sowie zunehmend auch gemeinschaftsweit durch die europäischen Normungsorganisationen
CEN und CENELEC (Comité Européen de Normalisation, Comité Européen de
Normalisation Électrotechnique; hierzu ROSSNAGEL DVBl 1996, 1181 ff).

33 Auch die **Arbeitsstättenrichtlinien** (u Rn 78) sowie die **Technischen Regeln nach § 17
GefStoffV** (u Rn 81) sind keine Rechtsnormen (HERSCHEL RdA 1978, 71; ErfKomm/WANK

§ 618 BGB Rn 10; exemplarisch für die TRGS 900 OVG NW GewArch 1994, 60 f sowie für Arbeits-stätten-Richtlinien BVerwG NZA 1997, 484). Eine abweichende Bewertung kommt für die **Technischen Regeln nach § 11 GSG** (s u Rn 76) in Betracht (für ihren Charakter als Rechts-normen MARBURGER, Die Regeln der Technik im Recht [1979] 476; WLOTZKE, in: FS Hilger/Stumpf [1983] 733 Fn 41, jeweils zur Rechtslage nach § 24 GewO aF).

2. Internationale und supranationale Rechtsquellen

a) Übereinkommen der Internationalen Arbeitsorganisation
Als internationale Rechtsquellen für das technische Arbeitsschutzrecht sind vor **34** allem die **Übereinkommen der Internationalen Arbeitsorganisationen** (ILO) zu erwäh-nen, die bereits frühzeitig den Schutz der Arbeitnehmer vor den Gefahren am Ar-beitsplatz für Leben und Gesundheit als ein auf internationaler Ebene lösungsbe-dürftiges Problem aufgriffen und damit eine Initiative fortführten, die die **Internationale Arbeitsschutzkonferenz** von Berlin v 15.-29. 3. 1890 eingeleitet hatte (vgl zu dieser BIRK ZfA 1991, 355; KAUFHOLD ZfA 1991, 277 ff; KERN ZfA 1991, 323 ff; MAUTE, Die Februar-Erlasse Kaiser Wilhelms II. und ihre gesetzliche Ausführung, unter besonderer Berücksich-tigung der Berliner Internationalen Arbeitsschutzkonferenz von 1890 [1984]). Dementsprechend fordert die Präambel der Verfassung der Internationalen Arbeitsorganisation (BGBl 1957 II 317) einen „Schutz der Arbeitnehmer gegen allgemeine und Berufskrankheiten sowie Arbeitsunfälle".

Bezüglich dieser Materie hat die **Bundesrepublik Deutschland** ua folgende Überein- **35** kommen **ratifiziert:**
– Übereinkommen Nr 3 v 29. 11. 1919 betreffend die **Beschäftigung der Frauen vor und nach der Niederkunft** (RGBl 1927 II 497);
– Übereinkommen Nr 45 v 21. 6. 1935 über die **Beschäftigung von Frauen bei Unter-tagearbeiten in Bergwerken jeder Art** (BGBl 1954 II 624);
– Übereinkommen Nr 62 v 23. 6. 1937 über **Unfallverhütungsvorschriften bei Hoch-bauarbeiten** (BGBl 1955 II 178);
– Übereinkommen Nr 73 v 29. 6. 1946 über die **ärztliche Untersuchung der Schiffs-leute** (BGBl 1976 II 1225);
– Übereinkommen Nr 92 v 18. 6. 1949 über die **Quartierräume der Besatzung an Bord von Schiffen** (BGBl 1974 II 841);
– Übereinkommen Nr 115 v 22. 6. 1960 über den **Schutz der Arbeitnehmer vor ioni-sierenden Strahlen** (BGBl 1973 II 933);
– Übereinkommen Nr 120 v 8. 7. 1964 über den **Gesundheitsschutz in Handel und Büros** (BGBl 1973 II 1255);
– Übereinkommen Nr 134 v 30. 10. 1970 über den **Schutz der Seeleute gegen Arbeits-unfälle** (BGBl 1974 II 900);
– Übereinkommen Nr 136 v 23. 6. 1971 über den **Schutz vor den durch Benzol verur-sachten Vergiftungsgefahren** (BGBl 1973 II 958);
– Übereinkommen Nr 139 v 24. 6. 1974 über die Verhütung und Bekämpfung der durch **krebserzeugende Stoffe und Einwirkungen** verursachten Berufsgefahren (BGBl 1976 II 577);
– Übereinkommen Nr 148 v 20. 6. 1977 über den Schutz der Arbeitnehmer gegen Berufsgefahren infolge **Luftverunreinigung, Lärm und Vibrationen an den Arbeits-plätzen** (BGBl 1993 II 74; zuvor aber noch die Ablehnung BT-Drucks 10/2125);

– Übereinkommen Nr 152 v 25. 6. 1979 über den **Arbeitsschutz der Hafenarbeiter** (BGBl 1982 II 694);

– Übereinkommen Nr 162 v 24. 6. 1986 über Sicherheit bei der **Verwendung von Asbest** (BGBl 1993 II 83);

– Übereinkommen Nr 167 v 20. 6. 1988 über den **Arbeitsschutz im Bauwesen** (BGBl 1993 II 94; zur Gegenäußerung der BReg zur Stellungnahme des BRates BT-Drucks 12/1509);

– Übereinkommen Nr 176 v 22. 6. 1995 über den **Arbeitsschutz in Bergwerken** (BGBl 1998 II 795).

36 Demgegenüber wurde eine **Ratifizierung** der folgenden, ebenfalls die Materie des technischen Arbeitsschutzes betreffenden Übereinkommen **abgelehnt** bzw bislang **nicht vorgenommen:**

– Übereinkommen Nr 155 vom 22. 6. 1981 über **Arbeitsschutz und Arbeitsumwelt** (BT-Drucks 10/2126, mit ablehnender Stellungnahme der Bundesregierung);

– Übereinkommen Nr 170 vom 25. 6. 1990 über Sicherheit bei der **Verwendung chemischer Stoffe** bei der Arbeit (zur gemeinsamen Zuständigkeit der Mitgliedstaaten in der Europäischen Gemeinschaft für den Abschluß des Abkommens EuGH EAS Art 118 a EG-Vertrag Nr 1).

37 Die Übereinkommen der Internationalen Arbeitsorganisation sind mit ihrer Ratifizierung sowie infolge des Zustimmungsgesetzes **Bestandteil des innerstaatlichen Rechts** (BVerfGE 58, 255; MünchArbR/Birk § 17 Rn 52; ausführlich Morhard, Die Rechtsnatur der Übereinkommen der Internationalen Arbeitsorganisation [1988]) und stehen in der Normhierarchie mit dem einfachen Gesetzesrecht auf einer Stufe. Sie gestalten zwar grundsätzlich nicht durch unmittelbar wirkende Rechtssätze die Beziehungen der Arbeitsvertragsparteien, begründen aber rechtliche Verpflichtungen der Signatarstaaten (zB BGH NJW 1980, 2018) zu deren Einhaltung die Verfassung der Internationalen Arbeitsorganisation (BGBl 1957 II 317) ein differenziertes Berichts- und Beschwerdesystem etabliert (Art 22 ff; hierzu MünchArbR/Birk § 17 Rn 63 ff; Haase ZfSH/SGB 1990, 241 ff; Kern ZfA 1991, 347 ff; Schregele RdA 1956, 51 ff, 95 ff; Stauner ZfSH/SGB 1990, 175 f).

38 Ob **einzelne Vorschriften** der jeweiligen Übereinkommen „**self-executing**" sind (hierfür im Ausnahmefall Zöllner/Loritz, Arbeitsrecht [5. Aufl 1998] § 9 I 3; exemplarisch Haase ZfSH/ SGB 1990, 247 f), kann für die Materie des technischen Arbeitsschutzes regelmäßig dahingestellt bleiben. Die offenen Formulierungen der Generalklauseln des technischen Arbeitsschutzrechts (zB § 3 Abs 1 und 2 ArbSchG) ermöglichen es zumeist, das nationale Recht im Zweifel so anzuwenden und auszulegen, daß es sich im Einklang mit den von der Bundesrepublik Deutschland ratifizierten Übereinkommen der Internationalen Arbeitsorganisation befindet. Solange keine gegenteiligen Anhaltspunkte erkennbar sind, ist anzunehmen, daß der Gesetzgeber aufgrund der jeweiligen Zustimmungsgesetze seine völkerrechtlichen Verpflichtungen erfüllen will. Insbesondere bei nachträglich verkündeten Gesetzen ist regelmäßig nicht davon auszugehen, daß der Gesetzgeber mit ihnen seine völkerrechtlichen Pflichten verletzen oder deren Verletzung ermöglichen will (BVerfGE 74, 370). Über eine systematische Auslegung des nationalen Rechts, die allerdings die Grenzen des Gesetzeswortlautes nicht überschreiten darf, kann diese Auslegungsregel methodengerecht umgesetzt werden (wie hier Haase ZfSH/SGB 1990, 245; Lörcher AuR 1991, 103 f).

b) Europäische Sozialcharta (ESC)

Die **Europäische Sozialcharta** v 18. 10. 1961 (BGBl 1964 II 1262 = EAS A 1400) ist wegen **39**
ihrer abstrakten Formulierungen hinsichtlich des technischen Arbeitsschutzrechts
von **relativ geringer Bedeutung.** Teil I proklamiert unter Nr 3 ein Recht auf **sichere
und gesunde Arbeitsbedingungen** und Art 3 ESC konkretisiert dies durch die Verpflichtung der Vertragspartner zum **Erlaß von Sicherheits- und Gesundheitsvorschriften** sowie zur Schaffung von **Kontrollmaßnahmen zur Einhaltung** dieser Vorschriften.
Obwohl sie die Intensität des nationalen technischen Arbeitsschutzrechts nicht beeinflussen, sind die entsprechenden Regelungen der Europäischen Sozialcharta Bestandteil des innerstaatlichen Rechts (BVerfGE 58, 254) und bewirken zumindest eine
Selbstbindung des nationalen Gesetzgebers, ein effektives technisches Arbeitsschutzrecht zu etablieren (zu weiterreichenden Rechtswirkungen am Beispiel von Art 6 ESC zB SEITER,
Streikrecht und Aussperrungsrecht [1975] 129 ff; vgl auch MünchArbR/BIRK § 17 Rn 98).

c) Gemeinschaftsrecht*
aa) Technischer Arbeitsschutz als Gemeinschaftsaufgabe

Neben den punktuellen Vorgaben in den Übereinkommen der Internationalen **40**
Arbeitsorganisation überlagert auf der supranationalen Ebene vor allem das Recht
der Europäischen Gemeinschaften den Schutz des Dienstverpflichteten bzw Arbeitnehmers in § 618 Abs 1 sowie das innerstaatliche technische Arbeitsschutzrecht (vgl
BIENECK ZArbWiss 1992, 130 ff; BRANDES 95 ff, 171 ff; KOLL DB 1989, 1234 ff; BGB-RGRK/SCHICK
§ 618 Rn 156 ff; STEINMEYER ZIAS 1989, 227 f; TEGTMEIER, BArbBl 1991, Heft 12, 5 ff; WANK, in:
vMAYDELL/SCHNAPP [Hrsg], Die Auswirkungen des EG-Rechts auf das Arbeits- und Sozialrecht der

---

* **Schrifttum:** BALZE, Die sozialpolitischen
Kompetenzen der Europäischen Union (1994);
BECKER, Der Anwendungsbereich der EG-
Maschinen-Richtlinie, BerGen 1995, 544; ders,
Harmonisierte Normen und Konformitätsbewertungsverfahren – Elemente der Neuen
Konzeption, in: FS Woltzke (1996) 445;
BEGLINGER, Die Harmonisierungsbestrebungen
der EG auf dem Gebiet des technischen Arbeitsschutzes (1991); BIENECK, Der Beitrag der
Arbeitswissenschaft zur Weiterentwicklung des
Arbeitsschutzes, ZArbWiss 1992, 129; BIRK, in:
RICHARDI/WLOTZKE (Hrsg), Münchener Handbuch des Arbeitsrechts Bd 1 (2. Aufl 2000) § 18
Rn 155; ders, Die Rahmenrichtlinie über die
Sicherheit und den Gesundheitsschutz am Arbeitsplatz – Umorientierung des Arbeitsschutzes
und bisherige Umsetzung in den Mitgliedstaaten
der Europäischen Union, in: FS Wlotzke (1996)
645; BÖRGMANN, Die Gefahrstoffverordnung im
Spannungsfeld zwischen Verfassungs- und EG-
Recht (1996); ders, Einzelrichtlinien zur Arbeitsschutzrahmenrichtlinie, in: OETKER/PREIS
(Hrsg), Europäisches Arbeits- und Sozialrecht
Teil B, 6200 (1998); v BORRIES/PETSCHKE,

Gleichwertigkeitsklauseln als Instrument zur
Gewährleistung des freien Warenverkehrs in
der Europäischen Gemeinschaft, DVBl 1996,
1343; BRANDES, System des europäischen
Arbeitsschutzrechts (1999); BÜCKER, Von der
Gefahrenabwehr zu Risikovorsorge und Risikomanagement im Arbeitsschutzrecht (1997);
BÜCKER/FELDHOFF/KOHTE, Vom Arbeitsschutz
zur Arbeitsumwelt (1994); DERTINGER, Europa
und Arbeitssicherheit, BerGen 1989, 174; DOLL,
Richtlinien der Europäischen Union, die für den
Arbeitsschutz von Bedeutung sind, PersV 1997,
488; EIERMANN, Europäischer Binnenmarkt und
berufsgenossenschaftliche Unfallverhütung,
ZfSH/SGB 1990, 477; FELDHOFF/KOHTE, Betriebliches Arbeitsumweltrecht: Neue Regeln
aus Brüssel, AiB 1992, 389; FISCHER/SCHIER
BAUM, Bildschirmarbeit und Gesundheit – Bringt
die EG-Richtlinie zur Bildschirmarbeit Fortschritte?, PersR 1994, 351; GAUL, Praktische
Konsequenzen aus der Nichtumsetzung der EU-
Arbeitsschutzrichtlinien, AuR 1995, 445; HOL
LICH, Die arbeitsschutzrechtliche Rahmenrichtlinie 89/391/EWG und ihre Umsetzung in den
Mitgliedstaaten, ZIAS 1998, 279; v HOYNINGEN/

Bundesrepublik [1992] 63 ff; Wlotzke BArbBl 1989, Heft 6, 14 ff; ders NZA 1990, 417 ff; ders RdA 1992, 85 ff; zum Arbeitsschutzrecht einzelner Mitgliedsstaaten den Überblick bei Wank/Börgmann 149 ff).

Huene/Compensis, Deutsche Unfallverhütungsvorschriften im EG-Binnenmarkt – insbesondere für die Gerätesicherheit –, NZS 1993, 233; Jansen/Römer, Die EG-Politik zur Verwirklichung eines gemeinsamen Binnenmarktes und ihre Auswirkungen auf den Arbeitsschutz, BerGen 1988, 438, 498; Joerges, Die Verwirklichung des Binnenmarktes und die Eurpäisierung des Produktsicherheitsrechts, in: FS Steindorff (1990) 1247; Kaufmann, EG-Gleichwertigkeitsverordnung, DB 1996, 277; Kiesche/Schierbaum, Neue Anforderungen an Software-Ergonomie durch die EG-Richtlinie zur Bildschirmarbeit, AuR 1995, 41; Kohte, Neue Impulse aus Brüssel zur Mitbestimmung im betrieblichen Gesundheitsschutz, in: FS Gnade (1992) 675; ders, Arbeitsschutzrahmenrichtlinie, in: Oetker/Preis (Hrsg), Europäisches Arbeits- und Sozialrecht Teil B, 6100 (1998); ders, Die Umsetzung der Richtlinie 89/391 in den Mitgliedstaaten der EU, ZIAS 1999, 85; Koll, Arbeitsschutz im europäischen Binnenmarkt, DB 1989, 1234; ders, Die Beurteilung von Gefährdungen am Arbeitsplatz und ihre Dokumentation nach der EG-Rahmenrichtlinie Arbeitsschutz, in: FS Wlotzke (1996) 713; Kollmer, Richtlinien zur Geräte- und Anlagensicherheit, in: Oetker/Preis (Hrsg), Europäisches Arbeits- und Sozialrecht Teil B, 6300 (1995); ders, Europäisches Gefahrstoffrecht, in: Oetker/Preis (Hrsg), Europäisches Arbeits- und Sozialrecht Teil B, 6400 (1997); ders, Europäisches Gefahrstoff-, Geräte- und Maschinensicherheitsrecht (1997); Lehmann, Europäische und internationale Normung, BerGen 1989, 554; Opfermann, Das EG-Recht und seine Auswirkungen auf das deutsche Arbeitsschutzrecht, in: FS Wlotzke (1996) 729; Partikel, Europäische Arbeitsschutzpolitik, SozSich 1989, 146; Pieper, Arbeitsschutz im Umbruch? – Verzögerungen bei der Umsetzung des EG-Arbeitsumweltrechts, AuR 1993, 355; Reihlen, Technische Normung und Zertifizierung für den EG-Binnenmarkt, EuZW 1990, 444; A Reuter, Die neue Maschinenrichtlinie: Ein europäischer

Binnenmarkt im Maschinen- und Anlagenbau, BB 1990, 1213; Richenhagen, Die EU-Bildschirm-Richtlinie: Rechtslage, Umsetzungsprobleme und Lösungsvorschläge, WSI-Mitteilungen 1996, 118; ders, Arbeitsplatzanalysen nach der EU-Bildschirm-Richtlinie, CR 1996, 482; Riese/Rückert, Bildschirmarbeit – Umsetzung der EG-Richtlinie, BArbBl 1992, Heft 9, 20; Rosenthal, Die Bedeutung der EG-Richtlinie zum „Heben und Tragen von Lasten" für den Arbeits- und Gesundheitsschutz des Krankenpflegepersonals, PersR 1992, 276; Rossnagel, Europäische Techniknormen im Lichte des Gemeinschaftsvertragsrechts, DVBl 1996, 1181; Salisch, EWG-Vertrag fordert Verbesserung der Arbeitsumwelt, Die Mitbestimmung 1988, 679; Scheel, Auslegung von EU-Richtlinien und Entscheidungsbefugnis der Kommission – Die Kompetenz der EU-Kommission zur Auslegung von grundlegenden Sicherheitsanforderungen der Maschinenrichtlinie: ein Problemfall des europäischen Verwaltungsrechts, GewArch 1999, 129; ders, Die Richtlinie zum Schutz von Gesundheit und Sicherheit der Arbeitnehmer vor der Gefährdung durch chemische Arbeitsstoffe bei der Arbeit, DB 1999, 1654; Schöler, Gesundheitsschutz in der Arbeitsumwelt, SozSich 1991, 97; Sehmsdorf, Europäischer Arbeitsschutz und seine Umsetzung in das deutsche Arbeitsschutzsystem (1995); Streffer, Freier Warenverkehr und Arbeitsschutz im europäischen Recht, in: FS Wlotzke (1996) 769; Tegtmeier, Veränderungen in Europa, BArbBl 1991, Heft 12, 5; Theurer, Die Gründung einer europäischen „MAK-Kommission", DB 1996, 273; Wank, Der Einfluß des europäischen Arbeitsschutzrechts auf die Rechtslage in der Bundesrepublik Deutschland, in: v Maydell/Schnapp (Hrsg), Die Auswirkungen des EG-Rechts auf das Arbeits- und Sozialrecht der Bundesrepublik (1992) 63; ders, Technischer Arbeitsschutz in der EU im Überblick, in: Oetker/Preis (Hrsg), Europäisches Arbeits- und Sozialrecht Teil B, 6000 (1998); Wank/Börgmann, Deutsches- und europäisches Ar-

So fordert die Präambel der **„Gemeinschaftscharta der Sozialen Grundrechte der Ar-** **41** **beitnehmer"** v 9. 12. 1989 (abgedruckt in: EAS A 1500; zum Entwurf der EG-Kommission CLEVER ZfSH/SGB 1989, 393 ff) nicht nur eine Verbesserung des Gesundheitsschutzes und der Sicherheit in der Arbeitsumwelt, sondern Nr 19 der Gemeinschaftscharta postuliert zusätzlich, daß jeder Arbeitnehmer „in seiner Arbeitsumwelt zufriedenstellende Bedingungen für Gesundheitsschutz und Sicherheit vorfinden" muß. Hierauf aufbauend sieht das zur Anwendung der Gemeinschaftscharta vorgelegte **Aktionsprogramm der Kommission v 29. 11. 1989** (BR-Drucks 717/89 = BIRK [Hrsg], Europäisches Arbeitsrecht [1990] 51 ff; hierzu BLANPAIN/SCHMIDT/SCHWEIBERT, Europäisches Arbeitsrecht [2. Aufl 1996] 141 f; STROHMEIER DB 1992, 38 ff) zur Konkretisierung zahlreiche Initiativen für den „Gesundheitsschutz und die Sicherheit am Arbeitsplatz" vor. Obwohl beide Dokumente keine unmittelbaren Rechtswirkungen entfalten (BALZE, Die sozialpolitischen Kompetenzen der Europäischen Union [1994] 194 f; HANAU ArbRGeg Bd 28 [Dok 1990] 1991, 99) belegen sie die herausragende Bedeutung des Gesundheitsschutzes am Arbeitsplatz für den europäischen Binnenmarkt. Diese findet ihren Niederschlag auch in der **Charta der Grundrechte der Europäischen Union** v 7. 12. 2000 (ABl EG Nr C 364 v 18. 12. 2000, 1 = EAS A 1510), die in Anlehnung an die Gemeinschaftscharta in Art 31 Abs 1 das Recht jedes Arbeitnehmers auf „gesunde, sichere und würdige Arbeitsbedingungen" festlegt; den besonderen Schutz jugendlicher Arbeitnehmer greift Art 32 Abs 2 auf.

Die vorgenannten Dokumente knüpfen an eine sozialpolitische Entwicklung an, die **42** bereits durch die Entschließung des Rates v 21. 1. 1974 über ein sozialpolitisches Aktionsprogramm (ABl EG Nr C 13 v 12. 2. 1974, 1) eingeleitet, in den Aktionsprogrammen des Rates zu Sicherheit und Gesundheitsschutz am Arbeitsplatz v 29. 6. 1978 (ABl EG Nr C 165 v 11. 7. 1978, 1) und v 27. 2. 1984 (ABl EG Nr C 67 v 8. 3. 1984, 2) umgesetzt und in der Entschließung des Rates v 21. 12. 1987 (ABl EG Nr C 28 v 3. 2. 1988, 1) zu Sicherheit, Arbeitshygiene und Gesundheitsschutz am Arbeitsplatz nochmals bekräftigt wurde (näher MünchArbR/BIRK § 18 Rn 11 ff; CURALL/PIPKORN, in: GROEBEN/THIESING/EH-LERMANN, EWG-Vertrag [4. Aufl 1991] Vorbem 27 ff zu Art 117 bis 119). Der „Beratende Ausschuß für Sicherheit, Arbeitshygiene und Gesundheitsschutz am Arbeitsplatz" (eingesetzt durch Beschluß des Rates v 27. 6. 1974 [ABl EG Nr L 185 v 9. 7. 1974, 15]), der insbesondere die Kommission bei ihrer Tätigkeit (zB bei Vorschlägen für Richtlinien) unterstützt, trägt diesem sozialpolitischen Anliegen in institutioneller Hinsicht Rechnung.

bb) Primäres Gemeinschaftsrecht

Der Schutz der Gesundheit am Arbeitsplatz besaß auf der Ebene des primären **43** Gemeinschaftsrechts zunächst nur eine untergeordnete Bedeutung. Lediglich im Rahmen von **Harmonisierungsrichtlinien** (Art 100 EWG-Vertrag) wurden zahlreiche Einzelregelungen erlassen, die zumindest teilweise auch dem Gesundheitsschutz am Arbeitsplatz dienen (näher BALZE, Die sozialpolitischen Kompetenzen der Europäischen Union

---

beitsschutzrecht (1992); WLOTZKE, Arbeitsschutz und Wettbewerb, BArbBl 1989, Heft 6, 14; ders, Umsetzung des EG-Richtlinienwerkes für Maschinen in das deutsche Arbeitsschutzrecht, BerGen 1990, 6; ders, EG-Binnenmarkt und Arbeitsrechtsordnung – Eine Orientierung,

NZA 1990, 417; ders, Technischer Arbeitsschutz im Spannungsverhältnis von Arbeits- und Wirtschaftsrecht, RdA 1992, 85; ZAPKA, Europarechtlicher Gesundheitsschutz in Transportmitteln, AuR 1996, 100.

[1994] 118 ff; Wlotzke RdA 1992, 86). Das gilt insbesondere für die Richtlinien zum Gefahrstoffrecht und für technische Arbeitsmittel im weitesten Sinne (Koll DB 1989, 1236, 1237).

44 Einen Umschwung bewirkte erst die am 1. 7. 1987 in Kraft getretene **„Einheitliche Europäische Akte"** (BGBl II 1102 = ABl EG Nr L 169 v 29. 6. 1987, 1), die mit den **Art 100 a und 118 a EWG-Vertrag** zwei zentrale Kompetenznormen für weitere Rechtssetzungsakte auf der Ebene des sekundären Gemeinschaftsrechts etablierte (Art 18 bzw 21 EEA). Beide Vertragsbestimmungen, die nunmehr in Art 95 EG und in Art 137 EG wiederkehren, sind vor allem deshalb von zentraler Bedeutung für die gemeinschaftsrechtlichen Determinanten des technischen Arbeitsschutzrechts, weil sie von dem Einstimmigkeitsdogma abweichen und bereits eine **qualifizierte Mehrheitsentscheidung** des Rates für den Erlaß von Richtlinien ausreichen lassen.

45 **Art 95 Abs 1 EG** (ex Art 100 a EG-Vertrag) ermöglicht Rechtsakte zur Harmonisierung der nationalen Rechtsvorschriften allerdings nur, soweit sie die Errichtung und das Funktionieren des Binnenmarktes zum Gegenstand haben (zur Abgrenzung zwischen Art 100 und Art 100 a EWG-Vertrag Pipkorn, in: Groeben/Thiesing/Ehlermann, EWG-Vertrag [4. Aufl 1991] Art 100 a Rn 7 ff; s ferner Mohr, Technische Normen und freier Warenverkehr in der EWG [1990]; Streffer, in: FS Wlotzke [1996] 770 ff). Insbesondere erstreckt sich der Verzicht auf das Einstimmigkeitserfordernis nicht auf „Bestimmungen über die Rechte und Interessen der Arbeitnehmer" (Art 95 Abs 2 EG [ex Art 100 a Abs 2 EG-Vertrag]; hierzu Balze, Die sozialpolitischen Kompetenzen der Europäischen Union [1994] 136 ff; Pipkorn, in: Groeben/Thiesing/Ehlermann, EWG-Vertrag [4. Aufl 1991] Art 100 a Rn 60 ff).

46 Sekundäres Gemeinschaftsrecht auf den Gebieten des **Gefahrstoffrechts** und der **Gerätesicherheit** partizipiert gleichwohl an den durch Art 95 Abs 1 EG (ex Art 100 a EG-Vertrag) geschaffenen Privilegierungen für die Rechtssetzung (s auch u Rn 55 f). Der mit ihnen verbundene arbeitnehmerschützende Charakter steht nicht im Vordergrund, sondern ist als Schutzreflex infolge der Verwirklichung des Primärziels, der Realisierung der in Art 8 a EWG-Vertrag genannten Wirtschaftsfreiheiten, zu bewerten (Wlotzke RdA 1992, 87; s auch Balze, Die sozialpolitischen Kompetenzen der Europäischen Union [1994] 115 ff; Wank, in: v Maydell/Schnapp [Hrsg], Die Auswirkungen des EG-Rechts auf das Arbeits- und Sozialrecht der Bundesrepublik [1992] 64 f).

47 Zum **Schutz der „Arbeitsumwelt"** berechtigt **Art 95 Abs 4 EG** (ex Art 100 a Abs 4 EG-Vertrag) die einzelnen Mitgliedsstaaten zu einer **Abweichung** von den mit qualifizierter Mehrheit erlassenen Harmonisierungsrichtlinien, wenn dies durch diesen Zweck gerechtfertigt ist (näher Balze, Die sozialpolitischen Kompetenzen der Europäischen Union [1994] 167 ff; Pipkorn, in: Groeben/Thiesing/Ehlermann, EWG-Vertrag [4. Aufl 1991] Art 100 a Rn 80 ff). Ungeachtet der in zahlreichen Harmonisierungsrichtlinien aufgenommenen Schutzklauselverfahren, die dem Schutzanliegen der Mitgliedstaaten Rechnung tragen sollen (exemplarisch Art 7 der Maschinen-Richtlinie [98/37/EG]; zu der Vorgängerbestimmung in Art 7 der Richtlinie 89/392/EWG Lindl, Arbeitsschutzrecht [1992] 105 ff), ermöglicht Art 95 Abs 4 EG (ex Art 100a Abs 4 EG-Vertrag) den Mitgliedstaaten, das verbindliche Normengefüge der Harmonisierungsrichtlinien zugunsten eines Schutzes der „Arbeitsumwelt" zu durchbrechen. Aufgrund der unterschiedlichen Normstruktur in Art 95 Abs 4 EG und Art 137 Abs 1 EG ist der in beiden Bestim-

mungen enthaltene Begriff der „Arbeitsumwelt" nicht deckungsgleich (ebenso BALZE,
Die sozialpolitischen Kompetenzen der Europäischen Union [1994] 169, zu den Art 100a Abs 4 und
Art 118a EG-Vertrag).

Sicherheit und Gesundheit der Arbeitnehmer am Arbeitsplatz sind vor allem nach **48**
Art 137 EG (ex Art 118 a EG-Vertrag) Gegenstand der Rechtssetzungsmacht des
Rates der Europäischen Gemeinschaften (zur Problematik einer ausschließlichen Zuständigkeit der Gemeinschaft auf diesem Gebiet s EuGH EAS EG-Vertrag Art 118 a Nr 1). Ihm ist für
diese Materie die Kompetenz zum **Erlaß von Mindestvorschriften** eingeräumt
(Art 137 Abs 2 EG), wobei es ausreicht, daß er sich für Rechtssetzungsakte auf
eine qualifizierte Mehrheit stützen kann. Im Unterschied zu Art 95 Abs 1 EG berechtigt Art 137 EG den Rat nur zum **Erlaß von Richtlinien,** die zudem auf die
Schaffung eines gemeinschaftsweiten Mindeststandards ausgerichtet sein müssen.

Wegen der konzeptionellen Ausrichtung des europäischen „Arbeitsumweltrechts" **49**
auf die Etablierung eines gemeinschaftsweit geltenden Mindeststandards steht
Art 137 EG innerstaatlichen Rechtsvorschriften nicht entgegen, die im Hinblick
auf den technischen Arbeitsschutz eine **stärkere Absicherung der Arbeitnehmer** vorsehen. Das gilt – wie der Europäische Gerichtshof in dem Urteil v 25. 11. 1992 für die
Strahlenschutzrichtlinie 80/836/Euratom festgestellt hat – auch im sekundären Gemeinschaftsrecht, wenn keine Anhaltspunkte dafür erkennbar sind, daß der Gemein-
schaftsgesetzgeber den Mitgliedstaaten keinen Spielraum für einen stärkeren als den
von der Richtlinie geforderten Schutz belassen wollte (EuGH EAS RL 80/836/Euratom
Art 10 Nr 1; s auch EuGH EuZW 2000, 638 ff). Eine Grenze für ein (ungeschriebenes)
Günstigkeitsprinzip ist jedoch in den nach Art 95 Abs 1 EG (ex Art 100 a EG-Vertrag) verabschiedeten Harmonisierungsrichtlinien zu sehen, da diese gerade den
Zweck verfolgen, den einheitlichen Binnenmarkt zu ermöglichen.

Wegen des Verzichts auf das Einstimmigkeitserfordernis ist vor allem die Interpreta- **50**
tion des in Art 137 Abs 1 EG bzw vormals in Art 118 a Abs 1 EG-Vertrag enthaltenen **Begriffs der „Arbeitsumwelt"** (vgl hierzu zB v ALVENSLEBEN, Die Rechte der Arbeitnehmer bei Betriebsübergang im Europäischen Gemeinschaftsrecht [1992] 77 ff; BALZE, Die
sozialpolitischen Kompetenznormen der Europäischen Union [1994] 87 ff; HEINZ DVBl 1990,
1388; PIPKORN, in: GROEBEN/THIESING/EHLERMANN, EWG-Vertrag [4. Aufl 1991] Art 118 a
Rn 23 f, 25 ff; SCHULTE EuR 1990 Beiheft 1, 40 ff; SEHMSDORF 52 ff; STEINMEYER, in: MAGIERA
[Hrsg], Das Europa der Bürger in einer Gemeinschaft ohne Binnengrenzen [1990] 80; VEIT ZTR
1990, 64 f; WANK, in: vMAYDELL/SCHNAPP [Hrsg], Die Auswirkungen des EG-Rechts auf das Arbeits-
und Sozialrecht der Bundesrepublik [1992] 66 ff; s auch BReg BT-Drucks 11/4699, 11) von zentraler
Bedeutung für die Reichweite der gemeinschaftsrechtlichen Kompetenznormen.
Nach dem **Zweck der Bestimmung** können nur solche Richtlinien an dem Privileg
eines qualifizierten Mehrheitserfordernisses partizipieren, die final dem Schutz der
Sicherheit und der Gesundheit der Arbeitnehmer dienen. Hieraus folgt zugleich, daß
sich die Verbesserung der „Arbeitsumwelt" auf den Arbeitsplatz und die dort für den
Arbeitnehmer bestehenden Gefahren für Sicherheit und Gesundheit beziehen muß.
Die Entstehungsgeschichte bestätigt dieses Verständnis, da die ursprüngliche Regelung in Art 118 a EG-Vertrag auf einen Vorschlag Dänemarks zurückgeht und der
Begriff der „Arbeitsumwelt" im skandinavischen Rechtskreis nach tradierter Vorstellung zwar nicht auf Sicherheit und Gesundheit am Arbeitsplatz beschränkt ist,
wohl aber unmittelbar mit der Organisation der Arbeitsabläufe (Ergonomische Maß-

nahmen, Umgang mit Werkzeugen und Werkstoffen) verbunden ist (näher hierzu
BALZE, Die sozialpolitischen Kompetenzen der Europäischen Union [1994] 84 ff; BÜCKER/FELD-
HOFF/KOHTE 225 ff; PIPKORN, in: GROEBEN/THIESING/EHLERMANN, EWG-Vertrag [4. Aufl 1991]
Art 118 a Anm 23 f). Von einer Anknüpfung an Sicherheit und Gesundheit der Arbeitnehmer geht auch der Europäische Gerichtshof in seinem Urteil v 12. 11. 1996 aus
(EuZW 1996, 751 ff), er erstreckte den Anwendungsbereich des Art 118 a EG-Vertrag
aber auf sämtliche körperlichen und sonstigen Faktoren, die die Gesundheit und
Sicherheit der Arbeitnehmer in ihrem Arbeitsumfeld unmittelbar oder mittelbar
berühren. Mit dieser Maßgabe plädierte der Gerichtshof für eine weite Auslegung
der dem Rat in Art 118 a EG-Vertrag zum Schutz der Sicherheit und der Gesundheit
der Arbeitnehmer übertragenen Zuständigkeit (EuGH EuZW 1996, 752, Tz 15).

51 Deshalb umfaßt Art 137 Abs 1 EG bzw zuvor Art 118 a EG-Vertrag zumeist nur
diejenigen Materien, die mit dem Begriff des **technischen Arbeitsschutzes** umschrie-
ben werden. Da der Gesundheitsschutz des Arbeitnehmers im Vordergrund steht und
die „Arbeitsumwelt" im Vertragstext lediglich exemplarisch genannt wird, rechtfertigt Art 137 Abs 1 EG darüber hinaus auch den Erlaß sonstiger Richtlinien, die zB
die **Länge der Arbeitszeit** im Hinblick auf den **Gesundheitsschutz und die Arbeitssicherheit** regeln (ebenso zu Art 118a EG-Vertrag BLECKMANN/COEN, Europarecht [5. Aufl 1990]
Rn 1861; PIPKORN, in: GROEBEN/THIESING/EHLERMANN, EWG-Vertrag [4. Aufl 1991] Art 118 a
Anm 30; WANK, in: v MAYDELL/SCHNAPP [Hrsg], Die Auswirkungen des EG-Rechts auf das Arbeits-
und Sozialrecht der Bundesrepublik [1992] 68 f). Die exakte Präzisierung der „Arbeitsumwelt", die unter der Geltung von Art 118 a EG-Vertrag noch äußerst umstritten war
(vgl im Überblick STAUDINGER/OETKER [1997] § 618 Rn 51 f), hat im Rahmen von Art 137
Abs 1 EG erheblich an Bedeutung verloren. Die Möglichkeit einer Richtlinienset-
zung aufgrund qualifizierter Mehrheitsentscheidung (Art 137 Abs 2 EG) ist nicht auf
die Verbesserung der „Arbeitsumwelt zum Schutz der Gesundheit und Sicherheit der
Arbeitnehmer" beschränkt, sondern umfaßt gleichermaßen die „Arbeitsbedingungen". Richtlinien zum Schutz der Gesundheit am Arbeitsplatz sind deshalb jedenfalls als „Arbeitsbedingung" in den Anwendungsbereich des Art 137 Abs 1 EG einbezogen.

cc) Sekundäres Gemeinschaftsrecht

52 Bei den auf der Grundlage von Art 100 a EG-Vertrag bzw nunmehr Art 95 Abs 1 EG
verkündeten Rechtssetzungsakten ist im Hinblick auf den technischen Arbeitsschutz
vor allem die **Richtlinie 89/392/EWG** v 14. 6. 1989 zur **Angleichung der Rechtsvorschriften der Mitgliedsstaaten für Maschinen** (ABl EG Nr L 183 v 29. 6. 1989, 9, sog Maschinenrichtlinie) hervorzuheben, die durch die **Richtlinie 98/37/EG** (ABl EG Nr L 207 v 23. 7.
1998, 1 = EAS A 3570) **neu gefaßt** wurde (näher BECKER BerGen 1995, 544 ff; BÖRNER DB 1989,
614; BÜCKER, Von der Gefahrenabwehr zu Risikovorsorge und Risikomangement im Arbeitsschutzrecht [1997] 179 ff; BÜCKER/FELDHOFF/KOHTE 134 ff; CLEVER ZfSH/SGB 1989, 231 f; v HOYNINGEN/
HUENE/COMPENSIS NZS 1993, 233 ff; JOERGES, in: FS Steindorff [1990] 1247 ff; KOLLMER, in: EAS B
6300 Rn 28 ff; LINDL, Arbeitsschutzrecht [1992] 60 ff; A REUTER BB 1990, 1213 ff; WANK, in: v
MAYDELL/SCHNAPP [Hrsg], Die Auswirkungen des EG-Rechts auf das Arbeits- und Sozialrecht
der Bundesrepublik [1992], 69 ff, 85 ff; WANK/BÖRGMANN 101 ff; WLOTZKE BerGen 1990, 6 ff; ders
RdA 1992, 88 ff; vgl auch EuGH Amtl Slg 1986 I 419 ff = EAS Art 30 EG-Vertrag Nr 4; sowie zuvor
EuGH Amtl Slg 1979, 649 ff = EAS Art 30 EG-Vertrag Nr 2).

53 Von ihr ist primär der Regelungsgegenstand des **Gerätesicherheitsgesetzes** (GSG) betroffen, das aus diesem Grunde durch Gesetz v 26. 8. 1992 (BGBl I 1564) umfassend novelliert wurde (vgl zur Neuregelung KALAWA BerGen 1993, 296 ff; LINDL, Arbeitsschutzrecht [1992] 140 ff; SATTLER EuZW 1992, 764 ff; TEGTMEIER BArbBl 1991, Heft 12, 5; WLOTZKE RdA 1992, 89 ff; s auch u Rn 71 ff). Der gravierendste Unterschied zu der früheren Rechtslage betrifft die Sicherheitsanforderungen. Während das Gerätesicherheitsgesetz früher generell auf die Einhaltung der „allgemein anerkannten Regeln der Technik" abstellte und expressis verbis auch die Arbeitsschutz- und Unfallverhütungsvorschriften einbezog (§ 3 Abs 1 S 1 GSG aF) knüpft die Maschinenrichtlinie an gemeinschaftsweit festgelegte „grundlegende Sicherheits- und Gesundheitsanforderungen" an (Art 3; zum Konformitätsbewertungsverfahren BECKER, in: FS Wlotzke [1996] 445 ff). Deren Einhaltung verbietet nationale Einschränkungen für das Inverkehrbringen und die Inbetriebnahme (Art 4). Zusätzliche Anforderungen im Hinblick auf den Arbeitnehmerschutz sind zulässig, ihre Einhaltung darf aber keine Veränderung der Maschine zur Folge haben (vgl näher insbes zur innerstaatlichen Umsetzung u Rn 74 f).

Von denjenigen **Richtlinien,** die sich schwerpunktmäßig auf den (betrieblichen) **tech-** **54 nischen Arbeitsschutz** beziehen, und die zT bereits vor Inkrafttreten von Art 118 a EG-Vertrag erlassen wurden, ragen vor allem folgende, die Ausgestaltung des nationalen Rechts beeinflussende Richtlinien hervor (zu den bis zum 31. 12. 1992 maßgebenden Übergangsregelungen für das Gebiet der ehem DDR vgl die Richtlinie 90/659/EWG v 4.12. 1990 [ABl EG Nr L 353 v 17.12. 1990, 77]):

– **Richtlinie 80/1107/EWG** v 27.11. 1980 zum Schutz der Arbeitnehmer vor der Gefährdung durch **chemische, physikalische und biologische Arbeitsstoffe** bei der Arbeit (ABl EG Nr L 327 v 3.12. 1980, 8 = EAS A 3090; zuletzt geändert durch die Richtlinie 88/642 [ABl EG Nr L 356 v 24.12. 1988, 74 = EAS A 3091]; hierzu: WANK/BÖRGMANN 122 ff; **aufgehoben** durch Art 13 Abs 1 der Richtlinie 98/24/EG [s u]);

– **Richtlinie 82/605/EWG** v 28.7. 1982 über den Schutz der Arbeitnehmer gegen Gefährdung durch **metallisches Blei und seine Ionenverbindungen** am Arbeitsplatz – Erste Einzelrichtlinie im Sinne des Art 8 der Richtlinie 80/1107/EWG (ABl EG Nr L 247 v 23.8. 1982, 12 = EAS A 3110; hierzu: WANK/BÖRGMANN 125 f; **aufgehoben** durch Art 13 Abs 1 der Richtlinie 98/24/EG [s u]);

– **Richtlinie 83/477/EWG** v 19.9. 1983 über den Schutz der Arbeitnehmer gegen Gefährdung durch **Asbest** am Arbeitsplatz – Zweite Einzelrichtlinie im Sinne des Art 8 der Richtlinie 80/1107/EWG (ABl EG Nr L 263 v 24.9. 1983, 25 = EAS A 3120; zuletzt geändert durch die Richtlinie 98/24/EWG v 7.4. 1998 [ABl EG Nr L 131 v 5.5. 1998, 7]; hierzu: WANK/BÖRGMANN 126 ff);

– **Richtlinie 86/188/EWG** v 12.5. 1986 über den Schutz der Arbeitnehmer gegen Gefährdung durch **Lärm** am Arbeitsplatz – Dritte Einzelrichtlinie im Sinne des Art 8 der Richtlinie 80/1107/EWG (ABl EG Nr L 137 v 24.5. 1986, 28 = EAS 3130; hierzu: KOHTE, in: FS Gnade [1992] 675 ff; WANK/BÖRGMANN 130 f);

– **Richtlinie 88/364/EWG** v 9.6. 1988 zum Schutz der Arbeitnehmer durch ein Verbot bestimmter **Arbeitsstoffe und/oder Arbeitsverfahren** – Vierte Einzelrichtlinie im Sinne des Art 8 der Richtlinie 80/1107/EWG (ABl EG Nr L 179 v 9.7. 1988, 44 = EAS A 3160; hierzu: WANK/BÖRGMANN 131 f; **aufgehoben** durch Art 13 Abs 1 der Richtlinie 98/24/EG [s u]);

– **Richtlinie 89/391/EWG** v 12.6. 1989 über die Durchführung von Maßnahmen zur Verbesserung der Sicherheit und des Gesundheitsschutzes der Arbeitnehmer bei der Arbeit (ABl EG Nr L 183 v 29.6. 1989, 1 = EAS A 3200; hierzu: BIRK, in: FS Wlotzke [1996] 645 ff; BLANPAIN/SCHMIDT/SCHWEIBERT, Europäisches Arbeitsrecht [2. Aufl 1996] 307 ff; BÜK-

KER/FELDHOFF/KOHTE 82 ff; HOLLICH ZIAS 1998, 279 ff; KOHTE, EAS B 6100; ders ZIAS 1999, 85; KOLL, in: FS Wlotzke [1996] 701 ff; WANK/BÖRGMANN 87 ff;);

– **Richtlinie 89/654/EWG** v 30. 11. 1989 über Mindestvorschriften für Sicherheit und Gesundheitsschutz in **Arbeitsstätten** – **Erste Einzelrichtlinie** im Sinne des Art 16 Abs 1 der Richtlinie 89/391/EWG (ABl EG Nr L 393 v 30. 12. 1989, 1 = EAS A 3220; hierzu: BÖRGMANN, EAS B 6200 Rn 4 ff; WANK/BÖRGMANN 95);

– **Richtlinie 89/655/EWG** v 30. 11. 1989 über Mindestvorschriften für Sicherheit und Gesundheitsschutz bei **Benutzung von Arbeitsmitteln** durch Arbeitnehmer bei der Arbeit – **Zweite Einzelrichtlinie** im Sinne des Art 16 Abs 1 der Richtlinie 89/391/ EWG (ABl EG Nr L 393 v 30. 12. 1989, 13 = EAS A 3230; zuletzt geändert durch die Richtlinie 2001/45/EG [ABl EG Nr L 195 v 19. 7. 2001, 46]; hierzu: BÖRGMANN, EAS B 6200 Rn 67 ff; WANK/ BÖRGMANN 109 f);

– **Richtlinie 89/656/EWG** v 30. 11. 1989 über Mindestvorschriften für Sicherheit und Gesundheitsschutz bei **Benutzung persönlicher Schutzausrüstungen** durch Arbeitnehmer bei der Arbeit – **Dritte Einzelrichtlinie** im Sinne des Art 16 Abs 1 der Richtlinie 89/391/EWG (ABl EG Nr L 393 v 30. 12. 1989, 18 = EAS A 3240; hierzu: BÖRGMANN, EAS B 6200 Rn 83 ff; WANK/BÖRGMANN 110 f);

– **Richtlinie 90/269/EWG** v 29. 5. 1990 über die Mindestvorschriften bezüglich der Sicherheit und des Gesundheitsschutzes bei der manuellen **Handhabung von Lasten,** die für die Arbeitnehmer insbesondere eine Gefährdung der Lendenwirbelsäule mit sich bringt – **Vierte Einzelrichtlinie** im Sinne des Art 16 Abs 1 der Richtlinie 89/391/EWG (ABl EG Nr L 156 v 21. 6. 1990, 9 = EAS A 3250; hierzu: BÖRGMANN, EAS B 6200 Rn 154 ff; BÜCKER/FELDHOFF/KOHTE 340 ff; ROSENTHAL PersR 1992, 276 ff; WANK/BÖRG-MANN 96 f);

– **Richtlinie 90/270/EWG** v 29. 5. 1990 über die Mindestvorschriften bezüglich der Sicherheit und des Gesundheitsschutzes bei der **Arbeit an Bildschirmgeräten** – **Fünfte Einzelrichtlinie** im Sinne des Art 16 Abs 1 der Richtlinie 89/391/EWG (ABl EG Nr L 156 v 21. 6. 1990, 14 = EAS A 3260; hierzu: EuGH EAS RL 90/270/EWG Art 4 Nr 1; EuGH EAS RL 90/270/EWG Art 2 Nr 1 [zum Vorlagebeschluß ArbG Siegen NZA-RR 2000, 183 f]; BÖRGMANN, EAS B 6200 Rn 100 ff; BÜCKER/FELDHOFF/KOHTE 94 ff; FISCHER/ SCHIERBAUM PersR 1994, 351 ff; KIESCHE/SCHIERBAUM AuR 1995, 41 ff; RICHENHAGEN WSI-Mitteilungen 1996, 118 ff; ders, CR 1996, 482 ff; RIESE/RÜCKERT BArbBl 1992, Heft 9, 20 ff; WANK/BÖRGMANN 97 ff);

– **Richtlinie 90/394/EWG** v 28. 6. 1990 über den Schutz der Arbeitnehmer gegen Gefährdung durch **Karzinogene** bei der Arbeit – **Sechste Einzelrichtlinie** im Sinne des Art 16 Abs 1 der Richtlinie 89/391/EWG (ABl EG Nr L 196 v 26. 7. 1990, 1 = EAS A 3270; zuletzt geändert durch die Richtlinie 1999/38/EG [ABl EG Nr L 138 v 1. 6. 1999, 66 = EAS A 3272]; hierzu: EuGH EAS RL 89/391/EWG Art 16 Nr 3 „Borsana Srl"; BÖRGMANN, EAS B 6200 Rn 122 ff; WANK/BÖRGMANN 132 ff);

– **Richtlinie 91/322/EWG** v 29. 5. 1991 zur **Festsetzung von Richtgrenzen** zur Durchführung der **Richtlinie 80/1107/EWG** des Rates über den Schutz der Arbeitnehmer vor der Gefährdung durch chemische, physikalische und biologische Arbeitsstoffe bei der Arbeit (ABl EG Nr L 177 v 5. 7. 1991, 22 = EAS A 3310);

– **Richtlinie 91/383/EWG** v 25. 6. 1991 zur Ergänzung der Maßnahmen zur Verbesserung der Sicherheit und des Gesundheitsschutzes von **Arbeitnehmern mit befristetem Arbeitsverhältnis oder Leiharbeitsverhältnis** (ABl EG Nr L 206 v 29. 7. 1991, 19 = EAS A 3320; hierzu: SCHÜREN, Arbeitnehmerüberlassungsgesetz [1994] Einleitung Rn 492 ff);

– **Richtlinie 92/29/EWG** v 31. 3. 1992 über Mindestvorschriften für die Sicherheit und

den Gesundheitsschutz zum Zweck einer besseren **medizinischen Versorgung auf Schiffen** (ABl EG Nr L 113 v 30. 4. 1992, 19 = EAS A 3330);
- **Richtlinie 92/57/EWG** v 24. 6. 1992 über die auf zeitlich begrenzten oder ortsveränderlichen **Baustellen** anzuwendenden Mindestvorschriften für die Sicherheit und den Gesundheitsschutz – **Achte Einzelrichtlinie** im Sinne von Art 16 Abs 1 der Richtlinie 89/391/EWG (ABl EG Nr 245 v 26. 8. 1992, 6 = EAS A 3360; hierzu: Börgmann, EAS B 6200 Rn 12 ff; Littbarski, Zur Notwendigkeit der Umsetzung der Baustellensicherheitsrichtlinie [1998]);
- **Richtlinie 92/58/EWG** v 24. 6. 1992 über Mindestvorschriften für die **Sicherheits- und/oder Gesundheitsschutzkennzeichnung** am Arbeitsplatz – **Neunte Einzelrichtlinie** im Sinne des Art 16 Abs 1 der Richtlinie 89/391/EWG (ABl EG Nr L 245 v 26. 8. 1992, 23 = EAS A 3370; hierzu: Börgmann, EAS B 6200 Rn 26 ff);
- **Richtlinie 92/85/EWG** v 19. 10. 1992 über die Durchführung von Maßnahmen zur Verbesserung der Sicherheit und des Gesundheitsschutzes von **schwangeren Arbeitnehmerinnen, Wöchnerinnen und stillenden Arbeitnehmerinnen** am Arbeitsplatz – **Zehnte Einzelrichtlinie** im Sinne des Art 16 Abs 1 der Richtlinie 89/391/ EWG (ABl EG Nr L 348 v 28. 11. 1992, 1 = EAS A 3380; hierzu: Börgmann, EAS B 6200 Rn 163 ff);
- **Richtlinie 92/91/EWG** v 3. 11. 1992 über Mindestvorschriften zur Verbesserung der Sicherheit und des Gesundheitsschutzes der Arbeitnehmer in den Betrieben, in denen **durch Bohrungen Mineralien gewonnen** werden – **Elfte Einzelrichtlinie** im Sinne des Art 16 Abs 1 der Richtlinie 89/391/EWG (ABl EG Nr L 348 v 28. 11. 1992, 9 = EAS A 3390; hierzu: Börgmann, EAS B 6200 Rn 34 ff).
- **Richtlinie 92/104/EWG** v 3. 12. 1992 über Mindestvorschriften zur Verbesserung der Sicherheit und des Gesundheitsschutzes der Arbeitnehmer in übertägigen oder untertägigen **mineralgewinnenden Betrieben** – **Zwölfte Einzelrichtlinie** im Sinne des Art 16 Abs 1 der Richtlinie 89/391/EWG (ABl EG Nr L 404 v 31. 12. 1992, 10 = EAS A 3400; hierzu: Börgmann, EAS B 6200 Rn 46 ff);
- **Richtlinie 93/103/EG** v 23. 11. 1993 über Mindestvorschriften für Sicherheit und Gesundheitsschutz bei der Arbeit an Bord von **Fischereifahrzeugen** – **Dreizehnte Einzelrichtlinie** im Sinne von Art 16 Abs 1 der Richtlinie 89/391/EWG (ABl EG Nr L 307 v 13. 12. 1993, 1 = EAS A 3430; hierzu: Börgmann, EAS B 6200 Rn 58 ff);
- **Richtlinie 96/82 EG** v 9. 12. 1996 zur Beherrschung der Gefahren bei schweren **Unfällen mit gefährlichen Stoffen** (ABl EG Nr L 10 v 14. 1. 1997, 13 = EAS A 3520);
- **Richtlinie 98/24/EG** v 7. 4. 1998 zum Schutz von Gesundheit und Sicherheit der Arbeitnehmer vor der Gefährdung durch **chemische Arbeitsstoffe** bei der Arbeit – **Vierzehnte Einzelrichtlinie** im Sinne von Art 16 Abs 1 der Richtlinie 89/391/EWG (ABl EG Nr L 131 v 5. 5. 1998, 11 = EAS A 3560; hierzu Scheel DB 1999, 1654 ff);
- **Richtlinie 1999/92/EG** v 16. 12. 1999 über Mindestvorschriften zur Verbesserung des Gesundheitsschutzes und der Sicherheit der Arbeitnehmer, die durch **explosionsfähige Atmosphären** gefährdet werden können – **Fünfzehnte Einzelrichtlinie** im Sinne von Art 16 Abs 1 der Richtlinie 89/391/EWG (ABl EG Nr L 23 v 28. 1. 2000, 57 = EAS A 3620);
- **Richtlinie 2000/54/EG** v 18. 9. 2000 über den Schutz der Arbeitnehmer gegen Gefährdung durch **biologische Arbeitsstoffe** bei der Arbeit – **Siebte Einzelrichtlinie** im Sinne von Art 16 Abs 1 der Richtlinie 89/391/EWG (ABl Nr L 262 v 17. 10. 2000, 21 = EAS A 3640; zu der hierdurch aufgehobenen Richtlinie 90/679/EWG [ABl EG Nr L 374 v 31. 12. 1990, 1 = EAS 3290] vgl Börgmann, EAS B 6200 Rn 137 ff; Wank/Börgmann 134 ff).

55 **Innerstaatliche Abweichungen** von den Vorgaben der vorstehend aufgeführten Richt-linien, die den dort geforderten Schutz verstärken, sind zumindest dann **zulässig,** wenn es sich um Richtlinien im Anwendungsbereich des Art 137 Abs 1 EG bzw zuvor Art 118 a EG-Vertrag handelt. Das folgt entweder bereits aus einer ausdrück-lichen Regelung in der Richtlinie selbst (zB Art 1 Abs 3 Richtlinie 89/391/EWG) oder ist dieser im Wege der Auslegung zu entnehmen (s [allerdings außerhalb des An-wendungsbereichs von Art 118 a EG-Vertrag] exemplarisch EuGH EAS RL 80/836/Euratom). So-weit eine Auslegung der Richtlinie erforderlich ist, kann vor allem auf die aus Art 137 EG bzw zuvor Art 118 a EG-Vertrag folgende Zielsetzung der Richtlinien zum Schutz der „Arbeitsumwelt" zurückgegriffen werden, da diese nicht der Harmonisie-rung dienen, sondern einen gemeinschaftsweit geltenden Mindeststandard etablieren sollen. Keine Anwendung findet das Günstigkeitsprinzip deshalb im Bereich der technischen Arbeitsmittel soweit dieser Sektor bereits durch Harmonisierungsricht-linien strukturiert ist. Anderenfalls würde ihre Zielsetzung, Herbeiführung und Ab-sicherung eines einheitlichen Binnenmarktes, unterlaufen. Zu den durch Art 30 EG (ex Art 36 EG-Vertrag) gezogenen Grenzen für strengere nationale Vorschriften bezüglich gefährlicher Stoffe s EuGH EuZW 2000, 638 ff.

56 Insbesondere die **Arbeitsschutz-Rahmenrichtlinie 89/391/EWG** sowie die hierzu er-lassenen **Einzelrichtlinien** erforderten eine umfassende Überarbeitung des geltenden technischen Arbeitsschutzrechts. Entgegen den ursprünglichen Plänen, am Ende der 12. Legislaturperiode des Deutschen Bundestages ein umfassendes „Gesetz über Sicherheit und Gesundheitsschutz bei der Arbeit" zu verabschieden (s den Entwurf der BReg BT-Drucks 12/6752; sowie hierzu Bücker/Feldhoff/Kohte 185 ff; Konstanty/Zwing-mann WSI-Mitteilungen 1995, 61 ff; Oetker ZRP 1994, 219 ff; Sehmsdorf 287 ff; Tegtmeier BArbBl 1991, Heft 12, 5 ff; Wank, in: FS Wlotzke [1996] 617 ff; Wlotzke RdA 1992, 92 ff; ders NZA 1994, 602 ff; ders, in: FS Raisch [1995] 344 ff; zur Kritik des Deutschen Bundesrates an dem Regierungsentwurf BR-Drucks 440/92; ferner Brückner AiB 1994, 66 ff; ders PersR 1994, 149 ff; Pfarr AiB 1993, 260 ff; zu älteren Bestrebungen eines Arbeitsschutzgesetzes Wlotzke, in: FS Her-schel [1982] 504 ff; s des weiteren u Rn 66), beschränkt sich das am 21. 8. 1996 in Kraft getretene **Arbeitsschutzgesetz** (BGBl 1996 I 1246 ff; zum Gesetzesentwurf BT-Drucks 13/3540 [hierzu: Fischer BArbBl 1996, Heft 1, 21 ff; Konstanty/Zwingmann WSI-Mitteilungen 1996, 65 ff; Wank DB 1996, 1134 ff; zum Referentenentwurf Kreizberg AuA 1995, 361 ff]; zu den Beschlüssen des Ausschusses für Arbeit und Sozialordnung BT-Drucks 13/4756 und BT-Drucks 13/4854) vor-rangig auf eine innerstaatliche Transformation der in der Arbeitsschutz-Rahmen-richtlinie (89/391/EWG) enthaltenen allgemeinen Vorgaben und greift hinsichtlich der weiteren Umsetzungsakte – ähnlich wie zuvor das Gerätesicherheitsgesetz (§ 4 Abs 1 S 1 GSG) – auf die Etablierung einer Ermächtigungsnorm für den Erlaß von Rechtsverordnungen zurück (Art 18 und 19 ArbSchG; zu den erlassenen Rechtsverord-nungen s u Rn 67). Zur Umsetzung der EG-Richtlinien durch **Unfallverhütungsvor-schriften** der Berufsgenossenschaften siehe v Hoyningen/Huene/Compensis NZS 1993, 233 ff; Sehmsdorf, Europäischer Arbeitsschutz und seine Umsetzung in das deutsche Arbeitsschutzsystem (1995) 142 ff; Steiger SGb 1992, 525 ff; Wank, in: FS Wlotzke (1996) 638 ff; MünchArbR/Wlotzke § 207 Rn 50 f.

57 Auch nach einer formellen Umsetzung der aufgrund von Art 95 Abs 1 EG bzw zuvor Art 118 a EWG-Vertrag erlassenen Richtlinien in das innerstaatliche technische Ar-beitsschutzrecht besitzen die in Rn 54 aufgelisteten Richtlinien richtungweisende Bedeutung für die **Anwendung und die Auslegung des innerstaatlichen Rechts** zum technischen Arbeitsschutz (zur Auslegung von EG-Richtlinien allg zB BLECKMANN ZGR 1992, 364; LUTTER JZ 1992, 598 ff jeweils mwN). Im Gegensatz zu einer unmittelbaren Wirkung einzelner Richtlinienbestimmungen (hierzu zB den Überblick von GÖTZ NJW 1992, 1855 f mwN; zur Haftung des Mitgliedstaats bei Nichtumsetzung einer Richtlinie EuGH Amtl Slg 1991, 5357 ff = EAS RL 80/987/EWG Art 11 Nr 2 „Francovich I"; EuGH Amtl Slg 1994, 3325 ff = EAS Art 189 EG-Vertrag Nr 10 „Faccini Dori"; EuGH EAS RL 80/987/EWG Art 2 Nr 1 „Francovich II"; EuGH NJW 1996, 1267 ff „Brasserie du Pêcheur"), die nur selten und wenn überhaupt nur gegenüber staatlichen Stellen in Betracht kommt (s EuGH Amtl Slg 1986, 723 ff = EAS RL 76/207/EWG Art 5 Nr 4 „Marshall I"; sowie EuGH Amtl Slg 1994, 3325 ff = EAS Art 189 EG-Vertrag Nr 10 „Faccini Dori"; EuGH NJW 1996, 1401 f „Rivero"; speziell zu Art 5 Abs 4 der Richtlinie 89/391/EWG OGH DRdA 2000, 238 [mit Anm KOHTE]; OGH DRdA 2000, 500 [mit Anm KOHTE]), entspricht es der ständigen Rechtsprechung des Europäischen Gerichtshofes, daß das nationale Recht spätestens nach Ablauf der in der Richtlinie festgelegten Umsetzungsfrist **richtlinienkonform auszulegen** ist (so seit EuGH Amtl Slg 1984, 1909 = EAS RL 76/207/EWG Art 6 Nr 1 „Colson und Kammann"). Die deutsche Rechtslehre ist diesem Verständnis im Grundsatz gefolgt, wenngleich die präzise Integration in die Auslegungsmethodik noch nicht abschließend geklärt ist (aus dem umfangreichen Schrifttum zB BACH JZ 1990, 1112 f; BRECHMANN, Die richtlinienkonforme Auslegung [1994]; EHRICKE RabelsZ 59 [1995] 598 ff; EVERLING, in: FS Carl Carstens I [1984] 101, 107; ders ZGR 1992, 376; GÖTZ NJW 1992, 1853 f; GRUNDMANN ZEuP 1996, 399 ff; JARASS EuR 1991, 211; KIRCHHOFF DB 1989, 2264; LUTTER JZ 1992, 604 f; SCHMIDT RabelsZ 59 [1995] 569 ff; ZULEEG ZGR 1980, 478; zurückhaltend jedoch DI FABIO NJW 1990, 947 ff).

Insbesondere die **Generalklauseln des technischen Arbeitsschutzrechts** (zB § 3 Abs 1 **58** ArbSchG, § 3 Abs 1 ArbStättV), aber auch die allgemeine privatrechtliche Generalklausel in § 618 Abs 1 ermöglichen aufgrund ihres vagen und elastischen Wortlauts eine methodengerechte Umsetzung einer richtlinienkonformen Auslegung (zu § 87 Abs 1 Nr 7 BetrVG BAG AP Nr 5 zu § 87 BetrVG 1972 Gesundheitsschutz). Die Regelung des § 618 Abs 1 ist somit nicht nur für das öffentlich-rechtlich strukturierte innerstaatliche Recht des technischen Arbeitsschutzes, sondern auch für das sekundäre Gemeinschaftsrecht das Medium, durch das die vorgenannten Rechtsakte ihre Wirkungen im Privatrecht entfalten. Den durch § 618 Abs 1 geforderten Gefahrenschutz konkretisieren deshalb nicht nur das nationale technische Arbeitsschutzrecht (s u Rn 59 ff), sondern auch die Rechtsakte der Europäischen Gemeinschaften. Das besitzt insbesondere dann praktische Bedeutung, wenn die innerstaatlichen Umsetzungsakte nicht fristgerecht oder nicht richtlinienkonform erfolgen (s B GAUL AuR 1995, 445).

3.   Innerstaatliche Rechtsquellen

a)   Staatliches Recht
aa)   Überblick
Für das nationale staatliche Recht zum technischen Arbeitsschutz (zur historischen **59** Entwicklung WANK/BÖRGMANN 6 ff; MünchArbR/WLOTZKE § 206 Rn 57 ff) ist auch nach in Kraft treten des Arbeitsschutzgesetzes v 7. 8. 1996 eine weitreichende (aber kaum vermeidbare) Rechtszersplitterung kennzeichnend (vgl DEPPE/KANNENGIESSER/KICKUTH, Arbeitsschutzsystem [1980]), da nicht nur für verschiedene Gefahrenquellen unterschiedliche Gesetze bzw Rechtsverordnungen anzuwenden sind (vollständige Übersicht zu den Arbeitsschutzvorschriften des Bundes im Unfallverhütungsbericht 2000 der Bundesregierung, BT-

Drucks 14/7974, 157 ff [Stand: 31. 10. 2001]), sondern diese häufig in personeller Hinsicht einen divergierenden Anwendungsbereich aufweisen (zur Reichweite des technischen Arbeitsschutzrechts im öffentlichen Dienst vgl GRASSL/ZAKRZEWSKI DöD 2001, 49 ff; LEISNER, Arbeitsschutz im öffentlichen Dienst [1991]; MünchKomm/LORENZ § 618 Rn 58; MÄRTINS ZTR 1992, 223 ff, 267 ff), der nicht stets mit den Vorgaben des sekundären Gemeinschaftsrechts harmoniert.

60 Trotz der kaum überschaubaren Normenvielfalt ragen aus dem Recht des staatlichen technischen Arbeitsschutzrecht einige zentrale Regelungswerke hervor, die die wichtigsten Elemente des technischen Arbeitsschutzrechts strukturieren. Von grundlegender Bedeutung ist das **Arbeitsschutzgesetz** v 7. 8. 1996 (BGBl 1996 I 1246 ff; hierzu u Rn 63 ff), das in allgemeiner Form die Rechte und Pflichten auf dem Gebiet des technischen Arbeitsschutzes festlegt und für diese Materie den Charakter eines Rahmengesetzes bzw eines „Grundgesetzes" hat. Eine weitere Konkretisierung existiert vor allem für **technische Arbeitsmittel** durch das **Gerätesicherheitsgesetz** (s u Rn 71 ff), hinsichtlich der **Arbeitsstätten** durch die **Arbeitsstättenverordnung** (s u Rn 77 ff) sowie bezüglich des Umgangs mit **Gefahrstoffen** am Arbeitsplatz durch die **Gefahrstoffverordnung** (s u Rn 80 ff). Eine **organisatorische Unterstützung** erfährt die Durchsetzung des technischen Arbeitsschutzrechts vor allem durch Betriebsärzte, Sicherheitsingenieure und andere Fachkräfte für Arbeitssicherheit, deren Aufgaben, Rechte und Pflichten im **Arbeitssicherheitsgesetz** ausgestaltet sind (s u Rn 84).

61 Als arbeitsschutzrechtlicher Sonderbereich ist das **Bergrecht** einzustufen (hierzu KREMER NZA 2000, 132 ff; NAENDRUP/KOHTE, in: FS Fabricius [1989] 133 ff; WELLER ZfB 126 [1985] 290 ff; ders ZfB 133 [1992] 30 ff; siehe auch KREUZER, Arbeitsschutz im Bergbau [Diss Würzburg 1976]), da die vorgenannten Regelungswerke diesen Sektor regelmäßig nicht erfassen. Das gilt auch für das Arbeitsschutzgesetz; es enthält in § 1 Abs 2 ArbSchG einen ausdrücklichen Anwendungsvorbehalt für die dem Bundesberggesetz unterliegenden Betriebe. Für die bergbaurechtlichen Bereiche gestalten Bergverordnungen (§ 66 BBergG) das Arbeitsschutzrecht aus, wobei die Allgemeine Bundesbergverordnung (ABBergV) v 23. 10. 1995 (BGBl I 1466; geändert durch Verordnung v 10. 8. 1998 [BGBl I 2093]) eine allgemeine Rahmenregelung trifft (weitere den Arbeitsschutz betreffenden Bergverordnungen sind in dem Unfallverhütungsbericht 2000, BT-Drucks 14/7974, 162, aufgezählt).

62 Als ein mit dem Bergrecht vergleichbarer arbeitsschutzrechtlicher Sonderbereich ist der **Arbeitsschutz auf Seeschiffen** zu bewerten. Insoweit enthält § **80 Abs 1 SeemG** eine **allgemeine Generalklausel,** die sich inhaltlich an § 120a GewO aF anlehnt und die Pflichten des Dienstberechtigten in § 618 Abs 1 und 2 spezialgesetzlich konkretisiert, ohne allerdings hierdurch die privatrechtliche Vorschrift in § 618 zu verdrängen. Neben den einschlägigen Unfallverhütungsvorschriften der See-Berufsgenossenschaft wird die Sicherheit auf Seeschiffen zumindest auch durch die **Schiffssicherheits-Verordnung** v 18. 9. 1998 (BGBl I 3023; zuletzt geändert durch Verordnung v 24. 8. 2001 [BGBl I 2279]) strukturiert. Besondere Bestimmungen zum **Jugendarbeitsschutz** enthalten die §§ 94–100 a SeemG. Ebenso wie im Bergrecht findet für den Arbeitsschutz der Beschäftigten auf Seeschiffen das **Arbeitsschutzgesetz keine Anwendung** (§ 1 Abs 2 ArbSchG).

bb) Arbeitsschutzgesetz*

Bestrebungen zur Schaffung eines allgemeinen Arbeitsschutzgesetzes lassen sich bis **63** in die Weimarer Republik zurückverfolgen; über einen in den Reichstag eingebrachten Gesetzesentwurf kamen die damaligen Vorarbeiten indes nicht hinaus (s hierzu im Überblick BOHLE, Einheitliches Arbeitsrecht in der Weimarer Republik [1990] 128 ff). Das gilt ebenso für entsprechende Bemühungen Anfang der 80er Jahre, insoweit blieb es bei Referentenentwürfen (vgl WLOTZKE, in: FS Herschel [1982] 504).

Die mit dem **Arbeitsschutzgesetz** v 7. 8. 1996 (BGBl I 1246 ff; zuletzt geändert durch Gesetz v **64** 21. 12. 2000 [BGBl I 2011]) zum Abschluß gelangten Gesetzgebungsarbeiten wurden vor allem von zwei **Gesetzgebungsaufträgen bzw -verpflichtungen** geleitet. Erstens zwangen die Arbeitsschutz-Rahmenrichtlinie (89/391/EWG) und die hierzu verabschiedeten Einzelrichtlinien (s o Rn 54) die Bundesrepublik Deutschland zu einer umfangreichen Harmonisierung des technischen Arbeitsschutzrechts mit dem Recht der Europäischen Gemeinschaften. Zweitens verpflichtet Art 30 Abs 1 Nr 2 EVertr den gesamtdeutschen Gesetzgeber, den „öffentlich-rechtlichen Arbeitsschutz in Übereinstimmung mit dem Recht der Europäischen Gemeinschaften und dem damit konformen Teil des Arbeitsschutzrechts der Deutschen Demokratischen Republik zeitgemäß neu zu regeln".

Erstes Ergebnis der Gesetzgebungsarbeiten war ein noch in der **12. Legislaturperiode 65** in das Gesetzgebungsverfahren eingebrachter Entwurf für ein Gesetz über Sicherheit und Gesundheitsschutz bei der Arbeit (Arbeitsschutzrahmengesetz). Dem **Referentenentwurf** v 22. 12. 1992 (hierzu GÜNTHER AuA 1993, 97 ff; TEGTMEIER BArbBl 1991, Heft 2, 5 ff; WIRMER BArbBl 1993, Heft 2, 15 ff; WLOTZKE RdA 1992, 92 ff; sowie die Ankündigung der BReg BT-Drucks 12/3592) folgte der **Gesetzesentwurf der Bundesregierung** (BT-Drucks 12/ 6752; hierzu BÜCKER/FELDHOFF/KOHTE 185 ff; KONSTANTY/ZWINGMANN WSI-Mitt 1995, 61 ff; OET-

---

* **Schrifttum:** BERGER/DELHEY, Das neue Arbeitsschutzrecht, PersV 1996, 518; BUCHHOLZ, Gesetz zur Umsetzung der EG-Rahmenrichtlinie Arbeitsschutz und weiterer Arbeitsschutz-Richtlinien, ZTR 1996, 495; DÖTSCH, Die europäische Rahmenrichtlinie Arbeitsschutz und ihre Umsetzung in deutsches Recht, AuA 1996, 329; N FABRICIUS, Die Mitbestimmung des Betriebsrats bei der Umsetzung des neuen Arbeitsschutzrechts, BB 1997, 1254; KITTNER/ PIEPER, Beteiligungsrechte des Betriebsrats im betrieblichen Arbeitsschutz nach dem neuen Arbeitsschutzgesetz, AiB 1997, 325 = PersR 1997, 247; dies, Arbeitsschutzrecht-Kommentar für die Praxis (1999); dies, Arbeitsschutzgesetz (2. Aufl 2000); KOLL, Arbeitsschutzgesetz (Loseblatt); KOLLMER, Arbeitsschutzgesetz, AR-Blattei SD 220.1 (1999); ders, Verordnungen zum Arbeitsschutzgesetz, AR-Blattei SD 220.2 (1999); ders (Hrsg), Praxiskommentar-Arbeitsschutzgesetz (Loseblatt); KOLLMER/BLACHNITZ/ KOSSENS, Die neuen Arbeitsschutzverordnungen (1999); KOLLMER/VOGL, Das neue Arbeitsschutzgesetz (2. Aufl 1999); LEUBE, Arbeitsschutzgesetz: Pflichten des Arbeitgebers und der Beschäftigten zum Schutz anderer Personen, BB 2000, 302; LÖRCHER, Gilt das Arbeitsschutzgesetz für Beamtinnen und Beamte?, PersR 1999, 13; PIEPER, Das Arbeitsschutzgesetz, AuR 1996, 465; ders, Verordnungen zur Umsetzung der EG-Arbeitsschutzrichtlinie, AuR 1997, 21; SCHLÜTER, Arbeitsschutzgesetz (1998); VOGEL, Das neue Arbeitsschutzgesetz, NJW 1996, 2753; WANK, Kommentar zum technischen Arbeitsschutz (1999) 1; WLOTZKE, Das neue Arbeitsschutzgesetz – zeitgemäßes Grundlagengesetz für den betrieblichen Arbeitsschutz, NZA 1996, 1017; ders, Fünf Verordnungen zum Arbeitsschutzgesetz von 1996, NJW 1997, 1469; ders, Ausgewählte Leitlinien des Arbeitsschutzgesetzes, in: FS Däubler (1999) 654.

KER ZRP 1994, 219 ff; SEHMSDORF 287 ff; WANK, in: FS Wlotzke [1996] 618 ff; WLOTZKE, NZA
1994, 602 ff; ders, in: FS Raisch [1995] 344 ff; zur Kritik des Deutschen Bundesrates an dem Regierungsentwurf BR-Drucks 440/92; sowie BRÜCKNER AiB 1994, 66 ff; ders PersR 1994, 149 ff; PFARR
AiB 1993, 260 ff), der jedoch in der 12. Legislaturperiode nicht mehr zur Verabschiedung gelangte (zur weiteren Diskussion s ZWINGMANN AiB 1995, 375 ff; ders SozSich 1995,
134 ff).

66 Das am 21. 8. 1996 in Kraft getretene **Arbeitsschutzgesetz** basiert auf dem **Regierungsentwurf** v 23. 11. 1995 (BT-Drucks 13/3540 = BR-Drucks 881/95; hierzu FISCHER BArbBl 1996,
Heft 1, 21 ff; KONSTANTY/ZWINGMANN WSI-Mitt 1996, 65 ff; WANK DB 1996, 1134 ff; zum Referentenentwurf KREIZBERG AuA 1995, 361 ff), der durch die **Beschlüsse des BT-Ausschusses für
Arbeit und Sozialordnung** einige wesentliche Änderungen erfuhr (s BT-Drucks 13/4756
und BT-Drucks 13/4854).

67 Konzeptionell beschränkt sich das Arbeitsschutzgesetz vor allem auf die **Umsetzung
der Arbeitsschutz-Rahmenrichtlinie 89/391/EWG.** Für weitere gemeinschaftsrechtlich
erforderliche Anpassungen des innerstaatlichen technischen Arbeitsschutzrechts
enthält § 19 ArbSchG eine Ermächtigung zum Erlaß von **Rechtsverordnungen,** die
sich in ihrer Regelungstechnik an die parallele Vorschrift im Gerätesicherheitsgesetz
(§ 4 Abs 1 S 1) anlehnt. Auf dieser Rechtsgrundlage wurden bislang die folgenden
Rechtsverordnungen erlassen:
– Verordnung über Sicherheit und Gesundheitsschutz bei der **Benutzung von Arbeitsmitteln** bei der Arbeit v 11. 3. 1997 (BGBl I 450; zuletzt geändert durch Verordnung
v 29. 10. 2001, BGBl I 2785; hierzu: ANGERMEIER AiB 1997, 311 f; JOHANNKNECHT BerGen 1997,
20; KOLLMER/BLACHNITZ/KOSSENS 41 ff, 53 ff; WANK, Kommentar zum technischen Arbeitsschutz
[1999] 68 ff; MünchArbR/WLOTZKE § 213 Rn 61 ff);
– Verordnung über Sicherheit und Gesundheitsschutz auf **Baustellen** v 10. 6. 1998
(BGBl I 1283; hierzu: KOLLMER NJW 1998, 2634 ff; ders, Baustellenverordnung (2000); KOLLMER/
BLACHNITZ/KOSSENS 38 ff, 89 ff, 179 ff; KOSSENS AiB 1998, 550 ff; MOOG BauR 1999, 795 ff;
MünchArbR/WLOTZKE § 212 Rn 71 ff);
– Verordnung über Sicherheit und Gesundheitsschutz bei der Arbeit an **Bildschirm-
geräten** v 4. 12. 1996 (BGBl I 1841; zuletzt geändert durch Verordnung v 29. 10. 2001, BGBl I
2785; hierzu: ArbG Kaiserslautern NZA-RR 2001, 628 f; ArbG Siegen NZA-RR 2001, 629 ff;
DOLL PersV 1998, 420 ff; FISCHER/SCHIERBAUM PersR 1997, 95 ff; v HARTEN/RICHENHAGEN
WSI-Mitteilungen 1997, 884 ff; KIESCHE AiB 1997, 624 ff; KOLLMER/BLACHNITZ/KOSSENS 34 ff,
108 ff; LOHBECK, ZTR 2001, 502 ff; LORENZ, AR-Blattei SD 555 Rn 10 ff; MERTEN, Gesundheitsschutz und Mitbestimmung bei der Bildschirmarbeit [2000] 63 ff; NAHRMANN/SCHIERBAUM, Die
Bildschirmarbeitsverordnung, RDV 1997, 156 ff; OPFERMANN/RÜCKERT AuA 1997, 69 ff; REN-
TROP BerGen 1998, 198 ff; RIESE CR 1997, 27 ff; WANK, Kommentar zum technischen Arbeitsschutz [1999] 59 ff; MünchArbR/WLOTZKE § 212 Rn 60 ff; speziell zur Mitbestimmung des Betriebsrates nach § 87 Abs 1 Nr 7 BetrVG MERTEN, Gesundheitsschutz und Mitbestimmung bei der
Bildschirmarbeit (2000); SCHIERBAUM/FRANZ AuR 1999, 82 ff; SIEMES NZA 1998, 232 ff);
– Verordnung über Sicherheit und Gesundheitsschutz bei Tätigkeiten mit **biologischen Arbeitsstoffen** v 27. 1. 1999 (BGBl I 50; zuletzt geändert durch Verordnung v 18. 10.
1999, BGBl I 2059; hierzu: ALLESCHER BArbBl 1999, Heft 5, 15 ff; KOLLMER/BLACHNITZ/KOS-
SENS 47 ff, 123 ff; MünchArbR/WLOTZKE § 215 Rn 18 ff);
– Verordnung über Sicherheit und Gesundheitsschutz bei der manuellen **Handhabung von Lasten** bei der Arbeit v 4. 12. 1996 (BGBl I 1841; zuletzt geändert durch Verordnung v 29. 10. 2001, BGBl I 2785; hierzu: GERAY AiB 1997, 520 ff; KOLLMER/BLACHNITZ/KOS-

SENS 32 ff, 148 ff; OPFERMANN/RÜCKERT AuA 1997, 187; WANK, Kommentar zum technischen Arbeitsschutz [1999] 55 ff; MünchArbR/WLOTZKE § 212 Rn 56 ff);
– Verordnung über Sicherheit und Gesundheitsschutz bei der **Benutzung persönlicher Schutzausrüstungen** v 4. 12. 1996 (BGBl I 1841; hierzu: KOLLMER/BLACHNITZ/KOSSENS 30 ff, 170 ff; OPFERMANN/RÜCKERT, Neuregelungen für Persönliche Schutzausrüstungen, AuA 1997, 124 ff; WANK, Kommentar zum technischen Arbeitsschutz [1999] 51 ff).

Der **Anwendungsbereich des Arbeitsschutzgesetzes** beschränkt sich nicht auf das **68** Arbeitsverhältnis, sondern es bezieht – aufgrund der gemeinschaftsrechtlichen Vorgaben – alle **„Beschäftigten"** in seinen **personellen Schutzbereich** ein. Zu ihnen zählen nach der abschließenden Aufzählung in § 2 Abs 2 ArbSchG neben Arbeitnehmern, arbeitnehmerähnlichen Personen und zur Berufsbildung beschäftigten Personen auch Richter, Beamte und Soldaten (näher hierzu zB KOLLMER/KOHTE, ArbSchG § 2 Rn 32 ff). Dementsprechend greift das Gesetz durchgängig auf den Oberbegriff der „Beschäftigten" zurück. Dieser ist indes nicht deckungsgleich mit dem personellen Anwendungsbereich des § 618 Abs 1 (s u Rn 94 ff), da Dienstverpflichtete, die nicht von dem Beschäftigtenbegriff in § 2 Abs 2 ArbSchG erfaßt sind, wegen des abschließenden Charakters der dortigen Aufzählung nicht in den Anwendungsbereich des Arbeitsschutzgesetzes einbezogen sind. Umgekehrt geht der Beschäftigtenbegriff in § 2 Abs 2 ArbSchG durch die Einbeziehung von Beamten, Richtern und Soldaten (vgl auch u Rn 110) über den personellen Anwendungsbereich des § 618 hinaus.

Im Zentrum des **dem Arbeitgeber auferlegten Pflichtenkatalogs** steht die Verpflich- **69** tung, die erforderlichen **Maßnahmen des Arbeitsschutzes** zu treffen (**§ 3 Abs 1 S 1 ArbSchG**). Damit ist die **arbeitsschutzrechtliche Generalklausel** noch dehnbarer formuliert als die frühere Regelung in § 120a GewO. Die diesbezügliche **Legaldefinition in § 2 Abs 1 ArbSchG** präzisiert die Verpflichtung des Arbeitgebers jedoch in zweierlei Hinsicht. Erstens müssen sich die Maßnahmen auf die **Verhütung von Unfällen bei der Arbeit und arbeitsbedingten Gesundheitsgefahren** beziehen und zweitens stellt die Legaldefinition klar, daß hierzu auch Maßnahmen der **menschengerechten Gestaltung der Arbeit** gehören, die sich aufgrund der finalen Ausrichtung der Generalklausel jedoch stets auf die Sicherheit und die Gesundheit der Beschäftigten beziehen müssen. Dogmatisch begründet die arbeitsschutzrechtliche Generalklausel nicht nur eine öffentlich-rechtliche Verpflichtung des Arbeitgebers, sondern sie konkretisiert über § 618 Abs 1 auch die **Verpflichtungen innerhalb des „Beschäftigungsverhältnisses"** (ebenso zu der vergleichbaren Regelung in § 120a GewO mit überzeugender Argumentation bereits NIPPERDEY, in: Festgabe zum 50jährigen Bestehen des Reichsgerichts Bd IV [1929] 215 f), die das Arbeitsschutzgesetz ausweislich der §§ 15, 16 ArbSchG auch **auf die Beschäftigten ausdehnt** (s dazu näher HANAU, in: FS Wlotzke [1996] 38 f; VOGEL, Die Rechtsbindung der Arbeitnehmer an Unfallverhütungsvorschriften gemäß § 15 Abs 1 S 1 Nr 2 SGB VII [2000] 66 ff; MünchArbR/WLOTZKE § 209 Rn 49 ff; ders, in: FS Hanau [1999] 317 ff).

Hinsichtlich der weiteren Bestimmungen des Arbeitsschutzgesetzes sind neben den **70** umfassenden **Dokumentations- und Evaluationspflichten** (§§ 5 und 6 ArbSchG; hierzu EuGH NZA 2002, 321 ff; BIERMANN AiB 1997, 619 ff; BÜRKERT AuA 1997, 190 ff; KOLL, in: FS Wlotzke [1996] 701 ff; RIEGER AiB 1998, 24 ff) vor allem das **Verbot der Kostenabwälzung auf die Beschäftigten** (§ 3 Abs 3 ArbSchG), die Pflicht zur **Unterweisung der Beschäftigten** (§ 12 ArbSchG), die **Pflicht der Beschäftigten zu arbeitsschutzförderlichem Verhalten** (§§ 15, 16 ArbSchG), das **Recht zur Arbeitsverweigerung** bei einer unmittelbaren und erheblichen Gefahr (§ 9 Abs 4 ArbSchG; hierzu u Rn 276 ff), das Recht zur **arbeitsmedizinischen Untersuchung** (§ 11 ArbSchG) sowie das **Vorschlags- und Anzeigerecht** (§ 17 ArbSchG; hierzu u Rn 387 ff) hervorzuheben.

cc) Gerätesicherheitsgesetz

71 Den Schutz vor den mit technischen Arbeitsmitteln verbundenen Gefahren regelt in erster Linie das „Gesetz über technische Arbeitsmittel (Gerätesicherheitsgesetz-GSG)"*, das in seiner ab dem 31. 12. 2000 geltenden Fassung **am 11. 5. 2001 neu bekanntgemacht** wurde (BGBl I 866; zur historischen Entwicklung PEINE, Gesetz über technische Arbeitsmittel [1986] Einführung Rn 5 ff). Konkretisiert wird das Gerätesicherheitsgesetz vor allem durch die sog Maschinen-Verordnung v 12. 5. 1993 (9. GSGV; BGBl I 704, zuletzt geändert durch Verordnung v 28. 9. 1995 [BGBl I 1213]; Verzeichnis der harmonisierten Normen in: BArbBl 1996, Heft 12, 97 ff), deren Aufgabe es vor allem ist, die gemeinschaftsrechtlichen Vorgaben in das innerstaatliche Recht zu transformieren.

72 **Ergänzt** wird das Gerätesicherheitsgesetz durch die **Niederspannungs-Verordnung** v 11. 6. 1979 (1. GSGV; BGBl I 629, zuletzt geändert durch Verordnung v 28. 9. 1995 [BGBl I 1213]), die **Schutzaufbauten-Verordnung** v 18. 5. 1990 (4. GSGV; BGBl I 957, zuletzt geändert durch Verordnung v 12. 5. 1993 [BGBl I 704]), die **Maschinenlärminformations-Verordnung** v 18. 1. 1991 (3. GSGV; BGBl I 146; zuletzt geändert durch Verordnung v 2. 5. 1993 [BGBl I 704]), die Verordnung über das Inverkehrbringen von einfachen **Druckbehältern** v 25. 6. 1992 (6. GSGV; BGBl I 1171, zuletzt geändert durch Verordnung v 28. 9. 1995 [BGBl I 1213]; vgl auch die Richtlinie 87/404/EWG v 25. 6. 1987, ABl EG Nr L 220, 48), die Verordnung über das **Inverkehrbringen persönlicher Schutzausrüstungen** idF v 20. 2. 1997 (8. GSGV; BGBl I 316), die Verordnung über **Gasverbrauchseinrichtungen** v 26. 1. 1993 (7. GSGV; BGBl I 133; zuletzt geändert durch Verordnung v 28. 9. 1995 [BGBl I 1213]) und die **Explosionsschutzverordnung** v 12. 12. 1996 (11. GSGV; BGBl I 1914).

73 Die **Durchführung des Gerätesicherheitsgesetzes** regelt vor allem die **Allgemeine Verwaltungsvorschrift** v 10. 1. 1996 (BArbBl 1996, Heft 3, 91 ff). Auskunft über die im Einzelfall jeweils einschlägigen Anforderungen an die technischen Arbeitsmittel geben vor allem die in den Verzeichnissen A, B und C zu den §§ 3 Abs 1, 4 Abs 1 der Allgemeinen Verwaltungsvorschrift genannten Normen und Regeln (zuletzt: für die Verzeichnisse A und B BArbBl 2000, Heft 11, 36 ff, für Verzeichnis C s BArbBl 2000, Heft 11, 54 ff). Sie sind zwar keine Rechtsquellen im eigentlichen Sinne, konkretisieren aber die „allgemein anerkannten Regeln der Technik" iSd § 3 Abs 1 GSG (§ 3 Abs 1 der Allgemeinen Verwaltungsvorschrift) bzw führen die einschlägigen „Ar-

---

* **Schrifttum:** BENDER, Zum Gesetz über technische Arbeitsmittel (Gerätesicherheitsgesetz), GewArch 1980, 6; BÜCKER, Von der Gefahrenabwehr zu Risikovorsorge und Risikomanagement im Arbeitsschutzrecht (1997); DOETSCH/SCHNABEL, Gesetz über technische Arbeitsmittel (4. Aufl 1979); GLEISS/HELM, Das neue Gesetz über technische Arbeitsmittel, BB 1968, 814; JANISZEWSKI, Gerätesicherheitsrecht (1998); JEITER, Das neue Gerätesicherheitsgesetz (2. Aufl 1993); KOLLMER, Zivilrechtliche und arbeitsrechtliche Wirkungen des Gerätesicherheitsgesetzes, NJW 1997, 2015; LUKES, Vom Arbeitnehmerschutz zum Verbraucherschutz – Überlegungen zum Maschinengesetz, RdA 1969, 220; MATTES, Gerätesicherheitsgesetz – Europäisch ausgerichtet, BArbBl 2000, Heft 12, 13; PEINE, Gesetz über technische Arbeitsmittel (2. Aufl 1995); SATTLER, Die Novelle zum Gerätesicherheitsgesetz, EuZW 1992, 764.

beitsschutz- und Unfallverhütungsvorschriften" (§ 3 Abs 1 GSG) auf (§ 4 Abs 1 der Allgemeinen Verwaltungsvorschrift).

Zur Umsetzung der EG-Richtlinie 89/392/EWG (s o Rn 52 f) erfuhr das Gerätesicher- **74** heitsgesetz eine umfassende und seit dem 1. 1. 1993 in allen Teilen in Kraft getretene Novellierung (Gesetz v 26. 8. 1992, BGBl I 1564; hierzu zB SATTLER EuZW 1992, 764 ff; MünchArbR/WLOTZKE § 213 Rn 5 ff). Nach § 3 Abs 1 GSG ist zwischen solchen technischen Arbeitsmitteln, die in den Anwendungsbereich einer nach § 4 Abs 1 S 1 GSG erlassenen Rechtsverordnung fallen, und „verordnungsfreien" technischen Arbeitsmitteln zu differenzieren. Während die in EG-Richtlinien normierten Vorgaben durch Rechtsverordnungen im Sinne des § 4 Abs 1 S 1 GSG umgesetzt werden, verbleibt es für die „verordnungsfreien" technischen Arbeitsmittel bei einer Prüfung anhand der in § 3 Abs 1 S 2 GSG enthaltenen Generalklausel. Bei denjenigen technischen Arbeitsmitteln, deren Sicherheitsanforderungen in Rechtsverordnungen festgelegt sind und die mit einem in der Rechtsverordnung genannten Konformitätszeichen versehen sind, ist zu vermuten, daß sie den in § 3 Abs 1 GSG festgelegten Voraussetzungen entsprechen (§ 5 Abs 3 GSG; s auch das Verzeichnis harmonisierter Normen in: BArbBl 1993, Heft 3, 59 ff). Sie dürfen stets in Verkehr gebracht werden, wenn sie den in der Rechtsverordnung festgelegten Anforderungen, die durch einen gemeinschaftsweiten Standard geprägt sind (vgl BICKEL BArbBl 1990, 10; REIHLEN EuZW 1990, 444 ff), entsprechen (siehe näher KOLLMER, in: EAS B 6300 Rn 28 ff; MünchArbR/WLOTZKE § 213 Rn 6; speziell zur Gleichwertigkeitsklausel KAUFMANN DB 1996, 277; sowie allg v BORRIES/PETSCHKE DVBl 1996, 1343 ff).

Dem Schutz der Beschäftigten vor den **Gefahren besonders gefährlicher Anlagen** (sog **75** **überwachungsbedürftige Anlagen;** vgl die Aufzählung in § 2 a GSG) dienen zusätzlich die §§ 11 ff GSG (hierzu im Überblick MünchArbR/WLOTZKE § 213 Rn 73 ff), die an die Stelle der §§ 24 bis 24 d GewO aF getreten sind (vgl Art 2 Nr 2 des Gesetzes v 26. 8. 1992, BGBl I 1564). Die durch § 11 GSG eingeräumte Ermächtigung zur Festlegung der jeweils maßgebenden technischen Anforderungen wird unter anderem durch folgende **Rechtsverordnungen** ausgefüllt (zur Fortgeltung der bisherigen Rechtsverordnungen s Art 13 S 2 des Gesetzes v 26. 8. 1992, BGBl I 1564):*
– Verordnung über **Gashochdruckleitungen** (BGBl 1974 I 3591, zuletzt geändert durch Gesetz v 12. 12. 1996, BGBl I 1916);
– Verordnung über **brennbare Flüssigkeiten** (BGBl 1996 I 1937; zuletzt geändert durch Verordnung v 29. 10. 2001, BGBl I 2785);

---

* **Schrifttum:** KREMER, Struktur und Zustandekommen sicherheitsrelevanter Bestimmungen in technischen Regelwerken für chemische Anlagen, in: NICKLISCH/SCHOTTELIUS/WAGNER (Hrsg), Die Rolle des wissenschaftlich-technischen Sachverstandes bei der Genehmigung chemischer und kerntechnischer Anlagen (1982) 15; MÜLLER, Druckbehälter-Druckgase-Rohrleitungen (Loseblatt); RADLER/KALWA, Verordnungen nach § 24 GewO, AR-Blattei Arbeitsschutz VII C (1980); SOMMER/SCHMIDT/RATHS, Verordnung über brennbare Flüssigkeiten (Loseblatt); STEFFEN, Dampfkesselrecht (Loseblatt); STEINER, Technische Kontrolle im privaten Bereich, in: BREUER/KLOEPFER/MARBURGER/SCHRÖDER (Hrsg), Technische Überwachung im Umwelt- und Technikrecht (1987) 19; STEYER, Erläuterungen zur Druckbehälterverordnung, BerGen 1983, 256; STEYER/BIRKHAHN/ISSELHARD, Verordnung über elektrische Anlagen in explosionsgefährdeten Räumen (1980).

– Verordnung über **Aufzugsanlagen** (BGBl 1998 I 1410; zuletzt geändert durch Verordnung v 29. 10. 2001, BGBl I 2785);

– Verordnung über **Getränkeschankanlagen** (BGBl 1998 I 1421; zuletzt geändert durch Verordnung v 29. 10. 2001, BGBl I 2785);

– Verordnung über elektrische Anlagen in **explosionsgefährdeten Bereichen** (BGBl 1996 I 1931);

– Verordnung über **Dampfkesselanlagen** (BGBl 1980 I 173, zuletzt geändert durch Verordnung v 29. 10. 2001 [BGBl I 2785]);

– Verordnung über **Druckbehälter, Druckgasbehälter und Füllanlagen** (BGBl 1989 I 843, zuletzt geändert durch Verordnung v 29. 10. 2001 [BGBl I 2785]);

– Verordnung über **Acetylenanlagen und Calciumcarbidlager** (BGBl 1980 I 220, zuletzt geändert durch Verordnung v 29. 10. 2001 [BGBl I 2785]).

Die Sicherheitsanforderungen an **medizinisch-technische Geräte**, die bislang in der Medizingeräte-Verordnung (BGBl 1985 I 93) geregelt waren, ergeben sich nunmehr aus dem **Medizinproduktegesetz** v 2. 8. 1994 (BGBL I 1963; zuletzt geändert durch Gesetz v 13. 12. 2001, BGBl I 3586; hierzu Gassner NJW 2002, 863).

76 Die nach den Rechtsverordnungen jeweils einzuhaltenden **technischen Anforderungen** werden von den nach § 11 Abs 2 GSG gebildeten **technischen Ausschüssen** (zB Deutscher Acetylenausschuß, Deutscher Aufzugsausschuß, Deutscher Ausschuß für brennbare Flüssigkeiten etc) vorgeschlagen. Die insoweit einschlägigen **technischen Regeln** (zB TRAc, TRA, TRbF etc) sind in dem nach § 25 Abs 1 SGB VII (früher: § 722 RVO) erstatteten Unfallverhütungsbericht der Bundesregierung aufgeführt (zuletzt: Unfallverhütungsbericht 1999, BT-Drucks 14/5058 113 ff).

dd) Arbeitsstättenverordnung

77 Dem Schutz von Leben und Gesundheit hinsichtlich der Arbeitsstätte trugen bislang in erster Linie die §§ 120a ff GewO Rechnung, die ihrerseits durch die **Arbeitsstättenverordnung** (ArbStättV)* vom 20. 3. 1975 (BGBl I 729, zuletzt geändert durch Verordnung v 4. 12. 1996 [BGBl I 1845]) konkretisiert wurden (hierzu im Überblick MünchArbR/ Wlotzke § 212 Rn 1 ff). Aufgrund der Aufhebung des § 120a GewO aF durch Art 4

---

* **Schrifttum:** Bieback, Die Arbeitsstättenverordnung und die Mitbestimmung des Betriebsrats beim Technischen Arbeitsschutz, BlStSozArbR 1977, 305; Eberstein/Meyer, Arbeitsstättenrecht (Loseblatt); Gaul/Kühne, Arbeitsstättenrecht (1979); Heinen/Tentrop/ Wienecke/Zerlett, Arbeitsstättenverordnung (Loseblatt); Horneffer, Arbeitsstätten-Richtlinien, ArbSch 1977, 35; Horneffer/Graeff, Arbeitsstättenverordnung (1975); Hunold, Zum Einfluß der ArbStättV auf die Mitwirkungs- und Mitbestimmungsrechte des Betriebsrates bei der menschengerechten Gestaltung der Arbeit, DB 1976, 1059; Käss, Verordnung über Arbeitsstätten (1976); Kollmer, Arbeitsstättenverordnung (2001); Krämmer, Anforderungen an Arbeitsstätten Bd 1 und 2 (Loseblatt); Nahrmann/Schierbaum, Die Arbeitsstättenverordnung – rechtliche Basis für die Arbeitsplatzgestaltung, PersR 1997, 470 = AiB 1998, 273; Nöthlichs, Arbeitsstätten (Loseblatt); Opfermann, Die neue Arbeitsstättenverordnung, BB 1975, 886; ders, Arbeitsstättenverordnung, ArbSch 1975, 208; Opfermann/Streit, Arbeitsstätten (Loseblatt); Schmatz/Nöthlichs, Arbeitsstättenverordnung (Loseblatt); Spieker, Arbeitsstättenverordnung (1976); Streit, Die Verordnung über Arbeitsstätten, DB 1975, 1219; ders, Arbeitsstätten-Richtlinien, ArbSch 1975, 212; Wank, Kommentar zum technischen Arbeitsschutz (1999) 155.

Nr 1 des Gesetzes v 7. 8. 1996 (BGBl I 1246 ff) ist zwar die speziell auf die Arbeitsstätte zugeschnittene Vorschrift der Gewerbeordnung entfallen, dieses Defizit wird aber durch die arbeitsschutzrechtliche Generalklausel in § 3 Abs 1 S 1 ArbSchG kompensiert (vgl BVerwG NZA 1997, 482 f; OVG NW GewArch 1998, 202). Trotz des umfassenden sachlichen Geltungsbereichs der letztgenannten Vorschrift war es erforderlich, die gewerberechtlichen Sonderregeln für „Sitte und Anstand im Betrieb" (§ 120b GewO; hierzu u Rn 130) sowie Gemeinschaftsunterkünfte (§ 120c GewO; hierzu näher u Rn 243 f) unverändert beizubehalten, da die Vorschriften des Arbeitsschutzgesetzes deren Regelungsinhalt nicht mit einschließen. Die Geltung der Arbeitsstättenverordnung wurde von der Aufhebung des § 120a GewO nicht beeinträchtigt (vgl BVerwG NZA 1997, 482 f; OVG NW GewArch 1998, 202).

Die nach § 3 Abs 1 Nr 1 ArbStättV hinsichtlich der Arbeitsstätte einzuhaltenden **78** „allgemein anerkannten sicherheitstechnischen, arbeitsmedizinischen und hygienischen Regeln sowie die sonstigen gesicherten arbeitswissenschaftlichen Erkenntnisse" (§ 3 Abs 1 Nr 1 ArbStättV) sind für die einzelnen Bereiche der Arbeitsstätte in **Arbeitsstätten-Richtlinien** ausgeführt, die der Bundesminister für Arbeit und Sozialordnung bekanntgibt (§ 3 Abs 2 ArbStättV). Zur Zeit liegen folgende Arbeitsstätten-Richtlinien vor (s im Überblick auch MünchArbR/WLOTZKE § 212 Rn 21 f):
- ASR 5: Lüftung (BArbBl 1979, Heft 10, 103 f; berichtigt BArbBl 1984, Heft 12, 85);
- ASR 6: Raumtemperaturen (BArbBl 2001, Heft 6–7, 94 f; s zur Vorgängerregelung OVG Bremen NZA 1995, 945 ff; OVG NW GewArch 1998, 202 ff);
- ASR 7/1: Sichtverbindung nach außen (ArbSch 1976, 130 f);
- ASR 7/3: Künstliche Beleuchtung (BArbBl 1993, Heft 11, 40);
- ASR 7/4: Sicherheitsbeleuchtung (BArbBl 1981, Heft 3, 86 f; berichtigt BArbBl 1988, Heft 9, 46);
- ASR 8/1: Fußböden (ArbSch 1977, 98 f; zuletzt berichtigt BArbBl 1988, Heft 9, 46);
- ASR 8/4: Lichtdurchlässige Wände (ArbSch 1977, 50 f; berichtigt BArbBl 1981, Heft 3, 68);
- ASR 8/5: Nicht durchtrittsichere Dächer (ArbSch 1977, 52; berichtigt BArbBl 1981, Heft 3, 68);
- ASR 10/1: Türen und Tore (BArbBl 1985, Heft 9, 79 ff; berichtigt BArbBl 1988, Heft 9, 46);
- ASR 10/5: Glastüren, Türen mit Glaseinsatz (ArbSch 1976, 132 f; zuletzt berichtigt BArbBl 1981, Heft 3, 68);
- ASR 10/6: Schutz gegen Ausheben, Herausfallen und Herabfallen von Türen und Toren (BArbBl 1979, Heft 10, 103; berichtigt BArbBl 1984, Heft 12, 85);
- ASR 11/1–5: Kraftbetätigte Türen und Tore (BArbBl 1985, Heft 9, 81 ff);
- ASR 12/1–3: Schutz gegen Absturz und herabfallende Gegenstände (BArbBl 1986, Heft 10, 71);
- ASR 13/1,2: Feuerlöscheinrichtungen (BArbBl 1997, Heft 7–8, 70 ff);
- ASR 17/1,2: Verkehrswege (BArbBl 1988, Heft 1, 34; berichtigt BArbBl 1988, Heft 9, 46);
- ASR 18/1–3: Fahrtreppen und Fahrsteige (ArbSch 1977, 99; berichtigt BArbBl 1981, Heft 3, 68);
- ASR 20: Steigeisengänge und Steigleitern (ArbSch 1997, Heft 7–8, 66 ff);
- ASR 25/1: Sitzgelegenheiten (BArbBl 1985, Heft 12, 106 f; berichtigt BArbBl 1988, Heft 9, 46);
- ASR 29/1–4: Pausenräume (ArbSch 1977, 141; zuletzt berichtigt BArbBl 1988, Heft 9, 46);
- ASR 31: Liegeräume (ArbSch 1977, 142 f);
- ASR 34/1–5: Umkleideräume (ArbSch 1976, 215 ff; zuletzt berichtigt BArbBl 1988, Heft 9, 46);

Hartmut Oetker

– ASR 35/1–4: Waschräume (ArbSch 1976, 320 ff; zuletzt berichtigt BArbBl 1988, Heft 9, 47);
– ASR 35/5: Waschgelegenheiten außerhalb von erforderlichen Waschräumen (ArbSch 1976, 178; zuletzt berichtigt ArbSch 1977, 282);
– ASR 37/1: Toilettenräume (ArbSch 1976, 322 f; zuletzt berichtigt BArbBl 1979, Heft 7–8, 65);
– ASR 38/2: Sanitätsräume (BArbBl 1986, Heft 10, 62);
– ASR 39/1,3: Mittel und Einrichtungen zur Ersten Hilfe (BArbBl 1996, Heft 10, 86 ff);
– ASR 41/3: Künstliche Beleuchtung für Arbeitsplätze und Verkehrswege im Freien (BArbBl 1993, Heft 11, 44);
– ASR 45/1–6: Tagesunterkünfte auf Baustellen (ArbSch 1977, 333 f; zuletzt berichtigt BArbBl 1988, Heft 9, 47);
– ASR 47/1–3,5: Waschräume für Baustellen (ArbSch 1977, 334 f);
– ASR 48/1,2: Toiletten und Toilettenräume auf Baustellen (ArbSch 1977, 335 f).

79 Ergänzend ist auf die **Arbeitsschutzverordnung für Winterbaustellen** v 1. 8. 1968 (BGBl I 901; zuletzt geändert durch Verordnung v 10. 6. 1992 [BGBl I 1019]), die **Druckluftverordnung** v 4. 10. 1972 (BGBl I 1909; zuletzt geändert durch Verordnung v 19. 6. 1997 [BGBl I 1384]) sowie die **Störfallverordnung** (insbes § 6 a) v 26. 4. 2000 (BGBl I 2000, 603; vgl hierzu Büge DB 2000, 1501 ff; Feldhaus UPR 2000, 121 ff; Kohte WSI-Mitteilungen 2000, 567 ff sowie zu den Vorgängerregelungen Bücker/Feldhoff/Kohte 165 ff; Kohte, in: Jahrbuch des Umwelt- und Technikrechts 1995 [1996] 37 ff; ders BB 1981, 1277 ff; MünchArbR/Wlotzke § 212 Rn 54 ff; zum Störfallbeauftragten Schwab DöD 2000, 57 f; zur Vorgängerregelung) hinzuweisen.

ee) Gefahrstoffverordnung

80 Der Schutz des Arbeitnehmers vor für Leben und Gesundheit gefährlichen Arbeitsstoffen ist in den §§ 17 bis 19 des „Gesetzes zum Schutz vor gefährlichen Stoffen (Chemikaliengesetz-ChemG)" in der Neufassung v 25. 7. 1994 (BGBl I 1703, zuletzt geändert durch Gesetz v 13. 12. 2001 [BGBl I 3602]) auf der Ebene des einfachen Gesetzesrechts geregelt. Die Vorschriften zeichnen sich dadurch aus, daß sie sich auf Ermächtigungen zum Erlaß von Rechtsverordnungen beschränken (insbes § 19 ChemG). Dementsprechend ist der Schutz vor Gefahrstoffen am Arbeitsplatz vor allem in der Gefahrstoffverordnung (GefStoffV)* v 26. 10. 1993 (BGBl I 1783, zuletzt

---

* **Schrifttum:** Beyermann, Verfahrens- und Argumentationsmuster bei der Festlegung von Grenzwerten im Ausschuß für gefährliche Arbeitsstoffe (AgA), in: Winter (Hrsg), Grenzwerte (1986) 86; Börgmann, Die Gefahrstoffverordnung im Spannungsfeld zwischen Verfassungs- und EG-Recht (1996); Bötticher, Zurückbehaltungsrecht nach der Gefahrstoffverordnung, AiB 1987, 34; Däubler, Arbeitseinstellung wegen Asbestemission?, AiB 1989, 136; Dolde, Die Bestimmungen der Gefahrstoffverordnung für krebsverdächtige Stoffe, BB 1990, 1074; Falke, Rechtliche Kriterien für und Folgerungen aus Grenzwerten im Arbeitsschutz, in: Winter (Hrsg), Grenzwerte (1986) 164; B Gaul, Pflichten des Arbeitgebers beim Umgang mit Gefahrstoffen, AuA 1996, 75; Heil-

mann, Gefahrstoffe und Mitbestimmung im Betrieb, BetrR 1989, 179; ders (Hrsg), Gefahrstoffe am Arbeitsplatz (2. Aufl 1995); Kaufmann, Die neue Verordnung über gefährliche Arbeitsstoffe, DB 1980, 1795; ders, Die neue Gefahrstoffverordnung, DB 1986, 2229; ders, Verbesserter Schutz – Gefahrstoffverordnung, BArbBl 1986, Heft 12, 12; Klein, Überblick über die neue Gefahrstoffverordnung, SGb 1987, 138; ders, Änderung der Gefahrstoffverordnung, DB 1988, 181; ders, Die Rechtsentwicklung im Gefahrstoffrecht, in: FS Wlotzke (1996) 533; Klein/Streffer, Die Vorschriften der neuen Gefahrstoffverordnung über krebserzeugende Gefahrstoffe, DB 1987, 2307; Kloepfer, Das Gesetz zum Schutz vor gefährlichen Stoffen (Chemikaliengesetz), NJW 1981,

geändert durch Gesetz v 20.7. 2000 [BGBl I 1045]) und dort in den §§ 15 ff geregelt (im Überblick s hierzu MünchArbR/Wᴌᴏᴛᴢᴋᴇ § 214 Rn 35 ff; zur Entwicklung des Gefahrstoffrechts Kʟᴇɪɴ, in: FS Wlotzke [1996] 533 ff).

Die im einzelnen jeweils zu beachtenden „allgemein anerkannten sicherheitstechni- **81** schen, arbeitsmedizinischen und hygienischen Regeln ... sowie die sonstigen gesicherten arbeitswissenschaftlichen Erkenntnisse" (§ 17 Abs 1 S 2 GefStoffV) werden durch die **Technischen Regeln für gefährliche Stoffe** (TRgA und TRGS) konkretisiert, die von dem **Ausschuß für Gefahrstoffe** (§ 52 GefStoffV; früher: Ausschuß für gefährliche Arbeitsstoffe [AgA]) ermittelt werden (vgl näher u Rn 161; zur europäischen Dimension der Arbeitsplatzgrenzwerte Tʜᴇᴜʀᴇʀ DB 1996, 273 ff). Aufgabe, Aufbau, Anwendung und Wirksamwerden der Technischen Regeln für gefährliche Stoffe sind in der TRGS 001 (BArbBl 1996, Heft 3, 77 ff) niedergelegt.

Als spezielle Rechtsquellen ist zusätzlich auf das **Sprengstoffgesetz** in der Fassung v **82** 17. 4. 1986 (BGBl I 577, zuletzt geändert durch Verordnung v 29. 10. 2001 [BGBl I 2785]), das **Sicherheitsfilmgesetz** v 11. 6. 1957 (BGBl I 604, zuletzt geändert durch Gesetz v 28. 2. 1986 [BGBl I 265]), die **Röntgenverordnung** v 8. 1. 1987 (BGBl I 114, zuletzt geändert durch Gesetz v 20. 7. 2001 [BGBl I 1845]; hierzu: MünchArbR/Wᴌᴏᴛᴢᴋᴇ § 215 Rn 83 ff) und die **Strahlenschutzverordnung** (§§ 49 ff) v 20. 7. 2001 (BGBl I 1714 [s auch die Richtlinie 96/29/Euratom, ABl EG Nr L 159 v 29. 6. 1996, 1 = EAS A 3500]; zur Vorgängerregelung s MünchArbR/Wᴌᴏᴛᴢᴋᴇ § 215 Rn 59 ff) hinzuweisen.

Der Schutz vor **biologischen Arbeitsstoffen** ist Gegenstand des **Gentechnikgesetzes** in **83** der Fassung v 16. 12. 1993 (BGBl I 2066, zuletzt geändert durch Verordnung v 29. 10. 2001 [BGBl I 2785]), das in § 30 Abs 2 eine § 19 ChemG nachgebildete Ermächtigungsnorm zum Erlaß von Rechtsvorschriften bezüglich des Arbeitsschutzes enthält. Diese liegt in

17; Kᴏʟʟᴍᴇʀ, Grundzüge des europäischen Gefahrstoffrechts, AR-Blattei SD 210.4 (1998); ders, Europäisches Gefahrstoffrecht, in: Oᴇᴛᴋᴇʀ/Pʀᴇɪs (Hrsg), Europäisches Arbeits- und Sozialrecht Teil B, 6400 (1997); Mᴀᴀss, Schutz vor Gefahrstoffen am Arbeitsplatz, NZA 1998, 688; B Mᴇʏᴇʀ, Gefahrstoffverordnung – Kommentar der §§ 17–22 GefStoffV, AiB 1987, 80; Mᴏ̈x, Arbeitnehmerrechte in der Gefahrstoffverordnung (1992); ders, Das Zurückbehaltungsrecht an der Arbeitsleistung gem § 21 Abs 6 Satz 2 GefStoffVO, AuR 1992, 235; Mᴏʀɪᴄʜ, Die neue Gefahrstoffverordnung, NZA 1987, 266; Qᴜᴇʟʟᴍᴀʟᴢ, Verordnung über gefährliche Arbeitsstoffe Bd I (3. Aufl 1977), Bd II (1977); ders, Das neue Chemikaliengesetz (Loseblatt); Rᴏᴛᴛᴍᴀɴɴ, Zur Mitbestimmung des Betriebsrats beim Umgang mit Gefahrstoffen, BB 1989, 1115; Sᴇᴍᴍʟᴇʀ, Grundzüge der Arbeitsstoffverordnung, ArbuSozR 1981, 115; Sᴏᴍᴍᴇʀ/Sᴄʜᴍɪᴅᴛ/Tᴏ̈ᴘɴᴇʀ, Gefährliche Stoffe

(Loseblatt); Tᴇɴᴛʀᴏᴘ/Zᴇʀʟᴇᴛᴛ, Kommentar zum medizinischen und technischen Arbeitsschutz Bd 2: Gefährliche Arbeitsstoffe (Loseblatt); Tʜᴇᴜᴇʀ, Die 4. Novelle der Gefahrstoffverordnung, BB 1994, 208; Tɪʟᴍᴀɴɴ, Zum Rechtsschutz gegenüber Veröffentlichungen der MAK-Werte-Kommission, BB 1981, 521; ders, Rechtsschutz gegen Festsetzungen der MAK-Werte-Kommission, BB 1986, 1587; ders, Technische Richtkonzentration für nur krebsverdächtige Stoffe?, BB 1988, 1397; Tɪᴛᴢᴇ, Die neue Gefahrstoffverordnung, SiöD 1986, 3; Wᴀɴᴋ, Kommentar zum technischen Arbeitsschutz (1999) 121; Wᴇʙᴇʀ, Recht der gefährlichen Arbeitsstoffe (Loseblatt); Wᴇɪɴᴍᴀɴɴ, Die neue Gefahrstoffverordnung, BerGen 1986, 700; Wᴇɪɴᴍᴀɴɴ/Tʜᴏᴍᴀs, Gefahrstoffverordnung mit Chemikaliengesetz (Loseblatt); Wɪɴᴛᴇʀ, Regelungsmaßstäbe im Gefahrstoffrecht, DVBl 1994, 913.

Gestalt der **Gentechnik-Sicherheitsverordnung** in der Fassung v 14. 3. 1995 (BGBl I 297; zuletzt geändert durch VO v 21. 9. 1997 [BGBl I 2390]) vor (näher MünchArbR/WLOTZKE § 215 Rn 39 ff sowie ADELMANN, in: DRIESEL, Sicherheit in der Biotechnologie [1992] 67 ff).

ff) Arbeitssicherheitsgesetz

84 Das „Gesetz über Betriebsärzte, Sicherheitsingenieure und andere Fachkräfte für Arbeitssicherheit"* v 12. 12. 1973 (BGBl I 1885; zuletzt geändert durch Gesetz v 21. 12. 2000 [BGBl I 2001) verpflichtet den Arbeitgeber demgegenüber nicht zur Einhaltung bestimmter technischer Regeln hinsichtlich der Arbeitsstätte und der Arbeitsmittel, sondern institutionalisiert auf betrieblicher Ebene einen **präventiven Unfallverhütungsschutz;** es dient primär der Unterstützung bei der Einhaltung der Normen des technischen Arbeitsschutzes und ergänzt damit zugleich das Aufsichts- und Überwachungsinstrumentarium des öffentlich-rechtlichen Arbeitsschutzrechts (vgl näher u Rn 212 ff).

b) Unfallverhütungsvorschriften der Berufsgenossenschaften**

85 Der für das deutsche Recht zum technischen Arbeitsschutz charakteristische Dua-

---

* **Schrifttum:** ANZINGER/BIENECK, Arbeitssicherheitsgesetz (1998); ARENDT, Das Arbeitssicherheitsgesetz, Arbeitsschutz 1974, 345; AUFHAUSER/BRUNHÖBER/IGL, Arbeitssicherheitsgesetz (2. Aufl 1997); BIENECK, Das Arbeitssicherheitsgesetz – Grundlage für den betrieblichen Arbeitsschutz, in: FS Wlotzke (1996) 465; GIESE/IBELS/REHKOPF, Gesetz über Betriebsärzte und Sicherheitsingenieure (3. Aufl 1977); GRAEFF, Gesetz über Betriebsärzte, Sicherheitsingenieure und andere Fachkräfte für Arbeitssicherheit (2. Aufl 1979); HERZBERG, Die rechtliche Verantwortung von Betriebsärzten und Fachkräften für Arbeitssicherheit, BerGen 1997, 632; HÜTIG, Die Rechtsstellung des Betriebsrats nach dem Gesetz über Betriebsärzte, Sicherheitsingenieure und andere Fachkräfte für Arbeitssicherheit, DB 1975, 594; KLIESCH, Zum Inhalt des Arbeitssicherheitsgesetzes, Arbeitsschutz 1974, 346; KLIESCH/NÖTHLICHS/WAGNER, Arbeitssicherheitsgesetz (1978); KOLLMER, Fachkraft für Arbeitssicherheit, AR-Blattei SD 210.2 (1996); KREBS, Arbeitssicherheitsgesetz (Loseblatt); ders, Das Gesetz über Betriebsärzte, Sicherheitsingenieure und andere Fachkräfte für Arbeitssicherheit, RdA 1975, 153; NITSCHKI, Arbeitssicherheitsgesetz (5. Aufl 1985); MERTENS, Arbeitssicherheitsgesetz, Arbeitsschutz 1975, 156; SCHELTER, Arbeitssicherheitsgesetz (Loseblatt); SPINNARKE/SCHORK, Arbeitssicherheitsrecht (Loseblatt); WOLLENSCHLÄGER, Das Gesetz über Betriebsärzte Sicherheitsingenieure

und andere Fachkräfte für Arbeitssicherheit vom 12. Dezember 1973, ZAS 1975, 135.
** **Schrifttum:** ANDRÉE, Entstehung, rechtliche Bedeutung und Folgen der Nichtbeachtung von Unfallverhütungsvorschriften, DB 1961, 1583, 1616; ASANGER, Die rechtliche Bedeutung der Unfallverhütungsvorschrifen, in: FS Lauterbach (1961) 297; BAUERDICK, Arbeitsschutz zwischen staatlicher und verbandlicher Regulierung (1994); BAUM, Das berufsgenossenschaftliche Regelwerk, BerGen 1986, 364; BUSS, Vorschriften der Berufsgenossenschaften – Systematik und Gestaltung, BerGen 1978, 93; BUSS/EIERMANN, Die neue UVV „Allgemeine Vorschriften" (VBG 1), BerGen 1977, 109; EIERMANN, Unfallverhütungsvorschriften der Berufsgenossenschaften, AR-Blattei Unfallverhütung I (1979); ders, Europäischer Binnenmarkt und berufsgenossenschaftliche Unfallverhütung, ZfSH/SGB 1990, 477; LAZARUS, Umsetzung der neuen UVV-Lärm und der EG-Richtlinie in der Praxis, AiB 1992, 677; LUKES, Untersuchungen der Bestimmtheitsanforderungen an Unfallverhütungsvorschriften unter Berücksichtigung des gesetzlichen Auftrags zum Erlaß von Unfallverhütungsvorschriften, ihrer Durchsetzbarkeit und Praktikabilität, BerGen 1973, 429; MERTENS, Die neue VBG 1, Arbeitsschutz 1977, 87; OSTHAUS, Wesen und Durchführung der berufsgenossenschaftlichen Unfallversicherung (Diss Köln 1965); PINTER, Berufsgenossenschaftliche Richtlinien und Sicherheitsregeln, BerGen 1983,

lismus (s zB MÄRTINS ZTR 1992, 224 f) resultiert vor allem daraus, daß die Rechtssetzung nicht ausschließlich staatlichen Instanzen obliegt (hierzu BAUERDICK, Arbeitsschutz zwischen staatlicher und verbandlicher Regulierung [1994]; VOGEL, Die Rechtsbindung der Arbeitnehmer an Unfallverhütungsvorschriften gemäß § 15 Abs 1 S 1 Nr 2 SGB VII [2000] 19 ff). Insbesondere die Umsetzung der aus dem staatlichen Recht folgenden Vorgaben ist den Berufsgenossenschaften überantwortet. Sie sind nach § 15 Abs 1 Nr 1 SGB VII zum Erlaß von **Unfallverhütungsvorschriften** berechtigt, die den Unternehmer jeweils zu Einrichtungen, Anordnungen und Maßnahmen zur Verhütung von Arbeitsunfällen verpflichten. Hierbei handelt es sich um **autonome Rechtsnormen** der Berufsgenossenschaften, die für ihre Mitglieder gelten, soweit die Berufsgenossenschaften zu ihrem Erlaß gesetzlich ermächtigt sind (BSGE 27, 240; 50, 172; 54, 244; 55, 27; BSG NZA 1986, 205 f; BSG NZA 1989, 575; BSG NZS 2000, 255; STAUDINGER/RICHARDI [1999] Vorbem 508 zu §§ 611 ff mwN; sowie MünchArbR/WLOTZKE § 207 Rn 32 ff; ausführlich VOGEL, Die Rechtsbindung der Arbeitnehmer an Unfallverhütungsvorschriften gemäß § 15 Abs 1 S 1 Nr 2 SGB VII [2000] 83 ff; abweichend noch JACOBI 142 Fn 8: „statutarische Vorschriften"; zur Rechtsnormenqualität s auch BayObLG AP Nr 1 zu § 708 RVO).

Dieser Dualismus ermöglicht es, daß das technische Arbeitsschutzrecht sachadäquat **86** und flexibel auf die branchenspezifischen Risiken und Gefahren am Arbeitsplatz für Leben und Gesundheit der Arbeitnehmer reagieren und dadurch einen optimalen Schutz des Arbeitnehmers vor den jeweiligen Gefahren sicherstellen kann. **Durchführungsanweisungen, Richtlinien, Sicherheitsregeln** und **Merkblätter** der Berufsgenossenschaften (zu ihren Inhalten siehe die Übersicht bei MünchArbR/WLOTZKE § 207 Rn 42 ff) ergänzen die jeweiligen Unfallverhütungsvorschriften, sind jedoch im Unterschied zu diesen keine Rechtsnormen (ebenso für Richtlinien WIESE RdA 1976, 79 f). Eine Aufstellung der einschlägigen Unfallverhütungsvorschriften enthält das Verzeichnis B der Allgemeinen Verwaltungsvorschrift zum Gesetz über technische Arbeitsmittel (s auch o Rn 73; zuletzt: BArbBl 2000, Heft 11, 36 ff [Stand: Mai 2000]).

c) Kollektivvertragliche Regelung des Arbeitsschutzes
Neben dem staatlichen Recht und den Unfallverhütungsvorschriften der Berufsge- **87** nossenschaften steht den **Tarifvertragsparteien** die Kompetenz zu, die verbleibenden Gestaltungsspielräume durch Tarifnormen zu strukturieren. In der Regel handelt es sich bei Vorschriften zum Schutz des Arbeitnehmers vor Gefahren für Leben und Gesundheit am Arbeitsplatz um **Betriebsnormen** (so zB auch DÄUBLER, Arbeitsrecht 2 [11. Aufl 1998] 275 mit Fn 538; GAMILLSCHEG, Arbeitsrecht I [8. Aufl 2000] 463; BGB-RGRK/SCHICK § 618 Rn 152; WIEDEMANN, in: Wiedemann [Hrsg], TVG, 6. Aufl 1999, § 1 Rn 573), die ihre Rechtswirkungen bereits entfalten, wenn der Arbeitgeber tarifgebunden ist (§ 3 Abs 2 TVG). Das gilt stets, wenn die tarifliche Regelung Vorschriften über die Beschaffenheit von Arbeitsstätten und Arbeitsmitteln aufstellt.

600; ders, Rechtliche Bedeutung von berufsgenossenschaftlichen Pflichten, BerGen 1987, 381; PFLAUM, Die Bedeutung der Unfallverhütungsvorschriften in der gesetzlichen Unfallversicherung (Diss Göttingen 1960); SPILLING, Die neuen Unfallverhütungsvorschriften (Diss Würzburg 1979); STEIGER, Europarechtliche Vorgaben für die Umsetzung von Richtlinien im Bereich der Unfallverhütung am Arbeitsplatz, SGb 1992, 525; VOGEL, Die Rechtsbindung der Arbeitnehmer an Unfallverhütungsvorschriften gemäß § 15 Abs 1 S 1 Nr 2 SGB VII [2000]; WIESE, Zur rechtlichen Bedeutung der Richtlinien der Berufsgenossenschaften, RdA 1976, 77.

88 Sollen durch die Tarifnorm **Rechte des einzelnen Arbeitnehmers** begründet werden, so handelt es sich regelmäßig um **Inhaltsnormen** und die Vorschriften wirken nur zwischen den beiderseits Tarifgebundenen unmittelbar und zwingend (§ 4 Abs 1 TVG). Häufig liegen hierbei indes **Doppelnormen** vor (näher DIETERICH, Die betrieblichen Normen [1964] 69 ff, 95 f), da die Materie des technischen Arbeitsschutzes zumeist aus tatsächlichen oder rechtlichen Gründen einheitlich, dh ohne Differenzierung zwischen organisierten Arbeitnehmern und tariflichen Außenseitern geregelt werden muß (näher SÄCKER/OETKER, Grundlagen und Grenzen der Tarifautonomie [1992] 136 ff).

89 Als kollektivvertragliche Regelungen zur Strukturierung des technischen Arbeitsschutzes kommen in den durch zweiseitig zwingendes staatliches Recht oder die Unfallverhütungsvorschriften der Berufsgenossenschaften gezogenen Grenzen auch **Vereinbarungen zwischen Arbeitgeber und Betriebsrat** in Betracht. Die Rechtsmacht für derartige Vereinbarungen folgt unmittelbar aus den §§ 87 Abs 1 Nr 7, 88 Nr 1 BetrVG; eines Umkehrschlusses zu § 77 Abs 3 BetrVG (hierfür vor allem KREUTZ, Grenzen der Betriebsautonomie [1979] 208 ff) bedarf es nicht. Die Betriebspartner sind nicht nur innerhalb des durch die gesetzlichen Vorschriften und die Unfallverhütungsvorschriften gezogenen Rahmens zur Normsetzung berechtigt; diese Grenze ist ausschließlich für die Frage von Bedeutung, ob der Betriebsrat hinsichtlich der betreffenden Angelegenheit über die Einigungsstelle eine Regelung erzwingen kann (§ 87 Abs 1 Nr 7 BetrVG; hierzu u Rn 195 ff).

90 Nach **§ 88 Nr 1 BetrVG** können die Betriebspartner für Bestimmungen zum technischen Arbeitsschutz auf das Regelungsinstrument der **Betriebsvereinbarung** zurückgreifen (vgl auch WIESE, GK-BetrVG Bd II [7. Aufl 2002] § 88 Rn 15 ff; zum Umweltschutz als Gegenstand der Betriebsvereinbarung FROSCHAUER, Arbeitsrecht und Umweltschutz [1994] 206 ff sowie § 88 Nr 1 a BetrVG). Ob dies auch gilt, wenn zugunsten des einzelnen Arbeitnehmers weder ein Erfüllungsanspruch noch ein Leistungsverweigerungsrecht begründet werden soll (hiergegen KREUTZ, GK-BetrVG Bd II [6. Aufl 1998] § 77 Rn 157; weitergehend aber RICHARDI, BetrVG Bd II [7. Aufl 1998] § 77 Rn 48, 77, wonach sich die Gestaltungsmacht der Betriebsvereinbarung auch auf das betriebliche Rechtsverhältnis erstreckt), kann dahingestellt bleiben, denn eine entsprechende „Betriebsvereinbarung" wäre nicht nichtig, sondern würde im Hinblick auf die Grundsätze der falsa demonstratio non nocet als Regelungsabrede eine Bindungswirkung zwischen den Betriebspartnern begründen, sofern hinsichtlich des Regelungsgegenstandes die funktionale Zuständigkeit des Betriebsrates zu bejahen ist (zu diesem Vorbehalt KREUTZ, GK-BetrVG Bd II [6. Aufl 1998] § 77 Rn 13). Werden durch Vereinbarungen zwischen Arbeitgeber und Betriebsrat **rechtliche Interessen der leitenden Angestellten** berührt, so ist der **Sprecherausschuß** der leitenden Angestellten rechtzeitig vor ihrem Abschluß **anzuhören** (§ 2 Abs 1 S 2 SprAuG).

91 **Vereinbarungen** zwischen **Arbeitgeber und Sprecherausschuß der leitenden Angestellten** können sich ebenfalls auf den technischen Arbeitsschutz beziehen. Da § 28 Abs 1 SprAuG die Vereinbarungsbefugnis jedoch auf das **Arbeitsverhältnis** beschränkt, müssen Erfüllungsansprüche oder zumindest Leistungsverweigerungsrechte zugunsten der leitenden Angestellten den Regelungsgegenstand bilden. Anderenfalls überschreitet der Sprecherausschuß seine Vereinbarungsbefugnis. Abreden zum technischen Arbeitsschutz, die die Arbeitnehmer im Sinne von § 5 Abs 1 BetrVG und die leitenden Angestellten gleichermaßen betreffen, können unter Beachtung dieser

Grenze auch als **trilateraler Normenvertrag** zwischen Arbeitgeber, Betriebsrat und Sprecherausschuß abgeschlossen werden (s allg OETKER ZfA 1990, 83 f).

d) Abweichende Regelungen im Beitrittsgebiet

Für das Beitrittsgebiet (Art 3 EVertr) verzichtete der Einigungsvertrag darauf, eine   92 Fortgeltung des **technischen Arbeitsschutzrechts der ehem DDR** anzuordnen. Es behielt lediglich indirekt seine Bedeutung über den in den Maßgaben zum Inkrafttreten des Bundesrechts vorgesehenen Bestandsschutz für diejenigen Anlagen und Arbeitsmittel, die vor dem Wirksamwerden des Beitritts befugt errichtet oder betrieben bzw in Verkehr gebracht worden waren. Für diese bleiben grundsätzlich die bisher geltenden Vorschriften maßgebend (zu diesen zuletzt WILHELM ua, Gesundheits- und Arbeitsschutz [2. Aufl Berlin-Ost 1989]; sowie im Überblick WANK/BÖRGMANN 75 f). Die zuständige Behörde kann jedoch Änderungen verlangen, wenn nach der Art des Betriebes vermeidbare Gefahren für Leben und Gesundheit der Beschäftigten oder Dritter zu befürchten sind. Die Maßgaben zum Inkrafttreten des Bundesrechts übernahmen diese Konzeption zumeist auch für solche Anlagen, mit deren Errichtung vor dem Wirksamwerden des Beitritts begonnen worden war (vgl im einzelnen Anl I Kap VIII Sachgeb B Abschn III EVertr; hierzu auch WANK RdA 1990, 10 f; WLOTZKE/LORENZ BB 1990 Beil 35, 10 ff). Hervorzuheben ist ferner der erweiterte Anwendungsbereich der §§ 120b bis f GewO, die ebenfalls für die nach § 6 S 1 GewO vom Anwendungsbereich ausgenommenen Unternehmen, die übrigen freien Berufe, die Land- und Forstwirtschaft, die nichtgewerblichen Vereinigungen und Institutionen sowie zunächst auch für den öffentlichen Dienst gelten.

Da das Recht der ehem DDR kein **duales System des technischen Arbeitsschutzrechts**   93 kannte (WANK/BÖRGMANN 77), waren für dessen Errichtung ab dem 1. 1. 1991 zahlreiche **organisatorische Sonderregelungen** erforderlich (vgl Anl I Kap VIII Sachgeb I Abschn III EVertr; hierzu WLOTZKE/LORENZ BB 1990 Beil 35, 12 f sowie BECHMANN AiB 1995, 54 ff; RADEK/GERHARDT NZA 1992, 481 ff). Insbesondere waren die im bisherigen Geltungsbereich des Grundgesetzes bekanntgemachten **Unfallverhütungsvorschriften** vorübergehend entsprechend anzuwenden (Anl I Kap VIII Sachgeb I Abschn III Nr 2 d Abs 1 EVertr), die **Einsatzzeiten für Betriebsärzte und Fachkräfte für Arbeitssicherheit** (s u Rn 210) legte der Einigungsvertrag indessen selbst fest (Anl I Kap VIII Sachgeb B Abschn III Nr 12 lit d und e EVertr).

E. Inhalt des § 618 Abs 1

I. Erfaßte Vertragsverhältnisse

Nach seinem Wortlaut gilt § 618 Abs 1 für **Dienstverhältnisse** (exemplarisch BGH LM   94 Nr 37 zu § 618 BGB = ZIP 1995, 1280 f: freier Mitarbeiter; ebenso ERMAN/BELLING § 618 Rn 2; JAUERNIG/SCHLECHTRIEM §§ 618, 619 Rn 1 sowie für arbeitnehmerähnliche Personen auch ROSENFELDER, Der arbeitsrechtliche Status freier Mitarbeiter [1982] 303) und – soweit nicht spezielle Vorschriften eingreifen (s o Rn 7) – auch für die hierzu einen Unterfall bildenden **Arbeitsverhältnisse** sowie ebenfalls bei dem sog **Weiterbeschäftigungsverhältnis** (PALLASCH, Der Beschäftigungsanspruch des Arbeitnehmers [1993] 138). Aus einem Umkehrschluß zu § 617 folgt, daß sich die Verpflichtung des Dienstberechtigten **nicht nur auf „dauernde Dienstverhältnisse"** erstreckt, § 618 Abs 1 erfaßt **auch kurzfristige Dienstverhält-**

nisse (ebenso KG Recht 1909 Nr 1475; HK-BGB/Eckert §§ 617–619 Rn 9; Oertmann § 618 Anm 1, 3; ErfKomm/Wank § 618 BGB Rn 1). Die besondere Pflichtenstruktur des **Berufsausbildungsverhältnisses** steht einer entsprechenden Anwendung (§ 3 Abs 2 BBiG) des § 618 Abs 1 nicht entgegen (so bereits RG JW 1913, 372; OLG Dresden OLGRspr 17, 411 f).

95 Bei **Arbeitsverhältnissen mit gespaltener Arbeitgeberstellung,** wenn die Arbeitsleistung also nicht in der **Arbeitsstätte** des Arbeitgebers, sondern in der **eines Dritten** erbracht wird, ist der Arbeitgeber nicht von seinen Plichten aus § 618 Abs 1 entbunden (so bereits RG JW 1896, 356 [Nr 36]; sowie BGH LM Nr 37 zu § 632 BGB = ZIP 1995, 1280 f; ebenso im Schrifttum Oertmann § 618 Anm 2; Hueck/Nipperdey I § 48 II 5 c bb Fn 26; für den Fall einer Arbeitnehmerüberlassung s auch § 12 Abs 2 S 3 ArbSchG sowie OLG Hamm NZA-RR 2000, 650; ebenso für die Haftung aus unerlaubter Handlung wegen Verletzung der Verkehrssicherungspflichten OLG Frankfurt aM VersR 1999, 1380). Er muß auch in dieser Konstellation die erforderlichen Vorkehrungen treffen, um den Arbeitnehmer vor den in § 618 Abs 1 genannten Gefahren zu schützen. Der **Dritte** ist im Hinblick auf die Schutzpflichten **Erfüllungsgehilfe** des Arbeitgebers (so bereits RAG ARS 40, 13; sowie für freie Mitarbeiter BGH LM Nr 37 zu § 632 BGB = ZIP 1995, 1280; nicht erwogen von OLG Frankfurt aM VersR 1999, 1380 f, das ausschließlich Ansprüche aus unerlaubter Handlung prüfte). Unmittelbare Ansprüche des Arbeitnehmers gegen den Dritten können sich aus dem **Vertrag zwischen dem Arbeitgeber und dem Dritten** ergeben, der bezüglich der Pflichten aus § 618 Abs 1 als Vertrag mit **Schutzwirkung zugunsten Dritter** zu qualifizieren ist (Hueck/Nipperdey I § 48 II 5 c bb Fn 26; Soergel/Kraft § 618 Rn 3; iE auch Becker NJW 1976, 1828; Erman/Belling § 618 Rn 3 sowie allg Weber, Das aufgespaltene Arbeitsverhältnis [1992] 343 ff). In dieser Konstellation besteht eine gesamtschuldnerische Haftung des Arbeitgebers sowie des Dritten, da die Haftung des Dritten den Arbeitgeber nicht entlastet (§ 278).

96 Diese Grundsätze gelten nicht nur beim **mittelbaren Arbeitsverhältnis** (für dieses Soergel/Kraft § 618 Rn 3; BGB-RGRK/Schick § 618 Rn 12), sondern auch beim **Leiharbeitsverhältnis** (BGB-RGRK/Schick § 618 Rn 11; iE auch OLG Hamm NZA-RR 2000, 649). Beim Letztgenannten wird hierdurch auf zivilrechtlicher Ebene eine Konkordanz mit § 11 Abs 6 AÜG erzielt, der den Entleiher zur Einhaltung der geltenden öffentlich-rechtlichen Vorschriften des Arbeitsschutzrechts auch gegenüber dem Leiharbeitnehmer verpflichtet (s auch § 12 Abs 2 S 1 ArbSchG iVm § 12 Abs 1 ArbSchG), ohne daß hierdurch – wie § 12 Abs 2 S 3 ArbSchG klarstellt – der Verleiher von seinen in Rn 95 dargelegten Verpflichtungen befreit wird.

97 Ergänzend schreibt § 12 Abs 2 ArbSchG für den **Entleiher** eine **Pflicht zur Unterweisung** vor, die zusätzlich durch dessen Pflicht flankiert wird, sich bei einem Einsatz von Leiharbeitnehmern in seinem Betrieb darüber zu vergewissern, daß diese angemessene **Anweisungen** hinsichtlich der Gefahren für ihre Sicherheit und Gesundheit erhalten haben (§ 8 Abs 2 ArbSchG; s auch § 11 Abs 6 S 2 AÜG). Trotz der arbeitsschutzrechtlichen Pflichten, die die vorgenannten Normen dem Entleiher auferlegen, scheidet eine privatrechtliche Haftung des Entleihers gegenüber den bei ihm eingesetzten Leiharbeitnehmern aus, da § 618 nur innerhalb einer Vertragsbeziehung Ansprüche begründet, so daß die durch § 618 begründeten Pflichten ihre Wirkungen ausschließlich im Verhältnis zwischen Verleiher und Leiharbeitnehmer entfalten. Lediglich über die Figur eines **Vertrages mit Schutzwirkungen zugunsten Dritter,** der zwischen Verleiher und Entleiher abgeschlossen wurde, läßt sich ein eigener Ersatzanspruch des Leiharbeitnehmers gegenüber dem Entleiher begründen (s o Rn 95).

Wird § 618 seines fürsorgerechtlichen Telos entkleidet und als integraler Bestandteil **98**
der allgemeinen Interessenwahrungspflicht gewertet (s o Rn 10 ff), so ist seine ratio
legis auch bei **anderen Vertragsverhältnissen** einschlägig, für die das Gesetz auf eine
ausdrückliche Normierung gleichgerichteter Pflichten verzichtet. Die vom Tatbestand des § 618 Abs 1 vorausgesetzte Einbeziehung in den Herrschafts- und Organisationsbereich des Gläubigers der Dienstleistung und die hieraus für den Schuldner
der Arbeitsleistung resultierende Gefahrenlage für seine physische und psychische
Integrität ist kein spezifisch auf Dienst- und Arbeitsverhältnisse beschränktes Phänomen. Sie kann bei allen Verträgen auftreten, die auf die Erbringung einer Tätigkeit
gerichtet sind (so mit Recht AK-BGB/DERLEDER § 618 Rn 1; LORITZ, Die Mitarbeit Unternehmensbeteiligter [1984] 256 f; JAUERNIG/SCHLECHTRIEM § 618 Rn 1). Eine **entsprechende Anwendung des § 618 Abs 1,** die trotz der lex generalis in § 242 methodisch statthaft ist, trägt
diesem Anliegen Rechnung (zu § 618 Abs 3 RÖCKRATH VersR 2001, 1201 f).

Allerdings kommt eine analoge Anwendung des § 618 Abs 1 nur in Betracht, wenn **99**
der **Schuldner der Tätigkeit** in vergleichbarer Weise der **räumlichen oder organisatorischen Herrschaft des Gläubigers** unterliegt (RGZ 159, 270; so bereits vergleichbar allgemein
HAHN Gruchot 45 [1901] 213 ff; gegen eine analoge Anwendung des § 618 aber noch RG HRR 1925,
Nr 247 sowie PLANCK/GUNKEL § 618 Anm 7; exemplarisch OLG Karlsruhe NJW-RR 1991, 1245 f).
Mit diesem dogmatischen Ansatz ist noch keine Vorentscheidung darüber getroffen,
ob auch die mit § 618 korrespondierende Norm in § 619 entsprechend anzuwenden
ist und damit die Verpflichtungen in § 618 Abs 1 zwingenden Charakter erhalten (vgl
BGHZ 56, 274 f; näher u § 619 Rn 5 ff). Hierfür ist vielmehr eigenständig eine Analogie zu
§ 619 zu prüfen. Darüber hinaus kann aus der entsprechenden Anwendung bei bestimmten Vertragsverhältnissen nicht zwingend geschlossen werden, daß jeder
Schuldner der Tätigkeit stets in den persönlichen Schutzbereich der Norm einbezogen ist (vgl u Rn 111 f).

Wegen der teleologisch vergleichbaren Ausgangslage befürwortet die nahezu ein- **100**
hellige Ansicht unter der in Rn 99 genannten Voraussetzung mit Recht die entsprechende Anwendung des § 618 Abs 1 bei **Werkverträgen** (RGZ 159, 270; BGHZ [GS] 5, 66 f,
zu § 618 Abs 3; OLG Düsseldorf NJW 1995, 403; OLG Hamm NZA-RR 2000, 649; ERMAN/BELLING
§ 618 Rn 3; AK-BGB/DERLEDER § 618 Rn 1; SOERGEL/KRAFT § 618 Rn 4; MünchKomm/LORENZ
§ 618 Rn 8; OERTMANN § 618 Anm 8 a; PALANDT/PUTZO § 618 Rn 1; BGB-RGRK/SCHICK § 618
Rn 13; aus dem älteren Schrifttum vor allem RÜMELIN, Dienstvertrag und Werkvertrag [1905]
272 f; abweichend in der Begründung noch RG, HRR 1935, Nr 336, das aber über „allgemeine
Grundsätze aus dem Werkvertrag" zum selben Ergebnis gelangte; gegen eine entsprechende Anwendung des § 618 zu Lasten des Werkbestellers LEWER JZ 1983, 337 f).

Bei **Auftragsverhältnissen** ist § 618 Abs 1 ebenfalls analog anzuwenden, wobei es vom **101**
Grundgedanken einer entsprechenden Anwendung her keinen Unterschied bedeu-
tet, ob die zu erbringende Tätigkeit beim Vorliegen einer Vergütungsabrede dem
Dienstvertrags- oder dem Werkvertragsrecht unterliegen würde (ebenso allg BGH NJW
1984, 1904; ERMAN/BELLING § 618 Rn 3; AK-BGB/DERLEDER § 618 Rn 1; PALANDT/PUTZO § 618
Rn 1). Für einen auf die Erbringung einer Dienstleistung gerichteten Auftrag ent-
spricht dies heute der einhelligen Ansicht (vgl BGHZ 16, 267 f = AP Nr 4 zu § 618 BGB;
ERMAN/BELLING § 618 Rn 3; SOERGEL/KRAFT § 618 Rn 5; MünchKomm/LORENZ § 618 Rn 8; BGB-
RGRK/SCHICK § 618 Rn 15; abweichend noch RG HRR 1925, Nr 247). Auch bei **ehrenamtlichen**

Tätigkeiten ist § 618 Abs 1 entsprechend anwendbar (s ENGEL, Ehrenamt und Arbeitsrecht [1994] 155 ff).

102 Der **Geschäftsbesorgungscharakter** einer Vertragsbeziehung steht einer entsprechenden Anwendung des § 618 nicht entgegen. Deshalb sind auch **Handelsvertreter** (zB bezüglich zur Verfügung gestellter Muster [§ 86 a Abs 1 HGB]) in den (gegebenenfalls unmittelbaren) Anwendungsbereich des § 618 Abs 1 einbezogen (allgM vgl STAUB/ BRÜGGEMANN, HGB [4. Aufl 1983] § 84 Rn 38; BAUMBACH/HOPT, HGB [30. Aufl 2000] § 86 Rn 4; KÜSTNER, Das Recht des Handelsvertreters [1979] Rn 93; LÖWISCH, in: Ebenroth/Boujong/Joost [Hrsg], HGB [2001] § 84 Rn 46).

103 Bei **werkvertragsähnlichen Vertragsverhältnissen,** wie zB dem **Maklervertrag,** ist eine analoge Anwendung des § 618 Abs 1 angesichts der typischen Modalitäten hinsichtlich der vom Makler zu erbringenden Leistung zwar zumeist abzulehnen, jedoch nicht denknotwendig ausgeschlossen. In Betracht kommt eine entsprechende Anwendung des § 618 Abs 1 zB, wenn der Makler seine Vermittlungtätigkeit aufgrund des Vertragsverhältnisses in den Räumlichkeiten des Auftraggebers erbringt oder sich zur Durchführung seiner Tätigkeit in dessen Räumlichkeiten aufhält (zB Besichtigung eines Objekts).

104 Wird das Wertungsfundament des § 618 Abs 1 – wie hier befürwortet – von dem Fürsorgegedanken befreit (s o Rn 10 ff), so steht weder die **soziale** noch die **wirtschaftliche Stellung** des zur Tätigkeit Verpflichteten einem Analogieschluß entgegen (BGHZ [GS] 5, 67; BGHZ 16, 270 = AP Nr 4 zu § 618 BGB; einschränkend aber noch HAHN Gruchot 45 [1901] 215 f, der die analoge Anwendung auf „wirtschaftlich Unselbständige" beschränkte). Das Ausmaß der Interessenwahrungspflichten richtet sich ausschließlich nach der vom Gläubiger geschaffenen Gefahrenlage, unter der der Schuldner seine Tätigkeit erbringen muß. Deshalb ist ein „**persönlicher Einschlag**" in den Vertragsbeziehungen nicht erforderlich, um § 618 Abs 1 entsprechend anzuwenden (treffend BGHZ [GS] 5, 67). Auch die unter Umständen **kurze Dauer** des Vertragsverhältnisses schließt eine Analogie zu § 618 Abs 1 nicht aus (so BGH VersR 1974, 565, für einen Lotsenvertrag; ebenso MünchKomm/LORENZ § 618 Rn 8; abweichend LEWER JZ 1983, 337 f).

105 Problematisch ist die entsprechende Anwendung des § 618 Abs 1, wenn die Tätigkeit für einen anderen in dessen Herrschafts- und Organisationsbereich erbracht wird, es jedoch an einer **vertraglichen Bindung** zu diesem **fehlt.** Da § 618 Abs 1 von einer auf übereinstimmenden Willenserklärungen beruhenden Tätigkeit ausgeht, dürfte eine Anlogie zu § 618 Abs 1 in dieser Konstellation zu verneinen sein. Dementsprechend lehnte das Reichsgericht bei **Gefälligkeitsverhältnissen** eine entsprechende Anwendung ab (RG JW 1908, 107). Neben einer deliktischen Haftung kommt in derartigen Sachverhalten jedoch auch die Haftung aufgrund eines **gesetzlichen Schutzpflichtverhältnisses** (§ 242) in Betracht (s allg STAUDINGER/SCHMIDT [1994] Einl 247 ff zu §§ 241 ff). Die **fehlende familienrechtliche Mitarbeitspflicht** steht der Annahme eines unentgeltlichen Auftrags nicht entgegen (A HUECK Anm zu BGH AP Nr 4 zu § 618 BGB).

106 Aufgrund der Eingliederung in den betrieblichen Organisationsbereich ist § 618 auch bei **Wiedereingliederungsverhältnissen** im Sinne des § **74 SGB V** analog anzuwenden (ebenso GITTER ZfA 1995, 140; ZWADE, Die Teilarbeitsfähigkeit aus arbeits- und sozialrechtlicher Sicht [1995] 159), da in dieser Konstellation zwar kein Arbeitsverhältnis (so BAG AP Nr 1

zu § 74 SGB V), wohl aber ein Vertragsverhältnis vorliegt. Wegen der Anordnung einer entsprechenden Anwendung arbeitsrechtlicher Vorschriften und Grundsätze in § 231 Abs 2 S 1 SGB III gilt § 618 auch für den **Eingliederungsvertrag** im Sinne der **§§ 229 ff SGB III.**

Bei **gesellschaftsvertraglich oder statutarisch geschuldeter Mitarbeit** soll § 618 Abs 1 **107** nach einer teilweise befürworteten Ansicht nicht entsprechend anwendbar sein (A HUECK Anm zu BGH AP Nr 4 zu § 618 BGB). Dem ist – unabhängig von der generellen dogmatischen Bewertung der Arbeitsleistung auf gesellschaftsrechtlicher Grundlage (Überblick zum Diskussionsstand bei LORITZ RdA 1992, 313 ff) – zumindest dann nicht zuzustimmen, wenn der Gesellschafter hinsichtlich seiner Arbeitsleistung den Weisungen der Geschäftsführung unterliegt. Der Zweck des § 618 Abs 1 erfordert bei einer derartigen Fallgestaltung eine entsprechende Anwendung der Norm, da die Gesellschafterstellung die Geschäftsführung nicht davon entbindet, die physische und psychische Integrität der zur Tätigkeit verpflichteten Gesellschafter zu wahren (vgl ebenso zB LORITZ, Die Mitarbeit Unternehmensbeteiligter [1984] 406 f; SCHNORR VCAROLSFELD, in: FS A Hueck [1959] 276 f sowie bereits HAHN Gruchot 45 [1901] 217).

Im **öffentlichen Dienst** gilt § 618 Abs 1 für die Arbeitsverhältnisse der **Arbeiter und 108 Angestellten** (allg Ansicht RAG ARS 28, 109; SOERGEL/KRAFT § 618 Rn 3; MünchKomm/LORENZ § 618 Rn 9; BGB-RGRK/SCHICK § 618 Rn 10; ErfKomm/WANK § 618 BGB Rn 1). Bei **Beamtenverhältnissen** und vergleichbar **öffentlich-rechtlich strukturierten Rechtsverhältnissen** ist § 618 hingegen weder unmittelbar noch entsprechend anzuwenden (RGZ 97, 44; 111, 182; 141, 389; BVerwG NJW 1985, 877; ERMAN/BELLING § 618 Rn 2; SOERGEL/KRAFT § 618 Rn 6; MünchKomm/LORENZ § 618 Rn 9; BGB-RGRK/SCHICK § 618 Rn 16; ErfKomm/WANK § 618 BGB Rn 1). Die hierdurch verbleibende Lücke schloß die herrschende Meinung früher dadurch, daß § 618 Abs 1 als Ausdruck eines allgemeinen Rechtsgedankens verstanden wurde, der im Wege lückenschließender Rechtsfortbildung auf das öffentlich-rechtliche Beamtenverhältnis übertragbar sein (RGZ 97, 44; 111, 22; 111, 182; 141, 389; weitere Nachweise bei PLANCK/GUNKEL Anm 2 a) und die Gestalt eines öffentlich-rechtlichen Rechtssatzes annehmen sollte (RGZ 111, 182).

Spezialgesetzliche Normierungen in den **Beamtengesetzen des Bundes und der Länder 109** (zB § 79 BBG, § 48 BRRG) machen den methodisch zweifelhaften Weg einer Lückenschließung weitgehend entbehrlich, jedoch ist der Regelungsinhalt des § 618 unverändert zur Schließung verbleibender Regelungslücken geeignet, da die dem Dienstherrn obliegende Fürsorgepflicht nicht geringer ist als die Integritäts- und Interessenwahrungspflicht im Rahmen privatrechtlicher Vertragsbeziehungen (BVerwG NJW 1985, 877; BVerwG NVwZ 1993, 693; ERMAN/BELLING § 618 Rn 2; MünchKomm/ LORENZ § 618 Rn 9, 57; BGB-RGRK/SCHICK § 618 Rn 16; exemplarisch BVerwGE 94, 163 ff [Schutzpflicht des Dienstherrn für in den Dienst eingebrachte Sachen der Beamten]; zur Konkretisierung durch das technische Arbeitsschutzrecht und den für den öffentlichen Dienst zu beachtenden Besonderheiten vgl LEISNER, Arbeitsschutz im öffentlichen Dienst [1991]; MünchKomm/LORENZ § 618 Rn 58; MÄRTINS ZTR 1992, 233 ff, 267 ff; BGB-RGRK/SCHICK § 618 Rn 153 ff).

Eine teilweise Rechtsvereinheitlichung im öffentlichen Dienst bewirkt das **Arbeits- 110 schutzgesetz** (hierzu o Rn 63 ff), da die hierin für den „Arbeitgeber" und die „Beschäftigten" festgelegten Rechte und Pflichten aufgrund der Legaldefinition des Beschäftigtenbegriffs in § 2 Abs 2 ArbSchG nicht nur für Arbeiter und Angestellte, sondern auch für Beamte, Richter und Soldaten gelten. Die privatrechtliche Regelung des § 618 Abs 1 bleibt hiervon unberührt, so daß sie auf Beamtenverhältnisse unverändert weder unmittelbar noch mittelbar Anwendung findet.

II. Anspruchsberechtigte

111 Inhaber des durch § 618 Abs 1 begründeten Anspruchs ist der **Dienstverpflichtete,** also derjenige, der aufgrund des Dienstvertrages verpflichtet ist, seine Dienstleistung zu erbringen. Aus dem systematischen Kontext folgt jedoch, daß § 618 auf § 613 aufbaut und damit inzident voraussetzt, daß der Schuldner seine Dienste **höchstpersönlich** leistet. § 618 privilegiert deshalb nur Dienstverpflichtete, die ihre Dienstleistung in eigener Person erbringen. Ein unmittelbarer Anspruch gegen den Gläubiger der Tätigkeit steht aufgrund des Zwecks der Vorschrift nur demjenigen zu, der die Arbeitsleistung in eigener Person erbringt.

112 Diese Konkretisierung ist auch bei einer entsprechenden Anwendung des § 618 Abs 1 innerhalb anderer Vertragstypen (vgl o Rn 98 ff) zu beachten. Gegebenenfalls steht dem **Erfüllungsgehilfen eines Werkunternehmers** über die Figur eines Vertrages mit Schutzwirkung zugunsten Dritter ein Anspruch zu (BGHZ 33, 248 f; BGH NJW 1984, 1904; ERMAN/BELLING § 618 Rn 3; so bereits RAG ARS 33, 63 f; vgl auch o Rn 95). Das gilt im Einzelfall auch für **Familienangehörige eines Arbeitnehmers,** wenn sich diese mit ausdrücklicher oder zumindest stillschweigender Zustimmung des Arbeitgebers in der Arbeitsstätte aufhalten (näher HUECK/NIPPERDEY I § 48 II 5 c bb mit Fn 26). Nicht zu dem Kreis der Anspruchsberechtigten zählt hingegen ein **Vertragspartner,** wenn er die **Tätigkeit** dem Leitbild des Dienstvertrages widersprechend nicht in eigener Person, sondern **durch andere** erbringt.

III. Gegenstand der Schutzpflichten

1. Arbeitsstätte

113 In räumlicher Hinsicht erstreckt § 618 Abs 1 die Schutzpflicht des Dienstberechtigten auf **„Räume".** Diese sind nicht in einem engen, auf umschlossene Bauwerke begrenzten Sinne zu verstehen, sondern der Zweck der Norm erfordert eine **extensive Auslegung,** die den Pflichtenkreis des Dienstberechtigten auf die **Arbeitsumgebung** erstreckt. Im Unterschied zu den „Vorrichtungen und Gerätschaften", die die zur Erfüllung der Dienstleistung eingesetzten Arbeitsmittel umfassen, verfolgt die Benennung der „Räume" in § 618 Abs 1 den Zweck, denjenigen Ort in die Schutzpflicht des Dienstberechtigten einzubeziehen, an dem der Dienstverpflichtete seine Dienste leistet. „Raum" im Sinne des § 618 Abs 1 ist deshalb im Sinne von **Arbeitsraum** zu verstehen und erstreckt sich aufgrund des Normzwecks auf jeden **Ort,** an dem der Dienstverpflichtete nach dem Vertrag und etwaiger Leistungsbestimmung durch den Dienstberechtigten seine **Dienstleistung erbringt oder** sich im Zusammenhang mit dieser **aufhält** (RG Gruchot 46, 931; BAG AP Nr 24 zu § 618 BGB; ERMAN/BELLING § 618 Rn 10; AK-BGB/DERLEDER § 616 Rn 2; HUECK/NIPPERDEY I § 48 II 2 a Fn 9; NEUMANN/DUESBERG VersR 1968, 2; PALANDT/PUTZO § 618 Rn 3; SCHAUB, Arbeitsrechts-Handbuch [9. Aufl 2000] § 108 Rn 15; ErfKomm/WANK § 618 BGB Rn 7).

114 Zu den „Räumen" im Sinne des § 618 Abs 1 gehört zunächst der Ort, an dem der

Dienstverpflichtete seine Dienste leistet. Aufgrund des Normzwecks steht es der Anwendung des § 618 Abs 1 nicht entgegen, wenn sich dieser **im Freien** befindet (BGHZ 26, 370 f; 27, 81 f; ERMAN/BELLING § 618 Rn 10; s auch NEUMANN/DUESBERG VersR 1968, 4). Darüber hinaus erfaßt § 618 Abs 1 alle sonstigen Örtlichkeiten, die der Dienstverpflichtete im Zusammenhang mit der Erbringung der geschuldeten Dienste aufsucht (RG Gruchot 46, 931; BAG AP Nr 24 zu § 618 BGB; ERMAN/BELLING § 618 Rn 7; HUECK/ NIPPERDEY I § 48 II 2 a Fn 9; SOERGEL/KRAFT § 618 Rn 12; NEUMANN/DUESBERG VersR 1968, 2; PALANDT/PUTZO § 618 Rn 3; BGB-RGRK/SCHICK § 618 Rn 56). Die Schutzpflicht des Dienstberechtigten erstreckt sich deshalb auch auf **Waschräume und Toiletten** (RG Gruchot 48, 346), **Räume für die Lohnauszahlung** (RG Gruchot 53, 968 = WarnR 1909 Nr 205 = Recht 1909 Nr 456), **Treppen** (RGZ 18, 173; LAG Gleiwitz ARS 29, 78), **Fahrstühle** (RG JW 1920, 378), **Zugänge zur Arbeitsstelle** (RGZ 80, 27); **Zugänge zur Toilette** (RG JW 1907, 673), **Wege innerhalb eines Betriebs** (RG SeuffA 81 Nr 5), **Böden** (OLG Braunschweig SeuffA 64 Nr 5), **Dienstwohnungen** (RAG ARS 18, 328 ff; 39, 415) und **Kantinen** (ERMAN/BELLING § 618 Rn 7).

Da § 618 Abs 1 dem Dienstberechtigten die Interessenwahrungspflicht wegen der **115** von ihm geschaffenen Gefahrenquelle auferlegt, findet sie ihre Grenze dort, wo diese **außerhalb seiner Herrschafts- und Organisationssphäre** anzusiedeln ist. Deshalb erstreckt sich die Schutzpflicht nicht auf **öffentliche Wege,** auf denen der Dienstverpflichtete zur Arbeitsstätte gelangt (allg Ansicht RG Gruchot 46, 931; BGHZ 26, 370; HUECK/ NIPPERDEY I § 48 II 2 a Fn 9; SOERGEL/KRAFT § 618 Rn 12; NEUMANN/DUESBERG VersR 1968, 3, 5; OERTMANN § 618 Anm 2 c). Das gilt unabhängig von der **Nähe zu dem Betriebsgelände** (RG Gruchot 46, 932). Ein anderes Resultat kommt nur in Betracht, wenn der Zugang außerhalb der eigentlichen Arbeitsstätte liegt, dieser aber über ein Grundstück führt, das im Eigentum des Dienstberechtigten steht (NEUMANN/DUESBERG VersR 1968, 3).

Wird der Dienstverpflichtete nicht in der Arbeitsstätte seines Vertragspartners einge- **116** setzt, sondern erbringt er die **Dienstleistung** – wie zB bei der Arbeitnehmerüberlassung (hierzu auch o Rn 96 f) – **in der Arbeitsstätte eines Dritten,** so entbindet dies den Vertragspartner nicht von der Einhaltung der Pflichten aus § 618 Abs 1 (so bereits RG JW 1896, 356 [Nr 36]; iE auch OLG Hamm NZA-RR 2000, 650; OERTMANN § 618 Anm 2; PALANDT/ PUTZO § 618 Rn 4). Zwar unterliegt die Arbeitsstätte des Dritten nicht dem Herrschafts- und Organisationsbereich des Vertragspartners, § 618 Abs 1 dehnt die Interessenwahrungspflichten aber auf sonstige Regelungen der Dienstleistung aus (s u Rn 123 ff), zu denen auch die Zuweisung des Arbeitsortes gehört.

Bei einer **gewerbsmäßigen Arbeitnehmerüberlassung** erlegt § 12 Abs 2 S 1 ArbSchG **117** die Pflicht zur Unterweisung über Sicherheit und Gesundheitsschutz bei der Arbeit dem **Entleiher** auf (s auch § 11 Abs 6 AÜG). Da hierdurch die sonstigen Arbeitsschutzpflichten des Verleihers nicht berührt werden (§ 12 Abs 2 S 3 ArbSchG sowie § 11 Abs 6 S 1 AÜG), verbleibt es hinsichtlich der Pflichten in § 618 Abs 1 bei der **Verantwortlichkeit des Verleihers,** der für ein Fehlverhalten des Entleihers (zB durch unzureichende Unterweisung nach § 12 Abs 2 S 1 ArbSchG) über § 278 einzustehen hat.

Die Interessenwahrungspflicht des Dienstberechtigten knüpft an die vertragsgemäße **118** Erbringung der Dienstleistung an, so daß nur solche Örtlichkeiten als „Räume" im Sinne des § 618 Abs 1 in Betracht kommen, in denen sich der Dienstberechtigte gerade **wegen seiner Verpflichtung zur Dienstleistung aufhält.** Die Schutzpflicht des Dienstberechtigten erstreckt sich daher nicht auf Räume, deren **Betreten** dem

Dienstverpflichteten ausdrücklich oder konkludent **untersagt** ist (RG Gruchot 53, 968 = WarnR 1909 Nr 205 = Recht 1909 Nr 456), oder die in **keinem Zusammenhang mit der Dienstleistung** stehen, wie zB Privaträume (vgl BOEMKE, Schuldvertrag und Arbeitsverhältnis [1999] 336).

119 Die allgemeinen Überlegungen in den Rn 116 bis 118 einschließlich ihrer Konkretisierungen in der älteren Rechtsprechung (vgl die Nachweise bei PLANCK/GUNKEL § 618 Anm 2 c) werden bestätigt und zusammengefaßt in § 2 der **Arbeitsstättenverordnung** (ArbStättV) v 20. 3. 1975 (BGBl I 729, s o Rn 77 ff), der die „**Arbeitsstätte**" im Sinne dieser Verordnung umschreibt. Arbeitsstätten sind hiernach Arbeitsräume in Gebäuden einschließlich Ausbildungsstätten; Arbeitsplätze auf dem Betriebsgelände im Freien; Baustellen; Verkaufsstände im Freien, die im Zusammenhang mit Ladengeschäften stehen; Wasserfahrzeuge und schwimmende Anlagen auf Binnengewässern. Zur Arbeitsstätte gehören nach § 2 Abs 2 ArbStättV ferner Verkehrswege; Lager-, Maschinen- und Nebenräume; Pausen-, Bereitschafts-, Liegeräume und Räume für körperliche Ausgleichsübungen; Umkleide-, Wasch- und Toilettenräume (Sanitärräume); Sanitätsräume. Der Geltungsbereich dieser Umschreibung ist zwar auf bestimmte Gewerbebetriebe beschränkt (vgl § 1 ArbStättV), diese besitzt aber einen **verallgemeinerungsfähigen Inhalt,** da sie zumeist mit denjenigen Konkretisierungen übereinstimmt, die Judikatur und Doktrin zuvor zum Begriff der „Räume" in § 618 Abs 1 herausgearbeitet hatten (s o Rn 114). § 2 Abs 1 und 2 ArbStättV enthält zwar keine für § 618 Abs 1 verbindliche Legaldefinition, wohl aber eine verallgemeinerungsfähige exemplarische Umschreibung über die räumliche Reichweite der dem Dienstberechtigten obliegenden Schutzpflicht (in diesem Sinne auch ERMAN/BELLING § 618 Rn 10; BOEMKE, Schuldvertrag und Arbeitsverhältnis [1999] 335; ErfKomm/WANK § 618 BGB Rn 7).

2. Arbeitsmittel

120 Die Schutzpflicht des Dienstberechtigten erstreckt § 618 Abs 1 auch auf **Vorrichtungen** und **Gerätschaften.** Hierzu gehören alle Gegenstände, die zur Erbringung der vertraglich geschuldeten Dienstleistung aus tatsächlichen oder rechtlichen Gründen benutzt werden müssen und die der Dienstberechtigte hierfür zur Verfügung stellt. Die Schutzpflicht bezieht sich deshalb nicht nur auf **Maschinen,** sondern auch auf die **eingesetzten Arbeitsstoffe** sowie **sämtliche Hilfsmittel** wie zB Werkzeuge, Leitern, Hebe- und Fördereinrichtungen, Beförderungsmittel, Arbeitsstühle und -tische, Schutzausrüstungen (Schutzhelme, Schutzanzüge, Schutzbrillen, Sicherheitsgurte, Sicherheitsschuhe; nicht aber die sog Bildschirmarbeitsbrille, LAG Berlin LAGE § 618 BGB Nr 2; s dazu aber jetzt § 6 Abs 2 BildscharbV) sowie **Einrichtungen zum Belüften, Beleuchten und Beheizen der Arbeitsstätte.**

121 Die Schutzpflicht aus § 618 Abs 1 umfaßt nicht nur technische Arbeitsmittel im Sinne des § 2 Gerätesicherheitsgesetz (GSG) idF v 11. 5. 2001 (BGBl I 866, hierzu o Rn 74 ff), sondern auch den Bereich der Gefahrstoffe, die § 15 der Gefahrstoffverordnung (GefStoffV) v 26. 10. 1993 (BGBl I 1783, hierzu o Rn 83 ff) sowie (s § 4a GefStoffV) Anhang I der Richtlinie 67/548/EWG (ABl EG Nr L 196, 1; zuletzt geändert durch die Richtlinie 92/32/EWG [ABl EG Nr L 154, 1]) auflistet.

122 Auf **Arbeitsmittel,** die nicht der Dienstberechtigte, sondern **der Schuldner der Dienstleistung beschafft,** erstreckt sich die Schutzpflicht aus § 618 Abs 1 nicht. Ist für den

Dienstberechtigten jedoch erkennbar, daß der Einsatz dieser Arbeitsmittel für den Dienstverpflichteten mit besonderen Gefahren verbunden ist, dann kann sich eine Schutzpflicht des Dienstberechtigten daraus ergeben, daß er den Dienstverpflichteten auch bei Anordnungen zur Dienstleistung vor Gefahren an Leben und Gesundheit zu schützen hat (RG JW 1917, 970; HUECK/NIPPERDEY I § 48 II 2 a Fn 10; allg u Rn 156 ff).

3. Regelungen des Dienstberechtigten

§ 618 Abs 1 dehnt die Schutzpflicht auch auf **Regelungen** des Dienstberechtigten aus, **123** die dieser **zur Durchführung der Dienstleistung** trifft. Dies umfaßt alle Anordnungen, die final darauf gerichtet sind, **Inhalt** sowie **Art und Weise** der vom Dienstverpflichteten zu erbringenden **Dienstleistung** festzulegen. Ob es sich um generelle oder auf den Einzelfall bezogene Regelungen bzw Anordnungen handelt, ist für die Anwendung des § 618 Abs 1 unerheblich (ERMAN/BELLING § 618 Rn 12; SOERGEL/KRAFT § 618 Rn 14; BGB-RGRK/SCHICK § 618 Rn 91).

Zu den Regelungen im Sinne des § 618 Abs 1 gehören nicht nur Anordnungen, ohne **124** die die **Dienstleistung** nicht erbracht werden kann, sondern vielmehr auch **sonstige Unterweisungen** des Dienstberechtigten, die sich auf die **Benutzung der Arbeitsstätte und** der **Arbeitsmittel** beziehen (vgl SOERGEL/KRAFT § 618 Rn 14). Eine spezialgesetzliche Ausformung der Pflichten aus § 618 Abs 1 enthalten die **§§ 7 und 12 ArbSchG** (vgl ERMAN/BELLING § 618 Rn 12). Hiernach hat der Arbeitgeber bei der Übertragung von Aufgaben auf Beschäftigte nicht nur zu berücksichtigen, ob die Beschäftigten befähigt sind, die für Sicherheit und Gesundheitsschutz zu beachtenden Bestimmungen einzuhalten (§ 7 ArbSchG), sondern er ist darüber hinaus verpflichtet, die Beschäftigten während der Arbeitszeit über Sicherheit und Gesundheitsschutz bei der Arbeit zu unterweisen (§ 12 Abs 1 ArbSchG). Das gilt entsprechend für den Zugang zu besonders gefährlichen Arbeitsbereichen (§ 9 Abs 1 ArbSchG).

Von § 618 Abs 1 wird auch die **Zuweisung des Arbeitsortes** erfaßt; insoweit erlangen **125** „Regelungen zur Dienstleistung" vor allem dann eine eigenständige Bedeutung, wenn die Tätigkeit – wie zB bei der Arbeitnehmerüberlassung – außerhalb des Herrschafts- und Organisationsbereichs des Dienstberechtigten zu erbringen ist (vgl schon RG JW 1896, 356 [Nr 36] sowie AK-BGB/DERLEDER § 618 Rn 3; PALANDT/PUTZO § 618 Rn 4; s auch o Rn 116).

Eine Beschränkung auf Regelungen und Anordnungen, die sich auf die Arbeitsstätte **126** und die Arbeitsmittel beziehen, nicht hingegen auch auf **zeitliche Aspekte der Dienstleistung** (Umfang und Lage), ist dem Gesetz nicht zu entnehmen (so im Ergebnis aber MünchKomm/LORENZ § 618 Rn 20, 56, der § 618 Abs 1 auf den technischen Arbeitsschutz beschränkt, den sozialen Arbeitsschutz in Gestalt des Arbeitszeitschutzes hingegen aus dem Anwendungsbereich der Norm ausklammert; näher hierzu o Rn 20 sowie u Rn 169 ff).

4. Schutz der „guten Sitten"

§ 618 Abs 1 erstreckt die Interessenwahrungspflicht des Dienstberechtigten nicht wie **127** die §§ 62 Abs 1 HGB, 120 b Abs 1 GewO (ähnlich § 80 Abs 1 SeemG: „Sittlichkeit") expressis verbis auf die „guten Sitten" und den „Anstand". Hieraus kann jedoch nicht im Umkehrschluß abgeleitet werden, daß diese Pflicht außerhalb des Anwendungsbereichs der vorgenannten Vorschriften entfällt. Für eine entsprechende Anwendung des § 618 auf die Wahrung der „guten Sitten" fehlen angesichts der Entstehungsgeschichte (o Rn 2) und der qualitativen Wertunterschiede zwischen „Leben und Gesundheit" einerseits und den „guten Sitten" andererseits indes die methodischen Voraussetzungen. Es greift jedoch diesbezüglich die aus § 242 abzuleitende allgemeine **Interessenwahrungspflicht** des Dienstberechtigten ein. Aufgrund dieser ist er über § 618 Abs 1 hinaus verpflichtet, die **Persönlichkeitssphäre des Dienstverpflichteten** zu wahren, was die Wahrung der „guten Sitten" und des „Anstands" einschließt (iE ebenso ERMAN/BELLING § 618 Rn 1; HUECK/NIPPERDEY I § 48 II 4; SOERGEL/KRAFT § 618 Rn 8; MünchKomm/LORENZ § 618 Rn 36; BGB-RGRK/SCHICK § 618 Rn 6).

128 Vereinzelt hat der Gesetzgeber die vom Dienstberechtigten im Hinblick auf die Sittlichkeit einzuhaltenden Pflichten **spezialgesetzlich konkretisiert:**

129 So enthält **§ 22 Abs 1 Nr 2 JArbSchG** ein allgemeines Verbot, Jugendliche mit Arbeiten zu beschäftigen, bei denen sie sittlichen Gefahren ausgesetzt sind (ebenso § 95 Abs 1 S 1 SeemG). Dieses wird durch die „Verordnung über das Verbot der Beschäftigung von Personen unter 18 Jahren mit sittlich gefährdenden Tätigkeiten" v 3. 4. 1964 (BGBl I 262, zuletzt geändert durch Gesetz v 8.10. 1986 [BGBl I 1634]) ergänzt. Hiernach dürfen weibliche Jugendliche zB nicht als Nackttänzerin, Schönheitstänzerin, Schleiertänzerin, Tanzdame, Eintänzerin, Tisch- oder Bardame beschäftigt werden (vgl näher MOLITOR/VOLMER/GERMELMANN, JArbSchG [3. Aufl 1986] § 22 Rn 19 ff; ZMARZLIK/ANZINGER, JArbSchG [5. Aufl 1998] § 22 Rn 9 f). Damit entspricht das Jugendarbeitsschutzgesetz der Forderung in Art 1 Abs 3 der Richtlinie 94/33/EG (ABl EG Nr L 216 v 20. 8. 1994, 12), junge Menschen vor Arbeiten zu schützen, die ua ihrer „moralischen oder sozialen Entwicklung schaden oder ihre Gesamtbildung beeinträchtigen können".

130 Teilweise schreibt das Gesetz zur Wahrung der „guten Sitten" eine **Trennung der Geschlechter** vor. So verpflichtet § 120b Abs 3 GewO zur Einrichtung getrennter **Ankleide- und Waschräume** (näher hierzu zB KOLLMER, in: LANDMANN/ROHMER, GewO, § 120b Rn 8 f; s auch die §§ 34 Abs 1, 35 Abs 1 ArbStättV); § 37 Abs 1 S 2 ArbStättV dehnt dies auf **Toilettenräume** aus. Gegebenenfalls sind die Geschlechter auch bei der **Arbeitsleistung** zu trennen (§ 120b Abs 2 GewO; hierzu auch zB KOLLMER, in: LANDMANN/ROHMER, GewO, § 120b Rn 5 ff).

131 Dem Schutz der „guten Sitten" dient auch das **Beschäftigtenschutzgesetz** v 24. 6. 1994 (BGBl I 1406), das den Arbeitgeber in § 2 Abs 1 S 1 dazu verpflichtet, die Beschäftigten vor **sexueller Belästigung am Arbeitsplatz** zu schützen. Zum Begriff der sexuellen Belästigung enthält § 2 Abs 2 eine mit zahlreichen Interpretationsproblemen behaftete Legaldefinition (vgl näher hierzu SCHLACHTER NZA 2001, 121 ff).

5.   Schutz eingebrachter Sachen*

132 § 618 Abs 1 regelt nicht, ob sich die Schutzpflicht des Dienstberechtigten auch auf das Eigentum des Dienstverpflichteten erstreckt, wenn sich dieser zur Erbringung der

---

* **Schrifttum:** BECKER/SCHAFFNER, Ist der Arbeitgeber verpflichtet, die vom Arbeitnehmer in den Betrieb eingebrachten Sachen zu versichern?, VersR 1972, 322; BULLA, Die Sorge-

Dienstleistung in den „Räumen" des Dienstberechtigten aufhalten muß (anders § 77 Abs 1 des zum 59. DJT vorgelegten Entwurfs eines Arbeitsvertragsgesetzes, der diesen Aspekt in die konzeptionell an § 618 Abs 1 angelehnte Regelung aufnimmt, vgl Verhandlungen des 59. DJT I [1992] D 43; ebenso § 77 Abs 1 des Arbeitsvertragsgesetzentwurfs des Freistaates Sachsen, s BR-Drucks 293/95).

§ 618 Abs 1 kann wegen der unterschiedlichen Qualität der Rechtsgüter **nicht analog** **133** angewendet werden (ERMAN/BELLING § 618 Rn 1; so aber noch OERTMANN § 618 Anm 2 c); der Schutz der vom Dienstverpflichteten eingebrachten Sachen richtet sich ausschließlich nach der aus § 242 abzuleitenden allgemeinen **Interessenwahrungspflicht** des Dienstberechtigten (BAG AP Nr 26 und 75 zu § 611 BGB Fürsorgepflicht; BAG AP Nr 8 zu § 611 BGB Parkplatz; LAG Bremen AP Nr 2 zu § 618 BGB; vgl auch BAG [GS] AP Nr 2 zu § 611 BGB Gefährdungshaftung; ebenso bereits PLANCK/GUNKEL § 618 Anm 2 c sowie BOEMKE, Schuldvertrag und Arbeitsverhältnis [1999] 336 f; LÖWISCH, Arbeitsrecht [5. Aufl 2000] Rn 1147; BGB-RGRK/SCHICK § 618 Rn 5; s auch NEUMANN/DUESBERG VersR 1968, 6; zur beamtenrechtlichen Fürsorgepflicht hinsichtlich in den Dienst eingebrachter Gegenstände des Beamten BVerwGE 94, 163 ff; für Werkverträge s OLG Karlsruhe NJW-RR 1991, 1245 f).

Für das **Ausmaß der** den Dienstberechtigten treffenden **Obhuts- und Verwahrungs-** **134** **pflicht** lassen sich **keine generellen Maßstäbe** aufstellen, jeweils stehen die **Besonderheiten des Einzelfalls** im Vordergrund. Gleichwohl ist die Aussage möglich, daß die Intensität der Interessenwahrungspflicht proportional mit der Nähe der eingebrachten Sachen zur Dienstleistung zunimmt. Eine durch die Verletzung der Interessenwahrungspflicht begründete Haftung des Dienstberechtigten für Sachen des Dienstverpflichteten, die mit der Dienstleistung in keinem inneren Zusammenhang stehen, scheidet deshalb aus. Im übrigen ist zu unterscheiden zwischen **persönlich unentbehrlichen, unmittelbar arbeitsdienlichen** und **mittelbar arbeitsdienlichen Sachen** (SCHAUB, Arbeitsrechts-Handbuch [9. Aufl 2000] § 108 Rn 27 f; ähnlich für das Beamtenrecht BVerwGE 94, 163 ff).

Aufgrund des engen Zusammenhangs mit der Dienstleistung besteht eine gesteigerte **135** Schutzpflicht des Dienstberechtigten für **persönlich unentbehrliche und unmittelbar arbeitsdienliche Sachen** des Dienstverpflichteten. Zu den **persönlich unentbehrlichen Sachen** zählen vor allem Kleidungsgegenstände, Hygieneartikel, Taschen zur Aufbewahrung persönlich unentbehrlicher Sachen, Fahrkarten, Uhr, Schlüssel, kleinere

---

pflicht des Arbeitgebers um eingebrachtes Arbeitnehmereigentum, RdA 1950, 88; BUTZ, Sorgepflicht des Arbeitgebers für Fahrzeuge der Arbeitnehmer, DB 1958, 80; DENECKE, Haftung des Arbeitgebers bei Verlust oder Beschädigung von Sachen des Arbeitnehmers, BB 1950, 27; FREY, Versicherungspflicht für eingebrachte Arbeitnehmersachen, AuR 1953, 340; GUMPERT, Haftung des Arbeitgebers für eingebrachte Sachen der Arbeitnehmer, BB 1957, 114; HOHN, Haftung des Arbeitgebers für eingebrachte Sachen des Arbeitnehmers, BB 1960, 1291; vKAMPTZ, Besteht eine Fürsorgepflicht des

Arbeitgebers für mitgebrachte Personenkraftwagen der Arbeitnehmer?, DB 1960, 412; KRESSEL, Parkplätze für Betriebsangehörige, RdA 1992, 169; MONJAU, Die Sorgepflicht des Arbeitgebers für das Eigentum des Arbeitnehmers, DB 1972, 1435; SCHÄCKER, Das Mitbringen von Fahrrädern und motorgetriebenen Fahrzeugen zur Arbeitsstätte, BB 1962, 641; VOGT, Die Haftung des Arbeitgebers für in den Betrieb eingebrachte Verkehrsmittel des Arbeitnehmers, BB 1955, 514; WEYCHARDT, Zur Sorgepflicht des Arbeitgebers für eingebrachte Sachen des Arbeitnehmers, AuR 1966, 330.

Geldbeträge, gegebenenfalls auch Schmuck (Ehering). **Unmittelbar arbeitsdienlich** sind solche Sachen, deren Verwendung bei der Dienstleistung nicht nur zweckmäßig, sondern **als Hilfsmittel nützlich** ist. Bei den vorgenannten Gegenständen muß der Dienstberechtigte Vorkehrungen treffen, um die Sachen vor Verlust oder Beschädigung zu bewahren. Die hieraus im Einzelfall für den Dienstberechtigten folgenden Pflichten bestimmen sich insbesondere nach den betrieblichen und örtlichen Verhältnissen sowie der Zumutbarkeit für den Dienstberechtigten.

136 Die Schutzpflicht bei persönlich unentbehrlichen und unmittelbar arbeitsdienlichen Sachen des Dienstverpflichteten ist **nicht** mit einer **Garantiehaftung** vergleichbar. Es reicht deshalb aus, wenn der Dienstberechtigte die konkreten Verhältnisse in der Arbeitsstätte so einrichtet, daß für den Dienstverpflichteten die **Möglichkeit einer ausreichend sicheren Verwahrung** besteht (vgl BAG AP Nr 75 zu § 611 BGB Fürsorgepflicht). Da sich die Pflicht des Dienstberechtigten auf die Verwahrungsmöglichkeit und nicht auf die Sicherheit bezieht, ist er regelmäßig nicht verpflichtet, Sicherheitsschlösser zur Verfügung zu stellen (BAG AP Nr 75 zu § 611 BGB Fürsorgepflicht). Ebenso ist der Dienstberechtigte zumeist nicht zum Abschluß einer Versicherung gegen Diebstahl und sonstige Gefahren verpflichtet, die nicht dem Betrieb, sondern dem allgemeinen Lebensrisiko zuzuordnen sind (BAG AP Nr 26 zu § 611 BGB Fürsorgepflicht; LÖWISCH, Arbeitsrecht [5. Aufl 2000] Rn 1149; weitergehend BECKER/SCHAFFNER VersR 1972, 323 f).

137 Bei Sachen des Dienstverpflichteten, die lediglich **mittelbar arbeitsdienlich** sind, besteht nur eine **eingeschränkte Interessenwahrungspflicht.** Mittelbar arbeitsdienlich sind in erster Linie eigene Verkehrsmittel, die der Dienstverpflichtete benutzt, um seine Dienstleistung in der Arbeitsstätte zu erbringen. Die Reichweite der Interessenwahrungspflicht des Dienstberechtigten läßt sich auch bei diesen Gegenständen nicht abstrakt, sondern nur unter Berücksichtigung der Besonderheiten des Einzelfalles sowie aufgrund einer Abwägung zwischen dem Interesse des Dienstverpflichteten und den für den Dienstberechtigten entstehenden finanziellen Belastungen festlegen.

138 Die Pflicht eines Arbeitgebers, ausreichend **Stellflächen für eigene Verkehrsmittel** der Arbeitnehmer (Fahrräder, Krafträder, PKW's) zur Verfügung zu stellen, entzieht sich einer generellen Beurteilung. Es ist vielmehr zwischen der Angewiesenheit des Arbeitnehmers auf das Verkehrsmittel, um die Arbeitsstätte zu erreichen, und den für die Einrichtung und Unterhaltung der Stellflächen notwendigen Aufwendungen des Arbeitgebers abzuwägen. Deshalb besteht eine Pflicht zur Schaffung von Stellflächen regelmäßig nur für Fahrräder und Motorräder (vgl aber noch mit Einschränkungen BAG AP Nr 26 zu § 611 BGB Fürsorgepflicht).

139 Für PKW's ist eine Pflicht zur Schaffung von Stellflächen nur **ausnahmsweise** zu bejahen, wenn nicht nur einzelne Arbeitnehmer auf die Benutzung des PKW's angewiesen sind, die Arbeitsstätte mit öffentlichen Verkehrsmitteln nur mit einem höheren Zeitaufwand erreichbar ist, geeignete Stellflächen außerhalb der Arbeitsstätte nicht in ausreichender Anzahl zur Verfügung stehen und die Kosten für die Stellflächen dem Arbeitgeber zumutbar sind (vgl BAG AP Nr 4 und 5 zu § 611 BGB Parkplatz; BAG AP Nr 7 zu § 618 BGB; BAG AP Nr 26 zu § 611 BGB Fürsorgepflicht; KRESSEL RdA 1992, 171 f; LÖWISCH, Arbeitsrecht [5. Aufl 2000] Rn 1149). Eine aus dem **öffentlichen Baurecht** der Länder folgende Pflicht zur Schaffung von Stellplätzen (zB Schleswig-Holstein: § 48 Landesbauordnung [GVOBl 1983, 86] iVm dem Stellplatzerlaß [AmtsBl 1975,

839; 1984, 384], 1 Stellplatz je 50–70 qm Nutzfläche oder je 3 Beschäftigte) strahlt nicht auf die zivilrechtliche Pflicht des Arbeitgebers gegenüber dem Arbeitnehmer aus (offengelassen aufgrund fehlenden Tatsachenvortrags von BAG AP Nr 26 zu § 611 BGB Fürsorgepflicht).

Ist der Dienstberechtigte vertraglich zur **Einrichtung von Stellplätzen verpflichtet,** so **140** ist diese Leistung in einer **Treu und Glauben (§ 242)** entsprechenden Art und Weise zu erbringen. Das bezieht sich vor allem auf die **Vermeidung von Gefahren,** die von dem Parkplatz selbst oder seiner Benutzung ausgehen, also in erster Linie **Straßenschäden, Beleuchtung** und **Glätte** (vgl zusammenfassend BAG AP Nr 4 zu § 611 BGB Parkplatz; bestätigt durch BAG AP Nr 8 zu § 611 BGB Parkplatz; KRESSEL RdA 1992, 173 f); insofern hat der Arbeitgeber auch für das Verhalten hinzugezogener Erfüllungsgehilfen (zB Parkwächter, Pförtner) nach § 278 einzustehen (BAG AP Nr 8 zu § 611 BGB Parkplatz). Der Arbeitgeber ist nicht verpflichtet, den Arbeitnehmer vor solchen Gefahren zu schützen, die ihn auch bei der Teilnahme am allgemeinen Verkehr treffen (BAG AP Nr 4 zu § 611 BGB Parkplatz; s auch ArbG Marburg BB 1999, 852 [LS]). Insbesondere besteht keine generelle Pflicht zur **Bewachung der Stellplätze** (BAG AP Nr 1 zu § 611 BGB Parkplatz). Hierzu ist der Arbeitgeber allenfalls aufgrund der besonderen Umstände des Einzelfalles verpflichtet. Die **Modalitäten für die Benutzung** der Stellplätze können vom Arbeitgeber nur unter Beachtung eines etwaigen **Mitbestimmungsrechts des Betriebsrates** festgelegt werden (vgl näher KRESSEL RdA 1992, 176 f; WIESE, GK-BetrVG Bd II [7. Aufl 2002] § 87 Rn 219 ff mwN). Der **Abschluß einer Betriebsvereinbarung** ist zulässig (KRESSEL RdA 1992, 174 f).

Die **Haftung des Dienstberechtigten** kann für eingebrachte Sachen, insbesondere bei **141** mittelbar arbeitsdienlichen Gegenständen grundsätzlich **einzelvertraglich ausgeschlossen werden.** § 619 steht einem Haftungsausschluß nicht entgegen, da die Haftung des Dienstberechtigten nicht aus § 618, sondern aus einer Verletzung der arbeitsvertraglichen Nebenpflichten resultiert (vgl BAG AP Nr 26 zu § 611 BGB Fürsorgepflicht; sowie u § 619 Rn 12). Ein Haftungsausschluß für Vorsatz und grobe Fahrlässigkeit ist indes nach der Rechtsprechung des Bundesarbeitsgerichts nicht zulässig (BAG AP Nr 26 zu § 611 BGB Fürsorgepflicht; ebenso KRESSEL RdA 1992, 175). Eine **Betriebsvereinbarung,** die sich ausschließlich auf den Ausschluß einer Haftung des Arbeitgebers beschränkt, ist regelmäßig wegen einer zweckwidrigen Inanspruchnahme der Normsetzungsbefugnis nichtig (BAG AP Nr 26 zu § 611 BGB Fürsorgepflicht; s auch BAG EzA § 77 BetrVG 1972 Nr 40).

IV. Umfang der Schutzpflichten

1. Allgemeines

a) Ausrichtung der Schutzpflicht

Die in § 618 Abs 1 normierte Schutzpflicht des Dienstberechtigten richtet sich auf die **142** Abwehr von Gefahren für Leben und Gesundheit des Dienstverpflichteten. Hierunter ist die **körperliche bzw physische Integrität des Dienstverpflichteten** zu verstehen (ERMAN/BELLING § 618 Rn 9; MünchKomm/LORENZ § 618 Rn 48). § 618 Abs 1 soll den Dienstverpflichteten davor bewahren, daß sich sein Gesundheitszustand infolge der vom Dienstberechtigten zu verantwortenden Gefahrenquellen verschlechtert.

143 Aufgrund dieses Schutzzwecks ist der von der **Weltgesundheitsorganisation (WHO)** geprägte **Gesundheitsbegriff,** der auf einen Zustand „physischen, geistigen und sozialen Wohlbefindens" abstellt, im Rahmen des § 618 Abs 1 ohne Bedeutung (ebenso ERMAN/BELLING § 618 Rn 9; MünchKomm/LORENZ § 618 Rn 48; weitergehend aber für Art 118 a EG-Vertrag [nunmehr Art 137 Abs 1 EG] EuGH EuZW 1996, 752 Tz 15). Die infolge der Begrenzung der Schutzpflicht auf Leben und Gesundheit verbleibenden Defizite sind unter Umständen durch einen Rückgriff auf die aus § 242 abzuleitenden allgemeinen Interessenwahrungspflichten zu kompensieren (s o Rn 12). Die spezielle Regelung in § 618 Abs 1 steht dem nicht entgegen.

b)   Stellenwert des technischen Arbeitsschutzrechts

144 Früher wurde der Umfang der dem Dienstberechtigten obliegenden Schutzpflichten vor allem aus allgemeinen Überlegungen gewonnen. Die hierzu in Literatur und Rechtsprechung entwickelte Kasuistik (vgl zB STAUDINGER/MOHNEN/NEUMANN[10/11] § 618 Rn 20 ff) hat inzwischen weitgehend an Bedeutung verloren, da das umfangreiche und detaillierte Normengefüge des technisches Arbeitsschutzrechts den aus arbeitsmedizinischer Sicht erforderlichen Schutz des Dienstverpflichteten konkretisiert (BAG AP Nr 17 zu § 618 BGB; vgl für das nationale Recht o Rn 59 ff).

145 Das technische Arbeitsschutzrecht liefert regelmäßig einen verläßlichen Anhaltspunkt für die Pflichten des Dienstberechtigten zum Schutz von Leben und Gesundheit des Dienstverpflichteten. Eine verbindliche Konkretisierung der individualrechtlichen Pflichten des Dienstberechtigten aus § 618 Abs 1 entfalten die Vorschriften des technischen Arbeitsschutzes jedoch nur, wenn sie a) dem Schutz von Leben und Gesundheit dienen, b) geeignet sind, den Gegenstand einer vertraglichen Vereinbarung zu bilden, und c) den Dienstberechtigten durch die jeweilige Vorschrift verpflichten (BAG AP Nr 17 zu § 618 BGB; s auch o Rn 14 ff). Insbesondere ist die jeweilige Vorschrift des technischen Arbeitsschutzrechts stets zu überprüfen, ob diese dem Gesundheitsschutz dient und nicht ausschließlich durch einen Humanisierungszweck geprägt ist (EHMANN 72).

146 Unter dieser Voraussetzung entfalten die Vorschriften des technischen Arbeitsschutzrechts im Rahmen ihres Anwendungsbereichs für § 618 Abs 1 eine doppelte Wirkung: Erstens legen sie auch für § 618 Abs 1 verbindlich den vom Dienstberechtigten zu beachtenden Schutzstandard im Sinne eines **Mindestniveaus** fest und zweitens bewirken sie eine **Privilegierung des Dienstberechtigten,** da von ihm über § 618 Abs 1 regelmäßig nicht mehr verlangt werden darf, als das technische Arbeitsschutzrecht von ihm fordert (so bereits NIPPERDEY, in: Festgabe zum 50jährigen Bestehen des Reichsgericht Bd IV [1929] 217; sowie zuletzt LÖWISCH, Arbeitsrecht [5. Aufl 2000] Rn 1138; BGB-RGRK/SCHICK § 618 Rn 18; ErfKomm/WANK § 618 BGB Rn 4). Das technische Arbeitsschutzrecht entfaltet zugunsten des Dienstberechtigten somit eine **Entlastungsfunktion,** da er durch die Einhaltung der entsprechenden Regeln grundsätzlich auch seinen Pflichten aus § 618 Abs 1 ausreichend nachkommt.

147 Allenfalls in extrem gelagerten, durch die Besonderheiten des Einzelfalles geprägten **Ausnahmekonstellationen** können aus **§ 618 Abs 1** Pflichten abgeleitet werden, die **über das technische Arbeitsschutzrecht hinausgehen** (BAG AP Nr 26 zu § 618 BGB; ERMAN/BELLING § 618 Rn 7; LÖWISCH, Arbeitsrecht [5. Aufl 2000] Rn 1139; BGB-RGRK/SCHICK § 618 Rn 19; ErfKomm/WANK § 618 BGB Rn 4). Das kommt vor allem in Betracht, wenn die

technischen Regeln veraltet sind oder **Gefahren nicht erfassen,** die bei ihrer Aufstellung noch nicht berücksichtigt werden konnten. Insofern gelten keine anderen Grundsätze als sie auch im Produkthaftungsrecht für DIN-Normen anerkannt sind (vgl hierzu zB BGH DZWir 1995, 107). Weitergehende Pflichten des Arbeitgebers können sich zudem aus **gesundheitlichen Dispositionen des Arbeitnehmers** ergeben, der gegen bestimmte Schadstoffe besonders anfällig ist (BAG AP Nr 26 zu § 618 BGB).

Außerhalb ihres persönlichen Anwendungsbereichs entfalten die Vorschriften zum **148** technischen Arbeitsschutz eine **schwächere Konkretisierungsfunktion.** Es würde den ausdrücklich normierten Einschränkungen des jeweiligen persönlichen Geltungsbereichs zuwiderlaufen, wenn die Pflichten in den Normen des technischen Arbeitsschutzes über § 618 Abs 1 pauschal auf alle Dienstverhältnisse und gegebenenfalls aufgrund einer analogen Anwendung auch auf vergleichbar strukturierte Vertragsbeziehungen ausgedehnt werden. Gleichwohl können die Vorschriften des technischen Arbeitsschutzes in den vorgenannten Konstellationen zumindest dann die nach § 618 Abs 1 einzuhaltenden Pflichten konkretisieren, wenn sie a) geeignet sind, den Gegenstand einer vertraglichen Vereinbarung zu bilden, b) dem Schutz von Leben und Gesundheit dienen und c) nicht auf die besonderen Bedingungen und Gefahrenlagen bestimmter Dienstleistungen bzw Gewerbezweige zugeschnitten sind. Darüber hinaus kommt die mit der Einhaltung des technischen Arbeitsschutzrechts verbundene Privilegierung (s o Rn 146) auch demjenigen zugute, der nicht in den persönlichen Geltungsbereich der jeweiligen Norm des technischen Arbeitsschutzrechts einbezogen ist.

2. Arbeitsstätte

Über den Umfang der aus § 618 Abs 1 folgenden Schutzpflichten hinsichtlich der **149** Arbeitsstätte lassen sich vornehmlich den Normen des technischen Arbeitsschutzes konkrete Anhaltspunkte entnehmen. Im Einzelfall ist jedoch im Wege der Auslegung zu ermitteln, ob die jeweilige Vorschrift die allgemeinen Voraussetzungen für eine Konkretisierung der Pflichten aus § 618 Abs 1 erfüllt (s o Rn 145).

Zur **Konkretisierung** der aus § 618 Abs 1 folgenden Pflichten für „Räume" ist insbe- **150** sondere auf die **Arbeitsstättenverordnung** (ArbStättV) v 20. 3. 1975 (BGBl I 729; näher o Rn 77 ff) zurückzugreifen (ebenso ERMAN/BELLING § 618 Rn 10), die detaillierte Vorschriften über Raumabmessungen (§ 23); die Bewegungsfläche am Arbeitsplatz (§ 24); die Beschaffenheit von Fußböden, Wänden, Decken und Dächern (§ 8); die Beleuchtung (§§ 7, 9); die Verkehrswege (§ 17); die Raumtemperatur (§ 6); die Lüftung (§ 5); den Brandschutz (§ 13); die Sitzgelegenheiten (§ 25); den Schutz gegen Gase, Dämpfe, Nebel und Stäube (§ 14); den Lärmschutz (§ 15); den Schutz gegen unzuträgliche Einwirkungen infolge mechanischer Schwingungen, elektrostatischer Aufladungen, Gerüche, Zugluft und Wärmestrahlungen (§ 16); die Pausenräume (§§ 29, 32, 37, 6, 7, 15, 16); die Umkleideräume (§ 34); die Waschräume (§ 35); die Toilettenräume (§ 37); die Sanitätsräume (§ 38); die Verkaufsstände im Freien (§ 50); die Einrichtung von Baustellen (§§ 44 bis 49) und die Reinhaltung der Arbeitsstätte (§ 54) enthält. Die jeweiligen Regelungen in der Arbeitsstättenverordnung beschränken sich teilweise allerdings auf durch unbestimmte Rechtsbegriffe geprägte allgemeine Rahmenregelungen.

151 Die Vorschriften der Arbeitsstättenverordnung werden ergänzt durch **Arbeitsstätten-Richtlinien,** die der Bundesminister für Arbeit und Sozialordnung nach § 3 Abs 2 ArbStättV aufstellt (vgl die Auflistung o Rn 78). Zusätzliche Pflichten statuieren die von den Berufsgenossenschaften gemäß § 15 Abs 1 SGB VII erlassenen **Unfallverhütungsvorschriften,** die für die Mitglieder oder Versicherten der jeweiligen Berufsgenossenschaften zwingend (vgl § 17 SGB VII) zu beachtende (autonome) Rechtsnormen enthalten (s auch o Rn 85 f).

152 Aus den detaillierten Vorgaben, die aus der Arbeitsstättenverordnung, den Arbeitsstätten-Richtlinien und den Unfallverhütungsvorschriften der Berufsgenossenschaften folgen, läßt sich **nicht zwingend** auf den Umfang der Schutzpflichten des Dienstberechtigten nach § 618 Abs 1 schließen. Das gilt zumindest für die Arbeitsstätten-Richtlinien, da diese dem Arbeitgeber lediglich die Sicherheit geben sollen, daß die Einhaltung der dortigen Regeln zur Ausfüllung des durch die Arbeitsstättenverordnung verbliebenen Rahmens ausreicht (vgl auch EHMANN 42 f; WANK/BÖRGMANN 18 f; ähnlich BGB-RGRK/SCHICK § 618 Rn 60, der aus ihnen eine prozessuale Beweisregel entnimmt). Soweit jedoch keine Anhaltspunkte für eine Fehlbeurteilung vorliegen, dokumentieren die Arbeitsstätten-Richtlinien allgemein anerkannte Regeln oder gesicherte arbeitswissenschaftliche Erkenntnisse und bringen sachverständige Erfahrungen zum Ausdruck (BVerwG NZA 1997, 484; ebenso OVG NW GewArch 1998, 202, das jedoch für Nr 2.1 lit e der inzwischen überarbeiteten ASR 6/1,3 „Raumtemperaturen" eine derartige Fehlbeurteilung bejahte [zur Neufassung der ASR 6 vgl BArbBl 2001, Heft 6–7, 94 f]).

153 Soweit die Arbeitsstättenverordnung konkrete Verhaltenspflichten auferlegt, ist zu beachten, daß die Verordnung aufgrund der Ermächtigungsnorm in § 120e GewO erlaßen wurde und die Pflichten des Arbeitgebers nach § 120a GewO aF (nunmehr: § 3 Abs 1 S 1 ArbSchG) verbindlich festlegt, damit „die Arbeitnehmer gegen Gefahren für Leben und Gesundheit so weit geschützt sind, wie es die Natur des Betriebs gestattet" (§ 120a Abs 1 GewO aF). Die Arbeitsstättenverordnung ist deshalb auf den Schutz vor Gefahren für Leben und Gesundheit gerichtet (problematisch ist dies allerdings hinsichtlich des „Humanisierungsteils", vgl EHMANN 70 f), so daß eine Ausdehnung ihres Regelungsinhalts auf die gleichgerichtete Schutzpflicht des § 618 Abs 1 naheliegt. Insofern läßt sich zumindest die Aussage treffen, daß die Pflichten für den Dienstberechtigten nach § 618 Abs 1 nicht geringer sind, als sie ihm das öffentliche Recht auferlegt (ebenso ERMAN/BELLING § 618 Rn 9; SOERGEL/KRAFT § 618 Rn 10).

154 Ist der Dienstberechtigte nach der Arbeitsstättenverordnung zur Einhaltung bestimmter Arbeitsschutzstandards verpflichtet, so ist er dies auch zivilrechtlich gegenüber dem Dienstverpflichteten, sofern die jeweilige Verpflichtung geeignet ist, den Gegenstand einer vertraglichen Vereinbarung zu bilden (o Rn 145). Das gilt entsprechend für die Unfallverhütungsvorschriften der Berufsgenossenschaften (BAG AP Nr 17 zu § 618 BGB; MünchKomm/LORENZ § 618 Rn 29). Umgekehrt entfaltet die Einhaltung des öffentlich-rechtlichen Arbeitsschutzrechts und der Unfallverhütungsvorschriften der Berufsgenossenschaften für den Umfang der zivilrechtlichen Pflichten eine privilegierende Wirkung, da von dem Dienstberechtigten grundsätzlich nicht mehr verlangt werden darf, als ihm das öffentliche Recht auferlegt (o Rn 146; SOERGEL/KRAFT § 618 Rn 10).

155 Problematisch ist eine über das Zivilrecht erfolgende **Ausdehnung des Geltungsbe-**

reichs der Arbeitsstättenverordnung bzw der jeweiligen Unfallverhütungsvorschriften der Berufsgenossenschaften auf Dienstberechtigte, die die Verordnung nicht einbezieht. Methodisch könnte hierfür zwar § 618 Abs 1 eine tragfähige Grundlage liefern, es bleibt aber zu beachten, daß die Arbeitsstättenverordnung und die jeweiligen Unfallverhütungsvorschriften der Berufsgenossenschaften auf typische Gefahrenlagen bestimmter Gewerbezweige reagieren. Deshalb können die Vorschriften außerhalb ihres Geltungsbereichs allenfalls einen Anhaltspunkt für die Pflichten des Dienstberechtigten nach § 618 Abs 1 liefern. Ihre indirekte Anwendung steht jedoch stets unter dem Vorbehalt einer durch die Besonderheiten der jeweiligen Dienstleistung bedingten Abweichung (vgl allgemein o Rn 148). Lediglich bezüglich der privilegierenden Wirkung, die mit der Einhaltung des technischen Arbeitsschutzrechts verbunden ist, können die Überlegungen in Rn 146 herangezogen werden.

3.   Arbeitsmittel

Der Umfang der Schutzpflichten des Dienstberechtigten bezüglich der Arbeitsmittel **156** ist ebenfalls weitgehend durch die Normen des technischen Arbeitsschutzes vorgezeichnet (vgl ERMAN/BELLING § 618 Rn 11). Hinsichtlich der Auswirkungen für die Pflichten des Dienstberechtigten nach § 618 Abs 1 gelten die Überlegungen zu den allgemeinen (o Rn 14 ff) und zu den Schutzpflichten bezüglich der Arbeitsstätte (o Rn 149 ff) entsprechend.

Für die Pflichten hinsichtlich der Arbeitsmittel lassen sich zunächst aus dem **Geräte- 157 sicherheitsgesetz** (GSG) v 24. 6. 1968 (BGBl I 717; hierzu o Rn 71 ff) konkrete Anhaltspunkte gewinnen. Obwohl dieses nur für den Hersteller oder Importeur von technischen Arbeitsmitteln unmittelbare Pflichten begründet, strahlt es auch auf den Pflichtenkreis des Dienstberechtigten aus, wenn dieser technische Arbeitsmittel für die Dienstleistung zur Verfügung stellt. Da das Gerätesicherheitsgesetz dem Schutz des Benutzers dient und zu diesen auch Arbeitnehmer gehören, genügt der Dienstberechtigte zumindest dann regelmäßig den aus § 618 Abs 1 folgenden Schutzpflichten, wenn die von ihm eingesetzten technischen Arbeitsmittel den Bestimmungen des Gerätesicherheitsgesetzes entsprechen (ebenso MünchKomm/LORENZ § 618 Rn 33; ErfKomm/WANK § 618 BGB Rn 14). Aufgrund des konkreten Einsatzes der technischen Arbeitsmittel am Arbeitsplatz können jedoch **zusätzliche Schutzmaßnahmen** erforderlich sein.

Neben der privilegierenden Wirkung (o Rn 157) sprechen gewichtige Gründe dafür, **158** aus § 618 Abs 1 auch eine positive Verpflichtung des Dienstberechtigten abzuleiten, nur solche technischen Arbeitsmittel einzusetzen, die den Anforderungen des Gerätesicherheitsgesetzes entsprechen (ebenso KOLLMER NJW 1997, 2018; aA ErfKomm/WANK § 618 BGB Rn 14). § 618 Abs 1 verpflichtet zum Gefahrenschutz für Leben und Gesundheit und relativiert diesen nur durch die Natur der Dienstleistung. Damit stellt § 618 Abs 1 dieselben Anforderungen auf, die § 3 Abs 1 S 2 GSG (zu den Einzelheiten die Verzeichnisse zu § 3 Abs 3 der Allgemeinen Verwaltungsvorschrift zum GSG [zuletzt: BArbBl 2000, Heft 11, 36 ff; BArbBl 2000, Heft 11, 54 ff]) für das Inverkehrbringen technischer Arbeitsmittel vorsieht.

Weitere Anforderungen an die vom Dienstberechtigten eingesetzten Arbeitsmittel **159** sind bei **überwachungsbedürftigen Anlagen** aus den nach § 11 Abs 1 GSG erlassenen

Rechtsverordnungen zu entnehmen (s im einzelnen o Rn 75). Sie etablieren einen Mindeststandard, der gewährleistet, daß Gefahren für Leben und Gesundheit – soweit möglich – vermieden werden.

160 Die vom Dienstberechtigten beim Einsatz und Zurverfügungstellung von **Gefahrstoffen** zu beachtenden Pflichten konkretisiert vor allem die **Gefahrstoffverordnung** (GefStoffV) v 26. 10. 1993 (BGBl I 1783; s auch o Rn 80 ff), die in dem Vierten bis Sechsten Abschnitt (§§ 15 ff GefStoffV) dem Arbeitgeber umfangreiche Verpflichtungen zugunsten der Arbeitnehmer auferlegt (s auch Möx, Arbeitnehmerrechte in der Gefahrstoffverordnung [1992] 67 ff). Neben allgemeinen und besonderen **Beschäftigungsverboten** (§§ 15 a und b GefStoffV) ist der Arbeitgeber unter anderem zur **Ermittlung der Gefahr** verpflichtet (§ 16 GefStoffV), muß die nach den geltenden Arbeitsschutz- und Unfallverhütungsvorschriften erforderlichen **Maßnahmen vornehmen** (§ 17 GefStoffV), **Messungen zur Überwachung** durchführen (§ 18 GefStoffV), **konkrete Schutzmaßnahmen** (§ 19 GefStoffV) sowie **hygienische Maßnahmen** treffen (§ 22 GefStoffV). Eine **Sonderregelung für Störfälle** enthält § 26 GefStoffV. Zusätzlich verlangt § 28 GefStoffV **regelmäßige Vorsorgeuntersuchungen.** Die allgemeine Regelung zur arbeitsmedizinischen Vorsorgeuntersuchung in § 11 ArbSchG wird hierdurch nicht berührt.

161 Die Gefahrstoffverordnung verpflichtet den Arbeitgeber in § 17 Abs 1 Satz 1 in allgemeiner Form zur Beachtung der allgemein anerkannten **sicherheitstechnischen und hygienischen Regeln** und der sonstigen gesicherten **arbeitswissenschaftlichen Erkenntnisse.** Diese ermittelt nach § 52 Abs 2 Nr 1 GefStoffV der „**Ausschuß für Gefahrstoffe**" (§ 52 Abs 1 GefStoffV; hierzu Beyermann, in: Winter [Hrsg], Grenzwerte [1986] 86 ff; Falke, in: Winter [Hrsg], Grenzwerte [1986] 164 ff). Die von ihm festgestellten „**Technischen Regeln für Gefahrstoffe**" (TRGS; eine Übersicht zu den jeweils gültigen Regeln enthält die TRGS 002, zuletzt: BArbBl 2001, Heft 3, 94 ff; zum Rechtsschutz OVG NW GewArch 1994, 60 f) beziehen sich vor allem auf die **maximale Arbeitsplatzkonzentration** (MAK; diese ist festgelegt in der TRGS 900 [letzte Fassung: BArbBl 2000, Heft 10, 34 ff; zuletzt geändert BArbBl 2001, Heft 9, 86 ff]), den **biologischen Arbeitsplatztoleranzwert** (BAT; er ist der TRGS 903 zu entnehmen [letzte Fassung: BArbBl 2001, Heft 4, 53 ff]) und die **Technische Richtkonzentration** (TRK; festgeschrieben in der TRGS 102 [letzte Fassung: BArbBl 1993, Heft 9, 65 ff; zuletzt geändert BArbBl 1997, Heft 4, 57 ff]).

162 Für das in der Gefahrstoffverordnung etablierte Schutzinstrumentarium ist der **MAK-Wert** und der **TRK-Wert** von entscheidender Bedeutung, da er die Grenze festlegt **(Auslöseschwelle),** bei deren Überschreitung zusätzliche Maßnahmen zum Schutz der Gesundheit erforderlich sind. Dabei ist zwischen dem MAK-Wert und dem TRK-Wert zu unterscheiden. Während der MAK-Wert nach § 3 Abs 5 GefStoffV die Schadstoffkonzentration angibt, bei der im allgemeinen die Gesundheit des Arbeitnehmers nicht beeinträchtigt wird (entsprechendes gilt für den BAT-Wert, s § 3 Abs 6 GefStoffV), gibt der TRK-Wert die Schadstoffkonzentration an, die nach dem Stand der Technik erreicht werden kann (§ 3 Abs 7 GefStoffV). Wird die jeweilige **Auslöseschwelle überschritten,** so ist der Arbeitgeber insbesondere verpflichtet, **persönliche Schutzausrüstungen** zur Verfügung zu stellen (§ 19 Abs 5 Nr 1 GefStoffV) und darf die Arbeitnehmer nur solange beschäftigen, wie es das **Arbeitsverfahren** unbedingt erfordert und mit dem Gesundheitsschutz vereinbar ist (§ 19 Abs 5 Nr 2 GefStoffV). Zum **Recht auf Arbeitsverweigerung** s u Rn 270 ff.

Kontroverse Diskussionen löste die Frage aus, ob die **Asbestbelastung am Arbeits-** 163
platz stets das Instrumentarium der **Gefahrstoffverordnung** auslöst. Das Bundesarbeitsgericht bejahte dies zunächst selbst dann, wenn Asbest nicht als Arbeitsstoff
eingesetzt wurde, sondern die Asbestbelastung aus dem Aufenthalt in asbestverseuchten Räumen resultierte (BAG AP Nr 4 zu § 273 BGB; vgl zuvor LAG Köln PersR
1993, 422 ff = AiB 1993, 393 ff). Dem wurde zu Recht entgegengehalten, hierdurch den
Anwendungsbereich der Gefahrstoffverordnung zu verkennen, der nicht die bloße
Belastung durch Gebäude erfasse (s MOLKENTIN/MÜLLER NZA 1995, 874; WANK Anm zu
BAG AP Nr 4 zu § 273 BGB; ders, Kommentar zum technischen Arbeitsschutz [1999] § 21 Gef-
StoffVO Rn 15). Das Bundesarbeitsgericht hat sich dieser Kritik unter Aufgabe seiner
früheren Rechtsprechung angeschlossen (BAG AP Nr 23 zu § 618 BGB; bestätigt durch BAG
AP Nr 24 zu § 618 BGB; zustimmend MünchArbR/WLOTZKE § 209 Rn 20; ablehnend jedoch MUM-
MENHOFF SAE 1997, 329 f).

Die fehlende Möglichkeit, hinsichtlich der Asbestbelastung am Arbeitsplatz durch 164
den Aufenthalt in asbestbelasteten Räumen auf das Instrumentarium der Gefahrstoffverordnung zurückzugreifen, schließt es nicht aus, die Asbestbelastung am Arbeitsplatz über **§ 618 Abs 1** zu berücksichtigen und gestützt auf diese Vorschrift gegebenenfalls auch ein Leistungsverweigerungsrecht des Arbeitnehmers zu bejahen
(ebenso im Ansatz BAG AP Nr 23 und 24 zu § 618 BGB; sowie zuvor MOLKENTIN/MÜLLER NZA
1995, 875 f; ebenso MünchArbR/WLOTZKE § 209 Rn 30; aA MUMMENHOFF SAE 1997, 329 f). Aufgrund des Schutzzwecks des § 618 Abs 1 ist jedoch zu beachten, daß die Norm den
Dienstverpflichteten lediglich vor solchen Gefahren schützen will, die untrennbar
mit der Dienstleistung verbunden sind. Deshalb verpflichtet § 618 Abs 1 nicht zur
Abwehr von Gefahren für Gesundheit und Leben des Dienstverpflichteten, die auch
außerhalb des Arbeitsplatzes bestehen. Die Belastung der Luft am Arbeitsplatz mit
Schadstoffen (Asbest, PCP, Dioxine), die die Konzentration außerhalb des Arbeitsplatzes nicht übersteigt, ist vom Dienstverpflichteten auch am Arbeitsplatz hinzunehmen (BAG AP Nr 23 zu § 618 BGB sowie nochmals BAG AP Nr 24 zu § 618 BGB; zustimmend
insoweit MUMMENHOFF SAE 1997, 330).

Zusätzliche Vorgaben für einen Leben und Gesundheit der Arbeitnehmer schützen- 165
den Umgang mit Arbeitsmitteln enthalten zahlreiche, gemäß § 15 Abs 1 Nr 1 SGB
VII erlassene **Unfallverhütungsvorschriften der Berufsgenossenschaften** (vgl die Übersicht in BT-Drucks 14/7974, 189 ff). Zu weiteren speziellen staatlichen Vorschriften hinsichtlich des Einsatzes von Arbeitsmitteln siehe die Nachweise o Rn 71 ff.

4. Regelungen des Dienstberechtigten

Regelungen und Anordnungen des Dienstberechtigten oder der von ihm hiermit 166
Beauftragten müssen ebenfalls so erfolgen, daß der Dienstverpflichtete vor Gefahren
für Leben und Gesundheit geschützt ist (s o Rn 123 ff). **§ 618 Abs 1 konkretisiert** auch
die allgemeine Vorschrift in **§ 315,** so daß insbesondere das **Direktionsrecht des**
Arbeitgebers über § 618 Abs 1 eine spezialgesetzliche Präzisierung erfährt. Da sich
§ 618 Abs 1 auf die Pflichten des Dienstberechtigten beschränkt und selbst keine
Rechtsfolgen anordnet, wenn der Dienstberechtigte seinen Pflichten aus § 618 Abs 1
zuwiderhandelt, konkretisiert § 618 Abs 1 die Grenzen des vom Dienstberechtigten
nach § 315 Abs 1 einzuhaltenden billigen Ermessens.

167 Der Schutz des Dienstverpflichteten bei Regelungen der Dienstleistung erstreckt sich in erster Linie auf **Weisungen,** die unmittelbar die **Dienstleistung** als solche betreffen. Darüber hinaus obliegt dem Dienstberechtigten eine umfassende Pflicht zur Regelung der Dienstleistung, um den Dienstverpflichteten vor Gefahren für Leben und Gesundheit zu schützen. Hieraus folgt die Verpflichtung, die **Dienstleistung** im Hinblick auf Gefährdungen des Dienstverpflichteten zu **beaufsichtigen,** den Dienstverpflichteten **über Gefahren** zu **unterrichten,** vor ihnen zu **warnen** und Möglichkeiten zu ihrer **Vermeidung** aufzuzeigen. Dies ist bereits seit jeher anerkannt (statt aller BGB-RGRK/SCHICK § 618 Rn 93 f mwN) und in der Rechtsprechung des Reichsgerichts und des Reichsarbeitsgerichts ausgeformt (vgl RG JW 1908, 450; RG Recht 1910 Nr 3748; RG JW 1913, 372; 1917, 970; 1920, 378; RG LZ 1916, 752; 1918, 841 = RG Gruchot 62, 619; RAG ARS 5, 120; 12, 486 f). Hinsichtlich der Intensität der Unterrichtung ist der Dienstberechtigte verpflichtet, auf die besonderen Umstände des Einzelfalles einzugehen; die hierauf bezogene Sonderregelung für Jugendliche im Seearbeitsrecht (§ 95 Abs 1 S 2 SeemG) bringt diesen allgemeinen Grundsatz präzise zum Ausdruck.

168 Eine spezialgesetzliche Ausformung der allgemeinen privatrechtlichen Pflichten des Dienstberechtigten in Rn 167 sehen die §§ 16 bis 19 GefStoffV für **Gefahrstoffe** vor (s ferner auch § 81 Abs 1 S 2 BetrVG), die zusätzlich durch die Art 10 und 12 der EG-Richtlinie 89/391/EWG (o Rn 57) gemeinschaftsrechtlich überlagert und in § 12 ArbSchG in allgemeiner Form wiederholt werden.

169 Die durch § 618 Abs 1 begründete Schranke für Regelungen des Dienstberechtigten erstreckt sich insbesondere auf **Umfang und Art und Weise der Dienstleistung.** Das gilt auch für **zeitliche Aspekte der Dienstleistung** (BAG AP Nr 15 zu § 618 BGB [tägliche Arbeitszeit eines leitenden Angestellten]; ERMAN/BELLING § 618 Rn 13; HUECK/NIPPERDEY I § 48 II 2 b Fn 14; SOERGEL/KRAFT § 618 Rn 17; BGB-RGRK/SCHICK § 618 Rn 106; aA MünchKomm/LORENZ § 618 Rn 20, 56; näher hierzu o Rn 126). Der Dienstberechtigte muß die Dienstleistung ua so regeln, daß **Überanstrengungen und Gefährdungen** bei der Arbeit vermieden werden (ERMAN/BELLING § 618 Rn 13; ErfKomm/WANK § 618 BGB Rn 16).

170 Hinsichtlich des **zeitlichen Umfangs der Dienstleistung** hat § 618 Abs 1 aufgrund der staatlichen und kollektivvertraglichen Arbeitszeitgrenzen weitgehend seine praktische Relevanz eingebüßt. Die Vorschrift setzt jedoch dann Höchstgrenzen für die tägliche bzw wöchentliche Arbeitszeit, wenn der Dienstverpflichtete nicht in den Schutzbereich des **Arbeitszeitgesetzes** einbezogen ist. Die dortigen Vorschriften konkretisieren regelmäßig auch die Verpflichtungen des Dienstberechtigten aus § 618 Abs 1, da sie – im Unterschied zu den tariflichen Arbeitszeitregelungen – ausschließlich dem Gesundheitsschutz verpflichtet sind und damit eine gleichgelagerte Schutzrichtung wie § 618 Abs 1 besitzen.

171 Das **öffentlich-rechtliche Arbeitszeitrecht,** das zusätzlich durch die EG-Arbeitszeitrichtlinie (93/104/EG [ABl EG Nr L 307 v 13. 12. 1993, 18 = EAS A 3440] sowie ergänzend die Richtlinie 2000/34/EG [ABl EG Nr L 195 v 1. 8. 2000, 41 = EAS A 3441]; hierzu: BALZE, in: EAS B 3100; ders EuZW 1994, 205 ff; BLANPAIN/SCHMIDT/SCHWEIBERT, Europäisches Arbeitsrecht [2. Aufl 1996] 286 ff) überlagert wird, findet seinen Niederschlag vor allem in folgenden Regelungen:
– Arbeitszeitgesetz v 6.6. 1994 (BGBl I 1170; zuletzt geändert durch Gesetz v 21.12. 2000 [BGBl I 2011]; hierzu: ANZINGER BB 1994, 1492 ff; ders RdA 1994, 11 ff; ders, in: FS Wlotzke [1996] 427 ff; TIETJE, Grundfragen des Arbeitsrechts [2001]);

- Gesetz über das Fahrpersonal von Kraftfahrzeugen und Straßenbahnen v 19. 2. 1987 (BGBl I 640, zuletzt geändert durch Gesetz v 22. 6. 1998 [BGBl I 1485]; hierzu auch die Verordnung [EWG] 3820/85 v 20. 12. 1985 [ABl EG Nr L 370 v 31. 12. 1985, 1 = EAS A 2070);
- Verordnung zur Durchführung des Fahrpersonalgesetzes in der Fassung v 9. 12. 1986 (BGBl I 2344, zuletzt geändert durch Gesetz v 14. 9. 1994 [BGBl I 2325]);
- § 8 des Gesetzes zum Schutz der erwerbstätigen Mutter (Mutterschutzgesetz) idF v 17. 1. 1997 (BGBl I 22);
- §§ 4, 8 bis 21 des Gesetzes zum Schutz der arbeitenden Jugend (Jugendarbeitsschutzgesetz) v 12. 4. 1976 (BGBl I 965, zuletzt geändert durch Gesetz v 21. 12. 2000 [BGBl I 1983]).

Sofern die ältere Judikatur und Doktrin aus § 618 Abs 1 eine **Pflicht zur Gewährung** **172** **eines Urlaubs** unter Fortzahlung des Entgelts abgeleitet hat (BAG AP Nr 15 zu § 618 BGB; s ferner STAUDINGER/MOHNEN/NEUMANN[10/11] § 618 Rn 25 mwN), ist diese aufgrund des **Bundesurlaubsgesetzes** weitgehend überholt. Da dieses auch arbeitnehmerähnliche Personen in seinen Geltungsbereich einbezieht (§ 2 BUrlG), haben die Überlegungen in Rn 169 f regelmäßig nur noch für den Zeitpunkt des Urlaubs Bedeutung. Im Einzelfall kann die Interessenwahrungspflicht den Dienstberechtigten dazu zwingen, auf den Dienstverpflichteten einzuwirken, seinen Urlaubsanspruch geltend zu machen (BAG AP Nr 15 und 16 zu § 618 BGB).

Seine Hauptbedeutung entfaltet § 618 Abs 1 für Regelungen zum **Inhalt einer kon-** **173** **kreten Arbeitsaufgabe.** Insofern verpflichtet § 618 Abs 1 den Dienstberechtigten vor allem zu einer **Regelung der Arbeitsdichte,** die Gefährdungen für die Gesundheit vermeidet. Das gilt insbesondere für Dienstleistungen im Rahmen eines arbeitsteiligen Prozesses und Maschinengeschwindigkeiten, die den Umfang der Arbeitsleistung vorgeben. Zur Vermeidung von Gefahren für die Gesundheit kann es unter Umständen geboten sein, **Unterbrechungen der Dienstleistung** zur Erholung vorzusehen. Das gilt sinngemäß, wenn die Dienstleistung an bestimmten Maschinen zB infolge Wärme- oder sonstiger **Strahlungen** mit Gefährdungen für die Gesundheit verbunden ist. Des weiteren untersagt § 618 Abs 1 die Zuweisung solcher Dienstleistungen, die gesundheitsgefährdende **Kraftanstrengungen** (zB Heben von Gewichten) erfordern (RAG ARS 15, 145 ff).

Hinsichtlich zahlreicher Aspekte in Rn 173 konkretisiert das **technische Arbeits-** **174** **schutzrecht** die Schutzpflichten des Dienstberechtigten. Insbesondere die gemäß § 15 Abs 1 SGB VII erlassenen **Unfallverhütungsvorschriften der Berufsgenossenschaften** spannen ein dichtes Netz, das die für den Dienstberechtigten auch im Rahmen des § 618 Abs 1 maßgebenden Pflichten verbindlich festlegt. Für bestimmte Personengruppen (werdende oder stillende Mütter, Jugendliche, Schwerbehinderte) legen gesetzliche Bestimmungen zusätzliche Konkretisierungen fest, die verhindern, daß Gefährdungen der Gesundheit infolge der Dienstleistung eintreten. Hinsichtlich **werdender oder stillender Mütter** ist exemplarisch auf § 2 MuSchG für die **Gestaltung des Arbeitsplatzes** und die **Beschäftigungsverbote** in den §§ 3, 4, 6, 7 und 8 MuSchG hinzuweisen. Aus dem Bereich des **Jugendarbeitsschutzes** sind die §§ 4, 8, 11 bis 18, 22 bis 24 JArbSchG zu nennen. Bei der Beschäftigung von **Schwerbehinderten** sind die §§ 81 Abs 4, 124 SGB IX zu beachten.

Für die **Zuweisung des Arbeitsortes** ist die Schutzpflicht bei Regelungen der Arbeits- **175** leistung bedeutsam, wenn der Dienstverpflichtete – wie zB bei der Arbeitnehmer-überlassung oder dem mittelbaren Arbeitsverhältnis – **außerhalb des Herrschafts- und Organisationsbereichs des Dienstberechtigten** eingesetzt wird. Dies entbindet den Dienstberechtigten nicht von seinen Schutzpflichten aus § 618 Abs 1 (vgl bereits RG JW 1896, 356 [Nr 36] sowie für freie Mitarbeiter BGH LM Nr 37 zu § 632 BGB = ZIP 1995, 1280 f; iE auch OERTMANN § 618 Anm 2; näher o Rn 95). Er muß sich insbesondere nach den Arbeits-umständen erkundigen und die erforderlichen Anordnungen zur Sicherung vor Ge-fahren treffen. Wenn der Dienstberechtigte nicht ausreichend dafür Sorge tragen kann, daß die erforderlichen Schutzvorrichtungen und Anordnungen an dem Ar-beitsort eingehalten werden, muß er die Zuweisung der entsprechenden Arbeiten unterlassen (so schon RG JW 1896, 356 [Nr 36]). Zu den Pflichten des Entleihers bei einer gewerbsmäßigen Arbeitnehmerüberlassung s § 12 Abs 2 ArbSchG sowie § 11 Abs 6 AÜG (s hierzu auch o Rn 96).

5.   Einzelfälle

a)   Nichtraucherschutz am Arbeitsplatz*

176 Die Pflicht des Dienstberechtigten zum Schutz der Gesundheit des Dienstverpflich-

---

* **Schrifttum:** ADLKOFER, Probleme mit dem Passivrauchen, SozVers 1988, 204, 227; AHRENS, Rauchverbot, AR-Blattei SD 1310; BINZ/SORG, Noch einmal: Rauchen am Arbeitsplatz?, BB 1994, 1709; BÖRGMANN, Arbeitsrechtliche Aspekte des Rauchens im Betrieb, RdA 1993, 275; COSACK, Verpflichtung des Arbeitgebers bzw Dienstherrn zum Erlaß eines generellen Rauchverbots am Arbeitsplatz?, DB 1999, 1450; FABER, Gesundheitliche Gefahren des Tabak-rauchens und staatliche Schutzpflichten, DVBl 1998, 745; HAUBER, Passivrauchen am Arbeits-platz – ein sozialer Konflikt im Wandel des Umweltbewußtseins, Verwaltungsrundschau 1994, 37; HEILMANN, Rauchen am Arbeits-platz?, BB 1994, 715; JAHN, (Nicht-)Raucher-schutz als Grundrechtsproblem, DöV 1989, 850; ders, (Nicht-)Raucherschutz als Rechtsproblem, in: FG Blumenwitz (1989) 113; ders, Schutz des „passiven Rauchers" durch Erlaß von Rauch-verboten, MedR 1989, 227; KÜNZL, Nochmals: Das betriebliche Rauchverbot, BB 1999, 2187; ders, Rauchen und Nichtraucherschutz im Arbeitsverhältnis, ZTR 1999, 531; J LESSMANN, Rauchverbote am Arbeitsplatz (1991); ders, Neues über Rauchverbote am Arbeitsplatz, AuR 1995, 241; LÖWISCH, Der Erlaß von Rauchverboten zum Schutz vor Passivrauchen am Arbeitsplatz, DB 1979 Beil 1; MÖLLERS, Rechtsschutz des Passivrauchers, JZ 1996, 1050;

MUMMENHOFF, Rauchen am Arbeitsplatz, RdA 1976, 364; NICOLAYSEN, Tabakrauch, Gemein-schaftsrecht und Grundgesetz, EuR 1989, 215; RAHMEDE, Passivrauchen – Gesundheitliche Wirkungen und rechtliche Konsequenzen (1983); H REMMER, Kanzerogene und toxische Wirkungen von passiv inhaliertem Tabakrauch, Bundesgesundheitsblatt 1987, 307; RICHARDI, Inhalt und Reichweite der Mitbestimmungs-rechte beim Erlaß von Rauchverboten, PersV 1998, 81; SBRESNY/UEBACH, Rauchverbot, AR-Blattei Rauchverbot I (1991); SCHILLO/BEH-LING, Rauchen am Arbeitsplatz, DB 1997, 2022; F SCHMIDT, Tabakrauch als wichtigste Schädi-gung am Arbeitsplatz, RdA 1987, 337; ders, Wissenschaftliches Gutachten zur Problematik des Passivrauchens, DöD 1990, 177; ders, Ge-setzlicher Nichtraucherschutz – ein Gebot der Stunde, BB 1994, 1213; SCHOLZ, Verfassungs-fragen zum Schutz des Nichtrauchers, DB 1979 Beil 10; STAMMKÖTTER, Rauchen und Rauch-verbote aus rechtlicher Sicht unter besonderer Berücksichtigung des Passivrauchens (1993); SUHR, Die Freiheit vom staatlichen Eingriff als Freiheit zum privaten Eingriff, JZ 1980, 166; THIELE, Schutz des Nichtrauchers vor dem „Passivrauchen", GewArch 1980, 249; WISCH-NATH, Nichtraucherschutz am Arbeitsplatz, DB 1977, 1365; ders, Nichtraucherschutz: Abwehr- oder Förderanspruch, DB 1979, 1133; ders, Der

teten kann zur Durchführung von Maßnahmen gegenüber den durch Tabakrauch verursachten Gefahren (sog Passivrauchen) zwingen (vgl BGB-RGRK/Schick § 618 Rn 125 ff). Spezialgesetzlich läßt sich dies im Einzelfall auf § 5 ArbStättV stützen (§ 32 ArbStättV gilt nur für Pausen-, Bereitschafts- und Liegeräume), wenn an dem konkreten Arbeitsplatz von dem Passivrauchen **konkrete Gesundheitsschäden oder -gefahren** für die dort Beschäftigten ausgehen (vgl Cosack DB 1999, 1453; Löwisch DB 1979 Beil 1, 7; MünchArbR/Wlotzke § 212 Rn 36 ff sowie Hess LAG AuR 1995, 285 f; s auch den interfraktionellen Antrag [BT-Drucks 14/3231], in dem die Bundesregierung zur Einfügung eines § 3 a in die Arbeitsstättenverordnung aufgefordert wird); im übrigen verpflichten die **grundrechtlichen Schutzpflichten** dazu, bei der Interpretation der arbeitsrechtlichen Vorschriften den Schutz vor den Gefahren des Passivrauchens zu gewährleisten (vgl näher BVerfG NJW 1998, 2962; Faber DVBl 1998, 749 ff); entsprechendes gilt für Arbeitgeber und Betriebsrat gemäß **§ 75 Abs 2 BetrVG** (vgl BAG AP Nr 28 zu § 87 BetrVG 1972 Ordnung des Betriebes).

Ob das nicht nur kurzzeitige **Passivrauchen** (hierzu OLG Stuttgart NJW 1992, 2708) ge- **177** nerell und unabhängig von der Konstitution des einzelnen die Grenze einer Belästigung überschreitet und die **Qualität einer Gesundheitsbeeinträchtigung** erreicht, wird im (medizinischen) Schrifttum nicht einheitlich beurteilt (vgl einerseits H Remmer Bundesgesundheitsblatt 1987, 307 ff; F Schmidt RdA 1987, 337 ff; ders DöD 1990, 177 ff; andererseits Zapka DöD 1991, 269 ff; ders BB 1992, 1847 ff; s auch Adlkofer Sozialversicherung 1988, 204 ff, 227 ff; exemplarisch für die divergierende Würdigung des medizinischen Erkenntnisstandes durch die Rechtsprechung einerseits OVG Münster NJW 1981, 245 f; andererseits BayVGH BB 1992, 1854 f). Der Rat der Europäischen Gemeinschaften stellte in einer Entschließung v 18. 7. 1989 (ABl EG Nr C 189 v 26. 7. 1989, 1) fest, daß das Passivrauchen die Schwelle der Belästigungen überschreitet und das Risiko von Erkrankungen der Atemwege erhöht (zurückhaltender noch BReg BT-Drucks 7/3597, 3). Dies entspricht heute der überwiegend vertretenen Ansicht (vgl Cosack DB 1999, 1451; Künzl ZTR 1999, 531 f mwN), der sich in seiner neueren Rechtsprechung auch das Bundesarbeitsgericht angeschlossen hat (BAG AP Nr 26 zu § 618 BGB; vgl ferner BAG AP Nr 28 zu § 87 BetrVG 1972 Ordnung des Betriebes: „kann nach dem heutigen medizinischen Kenntnisstand nicht mehr ernsthaft in Abrede gestellt werden").

Solange und soweit der Tabakrauch an einem **konkreten Arbeitsplatz** geeignet ist, **178** **Gesundheitsbeeinträchtigungen** für einen dort beschäftigten Nichtraucher herbeizuführen oder ein nicht von der Hand zu weisender **Verdacht einer Gesundheitsbeeinträchtigung nicht ausgeräumt** werden kann, ist der Dienstberechtigte nach **§ 618 Abs 1 verpflichtet,** die erforderlichen **Abwehrmaßnahmen** zu treffen (BAG AP Nr 26 zu § 618 BGB; BVerwG NJW 1985, 877; ErfKomm/Wank § 618 BGB Rn 20; s auch LAG Baden-Württemberg DB 1979, 213). Hieraus folgt allerdings lediglich ein **allgemeiner Anspruch** des Dienstverpflichteten auf Durchführung organisatorischer Maßnahmen zur Abwendung einer Gesundheitsbeeinträchtigung, deren **Auswahl im Ermessen des Dienstberechtigten** steht (LAG München NZA 1991, 521; Künzl ZTR 1999, 539; ErfKomm/Wank § 618 BGB Rn 21; s auch BVerwG NJW 1985, 877; BVerwG NVwZ 1993, 693; zur Parallelproblema-

Raucher muß vor dem Nichtraucher zurückstehen, DÖD 1994, 258; Zapka, Passivrauchen – Wissenschaft in Beweisnot, DöD 1991, 269; ders, Passivrauchen und Rechtsprechung, BB 1992, 1847; ders, Passivrauchen und Recht (1993); Zöllner, Das Rauchverbot, DB 1957, 117.

tik bei den grundrechtlichen Schutzpflichten im Hinblick auf den Gesetzgeber FABER DVBl 1998, 751 f).

179 Wenn **technische Maßnahmen** (zB Klimaanlagen) **nicht ausreichen,** kann aus § 618 Abs 1 im Einzelfall ein Anspruch auf **Zuweisung eines (anderen) rauchfreien Arbeitsplatzes** folgen (ebenso BAG AP Nr 26 zu § 618 BGB; LAG Hamm LAGE § 618 BGB Nr 3; LAG München LAGE § 618 BGB Nr 4 und 5; Hess. LAG AuR 1995, 285 f; GAMILLSCHEG, Arbeitsrecht I [8. Aufl 2000] 383; LÖWISCH DB 1979 Beil 1, 15; MUMMENHOFF RdA 1976, 371; ErfKomm/WANK § 618 BGB Rn 21; s auch BVerwG NJW 1988, 785; zu restriktiv SCHAUB, Arbeitsrechts-Handbuch [9. Aufl 2000] § 108 Rn 15, der einen Anspruch aus § 618 generell verneint; vgl ferner allg u Rn 193 f). Ein derartiger Anspruch ist aber erst aufgrund einer umfassenden Abwägung aller Umstände, insbesondere der für den Dienstberechtigten entstehenden organisatorischen Schwierigkeiten und den gegebenenfalls damit verbundenen finanziellen Belastungen zu bejahen.

180 Im Einzelfall kann die **Einführung eines Rauchverbots am Arbeitsplatz** als weniger einschneidendes Mittel vorrangig sein. Ein unmittelbar auf Einführung eines Rauchverbots am Arbeitsplatz gerichteter **Anspruch** ist nur in Ausnahmefällen anzuerkennen, wenn dies unter Beachtung aller Belange, die für alle Beteiligten mildeste Maßnahme und zum Schutz der Gesundheit des Arbeitnehmers erforderlich ist. Die **gesetzeskonforme unternehmerische Betätigung** (s a BVerwG DVBl 1996, 563 f) steht einem Anspruch auf Einführung eines Rauchverbots am Arbeitsplatz in der Regel entgegen – insoweit prägt die unternehmerische Betätigung die **„Natur der Dienstleistung"** (BAG AP Nr 20 zu § 618 BGB = EzA § 618 BGB Nr 11; ebenso die Vorinstanz LAG Frankfurt ARST 1995, 122 ff = AuR 1995, 285 f [zustimmend hierzu LESSMANN AuR 1995, 244 f]), innerhalb derer der Dienstverpflichtete Gefährdungen seiner Gesundheit hinzunehmen hat (kritisch MÖLLERS JZ 1996, 1053 f). Der Dienstverpflichtete kann aus § 618 Abs 1 lediglich die **Abwesenheit von** gesundheitsbeeinträchtigendem **Rauch am Arbeitsplatz** verlangen, regelmäßig hingegen **nicht** die Durchführung einer **konkreten Schutzmaßnahme** (vgl LAG Berlin DB 1989, 935 f). Das **Mitbestimmungsrecht des Betriebsrats** nach § 87 Abs 1 Nr 1 und 7 BetrVG **steht** einem **Anspruch** des Dienstverpflichteten **nicht entgegen** (so aber LÖWISCH DB 1979 Beil 1, 14; MünchArbR/WLOTZKE § 209 Rn 22), da in dieser Konstellation sowohl der Gesetzesvorrang (§ 87 Abs 1 Einleitungssatz) als auch der fehlende Gestaltungsspielraum des Arbeitgebers ein Mitbestimmungsrecht ausschließt (s auch u Rn 195 ff).

181 Bei der **Einführung eines Rauchverbots im gesamten Betrieb** oder an einzelnen Arbeitsplätzen, muß der Arbeitgeber das **Mitbestimmungsrecht des Betriebsrats** nach § 87 Abs 1 Nr 1 und Nr 7 BetrVG beachten (vgl BAG AP Nr 28 zu § 87 BetrVG 1972 Ordnung des Betriebes, zu § 87 Abs 1 Nr 1 BetrVG). Das gilt insbesondere, wenn unabhängig von einer konkreten Gesundheitsbeeinträchtigung einzelner Arbeitnehmer im Betrieb oder einzelnen Betriebsabteilungen ein Rauchverbot eingeführt werden soll. Will der Arbeitgeber durch Verhängung eines Rauchverbots seiner allgemeinen **Schutzpflicht** aus § 618 Abs 1 bzw den §§ 5, 32 ArbStättV nachkommen, so folgt die Mitbestimmungspflichtigkeit der Maßnahme zumeist aus **§ 87 Abs 1 Nr 7 BetrVG,** da ihn diese Vorschriften regelmäßig nicht zur Durchführung einer bestimmten Maßnahme verpflichten. Lediglich das „ob", nicht aber das „wie" ist dem Arbeitgeber gesetzlich vorgegeben. Dient das Rauchverbot lediglich der **betrieblichen Ordnung,** dann folgt das Mitbestimmungsrecht des Betriebsrats aus **§ 87 Abs 1 Nr 1 BetrVG**

(BAG AP Nr 28 zu § 87 BetrVG 1972 Ordnung des Betriebes). Eine entsprechende **Betriebsvereinbarung** kann abgeschlossen werden, muß im Hinblick auf die allgemeine Handlungsfreiheit der rauchenden Arbeitnehmer aber die Schranken der **Verhältnismäßigkeit** wahren (vgl näher BAG AP Nr 28 zu § 87 BetrVG 1972 Ordnung des Betriebes).

Wegen des **Gesetzesvorranges** entfällt das Mitbestimmungsrecht, wenn Gesetz oder **182** Rechtsverordnung den Arbeitgeber zur **Verhängung eines Rauchverbots verpflichten** (zB die Verordnung über das Rauchverbot in feuergefährdeten gewerblichen Betrieben v 23.5.1940 [RGBl I 840]). Das gilt entsprechend, wenn der Arbeitgeber aufgrund der Besonderheiten des Einzelfalles an einem Arbeitsplatz nach § 618 Abs 1 bzw § 5 ArbStättV ein Rauchverbot verhängen muß (vgl o Rn 178). In dieser Konstellation fehlt der für das Mitbestimmungsrecht notwendige Gestaltungsspielraum des Arbeitgebers (vgl RICHARDI/VOGEL PersV 1998, 84 f; BGB-RGRK/SCHICK § 618 Rn 173; aA im grundsätzlichen Ansatz MünchArbR/WLOTZKE § 209 Rn 22, der einen individualrechtlichen Anspruch des Arbeitnehmers auf eine konkrete Maßnahme verneint, wenn diese der Mitbestimmung des Betriebsrates unterliegt). Das Mitbestimmungsrecht entfällt ferner, wenn die Arbeitsleistung ohne Rauchverbot nicht ordnungsgemäß erbracht werden kann (vgl LAG München LAGE § 87 BetrVG 1972 Betriebliche Ordnung Nr 2; RICHARDI, BetrVG [7. Aufl 1998] § 87 Rn 218; RICHARDI/VOGEL PersV 1998, 84; WIESE, GK-BetrVG Bd II [7. Aufl 2002] § 87 Rn 214; ZÖLLNER DB 1957, 118; inzidenter auch BAG AP Nr 28 zu § 87 BetrVG 1972 Ordnung des Betriebes).

b)   **Beschaffungspflicht für Schutzgegenstände***

Das technische Arbeitsschutzrecht verpflichtet den Dienstberechtigten regelmäßig **183** zur Beschaffung der erforderlichen Schutzausrüstungen, um Gefährdungen der Gesundheit des Arbeitnehmers infolge der Arbeitsleistung zu verhindern. Dies folgt zumeist aus den **Unfallverhütungsvorschriften der Berufsgenossenschaften** (zB § 4 BGV A 1) oder anderen **speziellen Rechtsvorschriften** des technischen Arbeitsschutzrechts (zB § 19 Abs 5 Nr 1 GefStoffV; für die sog Bildschirmarbeitsbrille s § 6 Abs 2 BildscharbV [hierzu LAG Hamm NZA-RR 2000, 351 ff; ArbG Neumünster NZA-RR 2000, 237 ff]), kommt aber zusätzlich auch in der allgemeinen Regelung des **§ 3 Abs 2 Nr 1 ArbSchG** zum Ausdruck. Wegen der Konkretisierungsfunktion des öffentlich-rechtlichen Arbeitsschutzrechts (s o Rn 14 ff, 146 ff) folgt aus § 618 Abs 1 ein zivilrechtlicher Anspruch des Dienstverpflichteten, daß ihm der Dienstberechtigte die erforderlichen Schutzgegenstände zur Verfügung stellt (BAG AP Nr 17, 18 und 19 zu § 618 BGB sowie BAG DB 1996, 1288).

Das gilt auch, wenn spezielle Bestimmungen des technischen Arbeitsschutzrechts **184** fehlen, die Schutzausrüstungen aber gleichwohl erforderlich sind, um Gefahren für Leben und Gesundheit des Dienstverpflichteten abzuwehren. Da der Dienstberechtigte verpflichtet ist, seine Regelung der Dienstleistung so zu treffen, daß Gefährdungen des Dienstverpflichteten soweit möglich ausgeschlossen sind (s o Rn 123 ff), impliziert dies die Rechtspflicht, die zur Abwendung oder Verringerung einer Gefahrenlage erforderlichen Maßnahmen zu ergreifen. Der Dienstberechtigte ist gege-

---

* **Schrifttum:** BECKMANN, Wer trägt die Kosten für Bildschirmarbeitsbrillen, NZA 1985, 386; BRILL, Zum Anspruch des Arbeitnehmers auf Arbeits-, Berufs-, Dienst- und Schutzkleidung, DB 1975, 1076; MERTENS, Bereitstellen und Tragen persönlicher Schutzausrüstungen, BerGen 1986, 486; WOLBER, Kostentragungspflicht bei persönlichen Schutzausrüstungen, BlStSozArbR 1983, 197.

benenfalls nicht nur zu technischen Veränderungen der Arbeitsstätte oder der von ihm zur Verfügung gestellten Arbeitsmittel verpflichtet, sondern auch zur **Bereitstellung persönlicher Schutzausrüstungen,** wenn die Dienstleistung sonst nicht ohne Gefährdungen für Leben und Gesundheit von dem Dienstverpflichteten erbracht werden kann. Aus § 618 Abs 1 folgt somit zumindest dann eine Beschaffungspflicht für den Dienstberechtigten, wenn er anderenfalls bei Zuweisung der entsprechenden Tätigkeit gegen seine Pflichten aus § 618 Abs 1 verstoßen würde (vgl BAG AP Nr 17 und 19 zu § 618 BGB; ebenso iE Herschel Anm zu BAG AP Nr 17 zu § 618 BGB; Schaub, Arbeitsrechts-Handbuch [9. Aufl 2000] § 108 Rn 17).

185 Da der Dienstberechtigte nach **§ 618 Abs 1** zur **Beschaffung** der persönlichen Schutzgegenstände verpflichtet ist, muß er auch die hierdurch anfallenden **Kosten tragen** (BAG AP Nr 18 und 19 zu § 618 BGB). **Spezialgesetzlich** enthält diese Pflicht **§ 3 Abs 3 ArbSchG,** wodurch zugleich die Forderung der **EG-Richtlinie 89/391/EWG** (s o Rn 54) umgesetzt wird, daß die Kosten für Sicherheits- und Gesundheitsschutzmaßnahmen in keinem Fall zu Lasten der Arbeitnehmer gehen dürfen (Art 6 Abs 5 der Richtlinie). Entsprechendes gilt für die Reinigung der Schutzkleidung (LAG Düsseldorf NZA-RR 2001, 409).

186 Eine **einzelvertragliche** oder **kollektivvertragliche** Regelung, die den **Arbeitnehmer verpflichtet,** die **Kosten** der persönlichen Schutzausrüstung ganz oder teilweise **zu tragen,** verstößt grundsätzlich gegen § 619 in Verbindung mit § 618 Abs 1 und ist nichtig (BAG AP Nr 18 und 19 zu § 618 BGB; BAG DB 1996, 1288; vgl auch u § 619 Rn 16). Eine Ausnahme gilt nur, wenn der Arbeitnehmer aus der Schutzausrüstung persönliche Vorteile ziehen kann, vor allem, wenn ihm diese zur privaten Benutzung überlassen wird (vgl BAG AP Nr 18 und 19 zu § 618 BGB).

187 Wird der **Arbeitnehmer** kraft Weisungsrechts oder kollektivvertraglicher Vereinbarung **mit der Anschaffung** persönlicher Schutzausrüstungen **beauftragt,** so steht ihm ein **Aufwendungsersatzanspruch aus § 670** zu (BAG DB 1996, 1288). Legt der Arbeitgeber in diesem Rahmen **Obergrenzen für den Aufwendungsersatz** fest, so bestehen hiergegen keine Bedenken, wenn der Höchstbetrag zur Anschaffung der Schutzausrüstungen ausreichend bemessen ist (BAG AP Nr 19 zu § 618 BGB; BAG DB 1996, 1288). **Unterläßt der Arbeitgeber die Anschaffung** persönlicher Schutzausrüstungen, obwohl er hierzu aufgrund der Vorschriften des technischen Arbeitsschutzrechts oder nach § 618 Abs 1 verpflichtet ist, steht dem Arbeitnehmer nach **§ 683 Satz 1 in Verbindung mit § 670** ein **Aufwendungsersatzanspruch** zu (BAG AP Nr 31 zu § 670 BGB; ebenso schon Planck/Gunkel § 618 Anm 4 e). Mit der Anschaffung erfüllt der Arbeitnehmer ein Geschäft, das das zwingende Gesetzesrecht nicht ihm, sondern dem Arbeitgeber auferlegt (BAG AP Nr 19 zu § 618 BGB; BAG AP Nr 31 zu § 670 BGB). Ein entgegenstehender Wille des Arbeitgebers ist nach § 679 unbeachtlich (so Planck/Gunkel § 618 Anm 4 e), da die Erfüllung der Pflichten in § 618 Abs 1 im öffentlichen Interesse liegt.

c)   Schutz vor Infektionen*

188 Der Schutz der Gesundheit des Dienstverpflichteten kann den Dienstberechtigten

---

* **Schrifttum:** Eich, Aids und Arbeitsrecht, NZA 1987 Beil 2, 10; Haesen, Zur Aids-Problematik im Arbeitsrecht und öffentlichen Dienstrecht, RdA 1988, 158; Klak, AIDS und die Folgen für das Arbeitsrecht, BB 1987, 1382; Lichtenberg/Schücking, Stand der arbeits-

auch dazu zwingen, die Art der Dienstleistung so zu regeln, daß die Gesundheit des Dienstverpflichteten nicht durch **Erkrankungen anderer,** in derselben Arbeitsstätte oder am selben Arbeitsplatz beschäftigter **Dienstverpflichteter** gefährdet wird (BGH AP Nr 1 zu § 49 BSeuchG; GAMILLSCHEG, Arbeitsrecht I [8. Aufl 2000] 382; ErfKomm/WANK § 618 BGB Rn 16). Anerkannt ist dies vor allem hinsichtlich **Lungenerkrankungen** anderer Dienstverpflichteter, die in derselben Arbeitsstätte oder am selben Arbeitsplatz tätig sind (RAG ARS 26, 14 = SeuffA 90, 103; RGZ 138, 37 ff; LAG Düsseldorf ARS 39, 88; s auch RAG ARS 29, 355 ff), gilt zB aber auch für **Geschlechtskrankheiten** (vgl RG LZ 1918, 841 = Gruchot 62, 618: Syphilis). Erkrankungen anderer Dienstverpflichteter lösen die Schutzpflicht des Dienstberechtigten jedoch erst aus, wenn er die Infektionsgefahr kennt oder sich ihrer Kenntnis infolge grober Fahrlässigkeit verschließt (RAG ARS 26, 124).

Diese Grundsätze gelten bei **HIV-Infektionen** von in der Arbeitsstätte beschäftigten **189** Arbeitnehmern nur eingeschränkt. Zwar umfaßt die Schutzpflicht des Dienstberechtigten aus § 618 Abs 1 auch die Vermeidung einer Infektion mit dem Aids-Virus (vgl vor allem RICHARDI NZA 1988, 77 f), die aus dieser Vorschrift folgenden Pflichten des Arbeitgebers beschränken sich aber regelmäßig auf **Information und Aufklärung** (EICH NZA 1987 Beil 2, 14; s auch RICHARDI NZA 1988, 78) sowie die **Einhaltung der Unfallverhütungsvorschriften** der Berufsgenossenschaften und entsprechender **Hygieneregeln** (ebenso LÖWISCH DB 1987, 938; RICHARDI NZA 1988, 78).

Eine ernstliche Gesundheitsgefahr ist bei normalen Arbeitskontakten nach derzei- **190** tigem medizinischen Erkenntnisstand nicht gegeben (zB KLAK BB 1987, 1383; LÖWISCH DB 1987, 936 f), so daß ein Arbeitnehmer nicht verlangen kann, daß **Arbeitskontakte** mit HIV infizierten Mitarbeitern an seinem Arbeitsplatz unterbleiben (ebenso HAESEN RdA 1988, 159; LICHTENBERG/SCHÜCKING NZA 1990, 41 f; iE auch EICH NZA 1987 Beil 2, 14 f). Eine **Ausnahme** ist nur anzuerkennen, wenn die Arbeitsaufgabe bei objektiver Betrachtung mit einem **gesteigerten Infektionsrisiko** verbunden ist (HAESEN RdA 1988, 159; LICHTENBERG/SCHÜCKING NZA 1991, 42). Ein Rückgriff auf **seuchenrechtliche Vorschriften** ist allenfalls statthaft, wenn ein HIV-Infizierter mit einem Beschäftigungsverbot (§ 38 BSeuchG) belegt wurde. Die Annahme eines generell gesteigerten Übertragungsrisikos beim Umgang mit Lebensmitteln (§ 17 BSeuchG) geht angesichts des derzeitigen medizinischen Erkenntnisstandes zu weit.

d) Umweltbelastungen am Arbeitsplatz
Umweltbelastungen am Arbeitsplatz (zB Radioaktivität, Ozon), die vornehmlich bei **191** Arbeiten im Freien auftreten können, bei denen der Dienstberechtigte ebenfalls die in § 618 Abs 1 niedergelegten Interessenwahrungspflichten beachten muß (s o Rn 114, 149 ff), sind durch das technische Arbeitsschutzrecht nicht spezialgesetzlich erfaßt. Die Arbeitsstättenverordnung (o Rn 80 ff) findet auf diese Sachverhalte bislang keine Anwendung. Zum Aufenthalt in asbestverseuchten Arbeitsräumen s o Rn 163 f.

Sind die Umweltbelastungen nachweislich mit einer generellen oder einer durch die **192** besondere Konstitution des Dienstverpflichteten bedingten Gefährdung der Gesund-

---

rechtlichen Diskussion zur HIV-Infektion und Aids-Erkrankung, NZA 1990, 41; LÖWISCH, Arbeitsrechtliche Fragen von AIDS-Erkrankung und AIDS-Infektion, DB 1987, 936;

RICHARDI, Arbeitsrechtliche Probleme bei Einstellung und Entlassung Aids-infizierter Arbeitnehmer, NZA 1988, 73.

heit verbunden, so muß der Dienstberechtigte die Dienstleistung gegebenenfalls so regeln, daß eine Gesundheitsgefährdung ausgeschlossen ist (s zur **Ozonbelastung** auch die Bekanntmachung des Bundesministeriums für Arbeit und Sozialordnung v 2. 5. 1996, BArbBl 1996, Heft 6, 73 f). Im Ausnahmefall kann der Dienstberechtigte verpflichtet sein, den Dienstverpflichteten nicht im Freien, sondern nur in geschlossenen Räumen zu beschäftigen (s auch u Rn 193 f). Voraussetzung ist jedoch, daß eine derartige Beschäftigung in tatsächlicher Hinsicht möglich ist.

e)   Versetzungspflicht

193   Die Pflicht des Dienstberechtigten zum Schutz der Gesundheit des Dienstverpflichteten kann Regelungen zu einer **Änderung des derzeitigen Arbeitsplatzes** erfordern, wenn die aktuelle Arbeitsumgebung infolge der besonderen Konstitution des Dienstverpflichteten zu einer Gesundheitsbeeinträchtigung führt und dem Dienstberechtigten dies bekannt ist (RG LZ 1917, 1342; RAG ARS 28, 132 f; 41, 221; 42, 137; sowie jüngst BAG AP Nr 27 zu § 618 BGB).

194   Eine derartige **Versetzungspflicht** ist **nur in Ausnahmefällen** anzuerkennen (s RG LZ 1917, 1342: Lungenleiden und Arbeitsplatz mit beträchtlicher Staubentwicklung) und setzt voraus, daß die Versetzung aufgrund eines **freien Arbeitsplatzes** für den Arbeitgeber möglich ist (RG LZ 1917, 1342; RAG ARS 42, 137). Zur **Schaffung zusätzlicher Arbeitsplätze** ist der Arbeitgeber über § 618 Abs 1 nicht gezwungen. Kann der Dienstberechtigte die Gefährdung am Arbeitsplatz weder durch Versetzung an einen anderen Arbeitsplatz noch durch technische Schutzmaßnahmen vermeiden, so ist er gegebenenfalls zur **Kündigung des Dienstverhältnisses** gezwungen, wenn er nicht eine Verletzung seiner Schutzpflichten und die hiermit verbundenen haftungsrechtlichen Folgen in Kauf nehmen will (zur sozialen Rechtfertigung einer krankheitsbedingten Kündigung bei fehlender Umsetzungsmöglichkeit BAG AP Nr 26 zu § 1 KSchG 1969 Krankheit sowie jüngst BERKOWSKY NZA-RR 2001, 400 ff).

f)   Beteiligung des Betriebsrats*

195   Maßnahmen und Regelungen des Arbeitgebers zur Abwendung von Gefahren für Leben und Gesundheit des Arbeitnehmers unterliegen regelmäßig der notwendigen

---

* **Schrifttum:** AHRENS, Eingeschränkte Rechtskontrolle von Betriebsvereinbarungen, NZA 1999, 686; BIEBACK, Die Arbeitsstättenverordnung und die Mitbestimmung des Betriebsrats beim Technischen Arbeitsschutz, BlStSozArbR 1977, 305; DENCK, Arbeitsschutz und Mitbestimmung des Betriebsrats, ZfA 1976, 447; DIETZ/MÜHLHAUSEN, Wenig Raum für Mitbestimmung in puncto Bildschirmarbeit, AuA 1999, 15; EGGER, Die Rechte der Arbeitnehmer und des Betriebsrats auf dem Gebiet des Arbeitsschutzes, BB 1992, 629; EHMANN, Arbeitsschutz und Mitbestimmung des Betriebsrats bei neuen Technologien (1981); ders, Europäischer Gesundheitsschutz kraft deutscher Mitbestimmung?, FS zum 50-jährigen Bestehen der Arbeitsgerichtsbarkeit in Rheinland-Pfalz (1999) 19; FABER/RICHENHAGEN, Die Mitbestimmung des Betriebsrats bei Gefährdungsanalysen, AiB 1998, 317; N FABRICIUS, Die Mitbestimmung des Betriebsrats bei der Umsetzung des neuen Arbeitsschutzrechts, BB 1997, 1254; FELDHOFF, Mitbestimmung des Betriebsrats, AuA 1997, 72; GLAUBITZ, Mitbestimmung des Betriebsrats gemäß § 87 Abs 1 Nr 7 BetrVG bei Regelungen über den Arbeitsschutz, BB 1977, 1403; GÜNTHER, Probleme bei der Interpretation und der praktischen Umsetzung von § 87 Abs 1 Ziff 7 BetrVG, BlStSozArbR 1981, 244; HEILMANN, Gefahrstoffe und Mitbestimmung, BetrR 1989, 179; HIEN, Mitbestimmung bei Gefahrstoffen: noch viele ungenutzte Möglichkeiten, AiB 1995,

Mitbestimmung des Betriebsrates. Zumeist folgt diese aus § 87 Abs 1 Nr 7 und Nr 1 BetrVG.

Die **Mitbestimmungspflichtigkeit einer Maßnahme** entbindet den Arbeitgeber im Ver- **196** hältnis zu dem Arbeitnehmer nicht davon, seine **Pflichten aus § 618 Abs 1** einzuhalten (statt aller bereits HUECK/NIPPERDEY I § 48 II 2 b). Er muß deshalb gegebenenfalls die **Einigungsstelle anrufen,** um die fehlende Zustimmung des Betriebsrates zu ersetzen, wenn dieser die Zustimmung zu erforderlichen Schutzmaßnahmen verweigert. Beschließt die Einigungsstelle Regelungen, die den Schutzpflichten aus § 618 Abs 1 nicht ausreichend entsprechen, so ist der Arbeitgeber ohne sein Verschulden daran gehindert, seinen Pflichten aus § 618 Abs 1 nachzukommen.

Im Hinblick auf die Beteiligung des Betriebsrates nach **§ 87 Abs 1 Nr 7 BetrVG** ist zu **197** differenzieren, ob der Arbeitgeber seine Pflichten aus § 618 Abs 1 oder seine Pflichten aus dem öffentlich-rechtlichen Arbeitsschutzrecht erfüllen will. Das Mitbestimmungsrecht aus § 87 Abs 1 Nr 7 BetrVG greift nach Systematik und Zweck nur ein, wenn die Regelungen **öffentlich-rechtliche Arbeitsschutznormen** betreffen (hM zB WIESE, GK-BetrVG Bd I [7. Aufl 2002] § 87 Rn 591 mwN). Regelmäßig läßt sich aufgrund der Konkretisierungsfunktion des öffentlich-rechtlichen Arbeitsschutzrechts jedoch nicht exakt zwischen beiden Bereichen trennen. Im Hinblick auf den Schutzzweck des Mitbestimmungsrechts aus § 87 Abs 1 Nr 7 BetrVG reicht es aus, wenn sich die beabsichtigte Regelung des Arbeitgebers auf seine Verpflichtungen aus dem öffentlich-rechtlichen Arbeitsschutzrecht bezieht.

Das Mitbestimmungsrecht aus § 87 Abs 1 Nr 7 BetrVG besteht nur **im Rahmen der** **198** **Vorschriften des öffentlich-rechtlichen Arbeitsschutzrechts.** Der Mitbestimmung des Betriebsrates unterliegen nicht sämtliche Regelungen des Gesundheitsschutzes, sondern nur solche, die den durch das öffentlich-rechtliche Arbeitsschutzrecht **vorstrukturierten Rahmen ausfüllen.** Fehlen entsprechende gesetzliche Rahmenvorschriften, so entfällt das Mitbestimmungsrecht aus § 87 Abs 1 Nr 7 BetrVG. Als **Rahmenvorschriften** kommen vor allem diejenigen Normen des technischen Arbeitsschutzrechts in Betracht, die den Arbeitgeber zu konkreten Maßnahmen verpflichten, hierfür aber lediglich das „ob" vorschreiben, das „wie" hingegen seinem Ermessen überantworten

645; HUNOLD, Zum Einfluß der ArbStättV auf die Mitwirkungs- und Mitbestimmungsrechte des Betriebsrats bei der menschengerechten Gestaltung der Arbeit, DB 1976, 1059; KITTNER, Die Mitbestimmung des Betriebsrats beim Arbeitsschutz – zur Reichweite des § 87 Abs 1 Nr 7 BetrVG, in: FS Däubler (1999) 690; KITTNER/ PIEPER, Beteiligungsrechte des Betriebsrats im betrieblichen Arbeitsschutz nach dem neuen Arbeitsschutzgesetz, AiB 1997, 325 = PersR 1997, 247; KOHTE, Ein Rahmen ohne Regelungsgehalt?, AuR 1984, 263; ders, Arbeit, Leben und Gesundheit – Betriebsverfassungsrechtliche Herausforderungen und Perspektiven, in: FS Kissel (1994) 547; MERTEN, Gesundheitsschutz und Mitbestimmung bei der Bildschirmarbeit (2000); MERTEN/KLEIN, Die Auswirkungen des Arbeitsschutzgesetzes auf die Mitbestimmungsrechte des Betriebsrats nach § 87 Abs 1 Nr 7 BetrVG, DB 1998, 673; NITSCHKI, Arbeitsschutz – ein wichtiges Arbeitsgebiet des Personalrats, PersR 1992, 390; ROTTMANN, Zur Mitbestimmung des Betriebsrats beim Umgang mit Gefahrstoffen, BB 1989, 1115; SIEMES, Die Neuregelung der Mitbestimmung des Betriebsrates nach § 87 I Nr 7 BetrVG bei Bildschirmarbeit, NZA 1998, 232; WAGNER, Rechtsprechung zur Mitbestimmung des Betriebsrats bei der Umsetzung des Arbeitsschutzgesetzes und der Bildschirmarbeitsverordnung, DB 1998, 2366.

(vgl im einzelnen WIESE, GK-BetrVG Bd II [7. Aufl 2002] § 87 Rn 594 ff sowie zu den einzelnen Arbeitsschutznormen ausführlich Rn 609 ff).

199 Umstritten war lange die Frage, ob auch die **Generalklauseln des technischen Arbeitsschutzrechts** (zB § 3 ArbSchG, § 3 ArbStättV) Rahmenvorschriften im Sinne des § 87 Abs 1 Nr 7 BetrVG sind (offengelassen noch von BAG AP Nr 7 zu § 87 BetrVG 1972 Arbeitssicherheit). Hierfür läßt sich der Zweck des Mitbestimmungsrechts und der dem Arbeitgeber bei einer Ausfüllung der Generalklausel verbleibende Gestaltungsspielraum anführen (so zu § 3 ArbSchG u § 120a GewO aF WIESE, GK-BetrVG Bd II [7. Aufl 2002] § 87 Rn 600 ff; vgl auch COLNERIC NZA 1992, 398). Hiergegen wird neben der Sonderregelung in § 91 BetrVG (hierauf abstellend DIETZ/RICHARDI, BetrVG Bd II [6. Aufl 1982] § 87 Rn 350; s aber auch RICHARDI, BetrVG [7. Aufl 1998] § 87 Rn 602) vor allem der systematische Zusammenhang zwischen § 88 BetrVG und § 87 BetrVG angeführt. Wenn bereits die Ausfüllung der Generalklauseln des technischen Arbeitsschutzrechts ausreichen würde, um ein Mitbestimmungsrecht des Betriebsrates auszulösen, so bliebe für zusätzliche Maßnahmen zur Verhütung von Gesundheitsschädigungen (§ 88 Nr 1 BetrVG), bei denen dem Betriebsrat aufgrund der Gesetzessystematik kein Mitbestimmungsrecht zusteht, kein Raum, denn diese würden regelmäßig auch die Generalklauseln des öffentlich-rechtlichen Arbeitsschutzrechts konkretisieren.

200 Die gegen eine Heranziehung des § 120a GewO aF als „Rahmenvorschrift" im Sinne von § 87 Abs 1 Nr 7 BetrVG vorgetragenen Erwägungen (s o Rn 199) wies das **Bundesarbeitsgericht** in seiner Grundsatzentscheidung v 2. 4. 1996 (AP Nr 5 zu § 87 BetrVG 1972 Gesundheitsschutz = EzA § 87 BetrVG 1972 Bildschirmarbeit Nr 1) zurück (bestätigt durch BAG AP Nr 7 zu § 87 BterVG 1972 Gesundheitsschutz). Das Gericht stützte sich vor allem auf die von § 120a GewO aF im Unterschied zu den §§ 88 und 91 BetrVG geforderte konkrete bzw unmittelbare Gefahr für die Gesundheit. Deshalb bleibe für die vorgenannten betriebsverfassungsrechtlichen Bestimmungen auch dann noch ein Anwendungsbereich, wenn die arbeitsschutzrechtliche Generalklausel als Rahmenregelung im Sinne des § 87 Abs 1 Nr 7 BetrVG bewertet werde. Bei dieser Auffassung, die das Bundesarbeitsgericht in seinem Beschluß vom 16. 6. 1999 für § 2 Abs 1 VBG 1 nochmals bekräftigte (BAG AP Nr 7 zu § 87 BetrVG 1972 Gesundheitsschutz; iE zustimmend CARL SAE 2000, 338), bleibt allerdings klärungsbedürftig, ob der durch die Generalklausel gezogene weite Rahmen nicht nur durch präzisierende Unfallverhütungsvorschriften, sondern auch durch **technische Regeln** beschränkt wird. Bei ihnen handelt es sich zwar nicht um die in § 87 Abs 1 Nr 7 BetrVG genannten Rechtsnormen, sie konkretisieren aber den Rahmen der arbeitsschutzrechtlichen Generalklauseln, so daß gute Gründe dafür sprechen, daß sich das Mitbestimmungsrecht des Betriebsrates bei der Ausgestaltung des durch die Generalklauseln eröffneten Rahmens nur innerhalb der trotz der technischen Regeln noch verbleibenden Spielräume entfalten kann (vgl näher WIESE, GK-BetrVG Bd II [7. Aufl 2002] § 87 Rn 623).

201 Angesichts der Argumentation des Bundesarbeitsgerichts sowie wegen des Gestaltungsspielraums des Arbeitgebers ist auch die an die Stelle des § 120a GewO getretene **Generalklausel in § 3 ArbSchG** als „Rahmenvorschrift" im Sinne des § 87 Abs 1 Nr 7 BetrVG anzuerkennen (ebenso KITTNER, in: FS Däubler (1999) 649 f; WALTERMANN RdA 1998, 332; WIESE, GK-BetrVG Bd II [7. Aufl 2002] § 87 Rn 602 mwN; zweifelnd CARL SAE 2000, 338). Der Rückgriff auf die arbeitsschutzrechtliche Generalklausel in § 3 ArbSchG ist jedoch ausgeschlossen, wenn der Gesetzgeber den Anwendungsbereich

der Norm durch **spezielle Vorschriften,** insbesondere eine auf der Grundlage des
Arbeitsschutzgesetzes erlassene Rechtsverordnung (s o Rn 67) **konkretisiert und präzisiert** hat. In diesem Fall beurteilt sich das Mitbestimmungsrecht ausschließlich nach
dieser speziellen Bestimmung (s ausführlich hierzu WIESE, GK-BetrVG Bd II [7. Aufl 2002]
§ 87 Rn 609 ff).

Ein Mitbestimmungsrecht des Betriebsrats besteht nur, wenn dem **Arbeitgeber** im **202**
Rahmen öffentlich-rechtlicher Vorschriften des technischen Arbeitsschutzrechts **ein
Gestaltungsspielraum verbleibt** (für die einhellige Ansicht statt aller BAG AP Nr 7 zu § 87
BetrVG 1972 Gesundheitsschutz; WIESE, GK-BetrVG Bd II [7. Aufl 2002] § 87 Rn 596). Dieser
kann zwar hinsichtlich des „ob" einer Regelung zu verneinen sein, die Bestimmungen
des technischen Arbeitsschutzrechts belassen dem Arbeitgeber aber regelmäßig die
Wahlfreiheit über die jeweils zu ergreifenden Maßnahmen. Erforderlich ist stets, daß
die Regelung noch der Ausfüllung der gesetzlichen Rahmenvorschriften dient.
Schreibt die einschlägige Unfallverhütungsvorschrift zB die Bereitstellung eines
Schutzhelms vor, so besteht ein Gestaltungsspielraum vor allem hinsichtlich der
als geeignet anzusehenden Helme. Die Farbe der Helme unterliegt hingegen nicht
der Mitbestimmung nach § 87 Abs 1 Nr 7 BetrVG, da eine derartige Regelung keinen
Zusammenhang mit dem Gesundheitsschutz oder der Verhütung von Arbeitsunfällen aufweist.

Führt der Arbeitgeber eine der Mitbestimmung nach § 87 Abs 1 Nr 7 BetrVG unter- **203**
liegende Regelung **ohne Zustimmung des Betriebsrats** durch, so ist diese gegenüber
den einzelnen Arbeitnehmern **unwirksam** (WIESE, GK-BetrVG Bd II [7. Aufl 2002] § 87
Rn 641). Ein Schutzdefizit zu Lasten der Arbeitnehmer tritt aufgrund ihrer individualrechtlichen Rechtsstellung (u Rn 248 ff) nicht ein.

Außerhalb des in Rn 197 bis 202 umschriebenen Rahmens kann das Mitbestim- **204**
mungsrecht des Betriebsrats aus **§ 87 Abs 1 Nr 1 BetrVG** folgen. Das setzt jedoch
voraus, daß die Regelung nicht dem Anwendungsbereich des § 87 Abs 1 Nr 7 unterliegt. Sobald dies zu verneinen ist, kann ein Mitbestimmungsrecht aus § 87 Abs 1 Nr 1
BetrVG nicht mit der Erwägung verneint werden, § 87 Abs 1 Nr 7 BetrVG enthalte
hinsichtlich des Arbeits- und Gesundheitsschutzes am Arbeitsplatz eine abschließende Sonderregelung, die einen Rückgriff auf allgemeine, nicht speziell den Arbeitsschutz erfassende Vorschriften ausschließe (BAG AP Nr 2 zu § 87 BetrVG 1972
Arbeitssicherheit). Diese Annahme ist nur gerechtfertigt, wenn die vom Arbeitgeber
geplante Regelung dem Anwendungsbereich des § 87 Abs 1 Nr 7 BetrVG unterliegt
(BAG AP Nr 2 zu § 87 BetrVG 1972 Arbeitssicherheit; WIESE, GK-BetrVG Bd II [7. Aufl 2002] § 87
Rn 583).

Soweit dem Betriebsrat nach § 87 Abs 1 Nr 7 oder Nr 1 BetrVG ein Mitbestimmungs- **205**
recht zusteht, ist hiermit auch ein **Initiativrecht des Betriebsrates** verbunden (allg
WIESE, GK-BetrVG Bd II [7. Aufl 2002] § 87 Rn 639 mwN). Das ist insbesondere dann von
gravierender Bedeutung, wenn mit dem Bundesarbeitsgericht auch bezüglich des
durch die arbeitsschutzrechtlichen Generalklauseln (zB § 3 Abs 1 S 1 ArbSchG)
gezogenen Rahmens ein Mitbestimmungsrecht nach § 87 Abs 1 Nr 7 BetrVG bejaht
wird (s o Rn 202 f). Mit Hilfe des Initiativrechts kann der Betriebsrat Regelungen zur
Ausfüllung des durch die Generalklauseln eröffneten Rahmens über die Einigungsstelle erzwingen (so inzident BAG AP Nr 5 zu § 87 BetrVG 1972 Gesundheitsschutz = EzA § 87

BetrVG 1972 Bildschirmarbeit Nr 1, da eine vom Betriebsrat begehrte Regelung den Verfahrens-gegenstand bildete).

g) Innerbetriebliche Einrichtungen zur Umsetzung des technischen Arbeitsschutzrechts
aa) Allgemeines

206 Die Überwachung, ob die Vorschriften des technischen Arbeitsschutzrechts ausrei-chend beachtet werden, obliegt primär hoheitlichen Einrichtungen. Hierzu gehören vor allem die für die **Gewerbeaufsicht** zuständigen Behörden (zB §§ 21 ff ArbSchG, § 120d GewO, § 15 GSG; zur Bergaufsicht vgl §§ 69 ff BBergG); ferner die von den Berufsgenossenschaften angestellten **Aufsichtspersonen** (§§ 18 f SGB VII), die insbe-sondere die Einhaltung der Unfallverhütungsvorschriften kontrollieren, darüber hin-aus aber auch Beratungs- und Unterstützungsfunktionen wahrnehmen (s im Überblick MünchArbR/Wlotzke § 208 Rn 47 ff; zur Entstehung des dualen Aufsichtssystems s Simons, Staat-liche Gewerbeaufsicht und gewerbliche Berufsgenossenschaften [1984]).

207 Zusätzlich gewährleistet das **Betriebsverfassungsrecht** die Einhaltung des technischen Arbeitsschutzrechts. Neben den speziellen Mitbestimmungstatbeständen (§§ 87 Abs 1 Nr 7, 91 BetrVG) zählt es zu den allgemeinen Aufgaben des Betriebsrats, die Einhaltung der zugunsten der Arbeitnehmer geltenden Vorschriften zu überwa-chen. Diese umfassen nicht nur staatliches Recht, sondern auch die Unfallverhü-tungsvorschriften der Berufsgenossenschaften (§ 80 Abs 1 Nr 1 BetrVG). Zudem verpflichtet § 89 BetrVG den Arbeitgeber zu einer gesteigerten Unterstützung.

208 Parallel zu dem Instrumentarium in den Rn 206 f ist der Arbeitgeber gesetzlich verpflichtet, ein **innerbetriebliches System** zu installieren, um die Einhaltung der Normen des technischen Arbeitsschutzrechts sicherzustellen. Hierzu gehören primär sowohl die **Betriebsärzte** als auch die **Fachkräfte für Arbeitssicherheit** sowie die **Sicher-heitsbeauftragten** und der **Arbeitsschutz- bzw Sicherheitsausschuß**. Ergänzend ist auf den **Strahlenschutzbeauftragten** (§ 29 Abs 2 StrlSchV) hinzuweisen.

bb) Betriebsärzte und Fachkräfte für Arbeitssicherheit*

209 Die innerbetriebliche Einhaltung der öffentlich-rechtlichen Vorschriften zum tech-nischen Arbeitsschutzrecht sollen primär Betriebsärzte sowie Fachkräfte für Arbeits-

---

* **Schrifttum:** Benz, Rechtsstellung und Ver-antwortung der Betriebsärzte und Sicherheits-fachkräfte, BerGen 1975, 148; Budde, Der Betriebsarzt, AR-Blattei Betriebsarzt I (1984); Budde/Witting, Funktion und rechtliche Stel-lung des Betriebsarztes in privatwirtschaftlichen Unternehmen (1984); Deneke, Zur rechtlichen Problematik der überbetrieblichen Dienste von Betriebsärzten nach § 19 des Arbeitssicher-heitsgesetzes (Diss Bonn 1981); Eiermann, Die Schweigepflicht des Betriebsarztes bei arbeits-medizinischen Untersuchungen nach dem Ar-beitssicherheitsgesetz, BB 1980, 214; Eylert, Der Streit um die Arbeitssicherheit, JuS 1982, 444; Fritsche, Die rechtliche Stellung der Betriebsärzte im Unternehmen (Diss Bayreuth 1984); Gitter, Zur Haftung des Betriebsarztes, RdA 1983, 156; Graeff/May, Die Fachkraft für Arbeitssicherheit, AR-Blattei Arbeitssicherheit I (1975); Herzberg, Die rechtliche Verantwor-tung von Betriebsärzten und Fachkräften für Arbeitssicherheit, BerGen 1997, 632; Hütig, Die Rechtsstellung des Betriebsrats nach dem Gesetz über Betriebsärzte, Sicherheitsinge-nieure und andere Fachkräfte für Arbeits-sicherheit, DB 1975, 594; Rehhahn, Die Rolle des Sicherheitsingenieurs bei der Gewährlei-stung der betrieblichen Arbeitssicherheit,

sicherheit gewährleisten; zu deren Bestellung ist der Arbeitgeber nach Maßgabe des „Gesetzes über Betriebsärzte, Sicherheitsingenieure und andere Fachkräfte für Arbeitssicherheit" (ASiG) v 12. 12. 1973 (BGBl I 1885, s auch o Rn 84; zu den Übergangsregelungen im Beitrittsgebiet Anl I Kap VIII Sachgeb B Abschn III Nr 12 EVertr; sowie o Rn 93 f) verpflichtet (im Überblick auch MünchArbR/WLOTZKE § 210 Rn 44).

Ob und in welchem **Umfang** der Arbeitgeber hierzu verpflichtet ist, beurteilt sich **210** nach den Unfallverhütungsvorschriften der zuständigen Berufsgenossenschaft (§ 15 Abs 1 Nr 5 SGB VII; s auch BGV A 6 [Fachkräfte für Arbeitssicherheit], BGV A 7 [Betriebsärzte]), die im einzelnen die Einsatzzeiten in Abhängigkeit von der Zahl der Beschäftigten und der Gefährlichkeit des Betriebes festlegen (§ 2 Abs 1 ASiG; vgl hierzu BSG NZA 1986, 205; für die Übergangszeit im Beitrittsgebiet s Anl I Kap VIII Sachgeb B Abschn III Nr 12 lit d bis f EVertr). Aus den so festgelegten Gesamteinsatzzeiten ergibt sich die vom Arbeitgeber zu bestellende Zahl der Betriebsärzte und der Fachkräfte für Arbeitssicherheit. Gegebenenfalls können Technische Aufsichtsbeamte der Berufsgenossenschaften nach § 17 Abs 1 Satz 2 SGB VII die Bestellung erzwingen (vgl näher WOLBER NZA 1989, 919 ff [noch zu § 712 Abs 1 S 2 RVO]). Wegen der Betriebsbezogenheit des Arbeitssicherheitsgesetzes ist der Einzelbetrieb und nicht das Unternehmen die Bezugsgröße für die Unfallverhütungsvorschrift der Berufsgenossenschaft (BSGE 50, 109; 50, 174; BSG NZA 1989, 576).

Zu den **Aufgaben** der Betriebsärzte und der Fachkräfte für Arbeitssicherheit zählt **211** vor allem die **Beratung des Arbeitgebers** sowie die **Beobachtung der Durchführung** des Arbeitsschutzes und der Unfallverhütung (§§ 3 und 6 ASiG). Hierzu sind sie insbesondere berechtigt, die **Arbeitsstätte** in regelmäßigen Abständen zu **begehen,** festgestellte **Mängel** dem Arbeitgeber oder der sonst für den Arbeitsschutz und die Unfallverhütung verantwortlichen Person **mitzuteilen, Maßnahmen zur Beseitigung** der Mängel **vorzuschlagen** und auf deren **Durchführung hinzuwirken** (§§ 3 Abs 1 S 2 Nr 3 lit a, 6 S 2 Nr 3 lit a ASiG). Gleichwohl wäre es teleologisch verfehlt, die Betriebsärzte und Fachkräfte für Arbeitssicherheit als ein dem behördlichen Aufsichtssystem vergleichbares Überwachungsorgan zu bewerten. Zielsetzung des Arbeitssicherheitsgesetzes ist nicht die Überwachung des Arbeitgebers, sondern seine Unterstützung bei der Einhaltung der durch das technische Arbeitsschutzrecht vorgeschriebenen Anforderungen (vgl § 1 S 2 ASiG). Die Betriebsärzte und die Fach-

---

ArbSch 1974, 349; KUNZE, Der Sicherheitsingenieur (2. Aufl 1983); RUDOLPH, Die Mitwirkungsrechte des Betriebsrats nach § 9 Abs 3 des Gesetzes über Betriebsärzte, Sicherheitsingenieure und andere Fachkräfte für Arbeitssicherheit, BB 1976, 370; SCHAL, Die Schweigepflicht des Betriebsarztes (1989); SPINNARKE, Mitbestimmungsrechte des Betriebsrats nach dem Arbeitssicherheitsgesetz, BB 1976, 798; SUND, Arbeitssicherheitsgesetz – Mitbestimmung des Betriebsrats, ArbSch 1977, 66; WAGNER, Die Aufgaben des Betriebsarztes nach dem Arbeitssicherheitsgesetz, ArbSch 1974, 358;

WEGENER, Der Betriebsarzt (Diss Köln 1978); WOLBER, Die Bestellung von Betriebsärzten und Fachkräften für Arbeitssicherheit bei Unternehmen mit Zweigniederlassungen, BlStSozArbR 1979, 119; ders, Die Festlegung der Anzahl der erforderlichen Betriebsärzte und Fachkräfte für Arbeitssicherheit in Unfallverhütungsvorschriften, BlStSozArbR 1979, 212; ders, Anhörung des Betriebsrats vor Anordnungen nach § 712 RVO bei Bestellung von Sicherheitsfachkräften und Betriebsärzten, BlStSozArbR 1981, 107; WUNDERLICH, Die Rechtsstellung des Betriebsarztes (1995).

kräfte für Arbeitssicherheit üben deshalb eine **Unterstützungsfunktion** zur Effektuierung und Optimierung bei der Anwendung des technischen Arbeitsschutzrechts aus.

212 Soweit der Arbeitgeber zur Bestellung eines Betriebsarztes und/oder einer Fachkraft für Arbeitssicherheit verpflichtet ist, räumt ihm das Gesetz verschiedene **Gestaltungsmöglichkeiten** zur Erfüllung seiner Pflichten ein. Der Arbeitgeber kann wählen, ob er **Arbeitnehmer einstellt, freiberufliche Kräfte beschäftigt** oder einen **überbetrieblichen Dienst** (§ 19 ASiG) mit der Wahrnehmung der in den §§ 3 und 6 ASiG genannten Aufgaben beauftragt. Die Entscheidung steht in seinem Ermessen, das auch dann nicht eingeschränkt ist, wenn die Satzung der zuständigen Berufsgenossenschaft einen Zwang zum Anschluß an einen überbetrieblichen Dienst (§ 24 SGB VII) vorsieht (vgl zur Verfassungs- und Europarechtskonformität des Anschlußzwanges BSG NZS 2000, 254 ff), da der Arbeitgeber hiervon zu befreien ist, wenn er die Erfüllung seiner Pflichten zur Bestellung von Betriebsärzten und Fachkräften für Arbeitssicherheit nachweist.

213 Wegen des Gestaltungs- und Entscheidungsspielraums des Arbeitgebers nach dem Arbeitssicherheitsgesetz und § 24 SGB VII unterliegt die **konkrete Entscheidung für** eines der vom Gesetz vorgegebenen **Modelle** der **Mitbestimmung des Betriebsrates** nach § 87 Abs 1 Nr 7 BetrVG (BAG AP Nr 1 zu § 87 BetrVG 1972 Arbeitssicherheit; EHRICH, Amt, Anstellung und Mitbestimmung bei betrieblichen Beauftragten [1993] 73 ff; RICHARDI, BetrVG [7. Aufl 1998] § 87 Rn 621 ff; WIESE, GK-BetrVG Bd II [7. Aufl 2002] § 87 Rn 650 ff mwN). Das gilt wegen des Befreiungsanspruchs in § 24 Abs 2 S 2 SGB VII auch, wenn die Satzung der Berufsgenossenschaft den Anschluß an einen überbetrieblichen Dienst vorschreibt (WIESE, GK-BetrVG Bd II [7. Aufl 2002] § 87 Rn 652 mwN). Ein Mitbestimmungsrecht des Betriebsrates nach § 87 Abs 1 Nr 7 BetrVG entfällt, wenn der Arbeitgeber aufgrund einer Anordnung der Unfallversicherungsträger (§ 17 Abs 1 S 2 SGB VII) zur Bestellung eines Betriebsarztes oder einer Fachkraft für Arbeitssicherheit verpflichtet ist und dem Arbeitgeber aufgrund dessen keine Wahlmöglichkeit verbleibt (vgl allg BAG EzA § 87 BetrVG 1972 Nr 11).

214 Nicht nur die allgemeine Grundsatzentscheidung, sondern auch ihre **konkrete Ausführung** unterliegt der Mitbestimmung des Betriebsrates. Hierfür etabliert § 9 Abs 3 ASiG einen **speziellen Beteiligungstatbestand,** der die in § 87 Abs 1 Nr 7 BetrVG umschriebene **Rechtsstellung des Betriebsrates erweitert** (BT-Ausschuß für Arbeit und Sozialordnung, BT-Drucks 7/1085, 7). Seine in den allgemeinen Vorschriften des Betriebsverfassungsgesetzes begründete Rechtsstellung bleibt hiervon jedoch unberührt (RICHARDI, BetrVG [7. Aufl 1998] § 87 Rn 620). Insbesondere verdrängt die Sonderregelung in § 9 Abs 3 ASiG nicht seine **allgemeinen Beteiligungsrechte** bei der **Einstellung** (§ 99 BetrVG) und der **Kündigung** (§ 102 BetrVG).

215 Hierbei liegt dem Arbeitssicherheitsgesetz ein differenziertes Modell zugrunde, das die Beteiligung des Betriebsrats nach den in Rn 212 genannten verschiedenen Gestaltungsvarianten qualitativ abstuft. Am intensivsten ist das Beteiligungsrecht, wenn **Arbeitnehmer des Betriebs** zu Betriebsärzten oder Fachkräften für Arbeitssicherheit bestellt werden sollen. In diesem Fall unterliegt sowohl ihre Bestellung als auch ihre Abberufung der **Zustimmung des Betriebsrates** (§ 9 Abs 3 S 1 ASiG). Das gilt entsprechend für die Erweiterung oder Einschränkung ihres Aufgabenbereiches. Sollen

freiberufliche Kräfte beschäftigt oder die Aufgaben von einem **überbetrieblichen Dienst** wahrgenommen werden, so beschränkt sich die Beteiligung des Betriebsrates auf ein **Anhörungsrecht** (§ 9 Abs 3 S 3 ASiG).

Im Unterschied zu der fehlenden Zustimmung des Betriebsrates zur Bestellung eines **216** Arbeitnehmers besitzt die **unterbliebene Anhörung des Betriebsrates nach § 9 Abs 3 S 3 ASiG** keine Auswirkungen für die Wirksamkeit der Bestellung (WIESE, GK-BetrVG Bd II [7. Aufl 2002] § 87 Rn 662 mwN). Anders ist dies, wenn die **Zustimmung des Betriebsrates nach § 9 Abs 3 S 1 ASiG erforderlich** ist, aber nicht vorliegt. In diesem Fall darf der Arbeitgeber die Bestellung oder Abberufung nur vornehmen, wenn die Einigungsstelle die Zustimmung des Betriebsrates ersetzt (§ 9 Abs 3 S 2 HS 2 ASiG; RICHARDI, BetrVG [7. Aufl 1998] § 87 Rn 627; WIESE, GK-BetrVG Bd II [7. Aufl 2002] § 87 Rn 656 mwN). Fehlt diese Entscheidung der Einigungsstelle, so ist der Bestellungsakt bzw die Abberufung unwirksam (BAG AP Nr 1 zu § 9 ASiG; LAG Bremen NZA-RR 1998, 252; WIESE, GK-BetrVG Bd II [7. Aufl 2002] § 87 Rn 656 mwN).

Da § 9 Abs 3 ASiG die Beteiligungsrechte des Betriebsrates nach dem Betriebs- **217** verfassungsgesetz nicht berührt (o Rn 197), muß der Arbeitgeber den **Betriebsrat nach den §§ 99 ff BetrVG beteiligen,** wenn er einen Arbeitnehmer als Betriebsarzt oder als Fachkraft für Arbeitssicherheit einstellen will. Das gilt lediglich dann nicht, wenn der Betriebsarzt oder die Fachkraft für Arbeitssicherheit aufgrund der herausgehobenen Stellung in der Unternehmensorganisation als **leitender Angestellter** zu qualifizieren ist (vgl zB BAG AP Nr 16 zu § 5 BetrVG 1972 [Sicherheitsingenieur]; zu weitgehend R WEBER, Der Betriebsbeauftragte [1988] 211 ff, der Betriebsärzten und Fachkräften für Arbeitssicherheit stets den Status eines leitenden Angestellten zuspricht); die Beteiligung des Betriebsrates beschränkt sich dann auf eine Unterrichtung (§ 105 BetrVG), ohne daß hierdurch das Beteiligungsrecht aus § 9 Abs 3 Satz 1 ASiG entfällt (RICHARDI, BetrVG [7. Aufl 1998] § 87 Rn 631; WIESE, GK-BetrVG Bd II [7. Aufl 2002] § 87 Rn 653 mwN).

Unterläßt der Arbeitgeber die Beteiligung nach den §§ 99 ff BetrVG, so richten sich die **218** Rechtsfolgen nach den allgemeinen Vorschriften des Betriebsverfassungsgesetzes. Die **unterbliebene Beteiligung nach § 9 Abs 3 ASiG** wirkt sich grundsätzlich nicht auf die **Rechtswirksamkeit individualvertraglicher Rechtsgeschäfte,** insbesondere auch nicht auf eine Kündigung aus. Eine Ausnahme ist im Hinblick auf eine Umgehung des in § 9 Abs 3 S 1 ASiG normierten Mitbestimmungsrechts und seines Schutzzwecks jedoch anzuerkennen, wenn die Kündigung des Arbeitsverhältnisses auf Tatbestände gestützt wird, die mit der Verrichtung der Tätigkeiten als Betriebsarzt oder Fachkraft für Arbeitssicherheit im Zusammenhang stehen (BAG AP Nr 1 zu § 9 ASiG; so auch EHRICH, Amt, Anstellung und Mitbestimmung bei betrieblichen Beauftragten [1993] 159 ff). Ob dies auch gilt, wenn der Arbeitgeber aus betriebsbedingten oder solchen personen- und verhaltensbedingten Gründen kündigt, die keinen Bezug zu der Tätigkeit des Betriebsarztes oder der Fachkraft für Arbeitssicherheit aufweisen, ist höchstrichterlich bislang nicht entschieden (so ausdrücklich BAG AP Nr 1 zu § 9 ASiG), dürfte aber zu verneinen sein (ebenso EHRICH, Amt, Anstellung und Mitbestimmung bei betrieblichen Beauftragten [1993] 187 ff; **aA** im Grundsatz WUNDERLICH, Die Rechtsstellung des Betriebsarztes [1995] 219 ff).

cc) **Sicherheitsbeauftragte***

219 Zusätzlich zu den Betriebsärzten und den Fachkräften für Arbeitssicherheit schreibt § 22 SGB VII (früher: § 719 RVO) **die Bestellung eines Sicherheitsbeauftragten** vor. Ihm obliegt vor allem die **Unterstützung des Arbeitgebers** bei der Durchführung des Unfallschutzes und die fortlaufende Überzeugung von dem Vorhandensein und der ordnungsgemäßen Benutzung der vorgeschriebenen Schutzvorrichtungen (§ 22 Abs 2 SGB VII; näher hierzu DANGERS BerGen 1973, 83 ff). Er ist deshalb **kein amtliches (Aufsichts- und Überwachungs-)Organ,** sondern wird als beobachtende und beratende **Hilfsperson des Unternehmers** tätig (BSGE 37, 265; BVerwG AP Nr 1 zu § 719 RVO; KOHTE, in: FS Wlotzke [1996] 572 ff; MünchArbR/WLOTZKE § 208 Rn 28).

220 Die **Anzahl der zu bestellenden Sicherheitsbeauftragten** legen die **Unfallverhütungsvorschriften der Berufsgenossenschaften** fest (§ 15 Abs 1 Nr 7 SGB VII). Ebenso wie bei den Betriebsärzten und den Fachkräften für Arbeitssicherheit richtet sich diese nach den vom Betrieb ausgehenden Gefährdungen und der Zahl der Arbeitnehmer (s auch § 22 Abs 1 S 3 und 4 SGB VII).

221 Die Bestellung zum Sicherheitsbeauftragten hängt vom **Einverständnis des Arbeitnehmers** ab. Ein Recht des Arbeitgebers zur einseitigen Bestellung läßt sich aus den arbeitsvertraglichen Nebenpflichten nicht ableiten, wohl aber kann dieses nach vorherrschender Ansicht eine Betriebsvereinbarung festlegen (vgl BSGE 37, 266; EHRICH, Amt, Anstellung und Mitbestimmung bei betrieblichen Beauftragten [1993] 222 f; **aA** hinsichtlich der Festlegung in einer Betriebsvereinbarung KOHTE, in: FS Wlotzke [1996] 577).

222 Die **Bestellung eines Betriebsarztes** oder einer **Fachkraft für Arbeitssicherheit** zum Sicherheitsbeauftragten **(Doppel- oder Mehrfachbestellung)** ist **unzulässig,** da das Arbeitssicherheitsgesetz davon ausgeht, daß jeweils verschiedene Personen die Aufgaben wahrnehmen (näher OETKER BlStSozArbR 1983, 248; zustimmend KOHTE, in: FS Wlotzke [1996] 577 f; **aA** EHRICH, Amt, Anstellung und Mitbestimmung bei betrieblichen Beauftragten [1993] 216; s aber auch allg R WEBER, Der Betriebsbeauftragte [1988] 68 ff). In diesem Sinne betont auch das Bundesverwaltungsgericht, daß beide Funktionen jedenfalls mit Rücksicht auf die Zielsetzungen des Gesetzes nicht zusammenfallen sollen (BVerwG AP Nr 1 zu § 719 RVO).

223 Die **Bestellung eines Sicherheitsbeauftragten** muß unter „Beteiligung" des Betriebsrates bzw des **Personalrates** erfolgen (§ 22 Abs 1 S 1 SGB VII). Allerdings läßt sich die **Intensität der Beteiligung** dem Gesetzeswortlaut nicht zweifelsfrei entnehmen. Hinsichtlich des vormals in § 719 Abs 1 S 2 RVO niedergelegten Rechts zur „Mit-

---

* **Schrifttum:** COULIN, Mitbestimmung des Personalrats bei der Bestellung von Sicherheitsbeauftragten und Fachkräften für Arbeitssicherheit, PersR 1989, 65; DANGERS, Der Sicherheitsbeauftragte, BerGen 1973, 83; EHRICH, Amt, Anstellung und Mitbestimmung bei betrieblichen Beauftragten (1993) 214; KOHTE, Die Sicherheitsbeauftragten nach geltendem und künftigem Recht, in: FS Wlotzke (1996) 563; KREUTZBERG, Der Einsatz des Sicherheitsbeauftragten, BerGen 1974, 235; NICKENIG, Sicherheitsbeauftragte in der Unfallversicherung, BlStSozArbR 1966, 136; OETKER, Rechtliche Probleme bei der Bestellung eines Sicherheitsbeauftragten (§ 719 I 1 RVO), BlStSozArbR 1983, 247; WIEDEMANN, Die Arbeit des Sicherheitsbeauftragten aus psychologischer Sicht, BerGen 1969, 143; WOLBER, Die Verpflichtung des Unternehmers zur Bestellung von Sicherheitsbeauftragten, BlStSozArbR 1977, 359.

wirkung" stand die überwiegende Ansicht auf dem Standpunkt, daß § 719 Abs 1 S 2 RVO zumindest bezüglich des **Betriebsrates** als eigenständiges Beteiligungsrecht zu qualifizieren war und nicht nur ein Anhörungs-, sondern ein **Beratungsrecht,** jedoch **kein Mitbestimmungsrecht** umfaßte (so die hM zu § 719 RVO aF, vgl EHRICH, Amt, Anstellung und Mitbestimmung bei betrieblichen Beauftragten [1993] 224 ff; OETKER BlStSozArbR 1983, 248 f; WANK/BÖRGMANN 62; WIESE, GK-BetrVG Bd II [5. Aufl 1995] § 89 Rn 34; MünchArbR/WLOTZKE § 208 Rn 27; im Grundsatz auch KOHTE, in: FS Wlotzke [1996] 582, der jedoch partiell zu einem Mitbestimmungsrecht aus § 87 Abs 1 Nr 7 BetrVG gelangt; **aA** LAG Düsseldorf DB 1977, 915; LAG Hamburg NZA-RR 1996, 214). Für die **„Mitwirkung" des Personalrates** bejahte das Bundesverwaltungsgericht indes ein **Mitbestimmungsrecht,** stützte sich hierfür jedoch auf § 75 Abs 3 Nr 11 BPersVG (so BVerwG AP Nr 1 zu § 719 RVO; zustimmend KOHTE, in: FS Wlotzke [1996] 581 f).

Für den gegenüber § 719 Abs 1 S 2 RVO geringfügig modifizierten Wortlaut in **§ 22**   **224** **Abs 1 S 1 SGB VII** ist diese Diskrepanz klärungsbedürftig, weil der nunmehr im Gesetz enthaltene Terminus der **„Beteiligung"** wegen der unterschiedlichen Intensität, die eine „Beteiligung" des Betriebs- oder Personalrates haben kann, äußerst unscharf und vage ist. Angesichts dieser Offenheit des Gesetzeswortlauts läßt sich § 22 Abs 1 S 1 SGB VII auch die Qualität eines eigenständigen Beteiligungsrechtes absprechen und lediglich als ein Hinweis verstehen, daß die nach den allgemeinen Bestimmungen des Betriebsverfassungsrechts bzw des Personalvertretungsrechts bestehenden Beteiligungsrechte bei der Bestellung von Sicherheitsbeauftragten zu beachten sind (weitergehend WIESE, GK-BetrVG Bd II [7. Aufl 2002] § 89 Rn 59: eigenständiger Anspruch auf Anhörung und Beratung; ebenso RICHARDI, BetrVG [7. Aufl 1998] § 89 Rn 23: Recht auf Beratung). Bei diesem Verständnis verbleibt es bei einer Beteiligung des Betriebsrates nach § 99 BetrVG, sofern die Übertragung der Aufgaben eines Sicherheitsbeauftragten als Versetzung im Sinne des § 95 Abs 3 BetrVG zu qualifizieren ist. Dem Personalrat steht demgegenüber ein Mitbestimmungsrecht nach § 75 Abs 3 Nr 11 BPersVG zu (BVerwG AP Nr 1 zu § 719 RVO).

Erfüllt die Bestellung die Voraussetzungen einer **Versetzung** (§ 95 Abs 3 BetrVG), so   **225** ist stets das **Beteiligungsverfahren nach § 99 BetrVG** durchzuführen; **§ 22 Abs 1 S 1 SGB VII konsumiert** dieses selbst dann **nicht,** wenn im Wege der Auslegung aus dieser Vorschrift ein eigenständiges Beteiligungsrecht des Betriebsrates abgeleitet wird (so RICHARDI, BetrVG [7. Aufl 1998] § 89 Rn 23; WIESE, GK-BetrVG Bd II [7. Aufl 2002] § 89 Rn 59 sowie zu § 719 RVO OETKER BlStSozArbR 1983, 249; R WEBER, Der Betriebsbeauftragte [1988] 211 ff). Entsprechendes gilt für das Personalvertretungsrecht und den in § 75 Abs 3 Nr 11 BPersVG normierten Beteiligungstatbestand (s BVerwG AP Nr 1 zu § 719 RVO).

Bei der **Abberufung des Sicherheitsbeauftragten** ist § 22 Abs 1 S 1 SGB VII entspre-   **226** chend anzuwenden (WIESE, GK-BetrVG Bd II [7. Aufl 2002] § 89 Rn 59; so auch die hM zu § 719 Abs 1 S 2 RVO, vgl LAG Hamburg NZA-RR 1996, 214; EHRICH, Amt, Anstellung und Mitbestimmung bei betrieblichen Beauftragten [1993] 228 f; KOHTE, in: FS Wlotzke [1996] 590; OETKER BlStSozArbR 1983, 249; WIESE, GK-BetrVG Bd II [5. Aufl 1995] § 89 Rn 34 mwN).

Die **unterbliebene Beteiligung des Betriebsrates** berührt nicht die Rechtswirksamkeit   **227** der Bestellung bzw der Abberufung (str einerseits OETKER BlStSozArbR 1983, 249; WIESE, GK-BetrVG Bd II [7. Aufl 2002] § 89 Rn 59; andererseits R WEBER, Der Betriebsbeauftragte [1988] 103 ff; ebenso für die Abberufung KOHTE, in: FS Wlotzke [1996] 590 f). Ein anderes Resultat kommt nur bei einer fehlenden Beteiligung des Personalrates nach § 75 Abs 3 Nr 11 BPersVG in Betracht, da das vorgenannte Beteiligungsrecht ein Mitbestimmungsrecht im engeren Sinne ist.

dd) Arbeitsschutzausschuß*

228 Um eine effektive Zusammenarbeit der im Betrieb mit dem technischen Arbeitsschutz befaßten Personen zu gewährleisten, verpflichtet **§ 11 ASiG** den Arbeitgeber zur **Bildung eines Arbeitsschutzausschusses** im Betrieb (nicht Unternehmen: LAG Hessen NZA 1997, 114). Das Gesetz verknüpft diese Verpflichtung mit der Bestellung eines Betriebsarztes oder einer Fachkraft für Arbeitssicherheit (zur Ermessensausübung der zuständigen Behörde beim Erlaß einer Verwaltungsverfügung VG Hannover GewArch 1996, 28 f). Sieht die einschlägige **Unfallverhütungsvorschrift** keine derartige Verpflichtung vor, so kann die **Bildung eines Arbeitsschutzausschusses** unterbleiben. Die Errichtung kann auch nicht durch den Betriebsrat erzwungen werden, da diesem kein für die Annahme eines **Initiativrechtes** notwendiges Mitbestimmungsrecht zusteht (LAG Hamburg NZA-RR 1996, 213 ff). Die früher in § 719 Abs 3 RVO für Kleinbetriebe vorgesehene Möglichkeit, daß die Sicherheitsbeauftragten einen **Sicherheitsausschuß** zum Zwecke eines Erfahrungsaustausches zwischen den Sicherheitsbeauftragten, dem Arbeitgeber und gegebenenfalls dem Betriebs- oder Personalrat (s auch § 89 Abs 3 BetrVG aF) bilden, wurde in § 22 SGB VII bewußt nicht übernommen (s RegBegr BT-Drucks 13/2204, 82).

229 Der nach § 11 ASiG zu bildende Arbeitsschutzausschuß **setzt sich zusammen** aus dem Arbeitgeber oder einem von ihm Beauftragten, zwei Betriebsratsmitgliedern, den Betriebsärzten und den Fachkräften für Arbeitssicherheit sowie den Sicherheitsbeauftragten im Sinne von § 22 SGB VII. Der Arbeitsschutzausschuß hat primär die **Funktion eines Beratungsgremiums** zum wechselseitigen Erfahrungsaustausch, um die Durchführung des technischen Arbeitsschutzes zu optimieren (§ 11 Abs 2 ASiG; näher WOLBER BlStSozArbR 1980, 219 f).

230 Zur **Beteiligung des Betriebsrates** bei der **Bildung des Arbeitsschutzausschusses** statt aller RICHARDI, BetrVG (7. Aufl 1998) § 87 Rn 645; WIESE, GK-BetrVG Bd II (7. Aufl 2002) § 87 Rn 670 f. Zur **Teilnahme des Seebetriebsrates** an den **Sitzungen des Arbeitsschutzausschusses** BAG AP Nr 1 zu § 115 BetrVG 1972.

6.   Relativität der Schutzpflicht

231 Die **Schutzpflicht** des Dienstberechtigten ist **nicht** als eine **absolute,** sondern – ebenso wie in § 62 Abs 1 HGB – als eine **relative Schutzpflicht** ausgestaltet. Nach der ausdrücklichen Regelung in § 618 Abs 1 findet sie ihre Grenze in der **Natur der Dienstleistung.** Der Dienstverpflichtete kann nicht die Beseitigung von Gefahren verlangen, die untrennbar mit den Besonderheiten der Dienstleistung verbunden sind und die nach dem jeweiligen Stand der Technik nicht beseitigt oder abgemildert werden können (vgl RAG ARS 33, 65). Solange eine unternehmerische Tätigkeit erlaubt ist,

---

* **Schrifttum:** WOLBER, Bestellung und Abberufung der Mitglieder des Arbeitsschutzausschusses und Sicherheitsausschusses, BlStSozArbR
1977, 228; ders, Der Arbeitsschutzausschuß, BlStSozArbR 1980, 219.

kann diese nicht durch Maßnahmen des Arbeitsschutzes unterbunden werden (BAG AP Nr 20 zu § 618 BGB = EzA § 618 BGB Nr 11; kritisch MÖLLERS JZ 1996, 1053 f).

Hinsichtlich der mit der konkreten Dienstleistung unter gewöhnlichen Umständen **232** verbundenen Gefahren und den hieraus resultierenden Schäden für die Gesundheit liegt eine **konkludent mit Abschluß des Vertrages erklärte Einwilligung** vor (so im Ansatz bereits RG LZ 1912, 453 [Nr 2]), die durch die Möglichkeit des Dienstberechtigten begrenzt ist, die mit der Dienstleistung verbundenen Gefahren zu beseitigen oder zu verringern. **Kann der Arbeitgeber** die mit der Dienstleistung verbundenen **Gefahren verringern** und dadurch seine Schutzpflicht aus § 618 Abs 1 erfüllen, so scheitert eine Einwilligung bereits daran, daß § 618 Abs 1 nicht dispositiv ist (§ 619) und der Dienstverpflichtete deshalb nicht auf die Einhaltung der Schutzpflichten verzichten kann. Die konkludent erteilte Einwilligung erstreckt sich nur auf das verbleibende, **nicht vermeidbare Gefahrenpotential.** In diesen Grenzen ist die Gesundheitsgefährdung zulässiger Inhalt arbeitsvertraglicher Pflichten, der nicht per se als Verstoß gegen die guten Sitten stigmatisiert werden kann (kritisch aber DÄUBLER, Arbeitsrecht 2 [11. Aufl 1998] Rn 380 ff).

Dementsprechend löst die technisch **nicht zu vermeidende Staubentwicklung** an der **233** Arbeitsstätte keine Ansprüche nach § 618 Abs 1 aus (RAG ARS 33, 66 f). Das gilt entsprechend für die mit einem **Fußbodenbelag** üblicherweise verbundene **Glätte** (RAG ARS 14, 454) und die **Raumtemperatur** in einem Delikatessengeschäft, wenn sie durch die Art der angebotenen Waren bedingt ist (RG LZ 1912, 453 [Nr 2]; zur Mindesttemperatur für Verkaufsräume im Blumenhandel OVG Bremen NZA 1995, 945 ff; für Baumärkte OVG NW GewArch 1998, 202 f). Der Dienstberechtigte bleibt in diesen Fällen verpflichtet, die wegen der Natur der Dienstleistung hinzunehmenden Gefahren dadurch auszugleichen, daß er sich um den technisch jeweils realisierbaren Schutz bemüht und die mit der Dienstleistung verbundenen Gefahren durch sorgfältige und genaue Anweisungen sowie gegebenenfalls die Überprüfung ihrer Beachtung so gering wie möglich hält (HUECK/NIPPERDEY I § 48 II 3).

Im Geltungsbereich des Betriebsverfassungsgesetzes liegt eine spezialgesetzliche Regelung vor; § 81 Abs 1 S 2 BetrVG verpflichtet zur Belehrung über die Unfall- und **234** Gesundheitsgefahren sowie über die Maßnahmen und Einrichtungen zur Abwehr dieser Gefahren (hierzu zB RICHARDI, BetrVG [7. Aufl 1998] § 81 Rn 5 f; WIESE, GK-BetrVG Bd II [7. Aufl 2002] § 81 Rn 12 ff; ebenso § 78 Abs 1 S 2 des zum 59. DJT vorgelegten Entwurfs eines Arbeitsvertragsgesetzes, Verhandlungen des 59. DJT I [1992] D 44; so auch § 78 Abs 1 S 2 des Arbeitsvertragsgesetzentwurfs des Freistaates Sachsen, siehe BR-Drucks 293/95). § 12 Abs 1 ArbSchG wiederholt diese Verpflichtung in allgemeiner Form. Sie hat jedoch wegen des weiten „Beschäftigtenbegriffs" (s § 2 Abs 2 ArbSchG) einen im Vergleich zu § 81 Abs 1 S 2 BetrVG extensiveren personellen Anwendungsbereich und legt zudem – aufgrund der europarechtlichen Vorgabe in Art 12 Abs 4 der Richtlinie 89/391/EWG – die Unterweisung während der Arbeitszeit der Arbeitnehmer ausdrücklich fest.

Die Pflichten des Dienstberechtigten aus § 618 Abs 1 werden nur durch die Natur der **235** Dienstleistung und die Unzumutbarkeit relativiert. Der Dienstberechtigte kann sich deshalb – wie die Entstehungsgeschichte der Vorschrift bestätigt (o Rn 4) – nicht darauf berufen, er habe die **lokal üblichen Vorkehrungen** zur Vermeidung von Gefahren getroffen. Eine Abschwächung der Schutzpflichten des Dienstberechtigten durch verbreitet auftretende und daher übliche Mißstände ist mit dem Normzweck unvereinbar (so mit Recht bereits RG JW 1919, 820; sowie PLANCK/GUNKEL § 618 Anm 2 c; HUECK/NIPPERDEY I § 48 II 3; OERTMANN § 618 Anm 2 c). Deshalb sind Unannehmlichkeiten mit Kunden oder für die interne Betriebsorganisation sowie die aufzuwendenden Kosten nicht geeignet, die Pflicht zur Beseitigung gesundheitsgefährdender Zustände zu verringern (RAG ARS 9, 383; BGB-RGRK/SCHICK § 618 Rn 17).

F. Erweiterung des Pflichtenkreises durch § 618 Abs 2

I. Räumliche Anknüpfung für die erweiterte Interessenwahrungspflicht

1. Häusliche Gemeinschaft

236 Die **Erweiterung der Interessenwahrungspflicht** in § 618 Abs 2, die erst zum Ende des Gesetzgebungsverfahrens eingefügt wurde (o Rn 1), trägt in erster Linie den besonderen Gefahren für diejenigen Dienstverpflichteten Rechnung, die im Zusammenhang mit ihrer Dienstleistung in eine **häusliche Gemeinschaft des Dienstberechtigten** aufgenommen werden. Die Mehrheit der XII. Kommission des Reichstags bejahte insofern ein besonderes, in einer Gesindeordnung nicht ausreichend regelbares Schutzbedürfnis (MUGDAN II 1288). Der historische Gesetzgeber wertete – wie die gleichfalls auf die Reichstagskommission zurückgehende Regelung in § 617 zeigt (s o § 617 Rn 1) – diese Regelung sowie § 618 Abs 2 als Sinneinheit, um Schutzdefizite der nur teilweise vorliegenden Gesindeordnungen zu kompensieren (s auch o § 617 Rn 3). Es entspricht deshalb der Seh- und Wertungsweise des historischen Gesetzgebers, der „häuslichen Gemeinschaft" in § 618 Abs 2 denselben Begriffsinhalt wie bei § 617 beizulegen.

237 Der in der Literatur teilweise vertretenen Auffassung, der Begriff der häuslichen Gemeinschaft sei in § 618 Abs 2 weiter auszulegen als bei § 617 (so SOERGEL/KRAFT § 618 Rn 19; MünchKomm/LORENZ § 618 Rn 50; STAUDINGER/MOHNEN/NEUMANN[10/11] § 618 Rn 36; ErfKomm/WANK § 618 BGB Rn 25), kann angesichts des zu § 617 befürworteten engeren Begriffsverständnisses (s o § 617 Rn 25 f) nicht beigetreten werden. Solange im Rahmen des § 617 eine auch den Dienstberechtigten einschließende Gemeinschaft gefordert wird (s o § 617 Rn 25 f), überschreitet eine hierauf verzichtende Auslegung des § 618 Abs 2 – bei der vor allem aufgrund der Entstehungsgeschichte gebotenen Prämisse eines kongruenten Begriffsverständnisses – die Grenzen des Gesetzeswortlauts. Jede Anwendung des § 618 Abs 2, die über diesen hinausgeht und auf **Gemeinschaftsunterkünfte** ausdehnt, die ausschließlich von Dienstverpflichteten bzw Arbeitnehmern bewohnt werden, ist nur unter den Voraussetzungen einer **Gesetzesanalogie** methodisch statthaft. Dementsprechend plädierte auch das **Bundesarbeitsgericht** in seinem Urteil v 8. 6. 1955, in dem es § 618 auf **Arbeitnehmerwohnheime** anwandte, nicht für eine weite Auslegung des § 618 Abs 2, sondern stützte sich expressis verbis und methodisch zutreffend auf eine „sinngemäße" Anwendung (BAG AP Nr 1 zu § 618 BGB sowie näher u Rn 238 ff).

2. Gemeinschaftsunterkünfte

238 Ungeachtet der exakten methodischen Begründung läßt die inzwischen einhellige

Ansicht die besonderen Schutzpflichten in § **618 Abs 2** auch eingreifen, wenn der Dienstverpflichtete in eine **häusliche Gemeinschaft** aufgenommen ist, **ohne** daß diese den **Dienstberechtigten** umfaßt. Die Vorschrift soll auch bei einem vom Dienstberechtigten bzw Arbeitgeber unterhaltenen **Arbeiterwohnheim** anzuwenden sein (BAG AP Nr 1 zu § 618 BGB; LAG Hamburg BB 1954, 629; für das Schrifttum zB HUECK/NIPPERDEY I § 48 II 6 mit Fn 50; SOERGEL/KRAFT § 618 Rn 19; MünchKomm/LORENZ § 618 Rn 50; BGB-RGRK/ SCHICK § 618 Rn 135; ErfKomm/WANK § 618 BGB Rn 25; **aA** LAG Stuttgart BB 1954, 629).

Im Ergebnis ist dies **überzeugend,** da der historische Gesetzgeber das Phänomen von **239** Arbeiterwohnheimen nicht berücksichtigt hat und der Zweck, der der Erweiterung der Interessenwahrungspflichten zugrundeliegt, zumindest partiell eine Anwendung der Norm verlangt, wenn der Dienstberechtigte nicht in die Gemeinschaft integriert ist. Anders als die enge persönliche Nähebeziehung zu dem Dienstberechtigten, die die Regelung in § 617 trägt (s o § 617 Rn 5), liegt der für § 618 sinngebende erweiterte Gefahrenbereich für den Dienstverpflichteten unabhängig davon vor, ob der Dienstberechtigte Teil der häuslichen Gemeinschaft ist. Entscheidend ist allein, daß die Aufnahme in die häusliche Gemeinschaft im Hinblick auf die dienstvertraglich begründete Pflicht zur Arbeitsleistung erfolgte und die Gemeinschaftsunterkunft der unmittelbaren oder mittelbaren Herrschafts- und Organisationsgewalt des Dienstberechtigten unterliegt. Das „Gesetz über die Mindestanforderungen an Unterkünfte für Arbeitnehmer" v 23. 7. 1973 (BGBl I 905) bestätigt dies im Ergebnis, da mit diesem die aus § 618 Abs 2 abzuleitende privatrechtliche Schutzpflicht in eine öffentlichrechtliche Arbeitsschutzpflicht umgewandelt wurde (Reg Begr BT-Drucks 7/262, 5).

Die in Rn 237 befürwortete, lediglich entsprechende Anwendung des § 618 Abs 2 auf **240** Gemeinschaftsunterkünfte führt allerdings dazu, daß die Schutzpflichten dieser Vorschrift bei Gemeinschaftsunterkünften nur eingeschränkt zur Anwendung gelangen. Die Reichweite der bei Gemeinschaftsunterkünften bestehenden besonderen **Herrschafts- und Organisationsgewalt des Dienstberechtigten begrenzt** die für den Analogieschluß unerläßliche teleologische Vergleichbarkeit. Es ist stets erforderlich, daß die von § 618 Abs 2 vorausgesetzte besondere Gefahrenlage für die von § 618 Abs 2 geschützten Rechtsgüter infolge der Aufnahme in die Gemeinschaftsunterkunft vorliegt.

Hinsichtlich der **Beschaffenheit der Wohn- und Schlafräume** ist dies regelmäßig der **241** Fall. Bezüglich der **Verpflegung** trifft dies hingegen nur zu, wenn diese der Verantwortung des Dienstberechtigten unterliegt, nicht aber, wenn die Bewohner diese eigenverantwortlich tragen. Für die **Arbeits- und Erholungszeiten** ist nur noch begrenzt erkennbar, inwiefern die Aufnahme in eine Gemeinschaftsunterkunft eine besondere Gefahrenlage vermittelt. Die Notwendigkeit einer den Telos der Norm beachtenden differenzierten Betrachtung gilt entsprechend bei den in § 618 Abs 2 genannten **Gefahren für Gesundheit, Sittlichkeit und Religion.**

II. Umfang der Schutzpflicht

1. Wohn- und Schlafräume

Bezüglich der Wohn- und Schlafräume werden die Pflichten des Dienstberechtigten **242** nach § 618 Abs 2 weitgehend durch den **notwendigen Gesundheitsschutz** bestimmt.

Dieser beeinflußt vor allem die Anforderungen an **Größe und Lage** der Wohn-
und Schlafräume, ihre **Beleuchtungs- und Belüftungsmöglichkeiten,** den **Feuchtig-
keits-, Wärme- und Lärmschutz** sowie die **sanitären Einrichtungen.** Im übrigen ist
auf die Verkehrssitte abzustellen, die auch durch die Art der Dienstleistung geprägt
wird.

243 Bei Gemeinschaftsunterkünften konkretisieren vor allem § 120c GewO und die dort
in Abs 1 S 2 sowie Abs 3 getroffenen Regelungen (hierzu zB KOLLMER, in: LANDMANN/
ROHMER, GewO, § 120 c) den Pflichtenkreis des Dienstberechtigten (ebenso ErfKomm/
WANK § 618 BGB Rn 25). Diese sind **über den Geltungsbereich der Gewerbeordnung
hinaus** für jeden Arbeitgeber verbindlich (§ 120c Abs 5 GewO; s auch Reg Begr BT-
Drucks 7/262, 5), gelten – vermittelt durch § 618 Abs 2 – aber auch **außerhalb des
Arbeitsrechts.** Hierfür sind in erster Linie die für die Einfügung des § 120c GewO
durch das „Gesetz über die Mindestanforderungen an Unterkünfte für Arbeitnehmer" v 23. 7. 1973 (BGBl I 905) tragenden Erwägungen maßgebend. Entsprechend der
einhelligen Ansicht ging der Gesetzgeber bei der Schaffung des § 120c GewO davon
aus, daß § 618 Abs 2 auch bei der Unterbringung in Gemeinschaftsunterkünften
anzuwenden ist; § 120c GewO sollte „diese Fürsorgepflicht in eine öffentlich-rechtliche Arbeitsschutzpflicht umwandeln" (Reg Begr BT-Drucks 7/262, 5), so daß sich der
Gesetzgeber augenscheinlich von der Überzeugung leiten ließ, daß der Regelungsinhalt des § 120c GewO in § 618 Abs 2 enthalten ist. Die Verpflichtungen der letztgenannten Vorschrift sollten parallel bestehen bleiben (BT-Ausschuß für Arbeit und Sozialordnung, BT-Drucks 7/527, 3 f).

244 Den **räumlichen Umfang der Interessenwahrungspflicht** erstreckt § 120c Abs 3 GewO
nicht nur auf den **Wohn- und Schlafraum** im engeren Sinne, sondern auch auf **Nebenräume,** die mit der Benutzung der Wohn- und Schlafräume denknotwendig verbunden sind. Zu ihnen gehören insbesondere Küchen und Vorratsräume sowie die
Räumlichkeiten für sanitäre Anlagen. Darüber hinaus enthält § **120c Abs 1 Satz 2
GewO** einen **Katalog,** der die Sachverhalte festlegt, in denen ein **Verstoß gegen die
Pflicht** zum Schutz der Gesundheit vorliegt. Durch das in die jeweiligen Tatbestände
aufgenommene **Adjektiv „unzureichend"** ist allerdings nur wenig Klarheit für die im
Einzelfall zu beachtenden Pflichten gewonnen.

245 Hinsichtlich der **Wohn- und Schlafräume** verlangt die Sittenordnung zumindest die
zur Verfügungstellung eines **eigenen Bettes** sowie eine **Trennung** der Schlafräume
nach den Geschlechtern.

2. Verpflegung

246 Die Verpflegung darf, wenn sie dem Verantwortungsbereich des Dienstberechtigten
zuzuordnen ist, **nicht gesundheitsgefährdend** sein (RAG ARS 30, 232). Auf **hochwertige
Vollwertkost** besteht im Regelfall kein Anspruch, solange die vom Dienstberechtigten dargebotenen Nahrungsmittel lebensmittelrechtlich unbedenklich sind. Ob der
Dienstberechtigte bei der **Zusammenstellung der Verpflegung** auf **religiös motivierte
Eßgewohnheiten** der Dienstberechtigten (Fastenzeit, bestimmte Art der Schlachtung
bei Fleischwaren, Ausschluß bestimmter Fleischsorten) Rücksicht nehmen muß,
hängt von den Umständen des Einzelfalles ab (ERMAN/BELLING § 618 Rn 20). Eine generelle Pflicht, einem Katholiken an Fastentagen die hierfür entsprechende Kost zu

verabreichen (so STAUDINGER/MOHNEN/NEUMANN[10/11] § 618 Rn 38), die bei anderen religiös geprägten Eßgewohnheiten entsprechend anzuerkennen wäre, ist im Hinblick auf die Unzumutbarkeit als Grenze der Pflicht zu weitgehend (plastisch OERTMANN § 618 Anm 2c: „unmöglich kann die ganze Hausordnung sich nach den Angestellten richten").

3. Arbeits- und Erholungszeiten

Bezüglich Dauer und Lage der Arbeits- und Erholungszeit besitzt § 618 Abs 2 nur **247** begrenzt eine eigenständige Bedeutung, da die aus Gründen des Gesundheitsschutzes gebotenen Schutzpflichten bereits aus § 618 Abs 1 folgen (s o Rn 127, 169 ff). Allerdings umfaßt § 618 Abs 1 keine Rücksichtnahmepflicht hinsichtlich der Sittlichkeit und der Religion (s o Rn 127). Insofern sichert § 618 Abs 2, daß die **Religionsausübungsfreiheit** zumindest dann die Lage der Arbeitszeit und die hierzu dienende Leistungsbestimmung des Dienstberechtigten beeinflußt, wenn dies aufgrund einer Abwägung mit den Belangen des Dienstberechtigten diesem zuzumuten ist (vgl schon OERTMANN § 618 Anm 2 c, der mit Recht auf das Übermaß als Grenze der den Dienstberechtigten treffenden Pflicht hinweist). Dem Dienstverpflichteten ist unter diesen Voraussetzungen ausreichend Zeit für die **Ausübung religiöser Gebräuche** zu belassen bzw die Arbeitszeit so zu legen, daß der Dienstverpflichtete an dem Leben der Religionsgemeinschaft ausreichend teilnehmen kann. In Betracht kommt vor allem der **Besuch des Gottesdienstes** (ERMAN/BELLING § 618 Rn 20; SOERGEL/KRAFT § 618 Rn 19; STAUDINGER/MOHNEN/NEUMANN[10/11] § 618 Rn 38; OERTMANN § 618 Anm 2 c; BGB-RGRK/SCHICK § 618 Rn 137).

G. Rechtsfolgen der Pflichtverletzung

I. Erfüllungsanspruch des Dienstverpflichteten

Erfüllt der Dienstberechtigte seine aus § 618 Abs 1 oder 2 folgenden Pflichten nicht **248** oder nicht ordnungsgemäß, so steht dem Dienstverpflichteten ein **Erfüllungsanspruch** zu (so im Grundsatz die herrschende Ansicht trotz Abweichungen im Detail, s BAG AP Nr 27 zu § 618 BGB; ArbG Siegen NZA-RR 2001, 630; ERMAN/BELLING § 618 Rn 21; BÜCKER/FELDHOFF/KOHTE 15; AK-BGB/DERLEDER § 618 Rn 5; HK-BGB/ECKERT §§ 617–619 Rn 12; GALPERIN BB 1963, 742; HERSCHEL RdA 1978, 73 f; HROMADKA/MASCHMANN, Arbeitsrecht 1 [2. Aufl 2002] § 7 Rn 129; HUECK/NIPPERDEY I § 48 II 5 a; KOLLMER NJW 1997, 2018; SOERGEL/KRAFT § 618 Rn 21; LARENZ I § 52 II c 3 [263]; LÖWISCH, Arbeitsrecht [5. Aufl 2000] Rn 1137; MünchKomm/LORENZ § 618 Rn 62; NIPPERDEY, in: Festgabe zum 50jährigen Bestehen des Reichsgerichts Bd IV [1929] 222; OERTMANN § 618 Anm 4; PALANDT/PUTZO § 618 Rn 6; SCHAUB, Arbeitsrechts-Handbuch [9. Aufl 2000] § 108 Rn 24; BGB-RGRK/SCHICK § 618 Rn 170; JAUERNIG/SCHLECHTRIEM §§ 618, 619 Rn 5; SÖLLNER, Arbeitsrecht [12. Aufl 1998] § 25 III; WALTERMANN RdA 1998, 331 f; ErfKomm/WANK § 618 BGB Rn 257; WLOTZKE, in: FS Hilger/Stumpf [1983] 744 ff; MünchArbR/WLOTZKE § 209 Rn 21; aA aber noch PLANCK/GUNKEL § 611 Anm 5 b; JACOBI 188 f; ZÖLLNER/LORITZ, Arbeitsrecht [5. Aufl 1998] § 29 II 2). Zumindest im Rahmen des § 618 begegnet die Ausdehnung des Erfüllungsanspruchs auf die **Schutzpflichten** eines Vertragspartners keinen grundsätzlichen Bedenken, ohne daß mit der Anerkennung des Anspruchs zugleich die Qualifizierung als „Leistung" im Sinne des allgemeinen Leistungsstörungsrechts verbunden ist.

Hartmut Oetker

249 Die Kontroverse um die Anerkennung eines Erfüllungsanspruches zugunsten des Dienstverpflichteten besitzt **keine große praktische Bedeutung** (ErfKomm/WANK § 618 BGB Rn 27; MünchArbR/WLOTZKE § 209 Rn 21). Der vertragliche Schadensersatzanspruch des Dienstverpflichteten bei einer Verletzung der Pflichten aus § 618 Abs 1 und 2 (u Rn 284 ff), das Leistungsverweigerungsrecht des Dienstverpflichteten (u Rn 257 ff), die fortbestehende Vergütungspflicht des Dienstberechtigten bei einer auf die Pflichtverletzung gestützten Vorenthaltung der Dienstleistung (u Rn 280 ff) sowie die Möglichkeit einer Feststellungsklage, daß der Dienstberechtigte verpflichtet ist, die erforderlichen Maßnahmen zu treffen, sind für den Arbeitnehmer wirksame Instrumente, um die Einhaltung der Pflichten aus § 618 Abs 1 und 2 auf privatrechtlichem Wege zu erzwingen.

250 Bei den öffentlich-rechtlichen Vorschriften des technischen Arbeitsschutzrechts ist schließlich die als ultima-ratio zulässige Anrufung (§ 17 Abs 2 ArbSchG) der staatlichen Aufsichtsbehörden (§§ 21 ff ArbSchG) und deren Verwaltungszwang bzw die Einschaltung der Unfallversicherungsträger und deren Befugnis zum Erlaß von Anordnungen (§ 17 Abs 1 S 2 SGB VII) ein schnelleres und sichereres Hilfsmittel als der Gerichtsschutz (zum außerbetrieblichen Beschwerderecht des Arbeitnehmers u Rn 384 ff). Ergänzend tritt des Recht des Arbeitnehmers hinzu, den Betriebsrat nach § 85 BetrVG zur Behebung etwaiger Mängel bei der Einhaltung des technischen Arbeitsschutzrechts einzuschalten. Praktisch relevant ist die Problematik eines Erfüllungsanspruches jedoch im Hinblick auf dessen Durchsetzung unter Zuhilfenahme des einstweiligen Rechtsschutzes (HUECK/NIPPERDEY I § 48 II 5 a; BGB-RGRK/SCHICK § 618 Rn 175; exemplarisch LAG München LAGE § 618 BGB Nr 4).

251 Im Grundsatz überzeugt die herrschende Ansicht. Zwar begründet § 618 Abs 1 und 2 bei einer streng am Gesetzeswortlaut orientierten Betrachtung lediglich eine Pflicht des Dienstberechtigten und keinen Anspruch des Dienstverpflichteten, jedoch vernachlässigt dessen Ablehnung den **untrennbaren Zusammenhang** zwischen den **Pflichten aus § 618 Abs 1** und der **Tätigkeit des Dienstverpflichteten**. Solange und soweit diesem kraft seines Vertrages ein Anspruch auf Beschäftigung zusteht (vgl dazu STAUDINGER/RICHARDI [1999] § 611 Rn 814 ff), umfaßt dieser nicht nur die Beschäftigung als solche, sondern auch einen Anspruch auf Beschäftigung zu den vertraglich vereinbarten Bedingungen. Hierzu gehört als notwendiger Teilaspekt auch die **Einhaltung der Schutzpflichten** durch den Dienstberechtigten im Hinblick auf die ihm zuzurechnenden Gefahren für Leben und Gesundheit, denen der Dienstverpflichtete im Zusammenhang mit der Dienstleistung ausgesetzt ist. Der **Erfüllungsanspruch** des Dienstverpflichteten auf Beachtung der Schutzpflichten in § 618 ist deshalb **akzessorischer Bestandteil seines Beschäftigungsanspruches** (so im Begründungsansatz auch ERMAN/BELLING § 618 Rn 21; AK-BGB/DERLEDER § 618 Rn 5; HUECK/NIPPERDEY I § 48 II 5 a; SOERGEL/KRAFT § 618 Rn 21; MünchKomm/LORENZ § 618 Rn 65; SCHAUB, Arbeitsrechts-Handbuch [9. Aufl 2000] § 108 Rn 24; MünchArbR/WLOTZKE § 209 Rn 21; ders, in: FS Hilger/Stumpf [1983] 744 f; sowie schon SINZHEIMER 158), der jedoch trotzdem selbständig neben dem Beschäftigungsanspruch steht.

252 Aus der dogmatischen Fundierung des Erfüllungsanspruches in Rn 251 folgen zugleich seine **sachlichen Grenzen.** Anzuerkennen ist er nur solange und soweit dem Dienstverpflichteten aufgrund des Vertrages ein Beschäftigungsanspruch zusteht (deutlich hervorgehoben von AK-BGB/DERLEDER § 618 Rn 5; SOERGEL/KRAFT § 618 Rn 21; Erf-

Komm/WANK § 618 BGB Rn 28; WLOTZKE, in: FS Hilger/Stumpf [1983] 745 sowie bereits von SINZHEIMER 158). Dieser besteht nicht bei allen Dienstverträgen, sondern regelmäßig nur bei solchen, die als **Arbeitsvertrag** zu qualifizieren sind (hierzu vor allem BAG [GS] AP Nr 14 zu § 611 BGB Beschäftigungspflicht; näher STAUDINGER/RICHARDI [1999] § 611 Rn 814 ff). **Entfällt der Beschäftigungsanspruch** im Arbeitsverhältnis, so scheidet auch ein Anspruch auf Erfüllung der Pflichten in § 618 aus (mißverständlich HUECK/NIPPERDEY I § 48 II 5 a; SOERGEL/KRAFT § 618 Rn 21, die den Erfüllungsanspruch verneinen wollen, wenn der Arbeitgeber die Beschäftigung ablehnen darf).

Wird der Arbeitnehmer beschäftigt, obwohl **keine Beschäftigungspflicht** besteht, so **253** billigt ihm die hM ebenfalls einen Erfüllungsanspruch zu (ERMAN/BELLING § 618 Rn 21; MünchKomm/LORENZ § 618 Rn 65; ErfKomm/WANK § 618 BGB Rn 28; MünchArbR/WLOTZKE § 209 Rn 21). Dem ist im Grundsatz zuzustimmen, jedoch ist ein Vertragsverhältnis unverzichtbar; gegebenenfalls genügt ein **fehlerhaftes Arbeitsverhältnis,** da dieses bis zu seiner Beendigung einem wirksamen Arbeitsverhältnis gleichzustellen ist (vgl STAUDINGER/RICHARDI [1999] § 611 Rn 189). Umgekehrt setzt der Erfüllungsanspruch nicht voraus, daß der Dienstberechtigte den Dienstverpflichteten tatsächlich beschäftigt (so wohl PALANDT/PUTZO § 618 Rn 6), der Anspruch auf Einhaltung der in § 618 genannten Pflichten besteht nach deren Zweck bereits, wenn der Dienstverpflichtete einen Beschäftigungsanspruch geltend macht (so zutreffend HUECK/NIPPERDEY I § 48 II 5 Fn 20).

Wegen der Akzessorietät des Erfüllungsanspruchs zu einem Beschäftigungsanspruch **254** steht dem Arbeitnehmer nicht stets ein Anspruch auf Erfüllung der in § 618 genannten Pflichten zu. Voraussetzung ist zusätzlich, daß sich die jeweilige **Interessenwahrungspflicht auf** die vom Dienstverpflichteten zu erbringende **Dienstleistung bezieht.** Deshalb ist ein **Erfüllungsanspruch nur** hinsichtlich der Pflichten in **§ 618 Abs 1, nicht** aber hinsichtlich der erweiterten **Interessenwahrungspflichten in § 618 Abs 2** zu bejahen.

Inhaltlich richtet sich der Erfüllungsanspruch **primär** auf ein **positives Tun** des Dienst- **255** berechtigten, wenn dieser seine Pflichten aus § 618 Abs 1 verletzt. Läßt die Arbeitsschutznorm dem **Arbeitgeber** einen **Spielraum,** mit welchen Mitteln dieser die Gefahren für Leben und Gesundheit des Dienstverpflichteten abwendet, so richtet sich der Erfüllungsanspruch des Arbeitnehmers nur auf eine **fehlerfreie Ausübung des Ermessens** (MünchKomm/LORENZ § 618 Rn 64; BGB-RGRK/SCHICK § 618 Rn 171; ErfKomm/ WANK § 618 BGB Rn 30; WLOTZKE, in: FS Hilger/Stumpf [1983] 745; MünchArbR/WLOTZKE § 209 Rn 22; vgl auch LAG Berlin DB 1989, 935 f; LAG München NZA 1991, 521). Zur Konkretisierung ist auf § 315 zurückzugreifen.

Der Erfüllungsanspruch kann auch auf ein **Unterlassen des Dienstberechtigten** abzie- **256** len (WLOTZKE, in: FS Hilger/Stumpf [1983] 745) und so die Qualität eines Unterlassungsanspruchs gewinnen (BÜCKER/FELDHOFF/KOHTE 14). Ob für seine Geltendmachung ein **Rechtsschutzbedürfnis** besteht (verneinend WLOTZKE; in: FS Hilger/Stumpf [1983] 747), ist eine unabhängig vom materiellen Recht zu beurteilende Frage des Prozeßrechts.

II. Leistungsverweigerung des Dienstverpflichteten*

1. Zurückbehaltungsrecht (§ 273)

257 Anders als für den Erfüllungsanspruch (s o Rn 248 ff) ist in Doktrin und Judikatur im Ergebnis einmütig anerkannt, daß der Dienstverpflichtete die **Erbringung der** vertraglich geschuldeten **Dienstleistung verweigern** kann, wenn der Dienstberechtigte seine Schutzpflichten in § 618 Abs 1 und 2 nicht erfüllt (im Grundsatz auch § 39 Abs 1 Nr 3 des zum 59. DJT vorgelegten Entwurfs eines Arbeitsvertragsgesetzes, der jedoch ebenso wie die §§ 9 Abs 3 ArbSchG, 21 Abs 6 GefStoffV eine „unmittelbare Gefahr" für Leben oder Gesundheit verlangt, vgl Verhandlungen des 59. DJT I [1992] D 31; zu § 9 Abs 3 ArbSchG s u Rn 278 ff).

258 Umstritten ist jedoch die **Rechtsgrundlage** des Leistungsverweigerungsrechts. Während **einzelne** die **Einrede des nicht erfüllten Vertrages** (§ 320) angeben (so noch BGB-RGRK/Denecke[11] Anm 8; Jacobi 188 Fn 18; widersprüchlich Staudinger/Mohnen/Neumann[10/11] § 618 Rn 68 [anders aber Rn 59]; hierzu u Rn 263), zieht die **überwiegende Ansicht** als Rechtsgrundlage das Zurückbehaltungsrecht in § 273 heran (so BAG AP Nr 23 und 27 zu § 618 BGB; Erman/Belling § 618 Rn 23; AK-BGB/Derleder § 618 Rn 5; HK-BGB/Eckert §§ 617–619 Rn 12; Kollmer NJW 1997, 2018; Kort NZA 1996, 855; Soergel/Kraft § 618 Rn 22; Löwisch, Arbeitsrecht [5. Aufl 2000] Rn 1137; MünchKomm/Lorenz § 618 Rn 67; Nipperdey, in: Festgabe zum 50jährigen Bestehen des Reichsgerichts Bd IV [1929] 223; Palandt/Putzo § 618 Rn 7; BGB-RGRK/Schick § 618 Rn 176; Jauernig/Schlechtriem §§ 618, 619 Rn 5; Waltermann RdA 1998, 32; ErfKomm/Wank § 618 BGB Rn 31; Wlotzke, in: FS Hilger/Stumpf [1983] 748; im Grundsatz auch N Fabricius, Einstellung der Arbeitsleistung bei gefährlichen und normwidrigen Tätigkeiten [1997] 139 ff, der jedoch auch auf § 320 zurückgreift, wenn die Erfüllung der fraglichen Arbeitsschutzpflicht zum Arbeitssubstrat zu rechnen ist; für eine „entsprechende" Anwendung des § 273 Söllner ZfA 1973, 15 ff; dazu auch u Rn 262 f).

259 Einen hiervon abweichenden Standpunkt vertritt eine von Herschel und Nikisch formulierte Lehre, die die Heranziehung eines der gesetzlich geregelten zivilrechtlichen Leistungsverweigerungsrechte für entbehrlich erachtet und ein **eigenständiges Recht zur Nichtleistung** befürwortet (Herschel RdA 1964, 45; ders RdA 1978, 72 f; Nikisch I § 36 V 2). Eines Leistungsverweigerungsrechts bedürfe es nur, solange eine Leistungspflicht besteht. Verletze der Dienstberechtigte seine Schutzpflichten aus § 618, so **entfalle** bereits die **Leistungspflicht des Dienstverpflichteten,** so daß für ein **Leistungsverweigerungsrecht kein Raum** bleibe (so neben den Vorgenannten auch Capodistrias, in: FS Nipperdey II [1965] 107 f; Otto AR-Blattei, Zurückbehaltungsrecht I [1981], B II 1 c aa; im dogmatischen Ansatz auch Söllner ZfA 1973, 16 f, da er für eine entsprechende Anwendung des § 273 plädiert; teilweise auch N Fabricius, Einstellung der Arbeitsleistung bei gefährlichen und normwidrigen Tätigkeiten [1997] 113 ff, bei höchster Wahrscheinlichkeit eines schweren Gesundheitsschadens).

260 Der in Rn 259 referierte konstruktive Ansatz überdehnt den im Wege der Auslegung zu ermittelnden Inhalt der Arbeitspflicht. Zwar besteht diese stets nur im Rahmen der durch den Arbeitsvertrag festgelegten Grenzen, es geht aber zu weit, die Ein-

---

* **Schrifttum:** N Fabricius, Einstellung der Arbeitsleistung bei gefährlichen und normwidrigen Tätigkeiten (1997); Molkentin, Das Recht auf Arbeitsverweigerung bei Gesundheitsgefährdung des Arbeitnehmers, NZA 1997, 849.

haltung der Arbeitsschutznormen generell in den Rang einer immanenten Voraussetzung für die Pflicht zur Dienstleistung zu erheben. Die Schutzpflichten in § 618 Abs 1 regeln nicht die Voraussetzungen der Dienstleistungspflicht im Sinne einer notwendigen Mitwirkungshandlung (so aber Capodistrias, in: FS Nipperdey II [1965] 108), sondern verpflichten den Dienstberechtigten, während der Erfüllung der Dienstleistung durch den Dienstverpflichteten bestimmte Rahmenbedingungen einzuhalten. Der von Herschel und Nikisch begründete Ansatz hebt jedoch zu Recht hervor, daß die Plicht zur Dienstleistung stets nur in den Grenzen des Vertrages besteht.

Die Bestrebungen zu einer dogmatisch präzisen Verankerung des Rechts zur Nicht- **261** leistung können nicht bereits deshalb vernachlässigt werden, weil eine § 618 Abs 1 widersprechende **Weisung des Dienstberechtigten** gegen § 134 verstoße und deshalb unbeachtlich sei. Hieran ist zwar richtig, daß die konkretisierende Weisung des Dienstberechtigten, die den **Pflichten aus § 618 widerspricht,** regelmäßig **nach § 134 nichtig** ist (s MünchArbR/Wlotzke § 209 Rn 10), hiermit ist aber keine Aussage über die generelle Pflicht zur Dienstleistung verbunden. Insbesondere für die Zukunft läßt sich ein Recht zur Vorenthaltung der vertraglich geschuldeten Dienstleistung nur über ein Zurückbehaltungsrecht dogmatisch befriedigend begründen.

Die Lösung der Streitfrage nach der Rechtsgrundlage für das Leistungsverweige- **262** rungsrecht des Dienstverpflichteten, die im Hinblick auf den Zeitpunkt des Annahmeverzugs von praktischer Bedeutung ist, hängt untrennbar mit der dogmatischen Einstufung der Schutzpflichten in § 618 zusammen. Wer diese zumindest für das Arbeitsverhältnis als Ausprägung der Fürsorgepflicht versteht und diese wiederum in den Rang einer vertraglichen Hauptpflicht erhebt sowie damit in das Synallagma des vertraglichen Leistungsaustausches einbezieht, muß konsequenterweise das Leistungsverweigerungsrecht aus § 320 ableiten.

Nach den Erwägungen in Rn 10 ff ist der dogmatischen Würdigung in Rn 262 nicht **263** beizupflichten. Bei den Schutzpflichten in § 618 Abs 1 und 2 handelt es sich nicht um eigenständige und im Synallagma des Leistungsaustausches stehende Hauptpflichten, sondern um eine spezialgesetzliche Ausprägung der allgemeinen **Interessenwahrungspflichten,** die im Grundsatz bei jedem Vertragsverhältnis anzuerkennen sind. Dieses Verständnis schließt es aus, das Leistungsverweigerungsrecht aus § 320 abzuleiten (so mit Recht bereits Nipperdey, in: Festgabe zum 50jährigen Bestehen des Reichsgerichts Bd IV [1929] 223; sowie Erman/Belling § 618 Rn 23; Herschel RdA 1978, 72; Soergel/Kraft § 618 Rn 7, 22; Palandt/Putzo § 618 Rn 7; BGB-RGRK/Schick § 618 Rn 176; Söllner ZfA 1973, 17; ErfKomm/Wank § 618 BGB Rn 32; MünchArbR/Wlotzke § 209 Rn 25; ders, in: FS Hilger/Stumpf [1983] 748). Vielmehr ist für dieses entsprechend der herrschenden Meinung (s die Nachweise o Rn 260 aE) **§ 273** heranzuziehen.

Das aus § 273 abzuleitende Leistungsverweigerungsrecht hängt von dem **Bestehen 264 eines Erfüllungsanspruchs** des Dienstverpflichteten ab. Aus diesem Grunde muß die **Pflichtverletzung** des Dienstberechtigten **objektiv feststehen.** Die subjektive Einschätzung des Dienstverpflichteten begründet für sich alleine noch keinen Erfüllungsanspruch und damit auch kein Leistungsverweigerungsrecht (ebenso MünchArbR/Wlotzke § 209 Rn 26 mwN).

Die Befugnis zur **Abwendung** des Zurückbehaltungsrechts **durch Sicherheitsleistung 265**

(§ 273 Abs 3) steht dem Dienstberechtigten **nicht** zu (ERMAN/BELLING § 618 Rn 23; HRO-
MADKA/MASCHMANN, Arbeitsrecht 1 [2. Aufl 2002] § 7 Rn 133; SOERGEL/KRAFT § 618 Rn 22; Münch-
Komm/LORENZ § 618 Rn 68; BGB-RGRK/SCHICK § 618 Rn 176; ErfKomm/WANK § 618 BGB Rn 32;
MünchArbR/WLOTZKE § 209 Rn 26; ders, in: FS Hilger/Stumpf [1983] 748). Ein derartiges Recht
widerspräche dem Zweck der Interessenwahrungspflichten in § 618 Abs 1 und dem
zwingenden Charakter der Vorschrift (§ 619). Darüber hinaus steht das Leistungsverweigerungsrecht des Dienstverpflichteten nicht unter dem Vorbehalt der Unzumutbarkeit der weiteren Dienstleistung (so aber LARENZ I § 52 II c 3 [263]).

266 Die Klassifizierung der **Dienstleistung als absolute Fixschuld,** die vor allem beim
Arbeitsvertrag in Betracht kommt (STAUDINGER/RICHARDI [1999] § 611 Rn 336), schließt
die Anerkennung eines Zurückbehaltungsrechts zugunsten des Dienstverpflichteten
nicht aus. Hinsichtlich der Schutzpflichten des Dienstberechtigten in § 618 erkennen
dies selbst diejenigen Autoren an, die ansonsten ein Leistungsverweigerungsrecht bei
absoluten Fixschulden ablehnen (GRUNSKY JuS 1967, 61; zuvor ABEL JW 1922, 554). So
rechtfertigt GRUNSKY die herrschende Meinung mit der Erwägung, daß auch die
Leistung des Dienstberechtigten nicht nachholbar ist, so daß sich der für den Dienstverpflichteten erforderliche Schutz nur durch die Zubilligung eines Leistungsverweigerungsrechts erreichen läßt (GRUNSKY JuS 1967, 61).

2. Arbeitsverweigerung (§ 21 Abs 6 S 2 GefStoffV)

267 Neben dem allgemeinen Leistungsverweigerungsrecht aus § 273 begründet § 21
Abs 6 S 2 GefStoffV (hierzu o Rn 83 ff) zugunsten des Arbeitnehmers ein **Recht zur
Arbeitsverweigerung,** wenn infolge einer **Überschreitung der** in der Gefahrstoffverordnung festgelegten **Grenzwerte** (s o Rn 163 f) eine **unmittelbare Gefahr für Leben
oder Gesundheit** besteht (ausführlich hierzu N FABRICIUS, Einstellung der Arbeitsleistung bei
gefährlichen und normwidrigen Tätigkeiten [1997] 155 ff; MÖX, Arbeitnehmerrechte in der Gefahrstoffverordnung [1992] 101 ff; ders AuR 1992, 235 ff).

268 Die Parallelität beider Rechtsbehelfe und die Notwendigkeit einer präzisen dogmatischen Differenzierung folgt bereits aus den unterschiedlichen tatbestandlichen An-
knüpfungen. Dogmatisch ist § 21 Abs 6 S 2 GefStoffV keine Konkretisierung des
Zurückbehaltungsrechts aus § 273, sondern eine spezialgesetzliche **Ausprägung des
Unzumutbarkeitsgrundsatzes,** der in § 275 Abs 3 seine gesetzliche Anknüpfung erfährt (ebenso bislang im Hinblick auf § 242 BÜCKER/FELDHOFF/KOHTE 15; N FABRICIUS, Einstellung
der Arbeitsleistung bei gefährlichen und normwidrigen Tätigkeiten [1997] 159 f; KOHTE ArbRGeg 37
[1999], 2000, 36; KOLLMER/KOHTE, ArbSchG § 9 Rn 70; ErfKomm/WANK § 618 BGB Rn 35; ders,
Kommentar zum technischen Arbeitsschutz [1999] § 21 GefStoffVO Rn 14; MünchArbR/WLOTZKE
§ 209 Rn 29). Während § 273 ein Gegenrecht des Arbeitnehmers voraussetzt, das letztlich aus dem aus § 618 Abs 1 abzuleitenden Erfüllungsanspruch (s o Rn 248 ff) folgt,
knüpft § 21 Abs 6 S 2 GefStoffV an eine unmittelbare Gefahrenlage für Leben oder
Gesundheit an (dies betonen mit Recht BÜCKER/FELDHOFF/KOHTE 203 f; WLOTZKE RdA 1992,
94; MünchArbR/WLOTZKE § 209 Rn 29).

269 Zumindest mißverständlich ist deshalb die apodiktische Feststellung des Bundesarbeitsgerichts in dem Urteil v 2. 2. 1994 (AP Nr 4 zu § 273 BGB), wonach § 273 nicht über
das in § 21 Abs 6 S 2 GefSoffV geregelte Leistungsverweigerungsrecht hinausgeht.
Das trifft zwar hinsichtlich der Rechtsfolge (Zurückbehaltung der Arbeitsleistung)

zu, nicht zuletzt aufgrund der dogmatischen Unterschiede (s o Rn 268) sind aber die tatbestandlichen Voraussetzungen, insbesondere im Hinblick auf die von § 21 Abs 6 S 2 GefStoffV vorausgesetzte „unmittelbare Gefahr" unterschiedlich. Deshalb verdrängt das Recht zur Arbeitsverweigerung nach § 21 Abs 6 S 2 GefStoffV zumindest im Grundsatz nicht das allgemeine Zurückbehaltungsrecht aus § 273 (so allg auch WANK, in: FS Wlotzke [1996] 624 f; MünchArbR/WLOTZKE § 209 Rn 29; kritisch ebenfalls N FABRICIUS, Einstellung der Arbeitsleistung bei gefährlichen und normwidrigen Tätigkeiten [1997] 161 f).

Im Einzelfall kann die Situation eintreten, daß zwar die tatbestandlichen Voraus- **270** setzungen des § 21 Abs 6 GefStoffV zu verneinen, die Voraussetzungen für ein auf § 273 in Verbindung mit § 618 Abs 1 zu stützendes Leistungsverweigerungsrecht aber zu bejahen sind. Das gilt indessen nicht hinsichtlich der nach der Gefahrstoffverordnung zu beachtenden Grenzwerte. Berechtigt die Schadstoffkonzentration nicht nach § 21 Abs 6 S 2 GefStoffV zu einer Arbeitsverweigerung, so scheidet ein Rückgriff auf § 273 wegen der konkretisierenden Wirkung des Arbeitsschutzstandards durch das technische Arbeitsschutzrecht für die arbeitsvertragliche Pflichtenstruktur (s o Rn 144 ff) aus (treffend MUMMENHOFF SAE 1995, 68 sowie im Anschluß MünchArbR/ WLOTZKE § 209 Rn 29).

Tatbestandlich setzt eine Arbeitsverweigerung nach § 21 Abs 6 S 2 GefStoffV voraus, **271** daß einer der **Grenzwerte** (MAK-Wert, TRK-Wert oder BAK-Wert) nicht unterschritten wird. Die **fehlende Existenz eines MAK-Wertes** für einen Gefahrstoff rechtfertigt nicht den Schluß, daß stets ein Recht zur Arbeitsverweigerung besteht (so aber noch BAG AP Nr 4 zu § 273 BGB; hiergegen mit Recht BORCHERT NZA 1995, 877; MUMMENHOFF SAE 1995, 67; WANK Anm zu BAG AP Nr 4 zu § 273 BGB). Das folgt bereits aus der Legaldefinition in § 3 Abs 5 GefStoffV, da der MAK-Wert lediglich angibt, bei welcher Konzentration im allgemeinen die Gesundheit des Arbeitnehmers nicht beeinträchtigt wird. **Fehlt** für einen Gefahrstoff ein **MAK-Wert,** so beurteilt sich das Recht zur Arbeitsverweigerung ausschließlich nach dem **TRK-Wert** (ebenso MUMMENHOFF SAE 1995, 67; WANK Anm zu BAG AP Nr 4 zu § 273 BGB).

Die Überschreitung der in § 21 Abs 6 S 1 GefStoffV genannten Grenzwerte berech- **272** tigt nur dann zur Arbeitsverweigerung, wenn eine **„unmittelbare" Gefahr** für Leben oder Gesundheit **objektiv** besteht (MünchArbR/WLOTZKE § 209 Rn 31). Es muß sich um eine Gefahr für Leben oder Gesundheit desjenigen Arbeitnehmers handeln, der ein Recht zur Arbeitsverweigerung geltend macht (FROSCHAUER, Arbeitsrecht und Umweltschutz [1994] 91 f). Eine **Gefahr für Dritte** berechtigt aufgrund der dogmatischen Wurzel des § 21 Abs 6 S 2 GefStoffV im Unzumutbarkeitsgrundsatz (s o Rn 268) nicht zur Arbeitsverweigerung (ebenso HEILMANN, Gefahrstoffe am Arbeitsplatz [2. Aufl 1995] Rn 171, der das Recht zur Arbeitsverweigerung dem unmittelbar bedrohten Arbeitnehmer zubilligt). Da das Gesetz an eine objektive Gefahr anknüpft, berechtigt die **subjektive Annahme** des Arbeitnehmers hinsichtlich des Vorliegens **einer Gefahr** nicht zur Arbeitsverweigerung.

Schwierigkeiten bereitet vor allem die **Konkretisierung des Unmittelbarkeitserfor-** **273** **dernisses.** Für dieses dürfte eine Auslegung vorzugswürdig sein, die auf eine zeitliche Präzisierung abstellt und verlangt, daß eine **hohe Wahrscheinlichkeit** für das Umschlagen der Gefahr in einen **Schaden** bestehen muß (ebenso MünchArbR/WLOTZKE § 209 Rn 31). Eine **unmittelbare Gefahr** ist deshalb **zu verneinen,** wenn trotz der Grenzwertüberschreitung mit hinreichender Wahrscheinlichkeit ein **Schadenseintritt ausgeschlossen** werden kann (s Möx, Arbeitnehmerrechte in der Gefahrstoffverordnung [1992] 110 ff; zustimmend Hanau, in: FS Wlotzke [1996] 43 f; ebenso N Fabricius, Einstellung der Arbeitsleistung bei gefährlichen oder normwidrigen Tätigkeiten [1997] 157; Wank, Kommentar zum technischen Arbeitsschutz [1999] § 21 GefStoffVO Rn 16; MünchArbR/Wlotzke § 209 Rn 31).

274 Dem Arbeitnehmer dürfen wegen der auf § 21 Abs 6 S 2 GefSoffV gestützten Arbeitsverweigerung **keine Nachteile** entstehen (§ 21 Abs 6 S 3 GefStoffV). Hierin liegt eine spezialgesetzliche Ausprägung des allgemeinen Benachteiligungsverbots in § 612a. § 21 Abs 6 S 3 GefStoffV verbietet dem Arbeitgeber insbesondere eine **Kürzung der Vergütung,** die der Arbeitnehmer ohne die Überschreitung der Grenzwerte erhalten hätte (iE ebenso Möx, Arbeitnehmerrechte in der Gefahrstoffverordnung [1992] 123 f). Durch die Arbeitsverweigerung des Arbeitnehmers, die dieser wegen § 21 Abs 6 S 2 GefStoffV nicht zu vertreten hat, würde der Anspruch auf die arbeitsvertragliche Vergütung an sich nach § 326 Abs 1 S 1 entfallen. Den Eintritt dieser Rechtsfolge schließt § 21 Abs 6 S 3 GefStoffV aus und durchbricht damit die allgemeine Grundregel. Darüber hinaus untersagt § 21 Abs 6 S 3 GefStoffV den **Ausspruch einer Abmahnung** oder einer **Kündigung,** wenn sich der Arbeitnehmer für seine Arbeitsverweigerung auf § 21 Abs 6 S 2 GefStoffV stützen kann.

3. Arbeitsverweigerung (§ 22 S 1 Nr 3 ABBergV)

275 Ein spezielles Recht zur Arbeitsverweigerung enthalten auch die bergrechtlichen Arbeitsschutzbestimmungen; § 22 S 1 Nr 3 ABBergV (zu dieser o Rn 61) legt ausdrücklich fest, daß die Beschäftigten bei einer unmittelbaren und erheblichen Gefahr berechtigt sind, ihre **Arbeit einzustellen** und ihren **Arbeitsplatz zu verlassen.** Dieses Recht steht jedoch unter dem ausdrücklichen Vorbehalt, daß Sicherheit und Gesundheit anderer Beschäftigter dem nicht entgegenstehen. Sofern die Voraussetzungen des § 22 S 1 Nr 3 ABBergV vorliegen, untersagt § 22 S 2 ABBergV eine **Benachteiligung** des Arbeitnehmers. Dies verbietet nicht nur den **Ausspruch einer Abmahnung** oder einer **Kündigung** wegen einer Inanspruchnahme des Rechts zur Arbeitsverweigerung. Ebenso ist es dem Arbeitgeber – wie im Rahmen des § 21 Abs 6 S 2 GefStoffV (s o Rn 274) – verwehrt, wegen der berechtigten Arbeitsverweigerung die arbeitsvertraglich geschuldete **Vergütung zu kürzen.**

4. Arbeitsverweigerung (§ 9 Abs 3 ArbSchG)

276 Eine **Verallgemeinerung** der speziellen Regelungen in § 21 Abs 6 S 2 GefStoffV und in § 22 S 1 Nr 3 ABBergV enthält § **9 Abs 3 ArbSchG.** Ebenso wie diese konkretisiert § 9 Abs 3 ArbSchG nicht das Zurückbehaltungsrecht in § 273, sondern ist auf den **Unzumutbarkeitsgrundsatz** (§ 275 Abs 3) zurückzuführen. Die **Rechtsfolge** eines **Rechts zur Arbeitsverweigerung** erschließt sich – im Unterschied zu § 22 S 1 Nr 3 ABBergV und der noch im Entwurf für ein Arbeitsschutzrahmengesetz vorgesehenen Regelung (§ 18 Abs 3 ArbSchRGE; hierzu Oetker ZRP 1994, 222; Wank, in: FS Wlotzke [1996] 622 ff) nicht ohne weiteres aus dem Gesetzeswortlaut (mit Recht kritisch N Fabricius, Einstellung der Arbeitsleistung bei gefährlichen und normwidrigen Tätigkeiten [1997] 165). Sie folgt jedoch aus dem Sinnzusammenhang, da der Arbeitgeber die für das Verlassen des Arbeitsplatzes erforderlichen Maßnahmen treffen muß und die Arbeitnehmer nur unter besonderen Voraussetzungen auffordern darf, ihre Tätigkeit

wieder aufzunehmen (§ 9 Abs 3 S 3 ArbSchG). Dies setzt denknotwendig ein **Recht der Arbeitnehmer** voraus, **die Arbeit** beim Vorliegen der tatbestandlichen Voraussetzungen des § 9 Abs 3 S 1 ArbSchG **zu verweigern** (ebenso MünchArbR/Wlotzke § 209 Rn 33; verneinend jedoch Wank DB 1996, 1136). Nur so läßt sich rechtfertigen, daß der Arbeitgeber die erforderlichen Maßnahmen (zB Fluchtwege) treffen muß und die Arbeitnehmer nur unter eingeschränkten Voraussetzungen zur Tätigkeit heranziehen darf. Die hier befürwortete Ansicht entspricht zudem den gemeinschaftsrechtlichen Vorgaben der Arbeitsschutz-Rahmenrichtlinie 89/391/EWG, die in Art 8 Abs 4 ausdrücklich festlegt, daß dem Arbeitnehmer bei einem Verlassen des Arbeitsplatzes keine Nachteile entstehen dürfen. Das impliziert, daß das Verlassen des Arbeitsplatzes nicht als eine Verletzung der arbeitsvertraglichen Pflichten zu bewerten ist.

Tatbestandlich verlangt § 9 Abs 3 S 1 ArbSchG für das Recht der Arbeitsverweigerung **277** erstens eine **Gefahr,** die zweitens **erheblich** und drittens **unmittelbar** sein muß. Damit rückt das Gesetz deutlich von den Vorstellungen ab, die noch die Diskussion zu dem in der 12. Legislaturperiode vorgelegten Arbeitsschutzrahmengesetz (s o Rn 56) beherrscht hatten. Neben dem mit § 9 Abs 3 S 1 ArbSchG vergleichbaren Vorschlag in § 9 Abs 4 ArbSchRGE sah § 18 Abs 3 ArbSchRGE ein allgemeines Recht zur Einstellung der Arbeit bereits dann vor, wenn eine „erhebliche" Gefahr aufgrund einer Pflichtverletzung des Arbeitgebers vorlag und ließ es zudem ausreichen, wenn die Gefahr für „andere Personen" bestand.

Aus dem Sinnzusammenhang des Arbeitsschutzgesetzes ergibt sich, daß nicht jede **278** Gefahr ausreicht, sondern sie muß im Hinblick auf die **Sicherheit und die Gesundheit des Arbeitnehmers** bestehen. Die **Gefahr** muß zudem in Übereinstimmung mit den §§ 21 Abs 6 S 2 GefStoffV, 22 S 1 Nr 3 ABBergV **objektiv** vorliegen (Wlotzke NZA 1996, 1021). Eine **Anscheinsgefahr** genügt nicht (Wank, Kommentar zum technischen Arbeitsschutz [1999] § 9 ArbSchG Rn 9; Wlotzke NZA 1996, 1021; MünchArbR/Wlotzke § 209 Rn 35; weitergehend Kollmer/Kohte, ArbSchG § 9 Rn 78 ff, der es ausreichen läßt, wenn die Beschäftigten guten Grund zur Annahme einer objektiven Gefahr hatten). Bezüglich der **Unmittelbarkeit der Gefahr** gelten die Erwägungen zu § 21 Abs 6 S 2 GefStoffV entsprechend (s o Rn 273). Interpretationsprobleme löst indes das zusätzlich in den Tatbestand des § 9 Abs 3 S 1 ArbSchG aufgenommene Erfordernis einer **„erheblichen" Gefahr** aus, das zuvor bereits in § 22 S 1 Nr 3 ABBergV Aufnahme gefunden hat. Vor dem Hintergrund der ähnlichen Formulierung in Art 8 Abs 4 der Richtlinie 89/391/EWG („ernster") dürften hierdurch lediglich solche Gefahren ausgeschlossen werden, die zu einer als **geringfügig zu bewertenden Gesundheitsbeeinträchtigung** führen können (s zu dieser Divergenz mit dem Gemeinschaftsrecht auch Hanau, in: FS Wlotzke [1996] 44; MünchArbR/ Wlotzke § 209 Rn 34).

Da § 9 Abs 3 S 2 ArbSchG ein **Nachteilsverbot** zugunsten des Arbeitnehmers eta- **279** bliert, der bei einer „unmittelbaren erheblichen Gefahr" berechtigt seinen Arbeitsplatz verläßt, verletzt der Arbeitnehmer hierdurch nicht seine **arbeitsvertraglichen Pflichten.** Darüber hinaus steht dem Arbeitgeber wegen des Nachteilsverbots kein Recht zur **Kürzung der Vergütung** zu. § 9 Abs 3 S 2 ArbSchG durchbricht insoweit vergleichbar mit § 21 Abs 6 S 2 GefStoffV die allgemeine Grundregel in § 326 Abs 1 S 1 und erhält entgegen der letztgenannten Norm den Anspruch auf die arbeitsvertraglich geschuldete Vergütung aufrecht. Ebenso wie § 21 Abs 6 S 3 GefStoffV und

§ 22 S 2 ABBergV steht § 9 Abs 3 S 2 ArbSchG dem **Ausspruch einer Abmahnung**
oder einer **Kündigung** entgegen, wenn der Arbeitnehmer nach Maßgabe der Voraussetzungen in § 9 Abs 3 S 1 ArbSchG berechtigt ist, die Arbeit zu verweigern (ebenso
KOLLMER/KOHTE, ArbSchG § 9 Rn 83; MünchArbR/WLOTZKE § 209 Rn 35).

III. Annahmeverzug des Dienstberechtigten

280 In Annahmeverzug (§ 615) gerät der Dienstberechtigte nur, wenn der Dienstverpflichtete seine Nichtleistung auf das **Zurückbehaltungsrecht aus § 273** stützt (BAG
AP Nr 28 zu § 615 BGB) oder auf ein Recht zur Arbeitsverweigerung nach Maßgabe des
§ 9 Abs 3 S 1 ArbSchG bzw § 21 Abs 6 S 2 GefStoffV stützt. Bei der Ausübung des
Leistungsverweigerungsrechts bzw des Rechts zur Arbeitsverweigerung handelt es
sich nicht um ein Angebot im Sinne des § 295, sondern der Dienstverpflichtete als
Schuldner der Dienstleistung signalisiert hiermit seine eigene Leistungsbereitschaft
(arg e § 297), deren Vorliegen konstitutive Voraussetzung für einen Annahmeverzug
des Dienstberechtigten ist (BAG AP Nr 27 zu § 615 BGB).

281 Konstruktive Schwierigkeiten bereiten die weiteren Voraussetzungen für einen Annahmeverzug des Dienstberechtigten. Die **überwiegende Meinung** im Schrifttum begreift die **Einhaltung der Pflichten** in § 618 als **Mitwirkungshandlung im Sinne des § 295**
(AK-BGB/DERLEDER § 618 Rn 5; SOERGEL/KRAFT § 618 Rn 22; NIPPERDEY, in: Festgabe zum 50jäh-
rigen Bestehen des Reichsgerichts Bd IV [1929] 223; OTTO AR-Blattei, Zurückbehaltungsrecht I
[1981], B II 1 c aa; PALANDT/PUTZO § 618 Rn 7; BGB-RGRK/SCHICK § 618 Rn 178; JAUERNIG/
SCHLECHTRIEM §§ 618, 619 Rn 5; SINZHEIMER 159; WIESE, in: BARTLSBERGER ua, Probleme des
Binnenschiffahrtsrechts [1975] 92; iE auch WLOTZKE, in: FS Hilger/Stumpf [1983] 748) **bzw § 296**
(ERMAN/HANAU [9. Aufl 1993] § 618 Rn 15).

282 Dem Begründungsansatz in Rn 281 hat SÖLLNER unter Hinweis auf den Anspruch
des Arbeitnehmers auf Erfüllung der Arbeitsschutznormen mit Recht widersprochen
(SÖLLNER ZfA 1973, 17). Dieser Einwand rechtfertigt indessen nicht die analoge Anwendung des § 295. Bei dem hiesigen konzeptionellen Verständnis, das den Dienstverpflichteten auf sein Zurückbehaltungsrecht aus § 273 verweist (s o Rn 263) greift
vielmehr § 298 ein, der den Annahmeverzug des Gläubigers bereits dann eintreten
läßt, wenn er nicht bereit ist, seine eigene, Zug-um-Zug zu erbringende Leistung, hier
die Erfüllung der Interessenwahrungspflichten aus § 618, anzubieten (ebenso ERMAN/
BELLING § 618 Rn 24).

283 Seinen **Vergütungsanspruch** behält der Arbeitnehmer auch dann, wenn er gestützt auf
§ 21 Abs 6 S 2 GefStoffV oder **§ 9 Abs 3 S 1 ArbSchG** seine Arbeitsleistung wegen
einer unmittelbaren Gefahr für Leben oder Gesundheit einstellt (MÖX AuR 1992, 240).
Für den Fortbestand des Vergütungsanspruches bedarf es keines Rückgriffs auf die
Betriebsrisikolehre. Vielmehr durchbrechen die **Benachteiligungsverbote** in § 21
Abs 6 S 3 GefStoffV und § 9 Abs 3 S 1 ArbSchG die allgemeine Regelung in § 326
Abs 1 S 1 und erhalten damit den Vergütungsanspruch des Arbeitnehmers aufrecht
(s o Rn 274, 279). Dieses Verständnis trägt zugleich den Vorgaben in § 9 Abs 3 S 2
ArbSchG (s auch Art 8 Abs 4 EG-Richtlinie 89/391/EWG [o Rn 54]) Rechnung, der
ausdrücklich ein Nachteilsverbot vorsieht, wenn der Arbeitnehmer bei unmittelbarer
erheblicher Gefahr seinen Arbeitsplatz bzw den gefährlichen Bereich verläßt.

IV. Schadensersatzansprüche des Dienstverpflichteten

1. Allgemeines

Die Verletzung der Pflichten in § 618 Abs 1 und 2 kann den Dienstberechtigten zum **284** Schadensersatz verpflichten. **§ 618 Abs 3** scheidet hierfür **als Anspruchsgrundlage** aus, da diese Norm einen Schadensersatzanspruch voraussetzt (MünchKomm/Lorenz § 618 Rn 69; Palandt/Putzo § 618 Rn 8). Die (Rechtsfolgen-)Verweisung in § 618 Abs 3 auf Vorschriften des Deliktsrechts zeigt, daß das Gesetz bei einer Verletzung der Pflichten aus § 618 Abs 1 und 2 Schadensersatzansprüche wegen einer Vertragspflichtverletzung für möglich erachtet; anderenfalls wäre die partielle Rechtsfolgenverweisung auf das Deliktsrecht sinnlos. Für § 618 Abs 3 ist nur dann ein eigenständiger Anwendungsbereich eröffnet, wenn die Verletzung der Pflichten aus § 618 Abs 1 und 2 zum Schadensersatz aufgrund einer außerhalb des Deliktsrechts anzusiedelnden Anspruchsgrundlage führen kann.

Wegen der Integration des § 618 Abs 1 und 2 in die vertragliche Pflichtenstruktur **285** (oben Rn 14 ff) leitete die allg Ansicht den Schadensersatzanspruch bis zum Inkrafttreten des Schuldrechtsmodernisierungsgesetzes aus dem Gesichtspunkt einer Vertragsverletzung, also den allgemeinen Regeln der **Positiven Vertragsverletzung,** ab (allg Ansicht Erman/Belling § 618 Rn 26; AK-BGB/Derleder § 618 Rn 5; HK-BGB/Eckert §§ 617–619 Rn 12; Galperin BB 1963, 741; Hueck/Nipperdey I § 48 II 5 c aa; Soergel/Kraft § 618 Rn 23; MünchKomm/Lorenz § 618 Rn 69; Nipperdey, in: Festgabe zum 50jährigen Bestehen des Reichsgerichts Bd IV [1929] 224; Oertmann § 618 Anm 5 a; Palandt/Putzo § 618 Rn 8; BGB-RGRK/Schick § 618 Rn 179; Jauernig/Schlechtriem §§ 618, 619 Rn 5; Söllner, Arbeitsrecht [12. Aufl 1998] § 25 III; ErfKomm/Wank § 618 BGB Rn 37; Wiese, in: Bartelsberger ua, Probleme des Binnenschifffahrtsrechts [1975] 92; MünchArbR/Wlotzke § 209 Rn 36; ders, in: FS Hilger/Stumpf [1983] 749; bereits auch RG Recht 1907, 1535 [Nr 3811]; Planck/Gunkel § 618 Anm 4 a; s auch § 77 Abs 3 des zum 59. DJT vorgelegten Entwurfs eines Arbeitsvertragsgesetzes, der unter dem Vorbehalt von § 636 RVO einen eigenständigen Schadensersatzanspruch vorsieht, eine Verweisung auf das Deliktsrecht aber nicht enthält, vgl Verhandlungen des 59. DJT Bd I [1992] D 44; ebenso § 77 Abs 3 des Arbeitsvertragsgesetzesentwurfes des Freistaates Sachsen, s BR-Drucks 293/95). Das **Schuldrechtsmodernisierungsgesetz** hat insoweit keine Veränderungen bewirkt; statt auf das rechtsfortbildend entwickelte Institut der Positiven Forderungsverletzung ist der Schadensersatzanspruch des Dienstverpflichteten auf § **280 Abs 1** zu stützen. Ein Anspruch auf **Schadensersatz statt Leistung** (§§ 280 Abs 3, 282) kommt regelmäßig schon deshalb nicht in Betracht, weil die Pflichtverletzung selbst noch keinen Schaden bewirkt, sondern dieser an hiervon abgrenzbaren Rechtsgütern des Dienstverpflichteten eintritt.

2. Anspruch aus § 280 Abs 1

a) Pflichtverletzung

Die Verpflichtung zum Schadensersatz beschränkt sich nicht auf die zum **Schutz von 286 Leben und Gesundheit** bestehenden Pflichten. Der Dienstberechtigte kann auch zum Schadensersatz verpflichtet sein, wenn er die Pflichten in § 618 Abs 2 zur **Rücksichtnahme auf die Sittlichkeit und die Religion** des Dienstverpflichteten verletzt. Die Begrenzung auf Leben und Gesundheit in § 618 Abs 3 entfaltet ihre Rechtswirkungen nur für die Rechtsfolgen der Pflichtverletzung, hindert aber nicht das Entstehen eines Schadensersatzanspruches.

b) Haftungsbegründende Kausalität

287 Die Schadensersatzpflicht ist nur bei einem adäquaten ursächlichen Zusammenhang zwischen der Pflichtverletzung und dem Schaden begründet (SOERGEL/KRAFT § 618 Rn 24; vgl auch RAG ARS 27, 234 f). Zu den hierbei zu beachtenden Besonderheiten hinsichtlich der Verteilung der Darlegungs- und Beweislast s u Rn 308 ff.

c) Verschulden des Dienstberechtigten
aa) Eigenes Verschulden

288 Die Verletzung der Interessenwahrungspflichten in § 618 Abs 1 und 2 löst einen Schadensersatzanspruch des Dienstverpflichteten nur aus, wenn diesbezüglich ein **Verschulden** vorliegt (einhellige Ansicht zB SOERGEL/KRAFT § 618 Rn 24 sowie bereits OERT-MANN § 618 Anm 5 c). Für eine **Gefährdungshaftung** des Dienstberechtigten enthält das Gesetz **keine Anhaltspunkte** (so mit Recht BAG [GS] AP Nr 2 zu § 611 BGB Gefährdungshaftung; KORT NZA 1996, 855 ff; SOERGEL/KRAFT § 618 Rn 24). Ein verschuldensunabhängiger Ersatz für Schäden ist nur in Ausnahmefällen aus dem Gesichtspunkt eines **Aufwendungsersatzanspruches** zu bejahen (s hierzu STAUDINGER/RICHARDI[12] § 611 Rn 821; vgl auch BGB-RGRK/SCHICK § 618 Rn 220).

289 Die Frage, wann ein Verschulden, namentlich Fahrlässigkeit vorliegt, deckt sich regelmäßig mit der Frage, welche Handlungen erforderlich sind, um die Pflichten des § 618 zu erfüllen (SOERGEL/KRAFT § 618 Rn 24). Der Fahrlässigkeitsvorwurf entfällt nicht bereits deshalb, weil der betreffende **Pflichtverstoß lokal üblich** ist (RG JW 1919, 820 sowie o Rn 4). Maßgebend ist nicht die im Verkehr übliche, sondern die im Verkehr erforderliche Sorgfalt (RAG ARS 36, 36).

290 Über das **Maß der erforderlichen Sorgfalt** geben nicht nur die **Vorschriften des staatlichen Arbeitsschutzrechts** und die **Unfallverhütungsvorschriften** der Berufsgenossenschaften Auskunft, sondern auch diejenigen Regelwerke, denen die Rechtsnormenqualität fehlt. Hierzu zählen neben **Richtlinien und Merkblättern der Berufsgenossenschaften** auch die **technischen Normen** (s o Rn 31 ff; ausführlich MARBURGER, Die Regeln der Technik im Recht [1979] 441 f, 462 ff; MÜLLER/FOELL, Die Bedeutung technischer Normen für die Konkretisierung von Rechtsvorschriften [1987] 26 f; s auch STAUDINGER/MERTEN [1997] Art 2 EGBGB Rn 90).

291 Insbesondere bei **technischen Normen** ist jedoch zu beachten, daß ein Verschuldensvorwurf **auch bei ihrer Beachtung** bejaht werden kann, wenn die technische Norm aufgrund der technischen Entwicklung **veraltet** ist oder sich bei der Benutzung des Geräts **Gefahren** gezeigt haben, die bei der Aufstellung der technischen Norm **noch nicht berücksichtigt** wurden (vgl BGH DZWir 1995, 107).

292 Besondere Probleme wirft im Bereich des technischen Arbeitsschutzrechts die für technische Arbeitsmittel geltende **Gleichwertigkeitsklausel** auf, wie sie zB § 3 Abs 1 S 3 GSG enthält (hierzu v BORRIES/PETSCHKE DVBl 1996, 1343 ff; KAUFMANN DB 1996, 277). Sie läßt Abweichungen insbesondere von den Arbeitsschutz- und Unfallverhütungsvorschriften zu, „soweit die gleiche Sicherheit auf andere Weise gewährleistet ist". Aus diesem Grund kann aus der fehlenden Einhaltung einer Arbeitsschutz- und Unfallverhütungsvorschrift nicht stets zwingend auf ein Verschulden geschlossen

werden. Allerdings bedarf es hierfür eines Nachweises, daß die Sicherheit des technischen Arbeitsmittels auf andere Weise gewährleistet ist.

bb) Haftung für Erfüllungsgehilfen

Die Rechtsnatur des Ersatzanspruches als Anspruch aus Vertragsverletzung ist von **293** besonderer Bedeutung wegen der Haftung für Hilfspersonen. Der Dienstberechtigte haftet für das Verschulden seiner Vertreter und Gehilfen, derer er sich zur Erfüllung der Pflichten in § 618 Abs 1 und 2 bedient, wie für eigenes Verschulden (§ 278), verfügt also anders als bei einer deliktischen Haftung nicht über die Möglichkeit eines Entlastungsbeweises (allg Ansicht HUECK/NIPPERDEY I § 48 II 5 c aa; SOERGEL/KRAFT § 618 Rn 26; ENNECCERUS/LEHMANN § 146 III c; NIPPERDEY, in: Festgabe zum 50jährigen Bestehen des Reichsgerichts Bd IV [1929] 224; SCHAUB, Arbeitsrechts-Handbuch [9. Aufl 2000] § 108 Rn 24; BGB-RGRK/SCHICK § 618 Rn 180; SÖLLNER, Arbeitsrecht [12. Aufl 1998] § 25 III sowie schon PLANCK/GUNKEL § 618 Anm 4 a).

Eine Haftung des Dienstberechtigten für seine Erfüllungsgehilfen greift nur ein, **294** wenn ein **Verschulden des Erfüllungsgehilfen** vorliegt und die Schadenszufügung durch den Gehilfen **im Zusammenhang mit der Erfüllung** der in § 618 genannten Interessenwahrungspflichten (nicht aber bei Gelegenheit ihrer Erfüllung) erfolgte (OLG München OLG Report 2000, 350; SOERGEL/KRAFT § 618 Rn 26; allg STAUDINGER/LÖWISCH [2001] § 278 Rn 43 ff). Hinsichtlich der letztgenannten Voraussetzung ist darauf abzustellen, ob der Dienstberechtigte selbst gegen seine Pflichten aus § 618 Abs 1 und 2 verstieße, wenn er sich so wie der Gehilfe verhalten hätte; ist diese Frage im Einzelfall zu bejahen, so ist das Tatbestandsmerkmal „in Erfüllung der Verbindlichkeit" gegeben. Eine engere Sichtweise, die dieses Tatbestandsmerkmal nur dann als erfüllt ansieht, wenn das Verhalten des Gehilfen sich im Rahmen des ihm vom Schuldner erteilten Auftrages gehalten hat und somit vom Schuldner selbst erwartet werden konnte, ist abzulehnen.

Hinsichtlich der Pflichten in § 618 Abs 1 und 2 können auch **selbständige Unterneh-** **295** **mer** Erfüllungsgehilfen sein (ERMAN/BELLING § 618 Rn 26; HUECK/NIPPERDEY I § 48 II 5 c aa; SOERGEL/KRAFT § 618 Rn 26; MünchKomm/LORENZ § 618 Rn 72; NEUMANN/DUESBERG VersR 1968, 7; BGB-RGRK/SCHICK § 618 Rn 180). So haftet der Dienstberechtigte dem Dienstverpflichteten zB auch, wenn dieser durch Verschulden eines Werkunternehmers (oder dessen Gehilfen) bei Ausführung eines zwischen dem Dienstberechtigten und dem Werkunternehmer geschlossenen Werkvertrages während seiner Dienstleistung geschädigt wird. Der Dienstverpflichtete ist in diesem Fall nicht auf Ersatzansprüche gegen den Dienstberechtigten beschränkt, sondern ihm steht auch ein eigener, unmittelbar gegen den Werkunternehmer gerichteter Schadensersatzanspruch zu, der sich aus der Figur des Vertrags mit Schutzwirkung zugunsten Dritter ergibt. Die Haftung des Werkunternehmers befreit den Dienstberechtigten nicht von seiner Haftung, sondern tritt gesamtschuldnerisch neben die Haftung des Dienstberechtigten (näher o Rn 95).

Verschuldet ein Dienstverpflichteter bei Ausführung der Dienstleistung die Verlet- **296** zung eines anderen Dienstverpflichteten, so haftet der Dienstberechtigte nicht ohne weiteres, da **nicht jeder Dienstverpflichtete** hinsichtlich der Pflichten in § 618 Abs 1 und 2 **Erfüllungsgehilfe** des Dienstberechtigten ist (HUECK/NIPPERDEY I § 48 II 5 c aa; SOERGEL/KRAFT § 618 Rn 26; MünchKomm/LORENZ § 618 Rn 72; NEUMANN/DUESBERG VersR

1968, 7; NIPPERDEY, in: Festgabe zum 50jährigen Bestehen des Reichsgerichts Bd IV [1929] 224; BGB-RGRK/SCHICK § 618 Rn 180; ErfKomm/WANK § 618 BGB Rn 37; s auch OLG München OLG-Report 2000, 350). Dies ist aber stets hinsichtlich solcher Personen zu bejahen, die als **Beauftragte im Sinne des § 130 Abs 2 Nr 3 OWiG** für die Erfüllung der Pflichten verantwortlich sind (ERMAN/BELLING § 618 Rn 26; WLOTZKE, in: FS Hilger/Stumpf [1983] 749 f; iE auch HUECK/NIPPERDEY I § 48 II 5 c aa; SOERGEL/KRAFT § 618 Rn 26; NEUMANN/DUESBERG VersR 1968, 7; ErfKomm/WANK § 618 BGB Rn 37) oder denen die **Erfüllung von Arbeitsschutzpflichten nach § 13 Abs 2 ArbSchG** (s dazu GERHARD AuA 1998, 2636 ff) **übertragen** worden ist. Gegebenenfalls kommt auch eine **Haftung des Arbeitgebers aus eigenem Verschulden** in Betracht, zB wegen **mangelhafter Beaufsichtigung, ungenügender Aufklärung, Übertragung** der Arbeit **an einen nicht geschulten Arbeitnehmer** usw (HUECK/NIPPERDEY I § 48 II 5 c aa; SOERGEL/KRAFT § 618 Rn 26; MünchKomm/LORENZ § 618 Rn 72; NIPPERDEY, in: Festgabe zum 50jährigen Bestehen des Reichsgerichts Bd IV [1929] 224; BGB-RGRK/SCHICK § 618 Rn 181). Zum Ausschluß des Anspruchs nach den **§§ 104, 105 SGB VII** s u Rn 324 ff.

d) Mitverschulden des Dienstverpflichteten

297 Erhebliche Bedeutung für den Ersatzanspruch wegen einer Verletzung der Pflichten aus § 618 Abs 1 und 2 hat die Minderung oder Beseitigung des Anspruchs durch ein Mitverschulden (§ 254) des Dienstverpflichteten (zB BAG AP Nr 1 und 16 zu § 618 BGB; s auch NIPPERDEY, in: Festgabe zum 50jährigen Bestehen des Reichsgerichts Bd IV [1929] 225). Die Obliegenheiten des Beschäftigten werden in diesem Zusammenhang auch durch dessen **Pflichten nach den §§ 15 Abs 1, 16 Abs 1 ArbSchG** konkretisiert. Ein Mitverschulden läßt sich allerdings nicht schon darauf stützen, daß es der Dienstverpflichtete bzw der Beschäftigte unterließ, sich auf eigene Kosten Schutzmittel zu beschaffen (HUECK/NIPPERDEY I § 48 II 5 c dd; zu weitgehend RAG ARS 36, 37).

298 **Fehlen die erforderlichen Schutzmittel,** so ist der Dienstverpflichtete gehalten, den Dienstberechtigten auf den Mangel etwaiger Schutzvorrichtungen, auch von Sicherungseinrichtungen für das Eigentum des Dienstverpflichteten und **auf Gefahren aufmerksam zu machen,** wenn er fähig war, sie zu erkennen (RG JW 1912, 530; RAG ARS 36, 37; BAG AP Nr 16 zu § 618 BGB; ERMAN/BELLING § 618 Rn 28; HUECK/NIPPERDEY I § 48 II 5 c dd; SOERGEL/KRAFT § 618 Rn 27; MünchKomm/LORENZ § 618 Rn 73; OERTMANN § 618 Anm 5 c; SCHAUB, Arbeitsrechts-Handbuch [9. Aufl 2000] § 108 Rn 25; BGB-RGRK/SCHICK § 618 Rn 183). Mündliche Hinweise reichen hierfür regelmäßig aus (RAG ARS 4, 260), gegebenenfalls sind diese aber zu wiederholen (RAG ARS 36, 37). Die unterlassene Mitteilung rechtfertigt dann keinen Mitverschuldensvorwurf, wenn der Dienstberechtigte die Mängel bereits kannte oder wegen ihrer Offensichtlichkeit hätte kennen können (RG Recht 1912 Nr 1290; HUECK/NIPPERDEY I § 48 II 5 c dd; SOERGEL/KRAFT § 618 Rn 27).

299 In der **Übernahme einer gefährlichen Arbeit** liegt nicht ohne weiteres ein Mitverschulden (RAG ARS 4, 257 ff; PLANCK/GUNKEL § 618 Anm 4 c; HUECK/NIPPERDEY I § 48 II 5 c dd; SOERGEL/KRAFT § 618 Rn 27; MünchKomm/LORENZ § 618 Rn 73; BGB-RGRK/SCHICK § 618 Rn 183; MünchArbR/WLOTZKE § 209 Rn 36). Dieses kann jedoch zu bejahen sein, wenn der Dienstverpflichtete in Kenntnis seines Gesundheitszustandes eine Tätigkeit übernimmt, der er gesundheitlich nicht gewachsen ist (BAG AP Nr 15 zu § 618 BGB; MünchArbR/WLOTZKE § 209 Rn 36). Bei der nach § 254 erforderlichen **Abwägung** des beiderseitigen Verschuldens trifft in der Regel den Dienstberechtigten das entscheidende Verschulden, wenn er dem Dienstverpflichteten gefahrbringende Räume oder Gerätschaften überläßt (RAG ARS 4, 260; Soergel/Kraft § 618 Rn 27; MünchKomm/Lorenz § 618 Rn 73; BGB-RGRK/Schick § 618 Rn 183; MünchArbR/Wlotzke § 209 Rn 36; s insoweit auch § 7 ArbSchG).

Im Arbeitsverhältnis ist die **Ausführung von Anweisungen des Arbeitgebers** dem Ar- **300** beitnehmer regelmäßig nicht als Mitverschulden anzurechnen (MünchKomm/Lorenz § 618 Rn 73). Bei der Prüfung, ob und inwieweit dem Dienstverpflichteten wegen der Übernahme einer gefährlichen Arbeit ein Verschulden trifft, ist insbesondere seine Gewöhnung an die für seinen Beruf eigentümlichen gefährlichen Verrichtungen und die dadurch hervorgerufene Abstumpfung gegen die Gefahr (RG Warn 1916 Nr 102; BGH AP Nr 4 zu § 618 BGB) sowie die Zwangslage in Betracht zu ziehen, die ihn, wenn er nicht seinen Arbeitsplatz verlieren will, unter Umständen nötigt, trotz besserer Einsicht gefährliche Tätigkeiten zu übernehmen (BAG AP Nr 16 zu § 618 BGB; Erman/ Belling § 618 Rn 28; Hueck/Nipperdey I § 48 II 5 c dd; Soergel/Kraft § 618 Rn 27; BGB-RGRK/Schick § 618 Rn 183).

Beim **Ausharren in einem gesundheitsschädigenden Dienstverhältnis** sind für die An- **301** nahme eines stillschweigenden Verzichts auf Beseitigung der die Gesundheit schädigenden Umstände (und damit eines eigenen Verschuldens), der etwa in der Fortsetzung des Dienstverhältnisses an sich liegen kann, die gleichen Erfordernisse aufzustellen, die für die Zulässigkeit eines ausdrücklichen Verzichts gelten (s u § 619 Rn 10, 13 f). Auch hier wird stets von Einfluß sein, ob sich der Dienstverpflichtete der in der Zukunft liegenden schweren Folgen seiner Gesundheitsbeschädigung bewußt war. Erkennt der Dienstberechtigte, daß das Ausharren eines schon mit einem Leiden behafteten Dienstverpflichteten an seinem bisherigen Arbeitsplatz zu schweren Gesundheitsschädigungen führen wird, so gebieten es Treu und Glauben, dem Dienstverpflichteten die weitere Tätigkeit zu untersagen; das gilt selbst dann, wenn der Dienstverpflichtete von sich aus zur Weiterarbeit bereit ist.

e) Umfang des Schadensersatzes

Bei zu bejahender Schadensersatzpflicht ist der Dienstberechtigte zur **Naturalrestitu-** **302** **tion** verpflichtet. Soweit diese möglich ist, kann der Dienstverpflichtete auch einen **Nichtvermögensschaden** ersetzt verlangen (s bereits Nipperdey, in: Festgabe zum 50jährigen Bestehen des Reichsgerichts Bd IV [1929] 224). Das kann praktisch werden, wenn der Dienstberechtigte einen Zustand hergestellt hat, der im Fall des § 618 Abs 2 den sittlichen oder religiösen Rücksichtnahmepflichten widerspricht. In dieser Konstellation kann der Dienstverpflichtete die **Beseitigung des pflichtwidrigen Zustandes** verlangen. Der Grundsatz der Naturalrestitution besitzt zudem dann besondere Bedeutung, wenn nach der hier befürworteten Konzeption (s o Rn 252 ff) ein Erfüllungsanspruch im Einzelfall ausscheidet oder im Sinne der gegenteiligen Ansicht (s die Nachweise o Rn 248) dessen Existenz generell verneint wird. Der (Erfüllungs-)Herstellungsanspruch ist in diesem Fall jedoch verschuldensabhängig.

Seine charakteristische Ausprägung erlangt der vertragliche Schadensersatzanspruch **303** durch die Sonderregelung in **§ 618 Abs 3,** die Art und Umfang des Schadensersatzes näher ausgestaltet (Oertmann § 618 Anm 5 a), ohne hierdurch jedoch die allgemeinen Regeln der §§ 249 ff zu verdrängen. Häufig würde die Anwendung der allgemeinen Vorschriften im Ergebnis zu keinen Abweichungen führen (BGHZ [GS] 5, 63; Hueck/ Nipperdey I § 48 II 5 c ee), jedoch billigt die Verweisung auf das Deliktsrecht auch einem

Dritten Ansprüche aus einer Vertragsverletzung zu, die er ohne diese Vorschrift nur auf das Deliktsrecht stützen könnte (BGHZ [GS] 5, 62 ff).

304 Die entsprechende Anwendung der §§ 842 bis 846 verändert wegen ihres Charakters als **Rechtsfolgenverweisung** nicht die **Rechtsnatur des Schadensersatzanspruches** (SOERGEL/KRAFT § 618 Rn 23; PALANDT/PUTZO § 618 Rn 8; BGB-RGRK/SCHICK § 618 Rn 179; ErfKomm/ WANK § 618 BGB Rn 39). Durch die Bezugnahme auf die §§ 844, 845 steht auch den dort genannten **Dritten** ein **selbständiger (vertraglicher) Schadensersatzanspruch** gegen den Dienstberechtigten zu (BGHZ [GS] 5, 62 ff).

305 Die **Aufzählung** in § 618 Abs 3 ist **abschließend;** insbesondere umfaßt die Ersatzpflicht des Dienstberechtigten bei dem auf § 280 Abs 1 gestützten Anspruch **kein Schmerzensgeld,** da § 618 Abs 3 nicht auf § 847 verweist (RG Recht 1907, 1535 [Nr 3811]; RAG ARS 36, 37; ERMAN/BELLING § 618 Rn 27; GAMILLSCHEG, Arbeitsrecht I [2000] 382; PLANCK/ GUNKEL § 618 Anm 4 c; HUECK/NIPPERDEY I § 48 II 5 c ee mit Fn 36; SOERGEL/KRAFT § 618 Rn 25; ENNECCERUS/LEHMANN § 146 III 2 c; MünchKomm/LORENZ § 618 Rn 76; NIPPERDEY, in: Festgabe zum 50jährigen Bestehen des Reichsgerichts Bd IV [1929] 224; OERTMANN § 618 Anm 5 a; BGB-RGRK/SCHICK § 618 Rn 184). Ein Anspruch auf Schmerzensgeld steht dem Dienstverpflichteten bei einer Verletzung des Körpers oder der Gesundheit nur zu, wenn der Dienstberechtigte infolge seiner Pflichtverletzung zugleich den Tatbestand einer unerlaubten Handlung (§§ 823 ff) verwirklichte (RG Recht 1907, 1535 [Nr 3811]; RAG ARS 36, 37; HUECK/NIPPERDEY I § 48 II 5 c ee; SOERGEL/KRAFT § 618 Rn 25; ENNECCERUS/LEHMANN § 146 III 2 c; MünchKomm/LORENZ § 618 Rn 76; PALANDT/PUTZO § 618 Rn 8; SCHAUB, Arbeitsrechts-Handbuch [9. Aufl 2000] § 108 Rn 24).

f) Verjährung des Anspruchs
306 Da die Verweisung in § 618 Abs 3 auf das Deliktsrecht nicht die Rechtsnatur des Ersatzanspruches verändert (SOERGEL/KRAFT § 618 Rn 23; PALANDT/PUTZO § 618 Rn 8; BGB-RGRK/SCHICK § 618 Rn 179; ErfKomm/WANK § 618 BGB Rn 39), findet die für deliktische Ansprüche geltende Verjährungsbestimmung keine Anwendung (so zu § 852 aF LAG Breslau ARS 28, 36; HUECK/NIPPERDEY I § 48 II 5 c ee Fn 35; SOERGEL/KRAFT § 618 Rn 23; OERTMANN § 618 Anm 5 a). Das gilt auch, wenn die in den §§ 842 bis 846 genannten Rechtsfolgen geltend gemacht werden; die Verweisung in § 618 Abs 3 besitzt abschließenden Charakter. Durch die Neugestaltung des Verjährungsrechts ist diese Beschränkung der Verweisung bedeutungslos geworden; die Sonderregelung in § 852 aF kehrt teilweise in § 199 Abs 3 wieder, beschränkt sich aber nicht auf die Schadensersatzansprüche aus unerlaubter Handlung, sondern gilt auch für solche wegen einer Verletzung der Pflichten aus einem Schuldverhältnis.

307 Für den auf § 280 Abs 1 gestützten Ersatzanspruch gilt die **Regelfrist des § 195** (RAG ARS 33, 63; PLANCK/GUNKEL § 618 Anm 4 a; HUECK/NIPPERDEY I § 48 II 5 c ee Fn 35; SOERGEL/ KRAFT § 618 Rn 23; NIPPERDEY, in: Festgabe zum 50jährigen Bestehen des Reichsgerichts Bd IV [1929] 224; BGB-RGRK/SCHICK § 618 Rn 184; abweichend LAG Breslau ARS 28, 36). Diese betrug bis zum 1. 1. 2002 30 Jahre, aufgrund der Neugestaltung des Verjährungsrechts durch das Schuldrechtsmodernisierungsgesetz seitdem **drei Jahre** und läuft ohne Rücksicht auf die Kenntnis oder grob fahrlässige Unkenntnis des Dienstverpflichteten spätestens entweder **10 Jahre nach Eintritt der Fälligkeit** (§ 199 Abs 2 S 1) oder **30 Jahre nach der Pflichtverletzung** (§ 199 Abs 3) ab.

g) Darlegungs- und Beweislast*
aa) Grundsätze

Entsprechend den **allgemeinen Regeln** muß der **Dienstverpflichtete** alle anspruchsbe- **308** gründenden Tatsachen seines vertraglichen Ersatzanspruches darlegen und gegebe- nenfalls beweisen. Hierzu gehört zunächst der **objektive Tatbestand einer Pflichtver- letzung** durch den Dienstberechtigten sowie ferner der **adäquate Kausalzusammen- hang** zwischen Pflichtverletzung und Schaden (RAG ARS 36, 36; BAG AP Nr 1 und 16 zu § 618 BGB; ERMAN/BELLING § 618 Rn 29; SOERGEL/KRAFT § 618 Rn 29; SCHAUB, Arbeitsrechts- Handbuch [9. Aufl 2000] § 108 Rn 25; für eine Beweislastumkehr hinsichtlich der haftungsbegrün- denden Kausalität hingegen BAUMGÄRTEL, in: BAUMGÄRTEL, Handbuch der Beweislast I [2. Aufl 1991] § 618 Rn 2; REINECKE, Die Beweislastverteilung im bürgerlichen Recht und im Arbeitsrecht als rechtspolitische Regelungsaufgabe [1976] 140 ff; WAHRENDORF, Die Prinzipien der Beweislast im Haftungsrecht [1976] 73; iE ebenso AK-BGB/DERLEDER § 618 Rn 5; mit Einschränkungen auch MUSIELAK, Die Grundlagen der Beweislast im Zivilprozeß [1975] 184 ff). Zu den **Beweiserleich- terungen** bezügl des adäquaten Kausalzusammenhanges durch die Figur des prima- facie-Beweises u Rn 311.

Das **Verschulden des Dienstberechtigten** ist aufgrund der Systematik des § 280 Abs 1 **309** **zu vermuten;** ihn trifft die Last, sein fehlendes Verschulden darzulegen und gegebe- nenfalls zu beweisen. Dies entsprach auch der bis zum 1.1.2002 geltenden Rechts- lage, wenn er einen Anspruch aus Positiver Vertragsverletzung (s o Rn 285), der auf eine Verletzung der in § 618 Abs 1 und 2 genannten Pflichten gestützt wurde, ab- wehren wollte (BAG AP Nr 1 und 16 zu § 618 BGB; BAUMGÄRTEL, in: BAUMGÄRTEL, Handbuch der Beweislast I [2. Aufl 1991] § 618 Rn 3; ERMAN/BELLING § 618 Rn 29; GAMILLSCHEG, Arbeits- recht I [8. Aufl 2000] 382; SOERGEL/KRAFT § 618 Rn 29; PALANDT/PUTZO § 618 Rn 8; SCHAUB, Ar- beitsrechts-Handbuch [9. Aufl 2000] § 108 Rn 25; ErfKomm/WANK § 618 BGB Rn 40; abweichend noch HUECK/NIPPERDEY I § 48 II 5 c cc mit Fn 26 a). Die Darlegungs- und Beweislast des Dienstberechtigten erstreckt sich ebenfalls auf ein etwaiges **Mitverschulden des Dienstverpflichteten** (BAG AP Nr 16 zu § 618 BGB; BAUMGÄRTEL, in: BAUMGÄRTEL, Handbuch der Beweislast I [2. Aufl 1991] § 618 Rn 4; ERMAN/BELLING § 618 Rn 29) sowie einen **Haftungs- ausschluß nach § 104 SGB VII.**

Bleibt ungeklärt, ob der Kausalzusammenhang vorliegt, so muß die Entscheidung zu **310** Ungunsten der Partei ausfallen, die insoweit die Beweislast trägt, also zu Ungunsten des Dienstverpflichteten; bleibt ungeklärt, ob ein Verschulden des Dienstberechtig- ten vorlag, so muß die Entscheidung zu seinem Nachteil ausfallen, da ihn die Be- weislast für seine Schuldlosigkeit trifft.

bb) Beweiserleichterungen

Ob eine Pflichtverletzung des Dienstberechtigten den vom Dienstverpflichteten gel- **311** tend gemachten Schaden adäquat verursachte, kann im Einzelfall schwer nachzu- weisen sein. Ähnlich wie im Bereich der Produzentenhaftung (siehe hierzu STAUDINGER/ SCHÄFER[12] § 831 Rn 188 ff) können es die **Grundsätze des prima-facie-Beweises** jedoch dem Dienstverpflichteten erleichtern, seiner Beweislast zu genügen (exemplarisch RAG

---

* **Schrifttum:** MUSIELAK, Grundlagen der Be- weislast im Zivilprozeß (1976) 184; REINECKE, Die Beweislastverteilung im Bürgerlichen Recht und im Arbeitsrecht als rechtspolitische Rege- lungsaufgabe (1976) 140; WAHRENDORF, Die Prinzipien der Beweislast im Haftungsrecht (1976) 65.

ARS 4, 259; BAG AP Nr 1 und 7 zu § 618 BGB; sowie HUECK/NIPPERDEY I § 48 II 5 c cc). Diese allgemeine Figur des Beweisrechts trägt zugleich dem für die Verteilung der Darlegungs- und Beweislast häufig in den Vordergrund gerückten sozialen Schutzcharakter des § 618 (so zB RGZ 138, 38; RAG ARS 25, 117; 36, 36) ausreichend Rechnung, ohne die tradierten allgemeinen zivilprozessualen Bahnen verlassen zu müssen. Die Anwendung der Grundsätze über den prima-facie-Beweis bedarf keiner eigenständigen Rechtfertigung durch den Schutzcharakter des § 618, es handelt sich vielmehr um den Rückgriff auf allgemeine Maximen des Zivilprozeßrechts.

312 Die Grundsätze des prima-facie-Beweises besagen, daß dann, wenn ein gewisser Tatbestand feststeht, der nach den Erfahrungen des Lebens, nach dem typischen Geschehensablauf, nach dem natürlichen Verlauf der Dinge auf eine bestimmte Ursache hinweist, derjenige, der einen von dem gewöhnlichen Verlauf abweichenden Gang des Geschehen behauptet, diesen darzutun und die ihm zugrundeliegenden Tatsachen im Fall des Bestreitens zu beweisen hat. Die Grundsätze über den prima-facie-Beweis führen allerdings **nicht** zu einer **Umkehr der Beweislast** in dem Sinne, daß sich der Dienstberechtigte nun voll entlasten müßte (so iE aber BAUMGÄRTEL, in: BAUMGÄRTEL, Handbuch der Beweislast I [2. Aufl 1991] § 618 Rn 2; REINECKE, Die Beweislastverteilung im Bürgerlichen Recht und im Arbeitsrecht als rechtspolitische Regelungsaufgabe [1976] 140 ff; zustimmend ERMAN/BELLING § 618 Rn 29). Die Regeln des prima-facie-Beweises begründen nur eine **tatsächliche Vermutung** (nicht etwa eine Rechtsvermutung oder gar eine Fiktion), daß ein bestimmtes Ergebnis die Folge eines nach der Lebenserfahrung immer wieder vorkommenden typischen Geschehens gewesen ist und lassen es zu, daß zB der Dienstverpflichtete, der sich im zugigen Arbeitsraum eine Erkältung zugezogen hat, sich auf diese Typik beruft.

313 Zur **Entkräftung der tatsächlichen Vermutung** ist nicht erforderlich, daß der Arbeitgeber den strengen Beweis führt, daß in dem gegebenen Beispiel der Dienstverpflichtete sich anderweitig erkältet hat, sondern es genügt, daß er die **ernsthafte Möglichkeit,** nicht notwendig auch die Wahrscheinlichkeit **eines atypischen Geschehensablaufs** darlegt (HUECK/NIPPERDEY I § 48 II 5 c cc mit Fn 26 c), wobei nur die Tatsachen bewiesen werden müssen, die die anderweitige Möglichkeit stützen. Im gegebenen Beispiel obläge es also dem Dienstberechtigten, darzulegen und zu beweisen, daß der Dienstverpflichtete zB in unzureichender Kleidung Motorradfahrten unternommen hat, durch die er sich eine Erkältung zugezogen haben kann; es obliegt ihm hingegen nicht, darüber hinaus zu beweisen, daß sich der Dienstverpflichtete auch tatsächlich auf diese Weise erkältet hat. Ist durch den Nachweis der anderweitigen Möglichkeit des Geschehensablaufs die prima-facie-Vermutung entkräftet, greifen die allgemeinen Beweislastregeln wieder Platz (SOERGEL/KRAFT § 618 Rn 29; MUSIELAK, Die Grundlagen der Beweislast im Zivilprozeß [1975] 188; weitergehend aber ERMAN/BELLING § 618 Rn 29, der vom Verständnis einer Beweislastumkehr aus gesehen dem Dienstberechtigten konsequenterweise für die Nichtursächlichkeit den Strengbeweis auferlegt).

314 Wenn Mängel der Arbeitsstätte, der Arbeitsmittel, der Dienstwohnung oder der Dienstregelung nachgewiesen sind, die nach dem natürlichen Verlauf der Dinge geeignet waren, eine Erkältung oder Ansteckung oder einen Unfall der beschäftigten Personen hervorzurufen, dann bedarf es keines Beweises durch den Dienstverpflichteten, daß die tatsächlich eingetretene Erkältung oder Ansteckung oder der Unfall durch diesen Mangel hervorgerufen wurde, sondern es muß nun umgekehrt der

Dienstberechtigte, wenn er den Schadensersatzanspruch abwehren will, entweder seine und seiner Erfüllungsgehilfen Schuldlosigkeit oder besondere Umstände nachweisen, die selbst als Ursache des Schadens in Betracht kommen und dabei von der Art sind, daß sie Mängel der Arbeitsstätte als Ursache oder Mitursache ausschließen (vgl auch HUECK/NIPPERDEY I § 48 II 5 c cc).

3. Deliktische Schadensersatzansprüche

a) Anspruchskonkurrenz
Die schuldhafte Verletzung der Pflichten in § 618 Abs 1 und 2 kann zugleich den **315** Tatbestand einer unerlaubten Handlung verwirklichen und außervertragliche Schadensersatzansprüche nach den §§ 823 ff begründen. Diese treten eigenständig neben einen vertraglichen Ersatzanspruch aus § 280 Abs 1; es fehlen jegliche Anhaltspunkte im Gesetz dafür, daß deliktische Ersatzansprüche durch das Bestehen eines vertraglichen Schadensersatzanspruches ausgeschlossen oder eingeschränkt sein sollen (so ausdrücklich RGZ 88, 434 f; 89, 385; RAG ARS 36, 37; s auch RAG ARS 26, 15; ERMAN/BELLING § 618 Rn 30; PLANCK/GUNKEL § 618 Anm 4 a; HUECK/NIPPERDEY I § 48 II 5 c ff Fn 37 a; SOERGEL/ KRAFT § 618 Rn 7, 25; KOLLMER NJW 1997, 2017; NIPPERDEY, in: Festgabe zum 50jährigen Bestehen des Reichsgerichts Bd IV [1929] 224; BGB-RGRK/SCHICK § 618 Rn 185; JAUERNIG/SCHLECHTRIEM §§ 618, 619 Rn 5; im gegenteiligen Sinne zB noch OERTMANN § 618 Anm 5 a).

b) Anspruch aus § 823 Abs 1
Eine deliktische Haftung des Dienstberechtigten kommt vor allem aus § 823 Abs 1 in **316** Betracht (vgl zB RAG ARS 26, 15). Aufgrund der vom Dienstberechtigten geschaffenen Gefahrenlage ist die Verletzung der Pflichten in § 618 Abs 1 bezüglich der „Räume, Gerätschaften und Vorrichtungen" zumeist auch eine **Verletzung seiner Verkehrssicherungspflichten** (ebenso AK-BGB/DERLEDER § 618 Rn 1; KOLLMER NJW 1997, 2017; SPICK-HOFF, Gesetzesverstoß und Haftung [1997] 143; s auch MARBURGER, Die Regeln der Technik im Recht [1979] 442 ff).

c) Haftung aus § 823 Abs 2
Regelmäßig verstößt der Dienstberechtigte durch die Verletzung der Pflichten in **317** § 618 Abs 1 und 2 zugleich gegen die **Vorschriften des staatlichen Arbeitsschutzrechts** oder die **Unfallverhütungsvorschriften der Berufsgenossenschaften.** Sofern gesetzliche Vorschriften zumindest auch den Zweck verfolgen, Leben und Gesundheit des Dienstverpflichteten zu schützen, kommen sie als **Schutzgesetze im Sinne des § 823 Abs 2** in Betracht (unstr zB GALPERIN BB 1963, 742; HUECK/NIPPERDEY I § 24 II 3; KOLLMER NJW 1997, 2017; NIPPERDEY, in: Festgabe zum 50jährigen Bestehehen des Reichsgerichts Bd IV [1929] 224 f; WLOTZKE, in: FS Hilger/Stumpf [1983] 732 f; MünchArbR/WLOTZKE § 209 Rn 37; ZÖLL-NER/LORITZ, Arbeitsrecht [5. Aufl 1998] § 29 II 1). Erforderlich ist stets eine genaue Prüfung, ob der Dienstverpflichtete in den personellen Schutzbereich der Norm einbezogen ist und ob die Vorschrift dazu dient, den eingetretenen Schaden zu verhindern.

Problematisch ist die Schutzgesetzeigenschaft bei den **Generalklauseln des techni-** **318** **schen Arbeitsschutzrechts,** die aufgrund ihrer tatbestandlichen Vagheit indirekt auf die zur Konkretisierung unerläßlichen technischen Normen verweisen. Bei ihnen steht deshalb der Verstoß gegen die technischen Normen, die keine Gesetze im Sinne des Art 2 EGBGB sind und damit auch keine Schutzgesetze im Sinne des § 823 Abs 2 BGB sein können (s o Rn 31), im Vordergrund (für die Schutzgesetzqualität MARBURGER, Die

Regeln der Technik im Recht [1979] 480 ff; BGB-RGRK/Schick § 618 Rn 185; Wlotzke, in: FS Hilger/Stumpf [1983] 735 f; s auch Spickhoff, Gesetzesverstoß und Haftung [1997] 77 f).

319 Wegen ihrer Integration in das duale System des technischen Arbeitsschutzrechts sind die **Unfallverhütungsvorschriften der Berufsgenossenschaften** Schutzgesetze im Sinne des § 823 Abs 2, da sie zumindest auch den Schutz des Arbeitnehmers bezwecken und nicht allein die finanziellen Interessen der Versicherungsträger wahren sollen (wie hier Gamillscheg, Arbeitsrecht I [8. Aufl 2000] 463; Herschel RdA 1964, 11; ders RdA 1978, 72; Kaskel/Dersch 257; Marburger, Die Regeln der Technik im Recht [1979] 477 ff; Spickhoff, Gesetzesverstoß und Haftung [1997] 77; Wiese, in: Bartlsberger ua, Probleme des Binnenschiffahrtsrechts [1975] 91; Wlotzke, in: FS Hilger/Stumpf [1983] 734 f; MünchArbR/ Wlotzke § 207 Rn 36; in diese Richtung deuten auch die Ausführungen in BGH NJW 1968, 642, da das Gericht dort zwar den Schutzgesetzcharakter verneint, gleichwohl aber den arbeitnehmerschützenden Zweck der Unfallverhütungsvorschriften betont; anderer Ansicht indessen vor allem noch RGZ 95, 240; RGZ 128, 329; ebenso Galperin BB 1963, 742; unentschieden OLG Frankfurt aM VersR 1999, 1381). Die Verletzung des technischen Arbeitsschutzrechts führt deshalb nicht nur zu einem vertraglichen Pflichtenverstoß, sondern löst zusätzlich eine deliktische Haftung aus. Dies gilt indessen nicht für die **technischen Normen,** bei ihnen handelt es sich nicht um Rechtsnormen, so daß bereits aus diesem Grunde ihre Klassifizierung als Schutzgesetz ausscheidet (ebenso Marburger, Die Regeln der Technik im Recht [1979] 475 f; Spickhoff, Gesetzesverstoß und Haftung [1997] 77 f; Wlotzke, in: FS Hilger/Stumpf [1983] 736 Fn 53).

320 Hiervon zu trennen ist die Frage, ob auch die Vorschriften in § **618 Abs 1 und 2** selbst **Schutzgesetze im Sinne des § 823 Abs 2** sind. Im Einklang mit der herrschenden Meinung ist dies zu verneinen (so auch Erman/Belling § 618 Rn 30; Planck/Gunkel § 618 Anm 4 c; Hueck/Nipperdey I § 48 II 5 c ee Fn 37; Kort NZA 1996, 855; Soergel/Kraft § 618 Rn 7; Enneccerus/Lehmann § 146 III 2 c Fn 13; Neumann/Duesberg VersR 1968, 4; Nikisch I § 36 V 5; Oertmann § 618 Anm 5 a; Jauernig/Schlechtriem §§ 618, 619 Rn 5; Spickhoff, Gesetzesverstoß und Haftung [1997] 143; ErfKomm/Wank § 618 BGB Rn 39; Wiese, in: Bartlsberger ua, Probleme des Binnenschiffahrtsrechts [1975] 91; allenfalls inzident auch RAG ARS 26, 15, das einen parallelen deliktsrechtlichen Anspruch ausschließlich auf § 823 Abs 1 stützte, ohne auf § 823 Abs 2 einzugehen; offengelassen von OLG Hamm NZA-RR 2000, 649; **aA** aber RG Recht 1907, 1535 [Nr 3811]; Herschel RdA 1964, 10 f; ders RdA 1978, 72; BGB-RGRK/Schick § 618 Rn 185; Wlotzke, in: FS Hilger/Stumpf [1983] 735; anders wohl auch RAG ARS 25, 116, das seine Aussage allerdings pauschal auf die Pflichten aus § 618, § 120a GewO bezieht). Das folgt in erster Linie aus dem Zweck der Norm, die die vertraglichen Verhaltenspflichten konkretisieren soll. Zudem wäre die Sonderregelung in § 618 Abs 3 überflüssig, wenn jeder Verstoß gegen § 618 Abs 1 gleichzeitig zu einer Schutzgesetzverletzung und damit zu einer deliktischen Haftung führen würde (so bereits Oertmann § 618 Anm 5 a; ebenso Spickhoff, Gesetzesverstoß und Haftung [1997] 143; gegen diese Erwägung aber Herschel RdA 1964, 11).

d) Anwendbarkeit deliktsrechtlicher Vorschriften

321 Haftet der Dienstberechtigte zusätzlich oder ausschließlich nach deliktsrechtlichen Vorschriften, so muß er für das Fehlverhalten Dritter nur unter den eingeschränkten Voraussetzungen des § **831** einstehen (Hueck/Nipperdey I § 48 II 5 c ff Fn 37 a). Ihm steht im Unterschied zu einer Inanspruchnahme wegen eines Anspruchs aus § 280 Abs 1 insbesondere die **Möglichkeit der Exkulpation** zur Verfügung.

Ist außer der vertraglichen Haftung des Dienstberechtigten zugleich seine deliktische **322** Haftung begründet, so umfaßt der Ersatzanspruch des Dienstverpflichteten auch die Zahlung eines **Schmerzensgeldes** nach § 847 (RAG ARS 36, 37; ERMAN/BELLING § 618 Rn 30; HUECK/NIPPERDEY I § 48 II 5 c ff Fn 37 a; SOERGEL/KRAFT § 618 Rn 25; ENNECCERUS/LEH-MANN § 146 III 2 c; MünchKomm/LORENZ § 618 Rn 76; NIPPERDEY, in: Festgabe zum 50jährigen Bestehen des Reichsgerichts Bd IV [1929] 225; so auch NIKISCH I § 36 V 5). Es sind keine Anhaltspunkte für eine Privilegierung desjenigen Schädigers erkennbar, der durch seine Handlungsweise sowohl deliktische als auch vertragliche Ersatzansprüche begründet (vgl auch o Rn 317).

Liegt nach Maßgabe der Erläuterungen in den Rn 315 bis 320 neben einem vertrag- **323** lichen Schadensersatzanspruch eine Haftung aus Delikt vor, so gilt – insbesondere für einen Schmerzensgeldanspruch – die regelmäßige **Verjährungsfrist des § 195** von **drei Jahren** (RAG ARS 26, 15; HUECK/NIPPERDEY I § 48 II 5 c ff Fn 37 a; NIPPERDEY, in: Festgabe zum 50jährigen Bestehen des Reichsgerichts Bd IV [1929] 225), die jedoch spätestens entweder **10 Jahre nach Eintritt der Fälligkeit** (§ 199 Abs 2) oder **30 Jahre nach Begehung der unerlaubten Handlung** (§ 199 Abs 3) abläuft.

4.   Haftungsausschluß nach den §§ 104, 105 SGB VII*

a)   Vorbemerkung

Eine Inanspruchnahme des Dienstberechtigten durch den Dienstverpflichteten auf **324** Schadensersatz ist nach den §§ 104, 105 SGB VII (früher: §§ 636, 637 RVO) aus-

---

* **Schrifttum:** BALTZER, Zum Begriff der Eingliederung im Rahmen der §§ 539 II, 637 I 1 RVO, in: FG Grüner (1982) 33; BAUER, Rechtsprechungsbericht zum Verhältnis von Sozialversicherungsrecht und Schadensersatzrecht, JA 1977, 249; BENZ, Der Arbeitsunfall im Sinne des § 8 SGB VII – Notwendigkeit und Grenzen der Kasuistik, SGb 2001, 220; BÖHMER, Ist die Auslegung des § 636 Abs 1 Satz 1 RVO hinsichtlich des Ausschlusses von Schmerzensgeldansprüchen verfassungswidrig?, VersR 1973, 21; BOMMERMANN, Kausalität und Gelegenheitsursache in der gesetzlichen Unfallversicherung, SGb 2001, 13 f; BOUDON, Arbeitsunfall und sozialversicherungsrechtliche Haftungsbefreiung, BB 1993, 2446; DAHM, Das Haftungsprivileg gemäß §§ 636, 637 RVO und seine Ausnahmetatbestände in der neueren Rechtsprechung, ZfS 1994, 267; FLORSCHÜTZ, Der Haftungsausschluß von Unternehmern und Versicherten nach dem Unfallversicherungs-Neuregelungsgesetz (Diss Würzburg 1966); FRAHM, Die Auswirkungen versäumter Drittbeteiligung im sozialverwaltungsrechtlichen Verfahren auf die Bindungswirkung des § 638 RVO, VersR 1995,
1002; FREYBERGER, Haftungsprivilegierung – Der Begriff der „gemeinsamen Betriebsstätte", MDR 2001, 541; FUCHS, Arbeitgeber- und Arbeitnehmerhaftung für Personenschäden, in: FS Gitter [1995] 253; GAMILLSCHEG/HANAU, Die Haftung des Arbeitnehmers (2. Aufl 1974); GITTER, Haftungsausschluß und gesetzlicher Forderungsübergang bei Arbeitsunfällen im Ausland, NJW 1965, 1108; ders, Schadensausgleich im Arbeitsunfallrecht (1969); ders, Finalität und Kausalität in der gesetzlichen Unfallversicherung, BerGen 1996, 95; ders, Die Neuregelung der Haftungsfreistellung des Unternehmers und anderer im Betrieb tätiger Personen in der gesetzlichen Unfallversicherung, in: FS Wiese (1998) 131; HANAU, Ist der Haftungsausschluß bei Arbeitsunfällen (§§ 636, 637 RVO) noch gerechtfertigt?, JurA 1970, 112; ders, Schadensersatz und Sozialversicherung, AR-Blattei Schadensersatz im Arbeitsrecht IV (1973); HUSMANN, Ärztliche Fehlbehandlung – Ein Arbeitsunfall mit erfolgter Haftungsbefreiung nach § 636 RVO?, VersR 1978, 793; IMBUSCH, Neue Tendenzen zur Auslegung des Haftungsausschlusses nach § 106 Abs 3 Alt 3

---

geschlossen, wenn das schadenstiftende Ereignis einen **Arbeitsunfall** im Sinne des § 8 SGB VII (früher: § 548 RVO und §§ 549 bis 552 RVO) darstellt und der Dienstverpflichtete zu den in der gesetzlichen Unfallversicherung versicherten Personen gehört. In diesem Fall hindern die §§ 104, 105 SGB VII zwar nicht das Entstehen des Ersatzanspruches, dieser kann jedoch – wie der Regreßanspruch des Trägers der gesetzlichen Unfallversicherung zeigt (§ 110 SGB VII, früher: § 640 RVO) – dauerhaft nicht gegen den Schädiger durchgesetzt werden (treffend FUCHS, Zivilrecht und Sozialrecht [1992] 200). Es gilt das Prinzip **Haftungsersetzung durch Versicherungsschutz** (GITTER, Schadensausgleich im Arbeitsunfallrecht [1969] 211; ebenso OTTO/SCHWARZE, Die Haftung des Arbeitnehmers [3. Aufl 1998] Rn 520 ff; ROLFS, Die Haftung unter Arbeitskollegen [1995] 2 ff, 43 ff; BGB-RGRK/SCHICK § 618 Rn 188; sowie allg FUCHS, Zivilrecht und Sozialrecht [1992] 174 ff). Der Haftungsausschluß verstößt weder gegen Art 3 Abs 1 GG noch gegen das Gemeinschaftsrecht (LAG Köln NZA 1995, 470 f).

SGB VII, VersR 2001, 547; JAHNKE, Haftungsausschluß wegen Arbeitsunfalls „auf gemeinsamer Betriebsstätte" (§ 106 Abs 3 Alt 3 SGB VII), NJW 2000, 265 = VersR 2000, 155; KELLER, Rechtsfragen des Versicherungsschutzes nach dem Recht der gesetzlichen Unfallversicherung bei Unfällen aus innerer Ursache während einer versicherten Tätigkeit, NZS 1995, 58; KRASNEY, Die Handlungstendenz als Kriterium für die Zurechnung in der gesetzlichen Unfallversicherung, NZS 2000, 373; LEICHSENRING/PETERMANN, Die Reichweite des Haftungsausschlusses nach §§ 636, 637 RVO bei Arbeitsunfällen, Berufskrankheiten und arbeitsbedingten Erkrankungen, SGb 1989, 464; LEUBE, Gesetzliche Unfallversicherung – Haftungsfreistellung bei Personenschäden im öffentlichen Dienst, ZTR 1999, 302; LEMCKE, Die Beschränkung der Schadensersatzpflicht im Unfallversicherungsrecht nach §§ 636 RVO, recht und schaden 1995, 161; LEPA, Die Haftungsersetzung gemäß §§ 636, 637 RVO in der Rechtsprechung des Bundesgerichtshofs, VersR 1985, 8; MARBURGER, Haftung der Arbeitgeber und Arbeitskollegen bei vorsätzlicher oder grob fahrlässiger Verursachung des Arbeitsunfalles, BlStSozArbR 1978, 81; ders, Haftungsfreistellung bei Arbeitsunfällen, BB 2000, 1781; MASCHMANN, Haftung und Haftungsbeschränkung bei Arbeitsunfällen nach neuem Unfallversicherungsrecht (§§ 104 ff SGB VII), SGb 1998, 54; MUMMENHOFF, Unfälle ausländischer Arbeitnehmer im Inland, IPRax 1988, 215; NEUMANN/DUESBERG, Das Verhältnis von „Verkehrssicherungs- und Fürsorgepflicht" des Arbeitgebers und die „Teilnahme am allgemeinen Verkehr", VersR 1968, 1; OTTO/SCHWARZE, Die Haftung des Arbeitnehmers (3. Aufl 1998); PROCHASKA, Der Rechtsgrund des Instituts des innerbetrieblichen Schadensausgleichs unter besonderer Berücksichtigung der Regelung des § 637 RVO (Diss Köln 1970); RISTHAUS, Die Haftungsprivilegierung betriebsfremder Unternehmer gem § 106 Abs 3 3. Fall SGB VII, VersR 2000, 1203 ff; ROLFS, Die Haftung unter Arbeitskollegen und verwandte Tatbestände (1995); ders, Die Neuregelung der Arbeitgeber- und Arbeitnehmerhaftung bei Arbeitsunfällen durch das SGB VII, NJW 1996, 3177; ders, Der Personenschaden des Arbeitnehmers, AR-Blattei SD 860.2 (1996); ders, Aktuelle Entwicklungen beim unfallversicherungsrechtlichen Haftungsausschluß (§§ 104 ff SGB VII), DB 2001, 2294; ROSENZWEIG, Zum Schadensausgleich beim Arbeitsunfall, insbesondere unter Beteiligung eines Zweitschädigers (Diss Hamburg 1970); SCHILLER, Die Problematik des Schmerzensgeldausschlusses in der gesetzlichen Unfallversicherung (Diss Würzburg 1976); SEEWALD, Arbeitgeberhaftung trotz Unfallversicherungsrecht?, BerGen 1990, 146, 232; SIEG, Der Schmerzensgeldanspruch des Arbeitnehmers beim Arbeitsunfall, SGb 1972, 41; ders, Betrachtungen zu §§ 636, 637 RVO und den beamtenrechtlichen Parallelvorschriften, SGb 1994, 613; WALTERMANN, Änderungen im Schadensrecht durch das neue SGB VII, NJW 1997, 3401; WATERMANN, Die Ordnungsfunktionen von Kausalität und Finalität im Recht – unter besonderer Berücksichtigung des Rechts der gesetzlichen Unfallversicherung (1969).

Deshalb besitzen Schadensersatzansprüche im Verhältnis zwischen Dienstverpflich- **325**
teten und Dienstberechtigten auf ihrem potentiellen Hauptanwendungsgebiet, dem
Arbeitsverhältnis, häufig keine praktische Bedeutung. Die hiesige Darstellung beschränkt sich deshalb auf diejenigen Fragen, die den Ausschluß eines Schadensersatzanspruches gegen den Dienstberechtigten wegen einer Verletzung der Pflichten in
§ 618 betreffen; eine umfassende Erörterung der dem Dienstverpflichteten bei einem
Arbeitsunfall zustehenden Ersatzansprüche gegen den Träger der gesetzlichen Unfallversicherung würde den hier zur Verfügung stehenden Rahmen sprengen. Aus
diesem Grunde konzentrieren sich die Ausführungen zudem auf die tragenden Grund-
linien, die vor allem in der höchstrichterlichen Judikatur ihren Niederschlag finden.

b)   Versicherungsverhältnis
aa)   Allgemeines
Der Haftungsausschluß im Verhältnis zwischen den Parteien des Dienstvertrages **326**
setzt in personeller Hinsicht voraus, daß der Dienstberechtigte „Unternehmer" im
Sinne des § 136 Abs 3 SGB VII ist und der Dienstverpflichtete nach § 2 SGB VII zu
den versicherten Personen gehört. Fehlt eine dieser Voraussetzungen, so entfällt für
einen Haftungsausschluß nach den §§ 104, 105 SGB VII die rechtliche Grundlage,
der Dienstverpflichtete kann seine vertraglichen oder deliktischen Ersatzansprüche
uneingeschränkt gegenüber dem Dienstberechtigten geltend machen.

bb)   Unternehmensbegriff
Der Unternehmensbegriff der gesetzlichen Unfallversicherung ist aufgrund der Not- **327**
wendigkeit eines teleologischen, dem Zweck der gesetzlichen Unfallversicherung
Rechnung tragenden Begriffsverständnisses nicht identisch mit dem Unternehmensbegriff, wie er in anderen Rechtsgebieten verwendet wird. **Unternehmen im Sinne der**
gesetzlichen Unfallversicherung ist nach der ständigen Rechtsprechung des Bundessozialgerichts „eine planmäßige, für eine gewisse Dauer bestimmte Vielzahl von
Tätigkeiten, die auf einen einheitlichen Zweck gerichtet sind und mit einer gewissen
Regelmäßigkeit ausgeübt werden" (so noch zu der früheren Regelung in § 658 Abs 2 RVO aF
zB BSGE 16, 81; 36, 115; BSG NZA 1992, 863; BSG NZS 1999, 39).

§ 136 Abs 3 Nr 1 SGB VII sieht zwar in sprachlicher Abweichung von der früheren **328**
Regelung in § 658 Abs 2 Nr 1 RVO denjenigen als Unternehmer an, „dem das Ergebnis des Unternehmens unmittelbar zum Vor- oder Nachteil gereicht". Hiermit soll
aber nur eine Klarstellung der bisherigen Rechtslage verbunden (Reg Begr BT-Drucks
13/2204, 108) sein. In diesem Sinne bewertete das Bundessozialgericht schon in seiner
Rechtsprechung zu der früheren Regelung in § 658 Abs 2 Nr 1 RVO denjenigen als
„Unternehmer", „dem das wirtschaftliche Ergebnis des Unternehmens, der Wert
oder Unwert der im und mit dem Unternehmen verrichteten Arbeiten unmittelbar
oder mittelbar zum Vorteil oder Nachteil gereicht" (so BSGE 61, 17).

Deshalb behalten die Grundsätze in Judikatur und Doktrin zu § 685 Abs 2 Nr 1 RVO **329**
auch im Rahmen des § 136 Abs 3 Nr 1 SGB VII grundsätzlich ihre Gültigkeit. Eine
Modifizierung der Rechtsprechungsgrundsätze dürfte jedoch in der Beschränkung
auf „unmittelbare" Vor- oder Nachteile liegen, die nunmehr § 136 Abs 3 Nr 1 SGB
VII für die Unternehmereigenschaft verlangt. „Mittelbare" Vor- oder Nachteile, die
das Bundessozialgericht als ausreichend für die Unternehmereigenschaft ansah, werden in § 136 Abs 3 Nr 1 SGB VII nicht genannt.

330 Wegen der Erweiterung des Kreises der in der gesetzlichen Unfallversicherung versicherten Tätigkeiten (s § 2 Abs 1 SGB VII) ist die Verfolgung wirtschaftlicher Zwecke für die Unternehmereigenschaft nicht zwingend erforderlich. Insbesondere ist eine Absicht, aus der Tätigkeit wirtschaftliche Vorteile zu erzielen, kein notwendiges Merkmal für den Unternehmensbegriff in der gesetzlichen Unfallversicherung (BSGE 16, 81; BSG NZA 1992, 863).

331 Bei Gesellschaften mit eigener Rechtspersönlichkeit ist Unternehmer nur die Gesellschaft, nicht hingegen die gesetzlichen Vertreter (BSGE 61, 17) oder die Gesellschafter. Bei Gesellschaften ohne eigene Rechtsfähigkeit sind demgegenüber auch diejenigen Gesellschafter „Unternehmer", die nach dem Gesellschaftsvertrag als vertretungsbefugte Gesellschafter unmittelbar Rechte und Pflichten begründen (BSGE 61, 17).

cc) Versicherte Personen

332 Zu den versicherten Personen gehören vorbehaltlich der Ausnahmen in den §§ 4 und 5 SGB VII vor allem die aufgrund eines **Arbeitsverhältnisses** Beschäftigten (§ 2 Abs 1 Nr 1 SGB VII). Mit dem Begriff der **„Beschäftigten"** in § 2 Abs 1 Nr 1 SGB VII knüpft das Gesetz an den **allgemeinen Beschäftigtenbegriff** des Sozialversicherungsrechts in § 7 SGB IV an (ebenso Reg Begr BT-Drucks 13/2204, 74). Dieser erfaßt jede nichtselbständige Arbeit, insbesondere die im Rahmen eines Arbeitsverhältnisses erbrachte Tätigkeit. Wegen der Anknüpfung an den Beschäftigtenbegriff in § 7 SGB IV sind nicht alle Dienstverpflichteten im Sinne der §§ 611 ff in den Schutz der gesetzlichen Unfallversicherung einbezogen (vgl BSG NZA-RR 2000, 434 ff, für die Mitglieder des Vorstands einer Aktiengesellschaft).

333 Für das Vorliegen einer **nichtselbständigen Tätigkeit** im Sinne des § 7 Abs 1 SGB IV ist vor allem darauf abzustellen, ob die Tätigkeit **fremdbestimmt** bzw der zur Dienstleistung Verpflichtete in das „Unternehmen" **eingegliedert** ist (BSGE 31, 3; 59, 286; BSG NZA-RR 2000, 435). Im Unterschied zu anderen Versicherungszweigen ist die **Dauer der Tätigkeit** und die **Höhe der Vergütung** unbeachtlich für die Frage, ob der Dienstverpflichtete zu den in der gesetzlichen Unfallversicherung versicherten Personen gehört. Versicherungspflichtig sind auch solche Dienstverpflichteten, die eine **geringfügige Beschäftigung** im Sinne des § 8 SGB IV ausüben. Wird die Dienstleistung für einen anderen hingegen **freiberuflich,** dh selbständig erbracht, so ist der Dienstverpflichtete nicht in den Kreis der in der gesetzlichen Unfallversicherung versicherten Personen einbezogen (BSGE 24, 30) und kann seine Ersatzansprüche ohne die Einschränkungen der §§ 104, 105 SGB VII gegen den Dienstberechtigten durchsetzen.

334 Inbesondere wenn eine Versicherungspflicht nach § 2 Abs 1 Nr 1 SGB VII wegen eines fehlenden Beschäftigungsverhältnisses zu verneinen ist, bleibt zu prüfen, ob der Dienstverpflichtete seine **Dienstleistung wie ein nach § 2 Abs 1 Nr 1 SGB VII Versicherter** erbringt, da er dann ebenfalls zu den in der gesetzlichen Unfallversicherung versicherten Personen gehört (**§ 2 Abs 2 SGB VII;** hierzu KRASNEY NZS 1999, 577 ff; zusammenfassend zu der früheren Regelung in § 539 Abs 2 RVO KRASNEY, in: FS Steffen [1995] 235 ff). Die bislang zu § 539 Abs 2 RVO entwickelten Grundsätze besitzen trotz geringer Korrekturen im Gesetzeswortlaut auch im Rahmen des § 2 Abs 2 S 1 SGB VII Gültigkeit. Allerdings beschränkt § 2 Abs 2 S 1 SGB VII die Gleichstellung auf die nach § 2 Abs 1 Nr 1 SGB VII versicherten Tätigkeiten (anders noch § 539 Abs 2 RVO, der sich pauschal auf § 539 Abs 1 RVO bezog).

Die Anwendung des § 2 Abs 2 S 1 SGB VII setzt voraus, daß es sich um „eine **335** ernstliche, dem in Betracht kommenden Unternehmen dienende Tätigkeit handelt und daß sie dem mutmaßlichen Willen des Unternehmers entspricht" (so zu § 539 Abs 2 RVO aF BSGE 5, 171; 26, 103, 104; BSG NZA 1992, 862). Dem Unternehmen dient eine Tätigkeit bereits dann, wenn der vorgestellte Erfolg einer Tätigkeit, wenn er eingetreten wäre, den **Unternehmenszweck irgendwie gefördert** hätte (BSGE 5, 171). Ein persönliches Abhängigkeitsverhältnis, kraft dessen der Unternehmer die Art und Weise der Tätigkeit leitet, muß nicht vorliegen (so zu der früheren Regelung in § 539 Abs 2 RVO aF BSGE 5, 173; BSG NZA 1992, 863; BGH AP Nr 14 und 15 zu § 636 RVO; BGH NJW 1996, 2937; BGH NZA-RR 1998, 455; BAG AP Nr 16 zu § 637 RVO).

Da § 2 Abs 2 SGB VII eine Gleichstellung mit den nach § 2 Abs 1 Nr 1 SGB VII **336** versicherten Personen vornimmt, müssen die von § 2 Abs 2 SGB VII erfaßten Personen eine Tätigkeit ausüben, die ihrer Art nach sonst von Personen geleistet werden könnte, die zu dem Unternehmer in einem von § 2 Abs 1 Nr 1 SGB VII erfaßten Beschäftigungsverhältnis stehen (so zu § 539 Abs 2 RVO aF BSGE 5, 174; 15, 294; 16, 76; 31, 277 f; BSG NZA 1992, 862). Hierfür reicht es nicht aus, daß es sich um Verrichtungen handelt, die losgelöst von den tatsächlichen Umständen, ihrer Art nach üblicherweise sonst **dem allgemeinen Arbeitsmarkt zugänglich** sind (BSGE 57, 92). Entscheidend sind die konkreten Umstände des Einzelfalles und ob die Tätigkeit hiernach einem Beschäftigungsverhältnis gleichzustellen ist (zB BSGE 59, 287; BGH NZA-RR 1998, 455: Ausmisten eines Pferdestalls).

Es ist stets erforderlich, daß die Tätigkeit für den Dienstberechtigten als Unterneh **337** mer und **nicht für ein eigenes oder ein anderes Unternehmen** erbracht wird (vgl BSGE 57, 92; BSG NZA 1992, 863; BGH AP Nr 14, 15 und 17 zu § 636 RVO; BAG AP Nr 16 zu § 637 RVO). Im Zweifelsfall ist darauf abzustellen, welche Aufgaben der Tätigkeit das Gepräge geben. Dient die Tätigkeit zumindest **auch den Interessen des eigenen Unternehmens,** so ist nach der Rechtsprechung des Bundesgerichtshofes in der Regel anzunehmen, daß der Verletzte allein zur Förderung seines eigenen Unternehmens tätig geworden ist (BGH AP Nr 14, 15 und 18 zu § 636 RVO). Der **zeitliche Umfang der Tätigkeit** (Teilzeittätigkeit) ist für die Anwendung des § 2 Abs 2 SGB VII bedeutungslos (kritisch de lege ferenda KELLER Sozialversicherung 1994, 325).

Die **Dauer der Tätigkeit** ist für die Gleichstellung unerheblich, es genügt eine **vor 338 übergehende Tätigkeit** (BSGE 31, 4; BSG NZA 1992, 862). Im Unterschied zu der früheren Regelung in § 539 Abs 2 RVO, die dies ausdrücklich festschrieb, verzichtet § 2 Abs 2 S 1 SGB VII auf eine Erwähnung der „vorübergehenden" Tätigkeit, sondern stellt ausschließlich auf ein Tätigwerden ab. Aufgrund des weit gefaßten Gesetzeswortlauts lassen sich vorübergehende Tätigkeiten nicht aus dem Anwendungsbereich des § 2 Abs 2 S 1 SGB VII ausklammern. Das entspricht auch dem Willen des historischen Gesetzgebers, der die bisherige Rechtslage in diesem Punkt nicht korrigieren wollte (s Reg Begr BT-Drucks 13/2204, 75 f).

c) Arbeitsunfall
aa) Allgemeines

Der in § 104 SGB VII angeordnete Ausschluß von Ersatzansprüchen, die dem **339** Dienstverpflichten gegenüber dem Dienstberechtigten wegen einer Verletzung der Pflichten in § 618 zustehen, greift nur ein, wenn das schädigende Ereignis ein Arbeitsunfall im Sinne des Rechts der gesetzlichen Unfallversicherung ist. Wenn dies zu verneinen ist (aber auch nur dann), scheidet eine Anwendung der §§ 104, 105 SGB VII aus, so daß die allgemeinen zivilrechtlichen Schadensersatzansprüche uneingeschränkt bestehen, wenn der Dienstberechtigte seine Pflichten aus § 618 Abs 1 verletzt hat (s exemplarisch Fuchs, in: FS Gitter [1995] 262 ff).

340 Ein Arbeitsunfall liegt nach der **Legaldefinition in § 8 Abs 1 SGB VII** und vorbehaltlich der Erweiterungen in den § 8 Abs 2 SGB VII nur vor, wenn ein Unfall (s die Definition in § 8 Abs 1 S 2 SGB VII) „infolge" der versicherten Tätigkeit eintritt (kritisch zu dieser gegenüber § 548 Abs 1 S 1 RVO abweichenden Formulierung Schulin BerGen 1996, 141). Zwischen dem Unfall und der versicherten Tätigkeit muß deshalb ein ursächlicher Zusammenhang bestehen.

341 Ein Arbeitsunfall im Sinne des § 8 Abs 1 SGB VII setzt voraus, daß die zum Unfall führende Tätigkeit aufgrund einer wertenden Betrachtung noch als **„versicherte" Tätigkeit** anzusehen ist. Erst dann stellt sich die Frage, ob zwischen dem Unfall und der versicherten Tätigkeit ein ursächlicher Zusammenhang vorlag. Fehlt eine dieser Voraussetzungen, so ist das Vorliegen eines Arbeitsunfalls zu verneinen, mit der Folge, daß der in § 104 SGB VII normierte Haftungsausschluß nicht eingreift und der Dienstverpflichtete seine Ersatzansprüche wegen einer Verletzung der Pflichten in § 618 uneingeschränkt gegen den Dienstberechtigten geltend machen kann.

342 Da den §§ 104, 105 SGB VII das Prinzip Haftungsersetzung für Versicherungsschutz zugrundeliegt (Gitter, Schadensausgleich im Arbeitsunfallrecht [1969] 211), ist es für die Anwendung dieser Vorschriften unbeachtlich, ob der Arbeitsunfall eine **Leistungspflicht des Trägers der gesetzlichen Unfallversicherung** begründet. Für ein Prinzip Haftungsersetzung bei Versicherungsleistung fehlen jegliche normativen Anhaltspunkte. Insbesondere greift der Haftungsausschluß auch ein, wenn zwar ein Arbeitsunfall vorliegt, die haftungsausfüllende Kausalität für den eingetretenen Schaden (hierzu statt aller Schulin, Handbuch des Sozialversicherungsrecht Bd 2 [1996] § 31 Rn 1, 15 ff) hingegen zu verneinen ist. Das gilt entsprechend, wenn Leistungsansprüche des Versicherten ausgeschlossen sind, da dies das Vorliegen eines Arbeitsunfalls nicht in Frage stellt.

343 Die Feststellung, ob der durch die Verletzung der in § 618 Abs 1 genannten Pflichten ursächlich herbeigeführte Schaden, ein Arbeitsunfall im Sinne des Rechts der gesetzlichen Unfallversicherung ist, kann im Einzelfall vielfältige Zweifelsfragen auslösen. Um divergierende Entscheidungen zu vermeiden, sieht § 108 Abs 1 SGB VII – ebenso wie früher § 638 RVO – eine **Bindung an Entscheidungen der Sozialgerichte** über die Frage vor, ob ein Arbeitsunfall vorliegt. Diese Bindungswirkung entfalten mit ihrer Bestandskraft auch **Entscheidungen der Unfallversicherungsträger** (näher zur Bindungswirkung Otto/Schwarze, Die Haftung des Arbeitnehmers [3. Aufl 1998] Rn 580; Rolfs, Die Haftung unter Arbeitskollegen und verwandte Tatbestände [1995] 219 ff mwN). Eine unanfechtbare Entscheidung im Sinne des § 108 Abs 1 SGB VII liegt allerdings erst vor, wenn der Bescheid des Unfallversicherungsträgers bestandskräftig geworden oder das Sozialgerichtsverfahren rechtskräftig abgeschlossen ist.

344 Wurde ein **nach § 12 Abs 2 SGB X zu Beteiligender** im Verwaltungsverfahren **nicht beteiligt,** so entfaltet der Bescheid des Unfallversicherungsträgers ihm gegenüber

keine Bindungswirkung (BGH SGb 1995, 560; hierzu auch FRAHM VersR 1995, 1002 ff). Das gilt insbesondere für einen Rentenbescheid des Unfallversicherungsträgers, der ohne Beteiligung des Unternehmers an den Arbeitnehmer gerichtet ist. Die dort getroffenen Feststellungen, insbesondere über das Vorliegen eines Arbeitsunfalls, entfalten gegenüber dem Unternehmer erst dann die in § 108 Abs 1 SGB VII normierte Bindungswirkung für die Gerichte, wenn die **Beteiligung** des Unternehmers **nachgeholt wird** oder er hierauf **verzichtet** (BGH SGb 1995, 560).

bb) „Versicherte" Tätigkeit
Eine „versicherte" Tätigkeit im Sinne des § 8 Abs 1 S 1 SGB VII setzt voraus, daß die   **345** zum Unfall führende Tätigkeit wertungsmäßig mit derjenigen identisch ist, die die Versicherteneigenschaft begründet. Erforderlich ist ein **innerer Zusammenhang** zwischen der **versicherten und der unfallverursachenden Tätigkeit** (BSGE 12, 250; 61, 128; hierzu KELLER NZS 1995, 58 ff; KRASNEY NZS 2000, 373 ff; SCHULIN, Handbuch des Sozialversicherungsrechts Bd 2 [1996] § 27 Rn 71 ff, § 30).

Im Hinblick auf den Zweck der gesetzlichen Unfallversicherung liegt ein „innerer   **346** Zusammenhang" erst vor, wenn die Tätigkeit **final dem betrieblichen Zweck oder Interesse dient** (vgl zB BSG Breithaupt 1989, 291; grdl WATERMANN, Die Ordnungsfunktionen von Kausalität und Finalität im Recht [1968] 142 ff), da der Unfallversicherungsschutz das Risiko einer fremdnützigen Tätigkeit absichern soll. Der bloße **räumlich oder zeitlich vermittelte Bezug** zu einer grundsätzlich versicherten Tätigkeit **reicht nicht aus.**

Für einen „inneren Zusammenhang" genügt es, wenn die Tätigkeit nach der Vor-   **347** stellung des Handelnden **betrieblichen Zwecken** dienlich ist (BSGE 52, 59; vgl ferner BRACKMANN, Handbuch der Sozialversicherung Bd II 479 h II ff; GITTER, GK-Sozialversicherung § 548 RVO Anm 4; SCHULIN, Handbuch des Sozialversicherungsrechts Bd 2 [1996] § 30 Rn 13 ff, jeweils mwN). Subjektive Vorstellungen sind hierfür nur relevant, wenn sie in den objektiven Verhältnissen eine hinreichende Stütze finden (BSG Breithaupt 1995, 606 f). Nicht berücksichtigt werden solche Vorstellungen des Tätigwerdenden, die offensichtlich den Rahmen vernünftigen Verhaltens überschreiten (BSGE 30, 283; zutreffend iE LAG Düsseldorf BB 1998, 1695, das bei einem Tritt in das Gesäß einer unterstellten Mitarbeiterin eine „betriebliche Tätigkeit" verneinte).

Verbotswidriges Handeln, also auch das Hinwegsetzen über Unfallverhütungsvor-   **348** schriften, schließt – wie die frühere Regelung in § 548 Abs 3 RVO belegt – das Vorliegen einer versicherten Tätigkeit grundsätzlich nicht aus (s näher SCHULIN, Handbuch des Sozialversicherungsrechts Bd 2 [1996] § 30 Rn 65 ff).

Eine **versicherte Tätigkeit** ist **zu verneinen,** wenn zwischen dem Verhalten des Ver-   **349** sicherten, mag es auch räumlich dem Betrieb zuzuordnen sein, und der Tätigkeit, wegen der er zum Kreis der versicherten Personen gehört, **kein Zusammenhang** besteht (BSGE 64, 160 f). Das umfaßt sämtliche Tätigkeiten, die der **privaten Sphäre** zuzurechnen sind, wenn also ein **eigenwirtschaftliches Verhalten** vorliegt (aus neuerer Zeit zB BSG Breithaupt 1990, 123 f; BSG Breithaupt 1990, 400 f; BSG Breithaupt 1991, 303; BSG Breithaupt 1995, 602 ff; s ferner BRACKMANN, Handbuch der Sozialversicherung Bd II 480 p ff; SCHULIN, Handbuch des Sozialversicherungsrechts Bd 2 [1996] § 30 Rn 25 ff). Im Einzelfall ist die Abgrenzung schwierig und muß sich am Zweck der gesetzlichen Unfallversicherung orientieren.

350 So ist zB die **Nahrungsaufnahme** selbst dann nicht dem betrieblichen Bereich zuzuordnen, wenn sie auf dem Betriebsgelände eingenommen wird. Andererseits gehören
die Wege zu und von der Nahrungsaufnahme nicht mehr zum persönlichen Bereich,
wenn der Versicherte durch seine Anwesenheit auf dem Betriebsgelände gezwungen
ist, diese an einem anderen Ort vorzunehmen, als er dies von seinem häuslichen
Bereich aus getan hätte (BSG Breithaupt 1990, 400 f; BSG BB 1993, 2454; s auch BSG NJW
1995, 2943, für den Einkauf von Lebensmitteln in der Mittagspause; BSG NJW 1997, 2261, für den
Weg zur Nahrungsaufnahme in ein Einkaufszentrum). Auch sonstige Maßnahmen, die der
Erhaltung bzw Wiederherstellung der Gesundheit oder der **Körperreinigung** dienen,
sind selbst dann dem persönlichen Lebensbereich zuzurechnen, wenn dabei betrieb-
liche Sozialeinrichtungen in Anspruch genommen werden (BSG Breithaupt 1990, 124).
Zum Bereich der eigenwirtschaftlichen Tätigkeit gehört auch die **Betätigung als
Streikposten** (LAG Hamm NZA-RR 1999, 656 f).

351 In einem „inneren Zusammenhang" mit der versicherten Tätigkeit stehen auch
Dienst- und Geschäftsreisen, die dazu bestimmt sind, den betrieblichen Interessen
wesentlich zu dienen (BSGE 45, 256; 51, 259; BSG NZS 1996, 340 f); entsprechendes gilt für
betriebliche Gemeinschaftsveranstaltungen wie Betriebsfeiern (OLG Hamm VersR 2000,
601). Anders ist die Rechtslage regelmäßig bei einer sog **Incentive-Reise,** die als
Belohnung für gute Arbeitsergebnisse vom Arbeitgeber finanziert wird (s BSG NJW
1995, 3340 ff; zu weiteren Einzelfällen vgl Brackmann, Handbuch der Sozialversicherung Bd II
480 v ff).

352 Läßt sich die Tätigkeit **sowohl betrieblichen als auch eigenwirtschaftlichen Zwecken**
zuordnen, so handelt es sich um eine **gemischte Tätigkeit,** wenn sie sich nicht in zwei
Teile zerlegen läßt (BSGE 64, 161). In diesem Fall liegt eine **versicherte Tätigkeit** immer
dann noch vor, wenn diese **dem Unternehmenszweck wesentlich dient** (BSGE 3, 245; 20,
215 [217]; 64, 161; BSG Breithaupt 1989, 293; BSG NZS 1996, 341; Schulin, Handbuch des Sozialversicherungsrechts Bd 2 [1996] § 30 Rn 28 ff). Ist die Förderung des Unternehmenszwecks
lediglich **Nebenzweck der Tätigkeit,** so scheidet dies aus (BSGE 3, 245; 20, 217). Der
Unternehmenszweck muß jedoch **nicht überwiegen** (BSGE 3, 245; 20, 217; 64, 161; BSG
Breithaupt 1989, 293; BSG NZS 1996, 341). Abzustellen ist weniger auf den Zeitaufwand,
sondern vor allem auf **qualitative Merkmale** wie zB die Bedeutung der Tätigkeit für
das Unternehmen (BSGE 3, 246; BSG Breithaupt 1989, 293). Entscheidendes Abgrenzungskriterium hierfür ist die Frage, ob die Tätigkeit hypothetisch auch dann vorgenommen worden wäre, wenn der private Zweck entfallen wäre (zuletzt BSG NZS 1996,
341).

353 Eine **vom Versicherten herbeigeführte Erhöhung** der der versicherten Tätigkeit inne-
wohnenden **Gefahr** (selbstgeschaffene Gefahr) berührt das Vorliegen einer versicherten Tätigkeit solange nicht, wie der Versicherte mit der Tätigkeit **ausschließlich betriebliche Zwecke** verfolgt (BSGE 64, 161; näher zB Schulin, Handbuch des Sozialversicherungsrechts
Bd 2 [1996] § 30 Rn 55 ff). Die Problematik der selbstgeschaffenen Gefahr besitzt deshalb
nur bei gemischten Tätigkeiten (hierzu o Rn 355) Bedeutung (BSGE 64, 161). Liegen
einer selbstgeschaffenen Gefahr **betriebsfremde Motive** zugrunde, ist zwar nicht bereits eine versicherte Tätigkeit zu verneinen, wohl aber wird hierdurch deren Ursächlichkeit für den Unfall in Frage gestellt (vgl BSGE 28, 16; 64, 161; näher hierzu u
Rn 359).

d) Reichweite des Haftungsausschlusses

358 Der Haftungsausschluß nach den §§ 104, 105 SGB VII ergreift nur solche Ansprüche, die auf **Ersatz von Personenschäden** gerichtet sind. Deren **Rechtsnatur** (Vertrag oder Delikt) ist aufgrund des Gesetzeswortlauts und des Normzwecks **unbeachtlich** (BGB-RGRK/SCHICK § 618 Rn 193). Da die §§ 104, 105 SGB VII von dem Prinzip Haftungsersetzung durch Versicherungsschutz geleitet sind (GITTER, Schadensausgleich im Arbeitsunfallrecht [1969] 211), führen diese Vorschriften zu einem **inkongruenten Haftungsausschluß** (GITTER, Schadensausgleich im Arbeitsunfallrecht [1969] 247 f; ROLFS, Die Haftung unter Arbeitskollegen und verwandte Tatbestände [1995] 205; BGB-RGRK/SCHICK § 618 Rn 188). Ersatzansprüche des Versicherten werden auch für den Fall ausgeschlossen, daß der Versicherte **keine Versicherungsleistungen** erhält (BLEY, Sozialrecht [6. Aufl 1988] 317); den §§ 104, 105 SGB VII liegt nicht das Prinzip Haftungsersetzung bei Versicherungsleistung zugrunde (s o Rn 344).

359 Dem Haftungsausschluß unterliegen ebenfalls die an sich nach § 844 zu ersetzenden **Beerdigungskosten** (BAG AP Nr 16 zu § 636 RVO). Auch die durch einen Arbeitsunfall beschädigten **Körperersatzstücke** oder **größeren orthopädischen Hilfsmittel** (§ 31 SGB VII) sind als Personenschaden zu werten (ebenso ROLFS, Die Haftung unter Arbeitskollegen und verwandte Tatbestände [1995] 207); § 8 Abs 3 SGB VII stellt dies ausdrücklich klar.

360 Der Haftungsausschluß ergreift nach ständiger höchstrichterlicher Rechtsprechung ebenfalls **Ansprüche auf Schmerzensgeld** (vgl BAG AP Nr 1, 3, 4 und 9 zu § 636 RVO; zuvor auch BGHZ 3, 302; BAG AP Nr 10 zu §§ 898, 899 RVO). Dies war zu § 636 RVO anerkannt, gilt aber auch für § 104 SGB VII (vgl GITTER, in: FS Wiese [1998] 134). Die hiergegen erhobenen **verfassungsrechtlichen Bedenken** (vgl den Vorlagebeschluß ArbG Marburg AP Nr 5 zu § 636 RVO) wies das Bundesverfassungsgericht zurück (BVerfGE 34, 118 ff; zustimmend GITTER SGb 1973, 356 ff; bestätigt durch BVerfG AP Nr 21 zu § 636 RVO = EzA § 636 RVO Nr 13). Die Ausdehnung der §§ 104, 105 SGB VII auf Schmerzensgeldansprüche ist angesichts ihrer unzureichenden Kompensation durch Leistungen der gesetzlichen Unfallversicherung rechtspolitisch wenig überzeugend (s FUCHS, in: FS Gitter [1995] 256; HANAU JurA 1970, 114 ff; ferner GITTER, Schadensausgleich im Arbeitsunfallrecht [1969] 190 ff, 247 f; ROLFS, Die Haftung unter Arbeitskollegen und verwandte Tatbestände [1995] 208 ff).

361 Hinsichtlich **Sachschäden,** die ein Dienstverpflichteter infolge einer Verletzung der in § 618 genannten Pflichten erleidet, bleiben zivilrechtliche Ersatzansprüche gegen den Dienstberechtigten uneingeschränkt bestehen (BGH NJW 1959, 385; BGHZ 52, 116 f; ROLFS, Die Haftung unter Arbeitskollegen und verwandte Tatbestände [1995] 211 ff; BGB-RGRK/SCHICK § 618 Rn 193). Das gilt auch für **Aufwendungsersatzansprüche nach § 670,** soweit sie nicht auf den Ersatz eines Personenschadens gerichtet sind.

e) Begrenzung des Haftungsausschlusses

362 Die Haftung des Dienstberechtigten bleibt bei einer Verletzung der Pflichten in § 618 trotz des Vorliegens eines Personenschadens bestehen, wenn der Dienstberechtigte den Arbeitsunfall **vorsätzlich herbeigeführt** hat oder dieser bei einem **Wegeunfall** im Sinne des § 8 Abs 2 Nr 1–4 SGB VII eintrat. Bei einer Haftung des Dienstberechtigten wegen einer Verletzung der Pflichten in § 618 ist vor allem die vorsätzliche Herbeiführung des Arbeitsunfalls praktisch bedeutsam.

363 Für die Annahme einer **vorsätzlichen Herbeiführung des Arbeitsunfalls** genügt be-

dingter Vorsatz (dolus eventualis). Das Gesetz verlangt **Vorsatz hinsichtlich des Arbeitsunfalls;** die vorsätzliche Verletzung der in § 618 genannten Pflichten reicht deshalb nicht aus, wenn der **Eintritt des Arbeitsunfalls** nicht vom Wissen und Wollen des Dienstberechtigten umfaßt ist (BAG AP Nr 9 zu § 636 RVO; OLG Celle VersR 1999, 1551; LAG Köln v 11. 8. 2000 – 4 Sa 553/00; ROLFS, Die Haftung unter Arbeitskollegen und verwandte Tatbestände [1995] 141 f; WALTERMANN NJW 1997, 3402).

Selbst wenn der Schadensersatzanspruch des Dienstverpflichteten nach § **104 SGB**   **364** **VII** bestehen bleibt, schreibt dessen **Abs 3** eine Minderung des Anspruchs um diejenigen **Leistungen** vor, die infolge des Arbeitsunfalls von **Trägern der gesetzlichen Sozialversicherung,** also vornehmlich der gesetzlichen Unfallversicherung, erbracht wurden. Bei zusätzlichen **Leistungen einer Privatversicherung** an den Dienstverpflichteten ist § 67 VVG zu beachten, da § 104 Abs 3 SGB VII den Schadensersatzanspruch lediglich mindert.

f)   Bedeutung der §§ 105, 106 Abs 3 SGB VII für den Haftungsausschluß

Den Haftungsausschluß in § 104 SGB VII dehnt § 105 SGB VII im Interesse des   **365** Betriebsfriedens (so zB BGH AP Nr 6 zu § 637 RVO; BAG AP Nr 13 zu § 637 RVO; BAG NJW 2001, 2039; vgl aber auch GITTER, Schadensausgleich im Arbeitsunfallrecht [1969] 243 ff; OTTO/ SCHWARZE, Die Haftung des Arbeitnehmers [3. Aufl 1998] Rn 536 ff) auf die Fälle aus, in denen der Arbeitsunfall durch einen **Versicherten desselben Betriebs** infolge einer **betrieblichen Tätigkeit** herbeigeführt wurde. Für Ersatzansprüche des Dienstverpflichteten wegen einer Verletzung der in § 618 genannten Pflichten ist dieser Ausschlußtatbestand insbesondere relevant, wenn sich der Dienstberechtigte zur Erfüllung seiner Pflichten eines Erfüllungsgehilfen oder eines Beauftragten bedient. Auch der in § 105 SGB VII normierte Haftungsausschluß greift nur ein, wenn der Dienstberechtigte Unternehmer im Sinne des § 136 Abs 3 Nr 1 SGB VII ist und der geschädigte Dienstverpflichtete zum Kreis der nach § 2 Abs 1 oder 2 SGB VII versicherten Personen gehört.

Der dem Dienstverpflichteten aus dem Gesichtspunkt eines Vertrages mit Schutz-   **366** wirkung zugunsten Dritter oder einer deliktischen Haftung nach den §§ 823 ff gegen einen Dritten zustehende Schadensersatzanspruch ist nur ausgeschlossen, wenn der Arbeitsunfall durch eine **betriebliche Tätigkeit** verursacht wurde (hierzu eingehend ROLFS, Die Haftung unter Arbeitskollegen [1995] 72 ff). Das ist zu bejahen, wenn das **Verhalten des Schädigers betriebsbezogen** ist, dh die **Tätigkeit** muß ihm vom Betrieb oder für den Betrieb **übertragen** oder von ihm **im Betriebsinteresse ausgeführt** worden sein (BAG AP Nr 1 und 8 zu § 637 RVO; s auch BAG NJW 2001, 2039 f). Hierfür ist eine wertende Betrachtung ausschlaggebend, aufgrund der sich der **Arbeitsunfall als ein innerbetrieblicher Vorgang** darstellen muß (BAG AP Nr 8 zu § 637 RVO).

Ob die den Arbeitsunfall verursachende Tätigkeit des Schädigers zu seinem Auf-   **367** gabengebiet gehört, ist für die Anwendung von § 105 SGB VII unbeachtlich; es **genügt,** wenn er diese (vermeintlich) **im Interesse des Betriebes** vornahm (BGH AP Nr 6 zu § 637 RVO). Ein **Ersatzanspruch** des Dienstverpflichteten wegen einer Verletzung der Pflichten in § 618 **bleibt** jedoch **bestehen,** wenn die zum Arbeitsunfall führende Tätigkeit des Schädigers weder auf den Betrieb oder die Betriebszwecke bezogen war noch dem Betrieb und dessen Zwecken dienlich und förderlich sein sollte (BAG AP Nr 1 zu § 637 RVO), **zu dem Betrieb also kein oder nur ein loser Zusam-**

menhang bestand (BAG AP Nr 8 zu § 637 RVO; exemplarisch BGH NZA-RR 1998, 455 f: Peitschenhieb beim Ausmisten eines Pferdestalls, um den Geschädigten zu erschrecken; LAG Düsseldorf BB 1998, 1695: Tritt in das Gesäß einer unterstellten Mitarbeiterin; LAG Baden-Württemberg NZA-RR 2000, 18 f: Stichverletzung im Umkleideraum).

368 Der Haftungsausschluß in § 105 SGB VII greift unabhängig davon ein, ob der Schädiger in demselben Betrieb wie der Dienstverpflichtete tätig ist. Im Unterschied zu der früheren Rechtslage (hierzu umfassend Rolfs, Die Haftung unter Arbeitskollegen und verwandte Tatbestände [1995] 87 ff), die ausdrücklich verlangte, daß es sich bei dem Schädiger um einen „**Betriebsangehörigen**" gehandelt haben mußte, kommt es hierauf nicht mehr an. Das folgt nicht nur aus dem weit gefaßten Gesetzeswortlaut, sondern auch aus der Entstehungsgeschichte. Die Regierungsbegründung hob ausdrücklich hervor, daß der Anwendungsbereich des Haftungsausschlusses ausgeweitet werden sollte (s BT-Drucks 13/2204, 100).

369 Nach § 105 Abs 1 S 1 SGB VII ist deshalb **nicht mehr erforderlich,** daß der Geschädigte in den Betrieb des Dienstberechtigten **eingegliedert** war, dh eine Tätigkeit ausgeführt hat, die dazu bestimmt war, die Zwecke des Betriebs des Dienstberechtigten zu fördern, und eine **Weisungsberechtigung** des Dienstberechtigten gegenüber dem Schädiger des Dienstverpflichteten vorlag (vgl statt aller Gitter, in: FS Wiese [1998] 135; zu § 637 RVO s BAG AP Nr 7, 9 und 13 zu § 637 RVO; BGH NZA-RR 1998, 455; OLG Rostock OLG-NL 2000, 268 f; OLG Schleswig MDR 2000, 886 f). Die vom Gesetzgeber bewußt vollzogene Ausweitung des Anwendungsbereichs des Haftungsausschlusses beseitigt die nach früherem Recht bestehende **Inkongruenz zwischen „Betriebsangehörigkeit" und Versicherteneigenschaft** nach § 539 Abs 2 RVO aF (BAG AP Nr 13 und 16 zu § 637 RVO; BGH AP Nr 10, 14 und 15 zu § 637 RVO; kritisch Denck, Der Schutz des Arbeitnehmers vor der Außenhaftung [1980] 99 ff; Gamillscheg/Hanau, Die Haftung des Arbeitnehmers [2. Aufl 1974] 170 ff jeweils mwN; s auch Rolfs, Die Haftung unter Arbeitskollegen und verwandte Tatbestände [1995] 128 ff; Staudinger/Oetker[12] § 618 Rn 241); § 105 Abs 1 S 1 SGB VII privilegiert auch diejenigen Schädiger, die nach **§ 2 Abs 2 SGB VII** dem Kreis der versicherten Personen angehören (so ausdrücklich auch Reg Begr BT-Drucks 13/2204, 100; ebenso OLG Hamm NJW 1998, 2833; AG Bremen NZA-RR 1999, 321; Gitter, in: FS Wiese [1998] 135; Waltermann NJW 1997, 3402).

370 Eine weitere Einschränkung der Ersatzansprüche des Arbeitnehmers bewirkt **§ 106 Abs 3 SGB VII,** der die §§ 104, 105 SGB III auf den Sonderfall ausdehnt, daß Versicherte mehrerer Unternehmen vorübergehend betriebliche Tätigkeiten auf einer **gemeinsamen Betriebsstätte** verrichten. In diesem Fall sind Ersatzansprüche nicht nur gegenüber den für andere Unternehmen tätigen Versicherten ausgeschlossen; auch der andere Unternehmer ist nach Ansicht des Bundesgerichtshofes grundsätzlich nicht in das Haftungsprivileg einbezogen (vgl BGH NJW 2001, 3126 f; Lemcke, Aktuelle Probleme beim Regreß des Sozialversicherungsträgers und der Zessionare [1999] 36; aA noch OLG Brandenburg r + s 2000, 374 f; OLG Dresden NJW-RR 2001, 748; OLG Karlsruhe NJW 2000, 297; OLG Karlsruhe VersR 2001, 374; LG Kassel VersR 1999, 1552; LG Memmingen NZA-RR 2001, 267 f; iE auch OLG Saarbrücken NVersZ 1999, 544; ebenso im Schrifttum zB Imbusch VersR 2001, 552 ff; Risthaus VersR 2000, 1203 ff). Die Kontroverse zu den **Anforderungen an eine „gemeinsame Betriebsstätte"** hat der Bundesgerichtshof im Sinne einer vermittelnden Auffassung beigelegt. Hiernach ist ein bewußtes Miteinander im Arbeitsablauf erforderlich, das sich zumindest tatsächlich als ein aufeinander bezogenes betriebliches

Zusammenwirken mehrerer Unternehmen darstellt. Die Vereinbarung eines gemeinsamen Ziels und Zwecks der Aktivitäten oder eine gemeinsame Organisation und
Verantwortung ist nicht notwendig; andererseits reicht das bloße lokale Nebeneinander zweier Unternehmensaktivitäten für eine Haftungsbefreiung des Schädigers
nicht aus (vgl BGH VersR 2001, 337 [hierzu IMBUSCH VersR 2001, 547 ff]; BGH NJW-RR 2001, 741;
OLG Köln MDR 2002, 92). Nach hM begründet auch das **Zusammenwirken von General-
unternehmer und Subunternehmer** auf einer Baustelle eine „gemeinsame Betriebsstätte" (OLG Dresden NJW-RR 2001, 747 mwN; anders noch zu § 636 Abs 2 RVO BGH AP Nr 25
zu § 636 RVO).

g) Ersatzanspruch des Trägers der gesetzlichen Unfallversicherung*
aa) Grundlagen des Ersatzanspruches

Sind Ersatzansprüche des Dienstverpflichteten infolge der §§ 104, 105 SGB VII aus- 371
geschlossen oder eingeschränkt, so regeln sich Ersatzansprüche des zur Leistung

---

* **Schrifttum:** BAUMEISTER, Die Rechtsnatur, der
Ausschluß und die Einschränkungen des Rückgriffsanspruchs der Sozialversicherungsträger
nach § 640 RVO (Diss Köln 1968); BENZ,
Rechtsnatur und gerichtliche Nachprüfbarkeit
der Entscheidung nach § 640 Abs 2 RVO, VersR
1970, 109; BROX, Der Rückgriffsanspruch der
Sozialversicherungsträger gegen den Unternehmer und ihm gleichgestellte Personen, DB 1966,
489; DAHM, Mitwirkendes Verschulden des
Verletzten und Mitverantwortung des Unfallversicherungsträgers im Rahmen des Regreßanspruchs gemäß § 640 RVO, ZfS 1995, 134;
ELLESER, Haftung der Unternehmer und Betriebsangehörigen gegenüber den Trägern der
Sozialversicherung, BB 1964, 1493; ders, Verzicht auf das Rückgriffsrecht der Sozialversicherungsträger, BB 1965, 378; FEYOCK, Die
Rechtsnatur des Rückgriffsanspruchs der Sozialversicherungsträger aus § 640 RVO, NJW
1964, 1706; GAMILLSCHEG/HANAU, Die Haftung
des Arbeitnehmers (2. Aufl 1974); GREGOR,
Regreßanspruch der Berufsgenossenschaft gegen Unternehmen bei Inanspruchnahme aus einem Arbeitsunfall, DB 1965, 999; HORN, Der
Begriff der groben Fahrlässigkeit als Tatbestandsmerkmal des § 640 RVO, BerGen 1989,
93; KONERTZ, Der Rückgriffsanspruch des Sozialversicherungsträgers nach § 640 RVO, VersR
1980, 209; KÜHNE, Die rechtliche Bedeutung des
Tatbeitrages des Verletzten, der Berufsgenossenschaft oder Dritter beim Rückgriff nach § 640
RVO (Diss Berlin 1970); ders, Zur Bindungswirkung des § 638 RVO beim Regreß nach § 640
RVO, VersR 1971, 998; KÜNNEL, Haftungsver-
zicht nach § 640 RVO, SozVers 1980, 96; MAR-
SCHALL V BIEBERSTEIN, Zur Anwendung der
§§ 640, 641 RVO bei Amtspflichtverletzungen
und bei Mitverschulden des Verletzten, SGb
1974, 89; ders, Rechtsweg und Überprüfung der
Ermessensentscheidung nach § 640 RVO, JZ
1975, 118; MITTELMEIER, Nochmals: Rechtsnatur
des Regreßanspruchs der Sozialversicherungsträger (§ 640 RVO), VersR 1969, 876; NEU-
MANN/DUESBERG, Rechtsnatur des Regreßanspruchs der Sozialversicherungsträger (§ 640
RVO), VersR 1969, 103; ders, Rechtsnatur des
Regreßanspruchs der Sozialversicherungsträger
(§ 640 RVO), SGb 1969, 321; OTTO/SCHWARZE,
Die Haftung des Arbeitnehmers (3. Aufl 1998);
SANDEN, Versicherungsschutz bei Ansprüchen
aus § 640 RVO, VersR 1968, 12; SAUM, § 640
RVO und § 67 Abs 2 VVG – eine Klarstellung,
VersR 1979, 698; SCHIFFAUER, Das Verhältnis
von arbeitsrechtlichem Freistellungsanspruch
und dem Rückgriffsanspruch des Trägers der
Unfallversicherung aus § 640 RVO, NJW 1974,
983; SEITZ, Die Ersatzansprüche des Sozialversicherungsträgers nach §§ 640, 1542 RVO
(2. Aufl. 1974); SONDERMANN, Der Ersatzanspruch der Berufsgenossenschaft gemäß § 640
RVO (1970); WEYER, Verstoß gegen Unfallverhütungsvorschriften und Rückgriff gemäß § 640
RVO, VersR 1971, 93; WUSSOW, Inanspruchnahme eines Zweitschädigers bei pauschalen
Regreß-Verzichtabkommen zu § 640 RVO?,
VersR 1977, 605.

jeweils verpflichteten Sozialversicherungsträgers, also vornehmlich des Trägers der gesetzlichen Unfallversicherung, ausschließlich nach § 110 SGB VII. Für eine Anwendung des § 116 SGB X fehlt in dieser Konstellation die Grundlage, da die §§ 104, 105 SGB VII die Durchsetzung des Schadensersatzanspruchs dauerhaft ausschließen, so daß eine cessio legis denknotwendig ausscheidet (GITTER, Schadensausgleich im Arbeitsunfallrecht [1969] 256; so auch BSGE 37, 21 f); § 104 Abs 1 S 2 SGB VII stellt dies ausdrücklich klar (Reg Begr BT-Drucks 13/2204, 100).

372 Der Ersatzanspruch des Trägers der Sozialversicherung setzt voraus, daß der Dienstberechtigte oder ein Versicherter desselben Betriebes (s o Rn 365) den Arbeitsunfall **vorsätzlich** oder infolge **grober Fahrlässigkeit** herbeigeführt hat (kritisch zur Einbeziehung grober Fahrlässigkeit FUCHS, Zivilrecht und Sozialrecht [1992] 202), wobei der Vorwurf grober Fahrlässigkeit einen objektiv schweren und subjektiv nicht entschuldbaren Verstoß gegen die Anforderungen der im Verkehr erforderlichen Sorgfalt voraussetzt (BGH NJW 2001, 2093). Dieses subjektive Erfordernis muß – wie § 110 Abs 1 S 3 SGB VII klarstellt – nur hinsichtlich der **Verletzung der Verhaltensnorm** vorliegen. Damit korrigiert das Gesetz die frühere Rechtsprechung des Bundesgerichtshofes (siehe BGHZ 75, 330), die wegen des Normzwecks der §§ 636, 637 RVO noch gefordert hatte, daß sich der Vorsatz auch auf den Eintritt und den Umfang des Schadens erstrecken mußte (kritisch hierzu auch BALTZER SGb 1987, 532 ff; aA ROLFS, Die Haftung unter Arbeitskollegen und verwandte Tatbestände [1995] 237 ff). Für diese Voraussetzung fehlt angesichts der ausdrücklichen Regelung in § 110 Abs 1 S 3 SGB VII nunmehr eine normative Grundlage (ebenso GITTER, in: FS Wiese [1998] 138; GRAEFF SGb 1996, 302; WALTERMANN NJW 1997, 3404; s auch OLG Celle VersR 1999, 1551).

373 Nach der höchstrichterlichen Rechtsprechung hat der Ersatzanspruch in § 110 SGB VII **privatrechtlichen Charakter** (vgl zu der früheren Regelung in § 640 RVO aF zB BSGE 37, 21 ff; ROLFS, Die Haftung unter Arbeitskollegen und verwandte Tatbestände [1995] 234 ff mwN). Für seine Durchsetzung ist deshalb der **Rechtsweg zu den ordentlichen Gerichten** und nicht der zu denen der Sozialgerichtsbarkeit eröffnet (BSGE 37, 20 ff).

374 Aufgrund des Umfangs des Anspruches, der auf Ersatz der vom Sozialversicherungsträger erbrachten Leistungen gerichtet ist, steht er rechtsdogmatisch einem Aufwendungsersatzanspruch näher als einem Schadensersatzanspruch (vgl zu § 640 RVO aF bereits RGZ 144, 35 f: Ersatzanspruch eigener Art). Trotz gewisser Ähnlichkeiten zu den Schadensersatzansprüchen, können weder die §§ 249 ff noch die allgemeinen **Grundsätze des Haftungsrechts** Anwendung finden (BGHZ 57, 317). Dies gilt insbesondere auch für § **254** (RGZ 144, 36; BGHZ 57, 317, 319; BSGE 37, 22; hierzu jüngst DAHM ZfS 1995, 134 ff). Das **Familienprivileg in den §§ 67 Abs 2 VVG und 116 Abs 6 SGB X** findet weder unmittelbar noch entsprechend Anwendung (kritisch FUCHS, Zivilrecht und Sozialrecht [1992] 203).

375 Nach der Regelung in § 110 Abs 1 S 1 SGB VII beeinflussen die schadensersatzrechtlichen Grundsätze, insbesondere auch § 254 jedoch indirekt den Umfang des Ersatzanspruches, da dieser der Höhe nach durch den zivilrechtlichen Schadensersatzanspruch begrenzt ist. Ist letzterer wegen eines Mitverschuldens zu kürzen, so strahlt dies im Sinne einer Obergrenze auch auf die Höhe der Aufwendungen aus, die der Sozialversicherungsträger von dem Schädiger ersetzt verlangen kann (GITTER, in:

FS Wiese [1998] 138; OTTO/SCHWARZE, Die Haftung des Arbeitnehmers [3. Aufl 1998] Rn 601;
WALTERMANN NJW 1997, 3404).

bb) Verzicht auf den Ersatzanspruch

Da Unfallversicherungsrecht den Ersatzanspruch des Sozialversicherungsträgers in **376**
erster Linie aus präventiven und erzieherischen Gründen gewährt (BGHZ 75, 331;
anders aber BSGE 37, 23 f, das die Ausgleichsfunktion in den Vordergrund rückt; in dieser Richtung
auch noch BGHZ 57, 322), räumt § 110 Abs 2 SGB VII dem Anspruchsberechtigten die
Möglichkeit ein, auf den Ersatzanspruch zu verzichten.

Die **Entscheidung über einen Verzicht** darf der Sozialversicherungsträger nicht will- **377**
kürlich, sondern nur unter Beachtung des „**billigen Ermessens**" treffen. Hieraus kann
aufgrund der besonderen Umstände des Einzelfalles auch eine **Pflicht zum Verzicht**
auf den Ersatzanspruch folgen (BSGE 37, 26). Hinsichtlich der in die Ermessensprü-
fung einzubeziehenden Gesichtspunkte rückt § 110 Abs 2 SGB VII die wirtschaft-
lichen Verhältnisse des Schädigers in den Vordergrund. Die präventive und erziehe-
rische Zielsetzung des Ersatzanspruches findet ihre Grenze deshalb in der
wirtschaftlichen Existenz des Ersatzpflichtigen.

Da § 110 Abs 2 SGB VII die Berücksichtigung der wirtschaftlichen Verhältnisse **378**
lediglich beispielhaft anführt („insbesondere") können auch **andere Gesichtspunkte**
einen Verzicht auf den Ersatzanspruch rechtfertigen, insbesondere wenn bereits
anderweitige Umstände den Zweck des Ersatzanspruches wahren.

Der Sozialversicherungsträger ist weder nach dem Gesetzeswortlaut noch nach dem **379**
Zweck des Ersatzanspruches gezwungen, auf diesen vollständig zu verzichten oder
hiervon abzusehen. Da der Verzicht insbesondere eine wirtschaftliche Existenzge-
fährdung des Schädigers vermeiden soll (BSGE 37, 26 f), darf der Sozialversicherungs-
träger auf den Ersatzanspruch auch **teilweise verzichten,** wenn dies dem Zweck des
Verzichts bereits ausreichend Rechnung trägt, zB eine wirtschaftliche Existenzge-
fährdung ausschließt (in diesem Sinne auch BSGE 37, 26).

Ob und gegebenenfalls in welchem **Umfang** der Sozialversicherungsträger auf den **380**
Ersatzanspruch verzichtet, steht **in seinem Ermessen.** Obwohl ein **Mitverschulden des**
Versicherten aufgrund der Rechtsnatur des Ersatzanspruches an sich nicht zu berück-
sichtigen ist (s o Rn 374), kann dieser Aspekt bei der Ermessensausübung Bedeutung
erlangen. Wenn der **Verschuldensanteil des Schädigers nur** als **gering** zu werten ist,
widerspricht es im Hinblick auf den Zweck des Ersatzanspruches den Grundsätzen
einer billigen Ermessensausübung, wenn er in gleichem Umfang in Anspruch ge-
nommen wird wie ein Schädiger, der den Arbeitsunfall ausschließlich verschuldet
hat. Aufgrund der Umstände des Einzelfalles können es die Grundsätze einer billigen
Ermessensausübung daher gebieten, daß der Sozialversicherungsträger zumindest
teilweise auf seinen Ersatzanspruch verzichtet.

Die **Entscheidung des Sozialversicherungsträgers** über den Verzicht wird nicht eigen- **381**
ständig durch Verwaltungsakt getroffen, sondern ist konkludent **mit der Geltend-**
machung des Ersatzanspruches verbunden. Der auf Zahlung in Anspruch genommene
Schädiger hat jedoch einen Anspruch auf **fehlerfreie Ermessensausübung,** die hin-

sichtlich ihrer Grenzen justitiabel ist (BGHZ 57, 99) und für den ebenfalls die **ordentlichen Gerichte** zuständig sind (BGHZ 57, 99 f; BSGE 37, 27).

382 Werden die **Ermessensgrenzen überschritten,** so berührt dies nicht die Rechtsgrundlage des Anspruchs. Vielmehr steht seiner Geltendmachung der **Einwand einer unzulässigen Rechtsausübung** (§ 242) entgegen (BGHZ 57, 103; BSGE 37, 27). Wird dem Schädiger ein Anspruch auf fehlerfreie Ermessensausübung zugebilligt, so kann dies auch dazu führen, daß er sich **lediglich vorübergehend** auf den Rechtsmißbrauchseinwand berufen kann. Ausschließlich in der Ausnahmekonstellation, daß der Sozialversicherungsträger nur dann sein Ermessen fehlerfrei ausübt, wenn er auf den Ersatzanspruch verzichtet, steht der Geltendmachung des Ersatzanspruches dauerhaft der Einwand des Rechtsmißbrauchs entgegen.

V. Recht zur außerordentlichen Kündigung

383 Sofern dem Dienstverpflichteten infolge der Verletzung der Interessenwahrungspflichten in § 618 Abs 1 und 2 eine weitere Fortsetzung des Vertragsverhältnisses bis zum Ablauf der für eine ordentliche Kündigung geltenden Kündigungsfrist unzumutbar ist, steht ihm ein Recht zur außerordentlichen Kündigung (§ 626) zu (ERMAN/BELLING § 618 Rn 32; KOLLMER NJW 1997, 2019; SOERGEL/KRAFT § 618 Rn 21; OERTMANN § 618 Anm 4; SCHAUB, Arbeitsrechts-Handbuch [9. Aufl 2000] § 108 Rn 24; BGB-RGRK/SCHICK § 618 Rn 187; JAUERNIG/SCHLECHTRIEM §§ 618, 619 Rn 5; SINZHEIMER 159; WIESE, in: BARTLSBERGER ua, Probleme des Binnenschiffahrtsrechts [1975] 93; MünchArbR/WLOTZKE § 209 Rn 39). Zur außerordentlichen Kündigung des Vertragsverhältnisses ist der Dienstverpflichtete jedoch regelmäßig erst nach einer vorherigen **erfolglosen Abmahnung** berechtigt (ebenso KOLLMER NJW 1997, 2019; MünchArbR/WLOTZKE § 209 Rn 39). Wegen eines infolge der Beendigung des Dienstverhältnisses eintretenden Beendigungsschadens kann der Dienstberechtigte zusätzlich aus **§ 628 Abs 2** zum **Schadensersatz** verpflichtet sein (SOERGEL/KRAFT § 618 Rn 21; MünchArbR/WLOTZKE § 209 Rn 39 sowie bereits SINZHEIMER 159).

VI. Außerbetriebliches Beschwerderecht*

1. Allgemeine Grundlagen

384 Ob sich der Dienstverpflichtete und insbesondere der Arbeitnehmer bei einem Verstoß gegen die Pflichten in § 618 bzw die Verhaltensanforderungen des technischen Arbeitsschutzrechts an außerbetriebliche Stellen (zB Gewerbeaufsicht, Aufsichtspersonen der Berufsgenossenschaften) wenden darf, entzieht sich einer allgemeinen Beurteilung, da insoweit eine Abwägung zwischen den Interessen des Dienstverpflichteten und denen des Dienstberechtigten erforderlich ist. Die vertragliche Pflicht zur Rücksichtnahme besteht für beide Vertragsparteien (allg STAUDINGER/RICHARDI [1999] § 611 Rn 381 ff, 385 ff) und zwingt insbesondere dann zur Rücksichtnahme,

---

* **Schrifttum:** DENCK, Arbeitsschutz und Anzeigerecht des Arbeitnehmers, DB 1980, 2132; GACH/RÜTZEL, Verschwiegenheitspflicht und Behördenanzeigen von Arbeitnehmern, BB 1997, 1959; LE FRIANT, Die straf- und verwaltungsrechtliche Verantwortung des Arbeitgebers (1987) 61; MÖX, Außerbetriebliche Beschwerde bei Gesundheitsgefährdungen am Arbeitsplatz, AiB 1992, 382; PREIS/REINFELD, Schweigepflicht und Anzeigerecht im Arbeitsverhältnis, AuR 1989, 361; WISSKIRCHEN, Außerdienstliches Verhalten von Arbeitnehmern (1999) 57 ff.

wenn andere Mittel gleichermaßen geeignet sind, die Einhaltung der Pflichten aus § 618 bzw den Normen des technischen Arbeitsschutzes sicherzustellen, die die Interessen des Dienstberechtigten bzw Arbeitgebers indessen weniger beeinträchtigen.

Es verstößt deshalb bei einer generellen Betrachtung gegen die allgemeinen Rück- **385** sichtnahmepflichten, wenn sich der Dienstverpflichtete bzw Arbeitnehmer an außerbetriebliche Einrichtungen wendet, ohne zuvor **innerbetrieblich auf Abhilfe** gedrängt zu haben. Die **Beschwerde bei Behörden** kommt deshalb – vorbehaltlich einer Anzeigepflicht nach § 138 StGB – stets **nur als ultima-ratio** in Betracht (ebenso die hM vgl LAG Baden-Württemberg EzA § 1 KSchG 1969 Verhaltensbedingte Kündigung Nr 8; LAG Baden-Württemberg, NZA 1987, 756; ArbG Berlin EzA § 1 KSchG 1969 Verhaltensbedingte Kündigung Nr 31; Denck DB 1980, 2132 f; Gach/Rützel BB 1997, 1961 f; Kollmer NJW 1997, 2019; Wisskirchen, Außerdienstliches Verhalten von Arbeitnehmern [1999] 58 f; Wlotzke, in: FS Hilger/ Stumpf [1983] 750 ff; im Grundsatz auch Möx, Arbeitnehmerrechte in der Gefahrstoffverordnung [1992] 38 ff; ders AiB 1992, 388 sowie Preis/Reinfeld AuR 1989, 372, die lediglich verlangen, daß die Anzeige nicht schikanös erhoben werden darf und die ultima-ratio-Doktrin auf solche Sachverhalte beschränken, in denen das Bemühen um innerbetriebliche Abhilfe erfolgversprechend erscheint; so im Ergebnis auch LAG Frankfurt BB 1987, 1320; gegen jegliche Einschränkungen Colneric AiB 1987, 264; zur Rechtslage in Österreich OGH wbl 2000, 572 f).

Die vorstehend dargelegten allgemeinen Grundsätze haben in der neueren Gesetz- **386** gebung eine **spezialgesetzliche** und deshalb im Einzelfall vorrangige **Konkretisierung** erfahren. Neben den Sonderregelungen im **Gefahrstoffrecht** (§ 21 Abs 6 S 1 GefStoffV) und im **Bergrecht** (§ 22 S 1 Nr 2 ABBergV) liegt mit **§ 17 Abs 2 ArbSchG** eine allgemeine Bestimmung vor, die die Grundsätze in Rn 384 f weitgehend überlagert und die zugleich die gemeinschaftsrechtlichen Vorgaben in **Art 11 Abs 6 der Arbeitsschutz-Rahmenrichtlinie (89/391/EWG)** umsetzt.

2.   Das Recht zur außerbetrieblichen Beschwerde nach § 17 Abs 2 ArbSchG

a)   Nicht ausreichende Gewährleistung von Sicherheit und Gesundheitsschutz
Das Recht zur Anzeige setzt nach § 17 Abs 2 ArbSchG voraus, daß die vom Arbeit- **387** geber zur Gewährleistung von Sicherheit und Gesundheitsschutz bei der Arbeit getroffenen Maßnahmen nicht ausreichen, wobei es nicht auf die objektiven Verhältnisse, sondern auf die **subjektive Einschätzung des Beschäftigten** ankommt (Wank, Kommentar zum technischen Arbeitsschutz [1999] § 17 ArbSchG Rn 6; MünchArbR/Wlotzke § 209 Rn 42). Allerdings muß er sich hierbei auf **konkrete Anhaltspunkte** stützen (ebenso Wank, Kommentar zum technischen Arbeitsschutz [1999] § 17 ArbSchG Rn 6; MünchArbR/ Wlotzke § 209 Rn 42), so daß § 17 Abs 2 ArbSchG einen „ins Blaue" hinein geäußerten Verdacht nicht erfaßt und privilegiert.

b)   Erfolgloses Abhilfeverlangen
Das Recht zur Anzeige bei der Behörde hängt ferner – entsprechend den allgemei- **388** nen Grundsätzen (s o Rn 384) – davon ab, daß der Arbeitgeber der Beschwerde nicht abhilft. Auf die Notwendigkeit eines vorherigen erfolglosen Abhilfeverlangens verzichten zwar die **gemeinschaftsrechtlichen Vorgaben,** das Anzeigerecht in **Art 11 Abs 6 der Richtlinie 89/391/EWG** steht aber unter dem ausdrücklichen Vorbehalt der nationalen Rechtsvorschriften und Praktiken. Dies ermöglicht den Mitgliedstaaten eine Konkretisierung des Anzeigerechts, solange hierdurch nicht der Zweck der Richt-

linienbestimmung unterlaufen wird. Bezüglich des allgemeinen ultima-ratio-Grund-satzes ist das nicht der Fall (vgl ebenso WANK, Kommentar zum technischen Arbeitsschutz [1999] § 17 ArbSchG Rn 7; MünchArbR/WLOTZKE § 209 Rn 43; ders, in: FS Kehrmann [1997] 165).

389 Dem Gesetzeswortlaut läßt sich nicht zweifelsfrei entnehmen, ob zwischen dem **Beschäftigten,** der sich an die Behörde wendet, und demjenigen, der den Arbeitgeber um Abhilfe ersucht, eine **Identität** bestehen muß. Hierfür läßt sich zumindest die Formulierung „diese" in § 17 Abs 2 S 1 ArbSchG anführen. Allerdings sollte es im Hinblick auf den Zweck des Anzeigerechts ausreichen, wenn die **Personenidentität mittelbar** besteht. Das ist insbesondere dann der Fall, wenn sich der **Beschäftigte** zunächst **an den Betriebsrat wendet** (§ 85 BetrVG) und sodann der Betriebsrat den Arbeitgeber um Abhilfe ersucht (vgl auch WISSKIRCHEN, Außerdienstliches Verhalten von Arbeitnehmern [1999] 59). Mittelbar ist auch in diesen Fällen das Abhilfeverlangen auf den Beschäftigten zurückzuführen (zustimmend MünchArbR/WLOTZKE § 209 Rn 44).

390 Der Beschäftigte darf sich erst an die zuständige Behörde wenden, wenn der **Arbeitgeber** seiner Beschwerde **nicht abhilft.** Diese Voraussetzung ist stets erfüllt, wenn der Arbeitgeber ausdrücklich oder konkludent seine **mangelnde Abhilfebereitschaft bekundet.** Schwierigkeiten bereiten Sachverhalte, in denen der **Arbeitgeber untätig** bleibt. Selbst auf die Etablierung einer in § 21 Abs 6 S 1 GefStoffV enthaltenen vagen Zeitgrenze („unverzüglich") verzichtet § 17 Abs 2 S 1 ArbSchG. Soll das Recht zur Anzeige bei der zuständigen Behörde nicht leerlaufen, so muß dem Beschäftigten auch bei einem Schweigen des Arbeitgebers das Recht zustehen, sich an die zuständige Behörde zu wenden. Im Hinblick auf den Zweck des Abhilfeverlangens muß er jedoch zuvor eine nach den Umständen des Einzelfalles zu bestimmende **angemessene Frist** verstreichen lassen (ebenso MünchArbR/WLOTZKE § 209 Rn 44). Diese ist so zu bemessen, daß der Arbeitgeber den unterbreiteten Sachverhalt prüfen und zu einer Entscheidung über das Abhilfeverlangen gelangen kann.

391 Das Erfordernis in § 17 Abs 2 S 1 ArbSchG, den Arbeitgeber vor einer Anzeige um Abhilfe zu ersuchen, beruht auf dem ultima-ratio-Grundsatz. Dem Arbeitgeber soll Gelegenheit zur Abhilfe gegeben werden, ohne daß es hierzu eines Eingreifens der zuständigen Behörde bedarf. Das vorherige **Abhilfeverlangen** darf jedoch nicht zu einem sinnentleerten Formalismus denaturieren. Es **entfällt** deshalb, wenn dieses **offensichtlich keinen Erfolg** verspricht (ebenso MünchArbR/WLOTZKE § 209 Rn 44). Dieser Sonderfall ist nur für extrem gelagerte Ausnahmekonstellationen anzuerkennen, die zB vorliegen, wenn der Arbeitgeber bereits zu einem früheren Zeitpunkt zu erkennen gegeben hat, daß er eine Gefahr für Sicherheit und Gesundheit generell in Abrede stellt (ebenso PREIS/REINFELD AuR 1989, 372).

392 § 17 Abs 2 S 1 ArbSchG beschränkt die Notwendigkeit eines Abhilfeverlangens ausdrücklich auf den Arbeitgeber. Die Einschränkung in § 21 Abs 6 S 1 GefStoffV, daß der Beschäftigte die **innerbetrieblichen Möglichkeiten** ausgeschöpft haben muß (zu dieser Voraussetzung MÖX, Arbeitnehmerrechte in der Gefahrstoffverordnung [1992] 96 ff) wurde in § 17 Abs 2 S 1 ArbSchG nicht übernommen. Angesichts der Tatsache, daß dem Gesetzgeber bei der Schaffung des § 17 Abs 2 ArbSchG die Regelung in der Gefahrstoffverordnung bekannt war, ist die unterbliebene Übernahme dieser einschränkenden Voraussetzung als ein bewußter Verzicht zu bewerten, der nicht durch einen Rückgriff auf den allgemeinen ultima-ratio-Grundsatz unterlaufen werden kann.

c) Zuständige Behörde als Adressat der Beschwerde

Der Beschäftigte darf sich nach § 17 Abs 2 S 1 ArbSchG nur an die „zuständige **393**
Behörde" wenden. Hierzu zählen nur solche Einrichtungen, die aufgrund ihres gesetzlich definierten Kompetenzbereichs rechtlich in der Lage sind, beim Arbeitgeber
auf die Beseitigung der Defizite im Hinblick auf Sicherheit und Gesundheitsschutz zu
dringen (ebenso MünchArbR/Wlotzke § 209 Rn 45). Dem Beschäftigten räumt das Gesetz
daher nicht die Möglichkeit ein, sich allgemein an die **Öffentlichkeit** (zB Presse) oder
an solche **Behörden** zu wenden, denen die **Zuständigkeit** für die Beseitigung der
Gefahren für Sicherheit und Gesundheit **fehlt.**

Im Hinblick auf den Zweck der Norm ist der **Behördenbegriff** weit zu verstehen. Er **394**
umfaßt nicht nur die nach § 21 ArbSchG zuständigen **staatlichen Aufsichtsbehörden,**
sondern auch den für den Arbeitgeber **zuständigen Unfallversicherungsträger.** Das
folgt aus der ihm durch § 17 Abs 1 S 2 Nr 2 SGB VII eingeräumten Befugnis zur
Anordnung der erforderlichen Maßnahmen, um besondere Unfall- und Gesundheitsgefahren abzuwenden. Die Sonderregelung in § 22 S 1 Nr 2 ABBergV, die den Träger
der gesetzlichen Unfallversicherung ausdrücklich neben der „zuständigen Behörde"
nennt, hat lediglich klarstellende Bedeutung und berechtigt nicht zu dem formallogischen Gegenschluß, daß die Träger der gesetzlichen Unfallversicherung in anderen
Kodifikationen nicht in den Behördenbegriff einzubeziehen sind. Hiergegen streitet
vor allem der Normzweck (wie hier Wank, Kommentar zum technischen Arbeitsschutz [1999]
§ 17 ArbSchG Rn 9; MünchArbR/Wlotzke § 209 Rn 45).

Zweifelhaft ist indes, ob sich aus § 17 Abs 2 S 1 ArbSchG auch das Recht des Be- **395**
schäftigten ableiten läßt, sich wegen der von ihm als gegeben erachteten Gefahren für
Sicherheit und Gesundheit an die **Polizeibehörden** oder die **Staatsanwaltschaft** mit
dem Ziel zu wenden, die Einleitung eines Straf- oder Bußgeldverfahrens zu erreichen. Gegen eine derartige Ausdehnung der Norm spricht die ausdrückliche Verknüpfung im Gesetzeswortlaut zwischen den Gefahren für Sicherheit und Gesundheit sowie der Zuständigkeit der Behörde (ebenso MünchArbR/Wlotzke § 209 Rn 45).

Aufgrund des ausdrücklichen Rückgriffs in § 17 Abs 2 S 1 ArbSchG auf den Behör- **396**
denbegriff kann sich der Beschäftigte nicht auf diese Norm stützen, um sich im
Hinblick auf die Gefahr für Sicherheit und Gesundheit an die **zuständige Gewerkschaft** zu wenden. Diese hat keine gesetzlichen Kompetenzen, um vom Arbeitgeber
die Beseitigung der Gefahrenlage zu verlangen (MünchArbR/Wlotzke § 209 Rn 45; so
auch zu § 21 Abs 6 S 1 GefStoffV Möx, Arbeitnehmerrechte in der Gefahrstoffverordnung [1992]
98 f).

d) Nachteilsverbot

Dem Beschäftigten dürfen durch sein Herantreten an die zuständige Behörde keine **397**
Nachteile entstehen (§ 17 Abs 2 S 2 ArbSchG). Als lex specialis konkretisiert und
verdrängt § 17 Abs 2 S 2 ArbSchG das allgemeine Benachteiligungsverbot in § 612a.
§ 17 Abs 2 S 2 ArbSchG verbietet dem Arbeitgeber in erster Linie den Ausspruch
von **Kündigungen** und **Abmahnungen,** wenn sich der Beschäftigte mit seiner Anzeige
bei der zuständigen Behörde in den durch § 17 Abs 2 S 1 ArbSchG gezogenen
Grenzen bewegt. Überschreitet er diese, indem er sich zB ohne vorheriges Abhilfeverlangen bei dem Arbeitgeber unmittelbar an die zuständige Behörde oder gar an
eine unzuständige Behörde wendet, so steht das Benachteiligungsverbot in § 17

Abs 2 S 1 ArbSchG weder einer Abmahnung noch einer ordentlichen oder außerordentlichen Kündigung entgegen.

398 Keine Antwort gibt das Gesetz auf die Frage, ob das Benachteiligungsverbot auch einer **Entgeltkürzung** entgegensteht, weil der Beschäftigte während der arbeitsvertraglich festgelegten Arbeitszeit seine Beschwerde bei der zuständigen Behörde vorträgt. Im Hinblick auf den ultima-ratio-Grundsatz und den Zweck des Benachteiligungsverbots dürfte dies zu verneinen sein. § 17 Abs 2 S 2 ArbSchG will lediglich sicherstellen, daß sich der Beschäftigte überhaupt an die zuständige Behörde wenden kann. Hierbei hat er jedoch ebenfalls die Grenzen des Verhältnismäßigkeitsgrundsatzes zu wahren. § 17 Abs 2 S 2 ArbSchG steht deshalb allenfalls dann einer Entgeltkürzung entgegen, wenn der Beschäftigte aufgrund besonderer Umstände des Einzelfalls ausschließlich während der Arbeitszeit durch unmittelbare Vorsprache an die Behörde herantreten kann (ebenso MünchArbR/Wlotzke § 209 Rn 46). Regelmäßig reicht es jedoch aus, wenn der Beschäftigte schriftlich mit der zuständigen Behörde Kontakt aufnimmt.

3. Das Recht zur außerbetrieblichen Beschwerde nach § 21 Abs 6 S 1 GefStoffV

399 Das Recht des Arbeitnehmers in § 21 Abs 6 S 1 GefStoffV weicht in mehreren Punkten gravierend von der allgemeinen Regelung in § 17 Abs 2 S 1 ArbSchG ab. **Tatbestandlich** knüpft dieses im Unterschied zu § 17 Abs 2 S 1 ArbSchG an keine erhebliche unmittelbare Gefahr, sondern an das **Überschreiten der Grenzwerte** an (s näher o Rn 273 ff).

400 Bevor der Arbeitnehmer sich an außerbetriebliche Stellen wendet muß er zwar ebenfalls den **Arbeitgeber um Abhilfe ersuchen,** § 21 Abs 6 S 1 GefStoffV stellt aber klar, daß es genügt, wenn der Arbeitnehmer die Beschwerde beim Arbeitgeber veranlaßt hat. Im Anwendungsbereich des § 21 Abs 6 S 1 GefStoffV reicht es deshalb aus, wenn der Arbeitnehmer an den Betriebsrat herantritt und dieser die Beschwerde an den Arbeitgeber weiterleitet.

401 Um sich an eine außerbetriebliche Stelle zu wenden, genügt es jedoch nicht, daß der Arbeitgeber der Beschwerde nicht unverzüglich abhilft, vielmehr verlangt § 21 Abs 6 S 1 GefStoffV ausdrücklich, daß der Arbeitnehmer die **innerbetrieblichen Möglichkeiten ausgeschöpft** hat. Er muß deshalb zuvor die für den Arbeitsschutz zuständigen Personen im Betrieb (zB Sicherheitsbeauftragte, Fachkraft für Arbeitssicherheit) mit der Angelegenheit betraut haben (Wank, Kommentar zum technischen Arbeitsschutz [1999] § 21 GefStoffVO Rn 11; MünchArbR/Wlotzke § 209 Rn 47).

402 Liegen die tatbestandlichen Voraussetzungen des § 21 Abs 6 S 1 GefStoffV vor, so beschränkt das Gesetz den Arbeitnehmer für seine Beschwerde auf die für die Überwachung zuständige Stelle. Hiermit ist die nach § 41 GefStoffV zuständige Behörde gemeint. An **andere außerbetriebliche Einrichtungen** darf sich der Arbeitnehmer nicht wenden. Da § 21 Abs 6 S 1 GefStoffV auf die nach § 41 GefStoffV **zuständige Behörde** Bezug nimmt, kann sich der Arbeitnehmer für eine Beschwerde bei der **Gewerkschaft** oder dem zuständigen **Unfallversicherungsträger** nicht auf diese Norm stützen (**aA** für den Unfallversicherungsträger Möx, Arbeitnehmerrechte in der Gefahrstoffver-

ordnung [1992] 98; WANK, Kommentar zum technischen Arbeitsschutz [1999] § 21 GefStoffVO
Rn 13; MünchArbR/WLOTZKE § 209 Rn 47).

Ebenso wie § 17 Abs 2 S 3 ArbSchG stellt § 21 Abs 6 S 3 GefStoffV klar, daß dem **403**
Arbeitnehmer durch die Anzeige bei der zuständigen Stelle **keine Nachteile** entste-
hen dürfen. Die Grundsätze zu dem Benachteiligungsverbot in § 17 Abs 2 S 3
ArbSchG (s o Rn 397 f) gelten für § 21 Abs 6 S 3 GefStoffV entsprechend.

4. Das Recht zur außerbetrieblichen Beschwerde nach § 22 S 1 Nr 2 ABBergV

Die bergrechtliche Sonderregelung in § 22 S 1 Nr 2 ABBergV stimmt mit der all- **404**
gemeinen Vorschrift in **§ 17 Abs 2 ArbSchG** überein. Zur Klarstellung hebt § 22 S 1
Nr 2 ABBergV jedoch hervor, daß sich der Beschäftigte mit seiner Anzeige auch an
den **technischen Aufsichtsdienst** des zuständigen Trägers der **gesetzlichen Unfallversicherung** wenden darf. Auf eine vorherige **Ausschöpfung der innerbetrieblichen Möglichkeiten** verzichtet § 22 S 1 Nr 2 ABBergV ebenso wie die allgemeine Regelung in
§ 17 Abs 2 S 1 ArbSchG.

VII. Arbeitsschutzrecht und Wettbewerbsrecht*

Ob die Verletzung der in § 618 genannten Pflichten bzw der Normen des technischen **405**
Arbeitsschutzrechts zugleich gegen **§ 1 UWG** verstößt, mit der Folge, daß **Wettbewerbern** oder **Verbänden** (§ 13 UWG) ein **Unterlassungsanspruch** zusteht, ist von
schwierigen wettbewerbsrechtlichen Vorfragen abhängig, die hier nicht erschöpfend
ausdiskutiert werden können.

Zunächst setzt ein **Verstoß gegen § 1 UWG** voraus, daß der Pflichtverstoß als **Wett-** **406**
bewerbshandlung zu qualifizieren ist. Während dies bei Vorschriften, die unmittelbar
das Auftreten im Wettbewerb regulieren (zB Arbeitsverbote an Sonn- und Feiertagen oder zu bestimmten Tageszeiten), noch bejaht werden kann, läßt sich ein **Wett-
bewerbsbezug** bei Vorschriften des technischen Arbeitsschutzes allenfalls mit der
Erwägung annehmen, die Nichtbeachtung von Arbeitsschutznormen ermögliche
eine kostengünstigere Produktion (vgl insofern SCHRICKER GRUR 1977, 648).

Selbst wenn die Wettbewerbsrelevanz im Hinblick auf die verletzte Vorschrift bzw **407**
die Pflichtverletzung noch zu bejahen ist, sind sowohl § 618 als auch die Normen des
technischen Arbeitsschutzes regelmäßig **wertneutrale Normen,** deren Verletzung nur
dann einen Verstoß gegen § 1 UWG begründet, wenn sich der Unternehmer über sie
bewußt und planmäßig und in der Absicht hinwegsetzt, sich dadurch einen **Vorsprung
vor gesetzestreuen Wettbewerbern** zu verschaffen (statt aller BAUMBACH/HEFERMEHL, Wettbewerbsrecht [22. Aufl 2001] § 1 UWG Rn 646 mwN).

Dies erachtet der Bundesgerichtshof grundsätzlich bei den **Vorschriften des sozialen** **408**
Arbeitsschutzes, die die Arbeitsleistung an Sonn- und Feiertagen oder zu bestimmten
Tageszeiten untersagen und hierdurch eine par condicio concurrentium darstellen,

---

* **Schrifttum:** FRANKE, Arbeitsschutz und unlauterer Wettbewerb (1992); KOHTE, Arbeitsschutzrecht und UWG – ein fruchtbares Wech-
selverhältnis, AuR 1989, 241; SACK, Die
wettbewerbsrechtliche Durchsetzung arbeitsrechtlicher Normen, in: FS Wiese (1998) 493.

für möglich (vgl BGH NJW 1988, 2244: Beschäftigungsverbot an Sonn- und Feiertagen; BGH
GRUR 1989, 118 f: Nachtbackverbot). Für eine generelle Ausdehnung dieser Judikatur auf
die **Normen des technischen Arbeitsschutzrechts** (in diesem Sinne DÄUBLER, Arbeitsrecht 2
[11. Aufl 1998] Rn 425 f; KOHTE AuR 1987, 247 f) fehlen die wettbewerbsrechtlichen Voraussetzungen (vgl FRANKE, Arbeitsschutz und unlauterer Wettbewerb [1992] 55 ff; SACK, in: FS
Wiese [1998] 494 ff).

409 Das gilt auch im Hinblick auf abweichende Anforderungen, die die **Normen des
technischen Arbeitsschutzes in anderen Staaten** im Hinblick auf den Gesundheitsschutz am Arbeitsplatz aufstellen. In dieser Konstellation ist nicht die Fallgruppe
des „Rechtsbruchs" einschlägig, so daß ein Wettbewerbsverstoß nur unter dem Gesichtspunkt einer unlauteren **Ausnutzung des internationalen Rechtsgefälles** in Betracht kommt (vgl BGH NJW 1977, 2212; s auch SACK, in: FS Wiese [1998] 510 ff sowie bereits
SCHRICKER GRUR 1977, 648 f). Bei Normen des technischen Arbeitsschutzes kann dies
allenfalls bejaht werden, wenn der ausländische Arbeitsschutzstandard den **sittlichen
Grundanforderungen,** die an jede menschliche und staatliche Ordnung zu richten
sind, in so starkem Maße widerspricht, daß auch der Handel mit den unter diesen
Bedingungen hergestellten Produkten den guten kaufmännischen Sitten widerspricht (vgl FRANKE, Arbeitsschutz und unlauterer Wettbewerb [1992] 98 ff; SACK, in: FS Wiese
[1998] 511 f).

410 Für die Unterschreitung des deutschen Schutzstandards vor **Asbestgefahren** bei im
Ausland gelegenen Arbeitsplätzen hat der Bundesgerichtshof die in Rn 409 genannte
Voraussetzung verneint (BGH NJW 1980, 2019; zustimmend OPPENHOFF GRUR 1980, 861 f;
ablehnend KNIEPER/FROMM NJW 1980, 2020; DÄUBLER, Arbeitsrecht 2 [11. Aufl 1998] Rn 426; iE
auch SACK, in: FS Wiese [1998] 512, da die tatsächlichen Grundlagen der Entscheidung inzwischen
überholt seien). Eine andere Beurteilung ist allenfalls zu erwägen, wenn ein inländi-
sches Unternehmen in das Ausland ausweicht, um sich durch den dort zu beachtenden geringeren Arbeitsschutzstandard einen Wettbewerbsvorteil gegenüber inländi-
schen Wettbewerbern zu verschaffen (vgl BAUMBACH/HEFERMEHL, Wettbewerbsrecht
[22. Aufl 2001] § 1 UWG Rn 219 c).

§ 619
Unabdingbarkeit der Fürsorgepflichten

**Die dem Dienstberechtigten nach den §§ 617, 618 obliegenden Verpflichtungen kön-
nen nicht im voraus durch Vertrag aufgehoben oder beschränkt werden.**

Materialien: E I –, II § 558, III § 610, Mot –,
Prot II 293 f.

Systematische Übersicht

I. Entstehungsgeschichte und Normzweck

Die in § 619 angeordnete zwingende Geltung der §§ 617, 618 steht nicht nur aufgrund **1**
ihres Zwecks, sondern auch nach ihrer Entstehungsgeschichte in einem untrennbaren
Zusammenhang mit den vorgenannten Vorschriften. Sowohl die Mehrheit der
II. Kommission als auch die Denkschrift ließen sich hierbei von dem sozialpolitischen
Charakter der §§ 617, 618 leiten. Der durch diese Vorschriften intendierte Schutz der
Dienstverpflichteten hätte nach der in der II. Kommission vorherrschenden Auffassung seine Wirkung verfehlt, wenn für sie der Grundsatz der Vertragsfreiheit aufrechterhalten geblieben wäre (MUGDAN II 907). Die Denkschrift griff diese Vorstellung
auf und hob hervor, daß die §§ 617, 618 nur dann ihren Zweck erfüllen, wenn „sie
auch gegenüber der Vertragsfreiheit der Beteiligten sichergestellt werden" (MUGDAN
II 1255). Dementsprechend rechtfertigt auch die einhellige Ansicht im Schrifttum die

zwingende Wirkung der §§ 617, 618 mit den sozialpolitischen Intentionen dieser Vorschriften (so SOERGEL/KRAFT § 619 Rn 1; mit Nachdruck bereits SCHULTZENSTEIN ArchBürgR 23 [1904] 311). Der Bundesgerichtshof schloß sich dieser Sichtweise ebenfalls an (BGHZ 56, 274).

2 Für die inhaltliche Reichweite des § 619 ist aus der Entstehungsgeschichte die Feststellung der XII. Kommission des Reichstages hervorzuheben, daß sich die Untersagung eines „im voraus" erklärten Verzichts nicht nur auf Abreden vor Abschluß des Dienstvertrages bezieht, sondern auch solche Vereinbarungen umfassen soll, die nach Vertragsschluß, aber vor der vollständigen Beendigung des Dienstverhältnisses getroffen werden (MUGDAN II 1288). Mißverständnisse über den Anwendungsbereich der Norm löste in diesem Zusammenhang die erläuternde Wendung in dem Kommissionsbericht aus, nach der „im voraus" gleichbedeutend sei mit „bis das Arbeitsverhältnis völlig abgelaufen sei" (MUGDAN II 1288; hierzu u Rn 20 ff).

II. Dogmatik des Verbotsbefehls

3 Nach einhelliger Ansicht sind Vereinbarungen, die gegen § 619 verstoßen, nichtig (zB SOERGEL/KRAFT § 619 Rn 1). Nur selten wird allerdings problematisiert, ob die Nichtigkeitssanktion bereits unmittelbar aus § 619 folgt oder ob hierfür ein Rückgriff auf § 134 erforderlich ist. Da das Gesetz selbst lediglich den Verbotsbefehl enthält und auf eine explizite Rechtsfolgenanordnung verzichtet, folgt die **Nichtigkeit** einer gegen § 619 verstoßenden Vereinbarung nicht bereits aus dieser Vorschrift selbst (so aber ERMAN/BELLING § 619 Rn 4), sondern aus **§ 134** (so mit Recht schon SCHULTZENSTEIN ArchBürgR 23 [1904] 313; ebenso Hk-BGB/ECKERT §§ 617–619 Rn 13; NIPPERDEY, in: Festgabe zum 50jährigen Bestehen des Reichsgerichts Bd IV [1929] 204; MünchKomm/SCHAUB § 619 Rn 8; BGB-RGRK/SCHICK § 619 Rn 4; ErfKomm/WANK § 619 BGB Rn 1; für den Regelfall auch WIESE, in: BARTLSBERGER ua, Probleme des Binnenschiffahrtsrechts [1975] 114 Fn 63). Der Verbotsbefehl richtet sich nicht nur gegen die Art und Weise des Vertrages, sondern will Verträgen mit einem den §§ 617, 618 widersprechenden Inhalt generell die Rechtswirksamkeit versagen.

III. Anwendungsbereich des Verbotstatbestandes

1. Erfaßte Vertragsverhältnisse

4 Durch die Bezugnahme auf die §§ 617, 618 erfaßt § 619 sämtliche Vertragsverhältnisse, die dem Anwendungsbereich dieser Vorschriften unterliegen. Der Verbotsbefehl erstreckt sich deshalb auf alle **Dienstverhältnisse,** insbesondere auch auf **Arbeitsverhältnisse.** Für eine auf individualisierende Schutzbedürftigkeitserwägungen gestützte teleologische Reduktion des Verbotsbefehls fehlen die methodischen Grundlagen. Er entfaltet seine Rechtswirkungen daher auch bei allen **freien Dienstverträgen** (zB Handelsvertreter, vgl STAUB/BRÜGGEMANN, HGB [4. Aufl 1983] § 84 Rn 38), obwohl bei ihnen die fehlende Dispositivität im Hinblick auf das Verhandlungsgleichgewicht rechtspolitisch keineswegs zwingend ist (siehe aber BVerfGE 81, 260: bei typisierender Betrachtungsweise keine ausreichende Verhandlungsstärke, um ihre Rechte und Pflichten mit den Unternehmern frei aushandeln zu können).

5 Die Anwendung des Verbotstatbestandes bedarf stets dann einer kritischen Prüfung, wenn die in den §§ 617, 618 genannten Verpflichtungen aufgrund einer entsprechenden Anwendung auch **außerhalb des Dienstvertragsrechts** gelten. Es wurde bereits an anderer Stelle herausgearbeitet, daß die in den §§ 617, 618 genannten Pflichten nur begrenzt auf einem sozialpolitisch fundierten, traditionell mit dem Terminus der Fürsorgepflicht umschriebenen Fundament beruhen (s o § 617 Rn 5 ff, § 618 Rn 10 ff). Die dominierende Bedeutung sozialpolitischer Erwägungen besitzt deshalb nur für die in § 619 angeordnete zwingende Wirkung ihre Berechtigung. Die ältere Rechtsprechung des Bundesgerichtshofs, die eine einheitliche Anwendung der §§ 618, 619 auch dann bejahte, wenn die Heranziehung von § 618 auf einer Gesetzesanalogie beruhte (so vor allem BGHZ 16, 273), kann bei der hier befürworteten Ratio der in den §§ 617, 618 normierten Pflichten teleologisch nicht befriedigen (kritisch auch G HUECK Anm zu BAG AP Nr 1 zu § 1542 RVO).

Der Bundesgerichtshof weicht in seiner neueren Rechtsprechung ebenfalls von der 6 ursprünglichen „Einheitslösung" ab und befürwortet insbesondere bei einer Anwendung des § 618 Abs 1 auf Werkverträge eine differenzierte Betrachtung. Bereits in seinem Urteil vom 20. 2. 1958 stellte der VII. Zivilsenat klar, daß sich das Verbot abweichender Vereinbarungen zumindest auf die von dem Unternehmer in dem Betrieb des Werkbestellers eingesetzten Arbeitnehmer im Wege einer entsprechenden Anwendung beziehen muß (BGHZ 26, 372). In seinem Urteil vom 15. 6. 1971 (BGHZ 56, 269 ff) schloß sich der VI. Zivilsenat dieser Rechtsprechung an, sprach sich expressis verbis zugleich aber auch dafür aus, die zwingende Wirkung einer entsprechenden Anwendung des § 618 nicht auf das Verhältnis zwischen Werkbesteller und Unternehmer auszudehnen (BGHZ 56, 274). Diese Abkehr von den früheren Rechtsprechungsgrundsätzen rechtfertigte der Senat vor allem mit dem sozialpolitischen Normzweck des § 619, der eine Anwendung der Vorschrift auf selbständige Unternehmer als sachlich nicht begründet erscheinen lasse (BGHZ 56, 274).

Diese Auflockerung der starren „Einheitslösung" kann teleologisch überzeugen (zu- 7 stimmend auch ERMAN/BELLING § 619 Rn 3), sie sollte gänzlich zugunsten einer differenzierenden Betrachtung aufgegeben werden. Bei dem hiesigen teleologischen Verständnis insbesondere bezüglich der in § 618 Abs 1 genannten Pflichten und der hieraus folgenden „großzügigen" entsprechenden Geltung dieser Vorschrift außerhalb des Dienstvertragsrechts ist es geboten, die in § 619 angeordnete zwingende Wirkung nur dann über eine Analogie auszudehnen, wenn gerade der mit dieser Vorschrift verfolgte Normzweck auch außerhalb des Dienstvertragsrechts zutrifft. Vor allem wegen des sozialpolitischen Charakters des § 619 ist es regelmäßig nicht berechtigt, die Vorschrift zugunsten solcher Personen anzuwenden, denen die vom Gesetz unterstellte Schutzbedürftigkeit fehlt. Insbesondere die Fähigkeit einer Vertragspartei, durch eine reale Einflußnahme auf die Vertragsbedingungen eigenverantwortlich über diese zu disponieren, und damit auch die dem „Dienstberechtigten" obliegenden Pflichten durch eine eigene Risikovorsorge zu substituieren, schließt eine entsprechende Anwendung des § 619 aus (BGHZ 56, 274 f; ebenso ERMAN/BELLING § 619 Rn 3).

2. Untersagte „Verträge"

Nach dem Wortlaut untersagt § 619 nur den Abschluß von Verträgen. Hierdurch **8** werden zunächst sämtliche Vereinbarungen erfaßt, die in formaler Hinsicht die Struktur eines **Individualvertrages** aufweisen. Dem Zweck der Vorschrift wird indessen nur unzureichend Rechnung getragen, wenn ihr Anwendungsbereich hierauf beschränkt bleibt. Bei teleologischer Auslegung ist vielmehr ein extensives Verständnis des Vertragsbegriffes in § 619 erforderlich, das den Verbotsbefehl auch auf **Einheitliche Arbeitsbedingungen** erstreckt.

9 Die Absicht des Gesetzgebers, die §§ 617, 618 als Mindeststandard zugunsten des Dienstverpflichteten festzuschreiben, verlangt darüber hinaus die Einbeziehung **kollektivrechtlicher Vereinbarungen** (SOERGEL/KRAFT § 619 Rn 1). Das muß zumindest immer dann gelten, wenn sie unmittelbare (normative) Wirkung für das Arbeitsverhältnis entfalten. § 619 untersagt die Aufhebung oder Einschränkung der in §§ 617, 618 genannten Pflichten daher auch, wenn diese in **Tarifverträgen** enthalten ist (ERMAN/BELLING § 619 Rn 1; MünchKomm/SCHAUB § 619 Rn 1; BGB-RGRK/SCHICK § 619 Rn 1; SCHMITT, EFZG [4. Aufl 1999] § 619 BGB Rn 2; ErfKomm/WANK § 619 BGB Rn 1). Entsprechendes gilt für **Betriebsvereinbarungen** (BAG AP Nr 18 zu § 618 BGB; ERMAN/BELLING § 619 Rn 1; MünchKomm/SCHAUB § 619 Rn 1; BGB-RGRK/SCHICK § 619 Rn 1; SCHMITT, EFZG [4. Aufl 1999] § 619 BGB Rn 2; ErfKomm/WANK § 619 BGB Rn 1; iE auch BAG AP Nr 17 zu § 618 BGB), für Vereinbarungen im Sinne von § 28 Abs 2 SprAuG, die zwischen **Arbeitgeber und Sprecherausschuß** abgeschlossen werden, sowie für **Dienstvereinbarungen.**

10 Der Schutzzweck der Unabdingbarkeitsanordnung in § 619 wird auch dann unvollkommen verwirklicht, wenn er auf Verträge im Sinne einer zweiseitigen rechtsgeschäftlichen Einigung beschränkt bleibt. Die Sicherung des durch die §§ 617, 618 etablierten gesetzlichen Mindeststandards und die hierfür notwendige Zurückdrängung der Vertragsfreiheit erfordert eine Ausdehnung des Verbotsbefehls auch auf solche rechtsgeschäftlichen Erklärungen, bei denen zwar die formale Struktur eines Vertrages fehlt, die aber in gleicher Weise den von § 619 inkriminierten Rechtserfolg herbeiführen. Deshalb erstreckt sich das Verbot des § 619 auch auf einen vom Dienstverpflichteten einseitig erklärten **Verzicht.** Da dieses vom Normzweck gebotene Verständnis die Grenzen des Wortsinns übersteigt, bedarf es hierfür einer entsprechenden Anwendung. Dies gilt umgekehrt auch für **einseitige Anordnungen des Dienstberechtigten** (BAG AP Nr 19 zu § 618 BGB: Erlaß eines Ministers; ebenso LAG Hamm ZTR 2000, 182 f).

3.   Unzulässiger Inhalt

a)   Verpflichtungen des Dienstberechtigten
aa)   Pflichten aus den §§ 617, 618
11 Der Verbotstatbestand in § 619 umfaßt alle Verpflichtungen, die die §§ 617, 618 dem Dienstberechtigten auferlegen. Aufgrund der insbesondere bei § 618 Abs 1 zum Durchbruch gelangenden Konkretisierungsfunktion des Arbeitsschutzrechts (s o § 618 Rn 14 ff, 146 ff) erlangen zudem vornehmlich die Vorschriften des technischen Arbeitsschutzrechts die Qualität unabdingbarer Rechtsnormen – eine Seh- und Wertungsweise, die im Regelfall bereits aus dem Zweck der jeweiligen Vorschriften folgt, die durch § 619 indes eine zusätzliche privatrechtliche normative Absicherung erfährt.

bb) Allgemeine Interessenwahrungspflichten

Der Verbotstatbestand erstreckt sich nicht auf sonstige Pflichten des Dienstberech- **12** tigten aufgrund seiner allgemeinen, aus den §§ 241 Abs 2, 242 abzuleitenden Interessenwahrungspflichten. Insbesondere die Schutzpflichten des Dienstberechtigten hinsichtlich des Eigentums des Dienstverpflichteten sind grundsätzlich dispositiv (BGB-RGRK/SCHICK § 619 Rn 3). Eine analoge Anwendung des § 619 auf die allgemeinen Interessenwahrungspflichten verbietet sich – ebenso wie bereits die Analogie zu § 618 (s o Rn 101 f) – aufgrund der unterschiedlichen Qualität der jeweils geschützten Rechtsgüter (so treffend bereits BAG AP Nr 26 zu § 611 BGB Fürsorgepflicht). Eine Aufhebung oder Einschränkung der aus den §§ 241 Abs 2, 242 folgenden Interessenwahrungspflichten ist allerdings stets nur hinsichtlich einzelner Pflichten oder Ansprüche zulässig (vgl NIKISCH I § 36 IV 2; MünchKomm/SCHAUB § 619 Rn 4). Zumindest beim Arbeitsverhältnis darf zudem die Haftung des Dienstberechtigten für Vorsatz und grobe Fahrlässigkeit nicht ausgeschlossen werden (BAG AP Nr 26 zu § 611 BGB Fürsorgepflicht). Außerhalb des Arbeitsrechts ist bei vorformulierten Vertragsbedingungen das absolute Klauselverbot in § 309 Nr 7 (früher: § 11 Nr 7 AGBG) zu beachten.

b) Aufhebung der Verpflichtung

Der Verbotstatbestand untersagt die völlige Aufhebung der in den §§ 617, 618 ge- **13** nannten Pflichten des Dienstberechtigten. Dies gilt nicht nur für einen Ausschluß, der sich auf alle Pflichten erstreckt, sondern auch für den gänzlichen Ausschluß einzelner Pflichten.

Der Dienstverpflichtete kann nicht in eine Gefahr für Leben und Gesundheit **ein- 14 willigen,** die über das von § 618 Abs 1 tolerierte Ausmaß hinausgeht. Hierdurch träte eine Befreiung des Dienstberechtigten von seinen in § 618 Abs 1 auferlegten Pflichten ein, die § 619 gerade verhindern will. Insbesondere liegt in der freiwilligen Übernahme einer gefährlichen Arbeit keine wirksame Einwilligung hinsichtlich der über die Natur der Dienstleistung hinausgehenden Gefahren (so bereits RG LZ 1917, 1342; PLANCK/GUNKEL § 619 Anm 2); diese würde wegen eines Verstoßes gegen § 619 über § 134 nichtig sein.

c) Beschränkung der Verpflichtung

Seinen Hauptanwendungsbereich besitzt der Verbotstatbestand bei solchen Abre- **15** den, die die Verpflichtungen des Dienstberechtigten aus den §§ 617, 618 beschränken. Hierdurch werden jegliche **Einschränkungen der Pflichten** des Dienstberechtigten untersagt, die ihm die genannten Vorschriften und die entsprechenden Konkretisierungen durch das Arbeitsschutzrecht auferlegen.

Eine Einschränkung der Pflichten des Dienstberechtigten liegt vor allem vor, wenn **16** ihm gestattet wird, das durch staatliches Arbeitsschutzrecht oder in den Unfallverhütungsvorschriften der Berufsgenossenschaften festgelegte Sicherheitsniveau zu unterschreiten. Dies gilt entsprechend, wenn der Dienstverpflichtete an den hierfür erforderlichen Kosten beteiligt wird. Insbesondere die finanzielle **Beteiligung an den Aufwendungen für Schutzgegenstände,** obwohl das Gesetz dem Dienstberechtigten eine Beschaffungspflicht auferlegt, gehört zu den von § 619 untersagten Vereinbarungen (BAG AP Nr 17, 18 und 19 zu § 618 BGB; BAG AP Nr 5 zu § 611 BGB Aufwandsentschädigung; LAG Hamm ZTR 2000, 182 f; ERMAN/BELLING § 619 Rn 1; MünchKomm/SCHAUB § 619 Rn 1; zur Beschaffungspflicht des Dienstberechtigten o § 618 Rn 186 ff). Das gilt auch für die mit der Reinigung verbundenen Kosten (LAG Düsseldorf NZA-RR 2001, 409). Zulässig ist eine angemessene Kostenbeteiligung nur, wenn der Dienstverpflichtete aus den Schutzgegenständen **persönliche Vorteile,** zB durch private Mitbenutzung ziehen kann (BAG AP Nr 18 und 19 zu § 618 BGB; ERMAN/BELLING § 619 Rn 1; SOERGEL/KRAFT § 619 Rn 1; MünchKomm/SCHAUB § 619 Rn 1; BGB-RGRK/SCHICK § 619 Rn 1). Dabei genügt es allerdings nicht, wenn dem Arbeitnehmer eine private Nutzungsmöglichkeit eingeräumt wird. Dem Arbeitnehmer darf kein von ihm nicht erwünschter Vorteil aufgezwungen werden, so daß eine Kostenbeteiligung nur dann in Betracht kommt, wenn er die Gebrauchsvorteile im Rahmen seiner persönlichen Lebensführung **tatsächlich nutzt** (BAG AP Nr 17 und 19 zu § 618 BGB). Unterläßt er dies, so steht die Auferlegung einer Pflicht zur Kostenbeteiligung im Widerspruch zu dem zwingenden Charakter der §§ 618, 619 (BAG AP Nr 17 zu § 618 BGB; LAG HAMM ZTR 2000, 182 f).

17 Der Verbotsbefehl in § 619 erfaßt aufgrund eines vom Normzweck her gebotenen weiten Verständnisses nicht nur Vereinbarungen, die die Pflichten des Dienstberechtigten unmittelbar einschränken, sondern auch solche, die diesen Rechtserfolg mittelbar herbeiführen, indem sie die **Durchsetzung** der in den §§ 617, 618 genannten Pflichten gegenüber dem Dienstberechtigten **ausschließen oder erschweren.** Hierunter fallen nicht nur solche Vereinbarungen, in denen der Dienstverpflichtete auf die Geltendmachung seiner Rechte bei einer Pflichtverletzung des Dienstberechtigten verzichtet. Der Verbotsbefehl erstreckt sich gleichermaßen auf solche Abreden, die ihre Ausübung mittels eines **Vertragsstrafeversprechens** sanktionieren (so bereits PLANCK/GUNKEL § 619 Anm 2; SCHULTZENSTEIN ArchBürgR 23 [1904] 313). Die allgemeine Regelung in § 612a wird durch die lex specialis des § 619 verdrängt. In dessen Anwendungsbereich sind deshalb auch solche Abreden einzubeziehen, die die Rechte des Dienstverpflichteten bei einer Pflichtverletzung des Dienstberechtigten einschränken, zB ein **Leistungsverweigerungsrecht** des Dienstverpflichteten an im Gesetz nicht enthaltene Voraussetzungen binden.

d) Günstigere Vereinbarungen

18 Nur wenige Probleme bereiten auf den ersten Blick Vereinbarungen, die dem Dienstberechtigten strengere Pflichten auferlegen, als dies durch die §§ 617, 618 geschieht. Aufgrund des Normzwecks ist der Abschluß günstigerer Vereinbarungen – sei es einzelvertraglicher, sei es kollektivvertraglicher Art – stets zulässig (so schon SCHULTZENSTEIN ArchBürgR 23 [1904] 314). Schwierigkeiten verursachen Vereinbarungen, die die Pflichten des Dienstberechtigten sowohl erweitern als auch einschränken. Im Hinblick auf den Normzweck, der zugunsten des Dienstverpflichteten einen Mindeststandard sichern soll, ist hierfür ein **Einzelvergleich** erforderlich (ebenso SCHMITT, EFZG [4. Aufl 1999] § 619 BGB Rn 3). Ein Gruppen- oder Gesamtvergleich würde dem Zweck des Gesetzes zuwiderlaufen. Enthält eine Abrede sowohl günstigere als auch ungünstigere Regelungen, so unterliegt diese insgesamt dem Verbotstatbestand, da anderenfalls die regelmäßig vorliegende wechselbezügliche Abhängigkeit der Vorteile und der Nachteile durchbrochen und ein Widerspruch zu dem Willen zumindest einer der Vertragsparteien eintritt.

4. Zeitpunkt der Vereinbarung

19 Das Gesetz beschränkt den Verbotsbefehl auf solche Vereinbarungen, die den untersagten Rechtserfolg „im voraus" herbeiführen. Diesbezüglich steht bereits aufgrund

des Gesetzeswortlauts und des Normzwecks fest, daß hierdurch stets solche Vereinbarungen untersagt werden, die **vor oder bei Abschluß des Dienstvertrages** getroffen
werden (einhellige Ansicht zB PLANCK/GUNKEL § 619 Anm 2; SOERGEL/KRAFT § 619 Rn 1; OERT-
MANN Anm zu § 619; ErfKomm/WANK § 619 BGB Rn 2). Dies gilt nach unbestrittener, bereits
in der Entstehungsgeschichte zum Ausdruck gelangter Ansicht (siehe den Bericht der
XII. Kommission des Reichstags, abgedruckt bei MUGDAN II 1288) auch, wenn die Abrede
während des laufenden Dienstvertrages, aber vor Entstehung etwaiger Ansprüche –
zB wegen einer Verletzung der in den §§ 617, 618 genannten Pflichten – abgeschlossen wird (PLANCK/GUNKEL § 619 Anm 2; SOERGEL/KRAFT § 619 Rn 3; LEPKE BB 1971, 1510 f;
OERTMANN Anm zu § 619; SCHULTZENSTEIN ArchBürgR 23 [1904] 311 f).

Dem Gesetz läßt sich allerdings nicht mit der wünschenswerten Deutlichkeit ent- **20**
nehmen, ob die Vorschrift jeglichen, den Dienstverpflichteten benachteiligenden
Vereinbarungen entgegensteht, oder zumindest solche zuläßt, die den Ausschluß
oder die Einschränkung eines **bereits entstandenen Anspruches** betreffen. Eine im
älteren Schrifttum vereinzelt vertretene Ansicht erstreckte den Verbotsbefehl unter
dem Eindruck der mißverständlichen Erläuterungen in dem Bericht der Reichstagskommission (o Rn 2 aE) grundsätzlich auch auf diese Vereinbarungen. Der gänzliche
oder teilweise Erlaß von Forderungen, die aus einer Verletzung der in den §§ 617, 618
genannten Pflichten resultieren, sollte hiernach erst zulässig sein, wenn das Dienstverhältnis beendet ist (so noch STAUDINGER/KOBER⁷/⁸ Anm zu § 619).

Die vorgenannte Auffassung hat sich mit Recht nicht durchgesetzt, soweit sie den **21**
Erlaß entstandener Forderungen bereits vor Beendigung des Dienstverhältnisses in
den Verbotstatbestand einbezog. Bereits bei einer grammatikalischen Betrachtung
muß die inkriminierte Vereinbarung den Verpflichtungen des Dienstberechtigten
zeitlich vorgelagert sein. Der Abschluß einer Vereinbarung, die dem Entstehen
der Verpflichtung zeitlich nachfolgt, wird vom Wortlaut nicht mehr erfaßt, da sie
sich nicht auf die Verpflichtung, sondern auf die aus der Pflichtverletzung erwach-
senen Rechtspositionen bezieht. Darüber hinaus soll § 619 die Einhaltung des durch
die §§ 617, 618 festgelegten Mindeststandards sicherstellen. Dieser Zweck erfordert
zwar den Ausschluß eines antizipierten Verzichts, steht einem **Erlaß** aber nicht entgegen, wenn eine in der Vergangenheit liegende und abgeschlossene Verpflichtung
Gegenstand der Vereinbarung ist. Hierdurch wird der Normzweck nicht beeinträchtigt, da bereits feststeht, daß der Dienstberechtigte seinen gesetzlichen Pflichten
nicht ausreichend entsprochen hat. Die Formulierung „im voraus" will somit zum
Ausdruck bringen, daß der Erlaß auf eine entstandene, auf einem in der Vergangenheit liegenden Ereignis beruhende Rechtsposition, also in der Regel ein Ersatzanspruch zulässig ist. Dies gilt unabhängig davon, ob die entsprechende Vereinbarung
vor oder nach Beendigung des Dienstverhältnisses abgeschlossen wird (wie hier ER-
MAN/BELLING § 619 Rn 2; PLANCK/GUNKEL § 619 Anm 3; HUECK/NIPPERDEY I § 48 II 7; SOERGEL/
KRAFT § 619 Rn 3; NIKISCH I § 36 IV 2 mit Fn 48; NIPPERDEY, in: Festgabe zum 50jährigen Bestehen
des Reichsgerichts Bd IV [1929] 224; OERTMANN Anm zu § 619; MünchKomm/SCHAUB § 619 Rn 7;
BGB-RGRK/SCHICK § 619 Rn 1, 5; ErfKomm/WANK § 619 BGB Rn 2; im Grundsatz auch SCHULT-
ZENSTEIN ArchBürgR 23 [1904] 312 f; sowie bereits HACHENBURG, Dienstvertrag und Werkvertrag
[1898] 65).

Insbesondere hinsichtlich eines in der Vergangenheit entstandenen Schadensersatz- **22**
anspruches darf eine Vereinbarung mit dem Dienstverpflichteten abgeschlossen wer-

den, in der dieser auf die Durchsetzung seines Anspruches ganz oder teilweise „verzichtet" (**Erlaßvertrag**, § 397). Zulässig ist insoweit auch der Abschluß eines **Vergleichs** (PLANCK/GUNKEL § 619 Anm 3; BGB-RGRK/SCHICK § 619 Rn 5; SCHULTZENSTEIN ArchBürgR 23 [1904] 313; ErfKomm/WANK § 619 BGB Rn 2). Besonderheiten sind bei **Dauerverpflichtungen**, insbesondere im Rahmen von § 617 zu beachten. Auch hier dürfen sich die Vereinbarungen nicht auf die zukünftige Leistungspflicht des Dienstberechtigten erstrecken (mit Recht SCHULTZENSTEIN ArchBürgR 23 [1904] 312). Nach Eintritt der Erkrankung kann der Dienstverpflichtete auch auf den in § 617 begründeten **Verpflegungsanspruch** verzichten (ERMAN/BELLING § 619 Rn 2; SOERGEL/KRAFT § 619 Rn 3), sofern sich dieser auf den vorherigen Zeitraum beschränkt.

IV. Rechtsfolgen verbotswidriger Vereinbarungen

23 Verstößt die Vereinbarung gegen § 619 BGB, so ist diese nach § 134 BGB nichtig (s o Rn 3). Ist die Vereinbarung Teil einer Gesamtabrede, so liegt eine **Teilnichtigkeit** im Sinne des § 139 BGB vor (anders SCHULTZENSTEIN ArchBürgR 23 [1904] 313 f, der eine gegen § 619 verstoßende Abrede stets von dem Gesamtvertrag separieren will). Aus dem Zweck des Verbotsbefehls folgt jedoch, daß die Teilnichtigkeit nicht zur Nichtigkeit der Gesamtabrede führt (einhellige Ansicht zB ERMAN/BELLING § 619 Rn 4; Hk-BGB/ECKERT §§ 617–619 Rn 13; SOERGEL/KRAFT § 619 Rn 2; NIPPERDEY, in: Festgabe zum 50jährigen Bestehen des Reichsgerichts Bd IV [1929] 224; MünchKomm/SCHAUB § 619 Rn 8; BGB-RGRK/SCHICK § 619 Rn 4; SCHMITT, EFZG [2. Aufl 1995] § 617 BGB Rn 4; iE SCHULTZENSTEIN ArchBürgR 23 [1904] 313 f). Diese bleibt vielmehr wirksam und der nichtige Vertragsteil wird durch zwingendes Gesetzesrecht ersetzt. Ein Rückgriff auf den Parteiwillen (so PLANCK/GUNKEL § 619 Anm 2), der regelmäßig zum selben Ergebnis führt (vgl PLANCK/GUNKEL § 619 Anm 2), ist deshalb entbehrlich.

V. Darlegungs- und Beweislast

24 Die dogmatische Einordnung des Verbotsbefehls präjudiziert zugleich die Entscheidung über die Verteilung der Darlegungs- und Beweislast. Die Nichtigkeit einer Vereinbarung muß stets derjenige darlegen und beweisen, der sich auf die Nichtigkeit beruft (MünchKomm/SCHAUB § 619 Rn 9).

§ 619a
Beweislast bei Haftung des Arbeitnehmers

Abweichend von § 280 Abs 1 hat der Arbeitnehmer dem Arbeitgeber Ersatz für den aus der Verletzung einer Pflicht aus dem Arbeitsverhältnis entstehenden Schaden nur zu leisten, wenn er die Pflichtverletzung zu vertreten hat.

Materialien: BT-Drucks 14/6857, 11, 48;
BT-Drucks 14/7052, 64, 204.

Schrifttum

JOUSSEN, Arbeitsrecht und Schuldrechtsreform, NZA 2001, 745

LÖWISCH, Zweifelhafte Folgen des geplanten Leistungsstörungsrechts für das Arbeitsvertragsrecht, NZA 2001, 465

OETKER, Neues zur Arbeitnehmerhaftung durch § 619a BGB?, BB 2002, 43.

Systematische Übersicht

Alphabetische Übersicht

I.   Entstehungsgeschichte und Normzweck

Die Vorschrift beruht auf den Beschlußempfehlungen des Rechtsausschusses des **1** Bundestages anläßlich des Gesetzes zur Modernisierung des Schuldrechts (BT-Drucks 14/7052, 64 [Text], 214 [Begründung]) und ist mit diesem zum 1. 1. 2002 in Kraft getreten.

Auslöser für die neu eingefügte Bestimmung war die im Rahmen der Reformdiskus- **2** sion geäußerte Befürchtung, daß infolge der aus der Gesetzessystematik des § 280 Abs 1 S 2 folgenden **Beweislastumkehr,** nach der der Schuldner des Schadensersatzanspruches seine fehlende Verantwortlichkeit für die Pflichtverletzung zu beweisen hat (vgl BT-Drucks 14/6040, 136), ohne gesonderte Regelung bei der Arbeitnehmerhaftung einschließlich der Mankohaftung eine Veränderung des status quo zu Lasten des Arbeitnehmers eintreten könnte (so vor allem LÖWISCH NZA 2001, 466; anders in der Würdigung JOUSSEN NZA 2001, 748; s auch CANARIS JZ 2001, 512). Der Bundesrat griff im Rahmen seiner Stellungnahme zu dem Gesetzesentwurf der Bundesregierung diese Diskussion auf und forderte in allgemeiner Form, daß „die gesicherten Grundsätze des Arbeitsrechts durch die Neuregelung keinen Schaden nehmen" (BT-Drucks 14/6857, 11). Diesem Anliegen trat die Bundesregierung im Rahmen ihrer Gegenäußerung bei und sicherte unter dem Vorbehalt weiterer Prüfung ggf Ergänzungen zu, um den „arbeitsrechtlichen Besitzstand ungeschmälert" zu erhalten (BT-Drucks 14/6857, 48).

Mit seiner Beschlußempfehlung (s o Rn 1) kam der Rechtsausschuß des Bundestages diesem Anliegen nach, um die derzeitige Rechtsprechung des Bundesarbeitsgerichts zur Beweislast bei der Haftung des Arbeitnehmers aufrechtzuerhalten (BT-Drucks 14/ 7052, 204).

3 Der **Zweck der Norm** ergibt sich – wie die Entstehungsgeschichte andeutet (vgl o Rn 2) – aus dem Zusammenhang mit der Grundnorm für Ersatzansprüche bei der Verletzung von Pflichten aus einem Schuldverhältnis in § 280 Abs 1. Diese gilt auch bei der Verletzung von Pflichten aus einem Arbeitsverhältnis, insbesondere kann sie den Arbeitnehmer zum Schadensersatz verpflichten. Hieran soll § 619a nichts ändern, ebenso enthält die Vorschrift keine Aussage über den Haftungsmaßstab (vgl BT-Drucks 14/7052, 204 [Rechtsausschuß]). Die Norm bezieht sich ausschließlich auf das Vertretenmüssen des Arbeitnehmers und ist deshalb auf **§ 280 Abs 1 S 2** zugeschnitten, der eine **Umkehr der Beweislast** in dem Sinne herbeiführt, daß derjenige, der den objektiven Tatbestand einer Pflichtverletzung verwirklicht hat, die Beweislast dafür trägt, daß er die Pflichtverletzung nicht zu vertreten hat (vgl BT-Drucks 14/6040, 136). Diese Beweislastumkehr soll § 619a revidieren (vgl BT-Drucks 14/7052, 204), was neben den Gesetzesmaterialien (s o Rn 2) auch durch die amtliche Überschrift der Norm bestätigt wird. Bei einer Pflichtverletzung des Arbeitnehmers trifft deshalb den Arbeitgeber die **Beweislast** dafür, daß der Arbeitnehmer die Pflichtverletzung zu vertreten hat. Da § 619a nicht die Pflichtenstellung des Arbeitgebers berührt und die Norm nicht in § 619 eingefügt worden ist, steht die Beweislastregel grundsätzlich zur **Disposition** der Arbeitsvertragsparteien (**aA** DÄUBLER NZA 2001, 1332). Bei vom Arbeitgeber **vorformulierten Arbeitsverträgen** steht jedoch § 309 Nr 12 einer zum Nachteil des Arbeitnehmers von § 619a abweichenden Regelung entgegen.

II.   Anwendungsbereich der Norm

4 Die Aufhebung der aus § 280 Abs 1 S 2 folgenden Beweislast ordnet § 619a nur für **Arbeitsverhältnisse** an. Bei Pflichtverletzungen im Rahmen **anderer Dienstverhältnisse** verbleibt es grundsätzlich bei der allgemeinen Vorschrift in § 280 Abs 1 S 2. Es obliegt daher dem Dienstverpflichteten, bei einer Pflichtverletzung seine fehlende Verantwortlichkeit für diese darzulegen und ggf zu beweisen. Das betrifft insbesondere **freie Dienstverträge,** die **Anstellungsverhältnisse** von Organmitgliedern, die Haftung von **Handelsvertretern,** gilt aber an sich auch bei **arbeitnehmerähnlichen Personen.** Da § 619a die bisherigen Grundsätze zur Beweislastverteilung bei der Arbeitnehmerhaftung aufrechterhalten soll (vgl o Rn 3), ist eine Analogie des § 619a jedoch in solchen Fällen zu erwägen, in denen die Grundsätze einer beschränkten Arbeitnehmerhaftung (s dazu STAUDINGER/RICHARDI [1999] § 611 Rn 483 ff) über das Arbeitsverhältnis ausgedehnt und auf andere Dienstverhältnisse angewendet werden (vgl für arbeitnehmerähnliche Personen OTTO/SCHWARZE, Haftung des Arbeitnehmers [3. Aufl 1998] Rn 133 mwN). Die hierfür tragenden teleologischen Gründe rechtfertigen es, die korrespondierende Beweislastregelung in § 619a ebenfalls analog anzuwenden (ebenso GOTTHARDT, Arbeitsrecht nach der Schuldrechtsreform [2002] Rn 187). Das gilt jedenfalls für **Berufsausbildungsverhältnisse** und **Eingliederungsverhältnisse** iS von § 229 SGB III.

5 Die Beweislastregelung in § 619a gilt nur bei einer Schadensersatzverpflichtung des Arbeitnehmers aus § 280 Abs 1. Beruht die Ersatzpflicht des Arbeitnehmers auf

einer **anderen Rechtsgrundlage** (zB Delikt), dann verbleibt es bei den dafür maßgebenden Grundsätzen (GOTTHARDT, Arbeitsrecht nach der Schuldrechtsreform [2002] Rn 188). Das gilt insbesondere, wenn der Arbeitnehmer nicht gegenüber dem Arbeitgeber, sondern Dritten zum Schadensersatz verpflichtet ist (GOTTHARDT, Arbeitsrecht nach der Schuldrechtsreform [2002] Rn 187). Eine teleologische Reduktion der Norm ist zu erwägen, wenn der Arbeitnehmer nach § 280 Abs 1 zum Schadensersatz verpflichtet ist, der infolge der Pflichtverletzung eingetretene Schaden jedoch **nicht** durch eine **betriebliche Tätigkeit** verursacht wurde. In diesen Sachverhalten greifen die Grundsätze einer beschränkten Arbeitnehmerhaftung nicht ein (vgl STAUDINGER/RICHARDI [1999] § 611 Rn 497 ff), so daß auch für die hierauf beruhenden Beweiserleichterungen zugunsten des Arbeitnehmers die teleologische Basis entfällt (ebenso LINDEMANN AuR 2002, 85). Wegen der Anknüpfung an § 280 Abs 1 bleibt die nach § 280 Abs 2 iV mit § 286 bestehende Pflicht zum Ersatz des **Verzögerungsschadens** unberührt. Das gilt insbesondere für das Vertretenmüssen der Nichtleistung (§ 286 Abs 4); insoweit trifft den Arbeitnehmer die Beweislast, daß er seine Nichtleistung nicht zu vertreten hat.

Die Norm greift zudem nicht in der umgekehrten Konstellation ein, in der eine auf **6** § 280 Abs 1 zu stützende **Ersatzpflicht des Arbeitgebers** besteht (DÄUBLER NZA 2001, 1332; GOTTHARDT, Arbeitsrecht nach der Schuldrechtsreform [2002] Rn 187; LINDEMANN AuR 2002, 85). Insoweit verbleibt es bei der Umkehr der Beweislast durch § 280 Abs 1 S 2; es obliegt dem Arbeitgeber, sein fehlendes Verschulden hinsichtlich seiner Pflichtverletzung zu beweisen.

Darüber hinaus beschränkt sich § 619a auf Ersatzansprüche wegen Pflichtverletzun- **7** gen; keine Bedeutung entfaltet die Norm für andere Sachverhalte, in denen Pflichtverletzungen des Arbeitnehmers zu Ansprüchen oder anderen Rechten des Arbeitgebers führen. Das betrifft sowohl Unterlassungsansprüche des Arbeitgebers bei Pflichtverletzungen des Arbeitnehmers als auch eine aus diesem Grunde ausgesprochene Kündigung. Wegen der systematischen Verknüpfung mit § 280 Abs 1 liefert § 619a keine tragfähige Grundlage für die Annahme, daß der Arbeitnehmer in diesen Fällen die Pflichtverletzung zu vertreten haben muß.

III. Rechtsfolgen

§ 619a betrifft nicht den Rechtsgrund für die Haftung des Arbeitnehmers gegenüber **8** dem Arbeitgeber; **Anspruchsgrundlage** hierfür ist bei vertraglichen Ansprüchen trotz des mißverständlichen Gesetzeswortlauts ausschließlich § 280 Abs 1 S 1. Das gilt auch für den **Haftungsmaßstab** (vgl BT-Drucks 14/7052, 204). Ob der Arbeitnehmer die Pflichtverletzung „zu vertreten" hat, richtet sich nach den bislang anerkannten Grundsätzen (vgl STAUDINGER/RICHARDI [1999] § 611 Rn 518 ff). Obwohl § 619a das „Vertretenmüssen" des Arbeitnehmers auf die Pflichtverletzung bezieht, gilt dies auch für die Voraussetzung, daß das Verschulden des Arbeitnehmers auch den durch die Pflichtverletzung herbeigeführten Schaden umfassen muß (vgl dazu STAUDINGER/RICHARDI [1999] § 611 Rn 530).

Abweichend von § 280 Abs 1 S 2 trägt der Arbeitgeber die **Beweislast** für die Pflicht- **9** verletzung des Arbeitnehmers entsprechend den bisherigen Grundsätzen (vgl dazu STAUDINGER/RICHARDI [1999] § 611 Rn 534 sowie BAG AP Nr 2 zu § 611 BGB Mankohaftung). Das gilt nach dem Zweck der Norm auch, soweit sich das Verschulden des Arbeitnehmers für eine Haftung auch auf die **Herbeiführung des Schadens** beziehen muß (vgl dazu STAUDINGER/RICHARDI [1999] § 611 Rn 530). Hinsichtlich der Darlegungslast gilt zugunsten des Arbeitgebers eine **abgestufte Darlegungslast** (ebenso GOTTHARDT, Arbeitsrecht nach der Schuldrechtsreform [2002] Rn 189; vgl BAG AP Nr 2 zu § 611 BGB Mankohaftung); ebenso kommen dem Arbeitgeber die allgemeinen Grundsätze über den Beweis des ersten Anscheins zugute. Hinsichtlich des **Mitverschuldens** des Arbeitgebers (§ 254) trägt der Arbeitnehmer die Beweislast (vgl allg STAUDINGER/SCHIEMANN [1998] Vorbem zu §§ 249 ff Rn 91).

10 Die Beweislastregel des § 619a gilt nicht nur, wenn der Arbeitgeber den Arbeitnehmer aus § 280 Abs 1 S 1 auf Schadensersatz in Anspruch nimmt, sondern auch bei einem **Übergang des Ersatzanspruchs auf Dritte** (zB nach § 67 VVG). In diesem Fall obliegt es nicht dem Arbeitnehmer, sich zu entlasten; über § 412 iVm § 404 analog kann der Arbeitnehmer die Beweislastregel des § 619a dem Zessionar entgegenhalten, da sich anderenfalls die Lage des Schuldners (= Arbeitnehmers) entgegen dem Zweck des § 404 (vgl STAUDINGER/BUSCHE [2000] § 404 Rn 2) verschlechtern würde.

Vorbemerkungen zu §§ 620 ff

Schrifttum

1. Kommentare und Handbücher

ASCHEID, Kündigungsschutzrecht, Die Kündigung des Arbeitsverhältnisses (1993)

BADER/BRAM/DÖRNER/WENZEL, Kündigungsschutzgesetz (1999)

BEITZKE, Nichtigkeit, Auflösung und Ausgestaltung von Dauerrechtsverhältnissen (1948)

BLEISTEIN/BUSEMANN, Kündigung und Kündigungsschutz im Arbeitsverhältnis (3. Aufl 1997), fortgeführt als BUSEMANN/SCHÄFER (4. Aufl 2002)

BOPP, Kündigung und Kündigungsprozeß im Arbeitsrecht (2. Aufl 1996)

DEGEN, Beendigung des Arbeitsverhältnisses (1949)

DORNDORF/WELLER/HAUCK/HÖLAND/KRIEBEL/NEEF, Kündigungsschutzgesetz (4. Aufl 2001)

GRÜLL, Kündigungsrecht im Arbeitsverhältnis (2. Aufl 1981)

HOEFTMANN, Handbuch des Kündigungs- und Kündigungsschutzrechts (8. Aufl 1989)

vHOYNINGEN-HUENE/LINCK, Kündigungsschutzgesetz (13. Aufl 2002)

KNORR/BICHLMEIER/KREMHELMER, Handbuch des Kündigungsrechts (4. Aufl 1998)

LÖWISCH, Kündigungsschutzgesetz (8. Aufl 2000)

MOLITOR, Die Kündigung (2. Aufl 1951)

PATAJCAK, Die Änderungskündigung des Arbeitgebers (1984)

SCHLICKE, Die Kündigung im Arbeitsrecht (1949)

SCHMALTZ, Die Entlassung (5. Aufl 1951)

SCHWEDES, Einstellung und Entlassung des Arbeitnehmers (7. Aufl 1993)

SCHWERDTNER, Kündigung und Kündigungsschutz in der betrieblichen Praxis (2. Aufl 1983)

SPOHR, Die Kündigung des Arbeitsverhältnisses (2. Aufl 1953)

STAHLHACKE/PREIS/VOSSEN, Kündigung und Kündigungsschutz (7. Aufl 1999)

STURM, Die Kündigung im Arbeitsrecht (4. Aufl 1977, 2. Ergänzung 1988)

TEICHMANN, Die Kündigung des Arbeitsverhältnisses und Kündigungsschutz (1965)

TRAPPE, Kündigung und Kündigungsschutz im Arbeitsrecht (2. Aufl 1969)

WENZEL, Kündigung und Kündigungsschutz
(6. Aufl 1994).
Zur Literatur bis 1945 siehe STAUDINGER/NEU-
MANN[12].

2. Lehrbücher und Sammelwerke
AR-Blattei SD, Kündigung I–XIII (ADAM,
ADOMEIT, BAUER, BERSCHEID, DÖRNER, ETZEL,
FEICHTINGER, HUEP, KÖHNE, KRETZ, LINCK,
SPINTI)
ASCHEID/PREIS/SCHMIDT, Großkommentar zum
Kündigungsrecht (2000)
BOBKE, Arbeitsrecht für Arbeitnehmer (5. Aufl
1993) 374
BOBROWSKI/GAUL, Das Arbeitsrecht im Betrieb
(8. Aufl 1986) Bd 2 L, 121
BRAUN/DÜWELL/SEIBERT/WEYAND, Die ratio-
nelle Fallbearbeitung im Arbeitsrecht (Loseblatt
Febr 1999) Bd 3 Teil 7 Kap 1–13
BREDE/ETZEL, Arbeitsrecht (5. Aufl 1989) 131
BROX/RÜTHERS, Arbeitsrecht (14. Aufl 1999)
Rn 177
DÄUBLER, Das Arbeitsrecht (11. Aufl 1998) 465
DÖRNER, Praktisches Arbeitsrecht (2. Aufl 1993)
181
DÜTZ, Arbeitsrecht (5. Aufl 2000) 124 Rn 265
Erfurter Kommentar zum Arbeitsrecht (DIETE-
RICH, HANAU, SCHAUB) (2. Aufl 2001) 1612
MÜLLER-GLÖGE/GAMILLSCHEG, Arbeitsrecht I
(8. Aufl 2000) §§ 13
Gemeinschaftskommentar zum Kündigungs-
recht (6. Aufl 2002) (zit: KR/Verfasser)
GITTER, Arbeitsrecht. Schaeffers Grundriß
(4. Aufl 1997) 103

GROSSMANN/SCHNEIDER, Arbeitsrecht (9. Aufl
1999) 233
HANAU/ADOMEIT, Arbeitsrecht (12. Aufl 2000)
251
HROMADKA/MASCHMANN, Arbeitsrecht Bd 1
(1998) 327
HUECK/NIPPERDEY, Lehrbuch des Arbeitsrechts
(7. Aufl 1963) I 527
KASKEL/DERSCH, Arbeitsrecht (5. Aufl 1957)
206
Kasseler Handbuch zum Arbeitsrecht (ISEN-
HARDT, BÖCK) Bd 2 (2. Aufl 2000) 6.3 861
LIEB, Arbeitsrecht (7. Aufl 2000) 104 ff Rn 335
LÖWISCH, Arbeitsrecht (5. Aufl 2000) 329 ff
Rn 1237 ff
MEISEL, Arbeitsrecht für die betriebliche Praxis
(8. Aufl 1995) 419 ff Rn 786 ff
Münchner Handbuch Arbeitsrecht/WANK
(2. Aufl 2000) Bd 2 §§ 114 ff
SCHAUB, Arbeitsrechtshandbuch (9. Aufl 1999)
§§ 121 ff
SCHMID, Grundzüge des Arbeitsrechts (1981)
126
SÖLLNER, Grundriß des Arbeitsrechts (12. Aufl
1998) 284
WEISS/GAGEL, Handbuch des Arbeits- und
Sozialrechts (Loseblatt Juni 2001) (POPP, PREIS,
KRAMER, BASEDAU, BRAASCH, FEICHTINGER,
STEFFEN, MÜLLER) A–L § 19
WOLLENSCHLÄGER, Arbeitsrecht (1999) 124 ff
ZÖLLNER/LORITZ, Arbeitsrecht (5. Aufl 1998)
267.

Systematische Übersicht

Dirk Neumann

Alphabetische Übersicht

I. Allgemeines

1 Die nachstehenden Vorschriften (§§ 620–630) behandeln die *Beendigung des Dienst-*

vertrages und des Arbeitsverhältnisses, insbesondere die Kündigung und deren Folgen. Sowohl bei dem unabhängigen (freien) Dienstvertrag wie bei dem abhängigen Arbeitsvertrag handelt es sich um Dauerschuldverhältnisse, für die die Lehre von den Beendigungsgründen besondere Bedeutung hat. Ein auf Dauer bestimmtes Schuldverhältnis mit Personen muß lösbar sein und ggf sofort beendigt werden können.

1. Entwicklung

Während in der Zeit bis zum *1. Weltkrieg* jedes Dienst- und Arbeitsverhältnis von **2** beiden Seiten *frei kündbar* war und unter Einhaltung der dafür vorgesehenen Fristen – von der Anstellung auf Lebenszeit, § 624, abgesehen – jedenfalls ordnungsgemäß ohne besondere Gründe und Einschränkungen gekündigt werden konnte, wurden seit dieser Zeit immer mehr *Kündigungsbeschränkungen* eingeführt. Zuerst sollte damit ein Schutz der Allgemeinheit vor Arbeitslosigkeit bewirkt werden, indem die DemobilmachungsVO vom 12. 2. 1920 die Entlassung verbot, solange eine Arbeitsstreckung möglich war. Dem entsprachen später die Maßnahmen gegen Massenentlassungen nach § 20 AOG und schließlich die totale Lenkung aller Arbeitskräfte durch die ArbeitsplatzwechselVO vom 1. 9. 1939. Dieser nach dem 2. Weltkrieg durch das KSchG ausdrücklich aufgehobene Kündigungsschutz im öffentlichen Interesse findet sich aber heute noch in den Vorschriften über den Kündigungsschutz bei Massenentlassungen der §§ 17 ff KSchG.

Daneben wurde zuerst durch das Betriebsrätegesetz vom 4. 2. 1920 in §§ 84 ff ein **3** *allgemeiner Kündigungsschutz* als Bestandsschutz der Arbeitsverhältnisse im individuellen Interesse der einzelnen Arbeitnehmer eingeführt. Entsprechende Vorschriften enthielt auch das AOG mit der Möglichkeit der Kündigungswiderrufsklage nach §§ 56 ff. Nach dessen Aufhebung wurde der individuelle Kündigungsschutz zunächst in die Ländervorschriften über Betriebsräte aufgenommen und dann durch das KSchG vom 10. 8. 1951 übernommen, das jetzt in der Fassung vom 25. 8. 1969 (BGBl I 1317, zuletzt geändert vom 23. 7. 2001, BGBl I 1852) gilt.

Zugleich im individuellen wie im allgemeinen Interesse werden besondere Gruppen von Arbeitnehmern gegen Kündigungen geschützt, wie Schwerbehinderte, Frauen vor und nach der Niederkunft, Betriebs- und Personalratsmitglieder und andere Amtsinhaber, politisch Verfolgte, Einberufene zur Bundeswehr, zum Zivildienst und zur Eignungsübung. Diese Vorschriften sollen sowohl den Einzelnen als auch dessen besondere Stellung schützen und im allgemeinen Interesse der Unterbringung und Versorgung dieser Gruppen dienen. Alle diese Vorschriften sind als Kündigungsschutz der Arbeitnehmer zu bezeichnen, da sie an ein Arbeitsverhältnis anknüpfen.

Durch das *1. ArbeitsrechtsbereinigungsG* vom 14. 8. 1969 (BGBl I 1106) wurde dann das **4** gesamte individuelle Kündigungsrecht zusammengefaßt und einheitlich in das BGB übernommen. §§ 621, 627 betreffen nach der Neufassung ab 1. 9. 1969 nur noch Kündigungen von Dienstverhältnissen, die nicht Arbeitsverhältnisse sind, also sog selbständige oder freie Dienstverträge. Die §§ 620, 624–626 und 628–630 gelten für Dienst- und Arbeitsverträge, während §§ 622, 623 nur die Kündigung von Arbeitsverhältnissen betreffen. Zur Unterscheidung vom freien Dienstvertrag zum Arbeitsvertrag vgl die Erl zu § 611. Die früher in HGB, GewO, HandwO, BinnenschifffahrtsG, FlößereiG, vorl Landarbeitsordnung und in den Berggesetzen enthaltenen

Kündigungsvorschriften sind aufgehoben, so daß insoweit für Arbeitnehmer nur noch das BGB gilt. Sonderregelungen gelten aber auch danach noch für Handelsvertreter (§ 89, 89 a HGB), für die Seeleute (§§ 62 ff SeemG), für Heimarbeiter (§ 29a HAG) und für Auszubildende (§§ 13 ff BerufsbildungsG vom 14. 8. 1969).

Nach der *Wiedervereinigung* am 3. 10. 1990 galt nach dem Einigungsvertrag vom 31. 8. 1990 (BGBl II 889) zunächst unterschiedliches Recht. Im Beitrittsgebiet war § 622 nicht anzuwenden (Anlage I Kap VIII Sachgebiet A Abschn II Nr 1), sondern galt § 55 AGB DDR mit der Kündigungsfrist von 2 Wochen fort (Anlage II Kap VIII Sachgebiet A Abschn III Nr 1 a). Die Begründung verweist auf das Urteil des Bundesverfassungsgerichts vom 30. 5. 1990 (BVerfGE 82, 126) über die Verfassungswidrigkeit des § 622, weil Angestellte und Arbeiter nicht ungleich behandelt werden dürfen. Das Gesetz vom 7. 10. 1993 (BGBl I 1668) hat dann die Kündigungsfristen vereinheitlicht, § 622 neu gefaßt und § 55 AGB DDR sowie das Angestelltenkündigungsschutzgesetz vom 2. 7. 1926 aufgehoben. Damit gilt seit 15. 10. 1993 einheitliches Recht.

Die **Schuldrechtsmodernisierung** durch Gesetz vom 26. 11. 2001 (BGBl I 3138) und die darauf erfolgte Neubekanntmachung des BGB vom 2. 1. 2002 (BGBl I 42), lassen das gesamte Arbeitsprivatrecht nicht ungeschoren, nachdem die Versuche, gemäß Art 30 Einigungsvertrag ein eigenes Arbeitsvertragsgesetz zu schaffen (Entwurf Sachsen BR-Drucks 293/95, Entwurf Brandenburg BR-Drucks 671/96), noch immer im Bundesrat stekkengeblieben sind. Die Einbeziehung des AGB in das BGB und seine Ausdehnung auf das Arbeitsrecht unter angemessener Berücksichtigung der dort geltenden Besonderheiten (§ 310 Abs 4) wirft neue Fragen auf (BAUER NZA 2002, 169; BAUER/KOCK Betrieb 2002, 42; BERKOWSKY AuA 2002, 11; BOEMKE BB 2002, 96: DÄUBLER NZA 2001, 1329; GOTTHARDT, Arbeitsrecht nach der Schuldrechtsreform (2002); HENSSLER RdA 2002, 129; HÜMMERICH/HOLTHAUSEN NZA 2002, 173; JOUSSEN NZA 2001, 745; vKOPPENFELS NZA 2002, 598; LINDEMANN ArbuR 2002, 81; LINGEMANN NZA 2002, 181; NATZEL NZA 2002, 595; REICHOLD ZTR 2002, 202; REINECKE Betrieb 2002, 583; THÜSING NZA 2002, 591). Vor allem der Arbeitnehmer als Verbraucher (§ 13 mit Begründung 14/6040, 243, 14/7052, 190) und die verstärkte Inhaltskontrolle (Überraschungsklauseln § 305c, Benachteiligung § 307, uU sogar das Widerrufsrecht § 312) werden Auswirkungen auf den Arbeitsvertrag und damit auch seine Beendigung haben (Aufhebungsvertrag Rn 14, Teilkündigung und Widerruf Rn 83, Ausgleichsquittung Rn 151). Der künftigen Rechtsprechung kommt dabei durch diese verstärkte Stellung immer mehr Bedeutung zu. Auch wenn man die Meinung, „als Ergebnis der Schuldrechtsreform im Individualarbeitsrecht bleibt künftig kein Stein mehr auf dem anderen" (HÜMMERICH/HOLTHAUSEN NZA 2002, 173) als sehr überspitzt bezeichnen muss, wird sich zeigen, dass aufbauend auf der hier geschilderten Rechtsprechung neue Entwicklungen vorprogrammiert sind.

2.   Weitere Rechtsquellen

5 Neben den Vorschriften der §§ 620–630 gelten daher für die Beendigung von Arbeitsverhältnissen als **weitere** wichtige **Rechtsquellen:**

a)   Die Vorschriften der §§ 62 ff des SeemG vom 26. 7. 1957 (BGBl II 713, zuletzt geändert vom 23. 3. 2002, BGBl I 1163) für Seeleute.

b)   §§ 89, 89a HGB für Handelsvertreter, § 545 HGB für Kapitäne.

c)   § 20 BinnenschiffahrtsG idF vom 20. 5. 1898 (RGBl 361, zuletzt geändert vom 25. 8. 1998, BGBl I 2489) für Schiffer, § 25 für den Schiffsmann.

d)   §§ 57a–57 f Hochschulrahmengesetz idF vom 16. 2. 2002 (BGBl I 693) für Befristung und Kündigung bei Drittmittelwegfall für Hochschulpersonal.

e)   §§ 354 RVO, 145 SGB VII für Bedienstete der Sozialversicherungsträger (Dienstordnungsangestellte).

f)   §§ 58, 58d BundesimmissionsschutzG für Immissionsschutz- und Störfallbeauftragte.

g)   § 1 Gesetz über befristete Arbeitsverträge mit Ärzten in der Weiterbildung vom 15. 5. 1986 (BGBl I 742, zuletzt geändert vom 30. 11. 2000, BGBl I 1638).

h)   §§ 113 ff Insolvenzordnung bei Insolvenz.

i)   Art 56 Zusatzabkommen zum NATO-Truppenstatut vom 3. 8. 1959 (BGBl II 1218, zuletzt geändert BGBl II 1994 2598) bei schutzwürdigen militärischen Interessen.

k)   Der allgemeine Kündigungsschutz nach dem KündigungsschutzG idF vom 25. 8. 1969 (BGBl 1317, zuletzt geändert vom 23. 7. 2001, BGBl I 1852).

l)   §§ 102, 103 BetrVerfG über die Mitwirkung des Betriebsrates bei Kündigungen.

m)   §§ 47 u 78 f BPersVertrG und die entsprechenden Vorschriften der Länderpersonalvertretungsgesetze über die Mitwirkung der Personalräte bei Kündigungen.

n)   §§ 85–92 SGB IX für schwerbehinderte Menschen.

o)   § 9 MutterSchG über das Verbot der Kündigung von Frauen vor und nach der Niederkunft.

p)   § 15 BerufsbildungsG für Auszubildende; § 19 KrankenpflegeG für Krankenpflegeausbildung.

q)   §§ 18–21 BundeserziehungsgeldG.

r)   § 2 ArbPlSchG für Wehrpflichtige während des Grundwehrdienstes und Wehrübungen; dasselbe gilt nach § 78 ZivildienstG für Zivildienstpflichtige und nach § 2 EignungsübungsG für Teilnehmer an einer Eignungsübung. § 15 ArbeitssicherstellungsG schreibt ebenfalls die Geltung des § 2 ArbPlSchG für den Fall der Verpflichtung in ein Arbeitsverhältnis vor (G vom 9. 7. 1968 [BGBl I 787] idF vom 14. 2. 2001, BGBl I 253).

s)   § 3 des Gesetzes zur Regelung der Rechtsverhältnisse der Helfer der Bundesanstalt Technisches Hilfswerk (THW-HelfRG vom 22. 1. 1990, BGBl I 118, idF vom 17. 12. 1997, BGBl I 3108, 3113) verbietet Benachteiligungen und damit Kündigungen.

Das Zivilschutzgesetz vom 25. 3. 1997 (BGBl I 726) verweist in § 21 auf landesrechtliche Benachteiligungsverbote. Solche Benachteiligungsverbote enthält § 8 des Gesetzes vom 12. 12. 1973 (BGBl I 1885, idF vom 21. 12. 2000, BGBl I 1983) für Betriebsärzte und Fachkräfte für Arbeitssicherheit sowie § 17 Abs 2 Arbeitsschutzgesetz vom
7. 8. 1996 (BGBl I 1246, idF vom 27. 12. 2000, BGBl I 2048).

t) Art 48 Abs 2 GG für Abgeordnete des Bundestages. Art 29 Abs 2 Verfassung
Baden-Württemberg, Art 27 Verfassung Bayern, Art 35 Verfassung Berlin, Art 57
Verfassung Brandenburg, Art 94 Verfassung Bremen, Art 14 Verfassung Hamburg,
Art 76 Verfassung Hessen, Art 23, 24 Verfassung Mecklenburg-Vorpommern, Art 14
Verfassung Niedersachsen, Art 47 Verfassung Nordrhein-Westfalen, Art 81 Verfassung Saarland, Art 42 Verfassung Sachsen, Art 56, 57 Verfassung Sachsen-Anhalt,
Art 11 Verfassung Schleswig-Holstein und § 51 Verfassung Thüringen sehen entsprechende Vorschriften für Abgeordnete von Landtagen und kommunalen Vertretungs-
körperschaften vor. Die Länder haben außerdem seit 1978 Abgeordnetengesetze
verabschiedet, in deren gleichlautendem § 2 nochmals ein ausdrücklicher Kündigungsschutz für Abgeordnete festgelegt ist.

u) § 26 ArbGG und § 20 SozGG verbieten Kündigungen als Benachteiligung für
ehrenamtliche Richter der Arbeits- und Sozialgerichtsbarkeit wegen der Übernahme
und Ausübung des Richteramtes. Entsprechendes gilt für Mitglieder von Organen
der Bundesanstalt für Arbeit nach § 387 SGB III, für Sicherheitsbeauftragte nach
§ 22 Abs 3 SGB VII, für Datenschutzbeauftragte nach § 36 Abs 3 BDSG und für
Mitglieder des Sprecherausschusses nach § 2 Abs 3 SprAusschG.

v) Das Teilzeit- und Befristungsgesetz (TzBfG) vom 21. 12. 2000 (BGBl I 1966)
regelt ab 1. 1. 2001 anstelle des bisherigen Beschäftigungsförderungsgesetzes vom
26. 4. 1985 (BGBl I 710, idF vom 25. 9. 1996, BGBl I 1475) Teilzeit und Befristung und
tritt an die Stelle von § 620, vgl § 620 Abs 3.

w) In Nordrhein-Westfalen, Saarland und Niedersachsen bedarf die Kündigung
von Inhabern von Bergmannsversorgungsscheinen der Zustimmung nach §§ 10 f Gesetz über einen Bergmannsversorgungsschein in NRW idF vom 20. 12. 1983 (GVBl
635), §§ 11 f Gesetz über einen Bergmannsversorgungsschein im Saarland vom 11. 7.
1962 (ABl 605) idF vom 16. 10. 1981 (ABl 825) und § 1 Gesetz über einen Bergmannsversorgungsschein im Lande Niedersachsen vom 6. 1. 1949 (GVBl 15) iVm §§ 85 ff
SGB IX.

x) Politisch Verfolgte haben einen besonderen Kündigungsschutz in den Ländern
Baden gemäß § 34 Gesetz idF vom 29. 10. 1951 (GVBl 168), Württemberg-Baden vom
8. 10. 1947 (RegBl 101) und Rheinland-Pfalz nach VO vom 17. 12. 1952 (GVBl 177; vgl
dazu aber OVG Rheinland-Pfalz vom 14. 1. 1958, BB 1958, 414). In den neuen Bundesländern gilt der Kündigungsschutz von Kämpfern gegen den Faschismus und Verfolgten des Faschismus nach § 58 Abs 1 Buchst a, § 59 Abs 2 AGB DDR unbefristet
fort (Einigungsvertrag vom 31. 8. 1990 Anl II Kap VIII Sachgebiet A Abschn III
Nr 1 a).

6 Alle **Sonderbestimmungen** gehen den Regeln des BGB §§ 620 ff im Verhältnis der lex
specialis zur lex generalis vor; ausdrücklich hebt das § 620 Abs 3 nochmals hervor.

Soweit aber keine Regeln in den Sonderbestimmungen enthalten sind, gelten die Bestimmungen auch in den angeführten Sonderfällen.

3. Kollektivvereinbarungen

Besondere Vorschriften über Kündigungen, vor allem verlängerte Kündigungs- **7** fristen, Kündigung in Probezeit, Ausschluß der ordentlichen Kündigung durch den Arbeitgeber nach längerer Betriebs- und Berufszugehörigkeit, Erschwerungen für Kündigungen älterer Arbeitnehmer enthalten darüber hinaus zahlreiche *Tarifverträge* und auch *Betriebsvereinbarungen.* Diese normativen Regelungen (§ 1 TVG, § 77 BetrVG) gehen den dispositiven Vorschriften des BGB vor, die dann nur ergänzend eingreifen.

4. Zwang zur Kündigung

Ein **Zwang zur Kündigung** auf Grund gesetzlicher Vorschriften besteht nicht. Dienst- **8** berechtigter und Dienstverpflichter sind frei in der Entscheidung, ob sie das Dauerschuldverhältnis kündigen wollen oder nicht. Gegenüber Arbeitnehmern, die den Betriebsfrieden wiederholt durch gesetzwidriges Verhalten oder durch grobe Verletzung der Grundsätze für die Behandlung der Betriebsangehörigen gestört haben, kann der Betriebsrat die Entlassung vom Arbeitgeber nach § 104 BetrVG verlangen. Wird diesem Verlangen vor Gericht stattgegeben, kann die Entlassung durch Zwangsgeld bis zu 250 Euro für jeden Tag der Zuwiderhandlung erzwungen werden; das Arbeitsverhältnis endet nicht kraft Gesetzes.

Wird ein Arbeitnehmer *vorläufig eingestellt* und verweigert der *Betriebsrat* zur Ein- **9** stellung seine Zustimmung, wird sie auch durch das Arbeitsgericht nicht ersetzt, so endet die vorläufige Maßnahme nach Ablauf von zwei Wochen nach Rechtskraft der Entscheidung. Der Arbeitnehmer darf nicht weiterbeschäftigt werden, ein wirksamer Arbeitsvertrag besteht nicht, so daß es auch keiner Kündigung bedarf. Die tatsächliche Beschäftigung kann durch Zwangsgeld unterbunden werden (§§ 100 f BetrVG; FITTING/KAISER/HEITHER/ENGELS § 100 BetrVerfG Rn 10; KR/ETZEL § 1 KSchG Rn 178; STEGE/ WEINSPACH § 100 BetrVerfG Rn 123 c; **aA** GALPERIN/LÖWISCH §§ 100, 101 BetrVG Rn 26 mit § 99 BetrVG Rn 10 ff; KSchG/DORNDORF § 1 KSchG Rn 138; LÖWISCH § 1 KSchG Rn 52, zT auch RI-CHARDI/THÜSING § 100 BetrVerfG Rn 50, 52, die entgegen der hM eine Kündigung für erforderlich halten; vermittelnd MünchHdbArbR/MATTHES § 354 Rn 35: Automatische Beendigung bei Mitteilung über Notwendigkeit der Zustimmung des Betriebsrates, sonst Kündigung erforderlich).

Streitigkeiten über die Entlassung des Arbeitnehmers auf Verlangen des Betriebs- **10** rates und über die Wirksamkeit von Einstellungen und vorläufigen personellen Maßnahmen werden im Beschlußverfahren vor den Gerichten für Arbeitssachen ausgetragen (§§ 2a, 80 ff ArbGG).

II.   Die Beendigung des Dienst- und Arbeitsverhältnisses

1.   Aufhebungsvertrag

Das Dienst- und Arbeitsverhältnis kann **durch Vertrag** beendet werden. Dabei wird **11** im gegenseitigen Einverständnis der Parteien ein Aufhebungsvertrag geschlossen.

Dabei ist die Rechtslage bis zum 30. 4. 2000 und ab 1. 5. 2000 zu unterscheiden. Bis
April 2000 war der Aufhebungsvertrag grundsätzlich formfrei. Er konnte deshalb
auch stillschweigend und durch konkludentes Verhalten geschlossen werden. Die
Umstände des Einzelfalles waren oft umstritten. Es waren strenge Anforderungen
zu stellen, da mit der Annahme eines Auflösungsvertrages Kündigungsschutzbestim-
mungen wegfallen (vgl BAUER, Arbeitsrechtliche Aufhebungsverträge [6. Aufl 1999]; ERNST,
Aufhebungsverträge zur Beendigung von Arbeitsverhältnissen [1993]; GLATZEL, AR-Blattei SD
260 Aufhebungsvertrag [2000]; KOTTHAUS, Der arbeitsrechtliche Aufhebungsvertrag [1987]; KRASS-
HÖFER, Beendigung des Arbeitsverhältnisses [1997]; ErfKomm/MÜLLER-GLÖGE 230 § 620 BGB
Rn 194 ff; Großkomm APS/SCHMIDT AufhebVertr Rn 5 ff; KasselerHdbArbR/WELSLAU 6. 1;
MünchHdbArbR/WANK § 115 Rn 6 ff; MünchKomm/SCHWERDTNER zu § 620 Rn 16; SCHAUB § 122
I 2; Voraufl zu § 620 Rn 12).

12 Ab 1. 5. 2000 gilt § 623 nach Art 2 des Arbeitsgerichtsbeschleunigungsgesetzes vom
30. 3. 2000 (BGBl I 333). Dort ist nunmehr festgelegt, dass Auflösungsverträge zu ihrer
Wirksamkeit der Schriftform bedürfen. Das ist die gesetzliche Schriftform des § 126
mit der Pflicht zur Unterzeichnung auf derselben Urkunde oder dem Austausch
mehrerer gleichlautender Urkunden. Eine bloß vom Arbeitnehmer unterschriebene
Ausgleichsquittung erfüllt diese Voraussetzungen nicht. Ein gerichtlich protokollier-
ter Prozeßvergleich ersetzt die Schriftform. Verfassungsrechtliche Bedenken gegen
den Aufhebungsvertrag aus Gründen fehlender Parität bestehen nicht (GERMELMANN
NZA 1997, 236). Aus § 242 kann sich eine Aufklärungspflicht über die Folgen vor allem
über Ruhegeld oder Arbeitslosengeld ergeben (BAG AP Nr 5, 28 zu § 1 BetrAVG Zusatz-
versorgungskassen; AP Nr 24 zu § 1 BetrAVG; AP Nr 99 zu § 611 BGB Fürsorgepflicht; ErfKomm/
MÜLLER-GLÖGE 230 § 620 BGB Rn 200; Großkomm APS/SCHMIDT AufhebVtr Rn 38 ff; Münch-
HdbArbR/WANK § 115 Rn 11 ff). Nach den Grundsätzen der Vertragsfreiheit ist auch ein
rückwirkender Aufhebungsvertrag möglich. Ansprüche aus der Zwischenzeit sind
dann nach den Regeln über das faktische Vertragsverhältnis abzuwickeln (BAG AP
Nr 40 zu § 615 BGB; AP Nr 22 zu § 7 KSchG; teilw aA, Rückwirkung nur bei nicht in Vollzug
gesetzten Arbeitsverhältnissen BAG AP Nr 185 zu § 613a BGB; AP Nr 77 zu § 7 BUrlG Abgeltung;
Großkomm APS/SCHMIDT AufhebVtr Rn 33; ErfKomm/MÜLLER-GLÖGE 230 § 620 BGB Rn 198;
GLATZEL AR-Blattei 260 Rn 1; SCHAUB § 122 Rn 2). Ein bedingter Aufhebungsvertrag, der
vor allem mit ausländischen Arbeitnehmern für den Fall geschlossen wird, daß sie
nicht aus dem Urlaub zurückkehren, kann wegen Umgehung von Schutzvorschriften
oder wegen Fehlens eines wichtigen Grundes unwirksam sein. Hier gelten dieselben
Grundsätze wie für die Befristung, es muß ein sachlicher Grund gegeben sein (BAUER,
Aufhebungsvertrag Rn 23; GAMILLSCHEG 523 f; KasselerHdbArbR I 1. 2. Rn 34 f; KR/FISCHERMEIER
§ 626 BGB Rn 48).

13 Ein Aufhebungsvertrag kann wegen arglistiger Täuschung oder wegen Drohung nach
§ 123 angefochten werden. Das betrifft vor allem Fälle, in denen der Aufhebungsvertrag durch die Androhung einer fristlosen Entlassung herbeigeführt wurde und die
Androhung rechtswidrig war. Dafür ist darauf abzustellen, ob ein verständiger Arbeitgeber eine fristlose Kündigung ernsthaft in Erwägung gezogen hätte. Darauf, ob
die angedrohte Entlassung wirksam gewesen wäre, kommt es nicht an (BAG AP Nr 8, 16,
20, 37 zu § 123 BGB, NZA 1988 91; teilweise abweichend, aber aufgegeben BAG AP Nr 13 zu § 123
BGB). Das gilt auch bei Drohung mit ordentlicher Kündigung (BAG EzA § 123 BGB
Nr 36). Ein Aufhebungsvertrag kann nichtig sein, wenn er lediglich die Beseitigung
der Kontinuität des Arbeitsverhältnisses unter gleichzeitiger Erhaltung des Arbeits-

platzes bezweckt (BAG AP Nr 5 zu § 1 BetrAVG Betriebsveräußerung, AP Nr 185 zu § 613a BGB). Der Massenentlassungsschutz des § 17 KSchG gilt auch für Fälle des Aufhebungsvertrages (BAG AP Nr 12 zu § 17 KSchG. Vgl im übrigen § 623 und ErfKomm/MÜLLER-GLÖGE 230 § 620 BGB Rn 194 ff; Großkomm APS/SCHMIDT AufhebVtr Rn 1–86; MünchHdbArbR/WANK § 115). Ist der Aufhebungsvertrag mit einer Abfindung verbunden, kommt bei Nichtzahlung ein Rücktrittsrecht nach § 323 in Betracht (BAUER NZA 2002, 169, 170).

Noch umstritten ist die Rechtslage ab 1. 1. 2002 über das Problem des *Widerrufsrechts* **14** des Arbeitnehmers nach einem Aufhebungsvertrag, so dass angesichts der umstrittenen Folgen der Schuldrechtsreform sogar von einem unabweisbaren Bedürfnis nach einer klarstellenden Gesetzesänderung gesprochen wird (HÜMMERICH/HOLTHAUSEN NZA 2002, 173, 178). Auszugehen ist davon, dass der Arbeitnehmer auch als Verbraucher iS des § 13 anzusehen ist. Das ergibt sich sowohl aus der Begründung der Schuldrechtsreform (BT-Drucks 14/6040, 243; 14/7052, 190) als auch aus dem Zusammenhang mit der Sonderregelung in § 310 Abs 4 Satz 2. Die angemessene Berücksichtigung der im Arbeitsrecht geltenden Besonderheiten ergeben sonst keinen rechten Sinn (DÄUBLER NZA 2001, 1329; BOEMKE BB 2002, 96; GOTTHARDT 75 ff; REINECKE Betrieb 2002, 583, 587; **aA** BAUER/KOCK Betrieb 2002, 42, 46; HENSSLER RdA 2002, 129, 133; JOUSSEN NZA 2001, 745, 749; REICHOLD ZTR 2002, 202). Fraglich bleibt, ob das Widerrufsrecht des § 312 gilt, indem der Aufhebungsvertrag als Haustürgeschäft angesehen oder analog betrachtet wird (DÄUBLER NZA 2001, 1329, 1333 f; HÜMMERICH/HOLTHAUSEN NZA 2000, 173, 178: „Eindeutiger Wortlaut des Gesetzes"). Richtig ist, daß die Einführung eines Widerrufsrechts bei Aufhebungsverträgen schon lange erwogen wird (vgl den Entwurf eines Arbeitsvertragsgesetzes Brandenburg BR-Drucks 671/96 § 131: Widerruf binnen 1 Woche, sofern nicht mindestens 1 Woche vorher ein schriftliches Angebot gemacht wurde). Es jetzt über das Haustürgeschäft mittelbar einzuführen, widerspricht dem Sinn und Zweck der Schuldrechtsmodernisierung (BAUER/KOCK Betrieb 2002, 42; BAUER NZA 2002, 169). Richtig ist vielmehr die Inhaltskontrolle von Aufhebungsverträgen im Hinblick auf eine unangemessene Benachteiligung (§ 307 Abs 2, § 310 Abs 3). Dahingehend ist eine Verschärfung der Anerkennung von Aufhebungsverträgen zu erwarten (REINECKE Betrieb 2002, 583, 587 für den Fall, daß der Arbeitgeber den Arbeitnehmer „regelrecht überrumpelt"; Zurückhaltung empfiehlt LINGEMANN NZA 2002, 181, 185; ein Ungleichgewicht lehnen ab BAUER NZA 2002, 167, 172; HENSSLER RdA 2002, 129, 139). Für Altverträge gilt das Schuldrechtsmodernisierungsgesetz erst ab 1. 1. 2003 (Art 229 § 5 EGBGB).

2. Tod

Der **Tod des Dienstverpflichteten** beendet das Dienst- oder Arbeitsverhältnis. Das gilt **15** auch bei mittelbaren und Leiharbeitsverhältnissen. Jedes Dienst- und Arbeitsverhältnis enthält die höchstpersönliche Bindung des Dienstverpflichteten. Das ergibt sich aus § 613. Noch bestehende Ansprüche aus dem Dienst- oder Arbeitsverhältnis regeln sich nach den allgemeinen erbrechtlichen Vorschriften, soweit es sich nicht um höchstpersönliche Ansprüche handelt (zB Urlaubsanspruch, AP Nr 35 zu § 1 TVG Tarifverträge: Metallindustrie, Nr 53 zu § 7 BUrlG Abgeltung) oder sich aus besonderen Regeln etwas anderes ergibt (zB über Hinterbliebenenbezüge, Beihilfenansprüche, vgl BAG AP Nr 4 zu Nr 3 Beihilfevorschriften). Über die Herausgabepflicht von Gegenständen, Urkunden, Geräten, die der Dienstverpflichtete vom Dienstberechtigten aus Anlaß des Dienst- oder Arbeitsverhältnisses erhalten hatte, durch den Erben vgl §§ 672, 673.

16 Die *Dienste* sind nach § 613 nur im Zweifel durch den Dienstverpflichteten in *Person* zu leisten. Ein Eintritt der Erben in das Dienstverhältnis könnte zu Lebzeiten des Dienstverpflichteten vereinbart sein; da jedoch eine Verpflichtung zur Dienstleistung gegen den Willen des Dienstverpflichteten nicht möglich ist, muß der Erbe mit der Übernahme der Tätigkeiten einverstanden sein. Die Vereinbarung mit dem Dienstberechtigten berührt das aber nicht, so daß bei Einverständnis des Dienstverpflichteten das bisherige Dienst- oder Arbeitsverhältnis mit den Erben fortgesetzt wird (HUECK/NIPPERDEY I 513 Fn 4; **aA** GAMILLSCHEG 196; ErfKomm/MÜLLER-GLÖGE 230 § 620 Rn 183; MünchHdbArbR/WANK § 114 Rn 5; NIKISCH I 655; § 611 Rn 12).

17 Der **Tod des Dienstberechtigten** (Arbeitgebers) beendet das Dienst- oder Arbeitsverhältnis grundsätzlich nicht (vgl § 613; HUECK/NIPPERDEY I 530; MünchHdbArbR/WANK § 123 Rn 3, 7 f; SCHAUB § 122 II 6). Eine *Ausnahme* hiervon gilt aber dann, wenn die Dienste ganz oder weit überwiegend für die Person des Dienstberechtigten zu leisten waren (zB als Krankenpfleger, Hauslehrer, Privatsekretär). Dann kann Unmöglichkeit und damit Auflösung des Dienst- oder Arbeitsverhältnisses eintreten (HUECK/ NIPPERDEY I 521, 530; MünchHdbArbR/WANK § 114 Rn 5; SCHAUB § 45 III; **aA** MünchKomm/ SCHWERDTNER § 620 Rn 31; ZÖLLNER/LORITZ § 21 I 2, die im Regelfall nur die ordentliche Kündigung zulassen wollen). Es kann auch ein zweckbefristetes Dienst- oder Arbeitsverhältnis anzunehmen sein, das wegen Zweckerreichung endet (KasselerHdbArbR/WELSLAU 6.1 Rn 4). Empfohlen wird Rechtsfortbildung durch automatisches Erlöschen mit Auslauffrist von 3 Wochen (GAMILLSCHEG 534; ArbuR 2000, 140).

18 3.   **Zeitablauf** beim Dienst- oder Arbeitsvertrag mit bestimmter Vertragszeit, dem sog befristeten Dienst- oder Arbeitsvertrag, beendet das Dienst- oder Arbeitsverhältnis, vgl im einzelnen dazu § 620. Auch der **Eingliederungsvertrag** (§§ 229 ff SGB III) endet mit Fristablauf. Die Beendigung durch Erklären des Scheiterns (§ 232 Abs 2 SGB III) ist ein Beendigungstatbestand eigener Art, auf den die Regeln der Kündigung nicht anzuwenden sind (HANAU Betrieb 1997, 1278; Großkomm/PREIS Grundlagen F Rn 58, § 623 BGB Rn 8; NATZEL NZA 1997 806, 808; BAG AP Nr 14 zu § 1 KSchG Wartezeit). Über die Fortsetzung eines auf bestimmte Zeit abgeschlossenen Dienst- oder Arbeitsvertrages nach Fristablauf vgl § 625 mit Erl.

19 4.   **Zweckerreichung** beendet das Dienst- und Arbeitsverhältnis, wenn die Dauer auf die erkennbare, deutliche Beendigung einer bestimmten Aufgabe oder Tätigkeit beschränkt ist (vgl § 620 Abs 2). Vgl dazu im einzelnen § 620.

20 5.   In besonderen Fällen kann das Dienst- oder Arbeitsverhältnis unter einer **auflösenden Bedingung** abgeschlossen werden und endet dann mit Eintritt der Bedingung ohne Kündigung. Ein solcher Fall ist selten und bedarf einer ausdrücklichen, klar erkennbaren Vereinbarung, die nach § 21 des Teilzeit- und Befristungsgesetzes vom 21. 12. 2000 (BGBl I 1966) der Schriftform bedarf. Allein die Erklärung eines Beteiligten kann nie zur Bedingung der Auflösung erhoben werden, weil eine solche Potestativbedingung in Wahrheit die Kündigung ersetzt und folglich auch alle Kündigungsbestimmungen und Schutzvorschriften umgangen würden. Dann liegt in Wahrheit also eine Kündigung vor. Auch für die auflösende Bedingung gilt der Grundsatz, daß die Begrenzung nur rechtswirksam ist, wenn hierfür sachliche Gründe vorliegen (BAG AP Nr 2, 9, 17, 20 zu § 620 BGB Bedingung: Auflösend bedingt vom Bestand des Arbeitsvertrages des Ehemannes oder bei Eintritt der Fluguntauglichkeit, nicht aber bis

zum Ende einer Beurlaubung, im Anschluß an BAG Großer Senat AP Nr 16 zu § 620 BGB Befristeter Arbeitsvertrag). Vgl im einzelnen § 620.

6. Die **Kündigung,** dh die einseitige Auflösungserklärung bringt das Dienst- und **21**
Arbeitsverhältnis zum Erlöschen. Über das Verhältnis zum Rücktritt vgl STAUDIN-
GER/RICHARDI (1999) § 611 Rn 465; über das Verhältnis zur Anfechtung ders § 611
Rn 152 ff; zur Nichtigkeit ders § 611 Rn 189 ff. Die Kündigung ist der regelmäßige
Aufhebungsgrund für Dienst- und Arbeitsverhältnisse von unbefristeter Dauer. Aber
auch befristete Dienst- und Arbeitsverhältnisse können eine ordentliche Kündigung
zulassen (Mindest- und Höchstbefristung vgl § 620). Auch bei Ausschluß der ordentlichen Kündigung können festbefristete Dienst- oder Arbeitsverhältnisse durch eine
außerordentliche Kündigung aus wichtigem Grund aufgelöst werden (§ 626).

7. Die **lösende Aussperrung** führt zur Beendigung eines Arbeitsverhältnisses. Es **22**
handelt sich um einen eigenen, selbständigen Auflösungstatbestand sui generis neben
der Kündigung und unabhängig von der Kündigung. Wenn auch in der Regel und vor
allem gegenüber besonders geschützten Personenkreisen (Schwerbehinderte, unter
Mutterschutz stehende Frauen, Betriebsratsmitglieder und andere Amtsinhaber) nur
eine suspendierende Aussperrung erklärt werden kann, ist – vor allem bei Intensivie-
rung des Arbeitskampfes – eine lösende Aussperrung zulässig. Die davon erfaßten
Arbeitsverhältnisse werden ohne Rücksicht auf Kündigungsschutz und die Regeln des
Kündigungsrechts aufgelöst. Allerdings besteht nach Ende des Arbeitskampfes uU
ein Wiedereinstellungsanspruch (vgl BAG Großer Senat AP Nr 1, 43 zu Art 9 GG Arbeitskampf; BAG AP Nr 11, 24, 31, 64, 84, 101 zu Art 9 GG Arbeitskampf; BVerfG AP Nr 117 zu Art 9 GG
Arbeitskampf = BVerfGE 84, 212; STAUDINGER/RICHARDI [1999] Vorbem 941 ff zu § 611 ff).

8. Unter ganz besonders außergewöhnlichen Umständen kann ein Dienst- oder **23**
Arbeitsverhältnis auch **ohne Kündigung** durch die tatsächlichen Verhältnisse ein
Ende finden, so vor allem, wenn eine an sich zulässige Kündigung unmöglich oder
unzumutbar ist. Das ist der Fall, wenn die tatsächlichen Grundlagen für eine Beschäftigung durch äußere Ereignisse (insbes in Kriegs- oder Nachkriegszeit) sowohl
für den Dienstberechtigten wie für den Dienstverpflichteten erkennbar auf dauernd
oder wenigstens auf unabsehbare Zeit weggefallen sind. Ähnliches passierte bei
Verhaftung durch die Staatssicherheit in der DDR. Eine solche Auflösung wegen
Wegfalls der Geschäftsgrundlage oder unter außergewöhnlichen Umständen durch
die Gewalt der Tatsachen tritt dann auch ein, wenn das Dienst- oder Arbeitsverhältnis kraft besonderer gesetzlicher Vorschriften ruhte (ArbeitsrechtsveränderungsVO
vom 1. 9. 1939 [BGBl I 683]; RäumungsVO vom 9. 4. 1940 [BGBl I 624]; vgl BVerfGE 3, 162;
BAG AP Nr 1 zu § 419 BGB; AP Nr 4, 5, 6, 7, 17 zu § 242 BGB Geschäftsgrundlage; LAG Hamburg
BB 1947, 343; AP 1952 Nr 186; LAG Berlin BB 1953, 623; LAG Kiel BB 1954, 27; LAG Düsseldorf
Betrieb 1955, 52; HUECK/NIPPERDEY I 527 Fn 1; NIKISCH I 668; SCHAUB § 121 II 3; SIEBERT BB 1953,
624; FREY AuR 1956, 195; FRÖLICH NZA 1997, 1273).

III. Keine Auflösungsgründe sind:

1. Insolvenz

Die **Insolvenz** des *Dienstverpflichteten* hat keinen Einfluß auf ein Dienst- oder **24**
Arbeitsverhältnis, da die Arbeitsleistung als solche in der Regel durch die Insolvenz

nicht beeinflußt wird. Nach § 113 InsO haben der Dienstberechtigte und der Dienstverpflichtete wegen der Insolvenz des Dienstverpflichteten ein (uU außerordentliches) Kündigungsrecht. Das gilt auch gegenüber Tarifverträgen (BVerfG AP Nr 2 zu § 113 InsO). Eine vertraglich längere Frist ist bis zu 3 Monaten einzuhalten (BAG AP Nr 1, 2, 5, 6 zu § 113 InsO). Das Dienst- oder Arbeitsverhältnis erlischt nur dann ohne Kündigung, wenn es nach § 116 InsO ausschließlich auf eine sich auf die Insolvenzmasse beziehende Geschäftsbesorgung gerichtet ist. Andernfalls gibt die Insolvenz nur ein besonderes Kündigungsrecht (vgl § 622 Rn 22; § 626 Rn 236, 267; ErfKomm 410 Rn 9 ff; GAMILLSCHEG 535; GRUNSKY/MOLL, Arbeitsrecht und Insolvenz [1997]; HESS, AR-Blattei SD 915.1; HESS/WEIS/WIENBURG, Insolvenzarbeitsrecht [1997]; ZWANZIGER, Das Arbeitsrecht der InsO [1997]; Großkomm APS/DÖRNER, InsO; KasselerHdbArbR/EISENBEIS 6.9 Rn 57 ff; KR/WEIGAND InsO § 113; MünchHdbArbR/BERKOWSKY § 133. Für die Kündigung im Vergleichsverfahren galten §§ 50 ff Vergleichsordnung bis zum 31. 12. 1998).

2. Einberufung

25 Die **Einberufung** zum *Grundwehrdienst* oder zu einer *Wehrübung* berührt den Bestand eines Dienst- oder Arbeitsverhältnisses nicht. Die Arbeitsverhältnisse und das Dienstverhältnis selbständiger Handelsvertreter ruhen vielmehr während des Grundwehrdienstes und während der Wehrübung. Ein sonstiges freies Dienstverhältnis wird ebenfalls in der Regel durch die Einberufung zum Grundwehrdienst und für eine Wehrübung in seinem Bestand nicht beeinflußt, sondern ruht während dieser Zeit; nur in Ausnahmefällen kann es bei entsprechender ausdrücklicher Vereinbarung (Befristung bis zur Einberufung) von selbst erlöschen. UU kann aber ein freies Dienstverhältnis gekündigt werden, zB weil Unmöglichkeit anzunehmen ist. Für Arbeitnehmer und selbständige Handelsvertreter besteht hingegen ein besonderer Kündigungsschutz nach § 2 ArbPlSchG, vgl Gesetz über den Schutz des Arbeitsplatzes, zuletzt idF vom 14. 2. 2001 (BGBl I 253). Derselbe Kündigungsschutz besteht für Teilnehmer an einer Eignungsübung nach § 2 Abs 1 EignungsübungsG. Nach § 78 Abs 1 ZivildienstG gilt das ArbPlSchG auch für Zivildienstpflichtige (nicht aber bei Verweigerung nach § 15 a ZivildienstG). In Spannungszeiten und im Verteidigungsfall findet auf Maßnahmen zur Sicherung von Arbeitsleistungen das ArbPlSchG ebenfalls Anwendung nach § 15 ArbeitssicherstellungsG vom 9. 7. 1968 (BGBl I 787) zuletzt geändert vom 19. 6. 2001 (BGBl I 1046).

26 3. **Arbeitsunfähigkeit** oder Erreichen einer bestimmten **Altersgrenze** lösen das Arbeits- oder Dienstverhältnis nicht auf. Jedoch kann eine Kündigung, bei langandauernder Arbeitsunfähigkeit, Ansteckungsgefahr uä ggf sogar eine außerordentliche Kündigung berechtigt sein (vgl § 626). Das Arbeits- oder Dienstverhältnis kann aber auf ein bestimmtes *Lebensalter* befristet sein und erlischt dann ohne Kündigung. Auch sonst kann das Ausscheiden mit Erreichen einer Altersgrenze, ohne daß es einer Kündigung bedarf, vereinbart werden. Nach § 41 Abs 4 SGB VI ist eine solche Vereinbarung im Hinblick auf das Erreichen einer Altersrente nur wirksam, wenn sie innerhalb von 3 Jahren vor diesem Zeitpunkt geschlossen oder vom Arbeitnehmer bestätigt wurde. Tarifliche Regelungen, die eine automatische Beendigung des Arbeitsverhältnisses ohne Kündigung vorsehen, sind wirksam nach der Neuregelung des § 41 SGB VI durch Gesetz vom 26. 7. 1994 (BGBl I 1797), jetzt idF vom 16. 12. 1997 (BGBl I 2998, vgl § 620 Rn 125 ff).

4. **Unmöglichkeit** der Dienstleistung führt nicht zur automatischen Auflösung des **27** Arbeits- oder Dienstverhältnisses. Das gilt in jedem Fall vorübergehender Unmöglichkeit, die allenfalls zur Kündigung, in schwerwiegenden Fällen uU zur fristlosen Kündigung berechtigen kann. Die dauernde Unmöglichkeit löst ebenfalls ein Arbeits- oder Dienstverhältnis nicht auf, kann aber eine beiderseitige Leistungsbefreiung bewirken. Ein auf eine verbotene und damit rechtlich unmögliche Leistung gerichteter Dienst- oder Arbeitsvertrag kann aber nach § 134 BGB nichtig sein und deshalb ein trotzdem bestehendes faktisches Verhältnis gelöst werden (BAG AP Nr 2 zu § 4 MuSchG); jedoch besteht uU ein Schadensersatzanspruch.

5. **Stillegung** oder Auflösung des Betriebes führt nicht zur Auflösung eines Dienst- **28** oder Arbeitsverhältnisses, berechtigt aber zur Kündigung, die uU auch als außerordentliche Kündigung ausgesprochen werden kann (§ 626). Über die Auflösung des Dienst- oder Arbeitsverhältnisses unter außergewöhnlichen Umständen oben Rn 23. Eine *Werkbeurlaubung* (vorübergehende Stillegung) bringt das Dienst- oder Arbeitsverhältnis lediglich zum Ruhen und setzt grundsätzlich eine Vereinbarung voraus (Großkomm APS/PREIS Grundlagen K Rn 74 ff).

6. Die Übertragung des Unternehmens führt nicht die Beendigung des Arbeits- **29** oder Dienstverhältnisses herbei (§ 613a). Über das Recht zur außerordentlichen Kündigung vgl § 626.

7. Die **Elternzeit** (früher Erziehungsurlaub) kann nach § 15 Bundeserziehungs- **30** geldG idF vom 1. 12. 2000 (BGBl I 1645) bis zur Vollendung des dritten Lebensjahres des Kindes genommen werden. In dieser Zeit besteht Kündigungsschutz nach § 18 BErzGG, wonach nur ausnahmsweise die Kündigung durch die zuständige oberste Landesbehörde für zulässig erklärt werden kann. Dazu besteht eine Allgemeine Verwaltungsvorschrift nach § 18 Abs 1 S 3 BErzGG vom 2. 1. 1986 (BAnz Nr 1, 4).

IV. Die Kündigung

1. Begriff

Die Kündigung des Dienst- und Arbeitsverhältnisses ist die Ausübung eines *Gestal-* **31** *tungsrechts,* durch die das Rechtsverhältnis sofort oder nach einer Frist für die Zukunft unmittelbar beendet wird. Sie ist ein einseitiges, formloses, empfangsbedürftiges Rechtsgeschäft; sie muß zweifelsfrei, zeitlich und örtlich einwandfrei von der zur Kündigung berechtigten an die zum Empfang ermächtigte Person erfolgen und darf nicht verboten sein.

a) Die Kündigung ist die Ausübung eines Gestaltungsrechts. Durch einen Willens- **32** akt, die Kündigung, wird unmittelbar eine Neugestaltung einer Rechtslage herbeigeführt, nämlich die Beendigung des Dienst- oder Arbeitsverhältnisses. Das Kündigungsrecht als Gestaltungsrecht steht beiden Parteien des Dienst- oder Arbeitsverhältnisses zu. Als das elementare Recht, sich vom Vertragspartner lossagen zu können, besteht es ex lege, ohne Vereinbarung, kann aber auch auf der anderen Seite nicht auf die Dauer ausgeschlossen werden. Als Gestaltungsrecht kann das Kündigungsrecht nicht verjähren, wohl aber kann es verwirkt werden.

Dirk Neumann

33 b)   Die Kündigung ist ein *Rechtsgeschäft;* die Kündigung ist Willenserklärung. Daher gelten die Regeln über Willenserklärungen, Geschäftsfähigkeit, Nichtigkeit, Anfechtbarkeit usw.

34 c)   Die Kündigung ist ein *einseitiges Rechtsgeschäft,* und zwar ein Gestaltungsgeschäft. Sie bedarf keiner Mitwirkung, keiner Zustimmung des anderen Teils. Ist die Kündigung gültig, so ist es gleichgültig, ob der Partner mit ihr einverstanden ist oder ihr widerspricht. Über das Einverständnis des Partners mit einer unwirksamen Kündigung siehe oben Rn 12. Als Gestaltungsgeschäft ist die Kündigung eine Verfügung, da sie unmittelbar (wenn auch befristet) die Wirkung der Beendigung des Rechtsverhältnisses herbeiführt. In besonderen Fällen ist die Beendigungswirkung noch von anderen Voraussetzungen abhängig, zB Zustimmung einer Behörde.

d)   Erklärungsform

35 Seit 1. 5. 2000 ist nach dem Art 2 des Arbeitsgerichtsbeschleunigungsgesetzes vom 30. 3. 2000 (BGBl I 333) § 623 in Kraft getreten, der nunmehr für die Kündigung von Arbeitsverhältnissen die Schriftform als Wirksamkeitsvoraussetzung vorschreibt. Für Dienstverträge, die kein Arbeitsverhältnis iS von § 622 darstellen, also auch für arbeitnehmerähnliche Personen, bleibt es bei der bisherigen Regelung. Sie können nach § 621, außerordentlich nach § 626 daher auch mündlich, telefonisch, telegrafisch, elektronisch oder konkludent gekündigt werden. Es muß lediglich der Wille zum Ausdruck kommen, das Dienstverhältnis zu beenden. Der Gebrauch des Wortes Kündigung ist nicht erforderlich. Die umfangreiche Rechtsprechung zur Kündigungserklärung ist zwar zur Beendigung von Arbeitsverhältnissen ergangen, läßt aber erkennen, wie Dienstverhältnisse iS von § 621 beendet werden oder nicht (BAG AP Nr 1 ff zu § 620 BGB Kündigungserklärung). Bisherige Rechtsprechung vgl STAUDINGER/NEUMANN (1995) Vorbem 35 f zu §§ 620 ff, jetzt § 623 Rn 17 ff.

36 Dementsprechend muß für Dienstverhältnisse außerhalb der Arbeitsverhältnisse und auch für arbeitnehmerähnliche Personen, für die § 623 nicht gilt, aus allen Umständen geschlossen werden, ob die Beendigung im Einzelfall gewollt war und dies auch zum Ausdruck gekommen ist. Nicht jede Mißfallensäußerung kann deshalb schon als Kündigung angesehen werden. Vgl die Beispiele aus dem Arbeitsverhältnis, für das jetzt § 623 mehr Klarheit schafft, die aber nach wie vor für sonstige Dienstverhältnisse richtungsweisend bleiben (vgl STAUDINGER/NEUMANN [1995] Vorbem 36 zu §§ 620 ff, jetzt § 623 Rn 41).

e)   Schriftform, Einschreiben

37 Gesetzlich ist für die Kündigung **Schriftform** vorgeschrieben für die Kündigung von Arbeitsverhältnissen nach § 623 und eines Berufsausbildungsverhältnisses nach § 15 Abs 3 BerBG. Das Heuerverhältnis ist schriftlich nach §§ 62 ff SeemG zu kündigen (für die ordentliche Kündigung ist die Schriftform Wirksamkeitsvoraussetzung, nicht aber für die außerordentliche Kündigung). Nach dem Gesetz vom 13. 7. 2001 (BGBl I 1542) wird die elektronische Form zugelassen (§ 126 Abs 3 mit § 126a), damit auch elektronische Übermittlung eingesetzt werden kann. Für die Schriftform der Kündigung reicht die elektronische Form aus, sofern dies nicht ausdrücklich ausgenommen wird wie nach § 623. Die elektronische Form gilt deshalb nur außerhalb des Arbeitsverhältnisses.

Eine Kündigungsform, insbesondere die *Schriftform*, kann auch durch *Tarifvertrag* **38** oder *Betriebsvereinbarung* festgelegt werden. Nach Einfügung von § 623 gilt das vor allem noch für arbeitnehmerähnliche Personen (§ 12 a TVG). In beiden Fällen handelt es sich um eine gesetzliche Formvorschrift iS von § 125. Bei Verstoß gegen die Formvorschrift ist die Kündigung nichtig. Zwar handelt es sich bei Tarifverträgen und Betriebsvereinbarungen nicht um staatliches Gesetzesrecht, nach § 2 EGBGB ist jedoch unter „Gesetz" nach dem BGB jede Rechtsnorm zu verstehen (HUECK/NIPPERDEY I 170, 547; II 289; ErfKomm 410 § 113 Rn 20; BAG AP Nr 1 f zu § 4 BAT; AP Nr 1 zu § 54 BMT-G II). Es ist aber stets durch Auslegung zu ermitteln, ob es sich um eine konstitutive Formvorschrift handelt oder die Schriftlichkeit nur Beweiszwecken dienen soll. Da die tarifliche Schriftform der Kündigung und die durch Betriebsvereinbarung vorgeschriebene Schriftform der gesetzlichen Schriftform gleichstehen, ist ein Verzicht auf die Form nicht möglich. Auch der Insolvenzverwalter muß die Schriftform dann einhalten (ErfKomm 410 § 113 Rn 20; KR/FRIEDRICH § 13 KSchG Rn 277; BAG AP Nr 3 zu § 22 KO; LAG Düsseldorf BB 1976, 1076). Ein maschinenschriftlicher Namenszug reicht nicht aus (LAG Köln Rz K I 2 a 17). Bestimmt eine Gemeinde- oder Kreisordnung, daß die Kündigung schriftlich erfolgen müsse, ist das keine Formvorschrift, sondern dient nur der Einhaltung der Vertretungsbefugnis (BAG AP Nr 7 zu § 125 BGB, AP Nr 89 zu § 626 BGB, AP Nr 24 zu § 626 BGB Ausschlußfrist). Es kann auch eine Beschränkung der Vertretungsmacht vorliegen (BAG AP Nr 1 zu § 101 GemeindeO NW).

Die *Schriftform* der Kündigung kann *erweitert* werden durch die Pflicht, auch die **39** *Kündigungsgründe schriftlich* anzugeben. Dann sind die Gründe so schriftlich mitzuteilen, daß der Kündigungsempfänger entnehmen kann, auf welche Gründe die Kündigung gestützt wird. Die hiergegen verstoßende Kündigung ist nichtig. Vgl für die Kündigung nach § 15 BerBG BAG AP Nr 1, 4 zu § 15 BBiG und für die Kündigung nach § 54 BMT-G II, wo tariflich die Angabe der Gründe für die schriftliche Kündigung verlangt wird, BAG AP Nr 1, 2, 3 zu § 54 BMT-G II. Nach § 9 Abs 3 MuSchG idF vom 17. 1. 1997 (BGBl I 22) bedarf eine von der obersten Landesbehörde zugelassene Kündigung der Schriftform und „muß den zulässigen Kündigungsgrund angeben". Das beruht auf der EG-Richtlinie 92/85 EWG. Diese Angabe ist Wirksamkeitsvoraussetzung (BUCHNER/BECKER § 9 MuSchG Rn 219; KasselerHdbArbR/KLEMPT 3.4 Rn 103; ZMARZLIK/ZIPPERER/VIETHEN § 9 MuSchG Rn 72 f–72 i; Großkomm APS/ROLFS § 9 MuSchG Rn 92; MünchHdbArbR/HEENEN § 226 Rn 112; ErfKomm/SCHLACHTER 500 § 9 MuSchG Rn 18; zweifelnd PREIS NZA 1997, 1256, 1260; ErfKomm/MÜLLER-GLÖGE 230 § 623 Rn 6).

Außerhalb des Bereichs von § 623 ist die Kündigung zwar formlos oder konkludent **40** möglich, es kann aber die *Schriftform vertraglich* vereinbart werden. Dann muß geprüft werden, ob die Schriftform nur Beweiszwecken dienen soll oder Wirksamkeitsvoraussetzung ist. Bei widerspruchsloser Hinnahme der Kündigung kann die vereinbarte Schriftform auch aufgehoben sein. Die frühere Rechtsprechung zum Arbeitsverhältnis gilt deshalb heute noch für sonstige Dienstverträge (BAG AP Nr 2 zu § 1 BetrAVG Hinterbliebenenversorgung, AP Nr 1 zu § 127 BGB, AP Nr 141 zu § 626 BGB und STAUDINGER/NEUMANN [1995] Vorbem zu §§ 620 ff Rn 40).

Ob die für sonstige Dienstverträge außerhalb des § 623 vereinbarte Schriftform nur **41** die *ordentliche* oder auch die *außerordentliche Kündigung* erfaßt, ist durch Auslegung zu ermitteln. Im Zweifel gilt eine vereinbarte Schriftform aber wie nach § 623 für das

Arbeitsverhältnis allgemein und umfaßt auch die außerordentliche Kündigung (vgl
schon STAUDINGER/NEUMANN [1995] Vorbem zu § 620 ff Rn 4).

42 Die Vereinbarung, daß eine Kündigung durch **eingeschriebenen Brief** erfolgen muß, umfaßt bei den sonstigen Dienstverhältnissen auch die Vereinbarung der Schriftform. Zu
dieser vereinbarten Schriftform tritt die Abrede über den sicheren Zugang hinzu. Die
Verletzung dieser Übersendungsabrede ist unschädlich, wenn der Zugang der schriftlichen Erklärung anderweit nachgewiesen wird. Auch hier gilt nichts anderes als bisher
schon für Arbeitsverhältnisse angenommen wurde (vgl STAUDINGER/NEUMANN [1995] Vorbem 42 zu § 620 ff). Zum Zugang bei den verschiedenen Einschreibarten vgl Rn 46.

f)   Zugang
43 Die Kündigung ist eine **empfangsbedürftige Willenserklärung.** Sie wird mit dem Zeitpunkt wirksam, in dem sie dem Gekündigten zugeht. Die Gefahr der Übermittlung
und Ankunft trägt der Kündigende. Die Erklärung ist zugegangen, sobald der Empfänger bei normaler Gestaltung seiner Verhältnisse die Kenntnis von der Kündigung
sich verschaffen kann und die Kenntnisnahme nach den Gepflogenheiten des Ver-
kehrs von ihm erwartet werden muß (§ 130). Danach ist die schriftliche Kündigung
einmal dann zugegangen, wenn die Kündigungsurkunde mit dem Willen des Ab-
senders in den Besitz des Gekündigten gelangt und die alsbaldige Kenntnisnahme
von ihm zu erwarten ist; das gilt auch bei Übermittlung durch Telefax (AG Hamm
LAGE § 130 BGB Nr 17, 19; vgl auch BGH NJW 1995, 665 = BB 1995, 221 mit Anm von BURGARD).
Eine Übermittlung auf den Anrufbeantworter kann ausreichen (ArbG Frankfurt/M 9 Ca
2388/97). Telefax und E-mail sowie SMS genügen dem Schriftformerfordernis nicht
(§ 623 Rn 56 ff), so daß diese Übermittlung nur außerhalb des Arbeitsverhältnisses
im freien Dienstvertrag oder für arbeitnehmerähnliche Personen möglich ist.

44 So ist die *Kündigung zugegangen,* wenn der Brief in den Briefkasten gesteckt, in der
Wohnung an Hausangehörige, in dem Kontor oder an den Portier des Hotels, in dem
er wohnt, abgegeben wird. Maßgeblich ist, daß das Kündigungsschreiben in verkehrsüblicher Art in die tatsächliche Verfügungsgewalt des Empfängers oder eines andern
gelangt ist, der den Empfänger zur Empfangannahme vertreten konnte, und es dadurch dem Empfänger ermöglicht wurde, von dem Schreiben Kenntnis zu nehmen (so
zuletzt BAG AP Nr 7, 17, 18 zu § 130 BGB; BGH AP Nr 19 zu § 130 BGB; ADAM AR-Blattei 1010.2
Rn 170 ff; ErfKomm/MÜLLER-GLÖGE 230 § 620 BGB Rn 290 ff; GAMILLSCHEG 536 ff, Großkomm
APS/PREIS Grundlagen D Rn 58 ff; HUECK/NIPPERDEY I 543; KasselerHdbArbR/ISENHARDT 6.3
Rn 43; NIKISCH I 689; SCHAUB § 123 II; MOLITOR, Kündigung 131 ff; MünchHdbArbR/WANK
§ 118 Rn 34 ff; STAHLHACKE/PREIS/VOSSEN Rn 98 ff; ENNECCERUS/NIPPERDEY I § 158 II). Besteht
die Möglichkeit zur Kenntnisnahme unter gewöhnlichen Verhältnissen, ist es unbe-
achtlich, wenn der Empfänger die Erklärung tatsächlich zur Kenntnis nimmt und
Besitz an der Urkunde hat oder ob er durch Krankheit oder durch besondere Umstände an der Kenntnisnahme und Inbesitznahme zunächst gehindert war (BAG AP
Nr 7, 17, 18 zu § 130 BGB; RGZ 60, 334; BGH AP Nr 19 zu § 130 BGB; Vers-R 1971, 262; LAG
Hamm Betrieb 1967, 1272 = BB 1968, 511). Der Zugang liegt auch dann vor, wenn der
Adressat sich seine Post nicht zustellen läßt, sondern selbst aus dem Postfach abholt
(wobei es aber auch auf die zweite Voraussetzung ankommt, daß die Abholung zu
erwarten sein muß, RGZ 142, 408 – nicht am Feiertag –; Betrieb 1955, 224), oder wenn er
postlagernde Sendungen erbeten hat und in beiden Fällen der Brief bei der Aufbe-
wahrungsstelle eingegangen und zur Abholung bereitgestellt ist. Das Einwerfen in

den Hausbriefkasten bedeutet Zugang, ebenso ein Schieben unter die Wohnungstür
oder bei fehlendem Briefkasten Einklemmen an der Haustür (LAG Hamm Betrieb 1967,
1272 = BB 1968, 511; RzK I 2 c Rn 22; ArbG Hagen Betrieb 1976, 1561, das allerdings ein teilweises
Schieben unter die Tür – wie weit? – zu unrecht nicht ausreichen läßt). Der Empfänger braucht
aber den Briefkasten am Abend nicht noch einmal zu überprüfen, so daß die gegen
16.30 Uhr eingeworfene Kündigung erst am nächsten Tag zugeht (BAG AP Nr 12 zu
§ 130 BGB). Eine Aushändigung an die Lebensgefährtin als Empfangsbotin reicht aus
(LAG Bremen Betrieb 1988, 814). Minderjährigen gegenüber ist der Zugang an den
gesetzlichen Vertreter maßgeblich (ArbG Mannheim RzK I 2 c Nr 20). Wenn der Empfänger umzieht, ist ein Zugang an die bisherige Anschrift möglich, solange die neue
Anschrift nicht mitgeteilt wird und kein Nachsendeantrag gestellt ist (ArbG Gelsen-
kirchen EZA Nr 25 zu § 130 BGB). Der Empfänger kann sich auf einen späteren Zugang
dann nicht berufen, wenn er selbst nichts dafür getan hat, daß ihn Schreiben an der
neuen Anschrift erreichen (BGH LM Nr 1 zu § 130 BGB). Liegt aber eine Mitteilung der
neuen Anschrift beim Kündigenden, erfolgt der Zugang in der alten Wohnung nicht,
auch wenn die neue Anschrift nur auf der Arbeitsunfähigkeitsbescheinigung ver-
merkt war (BAG AP Nr 10 zu § 130 BGB).

Im *Urlaub* ist ein Kündigungsschreiben im Grundsatz ebenfalls dann zugegangen, **45**
wenn es in der Wohnung zugestellt wird. Das gilt nach der neuen Rechtsprechung
auch dann, wenn dem Arbeitgeber bekannt ist, daß der Arbeitnehmer während
seines Urlaubs verreist ist (BAG AP Nr 16 zu § 130 BGB; LAG Hamm Betrieb 1981, 2132;
1988, 1123; LAG Berlin BB 1988, 484; Großkomm APS/PREIS Grundlagen D Rn 62; MünchHdb-
ArbR/WANK § 118 Rn 36; STAHLHACKE/PREIS/VOSSEN Rn 102; KR/FRIEDRICH § 4 KSchG Rn 112 ff;
SCHAUB § 123 II 1 c; CORTS, Kündigung im Urlaub, Betrieb 1979, 2081; vgl POPP, Zugang der Kündigung des Arbeitsverhältnisses bei Urlaub des Gekündigten, Betrieb 1989, 1133; NIPPE, Der Zugang
der Kündigung bei Urlaubsabwesenheit des Arbeitnehmers, JuS 1991, 285).

Ein **Einschreiben** geht nicht zu, wenn bei einem Übergabeeinschreiben ein Benach- **46**
richtigungszettel hinterlassen wird. Der Zugang erfolgt erst mit Aushändigung des
Briefes. Unterläßt es aber der Empfänger rechtsmißbräuchlich, den Brief abzuholen,
muß er sich so behandeln lassen, als sei der Brief ihm zugegangen. Verlangt wird die
Abholung innerhalb der Aufbewahrungsfrist (BAG AP Nr 4, 5, 10 zu § 130 BGB; AP Nr 2 zu
§ 81 ZPO; AP Nr 9 zu § 18 SchwbG; BGH VersR 1971, 262; LM § 130 BGB Nr 27; § 132 BGB Nr 6;
AP Nr 19 zu § 130 BGB; LAG Baden-Württemberg Betrieb 1964, 1302 = AuR 1965, 90; LAG
Düsseldorf BB 1962, 880; Betrieb 1974, 1584; OLG Celle NJW 1974, 1386; LAG Berlin BB 1953,
147; LAG Frankfurt/M Betrieb 1987, 2314; BB 1987, 412; NZA RR 2001, 637; KR/FRIEDRICH § 4
KSchG Rn 113, 124; MünchHdbArbR/WANK § 118 Rn 36; NIKISCH I 689; MOLITOR, Kündigung 136;
SCHAUB § 123 II 1; STAHLHACKE/PREIS/VOSSEN Rn 108, 111; ErfKomm/MÜLLER-GLÖGE 230 § 623
BGB Rn 24; GAMILLSCHEG 537; Großkomm APS/PREIS Grundlagen D Rn 69 ff; CLASEN WM 1963,
166; VOLLKOMMER VersR 1968, 1001; HERBERT, NJW 1997, 1829; zweifelnd KasselerHdbArbR/ISEN-
HARDT 6.3 Rn 43). Dasselbe gilt entsprechend bei einer Ersatzzustellung durch Niederlegung bei der Post unter Hinterlassung einer Benachrichtigung (LAG Düsseldorf Betrieb 1978, 752). Die Zustellungsfiktion des § 181 ZPO bei Abgabe der schriftlichen
Mitteilung und Niederlegung an einer von der Post bestimmten Stelle nach dem
Zustellungsreformgesetz vom 25. 6. 2001 (BGBl I 1206) gilt nicht für private Zustellungen, sondern nur für amtliche Zustellungen. Eine analoge Anwendung ist auch
nach § 191 ZPO nicht möglich. Günstiger ist deshalb das sog Einwurfeinschreiben,
bei dem der Zeitpunkt des Zustellungsvorgangs protokolliert und bestätigt wird.

Damit steht der Zugang fest (Großkomm APS/Preis Grundlagen D Rn 71; MünchHdbArbR/
Wank § 118 Rn 36; Neuvians/Meusler BB 1998, 1206; Hohmeister BB 1998, 1477; Bauer/Diller
NJW 1998, 2795).

47 Eine *Prozeßvollmacht* berechtigt nicht zur Empfangnahme von Kündigungen (LAG
Baden-Württemberg Betrieb 1967, 2079 = BB 1967, 1423; Stahlhacke/Preis/Vossen Rn 89; KR/
Fischermeier § 626 BGB Rn 194). Nur im Prozeß befangene Erklärungen können dem
Prozeßbevollmächtigten zugehen, so daß in einem Feststellungsprozeß alle Kündi-
gungen dem Prozeßbevollmächtigten zugehen können (BAG AP Nr 19 zu § 4 KSchG 1969).
Mit einem Beglaubigungsvermerk erfüllt das auch die Schriftform (§ 623 Rn 59). Auch
ist der *Vermieter* zur Empfangnahme von Schreiben im allgemeinen berechtigt (BAG
AP Nr 7 zu § 130 BGB), eine Postvollmacht ist dazu nicht erforderlich. Die Lebensgefährtin ist als Empfangsbotin anzusehen (LAG Bremen Betrieb 1988, 814). (Vgl auch Moritz,
Die Wirksamkeit eines Kündigungsschreibens bei Aushändigung an den Vermieter des Arbeitnehmers, BB 1977, 400; Riefe, Wann ist eine Kündigung rechtswirksam zugegangen?, BlStR 1953,
53, 156; Frey, Das Zugehen der Kündigung, AuR 1954, 232; Dilcher, Der Zugang von Willenserklärungen, AcP 154, 120; Hohn, Wirksamwerden von Willenserklärungen unter Abwesenden im
Arbeitsleben, BB, 1963, 273; Foerster, Die Zustellung einer arbeitsrechtlichen Kündigung, BB 1964,
1424; BB 1965, 589; Papenheim, Gefahren der Postzustellung für Kündigungsschreiben, BB 1965,
1360; Becker/Schaffner, Der Zugang der Kündigung in der Rechtsprechung, BlStR 1982, 321;
Weidemann, Schriftsatzkündigung während des Kündigungsschutzprozesses NJW 1989, 246).

48 Der **Zeitpunkt des Zugangs** fällt nicht in jedem Fall schon mit dem Zeitpunkt zusammen, in dem die Kündigung in den Machtbereich des Empfängers gelangt. Vielmehr
muß Kenntnisnahme zu erwarten sein. Erst in dem Zeitpunkt, in dem die Kenntnisnahme zu erwarten ist, kann die Kündigung als zugegangen angesehen werden (vgl
Molitor, Kündigung 135; BGH LM Nr 20 zu § 130 BGB; BAG AP Nr 12 zu § 130 BGB; AP Nr 35 zu
§ 4 KSchG 1969). Ein Kündigungsschreiben, das erst nach Büroschluß unter die Tür des
Geschäftslokals geschoben worden ist, gilt erst am nächsten Geschäftstag als zugegangen (LAG Saarbrücken VersR 1951, 227). Der Zeitpunkt des Zugangs bei Einwurf in
einen Briefkasten zur Nachtzeit ist daher am nächsten Morgen anzunehmen. Trotz
Urlaubsabwesenheit geht aber ein in den Briefkasten eingeworfenes Schreiben zu
(BAG AP Nr 16 zu § 130 BGB). Der Erklärende muß den Zugang beweisen. Einen An-
scheinsbeweis, daß der Brief auch (binnen bestimmter Zeit) zugeht, gibt es dabei nicht
(LAG Bremen Betrieb 1987, 996; Reinecke NZA 1989, 582 f; Stahlhacke/Preis/Vossen Rn 113).

49 Ist das rechtzeitige Zugehen der Kündigungsurkunde lediglich durch einen, wenn
auch unverschuldeten Umstand vereitelt, der in der Person (in der Sphäre) des
Gekündigten liegt und auf dessen Nichtvorhandensein der Kündigende rechnen
durfte (der Erklärungsgegner muß sorgen, daß Briefe, auch Einschreibbriefe, an
seine Anschrift ihm oder seinem Vertreter zugehen), so muß die Kündigung, wenn
sie verspätet zugeht oder nach dem Wegfall von Hindernissen unverzüglich wiederholt wird, als rechzeitig zugegangen gelten, da die Berufung auf die *Verspätung gegen
Treu und Glauben* verstoßen würde (vgl BAG AP Nr 5, 18 zu § 130 BGB; AP Nr 9 zu § 18
SchwbG; BGH NJW 1952, 1169; 1983, 929; LAG Hamm MDR 1981, 965; **aA** KR/Friedrich § 4
KSchG Rn 122 ff). Verhindert jedoch ein nur als Empfangsbote anzunehmender Dritter
den Zugang durch Annahmeverweigerung, ist das dem Empfänger nicht zuzurechnen, wenn er darauf keinen Einfluß hat (BAG AP Nr 18 zu § 130 BGB; BGH AP Nr 19 zu
§ 130 BGB).

Die Kündigung an einen Vertragsgegner, dessen Aufenthalt unbekannt ist, kann **50** durch *öffentliche Zustellung* erfolgen (§ 132 Abs 2).

Wird die Kündigung *mündlich* an einen Abwesenden übermittelt, so ist die durch **51** Boten oder in Person im Hause des Gekündigten an dessen Angehörige oder Bedienstete abgegebene Erklärung zugegangen, wenn nach den Umständen die Erklärung so in seiner Macht ist, daß erwartet werden muß, sie werde zu seiner Kenntnis gelangen.

Unter Anwesenden wird die schriftliche Kündigung wirksam, wenn dem Gekündigten **52** das Schriftstück übergeben wird oder in entsprechender Weise in seine Macht gelangt; die mündliche Erklärung ist dann wirksam, wenn sie vom Gekündigten verstanden ist. Das gleiche gilt für eine Kündigungserklärung am Fernsprecher. Telefax reicht bei Schriftform nicht aus (BGH LM Nr 9 zu § 1 VerbrKrG), außerhalb der Arbeitsverhältnisse ist aber die elektronische Form des § 126a zugelassen.

Ist in einem *Tarifvertrag,* einer *Betriebsvereinbarung* oder im Arbeitsvertrag vorge- **53** sehen oder entspricht es der Verkehrssitte oder der bisherigen Übung, daß Mitteilungen an die Beschäftigten durch *Aushang* im Betrieb *am Schwarzen Brett* gemacht werden, so kann eine Massenkündigung in dieser Form erfolgen (vgl RGZ 108, 96; JW 1931, 1296). Sie ist als zugegangene Willenserklärung zu werten, wenn nicht ganz besondere Umstände (Krankheit des Beschäftigten, zulässige Nichtanwesenheit im Betrieb; LAG Kiel RdA 1948, 37 – Kriegsgefangenschaft –) eine andere Beurteilung erfordern (vgl Hueck/Nipperdey I 544: Großkomm/Preis Grundlagen D Rn 73; KasselerHdbArbR/Isenhardt 6.3 Rn 47; Nikisch, I 690; Schaub § 123 II 3; Stahlhacke/Preis/Vossen Rn 110; BAG AP Nr 80 zu § 242 BGB Ruhegehalt; LAG Hamm AP 1953 Nr 213; LAG Baden-Württemberg WAR 1964, 134; aA KR/Friedrich § 4 KSchG Rn 130; Schaub NZA 2000, 341). Hat der Beschäftigte durch Dritte Kenntnis von dem Aushang erhalten, so muß er sich unverzüglich erkundigen, andernfalls gilt die Kündigung als zugegangen. Solche Einwendungen gegen die Kündigung durch Aushang muß der Dienstverpflichtete in angemessener Frist vorbringen. Tut er das nicht, muß er die Wirksamkeit der Kündigung wegen Verwirkung gegen sich gelten lassen (BAG AP Nr 80 zu § 242 BGB Ruhegehalt; aA KR/Friedrich § 4 KSchG Rn 132; MünchKomm/Schwerdtner zu § 620 Rn 116). Ist die Kündigung bei dem Aushang vom Arbeitgeber unterschrieben, so ist auch die etwa erforderliche Schriftform gewahrt (vgl dazu auch Molitor, Kündigung durch Aushang, BB 1953, 736; Weidner, Kündigung durch Aushang, Betriebsverfassung 1955, Heft 2, 9; aA § 623 Rn 55, die Schriftform ist aber gewahrt).

Die Regeln über das Wirksamwerden der Kündigung (§ 130) sind aber *dispositives* **54** *Recht* (RGZ 108, 96). Es können andere Vereinbarungen (auch Bestimmungen durch Betriebsvereinbarung) über das Wirksamwerden der Kündigung getroffen sein (LAG Hamm AP 1953 Nr 213).

Die **Aussperrung** muß in geeigneter Weise verlautbart werden. Da es sich um einen **55** Kollektivakt handelt, braucht er dem einzelnen Arbeitnehmer nicht zuzugehen, muß aber eindeutig sein (BAG AP Nr 137 zu Art 9 GG Arbeitskampf).

g)   Klarheit

Die Kündigung muß mit der erforderlichen *Bestimmtheit* und *Deutlichkeit* klar und **56** zweifelsfrei ausgedrückt werden, da sie eine feste neue Rechtsgestaltung und dem

Gekündigten Klarheit über die Auflösung des Dienst- oder Arbeitsverhältnisses schaffen soll. Daher muß auch der Zeitpunkt, zu dem das Rechtsverhältnis enden soll, klar angegeben werden. Maßgeblich ist der Standpunkt des Kündigungsempfängers. Ob er die Kündigung im Einzelfall als solche verstehen konnte und wie er sie verstehen mußte, ist weitgehend Tatfrage (ADAM AR-Blattei 1010.2 Rn 123 ff; ERfKomm/ MÜLLER-GLÖGE 230 § 620 BGB Rn 170 f; GAMILLSCHEG 538 f; Großkomm APS/PREIS Grundlagen D Rn 33 ff; HUECK/NIPPERDEY I 548; NIKISCH I 691; SCHAUB § 123 III; MOLITOR, Kündigung 105; MünchHdbArbR/WANK § 118; STAHLHACKE/PREIS/VOSSEN Rn 65 f). Danach muß stets tatsächlich geklärt werden, ob der Wille bestand, eine Kündigung auszusprechen, ob die Mitteilung nach dem objektiven Erkenntniswert und für den Kündigungsempfänger erkennbar den Kündigungswillen zum Ausdruck gebracht hat (BAG AP Nr 1 zu § 130 BGB; AP Nr 1, 2 zu § 620 Kündigungserklärung; AP Nr 30, 33 zu § 133 BGB; AP Nr 8 zu § 4 KSchG; HUECK/NIPPERDEY I 548; NIKISCH I 691; MOLITOR, Kündigung 105; MünchHdbArbR/WANK § 118; SCHAUB § 123 III 1; STAHLHACKE/PREIS/VOSSEN Rn 65; LAG Rheinland-Pfalz AP 1950 Nr 176; LAG Stuttgart AP 1951 Nr 64; 1953 Nr 112; LAG Düsseldorf AP 1954 Nr 147; LAG Bremen Betrieb 1963, 770; LAG Bayern ABlBayerArbMin 1965 C 1; 1968 C 35; 1971 C 19; 1973 C 5; 1973 C 19; LAG Frankfurt BB 1990, 856; LAG Hamm, LAG Nürnberg EZA § 620 BGB Kündigungserklärung Nr 3, 4; ArbG Solingen RnK I 2 a 4). Durch Auslegung ist dabei zu ermitteln, ob eine Beendigungskündigung oder nur eine Änderungskündigung vorliegt (BAG v 17.5.2001, AP Nr 66 zu § 2 KSchG 1969).

57 In der Praxis entstehen nicht selten Zweifel, ob eine Äußerung als *befristete ordentliche* oder als *außerordentliche befristete Kündigung* (mit Auslauffrist) oder als außerordentliche unbefristete Kündigung aufzufassen ist. Sagt der Dienstberechtigte zum Dienstverpflichteten bloß: „Sehen Sie sich nach einer anderen Stelle um!" fragt sich, ob hier der Dienstverpflichtete sofort entlassen, mit bestimmter Auslauffrist entlassen oder zu dem nächsten maßgeblichen ordentlichen Kündigungstermin gekündigt ist. Hier ist es Sache des Kündigenden, den anderen über die Tragweite seiner Kündigung nicht im Irrtum zu belassen. Will also der Dienstverpflichtete nach einer solchen Erklärung den Dienst endgültig verlassen, so muß ihn der Dienstberechtigte aufklären, wenn er nur mit Einhaltung einer Auslauffrist oder der maßgebenden Kündigungsfrist kündigen wollte. Eine Kündigung zum „nächstzulässigen Termin" ist danach als zulässig anzusehen, wenn eindeutig klar ist, daß es sich um eine ordentliche, befristete Kündigung handelt. Das genaue Datum der Beendigung braucht nicht angegeben zu werden, wenn es feststellbar ist (MOLITOR, Kündigung 102; STAHLHACKE/PREIS/VOSSEN Rn 68; SCHLEGELBERGER/SCHRÖDER § 89 HGB Rn 25 gegen BRÜGGEMANN in Großkomm HGB § 89 Rn 4). Bleibt unklar, ob die Kündigung als ordentliche oder außerordentliche Kündigung erklärt ist, wird die Kündigungserklärung nicht unwirksam, vielmehr gilt die für den Gekündigten günstigere Form, in der Regel also die Kündigung mit ordentlicher Kündigungsfrist. Wird eine befristete Kündigung ausgesprochen, muß erkennbar zum Ausdruck gebracht werden, wenn es sich um eine außerordentliche Kündigung mit Auslauffrist handeln soll; andernfalls ist die Kündigung als ordentliche Kündigung anzusehen, die also erst zu dem nächst zulässigen zulässigen Zeitpunkt wirkt, falls sie mit zu kurzer Frist erklärt wurde, oder unwirksam ist, wenn eine ordentliche Kündigung überhaupt nicht zulässig ist (STAHLHACKE/PREIS/VOSSEN Rn 68, 69; BAG AP Nr 50 zu § 1 KSchG; AP Nr 1 zu § 123 GewO; AP Nr 55 zu § 620 BGB Befristeter Arbeitsvertrag; LAG Baden-Württemberg BB 1959, 1138; LAG Düsseldorf BB 1968, 753; Betrieb 1969, 2236; Betrieb 1973, 2456; LAG Rheinland-Pfalz, LAG Köln, LAG Hamm EZA Nr 1, 2, 3, 6 zu § 620 BGB Kündigungserklärung).

h) Bedingung

Daß die Kündigung unbedingt sein müsse, ist nicht erforderlich. Früher wurde aus **58** dem Erfordernis der Bestimmtheit geschlossen, die Kündigung dürfe nicht unter einer **Bedingung** stehen (vgl Angaben STAUDINGER/MOHNEN/NEUMANN/NIPPERDEY[11] Vorbem 55 zu § 620; zuletzt RAG ARS 38, 88). Das ist aber nicht richtig, maßgeblich ist allein, daß der Gekündigte Gewißheit über die Auflösung des Arbeitsverhältnisses erhält. Das Gesetz selbst kennt in § 643 auch den Fall der *bedingten Kündigung.* Deshalb ist die Kündigung zulässig, die mit dem Eintritt einer *aufschiebenden Bedingung* wirksam wird; allerdings beginnt dann die Kündigungsfrist auch erst mit Eintritt der Bedingung und der Kenntnis davon zu laufen (LAG Düsseldorf Betrieb 1954, 260, 284; 1956, 944). Mit dem Zweck der Schutzfrist wäre es nicht vereinbar, wenn der Eintritt der Bedingung die Frist schon mit der früheren Erklärung in Lauf setzen würde (ErfKomm/MÜLLER-GLÖGE 230 § 620 BGB Rn 173; Großkomm APS/PREIS Grundlagen D Rn 13 ff; HUECK/NIPPERDEY I 548; NIKISCH, I 692; MOLITOR, Kündigung 108, MünchHdbArbR/ WANK § 118 Rn 44 f; SCHAUB § 123 III 2; KasselerHdbArbR/ISENHARDT 6.3 Rn 59; STAHLHACKE/ PREIS/VOSSEN Rn 134; HUECK/vHOYNINGEN-HUENE § 2 KSchG Rn 10; KR/ETZEL § 1 KSchG Rn 170; KR/ROST § 2 KSchG Rn 15). Zulässig sind auch Rechtsbedingungen (falls eine Anfechtung nicht begründet ist, LAG Baden-Württemberg Betrieb 1966, 388 = BB 1966, 1103). Dagegen sind *Bedingungen unzulässig,* die zu Unsicherheit führen; deshalb ist die Kündigung unter der Bedingung, daß der Arbeitnehmer seine Leistung nicht verbessere oder ein mangelhaftes Zeugnis aufweise ebenso unzulässig wie für den Fall, daß der Arbeitgeber erneut den Zuschlag erhält (BAG AP Nr 1, 10, 26 zu § 620 BGB Bedingung; Nr 24 zu § 9 KSchG 1969). Wenn dem Arbeitnehmer durch die auflösende Bedingung zwingende Kündigungsschutzvorschriften genommen werden, bedarf es ebenso wie bei der Befristung eines sachlich rechtfertigenden Grundes (BAG AP Nr 2, 4, 9, 20 zu § 620 BGB Bedingung, Nr 12 zu § 1 TVG Tarifverträge: Lufthansa, Nr 6 zu § 59 BAT).

In Fällen, in denen sich der *Gekündigte sofort* mit Zugang der Kündigung entschließen **59** kann, ob er die *Bedingung erfüllen* will oder nicht, ist eine Rückwirkung des Bedingungseintritts zulässigerweise nach § 159 als vereinbart anzusehen. Das gilt vor allem in den Fällen der **Änderungskündigung.** Dabei kündigt eine Partei, falls die andere nicht mit einer nach Ablauf der Kündigungsfrist eintretenden Veränderung der Arbeitsbedingungen einverstanden ist. Da die Erfüllung der Bedingung im Belieben des Gekündigten steht, kann ihm zugemutet werden, die Entscheidung über Erfüllung oder Nichterfüllung unverzüglich zu fällen. Eine Beeinträchtigung der Kündigungsfrist durch Hinauszögern der Entscheidung geht zu seinen Lasten. Ist der Gekündigte mit der Änderung nicht einverstanden, wird die Kündigung mit Rückwirkung im obligatorischen Sinn des § 159 auf den Zugangstag wirksam. Ist der Gekündigte mit den neuen Arbeitsbedingungen einverstanden, so ist die Bedingung ausgefallen und die Kündigung nicht wirksam geworden. Das kann Dienstverpflichteten (geänderte Arbeitsbedingungen) wie Dienstberechtigten (höhere Vergütung) betreffen. Dazu stellt § 2 KSchG klar, daß der Arbeitnehmer die geänderten Bedingungen unter dem Vorbehalt annehmen kann, daß die Kündigung sozial ungerechtfertigt ist. Im Kündigungsschutzprozeß wird dann nachgeprüft, ob die Kündigung auch als Änderungskündigung wirksam ist. Ist sie wirksam, wird das Arbeitsverhältnis zu den neuen Arbeitsbedingungen fortgesetzt. Ist die Änderungskündigung sozial unwirksam, gelten die bisherigen Arbeitsbedingungen weiter. Die Änderungskündigung ist als *ordentliche und* als *außerordentliche* Kündigung zulässig. Eine außerordentliche Änderungskündigung kommt aber nur in Betracht, wenn die alsbaldige Änderung unabweisbar notwendig ist und die neuen Bedingungen zumutbar sind (BAG AP Nr 1 zu § 626 BGB Änderungskündigung, AP Nr 10 zu § 626 BGB Ausschlußfrist; AP Nr 19 zu § 15 KSchG 1969). Das gilt vor allem bei Ausschluß der ordentlichen Kündigungsmöglichkeit (vgl LÖWISCH NZA 1988, 633; STAHLHACKE/PREIS/VOSSEN Rn 431). Die Änderungskündigung ist eine *echte Kündigung,* die zur Auflösung des Dienst- und Arbeitsverhältnisses führt, wenn die geänderten Bedingungen nicht angenommen werden. Sie steht damit der Kündigung gleich, die unbedingt erklärt wird, bei der aber gleichzeitig ein Vertragsangebot zum Abschluß eines neuen, geänderten Dienst- oder Arbeitsvertrages gemacht wird. Sie bedarf für Arbeitsverhältnisse der Schriftform des § 623. Die Kündigung führt dann ebenfalls zur Beendigung des Arbeitsverhältnisses, wenn der neue Vertrag nicht abgeschlossen wird. Kündigungsschutzrechtlich sind beide Fälle gleich zu behandeln, da der Arbeitnehmer in beiden Fällen den Vorbehalt des § 2 KSchG machen kann. Im Prozeß wird die Berechtigung der ordentlichen wie außerordentlichen Änderungskündigung am Unterschied zwischen den alten und neuen Arbeitsbedingungen geprüft.*

Erklärt sich der Vertragsgegner mit der *bedingten Kündigung einverstanden,* etwa weil er auf andere Arbeitsbedingungen auf keinen Fall eingehen will, kann darin die Ablehnung der geänderten Bedingungen, dh die Erklärung liegen, daß er mit der Kündigung und wegen der Kündigung ausscheiden wolle. Ggf kann darin weiter ein Verzicht auf einen evtl Kündigungsschutz oder ein Einverständnis mit einer vertraglichen Aufhebung des Arbeitsverhältnisses liegen. Was im Einzelfall gewollt ist, ist Auslegungsfrage (vgl oben Rn 11 f). Regelmäßig ist bei Kündigungsschutz der Änderungskündigung gegenüber der ordentlichen Beendigungskündigung der Vorrang

---

* Vgl BAG AP Nr 1 zu § 626 BGB Änderungskündigung, AP Nr 10, 17 zu § 620 BGB Änderungskündigung, AP Nr 25 zu § 123 GewO; § 1 KSchG Nr 33; § 1 KSchG Betriebsbedingte Kündigung Nr 13, 21; § 2 KSchG 1969 Nr 1 ff–61; vgl ErfKomm 230 § 620 BGB Rn 204; 490 § 2 KSchG; GAMILLSCHEG, 687 ff; Großkomm APS/ KÜNZL § 2 KSchG; HUECK/NIPPERDEY I 549; Kasseler HdbArbR/ISENHARDT 6.3 Rn 422 ff; NIKISCH I 700; MOLITOR, Kündigung 47, 112; MünchHdbArbR/BERKOWSKY §§ 145, 152; SCHAUB § 123 III 4, § 137; STAHLHACKE/PREIS/ VOSSEN Rn 431 ff, 769 ff, 1234 ff; KR/ROST § 2 KSchG; Kommentare zu KSchG § 2; Beiträge bis 1994 vgl 12. Aufl zu § 620, 24, 25: Seit 1995: LINCK, Die Änderungskündigung, AR-Blattei SD 1020. 1. 1; BOPP, Betriebsbedingte Änderungskündigung, Gehaltsanpassung 1994, 93; HANEL, Rechtsfragen zur Änderungskündigung, Personal 1994, 340; HOHMEISTER, Die arbeitsrechtliche Änderungskündigung, BuW 1994, 173; HOHMEISTER, FRANK, Die Beteiligung des Betriebsrats bei unter Vorbehalt angenommener Änderungskündigung, BB 1994, 1777; KOBER-

SKI/JOTZIES/HOLD ua, Änderungs- statt Beendigungskündigung, AuA 1995, 379; SEIDEL, Rückgruppierung nur mit Änderungskündigung? PersR 1995, 368; HROMADKA, Möglichkeiten und Grenzen der Änderungskündigung, NZA 1996, 1; WEBER/EHRLICH, Direktionsrecht und Änderungskündigung bei Veränderungen im Arbeitsverhältnis, BB 1996, 2246; ZIRNBAUER, Die Änderungskündigung, NZA 1995, 1073; KRAUSE, Die Änderungskündigung zum Zweck der Entgeltreduzierung, DB 1995, 574; BOPP, Die Änderungskündigung zur einseitigen Änderung vorbehaltlos abgeschlossener Arbeitsverträge, Änderung von Arbeitsbedingungen 1995, 63; PAULY, Hauptprobleme der Änderungskündigung, DB 1997, 2378; BECKER-SCHAFFNER, Die Änderungskündigung in der Rechtsprechung, ZTR 1998, 193; GAUL, Änderungskündigung zur Absenkung oder Flexibilisierung von Arbeitszeit und/oder Arbeitsentgelt, DB 1998, 1923; BERKOWSKY, Änderungskündigung, Direktionsrecht und Tarifvertrag, NZA 1999, 293.

einzuräumen. Der Arbeitgeber hat dem Arbeitnehmer ein Änderungsangebot zu machen und eine angemessene Überlegungsfrist einzuräumen, die in der Regel 1 Woche betragen soll (BAG AP Nr 6 zu § 2 KSchG 1969).

Die sog **vorsorgliche Kündigung** ist keine bedingte, sondern eine unbedingte Kündi- **60** gung, sofern sie hinreichend klar und deutlich das Arbeitsverhältnis beenden will. Der Kündigende behält sich lediglich vor, die Kündigung zurückzunehmen oder einen neuen Vertrag abzuschließen, sei es zu denselben oder geänderten Arbeitsbedingungen. Möglich ist auch, daß eine vorsorgliche Kündigung als zusätzliche Kündigung ausgesprochen wird, also etwa zusätzlich, falls eine andere, ggf außerordentliche Kündigung oder eine Anfechtung bzw Vertragsaufhebung nicht durchgreift; dann handelt es sich gleichzeitig um eine rechtsbedingte Kündigung. Die vorsorgliche Kündigung ist deshalb wie jede andere, endgültige Kündigung zu behandeln (Großkomm APS/PREIS Grundlagen D Rn 17; /KÜNZL § 2 KSchG Rn 83 ff; HUECK/NIPPERDEY I 551; KasselerHdbArbR/ISENHARDT 6.3 Rn 60; MünchHdbArbR/WANK § 118 Rn 47 f; NIKISCH I 692; SCHAUB § 123 III 5; STAHLHACKE/PREIS/VOSSEN Rn 137; KR/ETZEL § 1 KSchG Rn 169; KR/ROST § 2 KSchG Rn 54; BAG AP Nr 5 zu § 3 KSchG, AP Nr 6 zu § 611 BGB Dienstordnungs-Angestellte; AP Nr 11 zu § 620 BGB).

i) Zeit und Ort, vor Dienstantritt

Die Kündigung kann zu **jeder Zeit** und an **jedem Ort** erfolgen, soweit keine andere **61** Abrede getroffen ist. Nur soweit im Dienst- oder Arbeitsvertrag, in einem Tarifvertrag oder einer Betriebsvereinbarung besondere Bestimmungen über Art und Weise der Kündigung getroffen sind, ist die Freiheit der Kündigung eingeschränkt. Außerdem kann die Kündigung an einem bestimmten Ort oder zu bestimmter Zeit gegen Fürsorgepflicht, Treu und Glauben oder Verkehrssitte verstoßen; die trotzdem erklärte Kündigung könnte in einem solchen Fall zurückgewiesen werden und muß dann zur rechten Zeit bzw am rechten Ort wiederholt werden. Widerspricht der Gekündigte nicht, ist auch eine solche Kündigung wirksam (Großkomm/ASCHEID 430 13 Rn 30; GAMILLSCHEG 664; Großkomm APS/PREIS Grundlagen J Rn 47; HUECK/NIPPERDEY I 54; MünchHdbArbR/WANK § 118 Rn 29, § 119 Rn 118; NIKISCH I 697; SCHAUB § 123 VI 1; STAHLHACKE/PREIS/VOSSEN Rn 97, 189 ff; KR/FRIEDRICH § 13 KSchG Rn 248; WÜST, Die Kündigung zur Unzeit, BB 1963, 609; RÖHSLER, Die ungehörige Kündigung, Betrieb 1969, 1147; LAG Baden-Württ BB 1968, 334). Danach ist es nicht notwendig, daß die Kündigung am Arbeitsplatz oder während der Arbeitszeit erfolgt; die Kündigung kann auch außerhalb der Arbeitszeit, insbesondere auch an einem Sonntag oder gesetzlichen Feiertag erklärt werden (Zustellung durch Eilboten am Sonntag, vgl HUECK/NIPPERDEY I 554; MOLITOR, Kündigung 133). Auch am 24. Dezember kann eine Kündigung zugehen und wird dadurch nicht unwirksam (BAG AP Nr 88 zu § 620 BGB), wohl aber nach einem Unfall im Krankenhaus kurz vor der Operation (LAG Bremen LAGE § 242 BGB Nr 1 = BB 1986, 393).

Die vorgeschriebene **Kündigungsfrist** für eine ordentliche Kündigung bedeutet, daß spätestens vor der Kündigungsfrist gekündigt werden muß, um die Frist bis zu dem Endtermin einzuhalten. Eine frühere Kündigung, also vor allem die Einhaltung einer längeren als der vorgesehenen Kündigungsfrist wird dadurch aber nicht ausgeschlossen. In vielen Fällen ist es für den Gekündigten nur von Vorteil, möglichst frühzeitig unterrichtet zu werden. Wenn aber bestimmte Schutzvorschriften erst nach längerer Beschäftigungszeit gelten, darf die Kündigung nicht vor Ablauf dieser Frist frühzeitig zu einem späteren Termin erklärt werden, wenn dadurch die Schutzbestimmungen (zB § 1 Abs 1 KSchG) umgangen werden. Die Möglichkeit einer zu frühen Kündigung bleibt zwar unberührt, der Kündigungsschutz greift aber trotzdem ein (§ 162; BAG AP Nr 34 zu § 1 KSchG; AP Nr 19 zu § 102 BetrVG; AP Nr 23 zu Art 33 Abs 2 GG).

62 Wird der Dienst- oder Arbeitsvertrag erst für einen zukünftigen Zeitpunkt abgeschlossen, kann er trotzdem schon vom Zeitpunkt des Vertragsschlusses an **vor Dienstantritt** fristlos oder fristgemäß auch zu einem vor dem vorgesehenen Arbeitsantritt liegenden Zeitpunkt gekündigt werden. Dogmatische Bedenken gegen eine Kündigung vor Dienstantritt bestehen nicht, weil bereits mit dem Vertragsschluß Wirkungen eintreten. Auch fordert die Interessenlage vor Antritt des Dienstes keineswegs eine stärkere Bindung als nachher. Schließlich ist es nicht möglich, zwischen außerordentlichen Kündigungen, die allgemein vor Dienstantritt anerkannt werden, weil es unsinnig wäre, den Dienst beginnen zu lassen, um sofort aus wichtigem Grund zu kündigen, und ordentlichen Kündigungen zu unterscheiden, bei denen ohnehin die Kündigungsfristen wieder so unterschiedlich sein können, daß nur teilweise eine Arbeitsaufnahme überhaupt lohnend ist. Zwar kann – ausdrücklich oder stillschweigend – vereinbart werden, daß der Vertrag durch ordentliche Kündigung nicht vor Dienstantritt gekündigt werden kann. Dazu muß aber ein entsprechender Wille der Parteien besonders festgestellt werden. Fehlt es daran, kann jede Kündigung auch vor Dienstantritt ausgesprochen werden und beginnt auch die Kündigungsfrist mit dem Zugang der Kündigung zu laufen. Hier wieder auf die Interessenlage abzustellen und je nachdem die Kündigungsfrist sofort oder erst mit Dienstantritt beginnen zu lassen, bringt nicht nur Unsicherheit, sondern widerspricht auch dem Institut der Kündigung, das Dienst- oder Arbeitsverhältnis unter Ankündigung in einer Frist zum nächst zulässigen Zeitpunkt beenden zu sollen. Solange nicht durch besondere Vereinbarungen nach dem Willen der Parteien festgelegt ist, eine Kündigungsfrist erst mit Dienstantritt beginnen zu lassen, muß daher die Kündigungsfrist auch *sofort mit Zugang* der Kündigung *laufen* (weitgehend wie hier ErfKomm/MÜLLER-GLÖGE 230 § 620 BGB Rn 24 ff; GAMILLSCHEG 553; Großkomm APS/PREIS Grundlagen E Rn 20 f; HUECK/NIPPERDEY I 555; KasselerHdbArbR/ISENHARDT 6.3 Rn 51; KR/SPILGER § 622 BGB Rn 127; LINCK AR-Blattei 10101.3; MünchHdbArbR/WANK § 118 Rn 39 ff; SCHAUB § 123 VI 2; STAHLHACKE/PREIS/VOSSEN Rn 114 ff; FELLER JZ 1964, 210; HABERKORN RdA 1964, 246; BLEISTEIN, Kündigung Rn 34; STURN ArbuSozR 1977, 269; HUECK Anm AP Nr 1 zu § 620 BGB; CAESAR NZA 1989, 251; **aA** MünchKomm/SCHWERDTNER zu § 620 Rn 161; NIKISCH I 698; MOLITOR, Kündigung 19 f; GRUB BB 1957, 1275; BERGER-DELHEY Betrieb 1989, 380). Das BAG hat seine frühere Ansicht, die Kündigungsfrist beginne erst mit dem Dienstantritt zu laufen (BAG AP Nr 1 zu § 620 BGB; AP Nr 3 zu § 276 BGB Vertragsbruch), aufgegeben (BAG AP Nr 2, 3, 4 zu § 620 BGB). Zu Unrecht wird aber für den Beginn der Kündigungsfrist auf die Interessenlage (welche?) abgestellt, eine solche Abwägung führt nur zu Unsicherheiten. In jedem Fall beginnt die Kündigungsfrist sofort, wenn die kürzeste Frist gewählt wurde oder eine Probezeit vereinbart ist (BAG AP Nr 4 zu § 620 BGB). Aber auch sonst beginnt die Kündigungsfrist im Zweifel mit dem Zugang der Kündigung zu laufen. Läuft der Beginn der Kündigungsfrist vom ersten Tag des Dienstverhältnisses an, so zählt dieser erste Tag mit, wenn die Kündigungsfrist ausnahmsweise erst mit Dienstantritt beginnen soll (§ 187 Abs 2; BAG AP Nr 3 zu § 620 BGB).

k)   Berechtigter

63 Die Kündigung muß von der **zur Kündigungserklärung berechtigten** an die zum Empfang der Kündigung ermächtigte Person erfolgen. Das sind normalerweise die Parteien des Dienst- und Arbeitsverhältnisses, also zunächst der Dienstberechtigte, der Arbeitgeber (ErfKomm/MÜLLER-GLÖGE 230 § 620 BGB Rn 174 ff; Großkomm APS/PREIS Grundlagen D Rn 71 ff; KasselerHdbArbR/ISENHARDT 6.3 Rn 5 ff; KR/FISCHERMEIER § 626 BGB Rn 343 ff; KR/FRIEDRICH § 13 KSchG Rn 284 ff; MOLITOR, Kündigung 75 ff, 117 ff; MünchHdbArbR/WANK § 118 Rn 13; STAHLHACKE/PREIS/VOSSEN Rn 79 ff; SCHAUB § 123 I 2). Ein Prokurist oder Leiter der Personalabteilung ist als Kündigungsberechtigter auch ohne Vorlage einer Vollmachtsurkunde anzusehen (BAG AP Nr 9, 10 zu § 174 BGB), nicht aber ein Referatsleiter einer behördlichen Personalabteilung (BAG AP Nr 11 zu § 620 BGB Kündigungserklärung). Bei juristischen Personen hat das zur Vertretung berechtigte Organ zu kündigen. Besteht Gesamtvertretung, haben die Gesamtvertreter zusammenzuwirken. Dabei genügt aber eine stillschweigende und formlose Zustimmung der anderen Vertreter zu der Kündigungserklärung eines der Gesamtvertreter (RGZ 81, 325; 101, 343; 112, 215). Die Erklärungen der *Gesamtvertreter* brauchen nicht gleichzeitig zu erfolgen (BGH MDR 1959, 571). Es können einer oder mehrere mit der Kündigung beauftragt werden (BAG AP Nr 5 zu § 626 BGB). Auch die *Genehmigung* des Handelns eines der Gesamtvertreter durch die anderen ist unter den Voraussetzungen des § 180 S 2 ebenso möglich wie die Genehmigung des Berechtigten bei einem Mangel der Vertretungsmacht für das Recht zur Kündigung (LAG Nürnberg ABl BayerArbMin 1974 C 47). Dabei kann auch eine stillschweigende Genehmigung ausreichen (BAG AP Nr 4 zu § 174 BGB). Die *Rückwirkung* einer solchen Genehmigung kann aber nur während der Kündigungsfrist eintreten (BAG AP Nr 1, 2 zu § 184 BGB). Nach Ablauf der Kündigungsfrist können fristgebundene Erklärungen wie die Kündigung nicht mit Rückwirkung genehmigt werden (BAG AP Nr 3 zu § 184 BGB; BGH LM Nr 3 zu § 148 BGB; OLG Frankfurt JW 1920, 1042; SCHUBERT JR 1974, 415). Die Berechtigung zur Kündigung kann durch Vertrag beschränkt werden, zB dahingehend, daß nur der Arbeitgeber selbst und nicht ein Beauftragter kündigen darf (BAG AP Nr 8 zu § 626 BGB Ausschlußfrist). Die Kündigung kann auch als „Geschäft ungewöhnlicher Art" von Mehreren erklärt werden müssen (BAG AP Nr 1 zu § 164 BGB mit Anm von HUECK). Nach *Gemeinderecht* ist gesetzlich festgelegt, wer das Recht zur Kündigung hat; daher ist ggf zwischen demjenigen, der das Recht zur Kündigung hat (zB der Gemeindevertretung oder einem Verwaltungsausschuß nach Art 43 BayerGemO, vgl BAG AP Nr 1 zu § 54 BAT), und dem gesetzlichen Vertreter zu unterscheiden, der die beschlossene Kündigung nach außen dem Kündigungsempfänger erklären muß (der Bürgermeister). Nur in *Notfällen,* also in Fällen, die keinen Aufschub dulden, ist die Entscheidungsbefugnis auch des gesetzlichen Vertreters der Gemeinde (des Bürgermeisters) gegeben (vgl BAG AP Nr 1 zu § 54 BAT; AP Nr 1 zu Art 38 GemeindeO Bayern; LAG Nürnberg ABlBayerARbMin 1974 C 47 zu Art 37 BayerGemO). Eine solche Notzuständigkeit ist aber nur für Fälle denkbar, die eine außerordentliche fristlose Kündigung aus besonderen Gründen mit Wiederholungsgefahr bedingen, also zB besonders schwerwiegenden und gefährlichen Tätlichkeiten, Sittlichkeitsvergehen, also nach dem Gewicht des Kündigungsgrundes und den Auswirkungen auf die Belegschaft (BAG AP Nr 1 zu § 78 PersVG Niedersachsen; AP Nr 1 zu § 54 BAT). Sie besteht nicht, wenn die zuständigen Organe eine rechtzeitige Beschlußfassung versäumt haben (BAG AP Nr 1 zu Art 38 GemeindeO Bayern). Eine von einem Beigeordneten ausgesprochene Kündigung kann aber von dem zuständigen Gemeindedirektor genehmigt werden (§ 184, BAG AP Nr 2 zu § 180 BGB), was bei außerordentlicher Kündigung innerhalb der Ausschlußfrist des § 626 Abs 2 geschehen muß (BAG AP Nr 24 zu § 626 BGB Ausschlußfrist).

Wird die Kündigung durch einen vom kündigungsberechtigten Bevollmächtigten **64** erklärt, muß **Vollmacht** vorliegen. Sie kann formlos dem Kündigungsempfänger oder dessen Vertreter gegeben werden. Die Vollmacht kann für den Einzelfall oder allgemein bestehen, zB für Prokuristen, Handlungsbevollmächtigte, in der Regel auch für Betriebs- und Personalleiter (BAG AP Nr 1 zu § 174 BGB mit Anm von JAKOBS; AP Nr 9, 10 zu § 174 BGB; LAG Hamm Betrieb 1974, 2163; ErfKomm/MÜLLER-GLÖGE 230 § 620 Rn 178; Großkomm APS/PREIS Grundlagen D Rn 91; HUECK/NIPPERDEY I 557; KasselerHdbArbR/ISENHARDT 6.3 Rn 2; MünchHdbArbR/WANK § 118 Rn 17; SCHAUB § 123 I 2; STAHLHACKE/PREIS/VOSSEN Rn 81; KR/FRIEDRICH § 13 KSchG Rn 286), nicht aber für einen Referatsleiter (BAG AP Nr 11 zu § 620 BGB Kündigungserklärung). Wenn auch die Vollmacht nicht formbedürftig ist, muß der Bevollmächtigte eine *schriftliche Vollmacht* vorweisen, wenn der andere Teil die Kündigung deswegen unverzüglich zurückweist (§ 174); die Zurückweisung ist nur ausgeschlossen, wenn der Kündigende den Vertragsgegner von der Vollmacht in Kenntnis gesetzt hat, wie das zB bei der Bestellung zum Prokuristen oder Personalleiter anzunehmen ist, andernfalls ist die Kündigung ohne Vorlage der verlangten Vollmacht unwirksam. Ein Dienstsiegel einer Gemeinde steht einer Vollmachtsurkunde gleich (BAG AP Nr 6 zu § 174 BGB). Wenn die Kündigung ohne Vertretungsmacht erfolgt, so wird sie durch nachfolgende, in Anwendung des § 184 während der Kündigungsfrist auf den Zeitpunkt des Kündigungsausspruches *rückwirkende Genehmigung* wirksam, wenn die Voraussetzungen des § 180 S 2 vorliegen, der Gekündigte also nicht beanstandet hat (BAG AP Nr 1, 2, 3 zu § 184 BGB; LAG Nürnberg ABlBayerArbMin 1974 C 47; MOLITOR, Kündigung 79 ff; STAHLHACKE/PREIS/VOSSEN Rn 84; KR/FRIEDRICH § 13 KSchG Rn 288 f). Bei einer außerordentlichen Kündigung kann die Genehmigung nur in der 2-Wochen-Frist des § 626 Abs 2 erfolgen (BAG AP Nr 2 zu § 180 BGB).

65 Die **Prozeßvollmacht** in einem Rechtsstreit, auch in einem Kündigungsstreit deckt regelmäßig nur die mit dem jeweiligen Prozeß zusammenhängenden Rechtshandlungen (vgl BGHZ 31, 206). Deshalb wird auch in einem Kündigungsprozeß der Ausspruch und die Entgegennahme einer weiteren Kündigung nicht durch eine Prozeßvollmacht gedeckt, weil diese neue Kündigung nicht Gegenstand des bisherigen Rechtsstreits sein kann (BAG AP Nr 2 zu § 81 ZPO; LAG Nürnberg ABlBayerArbMin 1974 C 33; LAG Baden-Württemberg BB 1967, 1424; BLEISTEIN, Kündigung Rn 17; SCHAUB § 123 I 2; STAHLHACKE/PREIS/VOSSEN Rn 89; Großkomm APS/PREIS Grundlagen D Rn 100 ff; KR/FRIEDRICH § 13 KSchG Rn 290; GÜNTNER BB 1968, 754; Betrieb 1975, 1271). Nur in *Ausnahmefällen,* wenn nämlich die Prozeßvollmacht über den gesetzlichen Rahmen hinaus erweitert ist, kann sie auch eine weitere Kündigung decken, der gegenüber dann eine Zurückweisung nach § 174 S 2 nicht möglich ist (BAG AP Nr 2 zu § 81 ZPO).

66 Für die Kündigung durch **beschränkt Geschäftsfähige** gelten §§ 111–113. Der beschränkt Geschäftsfähige bedarf zur Kündigung der Einwilligung des gesetzlichen Vertreters. Die Kündigung ist unwirksam, wenn die Einwilligung nicht in schriftlicher Form vorgelegt wird und der Gegner die Kündigung aus diesem Grunde unverzüglich zurückweist. In den Fällen der §§ 112, 113 kann und muß der beschränkt Geschäftsfähige die Kündigung selbst aussprechen; jedoch kann in der Kündigung durch den gesetzlichen Vertreter eine entsprechende Einschränkung der Ermächtigung gesehen werden (HUECK/NIPPERDEY I 557; STAHLHACKE/PREIS/VOSSEN Rn 92, 93; KR/WEIGAND §§ 14, 15 BBiG Rn 105 f).

67 Die Kündigung gegenüber einem beschränkt Geschäftsfähigen oder Geschäftsunfähigen muß dem *gesetzlichen Vertreter* zugehen (§ 131). Auch hier gelten §§ 112, 113, so daß in deren Rahmen die Kündigung an den beschränkt Geschäftsfähigen zu erfolgen hat; jedoch kann auch hier in der Annahme der Kündigung durch den gesetzlichen Vertreter eine entsprechende Einschränkung der Ermächtigung nach § 113 liegen. Ist die Kündigung an den beschränkt Geschäftsfähigen gerichtet, wird sie wirksam, wenn sie dem gesetzlichen Vertreter zugeht, also wenn er von ihr Kenntnis erhält (BAG AP Nr 4 zu § 15 BBiG; LAG Hamm, Betrieb 1975, 407; LAG Düsseldorf Betrieb 1970, 1135; STAHLHACKE/PREIS/VOSSEN Rn 94; Großkomm APS/PREIS Grundlagen D Rn 87). Nachdem im Regelfall beide Elternteile gesetzliche Vertreter sind, reicht es aber aus, wenn einem der beiden Gesamtvertreter die Kündigung zugeht (vgl BAG AP Nr 1 zu § 78 BetrVG 1972 mit Bezug auf RGZ 53, 227, 230; STAHLHACKE/PREIS/VOSSEN Rn 94; KR/ WEIGAND §§ 14, 15 BBiG Rn 105 f; KR/FRIEDRICH § 13 KSchG Rn 292).

l)   Zulässigkeit

Die Kündigung muß **zulässig** sein, um wirksam zu werden. Zwar kann eine unbe-   **68** rechtigte Kündigung uU zum nächst zulässigen Zeitpunkt trotzdem wirken, vor allem, wenn sie nicht mit der richtigen Frist oder nicht zum zulässigen Zeitpunkt ausgesprochen ist (unten Rn 105 f). Die Kündigung kann jedoch wie jedes andere Rechtsgeschäft formnichtig (oben Rn 37 f) oder wegen Verstoßes gegen ein gesetzliches Verbot (§ 134), gegen die guten Sitten (§ 138) oder gegen Treu und Glauben (§ 242) sowie wegen Verstoßes gegen das Diskriminierungs- und Benachteiligungsverbot (§ 612a) unwirksam sein (ErfKomm/ASCHEID 430 § 13 KSchG Rn 21 ff; GAMILLSCHEG 664 ff; Großkomm APS/PREIS Grundlagen J Rn 35 ff; /BIEBL § 13 KSchG Rn 47 ff; HUECK/NIPPERDEY I 557; MünchHdbArbR/WANK § 119 Rn 95 ff; NIKISCH I 704; SCHAUB § 123 VII; STAHLHACKE/ PREIS/VOSSEN Rn 173 ff; DORNDORF/WELLER/HAUCK § 13 KSchG Rn 89 ff; vHOYNINGEN-HUENE/ LINCK § 13 KSchG Rn 57 ff, 86 ff; KR/FRIEDRICH § 13 KSchG Rn 111 ff, 229 ff).

aa)   Die Kündigung kann gegen ein **gesetzliches Verbot** verstoßen und deshalb nach   **69** § 134 *nichtig* sein. Ein absolutes Verbot für jede ordentliche und außerordentliche Kündigung besteht nach § 9 MuSchG für Frauen unter Mutterschutz; lediglich in besonderen Fällen kann eine Kündigung nach § 9 Abs 3 MuSchG durch die oberste Landesbehörde zugelassen werden. Die ordentliche Kündigung ist gesetzlich verboten für Auszubildende nach Ablauf der Probezeit gemäß § 15 Abs 2 BerBG; für Mitglieder der Betriebs- oder Personalvertretung, einer Bordvertretung oder eines Seebetriebsrates sowie einer Jugendvertretung während der Amtszeit und eines Jahres nach deren Ende (Bordvertretung 6 Monate nach Ende) gemäß § 15 Abs 1, 2 KSchG (mit Ausnahme der Betriebsstillegung); für Wahlvorstandsmitglieder zur Betriebs- oder Personalratswahl von der Bestellung bis 6 Monate nach Bekanntgabe des Wahlergebnisses gemäß § 15 Abs 3 KSchG; für Wahlbewerber zur Betriebs- oder Personalvertretung von der Aufstellung des Wahlvorschlages bis 6 Monate nach Bekanntgabe des Wahlergebnisses gemäß § 15 Abs 3 KSchG; für Wehrpflichtige, Teilnehmer an einer Eignungsübung und Zivildienstleistende nach § 2 ArbPlSchG und § 2 EignungsübungsG; für die Elternzeit (§ 18 BErzGG).

Aus bestimmten Gründen ist die – ordentliche und außerordentliche – Kündigung   **70** *verboten,* so daß insoweit ein relatives gesetzliches Kündigungsverbot besteht, nach § 22 BetrVG, § 24 BPersVertrG für Arbeitnehmer wegen der Ausübung des aktiven und passiven Wahlrechts zum Betriebs- und Personalrat. Ein solches relatives Verbot gilt auch für Abgeordnete wegen Übernahme und Ausübung des Mandats nach Art 48 GG und den entsprechenden Vorschriften der Landesverfassungen (vgl oben

Rn 5 t). Wegen Einberufung und Dienstleistung zum Wehrdienst und Zivilschutz ist die Kündigung verboten nach § 2 ArbPlSchG und § 78 ZDG sowie § 2 Eignungs- übungsG. Benachteiligungsverbote, die auch Kündigungen erfassen können bestehen für Datenschutzbeauftragte (§ 36 Abs 3 BDSG), ehrenamtliche Richter (§ 26 ArbGG, § 20 SGB), Arbeitnehmervertreter im Aufsichtsrat (§ 26 MitbestG, § 76 BetrVG 1992), Organmitglieder des BfA (§ 387 SGB III), Mitglieder des Sprecher- ausschusses (§ 2 Abs 3 SprAusschG), Sicherheitsbeauftragte (§ 22 Abs 3 SGB VII), Helfer der Bundesanstalt Technisches Hilfswerk (§ 3 THW-HelfRG). Kündigungs- verbote aus besonderem Anlaß bestehen weiter bei Teilzeitarbeit und Job-Sharing (§§ 4 Abs 1, 13 Abs 2 TzBfG), Altersrente und Altersteilzeit (§ 41 Abs 4 SGB VI, § 8 ATG) und generell für Opfer des Faschismus (oben Rn 5 x).

71 Gesetzwidrig und dementsprechend nach § 134 *nichtig* sind auch Kündigungen, die kraft Gesetzes *nur mit* einer *Zustimmung* erklärt werden können und ohne die er- forderliche Zustimmung ausgesprochen werden. Das gilt für die ordentliche und außerordentliche Kündigung von schwerbehinderten Menschen nach §§ 85, 91 SGB IX, für die außerordentliche Kündigung von Mitgliedern der Betriebs- oder Personalvertretung, der Bordvertretung, eines Seebetriebsrates, einer Jugendvertre- tung, eines Wahlvorstandes oder Wahlbewerbers nach § 103 BetrVG, §§ 47, 108 BPersVertrG, für Inhaber von Bergmannsversorgungsscheinen nach den Gesetzen über einen Bergmannsversorgungsschein in Niedersachsen, Nordrhein-Westfalen und Saarland (oben Rn 5 w). Nach § 9 MuSchG und § 18 BErzGG kann eine Kündi- gung nur in besonderen Fällen durch die für den Arbeitsschutz zuständige oberste Landesbehörde zugelassen werden, ohne die Zulassung ist eine Kündigung nichtig.

72 Die Kündigung kann gesetzlich an besondere Erfordernisse geknüpft sein wie die *Anhörung des Betriebsrates* nach § 102 BetrVG bzw des Personalrates nach § 78 Abs 1 Nr 4, 5 BPersVertrG. Eine Kündigung ohne die erforderliche Anhörung ist nichtig (vgl die ausdrückliche gesetzliche Vorschrift); auch eine nachträgliche Zu- stimmung heilt die Unwirksamkeit nicht (BAG AP Nr 2, 6, 8, 53, 56 zu § 102 BetrVG 1972). Eine Kündigungserklärung ist nach § 134 auch unwirksam, wenn nicht die für Mas- senentlassungen erforderliche Anzeige nach §§ 17, 18 KSchG erfolgt und der Ar- beitnehmer die Fortsetzung des Arbeitsverhältnisses verlangt (BAG AP Nr 1, 5, 6, 8, 12 zu § 17 KSchG 1969).

73 Wegen Verstoßes gegen ein gesetzliches Verbot ist eine Kündigung nichtig, die gegen verfassungsrechtlich garantierte *Grundrechte* verstößt. Die Grundrechte haben zwar nicht mehr wie nach der früheren Rechtsprechung unmittelbare Drittwirkung, sind aber wegen ihrer Ausstrahlungswirkung zu berücksichtigen (BAG AP Nr 14 zu § 611 BGB Beschäftigungspflicht, AP Nr 103 zu § 611 BGB Haftung des Arbeitnehmers). Die Gerichte haben die verfassungsrechtliche Schutzpflicht, die Wertentscheidungen der Grund- rechte zu berücksichtigen (FASTRICH RdA 1997, 65). Das führt zur Nichtigkeit von Kündigungen, die gegen ein Grundrecht wie das Benachteiligungsverbot (Art 3 Abs 2 u 3), gegen Glaubens- und Gewissensfreiheit (Art 4), gegen die Meinungsfrei- heit (Art 5), gegen Schutz von Ehe und Familie (Art 6; *Zölibatsklausel!*), gegen Koalitionsfreiheit (Art 9 Abs 3), das Recht zur freien Berufswahl (Art 12) oder das Recht auf Zugang zum öffentlichen Dienst (Art 33 Abs 2) des Grundgesetzes verstoßen (vgl BVerfGE 19, 135; 76, 256; 86, 122; 96, 152, 171; BAG AP Nr 2 zu § 13 KSchG, AP Nr 16 zu Art 3 GG; AP Nr 5 zu § 611 BGB Beschäftigungspflicht; AP Nr 1 zu Art 6 Abs 1 GG Ehe und Familie; AP Nr 14 zu Art 140 GG; AP Nr 1, 2, 5, 8 zu Art 5 Abs 1 GG Meinungsfreiheit; AP Nr 73 zu § 626 BGB; RzK I 8 1 6). Allerdings gilt dieses Kündigungsverbot wegen Verfassungsverstoßes nur dann, wenn die Kündigung ausschließlich deswegen erfolgt und die Maßnahme im übrigen eines verständigen oder zu billigenden Sinnes und Zweckes entbehrt (BAG AP Nr 2 zu § 13 KSchG; AP Nr 26 zu § 1 KSchG; AP Nr 2 zu § 134 BGB; AP Nr 3 zu Art 33 Abs 2 GG; AP Nr 14 zu Art 140 GG). Das gilt auch für Kündigungen nach Anlage I Kap XIX Einigungsvertrag (BVerfG AP Nr 37 zu Art 33 Abs 2 GG, AP Nr 66, 67 zu Einigungsvertrag Anlage I Kap XIX; BAG AP Nr 1 ff zu Einigungsvertrag Anlage I Kap XIX).

Tarifverträge und *Betriebsvereinbarungen* können Kündigungsverbote enthalten, die **74** dann gesetzliche Verbote iS des § 134 sind. Tarifliche Normen und Normen von Betriebsvereinbarungen sind gesetzliche Bestimmungen iS von Art 2 EGBGB (BAG AP Nr 1 zu § 70 BAT; AP Nr 1, 2, 5 zu § 4 BAT). Dazu gehören vor allem Maßregelungsverbote, wie sie üblicherweise nach dem Abschluß von Arbeitskämpfen vereinbart werden.

Durch *Betriebsvereinbarung* und *Tarifvertrag* kann festgelegt werden, daß eine Kün- **75** digung der *Zustimmung des Betriebsrates* als Wirksamkeitsvoraussetzung bedarf (vgl § 102 Abs 6 BetrVG; BAG AP Nr 23 zu § 77 BetrVG 1972; Nr 53 zu § 99 BetrVG 1972; Nr 121 zu § 102 BetrVG 1972; LAG Köln Betrieb 1984, 670; WIEDEMANN § 1 TVG Rn 292; FITTING/KAISER/ HEITHER/ENGELS § 1 BetrVG Rn 75; KR/ETZEL § 102 BetrVG Rn 244; aA für Tarifvertrag RICHARDI/THÜSING § 102 BetrVG Rn 305; HESS/SCHLOCHAUER/GLAUBITZ § 102 BetrVG Rn 198; GK/KRAFT § 102 BetrVG Rn 193; GALPERIN/LÖWISCH § 102 BetrVG Rn 129; Großkomm APS/ KOCH § 102 BetrG Rn 176 ff; KRAFT ZFA 1973, 250). Das gilt jedenfalls für die ordentliche Kündigung (für die außerordentliche Kündigung nur, wenn die Entscheidung durch Einigungsstelle oder Gericht ersetzt werden kann (MünchHdbArbR/WANK § 120 Rn 24; aA aber /MATTHES § 358 Rn 3; sonst allg Meinung ErfKomm/HANAU/KANIA § 102 BetrVG Rn 42; GK KRAFT § 102 BetrVG Rn 188 f; RICHARDI/THÜSING § 102 BetrVG Rn 286, 298 f; Großkomm APS § 102 BetrVG Rn 176; KR/ETZEL § 102 BetrVG Rn 245; SCHAUB § 125 III b). Die Zustimmung des Betriebsrates kann in einem solchen Fall auch nachträglich mit Rückwirkung auf den Zeitpunkt der Kündigung erteilt werden, solange die Kündigungsfrist noch nicht abgelaufen ist (BAG AP Nr 1, 2, 3 zu § 184 BGB; SCHUBERT JR 1974, 415).

bb) Die Kündigung kann gegen die **guten Sitten** verstoßen und aus diesem Grund **76** nach § 138 nichtig sein. Die Kündigung unterliegt als Rechtsgeschäft den allgemeinen Regeln und kann demgemäß auch sittenwidrig sein. Das ist heute allgemeine Auffassung in Literatur und Rechtsprechung, nachdem der Gesetzgeber selbst in § 13 Abs 2 KSchG den Fall geregelt hat, daß eine Kündigung gegen die guten Sitten verstößt, und bestimmt hat, daß in diesem Fall die Nichtigkeit unabhängig von den Vorschriften des KSchG, also insbes auch ohne Einhaltung der Klagefrist des § 4 KSchG geltend machen kann. Die Abgrenzung zur sozialwidrigen Kündigung ist fließend. Eine offensichtlich willkürliche oder aus der Machtstellung des Dienstberechtigten heraus ausgesprochene Kündigung kann je nach Lage des Falles auch eine sittenwidrige Kündigung sein. Dabei muß verlangt werden, daß der Maßstab für die Sittenwidrigkeit beachtlich schärfer sein muß als bei Vorliegen einer nur sozialwidrigen Kündigung. Der Gesetzgeber unterscheidet mit den Voraussetzungen an eine Sozialwidrigkeit (Dauer der Unternehmenszugehörigkeit, Betriebsgröße, Einspruch des Betriebs- oder Personalrats, Frist zur Geltendmachung) deutlich zwischen einer nur sozialwidrigen und einer demgegenüber sogar sittenwidrigen Kündigung. Deshalb ist die Kündigung noch nicht deshalb sittenwidrig, weil sie bloß unsozial ist oder keinen erkennbaren sinnvollen Grund hat. Vielmehr muß die sittenwidrige Kündigung unter Berücksichtigung der gesamten Umstände den Anschauungen aller billig und gerecht Denkenden kraß widersprechen. Das kann der Fall sein, wenn sie aus verwerflichen Gründen, aus Rachsucht oder zur Vergeltung erklärt wird oder den erforderlichen Anstandsrücksichten grob widerspricht. Das gilt sowohl für die ordentliche wie für die außerordentliche Kündigung. Eine Sittenwidrigkeit wird deshalb ausgeschlossen, wenn eine Kündigung mit Umständen begründet wird, die eine Kündigung an sich rechtfertigen können, selbst wenn der Grund im Einzelfall keinen wichtigen Grund oder eine soziale Rechtfertigung darstellt, und dieser Grund nicht nur vorgeschützt ist, um einen anderen, sittlich zu mißbilligenden wirklichen Grund zu verbergen (vgl ErfKomm/Ascheid 430 § 13 KSchG Rn 21 ff; Gamillscheg 664 ff; Großkomm APS/Preis Grundlage J Rn 35 ff; Hueck/Nipperdey I 557; KasselerHdbArbR/Isenhardt 6.3 Rn 77 ff; KR/Friedrich § 13 KSchG Rn 111 ff; KSchG/Dorndorf § 13 KSchG Rn 89 ff; Kittner/Trittin § 13 KSchG Rn 19 ff; Linck AR-Blattei SD 1010.3 Rn 77 ff; MünchHdbArbR/Wank § 119 Rn 101 ff; Nikisch I 705; Schaub § 123 VII 1; Stahlhacke/Preis/Vossen Rn 173 ff; vHoyningen-Huene/Linck KSchG § 13 Rn 57 ff; BAG AP Nr 2 zu § 184 BGB; AP Nr 3 zu § 242 BGB Auskunftspflicht; AP Nr 22, 32, 46 zu § 138 BGB; AP Nr 5 zu § 3 KSchG; AP Nr 1 zu § 1 KSchG 1969; AP Nr 5, 9 zu § 242 BGB Kündigung; AP Nr 1 zu § 13 KSchG 1969; AP Nr 27 zu § 611 BGB Kirchendienst; AP Nr 1 zu § 612a BGB; BAG JZ 1975, 737; BGH AP Nr 28 zu § 138 BGB).

77 Die Kündigung kann deshalb gegen die guten Sitten verstoßen, wenn gerade die *Beendigung* des Dienst- oder Arbeitsverhältnisses selbst als *unsittlich* erscheint. Weiter, wenn die Kündigung nach Inhalt oder Form unsittlich ist oder wenn der Beweggrund gröblich gegen die Rechtsmoral verstößt. Das gilt vor allem dann, wenn der Gekündigte unsittliche oder anstößige Zumutungen abgelehnt hat (Straf- oder Rachekündigung). Eine Unsittlichkeit der Kündigung kann auch vorliegen, wenn die Kündigung eine schwere Störung der Zusammenarbeit im Betrieb oder mit dem Betriebsrat oder der im Betrieb vertretenen Gewerkschaft bedeutet und die vertrauensvolle Zusammenarbeit oder Aufrechterhaltung der Betriebsgemeinschaft die Fortsetzung des Arbeitsverhältnisses erfordert. Eine sittenwidrige Kündigung wurde deshalb dann für möglich gehalten, wenn wegen bedingt vorsätzlich herbeigeführter Arbeitsunfähigkeit gekündigt wird (BAG AP Nr 1 zu § 1 KSchG 1969), weil eine Nachtdienstentschädigung verlangt wird (BAG AP Nr 22 zu § 138 BGB), wenn sie nur als Sanktion gegen die Einführung eines Rabattsystems erfolgt (BGH AP Nr 28 zu § 138 BGB), innerhalb der Probezeit wegen Sexualverhaltens (BAG AP Nr 9 zu § 242 BGB Kündigung) oder weil der Anspruch auf einen Hausarbeitstag geltend gemacht wird (LAG Hamm BB 1961, 484). Sonst wurde in der Rechtsprechung die Sittenwidrigkeit einer Kündigung im Ergebnis meist abgelehnt, vor allem deshalb, weil ein Grund vorlag, der nicht sittenwidrig ist, sondern allenfalls zur Sozialwidrigkeit führt (vgl die Fälle BAG AP Nr 2 zu § 184 BGB; AP Nr 3 zu § 242 BGB Auskunftspflicht, AP Nr 32 zu § 138 BGB; AP Nr 2 zu § 134 BGB; AP Nr 5, 9, 10, 12, 13, 14 zu § 242 BGB Kündigung; AP Nr 5 zu § 3 KSchG; AP Nr 2 zu § 8 BEG; BAG JZ 1975, 737; LAG München ABlBayerArbMin 1977 C 29; LAG Düsseldorf Betrieb 1966, 1734; ArbG Wilhelmshaven AuR 1965, 350). Auch die Kündigung eines HIV-infizierten Arbeitnehmers ohne allgemeinen Kündigungsschutz wurde nicht als sittenwidrig betrachtet (BAG AP Nr 46 zu § 138 BGB), ebenso nicht der Zugang der Kündigung am Heiligen Abend (BAG AP Nr 88 zu § 626 BGB). Die Bedeutung ist inzwischen abgeschwächt durch das Maßregelverbot des § 612a, das der allgemeinen Regelung in § 138 vorgeht (BAG AP Nr 1 zu § 612a BGB; AP Nr 10 zu § 1 TVG Rückwirkung).

cc) Die Kündigung kann gegen **Treu und Glauben** verstoßen, rechtsmißbräuchlich **78** und demgemäß unwirksam sein. Allerdings ist nach geltendem Recht für eine nach § 242 unwirksame Kündigung verhältnismäßig wenig Raum. Auf der einen Seite ist eine besonders verwerfliche Kündigung schon nach § 138 nichtig wegen Sittenwidrigkeit. Besonders geregelt ist für Arbeitnehmer auf der anderen Seite die sozialwidrige Kündigung nach dem KSchG. Dabei wird das KSchG zutreffend als eine Ausgestaltung der Generalklausel des § 242 verstanden, in dem der Gesetzgeber für das Arbeitsverhältnis ausdrücklich positiv und negativ geregelt hat, wann eine Kündigung als Verstoß gegen Treu und Glauben wirksam bzw unwirksam sein soll. Die bloße Sozialwidrigkeit kann deshalb nur im Rahmen des KSchG zur Unwirksamkeit der Kündigung von Arbeitnehmern führen. Soweit das KSchG in bestimmten Fällen eine Sozialwidrigkeit ausschließt, also im ersten halben Jahr der Beschäftigungsdauer (§ 1 Abs 1 KSchG), bei Organmitgliedern und zur Vertretung berufenen Vertretern (§ 14 KSchG), in Kleinbetrieben (§ 23 KSchG) und bei Arbeitskämpfen (§ 25 KSchG) kann deshalb die bloße Sozialwidrigkeit nicht zur Unwirksamkeit der Kündigung nach § 242 führen. Soweit das KSchG gilt, ist die Sozialwidrigkeit gesetzlich besonders geregelt und ausgestaltet und kann deshalb auch nicht zur Anwendung von § 242 berechtigen, da sonst zB die Auflösungsmöglichkeiten bei Unwirksamkeit der Kündigung (§§ 9, 10, 14 Abs 2 KSchG) zu Unrecht ausgeschlossen würden. Deshalb müssen für Arbeitnehmer zur bloßen Sozialwidrigkeit noch *weitere, erschwerende Umstände* hinzukommen, um eine Kündigung als gegen Treu und Glauben verstoßend auch deshalb schlechthin als nichtig ansehen zu können. Das BVerfG betont ausdrücklich, der durch Generalklauseln vermittelte Schutz dürfe nicht dazu führen, die im Kündigungsschutzgesetz vorgesehenen Maßstäbe der Sozialwidrigkeit auf ausgeschlossene Bereiche auszudehnen (BVerfG AP Nr 17 zu § 23 KSchG 1969). Ein Vertrauensverlust oder sonst nachvollziehbarer Grund kann ausreichen, die Kündigung nicht willkürlich erscheinen zu lassen (BAG AP Nr 14 zu § 242 BGB Kündigung). Auch die fehlende Gelegenheit zur Stellungnahme oder Abmahnung führt noch nicht zur Treuwidrigkeit einer Kündigung (BAG AP Nr 26 zu § 611 BGB Abmahnung). Eine Kündigung verstößt dann gegen § 242 und ist nichtig, wenn sie aus Gründen, die nicht im § 1 KSchG erfaßt sind, Treu und Glauben verletzt. Typische Tatbestände der treuwidrigen Kündigung sind deshalb widersprüchliches Verhalten des Arbeitgebers, Ausspruch zu Unzeit oder in verletzender Form oder Diskriminierung etwa wegen des Sexualverhaltens (BAG AP Nr 9, 10 zu § 242 BGB Kündigung, Nr 20 zu § 23 KSchG 1969). Sind solche zusätzlichen Umstände vorhanden, müssen alle Umstände daraufhin überprüft werden, ob die Kündigung insgesamt nicht nur sozialwidrig, sondern nach § 242 nichtig ist. Das Bundesarbeitsgericht hat nach früherem Zweifel klargestellt, daß eine Kündigung sowohl vor Eintritt des Kündigungsschutzes und während der Probezeit als auch nach Versäumung der Klagefrist des § 4 KSchG noch treuwidrig und nach § 242 unwirksam sein kann (BAG AP Nr 1 zu 13 KSchG 1969; AP Nr 29 zu § 102 BetrVG 1972; AP Nr 9, 10, 12, 13, 14 zu § 242 BGB Kündigung; AP Nr 96 zu § 626 BGB). Ein Beispiel ist die evident fehlerhafte Auswahlentscheidung des Arbeitgebers bei Kündigung im Kleinbetrieb (BAG AP Nr 12 zu § 242 BGB Kündigung). Damit kann heute zutreffend davon ausgegangen werden, daß eine Kündigung bei Hinzutreten erschwerter Umstände als unzulässige Rechtsausübung nach § 242 nichtig sein kann (ErfKomm/ASCHEID 430 § 13 KSchG Rn 22 ff; GAMILLSCHEG 663; Großkomm APS/PREIS Grundlagen J Rn 45 ff; /Biebl § 13 KSchG Rn 58; KasselerHdbArbR/Isenhardt 6.3 Rn 81 ff; Hueck/ Nipperdey I 559; KSchG/Dorndorf § 13 KSchG Rn 109 ff; KasselerHdbArbR I 1.3 Rn 81 f; Linck AR-Blattei SD 1010.3 Rn 56 ff; MünchHdbArbR/Wank § 119 Rn 111 ff; Nikisch I 800; vHoyningen-Huene/Linck KSchG Einl 76, § 13 Rn 86 ff; KR/Friedrich § 13 KSchG Rn 229 ff; Schaub § 123 VII 2; Bleistein, Kündigung Rn 58; Stahlhacke/Preis/Vossen Rn 185 ff; vgl auch zuletzt die unterschiedlichen Stellungnahmen Löwisch BB 1997, 782; Annuss BB 2001, 1898; vHoyningen-Huene SAE 2001, 319; Otto RdA 2002, 103; BAG AP Nr 1 zu § 620 BGB Schuldrechtliche Kündigungsbeschränkung; AP Nr 2, 5, 9, 10, 12, 13, 14 zu § 242 BGB Kündigung; AP Nr 1 zu § 13 KSchG 1969; AP Nr 2 zu § 134 BGB; AP Nr 1 zu § 1 KSchG Wartezeit; AP Nr 18, 29 zu BetrVG 1972; AP Nr 1 zu § 612a BGB; AP Nr 46 zu § 138 BGB; AP Nr 23 zu Art 33 Abs 2 GG; AP Nr 87 zu § 613a BGB; AP Nr 3 zu Einigungsvertrag Anlage I Kap XIX; AP Nr 29 zu § 102 BetrVG 1972; LAG Frankfurt SAE 1955, 139; LAG Bremen BB 1955, 510; LAG Düsseldorf BB 1955, 512; BB 1956, 1198; Betrieb 1966, 1734; LAG Berlin Betrieb 1958, 1188; LAG Bremen ArbuR1986, 248; LAG Hamm RnK I 8 1 13).

79 Eine besondere Form der nach § 242 unwirksamen Kündigung ist die *ungehörige Kündigung,* die wegen der Art und Weise ihrer Erklärung gegen Treu und Glauben verstößt und deshalb nichtig ist (Röhsler, Die ungehörige Kündigung, Betrieb 1969, 1147; MünchHdbArbR/Wank § 119 Rn 118; Schaub § 123 VII 3; Stahlhacke/Preis/Vossen Rn 189; KR/Friedrich § 13 KSchG Rn 248; LAG Baden-Württemberg BB 1968, 253; LAG Bremen, BB 1986, 393; ArbG Hagen Betrieb 1970, 212). Allein durch den Zugang am 24. Dezember wird aber die Kündigung noch nicht ungehörig (BAG AP Nr 88 zu § 626 BGB); dagegen kann eine Kündigung vor versammelter Belegschaft ungehörig sein (BAG AP Nr 1 zu § 1 KSchG 1969 Wartezeit). Die Kündigung im Zusammenhang mit einer Fehlgeburt ist nicht schon deshalb ungehörig (BAG AP Nr 87 zu § 613a BGB), auch nicht wegen AIDS-Infektion (BAG AP Nr 46 zu § 138 BGB) oder beim Tod des Lebenspartners (BAG AP Nr 13 zu § 242 BGB Kündigung), wohl aber wegen Homosexualität (BAG AP Nr 9 zu § 242 BGB Kündigung).

80 Keine Bedenken bestehen gegen die Anwendung der Generalklausel des § 242 auf Kündigungen im Dienstverhältnis, auf das das KSchG keine Anwendung findet, weil es sich nicht um Arbeitnehmer handelt. Gegenüber Handelsvertretern, freien Mitarbeitern und anderen im freien, unabhängigen Dienstvertrag tätigen Dienstverpflichteten kann sich deshalb die Kündigung auch wegen der besonderen *Sozialwidrigkeit* des einzelnen Falles als unzulässige Rechtsausübung darstellen und nach § 242 *nichtig* sein. Insoweit kann auch die Rechtsprechung aus der Zeit nach 1945 noch eingreifen (vgl Staudinger/Mohnen/Neumann/Nipperdey[11] Vorbem 162 zu § 620), nach der nach der Aufhebung der Vorschriften über die Kündigungswiderrufsklage des AOG bis zum Inkrafttreten des KSchG eine Kündigung wegen Sozialwidrigkeit gegen Treu und Glauben verstoßen konnte. Im Einzelfall konnte danach die Sozialwidrigkeit und damit die Nichtigkeit entfallen, weil eine Kündigungsabfindung vereinbart wurde, so daß auf anderem Wege eine Abfindungsmöglichkeit bestand. Das kann heute aber nur noch für den freien Dienstvertrag gelten. Ebenso gilt für die Kündigung nach dem *Einigungsvertrag* vom 31. 8. 1990 Anl I Kap XIX zB für die soziale Auswahl § 242 BGB, nachdem der Einigungsvertrag § 1 KSchG verdrängt (BAG AP Nr 3 Einigungsvertrag Anl I Kap XIX).

81 dd) Eine **Verpflichtung zur Unterlassung** einer Kündigung allgemein oder aus bestimmten Gründen kann auch im Einzelarbeitsvertrag oder darauf wirkenden Tarifvertrag begründet sein. Hierher gehören auch die Fälle, in denen die ordentliche

Kündigung ausgeschlossen und die Kündigung auf die außerordentliche beschränkt ist. Außerdem kann die Kündigung durch die Zustimmung Dritter oder durch Rationalisierungsschutzabkommen beschränkt sein (BAG AP Nr 24 zu § 9 KSchG 1969; AP Nr 2 zu § 1 TVG Tarifverträge: Lufthansa). Diese Verpflichtung zur Unterlassung einer Kündigung hat nicht bloß obligatorische Wirkung derart, daß die diese Verpflichtung verletzende Kündigung wirksam wird und nur im Wege der Naturalrestitution mit Hilfe des Schadensersatzanspruches wieder beseitigt werden kann oder daß gar nur ein Ersatzanspruch in Geld gegeben ist. Ist die Kündigung vertraglich ausgeschlossen, können die Parteien des Dienst- oder Arbeitsvertrages ordentlich überhaupt nicht kündigen. Eine solche Verpflichtung bedeutet eine vertragliche Verfügung über das Gestaltungsrecht der Kündigung, durch die dieses Recht unter gewissen Voraussetzungen ausgeschlossen wird. Der gekündigte Beschäftigte kann daher den Lohn weiter verlangen, da der Dienstberechtigte sich in Annahmeverzug befindet (§ 615). Die Rechtslage ist mit der zu vergleichen, in der eine Kündigungsfrist nicht eingehalten wurde. Die Kündigung kann nur in dem vertraglich festgelegten Rahmen ausgeübt werden. Daneben gibt es allerdings auch rein schuldrechtlich wirkende Kündigungsbeschränkungen, so den Fall des § 627 Abs 2 (vgl auch BAG AP Nr 1 zu § 620 BGB Schuldrechtliche Kündigungsbeschränkungen).

2. Teilkündigung, Widerruf

Eine teilweise Kündigung des Dienst- oder Arbeitsverhältnisses ist grundsätzlich **82** unzulässig (BAG AP Nr 25 zu § 123 GewO; AP Nr 2 zu § 242 BGB Betriebliche Übung; AP Nr 1, 5 zu § 620 BGB Teilkündigung). Man muß allerdings unterscheiden: Nur das Dienst- oder Arbeitsverhältnis als solches kann nicht teilweise in der Weise gekündigt werden, daß das Rechtsverhältnis im übrigen nicht berührt wird. Sofern andere Rechtsverhältnisse mit dem Dienst- oder Arbeitsverhältnis verbunden, vielleicht sogar voneinander abhängig abgeschlossen sind, ist eine getrennte und damit teilweise Kündigung des einen wie des anderen Rechtsverhältnisses in der Regel ohne weiteres möglich (zB Miet- und Arbeitsverhältnis, Darlehensvertrag und Handelsvertretervertrag; vgl SCHAUB § 123 III 6; ähnlich BLEISTEIN, Kündigung Rn 33; KSchG/HAUCK § 2 KSchG Rn 92 f; STAHLHACKE/PREIS/VOSSEN Rn 141 f; KNORR/BICHLMEIER/KREMHELMER 129 ff; SCHWEDES 550). Nur das eigentliche Dienst- oder Arbeitsverhältnis ist als nicht getrennt kündbare Einheit zu sehen. Teilweise wird allerdings die Auffassung vertreten, auch das Dienst- oder Arbeitsverhältnis sei wenigstens insoweit teilweise kündbar, als dies im Vertrag ausdrücklich oder stillschweigend vorbehalten sei, vor allem soweit es sich um Zusatzvereinbarungen handele (BAG AP Nr 2 zu § 242 BGB Betriebliche Übung, AP Nr 1 zu § 620 BGB Teilkündigung; AP Nr 25 zu § 611 BGB Arzt-Krankenhaus-Vertrag; KR/ROST § 2 KSchG Rn 51 ff; STAHLHACKE/PREIS/VOSSEN Rn 143; vHOYNINGEN-HUENE/LINCK § 2 KSchG Rn 30; MünchHdbArbR/WANK § 118 Rn 50; WANK bei HROMADKA, Änderung von Arbeitsbedingungen [1990] 48 ff; HROMADKA, RdA 1992, 251; Betrieb 1995, 1609). Das kann nach der Änderung des KSchG durch das 1. ArbeitsrechtsbereinigungsG vom 14. 8. 1969 mit der Einfügung des § 2 KSchG für Änderungskündigungen im Arbeitsverhältnis nicht gelten. Danach ist nämlich bei Annahme der geänderten Bedingungen unter Vorbehalt nur noch der Teil des Arbeitsverhältnisses im Streit, der geändert werden soll. Insoweit ist es richtig, von einer Teilkündigung zu sprechen (GUMPERT BB 1969, 409; KUNZE, Die Änderungskündigung als Teilkündigung, BB 1971, 918). Auf diesen Kündigungsschutz kann aber nicht im Voraus verzichtet werden, so daß auch ein vertraglicher Vorbehalt einer Teilkündigung insoweit unzulässig ist. Nur wenn man auch die Teil-

kündigung den vollen Kündigungsschutzrechten unterwirft, kann sie auch weiter als
zulässig angesehen werden, da dann praktisch nur die Situation vertraglich vorweggenommen wird, die nach Annahme der geänderten Bedingungen unter Vorbehalt
nach einer Änderungskündigung ohnehin besteht. Damit wird aber die Teilkündigung zu einer besonderen Art der Änderungskündigung, so daß man dem Gekündigten auch das Recht geben muß, nach einer solchen Teilkündigung das gesamte
Rechtsverhältnis zu kündigen, wenn er an dem verminderten Vertrag nun seinerseits
kein Interesse mehr hat. Sehr weit geht daher die Auffassung, eine Teilkündigung sei
zulässig, wenn mehrere Teilverträge vorliegen, die jeweils für sich selbständig lösbar
seien (BAG AP Nr 18, 25 zu § 611 BGB Arzt-Krankenhaus-Vertrag). Nur beim freien Dienstvertrag kann auf Grund der Vertragsfreiheit eine teilweise Kündigung vorbehalten
sein, die dann aber ausdrücklich oder mit großer Klarheit sich aus dem Vertrag
ergeben muß. Im Arbeitsvertragsrecht bleiben auch für Teilverträge die Schutzvorschriften bestehen, solange sie Teil des Arbeitsverhältnisses sind.

83 Mit Recht muß deshalb heute die Teilkündigung als *Widerruf* angesehen werden, der
für einen Teil des Vertrags vorbehalten wird (BAG AP Nr 5 zu § 620 BGB Teilkündigung;
ErfKomm/Ascheid 430 § 2 KSchG Rn 7; Gamillscheg 694 f; Großkomm APS/Preis Grundlagen E
Rn 12 ff (kritisch), /Künzl § 2 KSchG Rn 73 ff; KasselerHdbArbR/Isenhardt 6.3 Rn 65; Stahl-
hacke/Preis/Vossen Rn 143; Hueck RdA 1968, 201; vHoyningen-Huene/Linck § 2 KSchG
Rn 30 ff; MünchHdbArbR/Wank § 118 Rn 50; MünchKomm/Schwerdtner zu § 620 Rn 59; Schaub
§ 123 III 6). „Ist hingegen einem Vertragspartner das Recht eingeräumt, einzelne
Vertragsbedingungen einseitig zu ändern, so handelt es sich – unabhängig von der
gewählten Bezeichnung – um einen Widerrufsvorbehalt" (BAG AP Nr 5 zu § 620 Teilkündigung unter III 1 b). Zulagen, Gratifikationen, zusätzliches Urlaubsgeld, Bonus,
Prämien oder andere rein zusätzliche Leistungen können unter dem Vorbehalt des
Widerrufs gewährt werden. Dabei kann der Widerruf befristet, unter einer Ankündi-
gungsfrist oder ohne Frist vorbehalten sein, im Zweifel gilt allerdings auch hier eine
ordentliche Frist in der Länge der Kündigungsfrist. Der *vorbehaltene Widerruf* berührt das Dienst- oder Arbeitsverhältnis selbst nicht, sondern läßt nur zusätzliche
Leistungen, die freiwillig gewährt werden, bei seiner Ausübung wieder wegfallen. Da
solche Leistungen überhaupt nicht erbracht zu werden brauchen, können sie auch
unter dem Vorbehalt eines Widerrufs geleistet werden. Das gilt für Zulagen dementsprechend nur dann, wenn Arbeiten mit oder ohne Zulage nach dem Vertrag zu
leisten sind (Schmutz- und Lästigkeitszulagen, Vorhandwerkerzulage, Nachtdienst-
und Schichtzulagen). Solange sowohl Arbeiten mit als auch ohne Zulage angeordnet
werden können, ist auch die Zulage widerruflich. Wenn aber nach dem Vertrag eine
Beschäftigung nur als Vorhandwerker, nur für den Schichtdienst oder nur für besondere, zulagenpflichtige Arbeiten vereinbart ist, ist auch kein Widerruf zulässig,
sondern muß eine Änderungskündigung erfolgen. Solche widerruflichen Zulagen
sind oft auch tariflich vorgesehen (zB im Baugewerbe, § 9 MTB II für Vorhandwerkerzulage). Teilweise wird die Auffassung vertreten, der *Widerruf* von Zulagen könne
nur nach dem gerichtlich nachprüfbaren *billigen Ermessen* erfolgen (BAG AP Nr 10, 12
zu § 315 BAG; AP Nr 5 zu § 611 BGB Lohnzuschläge; AP Nr 6 zu 2 KSchG 1969; AP Nr 5 zu § 620
BGB Teilkündigung; AP Nr 18, 25 zu § 611 BGB Arzt-Krankenhaus-Vertrag). Das ist nicht
zutreffend, da die Leistung durch den Widerrufsvorbehalt nicht unbestimmt iS von
§ 315 wird; auch kann nicht eine Weisung, die sich als unbilliges Verlangen darstellt,
durch gerichtliches Gestaltungsurteil ersetzt werden, wie das § 315 Abs 3 vorsieht
(Bötticher AuR 1967, 325 gegen Söllner, Einseitige Leistungsbestimmung im Arbeitsverhältnis

[1966]). Vielmehr kann der *Widerruf* stets nur *nach Treu und Glauben* (§ 242) ausgeübt werden, dh er darf nicht willkürlich und nicht ohne sachlichen Grund ausgesprochen werden (BAG AP Nr 1, 3, 5, 6 zu § 9 MTB II; AP Nr 3 zu § 36 BAT; AP Nr 2 zu § 28
BMT-G II). Diese bisherige Inhaltskontrolle wird durch die Schuldrechtsmodernisie-
rung ab 1. 1. 2002 und für Altverträge ab 1. 1. 2003 (EGBGB Art 229 § 5) in Zukunft
durch § 307 verstärkt. Das wird auch die Rechtsprechung zum Widerruf beeinflussen
(DÄUBLER NZA 2001, 1329, 1336; GOTTHARD 123 ff; HENSSLER RdA 2002, 129, 138; LINDEMANN
ArbnR 2002 81, 86; REICHOLD ZTR 2002, 202, 207; REINECKE Betrieb 2002, 583; einschränkend
LINGEMANN NZA 2002, 181, 190). Insoweit sind Änderungskündigung, Teilkündigung und
Widerruf stets zusammen zu betrachten und für das Arbeitsverhältnis nur die Än-
derungskündigung und der besondere vorbehaltene Widerruf für zusätzliche Lei-
stungen zulässig. Die Äußerung einer Rechtsansicht ist keine Teilkündigung (BAG
AP Nr 6 zu § 620 BGB Teilkündigung).*

Die **Übertragbarkeit** des Kündigungsrechts ist theoretisch denkbar, in der Praxis   **84**
kommt es kaum vor, daß Dienst- oder Arbeitsverhältnisse nur durch einen Dritten
gekündigt werden können (vgl MOLITOR, Kündigung 94 f; RG JurR 1927 Nr 354). Dagegen ist
Vertretung bei der Kündigung ohne weiteres möglich (vgl oben Rn 63 f). Es gelten
§§ 185, 182, 180. Die vertragliche Vereinbarung eines Kündigungsrechts eines Dritten kann gegen § 138 verstoßen, insbes wenn ein Arbeitsverhältnis in seinem Bestand
von dem Willen oder die Kündigung von der Zustimmung eines Dritten abhängig
sein soll (BAG AP Nr 24 zu § 9 KSchG 1969).

4.   Rechtswirkungen und Hauptformen der Kündigung

a)   Die wirksame *Kündigung bewirkt* das sofortige oder befristete Ende des   **85**
Dienst- oder Arbeitsverhältnisses. Die Kündigung wirkt damit anders als der Rücktritt und die Anfechtung nur ex nunc, mit Wirkung allein für die Zukunft, sie wirkt nie
obligatorisch oder dinglich ex tunc, für die Vergangenheit.

b)   Je nachdem ob die Wirkung der Kündigung *sofort* mit dem Zugang eintritt oder   **86**
erst eine *Frist* in Lauf setzt, mit deren Ablauf das Dienst- oder Arbeitsverhältnis
erlischt, unterscheidet man die fristlose und befristete Kündigung.

c)   Die Scheidung zwischen *befristeter* und *fristloser* Kündigung deckt sich in der   **87**
Regel, aber nicht immer mit dem Unterschied von ordentlicher und außerordentlicher Kündigung. Dieser letztere Unterschied beruht auf den Voraussetzungen, der
erstere auf den Wirkungen der Kündigung. Beide Arten der Beendigung sind nach
Tatbestand, Voraussetzungen, Rechtswirkungen und Anwendungsgebiet grundsätzlich verschieden.

---

* Vgl zum Ganzen (sehr umstritten) ErfKomm/ MOLITOR, Kündigung 37 ff; BROX Rn 179; BOB-
ASCHEID 430 § 2 KSchG Rn 7 ff, 22; GAMILL- ROWSKI/GAUL II 132; DÄUBLER II 530; SÖLLNER
SCHEG 694 f; Großkomm APS/PREIS Grundla- 289; ZÖLLNER/LORITZ 245; SCHAUB § 123 III 6;
gen E Rn 12 ff; /KÜNZL § 2 KSchG Rn 73 ff; BLEISTEIN, Kündigung Rn 33; STAHLHACKE/
HUECK/NIPPERDEY I 551; KasselerHdbArbR/ PREIS/VOSSEN Rn 141 ff; KR/ROST § 2 KSchG
ISENHARDT 6.3 Rn 61 ff; KSchG/HAUCK § 2 Rn 5 f; vHOYNINGEN-HUENE/LINCK § 2 KSchG
KSchG Rn 92 ff; LÖWISCH § 2 KSchG Rn 4, Rn 28 ff; KNORR/BICHLMEIER/KREMHELMER
92 ff; MünchHdbArbR II 62 f; NIKISCH I 669; 129 ff; SCHWEDES Rn 549 ff.

88 aa) Die *ordentliche Kündigung* führt zu der regelmäßigen nach Gesetz oder Vertrag vorgesehenen Beendigung und setzt (von den speziellen Kündigungsschutzvorschriften aller Art abgesehen) keinen besonderen Beendigungsgrund voraus. Sie ist regelmäßig eine befristete Kündigung. Ist aber eine Kündigungsfrist nicht vorgesehen, vor allem auch nicht als Mindestfrist zwingend vorgeschrieben, kann auch die ordentliche Kündigung ohne Einhaltung einer Frist und ohne daß ein Kündigungsgrund vorliegen muß, die Dienst- oder Arbeitsverhältnisse sofort beenden (gesetzliches Beispiel dafür ist die Kündigung von Berufsausbildungsverträgen während der ersten 3 Monate nach § 15 BerBG, vgl BAG AP Nr 7, 8 zu § 15 BBiG; AP Nr 9 zu § 22 KO).

89 bb) Die *außerordentliche Kündigung* ist nur zulässig, wenn bestimmte (außerordentliche) Kündigungsgründe vorliegen. Sie führt in der Regel zur sofortigen Beendigung des Dienst- oder Arbeitsverhältnisses. Es kann aber auch die außerordentliche Kündigung von der Einhaltung einer Frist abhängig gemacht sein, zB in § 113 InsO, auch in § 15 Abs 4 KSchG für Betriebsratsmitglieder bei Betriebsstillegung (Grund) zum Zeitpunkt der Betriebsstillegung (Frist). Wenn derjenige, der einen außerordentlichen Kündigungsgrund hat, freiwillig eine Frist einhält, so kann trotzdem eine außerordentliche Kündigung vorliegen. Man bezeichnet sie dann als außerordentliche Kündigung mit sozialer Auslauffrist.

5. Konversion

a) Umdeutung
90 Eine Kündigung, die gesetzlich oder vertraglich unzulässig ist, wird nicht wirksam. Das gilt zB für die ordentliche Kündigung ohne Einhaltung der vorgeschriebenen Kündigungsfrist oder bei deren Ausschluß und für die außerordentliche Kündigung, ohne daß der hierfür erforderliche Kündigungsgrund vorliegt.

91 Erklärt sich der Vertragsgegner jedoch mit der an sich unwirksamen Kündigung *einverstanden,* so kommt eine vertragliche *Aufhebung* des Dienstverhältnisses zustande: Beide Parteien wollen die Beendigung des Rechtsverhältnisses zu einem bestimmten, übereinstimmenden Zeitpunkt. Dabei kann einmal in der Kündigung gleichzeitig das Angebot auf Auflösung des Dienstverhältnisses durch Vertrag gesehen werden, die Kündigung kann zum anderen aber auch in einen Antrag auf Abschluß eines Aufhebungsvertrages umgedeutet werden (§ 140), den der Kündigungsempfänger nach Kenntnis annimmt. Gegen eine solche Konversion spricht weder, daß die Kündigung uU nicht nichtig, sondern zunächst nur unwirksam sein kann, noch die Unselbständigkeit des Rechtsgeschäfts des Vertragsantrages. § 140 ist auf diese Fälle nach seinem Sinn und Zweck anzuwenden. Voraussetzung ist allerdings der beiderseitige rechtsgeschäftliche Wille auf Auflösung des Dienstverhältnisses zum vorgesehenen Zeitpunkt; deshalb liegt die Annahme eines solchen Vertragsangebotes weder im Schweigen des Kündigungsempfängers noch in der Bestätigung des Empfanges der Kündigung. Das gilt aber nur für Dienstverhältnisse und arbeitnehmerähnliche Personen. Die Umdeutung von Kündigungen in Aufhebungsverträge bei Arbeitsverhältnissen verbietet sich seit Einführung von § 623 durch Gesetz vom 30. 3. 2000 (BGBl I 333) mit Wirkung vom 1. 5. 2000 wegen der erforderlichen Schriftform als Wirksamkeitsvoraussetzung (§ 623 Rn 74).

b) Nächst zulässiger Zeitpunkt

Eine Kündigung, die die Rechtswirkung der Beendigung zum beabsichtigten Termin **92** nicht mehr erreichen kann, ist als Kündigung zum *nächst zulässigen Zeitpunkt* anzusehen. Das gilt regelmäßig für eine ordentliche Kündigung, bei der die Frist nicht eingehalten wurde, die also nicht rechtzeitig zugegangen ist. Der Kündigende hat zu erkennen gegeben, daß er das Dienst- oder Arbeitsverhältnis lösen will, und zwar zum nächsten zulässigen ordentlichen Kündigungstermin, auch wenn in der Kündigung ein falscher Termin genannt wurde. Ordentliche Kündigungen, bei denen so entscheidender Wert auf den Kündigungszeitpunkt gelegt wird, daß die Kündigung nicht erfolgen soll, wenn die Auflösung nicht zum genannten Zeitpunkt erfolgt, sind äußerst selten. Ist dies jedoch der Fall (der Arbeitnehmer will zB eine andere Stelle übernehmen, die er aber nur zu dem genannten Zeitpunkt antreten kann, wenn dies nicht möglich ist, jedoch seine bisherige Tätigkeit fortsetzen), muß dies ganz klar zum Ausdruck kommen (BAG AP Nr 5 zu § 1 KSchG Betriebsbedingte Kündigung; AP Nr 20 zu § 622 BGB; ErfKomm/MÜLLER-GLÖGE 230 § 622 BGB Rn 26; Großkomm APS/LINCK § 622 BGB Rn 66; MünchKomm/SCHWERDTNER § 622 Rn 26; KR/SPILGER § 622 BGB Rn 140; SCHAUB § 123 XI 2; HUECK/NIPPERDEY I 565; NIKISCH I 706).

c) Außerordentliche in ordentliche Kündigung

Die *außerordentliche Kündigung* ist im Zweifel in eine *ordentliche Kündigung* zum **93** nächst zulässigen Termin *umzuwandeln,* wenn kein rechtfertigender außerordentlicher Grund vorliegt. Der Kündigende hat durch die außerordentliche Kündigung in aller Regel zu erkennen gegeben, daß er das Dienst- oder Arbeitsverhältnis auf jeden Fall lösen will. Wenn diese außerordentliche Kündigung nicht durchgreift, soll wenigstens zum nächst zulässigen ordentlichen Kündigungstermin die Kündigung wirken. Die frühere gegenteilige Vorschrift des § 11 Abs 2 KSchG, nach der eine unwirksame fristlose Entlassung im Zweifel nicht als Kündigung zum nächst zulässigen Kündigungszeitpunkt gelten sollte, ist durch das 1. ArbeitsrechtsbereinigungsG vom 14. 8. 1969 aufgehoben. Daher gilt jetzt allgemein, daß die außerordentliche Kündigung im Zweifel als Kündigung zum nächst zulässigen ordentlichen Kündigungstermin gelten soll. Aber das gilt nicht uneingeschränkt. Wenn nämlich die ordentliche Kündigung besonderer Zulässigkeitsvoraussetzungen bedarf (Zustimmung des Integrationsamtes, Anhörung des Betriebsrates auch zur ordentlichen Kündigung, vgl unten Rn 136), kann die Umdeutung nur erfolgen, wenn diese Voraussetzungen für eine ordentliche Kündigung erfüllt sind. Außerdem ist in Fällen, in denen eine außerordentliche Kündigung nur wegen eines besonderen Grundes erfolgte, häufig davon auszugehen, daß überhaupt keine Kündigung für den Fall beabsichtigt war, daß sich die Unrichtigkeit dieses Grundes herausstellt. Deshalb ist stets nach den Umständen des Einzelfalles darauf abzustellen, ob entsprechend § 140 die Umdeutung der unwirksamen außerordentlichen Kündigung in eine ordentliche Kündigung dem mutmaßlichen Willen des Kündigenden entspricht und das dem Kündigungsempfänger erkennbar geworden ist (BAG AP Nr 32 zu § 626 BGB Ausschlußfrist; AP Nr 10 zu § 626 BGB Druckkündigung; AP Nr 5 zu § 1 KSchG Betriebsbedingte Kündigung; AP Nr 1 zu § 620 BGB; AP Nr 1 zu Art 5 Abs 1 GG Meinungsfreiheit; AP Nr 3 zu § 6 KSchG 1969; AP Nr 10 zu § 9 KSchG 1969; AP Nr 3 zu § 13 KSchG 1969; AP Nr 50 zu § 256 ZPO; vHOYNINGEN-HUENE/LINCK, KSchG § 13 Rn 40 ff; ErfKomm/MÜLLER-GLÖGE 230 § 626 BGB Rn 292 ff; GAMILLSCHEG 567 f; Großkomm APS/PREIS Grundlagen D Rn 131 ff; /BIEBL § 13 KSchG Rn 34 ff; HUECK/NIPPERDEY I 561; KasselerHdbArbR/ISENHARDT 6.3 Rn 263 ff: MünchhdbArbR/WANK § 120 Rn 17 ff; NIKISCH I 747; KR/ETZEL § 1 KSchG Rn 253 f; KR/FRIEDRICH § 4 KSchG Rn 231 ff, § 13

KSchG Rn 75 ff; KR/Fischermeier § 626 BGB Rn 365 f; Schaub § 123 X 3; Stahlhacke/Preis/
Vossen Rn 332 ff; Schlochauer RdA 1973, 159; Schmidt NZA 1989, 661).

94 Im *Prozeß* hat das Gericht die *Umdeutung* und damit das Ende des Dienst- oder
Arbeitsverhältnisses zum nächst zulässigen ordentlichen Kündigungstermin bei Unwirksamkeit der außerordentlichen Kündigung von Amts wegen zu prüfen, sofern die
Unwirksamkeit der Kündigung insgesamt geltend gemacht ist und sich aus den vorgetragenen Tatsachen und Umständen ergeben kann, daß die Kündigung auch als
solche zum nächst zulässigen Zeitpunkt gewollt ist. Es bedarf weder eines dahingehenden besonderen Antrages der Kündigung noch muß die Konversion selbst
geltend gemacht werden (BAG AP Nr 3 zu § 13 KSchG 1969; AP Nr 10 zu § 626 BGB Druckkündigung; daß der Prozeßantrag die ordentliche Kündigung mit erfaßt, führt auch das BAG aus, AP
Nr 1 zu Art 5 Abs 1 GG Meinungsfreiheit). Es genügt, daß Tatsachen vorgetragen sind, aus
denen sich die Umdeutung ergeben kann; dann hat das Gericht die Rechtsfolge der
Umdeutung von sich aus zu prüfen. Deshalb können – nach Maßgabe des Prozeßrechts über verspätetes Vorbringen – solche Umstände, aus denen eine Umdeutung
zu entnehmen ist, auch noch in zweiter Instanz vorgebracht werden (BAG AP Nr 87 zu
§ 626 BGB; Trieschmann BB 1955, 837; Stahlhacke/Preis/Vossen Rn 1170; Schmidt NZA 1989,
661; Großkomm APS/Biebl § 13 KSchG Rn 44; aA Güntner RdA 1953, 374; LAG Stuttgart AP
Nr 8 zu § 123 GewO). Der Richter hat in jeder Lage des Verfahrens den Sachverhalt im
Rahmen des Streitgegenstandes (Wirksamkeit der Kündigung) unter allen rechtlichen Gesichtspunkten auf der Grundlage des zulässigerweise vorgetragenen Tatsa-
chenmaterials zu prüfen; dazu gehört auch die Umdeutung nach § 140 (jetzt auch BAG
AP Nr 3 zu § 6 KSchG 1969; AP Nr 50 zu § 256 ZPO; vgl Vollkommer Anm AP Nr 3 zu § 13 KSchG
1969; Hölters Anm AP Nr 10 zu § 626 BGB Druckkündigung; vHoyningen-Huene/Linck § 13
KSchG Rn 45; KasselerHdbArbR/Isenhardt 6.3 Rn 263 ff; MünchHdbArbR/Wank § 120 Rn 18;
Stahlhacke/Preis/Vossen Rn 1171; KR/Friedrich § 13 KSchG Rn 83; Dahns BB 1953, 863;
Trieschmann BB 1955, 839; aA Schaub § 123 XI 3). Aus der Prüfungspflicht der Wirksamkeit der Kündigung ggf auch als ordentlicher zum nächsten zulässigen Zeitpunkt
folgt, daß ein Urteil über die Unwirksamkeit einer außerordentlichen Kündigung
in jedem Fall der späteren Umdeutung als ordentliche Kündigung in einem späteren
Prozeß entgegensteht. Die Unwirksamkeit der Kündigung insgesamt steht rechtskräftig fest, selbst wenn im ersten Verfahren die Frage der Umdeutung überhaupt
nicht erörtert wurde, gleichgültig ob es an dem Vortrag entsprechender Tatsachen
fehlte oder das Gericht zu Unrecht hierauf nicht eingegangen war (so auch im Ergebnis
BAG AP Nr 2 zu § 615 BGB Böswilligkeit; AP Nr 12 zu § 11 KSchG; AP Nr 3 zu § 6 KSchG 1969; AP
Nr 87 zu § 626 BGB; KR/Friedrich § 13 KSchG Rn 83; KR/Fischermeier § 626 BGB Rn 396 ff;
vHoyningen-Huene/Linck § 13 KSchG Rn 47; Knorr/Bichlmeier/Kremhelmer 156 Rn 103 ff;
Löwisch § 13 KSchG Rn 36; Bötticher, in: FS Herschel [1955] 191). Das prozessuale Problem
hängt von der Bestimmung des Streitgegenstandes im Kündigungsprozeß ab. Maßgeblich dafür ist der Antrag, seine Auslegung nach der Begründung und dem Vortrag
der Parteien. Eine einzige Kündigung nach ihren Auswirkungen in eine außerordentliche und eine ordentliche zu zerlegen, erscheint gekünstelt (so aber BAG AP Nr 50 zu
§ 256 ZPO) und wird durch die sog Präklusion wieder geheilt. Richtig ist, daß bei
einem Kündigungsschutzprozeß nach dem Antrag gemäß § 4 KSchG nur diese Kündigung, dann aber insgesamt streitbefangen ist. Die Parteien müssen zur Umdeutung
vortragen (ErfKomm/Müller-Glöge 230 § 626 BGB Rn 293; Großkomm APS/Biebl § 13
KSchG Rn 40 ff; vgl KR/Friedrich § 13 KSchG Rn 75 ff; KR/Fischermeier § 626 BGB Rn 398;
vHoyningen-Huene/Linck § 13 KSchG Rn 42 ff; Stahlhacke/Preis/Vossen Rn 1170 ff).

d) Ordentliche in außerordentliche Kündigung

Die **Umdeutung** einer *ordentlichen* in eine *außerordentliche* Kündigung ist nicht **95** möglich. Das gilt auch dann, wenn ein Grund zur außerordentlichen Kündigung vorlag und auch angegeben wurde, da der Kündigungsempfänger sich darauf verlassen kann, daß trotz eines solchen Grundes nur eine ordentliche Kündigung ausgesprochen werden sollte. Es kann sich deshalb stets nur um eine Auslegungsfrage handeln, ob eine Kündigung als ordentliche (entfristete), als ordentliche mit Kündigungsfrist, als außerordentliche oder als außerordentliche Kündigung mit Auslauffrist erkennbar erklärt werden sollte. Auch die Umdeutung einer Kündigung in eine Anfechtung scheidet aus, weil die Anfechtung weitergehende Folgen hat; auch insoweit kann daher nur die Frage einer entsprechenden Auslegung, nicht aber einer Umdeutung auftreten (vgl BAG AP Nr 1 zu § 44 TVAL II; AP Nr 4 zu § 9 MuSchG 1968; AP Nr 1 zu § 154 BGB; LAG Baden-Württemberg BB 1960, 742; LAG Kiel RdA 1954, 80; LAG Stuttgart Betrieb 1965, 1672; LAG Düsseldorf BB 1958, 880; BB 1968, 753; LAG Frankfurt AP 1952 Nr 156; BB 1974, 839; SCHAUB § 123 XI 4, 5; BLEISTEIN, Kündigung Rn 65; STAHLHACKE/PREIS/VOSSEN Rn 341, 342; KR/ETZEL § 1 KSchG Rn 166; Großkomm APS/PREIS Grundlagen D Rn 134; HUECK/NIPPERDEY I 562; KasselerHdbArbR/ISENHARDT 6.3 Rn 272; SCHMIDT AuR 1960, 43; BEITZKE Anm zu AP Nr 24 zu § 9 MuSchG).

6. Aufhebung der Kündigung

a) Rücknahme

Da die Kündigung mit dem Zugang wirksam wird, kann sie einseitig *nicht* zurück- **96** genommen werden (BAG AP Nr 22 zu § 1 KSchG; AP Nr 6, 9 zu § 9 KSchG 1969; AP Nr 40 zu § 615 BGB; LAG Düsseldorf Betrieb 1967, 688; BB 1964, 760; Betrieb 1975, 1081; OEHMANN, Die sog Rücknahme der Kündigung, AuR 1953, 174; DAHNS, Zum Problem der „Rücknahme" einer Kündigung, RdA 1958, 253; HUNN, Die „zurückgenommene" Kündigung, AuR 1959, 45; SCHWERDTNER, Rücknahme der Kündigung und Kündigungsschutzprozeß, ZIP 1982, 639; FISCHER, Die Rücknahme der Arbeitgeberkündigung NZA 1999, 459). Ein Widerruf ist ohne Wirkung, es sei denn, daß nach § 130 Abs 1 S 2 dieser Widerruf dem Gekündigten vorher oder gleichzeitig mit der Kündigung zugeht. Eine Rücknahme ist auch ausgeschlossen, wenn die Kündigung zugegangen, dem Gekündigten aber noch nicht bekannt geworden ist, wie der Wortlaut von § 130 ergibt. Gleiches muß gelten, wenn die Kündigung noch einer Zustimmung bedarf (ADAM AR-Blattei 1010.1.2 Rn 159 ff; ErfKomm/MÜLLER-GLÖGE 230 § 620 BGB Rn 229; Großkomm APS/PREIS Grundlagen D Rn 138 ff; /ASCHEID § 4 KSchG Rn 128; MOLITOR, Kündigung 145 ff; SCHAUB § 123 II 4; STAHLHACKE/PREIS/VOSSEN Rn 121; vHOYNINGEN-HUENE/LINCK § 4 KSchG Rn 27 f; KasselerHdbArbR/ISENHARDT 6.3 Rn 53 ff; KR/FRIEDRICH § 4 KSchG Rn 54). Die Kündigung kann jedoch wegen Irrtums, arglistiger Täuschung oder Drohung angefochten und damit ggf unwirksam werden.

b) Vertragliche Aufhebung

Durch *Vertrag* kann jedoch die Kündigung *rückgängig* gemacht werden. Das gilt **97** immer dann, wenn der Gekündigte seine Dienste fortsetzt, nachdem die Kündigung zurückgenommen wurde oder die Kündigung auf Vorstellungen des Gekündigten hin zurückgenommen wird. Das Angebot auf Aufhebung der Kündigungsfolgen kann auch in der Erhebung einer Klage gegen die Kündigung gesehen werden (ErfKomm/MÜLLER-GLÖGE 230 § 620 BGB Rn 230; GAMILLSCHEG 681; Großkomm APS/PREIS Grundlagen D Rn 141 f; /ANSCHEID § 4 KSchG Rn 129 ff; HUECK, in: FS Nipperdey [1955] 103; HUECK/NIPPERDEY I 545 f; KasselerHdbArbR/ISENHARDT 6.3 Rn 53 ff; MünchHdbArbR/WANK § 118 Rn 37 f; NIKISCH I,

Dirk Neumann

696; MOLITOR, Kündigung 142 f; SCHAUB § 123 II 4; STAHLHACKE/PREIS/VOSSEN Rn 124; vHOYNIN-
GEN-HUENE/LINCK § 4 KSchG Rn 27 ff; KR/FRIEDRICH § 4 KSchG Rn 59 ff; LAG Hamm AP 1954
Nr 117; LAG Düsseldorf Betrieb 1975, 1081). Wenn allerdings der Arbeitnehmer vorher
schon einen Auflösungsantrag nach § 9 KSchG gestellt hat, kann in der Klageerhebung keine Annahme eines Arbeitgeberangebots auf Rückgängigmachung der Kündigungsfolgen gesehen werden (BAG AP Nr 6, 8, 9 zu § 9 KSchG 1969; STAHLHACKE/PREIS/
VOSSEN Rn 129). Dem Arbeitnehmer kann das Recht auf Auflösung gegen Zahlung
einer Abfindung nicht durch die Unterstellung eines antizipierten Einverständnisses
mit der Rücknahme genommen werden (BAG AP Nr 9 zu § 9 KSchG 1969). Es kann
vereinbart werden, daß die Kündigung zu einem anderen Zeitpunkt wirksam werden
oder als befristeter Vertrag fortdauern soll bis er zu einem bestimmten Zeitpunkt
ohne neue Kündigung endet, oder daß der Vertrag auf unbestimmte Zeit weiterlaufen soll, also dann zur Beendigung eine erneute Kündigung erforderlich ist. Im
Zweifel gilt letzteres, dh die Kündigung wird so zurückgenommen, daß der Vertrag
unbefristet weiterläuft und einer völlig neuen Kündigung zur Beendigung bedarf.
Das Dienst- oder Arbeitsverhältnis behält den bisherigen Inhalt. Das gilt aber alles
nur für den Fall, daß das Dienst- oder Arbeitsverhältnis zur Zeit der vertraglichen
Regelung über die Rücknahme der Kündigung noch bestand, die Kündigungsfrist
also noch nicht abgelaufen oder die Kündigung nichtig bzw eine außerordentliche
Kündigung mangels entsprechenden Grundes unwirksam war.

98 Ist dagegen durch die Kündigung das Ende des Dienst- oder Arbeitsverhältnisses
bereits eingetreten, war insbes zB die Kündigungsfrist *abgelaufen,* kann die Kündigung auch vertraglich *nicht* mehr *rückgängig* gemacht werden. Dann liegt vielmehr
stets ein Neuabschluß des Vertrages vor, was vor allem für Formvorschriften von
Bedeutung ist. Bei Neuabschluß des Dienst- oder Arbeitsvertrages sind evtl Formvorschriften einzuhalten, während bis zum Ablauf der Kündigungsfrist Formfreiheit
gilt. Im übrigen kann der Neuabschluß rückwirkend erfolgen, so daß praktisch das
Dienst- oder Arbeitsverhältnis nicht unterbrochen wird. Für die Rückwirkung müssen sich aber zusätzliche Anhaltspunkte ergeben, aus denen auf eine entsprechende
Vereinbarung geschlossen werden kann; hiervon hängt dann ab, ob der Kündigende
in der Zwischenzeit in Annahmeverzug (§ 615) geraten ist und den Lohn auch ohne
Dienstleistung zu zahlen hat, oder die Vereinbarung über die Fortsetzung unter
Anknüpfung an das frühere Dienst- oder Arbeitsverhältnis nur für die Zukunft
wirken soll.

7. Verzicht

99 Ein **Verzicht** auf das Kündigungsrecht durch einseitigen Akt ist nicht möglich. Durch
Vereinbarung kann nur das Recht auf ordentliche, nicht das Recht zur außerordentlichen Kündigung für die Zukunft ausgeschlossen werden. Dagegen kann auf die
Ausübung des Kündigungsrechts im einzelnen Fall auch bei zwingendem Kündigungsrecht einseitig verzichtet werden. Dieser Verzicht bezieht sich jedoch immer
nur auf die gegenwärtige Ausübung des Kündigungsrechts aus diesem Grund und auf
die nächste Zukunft. Deshalb können diese Kündigungsgründe dann auch nicht mehr
als selbständiger Kündigungsgrund für eine spätere Kündigung gelten (BAG AP Nr 22
zu § 1 KSchG; ErfKomm/MÜLLER-GLÖGE 230 § 626 BGB Rn 240; Großkomm APS/DÖRNER § 626
BGB Rn 7 ff; STAHLHACKE/PREIS/VOSSEN Rn 126; KR/FISCHERMEIER § 626 BGB Rn 61 f; einschränkend GAMILLSCHEG 571 f). Das hindert aber nicht, dieselben Kündigungsgründe später

zur Unterstützung zu einer neuen Kündigung aus einem zusätzlichen Grund mit heranzuziehen. Das gilt auch bei Verzicht durch Rückgängigmachung der Kündigung.

V. Die ordentliche Kündigung

1. Kündigungsgrund

Die *ordentliche Kündigung* setzt grundsätzlich einen bestimmten *Kündigungsgrund* **100** *nicht* voraus, sie führt zur regelmäßigen Beendigung des Dienst- oder Arbeitsverhältnisses als Dauerschuldverhältnis. Die ordentliche Kündigung kommt vor allem dann in Betracht, wenn das Dienst- oder Arbeitsverhältnis auf *unbestimmte Dauer* geschlossen oder auf unbestimmte Zeit verlängert ist. Das Dienst- oder Arbeitsverhältnis mit *bestimmter Dauer* endet demgegenüber regelmäßig von selbst mit Ablauf der Zeit, für die es eingegangen ist, sofern nicht eine ordentliche Kündigung während der Laufdauer zugelassen ist (vgl die Erl zu § 620).

2. Ausschluß

Auch bei Arbeitsverhältnissen mit *unbestimmter Dauer* kann durch Vereinbarung die **101** ordentliche Kündigung für einen bestimmten Zeitraum abgeschlossen sein, vor allem bei der Vereinbarung der *Mindestdauer*. Die Vereinbarung einer solchen Mindestdauer kann uU in der Abrede einer Probezeit oder der Übernahme einer bestimmten Arbeit, ggf auch einer Akkordarbeit liegen, wenn eine bestimmte Zeit eine Veränderung ausgeschlossen ist; das ist nicht die Regel (vgl § 620 Rn 27, 28).

3. Kündigungsfrist

Die ordentliche Kündigung ist in der Regel an die Einhaltung einer *Kündigungsfrist* **102** gebunden. Die Endigungswirkung der Kündigung tritt nicht mit dem Zugang ein, sondern erst nach Ablauf der Kündigungsfrist. Außerdem kann die Kündigung in einzelnen Fällen nur zu einem bestimmten Tag, dem Kündigungstermin, erfolgen. Für die Berechnung der Fristen und Termine gelten die Regeln der §§ 186 ff. Ist das Arbeitsverhältnis danach noch nicht beendet, kann der Dienstverpflichtete die Fortdauer des Dienst- oder Arbeitsverhältnisses auch gerichtlich feststellen lassen. Das gilt besonders im Arbeitsverhältnis, da hier außerdem noch der grundsätzlich bestehende Anspruch auf Beschäftigung während der Dauer des Arbeitsverhältnisses hinzukommt; eine Klage auf zukünftige Leistung der Vergütung (ggf nach § 615) schließt die Zulässigkeit der Feststellungsklage nicht aus (BAG AP Nr 15, 17, 20, 22, 32, 37, 38, 42, 61, 66, 73, 74, 79 zu § 611 BGB Abhängigkeit; AP Nr 2 zu § 620 BGB Bedingung; AP Nr 12, 19, 48 zu § 256 ZPO; AP Nr 26, 37, 40 zu § 256 ZPO 1977).

4. Fristberechnung

Der Tag der Kündigung ist nicht in die Frist mit einzurechnen (§ 187 Abs 1). Bei **103** monatlicher Kündigung zum Monatsschluß muß also spätestens am Letzten des vorhergehenden Monats gekündigt werden. Eine Kündigung, die erst am Ersten des laufenden Monats zugeht, ist verspätet. Das gilt auch, wenn die Kündigung kurz nach Mitternacht im neuen Monat erfolgt; sie wirkt dann erst zum Schluß

des folgenden Monats (BAG AP Nr 6 zu § 130 BGB; Großkomm APS/LINCK § 622 BGB
Rn 45 f; KR/SPILGER § 622 BGB Rn 133).

104 Früher wurde die Auffassung vertreten, daß in erweiterter Anwendung von § 193 die
Kündigung auch noch am folgenden Werktag zulässig sein sollte, wenn der letzte Tag,
an dem noch rechtzeitig gekündigt werden konnte, ein **Sonn- oder Feiertag** war
(MOLITOR, Kündigung 192 f; RG JW 1907, 705; RAG ARS 6, 348; 8, 444; 26, 185; NIKISCH I 707;
BAG AP Nr 2 zu § 66 HGB). § 193 läßt sich aber nicht anwenden, da er sich auf den Fall
bezieht, daß eine Erklärung binnen einer Frist abzugeben ist. Die Kündigungsfrist ist
aber eine Frist zwischen Erklärung und Ende des Dauerschuldverhältnisses, die dem
Vertragspartner ausreichend Zeit geben soll, sich auf das Ende des Dienst- oder
Arbeitsverhältnisses einzustellen. Die Kündigungsfrist ist damit eine Mindestfrist,
die nicht verkürzt werden kann. Schließlich kann die Kündigung auch an einem
Sonn- und Feiertag erklärt werden. Die Kündigung durch Eilbrief oder Telegramm
kann nicht deshalb zurückgewiesen werden, weil sie an einem Sonn- oder Feiertag
erfolgt (KR/SPILGER § 622 BGB Rn 132). Geschieht das nicht, muß sie am Tage vorher
erklärt werden, um die Kündigungsfrist als Schutzfrist zu wahren. Das ist jetzt hM,
nachdem das BAG seine entgegenstehende Auffassung aufgegeben und der BGH
sich dem angeschlossen hat (BAG AP Nr 1 zu § 193 BGB; BGH AP Nr 2 zu § 193 BGB; ebenso
BAG AP Nr 9 zu § 130 BGB; Großkomm APS/LINCK § 622 BGB Rn 44; HUECK/NIPPERDEY I 564;
Schaub § 124 I 2; BLEISTEIN, Kündigung Rn 93; STAHLHACKE/PREIS/VOSSEN Rn 357; KR/SPILGER
§ 622 BGB Rn 131; HERSCHEL Anm AP Nr 2 zu § 66 HGB; HROMADKA BB 1993, 2372; SCHAUB § 124
I 2; HUECK Anm AP Nr 1 zu § 193 BGB).

5. Die Länge der Kündigungsfrist

105 Die *Frist für* die *ordentliche Kündigung* richtet sich nach §§ 621, 622. Seit dem 1. 9.
1969 gilt nur noch § 621 für die Kündigung des (freien) Dienstverhältnisses und § 622
für die Kündigung der (abhängigen) Arbeitsverhältnisse der Angestellten und Arbeiter. Nachdem das Bundesverfassungsgericht die unterschiedlichen Fristen für
Arbeiter und Angestellte als verfassungswidrig erklärt und dem Gesetzgeber eine
Frist zur Bereinigung bis zum 30. 6. 1993 gesetzt hatte (BVerfGE 82, 126), erging am
7. 10. 1993 (in Kraft ab 15. 10. 1993) das Gesetz zur Vereinheitlichung der Kün-
gungsfristen von Arbeitern und Angestellten (BGBl I 1668) mit Anpassung des SeemG
und HeimarbeitsG. Daneben bestehen besondere Vorschriften über Kündigungsfristen nur noch in § 89 HGB für Handelsvertreter und zum Ende der Elternzeit
(§ 19 BErzGG). Sonderregelungen gelten für die Seeschiffahrt (§ 62 SeemG) und für
das Berufsausbildungsverhältnis (§ 15 BerBG). Außerdem bestehen noch die besonderen Schutzvorschriften des § 86 SGB IX über die Kündigungsfrist für die Kündigung von schwerbehinderten Menschen und des § 29 HeimarbeitsG über die Kündigungsfrist für Heimarbeiter.

106 a) Die Kündigungsfrist des *freien Dienstverhältnisses* richtet sich nach der Art der
Bemessung der Vergütung gemäß § 621. Diese Vorschrift ist nicht zwingend und
ersetzt die früheren §§ 621, 623 in der bis zum August 1969 geltenden Fassung. Diese
gesetzlich vorgesehenen Kündigungsfristen gelten nur, wenn nichts anderes vereinbart ist.

107 b) Die Fristen für die Kündigung des Arbeitsverhältnisses waren bis zur Entscheidung des Bundesverfassungsgerichts vom 30. 5. 1990 (BVerfGE 82, 126) unterschiedlich geregelt, für Angestellte galten längere Fristen als für Arbeiter. Erst das Gesetz zur Vereinheitlichung der Kündigungsfristen von Arbeitern und Angestellten (Kündigungsfristengesetz – KündFG) vom 7. 10. 1993 (BGBl I 1668) hat der Auflage des Bundesverfassungsgerichts folgend eine einheitliche Regelung geschaffen, die für Arbeiter und Angestellte gleichermaßen gilt. Als Übergangsvorschrift wurde Art 222 EGBGB angefügt für Kündigungen bis 14. 10. 1993.

c) Die Kündigungsfrist beträgt vier Wochen zum Fünfzehnten oder Ende des **108** Kalendermonats und verlängert sich nach der festgelegten Beschäftigungsdauer. Für die Probezeit, längstens sechs Monate, gilt eine Zweiwochenfrist. Für Tarifverträge besteht Tarifvorrang, für Einzelverträge nur bei Aushilfe und in Kleinbetrieben. Im übrigen sind die Fristen Mindestfristen, vereinbarte längere Fristen bleiben unberührt. Die Kündigungsfrist für den Arbeitnehmer darf nicht länger sein als für den Arbeitgeber. Vgl die Erl zu § 622.

d) Für *Handelsvertreter* gelten die Vorschriften des § 89 HGB idF des Gesetzes zur **109** Änderung des Handelsgesetzbuches (Recht der Handelsvertreter vom 6. 8. 1953 [BGBl I 771]). Diese Vorschrift ist wegen der EGRichtlinie zur Koordinierung des Rechts der Handelsvertreter vom 18. 12. 1986 neu gefaßt worden (Gesetz zur Durchführung der EGRichtlinie zur Koordinierung des Rechts der Handelsvertreter vom 23. 10. 1989 [BGBl I 1910]). Ab 1. 1. 1990 gilt danach § 89 HGB in der Neufassung. Jedoch war für vor dem 1. 1. 1990 abgeschlossene Verträge bis zum 31. 12. 1993 noch das vorher geltende, alte Recht anzuwenden (Art 29 EGHGB idF vom 23. 10. 1989). Jetzt ist vorgeschrieben, daß die Kündigungsfrist im 1. Jahr 1 Monat, im 2. Jahr 2 Monate, vom 3. bis 5. Jahr 3 Monate und danach 6 Monate beträgt. Die Kündigung ist nur für den Schluß eines Kalendermonats zulässig, sofern nichts anderes vereinbart ist. Die Frist für den Unternehmer darf nicht kürzer sein als für den Handelsvertreter, es gilt dann die für den Handelsvertreter vereinbarte längere Frist. Die Vorschriften des BGB, vor allem §§ 621, 627 gelten für Handelsvertreter nicht, da die Sonderregelung vorgeht.

Die Kündigung nach § 89 HGB ist nur für Vertragsverhältnisse vorgesehen, die auf **110** *unbestimmte Zeit* eingegangen sind. Daher sind *befristete* Arbeitsverhältnisse nach dieser Vorschrift nicht kündbar, sie enden vielmehr durch *Fristablauf* (vgl § 620), außerdem können sie durch außerordentliche Kündigung beendet werden (§ 89a HGB). Endlich ist es möglich und bei langandauernder Befristung auch wahrscheinlich, daß eine Befristung nur als Endbefristung gewollt ist und die ordentliche Kündigung während der Vertragsdauer nicht ausgeschlossen sein sollte. Dann liegt auch während der Dauer eines so befristeten Dienstverhältnisses ein Vertragsverhältnis auf zunächst unbestimmte Zeit vor. Die Kündigungsfristen während dieser Zeit richten sich nach § 89 HGB (SCHLEGELBERGER/SCHRÖDER § 89 HGB Rn 3). Auf die Beendigung gemäß der Höchstbefristung finden jedoch die Kündigungsvorschriften keine Anwendung. Die Fristen dürfen nur für den Unternehmer nicht kürzer sein als für den Handelsvertreter, es ist also zulässig, ungleiche Fristen zu vereinbaren, wenn sie für den Unternehmer länger sind. Eine dem § 622 entsprechende Regelung für die Kündigungstermine fehlt, da abweichende Vereinbarungen ohne Begrenzung zugelassen sind. Damit ist die Vereinbarung verschiedener Kündigungstermine nicht verboten. Es ist also möglich, daß ein Teil zum Monatsende, der andere aber nur zum

Quartalsschluß mit jeweils Monatsfrist kündigen darf. Dabei kommen auch keine besonderen Schutzfunktionen zugunsten des Handelsvertreters in Betracht, da es sich um einen selbständigen Kaufmann handelt. Die Vereinbarung kann also auch so getroffen werden, daß der Handelsvertreter nur zum Quartalsschluß, der Dienstberechtigte aber zu jedem Monatsende kündigen darf (so auch SCHLEGELBERGER/SCHRÖDER § 89 HGB Rn 15; GK/LEINEMANN 5. Aufl § 89 HGB Rn 8; **aA** BAUMBACH/HOPT § 89 HGB Rn 27; HeidelbergerKomm 4. Aufl § 89 HGB Rn 4; STAUB/BRÜGGEMANN 3. Aufl § 89 HGB Rn 14, wonach § 622 Abs 5 analog gelten soll).

111 e)   Für die *Seeschiffahrt* gelten §§ 62 ff, 78 SeemG, zuletzt vom 23. 3. 2002 (BGBl I 1163) geändert. Danach muß jede, seit 1. 7. 2002 auch die außerordentliche Kündigung schriftlich erfolgen; die elektronische Form ist ausgeschlossen. Die Kündigungsfrist für Besatzungsmitglieder beläuft sich während der ersten 3 Monate des Heuerverhältnisses auf 1 Woche, danach beträgt sie 4 Wochen zum 15. oder Ende eines Kalendermonats. Während der ersten 6 Monate kann die Kündigung noch in den auf die Beendigung der Reise folgenden 3 Tagen mit Wochenfrist ausgesprochen werden. Nach 2 Jahren erhöht sich die Kündigungsfrist auf 2 Monate, nach 8 Jahren auf 3, nach 10 Jahren auf 4, nach 12 Jahren auf 5, nach 15 Jahren auf 6 und nach 20 Jahren auf 7 Monate jeweils zum Monatsende. Für den Kapitän ist die Kündigungsfrist in den ersten beiden Dienstjahren bei demselben Reeder auf 4 Wochen, danach auf 2 Monate erhöht mit den weiteren Verlängerungen wie für die anderen Besatzungsmitglieder. Bei Seereisen setzt sich das Heuerverhältnis bis zum Anlaufen eines Hafens in der Bundesrepublik fort, auch wenn die Kündigungsfrist vorher abläuft (vgl BAG AP Nr 3 zu § 63 SeemG; ErfKomm/MÜLLER-GLÖGE 230 § 622 BGB Rn 119 ff; Großkomm APS/DÖRNER §§ 62–78 SeemG; MünchHdbArbR/FREITAG § 197 Rn 29 ff; KR/WEIGAND, Kündigung im Seearbeitsrecht Rn 60 ff; BEMM/LINDEMANN SeemG §§ 62 ff; SCHWEDES/FRANZ SeemG §§ 62 ff).

112 f)   Für das *Berufsausbildungsverhältnis* gilt während der Probezeit eine entfristete ordentliche Kündigung, die ohne Grund und ohne Einhaltung einer Frist von beiden Seiten möglich ist, jedoch schriftlich erfolgen muß. Die Probezeit ist im Ausbildungsvertrag festzulegen, sie muß mindestens 1 Monat und darf höchstens 3 Monate dauern (§ 13 BerBG). Nach Ablauf der Probezeit ist die ordentliche Kündigung grundsätzlich ausgeschlossen. Lediglich der Auszubildende kann das Berufsausbildungsverhältnis mit einer Kündigungsfrist von 4 Wochen ordentlich kündigen, wenn er die Berufsausbildung aufgeben oder zu einer anderen Berufstätigkeit wechseln will, diese Begründung muß schriftlich der schriftlichen Kündigung beigefügt werden (§ 15 BerBG; BAG AP Nr 1, 2, 3, 4, 8, 11 zu § 15 BBiG; ErfKomm/SCHLACHTER 150 § 15 BBiG; Großkomm APS/BIEBL § 15 BBiG; MünchHdbArbR/NATZEL § 178 Rn 273 ff; SCHAUB § 174 VII, STAHLHACKE/PREIS/VOSSEN Rn 420 f; KR/WEIGAND §§ 14, 15 BBiG Rn 39 ff).

113 g)   *Schwerbehinderten* Arbeitnehmern steht die besondere Kündigungsfrist des § 86 SGB IX von mindestens 4 Wochen zu. Unter diese Schutzvorschrift fallen aber nur Arbeitnehmer, die in einem abhängigen Arbeitsverhältnis stehen. Das ergibt sich schon aus § 85 SGB IX, der ausdrücklich nur den besonderen Kündigungsschutz für die Kündigung von Arbeitsverhältnissen vorschreibt und auf den § 86 dadurch Bezug nimmt, daß er die Kündigungsfrist für diese Kündigung festlegt. Vor allem aber ist aus § 127 Abs 2 SGB IX zu entnehmen, daß für Heimarbeiter eine Sonderregelung vorgenommen wurde und deren Kündigungsfrist für schwerbehinderte Menschen ebenfalls auf 4 Wochen ausdrücklich erhöht wurde. Daraus folgt, daß in anderen freien Dienstverhältnissen die verlängerte Kündigungsfrist für schwerbehinderte Menschen nicht gilt. § 86 SGB IX findet daher nur zusätzlich zu § 622 Anwendung und gilt nicht für § 621. Auch eine Ausdehnung im Wege der Analogie scheidet aus (NEUMANN/PAHLEN § 15 SchwbG Rn 28; KR/ETZEL Vor §§ 85–92 SGB IX Rn 16; BGH AP Nr 1 zu § 38 GmbHG). Nachdem durch das KündFG vom 7. 10. 1993 (BGBl I 1668) die Mindestkündigungsfrist allgemein auf 4 Wochen zum 15. oder Ende eines Monats festgelegt wurde, die Probezeit während der ersten 6 Monate auch nach § 20 SchwbG ausgenommen ist, hat die Vorschrift nur noch für kürzere tariflich festgelegte Kündigungsfristen Bedeutung (§ 622 Abs 4). Die Bestimmung des § 86 SGB IX gilt außerdem nicht in den ersten 6 Monaten, bei Vorruhestand und nicht für Personen, die aus karitativen oder religiösen Gründen oder zur Heilung, Wiedereingewöhnung bzw Erziehung beschäftigt werden, nicht für Teilnehmer an Maßnahmen der Arbeitsbeschaffung und Strukturanpassungsmaßnahmen nach §§ 260 ff, 272 ff SGB III und nicht für Personen, die in ihre Stellen gewählt oder nach § 19 BSHG beschäftigt werden (§ 90 Abs 1 mit § 73 Abs 2 Nr 2–6 SGB IX).

§ 86 SGB IX ist *zwingend*. Der Arbeitgeber muß die Frist von 4 Wochen für die **114** ordentliche Kündigung einhalten; diese Frist ist auch die gesetzliche Kündigungsfrist des § 113 InsO für die Kündigung durch den Insolvenzverwalter. Lediglich zugunsten des Arbeitnehmers könnte für die Kündigung durch den Arbeitnehmer eine kürzere Frist besonders vereinbart werden (NEUMANN/PAHLEN § 16 SchwbG Rn 4; STAHLHACKE/ PREIS/VOSSEN Rn 915 b; **aA** CRAMER § 16 SchwbG Rn 3; GRÖNINGER/THOMAS § 16 SchwbG Rn 2; GK/STEINBRÜCK § 16 SchwbG Rn 25: Die Frist des § 16 SchwbG, jetzt § 86 SGB IX, gilt nicht für die Kündigung des Arbeitnehmers). Längere Fristen werden durch § 13 SchwbG nicht berührt. Für schwerbehinderte Heimarbeiter gilt die Mindestfrist von 4 Wochen nach § 49 Abs 2 SchwbG (vgl unten Rn 116).

h) *Heimarbeiter* und sonstige in Heimarbeit Beschäftigte (Begriff vgl § 1 Heim- **115** arbG) sind keine Arbeitnehmer, auch keine Außenarbeiter und keine arbeitnehmerähnlichen Personen. Die arbeitsrechtlichen Schutzvorschriften, auch § 622, finden auf sie unmittelbar keine Anwendung. Für sie könnte höchstens § 621 gelten, falls sie in einem abhängigen Dienstvertrag stehen; in der Regel arbeiten aber Heimarbeiter und sonstige in Heimarbeit Beschäftigte in einem Werkvertrag. Trotzdem mischen sich in einem Heimarbeitsverhältnis arbeits-(dienst-)vertragliche Elemente mit Merkmalen des Werkvertragsrechts, wobei sich durch die neuere Gesetzgebung das Heimarbeitsrecht dem Arbeitsrecht immer mehr annähert. Damit kommen auch die dienstvertragsrechtlichen Grundsätze immer mehr zum Durchbruch. Eine genauere Definition erübrigt sich jedoch in der Regel, weil positiv durch Gesetz geregelt ist, welche Vorschriften auf das Heimarbeitsverhältnis Anwendung finden. So gilt zB § 626 für die außerordentliche Kündigung der in Heimarbeit Beschäftigten nach § 29 Abs 6 HeimarbG. Die Vorschriften über Kündigungsfristen sind im HeimarbG gesondert und damit speziell für alle in Heimarbeit Beschäftigten in § 29 HeimarbG idF des KündFG vom 7. 10. 1993 (BGBl I 1668) geregelt. Die Vorschriften der §§ 621, 622 scheiden schon deshalb aus. Danach kann das Beschäftigungsverhältnis der in Heimarbeit Beschäftigten bei einer Beschäftigungsdauer bis zu 4 Wochen an jedem Tag für den Ablauf des folgenden Tages gekündigt werden (§ 29 Abs 1 HeimarbG). Dauert die Beschäftigung länger als 4 Wochen, kann das Beschäftigungsverhältnis beiderseits nur unter Einhaltung einer ordentlichen Kündigungsfrist von 2 Wochen gekündigt werden (§ 29 Abs 2 HeimarbG). Diese Frist gilt für die Kündi-

gung sowohl durch den Auftraggeber wie für die Kündigung durch den in Heimarbeit
Beschäftigten und ist eine zwingende Mindestfrist; sie gilt ohne Rücksicht darauf,
welchen Umfang die Beschäftigung hat. Demgegenüber bestimmen § 29 Abs 3 u 4
HeimarbG verlängerte Kündigungsfristen nur für solche Beschäftigungsverhältnisse,
in denen der in Heimarbeit Beschäftigte überwiegend für einen Auftraggeber oder
Zwischenmeister arbeitet. Nach § 29 Abs 3 kann dann das Beschäftigungsverhältnis
nur mit einer Frist von 4 Wochen zum 15. oder Ende eines Kalendermonats gekündigt
werden. Diese Frist gilt für den Auftraggeber ebenso wie für den Heimarbeiter als
zwingende Mindestfrist, soweit nicht bindende Festsetzungen andere Regelungen
treffen. In einer vereinbarten Probezeit von längstens 6 Monaten beträgt die Kündigungsfrist 2 Wochen. Nach 2 Jahren Beschäftigung überwiegend für einen Auftraggeber oder Zwischenmeister erhöht sich die Kündigungsfrist nach Maßgabe des § 29
Abs 4 HeimarbG von einem Monat zum Monatsende bis zu sieben Monaten zum
Monatsende nach 20 Jahren. Beschäftigungszeiten vor Vollendung des 25. Lebensjahres bleiben dabei wie nach § 622 unberücksichtigt. Die Bestimmung ist damit
§ 622 Abs 2 nachgebildet. Kürzere Fristen als nach § 29 Abs 2 und 3 HeimarbG
können aber durch Tarifvertrag und auch durch Vereinbarungen nach § 17 Abs 1
HeimarbG, da sie Tarifverträgen gleichstehen, festgelegt werden (§ 622 Abs 4 bis 6
gelten entsprechend). Alle diese Vorschriften gelten gleichermaßen auch für die
Änderungskündigung (vgl die Kommentare zum HeimarbG zu § 29 von BRECHT; FITTING/
KARPF; GRÖNINGER; SCHMIDT/KOBERSKI/TIEMANN/WASCHER, 4. Aufl 1998; KR/ROST Arbeitnehmerähnliche Personen Rn 98 ff; REICHELT/SCHLIEPER; Großkomm APS/LINCK §§ 29, 29 aHAG;
MünchHdbArbR/HEENEN § 238 Rn 88 ff).

116   *Schwerbehinderte Heimarbeiter* haben den besonderen Kündigungsschutz des § 127
SGB IX. Danach können in Heimarbeit beschäftigte Schwerbehinderte nur mit vorheriger Zustimmung der Hauptfürsorgestelle entlassen werden. Ist die Kündigung
danach von der Hauptfürsorgestelle für zulässig erklärt worden (vgl §§ 85, 91 SGB
IX), muß die Kündigung binnen 1 Monat erklärt werden. Die ordentliche Kündigungsfrist richtet sich aber auch für Schwerbehinderte in Heimarbeit grundsätzlich
nach § 29 HeimarbG. Nachdem § 29 HeimarbG durch das KündFG vom 7. 10. 1993
(BGBl I 1668) geändert wurde, ist der Schwerbehindertenschutz nur noch für Heimarbeiter von Bedeutung, die nicht überwiegend von einem Auftraggeber beschäftigt
werden. Für sie gilt nach wie vor die 2-Wochen-Frist des § 29 Abs 2 HeimarbG, die in
§ 127 Abs 2 SGB IX auf 4 Wochen ausgedehnt wird. Die übrigen Fristen des § 29
Abs 3, 4 betragen ohnehin 4 Wochen zum 15. oder Ende eines Monats oder sind
Monatsfristen.

6.   Bundeserziehungsgeldgesetz

a)   Gesetzliche Grundlagen

117   Seit 1986 besteht das Recht der Eltern, Lebenspartner und gleichgestellter Personen,
Erziehungsurlaub, der jetzt Elternzeit heißt, bis zur Dauer von 3 Jahren nach dem
BundeserziehungsgeldG (Gesetz zum Erziehungsgeld und zur Elternzeit – Bundeserziehungsgeldgesetz – BErzGG idF vom 7. 12. 2001, BGBl I 3358) zu nehmen. Während der Elternzeit besteht Kündigungsschutz nach § 18 BErzGG. Auf Grund der
dort in Abs 1 S 4 erteilten Ermächtigung sind am 2. 1. 1986 (BAnz 1 vom 3. 1. 1986, 4)
Allgemeine Verwaltungsvorschriften zum Kündigungsschutz bei Erziehungsurlaub
erlassen worden, nach denen bei der Erteilung der ausnahmsweisen Zulässigkeitser-

klärung einer Kündigung zu verfahren ist (unten Rn 125). Die Vorschriften des § 9 MuSchG und des § 18 BErzGG bestehen nebeneinander (BAG AP Nr 20 zu § 9 MuSchG 1968).

b)   Geltungsbereich
Die Elternzeit soll einem Elternteil, Lebenspartner oder sonst Erziehungsberechtig- **118** ten erlauben, sich der Betreuung und Erziehung eines Kindes zu widmen (BTDrucks 10/3792, 20). Dafür wird Elternzeit und außerdem ein Erziehungsgeld gewährt (§§ 1, 5, 15 BErzGG). Erziehungsgeld, Elternzeit und damit auch Kündigungsschutz nach § 18 BErzGG erhalten Arbeitnehmer bis zur Vollendung des dritten Lebensjahres, wenn sie mit einem Kind für das ihnen die Personensorge zusteht, einem Stiefkind, einem zur Adoption in Obhut genommenen Kind oder als Nichtsorgeberechtigter mit einem leiblichen Kind in einem Haushalt leben und das Kind betreuen und erziehen. Ein Anteil bis zu 12 Monaten kann mit Zustimmung des Arbeitgebers bis zum 8. Lebensjahr verschoben werden. Damit gilt der Sonderkündigungsschutz nur für Arbeitnehmer, nicht im freien Dienstvertrag, also auch nicht im Handelsvertretervertrag oder sonst bei unabhängiger Dienstleistung. In Härtefällen ist die Anspruchsberechtigung auf Elternzeit und damit der Kündigungsschutz noch weiter ausgedehnt. Dann kann insbes bei Tod eines Elternteils für Verwandte bis dritten Grad und deren Ehegatten oder Lebenspartner das Erfordernis der Personensorge wie beim leiblichen Kind entfallen. In jedem Fall ist Voraussetzung, das Kind selbst zu erziehen und zu betreuen (§ 15 Abs 1 BErzGG).

Für den *Adoptionsfall* gilt, daß die Elternzeit für insgesamt 3 Jahre ab Inobhutnahme **119** genommen werden kann, allerdings nur bis zur Vollendung des 8. Lebensjahres des Kindes. Das ist in jedem Fall der Endzeitpunkt der Elternzeit, so daß der Kündigungsschutz bei Inobhutnahme zB mit Vollendung des 6. Lebensjahres des Kindes nur 2 Jahre dauern kann.

c)   Teilzeitbeschäftigung
Elternzeit und Kündigungsschutz sind unabhängig von einer nach §§ 1 Abs 1 Nr 4 **120** und 2 Abs 1 BErzGG geleisteten Teilzeitarbeit bis zu 30 Stunden wöchentlich. Dabei ist zu unterscheiden zwischen Arbeitnehmern, die während der Elternzeit ihre bisher volle Arbeitszeit im Einvernehmen mit dem Arbeitgeber auf Teilzeit herabsetzen. Sie erhalten dann trotzdem Erziehungsgeld (§§ 1 Abs 1 Nr 4, 2 Abs 1 BErzGG). Den Anspruch auf Erziehungsgeld haben aber auch Arbeitnehmer, die schon von vornherein nur Teilzeit bis zu 30 Stunden leisten und deshalb auch keine besondere Elternzeit zu nehmen brauchen und auch nicht nehmen. Diese Arbeitnehmer werden gleichgestellt und in den besonderen Kündigungsschutz einbezogen (§ 18 Abs 2 Nr 2 BErzGG). Nach ausdrücklicher Vorschrift kommt es auch nicht darauf an, daß ein Anspruch auf Erziehungsgeld nur deshalb entfällt, weil die Einkommensgrenzen überschritten sind (§§ 5 Abs 2, 6 BErzGG).

Dieser besondere Kündigungsschutz bei Teilzeitarbeit schützt sowohl den Bestand **121** als auch den Inhalt des Teilzeitarbeitsverhältnisses während der Elternzeit. Kündigungsschutz besteht auch bei Elternzeit in einem zweiten Arbeitsverhältnis (BAG AP Nr 4 zu § 18 BErzGG). Deshalb darf der Arbeitgeber während dieser Zeit weder das Arbeitsverhältnis als solches beenden noch die Teilzeitarbeit verändern, also auch durch Änderungskündigung nicht herabsetzen und auch nicht bis zu der erlaubten

Grenze von 30 Stunden erhöhen. Auch dazu bedürfte es einer besonderen Genehmigung durch die zuständige Behörde. Etwas anderes gilt nur in den Fällen, in denen von vornherein eine gestaffelte Teilzeit oder eine besondere Arbeitsbedingung vereinbart ist. So wäre es möglich, die Vollarbeitszeit durch Vereinbarung für bestimmte Monate im Winter auf 10, für den Sommer aber auf 30 Stunden wöchentlich festzulegen oder Saisonmonate anders zu behandeln als die übrige Zeit. Dann ist das Teilzeitarbeitsverhältnis für den Zeitraum der Elternzeit so festgelegt und bedarf es keiner Änderungskündigung, so daß der Kündigungsschutz entfällt. Ebenso sind einverständliche Änderungen möglich, auch in diesen Fällen entfällt mit dem Erfordernis einer Kündigung auch der Kündigungsschutz.

122 War schon vor der Geburt bzw Inobhutnahme Teilzeitarbeit festgelegt, braucht Elternzeit nicht in Anspruch genommen zu werden und besteht trotzdem ein Anspruch auf Erziehungsgeld und Kündigungsschutz. Der Anspruch auf Elternzeit nach § 15 BErzGG muß hier nur theoretisch bestehen, dh die Erfordernisse der Erziehung und Betreuung der im Haushalt lebenden Kinder usw müssen vorliegen. Hier hat allerdings der Arbeitgeber uU gar keine Kenntnis vom Vorliegen dieses besonderen Kündigungsschutzes, da sich in den Beziehungen der Arbeitsvertragsparteien nichts ändert. Er kann dann nicht wissen, daß er für Änderungen die behördliche Erlaubnis durch die Zulässigkeitserklärung braucht, so daß er auch keinen Antrag darauf stellen wird. Daher ist zu verlangen, daß der Arbeitnehmer sich in der zweiwöchigen Frist des § 9 Abs 1 S 1 MuSchG nach Erhalt der Kündigung auf diesen besonderen Schutz beruft, andernfalls entfällt er (Buchner/Becker § 18 BErzGG Rn 37; ErfKomm/Schlachter 170 § 18 BErzGG Rn 8; Großkomm APS/Rolfs § 18 BErzGG Rn 7; KR/Pfeiffer § 18 BErzGG Rn 20; Meisel/Sowka § 18 BErzGG Rn 19; Zmarzlik AuR 1986, 108; aA Gröninger/Thomas § 18 BErzGG Rn 10 und MünchHdbArbR/Heenen § 229 Rn 26, die unverzüglich verlangen; aA Wiegand/Hans § 18 BErzGG Rn 24; Stevens-Bartol § 18 BErzGG Rn 11, wonach eine Monatsfrist ausreicht).

d) Beginn
123 Der *Beginn* des Kündigungsschutzes ist durch Gesetzesänderung nur vorverlegt worden. Nach dem Gesetz vom 6. 12. 1985 bestand der Kündigungsschutz nur während des Erziehungsurlaubs, der angetreten sein mußte. Der Arbeitgeber konnte vorher noch kündigen. Eine solche Kündigung wurde nur dann als unwirksam angesehen, wenn sie gegen das Benachteiligungsverbot des § 612a verstieß, also allein wegen des bevorstehenden Erziehungsurlaubs erklärt wurde (KR/Becker § 18 BErzGG Rn 27). Jetzt beginnt der Kündigungsschutz mit dem Zeitpunkt, an dem die Elternzeit verlangt wird, höchstens jedoch 8 Wochen vor dessen Beginn. Nach § 16 BErzGG ist die Elternzeit spätestens 6 Wochen nach Geburt oder Mutterschutz, sonst 8 Wochen vorher schriftlich zu verlangen, so daß ausreichend Zeit bleibt, sie nicht erst im letzten Monat verlangen zu müssen. Das gilt nicht nur für den Beginn der Elternzeit, sondern auch für den Wechsel unter den berechtigten Personen, der auch zu einer Verschiebung des Kündigungsschutzes führt. Für den Arbeitnehmer, der von jetzt an die Elternzeit nehmen will, beginnt der Kündigungsschutz mit Verlangen des Wechsels und ebenfalls höchstens 6 Wochen vor dem verlangten Antritt.

e) Ende
124 Das *Ende* des Kündigungsschutzes fällt mit dem Ende der Elternzeit zusammen. Ein weiterer Schutz ist entgegen der früheren bis zum 31. 12. 1985 geltenden Regelung

des § 9 a MuSchG mit der Dauer von 2 Monaten nach Beendigung des Mutterschaftsurlaubs nicht mehr gegeben. Auch ein vorzeitiges Ende des Erziehungsurlaubs im Einvernehmen oder bei Tod des Kindes oder bei einem Wechsel der Inanspruchnahme (§ 16 BErzGG) beendet den Kündigungsschutz. Zum Ende der Elternzeit kann dagegen der Arbeitnehmer das Arbeitsverhältnis von sich aus kündigen. Dazu ist die Frist von 3 Monaten als besondere Kündigungsfrist für diesen Beendigungstatbestand nach § 19 BErzGG einzuhalten.

f)   Zulässigkeitserklärung

Die *Zulässigkeitserklärung* läßt eine Kündigung durch den Arbeitgeber während des   **125** Kündigungsschutzes nach § 18 BErzGG ausnahmsweise zu. Sie ist bei der für den Arbeitsschutz zuständigen obersten Landesbehörde oder der von ihr bestimmten Stelle (regelmäßig die Gewerbeaufsicht) zu beantragen und muß vor Ausspruch der Kündigung vorliegen. Andernfalls ist die Kündigung von vornherein unwirksam. Dabei bestehen § 9 MuSchG und § 18 BErzGG nebeneinander, so daß es bei Vorliegen von Mutterschaft und Elternzeit für eine Kündigung der Zulässigkeitserklärung der Arbeitsschutzbehörde nach beiden Vorschriften bedarf (BAG AP Nr 20 zu § 9 MuSchG 1968). Die Kündigung kann nur „ausnahmsweise" und in „besonderen Fällen" durch die zuständige Behörde für zulässig erklärt werden. Auf Grund der Ermächtigung in § 18 Abs 1 S 4 hat der damals noch zuständige Bundesarbeitsminister (jetzt: Die Bundesregierung mit Zustimmung des Bundesrates) am 2. 1. 1986 Allgemeine Verwaltungsvorschriften zur Zulässigkeitserklärung erlassen (BAnz Nr 1 vom 3. 1. 1986, 4). Danach liegt ein besonderer Fall vor, „wenn es gerechtfertigt erscheint, daß das nach § 18 Abs 1 S 1 des Gesetzes als vorrangig angesehene Interesse des Arbeitnehmers am Fortbestand des Arbeitsverhältnisses wegen außergewöhnlicher Umstände hinter die Interessen des Arbeitgebers zurücktritt". Dieser nichtssagende Obersatz wird dann konkretisiert durch Beispiele wie Betriebsstillegung, Verlagerung, Existenzgefährdung, besonders schwere Verstöße des Arbeitnehmers oder vorsätzliche strafbare Handlungen. Auch die Nähe einer Existenzgefährdung vor allem in Kleinbetrieben reicht aus. Dem Arbeitnehmer, Betriebs- oder Personalrat ist Gelegenheit zur Äußerung gegeben. Eine Bedingung ist möglich, zB daß die Kündigung erst zum Ende des Erziehungsurlaubs für zulässig erklärt wird. Die Entscheidung muß schriftlich begründet und mit Rechtsbehelfsbelehrung Arbeitgeber und Arbeitnehmer zugestellt werden. Betriebs- oder Personalrat erhalten eine Abschrift. Die Zulässigkeitserklärung ist ein Verwaltungsakt, der mit Widerspruch und Klage vor dem Verwaltungsgericht angefochten werden kann.

VI.   Die außerordentliche Kündigung

1.   Wichtiger Grund

Die außerordentliche Kündigung kann nur aus **wichtigem Grund** erfolgen und ist an   **126** keine Frist gebunden. Sie gilt für alle befristeten und unbefristeten Dienst- und Arbeitsverhältnisse und richtet sich nach § 626, vgl die Erl dazu. Über die außerordentliche Kündigung bei (freien) Dienstverhältnissen mit Diensten, die auf Grund besonderen Vertrauens übertragen und nicht gegen feste Bezüge geleistet werden vgl § 627.

2.   Sonderbestimmungen

127 Sonderbestimmungen, die die allgemeinen Regelungen des § 626 ausschalten, bestehen nach Aufhebung der Kündigungsvorschriften des HGB für Handlungsgehilfen, der GewO für gewerbliche Arbeiter und Angestellte, der vorläufigen Landarbeitsordnung, der Bestimmungen für Schiffs- und Floßmannschaften und der allgemeinen Berggesetze durch das 1. ArbeitsrechtsbereinigungsG vom 14. 8. 1969 nur noch in sehr eingeschränktem Umfang:

128 a)   Für *Handelsvertreter* gilt § 89 a HGB, der nach Inhalt, Sinn und Zweck dem § 626 Abs 1 entspricht und an dessen früheren Wortlaut anknüpft. Da die Neufassung des § 626 Abs 1 inhaltlich keine Änderung bringen sollte, sondern nur die Auslegung dieser Vorschrift durch die Rechtsprechung zusammenfaßte und gesetzgeberisch zum Ausdruck gebracht hat, ist eine sachliche Unterscheidung nicht gegeben.

129 b)   In der *Seeschiffahrt* gelten für die Besatzungsmitglieder §§ 64 ff SeemG. Für den Kapitän gilt die Vorschrift von § 78 Abs 3 SeemG, außerdem § 66 SeemG entsprechend. Dabei sind einmal besondere Kündigungsgründe genannt, bei deren Vorliegen ohne Einhaltung einer Frist gekündigt werden kann (§§ 64, 67 SeemG), zum anderen kann aus jedem wichtigen Grunde darüber hinaus die außerordentliche Kündigung ausgesprochen werden, wenn eine Abfindung von einer Monatsheuer gezahlt wird (§§ 65, 68, 70 SeemG). Schließlich gibt es den besonderen außerordentlichen Kündigungsgrund des Schiffsverlustes (§ 66 SeemG). Besonders geregelt sind außerdem die Ansprüche bei Zurücklassung und auf Rückbeförderung (§§ 71 ff SeemG). Die Kündigung eines auf unbestimmte Zeit abgeschlossenen Heuerverhältnisses bedarf der Schriftform (§ 62 SeemG); ein Radiogramm genügt dafür nicht (BAG AP Nr 1 zu § 62 SeemG).

130 c)   Für das *Berufsausbildungsverhältnis* gilt die Sondervorschrift des § 15 Abs 2 u 3 BerBG, wonach die außerordentliche Kündigung nur aus wichtigem Grund oder bei Aufgabe der Berufsausbildung oder dem Wechsel zu einer anderen Berufstätigkeit mit 4 Wochen Frist zulässig ist. Dabei muß zur Wirksamkeit der Kündigung sowohl die Kündigung selbst schriftlich erfolgen als auch der Kündigungsgrund schriftlich angegeben werden (BAG AP Nr 1, 2, 3, 4, 8, 11 zu § 15 BBiG). Außerdem besteht eine dem § 626 Abs 2 entsprechende Ausschlußfrist von 2 Wochen auch für die Kündigung eines Berufsausbildungsverhältnisses aus wichtigem Grund (§ 15 Abs 4 BerBG).

131 d)   Die außerordentliche Kündigung bei *Insolvenz* ist durch § 113 InsO geregelt und kann nur mit dessen Frist erklärt werden (BAG AP Nr 9 zu § 22 KO, Nr 1, 2, 3, 5, 6 zu § 113 InsO und oben Rn 24).

VII. Anhörung des Betriebsrates, des Personalrates und des Sprecherausschusses

132 Vor jeder (ordentlichen und außerordentlichen) Kündigung eines Arbeitsverhältnisses ist der **Betriebsrat** bzw der Personalrat oder der Sprecherausschuß **zu hören** (§ 102 BetrVG, § 78 BPersVertrG, § 31 Abs 2 SprAuG). Die ordnungsgemäße Anhörung vor Ausspruch der Kündigung ist nach jetzt ausdrücklicher gesetzlicher Vorschrift *Wirksamkeitsvoraussetzung* für die Kündigung. Die ohne die erforderliche vorherige Anhörung ausgesprochene Kündigung ist unwirksam (§ 102 Abs 1 S 3

BetrVG, § 79 Abs 4 BPersVertrG, § 31 Abs 2 S 3 SprAuG, § 134). Das gilt auch für die Kündigung eines Heimarbeiters, der hauptsächlich für einen Betrieb arbeitet (BAG AP Nr 74 zu § 102 BetrVG 1972). Auch eine nachträgliche Genehmigung oder Zustimmung zur Kündigung kann die Nichtigkeit der Kündigung nachträglich nicht mehr ausräumen (BAG AP Nr 2, 3 zu § 102 BetrVG 1972). Für erst später bekannt werdende, nachgeschobene Kündigungsgründe ist die Anhörung nachzuholen (BAG AP Nr 39 zu § 102 BetrVG 1972; Nr 32 zu § 626 BGB Ausschlußfrist).*

I. Anhörung vor ordentlicher und außerordentlicher Kündigung

Der Arbeitgeber ist in allen Betrieben, in denen ein Betriebsrat gebildet ist, *verpflichtet,* den **Betriebsrat** vor einer jeden Kündigung von Arbeitnehmern **zu hören.** **133** Das gilt unabhängig davon, ob für den Arbeitnehmer Kündigungsschutz nach dem KSchG besteht oder nicht. Die Anhörungspflicht gilt für die *ordentliche,* die *außerordentliche* und für die (ordentliche und ggf außerordentliche) *Änderungskündigung* (BAG AP Nr 2, 17, 18, 49, 53, 55, 56, 57, 58, 62, 64, 68, 69, 85, 99, 113, 114, 121 zu § 102 BetrVG 1972; AP Nr 1 zu § 75 BPersVG; AP Nr 2, 33 zu § 2 KSchG 1969). Die Anhörung des Betriebsrates muß *vor* der *Verwirklichung* der Kündigungsabsicht ordnungsgemäß durchgeführt sein. Es genügt also nicht, daß bis zum Zugang der Kündigung angehört worden ist, vielmehr darf ein Kündigungsschreiben erst nach der Anhörung abgesandt werden oder sonst den Machtbereich des Arbeitgebers verlassen (BAG AP Nr 2, 7, 19 zu § 102 BetrVG 1972). Der Mangel der Anhörung wird auch nicht dadurch geheilt, daß der Betriebsrat einer vorher ausgesprochenen Kündigung zustimmt; das gilt sowohl dann, wenn der Arbeitgeber verspätet noch anhört, als auch wenn der Betriebsrat von sich aus die Kündigung nach Kenntnis billigt. Eine solche nachträgliche Zustimmung kann auch nicht das Anhörungsverfahren für eine neue Kündigung ersetzen

* Vgl zur Anhörung des Betriebsrates ErfKomm/HANAU/KANIA 210 § 102 BetrVG Rn 3 ff; Großkomm APS/KOCH § 102 BetrVG; KasselerHdbArbR/ISENHARDT 6.3 Rn 91 ff; KSchG/HÖLAND § 1 KSchG Anh 1; KR/ETZEL § 102 BetrVG, § 108 BPersVG; MünchHdbArbR/BERKOWSKY § 147; MATTHES § 356; SCHAUB § 123 VIII; STAHLHACKE/PREIS/VOSSEN Rn 213 ff; vHOYNINGEN-HUENE/LINCK, KSchG Einl 43 ff; Beiträge bis 1994 vgl 12. Aufl vor § 620, 53, 54, 55. Seit 1994: BOPP, Die Anhörung des Betriebsrats vor Ausspruch der Kündigung, insbesondere der krankheitsbedingten Kündigung, Krankh im Arbverh 1994, 275; KRAFT, Das Anhörungsverfahren gemäß § 102 BetrVG und die „subjektive Determinierung" der Mitteilungspflicht, in: FS Kissel 1994, 611; RAAB, Individualrechtliche Auswirkungen der Mitbestimmung des Betriebsrats gem § 99, 102 BetrVG, ZfA 1995, 479; SPITZWEG, Die Darlegungs- und Beweislast gem § 102 BetrVG im Kündigungsschutzprozeß, NZA 1995, 406; BIT-
TER, Grenzen der Analogie „ordnungsgemäßer" Betriebsratsanhörung bei Kündigung, in: FS Stahlhacke 1995, 57; BERKOWSKY, Die Unterrichtung des Betriebsrats bei Kündigungen durch den Arbeitgeber, NZA 1996, 1065; OTTEN, Die Anhörung gem § 102 BetrVG: Der Gesetzgeber muß handeln, in: FS Stege 1997, 57; OPPERTSHÄUSER, Anhörung des Betriebsrats zur Kündigung und Mitteilung der Sozialdaten, NZA 1997, 920; HÜMMERICH/MAUER, Neue BAG-Rechtsprechung zur Anhörung des Betriebsrats bei Kündigungen, DB 1997, 165; ETTWIG, Typische Probleme bei der Betriebsratsanhörung nach § 102 BetrVG; Mögliche Verhaltensweisen des Betriebsrats bei einer Anhörung nach § 102 BetrVG und deren Folgen, FA 1998, 234, 274; GAUL, Aktuelle Rechtsprechung zur Betriebsratsanhörung nach § 102 BetrVG, DStR 1998, 422; RINKE, Anhörung des Betriebsrats – Vorgezogenes Kündigungsschutzverfahren?, NZA 1998, 77. Vgl weiter die Kommentare zu § 102 BetrVG, § 108 BPersVG.

(BAG AP Nr 2, 6, 62 zu § 102 BetrVG 1972). Ist die Anhörung aber ordnungsgemäß erfolgt, muß die Kündigung nicht unmittelbar erfolgen, sondern kann der Arbeitgeber auch noch eine Zeit lang warten, solange sich der Kündigungssachverhalt nicht wesentlich ändert. Eine dem § 18 Abs 3 SchwbG entsprechende Vorschrift (Kündigung nur binnen 1 Monat zulässig) fehlt in § 102 BetrVG (BAG AP Nr 14 zu § 102 BetrVG 1972). Eine Anhörung zu einer zunächst beabsichtigten Kündigung reicht aber dann nicht aus, wenn für eine später ausgesprochene Kündigung andere oder zusätzliche Gründe maßgeblich sind, zu denen der Betriebsrat nicht gehört wurde (BAG AP Nr 10 zu § 102 BetrVG 1972). Zur Anhörung bei später bekannt gewordenen Kündigungsgründen vgl unten Rn 140.

2. Leitende Angestellte, Tendenzbetrieb

134 Problematisch sind die Fälle, in denen nicht feststeht, ob der Arbeitnehmer leitender Angestellter ist und das erst im Kündigungsschutzprozeß vom Gericht als Vorfrage festgestellt wird. Die Anhörung des falschen Vertreterorgans macht die Kündigung unwirksam, so daß bei Zweifeln zu empfehlen ist, beide Vertretungen anzuhören (KR/Etzel § 102 BetrVG Rn 15; Oetker ZfA 1990, 76; Stahlhacke/Preis/Vossen Rn 323). Das braucht nicht ausdrücklich zu geschehen, muß sich aber aus den Anfragen ergeben (BAG AP Nr 21 zu § 102 BetrVG 1972). Im *Tendenzbetrieb* muß dagegen vor einer Kündigung der Betriebsrat auch dann gehört werden, wenn die Kündigung aus tendenzbedingten Gründen erfolgt. Die Anhörung des Betriebsrates läßt die Kündigungsmöglichkeit als solche unbeeinflußt, so daß der Tendenzcharakter durch die Anhörungspflicht nicht beeinträchtigt wird. Der Sozialschutz bleibt daher auch im Tendenzbetrieb und bei Tendenzträgern erhalten (BVerfG BVerfGE 52, 283; BAG AP Nr 4, 46 zu § 118 BetrVG 1972 gegen die früher teilw abw Auffassung AP Nr 2 zu § 118 BetrVG 1972). Ein Weiterbeschäftigungsanspruch nach § 102 Abs 5 BetrVG muß dagegen nach dieser Rechtsprechung bei tendenzbedingten Kündigungen ausscheiden.

3. Ordnungsgemäße Anhörung

135 Die Anhörung des Betriebsrates muß *ordnungsgemäß* sein. Dazu hat die Rechtsprechung des BAG entschieden, daß der Arbeitgeber für alle Mängel einzustehen hat, die ihm bei der Einleitung des Anhörungsverfahrens unterlaufen. Dagegen wirken sich solche Mängel auf die Ordnungsmäßigkeit des Anhörungsverfahrens und damit auf die Wirksamkeit der Kündigung nicht aus, die in den Zuständigkeits- und Verantwortungsbereich des Betriebs- oder Personalrates fallen. Das gilt selbst dann, wenn der Arbeitgeber weiß oder vermuten kann, daß der Betriebs- oder Personalrat nicht ordnungsgemäß verfahren ist, solange nicht diese Fehler vom Arbeitgeber selbst veranlaßt wurden (BAG AP Nr 3, 4, 9, 30 zu § 102 BetrVG 1972; AP Nr 1 zu § 67 LPVG Sachsen-Anhalt). Hat der Betriebsrat selbst die Kündigung verlangt, braucht er nicht nochmals gehört zu werden (BAG AP Nr 1 zu § 104 BetrVG 1972).

136 a) Der Arbeitgeber muß danach dem Betriebsrat *genau angeben, welchen* Arbeitnehmern gekündigt werden soll, und darf die Auswahl aus einer bestimmten Gruppe nicht dem Betriebsrat überlassen. Die Mitteilung muß an den Betriebsrat erfolgen, also an den Vorsitzenden des Betriebsrates oder eines entsprechenden Ausschusses, bei dessen Verhinderung an den Stellvertreter, nicht aber an ein anderes Mitglied. *Notwendig* ist die Mitteilung, ob *ordentlich* und mit welcher Frist (Angabe des Kün-

digungstermins, damit dessen Einhaltung geprüft werden kann) oder *außerordentlich*
gekündigt werden soll (ggf eine Auslauffrist mitteilen). Bei mehrfacher Kündigung
muß der Betriebsrat jeweils erneut angehört werden, so etwa wenn die Zustimmung
der Hauptfürsorgestelle zunächst noch nicht vorlag (BAG AP Nr 62 zu § 102 BetrVG
1972). Die Anhörung zur außerordentlichen Kündigung enthält nicht auch die Anhörung zu einer darin vielleicht liegenden ordentlichen Kündigung (BAG AP Nr 51 zu
Art 9 GG Arbeitskampf; AP Nr 15, 22, 53, 58 zu § 102 BetrVG 1972). Etwas anderes kann nur
gelten, wenn der Betriebsrat sogar mit einer außerordentlichen Kündigung einverstanden ist und dann nur oder auch ordentlich gekündigt wird (BAG AP Nr 15 zu § 102
BetrVG 1972). Die für die Kündigung maßgeblichen Gründe sind dem Betriebs- oder
Personalrat mitzuteilen; dabei kommt es allerdings nicht darauf an, diese Gründe
dem Betriebsrat gegenüber schon nachzuweisen, da dies erst in einem auf Klage des
Arbeitnehmers durchzuführenden Prozesse zu erfolgen hat (BAG AP Nr 12, 16, 17, 18 zu
§ 102 BetrVG 1972). Die Gründe müssen so genau mitgeteilt werden, daß sie eine
Abwägung und damit Entscheidung durch den Betriebsrat ermöglichen. Dazu gehören auch die Gründe für die soziale Auswahl (BAG AP Nr 31 zu § 102 BetrVG 1972)
außer in Fällen, in denen wegen der Schwere der Vorwürfe oder bei Krankheit es auf
Sozialdaten anderer Arbeitnehmer nicht ankommt (BAG AP Nr 73 zu § 102 BetrVG1972;
AP Nr 42 zu § 1 KSchG 1969; AP Nr 173 zu § 613a BGB). Der Betriebsrat ist auch über alle
und ggf fehlende Weiterbeschäftigungsmöglichkeiten zu unterrichten (BAG AP Nr 113
zu § 102 BetrVG 1972). Ein bloßes Werturteil reicht nur dann aus, wenn die Gründe
nicht mit Tatsachen zu belegen sind (BAG AP Nr 49, 64, 99 zu § 102 BetrVG 1972). Eine
genauere wiederholte Mitteilung ist jedoch entbehrlich, wenn der Betriebsrat schon
vorher über die Gründe unterrichtet war (BAG AP Nr 3, 17, 19, 25, 37, 49 zu § 102 BetrVG
1972). Die Anhörung ist auch erforderlich, wenn der Arbeitnehmer noch nicht 6
Monate beschäftigt ist (BAG AP Nr 17, 18, 49, 57 zu § 102 BetrVG 1972). Schriftliche
Angaben sind auch bei komplexen Sachverhalten nicht erforderlich (BAG AP Nr 85
zu § 102 BetrVG 1972).

b)   Aus der Mitteilung an den Betriebs- oder Personalrat muß *hervorgehen,* daß **137**
damit der *Anhörungspflicht* nach dem BetrVG bzw BPersVertrG genügt werden soll;
die ausdrückliche Aufforderung, zu der beabsichtigten Kündigung Stellung zu nehmen, ist deshalb nicht erforderlich (BAG AP Nr 2 zu § 102 BetrVG 1972). Ist aber zweifelhaft, ob der zu Kündigende leitender Angestellter ist oder nicht, muß deutlich
gemacht werden, daß nicht nur die Mitteilung nach § 105 BetrVG erfolgt, sondern
zumindest vorsorglich das Anhörungsverfahren durchgeführt werden soll (BAG AP
Nr 5, 13 zu § 102 BetrVG 1972; vgl auch oben Rn 134). Bei einer Versetzung ist zugleich klar
zu machen, daß nicht nur die Mitbestimmung für die Versetzung nach § 99 BetrVG
oder § 75 BPersVertrG, sondern auch die Anhörung für eine dazu erforderliche
Änderungskündigung nach § 102 BetrVG, § 79 BPersVertrG erfolgt (BAG AP Nr 1
zu § 75 BPersVG).

c)   Das Anhörungsverfahren ist erst dann ordnungsgemäß *abgeschlossen,* wenn **138**
der Betriebs- oder Personalrat sich geäußert hat oder die Fristen zur Äußerung
verstrichen sind. Eine Äußerung allein des Vorsitzenden oder Stellvertreters unmittelbar auf die Anfrage reicht nicht aus, weil damit feststeht, daß der Betriebsrat oder
Ausschuß noch nicht Stellung genommen hat (BAG AP Nr 4, 8 zu § 102 BetrVG 1972). Die
Stellungnahme muß abschließend sein. Das kann auch dann der Fall sein, wenn der
Betriebsrat erklärt, er werde sich nicht äußern, was auch aus den Umständen ent-

nommen werden kann (BAG AP Nr 47 zu § 102 BetrVG 1972). Die Anhörungsfristen sind gesetzlich festgelegt und können auch in Eilfällen grundsätzlich nicht verkürzt werden. Ausnahmen sind allenfalls in völlig unabweisbaren Fällen denkbar (BAG AP Nr 7, 11, 43 zu § 102 BetrVG 1972). Kündigungsgründe, die dem Arbeitgeber bei Ausspruch der Kündigung bekannt waren, von denen er aber aus welchen Gründen auch immer dem Betriebsrat keine Mitteilung gemacht hat, können wegen Verstoßes gegen § 102 BetrVG im Kündigungsschutzprozeß nicht berücksichtigt werden (BAG AP Nr 22, 23, 39 zu § 102 BetrVG 1972). Nur auf Nachfrage des Betriebsrats mitgeteilte Tatsachen sind jedenfalls dann im Prozeß verwertbar, wenn die Frist bzw abschließende Stellungnahme abgewartet wurde (BAG AP Nr 85 zu § 102 BetrVG 1972).

139 **d)**   Demgegenüber ist es für die Ordnungsmäßigkeit des Anhörungsverfahrens und die Wirksamkeit der Kündigung *unbeachtlich,* wenn der Betriebs- oder Personalrat bzw der zuständige Ausschuß *nicht ordnungsgemäß geladen* worden ist, seine Besetzung fehlerhaft war, die Beschlußfassung nicht zutreffend etwa im Umlaufverfahren oder telefonisch erfolgte oder der Arbeitnehmer nicht angehört wurde. Auch die – unberechtigte – Teilnahme des Arbeitgebers an der Sitzung soll unbeachtlich sein, wenigstens wenn der Arbeitgeber den Betriebsrat nicht drängte oder beeinflußte (BAG AP Nr 4, 9, 12 zu § 102 BetrVG 1972).

4.   Nachschieben von Kündigungsgründen

140 Die ordnungsgemäße Anhörung des Betriebs- oder Personalrates muß *alle Kündigungsgründe* zur ordentlichen bzw außerordentlichen Kündigung umfassen. Der Arbeitgeber ist also verpflichtet, alle ihm bekannten und zur Kündigung führenden Gründe mitzuteilen. Das sog **Nachschieben** von Kündigungsgründen ist dadurch stark eingeschränkt. Kündigungsgründe, die dem Arbeitgeber bei Ausspruch der Kündigung bekannt waren, von denen er aber aus welchen Gründen auch immer dem Betriebsrat keine Mitteilung gemacht hat, können wegen Verstoß gegen § 102 BetrVG im Kündigungsschutzprozeß nicht berücksichtigt werden (BAG AP Nr 22, 23, 39 zu § 102 BetrVG 1972). Materiellrechtlich kann zwar der Arbeitgeber alle Kündigungsgründe nachschieben, die zum Zeitpunkt der Kündigung vorlagen, aber nur noch nicht bekannt waren (BAG AP Nr 26, 50, 65 zu § 626 BGB; AP Nr 32 zu § 626 Ausschlußfrist; AP Nr 1, 5 zu § 626 BGB Nachschieben von Kündigungsgründen; AP Nr 2 zu § 89 HGB). Soweit aber ein Betriebs- oder Personalrat besteht, konnte dieser zu den nachgeschobenen Gründen nicht gehört werden. Die daraus zu ziehenden Folgerungen sind sehr umstritten (Großkomm APS/KOCH § 102 BetrVG Rn 166–174; KR/ETZEL § 102 BetrVG Rn 185–190). Das Bundesarbeitsgericht hat entschieden, daß ein Nachschieben von Kündigungsgründen dann zulässig ist, wenn dazu der Betriebs- oder Personalrat nachträglich angehört wird (BAG AP Nr 39 zu § 102 BetrVG 1972). Nur in Fällen, in denen der Gekündigte die Gründe selbst genau kennt, sie aber *verdeckt, verheimlicht* oder gar *arglistig verschwiegen* hat, ist ein *Nachschieben* zu der früher ausgesprochenen Kündigung auch ohne erneute Anhörung *zulässig,* weil sich der Kündigungsempfänger dann nicht darauf berufen kann, daß der Betriebs- oder Personalrat zu diesen Gründen nicht gehört wurde (BAG AP Nr 1, 5 zu § 626 BGB Nachschieben von Kündigungsgründen, AP Nr 22, 39 zu § 102 BetrVG 1972).

5. Wirksamkeitsvoraussetzung

Diese Grundsätze über die Anhörung des Betriebsrats, Personalrats oder Sprecher- **141**
ausschusses von der Kündigung gelten als *Wirksamkeitsvoraussetzung* nach § 102
BetrVG, § 79 BPersVertrG und § 31 SprAuG. Die Vorschriften der *Länderpersonal-
vertretungsG* entsprechen dem nur teilweise, da sie im übrigen nicht nur die Anhörungspflicht der Personalräte, sondern auch echte Mitbestimmungsrechte vorsehen,
nach denen die Kündigung, vor allem die ordentliche Kündigung der Zustimmung
des Personalrats bedürfen. Dann sind Kündigungen ohne die erforderliche Zustimmung des Personalrates unwirksam. Eine solche *echte Mitbestimmung* sehen für die
ordentliche Kündigung vor die LandespersonalratsvertretungsG von Berlin (§ 87),
Bremen (§ 65), Hamburg (§ 87), Hessen (§ 77), Mecklenburg-Vorpommern (§ 68),
Niedersachsen (§ 78), Nordrhein-Westfalen (§ 72), Rheinland-Pfalz (§ 78), Saarland
(§ 80), Sachsen (§ 78), Sachsen-Anhalt (§ 67), Schleswig-Holstein (§§ 51, 52), Thüringen (§ 78). Die Gesetze von Baden-Württemberg (§ 77) und Bayern (Art 77)
sehen dagegen nur eine *Mitwirkung* der Personalvertretung vor. Außerdem können
Betriebsrat und Arbeitgeber vereinbaren, daß eine Kündigung der Zustimmung des
Betriebsrates bedarf und damit ohne diese Zustimmung unwirksam ist (§ 102 Abs 6
BetrVG). Eine solche Betriebsvereinbarung kann jedoch nicht erzwungen werden,
sondern ist nur als freiwillige Betriebsvereinbarung möglich und muß die Sanktionen
deutlich regeln (BAG AP Nr 86 zu § 102 BetrVG 1972). Durch Tarifvertrag können die
Mitwirkungsrechte des Betriebsrats erweitert und die Zulässigkeit ordentlicher Kün-
digungen an die Zustimmung des Betriebsrats geknüpft werden (BAG AP Nr 53 zu § 99
BetrVG 1972, Nr 121 zu § 102 BetrVG 1972).

6. Weiterbeschäftigung

Hat der Betriebsrat oder Personalrat der Kündigung aus den im Gesetz aufgezählten **142**
Gründen (§ 102 Abs 3 BetrVG; § 79 Abs 1 BPersVertrG) *widersprochen* und der
Arbeitnehmer Kündigungsschutzklage erhoben, muß der Arbeitgeber den Arbeitnehmer auf dessen Verlangen bis zum rechtskräftigen Abschluß des Rechtsstreits zu
unveränderten Arbeitsbedingungen *weiterbeschäftigen*. Davon kann der Arbeitgeber
nur durch das Gericht im Wege der einstweiligen Verfügung entbunden werden
(§ 102 Abs 5 BetrVertrG, § 79 Abs 2 BPersVG). Darüber hinaus besteht nach der
Rechtsprechung des Großen Senats des Bundesarbeitsgerichts (BAG AP Nr 14 zu § 611
BGB Beschäftigungspflicht) ein allgemeiner Weiterbeschäftigungsanspruch im Kündigungsschutzprozeß. Dafür wurden folgende Voraussetzungen aufgestellt: Der Arbeitnehmer ist während des Prozesses weiterzubeschäftigen, wenn die Kündigung
unwirksam ist und überwiegende schutzwerte Interessen des Arbeitgebers nicht entgegenstehen. In der Regel überwiegt das Beschäftigungsinteresse des Arbeitnehmers, sobald ein die Unwirksamkeit der Kündigung feststellendes Urteil ergeht.
Diese Grundsätze werden auch auf einen Rechtsstreit über Befristung und Bedingung angewandt (BAG AP Nr 19 zu § 611 BGB Beschäftigungspflicht; AP Nr 125, 126, 146 zu
§ 620 BGB Befristeter Arbeitsvertrag). Wenn die Kündigung dann nach der Weiterbeschäftigung letztlich doch für wirksam angesehen wird, sind die Rechtsbeziehungen
nach den Grundsätzen über ein faktisches Arbeitsverhältnis abzuwickeln (BAG AP
Nr 18 zu § 611 BGB Faktisches Arbeitsverhältnis; AP Nr 66 zu § 1 LohnFG; AP Nr 22 zu § 611 BGB
Beschäftigungspflicht). Es wird aber auch die Auffassung vertreten, daß dann nur Be-
reicherungsansprüche bestehen (LAG Düsseldorf Betrieb 1991, 975; SCHAUB § 110 II 7). Dem

hat sich das Bundesarbeitsgericht für den Fall angeschlossen, daß der Arbeitnehmer nicht weiterbeschäftigt wurde (BAG AP Nr 8, 9 zu § 611 BGB Weiterbeschäftigung). Bei tatsächlicher Beschäftigung besteht aber Anspruch auf Tariflohn (BAG AP Nr 7 zu § 611 BGB Weiterbeschäftigung; MünchHdbArbR/BERKOWSKY § 147; MATTHES § 356). Bei einem zulässigen Auflösungsantrag (§ 9 KSchG) wird ein schutzwertes Interesse des Arbeitgebers an der Nichtbeschäftigung angenommen (BAG AP Nr 54 zu Einigungsvertrag Anlage I Kap XIX).

VIII. Kündigungsbeschränkungen

1. Geltung im Arbeitsverhältnis

143 Die Kündigungsbeschränkungen schränken das freie Kündigungsrecht des Dienstberechtigten ein. Sie gelten aus Gründen des allgemeinen und besonderen **Sozialschutzes** und haben deshalb im allgemeinen nur für das *abhängige Arbeitsverhältnis* Bedeutung. Nur die in vielen Fällen Arbeitnehmern gleichgestellten *Heimarbeiter* und sonstige in Heimarbeit Beschäftigten werden wegen ähnlicher Schutzbedürftigkeit häufig in den Sozialschutz einbezogen. Dabei gibt es zwei Gruppen:

144 a) Einmal besteht Kündigungsschutz aus *öffentlichem Interesse,* vor allem zur Verhinderung von Arbeitslosigkeit und Durchführung öffentlicher Aufgaben. Hierhin gehört vor allem der Schutz gegen Massenentlassungen, durch den der Arbeitsmarkt vor plötzlichem starken Anwachsen der Arbeitslosenzahl geschützt werden soll. Der Schutz von Heimkehrern, Wehrdienst und Ersatzdienstleistenden und der Schutz während einer Eignungsübung zählt ebenfalls hierher, da er die ungestörte Durchführung dieser Aufgaben sichern soll und ein Interesse an der Entlastung des Arbeitsmarktes besteht. Schließlich dient auch die Beschäftigung von Schwerbehinderten nicht nur deren individuellen Interessen, sondern auch der Allgemeinheit und liegt im besonderen öffentlichen Interesse.

145 b) Die übrigen Kündigungsbeschränkungen liegen vor allem im *individuellen Interesse* des einzelnen Arbeitnehmers, dem der Arbeitsplatz im Sinne eines Bestandsschutzes erhalten bleiben soll. Das sind vor allem der allgemeine Kündigungsschutz nach dem KSchG, aber auch die besonderen Bestandsschutzvorschriften nach dem MuSchG, bei Elternzeit, dem Schutz von Betriebsrats-, Personalrats-, Jugendvertretungsmitgliedern und sonstigen Amtsinhabern und -bewerbern dafür, von politisch Verfolgten und Behinderten. Wenn auch gleichzeitig ein Interesse der Allgemeinheit oder die Interessen an der Erhaltung funktionsgerechter Mitbestimmungsorgane eine Rolle spielen, soll doch hier gerade der einzelne Arbeitnehmer wegen seiner besonderen Lage geschützt werden. Je nach dem Grad der Schutzbedürftigkeit und den Kündigungsgründen ist dieser Schutz verschieden ausgestaltet und muß der Schutz des Arbeitnehmers mit den Interessen des Arbeitgebers an der Möglichkeit einer Auflösung von Arbeitsverhältnissen abgewogen werden.

2. Formen der Kündigungsbeschränkungen

146 Daraus folgt, daß die Formen der Kündigungsbeschränkungen und ihre Folgen unterschiedlich ausgestaltet sind.

a) Teilweise ist die *ordentliche Kündigung* für bestimmte Zeiten überhaupt *ausgeschlossen,* so nach § 15 KSchG für Betriebs-, Personalratsmitglieder, Wahlbewerber und andere Amtsinhaber, nach § 9 MuSchG für die Zeit vor und nach der Entbindung, nach § 18 BErzGG für die Dauer der Elternzeit. In anderen Fällen wird die Wirkung einer ordentlichen Kündigung hinausgeschoben, so nach § 17 KSchG für Massenentlassungen und nach § 89 SGB IX im Schwerbehindertenschutz.

b) In anderen Fällen ist eine *Zustimmung* einer *Behörde* notwendig (§ 16 KSchG **147** Landesarbeitsamt bei Massenentlassungen; Inhaber von Bergmannsversorgungsscheinen; Vorschriften für politisch Verfolgte), muß der Betriebsrat oder Personalrat zustimmen bzw dessen Zustimmung durch das Gericht ersetzt werden (§ 103 BetrVG, § 47 Abs 1 BPersVertrG für die außerordentliche Kündigung von Betriebs-, Personalratsmitgliedern und sonstigen Amtsinhabern bzw Wahlbewerbern), oder muß die Kündigung vor ihrem Ausspruch durch eine Stelle für zulässig erklärt werden (§§ 85, 91, SGB IX für schwerbehinderte Menschen, § 9 MuSchG bei Mutterschutz sowie nach § 18 BErzGG für die Elternzeit).

c) Schließlich besteht noch die Regelung, daß eine Kündigung sachlich besonders **148** begründet und damit *sozial gerechtfertigt* sein muß, um wirksam zu sein (§ 1 KSchG), wobei jedoch eine Auflösung gegen Zahlung einer Abfindung in Betracht kommen kann (§§ 9, 14 KSchG).

Alle diese Schutzvorschriften gelten nur gegenüber *Kündigungen seitens* des *Arbeit-* **149** *gebers,* aber auch für alle Kündigungen, auch für eine vorsorgliche Kündigung oder für eine Änderungskündigung. Die Kündigung durch den Arbeitnehmer ist frei. Endet das Dienst- oder Arbeitsverhältnis nicht durch Kündigung, sondern auf Grund Zeitablaufes oder Befristung, wegen Anfechtung, wird ein nichtiges, also nur faktisches Arbeitsverhältnis beendet oder bei lösender Aussperrung greifen die Kündigungsbeschränkungen nicht ein.

3. Zwingendes Recht, Ausgleichsquittung

Alle Kündigungsbeschränkungen sind zugunsten des Beschäftigten **zwingenden 150 Rechts.** Sie können weder durch Vertrag noch durch Betriebsvereinbarung und auch nicht durch Tarifvertrag ausgeschlossen oder beeinträchtigt werden. Ein **Verzicht** ist jedenfalls *im Voraus* stets *ausgeschlossen* und unwirksam. Nach erfolgter Kündigung kann allerdings auf einen besonderen individuellen Kündigungsschutz stets dadurch *verzichtet* werden, daß sich der Gekündigte mit der Kündigung *einverstanden* erklärt und sie nicht angreift. Für den allgemeinen Kündigungsschutz gilt, daß die Kündigung nach § 7 KSchG als von Anfang an wirksam gilt, wenn sie nicht rechtzeitig angefochten ist und eine Klage nicht nachträglich zugelassen wird. Ähnlich wird der Mutterschutz nicht wirksam, wenn eine schwangere Arbeitnehmerin ihren Zustand nicht binnen 2 Wochen nach der Kündigung mitteilt (§ 9 Abs 1 MuSchG) bzw die Mitteilung unverzüglich nachholt, wenn sie unverschuldet binnen der Frist die Mitteilung noch nicht geben konnte (BVerfG BVerfGE 52, 357; 55, 154; § 9 Abs 1 S 1 idF vom 3. 7. 1992, BGBl I 1191). Der Schwerbehindertenschutz kann nicht eingreifen, wenn der schwerbehinderte Mensch keine Feststellung über den Grad der Erwerbsminderung nach § 69 SGB IX treffen läßt und auch nach der Kündigung die

Schwerbehinderteneigenschaft nicht in einem Monat unverzüglich mitteilt (Neumann/
Pahlen § 4 SchwbG Rn 38; § 15 SchwbG Rn 41). Dementsprechend kann auch *nachträglich*
auf den Schutz *verzichtet* werden (Neumann/Pahlen § 15 SchwbG Rn 57 mit Angaben). An
einen solchen Verzicht sind jedoch strenge Anforderungen zu stellen, vor allem liegt
im bloßen Schweigen auf die Kündigung und im Bestätigen des Empfangs einer
Kündigung noch kein Einverständnis mit der Auflösung oder ein Verzicht auf Kündigungsschutz. Nur wenn zusätzliche Umstände hinzukommen, also beispielsweise
eine Einigung über eine zeitlich befristete Weiterbeschäftigung oder die Zahlung
einer Abfindung erzielt wird, liegt darin auch ein Verzicht auf die Geltendmachung
von Kündigungsschutzrechten oder ein Einverständnis mit der Aufhebung bzw Änderung des Arbeitsvertrages.

151 Eine Ausgleichsquittung betrifft in der Regel nur Ansprüche bis zum Ausscheiden des
Arbeitnehmers und stellt daher keinen Verzicht auf die Geltendmachung von Rechten gegenüber der Kündigung dar. Das gilt auch dann, wenn bestätigt wird, daß
keinerlei Ansprüche mehr aus dem Arbeitsverhältnis bestehen, weil auch das nur
die Ansprüche bis zum Ausscheiden betrifft. Nur wenn zusätzlich in einer Ausgleichsquittung ausdrücklich bestätigt wird, daß auch keine Ansprüche aus der Beendigung
des Arbeitsverhältnisses bestehen oder daß der Arbeitnehmer mit der Beendigung
zum Zeitpunkt der Kündigung einverstanden ist, auch bei Erklärung, daß gegen die
Kündigung keine Einwendungen erhoben werden, ergreift die Ausgleichsquittung
den Kündigungsschutz (vgl BAG AP Nr 36 zu § 3 KSchG; AP Nr 4, 5, 6 zu § 4 KSchG 1969; AP
Nr 8 zu § 1 TVG Tarifverträge: Einzelhandel; AP Nr 33 zu § 112 BetrVG 1972). Damit ergibt sich
eindeutig eine Verzichtserklärung, Rechte aus dem Kündigungsschutz nicht mehr
geltend machen zu wollen. Ein solcher Verzicht ist unbedenklich und rechtlich zulässig und kann auch im Wege einer Ausgleichsquittung erklärt werden (BAG AP Nr 36
zu § 3 KSchG; AP Nr 4, 5, 6 zu § 4 KSchG 1969; AP Nr 33 zu § 112 BetrVG 1972; LAG Hamm NZA
1985, 292; ErfKomm/Preis 230 § 611 BGB Rn 604 ff; Großkomm APS/Dörner § 1 KSchG Rn 13 ff;
vHoyningen-Huene/Linck § 1 KSchG Rn 14 ff; KasselerHdbArbR/Böck 6.3 Rn 803 ff; Münch-
HdbArbR/Wank § 127; KR/Friedrich § 4 KSchG Rn 302 ff; Schaub § 72 II 2; Stahlhacke/Preis/
Vossen Rn 765 f; vgl auch Trinkner BB 1968, 580; Althof AuR 1968, 289; Frey AuR 1970, 160;
Schwerdtner BlfStR 1979, 17; Preis ArbuR 1979, 97; Plander Betrieb 1986, 1873; Schulte
Betrieb 1981, 937; sehr strenge Anforderungen an die Formulierung der Ausgleichsquittung stellt
Frohner AuR 1975, 108). Allerdings kann eine in der Ausgleichsquittung liegende
Verzichtserklärung ggf nach §§ 119, 123 angefochten oder nach § 812 Abs 2 im
Wege des Ausgleichs einer ungerechtfertigten Bereicherung kondiert werden.
Wer aber in Kenntnis der nach dem Kündigungsschutz bestehenden Rechte eine
solche deutliche und eindeutige Ausgleichsquittung abgibt, muß sich daran festhalten
lassen (BAG AP Nr 4, 6 zu § 4 KSchG 1969). Es ist davon auszugehen, daß mit Inkrafttreten der Schuldrechtsmodernisierung am 1.1.2002 und für Altverträge am
1.1.2003 (Art 229 § 5 EGBGB) der Abschluß von Verzichtserklärungen durch
eine Ausgleichsquittung sehr viel einschränkender zu betrachten ist. Einmal kann
darin je nach Lage des Einzelfalles eine Überraschungsklausel im Sinn des § 305c
gesehen werden, zum anderen kann in solchen Erklärungen eine unangemessene
Benachteiligung des Arbeitnehmers nach § 307 liegen. Das Widerrufsrecht des
§ 312 iV mit § 355 wird auch hier angeführt (Däubler NZA 2001, 1329), greift aber
im Regelfall nicht durch (oben Rn 14). Die Anwendung der nach § 310 Abs 4 „im
Arbeitsrecht geltenden Besonderheiten" führt ebenfalls zwar nicht zum Ausschluss,
aber doch zu einer deutlichen Verschärfung der Anforderungen an Verzichtserklä-

rungen durch Ausgleichsquittungen. Insbesondere sind vor allem deutliche Hinweise und klare Formulierungen zu fordern (Hümmerich/Holthausen NZA 2002, 173, 179; Reichold ZTR 2002, 202, 205; Thüsing NZA 2002, 591, 594).

4. Ordentliche und außerordentliche Kündigung

Die Kündigungsbeschränkungen gelten teilweise nur für die *ordentliche Kündigung* **152** (§§ 1, 13 KSchG), teilweise unterschiedlich für die *ordentliche und außerordentliche* Kündigung (§§ 85, 91 SGB IX, § 9 MuSchG, § 18 BErzGG). Eine außerordentliche Kündigung liegt immer dann vor, wenn aus wichtigem Grund gekündigt und das auch erkennbar gemacht wird. Das Einhalten einer bestimmten Auslauffrist, meist aus sozialem Entgegenkommen gewährt, hindert das Vorliegen einer außerordentlichen Kündigung dann nicht. Wenn aber eine Frist eingehalten wird, auch wenn sie zu kurz gegenüber der gesetzlich oder vertraglich vorgeschriebenen Kündigungsfrist ist, muß immer dann auf das Vorliegen einer ordentlichen Kündigung geschlossen werden, wenn der Wille, außerordentlich aus wichtigem Grund zu kündigen, keinen erkennbaren Ausdruck gefunden hat. Es kann dann auch aus der Einhaltung einer Frist geschlossen werden, daß die Fortsetzung des Dienst- oder Arbeitsverhältnisses nicht gerade unzumutbar gewesen ist. Liegt für die Kündigung ein wichtiger Grund vor, ist sie nicht sozial ungerechtfertigt. Vertragliche Vereinbarungen darüber, wann insbes ein wichtiger Grund zur Kündigung vorliegen soll, sind jedoch nicht zwingend und schließen deshalb Kündigungsbeschränkungen nicht aus, wenn ein wichtiger Grund gesetzlich nicht vorliegt; aus der Vereinbarung können daher lediglich Rückschlüsse auf das Vorliegen eines wichtigen Grundes gezogen werden. Für unbefristete ordentliche Kündigungen gelten die Kündigungsbeschränkungen wie für ordentliche Kündigungen sonst auch, die gesetzliche Bezeichnung als „fristlose Entlassung" (§ 17 Abs 4 KSchG, § 81 Abs 6 SGB IX) bezeichnet nur die außerordentliche, nicht aber die entfristete ordentliche Kündigung (§ 15 Abs 1 BBiG).

Die Kündigung durch den *Insolvenzverwalter* nach § 113 InsO ist eine befristete und **153** damit eine ordentliche Kündigung iS der Kündigungsschutzbestimmungen, auch wenn der Konkursverwalter außerordentlich ohne Einhaltung der vertraglich längeren als der dreimonatlichen Kündigungsfristen kündigen kann (BAG AP Nr 1, 3, 5, 6 zu § 113 InsO, Nr 9 zu § 22 KO; KR/Weigand InsO Rn 18; Preis NJW 1996, 3369; Fischermeier NZA 1997, 1089; Hess, AR-Blattei SD 915.1 Rn 143; Müller NZA 1998, 1315; Giesen ZIP 1998, 46; ErfKomm/Müller-Glöge 410 § 113 InsO; Großkomm APS/Dörner § 113 InsO; MünchHdbArbR/ Berkowsky § 133; Schaub § 93 V). Diese Höchstfrist verdrängt auch längere tarifliche Kündigungsfristen; das verstößt nicht gegen Art 9 Abs 3 GG (BAG AP Nr 5 zu § 113 InsO). Im übrigen finden aber auf Kündigungen im *Insolvenzverfahren* die Kündigungsschutzbestimmungen wie für andere Kündigungen Anwendung, so dass auch der Betriebsrat zu hören ist.

5. Die Kündigungsbeschränkungen im einzelnen

a) Massenentlassungsschutz
Sollen in Betrieben mit mehr als 20 Arbeitnehmern mehr als 5, mindestens 60 Ar- **154** beitnehmern 10 vH oder mehr als 25 Arbeitnehmer oder in Betrieben mit mindestens 500 Arbeitnehmern mindestens 30 Arbeitnehmer innerhalb von 30 Kalendertagen entlassen werden, muß vorher an das Arbeitsamt schriftliche Anzeige erstattet wer-

den. Vor Ablauf eines Monats nach Eingang der Anzeige werden solche Entlassungen nur mit Zustimmung des Landesarbeitsamtes wirksam, das für den Einzelfall auch bestimmen kann, daß die Entlassungen nicht vor dem Ablauf von zwei Monaten wirksam werden. Dabei kann das Landesarbeitsamt gestatten, daß für die Zwischenzeit Kurzarbeit eingeführt werden kann (vgl §§ 17–19 KSchG). Solange eine Anzeige nicht erstattet ist, sind die anzeigepflichtigen Entlassungen schon deshalb unwirksam; das gilt für alle Entlassungen und nicht etwa nur für die Entlassungen, die über die jeweilige Mindestzahl hinausgehen. Läuft die Kündigungsfrist ab und ist noch keine Anzeige erstattet, dann werden auch die Kündigung und ein Aufhebungsvertrag unwirksam (vgl ErfKomm/Ascheid 430 § 17 KSchG, Großkomm APS/Moll § 17 KSchG; KasselerHdbArbR/Böck Rn 903 ff; MünchHdbArbR/Berkowsky §§ 155, 156; Schaub § 142 V und die Kommentare zum KSchG und BAG AP Nr 1, 2, 5, 9, 10 zu § 15 KSchG; AP Nr 1, 5, 6, 8, 12, 13 zu § 17 KSchG 1969; BSG AP Nr 3 zu § 15 KSchG, Nr 1 zu § 18 KSchG).

b) Schutz von Betriebs-, Personalrats-, Vertretungsmitgliedern, Wahlbewerbern und Frauen-, Immissionsschutz- und Störfallbeauftragten

155 Die ordentliche Kündigung des Mitglieds eines Betriebsrates, einer Jugendvertretung, einer Bordvertretung oder eines Seebetriebsrats, eines Mitglieds einer Personalvertretung oder des Mitglieds eines Wahlvorstandes oder eines Wahlbewerbers von der Aufstellung des Wahlvorschlages an sowie von Wahlinitiatoren von der Einladung an ist unzulässig. Das gilt auch für Mitglieder eines Europäischen Betriebsrats (§ 40 Europäisches Betriebsrätegesetz vom 28. 10. 1996 idF vom 20. 12. 2000, BGBl I 2022, 1983). Nur bei Betriebsstillegung kann zum Zeitpunkt der Stillegung des Betriebes ordentlich gekündigt werden; dasselbe gilt bei Stillegung einer Betriebsabteilung, wenn die Übernahme in eine andere Betriebsabteilung aus betrieblichen Gründen nicht möglich ist (vgl § 15 KSchG und die Kommentare dazu, BAG AP Nr 1 ff zu § 15 KSchG 1969; BAG AP Nr 1 ff zu § 15 KSchG 1969 Wahlbewerber). Dem Schutz der Personalratsmitglieder gleichgestellt sind die Frauenbeauftragten im öffentlichen Dienst (§ 18 Abs 3 Satz 2 FrauenförderungsG vom 24. 6. 1994 BGBl I 1406 und die entsprechenden Ländergesetze). Nach § 58, 58 d Bundesimmissionsschutzgesetz vom 15. 3. 1974 (BGBl I 721) idF vom 14. 5. 1990 (BGBl I 880, zuletzt geändert vom 27. 12. 2000 [BGBl I 2048]) sind emissionsträchtige Betriebe (Kraftwerke, Raffinerien uä) verpflichtet, *Immissionsschutz- und Störfallbeauftragte* zu bestellen. Diese haben als betriebsangehörige Arbeitnehmer, dh wenn sie nicht als freie Mitarbeiter bestellt werden, nach §§ 58, 58 d BImSchG einen Schutz vor ordentlichen Kündigungen, der noch 1 Jahr nach ihrer Abberufung andauert. So lange können sie nur aus wichtigem Grund entlassen werden (Ehrich Betrieb 1993, 1772; Schaub § 153 I 6 f, Betrieb 1993, 481). Nach Amtsniederlegung durch den Arbeitnehmer ohne Veranlassung des Arbeitgebers besteht kein nachwirkender Kündigungsschutz (BAG AP Nr 1 zu § 58 BImSchG). Eine Zustimmung ist hier nicht erforderlich.

156 Die außerordentliche Kündigung aus wichtigem Grund ist nach § 15 KSchG gegenüber diesem in § 15 KSchG genannten Personenkreis zulässig; sie bedarf jedoch der Zustimmung des Betriebsrates (§ 103 BetrVG) bzw des Personalrates (§ 47 Abs 1 BPesVertrG). Wird die Zustimmung verweigert, kann das Arbeits- bzw Verwaltungsgericht (im öffentlichen Dienst) die Zustimmung ersetzen. Die Zustimmung ist Wirksamkeitsvoraussetzung für die außerordentliche Kündigung und muß vor Ausspruch der Kündigung vorliegen, die andernfalls nicht nur schwebend unwirksam, sondern nichtig ist (BAG AP Nr 1, 2, 8, 36, 38 zu § 103 BetrVG 1972). Auch wenn allen

Mitgliedern gekündigt werden soll, ist die Zustimmung bzw deren Ersetzung erforderlich (BAG AP Nr 6 zu § 103 BetrVG 1972). Besteht kein Betriebsrat (Kündigung von Wahlvorstand, Wahlbewerbern) oder liegt Funktionsunfähigkeit vor, ist die Ersetzung der Zustimmung durch das Gericht erforderlich (BAG AP Nr 2, 4, 13, 26, 35, 36, 42 zu § 15 KSchG 1969). Nach der Rechtsprechung des BAG darf die Kündigung erst erklärt werden, wenn die Ersetzung der Zustimmung durch das Gericht rechtskräftig ist (BAG AP Nr 8, 32, 36 zu § 103 BetrVG 1972); danach muß die Kündigung unverzüglich ausgesprochen werden (BAG AP Nr 3, 24, 32 zu § 103 BetrVG 1972). In einem evtl folgenden Kündigungsstreit über die Kündigung entsteht Bindungswirkung hinsichtlich der Wirksamkeit der Kündigung aus den im Beschlußverfahren feststehenden Tatsachen, so daß eine Kündigungsschutzklage dann als unbegründet abzuweisen ist (BAG AP Nr 3, 28, 35 zu § 103 BetrVG 1972). Auf spätere Hindernisse wie die fehlende Zustimmung des Integrationsamtes kann sich der Arbeitnehmer aber noch berufen (BAG AP Nr 42 zu § 103 BetrVG 1972). (Vgl im übrigen die Kommentare zu § 103 BetrVG, § 47 BPersVertrG.)

c) **Kündigungsschutz Schwerbehinderter**

Die Kündigung von Arbeitsverhältnissen schwerbehinderter Menschen bedarf der **157** vorherigen Zustimmung des Integrationsamtes. Das gilt sowohl für die ordentliche Kündigung (§ 85 SGB IX) als auch für die außerordentliche Kündigung (§ 91 SGB IX). Der Schwerbehindertenschutz gilt für alle Arbeitnehmer, die um mindestens 50 vH in ihrer Erwerbsfähigkeit gemindert sind. Auf die Ursachen der Behinderung kommt es nicht an (§ 2 Abs 2 SGB IX). Minderbehinderte können gleichgestellt werden und haben dann ebenfalls Kündigungsschutz (§ 2 Abs 3 SGB IX). Die Kündigungsfrist beträgt mindestens 4 Wochen (§ 86 SGB IX). Der Kündigungsschutz gilt ohne Rücksicht darauf, ob der schwerbehinderte Mensch im Rahmen der Pflichtquote oder darüber hinaus beschäftigt wird. Auch auf die Kenntnis des Arbeitgebers von der Schwerbehinderteneigenschaft kommt es nicht an. Allerdings muß sich der schwerbehinderte Mensch zumindest unverzüglich nach der Kündigung auf den Schwerbehindertenschutz berufen, wenn die Behinderung bzw der Grad der Erwerbsminderung nicht ohne weiteres erkennbar ist. Nach der Rechtsprechung des Bundesarbeitsgerichts versagt der Schwerbehindertenschutz, wenn bis zum Ausspruch der Kündigung weder die Schwerbehinderteneigenschaft behördlich festgestellt noch ein entsprechender Antrag nach § 69 SGB IX gestellt war; dann soll die Schwerbehinderteneigenschaft lediglich im Kündigungsschutzprozeß berücksichtigt werden müssen (BAG AP Nr 1 u 2 zu § 12 SchwbG). Das gilt aber nur in Fällen, in denen die Eigenschaft als Schwerbehinderter unbekannt ist, eine Feststellung nicht erfolgte und auch kein Antrag darauf gestellt war. Das Gesetz stellt auf die Kenntnis nicht ab, so daß sich der schwerbehinderte Mensch auf den Schutz noch in angemessener Frist unverzüglich berufen kann, wenn der Antrag vor Ausspruch der Kündigung schon gestellt war und nur die Feststellung nach § 69 SGB IX noch fehlt. Die Rechtsprechung hat dazu angenommen, daß eine Frist von etwa einem Monat dazu ausreichend ist (BAG AP Nr 3, 5, 14, 16 zu § 12 SchwbG, AP Nr 4 zu § 18 SchwbG, AP Nr 1, 2 zu § 15 SchwbG 1986; AP Nr 45 zu § 123 BGB). Der Antrag kann auch noch kurze Zeit vor dem Zugang der Kündigung gestellt worden sein (BAG AP Nr 16 zu § 12 SchwbG). Besteht die Schwerbehinderteneigenschaft nach den zugrundeliegenden Tatsachen, die dem Arbeitgeber bekannt sind, ist ohnehin von der Kenntnis auszugehen. Im übrigen muß sich der schwerbehinderte Mensch unverzüglich darauf berufen, daß er schwerbehindert ist und den Antrag gestellt hat (vgl NEUMANN/PAHLEN § 4 SchwbG Rn 37 ff; § 15 SchwbG Rn 40 ff) oder die Antragstellung bekannt gibt (BAG AP Nr 11 zu § 15 SchwbG 1986).

Für Heimarbeiter und andere in Heimarbeit Beschäftigte und Gleichgestellte gilt der Kündigungsschutz in gleicher Weise, so daß auch deren Kündigung der vorherigen Zustimmung des Integrationsamtes bedarf (§ 127 SGB IX). (Vgl die Kommentare zum SchwbG und SGB IX.)

d) Mutterschutz und Elternzeit

158 Frauen vor und nach der Entbindung haben vom Eintritt der Schwangerschaft bis zum Ablauf von 4 Monaten nach der Entbindung den Kündigungsschutz des § 9 MuSchG. Er gilt für alle Arbeitnehmerinnen und Frauen, die in Heimarbeit beschäftigt sind und ihnen Gleichgestellte (§ 1 MuSchG). Danach ist jede, die ordentliche und die außerordentliche Kündigung unzulässig. Dasselbe gilt für eine anschließende Elternzeit. Vom Zeitpunkt des Verlangens nach der Elternzeit, höchstens 8 Wochen vor dem Beginn und während der Eltenrzeit ist jede Kündigung, die ordentliche wie die außerordentliche nicht erlaubt (§ 18 BErzGG, vgl oben Rn 117–125). Nur in besonderen Fällen (also nicht nur bei Kündigung aus wichtigem Grund) kann die oberste Landesbehörde eine Kündigung sowohl nach § 9 MuSchG als auch nach § 18 BErzGG ausnahmsweise vorher für zulässig erklären. Voraussctzung für den Kündigungsschutz nach § 9 MuSchG ist, daß die Schwangerschaft oder Entbindung dem Arbeitgeber bekannt ist oder binnen zwei Wochen nach Zugang der Kündigung mitgeteilt wird. Dabei braucht die Schwangerschaft in dieser Frist nur mitgeteilt zu werden. Der Nachweis der Schwangerschaft ist nicht in der 2-Wochen-Frist, sondern nur innerhalb einer angemessenen Frist nach Aufforderung durch den Arbeitgeber zu erbringen (BAG AP Nr 23, 30 zu § 9 MuSchG; AP Nr 3, 12, 13, 16, 22 zu § 9 MuSchG 1968). Soweit eine Arbeitnehmerin, die schwanger ist, davon unverschuldet dem Arbeitgeber nicht binnen der gesetzlichen 2-Wochen-Frist Mitteilung machen kann, gewährt der Schutz des Art 6 Abs 4 GG das Recht, die Mitteilung unverzüglich nachzuholen (BVerfG BVerfGE 52, 357; 55, 154; BAG AP Nr 9 zu § 9 MuSchG 1968; Neufassung vom 3. 7. 1992, BGBl I 1191). In den neuen Bundesländern gilt ab 1. 1. 1991 ebenfalls § 9 MuSchG; entgegen Art 38 Abs 3 Satz 1 bestehen dort Arbeitsverhältnisse wegen des verfassungsrechtlichen Vorrangs des Mutterschutzes fort (BVerfG 92, 223; BAG AP Nr 1, 6 zu Art 38 Einigungsvertrag) (vgl dazu die Kommentare zum MuSchG und BAG AP Nr 2 ff zu § 9 MuSchG, Nr 1 ff zu § 9 MuSchG 1968; Nr 4 zu § 18 ErzGG; ErfKomm/SCHLUCHTER 500 § 9 MuSchG; 170 § 18 ErzGG; Großkomm APS/ROLFS § 18 BErzGG; § 9 MuSchG; KasselerHdbArbR/KLEMZT 3.4 Rn 71 ff; KR/ETZEL § 18 BErzGG; § 9 MuSchG; MünchHdbArbR/HEENEN § 226 Rn 79 ff; § 229 Rn 24 ff; SCHAUB §§ 167–172; STAHLHACKE/PREIS/VOSSEN Rn 782 ff, Rn 858 ff).

e) Der allgemeine Kündigungsschutz

159 Arbeitnehmer in Betrieben mit in der Regel mehr als 5 Arbeitnehmern ausschließlich der Auszubildenden (§ 23 KSchG) haben nach 6 Monaten ununterbrochener Beschäftigung in demselben Betrieb oder Unternehmen Kündigungsschutz gegen sozial ungerechtfertigte Kündigungen nach § 1 KSchG. Eine Kündigung ist danach sozial ungerechtfertigt, wenn sie nicht durch Gründe in der Person oder dem Verhalten des Arbeitnehmers oder durch dringende betriebliche Erfordernisse bedingt ist. Die Kündigung ist weiter sozial ungerechtfertigt, wenn sie gegen eine Auswahlrichtlinie verstößt oder der Arbeitnehmer an einem anderen Arbeitsplatz weiterbeschäftigt werden kann und der Betriebs- oder Personalrat deshalb der Kündigung widersprochen hat. Außerdem muß bei Kündigungen aus dringenden betrieblichen Erfordernissen die soziale Auswahl nach § 1 Abs 3 KSchG richtig getroffen worden sein. Der Kündigungsschutz gilt auch gegenüber der Änderungskündigung (§ 2

KSchG) und erfordert eine Kündigungsschutzklage innerhalb von 3 Wochen nach Zugang der Kündigung beim Arbeitsgericht (§ 4 KSchG). Bei Versäumung der Frist kann nachträgliche Zulassung der Klage erfolgen, wenn der Arbeitnehmer an der Einhaltung der Frist trotz aller ihm zuzumutenden Sorgfalt verhindert war (§ 5 KSchG), andernfalls gilt die Kündigung als unwirksam (§ 7 KSchG). Auf Antrag kann unter den Voraussetzungen des § 9 KSchG trotz sozialer Unwirksamkeit der Kündigung das Arbeitsverhältnis gegen Zahlung einer Abfindung aufgelöst werden (§§ 9 u 10 KSchG), ein solches Auflösungsverlangen ist gegenüber leitenden Angestellten ohne weiteres möglich (§ 14 KSchG). (Vgl im einzelnen die Kommentare zum KSchG und BAG AP zu §§ 1 ff KSchG und KSchG 1969.)

f) Kündigungsschutz von Heimkehrern
Heimkehrern durfte nach § 8 des HeimkehrerG vom 19. 6. 1950 (BGBl I 1221), zuletzt **160** geändert durch Anlage I Kapitel VIII Sachgebiet E Abschnitt II Nr 5 des Einigungsvertrages vom 31. 8. 1990 (BGBl II 885) 1038, während der ersten 6 Monate nach Beginn des ersten Arbeitsverhältnisses nach der Entlassung oder nach dem Wiedereintritt in das frühere Arbeitsverhältnis nicht wegen einer durch die Kriegsgefangenschaft oder Internierung verursachten Minderleistungsfähigkeit gekündigt werden. Das galt auch während 6 Monaten nach der Aufnahme einer ständigen Beschäftigung in ihrem bisherigen oder angestrebten Beruf. Nachdem das HeimkehrerG ab 1. Januar 1992 außer Kraft getreten ist, galt der Schutz längstens noch bis 1995. Eine praktische Anwendung kommt der Regelung nach der Auflösung des Warschauer Paktes nicht mehr zu. Soweit allerdings Zeiten der Kriegsgefangenschaft und Internierung als Zeiten der Berufs- oder Betriebszugehörigkeit anzurechnen waren, bleibt § 7 Abs 3 HeimkG weiter gültig. Das kann sich auch weiterhin auf die Kündigungsfristen des § 622 auswirken (Gesetz zur Aufhebung des HeimkehrerG und zur Änderung anderer Vorschriften vom 20. 12. 1991 [BGBl I 2317]).

g) Kündigungsschutz politisch Verfolgter
Ein besonderer Kündigungsschutz politisch Verfolgter besteht nur noch nach einigen **161** Ländergesetzen und in den neuen Bundesländern:

aa) Das *Badische* Landesgesetz über die Entschädigung der Opfer des Nationalsozialismus vom 10. 1. 1950 (GVBl 139) verweist auf den Schwerbeschädigtenschutz, an dessen Stelle heute der Schutz Schwerbehinderter nach dem SGB IX getreten ist (§ 4 ÄndG vom 24. 4. 1974 [BGBl I 981]). Es gilt also der Kündigungsschutz der §§ 85, 91 SGB IX (oben Rn 157).

bb) In *Württemberg-Baden* gilt das Gesetz Nr 707 (Verfolgten-Schutzgesetz) vom **162** 8. 10. 1947 (RegBl 1947, 101). Danach kann die Kündigung nur mit Zustimmung des Landesarbeitsamtes befristet ausgesprochen werden (ordentliche Kündigung). Die Zustimmung kann nur erteilt werden, wenn sie mit Rücksicht auf den Verfolgtenschutz „aus zwingenden Gründen" geboten ist. Dabei ist auch auf das Vorhandensein eines anderen gleichwertigen Arbeitsplatzes abzustellen. Die Voraussetzungen ähneln damit der Zustimmung zur Kündigung Schwerbehinderter. Sie sind vom KSchG grundsätzlich unabhängig. Durch VO kann aber bestimmt werden, daß es einer behördlichen Zustimmung nicht bedarf, wenn der Arbeitnehmer Kündigungsschutz nach dem KSchG genießt und er von diesem Rechtsbehelf Gebrauch macht (Art 7 des WürttBadGesetzes). Die Kündigungsfrist beträgt mindestens 4 Wochen und läuft

Dirk Neumann

in jedem Fall erst von dem Tage an, an dem dem Arbeitnehmer die Zustimmung der Behörde eröffnet wird. Das Gesetz ist noch gültig. Voraussetzung für den Verfolgtenschutz ist nicht, daß die Verfolgteneigenschaft im Zeitpunkt der Kündigung bereits durch ein amtliches Verfahren festgestellt war (BAG AP Nr 1 zu § 73 ArbGG 1953).

163 cc) In *Rheinland-Pfalz* bedarf die Kündigung von Opfern des Nationalsozialismus der Zustimmung des Landesamtes für Wiedergutmachung (LandesVO vom 17. 12. 1952 [GVBl 177]). Die Kündigungsfrist beträgt 4 Wochen und beginnt mit dem Tage der Antragstellung zur Zustimmung. Ist im Zeitpunkt der Zustimmung die Frist ganz oder auf weniger als 2 Wochen abgelaufen, soll die Zustimmung mit der Maßgabe erteilt werden, daß die Kündigung zu einem späteren Zeitpunkt wirksam wird, der nicht unter 2 Wochen nach der Entscheidung liegt. Auf Schwerbehinderte finden diese Vorschriften keine Anwendung. (Vgl dazu aber OVG Rheinland-Pfalz vom 14. 1. 1958, BB 1958, 414.)

164 dd) In den *neuen Bundesländern* gelten im Beitrittsgebiet § 58 Abs 1 a, § 58 Abs 2 und § 59 Abs 2 AGB-DDR unbefristet fort (Einigungsvertrag vom 31. 8. 1990 [BGBl II 889] Anlage II Kapitel VIII Sachgebiet A Abschnitt III Nr 1 a). Danach darf der Arbeitgeber Kämpfern gegen den Faschismus und Verfolgten des Faschismus nicht fristgemäß kündigen. Im Falle der Stillegung von Betrieben oder Betriebsteilen ist ausnahmsweise eine fristgemäße Kündigung nach vorheriger schriftlicher Zustimmung des zuständigen Arbeitsamtes zulässig (§ 58 Abs 2 AGB-DDR). Die fristlose Kündigung ist nur mit vorheriger schriftlicher Zustimmung des zuständigen Arbeitsamtes zulässig, die ausnahmsweise innerhalb einer Woche nach Ausspruch der Kündigung nachgeholt werden kann (§ 59 Abs 2 AGB-DDR). Der Arbeitnehmer ist vom Arbeitgeber über die Zustimmung zu unterrichten. Die Zustimmung ist ein Verwaltungsakt, der von den Sozialgerichten angefochten werden kann. Das gilt sowohl für den Fall der Stillegung wie bei fristloser (außerordentlicher) Kündigung. Eine praktische Bedeutung werden 50 Jahre nach dem Ende des Faschismus die Vorschriften kaum noch haben, da die Betroffenen nicht mehr im Arbeitsleben stehen (SEIDLER AuR 1990, 133).

h) Kündigungsschutz bei Wehrdienst und Zivildienst

165 Während einer Eignungsübung gilt der besondere Kündigungsschutz des EignungsübungsG vom 20. 1. 1956 (BGBl I 13, zuletzt idF vom 24. 3. 1997, BGBl I 594). Während des Wehrdienstes und einer Wehrübung ergibt sich der Kündigungsschutz aus dem ArbPlSchG vom 30. 3. 1957 idF vom 14. 2. 2001 (BGBl I 253), das auch auf den Zivildienst Anwendung findet (§ 78 ZivildienstG idF vom 28. 9. 1994, BGBl I 2811, zuletzt geändert am 19. 12. 2000, BGBl I 1815).

166 aa) Während der *Eignungsübung* darf der Arbeitgeber das Arbeitsverhältnis nicht kündigen. Dieses Kündigungsverbot während der Eignungsübung betrifft jede ordentliche Kündigung. Die außerordentliche Kündigung bleibt unberührt, jedoch ist die Teilnahme des Arbeitnehmers an einer Eignungsübung kein Grund, der zu einer außerordentlichen Kündigung berechtigt (vgl SAHMER, Kommentar zum EignungsübungsG und zur DurchführungsVO zum EignungsübungsG [1956]).

167 Vor und nach der Eignungsübung darf der Arbeitgeber das Arbeitsverhältnis nicht aus Anlaß der Teilnahme an der Eignungsübung kündigen. Bei Kündigungen aus dringenden betrieblichen Erfordernissen (§ 1 Abs 2 KSchG) darf bei der Auswahl der zu kündigenden Arbeitnehmer die Teilnahme an der Eignungsübung nicht zu Ungunsten des Arbeitnehmers berücksichtigt werden. Während 6 Monate nach Meldung über die Teilnahme an der Eignungsübung und während 3 Monate nach der Eignungsübung wird vermutet, daß die Kündigung aus Anlaß der Eignungsübung erfolgt ist und bei der Auswahl der zu Kündigenden die Teilnahme an der Eignungsübung zu Ungunsten des Arbeitnehmers berücksichtigt wurde. Diese Vermutung ist jedoch widerleglich. Der Arbeitgeber muß also beweisen, daß der Arbeitnehmer auch ohne Teilnahme an einer Eignungsübung hätte entlassen werden müssen, wobei an den Nachweis strenge Anforderungen zu stellen sind, um alle Umgehungsversuche auszuschalten. Die Mitteilung an den Arbeitgeber über die Eignungsübung nach § 1 EignungsübungsG ist keine Voraussetzung für den Kündigungsschutz. Es genügt, daß der Arbeitgeber auf andere Weise von der Teilnahme an der Eignungsübung erfährt.

Das Vertragsverhältnis eines *Handelsvertreters* darf vom Unternehmer aus Anlaß der **168** Teilnahme an einer Eignungsübung nicht gekündigt werden (§ 5 Abs 2 EignungsübungsG). Ein Kündigungsverbot besteht jedoch nicht. Es wird während 6 Monaten nach Kenntnis von der Teilnahme an der Eignungsübung und während der Eignungsübung vermutet, daß eine Kündigung aus Anlaß der Teilnahme an einer Eignungsübung ausgesprochen worden ist. Solange muß der Unternehmer beweisen, daß die Kündigung aus anderen Gründen erfolgte. Auch in der weiteren Zeit bleibt der Schutz erhalten, nach Wegfall der Vermutung muß aber der Arbeitnehmer bzw der Handelsvertreter den Nachweis führen, daß die Kündigung gegen das Benachteiligungsverbot aus Anlaß der Eignungsübung verstößt. Praktisch wird jedoch stets dann die Kündigung wirksam sein, wenn der Arbeitgeber einen sonstigen Grund zur Kündigung nachweist, solange er mit der Eignungsübung nicht in Zusammenhang steht. Die Kündigung durch den Arbeitnehmer ist dagegen ohne Beschränkung zulässig. Ebenso eine einverständliche Aufhebung des Arbeitsvertrages (vgl auch WAECHTER, Die arbeitsrechtlichen Bestimmungen des Eignungsübungsgesetzes, BlfStR 1956, 72).

bb) Während des *Grundwehrdienstes* und einer *Wehrübung* besteht ein Kündi- **169** gungsverbot für jede ordentliche Kündigung von der Zustellung des Einberufungsbescheides an (§ 2 ArbPlSchG). Dasselbe gilt für den *Zivildienst*, für den nach § 78 ZivildienstG das ArbPlSchG ebenfalls anzuwenden ist. Der besondere Kündigungsschutz gilt aber nicht für Ausländer, die in ihrem Heimatland Wehrdienst leisten (BAG AP Nr 22 zu § 13 BUrlG, AP Nr 9 zu § 1 KSchG 1969 Personenbedingte Kündigung). Die Kündigung aus wichtigem Grund bleibt unberührt, jede außerordentliche Kündigung ist daher zulässig. In § 2 Abs 3 ArbPlSchG ist aber festgelegt, daß die Einberufung zum Wehrdienst kein wichtiger Grund zur Kündigung ist. Das gilt jedoch im Falle des Grundwehrdienstes von mehr als 6 Monaten und des Zivildienstes (also nicht bei Wehrübung) nicht für unverheiratete Arbeitnehmer in Betrieben mit in der Regel 5 oder weniger Arbeitnehmern ausschließlich der Auszubildenden, wenn dem Arbeitgeber infolge Einstellung einer Ersatzkraft die Weiterbeschäftigung des Arbeitnehmers nach Entlassung aus dem Wehrdienst (Zivildienst) nicht zugemutet werden kann. Die Kündigung darf dann nur unter Einhaltung einer Frist von 2 Monaten zum Zeitpunkt der Entlassung aus dem Wehrdienst (Zivildienst) ausgesprochen werden. Nach der Definition des Gesetzes liegt also unter diesen Voraussetzungen ein wichtiger Grund zur Kündigung vor („dies gilt nicht"), die dann als außerordentliche befristete Kündigung aus wichtigem Grund mit besonderer Frist zu einem bestimmten Zeitpunkt ausgesprochen werden kann.

170 Vor und nach dem Wehrdienst oder Zivildienst darf der Arbeitgeber das Arbeitsverhältnis aus Anlaß des Wehrdienstes und Zivildienstes nicht kündigen. Bei der Auswahl im Falle von Kündigungen aus dringenden betrieblichen Erfordernissen (§ 1 Abs 2 KSchG) darf die Einberufung zum Wehr- oder Zivildienst nicht zu Ungunsten des Arbeitnehmers berücksichtigt werden. Das wird vermutet, wenn der Arbeitgeber vor dem Wehrdienst (Zivildienst) kündigt, nachdem er von der Einberufung Kenntnis erhalten hat. Da der Arbeitgeber nach § 1 Abs 2 KSchG die Kündigungsgründe ohnehin beweisen muß, ist eine Kündigung vor und nach dem Wehr- oder Zivildienst immer dann zulässig, wenn der Arbeitgeber andere Kündigungsgründe nachweist, die mit dem Wehr- oder Zivildienst nicht in Verbindung stehen. Die Vermutung hat also besondere Bedeutung nur für Arbeitsverhältnisse, die nicht dem KSchG unterliegen.

171 Für *Handelsvertreter* gilt, daß der Unternehmer das Vertragsverhältnis aus Anlaß der Einberufung zum Grundwehrdienst oder zu einer Wehrübung bzw zum Zivildienst nicht kündigen darf (§ 8 Abs 4 ArbPlSchG). Diese Vorschrift gilt für alle Handelsvertreter, gleichgültig, ob sie arbeitnehmerähnlich sind oder nicht.

172 Die Klagefrist zur Erhebung von Kündigungsschutzklagen nach § 4 Abs 1 KSchG beginnt erst 2 Wochen nach Ende des Wehrdienstes (Zivildienstes), wenn dem Arbeitnehmer nach Zustellung des Einberufungsbescheides oder während des Wehrdienstes (Zivildienstes) eine Kündigung zugeht (§ 2 Abs 4 ArbPlSchG).

173 cc) Frühere Bezugnahmen auf den Kündigungsschutz des ArbPlSchG im Zivil- und Katastrophenschutz sind jetzt ersetzt durch das allgemeine Benachteiligungsverbot, das ggf auch eine Kündigung betreffen kann (vgl oben Rn 5 s).

174 Zum ArbPlSchG ältere Literatur vgl STAUDINGER/NEUMANN[12] Vorbem 174 zu § 620. Heute: ErfKomm/ASCHEID 80 § 2 ArbPlSchG; Großkomm APS/DÖRNER § 2 ArbPlSchG; KasselerHdbArbR/PODS 3.3 Rn 163 ff; KR/WEIGAND § 2 ArbPlSchG; KREIZBERG, AR-Blattei SD 1800 Rn 58 ff; MünchHdbArbR/BERKOWSKY § 160; SCHAUB § 144; STAHLHACKE/PREIS/VOSSEN, Rn 1028 ff; PREIS, Kündigungsschutz außerhalb des KSchG, NZA 1997, 1256.

i) Kündigungsschutz für Abgeordnete
175 Nach Art 48 des Grundgesetzes darf niemand gehindert werden, das Amt eines Abgeordneten zu übernehmen und auszuüben. Eine Kündigung aus diesem Grund ist unzulässig. Die Länderverfassungen enthalten ebenfalls Benachteiligungs- und auch Kündigungsverbote für Abgeordnete (Baden-Württemberg Art 29; Bayern Art 27; Berlin Art 35; Brandenburg Art 57; Bremen Art 94; Hamburg Art 14; Hessen Art 76; Mecklenburg-Vorpommern Art 23, 24; Niedersachsen Art 14; Nordrhein-Westfalen Art 47; Saarland Art 81; Sachsen Art 42; Sachsen-Anhalt Art 56, 57; Schleswig-Holstein Art 11; Thüringen § 51). Ausgeführt werden diese Verfassungsbestimmungen durch die Abgeordnetengesetze. Für den Bund gilt das Gesetz über Rechtsverhältnisse der Mitglieder des Deutschen Bundestages vom 18. 2. 1977 (BGBl I 297 idF vom 21. 2. 1996, BGBl I 326, zuletzt geändert am 16. 2. 2001, BGBl I 266). Für die Länder

gelten entsprechende Abgeordnetengesetze. Dasselbe gilt für deutsche Europaab-
geordnete nach dem Gesetz über die Rechtsverhältnisse der Mitglieder des Europäischen Parlaments aus der Bundesrepublik Deutschland vom 6. 4. 1979 (BGBl I 413,
zuletzt geändert am 20. 7. 2000, BGBl I 1037). Im Grunde betreffen alle diese Vorschriften trotz des teilweise verschiedenen Wortlautes das gleiche. Sie enthalten kein
absolutes Kündigungsverbot, auch nur teilweise für die ordentliche Kündigung, und
sollen jede Benachteiligung wegen der Übernahme des Amtes eines Abgeordneten
verhüten. Deshalb sind Kündigungen nur dann unzulässig, wenn sie aus einem
Grunde erfolgen, der sich aus der Tätigkeit als Abgeordneter ergibt. Aus anderen
Gründen kann in der Regel sowohl eine ordentliche als auch eine außerordentliche
Kündigung ausgesprochen werden. Soweit dabei der Ausdruck „kündigen oder entlassen" gebraucht wird, ist mit letzterem die außerordentliche Kündigung bzw fristlose Entlassung gemeint, jedoch besteht kein Unterschied zu den Regelungen, die
nur die Kündigung verbieten, da auch dort in der Übernahme des Amtes als Abgeordneter ein Grund zur außerordentlichen Kündigung nicht zu sehen ist. Soweit
bestimmt ist, daß eine „Kündigung nur aus wichtigem Grund zulässig ist", wird die
ordentliche Kündigung eines Abgeordneten generell ausgeschlossen und nur die
außerordentliche Kündigung zugelassen. Insoweit sind die Abgeordnetengesetze
teilweise unterschiedlich. Dagegen wird der Ablauf eines befristeten Dienst- oder
Arbeitsverhältnisses nicht berührt. Ebensowenig eine Beendigung aus sonstigen
Gründen, wobei allerdings auch hier zu berücksichtigen ist, daß der Grund für die
Auflösung nicht in der Abgeordnetentätigkeit liegen darf. So kann sich der Dienstberechtigte auf den Fristablauf nicht berufen, falls das Dienstverhältnis dann fortgesetzt worden wäre, wenn der Dienstverpflichtete nicht Abgeordneter wäre (vgl den
Parallelfall LAG Düsseldorf AP Nr 2 zu § 620 BGB Probearbeitsverhältnis). Unbeschränkt bleibt
jedoch die Kündigungsbefugnis des Abgeordneten und auch eine einverständliche
Aufhebung des Dienst- oder Arbeitsvertrages (vgl auch SCHAUB § 145 IV). Der Kündigungsschutz beginnt mit der Aufstellung des Bewerbers durch das zuständige Par-
teiorgan oder mit der Einreichung des Wahlvorschlages. Er endet in der Regel 1 Jahr
nach Beendigung des Mandats, bei erfolglosen Bewerbern zum Teil 3 Monate nach
der Wahl. Auch insoweit weisen die einzelnen Abgeordnetengesetze Unterschiede
auf. Listenbewerber haben ebenfalls Kündigungsschutz (LAG Frankfurt/M NJW 1976,
1655). (Vgl auch Großkomm APS/PREIS Art 48 GG; KR/WEIGAND, Kündigungsschutz für Parla-
mentarier; MünchHdbArbR/BERKOWSKY § 160.)

k) Benachteiligungsverbote
Es bestehen zahlreiche Vorschriften mit Benachteiligungsverboten bei unterschied- **176**
lichen Tätigkeiten. Zu nennen sind vor allem § 26 ArbGG und § 20 SozGG für
ehrenamtliche Richter, § 387 SGB III für Mitglieder von Organen der Bundesanstalt
für Arbeit, § 26 MitbestG, § 76 Abs 2 BetrVerfG 1952 für Arbeitnehmervertreter im
Aufsichtsrat, § 2 Abs 3 SprAuG für Mitglieder des Sprecherausschusses, § 22 Abs 3
SGB VII für Sicherheitsbeauftragte, § 8 ArbeitssicherheitsG für Betriebsärzte und
Fachkräfte für Arbeitssicherheit, § 17 Abs 2 ArbSchutzG, § 36 Abs 3 BDSG für
Datenschutzbeauftragte, § 3 THW-HelfRG für Helfer beim Technischen Hilfswerk,
§ 21 ZivilschutzG für Zivilschutzhelfer. Bei allen diesen Tätigkeiten dürfen die Arbeitnehmer wegen ihrer Tätigkeit nicht benachteiligt oder begünstigt werden. In
diesen Fällen sind Kündigungen unwirksam, die wegen dieser Aufgaben ausgesprochen werden, bei denen also die betreffende Tätigkeit Ursache der Kündigung ist.
Aus anderen Gründen erklärte Kündigungen sind dagegen frei. Soweit mehrere

Kündigungsgründe zusammentreffen, ist die Kündigung aber dann verboten, wenn die besonders geschützte Tätigkeit als Mitursache die Kündigung rechtfertigen soll. Nur wenn also die ungeschützten Kündigungsgründe allein die Kündigung schon rechtfertigen, ist die Kündigung zulässig; das Vorliegen anderer Kündigungsgründe genügt also dann nicht, wenn die Kündigung sich allein daraus noch nicht rechtfertigt.

l)   Verhältnis der Kündigungsbeschränkungen zueinander

177 Die einzelnen Kündigungsschutzbestimmungen stehen grundsätzlich *nebeneinander*. Der Gekündigte kann sich auf *alle* ihn betreffenden Kündigungsschutzbestimmungen berufen. Auch wenn die Kündigung nach der einen Schutzvorschrift zulässig ist, kann sie nach einer anderen Schutzvorschrift unzulässig sein. Das gilt vor allem für besonderen Kündigungsschutz, etwa für Schwerbehinderte, Massenentlassungsschutz oder Mutterschutz und den allgemeinen Kündigungsschutz, weiter aber auch für den allgemeinen Kündigungsschutz aus betrieblichen Gründen und die richtige soziale Auswahl. Der Arbeitnehmer kann zunächst geltend machen, einer Kündigung fehle die nach seiner Auffassung erforderliche Zustimmung, dann weiter sich auf fehlende betriebliche Erfordernisse und schließlich auch auf falsche soziale Auswahl berufen. Nur in den seltenen Fällen, in denen ein Gesetz auf ein anderes *Bezug nimmt,* findet nur *eine Vorschrift* Anwendung: Opfer des Nationalsozialismus in Rheinland-Pfalz und Baden haben als Schwerbehinderte nur den Schutz des SGB IX oder werden diesen ohnehin gleichgestellt (§ 6 LandesVO Rheinland-Pfalz vom 12. 12. 1952, § 34 BadGesetz vom 10. 1. 1950). Inhaber von Bergmannsversorgungsscheinen stehen in Niedersachsen Schwerbehinderten gleich (§ 1 Gesetz über einen Bergmannsversorgungsschein im Lande Niedersachsen vom 6. 1. 1949). Dagegen gilt in Nordrhein-Westfalen und im Saarland der Schwerbehindertenschutz neben dem besonderen Schutz für Inhaber von Bergmannsversorgungsscheinen. Jedoch hat nach § 10 Abs 4 Gesetz über den Bergmannsversorgungsschein NW idF vom 20. 12. 1983 und entsprechend nach § 11 Abs 4 SaarlGesetz Nr 768 idF vom 16. 10. 1981 die Zentralstelle die Entscheidung über die erforderliche Zustimmung zur Kündigung eines Bergmannsversorgungsscheininhabers bis zur Vorlage der Entscheidung im Zustimmungsverfahren nach den gesetzlichen Vorschriften für Schwerbehinderte auszusetzen, wenn der Inhaber des Bergmannsversorgungsscheines gleichzeitig Schwerbehinderter oder Gleichgestellter ist. Wird dann im Verfahren vor dem Integrationsamt der Kündigung zugestimmt, darf die Zentralstelle nur aus besonders gewichtigen Gründen abweichend entscheiden. Eine gewisse Bindung entsteht auch, wenn gerichtlich bereits über Kündigungsgründe entschieden wird, so bei dem Verlangen des Betriebsrates, einen den Betriebsfrieden störenden Arbeitnehmer zu entlassen (§ 104 BetrVG) oder bei dem Antrag des Arbeitgebers, die Zustimmung des Betriebsrates zur außerordentlichen Kündigung eines Betriebsratsmitgliedes, Wahlvorstandes oder Wahlbewerbers zu ersetzen (§ 103 Abs 2 BetrVG). Dann kann über dieselben Kündigungsgründe in einem folgenden Kündigungsstreitverfahren nicht mehr abweichend entschieden werden, sondern entsteht Bindungswirkung (BAG AP Nr 3, 28, 35, 42 zu § 103 BetrVG 1972; ErfKomm/HANAU/KANIA 210 § 103 BetrVG Rn 15; Großkomm APS/BÖCK § 103 BetrVG Rn 43; KR/ETZEL § 102 BetrVG Rn 265, § 103 BetrVG Rn 139).

178 Die *gerichtliche Zuständigkeit* ist unterschiedlich. Für den Streit um eine Zustimmung nach SGB IX oder MuSchG sind die Verwaltungsgerichte, für den Kündigungsstreit die Arbeitsgerichte zuständig. Hängt die Entscheidung des Arbeitsgerichts von der Wirksamkeit der Zustimmung ab, muß das Verfahren ausgesetzt werden, da die Entscheidung über die Zustimmung Tatbestandwirkung für die Gerichte für Arbeitssachen hat. Dagegen können Vorliegen des wichtigen Grundes oder Sozialwirksamkeit von den Gerichten für Arbeitssachen abweichend entschieden werden, auch wenn das schon im Verwaltungsverfahren berücksichtigt wurde.

IX. Rechtsfolgen der Beendigung von Dienst- oder Arbeitsverhältnissen

1. Erlöschen der Rechte und Pflichten

Durch die Beendigung des Dienst- oder Arbeitsverhältnisses *erlöschen* im allgemei- **179** nen die gegenseitigen Rechte und Pflichten. Jedoch sind die noch nicht befriedigten Ansprüche zu erfüllen; sie leiten sich nach wie vor aus dem Dienst- oder Arbeitsverhältnis her. Auch können sich aus dem Arbeitsverhältnis bedeutsame Nachwirkungen ergeben. Im einzelnen ist folgendes zu beachten:

2. Die Pflicht zur Lohnzahlung

a) Bei tatsächlicher Beendigung des Dienstverhältnisses bleibt die Pflicht zur **180** *Lohnzahlung* bis zur *rechtlichen Beendigung* des Dienstverhältnisses bestehen. Die schon geleistete Arbeit ist zu bezahlen. Erreicht das Arbeitsverhältnis während der Lohnzahlungsperiode sein Ende, so kann der Dienstverpflichtete einen seinen bisherigen Leistungen entsprechenden Betrag verlangen. Etwa zuviel gezahlter Lohn ist nach § 812 zurückzuerstatten (vgl aber auch § 628).

b) Erreicht das Dienstverhältnis durch *außerordentliche Kündigung* sein Ende, so **181** gelten die Regeln des § 628 (vgl Erl zu § 628).

c) Ein Lohnanspruch für die *Zukunft* ist grundsätzlich nicht gegeben. Eine *Aus-* **182** *nahme* von diesem Grundsatz gilt jedoch für zwei Fälle:

aa) Bis zum 31. 5. 1994 galten §§ 616 Abs 2 BGB, 63 HGB, 133 c GewO, 6 Lohn- **183** fortzG, 115 e AGB-DDR, die ab 1. 6. 1994 insoweit inhaltsgleich vom Gesetz über die Zahlung des Entgelts an Feiertagen und im Krankheitsfall (EntgeltfortzahlungsG) abgelöst wurden (Art 53 des Pflege-VersicherungsG vom 26. 5. 1994 [BGBl I 1014], zuletzt geändert am 19. 6. 2001, BGBl I 1046).

Danach behalten Arbeitnehmer im Sinne dieses Gesetzes (Arbeiter, Angestellte, zur **184** Berufsbildung Beschäftigte) ihren Anspruch auf Entgeltfortzahlung für die Dauer von 6 Wochen nach § 3 EntgeltfortzahlungsG auch dann, wenn der Arbeitgeber das Arbeitsverhältnis aus Anlaß der Arbeitsunfähigkeit kündigt (§ 8 Abs 1 S 1 EntgeltfortzahlungsG). Als unverschuldete Arbeitsunfähigkeit gilt auch eine Arbeitsverhinderung wegen nicht rechtswidriger Sterilisation oder Schwangerschaftsabbruch.

bb) Kündigt der Arbeitnehmer das Arbeitsverhältnis aus einem vom Arbeitgeber **185** zu vertretenden wichtigen Grund, behält er ebenfalls den Anspruch auf Entgeltfortzahlung. Das gilt auch dann, wenn trotz des gegebenen Grundes zur außerordentlichen Kündigung mit einer Frist gekündigt wird. Nur wenn das Arbeitsverhältnis ohnehin vor Ablauf der 6 Wochen ohne Kündigung oder aus einem anderen Grund

endet, wird auch der Anspruch auf Entgeltfortzahlung mit dem Ende des Arbeitsverhältnisses beendet (§ 8 EntgeltfortzahlungsG).

186 3.   Im Falle der außerordentlichen Kündigung bestehen ggf *Schadensersatzansprü-*
che nach § 628 Abs 2, § 89 a Abs 2 HGB.

187 4.   Der Dienstverpflichtete hat Anspruch auf ein *Zeugnis* (§ 630; vgl auch § 73
HGB, § 113 GewO, in den neuen Bundesländern gilt allein § 630, Einigungsvertrag
vom 31. 8. 1990 Anlage I Kapitel VIII Sachgebiet A Abschnitt III Nr 2 u 3 a).

5.   Arbeitsbescheinigung

188 Unterliegt der Dienstverpflichtete der Arbeitslosenversicherung, ist der Arbeitgeber
und Ausgeber von Heimarbeit auf Verlangen verpflichtet, nach Beendigung des
Beschäftigungsverhältnisses eine *Arbeitsbescheinigung* auf Vordruck der Bundesanstalt für Arbeit auszustellen, aus der sich Art der Tätigkeit, Beginn und Ende der
Beschäftigung und der Grund der Beendigung ergeben (§ 312 SGB III, früher inhaltsgleich § 133 AFG, so daß Literatur und Rechtsprechung dazu fortgelten). Diese
Arbeitsbescheinigung soll zwar den versicherungsrechtlichen Anspruch auf Arbeitslosenunterstützung verwirklichen helfen und ist deshalb im SGB III geregelt. Trotzdem muß der Arbeitgeber diese Bescheinigung nur dem Arbeitsamt gegenüber auf
Grund der sozialversicherungsrechtlichen Verpflichtung ausschreiben. Im Verhältnis
zu seinem Arbeitnehmer handelt es sich um den gleichzeitig darin liegenden arbeitsrechtlichen Anspruch, dem Arbeitsamt gegenüber aus der Fürsorgepflicht heraus
zutreffende Angaben zu machen. Der Streit über die Abgabe und richtige Ausfüllung
der Arbeitsbescheinigung ist deshalb nur zwischen Arbeitsamt und Arbeitgeber ein
sozialversicherungsrechtlicher Streit mit Zuständigkeit der Gerichte der Sozialgerichtsbarkeit. Bei einem Streit zwischen dem Arbeitnehmer und dem Arbeitgeber
über die Arbeitsbescheinigung sind dagegen die *Gerichte für Arbeitssachen zustän-*
dig. Das ist ganz eindeutig, wenn der Arbeitnehmer von seinem Arbeitgeber *Scha-*
densersatzansprüche wegen fehlender oder unrichtiger Arbeitsbescheinigung verlangt, da dafür eine andere Zuständigkeit ausscheidet (§ 2 ArbGG). Dann aber
muß dasselbe auch für seinen sonst ggf im Wege der Zwischenfeststellungsklage
zu verfolgenden Anspruch über *Abgabe* und *Inhalt* der Arbeitsbescheinigung selbst
gelten. Der Gesetzgeber hat mit der Novelle vom 21. 5. 1979 in § 2 ArbGG in Abs 1
die Ziff 3 Buchst e eingefügt, damit klargestellt wird, daß Streitigkeiten über Arbeitspapiere zur Zuständigkeit der Gerichte für Arbeitssachen gehören (vgl BTDrucks 8/
1567, 26 zu Nr 3; Wlotzke/Schwedes/Lorenz § 2 ArbGG Rn 4; zur Gesetzgebung auch LAG
Düsseldorf EzA Nr 2 zu § 2 ArbGG 1979). Nach überwiegender Meinung kann es sich
dabei aber auch nur um bürgerliche Rechtsstreitigkeiten auf Herausgabe der Arbeitsbescheinigung, nicht aber über Erteilung und Berichtigung handeln (BAG AP
Nr 11, 21 zu § 2 ArbGG 1979; LAG Kiel Betrieb 1987, 896; ErfKomm/Schaub 60 § 2 ArbGG
Rn 30; Grunsky § 2 ArbGG Rn 104; KasselerHdbArbR/Haupt 6.1. Rn 190 ff; Knipp AR-Blattei
150 Rn 39; MünchHdbArbR/Wank § 128 Rn 63; Schaub § 149 III 4; IV 2; Wenzel AuR 1979, 226;
Stahlhacke RdA 1979, 401; Dietz RdA 1980, 81; Becker-Schaffner Betrieb 1983, 1304). Richtigerweise sind aber die öffentlich-rechtlichen Verpflichtungen zugleich Schutzvorschriften im Arbeitsverhältnis und verpflichten den Arbeitgeber aus der Fürsorgepflicht heraus auch bürgerlich-rechtlich (BAG AP Nr 1 zu § 2 ArbGG 1979, AP Nr 1 zu § 611
BGB Erstattung; LAG Köln Betrieb 1988, 1960; LAG Hamm Betrieb 1988, 2316). Das ist für

Sozialversicherungsbeiträge nicht mehr umstritten (BAG AP Nr 1, 3 zu §§ 394, 395 RVO) und muß auch für die ordnungsgemäße Erteilung und Berichtigung der Arbeitsbescheinigung gelten, so daß es sich stets auch um bürgerliche Rechtsstreitigkeiten über Arbeitspapiere handelt (BOEMKE AR-Blattei 220. 10 Rn 216 ff; 3; 320 Rn 215 ff; GERMELMANN/ MATTHES/PRÜTTING § 2 ArbGG Rn 76 ff; MünchHdbArbR/BREHM § 389 Rn 5). Die Gerichte für Arbeitssachen sind deshalb auch dafür nach § 2 ArbGG zuständig.

6. Freizeit zur Stellensuche

Der Dienstberechtigte (Arbeitgeber) hat dem Beschäftigten *Freizeit* zum Aufsuchen **189** einer neuen Stelle zu gewähren (§ 629).

7. Wettbewerbsabrede

Sofern eine *Wettbewerbsabrede* getroffen worden ist, muß die bestehende Konkur- **190** renzklausel eingehalten und die notwendig festzulegende Karenzentschädigung für die vorgeschriebene Höchstdauer von 2 Jahren gezahlt werden (§§ 74 ff HGB, die auch für gewerbliche Arbeitnehmer und für Dienstverpflichtete gelten, die unter § 611 ff fallen, vgl BAG AP Nr 23 zu § 133 f GewO; AP Nr 24 zu § 611 BGB Konkurrenzklausel; ErfKomm/SCHAUB 390 § 74 HGB; LANDMANN/ROHMER § 133 f GewO Rn 18; MünchHdbArbR/ WANK § 130; SCHAUB § 58).

8. Kaution, Darlehen

Die vom Dienstverpflichteten gestellte **Kaution** ist zurückzuzahlen. Die Vereinba- **191** rung, eine Kaution als Sicherheit für einen Schaden oder eine widerrechtliche Auflösung des Dienst- oder Arbeitsverhältnisses oder als Kapital für das Unternehmen zu stellen, ist verhältnismäßig selten. Sie stellt eine Nebenverpflichtung aus dem Dienst- oder Arbeitsverhältnis dar. Die Kautionsansammlung kann auch aus dem Lohn vorgenommen werden und muß dann die Pfändungsfreigrenzen und für gewerbliche Arbeiter die Vorschriften von § 119a GewO einhalten. In den neuen Bundesländern gelten nur die Pfändungsfreigrenzen, da § 119a GewO dort nicht anzuwenden ist (Einigungsvertrag Anlage I Kapitel VIII Sachgebiet A Abschnitt III Nr 3 a). Der Anspruch auf Rückgabe der gewährten Summe erwächst im Zweifel spätestens mit der (rechtlichen) Beendigung des Dienst- oder Arbeitsverhältnisses, soweit keine Gegenansprüche bestehen, bei denen zuerst auf die Kaution zurückzugreifen ist (ErfKomm/PREIS 230 § 611 BGB Rn 1076; MünchHdbArbR/BLOMEYER § 59 Rn 88).

Hat umgekehrt der Dienstberechtigte (Arbeitgeber) ein **Darlehen** (zB zur Wohn- **192** raumbeschaffung) gewährt, ist dies bei Beendigung des Dienst- oder Arbeitsverhältnisses zurückzuzahlen, soweit sich aus der Vereinbarung nichts anderes ergibt (vgl BAG AP Nr 1, 2 zu § 607 BGB; BLOMEYER/BUCHNER, Rückzahlungsklauseln im Arbeitsrecht 90; BECKER/SCHAFFNER BlfStR 1973, 145; OLG Braunschweig BB 1966, 1397; LAG Baden-Württemberg Betrieb 1963, 1055; aA LAG Baden-Württemberg AP Nr 3 zu § 607 BGB; vgl auch SCHAUB § 70 III 5). Fehlt es an einer Vereinbarung über die Rückzahlung und ergibt sich auch aus der Abrede kein Anhaltspunkt, kann es maßgeblich darauf ankommen, wer die Beendigung zu vertreten hat. Darlehensbedingungen unterliegen einer Inhaltskontrolle nach dem AGB-Gesetz (BAG AP Nr 3 zu § 23 AGBG; ErfKomm/PREIS 230 § 611 BGB Rn 637; SCHAUB § 70 III 5) und jetzt nach §§ 307, 310. Ein höherer Zinssatz nach Ende

des Arbeitsverhältnisses ist keine unangemessene Benachteiligung (BAG AP Nr 4 zu
§ 611 BGB Arbeitnehmerdarlehen).

9. Entlassungspapiere

193 Die **Entlassungspapiere** sind mit der Beendigung des Dienst- oder Arbeitsverhältnisses *auszuhändigen.* Maßgeblich ist die tatsächliche Beendigung. Das gilt vor allem
für das Zeugnis (vgl § 630), die Arbeitsbescheinigung nach § 312 SGB III (oben
Rn 188), Versicherungskarte oder -unterlagen, Steuerkarte, Krankenkassenbescheini-
gung und die Bescheinigung über den gewährten oder abgegoltenen Urlaub (§ 6
Abs 2 BUrlG). Dazu kommen dem Arbeitgeber überreichte Unterlagen, zB frühere
Zeugnisse uä, im Baugewerbe auch die Lohnnachweiskarte. An diesen Papieren
besteht auch die evtl Gegenforderung und bei Streit über die Beendigung kein Zurückbehaltungsrecht (BAG AP Nr 2 zu § 611 BGB Urlaubskarte; LAG Düsseldorf BB 1967,
1207; ArbG Celle ARSt 1967, 126; ARSt 1968, 30; ArbG Oberhausen ARSt 1971, 142). Werden die
Papiere nicht oder verspätet ausgehändigt, hat der Dienstverpflichtete einen Anspruch auf Ersatz des dadurch entstehenden Schadens, insbes also dann, wenn er
wegen der fehlenden Papiere keine andere Stelle antreten kann (LAG Düsseldorf Betrieb 1953, 695; 1954, 371; 1955, 1120; BB 1967, 1207; LAG Stuttgart BB 1958, 340; LAG Frankfurt aM
Betrieb 1984, 2200).

194 Die Aushändigungspflicht ist *keine Bringschuld,* der Arbeitnehmer muß die Papiere
vielmehr grundsätzlich am Erfüllungsort *abholen* (§ 269), vgl BAG AP Nr 21 zu § 630
BGB. Hat aber der Dienstberechtigte die Papiere beim Abgang aus von ihm zu
vertretenden Gründen nicht ausgehändigt, ist er zur Übersendung verpflichtet und
haftet dann auch nach § 287 für den Verlust. Trifft den Arbeitgeber ein *Verschulden,*
ergibt sich das aus *Verzug.* Aber auch ohne Verschulden kann die Übersendungspflicht aus der (nachwirkenden) *Fürsorgepflicht* erwachsen, wenn die Überreichung
zur Zeit des Abganges noch nicht erfolgen konnte und es dem Beschäftigten unverhältnismäßig Schwierigkeiten machen würde, die Papiere abzuholen oder sicher abholen zu lassen (BAG AP Nr 21 zu § 630 BGB). Eine Übersendung durch *Einschreiben* ist
aber nur erforderlich, wenn der Beschäftigte das besonders verlangt hat und die
Kosten trägt. Die *Vollstreckung* eines Urteils auf Herausgabe der Papiere erfolgt
nach § 883 Abs 1 ZPO, nicht nach § 887 ZPO, so daß auch für den Fall der Nicht-
herausgabe keine Entschädigung nach § 61 Abs 4 ArbGG festgesetzt werden kann.
Es handelt sich nicht um die Vornahme einer Handlung, sondern um die Herausgabe
von Sachen (BAG AP Nr 22 zu § 61 ArbGG 1953; LAG Stuttgart BB 1957, 712). (Zu den Arbeitspapieren vgl ErfKomm/Preis 230 § 611 BGB Rn 1144; KasselerHdbArbR/Haupt 6.1 Rn 126 ff;
MünchHdbArbR/Wank § 129; Schaub § 149; Schewe, Versicherungskarten und Aufrechnungsbe-
scheinigungen (1965); Peterek, Zur Aushändigung der Arbeitspapiere bei beendetem Arbeitsverhältnis, Betrieb 1968, 173; Matthes, Der Anspruch des Arbeitnehmers auf Erteilung, Ergänzung
und Berichtigung von Bescheinigungen durch den Arbeitgeber und seine Durchsetzung im Prozeß,
Betrieb 1968, 1578, 1624; ders, Nochmals zur Klage auf Berichtigung der Arbeitspapiere, BB 1969,
597; Brill, Die Lohnsteuerbescheinigung des Arbeitgebers auf der Lohnsteuerkarte, Betrieb 1969,
1195; Kitzelmann, Die einstweilige Verfügung auf Herausgabe der Arbeitspapiere, AuR 1970, 229;
Müller, Die Eintragung des Arbeitgebers in die Arbeitspapiere und ihre Berichtigung, Betrieb
1973, 570; Becker-Schaffner, Die Rechtsprechung zum Recht der Arbeitspapiere, Betrieb 1983,
1304; Knipp AR-Blattei SD 180 Arbeitspapiere; Steffen, Zum Inhalt der Arbeitsbescheinigung BB
1987, 1456.)

10. Ruhestandsverhältnis

Bei Zusage eines *Ruhegehaltes* wird das aktive Dienst- oder Arbeitsverhältnis zu **195**
einem Ruhestandsverhältnis, bei dem es sich um Nachwirkungen aus dem Dienst-
oder Arbeitsverhältnis handelt. Vgl dazu Erl zu § 611 Rn 652 ff.

§ 620
Beendigung des Dienstverhältnisses

(1) Das Dienstverhältnis endigt mit dem Ablauf der Zeit, für die es eingegangen ist.

**(2) Ist die Dauer des Dienstverhältnisses weder bestimmt noch aus der Beschaffen-
heit oder dem Zwecke der Dienste zu entnehmen, so kann jeder Teil das Dienstverhältnis nach Maßgabe der §§ 621, 622 kündigen.**

**(3) Für Arbeitsverträge, die auf bestimmte Zeit geschlossen werden, gilt das Gesetz
über Teilzeitarbeit und befristete Arbeitsverträge.**

Materialien: E I § 563; II § 559; III § 611; Mot
258 f; Prot 909 ff; JAKOBS/SCHUBERT, SchR II
791; BT-Drucks 14/4374.

Schrifttum

1. Schrifttum bis zum Jahre 2000
ADOMEIT, Befristete Arbeitsverhältnisse – wieder verboten?, NJW 1989, 1715
ANDRITZKY, Beschäftigungsförderungsgesetz
1985, NZA 1986, 385
BAARZ, Der befristete Arbeitsvertrag und Mutterschutz, DB 1965, 741
BARWASSER, Zeitverträge mit Arbeitnehmern –
unumgängliche Notwendigkeit oder sozialpolitische Anomalie, DB 1977, 1944
BAUSCHE, Die Beendigung des Arbeitsverhältnisses durch auflösende Bedingung oder
Zweckbefristung, BB 1993, 2623
BECKER/SCHAFFNER, Die Darlegungs- und Beweislast in Kündigungsrechtsstreitigkeiten, BB
1992, 557
BELLING/HARTMANN, Die geschlechtsdikrimi-
nierende Altersgrenze in Tarifverträgen, NZA
1993, 1009
BERGER/DELHEY, Probezeit und Wartezeit, BB
1989, 977

ders, Die Befristung von Arbeitsverträgen im
Rahmen von Arbeitsbeschaffungsmaßnahmen,
NZA 1990, 47
ders, Rentenreform contra Tarifvertrag?, ZTR
1992, 99
BICKEL, Die objektive Gesetzesumgehung,
JuS 1987, 861
BIELEFELD, Befristete Probearbeitsverhältnisse,
NJW 1976, 1139
BIELENSKI, Beschäftigungsförderung durch be-
fristete Arbeitsverträge?, AuA 1994, 161
BIEDENKOPF, Grenzen der Tarifautonomie
(1964)
BLECHMANN, Der Abschluß befristeter
Arbeitsverträge zur übergangsweisen Beschäf-
tigung von Berufsanfängern, NZA 1987, 191
BLOMEYER, Der befristete Arbeitsvertrag als
Problem der Gesetzesinterpretation,
RdA 1967, 406
BUCHNER, Befristete Arbeitsverhältnisse mit

Dirk Neumann
Ulrich Preis

wissenschaftlichem Personal an Hochschulen und Forschungseinrichtungen, RdA 1985, 258

COLNERIC, Zur Frage, ob in dem Abschluß eines befristeten Arbeitsvertrags zugleich konkludent die Aufhebung eines früheren unbefristeten Arbeitsvertrages liegt, AuR 1986, 319

DALLINGER, Neue Möglichkeiten für Zeitverträge mit wissenschaftlichen Angestellten, NZA 1985, 648

DAMMANN, Zur rechtlichen Zulässigkeit befristeter Arbeitsverträge, AuR 1978, 65

DÜTTMANN/HINRICHS/KEHRMANN/OBERHOFER, Kommentierung des Beschäftigungsförderungsgesetzes, AiB 1985, 67

EHRICH, Die Zulässigkeit von auflösenden Bedingungen in Arbeitsverträgen, DB 1992, 1186

EICH, Befristung von Arbeitsverträgen aus arbeitsmarkt- und wirtschaftspolitischen Gründen?, DB 1978, 1785

FALKENBERG, Befristung von Arbeitsverhältnissen, DB 1971, 430; 1972, 2478

ders, Zulässigkeit und Grenzen auflösender Bedingungen in Arbeitsverträgen, DB 1979, 590

FEDERLIN, Rentenreformgesetz 1992 und die Wirksamkeit von kollektiven Altersgrenzenvereinbarungen, in: FS Gnade (1993) 447

FRANKE, Anmerkung zum Wegfall der Altersgrenzen nach dem Rentenreformgesetz 1992, NZA 1991, 972

FREY, Mehrere Zeitverträge mit demselben Arbeitnehmer nach Art 1 § 1 Nr 1 BeschFG, NZA 1986, 513

FRIAUF, Verfassungsrechtliche Aspekte der erleichterten Zulassung von befristeten Arbeitsverhältnissen, NZA 1985, 513

FRIEDHOFEN/WEBER, Rechtsprobleme des befristeten Arbeitsvertrages nach Art 1 § 1 des Beschäftigungsförderungsgesetzes 1985, NZA 1985, 337

FROHNER/PIEPER, Befristete Arbeitsverhältnisse, AuR 1992, 97

FÜLLGRAF, Die auflösende Bedingung im Arbeitsvertrag, NJW 1982, 738

GITTER/BOERNER, Altersgrenzen in Tarifverträgen, RdA 1990, 129

GROTHEER, Befristetes Arbeitsverhältnis und Kündigungsschutz (1973)

GUMPERT, Befristete Aushilfsarbeitsverhältnisse, BB 1965, 911

HABERKORN, Zur Kündigung innerhalb der Probezeit, AuR 1963, 15

HANAU, Zwangspensionierung des Arbeitnehmers mit 65?, RdA 1976, 26

ders, Befristete Programmarbeit im Rundfunk, AuR 1985, 305

ders, Der Regierungsentwurf eines Beschäftigungsförderungsgesetzes 1985 oder: Hier hat der Chef selbst gekocht, NZA 1984, 345

ders, Befristung und Abrufarbeit nach dem BeschFG 1985, RdA 1987, 25

HEENEN, AR/Blattei Beschäftigungsförderung I, BeschFG 1985

HEINZE, Das befristete Arbeitsverhältnis zwischen Gesetz und Tarifvertrag, DB 1986, 2327

ders, Der befristete Arbeitsvertrag mit Ärzten in der Weiterbildung, NJW 1987, 2278

HELDMANN, Befristung des Arbeitsverhältnisses durch befristete Arbeitserlaubnis?, BB 1975, 1306

HOFMANN, Der befristete Arbeitsvertrag im Spiegel der neueren Rechtsprechung, ZTR 1993, 399

HROMADKA, Zur Zulässigkeit des auflösend bedingten Arbeitsvertrages, RdA 1983, 88

ders, Pensionierungsalter und Pensionierungsmöglichkeiten, DB Beil 11/1985 S 1

HUNOLD, Beendigung des Arbeitsverhältnisses, AR-Blattei SD 220.8

vHOYNINGEN/HUENE, Das neue Beschäftigungsförderungsgesetz 1985, NJW 1985, 1801

JOBS, Im Blickpunkt – Beschäftigungsförderungsgesetz, PersV 1986, 28

JOBS/BADER, Der befristete Arbeitsvertrag, DB Beil 21/1981 S 1

KAPPES, Die Wirksamkeit tarifvertraglicher Altersgrenzenregelungen, BB 1993, 1359

KEMPEN, Arbeitnehmerschutz, Tarifverträge und Beschäftigungsförderungsgesetz. Zum Verhältnis von Tarifautonomie und Gesetzgebung, AuR 1985, 374

KEMPFF, Befristetes Arbeitsverhältnis und zwingender Kündigungsschutz, DB 1976, 1576

KEYSER, Befristete Arbeitsverträge (1984)

KIEFER, Fünfjährige Höchstgrenze für befristete Arbeitsverträge im öffentlichen Dienst?, NZA 1984, 250

KIENAST, Das Ende von Altersgrenzen im Arbeitsverhältnis?, DB 1991, 1725

KLEVEMANN/ZIEMANN, Die Reichweite der Befristungskontrolle bei mehrfach befristeten Arbeitsverhältnissen, DB 1989, 2608

KLIEMT, Formerfordernisse im Arbeitsverhältnis (1994)

KOCH, Die Rechtsprechung des BAG zur Zulässigkeit befristeter Arbeitsverhältnisse, NZA 1985, 345; 1992, 154

KNIGGE, Der Werkstudent, AR-Blattei SD 1810

KRASSHÖFER/PIDDE, Der sachliche Grund als Wirksamkeitsvoraussetzung von Befristungsabreden, AuA 1992, 142

LAUX, Altersgrenzen im Arbeitsrecht, NZA 1991, 967

LEINEMANN, Wirkungen von Tarifverträgen und Betriebsvereinbarungen auf das Arbeitsverhältnis, DB 1990, 732

LEPKE, Der Beschäftigungsanspruch in kurzfristigen und auslaufenden Arbeitsverhältnissen, AuR 1968, 78

LESER, Die Beweislast für die Befristung des Arbeitsvertrages, BB 1965, 1151

LIEB, Zur Befristung von Beschäftigungsverhältnissen im Bereich der Rundfunkfreiheit, in: FS Hilger/Stumpf (1983) 409

LINDER, Probleme der rechtlichen Zulässigkeit von befristeten Arbeitsverträgen, DB 1975, 2082

LINKE, Richterliche Kontrolle der Befristung einzelner Arbeitsbedingungen, 1993

LÖRCHER, Handlungsmöglichkeiten der Personalräte gegen Zeitverträge nach dem Beschäftigungsförderungsgesetz, PersR 1985, 122

ders, Der Vorrang tariflicher Befristungsregelungen (SR 2y BAT) vor dem Beschäftigungsförderungsgesetz, PersR 1986, 32

ders, Das BAG zum Mitbestimmungsrecht bei Zeitverträgen, PersR 1986, 143

LÖWISCH, Zur Verfassungsmäßigkeit der erweiterten Zulassung befristeter Arbeitsverhältnisse durch das Beschäftigungsförderungsgesetz, NZA 1985, 478

ders, Das Beschäftigungsförderungsgesetz 1985, BB 1985, 1200

ders, Die Befristung einzelner Bedingungen des Arbeitsvertrages, ZfA 1986, 1

ders, Die Änderung von Arbeitsbedingungen auf individualrechtlichem Wege, insbesondere durch Änderungskündigung, NZA 1988, 633

ders, Befristung von Arbeitsverträgen mit wissenschaftlichem Personal bei Großforschungseinrichtungen, WissR 1992, 56

LOHFELD, Die Befristung von Arbeitsverträgen mit wissenschaftlichem Personal an Hochschulen und Forschungseinrichtungen (1991)

LORENZ, Beschäftigungsförderungsgesetz: Teilzeitarbeit, Sozialplan und die sozialversicherungsrechtlichen Regelungen, NZA 1985, 473

LORENZ/SCHWEDES, Das Beschäftigungsförderungsgesetz, DB 1985, 1077

MACHE, Das befristete Arbeitsverhältnis, BB 1981, 243

MAYER/MALY, Das Arbeitsverhältnis und die Zeit, ZfA 1990, 203

MAUER, Befristetes Probearbeitsverhältnis mit schwangerer Arbeitnehmerin, BB 1991, 1897

MAURER, Probearbeitsverhältnis ohne Kündigungsvereinbarung, DB 1972, 629

MILLER, Zur Neuregelung der Zulässigkeit befristeter Arbeitsverträge im Hochschulbereich, PersV 1986, 11

MOLL, Altersgrenzen in Kollektivverträgen, DB 1992, 475

ders, Altersgrenzen am Ende?, NJW 1994, 499

MORITZ, Aktuelle Fragen zum Probearbeitsverhältnis, BB 1978, 866

MUSA, Änderungskündigung bei zeitlich befristeten und unkündbaren Arbeitsverträgen – insbes von ausländischen Arbeitnehmern, BB 1967, 39

NAGEL, Die Verfassungswidrigkeit des Regierungsentwurfs zum Hochschulbefristungsgesetz, PersR 1985, 42

NEUMANN, Das Probearbeitsverhältnis (1964)

ders, Arten des Probearbeitsverhältnisses, DB 1964, 404

ders, Die Beendigung des Probearbeitsverhältnisses, DB 1964, 657

ders, Schutzrechte im Probearbeitsverhältnis, DB 1964, 918

ders, Haushalt und Befristung im öffentlichen Dienst, in: FS Herschel (1982) 321

OETKER, Das Dauerschuldverhältnis und seine Beendigung (1994)

OETKER/HAEDRICH, Der befristete Arbeitsvertrag im Spannungsfeld von Vertragsfreiheit, Tarifautonomie und staatlichem Arbeitnehmerschutzrecht, NJ 1990, 425

OETKER/KIEL, Die Neueinstellung als Grund für

den Abschluß befristeter Arbeitsverträge (Art 1
§ 1 Abs 1 BeschFG 1985), DB 1989, 576
vOLENHAUSEN, Zeitverträge, Kündigungsschutz
und Tarifautonomie am Beispiel sog Künstler-
verträge, Ufita Bd 75 (1976), 25
ders, Zeitverträge im Hochschul-, Medien- und
Bühnenbereich, Film und Recht 1982, 298
OTTE, Zeitvertrag und Kündigungsschutz (1980)
ders, Fünfjahresgrenze bei befristeten Arbeitsverträgen im Hochschulbereich – Einbeziehung
von Altverträgen, NZA 1988, 830
OTTO, Erleichterte Zulassung befristeter
Arbeitsverträge, NJW 1985, 1807
PALME, Probezeit und Kündigung, BlStSozArbR
1974, 278
PEISELER, Die Befristungsregelung des Beschäftigungsförderungsgesetzes, eine Kommentierung für Personalräte, PersR 1985, 82
ders, Probleme des befristeten Arbeitsverhältnisses, NZA 1985, 238
PFEIFFER, Einladung zum Abfindungspoker,
Flexibilisierung der Lebensarbeitszeit oder
Rettung der Rentenkasse?, ZIP 1994, 264
PLANDER, Die befristete Verlängerung von Arbeitsverträgen im öffentlichen Dienst, insbesondere im Hochschulbereich – ein Beitrag zur
Auslegung der Sonderregelung BAT 2y – JZ
1983, 693
ders, Gesetzliche Eingriffe öffentlicher Arbeitgeber in Tarifverträge und Tarifabschlußfreiheit
als verfassungswidriger Angriff auf die Tarifautonomie, RiA 1984, 54
ders, Befristungsabreden in durch Beschäfti-
gungsprogramme geförderten Arbeitsverträgen,
NZA 1984, 337
ders, Der befristete Arbeitsvertrag – ein Not-
behelf zur Minderung der Arbeitslosigkeit?, DB
1984, 2091, 2139
ders, Einflußmöglichkeiten von Personalrat und
Betriebsrat beim Abschluß befristeter und bei
der ordentlichen Kündigung unbefristeter
Arbeitsverträge, RdA 1985, 223
ders, Änderungskündigung zwecks Umwandlung unbefristeter in befristete Arbeitsverhältnisse, NZA 1993, 1057
PLANDER/SCHMIDT, Grenzen der Befristung von
Anstellungsverhältnissen wissenschaftlicher
Mitarbeiter, AuR 1979, 321

PREIS, Grundfragen der Vertragsgestaltung im
Arbeitsrecht (1993; zitiert: PREIS, Grundfragen)
ders, Prinzipien des Kündigungsrechts bei
Arbeitsverhältnissen (1987; zitiert: PREIS, Prin-
zipien)
PREIS/KLIEMT, Aushilfsarbeitsverhältnis, AR-
Blattei SD 310
dies, Probearbeitsverhältnis, AR-Blattei SD
1270
REHBINDER, Der befristete Arbeitsvertrag als
Regeltyp im Recht der Bühne, RdA 1971, 211
ders, Zur Rechtfertigung des Zeitvertrags im
Bühnenarbeitsrecht, Film und Recht 1977, 804
RICHARDI, Die Bedeutung der Personalstruktur
für die Befristung von Arbeitsverhältnissen im
Hochschulbereich, DB 1981, 1461
RITTER, Das befristete Arbeitsverhältnis, NZA
Beil 2/1985 S 13
ROSE, Das sog Beschäftigungsförderungsgesetz
1985, BetrR 1986, 629
ROSE/OBERHOFER, Das Beschäftigungsförde-
rungsgesetz, BetrR 1985, 177
SÄCKER, Vorzeitige Beendigung der Arbeits-
verträge mit leitenden Angestellten,
RdA 1976, 91
SALJE/BULTMANN, Der unbefristet befristete
Arbeitsvertrag, DB 1993, 1469
SCHÄCKER, Der Abschluß befristeter Arbeits-
verträge mit Schwerbeschädigten, DB 1964, 112
SCHANZE, Zur Frage der Verfassungsmäßigkeit
der erleichterten Zulassung befristeter Arbeits-
verträge, RdA 1986, 30
SCHAUB, Teilzeitbeschäftigung und befristete
Arbeitsverhältnisse als Form einer Personalent-
scheidung, BB 1988, 2253
SCHLIEMANN, Rechtsprechung des Siebten Se-
nats des Bundesarbeitsgerichts zur Befristung
von Arbeitsverträgen, Das Arbeitsrecht der
Gegenwart Bd 28, 113
SCHLÜTER/BELLING, Die Zulässigkeit von Al-
tersgrenzen im Arbeitsverhältnis,
NZA 1988, 297
SCHMITZ/GIELSDORF, Nichtverlängerung des
Bühnenengagementsvertrages aus Anlaß eines
Intendantenwechsels, ZUM 1993, 457
SCHODEN, Betriebsvereinbarung über die Be-
endigung des Arbeitsverhältnisses bei Eintritt
der Erwerbsunfähigkeit, AiB 1989, 364

SCHRÖDER, Handelsvertreterverhältnisse auf
Probe, DB 1966, 2007
SCHRÖTER, Befristete Arbeitsverträge und ar-
beitsrechtliche Vertragsfreiheit (1972)
SCHÜBEL, Beschäftigungsförderungsgesetz und
Arbeitnehmerüberlassung, BB 1985, 1606
SCHÜREN/ZACHERT, Tarifautonomie und tarif-
dispositives Richterrecht, AuR 1988, 245
SCHWEDES/LORENZ, Beschäftigungsförderungsgesetz – Möglichkeiten nutzen, BArbBl 1985
Nr 6 S 5
SCHWEIZER, Arbeitsverträge an den Hochschulen – Anwendungsbereich der Fünfjahresgrenze
nach dem Zeitvertragsgesetz, JZ 1991, 709
SCHWERDTNER, Abschied vom befristeten Probearbeitsverhältnis?, ZIP 1983, 406
ders, Beschäftigungsförderungsgesetz, Tarifautonomie und Betriebsverfassung,
NZA 1985, 577
ders, Lohnfortzahlung im Krankheitsfall und
befristetes Arbeitsverhältnis, NZA 1988, 593
SLABY, Sonderregelung SR 2y BAT – Sprung-
brett von der Randbelegschaft in die Stammbelegschaft, ZTR 1989, 142
SOWKA, Befristete Arbeitsverhältnisse, DB 1988,
2457; BB 1994, 1001
STAHLHACKE, Die Begrenzung von Arbeitsverhältnissen durch Festlegung einer Altersgrenze,
DB 1989, 2329
STEINMEYER, Kollektivrechtliche Altersgren-
zenregelungen ab 1. Januar 1992, RdA 1992, 6
STRUCK, Befristung nach dem Beschäftigungs-
förderungsgesetz 1985 im öffentlichen Dienst,
ZTR 1989, 186
TETTINGER, Möglichkeiten und Grenzen einer
Bundesgesetzgebung über befristete Arbeits-
verträge im Hochschulbereich, RdA 1981, 351
UIBEL, Der Probearbeitsvertrag, BABl 1961, 285
WALTER, Kündigung in Probezeit, BB 1959, 411
ders, Arbeitsverhältnisse zur Probe und zur
Aushilfe (3. Aufl 1965)
WALTERMANN, Die Neuregelung des § 41 SGB
VI und ihre Auswirkung auf die Beendigung des
Arbeitsverhältnisses, NZA Beil 4/1991 S 19
WALZ, Befristetes Arbeitsverhältnis im öffent-
lichen Dienst, ZRP 1978, 77
WEGENER, Grundsätze für die Beschäftigung
von nichtwissenschaftlichem und wissenschaftli-
chem Personal an Hochschulen durch Zeitar-

beitsverträge, insbesondere die Verlängerung
solcher Verträge, DöD 1987, 94
WEILER, Der befristete Arbeitsvertrag, BB 1985,
934
WIEDEMANN, Zur Typologie zulässiger Zeitar-
beitsverträge, in: FS H Lange (1970) 395
WIEDEMANN/PALENBERG, Die Zulässigkeit von
Zeitarbeitsverträgen im öffentlichen Dienst,
insbes im Hochschulbereich, RdA 1977, 85
WINDERLICH, Urlaubsabgeltung und befristetes
Arbeitsverhältnis, BB 1989, 2035
WLOTZKE, Zum arbeitsrechtlichen Teil des Regierungsentwurfs eines Beschäftigungsförde-
rungsgesetzes 1985, NZA 1984, 217
ders, Das gesetzliche Arbeitsrecht in einer sich
wandelnden Arbeitswelt, DB 1985, 754
WOLF, Inhaltskontrolle von Arbeitsverträgen am
Beispiel der Befristungen einzelner Arbeits-
bedingungen, RdA 1988, 270
WOLTERECK/LEWERENZ, AR-Blattei Saisonarbeit I
WORZALLA, Der Anwendungsbereich des § 41
IV SGB VI und die Auswirkung auf die betriebliche Personalpolitik, NZA Beil 4/1991 S 15
ders, Rentenreformgesetz baut neue Hürden auf,
Arbeitgeber 1991, 768.

2. Schrifttum ab dem Jahre 2000

BACKHAUS, Das neue Befristungsrecht, Nachtrag zu ASCHEID/PREIS/SCHMIDT, Großkommentar zum Kündigungsrecht, 2001
BAUER, Neue Spielregeln für Teilzeitarbeit und
befristete Arbeitsverträge, NZA 2000, 1039
ders., Befristete Arbeitsverträge unter neuen
Vorzeichen, BB 2001, 2473
BEZANI/MÜLLER, Das Gesetz über Teilzeitar-
beit und befristete Arbeitsverträge, DStR 2001,
87
DÄUBLER, Das geplante Teilzeit- und Befri-
stungsgesetz, ZIP 2000, 1961
ders, Das neue Teilzeit- und Befristungsgesetz,
ZIP 2001, 217
DASSAU, Das Gesetz über Teilzeitarbeit und
befristete Arbeitsverträge, ZTR 2001, 64
DIETERICH/PREIS, Befristete Arbeitsverträge in
Wissenschaft und Forschung, Konzept einer
Neuregelung im HRG, 2001
DÖRNER, Kommentierung zu § 620 BGB, in:

Schliemann (Hrsg), Das Arbeitsrecht im BGB,
2. Aufl 2002 (zit ArbR BGB/Dörner)
DÖRNER, Die Befristung von Arbeitsverträgen
nach § 620 BGB und § 1 BeschFG 1996 –
Rückblick und Ausblick, ZTR 2001, 485 ff.
HANAU, Was ist wirklich neu in der Befri-
stungsrichtlinie, NZA 2000, 1045
HROMADKA, Das neue Teilzeit- und Befri-
stungsgesetz, NJW 2001, 400
ders., Befristete und bedingte Arbeitsverhält-
nisse neu geregelt, BB 2001, 621, 674
KLIEMT, Das neue Befristungsrecht, NZA 2001,
296
LAKIES, Das Teilzeit- und Befristungsgesetz,
DZWiR 2001, 1
LÖWISCH, „Zuvor" bedeutet nicht „in aller
Vergangenheit", BB 2001, 254
PLANDER, Sachgründe für Kettenarbeitsver-
hältnisse und deren Grenzen nach neuem Recht,
ZTR 2001, 499
PÖLTL, Befristete Arbeitsverträge nach dem
Gesetz über Teilzeitarbeit und befristete
Arbeitsverträge im Geltungsbereich des BAT,
NZA 2001, 582

PREIS, Der Arbeitsvertrag, 2002
PREIS/GOTTHARDT, Neuregelung der Teilzeitarbeit und befristeten Arbeitsverhältnisse, DB
2000, 2065
dies, Das Teilzeit- und Befristungsgesetz, DB
2001, 145
PREIS/HAUSCH, Die Neuordnung der befristeten
Arbeitsverhältnisse im Hochschulbereich, NJW
2002, 927
RICHARDI/ANNUSS, Gesetzliche Neuregelung
von Teilzeitarbeit und Befristung, BB 2000, 2201
ROLFS, Befristung des Arbeitsvertrages, EAS
B 3200
SCHIEFER, Entwurf eines Gesetzes über Teilzeitarbeit und befristete Arbeitsverhältnisse und
zur Änderung und Aufhebung arbeitsrechtlicher
Vorschriften, DB 2000, 2118
SOWKA, Befristete Arbeitsverträge ohne Sach-
grund nach neuem Recht – offene Fragen, DB
2000, 2427.
WANK, Befristung und auflösende Bedingung
des Arbeitsverhältnisses, in RICHARDI/WLOTZ-
KE, Münchener Handbuch zum Arbeitsrecht,
2001, § 116 (zit MünchArbR/WANK).

Systematische Übersicht

Ulrich Preis

Alphabetische Übersicht

I.   Einführung

1 Dienst- und Arbeitsverträge können – wie jedes Dauerschuldverhältnis – auf bestimmte und auf unbestimmte Zeit abgeschlossen werden. Diese an sich selbstverständliche Regel enthält § 620. Sie war schon bei der Schaffung des BGB weithin unproblematisch und unumstritten (Jakobs/Schubert SchR II 792 ff).

2 Im Fall der Befristung (Zeit- oder Zweckbefristung) sowie der auflösenden Bedingung endet das Vertragsverhältnis, ohne daß es einer Kündigung bedarf. Da die Beendigung des Vertragsverhältnisses durch den Vertragsabschluß bereits determiniert ist, es damit keiner gesonderten Kündigung bedarf, **entfallen** auch alle an eine Kündigung anknüpfenden gesetzlichen Besonderheiten, vor allem **Kündigungsschutzvorschriften** (KSchG, BetrVG, BPersVG, MuSchG, BErzGG, SGB IX), einschließlich der Einhaltung einer bestimmten **Kündigungsfrist.** Diese Konsequenzen sind insbesondere für **Arbeitsverhältnisse** gewichtig. Deshalb werden befristete oder auflösend bedingte Arbeitsverträge in **Abweichung vom Grundsatz** des § 620 Abs 1 **nur begrenzt** zugelassen. Materielle Schranken ergeben sich im Arbeitsrecht jetzt

insbesondere aus dem TzBfG (§ 620 Abs 3). Eine dem Arbeitgeber im Zeitpunkt des Vertragsschlusses bekannte Schwangerschaft einer Arbeitnehmerin hindert nicht die Befristung des Arbeitsvertrages (BAG 6. 11. 1996 AP Nr 188 zu § 620 BGB Befristeter Arbeitsvertrag).

Der freie, **unabhängige Dienstvertrag** unterliegt dagegen weitgehend keinen Kündi- **3** gungsbeschränkungen. Deshalb stellt sich die Problematik der Ausschaltung von Kündigungsschutznormen im freien Dienstverhältnis nicht. Bei ihm ist ggfs im Falle der ordentlichen Kündigung lediglich die Kündigungsfrist des § 621 zu beachten. Deshalb ist für den Abschluß und die Wirksamkeit von Verträgen mit bestimmter Zeitdauer streng zwischen dem freien, unabhängigen Dienstvertrag und dem abhängigen Arbeitsvertrag zu unterscheiden (zur Abgrenzung STAUDINGER/RICHARDI [1999] Vorbem 125 ff zu §§ 611–630).

Der befristete oder auflösend bedingte Vertrag ist vor Ablauf der vereinbarten **4** (Mindest-)Vertragsdauer bzw vor Bedingungseintritt **ordentlich nicht kündbar.** Dies folgt im Umkehrschluß aus § 620 Abs 2. Die Zulässigkeit der ordentlichen Kündigung kann jedoch vertraglich vereinbart werden (für Arbeitsverträge jetzt klargestellt in § 15 Abs 3 TzBfG). Bei dieser Vertragsgestaltung wird in der Sache nur ein Vertrag mit einer bestimmten Höchstdauer vereinbart. Nur wenn Mindest- und Höchstdauer zusammenfallen, liegt ein Vertrag auf bestimmte Zeit im engeren Sinne vor. Das Recht zur jederzeitigen außerordentlichen **Kündigung aus wichtigem Grund** nach § 626 bleibt unabhängig von der Vertragsgestaltung stets **unberührt** (hierzu § 626 Rn 38 ff).

§ 620 Abs 2 berechtigt beide Parteien, einen auf unbestimmte Zeit geschlossenen **5** Dienstvertrag zu kündigen, läßt aber die näheren Voraussetzungen offen. Ob die Beendigung nur zu festen Terminen möglich ist und ob zwischen Erklärung und Vertragsende eine bestimmte Zeitspanne (Kündigungsfrist) liegen muß, ergibt sich für selbständige Dienstverträge aus § 621. § 620 Abs 2 verlangt keine Kündigungsgründe; soweit nicht Spezialvorschriften einen Begründungszwang aufstellen, ist die Kündigung daher ohne Grund zulässig. Für Dienstverträge auf unbestimmte Dauer verweist § 620 Abs 2 auf die Kündigungsmöglichkeit nach Maßgabe der §§ 621, 622. Dort sind freilich nur die Kündigungs*fristen* für unabhängige Dienstverträge (§ 621) und Arbeitsverträge (§ 622) geregelt.

§ 620 Abs 2 verweist für Arbeitsverträge auf die Kündigungsfristen nach § 622. Das **6** BGB läßt damit nicht erkennbar werden, daß dessen Grundlage, die freie, lediglich befristete ordentliche Kündigung, nicht mehr der Realität entspricht. Vielmehr gilt es, den allgemeinen Kündigungsschutz nach dem Kündigungsschutzgesetz in die Betrachtung einzubeziehen, ohne den die Entwicklungen zu § 620 und § 626 im Arbeitsrecht überhaupt nicht verständlich sind.

II. Geltungsbereich

1. Unabhängiger Dienstvertrag

a) Grundsatz
Auf unabhängige Dienstverträge, die keine Arbeitsverhältnisse sind, findet § 620 **7**

uneingeschränkt Anwendung. Freie Dienstverträge, die keine Arbeitsverhältnisse sind, unterliegen keinem Kündigungsschutz und müssen deshalb auch nicht durch einen sachlichen Grund gerechtfertigt sein (BAG 13. 11. 1991 EzA § 611 BGB Arbeitnehmerbegriff Nr 45). Schranken der Vertragsfreiheit ergeben sich für Dienstverträge allerdings aus § 624 sowie aus der Inhaltskontrolle nach dem Recht der allgemeinen Geschäftsbedingungen (§§ 309 Nr 9 und § 307). Hinsichtlich der Einzelheiten der Vertragsgestaltung in Form der kalendermäßigen Bestimmung, Zweckbefristung und auflösenden Bedingung gelten gegenüber dem Arbeitsverhältnis keine Besonderheiten mit Ausnahme des Tatbestandes, daß bei unabhängigen Dienstverträgen die Gefahr der Umgehung von Kündigungsschutznormen in der Regel nicht besteht.

b)   Inhaltskontrolle

8   Während bei Arbeitsverhältnissen eine Inhaltskontrolle aus der Sicht des Arbeitnehmers (Dienstverpflichteten) speziell unter dem Gesichtspunkt der Umgehung von Schutzvorschriften für den Fall der unbefristeten Arbeitsverhältnisse erforderlich war und ist, stellt sich bei unabhängigen Dienstverträgen die Situation vielfach genau umgekehrt dar. Problematisch ist hier eine **zu lange Bindung des Dienstnehmers,** weil Anbieter von Dienstleistungen häufig ein Interesse an dauerhafter Bindung haben. Grenzen der Vertragsgestaltung ergeben sich hier zunächst aus § 624. Anbieter von Dienstleistungen operieren jedoch vielfach mit vorformulierten Verträgen, die Kündigungsmöglichkeiten im Befristungszeitraum einschränken und über Verlängerungsklauseln uU zu einer übermäßigen Bindung der Dienstnehmer führen. Hinzuweisen ist insbesondere auf die Rechtsprechung zu Unterrichtsverträgen und Freizeitverträgen (hierzu § 621 Rn 11). Zur Befristung anderer Dienstvertragsarten: KG 23. 5. 1989 NJW-RR 1989, 1075; LG Berlin 1. 3. 1989 NJW-RR 1989, 764 (Ausbildungsverträge); OLG Hamburg 14. 6. 1989, EzAGBG § 9 Kündigungsklauseln Nr 84 („Beförderungsvertrag"); LG Hildesheim 21. 9. 1988 NJW-RR 1989, 56 (Formularmietvertrag); BGH 1. 2. 1989 BGHZ 106, 341 (Partnerschaftsvermittlung). Die Frage der Unwirksamkeit einer entsprechenden Befristungsregel wird jedoch nur relevant, soweit nicht ein Dienst höherer Art im Sinne des § 627 in Rede steht, der für diese Fälle ein unabdingbares Kündigungsrecht einräumt (hierzu § 627 Rn 18 ff). Für die danach verbleibenden Fallkonstellationen kann eine Inhaltskontrolle nach § 309 Nr 9 und § 307 BGB eine Begrenzung der dauerhaften Bindung herbeiführen.

2.   Arbeitsverträge

a)   Spannungsverhältnis zum Kündigungsschutz; Inhaltskontrolle

9   Im Arbeitsverhältnis sind die **Grenzen der Vertragsfreiheit** bei der Gestaltung eines befristeten Vertrages enger gezogen. Grund sind insbesondere die gesetzlichen Kündigungsbeschränkungen, zu denen häufig tarifliche Schutzvorschriften hinzutreten (insbes etwa der Ausschluß der ordentlichen Kündbarkeit nach längerer Dauer des Arbeitsverhältnisses). Nachdem der Gesetzgeber durch das KSchG 1951 einen weitgehenden Schutz des Arbeitnehmers vor der Kündigung des Arbeitsverhältnisses geschaffen hatte, ohne die Vorschrift des § 620 zu ändern, eröffnete der Abschluß befristeter Arbeitsverträge, insbesondere von mehreren nacheinandergeschalteten Verträgen (sog „Kettenbefristung") die **Möglichkeit, die Normen des zwingenden Kündigungsschutzrechts zu umgehen.** Das BAG erkannte die Möglichkeit des Mißbrauchs dieser Vertragsgestaltung. Es machte die Anerkennung einer Befristungsab-

rede deshalb davon abhängig, daß für die Befristungsvereinbarung ein „sachlicher Grund" bestand (BAG 12.10. 1960 AP Nr 16 zu § 620 BGB Befristeter Arbeitsvertrag).

Zur Lösung des Spannungsverhältnisses wurden in Rechtsprechung und Literatur **10** verschiedene Ansätze verfolgt. Am weitesten gingen Vorschläge, Befristungen von Arbeitsverträgen generell für unzulässig zu erklären (vgl etwa LINDER DB 1975, 2082; KEMPFF DB 1976, 1576; DAMMANN AuR 1978, 70; ablehnend: BAG 29.8. 1979 EzA § 620 BGB Nr 42; WIEDEMANN/PALENBERG RdA 1977, 87). Nach anderer Auffassung sollte der Abschluß eines befristeten Arbeitsvertrages einer Billigkeitskontrolle nach § 315 BGB unterliegen (SÖLLNER, Einseitige Leistungsbestimmungen im Arbeitsverhältnis [1966] 121; SÄCKER RdA 1976, 96; dagegen vHOYNINGEN/HUENE, Billigkeit im Arbeitsrecht [1978] 174). Überwiegend wurde früher das Verbot der schrankenlosen Wirksamkeit des Abschlusses von Arbeitsverträgen auf bestimmte Dauer daraus abgeleitet, daß aus Gründen der Sozialstaatlichkeit, der Fürsorgepflicht des Arbeitgebers oder der Unverzichtbarkeit des gesetzlichen Bestandsschutzes eine Befristung nur dann wirksam vorgenommen werden könne, wenn dafür ein **sachlicher, billigenswerter Grund** vorliege (HUECK/NIPPERDEY I 530; NIKISCH I 669). All diesen Ansätzen lag die zutreffende Erkenntnis zugrunde, daß im Arbeitsverhältnis der gesetzliche Kündigungsschutz nicht ohne weiteres beiseite geschoben werden darf. Die gesamte Rechtsprechung beruhte bis zum Inkrafttreten des TzBfG auf dem Grundgedanken des Großen Senats des BAG vom 12.10. 1960 (AP Nr 16 zu § 620 BGB Befristeter Arbeitsvertrag), wonach eine objektive **Gesetzesumgehung** unwirksam ist, wenn dadurch ohne verständigen, sachlich gerechtfertigten Grund der bestehende Bestandsschutz von Arbeitsverhältnissen vereitelt wird. Die Theorie der Gesetzesumgehung hat frühzeitig und überwiegend Kritik erfahren (A HUECK RdA 1953, 85; NIKISCH I 673 ff; HUECK/NIPPERDEY I 535 Fn 37; GAMILLSCHEG AcP 164 [1964] 385, 393; SÖLLNER SAE 1966, 255 ff; E WOLF/GELDER SAE 1970, 122, 123; M WOLF, Anm AP Nr 35 und 38 zu § 620 BGB Befristeter Arbeitsvertrag; WESTHOFF, Inhaltskontrolle 29 ff; BICKEL Anm AP Nr 8 zu § 620 BGB Bedingung; BLOMEYER RdA 1967, 406; BÖTTICHER SAE 1961, 128; HERSCHEL Anm AP Nr 4 zu § 620 BGB Bedingung; vHOYNINGEN/HUENE SAE 1980, 349; KOLLER Anm AP Nr 47 zu § 620 BGB Befristeter Arbeitsvertrag; RICHARDI Anm AP Nr 74 zu § 620 BGB Befristeter Arbeitsvertrag; FASTRICH, Richterliche Inhaltskontrolle im Privatrecht [1992] 170 f; PREIS, Grundfragen 156 ff). Das BAG hat diese Kritik nicht unbeeindruckt gelassen, meinte aber, einer näheren Auseinandersetzung ausweichen zu können, weil „unbeschadet der dogmatischen Einordnung" die meisten Autoren anerkannten, „daß im Hinblick auf die Entwicklung des Kündigungsrechts Grenzen für die Vertragsfreiheit nach § 620 BGB bestehen und der befristete Arbeitsvertrag als Vertragstyp nur zulässig ist, wenn sein Einsatz nicht den Zweck des Kündigungsschutzrechts vereitelt" (BAG 25.6. 1987 EzA § 620 BGB Bedingung Nr 8).

Mit der **Theorie der Gesetzesumgehung** war die **praktische Handhabung der Befri- 11 stungskontrolle nicht vereinbar.** Unterstellt man, daß die Vereinbarung eines befristeten Arbeitsverhältnisses als Umgehung des Kündigungsschutzes begriffen werden kann, dann kann dieser verbotene Erfolg auch nicht deshalb gebilligt werden, weil er „branchenüblich" ist (vgl etwa BAG 25.1. 1973 AP Nr 37 zu § 620 BGB Befristeter Arbeitsvertrag mit insoweit krit Anm BIRK). Wenn Befristungen tatsächlich Umgehungstatbestände sind, dann ist es methodisch undenkbar, diese in gerichtlichen Vergleichen grundsätzlich hinzunehmen (BAG 18.12. 1979 EzA § 620 BGB Nr 43; 4.3. 1980 EzA § 620 BGB Nr 45; 9.2. 1984 EzA § 620 BGB Bedingung Nr 2; 22.2. 1984 EzA § 620 BGB Nr 69). Denn auch der gerichtliche Vergleich darf nicht gegen § 134 BGB verstoßen. Ferner wurden die

Rechtsfolgen der Gesetzesumgehung **nicht konsequent** gehandhabt. Im Grundsatz kommen bei einer Umgehung nur zwei Rechtsfolgen in Betracht: entweder die Nichtigkeit wegen Umgehung einer Verbotsnorm oder die Anwendung des umgangenen (zwingenden) Gesetzes. Das BAG lehnt es jedoch gerade ab, auf befristete Arbeitsverträge die Bestimmungen des KSchG analog zu erstrecken (BAG 28.9.1979 AP Nr 50 zu § 620 BGB Befristeter Arbeitsvertrag; 7.3.1980 AP Nr 54 zu § 620 BGB Befristeter Arbeitsvertrag), weil die Grenzen zulässiger Rechtsfortbildung hierdurch überschritten würden. Diese Wertungswidersprüche vermied die Auffassung, daß die Befristungskontrolle ein Fall der Vertragsinhaltskontrolle ist, die Schutz vor unangemessen benachteiligender Vertragsgestaltung gewährt (hierzu STAUDINGER/PREIS [1995] § 620 Rn 41 ff).

12 Den **Wertungswiderspruch** zwischen § 620 einerseits und dem arbeitsrechtlichen Kündigungsschutz hat der Gesetzgeber lange Zeit nicht beseitigt. Er hatte ihn zwischenzeitlich gar noch durch § 1 BeschFG 1985/1996 vertieft, indem er durch die Ausnahme vom Erfordernis des sachlichen Grundes bei befristeten Arbeitsverträgen eine gesetzliche Ausnahme von einem gesetzlich nicht geregelten Grundprinzip eingeführt hat (MünchArbR/WANK § 116 Rn 6). Die Umgehungstheorie des BAG hatte jedoch zur Folge, daß die Befristungskontrolle an den allgemeinen Kündigungsschutz gekoppelt war. Eines sachlichen Grundes für die Befristung bedurfte es nur, soweit durch den befristeten Arbeitsvertrag die Umgehung von zwingenden Normen des Kündigungsschutzrechts zu besorgen war (LAG Bremen 17.3.1995 AP Nr 175 zu § 620 BGB Befristeter Arbeitsvertrag). Keines sachlichen Grundes bedurften daher befristete Arbeitsverhältnisse in **Kleinbetrieben** mit fünf oder weniger Arbeitnehmern, in denen das KSchG gemäß seinem § 23 Abs 1 nicht anzuwenden ist. Dasselbe galt für eine **Befristungsdauer von bis zu sechs Monaten** (vgl § 1 Abs 1 KSchG).

b) Kodifikation des Rechts der befristeten Arbeitsverträge (§ 620 Abs 3) und Sonderregelungen im Arbeitsrecht

13 Die Rechtsgrundlagen für die Befristung von Arbeitsverhältnissen sind seit dem 1.1.2001 allgemein im **Teilzeit- und Befristungsgesetz (TzBfG)** geregelt. Damit sind die dogmatischen Streitigkeiten um Grund und Ausmaß der Inhaltskontrolle obsolet. Aus Gründen der Rechtsklarheit weist § 620 Abs 3 auf die neue Rechtsgrundlage ausdrücklich hin.

14 Neben dem auf das europäische Recht zurückgehenden allgemeinen TzBfG enthält das deutsche Recht jedoch weiterhin für besondere Fallkonstellationen gesetzlich geregelte **Sonderbefristungstatbestände**, zB in § 21 BErzGG, §§ 57 ff HRG und im AÜG (Einzelheiten unten Rn 237 ff). In § 1 Abs 4 ArbPlSchG hat es darüber hinaus bestimmt, daß ein befristetes Arbeitsverhältnis durch die Einberufung zum Grundwehrdienst oder einer Wehrübung nicht verlängert wird.

15 Das TzBfG nimmt zahlreiche Ansätze aus der vormals nicht kodifizierten Rechtsprechung auf, schreibt die Prinzipien der begrenzten Befristung ohne Sachgrund und des Regelfalls der Befristung mit Sachgrund fort, ferner übernimmt das TzBfG mit gewissen Nuancen bewährte Regeln des BGB (zB §§ 624, 625). Vor diesem Hintergrund und in Ansehung der Verweisung in § 620 Abs 3 scheint es gerechtfertigt, den wichtigsten Bereich befristeter Dienstverträge, nämlich die Kodifikation befristeter Arbeitsverträge, hier einer Sonderkommentierung zuzuführen.

III. Das Teilzeit- und Befristungsgesetz (TzBfG)

1. Zielsetzung und Anwendungsbereich des Gesetzes

§ 1 TzBfG (Zielsetzung)

Ziel des Gesetzes ist, Teilzeitarbeit zu fördern, die Voraussetzungen für die Zulässigkeit befristeter Arbeitsverträge festzulegen und die Diskriminierung von teilzeitbeschäftigten und befristet beschäftigten Arbeitnehmern zu verhindern.

a) Grundsatz, Normzweck

Gemäß § 1 will das Gesetz die Voraussetzungen für die Zulässigkeit befristeter **16** Arbeitsverträge festlegen und die Diskriminierung von befristet beschäftigten Arbeitnehmern verhindern. Rechtsansprüche lassen sich aus dieser Norm nicht ableiten. Das Gesetz geht davon aus, daß aus sozialpolitischen Gründen das unbefristete Arbeitsverhältnis der Normalfall der Beschäftigung bleiben soll, gleichzeitig aber bewährte Befristungsformen fortgeschrieben werden sollen. Diese moderate Abwägung entspricht den Zielsetzungen der EGB-UNICE-CEEP-Rahmenvereinbarung über befristete Arbeitsverträge. Der Entwurf eröffnet zudem den Tarifparteien Spielräume für die Verlängerung oder Verkürzung der Höchstfristen in § 14 Abs 2.

Das Gesetz dient der Umsetzung der Richtlinie 99/70/EG (ABl. EG v. 10. 7. 1999 Nr L 175/ **17** 43 = EAS A 3610) über befristete Arbeitsverträge, die auf einer EGB-UNICE-CEEP-Rahmenvereinbarung über befristete Arbeitsverträge beruht. Das Recht der befristeten Arbeitsverträge war in Deutschland überwiegend nicht richtlinienkonform geregelt. Das deutsche Recht der befristeten Arbeitsverträge enthielt zum einen keine Befristungshöchstgrenzen. Das BeschFG 1996 eröffnete lediglich einen Freiraum für Befristungen und ließ weitreichende Kombinationen mit Befristungen aus sachlichem Grund ohne Obergrenze zu. Das Anschlussverbot des § 1 Abs 3 BeschFG bot keinen hinreichenden Schutz, weil es die Kombination von Sachgrundbefristungen und Befristungen gemäß § 1 Abs 1 BeschFG weitgehend und ohne Höchstgrenze zuließ. Der Anschluss einer Befristung gemäß § 1 Abs 1 BeschFG an eine Sachgrundbefristung war zulässig (BAG 22. 3. 2000 DB 2000 S 1714 f). Bei Einhaltung einer mindestens viermonatigen Pause, die auch durch eine Sachgrundbefristung überbrückbar war (BAG 28. 6. 2000 – 7 AZR 920/98), konnte das Befristungsprivileg des § 1 Abs 1 BeschFG mehrfach genutzt werden. Zwar war in Deutschland das Grundprinzip der Kontrolle des befristeten Arbeitsvertrages auf einen „sachlichen Grund" schon durch die Rechtsprechung des BAG anerkannt. Der EuGH verlangt für Bestimmungen in Richtlinien, die individuelle Rechtspositionen gewähren, jedoch Umsetzungsakte, die hinreichend klar und bestimmt sind, damit der Bürger seine Rechte erkennen kann. Bestimmungen einer Richtlinie müssen „mit unbestreitbarer Verbindlichkeit und mit der Konkretheit, Bestimmtheit und Klarheit umgesetzt werden, die notwendig sind, um den Erfordernissen der Rechtssicherheit zu genügen" (EuGH 19. 5. 1999 – Rs C-225/97 Slg I 1999, 3011 Rn 37; EuGH 19. 9. 1996 – Rs C-236/95 Slg I 1996, 4459, Rn 13 f; EuGH 30. 5. 1991 – Rs C-59/89, Slg I 1991, 2607 Rn 18). Das erfordert regelmäßig eine Umsetzung durch den Gesetzgeber. Der Verweis auf eine unüberschaubare richterrechtliche Rechtsfortbildung, insbesondere angesichts des bisherigen § 620 Abs 1, schied damit als Umsetzungsakt aus. Der Gesetzgeber mußte daher handeln. Er konnte sich weder darauf beschränken, lediglich die § 1 Abs 1 bis 4 BeschFG zu entfristen (so aber Röthel, NZA 2000, 65, 68; Wank/Börgmann RdA 1999, 383, 385 f); wie hier Rolfs, in: EAS B 3200, Rn 35) – noch – wie zum Teil von gewerkschaftlicher Seite vorgeschlagen – schlicht auslaufen zu lassen. Im Anschluß an Rolfs (EAS B 3200 Rn 37) wird die Ansicht vertreten, die Anforderungen des EuGH geböten eine **abschließende Aufzählung** der zulässigen Sachgründe für die Befristung, weil nur so hinreichende Rechtssicherheit zu erreichen sei; der Arbeitnehmer sich sonst erneut dem „offenen Feld des Richterrechts" gegenüber sähe (KR/Lipke § 14 TzBfG Rn 28; für Beachtung richtlinienkonformer Auslegung auch ErfK/Müller-Glöge § 14 TzBfG Rn 5). Das europäische Recht verlangt jedoch keine abschließende Aufzählung von Sachgründen (Preis/Gotthardt DB 2000, 2065, 2070). Dies überspannt die Anforderungen an die Rechtssicherheit, zumal die Rahmenvereinbarung der europäischen Sozialpartner selbst nicht einmal bestimmte Sachgründe vorgibt. Absolute Rechtssicherheit ist ohnehin nicht erreichbar und im Hinblick auf die Flexibilität des Befristungsrechts auch nicht wünschenswert. Der EuGH geht selbst davon aus, daß die Umsetzung einer Richtlinie nicht notwendigerweise eine förmliche und wörtliche Übernahme ihrer Bestimmungen erfordert. Sie kann sich auf einen **allgemeinen rechtlichen Kontext** beschränken, wenn dieser die vollständige Anwendung der Richtlinie hinreichend klar und bestimmt gewährleistet (EuGH 15.11.2002 – Rs C-49/00, EAS RL 89/391 EWG Art 7 Nr 1). Das europäische Recht selbst verwendet zudem die Methode der Aufzählung von Beispielen, zB durch die Nennung von drei Gefahrtypen von Gefahrquellen am Arbeitsplatz (zB Art 6 Absatz 3 Buchstabe a der RL 89/391/EWG), wobei die entsprechende Bestimmung aber alle Gefahrquellen am Arbeitsplatz meint (EuGH 15.11.2002 – Rs C-49/00, EAS RL 89/391/EWG Art 7 Nr 1). Der EuGH begründet dies gerade damit, daß sich die vom Arbeitgeber zu beurteilenden berufsbedingten Gefahren fortlaufend entwickeln. Verwendet das europäische Recht selbst mit Billigung des EuGH eine solche Regelungstechnik, liegt in der nicht abschließenden Aufzählung des § 14 I TzBfG **kein Umsetzungsdefizit** (ebenso Thüsing/Lambrich BB 2002, 829 ff).

18 Art 5 der Rahmenvereinbarung verlangt die Bekämpfung missbräuchlicher Nutzung befristeter Arbeitsverträge durch drei alternative (Bauer NZA 2000, 756; Löwisch NZA 2000, 756; Rolfs, in: EAS B 3200 Rn 21; aA Schmalenberg NZA 2000, 582 f) Möglichkeiten, die einzeln, aber auch nebeneinander genutzt werden können: (a) Begrenzung durch Bindung der Befristung an sachliche Gründe, (b) Beschränkung der maximal zulässigen Dauer aufeinanderfolgender Verträge oder (c) durch Beschränkung der Zahl der Verlängerung solcher Verträge. Der deutsche Gesetzgeber hat sich für eine Kombination aller drei Optionen entschieden. Als Regelfall des befristeten Arbeitsverhältnisses sieht er die **Befristung mit sachlichem Grund** (§ 14 Abs 1 TzBfG) an. Diese ist weder an eine Höchstdauer gebunden noch ist die Anzahl der zulässigen Verlängerungen begrenzt. Der Arbeitgeber kann, sooft und solange er über sachliche Gründe verfügt, das Arbeitsverhältnis befristen. Das ist mit europäischem Recht vereinbar, denn § 5 Nr 1 b) RL 1999/70/ EG verlangt nur als eine von mehreren alternativen Maßnahmen, daß die Höchstdauer befristeter Arbeitsverträge beschränkt wird. Es reicht die Bindung der Verlängerung befristeter Arbeitsverträge an einen sachlichen Grund. Rahmenvereinbarung und Richtlinie beschränken weder die Anzahl noch das Gewicht der sachlichen Gründe, die die Mitgliedstaaten anerkennen dürfen. Ferner müssen die nationalen Rechtsvorschriften weder für die erste oder für jede einzelne Befristung eine Höchstdauer statuieren, lediglich die Gesamtdauer muß (als eine von drei Alternativen) begrenzt werden (Preis/Rolfs, Der Arbeits-

vertrag, II B 10 Rn 11 ff). Beim **erstmaligen Abschluss eines befristeten Arbeitsvertrages**
ist ein sachlicher Grund demgegenüber zwar nicht erforderlich, dafür ist jedoch dann
die höchstzulässige Dauer auf zwei Jahre und die Anzahl der Verlängerungen innerhalb dieser Frist auf höchstens drei begrenzt (§ 14 Abs 2 TzBfG). Auch das ist gemeinschaftsrechtlich nicht zu beanstanden, weil die Richtlinie nicht verlangt, daß
schon die Erstbefristung eines sachlichen Grundes bedarf. Bestritten wird freilich die
Richtlinienkonformität der Befristung des Arbeitsverhältnisses mit älteren Arbeitnehmern (§ 14 Abs 3 TzBfG), weil dort weder Sachgrund noch Höchstgrenze ausdrücklich geregelt ist (hierzu Rn 164).

b) Anwendungsbereich

Das gesamte TzBfG, also auch der Befristungsteil, findet auf alle Arbeitsverhältnisse **19**
Anwendung, also auch im öffentlichen Dienst, wenn auch dort besondere tarifliche
Regelungen zu beachten sind. Irgendwelche Einschränkungen des Anwendungsbe-
reichs in personeller Hinsicht sieht das Gesetz nicht vor.

Das Gesetz findet auch auf alle Arbeitgeber Anwendung. Allerdings findet sich in **20**
der Begründung des Gesetzesentwurfs zu § 14 Abs 1 der Hinweis, „in Betrieben mit
nicht mehr als fünf Arbeitnehmern können erleichterte Befristungen weiterhin geschlossen werden, weil eine Umgehung des Kündigungsschutzes nicht möglich ist"
(BT-Drucks 14/4374 S 18). Diese Aussage stimmt freilich mit dem verabschiedeten Ge-
setzestext und der Richtlinie nicht überein. Auch die Rahmenvereinbarung über
befristete Arbeitsverträge enthält keine Ausnahme für Kleinbetriebe. § 2 Nr 2 der
Rahmenvereinbarung, der Ausnahmen normiert, nennt Kleinbetriebe nicht. Allein
mit Ziffer 11 der Allgemeinen Erwägungen, wonach die RV-B die Notwendigkeit
berücksichtigt, Zwänge zu vermeiden, welche die Gründung und Entwicklung von
kleineren und mittleren Unternehmen behindern können, lässt sich eine Ausnahme
nicht rechtfertigen. Diese Erwägung geht nämlich davon aus, daß diese Notwendig-
keiten bereits in der Vereinbarung berücksichtigt sind und erlaubt es nicht, im Wege
eigener Wertung neue Ausnahmetatbestände zu schaffen. Mit der ganz herrschenden
Auffassung in der Literatur findet das Recht des TzBfG für befristete Arbeitsverträge daher auch auf Kleinunternehmen Anwendung (Dassau ZTR 2001, 64, 68;
Kliemt NZA 2001, 296, 301; Lakies DZWIR 2001, 1, 8; Preis/Gotthardt DB 2000, 2065, 2070;
Richardi/Annuss BB 2000, 2201, 2204; Sowka DB 2000, 2427; RGRK/Dörner Rn 68). Das
TzBfG sieht nur im Bereich des Teilzeitanspruchs eine Ausnahmeregelung für Kleinunternehmen vor (§ 8 Abs 7 TzBfG). In der Praxis hat die Nichtberücksichtigung jedoch
keine größere Bedeutung, solange Kleinbetriebe nicht dem Kündigungsschutzgesetz
unterworfen sind und Arbeitnehmer jederzeit ohne Grund gekündigt werden können
(§ 23 KSchG).

c) Übergangsregelung

Das TzBfG enthält keine Übergangsregelung. Die erstmalige Befristung von Ar- **21**
beitsverträgen, die ab dem 1. Januar 2001 vereinbart wird, ist nur noch dann zulässig
und rechtswirksam, wenn sie den Anforderungen des TzBfG genügt. Hierbei greift
das Anschlussverbot des § 14 Abs 2 Satz 2 TzBfG auch dann ein, wenn zu demselben
Arbeitgeber vor dem 1. Januar 2001 bereits ein Arbeitsverhältnis bestanden hat.

Für befristete Arbeitsverhältnisse, die vor dem 1. Januar 2001 geschlossen worden **22**
sind, gilt folgendes: Liegen Vertragsabschluss und der vereinbarte Vertragsbeginn vor

dem 1. Januar 2001, beurteilt sich die Wirksamkeit der Befristung nach dem bislang
geltenden Recht, was insbesondere für § 1 BeschFG 1996, aber auch die Befristung in
Kleinbetrieben gilt. Daran ändert sich auch dadurch nichts, daß das Befristungsende
zeitlich nach dem 1. Januar 2001 liegt. Die Wirksamkeit der Befristung ist nach den
Umständen zu beurteilen, die bei Vertragsschluß gelten (RGRK/DÖRNER Rn 31; PREIS/
GOTTHARDT DB 2001, 145, 152). Der Vertrag wird nicht nachträglich dadurch unwirksam,
daß bei seinem Abschluss die Voraussetzungen des § 14 Abs 1 TzBfG nicht vorlagen
oder es im Kleinbetrieb an einem Sachgrund fehlte. Ist bei der erstmaligen Befristung
gemäß § 1 Abs 1 BeschFG 1996 die Höchstdauer nicht ausgeschöpft worden und
endet dieser Vertrag nach dem 1. Januar 2001, kann auch ein derartiger Vertrag
gemäß § 14 Abs 2 Satz 1 TzBfG bis zu einer Höchstdauer von insgesamt zwei Jahren
verlängert werden. Dies ist deshalb richtig, weil der Gesetzgeber § 14 Abs 2 Satz 1
TzBfG ausdrücklich als Fortschreibung des § 1 Abs 1 BeschFG konzipiert hat. Das
gilt aber nur dann, wenn die Voraussetzungen des § 14 Abs 2 im Zeitpunkt der
Verlängerung gegeben sind. Bestand etwa vor dem zu verlängernden Arbeitsvertrag
bereits irgendein anderes Arbeitsverhältnis zu demselben Arbeitgeber (hierzu Rn 157),
ist eine Verlängerung nach § 14 Abs 2 nicht mehr möglich (PREIS/GOTTHARDT DB 2001,
145, 152 Fn 81; APS/BACKHAUS Art 3, 4 TzBfG Rn 7; BBDW/BADER § 620 BGB Rn 73; KR/LIPKE/
BADER § 620 BGB Rn 141; aA ErfK/MÜLLER-GLÖGE § 14 TzBfG Rn 31). Auch die „Verlängerung" eines befristeten Arbeitsvertrages ist ein Vertragsschluss, der sich nach den
Bedingungen des neuen Rechts richten muß.

23 Zweifelhaft ist jedoch, ob für die Anwendung des BeschFG 1996 allein auf den
Vertragsabschluss abzustellen ist, oder ob auch der Beginn des Arbeitsverhältnisses
vor dem 1. Januar 2001 liegen muß. Auch hier wird man aber nach den allgemeinen
Grundsätzen auf den Zeitpunkt des Vertragsschlusses abstellen müssen, wobei es auf
den tatsächlichen Beginn nicht ankommt (SOWKA DB 2000 S. 2427, 2428; PREIS/GOTTHARDT
DB 2001, 145, 152; BBDW/BADER § 620 BGB Rn 11, 72; aA APS/BACKHAUS Art 3, 4 TzBfG Rn 6).

2. Arten der Befristung; Definition des befristet beschäftigten Arbeitnehmers

§ 3 TzBfG (Begriff des befristet beschäftigten Arbeitnehmers)

**[1] Befristet beschäftigt ist ein Arbeitnehmer mit einem auf bestimmte Zeit geschlos-
senen Arbeitsvertrag. Ein auf eine bestimmte Zeit geschlossener Arbeitsvertrag
(befristeter Arbeitsvertrag) liegt vor, wenn seine Dauer kalendermäßig bestimmt
ist (kalendermäßig befristeter Arbeitsvertrag) oder sich aus Art, Zweck oder Beschaffenheit der Arbeitsleistung ergibt (zweckbefristeter Arbeitsvertrag).**

**[2] Vergleichbar ist ein unbefristet beschäftigter Arbeitnehmer des Betriebes mit der
gleichen oder einer ähnlichen Tätigkeit. Gibt es im Betrieb keinen vergleichbaren
unbefristet beschäftigten Arbeitnehmer, so ist der vergleichbare unbefristet beschäftigte Arbeitnehmer auf Grund des anzuwendenden Tarifvertrages zu bestimmen; in
allen anderen Fällen ist darauf abzustellen, wer im jeweiligen Wirtschaftszweig üblicherweise als vergleichbarer unbefristet beschäftigter Arbeitnehmer anzusehen ist.**

a) Kalendermäßige Befristung

24 § 3 Abs 1 TzBfG definiert den befristeten Arbeitsvertrag als einen solchen, der auf
bestimmte Zeit geschlossen ist. Es unterscheidet dabei zwischen dem **kalendermäßig**

befristeten Arbeitsvertrag und dem zweckbefristeten Arbeitsvertrag. Ein kalendermäßig befristeter Arbeitsvertrag ist dadurch gekennzeichnet, daß seine Dauer kalendermäßig bestimmt ist, dh die Vertragsdauer wird nach Tagen, Wochen oder Monaten oder einem anderen fest begrenzten Kalenderzeitraum festgelegt. Im Regelfall erfolgt der zeitlich begrenzte Abschluß eines Dienstvertrages durch kalendermäßige Befristung, wobei das Ende der Vertragszeit nach Tagen, Wochen, Monaten, Jahren oder einem anderen fest begrenzten Kalenderzeitraum festgelegt sein kann. In jedem Fall muß der Endzeitpunkt eindeutig **bestimmt** oder **bestimmbar** sein. Bei fehlender Bestimmtheit („ca drei Wochen" „etwa ein Jahr") ist eine Befristung nicht wirksam vorgenommen worden mit der Folge der Begründung eines unbefristeten Dienstvertrages (ArbR BGB/DÖRNER Rn 40).

b)   Zweckbefristung
Die Zulässigkeit zweckbefristeter Arbeitsverträge ergab sich unmittelbar bereits aus **25**
§ 620 Abs 2 („bestimmte Dauer des Dienstverhältnisses aus der Beschaffenheit oder dem Zwecke der Dienste"). § 3 Abs 1 Satz 2 TzBfG definiert den zweckbefristeten Arbeitsvertrag jetzt ausdrücklich als einen solchen, dessen Beendigung sich aus „Art, Zweck oder Beschaffenheit der Arbeitsleistung ergibt". Eine sachliche Änderung gegenüber der bisherigen Rechtslage ist damit nicht verbunden (APS/BACKHAUS § 14 TzBfG Rn 4). Für die Zweckbefristung ist kennzeichnend, daß die Dauer nicht kalendermäßig bestimmt ist, das Vertragsverhältnis vielmehr mit Eintritt eines von den Parteien als gewiß (der Zeit nach aber als ungewiß) angesehenen Ereignisses enden soll (BAG 9.2. 1984 AP Nr 7 zu § 620 BGB Bedingung; 26.3. 1986 AP Nr 103 zu § 620 BGB Befristeter Arbeitsvertrag). Bei **freien Dienstverträgen** sind Zweckbefristungen weitgehend zulässig, sofern sich nur Beschaffenheit und Zweck der Dienstleistung für beide Teile erkennbar aus dem Vertragsinhalt ergeben (ERMAN/BELLING Rn 25; ZÖLLNER/LO-RITZ § 21 I 5). Die bloße Zuweisung zweckbestimmter Arbeiten reicht noch nicht für die Annahme einer Zweckbefristung; konkludente Vereinbarungen sind rechtlich zwar möglich, praktisch jedoch im Hinblick auf die strengen Bestimmtheitsgrundsätze der Rechtsprechung ausgeschlossen.

Die Bestimmtheitsanforderungen sind nur erfüllt, wenn der Zweck so genau bezeich- **26**
net ist, daß hieraus das Ereignis zweifelsfrei feststellbar ist, mit dessen Eintritt der Vertrag enden soll (BAG 23.11. 1988 RnK I 9e Nr 6). Danach genügt die bloße Zuweisung von Arbeiten eines bestimmten Zwecks den Bestimmtheitsanforderungen nicht; zB genügt nicht die Befristung „für die Dauer des Forschungsprojekts". Ist ein Ereignis so beschrieben, daß sein Eintritt nicht unmittelbar, sondern erst nach weiteren Aufklärungen festgestellt werden kann, ist die Abrede ungeeignet, das Arbeitsverhältnis zu beenden (BAG 27.6. 2001 – 7 AZR 157/00 –; ArbR BGB/DÖRNER Rn 40). Das Arbeitsverhältnis einer Altenpflegerin hat das LAG Berlin (13.7. 1990 DB 1990, 1828) zutreffend als auf den Tod des Arbeitgebers zweckbefristet angesehen.

Im **Arbeitsverhältnis** wurden an die Zulässigkeit der Zweckbefristung wegen der **27**
Gefahr der Umgehung des Kündigungsschutzes und der einer fristlosen Kündigung gleichkommenden Wirkung dieser Befristungsart strengere Anforderungen gestellt. Neben dem sachlichen Grund wurde vorausgesetzt, daß der Zeitpunkt der Zweckerreichung für den Arbeitnehmer **frühzeitig erkennbar** war, dh entweder bei Vertragsschluß **voraussehbar** war oder **rechtzeitig angekündigt** wird. Zum Teil wurde die Zweckbefristung als unzulässig angesehen, wenn die **Dauer der Befristung** nicht über-

schaubar war (vgl etwa STAUDINGER/PREIS [1995] Rn 17). Dieser Auffassung ist nach dem TzBfG die Grundlage entzogen, weil dem Dispositionsinteresse des Arbeitnehmers durch die Normierung einer zweiwöchigen Auslauffrist nach Maßgabe des § 15 Abs 2 (Rn 180 ff) durch das Gesetz Rechnung getragen wird. Auch hinsichtlich der Sachgründe stellt das Gesetz an die Zweckbefristung keine strengeren Anforderungen als an die Zeitbefristung. Damit sind auch die früher vertretenen Eingrenzungen zur Vorhersehbarkeit der Zweckerfüllung obsolet (ArbR BGB/DÖRNER Rn 41).

28 Eine Zweckbefristung wird typischerweise bei Sachgründen nach Maßgabe des § 14 Abs 1 Satz 2 TzBfG (vorübergehender betrieblicher Bedarf) im Regelfall zulässigerweise in Betracht kommen, zB bei kurzzeitigen Arbeitsverträgen zur **vorübergehenden Aushilfe** sowie zur Erledigung bestimmter, nicht ständiger Arbeitsaufgaben (BAG 17. 2. 1983 EzA § 620 BGB Nr 64). Bei **Saisonarbeitsverträgen** ist für die Zulässigkeit zweckbefristeter Verträge zu beachten, ob das Saisonende durch äußere objektive Umstände bestimmt ist. Als **zulässige Zweckbefristungen** wurden von der Rechtsprechung angesehen: Aushilfe für verhinderten Mitarbeiter (BAG 8. 3. 1962 AP Nr 22 zu § 620 BGB Befristeter Arbeitsvertrag); Einstellung für eine Saison (BAG 20. 10. 1967 AP Nr 30 zu § 620 BGB Befristeter Arbeitsvertrag; 29. 1. 1987 AP Nr 1 zu § 620 BGB Saisonarbeit); bestimmter, einmaliger Arbeitsanfall wie Schlußverkauf, Ausverkauf, Lottoauswertung (BAG 28. 9. 1961 AP Nr 21 zu § 620 BGB Befristeter Arbeitsvertrag); vorübergehender Personalmehrbedarf (BAG 28. 11. 1990 RnK I 9e Nr 8). Die Abgrenzung zwischen Zweckbefristung und auflösender Bedingung ist in der Praxis nicht immer leicht zu vollziehen. Nach der Kodifikation des Komplexes durch das TzBfG hat die Abgrenzung jedoch an Bedeutung verloren, weil auf auflösende Bedingungen die gleichen Grundsätze wie bei der Zweckbefristung Anwendung finden (APS/BACKHAUS § 14 TzBfG Rn 4).

29 In der Praxis wird vor der Vereinbarung von Zweckbefristungen gewarnt. Insbesondere die gegenüber der Kalenderbefristung starke Formalisierung der Beendigungsmöglichkeiten in § 15 Abs 2 TzBfG im Zusammenspiel mit § 15 Abs 5 TzBfG stelle eine „höchst fehlerträchtige Klippe" dar, die angesichts des Unverzüglichkeitskriteriums in § 15 Abs 5 bei Ungenauigkeiten über die Unterrichtung des Vertragsendes, Formfehlern oder Verzögerungen leicht zur Begründung nicht gewollter unbefristeter Arbeitsverhältnisse führen könne (APS/BACKHAUS § 3 TzBfG Rn 9). Dieser Warnung ist zuzustimmen. Die Kalenderbefristung ist die eindeutig zu bevorzugende Befristungsform schon im Hinblick darauf, daß nur bei ihr auch die sachgrundlosen Befristungstatbestände nach § 14 Abs 2 und 3 genutzt werden können.

c) Höchst- und Mindestdauer der Befristung

30 Die Parteien des Dienst- bzw Arbeitsvertrages können eine Mindestdauer, eine Höchstdauer oder eine Kombination von beiden Befristungsformen vorsehen. Ein echtes befristetes Arbeitsverhältnis im Sinne des § 3 TzBfG liegt nur vor, wenn die Parteien zugleich eine Höchst- und Mindestdauer vereinbaren. Die Bedeutung einer Mindestdauer liegt darin, daß während dieser Zeit regelmäßig eine **ordentliche Kündigung ausgeschlossen** ist (BAG 19. 6. 1980 AP Nr 55 zu § 620 BGB Befristeter Arbeitsvertrag). Ein Vertrag, der eine **bloße Mindestdauer** vorsieht, enthält die Abrede, der Vertrag solle nach Ablauf einer bestimmten Frist enden, sofern zu diesem Zeitpunkt eine Kündigung ausgesprochen wird. Hier liegt in der Sache **kein befristetes Arbeitsverhältnis** vor, sondern ein unbefristetes mit der Vereinbarung, daß das Recht zur ordentlichen Kündigung bis zu einem bestimmten Termin ausgeschlossen ist. In der

Praxis verbreitet ist die Vereinbarung einer **bloßen Höchstdauer,** dh einer Regelung, wann das Arbeitsverhältnis in jedem Fall enden soll, unbeschadet des vorzeitigen Rechts zur ordentlichen Kündigung.

Die vertraglichen Vereinbarungen, insbesondere die Frage, ob eine Höchst- oder 31 eine Mindestdauer vereinbart ist, entbehren in der Praxis oftmals der hinreichenden Bestimmtheit. Nach bisher herrschender Auffassung galt bei Zweifeln die Auslegungsregel, daß eine Kündigung vor Ablauf der im Vertrag geregelten Vertragszeit ausgeschlossen ist, also **in der Regel** von der **Vereinbarung einer Mindestdauer** ausgegangen werden muß. Diese Auffassung hat der Gesetzgeber durch § 15 Abs 3 TzBfG eindrücklich bestätigt. Danach unterliegt der befristete Arbeitsvertrag nur der ordentlichen Kündigung, wenn dies ausdrücklich vereinbart ist. Die zum bisherigen Recht diskutierten Fragen der Auslegung und Inhaltskontrolle (Voraufl Rn 28) sind angesichts dessen obsolet.

d) Doppelbefristungen
Nach dem Grundsatz der Vertragsfreiheit sind auch sogenannte „Doppelbefristun- 32 gen" möglich, dh neben einer Zweckbefristung oder auflösenden Bedingung wird gleichzeitig eine kalendermäßig bestimmte Höchstbefristung vereinbart. Diese Höchstbefristung ermöglicht es dem Arbeitnehmer, sich darauf einzustellen, daß das Arbeitsverhältnis spätestens zu dem genannten kalendermäßigen Termin endet (BAG 3.10. 1984 AP Nr 87 zu § 620 BGB Befristeter Arbeitsvertrag; 8.5. 1985 AP Nr 97 zu § 620 BGB Befristeter Arbeitsvertrag; 21.4. 1993 AP Nr 148 zu § 620 BGB Befristeter Arbeitsvertrag). Im Falle der Doppelbefristung endet das Arbeitsverhältnis mit der zeitlich früher greifenden Befristung, es sei denn, diese ist unwirksam oder der Arbeitnehmer wird über diesen ersten Befristungstermin hinaus weiterbeschäftigt; dann kommt es auf die Wirksamkeit der Befristung zum zweiten Befristungstermin und damit allein auf das Vorliegen eines sachlichen Grundes für diese (zweite) Befristung an (BAG 21.4. 1993 EzA § 620 BGB Nr 120). Aus dem Umstand der Doppelbefristung ist ferner gefolgert worden, daß sich der Arbeitnehmer bezüglich der Erstbefristung nicht auf § 625 für den Fall der Weiterbeschäftigung berufen kann, weil insoweit erkennbar eine abweichende Regelung getroffen worden ist (hierzu § 625 Rn 34 ff). Ist im Falle einer Doppelbefristung eine Zweckbefristung unwirksam, so hat dies auf die Wirksamkeit der zugleich vereinbarten Zeitbefristung keinen Einfluß. Die Unwirksamkeit der Zweckbefristung führt nur dazu, daß das Arbeitsverhältnis nicht schon aufgrund einer vorzeitig eingetretenen Zweckerfüllung endet, sondern aufgrund der Zeitbefristung bis zum Ablauf der vorgesehenen Höchstfrist fortbesteht (BAG 10.6. 1992 EzA § 620 BGB Nr 16).

In Zweifel gezogen worden ist die Zulässigkeit der Doppelbefristung nach Inkraft- 33 treten des neuen TzBfG. Da § 15 Abs 5 TzBfG im Gegensatz zu § 625 nicht zu Lasten des Arbeitnehmers abbedungen werden könne (§ 22 Abs 1 TzBfG), könne die Kalenderbefristung die Fiktion eines unbefristeten Arbeitsverhältnisses bei Weiterarbeit über die Zweckerreichung hinaus nicht mehr beseitigen (so APS/BACKHAUS § 3 TzBfG Rn 10; ErfK/MÜLLER-GLÖGE § 3 TzBfG Rn 18; KR/FISCHERMEIER § 625 BGB Rn 11a; aA KR/BADER § 3 TzBfG Rn 47 f; KR/LIPKE § 21 BErzGG Rn 17d). Diesen Bedenken ist entgegenzuhalten, daß § 625 BGB auf zweckbefristete Arbeitsverträge ohnehin keine Anwendung fand (Palandt/PUTZO § 625 BGB Rn 1). Die Bedenken können überdies nur für den Fall durchschlagen, wenn der Arbeitnehmer über die Zweckerreichung hinaus weiterarbeitet, ohne daß der Arbeitgeber ihm die Zweckerreichung mitteilt und damit die Fiktion des § 15 Abs 5 TzBfG verhindert. Unbedenklich ist die Doppel-befristung bei dem praktisch mindestens ebenso bedeutsamen Fall, daß die Zweck-erreichung gar nicht eintritt (zB der erkrankte Mitarbeiter kehrt wider Erwarten nicht zurück; hierzu BAG 26. 6. 1996 AP Nr 23 zu § 620 BGB Bedingung). Insofern bestehen keine Beden-ken gegen Doppelbefristungen (Preis/Rolfs, Der Arbeitsvertrag, II B 10 Rn 148). Freilich kann der Kritik insoweit gefolgt werden, als Zweckbefristungen und auflösende Bedingungen in Ansehung der §§ 15 Abs 2 und Abs 5 TzBfG mit deutlich höheren formalen Risiken verbunden sind.

3. Diskriminierungs- und Benachteiligungsverbot

§ 4 TzBfG Verbot der Diskriminierung

[1] Ein teilzeitbeschäftigter Arbeitnehmer darf wegen der Teilzeitarbeit nicht schlechter behandelt werden als ein vergleichbarer vollzeitbeschäftigter Arbeitneh-mer, es sei denn, daß sachliche Gründe eine unterschiedliche Behandlung rechtfer-tigen. Einem teilzeitbeschäftigten Arbeitnehmer ist Arbeitsentgelt oder eine andere teilbare geldwerte Leistung mindestens in dem Umfang zu gewähren, der dem Anteil seiner Arbeitszeit an der Arbeitszeit eines vergleichbaren vollzeitbeschäftigten Arbeitnehmers entspricht.

[2] Ein befristet beschäftigter Arbeitnehmer darf wegen der Befristung des Arbeits-vertrages nicht schlechter behandelt werden, als ein vergleichbarer unbefristet be-schäftigter Arbeitnehmer, es sei denn, daß sachliche Gründe eine unterschiedliche Behandlung rechtfertigen. Einem befristet beschäftigten Arbeitnehmer ist Arbeits-entgelt oder eine andere teilbare geldwerte Leistung, die für einen bestimmten Be-messungszeitraum gewährt wird, mindestens in dem Umfang zu gewähren, der dem Anteil seiner Beschäftigungsdauer am Bemessungszeitraum entspricht. Sind be-stimmte Beschäftigungsbedingungen von der Dauer des Bestehens des Arbeitsver-hältnisses in demselben Betrieb oder Unternehmen abhängig, so sind für befristet beschäftigte Arbeitnehmer dieselben Zeiten zu berücksichtigen wie für unbefristet beschäftigte Arbeitnehmer, es sei denn, dass eine unterschiedliche Berücksichtigung aus sachlichen Gründen gerechtfertigt ist.

§ 5 TzBfG Benachteiligungsverbot

Der Arbeitgeber darf einen Arbeitnehmer nicht wegen der Inanspruchnahme von Rechten nach diesem Gesetz benachteiligen.

34 § 4 Abs 2 Satz 1 normiert in Umsetzung der EG-Richtlinie 1999/70 EG (§ 4 Nr 1 RV-B) ausdrücklich das Gleichbehandlungsgebot für befristet und auflösend bedingt (§ 21) beschäftigte Arbeitnehmer, die nur dann schlechter als vergleichbare unbe-fristet beschäftigte Arbeitnehmer behandelt werden dürfen, wenn sachliche Gründe dies rechtfertigen. § 4 TzBfG regelt einen Ausschnitt aus dem allgemeinen Gleich-behandlungsgrundsatz im Arbeitsrecht (hierzu ausf Staudinger/Richardi [1999] § 611 Rn 277 ff). Im Prinzip konnte bereits aus dem bisher allgemeinen Gleichbehandlungs-grundsatz abgeleitet werden, daß eine sachgrundlose Ungleichbehandlung zwischen unbefristeten und befristet Beschäftigten nicht zulässig ist. Dennoch kann dieses

Diskriminierungsverbot als ein neues Element im geltenden Arbeitsrecht angesehen werden (HANAU NZA 2000, 1045). Denn bislang wurde die Ungleichbehandlung von unbefristet und befristet Beschäftigten, jedenfalls wenn der Zweck der Leistung dies rechtfertigte, für zulässig gehalten (etwa zur betrieblichen Altersversorgung J STAU-DINGER/RICHARDI [1999] § 611 Rn 294).

§ 4 Abs 2 Satz 1 regelt den allgemeinen Grundsatz. Die Formulierung ist mißver- 35
ständlich, weil sie den Schluss nahe legt, der befristet beschäftigte Arbeitnehmer dürfe nur nicht schlechter behandelt werden. Er darf aber auch nicht ohne sachlichen Grund besser behandelt werden, wenn mit dieser Besserbehandlung der befristet Beschäftigten zugleich eine Diskriminierung der unbefristet Beschäftigten einherginge. Satz 2 konkretisiert das Gleichbehandlungsgebot für die Fragen des Arbeitsentgelts oder anderer teilbarer geldwerter Leistungen, die für einen bestimmten Bemessungszeitraum gewährt werden. Satz 2 regelt nach dem pro-rata-temporis-Prinzip, daß die Leistungen in dem Umfang zu gewähren ist, der dem Anteil der Beschäftigungsdauer am Bemessungszeitraum entspricht. Die Regelung ist insofern redaktionell mißlungen, als dort keine Klarstellung vorgesehen ist, dass eine Differenzierungsmöglichkeit aus sachlichem Grund möglich ist. Daraus ist abgeleitet worden, dass eine Differenzierung aus sachlichem Grund nicht möglich ist (BLANKE AiB 2000, 730 DÄUBLER ZiP 2000, 1966; RICHARDI/ANNUSS BB 2000, 2204). Nach Satz 3 ist dagegen wiederum eine Ungleichbehandlung aus sachlichen Gründen bei anderen Beschäftigungsbedingungen, die von der Dauer des Bestehens des Arbeitsverhältnisses abhängen, ausdrücklich möglich. Die Auslassung der Differenzierungsmöglichkeit aus sachlichem Grund in Satz 2 ist als Redaktionsversehen zu werten. Aus der Begründung des Regierungsentwurfes geht deutlich hervor, daß der Gesetzgeber auch hier eine Differenzierung aus sachlichen Gründen vorsehen wollte. Dort heißt es eben zu Satz 2 ausdrücklich: „Keinen Verstoß gegen das Diskriminierungsverbot stellt es dar, wenn die Ungleichbehandlung aus sachlichen Gründen gerechtfertigt ist." (vgl BT-Drucks 14/4374 S 29; darauf hinweisend PREIS, Anhörung des Ausschusses für Arbeit und Sozialordnung; Ausschußdrucksache 14/965, S 85).

Das Diskriminierungsverbot des § 4 ist zwingend und auch nicht tarifdispositiv. In- 36
sofern verstoßen auch Betriebsvereinbarungen und Tarifverträge, in denen bisweilen noch Differenzierungen zwischen befristet Beschäftigten und unbefristet Beschäftigten festzustellen sind, gegen die zwingende Vorschrift.

§ 5 TzBfG regelt die Selbstverständlichkeit, dass der Arbeitnehmer nicht wegen der 37
Inanspruchnahme von Rechten aus dem TzBfG benachteiligt werden darf. Das Inhaltsgleiche ist schon in § 612a BGB geregelt. Auf die Kommentierung zu § 612a BGB kann daher verwiesen werden.

4. Zulässigkeit befristeter Arbeitsverträge; Formerfordernis

§ 14 TzBfG (Zulässigkeit der Befristung)

**[1] Die Befristung eines Arbeitsvertrages ist zulässig, wenn sie durch einen sachlichen Grund gerechtfertigt ist. Ein sachlicher Grund liegt insbesondere vor, wenn
1. der betriebliche Bedarf an der Arbeitsleistung nur vorübergehend besteht,**

2. die Befristung im Anschluß an eine Ausbildung oder ein Studium erfolgt, um den Übergang des Arbeitnehmers in eine Anschlußbeschäftigung zu erleichtern,
3. der Arbeitnehmer zur Vertretung eines anderen Arbeitnehmers beschäftigt wird,
4. die Eigenart der Arbeitsleistung die Befristung rechtfertigt,
5. die Befristung zur Erprobung erfolgt,
6. in der Person des Arbeitnehmers liegende Gründe die Befristung rechtfertigen,
7. der Arbeitnehmer aus Haushaltsmitteln vergütet wird, die haushaltsrechtlich für eine befristete Beschäftigung bestimmt sind, und er entsprechend beschäftigt wird oder
8. die Befristung auf einem gerichtlichen Vergleich beruht.

[2] Die kalendermäßige Befristung eines Arbeitsvertrages ohne Vorliegen eines sachlichen Grundes ist bis zur Dauer von zwei Jahren zulässig; bis zu dieser Gesamtdauer von zwei Jahren ist auch die höchstens dreimalige Verlängerung eines kalendermäßig befristeten Arbeitsvertrages zulässig. Eine Befristung nach Satz 1 ist nicht zulässig, wenn mit demselben Arbeitgeber bereits zuvor ein befristetes oder unbefristetes Arbeitsverhältnis bestanden hat. Durch Tarifvertrag kann die Anzahl der Verlängerungen oder die Höchstdauer der Befristung abweichend von Satz 1 festgelegt werden. Im Geltungsbereich eines solchen Tarifvertrages können nicht tarifgebundene Arbeitgeber und Arbeitnehmer die Anwendung der tariflichen Regelungen vereinbaren.

[3] Die Befristung eines Arbeitsvertrages bedarf keines sachlichen Grundes, wenn der Arbeitnehmer bei Beginn des befristeten Arbeitsverhältnisses das 58. Lebensjahr vollendet hat. Die Befristung ist nicht zulässig, wenn zu einem vorhergehenden unbefristeten Arbeitsvertrag mit demselben Arbeitgeber ein enger sachlicher Zusammenhang besteht. Ein solcher enger sachlicher Zusammenhang ist insbesondere anzunehmen, wenn zwischen den Arbeitsverträgen ein Zeitraum von weniger als sechs Monaten liegt.

[4] Die Befristung eines Arbeitsvertrages bedarf zu ihrer Wirksamkeit der Schriftform.

a) Normzweck

38 § 14 regelt die materielle Zulässigkeit befristeter Arbeitsverträge. Die Norm leitet einen notwendigen Paradigmenwechsel ein. Sie ist die **Kernvorschrift zur Kontrolle befristeter Arbeitsverträge.** Ein Rückgriff auf die Umgehungsrechtsprechung des BAG ist nicht mehr notwendig. Die Abkopplung von der früheren kündigungsrechtlichen Beurteilung zeigt sich auch darin, daß der Anwendungsbereich der Norm sich auf alle Arbeitsverhältnisse erstreckt und keine Ausnahme für Kleinbetriebe oder Kleinunternehmen mehr enthält. Eine Kleinunternehmensklausel, wie sie für den Rechtsanspruch auf Teilzeitarbeit im gleichen Gesetz in § 8 Abs 7 TzBfG enthalten ist, fehlt in § 14 TzBfG. Vorbehaltlich von § 14 Abs. 2, 3 TzBfG bedürfen Arbeitsverträge von weniger als sechs Monaten eines Sachgrundes (ErfK/MÜLLER-GLÖGE § 14 TzBfG Rn 8; KR/LIPKE § 14 TzBfG Rn 2).

39 Die Befristung eines Arbeitsvertrages ist, wenn kein Fall der – sachgrundlos zulässigen – kalendermäßigen **erstmaligen Befristung** für die Dauer von nicht mehr als zwei Jahren (§ 14 Abs 2 TzBfG) oder der Befristung mit einem **älteren Arbeitnehmer** (§ 14

Abs 3 TzBfG) gegeben ist, nur zulässig, wenn ein **sachlicher Grund** vorliegt (§ 14 Abs 1 TzBfG). Das Gesetz definiert den Begriff des „sachlichen Grundes" nicht, stellt aber **acht nicht abschließende Grundtatbestände** sachlich gerechtfertigter Befristungstatbestände zur Verfügung. Nach der Begründung des Regierungsentwurfs (BT-Drucks. 14/4374, S 13, 18) soll damit an die jahrzehntelange Rechtsprechung des BAG angeknüpft werden, wonach die Befristung eines Arbeitsvertrages durch einen sachlichen Grund gerechtfertigt sein mußte. Dem folgt die Literatur (APS/BACKHAUS § 14 TzBfG Rn 26; BAUER NZA 2000, 1039, 1042; BEZANI/MÜLLER DStR 2001, 87, 91; DASSAU ZTR 2001, 64, 68; DÄUBLER ZIP 2000, 1961 (1966); DÄUBLER ZIP 2001, 217, 222 f; KLIEMT NZA 2001, 296, 297; LAKIES DZWir 2001, 1 9). Freilich ist zu berücksichtigen, daß der dogmatische Paradigmenwechsel, die Abkopplung vom Umgehungsgedanken, manche Änderung in der Einzelbeurteilung zur Folge haben wird. Freilich ist auch die Fortschreibung neuer sachlicher Gründe nicht ausgeschlossen (ArbR BGB/DÖRNER Rn 62). Dennoch wollen sowohl die Richtlinie 99/70 EG als auch das TzBfG verdeutlichen, daß der unbefristete Arbeitsvertrag der Normalfall einer Beschäftigung in einem Arbeitsverhältnis ist.

b) Systematik der Kontrolle befristeter Arbeitsverträge

Gegenüber der früheren Rechtslage hat sich die Herangehensweise an die Prüfung **40** zulässiger und unzulässiger Befristungstatbestände verändert. So ist die Differenzierung zwischen eindeutig zulässigen Befristungstatbeständen und unzulässigen Umgehungtatbeständen obsolet (hierzu STAUDINGER/PREIS [1995] § 620 Rn 59 ff). Die „Suche" nach Umgehungtatbeständen entfällt (ArbR BGB/DÖRNER Rn 62). Freilich ist wie nach früherem Recht zwischen Befristungen, für die es eines sachlichen Grundes bedarf (§ 14 Abs 1 TzBfG) und solchen, die sachgrundlos zulässig sind (§§ 14 Abs 2 und 3, § 57 b HRG), zu unterscheiden. Da es zwar ein Schriftformerfordernis für die Befristung (§ 14 Abs 4), aber keine Notwendigkeit für die Angabe des Befristungsgrundes gibt, ist bei der Prüfung der Wirksamkeit befristeter Arbeitsverträge zunächst zu prüfen, ob (1) der Vertrag nicht schon kraft Sonderregelung ausnahmsweise – regelmäßig mit zeitlicher Obergrenze – ohne Sachgrund möglich ist (§ 14 Abs 2 und 3, § 57 b HRG), (2) ob ein enumerierter sachlicher Befristungsgrund vorliegt (§ 14 Abs 1 Nr 1 bis 8 TzBfG; § 21 Abs 1 BErzGG) oder (3) ob ein sonstiger sachlicher Befristungsgrund auf der Basis der Generalklausel des § 14 Abs 1 Satz 1 TzBfG anzuerkennen ist (vgl MünchArbR/Wank § 116 Rn 60; BBDW/BADER Rn 34).

c) Prüfungsgegenstand

In Abweichung von der früheren Rechtsprechung (BAG 7. 3. 1980 AP Nr 54 zu § 620 BGB **41** Befristeter Arbeitsvertrag; 30. 9. 1981 AP Nr 62 zu § 620 BGB Befristeter Arbeitsvertrag) wird nach der seit 1985 gültigen Rechtsprechung des BAG grundsätzlich nicht mehr jeder im Laufe des Arbeitsverhältnisses geschlossene befristete Vertrag auf seine sachliche Berechtigung hin überprüft, sondern **nur noch der zuletzt abgeschlossene befristete Arbeitsvertrag** (BAG 8. 5. 1985 AP Nr 97 zu § 620 BGB Befristeter Arbeitsvertrag; BAG 30. 1. 1990 EzA § 620 BGB Nr 108; BAG 20. 1. 1999 AP Nr 138 zu § 611 BGB Lehrer, Dozenten Nr 138 st Rspr). Schließen die Parteien vorbehaltlos einen weiteren befristeten Arbeitsvertrag ab, so bringen sie damit regelmäßig zum Ausdruck, daß der neue Vertrag fortan für ihre Rechtsbeziehung maßgeblich sein soll. Dies ändert freilich nichts daran, daß **bei mehrfacher Befristung die Anforderungen an den sachlichen Grund ständig steigen** (dazu Rn 42; 52). Besteht die Möglichkeit, daß der zuletzt angebotene Zeitvertrag im Gegensatz zu den früheren sachlich gerechtfertigt ist, kann der Arbeitnehmer beim Abschluß des weiteren befristeten Vertrages den **Vorbehalt** erklären, daß der Vertrag nur für den Fall geschlossen werde, daß nicht bereits aufgrund des vorangegangenen Vertrages zwischen den Parteien ein unbefristetes Arbeitsverhältnis besteht (BAG 31. 1. 1990 EzA § 620 BGB Nr 108). Ist der letzte Vertrag **„unselbständiger Annex"**, kommt es auf den vorletzten an (BAG 21. 1. 1987 EzA § 620 BGB Nr 89; 31. 1. 1990 EzA § 620 BGB Nr 108), anders dagegen bei Änderung von Tätigkeit und Vergütung, auch wenn die Befristungsdauer gleich bleibt (BAG 21. 3. 1990 EzA § 620 BGB Nr 106). Nach Auffassung des BAG bringen die Parteien auch mit der vertraglichen Vereinbarung neuer Hauptpflichten zum Ausdruck, daß die neue Vereinbarung künftig allein bestimmend sein solle und nicht mehr der davon abweichende vorherige Vertragsinhalt. Die Problematik stellt sich in der Praxis aber vielfach deshalb nicht, weil der Arbeitnehmer durch § 17 TzBfG gezwungen ist, jeden befristeten Vertrag innerhalb von drei Wochen anzugreifen, wenn er nicht als von Anfang an als wirksam gelten soll (BBDW/BADER § 620 BGB Rn 147).

42   Diese Rspr hat Kritik erfahren (KLEVEMANN/ZIEMANN DB 1989, 2608; COLNERIC AuR 1986, 317; WOLLENSCHLÄGER/KRESSEL AuR 1989, 64). Dem BAG mag man nur insoweit folgen, als **prozessual** allein auf den zuletzt abgeschlossenen Vertrag zugegriffen werden kann. Soweit allerdings mit der Auffassung des BAG verbunden wird, daß auch in **materieller** Hinsicht nur auf den zuletzt geschlossenen Vertrag abgestellt wird, kann dem nicht gefolgt werden. Mögen aus der Sicht des Arbeitnehmers die zunächst befristeten Arbeitsverträge noch hinnehmbar gewesen sein, kann jedoch gerade aus der Vielzahl der Befristungen ein Indiz für die Unwirksamkeit der Vertragsgestaltung hergeleitet werden. Das Phänomen des Kettenarbeitsvertrages kann nur erfaßt werden, wenn sich die Rechtsprechung nicht „künstlich blind" stellt und nur auf den zuletzt geschlossenen Vertrag abhebt (vgl Rn 52 ff). In der Sache scheint das BAG dies auch nicht zu wollen, da nach neuerer Rechtsprechung bei mehrfacher Befristung die Anforderungen an den sachlichen Grund steigen (BAG 21. 1. 1987 AP Nr 4 zu § 620 BGB Hochschule; 11. 12. 1991 EzA § 620 BGB Nr 110).

43   Häufig besteht Streit um die Frage, wann von einem **„unselbständigen Annex"** gesprochen werden kann, der die Prüfung des vorgehenden befristeten Vertrages erlaubt. Nach der Rechtsprechung muß die begründete Annahme bestehen, daß die Parteien ihr Arbeitsverhältnis mit dem Abschluß des weiteren befristeten Vertrages nicht auf eine neue rechtliche Grundlage stellen wollen, wobei es allerdings nicht ausreicht, daß der letzte und der vorletzte Fristvertrag in den Vertragsbedingungen übereinstimmen und auch die zu erfüllende Arbeitsaufgabe die gleiche bleibt (BAG 15. 2. 95 AP Nr 166 zu § 620 BGB Befristeter Arbeitsvertrag). Hinreichende Umstände für die Annahme, der alte Vertrag solle auch noch für die Zukunft gelten, sollen nur dann vorliegen, wenn es sich bei dem Anschlußvertrag lediglich um eine geringfügige Korrektur des Endzeitpunktes handelt, diese Korrektur sich am Sachgrund für die Befristung des früheren Vertrages orientiert und allein in der Anpassung der ursprünglich vereinbarten Vertragszeit an später eingetretene, nicht vorhergesehene Umstände besteht (BAG 1. 12. 1999 AP Nr 21 zu § 57 b HRG). Nur in solchen Fällen sei der Wille der Parteien erkennbar, beide Verträge als Einheit zu behandeln (ArbR BGB/ DÖRNER Rn 77). Auf dieser Grundlage hat das BAG als Annexverträge akzeptiert: die Verlängerung eines Arbeitsverhältnisses um einen Monat zur Erledigung kleinerer Abschlußarbeiten in einem Forschungsvorhaben (BAG 31. 1. 1990 AP Nr 1 zu § 57b HRG), die Verlängerung um drei Monate zum Verbrauch von Restmitteln aus einer Drittmittelfinanzierung (BAG 21. 1. 1987 AP Nr 4 zu § 620 BGB Hochschule Nr 4), Verlängerung eines befristeten Vertrages zur Kompensation ausgefallener Zeiten wegen Mutterschutz (BAG 12. 2. 86 – 7 AZR 482/84 – AP BGB § 620 Hochschule Nr 1).

d) Prüfung des sachlichen Grundes nach § 14 Abs 1 TzBfG
aa) Grundlagen

Den Begriff des sachlichen Grundes hat der Gesetzgeber nicht definiert. Statt dessen **44** hat er in Anlehnung an die bisherige Rechtsprechung in § 14 Abs 1 S. 2 TzBfG einzelne, typische Sachgründe beispielhaft aufgezählt. Wie das Wort „insbesondere" belegt, ist diese **Aufzählung nicht abschließend,** womit es möglich ist, auch nicht genannte Tatbestände der Befristung als Sachgrund zu Grunde zu legen. Auch wenn der Gesetzgeber an die bisherige Rechtsprechung anknüpfen will, ist zu beachten, daß die ausdrücklich von diesem genannten Beispiele eine Rückwirkung auf das bisherige Verständnis des jeweiligen Sachgrundes haben können, wenn und soweit sie eine normative Bewertung des jeweiligen Befristungsgrundes beinhalten.

bb) Beurteilungszeitpunkt

Die sachliche Rechtfertigung des befristeten Vertrages wird bezogen auf den **Zeit- 45 punkt des Vertragsabschlusses** überprüft (BAG 8. 9. 1983 AP Nr 77 zu § 620 BGB Befristeter Arbeitsvertrag, 22. 3. 1985 AP Nr 89 zu § 620 BGB Befristeter Arbeitsvertrag; APS/Backhaus Rn 108; BBDW/Bader § 620 BGB Rn 138; ErfK/Müller-Glöge § 14 TzBfG Rn 20 f; Münch-KommBGB/Schwerdtner § 620 BGB Rn 31). An dieser Sichtweise ist aus Gründen der Rechtssicherheit festzuhalten. **Nachträgliche Ereignisse,** wie die Wahl in den Betriebs- oder Personalrat oder der Eintritt einer Schwangerschaft lassen eine wirksame Befristungsabrede **nicht** unwirksam werden (BAG 12. 10. 1960 AP Nr 16 zu § 620 BGB Befristeter Arbeitsvertrag; 10. 6. 1992 EzA § 620 BGB Nr 116; LAG Hamm 13. 3. 1992 LAGE § 620 BGB Nr 29; ArbR BGB/Dörner Rn 86; Koch NZA 1985, 346). Würde man den Fortbestand des Befristungsgrundes bis zum Ablauf des Vertrages voraussetzen, wäre die Befristung praktisch bedeutungslos, da die Beendigung des Arbeitsverhältnisses wie im Falle der Kündigung nur noch aus sachlichen Gründen zur Zeit der Beendigung zulässig wäre. Hieran hat sich nach Inkrafttreten des TzBfG nichts geändert. Vielmehr bestätigt die Abkopplung vom Kündigungsschutz zusätzlich die Position, daß die Erlangung besonderer kündigungsrechtlicher Rechtspositionen nach Vertragsschluß die ursprünglich wirksame Befristung nicht mehr in Frage stellen kann (APS/Backhaus § 14 TzBfG Rn 15; RGRK/Dörner Rn 87). Der nachträgliche Wegfall der Prognosegrundlagen kann nicht – wie im Kündigungsrecht – zu einem Wiedereinstellungsanspruch führen (BAG 20. 2. 2000 – 7 AZR 600/00; LAG Düsseldorf 19. 8. 1999 LAGE § 620 BGB Nr 60; LAG Düsseldorf 15. 2. 2000 LAGE § 620 BGB Nr 63, **aA** KR/Bader § 15 TzBfG Rn 48 ff).

Eine andere Frage ist, ob der Arbeitgeber schutzwürdiges Vertrauen erzeugt hat, bei **46** Bewährung das ursprünglich befristete Arbeitsverhältnis in ein unbefristetes Arbeitsverhältnis übergehen zu lassen, aber dann lediglich im Hinblick auf ein eintretendes besonderes Schutzmoment (zB Schwangerschaft oder Sonderkündigungsschutz wegen Wahl in den Betriebsrat) sich auf das Befristungsende beruft. Auch bei wirksamen Befristungsabreden sind die **Grundsätze des Rechtsmißbrauchs oder Vertrauens- schutzes** zu prüfen, (BAG 16. 3. 1989 AP Nr 8 zu § 1 BeschFG 1985; LAG Köln 8. 11. 1989 LAGE § 620 BGB Nr 17; LAG Hamm 21. 1. 1991 RnK I 9a Nr 64; Wiedemann/Palenberg RdA 1977, 93 f). So hat das BAG (28. 11. 1963 AP Nr 26 zu § 620 BGB Befristeter Arbeitsvertrag) die Berufung auf den Ablauf der Probezeit, während der die Arbeitnehmerin sich voll bewährt hatte, als unzulässige Rechtsausübung gewertet, wenn die Berufung auf den Fristablauf nachweislich ausschließlich wegen einer im Laufe der Probezeit eingetretenen Schwangerschaft erfolgte (vgl auch BAG 16. 3. 1989 AP Nr 8 zu § 1 BeschFG 1985; LAG Hamm 13. 3. 1992 LAGE 620 BGB Nr 29). Prinzipiell bleibt jedoch der Arbeitgeber bei einer wirksamen Befristung berechtigt, ohne weitere Begründung die Fortsetzung des Arbeitsverhältnisses abzulehnen. Ein Verstoß gegen Treu und Glauben kommt nur in Betracht, wenn der Arbeitnehmer aufgrund des Verhaltens des Arbeitgebers berechtigterweise darauf vertrauen durfte, das Arbeitsverhältnis werde nach Fristablauf fortgesetzt und der Arbeitgeber werde sich nicht auf die Befristung berufen. Ein solcher Fall liegt vor, wenn das Arbeitsverhältnis bei Bewährung fortgesetzt werden sollte und die Nichtverlängerung des Arbeitsverhältnis in unmittelbarem Zusammenhang mit der Anzeige der Schwangerschaft einer Arbeitnehmerin steht (LAG Hamm 6. 6. 1991 LAGE § 620 BGB Nr 25). Hier reichen aber subjektive Erwartungen nicht aus, vielmehr muß ein **objektiver Vertrauenstatbestand** bei Vertragsschluß oder während der Dauer des befristeten Vertrages geschaffen worden sein (BAG 10. 6. 1992 EzA § 620 BGB Nr 116). Der **Arbeitnehmer** ist hierfür **darlegungs- und beweispflichtig.**

47 Die Wirksamkeit der Befristung setzt **kein bestimmtes Personalkonzept** voraus (BAG 11. 12. 1991 EzA § 620 BGB Nr 112). Es reicht aus, daß im Einzelfall plausibel erklärt werden kann, warum der betroffene Arbeitnehmer im Gegensatz zu anderen Arbeitnehmern nur befristet beschäftigt wurde. Ein ausgearbeitetes Personalkonzept erleichtert dies, ist aber nicht erforderlich.

cc) Befristungsdauer

48 Nach früher herrschender Rechtsprechung und Lehre mußte auch die Dauer des befristeten Arbeitsvertrages sachlich gerechtfertigt sein (BAG 16. 6. 1976 AP Nr 40 zu § 620 BGB Befristeter Arbeitsvertrag; 29. 8. 1979 AP Nr 50 zu § 620 BGB Befristeter Arbeitsvertrag; 25. 1. 1980 AP Nr 52 zu § 620 BGB Befristeter Arbeitsvertrag; 7. 3. 1980 AP Nr 54 zu § 620 BGB Befristeter Arbeitsvertrag; 10. 1. 1981 AP Nr 56 zu § 620 BGB Befristeter Arbeitsvertrag; 3. 12. 1982 AP Nr 72 zu § 620 BGB Befristeter Arbeitsvertrag; ausführlich OETKER Anm EzA § 620 BGB Nr 102). Es war die sachliche Rechtfertigung einer Befristung „dem Grunde nach" und „der Dauer nach" zu unterscheiden (BAG 7. 3. 1980 AP Nr 54 zu § 620 BGB Befristeter Arbeitsvertrag). In der Entscheidung vom 26. 8. 1988 (AP Nr 124 zu § 620 BGB Befristeter Arbeitsvertrag) hat das BAG allerdings die Auffassung vertreten, daß die **Vertragsdauer keiner eigenständigen sachlichen Rechtfertigung** bedürfe. Diese Auffassung hat das BAG mehrfach bestätigt (BAG 21. 2. 01 AP Nr 226 zu § 620 BGB Befristeter Arbeitsvertrag). Die **Vertragsdauer** hat allerdings eine **Bedeutung im Rahmen der Prüfung des Sachgrunds.** Die gewählte Dauer des Vertrages muß sich am Sachgrund für die Befristung orientieren und mit ihm in Einklang stehen. Dies bedeutet indessen nicht, daß die gewählte Vertragsdauer stets mit der Dauer des Sachgrunds für die Befristung übereinstimmen, der Beendigungszeitpunkt des Vertrags sich also mit dem Zeitpunkt des Wegfalls des Befristungsgrunds decken müßte und jede Abweichung notwendig die Unwirksamkeit der Befristung zur Folge hätte. Aus der vereinbarten Befristungsdauer lassen sich aber Rückschlüsse darauf ziehen, ob ein sachlicher Befristungsgrund überhaupt vorliegt oder ob ein solcher nur vorgeschoben ist. Bleibt die Dauer der arbeitsvertraglichen Befristung hinter dem Zeitraum zurück, für den der Sachgrund der Befristung aus der Sicht, wie er sich bei Abschluß des Arbeitsvertrags darstellt, bestehen wird, so ist zu prüfen, ob diese kürzere Dauer dem angegebenen Sachgrund der Befristung derart entgegensteht, daß hieraus zu schließen ist, der

Sachgrund bestehe nicht oder sei nur vorgeschoben. Das bloße Zurückbleiben der Dauer der Befristung des Arbeitsvertrags hinter dem voraussichtlichen Bestand des Sachgrunds der Befristung ist nicht stets und ohne weiteres geeignet, den angegebenen Sachgrund für die Befristung in Frage zu stellen. Das ist erst dann der Fall, wenn die Dauer der Befristung des Arbeitsvertrags derart hinter der voraussichtlichen Dauer des Befristungsgrundes zurückbleibt, daß eine sinnvolle, dem Sachgrund der Befristung entsprechende Mitarbeit des Arbeitnehmers nicht mehr möglich erscheint (zust APS/BACKHAUS Rn 124; BBDW/BADER § 620 BGB Rn 140 ff; ErfK/MÜLLER-GLÖGE § 14 TzBfG Rn 24). Daran ist auch unter Geltung des TzBfG festzuhalten. Es ist kein Anhaltspunkt dafür ersichtlich, daß die Dauer der Befristung ein selbständiger Prüfungspunkt sein könnte. **Entscheidend ist,** daß **nach** einer **objektiv nachprüfbaren Prognose des Arbeitgebers Befristungsgrund und Befristungsdauer miteinander in Einklang** stehen (vgl auch BAG 3.10. 1984 AP Nr 88 zu § 620 BGB). Würde der Befristungsgrund eine längere Befristung rechtfertigen, als tatsächlich vereinbart wurde, ist dies in aller Regel unschädlich.

Daraus folgt, daß dem vorsichtigen Arbeitgeber regelmäßig nicht entgegengehalten **49** werden kann, die gewählte Befristungsdauer sei zu kurz, wenn nur ein objektiver Befristungsgrund vorlag. Rechtfertigt dieser Befristungsgrund eine längere Vertragsdauer, steht es den Parteien frei, eine Folgebefristung zu vereinbaren. Soweit nach dem Inhalt des Befristungsgrundes auch eine kürzere Beschäftigung Sinn macht (zB teilweise Abdeckung des Vertretungsbedarfs), ist dies nicht zu beanstanden (BAG 28.11. 1990 – 7 AZR 625/89 – unveröffentlicht). Dem Arbeitgeber steht es frei, den Arbeitsausfall überhaupt zu überbrücken. Deshalb verbleibt ihm auch die Entscheidung, die Vertretung nur für eine kürzere Zeit zu regeln (BAG 22.11. 1995 AP Nr 178 zu § 620 BGB Befristeter Arbeitsvertrag; 21.2. 2001 DB 2001, 1509).

Problematisch ist allerdings eine **erkennbar längere Befristungsdauer** als für den kon- **50** kreten Befristungsgrund erforderlich. Hier kann die zu lange Befristungsdauer einen Rückschluß darauf zulassen, daß der angegebene **Befristungsgrund in tatsächlicher Hinsicht nicht tragend** war. In diesem Sinne dürfte die neuere Rechtsprechung zu deuten sein; die gewählte Vertragsdauer muß sich am Befristungsgrund orientieren, eine völlige Übereinstimmung von Dauer des Sachgrundes und gewollter Vertragsdauer ist jedoch nicht erforderlich (vgl BAG 15.11. 1989 – 7 AZR 113/89 – und 28.11. 1990 – 7 AZR 625/89 –, beide unveröffentlicht). So ist es **unschädlich,** wenn die **Prognose** im Zeitpunkt des Vertragsschlusses **sich nicht vollkommen mit der Realität deckt,** zB der Vertretungsbedarf unwesentlich länger oder kürzer bestand oder Drittmittel nicht ganz ausreichen bzw noch Reste zur Verfügung stehen (BAG 26.9. 1990 – 7 AZR 566/89 – unveröffentlicht; 29.5. 1991 RnK I 9c Nr 21).

Soweit die Auffassung vertreten wurde, daß ein befristeter Vertrag, der mit einer zu **51** langen Frist vereinbart worden ist, als Zeitvertrag mit einer sachlich gerechtfertigten kürzeren Frist aufrecht erhalten werden kann (KR/HILLEBRECHT[4] Rn 208), ist dies abzulehnen. Wenn es richtig ist, daß Befristungsdauer und Befristungsgrund nicht klar zu trennen sind, dürfte sich in aller Regel primär die Frage stellen, ob nicht aus der zu langen Dauer generell auf das Nichtvorhandensein eines sachlichen Grundes zu schließen ist. Ferner ist es nicht vertretbar, das Risiko einer arbeitgeberseitig zu verantwortenden zu langen Befristung auf den Arbeitnehmer zu verlagern, der gegen die Unwirksamkeit der Befristung vorgeht. Eine **geltungserhaltende Reduktion** einer

überlangen Befristungsabrede ist **abzulehnen**. Eine unwirksame Befristung führt stets zu einem Wegfall der Befristungsabrede und damit zwangsläufig zu einem Arbeitsverhältnis auf unbestimmte Zeit, das ordentlich gekündigt werden kann. Hinzuweisen ist nur auf die Rechtsprechung des BGH, der sich bei freien Dienstverträgen des öfteren mit Befristungsabreden auseinanderzusetzen hatte, die an einer zu langen Dauer scheiterten. Die insoweit entstandene Vertragslücke wurde, wenn vertraglich keine Kündigungsmöglichkeit bestand, im Wege ergänzender Vertragsauslegung durch Einräumung eines Kündigungsrechts geschlossen (BGH 22.1. 1992 NJW 1992, 1164 f; 28.2. 1985 NJW 1985, 2585).

dd) Mehrfachbefristungen und Kettenbefristung

52 Ursprünglicher Hauptfall für die Befristungskontrolle der Rechtsprechung unter dem Gesichtspunkt der Gesetzesumgehung war die sog Kettenbefristung. Die hierzu früher vertretenen Auffassungen haben – angesichts der neuen Rechtsgrundlage für die Befristungskontrolle – ihre Grundlage verloren (vgl Vorauf Rn 48 ff). Die Kernfrage ist jetzt, wie auf das Phänomen der Kettenbefristung zu reagieren ist. Bei Kettenbefristungen hat die Rechtsprechung gegenüber Einzelbefristungen bislang „höhere Anforderungen" an den sachlichen Grund gestellt. Nach der Rechtsprechung des 7. Senats ist jedoch zweifelhaft, ob das Phänomen der „Kettenbefristung" adäquat erfaßbar ist. Denn seit dem Urteil vom 8.5. 1985 (EzA § 620 BGB Nr 76; ferner 30.10. 1987 EzA § 119 BGB Nr 13; 21.3. 1990 EzA § 620 BGB Nr 106) stellt der Senat bei der Prüfung, ob ein sachlicher Grund vorliegt, nur noch auf den **zuletzt geschlossenen Vertrag** ab. Zur Begründung wird angeführt, die Parteien hätten mit dem weiteren Vertragsschluß die Vertragsbeziehungen auf eine neue Grundlage gestellt. Auch kann man angesichts § 17 TzBfG mit Fug und Recht argumentieren, entscheidend sei nur der zuletzt angegriffene Vertrag. Die Rechtsprechung scheint jedoch bei **Mehrfachbefristungen** einen **strengeren Maßstab** anlegen zu wollen (BAG 21.1. 1987 AP Nr 4 zu § 620 BGB Hochschule; 11.12. 1991 EzA § 620 BGB Nr 110; BAG 21.4. 1993 AP Nr 149 zu § 620 BGB Befristeter Arbeitsvertrag). Dem ist auch unter Geltung des neuen Rechts zuzustimmen. Mit zunehmender Dauer der Beschäftigung in befristeten Arbeitsverhältnissen wächst das Spannungsverhältnis zu dem Grundprinzip des unbefristeten, dem Kündigungsschutz unterliegenden Arbeitsverhältnis. Sowohl die EG-Richtlinie 99/70/EG als auch die Begründung des Regierungsentwurfs zum TzBfG erkennen den unbefristeten Arbeitsvertrag als Normalfall an. Bei Kettenbefristungen ist daher ein strenger Maßstab auch unter Geltung des TzBfG gerechtfertigt. Wie aber dieser strengere Maßstab konkret umzusetzen ist, ist fraglich. Denn wenn ein objektiver Sachgrund vorliegt, ändert sich auch nichts dadurch daran, daß zuvor bereits befristete Arbeitsverhältnisse bestanden haben. Freilich gibt es spezifische Fälle, die eine strengere Prognoseprüfung durch die Rechtsprechung nahelegen. Die Befristungsgründe des § 14 Abs 1 Nr 1 TzBfG (vorübergehender Bedarf), der Nr 3 (Vertretung) sowie der Nr 7 (Haushaltsgründe) sind besonders anfällig für Folgebefristungen. Bei Mehrfachbefristungen aus diesen Gründen wird die Rechtsprechung dem strengeren Maßstab dadurch gerecht, daß sie die Anforderungen an die Prognose erhöht (siehe auch PLANDER ZTR 2001, 499, 500 f; hierzu auch APS/BACKHAUS Rn 138). Die Häufigkeit der Befristungen und die bisherige Gesamtbefristungsdauer können Indizien für das Fehlen eines Sachgrundes sein (BAG 11.11. 1998 AP Nr 204 zu § 620 BGB Befristeter Arbeitsvertrag; 3.3. 1999 – 7 AZR 608/97 – nv). Wiederholte Befristungen in der Vergangenheit können Ausdruck davon sein, daß sich Prognosen der vorliegenden Art in der Vergangenheit als unzutreffend erwiesen haben. Dies wiederum

kann Anlaß dafür sein, vom Arbeitgeber bei der nochmaligen befristeten Verlängerung eines bereits langjährig befristet beschäftigten Arbeitnehmers eine genaue Darlegung der Tatsachen zu verlangen, aufgrund derer er davon ausgehen durfte, diesmal
werde der Beschäftigungsbedarf tatsächlich sein Ende finden (BAG 22.11. 1995 AP
Nr 178 zu § 620 BGB § 620 Befristeter Arbeitsvertrag; 6.12. 2000 NZA 2001, 721).

ee) Vertragliche Fixierung des Befristungsgrundes

Differenziert nach Kalenderbefristung, Zweckbefristung und auflösender Bedingung **53**
ist zu beurteilen, ob die (schriftliche) Fixierung eines Befristungsgrundes erforderlich
ist bzw welche Rechtsfolgen an die ausdrückliche Vereinbarung eines Befristungsgrundes geknüpft sind.

Schon vor Inkrafttreten des TzBfG entsprach es der herrschenden Auffassung, daß **54**
bei **kalendermäßigen Befristungen** die Anerkennung eines tatsächlich bestehenden
sachlichen Grundes nicht davon abhängt, ob er dem Arbeitnehmer bei Vertragsschluß mitgeteilt worden ist (BAG 31.1. 1990 EzA § 620 BGB Nr 108; 24.4. 1996 – 7 AZR
605/95, AP Nr 9 zu § 57b HRG; LAG Frankfurt/Main 26.8. 1980 AuR 1981, 218; BLOMEYER RdA
1967, 412; **aA** insbes BARWASSER DB 1977, 1944, 1946). Prinzipiell gilt für die Befristung
nichts anderes als für die Kündigung. Dort ist weder die Angabe des Grundes Wirksamkeitsvoraussetzung noch das Nachschieben von Gründen unzulässig. Entsprechend § 626 Abs 2 Satz 3 ist dem Arbeitnehmer aber ein Anspruch auf Mitteilung
des Befristungsgrundes einzuräumen. Daran hat das für befristete Arbeitsverhältnisse geltende Schriftformerfordernis nach § 14 Abs 4 TzBfG nichts geändert, weil
das Formerfordernis nur die Willenserklärung selbst erfaßt (PREIS/GOTTHARDT NZA
2000, 348, 359; RICHARDI/ANNUSS BB 2000, 2201, 2204; ROLFS NJW 2000, 1227, 1228).

Das BAG hat indes für das Probearbeitsverhältnis erwogen, daß dieser Befristungs- **55**
zweck Vertragsinhalt geworden sein müsse (BAG 30.9. 1981 AP Nr 61 zu § 620 Befristeter
Arbeitsvertrag). Aus späteren Entscheidungen des BAG (8.12. 1988 AP Nr 6 zu § 1 BeschFG
1985; 21.3. 1990 – 7 AZR 129/89 – unveröffentlicht) ging jedoch hervor, daß auch für Probearbeitsverhältnisse die vertragliche Fixierung des Befristungsgrundes keine Wirksamkeitsvoraussetzung ist. Hieran ist unter der Geltung des TzBfG festzuhalten.

Die dennoch erfolgte **Angabe oder Nichtangabe von Befristungsgründen im Vertrag** **56**
kann ambivalente Wirkung haben. Zumindest bei einer erstmaligen Befristung innerhalb des Zwei-Jahres-Zeitraums des § 14 Abs 2 TzBfG empfiehlt es sich, auf die
Angabe eines Befristungsgrundes zu verzichten. Diese Empfehlung ist mit § 2
Abs 1 Nr 3 NachwG vereinbar, der nur verlangt, daß bei befristeten Arbeitsverhältnissen die vorhersehbare Dauer des Arbeitsverhältnisses schriftlich niederzulegen ist.
Aus der Angabe eines konkreten Befristungsgrundes ist regelmäßig zu schließen, daß
die Vertragsparteien zulässigerweise die zugunsten des Arbeitnehmers dispositive
Norm des § 14 Abs 2 TzBfG abbedungen haben (vgl § 22 Abs 1 TzBfG) mit der
Konsequenz, daß die sachliche Rechtfertigung nach Maßgabe des § 14 Abs 1 TzBfG
geprüft werden muß und die Berufung auf die sachgrundlose Befristung ausscheidet
(vgl LAG Hamm 6.6. 1991 LAGE § 620 BGB Nr 25; ArbG Berlin 16.5. 1990 EzA § 1 BeschFG 1985
Nr 12; BBDW/BADER Rn 37; **aA** SOWKA DB 2000, 2428). Zum anderen kann in der Angabe
eines bestimmten sachlichen Grundes eine **Selbstbindung des Arbeitgebers** mit der
Folge zu erblicken sein, daß nur der angegebene Grund Sachgrund sein kann und
damit ein Nachschieben von Befristungsgründen (Rn 60) ausgeschlossen ist, wenn der

angegebene Grund die Befristung nicht trägt (vgl BAG 16. 3. 1989 AP Nr 8 zu § 1 BeschFG 1985; 26. 7. 2000 AP Nr 5 zu § 1 BeschFG 1996; LAG Bremen 5. 9. 1990 LAGE § 620 BGB Nr 23; sa KR/LIPKE § 14 TzBfG Rn 60, 62). Bei **Mehrfachbefristungen** kann die fehlende Angabe des Befristungsgrundes jedoch unter dem Gesichtspunkt fehlender Transparenz ein Indiz für eine unzulässige Kettenbefristung sein. Soweit befristete Probearbeitsverhältnisse betroffen sind, findet die frühere Rechtsprechung des BAG (30. 9. 1981 EzA § 620 Nr 54), die noch forderte, der Erprobungszweck müsse stets Vertragsinhalt geworden sein, eine Erklärung, weil das Gericht erkennbar ausschließen wollte, daß über die erstmalige Befristung hinaus Arbeitsverträge aus Gründen der Erprobung geschlossen werden. Diese Problematik stellt sich unter Geltung des TzBfG ebenfalls. Wenn die Parteien zB über zwei Jahre das Instrument der sachgrundlosen Befristung genutzt haben, wird der erneute befristete Vertrag ohne Vereinbarung eines konkreten Sachgrundes die Rechtsprechung zu genauerer Prüfung veranlassen. Der Arbeitgeber hat die Darlegungs- und Beweislast für das Vorliegen eines Sachgrundes (Rn 63). Die präzise Angabe eines Sachgrundes im Vertrag kann ihm diese Darlegungs- und Beweispflichten erleichtern.

57 Allerdings kann ein **Tarifvertrag** vorschreiben (wie etwa Nr 2 der Sonderregelung 2y zum BAT), daß der **Befristungsgrund schriftlich im Arbeitsvertrag niederzulegen** ist. Eine solche Regelung dient der Rechtssicherheit und Rechtsklarheit und beugt einem Streit darüber vor, welcher Grund für die Befristung maßgeblich war. Dementsprechend darf sich der Arbeitgeber zur Rechtfertigung der Befristung nicht auf solche sachlichen Gründe berufen, die einer anderen als der vereinbarten Grundform zuzuordnen sind. Derartige Sachgründe sind durch die getroffenen Vereinbarungen ausgeschlossen und dürfen nicht nachgeschoben werden. Nr 2 Abs 1 SR 2y BAT verlangt jedoch nicht die Angabe des konkreten sachlichen Befristungsgrundes, sondern nur die Vereinbarung einer bestimmten Befristungsgrundform (BAG 14. 1. 1982 AP Nr 64 zu § 620 BGB Befristeter Arbeitsvertrag; 13. 4. 1983 AP Nr 76 zu § 620 BGB Befristeter Arbeitsvertrag; 27. 1. 1988 AP Nr 116 zu § 620 BGB Befristeter Arbeitsvertrag; 20. 2. 1991 DB 1991, 2548 f; 11. 12. 1991 EzA § 620 BGB Nr 111). Tariflicher Formzwang für die Befristung gilt aber nicht für die tariflich geforderte Begründung (BAG 11. 8. 1988 EzA § 620 BGB Nr 105).

58 Auch § 57 b Abs 5 HRG aF bestimmte ausdrücklich, daß die besonderen Befristungsgründe des HRG, wenn die Befristung auf sie gestützt werden soll, im Arbeitsvertrag anzugeben sind. Schon diese gesetzgeberische Wertentscheidung war allerdings nicht verallgemeinerungsfähig, zumal § 21 BErzGG eine solche Regelung wiederum nicht enthält. Nach der Neufassung des HRG bedarf es auch dort keiner Angabe des Befristungsgrundes mehr, sondern nur noch der Angabe, daß die Befristung auf der Grundlage des HRG erfolgt (näher Rn 264).

59 Bei Zweckbefristungen und auflösenden Bedingungen ist dagegen die Angabe eines Befristungsgrundes systemimmanent und damit erforderlich. Die **Angabe des Zwecks bzw der Bedingung ist der Befristungstatbestand.** Deshalb ist sowohl für das Wirksamkeitserfordernis des § 14 Abs 4 TzBfG als auch im Blick auf § 2 Abs 1 Nr 3 NachwG die Grundangabe erforderlich. Dabei muß sowohl der Zweck als auch die Bedingung, mit deren Erreichung der Arbeitsvertrag enden soll, so **genau bezeichnet** werden, daß hieraus das Ereignis zweifelsfrei feststellbar ist, mit dessen Eintritt das Arbeitsverhältnis sein Ende findet. Denn sonst werden die Bestimmtheitsanforderungen nicht erfüllt (Hromadka BB 2001, 674, 674; ebenso zum früheren Recht BAG 17. 2. 1983 AP Nr 14 zu § 15 KSchG 1969).

ff) Nachschieben von Befristungsgründen

Soweit die Angabe von Befristungsgründen im Vertrag nicht erforderlich ist, können **60** Gründe nachgeschoben werden. Anders kann jedoch uU zu entscheiden sein, wenn sich der Arbeitgeber selbst durch die Angabe eines bestimmten Befristungsgrundes gebunden hat. Rechtfertigt der angegebene Grund die Befristung nicht, kann der Begründungswechsel nach § 242 (Verbot widersprüchlichen Verhaltens) unzulässig sein (vgl BAG 16. 3. 1989 AP Nr 8 zu § 1 BeschFG 1985; LAG Bremen 5. 9. 1990 LAGE § 620 BGB Nr 23 und oben Rn 56).

gg) Gleichbehandlungsgrundsatz

In aller Regel sind Befristungsabreden nicht wegen Verletzung des Gleichbehand- **61** lungsgrundsatzes unwirksam. Der arbeitsrechtliche Gleichbehandlungsgrundsatz findet bei der **Begründung des Arbeitsverhältnisses prinzipiell keine Anwendung** und damit auch nicht bei der Frage, ob ein Arbeitnehmer befristet und ein anderer unbefristet eingestellt wird. Insoweit hat die Vertragsfreiheit Vorrang (BAG 19. 8. 1992 AP Nr 2 zu § 57 b HRG). Im übrigen ist der Gleichbehandlungsgrundsatz, der eine sachfremde Differenzierung zwischen Arbeitnehmern in einer bestimmten Ordnung verbietet, nur verletzt, wenn einzelne Arbeitnehmer gegenüber anderen in vergleichbarer Lage schlechtergestellt werden. Dagegen verhindert der Gleichbehandlungsgrundsatz eine Begünstigung einzelner Arbeitnehmer nicht (BAG 28. 4. 1982 BAGE 38, 348, 352 ff; 25. 1. 1984 AP Nr 67 zu § 242 BGB Gleichbehandlung).

hh) Revisionsgerichtliche Prüfung

Der Begriff des sachlichen Grundes eröffnet den Tatsachengerichten einen gewissen **62** Wertungsspielraum. Aus revisionsrechtlicher Sicht liegt nur dann eine nachprüfbare Rechtsverletzung vor, wenn der Begriff des sachlichen Grundes selbst verkannt, Denkgesetze und allgemeine Erfahrungssätze verletzt oder wesentliche Umstände bei der Bewertung übersehen worden sind (st Rspr, BAG 22. 9. 1961 AP Nr 20 zu § 620 BGB Befristeter Arbeitsvertrag; 22. 3. 1985 AP Nr 89 zu § 620 BGB Befristeter Arbeitsvertrag).

ii) Darlegungs- und Beweislast

Nach allgemeinen Grundsätzen trägt diejenige Partei die Darlegungs- und Beweislast **63** für die Umstände, aus denen sie einen Anspruch herleitet. Im Falle der Befristung können sowohl Dienstgeber als auch Dienstnehmer darlegungs- und beweispflichtig für den Abschluß des Arbeitsvertrages sein. Wer sich auf die Beendigung des Vertrages beruft, hat die Voraussetzungen der Befristungsabrede zu beweisen (BAG 12. 10. 1994 AP Nr 165 zu § 620 BGB Befristeter Arbeitsvertrag; LAG Köln 23. 3. 1988 LAGE § 620 BGB Nr 13; LAG Hamm 5. 3. 1990 LAGE § 620 BGB Nr 19; Becker/Schaffner BB 1992, 557, 563). Bei Arbeitsverträgen ist dies in aller Regel der Arbeitgeber.

Umstritten ist die Verteilung der Darlegungs- und Beweislast im **Arbeitsverhältnis** für **64** die **sachliche Rechtfertigung** der Befristung. Die Rechtsprechung wies die Darlegungslast ursprünglich **grundsätzlich** dem **Arbeitnehmer** zu (BAG 12. 10. 1960 AP Nr 16 zu § 620 BGB Befristeter Arbeitsvertrag; 4. 2. 1971 AP Nr 35 zu § 620 BGB Befristeter Arbeitsvertrag); doch erleichterte sie ihm die Beweisführungslast regelmäßig durch den **Beweis des ersten Anscheins,** den der Arbeitgeber zu entkräften hat (BAG 4. 2. 1971 AP

Nr 35 zu § 620 BGB Befristeter Arbeitsvertrag; 13. 5. 1982 AP Nr 68 zu § 620 BGB Befristeter Arbeitsvertrag; BECKER/SCHAFFNER BB 1992, 557, 564). Im Schrifttum ist eine **grundsätzliche Verlagerung der Darlegungs- und Beweislast** auf den Arbeitgeber befürwortet worden, weil der Arbeitgeber die Abweichung vom Normalfall des unbefristeten Arbeitsvertrages dartun müsse (FALKENBERG DB 1971, 433; JOBS/BADER DB Beil 21/1981 S 3; WIEDEMANN/PALENBERG RdA 1977, 89; APS/BACKHAUS Rn 287; BBDW/BADER § 620 BGB Rn 269; MünchKommBGB/SCHWERDTNER § 620 Rn 143 ff; Voraufl STAUDINGER/PREIS [1995] § 620 Rn 115). Dem war zuzustimmen, weil die Befristungsrechtsprechung gesetzesvertretendes materielles Richterrecht darstellte, das den Arbeitgeber gebunden hat und der Einwand des sachlichen Grundes eine anspruchsvernichtende Tatsache darstellte. Dem ist nach der Kodifikation des Grundprinzips der Rechtskontrolle auf einen sachlichen Grund erst recht zu folgen (ArbR BGB/DÖRNER Rn 97). Die Rechtsprechung hat dies schon für den Fall eines Tarifvertrages entschieden, der sachliche Gründe zur Wirksamkeitsvoraussetzung für Befristungen erhob. Der Arbeitgeber hatte in diesem Fall die Darlegungs- und Beweislast zu tragen (BAG 11. 8. 1988 EzA § 620 BGB Nr 105). Schließlich hat das BAG in jüngeren Entscheidungen zur Befristung des Arbeitsvertrages aus sozialen Gründen strenge Anforderungen an den Nachweis eines derartigen Sachverhalts gestellt und praktisch die gesamte Darlegungs- und Beweislast dem Arbeitgeber aufgebürdet (BAG 3. 10. 1984 AP Nr 88 zu § 620 BGB Befristeter Arbeitsvertrag).

kk) Allgemeine Prüfungskriterien für sachliche Gründe
65 Wesentlich ist die **Herausbildung von Leitlinien der Angemessenheitskontrolle** bzw zur Ausfüllung des sachlichen Grundes. Der Begriff des „sachlichen Grundes" ist eine Generalklausel, die der normativen Konkretisierung bedarf. Mit dem Kriterium **des sachlichen Grundes ist** nämlich **noch kein bestimmter Kontrollmaßstab** verbunden (ausf PREIS, Grundfragen 307 ff). Das gilt auch und erst recht nach der Kodifizierung des Prinzips in § 14 TzBfG, weil der Kontrollansatz nicht mehr mit dem Aspekt der Umgehung des Kündigungsschutzes erklärt werden kann. Dieser schwankt je nach Sachproblem, zum Teil in ein und demselben Sachbereich. Hierfür ist gerade die Befristungskontrolle des BAG ein Beispiel. So wird bei Kettenbefristungen, die freilich oftmals eine Gesetzesumgehung darstellen, ein „besonders strenger Maßstab" angelegt (BAG 30. 11. 1977 EzA § 620 BGB Nr 33; 21. 1. 1987 EzA § 620 BGB Nr 89). Auch bei einzelnen Befristungsgründen werden aus normativen Wertungen unterschiedliche Maßstäbe angelegt.

66 Allgemeine Leitlinien der Inhalts- bzw Angemessenheitskontrolle paritätsgestörter Arbeitsverträge sind an anderer Stelle entwickelt worden (PREIS, Grundfragen 312 ff). Neben diesen sind spezielle allgemeingültige Kriterien für befristete Arbeitsverträge zu beherzigen, die zum Teil bereits in die Rechtsprechung des BAG zum sachlichen Grund Eingang gefunden haben. Folgende allgemeine und besondere Kriterien sind danach zu beachten:

(1) Art des Arbeitsvertrages; Nebenbeschäftigung
67 Prinzipiell **unerheblich** für die Frage des Befristungsgrundes ist der Umstand, ob ein **Vollzeit- oder Teilzeitarbeitsverhältnis** vorliegt. Eine Schlechterstellung der Teilzeitarbeitnehmer wäre schon nach § 4 Abs 1 TzBfG problematisch.

68 Ein sich immer stärker durchsetzender Gesichtspunkt ist die **geringere Schutzbedürf-**

tigkeit sog **nebenberuflicher Beschäftigungsverhältnisse.** De lege lata genießt zwar
auch ein Beamter, der nebenberuflich auf der Basis eines Arbeitsvertrages Unterricht erteilt, Kündigungsschutz (BAG 13. 3. 1987 EzA § 1 KSchG Betriebsbedingte Kündigung
Nr 44 mit zust Anm PREIS; abl HAHN DB 1988, 1015; ADOMEIT SAE 1988, 71). Richtig ist ferner,
daß allein der eingeschränkte Umfang der Arbeitspflicht kein Befristungsgrund sein
kann. Dies gilt schon im Hinblick auf § 4 TzBfG (richtig ArbR BGB/DÖRNER Rn 163).
Vertragliche Gestaltungsspielräume gibt es jedoch dann, wenn bei nebenberuflicher
Beschäftigung auch die Vereinbarung eines *freien Dienstverhältnisses* zulässig wäre.
Wird in diesen Fällen statt eines freien Dienstverhältnisses ausdrücklich ein Arbeitsverhältnis begründet, kann dieses bei der Prüfung des Befristungsgrundes berücksichtigt werden (siehe auch KDZ/DÄUBLER § 14 TzBfG Rn 107; vgl auch BAG 13. 11. 1991 EzA
§ 611 BGB Arbeitnehmerbegriff Nr 45).

Das BAG hat wiederholte, kurzzeitig befristete **Arbeitsverhältnisse mit Studenten** **69**
gebilligt, weil diese in der Hauptsache dem Studium nachgingen und auch ihrerseits
nur ein Interesse an einer von vornherein überschaubaren Arbeitsleistung hätten, die
nicht auf Dauer sein könne (BAG 4. 4. 1990 EzA § 620 BGB Nr 107; ebenso bereits BAG 18. 8.
1982 – 7 AZR 353/80 – und 13. 2. 1985 – 7 AZR 345/82 –, unveröffentlicht). Allgemein dürfte
hieraus folgen, daß Befristungsabreden bei bloßen Nebenbeschäftigungen in der
Regel nicht unangemessen benachteiligend sind (BAG 16. 12. 1957 AP Nr 3 zu § 611
BGB Lehrer, Dozenten; WIEDEMANN, in: FS H Lange 395, 404; PREIS, Grundfragen 315). Allerdings hat das BAG auch erkannt, daß ein sachlicher Grund für eine befristete Beschäftigung von Studenten dann entfallen kann, wenn sie sowohl in der vorlesungs-
freien Zeit wie auch in Vorlesungszeiten beschäftigt werden (BAG 10. 8. 1994 AP Nr 162
zu § 620 BGB Befristeter Arbeitsvertrag). Wird dem Interesse des Studenten an der Vereinbarkeit mit dem Studium (zB durch Kündigungsmöglichkeiten und Arbeitszeitgestaltung) bereits durch eine entsprechende Ausgestaltung des Arbeitsverhältnisses
Rechnung getragen, so kann die Befristung nicht auf den Gesichtspunkt der Anpassung der Erwerbstätigkeit an die Erfordernisse des Studiums gestützt werden (BAG
29. 10. 1998 AP Nr 206 zu § 620 BGB Befristeter Arbeitsvertrag).

(2) Stellung des Arbeitnehmers (insbes Führungskräfte)
Bei der Befristungskontrolle wie bei der allgemeinen Inhaltskontrolle von Verträgen **70**
ist aber auf die im Rechtsverkehr üblichen Gewohnheiten und Gebräuche Rücksicht
zu nehmen. Insoweit kann sich auch die Stellung des Arbeitnehmers im Unternehmen auswirken.

Da die Auflösung eines unbefristeten Arbeitsverhältnisses mit einem leitenden An- **71**
Angestellten iSd § 14 Abs 2 KSchG **gegen Abfindung** auch bei unbegründeter Kündigung möglich ist (vgl § 14 Abs 2 KSchG), ist die Ansicht vertreten worden, daß die
Befristung eines Arbeitsverhältnisses mit einem leitenden Angestellten jedenfalls
dann nicht zu beanstanden ist, wenn dieser bei Ablauf der Befristung einen an § 9,
10 KSchG orientierten finanziellen Ausgleich erhält. (vgl auch BAG 26. 4. 1979 AP Nr 47
zu § 620 BGB Befristeter Arbeitsvertrag; SÄCKER RdA 1976, 97). Da die Befristungskontrolle
nach dem TzBfG nunmehr vom KSchG abgekoppelt ist, ist diese Sichtweise fraglich
geworden. Allerdings wird man auch nach neuem Recht einen befristeten Arbeitsvertrag mit einem leitenden Angestellten als sachlich gerechtfertigt ansehen können, wenn in dem Vertrag eine Abfindungsregelung für den Fall der Nichtverlängerung des befristeten Vertrages enthalten ist, die mindestens den Maßstäben der

§§ 9, 10 KSchG entspricht (ebenso MünchArbR/Wank § 116 Rn 67; APS/Backhaus § 14 TzBfG Rn 22).

(3)   Üblichkeit der Befristung bei bestimmten Berufsgruppen und Branchen

72   Das BAG läßt befristete Arbeitsverträge in großzügigerem Maße zu, wenn in einem bestimmten Bereich eine Üblichkeit der Befristung im Arbeitsleben besteht, wobei dieses Merkmal aus der Sicht eines verständigen und verantwortungsbewußten Vertragspartners konkretisiert werden soll (BAG 6.5. 1982 AP Nr 67 zu § 620 BGB Befristeter Arbeitsvertrag; 13.5. 1982 AP Nr 68 zu § 620 BGB Befristeter Arbeitsvertrag). Besondere Einzelfallumstände sollen jedoch auch eine von der generellen Üblichkeit abweichende Beurteilung rechtfertigen. Unter dem Gesichtspunkt der Üblichkeit sind unter anderem Befristungen mit folgenden Berufsgruppen für zulässig gehalten worden: **Berufssportler, Künstler, Musiker, Schauspieler, Sänger und andere künstlerische Berufe** (BAG 29.7. 1976 AP Nr 41 zu § 620 BGB Befristeter Arbeitsvertrag; MünchKomm/Schwerdtner Rn 58; KR/Hillebrecht[4] Rn 130 ff). Für **Chorsänger** und **Orchestermitglieder** hat das BAG jedoch eine durch Üblichkeit gerechtfertigte Befristung nicht ohne weiteres anerkannt (BAG 5.3. 1970 AP Nr 34 zu § 620 BGB Befristeter Arbeitsvertrag; 30.9. 1971 AP Nr 36 zu § 620 BGB Befristeter Arbeitsvertrag; hierzu KR/Hillebrecht[4] Rn 194 ff), wohl aber bei **Tanzgruppenmitgliedern** (AP Nr 27 zu § 611 BGB Bühnenengagementvertrag). Diese Rechtsprechung wird mit dem Erfordernis *„personeller Flexibilität"* zu erklären versucht, die bei schauspielerischer Tätigkeit und Solisten erforderlich und legitim sei, nicht aber bei Chor-, Orchester und Tanzgruppenmitgliedern (MünchArbR/Wank § 113 Rn 101).

73   Befristungsgrund ist hier uU die „Eigenart der Arbeitsleistung" (§ 14 Abs 1 Nr 4 TzBfG). Die **„Üblichkeit"** einer Vertragsgestaltung allein ist **nicht** als Beleg für deren **Angemessenheit** anzuerkennen (ebenso jetzt BAG 29.10. 1998 AP Nr 14 zu § 611 BGB Berufssport; DKZ/Däubler § 14 TzBfG Rn 14; vgl die Rspr des BGH zum AGB-Gesetz BGH 5.6. 1984 NJW 1984, 2160; 12.3. 1987 BGHZ 100, 157). Wohl ist bei der Inhaltskontrolle stets auf Verkehrssitte und Handelsbräuche Rücksicht zu nehmen, aber nur insoweit, wie sie Treu und Glauben entsprechen (Ulmer/Brandner/Hensen, AGBG § 9 Rn 111). Freilich ist stets zu fragen, ob sich eine bestimmte Vertragsgestaltung nicht gerade deshalb als verkehrs- oder branchenüblich durchgesetzt hat, weil sie zweckmäßig und nicht übermäßig belastend ist (vgl Preis, Grundfragen 318 f). Im Hinblick auf die bisherige Rspr des BAG ist zu berücksichtigen, daß bei zahlreichen Fallgestaltungen, insbesondere bei Befristungen im künstlerischen Bereich, verfassungsrechtlich gesicherte Positionen des Tendenzschutzes großzügigere Befristungsregelungen rechtfertigen.

74   Dennoch ist festzuhalten, daß im künstlerischen Bereich keineswegs alle Arbeitsverträge schon allein wegen des Bezugs zur Branche befristet werden können. So ist nicht erkennbar, weshalb Bühnentechniker oder Abendpersonal in Oper oder Theatern prinzipiell nur befristet beschäftigt werden sollen. Nach § 14 Abs 1 Nr 4 TzBfG muß sich die Befristung aus der „Eigenart der Arbeitsleistung" herleiten lassen können.

(4)   Entgelthöhe

75   Allein aus der Vergütung eines Arbeitnehmers kann **nicht** auf die Zulässigkeit einer Befristungsabrede geschlossen werden. Es gibt keinen anzuerkennenden Grundsatz, daß mit steigender Vergütung die Befristung eher anzuerkennen ist. Abzustellen ist allenfalls auf die geschuldete Aufgabe und ggfs die Stellung des Arbeitnehmers. Im

AGB-Recht ist entsprechend anerkannt, daß die unangemessene Benachteiligung eines Vertragspartners nicht generell mit Entgeltvorteilen gerechtfertigt werden kann (vgl schon BGH 29. 10. 1956 BGHZ 22, 90, 98; ferner BGH 29. 9. 1960 BGHZ 33, 216, 219; 12. 5. 1980 BGHZ 77, 126, 131; für das Arbeitsrecht PREIS, Grundfragen 322 ff mwN).

(5) Bestimmtheit und Klarheit der Regelung (Transparenzgebot)
Gestellte Vertragsbedingungen, auf deren Gestaltung der Vertragspartner keinen **76** Einfluß hat, müssen *durchschaubar, richtig, bestimmt* und möglichst *klar* sein (PREIS, Grundfragen 324 ff). Dieser, plastisch als Transparenzgebot bezeichnete Grundsatz, hat im Recht der befristeten Arbeitsverträge längst Anerkennung gefunden. Besondere Anforderungen werden hier insbesondere an die Vereinbarung **auflösender Bedingungen** und **Zweckbefristungen** gestellt (vgl hier Rn 14 ff). Die fehlende Bestimmtheit der Beendigung führt zur Unwirksamkeit der Bedingung (BAG 27. 10. 1988 EzA § 620 BGB Bedingung Nr 9 mit zust Anm MOLL).

(6) Verlagerung von Auftrags- und Beschäftigungsrisiken
Vertragsgestaltungen, die das Beschäftigungsrisiko auf den Arbeitnehmer verlagern, **77** sind **regelmäßig unzulässig** (BAG 13. 8. 1980 AP Nr 1 zu § 1 BUrlG Unbezahlter Urlaub). Kündigungen wegen Beschäftigungsmangels sind grundsätzlich nur ordentlich nach § 1 KSchG bei einem „dringenden betrieblichen Erfordernis" möglich. Deshalb ist auch eine außerordentliche betriebsbedingte Kündigung unzulässig, weil hierdurch das Wirtschafts- und Betriebsrisiko auf die Arbeitnehmer verlagert würde. Dies gilt sogar für den Fall der Betriebsstillegung (vgl näher § 626 Rn 230; vgl BAG 28. 9. 1972 EzA 626 BGB Nr 17; 9. 7. 1981 AP Nr 4 zu 620 BGB Bedingung; 28. 3. 1985 DB 1985, 1743).

Diese Wertung, die sich aus dem System der zwingenden Kündigungsschranken (§ 1 **78** KSchG und § 626 BGB) ergibt, wonach zwar die ordentliche Kündigung, nicht aber die sofortige Lösung aus wirtschaftlichen oder betrieblichen Gründen zulässig ist, begrenzt auch wirkungsgleiche Vertragsgestaltungen. Das BAG hat zu Recht eine unzulässige Verlagerung des Betriebs- und Beschäftigungsrisikos in der Vereinbarung solcher **auflösender Bedingungen** gesehen, die allenfalls eine betriebsbedingte Kündigung rechtfertigen könnten (BAG 9. 7. 1981 AP Nr 4 zu 620 BGB Bedingung; hierzu Rn 195 ff). Doch auch bei kalendarischen Befristungen spielt der Aspekt eine Rolle.

Die **Unsicherheit der künftigen Entwicklung des Arbeitskräftebedarfs reicht** für sich **79** allein **nicht aus,** die Befristung zu rechtfertigen. Diese Unsicherheit gehört zum unternehmerischen Risiko des Arbeitgebers, das er nicht durch den Abschluß befristeter Arbeitsverträge auf seine Arbeitnehmer abwälzen kann (BAG 3. 12. 1982 AP Nr 110 zu § 620 BGB Befristeter Arbeitsvertrag). Die Unsicherheit der finanziellen Entwicklung gibt noch keinen sachlichen Grund für die Befristung (BAG AP Nr 61 zu § 620 BGB Befristeter Arbeitsvertrag; 27. 1. 1988 AP Nr 116 zu § 620 BGB Befristeter Arbeitsvertrag). Dementsprechend reicht auch die allgemeine Unsicherheit über das Weiterlaufen von Drittmitteln nicht aus (BAG 25. 1. 1980 AP Nr 52 zu § 620 BGB Befristeter Arbeitsvertrag; 3. 12. 1982 AP Nr 72 zu § 620 BGB Befristeter Arbeitsvertrag; 21. 1. 1987 AP Nr 4 zu § 620 BGB Hochschule).

Befristungen, die dem Zweck dienen, Auftrags-, Wirtschafts- und Beschäftigungsri- **80** siken auf die Arbeitnehmer zu verlagern, sind zwar nicht **generell unzulässig,** können aber **nur unter strengen Kriterien,** die der Regelbeurteilung des § 1 KSchG entsprechen, zugelassen werden.

(7) Verfassungsrechtliche Wertungen

81 Die Schutzgebotsfunktion der Grundrechte entfaltet sich auch und gerade in den Privatrechtsbeziehungen, die durch Ungleichgewichtigkeiten beider Seiten gekennzeichnet sind (Stern, Staatsrecht Bd III/1 § 76 IV 8e, S 1595; Canaris Anm AP Nr 65 zu Art 12 GG). Auch im Rahmen der Befristungskontrolle sind daher grundrechtliche Positionen zu berücksichtigen (Einzelheiten bei Preis, Grundfragen 37 ff, 327 ff). Die Befristung eines Arbeitsverhältnisses kann wegen Art 6, 3 Abs 3 GG unwirksam sein, wenn sich ein Arbeitgeber weigert, ein unbefristetes Arbeitsverhältnis zu vereinbaren, weil die Arbeitnehmerin ein Kind erwartet (ArbG Wiesbaden 12.2. 1992 ARSt 1992, 97).

82 Zugunsten des Arbeitnehmers ist zu berücksichtigen, daß Art 12 GG nach neuester Rspr des BVerfG (24.4. 1991 BVerfGE 84, 133) eine **Schutzpflicht des Staates** vor unvermitteltem Verlust des Arbeitsplatzes begründet, der aber durch die geltenden Kündigungsvorschriften ausreichend Rechnung getragen worden ist. Auch die **Rechtsprechung des BAG** zur Befristung von Arbeitsverträgen **genügt** diesem Erfordernis – ungeachtet der Strittigkeit in Einzelfragen –, da sie gerade das Ziel hat, der vom BVerfG betonten Schutzfunktion Rechnung zu tragen und einer ungerechtfertigten Ausschaltung der Kündigungsschutznormen zu begegnen (BAG 11.12. 1991 EzA § 620 BGB Nr 110).

83 Auch zugunsten des *Arbeitgebers* sind verfassungsrechtliche Wertungen zu berücksichtigen, die für eine erleichterte Möglichkeit der (mehrfachen) Befristung von Arbeitsverhältnissen sprechen können. Paradigmatisch ist hier die Rechtslage im Bereich der Medien. Aber auch für die Befristung der Arbeitsverhältnisse von wissenschaftlichen Mitarbeitern einer Parlamentsfraktion hat das BAG als Befristungsgrund die Sicherung der verfassungsrechtlich geschützten Unabhängigkeit der freien Mandatsausübung herangezogen (BAG 26.8. 1998 AP Nr 202 zu § 620 BGB Befristeter Arbeitsvertrag).

(a) Pressefreiheit, Art 5 Abs 1 Satz 2 GG

84 Nach Auffassung des BVerfG (13.1. 1982 BVerfGE 59, 231) fordert die grundrechtlich geschützte Rundfunkfreiheit (Art 5 Abs 1 Satz 2 GG) eine **erleichterte Zulassung befristeter Arbeitsverträge.** Das BVerfG hat damit im Medienbereich einen größeren Spielraum für befristete Arbeitsverträge geschaffen. Der durch Art 5 Abs 1 Satz 2 GG gewährleistete Schutz der Rundfunkfreiheit erstreckt sich auf das Recht der Rundfunkanstalten, dem Gebot der Vielfalt der zu vermittelnden Programminhalte auch bei der Auswahl, Einstellung und Beschäftigung derjenigen Rundfunkmitarbeiter Rechnung zu tragen, die bei der **Gestaltung der Programme** mitwirken (BVerfG 13.1. 1982 BVerfGE 59, 231). Dieser Schutz umfaßt die Entscheidung der Rundfunkanstalten darüber, ob die programmgestaltend tätigen Mitarbeiter fest angestellt werden oder ob ihre Beschäftigung aus Gründen der Programmplanung auf eine gewisse Dauer oder auf ein bestimmtes Projekt zu beschränken ist und wie oft ein Mitarbeiter benötigt wird. Dies schließt die Befugnis ein, bei der Begründung von Mitarbeiterverhältnissen den jeweils geeigneten Vertragstyp zu wählen. Bei der Bildung der Maßstäbe für die Zulässigkeit einer Befristung und bei der Entscheidung des konkreten Falles ist der hohe Rang zu beachten, der den Grundrechten des Art 5 Abs 1

GG zukommt. Aus der besonderen Bedeutung der Rundfunkfreiheit folgt, daß ihr mehr Gewicht beizumessen sein kann als dem arbeitsrechtlichen Bestandsschutz (BVerfG 13.1. 1982 BVerfGE 59, 231). Dementsprechend kann sich der sachliche Grund für die Befristung der Arbeitsverträge mit programmgestaltend tätigen Arbeitnehmern aus der den Rundfunk- und Fernsehanstalten zustehenden Rundfunkfreiheit ergeben (BAG 13.1. 1983 AP Nr 42 zu § 611 BGB Abhängigkeit; 13.1. 1983 AP Nr 43 zu § 611 BGB Abhängigkeit; 11.12. 1991 EzA § 620 BGB Nr 112). Weitere Gründe sind dann zur Rechtfertigung der Befristung nicht erforderlich. Nicht vom Schutz des Grundgesetzes umfaßt ist die Vertragsgestaltung bei nicht programmgestaltend tätigen Mitarbeitern (BVerfG 3.12. 1992 NZA 1993, 741).

Das BAG hält allerdings daran fest, daß die soziale Schutzbedürftigkeit eines Arbeit- **85** nehmers Befristungen entgegenstehen kann. Im **Einzelfall** sei daher eine **Abwägung zwischen Bestandsschutzinteresse** des Arbeitnehmers und der Bedeutung der **Rundfunkfreiheit** erforderlich, wobei das BAG bei langer Beschäftigung (im Durchschnitt nach zehn Jahren) dem Bestandsschutz Vorrang einräumt (kritisch hierzu Hanau AuR 1985, 305; Otto RdA 1984, 261; Rüthers DB 1982, 1869; ders RdA 1985, 129; Wank RdA 1982, 362; Lieb, in: FS Hilger/Stumpf 409 ff; Löwisch, Befristete Vertragsverhältnisse programmgestaltender Mitarbeiter in Rundfunkanstalten [1983]).

(b)   Wissenschaftsfreiheit, Art 5 Abs 3 GG
Wissenschaftsförderung und stete Erneuerung wissenschaftlicher Forschung erfor- **86** dern ein hohes Maß an personeller Flexibilität. Befristete Arbeitsverträge mit angehenden Wissenschaftlern sind deshalb unverzichtbar. Diesem Erfordernis hat die Rechtsprechung stets Rechnung getragen. Seit 1986 hat die Befristung von Arbeitsverhältnissen im Hochschulbereich in § 57 ff HRG eine besondere gesetzliche Grundlage erfahren (hierzu Rn 244 ff). Aber auch außerhalb dieses Anwendungsbereichs ist Art 5 Abs 3 GG bei der Befristungskontrolle Rechnung zu tragen (BAG 26.8. 1998 AP Nr 203 zu § 620 BGB Befristeter Arbeitsvertrag)

(c)   Kirchen und Religionsgemeinschaften; sonstige Tendenzträger
Über die Rundfunkanstalten hinaus können unter Umständen andere Tendenzträger **87** spezifische tendenzbedingte Gründe für eine erleichterte Zulassung befristeter Arbeitsverträge geltend machen (vgl etwa MünchArbR/Wank § 113 Rn 116). Hervorzuheben sind hier die Kirchen (Art 140 GG iVm Art 137 WRV). Genannt werden können aber auch die Koalitionen, vgl Art 9 Abs 3 GG, die besonderen verfassungsrechtlichen Schutz genießen. Es kann hier jedoch keinen Freibrief für befristete Arbeitsverträge geben. Erforderlich ist stets – dies zeigt auch die Rechtsprechung zur Pressefreiheit – ein tendenzbedingtes Erfordernis befristeter Verträge. Dies kann allenfalls für bestimmte, genau abgegrenzte Arbeitnehmergruppen bejaht werden (vgl zur Befristung eines Arbeitsvertrages mit einem Rabbiner LAG Frankfurt/Main 5.7. 1990 – 12 Sa 1254/90 –, unveröffentlicht).

(8)   Sonstige Interessen
Bei der Konkretisierung zulässiger Befristungstatbestände sind darüber hinaus **alle** **88** **schutzwürdigen vertrags-, betriebs- und unternehmensbezogenen sowie personenbezogenen Interessen** zu berücksichtigen. Insoweit kann in der Tat weitgehend auf die allgemeinen Grundsätze zur Güter- und Interessenabwägung verwiesen werden, die

im Kündigungsrecht entwickelt wurden (hierzu PREIS, Prinzipien 224 ff; MünchArbR/WANK § 113 Rn 62 ff).

89 Problematisch ist, ob und inwieweit **Interessen Dritter** die Befristung des Arbeitsverhältnisses rechtfertigen können. So ist zum Beispiel fraglich, ob allein der Umstand, daß auch jüngeren Arbeitskräften Beschäftigungschancen ermöglicht werden sollen, die Befristung von Arbeitsverträgen rechtfertigen. Das BAG hat die Berücksichtigung von Drittinteressen zur Rechtfertigung der Befristung **grundsätzlich abgelehnt** (BAG 3. 7. 1970 AP Nr 33 zu § 620 BGB Befristeter Arbeitsvertrag; 31. 10. 1974 AP Nr 39 zu § 620 BGB Befristeter Arbeitsvertrag; 14. 1. 1982 AP Nr 44 zu § 620 BGB Befristeter Arbeitsvertrag; 8. 9. 1983 AP Nr 77 zu § 620 BGB Befristeter Arbeitsvertrag; 6. 6. 1984 DB 1984, 2708). Diese Rechtsprechung ist durch den Beschluß des BVerfG vom 13. 1. 1982 (BVerfGE 59, 231) in Frage gestellt worden, als dort in einem obiter dictum von der Zweischneidigkeit des Bestandsschutz die Rede ist und es als Verletzung des Sozialstaatsprinzips bezeichnet wird, wenn durch zu viele Dauerarbeitsverhältnisse Nachwuchskräften jede Chance auf Anstellung genommen und die Freiheit der Berufswahl wesentlich erschwert wird. Diese nichttragende Aussage ist überbewertet worden. Die Entscheidung des BVerfG vom 24. 4. 1991 (BVerfGE 84, 133) zeigt, daß es verfassungsrechtlich nicht geboten ist, Kündigungen oder Befristungen zu erleichtern. Im Gegenteil wird gerade hier das **Kündigungsschutzrecht** als Erfüllung der Schutzgebotsfunktion aus Art 12 GG bezeichnet. Entscheidend gegen die Einbeziehung von Drittinteressen spricht sowohl im Kündigungs- wie im Befristungsrechtsstreit nach wie vor, daß es um die Klärung eines zwischen zwei Vertragsparteien bestehenden Rechtsverhältnisses geht. Nur deren spezifische, aus Sinn und Zweck des Vertrages und des Gesetzes herleitbare Interessen spielen für die Frage nach der Rechtfertigung einer Kündigung sowie einer Befristung eine Rolle (PREIS, Prinzipien 238 mwN). Drittinteressen können allenfalls dann berücksichtigt werden, wenn diese zugleich ein Interesse des Arbeitgebers betrieblicher oder unternehmerischer Art begründen, das eine hinreichende Nähe zur konkreten vertraglichen Beziehung aufweist (BAG 6. 6. 1984 DB 1984, 2708). Die pauschale Berücksichtigung von Drittinteressen hat sich daher zu Recht weder in der Rechtsprechung noch in der Literatur durchgesetzt (siehe BAG 11. 6. 1997 AP Nr 7 zu § 41 SGB VI).

e) Gesetzlich anerkannte Sachgründe (§ 14 Abs 1 Satz 2 TzBfG)
aa) Vorübergehender betrieblicher Bedarf an der Arbeitsleistung (Nr 1)
(1) Grundlagen
90 Nr 1 regelt den wichtigsten Tatbestand der meisten Befristungsfälle: den vorübergehenden betrieblichen Bedarf an der Arbeitsleitung. Es war auch schon bislang als Grundmuster sachlicher Rechtfertigung befristeter Arbeitsverträge anerkannt, daß der Vertragszweck auf eine vorübergehende Zeit angelegt ist (APS/BACKHAUS § 14 TzBfG Rn 33; ArbR BGB/DÖRNER Rn 99; PREIS/GOTTHARDT DB 2000, 2065). Die Begründung greift auf die bisherige Rechtsprechung zurück und verlangt, daß der Arbeitgeber zum Zeitpunkt des Vertragsabschlusses aufgrund greifbarer Tatsachen mit hinreichender Sicherheit annehmen können muß, daß der Arbeitskräftebedarf in Zukunft wegfallen wird (BT-Drucks 14/4374 S 19; BAG 10. 6. 1992 EzA Nr 116 zu § 620 BGB; BAG 12. 9. 1996 DB 1997 S 232). Dies zeigt zugleich, daß Beurteilungszeitpunkt für die Wirksamkeit der Befristung wie bisher der Zeitpunkt des Vertragsschlusses sein muß.

91 Die **Unsicherheit** der künftigen Entwicklung des **Arbeitskräftebedarfs** reicht für sich allein **nicht** aus, die Befristung zu rechtfertigen. Die Unsicherheit gehört zum **unternehmerischen Risiko** des Arbeitgebers, das er nicht durch den Abschluß befristeter Arbeitsverträge auf seine Arbeitnehmer abwälzen kann (BAG 3. 12. 1982 AP Nr 110 zu § 620 BGB Befristeter Arbeitsvertrag; 12. 9. 1996 AP Nr 182 zu § 620 BGB Befristeter Arbeitsvertrag; 22. 3. 2000 AP Nr 221 zu § 620 BGB Befristeter Arbeitsvertrag). Der Arbeitgeber kann sich bei nicht oder nur schwer voraussehbarem quantitativem Bedarf nicht darauf berufen, mit befristeten Arbeitsverhältnissen könne er leichter und schneller auf Bedarfsschwankungen reagieren (BAG 16. 10. 1987 AP Nr 5 zu § 620 BGB Hochschule; BAG 13. 11. 1991 BAGE 69, 62; 8. 4. 1992 AP Nr 146 zu § 620 BGB Befristeter Arbeitsvertrag Nr 146).

Auf einen **vorübergehenden Arbeitskräftebedarf** läßt sich die Befristung aber nur **92** stützen, wenn im Zeitpunkt des Vertragsschlusses aufgrund greifbarer Tatsachen mit einiger Sicherheit zu erwarten ist, daß die Arbeitskraft in absehbarer Zeit nicht mehr benötigt wird. Die notwendige **Prognose** des Arbeitgebers muß durch Tatsachen belegt werden (BAG 10. 6. 1992 EzA § 620 BGB Nr 116; BAG 24. 10. 2001 – 7 AZR 620/00). Der Arbeitgeber darf das Ausmaß des künftigen Minderbedarfs nicht zum Anlaß nehmen, beliebig viele Arbeitnehmer in befristeten Arbeitsverhältnissen zu beschäftigen. Die Zahl der befristet eingestellten Arbeitnehmer muß sich im Rahmen der hinreichend sicher zu erwartenden Personalverringerung halten und darf sie nicht überschreiten.

Eine nachprüfbare **Prognose** muß ergeben, daß im Zeitpunkt der Befristung auf- **93** grund greifbarer Tatsachen mit einiger Sicherheit der **Wegfall des Mehrbedarfs mit dem Auslaufen des befristeten Arbeitsverhältnisses** zu erwarten ist (BAG 14. 1. 1982 AP Nr 64 zu § 620 BGB Befristeter Arbeitsvertrag; 17. 2. 1983 EzA § 620 BGB Nr 64). Die Unsicherheit, die jeder prognostischen Wertung innewohnt, ändert nichts daran, daß der Prognose des Arbeitgebers ausreichend konkrete Anhaltspunkte zu Grunde liegen müssen (BAG 10. 6. 1992 EzA § 620 BGB Nr 116). Deren Grundlagen hat er im Prozeß darzulegen, damit der Arbeitnehmer seinerseits die Möglichkeit erhält, die Richtigkeit der Prognose zum Zeitpunkt des Vertragsschlusses zu überprüfen (vgl zur Befristung wegen vorübergehenden Mehrbedarfs BAG 12. 9. 1996 AP Nr 182 zu § 620 BGB Befristeter Arbeitsvertrag; zur Befristung wegen einer Aufgabe von begrenzter Dauer BAG 3. 11. 1999 AP Nr 19 zu § 2 BAT SR 2y). Besteht bei Ablauf der prognostizierten Zeit weiterer Arbeitskräftebedarf, muß der Arbeitgeber darlegen, aus welchen Gründen die tatsächliche Entwicklung hinsichtlich des Arbeitskräftebedarfs anders verlaufen ist als bei Vertragsschluß prognostiziert. Gelingt ihm dazu ein widerspruchsfreier Tatsachenvortrag, ist die Befristung trotz Auseinanderklaffen von Vertragsdauer und Mehrbedarf wirksam (ArbR BGB/DÖRNER Rn 105). Ist dem Vortrag keine plausible Erklärung zu entnehmen, kann die Annahme gerechtfertigt sein, daß der Sachgrund nur vorgeschoben ist und bei Vertragsschluß in Wahrheit lediglich eine allgemeine Ungewißheit über den Arbeitskräftebedarf vorgelegen hat (vgl zB BAG 28. 3. 2001 AP Nr 227 zu § 620 BGB Befristeter Arbeitsvertrag; BAG 12. 9. 1996 AP Nr 182 zu § 620 BGB Befristeter Arbeitsvertrag BAG 18. 8. 95 RnK I 9a Nr 94). Geringfügige Über- oder Unterschreitungen der Befristungsdauer bezogen auf den Befristungsgrund sind nicht zu beanstanden. Entsprechendes gilt, wenn die Befristung mit einem sinkenden Bedarf gerechtfertigt wird (hierzu BAG 29. 9. 1982 AP Nr 70 zu § 620 BGB Befristeter Arbeitsvertrag; LAG Berlin 16. 8. 1977 DB 1977, 2237). Das BAG hat insoweit im Schulbereich eine exakte und detaillierte Bedarfsprognose gefordert, die sich etwa auf Zu- und Abgänge auf der Lehrer- und Schülerseite, Beurlaubungen und Planstellenveränderungen beziehen müsse (BAG 29. 9. 1982 AP Nr 70 zu § 620 BGB Befristeter Arbeitsvertrag), wobei es ausreicht, wenn sich diese auf den jeweiligen Regierungsbezirk bezieht (BAG 13. 4. 1983 AP Nr 76 zu § 620 BGB Befristeter Arbeitsvertrag). Die allgemeine Unsicherheit in der wirtschaftlichen und finanziellen Entwicklung rechtfertigt jedoch die Befristung nicht; sie gehört zum Unternehmerrisiko (BAG 9. 7. 1981 AP Nr 4 zu § 620 BGB Bedingung; JOBS/BADER DB Beil 21/1981 S 4).

(2) Einzelfälle

94 **Projektbedingter personeller Mehrbedarf** stellt einen sachlichen Grund dar, die Arbeitsverhältnisse der projektbezogen beschäftigten Arbeitnehmer zu befristen (BAG 24. 10. 2001 – 7 AZR 620/00). Die projektbezogenen Gründe rechtfertigen aber nicht befristete Arbeitsverträge mit Arbeitnehmern, die nicht mit der Durchführung des Projekts, sondern mit übergreifenden Verwaltungsaufgaben betraut sind (BAG 11. 12. 1991 EzA § 620 BGB Nr 111 im Anschluß an BAG 28. 5. 1986 BAGE 52, 122, 133 sowie BAG 24. 9. 1986 AP Nr 12 zu § 72 ArbGG 1979; BAG 12. 9. 1996 AP Nr 182 zu § 620 BGB Befristeter Arbeitsvertrag). Die Erfüllung einer Daueraufgabe rechtfertigt die Befristung nicht (BAG 16. 10. 1987 EzA § 620 BGB Nr 92). Ein sachlicher Grund zur Befristung des Arbeitsverhältnisses kann gegeben sein, wenn der Arbeitgeber infolge einer **Rationalisierungsmaßnahme,** die sich noch über einen längeren Zeitraum erstreckt, Personal nicht mehr benötigt.

95 Ein sog **Auslauftatbestand** kann im betrieblichen Interesse die Befristung rechtfertigen, wenn eine in einem befristeten oder gekündigten Arbeitsverhältnis begonnene Aufgabe sinnvoll abgeschlossen werden soll. Einen derartigen Fall hat das BAG bei befristet angestellten Lehrern nach Wegfall eines Vertretungsgrundes und Weiterbeschäftigung des Lehrers bis zum Ende eines Schuljahres angenommen, um im Interesse der Kinder einen kontinuierlichen Unterricht zu gewährleisten (BAG 29. 9. 1982 AP Nr 70 zu § 620 BGB Befristeter Arbeitsvertrag).

96 Gleiches gilt für den Fall, daß **in absehbarer Zeit der Betrieb stillgelegt** wird und ein befristeter Arbeitskräftebedarf besteht, um den Betrieb bis zur Stillegung aufrechtzuerhalten (BAG 9. 9. 1992 RnK I 9a Nr 73). Hat sich der Arbeitgeber bei Vertragsabschluß zur Schließung des Betriebs entschlossen und kann er die Prognose stellen, daß auch eine Weiterbeschäftigung des Arbeitnehmers in einem anderen Betrieb bzw einer anderen Dienststelle nicht möglich sein wird, ist die Befristung gerechtfertigt (BAG 3. 12. 1997 AP Nr 196 zu § 620 BGB Befristeter Arbeitsvertrag). Die Insolvenzeröffnung allein rechtfertigt jedoch noch nicht die Befristung von Arbeitsverhältnissen; ebensowenig der pauschale Hinweis des Insolvenzverwalters, er müsse bei der Abwicklung flexibel reagieren können und möglichst masseschonend handeln (LAG Saarland 29. 4. 1987 RnK I 9a Nr 22; LAG Düsseldorf 8. 3. 1994 LAGE § 620 BGB Nr 33).

97 In gewissen Grenzen konnten auch schon bisher Gründe der **Personalplanung** die Befristung eines Arbeitsverhältnisses rechtfertigen. Hierfür genügen allgemeine personalpolitische Erwägungen jedoch nicht (LAG Hamm 27. 9. 1990 DB 1991, 918). Ein vorübergehender Personalaustausch zwischen Arbeitgebern kann die Befristung eines Arbeitsverhältnisses rechtfertigen, wenn das bisherige Arbeitsverhältnis mit dem befristeten Arbeitsverhältnis sozial vergleichbar ist, aus Anlaß der Befristung nicht beendet wird und nach Beendigung des befristeten Arbeitsverhältnisses auch unverändert fortgesetzt werden kann (BAG 28. 8. 1996 AP Nr 181 zu § 620 BGB Befristeter Arbeitsvertrag).

In ständiger Rechtsprechung ist anerkannt, daß ein (geringer qualifizierter) Arbeit- **98** nehmer vorübergehend bis zu dem Zeitpunkt beschäftigt werden kann, in dem ein **Auszubildender** des Arbeitgebers seine Berufsausbildung beendet und der Arbeitgeber dessen **Übernahme** in ein Arbeitsverhältnis beabsichtigt (BAG 6. 6. 1984 EzA § 620 BGB Nr 71; 3. 10. 1984 EzA § 620 BGB Nr 72; 21. 4. 1993 EzA § 620 BGB Nr 120). Das gleiche gilt für die vorübergehende Besetzung einer **Beamtenplanstelle** (BAG 24. 2. 1988 – 7 AZR 298/87 – unveröffentlicht, einschränkend LAG Köln 4. 7. 1990 ZTR 1990, 529). Dabei setzt nach neuer Rechtsprechung dieser Befristungsgrund nicht einmal voraus, daß der Auszubildende nach seiner Übernahme in ein Arbeitsverhältnis gerade mit den Aufgaben beschäftigt werden soll, die der befristet eingestellte Arbeitnehmer vorübergehend bis zur Übernahme des Auszubildenden zu verrichten hatte. Grund sei, so das BAG, daß der Abschluß befristeter Arbeitsverträge den Arbeitgeber nicht hindere, die Arbeitsaufgaben im Rahmen seines Direktionsrechts umzuverteilen. Es müsse lediglich ersichtlich sein ein **Kausalzusammenhang,** aus dem sich ergebe, daß der Arbeitgeber infolge der geplanten Übernahme des Auszubildenden an der Arbeitsleistung des befristet eingestellten Arbeitnehmers nur ein **vorübergehendes Interesse** hat. Nicht erforderlich ist, daß der Arbeitgeber dem Auszubildenden die Übernahme in ein Arbeitsverhältnis bereits zugesagt hat. Ausreichend soll sein, daß der Arbeitgeber im Zeitpunkt des Vertragsabschlusses mit dem befristet eingestellten Arbeitnehmer nach seiner Personalplanung die Übernahme des Auszubildenden für den Fall eines normalen Ablaufs beabsichtigt und keine greifbaren Umstände entgegenstehen, die gegen die Übernahme des Auszubildenden sprechen (BAG 21. 4. 1993 EzA § 620 Nr 120). Wesentlich für die Rechtfertigung der Befristung ist, daß **nicht mehr Arbeitsverhältnisse befristet** werden, **als Auszubildende übernommen** werden. Problematisch ist, daß der Arbeitgeber die Befristungsgründe nicht zu fixieren braucht und der Arbeitnehmer Befristungsgründe anderer Arbeitsverhältnisse nicht kennt und kennen kann. Geboten erscheint es deshalb, die Darlegungs- und Beweislast für diesen Befristungsgrund allein dem Arbeitgeber aufzuerlegen (Rn 63).

Als typisches Zeitarbeitsverhältnis sind die **Saisonarbeitsverträge** anerkannt. Bei ih- **99** nen läßt die Rechtsprechung sowohl Zweckbefristungen als auch Zeitbefristungen, auch soweit letztere wiederholt erfolgen, weitgehend zu (BAG 20. 10. 1967 AP Nr 30 zu § 620 BGB Befristeter Arbeitsvertrag; 29. 1. 1987 AP Nr 1 zu § 620 BGB Saisonarbeit). Die sachliche Rechtfertigung soll sich hier aus der Betriebsstruktur des Saisonbetriebs ergeben, die darin liegt, daß nur während einer bestimmten Zeit des Jahres (Kampagne zB bei Zuckerrübenverarbeitungsbetrieben) oder nur während einer bestimmten Zeit mit mehr Mitarbeitern als der Stammbelegschaft (Saisonarbeit) gearbeitet wird (ArbR BGB/DöRNER Rn 108). Typische Beispiele für Saisonbetriebe sind Fremdenverkehrsunternehmen (Hotels, Gaststätten). Es handelt sich jedoch bei dieser Fallgestaltung um eng begrenzte Ausnahmefälle. Auch in einem Saisonbetrieb sind nicht schlechterdings alle Arbeitsverhältnisse saisonbedingt (vgl ArbR BGB/DöRNER Rn 109 unter Bezugnahme auf BAG 14. 4. 85 – 2 AZR 218/84 – nv). Diese Grundsätze können jedoch nicht auf periodische Arbeitsanfälle in Betrieben und Unternehmen übertragen werden, die im übrigen nicht als Saison- bzw Kampagnebetriebe bezeichnet werden können.

bb)   Befristung im Anschluß an eine Ausbildung oder ein Studium (Nr 2)

100   Mit dieser Regelung knüpft der Entwurf an tarifliche, von der Rechtsprechung (BAG
14. 10. 1997 PA Nr 154 und 155 zu § 1 TVG Tarifverträge Metallindustrie Nr 154 und Nr 155; vgl auch
KOHTE NZA 1997, 457) anerkannte Regelungen an und erweitert diese Rechtsprechung
auf den Fall, daß ein Arbeitnehmer, der als Werkstudent bei einem Arbeitgeber
beschäftigt war, nach dem Studium bei diesem Arbeitgeber erneut befristet beschäftigt werden kann. Der geregelte Tatbestand ist freilich sehr unscharf und provoziert
Auslegungsstreitigkeiten. Das BAG akzeptierte seinerzeit eine Tarifnorm, nach der
Auszubildende nach Abschluß der Ausbildung einen Anspruch auf Übernahme in ein
Arbeitsverhältnis für die Dauer eines halben Jahres hatten. In der Absicht der Tarifvertragsparteien, eine Anschlußarbeitslosigkeit vermeiden und die Chancen auf einen Dauerarbeitsplatz erhöhen zu wollen, wurde ein Sachgrund gesehen.

101   Die Bestimmung wirft manche Frage auf. Was ist eine Ausbildung oder ein Studium?
Wie lange kann noch von einem „Anschluß" gesprochen werden? Was bedeutet die
„Erleichterung des Übergangs"? Muß die konkrete Aussicht auf einen Anschlussar-
beitsplatz bei demselben Arbeitgeber begründet sein oder reicht es bereits aus, daß
durch die befristete Beschäftigung Berufserfahrung erworben wird? Wie lange darf
befristet beschäftigt werden? Diese Unsicherheiten führen in ersten Stellungnahmen
zu dem Ratschlag, von diesem Befristungsgrund nur zurückhaltend Gebrauch zu
machen (APS/BACKHAUS § 14 TzBfG Rn 39; LAKIES DZWIR 2001, 1, 10; HROMADKA BB 2001,
621, 622; PREIS/GOTTHARDT DB 2000, 2065, 2071). Die Norm ist eine Reaktion auf die
„Werkstudenten-Problematik", weil die Regelung des § 14 Abs 2 TzBfG bei diesem
Personenkreis dazu führt, daß nach einem Studium eine sachgrundlose Befristung
nicht mehr möglich ist (KDZ/DÄUBLER § 14 TzBfG Rn 53; LAKIES DZWIR 2000, 1, 10; PREIS/
GOTTHARDT DB 2000, 2065, 2071). Die Vorschrift ermöglicht die befristete Beschäftigung
eines zuvor befristet beschäftigten Studenten als Arbeitnehmer. Allerdings kann der
Sachgrund der Nr 2 auch in Anspruch genommen werden, wenn der Arbeitnehmer
bei ihm nicht als Auszubildender oder Student tätig gewesen ist. Die Frage dürfte sich
aber in der Praxis nicht stellen, weil in diesen Fällen entweder eine sachgrundlose
Befristung nach § 14 Abs 2 TzBfG oder eine Erprobungsbefristung nach § 14 Abs
Satz 2 Nr 5 TzBfG einschlägig sein dürfte.

102   Ausbildung iS des § 14 Abs 1 Nr 2 ist nicht notwendigerweise die Berufsausbildung iS
des § 3 BBiG; die berufliche Fortbildung oder berufliche Umschulung reicht allerdings nicht aus (APS/BACKHAUS § 14 TzBfG Rn 35 KDZ/DÄUBLER § 14 TzBfG Rn 55; ArbR
BGB/DÖRNER Rn 112). Um den Tatbestand sinnvoll einzugrenzen, kann „Studium"
nicht im weitesten Wortsinn verstanden werden, sondern nur die Teilnahme an einem
staatlich genehmigten Studiengang, der idR zu einem staatlichen oder staatlich anerkannten Abschluß an einer Universität oder Fachhochschule führt (weitergehend
APS/BACKHAUS § 14 TzBfG Rn 36; KR/LIPKE § 14 TzBfG Rn 90; wie hier ArbR BGB/DÖRNER
Rn 112). Allerdings setzt das Gesetz keinen erfolgreichen Abschluß von Ausbildung
und Studium voraus. Dies läßt sich mit der Erwägung rechtfertigen, daß der Aus-
bildungs- oder Studienabbrecher stärker noch als der erfolgreiche Absolvent die
Chance benötigt, über einen zunächst befristeten Arbeitsvertrag einen Dauerarbeitsplatz zu erhalten (ArbR BGB/DÖRNER Rn 113). § 14 Abs 1 Nr 2 TzBfG ist kein Privileg
für erfolgreiche Absolventen (ErfK/MÜLLER-GLÖGE § 14 TzBfG Rn 47).

103   Fraglich ist, was unter dem Begriff „Anschluß" zu verstehen ist. Weitgehende Einig-

keit besteht, daß nicht ein unmittelbares Anschließen vorausgesetzt ist, sondern ein naher zeitlicher Zusammenhang zwischen Ende der Ausbildung bzw des Studiums und dem Arbeitsbeginn genügt (vgl hierzu auch die Entscheidungen zur Beschäftigungssicherung in der Metallindustrie BAG 17.6. 1998 AP Nr 158 zu § 1 TVG Tarifverträge Metallindustrie Nr 158; BAG 14.10.97 AP § 1 TVG Tarifverträge Metallindustrie Nr 154). Eine genaue Festlegung des zeitlichen Zusammenhangs ist nicht möglich; es bedarf einer Einzelfallbetrachtung. Eine Beschäftigung im Anschluß an ein Hochschulstudium liegt auch dann noch vor, wenn ein Promotionsstudium zu Ende geführt wird (ArbR BGB/DÖRNER Rn 115). Zu weit geht es jedoch, wenn irgendwelche Zusatzausbildungen oder längere Auslandsaufenthalte zwischen Ausbildung/Studium und befristetem Vertrag liegen (so aber BBDW/BADER Rn 159, der eine bis zu zweijährige „Anschlußfrist" für möglich hält). Auch ein normaler Urlaub nach Ausbildungsabschluß muß eine Anschlußbefristung nicht hindern, wobei hier ein großzügiger Maßstab angelegt werden kann. Erfolgt aber nach dem Studium eine Arbeitsaufnahme – in welcher Tätigkeit auch immer – kann von einer Anschlußbefristung iSd § 14 Abs 1 Satz 1 Nr 2 TzBfG nicht mehr die Rede sein (ArbR BGB/DÖRNER Rn 112; BBDW/BADER § 620 Rn 159; ErfK/MÜLLER-GLÖGE § 14 TzBfG Rn 49; zu großzügig HROMADKA BB 2001, 621, 623). Von einem Anschluß zu sprechen wird problematisch, wenn nach der Ausbildung bzw. dem Studium ein Zeitraum von vier Monaten verstrichen ist (KDZ/DÄUBLER § 14 TzBfG Rn 54; KR/LIPKE § 14 TzBfG Rn 92: 6 Monate; deutlich weitergehnd ErfK/MÜLLER-GLÖGE § 14 TzBfG Rn 49: auch Langzeitarbeitslose).

Fraglich ist ferner, wie lange ein befristeter Vertrag nach § 14 Abs 1 Satz 2 Nr 2 **104** TzBfG bemessen sein darf. Zu eng ist die Sichtweise, der Sachgrund ließe nur Befristungen bis zur Dauer eines halben oder Jahres vor (so aber KDZ/DÄUBLER § 14 TzBfG Rn 56; NIELEBOCK AiB 2001, 75, 78; wie hier ArbR BGB/DÖRNER Rn 116; LAKIES DZWIR 20011, 10) Der Übergangszweck („um ... zu") kann auch bei längerer Befristung gegeben sein, wenn der Sachgrund mit der Dauer korrespondiert (BBDW/BADER § 620 Rn 161: ein bis eineinhalb Jahre). Hier ist an sog Traineeausbildungen für Hochschulabsolventen zu denken, die bisweilen zwei Jahre dauern. Über die Frist von zwei Jahren läßt sich allerdings eine Befristung nicht rechtfertigen. Dies folgt aus dem Rückschluß zu § 14 Abs 2 TzBfG (ebenso KR/LIPKE § 14 TzBfG Rn 94; aA ErfK/MÜLLER-GLÖGE § 14 TzBfG Rn 50). Der Befristungsgrund ist eingeführt worden, um keine Nachteile bei der sachgrundlosen Befristung für Werkstudenten zu erzeugen.

cc) Vertretung eines anderen Arbeitnehmers (Nr 3)
Weitgehend als sachlich gerechtfertigt anerkannt wird die Befristung des Arbeitsver- **105** hältnisses wegen der Aushilfe bzw Vertretung eines auf Zeit ausfallenden, ständig beschäftigten Mitarbeiters, wobei dieser Ausfall auf **Krankheit** oder **Urlaub** (BAG 30.9. 1981 AP Nr 61 zu § 620 BGB Befristeter Arbeitsvertrag; 30.9. 1981 AP Nr 63 zu § 620 BGB Befristeter Arbeitsvertrag), **Mutterschutz** (BAG 17.2. 1983 AP Nr 74 zu § 620 BGB Befristeter Arbeitsvertrag), **Wehrdienst** (BAG 6.6. 1984 AP Nr 83 zu § 620 BGB Befristeter Arbeitsvertrag) oder ähnlichen Gründen beruhen kann (vgl auch BAG 13.4. 1983 AP Nr 76 zu § 620 BGB Befristeter Arbeitsvertrag). Es kann sich dabei um ein zeit- oder zweckbefristetes, ggfs auch doppelt befristetes (Zeit und Zweck) Arbeitsverhältnis handeln. Befristungen wegen Mutterschafts- oder Erziehungsurlaubs der Vertretenen müssen nach § 21 Abs 3 BErzGG kalendermäßig bestimmt oder bestimmbar sein. Auch darüber hinaus erscheint die Vereinbarung einer kalendermäßig bestimmten Höchstdauer aus Gründen der Rechtssicherheit in jedem Fall ratsam. Auch wenn § 14 Abs 3 Satz 2 Nr 3

TzBfG auf die Vertretung eines Arbeitnehmers abstellt, bleibt die **Vertretung eines Beamten** zulässiger Sachgrund (ErfK/Müller-Glöge § 14 TzBfG Rn 58).

106 Der sachliche Kern dieser Befristungsgrundes liegt darin, daß der Arbeitgeber für die Wahrnehmung der dem zu vertretenden Mitarbeiter obliegenden Arbeitsaufgaben durch eine Vertretungskraft nur ein **vorübergehendes,** zeitlich durch die Rückkehr des zu vertretenden Mitarbeiters begrenztes **Beschäftigungsbedürfnis** hat (RGRK/Dörner § 620 Rn 118). Der Arbeitgeber hat daher bei Vertragsschluß eine **Prognose über den Wegfall des Vertretungsbedarfs** anzustellen, die sich darauf zu beziehen hat, ob der zu vertretende Mitarbeiter seine Arbeit wieder aufnehmen wird (BAG 22. 11. 1995 AP Nr 178 zu § 620 BGB Befristeter Arbeitsvertrag; BAG 24. 9. 1997 AP Nr 192 zu § 620 BGB Befristeter Arbeitsvertrag; BAG 20. 1. 1999 AP Nr 138 zu § 611 BGB Lehrer, Dozenten). Die Regelung über Einarbeitungszeiten aus § 21 Abs 2 BErzGG kann nicht entsprechend angewandt werden (Preis/Gotthardt DB 2000, 2065, 2071 Fn 74; KR/Lipke § 14 TzBfG Rn 105).

107 Eine **Dauervertretung** bzw Daueraushilfe, die allerdings nach der Rechtsprechung des BAG nur vorliegt, wenn bei Abschluß des Arbeitsvertrages eine über den Endtermin der Befristung hinausgehende Beschäftigung des Arbeitnehmers bereits vorgesehen war, rechtfertigt die Befristung daher nicht (BAG 6. 6. 1984 AP Nr 83 zu § 620 BGB Befristeter Arbeitsvertrag; 3. 10. 1984 AP Nr 88 zu § 620 BGB Befristeter Arbeitsvertrag). Die Grundsätze, wonach **mit zunehmender Dauer** der Beschäftigung bei demselben Arbeitgeber auch die **Anforderungen** an den Sachgrund der Befristung **steigen,** gelten auch für die Befristung von Arbeitsverträgen aus Gründen der Vertretung. Es sind dann an die Prognose, der Vertretungsbedarf werde wegen Rückkehr des Vertretenen enden, höhere Anforderungen zu stellen (BAG 11. 12. 1991 EzA § 620 BGB Nr 110 im Anschluß an BAG 3. 12. 1986 BAGE 54, 10). In Vertretungsfällen muß sich die Prognose des Arbeitgebers aber nur auf die grundsätzlich zu erwartende Rückkehr des zu vertretenden Mitarbeiters, nicht dagegen auch auf deren Zeitpunkt beziehen. Die wiederholte Befristung wegen einer sich mehrfach verlängernden Arbeitsunfähigkeit der zu vertretenden Stammkraft kann der Prognose des künftigen Wegfalls des Vertretungsbedarfs nur dann entgegenstehen, wenn sich erhebliche Zweifel daran aufdrängen müssen, ob die Stammkraft ihre Tätigkeit überhaupt wieder aufnehmen wird (vgl BAG 21. 2. 2001 DB 2001, 1509; 6. 12. 2001 NZA 2001, 721; 22. 11. 1995 AP Nr 178 zu § 620 BGB Befristeter Arbeitsvertrag; 11. 11. 1998 AP Nr 204 zu § 620 BGB Befristeter Arbeitsvertrag). Sofern nicht besondere Umstände vorliegen, kann der Arbeitgeber in Fällen der Krankheitsvertretung ebenso wie in Fällen der Urlaubsvertretung grundsätzlich davon ausgehen, daß die zu vertretende Stammkraft zurückkehren wird. Er muß daher vor Abschluß des befristeten Vertrags mit der Vertretungskraft grundsätzlich nicht von sich aus Erkundigungen über die gesundheitliche Entwicklung des erkrankten oder über die Planungen des beurlaubten Arbeitnehmers einholen. Nur wenn der Arbeitgeber auf Grund der ihm vorliegenden Informationen erhebliche Zweifel daran haben muß, ob die zu vertretende Stammkraft überhaupt wieder zurückkehren wird, kann dies dafür sprechen, daß der Sachgrund der Vertretung nur vorgeschoben ist.

108 Nach der Rechtsprechung des BAG muß für die Rechtfertigung der Befristung eine **Kausalbeziehung** zwischen den Aufgaben, die der ausfallende Mitarbeiter wahrgenommen hat und den Aufgaben, die der befristet eingestellte Arbeitnehmer verrichtet, bestehen (BAG 13. 6. 1990 RnK I 9a Nr 57; BAG 27. 9. 2000 AP Nr 1 zu § 63 LPVG Brandenburg). Danach genügt auch ein sog mittelbarer Vertretungsbedarf (BAG 21. 2. 2001 NZA

2001, 1069). Der Sachgrund der Vertretung setzt nicht voraus, daß die Vertretungskraft dieselben Arbeiten verrichten soll, die der ausgefallene Mitarbeiter zu verrichten gehabt hätte (vgl BAG 21. 3. 1990 AP Nr 135 zu § 620 BGB Befristeter Arbeitsvertrag; 20. 1. 1999 AP Nr 138 zu § 611 BGB Lehrer, Dozenten). Der vorübergehende Ausfall einer Stammkraft und die befristete Beschäftigung zur Vertretung läßt nämlich die Versetzungs- und Umsetzungsbefugnisse des Arbeitgebers unberührt. Der Arbeitgeber kann zB bestimmen, ob er den Arbeitsausfall überhaupt überbrücken will oder ob er im Wege der Umverteilung die von dem zeitweilig verhinderten Mitarbeiter zu erledigenden Aufgaben anderen Beschäftigten zuweist und deren Aufgaben ganz oder teilweise von einer Vertretungskraft erledigen läßt. Auch in diesen Fällen der **mittelbaren Vertretung** muß jedoch sichergestellt sein, daß die Vertretungskraft gerade wegen des durch den zeitweiligen Ausfall zu vertretenden Mitarbeiters entstandenen vorübergehenden Beschäftigungsbedarfs eingestellt worden ist (BAG 8. 5. 1985 NZA 1986, 569). Dieser Zusammenhang ist vom Arbeitgeber im einzelnen darzulegen.

Im Schulbereich darf nach Ansicht des BAG (3. 12. 1986 AP Nr 110 zu § 620 Befristeter **109** Arbeitsvertrag) auf den gesamten Vertretungsbedarf eines Schulaufsichtsbezirks abgestellt werden. Dazu muß zumindest innerhalb einer durch Organisationsentscheidung festgelegten Verwaltungseinheit der Vertretungsbedarf bezogen auf das jeweilige Schuljahr rechnerisch ermittelt werden und der tatsächliche Unterrichtsbedarf von planmäßigen Lehrkräften nur deshalb nicht abgedeckt werden können, weil ein Teil dieser Lehrkräfte für dieses Schuljahr vorübergehend nicht zur Verfügung steht und mit ihrer Rückkehr zu Beginn des darauffolgenden Schuljahres konkret zu rechnen ist (vgl ferner BAG 20. 1. 1999 AP Nr 138 zu § 611 BGB Lehrer, Dozenten).

Dem Arbeitgeber kann der Abschluß eines befristeten Arbeitsvertrages nicht mit **110** dem Argument versagt werden, es hätte einer Bildung einer **Personalreserve** mit Dauerbeschäftigten bedurft (BAG 8. 9. 1983 AP Nr 77 zu § 620 BGB Befristeter Arbeitsvertrag; 6. 6. 1984 AP Nr 83 zu § 620 BGB Befristeter Arbeitsvertrag). Beschäftigt ein Arbeitgeber zur Deckung des Vertretungsbedarfs sowohl befristet als auch unbefristet eingestellte Arbeitnehmer, bedarf es zur Rechtfertigung der Befristung einer am Sachgrund der Befristung orientierten Konzeption, um ausschließen zu können, daß der Befristungsgrund nicht nur vorgeschoben und die Befristung damit sachwidrig ist (BAG 12. 9. 1996 AP Nr 183 zu § 620 BGB Befristeter Arbeitsvertrag). Zwar kann zur Abdeckung eines Vertretungsbedarfs eine sog Personalreserve gebildet werden (vgl BAG 8. 9. 1983 AP Nr 77 zu § 620 BGB Befristeter Arbeitsvertrag). In diesem Fall dürfen jedoch die Anlässe, die der Dauervertretung zugrunde liegen, bei der Ermittlung des weiteren Gesamtvertretungsbedarfs nicht berücksichtigt werden, weil es insoweit an einem Vertretungsbedarf fehlt.

dd) Eigenart der Arbeitsleistung (Nr 4)
§ 14 Abs 1 Nr 4 bezieht sich vor allem auf das Recht der Befristung im Rundfunk- **111** und Kunstbereich, lässt aber auch genügend Spielraum für darüber hinausgehende Spezifika des Arbeitslebens.

(1) Künstler
Die ursprünglich unter dem Stichwort „Üblichkeit der Befristung" für gerechtfertigt **112** erachtete Befristungen im Bereich des künstlerischen Personals (hierzu Rn 72) kann heute nach § 14 Abs 1 Satz 2 Nr 4 TzBfG unter den Befristungsgrund „Eigenart der

Arbeitsleistung" subsumiert werden. In der Rechtsprechung zu Schauspielern, Musikern, Choreographen und Dramaturgen wurde schon bisher als Sachgrund die künstlerische Gestaltungsfreiheit des Intendanten und das Abwechslungsbedürfnis des Publikums herausgestellt (BAG 26. 8. 1998 AP Nr 53 zu § 611 BGB Bühnenengagementsvertrag). An diesen Aspekt wollte auch der Gesetzgeber anknüpfen, in dem er das künstlerische Konzept des Intendanten als Ausfluß aus der Freiheit der Kunst erwähnt (BT-Drucks 14/4374 S 19). Der Gesetzgeber erkennt damit, daß ein Konflikt widerstreitender grundrechtlich geschützter Interessen (Art 12 Abs 1 GG des Arbeitnehmers einerseits und Art 5 Abs 3 GG des Arbeitgebers andererseits) besteht. Er führt diesen Konflikt allerdings keiner bestimmten Lösung zu, sondern überläßt dies der Rechtsprechung. Es existieren zahlreiche Tarifverträge mit Sonderregelungen im Bereich der Bühnen (hierzu ausführlich APS/BACKHAUS § 620 Rn 357 ff); freilich gilt der Befristungsgrund auch für Künstler außerhalb der Bühnen, wie etwa bei Fernsehanstalten (BAG 20. 10. 99 AP Nr 25 zu § 620 BGB Bedingung Nr 25 mit Anm GAUL/OTTO).

(2) Medienmitarbeit

113 Zu den Möglichkeiten und Grenzen befristeter Verträge im Medienbereich hat die Entscheidung des BVerfG vom 13. 1. 1982 (BVerfGE 59, 231) eine Zäsur bewirkt. Die frühere Rechtsprechung des BAG zu diesem Bereich kann deshalb nur noch mit Einschränkungen herangezogen werden. Nach Auffassung des BVerfG fordert die grundrechtlich geschützte **Rundfunkfreiheit** (Art 5 Abs 1 Satz 2 GG) eine gegenüber der früheren Rechtsprechung des BAG erleichterte Zulassung befristeter Arbeitsverträge. Das BVerfG hat damit im Rundfunkbereich einen größeren Spielraum für befristete Arbeitsverträge geschaffen.

114 Der durch Art 5 Abs 1 Satz 2 GG gewährleistete Schutz der Rundfunkfreiheit garantiert den Rundfunkanstalten auch, mit den programmgestaltend tätigen Mitarbeitern nur befristete Arbeitsverträge abschließen zu können, um dem Gebot der Vielfalt bei der Programmgestaltung auch durch die Auswahl und Fluktuation der Mitarbeiter Rechnung tragen zu können (BVerfG 13. 1. 1982 BVerfGE 59, 231; Einzelheiten schon oben Rn 84). Allerdings hält das BAG daran fest, daß die soziale Schutzbedürftigkeit des Arbeitnehmers insbes bei bereits langjähriger Beschäftigung einer nur befristeten Einstellung entgegenstehen kann (oben Rn 85).

115 Nach der Entscheidung des BAG vom 11. 12. 1991 (EzA § 620 BGB Nr 112; bestätigt durch 24. 4. 1996 AP Nr 180 zu § 620 BGB Befristeter Arbeitsvertrag; 22. 4. 1998 AP Nr 26 zu § 611 BGB Rundfunk) kann die den Rundfunk- und Fernsehanstalten zustehende Rundfunkfreiheit die Befristung des Arbeitsvertrages mit einem programmgestaltend tätigen Arbeitnehmer rechtfertigen, ohne daß weitere Gründe für die Befristung erforderlich sind. Die Belange der Rundfunkanstalt und des betroffenen Arbeitnehmers sind im Einzelfall abzuwägen (im Anschluß an BVerfG 13. 1. 1982 BVerfGE 59, 231; BAG 13. 1. 1983 AP Nr 42 zu § 611 BGB Abhängigkeit; 13. 1. 1983 AP Nr 43 zu § 611 BGB Abhängigkeit). Dabei setzt eine programmgestaltende Tätigkeit keine schöpferische Mitwirkung an den einzelnen gesendeten Programmbeiträgen voraus. Die zur Erfüllung des Programmauftrags notwendige Freiheit und Flexibilität der Rundfunkanstalten wird durch ein unbefristetes Arbeitsverhältnis um so stärker berührt, je mehr der Arbeitnehmer seine eigenen Vorstellungen und seinen eigenen Stil einbringen kann (vgl für Zeitschriftenredakteure LAG München 5. 12. 1990 LAGE § 620 BGB Nr 24).

(3) Sport

Die Rechtsprechung des BAG hat früher angenommen, die Befristung des Arbeits- **116** vertrags mit einem Sporttrainer sei üblicherweise gerechtfertigt, wenn das Schwergewicht seiner Tätigkeit in der Betreuung von Spitzensportlern liege (BAG 19.6. 1986 SpuRt 1996, 21). Diese Aussagen hat das BAG schon vor Inkrafttreten des TzBfG relativiert (BAG 29.10. 1998 AP Nr 14 § 611 BGB Berufssport; 15.4. 1999 AP Nr 1 zu § 13 AÜG; hierzu DIETERICH NZA 2000, 857 ff; krit LATZ SpuRt 1999, 256; FENN JZ 2000, 347). Die Üblichkeit allein kann die Befristung nicht rechtfertigen (vgl hier Rn 72 ff). Vielmehr müssen andere konkrete Sachgründe angeführt werden. Der Sporttrainer ist keine Aufgabe, aus deren Eigenart sich folgern ließe, daß diese Tätigkeit nur als befristete wahrgenommen werden könnte. Zum sog „Verschleißtatbestand" vgl Rn 134.

ee) Erprobung (Nr 5)

Die Befristung zur Erprobung ist nach st. Rspr des BAG ein sachlicher Grund zur **117** Befristung des Arbeitsverhältnisses (BAG 31.8. 1994 AP Nr 163 zu § 620 BGB Befristeter Arbeitsvertrag). Der Befristungstatbestand ist ein Grundfall des zulässigen Zeitvertrages. Er wird auch nicht durch § 14 Abs 2 TzBfG obsolet. Er wird insbesondere dann zur Anwendung kommen, wenn bereits zuvor iSv § 14 Abs 2 Satz 2 TzBfG ein Arbeitsverhältnis mit demselben Arbeitgeber bestanden hat, er in diesem aber nicht für die vorgesehene Beschäftigung erprobt werden konnte (vgl auch RGRK/DÖRNER Rn 156). Ist die Erprobungsbefristung – aus welchen Gründen auch immer – unzulässig, kann sich die Rechtfertigung der Befristung aber noch aus § 14 Abs 2 TzBfG ergeben. Im Anschluß an eine zweijährige sachgrundlose Befristung dürfte aber eine (erneute) Probebefristung sachlich nicht mehr gerechtfertigt sein (ErfK/MÜLLER-GLÖGE § 14 TzBfG Rn 68).

Regelmäßig ist der Arbeitgeber bei Neueinstellungen berechtigterweise daran inter- **118** essiert, zu prüfen, ob der neue Arbeitnehmer für die ihm zugedachte Stellung dauerhaft geeignet erscheint und die Auflösung des Arbeitsverhältnisses zu erleichtern, wenn der Arbeitnehmer den an ihn gestellten Anforderungen nicht gerecht wird (BAG 21.10. 1954 AP Nr 1 zu § 620 BGB Befristeter Arbeitsvertrag; 15.3. 1966 AP Nr 28 zu § 620 BGB Befristeter Arbeitsvertrag; 2.8. 1978 AP Nr 1 zu § 55 MTL II; LAG Hamm 13.3. 1992 LAGE 620 BGB Nr 29). Wegen dieser Zielsetzung, die vornehmlich den Interessen des Arbeitgebers entgegenkommt, ist die Vereinbarung eines **Probearbeitsverhältnisses** im Bereich der **Arbeitnehmerüberlassung** nach Art 1 § 9 Nr 2 AÜG **unzulässig** (LAG Hamm 8.8. 1991 LAGE § 9 AÜG Nr 4).

Zu unterscheiden ist das Probearbeitsverhältnis insbesondere von der sechsmonati- **119** gen Wartezeit des § 1 KSchG und einer etwa vertraglich vereinbarten Probezeit. In der Wartezeit des § 1 KSchG kann der Arbeitgeber ein *unbefristetes* Arbeitsverhältnis auch dann ordentlich kündigen, wenn dies nicht durch betriebliche, personen- oder verhaltensbedingte Gründe gerechtfertigt ist. Haben die Parteien zudem eine Probezeit vereinbart, ist nach § 622 Abs 3 während deren Laufs die Kündigungsfrist auf zwei Wochen verkürzt (Einzelheiten § 622 Rn 36 ff). Demgegenüber ist das Probearbeitsverhältnis ein *echtes befristetes Arbeitsverhältnis,* das nach Ablauf der Befristungsdauer ohne weiteres endet, während seiner Laufzeit aber ordentlich nur dann gekündigt werden kann, wenn dies ausdrücklich vereinbart wurde (§ 15 Abs 3 TzBfG). Wegen dieser Unterschiede sind an die **Vertragsgestaltung** bei der Vereinbarung eines echten Probearbeitsverhältnisses **strenge Anforderungen** zu stellen. Die Parteien müssen bei der Festlegung der Probezeit *klar, eindeutig* und *zweifelsfrei* vereinbaren, daß das Arbeitsverhältnis durch sie befristet ist. Keinesfalls begründet daher die Festlegung einer Probezeit allein bereits ein selbständiges befristetes Probearbeitsverhältnis. Vielmehr ist die Probezeit, wenn kein entgegengesetzter Wille der Vertragsparteien eindeutig hervortritt, nur als Beginn eines Arbeitsverhältnisses auf unbestimmte Zeit anzusehen. Denn aus dem Zweck der Erprobung ergibt sich, daß grundsätzlich das Arbeitsverhältnis fortgesetzt werden soll, wenn der Arbeitnehmer sich bewährt hat (BAG 20. 7. 1958 AP Nr 3 zu § 620 BGB Probearbeitsverhältnis; 30. 9. 1981 EzA § 620 BGB Nr 54; LAG Köln 8. 11. 1989 DB 1990, 1288; BERGER/DELHEY BB 1989, 977; PREIS/KLIEMT, AR-Blattei Probearbeitsverhältnis unter B I).

120 In der Rechtsprechung des BAG unterschiedlich bewertet worden ist die Frage, ob bei einem zeitlich befristeten Arbeitsvertrag, der der Erprobung dienen soll, die **Angabe dieses Zweckes** bei Vertragsabschluß für die Wirksamkeit der Befristungsabrede erforderlich ist. Entgegen dem sonst geltenden Grundsatz, daß bei Zeitbefristungen eine Zweckangabe nicht zu erfolgen braucht, hatte das BAG zunächst angenommen, die Befristung eines Arbeitsverhältnisses zum Zwecke der Erprobung des Arbeitnehmers sei nur dann ein sachlicher Grund, wenn dieser Zweck Vertragsinhalt geworden sei (BAG 30. 9. 1981 AP Nr 61 zu § 620 BGB Befristeter Arbeitsvertrag). Im Urteil vom 21. 3. 1990 (7 AZR 192/89 – unveröffentlicht) schien es diese Auffassung aufgegeben zu haben. In der Entscheidung vom 31. 8. 1994 allerdings hielt es das BAG nicht für ausreichend, daß die Erprobung nur Motiv des Arbeitgebers ist. Der Erprobungszweck müsse vielmehr Vertragsinhalt geworden sein (AP Nr 163 zu § 620 BGB Befristeter Arbeitsvertrag), der aber nicht ausdrücklich in der schriftlichen Urkunde erwähnt werden müsse; es genüge auch eine mündliche Vereinbarung.

121 Eine befristete Probezeit kann nicht nur bei der Neueinstellung eines Arbeitnehmers, sondern auch dann vertretbar sein, wenn ihm nach Ablauf eines befristeten Arbeitsvertrages nunmehr eine andere, wesentlich qualifiziertere Tätigkeit übertragen werden soll (BAG 12. 2. 1981 EzA § 611 BGB Probearbeitsverhältnis Nr 5). Dagegen fehlt es an einem vernünftigen Grund für die Erprobung, wenn der Arbeitnehmer bereits ausreichende Zeit beschäftigt war und der Arbeitgeber seine Fähigkeiten auch im Hinblick auf die neue Aufgabe bereits voll erproben konnte (BAG 28. 2. 1963 EzA § 620 BGB Nr 4). Das gilt auch, wenn der Arbeitnehmer nach Ablauf einer zweijährigen sachgrundlosen Befristung nunmehr erneut mit Sachgrund befristet beschäftigt werden soll. Bei gleichbleibender Tätigkeit kann eine Probebefristung dann nicht gerechtfertigt sein.

122 **Erprobungszweck** und **Erprobungsdauer** müssen in einem angemessenen Verhältnis zueinander stehen. Die Rechtsprechung kontrolliert die zulässige Höchstdauer nach strengen Grundsätzen. Die Dauer der vereinbarten Probezeit muß dem Grundsatz der Verhältnismäßigkeit genügen, da der den Arbeitnehmer belastende Schwebezustand nicht über Gebühr ausgedehnt werden darf. Welche Zeitspanne angemessen und zur Erreichung des Probzweckes erforderlich ist, hängt von den Umständen des Einzelfalles ab (BAG 15. 3. 1966 AP Nr 28 zu § 620 BGB Befristeter Arbeitsvertrag; 15. 3. 1978 AP Nr 45 zu § 620 BGB Befristeter Arbeitsvertrag; PREIS/KLIEMT, AR-Blattei Probearbeitsverhältnis unter B II 3a). In der Regel wird man eine Probezeit von bis zu sechs Monaten als rechtlich zulässig ansehen können. Dies folgt mittelbar auch aus der Wartezeit des § 1

KSchG (BAG 15. 3. 1978 AP Nr 45 zu § 620 BGB Befristeter Arbeitsvertrag; BERGER/DELHEY BB 1989, 977, 978).

Eine **Verlängerung der üblichen Probezeit** ist allerdings gerechtfertigt, wenn der Ar- **123** beitnehmer beispielsweise seit vielen Jahren nicht mehr in seinem erlernten Beruf tätig war und sich erst wieder einarbeiten und bewähren muß (BAG 13. 12. 1962 AP Nr 24 zu § 620 BGB Befristeter Arbeitsvertrag; MünchArbR/WANK § 116 Rn 133). Auch bei Arbeitnehmern mit wissenschaftlichen oder künstlerischen Tätigkeiten kann eine längere Probezeit vereinbart werden. Eine über ein Jahr hinausgehende Probezeit zur fachlichen Eignung eines Musikers in einem Rundfunkorchester wurde als zu lang angesehen (BAG 7. 5. 1980 AP Nr 36 zu § 611 BGB Abhängigkeit). In einer jüngeren Entscheidung wurde jedoch die Einräumung einer über die nach allgemeinen Maßstäben zulässige Dauer hinausgehenden maximalen Probezeit von 18 Monaten für Chor- und Orchestermitglieder mit dem Argument gebilligt, daß die Beurteilung der Eignung in diesem künstlerischen Bereich schwierig, wenig objektivierbar und maßgeblich auch von der Einordnung in den übrigen Klangkörper abhängig ist (BAG 12. 9. 1996 AP Nr 27 zu § 611 BGB Musiker). Dagegen ist der Abschluß von fünf aufeinanderfolgenden befristeten Arbeitsverträgen mit einer Gesamtdauer von über drei Jahren zur Erprobung eines Lehrers eindeutig zu lang (BAG 15. 3. 1966 AP Nr 28 zu § 620 BGB Befristeter Arbeitsvertrag). Im übrigen können pädagogische Tätigkeiten jedoch unter Umständen eine längere Probezeit rechtfertigen (LAG Köln 11. 6. 1985 LAGE § 620 BGB Nr 10). Zu berücksichtigen ist außerdem eine etwaige **Branchenüblichkeit.** Das BAG entnimmt den einschlägigen Tarifverträgen insoweit Anhaltspunkte für eine angemessene Dauer der Probezeit (BAG 15. 3. 1978 AP Nr 45 zu § 620 BGB Befristeter Arbeitsvertrag), weil die Tarifvertragsparteien am besten beurteilen können, welche Probezeit für Arbeitnehmer mit einem bestimmten Aufgabengebiet jeweils erforderlich ist. Dies wird man jedenfalls insoweit aufrechterhalten können, als eine bestimmte Probezeitlänge sich deshalb durchgesetzt hat, weil sie zweckmäßig und nicht übermäßig belastend ist (vgl Rn 73).

ff) In der Person des Arbeitnehmers liegende Gründe (Nr 6)
§ 14 Abs 1 Satz 2 Nr 6 TzBfG läßt weitreichend personenbedingte Befristungsgründe **124** zu. Gemeint ist u. a. die vorübergehende Beschäftigung eines Arbeitnehmers aus sozialen Gründen, zB zur Überbrückung bis zum Beginn einer feststehenden Beschäftigung. Die Rechtsprechung zu anderen personenbedingten Befristungsgründen (Altersgrenze, Arbeits- und Aufenthaltserlaubnisse, Ausbildung und Fortbildung, Wunsch des Arbeitnehmers) dürfte ebenfalls unter dieses Regelbeispiel zu fassen sein. Auch insoweit kann an die frühere Rechtsprechung des BAG angeknüpft werden.

(1) Altersgrenze
In Tarifverträgen, Betriebsvereinbarungen und Arbeitsverträgen sind häufig Rege- **125** lungen enthalten, die das Ende des Arbeitsverhältnisses für den Fall bestimmen, daß der Arbeitnehmer eine gewisse Altersgrenze erreicht. Dabei wird zumeist auf den Zeitpunkt der **Vollendung des 65. Lebensjahres** abgestellt, ab dem ein Anspruch auf Altersrente aus der gesetzlichen Rentenversicherung besteht (§ 35 SGB VI). Neben diesen generellen Altersgrenzen finden sich Vereinbarungen, die aus berufsbedingten Gründen auf wesentlich frühere Zeitpunkte als die Vollendung des 55. bzw 60. Lebensjahres abstellen.

126 Die Regelungsbefugnis der **Tarifvertragsparteien** ergibt sich aus § 1 Abs 1 TVG, da Altersgrenzenregelungen die Beendigung von Arbeitsverhältnissen betreffen. Die Betriebspartner können freiwillige **Betriebsvereinbarungen** (§ 88 BetrVG) schließen, haben aber den Vorrang der tariflichen Regelung zu beachten (§ 77 Abs 3 BetrVG). Einzelvertragliche Regelungen genießen nach dem Günstigkeitsprinzip Vorrang vor kollektivvertraglichen Regelungen, wenn sie auf einen späteren Zeitpunkt abstellen oder dem Arbeitnehmer eine Wahlmöglichkeit belassen, ob er in den Ruhestand eintreten will oder nicht (BAG 7.11. 1989 AP Nr 46 zu § 77 BetrVG 1972).

127 Die Altersgrenzenregelungen stellen auf ein zukünftiges gewisses Ereignis ab, dessen Eintrittszeitpunkt ebenfalls gewiß ist ("dies certus an, certus quando") und sind folglich als Befristung des Arbeitsverhältnisses anzusehen (GITTER/BOERNER RdA 1990, 129, 131 mwN; aA BAG 20.12. 1984 AP Nr 9 zu § 620 BGB Bedingung, das die Frage der Gewißheit des Erreichens der Altersgrenze zu Unrecht nach objektiven Kriterien bestimmt und somit zu einer Einordnung als auflösende Bedingung gelangt; jetzt auch APS/BACKHAUS Rn 178; BBDW/BADER Rn 191; KDZ/DÄUBLER § 21 TzBfG Rn 37; ArbR BGB/DÖRNER Rn 166). Die Streitfrage ist überdies obsolet, da § 21 TzBfG auch auflösende Bedingungen den gleichen Rechtsregeln (Schriftform, Klagefrist) unterwirft.

128 Unabhängig von der dogmatischen Einordnung als Befristung oder auflösende Bedingung ist – nach den Grundsätzen, die der Große Senat des BAG zur Zulässigkeit befristeter Arbeitsverhältnisse aufgestellt hat (BAG 12.10. 1960 AP Nr 16 zu § 620 BGB Befristeter Arbeitsvertrag) – ein **sachlicher Grund** zur Rechtfertigung der Altersgrenzenregelung **erforderlich**. Als ausreichender Sachgrund wurde von der Rechtsprechung dabei eine hinreichende Altersversorgung angesehen (BAG 20.11. 1987 AP Nr 2 zu § 620 BGB Altersgrenze für eine Altersgrenzenregelung in einer Betriebsvereinbarung). Diesem Erfordernis kann bei Altersgrenzen, die an einen Zeitpunkt vor Eintritt des Rentenalters anknüpfen, durch eine betriebliche Übergangs(alters)versorgung Rechnung getragen werden. Demgemäß sind Altersgrenzen von 55 Jahren für das *Cockpitpersonal* eines Flugzeugs unter der genannten Voraussetzung als zulässig erachtet worden (BAG 6.3. 1986 AP Nr 1 zu § 620 BGB Altersgrenze). Darüber hinaus kann eine Verlängerungsmöglichkeit die Rechtfertigung für eine derartige Befristung darstellen, wobei die Entscheidung des Arbeitgebers nach § 315 Abs 1, Abs 3 BGB der gerichtlichen **Billigkeitskontrolle** unterliegt (BAG 20.12. 1984 AP Nr 9 zu § 620 BGB Bedingung).

129 Umstritten ist die Frage, in welcher Weise Altersgrenzen neben dem Sachgrunderfordernis an der **Berufsfreiheit** des Art 12 GG zu messen sind (eingehend dazu WALTERMANN RdA 1993, 209, 214 ff). Da Altersgrenzenregelungen einen Eingriff auf der Stufe der subjektiven Zulassungsvoraussetzung darstellen (vgl BVerfG 29.10. 1992 NJW 1993, 1575), wäre zur Rechtfertigung einer Altersgrenzenregelung der Schutz überragender Gemeinschaftsgüter erforderlich (BVerfG 11.6. 1958 BVerfGE 7, 377, 405). Während ein Teil der Literatur mit Blick auf Art 12 GG generelle Altersgrenzen in Kollektivvereinbarungen grundsätzlich für unwirksam hält (SCHLÜTER/BELLING NZA 1988, 297, 303; WALTERMANN NZA Beil 4/1991 S 19, 24; MünchArbR/WANK § 133 Rn 151 mwN), ist nach der Rechtsprechung ein Verstoß gegen Art 12 GG bei generellen Altersgrenzen von 65 Jahren nicht ersichtlich. Eine kollektivvertragliche Altersgrenze enthalte keine subjektive Zulassungsvoraussetzung für ganze Berufe (BAG 6.3. 1986 AP Nr 1 zu § 620 BGB Altersgrenze).

Das BAG hat diese Altersgrenzenrechtsprechung auf eine neue dogmatische Grund- **130** lage gestellt (hierzu auch ArbR BGB/Dörner Rn 168 ff). Die in der Literatur erhobenen Bedenken (Gitter/Boerner RdA 1990, 129, 132; Henssler DB 1993, 1669, 1673 f; Joost Anm zu AP Nr 2 zu § 620 BGB Altersgrenze; Stahlhacke DB 1989, 2329, 2332; Steinmeyer RdA 1992, 6, 11; Schlüter/Belling NZA 1988, 297 f; Waltermann NZA 1994, 822 f; ders. RdA 1993, 209 f) hat das Gericht nicht für durchschlagend erachtet Nach der Entscheidung vom 11.6.1997 (AP Nr 7 zu § 41 SGB VI) hat eine auf die Vollendung des 65. Lebensjahres abstellende Altersgrenze keine unverhältnismäßige Beschränkung der durch Art 12 Abs 1 GG geschützten Berufsfreiheit des Arbeitnehmers zur Folge. Das BAG verweist darauf, daß die Beendigung des Arbeitsverhältnisses bei Eintritt des Befristungstatbestandes auf einer privatautonomen Regelung beruht. Durch solche Regelungen beschränken sich die Vertragsparteien im Austausch mit der vereinbarten Gegenleistung wechselseitig in ihren beruflichen Handlungsfreiheiten. Sie bestimmen selbst, in welchem Umfang sie ihre gegenteiligen Interessen ausgleichen (BVerfGE 81, 242, 254). Privatautonomie besteht jedoch nur im Rahmen geltender Gesetze, die ihrerseits grundrechtsgebunden sind. Für den Bereich der Beendigung von Arbeitsverhältnissen aufgrund von Kündigungen treffen den Staat besondere Schutzpflichten. Ihnen hat der Gesetzgeber durch die geltenden Kündigungsschutzvorschriften hinreichend Rechnung getragen (BVerfGE 84, 133, 147). Diese Aufgabe kommt bei der Beendigung von Arbeitsverhältnissen aufgrund einer Befristung oder einer auflösenden Bedingung der arbeitsgerichtlichen Befristungskontrolle zu (vgl Preis, FS Stahlhacke, S 417, 425 f). Zwar erkennt das BAG das Interesse des Arbeitnehmers an dauerhafter Fortsetzung seines Arbeitsverhältnisses über das 65. Lebensjahr als legitimes wirtschaftliches und ideelles Anliegen an. Es berücksichtigt aber auch, daß es sich idR um ein Fortsetzungsverlangen eines mit Erreichen der Regelaltersgrenze wirtschaftlich abgesicherten Arbeitnehmers handelt, der bereits ein langes Berufsleben hinter sich hat, und dessen Interesse an der Fortführung seiner beruflichen Tätigkeit aller Voraussicht nach nur noch für eine begrenzte Zeit besteht. Hinzu kommt, daß der Arbeitnehmer auch typischerweise von der Anwendung der Altersgrenzenregelungen durch seinen Arbeitgeber Vorteile hatte, weil dadurch auch seine Einstellungs- und Aufstiegschancen verbessert worden sind. Bei der im Rahmen der Befristungskontrolle vorzunehmenden Abwägung der wechselseitigen berechtigten Bedürfnisse räumt das Bundesarbeitsgericht dem Interesse des Arbeitgebers an einer kalkulierbaren Personalplanung den Vorrang vor dem Bestandsschutzinteresse des Arbeitnehmers jedenfalls dann ein, wenn der Arbeitnehmer durch den Bezug einer gesetzlichen Altersrente wegen Vollendung des 65. Lebensjahres wirtschaftlich abgesichert ist (BAG 20.11.1987 AP Nr 2 zu § 620 BGB Altersgrenze). Diese Maßstäbe hat das BAG auch auf tariflich geregelte Altersgrenzen angewandt (BAG 25.2.1998 AP Nr 11 zu § 1 TVG Tarifverträge: Luftfahrt).

Aus dieser Rechtsprechung ist zu folgern, daß die Vereinbarung einer Altersgrenze, **131** die die Beendigung des Arbeitsverhältnisse **ohne Rücksicht auf Rentenansprüche** des Arbeitnehmers vorsieht, **regelmäßig nicht zulässig** ist. Anzuerkennende **Ausnahmefälle** können bei besonderen Anforderungen des Berufs vorliegen, wenn die Beendigung zu einem früheren Zeitpunkt erforderlich ist. Ein derartiges Erfordernis ist bislang nur beim **Cockpit-Personal** anerkannt worden. Hier hat das *BAG* die tarifvertragliche Begrenzung des Arbeitsverhältnisses auf das 55. bzw. 60. Lebensjahr bereits mehrfach als zulässig erachtet, wenn bei weiterer Eignung Verlängerungsverträge vorgesehen sind (BAG 6.3.1986 AP Nr 1 zu § 620 BGB Altersgrenze; 12.2.1992 AP Nr 5 zu § 620 BGB Altersgrenze; 25. 2. 1998 AP Nr 11 zu § 1 TVG Tarifverträge: Luftfahrt; 11. 3. 1998 AP Nr 12 zu § 1 TVG Tarifverträge: Luftfahrt; LAG Hessen 25. 5. 2000 NZA-RR 2001, 24). Diese Rechtsprechung beruht auf internationalen luftfahrtrechtlichen Bestimmungen sowie den besonderen physischen und psychischen Anforderungen des fliegenden Personals, das zudem mit einer besonderen Übergangsversorgung wirtschaftlich abgesichert ist. Sie kann kaum auf andere Arbeitsverhältnisse übertragen werden (vgl LAG Düsseldorf 31. 1. 2001 NZA-RR 2001, 259: eine dem Cockpit-Personal entsprechende Altersgrenze für sonstiges Bordpersonal, hier Stewardess, wurde nicht anerkannt; zu weiteren Berufsgruppen VOLLSTÄDT S 298 ff).

132 Das Rentenreformgesetz 1992 enthielt in § 41 Abs 4 Satz 3 SGB VI aF eine arbeitsrechtliche Regelung betreffend Altersgrenzen. Wegen erwiesener Untauglichkeit (hierzu Voraufl Rn 142 ff) ist mit Wirkung zum 1. 8. 1994 durch das SGB VI-Änderungsgesetz (vom 26. 7. 1994 BGBl. I S. 1797) die seit 1972 geltende Rechtslage wiederhergestellt worden. Dadurch haben sich die meisten der seinerzeit diskutierten Fragen (BAG 20. 10. 1993 AP Nr 3 zu § 41 SGB VI; 1. 12. 1993 AP Nr 4 zu § 41 SGB VI; zu Übergangsfragen: BVerfG 30. 3. 1999 NZA 1999, 816 f; BAG 11. 6. 1997 AP Nr 7 zu § 41 SGB VI; BAECK/DILLER NZA 1995, 360 ff; BOECKEN NZA 1995, 145 ff) erledigt. Die heute geltende Fassung des § 41 SGB VI betrifft die wichtigste Altersgrenze, nämlich diejenige, die auf die Vollendung des 65. Lebensjahres des Arbeitnehmers abhebt, nicht mehr. Satz 2 der genannten Vorschrift bestimmt lediglich, daß eine Vereinbarung, die die Beendigung des Arbeitsverhältnisses eines Arbeitnehmers ohne Kündigung zu einem Zeitpunkt vorsieht, in dem der Arbeitnehmer *vor Vollendung* des 65. Lebensjahres eine Rente wegen Alters beanspruchen kann, dem Arbeitnehmer gegenüber als auf die Vollendung des 65. Lebensjahres abgeschlossen gilt, wenn die Vereinbarung nicht innerhalb der letzten drei Jahre vor diesem Zeitpunkt abgeschlossen oder vom Arbeitnehmer bestätigt worden ist. Für diese Beendigungsklauseln enthält die Vorschrift einen **Bestätigungsvorbehalt**. Die Altersgrenzenvereinbarung bewirkt die Beendigung des Arbeitsverhältnisses nur, wenn sie vom Arbeitnehmer innerhalb von drei Jahren vor Erreichen des maßgeblichen Alters bestätigt wird. Erklärt der Arbeitnehmer die Bestätigung nicht oder verweigert er sie, folgt aus § 41 Satz 2 SGB VI der Aufschub der Beendigung des Arbeitsverhältnisses auf das vollendete 65. Lebensjahr. Das Arbeitsverhältnis endet damit kraft gesetzlicher Fiktion durch die Altersgrenzenvereinbarung mit der Vollendung des 65. Lebensjahres. Insgesamt also wird durch § 41 Satz 2 SGB VI eine „Zwangspensionierung" vor Vollendung des 65. Lebensjahres verhindert (zum ganzen PREIS/ROLFS, Der Arbeitsvertrag II A 20 Rn 11 ff). Dieser Bestätigungsvorbehalt gilt allerdings nur für Arbeitsverträge mit gesetzlich rentenversicherten Arbeitnehmern. Die Norm erfasst nach ihrem Zweck keine Beendigungsregelungen, die nichts mit dem Anspruch auf Rente wegen Alters zu tun haben. Die Norm versucht einen Beitrag zur Konsolidierung der Rentenfinanzen zu leisten. Sie ist daher auf Arbeitnehmer, die (zB als geringfügig Beschäftigte) versicherungsfrei oder (zB als Mitglieder berufsständischer Versorgungseinrichtungen) von der Versicherungspflicht befreit sind, nicht anwendbar (BAG 14. 10. 1997 AP Nr 10 zu § 41 SGB VI).

(2)   Aufenthaltserlaubnis

133 Die Befristung der Aufenthaltserlaubnis des Arbeitnehmers kann einen sachlichen Grund für die Befristung des Arbeitsverhältnisses allenfalls dann darstellen, wenn im Zeitpunkt des Vertragsschlusses eine hinreichend zuverlässige Prognose erstellt wer-

den kann, eine Verlängerung der Aufenthaltserlaubnis werde nicht erfolgen (BAG
12. 1. 2000 AP Nr 217 zu § 620 BGB Befristeter Arbeitsvertrag).

(3) Verschleißtatbestände

Ob und inwieweit sog Verschleißtatbestände die Befristung rechtfertigen, ist zwei- **134**
felhaft. Nach der Rechtsprechung des BAG (29. 10. 1998 DB 1999, 853; 15. 4. 1999 AP
Nr 1 zu § 13 AÜG) kann die Befristung des Arbeitsvertrags eines Sporttrainers
sachlich gerechtfertigt sein, wenn mit der Betreuung von Spitzensportlern oder besonders talentierten Nachwuchssportlern die Gefahr verbunden ist, daß die Fähigkeit
des Trainers zur weiteren Motivation der anvertrauten Sportler regelmäßig nachläßt
(sog Verschleißtatbestand). Die Anerkennung dieses besonderen Verschleißtatbe-
stands als sachlichen Befristungsgrund setzt jedoch voraus, daß die vereinbarte Befristung überhaupt geeignet ist, der Gefahr eines Verschleißes in der Beziehung
zwischen dem Trainer und den zu betreuenden Sportlern wirksam vorzubeugen.
Daran fehlt es jedenfalls dann, wenn die Verweildauer der zu betreuenden Sportler
in der Obhut des Trainers kürzer bemessen ist als die vorgesehene Vertragszeit des
Trainers.

(4) Wunsch des Arbeitnehmers

Nach ständiger Rechtsprechung des BAG kann der ausdrückliche Wunsch des **135**
Arbeitnehmers die Befristung des Arbeitsverhältnisses rechtfertigen (BAG 22. 3.
1973 AP Nr 38 zu § 620 BGB Befristeter Arbeitsvertrag; 12. 8. 1976 AP Nr 42 zu § 620 BGB Befristeter Arbeitsvertrag; 13. 5. 1982 AP Nr 68 zu § 620 BGB Befristeter Arbeitsvertrag), wobei
allerdings vorausgesetzt wird, daß der Arbeitnehmer bei Vertragsabschluß in seiner
Entscheidungsfreiheit nicht beeinträchtigt gewesen ist. Allein aus der Annahme
eines Arbeitgeberangebotes auf Abschluß eines Zeitvertrages kann noch nicht geschlossen werden, dieser beruhe auf dem Wunsch des Arbeitnehmers. Vielmehr
müssen zum Zeitpunkt des Vertragsabschlusses **objektive Anhaltspunkte** vorliegen
(etwa Gründe in der Person des Arbeitnehmers), aus denen gefolgert werden kann,
daß der Arbeitnehmer gerade an einer Befristung des Vertrages interessiert ist (BAG
26. 4. 1985 AP Nr 91 zu § 620 BGB Befristeter Arbeitsvertrag). Entscheidend ist, ob der Arbeitnehmer auch dann nur einen befristeten Vertrag abschließen wollte, wenn der
Arbeitgeber ihm einen unbefristeten Vertrag angeboten hätte. Da in aller Regel
arbeitgeberseitig vorformulierte Arbeitsverträge dem Vertragsschluß zugrunde liegen,
ist die beiderseits **ausgehandelte Vereinbarung**, die eine frei gebildete Entscheidung
voraussetzt, sicher die Ausnahme. Es muß **nachweisbar** sein, daß der Arbeitnehmer
bei Abschluß des befristeten Arbeitsvertrages Gestaltungsfreiheit zur Wahrung eigener Interessen mit der **realen Möglichkeit** hatte, die **inhaltliche Gestaltung der Vertragsbedingungen zu beeinflussen** (PREIS, Grundfragen 291 f unter Hinweis auf die Rspr des
BGH zum AGB-Gesetz, vgl BGH 30. 9. 1987 NJW 1988, 410). Diesen Ausnahmefall müßte der
Arbeitgeber substantiiert darlegen und beweisen.

(5) Soziale Belange des Arbeitnehmers (Überbrückungszweck)

Ein Arbeitsvertrag kann auch aus sozialen Gründen befristet abgeschlossen werden, **136**
um dem Arbeitnehmer bei der Überwindung von Übergangsschwierigkeiten, etwa
nach abgeschlossener Ausbildung, zu helfen (BAG 2. 12. 1984 AP Nr 85 zu § 620 BGB
Befristeter Arbeitsvertrag; 3. 10. 1984 AP Nr 88 zu § 620 BGB Befristeter Arbeitsvertrag; 26. 4.
1985 AP Nr 91 zu § 620 BGB Befristeter Arbeitsvertrag; 12. 12. 1985, NZA 1986, 571). Voraussetzung ist, daß die sozialen Belange des Arbeitnehmers und nicht die Interessen des

Betriebes für den Abschluß des Arbeitsvertrages ausschlaggebend gewesen sind (BAG 7.7. 1999 AP Nr 211 zu § 620 BGB Befristeter Arbeitsvertrag). Das BAG läßt hier also Befristungen des Arbeitsverhältnisses im Interesse des Arbeitnehmers zu, auch wenn dessen eigener Wunsch eher ein unbefristetes Arbeitsverhältnis wäre. Das BAG wendet diesen Befristungstypus äußerst **restriktiv** an, weil es vermeiden will, daß „angeblich soziale Erwägungen des Arbeitgebers zum Vorwand für den Abschluß befristeter Arbeitsverträge genommen werden" (BAG 12.12. 1985 NZA 1986, 572). Deshalb muß geprüft werden, ob der soziale Zweck, dem Arbeitnehmer den Übergang in das Berufsleben zu erleichtern und ihn vor sofortiger Arbeitslosigkeit zu bewahren, der ausschlaggebende Beweggrund des Arbeitgebers für den Vertragsabschluß war und ob es ohne diesen sozialen Zweck nicht zur Einstellung oder Weiterbeschäftigung des Arbeitnehmers gekommen wäre.

gg) Haushaltsmittel (Nr 7)

137 § 14 Abs 1 Satz 2 Nr 7 TzBfG knüpft an die Rspr des BAG (BAG 27.1. 1988 AP Nr 116 zu § 620 BGB Befristeter Arbeitsvertrag; BAG 24.10. 2001 – 7 AZR 542/00) an, wonach ein sachlicher Grund dann gegeben ist, wenn eine Haushaltsstelle von vornherein nur für eine genau bestimmte Zeit bewilligt ist und sie anschließend fortfallen soll. Bedenklich ist, daß dadurch ein Sonderbefristungsrecht für den öffentlichen Dienst geschaffen wird, der Haushaltsgesetzgeber die Zulässigkeit der Befristung herbeiführen kann. Die Normfassung läßt es nach ihrem Wortlaut zu, daß pauschal bestimmte Haushaltsmittel ohne zeitliche Begrenzung für bestimmte Arten von Tätigkeiten nur zur befristeten Beschäftigung vorgesehen werden. Das führt zu einer unvertretbaren Privilegierung des öffentlichen Dienstes. Die weitergehende Normfassung, die an § 57b Abs 2 Nr 2 HRG aF anknüpft, löst daher keine Probleme, sondern wirft neue Fragen auf. Die Begründung des Gesetzgebers in den Gesetzesmaterialien ist unergiebig, weil dort auf die Rechtsprechung Bezug genommen wird (BT-Drucks 14/4374 S 19), die im Gesetzeswortlaut nur unzureichend Widerhall findet (krit hierzu ArbR BGB/DÖRNER Rn 181).

138 Die Regelung ist nach ihrer Fassung auch verfassungsrechtlich problematisch (vgl auch PREIS/GOTTHARDT DB 2000, 2065, 2071; DIETERICH/PREIS S 74 ff; ArbR BGB/Dörner Rn 190, der gleichfalls europarechtliche Bedenken reklamiert; aA BBDW/BADER Rn 205; KR/LIPKE § 14 TzBfG Rn 215 ff). Das BVerfG hat schon zur wortgleichen Norm des § 57 b Abs 2 Nr 2 HRG aF die Auffassung vertreten, daß dieser einer verfassungskonformen Auslegung bedürfe. Die Regelung würde über ihr Ziel hinausschießen, wenn ihr zu entnehmen wäre, daß auch eine pauschale Bestimmung von Mitteln ohne konkrete und nachvollziehbare Zweckbindung als sachlicher Grund für eine befristete Beschäftigung wissenschaftlicher Mitarbeiter ausreichen solle. Deshalb könnte eine Handhabung verfassungsrechtlich zu beanstanden sein, die Befristungen selbst dann zuläßt, wenn der Haushaltsgesetzgeber oder die als Arbeitgeber handelnden Hochschulen und Forschungseinrichtungen die Mittel nicht für eine bestimmte zeitlich begrenzte Aufgabe gewidmet haben (BVerfG 24.4. 1996 AP HRG § 57 a Nr 2 unter C II 2 b der Gründe).

139 Vor diesem, auch verfassungsrechtlichen Hintergrund ist Ausgangspunkt der Interpretation des § 14 Abs 1 Nr 7 TzBfG die bislang restriktive Rechtsprechung des BAG. Haushaltsrechtliche Erwägungen hat das BAG grundsätzlich nicht als sachlichen Grund für die Befristung anerkannt, weil das Haushaltsrecht keinen unmittelbaren Einfluß auf die Gestaltung der Arbeitsverhältnisse hat. Allgemeine Mittelkür-

zungen oder erwartete Einsparungen, auch die **Ungewißheit,** ob der kommende Haushalt Mittel für eine Stelle bereit hält, **reichen als Befristungsgrund nicht aus** (BAG 14.1. 1982 AP Nr 64 zu § 620 BGB Befristeter Arbeitsvertrag; 3.12. 1982 AP Nr 72 zu § 620 BGB Befristeter Arbeitsvertrag; 16.1. 1987 AP Nr 111 zu § 620 BGB Befristeter Arbeitsvertrag; 27.1. 1988 AP Nr 116 zu § 620 BGB Befristeter Arbeitsvertrag; ebenso jetzt ErfK/MÜLLER-GLÖGE § 14 TzBfG Rn 93). Haushaltsrechtliche Gründe können die Befristung eines Arbeitsvertrages rechtfertigen, wenn der öffentliche Arbeitgeber im Zeitpunkt des Vertragsabschlusses aufgrund konkreter Tatsachen die Prognose erstellen kann, daß für die Beschäftigung des Arbeitnehmers Haushaltsmittel nur vorübergehend zur Verfügung stehen (BAG 7.7. 1999 AP Nr 215 zu § 620 BGB Befristeter Arbeitsvertrag).

Etwas anderes gilt nur, wenn die Vergütung eines Arbeitnehmers aus einer **bestimm- 140 ten Haushaltsstelle** erfolgt, die nur befristet bewilligt worden ist oder deren Streichung mit einiger Gewißheit zu erwarten ist (BAG 3.12. 1982 AP Nr 72 zu § 620 BGB Befristeter Arbeitsvertrag). Der Haushaltsgesetzgeber muß sich also konkret mit einer Stelle befaßt und aus sachlichen Gründen festgelegt haben, daß dieser konkrete Arbeitsplatz nicht mehr bestehen soll (vgl auch NEUMANN, in: FS Herschel [1982] 321, 328 ff). Es genügt nach Auffassung des BAG (27.1. 1988 AP Nr 116 zu § 620 BGB Befristeter Arbeitsvertrag; 27.9. 1988 AP Nr 125 zu § 620 BGB Befristeter Arbeitsvertrag; BAG 3.11. 1999 RzK I 9a Nr 166; BAG 24.1. 1996 AP Nr 179 zu § 620 BGB Befristeter Arbeitsvertrag; BAG 24.9. 1997 RnK I 9a Nr 121), wenn der Haushaltsplan die objektiven Voraussetzungen festlegt, bei deren Eintritt der Arbeitsplatz entfallen soll, ohne daß es dazu noch einer weiteren haushaltsrechtlichen Entscheidung bedarf. Daraus wird hergeleitet, daß die Befristung des Arbeitsvertrages auch ohne Zuordnung zu einer bestimmten Planstelle bei Vertretungsbedarf möglich ist, wenn sichergestellt ist, daß die Vergütung des befristet Eingestellten ausschließlich aus durch Sonderurlaub vorübergehend freigewordenen Planstellenmitteln (sog Pool-Lösung) erfolgt (BAG 27.2. 1987 AP Nr 112 zu § 620 BGB Befristeter Arbeitsvertrag; BAG 27.9. 1988 AP Nr 125 zu BGB § 620 Befristeter Arbeitsvertrag Nr 125; BAG 12.2. 1997 AP Nr 187 zu § 620 BGB Befristeter Arbeitsvertrag Nr 187; krit LAKIES NZA 1997 745, 750).

Diese Grundsätze gelten auch für sog kw-Vermerke. Diese Vermerke müssen auf **141** einer konkreten Entscheidung des Haushaltsgesetzgebers beruhen, die Stelle am genannten Termin wegfallen zu lassen (BAG 3.11. 1999 AP Nr 19 zu BAT § 2 SR 2y; BAG 16.1. 1987 AP Nr 111 zu § 620 BGB Befristeter Arbeitsvertrag; HANTEL ZTR **98** 145, 150). Wesentlich ist, daß nicht jeder kw-Vermerk bereits eine derart bindende Entscheidung darstellt, sondern lediglich einen Erinnerungsposten für den nächsten Haushalt. Ein solcher kw-Vermerk rechtfertigt die Befristung noch nicht (ArbR BGB/DÖRNER Rn 188).

Nach der Rechtsprechung zu § 57 b Abs 2 Nr 2 HRG aF reichte es aus, daß die **142** Haushaltsmittel im Haushaltsplan summenmäßig oder in Form befristeter Personalstellen ausgewiesen sind. Das Haushaltsgesetz muß lediglich eine bestimmte Zwecksetzung erkennen lassen. Es genügt dabei, daß der Haushaltsgesetzgeber Haushaltsmittel mit einer Zweckbindung für befristete Arbeitsverhältnisse zur Verfügung stellt, der Arbeitnehmer entsprechend dieser Zweckbindung eingestellt und beschäftigt wird und seine Vergütung zu Lasten dieser Mittel erfolgt (BAG 24.1. 1996 AP HRG § 57b Nr 7 = NZA 1996, 1036). Aufgrund der verfassungsrechtlichen Restriktionen des BVerfG zu § 57b Abs 2 Nr 2 HRG aF (Rn 138; s a BAG 24.1. 1996 AP Nr 7 zu § 57b HRG)

gilt auch für § 14 Abs 1 Satz 2 Nr 7 TzBfG, daß jedenfalls eine konkrete Zwecksetzung für die Haushaltsmittel, zB für bestimmte Forschungsprojekte erforderlich ist
(PREIS/HAUSCH NJW 2002, 927, 931; ebenso ErfK/MÜLLER-GLÖGE § 14 TzBfG Rn 92; KR/LIPKE
§ 14 TzBfG Rn 224). **Drittmittel** sind keine Haushaltsmittel iSv § 14 Abs 1 Satz 2 TzBfG
(ebenso KR/LIPKE § 14 TzBfG Rn 233; **aA** ErfK/MÜLLER-GLÖGE § 14 TzBfG Rn 97). Der Gesetzgeber hat sich an § 57b Abs 2 Nr 2 HRG aF angelehnt und nicht auch § 57b Abs 2
Nr 4 HRG aF in das TzBfG überführt, der einen eigenen Sachgrund für die Drittmittelbefristung enthielt. Die Finanzierung aus Drittmitteln kann aber einen sonstigen sachlichen Grund darstellen (hier Rn 149 ff; PREIS/HAUSCH NJW 2002, 927, 931 f; für § 14
Abs 1 Satz Nr 1 KR/LIPKE § 14 TzBfG Rn 244).

hh) Gerichtlicher Vergleich (Nr 8)

143 Nr 8 erkennt jetzt ausdrücklich den **gerichtlichen** Vergleich als sachlichen Befri-
stungsgrund an. Dies entspricht der bisherigen Rechtsprechung (BAG 3. 8. 1961 AP
Nr 19 zu § 620 BGB Befristeter Arbeitsvertrag; 18. 12. 1979 AP Nr 51 zu § 620 BGB Befristeter
Arbeitsvertrag; 2. 12. 1998 AP Nr 4 zu § 57a HRG). Das BAG meint, beim gerichtlichen
Vergleich erfülle das Arbeitsgericht durch seine ordnungsgemäße Mitwirkung beim
Zustandekommen des Vergleichs die Funktion der Befristungskontrolle. Diese Be-
gründung ist zweifelhaft, denn gerichtliche Vergleiche kommen in der Praxis auch
ohne jedes Zutun des Gerichts zustande. Das Gericht kann daher seine aus Art 12
Abs 1 GG abgeleitete Schutzpflicht nicht im Rahmen einer der Parteidisposition
unterliegenden gütlichen Beilegung eines Rechtsstreits wahrnehmen.

144 Zu Recht hat die Rechtsprechung auch den **außergerichtlichen Vergleich** (BAG 4. 3.
1980 AP Nr 53 zu § 620 BGB Befristeter Arbeitsvertrag; 22. 2. 1984 AP Nr 80 zu § 620 BGB Befristeter Arbeitsvertrag) als sachlich gerechtfertigt angesehen. Dem ist zuzustimmen,
weil Vergleichen **in der Regel** ein **freier Willensentschluß** der Parteien zugrunde liegt.
Einer Inhaltskontrolle bedarf es daher nicht (vgl STAUDINGER/PREIS [1995] § 620 Rn 181;
ArbR BGB/DÖRNER Rn 105). Es stellt sich nunmehr die Frage, ob aus der ausdrücklichen
Anerkennung des gerichtlichen Vergleichs im Umkehrschluß zu folgern ist, daß der
außergerichtliche Vergleich nicht mehr anzuerkennen ist (so ErfK/MÜLLER-GLÖGE § 14
TzBfG Rn 100; KR/LIPKE § 14 TzBfG Rn 241 f; zweifelnd PREIS/GOTTHARDT DB 2000, 2065, 2072;
BEZANI/MÜLLER DStR 2001, 87, 91). Eine so weitreichende Entscheidung wird man dem
Gesetzgeber nicht unterstellen können. Denn befristete Arbeitsverträge können
weiterhin aus allgemeinen sachlichen Gründen gerechtfertigt sein (§ 14 Abs 1
Satz 2 TzBfG). Freilich wird erkennbar, daß der Gesetzgeber den außergerichtlichen
Vergleich nicht privilegiert behandeln will. Entsprechend der hier zum bisherigen
Recht vertretenen Auffassung (STAUDINGER/PREIS [1995] § 620 Rn 182) wird man bei
außergerichtlichen Vergleichen differenzieren müssen.

145 Eine generelle Paritätsstörung bei außergerichtlichen Vergleichen kann nicht angenommen werden. § 779 setzt für den Vergleich ein „gegenseitiges Nachgeben" voraus. In diesem Kompromiß zur Beilegung eines konkreten Rechtsstreits liegt ein
sachlicher Grund. Die Anerkennung eines außergerichtlichen Vergleichs als Befristungsgrund setzt nach Auffassung des BAG zumindest voraus, daß ein offener Streit
der Parteien über die Rechtslage hinsichtlich des zwischen ihnen bestehenden
Rechtsverhältnisses bestehe. Beide Parteien müssen gegensätzliche Standpunkte
darüber eingenommen haben, ob bzw. wie lange zwischen ihnen noch ein Arbeitsverhältnis besteht. Nur dann kann in der Befristungsabrede ein Vergleich im Sinne

des § 779 BGB gesehen werden (BAG 24.1. 1996 AP Nr 179 zu § 620 BGB Befristeter Arbeitsvertrag; 14.10. 1997 – 7 AZR 599/96 – nv). Vereinbaren die Parteien jedoch in einem Vergleich nicht nur die Beilegung eines konkreten Rechtsstreits durch gegenseitiges Nachgeben, sondern wird darüber hinaus auch die Zulässigkeit künftig erst noch zu vereinbarender Befristungen geregelt, so hielt das BAG diese Vereinbarung wegen des Verzichts auf eine gerichtliche Überprüfung des sachlichen Grundes künftiger Befristungen für unwirksam (BAG 4.12. 1991 EzA § 620 BGB Nr 113). Dem ist zuzustimmen, weil es auch nach neuem Recht der Vertragsdisposition entzogen ist, im vorhinein auf die gerichtliche Kontrolle nach dem TzBfG zu verzichten.

Ähnlich sind die Fallgestaltungen einzuordnen, in denen das BAG die nachträgliche **146** Befristung eines ursprünglich unbefristeten Arbeitsvertrages (BAG 24.1. 1996 AP Nr 179 zu § 620 BGB Befristeter Arbeitsvertrag Nr; 28.1.98 AP Nr 1 zu § 48 HRG; 8.7.98 AP Nr 201 zu § 620 BGB Befristeter Arbeitsvertrag; 26.8.98 AP Nr 203 zu § 620 BGB Befristeter Arbeitsvertrag) bzw den Abschluß eines mit langer Frist versehenen Aufhebungsvertrages (BAG 12.1. 2000 AP Nr 16 zu § 620 BGB Aufhebungsvertrag; zust BBDW/Bader § 620 Rn 28 f; ErfK/Müller-Glöge § 14 TzBfG Rn 30) einer Überprüfung auf ihre sachliche Rechtfertigung zugeführt hat. Den entschiedenen Fällen ist gemein, daß die Arbeitnehmer auf Druck, jedenfalls ohne Erfüllung der Voraussetzungen des § 779 der nachträglichen Befristung bzw dem funktional gleichstehenden langfristigen Aufhebungsvertrag zugestimmt haben. Das BAG erkennt hier eine „funktionswidrige Verwendung" des befristeten Arbeitsvertrages, insbesondere wenn der von den Parteien gewählte Beendigungszeitpunkt die jeweilige Kündigungsfrist um ein Vielfaches überschreitet und es an weiteren Vereinbarungen im Zusammenhang mit der Beendigung des Arbeitsverhältnisses fehlt, wie sie im Aufhebungsvertrag regelmäßig getroffen werden (Freistellungen, Urlaubsregelungen, ggf auch Abfindungen uä). Ein „Nachgeben" war nur auf der Seite des Arbeitnehmers erkennbar. Bei „gegenseitigem Nachgeben" muß aber in die Würdigung auch einfließen, daß der Arbeitnehmer nicht gezwungen werden kann, in eine solche Vertragsabrede einzuwilligen. Solchen echten außergerichtlichen Vergleichen ist die Anerkennung nur zu versagen, wenn auf die freie Willensbildung oder -betätigung des Arbeitnehmers in rechtlich zu mißbilligender Weise Einfluß genommen worden ist (vgl §§ 119, 123 BGB).

Abzugrenzen sind diese Fälle von regulären, im Rahmen der Vertragsfreiheit ge- **147** schlossenen **Aufhebungs- und Änderungsverträgen.** Eine Vereinbarung der Arbeitsvertragsparteien, das Arbeitsverhältnis zum Ablauf der ordentlichen Kündigungsfrist aus betrieblichen Gründen gegen Zahlung einer Abfindung zu beenden, ist keine „nachträgliche Befristung" des Arbeitsverhältnisses, die eines sachlichen Grundes bedarf. Das gilt auch dann, wenn die Parteien später den Beendigungstermin auf das Ende der nächsten Kündigungsfrist hinausschieben (BAG 13.11. 1996 AP Nr 4 zu § 620 BGB Aufhebungsvertrag). Abzulehnen ist allerdings die Rechtsprechung des BAG, die selbst dann eine Befristungskontrolle bei nachträglicher Befristung eines unbefristeten Arbeitsverhältnisses vornimmt, wenn der neue befristete Arbeitsvertrag für den Arbeitnehmer günstigere Arbeitsbedingungen vorsieht und der Arbeitnehmer zwischen diesem neuen Arbeitsvertrag und der Fortsetzung seines bisherigen unbefristeten Arbeitsverhältnisses frei wählen konnte (BAG 26.8. 1998 AP Nr 203 zu § 620 BGB Befristeter Arbeitsvertrag = EzA § 620 BGB Nr 154 mit abl Anm Gamillscheg).

f) **Sonstige sachliche Gründe (§ 14 Abs 1 Satz 1 TzBfG)**
aa) **Ausbildung, Fortbildung und Weiterbildung**

148 Soweit befristete Arbeitsverträge den Zweck der Ausbildung, Fortbildung und Wei-terbildung haben, können diese sachlich gerechtfertigt sein, da der spezifische Zweck und die zeitliche Begrenzung eine Befristung tragen können (Koch NZA 1985, 345, 350; MünchArbR/Wank § 113 Rn 102; ArbR BGB/Dörner Rn 104; vgl auch BAG 29. 9. 1982 AP Nr 70 zu § 620 BGB Befristeter Arbeitsvertrag). Die Rechtsprechung hat sich hier insbesondere mit befristeten Arbeitsverträgen im Bereich der Hochschulen und der wissenschaft-lichen Forschungseinrichtungen befassen müssen (BAG 31. 10. 1974, 16. 6. 1976, 2. 8. 1978, 7. 3. 1980, 19. 8. 1981 AP Nr 39, 40, 46, 54, 60 zu § 620 BGB Befristeter Arbeitsvertrag). Diese Rechtsprechung kann in ihren Grundsätzen unter Umständen auch auf andere Be-reiche übertragen werden. Für den ganz im Mittelpunkt stehenden Hochschulbereich gelten für die nach dem 22. 2. 2002 abgeschlossenen Verträge jedoch die § 57a bis 57f HRG in ihrer neugestalten Fassung vom 16. 2. 2002 (hierzu Rn 244 ff).

bb) **Drittmittel**

149 Ist der Bestand eines Arbeitsplatzes von der Gewährung von Drittmitteln abhängig, so liegt hierin, wenn die Mittel für einen konkreten Arbeitsplatz nur für eine be-stimmte Zeit bewilligt sind und dann wegfallen, ein sachlicher Befristungsgrund (BAG 25. 1. 1980 AP Nr 52 zu § 620 BGB Befristeter Arbeitsvertrag; 30. 9. 1981 AP Nr 62 zu § 620 BGB Befristeter Arbeitsvertrag; 3. 12. 1982 AP Nr 72 zu § 620 BGB Befristeter Arbeitsvertrag; 26. 8. 1988 AP Nr 124 zu § 620 BGB Befristeter Arbeitsvertrag; Salje/Bultmann DB 1993, 1469, 1474 f). Die Abhängigkeit von Zuschüssen und Haushaltsmitteln rechtfertigt für sich genommen keine Befristungen. Wegen der zeitlichen Begrenzung des Haushaltsplans durch das Haushaltsjahr ist zwar ungewiß, ob ein künftiger Haushaltsplan noch Mittel vorsieht. Aber auch in der Privatwirtschaft ist nicht gesichert, daß entspre-chende Mittel in Zukunft zur Verfügung stehen. Die **Unsicherheit der finanziellen Entwicklung** gibt noch **keinen sachlichen Grund** für die Befristung ab (BAG 27. 1. 1988 AP Nr 116 zu § 620 BGB Befristeter Arbeitsvertrag). Dementsprechend reicht auch die all-gemeine Unsicherheit über das Weiterlaufen von Drittmitteln nicht aus (BAG 25. 1. 1980 AP Nr 52 zu § 620 BGB Befristeter Arbeitsvertrag; 3. 12. 1982 AP Nr 72 zu § 620 BGB Be-fristeter Arbeitsvertrag; 21. 1. 1987 AP Nr 4 zu § 620 BGB Hochschule). Die Abhängigkeit sowohl von der künftigen Nachfrage als auch von den Haushaltsmitteln, die einer öffentlichen Institution (hier der Bundesanstalt für Arbeit) zur Finanzierung zeitlich von vornherein nicht begrenzter Bildungsaufträge zur Verfügung stehen, rechtfertigt noch nicht die Befristung des Arbeitsverhältnisses einer für solche Lehrgänge ein-gestellten Lehrkraft (BAG 8. 4. 1992 EzA § 620 BGB Nr 115).

150 Das BAG verlangt, daß sich Drittmittelgeber und Arbeitgeber gerade mit den Ver-hältnissen dieser Stelle und der dort zu erledigenden Aufgabe befaßt haben (BAG 8. 4. 1992 AP Nr 146 zu § 620 BGB Befristeter Arbeitsvertrag; BAG 30. 9. 1981 AP Nr 62 zu § 620 BGB Befristeter Arbeitsvertrag; BAG 25. 1. 1980 AP Nr 52 zu § 620 BGB Befristeter Arbeitsvertrag; zust ArbR BGB/Dörner Rn 195). Die Rechtsprechung versucht mit dieser restriktiven Be-trachtung auszuschließen, daß schon die **allgemeinen Ungewißheit** über den weiteren Zulauf von Förderungsmitteln als Befristungsgrund ausreicht. Bei mehrfacher Be-fristung in einem **jährlich neu aufgelegten, von Dritten finanzierten Projekt** muß der Arbeitgeber zusätzlich erklären können, warum der Fortfall der Mittel zum Ende des Finanzierungszeitraums und nicht die erneute Vergabe der Mittel zu prognostizieren ist (vgl BAG 9. 6. 1999 RnK I 9a Nr 152; BAG 3. 11. 1999 AP Nr 19 zu § 2 BAT SR 2y). Das BAG

prüft dabei mit zunehmender Dauer der Beschäftigung strenger die Anforderungen an den sachlichen Grund, insbesondere ob die Drittmittelbefristung nicht nur vorgeschoben ist. Deshalb kann bei langjähriger befristeter Beschäftigung aus dem Gesichtspunkt der Drittmittelfinanzierung ein Mitarbeiter nur noch dann nochmals befristet werden, wenn beim Abschluß des Vertrages hinreichend sichere konkrete Anhaltspunkte für einen **endgültigen** Wegfall der Drittmittel mit dem Auslaufen des Vertrages vorliegen (BAG 27. 1. 1987 AP Nr 4 zu § 620 BGB Hochschulen Nr 4). Dem ist zuzustimmen (vgl auch DIETERICH/PREIS S 73). Das BAG verweist mit Recht darauf, daß mit zunehmender Dauer der Beschäftigung die Abhängigkeit des Arbeitnehmers wachse. Für ihn werde es schwerer, anderweit Arbeit zu finden; er ist mehr und mehr auf den Fortbestand seines Arbeitsverhältnisses angewiesen. Ebenso wächst auch die soziale Verantwortung des Arbeitgebers; er muß nach einer langjährigen Beschäftigung bei einer ins Auge gefaßten weiteren Befristung besonders sorgfältig prüfen, ob nicht schutzwürdige Interessen des Arbeitnehmers jetzt eine Dauerbeschäftigung gebieten.

Nach der Rechtsprechungsänderung des BAG gilt auch für Drittmittelbefristungen, **151** daß das bloße **Zurückbleiben der vereinbarten Vertragsdauer hinter der bei Vertragsabschluß** voraussehbaren Dauer des Befristungsgrundes nicht ohne weiteres geeignet ist, den Sachgrund für die Befristung in Frage zu stellen. Das bedeutet, daß die Befristung eines Mitarbeiters, der in einem Drittmittelprojekt beschäftigt ist, nicht für die gesamte Bewilligungsdauer festgelegt werden muß, sondern es genügt, wenn in dem Drittmittelprojekt eine sinnvolle Mitarbeit möglich ist (BAG 26. 8. 1988 AP Nr 124 zu § 620 BGB Befristeter Arbeitsvertrag). Ferner kann ein drittmittelfinanziertes Arbeitsverhältnis, das für die Dauer der erfolgten Drittmittelbewilligung befristet war, noch um einen verhältnismäßig kurzen Zeitraum verlängert werden, um einen noch verbliebenen Drittmittelrest zu verbrauchen (BAG 21. 1. 1987 AP BGB § 620 Hochschulen Nr 4).

cc) Maßnahmen der Arbeitsförderung
Die Befristung eines Arbeitsvertrages kann gerechtfertigt sein, wenn der Vertrag im **152** Rahmen einer **Arbeitsbeschaffungsmaßnahme** nach Maßgabe des SGB III geschlossen worden ist und die Dauer der Befristung mit der Zuweisung korrespondiert (ausführlich BAG 3. 12. 1982 AP Nr 72 zu § 620 BGB Befristeter Arbeitsvertrag; 12. 6. 1987 EzA § 620 BGB Nr 95; 2. 12. 1998 AP Nr 8 zu § 625 BGB; 20. 12. 95 AP Nr 177 zu § 620 BGB Befristeter Arbeitsvertrag Nr 177; ArbR BGB/DÖRNER Rn 197; BERGER/DELHEY NZA 1990, 47). In §§ 260 ff SGB III sind Fördermaßnahmen zur Wiedereingliederung Langzeitarbeitsloser in das Arbeitsleben durch Arbeitsbeschaffungsmaßnahmen geregelt. Dazu gehört die Zuweisung eines Arbeitslosen zu einem bestimmten Unternehmen, das mit diesem dann einen Arbeitsvertrag abschließt und für eine bestimmte Dauer zwischen 30% und 90% des Arbeitsentgelts vom Arbeitsamt erstattet erhält. Die Rechtsbeziehungen zwischen dem zugewiesenen Arbeitnehmer und dem Träger der Arbeitsbeschaffungsmaßnahme richten sich nach den Vorschriften des Arbeitsrechts (§ 260 Abs 1 Nr 2 SGB III). Die Befristungsrechtsprechung beruht auf der Erwägung, daß der Arbeitgeber die Einstellung des ihm von der Arbeitsverwaltung zugewiesenen Arbeitnehmers im Vertrauen auf die zeitlich begrenzte Förderungszusage vorgenommen hat, ohne die er entweder keinen oder einen leistungsfähigeren Arbeitnehmer eingestellt hätte (BAG 11. 12. 1991 AP Nr 145 zu § 620 BGB Befristeter Arbeitsvertrag; 26. 4. 1995 AP Nr 4 zu § 91 AFG; 2. 12. 1998 AP Nr 8 zu § 625 BGB). Die Befristung eines Arbeitsver-

hältnisses aufgrund der Gewährung einer Arbeitsbeschaffungsmaßnahme ist jedoch unwirksam, wenn der Arbeitgeber den Arbeitnehmer zur Beendigung seines bisherigen Beschäftigungsverhältnisses veranlaßt hat und ihn im Rahmen der Arbeitsbeschaffungsmaßnahme zur Erledigung unaufschiebbarer Daueraufgaben einsetzt, die er auf andere Arbeitnehmer nicht übertragen kann (BAG 20. 12. 1995 AP Nr 177 zu § 620 BGB Befristeter Arbeitsvertrag). Eine Nebenbestimmung im Zuweisungsbescheid, die eine Förderung im Rahmen einer Arbeitsbeschaffungsmaßnahme von einer späteren Übernahme des zugewiesenen Arbeitnehmers in ein unbefristetes Arbeitsverhältnis abhängig macht, begründet noch keine Rechte des Arbeitnehmers auf Abschluß eines unbefristeten Arbeitsvertrages mit dem Maßnahmeträger. Das schließt es nicht aus, daß der Maßnahmeträger bei dem Arbeitnehmer die berechtigte Erwartung geweckt hat, mit ihm nach Abschluß der Arbeitsbeschaffungsmaßnahme das Arbeitsverhältnis unbefristet fortzusetzen. Hierzu kann er wegen eines von ihm geschaffenen Vertrauenstatbestandes verpflichtet sein (BAG 26. 4. 1995 AP Nr 4 zu § 91 AFG). Eine Befristung kann ferner nicht darauf gestützt werden, daß für eine bestimmte Dauer ein **Einarbeitungszuschuss** gemäß §§ 217 ff SGB III gewährt worden ist. Dieser Zuschuss verfolgt nämlich – anders als die Arbeitsbeschaffungsmaßnahmen – das Ziel, den Arbeitnehmer auf Dauer beruflich einzugliedern und dem Arbeitgeber denjenigen Nachteil auszugleichen, den er dadurch erleidet, daß der Arbeitnehmer während der Einarbeitungsphase nur eine Minderleistung erbringt (BSG 22. 2. 1984 NZA 1984, 333, 334; BAG 11. 12. 1991 AP Nr 145 zu § 620 BGB Befristeter Arbeitsvertrag).

dd) Soziale Zwecke

153 Ein Arbeitsvertrag kann im Rahmen von Sozialhilfemaßnahmen wirksam befristet werden, wenn dadurch für den Hilfesuchenden Gelegenheit zu gemeinnütziger und zusätzlicher Arbeit iSv § 19 Abs 2 BSHG geschaffen werden soll (BAG 22. 3. 2000 AP Nr 222 zu § 620 BGB Befristeter Arbeitsvertrag; 7. 7. 1999 AP Nr 216 zu § 620 BGB Befristeter Arbeitsvertrag). Der Zweck dieser Maßnahme geht dahin, durch Sozialhilfe die Wiedereingliederung des Hilfesuchenden in das Arbeitsleben zu erleichtern. Die Sozialhilfe in Form der Hilfe zur Arbeit (§§ 18 ff BSHG) soll in aller Regel nicht auf Dauer geleistet werden. Dementsprechend bestimmt § 19 Abs 1 Satz 3 BSHG ausdrücklich, daß die für den Hilfesuchenden zu schaffenden Arbeitsgelegenheiten in der Regel von vorübergehender Dauer sein sollen. Darin liegt der Kern des Befristungsgrundes. Dabei legt das BAG im Hinblick auf den Förderzweck sowohl an das Merkmal der „gemeinnützigen" als auch der „zusätzlichen" Arbeit großzügige Maßstäbe an.

g) Sachgrundlose Befristungen (§ 14 Abs 2 TzBfG)
aa) Normzweck

154 § 14 Abs 2 und 3 TzBfG verankern die bereits durch das BeschFG 1985 eingeführte sachgrundlose Befristungsmöglichkeit **zeitlich unbegrenzt** im deutschen Arbeitsrecht. Der Gesetzgeber bezweckt mit diesen Regelungen, Neueinstellungen bei Auftragsschwankungen zu erleichtern. Er sieht das erleichtert befristete Arbeitsverhältnis zudem als Brücke für den Einstieg in das Erwerbsleben an. Der befristet beschäftigte Arbeitnehmer kann sich bewähren und damit die Voraussetzungen dafür schaffen, in ein unbefristetes Arbeitsverhältnis übernommen zu werden. Abgesehen von der Ausnahme für ältere Arbeitnehmer, ist die erleichterte Befristung **auf echte Neueinstellungen begrenzt,** womit die **Möglichkeiten zu Kettenbefristungen** im Gegensatz zur bisherigen Rechtslage **eingeschränkt** werden.

bb) Voraussetzungen

§ 14 Abs 1 Satz 1 TzBfG ermöglicht die Befristung eines Arbeitsvertrages, ohne daß **155** es dazu eines sachlichen Grundes bedarf, für die Dauer von zwei Jahren. Bis zur **Gesamtdauer von zwei Jahren** ist auch die höchstens **dreimalige Verlängerung** des befristeten Arbeitsvertrages zulässig. Diese Möglichkeit der erleichterten Befristung ist ausdrücklich **auf die kalendermäßige Befristung beschränkt,** dh kann für zweckbefristete Arbeitsverträge nicht in Anspruch genommen werden. Sie gilt jedoch für alle Arbeitnehmer, dh auch für solche, denen Sonderkündigungsschutz zusteht, wie zB werdenden Müttern.

Die wichtigste und zugleich sehr **restriktive Begrenzung** erfährt die Möglichkeit der **156** erleichterten Befristung dadurch, daß sie unzulässig ist, wenn **mit demselben Arbeitgeber bereits zuvor ein** befristetes oder unbefristetes **Arbeitsverhältnis** bestanden hat (§ 14 Abs 2 Satz 2 TzBfG). Zulässig ist die erleichterte Befristung damit nur noch in Fällen echter Neueinstellungen, dh dann, wenn bislang zu demselben Arbeitgeber noch kein Arbeitsverhältnis bestand. Es kommt allerdings nicht darauf an, ob das vorangegangene Arbeitsverhältnis befristet oder unbefristet war. Auch an eine Sachgrundbefristung kann sich deshalb keine erleichterte Befristung mehr anschließen. Umgekehrt ist dies dagegen zulässig.

Die erleichterte Befristung ist unzulässig, wenn „zuvor" zu demselben Arbeitgeber **157** bereits ein Arbeitsverhältnis bestanden hat. Dies bedeutet, daß es **keine zeitliche Begrenzung in die Vergangenheit** gibt. Bestand jemals, auch vor längerer Zeit, ein Arbeitsverhältnis zu demselben Arbeitgeber, ist eine Befristung gemäß § 14 Abs 2 TzBfG nicht mehr zulässig. Das gilt selbst dann, wenn nur ein ganz kurzfristiges Arbeitsverhältnis bestanden hat (Hromadka BB 2001 621, 627; Preis/Gotthardt DB 2001 145, 152; KR/Lipke § 14 TzBfG Rn 298). Versuche, diesen Zeitraum im Wege der (verfassungskonformen) Auslegung auf zwei Jahre zu begrenzen (Löwisch BB 2001, 254 f; ihm folgend Bauer BB 2001, 2473, 2475; ErfK/Müller-Glöge § 14 TzBfG Rn 124 f betrachtet Arbeitsverhältnisse als unschädlich, die weder sachlich noch zeitlich einen Zusammenhang zu dem nach § 14 Abs 2 TzBfG zu befristeten Arbeitsverhältnis aufweisen, ohne dies aber äher zu konkretisieren), vermögen nicht zu überzeugen. Die Regelung mag zwar überzogen sein. Angesichts der Möglichkeit, daß der Gesetzgeber auch ganz auf sachgrundlose Befristungen hätte verzichten können, kann diese Rechtslage aber noch nicht als verfassungswidrig bezeichnet werden (RGRK/Dörner Rn 230; KR-Lipke § 14 TzBfG Rn 298). Trotz berechtigter Einwände hat sich der Gesetzgeber bewußt dazu entschieden, die erleichterte Befristung nur bei der erstmaligen Befristung eines Arbeitnehmers durch einen Arbeitgeber zu eröffnen. Der Arbeitgeber darf den Arbeitnehmer nach Vorbeschäftigungen bei ihm fragen (Däubler ZIP 2000, 1961, 1966; Hromadka BB 2001, 622, 627; Kliemt NZA 2001, 296, 300; Lakies DZWir 2001, 1, 13; Richardi/Annuss BB 2000, 2201, 2204). Allerdings berechtigt nur eine wissentlich falsche Antwort des Arbeitnehmers den Arbeitgeber gem § 123 BGB zur **Anfechtung** des Arbeitsvertrages wegen arglistiger Täuschung (hierzu Bauer BB 2001, 2473, 2477; Straub NZA 2001, 919, 926; KR/Lipke § 14 TzBfG Rn 308).

Die Befristung nach § 14 Abs 2 TzBfG ist nur ausgeschlossen, wenn zuvor bereits ein **158** **Arbeitsverhältnis** zu demselben Arbeitgeber bestanden hat. Das **Berufsausbildungsverhältnis** iSv § 3 BBiG ist **kein vorangegangenes Arbeitsverhältnis** iSv § 14 Abs 2 Satz 2 TzBfG (BT-Drucks 14/4374 S 20; Kleinsorge MDR 2001, 181, 185; Kliemt NZA 2001,

296, 300; PREIS/GOTTHARDT DB 2000, 2065, 2072; **aA** nur KDZ/DÄUBLER § 14 TzBfG Rn 160).
Beschäftigungen aufgrund eines **sonstigen Rechtsverhältnisses** – zB als **Auszubildender,** freier Mitarbeiter, Leiharbeitnehmer oder aufgrund eines Werkvertrages sind
unschädlich. Das gleiche gilt für frühere Tätigkeiten als Beamter (BBDW/BADER
Rn 58). Auch ein vorangehender **Eingliederungsvertrag** nach den §§ 229 ff SGB III
ist unschädlich, weil es sich bei einem solchen Vertrag ausweislich des § 231 Abs 2
SGB III gerade nicht um einen Arbeitsvertrag handelt und das Ziel der Eingliederung auch durch einen Zeitvertrag erreicht werden kann (BAG 17. 5. 2001 EzA Nr 54 zu
§ 1 KSchG; PREIS/ROLFS Der Arbeitsvertrag II B 10 Rn 91; zweifelnd APS/BACKHAUS § 14 TzBfG
Rn 87). Zweifelhaft ist demgegenüber, ob eine sachgrundlose Befristung auch mit
einem zuvor aufgrund eines **Umschulungsvertrages** Beschäftigten vereinbart werden
kann. Zwar hat das BAG die entsprechende Frage unter der Geltung des § 1
BeschFG 1985 bejaht (BAG 28. 6. 1996 AP Nr 20 zu § 1 BeschFG 1985), doch weicht der
Normtext des § 14 Abs 2 TzBfG insoweit wesentlich von dem des § 1 BeschFG 1985
ab. Außerdem hat das BAG bislang offen gelassen, ob es sich bei einem Umschulungsverhältnis um ein Arbeitsverhältnis handelt (BAG 21. 5. 1997 AP Nr 32 zu § 5 ArbGG
1979).

159 Problematisch ist, ob eine möglicherweise unzutreffende vertragliche Einordnung
eines viele Jahre zuvor bestehenden „Nicht-Arbeitsverhältnisses" noch anlässlich
eines Befristungsstreits überprüft werden kann. Hier gibt es keinerlei gesetzliche
Grenzen. Unter Umständen wird sich der Arbeitgeber auf einen Verwirkungstatbe-
stand berufen können. Wenn der befristet beschäftigte Arbeitnehmer jedoch in einem nicht all zu langem Zeitraum vorher bereits als freier Mitarbeiter beschäftigt
worden ist, kann im Rahmen des § 14 Abs 2 TzBfG durchaus die richtige Einordnung
dieses Rechtsverhältnisses im Befristungsrechtsstreit überprüft werden.

160 Wesentlich ist ferner, daß das Arbeitsverhältnis zu dem Arbeitgeber bestanden haben muß. Hierbei sind zwei Fallgestaltungen problematisch: auf Konzernverbindun-
gen kann es nicht ankommen, denn die jeweiligen Konzernunternehmen sind rechtlich selbständig und eigenständige Arbeitgeber. Ein Konzernunternehmen muß sich
im Hinblick auf § 14 Abs 2 TzBfG nicht das mit dem Arbeitnehmer bereits einmal
geschlossene Arbeitsverhältnis eines anderen Konzernunternehmens zurechnen lassen. „Arbeitgeber" ist wie bei § 1 Abs 3 Satz 1 BeschFG aF der Vertragsarbeitgeber,
also die natürliche oder juristische Person, die mit dem Arbeitnehmer den Arbeitsvertrag geschlossen hat (BAG 25. 4. 2001 ZIP 2001, 1511; so auch APS/BACKHAUS § 1 BeschFG
Rn 45 ff; ErfK/MÜLLER-GLÖGE § 14 TzBfG Rn 120; **aA** KDZ/DÄUBLER § 14 TzBfG Rn 31). § 14
Abs 2 TzBfG spricht vom „Arbeitsvertrag" bzw „Arbeitsverhältnis" mit demselben
Arbeitgeber. Damit wird deutlich, daß der Arbeitgeber im arbeitsvertraglichen Sinn
gemeint ist. Maßgeblich ist nicht die tatsächliche Eingliederung in den Betrieb, sondern die individualvertragliche Bindung. Auch eine analoge Anwendung des § 14
Abs 2 TzBfG auf mehrere, einen Gemeinschaftsbetrieb führende Vertragsarbeitge-
ber ist nicht möglich. Im Falle der rechtsmißbräuchlichen Nutzung des § 14 Abs 2
TzBfG einen lediglich zu dem Zweck vorgenommenen Austausch der Vertragsarbeitgeber in einem Gemeinschaftsbetrieb, eine „Neueinstellung" vorzutäuschen,
kann im Einzelfall über die Anwendung des § 242 BGB verhindert werden (BAG
25. 4. 2001 ZIP 2001, 1511). Wenn ein Betrieb oder ein Betriebsteil auf einen anderen
Arbeitgeber übergegangen ist, so kann sich ein Arbeitnehmer im Rahmen des § 14
Abs 2 Satz TzBfG nicht darauf berufen, bei dem früheren Betriebsinhaber habe

bereits ein Arbeitsverhältnis bestanden. Zwar gehen im Zeitpunkt des Betriebsüberganges nach § 613a BGB die bestehenden Arbeitsverhältnisse auf den anderen Arbeitgeber über. Neuer Betriebsinhaber ist aber immer noch ein anderer Arbeitgeber, so daß bei ihm vor Betriebsübergang eingegangene Arbeitsverhältnisse nicht als bereits „zuvor" eingegangene Arbeitsverhältnisse zugerechnet werden (Bauer BB 2001, 2473, 2476; KR/Lipke § 14 TzBfG Rn 305). Etwas anderes gilt, wenn das Arbeitsverhältnis auf den Erwerber übergegangen ist und der Erwerber erneut ein befristetes Arbeitsverhältnis abschließen will (zum ganzen BBDW/Bader Rn 60)

cc) Verlängerung
§ 14 Abs 2 S 1 TzBfG eröffnet die **Möglichkeit,** ein zunächst für einen kürzeren **161** Zeitraum abgeschlossenes, **erleichtert befristetes Arbeitsverhältnis zu verlängern.** Möglich ist also, zB nach einer Ausgangsbefristung von sechs Monaten die dreimalige Verlängerung um jeweils ein halbes Jahr. Abzugrenzen ist die Verlängerung der Befristung jedoch von dem Neuabschluß eines befristeten Arbeitsvertrages. Handelt es sich nämlich um einen **Neuabschluß,** ist wegen des vorangegangenen befristeten Arbeitsverhältnisses mit demselben Arbeitgeber eine erneute erleichterte Befristung unzulässig. Es bestand „zuvor" bereits ein Arbeitsverhältnis mit demselben Arbeitgeber.

Erforderlich ist zunächst, daß sich die **Anschlußbefristung ohne zeitliche Unterbre- 162 chung** an den zu verlängernden Vertrag anschließt. Auch für Verlängerungen gilt das Formerfordernis des § 14 Abs 4 TzBfG. Bereits kurzfristige Unterbrechungen, auch von nur einem arbeitsfreien Tag, führen dazu, daß es sich nicht mehr um eine Verlängerung handelt. Danach muß die Verlängerung an dem auf den letzten Tag des vorangegangenen Arbeitsverhältnisses folgenden Tag beginnen. Die Zweijahresfrist kann nicht in der Weise genutzt werden, daß mehrere befristete Arbeitsverhältnisse geschlossen werden, die durch jeweils mehr oder minder lange Zwischenräume unterbrochen werden. Dementsprechend muß die **Verlängerung** bereits **vor Ablauf des zu verlängernden Vertrages** erfolgen (BAG 26. 7. 2000 AP Nr 4 zu § 1 BeschFG 1996; BAG 25. 10. 2000 AP Nr 6 zu § 1 BeschFG 1996). Umstritten ist, ob eine Verlängerung auch dann noch gegeben ist, wenn sich die bisherigen Vertragsbedingungen ändern (dafür APS/ Backhaus § 14 TzBfG Rn 74; dagegen KR/Lipke § 14 TzBfG Rn 287 ff; ErfK/Müller-Glöge § 14 TzBfG Rn 114). Verneint man dies, wird der Regelung ein Stück ihrer Flexibilität genommen, weil bereits durch eine angesichts der Vertragsverlängerung vorgenommene Gehaltserhöhung die Verlängerung unzulässig würde. Das **BAG** geht jedoch davon aus, daß **mit** dem **Begriff der Verlängerung eine inhaltliche Änderung der Vertragsbedingungen nicht vereinbar** sei. Eine Verlängerung beziehe sich lediglich auf die Vertragslaufzeit (BAG 26. 7. 2000 AP Nr 4 zu § 1 BeschFG 1996; BAG 25. 10. 2000 AP Nr 6 zu § 1 BeschFG 1996). Diese Ansicht ist nicht sonderlich überzeugend; sie kommt nur mit Ausnahmen zB für den Fall der Gehaltserhöhung oder dem arbeitnehmerseitigen Wunsch der Veränderung der Arbeitszeit zu sinnvollen Ergebnissen (vgl die Bemühungen bei KR/Lipke § 14 TzBfG Rn 290 ff). Es ist aber fraglich, ob es die Funktion des Merkmals „Verlängerung" darstellt, eine Bestandssicherung der ursprünglich vereinbarten Vertragsbedingungen zu gewährleisten.

dd) Tarifliche Abweichungen
Aus § 22 Abs 1 iVm § 14 Abs 2 Satz 3 und 4 TzBfG folgt, daß in Tarifverträgen nicht **163** nur zu Gunsten, sondern auch zu Ungunsten der Arbeitnehmer von den Beschrän-

kungen des § 14 Abs 2 Satz 1 TzBfG abgewichen werden kann. Damit wird die sachgrundlose Befristung im Unterschied zum bisherigen § 1 BeschFG tarifdispositiv. Der Wortlaut des § 14 Abs 2 Satz 3 TzBfG bestimmt, daß es den Tarifvertragsparteien ermöglicht ist, die Anzahl der Verlängerungen oder die Höchstdauer der Befristung abweichend festzulegen. Die Tarifparteien können auch beide Möglichkeiten im Tarifwerk nutzen (BT-Drucks 14/4374 S 14 und S 20; APS/Backhaus § 14 TzBfG Rn 91). Nach dem Wortlaut sind zwar nur die Teilbereiche Anzahl und Höchstdauer regelbar, nicht aber die Frage der **sachgrundlosen Befristung überhaupt** und Formvorschriften. Die Folge wäre, daß tarifliche Regelungen, die die Sachgrundbefristung vorschreiben, wie die Bestimmungen der Sonderregelung 2y zum BAT, mit Inkrafttreten des TzBfG unwirksam wären (Pöltl NZA 2001, 582, 588). Diese Auffassung verkennt jedoch, daß Abweichungen zugunsten der Arbeitnehmer durch § 22 Abs 1 TzBfG nicht gesperrt werden und daher weiterhin die sachgrundlose Befristung tariflich ausgeschlossen werden kann (richtig Dassau ZTR 2001, 64, 69). Nach dem 77. Änderungstarifvertrag sind seit dem 1. 1. 2002 jedoch auch nach der (SR) 2y zum BAT Befristungen ohne Sachgrund nach § 14 Abs 2, 3 TzBfG möglich.

ee) Sachgrundlose Befristungen mit älteren Arbeitnehmern (§ 14 Abs 3 TzBfG)

164 Um die **Beschäftigung älterer Arbeitnehmer** zu **erleichtern,** ist die Befristung von Arbeitsverträgen mit Arbeitnehmern, die bei Beginn des befristeten Arbeitsverhältnisses (nicht bei Abschluß des Vertrages) das 58. Lebensjahr vollendet haben, in § 14 Abs 3 TzBfG nochmals erleichtert. Die Befristung ist insoweit ohne Sachgrund, ohne zeitliche Obergrenze und ohne eine Begrenzung der Anzahl der Verlängerungen zulässig. **Unzulässig** ist die Befristung dann, **wenn zu einem vorhergehenden unbefristeten Arbeitsvertrag** mit demselben Arbeitgeber ein **enger sachlicher Zusammenhang** besteht, der insbesondere dann anzunehmen ist, wenn zwischen den Arbeitsverträgen ein Zeitraum von weniger als sechs Monaten liegt. Damit soll verhindert werden, daß ein Arbeitgeber unbefristete Arbeitsverträge in befristete Arbeitsverhältnis umwandelt, wenn der Arbeitnehmer das 58. Lebensjahr vollendet.

165 Die Vereinbarkeit des § 14 Abs 3 TzBfG mit den Vorgaben der Richtlinie 99/70/EG wird bezweifelt (APS/Backhaus, § 14 TzBfG Rn 104; KDZ/Däubler § 14 TzBfG Rn 152; ErfK/Müller-Glöge § 14 TzBfG Rn 133; KR/Lipke § 14 TzBfG Rn 324; Rolfs EAS B 3200 Rn 38). § 14 Abs 3 TzBfG sehe weder einen sachlichen Grund noch eine Höchstdauer noch eine Höchstzahl von Verlängerungen vor. Hierdurch werde der Kündigungs- und Befristungsschutz ab einer bestimmten Lebensaltersstufe drastisch reduziert (KDZ/Däubler Rn 150, 153). Es sei sogar eine Unzahl von „Ein-Tages-Arbeitsverhältnissen" legalisiert (KDZ/Däubler Rn 175). All dies sei mit der Richtlinie nicht vereinbar (zur Vereinbarkeit des TzBfG mit europäischem Recht vgl Rn 17).

166 Trotz dieser massiven Kritik darf nicht verkannt werden, daß die Beschäftigungsverhältnisse ab dem 55. Lebensjahr drastisch zurück gehen. Sozialpolitisch hat man in diesem Alter mit einer hohen Langzeitarbeitslosigkeit zu kämpfen. Aus diesem Grunde ist die erleichterte Befristung, um Beschäftigungsanreize zu schaffen, sinnvoll. Ferner ist diese hohe Arbeitslosigkeit älterer Arbeitnehmer sowohl für diese selbst als auch für die Rentenversicherungen nachteilig. Auch wenn § 14 Abs 3 TzBfG keinen ausdrücklichen Sachgrund enthält, ist dem Befristungstatbestand doch ein Sachgrund immanent. Denn die schlechten Arbeitsmarktchancen der älteren Arbeitnehmer bilden einen sachlichen Grund für deren Befristung (Preis/Gott-

HARDT DB 2000, 2065, 2072; vgl auch BAUER NJW 2001, 2672, 2673). In aller Regel finden die
Arbeitsverhältnisse ohnehin mit der Altersgrenze 65 durch die weithin gebilligten
Altersgrenzenvereinbarungen ihr Ende (Rn 125 ff). Es ist daher sachlich vertretbar,
wenn der Gesetzgeber für diese Beschäftigtengruppe eine sachgrundlose Befristung
zuläßt. Durch die Regelung des § 14 Abs 3 Satz 2 und 3 TzBfG ist sichergestellt, daß
die Befristungsmöglichkeiten nicht zur Relativierung des Bestandschutzes in einem
bereits bestehenden Arbeitsverhältnisses genutzt werden kann.

i)   Schriftformerfordernis (§ 14 Abs 4 TzBfG)
aa)   Normzweck

Zum 1. Mai 2001 hatte der Gesetzgeber bereits in § 623 für die Befristung die Schrift-   **167**
form vorgeschrieben (zum Schrifttum vgl die Übersicht bei Staudinger/OETKER zu § 623).
Dieses neue Formerfordernis hat er zum 1. Januar 2001 in § 623 BGB gestrichen
und inhaltlich in § 14 Abs 4 TzBfG übernommen (zu Entstehung und Normzweck der
Formvorschrift vgl Staudinger/OETKER § 623 Rn 1 ff). Die Einhaltung der Schriftform ist
konstitutive Wirksamkeitsvoraussetzung für die Befristung. Sie hat **Klarstellungs-
und Beweisfunktion.** Die Vertragsparteien stellen klar, daß – abweichend vom Regelfall des unbefristeten Arbeitsvertrages – eine Befristung tatsächlich gewollt ist.

bb)   Anwendungsbereich

Das Schriftformerfordernis findet **umfassend** auf **alle Arten der Befristung** Anwen-   **168**
dung, dh sowohl bei der kalendermäßigen Befristung als auch bei der Zweckbefristung (näher APS/PREIS § 623 BGB Rn 11 ff). Auf die **Rechtsgrundlage** kommt es nicht an,
weshalb das Formerfordernis nicht nur für die Befristungstatbestände des § 14 TzBfG
sondern auch für die gesetzlichen Sonderbefristungstatbestände (zB HRG, BErzGG,
AÜG) gilt (APS/PREIS § 623 BGB Rn 14 ff). Etwas anderes gilt jedoch für das **Berufsausbildungsverhältnis.** Dies ergibt sich daraus, daß das Berufsausbildungsverhältnis gemäß § 14 BBiG bereits kraft Gesetz bedingt und befristet ist.

Darüber hinaus findet es gleichfalls bei einer bloßen **Verlängerung** eines befristeten   **169**
Arbeitsvertrages, dh wenn einvernehmlich nur der Endtermin abgeändert wird, Anwendung. Dies gilt auch dann, wenn nicht ein neuer, sich unmittelbar an den alten
Vertrag anschließender befristeter Arbeitsvertrag abgeschlossen wird, sondern nur
einvernehmlich der Endtermin abgeändert und das bisherige Arbeitsverhältnis im
übrigen unverändert über den bisherigen Endtermin hinaus fortgesetzt wird. Die
Schriftform ist nämlich grundsätzlich auch bei einer Änderung des formbedürftigen
Rechtsgeschäfts zu beachten (BGH 26. 10. 1973 NJW 1974, 271; vgl a RG 19. 6. 1922 RGZ 105,
60, 62; BGH 14. 4. 1999 NJW 1999, S. 2517, 2519 zu § 566 für Änderung und Verlängerung eines
formbedürftigen Mietvertrages; MünchKomm/EINSELE § 125 Rn 16), dh hier bei einer Änderung der Befristungsabrede. Der Schriftform bedarf auch eine im Arbeitsvertrag
enthaltene Verlängerungsabrede, die so ausgestaltet ist, daß sich ohne eine wirksame
Nichtverlängerungsmitteilung das befristete Arbeitsverhältnis jeweils als befristetes
auf eine bestimmte Zeit fortsetzt (vgl BAG 23. 10. 1991 AP BGB Bühnenengagementvertrag
Nr 44, 45). Ansonsten könnte die formbedürftige Änderung der Befristungsabrede
formlos zustande kommen. Allein die Tatsache, daß die formbedürftige Änderung
der Befristungsabrede unter einer Bedingung (Nichtausspruch der Nichtverlängerungsmitteilung) vereinbart ist, steht dem Formerfordernis nicht entgegen (so für
bedingte Verpflichtungen iSv § 313 BGH 22.12. 1971 BGHZ 57, 394; MünchKomm/KANZLEITER
§ 313 Rn 34; **aA** für die reine Willensbedingung PALANDT/HEINRICHS § 313 Rn 11).

cc) Anforderungen an die Schriftform

170 Die Anforderungen an die gesetzliche Schriftform richten sich nach § 126 BGB (hierzu näher STAUDINGER/OETKER § 623 Rn 1 ff; APS/PREIS § 623 Rn 21 ff). Erforderlich ist deshalb die **eigenhändige Unterschrift**. Nicht gewahrt wird die Schriftform durch die Verwendung von Telegramm oder Telefax, weil die neu geschaffene Textform des § 126b BGB auf § 14 TzBfG keine Anwendung findet. Nicht ausreichend ist auch eine einfache e-mail. Der Schriftform gleichgestellt ist jedoch in § 126 Abs 3 BGB die **elektronische Form** (§ 126a BGB). Erforderlich ist dann aber, daß dem Dokument der Name des Ausstellers und eine besonders gesicherte qualifizierte elektronische Signatur hinzugefügt wird. Wichtig ist, daß es sich bei der **Befristung** um eine **vertragliche Abrede** handelt, weshalb die besonderen Anforderungen des § 126 Abs 2 BGB gewahrt werden, dh grundsätzlich beide Parteien den Vertrag auf derselben Urkunde unterzeichnen müssen. Bei der elektronischen Form müssen die Parteien jeweils ein gleichlautendes Dokument elektronisch signieren (§ 126a Abs 2 BGB) Eine wirksame Verlängerung einer Befristung kann deshalb insbesondere nicht dadurch zustande kommen, daß der Arbeitgeber dem Arbeitnehmer die befristete Fortsetzung schriftlich oder in elektronischer Form anbietet und der Arbeitnehmer dieses Angebot konkludent durch Weiterarbeit annimmt.

171 Das Schriftformerfordernis bezieht sich **nur** auf die **Befristungsabrede** als solche, **nicht** auf den **gesamten befristeten Arbeitsvertrag**. Bei der **Kalenderbefristung** muß also nur deren Dauer, zB durch Festlegung eines Anfangs- und Endtermins, schriftlich niedergelegt werden. Bei einer nur konkludenten Annahme durch den Arbeitnehmer ist die Schriftform für zweiseitige Rechtsgeschäfte gemäß § 126 Abs 2 nicht gewahrt. Gemäß § 127a kann die Befristung in einem gerichtlichen Vergleich formwirksam vereinbart werden. Bei beiderseits tarifgebundenen Arbeitsvertragsparteien ist auch die Vereinbarung einer Befristung in einem **Tarifvertrag** wirksam. Die Befristung gilt dann schon wegen § 4 Abs 1 TVG. Einer besonderen schriftlichen Vereinbarung oder auch nur einer Bezugnahme im Arbeitsvertrag durch die Arbeitsvertragsparteien bedarf es in diesem Fall nicht. Bei beiderseitiger Tarifbindung dürfte deshalb auch eine tarifvertragliche Vorschrift, welche eine Verlängerung der Befristung durch Nichtausspruch einer Nichtverlängerungsmitteilung vorsieht, zur Wahrung der Schriftform ausreichen. Die Vereinbarung einer Befristung in einer **Betriebsvereinbarung** ist wegen § 77 IV BetrVG weiterhin möglich.

172 Auch für die Befristung gilt der Grundsatz der Urkundeneinheit (hierzu näher STAUDINGER/OETKER § 623 Rn 60 ff; APS/PREIS § 623 Rn 36 ff). Insoweit ist es fraglich, ob bei fehlender Tarifbindung für eine wirksame Befristung die **einzelvertragliche Bezugnahme auf einen Tarifvertrag** ausreicht. Bedeutung erlangt dies insbesondere, wenn in dem in Bezug genommenen Tarifvertrag eine Altersgrenze enthalten ist. Die Rspr des BAG zu § 1 Abs 2 TVG kann insoweit nicht übertragen werden. Danach ist die Schriftform des § 1 Abs 2 TVG durch Bezugnahme auf Regelungen eines anderen Tarifvertrages gewahrt. Begründet wird dies im wesentlichen mit dem Zweck des § 1 II TVG. Dieser diene nicht dem Schutz vor Übereilung, sondern habe lediglich die Funktion, den Inhalt einer Kollektivvereinbarung klarzustellen (BAG 9.7. 1980, 10.11. 1982 AP TVG § 1 Form Nr 7, 8; WIEDEMANN, § 1 TVG Rn 228, 230). Da § 14 Abs 4 TzBfG jedoch für den Abschluß befristeter Arbeitsverträge Warnfunktion zukommt, kann vom Grundsatz der Urkundeneinheit, wie er bei § 126 gilt, für einzelvertragliche Bezugnahmen nicht abgewichen werden. Eine einzelvertragliche Bezugnahme auf

einen Tarifvertrag wird der Warnfunktion des § 14 Abs 4 in keiner Weise gerecht. Erst durch Durchsicht des Tarifvertrages, den der Arbeitnehmer zudem nie gesehen habe müßte, könnte er feststellen, ob dieser eine Befristungsbestimmung enthält. Dies gilt um so mehr, als sich mit der Befristungsabrede nicht nur ein Teil, sondern das gesamte formbedürftige Rechtsgeschäft in der Anlage, dem Tarifvertrag befindet. Die in Bezug genommene Altersgrenzenregelung muß deshalb entweder mit dem Arbeitsvertrag körperlich verbunden sein, oder die Zusammengehörigkeit dieser Schriftstücke muß in anderer geeigneter Weise zweifelsfrei kenntlich gemacht werden. Dies wird auch bei der Befristung durch einzelvertragliche Bezugnahme auf Tarifverträge im **Bühnenrecht** (dazu APS/BACKHAUS § 620 BGB Rn 357 ff) zu beachten sein. Diese Problematik stellt sich allerdings dann nicht, wenn die Arbeitsvertragsparteien **tarifgebunden** sind. Eine tarifliche Altersgrenzenregelung gilt dann schon wegen § 4 I TVG. Der Praxis ist bei fehlender Tarifbindung für einzelvertragliche Abreden zu empfehlen, die tarifliche Altersgrenze als Textpassage in den schriftlichen Arbeitsvertrag aufzunehmen, sie diesem fest verbunden als Anlage beizufügen oder darauf im Arbeitsvertrag hinzuweisen und die entsprechende Passage aus dem Tarifvertrag auf einem gesonderten Blatt von beiden Parteien unterzeichnen zu lassen.

Für die inhaltlichen Anforderungen an die schriftlich niedergelegte Befristungsab- **173** rede ist Ausgangspunkt der allgemeine Grundsatz, daß die Vertragsurkunde alle wesentlichen Bestandteile des formbedürftigen Vertrages enthalten muß. Gleichzeitig muß jedoch beachtet werden, daß mit § 14 Abs 4 TzBfG kein generelles konstitutives Formerfordernis für Arbeitsverträge eingeführt ist. Deren Abschluß bleibt formfrei möglich (so bislang schon BAG 21. 8. 1997 AP BBiG § 4 Nr 1). § 14 Abs 4 TzBfG ordnet demzufolge auch nur die **Schriftform für die Befristung** an, **nicht für den befristeten Arbeitsvertrag generell.** Daraus ergibt sich zunächst, daß auch ein mündlich abgeschlossener Arbeitsvertrag, wirksam befristet werden kann, wenn nur die Befristungsabrede selbst formwirksam schriftlich vereinbart ist. Alle weiteren Einzelheiten des Arbeitsvertrages, wie Gehalt, Urlaub, etc., können nach allgemeinen Grundsätzen formfrei vereinbart werden. Insoweit verbleibt es bei den Regelungen des NachwG.

dd) Umfang des Formerfordernisses

Bei **kalendermäßig befristeten** Arbeitsverträgen ist neben der Befristung grundsätz- **174** lich deren Dauer schriftlich zu vereinbaren (vgl BAG 11. 8. 1988 EzA BGB § 620 Nr 105). Dies ist wesentlicher Bestandteil einer Befristungsabrede, denn erst bei Kenntnis der voraussichtlichen Dauer können die Parteien die Folgen der Befristung überhaupt abschätzen und sich darauf einrichten. Möglich ist dies zB durch Vereinbarung eines bestimmten Datums als Endtermin oder einer bestimmten Zeitdauer. Erforderlich ist jedoch stets, daß der Endzeitpunkt eindeutig bestimmt oder bestimmbar ist.

Bei **zweckbefristeten oder auflösend bedingten Arbeitsverhältnissen** läßt sich die ge- **175** naue Dauer aber bisweilen nicht vorhersehen. Allerdings wurde für die wirksame Begründung von zweckbefristeten bzw. auflösend bedingten Arbeitsverträgen schon bislang verlangt, daß die Parteien eine eindeutige Vereinbarung über den Vertragszweck bzw. die auflösende Bedingung erzielen (APS/BACKHAUS § 620 BGB Rn 161, 188; so im Grundsatz BAG 26. 6. 1996 EzA BGB § 620 Bedingung Nr 12). Das vertragsbeendende Ereignis muß objektiv bestimmbar sein (APS/BACKHAUS § 620 BGB Rn § 620 BGB

Rn 163, 189 mwN). Deshalb ist bei einer Zweckbefristung oder einer auflösenden Bedingung die Vereinbarung des Zweckes bzw. des beendenden Ereignisses wesentlicher Bestandteil der Befristungsabrede, die für deren Wirksamkeit schriftlich getroffen werden muß. Aufgrund der Vereinbarung muß das vertragsbeendende Ereignis objektiv bestimmbar sein. Auch BAG 11. 8. 1988 EzA BGB § 620 Nr 105 ordnet die Bestimmung, aus der sich die Beschaffenheit oder der Zweck der Dienste ergibt, der Vereinbarung der Befristung als solcher zu. Ist die **Dauer des Arbeitsverhältnisses nicht voraussehbar,** kann sie nicht angegeben werden, was deshalb auch für die Einhaltung der Schriftform nicht verlangt werden kann.

176 Der **Befristungsgrund** selbst muß **nicht schriftlich** vereinbart werden, damit die Befristung formwirksam ist. Es bleibt bei dem allgemeinen Grundsatz, daß der Befristungsgrund bei Vertragsschluß weder mitgeteilt noch vereinbart werden muß (vgl Rn 53 ff). Schon nach dem allgemeinen Sprachgebrauch ergibt sich, daß die Vereinbarung der Befristung zu unterscheiden ist von dem sachlichen Grund als materieller Voraussetzung für die Wirksamkeit der Befristung. Die Befristung eines Arbeitsverhältnisses liegt nach dem Sprachgebrauch vor, wenn der Eintritt des zukünftigen Ereignisses, das sein Ende herbeiführen soll gewiß ist (BAG 11. 8. 1988 EzA BGB § 620 Nr 105; KLIEMT S 306). Bestätigt wird dies dadurch, daß in Tarifverträgen für die Formerfordernisse in der Regel zwischen der Dauer der Befristung und dem sachlichen Grund hierfür unterschieden wurde (KLIEMT S 306). Dem steht auch nicht der allgemeine Grundsatz entgegen, daß bei einer formbedürftigen vertraglichen Vereinbarung alle wesentlichen Bestandteile der Schriftform bedürfen. Der **Befristungsgrund** ist insoweit grundsätzlich **nicht wesentlicher Vertragsbestandteil der Befristungsabrede,** er muß nämlich gerade nicht Vertragsinhalt geworden sein (vgl insoweit die bisherige st Rspr BAG 24. 4. 1996 AP BGB § 620 Befristeter Arbeitsvertrag Nr 180; krit. PREIS NJW 1996, 3369, 3373). Eine Ausnahme muß insoweit jedoch für eine **Zweckbefristung und auflösend bedingte Arbeitsverträge** gemacht werden. Hier ist das vertragbeendende Ereignis schriftlich zu vereinbaren (Rn 25; 195 ff). Dies resultiert aber bereits daraus, daß Sachgrund und Zweck bzw. auflösende Bedingung identisch sind und ändert nichts an dem Grundsatz, daß der Sachgrund der Befristung dem Schriftformerfordernis nicht unterfällt.

ee) Rechtsfolgen formunwirksamer Befristungsabreden

177 Die **formunwirksame Befristungsabrede** ist ebenfalls gemäß § 125 S 1 nichtig und es kommt ein unbefristetes Arbeitsverhältnis zustande (§ 16 TzBfG). Anders als bei der Kündigung muß die Formunwirksamkeit einer Befristung innerhalb einer materiellen Ausschlußfrist von drei Wochen gerichtlich geltend gemacht werden (§ 17 TzBfG).

5. Beendigung, Fortsetzung und Kündbarkeit des befristeten Arbeitsvertrages

§ 15 TzBfG (Ende des befristeten Arbeitsvertrags)

[1] Ein kalendermäßig befristeter Arbeitsvertrag endet mit Ablauf der vereinbarten Zeit.

[2] Ein zweckbefristeter Arbeitsvertrag endet mit Erreichen des Zwecks, frühestens jedoch zwei Wochen nach Zugang der schriftlichen Unterrichtung des Arbeitnehmers durch den Arbeitgeber über den Zeitpunkt der Zweckerreichung.

[3] Ein befristetes Arbeitsverhältnis unterliegt nur dann der ordentlichen Kündigung, wenn dies einzelvertraglich oder im anwendbaren Tarifvertrag vereinbart ist.

[4] Ist das Arbeitsverhältnis für die Lebenszeit einer Person oder für längere Zeit als fünf Jahre eingegangen, so kann es von dem Arbeitnehmer nach Ablauf von fünf Jahren gekündigt werden. Die Kündigungsfrist beträgt sechs Monate.

[5] Wird das Arbeitsverhältnis nach Ablauf der Zeit, für die es eingegangen ist, oder nach Zweckerreichung mit Wissen des Arbeitgebers fortgesetzt, so gilt es als auf unbestimmte Zeit verlängert, wenn der Arbeitgeber nicht unverzüglich widerspricht oder dem Arbeitnehmer die Zweckerreichung nicht unverzüglich mitteilt.

a) Regelungszweck
§ 15 TzBfG kodifiziert, primär aus Gründen der Klarstellung, Grundlagen zur Be- **178**
endigung des befristeten Arbeitsvertrages. § 15 Abs 1 TzBfG regelt – inhaltlich
identisch mit § 620 Abs 1 – daß der kalendermäßig befristete Arbeitsvertrag mit
Ablauf der vereinbarten Zeit ende.

b) Kündbarkeit des befristeten Vertrages
§ 15 Abs 3 TzBfG regelt den bereits früher anerkannten Grundsatz, daß ein befri- **179**
stetes Arbeitsverhältnis grundsätzlich nicht ordentlich kündbar ist, es sei denn, die
ordentliche Kündbarkeit ist einzelvertraglich oder im anwendbaren Tarifvertrag vereinbart. Wesentlich ist, daß diese Vereinbarung hinreichend klar getroffen sein muß
(BAG 25. 2. 1998 AP Nr 195 zu § 620 BGB Befristeter Arbeitsvertrag). Theoretisch ist auch die
konkludente Vereinbarung der Kündigung möglich, weil Schriftform nicht vorgeschrieben ist. Die Anwendung einer Kündigungsklausel in einem Tarifvertrag
kann auch durch einzelvertragliche Bezugnahme erfolgen, obwohl § 15 Abs 3 TzBfG
im Unterschied zu § 14 Abs 2 Satz 4 TzBfG eine entsprechend klarstellende Regelung nicht enthält. Insoweit kann von einem Redaktionsversehen ausgegangen
werden (ebenso KDZ/Däubler § 15 TzBfG Rn 14; ArbR BGB/Dörner Rn 276). Weitergehende Vorgaben für die Vereinbarung der ordentlichen Kündigungsmöglichkeit bestehen nicht. So ist nicht ausgeschlossen, daß die Kündigungsmöglichkeit nur einseitig gewährt wird, also nur für den Arbeitgeber oder nur für den Arbeitnehmer. Es
gibt keine § 622 Abs 6 entsprechende Vorschrift, die eine unterschiedliche Kündigungsregelung für diesen Fall verbietet (aA ArbR BGB/Dörner Rn 278). Sollte nur dem
Arbeitgeber die Kündigungsmöglichkeit eingeräumt sein, für den Arbeitnehmer
allerdings keine Kündigungsmöglichkeit bestehen, bietet § 15 Abs 4 TzBfG vor einer
unzumutbaren langen Bindung in einem befristeten Arbeitsvertrag Schutz.

c) Beendigung zweckbefristeter Arbeitsverträge
§ 15 Abs 2 TzBfG regelt in Abweichung von der früheren Rechtsprechung die Be- **180**
endigung des zweckbefristeten Arbeitsvertrages. Der zweckbefristete Arbeitsvertrag
endet zwar grundsätzlich mit Erreichen des Zwecks (hier schon Rn 25). Der Gesetzgeber hat jedoch die Rechtsprechung des BAG zur Einhaltung einer Auslauffrist
aufgenommen (BAG 26. 3. 1986 AP Nr 103 zu § 620 BGB Befristeter Arbeitsvertrag; BAG 12. 6.

1987 AP Nr 113 zu § 620 BGB befristeter Arbeitsvertrag). Hiernach endet der zweckbefristete Arbeitsvertrag **frühestens zwei Wochen nach Zugang der schriftlichen Unterrichtung** des Arbeitnehmers durch den Arbeitgeber über den Zeitpunkt der Zweckerreichung. An diese Unterrichtung sind gewisse Bestimmtheitserfordernisse anzulegen, damit der Arbeitnehmer sicher davon ausgehen kann, daß das Arbeitsverhältnis geendet hat (KDZ/Däubler § 15 Rn 6).

181 § 15 Abs 2 enthält ein **gesetzliches Schriftformerfordernis,** es sind also die formalen Grundsätze des § 126 zu beachten. Im wesentlichen können hier die zu § 623 entwickelten Grundsätze für die Kündigung angewandt werden. Der Gesetzgeber hat nämlich erkannt, daß die Zweckerreichung wie eine fristlose Kündigung wirkt. Um hier die hinreichende Klarstellung und Warnung des Arbeitnehmers sicherzustellen, hat er das Schriftformerfordernis vorgesehen. Es bedarf daher einer eigenhändigen Unterschrift. Telefax und e-mail genügen daher nicht (ebenso Kliemt NZA 2001, 296, 302). Vor Zugang einer korrekten schriftlichen Unterrichtung endet das zweckbefristete Arbeitsverhältnis daher nicht (KDZ/Däubler § 15 TzBfG Rn 7).

d) Kündbarkeit langfristiger befristeter Verträge

182 § 15 Abs 4 TzBfG enthält eine inhaltlich deckungsgleiche Vorschrift zu § 624. Auf die dortige Kommentierung kann daher verwiesen werden.

e) Fortsetzung befristeter Verträge

183 § 15 Abs 5 TzBfG übernimmt die Regelung des § 625, ergänzt sie allerdings um den Zusatz, daß auch dann ein unbefristetes Arbeitsverhältnis eintritt, wenn dem Arbeitnehmer die Zweckerreichung nicht unverzüglich mitgeteilt wird. Die Vorschrift wird richtig gehandhabt aber nur in Zusammenwirkung mit § 15 Abs 2 TzBfG. Denn die unverzügliche Mitteilung über die Zweckerreichung muß schriftlich erfolgen. Teilt der Arbeitgeber dem Arbeitnehmer die Zweckerreichung nur mündlich, aber nicht auch unverzüglich schriftlich mit, so kommt es nicht zur Beendigung des zweckbefristeten Arbeitsvertrages. Allerdings hindert der bloß mündliche Widerspruch nach § 15 Abs 5 TzBfG dennoch den Eintritt der Fiktion eines unbefristeten Arbeitsvertrages (ebenso ArbR BGB/Dörner Rn 285). Mit Ausnahme dieses Sonderproblems, kann vollinhaltlich auf die Kommentierung zu § 625 verwiesen werden. Freilich ist als Besonderheit zu beachten, daß § 15 Abs 5 TzBfG im Unterschied zu § 625 BGB nicht vertragsdispositiv ist, was sich aus § 22 TzBfG ergibt. Dies hat zur Konsequenz, daß weder die Vertragsparteien noch die Tarifvertragsparteien die Fiktionswirkung des § 15 Abs 5 TzBfG abbedingen können. Allerdings sind Regelungen zu Gunsten des Arbeitnehmers in der Gestalt möglich, daß der Arbeitgeber nicht von seinem Widerspruchsrecht bzw. von ihm nur unter eingeschränkten Bedingungen gebrauch machen darf.

6. Rechtsfolgen unzulässiger Befristungen

§ 16 TzBfG (Folgen unwirksamer Befristung)

Ist die Befristung rechtsunwirksam, so gilt der befristete Arbeitsvertrag als auf unbestimmte Zeit geschlossen; er kann vom Arbeitgeber frühestens zum vereinbarten Ende ordentlich gekündigt werden, sofern nicht nach § 15 Abs 3 die ordentliche Kündigung zu einem früheren Zeitpunkt möglich ist. Ist die Befristung nur wegen

des Mangels der Schriftform unwirksam, kann der Arbeitsvertrag auch vor dem vereinbarten Ende ordentlich gekündigt werden.

Ist eine Befristung rechtsunwirksam, so gilt der befristete Arbeitsvertrag als auf **184** unbestimmte Zeit geschlossen (§ 16 Satz 1 TzBfG). Der Vertrag im übrigen bleibt bestehen. Die Unwirksamkeit der Befristung hat nicht die Unwirksamkeit des gesamten Vertrages zur Folge; § 139 BGB findet keine Anwendung (schon BAG 26. 4. 1979 AP Nr 47 zu § 620 BGB Befristeter Arbeitsvertrag). Die Rechtsfolge des § 16 Satz 1 TzBfG tritt zB ein, wenn dem befristeten Arbeitsvertrag ein Sachgrund fehlt, die Voraussetzungen der erleichterten Befristung nicht gegeben sind oder ein Verstoß gegen das Formerfordernis für die Befristungsabrede vorliegt.

Die bisherige Rechtsprechung ging davon aus, daß bei einer sachlich nicht gerecht- **185** fertigten Befristung beide Parteien, nämlich Arbeitgeber und Arbeitnehmer an die vereinbarte Befristungsdauer als Mindestdauer gebunden waren. Vor deren Ablauf konnten beide Parteien das Arbeitsverhältnis grundsätzlich nicht durch ordentliche Kündigung beenden (BAG 14. 1. 1982 AP Nr 47 zu § 620 BGB Befristeter Arbeitsvertrag). § 16 TzBfG hingegen verfolgt eine differenzierte Lösung. Grundsatz ist, daß bei Unwirksamkeit der Befristung nur der Arbeitgeber an die vereinbarte Mindestdauer gebunden ist, wenn nicht die Möglichkeit der vorherigen ordentlichen Kündigung vereinbart war (§ 15 Abs 3 TzBfG). Er kann das Arbeitsverhältnis unter Einhaltung der allgemeinen Kündigungsvoraussetzungen, insbesondere des allgemeinen Kündigungsschutzes, frühestens zum vereinbarten Ende ordentlich kündigen. Der Arbeitnehmer hingegen unterliegt bei unwirksamer Befristung keiner Mindestbindung, kann den Arbeitsvertrag also bereits vor dem vereinbarten Ende kündigen.

Führt allein ein Verstoß gegen das Schriftformerfordernis des § 14 Abs 4 TzBfG zur **186** Unwirksamkeit der Befristung, besteht gemäß § 16 S 2 TzBfG überhaupt keine Mindestbindung. Sowohl der Arbeitgeber als auch der Arbeitnehmer können das Arbeitsverhältnis auch ohne eine Vereinbarung einer Kündigungsmöglichkeit bereits vor dem vereinbarten Ende ordentlich kündigen.

7. Klagefrist

§ 17 TzBfG (Anrufung des Arbeitsgerichts)

Will der Arbeitnehmer geltend machen, daß die Befristung eines Arbeitsvertrages rechtsunwirksam ist, so muß er innerhalb von drei Wochen nach dem vereinbarten Ende des befristeten Arbeitsvertrages Klage beim Arbeitsgericht auf Feststellung erheben, daß das Arbeitsverhältnis auf Grund der Befristung nicht beendet ist. Die §§ 5 bis 7 des Kündigungsschutzgesetzes gelten entsprechend. Wird das Arbeitsverhältnis nach dem vereinbarten Ende fortgesetzt, so beginnt die Frist nach Satz 1 mit dem Zugang der schriftlichen Erklärung des Arbeitgebers, daß das Arbeitsverhältnis auf Grund der Befristung beendet sei.

Der Arbeitnehmer, der die Unwirksamkeit einer Befristungsvereinbarung geltend **187** machen will, muß innerhalb von drei Wochen nach dem vereinbarten Ende des Arbeitsverhältnisses Klage auf Feststellung erheben, daß das Arbeitsverhältnis aufgrund der Befristung nicht beendet ist (§ 17 Satz 1 TzBfG). Der Arbeitnehmer muß nicht die Beendigung des Arbeitsverhältnisses abwarten. Er kann die Befristungsvereinbarung auch vor Ablauf des Vertrags überprüfen lassen (BAG 1. 12. 1999 AP Nr 21 zu § 57 b HRG; 20. 1. 99 AP Nr 21 zu § 1 BeschFG 1985; RGRK/DÖRNER Rn 320).

188 Diese Regelung gilt für alle Befristungstatbestände, unabhängig von der Rechtsgrundlage, also auch für Befristungen nach dem HRG, dem AÜG oder dem BErzGG (bereits zur Vorgängerregelung § 1 Abs 5 BeschFG BAG 20. 1. 1999 AP Nr 21 zu § 1 BeschFG 1985). Aufgrund der Verweisung in § 21 TzBfG ist die Klagefrist auch bei auflösend bedingten Arbeitsverträgen einzuhalten. Die Klagefrist ist zudem bei der **Geltendmachung aller Unwirksamkeitsgründe** zu beachten (bereits zur Vorgängerregelung § 1 Abs 5 BeschFG BAG 9. 2. 2000 AP Nr 22 zu § 1 BeschFG 1985). Dies gilt insbesondere auch für die Geltendmachung der Formunwirksamkeit der Befristung oder auflösenden Bedingung. Die Vorschriften über die nachträgliche Zulassung verspäteter Klagen etc. (§§ 5 bis 7 KSchG) gelten entsprechend.

189 Versäumt der Arbeitnehmer die Klagefrist, so gilt die Befristung als wirksam. § 17 TzBfG Satz 1 und 2 sind § 4 KSchG nachgebildet. Demnach ist die Klagefrist als materiell-rechtliche Frist zu verstehen, bei deren Versäumung die Klage unbegründet, nicht unzulässig ist. Die durch § 17 Satz 2 TzBfG angeordnete entsprechende Anwendung des § 7 KSchG bedeutet, daß der Arbeitnehmer nach Eintritt der Fiktion die Beendigung des Arbeitsverhältnisses aufgrund der Befristungsvereinbarung nicht mehr in Frage stellen kann. Etwaige Mängel beim Abschluß des Zeitvertrags werden geheilt; es wird nicht fingiert, daß der angegebene Sachgrund für die Befristung tatsächlich vorgelegen hat. Die Fiktion bewirkt deshalb die Heilung aller Unwirksamkeitsgründe, nicht nur die Unwirksamkeit wegen fehlenden Sachgrunds oder wegen Verstoßes gegen das Anschlussverbot. So werden auch Formmängel (ArbR BGB/DÖRNER Rn 317; APS/BACKHAUS § 17 TzBfG Rn 8; aA zum alten Recht BADER NZA 2000 636) und sonstige Mängel beim Vertragsschluß geheilt.

190 Für die Berechnung der Klagefrist kommt es auf das „vereinbarte Ende", jedenfalls bei der kalendermäßigen Befristung an. Das gilt auch dann, wenn der Arbeitgeber vor Ende des befristeten Vertrages auf dessen Nichtverlängerung hingewiesen hat. Dies gilt nur im Grundsatz auch bei der **Zweckbefristung** und bei **auflösenden Bedingungen**. Freilich endet nach § 15 Abs 2 TzBfG in diesen Fällen das Arbeitsverhältnis frühesten zwei Wochen nach Zugang der schriftlichen Unterrichtung des Arbeitgebers über die Zweckerreichung bzw den Eintritt der auflösenden Bedingung. Freilich ist der Wortlaut des § 17 Satz 1 TzBfG hier nicht eindeutig.

191 § 17 Satz 3 TzBfG hat aus diesem Grund der bislang geltenden Klagefrist eine schwer verständliche Ergänzung angefügt. Danach beginnt die Klagefrist, wenn das Arbeitsverhältnis nach dem vereinbarten Ende fortgesetzt wird, mit dem Zugang der schriftlichen Erklärung des Arbeitgebers, daß das Arbeitsverhältnis aufgrund der Befristung beendet sei. Diese Norm ist unverständlich, weil das befristete Arbeitsverhältnis bei widerspruchsloser Fortsetzung bereits gemäß § 15 Abs 5 TzBfG kraft gesetzlicher Fiktion als auf unbestimmte Zeit verlängert gilt. Man wird die Norm deshalb dahingehend teleologisch reduzieren müssen, daß sie nur bei zweckbefristeten und auflösend bedingten Arbeitsverhältnissen Anwendung findet, weil dort wegen der Auslauffrist des § 15 Abs 2 TzBfG das vereinbarte Ende, der grundsätzlich in § 17 S 1

TzBfG vorgesehene Beginn der Klagefrist und das tatsächliche Ende des Arbeitsverhältnisses nicht zusammenfallen müssen (hierzu PREIS/GOTTHARDT DB 2001, 145, 151).

8. Informationspflichten des Arbeitgebers; Förderung der Aus- und Weiterbildung

§ 18 TzBfG (Information über unbefristete Arbeitsplätze)

Der Arbeitgeber hat die befristet beschäftigten Arbeitnehmer über entsprechende unbefristete Arbeitsplätze zu informieren, die besetzt werden sollen. Die Information kann durch allgemeine Bekanntgabe an geeigneter, den Arbeitnehmern zugänglicher Stelle im Betrieb und Unternehmen erfolgen.

§ 19 TzBfG (Aus- und Weiterbildung)

Der Arbeitgeber hat Sorge zu tragen, dass auch befristet beschäftigte Arbeitnehmer an angemessenen Aus- und Weiterbildungsmaßnahmen zur Förderung der beruflichen Entwicklung und Mobilität teilnehmen können, es sei denn, dass dringende betriebliche Gründe oder Aus- und Weiterbildungswünsche anderer Arbeitnehmer entgegenstehen.

§ 20 TzBfG (Information der Arbeitnehmervertretung)

Der Arbeitgeber hat die Arbeitnehmervertretung über die Anzahl der befristet beschäftigten Arbeitnehmer und ihren Anteil an der Gesamtbelegschaft des Betriebes und des Unternehmens zu informieren.

Die §§ 18 bis 20 TzBfG regeln Informationsrechte der Arbeitnehmer über unbefri- **192** stete Arbeitsplätze, das Teilnahmerecht befristeter Arbeitnehmer an Maßnahmen der Aus- und Weiterbildung im Unternehmen, sowie besondere Informationsrechte der Arbeitnehmervertretung. Die Regelungen haben keine große praktische Bedeutung, weil sie praktisch sanktionslos sind. So dürfte die arbeitsvertragliche Nebenpflicht des § 18 praktisch nie zu einem durchsetzbaren Schadensersatzanspruch führen, weil der Arbeitnehmer belegen müsste, daß er eine ihm nicht mitgeteilte Beschäftigungsmöglichkeit auf einen unbefristeten Arbeitsvertrag auch tatsächlich erhalten hätte (vgl KDZ/DÄUBLER RN 3).

§ 19 TzBfG gibt keinen selbständigen Anspruch auf Aus- und Weiterbildungsmaß- **193** nahmen, ja nicht einmal einen Anspruch auf strikte Gleichbehandlung von befristet und unbefristet Beschäftigten in dieser Hinsicht.

Das Informationsrecht des § 20 TzBfG zugunsten der Arbeitnehmervertretungen **194** geht nicht über das hinaus, was Arbeitnehmervertretungen schon heute nach dem BetrVG oder BPersVG an Informationen verlangen können.

9.   Auflösend bedingte Arbeitsverträge

§ 21 TzBfG Auflösend bedingte Arbeitsverträge

Wird der Auflösungsvertrag unter einer auflösenden Bedingung geschlossen, gelten § 4 Abs. 2, § 14 Abs. 1 und 4, § 15 Abs. 2, 3 und 5 sowie die §§ 16 bis 20 entsprechend.

a)   Normzweck; Grundlagen

195   Arbeitsverträge können nicht nur befristet, sondern auch unter einer auflösenden Bedingung im Sinne von § 158 Abs 2 BGB geschlossen werden. Die Beendigung des Arbeitsverhältnisses hängt dann von einem **künftigen ungewissen Ereignis** ab. Die Bedingung muß überhaupt nicht eintreten. Die auflösende Bedingung unterscheidet sich von der kalendermäßigen Befristung dadurch, daß ein kalendermäßig bestimmter Endtermin nicht feststeht. Bei der Zweckbefristung steht anders als bei der auflösenden Bedingung das Erreichen des Zwecks sicher fest und lediglich der Zeitpunkt der Zweckerreichung ist unsicher. Die Abgrenzung ist in der Praxis vielfach unsicher. Das BAG hat die Unterscheidung schon einmal dahinstehen lassen, weil beide Spielarten der Befristung der Kontrolle unterliegen (BAG 2.12. 1998 AP Nr 4 zu § 57a HRG; BAG 24.9. 1997 AP Nr 192 zu § 620 BGB Befristeter Arbeitsvertrag). Durch die Gleichstellung von Zweckbefristung und auflösender Bedingung in § 21 TzBfG wird der materielle Gleichklang zwischen diesen beiden Vertragsgestaltungen zu Recht unterstrichen.

196   Der auflösend bedingte **Arbeitsvertrag** ist von der Rechtsprechung früher unter den gleichen Voraussetzungen wie der befristete Arbeitsvertrag zugelassen worden, dh dann, wenn ein **sachlich gerechtfertigter Grund** vorliegt (BAG 17.5. 1962 AP Nr 2 zu § 620 BGB Bedingung; LAG Düsseldorf 24.6. 1974 EzA § 305 BGB Nr 4; LAG Schleswig 11.4. 1974 EzA § 305 BGB Nr 5 mit gemeinsamer Anm REUTER; zum ganzen auch FALKENBERG DB 1979, 590; FÜLLGRAF NJW 1982, 738; HROMADKA RdA 1983, 88; BAUSCHKE BB 1993, 2523; EHRICH DB 1992, 1186). Dieser Grundsatz wurde zwischenzeitlich durch die Rechtsprechung in Frage gestellt (BAG 9.7. 1981 AP Nr 4 zu § 620 BGB Bedingung m abl Anm HERSCHEL; abl auch PICKER JZ 1984, 153). Auflösende Bedingungen sollten danach grundsätzlich unzulässig sein (vgl etwa ZÖLLNER/LORITZ § 21 I 4; EHRICH DB 1992, 1186; BAUSCHKE BB 1993, 2523, 2526). Später hatte sich das BAG dann aber wieder auf dem Standpunkt gestellt, daß die **Vereinbarung auflösender Bedingungen** im Arbeitsvertrag im Rahmen der Rechtsgrundsätze, die zur Vereinbarung der Befristung von Arbeitsverträgen entwickelt wurden, **wirksam ist** (BAG 20.12. 1984 AP Nr 9 zu § 620 BGB Bedingung; 5.12. 1985 AP Nr 10 zu § 620 BGB Bedingung). Mit § 21 TzBfG hat der Gesetzgeber im Anschluß daran jetzt ausdrücklich entschieden, daß auflösend bedingte Arbeitsverträge zulässig sind.

197   Auflösend bedingte Arbeitsverträge sind aber nur dann zulässig, wenn ein Sachgrund gegeben ist. Ohne Sachgrund sind auflösend bedingte Arbeitsverträge unwirksam, weil § 21 TzBfG nur auf § 14 Abs 1 TzBfG, verweist, nicht aber auf die Möglichkeiten der erleichterten Befristung in § 14 Abs 2, 3 TzBfG. Da es bei § 14 Abs 1 TzBfG für das Sachgrunderfordernis nicht auf eine Umgehung von Kündigungsschutz ankommt, **bedürfen** auch auflösend bedingte Arbeitsverträge **in Kleinbetrieben oder von bis zu sechs Monaten eines Sachgrundes** (anders noch BAG 20.11. 1999 AP Nr 25 zu § 620 BGB Bedingung).

Im Hinblick darauf, daß § 21 TzBfG die entsprechende Anwendung von § 14 Abs 1 **198**
TzBfG anordnet, ist **unklar geworden, ob für das Sachgrunderfordernis** bei auflösend
bedingten **Arbeitsverträgen jetzt die gleichen Maßstäbe** gelten wie bei kalendermäßig
oder zweckbefristeten Arbeitsverträgen. In seiner bisherigen Rechtsprechung hat das
BAG stets betont, daß an die Zulässigkeit auflösender Bedingungen besonders
strenge Anforderungen zu stellen sind. Diese reichen eher noch über diejenigen
hinaus, die bei der Zweckbefristung aufgestellt werden, weil bei dieser für den Arbeitnehmer immerhin von Beginn an eindeutig ist, daß sein Arbeitsverhältnis nicht
auf Dauer begründet wurde (BAG 9. 2. 1984 AP Nr 7 zu § 620 BGB Bedingung; BAG 24. 9. 1997
AP Nr 92 zu § 620 BGB Befristeter Arbeitsvertrag). Weil sich aus der **Gesetzesbegründung**
ergibt, daß die neue gesetzliche Regelung der bisherigen Rechtsprechung des BAG
entsprechen soll, werden an den auflösend bedingten Arbeitsvertrag weiterhin
strenge Anforderungen gestellt werden müssen (ebenso APS/Backhaus § 21 TzBfG
Rn 6; aA ErfK/Müller-Glöge § 21 TzBfG Rn 4; KR/Backhaus § 21 Rn 17). Insbesondere
darf nicht das **Unternehmerrisiko** auf den Arbeitnehmer abgewälzt werden (BAG
9. 7. 1981 AP Nr 4 zu § 620 BGB Bedingung). Schließlich ist Voraussetzung, daß der Bedingungseintritt durch objektive Umstände bestimmt ist und nicht der willkürlichen
Bestimmung durch den Arbeitgeber unterliegt. Die fehlende **Bestimmtheit** der Beendigung führt zur Unwirksamkeit der auflösenden Bedingung (BAG 27. 10. 1988 EzA
§ 620 BGB Bedingung Nr 9).

Die Voraussetzungen für die Zulässigkeit auflösender Bedingungen gelten auch für **199**
Tarifverträge (BAG 28. 6. 1995 AP Nr 6 zu § 59 BAT). Dies folgt bereits daraus, daß das
Sachgrunderfordernis des § 14 Abs 1 TzBfG nicht zur Disposition der Tarifparteien
steht.

b) Sachliche Rechtfertigung auflösender Bedingungen
Für die auflösende Bedingung ist bei dem Sachgrundkatalog des § 14 Abs 1 TzBfG **200**
folgendes zu beachten: Bei dem Tatbestand des nur **vorübergehenden Bedarfs an
Arbeitsleistung** ist zu beachten, daß der Eintritt der auflösenden Bedingung ungewiß
ist, der Arbeitgeber dem Arbeitnehmer jedoch **nicht ein typisches Unternehmerrisiko
aufbürden** darf, nämlich die allgemeine Ungewißheit der wirtschaftlichen Entwicklung (BAG 9. 7. 1981 AP Nr 4 zu § 620 BGB Bedingung). Daran ist festzuhalten. Die witte-
rungsbedingte Unmöglichkeit der Arbeitsleistung wurde als zulässige Bedingung
anerkannt (BAG 28. 8. 1987 RnK I 9g Nr 10).

Bei dem **Übergang des Arbeitnehmers in eine Anschlußbeschäftigung** nach einer Aus- **201**
bildung oder einem Studium kann die Tatsache, daß der Arbeitnehmer einen unbefristeten Arbeitsvertrag abschließt, auflösende Bedingung sein.

Ob es sich bei der **Vertretung** bis zur Wiederaufnahme der Arbeit durch den Ver- **202**
tretenen um eine auflösende Bedingung oder eine Zweckbefristung handelt, hat das
BAG bislang offen gelassen (BAG 26. 6. 1996 AP Nr 23 zu § 620 Bedingung).

Die **Eigenart der Arbeitsleistung** kann nur selten eine auflösende Bedingung tragen. **203**

Bei der **Erprobung** hat es das BAG anerkannt, daß der Bestand des Arbeitsverhält- **204**
nisses davon abhängig gemacht wurde, daß die Geigerin eines Rundfunkorchesters
ein erfolgreiches Probespiel absolvierte und die Zustimmung der Mehrheit der Or-

chestermitglieder fand. Es hat aber verlangt, daß die Arbeitnehmerin spätestens nach einem Jahr wissen müsse, ob das Arbeitsverhältnis Bestand hat (BAG 7. 5. 1980 AP Nr 36 zu § 611 BGB Abhängigkeit). Zu beachten ist allerdings, daß der Eintritt der Bedingung nicht der willkürlichen Festlegung durch den Arbeitgeber obliegen darf. Als **sachlich gerechtfertigte auflösende Bedingungen** hat die Rechtsprechung einige Fallgestaltungen angesehen, die mit der Eignung des Arbeitnehmers in der Vertragsbegründungsphase zusammenhängen: Einstellung unter der auflösenden Bedingung der Verweigerung der Zustimmung des Betriebs- oder Personalrates (BAG 17. 2. 1983 AP Nr 74 zu § 620 BGB Befristeter Arbeitsvertrag); Einstellung vorbehaltlich des Ergebnisses der amtsärztlichen Untersuchung (LAG Niedersachsen 26. 2. 1980 DB 1980, 1799) bzw gesundheitlicher Eignung (LAG Köln 12. 3. 1991 LAGE § 620 BGB Bedingung Nr 8; LAG Berlin 16. 7. 1990 LAGE § 620 BGB Bedingung Nr 2; aA ArbG Hamburg 22. 10. 1990 NZA 1991, 94). Diese Bedingungen können auch als personenbedingte Gründe gerechtfertigt sein.

205 **Gründe in der Person des Arbeitnehmers** können insbesondere dann vorliegen, wenn die auflösende Bedingung vorwiegend im Interesse des Arbeitnehmers abgeschlossen wird, zB seinem ausdrücklichen Wunsch entspricht, wobei auch hier der Mißbrauchsgefahr durch eine strenge Prüfung zu begegnen ist. Zulässig sind auch Bedingungen, die allein vom Willen des Arbeitnehmers abhängen. Der **Entzug einer behördlichen Erlaubnis,** welche zur Arbeitsausübung erforderlich ist, kann dann auflösende Bedingung sein, wenn eine anderweitige Beschäftigung des Arbeitnehmers nicht möglich ist (BAG 25. 8. 1999 AP Nr 24 zu § 620 BGB Bedingung). Ferner wurde die Feststellung der Fluguntauglichkeit bei Flugzeugpersonal anerkannt, unter der Voraussetzung, daß keine Weiterbeschäftigung beim Bodenpersonal möglich ist (BAG 14. 5. 1987 EzA § 620 BGB Bedingung Nr 7; BAG 11. 10. 1995 AP Nr 20 zu § 620 BGB Bedingung) sowie die Feststellung der Berufs- oder Erwerbsunfähigkeit durch Rentenversicherungsträger, soweit es an zumutbaren Weiterbeschäftigungsmöglichkeiten fehlt (BAG 24. 6. 1987 AP Nr 5 zu § 59 BAT; BAG 28. 6. 1995 AP Nr 6 zu § 59 BAT; ausf hierzu RGRK/DÖRNER Rn 341 ff).

206 Zahlreiche personenbedingte Gründe können die auflösende Bedingung allerdings nicht rechtfertigen, weil diese Bedingungen wie absolute Kündigungsgründe wirken, die auch nach der gesetzlichen Neuregelung unzulässig bleiben. Beispiele aus der Rechtsprechung sind: Krankheit (LAG Berlin 8. 11. 1960 BB 1961, 95; LAG Baden-Württemberg 15. 10. 1990 DB 1991, 918), Alkoholgenuß (LAG München 29. 10. 1987 BB 1988, 348), schlechte Leistungen im Berufsausbildungsverhältnis (BAG 5. 12. 1985 EzA § 620 BGB Bedingung Nr 5), Eintritt einer Erwerbsunfähigkeit (BAG 13. 6. 1985 AP Nr 11 zu § 620 BGB Bedingung; 27. 10. 1988 EzA § 620 BGB Bedingung Nr 9), Eheschließung und Schwangerschaft (BAG 10. 5. 1957 AP Nr 1 zu Art 6 Abs 1 GG Ehe und Familie; 28. 11. 1958 AP Nr 3 zu Art 6 Abs 1 GG Ehe und Familie); Beendigung des Arbeitsverhältnisses bei Urlaubsüberschreitung (BAG 19. 12. 1974 AP Nr 3 zu § 620 BGB Bedingung), Austritt aus der Gewerkschaft (BAG 2. 6. 1987 AP Nr 49 zu Art 9 GG mit Anm RÜTHERS), Aufhebung des Arbeitsverhältnisses mit Ende des Tarifurlaubes und gleichzeitiger Wiedereinstellungszusage bei rechtzeitiger Rückkehr (BAG 13. 12. 1984 AP Nr 8 zu § 620 BGB Bedingung; 20. 12. 1984 AP Nr 9 zu § 620 BGB Bedingung); Beendigung eines Arbeitsverhältnisses bei Nichtbewilligung weiterer Beurlaubung eines Beamten (BAG 4. 12. 1991 EzA § 620 BGB Bedingung Nr 10).

207 Bei der Befristung aus **haushaltsrechtlichen Gründen** ist zu beachten, daß die all-

gemeine Unsicherheit, ob in Zukunft Haushaltsmittel zur Verfügung stehen, weder eine Befristung noch eine auflösende Bedingung rechtfertigt (BAG 27. 1. 1988 AP Nr 116 zu § 620 BGB Befristeter Arbeitsvertrag; zum Wegfall der staatlichen Förderung BAG 15. 3. 1991 EzA § 47 BBiG Nr 1).

Die Vereinbarung einer auflösenden Bedingung in einem **gerichtlichen Vergleich** als **208** Kompromißlösung ist anerkannt (BAG 4. 9. 1986 EzA § 611 BGB Beschäftigungspflicht Nr 27; 21. 5. 1981 AP Nr 32 zu § 615 BGB; 9. 2. 1984 AP Nr 7 zu § 620 BGB Bedingung; LAG Baden-Württemberg 15. 12. 1981 AP Nr 5 zu § 620 BGB Bedingung).

Als zulässig wird man es zB auch ansehen, die Beschäftigung des Arbeitnehmers auf **209** dem vorgesehenen Arbeitsplatz davon abhängig zu machen, daß der **Betriebs- bzw Personalrat der Einstellung zustimmt.** Unzulässig bleiben auflösende Bedingungen, die an den Eintritt der **Schwangerschaft** (BAG 28.11. 1958 AP Nr 3 zu Art 6 Abs 1 GG Ehe und Familie) oder die **Eheschließung** (Art 6 GG) anknüpfen. Der (positiven oder negativen) **Koalitionsfreiheit** widerspricht es, wenn der Fortbestandes des Arbeitsverhältnisses vom Eintritt in die bzw Austritt aus der Gewerkschaft abhängig gemacht wird (BAG 2. 6. 1987 AP Nr 49 zu Art 9 GG).

c)   Formerfordernis; Beendigung auflösend bedingter Verträge
Auch die Vereinbarung einer auflösenden Bedingung unterliegt der **Schriftform** (§ 21 **210** iVm § 14 Abs 4 TzBfG). Für die **Beendigung** des auflösend bedingten Arbeitsverhältnisses verweist § 21 TzBfG auf § 15 Abs 2, 3 TzBfG, womit der Arbeitgeber in jedem Fall eine zweiwöchige Auslauffrist beachten muß. Auch das auflösend bedingte Arbeitsverhältnis kann sich kraft **gesetzlicher Fiktion** auf unbestimmte Zeit verlängern (§ 21 iVm § 15 Abs 5 TzBfG). Die Rechtsfolge einer unwirksamen auflösenden Bedingung ergibt sich aus § 16 TzBfG.

10.   Unabdingbarkeit des TzBfG; begrenzte Tarifdispositivität

§ 22 Abweichende Vereinbarungen

(1) Außer in den Fällen des § 12 Abs 3, § 13 Abs 4 und § 14 Abs 2 Satz 3 und 4 kann von den Vorschriften dieses Gesetzes nicht zuungunsten des Arbeitnehmers abgewichen werden.

(2) Enthält ein Tarifvertrag für den öffentlichen Dienst Bestimmungen im Sinne des § 8 Abs. 4 Satz 3 und 4, § 12 Abs. 3, § 13 Abs. 4, § 14 Abs. 2 Satz 3 und 4 oder § 15 Abs. 3, so gelten diese Bestimmungen auch zwischen nicht tarifgebundenen Arbeitgebern und Arbeitnehmern außerhalb des öffentlichen Dienstes, wenn die Anwendung der für den öffentlichen Dienst geltenden tarifvertraglichen Bestimmungen zwischen ihnen vereinbart ist und die Arbeitgeber die Kosten des Betriebes überwiegend mit Zuwendungen im Sinne des Haushaltsrechts decken.

a)   Grundsatz
Bei dem TzBfG handelt es sich grundsätzlich um eine einseitig zwingende gesetzliche **211** Norm. Daraus folgt, daß sie sowohl **individual- als auch tarifvertraglich zugunsten des Arbeitnehmers abbedungen** werden kann. Abweichungen **zuungunsten der Arbeitnehmer** sind dagegen bis auf wenige Ausnahmen **unzulässig** (§ 22 Abs 1 TzBfG).

Für die Sachgrundbefristung gemäß § 14 Abs 1 TzBfG gilt dies **uneingeschränkt.** Weder durch Einzelarbeitsvertrag noch durch Tarifvertrag kann das grundsätzliche Sachgrunderfordernis abbedungen werden. Angesichts dieses eingeschränkten Gestaltungsspielraums der Tarifparteien ist die Rechtsprechung des BAG zur Tarifdispositivität des Befristungsrechts, das unter den richterrechtlichen Grundsätzen entwickelt wurde (BAG 4. 12. 1969 AP Nr 32 zu § 620 BGB Befristeter Arbeitsvertrag; 30. 9. 1971 AP Nr 36 zu § 620 BGB Befristeter Arbeitsvertrag mit Anm RICHARDI), obsolet.

212 Von der Regelung der erleichterten Befristung des § 14 Abs 2 TzBfG dagegen kann durch Tarifvertrag auch **zuungunsten der Arbeitnehmer** abgewichen werden, womit **branchenspezifische Lösungen** ermöglicht werden sollen. Ferner kann nach § 15 Abs 3 TzBfG die ordentliche Kündbarkeit durch Tarifvertrag geregelt werden. Die Tarifdispositivität in § 14 Abs 2 TzBfG ist aber dahin begrenzt, daß die Tarifparteien nur die Anzahl der Verlängerungen oder die Höchstdauer der Befristung anders regeln können. Möglich ist deshalb zB die erleichterte Befristung bis zu einer Höchstdauer von drei Jahren oder fünf Verlängerungen zuzulassen.

b)   Tarifliche Sonderregelungen im BAT
aa)   Geltungsbereich und Tarifvorrang

213 Für die Praxis wichtig ist, daß im öffentlichen Dienst aufgrund der Protokollnotiz Nr 1 zu Nr 1 der Sonderregelung (SR) 2y zum BAT Sonderregelungen für die Befristung von Arbeitsverhältnissen gelten. Die Nr 1 gilt **nur für Angestellte aus den alten Bundesländern** (der BAT-O enthält diese Sonderregelungen nicht!) und zwar nach a) für **Zeitangestellte,** deren Arbeitsverhältnis mit Ablauf einer kalendermäßig bestimmten Frist enden soll, b) für **Angestellte für Aufgaben von begrenzter Dauer,** bei denen das Arbeitsverhältnis durch Eintritt eines bestimmten Ereignisses oder durch Ablauf einer kalendermäßig bestimmten Frist enden soll, und c) für Aushilfsangestellte, die zur Vertretung oder zeitweiligen Aushilfe eingestellt werden. Die Sonderregelungen enthalten gegenüber dem TzBfG **deutliche Einschränkungen der Befristungsmöglichkeiten für Arbeitgeber des öffentlichen Dienstes.** Gleichlautende Bestimmungen sind in einigen weiteren Tarifverträgen des öffentlichen Dienstes enthalten. Entsprechende Sonderregelungen gibt es allerdings nicht für die Arbeitsverhältnisse der Arbeiter im öffentlichen Dienst (APS/SCHMIDT BAT SR 2y Rn 1).

214 Nr 1 der SR 2y BAT ist eine **tarifliche Abschlußnorm** im Sinne des § 4 Abs 1 TVG (BAG 27. 4. 1988 AP Nr 4 zu § 1 BeschFG 1985; 14. 2. 1990 AP Nr 12 zu § 1 BeschFG 1985) mit der Konsequenz, daß die Arbeitsvertragsparteien bei fehlender **Tarifbindung** des Arbeitnehmers die Nr 1 ebenso wie Nr 2 der SR 2y BAT abbedingen können. Der spätere Gewerkschaftsbeitritt hat darauf keinen Einfluß. Schließen die Arbeitsvertragsparteien die Geltung der Nr 1 und 2 der SR 2y BAT aus, obwohl beide tarifgebunden sind, ist der Ausschluß unwirksam (siehe zur bisherigen Rechtslage BAG 28. 2. 1990 AP Nr 1 zu § 1 BeschFG 1985; APS/SCHMIDT BAT SR 2y Rn 4), da die tarifliche Regelung für den Arbeitnehmer bis zum 31. 11. 2001 **günstiger** als die gesetzliche Befristungsregelung des § 14 Abs 2 TzBfG und eine sachgrundlose Befristung auf der Grundlage des § 14 Abs 2 TzBfG nicht möglich war (ArbR BGB/DÖRNER Rn 261; DASSAU ZTR 2001, 64, 69; zum alten Recht BAG 25. 9. 1987 AP Nr 1 zu § 1 BeschFG 1985; 15. 3. 89 AP Nr 126 zu § 620 BGB Befristeter Arbeitsvertrag; 28. 2. 1990 AP Nr 14 zu § 1 BeschFG 1985; APS/SCHMIDT BAT SR 2y Rn 14; **aA** PÖLTL, NZA 2001, 582 ff). Nach dem 77. Änderungstarifvertrag zum BAT sind seit dem 1. 1. 2002 jedoch unter den Voraussetzungen der Protokollnotiz Nr 6 zu Nr 1

der SR 2y BAT sachgrundlos befristete Arbeitsverträge nach § 14 Abs 2, 3 TzBfG zulässig. Im Verhältnis zum HRG gilt, dass innerhalb der Fristen des § 57b I HRG die SR 2y BAT keine Anwendung findet, weil die § 57a ff HRG zweiseitig zwingendes Recht sind und eine Tariföffnung nur für bestimmte Fachrichtungen und Forschungsbereiche vorgesehen ist, es sich bei der SR 2y BAT aber um eine allgemeine fachrichtungs- und forschungsbereichsunabhängige Regelung handelt (PREIS/HAUSCH NJW 2002, 927, 930; Rn 256; ebenso ErfK/MÜLLER-GLÖGE § 57a HRG Rn 6). Nach Ablauf der Fristen des HRG findet das TzBfG modifiziert durch die SR 2y BAT Anwendung. Der Befristung nach § 14 Abs 2 TzBfG steht dann auch nicht Nr 6 Satz 2 der SR 2y BAT entgegen (bisher BÖHM/SPIERTZ/SPONER/STEINHERR SR 2y BAT Rn 44 ff).

Durch das Gesetz über befristete Arbeitsverhältnisse mit Ärzten in der Weiterbildung (hierzu ausf APS/SCHMIDT ÄArbVtrG Rn 1 ff) sind ebenfalls in erster Linie Arbeitgeber des öffentlichen Dienstes betroffen. Im übrigen ist die Befristung aus Haushaltsgründen ein typisches Problem des öffentlichen Dienstes. **215**

Keine Anwendung finden die Tarifvorschriften der SR 2y bei der **Befristung einzelner Vertragsbedingungen** (BAG 15. 4. 1999 AP Nr 18 zu § 2 BAT SR 2y). **216**

bb) Bindung der Befristung an Sachgründe und besondere Grundformen der Befristung

Nach der Protokollnotiz Nr 1 dürfen Zeitangestellte nur eingestellt werden, wenn hierfür **sachliche oder in der Person liegende Gründe** vorliegen. Das betrifft alle Angestellten. Eine nähere Eingrenzung sachlicher Befristungsgründe enthält die Protokollnotiz nicht. **217**

Die Tarifvorschrift Nr 2 Abs 1 SR 2y BAT verlangt nicht die Angabe eines konkreten sachlichen Befristungsgrundes im Arbeitsvertrag, sondern nur die **Vereinbarung der einschlägigen tariflichen** Befristungsgrundform, also die Vereinbarung, ob der Angestellte als Zeitangestellter, als Angestellter für Aufgaben von begrenzter Dauer oder als Aushilfsangestellter eingestellt worden ist (BAG 29. 10. 1998 AP Nr 17 zu § 2 BAT SR 2y). Die Vereinbarung muß die nach Nr 2 Abs 2 SR 2y BAT erforderlichen Angaben zu den einzelnen Grundformen der Befristung umfassen, wobei ein entsprechender übereinstimmender Wille der Vertragsparteien ausreicht. Eine schriftliche Festlegung der nach Nr 2 SR 2y erforderlichen Angaben ist nicht zwingend notwendig (ArbR BGB/DÖRNER Rn 253). Die Parteien müssen sich bei Vertragsabschluß über den maßgeblichen Befristungstatbestand einig sein. Ferner muß dieser Befristungstatbestand eindeutig einer der tarifvertraglichen Grundformen des befristeten Arbeitsvertrags zuzuordnen sein. An dieser Zuordnung ist die materielle Rechtfertigung des Vertrages zu messen (BAG 25. 11. 92 AP Nr 150 zu § 620 BGB Befristeter Arbeitsvertrag). Die Konsequenz dieser Zuordnung ist, daß sich der Arbeitgeber auf andere Befristungsgründe nicht mehr berufen kann. Dabei ist zu beachten, daß die drei Grundformen selbständig nebeneinander stehen (BAG 7. 7. 1999 AP Nr 211 zu § 620 BGB Befristeter Arbeitsvertrag; 29. 10. 1998 AP Nr 17 zu § 2 BAT SR 2y). Die Regelung der Nr 2 der SR 2y BAT dient der Rechtssicherheit und Rechtsklarheit und will einem Streit vorbeugen, welcher Grund für die Befristung maßgeblich war. Das führt – in Abweichung zum allgemeinen Befristungsrecht (Rn 60) – dazu, daß ein Nachschieben von Befristungsgründen nicht möglich ist (BAG 31. 8. 1994 AP Nr 163 zu § 620 BGB Befristeter Arbeitsvertrag; BAG 11. 12. 1991 AP Nr 145 zu § 620 BGB Befristeter Arbeitsvertrag **218**

Nr 145; BAG 21. 3. 1990 AP Nr 135 zu § 620 BGB Befristeter Arbeitsvertrag), sich der Arbeitgeber im Prozeß daher nicht auf andere Gründe als die vereinbarten berufen darf.
Liegen mehrere sachliche Gründe vor, die jeweils verschiedenen tariflichen Befristungsformen zuzuordnen sind, so bedarf es der Vereinbarung dieser verschiedenen
tariflichen Grundformen im Arbeitsvertrag, wenn alle gegebenen Sachgründe bei der
gerichtlichen Befristungskontrolle Berücksichtigung finden sollen (BAG 20. 2. 1991 AP
BGB § 620 Befristeter Arbeitsvertrag Nr 137).

219 Soweit die bedeutsamste Befristungsgrundform „Zeitangestellte" nach Nr 1 a SR 2y
BAT vorliegt, die nur eingestellt werden dürfen, wenn sachliche oder persönliche
Gründe vorliegen (Protokollnotiz Nr 1), so können im praktischen Ergebnis **alle
Sachgründe** anerkannt werden, die die Befristung auch nach § 14 Abs 1 TzBfG zu-
ließen.

220 Die Befristungsgrundform **„Aufgabe von begrenzter Dauer"** im Sinne der Nr 1b SR 2y
BAT liegt nur dann vor, wenn im Zeitpunkt des Abschlusses des befristeten Arbeitsvertrages zu erwarten ist, daß diese Aufgabe innerhalb der in der Protokollnotiz Nr 3
zu Nr 1 SR 2y BAT bestimmten Frist von fünf Jahren endgültig beendet ist. Für eine
solche Prognose muß es ausreichend konkrete Anhaltspunkte geben (BAG 11. 12. 1991
EzA § 620 BGB Nr 111). Maßgebend ist die Dauer der Aufgabe; die Laufzeit eines
Projektes, innerhalb dessen die Aufgabe durchgeführt wird, kann länger sein (BGH
24. 10. 2001 – 7 AZR 620/00). Das BAG hat eine Aufgabe von begrenzter Dauer angenommen bei der Tätigkeit einer Ausbildung im Rahmen eines befristeten fremdfi-
nanzierten **Benachteiligungsprogramms** (BAG 15. 3. 1989 AP Nr 126 zu § 620 BGB Befristeter
Arbeitsvertrag), bei der Mitarbeit an einem **drittmittelfinanzierten Forschungsobjekt**
(BAG 3. 11. 1999 AP Nr 19 zu § 2 BAT SR 2y Nr 19; 15. 1. 1997 AP Nr 14 zu § 57 b HRG; 6. 11.
1996 AP Nr 11 zu § 57 c HRG; 14. 12. 1994 AP Nr 3 zu § 57 b HRG; BAG 26. 8. 1988 AP Nr 124 zu
§ 620 BGB Befristeter Arbeitsvertrag), bei der ärztlichen Tätigkeit bis zur **Auflösung eines
Krankenhauses** (BAG 28. 11. 1990 – 7 AZR 467/89 – nv) sowie bei der **umzugsbedingten
Umorganisation eines Arbeitsamtes** (BAG 11. 12. 1990 – 7 AZR 621/89 – RzK I 9 f Nr 33).

221 Die Befristungsgrundform **„Vertretung oder zeitweilige Aushilfe (Aushilfsangestellte)"** im Sinne der SR 2y BAT setzt voraus, daß der Arbeitnehmer von vornherein
zu dem Zweck eingestellt worden ist, einen vorübergehenden Bedarf an Arbeitskräften abzudecken, der nicht durch den normalen Betriebsablauf, sondern durch
den Ausfall von Arbeitskräften oder einen zeitlich begrenzten zusätzlichen Arbeitsanfall begründet wird. Die SR 2y BAT trägt dem Rechnung und erwähnt diese
Befristungsgründe in der Nr 1 c ausdrücklich gesondert, auch wenn anerkannt ist,
daß Aushilfe und Vertretung Unterfälle der Aufgaben von begrenzter Dauer (Nr 1 b
SR 2y BAT) sind und die Vertretung wieder eine Fallgestaltung der Aushilfe ist (BAG
6. 6. 1984 AP Nr 83 zu § 620 BGB Befristeter Arbeitsvertrag). Mißverständliche oder nach dem
tariflichen Sprachgebrauch unzutreffende Bezeichnungen des Befristungsgrundes
sind nach der Rechtsprechung unschädlich, wenn sich ein übereinstimmender Wille
der Vertragsparteien feststellen läßt (BAG 25. 11. 1992 EzA § 620 BGB Nr 117). Die Protokollnotiz Nr 5 zu Nr 1 SR 2y BAT verwehrt dem Arbeitgeber nur die allgemeine
Begründung, Aufgaben in Flüchtlingslagern seien stets von begrenzter Dauer. Die
anderen Befristungsgrundformen werden hierdurch nicht ausgeschlossen (BAG 25. 11.
1992 EzA § 620 BGB Nr 117).

cc) Formerfordernisse

Besonders hervorzuheben sind **Formerfordernisse,** die in Nr 2 SR 2y BAT geregelt **222** sind (hierzu KLIEMT § 9 II 4). Danach ist im Arbeitsvertrag zu vereinbaren, ob der Angestellte als Zeitangestellter, als Angestellter für Aufgaben von begrenzter Dauer oder als Aushilfsangestellter eingestellt wird. Ferner ist im Arbeitsvertrag die **Frist** anzugeben, mit deren Ablauf das Arbeitsverhältnis enden soll. Bei zweckbefristeten Arbeitsverhältnissen ist die Aufgabe zu bezeichnen und anzugeben, mit Ablauf welcher Frist und durch Eintritt welchen Ereignisses das Arbeitsverhältnis enden soll.

Fehlende schriftliche Angaben führen jedoch **nicht** zur **Unwirksamkeit** der Befri- **223** stungsabrede. Nach Auffassung des BAG (BAG 15.3. 1989 AP Nr 126 zu § 620 BGB Befristeter Arbeitsvertrag; BAG 7.5. 1986 AP Nr 12 zu § 4 BAT mwN) handelt es sich bei der nach Nr 2 der SR 2y verlangten Vereinbarung nicht um Nebenabreden im Sinne des § 4 Abs 2 BAT, für welche die konstitutive Schriftform verlangt wird, weil Hauptpflichten und Hauptrechte der Parteien betroffen seien.

Haben die Parteien beim Abschluß eines befristeten Arbeitsvertrages die nach Nr 2 **224** Abs 1 SR 2y BAT im Arbeitsvertrag anzugebende tarifliche Befristungsgrundform **falsch bezeichnet,** so hindert dies den Arbeitgeber nicht, sich auf den tatsächlichen Befristungsgrund zu berufen, wenn dieser Befristungsgrund im Arbeitsvertrag schlagwortartig angegeben ist und dem Arbeitnehmer die näheren Einzelheiten bekannt sind (BAG 8.4. 1992 EzA § 620 BGB Nr 115).

dd) Weitere Sonderregelungen

Zu beachten sind jedoch die weitere Sonderregelungen für Zeitangestellte, Ange- **225** stellte für Aufgaben von begrenzter Dauer und für Aushilfsangestellte nach SR 2y BAT. Diese Sonderregelungen enthalten – neben dem Erfordernis des Sachgrundes – weitere Abweichungen gegenüber den Grundsätzen des TzBfG (vgl insbesondere Nr 7 zu SR 2y BAT; vgl im übrigen § 56 Abs 2 und 3 MTB II und MTL II sowie § 49 Abs 2 BMT-G II). Zu diesen Sonderregelungen mußte die Rechtsprechung wiederholt Stellung nehmen. Hierzu im einzelnen:

Die durch die Protokollnotiz 2 zu Nr 1 SR 2y BAT festgelegte **Fünf-Jahres-Grenze** für **226** die Dauer eines Zeitvertrages wird zwar umgangen, wenn die Gesamtdauer mehrerer aneinander gereihter befristeter Verträge diese Höchstfrist überschreitet und die einzelnen Zeitverträge nicht jeweils auf anderen, sondern auf denselben gleichartigen Gründen beruhen (BAG 26.5. 1983 EzA § 620 BGB Nr 67). Die Protokollnotiz verbietet allerdings nur, **einen Zeitvertrag** von vornherein für die Dauer von mehr als fünf Jahren abzuschließen; **mehrere aneinander gereihte Arbeitsverträge können dagegen die Dauer von fünf Jahren überschreiten** (BAG 21.6. 1983 EzA § 620 BGB Nr 68; 21.4. 1993 EzA § 620 BGB Nr 121). Bedenken gegen die Zulässigkeit sog Kettenbefristungen wird im Rahmen der allgemeinen Grundsätze Rechnung getragen.

Die Protokollnotiz Nr 2 zu Nr 1 SR 2y BAT gilt allerdings **nicht für zweckbefristete 227 Arbeitsverträge** (BAG 26.3. 1986 EzA § 620 BGB Nr 81). Die Protokollnotiz Nr 3 der Nr 1 SR 2y BAT umfaßt auflösend bedingte und zweckbefristete Arbeitsverträge (BAG 9.2. 1984 EzA § 620 BGB Bedingung Nr 2). Sie umfaßt aber nicht alle auflösend bedingten und zweckbefristeten Arbeitsverträge; die Vereinbarung einer auflösenden Bedingung oder Zweckbefristung führt nicht notwendig zu der Annahme einer Aufgabe von begrenzter Dauer (BAG 26. 3. 1986 EzA § 620 BGB Nr 81).

228 Für den Geltungsbereich des BAT liegt eine spezielle Regelung in Nr 7 Abs 4 SR 2y BAT vor. Diese Regelung gilt für alle auf der Grundlage der SR 2y BAT vereinbarten Zweckbefristungen und auflösenden Bedingungen (BAG 12. 6. 1987 EzA § 620 BGB Nr 90; APS/SCHMIDT BAT SR 2y Rn 1). Diese Regelung ist günstiger als die bloß zweiwöchige Auslauffrist des § 15 Abs 2 TzBfG und geht dieser daher vor. Für befristete Arbeitsverhältnisse, für die zusätzlich eine auflösende Bedingung gilt (BÖHM/SPIERTZ/SPONER/ STEINHERR SR 2y Vorbem), enthält Protokollnotiz Nr 6 UAbs eine eigenständige, gegenüber § 15 Abs 2 TzBfG günstigere Regelung. Darüber hinaus enthält Nr 7 Abs 3 SR 2y BAT eine nach § 15 Abs 3 TzBfG zulässige Vereinbarung einer ordentlichen Kündigungsmöglichkeit des befristeten Vertrages.

11. Befristung von Einzelarbeitsbedingungen

a) Grundsatz

229 Nach Auffassung des BAG kann es auch bei der Befristung von Einzelarbeitsbedingungen zu Umgehungen kommen, weil der Bestandsschutz nach dem KSchG notwendig auch den Vertragsinhaltsschutz umfasse (BAG 13. 6. 1986 EzA § 620 BGB Nr 85 mit zust Anm OTTO). Ein schutzwertes Interesse für zeitlich befristete Änderungsverträge entfalle, „wenn der Arbeitnehmer den gesetzlichen Vorschriften über den Inhaltsschutz (§ 2 KSchG iVm § 1 Abs 2 und 3, § 4 Satz 2, § 7, § 8 KSchG) entzogen werden soll, ohne daß ein sachlicher Grund für eine derartige Vertragsgestaltung gegeben ist." Fehle es an einem sachlichen Grund, handele es sich um eine objektiv funktionswidrige Vertragsgestaltung mit der Folge, daß die Befristung einer einzelnen Vertragsbedingung unwirksam ist und die unwirksam befristete Vertragsbestimmung auf unbestimmte Zeit gelte (BAG 13. 6. 1986 EzA § 620 BGB Nr 85).

b) Methodischer Ansatz der Kontrolle

230 Diese Rechtsprechung wirft Fragen auf. Problematisch erscheint insbesondere, daß der Kontrollmechanismus an den Typus „Befristung" angelegt wird, obwohl ganz andere Wertungsfragen im Raume stehen. LÖWISCH wies bereits auf die **funktionale Äquivalenz** der Befristung von Einzelarbeitsbedingungen zu den Möglichkeiten des **Widerrufsvorbehalts** und der **Änderungskündigung** hin (LÖWISCH ZfA 1986, 1, 4). Wesentlich ist, daß bei der Befristung von Einzelarbeitsbedingungen im Arbeitsvertrag der **Prüfungszeitpunkt** ein ganz anderer als bei Widerruf, Teilkündigung und Anrechnungsvorbehalten ist. Während es bei letzteren auf die Sachgerechtigkeit des Gestaltungsrechts im Zeitpunkt ihrer Erklärung ankommt, ist bei der Befristung auf den Zeitpunkt der Vereinbarung abzustellen (LÖWISCH ZfA 1986, 1, 4). Dies kann in der Sache einen wesentlichen Unterschied machen. Besteht im Zeitpunkt der Befristung ein zureichender sachlicher Grund, ist der Arbeitgeber nach Ablauf der Befristung in der Disposition frei ungeachtet dessen, ob zum Ende der Befristung der Sachgrund noch vorliegt. Ferner muß deutlich unterschieden werden, in welcher Situation die Befristung einer Arbeitsbedingung erfolgt. So macht es einen erheblichen Unterschied, ob bereits im Arbeitsvertrag selbst formularmäßig Befristungen enthalten sind oder ob eine befristete – günstige – Arbeitsbedingung auf freiwilliger Basis im bestehenden bestandsgeschützten Arbeitsverhältnis vereinbart wird. Auf diesen grundlegenden Unterschied ist bislang nur unzureichend hingewiesen worden (vgl jedoch LINKE, Richterliche Kontrolle der Befristung einzelner Arbeitsbedingungen [1993] 100 ff; PREIS, Grundfragen 429 ff).

Es geht auch bei der Befristung von Einzelarbeitsbedingungen um eine Angemessen- **231** heitskontrolle von Vertragsgestaltungen (ebenso WOLF RdA 1988, 270 ff; und jetzt KR/LIPKE § 14 TzBfG Rn 20; ErfK/MÜLLER-GLÖGE § 3 TzBfG Rn 23). Hierbei ist die Kontrolle in jedem Falle gerechtfertigt, wenn in einem **Formulararbeitsvertrag** Befristungsklauseln für einzelne Arbeitsbedingungen enthalten sind. Der Arbeitnehmer ist hier insbesondere vor unzulässigen Relativierungen bestimmter im Austauschverhältnis stehender Pflichten zu schützen. Dieser Ansatz findet jetzt eine mehrfache gesetzliche Bestätigung. Die Umgehungsrechtsprechung bei befristeten Arbeitsverträgen ist durch das TzBfG obsolet worden (vgl Rn 15 ff). Das TzBfG regelt nicht die Kontrolle befristeter einzelner Arbeitsbedingungen, sondern nur die Befristung des gesamten Arbeitsvertrages. Das TzBfG ist daher auf die Befristung einzelner Arbeitsbedingungen nicht anwendbar (PREIS/GOTTHARDT DB 2001, 145, 150; BBDW/BADER Rn 5; krit DÄUBLER ZIP 2001, 217, 223; **aA** offenbar, freilich ohne nähere Begründung MünchArbR/WANK § 116 Rn 218). Auch fällt die Befristung einzelner Arbeitsbedingungen nicht unter das Schriftformgebot des § 14 Abs 4 TzBfG, das – ebenso wie § 623 – nur auf Beendigungstatbestände zielt (ebenso ArbR BGB/DÖRNER § 620 Rn 46). Ferner sind durch das Schuldrechtsmodernisierungsgesetz nach § 310 Abs 4 die Regelungen zur Kontrolle vorformulierter allgemeiner Geschäftsbedingungen für anwendbar erklärt worden. Vor unangemessen benachteiligenden, vorformulierten Befristungsabreden bietet die Generalklausel des § 307 hinreichenden Schutz. Auf die Umgehungsrechtsprechung des BAG muß daher nicht mehr zurückgegriffen werden (so aber noch KDZ/DÄUBLER § 14 TzBfG Rn 140). Diese ausdrückliche Regelung zur Inhaltskontrolle genießt Vorrang vor der früheren Hilfskonstruktion der Inhaltskontrolle durch das BAG. Insoweit kann auch der Auffassung von DÖRNER zugestimmt werden, daß auch nach Inkrafttreten des TzBfG die Befristung von einzelnen Arbeitsbedingungen (irgendeiner) gerichtlichen Kontrolle unterliegt (RGRK/DÖRNER § 620 Rn 46).

Freilich könnte dem Ansatz, durch das TzBfG bzw die Schuldrechtsreform habe sich **232** an der Inhaltskontrolle nichts geändert, nicht gefolgt werden (ohne konkrete Stellungnahme etwa BBDW/BADER § 620 BGB Rn 289). Inhaltsschutz, dh Schutz vor unangemessenen Vertragsbedingungen, die auch das Austauschverhältnis berühren, wird jetzt über die Vorschriften zur Inhaltskontrolle vorformulierter Vertragsbedingungen gemäß §§ 305 ff gewährleistet. Das bedeutet ua, daß zwischen den Vertragsparteien ausgehandelte Vertragsbedingungen nicht kontrollfähig sind (§ 305 Abs 1 S 3). Ferner genießen Individualabreden Vorrang (§ 305 b). Diese Rechtslage ist insbesondere bei **Änderungsbefristungen im bestehenden Arbeitsverhältnis** beachten. Auf nachteilige Befristungsabreden braucht sich der Arbeitnehmer prinzipiell nicht einzulassen (auf diesen Aspekt geht LÖWISCH ZfA 1986, 1, 7, nicht ein, vgl aber WANK, in: HROMADKA [Hrsg], Änderung von Arbeitsbedingungen 35, 62 ff). Beim Wechsel von Vollzeit- zur Teilzeitbeschäftigung auf Wunsch des Arbeitnehmers sieht LÖWISCH (ZfA 1986, 1, 12 f) allerdings in Anlehnung an die Befristungsrechtsprechung einen sachlichen Grund gegeben, „soweit der Arbeitnehmer bei Vereinbarung der Befristung in seiner Entscheidungsfreiheit nicht beeinträchtigt ist". Der Bestand seines Vertragsverhältnisses ist durch das KSchG geschützt. Läßt er sich aus dieser starken Position dennoch individuell auf eine befristete Änderungsabrede ein, kann diese als autonome Individualabrede regelmäßig keiner Angemessenheitskontrolle unterzogen werden, es sei denn, im konkreten Einzelfall wurde der Arbeitnehmer einer **Drucksituation** ausgesetzt, die die Befristung als diktierte Bedingung erscheinen läßt (hierzu WOLF RdA 1988, 270, 275).

233 Werden im bestehenden Arbeitsverhältnis dem Arbeitnehmer **bessere Arbeitsbedingungen,** wenn auch befristet, angeboten, gilt das gleiche. Es kommt hinzu, daß die Gefahr eines unangemessenen Nachteils regelmäßig nicht zu erkennen ist. Der Arbeitnehmer übernimmt eine für ihn vorteilhafte Aufgabe, wenn auch nur befristet, unter Umständen jedoch mit der Aussicht auf eine dauerhafte Übertragung. Eine Kontrolle derartiger Vertragsgestaltung über einen sachlichen Grund ist entbehrlich (vgl noch näher nachfolgend Rn 132).

234 Zu schützen ist der Arbeitnehmer allerdings vor **Kettenbefristungen.** Die **fortgesetzt befristete Übertragung einer höherwertigen Tätigkeit** kann dazu führen, daß dem Arbeitnehmer der gesetzlich gewollte Bestandsschutz, der nach dem KSchG notwendig auch den Vertragsinhaltsschutz umfaßt (vgl § 2 KSchG iVm § 1 Abs 2 und 3 KSchG), genommen wird. In solchen Fällen kann eine echte Umgehung des Kündigungsschutzes vorliegen. Die Dauerbefristung gerät wie jede Kettenbefristung in unauflöslichen Widerspruch zum Kündigungsschutz des Arbeitnehmers. Nur hier greift die im Anschluß an LÖWISCH (ZfA 1986, 1) durch das BAG (13.6. 1986 EzA § 620 BGB Nr 85 mit zust Anm OTTO) angenommene Möglichkeit von Umgehungen. Bei erstmaliger Übertragung höherwertiger Tätigkeit kann aber weder von einer Umgehung noch von einer unangemessen benachteiligenden Vertragsgestaltung ausgegangen werden mit der Folge, daß die Befristung einer einzelnen Vertragsbedingung unwirksam ist und die unwirksam befristete Vertragsbestimmung auf unbestimmte Zeit gilt (so im Ansatz aber BAG 13.6. 1986 EzA § 620 BGB Nr 85).

c)   Befristete Übertragung gleichwertiger oder höherwertiger Aufgaben

235 Generell fraglich ist, ob der Arbeitnehmer gegenüber einer befristeten Übertragung einer höherwertigen Tätigkeit überhaupt schutzbedürftig ist (LÖWISCH ZfA 1986, 1, 10 sieht hier in aller Regel einen sachlichen Grund als gegeben an; vgl auch die Rechtsprechung zur befristeten Übertragung einer höherwertigen Tätigkeit im Rahmen des § 24 BAT, in der schon immer ein „sachlicher Grund" zur Vermeidung von Mißbräuchen bei Übertragung der Tätigkeit verlangt wurde, damit nicht die nach §§ 22, 23 BAT tarifgerechte Entlohnung vereitelt wird; BAG 25.10. 1967 AP Nr 1 zu § 24 BAT; 5. 9. 1973 AP Nr 3 zu § 24 BAT; 25.3. 1981 AP Nr 5 zu § 24 BAT; 15.2. 1984 AP Nr 8 zu § 24 BAT; 19.6. 1985 AP Nr 9 zu § 24 BAT; 10.2. 1988 AP Nr 15 zu § 24 BAT; 16.1. 1991 NZA 1991, 490; ferner zum Widerruf einer übertragenen Tätigkeit BAG 17.1. 1979 AP Nr 3 zu § 36 BAT; zur probeweisen Übertragung einer höherwertigen Tätigkeit BAG 12.2. 1970 AP Nr 23 zu § 611 BGB Direktionsrecht). Endet die Befristung, erlangt der Arbeitnehmer nur seinen originären Tätigkeitsbereich wieder. Das mag für ihn positiv oder negativ sein, kann aber nicht anders bewertet werden als eine gleichlautende, aber aufgrund neuerlicher Ausübung des Direktionsrechts erfolgende Rückversetzung. Ansatzpunkt für die Inhaltskontrolle ist deshalb allein die Zulässigkeit von Hin- und Rückversetzung, nicht aber der Befristungsmechanismus selbst. Während der sachliche Grund bei Befristungen von Arbeitsverhältnissen der Umgehung des § 1 KSchG entgegenwirkt, kann er bei Befristungen von Tätigkeitsänderungen wegen der unzutreffenden Anknüpfung an die Befristungsregelung zu einer sachlich nicht gerechtfertigten Beschneidung anerkannter Direktionsrechte führen. Gleiches gilt bei der befristeten Zuweisung anderer gleichwertiger Tätigkeiten. Die befristete Übertragung einer anderweitigen Tätigkeit

findet ihre Parallele in bislang unstrittig für zulässig gehaltenen Direktionsrechts-
klauseln. Mit deren Bewertungsmaßstäben muß die Rechtsprechung harmonieren,
um unsachgemäße Differenzierungen auszuschließen.

d)   Befristung sonstiger materieller Arbeitsbedingungen

Soweit materielle Arbeitsbedingungen (Entgelte, Sozialleistungen) befristet gewährt **236**
werden, stellt sich die Frage der Harmonisierung der Kontrollmaßstäbe zu funktions-
gleichen bzw ähnlichen Vertragsgestaltungen (Freiwilligkeitsvorbehalt, Widerruf,
Teilkündigung). Das BAG hat die Befristung einer Provisionszusage, die zusätzlich
zum Tarifgehalt gezahlt wird und 15% der Gesamtvergütung ausmacht, für unbedenklich erklärt (BAG 21.4. 1993 EzA § 2 KSchG Nr 20). Anrechnung, Freiwilligkeit,
Widerruf, Befristung und Kündigung von materiellen Arbeitsbedingungen sind ver-
tragsgestalterische Variationen, die nach den allgemeinen Prinzipien einer Inhaltskontrolle bei paritätsgestörter Vertragsgestaltung zu behandeln sind (HANAU/PREIS
NZA 1991, 81 ff; PREIS, Grundfragen 414 ff; ders, in: FS Kissel [1994] 879 ff).

IV.   Gesetzliche Sonderregelungen des befristeten Arbeitsverhältnisses

Die durch die richterrechtliche Reduktion des § 620 hervorgerufene Rechtslage hat **237**
den Gesetzgeber veranlaßt, an einzelnen Stellen korrigierend einzugreifen. Dabei
hat er zum einen das Vorliegen eines sachlichen Grundes zur Befristung ausdrücklich
für nicht erforderlich erklärt (BeschFG 1985/1994), zum anderen Sachgründe gesetzlich definiert (BErzGG, HRG ua). Im Bereich der Arbeitnehmerüberlassung hat er
die von der Rechtsprechung anerkannten Befristungsgründe auf solche reduziert, die
in der Person des Arbeitnehmers liegen (Art 1 § 9 Nr 2 AÜG).

1.   Bundeserziehungsgeldgesetz

§ 21 BErzGG

**[1] Ein sachlicher Grund, der die Befristung eines Arbeitsverhältnisses rechtfertigt,
liegt vor, wenn ein Arbeitnehmer zur Vertretung eines anderen Arbeitnehmers für
die Dauer eines Beschäftigungsverbotes nach dem Mutterschutzgesetz, einer Elternzeit, einer auf Tarifvertrag, Betriebsvereinbarung oder einzelvertraglicher Vereinbarung beruhenden Arbeitsfreistellung zur Betreuung eines Kindes oder für diese
Zeiten zusammen oder für Teile davon eingestellt wird.**

**[2] Über die Dauer der Vertretung nach Absatz 1 hinaus ist die Befristung für not-
wendige Zeiten einer Einarbeitung zulässig.**

**[3] Die Dauer der Befristung des Arbeitsvertrages muß kalendermäßig bestimmt
oder bestimmbar oder den in den Absätzen 1 und 2 genannten Zwecken zu entnehmen sein.**

[4] ......

In der Rechtsprechung des BAG war seit jeher anerkannt, daß es einen sachlichen **238**
Grund für die Befristung eines Arbeitsverhältnisses darstellt, wenn der Mitarbeiter
zur Vertretung einer im Mutterschutz befindlichen Stammbeschäftigten eingestellt

wurde. § 21 Abs 1 BErzGG hat diese Rechtsprechung aufgenommen und bestimmt nunmehr, daß ein sachlicher Grund, der die Befristung eines Arbeitsverhältnisses rechtfertigt, vorliegt, wenn ein Arbeitnehmer zur Vertretung eines anderen Arbeitnehmers für Zeiten eines **Beschäftigungsverbotes nach dem MuSchG,** einer **Elternzeit,** einer auf Tarifvertrag, Betriebsvereinbarung oder einzelvertraglicher Vereinbarung beruhenden **Arbeitsfreistellung zur Betreuung eines Kindes** oder für diese Zeiten zusammen oder für Teile davon eingestellt wird. Beschäftigungsverbote im Sinne der Vorschrift des § 21 Abs 1 BErzGG sind nicht nur die Schutzfristen der § 3 Abs 2, § 6 Abs 1 MuSchG, sondern auch die Einschränkungen der Beschäftigungsmöglichkeiten, die in § 3 Abs 1, § 4, § 6 Abs 2 und § 8 MuSchG geregelt sind. Die Befristungsdauer bestimmt sich nach der Dauer der Beschäftigungsverbote und der verlangten Elternzeit sowie darüber hinaus für notwendige Zeiten der Einarbeitung (§ 21 Abs 2 BErzGG), die **großzügig** bemessen werden darf (ArbR BGB/Dörner Rn 444). Der Arbeitgeber ist nicht verpflichtet, die Laufzeit der Verträge mit der Dauer der beantragten Elternzeit oder anderer Freistellungstatbestände gleichzuschalten. Er kann auch für **kürzere Zeit** befristet beschäftigen (BAG 9.7. 1997 EzA Nr 2 zu § 21 BErzGG).

239 In der bis zum 30. 10. 1996 geltenden Fassung hatte § 21 Abs 3 BErzGG die Wirksamkeit der Befristung zusätzlich davon abhängig gemacht, daß die Dauer der Befristung kalendermäßig bestimmt oder bestimmbar sein muß. Aus dieser Regelung hatte das BAG gefolgert, daß – im Gegensatz zu seiner älteren Rechtsprechung – Zweckbefristungen in diesem Bereich nicht mehr zulässig seien (BAG 9.11. 1994 AP Nr 1 zu § 21 BErzGG). Der Gesetzgeber hat dies zum Anlaß genommen, § 21 Abs 3 BErzGG dahingehend zu ergänzen, daß es nunmehr ausreichend ist, wenn sich die Dauer der Befristung aus den in § 21 Abs 1 BErzGG genannten Zwecken entnehmen läßt. Es genügt also die Vereinbarung, daß das Arbeitsverhältnis für die Zeit eines näher genannten, vom Datum aber nicht genau zu benennenden Beschäftigungsverbots andauern soll. Wie bei jeder Zweckbefristung gilt allerdings auch im Rahmen des § 21 BErzGG das Ankündigungserfordernis des § 15 Abs 2 TzBfG (Rn 180 ff).

2. Arbeitnehmerüberlassungsgesetz

§ 9 AÜG Unwirksamkeit

Unwirksam sind:

....

2. wiederholte Befristungen des Arbeitsverhältnisses zwischen Verleiher und Leiharbeitnehmer, es sei denn, daß sich für die Befristung aus der Person des Leiharbeitnehmers ein sachlicher Grund ergibt oder die Befristung ist für einen Arbeitsvertrag vorgesehen, der unmittelbar an einen mit demselben Verleiher geschlossenen Arbeitsvertrag anschließt,

240 Bis zur Neuregelung des AÜG durch das Arbeitsförderungs-Reformgesetz vom 24. März 1997 (BGBl I S 594) bedurfte jedes befristete Arbeitsverhältnis zwischen Verleiher und Arbeitnehmer eines sachlichen Grunds, der sich aus der Person des Arbeitnehmers zu ergeben hatte. Befristungen des Arbeitsverhältnisses zwischen

Verleiher und Leiharbeitnehmer waren danach unwirksam, wenn für die Befristung kein in der Person des Arbeitnehmers liegender sachlicher Grund bestand. Mit dieser Regelung soll insbesondere verhindert werden, daß der Verleiher sein Unternehmerrisiko, den Arbeitnehmer mangels Nachfrage nicht ausleihen zu können, durch den Abschluß befristeter Arbeitsverträge umgeht (LAG Hamm 8.8. 1991 LAGE § 9 AÜG Nr 4).

Durch die Neuregelung ist der Regelungsgehalt des § 9 Nr 2 AÜG vollkommen **241** verändert worden. Die Norm erfaßt nämlich nur noch die **wiederholte Befristung**. Die Norm ist damit keine Regelung zur Einschränkung der Befristung, weil die Erstbefristung nicht erfaßt wird und bestimmte Kettenbefristungen der gerichtlichen Kontrolle entzogen werden (APS/Biebl § 9 AÜG Rn 3; ArbR BGB/Dörner Rn 431). Über die Konsequenzen dieser Neukonzeption besteht Unklarheit.

Streitig ist, ob die **Erstbefristung** eines Vertrages zwischen Verleiher und Leiharbeit- **242** nehmer überhaupt der Kontrolle unterliegt (dafür ArbR BGB/Dörner Rn 432; APS/Biebl § 9 AÜG Rn 5 ff; KDZ/Zwanziger § 9 AÜG Nr 4; aA Düwell BB 1997, 48; Postler NZA 1999, 179, ErfK/Wank² § 9 AÜG Rn 13;). Mit Dörner ist anzunehmen, daß auch die Erstbefristung der Kontrolle nach dem TzBfG unterliegt. Nach seiner Auffassung ist § 9 Nr 2 AÜG spätestens nach der Verabschiedung des TzBfG verfassungs- und gemeinschaftsrechtskonform so auszulegen, daß auch die Erstbefristung einer gerichtlichen Kontrolle unterliegt. Daraus folgt, daß die Erstbefristung nach § 14 Abs 2 TzBfG bis zur Dauer von zwei Jahren sachgrundlos vorgenommen werden kann (**aA** BBDW/Bader § 620 Rn 46). Sie kann aber auch auf einen Sachgrund des **§ 14 Abs 1 TzBfG** gestützt werden. Nach § 9 Nr 2 1. Alternative AÜG sind **wiederholte** Befristungen des Arbeitsverhältnisses zwischen Verleiher und Leiharbeitnehmer unwirksam, es sei denn, für die Befristung ergebe sich aus der **Person des Leiharbeitnehmers** ein sachlicher Grund. Das bedeutet, daß die wiederholte Befristung nicht auf einen beliebigen Sachgrund gestützt werden kann, sondern nur unter den genannten Ausnahmen möglich ist. Insoweit gelten die oben zu Rn 240 wiedergegebenen Überlegungen. Damit und mit der Vorschrift des § 3 Nr 3 AÜG soll verhindert werden, daß der Verleiher das Arbeitgeberrisiko zwar äußerlich übernimmt, dieses Risiko durch wiederholten Abschluß befristeter Arbeitsverträge mit Leiharbeitnehmern umgeht.

Nach dem Wortlaut des § 9 Nr 2 AÜG ist die Befristung nicht unwirksam, wenn die **243** Befristung für einen Arbeitsvertrag vorgesehen ist, der unmittelbar an einen mit demselben Verleiher geschlossenen Arbeitsvertrag anschließt. Diese durch die Synchronbemühungen zu § 3 Abs 1 Nr 3 AÜG geprägte Bestimmung setzt die Kontrolle von **Kettenarbeitsverträgen** zwischen Leiharbeitnehmern und Verleihern der **Befristungskontrolle** außer Kraft. Es findet weder nach der Zahl der Arbeitsverträge noch hinsichtlich der Höchstdauer eine Beschränkung statt (KasselerHandbuch/Düwell Gruppe 4.5 Rn 358). Dagegen bestehen nicht nur durchgreifende verfassungsrechtliche Bedenken (Art 3, 12 GG), sondern es dürfte auch ein Verstoß gegen die Rahmenvereinbarung über befristete Arbeitsverträge (EG-Richtlinie 99/70/EG ABl. EG v. 10.7. 1999 Nr L 175/43 = EAS A 3610; hierzu oben Rn 176 ff) vorliegen (KDZ/Zwanziger § 9 AÜG Rn 7c; KR/Bader § 23 TzBfG Rn 6; ErfK Müller-Glöge § 23 TzBfG Rn 6).

3. Hochschulrahmengesetz

244 Die Neufassung der §§ 57a ff HRG durch Gesetz vom 16. 2. 2002 (BGBl I S 693) geht von der Grundlage aus, daß für einen bestimmten, zeitlich eng begrenzten Zeitraum aus dem verfassungsrechtlich zu rechtfertigenden Aspekt der Sicherung der Funktionsfähigkeit der Hochschulen und insbesondere der Förderung des wissenschaftlichen Nachwuchses zur Sicherung der Innovationsfähigkeit der Hochschulen befristete Arbeitsverträge das gebotene vertragliche Gestaltungsmittel sind (BT-Drucks 14/6853 S 20 ff; siehe hierzu schon die Begründung des Regierungsentwurfs zum HFVG 1985 BT-Drucks 10/2283). Das Bundesverfassungsgericht hat den Grundsatz der erleichterten befristeten Arbeitsverträge zur Sicherung der Leistungs- und Funktionsfähigkeit der Hochschulen und Forschungseinrichtungen für verfassungsrechtlich zulässig gehalten (BVerfGE 94, 268 ff). Insbesondere hat es die Begründung gebilligt, daß eine ständige Fluktuation erforderlich ist, um einen laufenden Zustrom junger Wissenschaftler und neuer Ideen zu gewährleisten. Ohne diesen Zufluß neuer Ideen würde die Forschung erstarren. Im Zentrum der Befristungslegitimation steht die Überzeugung, daß vorhandene Stellen nicht auf Dauer blockiert werden dürfen, weil die Nachwuchsförderung sonst übermäßig behindert würde. Zur Förderung des wissenschaftlichen Nachwuchses ist eine Gelegenheit zur wissenschaftlichen Weiterbildung nach Beendigung des Studiums unentbehrlich. Dies schließt eine unbefristete Beschäftigungsmöglichkeit in der Qualifikationsphase aus.

245 Die Neufassung der §§ 57 ff HRG beruht auf einem Reformvorschlag von DIETERICH und PREIS (Befristete Arbeitsverhältnisse in Wissenschaft und Forschung, Konzept einer Neuregelung im HRG, 2001). Der von ihnen vorgeschlagene Normtext nebst Erläuterungen ist im wesentlichen in die Begründung des Regierungsentwurfs eingeflossen (vgl DIETERICH/PREIS S 50 ff einerseits und BT-Drucks 14/6853 S 20 f, 30 ff andererseits). Die Neufassung versucht die aufgetretenen Anwendungsschwierigkeiten der früheren Konzeption zu vermeiden und eine strikte Vereinfachung der Handhabung zu erreichen. Das Gesetz vermutet, daß der Qualifikationszweck bei den in § 57a Abs 1 Satz 1 HRG bezeichneten wissenschaftlichen Mitarbeitern vorliegt. Diese Vermutung greift aber nur innerhalb enger Zeitgrenzen, die formal über die gegenwärtigen Befristungsmöglichkeiten der §§ 57 a ff HRG hinaus gehen, in der Sache aber eine stärkere absolute Begrenzung der befristeten Verträge bewirken, weil Anrechnungsmöglichkeiten und funktionswidrige Kombinationsmöglichkeiten ausgeschlossen werden. Ferner wird eine erneute Ausschöpfung der Befristungshöchstdauer durch Hochschulwechsel ausgeschlossen.

246 Die Neuregelung der §§ 57a ff HRG verzichtet vor dem Hintergrund der **klar definierten Befristungshöchstgrenzen** auf die Statuierung einzelner Befristungsgründe. Der unabdingbare Freiraum für die Hochschulen nach Art 5 Abs 3 GG ebenso wie der soziale Schutz der Mitarbeiter durch Begrenzung der Befristungsmöglichkeiten wird allein durch die Statuierung der Befristungshöchstdauer erreicht. Die vom Zweck dieses Befristungsfreiraums nicht geforderte Abgrenzung von Befristungstatbeständen kann entfallen. Es muß mithin innerhalb der Befristungshöchstdauer nicht mehr geprüft werden, ob die befristete Beschäftigung zur Aus-, Fort- und Weiterbildung, zum Wissenstransfer innerhalb und außerhalb der Hochschule oder zur Erprobung erfolgt. Innerhalb dieses Zeitraums hat die Hochschule auch jede Möglichkeit, zur Verfolgung dieser Zwecke Drittmittel oder haushaltsmäßig projektgebundene Mittel einzusetzen. Die Sicherstellung des Zweckes der Drittmittelverwendung und der zweckgebundenen Haushaltsmittel erfolgt über das Haushaltsrecht und nicht über das Recht der befristeten Arbeitsverträge.

Die §§ 57a ff HRG sind Spezialregelungen für befristete Arbeitsverträge im Hoch-   **247**
schulbereich, die, soweit sie von allgemeinen Regelungen des befristeten Arbeitsvertrages abweichen, diese verdrängen. Die Statuierung der Befristungshöchstdauer erfordert mithin **nicht mehr die Prüfung eines Befristungsgrundes.** Die Notwendigkeit der Beachtung der Formvorschrift des § 14 Abs 4 TzBfG und der Klagefrist gegen unwirksame befristete Arbeitsverträge (§ 17 TzBfG) bleibt jedoch unberührt. Nach Ausschöpfung der Befristungshöchstdauer ist eine Abweichung von allgemeinen arbeitsrechtlichen Grundsätzen nicht mehr zu rechtfertigen. Auch nach Ablauf der Befristungshöchstdauer sind befristete Arbeitsverträge nach allgemeinen Grundsätzen möglich; sie werden dann freilich der allgemeinen arbeitsrechtlichen Überprüfung unterzogen. Schon bislang konnte nach Ablauf der HRG-Fristen nach allgemeinem Arbeitsrecht befristet werden (BAG 24. 10. 2001 – 7 AZR 620/00).

Als **zweiseitig zwingendes Gesetzesrecht,** das entgegenstehendes Tarifrecht aus-   **248**
schließt, beschränkt sich das Gesetz auf das unerläßliche Maß, um das Ziel der Nachwuchsförderung und der Innovationssicherung zu erreichen. Nur ein eng bemessener Bereich wird Sonderbefristungstatbeständen unterworfen. Im übrigen richten sich die Beschäftigungsverhältnisse der Hochschulmitarbeiter nach allgemeinem Arbeitsrecht. Im Unterschied zum früheren Recht wird die Sonderbefristungsregelung auch den **Tarifparteien in Grenzen zur Ausgestaltung überlassen.** Sie können in eigener Verantwortung die im Gesetz vorgesehenen Fristen verkürzen oder verlängern, soweit ihnen das zur sachnäheren Regelung bestimmter Wissenschaftsbereiche, die abweichende Zeiträume zur Nachwuchsförderung und Qualifizierung benötigen, erforderlich erscheint.

a)   Geltungsbereich; Tarifdispositivität

§ 57a HRG
Befristung von Arbeitsverträgen

(1) ¹Für den Abschluss von Arbeitsverträgen für eine bestimmte Zeit (befristete Arbeitsverträge) mit wissenschaftlichen und künstlerischen Mitarbeiterinnen und Mitarbeitern sowie mit wissenschaftlichen und künstlerischen Hilfskräften gelten die §§ 57b und 57c. ²Von diesen Vorschriften kann durch Vereinbarung nicht abgewichen werden. ³Durch Tarifvertrag kann für bestimmte Fachrichtungen und Forschungsbereiche von den in § 57b vorgesehenen Fristen abgewichen und die Anzahl der zulässigen Verlängerungen befristeter Arbeitsverträge festgelegt werden. ⁴Im Geltungsbereich eines solchen Tarifvertrages können nicht tarifgebundene Vertragsparteien die Anwendung der tariflichen Regelungen vereinbaren. ⁵Die arbeitsrechtlichen Vorschriften und Grundsätze über befristete Arbeitsverträge und deren Kündigung sind anzuwenden, soweit sie den Vorschriften der §§ 57b bis 57e nicht widersprechen.

(2) Unberührt bleibt das Recht der Hochschulen, das in Absatz 1 bezeichnete Personal auch in unbefristeten Arbeitsverhältnissen zu beschäftigen.

249 Die Sonderregelungen für befristete Arbeitsverhältnisse im Hochschulbereich beschränken sich auf Arbeitsverträge mit **wissenschaftlichen und künstlerischen Mitarbeitern** (§ 53 HRG) sowie mit wissenschaftlichen Hilfskräften. Bei diesen Mitarbeitergruppen wird damit unterstellt, daß ihre Beschäftigung zum einen der eigenen Aus-, Fort- und Weiterbildung dient und der regelmäßige Austausch des Personals zur Sicherung der Innovation in Forschung und Lehre an den Hochschulen notwendig ist. Zwar sind die von den entsprechenden Mitarbeitern wahrgenommenen wissenschaftlichen Dienstleistungen (§ 53 Abs 1 HRG) Daueraufgaben der Hochschule. Die Befristungsmöglichkeit wird aber bei diesen Mitarbeitergruppen ausnahmslos im Interesse der Nachwuchs- und Qualifikationsförderung eröffnet. Die Abgrenzung des personellen Geltungsbereichs beschränkt sich auf das unumgängliche Maß zur Sicherung der Funktionsfähigkeit der Forschung und Lehre an den Hochschulen. Weitergehende Sonderbefristungsmöglichkeiten für Mitarbeiter mit Daueraufgaben sind nicht vorgesehen. Für andere Mitarbeiter im Hochschulbereich ist die Anwendung des TzBfG hinreichend.

250 Um die Qualifikationsphase mit befristeten Verträgen nicht über das gebotene Maß hinaus zu verlängern, werden die **wissenschaftlichen Hilfskräfte** in die Regelung vollwertig einbezogen; auch die Beschäftigung als wissenschaftliche Hilfskraft wird daher in die Höchstgrenzen eingerechnet. Die Einbeziehung ist gerechtfertigt, weil auch wissenschaftliche Hilfskräfte wissenschaftliche Dienstleistungen erbringen und typischerweise (auch) zur eigenen Qualifizierung beschäftigt werden. Sie unterscheiden sich von den wissenschaftlichen Mitarbeitern bislang nur darin, daß sie diese wissenschaftlichen Dienstleistungen zu weniger als der Hälfte der regelmäßigen Arbeitszeit der im öffentlichen Dienst Beschäftigten zu erbringen haben (BAG 20. 9. 1995 AP Nr 2 zu § 57 c HRG = NZA 1996, 764; BR-Drucks. 402/84 S 4; HAILBRONNER/WALTER § 57a HRG Rn 7). Haben sie ihr Studium abgeschlossen und finden ihre einzige Existenzgrundlage in der Teilzeitbeschäftigung, sind sie im Sinne des Arbeitsrechts hauptberuflich tätig. Das HRG behandelt sie jedoch als nebenberuflich Tätige (BAG 20. 9. 1995 AP Nr 2 zu § 57 c HRG = NZA 1996, 764). Für die Hochschule besteht der Vorteil, daß die Beschäftigung dieser für die universitäre Lehre unverzichtbaren Dienstleister, die typischerweise mit einer weiteren Qualifizierung verbunden ist (Promotion), aus Finanzmitteln unabhängig von ordentlichen Planstellen erfolgen kann. Wissenschaftliche Hilfskräfte geben insbesondere überlasteten Fachbereichen die Luft zum Atmen. Arbeitsrechtlich ist es aber nicht gerechtfertigt, diese Beschäftigung gegenüber wissenschaftlichen Mitarbeitern ungleich zu behandeln. Da die Beschäftigung auch ihrer eigenen Qualifizierung dient, ist sie in vollem Umfang in die §§ 57a ff HRG einzubeziehen.

251 Nur solche Beschäftigungsverhältnisse dürfen nach dem Grundsatz der Verhältnismäßigkeit nicht in die Berechnung der Befristungshöchstdauer eingerechnet werden, die in einem eindeutig nebenberuflichen Umfang erfolgen, was bei Arbeitsverhältnissen bis zu einem Viertel der regelmäßigen Arbeitszeit angenommen werden kann (§ 57 b Abs 2 Satz 1 HRG) und damit realistischerweise nicht zur wissenschaftlichen Qualifizierung genutzt werden kann. Nach dem Grundprinzip des § 57 b Abs 1 Satz 2 HRG ist aber auch diese Zeit anzurechnen, wenn diese Beschäftigungsphase zum Zwecke der Anfertigung einer Doktorschrift genutzt wird.

252 Nicht übernommen in den personellen Geltungsbereich der Sonderbefristungstatbestände wurde das bislang in § 54 HRG bezeichnete Personal mit ärztlichen Aufgaben. § 54 HRG bestimmt zwar, daß das hauptberufliche Personal mit ärztlichen Aufgaben in der Regel dienst- und mitgliedschaftsrechtlich den wissenschaftlichen Mitarbeitern gleichgestellt ist. Von § 54 HRG werden aber alle hauptberuflichen ärztlichen Bediensteten der Hochschule erfaßt, die nicht Professor oder Hochschuldozent sind. Die klassische ärztliche Tätigkeit der Krankenversorgung ist aber keine wissenschaftliche Tätigkeit. Diese unterscheidet sich nicht von der Tätigkeit eines niedergelassenen Arztes oder Krankenhausarztes.

Hinsichtlich eines Sonderbefristungsrechts zur wissenschaftlichen Qualifizierung be- **253** steht aber bei dem Personal mit ärztlichen Aufgaben kein Anlaß, die Qualifizierungsphase über die hier vorgeschlagenen weitreichenden Zeiträume hinaus zu erstrecken. Mit der Begrenzung des personellen Geltungsbereiches wird auch der spezifische Zweck der Sonderbefristungstatbestände unterstrichen. So besteht insbesondere auch das Personal mit ärztlichen Aufgaben typischerweise aus Ärzten, Zahnärzten und Tierärzten, die eine zusätzliche Qualifikation erwerben wollen. Die Facharztqualifikation eines Arztes, der an einer Hochschule als wissenschaftlicher Mitarbeiter beschäftigt wird, kann innerhalb der in § 57b HRG geregelten Grenzen durchaus erreicht werden, zumal die Post-doc-Phase in der Medizin auf 9 Jahre verlängert wurde. Außerhalb der Universitäten ist die Befristungsmöglichkeit im Gesetz über befristete Arbeitsverträge mit Ärzten in der Weiterbildung (vom 15. Mai 1986 BGBl. I S 742; zuletzt geändert durch Gesetz vom 16. 2. 2002 BGBl. I S. 693) geregelt. Sollten im übrigen andere Befristungsgrenzen opportun erscheinen, besteht die Möglichkeit zur tarifvertraglichen Modifizierung der Befristungshöchstdauer.

Bei Lehrkräften für besondere Aufgaben (§ 56 HRG) kann zwar auch ein legitimes **254** Interesse der Nachwuchsförderung und der Erneuerung der wissenschaftlichen Lehre bestehen. Das Bundesverfassungsgericht hat die Zwecksetzung der Vorgängerregelung, die mit der Sicherstellung eines aktualitätsbezogenen Unterrichts begründet worden ist, ausdrücklich gebilligt (BVerfG 24. 4. 1996 AP Nr 2 zu § 57a HRG). Diese Zwecksetzung kann aber auch mit den allgemeinen Grundsätzen für befristete Arbeitsverträge erreicht werden. Im übrigen ist für diesen Mitarbeiterkreis, soweit keine weitere wissenschaftliche Qualifizierung vorgesehen ist, der unbefristete Arbeitsvertrag der Regelvertrag. Sofern das Interesse besteht, Lektoren auch zu ihrer eigenen Qualifizierung zu beschäftigen, steht es den Hochschulen frei, diese als wissenschaftliche Mitarbeiter zu beschäftigen. Das HRG gibt insoweit keinen Vertragstypenzwang vor.

Das Gesetz hält wie die frühere Regelung an dem **Grundprinzip des zweiseitig zwin-** **255** **genden Gesetzesrechts** fest (§ 57a Abs 1 Satz 2 HRG). Das Bundesverfassungsgericht hat die zweiseitig zwingende Tarifsperre im Hinblick auf die vom Gesetzgeber verfolgten Ziele gebilligt (BVerfG 24. 4. 1996 AP Nr 2 zu § 57a HRG). Nach der Tarifvertragssperre kann von dem Grundprinzip der befristeten Arbeitsverträge für den in Satz 1 erfaßten Personenkreis nicht abgewichen werden. § 57 Abs 1 Satz 3 HRG ermöglicht allerdings eine Abweichung durch Tarifvertrag von den in § 57 b HRG geregelten Höchstfristen für befristete Arbeitsverträge. Diese Regelung trägt der zum Teil in der Literatur geäußerten Kritik Rechnung, daß es unverhältnismäßig sei, durch Gesetz auch zukünftige tarifvertragliche Regelungen zu sperren (siehe auch abweichende Meinung des Verfassungsrichters KÜHLING in der Entscheidung des BVerfG 24. 4. 1996 AP HRG § 57a

Nr 2). Der verfassungsrechtlich abgesicherte Zweck der Sonderbefristungsregelungen, der Aus-, Fort- und Weiterbildung des Personals sowie der Sicherung der Innovation in Forschung und Lehre, läßt jedoch kein anderes Mittel als den befristeten Arbeitsvertrag zu. Zur Sicherstellung dieser Zwecke sind erleichterte befristete Arbeitsverträge das geeignete und erforderliche Mittel. Es kann allerdings bezogen auf einzelne Fachrichtungen oder Forschungsbereiche durchaus gerechtfertigt sein, im Einzelfall eine kürzere oder eine längere Befristungshöchstdauer zu statuieren. Diese besonderen Anforderungen können den Tarifvertragsparteien übertragen werden, die zu einer sachnäheren Gestaltung in der Lage sind. Im Wege des tarifvertraglichen Kompromisses gefundene Fristenregelungen erhalten dann aus verfassungsrechtlicher Sicht eine zusätzliche Legitimation.

256 Die im BAT geltende Sonderregelung **SR 2y** (hierzu Rn 213 ff), die insbesondere Befristungen dem Sachgrunderfordernis unterstellt, ist **keine zulässige Abweichung** von den gesetzlichen Vorschriften. Das Gesetz eröffnet den Tarifparteien nur insoweit einen Spielraum, als nur für bestimmte Forschungsbereiche und Fachrichtungen Abweichungen hinsichtlich der Fristen und der Zahl der Verlängerungen vereinbart werden können (zur vergleichbaren Regelung des § 14 Abs 2 TzBfG vgl Rn 155 ff). Anders als bei § 14 Abs 2 TzBfG setzt sich jedoch die Sonderregelung des SR 2y nicht gegenüber den Vorschriften des HRG durch, weil dort die Tariföffnung nur für bestimmte Fachrichtungen und Forschungsbereiche zugelassen ist. Die Regelungen des HRG können daher nicht durch eine allgemeine Tarifvorschrift für den öffentlichen Dienst modifiziert werden. Dies gilt während der Fristen des HRG (PREIS/HAUSCH NJW 2002, 927, 930). Nach Ablauf der Fristen des HRG findet das TzBfG modifiziert durch die SR 2y BAT Anwendung. Der Befristung nach § 14 Abs 2 TzBfG steht dann auch nicht Nr 6 Satz 2 der SR 2y BAT entgegen (bisher BÖHM/SPIERTZ/SPONER/STEINHERR SR 2y BAT Rn 44 ff).

257 § 57a Abs 1 Satz 4 HRG verdeutlicht, daß die §§ 57 a ff HRG arbeitsrechtliche Spezialregelungen sind, die den allgemeinen Regelungen vorgehen. Andererseits ist zu verdeutlichen, daß auch für wissenschaftliche Mitarbeiter und Hilfskräfte die allgemeinen arbeitsrechtlichen Vorschriften und Grundsätze im übrigen gelten, die insbesondere im TzBfG niedergelegt sind. Satz 4 stellt ferner klar, daß im übrigen die allgemeinen Regelungen zur Kündigung von Arbeitsverträgen Anwendung finden. Im Unterschied zur früheren Rechtslage bedarf es insbesondere eines Sonderkündigungsrechts bei Wegfall von Mitteln Dritter nicht. Die Vorschrift hat im Hinblick auf die Befristungsregelung schon keine praktische Bedeutung erlangt. Es ist den Hochschulen zuzumuten, die befristeten Arbeitsverträge, die aus Drittmitteln finanziert werden, entsprechend dem Fördervolumen bzw dem Bewilligungszeitraum auszurichten. Das Risiko, daß das zur Verfügung stehende Drittmittelvolumen nicht richtig berechnet wird oder daß Drittmittel zum Wegfall kommen, würde durch ein Sonderkündigungsrecht von den Hochschulen auf die Arbeitnehmer übertragen. Dies erscheint in Ansehung der weitgehenden Befristungsmöglichkeiten und der nach allgemeinem Kündigungsschutzrecht gegebenen Kündigungsmöglichkeiten wegen Wegfall der Drittmittel nicht erforderlich.

258 § 57a Abs 2 HRG stellt klar, daß es den Hochschulen überlassen bleibt, in besonderen Fällen im wissenschaftlichen Mittelbau auch unbefristete Arbeitsverhältnisse zu begründen. Dieses Recht kann den Hochschulen im Hinblick auf ihre Personalhoheit ohnehin nicht genommen werden. Eine Klarstellung ist aber deshalb notwendig, weil in der Literatur vertreten worden ist, aus der zweiseitig zwingenden Natur der §§ 57a ff HRG folge, daß die Arbeitsvertragsvertragsparteien keinen unbefristeten Arbeitsvertrag abschließen dürfen, wenn einer der Sonderbefristungstatbestände gegeben sei. (So ErfK/MÜLLER-GLÖGE[2] § 57a Rn 5; aA HAILBRONNER/WALTER § 57a Rn 12; KDZ/DÄUBLER § 57a Rn 4). Diese Auffassung überzieht in der Tat die Reichweite zweiseitig zwingenden Rechts und schränkt die Personalhoheit der Hochschulen in verfassungsrechtlicher problematischer Weise ein. Die Abschlußfreiheit der Hochschulen ist nicht eingeschränkt. Es bleibt dabei, daß die Hochschulen auch das in Abs 1 Satz 1 genannte Personal unbefristet beschäftigen können.

b)   Befristungshöchstdauer

§ 57b HRG
Befristungsdauer

(1) [1]Die Befristung von Arbeitsverträgen des in § 57a Abs 1 Satz 1 genannten Personals, das nicht promoviert ist, ist bis zu einer Dauer von sechs Jahren zulässig. [2]Nach abgeschlossener Promotion ist eine Befristung bis zu einer Dauer von sechs Jahren, im Bereich der Medizin bis zu einer Dauer von neun Jahren zulässig; die zulässige Befristungsdauer verlängert sich in dem Umfang, in dem Zeiten einer befristeten Beschäftigung nach Satz 1 und Promotionszeiten ohne Beschäftigung nach Satz 1 zusammen weniger als sechs Jahre betragen haben. [3]Ein befristeter Arbeitsvertrag nach Satz 1 und 2 mit einer wissenschaftlichen oder künstlerischen Hilfskraft kann bis zu einer Dauer von insgesamt vier Jahren abgeschlossen werden. [4]Innerhalb der jeweils zulässigen Befristungsdauer sind auch Verlängerungen eines befristeten Arbeitsvertrages möglich.

(2) [1]Auf die in Absatz 1 geregelte zulässige Befristungsdauer sind alle befristeten Arbeitsverhältnisse mit mehr als einem Viertel der regelmäßigen Arbeitszeit, die mit einer deutschen Hochschule oder einer Forschungseinrichtung im Sinne des § 57d abgeschlossen wurden, sowie entsprechende Beamtenverhältnisse auf Zeit und Privatdienstverträge nach § 57c anzurechnen. [2]Angerechnet werden auch befristete Arbeitsverhältnisse, die nach anderen Rechtsvorschriften abgeschlossen wurden. [3]Nach Ausschöpfung der nach diesem Gesetz zulässigen Befristungsdauer kann die weitere Befristung eines Arbeitsverhältnisses nur nach Maßgabe des Teilzeit- und Befristungsgesetzes gerechtfertigt sein.

(3) [1]Im Arbeitsvertrag ist anzugeben, ob die Befristung auf den Vorschriften dieses Gesetzes beruht. [2]Fehlt diese Angabe, kann die Befristung nicht auf Vorschriften dieses Gesetzes gestützt werden. [3]Die Dauer der Befristung muss kalendermäßig bestimmt oder bestimmbar sein.

(4) [1]Die jeweilige Dauer eines befristeten Arbeitsvertrages nach Absatz 1 verlängert sich im Einverständnis mit der Mitarbeiterin oder dem Mitarbeiter um
1. Zeiten einer Beurlaubung oder einer Ermäßigung der Arbeitszeit um mindestens ein Fünftel der regelmäßigen Arbeitszeit, die für die Betreuung oder Pflege eines Kindes unter 18 Jahren oder eines pflegebedürftigen sonstigen Angehörigen gewährt worden sind,

2. **Zeiten einer Beurlaubung für eine wissenschaftliche oder künstlerische Tätigkeit oder eine außerhalb des Hochschulbereichs oder im Ausland durchgeführte wissenschaftliche, künstlerische oder berufliche Aus-, Fort- oder Weiterbildung,**
3. **Zeiten einer Inanspruchnahme von Elternzeit nach dem Bundeserziehungsgeldgesetz und Zeiten eines Beschäftigungsverbots nach den §§ 3, 4, 6 und 8 des Mutterschutzgesetzes in dem Umfang, in dem eine Erwerbstätigkeit nicht erfolgt ist,**
4. **Zeiten des Grundwehr- und Zivildienstes und**
5. **Zeiten einer Freistellung im Umfang von mindestens einem Fünftel der regelmäßigen Arbeitszeit zur Wahrnehmung von Aufgaben in einer Personal- oder Schwerbehindertenvertretung, von Aufgaben nach § 3 oder zur Ausübung eines mit dem Arbeitsverhältnis zu vereinbarenden Mandats.** ²**Eine Verlängerung nach Satz 1 wird nicht auf die nach Absatz 1 zulässige Befristungsdauer angerechnet.** ³**Sie darf in den Fällen des Satzes 1 Nr. 1, 2 und 5 die Dauer von jeweils zwei Jahren nicht überschreiten.**

259 Die Regelung der Befristungshöchstgrenzen ist der Kern der Neuregelung des Verhältnisses von befristeter und unbefristeter Beschäftigung im Hochschulbereich. Einerseits soll den Mitarbeitern ein hinreichender Zeitraum zur Qualifizierung und den Hochschulen zur Nachwuchsförderung offen stehen; andererseits zwingt die Regelung Hochschulen und Mitarbeiter dazu, die Qualifizierungsphase zügig voranzutreiben, wenn das Privileg der befristeten Beschäftigung genutzt werden soll. Ferner verhindert die Regelung, daß Mitarbeiter über unvertretbar lange Zeiträume in befristeten Beschäftigungsverhältnissen gehalten werden. Das gilt insbesondere für Mitarbeiter ohne abgeschlossene Promotion, für die der Hochschulbereich ohne entsprechenden akademischen Abschluß in der Regel keine dauerhafte Perspektive sein kann. Dies gilt aber auch für promovierte hochqualifizierte Mitarbeiter: Für sie muß in absehbarer Zeit klar werden, ob sie die unbefristete Weiterbeschäftigung im Status des Professors erreichen, ob sie von der Hochschule im bisherigen Status unbefristet weiterbeschäftigt werden oder ob sie aus dem Hochschuldienst ausscheiden müssen, um den Platz für neue Nachwuchswissenschaftlicher frei zu machen und sich selbst rechtzeitig eine alternative berufliche Perspektive aufzubauen.

260 Für Mitarbeiter ohne Promotion wird eine maximal höchstzulässige Befristungsdauer von sechs Jahren vorgeschlagen. Dabei ist davon auszugehen, daß als Richtschnur für die Anfertigung der Doktorschrift und Abschluß des Promotionsverfahrens im Regelfall drei bis vier Jahre anzusetzen sind. Um hinreichenden Spielraum sowohl für die Hinführung zur Promotion als auch für den Abschluß des Verfahrens zu ermöglichen, ohne ein vorzeitiges Ausscheiden zu erzwingen, ist der Zeitraum von sechs Jahren angemessen. Dabei ist zu bedenken, daß in die Befristungshöchstdauer auch die Beschäftigungszeiten als wissenschaftliche Hilfskraft einzurechnen sind, was nach früherem Recht nicht der Fall war (vgl § 57 c Abs 5 Satz 1 HRG aF). Vor diesem Hintergrund erweist sich die sechsjährige Befristungshöchstdauer bis zum Abschluß der Promotion als knappe, aber im allgemeinen hinreichende Frist. Die sechsjährige Frist berücksichtigt dabei auch, daß wissenschaftliche Mitarbeiter erst einmal an die wissenschaftliche Arbeit herangeführt werden müssen, bevor sie eine hinreichend qualifizierte Promotion zu erstellen in der Lage sind. Dieser Zeitraum beträgt etwa ein bis zwei Jahre, wie auch die in § 57 b Abs 2 Nr 5 HRG aF geregelte Erprobungsbefristung von zwei Jahren deutlich macht. Vor diesem Hintergrund bedeutet die

sechsjährige Befristungsmöglichkeit eine deutliche Straffung der bisher in dem Regeltatbestand vorhandenen siebenjährigen Befristungsmöglichkeit im Status eines wissenschaftlichen Mitarbeiters.

Auf diesen Grundtatbestand, der den Abschluß von Arbeitsverträgen sowohl mit **261** Promovierten wie mit nicht Promovierten, erlaubt, baut eine weitere Befristungsmöglichkeit von nochmals 6 Jahren – bzw 9 Jahren im Bereich der Medizin – nach Abschluß der Promotion auf. Diese Regelung entspricht dem bisherigen Befristungsvolumen für wissenschaftliche Assistenten und den angestrebten Befristungshöchstgrenzen für Juniorprofessoren. Es besteht deshalb kein Grund, einen kürzeren Befristungszeitraum zuzulassen. Auch der wissenschaftliche Mitarbeiter mit abgeschlossener Promotion kann sich innerhalb von sechs bzw neun Jahren durch Erlangung einer weiteren Qualifikation und Tätigkeiten in der Lehre für die Übernahme eines Professorenamtes qualifizieren.

Wesentlich ist die Verlängerungsregel in § 57 b Abs 2 2. Halbsatz HRG. Sie honoriert **262** eine zügigere Promotionsphase, gleichgültig ob sie innerhalb oder außerhalb eines Beschäftigungsverhältnis absolviert wurde. Wer innerhalb oder außerhalb eines Beschäftigungsverhältnisses als Doktorand (§ 21 HRG) schneller als in sechs Jahren zum Abschluß einer Promotion gelangt, der kann die eingesparte Zeit der Qualifizierung in der Post-doc-Phase entsprechend anhängen (näher hierzu BT-Drucks 14/6853 S 33). Die Anrechnungsregelung stellt sicher, daß die gesamtzulässige Höchstdauer von zwölf Jahren nicht überschritten, andererseits aber auch ausgeschöpft werden kann. In seltenen Fällen ermöglicht die Tatbestandsfassung des § 57 b Abs 1 Satz 1 HRG-Reform sogar, daß bei Abschluß einer Promotion während des Studiums (zB im Bereich der Medizin) der wissenschaftliche Mitarbeiter nach Abschluß des Studiums sechs Jahre nach § 57 b Abs 1 Satz 1 und weitere neun Jahre nach § 57 b Abs 1 Satz 2 befristet beschäftigt werden.

§ 57b Abs 2 HRG schließt einen funktionswidrigen Wechsel der Befristungstatbe- **263** stände durch Kombination unterschiedlicher gesetzlicher Grundlagen ebenso aus wie eine immer wieder erneute Inanspruchnahme der Höchstgrenzen bei jedem Wechsel der Hochschule. Die Möglichkeit einer mehrfachen Ausschöpfung der Befristungshöchstgrenzen wird ausgeschlossen, weil sie dem Ziel der zügigen wissenschaftlichen Qualifzierung entgegensteht. Angerechnet werden auch Zeiten einer Juniorprofessur, um eine dem Normzweck nicht entsprechende Weiterbeschäftigung als wissenschaftlicher Mitarbeiter zu verhindern. Andererseits soll auch der Juniorprofessor, der seit erstmaliger Beschäftigung im Hochschulbereich bzw Beginn der Promotion weniger als zwölf Jahre benötigt hat, diesen Höchstbefristungszeitraum ausschöpfen können. Dies folgt aus der Regelung in § 57b Abs 1 Satz 2 HRG. Abs 1 Satz 3 stellt ferner klar, daß nach Ablauf der Befristungshöchstdauer der unbefristete Arbeitsvertrag im Hochschulbereich die Regel ist. Befristete Arbeitsverträge können danach nur noch nach den allgemeinen arbeitsrechtlichen Grundsätzen geschlossen werden. Diese Regelung ist von dem Bestreben getragen, nach Ausschöpfung des recht großzügig bemessenen Befristungsfreiraums, befristete Arbeitsverträge im Hochschulbereich nicht generell auszuschließen, aber sie den ganz allgemeinen arbeitsrechtlichen Grundsätzen zu unterwerfen. Das „Befristungsrisiko" wird damit erhöht. So kommt im Anschluss an die Qualifizierungsphase auch noch ein befristeter Arbeitsvertrag aus Drittmitteln in Betracht (vgl hier Rn 149 ff), insbesondere dann, wenn ein laufendes Forschungsprojekt zu Ende geführt werden soll. Auch die erstmalige Befristung in einem Drittmittelprojekt ist unter Beachtung der Maßstäbe der Rechtsprechung möglich. Freilich müssen die Hochschulen und Forschungseinrichtungen damit rechnen, daß die Arbeitsgerichte nach Ausschöpfung der Befristungshöchstgrenzen des § 57b HRG bei weiterer Befristung sehr genau darauf achten, daß ein echter, und nicht nur ein vorgeschobener Sachgrund vorliegt.

264 Aus Gründen der Transparenz enthält **§ 57b Abs 3 Satz 1 und 2 HRG** eine modifizierte Fortschreibung des bereits in § 57b Abs 5 HRG aF enthaltenen **Zitiergebots.** Die Auswirkungen des Zitiergebots sind aber gegenüber der bisherigen Fassung wesentlich entschärft, weil es der Angabe eines Sachgrundes nach der hier vorgeschlagenen Neuregelung nicht mehr bedarf. Es genügt, in der schriftlichen Vereinbarung festzuhalten, daß der Vertrag auf der Basis der Befristungsregelung des HRG beruht. Wird dieses Zitiergebot verletzt, folgt hieraus nicht automatisch die Entfristung des Arbeitsverhältnisses. Vielmehr kann die Befristung in diesen Fällen nur nicht auf den Sondertatbestand des § 57b Abs 1 HRG gestützt werden. Die Befristung kann aber nach allgemeinen Grundsätzen, also nach Maßgabe des Teilzeit- und Befristungsgesetzes gerechtfertigt sein. Der Hochschule bleibt es ferner überlassen, befristete Arbeitsverhältnisse von vornherein auch auf andere Befristungstatbestände zu stützen. Allerdings werden auch solche Arbeitsverträge in die Berechnung der Befristungshöchstgrenze einberechnet.

265 Die Regelung in **§ 57b Abs 3 Satz 3 HRG** entspricht der in § 57c Abs 1 HRG enthaltenen Regelung, die im Rahmen der Befristungshöchstgrenzen zum Schutze der Mitarbeiter Zweckbefristungen und auflösende Bedingungen ausschließt (zur vergleichbaren Fassung des § 21 BErzGG: BAG 9. 11. 1994 AP Nr 1 zu § 21 BErzGG). Diese Typisierung der Befristungsarten geht den allgemeinen Möglichkeiten des Abschlusses befristeter Arbeitsverträge vor.

266 **§ 57b Abs 4 HRG** schreibt – mit einigen redaktionellen Klarstellungen (hierzu BT-Drucks 14/6853 S 34) – im wesentlichen die bisherige Rechtslage zur Nichtanrechnung von Unterbrechungszeiten mit Einverständnis des Mitarbeiters fort. Diese Nichtanrechnungsregelungen sind mit dem Grundprinzip einer zügigen Qualifizierung vereinbar bzw aus sozialen Gründen gefordert. So würde es eine nicht zu rechtfertigende Benachteiligung insbesondere von Frauen darstellen, wenn Zeiten des Mutterschutzes oder des Erziehungsurlaubes nicht angerechnet würden. Vergleichbare Erwägungen gelten für die Unterbrechungszeiten in Nr 1 und Nr 4. Die Nichtanrechnung einer Beurlaubung für eine wissenschaftliche Tätigkeit oder eine außerhalb des Hochschulbereichs oder im Ausland durchgeführten wissenschaftlichen oder beruflichen Aus-, Fort- oder Weiterbildung ist mit dem Zweck der zügigen Qualifikation vereinbar, weil diese Nichtanrechnungsmöglichkeit insbesondere den Wissenstransfer fördert. Diese Nichtanrechnungsmöglichkeit ist geradezu eine Aufforderung für junge Wissenschaftler, Erkenntnisse in der Praxis und im Ausland zu sammeln und diese wieder in ihre universitäre Tätigkeit einfließen zu lassen. Die Zeiten einer Freistellung zur Wahrnehmung von Aufgaben in einer Personal- oder Schwerbehindertenvertretung entspricht bisherigem Recht und soll beibehalten werden (Nr 5).

c) Privatdienstvertrag

§ 57c
Privatdienstvertrag

Für einen befristeten Arbeitsvertrag, den ein Mitglied einer Hochschule, das Aufgaben seiner Hochschule selbständig wahrnimmt, zur Unterstützung bei der Erfüllung dieser Aufgaben mit aus Mitteln Dritter vergütetem Personal im Sinne von § 57a Abs. 1 Satz 1 abschließt, gelten die Vorschriften der §§ 57a, 57b und 57e entsprechend.

§ 57 c HRG entspricht bisherigem Recht. Die Gleichstellung für die Befristungs- **267** höchstgrenzen in Privatdienstverträgen hat sich als sinnvoll erwiesen. Die Einbeziehung hat ferner zur Folge, daß auch Befristungen in Privatdienstverträgen in die Höchstgrenzenberechnung einfließen. Durch Wechsel der Arbeitgeber (Hochschule, Forschungseinrichtung und Privatdienstverträge mit Professoren) soll keine mehrfache Ausschöpfung der Befristungshöchstgrenzen möglich sein.

d) Wissenschaftliches Personal an Forschungseinrichtungen

§ 57d
Wissenschaftliches Personal an Forschungseinrichtungen

Für den Abschluss befristeter Arbeitsverträge mit wissenschaftlichem Personal an staatlichen Forschungseinrichtungen sowie an überwiegend staatlich, an institutionell überwiegend staatlich oder auf der Grundlage von Artikel 91b des Grundgesetzes finanzierten Forschungseinrichtungen gelten die Vorschriften der §§ 57a bis 57c und § 57e entsprechend.

Die Regelung tritt an die Stelle des bisher geltenden Gesetzes über befristete **268** Arbeitsverträge mit wissenschaftlichem Personal an Forschungseinrichtungen (vom 14. Juni 1985 BGBl. I S. 1065). Eine sondergesetzliche Regelung für die außeruniversitären Forschungseinrichtungen ist nicht erforderlich. Von der Regelung sind vor allem die Max-Planck-Institute, die Institute der Fraunhofer Gesellschaft sowie weitere Großforschungseinrichtungen im Geschäftsbereich des Bundesministeriums für Forschung und Technologie erfaßt. Andere Forschungseinrichtungen, insbesondere solche der Industrie, fallen nicht unter die Sondervorschrift. Die Regelung stellt sicher, daß auch die außeruniversitären Forschungseinrichtungen in gleichem Umfang Qualifizierungsstellen einrichten können wie die Hochschulen. Der Umstand, daß auch die außeruniversitären Forschungseinrichtungen freie Befristungsmöglichkeiten mit wissenschaftlichen Mitarbeitern von sechs bzw bis zu 12 Jahren haben, erübrigt auch eine Sonderregelung für die Frage der Befristung wegen Drittmittelfinanzierung. Werden Mitarbeiter an außeruniversitären Forschungseinrichtungen mehr als sechs (ohne abgeschlossene Promotion) bzw mehr als 12 Jahre (mit abgeschlossener Promotion) beschäftigt, kann deren Weiterbeschäftigung, wie der anwendbare § 57 b Abs 5 HRG verdeutlicht, nur nach allgemeinen arbeitsrechtlichen Regelungen gerechtfertigt werden.

Die einheitliche Regelung der Befristungsmöglichkeiten für Hochschulen und außer- **269** universitäre Forschungseinrichtungen hat ferner zur Folge, daß die Befristungshöchstgrenzen für die Beschäftigung im Bereich der Hochschulen und der außeruniversitären Forschungseinrichtungen zusammengerechnet werden. Die Befristungshöchstgrenzen können daher nach einem Wechsel zwischen Hochschule und Forschungseinrichtung nicht erneut in Anspruch genommen werden.

270   Im personellen Geltungsbereich ist § 57d HRG insofern weitergehend als § 57a Abs 1 Satz 1 HRG, als der Begriff des wissenschaftlichen Personals nicht nur wissenschaftliche Mitarbeiter im engeren Sinne, sondern auch ggf. Wissenschaftler in Leitungspositionen erfaßt. Das entspricht bisherigem Recht und trägt den gegenüber Hochschulen abweichenden Arbeits- und Organisationsstrukturen der außeruniversitären Forschungseinrichtungen Rechnung. Diese Erweiterung ist sinnvoll, weil von der Konzeption der §§ 57a ff HRG Professoren und leitende Wissenschaft nicht erfaßt sind. Es ist aber gerechtfertigt, in außeruniversitären Forschungseinrichtungen, in denen Spitzenforschung betrieben wird, auch die Leiter von Forschergruppen (zB Professoren) befristet zu beschäftigen. Hier besteht ein relevanter Unterschied zum Bereich der Hochschulen, weil dort nach Ablauf der Qualifizierungsphase der mit einer Professur verbundene Beamtenstatus der Regelfall ist.

e)   **Studentische Hilfskräfte**

§ 57e
Studentische Hilfskräfte

¹ Die Befristung von Arbeitsverhältnissen mit Hilfskräften, die als Studierende an einer deutschen Hochschule eingeschrieben sind, (studentische Hilfskräfte) ist bis zur Dauer von vier Jahren zulässig. ²Die Beschäftigung als studentische Hilfskraft wird nicht auf die zulässige Befristungsdauer des § 57b Abs 1 angerechnet.

271   Neu ist die ausdrückliche Erwähnung der befristeten Arbeitsverhältnissen der im Wissenschaftsbetrieb ständig eingesetzten studentischen Hilfskräfte. Bisher wurden die studentischen Hilfskräfte unter die wissenschaftlichen Hilfskräfte subsumiert. Vor dem Hintergrund, daß § 57b HRG die Beschäftigung wissenschaftlicher Hilfskräfte in die Befristungshöchstdauer einbezieht, hierbei allerdings nicht ausdrücklich auf die studentischen Hilfskräfte verweist, war die Klarstellung in § 57e HRG erforderlich. Die Beschäftigung studentischer Hilfskräfte sollte daher im bisherigen Umfang möglich sein. Vor diesem Hintergrund ermöglicht § 57e HRG die Befristung von Arbeitsverhältnissen mit studentischen Hilfskräften bis zur Höchstdauer von vier Jahren.

f)   **Übergangsregelung**

§ 57 f
Erstmalige Anwendung

¹Die §§ 57a bis 57e in der ab ... [einsetzen: Datum des Inkrafttretens des Änderungsgesetzes] geltenden Fassung sind erstmals auf Arbeitsverträge anzuwenden, die ab ... [einsetzen: Datum des Inkrafttretens des Änderungsgesetzes] abgeschlossen werden. ²Für vor dem ... [einsetzen: Datum des Inkrafttretens des Änderungsge-

setzes] abgeschlossene Arbeitsverträge gelten an staatlichen und staatlich anerkannten Hochschulen sowie an Forschungseinrichtungen im Sinne des § 57d die §§ 57a bis 57e in der vor dem … [einsetzen: Datum des Inkrafttretens des Änderungsgesetzes] geltenden Fassung fort."

Die als Übergangsregelung gedachte Bestimmung regelt im Kern die auch im TzbfG **272** (ohne Übergangsvorschrift) geltende Grundregel, daß ab Inkrafttreten des Gesetzes geschlossene Verträge nur nach den dann geltenden Vorschriften geschlossen werden können. Die Wirksamkeit der Befristung ist stets nach den Umständen zu beurteilen, die bei Vertragsschluß gelten (ArbR BGB/Dörner Rn 31; Preis/Gotthardt DB 2001, 145, 152). Das bedeutet, das im Zeitpunkt einer Verlängerung eines befristeten Vertrages im Geltungsbereich dieses Gesetzes geprüft werden muß, ob die Befristungshöchstdauer des § 57b HRG erreicht ist. Ist die neue Höchstdauer nicht ausgeschöpft worden und endet zu mit dem Inkrafttreten des Gesetzes, kann ein Alt- Vertrag gemäß § 57b HRG bis zu den dort geregelten Höchstdauern verlängert. Das gilt aber nur dann, wenn die Voraussetzungen des § 57b HRG im Zeitpunkt der Verlängerung gegeben sind. Ist die Höchstdauer im Zeitpunkt der Verlängerung ausgeschöpft, ist eine weitere Befristung auf der Basis der sachgrundlosen Befristung des HRG nicht mehr möglich. Auch die „Verlängerung" eines befristeten Arbeitsvertrages ist ein Vertragsschluß, der sich nach den Bedingungen des neuen Rechts richten muß.

Ist die Befristungshöchstdauer nach den Maßstäben des HRG ausgeschöpft, ist nach **273** der ausdrücklichen Klarstellung in § 57b Abs 2 Satz 3 HRG immer noch eine Befristung nach Maßgabe des TzBfG möglich. Das bedeutet, daß bei demselben Arbeitgeber das Privileg der sachgrundlosen Befristung nach § 14 Abs 2 TzBfG nicht mehr genutzt werden kann, weil „zuvor" bereits ein Arbeitsverhältnis zum selben Arbeitgeber bestanden hat (vgl hierzu Rn 157). Da § 22 Abs 1 TzBfG ausdrücklich für den Arbeitnehmer günstigere tarifvertragliche Regelungen zuläßt, wird deshalb die Anwendbarkeit der SR 2y des BAT, soweit sie günstigere Regelungen für den Arbeitnehmer enthält, nach Ablauf der Fristen des HRG nicht ausgeschlossen. Außerhalb des Geltungsbereichs der Sonderregelung des HRG kann auch die Tarifsperre des § 57a Abs 1 HRG nicht mehr greifen. Zulässig ist nach dem 1. 1. 2002 auch im öffentlichen Dienst die Befristung nach § 14 Abs 2, 3 TzBfG (77. Änderungstarifvertrag zum BAT; vgl hier Rn 214, 256).

Nach der Maßgabe der SR 2y (Rn 213 ff) kann auch eine Befristung aus sachlichem **274** Grund nach Ausschöpfung der Befristungshöchstdauer des § 57 b HRG in Betracht kommen. Insoweit kann es zu einmaligen Übergangsproblemen kommen, weil die wissenschaftlichen Mitarbeiter sich nicht auf die Neuregelung einstellen konnten und möglicherweise die Qualifizierungsphase noch nicht abgeschlossen haben. Diese Sonderproblematik ist durch die Anerkennung sachlicher Befristungsgründe, die das Prinzip des Vertrauensschutzes hinreichend berücksichtigen, Rechnung zu tragen (ausf Preis/Hausch NJW 2002, 927, 934 ff). Gleichwohl plant der Gesetzgeber im Rahmen der 6. HRG-Novelle eine spezifische Übergangsregelung.

4.   Ärzte in der Weiterbildung

Die Möglichkeit der befristeten Beschäftigung von Ärzten in der Weiterbildung **275** außerhalb von Hochschulen und Forschungseinrichtungen wird durch ein eigenständiges Gesetz vom 15. 5. 1986 (BGBl I 742; zuletzt geändert durch Gesetz vom 16. 2. 2002 BGBl I S 693) geregelt. Die Bestimmungen beruhen auf einer ähnlichen Konzeption wie die des HRG, freilich kann nach § 1 Abs 3 des Gesetzes auch sogleich eine Befristung auf *acht Jahre* vereinbart werden, die sich bei einer Teilzeitbeschäftigung sogar entsprechend verlängert (zu Einzelheiten HEINZE NJW 1987, 2278 ff; APS/Schmidt ÄArbVtrG Rn 1 ff).

276 Mehrfach befristete Arbeitsverträge innerhalb der gesetzlich zulässigen Höchstdauer sind nicht deshalb unwirksam, weil sich das Weiterbildungsziel des Arztes geändert hat (LAG Berlin 22. 4. 1991 NJW 1992, 2376).

V. Mitwirkung und Mitbestimmung der Betriebsvertretung

277 Nach § 99 Abs 1 BetrVG kann der Betriebsrat in Betrieben mit in der Regel mehr als zwanzig wahlberechtigten Arbeitnehmern Unterrichtung vor jeder Einstellung verlangen. Dies gilt auch für Einstellungen auf der Grundlage eines befristeten Arbeitsverhältnisses. Der Betriebsrat hat hiernach aber **kein** allgemeines materielles **Prüfungsrecht für Arbeitsvertragsinhalte.** Nach der Rechtsprechung des BAG liegt eine nach § 99 BetrVG zustimmungspflichtige Einstellung vor, wenn Personen für eine bestimmte Zeit in den Betrieb eingegliedert werden, um zusammen mit den dort schon beschäftigten Arbeitnehmern den arbeitstechnischen Zweck des Betriebes durch weisungsgebundene Tätigkeit zu verwirklichen (BAG 15. 4. 1986 EzA § 99 BetrVG 1972 Nr 50; 16. 12. 1986 EzA § 99 BetrVG 1972 Nr 54; 18. 4. 1989 EzA § 99 BetrVG 1972 Nr 73). Deshalb gehört zur ordnungsgemäßen Unterrichtung des Betriebsrats auch die Mitteilung, ob die geplante Einstellung befristet oder unbefristet erfolgen soll (BAG 20. 12. 1988 EzA § 99 BetrVG 1972 Nr 70; 13. 4. 1994 EzA § 620 BGB Nr 123; SOWKA BB 1994, 1001, 1006). Die individualrechtliche Unzulässigkeit einer vorgesehenen Befristung stellt jedoch für den Betriebsrat keinen Grund dar, seine Zustimmung zu verweigern (BAG 16. 7. 1985 AP Nr 21 zu § 99 BetrVG 1972; 21. 10. 1986 AP Nr 32 zu § 118 BetrVG 1972; 10. 2. 1988 AP Nr 6 zu § 92 a ArbGG 1972). Deshalb kann der Betriebsrat die Zustimmung auch nicht mit der Begründung verweigern, die Befristung verstoße gegen das TzBfG (PREIS/LINDEMANN NZA Sonderheft 2001, 33, 46; KR/LIPKE/BADER § 620 BGB Rn 155, 157). Eine Einstellung liegt grundsätzlich auch dann vor, wenn ein befristetes Arbeitsverhältnis **verlängert** oder in ein unbefristetes **umgewandelt** wird (BAG 7. 8. 1990 EzA § 99 BetrVG 1972 Nr 91; SOWKA BB 1994, 1001, 1006). Bestimmt ein Tarifvertrag, daß das Arbeitsverhältnis mit Ablauf des Monats endet, in dem der Arbeitnehmer das 65. Lebensjahr vollendet, und soll das Arbeitsverhältnis über diese Altersgrenze hinaus fortgesetzt werden, bedarf auch dies der Zustimmung des Betriebsrats (BAG 7. 8. 1990 EzA § 99 BetrVG 1972 Nr 91). Dieser kann seine Zustimmung idR jedoch nicht verweigern, weil eine Altersgrenze (zur Wirksamkeit Rn 137 ff) regelmäßig kein Verbot der Weiterbeschäftigung enthält (BAG 10. 3. 1992 EzA § 99 BetrVG 1972 Nr 104). Nach LAG Köln (18. 6. 1989 LAGE § 99 BetrVG Nr 81) widerspricht es dem Grundsatz der vertrauensvollen Zusammenarbeit, wenn der Betriebsrat einer Vielzahl von Neueinstellungen widerspricht, damit eine der neu zu besetzenden Stellen für einen befristet tätigen Mitarbeiter frei gehalten werden kann.

278 Nach der Neufassung des § 99 Abs 2 Nr 3 BetrVG hat der Betriebsrat ein Zustimmungsverweigerungsrecht bei der Neueinstellung eines unbefristet Beschäftigten statt der Übernahme eines gleich geeignet befristet Beschäftigten. Die Eignungsbeurteilung liegt dabei weitgehend beim Arbeitgeber, dessen Beurteilung nur auf Mißbrauch hin kontrolliert werden kann (hierzu Preis/Lindemann NZA Sonderheft 2001, 33, 47). Immerhin wird durch das Zustimmungsverweigerungsrecht mittelbar der Entlassungsschutz des befristet Beschäftigten verstärkt (vgl Hanau RdA 2001, 65, 73; Konzen RdA 2001, 76, 92).

Im öffentlichen Dienst sind zT weitergehende Mitwirkungsrechte des Personalrates **279** zu beachten. Eine ohne Zustimmung des Personalrats vereinbarte Befristung ist unwirksam, wenn nach dem entsprechenden LPVG eine der Mitbestimmung des Personalrats unterliegende Maßnahme nur mit dessen Zustimmung getroffen werden kann und der Landesgesetzgeber das Mitbestimmungsrecht des Personalrats nicht nur auf die Einstellung des Arbeitnehmers, sondern auch auf die Befristung des Arbeitsverhältnisses erstreckt hat (vgl BAG 13. 4. 1994 AP Nr 9 zu § 72 LPVG NW; 8. 7. 1998 AP Nr 18 zu § 72 LPVG NW; 9. 6. 1999 AP Nr 2 zu § 62 LPVG Brandenburg; 27. 9. 2000 – 7 AZR 412/99). Diese Voraussetzungen sind aber nicht bei allen LPVG gegeben (vgl etwa BAG 21. 2. 2001 DB 2001, 1509).

§ 621
Kündigungsfristen bei Dienstverhältnissen

Bei einem Dienstverhältnis, das kein Arbeitsverhältnis im Sinne des § 622 ist, ist die Kündigung zulässig,
1. **wenn die Vergütung nach Tagen bemessen ist, an jedem Tag für den Ablauf des folgenden Tages;**
2. **wenn die Vergütung nach Wochen bemessen ist, spätestens am ersten Werktag einer Woche für den Ablauf des folgenden Sonnabends;**
3. **wenn die Vergütung nach Monaten bemessen ist, spätestens am fünfzehnten eines Monats für den Schluß des Kalendermonats;**
4. **wenn die Vergütung nach Vierteljahren oder längeren Zeitabschnitten bemessen ist, unter Einhaltung einer Kündigungsfrist von sechs Wochen für den Schluß eines Kalendervierteljahres;**
5. **wenn die Vergütung nicht nach Zeitabschnitten gemessen ist, jederzeit; bei einem die Erwerbstätigkeit des Verpflichteten vollständig oder hauptsächlich in Anspruch nehmenden Dienstverhältnis ist jedoch eine Kündigungsfrist von zwei Wochen einzuhalten.**

Materialien: E I § 563; II § 560; III § 612; Mot 258 f; Prot 909 ff; Jakobs/Schubert, SchR II 791; neugefaßt durch Erstes Arbeitsrechtsbereinigungsgesetz vom 14. 8. 1969 (BGBl I 1106).

Schrifttum

Bauer, Kündigung und Kündigungsschutz vertretungsberechtiger Organmitglieder, BB 1994, 885

ders, Die Anwendung arbeitsrechtlicher Schutzvorschriften auf den Fremdgeschäftsführer der GmbH, DB 1979, 2178

HÜMMERICH, Grenzfall des Arbeitsrechts; Kündigung des GmbH-Geschäftsführers, NJW 1995, 1177

LUNK, Rechtliche und taktische Überlegungen bei Kündigung und Abberufung des GmbH-Geschäftsführers, ZIP 1999, 1777

REISERER, Die ordentliche Kündigung des Dienstvertrags eines GmbH-Geschäftsführers, DB 1994, 1822

K SCHNEIDER, Die Kündigung freier Dienstverträge (1987).

Systematische Übersicht

Alphabetische Übersicht

I. Allgemeines

1. Entstehungsgeschichte

Sofern keine Dienste höherer Art geschuldet waren, erfaßte § 621 aF alle Dienst- **1** verträge; zahlreiche Spezialvorschriften (vor allem im HGB und der GewO) beschränkten seinen arbeitsrechtlichen Geltungsbereich auf Land- und Forstarbeiter, Hausangestellte und Arbeitnehmer bei Freiberuflern.

Das **Erste Arbeitsrechtsbereinigungsgesetz** vom 14. 8. 1969 (BGBl I 1106) – in Kraft seit **2** 1. 9. 1969 – brachte eine Neuordnung des Kündigungsrechts. §§ 621, 622 wurden neu gefaßt, § 623 aufgehoben (seit 1. 5. 2000 ist in dieser Norm das Schriftformerfordernis für Kündigungen und Aufhebungsverträge geregelt) und seinem Inhalt nach in § 621 Ziff 5 übernommen. Gleichzeitig wurden alle Sonderbestimmungen über die Kündigung in HGB, GewO und der vorläufigen Landarbeitsordnung aufgehoben. Aufgehoben wurden auch die noch bestehenden Kündigungsvorschriften für Arbeitnehmer nach dem Binnenschiffahrts- und dem Flößereigesetz und in den verschiedenen Berggesetzen der Länder. Jetzt gelten für das Kündigungsrecht des Dienst- und Arbeitsvertrages allgemein §§ 620 ff BGB. Daneben bestehen Sondervorschriften nur noch für das Heuerverhältnis nach §§ 62 ff SeemG, für Heimarbeiter nach § 29 HAG und für Handelsvertreter nach §§ 89, 89 a HGB. Auch innerhalb des BGB ist die klare Trennung zwischen dem unabhängigen Dienstvertrag (§ 621) und dem abhängigen Arbeitsverhältnis (§ 622) zu beachten. Für das Arbeitsverhältnis sind daneben noch zahlreiche Sondernomen zu berücksichtigen, die die Kündigungsmöglichkeiten des Arbeitgebers beschränken können (vgl STAUDINGER/NEUMANN [1995] Vorbem 143 ff zu §§ 620 ff).

Die **Materialien** des Gesetzes zur Änderung des Kündigungsrechts und anderer arbeitsrechtlicher **3** Vorschriften (Erstes Arbeitsrechtsbereinigungsgesetz vom 14. 8. 1969, BGBl I 1106): Entwurf der BReg eines Ersten Gesetzes zur Bereinigung arbeitsrechtlicher Vorschriften vom 18. 12. 1968, BR-Drucks 705/68. 1. Durchgang im Bundesrat 7. 2. 1969. Stellungnahme des BR und Gegenäußerung der BReg BT-Drucks V/3912 Anlage 2. 3. 1. Lesung im Bundestag am 23. 4. 1969, 227. Sitzung des BT, StenBer 12514 ff. Schriftlicher Bericht des federführenden Ausschusses für Arbeit vom 12. 6. 1969, BT-Drucks V/4376. 2. und 3. Lesung im Bundestag am 26. 6. 1969, StenBer der 243. Sitzung, 13550 f. Zustimmung des Bundesrates am 11. 6. 1969. Veröffentlicht im BGBl vom 16. 8. 1969 (BGBl I 1106), in Kraft getreten am 1. 9. 1969.

2. Normzweck

Die Vorkommission des Reichsjustizamtes zur 2. Lesung des Entwurfes betonte **4** bereits, daß es bei Zeitlohn dem mutmaßlichen Parteiwillen entspreche, das Dienstverhältnis nur zum Ablauf eines Entlohnungsabschnittes zu beenden, um angebrochene Vergütungszeiträume zu vermeiden (vgl dazu JAKOBS/SCHUBERT SchR II, S 797). Die Kündigungsfristen sollten beiden Parteien erleichtern, sich auf das Ende des Dienstvertrages einzustellen, insbesondere aber den entlassenen Dienstverpflichteten vor finanziellen Einbußen schützen (vgl JAKOBS/SCHUBERT SchR II 797).

II. Geltungsbereich

5 Wie sich aus § 620 Abs 2 ergibt, ist § 621 nur anwendbar, wenn die Dauer des Dienstverhältnisses weder bestimmt noch aus der Beschaffenheit oder dem Zweck der
Dienste zu entnehmen ist (BGH 4.11. 1992 NJW 1993, 326).

6 § 621 gilt nur für den **unabhängigen Dienstvertrag.** Alle Dienstverhältnisse, die keine
Arbeitsverhältnisse sind, können mangels anderer Vereinbarung nach § 621 gekündigt werden. Für Arbeitsverhältnisse gilt § 622. In dieser Abgrenzung liegt das
Hauptproblem der Norm (zur Abgrenzung STAUDINGER/RICHARDI [1999] Vorbem 136 ff zu
§§ 611 ff).

7 Auf vertretungsberechtigte Organmitglieder einer AG (Vorstand) oder GmbH (Ge-
schäftsführer) findet § 621 bislang nur im Falle des beherrschenden Gesellschafter-
Geschäftsführers Anwendung (BGH 9.3. 1987 GmbHR 1987, 264; BAUER BB 1994, 856).
Regelmäßig greift die Ziff 3 des § 621 ein.

8 Auf Anstellungsverträge mit anderen **Gesellschafter-Geschäftsführern** einer GmbH
ist nicht § 621, sondern § 622 entsprechend anzuwenden, und zwar auch dann, wenn
der Geschäftsführer einer GmbH am Kapital der Gesellschaft beteiligt ist (BGH 26.3.
1984 BGHZ 91, 217; OLG München 15.2. 1984 WM 1984, 896). Der BGH begründet seine
Auffassung mit der Erwägung, daß der Gesetzgeber des 1. ArbeitsrechtsbereinigungsG nicht bedacht habe, daß die höhere Dienste leistenden Geschäftsführer
der GmbH, die bisher als Angestellte unter § 622 BGB fielen, keine Arbeitnehmer
sind. Es läge daher keine bewußte Entscheidung des Gesetzgebers in dem Sinne vor,
daß künftig die Anstellungsverhältnisse der Geschäftsführer einer GmbH nicht mehr
unter § 622 BGB fallen sollten (BGH 29.1. 1981 BGHZ 79, 291; ebenso LAG Köln 18.11. 1998
ARST 1999, 187 = EWiR 1999, 493 mit Anm MÜLLER). Vielmehr sei von einem „Redaktionsversehen" auszugehen (SCHWERDTNER GmbHR 1976, 101, 108; GANSSMÜLLER GmbHR
1977, 132, 133; BAUER DB 1979, 2178). Es bestehe deshalb kein Hindernis, so der BGH, die
bis 1969 allgemein für höhere Angestellte und seitdem für Arbeitnehmer geltende
Wertung des Gesetzgebers für das Anstellungsverhältnis des GmbH-Geschäftsführers als auch insoweit einzig sachgemäß zugrunde zu legen. Dem ist zuzustimmen.
Der Geschäftsführer übt zwar gegenüber dem Arbeiter und Angestellten die Funktionen des Arbeitgebers aus. Im Verhältnis zur Gesellschaft aber steht er in einem
Anstellungsverhältnis, das ihn zu Diensten verpflichtet, das gekündigt werden kann
und durch das er je nach Höhe seines Gehalts von der Gesellschaft mehr oder
weniger wirtschaftlich abhängig ist. Darum ist es gerechtfertigt, § 622 analog auf
den Geschäftsführer als Organ der Gesellschaft anzuwenden. Das gilt aber nur
mangels anderweitiger Regelung der Kündigungsfrist. Da § 622 im freien Dienstverhältnis nicht zwingend, sondern abdingbar ist, finden jedenfalls die verlängerten
Kündigungsfristen des § 622 Abs 2 keine Anwendung, wenn die Parteien eine hinreichend lange Kündigungsfrist vertraglich vereinbart haben (LAG Berlin 30.6. 1997 AP
Nr 41 zu § 5 ArbGG 1979 = NZA-RR 1997, 424 zu einer dreimonatigen Kündigungsfrist).

9 Bei der Neuregelung des § 622 hat der Gesetzgeber versäumt, die Frage der Kündigungsfristen für Organmitglieder ausdrücklich zu regeln. Es handelt sich nach übereinstimmender Auffassung um ein wiederholtes Redaktionsversehen. Es besteht
deshalb kein Anlaß, daran zu zweifeln, daß der BGH auch § 622 nF auf Dienst-

verhältnisse mit abhängigen vertretungsberechtigten Organmitgliedern (Vorstandsmitglieder; GmbH-Gesellschafter) anwenden wird (BAUER BB 1994, 855, 856; LAG Köln
18. 11. 1998 ARST 1999, 187 = EWiR 1999, 493 mit Anm MÜLLER; LUNK ZIP 1999, 1777, 1780; aA
HÜMMERICH NJW 1995, 1777, 1780, der allerdings die Regelungslücke für verfassungswidrig hält).
Obwohl für Vorstandsmitglieder nach der früheren Rechtslage die verlängerten
Kündigungsfristen des AngKSchG nicht galten, ist heute davon auszugehen, daß
für diese Gruppe auch die verlängerten Fristen des § 622 Abs 2 Anwendung finden
(vgl § 622 Rn 14; BAUER BB 1994, 855, 856), wenn keine abweichenden Kündigungsfristen
vereinbart worden sind. Mit Wegfall des AngKSchG ist der Grund für eine Differenzierung entfallen.

Ausnahmeregelungen mit bestimmten Kündigungsvorschriften bestehen für Heimar- **10**
beiter (§ 29 HAG) und für Handelsvertreter (§ 89 HGB). Alle anderen unabhängigen Dienstverpflichteten fallen unter § 621 (BGH 19. 5. 1982 NJW 1983, 42). Das gilt auch
für sog **arbeitnehmerähnliche Personen.** Diese sind keine Arbeitnehmer, stehen also
nicht in einem abhängigen Arbeitsverhältnis, sondern sind nur wirtschaftlich abhängig. Für sie gilt § 621, auch wenn für sie nach § 12 a TVG Tarifverträge abgeschlossen
werden können, weil sie wirtschaftlich abhängig und sozial schutzbedürftig sind.
Zwar können Tarifverträge bestimmte Kündigungsvorschriften festlegen; solche
für die Tarifgebundenen zwingenden und unabdingbaren besonderen Kündigungsfristen gelten dann aber nur als Tarifrecht. Für arbeitnehmerähnliche Personen ohne
Tarifbindung findet auch insoweit § 621 Anwendung.

Für die Anwendung auf **Unterrichtsverträge** ist zu unterscheiden: Fernunterrichts- **11**
verträge unterliegen ausschließlich dem unabdingbaren Kündigungsrecht nach § 5
FernUSG. Direktunterrichtsverträge unterfallen keiner gesetzlichen Sonderregelung; für sie gilt also prinzipiell § 621. § 5 FernUSG, der eine unabdingbare Kündigungsmöglichkeit enthält, ist auf Direktunterrichtsverträge weder unmittelbar noch
entsprechend anwendbar (BGH 8. 3. 1984 BGHZ 90, 280, 284 f; 4. 11. 1992 NJW 1993, 326;
Einzelheiten § 627 Rn 23 f); das gleiche gilt hinsichtlich der in § 15 BBiG vorgesehenen
Kündigungsregelung (BGH 8. 3. 1984 BGHZ 90, 280, 285; 28. 2. 1985 NJW 1985, 2585). Unterrichtsverträge sind jedoch in der Regel schuljahresweise oder durch das Ausbildungs-
ziel befristet. § 621 gilt dann nur, wenn zusätzlich die Kündbarkeit des Vertrages
vereinbart wurde. Bei zu langer Laufzeit von Unterrichtsverträgen, die eine Berufsausbildung zum Gegenstand haben („Staatlich geprüfter Tänzer/in"), berücksichtigt
der BGH Art 12 Abs 1 GG (freie Berufswahl) bei der Inhaltskontrolle eines Formularvertrages (BGH 4. 11. 1992 BGHZ 120, 108, 120). Eine Vertragsgestaltung, die eine
unkündbare Laufzeit von 21 Monaten vorsah, wurde für nichtig erklärt. Nach inzwischen gefestigter Rechtsprechung des Bundesgerichtshofes wird die hierdurch entstehende Regelungslücke im Wege *ergänzender Vertragsauslegung* geschlossen (BGH
8. 3. 1984 BGHZ 90, 69, 75 ff; 12. 7. 1989 WM 1989, 1729; 22. 1. 1992 NJW 1992, 1164, 1165; für einen
Schul- und Internatsvertrag vgl auch BGH 28. 2. 1985 NJW 1985, 2585; für Lehrgang zur Kranken-
gymnastin KG Berlin 11. 5. 1993 MDR 1994, 348). Hier gibt es keine allgemeine Regel für die
einzuhaltende Kündigungsfrist. Entscheidend ist, um welche Form eines Unterrichts-
vertrages es sich handelt. Die im Wege der ergänzenden Vertragsauslegung gefun-
denen Kündigungsfristen reichen von einem Monat zum Monatsende (Heilpraktiker-
ausbildung OLG Köln 15. 7. 1997 MDR 1998, 1212; längere Fristen – bis zum Halbjahresende
vertreten LG Braunschweig 18. 1. 1995 MDR 1995, 894; OLG Karlsruhe 16. 6. 1981 NJW 1981,
1676) bis zu sechs Wochen zum Schuljahrs- oder Semesterende (BGH 4. 11. 1992

BGHZ 120, 108, 120; BGH 8.1. 1984 NJW 1984, 1531; OLG Frankfurt 12.5. 1981 NJW 1981, 2760).

III. Ordentliche Kündigung

1. Dispositive Regelung

12 Die Kündigungsfristen des § 621 sind **dispositiv.** Sie können durch ausdrückliche oder stillschweigende Vereinbarung abbedungen und in jeder Weise verändert werden (BGH 25.11. 1963 NJW 1964, 350; 3.12. 1985 NJW 1986, 981, 982). Auch bei Geschäftsführer-verträgen kann § 621 durch die Verweisung auf einen Tarifvertrag abbedungen wer-den (BGH 26.1. 1998 NJW 1998, 1481). Dabei ist sowohl eine **Verlängerung** bis zur Grenze des § 624 als auch die **Verkürzung** bis hin zum Ausschluß der Kündigungsfrist mög-lich. Die Vereinbarung kann sich auch aus der Übernahme einer ständigen Übung oder eines Ortsgebrauches ergeben. Auch die Übernahme der Regeln von Tarifver-trägen – etwa nach § 12 a TVG – kann gleichzeitig die Anwendung der dort nieder-gelegten Kündigungsvorschriften bedeuten. Möglich ist auch, andere **Kündigungster-mine** festzulegen, zB nur zum Monatsende, zum Schluß des Kalendervierteljahres, ggfs mit Ausnahme zum Jahresende. Umgekehrt können die in § 621 vorgesehenen Termine abbedungen oder anders festgelegt werden. Wird wöchentliche, 14tägige, monatliche oder Quartalskündigung vereinbart, kann im Zweifel zu jedem Termin und nicht nur zum Wochen-, Monats- oder Vierteljahresschluß gekündigt werden.

13 Grenzen unterliegt die Disposition in **Allgemeinen Geschäftsbedingungen.** Zu beach-ten ist § 309 Nr 9 (§ 11 Nr 12 AGBG aF) (eingehend Oetker 474 ff). Ist die Vergütung bei Vertragsschluß fällig, beginnt die Dienstpflicht aber erst später, erwägt die Recht-sprechung die Unwirksamkeit nach § 309 Nr 9 a bereits, wenn Wartezeit und Dienst-leistung zusammen zwei Jahre übersteigen (OLG Köln 16.6. 1982 NJW 1983, 1002; vgl auch Ulmer/Brandner/Hensen, AGBG § 11 Nr 12 Rn 10; aA Wolf/Horn/Lindacher, AGBG § 11 Nr 12 Rn 10). Auch wenn die zweijährige Bindungsfrist des § 309 Nr 9 a nicht erreicht wird, ist eine Kontrolle des Ausschlusses der ordentlichen Kündigung nach Ablauf der Probezeit und der sich daraus ergebenden bindenden Restlaufzeit des Vertrages am Maßstab des § 307 (§ 9 AGBG aF) möglich, weil der Gesetzgeber in § 309 Nr 9 a nur **Höchstfristen** festlegen wollte, deren Überschreitung die Klausel stets unwirksam macht (BGH 8.3. 1984 BGHZ 90, 280, 283 f; 29.4. 1987 BGHZ 100, 373, 375 f).

14 Im Schrifttum werden bindende Laufzeiten von jedenfalls mehr als einem Jahr bei **Direktunterrichtsverträgen** mit Vollzeitunterricht für regelmäßig unangemessen er-achtet (Palandt/Heinrichs § 9 AGBG Rn 134; Staudinger/Coester/Waltjen[13] § 11 Nr 12 AGBG Rn 18). § 627 ist bei Direktunterrichtsverträgen nicht anwendbar (vgl § 627 Rn 23). Zum Teil werden nur erheblich kürzere Laufzeiten in Anlehnung an den Rechtsgedanken von § 5 des Gesetzes zum Schutz der Teilnehmer am Fernunterricht (FernUSG) idF v 4.12. 2000 (BGBl I 1670) befürwortet (Ulmer/Brandner/Hensen, AGBG, Anh §§ 9–11 Rn 764 b; Wolf/Horn/Lindacher, AGBG, § 9 Rn U 6, § 11 Nr 12 Rn 13; Erman/Hefermehl § 11 Nr 12 AGBG Rn 5; MünchKomm/Basedow § 11 Nr 12 AGBG Rn 16). In der Rechtsprechung der Instanzgerichte sind bei Unterrichtsverträgen Bindungen von zwei Jahren bzw 20 Monaten für unwirksam gehalten worden (OLG Köln 15.7. 1997 MDR 1998, 1212; LG Frankfurt/Main 12.5. 1981 NJW 1981, 2760; OLG Karlsruhe 16.6. 1981 NJW 1981, 1676; 20.5. 1984 MDR 1985, 57; OLG Köln 16.6. 1982 NJW 1983, 1002; LG Berlin 11.2. 1986

NJW-RR 1986, 989; 1.3. 1989, NJW-RR 1989, 764; LG Hamburg 14.11. 1990 NJW-RR 1991, 373; LG München I 14.1. 1992 NJW-RR 1992, 1208; KG Berlin 11.5. 1993 MDR 1994, 348; zum Ganzen E. Müller MDR 1998, 1197 ff). Teilweise werden aber auch Laufzeiten von 20 bis 24 Monaten nicht beanstandet (OLG Hamm 24.11. 1981 NJW 1982, 1053; KG 23.5. 1989 NJW-RR 1989, 1075; OLG München 15.3. 1990 NJW-RR 1990, 1016; LG Hamburg 16.10. 1985 NJW 1986, 262). Der Bundesgerichtshof hat bei einem fremdsprachlichen Vollunterricht in Form der Tagesschule in der Bindung für ein Schuljahr keine unangemessene Benachteiligung gesehen (BGH 8.3. 1984 BGHZ 90, 280). Andererseits hat er bei einem Internatsvertrag ohne Probezeit ein ordentliches Kündigungsrecht im ersten Schuljahr für den Schluß des ersten Halbjahres für erforderlich gehalten (BGH 28.2. 1985 NJW 1985, 2586; vgl näher Rn 11).

Zur Kündigung bei **Sportlehrgängen,** die nicht an § 627, sondern an §§ 309 Nr 9 b, 307 **15** gemessen werden, LG Hamburg 16.10. 1985 NJW 1986, 262; 25.2. 1987 NJW-RR 1987, 689 f; LG Stuttgart 4.4. 1986 NJW-RR 1986, 990; AG Tettnang 6.6. 1986 NJW-RR 1987, 55; K Schneider S 141 ff; alle zum AGBG.

2. Kein Kündigungsgrund

Die Kündigung nach § 621 ist stets eine **ordentliche Kündigung,** die keines besonde- **16** ren Kündigungsgrundes oder der Angabe eines solchen bedarf. Den Parteien steht es im Rahmen ihrer Vertragsfreiheit frei, die ordentliche Kündigung ganz auszuschließen oder besondere Kündigungsgründe zu vereinbaren. Auch die Kündigungsfrist unterliegt der Parteidisposition. Da das Gesetz den Parteien eines unabhängigen Dienstvertrages keine Beschränkungen ihrer Dispositionsbefugnis auferlegt, kann die ordentliche Kündigung auch „entfristet" werden. Obwohl die entfristete ordentliche Kündigung in ihren Wirkungen einer fristlosen Kündigung gleichkommt, ist § 626 auf diesen Fall nicht anzuwenden. Es bedarf also dann keines Kündigungsgrundes.

3. Kündigung vor Dienstantritt

Die Kündigung kann mit der jeweils für den Dienstvertrag geltenden Frist auch schon **17** vor Dienstantritt ausgesprochen werden und löst im Zweifel den Vertrag ggfs schon vor dem festgelegten Beginn auf, so daß er gar nicht erst zur Wirksamkeit kommt (Oetker 360 ff).

4. Vorzeitige Kündigung

Die Kündigung muß nicht an dem Tage ausgesprochen werden, an dem sie „späte- **18** stens" möglich ist, sondern kann auch schon vorher erklärt werden, wirkt dann aber erst zu dem zugelassenen Termin (vgl ErfK/Müller-Glöge § 621 Rn 16). Für den Fall, daß der letzte Tag ein Sonn- oder Feiertag ist, kann die Kündigung auch an diesem Tage erklärt werden, sonst muß sie vorher ausgesprochen werden; der letztmögliche Kündigungstag verschiebt sich nicht auf den folgenden Werk- oder Arbeitstag.

IV. Kündigungsfristen

Die Länge der Frist für die Kündigung des unabhängigen Dienstvertrages richtet sich **19** nach der Bemessung der Vergütung nach Maßgabe der Ziff 1 bis 5. Zu beachten ist der Unterschied zwischen *Bemessung* und *Auszahlung* der Vergütung. Werden verschiedene Lohnformen nebeneinander gewährt, so ist für die Kündigungsfrist der wesentlichere Teil der Vergütung entscheidend (RAG 10. 9. 1930 ARS 10, 40). § 193 gilt für Kündigungsfristen prinzipiell nicht, weil die Fristen dem Gekündigten zu seinem Schutz unverkürzt zustehen sollen (BGH 28. 9. 1972 BGHZ 59, 265). Doch kommt es entscheidend auf die Auslegung der jeweiligen gesetzlichen Kündigungsfrist an.

20 Für die Fristen nach Ziff 1 und 3 ist § 193 zu beachten (vgl JAUERNIG/SCHLECHTRIEM § 621 Anm 2 b). Für Ziff 2 stellt sich die Frage der Anwendbarkeit des § 193 nicht. Für Ziff 4 und Ziff 5, 2. HS greift dagegen § 193 nicht, sondern es gelten §§ 187, 188 Abs 2. Ein Stunden- oder Tageslohn kann wöchentlich, nach jeder Dekade oder monatlich zu zahlen sein und bleibt trotzdem Stunden- oder Tageslohn. Maßgeblich ist der Zeitabschnitt, für den die Vergütung bemessen wird. Der Auszahlungsmodus und die Fälligkeit sind unbeachtlich. Wird der Lohn nach Wochen bemessen und nur am Monatsende oder Monatsanfang ausgezahlt, handelt es sich um Wochenlohn iS der Ziff 2.

1. Tageslohn (Ziff 1)

21 Bei Tageslohn ist der Lohn nach dem Arbeitstag bemessen. Die Kündigung ist an jedem Tage (also auch am Sonn- und Feiertag) für den Ablauf des folgenden Tages zulässig, der wiederum ein Sonn- oder Feiertag sein kann. Ob an dem Tag, *an* dem gekündigt wird, und an dem Tag, *zu* dem gekündigt wird, Arbeit zu leisten ist, bleibt unbeachtlich. Wird die Vergütung nach Stunden bemessen, kann ebenfalls nur zum Ende des nächsten Tages gekündigt werden (KG Berlin 25. 2. 1994 KGR Berlin 1994, 97; HUECK/NIPPERDEY I 572; aA NIKISCH I 708, der Ziff 5 entsprechend anwenden will). Zu Recht wird darauf hingewiesen, daß dieser Streitfrage wenig Bedeutung zukommt, weil der Stundenlohn überwiegend bei gewerblichen Arbeitnehmern auftritt, für die nicht § 621, sondern § 622 gilt (MünchKomm/SCHWERDTNER Rn 10).

2. Wochenlohn (Ziff 2)

22 Eine Vergütung nach Wochen liegt nur vor, wenn die Bezahlung für die je Woche geleistete Arbeit vereinbart ist, ohne Rücksicht auf den Umfang im Einzelfall. Vielfach wird der Lohn nach Stunden bemessen und wöchentlich abgerechnet; dann liegt Stundenlohn vor, bei dem sich die Kündigung nach Ziff 1 richtet. Bei nach Wochen bemessenem Entgelt ist der Dienstvertrag zum Ablauf eines jeden Sonnabends kündbar; die Erklärung muß spätestens am 1. Werktag der ablaufenden Woche wirksam geworden sein. Das ist grundsätzlich der Montag, verlagert sich aber auf spätere Wochentage, wenn auf den Sonntag gesetzliche Feiertage folgen (SOERGEL/KRAFT Rn 11; ERMAN/BELLING Rn 8).

3. Monatslohn (Ziff 3)

23 Der Monatslohn ist vor allem bei Diensten höherer Art üblich und entspricht dem Gehalt für Angestellte. Die Kündigung muß am 15. zum Schluß des Monats erfolgen, so daß eine Frist von zwei Wochen nicht ausreicht (sa BGH 8. 4. 1997 WM 1997, 1624; SOERGEL/KRAFT Rn 5). Das gilt auch für Organe juristischer Personen, also zB für den

Geschäftsführer einer GmbH (BGH 28. 9. 1972 NJW 1972, 2083; OLG Hamm 27. 1. 1992 ZIP 1992, 418; vgl auch MILLER BB 1977, 723).

4. Vergütung nach Vierteljahren oder längeren Abschnitten (Ziff 4)

Eine Vergütung nach Vierteljahren ist als Quartalsvergütung möglich, als längere **24** Zeitabschnitte kommen insbesondere Halbjahres- oder Jahreslöhne in Betracht. Vor allem in Fällen, in denen die Vergütung in einem Gewinnanteil besteht, wird sie häufig nur nach dem Jahreserfolg bemessen. Auch bei Deputaten als Vergütung kommt eine Bezahlung für ein ganzes oder halbes Jahr in Betracht. Freilich kommen diese Vergütungsformen isoliert – ohne regelmäßige Monatsentlohnung – praktisch nicht vor (MünchKomm/SCHWERDTNER Rn 16). Sechs Wochen zum Quartalsschluß werden eingehalten, wenn am 17. (18. im Schaltjahr) Februar, 19. Mai, 19. August und 19. November spätestens gekündigt wird. Fällt der letzte Erklärungstag auf einen Sonn- oder Feiertag, muß wie bei Arbeitsverträgen die Kündigungserklärung am letzten vorhergehenden Werktag spätestens wirksam werden (BGH 28. 9. 1972 NJW 1972, 2083). § 193 ist nicht anwendbar (ERMAN/BELLING Rn 10).

Ein auf die Dauer von fünf Jahren geschlossener Verwaltervertrag ist nach Ablauf **25** der in § 309 Nr 9 a festgelegten Mindestdauer von zwei Jahren nach § 621 Nr 4 BGB mit einer Frist von sechs Wochen zum Quartalsende kündbar, sofern der Verwalter von seinem Amt abberufen worden ist (KG 20. 3. 1989 NJW-RR 1989, 839).

5. Kein Zeitabschnitt (Ziff 5)

Ziff 5 ist anstelle des früheren § 623 eingefügt. Diese Vorschrift galt vor allem für den **26** Akkordvertrag (vgl STAUDINGER/MOHNEN/NEUMANN[11] zu § 623). Da in der Regel der Akkordvertrag ein abhängiger Arbeitsvertrag ist, auf den § 622 angewendet werden muß (OLG Düsseldorf 3. 6. 1976 BB 1976, 901), bleiben vor allem die Fälle der Vereinbarung einer **Stückvergütung** und einer **Provision** im unabhängigen Dienstvertrag (hierzu BGH 19. 5. 1982 NJW 1983, 42). Da jedoch für Handelsvertreter die Sondervorschrift des § 89 HGB mit der Mindestkündigungsfrist von einem Monat gilt, ist der Anwendungsbereich im unabhängigen Dienstverhältnis gering. Stücklohn und Provision sind zwar denkbare Anwendungsfälle, jedoch wird in der Regel ein Arbeitsvertrag oder Werkvertrag bzw ein Handlungsgehilfen- oder Handelsvertreterverhältnis anzunehmen sein. Liegt der 2. HS der Ziff 5 vor, die vollständige oder hauptsächliche Inanspruchnahme durch das Dienstverhältnis, für die eine Kündigungsfrist von zwei Wochen gilt, dann wird im Regelfall ein abhängiges Arbeitsverhältnis vorliegen, für das § 622 gilt. Für Heimarbeiter, die ebenfalls nach Stücklohn bezahlt werden, gilt § 29 HAG als Sondervorschrift.

Den **ärztlichen Behandlungsvertrag** kann der Patient nach § 621 Nr 5 jederzeit sofort **27** kündigen mit der Folge, daß der Arzt nur die sog „Verweilgebühr" im Falle des Fernbleibens des Patienten verlangen kann, jedoch keinen weitergehenden Schadensersatz (vgl LG München II 8. 11. 1983 NJW 1984, 671). Das gilt auch für Dienstverträge zwischen Polizei und niedergelassenem Arzt, der im Rahmen von Bereitschaftsdiensten für Blutentnahmen zur Verfügung steht (LG Essen 9. 10. 1997 MedR 1998, 367).

Im Anwendungsbereich des § 621 Ziff 5, 2. HS stellt sich die Frage, wann der Dienst- **28** verpflichtete „hauptsächlich" in Anspruch genommen wird. Das ist der Fall, wenn er **mehr als die Hälfte seiner Arbeitszeit** für dieses Dienstverhältnis aufwendet. Welche Arbeiten er daneben verrichtet, ist unerheblich. Es kommt auch nicht auf den abstrakten Umfang der Dienstleistung an. Wer als Rentner, Hausfrau oder sonst in keinem Beschäftigungsverhältnis stehend nur für einen Dienstberechtigten arbeitet, wird vollständig in Anspruch genommen, auch wenn die Arbeitszeit nur wenige Stunden pro Tag, Woche oder auch Monat ausmacht. Maßgeblich ist der Grad der Inanspruchnahme, gemessen an der gesamten Erwerbstätigkeit im individuellen Fall (vgl entsprechend BAG 27. 9. 1974 AP Nr 1 zu § 6 BetrVG 1972 zur Inanspruchnahme „in der Hauptsache" nach § 6 BetrVG).

29 Die Kündigung mit einer Frist von zwei Wochen kann zu jedem Termin erfolgen. Ein Endtermin (Wochenschluß, Monatsschluß) ist nicht einzuhalten.

§ 622
Kündigungsfristen bei Arbeitsverhältnissen

(1) Das Arbeitsverhältnis eines Arbeiters oder eines Angestellten (Arbeitnehmers) kann mit einer Frist von vier Wochen zum 15. oder zum Ende eines Kalendermonats gekündigt werden.

(2) Für eine Kündigung durch den Arbeitgeber beträgt die Kündigungsfrist, wenn das Arbeitsverhältnis in dem Betrieb oder Unternehmen
1. zwei Jahre bestanden hat, einen Monat zum Ende eines Kalendermonats,
2. fünf Jahre bestanden hat, zwei Monate zum Ende eines Kalendermonats,
3. acht Jahre bestanden hat, drei Monate zum Ende eines Kalendermonats,
4. zehn Jahre bestanden hat, vier Monate zum Ende eines Kalendermonats,
5. zwölf Jahre bestanden hat, fünf Monate zum Ende eines Kalendermonats,
6. fünfzehn Jahre bestanden hat, sechs Monate zum Ende eines Kalendermonats,
7. zwanzig Jahre bestanden hat, sieben Monate zum Ende eines Kalendermonats.
Bei der Berechnung der Beschäftigungsdauer werden Zeiten, die vor der Vollendung des 25. Lebensjahres des Arbeitnehmers liegen, nicht berücksichtigt.

(3) Während einer vereinbarten Probezeit, längstens für die Dauer von sechs Monaten, kann das Arbeitsverhältnis mit einer Frist von zwei Wochen gekündigt werden.

(4) Von den Absätzen 1 bis 3 abweichende Regelungen können durch Tarifvertrag vereinbart werden. Im Geltungsbereich eines solchen Tarifvertrages gelten die abweichenden tarifvertraglichen Bestimmungen zwischen nichttarifgebundenen Arbeitgebern und Arbeitnehmern, wenn ihre Anwendung zwischen ihnen vereinbart ist.

(5) Einzelvertraglich kann eine kürzere als die in Absatz 1 genannte Kündigungsfrist nur vereinbart werden,
1. wenn ein Arbeitnehmer zur vorübergehenden Aushilfe eingestellt ist; dies gilt nicht, wenn das Arbeitsverhältnis über die Zeit von drei Monaten hinaus fortgesetzt wird;

2. **wenn der Arbeitgeber in der Regel nicht mehr als zwanzig Arbeitnehmer ausschließlich der zu ihrer Berufsbildung Beschäftigten beschäftigt und die Kündigungsfrist vier Wochen nicht unterschreitet. Bei der Feststellung der Zahl der beschäftigten Arbeitnehmer sind nur Arbeitnehmer zu berücksichtigen, deren regelmäßige Arbeitszeit wöchentlich zehn Stunden oder monatlich fünfundvierzig Stunden übersteigt.**
Die einzelvertragliche Vereinbarung längerer als der in den Abs. 1 bis 3 genannten Kündigungsfristen bleibt hiervon unberührt.

(6) Für die Kündigung des Arbeitsverhältnisses durch den Arbeitnehmer darf keine längere Frist vereinbart werden als für die Kündigung durch den Arbeitgeber.

Materialien: E I –; II § 561; III § 613; Mot 258 f; Prot 909 ff; JAKOBS/SCHUBERT, SchR II 791; geändert durch Gesetz zur Vereinheitlichung der Kündigungsfristen von Arbeitern und Angestellten vom 7. 10. 1993 (BGBl I 1668).

Schrifttum

1. Vor 1993 (Auswahl)
BARTZ, Übersicht über die Kündigungsfristen der Angestellten ab 1. September 1969, DB 1970, 683
BASEDAU, Gelten die längeren Kündigungsfristen nach § 622 Abs 2 BGB nur für die vom Arbeitgeber ausgesprochene Kündigung oder für beide Teile?, AuR 1970, 16
BENGELSDORF, Die tariflichen Kündigungsfristen für Arbeiter nach der Entscheidung des BVerfG, NZA 1991, 121
BERGER/DELHEY, Die Kündigung vor Dienstantritt, DB 1989, 380
BLANKE, Arbeiter und Angestellte auf dem Weg zum einheitlichen Beschäftigungsverhältnis, AuR 1991, 1
BUCHNER, Die Kündigungsfrist für Arbeiter nach der Entscheidung des BVerfG vom 30. 5. 1990, NZA 1991, 41
DAMKOWSKY, Gelten die längeren Kündigungsfristen bei Arbeitsverhältnissen von Arbeitern nur für Kündigungen des Arbeitgebers?, BB 1970, 1218
DIETZ, Vereinbarung kürzerer tariflicher Kündigungsfristen mit nicht tarifgebundenen Arbeitnehmern, DB 1974, 1770
FENSKI, Verfassungswidrigkeit der gemäß § 622

Abs 3 Satz 1 BGB tariflich verkürzten Kündigungsfristen für ältere Arbeiter, DB 1991, 2438
GAUL, Die rechtliche Bedeutung überlanger Kündigungsfristen, BB 1980, 1542
GOTZMANN, Kündigungsfristen und Kündigungstermine bei Aushilfskräften, DB 1970, 2220
GUMPERT, Kündigungsfristen für befristete Arbeitsverhältnisse, Aushilfs- und Probearbeitsverhältnisse nach neuem Recht, BB 1969, 1278
HANAU, Die fehlenden Kündigungsfristen für Arbeiter, DB 1991, 40
HARTMANN, Kündigungsfristen für Aushilfsangestellte, BB 1970, 716
KOCH, Der Beschluß des BVerfG vom 30. 5. 1990, NZA 1991, 50
KRAUSHAAR, Die neuen Kündigungsfristen für ältere Arbeiter, ArbuR 1983, 147
ders, Die Kündigung von Arbeitern nach dem Beschluß des Bundesverfassungsgerichts vom 30. 5. 1990, BB 1990, 1764
LOHMANN, Tarifliche Kündigungsfrist bei Arbeitern, BB 1969, 1270
MAURER, Kündigung der Arbeiter mit verlängerter Frist, AuR 1972, 113
ders, Fragen des Vorrangs tariflicher Kündigungsbestimmungen, AuR 1971, 78

Ulrich Preis

ders, Die geltenden Kündigungsfristen und deren Änderungen, BB 1970, 39

MARSCHOLLOK, Kündigungsfristen für Arbeiter in der Praxis, DB 1991, 1069

NEUMANN, Das neue Kündigungsrecht, Arbeitsrecht der Gegenwart Bd 7 (1970) 23

POPP, Ordentliche und außerordentliche Kündigung, in: WEISS-GAGEL, Handbuch des Arbeits- und Sozialrechts (HAS) § 19 B

STAHLHACKE, Tarifliche Zulassungsnormen und nachwirkende Tarifverträge, DB 1969, 1651

THIES, Die Einseitigkeit der längeren gesetzlichen Kündigungsfristen bei Arbeitsverhältnissen von Arbeitern, BB 1970, 265

WENZEL, Neue Kündigungsbestimmungen im Arbeitsrecht, MDR 1969, 881, 968.

2. Ab 1993

ADOMEIT/THAU, Das Gesetz zur Vereinheitlichung der Kündigungsfristen von Arbeitern und Angestellten, NJW 1994, 11

BAUER, Entwurf eines Kündigungsfristengesetzes, NZA 1993, 495

ders, Kündigung und Kündigungsschutz vertretungsberechtigter Organmitglieder, BB 1994, 855

DILLER, § 622 BGB und Quartalskündigungsfristen, NZA 2000, 293

DRÜLL/SCHMITTE, Kündigungsfristen im Baugewerbe, NZA 1994, 398

HEILMANN, Kündigungsfristen im europäischen Vergleich, AuA 1994, 175

HOHMEISTER, Die gesetzliche Neuregelung der arbeitsrechtlichen Kündigungsfristen, Der Personalrat 1994, 9

HROMADKA, Rechtsfragen zum Kündigungsfristengesetz, BB 1993, 2372

KEHRMANN, Neue gesetzliche Kündigungs-

fristen für Arbeiter und Angestellte, AiB 1993, 746

KNORR, Die gesetzliche Neuregelung der Kündigungsfristen, ZTR 1994, 267

KRAMER, Kündigungsvereinbarungen im Arbeitsvertrag (1994)

ders, Unterschiedliche vertragliche Kündigungsfristen für Arbeiter und Angestellte, ZIP 1994, 929

KRETZ, Kündigungsfristen und Kündigungsfristengesetz vom 7. 10. 1993, in: Handwörterbuch des Arbeitsrechts für die tägliche Praxis (HwB AR)

MÜLLER-GLÖGE, Tarifliche Regelungen der Kündigungsfristen und -termine, Festschrift für Schaub, 1998. 497

PREIS/KRAMER, Das neue Kündigungsfristengesetz, DB 1993, 2125

SIEG, Kündigungsfristen und -termine, AuA 1993, 165

VOSS, Auswirkungen des Gesetzes zur Vereinheitlichung der Kündigungsfristen (KündFG) auf das Arbeitnehmerüberlassungsgesetz, NZA 1994, 57

WANK, Die neuen Kündigungsfristen für Arbeitnehmer (§ 622 BGB), NZA 1993, 961

WIDLAK, Einheitliche gesetzliche Kündigungsfristen für Arbeiter und Angestellte, Betrieb und Wirtschaft 1993, 779

ders, Einheitliche Kündigungsfristen für Arbeiter und Angestellte, AuA 1993, 353

WOLLGAST, Verfassungswidrigkeit der Übergangsregelung des Kündigungsfristengesetzes, AuR 1993, 325

WORZALLA, Auswirkungen des Kündigungsfristengesetzes auf Regelungen in Tarif- und Einzelarbeitsverträgen, NZA 1994, 145.

Systematische Übersicht

Alphabetische Übersicht

I. Entstehungsgeschichte

1 Das Kündigungsfristengesetz (KündFG vom 7. 10. 1993 BGBl I 1668) hat mit Wirkung vom 15. 10. 1993 eine **Vereinheitlichung der Kündigungsfristen für Arbeiter und Angestellte** sowie für die Arbeitnehmer in den alten und in den neuen Bundesländern herbeigeführt. Die Neuregelung war notwendig geworden, nachdem das BVerfG mit

Urteil vom 30. 5. 1990 (AP Nr 28 zu § 622 BGB) wegen des in Art 3 Abs 1 GG verankerten Gleichheitssatzes § 622 Abs 2 aF insoweit für verfassungswidrig und unanwendbar erklärt hatte, als diese Vorschrift für Arbeiter kürzere Kündigungsfristen
vorsah hat als für Angestellte. Des weiteren war die Neuregelung indiziert durch den
Beschluß des BAG vom 16. 1. 1992 (AP Nr 12 zu § 2 AngKSchG), in dem das Gericht den
Ausschluß der Angestellten bei Arbeitgebern mit nicht mehr als zwei Angestellten
von den längeren Kündigungsfristen für verfassungswidrig erklärte und dem BVerfG
die entsprechende Regelung des AngKSchG nach Art 100 Abs 1 zur Überprüfung
vorgelegt hatte.

Der Neuregelung voraus ging ein Entwurf der Bundesregierung (BT-Drucks 12/5081, **2**
5191) der Fraktionen der CDU/CSU und der FDP (BT-Drucks 12/4902) sowie ein Entwurf der Fraktion der SPD (BT-Drucks 12/4907). Nach dem Gesetzentwurf der SPD
sollte die bislang nur für Angestellte geltende sechswöchige Kündigungsfrist zum
Quartalsende auch auf Arbeitsverträge mit Arbeitern ausgedehnt werden; der DGB
forderte eine Zwei-Monats-Frist zum Monatsende (AiB 1993, 346, 347). Der Bundes-
tagsausschuß für Arbeit und Sozialordnung legte seinen Bericht und seine Beschlußempfehlung am 22. 6. 1993 vor (BT-Drucks 12/5228), worauf der Bundestag in zweiter
und dritter Lesung am 23. 6. 1993 dem Gesetzentwurf in der Ausschußfassung zu-
stimmte (165. Sitzung des Bundestages, Plenarprotokoll 12/165). Der Bundesrat rief daraufhin
den Vermittlungsausschuß an. Durch Beschlußempfehlung des Vermittlungsausschusses (BT-Drucks 12/5721) wurde der vom Bundestag beschlossene Entwurf in
zwei wesentlichen Punkten modifiziert: Es wurden bisher nicht vorgesehene Kündigungstermine zum 15. oder zum Ende des Kalendermonats eingeführt. Abs 5 der
Regelung wurde um eine Sonderregelung für Kleinunternehmen ergänzt. Am 30. 9.
1993 wies der Bundestag den Einspruch des Bundesrates zurück und verabschiedete
das Gesetz in der vom Vermittlungsausschuß vorgeschlagenen Fassung.

Die beschlossene Neuregelung war überfällig. Die Ungleichbehandlung von Arbei- **3**
tern und Angestellten bei den gesetzlichen Kündigungsfristen und -terminen wurde
seit langem als verfassungswidrig angesehen. Zahlreiche Änderungsvorschläge wurden vorgelegt (hierzu WANK, Arbeiter und Angestellte [1992] 70 ff; ders NZA 1993, 961, 962 f; vgl
schon Entwurf eines Arbeitsgesetzbuches, herausgegeben vom Bundesminister für Arbeit und Sozialordnung [1977] § 95 Abs 1 S 1; Gutachten D zum 59. Deutschen Juristentag 1992 des Arbeitskreises
Deutsches Rechtseinheit im Arbeitsrecht, § 119). Diskutiert wurde insbesondere über die
Frage, ob und inwieweit eine weitere Differenzierung innerhalb der Arbeitnehmerschaft, wie sie das BVerfG grundsätzlich noch für möglich gehalten hat, fortgeführt
werden sollte. Die dort angeregten Abgrenzungsvorschläge wurden jedoch als un-
praktikabel erachtet; insoweit sollte den Tarifparteien ein Gestaltungsspielraum
verbleiben. Die Neuregelung erreicht eine Angleichung der Kündigungsfristen für
Arbeiter und Angestellte auf mittlerem Niveau; auch in der Frage der Kündigungstermine trägt das Gesetz Kompromißcharakter.

Mit der Neuregelung wurden auch die Kündigungsfristen im SeemannsG und dem **4**
HAG geändert. Daneben wurde ein neuer Art 222 EGBGB zur Regelung der Übergangsfragen eingeführt. Des weiteren ist mit der Neuregelung eine Aufhebung des
zunächst nach Anlage II Kapitel VIII Sachgebiet A Abschnitt III Nr 1 Buchstabe a
iVm Art 1 des Gesetzes vom 23. September 1990 (BGBl 1990 II 885, 1207) fortgeltenden

§ 55 AGB-DDR aF sowie ein Außerkrafttreten des AngKSchG verbunden (BT-Drucks 12/4902 und 12/5081).

II. Überblick; Normzweck

1. Grundkündigungsfrist

5 § 622 Abs 1 sieht nunmehr **eine Grundkündigungsfrist von vier Wochen** einheitlich für alle Arbeitnehmer in den ersten beiden Beschäftigungsjahren vor, gekoppelt mit **zwei Kündigungsterminen zum 15. oder zum Ende des Kalendermonats.** Hieraus folgt insbesondere, daß eine vom Arbeitgeber zum 15. eines Kalendermonats ausgesprochene Kündigung im Falle ihres verspäteten Zugangs zum nächst zulässigen Kündigungstermin, also zum Monatsende wirkt, wenn und soweit die Parteien keinen abweichenden Kündigungstermin vereinbart haben.

6 Die Neuregelung verzichtet damit insbesondere auf Kündigungstermine zum Quartal, die bisher allgemein für Angestellte sowie für Arbeiter nach zwanzigjähriger Betriebszugehörigkeit galten. Der Gesetzgeber ist damit den Anregungen des Entwurfes eines Arbeitsvertragsgesetzes des Arbeitskreises „Deutsche Rechtseinheit im Arbeitsrecht" teilweise gefolgt, der in § 119 seines Entwurfes (vgl Gutachten D zum 59. Deutschen Juristentag 1992) ganz auf Kündigungstermine verzichtet hat, jedoch von einer sechswöchigen Grundkündigungsfrist mit einer Verkürzungsmöglichkeit bei Kleinunternehmen ausging. Der Gesetzgeber hat den Verzicht auf die Kündigung zum Quartal damit begründet, daß je nach Erklärungszeitpunkt der Kündigung sachlich nicht gerechtfertigte Unterschiede bei den tatsächlichen Kündigungsfristen festzustellen waren. Ferner wurde es nicht mehr als gerechtfertigt angesehen, den Arbeitsmarkt, insbesondere damit Arbeitsämter und Arbeitsgerichte, schubweise zu Quartalsterminen zu belasten. Namentlich die Bundesanstalt für Arbeit hatte eine Konzentration auf vier Kündigungstermine im Jahr für eine geordnete Beratungs- und Vermittlungstätigkeit als untragbar angesehen (vgl BT-Drucks 12/4902 S 7). Bei Arbeitgebern mit in der Regel nicht mehr als zwanzig Arbeitnehmern kann davon abweichend eine Kündigungsfrist von vier Wochen ohne festen Kündigungstermin vereinbart werden (§ 622 Abs 5 Nr 2). Dieser Kompromiß ist deshalb zweifelhaft, weil sich durch den bloßen Verzicht auf feste Kündigungstermine bei Kleinunternehmen das Einstellungsverhalten anderer Arbeitgeber nicht ändert und es insoweit zu kurzfristiger Arbeitslosigkeit kommen kann (KEHRMANN AiB 1993, 746). Außerdem ist fraglich, ob der Kündigungstermin zum 15. des Monats in der Praxis Bedeutung erlangen wird (zweifelnd ADOMEIT/THAU NJW 1994, 11, 13).

2. Verlängerte Kündigungsfristen

7 Bei den verlängerten Kündigungsfristen nach § 622 Abs 2 wurde an Monatskündigungsterminen festgehalten.

8 § 622 Abs 2 regelt die vom Arbeitgeber einzuhaltenden Kündigungsfristen gegenüber länger beschäftigten Arbeitnehmern. Die Neuregelung geht von dem Gedanken eines allmählichen stufenweisen Übergangs von kürzeren Fristen zu Beginn des Arbeitsverhältnisses zu längeren Fristen in Abhängigkeit von der Dauer der Betriebszugehörigkeit aus. Auf einer solchen Konzeption beruht unter anderem auch der als Modell dienende (vgl BT-Drucks 12/4902 S 7) § 11 MTV für die chemische Industrie vom 24. Juni 1992. Die für eine Kündigung durch den Arbeitgeber verlängerten Fristen gelten – abweichend vom alten Recht – bereits **nach zweijähriger Betriebszugehörigkeit** mit einer Frist von einem Monat zum Monatsende. Über insgesamt **sieben Stufen** wird nach **zwanzigjähriger Betriebszugehörigkeit** die Höchstdauer **von sieben Monaten zum Monatsende** erreicht. Wie nach altem Recht werden bei der Berechnung der Betriebszugehörigkeit nur die Zeiten **nach der Vollendung des 25. Lebensjahres** des Arbeitnehmers berücksichtigt. Damit ergibt sich für Arbeiter im Vergleich zur früheren Regelung eine erhebliche Verbesserung. So verlängert sich beispielsweise die Kündigungsfrist nach zwei Jahren Betriebszugehörigkeit im Durchschnitt auf das Dreifache und verdoppelt sich nach fünf Jahren Betriebszugehörigkeit; die bisher nur Angestellten vorbehaltenen Fristen ab vier Monate sind neu eingeführt. Für Angestellte ergibt sich außer der Umstellung von Quartals- auf den Monatskündigungstermin zwar ein um zwei bzw drei Jahre verzögertes Erreichen einer Steigerungsstufe (zB wird die dreimonatige Kündigungsfrist erst nach acht Jahren statt vormals nach fünf Jahren erreicht). Andererseits tritt für langjährig beschäftigte Angestellte eine Verbesserung durch die Verlängerung der Höchstfrist von früher sechs auf nunmehr sieben Monate ein. Eine weitere Verbesserung besteht für Angestellte darin, daß die gesetzliche Verlängerung nicht mehr an das Erfordernis der Beschäftigung durch einen Arbeitgeber von regelmäßig mehr als zwei Angestellten gebunden ist (vgl § 2 Abs 1 Satz 1 AngKSchG). Indes erscheint das Festhalten an dem Erfordernis des Erreichens einer Mindestaltersgrenze (25. Lebensjahr) veraltet. Bei der Berechnung der Beschäftigungsdauer nach § 622 Abs 2 ist ein Berufsausbildungsverhältnis, aus dem der Auszubildende in ein Arbeitsverhältnis übernommen wurde, zu berücksichtigen, soweit die Ausbildung im Unternehmen nach der Vollendung des 25. Lebensjahres des Auszubildenden erfolgte (BAG 2.12. 1999 AP § 622 BGB Nr 57 = EzA § 622 BGB nF Nr 60).

3. Schutzfunktionen der Kündigungsfristen

Die ordentliche Kündigung ist nach § 622 regelmäßig eine befristete Kündigung. Die   **9** Bindung an eine Kündigungsfrist dient dem **Schutz des Vertragspartners,** der sich auf die Beendigung des Vertragsverhältnisses rechtzeitig soll einstellen können. Insoweit bewirken Kündigungsfristen einen **zeitlich begrenzten Kündigungsschutz** (KR/SPILGER Rn 71; APS/LINCK Rn 11). Die Regelung des § 622 Abs 2 läßt erkennen, daß der Gesetzgeber mit zunehmender Betriebszugehörigkeit auch hinsichtlich der Kündigungsfristen einen höheren Bestandschutz einräumen will. Dennoch gehören die Kündigungsfristen nur zu den **formellen Schranken** einer Kündigung, weil sie nicht das Interesse des Arbeitnehmers am Bestand des Arbeitsverhältnisses schützen (PREIS, Prinzipien 13). Die Schutzfunktion der Kündigungsfristen zeigt sich auch in den Sonderfällen, in denen die ordentliche Kündigung nicht möglich ist und nur die außerordentliche Kündigung bleibt. Hier soll der Arbeitnehmer durch den Ausschluß der ordentlichen Kündigung nicht schlechter gestellt werden, als er ohne diesen Ausschluß stünde. Deshalb muß der Arbeitgeber in Ausnahmefällen auch bei der außerordentlichen Kündigung als soziale Auslauffrist die längste Kündigungsfrist einhalten, die gelten würde, wenn die ordentliche Kündigung nicht ausgeschlossen wäre (BAG 28. 3. 1985 DB 1985, 1743 f; 4. 2. 1993 EzA § 626 BGB nF Nr 144; im einzelnen § 626 Rn 282). Im übrigen beziehen sich die Kündigungsfristen des § 622 aber nur auf ordentliche Kündigungen und nicht auf außerordentliche befristete Kündigungen. Arbeitgeber wie Arbeitnehmer brauchen sich bei einer außerordentlichen Kündigung, die nicht fristlos, sondern mit einer Auslauffrist erfolgt, nicht an die gesetzlichen Kündigungsfristen zu halten. In diesem Falle steht es ihnen vielmehr frei, selbst zu bestimmen, zu welchem Zeitpunkt die außerordentliche Kündigung wirksam werden soll (BAG 15.3. 1973 AP Nr 3 zu § 63 SeemG; KR/SPILGER Rn 72).

III. Geltungsbereich

10 § 622 gilt für alle **ordentlichen Kündigungen.** Hierzu zählt nicht nur der Fall der Beendigungskündigung, sondern auch der **Änderungskündigung** (BAG 12.1. 1994 AP Nr 43 zu § 622 BGB). Für außerordentliche Kündigungen nach § 626 greift § 622 nicht ein. Diese erfolgen idR fristlos. Zur Auslauffrist vgl vorstehend Rn 9; zur außerordentlichen Kündigung ordentlich Unkündbarer § 626 Rn 272 ff.

1. Arbeitnehmer (Arbeiter und Angestellte)

11 § 622 gilt für alle Arbeitnehmer, sowohl hinsichtlich der Grundkündigungsfrist als auch für die verlängerten Kündigungsfristen. Die Regelung greift also auch für Teilzeitbeschäftigte, selbst für geringfügig Beschäftigte. Dies gilt ohne Rücksicht darauf, wie viele Arbeitnehmer im Unternehmen beschäftigt sind.

2. Arbeitnehmer in Kleinunternehmen

12 Prinzipiell gilt § 622 auch für Arbeitsverhältnisse in Kleinunternehmen. In den Beratungen des Vermittlungsausschusses wurde allerdings die Regelung des § 622 Abs 5 Nr 2 eingefügt, wonach **einzelvertraglich** eine **kürzere Grundkündigungsfrist** vereinbart werden kann, wenn der Arbeitgeber in der Regel **nicht mehr als 20 Arbeitnehmer** ausschließlich der zu ihrer Berufsbildung Beschäftigten beschäftigt und die Kündigungsfrist **vier Wochen nicht unterschreitet.** Bei der Feststellung dieser Zahl der Beschäftigten sind teilzeitbeschäftigte Arbeitnehmer mit einer regelmäßigen wöchentlichen Arbeitszeit von nicht mehr als 20 Stunden mit 0,5 und von nicht mehr als 30 Stunden mit 0,75 zu berücksichtigen (nach der Neufassung durch ÄndG 19.12. 1998 BGBl. I, 3843). Im Kern enthält diese Regelung lediglich den Vorteil für kleinere Arbeitgeber, eine **vierwöchige Kündigungsfrist ohne festen Endtermin** zu vereinbaren. Dies gilt auch für geringfügig Beschäftigte. Diese werden lediglich nach Maßgabe des § 622 Abs 5 Nr 2 Satz 2 bei der Feststellung der Zahl der beschäftigten Arbeitnehmer im dort angegebenen Umfang nicht mitgezählt. Für das Eingreifen der Regelung des § 622 Abs 5 Nr 2 ist entscheidend, wieviel Arbeitnehmer der Arbeitgeber zum Zeitpunkt des *Zugangs der Kündigung* in der Regel beschäftigt. Die maßgebliche Zahl ist durch einen Rückblick auf die Belegschaftszahl in der Vergangenheit und einer Einschätzung in der Zukunft zu ermitteln. Kurzfristige Schwankungen sind ohne Bedeutung. Die Regelung ist § 23 Abs 1 KSchG nachgebildet. Hinsichtlich der Einzelheiten, welche Arbeitsverhältnisse in die Berechnung einzubeziehen sind, kann auf die entsprechenden Kommentierungen zurückgegriffen werden (vgl APS/MOLL § 23 KSchG Rn 29 ff). Im Unterschied zu § 23 Abs 1 KSchG stellt jedoch § 622 Abs 5 Nr 2 nicht auf den Betrieb, sondern auf den Arbeitgeber ab (vgl auch § 119 Abs 4 ArbVG 1992, Gutachten D zum 59. DJT 1992, D 58; krit zur fehlenden Systematik der Schwellenwerte KR/SPILGER Rn 55; PREIS RdA 1999, 311, 312 ff).

3. Hausangestellte

Für Hausangestellte und Hausgehilfen findet die Grundkündigungsfrist des § 622 **13** Abs 1 Anwendung. Die **verlängerten Kündigungsfristen** des Abs 2 **gelten** jedoch **nicht,** weil diese Regelung eine Beschäftigung in einem Betrieb oder einem Unternehmen von bestimmter Dauer voraussetzt. Der Haushalt ist jedoch kein Betrieb oder Unternehmen im Sinne dieser Regelung (Bauer/Rennpferdt AR-Blattei SD 1010.5 Rn 24; Kretz HwB AR Kündigungsfristen Rn 50; KR/Spilger Rn 55).

4. Organmitglieder

Der Gesetzgeber hat es versäumt, mit der Neuregelung der Kündigungsfristen deren **14** Anwendbarkeit auf Organmitglieder zu regeln. Für vertretungsberechtigte Organmitglieder, die aufgrund ihrer Beteiligung eine Gesellschaft beherrschen, galt und gilt unstreitig die Frist des § 621 Nr 3 (vgl hierzu § 621 Rn 7). Im übrigen ist jedoch wie bisher davon auszugehen, daß § 622 Abs 1 auch auf die Kündigung solcher **vertretungsberechtigter Organmitglieder** anzuwenden ist, die **nicht in erheblichem Umfang am Kapital der Gesellschaft beteiligt** sind (§ 621 Rn 8; Bauer/Rennpferdt AR-Blattei SD 1010.5 Rn 30 ff). Begründet wird die analoge Anwendung mit dem Umstand, daß nicht beherrschende Organmitglieder wie Arbeitnehmer der Gesellschaft ihre Arbeitskraft zur Verfügung stellen und vom Fortbestehen des Anstellungsverhältnisses abhängig sind. Mangels anderer gesetzlicher Grundentscheidung ist auch davon auszugehen, daß nunmehr die **verlängerten Kündigungsfristen** des § 622 Abs 2 **anwendbar** sind. Für die früher gebotene Differenzierung auf der Basis des AngKSchG zwischen Geschäftsführung und Vorstandsmitgliedern ist nach Wegfall dieses Gesetzes kein Raum mehr (überzeugend Bauer BB 1994, 855 ff).

IV. Sonderregelungen

1. Berufsbildungsgesetz

Berufsausbildungsverhältnisse können nach § 15 Abs 1 BBiG während der Probezeit **15** (§ 13 BBiG) jederzeit ohne Einhaltung einer Kündigungsfrist gekündigt werden (§ 15 Abs 1 BBiG). Den Parteien steht es frei, **während der Probezeit** auch eine ordentliche Kündigung unter Einräumung einer Auslauffrist auszusprechen, wobei die Auslauffrist nicht zu einer *unzumutbaren Verlängerung* des Berufsausbildungsvertrages führen darf (BAG 10.11.1988 EzA § 15 BBiG Nr 7). Im übrigen ist **nach der Probezeit** grundsätzlich nur noch eine fristlose Kündigung bei Vorliegen eines wichtigen Grundes möglich. Nur für den Auszubildenden wird nach § 15 Abs 2 Nr 2 BBiG eine Kündigungsmöglichkeit mit einer Kündigungsfrist von vier Wochen eingeräumt, wenn er die Berufsausbildung aufgeben oder sich für eine andere Berufstätigkeit ausbilden lassen will.

In der Insolvenz des Arbeitgebers kann das Ausbildungsverhältnis für den Regelfall **16** nicht außerordentlich, sondern nur unter Einhaltung einer ordentlichen Kündigungsfrist vom Insolvenzverwalter gekündigt werden (§ 113 Abs 1 InsO; vgl BAG 27.5.1993 EzA § 22 KO Nr 5). Es entspricht nicht Sinn und Zweck des § 113 Abs 1 InsO, dem Insolvenzverwalter aufgrund der Insolvenz ein außerordentliches Kündigungsrecht des Ausbildungsverhältnisses zuzubilligen. Die ordentliche Unkündbarkeit des Berufsausbildungsverhältnisses dient dem Schutz des Auszubildenden. Es ist daher gerechtfertigt, auf diesen Fall § 622 als gesetzliche Kündigungsfrist entsprechend anzuwenden.

2. Schwerbehindertenrecht

17 Eine **Mindestkündigungsfrist von vier Wochen** sieht § 86 SGB IX für Arbeitsverhältnisse mit Schwerbehinderten vor. Nach § 90 Abs 1 Nr 1 SGB IX gilt diese Mindestkündigungsfrist nur für Arbeitsverhältnisse mit Schwerbehinderten, die im Zeitpunkt des Zugangs der Kündigungserklärung ohne Unterbrechung länger als sechs Monate bestehen. Vor dem Hintergrund der gesetzlichen Neuregelung in § 622 büßt die Vorschrift des § 86 SGB IX an Relevanz ein. Ihre hauptsächliche Bedeutung liegt darin, daß diese Frist weder einzel- noch tarifvertraglich verkürzt werden kann. Nach dem Günstigkeitsprinzip gehen längere gesetzliche, tarif- oder einzelvertragliche Regelungen zu Gunsten der Schwerbehinderten dem § 86 SGB IX vor (BAG 25.2. 1981 EzA § 17 SchwbG Nr 3). Für die Kündigung durch den Schwerbehinderten gilt § 86 SGB IX nicht, da diese Norm lediglich eine Schutzvorschrift zu Gunsten des Arbeitnehmers ist. Das vierte Kapitel des SGB IX stellt lediglich an die Kündigung durch den Arbeitgeber besondere Anforderungen (KR/Etzel §§ 85–90 SGB IX Rn 134; vgl zu den gleichlautenden Vorschriften des SchwbG GK-SchwbG/Grossmann § 16 Rn 26; Kramer SchwbG § 16 Rn 4; aA Neumann/Pahlen, SchwbG § 16 Rn 4).

3. Bundeserziehungsgeldgesetz

18 § 19 BErzGG regelt eine besondere Kündigungsfrist für den elternzeitberechtigten Arbeitnehmer, der das Arbeitsverhältnis zum Ende des Erziehungsurlaubs nur unter Einhaltung einer Kündigungsfrist von drei Monaten kündigen kann.

4. Arbeitnehmerüberlassungsgesetz

19 § 622 gilt prinzipiell auch für Leiharbeitsverhältnisse. Nach Art 1 § 11 Abs 1 Satz 2 Nr 5 AÜG ist der Verleiher jedoch verpflichtet, die Fristen für die Kündigung des Arbeitsverhältnisses in einer *besonderen Urkunde* (regelmäßig, aber nicht zwingend der schriftliche Arbeitsvertrag) aufzunehmen. Hierfür genügt die Verweisung auf die einschlägige gesetzliche (§ 622) oder tarifliche Regelung (APS/Linck § 622 BGB Rn 23; ErfK/Wank § 11 AÜG Rn 11; vHoyningen/Huene, Kündigungsvorschriften im Arbeitsrecht [2. Aufl 1994] § 11 AÜG Anm 2). Erfolgt die Bezugnahme auf einen nicht einschlägigen Tarifvertrag, ist die Fristverkürzung unwirksam mit der Folge, daß die gesetzlichen Kündigungsfristen gelten (vHoyningen/Huene, Kündigungsvorschriften im Arbeitsrecht [2. Aufl 1994] § 11 AÜG Anm 3).

5. Heimarbeitsgesetz

20 Durch das Kündigungsfristengesetz wurden auch die Kündigungsfristen für Heimarbeiter der Neuregelung des § 622 angepaßt. Nach § 29 Abs 3 HAG beträgt die Grundkündigungsfrist für Heimarbeiter **vier Wochen** zum Fünfzehnten oder zum Ende eines Kalendermonats. Mit steigender Beschäftigungsdauer verlängert sich die Frist für die Kündigung des Auftraggebers oder des Zwischenmeisters in gleicher Weise wie für Arbeitsverhältnisse nach § 622 Abs 2 (vgl § 29 Abs 4 HAG). Auch die

Kündigungsfrist während der vereinbarten **Probezeit** gilt entsprechend (§ 29 Abs 3 S 2 HAG). Im übrigen findet § 622 Abs 4 bis 6 Anwendung. Entsprechend der Neuregelung für die Kündigungsfristen wurde auch die Mindestentgeltregelung der Dauer dieser Fristen angepaßt (vgl § 29 Abs 7 bis 9 HAG).

6. Seemannsgesetz

Im Zuge der Reform der Kündigungsfristen wurde auch die Beendigung des Heuer- **21** verhältnisses für Besatzungsmitglieder (Schiffsleute, Schiffsoffiziere und sonstige Angestellte) und für den Kapitän den Kündigungsfristen des § 622 weitgehend angepaßt. Die bisher unterschiedlichen Kündigungsfristen wurden vom Gesetzgeber zu Recht als überholt und nicht mehr gerechtfertigt angesehen (BT-Drucks 12/4902 S 10). In § 63 Abs 1 SeemG ist eine Sonderregelung für das Heuerverhältnis von **Besatzungsmitgliedern** enthalten. Dieses kann während der ersten drei Monate mit einer Frist von einer Woche gekündigt werden. Dauert die Reise länger als drei Monate, so kann die Kündigung während der ersten sechs Monate noch in den auf die Beendigung der Reise folgenden drei Tage mit Wochenfrist ausgesprochen werden. Anschließend beträgt die Kündigungsfrist vier Wochen zum 15. oder zum Ende eines Kalendermonats. Sie erhöht sich auf zwei Monate zum Ende eines Kalendermonats, wenn das Heuerverhältnis in dem Betrieb oder Unternehmen zwei Jahre bestanden hat. In § 63 Abs 2 sind für die Kündigung durch den Reeder verlängerte Kündigungsfristen geregelt, wenn das Heuerverhältnis in dem Betrieb oder Unternehmen acht Jahre und mehr bestanden hat. Die Verlängerung entspricht den in § 622 Abs 2 geregelten Steigerungsstufen. Im übrigen sind nach § 63 Abs 2 a SeemG die Regelungen in § 622 Abs 3 bis 6 entsprechend anwendbar. Für das auf unbestimmte Zeit eingegangene Heuerverhältnis mit einem **Kapitän** enthält § 78 Abs 3 Satz 1 eine Kündigungsfrist von vier Wochen zum 15. oder zum Ende des Kalendermonats. Hat das Heuerverhältnis länger als zwei Jahre bestanden, erhöht sich die Kündigungsfrist auf zwei Monate zum Ende eines Kalendermonats.

7. Insolvenz

Im Zuge der Neuregelung der Kündigungsfristen ist eine Sonderregelung für Kün- **22** digungen bei einer Insolvenz des Arbeitgebers nicht geschaffen worden. Seit 1.1. 1996 gilt – aufgrund des arbeitsrechtlichen Beschäftigungsförderungsgesetzes – § 113 Abs 1 InsO für das Arbeitsrecht. Mit bundesweitem Inkrafttreten der InsO am 1.1. 1999 (BGBl 1994 I 2866) sind die Regelungen des § 22 KO und § 51 Abs 2 VerglO sowie § 9 Abs 2 Gesamtvollstreckungsordnung endgültig entfallen. Nach § 113 Abs 1 kann ein Dienstverhältnis, bei dem der Schuldner der Dienstberechtigte ist, vom Insolvenzverwalter und vom anderen Teil ohne Rücksicht auf eine vereinbarte Vertragsdauer oder einen vereinbarten Ausschluß des Rechts zur ordentlichen Kündigung gekündigt werden. Die Kündigungsfrist beträgt drei Monate zum Monatsende, wenn nicht eine kürzere Frist maßgeblich ist. Das gilt aber dann nicht, wenn die einzel- oder tarifvertraglich verlängerte Kündigungsfrist noch kürzer ist als die Höchstfrist des § 113 Abs 1 Satz 2 InsO (drei Monate zum Monatsende). Dann gilt die längere vereinbarte Frist (BAG 3.12. 1998 AP § 113 InsO Nr 1 = EzA § 113 InsO Nr 6; APS/DÖRNER § 113 InsO Rn 2).

V. Berechnung der Kündigungsfrist

23 Für die Berechnung der Kündigungsfristen gelten die §§ 186 ff. Nach § 187 Abs 1 wird der Tag, an dem die Kündigung zugeht, nicht mitgerechnet; der Fristlauf beginnt erst am *folgenden Tage.* Unerheblich ist dabei, ob der letzte Tag, an dem noch gekündigt werden kann, auf einen Samstag, Sonntag oder Feiertag fällt. § 193 ist auf Kündigungsfristen nicht entsprechend anwendbar. Ohne Bedeutung für die Fristberechnung ist auch, daß der Tag, an dem das Arbeitsverhältnis durch Kündigung enden soll, ein Samstag, Sonntag oder Feiertag ist (BAG 5.3. 1970 AP Nr 1 zu § 193 BGB; 28.9. 1972 AP Nr 2 zu § 193 BGB; HROMADKA BB 1993, 2373). Die Frist endet nach § 188 Abs 2 mit dem Ablauf desjenigen Tages der letzten Woche oder des letzten Monats, welcher durch seine Benennung oder seine Zahl dem Tage entspricht, in den das Ereignis oder der Zeitpunkt fällt.

24 § 622 Abs 1 regelt die Grundkündigungsfrist – zugleich als Mindestkündigungsfrist – von **vier Wochen.** Vier Wochen bedeutet 28 Tage. Wesentlich ist dies auch für die Kündigungsfrist nach § 622 Abs 5 Nr 2, wonach in Kleinunternehmen eine vierwöchige Kündigungsfrist ohne festen Endtermin einzuhalten ist. Für den Regelfall des § 622 Abs 1, bei dem eine **Grundkündigungsfrist von vier Wochen zum 15. oder Monatsende** besteht, sind – in Anwendung der §§ 187 Abs 1, 188 Abs 2 folgende **Kündigungstage** zu beachten: **Im Februar:** 31.1. (Schaltjahr 1.2.) für eine Kündigung zum 28.2. (29.2.) oder 15.2. (Schaltjahr 16.2.) für eine Kündigung zum 15.3. **In Monaten mit 30 Tagen:** 2. des Monats für eine Kündigung zum Monatsende oder 17. des Monats für eine Kündigung zum 15. des Folgemonats. **In Monaten mit 31 Tagen:** 3. des Monats für eine Kündigung zum Monatsende oder 18. des Monats für eine Kündigung zum 15. des Folgemonats.

25 Die Kündigung muß an den vorstehenden Kündigungstagen **zugehen,** damit die Kündigungsfrist gewahrt wird (Einzelheiten zum Zugang STAHLHACKE/PREIS Rn 209 ff). Eine Vereinbarung, daß der Tag der Absendung des Kündigungsschreibens als Tag der Erklärung gelten soll, ist unzulässig (BAG 13.10. 1976 EzA § 130 BGB Nr 6). Geht die Kündigung **zu spät** zu oder wird sie mit einer zu kurzen Frist ausgesprochen, gilt sie **im Zweifel als zum nächst zulässigen Termin erklärt** (BAG 18.4. 1985 AP Nr 20 zu § 622 BGB; HROMADKA BB 1993, 2373; KR/SPILGER Rn 140; APS/LINCK Rn 66).

26 Dem Kündigenden steht es frei, freiwillig eine längere als die gesetzliche Kündigungsfrist einzuhalten. Er ist nicht verpflichtet, mit dem Ausspruch der Kündigung bis zum letzten Tage vor Beginn der Frist zum nächstmöglichen Termin zu warten (KR/SPILGER Rn 135; LAG Berlin 11.1. 1999 LAGE § 622 BGB Nr 41 = NZA-RR 1999, 473). Freilich muß sich der Arbeitgeber so behandeln lassen, als habe er mit der richtigen Frist gekündigt. Dies kann bei Überschreitung des Sechsmonatszeitraums nach § 1 KSchG dazu führen, daß der vor Ablauf dieses Zeitraums mit längerer Frist Gekündigte Kündigungsschutz genießt (HROMADKA BB 1993, 2373). So kann eine Kündigung, die nicht zum nächstmöglichen Kündigungstermin, sondern erst zu einem späteren Termin wirken soll, eine Umgehung des Kündigungsschutzes darstellen, wenn die Kündigungserklärung nur zu dem Zweck erfolgte, sie noch vor Ablauf der Wartefrist des § 1 KSchG auszusprechen. Vergleichbares gilt, wenn eine vorzeitige Kündigung mit verlängerter Frist erfolgt, um den Eintritt einer tariflichen Un-

kündbarkeit zu verhindern (BAG 16. 10. 1987 EzA § 626 BGB Unkündbarkeit Nr 1; KR/SPIL-
GER Rn 136).

Bei einer vertraglichen Verlängerung der gesetzlichen Kündigungsfrist gelten die **27**
üblichen gesetzlichen Kündigungstermine, soweit keine ausdrückliche Regelung
über den Kündigungstermin getroffen wird oder sich ein anderer Parteiwille im
Wege der Auslegung ergibt.

VI. Einzelvertragliche Regelungen

1. Vereinbarung kürzerer Fristen

a) Unabdingbare Grundkündigungsfrist
Die gesetzliche Grundkündigungsfrist von vier Wochen stellt eine grundsätzlich nicht **28**
abdingbare Mindestkündigungsfrist dar. Dies folgt aus § 622 Abs 5 Satz 2, der Abweichungen von den Absätzen 1 bis 3 zu Lasten des Arbeitnehmers verbietet. Mit
dieser gesetzlichen Neuregelung soll „klargestellt werden, daß einzelvertragliche
Abkürzungen der Kündigungsfrist unzulässig sind" (BT-Drucks 12/4902 S 9). Etwas an-
deres gilt nur für die gesetzlichen **Sonderfälle** einer **vereinbarten Probezeit**, § 622
Abs 3 (Rn 36 ff), der **einzelvertraglichen Bezugnahme auf einen Tarifvertrag**, § 622
Abs 4 Satz 2 (Rn 41 ff), der **vorübergehenden Aushilfstätigkeit**, § 622 Abs 5 Nr 1
(Rn 31 ff) sowie bei Kleinunternehmen, § 622 Abs 5 Nr 2.

Die nach § 622 Abs 2 Satz 1 vom Arbeitgeber einzuhaltenden verlängerten Kündi- **29**
gungsfristen sind ebenfalls zwingend. Dies folgt aus der nur eingeschränkten Vertragsdispositivität nach § 622 Abs 5. Auch dürfen hier einzelvertraglich nicht zusätzliche, über das Gesetz hinausgehende Kündigungstermine vereinbart werden.

Werden unzulässig kurze Kündigungsfristen oder unzulässig viele Kündigungster- **30**
mine vereinbart, so tritt an die Stelle dieser unwirksamen Vereinbarung die **gesetz-**
liche Regelung. Es gilt also nach § 622 Abs 1 eine vierwöchige Grundkündigungsfrist
mit der Verlängerung gemäß § 622 Abs 2. Weil die früher vorhandene Unterscheidung zwischen gesetzlicher Mindest- und Regelkündigungsfrist nach der gesetzlichen
Neuregelung nicht mehr existiert, ist auch die alte Streitfrage entfallen, ob bei Vereinbarung einer unzulässig kurzen Kündigungsfrist die gesetzliche Mindest- oder die
Regelfrist eingreift.

b) Aushilfsarbeitsverhältnisse (§ 622 Abs 5 Nr 1)
Nach § 622 Abs 5 S 1 Nr 1 kann – wie gemäß § 622 Abs 4 aF – die gesetzliche Kündi- **31**
gungsfrist im Rahmen eines Aushilfsarbeitsverhältnisses während der ersten drei
Monate verkürzt werden. Diese Möglichkeit der Fristverkürzung gilt unbeschränkt,
es kann also auch eine **fristlose ordentliche Kündigung** vereinbart werden (allg Meinung;
statt aller BAG 22. 5. 1986 DB 1986, 2548; APS/LINCK Rn 153; KR/SPILGER Rn 162).

Die Vereinbarung eines Aushilfsarbeitsverhältnisses muß sich hinreichend deutlich **32**
aus dem Vertrag ergeben. In aller Regel muß ausdrücklich ein Aushilfsarbeitsverhältnis vereinbart werden (ausf STAHLHACKE/PREIS Rn 562; APS/LINCK Rn 1149; KR/SPILGER
Rn 159; LAG Frankfurt 25. 10. 1988 LAGE § 622 BGB Nr 1). Der Zweck, einen Arbeitnehmer
„zur vorübergehenden Aushilfe" zu beschäftigten, muß ausdrücklich Inhalt des Ar-

beitsvertrages geworden sein. Der Arbeitsvertrag muß die nur vorübergehend beabsichtigte Beschäftigung deutlich ausweisen; darüber hinaus muß der Tatbestand des
nur vorübergehenden Bedarfs *auch objektiv* vorliegen (BAG 22.5. 1986 EzA § 622 BGB
nF Nr 24; KR/SPILGER Rn 160 ff).

33 Haben die Parteien ausdrücklich ein Aushilfsarbeitsverhältnis vereinbart, jedoch
eine Regelung über die Kündigungsfrist nicht getroffen, ist umstritten, ob allein
aus dem Zweck des Vertrages geschlossen werden kann, daß die Kündigungsfrist
abgekürzt sein soll. Insoweit wurde früher die Auffassung vertreten, daß die Kündigungsfrist im Zweifel auf das zulässige Mindestmaß, dh die entfristete Kündigung,
abgekürzt sein soll (HUECK/NIPPERDEY I 575). Gegen diese Auffassung bestehen Bedenken (ebenso KR/HILLEBRECHT⁴ Rn 164 f). Die Vereinbarung eines Aushilfsarbeitsverhältnisses kann mehrere Zwecke haben. In aller Regel wird das Aushilfsarbeitsverhältnis als befristetes vereinbart. Dies gilt schon allein deshalb, weil nach der Norm
des § 622 Abs 5 Nr 1 ein Aushilfsarbeitsverhältnis nicht anzunehmen ist, wenn es
über die Zeit von drei Monaten hinaus fortgesetzt wird. Die Vereinbarung eines
Aushilfsarbeitsverhältnisses hat auch für die Vereinbarung des Befristungsgrundes
Bedeutung (§ 620 Rn 105 ff). Eine präzise Aussage darüber, mit welcher Frist das Aushilfsarbeitsverhältnis gekündigt werden soll, ist damit noch nicht verbunden. Im
Regelfall ist daher eine **ausdrückliche Regelung** über die Abkürzung der Kündigungsfrist **erforderlich**. Wenn eine eindeutige Regelung fehlt, bleibt es bei den gesetzlichen
Regelfristen. Eine eindeutige Regelung ist auch aus Gründen der *Rechtssicherheit*
notwendig. Dies gilt jedenfalls dann, wenn das Aushilfsarbeitsverhältnis schriftlich
begründet worden ist. Enthält der schriftliche, idR vom Arbeitgeber vorformulierte
Arbeitsvertrag keine Regelung über die Kündigungsfrist, so geht die insoweit verbleibende Unklarheit zu Lasten des Arbeitgebers. Hier führt bereits die notwendigerweise typisierende, objektive Vertragsauslegung dazu, daß keine Frist unterstellt
wird, die gar nicht vereinbart wurde. Eine andere Auslegung kann nur bei individuell,
ggfs mündlich vereinbarten Aushilfsarbeitsverhältnissen Platz greifen. Wird jedoch
ein schriftlicher, arbeitgeberseitig vorformulierter Arbeitsvertrag geschlossen, bedarf
es einer eindeutigen Klarstellung über die Kündigungsfrist.

34 Für Leiharbeitsverhältnisse gilt § 622 Abs 5 S 1 Nr 1 nach Art 1 § 11 Abs 4 AÜG
nicht (oben Rn 19).

35 Was die Einhaltung der in § 622 Abs 5 Satz 1 Nr 1 2. HS genannten Drei-Monats-Frist
betrifft, ist auf den **Ausspruch der Kündigung** abzustellen (GUMPERT BB 1956, 114, 115;
KR/SPILGER Rn 167; MünchKomm/SCHWERDTNER Rn 44). Die zulässigerweise in einem Aus-
hilfsarbeitsvertrag vereinbarte verkürzte Kündigungsfrist kann daher bis zum Ablauf
von drei Monaten ausgenutzt werden, selbst wenn das Ende der Kündigungsfrist erst
nach diesem Zeitpunkt liegen sollte (MünchKomm/SCHWERDTNER Rn 44). Wird das Aushilfsarbeitsverhältnis über die Dauer von drei Monaten hinaus fortgesetzt, werden
Vereinbarungen über Kündigungsfristen unwirksam, wenn sie den gesetzlichen
Kündigungsfristen widersprechen (KR/SPILGER Rn 168). Bei befristeter Einstellung
zur Aushilfe zur Vertretung eines Arbeitnehmers im Erziehungsurlaub gewährt
§ 21 Abs 4 BErzGG eine Sonderkündigungsrecht mit einer Frist von drei Wochen,
wenn der Erziehungsurlaub vorzeitig endet.

c)   Probezeit (§ 622 Abs 3)

§ 622 Abs 3 trifft erstmals eine ausdrückliche gesetzliche Regelung der Kündigungs- **36**
frist während einer vereinbarten Probezeit, soweit diese sechs Monate nicht übersteigt. Die Kündigungsfrist beträgt hiernach zwei Wochen. Diese Bestimmung trägt den praktischen Bedürfnissen beider Arbeitsvertragsparteien Rechnung, in einer überschaubaren ersten Zeit der Beschäftigung, in der der Arbeitnehmer ohnehin noch keinen allgemeinen Kündigungsschutz genießt (§ 1 Abs 1 KSchG), die Leistungsfähigkeit des Arbeitnehmers bzw die Arbeitsbedingungen erproben und bei negativem Ausgang das Arbeitsverhältnis relativ kurzfristig beenden zu können. Nach Einschätzung des Gesetzgebers wird hierdurch der Abschluß unbefristeter Arbeitsverhältnisse erleichtert (BT-Drucks 12/4902 S 7). Wird eine längere Probezeit vereinbart, gilt nach Ablauf des sechsten Beschäftigungsmonats die allgemeine Grundkündigungsfrist von vier Wochen. Was die Einhaltung der Sechs-Monats-Frist betrifft, ist – wie bei der Drei-Monats-Frist im Rahmen eines Aushilfsarbeitsverhältnisses (oben Rn 35) – auf den Ausspruch der Kündigung abzustellen. Die zweiwöchige Kündigungsfrist kann bis zum Ablauf von sechs Monaten ausgenutzt werden, auch wenn das Ende der Kündigungsfrist erst nach diesem Zeitpunkt liegt (BAG 21.4. 1966 AP Nr 1 zu § 53 BAT; GUMPERT BB 1969, 1278, 1280).

Abzugrenzen ist die Probezeit im Sinne von § 622 Abs 3 insbesondere **vom** befristeten **37**
Probearbeitsverhältnis. Schon zu § 622aF entsprach es allgemeiner Auffassung, daß es sich bei Probearbeitsverhältnissen um *befristete Arbeitsverhältnisse* handelt, die gemäß § 620 Abs 1 nur dann ordentlich gekündigt werden können, wenn die Parteien dies ausdrücklich vereinbart haben (§ 620 Rn 119; LAG Berlin 23.5. 1977 BB 1977, 977; SCHAUB § 40 Rn 16). Dies ist jetzt in § 15 Abs 3 TzBfG ausdrücklich klargestellt. Ansonsten endet es mit Ablauf der Frist, für die es eingegangen ist und kann vorher nur außerordentlich unter den Voraussetzungen des § 626 gekündigt werden. An dieser üblichen Differenzierung (Kündigungsmöglichkeit bei unbefristetem Arbeitsverhältnis mit vorgeschalteter Probezeit; keine Kündigungsmöglichkeit bei echtem befristeten Probearbeitsverhältnis) hat sich auch durch die Einführung des neuen § 622 Abs 3 nichts geändert (HROMADKA BB 1993, 2372, 2374; PREIS/KRAMER DB 1993, 2125, 2127; PREIS/KLIEMT, AR-Blattei Probearbeitsverhältnis unter B III). Zwar spricht das Gesetz – nicht sonderlich präzise – von der „vereinbarten Probezeit", worunter bei weiter Auslegung auch die befristeten Probearbeitsverhältnisse fallen könnten. Da dem Gesetzgeber jedoch die **Unterscheidung** zwischen **unbefristetem Arbeitsverhältnis mit vorgeschalteter Probezeit** und **echtem befristeten Probearbeitsverhältnis** bekannt gewesen sein dürfte, hätte es einer ausdrücklichen Klarstellung bedurft, wenn der bisherige Grundsatz, daß befristete Probearbeitsverhältnis ohne besondere Kündigungsvereinbarung nicht ordentlich kündbar sind, hätte aufgegeben werden sollen. In den Materialien finden sich jedoch keine dahingehenden Hinweise. Im Gegenteil liegt eher nahe, daß der Gesetzgeber mit der ausdrücklichen Regelung einer kurzen Kündigungsfrist in der Probezeit „unbefristete Einstellungen" fördern wollte (BT-Drucks 12/ 4902 S 7). Die verkürzte Kündigungsfrist harmoniert ferner mit der Regelung nach § 1 KSchG, die in der Sache ebenfalls eine gesetzliche Probezeit von sechs Monaten enthält, bevor der Arbeitnehmer weitergehenden Bestandsschutz genießt (in diesem Sinne auch die Begründung des Gesetzentwurfs, BT-Drucks 12/4902 S 7 und 9). Vereinbaren die Parteien ein befristetes Arbeitsverhältnis, zB für zwei Jahre, kombiniert mit einer Probezeit von sechs Monaten, liegt darin nach dem BAG die konkludente Vereinbarung der Kündbarkeit des Arbeitsverhältnisses mit der gesetzlich tariflich

zulässigen Mindestkündigungsfrist während der Probezeit (BAG 4.7.2001 – 2 AZR 88/00).

38 Es kann also sowohl ein echtes befristetes (Probe-)Arbeitsverhältnis, das nach Ablauf der vereinbarten Frist endet, als auch ein unbefristetes Arbeitsverhältnis vereinbart werden, das nach Ablauf der Probezeit in ein normales Arbeitsverhältnis übergeht, wenn es nicht zuvor gekündigt wird (SCHAUB § 40 Rn 5). *Im Zweifel* ist von einem *unbefristeten Arbeitsverhältnis* auszugehen (BAG 29.7.1958 AP Nr 3 zu § 620 BGB Probearbeitsverhältnis). An die **Vereinbarung** eines echten befristeten **Probearbeitsverhältnisses** werden demgegenüber strenge Anforderungen gestellt: Die Parteien müssen bei der Festlegung der Probezeit *klar, eindeutig* und *zweifelsfrei* vereinbaren, daß ein befristetes Arbeitsverhältnis gewollt ist. Hierfür genügt die Festlegung einer Probezeit allein nicht. Aus dem Zweck der Erprobung ergibt sich, daß grundsätzlich das Arbeitsverhältnis fortgesetzt werden soll, wenn der Arbeitnehmer sich bewährt hat (BAG 29.7.1958 AP Nr 3 zu § 620 BGB Probearbeitsverhältnis; 30.9.1981 EzA § 620 BGB Nr 54). Zu der Frage, welchen Grenzen die Vereinbarung eines befristeten Probearbeitsverhältnisses unterliegt (vgl § 620 Rn 117 ff).

39 Ist demgegenüber im Rahmen eines **unbefristeten Arbeitsverhältnisses** eine echte **Probezeit** vereinbart, gilt ipso iure die Zwei-Wochen-Frist des § 622 Abs 3. Die gesetzlich verkürzte Kündigungsfrist knüpft an den Begriff der Probezeit an. Mißverständlich ist insoweit die Gesetzesbegründung, wo von der Zulässigkeit der „einzelvertraglichen Abkürzung der Kündigungsfrist" die Rede ist. Denn bei Vereinbarung einer Probezeit tritt die Abkürzung der Kündigungsfrist automatisch ein; erforderlich ist also nur die Vereinbarung einer Probezeit (PREIS/KLIEMT, AR-Blattei SD 1270 unter C II 1).

40 **Längere Kündigungsfristen** können – wie stets – einzelvertraglich vereinbart werden. Die Vereinbarung einer Kündigungsfrist, die kürzer als zwei Wochen ist, ist gemäß § 622 Abs 3 iVm § 622 Abs 5 Satz 2 unwirksam. An deren Stelle tritt dann die gesetzliche Regelung, es gilt also nach § 622 Abs 3 eine zweiwöchige Kündigungsfrist während der Probezeit (vgl BAG 10.7.1973 AP Nr 13 zu § 622 BGB). Eine **Verkürzung der Kündigungsfristen** kann nur durch die Tarifvertragsparteien erfolgen (§ 622 Abs 4).

d) Einzelvertragliche Bezugnahme auf tarifliche Kündigungsfristen (§ 622 Abs 4 Satz 2)

41 § 622 Abs 4 Satz 2 nF regelt – ebenso wie § 622 Abs 3 Satz 2 aF –, daß die in Satz 1 genannten abweichenden tarifvertraglichen Regelungen auch zwischen nichttarifgebundenen Arbeitgebern und Arbeitnehmern im Geltungsbereich eines entsprechenden Tarifvertrages gelten, wenn ihre Anwendung zwischen ihnen einzelvertraglich vereinbart ist. Grund dieser typisch arbeitsrechtlichen Regelung ist, wegen der vermuteten Richtigkeitsgewähr des Tarifvertrages den Arbeitsvertragsparteien im Geltungsbereich eines Tarifvertrages die Übernahme der tariflichen Regelung durch individualvertragliche Vereinbarung zu ermöglichen.

42 Durch Bezugnahme auf den Tarifvertrag kann die tarifliche Regelung auch zwischen sonst nicht tarifgebundenen Vertragsparteien vereinbart werden. Zweck dieser Vorschrift ist es, **Arbeitnehmer gleichstellen** zu können und vor allem eine **Bevorzugung nicht tarifgebundener Arbeitnehmer** zu **vermeiden,** die eintreten könnte, wenn nur

Tarifunterworfene die ggfs ungünstigere Tarifregelung gegen sich gelten lassen müßten. Die vereinbarte tarifliche Regelung hat gegenüber den gesetzlichen Mindestbedingungen dieselbe Wirkung wie der Tarifvertrag selbst. Sie nimmt also an dessen Vorrang teil und läßt die gegenüber den gesetzlichen Vorschriften verkürzten tariflichen Kündigungsfristen auch für den Arbeitsvertrag gelten. Im übrigen bleiben die in Bezug genommenen Ansprüche vertragliche Ansprüche und werden nicht zu tariflichen. Dies hat vor allem Bedeutung für Fragen der Unabdingbarkeit, des Verzichts und der Verwirkung (Löwisch/Rieble, TVG § 3 Rn 104).

Soweit der Tarifvertrag gegen höherrangiges Recht verstößt (insbes Art 3 Abs 1 **43** GG), teilt der einzelvertraglich in Bezug genommene Tarifvertrag auch insoweit das Schicksal der gesamten Tarifregelung (Worzalla NZA 1994, 145, 150). Insoweit tritt kein Unterschied in den Rechtsfolgen der Unwirksamkeit ein.

Eine Bezugnahme auf den Tarifvertrag ist nur im **Rahmen seines Geltungsbereiches 44** zulässig. Hierdurch wird verhindert, daß stets nur besonders kurze Fristen vertraglich vereinbart werden und die gesetzlichen Vorschriften ohne Rücksicht auf die Branchenüblichkeit umgangen werden können. Zu beachten ist sowohl der räumliche als auch der sachliche und persönliche Geltungsbereich. Im Grundsatz ist damit die Einbeziehung „fremder" Tarifverträge ausgeschlossen, mögen sie auch günstiger als der einschlägige Tarifvertrag sein (APS/Linck Rn 139; KR/Spilger Rn 181; aA KDZ/Zwanziger Rn 31).

Die Bezugnahme kann sich sowohl auf den gesamten Tarifvertrag als auch lediglich **45** auf die Vorschriften über die Kündigung erstrecken. Unzulässig ist es jedoch, nur einen Teil der Kündigungsfristenregelung ggfs unter Abänderung von Fristen und Terminen zu übernehmen (Bauer/Rennpferdt, AR-Blattei SD 1010.5 Rn 70; APS/Linck Rn 142; KR/Spilger Rn 185).

Die Vereinbarung kann einen **geltenden** oder **nachwirkenden** Tarifvertrag betreffen **46** (BAG 27.6. 1978 AP Nr 12 zu § 13 BUrlG; KR/Spilger Rn 188 mwN). Wird die tarifliche Regelung durch eine andere ersetzt, entfällt die Normenwirkung und damit auch ihr Vorrang. Es ist zulässig, die jeweils geltende Tarifbestimmung zu vereinbaren. Auch eine nur nachwirkende Tarifbestimmung hat noch Normenwirkung (§ 4 Abs 5 TVG) und nimmt deshalb am Vorrang teil, solange sie nicht abbedungen oder durch eine andere tarifliche Regelung ersetzt ist. Die nur nachwirkende Regelung kann auch im Nachwirkungszeitraum und mit Vorrangwirkung vereinbart werden. Das hat besonders dann Bedeutung, wenn an sich Tarifgebundene im Nachwirkungszeitraum einen Arbeitsvertrag schließen, da der Tarifvertrag andernfalls keine Tarifwirkungen hat. Nur so wird erreicht, daß einheitliche Vorschriften für vor und nach Tarifkündigung eintretende Arbeitnehmer gelten und im vorübergehenden tariflosen Zustand nicht andere Mindestkündigungsfristen gelten als zuvor.

Die Vereinbarung kann **ausdrücklich,** aber auch **stillschweigend** oder durch **betrieb- 47 liche Übung** erfolgen (KR/Spilger Rn 189). Vor allem bei allgemeiner Anwendung eines Tarifwerkes für alle Arbeitnehmer eines Betriebes wird eine stillschweigende Vereinbarung bzw eine einzelvertragliche Vereinbarung aufgrund betrieblicher Übung im allgemeinen anzunehmen sein. Freilich wahrt die stillschweigende Bezugnahme bzw die Bezugnahme kraft betrieblicher Übung nicht die Anforderungen des

NachwG (hierzu ErfK/Preis § 2 NachwG Rn 23 ff; KR/Spilger Rn 205a). Dagegen ist die Übernahme der tariflichen Vorschriften mit für den Arbeitnehmer zwingender Wirkung durch **Betriebsvereinbarung unzulässig** (KR/Spilger Rn 191). Nur wenn ein Tarifvertrag ausdrücklich für die Übernahme der Kündigungsbestimmungen durch Betriebsvereinbarung eine Öffnungsklausel enthält, ist eine entsprechende Betriebsvereinbarung zulässig (§ 77 Abs 3 BetrVG).

e) Kleinunternehmen (§ 622 Abs 5 Nr 2)

48 In Kleinunternehmen besteht nach § 622 Abs 5 S 1 Nr 2 eine weitere Möglichkeit zur Verkürzung der Kündigungsfrist, wenn der Arbeitgeber idR nicht mehr als 20 Arbeitnehmer ausschließlich der zu ihrer Berufsausbildung Beschäftigten beschäftigt. Eine Vertragsdispositivität ist jedoch hier nur insoweit gegeben, als auf die Kündigungstermine der Grundkündigungsfrist nach Abs 1 verzichtet werden kann. Die Grundkündigungsfrist beträgt auch bei Kleinunternehmen vier Wochen. Die Möglichkeit, von den Kündigungsterminen abzuweichen, erwähnt § 622 Abs 5 S 1 Nr 2 zwar nicht ausdrücklich; sie ergibt sich jedoch aus verständiger Auslegung der Vorschrift, weil diese Regelung sonst keinen von § 622 Abs 1 abweichenden Regelungsinhalt mehr hätte (Adomeit/Thau NJW 1994, 11, 13). Aus der Regelung des § 622 Abs 5 S 1 Nr 2 ergibt sich jedoch konkludent nur die Möglichkeit, von der Grundkündigungsfrist des § 622 Abs 1 abzuweichen, obwohl sich auch dies nicht eindeutig aus dem Wortlaut ergibt. Die mangelhafte Präzision dieser Vorschrift ist offenbar darauf zurückzuführen, daß sie erst im Vermittlungsverfahren eingefügt wurde. § 622 Abs 5 S 1 Nr 2 ermächtigt daher nicht dazu, auch von den verlängerten Kündigungsfristen nach § 622 Abs 2 abzuweichen (zutreffend Adomeit/Thau NJW 1994, 11, 14; APS/Linck Rn 161; KR/Spilger Rn 170).

2. Vereinbarung längerer Fristen

a) Grundsatz

49 Eine einzelvertragliche Verlängerung der gesetzlichen Kündigungsfristen ist grundsätzlich möglich (BAG 29. 8. 2001 – 4 AZR 337/00; APS/Linck Rn 166; KR/Spilger Rn 171 vgl zum alten Recht BAG 17. 10. 1969 AP Nr 7 zu § 611 BGB Treuepflicht; LAG Schleswig-Holstein 4. 9. 1986 DB 1987, 442). Dies stellt § 622 Abs 5 Satz 2 ausdrücklich klar (Wank NZA 1993, 961, 965). Es können jedoch nicht nur **längere Kündigungsfristen** vereinbart werden, sondern auch **weniger Kündigungstermine** (APS/Linck Rn 168; KR/Spilger Rn 177).

50 Die grundsätzliche Zulässigkeit der **Verlängerung** der gesetzlichen Kündigungsfristen gilt jedoch für die Kündigung des Arbeitsverhältnisses durch den Arbeitnehmer **nicht grenzenlos.** Eine gesetzlich verankerte Grenze ergibt sich zunächst aus einer Zusammenschau der Sätze 1 und 2 von § 15 Abs 4 TzBfG. Hieraus ergibt sich für den Arbeitnehmer als Dienstverpflichtetem eine höchstzulässige Bindungsdauer an den Arbeitsvertrag von fünfeinhalb Jahren (§ 624 Rn 22). Unter Berufung auf § 138 Abs 1 iVm Art 12 Abs 1 GG wird für die Kündigung des Arbeitsverhältnisses durch den Arbeitnehmer teilweise als zulässige Höchstkündigungsfrist generell eine Jahresfrist zum Jahresende vorgeschlagen (Gaul BB 1980, 1542, 1543). Dies ist jedoch eine willkürlich festgelegte Größe, welche de lege lata keine Gesetzesstütze findet (so auch KR/Spilger Rn 175; APS/Linck Rn 170). Infolgedessen steht die ganz überwiegende Meinung auf dem Standpunkt, daß es bei einer einzelvertraglichen Kündigungsfrist, die zwar die nach § 15 Abs 4 TzBfG gesetzten Grenzen einhält, aber wesentlich länger als die gesetzliche Frist ist, von der Abwägung aller Umstände im Einzelfall abhängt, ob sie das Grundrecht des Arbeitnehmers auf **freie Wahl des Arbeitsplatzes** nach Art 12 Abs 1 GG verletzt oder sonst eine **sittenwidrige Beschränkung** (§ 138 Abs 1) seiner beruflichen und wirtschaftlichen Bewegungsfreiheit darstellt (BAG 17. 10. 1969 AP Nr 7 zu § 611 BGB Treuepflicht; KR/SPILGER Rn 175; APS/LINCK Rn 153; aA KRAMER S 110 f). Wegen der erforderlichen Einzelfallbetrachtung ist die Festlegung einer bestimmten Kündigungsfrist, die als zulässig oder unzulässig anzusehen ist, nicht möglich. Immerhin geht diese Ansicht implizit von folgender Faustformel aus: Je komplexer und komplizierter ein Arbeitsplatz ist bzw die mit ihm verbundenen Aufgaben sind, desto größer ist hiernach der vertragliche Gestaltungsspielraum, das heißt, desto längere Kündigungsfristen dürfen vereinbart werden (so im Ansatz BAG 17. 10. 1969 AP Nr 7 zu § 611 Treuepflicht).

Erwähnenswert ist in diesem Zusammenhang auch, daß das BAG (19. 12. 1991 EzA § 624 **51** BGB Nr 1; BAG 24. 10. 1996 AP Nr 37 zu § 256 ZPO 1977 = EzA Art 12 GG Nr 29) ausdrücklich eine Vertragsgestaltung zuläßt, wonach der Arbeitsvertrag für die Dauer von fünf Jahren abgeschlossen wird und sich danach jeweils um weitere fünf Jahre verlängert, falls er nicht von einem Vertragspartner unter Einhaltung einer Kündigungsfrist von einem Jahr gekündigt wird. Dies deutet – weil ein Jahr vor Auslauf des ersten Vertrages eine Gesamtbindungsdauer von sechs Jahren besteht – darauf hin, daß das BAG auch Kündigungsfristen von weit über einem Jahr anerkennen wird. Das BAG (19. 12. 1991 EzA § 624 BGB Nr 1) stellt ausdrücklich fest, daß die von den Parteien gewählte einjährige Kündigungsfrist zum Ablauf des Fünfjahresvertrages nicht unangemessen erscheint.

b) Verbot einseitig längerer Fristen für die Kündigung durch den Arbeitnehmer (§ 622 Abs 6)

Gemäß § 622 Abs 6 nF darf – wie nach dem nahezu gleichlautenden § 622 Abs 5 aF – **52** für die Kündigung des Arbeitsverhältnisses durch den Arbeitnehmer keine längere Frist vereinbart werden als für die Kündigung durch den Arbeitgeber. Über den zu engen Wortlaut der Vorschrift hinaus werden **auch** die **Kündigungstermine** erfaßt (KR/ SPILGER Rn 177; APS/LINCK Rn 172). Wenn nach § 622 Abs 6 für die Kündigung durch den Arbeitgeber die Vereinbarung kürzerer Kündigungsfristen als für die Kündigung durch den Arbeitnehmer unzulässig ist, müssen weniger Kündigungstermine für die Kündigung durch den Arbeitnehmer konsequenterweise ebenso ausgeschlossen sein.

§ 622 Abs 6 enthält über die Regelung der Kündigungsfristen und -termine hinaus **53** den **allgemeinen Grundsatz**, daß die ordentliche Kündigung durch den Arbeitnehmer gegenüber der des Arbeitgebers nicht erschwert werden darf (APS/LINCK Rn 173; ErfK/ MÜLLER-GLÖGE Rn 101). Aus diesem Grunde sind auch *faktische Kündigungsbeschränkungen*, die zwar nicht unmittelbar auf die Wirksamkeit der Kündigung, wohl aber auf den Kündigungsentschluß des Kündigungsberechtigten Einfluß zu nehmen suchen, zu Lasten des Arbeitnehmers unzulässig (KR/SPILGER Rn 119).

c) Einseitig zwingende Regelung

§ 622 Abs 6 gebietet ausdrücklich keine zweiseitige Geltung des Grundsatzes der **54** Gleichheit der Kündigungsfristen. Mittelbar – nämlich im Umkehrschluß – folgt aus dieser Vorschrift vielmehr, daß es zulässig ist, für die Kündigung durch den Arbeitgeber eine längere Kündigungsfrist zu vereinbaren als bei einer Kündigung durch den

Arbeitnehmer (so iE auch SCHAUB § 124 Rn 141; vgl auch BAG 25.11. 1971 AP Nr 11 zu § 622 BGB). Ebenso muß es zulässig sein, bei gleicher Fristlänge für die Kündigung durch den Arbeitgeber weniger Kündigungstermine vorzusehen (KRAMER § 6 J 3).

d) Erstreckung der verlängerten Kündigungsfristen auf die Kündigung durch den Arbeitnehmer

55 Die gemäß § 622 Abs 2 verlängerten Kündigungsfristen gelten nur für die Kündigung des Arbeitsverhältnisses durch den Arbeitgeber. Aber auch der Arbeitgeber kann ein berechtigtes Interesse daran haben, im Falle der arbeitnehmerseitigen Kündigung eines langjährig beschäftigten Mitarbeiters genügend Zeit zu erhalten, um die Nachfolge zu regeln. Der gesetzlichen Konsequenz einer lediglich einseitigen Verlängerung der Kündigungsfristen kann der Arbeitgeber entgehen, wenn er mit dem betreffenden Arbeitnehmer eine sogenannte Gleichbehandlungsabrede trifft, durch die die verlängerte Frist auch auf die Kündigung des Arbeitsverhältnisses durch den Arbeitnehmer erstreckt wird. Solche Vertragsbestimmungen wurden nach altem Recht als wirksam erachtet (LAG Hamm 7.12. 1972 DB 1973, 928), und dies muß auch nach neuem Recht gelten. In § 622 findet sich kein Anhaltspunkt dafür, daß die Privatautonomie insoweit eingeschränkt wäre. Mit § 622 Abs 5 soll nur sichergestellt werden, daß die in den Abs 1 bis 3 genannten Fristen einzelvertraglich nicht verkürzt werden dürfen. Eine einzelvertragliche Anpassung der arbeitnehmerseitigen Kündigungsfrist an die an sich nur für den Arbeitgeber geltenden verlängerten Kündigungsfristen des § 622 Abs 2 wird davon nicht erfaßt, verstößt also nicht gegen § 622 Abs 5. Derartige Gleichbehandlungsklauseln sind auch mit § 622 Abs 6 vereinbar, weil diese Vorschrift den Arbeitnehmer nur vor einer Schlechter-, nicht aber vor einer Gleichstellung gegenüber dem Arbeitgeber schützt (KRAMER, Kündigungsvereinbarungen § 6 J I).

e) Rechtsfolgen unwirksamer Vereinbarungen

56 Die ganz überwiegende Auffassung steht auf dem Standpunkt, daß bei Vereinbarung längerer Kündigungsfristen zu Lasten des Arbeitnehmers an die Stelle dieser unwirksamen Kündigungsfristvereinbarung **regelmäßig nicht die gesetzliche Frist** tritt. Vielmehr sei im Zweifel davon auszugehen, daß die längere – an sich nur für die Kündigung durch den Arbeitnehmer gedachte – Kündigungsfrist dann für die Kündigung beider Parteien maßgebend ist (APS/LINCK Rn 185; KR/SPILGER Rn 202). Zum Teil wird angenommen diese Lösung entspreche am ehesten dem mutmaßlichen Parteiwillen (KR/SPILGER Rn 202).

57 Für den Arbeitgeber läßt sich allerdings ohne besondere Anhaltspunkte ein Wille zu einer beiderseitigen Geltung der längeren Kündigungsfrist nicht feststellen. Denn es ist ebenso denkbar, daß er – bei Kenntnis der Unwirksamkeit der Klausel – die kürzere Kündigungsfrist für beide Seiten bevorzugt hätte. Es kommen – aus Arbeitgebersicht – also verschiedene rechtliche Gestaltungsmöglichkeiten in Betracht. Dies schließt eine ergänzende Vertragsauslegung aus (vgl BGH 10.1. 1974 BGHZ 62, 83, 89 f; 1.2. 1984 BGHZ 90, 69, 80; SOERGEL/WOLF § 157 BGB Rn 130). Dennoch kann der **herrschenden Meinung im Ergebnis** – beiderseitige Geltung der längeren Kündigungsfristen – **zugestimmt** werden. Nur folgt dies nicht aus einer ergänzenden Vertragsauslegung, die – wie gezeigt – nicht möglich ist, sondern vielmehr aus einer **Analogie zu § 89 Abs 2 S 2 HGB**. Hiernach gilt bei Vereinbarung einer kürzeren Frist für den Unternehmer die für den Handelsvertreter vereinbarte Frist. Diese Vorschrift löst das vor-

liegende Problem also ausdrücklich, und zwar zugunsten der Geltung der längeren Kündigungsfrist. Die dieser Vorschrift zugrundeliegende Wertung kann auf den Arbeitsvertrag übertragen werden (PREIS/KRAMER DB 1993, 2125, 2128; dem folgend APS/LINCK Rn 185; RGRK/RÖSSLER Rn 166). Weil § 89 Abs 2 Satz 2 HGB eine willensunabhängige Vorschrift ist (HOPT, Handelsvertreterrecht § 89 HGB Rn 30), hat dies zur Konsequenz, daß beiderseits die längeren Kündigungsfristen **nicht nur im Zweifel,** sondern stets zur Anwendung gelangen (KRAMER § 6 J IV; **aA** KR/SPILGER Rn 202; HAS/POPP § 19 B Rn 80).

Sind lediglich die Kündigungstermine zu Lasten des Arbeitnehmers vereinbart, sol- **58** len also nach dem Vertrag für die Kündigung durch den Arbeitnehmer weniger Kündigungstermine gelten als bei einer Kündigung durch den Arbeitgeber, so ist entsprechend zu verfahren. Dies bedeutet, daß nunmehr – analog § 89 Abs 2 S 2 HGB – für beide Arbeitsvertragsparteien stets diejenige Kündigungsregelung eingreift, die weniger Kündigungstermine vorsieht (iE ähnlich KR/SPILGER Rn 202).

3. Unzulässige Differenzierung zwischen Arbeitern und Angestellten

Denkbar ist, daß die Arbeitsvertragsgestaltung des Arbeitgebers zwischen Arbeitern **59** und Angestellten typisierend differenziert (für Altfälle vgl Rn 90 ff). Auch derartige Kündigungsregelungen sind nach Maßgabe des allgemeinen Gleichbehandlungsgrundsatzes zu überprüfen. Insoweit ergibt sich im Kern keine Abweichung zur Zulässigkeit und zu den Grenzen der Differenzierung bei tarifvertraglichen Kündigungsregelungen, soweit eine konstitutive Fristvereinbarung vorliegt (WORZALLA NZA 1994, 145, 150). Erschwerend kommt hinzu, daß bei arbeitsvertraglichen Regelungen, insbes soweit sie typisierend erfolgen, keine privilegierte Beurteilung hinsichtlich der Beurteilungskompetenz der Tarifpartner vorliegt. Eine typisierende Ungleichbehandlung auf der Basis arbeitsvertraglicher Regelung verstößt daher in aller Regel gegen den arbeitsrechtlichen Gleichbehandlungsgrundsatz. Es treten dann die gleichen Rechtsfolgen ein wie bei der Unwirksamkeit tariflicher Kündigungsfristen (vgl hierzu Rn 84 f).

VII. Tarifvertragliche Regelungen

Das Kündigungsfristengesetz hat nicht in bestehende Tarifverträge eingegriffen. **60** Diese bleiben wirksam. Sofern Tarifverträge zwischen Arbeitern und Angestellten differenzieren, unterliegen sie jedoch – soweit eine konstitutive Regelung vorliegt – einer Überprüfung auf der Basis des Art 3 Abs 1 GG.

1. Tarifdispositivität

Nur durch Tarifvertrag, nicht aber durch Einzelarbeitsvertrag oder Betriebsverein- **61** barung, können die gesetzlichen Mindestkündigungsfristen der Abs 1 und 2 abgekürzt werden.

§ 622 Abs 4 S 1 nF gestaltet alle Kündigungsfristen (Grundkündigungsfrist, verlän- **62** gerte Kündigungsfrist, Kündigungsfrist während der Probezeit) tarifdispositiv, damit die Besonderheiten einzelner Wirtschaftsbereiche oder Beschäftigungsgruppen berücksichtigt werden können (BT-Drucks 12/4902, S 7 und 9). Die Formulierung „abweichende Regelung" läßt sowohl eine **Verkürzung** als auch eine **Verlängerung** zu. Als

Konsequenz aus der Vereinheitlichung der Kündigungsfristen für Arbeiter und Angestellte gilt die Tariföffnung künftig auch für die verlängerten Kündigungsfristen der Angestellten, die früher nach dem AngKSchG nicht tarifdispositiv waren.

63 Im Vergleich zu § 622 Abs 3 aF bezieht sich die Formulierung der Tariföffnungsklausel nicht nur ausdrücklich auf die **Kündigungsfristen,** sondern umfaßt auch Regelungen hinsichtlich der **Kündigungstermine** und der Voraussetzungen, unter denen der Anspruch auf verlängerte Kündigungsfristen entsteht (Dauer der Betriebszugehörigkeit, Berechnung der Betriebszugehörigkeit ab einem bestimmten Alter). Damit sind zahlreiche Streitfragen zur früheren Regelung entfallen (WANK NZA 1993, 961, 965).

64 Die Tarifpartner sind nach § 622 Abs 6 nF nunmehr ausdrücklich an das Benachteiligungsverbot zu Lasten der Arbeitnehmer gebunden, weil diese Vorschrift – im Unterschied zu § 622 Abs 5 aF – auf die Einschränkung „einzelvertraglich" verzichtet.

2. Abkürzung

65 Die Abkürzung muß durch den Tarifvertrag **ausdrücklich** vorgenommen werden und die Kündigungsfrist genau regeln. Die Abkürzung kann uU bis zum Kündigungsfristausschluß führen und die sofortige ordentliche Kündigung zulassen (vgl KR/SPILGER Rn 211; APS/LINCK Rn 109; MÜLLER-GLÖGE, FS für Schaub 1998, S 497, 499 ferner BAG 2. 8. 1978 AP Nr 1 zu § 55 MTL II; 4. 6. 1987 EzA § 1 KSchG Soziale Auswahl Nr 25). Die verkürzte Kündigungsmöglichkeit kann auf eine bestimmte Dauer (zB für die ersten drei Monate des Arbeitsverhältnisses) oder für bestimmte Arten von Arbeitsverhältnissen begrenzt sein.

3. Kündigungstermin

66 Die frühere Streitfrage, ob und inwieweit auch eine Abänderung des Kündigungstermins erfolgen kann, ist durch die ausdrückliche Klarstellung in der Neuregelung des § 622 Abs 4 S 1 obsolet geworden (BAG 4. 7. 2001 EZA Nr 63 zu § 622 BGB nF m Anm LAMBRICH).

4. Zulässigkeit der Differenzierung zwischen Arbeitern und Angestellten

a) Ausgangspunkt der Rechtsprechung

67 Nach der Rechtsprechung des BAG ist in Tarifverträgen unter bestimmten Voraussetzungen weiterhin eine **Differenzierung** bei der Regelung der Kündigungsfristen **zwischen Arbeitern und Angestellten zulässig.** Im Anschluß an die Entscheidung des BVerfG vom 30. 5. 1990 (AP Nr 28 zu § 622 BGB) hat sich der 2. Senat des BAG bereits in zahlreichen Entscheidungen mit Kündigungsfristen von Arbeitern in Tarifverträgen befaßt (BAG 21. 3. 1991 EzA § 622 BGB nF Nr 31 und Nr 33; 29. 8. 1991 EzA § 622 BGB nF Nr 35; 23. 1. 1992 EzA § 622 BGB nF Nr 40 bis Nr 42; 4. 3. 1993 EzA § 622 BGB nF Nr 44; 16. 9. 1993 EzA § 622 BGB nF Nr 45). Er hat sich dabei stets auf den Standpunkt gestellt, daß, wenn die Grundfristen oder die verlängerten Fristen für die ordentliche Kündigung von Arbeitern in Tarifverträgen eigenständig geregelt sind, die Gerichte für Arbeitssachen in eigener Kompetenz zu prüfen haben, ob die Kündigungsregelungen im Vergleich zu den für Angestellte geltenden Bestimmungen mit dem **Gleichheitssatz des**

Art 3 GG vereinbar sind, an den auch die Tarifpartner uneingeschränkt gebunden seien. An sachlichen Gründen für unterschiedliche Regelungen fehle es, wenn eine schlechtere Rechtsstellung der Arbeiter nur auf einer pauschalen Differenzierung zwischen den Gruppen der Angestellten und der Arbeiter beruhe. Sachlich gerechtfertigt seien hinreichend gruppenspezifisch ausgestaltete unterschiedliche Regelungen, die zB entweder nur eine verhältnismäßig kleine Gruppe nicht intensiv benachteiligten, oder funktions-, branchen- oder betriebsspezifischen Interessen im Geltungsbereich eines Tarifvertrages mit Hilfe verkürzter Kündigungsfristen für Arbeiter entsprächen (zB überwiegende Beschäftigung von Arbeitern in der Produktion), wobei andere sachliche Differenzierungsgründe nicht ausgeschlossen seien. Dieser Prüfungsmaßstab gelte **sowohl für unterschiedliche Grundfristen als auch für ungleich verlängerte Fristen** für Arbeiter und Angestellte mit längerer Betriebszugehörigkeit und höherem Lebensalter. Zunächst vielleicht erhebliche Unterschiede zwischen Arbeitern und Angestellten hinsichtlich ihrer Schutzbedürftigkeit oder einem betrieblichen Interesse an einer flexiblen Personalplanung und -anpassung verlören allerdings bei längerer Betriebszugehörigkeit erheblich an Gewicht (BAG 29. 8. 1991 EzA § 622 BGB nF Nr 35).

Wird die Verfassungswidrigkeit tariflicher Kündigungsfristen von einer Partei im **68** Prozeß angesprochen oder vom Gericht bezweifelt, so haben die Arbeitsgerichte nach den Grundsätzen des § 293 ZPO von Amts wegen die näheren für die unterschiedlichen Kündigungsfristen maßgeblichen Umstände, die für und gegen eine Verfassungswidrigkeit sprechen, zu ermitteln (BAG 4. 3. 1993 EzA § 622 BGB nF Nr 44; 16. 9. 1993 EzA § 622 BGB nF Nr 45).

b) Konstitutive oder deklaratorische Tarifregelung
Grundvoraussetzung ist zunächst, daß die Tarifvertragsparteien die Kündigungsfrist **69** überhaupt selbständig vereinbart haben. Die Kündigungsfristen müssen mit anderen Worten eine **konstitutive** Regelung und nicht nur eine deklaratorische Übernahme erfahren haben. Bei tariflichen Normen, die inhaltlich mit gesetzlichen Normen übereinstimmen oder auf sie verweisen, ist jeweils durch Auslegung zu ermitteln, ob die Tarifvertragsparteien hierdurch eine selbständige, das heißt in ihrer normativen Wirkung von der außertariflichen Norm unabhängige eigenständige Regelung treffen wollten. Dieser Wille muß **im Tarifvertrag** einen **hinreichend erkennbaren Ausdruck** gefunden haben. Das ist regelmäßig anzunehmen, wenn die Tarifvertragsparteien **eine im Gesetz nicht oder anders enthaltene Regelung** vereinbaren oder eine gesetzliche Regelung übernehmen, die sonst nicht für die betroffenen Arbeitsverhältnisse gelten würde. Für einen **rein deklaratorischen Charakter** der Übernahme spricht hingegen, wenn einschlägige gesetzliche Vorschriften wörtlich oder inhaltlich übernommen oder nur auf sie verwiesen wird (BAG 29. 8. 1991 AP Nr 32 zu § 622 BGB; 21. 3. 1991 AP Nr 31 zu § 622 BGB; 4. 3. 1993 EzA § 622 BGB nF Nr 44; 16. 9. 1993 EzA § 622 BGB nF Nr 45; 5. 10. 1995 AP § 622 BGB Nr 48 = NZA 1996, 539; 14. 2. 1996 EzA § 622 BGB nF Nr 53 und 54; krit KDZ/ZWANZIGER Rn 17). Diese Grundsätze hat das BAG auf einzelvertragliche Kündigungsvereinbarungen übertragen (BAG 4. 7. 2001 EzA Nr 63 zu § 622 BGB nF m Anm LAMBRICH).

Die Rechtsprechungspraxis zeigt, daß in Tarifverträgen idR konstitutive Vereinba- **70** rungen getroffen werden (Vgl zu § 12 a BauRTV BAG 26. 6. 1997 – 2 AZR 759/96 – nv; zur Textilindustrie BAG 29. 1. 1997 NZA 1997, 726; LAG Düsseldorf 29. 3. 1996 LAGE § 622 BGB

Nr 37). Fraglich ist jedoch, ob tarifvertragliche Regelungen hinsichtlich der Kündigungsfristen in einen konstitutiven und in einen deklaratorischen Teil aufgespalten werden können. Insoweit enthält die Entscheidung des BAG vom 23. 1. 1992 (DB 1992, 1346) einen Anhaltspunkt, daß die Rechtsprechung eine solche Variante für möglich hält (ebenso BAG 29. 1. 1997 NZA 1997, 726). In der Tat ist es denkbar, daß die Grundkündigungsfrist mit dem Gesetz übereinstimmt und nur die verlängerten Kündigungsfristen einer konstitutiven Regelung zugeführt werden (vgl bereits BAG 27. 8. 1982 DB 1983, 721, 722; fortgeführt durch BAG 14. 2. 1996 EzA § 622 BGB nF Nr 54). Hiernach ergibt sich, daß die Grundkündigungsfristen sowie die verlängerten Kündigungsfristen sowie die noch fortbestehenden Kündigungsfristen von Arbeitern und Angestellten jeweils gesondert daraufhin zu überprüfen sind, ob und inwieweit eine konstitutive oder deklaratorische Regelung vorliegt. Die Abweichung bei einer Gruppe macht die Regelung der anderen nicht notwendigerweise konstitutiv (BAUER/RENNPFERDT, AR-Blattei SD 1010.5 Rn 53).

71 Ist eine **selbständige Regelung** gegeben, so ist – weil die Tarifpartner an den Gleichheitssatz uneingeschränkt gebunden sind (st Rspr, BAG 23. 1. 1992 EzA § 622 BGB Nr 40) – weiter zu prüfen, ob die Differenzierung auf einem die Ungleichbehandlung sachlich rechtfertigenden Grund beruht.

c) Sachliche Rechtfertigung konstitutiver tariflicher Kündigungsfristen
72 Eine sachliche Rechtfertigung von zwischen Arbeitern und Angestellten differenzierenden Rechtsnormen wird vom BAG dann angenommen, wenn es sich bei dem oder den betroffenen Unternehmen um solche handelt, bei denen im Produktionsbereich vorwiegend Arbeiter beschäftigt werden und die Auftragslage unmittelbaren Einfluß auf den Produktionssektor hat, so daß kurzfristiger Handlungsbedarf besteht.

73 Für die **vorwiegende Beschäftigung von Arbeitern im Produktionssektor** hat das BAG in einem die nordrhein-westfälische Textilindustrie betreffenden Urteil vom 23. 1. 1992 (EzA § 622 BGB nF Nr 42) einen Arbeiteranteil von 65% genügen lassen. An dieser Rechtsprechung hat es auch im Urteil vom 4. 3. 1993 (EzA § 622 nF Nr 44) festgehalten und § 11 a Abs III Ziff 1 MTV Chemische Industrie als verfassungsgemäß anerkannt, weil nach Auskunft der Tarifparteien zwischen 75% und 90% der dort im Produktionsbereich Beschäftigten Arbeiter sind (vgl ferner BAG 29. 1. 1997 EzA § 4 TVG Textilindustrie Nr 9 = NZA 1997, 726).

74 Den **unmittelbaren Einfluß der Auftragslage auf den Produktionssektor** hat das BAG für *Betriebe mit saisonalen Schwankungen* (Gärtnereien, Bau) sowie *Betriebe mit produkt- und branchenspezifischen Schwankungen* (Chemie, Textil) bejaht (Baugewerbe: BAG 29. 8. 1991 EzA § 622 BGB nF Nr 35; 2. 4. 1992 EzA § 622 BGB nF Nr 43; Gartenbau: BAG 23. 1. 1992 EzA § 622 BGB nF Nr 40; Chemische Industrie: BAG 4. 3. 1993 NZA 1993, 995; Textilindustrie: BAG 23. 1. 1992 EzA § 622 BGB nF Nr 42). Besonders umstritten ist der Bereich in der *Metallindustrie* (vgl BAG 29. 8. 1991 EzA § 622 BGB Nr 35; 16. 9. 1993 NZA 1994, 221; 10. 3. 1994 EzA § 622 BGB nF Nr 48; 10. 3. 1994 EzA § 622 BGB nF Nr 50). § 13 Nr 9 a MTV für die Eisen-, Metall-, Elektro- und Zentralheizungsindustrie Nordrhein-Westfalen, der bei gewerblichen Arbeitnehmern bei der Berechnung der Betriebszugehörigkeit Zeiten nicht berücksichtigt, die vor Vollendung des 35. Lebensjahres liegen, während bei Angestellten auf die Vollendung des 25. Lebensjahres abgestellt wird, ist eindeutig **verfassungswidrig** (BAG 21. 3. 1994 EzA § 622 BGB nF Nr 33; 10. 3. 1994

EzA § 622 BGB nF Nr 48). Die zweiwöchige Kündigungsfrist des § 8 MTV gewerbliche Arbeitnehmer der bayerischen Metallindustrie erachtet BAG 10. 3. 1994 – 2 AZR 220/91 (unveröffentlicht) – als verfassungswidrig; vgl zu § 20 Nr 1 MTV-Metall NRW vom 29. 2. 1988 BAG 10. 3. 1994 EzA § 622 BGB nF Nr 50. Verfassungswidrig ist auch die Regelung des MTV kunststoffverarbeitende Industrie im Kreis Lippe (LAG Hamm 10. 3. 1992 – 6 [20] Sa 1493/91 – unveröffentlicht). Im Gaststätten- und Hotelgewerbe und in der Textilindustrie ist die erhebliche Differenzierung bei verlängerten Kündigungsfristen verfassungswidrig (BAG 14. 2. 1996 RnK I 3 e Nr 60; nicht jedoch die Grundkündigungsfrist, LAG Köln 10. 3. 1995 LAGE § 622 BGB Nr 30; BAG 29. 10. 1998 RnK I 3 e Nr 70; Textilindustrie: BAG 14. 2. 1996 – 2 AZR 548/95 – nv; ArbG Mönchengladbach 9. 6. 1999 RnK I 3 e Nr 73; nicht jedoch unerhebliche Differenzierungen BAG 6. 11. 1997 RnK I 3 e Nr 69; nicht jedoch die Grundkündigungsfrist, LAG Hamm 3. 5. 1996 NZA-RR 1997, 143). Verfassungswidrig ist eine eintägige Kündigungsfrist bei Arbeitern gegenüber einer einmonatigen Frist bei Angestellten (LAG Düsseldorf 4. 9. 1996 LAGE § 622 BGB Nr 40). In der instanzgerichtlichen Rechtsprechung wurden demgegenüber als verfassungsgemäß folgende Tarifverträge bezeichnet: Dachdeckerhandwerk (LAG Köln 29. 5. 1991 DB 1991, 2447); Gebäudereinigerhandwerk (ArbG Karlsruhe 11. 9. 1992 DB 1993, 332); Klempner Handwerk Hamburg (BAG 12. 11. 1998 RnK I 3 e Nr 72): Metallindustrie Hamburg/Schleswig-Holstein (LAG Schleswig-Holstein 2. 12. 1992 LAGE § 622 BGB Nr 26); Gaststätten- und Hotelgewerbe NRW (LAG Köln 29. 7. 1991 LAGE § 622 BGB Nr 20); Maler- und Lackiererhandwerk (LAG Köln 10. 8. 1992 LAGE § 622 BGB Nr 23; aA LAG Hamburg 3. 8. 1995 LAGE § 622 BGB Nr 36); Friseurhandwerk (LAG Nürnberg 27. 7. 1994 LAGE § 622 BGB Nr 29; LAG Frankfurt 23. 8. 1999 – 11 Sa 2559/98 –; aA LAG Düsseldorf 10. 7. 1995 NZA-RR 1996, 175); Wach- und Sicherheitsgewerbe (LAG Köln 26. 10. 1995 LAGE § 622 BGB Nr 34).

Im **Baugewerbe** erkennt das BAG angesichts der ganz überwiegenden Beschäftigung **75** von Arbeitern in der Produktion ein besonderes Interesse der Arbeitgeberseite an, auf Konjunktureinbrüche und Auftragsrückgänge unmittelbar und ohne erhebliche Zeitverzögerung reagieren zu können (vgl BAG 23. 1. 1992 EzA § 622 BGB nF Nr 42; 2. 4. 1992 EzA § 622 BGB nF Nr 43; BAG 14. 2. 1996 EzA § 622 BGB nF Nr 53). Wegen der bei Bauarbeitern im Vergleich zu Angestellten höheren Fluktuation, die den eigenen Wünschen und Bedürfnissen dieses Personenkreises entspricht, sei es sachlich gerechtfertigt, unterschiedliche Grundkündigungsfristen zu regeln. Bauarbeiter seien zumindest in den ersten Jahren des Arbeitsverhältnisses wegen des häufigen Baustellen- und Ortswechsels und der damit verbundenen Änderung der Arbeitsbedingungen nicht an längeren Kündigungsfristen interessiert; die Erschwerung eines Arbeitsplatzwechsels, gerade in Zeiten einer Hochkonjunktur, in denen der Arbeiter zu besseren Arbeitsbedingungen schnell wechseln könne, entspreche dagegen nicht seinem Interesse.

In seinen Entscheidungen verdeutlicht das BAG (16. 9. 1993 EzA § 622 BGB nF Nr 45), **76** daß ein Bedürfnis nach erhöhter personalwirtschaftlicher Flexibilität als Sachgrund für die Ungleichbehandlung von Arbeitern und Angestellten hinsichtlich der Grundkündigungsfristen **nicht generell** schon wegen des größeren Umfangs des Einsatzes von Arbeitern in jeder Produktion ohne Rücksicht auf Verhältnisse in der jeweiligen Branche besteht. Es wird darauf hingewiesen, daß die **Entscheidungen** zum Bereich der Textilindustrie und zum Gartenbau sowie zum Bauhauptgewerbe **nicht verallgemeinerungsfähig** seien. Diese Betriebe seien aus branchenspezifischen Gründen besonders produkt-, mode-, witterungs- oder saisonbedingten Auftragsschwankungen unterworfen. Ferner werde in einschlägigen Tarifverträgen dieses Bereichs ein gewisser Ausgleich für den geringeren Bestandschutz der von kurzen Grundkündigungsfristen betroffenen Arbeiter dadurch erreicht, daß nach betriebsbedingter Entlassung im Fall der Wiedereinstellung innerhalb eines bestimmten Zeitraums die Anrechnung der früheren Betriebszugehörigkeit (Textilindustrie Nordrhein) oder sogar die Wiedereinstellung (Gartenbau, Bauhauptgewerbe) vorsähen. Diese besondere Situation müsse bedacht werden und könne nicht pauschal auf alle Produktionsbereiche erweitert werden. So hat es das BAG abgelehnt, pauschal diese branchenspezifischen Besonderheiten in der Metallindustrie anzuerkennen (BAG 16. 9. 1993 EzA § 622 BGB nF Nr 45).

d) Beurteilungskompetenz der Tarifpartner

77 Die entscheidende Frage ist, ob und inwieweit den Tarifpartnern im Rahmen der ihnen gewährten Tarifautonomie (Art 9 Abs 3 GG) eine sachverständige Beurteilungskompetenz eingeräumt wird. Das BAG ist hier sehr großzügig (vgl BAG 2. 4. 1993 EzA § 622 BGB nF Nr 43; MÜLLER-GLÖGE, in: FS für Schaub, 1998, S 497, 511). Das BAG bezieht sich auf Sinn und Zweck der Tariföffnungsklausel des § 622 Abs 4, der den Tarifpartnern die Möglichkeit geben solle, branchenspezifisch von der ggfs zu starren gesetzlichen Regelung abzuweichen. Der Gesetzgeber habe das Schutzbedürfnis der Arbeitnehmer bei tariflichen Regelungen als hinreichend gewahrt angesehen, weil die Tarifpraxis lehre, daß kürzere Fristen nur vereinbart würden, wenn die Besonderheiten des Wirtschaftszweiges oder der Beschäftigungsart das notwendig machten. Die Tarifpartner hätten hiernach Gestaltungsfreiheit, wobei es nicht Sache der Gerichte sei zu prüfen, ob dabei jeweils die „gerechteste" und zweckmäßigste Regelung gefunden wurde. Sie hätten lediglich die Überschreitung der Grenzen des Gestaltungsspielraums der Tarifparteien zu rügen, wenn Differenzierungen vorgenommen werden, für die sachlich einleuchtende Gründe nicht vorhanden sind (BAG 1. 6. 1983 AP Nr 5 zu § 611 BGB Deputat; für das staatliche Gesetzesrecht BVerfG 26. 3. 1980 BVerfGE 54, 11, 25 f). Es bestehe insoweit eine **materielle Richtigkeitsgewähr** für die tariflichen Regelungen, die die Vermutung in sich tragen, daß sie den Interessen beider Seiten gerecht werden und keiner Seite ein unzumutbares Übergewicht vermitteln (BAG 21. 3. 1991 EzA § 622 BGB nF Nr 32).

78 Allerdings sind die Tarifparteien durch § 622 Abs 4 BGB nicht zu Regelungen ermächtigt, die dem Gesetzgeber selbst durch die Verfassung verboten sind (BAG 28. 1. 1988 AP Nr 24 zu § 622 BGB; dazu SACHS RdA 1989, 25 ff). Insbesondere können zu ihren Gunsten **keine weitergehenden Eingriffsbefugnisse aus Art 9 Abs 3 GG** hergeleitet werden (st Rspr seit BAG 15. 1. 1955 AP Nr 4 zu Art 3 GG; ebenso BUCHNER NZA 1991, 41, 47; MARSCHOLLEK DB 1991, 1069, 1071). Insofern mache es aber einen Unterschied, ob der Gesetzgeber für die Großgruppen aller Arbeiter und Angestellten oder die Tarifpartner nur für die Arbeitnehmer einer bestimmten Branche Regelungen treffen (BAG 16. 9. 1993 EzA § 622 BGB nF Nr 45). Wegen der Gleichgewichtigkeit der Tarifparteien ist jedenfalls dann, wenn sich dafür konkrete Anhaltspunkte ergeben, davon auszugehen, daß bei einer Gesamtbetrachtung der tariflichen Regelungen die Arbeitnehmerinteressen angemessen berücksichtigt wurden. Allerdings geht das BAG nicht so weit, bei tariflichen Regelungen nur noch eine Willkürkontrolle vorzunehmen. Angesichts der Gleichgewichtigkeit der Grundrechte sei es verfehlt, Art 9 Abs 3 GG eine Präferenz vor Art 3 Abs 1 GG einzuräumen (BAG 16. 9. 1993 EzA § 622 BGB nF Nr 45). Der Vierte Senat des BAG geht inzwischen allerdings davon aus, daß wegen des insoweit vorrangigen Grundrechts aus Art 9 Abs 3 Satz 1 GG die Tarifvertragsparteien bis zur Grenze der Willkür frei sind (BAG 30. 8. 2001 NZA 2001, 613 ff mwN, BAG 29. 8. 2001 – 4 AZR 352/00).

e)   Kritik

Fraglich ist, ob diese Rechtsprechung des BAG mit den vom Bundesverfassungsge- **79** richt (30. 5. 1990 AP Nr 28 zu § 622 BGB) aufgestellten Grundsätzen zu vereinbaren ist. Zwar befaßt sich der Beschluß primär mit der Verfassungsmäßig- beziehungsweise Verfassungswidrigkeit der gesetzlichen Kündigungsfristen, soweit diese für Arbeiter kürzer waren als für Angestellte; die Frage, inwieweit die Tarifpartner weiterhin zwischen Arbeitern und Angestellten differenzieren dürfen, wird ausdrücklich offengelassen (BVerfG 30. 5. 1990 AP Nr 28 zu § 622 BGB). Dennoch zeichnet die Entscheidung auch hierfür implizit Leitlinien vor.

Der wesentliche Unterschied zwischen Arbeitern und Angestellten wurde darin ge- **80** sehen, daß die einen überwiegend körperliche, die anderen vorwiegend geistige Arbeit verrichten. Hierzu hat das Bundesverfassungsgericht ausdrücklich festgestellt, daß dies keinen rechtfertigenden Grund für ungleiche Kündigungsfristen darstellt. **Kopf- und Handarbeiter** verdienten **denselben Schutz** bei Arbeitsplatzverlust (BVerfG 30. 5. 1990 AP Nr 28 zu § 622 BGB). Zwar könnten für verschiedene Gruppen von Arbeitnehmern unterschiedliche Fristen geregelt werden. Als Anknüpfungspunkt für die Unterscheidung sei aber nicht auf die Stellung Arbeiter/Angestellter abzustellen. Hingegen könnten andere Unterscheidungsmerkmale eine Ungleichbehandlung rechtfertigen. Solche seien etwa in der unterschiedlichen Qualifikation und Ausbildung oder in der Tatsache der Tätigkeit im Produktionssektor zu erblicken, weil dort eine erhöhte personalwirtschaftliche Flexibilität erforderlich sei (BVerfG 30. 5. 1990 AP Nr 28 zu § 622 BGB). Weil aber nicht alle Arbeiter im produktiven Sektor arbeiten, könnten nicht für die Gruppe der Arbeiter unterschiedliche Fristen festgelegt werden (BVerfG 30. 5. 1990 AP Nr 28 zu § 622 BGB).

Legt man diese Grundsätze auch für die Zulässigkeit einer tarifvertraglichen Unter- **81** scheidung zwischen Arbeitern und Angestellten zugrunde, dann ist eine hieran anknüpfende Differenzierung prinzipiell zweifelhaft. Etwas anderes kann nur gelten, wenn das Tätigkeitsfeld der Arbeiter mit dem produktiven Sektor gleichzusetzen ist, also nahezu alle Arbeiter in dem Geltungsbereich des in Frage stehenden Tarifvertrages in der Produktion beschäftigt sind (PREIS/KRAMER DB 1993, 2125, 2129). Soweit WORZALLA (NZA 1994, 145, 148) dem entgegenhält, das BVerfG billige geringfügige Benachteiligungen einer kleinen Gruppe im Zuge einer typisierten Handhabung, so ist zu erwidern, daß es sich nach den bisherigen Rechtsprechungsgrundsätzen des BAG weder um eine kleine Gruppe (bezogen auf den jeweiligen Tarifvertrag), noch um geringfügige Benachteiligungen handelte. Hieraus folgt, daß für Arbeiter und Angestellte unterschiedliche Kündigungsfristen grundsätzlich gegen Art 3 Abs 1 GG verstoßen. Seit Inkrafttreten des neuen Kündigungsfristengesetzes gilt dies um so mehr: Dadurch, daß der Gesetzgeber in § 622 Abs 1 nunmehr Arbeiter und Angestellte ausdrücklich gleichbehandelt, wird der Rechtfertigungsdruck für eine tarifvertragliche Differenzierung noch stärker (PREIS/KRAMER DB 1993, 2125, 2129; ebenso KRETZ, HwB AR Kündigungsfristen Rn 84; KEHRMANN AiB 1993, 746, 748, in diese Richtung tendiert auch BAG 10. 3. 1994 EzA § 622 BGB nF Nr 50).

82 Das BAG erkennt selbst, daß seine Auffassung sich auf der **Grenze des verfassungsrechtlich Zulässigen** bewegt. Es meint, Art 3 Abs 1 GG verlange keine „Gleichma-
cherei". Ungleichbehandlung und rechtfertigender Grund müßten (nur) in einem
angemessenen Verhältnis zueinander stehen. Auch das Bundesverfassungsgericht
habe in der Entscheidung vom 30. 5. 1990 geprüft, ob eine „beträchtliche" Ungleichbehandlung vorliege und hat diese für die gesetzliche Regelung im einzelnen herausgestellt. Fortbestehende Differenzierungen wurden branchenbezogen als noch
hinnehmbar bezeichnet (BAG 2. 4. 1992 EzA § 622 BGB nF Nr 43). Der jüngsten Rechtsprechung des BAG kann jedoch eine strengere Beurteilung entnommen werden. So
wird der Differenzierungsgrund der personalwirtschaftlichen Flexibilität nicht nur
von dem prozentualen Anteil der Arbeiter und Angestellten, sondern auch von der
jeweiligen Branche abhängig gemacht. Dabei wird bei Tarifverträgen, die unterschiedliche Tarifzweige erfassen, auch danach gefragt, ob das Differenzierungsbe-
dürfnis tatsächlich einheitlich ist (BAG 16. 9. 1993 EzA § 622 BGB nF Nr 45). Dabei wird
ein Bedürfnis nach erhöhter personalwirtschaftlicher Flexibilität als Sachgrund für
die Ungleichbehandlung von Arbeitern und Angestellten hinsichtlich der Grundkündigungsfristen nicht generell schon wegen des größeren Umfangs des Einsatzes
von Arbeitern in der Produktion ohne Rücksicht auf Verhältnisse in der jeweiligen
Branche anerkannt. Es wird darauf hingewiesen, daß Entscheidungen zum Bereich
der Textilindustrie und zum Gartenbau sowie zum Bauhauptgewerbe nicht verallgemeinerungsfähig seien. Diese Betriebe seien aus branchenspezifischen Gründen besonders produkt-, mode-, und witterungs- oder saisonbedingten Auftragsschwankungen unterworfen. Ferner werde in einschlägigen Tarifverträgen dieses Bereichs ein
gewisser Ausgleich für den geringeren Bestandsschutz der von kurzen Grundkündigungsfristen betroffenen Arbeiter dadurch erreicht, daß nach betriebsbedingter Entlassung im Fall der Einstellung innerhalb eines bestimmten Zeitraums die Anrechnung der früheren Betriebszugehörigkeit (Textilindustrie Nordrhein) oder sogar die
Wiedereinstellung (Gartenbau, Bauhauptgewerbe) vorsähen. Diese besondere Situation müsse bedacht werden und könne nicht pauschal auf alle Produktionsbereiche
erweitert werden. So hat es das BAG abgelehnt, pauschal diese branchenspezifischen
Besonderheiten in der Metallindustrie anzuerkennen (BAG 16. 9. 1993 EzA § 622 BGB nF
Nr 45) Ob auch in Zukunft angesichts des KündFG auch bei Vorliegen eines Flexibili-
tätsbedürfnisses große Unterschiede zwischen den Kündigungsfristen von Arbeitern
und Angestellten noch hingenommen werden können, hat das BAG offengelassen
(BAG 10. 3. 1994 EzA § 622 BGB nF). Selbst wenn das Bedürfnis nach flexibler Personalplanung im produktiven Bereich eine kürzere tarifliche Grundkündigungsfrist für
überwiegend in der Produktion tätige Arbeiter im Vergleich zu der für Angestellte
günstigeren Regelung rechtfertigt, so gilt dies nicht ohne weiteres auch für die verlängerten Kündigungsfristen desselben Tarifvertrages. Die im gleichen Maße erbrachte Betriebstreue der Arbeiter erfordert dann zumindest gleiche Stufen der
Wartezeiten aufgrund abgeleisteter Betriebszugehörigkeit wie bei den Angestellten
(BAG 11. 8. 1994 EzA § 622 BGB nF Nr 51).

83 Die Tarifpraxis sollte von der überholten Differenzierung zwischen Arbeitern und
Angestellten endlich Abstand nehmen (vgl auch HROMADKA BB 1993, 2372, 2378). Dies gilt
um so mehr, als gleichbehandlende Regelungen durchaus möglich sind. So könnten
einheitlich *für alle* Arbeitnehmer, die in der Produktion arbeiten, tariflich kürzere
Kündigungsfristen festgelegt werden als für diejenigen, die im administrativen Bereich beschäftigt werden (ähnlich HROMADKA BB 1993, 2372, 2378). In diesem Falle beruht

die Ungleichbehandlung auf einem sachlich rechtfertigenden Grund (vgl BVerfG 30.5. 1990 AP Nr 28 zu § 622 BGB).

5. Rechtsfolgen verfassungswidriger tariflicher Regelungen

Nach Inkrafttreten des Kündigungsfristengesetzes sind durch verfassungswidrige ta- **84** rifliche Kündigungsfristen entstandene Tariflücken durch die verfassungsgemäße Neuregelung des § 622 zu schließen (vgl BAG 10.3. 1994 NZA 1994, 799, 801; KRAMER ZIP 1994, 929, 935; aA HROMADKA BB 1993, 2372, 2378; KEHRMANN AiB 1993, 746, 748). Nach der Übergangsvorschrift des Art 222 EGBGB gilt dies auch für solche Fälle, in denen noch ein Rechtsstreit über diese Fragen anhängig ist (BAG 10.3. 1994 NZA 1994, 799, 801).

Eine richterliche Schließung von Tariflücken durch **ergänzende Vertragsauslegung** ist **85** **in aller Regel nicht möglich.** Dies würde nach der Rechtsprechung des BAG voraussetzen, daß hinreichend sichere Anhaltspunkte dafür bestehen, wie die Tarifvertragsparteien im Falle der Kenntnis der Unwirksamkeit diese Lücke geschlossen hätten. Ist dagegen eine solche klare Lückenfüllung nicht möglich, weil ein mutmaßlicher Wille der Tarifvertragsparteien nicht festgestellt werden kann, sind die Gerichte nicht befugt, in die Gestaltungsfreiheit der Tarifvertragsparteien korrigierend einzugreifen (vgl BAG vom 23.9. 1981 AP Nr 19 zu § 611 BGB Lehrer, Dozenten). Die Tariflücke, die durch unwirksame tarifliche Kündigungsfristen entsteht, kann daher nur, soweit noch keine Neuregelung durch die Tarifvertragsparteien erfolgt ist, durch die gesetzlichen Kündigungsfristen geschlossen werden (vgl BAG 10.3. 1994 NZA 1994, 799, 801; KRAMER ZIP 1994, 929, 935; WORZALLA NZA 1994, 145, 149). Die Auffassung von HROMADKA (BB 1993, 2372, 2379), wonach bis zur Neuregelung der Kündigungsfristen von einer Fortgeltung der bisherigen tarifvertraglichen Regelung auszugehen sei, ist abzulehnen (ebenso WORZALLA NZA 1994, 145, 149).

6. Günstigkeitsvergleich

Nahezu jeder Tarifvertrag enthält Regelungen über die einzuhaltenden Kündigungs- **86** fristen des Arbeitsverhältnisses. Haben nun – was ebenfalls häufig geschieht – die Arbeitsvertragsparteien zudem eine einzelvertragliche Kündigungsfrist vereinbart, so fragt sich im Falle beiderseitiger Tarifgebundenheit, welche Kündigungsfrist die maßgebliche ist, falls das Arbeitsverhältnis unter den Geltungsbereich des Tarifvertrages fällt. § 4 Abs 1 Satz 1 TVG ordnet die unmittelbare und zwingende Wirkung des Tarifvertrages an. Regelungen über die Frist der Kündigung betreffen die Beendigung des Arbeitsverhältnisses; es handelt sich demnach hierbei um gemäß §§ 1 Abs 1, 4 Abs 1 Satz 1 TVG zulässige Beendigungsnormen (HAGEMEIER/KEMPEN/ZACHERT/ZILIUS, TVG § 1 Rn 31; WIEDEMANN/STUMPF, TVG § 1 Rn 227). Gemäß § 4 Abs 3 TVG sind jedoch **abweichende einzelvertragliche Vereinbarungen** zulässig, wenn sie für den **Arbeitnehmer günstiger** sind als die entsprechenden tariflichen Bestimmungen.

Bei der Prüfung, ob die einzelvertragliche Abmachung günstiger ist als der kraft **87** beiderseitiger Tarifgebundenheit geltende Tarifvertrag, dürfen **nicht getrennt** die **Kündigungsfristen** und die **Kündigungstermine** einander gegenübergestellt werden. Vielmehr müssen im Wege eines sogenannten **Sachgruppenvergleichs** (vgl KR/SPILGER Rn 242) die Kündigungsfristvorschriften des Tarifvertrages und die vertragliche Regelung insgesamt miteinander verglichen werden (BAG 4. 7. 2001 EzA Nr 63 zu § 622 BGB nF m Anm LAMBRICH), so daß letztlich die sich aus den jeweiligen Vorschriften ergebende **Gesamtbindungsdauer** (Kündigungsfrist unter Berücksichtigung des Kündigungstermins) **ausschlaggebend** ist (KRAMER § 6 B II 4). Der für den Günstigkeitsvergleich **maßgebende Zeitpunkt** ist der **Vertragsschluß** (einhellige Auffassung; BAG 12. 4. 1972 AP Nr 13 zu § 4 TVG Günstigkeitsprinzip; LAG München 4. 5. 1990 LAGE § 4 TVG Günstigkeitsprinzip Nr 3). Es muß also schon von vornherein voraussehbar sein, welche Regelung für den Arbeitnehmer günstiger ist (BAG 12. 4. 1972 AP Nr 13 zu § 4 TVG Günstigkeitsprinzip).

88 Unter Berücksichtigung dieses Maßstabes stellt sich die Frage, ob für den Arbeitnehmer eine kürzere oder längere Bindungsdauer günstiger ist. Zu beachten ist zunächst, daß eine längere Kündigungsfrist für den Arbeitnehmer zwar im Falle der arbeitgeberseitigen Kündigung vorteilhafter ist; dieser Vorteil korrespondiert aber mit einem entsprechenden Nachteil für den Fall, daß der Arbeitnehmer der Kündigende ist. Bei einer Verkürzung der Kündigungsfrist verhält es sich genau umgekehrt (vgl LAG München 4. 5. 1990 LAGE § 4 TVG Günstigkeitsprinzip Nr 3). Was für den Arbeitnehmer günstiger ist, ist also letztlich davon abhängig, ob bei dem betreffenden Arbeitnehmer das Mobilitäts- oder das Bestandsschutzinteresse überwiegt. Dies wiederum hängt davon ab, ob dem Arbeitnehmer mehr an der Möglichkeit eines raschen Stellenwechsels oder mehr an der Sicherung seines Arbeitsplatzes gelegen ist. Das erste wird bei jüngeren Leuten regelmäßig der Fall sein, wenn in der betreffenden Berufssparte ein Mangel an Arbeitskräften herrscht. Das zweite wird dann zutreffen, wenn der Arbeitnehmer wenig Aussicht hat, eine andere Beschäftigung zu finden oder wenn mit Rücksicht auf sein Lebensalter und seine Stellung eine eigene Kündigung unwahrscheinlich erscheint. In den meisten Fällen wird das **Bestandsschutzinteresse des Arbeitnehmers überwiegen,** so daß dann eine einzelvertraglich vereinbarte längere Kündigungsfrist – genauer: Gesamtbindungsdauer – gegenüber der tariflichen gemäß § 4 Abs 3 TVG zulässig und wirksam ist. Überwiegt ausnahmsweise das Mobilitätsinteresse des Arbeitnehmers, können die Parteien die tarifliche Kündigungsfrist einzelvertraglich bis zur gesetzlich zulässigen Grenze (§ 622 Abs 1) abkürzen. Das BAG tendiert zu einer abstrakten, von den konkreten Arbeitnehmerinteressen unabhängigen Betrachtungsweise (BAG 4. 7. 2001 EzA Nr 63 zu § 622 BGB nF m insoweit abl Anm LAMBRICH).

89 Läßt sich ein überwiegendes Interesse nicht feststellen, so kann auch die Günstigkeit der einzelvertraglichen Regelung nicht festgestellt werden; in diesem Falle besteht eine sogenannte **günstigkeitsneutrale vertragliche Regelung.** Eine solche wird zum Teil für wirksam gehalten, da den Arbeitsvertragsparteien in diesem Falle eine Einschätzungsprärogative zustünde (so JOOST ZfA 1984, 173, 183). Diese Auffassung ist zwar gedanklich nachvollziehbar und sachlich sicherlich vertretbar, aber mit dem eindeutigen und klaren Wortlaut von § 4 Abs 3 TVG unvereinbar, denn diese Norm verlangt unzweideutig für die Wirksamkeit der arbeitsvertraglichen Regelung, daß diese günstiger sein muß als die entsprechende tarifvertragliche Bestimmung (in diesem Sinne die ganz herrschende Meinung; BAG 12. 4. 1972 AP Nr 13 zu § 4 TVG Günstigkeitsprinzip; WIEDEMANN/STUMPF, TVG, § 4 Rn 251). Demgemäß ergibt sich bei günstigkeitsneutraler vertraglicher Vereinbarung die **Unwirksamkeit** der arbeitsvertraglichen Abrede unmittelbar aus § 4 Abs 1 Satz 1 iVm § 4 Abs 3 TVG.

In concreto kann auch der Günstigkeitsvergleich verschiedener Fristenregelungen **89a** sehr problematisch sein, insbesondere weil es zahlreiche Kombinationsmöglichkeiten von Kündigungsfristen und Kündigungsterminen gibt. Dabei ist richtigerweise ein „Ensemble-Vergleich" von Kündigungsfrist und Kündigungstermin vorzunehmen. Es dürfen nicht nur die Kündigungsfristen miteinander verglichen werden(so aber LAG Hamm 1.2. 1996 LAGE § 622 BGB Nr 38; KDZ/ZWANZIGER Rn 48; dagegen zu Recht jetzt a BAG 4.7.2001 EzA Nr 63 zu § 622 BGB nF m Anm LAMBRICH; ebenso DILLER, NZA 2000, 293, 296 f; MÜLLER-GLÖGE, in: FS für Schaub, 1998, S 497, 501). Dabei ist bei dem Günstigkeitsvergleich auf die Vertragsabrede (abstrakt) abzustellen und nicht auf den (konkreten) Zeitpunkt des Ausspruchs der Kündigung. Ist einzelvertraglich eine Mindestkündigungsfrist von sechs Wochen zum Quartal vereinbart worden, setzen sich jedenfalls ab achtjähriger Betriebszugehörigkeit die verlängerten gesetzlichen Kündigungsfristen durch, da die Frist von drei Monaten zum Monatsende bei abstrakter Betrachtung regelmäßig länger und damit günstiger ist, als die Frist von sechs Wochen zum Quartal(zutr DILLER, NZA 2000, 293, 296 f; LAG Nürnberg 13.4. 1999 NZA-RR 2000, 80). Hauptstreitfall ist der Vergleich der (vereinbarten) Quartalskündigungsfrist mit der Kündigungsfrist des § 622 Abs 2 Nr 2 BGB nach fünfjähriger Beschäftigungsdauer (zwei Monate zum Monatsende). Während DILLER (NZA 2000, 293, 297)meint, in den „meisten Fällen" gebe die Quartalskündigungsfrist einen besseren Schutz, vertritt LINCK (APS/LINCK, § 622 BGB Rn 181), daß sich die gesetzliche Kündigungsfrist von zwei Monaten bei fristgerechter Kündigung gegenüber der Quartalskündigungsfrist durchsetze, weil bei der typischen Quartalskündigung die Kündigungsfrist deutlich kürzer als die zweimonatige Kündigungsfrist. Der Auffassung von LINCK sollte gefolgt werden, da sie dem Prinzip der abstrakten Vergleichsbetrachtung besser gerecht wird als die Betrachtung von DILLER, die auf die konkrete Betrachtung je nach dem Zeitpunkt der Kündigungserklärung abstellt.

VIII. Übergangsvorschriften – Problematik der Altverträge

1. Übergangsregelung

Art 222 EGBGB bezieht die Fälle ein, in denen vor Inkrafttreten der gesetzlichen **90** Neuregelung die Kündigung dem Arbeitnehmer zugegangen ist, der kündigungsrechtliche Sachverhalt zum Zeitpunkt des Inkrafttretens der Neuregelung noch nicht abgeschlossen ist und zudem die Neuregelung für den Arbeitnehmer, dem gekündigt worden ist, günstiger ist als die alte gesetzliche Regelung. Dies betrifft insbesondere die arbeitsgerichtlichen Verfahren, die nach dem Beschluß des Bundesverfassungsgerichts vom 30.5. 1990 (AP Nr 28 zu § 622 BGB) auszusetzen waren. Art 222 EGBGB lautet:

„Bei einer vor dem 15.10. 1993 zugegangenen Kündigung gilt Art 1 des Kündigungsfristengesetzes vom 7.10. 1993 (BGBl I S 1668), wenn am 15.10. 1993
1. das Arbeitsverhältnis noch nicht beendet ist und die Vorschriften des Art 1 des Kündigungsfristengesetzes vom 7.10. 1993 für den Arbeitnehmer günstiger als die vor dem 15.10. 1993 geltenden gesetzlichen Vorschriften sind
oder
2. ein Rechtsstreit anhängig ist, bei dem die Entscheidung über den Zeitpunkt der Beendigung des Arbeitsverhältnisses abhängt von
a) der Vorschrift des § 622 Abs 2 Satz 1 und Satz 2 erster Halbsatz des BGB in der

Fassung des Art 2 Nr 4 des Ersten Arbeitsrechtsbereinigungsgesetzes vom 14. 8. 1969 (BGBl I S 1106) oder
b) der Vorschrift des § 2 Abs 1 Satz 1 des Gesetzes über die Fristen für die Kündigung von Angestellten in der im Bundesgesetzblatt Teil III, Gliederungs-Nr 800–1, veröffentlichten bereinigten Fassung, das zuletzt durch Art 30 des Gesetzes vom 18. 12. 1989 (BGBl I S 2261) geändert worden ist, soweit danach die Beschäftigung von in der Regel mehr als zwei Angestellten durch den Arbeitgeber Voraussetzung für die Verlängerung der Fristen für die Kündigung von Angestellten ist."

91 Die Verfassungsmäßigkeit dieser Übergangsvorschrift ist insoweit bezweifelt worden, als auch für die Übergangsfälle eine Erstreckung der bisherigen Angestelltenkündigungsfrist auf alle Arbeitnehmer für erforderlich gehalten wurde (WOLLGAST ArbuR 1993, 325 ff). In der Tat kommt es zu einer Ungleichbehandlung zwischen Arbeitern und Angestellten in nahezu allen Fällen, in denen eine Kündigung vor dem 15. 10. 1993 zugegangen ist. Hiergegen ist einzuwenden, daß jede Übergangsregelung zwangsweise gewisse Ungleichbehandlungen auslöst. Dies ist aber prinzipiell nicht zu beanstanden, weil sonst ein Übergang zu einem gleichbehandelnden System nicht möglich ist (vgl PREIS/KRAMER DB 1993, 2125, 2130 f). Dieser Auffassung neigt auch das BVerfG zu (vgl Beschluß vom 25. 1. 1994 EzA § 622 BGB nF Nr 46; ferner LAG Hamm 25. 1. 1994 LAGE § 622 BGB Nr 27). Dort wird hervorgehoben, daß die vorübergehende Ungleichbehandlung weniger gewichtig sei als die alte Regelung. Außerdem bestehe sie nur noch temporär und betreffe die kleine Gruppe der Arbeitnehmer, deren Kündigungssachen bei Inkrafttreten des Gesetzes noch anhängig waren. Die Übergangsregelung greift folglich **nicht** für bereits vor dem 15. 10. 1993 **beendete Arbeitsverhältnisse,** dh solche, in denen die Kündigungsfrist bereits abgelaufen und das Arbeitsverhältnis nicht fortgeführt worden ist. Ist jedoch ein Kündigungsrechtsstreit anhängig (dies ist auch im Falle der Aussetzung des Verfahrens der Fall), kommt die Neuregelung des § 622 zur Anwendung. Auch die rückwirkende Änderung der Angestelltenkündigungsfristen für Betriebe, die in der Regel nicht mehr als zwei Angestellte beschäftigen (§ 2 AngKSchG 1926), ist unbedenklich (BAG 17. 3. 1994 EzA § 622 BGB nF Nr 52).

92 § 622 nF ist auch auf Änderungskündigungen anwendbar, bei denen nur um den Zeitpunkt des Wirksamwerdens der Vertragsänderung gestritten wird, wenn dieser Streit bei Inkrafttreten des Kündigungsfristengesetzes noch rechtshängig war und die Kündigungsfristbestimmungen alten Rechts für den Arbeitnehmer ungünstiger wären (BAG 12. 1. 1994 EzA § 622 BGB nF Nr 47). Nach Auffassung des BAG müssen die Übergangsregelungen ihrem Sinn und Zweck entsprechend erweiternd ausgelegt werden. Dem ist zuzustimmen, weil der Gesetzgeber offenbar in der Übergangsregelung übersehen hat, daß § 622 auch auf Änderungskündigungen anwendbar ist. Auch insoweit bestand ein Regelungsbedürfnis.

2. Auswirkungen auf bestehende Arbeitsverhältnisse

93 Eine wesentlich nachhaltigere Ungleichbehandlung als die durch Art 222 Nr 2a EGBGB bewirkte ist jedoch über den **Bestandschutz für Altverträge** der Angestellten möglich. Im Einzelfall ist hier über das rechtliche Schicksal jener Arbeitsverträge zu entscheiden, die vor dem Hintergrund des alten Rechts geschlossen wurden. Verbreitete Vertragspraxis ist die Bezugnahme auf gesetzliche oder tarifliche Bestimmungen (vgl PREIS, Grundfragen 68; PREIS/KRAMER DB 1993, 2125, 2130).

Soweit weder einzelvertragliche noch tarifvertragliche Regelungen über Kündi- **94** gungsfristen in vor dem 15.10. 1993 begründeten Arbeitsverhältnissen bestehen, treten die in § 622 neugeregelten an die Stelle der bisherigen gesetzlichen Fristen. Es gibt jedoch zahlreiche problematische Grenzfälle, weil der Gesetzgeber ausdrücklich weder in bestehende tarifvertragliche noch in einzelvertragliche Regelungen eingreifen wollte (BT-Drucks 12/4902 S 7). Es ist deshalb in jedem Einzelfall zu prüfen, ob die Arbeitsvertragsparteien vor dem 15.10. 1993 eine konstitutive Regelung oder eine bloß deklaratorische Verweisung auf die gesetzlichen Vorschriften vorgenommen haben. Hierbei ist zu berücksichtigen, daß die Auslegungsgrundsätze für Tarifverträge und Arbeitsverträge unterschiedlich sind (zum ganzen HROMADKA BB 1993, 2372, 2375 ff; PREIS/KRAMER DB 1993, 2125, 2130 ff). Freilich werden sich die unterschiedlichen Auslegungsgrundsätze bei der hier in Rede stehen Problematik kaum auswirken (BAUER/RENNPFERDT, AR-Blattei SD 1010.5 Rn 87).

In zahlreichen Altverträgen findet sich hinsichtlich der Kündigungsfristen lediglich **95** eine Verweisung auf die früher geltenden Kündigungsfristen. Solche Verweisungsklauseln sind unterschiedlich ausgestaltet. Teilweise werden lediglich die „gesetzlichen Vorschriften" in bezug genommen, andere benennen die konkrete Frist von „sechs Wochen zum Schluß eines Kalendervierteljahres" (§ 622 Abs 1 Satz 1 aF). Wieder andere sprechen von der „gesetzlichen Kündigungsfrist von sechs Wochen zum Quartalsende". Bei jeder dieser Klauseln stellt sich die Frage, ob nunmehr die alte, längere gesetzliche Kündigungsfrist von sechs Wochen zum Quartalsende oder die neuere, kürzere gesetzliche Frist von vier Wochen maßgeblich ist.

a)   Verweis auf die „gesetzlichen Vorschriften"

Zunächst sind diejenigen Vertragsklauseln zu untersuchen, die hinsichtlich der **96** Kündigungsfristen lediglich auf die „gesetzlichen Vorschriften" verweisen. Bei Abschluß des Arbeitsvertrages können die Parteien unter dem Begriff der gesetzlichen Vorschriften nur die alten gesetzlichen Kündigungsfristen im Blick gehabt haben, denn der Arbeitsvertrag stammt aus einer Zeit vor Inkrafttreten des neuen Kündigungsfristengesetzes (vgl auch die Parallelproblematik in BAG 23.9. 1992 DtZ 1993, 158, 159). Gleichwohl läßt sich hieraus nicht der Schluß ziehen, daß deshalb automatisch die alten Kündigungsfristen Geltung beanspruchen. Vielmehr ist im Wege der **Auslegung** zu ermitteln, was unter dem Begriff „gesetzliche Vorschriften" zu verstehen ist (BAG 23. 9. 1992 DtZ 1993, 158, 159). Die Auslegung hat – trotz des in § 133 enthaltenen Verbots der Buchstabeninterpretation – vom Wortlaut der Erklärung auszugehen (BGH 27. 2. 1992 NJW 1992, 1881, 1882; ERMAN/BROX § 133 Rn 30; PALANDT/HEINRICHS § 133 Rn 14; SOERGEL/ HEFERMEHL § 133 Rn 24). Das gilt insbesondere bei vom Verwender vorformulierten Verträgen (ULMER/BRANDNER/HENSEN, AGB-Gesetz § 5 Rn 20). Bei Formularverträgen ist hierbei – weil es sich um sogenannte „typische" Vertragsklauseln handelt – auf die **Verständnismöglichkeit des Durchschnittsvertragspartners** des Verwenders (BGH 19. 1. 1990 NJW 1990, 1177, 1178; ULMER/BRANDNER/HENSEN, AGB-Gesetz § 5 Rn 22), also den Durchschnittsarbeitnehmer abzustellen (vgl auch PREIS, Grundfragen 151 ff). Umstände, die den besonderen Einzelfall kennzeichnen, finden bei der Auslegung von Allgemeinen Geschäftsbedingungen regelmäßig keine Berücksichtigung (BGH 12. 5. 1980 NJW 1980, 1947; ERMAN/HEFERMEHL § 5 AGB-Gesetz Rn 7; ULMER/BRANDNER/HENSEN, AGB-Gesetz § 5 Rn 22). Dies führt – entsprechend einer Orientierung am Wortlaut der Vertragsabrede – dazu, daß in aller Regel das **Gesetz in seiner jeweils gültigen Fassung** in Bezug genommen wird. Die Kündigung eines Arbeitsverhältnisses erfolgt regelmäßig erhebliche Zeit nach Vertragsschluß, eine Gesetzesänderung bezüglich der Kündigungsfristen erscheint somit schon zum Zeitpunkt des Vertragsbeginns nicht als völlig überraschende Besonderheit. Der Durchschnittsarbeitnehmer wird die Vertragsabrede deshalb so verstehen, daß er die einschlägige Kündigungsfrist durch „einen Blick ins Gesetz" erfahren kann. Dies impliziert die vertraglich vereinbarte Geltung des jeweils gültigen Gesetzes (PREIS/KRAMER DB 1993, 2125, 2130 f; KRETZ, HwB AR Kündigungsfristen Rn 41). Im Regelfall wird sich daran auch nichts dadurch ändern, daß aufgrund der Einordnung des Arbeitnehmers als Verbraucher (§ 13 BGB) § 310 Abs 3 Nr 3 BGB anzuwenden ist (dazu ErfK/PREIS §§ 305–310 Rn 42).

97 Ein anderes Auslegungsergebnis – konstitutive Geltung der zum Zeitpunkt des Vertragsschlusses in Kraft befindlichen gesetzlichen Kündigungsfristen – wird nur dann erzielt, wenn die Vereinbarung hierfür deutliche Anhaltspunkte bietet. Solche sind etwa darin zu erblicken, daß auf die „gesetzlichen Kündigungsfristen idF vom …" verwiesen oder die einschlägige Kündigungsfrist konkret benannt wird. Dieses Ergebnis entspricht der Rechtsprechung des BAG zu einzelvertraglichen Verweisungsklauseln auf gesetzliche Altersruhegeldregelungen; soll eine statische Verweisung vereinbart werden, so muß dies deutlich zum Ausdruck kommen, ansonsten ist von einer dynamischen Verweisung auszugehen (BAG 16. 8. 1988 AP Nr 8 zu § 1 BetrAVG Beamtenversorgung).

b)   Vereinbarung einer bestimmten Fristdauer

98 Anders ist die Rechtslage, wenn die Klausel eine konkrete Fristdauer, zB von „sechs Wochen zum Schluß des Kalendervierteljahres" benennt. Auch wenn die Parteien bei dieser Vereinbarung die bei Vertragsschluß gültige gesetzliche Kündigungsfrist im Blick gehabt haben sollten, ändert dies nichts daran, daß – insbesondere im Rahmen eines Formularvertrages – letztlich der Wortlaut der Vereinbarung aus Sicht des Durchschnittsarbeitnehmers den Erklärungsgehalt der Vertragsabrede bestimmt. Da in der Vereinbarung das Wort „Gesetz" nicht vorkommt, sondern ausschließlich eine konkrete Frist benannt wird, muß aus Sicht eines Durchschnittsarbeitnehmers auch eben diese Frist gelten, selbst wenn die genannte Frist mit der gesetzlichen identisch war und die gesetzliche Kündigungsfrist mittlerweile geändert worden ist. Es verbleibt also bei der Gültigkeit der sechswöchigen Kündigungsfrist zum Kalendervierteljahresende (PREIS/KRAMER DB 1993, 2125, 2130 f; KRETZ, HwB AR Kündigungsfristen Rn 41).

99 Die Formulierung „gesetzliche Kündigungsfrist von sechs Wochen zum Quartalsende" nimmt eine gewisse Zwitterstellung zwischen den vorgenannten Klauseln ein. Denn einerseits wird von der „gesetzlichen Kündigungsfrist" gesprochen, andererseits aber auch die genau bestimmte Frist von „sechs Wochen zum Quartalsende" genannt. Entscheidend ist hier die Frage, welches Element überwiegt. Konkreter ist die genau bestimmte Festlegung der Frist gegenüber der bloßen Bezugnahme auf das Gesetz. Deshalb gilt hier auch nach der gesetzlichen Neuregelung der Kündigungsfristen die sechswöchige Kündigungsfrist zum Quartalsende (PREIS/KRAMER DB 1993, 2125, 2131; HROMADKA BB 1993, 2372, 2376; KRETZ, HwB AR Kündigungsfristen Rn 41). Entscheidend für dieses Ergebnis ist, daß die Parteien nach § 622aF auch die Möglichkeit hatten, eine kürzere Frist (einen Monat zum Monatsende) zu vereinbaren. Insoweit enthält die konkrete Fristdauer konstitutiven Charakter.

c) Kündigung einer konstitutiven Regelung

Sofern nach diesen Grundsätzen der Arbeitgeber gegenüber Angestellten weiterhin **100** die alten Kündigungsfristen einzuhalten hat, stellt sich die Frage, ob und inwieweit er von dieser konstitutiven vertraglichen Regelung abweichen kann. Dabei ist zu berücksichtigen, daß der Gesetzgeber die Ungleichbehandlung aus Gründen des Bestandsschutzes konkludent in Kauf genommen hat. Erst mit Inkrafttreten der gesetzlichen Neuregelung wird für die Zukunft eine vollständige Gleichbehandlung zwischen Arbeitern und Angestellten möglich. Die **vorübergehende Ungleichbehandlung** der Arbeitnehmer aus Gründen des Bestandschutzes mag unbefriedigend sein, ist aber **nicht sachwidrig** (PREIS/KRAMER DB 1993, 2125, 2131; krit HROMADKA BB 1993, 2372, 2380).

Allenfalls bestünde die Möglichkeit, daß der Arbeitgeber im Wege der **Änderungs-** **101** **kündigung** gegenüber den Angestellten mit konstitutiver längerer Kündigungsfrist eine Gleichbehandlung herbeiführt. Eine Änderungskündigung ist jedoch nach Maßgabe des § 2 iVm § 1 KSchG nur aus **dringenden betrieblichen Gründen** möglich. Nach der Rechtssprechung des BAG stellt aber die Berufung des Arbeitgebers auf den Gleichbehandlungsgrundsatz für sich allein kein dringendes betriebliches Erfordernis nach § 1 Abs 2 KSchG für eine Änderungskündigung dar (BAG 28. 4. 1982 EzA § 2 KSchG Nr 4). Diese Grundsätze finden auf die vorliegende Fallgestaltung Anwendung, so daß es im praktischen Ergebnis kaum möglich sein wird, im Wege der Änderungskündigung von konstitutiv vereinbarten längeren Kündigungsfristen bei Angestellten abzukommen (KRETZ, HwB AR Kündigungsfristen Rn 43).

§ 623
Schriftform der Kündigung

Die Beendigung von Arbeitsverhältnissen durch Kündigung oder Auflösungsvertrag bedürfen zu ihrer Wirksamkeit der Schriftform; die elektronische Form ist ausgeschlossen.

Materialien: BT-Drucks 14/626 (Gesetzesentwurf des Bundesrates mit ablehnender Stellungnahme der Bundesregierung), BT-Drucks 14/2490 (Beschlußempfehlung und Bericht des Ausschusses für Arbeit und Sozialordnung).

Schrifttum

APPEL/KAISER, Gesetz zur Beschleunigung des arbeitsgerichtlichen Verfahrens, AuR 2000, 281
BAECK/HOPFNER, Schlüssige Aufhebungsverträge mit Organmitgliedern auch nach Inkrafttreten des § 623 BGB, DB 2000, 1914
BAUER, Nun Schriftform bei Beförderung zum Geschäftsführer?, GmbHR 2000, 767
ders, Neue Spielregeln für Aufhebungs- und Abwicklungsverträge durch das geänderte BGB?, NZA 2002, 169
BERSCHEID, Schriftform für Beendigung und Befristung von Arbeitsverträgen, ZinsO 2000, 208
ders, Aktuelle Probleme bei der Beendigung von

Ulrich Preis
Hartmut Oetker

Arbeitsverhältnissen im Insolvenzeröffnungs-
verfahren und nach Verfahrenseröffnung, in: FS
Uhlenbruck (2000) 725

Böhm, § 623 BGB: Risiken und Nebenwirkun-
gen, NZA 2000, 561

Caspers, Rechtsfolgen des Formverstoßes bei
§ 623 BGB, RdA 2001, 28

Däubler, Obligatorische Schriftform für Kündigungen, Aufhebungsverträge und Befristungen, AiB 2000, 188

Dassau, Arbeitsgerichtsbeschleunigungsgesetz,
ZTR 2000, 289

Dembkowsky, Kündigung nur noch schriftlich,
BArbBl 2000, Heft 9, 18

Gaul, Das Arbeitsgerichtsbeschleunigungsgesetz: Schriftform für Kündigung und andere
Änderungen, DStR 2000, 691

Kleinebring, Gesetzliche Schriftform bei der
Beendigung von Arbeitsverhältnissen, FA 2000,
174

Krabbenhöft, Stolpersteine – Schriftformerfordernisse aufgrund des Nachweis- und des
Arbeitsgerichtsbeschleunigungsgesetzes, DB
2000, 1562

Krause, Das Schriftformerfordernis des § 623
BGB beim Aufstieg eines Arbeitnehmers zum
Organmitglied, ZIP 2000, 2284

Lakies, Neu ab 1. Mai 2000: Verbessertes Arbeitsgerichtsverfahren und Schriftform für die
Beendigung von Arbeitsverhältnissen, BB 2000,
667

Müller-Glöge/von Senden, Gesetzliche
Schriftform für Kündigung, Auflösungsvertrag
und Befristung, AuA 2000, 199

Niebler/Schmiedl, Die Rechtsprechung des
BAG zum Schicksal des Arbeitsverhältnisses bei
Geschäftsführerbestellung nach In-Kraft-Treten
des § 623 BGB, NZA-RR 2001, 281

Opolony, Der Federstrich des Gesetzgebers –
§ 623 BGB und das Bühnenarbeitsrecht, NJW
2000, 2171

Preis/Gotthardt, Schriftformerfordernis für
Kündigungen, Aufhebungsverträge und Befristungen nach § 623 BGB, NZA 2000, 348

Richardi, Formzwang im Arbeitsverhältnis,
NZA 2001, 57

Richardi/Annuss, Der neue § 623 BGB – Eine
Falle im Arbeitsrecht?, NJW 2000, 1231

Rolfs, Schriftform für Kündigungen und Beschleunigung des arbeitsgerichtlichen Verfahrens, NJW 2000, 1227

Rzadkowski, Das Arbeitsgerichtsbeschleunigungsgesetz, PersR 2000, 179

Sander/Siebert, Die Schriftform im (individuellen) Arbeitsrecht, AuR 2000, 287, 330

Schaub, Gesetz zur Vereinfachung und Beschleunigung des arbeitsgerichtlichen Verfahrens, NZA 2000, 344

Schuldt, Schriftformzwang für die Beendigung
von Arbeitsverhältnissen, ZAP Fach 17, 527

Schweiger, Die Auswirkungen des § 623 BGB
auf das Recht der Lohnersatzleistungen im
SGB III – Abgrenzung des (leistungsrechtli-
chen) Beschäftigungsverhältnisses vom
Arbeitsverhältnis, NZS 2001, 519

Trittin/Backmeister, Arbeitsgerichtsbeschleunigungsgesetz, DB 2000, 618.

Systematische Übersicht

Alphabetische Übersicht

A. Entstehung und Normzweck

Im Zuge des Arbeitsgerichtsbeschleunigungsgesetzes v 30. 3. 2000 (BGBl I 333) wurde **1**
– gegen den Widerstand der Bundesregierung (vgl die Gegenäußerung der Bundesregierung
zum Gesetzesvorschlag des Bundesrates, BT-Drucks 14/626, 14) – zum 1. 5. 2000 in § 623 ein
konstitutives Schriftformerfordernis für Kündigungen, Auflösungsverträge sowie Befristungen von Arbeitsverhältnissen neu in das BGB aufgenommen und damit Regelungsvorschläge aufgegriffen, die bereits im Diskussionsentwurf des Arbeitskreises
Deutsche Rechtseinheit in den §§ 118 Abs 2, 131 Abs 1 (Gutachten D zum 59. DJT 1992)
sowie im Entwurf eines Arbeitsvertragsgesetzes des Landes Brandenburg in den
§§ 116 Abs 2, 131 Abs 1 S 1 (BR-Drucks 671/96) enthalten waren (vgl näher KR/SPILGER
§ 623 BGB Rn 1 ff sowie Rn 7 ff zur Entstehungsgeschichte des § 623). Im Hinblick auf die
Gesetzgebungstechnik ist die Norm mißglückt (vgl KR/SPILGER § 623 BGB Rn 178). Der
Wortlaut erweckt den Anschein, daß für die „Beendigung" des Arbeitsverhältnisses
eine Wirksamkeitsvoraussetzung geschaffen werden soll. Dogmatisch ist dies falsch,
weil sich die Wirksamkeitsvoraussetzung nur auf die zur Beendigung des Arbeitsverhältnisses führenden Tatbestände (Kündigung und Auflösungsvertrag) beziehen
kann. § 623 ist deshalb so zu lesen, daß die dort genannten Beendigungstatbestände
zu ihrer Wirksamkeit der Schriftform bedürfen und nur unter dieser Voraussetzung
überhaupt in der Lage sind, ihre vertragsbeendende Wirkung zu entfalten.

Für die **Befristung von Arbeitsverhältnissen** ist die Schriftform seit dem 1. 1. 2001 in **2**
§ 14 Abs 4 des Teilzeit- und Befristungsgesetzes v 21. 12. 2000 (BGBl I 1966) geregelt,
so daß § 623 seit der Anpassung der Norm durch Art 2 Nr 2 des Gesetzes über
Teilzeitarbeit und befristete Arbeitsverträge und zur Änderung und Aufhebung arbeitsrechtlicher Bestimmungen v 21. 12. 2000 (BGBl I 1966) nur noch Kündigungen
und Auflösungsverträge erfaßt. Einem Redaktionsversehen ist es wohl zuzuschrei-
ben, daß im Zuge der Streichung von „sowie der Befristung" nicht auch „bedürfen"
vom Plural in den nunmehr angebrachten Singular geändert wurde (vgl KR/SPILGER
§ 623 BGB Rn 13). Zu den Auswirkungen von § 623 für Befristungen von Arbeitsverhältnissen, die in der Zeit vom 1. 5. 2000 bis zum 1. 1. 2001 vereinbart worden sind, vgl
STAUDINGER/PREIS [2002] § 620 Rn 167 ff sowie KR/SPILGER § 623 BGB Rn 79 ff, 161 ff. Die
nunmehr geltende Fassung des § 623 geht auf Art 1 Nr 7 des Gesetzes zur Anpassung
der Formvorschriften des Privatrechts und anderer Vorschriften an den modernen
Rechtsgeschäftsverkehr v 13. 7. 2001 (BGBl I 1542) zurück. Hierdurch wurde die nach
§ 126 Abs 3 bestehende Möglichkeit, die schriftliche Form durch die **elektronische
Form** (§ 126a) zu ersetzen, für die in § 623 genannten Beendigungstatbestände ausdrücklich ausgeschlossen. Der Gesetzgeber war der Ansicht, daß die elektronische

Form derzeit noch nicht ausreiche, um die mit § 623 intendierte Warnfunktion zweckgerecht zu erfüllen (vgl Reg Begr, BT-Drucks 14/4987, 22).

3 Der Gesetzgeber will mit § 623 größtmögliche **Rechtssicherheit** gewährleisten. Diese vom Bundesrat verfolgte Regelungsabsicht (BT-Drucks 14/626, 11; ebenso APPEL/KAISER AuR 2000, 284; BACKMEISTER/TRITTIN, KSchG [2000] Nachtrag § 623 BGB Rn 1; DEMBKOWSKY BArbBl 2000, Heft 9, 19; LAKIES BB 2000, 667; ErfKomm/MÜLLER-GLÖGE § 623 BGB Rn 2; PALANDT/PUTZO § 623 Rn 2; SCHAUB NZA 2000, 347; WEBER NJ 2000, 237; kritisch jedoch RICHARDI/ANNUSS NJW 2000, 1232; RICHTER/SIPPEL GewArch 2001, 282) wurde im Gesetzgebungsverfahren in Frage gestellt. Insbesondere verneinte die Bundesregierung in ihrer Gegenäußerung einen Entlastungseffekt für die Arbeitsgerichte und verwies darauf, daß sich Streitigkeiten um die Abgabe der Kündigungserklärung nach Einführung des Schriftformerfordernisses auf die Wirksamkeit des Zugangs der Erklärung verlagern würden (vgl BT-Drucks 14/626, 14).

4 Der Schriftform kommt vor allem eine **Beweisfunktion** über die Erklärung einer Kündigung bzw den Abschluß eines Aufhebungsvertrags und deren Inhalt zu (APPEL/KAISER AuR 2000, 284; GroßkommKündR/PREIS § 623 BGB Rn 2; PREIS/GOTTHARDT NZA 2000, 349). Dadurch soll das Arbeitsgerichtsverfahren beschleunigt werden, indem insbesondere unergiebige Rechtsstreitigkeiten darüber, ob überhaupt eine Kündigung vorliegt vermieden werden bzw eine entsprechende Beweiserhebung wesentlich vereinfacht wird (BT-Drucks 14/626, 11). Ob dadurch tatsächlich eine Entlastung der Arbeitsgerichte eintritt, bleibt abzuwarten (kritisch dazu die Stellungnahme der Bundesregierung, BT-Drucks 14/626, 14; skeptisch auch ADAM SAE 2001, 113; BÖHM NZA 2000, 561; PREIS/GOTTHARDT NZA 2000, 349; RICHARDI/ANNUSS NJW 2000, 1232; SCHAUB NZA 2000, 347; KR/SPILGER § 623 BGB Rn 23; positiv jedoch APPEL/KAISER AuR 2000, 284). Zumindest tritt insoweit eine Entlastung des gerichtlichen Verfahrens ein, als Beweiserhebungen über das „ob" und den Inhalt der in § 623 BGB genannten Beendigungstatbestände regelmäßig entbehrlich werden (vgl § 416 ZPO; ebenso KR/SPILGER § 623 BGB Rn 228). Ferner hat die der Schriftform genügende Urkunde die Vermutung der Vollständigkeit und Richtigkeit (vgl zB BGH NJW 1999, 1702 sowie MünchKomm/EINSELE § 125 Rn 36).

5 Darüber hinaus entfaltet das Schriftformerfordernis eine **Warnfunktion** (ebenso APPEL/KAISER AuR 2000, 284; BACKMEISTER/TRITTIN, KSchG [2000] Nachtrag § 623 BGB Rn 1; BBDW/BADER § 623 BGB Rn 2; ErfKomm/MÜLLER-GLÖGE § 623 BGB Rn 3; GroßkommKündR/PREIS § 623 BGB Rn 2; PREIS/GOTTHARDT NZA 2000, 349; KR/SPILGER § 623 BGB Rn 18 ff; TRITTIN/BACKMEISTER DB 2000, 621; ebenso jetzt auch die Bundesregierung in der Begründung zum Ausschluß der elektronischen Form im Anwendungsbereich des § 623, BT-Drucks 14/4987, 22; aA ADAM SAE 2001, 113). Bevor der Arbeitgeber oder der Arbeitnehmer eine Kündigung ausspricht bzw einen Aufhebungsvertrag abschließt, wird er durch die Schriftform zum Nachdenken darüber angehalten, ob er die Beendigung des Arbeitsverhältnisses als eintretende Rechtsfolge tatsächlich will. Spontane Kündigungen, die im Verlaufe eines Streits mündlich erklärt werden, entfalten keine Rechtswirkung (vgl u Rn 67 f), so daß § 623 den Kündigenden vor seinem eigenen unbedachten Verhalten schützt (PREIS/GOTTHARDT NZA 2000, 349; SANDER/SIEBERT AuR 2000, 333; WEBER NJ 2000, 347). Zu den Möglichkeiten einer „Heilung" u Rn 69.

B.   Anwendungsbereich

I.   Allgemeines

1.   Zeitlicher Geltungsbereich

§ 623 gilt für Kündigungen und Aufhebungsverträge, die ab dem 1. 5. 2000 zuge- **6**
gangen sind (BAG AP Nr 16 zu § 125 BGB) bzw abgeschlossen wurden (BBDW/BADER
§ 623 BGB Rn 73; BERSCHEID ZInsO 2000, 211; GAUL DStR 2000, 693; LAKIES BB 2000, 667;
ErfKomm/MÜLLER-GLÖGE § 623 BGB Rn 22; PALANDT/PUTZO § 623 Rn 2). Eine Rückwirkung
auf zuvor abgeschlossene Tatbestände entfaltet § 623 nicht. Das gilt selbst dann,
wenn der Beendigungszeitpunkt des Arbeitsverhältnisses nach dem Inkrafttreten
des Gesetzes (1. 5. 2000) liegt (BBDW/BADER § 623 BGB Rn 73; DÄUBLER AiB 2000, 192;
KIEL/KOCH, Die betriebsbedingte Kündigung [2000] Vorbemerkung Rn 7; LAKIES BB 2000, 667;
ErfKomm/MÜLLER-GLÖGE § 623 BGB Rn 22; KR/SPILGER § 623 BGB Rn 33, 34).

2.   Erfaßte Rechtsverhältnisse

Nach dem Wortlaut des § 623 muß nur die Kündigung bzw einvernehmliche Auf- **7**
lösung von **Arbeitsverhältnissen** der Schriftform genügen; § 623 erfaßt jedes Arbeitsverhältnis, also auch solche mit **Aushilfskräften** oder **geringfügig Beschäftigten** (DAS-
SAU ZTR 2000, 290; GAUL DStR 2000, 691; RICHARDI/ANNUSS NJW 2000, 1232). Von einer mit
§ 1 NachwG vergleichbaren Sonderregelung, die einzelne Arbeitsverhältnisse ausklammert, hat der Gesetzgeber ebenso abgesehen wie von einem Ausnahmetatbestand zugunsten von Kleinarbeitgebern.

Die Kündigung bzw Aufhebung von Dienstverträgen mit **arbeitnehmerähnlichen Per-** **8**
sonen oder anderen **Dienstnehmern** kann weiterhin formlos erfolgen (BBDW/BADER
§ 623 BGB Rn 3; GAUL DStR 2000, 691; KIEL/KOCH, Die betriebsbedingte Kündigung [2000] Vorbemerkung Rn 3; ErfKomm/MÜLLER-GLÖGE § 623 BGB Rn 4; MÜLLER-GLÖGE/VON SENDEN AuA
2000, 199; GroßkommKündR/PREIS § 623 BGB Rn 5; RICHARDI/ANNUSS NJW 2000, 1232; SCHULDT
ZAP Fach 17, 528; KR/SPILGER § 623 BGB Rn 40). Keine Anwendung findet § 623 deshalb
auf Dienstverträge, die mit Mitgliedern geschäftsführender Organe von juristischen
Personen abgeschlossen werden; insbesondere das **Anstellungsverhältnis** des **GmbH-**
Geschäftsführers unterliegt nicht dem Schriftformerfordernis des § 623 (GAUL DStR
2000, 691; im Grundsatz auch KR/SPILGER § 623 BGB Rn 40 f, der jedoch für GmbH-Geschäftsführer
ohne kapitalmäßige Beteiligung eine entsprechende Anwendung der Norm erwägt). Ebenso findet
§ 623 keine Anwendung auf die Vertragsverhältnisse von **Handelsvertretern.** Entsprechendes gilt bei **Hausgewerbetreibenden** (BBDW/BADER § 623 BGB Rn 3; RICHARDI/
ANNUSS NJW 2000, 1232; KR/SPILGER § 623 BGB Rn 40, 42); die für deren Kündigung geltende Vorschrift des § 29 HAG blieb unverändert und verdrängt aufgrund ihres
Charakters als lex specialis § 623 bzw schließt dessen entsprechende Anwendung aus.

Die Person, die den von § 623 erfaßten Beendigungstatbestand herbeiführt, ist für die **9**
Wahrung des Schriftformerfordernisses bedeutungslos. Da § 113 InsO für die Kündi-
gung des Arbeitsverhältnisses keine besonderen Formvorschriften festlegt, ist § 623
auch anwendbar, wenn der (vorläufige) **Insolvenzverwalter** die Beendigung des
Arbeitsverhältnisses herbeiführen will (BERSCHEID ZInsO 2000, 209; ErfKomm/MÜLLER-
GLÖGE § 623 BGB Rn 4; GroßkommKündR/PREIS § 623 BGB Rn 6 sowie u Rn 17).

3. Gesetzliche Sonderregelungen

10 Weitere Schriftformerfordernisse enthalten § 15 Abs 3 BBiG, § 9 Abs 3 S 2 MuSchG sowie die §§ 62 Abs 1, 68a, 78 Abs 2 SeemG. Diese gehen § 623 als **Spezialvorschriften** vor (BBDW/Bader § 623 BGB Rn 4; Krabbenhöft DB 2000, 1567; GroßkommKündR/Preis § 623 BGB Rn 5; Preis/Gotthardt NZA 2000, 349; Palandt/Putzo § 623 Rn 4; Richardi/Annuss NJW 2000, 1232). Auch bei ihnen ist die Ersetzung der Schriftform durch die **elektronische Form** ausdrücklich ausgeschlossen (vgl § 62 Abs 1 S 2, 68a, 78 Abs 2 S 2, 78 Abs 3 S 2).

11 Nach **§ 15 Abs 3 BBiG** bedarf die **Kündigung** von **Berufsausbildungsverhältnissen** der Schriftform. Das gilt entsprechend für die Kündigung der in § 19 BBiG genannten Vertragsverhältnisse **(Praktikanten und Volontäre)**, da die Rechtsfolgenanordnung des § 19 BBiG das Schriftformerfordernis in § 15 Abs 3 BBiG für diesen Personenkreis nicht ausschließt. Bei einer Kündigung **nach der Probezeit** ist zudem die **Angabe der Kündigungsgründe** im Kündigungsschreiben Wirksamkeitsvoraussetzung für die außerordentliche Kündigung eines Berufsausbildungsverhältnisses (BAG AP Nr 4 zu § 15 BBiG). Ein Formverstoß der Kündigung wegen fehlender oder nicht ausreichender Angabe der Kündigungsgründe kann nicht dadurch geheilt werden, daß die Begründung nachgeschoben wird (BAG AP Nr 1 zu § 15 BBiG; ErfKomm/Schlachter § 15 BBiG Rn 9). Für die einvernehmliche **Aufhebung** von Berufsausbildungsverhältnissen sowie Verträgen mit **Praktikanten** und **Volontären** (§ 19 BBiG) gilt § 623 über die Verweisung in § 3 Abs 2 BBiG (BBDW/Bader § 623 BGB Rn 20; ErfKomm/Müller-Glöge § 623 BGB Rn 4; GroßkommKündR/Preis § 623 BGB Rn 5, 9; KR/Spilger § 623 BGB Rn 45).

12 Nach **§ 9 Abs 3 S 2 MuSchG** muß die von einer zuständigen Stelle für zulässig erklärte (§ 9 Abs 3 S 1 MuSchG) **Kündigung** während der **Schwangerschaft** bzw bis **vier Monate nach der Entbindung** schriftlich erfolgen sowie den zulässigen, dh den von der Behörde gebilligten Kündigungsgrund (Buchner/Becker, MuSchG [6. Aufl 1998] § 9 Rn 219; GroßkommKündR/Rolfs § 9 MuSchG Rn 94) angeben. Die Angabe des Kündigungsgrundes ist Wirksamkeitsvoraussetzung (Buchner/Becker, MuSchG [6. Aufl 1998] § 9 Rn 218; GroßkommKündR/Rolfs § 9 MuSchG Rn 92; ErfKomm/Schlachter § 9 MuSchG Rn 18). Für den **Abschluß von Aufhebungsverträgen** gilt § 623, da das Mutterschutzgesetz insoweit keine Sonderregelungen trifft.

13 Gemäß den **§§ 62 Abs 1, 78 Abs 2 SeemG** sind **Heuerverhältnisse** schriftlich zu kündigen. Für eine **ordentliche Kündigung** ist die Schriftform Wirksamkeitsvoraussetzung (GroßkommKündR/Dörner § 62 SeemG Rn 2 mwN). Das gilt nach § 68a SeemG auch für eine **außerordentliche Kündigung**. Für die **Aufhebung** von Heuerverhältnissen gilt mangels besonderer Regelung im SeemG § 623.

4. Abweichende Abreden

14 § 623 ist **zwingend** (BBDW/Bader § 623 BGB Rn 71; Dütz, Arbeitsrecht [6. Aufl 2001] Rn 284; GroßkommKündR/Preis § 623 BGB Rn 20; Preis/Gotthardt NZA 2000, 349; Palandt/Putzo § 623 Rn 4; Schaub, Arbeitsrechts-Handbuch [9. Aufl 2000] Nachtrag Rn 7; KR/Spilger § 623 BGB Rn 30) und kann weder durch Betriebsvereinbarung oder Tarifvertrag noch einzelvertraglich abbedungen werden (BBDW/Bader § 623 BGB Rn 71; Dassau ZTR 2000, 290; Hooss MDR 2000, 809; ErfKomm/Müller-Glöge § 623 BGB Rn 23; GroßkommKündR/Preis

§ 623 BGB Rn 20; Preis/Gotthardt NZA 2000, 349; Palandt/Putzo § 623 Rn 4; Richardi NZA 2001, 60; Richardi/Annuss NJW 2000, 1232; KR/Spilger § 623 BGB Rn 30). Das Gesetz steht jedoch **strengeren Formvorschriften,** insbesondere für die Kündigung, nicht entgegen (ErfKomm/Müller-Glöge § 623 BGB Rn 23 sowie u Rn 15 f). Vor allem Tarifverträge können vorsehen, daß die schriftliche Kündigungserklärung – wie in § 15 Abs 3 BBiG, § 9 Abs 3 S 2 MuSchG – zusätzlich die Kündigungsgründe angeben muß (ErfKomm/Müller-Glöge § 623 BGB Rn 23). Darüber hinaus können neben § 623 Regelungen vereinbart werden, die den Zugang der Kündigungserklärung formalisieren (zB Kündigung durch eingeschriebenen Brief).

Formvorschriften **in Tarifverträgen und Betriebsvereinbarungen,** die die Erklärung **15** einer Kündigung bzw den Abschluß eines Aufhebungsvertrages betreffen, haben neben § 623 eigenständige Bedeutung, wenn sie weitergehende Anforderungen stellen (BBDW/Bader § 623 BGB Rn 5, 72; ErfKomm/Müller-Glöge § 623 BGB Rn 23; Müller-Glöge/von Senden AuA 2000, 200; GroßkommKündR/Preis § 623 BGB Rn 20; Preis/Gotthardt NZA 2000, 349; MünchArbR/Wank § 118 Rn 9). Die Erweiterung kann inhaltlicher Natur sein (zB Angabe des Kündigungsgrundes in der schriftlichen Kündigungserklärung) oder in formaler Hinsicht über § 126 hinausgehen. Durch Auslegung ist zu ermitteln, ob die weitergehenden Anforderungen an die Form Wirksamkeitsvoraussetzung sind (konstitutive Klausel) oder lediglich der Beweiserleichterung dienen (deklaratorische Klausel). Stets sind jedoch die Voraussetzungen der gesetzlichen Schriftform zu erfüllen, da von § 623 nicht wirksam abgewichen werden kann (vgl o Rn 14).

Das in Rn 15 Ausgeführte gilt entsprechend für strengere Formvorschriften in **Ein-** **16** **zelarbeitsverträgen.** Einseitig den Arbeitnehmer belastende, über § 623 hinausgehende Anforderungen an die Form von Kündigungen sind jedoch unwirksam, da § 622 Abs 6 einseitige Kündigungserschwerungen zum Nachteil des Arbeitnehmers untersagt (BAG AP Nr 27 zu § 622 BGB; BBDW/Bader § 623 BGB Rn 72; ErfKomm/ Müller-Glöge § 623 BGB Rn 24; Müller-Glöge/von Senden AuA 2000, 202; Großkomm-KündR/Preis § 623 BGB Rn 20; Preis/Gotthardt NZA 2000, 349 sowie so Staudinger/Preis § 622 Rn 28 ff). In **Formulararbeitsverträgen** ist wegen § 309 Nr 13 (früher: § 11 Nr 16 AGBG) die Vereinbarung einer strengeren Form als der Schriftform oder das Aufstellen besonderer Zugangserfordernisse unwirksam (vgl zur früheren Rechtslage Kliemt, Formerfordernisse im Arbeitsverhältnis [1995] 431 f; Preis, Grundfragen der Vertragsgestaltung im Arbeitsrecht [1993] 412 f; GroßkommKündR/Preis § 623 BGB Rn 20; Preis/Gotthardt NZA 2000, 349).

II. Kündigung

1. Allgemeines

Das Schriftformerfordernis erfaßt Kündigungen sowohl durch den **Arbeitgeber** als **17** auch durch den **Arbeitnehmer** (Backmeister/Trittin, KSchG [2000] Nachtrag § 623 BGB Rn 7; BBDW/Bader § 623 BGB Rn 7; Kleinebring FA 2000, 174; ErfKomm/Müller-Glöge § 623 BGB Rn 7; GroßkommKündR/Preis § 623 BGB Rn 6; Preis/Gotthardt NZA 2000, 349; Palandt/Putzo § 623 Rn 4; Richardi NZA 2001, 61; Schaub, Arbeitsrechts-Handbuch [9. Aufl 2000] Nachtrag Rn 4). Unerheblich ist, ob es sich um eine **ordentliche** oder **außerordentliche Kündigung** handelt (Appel/Kaiser AuR 2000, 284; BBDW/Bader § 623 BGB Rn 7; Däubler AiB 2000, 190; Dembkowsky BArbBl 2000, Heft 9, 19; HK-KSchG/Dorndorf [4. Aufl

2001] § 1 Rn 117; KLEINEBRING FA 2000, 174; ErfKomm/MÜLLER-GLÖGE § 623 BGB Rn 7; Groß-kommKündR/PREIS § 623 BGB Rn 6; PREIS/GOTTHARDT NZA 2000, 349). Die Schriftform ist auch bei einer Kündigung nach § 113 InsO in der **Insolvenz** einzuhalten (BERSCHEID ZInsO 2000, 209; DEMBKOWSKI BArbBl 2000, 20; ErfKomm/MÜLLER-GLÖGE § 623 BGB Rn 4; GroßkommKündR/PREIS § 623 BGB Rn 6; PREIS/GOTTHARDT NZA 2000, 350 sowie o Rn 9).

18 Eine **Abmahnung** unterliegt nicht dem Schriftformerfordernis in § 623, da sie nicht auf Beendigung des Arbeitsverhältnisses, sondern, da eine Kündigung aufgrund desselben Sachverhalts nicht mehr möglich ist, auf Erhalt des Arbeitsplatzes gerichtet ist (BACKMEISTER/TRITTIN, KSchG [2000] Nachtrag § 623 BGB Rn 8; BERSCHEID, in: FS Uhlenbruck [2000] 731; DÄUBLER AiB 2000, 190; KLEINEBRING FA 2000, 174; SANDER/SIEBERT AuR 2000, 333; KR/SPILGER § 623 BGB Rn 56). Eine **Suspendierung,** soweit sie als einseitige Anordnung möglich ist (vgl STAUDINGER/RICHARDI [1999] § 611 Rn 367 ff), wird ebenfalls nicht von § 623 erfaßt, da sie die Rechte und Pflichten aus dem Arbeitsverhältnis lediglich ruhen läßt und nicht zu dessen Beendigung führt.

2. Bedingte Kündigungen, insbesondere Änderungskündigung

19 Der Schriftform unterliegt auch die **bedingte Kündigung.** Die **Änderungskündigung** als Sonderfall der bedingten Kündigung (STAUDINGER/NEUMANN [1994] Vorbem zu §§ 620 ff Rn 58) führt zur Beendigung des Arbeitsverhältnisses, wenn der Arbeitnehmer das Angebot des Arbeitgebers, nach Ablauf der Kündigungsfrist zu veränderten Arbeitsbedingungen zu arbeiten, nicht annimmt und dieses sozial gerechtfertigt war bzw nicht innerhalb der Frist des § 4 S 1 KSchG Klage gegen die Änderungskündigung erhoben wurde. Daher fällt auch diese unter das Schriftformerfordernis des § 623 (BT-Drucks 14/626, 11; APPEL/KAISER AuR 2000, 284; BACKMEISTER/TRITTIN, KSchG [2000] Nachtrag § 623 BGB Rn 7; BBDW/BADER § 623 BGB Rn 8; BERSCHEID ZInsO 2000, 209; ders, in: FS Uhlenbruck [2000] 730; CASPERS RdA 2001, 30; DÄUBLER AiB 2000, 190; DASSAU ZTR 2000, 290; DEMBKOWSKY BArbBl 2000, Heft 9, 20; HK-KSchG/DORNDORF [4. Aufl 2001] § 1 Rn 117; DÜWELL AuA 2000, 271; GAUL DStR 2000, 691; KLEINEBRING FA 2000, 174; KRABBENHÖFT DB 2000, 1567; Erf-Komm/MÜLLER-GLÖGE § 623 BGB Rn 7; MÜLLER-GLÖGE/VON SENDEN AuA 2000, 199; Groß-kommKündR/PREIS § 623 BGB Rn 6; PREIS/GOTTHARDT NZA 2000, 350; PALANDT/PUTZO § 623 Rn 4; RICHARDI NZA 2001, 61; RICHARDI/ANNUSS NJW 2000, 1233; ROLFS NJW 2000, 1228; SAN-DER/SIEBERT AuR 2000, 291; SCHAUB, Arbeitsrechts-Handbuch [9. Aufl 2000] Nachtrag Rn 4; ders NZA 2000, 347; KR/SPILGER § 623 BGB Rn 47). Die Schriftform erfaßt in jedem Fall die Kündigungserklärung (zur Frage, ob darüber hinaus auch das Änderungsangebot schriftlich zu erfolgen hat, u Rn 54).

20 Eine **vorsorgliche („hilfsweise") Kündigung,** bei der sich der Erklärende vorbehält, die Kündigung zurückzunehmen bzw für den Fall kündigt, daß eine bereits erklärte Kündigung unwirksam ist, ist wie jede andere Kündigung zu behandeln (BAG AP Nr 5 zu § 3 KSchG 1969; KR/ETZEL § 1 KSchG Rn 169; STAUDINGER/NEUMANN [2002] Vorbem zu §§ 620 ff Rn 60; GroßkommKündR/PREIS Grundlagen D Rn 17; KR/ROST § 2 KSchG Rn 54) und bedarf ebenfalls der Schriftform (BBDW/BADER § 623 BGB Rn 7; ErfKomm/MÜLLER-GLÖGE § 623 BGB Rn 7; GroßkommKündR/PREIS § 623 BGB Rn 6; PREIS/GOTTHARDT NZA 2000, 350; KR/SPILGER § 623 BGB Rn 47).

3. Teilkündigungen und Widerruf einzelner Arbeitsbedingungen

Die **Teilkündigung** unterliegt, sofern diese überhaupt zulässig ist (vgl STAUDINGER/NEU- **21**
MANN [2002] Vorbem zu §§ 620 ff Rn 82 f), nicht der Schriftform, da sie nur die Aufhebung
bestimmter Arbeitsbedingungen bezweckt und das Arbeitsverhältnis nicht beendet
(APPEL/KAISER AuR 2000, 284; BBDW/BADER § 623 BGB Rn 9; DÄUBLER AiB 2000, 192; DASSAU
ZTR 2000, 290; DEMBKOWSKY BArbBl 2000, Heft 9, 20; DÜWELL AuA 2000, 271; ErfKomm/MÜL-
LER-GLÖGE § 623 BGB Rn 7; GroßkommKündR/PREIS § 623 BGB Rn 6; PREIS/GOTTHARDT NZA
2000, 349; PALANDT/PUTZO § 623 Rn 4; RICHARDI NZA 2001, 61; RICHARDI/ANNUSS NJW 2000,
1233; SANDER/SIEBERT AuR 2000, 292; SCHAUB, Arbeitsrechts-Handbuch [9. Aufl 2000] Nachtrag
Rn 4; ders NZA 2000, 347; KR/SPILGER § 623 BGB Rn 47; **aA** KIEL/KOCH, Die betriebsbedingte
Kündigung [2000] Vorbemerkung Rn 5). Ebenso fällt der **Widerruf einzelner Arbeitsbedingungen** nicht unter § 623 (DÄUBLER AiB 2000, 190; DASSAU ZTR 2000, 290; DÜWELL AuA 2000,
271; KIEL/KOCH, Die betriebsbedingte Kündigung [2000] Vorbemerkung Rn 5; KLEINEBRING FA
2000, 174; ErfKomm/MÜLLER-GLÖGE § 623 BGB Rn 11; SANDER/SIEBERT AuR 2000, 291; SCHAUB,
Arbeitsrechts-Handbuch [9. Aufl 2000] Nachtrag Rn 4; ders NZA 2000, 347; KR/SPILGER § 623 BGB
Rn 47).

4. Nichtverlängerung befristeter Arbeitsverhältnisse

Die **Nichtverlängerungserklärung** des Arbeitgebers bei befristeten Arbeitsverhältnis- **22**
sen ist keine Kündigung, da nicht sie, sondern der Eintritt des im Vertrag genannten
Termins zur Beendigung des Arbeitsverhältnisses führt. Dieses endet durch Fristablauf, § 623 findet daher keine Anwendung (BBDW/BADER § 623 BGB Rn 13; GERMELMANN
ZfA 2000, 156; ErfKomm/MÜLLER-GLÖGE § 623 BGB Rn 8; MÜLLER-GLÖGE/VON SENDEN AuA
2000, 199; GroßkommKündR/PREIS § 623 BGB Rn 6; PREIS/GOTTHARDT NZA 2000, 350; KR/SPIL-
GER § 623 BGB Rn 67). Der Erklärung kommt keine eigenständige rechtliche Bedeutung
zu, da das Arbeitsverhältnis auch ohne diese endet.

Anders verhält es sich hinsichtlich der **Nichtverlängerungsmitteilung** bei befristeten **23**
Bühnenarbeitsverhältnissen. Nach den einschlägigen Tarifverträgen (vgl BAG AP Nr 54
zu § 611 BGB Bühnenengagementvertrag) verlängert sich das Vertragsverhältnis ohne
Nichtverlängerungsmitteilung automatisch um einen bestimmten Zeitraum, idR
um eine Spielzeit (vgl MünchArbR/PALLASCH § 119 Rn 89). Das Arbeitsverhältnis endet
nur, wenn eine Partei mitteilt, daß sie nicht beabsichtigt, den Arbeitsvertrag zu
verlängern. Damit gleicht die Rechtswirkung der Mitteilung einer Kündigung, so
daß eine (analoge) Anwendung des § 623 zu erwägen ist (ablehnend zur Anwendung
des § 623 ErfKomm/MÜLLER-GLÖGE § 623 BGB Rn 8). Ein praktisches Bedürfnis nach Klärung dieser Frage besteht indes nicht, da die Tarifverträge für die Nichtverlängerungsmitteilung die Schriftform vorschreiben (vgl zu Bühnenarbeitsverhältnissen GERMEL-
MANN ZfA 2000, 156; OPOLONY NJW 2000, 2171 ff).

5. Anfechtung und fehlerhaftes Arbeitsverhältnis

Keiner Schriftform bedarf die **Anfechtung** der auf den Abschluß des Arbeitsvertrages **24**
gerichteten Willenserklärung (APPEL/KAISER AuR 2000, 284; BBDW/BADER § 623 BGB
Rn 15; DASSAU ZTR 2000, 290; GAUL DStR 2000, 693; KIEL/KOCH, Die betriebsbedingte Kündigung
[2000] Vorbemerkung Rn 5; KLEINEBRING FA 2000, 175; LAKIES BB 2000, 667; ErfKomm/MÜLLER-
GLÖGE § 623 BGB Rn 11; MÜLLER-GLÖGE/VON SENDEN AuA 2000, 200; GroßkommKündR/PREIS

§ 623 BGB Rn 19; PREIS/GOTTHARDT NZA 2000, 350; PALANDT/PUTZO § 623 Rn 4; RICHARDI/AN-
NUSS NJW 2000, 1233; ROLFS NJW 2000, 1228; KR/SPILGER § 623 BGB Rn 65; aA DÄUBLER AiB
2000, 190; SANDER/SIEBERT AuR 2000, 333 f: Analogie zu § 623).

25 Eine **direkte Anwendung** des § 623 verbietet der Wortlaut. Zwar hat die Anfechtung
wie die außerordentliche Kündigung zur Folge, daß das Arbeitsverhältnis endet und
ist hinsichtlich der tatsächlichen Auswirkungen mit der Kündigung vergleichbar.
Eine **analoge Anwendung** ist jedoch nur geboten, wenn der Gesetzgeber planwidrig
die Formbedürftigkeit der Anfechtungserklärung nicht geregelt hat. In der Gesetzesbegründung findet sich kein Hinweis darauf, daß die Anfechtung in die Überlegungen einbezogen wurde, so daß nicht ohne weiteres von der Planmäßigkeit der Regelungslücke ausgegangen werden kann (aA APPEL/KAISER AuR 2000, 284). Die Analogie
scheitert aber an der unterschiedlichen Interessenlage. Obwohl bei der Anfechtung
ebenso wie bei der Kündigung ein Bedürfnis nach Rechtsklarheit, Beweissicherung
und Übereilungsschutz besteht (SANDER/SIEBERT AuR 2000, 334), rechtfertigt dies allein
nicht die Ausdehnung des Schriftformerfordernisses auf Anfechtungserklärungen, da
mit dieser Argumentation Schriftformerfordernisse auf jede Willenserklärung analog
angewendet werden müßten. Eine analoge Anwendung des § 623 auf die Anfechtungserklärung wäre vielmehr nur gerechtfertigt, wenn das Gestaltungsrecht der
Anfechtung mit den vom Gesetzgeber geregelten Beendigungstatbeständen der
Kündigungserklärung und des Aufhebungsvertrages vergleichbar ist. Dies ist nicht
der Fall (BACKMEISTER/TRITTIN, KSchG [2000] Nachtrag § 623 BGB Rn 8; KLEINEBRING FA 2000,
175; PREIS/GOTTHARDT NZA 2000, 350; RICHARDI/ANNUSS NJW 2000, 1233; aA DÄUBLER AiB 2000,
190; SANDER/SIEBERT AuR 2000, 334). Kündigung und Aufhebungsvertrag sind auf die
Beendigung eines im beiderseitigen Einvernehmen rechtswirksam zustande gekom-
menen Vertrages gerichtet. Aufgabe der Anfechtung ist es dagegen, ein unter Wil-
lensmängeln zustande gekommenes Vertragsverhältnis rückwirkend zu beseitigen.
Trotz der sich aus den Besonderheiten des Arbeitsverhältnisses ergebende ex nunc
Wirkung der Anfechtung (vgl STAUDINGER/RICHARDI [1999] § 611 Rn 180 ff) zählt diese
nicht zu den Beendigungstatbeständen, da sie ein Vertragsverhältnis gar nicht erst
entstehen läßt.

26 Gleiches gilt für die **Lossagung** von einem **fehlerhaften Arbeitsverhältnis,** das auf
einem von Anfang an wegen eines Rechtsverstoßes (§§ 134, 138) nichtigen, bereits
in Vollzug gesetzten Arbeitsvertrag beruht (vgl STAUDINGER/RICHARDI [1999] § 611
Rn 194 ff). Auch auf diesen Tatbestand findet § 623 keine Anwendung (BBDW/BADER
Rn 15; DASSAU ZTR 2000, 290; ErfKomm/MÜLLER-GLÖGE § 623 BGB Rn 11; GroßkommKündR/
PREIS § 623 BGB Rn 19; PREIS/GOTTHARDT NZA 2000, 350; RICHARDI/ANNUSS NJW 2000, 1233;
KR/SPILGER § 623 BGB Rn 64). Die Ausübung eines **Widerrufsvorbehalts** bedarf ebenfalls
nicht der Schriftform (KIEL/KOCH, Die betriebsbedingte Kündigung [2000] Vorbemerkung
Rn 5).

6. Widerspruch nach § 625

27 Der Widerspruch des Arbeitgebers gemäß **§ 625** unterliegt nicht dem Schriftformerfordernis des § 623 (BBDW/BADER Rn 14; ErfKomm/MÜLLER-GLÖGE § 623 BGB Rn 11; Groß-
kommKündR/PREIS § 623 BGB Rn 17; PREIS/GOTTHARDT NZA 2000, 358; KR/SPILGER § 623 BGB
Rn 57). Die vertragliche Bindung endet nicht durch den Widerspruch, sondern dieser
verhindert, daß beim Vorliegen eines Beendigungstatbestandes (Kündigung oder

Fristablauf) und der in § 625 genannten Voraussetzungen die gesetzliche Fiktion einer stillschweigenden Verlängerung des Arbeitsverhältnisses eintritt.

7. Lossagung gemäß § 12 KSchG

Die **Lossagungserklärung** des Arbeitnehmers gemäß § **12 S 1 KSchG** muß der Schrift- **28** form genügen (APPEL/KAISER AuR 2000, 285; DEMBKOWSKY BArbBl 2000, Heft 9, 20; ErfKomm/ MÜLLER-GLÖGE § 623 BGB Rn 9; MÜLLER-GLÖGE/VON SENDEN AuA 2000, 199; Großkomm-KündR/PREIS § 623 BGB Rn 7; PREIS/GOTTHARDT NZA 2000, 350; RICHARDI/ANNUSS NJW 2000, 1232; KR/SPILGER § 623 BGB Rn 68; aA BBDW/BADER Rn 11 mit der Begründung, es handele sich bei dieser nicht um eine Kündigung, sondern um eine besondere Beendigungserklärung). Durch die Erklärung gemäß § 12 S 1 KSchG kann ein Arbeitnehmer, der im Laufe eines Kündigungsschutzprozesses ein neues Arbeitsverhältnis eingegangen ist, die gerichtliche Entscheidung jedoch das Fortbestehen des ursprünglichen Arbeitsverhältnisses feststellt, binnen einer Woche die Fortsetzung dieses Arbeitsverhältnisses gegenüber dem alten Arbeitgeber verweigern. Da das ursprüngliche Arbeitsverhältnis gemäß § 12 S 3 KSchG endet, enthält § 12 KSchG ein fristgebundenes Sonderkündigungsrecht des Arbeitnehmers (KR/ROST § 12 KSchG Rn 22; HUECK/V. HOYNINGEN/HUENE, KSchG [12. Aufl 1997] § 12 Rn 5; STAUDINGER/PREIS [2002] § 626 Rn 17; STAHLHACKE/PREIS/VOSSEN, Kündigung und Kündigungsschutz im Arbeitsverhältnis [7. Aufl 2000] Rn 19). Die Lossagungserklärung ist damit einer Kündigungserklärung gleichgestellt und bedarf wie diese der Schriftform. Zwar kann die Warnfunktion der Schriftform nicht mehr erfüllt werden, da der Arbeitnehmer schon ein neues Arbeitsverhältnis eingegangen ist, die Klarstellungs- und Beweisfunktion des § 623 (vgl o Rn 4), die auch den Arbeitgeber schützt, gebietet aber die Einbeziehung des Lossagungsrechts in den Anwendungsbereich des § 623 (GroßkommKündR/PREIS § 623 BGB Rn 7; PREIS/GOTTHARDT NZA 2000, 350). Bezüglich des rechtzeitigen **Zugangs** der Erklärung ist die Sonderregelung des § 12 S 2 KSchG zu beachten, es genügt die fristgerechte Aufgabe der schriftlichen Kündigungserklärung zur Post.

8. Auflösungserklärung nach § 232 Abs 2 SGB III

Ob die Auflösungserklärung bei dem **Eingliederungsvertrag** nach § 232 Abs 2 SGB III **29** gemäß §§ 231 Abs 2 SGB III iVm § 623 der Schriftform bedarf, ist umstritten. Hierfür spricht, daß die Auflösungserklärung wie eine Kündigung auf die einseitige Beendigung des Rechtsverhältnisses gerichtet ist (ErfKomm/MÜLLER-GLÖGE § 623 BGB Rn 10) und daher der Schutzzweck des § 623 einschlägig ist (RICHARDI/ANNUSS NJW 2000, 1232). Nach hM ist die Erklärung iSd § 232 Abs 2 SGB III jedoch ein Beendigungstatbestand sui generis, auf den die Vorschriften über die Kündigung von Arbeitsverhältnissen nicht anwendbar sind (LAG Köln AP Nr 1 zu § 232 SGB III; HANAU DB 1997, 1279; HENNIG/SCHLEGEL § 232 SGB III Rn 5; GAGEL/BEPLER § 232 SGB III Rn 11; GK/SGB III/FECKLER § 232 SGB III Rn 14). Das gilt auch für § 623 (BBDW/BADER § 623 BGB Rn 12; DEMBKOWSKY BArbBl 2000, Heft 9, 20; GK/SGB III/FECKLER § 232 Rn 14; KRABBENHÖFT DB 2000, 1567; MÜLLER-GLÖGE/VON SENDEN AuA 2000, 199 f; GroßkommKündR/PREIS § 623 BGB Rn 8; PREIS/GOTTHARDT NZA 2000, 350; KR/SPILGER § 623 BGB Rn 44; aA ErfKomm/MÜLLER-GLÖGE § 623 BGB Rn 10; RICHARDI/ANNUSS NJW 2000, 1232). Der Abschluß eines **Auflösungsvertrages** unterliegt hingegen wegen § 231 Abs 2 SGB III dem Schriftformerfordernis (BBDW/BADER § 623 BGB Rn 20; KR/SPILGER § 623 BGB Rn 44). Wegen der formlos wirksamen Auflösungserklärung hat der letztgenannte Beendigungstatbestand aber nur untergeordnete Bedeutung.

9. Widerspruch des Arbeitnehmers beim Betriebsübergang

30 Das bei einem Betriebsübergang iSd § 613a dem Arbeitnehmer zustehende Recht, dem Eintritt des Erwerbers in das Arbeitsverhältnis zu widersprechen (vgl STAUDINGER/RICHARDI/ANNUSS [1999] § 613a Rn 117 ff), unterliegt nicht dem Schriftformerfordernis des § 623 (KLEINEBRING FA 2000, 175; KR/SPILGER § 623 BGB Rn 47). Der Widerspruch des Arbeitnehmers verhindert lediglich einen Vertragspartnerwechsel auf Arbeitgeberseite (STAUDINGER/RICHARDI/ANNUSS [1999] § 613a Rn 121) und läßt den Bestand des Arbeitsverhältnisses unberührt.

III. Auflösungsvertrag

1. Erfaßte Beendigungstatbestände

31 Ein **Auflösungsvertrag** ist eine Vereinbarung der Arbeitsvertragsparteien mit dem Inhalt, das Arbeitsverhältnis sofort oder zu einem späteren Zeitpunkt zu beenden. Der Begriff des Auflösungsvertrages in § 623 entspricht dem des – bisher gebräuchlichen – Aufhebungsvertrages (DÄUBLER AiB 2000, 191; GAUL DStR 2000, 692; KLEINEBRING FA 2000, 176; ErfKomm/MÜLLER-GLÖGE § 623 BGB Rn 12; PALANDT/PUTZO § 623 Rn 5; SANDER/SIEBERT AuR 2000, 334; KR/SPILGER § 623 BGB Rn 73; aA BACKMEISTER/TRITTIN, KSchG [2000] Nachtrag § 623 BGB Rn 10; GroßkommKündR/PREIS § 623 BGB Rn 9; PREIS/GOTTHARDT NZA 2000, 354, nach denen Aufhebungsverträge unter den allgemeinen Begriff der Auflösungsverträge fallen). Von der inhaltlichen Übereinstimmung der Begriffe ging offensichtlich auch der Gesetzgeber aus, der in der Gesetzesbegründung den Aufhebungsvertrag als einvernehmliche Beendigung des Arbeitsverhältnisses definiert, ohne dabei auf den Begriff des Auflösungsvertrages einzugehen (BT-Drucks 14/626, 11).

32 Ein **außergerichtlicher Vergleich,** der zur Beendigung eines Arbeitsgerichtsverfahrens abgeschlossen wird, unterliegt ebenfalls dem Schriftformerfordernis (BACKMEISTER/TRITTIN, KSchG [2000] Nachtrag § 623 BGB Rn 11; BBDW/BADER § 623 BGB Rn 16; BERSCHEID, in: FS Uhlenbruck [2000] 733; DÄUBLER AiB 2000, 192; DEMBKOWSKY BArbBl 2000, Heft 9, 20; GAUL DStR 2000, 692; PALANDT/PUTZO § 623 Rn 5; TRITTIN/BACKMEISTER DB 2000, 621; aA KLEINEBRING FA 2000, 176; zum **gerichtlich protokollierten Vergleich** u Rn 46). **Auflösend bedingte Aufhebungsverträge** sind wie eine auflösende Bedingung des Arbeitsverhältnisses zu behandeln und unterliegen wegen § 21 TzBfG dem Schriftformerfordernis des § 14 Abs 4 TzBfG (vgl auch GroßkommKündR/PREIS § 623 BGB Rn 9; PREIS/GOTTHARDT NZA 2000, 354).

33 Die von den Parteien für die einvernehmliche Beendigung des Arbeitsverhältnisses gewählte **Bezeichnung** ist für die Anwendung des § 623 bedeutungslos (GAUL DStR 2000, 692; LAKIES BB 2000, 667; ErfKomm/MÜLLER-GLÖGE § 623 BGB Rn 12; KR/SPILGER § 623 BGB Rn 73, 150). Die Auflösung des Arbeitsverhältnisses kann deshalb auch durch Auslegung aus einer anderen schriftlich getroffenen Abrede gewonnen werden. Die Aussage, daß § 623 die Möglichkeit **konkludenter Aufhebungsverträge** ausschließe (KLEINEBRING FA 2000, 176; ErfKomm/MÜLLER-GLÖGE § 623 BGB Rn 15), ist deshalb zu weit (vgl u Rn 65). Sie ist zutreffend, wenn der Wille zur Beendigung des Arbeitsverhältnisses lediglich konkludent aus einem tatsächlichen Verhalten oder mündlichen Abreden abgeleitet werden kann. Andererseits kann aus schriftlichen Erklärungen der Arbeitsvertragsparteien konkludent der Wille zur Aufhebung des Arbeitsverhältnisses zu entnehmen sein (KR/SPILGER § 623 BGB Rn 148). Wichtig ist das insbesondere bei der „Beförderung" eines Arbeitnehmers zum Organmitglied (vgl ebenso ErfKomm/MÜLLER-GLÖGE § 623 BGB Rn 16 sowie u Rn 38 f). Auch eine Altersteilzeitvereinbarung unterliegt deshalb dem Schriftformerfordernis, wenn deren Auslegung ergibt, daß sie zu einer vorzeitigen Beendigung des Arbeitsverhältnisses führen soll (GAUL DStR 2000, 692; LÖWISCH ZTR 2000, 533).

Aufhebung und Änderung einzelner Arbeitsbedingungen bedürfen nicht der Schrift- **34** form des § 623 (BBDW/BADER § 623 BGB Rn 19; DASSAU ZTR 2000, 291; GAUL DStR 2000, 692; KRAUSE ZIP 2000, 2286; ErfKomm/MÜLLER-GLÖGE § 623 BGB Rn 13; MÜLLER-GLÖGE/VON SENDEN AuA 2000, 200; GroßkommKündR/PREIS § 623 BGB Rn 9; PREIS/GOTTHARDT NZA 2000, 354; PALANDT/PUTZO § 623 Rn 5; RICHARDI/ANNUSS NJW 2000, 1233; SANDER/SIEBERT AuR 2000, 292), da sie den Bestand des Arbeitsverhältnisses nicht berühren. Den Arbeitgeber trifft bei einer Änderung wesentlicher Vertragsbedingungen lediglich die Pflicht, dem Arbeitnehmer dies schriftlich mitzuteilen (§ 3 S 1 NachwG). Werden dagegen die Vertragsbedingungen so weitgehend geändert, daß es sich bei dem geänderten Arbeitsverhältnis nicht mehr um das ursprüngliche handelt, muß der Änderungsvertrag der Schriftform genügen (BBDW/BADER § 623 BGB Rn 19; GroßkommKündR/PREIS § 623 BGB Rn 9; PREIS/GOTTHARDT NZA 2000, 354), da in diesem Fall das frühere Arbeitsverhältnis beendet und gleichzeitig ein neues begründet wird.

2. Abwicklungsverträge

Ob auch Verträge, die die Abwicklung des Arbeitsverhältnisses nach einer Kündi- **35** gung regeln (Abwicklungsverträge), zu ihrer Wirksamkeit der Schriftform bedürfen, wird nicht einheitlich beurteilt. Solche Verträge können zB Abfindung, Arbeitsbescheinigung, Rückgabe von Arbeitgebereigentum, Herausgabe von Arbeitspapieren, Betriebsgeheimnisse, betriebliche Altersversorgung, Erfindungen, Freistellung, Klageverzicht, Restlohnzahlung, Sozialleistungen, Urlaub, Wettbewerbsverbote, Verzichtserklärungen oder Zeugniserteilung betreffen. Zum Teil wird der Abwicklungsvertrag als Unterfall des Auflösungsvertrages angesehen (BAUER GmbHR 2000, 768; SANDER/SIEBERT AuR 2000, 335; SCHAUB, Arbeitsrechts-Handbuch [9. Aufl 2000] Nachtrag Rn 5; ders NZA 2000, 347). Wird als Auflösungsvertrag jeder Vertrag bewertet, der im Zusammenhang mit der Auflösung eines Arbeitsverhältnisses abgeschlossen wird, dann gehört hierzu auch der Abwicklungsvertrag, so daß dessen Einbeziehung in den Anwendungsbereich des § 623 konsequent ist. § 623 fordert die Schriftform jedoch nur für solche Verträge, die selbst zur Beendigung des Arbeitsverhältnisses führen. Das ist beim Abwicklungsvertrag nicht der Fall, da dieser nur die Modalitäten der Beendigung des Arbeitsverhältnisses regelt (vgl GroßkommKündR/SCHMIDT AufhebVtr Rn 20). Er kann deshalb **formfrei** abgeschlossen werden (APPEL/KAISER AuR 2000, 285; BBDW/BADER § 623 BGB Rn 17; BAUER NZA 2002, 170; DÄUBLER AiB 2000, 191; GAUL DStR 2000, 692; KLEINEBRING FA 2000, 176; KRABBENHÖFT DB 2000, 1567; MANKOWSKI JZ 2001, 357; ErfKomm/MÜLLER-GLÖGE § 623 BGB Rn 14; MÜLLER-GLÖGE/VON SENDEN AuA 2000, 200; GroßkommKündR/PREIS § 623 BGB Rn 9; PREIS/GOTTHARDT NZA 2000, 354; PALANDT/PUTZO § 623 Rn 5; ROLFS NJW 2000, 1228; GroßkommKündR/SCHMIDT AufhebVtr Rn 20; KR/SPILGER § 623 BGB Rn 49; differenzierend GAUL DStR 2000, 692; **aA** BERSCHEID ZInsO 2000, 209; ders, in: FS

Uhlenbruck [2000] 733; RICHARDI NZA 2001, 61; SANDER/SIEBERT AuR 2000, 335; SCHAUB, Arbeitsrechts-Handbuch [9. Aufl 2000] Nachtrag Rn 5; ders NZA 2000, 347).

36 Der Abwicklungsvertrag muß jedoch der **Schriftform** entsprechen, wenn sich dessen
Regelungen nicht auf Abwicklungsmodalitäten beschränken, sondern zusätzlich die
Beendigung des Arbeitsverhältnisses zum Inhalt haben. Das ist zB der Fall, wenn der
Abwicklungsvertrag den in der Kündigung angegebenen Beendigungszeitpunkt ver-
ändert (BBDW/BADER § 623 BGB Rn 17). Die Schriftform ist auch einzuhalten, wenn die
Kündigung unwirksam ist und dem „Abwicklungsvertrag" eine auflösende Wirkung
zukommt bzw er diese gegebenenfalls entfalten soll (APPEL/KAISER AuR 2000, 285; MAN-
KOWSKI JZ 2001, 357; ErfKomm/MÜLLER-GLÖGE § 623 BGB Rn 14; MÜLLER-GLÖGE/VON SENDEN
AuA 2000, 200; ähnlich BAUER GmbHR 2000, 768 aus Gründen der Rechtssicherheit für den Fall, daß
die Wirksamkeit der vorangegangenen Kündigung noch nicht feststeht). So bedarf ein Abwicklungsvertrag, durch den der Arbeitnehmer eine Kündigung gegen die Zahlung einer
Abfindung annimmt, der Schriftform, wenn durch Auslegung ermittelt wird, daß
durch die Vereinbarung das Arbeitsverhältnis in jedem Fall beendet werden soll
(ähnlich GAUL DStR 2000, 692). Davon ist regelmäßig auszugehen, wenn die Vertragsparteien die Unwirksamkeit der Kündigung kannten bzw sie hiervon Kenntnis haben
mußten. In diesem Fall enthält der Abwicklungsvertrag auch eine Aufhebungsvereinbarung, die gemäß § 623 schriftlich erfolgen muß. Auf die Schriftform des Ab-
wicklungsvertrages kommt es dagegen nicht an, wenn der Arbeitnehmer nicht (rechtzeitig) gegen die Kündigung vorgeht und ihre soziale Rechtfertigung gemäß § 7
KSchG unwiderlegbar zu vermuten ist (KR/SPILGER § 623 BGB Rn 49). Dann nämlich
wurde dem Zweck der Schriftform durch die letztlich wirksame und zugleich formgemäße Kündigung Genüge getan.

3. Ausgleichsquittung

37 Nicht formbedürftig ist eine Ausgleichsquittung, in der der Arbeitnehmer bestätigt,
daß ihm weitere Ansprüche aus dem Arbeitsverhältnis nicht zustehen (BBDW/BADER
§ 623 BGB Rn 18; DÄUBLER AiB 2000, 192; GAUL DStR 2000, 692; KLEINEBRING FA 2000, 176;
MÜLLER-GLÖGE/VON SENDEN AuA 2000, 200; KR/SPILGER § 623 BGB Rn 49; **aA** BACKMEISTER/
TRITTIN, KSchG [2000] Nachtrag § 623 BGB Rn 11; BERSCHEID, in: FS Uhlenbruck [2000] 733;
SANDER/SIEBERT AuR 2000, 335; TRITTIN/BACKMEISTER DB 2000, 621, nach denen die Ausgleichsquittung unter den Begriff des Auflösungsvertrags fällt). Sie regelt typischerweise nicht die
Beendigung als solche, sondern setzt einen Beendigungstatbestand voraus (BBDW/
BADER § 623 BGB Rn 18). Etwas anderes gilt nur, wenn der Beendigungstatbestand
unwirksam ist und der Ausgleichsquittung im Wege der Auslegung eine vertragsbeendende Wirkung entnommen werden soll. Entsprechend den in Rn 33 dargelegten Grundsätzen ist dies mit § 623 nur vereinbar, wenn die Ausgleichsquittung dem
Schriftformerfordernis genügt. Dem steht regelmäßig bereits entgegen, daß die Ausgleichsquittung nicht von beiden Vertragsparteien unterzeichnet ist (vgl u Rn 60) und
nicht der Wille des Arbeitnehmers entnommen werden kann, einseitig die Beendigung des Arbeitsverhältnisses herbeizuführen.

4. „Beförderung" zum Organmitglied

38 Schließt ein Arbeitnehmer mit seinem bisherigen Arbeitgeber einen **Anstellungsvertrag zur Wahrnehmung von Organtätigkeiten** (zB der eines GmbH-Geschäftsführers),

ohne dabei das weitere **Schicksal des Arbeitsverhältnisses** zu regeln, so war vor Einführung des § 623 durch Auslegung des abgeschlossenen Vertrages festzustellen, ob das Arbeitsverhältnis aufgehoben wurde oder ruhend fortbestehen sollte. Die neuere Rechtsprechung ging davon aus, daß das Arbeitsverhältnis im Zweifel konkludent aufgehoben wurde (BAG AP Nr 49 zu § 5 ArbGG 1979; BAG AP Nr 4 zu § 2 ArbGG 1979 Zuständigkeitsprüfung; BAG AP Nr 24 zu § 5 ArbGG 1979; BAG AP Nr 16 zu § 5 ArbGG 1979).

Auf die „Beförderung" eines Arbeitnehmers zum Mitglied eines Gesellschaftsorgans **39** findet § 623 ebenso Anwendung, da auch in diesem Fall die Auflösung eines Arbeitsverhältnisses in Frage steht und nicht etwa dessen Fortführung mit modifizierten Bedingungen (BAUER GmbHR 2000, 768; einschränkend KRAUSE ZIP 2000, 2286 ff, der eine Anwendung des § 623 für den Wechsel eines Arbeitnehmers in die Stellung als Vorstandsmitglied einer AG im Wege der teleologischen Reduktion ausschließt; gegen eine Anwendung des § 623 auch ADAM SAE 2001, 114; NIEBLER/SCHMIEDL NZA-RR 2001, 285). Der als Dienstvertrag abgeschlossene Anstellungsvertrag begründet ein völlig neues Rechtsverhältnis zwischen den Vertragsparteien. Die **Aufhebung des Arbeitsverhältnisses** durch den Abschluß eines Anstellungsvertrages ist nach Einführung des § 623 daher nur noch denkbar, wenn der neue Dienstvertrag schriftlich geschlossen wurde (vgl o Rn 33). Ergibt dessen Auslegung, daß durch ihn das bisherige Arbeitsverhältnis aufgehoben werden soll, ist in einem zweiten Schritt zu prüfen, ob der ermittelte Wille die Form des § 623 wahrt (ErfKomm/MÜLLER-GLÖGE § 623 BGB Rn 16; KR/SPILGER § 623 BGB Rn 239 sowie u Rn 65; im Grundsatz auch NIEBLER/SCHMIEDL NZA-RR 2001, 285 f). Ob die Auslegungsgrundsätze der bisherigen höchstrichterlichen Rechtsprechung (vgl o Rn 38) auch nach der Einführung des § 623 ihre Bedeutung behalten (so BAECK/HOPFNER DB 2000, 1915), läßt sich nicht pauschal beantworten. Im Grundsatz ist dies zu bejahen, eine Einschränkung ist aber insoweit zu beachten, daß nach der von der höchstrichterlichen Rechtsprechung bei der Auslegung formbedürftiger Rechtsgeschäfte verbreitet praktizierten **Andeutungstheorie** nur solche Umstände berücksichtigt werden können, die in der förmlichen Erklärung zumindest andeutungsweise zum Ausdruck gekommen sind (vgl zB BGH NJW 1999, 2592 f sowie MünchKomm/EINSELE § 125 Rn 34).

C.   Anforderungen an die Schriftform

I.   Allgemeines

§ 623 fordert für Kündigungen und Auflösungsverträge die Einhaltung der Schrift- **40** form. Deren Voraussetzungen regelt § 126. Als gesetzliches Formerfordernis wirkt § 623 **konstitutiv** (APPEL, in: Kittner/Zwanziger, Arbeitsrecht [2001] § 89 Rn 3; BACKMEISTER/TRITTIN, KSchG [2000] Nachtrag § 623 BGB Rn 16; BBDW/BADER § 623 BGB Rn 30; KRABBENHÖFT DB 2000, 1566; LAKIES BB 2000, 667; ErfKomm/MÜLLER-GLÖGE § 623 BGB Rn 23; Großkomm-KündR/PREIS § 623 BGB Rn 20; PREIS/GOTTHARDT NZA 2000, 349; RICHARDI/ANNUSS NJW 2000, 1232; SCHAUB NZA 2000, 347), so daß das Schriftformerfordernis **nicht** durch Betriebsvereinbarung oder Tarifvertrag **abbedungen** werden kann (RICHARDI/ANNUSS NJW 2000, 1232 sowie o Rn 14). Ebenso können die Vertragsparteien **nicht** auf die Einhaltung der Schriftform **verzichten** (ErfKomm/MÜLLER-GLÖGE § 623 BGB Rn 23).

Die Kündigung bzw der Auflösungsvertrag müssen schriftlich abgefaßt sein. Die **Art 41** **der Herstellung** ist unerheblich. Die Kündigung bzw der Auflösungsvertrag müssen

nicht von der/den Partei(en) selbst geschrieben sein; sie können vorgedruckt, foto-
kopiert oder von Dritten hand- oder maschinenschriftlich angefertigt sein (BBDW/
BADER § 623 BGB Rn 32; KLEINEBRING FA 2000, 175; ErfKomm/MÜLLER-GLÖGE § 623 BGB Rn 26;
GroßkommKündR/PREIS § 623 BGB Rn 22; PREIS/GOTTHARDT NZA 2000, 350; KR/SPILGER § 623
BGB Rn 98). Die **Sprache der Urkunde** ist bedeutungslos, sofern der Text der Urkunde
im Wege der Übersetzung ermittelt und verständlich gemacht werden kann (BAG 9. 8.
1990 – 2 AZR 34/90 nv; BBDW/BADER § 623 BGB Rn 32; MünchKomm/EINSELE § 126 Rn 5;
PALANDT/HEINRICHS § 126 Rn 2; GroßkommKündR/PREIS § 623 BGB Rn 22; PREIS/GOTTHARDT
NZA 2000, 350). So kann auch eine Kündigung, die an einen ausländischen Arbeitnehmer gerichtet ist, in deutscher Sprache verfaßt sein (LAG Hamm EzA § 130 BGB Nr 9;
abweichend unter Hinweis auf die Fürsorgepflicht KR/WEIGAND §§ 14, 15 BBiG Rn 92), allerdings
tritt der Zugang in solchen Fällen erst nach Ablauf einer für die Übersetzung angemessenen Frist ein (LAG Hamm EzA § 130 BGB Nr 9).

42 Die schriftlich verfaßte Erklärung muß vom Erklärenden **eigenhändig** durch Namensunterschrift oder notariell beglaubigtes Handzeichen unterzeichnet werden
(zur Übermittlung der Urkunde per Fax u Rn 56). Die Namensunterschrift muß den Namen
wiedergeben, wobei der Familienname grundsätzlich ausreicht, ebenso ein Pseudo-
nym oder bei Kaufleuten die Firma (ErfKomm/MÜLLER-GLÖGE § 623 BGB Rn 26; Groß-
kommKündR/PREIS § 623 BGB Rn 24). Keine Namensunterschrift ist die Unterzeichnung
mit einer bloßen Funktionsbezeichnung (zB „Geschäftsführer") oder mit einem Titel
(MünchKomm/EINSELE § 126 Rn 16; GroßkommKündR/PREIS § 623 BGB Rn 24). Auch ein
Stempel oder eine faksimilierte Unterschrift genügt nicht den Anforderungen des
§ 126 (MünchKomm/EINSELE § 126 Rn 14).

43 Die Unterschrift muß **unterhalb des Textes** stehen und diesen **räumlich abschließen,**
um zum Ausdruck zu bringen, daß die Erklärung abgeschlossen ist (BGH NJW 1991,
487). **Nachträge,** die unterhalb der Unterschrift in die Urkunde aufgenommen werden, müssen erneut und gesondert unterschrieben werden (BGH NJW-RR 1990, 518;
MünchKomm/EINSELE § 126 Rn 8). Eine zeitlich vor Abfassen des Urkundentextes geleistete Unterschrift **(Blankounterschrift)** erfüllt ebenfalls das Schriftformerfordernis,
da die zeitliche Abfolge von Text und Unterschrift für die Formwirksamkeit keine
Bedeutung hat (MünchKomm/EINSELE § 126 Rn 11; GroßkommKündR/PREIS § 623 BGB Rn 22;
PREIS/GOTTHARDT NZA 2000, 350; KR/SPILGER § 623 BGB Rn 101).

44 Die Erklärungen müssen in einer **einheitlichen Urkunde** enthalten sein. Diese kann
aus mehreren Blättern bestehen, deren Zusammengehörigkeit jedoch durch Zusam-
menheften, Numerieren der Blätter oä eindeutig erkennbar sein muß (MünchKomm/
EINSELE § 126 Rn 7 mwN). Nach der Rechtsprechung des BGH müssen die Blätter
zusätzlich miteinander in einer Weise verbunden sein, die nur durch teilweise Sub-
stanzzerstörung oder mit Gewaltanwendung wieder aufgehoben werden kann, etwa
durch Heften mit Faden, Anleimen, Zusammenfügen mittels Heftmaschine (BGHZ
40, 263). Eine bloße Berufung auf andere **ergänzende Schriftstücke** genügt zur Formwahrung nicht (BGHZ 42, 338). Die Urkunde muß das Rechtsgeschäft im Ganzen,
einschließlich etwaiger **Nebenabreden,** wiedergeben (vgl auch u Rn 62). Unterliegen
Teile des Rechtsgeschäfts einem Formmangel, so ist es uU insgesamt unwirksam
(§ 139; vgl auch u Rn 62).

45 Eine **Vertretung** ist sowohl auf Arbeitgeber- als auch auf Arbeitnehmerseite möglich

(ErfKomm/MÜLLER-GLÖGE § 623 BGB Rn 26). Die **Vollmacht** kann gemäß § 167 Abs 2 formlos erteilt werden (BBDW/BADER § 623 BGB Rn 37; Hooss MDR 2000, 809; Großkomm-KündR/PREIS § 623 BGB Rn 26; PREIS/GOTTHARDT NZA 2000, 351; RICHARDI NZA 2001, 61; RICHARDI/ANNUSS NJW 2000, 1232; KR/SPILGER § 623 BGB Rn 101, 104). Ebensowenig bedarf die nachträgliche Zustimmung der Schriftform (§ 182 Abs 2; KR/SPILGER § 623 BGB Rn 115). Eine zur Formbedürftigkeit der Vollmacht führende Einschränkung des § 167 Abs 2 ist wegen der Warnfunktion des Schriftformerfordernisses (vgl o Rn 5) jedoch notwendig, wenn eine **unwiderrufliche Vollmacht** erteilt wird (KR/SPILGER § 623 BGB Rn 101 sowie allg MünchKomm/EINSELE § 125 Rn 18). Das Vertretungsverhältnis muß in der Urkunde zum Ausdruck gelangt sein oder sich aus einem Vermerk bei der Unterschrift ergeben (BBDW/BADER § 623 BGB Rn 37; ErfKomm/MÜLLER-GLÖGE § 623 BGB Rn 26; KR/SPILGER § 623 BGB Rn 105 sowie MünchKomm/EINSELE § 126 Rn 12). Der Vertreter kann mit dem Namen des Vertretenen unterzeichnen (ErfKomm/MÜLLER-GLÖGE § 623 BGB Rn 26; GroßkommKündR/PREIS § 623 BGB Rn 26 sowie für die st Rspr BGHZ 45, 195).

Die Schriftform des § 126 wird durch **notarielle Beurkundung** (§ 126 Abs 4) oder bei **46** Aufnahme der Erklärung in ein nach den Vorschriften der Zivilprozeßordnung errichtetes Protokoll über einen **gerichtlichen Vergleich** gewahrt (§§ 126 Abs 4, 127 a; ebenso APPEL/KAISER AuR 2000, 285; DASSAU ZTR 2000, 291; KRABBENHÖFT DB 2000, 1567; ErfKomm/MÜLLER-GLÖGE § 623 BGB Rn 25; GroßkommKündR/PREIS § 623 BGB Rn 34; PREIS/ GOTTHARDT NZA 2000, 352; RICHARDI/ANNUSS NJW 2000, 1232; ROLFS NJW 2000, 1228; KR/ SPILGER § 623 BGB Rn 112 sowie MünchKomm/EINSELE § 126 Rn 19). Letzteres ist vor allem für einen im **Kündigungsschutzprozeß** geschlossenen Auflösungsvertrag relevant.

Die durch das Gesetz zur Anpassung der Formvorschriften des Privatrechts und **47** anderer Vorschriften an den modernen Rechtsgeschäftsverkehr v 13. 7. 2001 (BGBl I 1542) eröffnete Möglichkeit, die Schriftform des § 126 durch die **elektronische Form** des § 126a (elektronische Signatur nach dem Signaturgesetz erforderlich) zu ersetzen (vgl § 126 Abs 3), schließt § 623 BGB ausdrücklich aus (vgl o Rn 2 sowie Reg Begr, BT-Drucks 14/4987, 22; RICHARDI NZA 2001, 62 f). Damit ist auch eine Kündigung per **e-mail,** selbst wenn diese mit einer dem Signaturgesetz entsprechenden elektronischen Signatur versehen ist, formunwirksam (vgl auch u Rn 58).

II. Kündigung

1. Allgemeines

Die Kündigung muß als einseitiges Rechtsgeschäft die Voraussetzungen des § **126 48 Abs 1** erfüllen. Sie muß schriftlich verfaßt und vom Kündigenden durch eigenhändige Namensunterschrift oder mittels notariell beglaubigten Handzeichens unterzeichnet sein. Zweifelsfragen darüber, ob durch Weigerung des Arbeitgebers, den Arbeitnehmer weiter zu beschäftigen, oder durch die Zusendung der Arbeitspapiere durch den Arbeitgeber eine **konkludente Kündigung** vorliegt, können nicht entstehen. Dies schließt aber nicht aus, daß einer der Schriftform genügenden Erklärung erst aufgrund einer Auslegung zu entnehmen ist, daß diese auf die Beendigung des Arbeitsverhältnisses gerichtet ist.

Eine in einem gerichtlichen Verhandlungstermin **zu Protokoll** erklärte Kündigung **49** des Arbeitsverhältnisses erfüllt mangels Unterzeichnung desselben nicht das Schriftformerfordernis des § 623 (APPEL/KAISER AuR 2000, 285; BBDW/BADER Rn 44; Großkomm-KündR/PREIS § 623 BGB Rn 34; PREIS/GOTTHARDT NZA 2000, 352; RICHARDI/ANNUSS NJW 2000, 1232; KR/SPILGER § 623 BGB Rn 143). Dagegen wahrt die im Rahmen eines **gerichtlichen Vergleichs** erklärte Kündigung die Form (GroßkommKündR/PREIS § 623 BGB Rn 34; PREIS/GOTTHARDT NZA 2000, 352; KR/SPILGER § 623 BGB Rn 144). Gemäß § 127a wird durch die Aufnahme einer Erklärung in das Protokoll die notarielle Beurkundung ersetzt, die wiederum gemäß § 126 Abs 4 die gesetzliche Schriftform ersetzt (vgl auch o Rn 46).

50 Die Urkunde muß eine schriftliche **Kündigungserklärung** enthalten. Die ausdrückliche **Bezeichnung** als „Kündigung" ist nicht erforderlich (BAG AP Nr 1 zu § 620 BGB Kündigungserklärung; BBDW/BADER § 623 BGB Rn 41; GAMILLSCHEG, Arbeitsrecht I [8. Aufl 2000] 539; ErfKomm/MÜLLER-GLÖGE § 623 BGB Rn 26; MÜLLER-GLÖGE/VON SENDEN AuA 2000, 202; GroßkommKündR/PREIS § 623 BGB Rn 27; PREIS/GOTTHARDT NZA 2000, 351; KR/SPILGER § 623 BGB Rn 131; zur Kündigung eines Mietverhältnisses STAUDINGER/SONNENSCHEIN [1997] § 564a Rn 15). Entscheidend ist allein, daß der Wille zur Beendigung des Arbeitsverhältnisses aus Sicht des Erklärungsempfängers zweifelsfrei in der schriftlichen Erklärung zum Ausdruck kommt (KR/SPILGER § 623 BGB Rn 131 f). Nach der von der höchstrichterlichen Rechtsprechung bei der **Auslegung** formbedürftiger Rechtsgeschäfte praktizierten **Andeutungstheorie** (vgl zB BGH NJW 1999, 2592 f sowie MünchKomm/EINSELE § 125 Rn 34 f) sind Umstände außerhalb der Urkunde jedoch nur zu berücksichtigen, wenn sie in der förmlichen Erklärung zumindest andeutungsweise zum Ausdruck gelangt sind. Probleme können sich ergeben, wenn der Erklärende zwar deutlich macht, daß er das Arbeitsverhältnis beenden will, aber unklar ist, ob eine formbedürftige fristlose Kündigung oder eine formlos mögliche Anfechtung (vgl o Rn 24 f) gewollt ist. Lag der Grund für den Beendigungswillen bereits zu Beginn des Arbeitsverhältnisses vor und erfolgte die Erklärung formlos, so ist im Zweifel eine Anfechtung gewollt (GroßkommKündR/PREIS § 623 BGB Rn 31; PREIS/GOTTHARDT NZA 2000, 351).

2. Inhalt der schriftlichen Erklärung

51 Die Angabe der **Kündigungsgründe** ist keine Voraussetzung für die Wirksamkeit der Kündigung (BAG AP Nr 65 zu § 626 BGB; BAG AP Nr 50 zu § 626 BGB; BAG AP Nr 1 zu § 67 HGB; STAHLHACKE/PREIS/VOSSEN, Kündigung und Kündigungsschutz im Arbeitsverhältnis [7. Aufl 1999] Rn 70). Die Gründe werden nur im Falle eines Rechtsstreits im Prozeß darauf überprüft, ob sie im Zeitpunkt der Kündigung vorlagen und diese rechtfertigen. Die schriftlich erklärte Kündigung muß deshalb nicht die Kündigungsgründe angeben (APPEL/KAISER AuR 2000, 285; BBDW/BADER § 623 BGB Rn 42; DÄUBLER AiB 2000, 190; DASSAU ZTR 2000, 291; DÜTZ, Arbeitsrecht [6. Aufl 2001] Rn 284; ErfKomm/MÜLLER-GLÖGE § 623 BGB Rn 26; GroßkommKündR/PREIS § 623 BGB Rn 28; PREIS/GOTTHARDT NZA 2000, 351; RICHARDI/ ANNUSS NJW 2000, 1233; KR/SPILGER § 623 BGB Rn 139 f; MünchArbR/WANK § 118 Rn 21). Davon geht offensichtlich auch der Gesetzgeber aus, da andere, die Kündigung von Arbeitsverhältnissen betreffende Normen ausdrücklich die Angabe der Kündigungsgründe vorschreiben (§ 15 Abs 3 BBiG, § 9 Abs 3 S 2 MuSchG), § 623 hierauf aber verzichtet (GroßkommKündR/PREIS § 623 BGB Rn 28; PREIS/GOTTHARDT NZA 2000, 351). Zudem wäre § 626 Abs 2 S 3 bei einem gegenteiligen Verständnis überflüssig (GroßkommKündR/PREIS § 623 BGB Rn 28; PREIS/GOTTHARDT NZA 2000, 351), wonach der andere Teil einen Anspruch auf schriftliche Mitteilung der Gründe bei außerordentlicher Kündigung hat. Dieser Anspruch bleibt weiterhin bestehen (BBDW/BADER § 623 BGB Rn 4).

Die Mitteilung, welche **Kündigungsart** (ordentliche oder außerordentliche Kündi- **52** gung) ausgesprochen wird, ist nicht vom Formerfordernis umfaßt (BBDW/Bader § 623 BGB Rn 43; HK-KSchG/Dorndorf [4. Aufl 2001] § 1 Rn 117a; Dütz, Arbeitsrecht [6. Aufl 2001] Rn 284; Gaul DStR 2000, 691 f; GroßkommKündR/Preis § 623 BGB Rn 30; Preis/Gotthardt NZA 2000, 351; Richardi/Annuss NJW 2000, 1233; KR/Spilger § 623 BGB Rn 134). Zwar muß die Erklärung einer außerordentlichen Kündigung aus wichtigem Grund für den Kündigungsempfänger zweifelsfrei den Willen des Erklärenden erkennen lassen, die besondere Kündigungsbefugnis des § 626 Abs 1 auszuüben, dies ist aber keine Wirksamkeitsvoraussetzung (BAG AP Nr 2 zu § 620 BGB Kündigungserklärung; Schaub, Arbeitsrechts-Handbuch [9. Aufl 2000] § 123 V 1). Der Klarstellungs-, Warn- und Beweisfunktion wird bereits durch die Kündigungserklärung selbst Genüge getan (GroßkommKündR/ Preis § 623 BGB Rn 30; Preis/Gotthardt NZA 2000, 351). Zweifelsfragen darüber, welche Art der Kündigung vorliegt, gehen zu Lasten des Erklärenden. Läßt sich nicht ermitteln, ob eine ordentliche oder eine außerordentliche Kündigung gewollt ist, wirkt sie regelmäßig als ordentliche, weil dies für den Gekündigten günstiger ist (GroßkommKündR/Preis § 623 BGB Rn 30; Preis/Gotthardt NZA 2000, 351; KR/Spilger § 623 BGB Rn 134).

Auch die Festsetzung eines **Termins** oder einer **Frist** bedarf nicht der Schriftform **53** (Appel/Kaiser AuR 2000, 285; BBDW/Bader § 623 BGB Rn 43; Dassau ZTR 2000, 291; Dütz, Arbeitsrecht [6. Aufl 2001] Rn 284; GroßkommKündR/Preis § 623 BGB Rn 29; Preis/Gotthardt NZA 2000, 351; Richardi/Annuss NJW 2000, 1233; KR/Spilger § 623 BGB Rn 134; aA Rzadkowski PersR 2000, 180). Die vom Gesetzgeber angestrebte Rechtssicherheit (vgl o Rn 3) wird schon dadurch erreicht, daß mit der Kündigungserklärung die Beendigung des Arbeitsverhältnisses feststeht. Der genaue Zeitpunkt des Endes läßt sich anhand des Zugangs und der Kündigungsfrist errechnen. Fehlt eine Fristangabe, wirkt die Kündigung mit der für den Gekündigten günstigeren Frist (Stahlhacke/Preis/Vossen, Kündigung und Kündigungsschutz im Arbeitsverhältnis [7. Aufl 1999] Rn 68), im Zweifel zum nächstmöglichen Termin (GroßkommKündR/Preis § 623 BGB Rn 29; Preis/Gotthardt NZA 2000, 351). Da die Angabe der Kündigungsart und der Kündigungsfrist nicht vom Schriftformerfordernis erfaßt ist, kann eine mangels wichtigen Grunds iSd § 626 Abs 1 unwirksame außerordentliche Kündigung in eine wirksame ordentliche Kündigung gemäß § 140 umgedeutet werden (Appel/Kaiser AuR 2000, 285; zweifelnd Böhm NZA 2000, 562; zur Umdeutung s u Rn 73 ff).

Bei einer **bedingten Kündigung** (vgl auch o Rn 19) umfaßt das Formerfordernis auch die **54** Bedingung. Um den Zweck des § 623, Rechtssicherheit darüber zu gewährleisten, ob überhaupt eine Kündigung ausgesprochen wurde (BT-Drucks 14/626, 11 sowie o Rn 3), zu erreichen, ist die Angabe der **Bedingung** in der schriftlichen Urkunde unerläßlich. Nur in diesem Fall kann der Bedingungseintritt und damit die Erklärung der Kündigung festgestellt werden. Die Bedingung ist eine **formbedürftige Nebenbestimmung.** Dies gilt auch für das **Änderungsangebot** bei einer **Änderungskündigung,** dieses muß Bestandteil der Urkunde sein (Appel, in: Kittner/Zwanziger, Arbeitsrecht [2001] § 98 Rn 6; BBDW/Bader § 623 BGB Rn 8; Däubler AiB 2000, 190; Dassau ZTR 2000, 290; Dembkowsky BArbBl 2000, Heft 9, 20; Gaul DStR 2000, 691; Kiel/Koch, Die betriebsbedingte Kündigung [2000] Vorbemerkung Rn 6; ErfKomm/Müller-Glöge § 623 BGB Rn 26; Müller-Glöge/von Senden AuA 2000, 200; GroßkommKündR/Preis § 623 BGB Rn 32; Preis/Gotthardt NZA 2000, 351; Richardi NZA 2001, 61; Richardi/Annuss NJW 2000, 1233; aA Caspers RdA 2001, 30; Sander/ Siebert AuR 2000, 291; KR/Spilger § 623 BGB Rn 136 f). Das Änderungsangebot ist zwar nicht auf die Beendigung des Arbeitsverhältnisses gerichtet und wird deshalb nicht unmittelbar von § 623 umfaßt (SANDER/SIEBERT AuR 2000, 291, die deshalb ein Schriftformerfordernis verneinen). Als wesentlicher Bestandteil einer Änderungskündigung unterliegt es aber, wie die Kündigungserklärung selbst, der Schriftform. Nicht unter § 623 BGB fällt dagegen die **Annahmeerklärung** des Arbeitnehmers, da die Änderung der Vertragsbedingungen **nicht formbedürftig** ist (APPEL, in: Kittner/Zwanziger, Arbeitsrecht [2001] § 98 Rn 6; BBDW/BADER § 623 BGB Rn 8; GAUL DStR 2000, 691; ErfKomm/MÜLLER-GLÖGE § 623 BGB Rn 26; GroßkommKündR/PREIS § 623 BGB Rn 32; PREIS/GOTTHARDT NZA 2000, 351; KR/SPILGER § 623 BGB Rn 138). Dasselbe gilt für die **Vorbehaltserklärung** gemäß § 2 KSchG (APPEL, in: Kittner/Zwanziger, Arbeitsrecht [2001] § 98 Rn 6; BBDW/BADER § 623 BGB Rn 8; ErfKomm/MÜLLER-GLÖGE § 623 BGB Rn 26; GroßkommKündR/PREIS § 623 BGB Rn 32; PREIS/GOTTHARDT NZA 2000, 351; SANDER/SIEBERT AuR 2000, 291; KR/SPILGER § 623 BGB Rn 138).

3. Zugang der schriftlichen Erklärung

55 Die Kündigung als empfangsbedürftige Willenserklärung muß nicht nur in der durch § 126 bestimmten Form erstellt, sondern das Original muß dem Erklärungsempfänger auch **zugegangen** sein (BBDW/BADER § 623 BGB Rn 35; DASSAU ZTR 2000, 290; DEMBKOWSKY BArbBl 2000, 9, 20; HK-KSchG/DORNDORF [4. Aufl 2001] § 1 Rn 117a; HOOSS MDR 2000, 209; ErfKomm/MÜLLER-GLÖGE § 623 BGB Rn 26; GroßkommKündR/PREIS § 623 BGB Rn 25; RICHARDI/ANNUSS NJW 2000, 1232; KR/SPILGER § 623 BGB Rn 116 sowie allg BGH NJW-RR 1987, 395 f; MünchKomm/EINSELE § 126 Rn 21). Wegen der Warnfunktion des Schriftformerfordernisses (vgl o Rn 5) kann diese Voraussetzung nicht abbedungen werden (MünchKomm/EINSELE § 126 Rn 21). Der Zugang ist am sichersten gewährleistet, wenn die Kündigung dem Arbeitnehmer bzw Arbeitgeber persönlich ausgehändigt wird. Massenentlassungen durch Aushang am schwarzen Brett sind nicht mehr wirksam (BBDW/BADER § 623 BGB Rn 40; GAMILLSCHEG, Arbeitsrecht I [8. Aufl 2000] 539; SCHAUB, Arbeitsrechts-Handbuch [9. Aufl 2000] Nachtrag Rn 4; ders NZA 2000, 347; KR/SPILGER § 623 BGB Rn 229).

56 Für den Zugang reicht eine Übermittlung der schriftlichen Erklärung per **Telefax** nicht aus (APPEL/KAISER AuR 2000, 285; BBDW/BADER § 623 BGB Rn 35; DÄUBLER AiB 2000, 189; DASSAU ZTR 2000, 290; DEMBKOWSKY BArbBl 2000, Heft 9, 20; HK-KSchG/DORNDORF [4. Aufl 2001] § 1 Rn 117a; DÜTZ, Arbeitsrecht [6. Aufl 2001] Rn 284; GAUL DStR 2000, 692; KLEINEBRING FA 2000, 175; KRABBENHÖFT DB 2000, 1566; LAKIES BB 2000, 667; ErfKomm/MÜLLER-GLÖGE § 623 BGB Rn 26; GroßkommKündR/PREIS § 623 BGB Rn 25; RICHARDI/ANNUSS NJW 2000, 1232; ROLFS NJW 2000, 1228; KR/SPILGER § 623 BGB Rn 121, 141 sowie BGH NJW 1997, 3169; BGHZ 121, 224 zur Bürgschaftserklärung), da das Original als Kopiervorlage bei dem Erklärenden verbleibt. Die auf dem Telefax abgebildete Unterschrift stellt nur eine Kopie dar, die den Anforderungen des § 126 nicht genügt. Ein dem Formerfordernis des § 623 ausreichender Zugang liegt erst vor, wenn das Original dem Erklärungsempfänger zugeht, ohne daß dies jedoch auf den Zeitpunkt zurückwirkt, in dem das Telefax bei dem Erklärungsempfänger einging.

57 Ebensowenig geht bei einer Erklärung per **Telegramm** die Kündigung formgemäß zu. Das Telegramm trägt keine eigenhändige Unterschrift, so daß es die Schriftform nicht wahrt (APPEL/KAISER AuR 2000, 285; BBDW/BADER § 623 BGB Rn 35; DÄUBLER AiB

2000, 189; KLEINEBRING FA 2000, 175; KRABBENHÖFT DB 2000, 1566; ErfKomm/MÜLLER-GLÖGE § 623 BGB Rn 26; GroßkommKündR/PREIS § 623 BGB Rn 25; ROLFS NJW 2000, 1228).

Eine **e-mail** erfüllt mangels eigenhändiger Unterzeichnung ebenfalls nicht die Schrift- **58** form (APPEL/KAISER AuR 2000, 285; BBDW/BADER § 623 BGB Rn 35; DÄUBLER AiB 2000, 189; DASSAU ZTR 2000, 290; DEMBKOWSKY BArbBl 2000, Heft 9, 20; DÜTZ, Arbeitsrecht [6. Aufl 2001] Rn 284; KLEINEBRING FA 2000, 175; GroßkommKündR/PREIS § 623 BGB Rn 25; PREIS/GOTTHARDT NZA 2000, 351; KR/SPILGER § 623 BGB Rn 123), auch dann nicht, wenn die e-mail mit einem eingescannten handschriftlichen Namenszug oder einer dem Signaturgesetz entsprechenden Signatur versehen ist (GroßkommKündR/PREIS § 623 BGB Rn 25; zur **elektronischen Unterschrift** s o Rn 47). Entsprechendes gilt für eine als sog **SMS** übermittelte Kündigungserklärung (KR/SPILGER § 623 BGB Rn 123).

Wird in einem **Schriftsatz** an das Gericht eine Kündigung ausdrücklich erklärt und **59** dieser eigenhändig von dem Kündigenden oder dessen Bevollmächtigten unterschrieben, ist die Schriftform nur gewahrt, wenn dem Kündigungsempfänger oder dessen Empfangsbevollmächtigten eine mit einem **Beglaubigungsvermerk** versehene **Abschrift** zugeht, wobei der Beglaubigungsvermerk vom Verfasser des Schriftsatzes wiederum eigenhändig zu unterzeichnen ist (BBDW/BADER § 623 BGB Rn 45; ErfKomm/ MÜLLER-GLÖGE § 623 BGB Rn 26; GroßkommKündR/PREIS § 623 BGB Rn 33; PREIS/GOTTHARDT NZA 2000, 352; KR/SPILGER § 623 BGB Rn 124, 142; vgl allg BGH NJW-RR 1987, 395; BayObLG NJW 1981, 2198). Die Kündigung kann ausdrücklich erklärt werden oder sich konkludent aus dem Schriftsatz ergeben, wenn die andere Partei hieraus unmißverständlich auf einen Kündigungswillen schließen kann (GroßkommKündR/PREIS § 623 BGB Rn 33; PREIS/GOTTHARDT NZA 2000, 352 sowie o Rn 50).

III. Auflösungsvertrag

Für den Auflösungsvertrag als zweiseitiges Rechtsgeschäft ergeben sich die Voraus- **60** setzungen für die Wahrung der Schriftform aus § 126 Abs 2. Danach muß die Unterzeichnung der Parteien auf **derselben Urkunde** erfolgen bzw, wenn mehrere gleichlautende Urkunden vorliegen, auf der für die andere Partei bestimmten Urkunde. Die Unterschriften müssen den Vertrag räumlich abschließen. Die Urkunde muß Angebot und Annahme enthalten, so daß ein schriftliches Angebot und eine schriftliche Annahme in verschiedenen Urkunden nicht ausreicht. Ein **Vertragsschluß durch Briefwechsel** genügt daher nicht der gesetzlichen Schriftform des § 126 Abs 2 (RICHARDI/ANNUSS NJW 2000, 1232; KR/SPILGER § 623 BGB Rn 108). Da die Unterschriften der Vertragsparteien auf derselben Urkunde erforderlich sind, reicht es ebenfalls nicht aus, wenn sich die Willensübereinstimmung erst aus der Zusammenfassung beider Urkunden ergibt (MünchKomm/EINSELE § 126 Rn 20 mwN). So ist die Schriftform des § 126 nicht gewahrt, wenn ein in Form eines fertigen Vertragsentwurfs gemachtes Vertragsangebot nur mit Änderungen angenommen wird und der Vertragspartner diesen Änderungen zustimmt (BGH NJW 2001, 221).

Den Vertrag müssen sämtliche Vertragschließenden unterzeichnen (MünchKomm/EIN- **61** SELE § 126 Rn 20). Einen **dreiseitigen Vertrag,** mit dem der Arbeitnehmer das Arbeitsverhältnis zum alten Arbeitgeber aufhebt und gleichzeitig ein neues Arbeitsverhältnis mit einem neuen Arbeitgeber begründet, müssen daher alle drei Vertragsparteien unterzeichnen, da sich die Schriftform auf das Rechtsgeschäft im ganzen bezieht

(BERSCHEID, in: FS Uhlenbruck [2000] 733 f; GroßkommKündR/PREIS § 623 BGB Rn 40; PREIS/
GOTTHARDT NZA 2000, 355; KR/SPILGER § 623 BGB Rn 151).

62 Der schriftliche Auflösungsvertrag muß die Einigung der Vertragsparteien enthalten, daß das Arbeitsverhältnis sofort oder zu einem späteren Zeitpunkt enden soll. Das Schriftformerfordernis erstreckt sich darüber hinaus auf sämtliche **Nebenabreden,** die Vertragsinhalt werden sollen (BBDW/BADER Rn 46; CASPERS RdA 2001, 33; ErfKomm/MÜL-LER-GLÖGE § 623 BGB Rn 27; GroßkommKündR/PREIS § 623 BGB Rn 39; PREIS/GOTTHARDT NZA 2000, 355; RICHARDI NZA 2001, 61; KR/SPILGER § 623 BGB Rn 95, 152; aA DASSAU ZTR 2000, 291: nur die wesentlichen Regelungen; ebenso PALANDT/PUTZO § 623 Rn 7). Dazu zählen zB die Zahlung einer Abfindung, die Freistellung, die Behandlung anderweitigen Verdienstes oder der Verzicht auf weitere Ansprüche. Ohne Einhaltung der Schriftform sind Nebenabreden unwirksam (vgl o Rn 44). Hat die Nebenabrede so wesentliche Bedeutung für den Aufhebungsvertrag, daß die Parteien ihn nicht ohne diese geschlossen hätten, ist nach **§ 139 BGB** nicht nur die Nebenabrede, sondern der gesamte Aufhebungsvertrag unwirksam (ErfKomm/MÜLLER-GLÖGE § 623 BGB Rn 27; GroßkommKündR/ PREIS § 623 BGB Rn 39; PREIS/GOTTHARDT NZA 2000, 355 sowie o Rn 44). Wird eine **Abfindung,** wovon oftmals auszugehen ist, als Gegenleistung für den Verlust des Arbeitsplatzes versprochen, stellt diese grundsätzlich eine wesentliche Nebenabrede dar (CASPERS RdA 2001, 33 mit Hinweis auf BAG AP Nr 2 zu § 4 BAT hinsichtlich einer konstitutiven tarifvertraglichen Schriftformklausel). Der Auflösungsvertrag ist in diesem Fall nur formwirksam, wenn auch die Abfindung in die Urkunde aufgenommen worden ist. Ferner dürfte eine Regelung, nach der der Arbeitnehmer für eine **Versorgungszusage** so behandelt wird, als wäre er nicht ausgeschieden (vgl LAG Köln DB 1999, 697), dem Schriftformerfordernis unterliegen (GroßkommKündR/PREIS § 623 BGB Rn 39; PREIS/ GOTTHARDT NZA 2000, 355).

63 Die **Verweisung** auf einen mangels Erfüllung der jeweiligen Anwendungsvoraussetzung nicht normativ wirkenden Tarifvertrag oder Sozialplan genügt nur dann der Schriftform, wenn die jeweils einschlägigen Bestimmungen zum Gegenstand der einheitlichen Urkunde gemacht werden (RICHARDI/ANNUSS NJW 2000, 1233; KR/SPILGER § 623 BGB Rn 154). Dies kann zB dadurch geschehen, daß die Regelung dem Aufhebungsvertrag als Anlage beigefügt und mit diesem körperlich verbunden wird (vgl o Rn 44). Die Anlage muß ebenfalls von beiden Parteien unterschrieben werden. Die Bestimmung kann auch wortgleich in den Aufhebungsvertrag übernommen werden (RICHARDI/ANNUSS NJW 2000, 1233).

64 **Nachträge,** die auf einer bereits unterschriebenen Vertragsurkunde unterhalb der Unterschriften angebracht werden und wegen der Regelung eines wesentlichen Punktes formbedürftig sind, müssen zur Wahrung der Schriftform erneut von beiden Vertragsteilen unterzeichnet werden (BGH NJW-RR 1990, 518 ff sowie o Rn 43). **Nachträgliche Änderung oder Ergänzungen** des Auflösungsvertrags unterliegen deshalb ebenfalls dem Schriftformerfordernis (BBDW/BADER § 623 BGB Rn 38; DASSAU ZTR 2000, 291; KRABBENHÖFT DB 2000, 1567; ErfKomm/MÜLLER-GLÖGE § 623 BGB Rn 27; GroßkommKündR/ PREIS § 623 BGB Rn 39; PREIS/GOTTHARDT NZA 2000, 355; RICHARDI/ANNUSS NJW 2000, 1233; KR/SPILGER § 623 BGB Rn 96, 159). Nach der sog Auflockerungsrechtsprechung reicht es für die Wahrung der Urkundeneinheit jedoch aus, wenn die formgültige Nachtragsurkunde hinreichend auf den Ursprungsvertrag Bezug nimmt, eine körperliche Verbindung ist nicht erforderlich (vgl BGH NJW 1998, 62; BGHZ 40, 263; MünchKomm/Einsele § 126 Rn 8).

Konkludente Aufhebungsverträge sind seit Einführung des Schriftformerfordernisses **65** kaum noch denkbar, da sie nur wirksam sind, wenn der Parteiwille in einer den Anforderungen des § 126 Abs 1 und 2 entsprechenden Urkunde Ausdruck gefunden hat (ErfKomm/Müller-Glöge § 623 BGB Rn 15; KR/Spilger § 623 BGB Rn 148 sowie o Rn 33). So kann ein **Anstellungsvertrag** zwischen dem Arbeitnehmer und seinem bisherigen Arbeitgeber zur Wahrnehmung von Organtätigkeiten einen konkludenten Aufhebungsvertrag enthalten und zur Beendigung des Arbeitsverhältnisses führen (s o Rn 38 f). Ergibt die Auslegung, daß das Arbeitsverhältnis beendet werden soll, ist die Schriftform des § 623 nur gewahrt, wenn der Wille, das Arbeitsverhältnis zu beenden, in der Urkunde einen, wenn auch unvollkommenen Ausdruck gefunden hat (sog Andeutungstheorie, vgl BGH NJW 1999, 2592 f sowie MünchKomm/Einsele § 126 Rn 34 f). Das ist unproblematisch, wenn der Anstellungsvertrag eine Klausel enthält, die ausdrücklich das Arbeitsverhältnis aufhebt. Ausreichend ist auch eine Bestimmung, nach der der neue Vertrag alle früheren Vereinbarungen zwischen den Parteien ersetzen soll, da die Parteien hiermit hinreichend deutlich zum Ausdruck bringen, daß fortan nur noch der Dienstvertrag Grundlage der Vertragsbeziehung ist (Bauer GmbHR 2000, 769; Krause ZIP 2000, 2289). Der Warn- und Beweisfunktion des § 623 (vgl o Rn 4 und 5) wird dadurch Genüge getan. Dagegen erfüllt ein schriftlicher Anstellungsvertrag, dessen Bedingungen sich im wesentlichen nicht von denen des bisherigen Arbeitsverhältnisses unterscheiden und der das frühere Arbeitsverhältnis überhaupt nicht erwähnt, nicht die Voraussetzungen des § 623 (Bauer GmbHR 2000, 769; Krause ZIP 2000, 228; **aA** Baeck/Hopfner DB 2000, 1915). Schwierig zu beurteilen ist der Fall, daß der schriftlich vereinbarte Dienstvertrag die früheren Arbeitsbedingungen wesentlich zu Gunsten des Geschäftsführers abändert, ohne eine ausdrückliche Regelung hinsichtlich des Arbeitsverhältnisses zu treffen. Von der Einhaltung der Schriftform und damit von der Beendigung des Arbeitsverhältnisses ist wohl dann auszugehen, wenn anderenfalls die schriftlich abgefaßten Vertragsmodifikationen durch eine Fortexistenz des Arbeitsvertrags in deren Gegenteil verkehrt würden (Krause ZIP 2000, 2289; KR/Spilger § 623 BGB Rn 239). Wird der Anstellungsvertrag, der das Arbeitsverhältnis beenden soll, nur mündlich geschlossen, so besteht das Arbeitsverhältnis mangels einer schriftlichen Aufhebungsvereinbarung fort (Bauer GmbHR 2000, 770). Um Unsicherheiten zu vermeiden, ist eine ausdrückliche Regelung bezüglich des Fortbestehens bzw der Aufhebung des Arbeitsverhältnisses in den schriftlich abgefaßten Anstellungsvertrag aufzunehmen.

Die Aufhebung eines formbedürftigen Rechtsgeschäftes ist nur in den gesetzlich **66** geregelten Fällen formbedürftig (MünchKomm/Einsele § 125 Rn 13). Mangels einer entsprechenden Regelung kann daher die **Aufhebung eines Auflösungsvertrages** formfrei erfolgen (BBDW/Bader § 623 BGB Rn 38; ErfKomm/Müller-Glöge § 623 BGB Rn 27; GroßkommKündR/Preis § 623 BGB Rn 39; Preis/Gotthardt NZA 2000, 355; Richardi/Annuss NJW 2000, 1233; KR/Spilger § 623 BGB Rn 96, 159).

D. Rechtsfolgen bei Verletzung des Schriftformerfordernisses

I. Kündigung

1. Die Schriftform als Wirksamkeitsvoraussetzung

a) Allgemeines

67 Die bei einer Verletzung des Schriftformerfordernisses eintretende Rechtsfolge ist § 623 unmittelbar zu entnehmen. Dieser erhebt die Wahrung der Schriftform ausdrücklich in den Rang einer **Wirksamkeitsvoraussetzung** für die in § 623 genannten Tatbestände (vgl o Rn 1). Eine Kündigung, die nicht der Schriftform genügt, ist deshalb **unwirksam** (Däubler AiB 2000, 191; HK-KSchG/Dorndorf [4. Aufl 2001] § 1 Rn 117a; Schaub, Arbeitsrechts-Handbuch [9. Aufl 2000] Nachtrag Rn 7).

68 Obwohl § 623 die Rechtsfolge eines Formverstoßes selbst vorgibt, greift eine **verbreitete Ansicht** hierfür auf **§ 125 S 1** zurück (Appel/Kaiser AuR 2000, 285; Backmeister/ Trittin, KSchG [2000] Nachtrag § 623 BGB Rn 17; BBDW/Bader § 623 BGB Rn 52; Caspers RdA 2001, 28; Dassau ZTR 2000, 291; Dembkowsky BArbBl 2000, Heft 9, 20; Kleinebring FA 2000, 177; Krabbenhöft DB 2000, 1567; Lakies BB 2000, 667; ErfKomm/Müller-Glöge § 623 BGB Rn 29; GroßkommKündR/Preis § 623 BGB Rn 57; Preis/Gotthardt NZA 2000, 352; Palandt/Putzo § 623 Rn 7; Richardi/Annuss NJW 2000, 1233; KR/Spilger § 623 BGB Rn 128, 180) und gelangt damit zur **Nichtigkeit** einer formwidrigen Kündigung (Appel/Kaiser AuR 2000, 285; BBDW/Bader § 623 BGB Rn 52; Caspers RdA 2001, 28; Dassau ZTR 2000, 291; Dembkowsky BArbBl 2000, Heft 9, 20; Kleinebring FA 2000, 177; Krabbenhöft DB 2000, 1567; Lakies BB 2000, 667; ErfKomm/Müller-Glöge § 623 BGB Rn 29; GroßkommKündR/ Preis § 623 BGB Rn 57; Preis/Gotthardt NZA 2000, 352; Palandt/Putzo § 623 Rn 7; Richardi/ Annuss NJW 2000, 1233; KR/Spilger § 623 BGB Rn 128, 180). Der Rückgriff auf die allgemeine Regelung des § 125 S 1 wirkt sich zwar nicht auf die Darlegungs- und Beweislast aus, da die Formgültigkeit Teil des rechtsbegründenden Tatbestandes und der **Formmangel** entgegen dem Wortlaut des § 125 S 1 **keine rechtsvernichtende Einwendung** ist (vgl MünchKomm/Einsele § 125 Rn 32), er ist aber wegen der ausdrücklichen Rechtsfolgenanordnung in § 623 überflüssig.

b) „Heilung" des Formmangels

69 Eine „Heilung" des Verstoßes gegen das Schriftformerfordernis ist nicht möglich (BBDW/Bader § 623 BGB Rn 52; Kleinebring FA 2000, 177; ErfKomm/Müller-Glöge § 623 BGB Rn 29; GroßkommKündR/Preis § 623 BGB Rn 57; Preis/Gotthardt NZA 2000, 352; Richardi/Annuss NJW 2000, 1233). Da die Kündigungserklärung dem Schriftformerfordernis genügen muß, kann auch eine **schriftliche Bestätigung des Erklärungsempfängers** den Formverstoß des Erklärenden nicht beheben (Krabbenhöft DB 2000, 1567; KR/Spilger § 623 BGB Rn 133). Denkbar ist jedoch, die „Bestätigungserklärung" als eigenständige Kündigung auszulegen, die ihrerseits aber den materiellrechtlichen Anforderungen entsprechen muß (vgl BBDW/Bader § 623 BGB Rn 56; KR/Spilger § 623 BGB Rn 133). Wegen des arbeitsrechtlichen Kündigungsschutzes kommt dies allenfalls in Betracht, wenn der Arbeitnehmer eine formunwirksame Kündigungserklärung des Arbeitgebers schriftlich (zB im Rahmen einer Ausgleichsquittung) bestätigt. Anderenfalls muß die **Kündigung erneut,** eine außerordentliche Kündigung innerhalb der Zwei-Wochen-Frist des § 626 Abs 2, formgerecht **erklärt** werden (BBDW/Bader § 623 BGB Rn 55; Caspers RdA 2001, 28; Däubler AiB 2000, 191; ErfKomm/Müller-Glöge § 623

BGB Rn 29; GroßkommKündR/Preis § 623 BGB Rn 57; Preis/Gotthardt NZA 2000, 352; KR/
Spilger § 623 BGB Rn 196).

c)   Gerichtliche Geltendmachung des Formmangels

Der Arbeitnehmer kann den Verstoß gegen § 623 auch nach Ablauf der **Drei-Wo-** 70
chen-Frist des § 4 S 1 KSchG rügen, da die Nichteinhaltung der Schriftform ein son-
stiger Unwirksamkeitsgrund iSv § 13 Abs 3 KSchG ist (Appel/Kaiser AuR 2000, 285;
BBDW/Bader § 623 BGB Rn 53; Berscheid ZInsO 2000, 209; ders, in: FS Uhlenbruck [2000] 731;
Caspers RdA 2001, 28; Däubler AiB 2000, 191; Dembkowsky BArbBl 2000, Heft 9, 20; HK-
KSchG/Dorndorf [4. Aufl 2001] § 1 Rn 117a; Gaul DStR 2000, 693; Hooss MDR 2000, 809;
Kleinebring FA 2000, 178; Krabbenhöft DB 2000, 1567; ErfKomm/Müller-Glöge § 623
BGB Rn 29; GroßkommKündR/Preis § 623 BGB Rn 57; Preis/Gotthardt NZA 2000, 352; Ri-
chardi NZA 2001, 61; Richardi/Annuss NJW 2000, 1233; Rolfs NJW 2000, 1228; Sander/Sie-
bert AuR 2000, 292; Schuldt ZAP Fach 17, 528; KR/Spilger § 623 BGB Rn 212). Bei längerem
Zuwarten kann jedoch eine **Verwirkung** eintreten und die Berufung auf den Form-
verstoß nach § 242 ausschließen (BAG AP Nr 6 zu § 242 BGB Prozeßverwirkung; Caspers
RdA 2001, 28 sowie u Rn 85 ff). Bei der Kündigung durch einen **Insolvenzverwalter** ist § 4
S 1 KSchG aber auch dann zu beachten, wenn die Kündigung nach § 623 BGB
unwirksam ist (§ 113 Abs 2 S 1 InsO).

d)   Annahmeverzug bei formunwirksamer Kündigung

Das Arbeitsverhältnis wird durch die unwirksame Kündigung nicht beendet. Er- 71
bringt der Arbeitnehmer weiterhin seine Arbeitsleistung, steht ihm auch nach Ablauf
der Kündigungsfrist ein Entgeltanspruch zu. Andernfalls kann er nur eine Vergütung
beanspruchen, wenn sich der Arbeitgeber im **Annahmeverzug** befindet (§ 615). Nach
neuerer Rechtsprechung gerät der Arbeitgeber nach einer von ihm ausgesprochenen
ordentlichen oder außerordentlichen Kündigung auch ohne tatsächliches oder wörtliches **Angebot des Arbeitnehmers** in Annahmeverzug, da dieses gemäß § 296 S 1
entbehrlich ist (st Rspr BAG AP Nr 39 zu § 615 BGB; BAG AP Nr 35a zu § 615 BGB; BAG
AP Nr 35 zu § 615 BGB; BAG AP Nr 34 zu § 615 BGB; zustimmend Konzen Anm zu BAG AP Nr 34
und 35 zu § 615 BGB; MünchArbR/Boewer § 78 Rn 21 ff; Staudinger/Richardi [1999] § 615
Rn 66 ff; ablehnend Kraft Anm zu BAG EzA § 615 BGB Nr 43; Löwisch Anm zu BAG EzA
§ 615 BGB Nr 66 [unter 2 b]; Staudinger/Löwisch [2001] § 296 Rn 6 f; Stahlhacke AuR 1992,
8 ff). Die nach dem Kalender bestimmte Mitwirkungshandlung des Arbeitgebers
besteht darin, dem Arbeitnehmer einen funktionsfähigen Arbeitsplatz zur Verfügung
zu stellen und ihm die Arbeit zuzuweisen. Durch die Kündigung gibt der Arbeitgeber
dem Arbeitnehmer seinen entgegengesetzten Willen zu erkennen (BAG aaO). Diese
Erwägungen greifen auch bei einer **formunwirksamen Kündigung des Arbeitgebers**
ein, so daß ein wörtliches Angebot des Arbeitnehmers nicht erforderlich ist, um den
Annahmeverzug des Arbeitgebers zu begründen (BBDW/Bader § 623 BGB Rn 70;
Schaub NZA 2000, 347).

Erklärt der **Arbeitnehmer eine Kündigung,** die nicht den Formerfordernissen des 72
§ 623 entspricht, so ist für den Annahmeverzug des Arbeitgebers ein Angebot des
Arbeitnehmers erforderlich, da er durch die Kündigung deutlich macht, daß er zur
Leistung nicht mehr bereit ist (BBDW/Bader § 623 BGB Rn 69; Berscheid, in: FS Uhlen-
bruck [2000] 740 f; Caspers RdA 2001, 29 f; Schaub NZA 2000, 347; KR/Spilger § 623 BGB
Rn 234).

e) Umdeutung der formunwirksamen Kündigung

73 Eine wegen Formverstoßes unwirksame **außerordentliche Kündigung** kann gemäß § 140 in eine formlos (vgl o Rn 24 f) mögliche **Anfechtungserklärung** umgedeutet werden (BBDW/Bader § 623 BGB Rn 61; ErfKomm/Müller-Glöge § 623 BGB Rn 30; Müller-Glöge/von Senden AuA 2000, 203; GroßkommKündR/Preis § 623 BGB Rn 58; Preis/Gotthardt NZA 2000, 352). Um das Arbeitsverhältnis ex nunc aufzulösen, bedarf es allerdings zusätzlich eines Anfechtungsgrundes. Fehlt dieser, so besteht das Arbeitsverhältnis fort.

74 Die Umdeutung der formunwirksamen außerordentlichen Kündigung in eine **ordentliche Kündigung** ist nicht möglich, da auch diese dem Schriftformerfordernis des § 623 unterliegt (GroßkommKündR/Preis § 623 BGB Rn 58; Preis/Gotthardt NZA 2000, 352). Gleichermaßen scheitert die Umdeutung in einen **Antrag auf Abschluß eines Aufhebungsvertrages** an der Formbedürftigkeit des Ersatzgeschäftes (BBDW/Bader § 623 BGB Rn 61; Moll/Reufels MDR 2001, 362; ErfKomm/Müller-Glöge § 623 BGB Rn 30; Müller-Glöge/von Senden AuA 2000, 203; GroßkommKündR/Preis § 623 BGB Rn 58; Preis/Gotthardt NZA 2000, 352; Rolfs NJW 2000, 1228; KR/Spilger § 623 BGB Rn 191). Selbst eine schriftlich verfaßte, aus anderen Gründen unwirksame Kündigung, die in einen solchen Antrag umgedeutet werden könnte, wird kaum zu einem Aufhebungsvertrag führen, da auch die Annahme durch die andere Partei der Schriftform bedarf und dabei die Vorgaben des § 126 Abs 2 zu beachten sind (BBDW/Bader § 623 BGB Rn 61; Moll/Reufels MDR 2001, 362; Preis/Gotthardt NZA 2000, 352; Rolfs NJW 2000, 1228; KR/Spilger § 623 BGB Rn 191 sowie o Rn 60).

75 Die **Umdeutung** einer der Form des § 623 BGB entsprechenden aber **aus anderen Gründen unwirksamen** oder nichtigen außerordentlichen Kündigung in eine ordentliche Kündigung ist möglich (Appel/Kaiser AuR 2000, 285; BBDW/Bader § 623 BGB Rn 61; Dembkowsky BArbBl 2000, Heft 9, 20; HK-KSchG/Dorndorf [4. Aufl 2001] § 1 Rn 117a; GroßkommKündR/Preis § 623 BGB Rn 58; Preis/Gotthardt NZA 2000, 352; KR/Spilger § 623 BGB Rn 191; wohl auch ErfKomm/Müller-Glöge § 623 BGB Rn 30; aA Rzadkowski PersR 2000, 180), da sich das Schriftformerfordernis nicht auf die Angabe der Kündigungsart erstreckt (vgl o Rn 52).

76 Die Umdeutung einer **formunwirksamen ordentlichen Kündigung** in eine **Anfechtung** scheitert daran, daß das Ersatzgeschäft der Anfechtung zur sofortigen Beendigung des Arbeitsverhältnisses führt und damit weitergehende Rechtsfolgen als eine ordentliche Kündigung hat (BAG AP Nr 4 zu § 9 MuSchG 1968).

2. Durchbrechung der Unwirksamkeit nach Treu und Glauben

a) Allgemeines

77 In besonderen Ausnahmefällen ist ein formbedürftiges Rechtsgeschäft trotz Formmangels als wirksam zu behandeln, wenn die Nichtigkeitsfolge nach den gesamten Umständen mit Treu und Glauben unvereinbar wäre (BGHZ 121, 233; BGHZ 26, 151). Im Einzelfall ist zwischen der durch die gesetzlichen Formvorschriften angestrebten Rechtssicherheit und dem durch § 242 geschützten Interesse an einer gerechten Entscheidung abzuwägen, wobei Rechtssicherheit und Gerechtigkeit als gleichwertige Rechtsgüter zu beachten sind (Erman/Palm § 125 Rn 24). Ein Verstoß gegen Treu und Glauben ist anzunehmen, wenn sich die Berufung einer Partei auf die Formwidrigkeit als unzulässige Rechtsausübung darstellt (s u Rn 79 ff) und die andere Partei schutzwürdig ist. Um die von gesetzlichen Formvorschriften angestrebte Rechtssicherheit (vgl o Rn 3) nicht auszuhöhlen, kann die Nichtigkeit jedoch nicht allein aufgrund von Billigkeitserwägungen außer acht gelassen werden (BGH NJW 1978, 102). Daher reicht es nicht, wenn die Nichtigkeitsfolge eine Partei hart trifft, sie muß vielmehr schlechthin unerträglich sein (st Rspr, zB BGH NJW 1999, 2892; BGH NJW 1987, 1070; BGHZ 48, 398 jeweils mwN). Daran mangelt es, wenn die berechtigten Interessen der schutzwürdigen Partei auf anderem Wege gesichert werden können (BGHZ 12, 304; PALANDT/HEINRICHS § 125 Rn 20; aA MünchKomm/EINSELE § 125 Rn 64). Das aufgrund der Nichtigkeit einer Kündigung fortbestehende Arbeitsverhältnis kann dann für eine Partei unerträglich sein, wenn sich diese auf die Wirksamkeit der Kündigung verlassen und entsprechend disponiert hat; der Arbeitnehmer etwa ein neues Arbeitsverhältnis eingegangen ist oder der Arbeitgeber die Stelle neu besetzt hat. In diesen Fällen entspricht wohl nur die Wirksamkeit der Kündigung dem Interesse der schutzwürdigen Partei. Andere Ausgleichsmöglichkeiten (wie bei formnichtigen Verträgen ein Anspruch aus § 280 Abs 1 oder § 812; vgl MünchKomm/EINSELE § 125 Rn 49 f) sind bei der Kündigung schwer vorstellbar (BBDW/BADER § 623 BGB Rn 65).

Diese von der Rechtsprechung, vor allem zu § 311b Abs 1 (früher: § 313), entwik- **78** kelten Grundsätze zur Durchbrechung der Formnichtigkeit nach Treu und Glauben gelten auch im Arbeitsrecht (BAG AP Nr 29 zu § 242 BGB Betriebliche Übung), so daß eine ansonsten wirksame Kündigung trotz mangelnder Schriftform das Arbeitsverhältnis beenden kann. Die Wirksamkeit eines formbedürftigen, aber formlosen Rechtsgeschäfts nach § 242 stellt **keine Einwendung oder Einrede** dar, sondern ist **von Amts wegen** zu berücksichtigen (BGHZ 29, 12; BGHZ 12, 304; PALANDT/HEINRICHS § 125 Rn 16).

b)   Fallgruppen zur unzulässige Rechtsausübung
Zur Konkretisierung des treuwidrigen Verhaltens, das zur Wirksamkeit eines form- **79** losen Rechtsgeschäfts führen kann, wurden in Rechtsprechung und Literatur verschiedene Fallgruppen gebildet (BGH NJW 1999, 2893; BGHZ 48, 398; MünchKomm/EINSELE § 125 Rn 52 ff; GroßkommKündR/PREIS § 623 BGB Rn 68 ff), die auch bei einem Verstoß der Kündigung gegen das Schriftformerfordernis in § 623 eingreifen können (vgl BBDW/ BADER § 623 BGB Rn 63 ff; GroßkommKündR/PREIS § 623 BGB Rn 68 ff; PREIS/GOTTHARDT NZA 2000, 352 ff; KR/SPILGER § 623 BGB Rn 200 ff).

aa)   Mangelnde Kenntnis der Formbedürftigkeit
Mangelnde Kenntnis des Kündigenden von der Formbedürftigkeit kann grundsätz- **80** lich nicht gegen die Unwirksamkeit der Kündigung geltend gemacht werden (GroßkommKündR/PREIS § 623 BGB Rn 71). Beruht die Nichtkenntnis jedoch auf einer arglistigen Täuschung des Kündigungsempfängers, der sich dadurch die Möglichkeit verschaffen will, sich später eventuell auf die Formunwirksamkeit zu berufen, ist die Geltendmachung des Formverstoßes nach Treu und Glauben ausgeschlossen (BAG AP Nr 2 zu § 125 BGB). Der Gekündigte, der in Kenntnis der wahren Rechtslage den Kündigenden von der Einhaltung der Schriftform abgehalten hat, kann nicht die Nichtigkeit der Kündigung geltend machen (GroßkommKündR/PREIS § 623 BGB Rn 71; PREIS/GOTTHARDT NZA 2000, 353; KR/SPILGER § 623 BGB Rn 205). Haben der Kündigende und der Kündigungsempfänger keine Kenntnis von der Formbedürftigkeit, so ist die Kündigung jedoch selbst dann nichtig, wenn eine Partei bei der anderen die irrige Vorstellung von der Formfreiheit veranlaßt hat (BGH NJW 1977, 2072).

bb) Verletzung einer besonderen Fürsorgepflicht

81 Muß eine Partei aufgrund einer besonderen Fürsorgepflicht die andere Partei auf die Formbedürftigkeit des Rechtsgeschäfts hinweisen und unterläßt sie dieses, so ist die spätere Berufung auf den Formmangel treuwidrig (BGH NJW 1999, 2893; BGHZ 85, 319; BGHZ 48, 398; ERMAN/PALM § 125 Rn 28). Eine solche Hinweispflicht kann sich aus einem besonderen Betreuungsverhältnis ergeben (vgl zu verschiedenen Betreuungsverhältnissen BGH NJW 1989, 167; BGH NJW 1972, 1189; BGHZ 20, 173; BGHZ 16, 338). Aus der allgemeinen Interessenwahrungspflicht des Arbeitgebers ergibt sich indes keine generelle Pflicht, den Arbeitnehmer auf die Formbedürftigkeit der Kündigung aufmerksam zu machen (RAG ARS 46, 81 mit Anm HUECK; BAG EzA § 125 BGB Nr 11 für tarifvertragliche Schriftformklausel; ebenso BBDW/BADER § 623 BGB Rn 66; ErfKomm/MÜLLER-GLÖGE § 623 BGB Rn 31; MÜLLER-GLÖGE/VON SENDEN AuA 2000, 203; GroßkommKündR/PREIS § 623 BGB Rn 80; PREIS/GOTTHARDT NZA 2000, 356; KR/SPILGER § 623 BGB Rn 209). Der Arbeitnehmer ist selbst gehalten, sich über eventuell bestehende Formerfordernisse zu informieren. Dies gilt für tarifvertragliche Schriftformklauseln (BAG EzA § 125 BGB Nr 11) und erst recht für gesetzliche Formvorschriften. Zudem würde dem Grundsatz, daß die Nichtigkeitsfolge nur in Ausnahmefällen nicht eintreten soll (vgl o Rn 77), widersprochen, da jede formlose Kündigung, die ohne einen Hinweis des Arbeitgebers auf die Formbedürftigkeit erklärt wird, wirksam wäre (GroßkommKündR/PREIS § 623 BGB Rn 80). Nimmt der Arbeitgeber eine formlose Kündigung seitens des Arbeitnehmers hin, ohne auf den Formmangel aufmerksam zu machen, so ist seine spätere Berufung auf die Unwirksamkeit der Kündigung deshalb nicht ohne weiteres treuwidrig (so aber BEER AuR 1964, 174; TOPHOVEN Anm zu LAG Kiel AP Nr 1 zu § 4 TVG Ausschlußfristen). Unter Umständen liegt aber ein widersprüchliches Verhalten des Arbeitgebers vor (vgl u Rn 83 ff), so daß ihm die Berufung auf den Formmangel nach § 242 verwehrt ist.

cc) Existenzgefährdung

82 Von der Rechtsprechung wird die Berufung auf die Formnichtigkeit als treuwidrig angesehen, wenn durch die Nichtigkeit die wirtschaftliche Existenz des anderen, auf die Wirksamkeit vertrauenden Teils, gefährdet oder vernichtet würde (BGH WM 1961, 179). Dieser Grundsatz gilt für alle Rechtsgebiete und ist auch im Arbeitsrecht anwendbar (BGHZ 85, 315). Die praktische Relevanz dieser Fallgruppe im Rahmen des § 623 ist jedoch gering (GroßkommKündR/PREIS § 623 BGB Rn 78). Eine nichtige Kündigung läßt das Arbeitsverhältnis fortbestehen, so daß eine Existenzgefährdung des Arbeitnehmers schwer vorstellbar ist.

dd) Widersprüchliches Verhalten

83 Die Berufung einer Partei auf den Formverstoß ist treuwidrig, wenn sich diese dadurch zu ihrem Verhalten bei oder nach Vornahme des Rechtsgeschäfts in Widerspruch setzt (venire contra factum proprium) (BAG AP Nr 5 zu § 127 BGB; BAG NJW 1998, 1660). Dabei ist allein die Berufung auf die Rechtsfolge des Formmangels noch kein widersprüchliches Verhalten, weil sonst die Formvorschriften bedeutungslos wären (SOERGEL/HEFERMEHL § 125 Rn 44). Deshalb ist es auch nicht treuwidrig, wenn sich der Kündigungsempfänger nach **widerspruchsloser Entgegennahme** einer formwidrigen Kündigung auf § 623 beruft (BAG AP Nr 75 zu § 613a BGB bzgl einzelvertraglich vereinbarter Schriftform; ebenso CASPERS RdA 2001, 28; GroßkommKündR/PREIS § 623 BGB Rn 73; aA MünchArbR/WANK [1. Aufl] § 115 Rn 10).

84 Ebensowenig liegt ein Verstoß gegen Treu und Glauben vor, wenn sich der Kündi-

gende auf die Formunwirksamkeit seiner einmaligen und spontan erklärten Kündigung beruft. Zweck des § 623 ist auch, den Kündigenden vor Übereilung zu schützen, indem einmalige Spontanreaktionen keine Rechtswirkung entfalten sollen (vgl o Rn 5). Erst beim Vorliegen weiterer, besonderer Umstände kann ein **widersprüchliches Verhalten** bejaht werden (CASPERS RdA 2001, 28). Beispielsweise hält es das BAG für treuwidrig, wenn eine Partei, die eine Kündigung entgegen den Vorhaltungen der anderen Seite mehrmals und ernsthaft formwidrig ausgesprochen hat, sich nachträglich auf die Nichtigkeit der eigenen Erklärung beruft. In diesem Falle macht diese Partei zu ihrem Vorteil eine Rechtsvorschrift geltend, die sie selbst mißachtet hat und setzt sich in Widerspruch zu ihrem früheren Verhalten (BAG NJW 1998, 1660). Ein Verstoß gegen Treu und Glauben ist nach dem BAG auch gegeben, wenn sich der Kündigungsempfänger auf die Nichtigkeit einer Kündigung beruft, die ihm während eines Gerichtstermins als Fotokopie übergeben wurde, wobei die sofortige Einsicht in das Original möglich war (BAG AP Nr 5 zu § 127 BGB). Ebenfalls kann die Berufung auf die Formwidrigkeit treuwidrig sein, wenn sich der Arbeitnehmer zuvor geweigert hat, nach Aufforderung durch den Arbeitgeber eine mündlich erklärte Kündigung schriftlich niederzulegen (APPEL/KAISER AuR 2000, 295).

Ein Unterfall des widersprüchlichen Verhaltens ist die **Verwirkung** der Geltendmachung eines Rechts (MünchKomm/ROTH § 242 Rn 360). Voraussetzungen für die Verwirkung sind, daß zwischen Zugang der Kündigung und Zustellung der Kündigungsschutzklage ein gewisser Zeitraum verstrichen ist **(Zeitmoment)** und beim Beklagten ein Vertrauenstatbestand dahin gehend geschaffen wurde, daß er nicht mehr gerichtlich belangt werde **(Umstandsmoment)** (hM; BAG AP Nr 5 zu § 242 BGB Prozeßverwirkung; BGH NJW-RR 1993, 684; BGH NJW 1992, 1756; OLG Düsseldorf NJW-RR 1993, 1036; CASPERS RdA 2001, 28; PALANDT/HEINRICHS § 242 Rn 93 und 95; MünchKomm/ROTH § 242 Rn 365; krit zur Trennung von Zeit- und Umstandsmoment STAUDINGER/SCHMIDT [1994] § 242 Rn 535 sowie SOERGEL/TEICHMANN § 242 Rn 336). Zwischen Zeit- und Umstandsmoment besteht eine Wechselwirkung. Der Zeitablauf kann um so kürzer sein, je einschneidender die sonstigen Umstände sind. Umgekehrt sind an die sonstigen Umstände geringere Anforderungen zu stellen, je länger der abgelaufene Zeitraum ist (MünchKomm/ROTH § 242 Rn 365). Zu beachten ist jedoch, daß das Umstandsmoment nicht schon durch das Zeitmoment indiziert wird, vielmehr müssen weitere besondere Umstände vorliegen (BAG AP Nr 5 zu § 242 BGB Prozeßverwirkung). Das Recht zur Geltendmachung der Nichtigkeit einer Kündigung kann sowohl beim Kündigenden als auch beim Gekündigten verwirkt sein. Tritt die Verwirkung ein, gilt die formlose Kündigung als wirksam, so daß das Arbeitsverhältnis trotz der formwidrigen Kündigung beendet wird.

Für die Bestimmung des **Zeitmoments** gilt keine starre Frist. Der Zeitpunkt, ab dem **86** die Verwirkung eintritt, hängt von den Umständen des Einzelfalls ab (BAG AP Nr 5 zu § 242 BGB Prozeßverwirkung; PALANDT/HEINRICHS § 242 Rn 93; MünchKomm/ROTH § 242 Rn 365; STAUDINGER/SCHMIDT [1994] § 242 Rn 540; SOERGEL/TEICHMANN § 242 Rn 338). Bei der Beurteilung der Zeitdauer, nach der ein Recht verwirkt ist, kommt der Art und Bedeutung dieses Rechts besonderes Gewicht zu (BAGE 6, 168; ERMAN/WERNER § 242 Rn 84). Nach einer Kündigung besteht – wie bei Gestaltungsrechten im Allgemeinen – erhebliches Interesse der Gegenpartei an Rechtssicherheit und der zügigen Abwicklung des Arbeitsverhältnisses, so daß die Verwirkungsfrist relativ kurz zu bemessen ist (CASPERS RdA 2001, 29; LÖWISCH, KSchG [8. Aufl 2000] § 7 Rn 6; MünchKomm/ROTH § 242 Rn 367).

Beispielsweise hat die Rechtsprechung eine Verwirkung sieben Monate nach der Kündigung bejaht, wobei drei Monate zuvor eine rechtzeitig erhobene Klage zurückgenommen wurde (LAG Berlin LAGE § 242 BGB Prozeßverwirkung Nr 1). In einem anderen Fall war das Recht des Arbeitnehmers auf Geltendmachung der Unwirksamkeit der Kündigung acht Monate nach der fristlosen Kündigung durch den Arbeitgeber verwirkt (LAG Nürnberg 13. 4. 1995 – 7 Ta 90/95 – nv). In der Literatur wird – je nach Umstandsmoment – eine Verwirkungsfrist von zwei bis drei Monaten befürwortet (CASPERS RdA 2001, 29; KR/ROST § 7 KSchG Rn 39).

87 Das für die Verwirkung erforderliche **Umstandsmoment** ist gegeben, wenn dem Beklagten nicht mehr zugemutet werden kann, sich auf eine Klage einzulassen (BAG AP Nr 6 zu § 242 BGB Prozeßverwirkung). Beispielsweise ist das Umstandsmoment zu bejahen, wenn der Arbeitgeber die Stelle endgültig neu besetzt hat (BAG AP Nr 6 zu § 242 BGB Prozeßverwirkung). Die Besetzung muß dabei nicht nach Ablauf des Zeitmoments erfolgen, da Zeit- und Umstandsmoment ohne kausalen Bezug nebeneinander bestehen (BAG aaO). Erhebt der Arbeitnehmer in einem solchen Fall vor Ablauf des Zeitmoments Kündigungsschutzklage, so kommt das Umstandsmoment nicht mehr zum Tragen (BAG aaO). Ein weiterer Sachverhalt, der das Umstandsmoment erfüllt, ist die Rücknahme einer bereits früher erhobenen Kündigungsschutzklage (BAG AP Nr 1 zu § 242 BGB Prozeßverwirkung). In diesem Fall kann der Beklagte davon ausgehen, daß die Wirksamkeit der in Frage stehenden Kündigung nicht erneut angegriffen wird (BAG aaO). Beruft sich der Kündigende selbst auf die Unwirksamkeit einer von ihm formfehlerhaft erklärten Kündigung, ist dem Wiederbesetzen des Arbeitsplatzes durch den Arbeitgeber besondere Bedeutung beizumessen (CASPERS RdA 2001, 29).

88 Sich auf die Verwirkung zu berufen ist wegen der sehr allgemein gehaltenen Voraussetzungen nicht ohne Risiko. Der in einem Kündigungsschutzprozeß verklagte Arbeitgeber kann dadurch Rechtssicherheit erlangen, daß er, bei Vorliegen eines Kündigungsgrundes, nochmals schriftlich kündigt. Mangelt es an einem Kündigungsgrund, kann er den Arbeitnehmer wegen Nichterfüllung der Arbeitspflicht abmahnen und bei weiterem Fernbleiben formgemäß eine verhaltensbedingte Kündigung erklären (CASPERS RdA 2001, 29; LÖWISCH, KSchG [8. Aufl 2000] vor § 1 Rn 57; ROLFS NJW 2000, 1228).

ee) Zweckerreichung
89 Bei Erreichung des Zwecks der Formvorschrift, etwa weil der Kündigende die Kündigung wohl erwogen hat oder nach seiner Persönlichkeit eine Warnung nicht geboten scheint und damit die Warnfunktion des § 623 (vgl o Rn 5) leerläuft, ist die formlose Kündigung dennoch nichtig (GroßkommKündR/PREIS § 623 BGB Rn 79; KR/SPILGER § 623 BGB Rn 208). Der mit der Schriftform verfolgte Zweck ist keine Tatbestandsvoraussetzung, sondern lediglich ein gesetzgeberisches Motiv, dessen Nichterfüllung keine Auswirkungen auf die Nichtigkeitsfolge hat (BGHZ 53, 195; SOERGEL/HEFERMEHL § 125 Rn 44; PALANDT/HEINRICHS § 125 Rn 1; GroßkommKündR/PREIS § 623 BGB Rn 79; PREIS/GOTTHARDT NZA 2000, 353; KR/SPILGER § 623 BGB Rn 208). Ausnahmsweise ist bei Formvorschriften, die ausschließlich dem Schutz einer Partei dienen und diese am Rechtsgeschäft festhalten will, die Geltendmachung der Nichtigkeit nach § 242 ausgeschlossen (BGH NJW 1983, 566; BGH NJW 1967, 245). Da § 623 neben dem Schutz vor Übereilung auch der Klarstellung und Beweissicherung dient (vgl o Rn 4), die im

Interesse beider Parteien liegen, ist ein Festhalten am formunwirksamen Rechtsgeschäft nicht möglich (GroßkommKündR/PREIS § 623 BGB Rn 79).

II. Auflösungsvertrag

1. Die Schriftform als Wirksamkeitsvoraussetzung

a) Allgemeines

Ebenso wie bei der Kündigung ist die Beachtung der Schriftform **Wirksamkeitsvor-** 90 **aussetzung** für einen Auflösungsvertrag. Ein unter **Verstoß gegen § 623** abgeschlossener Auflösungsvertrag ist **unwirksam.** Der Auffassung, die den unter Verstoß gegen § 623 abgeschlossenen Auflösungsvertrag nach § 125 S 1 als nichtig ansieht (APPEL/ KAISER AuR 2000, 286; CASPERS RdA 2001, 33; DASSAU ZTR 2000, 291; KLEINEBRING FA 2000, 177; LÖWISCH ZTR 2000, 533; MOLL/REUFELS MDR 2001, 362; GroßkommKündR/PREIS § 623 BGB Rn 59; PREIS/GOTTHARDT NZA 2000, 355; RICHARDI/ANNUSS NJW 2000, 1233), ist aus dem in Rn 68 genannten Grund nicht zu folgen.

Eine „**Heilung**" des Formverstoßes ist wie bei der Kündigung (vgl o Rn 69) auch bei 91 einem Auflösungsvertrag **nicht möglich** (KLEINEBRING FA 2000, 177; ErfKomm/MÜLLER-GLÖGE § 623 BGB Rn 34; RICHARDI/ANNUSS NJW 2000, 1233). In Betracht kommt ausschließlich ein formgerechter **Neuabschluß** des Auflösungsvertrages.

Der unwirksame Auflösungsvertrags ist nach **Bereicherungsrecht** rückabzuwickeln 92 (BBDW/BADER § 623 BGB Rn 55; CASPERS RdA 2001, 33; DASSAU ZTR 2000, 291; ErfKomm/ MÜLLER-GLÖGE § 623 BGB Rn 34; GroßkommKündR/PREIS § 623 BGB Rn 59; PREIS/GOTTHARDT NZA 2000, 355; RICHARDI/ANNUSS NJW 2000, 1233; KR/SPILGER § 623 BGB Rn 181). Eine zur Erfüllung des Vertrages erbrachte Leistung (etwa die Zahlung einer Abfindung) kann nach § 812 Abs 1 S 1 1. Alt zurückverlangt werden. Zahlt der Arbeitgeber eine Abfindung, obwohl er die Formunwirksamkeit des Aufhebungsvertrages kannte, ist die Rückforderung allerdings ausgeschlossen (§ 814; ebenso CASPERS RdA 2001, 33; ErfKomm/MÜLLER-GLÖGE § 623 BGB Rn 34).

b) Annahmeverzug

Erbringt der Arbeitnehmer aufgrund des vermeintlichen Aufhebungsvertrages seine 93 Arbeitsleistung nicht mehr, gerät der Arbeitgeber grundsätzlich nicht ohne **Angebot des Arbeitnehmers** in Annahmeverzug (APPEL/KAISER AuR 2000, 286; CASPERS RdA 2001, 33; RICHARDI/ANNUSS NJW 2000, 1233; **aA** SCHAUB, Arbeitsrechts-Handbuch [9. Aufl 2000] Nachtrag Rn 9, der nur im Einzelfall ein Arbeitsangebot für erforderlich hält; sich ihm anschließend BBDW/BADER § 623 BGB Rn 70; ähnlich BERSCHEID, in: FS Uhlenbruck [2000] 741, der ein Angebot des Arbeitnehmers lediglich für empfehlenswert hält). DÄUBLER unterscheidet danach, ob die Initiative zum Abschluß des Aufhebungsvertrags vom Arbeitgeber oder vom Arbeitnehmer ausging. Nur im letzteren Fall sei ein Arbeitsangebot des Arbeitnehmers für den Eintritt des Annahmeverzugs nötig, weil der Arbeitnehmer deutlich gemacht habe, daß er nicht mehr leisten will (DÄUBLER AiB 2000, 192; **aA** BBDW/BADER § 623 BGB Rn 70). Da aber auch bei einem vom Arbeitgeber angeregten Aufhebungsvertrag der Arbeitnehmer der Aufhebung zustimmt, kann der Arbeitgeber nicht ohne weiteres von dessen Leistungsbereitschaft ausgehen (RICHARDI/ANNUSS NJW 2000, 1233). Insofern ist die Lage mit der nach einer arbeitnehmerseitigen unwirksamen bzw nichtigen Kündigung vergleichbar (vgl o Rn 72).

c) Geltendmachung der Formunwirksamkeit

94 Die Unwirksamkeit eines Auflösungsvertrages wegen des Verstoßes gegen § 623 kann ohne Bindung an eine Klagefrist mittels einer **allgemeinen Feststellungsklage** (§ 256 ZPO) geltend gemacht werden (Appel/Kaiser AuR 2000, 286; BBDW/Bader § 623 BGB Rn 53; Berscheid ZInsO 2000, 209; Kleinebring FA 2000, 178; Sander/Siebert AuR 2000, 334; Schaub, Arbeitsrechts-Handbuch [9. Aufl 2000] Nachtrag Rn 11; KR/Spilger § 623 BGB Rn 215). Die allgemeinen Grundsätze einer **Verwirkung** sind auch in diesem Fall zu beachten (Appel/Kaiser AuR 2000, 286; Berscheid ZInsO 2000, 209; Kleinebring FA 2000, 178; Sander/Siebert AuR 2000, 334; Schaub, Arbbeitsrechts-Handbuch [9. Aufl 2000] Nachtrag Rn 11 sowie o Rn 85 ff).

2. Durchbrechung der Unwirksamkeit nach Treu und Glauben

a) Allgemeines

95 Ein Aufhebungsvertrag, der nicht der Schriftform entspricht, kann wirksam sein, wenn die Unwirksamkeit mit den Grundsätzen von Treu und Glauben unvereinbar wäre (vgl o Rn 77). Kein Rückgriff auf § 242 ist nötig, wenn sich auf andere Weise ein untragbares Ergebnis vermeiden läßt, etwa durch Ansprüche der schutzbedürftigen Partei aus § 280 Abs 1 oder unerlaubter Handlung (GroßkommKündR/Preis § 623 BGB Rn 67).

b) Fallgruppen zur unzulässigen Rechtsausübung
aa) Mangelnde Kenntnis der Formbedürftigkeit

96 Trotz Unkenntnis des Schriftformerfordernisses beider Parteien ist der Aufhebungsvertrag unwirksam (GroßkommKündR/Preis § 623 BGB Rn 70). Dies gilt selbst dann, wenn der eine Vertragspartner fahrlässig einen Irrtum des anderen Vertragspartners über die Formbedürftigkeit erweckt oder erhalten hat (Erman/Palm § 125 Rn 27). Die Rechtssicherheit, die durch das Schriftformerfordernis des § 623 erreicht werden soll (vgl o Rn 3), ist in diesem Fall höher zu bewerten.

97 Gleichfalls unwirksam ist ein Aufhebungsvertrag, wenn sowohl der Arbeitgeber als auch der Arbeitnehmer die Formbedürftigkeit gekannt und trotzdem auf die Einhaltung der Schriftform verzichtet haben. Eine Ausnahme gilt, wenn die Formwahrung bei einem Auflösungsvertrag unter Ausnutzung der **Machtstellung** einer Vertragspartei verhindert wird (BGHZ 48, 396; Soergel/Hefermehl § 125 Rn 45; GroßkommKündR/Preis § 623 BGB Rn 69). Im Arbeitsverhältnis kommt diese typischerweise bei dem Arbeitgeber in Betracht. Eine Ausnutzung der Machtposition ist jedoch nicht schon gegeben, wenn der Arbeitgeber die Beachtung der Form verhindert, vielmehr müssen weitere Anhaltspunkte vorliegen, um das Verhalten als treuwidrig bewerten zu können (GroßkommKündR/Preis § 623 BGB Rn 69). Beispielsweise liegt ein Verstoß gegen Treu und Glauben vor, wenn eine Partei die andere unter Ausnutzung ihrer Machtstellung zum formlosen Abschluß nötigt (Kliemt, Formerfordernisse im Arbeitsverhältnis [1995] 554). Das BAG sieht auch dann von der Nichtigkeitsfolge ab, wenn beim Vertragspartner der Eindruck erweckt wurde, die Zusage solle trotz mangelnder Form erfüllt werden (BAG AP Nr 12 zu § 23 a BAT). Im Anwendungsbereich des § 623 ist der Fall denkbar, daß auf Veranlassung des Arbeitgebers die gesamte Abfindungssumme nicht in den schriftlichen Aufhebungsvertrag aufgenommen wird und der Arbeitgeber versichert, er werde die volle Summe dennoch auszahlen (GroßkommKündR/Preis § 623 BGB Rn 69). Richtigerweise muß es in diesem Fall bei der Nichtigkeitsfolge

bleiben (GroßkommKündR/Preis § 623 BGB Rn 69). Kennt der Arbeitnehmer die Formbedürftigkeit und verzichtet auf die formgemäße Vereinbarung, so ist er nicht mehr schutzwürdig. Er kennt das Risiko, auf das er sich einläßt und weiß, daß er vom künftigen Wohlwollen des Arbeitgebers abhängig ist (Kliemt, Formerfordernisse im Arbeitsverhältnis [1995] 555; GroßkommKündR/Preis § 623 BGB Rn 69). Zudem bestünden Schwierigkeiten bei der Abgrenzung zum einvernehmlichen Handeln der Parteien bei beiderseitiger Kenntnis der Formbedürftigkeit, beispielsweise bei der schriftlichen Vereinbarung einer niedrigeren Abfindungssumme, um Steuern zu hinterziehen (GroßkommKündR/Preis § 623 BGB Rn 69; KR/Spilger § 623 BGB Rn 207). Ein solches Handeln führt in jedem Fall zur Nichtigkeit des Rechtsgeschäfts (Staudinger/Dilcher[12] § 125 Rn 46).

Einer Vertragspartei, die trotz Kenntnis der Rechtslage durch **arglistige Täuschung** **98** über die Formbedürftigkeit einen formlosen Vertragsschluß bewirkt, um sich die Möglichkeit der Lösung vom Vertrag vorzubehalten, ist die Berufung auf die Formunwirksamkeit verwehrt (GroßkommKündR/Preis § 623 BGB Rn 71). Der Aufhebungsvertrag ist trotz des Formfehlers wirksam, wenn dies dem Willen der getäuschten Partei entspricht (vgl Erman/Palm § 125 Rn 26 mwN). Auf keinen Fall kann der arglistig Handelnde selbst mit Hinweis auf sein eigenes Verhalten gegen den Willen der anderen Partei Erfüllung verlangen.

bb) Verletzung einer besonderen Fürsorgepflicht
Den Arbeitgeber trifft aus dem arbeitsrechtlichen Fürsorgeverhältnis keine generelle **99** Pflicht, den Arbeitnehmer auf die Formbedürftigkeit des Auflösungsvertrages hinzuweisen (vgl o Rn 81). Die Berufung auf den Formmangel durch den Arbeitgeber, der den Arbeitnehmer nicht auf die mangelnde Form aufmerksam gemacht hat, ist ohne Hinzutreten weiterer Umstände nicht treuwidrig.

cc) Existenzgefährdung
Wird durch die Unwirksamkeit des Aufhebungsvertrages die wirtschaftliche Existenz **100** eines Vertragspartners gefährdet oder vernichtet, so ist die Berufung auf die Unwirksamkeit treuwidrig (vgl o Rn 82). Da auch hier die Unwirksamkeit des Aufhebungsvertrages zum Weiterbestehen des Arbeitsverhältnisses führt, ist eine Existenzgefährdung des Arbeitnehmers kaum denkbar.

dd) Widersprüchliches Verhalten
Die Geltendmachung der Nichtigkeit verstößt gegen Treu und Glauben, wenn sich **101** die darauf berufende Partei sich in Widerspruch zu ihrem früheren Verhalten setzt (s o Rn 83). Das ist beispielsweise zu bejahen, wenn sich eine Vertragspartei unter Berufung auf den Formmangel ihrer Verpflichtung entziehen will, obwohl sie selbst längere Zeit Vorteile aus dem nichtigen Vertrag gezogen hat (BGH NJW 1996, 2503 f; BGHZ 121, 233). Erbringt der Arbeitnehmer aufgrund des (vermeintlichen) Aufhebungsvertrages seine Arbeitsleistung nicht mehr, hat er seine Verpflichtung aus dem Vertrag erfüllt. Der Arbeitgeber, der dies über einen längeren Zeitraum akzeptiert, handelt treuwidrig, wenn er unter Berufung auf die Formunwirksamkeit die Zahlung der Abfindung verweigert (GroßkommKündR/Preis § 623 BGB Rn 76). Ebenso kann es als treuwidrig zu bewerten sein, wenn der Arbeitnehmer anläßlich einer Organbestellung konkludent die Aufhebung des Arbeitsverhältnisses vereinbart und sich erst

bei der Abberufung auf den Formmangel des Aufhebungsvertrages beruft (so NIEB-
LER/SCHMIEDL NZA-RR 2001, 686 f).

102 Das Recht, die Unwirksamkeit des Aufhebungsvertrages geltend zu machen, kann
nach Ablauf einer bestimmten Zeitdauer und beim Vorliegen besonderer Umstände
verwirkt sein (vgl o Rn 85 ff).

ee) Zweckerreichung
103 Die Berufung darauf, daß im Einzelfall die Zwecke der Formvorschrift auch ohne
Einhaltung der Schriftform erreicht werden, kann nicht zum Absehen von der Unwirksamkeitsfolge führen (s o Rn 89).

ff) Vertragserfüllung
104 Allein die Erfüllung des Aufhebungsvertrages führt noch nicht dazu, daß die Berufung auf dessen Unwirksamkeit treuwidrig ist (GroßkommKündR/PREIS § 623 BGB Rn
81). Die Unwirksamkeitsfolge tritt nur dann ausnahmsweise nicht ein, wenn durch die
Erfüllung Verhältnisse eingetreten sind, die nicht mehr sachgerecht rückabgewickelt
werden können oder ein Vertragspartner unwiederbringliche Vorteile aus dem unwirksamen Rechtsgeschäft gezogen hat (BGH WM 1962, 9). Dabei reicht es noch nicht
aus, daß die Parteien den Vertrag jahrelang praktisch durchgeführt haben (BAG AP
Nr 16 zu § 75 BPersVG; BAG NJW 1973, 1455). Vielmehr müssen weitere Umstände hinzutreten; beispielsweise, daß die Parteien im Vertrauen auf die Wirksamkeit des
Aufhebungsvertrages entsprechend disponiert haben (vgl GroßkommKündR/PREIS
§ 623 BGB Rn 81).

E. Beweislast

105 Die Beweislast für die Einhaltung der Wirksamkeitsvoraussetzungen trifft die Partei,
die Rechte aus dem Rechtsgeschäft herleitet. Da § 623 Wirksamkeitsvoraussetzung
und keine rechtsvernichtende Einwendung ist (vgl o Rn 67 f, 90), bedeutet dies, daß
derjenige, der die Beendigung des Arbeitsverhältnisses geltend macht, darlegen und
gegebenenfalls beweisen muß, daß der Beendigungstatbestand, dh die Kündigung
bzw der Aufhebungsvertrag, die Erfordernisse der gesetzlichen Schriftform erfüllt
(APPEL, in: Kittner/Zwanziger, Arbeitsrecht [2001] § 98 Rn 4; BBDW/BADER § 623 BGB Rn 31;
GAUL DStR 2000, 693; ErfKomm/MÜLLER-GLÖGE § 623 BGB Rn 35; PREIS/GOTTHARDT NZA 2000,
361; KR/SPILGER § 623 BGB Rn 128). Wendet sich der Arbeitnehmer gegen eine ihm
erklärte Kündigung, so hat der Arbeitgeber die Einhaltung der Schriftform zu beweisen. Das gilt entsprechend, wenn sich der Arbeitgeber auf die vertragsbeendende
Wirkung eines Aufhebungsvertrages berufen will; er hat dessen formgerechtes Zustandekommen zu beweisen. Umgekehrt trifft den Arbeitnehmer die Beweislast für
den formwirksamen Abschluß eines Auflösungsvertrages, wenn er aus diesem Ansprüche gegen den Arbeitgeber (zB Auszahlung einer zugesagten Abfindung) herleiten will.

§ 624
Kündigungsfrist bei Verträge über mehr als fünf Jahre

Ist das Dienstverhältnis für die Lebenszeit einer Person oder für längere Zeit als fünf Jahre eingegangen, so kann es von dem Verpflichteten nach dem Ablaufe von fünf Jahren gekündigt werden. Die Kündigungsfrist beträgt sechs Monate.

Materialien: E I § 564; II § 563; III § 615; Mot 259 ff; Prot 911 f; JAKOBS/SCHUBERT, SchR II 805.

Schrifttum

BINDER, Allgemeine und rechtliche Aspekte der Mobilität von Arbeitnehmern, ZfA 1978, 75
DUDEN, Kündigung von Tankstellenverträgen nach § 624 BGB, NJW 1962, 1326
HERSCHEL, „Dauerstellung" und „Lebensstellung" und Kündigung, DArbR 1937, 57

KANIA/KRAMER, Unkündbarkeitsvereinbarungen in Arbeitsverträgen, Betriebsvereinbarungen und Tarifverträgen, RdA 1995, 287.
NEUMANN, Lebens- und Dauerstellung, DB 1956, 571.

Systematische Übersicht

Alphabetische Übersicht

I. Normzweck

1 Bei Dienstverhältnissen auf längere Dauer soll ein besonderes Kündigungsrecht gegeben werden (zum ganzen OETKER, Das Dauerschuldverhältnis und seine Beendigung [1994] 512 ff, 624 ff). Das Kündigungsrecht des Dienstverpflichteten kann nicht für längere Zeit als fünf Jahre ausgeschlossen werden. Rechtspolitisch umstritten war und ist, ob die fünfjährige Bindungsdauer nicht zu lang ist (hierzu APS/BACKHAUS Rn 1 ff, 6). Die Erwägungen, aus denen § 624 hervorgegangen ist, sind in Mot II 466 zusammengefaßt in dem Satz: „Soziale und wirtschaftliche Gründe sind es, welche es verbieten, eine über eine gewisse Zeit hinausgehende Fesselung zuzulassen." Ganz gleiche Erwägungen hatten auch die zweite Kommission geleitet (Prot II 300). Auf dieser Grundlage knüpft das BGB namentlich an Art 1780 cc an. Die Vorschrift bezweckt den Schutz des Dienstverpflichteten. In Mot II 466 wird betont, daß es sich in den Fällen des § 624 **nicht** um Arbeitsverhältnisse handelt, bei denen die übermäßige Bindung den Charakter eines **Verstoßes gegen die guten Sitten** trägt. Die Vorschrift war erforderlich, weil idR nicht schon allein die übermäßig lange Bindung die Sittenwidrigkeit begründet (KR/FISCHERMEIER Rn 2). Das Gesetz hat Verträge im Auge, die trotz des zeitlichen Übermaßes ihre Gültigkeit behalten. § 624 trägt der Berufsfreiheit des Dienstnehmers Rechnung und verhindert eine unerträgliche Fesselung (BAG 24. 10. 1996 AP § 256 ZPO 1977 = EzA Art 12 GG Nr 29; BINDER ZfA 1978, 75, 87). § 138 bleibt im übrigen unberührt. Als Wirkung eines solchen Übermaßes begründet § 624 nur ein Kündigungsrecht, und zwar auch nur für die Person des Dienstverpflichteten. Die Wirksamkeit des Vertrages im übrigen bleibt unberührt (KR/FISCHERMEIER Rn 3; MünchKomm/SCHWERDTNER Rn 2).

2 **Verfassungsrechtliche Bedenken** gegen die Vorschrift bestehen nicht, weil der Gesetzgeber den verfassungsrechtlichen Positionen des Schutzes der Privatautonomie (Art 1, 2 GG) einerseits und dem Recht auf freie Berufs- und Arbeitsplatzwahl (Art 12 Abs 1 GG) andererseits ausgewogen Rechnung getragen hat, indem er ein zwingendes Kündigungsrecht des Dienstverpflichteten bei über fünf Jahre hinausgehenden Dauerverträgen einführte (BAG 19. 12. 1991 EzA § 624 Nr 1; BAG 24. 10. 1996 AP § 256 ZPO 1977 = EzA Art 12 GG Nr 29; krit APS/BACKHAUS Rn 6). Im Rahmen seiner Gestaltungsfreiheit konnte der Gesetzgeber dabei berücksichtigen, daß ein noch weitergehender Eingriff in die Privatautonomie, etwa in Form der Einräumung eines Kündigungsrechts unterhalb der Fünfjahresgrenze, gleichzeitig wieder einen Eingriff in die Freiheit der Berufsausübung des Unternehmers bedeutet hätte. Eine stärkere Inhaltskontrolle zum Schutz der Grundrechtspositionen nach § 307 (vormals § 9 AGBG) kann allerdings dann geboten sein, wenn die konkrete vertragliche Verpflichtung auf fehlender Vertragsparität beruht (vgl BVerfG 7. 2. 1990 AP Nr 65 zu Art 12 GG; 19. 10. 1993 DB 1993, 2580; PREIS/ROLFS DB 1994, 261; in diese Richtung, freilich unter dem zu engen Maßstab des § 138 auch APS/BACKHAUS Rn 6).

II.   Geltungsbereich

Die Bestimmung gilt für **alle Dienstverhältnisse,** sowohl für den unabhängigen **3** Dienstvertrag und bis zum Inkrafttreten des TzBfG am 1. 1. 2001 auch für den Arbeitsvertrag (ganz hM, KR/FISCHERMEIER[5] Rn 4; MünchKomm/SCHWERDTNER Rn 2). § 624 gilt für **Dienstverpflichtete aller Art,** also namentlich für sämtliche Beschäftigte, auch für Hausgehilfen, für in- und ausländische Dienstverpflichtete, auch wenn sie in einem unabhängigen Dienstvertrag stehen. § 624 läßt keine Ausnahmen zu. Auch auf die Art der Vergütung oder die Zahlungsmodalitäten kommt es nicht an (Münch-Komm/SCHWERDTNER Rn 3). § 624 gilt auch für solche Dienstleistungen, die der Beschäftigte nicht persönlich ausführt, sondern durch einen Dritten leisten darf (KR/FISCHER-MEIER Rn 4). Für **Arbeitsverhältnisse** gilt seit 1. 1. 2001 die inhaltsgleiche Vorschrift des § 15 Abs 4 TzBfG. Sie geht als Spezialnorm im Arbeitsrecht § 624 vor. Die Vorschrift ist im Interesse einer zusammenhängenden und überschaubaren Regelung aller befristeten Arbeitsverhältnisse in das TzBfG übernommen worden (BT-Drucks 14/4374 S 20). In redaktioneller Hinsicht sind in § 15 TzBfG lediglich die Begriffe „Dienstverhältnis" durch „Arbeitsverhältnis" und „Verpflichteter" durch „Arbeitnehmer" ausgetauscht worden. Da hiermit keine inhaltliche Änderung verbunden ist, kann die Kommentierung zu § 624 weiterhin auch für den wichtigsten Anwendungsbereich, das Arbeitsrecht, herangezogen werden. Auf eine gesonderte Kommentierung des § 15 Abs 4 TzbfG wird daher vorliegend verzichtet (vgl auch § 620 Rn 182; ebenso APS/BACKHAUS, Nachtrag, Das neue Befristungsrecht, § 15 TzBfG Rn 17). Um der begrifflichen Klarheit willen ist allerdings festzuhalten, daß § 624 fortan nur noch für Dienstverhältnisse gilt; für Arbeitsverhältnisse ist die inhaltsgleiche Norm des § 15 Abs 4 TzBfG einschlägig.

Umstritten ist, ob § 624 auch für **Handelsvertreter** gilt. Zum Teil wurde früher die **4** Auffassung vertreten, das Kündigungsrecht sei in den Sondervorschriften des HGB (§ 89) abschließend geregelt, weshalb eine Anwendung des § 624 nicht in Betracht komme. Nach richtiger, heute ganz herrschender Auffassung kommt aber § 624 als Sondervorschrift für alle Dienstverträge, insbes auch die unabhängigen Dienstverträge als besondere Schutzvorschrift gegenüber einer längeren Bindung des Dienstverpflichteten neben den Regeln des HGB zur Anwendung. Schon das RAG hatte § 624 neben dem früheren § 67 HGB angewandt (RAG 2. 7. 1932 ARS 16, 477). Der BGH hat die Frage offengelassen (BGH 9. 6. 1969 BGHZ 52, 171, 174). Richtigerweise gilt § 624 auch für Handelsvertreter und andere Selbständige, die in einem unabhängigen Dienstvertrag stehen und für deren Rechtsverhältnis dienstvertragliche Elemente maßgeblich sind (OLG Hamm 8. 5. 1978 DB 1978, 445; BALLERSTEDT JZ 1970, 372 mwN; RITTNER NJW 1964, 2225; SOERGEL/KRAFT Rn 2; JAUERNIG/SCHLECHTRIEM Rn 2; APS/BACKHAUS Rn 9).

Bei gemischten Verträgen kann § 624 nur dann angewendet werden, wenn nach der **5** Vertragsgestaltung die persönliche Dienstleistung überwiegt, dh das Vertragsverhältnis mehr personenbezogen als unternehmensbezogen ausgestaltet ist (APS/BACKHAUS Rn 10; RITTNER NJW 1964, 2225; BRÜGGEMANN ZHR 131, 27). Eine Anwendung auf Tankstellen-Stationärverträge wurde deshalb wenigstens für den Regelfall abgelehnt (BGH 9. 6. 1969 BGHZ 52, 171). Nach BGH 31. 3. 1982 (BGHZ 83, 313) darf es aber nicht zu einem völligen Ausschluß des Kündigungsrechts kommen. Eine Vertragsgestaltung, die praktisch zur unbegrenzten Bindung führt, bewirkt eine nicht hinnehmbare Einschränkung der wirtschaftlichen Selbständigkeit und beruflichen Bewegungsfreiheit des Verpflichteten. Dies widerspricht dem gesetzgeberischen Grundgedanken des § 624 und verstößt gegen § 138 bzw § 307 (APS/Backhaus Rn 10).

6 Zur **analogen Anwendung** des § 624 auf dienstvertragsähnliche Verhältnisse vgl ferner RG 27. 2. 1912 RGZ 78, 424; 7. 2. 1930 RGZ 128, 17; BGH 25. 5. 1993 NJW-RR 1993, 1460. Analoge Vorschriften finden sich in den §§ 544, 724, vgl auch § 740. Der Rechtsgedanke des § 624 wird überdies im Rahmen der Kontrolle vertraglicher Vereinbarungen, die faktisch zu einer überlangen Bindung des Dienstverpflichteten führen, berücksichtigt, und zwar sowohl im Rahmen des § 138 als auch des § 307 (§ 9 AGBG aF) (BGH 31.3. 1982 BGHZ 83, 313). Zur Kontrolle arbeitsrechtlicher Abfindungsvereinbarungen zu Lasten des Arbeitnehmers: BAG 6. 9. 1989 EzA § 622 nF BGB Nr 26; LAG Hamm 26. 8. 1988 LAGE § 622 BGB Nr 10.

III. Rechtscharakter

7 Die Vorschrift des § 624 S 1 ist **zwingendes Recht.** Von ihr kann durch Vertrag nicht abgewichen (RG 25.10. 1912 RGZ 80, 277 ff; Nikisch I 676; Hueck/Nipperdey I 566; KR/Fischermeier Rn 7; Erman/Belling Rn 1; MünchKomm/Schwerdtner Rn 18). Im Arbeitsrecht ergibt sich aus § 22 TzBfG, daß die inhaltsgleiche Vorschrift weder durch Arbeitsvertrag noch durch Tarifvertrag abbedungen werden kann. Der Dienstberechtigte kann sich jedoch auf Lebenszeit oder für länger als fünf Jahre binden (Soergel/Kraft Rn 8). Hat sich der Dienstberechtigte gebunden, so hat er kein Kündigungsrecht. Ein Vertrag, der auf Lebenszeit des Beschäftigten abgeschlossen ist, diesem aber ein Kündigungsrecht gewährt, verstößt nicht schon wegen dieses einseitigen Kündigungsrechts gegen die guten Sitten (RAG 9.3. 1935 ARS 23, 190).

8 § 624 S 2 ist insoweit zwingend, als zwar kürzere, nicht aber längere Kündigungsfristen vereinbart werden können. Unabhängig von der getroffenen Vereinbarung bleibt das Recht zur außerordentlichen Kündigung nach § 626 Abs 1 unberührt.

IV. Voraussetzungen des vorzeitigen Kündigungsrechts

9 Das Dienstverhältnis muß entweder auf Lebenszeit oder auf eine bestimmte Zeit von mehr als fünf Jahren eingegangen, also im voraus auf so lange Zeit berechnet, nicht nur tatsächlich schon so lange aufrechterhalten worden sein. Wird aber die Vereinbarung der Dauer im Verlaufe des Dienstverhältnisses auf länger als fünf Jahre erstreckt, dann gilt auch § 624.

1. Dienstverhältnisse auf Lebenszeit

a) Vertragliche Bindung auf Lebenszeit
10 Nach der 1. Alternative des § 624 muß das Dienstverhältnis auf die **Lebenszeit** einer Person eingegangen sein. Das ist nicht schon der Fall, wenn ein unbefristetes Dienstverhältnis vereinbart wird. Vielmehr muß das Dienstverhältnis **ausdrücklich** entweder auf die **Lebenszeit** des Dienstverpflichteten oder auf die Lebenszeit des Dienstberechtigten oder auf die Lebenszeit einer dritten Person, zB bei Einstellung eines Pflegers für einen Kranken, eingegangen sein (KR/Fischermeier Rn 9; Erman/Belling Rn 3; krit MünchKomm/Schwerdtner Rn 7, der § 624 auf Lebenszeitvereinbarungen mit dem Dienstpflichtigen beschränken will). Bei Lebenszeitvereinbarungen endet das Dienstver-

hältnis erst mit dem Tod. Unzumutbare Leistungserschwerungen, insbesondere des Dienstverpflichteten, können durch die Ausübung des gesetzlichen Kündigungs-rechts nach § 624 oder in Extremfällen durch die unabdingbare außerordentliche Kündigung nach § 626 Abs 1 abgewendet werden (KR/Fischermeier Rn 10; Münch-Komm/Schwerdtner Rn 7).

Eine Anstellung auf Lebenszeit muß sich *eindeutig* aus der getroffenen Vereinbarung **11** ergeben. Von einer konkludenten Anstellung auf Lebenszeit kann idR nicht aus-gegangen werden. Im Zweifel entspricht es *nicht* dem Willen der Parteien, eine lebenslange Bindung einzugehen (KR/Fischermeier Rn 11; Erman/Belling Rn 3; Münch-Komm/Schwerdtner Rn 8; Neumann DB 1956 571), und zwar auch dann, wenn eine sog Lebensstellung zugesichert wird (dazu Rn 13 f). Auch reicht die Zusage eines Ruhe-geldes, etwa für den Fall der Dienstunfähigkeit, für die Annahme eines solchen Tatbestandes nicht aus (KR/Fischermeier Rn 12; Erman/Belling Rn 3; MünchKomm/ Schwerdtner Rn 8; **aA** BAG 12.10. 1954 AP Nr 1 zu § 52 RegelungsG).

b) „Unkündbare" Beschäftigte
Von der Anstellung auf Lebenszeit zu unterscheiden sind verbreitete einzel- oder **12** tarifvertragliche Vereinbarungen, durch die insbes Arbeitnehmern ab einer bestimm-ten Beschäftigungsdauer (und ggfs Alter) eine besonders geschützte Stellung dadurch eingeräumt wird, daß ihnen gegenüber eine ordentliche Kündigung nicht mehr mög-lich ist (sog **„unkündbare" Beschäftigte).** Hierdurch wird eine einseitige Bindung des Dienstgebers erreicht, aber keine beiderseitige Bindung, wie sie § 624 voraussetzt. In aller Regel verbleibt es bei der jederzeitigen ordentlichen Kündbarkeit für den Dienst-bzw Arbeitnehmer unter Beachtung der gesetzlichen (§§ 621, 622) und ggfs bestehen-der einzel- oder tarifvertraglicher Kündigungsfristen. Außerdem sind derartige be-sonders vor arbeitgeberseitige Kündigungen geschützte Arbeitsverhältnisse nicht „auf Lebenszeit" geschlossen. Vielmehr enden sie mit Eintritt in den Ruhestand (zur Pro-blematik der Altersgrenzen vgl § 620 Rn 125 ff). Das Recht zur außerordentlichen Kündigung bleibt stets unberührt (vgl aber zur außerordentlichen befristeten Kündigung in diesen Fällen § 626 Rn 272 ff).

c) Zusage einer Lebens- und Dauerstellung
Die Zusage einer Lebens- oder Dauerstellung bedeutet nicht ohne weiteres Anstel- **13** lung auf Lebenszeit im Sinne des § 624. An den Nachweis einer Anstellung auf Lebenszeit sind strenge Anforderungen zu stellen, weil es nur unter ganz besonderen Umständen dem Parteiwillen entsprechen wird, sich auf Lebenszeit vollständig zu binden und die Möglichkeit einer ordentlichen Kündigung auszuschließen (Hueck/ Nipperdey I 566; Nikisch I 676; Soergel/Kraft Rn 3; MünchKomm/Schwerdtner Rn 9). Die Begriffe der „Lebens- und Dauerstellung" sind untechnische Begriffe; sie sind keine Rechtsbegriffe ieS und haben auch keine allgemeingültige rechtliche Bedeutung (KR/ Fischermeier Rn 13). Sie sind auch nicht gleichzusetzen mit dem in §§ 627, 629 ver-wendeten Rechtsbegriff des dauerndes Dienstverhältnisses (hierzu § 627 Rn 15; § 629 Rn 7), das die Anwendbarkeit dieser Normen für lediglich vorübergehende oder punktuelle Beschäftigungen ausschließen will.

Die **Zusage** einer **Dauer- oder Lebensstellung** kann aber im Hinblick auf Kündigungs- **14** möglichkeiten des Dienstberechtigten (Arbeitgebers) Auswirkungen haben, da unter Umständen von einer verstärkten Bindung der Parteien auszugehen ist. Entscheidende Leitmaxime ist hier der **Grundsatz des Vertrauensschutzes** in der Ausprägung des Verbots des „venire contra factum proprium" (ausführlich PREIS, Prinzipien 369 ff). Insoweit können, je nach den vorliegenden Einzelfallumständen, aus der Vereinbarung einer Lebens- oder Dauerstellung durchaus verschiedene Folgerungen gezogen werden. Entscheidend ist der Parteiwille (BAG 21. 10. 1971 EzA § 1 KSchG Nr 23; 8. 6. 1972 EzA § 1 KSchG Nr 24). Für das Vorliegen der tatsächlichen Umstände ist der begünstigte Dienstverpflichtete (Arbeitnehmer) darlegungs- und beweispflichtig.

15 In der Hauptsache geht es um Fälle, in denen der Arbeitgeber den Arbeitnehmer unter großen Versprechungen von einer anderen Arbeitsstelle abwirbt. Hier kann der Fall des „venire contra factum proprium" vorliegen, wenn der Arbeitgeber nach kurzer Zeit grundlos kündigt (vgl RÖHSLER DB 1969, 1148). Die Rechtsprechung hat im Laufe der Jahre die unterschiedlichsten Konsequenzen derartiger Vereinbarungen für möglich gehalten. Die ältere Rechtsprechung, die vor der Zeit des Inkrafttretens des KSchG liegt, hat in der Vereinbarung einer entsprechenden Dauer- oder Lebensstellung uU den Ausschluß des mißbräuchlichen Gebrauchs der ordentlichen Kündigung (RAG 19. 12. 1928 ARS 5, 29), bisweilen den **Ausschluß der ordentlichen Kündigung** überhaupt (RAG 16. 12. 1936 ARS 28, 332; BAG 12. 10. 1954 AP Nr 1 zu § 52 RegelungsG) oder nur für eine angemessene Zeit (RAG 15. 9. 1937 ARS 31, 78; vgl aber auch BAG 7. 11. 1968 AP Nr 3 zu § 66 HGB) oder eine angemessene Verlängerung der Kündigungsfrist (RAG 9. 4. 1907 SeuffA 63 Nr 40) gesehen. Im Zeitalter eines weitgehenden Kündigungsschutzes auf der Basis des Kündigungsschutzgesetzes dürfte diese Rechtsprechung im Arbeitsrecht nur noch bedingt verwertbar sein.

16 Zu verlangen ist von den Parteien, daß sie den Begriff der Lebens- und Dauerstellung präzisieren. So kann nicht ohne weiteres davon ausgegangen werden, daß die Parteien die ordentliche Kündigung ausschließen wollten oder die sofortige Geltung des Kündigungsschutzgesetzes vereinbaren. Hierfür bedürfte es einer **ausdrücklichen Regelung,** auf die der Dienstverpflichtete im eigenen Interesse Wert legen sollte. Zu berücksichtigen ist, daß der Dienstnehmer bzw Arbeitnehmer prinzipiell nicht von dem Risiko befreit ist, das mit dem Neuantritt einer Stelle verbunden ist. Erfüllt er innerhalb der Probezeit nicht die in ihn gesetzten Erwartungen, kann ihm gekündigt werden (BAG 12. 12. 1957 BAGE 5, 182, 184 ff; 8. 10. 1959 BAGE 8, 132, 142; 12. 11. 1978 AP Nr 13 zu § 620 BGB). Der zunächst seitens des Dienstgebers erzeugte Vertrauenstatbestand steht prinzipiell unter dem Vorbehalt der Bewährung des Dienstnehmers bzw Arbeitnehmers. In diesem Zusammenhang ist das Angebot einer „Dauer- oder Lebensstellung" zu sehen. Hier ist typisierend die Frage zu stellen, ob eine solche allgemeine Anpreisung bereits geeignet ist, einen solchen Vertrauenstatbestand zu schaffen, daß eine – wie auch immer ausgesprochene – Kündigung als widersprüchlich und damit unwirksam erscheint. Diese Frage ist regelmäßig zu verneinen (PREIS, Prinzipien 370). Denn entweder erreicht ein solches Angebot die Rechtsqualität einer **vertraglichen Kündigungsbeschränkung** oder zumindest einer Vereinbarung über die sofortige Geltung des KSchG (BAG 18. 2. 1967 AP Nr 81 zu § 1 KSchG; zurückhaltender BAG 8. 6. 1972 AP Nr 1 zu § 1 KSchG 1969) oder das Angebot erschöpft sich in der bloßen Anpreisung des Arbeitsplatzes. Soweit eine hinreichend präzise Vereinbarung vorliegt, kann uU die ordentliche Kündigung ausgeschlossen sein (BAG 2. 11. 1978, EzA § 620 BGB Nr 38), ggfs für eine bestimmte Zeitdauer (BAG 7. 11. 1968, AP Nr 3 zu § 66 HGB), oder die Kündigung durch triftige Gründe beschränkt sein (BAG 2. 11. 1978 AP Nr 3 zu § 620 BGB). Bedenkt man, daß jedenfalls Arbeitsverhältnisse ohnehin auf Dauer angelegt sind, sofern keine störenden Ereignisse dazwischentreten, kann der erzeugte Vertrauenstatbestand durch eine bloße Anpreisung eines Arbeitsplatzes als Dauer- oder Lebensstellung nicht so stark sein, daß es gerechtfertigt wäre, allein hieraus unmittelbare Folgen für die Wirksamkeit der Kündigung herzuleiten (PREIS, Prinzipien 370 ff). In der Regel ausreichend erscheint der Weg des BAG (21.10. 1971 AP Nr 1 zu § 611 BGB Gruppenarbeitsverhältnis), die Zusage einer Lebens- oder Dauerstellung neben anderen Gesichtspunkten innerhalb einer **Güter- und Interessenabwägung** bei der Interpretation der jeweils anzuwendenden Kündigungsnormen (§ 1 KSchG, § 626 BGB) zu berücksichtigen. Will der Dienstverpflichtete (Arbeitnehmer) mehr erreichen, muß er darauf Wert legen, daß bei der Begründung des Vertrages eine hinreichend präzise Vereinbarung getroffen wird.

Da nach dem Vorhergesagten mangels besonderer Vereinbarung bei der Zusage **17** einer Lebens- oder Dauerstellung keine Beschränkung des Kündigungsrechts anzunehmen ist, kann der Dienstberechtigte (Arbeitgeber) jedoch ggfs aus dem Gesichtspunkt der **culpa in contrahendo** (seit 1.1. 2002 aus § 280 Abs 1 iVm § 311 Abs 2) schadensersatzpflichtig sein (BAG 12.12. 1957 EzA § 276 BGB Nr 1; NEUMANN DB 1956, 572; KR/FISCHERMEIER Rn 19). Dies setzt allerdings voraus, daß der Dienstgeber seine Aufklärungspflicht schuldhaft verletzt hat. Den Dienstgeber trifft bei Einstellungsverhandlungen die Pflicht, auf erkennbare Interessen des Bewerbers Rücksicht zu nehmen und insbesondere über künftige Verhältnisse aufzuklären, die für die erkennbaren Erwartungen des Dienstnehmers von Interesse sind. Dabei ist zu berücksichtigen, daß ein Dienstnehmer grundsätzlich das mit der Eingehung einer neuen Tätigkeit verbundene Risiko selber zu tragen hat (BAG 12.12. 1957 EzA § 276 BGB Nr 1). Der Dienstgeber darf sich insofern nicht treuwidrig verhalten, in dem er einen Dienstnehmer aus einer sicheren Stelle abwirbt, ihm eine Lebensstellung verspricht, aber Umstände verschweigt, die einer längeren Fortsetzung der neu zu übernehmenden Tätigkeit entgegenstehen (RAG 29.1. 1936 ARS 27, 46; KR/FISCHERMEIER Rn 20; MünchKomm/SCHWERDTNER Rn 9).

2. Mehr als fünfjährige Vertragsdauer

Nach der 2. Alternative muß das Dienstverhältnis „für längere Zeit als fünf Jahre" **18** eingegangen sein. Diese Voraussetzung ist zum einen erfüllt, wenn eine entsprechende **kalendermäßige Befristung** erfolgt. Andererseits reicht aus, daß das Dienstverhältnis **auflösend bedingt** oder **zweckbefristet** ist und Bedingung und Zweckerreichung nicht vor Ablauf von fünf Jahren eintreten (SOERGEL/KRAFT Rn 6; ERMAN/BELLING Rn 4; MünchKomm/SCHWERDTNER Rn 11; KR/FISCHERMEIER Rn 23).

Beruht die Rechtsbeziehung auf mehreren befristeten Verträgen oder wird das ur- **19** sprünglich befristete Dienstverhältnis zu gleichen Bedingungen, etwa aufgrund einer **Verlängerungsklausel,** fortgesetzt, so greift § 624 Platz, wenn die in den Verträgen vereinbarte Gesamtdauer des Dienstverhältnisses fünf Jahre übersteigt. Es genügt nach Sinn und Zweck des § 624, daß der Dienstverpflichtete sich demselben Dienstberechtigten gegenüber durch mehrere Verträge zu gleichen oder gleichartigen Diensten verpflichtet hat (KR/FISCHERMEIER Rn 23).

Ein Dienstverhältnis kann allerdings *nach Ablauf* der ersten fünf Jahre erneut um **20** weitere fünf Jahre verlängert werden. Darüber hinaus ist anerkannt, daß das Vertragsverhältnis auch schon *vor Ablauf* des ersten Fünfjahreszeitraums erneut um weitere fünf Jahre verlängert werden kann. Bei dieser Vertragsgestaltung besteht die Gefahr, daß das Sonderkündigungsrecht des § 624 BGB umgangen wird. Die frühere Rechtsprechung hat dies zugelassen, wenn dies eine nach den Umständen des einzelnen Falles angemessene Zeit vor dem Ablauf auf weitere fünf Jahre erfolgte (so schon RG 25. 10. 1912 RGZ 80, 277: Ein Schauspieler kann sich im fünften Jahre der Anstellung auf weitere fünf Jahre unkündbar binden; entsprechendes gilt zB für Vorstandsmitglieder einer AG usw; zust KR/Fischermeier Rn 24; Soergel/Kraft Rn 6). Für die Frage, welche Frist vor Ablauf der fünf Jahre als angemessen anzusehen ist, ist entscheidend, ob der Beschäftigte in dem fraglichen Zeitpunkt die für die Fortsetzung oder Aufhebung des Dienstverhältnisses maßgebenden Umstände übersehen konnte (Soergel/Kraft Rn 6; krit MünchKomm/Schwerdtner Rn 15).

21 Eine Verlängerung der fünfjährigen Dauer jeweils zu Beginn der Fünfjahresfrist kann jedoch eine **Umgehung des § 624** darstellen. Das BAG (19. 12. 1991 NZA 1992, 543; Erman/Belling Rn 4) hat entschieden, daß § 624 nicht anwendbar ist auf Dienst- bzw Arbeitsverträge, die für die Dauer von zunächst 5 Jahren eingegangen sind und sich nur dann um weitere 5 Jahre verlängern (sog Verlängerungsklausel), wenn sie nicht zuvor vom Dienstnehmer mit einer angemessenen Kündigungsfrist – im Streitfall von einem Jahr – gekündigt werden können. Bei einer derartigen Vertragsgestaltung hat zu keinem Zeitpunkt eine mehr als fünfjährige Bindung bestanden. Ein Verstoß gegen Art 12 GG ist nicht anzunehmen (aA LAG Hamm 22. 4. 1991 LAGE § 624 BGB Nr 1; APS/Backhaus Rn 28). In dem dem BAG zugrundeliegenden Fall handelte es sich jedoch um eine *individuelle* vertragliche Vereinbarung. Strengere Maßstäbe dürften zu gelten haben, wenn eine entsprechende Vertragsgestaltung in vorformulierten Verträgen enthalten ist. Hier kann eine **Inhaltskontrolle** nach § 307 eingreifen und eine unangemessene Benachteiligung sanktioniert werden (ausführlich schon zu § 242, § 9 AGBG Preis, Grundfragen 237 ff).

V. Kündigungsmöglichkeit, Rechtsfolgen

1. Kündigungsbefugnis für den Dienstverpflichteten

22 Nach Ablauf von fünf Jahren kann der Dienstverpflichtete unter Einhaltung einer Kündigungsfrist von sechs Monaten kündigen. Die Fünfjahresfrist rechnet nach hM nicht ab Vertragsschluß, sondern erst **ab Vollzug** des Vertrages (MünchKomm/Schwerdtner Rn 14; KR/Fischermeier Rn 27; Erman/Belling Rn 5). Das Kündigungsrecht erwächst nicht etwa schon sechs Monate vor Ablauf der fünf Jahre, sondern erst nach deren Ablauf. Von diesem Zeitpunkt ab läuft frühestens die Kündigungsfrist. Eine vor Ablauf von fünf Jahren ausgesprochene Kündigung setzt die Kündigungsfrist erst von diesem Zeitpunkt ab in Lauf (KR/Fischermeier Rn 27; Erman/Belling Rn 5; MünchKomm/Schwerdtner Rn 15; Soergel/Kraft Rn 7; aA KG 1. 7. 1911 Recht 1911 Nr 2858: Ausspruch der Kündigung erst nach Ablauf von fünf Jahren möglich).

23 Das Kündigungsrecht kann zu jeder Zeit ausgeübt werden, sobald es nach § 624 einmal erwachsen ist, also auch erst erhebliche Zeit nach Ablauf der fünf Jahre (BAG 24. 10. 1996 AP § 256 ZPO 1977 = EzA Art 12 GG Nr 29). Eine Präklusionsfrist besteht nicht (KR/Fischermeier Rn 28; Erman/Belling Rn 5; MünchKomm/Schwerdtner Rn 15). Den Parteien steht es frei, eine einjährige Kündigungsfrist zum Ablauf des Fünfjahresvertrages zu vereinbaren. Dies ist idR nicht unangemessen (BAG 19.12.1991 NZA 1992, 543). Sie dient beiden Parteien dazu, innerhalb eines überschaubaren, je nach Funktion des Dienstverpflichteten auch notwendigen Zeitraumes eine berufliche Veränderung (auf Seiten des Dienstverpflichteten) bzw die Nachfolge des Ausscheidenden (auf Seiten des Dienstberechtigten) vorzubereiten. Ob in Fällen, in denen eine noch längere Kündigungsfrist vereinbart wird, der Schutzzweck des § 624 BGB unterlaufen wird, ließ das BAG (19.12.1991 NZA 1992, 543) offen.

§ 624 BGB begründet ein außerordentliches, wenn auch mit einer besonderen Kün- **24** digungsfrist (§ 624 S 2) versehenes Kündigungsrecht. § 622 findet daneben keine Anwendung (PALANDT/PUTZO Rn 6; ERMAN/BELLING Rn 5; KR/FISCHERMEIER Rn 29).

Auch bei Anstellung auf Lebenszeit bleibt die **außerordentliche fristlose Entlassung** **25** des Beschäftigten und fristlose Kündigung seitens des Dienstverpflichteten aus den gesetzlich anerkannten Gründen (§ 626) zulässig und kann nicht ausgeschlossen werden. Nicht gerechtfertigt ist es, nur eine außerordentliche befristete Kündigung zuzulassen; für eine derartige zwingend begrenzte außerordentliche Kündigungsmöglichkeit gibt weder das Gesetz Anhaltspunkte noch ist dies regelmäßig in der Sache gerechtfertigt (wie hier KR/HILLEBRECHT[4] Rn 26; **aA** STAUDINGER/NEUMANN[12] Rn 12; NEUMANN DB 1956, 571; offenbar auch KR/FISCHERMEIER Rn 26). Davon unberührt bleibt die im Ermessen des Kündigungsberechtigten stehende Möglichkeit, statt einer fristlosen eine außerordentliche befristete Kündigung auszusprechen (vgl § 626 Rn 251).

2.   Rechtsfolgen für den Dienstherrn

Der Dienstherr bleibt an den auf Lebenszeit oder für mehr als fünf Jahre geschlos- **26** senen Vertrag gebunden. § 624 S 1 schützt nur den Dienstpflichtigen und gewährt nur ihm ein besonderes Kündigungsrecht. Dem Dienstherrn verbleibt nur das Recht zur außerordentlichen Kündigung nach § 626 Abs 1 (BGH 22.4.1986 NJW-RR 1986, 982; ERMAN/BELLING Rn 6).

VI.   Darlegungs- und Beweislast

Derjenige, der die Rechtsstellung des § 624 für sich reklamiert (zB Ausschluß der **27** ordentlichen Kündigung), hat unabhängig von seiner prozessualen Stellung die tatbestandlichen Voraussetzungen der Vorschrift darzulegen und zu beweisen (vgl KR/ FISCHERMEIER Rn 30).

§ 625
Stillschweigende Verlängerung

Wird das Dienstverhältnis nach dem Ablaufe der Dienstzeit von dem Verpflichteten mit Wissen des anderen Teiles fortgesetzt, so gilt es als auf unbestimmte Zeit verlängert, sofern nicht der andere Teil unverzüglich widerspricht.

Materialien: E I § 565; II § 564; III § 616; Mot 261 f; Prot 912 ff; Jakobs/Schubert, SchR II 811.

Schrifttum

Kramer, Die arbeitsvertragliche Abdingbarkeit des § 625 BGB, NZA 1993, 1115
Ohlendorf, Die Weiterbeschäftigung während

eines Kündigungsschutzprozesses auf Wunsch des Arbeitgebers, ArbuR 1981, 109.

Systematische Übersicht

Alphabetische Übersicht

I. Allgemeines

1. Normzweck

Bei Dauerschuldverhältnissen werden die Vertragsbeziehungen zwischen den Par- **1** teien häufig über das zunächst vorgesehene Vertragsende hinaus tatsächlich fortgesetzt. Daraus ergibt sich ein besonderes Regelungsbedürfnis, das § 625 für Dienstverhältnisse erfüllt. Die Norm behandelt die stillschweigende Verlängerung des Dienstverhältnisses, in der gemeinrechtlichen Doktrin sog relocatio tacita. Es werden die hierfür bei der Miete gemäß § 545 geltenden Grundsätze, nur mit einigen Abweichungen im einzelnen, auch auf den Dienstvertrag übertragen (Mot II 468).

2. Anwendungsbereich

§ 625 gilt für **Dienstverhältnisse jeder Art** und hatte insbesondere Bedeutung für **2** Arbeitsverhältnisse. Für **Arbeitsverhältnisse** gilt seit 1. 1. 2001 die wesensgleiche Vorschrift des § 15 Abs 5 TzBfG. Sie geht als Spezialnorm im Arbeitsrecht § 625 vor. Die Vorschrift ist im Interesse einer zusammenhängenden und überschaubaren Regelung aller befristeten Arbeitsverhältnisse in das TzBfG übernommen worden (BT-Drucks 14/4374 S 21). Die Gesetzesverfasser meinten, mit § 15 Abs 5, ebenso wie im Falle des § 15 Abs 4 (für § 624), lediglich redaktionell angepaßt § 625 für das Arbeitsrecht übernommen zu haben. Die Norm gilt aber im Unterschied zu § 625 nur für kalendermäßig befristete Arbeitsverträge, zweckbefristete Arbeitsverträge und entsprechend der in § 21 TzBfG enthaltenen Verweisung auch für auflösend bedingte Arbeitsverträge. Der Wortlaut des § 15 Abs 5 TzBfG ist insoweit eindeutig (wie hier APS/BACKHAUS, Nachtrag, Das neue Befristungsrecht, § 15 TzBfG Rn 19; KR/FISCHERMEIER § 625 Rn 3). § 625 enthält demgegenüber keine weiteren Einschränkungen, die Vorschrift gilt nur für das Dienstverhältnis insgesamt und nicht für Teile davon. § 625 gilt ferner bei **jeder Beendigung** des Dienstverhältnisses, sei es durch Vertragsablauf im Falle der Befristung oder sei es infolge Kündigung (LAG Berlin 28.11. 1991 LAGE § 625 BGB Nr 2) oder Anfechtung. § 625 behält damit auch im Arbeitsrecht gegenüber § 15 Abs 5 TzBfG eine eigenständige Bedeutung. Entgegen dem Bestreben der Bundesregierung (BT-Drucks 14/4374 S 21) stellt § 15 Abs 5 TzBfG damit keine abschließende Regelung für Arbeitsverhältnisse dar (APS/BACKHAUS, Nachtrag, Das neue Befristungsrecht, § 15 TzBfG Rn 19; KR/FISCHERMEIER § 625 Rn 3; ErfK/MÜLLER-GLÖGE § 15 TzBfG Rn 33, § 625 Rn 6). § 15 Abs 5 TzBfG stellt damit nur eine vorrangige Spezialregelung für die Beendigungstatbestände Befristung, Zweckbefristung und auflösende Bedingung dar. § 625 behält damit auch im Arbeitsrecht eine eigenständige Bedeutung, insbesondere für die Fälle der Vertragsfortsetzung nach **Kündigung** und **Anfechtung.** § 625 BGB kann **nicht** angewandt werden, wenn nur die **Beendigung einzelner Vertragsbedingungen** in Frage steht (LAG Rheinland-Pfalz 13.11. 1987 ARST 1988, 124; APS/

Backhaus Rn 4). Auch eine analoge Anwendung auf Teilkündigungen oder den Wegfall von Zulagen scheidet aus (LAG Bayern 27. 6. 1963 ABlBayerArbMin 1964 C 21).

3 **Nicht** anwendbar ist § 625 im Falle einer **Änderungskündigung,** wenn die Parteien im Anschluß an einen vom Arbeitnehmer erklärten Vorbehalt nach § 2 KSchG das Arbeitsverhältnis fortsetzen. Die bisherigen Arbeitsbedingungen gelten dann nur weiter, wenn die Änderungskündigung unwirksam ist (KR/Fischermeier Rn 3).

4 Anwendung findet § 625 jedoch auch in den Fällen **unerlaubter Arbeitnehmerüberlassung,** wenn nach Art 1 § 10 Abs 1 AÜG kraft Fiktion ein Arbeitsverhältnis mit dem Entleiher zustande gekommen ist, weil der Arbeitseinsatz beim Entleiher über den im Arbeitnehmerüberlassungsvertrag vereinbarten Zeitraum hinaus fortgesetzt wird (LAG Baden-Württemberg 19. 10. 1984 EzAÜG Nr 157).

5 Eine Sonderregelung enthält § 17 BBiG, der die Rechtslage für den Fall klarstellen soll, daß der **Auszubildende** nach dem Ende des Ausbildungsverhältnisses ohne Unterbrechung und ohne ausdrückliche Vereinbarung in einer der Ausbildung entsprechenden oder in einer anderen Tätigkeit weiterbeschäftigt wird. § 625 findet auf dieses Fallkonstellation keine Anwendung (BAG 30. 11. 1984 AP Nr 1 zu § 22 MTV Ausbildung). Nach Auffassung des BAG ist es nicht geboten, alle zu § 625 geltenden Grundsätze auf § 17 BBiG zu übertragen, weil es bei der Überleitung des Berufsausbildungsverhältnisses in ein Arbeitsverhältnis nicht um eine unveränderte Fortsetzung der bisherigen Tätigkeit geht (BAG 5. 4. 1984 EzB BBiG § 14 Abs 2 Nr 18).

6 Ein **öffentlich-rechtliches Lehrauftragsverhältnis** ist kein Dienstverhältnis im Sinne des § 625 BGB (BAG 27. 11. 1987 RnK I 9 a Nr 29 zu § 56 WissHG NW, wonach der „Lehrauftrag ein öffentlich-rechtliches Rechtsverhältnis eigener Art" ist; „er begründet kein Dienstverhältnis").

II. Rechtscharakter

1. Gesetzliche Fiktion

7 Die Fortsetzung des Dienstverhältnisses iS von § 625 BGB ist ein Tatbestand des schlüssigen Verhaltens kraft gesetzlicher Fiktion. Die Besonderheit gegenüber einer echten Vertragsverlängerung durch schlüssiges Verhalten liegt darin, daß aufgrund der unwiderleglichen gesetzlichen Vermutung ein Geschäftswille ohne Rücksicht darauf, ob er tatsächlich vorgelegen hat, unterstellt wird (BAG 1. 12. 1960 AP Nr 1 zu § 625 BGB; BAG 2. 12. 1998 AP Nr 8 zu § 625 BGB; 13. 8. 1987 – 2 AZR 122/87 –; 18. 9. 1991 – 7 AZR 364/90 – beide unveröffentlicht; KR/Fischermeier Rn 4 f; **aA** MünchKomm/Schwerdtner 625 Rn 9 ff).

8 Für die Interpretation der Norm ist der Rechtscharakter einer gesetzlichen Fiktion wesentlich. Nach Larenz (Methodenlehre der Rechtswissenschaft [6. Aufl 1991] 262) besteht die juristische Fiktion in der „gewollten Gleichsetzung eines als ungleich Gewußten". Für die Rechtsanwendung ergibt sich daraus, daß man das Wesen der Fiktion in der Analogie bzw in einer „als ob"-Betrachtung zu sehen hat (hierzu Pfeifer, Fiktionen im öffentlichen Recht, insbesondere im Beamtenrecht [1980] 23 ff, 35 ff). Im Grundsatz führt die Fiktion zu einer entsprechenden Anwendbarkeit aller Vorschriften und Grundsätze, die maßgebend wären, wenn der vermutete Tatbestand tatsächlich vorgelegen hätte.

Dennoch kann sich aus dem Sinn und Zweck einer Gesetzesfiktion ausnahmsweise die Notwendigkeit einer einschränkenden Auslegung hinsichtlich der bewirkten Rechtsfolgen ergeben (vgl LARENZ 263).

2. Anwendung rechtsgeschäftlicher Regeln

Aus dem Rechtscharakter der gesetzlichen Fiktion folgt, daß die Parteien so zu **9** behandeln sind, als ob sie eine entsprechende rechtsgeschäftliche Erklärung abgegeben hätten. Aus diesem Grunde finden auf das fingierte schlüssige Verhalten von Dienstgeber und Dienstnehmer auch die Regeln über das Rechtsgeschäft entsprechend Anwendung (KR/FISCHERMEIER Rn 7; APS/BACKHAUS Rn 3).

Anwendbar sind zunächst die §§ 104 ff über die **Geschäftsfähigkeit.** Ein Geschäfts- **10** unfähiger bzw beschränkt Geschäftsfähiger kann durch die gesetzliche Fiktion eines Rechtsgeschäfts nicht anders (schlechter) gestellt werden als bei ausdrücklichem Abschluß. Der Abschluß eines Arbeitsvertrages bzw dessen Fortsetzung ist nicht lediglich rechtlich vorteilhaft, so daß es bei einem beschränkt geschäftsfähigen Arbeitnehmer der Einwilligung des gesetzlichen Vertreters bedarf (§§ 106, 107), sofern nicht der Regelfall des § 113 vorliegt (vgl KR/FISCHERMEIER Rn 8).

Auf § 625 ist das Recht der **Stellvertretung** (§§ 164 ff) grundsätzlich anwendbar (BAG **11** 1. 12. 1960 AP Nr 1 zu § 625 BGB; LAG Hamm 9. 6. 1994 LAGE § 625 BGB Nr 4). Für die Frage, auf wessen Wissen von der Weiterarbeit es ankommt, ist von § 166 BGB auszugehen. Danach kommt es auf das Wissen derjenigen an, die zur Vertretung in arbeitsvertraglichen Fragen befugt sind. Anzuwenden sind auch die Grundsätze der Anscheins- und Duldungsvollmacht (BAG 13. 8. 1987 – 2 AZR 122/87 – unveröffentlicht; LAG Berlin 2. 11. 1998 ZTR 1999, 328; APS/BACKHAUS Rn 26). In einer Universität kommt es dabei weder auf den zuständigen Hochschullehrer (BAG 31. 3. 1993 – 7 AZR 352/91 – unveröffentlicht) noch den Dekan eines Fachbereichs an, sondern allein auf die Personalverwaltung bzw den Kanzler der Universität (BAG 18. 9. 1991 – 7 AZR 364/90 – unveröffentlicht). Etwas anderes kann nur gelten, wenn der Tatbestand einer Anscheins- oder Duldungsvollmacht vorliegt, dh der betroffene Mitarbeiter davon ausgehen durfte, daß der zuständige Hochschullehrer oder der Dekan befugt sind, die Universität insoweit in Personalfragen zu vertreten (BAG 18. 9. 1991 – 7 AZR 364/90 – unveröffentlicht). Davon ist jedoch in aller Regel nicht auszugehen.

Auch ein befristetes **Lehrerarbeitsverhältnis** wird nicht dadurch zu einem unbefristeten **12** Arbeitsverhältnis, daß über das vereinbarte Ende des Beschäftigungsverhältnisses hinaus Abiturarbeiten korrigiert werden. Die bloße Unterrichtung des Schulleiters führt schon deshalb nicht zu einer unbefristeten Verlängerung des Arbeitsverhältnisses, weil nicht dieser, sondern die jeweils zuständige Schulbehörde der dienstberechtigte öffentliche Arbeitgeber ist (LAG Hamm 5. 10. 1989 – 4 Sa 315/89 – unveröffentlicht).

Fraglich ist, ob und inwieweit einer Partei das Recht zur **Anfechtung** wegen Irrtums **13** nach § 119 zusteht, wenn sie sich über Bedeutung und Folgen ihres Verhaltens nach § 625 geirrt hat. Soweit eine Partei letztlich nur über die rechtlichen Folgen eines ihr bekannten Verhaltens irrt, vermag ein Anfechtungsrecht nicht durchzugreifen (ERMAN/BELLING Rn 4; SOERGEL/KRAFT Rn 9; APS/BACKHAUS Rn 28). Die gesetzliche Fiktion des § 625 schließt die Berufung auf einen fehlenden Geschäftswillen aus. Deshalb ist ein

Anfechtungsrecht nach § 119 auch dann zu verneinen, wenn ein tatsächlich vorhandener Geschäftswille durch einen Irrtum beeinflußt worden ist (KR/FISCHERMEIER Rn 10). So ist der Irrtum über das Vorliegen einer Befristung unerheblich; eine Anfechtung scheidet aus (ArbG Passau 27. 7. 1988 ARST 1989, 1). Zu beachten ist, daß die Fiktion des § 625 zu der gleichen Rechtsfolge führen soll, wie die Erklärung, das Arbeitsverhältnis werde unbefristet fortgesetzt. Dem Dienstverpflichteten soll Gewißheit verschafft werden, woran er ist. Es kann deshalb nicht darauf ankommen, ob der Dienstberechtigte durch seinen fehlenden Widerspruch einen entsprechenden Geschäftswillen äußern wollte oder nicht. Grundsätzlich kann bei derartigen Fiktionen rechtsgeschäftlicher Willenserklärungen eine Irrtumsanfechtung nach § 119 nicht in Betracht kommen (LARENZ, Methodenlehre der Rechtswissenschaft [6. Aufl] 263).

III. Voraussetzungen

14 Vier Voraussetzungen müssen gegeben sein:

1. Ablauf der Dienstzeit

15 Vorausgesetzt ist, daß die Dienstzeit bereits abgelaufen ist, gleichgültig ob durch Ablauf der bestimmten Zeit (§ 620) oder durch Kündigung am Kündigungstermin (LAG Berlin 28. 11. 1991 LAGE § 625 BGB Nr 2). Bedeutung hat die Vorschrift aber im allgemeinen nur für den Fall der Beendigung des Dienstverhältnisses durch Zeitablauf (§ 620). Liegt eine Kündigung vor, so wird eine stillschweigende Verlängerung des Dienstverhältnisses selten sein; liegt sie doch vor, so handelt es sich meist um eine im Einverständnis mit der anderen Partei erfolgte Zurücknahme der Kündigung (vgl STAUDINGER/NEUMANN [1995] Vorbem 97 zu §§ 620 ff).

16 Die gesetzlich vorgesehene Rechtsfolge der Verlängerung auf unbestimmte Zeit nach § 15 Abs 5 TzBfG greift auch dann ein, wenn ein befristetes **Probearbeitsverhältnis** über die Probezeit hinaus fortgesetzt wird (KR/FISCHERMEIER Rn 20; LAG Düsseldorf 9. 11. 1965 BB 1966, 741).

17 Die Vereinbarung einer **zeit- oder zweckbefristeten Weiterbeschäftigung** schließt die Anwendung des § 625 BGB aus (BAG 15. 3. 1960 AP Nr 9 zu § 15 AZO; LAG Köln 19. 3. 1992 LAGE § 620 BGB Nr 26; KR/FISCHERMEIER Rn 13).

18 Wird das Dienst- bzw Arbeitsverhältnis trotz Erreichung einer **Altersgrenze** (hierzu § 620 Rn 137 ff) bzw des Rentenalters mit Wissen des Arbeitgebers und ohne dessen unverzüglichen Widerspruch fortgesetzt, so liegt ein nicht unterbrochenes Arbeitsverhältnis mit der Rechtsfolge des § 625 bzw § 15 Abs 5 TzBfG vor (LAG Berlin 28. 11. 1991 LAGE § 625 BGB Nr 2; ArbG Bremerhaven 19. 11. 1954 DB 1955, 123).

2. Fortsetzung durch Dienstverpflichteten

19 Die Fortsetzung des Dienstverhältnisses muß von dem Dienstverpflichteten bzw dem Arbeitnehmer erfolgt sein. Es ist selbstverständlich, daß eine bewußte Verlängerung der Dienstleistung vorliegen muß. Der Widerspruch des Dienstverpflichteten bzw Arbeitnehmers wird – im Gegensatz zu § 545 – nicht erwähnt, da dessen Absicht, das Dienstverhältnis fortzusetzen, Voraussetzung der Anwendung des § 625 ist. Eine entgegengesetzte Absicht wäre als *Mentalreservation* nicht zu berücksichtigen. Ebenso ist zu fordern eine Fortsetzung, die getragen ist von dem Willen des Dienstverpflichteten, die aus dem Arbeitsverhältnis entspringenden Verpflichtungen fernerhin auf sich zu nehmen (krit dazu APS/BACKHAUS Rn 11). Dabei ist es unerheblich, ob wegen der Wirksamkeit einer Kündigung ein Kündigungsschutzprozeß anhängig ist. § 625 gilt auch während des Prozesses nach Ablauf der Kündigungsfrist, sofern danach weitergearbeitet wird (LAG Frankfurt/Main 5.5. 1976 AuR 1977, 89). Wird ein Arbeitnehmer aufgrund eines Kündigungsschutzverfahrens vom Arbeitgeber über den selbst gesetzten Zeitpunkt der Befristung (hier: Tag der streitigen Verhandlung vor dem Arbeitsgericht) hinaus weiterbeschäftigt, greift § 625 ebenfalls ein (LAG Hamm 8.8. 1985 RnK I 12 Nr 3). In aller Regel erfolgt die Weiterbeschäftigung während des Kündigungsschutzprozesses jedoch nur auflösend bedingt durch die rechtskräftige Abweisung der Kündigungsschutzklage (vgl Rn 37). Sind die Verhältnisse so gelagert, daß der Dienstverpflichtete nach seiner Erklärung oder nach Lage der Umstände nur aus Gefälligkeit etwa bis zu anderweitem Ersatz noch ausharrt, so liegt zwar eine Fortsetzung vor, aber zugleich eine konkludente Abbedingung der Rechtsfolgen des § 625 (vgl APS/BACKHAUS Rn 3; RAG 10.9. 1931 ARS 13, 51).

Unter Fortsetzung des Dienstverhältnisses durch den Verpflichteten iS von § 625 **20** BGB ist im Arbeitsverhältnis nur die **tatsächliche Fortsetzung der Arbeit** durch den Arbeitnehmer zu verstehen. Es genügt nicht für diese Tatbestandsvoraussetzung, daß einem arbeitsunfähig erkrankten Arbeitnehmer – möglicherweise nur versehentlich – die Vergütung für die Zeit nach Vertragsende gezahlt wird (LAG Hamm 5.9. 1990 LAGE § 625 BGB Nr 1; APS/BACKHAUS Rn 9). Eine tatsächliche Fortsetzung eines befristeten Arbeitsverhältnisses kann aber unter Umständen darin gesehen werden, wenn der Arbeitnehmer am letzten Tag des Arbeitsverhältnisses für eine Woche in Urlaub geschickt wird (ArbG Passau 27.7. 1988 ARST 1989, 1). In der Regel ist hiervon jedoch nicht auszugehen. Wird einem befristet Eingestellten auf seinen Antrag hin **Urlaub über das Ende des Arbeitsverhältnisses hinaus** gewährt, so liegt darin regelmäßig weder eine vertragliche Verlängerung noch eine Fortsetzung des Arbeitsverhältnisses iS des § 625 (BAG 2.12. 1998 AP Nr 8 zu § 625; LAG Hamm 3.2. 1992 LAGE § 625 Nr 3; APS/ BACKHAUS Rn 3: ErfK/MÜLLER-GLÖGE Rn 10, § 15 TzBfG Rn 35).

3. Wissen des Berechtigten

Die Dienstleistung muß mit Wissen des Dienstberechtigten fortgesetzt werden. Das **21** Dienst- und Arbeitsverhältnis verlängert sich aber auch dann auf unbestimmte Zeit, wenn es infolge eines Versehens vom Dienstberechtigten über den Ablauf fortgesetzt wird (LAG Bremen 30.3. 1955 DB 1955, 536; KR/FISCHERMEIER Rn 28; APS/BACKHAUS Rn 16; KRAMER NZA 1993, 1116; aA MünchKomm/SCHWERDTNER Rn 9; ErfK/MÜLLER-GLÖGE Rn 13, § 15 TzBfG Rn 38). Erfolgt die Weiterbeschäftigung in voller Kenntnis des Zeitablaufs, ist das Arbeitsverhältnis damit in ein unbefristetes übergegangen (LAG Frankfurt/Main 19.4. 1955 BB 1955, 573). Es reicht aber nicht aus, daß der Arbeitnehmer ohne Wissen des Arbeitgebers im Außendienst weiterarbeitet (LAG Frankfurt/Main 15.10. 1971 AR-Blattei Kündigungsschutz E 131) oder lediglich nicht zu Personalentscheidungen befugte Kollegen über das Verbleiben des Arbeitnehmers am Arbeitsplatz Bescheid wissen (KR/FISCHERMEIER Rn 27).

Es tritt keine automatische Verlängerung des Arbeitsverhältnisses ein, wenn beide **22**

Parteien sich über den Ablauf der Frist nicht im Klaren waren und deshalb der Dienstverpflichtete über den Ablauf hinaus bis zu dem fälschlicherweise angenommenen Zeitablauf beschäftigt wurde (BAG 21.12. 1957 AP Nr 5 zu § 4 TVG; KR/FISCHERMEIER Rn 10).

4. Kein Widerspruch

23 Der Dienstberechtigte darf nicht **unverzüglich** widersprochen haben (RAG 2.11. 1932 ARS 16, 284; 3.5. 1933 ARS 18, 42; RG 5.5. 1933 RGZ 140, 314; BAG 11.11. 1966 AP Nr 117 zu § 242 BGB Ruhegehalt). Ein Widerspruch ist dann unverzüglich, wenn er ohne schuldhaftes Zögern erfolgt ist (§ 121 BGB). Die Frist für den Widerspruch beginnt erst mit der **Kenntnis des Dienst bzw -Arbeitgebers** von den für die Entscheidung über das Fortbestehen des Arbeitsverhältnisses maßgebenden Umständen (ERMAN/BELLING Rn 6). Dazu gehört insbesondere die **Kenntnis,** daß der Dienstnehmer über die Vertragszeit hinaus seine Dienste weiter erbringt (KR/FISCHERMEIER Rn 35; ERMAN/BELLING Rn 6; APS/ BACKHAUS Rn 22). Die bei der Miete vorgesehene **Widerspruchsfrist** erscheint für den Dienstvertrag nicht angemessen (Mot II 568). Im Dienstvertragsrecht genügt es, daß der andere Teil, dh der Dienstberechtigte, der Dienstfortsetzung nicht unverzüglich widersprochen hat. Voraussetzung für den unverzüglichen Widerspruch ist, daß der Dienstberechtigte Kenntnis von der Fortsetzung der Dienste hat (BAG 13.8. 1987 – 2 AZR 122/87 – unveröffentlicht). Hat der Dienstberechtigte Kenntnis von der Fortsetzung der Dienste über die Vertragszeit hinaus, kann ihm nur noch eine kurze Überlegungsfrist eingeräumt werden. Wartet er mit seiner Reaktion bzw seinem Widerspruch länger als eine Woche, dürfte der Widerspruch in aller Regel verspätet sein (KR/FISCHERMEIER Rn 35; MünchKomm/SCHWERDTNER Rn 17; APS/BACKHAUS Rn 23). Bei Weiterbeschäftigung in voller Kenntnis des Zeitablaufes kann der Widerspruch schon nach kurzer Zeit nicht mehr zulässig sein. Ist unverzüglicher Widerspruch erfolgt, so gilt nicht § 625, sondern es kommt nur der Neuabschluß eines Vertrages in Frage.

24 Ist ein Arbeitnehmer nach Ablauf eines befristeten Arbeitsverhältnisses im Betrieb des Arbeitgebers auf einem anderen Arbeitsplatz weiterbeschäftigt worden, so darf nicht außer Betracht bleiben, daß der Arbeitgeber durch die Zuweisung des neuen Arbeitsplatzes einen besonderen Vertrauenstatbestand gesetzt hat. Man muß deshalb an das Merkmal der „Unverzüglichkeit" im Sinne von § 625 verschärfte Anforderungen stellen (BAG 11.11. 1966 AP Nr 117 zu § 242 BGB Ruhegehalt).

25 Der Widerspruch ist eine **einseitige empfangsbedürftige Willenserklärung,** für die die §§ 130 ff BGB gelten (SOERGEL/KRAFT Rn 6; KR/FISCHERMEIER Rn 30; APS/BACKHAUS Rn 18). Der Widerspruch kann auch schon vor der Beendigung des Dienst bzw Arbeitsverhältnisses erklärt werden (BAG 8.3. 1962 AP Nr 22 zu § 620 BGB Befristeter Arbeitsvertrag; APS/BACKHAUS Rn 19).

26 Der Widerspruch muß nicht ausdrücklich erklärt werden, er kann auch **konkludent** erfolgen (BAG 3.12. 1997 AP Nr 196 zu § 620 BGB Befristeter Arbeitsvertrag; APS/BACKHAUS Rn 20) Der Widerspruch gegen die Fortsetzung eines befristeten Dienstverhältnisses kann auch in einem Klageabweisungsantrag liegen (LAG Köln 10.3. 1995 NZA 1996, 202). Ein Widerspruch kann ferner darin liegen, daß der Dienst- bzw Arbeitgeber eine **Verlängerung** nur bis zu einem **bestimmten Zeitpunkt** anträgt. Auch damit macht er klar, daß durch die befristete Weiterbeschäftigung kein Dienstverhältnis auf unbestimmte Zeit begründet werden soll, und zwar unabhängig davon, ob das Anschluß-dienstverhältnis zeitlich begrenzt (§ 620 Abs 1 BGB) oder ob es bis zur Erreichung eines bestimmten Zwecks (§ 620 Abs 2 BGB) vereinbart worden ist (vgl RG 5. 5. 1933 RGZ 140, 314; BAG 15. 3. 1960 AP Nr 9 zu § 15 AZO; 8. 3. 1962 AP Nr 22 zu § 620 BGB Befristeter Arbeitsvertrag; LAG Hamm 5. 9. 1986 ARST 1988, 105; KR/FISCHERMEIER Rn 32). Während § 545 bei der Miete noch erfordert, daß nicht von der einen oder anderen Seite binnen einer bestimmten Frist ein Widerspruch gegen die Annahme einer Vertrags-fortsetzung erfolgt ist, hat § 625 diesen Punkt absichtlich anders geregelt. Nimmt der Dienstverpflichtete das Angebot nicht an, kommt es weder zu einer befristeten noch zu einer unbefristeten Fortsetzung des Dienstverhältnisses.

Eine stillschweigende Verlängerung findet nicht statt, wenn **Verhandlungen** über **27** einen **neuen Anstellungsvertrag** geführt werden (BGH 16. 2. 1967 BB 1967, 646).

IV. Rechtsfolgen

1. Fortbestand des Dienstverhältnisses

Sind die Voraussetzungen des § 625 erfüllt, so ergibt sich die Rechtsfolge des **Fort-** **28** **bestandes** des Dienst- oder Arbeitsverhältnisses ex lege, sie bedarf keiner Begrün-dung aus dem stillschweigenden Willen der Parteien. Wird nach Ablauf der Vertrags-zeit das Arbeitsverhältnis vom Beschäftigten mit Wissen des Dienstgebers fortgesetzt, so muß der Dienstgeber ohne Rücksicht darauf, ob das seinem Willen entspricht, das Dienstverhältnis als auf unbestimmte Zeit verlängert gegen sich gel-ten lassen. Mag auch normalerweise in der Fortsetzung des Dienstverhältnisses der stillschweigende Wille der Parteien zur Verlängerung des Vertrages auf unbestimmte Zeit zum Ausdruck kommen, so ist es doch unerheblich, ob dieser Wille beiderseits wirklich vorhanden ist. Vielmehr wird der Wille, sofern nur beide Vertragteile einen rechtlich erheblichen Willen haben können, also geschäftsfähig sind, fingiert. Ein ursprünglich ex lege kraft § 625 unbefristetes Dienstverhältnis kann aber nachträg-lich durch ausdrückliche Vereinbarung noch befristet werden (LAG Berlin 29. 4. 1997 ZTR 1998, 42; LAG Köln 26. 1. 1996 BB 1996, 1618).

Das bis dahin bestandene Dienst- oder Arbeitsverhältnis bleibt in gleicher Art und **29** mit den bisher bestehenden **beiderseitigen Rechten und Pflichten aufrechterhalten** (LAG Berlin 28. 11. 1991 LAGE § 625 BGB Nr 2). Das gilt namentlich auch für Lohn und Gehalt, selbst bei verringerter Tätigkeit. Auch Vertragsstrafenregelungen gelten fort (LAG Hamm 15. 9. 1997 LAGE § 625 BGB Nr 5).

2. Kündigungsfristen

Fraglich ist, ob für die ordentliche Kündigung eines über die vorgesehene Vertrags- **30** zeit hinaus nach § 625 BGB auf unbestimmte Zeit fortgesetzten Arbeitsverhältnisses die vertraglich vereinbarten oder die gesetzlichen Kündigungsfristen gelten.

Nach der in Schrifttum und Rechtsprechung bislang überwiegend vertretenen An- **31** sicht wird – obwohl Rechtsfolge des § 625 grundsätzlich die unveränderte Fortgeltung der bisherigen Rechte und Pflichten der Vertragsparteien ist – verbreitet ein Vorbe-halt für den Fall der Beendigung des Arbeitsverhältnisses gemacht. Da das nach § 625

BGB fortgesetzte Arbeitsverhältnis kraft Gesetz in ein Arbeitsverhältnis auf unbestimmte Zeit nach § 620 Abs 2 BGB umgewandelt werde, wird daraus überwiegend gefolgert, die für die zunächst vorgesehene Vertragszeit vereinbarten Kündigungsfristen würden nunmehr durch die **gesetzlichen Kündigungsregelungen** ersetzt (RAG 21. 9. 1935 ARS 25, 59, 61; 22. 3. 1939 ARS 36, 7; MünchKomm/SCHWERDTNER Rn 13; ERMAN/BELLING Rn 9; SOERGEL/KRAFT Rn 9; KR/FISCHERMEIER Rn 40; ebenso für die vergleichbare Regelung in § 568 BGB: MünchKomm/VOELSKOW § 568 Rn 15; OERTMANN, Recht der Schuldverhältnisse [1899] § 568 BGB Anm 4).

32 Das BAG hegt an dieser herrschenden Interpretation Zweifel (BAG 11. 8. 1988 EzA § 625 BGB Nr 3; zust APS/BACKHAUS Rn 31). Der Hinweis auf den Wortlaut des § 625 BGB, nach dem das fortgesetzte Arbeitsverhältnis nunmehr ein „auf unbestimmte Zeit" eingegangenes Arbeitsverhältnis im Sinne von § 620 Abs 2 BGB geworden sei, sei nicht ausreichend, weil sich aus ihr nicht ergebe, ob für ein auf unbestimmte Zeit fortgesetztes Arbeitsverhältnis die gesetzlichen oder tariflichen oder die vertraglich vereinbarten Kündigungsfristen anzuwenden sind. Weder systematisch noch aus den Materialien zu §§ 625, 568 aF sei diese Auffassung begründbar. Das BAG ließ diese Frage jedoch offen. Es wendete die vertraglichen Fristen im konkreten Fall deshalb an, weil die vereinbarte Kündigungsregelung aufgrund der **Auslegung des ursprünglichen Vertrages** auch auf den Fall der Fortsetzung des Arbeitsverhältnisses zu beziehen war (BAG 11. 8. 1988 EzA § 625 BGB Nr 3). Ausreichend für diese Annahme erscheint dem BAG aber schon der vertragliche Regelfall, daß die ordentliche Kündigung nicht nur für die Dauer der Probezeit, sondern auch bei einer etwaigen Verlängerung des Arbeitsverhältnisses nicht den gesetzlichen, sondern den in Bezug genommenen tariflichen Bestimmungen unterstellt wird.

33 Davon unberührt bleibt die Möglichkeit, bei Fortsetzung des Dienstverhältnisses eine entsprechende – konkludente – Vereinbarung zu treffen (BAG 11. 8. 1988 EzA § 625 BGB Nr 3; SOERGEL/KRAFT Rn 10; HUECK/NIPPERDEY I 534 Fn 30; A HUECK ARS 25, 59, 63; KR/FISCHERMEIER Rn 40; aA nur RAG 21. 9. 1935 ARS 25, 59, das eine ausdrückliche Vereinbarung fordert).

V. Abweichende Vereinbarungen

1. Dispositives Recht

34 § 625 ist **nachgiebiges Recht.** Danach können sich die Parteien vor Ablauf, im Zeitpunkt der Beendigung und auch nach bereits eingetretener Wirkung des § 625 darüber einigen, daß das Dienstverhältnis nach der vorgesehenen Vertragszeit zu anderen Bedingungen oder zumindest nicht auf unbestimmte Zeit verlängert wird bzw die Rechtsfolgen des § 625 BGB nachträglich wieder einverständlich aufheben (BAG 11. 8. 1988 EzA § 625 BGB Nr 3; LAG Köln 30. 3. 1993 LAGE § 625 BGB Nr 4; MünchKomm/ SCHWERDTNER Rn 14; KR/FISCHERMEIER § 625 Rn 11, 12; ERMAN/BELLING, Rn 10; aA AK/DERLEDER Rn 1). Sie können sich auch darüber einigen, daß der alte Vertrag in der unveränderten Gestalt nicht fortgesetzt werden soll, daß zB nicht die gesetzlichen Kündigungsfristen zu gelten haben. Zu bedenken ist, daß § 15 Abs 5 TzBfG wegen § 22 TzBfG zwingendes Recht ist. Das wirkt sich aber im praktischen Ergebnis nicht aus, weil jedenfalls unstreitig sein dürfte, daß auch im Arbeitsverhältnis vor Ende eines befristeten Arbeitsvertrages eine erneute Vereinbarung über ein befristetes

Arbeitsverhältnis getroffen werden kann (siehe APS/BACKHAUS, Nachtrag, Das neue Befristungsrecht, § 15 TzBfG Rn 34). Im praktischen Ergebnis bedeutet dies aber, daß § 15 Abs 5 TzBfG nicht vorweg im befristeten Arbeitsvertrag selbst ausgeschlossen werden kann (zur Doppelbefristung § 620 Rn 32 f).

Bedenken gegen die Wirksamkeit einer § 625 ausschließenden Vereinbarung wurden **35** schon früher geäußert, weil sie faktisch einem **vorweggenommenen Widerspruch** des Dienstgebers gleichkommt, der prinzipiell unzulässig ist, jedenfalls dann, wenn er schon zu Beginn des Vertragsverhältnisses erfolgt (KRAMER NZA 1993, 1118). Dagegen spricht jedoch entscheidend, daß die Fiktionswirkung des § 625 auf dem Grundgedanken beruht, daß die Fortsetzung der Dienstleistung mit Wissen der anderen Partei regelmäßig Ausdruck eines stillschweigenden Vertragswillens ist; dieser kann aber ausdrücklich durch übereinstimmende Vereinbarung ausgeschlossen werden (richtig KRAMER NZA 1993, 1118). Dies entspricht auch der ganz herrschenden Auffassung zur mietrechtlichen Parallelnorm des § 545 S 1 (PALANDT/WEIDENKAFF § 545 Rn 4).

Die Parteien können sich vor der Fortsetzung des Dienstverhältnisses darüber einigen, daß durch die **vorläufige Weiterarbeit** der vorläufige Vertrag nicht unbefristet **36** fortgeführt werden soll. Sofern eine solche Vereinbarung nicht ausdrücklich erfolgt, muß ein dahingehender **Parteiwille** aus den konkreten Umständen des Einzelfalles **klar ersichtlich** sein (BAG 12. 6. 1987 EzA § 4 KSchG nF Nr 32; LAG Düsseldorf 9. 11. 1965 BB 1966, 741). Von einem stillschweigenden Ausschluß des § 625 wird dann auszugehen sein, wenn ein Dienstverhältnis vorläufig in der Erwartung fortgesetzt wird, beide Parteien würden sich noch darüber einig, ob und unter welchen Bedingungen ein neuer Vertrag abgeschlossen wird (vgl BAG 7. 6. 1984 – 2 AZR 274/83 – unveröffentlicht; LAG Düsseldorf 9. 11. 1965 BB 1966, 741; KR/FISCHERMEIER Rn 14).

Die Vereinbarung kann auch **stillschweigend** getroffen werden. Bei einer befristeten **37** Fortsetzung ist im Arbeitsverhältnis aber das Schriftformgebot des § 14 Abs 4 TzBfG zu beachten. Im Übrigen genügt, daß ein entsprechender Parteiwille zum Ausdruck kommt oder sich klar aus den Umständen ergibt. So ist § 625 nicht anzuwenden, wenn die **Verlängerung auf bestimmte Zeit** erfolgt (LAG Köln 19. 3. 1992 LAGE § 620 BGB Nr 26) oder wenn die Dienstleistung in der Erwartung vorläufig fortgesetzt wird, daß beide Parteien sich noch darüber einigen werden, ob und unter welchen Bedingungen ein neuer Vertrag abgeschlossen werden soll. Im letzteren Fall wird in der Regel eine möglichst kurze Kündigungsfrist als vereinbart zu gelten haben, soweit die Verkürzung zulässig ist (§§ 621, 622). § 625 scheidet deshalb aus, wenn beide Parteien darüber einig sind, daß keine Verlängerung des Dienstverhältnisses auf unbestimmte Zeit eintreten soll (LAG Düsseldorf 9. 11. 1965 BB 1966, 741). Ebenso greift § 625 nicht Platz, wenn bei einer Weiterbeschäftigung zum Ausdruck gebracht wird, daß eine Änderung des Vertragsinhalts erfolgen müsse und die Weiterbeschäftigung nur aus **Gefälligkeit** oder um Zeit zu gewinnen erfolgt (LAG Saarbrücken 17. 3. 1965 WAR 1965, 79; ArbG Bochum 25. 10. 1962 DB 1963, 173; krit APS/BACKHAUS Rn 39). Bedarf der Abschluß des Arbeitsvertrages einer (kirchenaufsichtsrechtlichen) Genehmigung und haben beide Parteien hiervon Kenntnis, dann führt die duldende Entgegennahme der Arbeitsleistung nach Ablauf des ursprünglich befristeten Arbeitsvertrages nicht zum Abschluß eines unbefristeten Arbeitsverhältnisses über § 625 (ArbG Bochum 13. 5. 1993 NJW-RR 1993, 1143). Wird der Arbeitnehmer während des **Kündigungsschutzprozesses** seitens des Arbeitgebers freiwillig weiterbeschäftigt, kann in aller Regel davon aus-

gegangen werden, daß hierzu keine Zustimmung zur Fortsetzung des Arbeitsverhältnisses auf unbestimmte Dauer vorliegt, sondern die Weiterbeschäftigung unter der
auflösenden Bedingung des für den Arbeitgeber erfolgreichen rechtskräftigen Abschlusses des Prozesses steht (vgl hierzu BAG 4. 9. 1986 EzA § 611 BGB Beschäftigungspflicht
Nr 27; KR/FISCHERMEIER Rn 34; OHLENDORF AuR 1981, 109 f; LAG Frankfurt/Main 5. 5. 1976 AuR
1977, 89; teilweise aA LAG Hamm 22. 8. 1996 RnK I 5e Nr 47: ausdrückliche Erklärung der Weiterbeschäftigung unter Vorbehalt erforderlich). Freilich bedarf eine solche Konstruktion angesichts des zwingenden Schriftformerfordernisses für befristete Arbeitsverträge in § 14
Abs 4 TzBfG der schriftlichen Vereinbarung. Nach § 21 TzBfG bedarf auch die
auflösende Bedingung der Schriftform.

38 Die Vertragsklausel, nach der das Dienstverhältnis dann nicht mit Ablauf der Befristung enden sollte, wenn die Fortsetzung des Dienstverhältnisses schriftlich vereinbart werde, reicht allein für die Annahme eines Ausschlusses des § 625 nicht aus (BAG
11. 8. 1988 EzA § 625 BGB Nr 3).

39 Durch ein arbeitsvertragliches oder tarifvertragliches **Schriftformerfordernis** für den
Abschluß eines Arbeitsvertrages, auch für Nebenabreden, werden die Voraussetzungen und Rechtsfolgen des § 625 nicht modifiziert (BAG 4. 8. 1988 – 6 AZR 354/86 –
unveröffentlicht; KLIEMT, Formerfordernisse im Arbeitsverhältnis [1994], § 25).

2.   Inhaltskontrolle

40 Fraglich ist jedoch, welche Grenzen der Abdingbarkeit in **Formulararbeitsverträgen**
bestehen. Im Geltungsbereich des TzBfG ist die Abbedingung wegen der Unabdingbarkeit des § 15 Abs 5 TzBfG (vgl § 22 TzBfG) ausgeschlossen. Im übrigen ist nach
der Neuregelung im Schuldrechtsmodernisierungsgesetz die einheitliche Rechtsgrundlage für die Kontrolle § 307. Die generelle Abbedingung der Fiktionswirkung
des § 625 könnte mit wesentlichen Grundgedanken der gesetzlichen Regelung unvereinbar sein (vgl § 307 Abs 2 Nr 1). Die entsprechende Auffassung wird zum Teil zu
§ 545 Satz 1 vertreten (AK/DERLEDER § 568 Rn 1; STAUDINGER/EMMERICH[12] § 568 Rn 345; beide
zu § 568 aF; aA zu § 545 PALANDT/WEIDENKAFF § 545 Rn 4). KRAMER (NZA 1993, 1118; zust APS/
BACKHAUS Rn 36) ist der Ansicht, daß § 625 **kein wesentlicher Grundgedanke** des
Dienstvertragsrechts sei, die Vorschrift vielmehr dem praktischen Bedürfnis Rechnung trage, daß der Dienstnehmer nach Beendigung des Dienstvertrages die Tätigkeit mit Wissen des Dienstgebers fortsetze, die Vorschrift daher primär der Klarheit
der Rechtsbeziehungen der Parteien, insbesondere der Vermeidung eines vertrags-
losen Zustandes diene, nicht aber dem Bestandschutz (unter Bezugnahme auf Motive
II 413 ff zu § 568 aF und 468 zu § 625). Wenn es auch zutrifft, daß § 625 nicht in erster
Linie dem Bestandschutzinteresse dient, ist damit aber noch nicht die **Leitbildfunktion des dispositiven Rechts** widerlegt (aA KRAMER NZA 1993, 1119). Im Ergebnis dürfte
jedoch gleichwohl der Ausschluß des § 625 BGB auch in Formularverträgen möglich
sein, weil die Abbedingung der Fortsetzung des Dienstverhältnisses kraft Fiktion bei
einem an sich regulär endenden Dienstverhältnis keine unangemessene Benachteiligung der anderen Seite darstellt. Dessen ungeachtet können jedoch auch die Parteien
trotz wirksamer Abbedingung des § 625 gleichwohl das Dienstverhältnis fortsetzen
(hierzu KRAMER NZA 1993, 1119 ff). In diesem Zusammenhang kann auch widersprüchliches Verhalten des Arbeitgebers zu einer Fortsetzung des Vertrages führen, wenn
aus dem tatsächlichen Verhalten ein konkludenter Vertragsschluß zu folgern ist.

Diese Möglichkeit ergibt sich trotz der Abbedingung des § 625 allein aus der Tatsache, daß die speziellere Vereinbarung bzw die zeitlich nachfolgende Vereinbarung der früheren Vertragsabrede vorgeht. Voraussetzung hierfür ist allerdings, daß der Dienstberechtigte bzw seine rechtsgeschäftlichen Vertreter (§§ 164 ff) von der Fortsetzung des Dienstverhältnisses wissen.

VI. Beweislast

Die Beweislast folgt allgemeinen Grundsätzen. Jeder Teil hat das zu beweisen, was er **41** zur Stütze seiner Rechte behauptet, der Dienstverpflichtete: die Fortsetzung der Dienstleistung mit Wissen des Arbeitgebers nach Ablauf des Dienstverhältnisses; der Dienstberechtigte: den unverzüglich erhobenen Widerspruch (vgl BAG 30.11.1984 AP Nr 1 zu § 22 MTV Ausbildung; KR/FISCHERMEIER Rn 41).

§ 626

(1) Das Dienstverhältnis kann von jedem Vertragsteil aus wichtigem Grund ohne Einhaltung einer Kündigungsfrist gekündigt werden, wenn Tatsachen vorliegen, aufgrund derer dem Kündigenden unter Berücksichtigung aller Umstände des Einzelfalles und unter Abwägung der Interessen beider Vertragsteile die Fortsetzung des Dienstverhältnisses bis zum Ablauf der Kündigungsfrist oder bis zu der vereinbarten Beendigung des Dienstverhältnisses nicht zugemutet werden kann.

(2) Die Kündigung kann nur innerhalb von zwei Wochen erfolgen. Die Frist beginnt mit dem Zeitpunkt, in dem der Kündigungsberechtigte von den für die Kündigung maßgebenden Tatsachen Kenntnis erlangt. Der Kündigende muß dem anderen Teil auf Verlangen den Kündigungsgrund unverzüglich schriftlich mitteilen.

Materialien: E I § 566; II § 565; III § 617; Mot II 409; Prot II 302; JAKOBS/SCHUBERT, SchR II S 814; geändert durch Erstes Arbeitsrechtsbereinigungsgesetz vom 14.8.1969 (BGBl I 1106).

Schrifttum

ADAM, Außerdienstliches Verhalten des Arbeitnehmers als Kündigungsgrund. Dargestellt am Beispiel des Alkoholmißbrauchs im privaten Bereich, ZTR 1999, 292
ADOMEIT/SPINTI, Der Kündigungsgrund, AR-Blattei SD 1010.9
AIGNER, Tätlichkeiten im Betrieb, DB 1991, 596
ASCHEID, Kündigungsschutzrecht, 1993
ders, Aktuelle Rechtsprechung zum Einigungsvertrag, NZA 1993, 97
ASCHEID/PREIS/SCHMIDT, Großkommentar zum Kündigungsrecht, 2000 (zit APS/BEARBEITER)
BADER/BRAM/DÖRNER/WENZEL, Kommentar zum Kündigungsschutzgesetz, einschließlich zu den §§ 620–628 BGB (2000); zit BBDW/Bearbeiter

BECKER/SCHAFFNER, Die Abmahnung im Arbeitsrecht in der Rechtsprechung, DB 1985, 650

ders, Die Beleidigung als Kündigungsgrund in der Rechtsprechung, BlStSozArbR 1985, 273

ders, Die Rechtsprechung zur Ausschlußfrist des § 626 Abs 2 BGB, DB 1987, 2147

ders, Die Darlegungs- und Beweislast in Kündigungsrechtsstreitigkeit, BB 1992, 557

BELLING, Die Verdachtskündigung, in: FS Kissel (1994) 11

BERGER/DELHEY, Probleme der Kündigungsberechtigung nach § 626 BGB im System des öffentlichen Dienstes, PersV 1991, 67

BERGER/DELHEY/LÜTKE, Die Ausschlußfrist des § 626 Abs 2 BGB im öffentlichen Dienst, ZTR 1990, 47

BERKOWSKY, Die personen- und verhaltensbedingte Kündigung (1997)

ders., Die verhaltensbedingte Kündigung, NZA-RR 2001, 1 ff.

BIEBACK, Arbeitsverhältnis und Betriebsratsamt bei der außerordentlichen Kündigung von Betriebsratsmitgliedern, RdA 1978, 82

BLAESE, Die arbeitsrechtliche Druckkündigung, DB 1988 178

BÖHM, Der Gleichbehandlungsgrundsatz im Kündigungsrecht, DB 1977, 2448

BÖRNER/HUBERT, Frist für die außerordentliche Kündigung des Handels- bzw Versicherungsvertreters?, BB 1989, 1633

BRILL, Lohnpfändungen als Kündigungsgrund, DB 1976, 1816

ders, Die Zwei-Wochen-Frist des § 626 Abs 2 BGB nF für außerordentliche Kündigung, AuR 1971, 167

BRÖHL, Die Orlando-Kündigung – Zwischenwort zur außerordentlichen ordentlichen Kündigung tariflich unkündbarer Arbeitnehmer, in: FS Schaub, (1998), 55

BRUNNER, Die außerordentliche Kündigung des Arbeitsvertrages nach schweizerischem im Vergleich zum deutschen Recht (1979)

BUCHNER, Meinungsfreiheit im Arbeitsverhältnis, ZfA 1982, 49

ders, Tendenzförderung als arbeitsrechtliche Pflicht, ZfA 1979, 231

CONZE, Die Rechtsstellung der unkündbaren Arbeitnehmer im öffentlichen Dienst, ZTR 1987, 99

CORTS, Kündigung im Arbeitsverhältnis, BlStSozArbR 1982, 1

DÄUBLER, Kündigung wegen Verbreitung ausländerfeindlicher Schriften, BB 1993, 1220

DENSCH/KAHLO, Zur Ausschlußfrist des § 626 Abs 2 BGB bei fristloser Kündigung eines GmbH-Geschäftsführers durch die Gesellschafter-Versammlung, DB 1983, 811

dies, Zur Ausschlußfrist des § 626 Abs 2 BGB bei fristloser Kündigung eines leitenden Angestellten durch den Gesamtvorstand eines eingetragenen Vereins, DB 1987, 581

DERNBACH, Abberufung und Kündigung eines GmbH-Geschäftsführers, BB 1982, 1266

DEY, Der Grundsatz der Verhältnismäßigkeit im Kündigungsrecht (1989)

DÖRNER, Die Verdachtskündigung, AR-Blattei SD 1010. 9. 1

ders, Die Verdachtskündigung im Spiegel der Methoden zur Auslegung von Gesetzen, NZA 1992, 865

DUDENBOSTEL/KLAS, Außerdienstliches Verhalten als Kündigungsgrund, AuR 1979, 296

DÜTZ, Neue Grundlagen im Arbeitsrecht der katholischen Kirche, NJW 1994, 1369

EHRICH, Der betriebliche Datenschutzbeauftragte: Bestellung, Widerruf der Bestellung und Kündigung nach dem neuen Bundesdatenschutzgesetz, DB 1991, 1981

EICH, Der Einfluß eines Antrags auf Aussetzung eines Beschlusses des Betriebsrates auf den Lauf der Frist des § 626 Abs 2 BGB im Zustimmungsverfahren nach § 103 BetrVG, DB 1978, 586

EGGER, Gestaltungsrecht und Gleichbehandlungsgrundsatz im Arbeitsverhältnis (Diss Mannheim 1979)

FENSKI/LINK, Besonderheiten der Beendigung von Arbeitsverhältnissen in den neuen Bundesländern, NZA 1992, 337

FINKEN, Die Ausschlußfrist des § 626 Abs 2 BGB für die Erklärung der außerordentlichen Kündigung (Diss Köln 1988)

FLECK/KÖRKEL, Der Rückfall alkoholabhängiger Arbeitnehmer als Kündigungsgrund, BB 1995, 722

FRÖMLING, Probleme bei der Anwendung der Ausschlußfrist des § 626 Abs 2 BGB (Diss Göttingen 1984)

GALPERIN, Der wichtige Grund zur außerordentlichen Kündigung, DB 1964, 1114

GAMILLSCHEG, Der zweiseitig-zwingende Charakter des § 626 BGB, AuR 1981, 105

GECK/SCHIMMEL, Grenzen der Kündigung kirchlicher Arbeitsverhältnisse. Glaubwürdigkeit der Verkündung kontra Menschenwürde des Arbeitnehmers?, ArbuR 1995, 177

GENTGES, Prognoseprobleme im Kündigungsschutzrecht (1995)

GERAUER, Das Selbstbeurlaubungsrecht des Arbeitnehmers, NZA 1988, 154

ders, Nochmals: Beginn der Ausschlußfrist des § 626 BGB bei Dauertatbeständen, BB 1988, 2032

GRAEFE, Kündigung wegen häufiger Urlaubserkrankungen, BB 1981, 1472

GROEGER, Probleme der außerordentlichen betriebsbedingten Kündigung ordentlich unkündbarer Arbeitnehmer, NZA 1999, 850

GRUNSKY, Das Nachschieben von Gestaltungsgründen, JuS 1964, 97

ders, Die Verdachtskündigung, ZfA 1976, 167

GÜNTNER, Kündigungsgebot und -verbot des 626 Abs 2 BGB, BB 1973, 1496

HAGER, Die Umdeutung der außerordentlichen in eine ordentliche Kündigung, BB 1989, 693

HEILMANN, Verdachtskündigung und Wiedereinstellung nach Rehabilitierung (1964)

HERSCHEL, Druckkündigung und Schadensausgleich, RdA 1953, 41

ders, Beschränkung der Befugnis zur außerordentlichen Kündigung, in: FS Nikisch (1958) 49

ders, Neue Tatsachen nach Verdachtskündigung des Arbeitsvertrages, BlStSozArbR 1977, 113

ders, Unmöglichkeit der Dienstleistung und Kündigung, insbesondere bei Krankheit, BB 1982, 253

ders, Wichtiger Grund und Erklärungsfrist bei außerordentlicher Kündigung, AuR 1971, 257,

ders, Gedanken zur Theorie des arbeitsrechtlichen Kündigungsgrundes, in: FS G Müller (1981) 191

HOSS, Die alkoholbedingte Kündigung, MDR 1999, 911

vHOYNINGEN/HUENE, Belästigungen und Beleidigungen von Arbeitnehmern durch Vorgesetzte, BB 1991, 2215

vHOYNINGEN/HUENE/HOFMANN, Politische Plakette im Betrieb, BB 1984, 1050

HUNOLD, Die Kündigung wegen mangelhafter Kenntnisse des Mitarbeiters, NZA 2000, 802

JESKE, Die Übergangsvorschriften für den öffentlichen Dienst der DDR im Einigungsvertrag, ZTR 1990, 451

JOACHIM, Zur Problematik der Verdachtskündigung, AuR 1964, 33

KAMMERER, AR-Blattei, Abmahnung SD 20

KAPISCHKE, Nochmals: Beginn der Ausschlußfrist des § 626 Abs 2 BGB, BB 1989, 1061

KESSEL, Loyalitätspflichten kirchlicher Arbeitnehmer und Kündigungsschutz, in: FS Gitter 1995, 461

KINDLER, Verwirkung des Rechts auf außerordentliche Kündigung: Für welche Dienstvertragstypen gilt § 626 Abs 2 BGB? BB 1988, 2051

KISSEL, Arbeitsrecht und Meinungsfreiheit, NZA 1988, 145

KLIEMT, Formerfordernisse im Arbeitsverhältnis (1994)

KNÜTEL, Die Begründungspflicht bei Kündigungen, NJW 1970, 121

KOHTE, Gewissenskonflikte am Arbeitsplatz – Zur Aktualität des Rechts der Leistungsstörungen, NZA 1989, 161

KÖNIG, Zur näheren Bestimmung des wichtigen Grundes bei der außerordentlichen Kündigung durch den Arbeitgeber, RdA 1969, 8

KOPPENFELS, Die außerordentliche arbeitgeberseitige Kündigung bei einzel- und tarifvertraglich unkündbaren Arbeitnehmern, 1998

KORINTH, Arbeitsrechtliche Reaktionsmöglichkeiten auf ausländerfeindliches Verhalten, ArbuR 1993, 105

KÜCHENHOFF, Verfassungswidrigkeit des § 626 Abs 2 nF, AuR 1971, 1

KÜNZL, Verhaltensbedingte Kündigung wegen Alkoholgenusses, ArbuR 1995, 206

LANSNICKER/SCHWIRTZEK, Außerdienstliches fremdenfeindliches Verhalten des Arbeitnehmers als Kündigungsgrund?, DB 2001, 865

LEPKE, Kündigung bei Krankheit (10. Aufl 2000)

ders, Pflichtverletzungen des Arbeitnehmers bei Krankheit als Kündigungsgrund, NZA 1995, 1084

ders, Trunksucht als Kündigungsgrund, DB 2001, 269

Ulrich Preis

ders, AIDS als Grund für eine Kündigung des
Arbeitgebers, RdA 2000, 87

LESSMANN, Betriebsbuße statt Kündigung?, DB
1989, 1769

LEUCHTEN/ZIMMER, Kündigung wegen subjektiver Eignungsmängel, BB 1999, 1973

LINGEMANN, Unterhaltspflichten und Kündigung, BB 2000, 1835

LÜDERS, Beginn der Zwei-Wochen-Frist des
§ 626 Abs 2 BGB bei Kenntniserlangung durch
Organmitglieder, BB 1990, 790

MAUER/SCHÜSSLER, Kündigung unkündbarer
Arbeitnehmer. Zulässigkeit und Grenzen der
Orlando-Kündigung, BB 2001, 466

MAYER, Arbeits- und sozialrechtliche Probleme
der Gewissensfreiheit, AuR 1985, 105

MOLITOR, Kündigung (2. Aufl 1951)

MOLKENBUR/KRASSHÖFER/PIDDE, Zur Umdeutung im Arbeitsrecht, RdA 1989, 337

MORITZ, Grenzen der Verdachtskündigung,
NJW 1978, 402

OETKER, Rechtsprobleme bei der außerordentlichen Kündigung eines Vertrauensmanns der
Schwerbehinderten, BB 1983, 1671

ders, Das Dauerschuldverhältnis und seine Beendigung (1994)

PICKER, Fristlose Kündigung und Unmöglich-
keit, Annahmeverzug und Vergütungsgefahr im
Dienstvertragsrecht, JZ 1985, 641 (Teil 1), 693
(Teil 2)

PIEPER, Die „außerordentliche fristgebundene
Kündigung aus wichtigem Grund" und ihre
Folgen bei der Anwendung des § 117 AFG, NZA
1986, 277

POPP, Ausschlußfrist gem § 626 II 1, 2 BGB – ein
gesetzlich konkretisierter Verwirkungstatbe-
stand?, NZA 1987, 366

ders, in: WEISS/GAGEL (Hrsg), Handbuch des
Arbeits- und Sozialrechts, ordentliche und
außerordentliche Kündigung, § 19 B

PREIS, Prinzipien des Kündigungsrechts bei
Arbeitsverhältnissen (1987)

ders, Neuere Tendenzen im arbeitsrechtlichen
Kündigungsschutz (II), DB 1988, 1444

ders, Die Kündigung von Arbeitsverhältnissen
im öffentlichen Dienst der neuen Bundesländer,
PersR 1991, 201

PREIS/HAMACHER, Die Kündigung der Un-

kündbaren, FS Landesarbeitsgericht Rheinland-
Pfalz 1999, 245

PREIS/REINFELD, Schweigepflicht und Anzeigerecht im Arbeitsverhältnis, AuR 1989, 361

PREIS/STOFFELS, Kündigung wegen politischer
Betätigung, RdA 1996, 210

PROBST, Zur Frage des Kündigungsrechts bei
einem befristeten Ausbildungsvertrag, der eine
Kündigung während der Probezeit vorsieht, JR
1993, 375

PRÄVE, Zum Für und Wider einer gesetzlichen
Fixierung außerordentlicher Kündigungsrechte,
VersR 1993, 265

RAMRATH, Die Geltendmachung der Unwirksamkeit von Gestaltungserklärungen, JR 1993,
309

REUSS, Die arbeitsrechtliche Kündigung ohne
Grundangabe, AuR 1960, 1

REUTER, Das Gewissen des Arbeitnehmers als
Grenze des Direktionsrechts des Arbeitgebers,
BB 1986, 385

SCHAUB, Die arbeitsrechtliche Abmahnung,
NJW 1990, 873

SCHMID, Die Abmahnung und ihre rechtliche
Problematik, NZA 1985, 409

KLAUS SCHMIDT, Die Umdeutung der außerordentlichen Kündigung im Spannungsverhältnis zwischen materiellem und Prozeßrecht, NZA
1989, 661

SCHMITZ/SCHOLEMANN, Ehrverletzungen als
Kündigungsgrund, BB 2000, 926

SCHÖNFELD, Effektiver Rechtsschutz bei straf-
tatbegründeter Kündigung?, NZA 1999, 299

SCHOLZ, Fristlose Kündigung im öffentlichen
Dienst wegen Tätigkeit für das frühere Mini-
sterium für Staatssicherheit/Amt für nationale
Sicherheit (MfS), BB 1991, 2515

SCHULTE, Die Verdachtskündigung, NZA
Beil 2/1991, S 17

SCHULTZ, Die Druckkündigung im Arbeitsrecht,
RdA 1963, 81

SCHWERDTNER, Das Recht zur außerordentlichen Kündigung als Gegenstand rechtsgeschäftlicher Vereinbarungen im Rahmen des
Handelsvertreterrechts, DB 1989, 1757

ders, Die Präklusionswirkung von Urteilen im
Kündigungsschutzprozeß, NZA 1987, 263

ders, Grenzen der Zulässigkeit des Nachschie-

bens von Kündigungsgründen im Kündigungsschutzprozeß, NZA 1987, 361

ders, Die außerordentliche arbeitgeberseitige
Kündigung bei ordentlich unkündbaren Arbeitnehmern, in: FS Kissel (1994) 1077

SÖLLNER, Meinungsäußerungen im Arbeitsverhältnis, in: FS Herschel (1982) 389

STAHLHACKE, Kündigung und Kündigungsschutz
im Arbeitsverhältnis (8. Aufl 2002); zitiert;
STAHLHACKE/BEARBEITER

STEINMEISTER, Das zweite Gleichberechti-
gungsgesetz, PersRat 1994, 345

STÜCKMANN/KOHLEPP, Verhältnismäßigkeits-
grundsatz und „ultima-ratio-Prinzip" im Kündigungsrecht. Richterliche Praxis ohne dogmatische Begründung, RdA 2000, 331

TSCHÖPE, Außerordentliche Kündigung bei
Diebstahl geringwertiger Sachen, NZA 1985,
588

VOGLER, Grundrechte und kirchliches Selbstbestimmungsrecht – dargestellt am Beispiel der
Kündigung kirchlicher Mitarbeiter wegen Wie-
derverheiratung, RdA 1993, 257

WALLMEYER, Die Kündigung des Arbeitsvertrages aus wichtigem Grund (1962)

WANK, Rechtsfortbildung im Arbeitsrecht, RdA
1987, 129

ders, Tendenzen der BAG-Rechtsprechung zum
Kündigungsrecht, RdA 1993, 79

ders, Die Reform des Kündigungsrechts und der
Entwurf eines Arbeitsvertragsgesetzes 1992,
RdA 1992, 225

WEISS, Das Übergangsrecht der Arbeitnehmer
im öffentlichen Dienst des beigetretenen Teils
Deutschlands, PersV 1991, 97

WEISS/KREUDER, Das „Sonderkündigungsrecht" nach dem Einigungsvertrag, ArbuR 1994,
12

WENDELING/SCHRÖDER, Gewissen und Eigen-
verantwortung im Arbeitsverhältnis, BB 1988,
1742

WENG, Außerordentliche Kündigung altersgesicherter Arbeitnehmer, DB 1977, 676

ders, Die Kündigung von Arbeitsverhältnissen
mit langer Bindung aus wichtigem Grund (Diss
Freiburg 1980)

WIESNER, Zum Beginn der Ausschlußfrist des
§ 626 Abs 2 BGB bei Kenntniserlangung durch
Organmitglieder, BB 1982, 1533

WINTERSTEIN, Die Zulässigkeit des Nachschiebens von Kündigungsgründen im Kündigungsschutzprozeß (1987)

ders, Nachschieben von Kündigungsgründen –
Hinweise für betriebliche Praxis, NZA 1987, 728

E WOLF, Die Nachprüfbarkeit des wichtigen
Grundes durch das Bundesarbeitsgericht, NJW
1961, 8

ZÖLLNER, Sind im Interesse einer gerechteren
Verteilung der Arbeitsplätze Begründung und
Beendigung der Arbeitsverhältnisse neu zu
regeln?, Gutachten D zum 52. DJT (1978).

Vgl ferner die Nachweise zu Vorbem zu
§§ 620 ff.

Systematische Übersicht

Alphabetische Übersicht

I. Allgemeines

1. Entstehungsgeschichte; Geltungsbereich

Die ursprüngliche Fassung der Norm lautete: „Das Dienstverhältnis kann von jedem **1** Teil ohne Einhaltung einer Kündigungsfrist gekündigt werden, wenn ein wichtiger Grund vorliegt." Den Schöpfern des BGB war bewußt, daß hiermit lediglich das Prinzip ausgesprochen wurde, nach dem Dienstverträge aus wichtigem Grund kündbar sind. § 626 ist ein „Stück offengelassener Gesetzgebung" (HEDEMANN, Die Flucht in die Generalklausel [1933] 58). Der Gesetzgeber hat hier dem Richter die Normfindung im Einzelfall überlassen (vgl MUGDAN, Materialien zum BGB, Bd 2, 262, Mot S 469: „Welche Gründe als wichtige anzusehen sind, darf der richterlichen Würdigung überlassen bleiben. Es kann darauf vertraut werden, daß hieraus besondere Übelstände nicht entspringen werden.").

2 Bei den Beratungen der Bestimmungen der Teilentwürfe wurde erwogen, den wichtigen Grund durch Regelbeispiele zu erläutern. Man nahm hiervon jedoch Abstand, weil die Verträge so verschieden seien, „daß eine erschöpfende Aufstellung der einzelnen Gründe oder auch nur die Hervorhebung einiger Beispiele sich nicht als durchführbar erweise" (JAKOBS/SCHUBERT, SchR II S 819; zur Entstehungsgeschichte des § 626 ausf ASCHEID Rn 114 ff). Die Rechtsprechung (BAG 3.11.1955 BAGE 2, 207) interpretierte den wichtigen Grund in der Folge so, wie es der heutigen Gesetzesfassung des Abs 1 nach dem 1. Arbeitsrechtsbereinigungsgesetz entspricht.

3 Bis zum Inkrafttreten des 1. Arbeitsrechtsbereinigungsgesetzes am 1.9.1969 (hierzu § 621 Rn 2 f) bestanden noch zahlreiche Sondervorschriften, während § 626 aF nur für allgemeine, nicht besonders geregelte Dienst- und Arbeitsverhältnisse Anwendung fand. § 626 ermöglicht die Kündigung aus wichtigem Grund für beide Vertragsteile aller Arten von Dienstverhältnissen, einschließlich des Arbeitsverhältnisses. § 626 findet gleichermaßen auf **befristete und unbefristete** Verträge Anwendung.

4 Seit dem 3.10.1990 gilt die Vorschrift aufgrund des Einigungsvertrages (BGBl 1990 II, 1139 ff) mit Ausnahme der früher im öffentlichen Dienst der DDR Beschäftigten (hierzu Rn 33 ff) unmittelbar auch im Gebiet der früheren DDR (zum Kündigungsrecht der früheren DDR STAHLHACKE/PREIS, 5. AUFL. 1991, Rn 1379 ff; WANK RdA 1991, 1, 11).

2. Normzweck; systematische Stellung

a) Normzweck

5 § 626 garantiert ein unverzichtbares Freiheitsrecht für beide Vertragsteile, sich bei *extremen Belastungen eines Dienstverhältnisses* von diesem zu lösen. Andererseits muß das Recht zur außerordentlichen Kündigung ein **Ausnahmerecht** bleiben. § 626 Abs 1 ist ein Anwendungsfall des Wegfalls der Geschäftsgrundlage (HERSCHEL, in: FS G Müller 199; PREIS, Prinzipien 476; OETKER 248 ff, 264 ff; jetzt kodifiziert in § 313). Die Norm ist *eng auszulegen,* weil mit ihr eine **Durchbrechung** des Grundsatzes der **Vertragstreue** (pacta sunt servanda) einhergeht. Das Ordnungsprinzip der Vertragstreue darf nur ausnahmsweise dann durchbrochen werden, wenn eine derart starke Beeinträchtigung der Vertragsinteressen des Kündigenden vorliegt, daß dessen Interessen die Interessen des Kündigungsgegners, die für eine Fortsetzung bzw reguläre Beendigung des Vertrages sprechen, deutlich überwiegen.

b) Stufenverhältnis zur ordentlichen Kündigung

6 In der rechtswissenschaftlichen Diskussion hat sich durchgesetzt, daß für die rechtstheoretische Präzisierung des § 626 das systematische Verhältnis der außerordentlichen zur ordentlichen Kündigung entscheidend ist (PREIS, Prinzipien 478 ff; MünchArbR/ WANK § 120 Rn 37; OETKER 352 ff). Früher getroffene Abgrenzungen, die vor dem Beginn einer Kündigungsschutzgesetzgebung Bedeutung hatten, können heute nicht mehr verwertet werden. Beispielsweise konnte A HUECK (Kündigung und Entlassung nach geltendem Recht [1921] 21) im Jahre 1921 den Unterschied zwischen beiden Kündigungsarten noch dahingehend definieren, daß die ordentliche Kündigung keinen besonderen Grund voraussetze, wohingegen die vorzeitige außerordentliche Kündigung nur aus bestimmten Gründen zulässig sei. Diese Differenzierung hat heute nur noch für **selbständige Dienstverträge** Bedeutung, trifft aber für das **Arbeitsrecht seit Erlaß des Kündigungsschutzgesetzes** nicht mehr zu. Die Monographie zur Kündigung des

Arbeitsvertrages aus wichtigem Grund von WALLMEYER (Die Kündigung des Arbeitsvertrages aus wichtigem Grund [1962]) schenkt dieser Abgrenzung noch kaum Beachtung (vgl nur dort S 166). Deutlich hat erstmals GALPERIN (DB 1964, 1117) die neue Rechtsentwicklung aufgegriffen und festgestellt, daß bei der Beurteilung von Sachverhalten, die früher als triftiger und damit zugleich als wichtiger Kündigungsgrund iSd § 626 Abs 1 verstanden worden sind, heute die Tatsache berücksichtigt werden müsse, daß bereits die ordentliche fristgerechte Kündigung eines triftigen und sozial gerechtfertigten Kündigungsgrundes bedürfe. Dadurch verschärften sich automatisch die Anforderungen an die außerordentliche Kündigung (GALPERIN DB 1964, 1117). Mit den Worten HERSCHELS (BB 1982, 254): „Wenn schon bei der ordentlichen Kündigung deren innere Schranken vom Richter zu beachten sind, so muß das erst recht bei der außerordentlichen Kündigung als dem stärkeren Eingriff so sein."

Aus dem **Stufenverhältnis zur ordentlichen Kündigung** ergibt sich folgender einfacher **7** Rechtssatz: eine außerordentliche Kündigung ist jedenfalls dann unwirksam, wenn sie schon an den Rechtsschranken scheitern müßte, die für eine ordentliche Kündigung gelten (argumentum a fortiori, vgl HERSCHEL BB 1982, 254; PREIS, Prinzipien 482). Dies gilt prinzipiell für alle Dienstverhältnisse, hat aber bei Arbeitsverhältnissen besondere Bedeutung. Die zu § 1 KSchG entwickelten Rechtsschranken (hierzu im Überblick STAHLHACKE/PREIS Rn 866 ff) müssen mithin bei der Konkretisierung des § 626 Abs 1 mitgedacht werden. Andererseits ist jeder außerordentliche Kündigungsgrund immer zugleich auch ein ordentlicher Kündigungsgrund iSd § 1 KSchG. Das legt es nahe, auch den wichtigen Grund iSd § 626 Abs 1 nach den differenzierteren ordentlichen Kündigungsgründen (verhaltens-, personen- und betriebsbedingte) zu konkretisieren und systematisieren (PREIS, Prinzipien 476 f; vgl hier Rn 97 ff; ebenso jetzt MünchArbR/WANK § 120 Rn 16).

c)   Rechtstechnische Ausgestaltung

Die rechtstechnische Ausgestaltung des § 626 verbietet **die Anerkennung sog abso-** **8** **luter Kündigungsgründe.** Seit dem 1. ArbeitsrechtsbereinigungsG vom 14. 8. 1969 (BGBl I 1106) gibt es im geltenden Recht mit wenigen Ausnahmen (§ 64 SeemG) keine absoluten Kündigungsgründe mehr, die früher abschließend (§§ 123, 124 GewO; §§ 82, 83 prABG) oder beispielhaft (§§ 133c, d GewO; §§ 71, 72 HGB) aufgezählt waren. Nach der heutigen Rechtslage kann ein zureichender Kündigungsgrund nicht ohne Rücksicht auf die Einzelfallumstände und ohne umfassende Würdigung der konkreten Vertragsbeziehung bestimmt werden (im einzelnen PREIS, Prinzipien 94 ff).

3.   Abgrenzung von anderen Beendigungstatbeständen

a)   Anfechtung

Das Recht zur Anfechtung der bei Abschluß des Dienstvertrages gegebenen Willens- **9** erklärungen (§§ 119, 123) bleibt durch § 626 unberührt (eingehend zum Verhältnis von Kündigung und Anfechtung PICKER ZfA 1981, 1). Auch vor Abschluß des Dienst- oder Arbeitsvertrages liegende Umstände können einen Kündigungsgrund bilden. Ist der Kündigungsgrund zugleich ein Anfechtungsgrund, hat der Berechtigte ein **Wahlrecht.** Er kann sowohl von dem Anfechtungsrecht als auch von dem Kündigungsrecht Gebrauch machen (BAG 28. 3. 1974 AP Nr 3 zu § 119 BGB; WOLF/GANGEL AuR 1982, 271; ASCHEID Rn 100 KR/FISCHERMEIER Rn 45; **aA** MünchKomm/SCHWERDTNER Rn 29). Die Anfech-

tungsmöglichkeit ist insbes dann von Bedeutung, wenn eine Kündigung wegen spezieller Kündigungsschranken (zB § 9 MuSchG, § 18 BErzGG) nicht ohne weiteres
möglich ist. Ferner gilt für die Anfechtung das Schriftformerfordernis des § 623 nicht
(hierzu STAUDINGER/OETKER § 623 Rn 24). Ein in Vollzug gesetztes Arbeitsverhältnis kann
jedoch entgegen § 142 Abs 1 im Regelfall nur mit Wirkung für die Zukunft angefochten werden. Die Anfechtung hat damit insoweit die gleiche Wirkung wie die
außerordentliche Kündigung (vgl STAUDINGER/RICHARDI [1999] § 611 Rn 181). Umstritten
ist, ob die Konkurrenz beider Gestaltungsmöglichkeiten dazu führt, daß auf die
Anfechtung die Ausschlußfrist des § 626 Abs 2 analog angewendet wird (für die Irrtumsanfechtung bejahend BAG 14.12. 1979 EzA § 119 BGB Nr 11; für die Täuschungsanfechtung
dagegen verneinend BAG 19.5. 1983 AP Nr 25 zu § 123 BGB).

10 Eine außerordentliche Kündigung, die gegen öffentlich-rechtliche Kündigungsschranken verstößt (zB § 9 MuSchG), kann nicht nach § 140 in eine Anfechtung
wegen Irrtums oder Täuschung umgedeutet werden (BAG 14.10. 1975 AP Nr 4 zu § 9
MuSchG 1968).

b)   Aufhebungsvertrag
11 Der Dienstvertrag kann auch durch Aufhebungsvertrag mit sofortiger Wirkung beendet werden. Die Aufhebung eines Arbeitsvertrages bedarf nach § 623 der Schriftform. Eine Umgehung zwingenden Kündigungsschutzes liegt hierin nicht (BENGELS-
DORF NZA 1994, 193, 196 ff). Mit § 626 unvereinbar können jedoch den Kündigungsgrund
antezipierende Vertragsgestaltungen sein wie der aufschiebend bedingte Aufhebungsvertrag oder der auflösend bedingte Dienst- bzw Arbeitsvertrag (§ 620 Rn 195 ff; STAHL-
HACKE/PREIS Rn 127 ff).

12 Ein Aufhebungsvertrag ist nicht allein deshalb unwirksam, weil der Arbeitgeber dem
Arbeitnehmer weder eine Bedenkzeit noch ein Rücktritts- bzw Widerrufsrecht eingeräumt und ihm auch das Thema des beabsichtigten Gesprächs vorher nicht mitgeteilt hat (BAG 30.9. 1993 EzA § 611 BGB Aufhebungsvertrag Nr 13; **aA** LAG Hamburg 3.7.
1991 LAGE § 611 BGB Aufhebungsvertrag Nr 6; dazu BENGELSDORF NZA 1994, 193; EHRICH NZA
1994, 438; s jetzt aber a GOTTHARDT, Arbeitsrecht nach der Schuldrechtsreform, Rn 175 ff).

c)   Rücktritt, Wegfall der Geschäftsgrundlage
13 Das Recht zum **Rücktritt** nach §§ 323, 324 ist durch § 626 (lex specialis) **ausgeschlossen.** Ein Dauerschuldverhältnis wird für die Zukunft grundsätzlich nur durch Kündigung aufgelöst (RG 11.2. 1913 RGZ 81, 303; 5.2. 1918 RGZ 92, 158; 19.9. 1922 RGZ 105, 167;
RAG 26.10. 1935 ARS 25, 119; 11.5. 1938 ARS 33, 113; HERSCHEL BB 1982, 254; OETKER 352 ff;
APS/PREIS Grundlagen K Rn 72 f). Erklärt eine Partei den „Rücktritt" vom Dienst- oder
Arbeitsvertrag, kann dies in aller Regel konkludent als fristlose Kündigungserklärung gedeutet werden (MünchArbR/WANK § 120 Rn 9; KR/FISCHERMEIER Rn 41). Auch bei
einer Beendigung des Dienstvertrages vor Dienstantritt ist die Kündigung und nicht
etwa der Rücktritt vom Vertrag der richtige Rechtsbehelf (KR/FISCHERMEIER Rn 40).

14 Da § 626 weitgehend als gesetzliche Konkretisierung des **Wegfalls der Geschäftsgrundlage** zu betrachten ist (Rn 5), sind kaum Fälle denkbar, in denen es gerechtfertigt
erscheint, einen Dienstvertrag ohne gestaltende Kündigungserklärung allein wegen
Wegfalls der Geschäftsgrundlage aufzulösen (BAG 6.3. 1986 AP Nr 19 zu § 15 KSchG 1969;
OETKER 418 ff). **Ausnahmefälle** sind möglich bei objektivem Wegfall der Geschäfts-

grundlage und außergewöhnlichen Ereignissen (Krieg, Naturkatastrophe etc). Diese Ereignisse müssen aber dazu geführt haben, daß der Kündigungsberechtigte zu einem Ausspruch der Kündigung außerstande war oder aber der Zugang der Kündigung an den anderen Teil unmöglich geworden ist. Nur dann kann unter Umständen von dem Erfordernis der Kündigung ausnahmsweise abgesehen werden (BAG 3.10. 1961 AP Nr 3 zu § 242 BGB Geschäftsgrundlage; 12.3. 1964 AP Nr 5 zu § 242 BGB Geschäftsgrundlage; 24.8. 1995 AP Nr 17 zu § 242 BGB Geschäftsgrundlage).

d) Suspendierung

Die Suspendierung, durch die einzelne oder alle Rechte aus dem Dienst- oder **15** Arbeitsverhältnis zum Ruhen kommen, stellt gegenüber der Kündigung ein milderes Mittel dar, obwohl auch an ihre Zulässigkeit hohe Anforderungen gestellt werden (APS/PREIS Grundlagen K Rn 76; BECKER/SCHAFFNER BlStSozArbR 1985, 357 ff; ferner BAG 15.6. 1972 AP Nr 7 zu § 628 BGB; 19.8. 1976, AP Nr 4 zu § 611 BGB Beschäftigungspflicht; aA Münch-Komm/SCHWERDTNER Vor § 620 Rn 5). Faktisch kommt die Suspendierung allein zur (vorübergehenden) Verhinderung einer fristlosen Entlassung in Betracht. Aber auch dort hat sie – nicht zuletzt wegen § 626 Abs 2 – nur ein sehr enges Anwendungsfeld. Damit bleibt als Anwendungsfall praktisch nur die Verdachtskündigung übrig (APS/PREIS Grundlagen K Rn 76). Bis zur Klärung der Frage, ob der Verdacht gegen den Arbeitnehmer begründet ist, kann statt der sofortigen Kündigung das Arbeitsverhältnis vorübergehend suspendiert werden. Erweist sich der Verdacht nach Abschluß der Ermittlungen als unbegründet, treten alle Rechte und Pflichten wieder in Kraft. Kann der Verdacht indes nicht entkräftet werden oder findet er sogar seine Bestätigung, muß der Arbeitgeber unter Wahrung des § 626 Abs 2 (hierzu Rn 282) entscheiden, ob er nunmehr das Arbeitsverhältnis durch Kündigung beenden will.

e) Widerruf der Organstellung

Die Vorschriften über die Abberufung aus einer Amts- oder Organstellung (§ 84 **16** AktG, § 38 I GmbHG, § 23 BetrVG, § 28 BPersVG) schließen die Anwendung des § 626 nicht aus. Der Widerruf einer Bestellung zum Vorstandsmitglied oder die Abberufung als Betriebsrats- oder Personalratsmitglied ist nicht gleichzusetzen mit einer außerordentlichen Kündigung. Die Stellung des Dienstverpflichteten bzw Arbeitnehmers aufgrund eines Dienst- oder Arbeitsvertrages wird durch diese Maßnahmen nicht berührt. Überdies geht mit einer Amtspflichtverletzung keineswegs zwangsläufig ein Pflichtverstoß aus dem Dienst- oder Arbeitsverhältnis einher (vgl zur Abberufung und Kündigung von Organmitgliedern Rn 19, 98; ferner BAG 9.5. 1985 BAGE 49, 81; MARTENS, in: FS Werner [1984] 495; zur Kündigung von Betriebsratsmitgliedern unten Rn 268 ff).

f) Nichtfortsetzungserklärung (§ 12 KSchG)

Mit der „Nichtfortsetzungserklärung" nach § 12 Satz 1 KSchG kann der Arbeitneh- **17** mer erreichen, daß er im Falle seines Obsiegens im Kündigungsschutzprozeß das bisherige Arbeitsverhältnis nicht fortsetzen muß. Die Norm bewahrt ihn vor den Folgen, die ihn aus der Existenz zweier Arbeitsverhältnisse treffen könnten. Praktisch handelt es sich um den Fall eines gesetzlichen außerordentlichen Kündigungsrechts; § 626 bleibt allerdings von der Regelung unberührt. Die Entscheidung eines Arbeitnehmers, weder von § 12 Satz 1 KSchG Gebrauch zu machen noch das Arbeitsverhältnis mit dem alten Arbeitgeber fortzusetzen, rechtfertigt nicht ohne weiteres eine außerordentliche Kündigung des alten Arbeitgebers (LAG Köln 13.2. 1991 LAGE § 626 BGB Nr 57).

4. Anwendungsbereich

18 § 626 gilt **einheitlich** für den **selbständigen Dienstvertrag** und das **Arbeitsverhältnis**. Der selbständige Dienstvertrag ist schneller und leichter lösbar als das Arbeitsverhältnis. Dies verdeutlichen sowohl die nur für Dienstverträge geltenden §§ 621, 627, als auch die in der Regel fehlenden materiellen Beschränkungen für die ordentliche Kündigung. Demgegenüber greift im Arbeitsverhältnis bereits ein weitgehender Schutz gegenüber ordentlichen Kündigungen des Arbeitgebers. Diese Besonderheit ist bei Arbeitsverhältnissen zu beachten. Im übrigen gilt aber gleichermaßen, daß § 626 ein außerordentliches Lösungsrecht ist, das zum Schutz der Vertragstreue nur zurückhaltend anzuwenden ist.

a) Freie Dienstverträge

19 § 626 findet auch auf freie Dienstverträge, zB Beraterverträge (OLG Köln 13.5. 1992 NJW-RR 1992, 1400) Anwendung. Praktische Bedeutung hat die Vorschrift insbesondere für die Kündigung von **Anstellungsverhältnissen** von **GmbH-Geschäftsführern** und **Vorstandsmitgliedern** (BGH 18. 6. 1984 NJW 1984, 2689; 5. 4. 1990 NJW-RR 1990, 1330; 9. 3. 1992 NJW-RR 1992, 992; 9. 11. 1992 NJW 1993, 463; s aber a Reuter, in: FS Zöllner I, 487, 499). Die Voraussetzungen des § 626 sind strenger als die für den Bestellungswiderruf nach § 84 Abs 3 AktG. Hieraus folgt, daß jeder wichtige Grund für die Kündigung des Anstellungsvertrages zugleich zur Abberufung des Vorstandsmitgliedes berechtigt (hierzu Eckardt, Die Beendigung der Vorstands- und Geschäftsführerstellung in Kapitalgesellschaften [1989] 76 ff, 110 mwN).

b) Arbeitsverträge

20 Die außerordentliche Kündigung ist in § 626 im Grundsatz für alle Arbeitsverhältnisse einheitlich geregelt. Es gibt nur noch wenige Sondervorschriften (hierzu Rn 28 ff) für den Bereich der Berufsausbildung, der Handelsvertreter, der Seeschiffahrt, des öffentlichen Dienstes im Beitrittsgebiet und der sog Dienstordnungsangestellten. Unterschiedliche Regeln für Arbeiter und Angestellte bestehen im Recht der außerordentlichen Kündigung seit der Neufassung des § 626 durch das erste Arbeitsrechtsbereinigungsgesetz vom 14. 8. 1969 (BGBl I S 1106) nicht mehr. Für das Heimarbeitsverhältnis gilt § 626 nach § 29 Abs 6 HAG entsprechend.

c) Sonstige Dauerschuldverhältnisse

21 Das Recht zur außerordentlichen Kündigung aus wichtigem Grund wird für **alle Dauerschuldverhältnisse** unabhängig von seiner positiv-rechtlichen Regelung anerkannt. Dieser Grundsatz wurde nach bisherigen Recht in Form einer Rechtsanalogie zu den Vorschriften der §§ 626, 543 Abs 1, 723, die als Ausprägung des § 242 gesehen wurden (vgl BGH 6. 2. 1987 BGHR § 626 BGB Belegarzt Nr 1), anerkannt. Durch das Schudrechtsmodernisierungsgesetz ist das Bedürfnis für diese Rechtsanalogie entfallen. In § 314 ist eine § 626 nachgebildete allgemeine Vorschrift für die Kündigung von Dauerschuldverhältnissen aus wichtigem Grund vorgesehen.

5. Arbeitsrechtliche Schutzvorschriften

22 Die Wirksamkeit einer außerordentlichen Kündigung hängt neben den allgemeinen Voraussetzungen einer wirksamen Kündigungserklärung im Arbeitsrecht aus sozialen Erwägungen von der Beachtung zahlreicher **kollektiv- und öffentlichrechtlicher**

Kündigungsbeschränkungen ab (STAUDINGER/NEUMANN Vorbem 132 ff, 143 ff zu § 620). Besondere Bedeutung hat auch das seit 1. 5. 2000 geltende Schriftformerfordernis des § 623. Deren Nichtbeachtung führt in der Regel zur Unwirksamkeit der Kündigung (§ 134 BGB). Ob ein wichtiger Grund vorlag, ist dann unerheblich. Für den selbständigen Dienstvertrag greifen in aller Regel keine weiteren Beschränkungen des Kündigungsrechts ein.

a)　Betriebsverfassung

Nach § 102 Abs 1 BetrVG 1972 ist der Betriebsrat vor jeder Kündigung zu hören. Die **23** ohne **Anhörung des Betriebsrats** ausgesprochene Kündigung ist unwirksam. § 102 Abs 1 BetrVG 1972 erstreckt sich auch auf die außerordentliche Kündigung. Das betriebsverfassungsrechtliche Anhörungsverfahren beinhaltet etliche Voraussetzungen, deren genaue Beachtung erforderlich ist (Einzelheiten hierzu STAHLHACKE/PREIS Rn 345 ff). Im wesentlichen gleiches gilt nach den Personalvertretungsgesetzen des Bundes (§ 78 BPersVG) und der Länder.

Die Kündigung von Mitgliedern des **Betriebsrats,** der **Jugend- und Auszubildenden- 24 vertretung,** der **Bordvertretung** des Seebetriebsrats, des **Wahlvorstandes** und der **Wahlbewerber,** die ohnehin nur außerordentlich aus wichtigem Grund zulässig ist (§ 15 KSchG), bedarf sogar der **vorherigen ausdrücklichen Zustimmung** des Betriebs- bzw Personalrats (§ 103 BetrVG, § 47 BPersVG; vgl auch unten Rn 268 ff). Gleiches gilt nach § 96 Abs 3 SGB IX für die **Vertrauensleute** der Schwerbehinderten. Bei Verweigerung der Zustimmung kann das Arbeitsgericht diese auf Antrag des Arbeitgebers ersetzen, wenn die außerordentliche Kündigung gerechtfertigt ist. Wird in diesem Verfahren die außerordentliche Kündigung für zulässig erklärt, kann in einem späteren Kündigungsschutzprozeß das Vorliegen eines wichtigen Grundes nicht verneint werden. Der Kündigungsschutzprozeß wird damit praktisch vorweggenommen (BAG 22. 8. 1974 BAGE 26, 219, 226; 27. 1. 1977 AP Nr 7 zu § 103 BetrVG 1972).

b)　Mutterschutz

Die Kündigung gegenüber einer Arbeitnehmerin ist unter der Voraussetzung des § 9 **25** MuSchG während der Schwangerschaft und bis zum Ablauf von vier Monaten nach der Entbindung unzulässig. Nur ausnahmsweise kann die für den Arbeitsschutz zuständige oberste Landesbehörde in besonderen Fällen die Kündigung für zulässig erklären (§ 9 MuSchG; Einzelheiten bei STAUDINGER/NEUMANN [1995] Vorbem 158 zu §§ 620 ff).

c)　Elternzeit

Das BErzGG idF der Bekanntmachung vom 1. 12. 2000 (BGBl I 1645) stellt in § 18 ein **26** dem § 9 MuSchG vergleichbares Kündigungsverbot für den Fall der Elternzeit auf (hierzu STAUDINGER/NEUMANN [1995] Vorbem 158 zu § 620).

d)　Schwerbehinderte

Die Kündigung von Schwerbehinderten unterliegt nach Maßgabe der §§ 91, 85 ff **27** (SGB IX (§§ 21, 15 ff SchwbG aF) einem besonderen präventiven, öffentlich-rechtlichen Kündigungsschutz (STAUDINGER/NEUMANN Vorbem 157 zu § 620). Eine ohne **Zustimmung des Integrationsamtes** ausgesprochene Kündigung ist unwirksam. Nach § 91 Abs 2 ist die Zustimmung zur Kündigung innerhalb von zwei Wochen zu beantragen. Das Integrationsamt soll die Zustimmung erteilen, wenn die Kündigung aus einem

Grunde erfolgt, der nicht im Zusammenhang mit der Behinderung steht (§ 91 Abs 4 SGB IX). Liegt kein Zusammenhang mit der Behinderung vor, hat das Integrationsamt im Regelfall die Zustimmung zu erteilen. Nur bei Vorliegen von Umständen, die den Fall als atypisch erscheinen lassen, darf das Integrationsamt nach pflichtgemäßem Ermessen entscheiden (BVerwG 10. 9. 1992 NZA 1993, 76). Ein atypischer Fall liegt vor, wenn die außerordentliche Kündigung den Schwerbehinderten in einer die Schutzzwecke der §§ 68 ff SGB IX berührenden Weise besonders hart trifft, ihm im Vergleich zu den der Gruppe der Schwerbehinderten im Falle außerordentlicher Kündigung allgemein zugemuteten Belastungen ein Sonderopfer abverlangt (BVerwG 2. 7. 1992 NZA 1993, 123; 10. 9. 1992 NZA 1994, 420). Die Entscheidungen des Integrationsamtes sind **Verwaltungsakte** und mit *Widerspruch* und *Anfechtungsklage* im Verwaltungsrechtsweg angreifbar. Dies gilt auch für die fingierte Zustimmung nach § 91 Abs 3 Satz 2 SGB IX (BVerwG 10. 9. 1992 NZA 1993, 76). Die Hauptfürsorgestelle hat über das Vorliegen eines wichtigen Grundes im Sinne des § 626 Abs 1 nicht zu entscheiden (BVerwG 2. 7. 1992 BVerwGE 90, 275; ausf. zu dieser Problematik APS/PREIS Grundlagen G Rn 32 ff). Die Kündigung kann auch nach Ablauf der Frist des § 626 Abs 2 erfolgen, wenn sie unverzüglich nach Erteilung der Zustimmung erklärt wird (§ 91 Abs 5 SGB IX; unten Rn 288).

6. Sonderregelungen

a) Handelsvertreter

28 Auf Handelsvertreterverträge findet nicht § 626, sondern **§ 89 a HGB** Anwendung. Auch nach dieser Norm kann das Vertragsverhältnis von jedem Teil „aus wichtigem Grund" ohne Einhaltung einer Kündigungsfrist gekündigt werden. Prinzipielle Unterschiede zu § 626 bestehen damit nicht. Freilich hängt die Konkretisierung des wichtigen Grundes wesentlich von der Pflichtenstruktur des Handelsvertretervertrages ab, die aber vielfältige Überschneidungen mit arbeitsrechtlichen Fragen hat (Konkurrenzverbot, Treuepflichten und dgl). Die ordentliche Kündigung ist grundlos unter Einhaltung bestimmter Fristen möglich (§ 89 HGB). Ferner ist zu beachten, daß ein Interessenausgleich für die Beendigung des Vertragsverhältnisses durch den Ausgleichsanspruch nach § 89 b HGB herbeigeführt wird. Nach herrschender Auffassung findet die Ausschlußfrist des § 626 Abs 2 für das Handelsvertreterrecht keine Anwendung, da § 89 a HGB den § 626 insgesamt verdrängt (BGH 3. 7. 1986 BB 1986, 2015; ausf OETKER 301 ff). Dennoch kann auch hier nicht beliebig lange zugewartet werden, nachdem der Kündigungsgrund bekannt geworden ist (BGH 15. 12. 1993 ZIP 1994, 293, 294). Das LG Köln (11. 9. 1991 NJW-RR 1992, 485; ebenso BAUMBACH/HOPT, HGB § 89 a Rn 14) will dem Handelsvertreter allerdings entsprechend § 626 Abs 2 Satz 3 einen Anspruch auf Mitteilung des Kündigungsgrundes einräumen.

b) Seeschiffahrt

29 Im Bereich der Seeschiffahrt gelten die §§ 64 bis 69 SeemG für die Kündigung der Heuerverträge mit Besatzungsmitgliedern und § 78 SeemG für die Kündigung des Vertrages mit dem Kapitän. Dabei gilt im Grundsatz ebenfalls, daß die außerordentliche Kündigung aus wichtigem Grund zulässig ist, daneben sind aber noch besondere Kündigungsgründe ausdrücklich geregelt, aus denen die Kündigung des Besatzungsmitgliedes oder durch das Besatzungsmitglied zulässig ist. § 64 SeemG kennt als gegenwärtig einzige Regelung noch sog **absolute Kündigungsgründe.** Das BAG (30. 11. 1978 AP Nr 1 zu § 64 SeemG) verneint das Erfordernis der Zumutbarkeitsprüfung

und einer Interessenabwägung, weil der Gesetzgeber hier typische, für das Heuerverhältnis wichtige Gründe konkretisiert hat. Außerdem räumen die in § 64 Abs 1 Nr 3 und § 4 SeemG geregelten Kündigungsgründe dem Rechtsanwender einen ausreichenden, auf das Vertragsverhältnis bezogenen Wertungsspielraum ein.

c) Berufsbildungsgesetz
Das Berufsbildungsgesetz vom 14. 8. 1969 (BGBl I 1112) regelt die Kündigung von **30** Berufsausbildungsverhältnissen abschließend in § 15 BBiG. Danach kann das Berufsausbildungsverhältnis **während der Probezeit** jederzeit **ohne Grund** gekündigt werden. **Nach Ablauf der Probezeit** ist die Kündigung des Berufsausbildungsverhältnisses nach § 15 Abs 2 BBiG nur noch aus **wichtigem Grund** ohne Einhaltung einer Kündigungsfrist möglich. Der Begriff des wichtigen Grundes entspricht § 626, doch ist bei dessen Konkretisierung stets der Sinn und Zweck des Berufsausbildungsverhältnisses zu beachten (BAG 10.5. 1973 AP Nr 3 zu § 15 BBiG). Verhaltensbezogene Leistungsmängel und personenbezogene Charaktermängel, aber auch betriebliche Gründe können daher nur selten die Kündigung nach § 15 Abs 2 Nr 1 BBiG rechtfertigen (KR/WEIGAND §§ 14, 15 BBiG Rn 45 ff). Die Fortsetzung des Ausbildungsverhältnisses ist um so eher zumutbar, je kürzer die Dauer des Rechtsverhältnisses ist (BAG 10.5. 1973 AP Nr 3 zu § 15 BBiG). Eine Ausschlußfrist, die der Regelung des § 626 Abs 2 entspricht, enthält § 15 Abs 4 BBiG. Nach § 15 Abs 3 BBiG muß die Kündigung **schriftlich** und in den Fällen des Abs 2 unter **Angabe der Kündigungsgründe** erfolgen. Eine unter Verstoß gegen diese formalen Voraussetzungen ausgesprochene Kündigung ist nach § 125 nichtig (BAG 22.2. 1972 EzA § 15 BBiG Nr 1; 25.11. 1976 EzA § 15 BBiG Nr 3; KLIEMT § 5 I 2, 3). Das Nachschieben von Kündigungsgründen ist wegen § 15 Abs 3 BBiG unzulässig (LAG Baden-Württemberg 5.1. 1990 LAGE § 15 BBiG Nr 7; LAG Köln 21.8. 1987 LAGE § 15 BBiG Nr 5).

d) Arbeitsförderungsrecht
Nach § 270 Abs 2 SGB III kann das Arbeitsverhältnis im Rahmen einer Arbeitsbe- **31** schaffungsmaßnahme fristlos gekündigt werden, wenn das Arbeitsamt den Arbeitnehmer abberuft. Der Arbeitnehmer kann das ABM-Arbeitsverhältnis nach § 270 Abs 1 SGB III nicht nur im Fall der Abberufung selbst fristlos kündigen, sondern auch dann, wenn er eine andere Arbeit oder Ausbildungsmöglichkeit findet. Nach § 269 Abs 3 SGB III soll das Arbeitsamt den zugewiesenen Arbeitnehmer nur abberufen, wenn es ihm einen zumutbaren Ausbildungs- oder Arbeitsplatz vermitteln oder ihm die Teilnahme an einer Maßnahme zur beruflichen Bildung oder Weiterbildung ermöglichen kann. Liegen diese Voraussetzungen nicht vor und beruft das Arbeitsamt dennoch ab, kann ein Schadensersatzanspruch wegen Amtspflichtverletzung (Art 34 GG, § 839) gegeben sein (LG Karlsruhe 18.3. 1988 NJW 1988, 1918).

e) Dienstordnungsangestellte
Die fristlose Entlassung der sog Dienstordnungsangestellten (Bedienstete der So- **32** Sozialversicherungsträger) richtet sich nach §§ 352, 693 RVO. Die Ausschlußfrist des § 626 Abs 2 gilt nicht (BAG 3.2. 1972 AP Nr 32 zu § 611 BGB Dienstordnungs-Angestellte; weitere Einzelheiten bei BGB-RGRK/CORTS Rn 13 f). Zur Abberufung und Beendigung des Dienstverhältnisses von Geschäftsführern eines Sozialversicherungsträgers (vgl vHOYNINGEN/HUENE/BOEMKE NZA 1994, 481).

f)   Einigungsvertrag (öffentlicher Dienst)

33 Für den **öffentlichen Dienst** bestimmt der Einigungsvertrag (Anlage I Kap XIX A III
Nr 1 Abs 5), daß ein wichtiger Grund für eine außerordentliche Kündigung insbesondere gegeben ist, wenn der Arbeitnehmer gegen die *Grundsätze der Menschlichkeit* oder *Rechtsstaatlichkeit* verstoßen hat oder für das *Ministerium für Staatssicherheit*/Amt für nationale Sicherheit tätig war und deshalb ein Festhalten am
Arbeitsverhältnis unzumutbar erscheint. Diese Regelung des Einigungsvertrages
gilt unbefristet. (Zu diesen Sonderregelungen: Ascheid NZA 1993, 97; Weiss/Kreuder ArbuR
1994, 12; Scholz BB 1991, 2515; Weiss PersV 1991, 97; Oetker, in: Säcker [Hrsg], Vermögens-
gesetz [5. Aufl 1994] § 16 Anh I Rn 240 ff; ders, Anm LAGE Art 20 Einigungsvertrag Nr 1; Fenski/
Linck NZA 1992, 337; Künzl ArbuR 1992, 204.)

34 Die Regelung ist anwendbar, wenn der Beschäftigte zum Zeitpunkt des Wirksamwerdens des Beitritts dem öffentlichen Dienst angehörte und das zu kündigende
Arbeitsverhältnis mit bzw nach Wirksamwerden des Beitritts infolge Überführung
der Beschäftigungseinrichtung auf den neuen Arbeitgeber des öffentlichen Dienstes
übergegangen oder durch Weiterverwendung des Arbeitnehmers neu begründet worden ist (BAG 20.1. 1994 EzA Art 20 Einigungsvertrag Nr 31); keine Anwendung finden die
Sonderregelungen dagegen auf nach dem Beitritt neu begründete Arbeitsverhältnisse (BAG 20.1. 1994 EzA Art 20 Einigungsvertrag Nr 30).

35 Diese Norm regelt nach der Rechtsprechung des BAG (11.6. 1992 DB 1993, 175) **eigenständig** und **abschließend** unbeschadet von § 626 die Möglichkeit einer außerordentlichen Kündigung im öffentlichen Dienst. Nach Auffassung des BAG soll die Norm
zwar *keinen absoluten Kündigungsgrund* schaffen, so daß sich die Unzumutbarkeit
aus einer Einzelfallprüfung ergeben muß (BAG 20.1. 1994 EzA Art 20 Einigungsvertrag
Nr 33). Vorrangiger Maßstab sind jedoch – anders als bei § 626 Abs 1 allgemein (unten
Rn 89) – in der Vergangenheit liegende Vorgänge. Die Einzelfallprüfung gemäß
Ziffer 2 des Absatzes 5 wird bei einem früheren hauptamtlichen Mitarbeiter der
Staatssicherheit durch seine Stellung sowie die Dauer seiner Tätigkeit bestimmt
(BAG 4.11. 1993 NZA 1994, 753, 754 f). Ob das Festhalten am Arbeitsverhältnis unzu-
mutbar erscheint, ist anhand objektiver Kriterien zu beurteilen. Dabei soll auf die
vordergründige „Erscheinung" der Verwaltung mit diesem Mitarbeiter abgestellt
werden.

36 Die auf Abs 5 der genannten Regelung des Einigungsvertrages gestützte außerordentliche Kündigung ist Ausübung eines **Sonderkündigungsrechts**. **§ 626 Abs 2** ist
weder unmittelbar noch entsprechend anzuwenden (BAG 11.6. 1992 DB 1993, 175). Dies
bedeutet aber nicht, daß der Arbeitgeber mit dem Ausspruch der Kündigung beliebig
lange warten könnte. Nach Auffassung des BVerfG (21.4. 1994 EzA Art 20 Einigungsvertrag Nr 32) stünde eine solche Rechtsanwendung, die dem Schutzgedanken des
§ 626 Abs 2 entgegenliefe, mit der aus Art 12 Abs 1 GG zu begründenden Schutzpflicht nicht in Einklang. Ein dreiwöchiges Zuwarten ist nach Auffassung des BVerfG
allerdings noch nicht zu beanstanden. Auch das BAG (28.4. 1994 EzA Art 20 Einigungsvertrag Nr 38) erkennt an, daß der wichtige Grund durch bloßen Zeitablauf entfallen
kann, wenn der Kündigungsberechtigte die Kündigung trotz Kenntnis des Kündigungsgrundes hinauszögert. Die weitergehenden Voraussetzungen einer Verwirkung
brauchen demgegenüber nicht erfüllt zu sein. § 13 Abs 1 Satz 2 KSchG findet jedoch
Anwendung. Die Drei-Wochen-Frist des § 4 Satz 1 KSchG ist daher zu beachten. Die

Beteiligungsrechte des Personalrats (BAG 11. 6. 1992 DB 1993, 173, 175; 23. 9. 1993 EzA Art 20 Einigungsvertrag Nr 25) bleiben ebenso unberührt wie das Erfordernis der Zustimmung des Integrationsamtes (§§ 91, 85 ff SGB IX) bei der Kündigung Schwerbehinderter (BAG 16. 3. 1994 EzA Art 20 Einigungsvertrag Nr 34). Auch die Kündigungsbeschränkungen der §§ 15 Abs 2 KSchG, 41 Abs 1 BPersVG/PersVG-DDR finden Anwendung (BAG 28. 4. 1994 EzA Art 20 Einigungsvertrag Nr 36). Nichts anderes kann ferner für den gesamten öffentlich-rechtlichen Kündigungsschutz gelten.

Wer aufgrund eines freien Willensentschlusses und ohne zu entschuldigenden Zwang **37** eine Erklärung unterzeichnet hat, künftig für das Ministerium für Staatssicherheit als inoffizieller Mitarbeiter tätig zu werden, begründet nach der Rechtsprechung (BAG 26. 8. 1993 EzA Art 20 Einigungsvertrag Nr 24) erhebliche Zweifel an seiner persönlichen Eignung für eine Tätigkeit im öffentlichen Dienst. Diese Rechtsprechung ist mit der Verfassung grds vereinbar. Jedoch verletzen Fragen nach Vorgängen, die vor dem Jahre 1970 abgeschlossen waren, das allgemeine Persönlichkeitsrecht der Beschäftigten. Wurden sie unzutreffend beantwortet, dürfen daraus keine arbeitsrechtlichen Konsequenzen gezogen werden (BVerfG 8. 7. 1997 AP Nr 39 zu Art 2 GG). Ob ein vorsätzlicher Verstoß gegen Grundsätze der Menschlichkeit oder Rechtsstaatlichkeit vorliegt, bestimmt sich nach dem materiellen Unrechtscharakter des Verhaltens des Gekündigten. Darauf, ob sein Verhalten durch geltende Gesetze oder obrigkeitliche Anordnungen erlaubt oder von der Strafverfolgung ausgeschlossen war, kommt es nicht an (BAG 20. 1. 1994 EzA Art 20 Einigungsvertrag Nr 33). Zur Frage der **Darlegungs-und Beweislast** in diesen Fällen BAG 25. 2. 1993 EzA Art 20 Einigungsvertrag Nr 20; 28. 4. 1994 EzA Art 20 Einigungsvertrag Nr 35.

II.   Unabdingbarkeit

1.   Grundsatz; verfassungsrechtliche Grundlage

Das Recht zur außerordentlichen Kündigung nach § 626 ist für beide Vertragsteile **38** **zwingendes Recht.** Es kann auch nicht durch kollektive Normen (Tarifvertrag oder Betriebsvereinbarung) abgeändert werden. Das gilt auch für die Modalitäten der Ausschlußfrist des § 626 Abs 2 (BAG 12. 4. 1978 AP Nr 13 zu § 626 BGB Ausschlußfrist). § 626 garantiert ein unverzichtbares Freiheitsrecht für beide Arbeitsvertragsparteien, sich bei extremen Belastungen zu trennen. Über das Maß des Zumutbaren hinaus darf die Rechtsordnung eine Bindung nicht zulassen (BAG 8. 8. 1963 AP Nr 2 zu § 626 BGB Kündigungserschwerung; 19. 12. 1974 AP Nr 3 zu § 620 BGB Bedingung; OETKER 455 ff; KR/FISCHERMEIER Rn 57; MünchArbR/WANK § 120 Rn 24; APS/DÖRNER Rn 7 ff; aA GAMILLSCHEG AuR 1981, 105).

Dies gilt im Arbeits- und Dienstvertragsrecht gleichermaßen. Häufig sind in vorfor- **39** mulierten Dienstverträgen Klauseln anzutreffen, die das Recht zur außerordentlichen Kündigung ausschließen oder beschränken wollen. Dies verstößt schon gegen § 626, kann aber auch über § 307 sanktioniert werden (BGH 22. 3. 1989 NJW 1989, 1673).

Auch der Gesetzgeber dürfte das Recht zur außerordentlichen Kündigung nicht **40** schlechthin ausschließen, da ein gesetzlicher Zwang zur unbefristeten Fortsetzung eines auf Dauer beeinträchtigten Vertrages gegen Art 1 Abs 1, 2 Abs 1 und 12 GG verstoßen würde (vgl ZÖLLNER, Gutachten zum 52. DJT, D 119 f; PREIS, Prinzipien 59 ff). Der

Gesetzgeber kann aber das Recht zur außerordentlichen Kündigung zeitweise ausschließen (vgl insbesondere die Regelungen zu § 9 MuSchG, § 18 BErzGG, § 91 SGB IX).

2. Kündigungserschwerung

41 Der Grundgedanke des § 626 Abs 1 kann auch durch Vereinbarungen der Parteien durchkreuzt werden, die auf eine Beschränkung des Rechts der außerordentlichen Kündigung hinauslaufen. Nicht nur der völlige Ausschluß, sondern auch die Erschwerung des außerordentlichen Kündigungsrechts kann **unzulässig** sein (BAG 8.8. 1963 AP Nr 2 zu § 626 BGB Kündigungserschwerung; OETKER 602 ff; KR/FISCHERMEIER Rn 64). Dies gilt auch für den **generellen vertraglichen Ausschluß bestimmter Kündigungsgründe.** Unzulässige Kündigungserschwerungen können in Vereinbarungen über Vertragsstrafen, Abfindungen (BAG 6.9. 1989 EzA § 622 BGB nF Nr 26), Rückzahlungsklauseln und anderem mehr liegen (APS/DÖRNER Rn 12). Darüber hinaus ist § 622 Abs 6 zu beachten, der einseitige Kündigungserschwerungen zu Lasten des Arbeitnehmers untersagt (§ 622 Rn 53).

42 Eine unzulässige Erschwerung kann auch in der Bindung des Kündigungsrechts an die **Zustimmung Dritter** liegen. Dies gilt nicht, soweit eine Zustimmung wie die des Betriebsrates (vgl § 102 Abs 6, 103 BetrVG) oder einer sonstigen unabhängigen Schiedsstelle gesetzlich vorgesehen ist (KR/FISCHERMEIER Rn 64; BAG 25.2. 1983 AP Nr 14 zu § 626 BGB; 16.6. 1988 AP Nr 27 zu § 626 BGB). Zulässig ist aber die Bindung an eine zugesicherte pensionsähnliche Leistung für den Fall der außerordentlichen Kündigung (BAG 8.8. 1963 AP Nr 2 zu § 626 BGB Kündigungserschwerung m Anm BÖTTICHER).

3. Kündigungserweiterung

43 Die Erweiterung des Kündigungsrechts im Einzelarbeitsvertrag oder auch im Tarifvertrag ist gleichfalls grundsätzlich ohne Wirkung (BAG 17.4. 1956 AP Nr 8 zu § 626 BGB; LAG Berlin 18.8. 1980 DB 1980, 2195). Es kann also nicht ohne weiteres außerordentlich gekündigt werden, wenn der vereinbarte Grund vorliegt; denn anderenfalls würden die zwingenden **Mindestkündigungsfristen** unterlaufen. Da die Fristen in § 622 für beide Arbeitsvertragsparteien zwingend sind, gilt das grundsätzliche Erweiterungsverbot für beide Seiten (KR/FISCHERMEIER Rn 59, 68; **aA** KR/WOLF Grunds Rn 459b). Aus diesem Grunde unzulässig ist deshalb auch die Vereinbarung, wonach ein Umschulungsverhältnis mit Einstellung der Förderung durch das Arbeitsamt enden soll (BAG 15.3. 1991 AP Nr 2 zu § 47 BBiG).

44 Bei **selbständigen Dienstverträgen** sind Erweiterungen der Kündigungsgründe in den Grenzen der §§ 138, 242 **grundsätzlich zulässig,** da die für den Dienstvertrag nach § 621 geltenden Kündigungsfristen nicht zwingend sind (SOERGEL/KRAFT Rn 11; ERMAN/BELLING Rn 17). Soweit allerdings § 622 für Anstellungsverträge gilt (vgl hierzu § 621 Rn 7 ff), ist bei einer Modifizierung des wichtigen Grundes durch Vertrag die Kündigung nur unter Wahrung der Mindestfrist nach § 622 Abs 1 zulässig (BGH 11.5. 1981 NJW 1981, 2748). Einschränkungen ergeben sich bei vorformulierten Vertragswerken überdies aus § 307 (BGH 22.3. 1989 NJW 1989, 1673).

4. Konkretisierung der Kündigungsgründe

Erweiterungen der Kündigungsgründe durch Vertrag oder Tarifnormen sind im Ar- **45** beitsrecht jedoch nicht ohne jede Bedeutung. Sie können anzeigen, worauf die Parteien des Einzelarbeitsvertrages oder auch die Tarifvertragsparteien besonderen Wert gelegt haben. Deshalb ist im Rahmen der Gesamtwürdigung bei der Abwägung der Interessen der Beteiligten im Rahmen des wichtigen Grundes der Parteiwille mit zu berücksichtigen (BAG 22.11. 1973 AP Nr 67 zu § 626 BGB; Oetker 566 ff). Freilich wird man stereotyp vorformulierten Kündigungsgründen, die häufig in Formularverträgen anzutreffen sind, derartiges Gewicht nicht beimessen können. In jedem Fall ist das zulässige Maß der Konkretisierung überschritten, wenn bestimmte Gründe zu absoluten Kündigungsgründen erhoben werden (KR/Fischermeier Rn 69; MünchKomm/ Schwerdtner Rn 68 f).

Die Abgrenzung, ob noch eine zulässige Konkretisierung des wichtigen Grundes **46** vorliegt oder schon von einer unzulässigen Beschränkung bzw Erweiterung des außerordentlichen Kündigungsrechts auszugehen ist, ist nicht immer leicht vorzunehmen. Herschel (in: FS Nikisch 49 ff und in: FS G Müller 195 f) ist dafür eingetreten, die Parteien in den Grenzen der relativen Unzumutbarkeit den wichtigen Grund bestimmen zu lassen. Auch die Befürworter einer grundsätzlichen Unbeschränkbarkeit des § 626 halten „zumutbare Einschränkungen" für möglich (KR/Fischermeier Rn 67). Die vertragliche Pflichten- und Risikoverteilung gibt entscheidende Anhaltspunkte für das Ausmaß der Interessenbeeinträchtigung und damit auch für die Frage der Unzumutbarkeit (Erman/Belling Rn 19).

Grundsätzlich können auch die **Tarifvertragsparteien** die außerordentlichen Kündi- **47** gungsrechte nicht erweitern (KR/Fischermeier Rn 70). Allerdings haben sie einen gewissen Regelungsspielraum. Auch nach der Neuregelung der Kündigungsfristen sind sie nach § 622 Abs 4 nicht an die gesetzlichen Mindestfristen gebunden. Aus Sinn und Zweck des § 622 Abs 6 ist jedoch zu folgern, daß die Tarifvertragsparteien gehindert sind, besondere Gründe für die entfristete Kündigung zu vereinbaren, die einseitig zu Lasten des Arbeitnehmers gehen (KR/Fischermeier Rn 73; Erman/Belling Rn 17).

Das Problem der Beschränkung des Rechts der außerordentlichen Kündigung ist von **48** Bedeutung bei der Beurteilung von sogenannten **Maßregelungsverboten** nach Arbeitskämpfen (vgl Konzen ZfA 1980, 114; Hess DB 1976, 2472; Zöllner, Maßregelungsverbote und sonstige tarifliche Nebenfolgeklauseln nach Arbeitskämpfen [1977]; zur Bedeutung der Maßregelungsverbote BAG 4.8. 1987 EzA Art 9 GG Arbeitskampf Nr 71; 13.7. 1993 EzA Art 9 GG Arbeitskampf Nr 112; Belling NZA 1990, 214, 215; Rolfs DB 1994, 1237, 1238 f; Schwarze NZA 1993, 967).

III. Wichtiger Kündigungsgrund (Abs 1)

Ein wichtiger Grund, der Arbeitgeber und Arbeitnehmer zur außerordentlichen **49** Kündigung berechtigt, ist gegeben, wenn Tatsachen vorliegen, aufgrund derer dem Kündigenden **unter Berücksichtigung aller Umstände des Einzelfalles** und unter Abwägung der Interessen beider Vertragteile die Fortsetzung des Arbeitsverhältnisses bis zum Ablauf der Kündigungsfrist oder bis zur vereinbarten Beendigung des Arbeitsverhältnisses nicht zugemutet werden kann (§ 626 Abs 1). Der Gesetzgeber hat mit dieser Definition des wichtigen Grundes im Ersten Arbeitsrechtsbereinigungsgesetz vom 14. 8. 1969 die in der Rechtsprechung entwickelten Grundsätze übernommen.

1. Generalklausel, methodische Handhabung

50 § 626 Abs 1 regelt in Form einer **regulativen Generalklausel** den wichtigen Grund für eine außerordentliche Kündigung. Der Norm fehlen Elemente der positiven und negativen Gewißheit über einen zweifelsfreien Anwendungsbereich. Was als „wichtiger Grund" anzusehen ist, kann auch nicht annähernd über eine begriffliche Rahmenbestimmung geklärt werden (ausf PREIS, Prinzipien 97 ff; ADOMEIT/SPINTI AR-Blattei SD 1010.9 Rn 52 ff). Im Gegensatz zu § 1 KSchG ist hier das Erfordernis einer umfassenden richterlichen Interessenabwägung ausdrücklich angeordnet. Der Begriff der Unzumutbarkeit in § 626 Abs 1 kennzeichnet nicht mehr als das Ergebnis der Abwägung. Der Norm selbst fehlt jeder begriffliche Kern. Die erforderliche umfassende **Interessenabwägung** verhindert eine vorhersehbare Rechtsprechung. Die rechtstechnische Ausgestaltung des § 626 Abs 1 verbietet die Anerkennung sogenannter absoluter Kündigungsgründe. Seit dem Ersten Arbeitsrechtsbereinigungsgesetz existieren solche absoluten Kündigungsgründe nur noch in § 64 SeemG, bei denen es weder auf eine Interessenabwägung noch auf die Zumutbarkeit der Weiterbeschäftigung ankommt (BAG 30. 11. 1978 AP Nr 1 zu § 64 SeemG).

51 Im Anschluß an KÖNIG (RdA 1969, 8, 15 f) dessen Systematisierungsansätze insbesondere von HILLEBRECHT (in: 4. Aufl. 1996 KR Rn 58 ff; fortgeführt von KR/FISCHERMEIER Rn 83 ff; zust auch DÜTZ Anm EzA § 626 BGB nF Nr 91) aufgegriffen worden sind, prüft das BAG in Anlehnung an den revisionsrechtlichen Prüfungsmaßstab § 626 Abs 1 **zweistufig.** Zunächst wird gefragt, ob ein bestimmter Sachverhalt ohne die besonderen Umstände des Einzelfalles „an sich" geeignet ist, einen Kündigungsgrund zu bilden. Erst nach Bejahung dieser Frage soll eine umfassende Interessenabwägung das Einzelfallurteil zulassen (BAG 17. 5. 1984 AP Nr 14 zu § 626 BGB Verdacht strafbarer Handlungen; 2. 3. 1989 AP Nr 101 zu § 626 BGB). Materiell-rechtlich führt diese Ansicht jedoch nicht weiter (hierzu PREIS, Prinzipien 478 f; krit auch MünchArbR/WANK § 120 Rn 37).

52 So begrüßenswert der Versuch ist, mehr Licht in das Dunkel des § 626 Abs 1 zu bringen, muß jedoch gerade unter Würdigung der jüngeren Rechtsprechung bezweifelt werden, ob bisher mit diesem Ansatz substantielle Fortschritte erreicht worden sind. Die Bildung sog negativer Obersätze für Gründe, bei denen eine außerordentliche Kündigung von vornherein ausgeschlossen ist, geht über bare Selbstverständlichkeiten oftmals nicht hinaus. Daß die Zugehörigkeit zu einer Rasse oder die gewerkschaftliche bzw politische Betätigung allein kein Kündigungsgrund sein kann (diese Beispiele führt KR/FISCHERMEIER Rn 93 an), sollte inzwischen zum Mindeststandard unserer Gesellschaftsordnung gehören (sa RL 2000/43/EG = EAS A 3630 und RL 2000/78/EG = EAS A 3650). Derartig eindeutige Fälle sind über andere Normen zu lösen (§ 612 a, § 138, ggfs § 134 iVm Art 3 Abs 3 GG). Daß die positive wie die negative Abgrenzung geeigneter und ungeeigneter Kündigungsgründe noch unzureichend ist und wohl erst in den Anfängen steckt, zeigt auch die jüngste Rechtsprechung des BAG. In der dominierenden Furcht, sich festzulegen, erachtet das BAG praktisch jeden denkbaren Sachverhalt als grundsätzlich geeignet, eine außerordentliche Kündigung zu rechtfertigen, sofern dieser im Blick auf das Arbeitsverhältnis nur für

„wichtig" genug gehalten wird (kritisch dazu bereits König RdA 1969, 9). Wenn selbst das erstmalige unberechtigte Verzehren eines Stückes Kuchen im Wert von 1,– DM durch eine Konditoreiverkäuferin (so BAG 17. 5. 1984 DB 1984, 2702; LAG Düsseldorf 17. 10. 1984 LAGE § 626 BGB Nr 17; siehe auch BAG 20. 9. 1984 DB 1985, 655, wo es um die Entwendung von drei Kiwi-Früchten im Wert von 2,57 DM geht; ähnliche Fallkonstellation, allerdings sogar „konzern-übergreifend" in BAG 20. 9. 1984 DB 1985, 1192) „an sich" geeignet sind, einen wichtigen Grund für die außerordentliche Kündigung zu bilden, dann dürfte kaum ein Sach-verhalt übrigbleiben, der generell ungeeignet für die Ausfüllung des wichtigen Grun-des wäre (dagegen aber LAG Düsseldorf 19. 2. 1992 LAGE § 626 BGB Nr 66: Wegnahme einer Wurst kein Grund zu fristloser Kündigung). Im Grunde bleibt es auch nach der neueren Rechtsprechung entscheidend allein bei einer nicht näher strukturierten umfassen-den Interessenabwägung. Es gilt, den in der Absicht begrüßenswerten Ansatz des BAG durch normative Leitlinien fortzuentwickeln. Wesentlich ist insbesondere die Beachtung des Stufenverhältnisses zur ordentlichen Kündigung (hierzu bereits Rn 7).

Zum Teil orientiert sich das BAG an **aufgehobenen Kündigungsnormen** (BAG 15. 11. **53** 1984 AP Nr 87 zu § 626 BGB; 17. 3. 1988 AP Nr 99 zu § 626 BGB im Anschluß an KR/Hillebrecht, 4. Aufl. 1996 Rn 55). Dieser Ansatz ist **verfehlt** (Preis, Prinzipien 479; Erman/Belling Rn 34; MünchKomm/Schwerdtner Rn 57; aA offenbar BGB-RGRK/Corts Rn 7; APS/Dörner Rn 57; und weiterhin KR/Fischermeier Rn 87).

Zur Vereinheitlichung der Beurteilung des wichtigen Grundes hat das BAG zudem **54** eine Systematisierung der Kündigungsgründe versucht, bei der nach Störungen im Leistungsbereich, im Bereich der betrieblichen Verbundenheit aller Mitarbeiter, im persönlichen Vertrauensbereich und im Unternehmensbereich unterschieden wird (ausführlich KR/Fischermeier Rn 166 ff; BAG 6. 2. 1969 EzA § 626 BGB Nr 11; 3. 12. 1970 EzA § 626 BGB nF Nr 7; 26. 5. 1977 EzA § 611 BGB Beschäftigungspflicht Nr 2). Diese Typisierung erfaßt sicher alle Kündigungssachverhalte, leistet aber nur bedingt eine normative Konkretisierung.

Der Systematisierung des § 626 Abs 1 dient es, eine **Dreiteilung der Kündigungs- 55 gründe** nach dem Vorbild des § 1 KSchG vorzunehmen (so Erman/Belling Rn 45; MünchArbR/Wank § 120 Rn 38 ff; APS/Dörner Rn 61 ff; Stahlhacke/Preis Rn 625 ff). Auch bei der außerordentlichen Kündigung ist zwischen **verhaltens-, personen- und be-triebsbedingten Gründen** zu unterscheiden. Verhaltensbedingte Kündigungsgründe stehen dabei ganz im Vordergrund des Interesses (Preis DB 1988, 1447). Aus betriebs-bedingten Gründen kann regelmäßig jedoch nur *ordentlich* gekündigt werden, weil der Arbeitgeber sein Wirtschafts- und Betriebsrisiko nicht auf die Arbeitnehmer abwälzen darf (BAG 28. 9. 1972 EzA § 626 BGB nF Nr 17; 9. 7. 1981 DB 1982, 121; 28. 3. 1985 EzA § 626 BGB nF Nr 96; KR/Fischermeier Rn 170; MünchKomm/Schwerdtner Rn 127 ff). Ausnahmen werden nur anerkannt, wenn die ordentliche Kündigungsmöglichkeit ausgeschlossen ist. Dies gilt auch bei personenbedingten Kündigungsgründen (Trunk- und Drogensucht, Fortfall der Arbeitserlaubnis, Krankheit, Straf- und Unter-suchungshaft; vgl BAG 4. 2. 1993 EzA § 626 BGB nF Nr 144).

Der methodischen Handhabung des § 626 Abs 1 dient es, zunächst die bestehenden **56** Schranken für die ordentliche Kündigung zu prüfen. Hierdurch wird die materiell-rechtliche Einsicht vermittelt, daß nur dann, wenn der Zweck, den der Arbeitgeber mit der Auflösung des Vertragsverhältnisses verfolgt, nicht in gleicher Weise mit dem milderen Mittel der ordentlichen Kündigung erreicht werden kann (Grundsatz der Erforderlichkeit), sich das spezifische Problem der Rechtfertigung der außerordentlichen Kündigung stellt. Erst danach setzt die für § 626 Abs 1 typische Interessenabwägung (hierzu Rn 75 ff) ein, die sich in der Ausgangsfrage von der Abwägung, ob ein bestimmtes Verhalten des Arbeitnehmers überhaupt zur Rechtfertigung einer (ordentlichen) Kündigung ausreicht, noch einmal deutlich abhebt. Denn zu fragen ist, ob dieser Kündigungssachverhalt, dessen Eignung als ordentlicher Kündigungsgrund vorausgesetzt ist, ein solches Gewicht aufweist, daß ausnahmsweise auch die außerordentliche Kündigung gerechtfertigt erscheint (zum ganzen PREIS, Prinzipien 490 ff).

2. Objektiver Beurteilungsmaßstab

57 Das Vorliegen eines wichtigen Grundes haben die Gerichte nach einem objektiven Maßstab zu beurteilen. Zwar können auch subjektive Umstände aus den Verhältnissen der Beteiligten berücksichtigt werden. Die Schutzwürdigkeit dieser Umstände unterliegt jedoch einer objektiven rechtlichen Beurteilung. Das **Motiv** des Kündigenden für das Vorliegen eines wichtigen Grundes ist grundsätzlich **unerheblich** (BAG 2. 6. 1960 AP Nr 42 zu § 626 BGB; HERSCHEL, in: FS G Müller 191; ERMAN/BELLING Rn 27). Entscheidend ist, ob die Unzumutbarkeit bei objektiver Beurteilung gegeben ist und schon im Zeitpunkt der Kündigung gegeben war (BAG 30. 1. 1963 EzA § 626 BGB nF Nr 4). Daß sie auch den Ausspruch der Kündigung veranlaßt haben, ist nicht erforderlich (KR/FISCHERMEIER Rn 105 mwN).

3. Beurteilungszeitpunkt

58 Die Prüfung des wichtigen Grundes ist bezogen auf den Zeitpunkt des **Zugangs der Kündigungserklärung** vorzunehmen. Umstände, die erst später entstanden sind, können die bereits erklärte Kündigung nicht im nachhinein rechtfertigen, sondern lediglich als Grundlage für eine weitere Kündigung dienen (BAG 3. 5. 1956 AP Nr 9 zu § 626 BGB; KR/FISCHERMEIER Rn 176). Mit diesem Grundsatz wird es für vereinbar gehalten, daß nachträgliche Gründe ausnahmsweise frühere Vorgänge aufhellen und dem Kündigungsgrund ein größeres Gewicht verleihen (BAG 15.12. 1955 AP Nr 1 zu § 67 HGB; 28.10. 1971 EzA § 626 BGB nF Nr 9; KR/FISCHERMEIER Rn 177). Freilich besteht hier die Gefahr, daß das Prinzip der ex-ante-Beurteilung ungerechtfertigt durchbrochen wird (zum Prognoseprinzip Rn 89 ff).

59 Eine mit Rückwirkung auf den Zeitpunkt des Kündigungsgrundes, zB der unerlaubten Handlung, ausgesprochene fristlose Kündigung erreicht die gewünschte Wirkung nicht. Sie ist jedoch nicht unwirksam, sondern wird nach allgemeinen Grundsätzen mit ihrem Zugang wirksam (KR/FISCHERMEIER Rn 24).

4. Zeitfaktor (Ordentliche Unkündbarkeit und lange Kündigungsfristen)

60 Bei der Interpretation des wichtigen Grundes – dies wird nicht selten verkannt – kommt es nicht entscheidend auf die Weiterbeschäftigung auf Dauer an, sondern auf die Frist für die reguläre Beendigung des Arbeitsverhältnisses. Bei kurzen Kündigungsfristen wird die Weiterbeschäftigung eher zuzumuten sein als bei langen Kündigungsfristen. Die Einhaltung der ordentlichen Beendigungsmöglichkeit kann um so eher unzumutbar werden, je länger die reguläre Vertragsbindung dauert (BAG 15. 12. 1955 AP Nr 6 zu § 626 BGB; Stahlhacke/Preis Rn 606). Dies kann bei sogenannten unkündbaren Arbeitsverhältnissen zu der paradoxen Situation führen, daß die fristlose Kündigung gerade dann eher zugelassen werden müßte, wenn die Parteien durch die Vereinbarung langer Kündigungsfristen oder der ordentlichen Unkündbarkeit sich besonders eng binden wollten.

Freilich läßt sich der Grundsatz, wonach die zu verlangende Dringlichkeit des wich- **61** tigen Grundes im umgekehrten Verhältnis zur Bindung des Kündigenden steht (Herschel Anm AP Nr 1 zu § 44 TVAL II; siehe auch BAG 15. 12. 1955 AP Nr 6 zu § 626 BGB; 8. 10. 1957 AP Nr 16 zu § 626 BGB) nicht immer durchhalten. Dies gilt insbesondere im Falle der Kündigung **altersgesicherter** und **unkündbarer** Arbeitnehmer, die aufgrund tariflicher Vorschriften nach längerer Betriebszugehörigkeit und höherem Lebensalter nur noch aus wichtigen Gründen gekündigt werden dürfen. Hier ist die Rechtslage unsicher. Das BAG hat es abgelehnt, wie im Falle des Sonderkündigungsschutzes nach § 15 KSchG bei der Beurteilung des wichtigen Grundes fiktiv auf die Frist für die ordentliche Kündigung abzustellen, sondern berücksichtigt die tatsächliche längere Vertragsbindung (BAG 14. 11. 1984 AP Nr 83 zu § 626 BGB; 9. 9. 1992 EzA § 626 BGB nF Nr 142; 4. 2. 1993 EzA § 626 BGB nF Nr 144; **aA** LAG Berlin 3. 10. 1983 EzA § 626 BGB nF Nr 84).

Die durch Ausschluß der ordentlichen Kündigung bedingte **langfristige Vertragsbin-** **62** **dung** will das BAG „im Rahmen der einzelfallbezogenen Interessenabwägung entweder zugunsten oder zuungunsten des Arbeitnehmers berücksichtigen" (BAG 14. 11. 1984 AP Nr 83 zu § 626 BGB; KR/Hillebrecht[4] Rn 203). Welche Betrachtungsweise im Einzelfall den Vorrang verdienen soll, sei insbesondere unter Beachtung von **Sinn und Zweck des tariflichen Ausschlusses** der ordentlichen Kündigung sowie unter Berücksichtigung der Art des Kündigungsgrundes zu entscheiden. Dabei soll sich bei Vorfällen ohne Wiederholungsgefahr die längere Vertragsbindung zugunsten des Arbeitnehmers auswirken, hingegen bei Dauertatbeständen oder Vorfällen mit Wiederholungsgefahr die Fortsetzung des Arbeitsverhältnisses eher unzumutbar sein als bei einem ordentlich kündbaren Arbeitnehmer. Dies ist nicht einleuchtend, weil bei einmaligen Vorfällen ohne Wiederholungsgefahr ohnehin die fristlose Kündigung ausscheiden dürfte (Preis, Prinzipien 486; näher zur Problematik ordentlich unkündbarer Arbeitnehmer Rn 272).

Die im Schrifttum vertretene Auffassung (Herschel Anm zu AP Nr 86 zu § 626 BGB; **63** Herschel Anm zu AP Nr 1 zu § 44 TV AL II) ist abzulehnen, die eine außerordentliche Kündigung aus minder wichtigem Grund im Sinne eines dritten, eigenartigen, gesetzlich nicht ausgestalteten Grundtyps der Kündigung befürwortet.Eine befristete außerordentliche Kündigung aus einem **minder wichtigen** Grund ist abzulehnen (BAG 4. 6. 1964 AP Nr 3 zu § 133b GewO; BAG v. 3. 10. 1957 AP § 70 HGB Nr 1; LAG Hamm 24. 11. 1988 LAGE Nr 2 zu § 626 BGB Unkündbarkeit; MünchKomm/Schwerdtner Rn 19; KR/ Fischermeier Rn 306; Preis, Prinzipien 484).

5. Verschulden

Verschulden ist keine notwendige Voraussetzung des wichtigen Grundes (BAG 17. 8. **64** 1972 AP Nr 4 zu § 626 BGB; 12. 4. 1978 AP Nr 13 zu § 626 BGB; 16. 2. 1989 RnK I 6 a Nr 49; MünchKomm/Schwerdtner Rn 27; Gotthardt, Arbeitsrecht nach der Schuldrechtsreform,

Ulrich Preis

Rn 202). Das zeigt sich an der Möglichkeit der außerordentlichen personenbedingten (Rn 207 ff) und betriebsbedingten (Rn 230 ff) Kündigung. **Verhaltensbedingte Kündigungen** setzen allerdings in aller Regel Verschulden voraus (BAG 16.3. 1961 AP Nr 2 zu § 1 KSchG Verhaltensbedingte Kündigung; 28.2. 1991 RnK I 6 a Nr 71; anders BAG 21.1. 1999 NZA 1999, 863; krit hierzu APS/Dörner Rn 75). Andererseits ist aber auch ein mitwirkendes Verschulden des Kündigenden an der Entstehung der Kündigungsgründe mitzuberücksichtigen, mit der möglichen Folge, daß die ausgesprochene Kündigung nicht gerechtfertigt ist (BAG 14.2. 1978 AP Nr 58 zu Art 9 GG Arbeitskampf; 10.3. 1977 AP Nr 9 zu § 313 ZPO; MünchKomm/Schwerdtner Rn 32, 38 f). Aus dem Grad des Verschuldens kann eine günstige oder auch ungünstige Prognose für die Zukunft des Vertragsverhältnisses hergeleitet werden.

65 Ausnahmsweise können auch **fahrlässige Pflichtverletzungen** ohne vorherige Abmahnung eine außerordentliche Kündigung rechtfertigen, wenn das Versehen eines gehobenen Arbeitnehmers, der eine besondere Verantwortung übernommen hat, geeignet ist, einen besonders schweren Schaden herbeizuführen, und der Arbeitgeber das Seine getan hat, die Möglichkeiten für ein solches Versehen und seine Folgen einzuschränken (BAG 4.7. 1991 RnK I 6 a Nr 73). Dies gilt insbesondere, wenn dem Arbeitnehmer fortgesetzt eine grobe Fahrlässigkeit zur Last fällt, die zu einer erheblichen wirtschaftlichen Belastung des Arbeitgebers führt (in concreto Überzahlung von Sozialhilfe in Höhe von rund 41 000 DM).

6. Nachschieben von Kündigungsgründen

66 Die Frage, ob eine außerordentliche Kündigung gerechtfertigt ist, entscheidet sich allein nach dem **objektiv vorliegenden Sachverhalt.** Die Kenntnis des Kündigenden ist dafür ebenso ohne Bedeutung wie die Frage, welcher von mehreren vorliegenden Gründen die Kündigung veranlaßt hat. Der Begriff des wichtigen Grundes enthält insoweit keine subjektiven Elemente (BAG 18.1. 1980 EzA § 626 BGB nF Nr 71; KR/Fischermeier Rn 178; MünchKomm/Schwerdtner Rn 250; aA Knütel NJW 1970, 122). Auch ist nicht notwendig, daß die nachgeschobenen Gründe mit den ursprünglichen Kündigungsgründen in einem zeitlichen und sachlichen Zusammenhang stehen (BAG 18.1. 1980 EzA § 626 BGB nF Nr 71; 11.4. 1985 EzA § 102 BetrVG 1972 Nr 62; Stahlhacke/Preis Rn 605; aA Staudinger/Neumann[12] Rn 28). Das Versagen des Nachschiebens von Kündigungsgründen, die dem Kündigenden bei Ausübung des Gestaltungsrechts unbekannt waren, würde denjenigen Vertragsteil bevorzugen, der es verstanden hat, einen wichtigen Kündigungsgrund vor seinem Vertragspartner geheim zu halten (BGH 18.12. 1975 DB 1976, 386; 5.12. 1979 DB 1980, 968). Das Nachschieben von Kündigungsgründen kann auch nicht in den Fällen ausgeschlossen werden, in denen dem Kündigenden der Kündigungsgrund bereits bei Ausübung des Gestaltungsrechts bekannt war, er aber die Kündigung überhaupt nicht oder anders begründet hat. Hält der Kündigende ihn bereits allein für tragfähig und sieht deshalb zunächst von der Mitteilung weiterer Kündigungsgründe ab, so können ihm dadurch keine Nachteile erwachsen, weil allein die objektive Sachlage entscheidet und die Kündigung ohne Konsequenzen für ihre Wirksamkeit nicht begründet zu werden braucht, selbst wenn der Gekündigte dies verlangt.

67 Voraussetzung des Nachschiebens von Kündigungsgründen ist stets, daß diese Gründe **vor der Ausübung** des Gestaltungsrechts entstanden sind. Nachträglich ent-

standene Gründe können grundsätzlich nur zur Begründung einer neuen Kündigung herangezogen werden. Davon hat die Rechtsprechung Ausnahmen dann zugelassen, wenn die späteren Gründe nicht völlig neu, sondern Umstände sind, die die früheren Vorgänge weiter aufhellen und mit ihnen im engen Zusammenhang stehen (BAG 28.10. 1971 AP Nr 62 zu § 626 BGB).

Ein Nachschieben von Kündigungsgründen setzt allerdings voraus, daß der **Betriebs-** 68 **rat** zumindest nachträglich nach § 102 Abs 1 BetrVG zu diesen Gründen **angehört** worden ist. In der Praxis scheitert hieran oftmals das materiell-rechtlich zulässige Nachschieben von Kündigungsgründen (zur Unwirksamkeit einer nachgeschobenen Verdachtskündigung BAG 3.4. 1986 EzA § 102 BetrVG mit Anm RÜTHERS/BAKKER; SCHWERDTNER NZA 1987, 361).

Vielfach wird die Zulässigkeit des Nachschiebens von Kündigungsgründen im Prozeß 69 jedoch durch § 626 Abs 2 eingeschränkt. Die Zulässigkeit des Nachschiebens von Kündigungsgründen, die dem Kündigenden im Zeitpunkt der Ausübung des Gestaltungsrechts länger als zwei Wochen bekannt waren und die mit dem innerhalb der Ausschlußfrist bekannt gewordenen Kündigungsgründen nicht in einem so **engen sachlichen Zusammenhang** stehen, daß die neuen Vorgänge ein weiteres und letztes Glied in der Kette der Ereignisse bilden, die zum Anlaß der Kündigung genommen worden sind, wird in Rechtsprechung und Schrifttum überwiegend verneint (BAG 17.8. 1972 AP Nr 65 zu § 626 BGB; 18.1. 1980 AP Nr 1 zu § 626 BGB Nachschieben von Kündigungsgründen; 10.4. 1975 AP Nr 7 zu § 626 BGB Ausschlußfrist; 16.6. 1976 EzA § 626 BGB nF Nr 47; KR/FISCHERMEIER Rn 187 ff; SCHWERDTNER BlStSozArbR 1981, 145). Begründet wird dies mit dem Hinweis, anderenfalls würde im Ergebnis die Bestimmung des § 626 Abs 2 unterlaufen. Sachlich ist dies nicht zwingend. Die Ausschlußfrist des § 626 Abs 2 bezieht sich nicht auf den einzelnen Kündigungsgrund, sondern auf die Ausübung des Gestaltungsrechts (vgl hierzu vor allem HERSCHEL Anm EzA § 626 BGB nF Nr 37; STAHLHACKE/PREIS Rn 605; ebenso STAUDINGER/NEUMANN[12] Rn 89).

7. Verfristete und verziehene Kündigungsgründe

Spricht der Arbeitgeber aus Gründen, die eine außerordentliche Kündigung recht- 70 fertigen könnten, vor Ablauf der Ausschlußfrist des § 626 Abs 2 eine ordentliche Kündigung aus, verzichtet er dadurch in schlüssiger Weise auf das außerordentliche Kündigungsrecht (LAG Baden-Württemberg 2.3. 1988 LAGE § 626 BGB Nr 37; hier gilt insoweit das gleiche wie im Verhältnis der Abmahnung zur ordentlichen Kündigung, unten Rn 113).

8. Nachträglicher Wegfall des Kündigungsgrundes

Fällt ein Kündigungsgrund nachträglich fort, **berührt** dies die **Wirksamkeit der aus-** 71 **gesprochenen Kündigung grundsätzlich nicht.** Dies gilt auch bei der Verdachtskündigung, wenn sich der Verdacht nach Ausspruch der Kündigung als unbegründet erweist. Die Auffassung des BAG (4.6. 1964 AP Nr 13 zu § 626 BGB Verdacht strafbarer Handlung; 30.4. 1987 AP Nr 19 zu § 626 BGB Verdacht strafbarer Handlung; BAG 14.9. 1994 EzA § 626 BGB Verdacht strafbarer Handlungen Nr 5), es seien auch erst im Laufe des Kündigungsschutzprozesses zu Tage tretende Umstände zu berücksichtigen, ist abzulehnen (HUECK/vHOYNINGEN/HUENE, KSchG § 1 Rn 266; VOM STEIN RdA 1991, 85; PREIS, Prinzipien 339 ff, 349 ff; **aA** KR/FISCHERMEIER Rn 233).

72 Zutreffenderweise wird man dem gekündigten Arbeitnehmer in derartigen Fällen mit der hM unter Umständen einen **Wiedereinstellungsanspruch** gewähren können (BGH 13. 7. 1956 AP Nr 2 zu § 611 BGB Fürsorgepflicht; BAG 4. 6. 1964 AP Nr 13 zu § 626 BGB Verdacht strafbarer Handlung; MünchKomm/Schwerdtner Rn 152). Der Wegfall der kündigungsbegründenden Tatsachen ist ein allgemeines Problem des Kündigungsrechts, das nicht nur im Falle der Verdachtskündigung akut wird (BAG 15. 3. 1984 NJW 1985, 342; LAG Baden-Württemberg 18. 3. 1986 DB 1987, 543; Hambitzer NJW 1985, 2239; vStebut NJW 1985, 293 f; Bram/Rühl NZA 1990, 753; Preis, Prinzipien 349; vom Stein RdA 1991, 85). Neben dem Sonderfall der Verdachtskündigung kommt ein allgemeiner Wiedereinstellungsanspruch nach Wegfall des Kündigungsgrundes grundsätzlich nicht in Betracht. Das gilt jedenfalls dann, wenn der Kündigungsgrund nach Ablauf der Kündigungsfrist wegfällt (BAG 28. 6. 2000 AP Nr 6 zu § 1 KSchG Wiedereinstellung; BAG 27. 6. 2001 EzA § 1 KSchG Wiedereinstellungsanspruch Nr 6 m Anm Gotthardt). Zum Ausnahmefall der ordentlichen betriebsbedingten Kündigung bei Wegfall der kündigungsbegründenden Umstände während des Laufs der Kündigungsfrist vgl LAG Köln 10. 1. 1989 LAGE § 611 BGB Einstellungsanspruch Nr 1 mit Anm Preis.

9. Prinzipien zur Konkretisierung des wichtigen Grundes

a) Unzumutbarkeit
73 Bei der Unzumutbarkeit handelt es sich um einen Rechtsbegriff ohne eigenen normativen Richtliniengehalt (Preis, Prinzipien 135 ff mwN; Henkel, in: FS Mezger [1954] 268, 302 f), der dem Richter die Möglichkeit eröffnet, mit Hilfe anderer materieller Wertungsgesichtspunkte im Einzelfall normschöpfend tätig zu werden. Im Ergebnis berechtigt der Begriff der Unzumutbarkeit den Richter zu nichts anderem als zu einer **Güter- und Interessenabwägung.** Ob die Fortsetzung eines Arbeitsverhältnisses (un-) zumutbar ist, kann nur nach Abwägung der schutzwerten Interessen entschieden werden. Der Gesichtspunkt der Unzumutbarkeit geht damit in der Güter- und Interessenabwägung auf. Der Begriff hat keinen eigenen Regelungsgehalt (Preis, Prinzipien 135 ff; Ascheid Rn 113). Allenfalls kann man in der Verwendung des Begriffs der Unzumutbarkeit in § 626 einen gesetzlichen Hinweis erblicken, daß nur in Ausnahmefällen ein Vertrag mit dem scharfen Mittel der außerordentlichen Kündigung beendet werden darf und deshalb die Interessen des Kündigenden die des Kündigungsgegners wesentlich überwiegen müssen. Der Begriff der Unzumutbarkeit bewirkt keine Subjektivierung der Voraussetzungen des § 626.

74 Eine Differenzierung zwischen § 1 KSchG und § 626 erscheint dahingehend möglich, daß im ersteren Fall die Fortsetzung des Arbeitsverhältnisses nach Ablauf der Kündigungsfrist und im letzteren Fall ab sofort unzumutbar sein muß (vgl Hanau ZfA 1984, 560 f).

b) Interessenabwägung
75 Die stets erforderliche Interessenabwägung muß die **sofortige Unzumutbarkeit** der Fortsetzung des Arbeitsverhältnisses ergeben. Die Interessenabwägung ist normativ auf arbeitsvertraglich relevante Umstände zu konkretisieren. Da sich das Arbeitsverhältnis primär als ein wirtschaftliches Austauschverhältnis darstellt, das zur Erreichung bestimmter wirtschaftlicher und betrieblicher Zwecke eingegangen wird, können kündigungsrechtlich auch alle jene Interessen Geltung beanspruchen, die mit dieser Zweckverfolgung zusammenhängen. Der Dienstberechtigte kann also die

Kündigung insbesondere auf **betriebs-** und **unternehmensbezogene Interessen** stützen. Schutzwürdig im Rahmen des § 626 Abs 1 sind schließlich alle **personenbezogenen Interessen,** soweit sie die beiden Vertragsparteien selbst betreffen (Einzelheiten bei PREIS, Prinzipien 222 ff). Als personenbezogenes Interesse kann etwa der Gesundheitszustand des Arbeitnehmers genannt werden.

Schließlich sind stets **verfassungsrechtliche Wertentscheidungen** zu berücksichtigen, **76** insbesondere bei einer außerordentlichen Kündigung wegen politischer Betätigung (Rn 177 ff) und wegen tendenzwidriger Verhaltensweisen (Rn 192 ff). Die Ausstrahlung der Grundrechte erhält eine zunehmende Bedeutung im Rahmen kündigungsrechtlicher Abwägung (zur Kunstfreiheit nach Art 5 Abs 3 Satz 1 GG BAG 15. 8. 1984 NJW 1985, 2158; 14. 10. 1982 EzA § 1 KSchG Nr 40).

Bei der Beurteilung von Kündigungen ist auch die **individuelle Gewissensfreiheit** des **77** Arbeitnehmers (Art 4 GG) zu berücksichtigen. Hiernach darf der Arbeitgeber dem Arbeitnehmer keine Arbeit zuweisen, die den Arbeitnehmer in einen vermeidbaren Gewissenskonflikt bringt (BAG 20. 12. 1984 AP Nr 27 zu § 611 BGB Direktionsrecht; 24. 5. 1989 NZA 1990, 144; LAG Düsseldorf 7. 8. 1992 NZA 1993, 411; ausführlich KONZEN/RUPP, Gewissenskonflikte im Arbeitsverhältnis, insbes S 113 ff; KOHTE NZA 1989, 161 ff; krit REUTER BB 1986, 385). Der Arbeitgeber muß dem Arbeitnehmer nach Möglichkeit eine andere Tätigkeit zuweisen. Ist dies nicht möglich, so kann ein in der Person des Arbeitnehmers liegender Grund gegeben sein, das Arbeitsverhältnis zu kündigen (BAG 24. 5. 1989 NZA 1990, 144). Die fristlose Kündigung wird allerdings bei echten Gewissenskonflikten nur selten möglich sein.

Sehr umstritten ist die Frage, ob ein **Ausländer** entlassen werden kann, der der Arbeit **78** an einem hohen religiösen Feiertag seiner Religionsgemeinschaft fernbleibt (dazu LAG Düsseldorf 14. 2. 1963 DB 1963, 522; MünchKomm/SCHWERDTNER Rn 77). Auch insoweit müssen konsequenterweise Gewissenskonflikte des Arbeitnehmers berücksichtigt werden.

Stets ist die Dauer der **Betriebszugehörigkeit** im Rahmen der Abwägung zu beachten **79** (BAG 13. 12. 1984 AP Nr 81 zu § 626 BGB; LAG Frankfurt aM 5. 7. 1988 LAGE Nr 20 zu § 1 KSchG Verhaltensbedingte Kündigung; aA TSCHÖPE NZA 1985, 588). **Unterhaltspflichten** können nur im Ausnahmefall berücksichtigt werden (BAG 2. 3. 1989 AP Nr 101 zu § 626 BGB; BAG 5. 4. 2001 NZA 2001, 954, 957). Zu beachten sind stets die **Art,** die **Schwere** und die **Folgen** der dem Gekündigten vorgeworfenen Handlungen, auch die Entschuldbarkeit eines Rechtsirrtums (BAG 14. 2. 1978 EzA Art 9 GG Arbeitskampf Nr 22). Das **Verschulden** ist zwar keine notwendige Voraussetzung des Kündigungsgrundes (aA LAG Düsseldorf 25. 1. 1993 LAGE § 626 BGB Nr 70), aber ein wichtiges Bewertungsprinzip im Rahmen der Abwägung. Dementsprechend ist einem Arbeitnehmer, der eine Anordnung seines Arbeitgebers für unwirksam hält und ihr deshalb nicht folgen will, zu empfehlen, die Rechtslage stets sorgfältig zu prüfen. Zur Vermeidung des Vorwurfs eines fahrlässigen Rechtsirrtums ist er gehalten, sich in einer Weise zu vergewissern, die Zweifel über die Rechtslage nach Möglichkeit ausschließt. Dementsprechend ist es in der arbeitsrechtlichen Praxis der Regelfall, daß ein Arbeitnehmer zur Vermeidung unnötiger Risiken den Anordnungen seines Arbeitgebers zunächst einmal und ggfs unter dem Vorbehalt der gerichtlichen Nachprüfung selbst dann nachkommt, wenn er diese für rechtswidrig hält. Hiervon ausgenommen sind in der Regel nur Fälle, in

denen eine offenkundige rechtswidrige Überschreitung des bestehenden Direktionsrechts vorliegt (LAG Düsseldorf 25.1. 1993 LAGE § 626 BGB Nr 70).

80 Verhaltensbezogene, betriebsbezogene und personenbezogene Interessen sowie verfassungsrechtliche Wertentscheidungen sind stets im Rahmen der Abwägung zu berücksichtigen (ausführlich PREIS, Prinzipien 224 ff). Stets ist zu berücksichtigen, ob der
Pflichtverstoß des Arbeitnehmers **konkrete betriebliche** oder **wirtschaftliche Auswirkungen** zeitigt (BAG 17.3. 1988 EzA § 626 BGB nF Nr 116; LAG Hamm 15.7. 1988 LAGE § 626
BGB Nr 41). Das Vorliegen konkreter Auswirkungen ist aber keine zwingende Voraussetzung für die Bejahung eines Kündigungsgrundes; dies gilt insbesondere bei
vorwerfbaren Vertragsverletzungen (vgl BAG 17.1. 1991 EzA § 1 KSchG Verhaltensbedingte
Kündigung Nr 37).

81 Um zu objektiven Abwägungsurteilen zu kommen, ist der Richter gehalten, **jedes**
schutzwerte **Einzelinteresse** zu **gewichten** und zu **werten**. Auf folgende **Präferenzre-
geln** (dazu HUBMANN, Wertung und Abwägung im Recht [1977] 20 ff, 65 ff, 118 ff; PREIS, Prinzipien
224 ff) sei hingewiesen: Rangordnung der Güter und Interessen; Häufung (Kumula-
tion) der schutzwerten Güter und Interessen; Intensität und Stärke der Interessen
(Untergesichtspunkte: Aktualität, Dringlichkeit und zeitliche Priorität eines Interesses); Verschulden, Folgenberücksichtigung.

82 Im Ergebnis muß ein **Störungsgrad** in der **Vertragsbeziehung** erreicht sein, der eine
sofortige Beendigung der Vertragsbeziehung rechtfertigt. Unzumutbar muß die Fortsetzung des Vertrages deshalb sein, weil (a) eine *erhebliche Vertragsstörung* vorliegt,
die so gewichtig ist, daß (b) eine *ordentliche befristete Kündigung* bzw der *Einsatz
vorrangiger milderer Mittel* nicht mehr ausreicht, (c) eine *Negativprognose* gestellt ist
und (d) unter *Abwägung aller Interessen* auch das scharfe Mittel der fristlosen Kündigung gerechtfertigt ist.

83 Gegenüber der ordentlichen Kündigung nach § 1 KSchG sind bei der außerordentlichen Kündigung folgende Spezifika zu beachten: Da die Bejahung einer ordentlichen Kündigungsmöglichkeit denknotwendige Voraussetzung für die Möglichkeit
einer außerordentlichen Kündigung ist, weist die spezifische Interessenabwägung
des § 626 Abs 1 Besonderheiten auf, die bei einer bereits materiell beschränkten
ordentlichen Kündigung – wie dies im Arbeitsrecht der Fall ist –, beachtet werden
müssen.

84 Prägend für die **Interessenabwägung** des § 626 Abs 1 ist das von vornherein bestehende Interessenungleichgewicht zu Lasten des Kündigenden, das durch folgende
Punkte gekennzeichnet ist: (1) Charakter des § 626 Abs 1 als **Ausnahmerecht;**
(2) Durchbrechung des Grundsatzes „pacta sunt servanda"; (3) Vorrang der ordentlichen Auflösungsmöglichkeit; (4) sofortiges Auflösungserfordernis, Zeitfaktor;
(5) Notwendigkeit einer besonders intensiven Vertrauensstörung bzw einer Vertrags-
und/oder Betriebsbeeinträchtigung.

85 Ob nach dem Durchschreiten all dieser Prüfungsschritte das schärfste Mittel des
Kündigungsrechts gerechtfertigt ist, entscheidet sich unter Beachtung aller schutzwerten Abwägungskriterien, wobei trotz aller Strukturierung immer noch ein **erheblicher tatrichterlicher Wertungsspielraum** verbleibt. Aus der Sicht des Revisionsge-

richts ist aber zu beachten, daß abgegrenzt werden muß, welche Gesichtspunkte nach normativen Kriterien überhaupt schutzwürdig sein können und wie, dh mit welcher Schwerpunktsetzung diese Gesichtspunkte in der Abwägung zu gewichten sind (vgl zur Frage der Betriebszugehörigkeit BAG 20. 9. 1984 DB 1985, 655; 13. 12. 1984 DB 1985, 1244).

c) Verhältnismäßigkeit (ultima-ratio-Prinzip)

Die außerordentliche Kündigung ist nur zulässig, wenn sie die **unausweichlich letzte** 86 **Maßnahme (ultima-ratio)** für den Kündigungsberechtigten ist (BAG 30. 5. 1978 AP Nr 70 zu § 626 BGB mit Anm G HUECK). Eine außerordentliche Kündigung kommt nur in Betracht, wenn alle anderen, nach den jeweiligen Umständen möglichen und angemessenen milderen Mittel (zB Abmahnung, Versetzung, einverständliche Änderung des Vertrages, außerordentliche Änderungskündigung oder ordentliche Kündigung) erschöpft sind, das in der bisherigen Form nicht mehr haltbare Arbeitsverhältnis fortzusetzen. Dieser Grundsatz gilt bereits für die ordentliche Kündigung nach § 1 KSchG. Nach dem Grundsatz der Erforderlichkeit ist also zu fragen, ob der mit der außerordentlichen Kündigung verfolgte Zweck nicht auch mit dem milderen Mittel der ordentlichen Kündigung erreicht werden könnte. Dieser Grundsatz ist dem Tatbestand des § 626 Abs 1 immanent. Zweckmäßigerweise orientiert man sich für die Prüfung der jeweils in Betracht kommenden milderen Mittel an den zur ordentlichen Kündigung entwickelten Grundsätzen. Das einzige, für die außerordentliche Kündigung **spezifische mildere Mittel** ist die **ordentliche Kündigung** (ausführlich PREIS, Prinzipien 482 ff; ders DB 1990, 689). Alle sonstigen nach den jeweiligen Umständen möglichen und zumutbaren Mittel (zB Abmahnung, Versetzung, Änderungskündigung) müssen bereits für die Rechtfertigung der ordentlichen Kündigung geprüft werden (vgl STAHLHACKE/PREIS Rn 8).

In der Formulierung des § 626 Abs 1 „wenn Tatsachen vorliegen, aufgrund derer ... 87 die Fortsetzung des Dienstverhältnisses bis zum Ablauf der Kündigungsfrist oder bis zu der vereinbarten Beendigung des Dienstverhältnisses nicht zugemutet werden kann" liegt eine Konkretisierung des Grundsatzes der **Erforderlichkeit**. Denn die ordentliche Beendigung des Vertragsverhältnisses ist gegenüber der außerordentlichen Kündigung eine mildere Maßnahme.

Zu beachten ist, daß es um eine Fortsetzung bis zum Ablauf der Kündigungsfrist geht 88 bzw bis zum Ablauf der vereinbarten Vertragszeit. Jedes mildere Mittel muß **objektiv möglich und geeignet** sein. Eine verhaltensbedingte Kündigung ist nicht gerechtfertigt, wenn der Arbeitnehmer auf einem anderen Arbeitsplatz weiterbeschäftigt werden kann (BAG 22. 7. 1982 AP Nr 5 zu § 1 KSchG 1969 Verhaltensbedingte Kündigung). Dies setzt allerdings zweierlei voraus: Der andere **Arbeitsplatz** muß **frei** sein. Ferner ist zu beachten, daß ein Mittel ungeeignet ist, wenn mit ihm das **Kündigungsinteresse** nicht **befriedigt** wird. Sofern allerdings das Kündigungsinteresse durch Umgestaltung des Arbeitsverhältnisses entfällt, wäre diese Möglichkeit vor Ausspruch einer Kündigung zu ergreifen (vgl BAG 30. 5. 1978 AP Nr 70 zu § 626 BGB zum Entzug einer Fahrerlaubnis eines Kraftfahrers, der als Betonmixer weiterbeschäftigt werden konnte; ferner LAG Rheinland-Pfalz 11. 8. 1989 LAGE § 626 BGB Nr 43). Eingeschlossen ist also eine eventuelle Fortsetzung zu schlechteren Arbeitsbedingungen, die der Arbeitgeber, soweit eine entsprechende Beschäftigungsmöglichkeit besteht, anzubieten hat (BAG 27. 9. 1984 AP Nr 8 zu § 2 KSchG

1969). Zur vorübergehenden **Suspendierung** der gegenseitigen Hauptleistungspflichten als gegenüber der Kündigung milderes Mittel vgl schon oben Rn 15.

d) Prognoseprinzip (Zukunftsbezogenheit der Kündigungsgründe)

89 Für die Rechtfertigung einer Kündigung sind in erster Linie die **künftigen Auswirkungen vergangener oder gegenwärtiger Ereignisse** ausschlaggebend. Dies folgt nicht nur aus der dem Kündigungsrecht immanenten „ex-nunc-Wirkung" (krit Rüthers/Müller Anm EzA § 1 KSchG Verhaltensbedingte Kündigung Nr 41), sondern auch aus der *Normstruktur der Kündigungsgründe* sowie der *Systematik des Leistungsstörungsrechts* (ausf Preis, Prinzipien 322 ff; Ascheid Rn 28 ff). Die Gründe, die die Auflösung eines Vertragsverhältnisses legitimieren, müssen gerade auch für die Zukunft Gewicht haben. § 626 Abs 1 stellt auf die Zumutbarkeit der „Fortsetzung" des Dienstverhältnisses ab (vgl auch § 1 Abs 2 KSchG, der auf die fehlende Möglichkeit der *Weiter*beschäftigung abstellt). Insoweit ist der wichtige Kündigungsgrund zukunftsbezogen (Herschel, in: FS G Müller 202 f; MünchKomm/Schwerdtner Vor § 620 Rn 392 ff, 427, 437; § 626 Rn 29; KR/Fischermeier Rn 110; Preis, Prinzipien 322 ff; Ascheid Rn 28 ff).

90 Die Kritik an der **Zukunftsbezogenheit der Kündigungsgründe** (vgl etwa Rüthers/Müller Anm EzA § 1 KSchG Verhaltensbedingte Kündigung Nr 41) verkennt den *systematischen Unterschied* zwischen der Kündigung als Reaktionsmittel, um sich für die Zukunft von einer unerträglich gewordenen Vertragsbeziehung zu lösen und dem *Leistungsstörungsrecht*. Die Kündigung wickelt nicht eine Störung ab (zB durch schadensrechtlichen Ausgleich; Verlust des Anspruches auf die Gegenleistung), sondern soll primär verhindern, daß weitere Störungen eintreten. § 1 KSchG und § 626 sind gegenüber dem Leistungsstörungsrecht, das der Abwicklung der Störung dient, ein aliud (Ascheid Rn 44).

91 Eine wirksame Kündigung setzt andererseits aber stets voraus, daß es in der **Vergangenheit zu einer Störung der Vertragsbeziehung** gekommen ist. Kündigungsrechtlich ist allerdings zusätzlich zu fragen, ob diese Vertragsstörung von solcher Qualität ist, daß auch die künftige gedeihliche Fortführung des Vertrages ausgeschlossen erscheint (Ascheid Rn 44).

92 Ein zurückliegendes schwerwiegendes Ereignis kann stets als **Indiz für die Gefahr zukünftiger Beeinträchtigung** des Arbeitsverhältnisses dienen (Ascheid Rn 30; Preis DB 1990, 685). Der außerordentlichen Kündigung kommt **kein Strafcharakter** zu (MünchKomm/Schwerdtner Rn 29). Seine stärkste Ausprägung hat der Prognosegedanke bisher bei der krankheitsbedingten Kündigung erfahren (hierzu Rn 217 ff), weniger hingegen im Bereich der verhaltensbedingten Kündigung. Eine außerordentliche Kündigung ist nicht nur bei *Wiederholungsgefahr* gerechtfertigt, sondern kann – bei starker Vertragsbeeinträchtigung – auch wegen *Erschütterung des Vertrauensverhältnisses* gerechtfertigt sein. Auch in letzterem Fall hat das vergangene Ereignis belastende Wirkung, die die künftige Zusammenarbeit ausschließt (MünchArbR/Wank § 120 Rn 31).

93 Auch bei der verhaltensbedingten Kündigung bedarf es daher stets einer **zweistufigen Prüfung.** Zunächst ist das in der Vergangenheit liegende vertragswidrige Verhalten als notwendige Basis für die Prognose festzustellen und zu würdigen. In einem zweiten Schritt ist zu prüfen, ob das Vertragsverhältnis auch künftig beeinträchtigt

ist bzw ob das Risiko weiterer Vertragsverletzungen droht, sog Negativprognose (BAG 16. 8. 1991 EzA § 1 KSchG Verhaltensbedingte Kündigung Nr 41; Preis, Prinzipien 328 f; Ascheid Rn 30). Daß die Negativprognose auch bei der verhaltensbedingten Kündigung eine wichtige Rolle spielt, zeigt sich auch an dem Erfordernis der **Abmahnung** vor Ausspruch der Kündigung (Preis, Prinzipien 330; Ascheid Rn 64). Diese soll gerade den Arbeitnehmer veranlassen, sein bisheriges, mit den vertraglichen Pflichten nicht zu vereinbarendes Verhalten künftig zu ändern. Die Abmahnung erhält damit ua die Funktion, die Negativprognose bei der verhaltensbedingten Kündigung auf eine sichere Grundlage zu stellen.

e) Vertrauensschutz
Das Recht zur außerordentlichen Kündigung steht in einer engen Beziehung zu **94** Fragen des Vertrauensschutzes. Das Vertrauen auf den Fortbestand des Vertrages ist ua dann nicht schutzwürdig, wenn die andere Partei das zur Leistungserbringung notwendige Vertrauen zerstört hat. Das BAG spricht von der „Störung des personalen Vertrauensbereichs" (BAG 6. 2. 1969 AP Nr 58 zu § 626 BGB; König RdA 1969, 13; KR/ Fischermeier Rn 169). Entscheidend kommt es auch hier auf die objektive Schutzwürdigkeit des Vertrauens an. Nicht jedes Dienst- oder Arbeitsverhältnis begründet schon ein besonderes Vertrauensverhältnis. Das kann anders sein, wenn die Wahrung eines Vertrauensverhältnisses gerade zu den typischen Vertragspflichten gehört (MünchKomm/Schwerdtner Rn 2 f). Dies ist der Fall, wenn dem Arbeitnehmer ein Tätigkeitsbereich anvertraut ist, der weitgehend selbständig ausgeübt wird oder aus anderen Gründen einer Kontrolle nur schwer zugänglich ist (Dütz Anm EzA § 626 BGB nF Nr 91).

f) Gleichbehandlungsgrundsatz
Dem Arbeitgeber ist es untersagt, diskriminierende Kündigungen auszusprechen, **95** insbesondere wegen des Geschlechts (§ 611a). Darüber hinausgehend ist umstritten, ob und inwieweit der Arbeitgeber bei Kündigungen an den arbeitsrechtlichen Gleichbehandlungsgrundsatz gebunden ist. Die herrschende Auffassung steht auf dem Standpunkt, daß die Anwendung des Gleichbehandlungsgrundsatzes mit dem Gebot der umfassenden Abwägung der Einzelfallumstände nur beschränkt zu vereinbaren sei. Denn die Einzelfallbetrachtung könne – trotz gleichgelagerter Kündigungssachverhalte – die Kündigung in dem einen Fall als gerechtfertigt und in dem anderen Fall als ungerechtfertigt erscheinen lassen (BAG 22. 9. 1979 DB 1979, 1659; 28. 4. 1992 AuR 1983, 381; KR/Fischermeier Rn 307).

Dies vermag nicht zu überzeugen (Preis, Prinzipien 383 ff; MünchArbR/Wank § 120 Rn 56). **96** Richtig ist zwar, daß im Kündigungsrecht für die Frage der Gleichbehandlung wenig Platz sein wird. So kann der Gleichbehandlungsgrundsatz nur dann herangezogen werden, wenn ein sog **homogener Kündigungssachverhalt** besteht, dh Arbeitnehmer sich in einer vergleichbaren Lage befinden (Preis, Prinzipien 387 ff; vgl auch LAG Thüringen 28. 9. 1993 LAGE § 620 BGB Gleichbehandlung Nr 1). Der wichtigste Anwendungsfall des Gleichbehandlungsgrundsatzes ist damit weiterhin die sog **herausgreifende Kündigung** bei gleichgelagerten Pflichtverletzungen. Prinzipiell ist der Arbeitgeber danach gehalten, bei der Ausübung des Kündigungsrechts nicht willkürlich zu differenzieren, wenn ein Sachverhalt zur außerordentlichen Kündigung mehrerer Arbeitnehmer führen kann. Entscheidend ist, ob sich aus dem Kündigungssachverhalt bzw dem Zweck der Kündigung hinreichend sachliche Differenzierungsgründe ergeben können. So

kann etwa der unterschiedliche Grad des Fehlverhaltens eine Differenzierung rechtfertigen.

IV. Kündigungsgründe des Dienstberechtigten (Arbeitgebers)

1. Grundlagen

97 Vorrangige Bedeutung im Rahmen des § 626 hat die Reaktion auf **Vertragsstörungen.**
Interessen, die völlig außerhalb des Vertragsverhältnisses stehen, vermögen eine
Kündigung nicht zu rechtfertigen (BAG 6. 2. 1969 AP Nr 58 zu § 626 BGB; 20. 9. 1984 EzA
§ 626 BGB nF Nr 91; 24. 9. 1987 DB 1988, 1757; KR/Fischermeier Rn 110; APS/Dörner Rn 63).
Hingegen sind alle Kündigungssachverhalte, die in irgendeiner Form das Vertrags-
verhältnis nachhaltig beeinträchtigen (Verweigerung der Arbeitspflicht, Schlechtleistung,
Vertragsbruch, Verstoß gegen vertragliche Verhaltenspflichten etc) grundsätzlich geeignet, einen wichtigen Grund iS des § 626 Abs 1 abzugeben.

2. Einzelfälle bei freien Dienstverträgen

98 In unterschiedlichen freien Dienstverträgen hat der Begriff des wichtigen Grundes
nach § 626 Abs 1 Bedeutung erlangt. Man kann die Regel aufstellen, daß die Kündigung eines unabhängigen Dienstvertrages jedenfalls dann zulässig ist, wenn auch die
Kündigung eines Arbeitsverhältnisses zulässig wäre. Insoweit kann auf die nachfolgenden Fallgruppen verwiesen werden, mit der Maßgabe, daß die Besonderheiten
des in Rede stehenden Vertrags- und Vertrauensverhältnisses hinreichend berücksichtigt werden müssen.

99 Besondere praktische Bedeutung hat die Kündigung der **Anstellungsverhältnisse** von
GmbH-Geschäftsführern und Vorstandsmitgliedern (Eckardt, Die Beendigung der Vor-
stands- und Geschäftsführerbestellung in Kapitalgesellschaften [1989] 110 ff; ferner oben Rn 16).
Auch der BGH fordert wie das BAG eine Einzelfallwürdigung des wichtigen Grundes (BGH 9. 11. 1992 NJW 1993, 463; zur fristlosen Kündigung von **Verlagsverträgen** BGH 14. 12.
1989 NJW 1990, 1989). Erforderlich ist stets eine einzelfallbezogene Abwägung unter
Berücksichtigung der jeweiligen Vertragsinteressen. Ein wichtiger Grund für die
fristlose Kündigung eines Geschäftsführers liegt nach § 626 nicht schon dann vor,
wenn die Insolvenz wahrscheinlich masscarm ist und der Arbeitsplatz des Geschäftsführers wegfällt. Hier kann die ordentliche Beendigungsmöglichkeit gewählt werden.
Auch kann die Einleitung von Rechtsstreitigkeiten gegen den Insolvenzverwalter
keinen wichtigen Grund darstellen (OLG Hamm 2. 6. 1986 GmbHRundschau 1987, 307).
Demgegenüber kann die Verweigerung von Auskünften durch den Geschäftsführer
gegenüber den Gesellschaftern eine fristlose Kündigung des Anstellungsvertrages
rechtfertigen (OLG Frankfurt/Main 24. 11. 1992 NJW-RR 1994, 498, 499 f). Zu den Voraussetzungen, unter denen ein GmbH-Geschäftsführer seinen Anstellungsvertrag aus
wichtigem Grund kündigen kann, wenn ein anderer Geschäftsführer unberechtigte
Vorwürfe gegen ihn erhebt BGH 9. 3. 1992 NJW-RR 1992, 992. Bei einem **Internatsvertrag** gehört die Fehleinschätzung der Fähigkeit und der Bereitschaft des Schülers,
die Trennung vom Elternhaus zu bewältigen und sich in die Internatsgemeinschaft
einzufügen, zu dem Verantwortungsbereich der Eltern. Mangelnde Internatsfähig-
keit ist demnach kein wichtiger Grund, der die Vertragspartner zur vorzeitigen
Kündigung nach § 626 berechtigt (BGH 24. 5. 1984 NJW 1984, 2091; 28. 2. 1985 NJW 1985,

2585). Jedoch kann der ernsthafte Selbstmordversuch eines Internatsschülers ein wichtiger Grund für die Kündigung durch die Eltern des Schülers sein (BGH 24. 5. 1984 NJW 1984, 2091). Auch bei der Kündigung eines Dienstvertrages ist stets zu berücksichtigen, ob nicht die ordentliche Beendigungsmöglichkeit ausreicht bzw mildere Maßnahmen das Kündigungsinteresse entfallen lassen. So ist eine fristlose Kündigung eines **Internatsschulvertrages** dann nicht begründet, wenn der Schulleiter zunächst einen zeitlich begrenzten Schulverweis ausgesprochen hat, der den Eltern Einwirkungsmöglichkeiten eröffnen sollte (OLG Karlsruhe 26. 9. 1986 NJW-RR 1987, 118).

3.   Verhaltensbedingte Gründe im Arbeitsverhältnis

a)   Ausgangslage, Prüfungskriterien
In Betracht kommen als verhaltensbedingte Kündigungsgründe **Vertragsverletzungen** **100** des Arbeitnehmers, die im allgemeinen *schuldhaft* (Vorsatz oder Fahrlässigkeit) sein müssen. Es bedarf mithin zumindest der Verletzung vertraglicher Nebenpflichten. Werden dem Arbeitnehmer im Arbeitsvertrag Nebenpflichten auferlegt, kann deren Verletzung nur dann die Kündigung rechtfertigen, wenn die Vertragsklausel einer **Inhaltskontrolle** standhält (zum ganzen PREIS, Grundfragen der Vertragsgestaltung im Arbeitsrecht [1993]). Die Beschränkung des verhaltensbedingten Kündigungsgrundes auf **vertragswidrige Verhaltensweisen** erscheint jedoch um einer sinnvollen Abgrenzung zur personen- und betriebsbedingten Kündigung willen unverzichtbar (APS/DÖRNER Rn 72; PREIS DB 1990, 630, 632; DORNDORF ZfA 1989, 345)

Erforderlich ist die verhaltensbedingte Kündigung nur, wenn dem Arbeitgeber zur **101** Verfolgung seiner berechtigten betrieblichen oder vertraglichen Interessen **keine anderen milderen Mittel** mehr zur Verfügung stehen. Dieser allgemeine, schon aus § 1 Abs 2 Satz 1 KSchG folgende Rechtsgedanke wird ergänzt durch die spezifischen Konkretisierungen in § 1 Abs 2 Satz 2 u 3 KSchG. Auch die verhaltensbedingte ordentliche Kündigung kann unwirksam sein, wenn eine Möglichkeit zur Weiterbeschäftigung im Betrieb oder Unternehmen, ggfs nach Änderung der Arbeitsbedingungen oder nach zumutbaren Umschulungs- oder Fortbildungsmaßnahmen, möglich ist. Entscheidend für die Frage, ob mildere Mittel in Betracht kommen, ist das *vertragliche Interesse,* das mit der in Aussicht genommenen Maßnahme befriedigt werden soll. Mildere Mittel sind nicht schon deshalb zu ergreifen, weil sie eine mildere Bestrafung des Arbeitnehmers darstellen. Dies ist nicht der Zweck der verhaltensbedingten Kündigung.

Die **Versetzung** auf einen freien Arbeitsplatz kommt deshalb nur in Betracht, wenn **102** ein *arbeitsplatzbezogener* verhaltensbedingter Kündigungsgrund vorliegt, weil nur dann die Versetzung ein geeignetes milderes Mittel sein kann, zB bei arbeitsplatzbezogenen Schlechtleistungen. Freilich muß die Aussicht bestehen, daß der Arbeitnehmer die auf dem anderen Arbeitsplatz verlangte Tätigkeit anforderungsgerecht ausfüllen kann (PREIS, Prinzipien 462). Selbst bei Streitigkeiten im Betrieb können Versetzungen mildere Mittel sein, wenn der Konflikt nur auf eine einzelne Abteilung beschränkt war (BAG 31. 3. 1993 EzA § 626 BGB nF Ausschlußfrist Nr 5). Bei abgemahnten *arbeitsplatzunabhängigen Pflichtverstößen,* die arbeitgeberbezogen sind (Verletzung des Alkoholverbots, fortwährende Unpünktlichkeit, Vorlage gefälschter Arbeitsunfähigkeitsbescheinigungen uam) wird das Risiko weiterer Vertragsverletzungen **nicht** bereits durch eine Versetzung des Arbeitnehmers beseitigt.

103 Ob die **Änderungskündigung** oder die einverständliche Änderung der Arbeitsbedingungen ein geeigneteres milderes Mittel ist, entscheidet sich weitgehend nach den gleichen Grundsätzen. Die Verschlechterung der Arbeitsbedingungen ist nicht schon deshalb zu ergreifen, weil diese den Arbeitnehmer milder „bestraft". In Ausnahmefällen können bei unzureichender Arbeitsleistung Änderungskündigungen mit dem Ziel der Versetzung auf einen niedriger bewerteten Arbeitsplatz bzw Gehaltskürzungen (bei übertariflicher Bezahlung) zur Anpassung von Lohn und Leistung geeignete mildere Mittel darstellen.

b)   Erfordernis der Abmahnung
aa) Grundsatz

104 Verhaltensbedingte Kündigungen bedürfen im allgemeinen einer vorherigen vergeblichen Abmahnung. Dies gilt bereits für die ordentliche Kündigung und damit erst recht für das schärfere Mittel der außerordentlichen Kündigung (BAG 17.2.1994 NZA 1994, 656 f). Allerdings bildet eine Vielzahl berechtigter Abmahnungen noch keine Gewähr, daß letztlich auch eine außerordentliche Kündigung gerechtfertigt ist (BAG 17.3.1988 AP Nr 99 zu § 626 BGB). Freilich kann bei außerordentlichen Kündigungen, die nur bei **schwerwiegenden Pflichtverletzungen** ausgesprochen zu werden pflegen, die Abmahnung wegen Zwecklosigkeit **entbehrlich** sein.

105 Die Notwendigkeit einer Abmahnung ist in § 626 gesetzlich nicht geregelt. Sie wurde jedoch im Arbeitsrecht aus dem Grundsatz der **Verhältnismäßigkeit** (Ultima-Ratio-Prinzip) und dem **Rechtsgedanken des § 326 Abs 1 aF** (vgl jetzt § 323 Abs 1) abgeleitet. Gerechtfertigt wird das Erfordernis der Abmahnung wohl überwiegend mit dem Rechtsgedanken, wonach der Gläubiger vor einer einseitigen Aufhebung des Vertrages dem Schuldner noch einmal die Folgen seines säumigen Verhaltens vor Augen führen soll (BAG 17.5.1984 DB 1984, 2702; 12.7.1984 DB 1985, 340; Ascheid Rn 71 ff; KR/Fischermeier Rn 256; MünchKomm/Schwerdtner Vor § 620 Rn 255; Oetker SAE 1985, 176). Dieser Rechtsgedanke wird ergänzt durch das Ultima-Ratio-Prinzip, speziell den Grundsatz der Erforderlichkeit (BAG 30.5.1978 EzA § 626 BGB nF Nr 66; Schaub NJW 1990 872 ff; Fromm DB 1989, 1409; Falkenberg NZA 1988, 489; Bock AuR 1987, 217; Schmid NZA 1985, 412; Becker/Schaffner DB 1985, 652). Diese Sichtweise hat jetzt durch die allgemeine Regel der Kündigung von Dauerschuldverhältnissen in § 314 eine eindrucksvolle Bestätigung erfahren. Dort heißt es in Abs 2, daß bei Vertragspflichtverletzungen die Kündigung erst nach erfolglosem Ablauf einer zur Abhilfe bestimmten Frist oder nach erfolgloser Abmahnung zulässig ist. In der Regierungsbegründung wird darauf Bezug genommen, daß sich allgemein das Erfordernis der Abmahnung durchgesetzt habe (BT-Drucks 14/6040, S 177). Vor diesem Hintergrund wäre es ein unzulässiger Umkehrschluss, wollte man jetzt im Rahmen des § 626 Abs 1 keine Abmahnung verlangen. Vielmehr kann § 314 als Bestätigung der bisherigen Rechtsentwicklung gesehen werden (vgl a Gotthardt, Arbeitsrecht nach der Schuldrechtsreform, Rn 204 ff). Mit den in § 314 als auch in § 1 KSchG und § 626 verankerten Prinzipien der Geeignetheit und Erforderlichkeit der Kündigung lassen sich allgemeine Grundsätze für die gleichmäßige Handhabung des milderen Mittels der Abmahnung entwickeln, mit deren Hilfe beurteilt werden kann, ob eine vor Ausspruch einer Kündigung zu erklärende Abmahnung nach Sinn und Zweck dieses Mittels erforderlich ist (vgl Kammerer AR-Blattei Abmahnung unter B III 1; MünchKomm/Schwerdtner Vor § 620 Rn 163 ff; Schmid NZA 1985, 412; Oetker SAE 1985, 177). Auch vor **Änderungskündigungen** (BAG 21.11.1985 EzA § 1 KSchG Nr 42) und **Versetzungen** (BAG 30.10.1985 EzA § 611 BGB Fürsorgepflicht Nr 40) wegen Leistungsmängeln hält das BAG eine Abmahnung für erforderlich. Der BGH hält dagegen bei der Kündigung des Dienstverhältnisses eines GmbH-Geschäftsführers eine Abmahnung nicht für erforderlich (BGH 14. 2. 2000 BB 2000, 844). Soweit der BGH seine Argumentation darauf stützt, daß dieses Institut im Hinblick auf die „soziale Schutzbedürftigkeit abhängig Beschäftigter" entwickelt worden sei, gibt dies die Argumentation nur unzureichend wieder. Der BGH wird seine Rechtsprechung gerade auch im Hinblick auf § 314 Abs 2 noch einmal überprüfen müssen.

Im Ausgangspunkt ist jedes willensbestimmte Verhalten einer Person für die Zukunft **106** abänderbar. Eine Abmahnung ist aber nur geboten und erforderlich, wenn eine Vertragspflichtverletzung in Rede steht. Die Abmahnung ist ein milderes Reaktionsinstrument bei Vertragsverletzungen, um dem Schuldner noch einmal die Konsequenzen einer fortdauernden Pflichtverletzung vor Augen zu führen. Daß nur Vertragspflichtverletzungen abmahnungsfähig und ggf -bedürftig sind, zeigt auch § 314 Abs 2. Sowohl die **Verletzung** von **Haupt-,** als auch von **Nebenpflichten** bedarf vorheriger Abmahnung. Denn kehrt der Arbeitnehmer von einem vertragsstörenden zu einem vertragskonformen Verhalten zurück, ist das Bedürfnis für eine Kündigung des Arbeitnehmers entfallen. Eine rechts-(vertrags-)widrige Pflichtverletzung ist nach Abmahnung stets geeignet, einen verhaltensbedingten Kündigungsgrund abzugeben, wenn dem Arbeitnehmer die Leistungsstörung vorwerfbar ist (BAG 21. 5. 1992 EzA § 1 KSchG Verhaltensbedingte Kündigung Nr 43).

Die Wirksamkeit einer Kündigung hängt nicht von der Beseitigung einer vorhergehenden Abmahnung ab, sondern im Kündigungsschutzprozeß ist unabhängig davon **107** zu prüfen, ob die in einer Abmahnung enthaltenen Vorwürfe berechtigt waren oder nicht (BAG 13.11. 1991 EzA § 611 BGB Abmahnung Nr 24). Für die Wirksamkeit einer Abmahnung kommt es allerdings darauf an, ob der erhobene Vorwurf objektiv gerechtfertigt ist (BAG 21. 4. 1993 EzA § 543 ZPO Nr 8).

bb) Begriff und Funktionen der Abmahnung
Bei der Abmahnung handelt es sich um eine tatsächliche *individualrechtliche Erklä-* **108** *rung* des Gläubigers, durch die er dem Vertragspartner verdeutlicht, daß ein vertragswidriges Verhalten nicht weiter hingenommen wird. Sie kann sich auf alle vertraglichen Pflichten erstrecken, einschließlich der Nebenpflichten (zum Erfordernis der Vertragswidrigkeit des Verhaltens LAG München 23. 3. 1988 LAGE § 611 BGB Abmahnung Nr 13). Soweit die Abmahnung als **notwendige Vorstufe** zu einer *verhaltensbedingten Kündigung* dienen soll, muß sie mit dem **eindeutigen** und **unmißverständlichen Hinweis** verbunden sein, daß bei künftigen gleichartigen Vertragsverletzungen Inhalt oder Bestand des Arbeitsverhältnisses gefährdet sind *(Ankündigungs- und Warnfunktion,* BAG 18. 1. 1980 EzA § 1 KSchG Verhaltensbedingte Kündigung Nr 7; Schmid NZA 1985, 414). Die Abmahnung ist nur vor verhaltensbedingten Kündigungen, nicht aber vor personenbedingten Gründen notwendig. Personenbedingte Kündigungsgründe betreffen nach der hier vertretenen Auffassung keine vertragswidrigen Verhaltensweisen, und unterliegen damit auch nicht dem Abmahnungserfordernis. Die gegenteilige Auffassung des BAG (4. 6. 1997 EzA § 626 BGB nF Nr 168; dem zust KR/Fischermeier Rn 282 f) ist abzulehnen.

Daneben dient die Abmahnung eines (erstmaligen) Fehlverhaltens auch dazu, eine **109** sichere **Prognosegrundlage** für eine möglicherweise folgende Kündigung zu schaffen (PREIS, Prinzipien 375, 457 f; ASCHEID Rn 62 ff; MünchKomm/SCHWERDTNER Vor § 620 BGB Rn 256; vgl auch LAG Hamm 16. 8. 1985 LAGE § 1 KSchG Verhaltensbedingte Kündigung Nr 6). Die wiederholte Vertragsverletzung rechtfertigt gerade die Negativprognose der Wiederholungsgefahr. Darüber hinaus ist das Mittel der Abmahnung dazu geeignet, einen eventuell seitens des Arbeitgebers erzeugten **Vertrauenstatbestand abzubauen,** zB wenn ein nicht korrektes Verhalten der Arbeitnehmer längere Zeit nicht beanstandet worden ist (BAG 29. 7. 1976 EzA § 1 KSchG Nr 34; HERSCHEL Anm AP Nr 63 zu § 626 BGB; SCHMID NZA 1985, 411; PREIS, Prinzipien 375). Mit Recht wird nämlich ein Verhalten des Arbeitgebers als widersprüchlich eingestuft, wenn dieser Vertragsbeeinträchtigungen nicht entgegentritt und dann plötzlich ohne Vorwarnung zur Kündigung schreitet (PETEREK Anm EzA Nr 7 zu § 1 KSchG Verhaltensbedingte Kündigung; SCHMID NZA 1985, 411; BECKER/SCHAFFNER DB 1985, 650).

110 Von der Abmahnung zu unterscheiden ist die bloße **Vertragsrüge** (auch Verwarnung oder Ermahnung), die zwar ebenfalls vertragswidriges Verhalten rügt, mangels deutlicher Warnung aber **keine Vorstufe zur Kündigung** darstellt. Die Abmahnung ist – wie die Vertragsrüge auch – als Gläubigerrecht nach dem BetrVG nicht mitbestimmungspflichtig, selbst wenn sie sich auf eine die betriebliche Ordnung berührende Vertragspflicht erstreckt (BAG 17. 10. 1989 NZA 1990, 193).

111 Auch eine **frühere Kündigung** kann die Funktion einer Abmahnung erfüllen, wenn der Kündigungssachverhalt feststeht und die Kündigung zurückgenommen (LAG Hessen 11. 6. 1993 NZA 1994, 886, 887) oder aus anderen Gründen, zB wegen fehlender Abmahnung, für sozialwidrig erachtet worden ist (BAG 31. 8. 1989 DB 1990, 790). Abmahnungen sind **nicht formbedürftig.** Sie können auch mündlich ausgesprochen werden. Schriftform ist jedoch aus Beweisgründen zweckmäßig. Dem Arbeitgeber steht es frei, ob er wegen eines Fehlverhaltens eine mündliche oder schriftliche Abmahnung erteilen will (BAG 13. 11. 1991 EzA § 611 BGB Abmahnung Nr 24). Die Abmahnung kann auch von einem Mitarbeiter ausgesprochen werden, der Anweisungen bezüglich der Art und Weise der arbeitsvertraglich geschuldeten Arbeitsleistung erteilen kann. Eine Kündigungsberechtigung ist nicht erforderlich (BAG 18. 1. 1980 EzA § 1 KSchG Verhaltensbedingte Kündigung Nr 7). Es gibt **keine Regelausschlußfrist,** innerhalb derer die Abmahnung ausgesprochen werden muß. Eine ausgesprochene Abmahnung kann allerdings durch Zeitablauf (Einzelfallbeurteilung) wirkungslos werden (BAG 18. 11. 1986 EzA § 611 BGB Abmahnung Nr 4).

cc) Wirkung der Abmahnung
112 Wirksam ist die Abmahnung nur, wenn sie **inhaltlich bestimmt** ist. Dem Arbeitnehmer muß aufgegeben werden, ein genau bezeichnetes Fehlverhalten zu ändern (LAG Hamm 1. 2. 1983 EzA § 611 BGB Fürsorgepflicht Nr 33; LAG Köln 29. 9. 1982 DB 1983, 124). Zur Wirksamkeit der Abmahnung bedarf es der Kenntnis des Arbeitnehmers von ihrem Inhalt. Es gelten die Grundsätze über den Zugang von Willenserklärungen.

113 Mit Ausspruch der Abmahnung **verzichtet** der Arbeitgeber **konkludent** auf ein **Kündigungsrecht** wegen der Gründe, die Gegenstand der Abmahnung waren. Nach Auffassung des BAG (10. 11. 1988 EzA § 611 BGB Abmahnung Nr 18) kann eine spätere Kündigung nicht allein auf die abgemahnten Gründe gestützt werden. Auf diese kann nur zurückgegriffen werden, wenn weitere kündigungsrechtlich erhebliche Umstände eintreten oder nachträglich bekannt werden. Freilich darf der Arbeitnehmer nach erfolgloser Kündigung wegen desselben unstreitigen (für eine Kündigung nicht ausreichenden) Sachverhalts abgemahnt werden (BAG 7.9. 1988 EzA § 611 BGB Abmahnung Nr 17).

Ob das abgemahnte Fehlverhalten als Grundlage für eine Kündigung im Wieder- **114** holungsfall ausreicht, kann erst im Rechtsstreit über die Kündigung und nicht schon vorher abschließend beurteilt werden (BAG 13.11. 1991 EzA § 611 BGB Abmahnung Nr 24). Eine spätere Kündigung kann – auch unter Heranziehung der abgemahnten Gründe – nur durchgreifen, wenn weitere erhebliche Umstände eintreten oder bekannt werden. Zwischen der Abmahnung und der Kündigung wegen Leistungsmängeln muß dem Arbeitnehmer ein hinreichender Zeitraum zur Leistungssteigerung eingeräumt werden (LAG Hamm 15.3. 1983 DB 1983, 1930).

Muß der Arbeitgeber die Abmahnung aus formalen Gründen aus der Personalakte **115** beseitigen, folgt hieraus nicht zwingend, daß die Abmahnung nicht mehr verwertet werden kann. Auch eine wegen Nichtanhörung des Arbeitnehmers nach § 13 Abs 2 Satz 1 BAT formell unwirksame Abmahnung entfaltet die regelmäßig vor einer verhaltensbedingten Kündigung nach § 1 Abs 2 KSchG erforderliche Warnfunktion (BAG 21.5. 1992 EzA § 1 KSchG Verhaltensbedingte Kündigung Nr 42). Andererseits entschied das BAG (5.5. 1992 EzA § 611 BGB Abmahnung Nr 25), daß dann, wenn sich in einem Verfahren über die Entfernung einer schriftlichen Abmahnung ergibt, daß die Abmahnung zu Unrecht erteilt worden ist, diese auch nicht als mündliche ihre Wirkung behalten könne.

dd) Entbehrlichkeit der Abmahnung

In der Praxis ist häufig zweifelhaft, bei welchen verhaltensbedingten Vertragsverlet- **116** zungen eine vorherige Abmahnung erforderlich ist und wann eine Abmahnung generell oder im Einzelfall entbehrlich ist. Im **Ausgangspunkt** soll sich das Erfordernis der Abmahnung lediglich auf **Störungen im Leistungsbereich, nicht** aber auf solche im **Vertrauens- oder Betriebsbereich** erstrecken (BAG 9.8. 1984 EzA § 1 KSchG Verhaltensbedingte Kündigung Nr 11; 18.5. 1994 EzA § 611 BGB Abmahnung Nr 31). Diese Differenzierung läßt sich kaum aufrechterhalten (vgl auch jetzt KR/FISCHERMEIER Rn 278 ff) und rechtfertigt sich auch vor dem neuen § 314 Abs 2 nicht mehr (GOTTHARDT, Arbeitsrecht nach der Schuldrechtsreform, Rn 205). Das BAG hat von dieser Regel viele Ausnahmen gemacht (vgl BAG 12.7. 1984 DB 1985, 340, 341). So soll eine Abmahnung im Vertrauensbereich erforderlich sein, wenn das Arbeitsverhältnis durch die Vertragsverletzung noch nicht allzu stark belastet ist und damit gerechnet werden kann, daß die Abmahnung zu einem vertragsgerechten Verhalten in der Zukunft führt (BAG 10.11. 1988 NZA 1988, 633; 3.2. 1982 AP Nr 1 zu § 72 BPersVG). Auch wenn der Arbeitnehmer mit vertretbaren Gründen annehmen konnte, sein Verhalten sei – etwa aufgrund einer unklaren Regelung oder Anweisung – nicht vertragswidrig oder werde vom Arbeitgeber zumindest nicht als erhebliches, den Bestand des Arbeitsverhältnisses gefährdendes Fehlverhalten angesehen, ist eine Abmahnung erforderlich (BAG 17.5. 1984 DB 1984, 2702; 7.10. 1993 EzA § 611 BGB Kirchliche Arbeitnehmer Nr 40).

Eine **Differenzierung** zwischen Leistungsbereich einerseits und Vertrauens- und Be- **117** triebsbereich andererseits **ist wenig praktikabel.** Hinzu kommt, daß Pflichtwidrigkeiten im Leistungsbereich häufig zugleich als Störung des Vertrauensbereichs begriffen werden können (MünchKomm/Schwerdtner Rn 24 f). Statt dieser Differenzierung sollte die Notwendigkeit einer Abmahnung anhand der Grundsätze der Geeignetheit und Erforderlichkeit geprüft werden, die als Teilgrundsätze im Prinzip der Verhältnismäßigkeit enthalten sind (Oetker SAE 1985, 177; Schmidt NZA 1985, 412; Preis, Prinzipien 454 ff). Ein geeignetes milderes Mittel ist die Abmahnung, wenn mit ihr der beabsichtigte Erfolg (Verhaltensänderung, Warnfunktion) gefördert werden kann. Eine Abmahnung ist demnach **nicht erforderlich,** wenn eine **Verhaltensänderung objektiv nicht möglich** ist **oder** wenn eine Verhaltenskorrektur in Zukunft trotz der Abmahnung **nicht erwartet werden kann** (BAG 18. 5. 1994 EzA § 611 BGB Abmahnung Nr 31). Steht eine Negativprognose für den weiteren Verlauf des Arbeitsverhältnisses bereits fest, ist eine Abmahnung nicht mehr erforderlich (MünchKomm/Schwerdtner Rn 29). In diesen Fällen läuft auch die Warn- und Ankündigungsfunktion der Abmahnung leer (Becker/Schaffner DB 1985, 651), etwa, wenn ein Arbeitnehmer die Vertragswidrigkeit seines Verhaltens aufgrund entsprechender Hinweise oder angesichts der Evidenz der Pflichtwidrigkeit kannte oder kennen mußte (zB vorsätzliche Schädigung des Arbeitgebers, Mißbrauch einer Vertrauensposition). Allein anhand dieser Kriterien ist auch die Entbehrlichkeit einer Abmahnung im sog Vertrauensbereich zu prüfen. Solange nicht durch die Schwere der Verfehlung eine positive Prognose für die vertrauensvolle Fortführung des Vertragsverhältnisses ausgeschlossen ist, bleibt auch im sog Vertrauensbereich grundsätzlich eine vorherige Abmahnung erforderlich. Auch bei kleineren Straftaten im Arbeitsverhältnis hält die Rechtsprechung zumeist, aber auch nicht stets eine Abmahnung für entbehrlich (BAG 20. 9. 1984 AP Nr 80 zu § 626 BGB).

118 Als **entbehrlich** wird man eine vorherige Abmahnung des Arbeitnehmers betrachten müssen, wenn – bei objektiver Betrachtung – die **Wirksamkeit** dieses Mittels im Blick auf die Erreichung des verfolgten Ziels **nicht** als **ausreichend** im Verhältnis zu dem Mittel der Kündigung angesehen werden kann (vgl Preis, Prinzipien 457 f). Die bisherigen Grundsätze finden auch durch § 314 Abs 2 iVm § 323 Abs 2 ihre Bestätigung. Danach ist eine Abmahnung entbehrlich, wenn der Schuldner die Leistung ernsthaft und endgültig verweigert (Nr 1) oder besondere Umstände vorliegen, die unter Abwägung der beiderseitigen Interessen (Nr 3) die sofortige Kündigung rechtfertigen. Entscheidend kommt es darauf an, ob dem Mittel der Abmahnung im konkreten Fall eine derart nachhaltige Wirkung zugetraut werden kann, daß im Regelfall eine Änderung der Verhaltensweise des Arbeitnehmers und eine Rückkehr zu vertragskonformen Zuständen zu erwarten ist. Das gilt auch, soweit die erstmalige Pflichtverletzung so schwerwiegend ist, daß allein durch eine Abmahnung die Vertrauensstörung nicht mehr beseitigt werden kann und die sofortige Lösung des Vertrages erforderlich erscheint. In der Praxis zeigt sich, daß bei entsprechenden erstmaligen Pflichtverletzungen mit der Bejahung des wichtigen Grundes zugleich auch die Entbehrlichkeit einer vorausgehenden Abmahnung feststeht.

119 Es gilt daher festzuhalten: Hat ein Kündigungsgrund ein solches Gewicht, daß die Voraussetzungen des § 626 Abs 1 bejaht werden können, dann ist der Kündigungsberechtigte in aller Regel nicht auf Kündigungsandrohung (Abmahnung) beschränkt, sondern kann sich sofort vom Vertrag lösen (vgl Ascheid Rn 72; Heinze, in: Freundesgabe für Söllner [1983] 63, 66). Desungeachtet hat die Abmahnung als Vorstufe zur außerordentlichen Kündigung gleichwohl ihre Funktion, weil sich auf der Basis bereits erteilter Abmahnungen eher die irreparable Störung der Vertragsbeziehung beur-

teilen läßt. Die Abmahnung ist ferner unverzichtbar, wenn wiederholte Störungen zu beklagen sind, die für sich genommen noch nicht als ausreichender Kündigungsgrund anzusehen sind.

Als Grundlage einer Negativprognose ist die Abmahnung nicht mehr erforderlich, **120** wenn der Arbeitnehmer erklärt, sein Fehlverhalten nicht ändern zu wollen oder wenn er die Vertragswidrigkeit seines Verhaltens sicher kannte und mit der Billigung durch den Arbeitgeber nicht rechnen konnte. Kann der Arbeitnehmer bereits aus unmißverständlichen Rundschreiben oder Betriebsaushängen entnehmen, daß der Arbeitgeber ein bestimmtes Verhalten nicht hinnimmt, kann die Abmahnung ebenfalls entbehrlich sein (LAG Hamm 16. 12. 1982 BB 1983, 1601).

Als **nicht abmahnungsfähig** muß ein **Arbeitnehmerverhalten** betrachtet werden, das **121** aus physischen, persönlichkeitsbezogenen, rechtlichen oder aus anderen Gründen **nicht abänderbar** ist. In diesen Fällen kann eine Kündigung auch ohne vorhergehende Abmahnung wirksam sein, weil eine Abmahnung ohnehin zwecklos wäre. Soweit keine anderen milderen Mittel zur Verhinderung der Kündigung eingreifen, wird die Zulässigkeit der Kündigung in der Hauptsache von der Bewertung der Interessen, dh von dem Ergebnis der Interessenabwägung abhängig sein. Beispiele für nicht abmahnungsfähige Verhaltensweisen sind etwa wegen gesundheitlicher Beeinträchtigung nicht behebbare Leistungsmängel (BECKER/SCHAFFNER DB 1985, 651; SCHMID NZA 1985, 412; zur Unzulässigkeit einer Abmahnung wegen krankheitsbedingter Fehlzeiten LAG Düsseldorf 6. 3. 1986 NZA 1986, 431), künstlerische bzw intellektuelle Fähigkeiten (LAG Bremen 6. 5. 1953, AP 1954 Nr 9; SCHMID NZA 1985, 412; vgl aber auch BAG 15. 8. 1984 AR-Blattei Abmahnung E 12 zur Erforderlichkeit der Abmahnung bei durch Übung behebbaren Leistungsmängeln eines Orchestermusikers) sowie die meisten in der Person des Arbeitnehmers liegenden Eigenschaften (vgl auch KAMMERER, AR-Blattei Abmahnung I unter B III 1; SCHMID NZA 1985, 412). Homosexualität ist als Eigenschaft einer Persönlichkeit auch im Blick auf deren Ausübung kein abmahnungsfähiges Verhalten (**aA** BAG 30. 6. 1983 NJW 1984, 1917).

ee) Entfernung der Abmahnung aus der Personalakte
Der Arbeitnehmer kann gegen eine unberechtigte Abmahnung, wenn sie geeignet **122** ist, nach Form und Inhalt den Arbeitnehmer in seiner Rechtsstellung zu beeinträchtigen, mit einer **Leistungsklage** auf Widerruf und Entfernung aus den Personalakten klagen. Anspruchsgrundlage kann bei Eingriffen in das Persönlichkeitsrecht § 242 bzw §§ 1004, 862, 12 analog sein (BAG 22. 2. 1978 AP Nr 84 zu § 611 BGB Fürsorgepflicht; 27. 11. 1985 EzA § 611 BGB Fürsorgepflicht Nr 38; 15. 1. 1986 EzA § 611 BGB Fürsorgepflicht Nr 39; 13. 4. 1988 EzA § 611 BGB Fürsorgepflicht Nr 47)

Die Abwehransprüche des Arbeitnehmers sind **begrenzt** auf **aktenkundige Abmah 123 nungen.** Für die Rechtmäßigkeit des Verbleibs in der Personalakte gelten besondere Grundsätze. Grundsätzlich kommt es für die Frage, ob der Anspruch auf Entfernung begründet ist, allein darauf an, ob der erhobene Vorwurf objektiv gerechtfertigt ist, nicht aber, ob das beanstandete Verhalten dem Arbeitnehmer auch subjektiv vorgeworfen werden kann (BAG 12. 1. 1988 EzA Art 9 GG Arbeitskampf Nr 73). Auch bei Abmahnungen im Arbeitsverhältnis ist der Grundsatz der Verhältnismäßigkeit zu berücksichtigen. Das BAG versteht ihn aber hier nur als Übermaßverbot zur Vermeidung von schwerwiegenden Rechtsfolgen bei nur geringfügigen Rechtsverstößen (BAG 13. 11. 1991 EzA § 611 BGB Abmahnung Nr 24).

124 Werden in einem Abmahnungsschreiben **mehrere Pflichtverletzungen** gleichzeitig gerügt und treffen davon nur einige (aber nicht alle) zu, so muß das Abmahnungsschreiben auf Verlangen des Arbeitnehmers vollständig aus der Akte entfernt werden und kann nicht teilweise aufrechterhalten bleiben. Es ist dem Arbeitgeber überlassen, ob er statt dessen eine auf die zutreffenden Pflichtverletzungen beschränkte Abmahnung aussprechen will (BAG 13.3. 1991 EzA § 611 BGB Abmahnung Nr 20). Der Arbeitnehmer braucht aber nicht gegen die Richtigkeit einer Abmahnung vorzugehen; er kann sich auch darauf beschränken, die Richtigkeit im möglichen späteren Kündigungsschutzprozeß zu bestreiten (BAG 13.3. 1987 EzA § 611 BGB Abmahnung Nr 5). Der Arbeitgeber trägt die **Beweislast** für die Richtigkeit der in der Abmahnung beanstandeten Vorfälle (LAG Rheinland-Pfalz 5.11. 1982 DB 1983, 1554; LAG Frankfurt/ Main 31.10. 1986 LAGE § 611 BGB Abmahnung Nr 5).

c) Verhalten vor Vertragsschluß

125 Ein Verhalten, das vor Vertragsschluß liegt, kann ggfs eine **Anfechtung** (Rn 9) aber auch eine außerordentliche Kündigung rechtfertigen, wenn dieses Verhalten das Vertragsverhältnis weiterhin beeinträchtigt und der Kündigende vor Vertragsschluß hiervon keine Kenntnis erlangt hatte (BAG 17.8. 1972 AP Nr 65 zu § 626 BGB; MünchArbR/ Wank § 120 Rn 12, 57). Allerdings verlieren die vor Vertragsschluß liegenden Kündigungsgründe mit zunehmender Dauer der Vertragsbeziehung an Gewicht. Das gilt insbesondere dann, wenn es sich um Eignungsgründe handelt, der Arbeitnehmer jedoch durch die praktizierte Tätigkeit seine Eignung erwiesen hat. Bei leitenden Mitarbeitern kann eine Offenbarungspflicht über wesentliche, das Vertragsverhältnis entscheidend berührende Umstände zu bejahen sein, die aus der Tätigkeit bei dem früheren Arbeitgeber herrühren (BAG 5.4. 2001 NZA 2001, 954; hier Kenntnis über fehlerhaft testierten Jahresabschluß).

d) Einzelfälle
aa) Abkehrwille

126 Ein von einem Arbeitnehmer gezeigter Abkehrwille rechtfertigt nicht ohne weiteres die Kündigung (Stahlhacke/Preis Rn 679). Solange der Arbeitnehmer seine vertraglichen Pflichten erfüllt, kann es ihm grundsätzlich nicht vorgeworfen werden, daß er sich nach einem anderen Arbeitsfeld umschaut. Art 12 GG gewährt dem Arbeitnehmer die freie Arbeitsplatzwahl. Unter ganz engen Voraussetzungen erkennt die Rechtsprechung, sofern der Abkehrwille hinreichend konkretisiert ist und zufällig eine nur schwer zu findende Ersatzkraft zur Verfügung steht, eine ordentliche Kündigung aus betriebsbedingten Gründen an (BAG 22.10. 1964 AP Nr 16 zu § 1 KSchG Betriebsbedingte Kündigung; LAG Frankfurt/Main 11.4. 1985 NZA 1986, 31). Die Rechtfertigung einer außerordentlichen Kündigung erscheint praktisch ausgeschlossen, weil es dem Arbeitgeber regelmäßig zuzumuten ist, unter Einhaltung der Kündigungsfrist das Vertragsverhältnis zu lösen.

bb) Abwerbung

127 Nur in schwerwiegenden Fällen kann die Abwerbung die fristlose Kündigung rechtfertigen (LAG Rheinland-Pfalz 7.2. 1992 LAGE § 626 BGB Nr 64). Zum Begriff der Abwerbung gehört, daß auf den Arbeitnehmer mit einer gewissen Ernsthaftigkeit und Beharrlichkeit mit dem Ziel eingewirkt wird, ihn zur Aufgabe des einen zwecks Begründung eines neuen Arbeitsverhältnisses zu bewegen. Bei der Prüfung der Frage, ob insoweit von einer vertragswidrigen Abwerbung auszugehen ist, ist die wertsetzende Bedeutung des Art 12 Abs 1 GG zu berücksichtigen (LAG Rheinland-Pfalz 7. 2. 1992 LAGE § 626 BGB Nr 64).

Insbesondere wenn ein Arbeitnehmer eine besondere **Vertrauensstellung** innehat, **128** besteht eine gesteigerte Pflicht, jeden Schaden vom Betrieb fernzuhalten. Unternimmt er während des Bestehens des Arbeitsvertrages den Versuch, einen qualifizierten Facharbeiter des Betriebes abzuwerben, um ihn zu veranlassen, in den von ihm selbst zu gründenden Betrieb einzutreten, ist die fristlose Entlassung gerechtfertigt (LAG Düsseldorf 28. 2. 1957 DB 1957, 432; 9. 12. 1964 BB 1965, 335; LAG Schleswig-Holstein 6. 7. 1989 DB 1989, 1880). Die vertragliche Schutz- und Treuepflicht wird unabhängig davon verletzt, ob die Abwerbung mit unlauteren Mitteln oder in verwerflicher Weise erfolgt (LAG Saarland 20. 1. 1965 DB 1965, 518; LAG Schleswig-Holstein 6. 7. 1989 DB 1989, 1880). Besonders schwerwiegend ist die Pflichtverletzung, wenn die Abwerbung im entgeltlichen Auftrag eines Konkurrenten oder zum Zwecke des Wettbewerbs erfolgt.

cc) Alkohol und Drogen

Ist der Genuß von Alkohol im Betrieb nicht erlaubt, so kann die Verletzung des **129** Verbots nach vorheriger Abmahnung die Kündigung rechtfertigen (BAG 26. 1. 1995 EzA § 1 KSchG Verhaltensbedingte Kündigung Nr 46; 22. 7. 1982 EzA § 1 KSchG Verhaltensbedingte Kündigung Nr 10 mit Anm WEISS; KÜNZL, DB 1993, 1581 ff; HOYNINGEN/HUENE, DB 1995, 142 ff). Verschärfte Anforderungen sind zu stellen, wenn der Alkohol- und Drogenkonsum mit der geschuldeten Aufgabe schlicht unvereinbar ist (LAG Berlin 18. 2. 2000 RnK I 6 a Nr 182: Trunkenheit bei einem Schiffsführer). So stellt es einen schwerwiegenden Verstoß gegen die arbeitsvertraglichen Pflichten dar, wenn ein Heimerzieher trotz bestehenden Drogenverbots an dem Cannabisverbrauch eines ihm anvertrauten Heimbewohners mitwirkt (BAG 18. 10. 2000 AP § 626 BGB Nr 169). Insbesondere bei **Berufskraftfahrern,** aber auch solchen Arbeitnehmern, von denen im Falle der Trunkenheit Gefahren für andere ausgehen können (zB Ärzte, Kraftfahrer, Kranführer, Piloten), kann unter Umständen auch schon ein einmaliger Verstoß gegen das Alkoholverbot ohne Abmahnung eine verhaltensbedingte Kündigung rechtfertigen. Jedem **Berufskraftfahrer** ist das als arbeitsvertragliche Nebenpflicht bestehende Gebot bewußt, jeden die Fahrtüchtigkeit beeinträchtigenden Alkoholgenuß kurz vor oder während des Dienstes zu unterlassen (BAG 23. 9. 1986 EzA § 87 BetrVG 1972 Betriebliche Ordnung Nr 12 = NZA 1987, 250; 26. 1. 1995 EzA § 1 KSchG Verhaltensbedingte Kündigung Nr 46 = NZA 1995, 517). Bei Berufskraftfahrern kann Trunkenheit am Steuer auch einen wichtigen Grund darstellen. Freilich muß der Arbeitgeber prüfen, ob er den Arbeitnehmer nicht bis zum Ablauf der Kündigungsfrist, bis zur Neuerteilung des Führerscheins oder auf Dauer auf einem anderen Arbeitsplatz weiterbeschäftigen kann (BAG 30. 5. 1978 EzA § 626 BGB nF Nr 66 = AP § 626 BGB Nr 70). Besonders schwerwiegend sind Verstöße gegen das Alkoholverbot während der Arbeitszeit, wenn mit ihnen eine erhöhte Unfallgefahr und Gefahren für andere einhergehen (Vgl LAG Düsseldorf 18. 7. 1967 BB 1967, 1425; LAG Hamm 23. 8. 1990 LAGE § 626 BGB Nr 52). Alkoholbedingte **Schlecht- oder Minderleistungen** können nach Abmahnung die verhaltensbedingte Kündigung rechtfertigen, es sei denn, sie beruhen auf einer Alkoholsucht; in diesem Falle finden die Grundsätze über die krankheitsbedingte Kündigung Anwendung (BAG 9. 4. 1987 EzA § 1 KSchG Krankheit Nr 18 mit Anm HOYNINGEN/HUENE = NZA 1987, 811; BAG 26. 1. 1995 EzA § 1 KSchG Verhaltensbedingte Kündigung Nr 46 = NZA 1995, 517). Eine verhaltensbedingte Kündigung kommt jedoch auch bei Alkoholsüchtigen in

Betracht; das Vorliegen einer Alkoholkrankheit schließt nicht stets ein Verschulden des Arbeitnehmers aus (BAG 30. 9. 1993 EzA § 626 BGB nF Nr 152). Auch kann mit dem Krankheitsbefund einer **Spielsucht** nicht gerechtfertigt werden, daß der Arbeitnehmer Straftaten zu Lasten seines Arbeitgebers begeht. Das insoweit steuerbare Verhalten des Arbeitnehmers schließt eine verhaltensbedingte Kündigung nicht aus (ArbG Bremen 21. 7. 1998 RnK I 5h Nr 44). Die Entscheidung des Arbeitnehmers, weder an einer Entziehungskur noch an einer Selbsthilfegruppe teilzunehmen, ist als persönliche Entscheidung keine Vertragspflichtverletzung, die eine verhaltensbedingte Kündigung rechtfertigen könnte (LAG Düsseldorf 25. 2. 1997 LAGE § 1 KSchG Verhaltensbedingte Kündigung Nr 57).

130 Bei Alkoholvergehen außerhalb des Dienstes liegt keine Vertragspflichtverletzung vor. So hat das LAG Köln in dem Fall eines Sachverständigen im Kraftfahrzeugwesen, der mit einem Blutalkoholgehalt von 1,9‰ einen Unfall verursachte, im Anschluß daran Fahrerflucht beging und die Fahrerlaubnis gem § 111a StPO entzogen wurde, einen Wegfall der persönlichen Eignung angenommen (personenbedingter Kündigungsgrund; LAG Köln 25. 8. 1988 LAGE § 626 BGB Nr 34; einschränkend BAG 4. 6. 1997 EzA § 626 BGB nF Nr 168). Die **Trunkenheit am Steuer** innerhalb und außerhalb des Dienstes begründet erhebliche Zweifel an der Eignung des Kraftfahrers für die geschuldete Tätigkeit. Innerhalb des Dienstes ist dies eine schwerwiegende Vertragsverletzung, die ohne Abmahnung die fristlose Kündigung rechtfertigen kann. Dem Arbeitgeber wird die Fortsetzung des Arbeitsverhältnisses sofort unzumutbar, weil – auch wegen der Gefährdung Dritter – er das Risiko eines weiteren Vorfalles nicht einzugehen braucht. Bei Trunkenheit außerhalb des Dienstes kann die Kündigung aus personenbedingten Gründen auch fristlos gerechtfertigt sein. Es bedarf aber einer Beurteilung im Einzelfall, ob nach langjähriger Beschäftigung durch eine einmalige Trunkenheitsfahrt im Privatbereich bereits eine außerordentliche Kündigung gerechtfertigt ist (Im Ergebnis zu Recht verneinend BAG 4. 6. 1997 EzA § 626 BGB nF Nr 168, wo allerdings – verfehlt – im Bereich der personenbedingten Kündigung die Notwendigkeit einer Abmahnung bejaht wird).

dd) Anzeigen gegen den Arbeitgeber

131 Nach bisheriger Rechtsprechung kann ein Kündigungsgrund in der Erstattung einer Anzeige gegen den Arbeitgeber liegen, selbst wenn dieser gesetzwidrig gehandelt hat (BAG 5. 2. 1959 AP § 70 HGB Nr 2 = NJW 1961, 8; LAG Düsseldorf 23. 10. 1959 BB 1960, 523 und 18. 1. 1961 BB 1961, 532). Diese Rechtsprechung kann keinen Bestand haben. Sie überdehnt das Ausmaß vertraglicher Nebenpflichten (vgl. PREIS, Prinzipien, S 366). Eine Zäsur in dieser Frage stellt die Entscheidung des BVerfG vom 2. 7. 2001 (NZA 2001, 888, 890) dar. Danach kann es dem Arbeitnehmer nicht zum Nachteil gereichen, wenn der Arbeitnehmer seine staatsbürgerlichen Pflichten erfüllt (hier: Zeugenaussage bei Staatsanwaltschaft). Mit dem Rechtsstaatsprinzip sei es unvereinbar, wenn eine Aussage in einem Ermittlungsverfahren zu zivilrechtlichen Nachteilen für den Zeugen führten, wenn er nicht wissentlich unwahre oder leichtfertig falsche Angaben mache. Das verfassungsrechtliche geschützte Verhalten des Arbeitnehmers sei auch bei „freiwilligen" Anzeigen bei der Entscheidung der Arbeitsgerichte zu berücksichtigen. Diese Entscheidung fügt sich auch in die jüngere Rechtsprechung der Arbeitsgerichte ein. Sie ist auch für die Frage zugrunde zu legen, ob dem Arbeitnehmer gekündigt werden kann, der Anzeigen gegen seinen Arbeitgeber erstattet. Schon in einer Entscheidung 18. 6. 1970 (AP § 1 KSchG Nr 82 = DB 1970, 1739) hat das BAG entschieden, daß die nicht zu beanstandende Wahrnehmung des grundrechtlich garantierten Petitionsrecht (Art 17 GG) die Kündigung nicht rechtfertige. Das LAG Frankfurt (Urteil 12. 2. 1987 LAGE § 626 BGB Nr 28 = DB 1987, 1696) hält eine Kündigung wegen einer Anzeige gegen einen objektiv rechtmäßig handelnden Arbeitgeber bei einer zuständigen Stelle nur dann für gerechtfertigt, wenn völlig haltlose und unfundierte Vorwürfe in verwerflicher Motivation erhoben werden. Wo objektiv schutzunwürdige Verhaltensweisen in Rede stehen, existiert zugunsten des Arbeitgebers kein Vertrauenstatbestand, so daß in der berechtigten Anzeige jedenfalls kein Vertrauensbruch erblickt werden kann (ausführlich PREIS, S 366; PREIS/REINFELD, ArbuR 1989, 361, 369 ff mwN) Die zulässige Rechtsausübung kann Nachteile nicht rechtfertigen (§ 612a). Eine entsprechende Wertung lässt sich sowohl § 21 Abs 6 GefahrstoffVO und § 9 ArbSchG entnehmen. Verfolgt der Arbeitnehmer schutzwürdige Interessen, die anders nicht gewahrt werden können, ist eine Kündigung nicht gerechtfertigt (LAG Hamm 12. 11. 1990 LAGE § 626 BGB Nr 54; LAG Köln 23. 2. 1996 LAGE § 626 BGB Nr 94 = NZA-RR 1996, 330) Das Anzeigerecht darf nur zur Wahrnehmung berechtigter Interessen und nicht seinerseits missbräuchlich ausgeübt werden (BAG 4. 7. 1991 RnK I 6 a Nr 74; siehe auch LAG Baden-Württemberg 3. 2. 1987 NZA 1987, 756). Insoweit steht die an sich berechtigte Anzeige unter einem Missbrauchsvorbehalt. Die Anzeigeerstattung, um den Arbeitgeber zielgerichtet zu schädigen, kann die Kündigung rechtfertigen. Schutzwürdige Interessen werden nicht verfolgt, wenn die Anzeige aus niedrigen Beweggründen erfolgt (Zerstörung wirtschaftlicher Existenz wegen zerrütteter privater Beziehung).

Grundsätzlich muß der Arbeitnehmer den Arbeitgeber auf gesetzwidriges Verhalten **132** vor einer Anzeigeerstattung hinweisen. Insoweit ist eine Interessenwahrungspflicht des Arbeitnehmers anzuerkennen, schon um möglichen Schaden abzuwenden (PREIS/ REINFELD ArbuR 1989, 370; ErfK/PREIS § 611 BGB Rn 1001; ebenso MünchArbR/BLOMEYER § 53 Rn 70). Für die Frage, ob und inwieweit der Arbeitnehmer ausnahmsweise auf den Vorrang innerbetrieblicher Abhilfe verzichten darf, können in umgekehrter Anwendung die Grundsätze über die Erforderlichkeit einer Abmahnung herangezogen werden. Gerechtfertigt ist die Anzeige jedenfalls dann, wenn der Versuch, innerbetriebliche Abhilfe zu schaffen, erfolglos geblieben ist (PREIS/REINFELD ArbuR 1989, 372; MünchArbR/BLOMEYER § 51 Rn 71). Hat der Arbeitnehmer versucht, den Arbeitgeber zu veranlassen, den rechtswidrigen Zustand abzustellen, so dürfen ihm keine Nachteile entstehen, wenn er sich an die zuständige Behörde wendet (zB wegen Verletzung von Arbeitsschutz- und Verkehrssicherheitsvorschriften). Wenn der Arbeitgeber Kenntnis von den Missständen hat und nicht unverzüglich für Abhilfe sorgt, besitzt er kein schützenswertes Interesse an der Geheimhaltung dieser Umstände durch die Arbeitnehmer. Der Vorrang innerbetrieblicher Abhilfe ist zu verneinen, wenn dem Arbeitgeber die Gesetzwidrigkeit bekannt ist, von ihm gebilligt wurde, die Beseitigung objektiv unmöglich ist oder vom Arbeitgeber nicht erwartet werden kann (LAG Baden-Württemberg 3. 2. 1987 NZA 1987, 756). Bei Straftaten, die sich gegen den Arbeitnehmer selbst richten, kann die Anzeige niemals arbeitsvertraglich unzulässig sein (ArbG Elmshorn 4. 4. 1963 AP § 124a GewO Nr 9; ArbG Krefeld 22. 5. 1959 AP § 123 GewO Nr 23).

Bei berechtigten Anzeigen muß sich der Arbeitnehmer grundsätzlich an die **zustän- 133 digen Behörden** wenden und darf **nicht unmittelbar die Presse** einschalten (vgl auch ArbG Berlin 29. 5. 1990 EzA § 1 KSchG Verhaltensbedingte Kündigung Nr 31). Die Flucht in die Öffentlichkeit, insbesondere die Einschaltung der Presse, kann nur das **letzte Mittel** zur Aufdeckung anders nicht beizukommender Mißstände sein. Der Arbeitnehmer ist verpflichtet, unnötigen Schaden vom Betrieb fernzuhalten, weshalb sich eine Einschaltung der Presse regelmäßig verbietet (Zur Kündigung wegen bewußter Falschinformation der Presse BAG 23. 10. 1969 AP § 13 KSchG Nr 19 = NJW 1970, 827; vgl auch LAG Köln 10. 6. 1994 LAGE § 626 BGB Nr 78; LAG Köln 3. 5. 2000 ZTR 2001, 44).

ee) Arbeitskampf

134 Einem **rechtmäßigen Streik** kann nicht mit verhaltensbedingter Kündigung einzelner Arbeitnehmer, sondern nur mit dem Mittel der kollektiven **Aussperrung** begegnet werden. Kein unbefugtes Verlassen des Arbeitsplatzes liegt vor, wenn der Arbeitnehmer an einem legitimen Streik um Arbeitsbedingungen teilnimmt. Die Legitimität der Gesamtaktion hat zur Folge, daß der einzelne Arbeitnehmer nicht vertragswidrig und nicht rechtswidrig handelt (BAG 28. 1. 1955 AP Nr 1 zu Art 9 GG Arbeitskampf; 21. 4. 1971 AP Nr 43 zu Art 9 GG Arbeitskampf; zur Kündigung bei zulässigem Warnstreik BAG 17. 12. 1976 AP Nr 51 zu Art 9 GG Arbeitskampf).

135 Der **wilde Streik** hingegen ist rechtswidrig. Hier kann der Arbeitgeber berechtigt sein, Arbeitnehmer, die sich an einem wilden Streik beteiligen, fristlos zu kündigen, wenn sie trotz wiederholter Aufforderung die Arbeit nicht aufnehmen (BAG 21. 10. 1969 AP Nr 41 zu Art 9 GG Arbeitskampf; ArbG Berlin 10. 10. 1974 AP Nr 49 zu Art 9 GG Arbeitskampf). Jedoch nimmt die Rechtsprechung in diesen Fällen eine sorgfältige Interessenabwägung vor. Dabei wird auch berücksichtigt, ob sich der Arbeitgeber rechtswidrig verhalten hat und ob sich der Arbeitnehmer in einem entschuldbaren Rechtsirrtum befunden hat (BAG 17. 12. 1976 EzA Art 9 GG Arbeitskampf Nr 20; 14. 2. 1978 EzA Art 9 GG Arbeitskampf Nr 24). Darüber hinaus will das BAG bei der Teilnahme an einem rechtswidrigen Streik berücksichtigen, ob sich der Arbeitnehmer aus Gründen der Solidarität einer rechtswidrigen Arbeitskampfmaßnahme angeschlossen und ob er sich in einer psychologischen Drucksituation befunden hat. Selbst wenn er vom Arbeitgeber richtig informiert worden, aber in einer Kampfsituation seiner Gewerkschaft gefolgt sei, könne aus dem darin liegenden vertragswidrigen Verhalten nicht der Schluß gezogen werden, daß die Grundlage für die Fortsetzung des Arbeitsverhältnisses entfallen sei. Auch die nur ordentliche Kündigung sah das BAG deshalb als nicht gerechtfertigt an (BAG 29. 11. 1983 AP Nr 78 zu § 626 BGB). Zur Verweigerung von **Streikarbeit** unten Rn 148.

ff) Arbeitsschutz

136 Die Weigerung des Arbeitnehmers trotz Abmahnung, die notwendigen Arbeitsschutzbestimmungen zu beachten, rechtfertigt die sofortige Kündigung (LAG Düsseldorf 2. 12. 1952 DB 1953, 108). Die Fortsetzung einer gefährlichen Handlung des Arbeitnehmers nach einer Unterlassungsaufforderung durch den Vorgesetzten kann eine fristlose Kündigung rechtfertigen. Entscheidend ist die objektive Gefahr, die durch den Verstoß gegen Arbeitsschutznormen hervorgerufen wurde; unerheblich ist, ob der Schaden tatsächlich eingetreten ist (LAG Köln 17. 3. 1993 LAGE § 626 BGB Nr 71).

gg) Arbeitsvertragspflichtverletzungen (Hauptpflichten)

137 Die Nichtleistung, der Verzug oder die Schlechtleistungen stellen als Leistungsstörungen eine Verletzung der Hauptpflicht des Arbeitnehmers dar. Nach Abmahnung kann auf sie auch durch Kündigung reagiert werden. Das Gewicht der Vertragspflichtverletzung ist je nach Fallkonstellation sehr unterschiedlich. So stellt sich

etwa die (bloße) Unpünktlichkeit als wesentlich weniger gewichtig dar als der Arbeitszeitbetrug, obwohl in beiden Fällen die geschuldete Arbeitsleistung vorenthalten wird. Hauptstreitpunkt in der Praxis ist dabei oft die Frage, ob der Arbeitnehmer überhaupt zu der (angeordneten) Arbeitsleistung verpflichtet war (Bestimmung der vertraglichen Arbeitsleistung durch Vertrag und ggf. Direktionsrecht) und ob nicht (ausnahmsweise) ein Zurückbehaltungsrecht zu bejahen ist. Im Falle der Schlechtleistung konzentriert sich die Frage zumeist auf die Nachweisbarkeit eines Pflichtverstoßes.

(1) Arbeitsverweigerung

Die Weigerung eines Arbeitnehmers, die vertraglich geschuldete Leistung zu erbrin- **138** gen, ist, nach entsprechender Abmahnung, geeignet, eine verhaltensbedingte Kündigung zu rechtfertigen (BAG 24. 5. 1989 DB 1989, 2538 = AP § 611 BGB Direktionsrecht Nr 1 mit Anm WIEDEMANN/ARNOLD; 31. 1. 1985 AP § 8 a MuSchG Nr 6 = DB 1986, 179; 21. 11. 1996 EzA § 1 KSchG Verhaltensbedingte Kündigung Nr 50). In schwerwiegenden Fällen beharrlicher Arbeitsverweigerung kann auch die fristlose Kündigung gerechtfertigt sein. Eine Kündigung wegen Arbeitsverweigerung setzt zunächst voraus, daß der Arbeitnehmer vertraglich zu der ihm zugewiesenen Tätigkeit verpflichtet war. Ferner ist zu prüfen, ob der Arbeitsleistung nicht ausnahmsweise gesetzliche oder tarifvertragliche Bestimmungen entgegenstehen und ob der Arbeitnehmer nicht aus anderen Gründen die Arbeitsleistung verweigern durfte. Insoweit spielt in der Praxis eine erhebliche Rolle, ob der Arbeitgeber sein Direktionsrecht zu Recht ausgeübt hat. Umfang und Grenzen des Direktionsrechts sind von der vertraglichen Vereinbarung und von dem jeweiligen Berufsbild abhängig (Einzelheiten bei ErfK/PREIS § 611 BGB Rn 922 ff). So ist die Weigerung eines Facharbeiters, Hilfsarbeitertätigkeit auszuüben, keine beharrliche Arbeitsverweigerung, weil der Arbeitnehmer zu dieser Arbeitsleistung nicht verpflichtet ist (LAG Düsseldorf 20. 12. 1957 BB 1958, 449). Der Arbeitgeber kann Mitarbeitern anordnen, einen **Dienstwagen selbst zu führen** und Kollegen mitzunehmen, wenn es sich um eine Tätigkeit handelt, die mit der (höherwertigen) Hauptleistung zusammenhängt (BAG 29.8. 1991 AP BGB § 611 Direktionsrecht Nr 38). Ist zB ein Autoschlosser verpflichtet, im Rahmen seiner Tätigkeit die von ihm reparierten Wagen auch zu fahren – Probefahrten, Auf- und Abstellen auf den Parkplätzen vor und nach der Reparatur –, so stellt die beharrliche Weigerung, Auto zu fahren, eine beharrliche Arbeitsverweigerung dar (verfehlt ArbG Hamburg 30. 10. 1961 DB 1962, 511; zum Direktionsrecht BAG 26.8. 1991 EzA § 611 BGB Direktionsrecht Nr 6). Die hartnäckige **Verweigerung einer angeordneten Dienstfahrt** kann, wenn keine nachvollziehbaren Gründe für die Weigerung erkennbar sind, die fristlose Kündigung rechtfertigen (LAG München 19. 1. 1989 LAGE § 626 BGB Nr 38 = DB 1989, 1295). Der Arbeitgeber kann bei im Kundendienst tätigen Mitarbeitern (vorbehaltlich § 87 I Nr 1 BetrVG) Anweisungen hins. der **Kleiderordnung** geben. Eine Bäckereifachverkäuferin muß auch eine automatische Brötchenbackanlage bedienen (LAG Hamm 22. 10. 1991 LAGE BGB § 611 Direktionsrecht Nr 11; LAG Hamm 7. 7. 1993 LAGE BGB § 611 Direktionsrecht Nr 14). Der Arbeitnehmer ist berechtigt, Arbeiten abzulehnen, die der Arbeitgeber ihm unter **Überschreitung des Direktionsrechts** zuweist (BAG 12. 4. 1973 EzA § 611 BGB Nr 12 = DB 1973, 1904). Aufgrund des Weisungsrechts kann der Arbeitgeber grundsätzlich die Leistungspflicht des Arbeitnehmers nach Zeit, Ort und Art der Leistung bestimmen. Das Weisungsrecht findet seine Grenzen jedoch in Vorschriften der Gesetze, des Kollektiv- und des Einzelarbeitsvertrages und darf gem § 315 Abs 1 nur nach billigem Ermessen ausgeübt werden. Problematisch sind hier stets die Fälle, in denen den Arbeitnehmern

andere Tätigkeiten an einem anderen Ort zugewiesen werden (vgl LAG Nürnberg 10. 8.
1992 LAGE § 174 BGB Nr 5; LAG Düsseldorf 25. 1. 1993 LAGE § 626 BGB Nr 70). Auch die
zeitliche Verlagerung der Tätigkeit einer aus der Elternzeit zurückkehrenden Arbeitnehmerin, die ihr die Vereinbarung familiärer mit beruflichen Pflichten unmöglich macht, kann unbillig sein (LAG Nürnberg 8. 3. 1999 NZA 2000, 263 = LAGE § 15 BErzGG
Nr 3).

139 Bei der Ausübung des Direktionsrechts hat der Arbeitgeber nach der Rechtsprechung des BAG ihm offenbarte **Gewissenskonflikte des Arbeitnehmers** zu berücksichtigen. Hiernach darf der Arbeitgeber dem Arbeitnehmer keine Arbeit zuweisen,
die den Arbeitnehmer in einen vermeidbaren Gewissenskonflikt bringt (BAG 20. 12.
1984 AP § 611 BGB Direktionsrecht Nr 27 = NZA 1986, 21; bestätigt durch BAG 24. 5. 1989, NZA
1990, 144; hierzu Kohte, NZA 1989, 161 ff). Der Arbeitgeber muß dem Arbeitnehmer nach
Möglichkeit eine andere Tätigkeit zuweisen. Ist dies nicht möglich, so kann ein in der
Person des Arbeitnehmers liegender Grund gegeben sein, das Arbeitsverhältnis zu
kündigen. Die fristlose Kündigung wird allerdings bei echten Gewissenskonflikten
nur selten möglich sein. Sehr umstritten ist die Frage, ob ein **Ausländer** entlassen
werden kann, der der Arbeit an einem hohen religiösen Feiertag seiner Religionsgemeinschaft fernbleibt (dazu LAG Düsseldorf 14. 2. 1963 DB 1963, 522 und 14. 2. 1963 BB 1964,
597). Auch insoweit müssen konsequenterweise Gewissenskonflikte des Arbeitnehmers berücksichtigt werden.

140 In Ausnahmefällen kann sich ein Wegfall der Arbeitspflicht aus der Unzumutbarkeit
der Arbeitsleistung ergeben (§ 242, vgl jetzt § 275 Abs 3; ausf dazu Gotthardt, Arbeitsrecht nach der Schuldrechtsreform, Rn 81 ff), zB weil der Arbeitnehmer durch die Erbringung der Arbeitsleistung in eine **unverschuldete Pflichtenkollision** gerät. Fälle der von
keiner Seite zu vertretenden objektiven Unzumutbarkeit der Leistungserbringung
sind jedoch selten. Das BAG hat einen derartigen Fall im Ergebnis angenommen bei
der Kollision der Pflicht zur Arbeitsleistung mit einer kurzzeitig bestehenden Wehrpflicht im Ausland (BAG 22. 12. 1982 AP § 123 BGB Nr 23). Verneint wurde jedoch ein
Verstoß gegen § 242, wenn die Wehrpflicht für mehr als zwei Monate bestand (BAG
20. 5. 1988 AP § 1 KSchG 1969 Personenbedingte Kündigung Nr 9 mit Anm Rüthers/Henssler und
Kohte). Eine Arbeitnehmerin kann sich nach bisheriger Rechtsprechung gegenüber
der bestehenden Arbeitspflicht auf eine Pflichtenkollision wegen der Personensorge
für ihr Kind (§ 1627) und damit ein Leistungsverweigerungsrecht (§§ 273, 320) oder
eine Unmöglichkeit bzw Unzumutbarkeit der Arbeitsleistung nur berufen, wenn
unabhängig von der in jedem Fall notwendigen Abwägung der zu berücksichtigenden
schutzwürdigen Interessen beider Parteien überhaupt eine unverschuldete Zwangslage vorliegt (BAG 21. 5. 1992 EzA § 1 KSchG Verhaltensbedingte Kündigung Nr 43). War die
Pflichtenkollision nicht unverschuldet bzw vorhersehbar, kann wegen Verletzung der
Arbeitspflicht die verhaltensbedingte Kündigung gerechtfertigt sein (Henssler AcP
190 (1990) 538, 553 ff). Bei fehlendem Verschulden kommt uU die objektiv begründete
personenbedingte Kündigung in Betracht.

141 Der Arbeitnehmer kann überdies Vertragsänderungen oder Freistellungen (Urlaub,
Sonderurlaub) nicht einseitig durchsetzen. Verweigert er teilweise die Arbeitsleistung, weil er vom Arbeitgeber **Teilzeitarbeit erzwingen** will, ist die Kündigung (trotz
§ 8 TzBfG) wegen Arbeitsverweigerung gerechtfertigt (LAG Frankfurt 8. 7. 1999 LAGE
§ 626 BGB Nr 125a).

Voraussetzung für eine Kündigung ist ferner, daß der Arbeitnehmer zur Leistung **142** verpflichtet war und keine rechtmäßige Ausübung eines Zurückbehaltungs- oder Leistungsverweigerungsrechts (§ 273) vorlag (vgl BAG 25.10. 1984 AP § 273 BGB Nr 3; 9.5. 1996 EzA § 626 BGB nF Nr 161 = NZA 1996, 1085). Eine Kündigung wegen Arbeitsverweigerung scheidet aus, wenn der Arbeitnehmer berechtigt ein **Zurückbehaltungsrecht** hinsichtlich seiner Arbeitskraft geltend macht, sei es wegen Verletzung der Pflicht zu vertragsgemäßer Beschäftigung (LAG Berlin 12.3. 1999 ZTR 1999, 326; LAG Frankfurt 13.9. 1984 NZA 1985, 431), nicht nur geringfügigen offenstehenden Vergütungsansprüchen (BAG 9.5. 1996 EzA § 626 BGB nF Nr 161 = NZA 1996, 1085; sa ArbG Passau 17.3. 1989 BB 1989, 1197; ArbG Hannover 11.12. 1996 EzA § 273 BGB Nr 6), wegen Verletzung wesentlicher Arbeitsschutzvorschriften (BAG 8.5. 1996 AP BGB § 618 Nr 23) oder Mitbestimmungsrechten des Betriebsrats (Otto AR-Blattei SD 1880 Rn 1 ff). Irrt sich der Arbeitnehmer über die Berechtigung seiner Arbeitsverweigerung, so scheidet die Kündigung nur dann grundsätzlich aus, wenn der Arbeitnehmer trotz sorgfältiger Erkundigung und Prüfung der Rechtslage die Überzeugung gewinnen durfte, daß er zur Arbeit nicht verpflichtet ist (BAG 14.10. 1960 AP § 123 GewO Nr 24 = EzA § 123 GewO Nr 2; 14.2. 1978 EzA Art 9 GG Arbeitskampf Nr 22 = DB 1978, 1403; LAG Düsseldorf 25.1. 1993 LAGE § 626 BGB Nr 70; LAG Berlin 6.12. 1993 LAGE § 1 KSchG Verhaltensbedingte Kündigung Nr 42; LAG Berlin 17.5. 1993 LAGE § 626 BGB Nr 72; LAG Köln 19.5. 1999 ARST 2000, 68).

Eine Arbeitsverweigerung wird in aller Regel nur dann einen wichtigen Grund i. S. **143** des § 626 darstellen, wenn sie beharrlich war. Die **beharrliche Arbeitsverweigerung** setzt in der Person des Arbeitnehmers im Willen eine Nachhaltigkeit voraus. Der Arbeitnehmer muß die ihm übertragene Arbeit bewußt und nachhaltig nicht leisten wollen. Insoweit ist eine Negativprognose erforderlich, der Arbeitnehmer werde auch in Zukunft seiner Arbeitspflicht nicht nachkommen (BAG 21.11. 1996 AP § 626 BGB Nr 130 mit Anm Bernstein = NZA 1997, 487; BAG 5.4. 2001 NZA 2001, 893). Die erstmalige bloße Ankündigung einer Arbeitsverweigerung kann i. d. R. noch nicht als beharrlich angesehen werden (LAG Düsseldorf 19.11. 1996 LAGE § 626 BGB Nr 104). Es genügt also nicht, daß der Arbeitnehmer eine Weisung seines Vorgesetzten unbeachtet läßt, sondern die beharrliche Arbeitsverweigerung setzt voraus, daß eine intensive Weigerung des Arbeitnehmers vorliegt. Es genügt auch keinesfalls immer ein einziger vorsätzlicher Verstoß. Beharrlichkeit ist nur dann gegeben, wenn die Willensrichtung des Arbeitnehmers erkennbar wird, Anweisungen des Arbeitgebers nicht befolgen zu wollen. Das Moment der Beharrlichkeit ergibt sich aus der wiederholten Weigerung und dem daraus berechtigten Schluß, der Arbeitnehmer wolle die Anweisungen seines Vorgesetzten nicht mehr erfüllen. Wenn der Arbeitnehmer sich nach ein- oder vielleicht mehrmaliger Abmahnung noch weigert, die berechtigte Anordnung auszuführen, so kann und muß auf eine beharrliche, dh intensive und nachhaltige Weigerung geschlossen werden (BAG 31.1. 1985 EzA § 8 MuSchG Nr 5 = AP § 8 a MuSchG 1968 Nr 6; BAG 6.2. 1997 ArbuR 1997, 210; LAG München 19.1. 1989 LAGE § 626 Nr 38).

Arbeitsverweigerung liegt auch vor, wenn der Arbeitnehmer zwar arbeitet aber nicht **144** die geschuldete Arbeit leistet. Weigert sich der Akkordarbeiter, Arbeiten im Akkord auszuführen, so liegt bei Vorliegen der sonstigen Voraussetzungen eine beharrliche Arbeitsverweigerung vor, auch wenn der Arbeitnehmer bereit ist, im Zeitlohn zu arbeiten(LAG Düsseldorf 31.10. 1963 BB 1964, 309). Keine beharrliche Arbeitsverweigerung hat das BAG angenommen, als ein Akkordarbeiter die Weiterarbeit verweigert hatte, weil der Akkord durch den Betriebsrat nicht kontrolliert war (BAG 14. 2. 1963 AP § 66 BetrVG 1952 Nr 22). Verneint wurde der Tatbestand der Arbeitsverweigerung wenn der Arbeitnehmer von zwei Weisungsbefugten einander widersprechende Anweisungen erhält (LAG Düsseldorf 19. 10. 1989 LAGE § 626 BGB Nr 50).

(2) Arbeitszeitbetrug

145 Der Arbeitnehmer, der dem Arbeitgeber geleistete **Arbeitszeit vorspiegelt** oder sich **Arbeitsbefreiung erschleicht,** zB um Freizeit zu erlangen oder einer nebenberuflichen Tätigkeit nachzugehen, verletzt die Pflichten aus dem Arbeitsvertrag und kann fristlos entlassen werden (BAG 26. 8. 1993 EzA § 626 BGB nF Nr 148; LAG Düsseldorf 27. 10. 1960 BB 1961, 678; zur Auflistung nicht geleisteter Arbeitsstunden: ArbG Frankfurt 6. 9. 1999 NZA-RR 2000, 307). Der Mißbrauch von Stempeluhren zur Vortäuschung falscher Arbeitzeiten kann eine ordentliche, zumeist aber auch eine außerordentliche Kündigung rechtfertigen. Dabei kommt es nicht entscheidend darauf an, wie der Vorgang strafrechtlich zu würdigen ist (BAG 23. 1. 1963 AP § 124a GewO Nr 8; BAG 27. 1. 1977 AP § 103 BetrVG Nr 7; BAG 13. 8. 1987 RnK I 5 i Nr 31; BAG 9. 8. 1990 RnK I 8 c Nr 18). Arbeitszeitbetrug stellen auch Gleitzeitmanipulationen dar, die, insbesondere wenn der Arbeitnehmer Manipulation zu vertuschen sucht, einen wichtigen Kündigungsgrund darstellen (BAG 12. 8. 1999 AP BGB § 123 Nr 51). Überträgt der Arbeitgeber den Nachweis der täglich geleisteten Arbeitszeit den Arbeitnehmern selbst, stellt die Täuschung durch falsches Betätigen oder Nichtbetätigen der Gleitzeiteinrichtung oder die Angabe einer höheren Arbeitszeit für sich (oder einen anderen Arbeitnehmer), als tatsächlich geleistet worden ist, einen schweren Vertrauensmißbrauch dar.

(3) Notarbeiten

146 Aus der Schadensabwendungspflicht des Arbeitnehmers kann auch ausnahmsweise die Pflicht folgen, in Notfällen (LAG Düsseldorf 28. 1. 1964 DB 1964, 628) über den Rahmen der arbeitsvertraglichen Hauptpflicht hinaus tätig zu werden. Insoweit kann der Arbeitnehmer vorübergehend sowohl Überstunden als auch **andere als die vereinbarte Arbeit** zu leisten haben, wenn sonst ein nicht unerheblicher Schaden eintreten würde (ErfK/Preis, § 611 BGB Rn 1029 f).

(4) Sonntagsarbeit

147 Gesetzlich verbotene oder vertraglich nicht geschuldete **Sonntagsarbeit** kann verweigert werden (LAG Düsseldorf 21. 1. 1964 BB 1964, 515 = DB 1964, 628; LAG Hamburg 11. 6. 1990 LAGE § 105 f GewO Nr 1). Die Verweigerung zulässiger Sonntagsarbeit stellt aber einen, ggf. durch fristlose Kündigung zu sanktionierenden Fall der Arbeitsverweigerung dar (LAG Düsseldorf 19. 3. 1963 DB 1963, 968 und 14. 11. 1968 DB 1969, 178 sowie LAG Baden-Württemberg 26. 11. 1968 DB 1969, 710).

(5) Überstunden

148 Besonders sorgfältig ist die Frage der Arbeitspflicht im Fall der Entlassung wegen **Nichtleistung von Überstunden** zu untersuchen (hierzu LAG Frankfurt 21. 3. 1986 LAGE § 626 BGB Nr 25). Dabei sind stets die eventuell vorhandenen tariflichen Normen in Betracht zu ziehen. Ferner kann ein Verstoß gegen das Mitbestimmungsrecht des Betriebsrats nach § 87 Abs 1 Nr 3 BetrVG vorliegen. Bestand aus diesen kollektivrechtlichen Gründen keine wirksame Verpflichtung zur Leistung der Überstunden, so scheidet die Kündigungsmöglichkeit ohnehin aus. Bestehen Tarifnormen und ist das Mitbestimmungsrecht des Betriebsrats gewahrt, bedeutet dies allein noch nicht, daß der Arbeitnehmer ohne weiteres Überstunden leisten muß. Lehnt der Arbeitnehmer jedoch zulässig angeordnete Überstunden ab, so kann – jedenfalls nach einschlägiger Abmahnung – eine Kündigung gerechtfertigt sein. Bei der Interessenabwägung ist jedoch zu berücksichtigen, daß die Anordnung von Überstunden eine Sonderverpflichtung darstellt, die über den arbeitsvertraglich vorgesehenen Regelumfang der Arbeitsverpflichtung hinausgeht. Die Pflichtverletzung kann dann weniger schwer wiegen, wenn der Arbeitnehmer in der Vergangenheit häufiger Überstunden geleistet hat (LAG Köln 27.4. 1999 NZA 2000, 39 = LAGE § 626 BGB Nr 126.; anders LAG Köln 7.7. 1999 ARST 2000, 115 = RzK I 8c Nr 44). Eine Kündigung scheidet aus, wenn die Verpflichtung zur Leistung rechtswidrig ist. Derartige Arbeiten kann der Arbeitnehmer immer ablehnen. Hierzu gehört die Leistung von Überstunden, die nach den Arbeitszeitgesetzen verboten sind (LAG Düsseldorf 19.4. 1967 BB 1967, 921).

(6) Unentschuldigtes Fehlen

Die Verletzung der Hauptpflicht des Arbeitsvertrages, der Arbeitspflicht, ist dann **149** kein Grund zur fristlosen Kündigung, wenn sie nur vorübergehend ist und zeitlich nicht ins Gewicht fällt (LAG Düsseldorf 9.6. 1953 DB 1953, 996). Die einmalige unentschuldigte Arbeitspflichtverletzung rechtfertigt jedenfalls dann nicht die fristlose Kündigung, wenn die Fehlzeit ohne Schwierigkeit durch Umdisposition zu überbrücken ist (LAG Hamm 15.7. 1988 LAGE § 626 BGB Nr 41; zur Rechtfertigung der die ordentlichen Kündigung: LAG Berlin 12.8. 1996 LAGE § 1 KSchG Verhaltensbedingte Kündigung Nr 55). **Vier Tage unentschuldigtes Fehlen** wurde im Kleinbetrieb als wichtiger Grund anerkannt, falls das Arbeitsverhältnis nur kurze Zeit bestand (BAG 20.8. 1980 EzA § 6 LohnFG Nr 18 = AP § 6 LohnFG Nr 12; zu dauerhaftem unentschuldigtem Fehlen vgl LAG Hamm 1.9. 1995 LAGE § 611 BGB Persönlichkeitsrecht Nr 7). Das vorzeitige Entfernen von der Arbeit wegen einer Fernsehübertragung kann die fristlose Kündigung nach Abmahnung rechtfertigen (LAG Düsseldorf 19.9. 1961 BB 1961, 1325 = DB 1961, 1555).

(7) Unpünktlichkeit

Die **wiederholte Unpünktlichkeit trotz mehrfacher Abmahnung** kann die ordentliche **150** und in krassen Fällen auch die fristlose Kündigung rechtfertigen (BAG 17.3. 1988 EzA § 626 BGB nF Nr 116 = AP § 626 BGB Nr 99 = DB 1989, 329; BAG 17.1. 1991 NZA 1991, 557 = EzA § 1 KSchG Verhaltensbedingte Kündigung Nr 37; BAG 27.2. 1997 EzA § 1 KSchG Verhaltensbedingte Kündigung Nr 51). Der Arbeitnehmer ist auch dann zum pünktlichen Dienstantritt verpflichtet, wenn er weit ab vom Arbeitsplatz wohnt und die Benutzung der öffentlichen Verkehrsmittel beschwerlich ist und besondere Kosten entstehen (LAG Düsseldorf 15.3. 1967 DB 1967, 1228; 13.3. 1958 BB 1958, 628 und 27.11. 1974 DB 1975, 156). Das BAG hat in einer Entscheidung, in der es um die außerordentliche Kündigung eines Arbeitnehmers ging, der in 1½ Jahren 104 mal zu spät zur Arbeit erschien und sich hiervon auch durch 6 vorangehende Abmahnungen nicht abhalten ließ, eine außerordentliche Kündigung nicht ohne weiteres durchgreifen zu lassen, sondern zusätzlich die Darlegung einer konkreten Betriebsstörung verlangt (BAG 17.3. 1988 AP § 626 BGB Nr 99 = EzA Nr 116 zu § 626 BGB nF mit Anm KRAFT). Diese Entscheidung ist insoweit verfehlt, weil kündigungsentscheidend allein das Ausmaß der vertraglichen Hauptpflichtverletzung ist (ablehnend WILLEMSEN, Anm EzA § 626 BGB Nr 116; BÖRGMANN, SAE 1989, 186 ff; PREIS, DB 1990, 634; RÜTHERS, Anm zu BAG EzA § 1 KSchG Verhaltensbedingte Kündigung Nr 26). Das BAG hat aber seine Rechtsprechung entsprechend klargestellt (BAG 17.1. 1991 NZA 1991, 557 = EzA § 1 KSchG Verhaltensbedingte Kündigung Nr 37; 27.2. 1997 EzA § 1 KSchG Verhaltensbedingte Kündigung Nr 51).

(8) Urlaubsantritt, unberechtigter

151 Tritt der Arbeitnehmer seinen **Urlaub eigenmächtig und unberechtigt** an, so bleibt er unbefugt der Arbeit fern und kann in aller Regel fristgerecht und fristlos gekündigt werden (BAG 25. 2. 1983 EzA § 626 BGB nF Nr 83 = AP § 626 BGB Ausschlußfrist Nr 14; BAG 20. 1. 1994 EzA § 626 BGB nF Nr 153; BAG 31. 1. 1996 EzA § 1 KSchG Verhaltensbedingte Kündigung Nr 47; BAG 16. 3. 2000 AP § 102 BetrVG 1972 Nr 114). Eine Abmahnung ist regelmäßig nicht erforderlich, weil der Arbeitnehmer davon ausgehen kann, daß der Arbeitgeber den eigenmächtigen Urlaubsantritt nicht billigt. Voraussetzung für eine Kündigung ist aber, daß der beantragte, aber nicht bewilligte Urlaub zu Recht abgelehnt worden ist. Ebenso muß die Elternzeit innerhalb bestimmter Fristen beantragt werden (§ 16 BErzGG; LAG Baden-Württemberg 29. 8. 1989 LAGE § 626 BGB Nr 47). Bleibt der Arbeitnehmer trotz rechtmäßiger Ablehnung der Urlaubsgewährung der Arbeit fern, muß er mit einer Kündigung rechnen. Der Arbeitnehmer muß im Streitfall zur Durchsetzung seines Urlaubsanspruchs gerichtliche Hilfe in Anspruch nehmen. In aller Regel besteht kein Recht, den Urlaub, und sei es auch in der Kündigungszeit, eigenmächtig anzutreten. Etwas anderes kann nur gelten, wenn Freizeit für die Urlaubsgewährung nicht mehr zur Verfügung steht, zB 12 Tage Kündigungszeit und genau 12 Tage Urlaub, der Arbeitnehmer den Urlaub gefordert hat und der Arbeitgeber die Bewilligung des Urlaubs ohne ausreichenden Grund verweigert. Das BAG hat im Einzelfall die Wirksamkeit einer fristlosen Kündigung verneint, wenn der Arbeitgeber u. a. aus eigenem finanziellen Interesse erhebliche Urlaubsansprüche des Arbeitnehmers hat auflaufen lassen und ein Verfall des Urlaubsanspruchs droht (BAG 20. 1. 1994 EzA § 626 BGB nF Nr 153; hierzu HUNOLD, DB 1994, 2497). Die Besonderheit des Falles bestand aber darin, daß gerichtliche Hilfe zur Durchsetzung nicht rechtzeitig zu erlangen war (Auslandseinsatz). Hat der Arbeitnehmer seinen Anspruch auf Urlaub im Wege der einstweiligen Verfügung durchgesetzt und nimmt er daraufhin den Urlaub, kann ihm nicht allein deshalb gekündigt werden, weil er dem Arbeitgeber die vollstreckbare Ausfertigung der Verfügung nicht zugestellt hat (LAG Hamm 13. 6. 2000 NZA-RR 2001, 134).

152 Ähnliche Grundsätze gelten beim **sogenannten Urlaubszweck Stellensuche.** Der Arbeitnehmer hat nach § 629 das Recht, vom Arbeitgeber auf Verlangen eine angemessene Zeit zur Stellensuche zu erhalten. Ist der Arbeitgeber mit der Erfüllung dieser Pflicht in Verzug, so wird man dem Arbeitnehmer gestatten müssen, sich die erforderliche Zeit eigenmächtig – nicht zur Unzeit – zu nehmen. Ein unbefugtes Entfernen vom Arbeitsplatz liegt dann jedenfalls nicht vor.

(9) Urlaubsüberschreitung

153 Überschreitet ein Arbeitnehmer den Urlaub, so wird man die außerordentliche Kündigung davon abhängig machen müssen, ob die Fehlzeit erheblich ist und ob die Voraussetzungen einer beharrlichen Arbeitsverweigerung gegeben sind (LAG Düsseldorf/Köln 29. 4. 1981 EzA § 626 BGB nF Nr 77 = DB 1981, 1731; siehe aber LAG Hamm 30. 5. 1990 LAGE § 1 KSchG Verhaltensbedingte Kündigung Nr 29). Bei äußerst kurzer **Urlaubsüberschreitung** wurde die Zulässigkeit einer fristlosen Entlassung verneint (LAG Düsseldorf 17. 3. 1959 BB 1959, 813; 29. 11. 1993 BB 1994, 793; LAG Heidelberg 16. 1. 1950 BB 1950, 72: Überschreitung um einen bzw um 5 Tage; siehe aber ArbG Wuppertal 3. 6. 1980 BB 1980, 1105). Nicht schuldhafte Urlaubsüberschreitungen können keinesfalls die fristlose Entlassung rechtfertigen, zB bei einer Überschwemmungskatastrophe oder bei plötzlicher Erkrankung im Urlaub (NEUMANN, DB 1965, 1668; ArbG Marburg 24. 2. 1966 BB 1966, 945).

Wird der Urlaub arbeitgeberseitig widerrufen, tritt der Arbeitnehmer aber gleichwohl den Urlaub an, muß der Urlaubswiderruf durch zwingende, vom Arbeitgeber zu beweisende Gründe gerechtfertigt sein, um die Kündigung zu rechtfertigen (BAG 19.12. 1991 RzK I 6 a Nr 82).

(10) Vortäuschung der Arbeitsunfähigkeit

Die nachweisbare Vortäuschung der Arbeitsunfähigkeit stellt einen Arbeitszeitbe- **154** trug dar (Rn 145) und rechtfertigt die fristlose Kündigung. Doch kann auch der dringende Verdacht, der Arbeitnehmer habe die **Arbeitsunfähigkeitsbescheinigung erschlichen,** die außerordentliche Kündigung unter den Voraussetzungen der Verdachtskündigung (Rn 223 ff) rechtfertigen (Vgl LAG Düsseldorf 3.6. 1981 EzA § 626 BGB nF Nr 78 = DB 1981, 1731; BAG 12.8. 1976 AP § 1 KSchG 1969 Nr 3; LAG Schleswig-Holstein 28.11. 1983 DB 1984, 1355; LAG Köln 9.6. 1982 EzA § 626 BGB nF Nr 82; LAG Hamm 20.12. 1974 DB 1975, 841; LAG Berlin 30.4. 1979 EzA § 626 nF Nr 67. Zu Beweisfragen: BAG 26.8. 1993 NZA 1994, 63; LAG Düsseldorf 15.1. 1986 LAGE § 1 KSchG Verhaltensbedingte Kündigung Nr 7 = DB 1986, 1180.). Eine fristlose Kündigung kann überdies gerechtfertigt sein, wenn ein Arbeitnehmer im Bewusstsein, in Wirklichkeit nicht arbeitsunfähig zu sein, unter Vortäuschung einer Erkrankung der Arbeit fernbleibt (LAG Berlin 30.4. 1979 EzA § 626 BGB nF Nr 67).

(11) Schlechtleistung

Erbringt der Arbeitnehmer nicht die geschuldete Arbeitsleistung mittlerer Art und **155** Güte, die von jedem Arbeitnehmer aufgrund des Arbeitsvertrages erwartet werden darf, so kann das Arbeitsverhältnis nach erfolgter Abmahnung (LAG Hamm 16.8. 1985 LAGE § 1 KSchG Verhaltensbedingte Kündigung Nr 6) gekündigt werden. Auch wenn im Arbeitsrecht prinzipiell ein individueller Leistungsmaßstab anzulegen ist, hat der Arbeitnehmer die ihm übertragenen Arbeiten unter Anspannung der ihm möglichen Fähigkeiten ordnungsgemäß zu verrichten (BAG 21.5. 1992 EzA § 1 KSchG Verhaltensbedingte Kündigung Nr 42 = NZA 1992, 1028). Schlechtleistungen sind ein Kündigungstatbestand, der regelmäßig nur nach Abmahnung und als ordentliche Kündigung greift. In der Praxis besteht das Hauptproblem darin, sowohl die Schlechtleistung bezüglich der Abmahnung als auch der Kündigung in einem dem Beweis zugänglichen Umfang nachzuweisen. Beruhen die Leistungsmängel auf fehlender Eignung, kommt unter Umständen eine personenbedingte Kündigung in Betracht. Auch durch Alkoholgenuß bedingte Schlechtleistungen können zur Kündigung führen (LAG Frankfurt 20.3. 1986 LAGE § 1 KSchG Verhaltensbedingte Kündigung Nr 9 = DB 1986, 2608); bei alkoholkranken Mitarbeitern kommt aber regelmäßig nur eine krankheitsbedingte Kündigung in Betracht. Besitzt der Arbeitnehmer dagegen die notwendige persönliche und fachliche Qualifikation, so können wiederholte Leistungsmängel die verhaltensbedingte Kündigung rechtfertigen (BAG 15.8. 1984 AP § 1 KSchG 1969 Nr 8 = EzA § 1 KSchG Nr 40; 22.7. 1982 AP § 1 KSchG 1969 Verhaltensbedingte Kündigung Nr 5 = EzA § 1 KSchG Verhaltensbedingte Kündigung Nr 10; 16.3. 1961 AP § 1 KSchG Nr 2; LAG Hamm 29.2. 1996 ARST 1996, 163; im einzelnen BECKER/SCHAFFNER, DB 1981, 1775). Eine Schlechtleistung kann in Qualitätsmängeln bestehen, etwa wenn der Arbeitnehmer um 50 oder gar 70% hinter der Leistung vergleichbarer Arbeitnehmer zurückbleibt (LAG Hamm 13.4. 1983 DB 1983, 1930; vgl auch BAG 21.5. 1992 EzA § 1 KSchG Verhaltensbedingte Kündigung Nr 42; zur krankheitsbedingten Leistungsminderung BAG 26.9. 1991 EzA § 1 KSchG Personenbedingte Kündigung Nr 10 mit Anm RAAB). Nach Auffassung des BAG genügt jedoch nicht der Hinweis des Arbeitgebers, der Arbeitnehmer habe „unterdurchschnittlich" gearbeitet, weil in einer „sehr guten Gruppe schon der gute Arbeitnehmer unter dem Durchschnitt arbeitet" (BAG 22. 7. 1982 AP § 1 KSchG 1969 Verhaltensbedingte Kündigung Nr 5 mit Anm OTTO = EzA § 1 KSchG Verhaltensbedingte Kündigung Nr 10 mit Anm WEISS). Wenn der Arbeitgeber die Kündigung auf Schlechtleistung stützen will, muß bedacht werden, daß auch sorgfältigen Arbeitnehmern schon einmal Fehler unterlaufen. Die Schlechtleistungen müssen daher eine gewisse Erheblichkeitsschwelle überschreiten. Um dies darlegen zu können, ist u.U. die durchschnittliche objektivierte Fehlerquote vergleichbarer Arbeitnehmer der Fehlerquote des gekündigten Arbeitnehmers gegenüberzustellen bzw ein konkreter Leistungsvergleich notwendig (ArbG Herne 6. 1. 1994 RnK I 5i Nr 90). Nach der notwendigen Abmahnung muß vor einer Beendigungskündigung dem Arbeitnehmer genügend Zeit zur Leistungssteigerung gelassen werden (LÖWISCH, § 1 KSchG Rn 106, 126; LAG Frankfurt 26. 4. 1999 NZA-RR 1999, 637 = LAGE § 1 KSchG Verhaltensbedingte Kündigung Nr 71; jetzt GOTTHARDT, Arbeitsrecht nach der Schuldrechtsreform, Rn 206 unter Bezugnahme auf § 314 II). Im Rahmen der Interessenabwägung ist zu berücksichtigen, daß der Arbeitnehmer bereits lange im Betrieb beschäftigt ist, möglicherweise jahrelang fehlerfrei gearbeitet hat und die Minderleistung nur aufgrund seines fortgeschrittenen Alters bedingt ist (LAG Berlin 4. 9. 1998 – 6 Sa 47/98 –). Bei der Abwägung kann auch die Höhe des zugeführten Schadens berücksichtigt werden (LAG Köln 2. 7. 1987 LAGE § 626 BGB Nr 32).

156 **Einzelfälle:** Ein Kraftfahrer überprüft trotz einschlägiger Anweisungen nicht die Verkehrssicherheit des von ihm geführten Fahrzeugs (LAG Köln 2. 3. 1999 RnK I 5i Nr 153 = AuA 2000, 94). Ein Sozialarbeiter unterschreitet erheblich die üblichen Fallzahlen im Bereich der Sozialberatung (LAG Köln 25. 11. 1997 EzBAT § 53 BAT Verhaltensbedingte Kündigung Nr 46). Ein Chefarzt leistet nicht schon deshalb schlecht, weil die Belegzahlen in seiner Abteilung zurückgehen (LAG Frankfurt 21. 12. 1989 ArztR 1994, 293).Generell ist zu berücksichtigen, daß wirtschaftliche Mißerfolge arbeitsleistungsunabhängige Gründe haben können. Die durch das schlechte Spiel eines Kapellenmitgliedes hervorgerufene minderwertige Gesamtleistung einer Kapelle ist vom BAG als wichtiger Grund zur Auflösung der Arbeitsverhältnisse mit allen Kapellenmitgliedern anerkannt worden (BAG 9. 2. 1960 AP § 626 BGB Nr 39 mit zust Anm HUECK). Einer Verkäuferin oder einer Kassiererin kann bei Existenz eines **Waren- oder Geldmankos** nur dann fristlos gekündigt werden, wenn zumindest feststeht, daß die Fehlbestände von ihr (mit-)verursacht worden sind (BAG 22. 11. 1973 EzA § 626 BGB nF Nr 33 = NJW 1974, 1155). In Betracht kommt ein Fall der Verdachtskündigung, wenn zwar der Kassenbestand stimmt, aber die Registrierung vereinnahmter Beträge unterblieben ist (LAG Köln 30. 7. 1999 NZA-RR 2000, 189). Mangelnde Führungseigenschaften können nach Abmahnung die ordentliche Kündigung rechtfertigen (BAG 29. 7. 1976 EzA § 1 KSchG Nr 34 = DB 1976, 2356; 23. 3. 1976 EzA § 5 BetrVG 1972 Nr 25).

157 Die **Schlechtleistung** rechtfertigt i.d.R. nicht die fristlose Kündigung, auch nicht nach einer Abmahnung, es sei denn, die Schlechtarbeit erfolgt vorsätzlich, was der Arbeitgeber im Streitfall zu beweisen hat (siehe aber LAG Düsseldorf 17. 1. 1962 DB 1962, 476 und 14. 3. 1962 BB 1963, 516). Auch mangelhafte Leistungen während der vereinbarten **Probezeit** rechtfertigen im Grundsatz keine außerordentliche Kündigung, es sei denn, es stellt sich bereits in der Probezeit heraus, daß die Leistungen des Arbeitnehmers als Vertragserfüllung völlig unbrauchbar sind (LAG Frankfurt 5. 2. 1987 LAGE § 626 BGB Nr 29 = DB 1987, 1742).

Hält der Arbeitnehmer mit seiner normalen Arbeitsleistung bewußt zurück, sog **158**
Langsamarbeit, so liegt ein Verstoß gegen die Hauptpflicht im Arbeitsvertrag vor,
die nach Abmahnung zur Kündigung berechtigen kann (wegen nicht hinreichender Substantiierung verneint durch LAG Frankfurt 16. 7. 1998 RnK I 5i Nr 149). Ein im Prämienlohn
arbeitender Arbeitnehmer verletzt durch eine mindere Leistung seine individuelle
Leistungspflicht, wenn er seine Arbeitskraft bewußt zurückhält und nicht unter angemessener Anspannung seiner Kräfte arbeitet (BAG 20. 3. 1969 EzA § 123 GewO Nr 11 =
AP § 123 GewO Nr 27). Die **Bummelei** im Betrieb ist beharrliche Arbeitsverweigerung,
wenn sie nach Abmahnung fortgesetzt wird. Wer während der Arbeit übermäßig
telefoniert oder aus privaten Gründen im Internet surft, Computerspiele oder Kartenspiele durchführt, verletzt die Arbeitspflicht und kann gekündigt werden, insbesondere wenn gleichartige Pflichtverletzungen bereits vergeblich abgemahnt worden
sind (LAG Berlin 18. 1. 1988 LAGE § 626 BGB Nr 31 = DB 1988, 866). Wenn man auch
grundsätzlich eine individuelle Abmahnung verlangt, so kann es doch in derartigen
Fällen, in denen die Verstöße von Gruppen von Arbeitnehmern erfolgen, ausreichend sein, wenn eine allgemeine Abmahnung im Betrieb oder der betreffenden
Abteilung erfolgt. Hier kann uU auch eine Abmahnung durch Anschlag am schwarzen Brett erfolgen mit der Androhung der fristlosen Kündigung. Das gilt vor allem
dann, wenn die Arbeitsordnung für Mitteilungen an die Belegschaft Anschläge am
schwarzen Brett vorsieht. Ansonsten wird man auf den Einzelfall abzustellen haben
und prüfen müssen, ob das Tatbestandsmerkmal der Beharrlichkeit gegeben ist.

hh) Außerdienstliches Verhalten
Außerdienstliches Verhalten ist nur dann ein Kündigungsgrund, wenn es direkt oder **159**
indirekt auf das Arbeitsverhältnis **einwirkt** (LAG Baden-Württemberg 19. 10. 1993 NZA
1994, 175). Zu differenzieren ist zwischen vertragswidrigen und nicht vertragswidrigen
außerdienstlichen Verhaltensweisen. Eine Ausweitung der vertraglichen Verhaltenspflicht in die Privatsphäre hinein ist nur unter besonderen Umständen gerechtfertigt.
Zu erwähnen sind hier insbesondere Arbeitsverhältnisse in kirchlichen und Tendenzbetrieben (Rn 192 ff) und – mit Einschränkungen – im öffentlichen Dienst.

Nicht vertragswidriges außerdienstliches Verhalten rechtfertigt die Kündigung regel- **160**
mäßig nicht. Eheschließung, Partnerbeziehungen, außereheliche Schwangerschaften
oder ein ungewöhnlicher Lebenswandel sind für sich genommen kündigungsrechtlich
irrelevant (PREIS DB 1990, 632; MünchKomm/SCHWERDTNER Rn 125; KR/FISCHERMEIER Rn 414;
abzulehnen LAG Köln 26. 1. 1994 LAGE § 1 KSchG Personenbedingte Kündigung Nr 11, das bei
zerrütteter Ehe die Unzumutbarkeit der Fortsetzung des zwischen den Ehepartnern bestehenden
Arbeitsverhältnisses annimmt). Selbst dann, wenn (noch) kein allgemeiner Kündigungsschutz besteht, kann eine Kündigung etwa wegen Homosexualität gegen § 242 verstoßen, weil es rechtsmißbräuchlich ist, unter Ausnutzung der Privatautonomie dem
Arbeitsvertragspartner wegen seines persönlichen (Sexual-)Verhaltens zu kündigen
(BAG 23. 6. 1994 EzA § 242 BGB Nr 39). Auch die Tatsache, daß sich beispielsweise ein
Kassierer einer Sparkasse dadurch strafbar gemacht hat, daß er den durch eine
Nebentätigkeit an Samstagen und während seines Erholungsurlaubs erzielten Hinzuverdienst nicht versteuert hat, rechtfertigt für sich allein nicht die fristlose Kündigung durch den Arbeitgeber (LAG Hamm 15. 11. 1990 LAGE § 626 BGB Nr 53). Allerdings
kann in Ausnahmefällen außerdienstliches, nicht vertragswidriges Verhalten die Eignung des Arbeitnehmers für die geschuldete Tätigkeit entfallen lassen (hierzu Rn 215).

161 Nur in Ausnahmefällen kann eine hohe **Verschuldung** Kündigungsgrund sein, wenn hierdurch die Eignung für eine bestimmte Vertrauensposition entfallen ist (BAG 15. 10. 1992 EzA § 1 KSchG 1969 Verhaltensbedingte Kündigung Nr 45; KR/FISCHERMEIER Rn 456). Häufige **Lohnpfändungen** rechtfertigen ebenfalls die außerordentliche Kündigung im Regelfalle nicht (BAG 4. 11. 1981 EzA § 1 KSchG Verhaltensbedingte Kündigung Nr 9). Schon die ordentliche Kündigung scheidet gewöhnlich aus (vgl PREIS, Prinzipien 466 ff).

ii) Beleidigung, Tätlichkeiten

162 Die grobe Beleidigung des Arbeitgebers oder anderer Betriebsangehöriger wird als Grund für die fristlose Entlassung anerkannt, soweit nach Form oder Inhalt eine erhebliche Ehrverletzung damit verbunden ist (BAG 18. 7. 1957 EzA § 124a GewO Nr 1; BAG 9. 8. 1990 RnK I 5 e Nr 63; LAG Berlin 17. 11. 1980 EzA § 626 BGB nF Nr 75; BAG 21. 1. 1999 AP § 626 BGB Nr 151; vgl auch LAG Düsseldorf 24. 6. 1959 DB 1959, 795; 8. 5. 1963 DB 1963, 935; 29. 6. 1982 DB 1982, 2252; LAG Frankfurt/Main 13. 2. 1984 NZA 1984, 200). Es kommt hier nicht auf die strafrechtliche Wertung, sondern auf die Zumutbarkeit der Fortsetzung des Arbeitsverhältnisses an (BAG 22. 12. 1956 AP Nr 13 zu § 626 BGB). Voraussetzung ist, daß durch die Beleidigung betriebliche Interessen beeinträchtigt werden, die in der Rufschädigung des Unternehmens oder in einer Verschlechterung des Betriebsklimas liegen können. Erforderlich ist eine sorgfältige Abwägung, ob das schärfste Mittel der außerordentlichen Kündigung zulässig ist. Zu berücksichtigen sind die Umstände, die zur Beleidigung geführt haben. So ist zB ein Milderungsgrund darin zu sehen, daß der Arbeitgeber den Arbeitnehmer gereizt hat. Bei der Abwägung ist insbesondere darauf abzustellen, inwieweit künftig noch eine Zusammenarbeit zumutbar ist. In schwerwiegenden Fällen hat die Rechtsprechung auf die Erforderlichkeit einer Abmahnung verzichtet (BAG 3. 2. 1982 DB 1982, 1417).

163 Behauptet ein Arbeitnehmer in einem Gespräch mit Arbeitskollegen über einen Vorgesetzten unwahre und ehrenrührige Tatsachen, so ist das kein wichtiger Grund, wenn der Gesprächspartner ohne ersichtlichen Grund die **Vertraulichkeit** der Unterredung mißachtet (BAG 30. 11. 1972 EzA § 626 BGB nF Nr 23). Ein wichtiger Grund wurde bejaht, wenn ein Arbeitnehmer bei der Werbung für die Wahl zum Betriebsrat die Ehre anderer schwerwiegend verletzt (BAG 15. 12. 1977 EzA § 626 BGB nF Nr 61). Die Gleichstellung eines Vorgesetzten mit einem Hauptverantwortlichen für die Judenvernichtung ist eine schwere Beleidigung, die zur fristlosen Kündigung berechtigt (LAG Berlin 17. 11. 1980 AP Nr 72 zu § 626 BGB).

164 Aus den gleichen Erwägungen können fristlose Kündigungen wegen Tätlichkeiten gegenüber dem Arbeitgeber oder Kollegen – unter Umständen ohne Abmahnung – durchgreifen (BAG 12. 3. 1987 EzA § 102 BetrVG 1972 Nr 71; BAG 30. 3. 1993 NZA 1994, 409; LAG Hamm 23. 7. 1981 BB 1981, 1642; LAG Frankfurt/Main 28. 6. 1977 BB 1977, 1401; 8. 3. 1983 BB 1984, 1876; LAG Düsseldorf 26. 8. 1980 BB 1980, 1641; differenzierend ArbG Hagen 26. 8. 1982 DB 1982, 2302). Das gilt in besonderem Maße, wenn ein Arbeitnehmer in Ausübung seiner dienstlichen Tätigkeit Körperverletzungen begeht (LAG Berlin 20. 8. 1998 NZA-RR 1998, 495; LAG Frankfurt 30. 3. 2000 NZA-RR 2000, 526). Der tätliche Angriff auf Arbeitskollegen ist eine schwerwiegende Verletzung vertraglicher Nebenpflichten; es besteht ein berechtigtes Interesse, daß die betriebliche Zusammenarbeit nicht durch tätliche Auseinandersetzungen beeinträchtigt wird (BAG 31. 3. 1993 NZA 1994, 410, 412; vgl aber auch LAG Köln 25. 6. 1993 ARSt 1993, 190).

kk) Betriebliche Ordnung

Schwere Verstöße gegen die betriebliche Ordnung können eine fristlose Kündigung **165** rechtfertigen. Nach neuerer Rechtsprechung des BAG reicht eine abstrakte oder konkrete Gefährdung des Betriebs*ablaufes* nicht aus, vielmehr ist eine **konkrete Störung des Betriebsfriedens** erforderlich (BAG 17.3. 1988 AP Nr 99 zu § 626 BGB; siehe auch BAG 26.5. 1977 AP Nr 5 zu § 611 BGB Beschäftigungspflicht; 13.10. 1977 EzA § 74 BetrVG 1972 Nr 3). Verstöße gegen die betriebliche Ordnung müssen die Qualität einer vertraglichen Nebenpflichtverletzung haben. Aus diesem Grunde können Kündigungen regelmäßig nur nach vorheriger Abmahnung gerechtfertigt sein. **Einzelfälle:** Verletzung des betrieblichen *Rauchverbotes* (LAG Hannover 23.1. 1952 BB 1952, 291; LAG Stuttgart 23.10. 1951 DB 1952, 232; ArbG Husum 1.9. 1964 BB 1965, 911), Verletzung des betrieblichen *Alkoholverbots* (LAG Niedersachsen 13.3. 1981 DB 1981, 1985; ArbG Kassel 12.12. 1978 DB 1979, 1612), *Tätlichkeiten* zwischen Arbeitnehmern vgl Rn 158, *Bedrohung* eines Vorgesetzten (LAG Frankfurt/Main 31.10. 1986 LAGE § 626 BGB Nr 27), *Werbung für Scientology-Bewegung* (ArbG Ludwigshafen 26.5. 1993 EzA § 626 BGB nF Nr 154).

ll) Ehrenämter

Bleibt ein Arbeitnehmer der Arbeit fern, weil er durch seine Tätigkeit als Gemein- **166** deratsmitglied oder Mitglied des Kreistages verhindert ist, so liegt kein unbefugtes Fernbleiben von der Arbeit vor. Bereits die Weimarer Reichsverfassung regelte in Art 160 die Frage ausdrücklich dahin, daß der Arbeitnehmer ein Recht auf die nötige freie Zeit zur Ausübung ihm übertragener öffentlicher Ehrenämter hatte, soweit dadurch der Betrieb nicht erheblich geschädigt wurde. Es muß als zum **Wesen eines demokratischen Staates** gehörend angesehen werden, daß seine Bürger in allen Ebenen ungehindert ihre demokratischen Rechte ausüben können (siehe auch LAG Düsseldorf 7.1. 1966 BB 1966, 288; Pfitzner DB 1971, 144). Durch das Grundgesetz (Art 48 GG) und § 2 Abs 3 AbgeordnetenG ist der Kündigungsschutz für Abgeordnete des Deutschen Bundestages wegen Annahme oder Ausübung des Mandats gewährleistet. Im übrigen haben die Länder für ihre Landtagsabgeordneten und die kommunalen Mandatsträger in Gemeinde- und Kreisordnungen weitgehende Kündigungsschutzregelungen erlassen.

Die Gemeindeordnungen geben dem Arbeitnehmer regelmäßig einen Anspruch auf **167** unbezahlte Freizeit (vgl etwa § 30 Abs 6 Satz 3 GO NRW). Hiermit dürften die meisten Fälle abgedeckt sein. Im Bereich des **öffentlichen Dienstes** gewährt § 53 BAT eine bezahlten Freistellungsanspruch für die Dauer der unumgänglich notwendigen Abwesenheit für die Ausübung öffentlicher Ehrenämter.

Private Ehrenämter, wie Vorsitz in einem gemeinnützigen Verein, muß der Arbeit- **168** nehmer hingegen grundsätzlich in seiner Freizeit ausüben. Ein Anspruch auf Freistellung von der Arbeitsleistung besteht nicht.

mm) Konkurrenztätigkeit

Verbotene Konkurrenztätigkeit kann je nach Gewicht der Vertragspflichtverletzung **169** die fristlose Kündigung rechtfertigen (vgl BAG 6.8. 1987 AP Nr 97 zu § 626 BGB; 9.2. 1989 RnK I 6 a Nr 48; 16.8. 1990 AP Nr 10 zu § 611 BGB Treuepflicht; 26.1. 1995 EzA § 626 BGB nF Nr 155). Dem Arbeitnehmer ist nicht nur eine Konkurrenztätigkeit im eigenen Namen und Interesse untersagt, sondern auch Arbeitskollegen bei Konkurrenztätigkeit zu helfen oder Wettbewerber des Arbeitgebers zu unterstützen (BAG 21.11. 1996 EzA § 626

BGB nF Nr 162 = NZA 1997, 713). Vermittelt ein Versicherungsvertreter Versicherungs-
verträge für ein Konkurrenzunternehmen, so ist eine fristlose Kündigung regelmäßig
gerechtfertigt (BGH 24. 1. 1974 DB 1974, 1022). Konkurrenztätigkeit ist auch **während des
Kündigungsschutzprozesses** nicht statthaft (BAG 7. 9. 1972 EzA § 60 HGB Nr 7). Auf das
gesetzliche Wettbewerbsverbot des § 60 HGB kann eine fristlose Kündigung nur
dann gestützt werden, wenn der Arbeitnehmer seinem Arbeitgeber in dessen Handelszweig Konkurrenz macht (BAG 26. 8. 1976 EzA § 626 BGB nF Nr 49; zur fristlosen Entlassung eines Filialleiters, der im bestehenden Arbeitsverhältnis im Handelszweig seines Arbeitgebers eigene Geschäfte betreibt BAG 24. 4. 1970 AP Nr 5 zu § 60 HGB).

170 Auch Arbeitnehmer, die nicht Handlungsgehilfen sind, dürfen dem Arbeitgeber in
dessen Marktbereich keine Konkurrenz machen (BAG 17. 10. 1969 EzA § 60 HGB Nr 2;
21. 10. 1970 EzA § 60 HGB Nr 5; 16. 6. 1976 EzA § 611 BGB Treuepflicht Nr 1). Der Arbeitgeber
trägt für das Vorliegen einer unberechtigten Konkurrenztätigkeit die volle **Beweislast**
(zur Beweislast für den Fall, daß der Arbeitnehmer behauptet, der Arbeitgeber habe die verbotene
Konkurrenztätigkeit gestattet BAG 6. 8. 1987 AP Nr 97 zu § 626 BGB unter Aufgabe von BAG 16. 6.
1976 AP Nr 8 zu § 611 BGB Treuepflicht).

171 Ein kaufmännischer Angestellter darf jedoch Vorbereitungen treffen, um sich selb-
ständig zu machen, auch wenn er mit der künftigen Tätigkeit seinem Arbeitgeber
Konkurrenz machen wird. Er muß jedoch solche Tätigkeiten unterlassen, die die
Geschäftsinteressen seines Arbeitgebers unmittelbar gefährden (BAG 28. 9. 1989 RzK
I 6 a Nr 58).

172 Ein Arbeitnehmer ist an das für die Dauer des rechtlichen Bestandes des Arbeitsverhältnisses bestehende Wettbewerbsverbot auch dann noch gebunden, wenn der
Arbeitgeber eine außerordentliche Kündigung ausspricht, deren Wirksamkeit der
Arbeitnehmer bestreitet. Wettbewerbshandlungen, die der Arbeitnehmer im Anschluß an eine unwirksame außerordentliche Kündigung des Arbeitgebers begeht,
können einen wichtigen Grund für eine weitere außerordentliche Kündigung bilden,
wenn dem Arbeitnehmer unter Berücksichtigung der besonderen Umstände des
konkreten Falles ein Verschulden anzulasten ist (BAG 25. 4. 1991 AP Nr 104 zu § 626 BGB).

nn) Mißbrauch von Einrichtungen des Arbeitgebers

173 Zunehmende Bedeutung erlangt die Frage der Kündigung wegen mißbräuchlicher
oder übermäßiger Nutzung dienstlicher Kommunikationsgeräte für private Zwecke.
Die vertrags- und kündigungsrechtliche Beurteilung hängt entscheidend davon ab,
welche Regeln der Arbeitgeber aufgestellt hat. Läßt er auch die private Telekom-
munikation zu, kann allein der übermäßige Gebrauch noch nicht zur Kündigung
berechtigen. In diesem Falle muß der Arbeitgeber zunächst einmal klare Grenzen
definieren und ggf. eine Abmahnung aussprechen (LAG Köln 2. 7. 1998 LAGE § 1 KSchG
Verhaltensbedingte Kündigung Nr 66 = NZA-RR 1999, 192; ArbG Frankfurt 14. 7. 1999 NZA-RR
2000, 135). Anders ist dies zu beurteilen, wenn der Arbeitnehmer klar definierte
Regeln (Aufzeichnung von Privattelefonaten, PIN-Nummern, getrennte Abrechnung) verletzt und zulasten des Arbeitgebers Telekommunikationswege für private
Zwecke nutzt (ArbG Celle 2. 11. 1998 RDV 1999, 129; ArbG Würzburg 16. 12. 1997 MDR 1998,
1109 = RnK I 6c Nr 4; LAG Köln 4. 11. 1999 – 6 Sa 493/99). Eine mißbräuchliche Nutzung stellt
es auch dar, auf einem dienstlichen PC sexistische oder rassistische Witze zu spei-
chern (LAG Köln 14. 12. 1998 LAGE § 626 BGB Nr 124). Davon zu unterscheiden ist die

Frage, ob der Arbeitnehmer wegen Zurückhaltung der Arbeitsleistung gekündigt werden kann, wenn er statt zu arbeiten in übermäßigem Umfang telefoniert oder im Internet „surft" (Die Kündigung wegen häufig Privattelefonate nach Abmahnung bejahend: LAG Niedersachsen 13.1.1998 NZA-RR 1998, 259 = LAGE § 1 KSchG Verhaltensbedingte Kündigung Nr 63).

oo) Mißbrauch und Überschreitung von Befugnissen

Der Mißbrauch eingeräumten Vertrauens durch **Vollmachtüberschreitung** oder Miß- **174** brauch von Daten kann insbesondere bei eigennützigem Verhalten die Kündigung rechtfertigen (BAG 26.11.1964 AP § 626 BGB Nr 53 = DB 1965, 519; LAG Düsseldorf 14.2.1963 BB 1963, 732; ArbG Neumünster 2.4.1981 BB 1981, 974; BAG 21.1.1988 EzA § 394 ZPO Nr 1 = DB 1988, 1288: Gewährung eines Scheinkredits durch einen Bankangestellten). Aber auch eine Vollmachtsüberschreitung durch einen Vertriebsleiter/Produktmanager, die zu einer gravierenden Vermögensgefährdung führt, ist geeignet eine verhaltensbedingte Kündigung zur rechtfertigen (BAG 11.3.1999 RzK I 10g Nr 10). Die bloße Überschreitung von Vertragsabschlußkompetenzen ohne Vermögensschädigung rechtfertigt noch nicht die fristlose Kündigung (LAG Rostock 15.2.1999 NZA-RR 2000, 240). Die unerlaubte **Einsichtnahme in Personalakten** und/oder Gehaltsunterlagen von Kollegen kann im Einzelfall ohne Abmahnung zur Kündigung berechtigen (ArbG Marburg 27.5.1994 ARST 1995, 8 f).

pp) Nachweis-, Mitteilungs- und Untersuchungspflichten

Die Verletzung vertraglicher, tariflicher oder gesetzlicher Anzeige- und Nachweis- **175** pflichten kann je nach Lage des Falles die ordentliche oder außerordentliche Kündigung rechtfertigen (BAG 7.12.1988 EzA § 1 KSchG Verhaltensbedingte Kündigung Nr 26; 30.1. 1976 EzA § 626 BGB nF Nr 45; 15.1.1986 EzA § 626 BGB nF Nr 100).

Ein Arbeitnehmer ist zwar auch ohne ausdrückliche Vereinbarung verpflichtet, seine **176** **Arbeitsunfähigkeit** dem Arbeitgeber **unverzüglich anzuzeigen.** Eine Verletzung dieser Pflicht rechtfertigt in der Regel die fristlose Entlassung jedoch nicht (LAG Düsseldorf 1.2.1955 DB 1955, 436; 9.11.1960 BB 1961, 132; 27.2.1964 BB 1964, 720; LAG Hamm 7.10.1954 DB 1954, 1108; LAG Frankfurt/Main 24.4.1957 AP Nr 9 zu § 123 GewO; LAG Baden-Württemberg 30.11.1964 BB 1965, 373). Die Anzeigepflichtverletzung hat regelmäßig geringeres Gewicht und es bedarf der Feststellung erschwerender Umstände des Einzelfalles, die ausnahmsweise die Würdigung rechtfertigen, dem Arbeitgeber sei die Fortsetzung des Arbeitsverhältnisses bis zum Ablauf der Kündigungsfrist unzumutbar (vgl BAG 15.1.1986 AP Nr 93 zu § 626 BGB; 16.8.1991 EzA § 1 KSchG Verhaltensbedingte Kündigung Nr 41; 23.9.1992 EzA § 1 KSchG Verhaltensbedingte Kündigung Nr 44).

Eine Verletzung der Anzeigepflicht kann nur dann die fristlose Kündigung recht- **177** fertigen, wenn sie **wiederholt** und **vorsätzlich** erfolgt oder noch **andere gewichtige Gründe hinzukommen.** Dies hat das BAG bei einem Angestellten in verantwortlicher Stellung bejaht, zu dessen Aufgabenbereich es auch gehörte, Regelungen dafür zu treffen, was in seiner Abwesenheit geschehen soll (BAG 30.1.1976 AP Nr 2 zu § 626 BGB Krankheit). Die gleichen Grundsätze gelten auch für die Verpflichtungen des Arbeitnehmers, über seine Erkrankung ein Attest vorzulegen (vgl hierzu LAG Düsseldorf 21.3. 1955 DB 1955, 851; 11.1.1957 DB 1957, 432; 14.11.1961 DB 1962, 72; 15.10.1963 DB 1964, 628; 14.4. 1965 BB 1965, 1273; LAG Stuttgart 30.11.1964 DB 1965, 148; ArbG Rheine 17.9.1965 BB 1966, 124). Das LAG Berlin (12.1.1965 ArbuR 1965, 283) hat sogar im Falle eines wiederholten

Verstoßes gegen die Verpflichtung, sich rechtzeitig krank zu melden, eine fristlose Entlassung abgelehnt, wenn sich der Arbeitnehmer nicht erkennbar aus Prinzip weigere, sich bei Krankheit zu entschuldigen (sehr weitgehend). Einen **Arztbesuch** muß der Arbeitnehmer nachweisen. Die beharrliche Verweigerung dieser Pflicht rechtfertigt die fristlose Kündigung (LAG Düsseldorf 19. 10. 1963 DB 1964, 628).

178 Ausländische Arbeitnehmer, die in ihrem Heimatland **Wehrdienst** ableisten müssen, sind verpflichtet, den Arbeitgeber unverzüglich über den Zeitpunkt der Einberufung zu unterrichten und auf Verlangen des Arbeitgebers die Richtigkeit der Angaben durch eine behördliche Bescheinigung des Heimatstaates nachzuweisen. Die Verletzung dieser Pflicht kann je nach den Umständen die ordentliche oder außerordentliche Kündigung rechtfertigen (BAG 7. 9. 1983 AP Nr 7 zu § 1 KSchG 1969 Verhaltensbedingte Kündigung). Siehe hierzu im übrigen auch oben Rn 139.

179 Kraft (tariflicher) Vereinbarung kann der Arbeitnehmer verpflichtet sein, sich einer **ärztlichen Untersuchung** zu unterziehen. Das BAG (6. 11. 1997 EzA § 626 BGB nF Nr 171) bejaht viel zu weitgehend eine Nebenpflicht zur Entbindung der behandelnden Ärzte von der Schweigepflicht auch ohne tarifliche Regelung aus der allgemeinen Treuepflicht. Das ist in dieser Allgemeinheit abzulehnen, und kann allenfalls für die Feststellung der Berufs- oder Erwerbsunfähigkeit erwogen werden. Eine generelle Nebenpflicht, sich einer ärztlichen Untersuchung zu stellen, besteht nicht. In einer Folgeentscheidung hat das BAG (12. 8. 1999 AP § 1 KSchG 1969 Verhaltensbedingte Kündigung Nr 41 = EzA § 1 KSchG Verhaltensbedingte Kündigung Nr 55) zwar seine Rechtsprechung bestätigt, in der Sache aber deutlich relativiert. So hat es die Pflicht des Arbeitnehmers, sich routinemäßig Blutuntersuchungen zu unterziehen (zur Feststellung einer Alkohol- oder Drogenabhängigkeit) verneint. Zu Recht erkennt das BAG jetzt die verfassungsrechtliche Dimension aus Art 2 Abs 1 GG iVm Art 1 Abs 1 GG des Schutzes der Intimsphäre und der körperlichen Unversehrtheit. Der Schutz ist um so intensiver, je näher die Daten der Intimsphäre des Betroffenen stehen. Wenn der der Arbeitnehmer aber nicht gezwungen werden kann, sich einer Untersuchung zu unterziehen, wie das BAG ausführt, stellt sich die Frage, ob die vom BAG im Grundsatz angenommene Nebenpflicht überhaupt besteht (Krit insoweit ErfK/Preis § 611 BGB Rn 1031).

180 Soweit der Arbeitnehmer allerdings bei Zweifeln an seiner Arbeitsunfähigkeit einer durch den medizinischen Dienst nach § 275 Abs 1 SGB V angeordneten Untersuchung nicht nachkommt, kann hierin zugleich ein kündigungsrelevanter Pflichtverstoß gesehen werden. Das gleiche gilt, wenn sich ein Arbeitnehmer nachhaltig einer gesetzlich vorgeschriebenen Vorsorgeuntersuchung entzieht (LAG Düsseldorf 31. 5. 1996 NZA-RR 1997, 88 ff). Das BAG hat die nachhaltige Weigerung eines Arbeitnehmers, sich einer tarifvertraglich geregelten Untersuchungspflicht auf Verlangen des Arbeitgebers zu unterziehen, und schuldhaft die Stellung eines Rentenantrags zu unterlassen mit der Folge, trotz Arbeitsunfähigkeit weiter Entgeltfortzahlung zu beziehen, als wichtigen Kündigungsgrund erachtet (BAG 6. 11. 1997 EzA § 626 BGB nF Nr 170).

qq) Nebentätigkeit

181 Nebentätigkeiten sind dann nicht zu beanstanden, wenn mit ihnen kein Verstoß gegen Wettbewerbsverbote einhergeht und die gegenüber dem Arbeitgeber bestehende Leistungspflicht nicht beeinträchtigt wird (BAG 3. 12. 1970 AP Nr 60 zu § 626

BGB; 26. 8. 1976 AP Nr 68 zu § 626 BGB). Allgemein kann die nicht genehmigte Nebentätigkeit nur dann kündigungsrelevant sein, wenn der Arbeitgeber an deren Unterlassung ein berechtigtes Interesse hat (zur unerlaubten Nebentätigkeit eines Handlungsrei-
senden LAG Stuttgart 8. 5. 1970 DB 1970, 710).

Im Zusammenhang mit der **Krankheit** kann es Vertragspflichtverletzungen des **182**
Arbeitnehmers geben, die die Kündigung rechtfertigen können. Umstritten ist, wel-
che Betätigungen der Arbeitnehmer während der Krankheit zu unterlassen hat.
Vielfach wurde in der früheren Rechtsprechung betont, der Arbeitnehmer habe alles
zu unterlassen, was die Genesung hinauszögern könnte (zum Besuch eines *Spielkasinos*
BAG 11. 11. 1965 DB 1965, 1745; LAG Hamm 11. 5. 1982 EzA § 1 KSchG Krankheit Nr 9; zum
Besuch von *Cafehäusern* LAG Düsseldorf 26. 8. 1955 DB 1955, 1044). Das BAG steht heute auf
dem Standpunkt, daß eine Beschäftigung des Arbeitnehmers während der Arbeits-
unfähigkeit nur dann kündigungsrelevant werden kann, wenn hierdurch Wettbe-
werbsinteressen des Arbeitgebers verletzt oder der Heilungsprozeß verzögert wird
(BAG 13. 11. 1979 EzA § 1 KSchG Verhaltensbedingte Kündigung Nr 6; ähnlich LAG Köln 7. 1. 1993
LAGE § 626 BGB Nr 69; krit PAULY DB 1981, 1282; dagegen WILLEMSEN DB 1981, 2619). Dies
muß im Streitfalle bewiesen werden. Allerdings kann sich aus der Intensität der
Nebenbeschäftigung uU der begründete Verdacht ergeben, die **Arbeitsunfähigkeit**
sei nur **vorgetäuscht**. Das BAG legt dem Arbeitgeber auch hierfür die Beweislast
auf. Dies dürfte zu weit gehen (krit PREIS DB 1988, 1447). Jetzt hat das BAG entschieden,
daß dann, wenn ein Arbeitnehmer während einer ärztlich attestierten Arbeitsunfähigkeit schichtweise einer Nebenbeschäftigung bei einem anderen Arbeitgeber nach-
gegangen ist, in derartigen Fällen der Beweiswert des ärztlichen Attestes erschüttert
bzw entkräftet sein kann und alsdann der Arbeitnehmer konkret darzulegen hat,
weshalb er krankheitsbedingt gefehlt hat und trotzdem der Nebenbeschäftigung
nachgehen konnte (BAG 26. 8. 1993 EzA § 626 BGB nF Nr 148; unten Rn 301). Je nach
den Umständen kann eine fristlose Kündigung ohne vorherige Abmahnung gerechtfertigt sein.

Der Heilungsprozeß wird beeinträchtigt, wenn ein Schlosser während seiner Arbeits- **183**
unfähigkeit ganztägig körperlich arbeitet (LAG Düsseldorf 6. 5. 1964 BB 1964, 894; LAG
Baden-Württemberg 9. 10. 1968 BB 1969, 1224). Macht ein arbeitsunfähig krankgeschriebe-
ner Arbeitnehmer im Krankenstand seinem Arbeitgeber Konkurrenz, so rechtfertigt
dies die fristlose Kündigung, insbesondere dann, wenn die verrichteten Arbeiten
nach Art und Schwere den vom Arbeitnehmer vertraglich geschuldeten ohne weiteres vergleichbar sind (LAG Frankfurt/Main 15. 8. 1985 LAGE § 626 BGB Nr 23; siehe ferner
LAG München 9. 9. 1982 DB 1983, 1931). Es ist nicht erforderlich, die tatsächliche Verzögerung des Heilungsprozesses nachzuweisen; vielmehr reicht es aus, wenn der Arbeitnehmer Tätigkeiten verrichtet, die grundsätzlich geeignet sind, die Genesung zu
verzögern (LAG Hamm 28. 8. 1991 DB 1992, 431; LAG Köln 7. 1. 1993 LAGE § 626 BGB Nr 69).
In aller Regel ist es aber nicht gerechtfertigt, aus diesen Gründen eine fristlose
Kündigung ohne vorherige Abmahnung auszusprechen. Das LAG Frankfurt/Main
hielt eine fristlose Kündigung einer Arbeitnehmerin für ungerechtfertigt, die während ihrer ärztlich attestierten Arbeitsunfähigkeit wegen eines LWS-Syndroms eine
viertägige Flugreise angetreten hatte, weil nicht nachgewiesen werden konnte, daß
sich hierdurch der Gesundheitsprozeß verzögert habe (LAG Frankfurt/Main 1. 4. 1987
LAGE § 626 BGB Nr 30; vgl auch LAG Bremen 27. 7. 1960 DB 1960, 1132).

rr) Politische Betätigung und Meinungsäußerung

184 Umstritten sind alle Kündigungen, die im Zusammenhang mit der **politischen Betätigung des Arbeitnehmers** stehen. Das BAG hält Kündigungen für möglich, wenn es zu einer konkreten Störung des Arbeitsverhältnisses im Leistungsbereich, im Bereich der betrieblichen Verbundenheit aller Mitarbeiter (Betriebsfrieden), im personalen Vertrauensbereich oder im Unternehmensbereich gekommen ist (BAG 6.2. 1969 AP Nr 58 zu § 626 BGB; 9.12. 1982 AP Nr 73 zu § 626 BGB; 15.7. 1971 AP Nr 83 zu § 1 KSchG; 6.6. 1984 EzA § 1 KSchG Verhaltensbedingte Kündigung Nr 12). Freilich ist zu beachten, daß das politische Verhalten des Arbeitnehmers vertraglich und damit auch kündigungsrechtlich grundsätzlich irrelevant ist. Im Rahmen der Güterabwägung muß die hervorragende **Bedeutung des Art 5 Abs 1 GG** hinreichend berücksichtigt werden. Das BAG sieht die Meinungsäußerungsfreiheit des Arbeitnehmers durch die sog „Grundregeln über das Arbeitsverhältnis" begrenzt, die das Gericht als „allgemeine Gesetze" iS des Art 5 Abs 2 GG begreift (BAG 9.12. 1982 AP Nr 73 zu § 626 BGB; zur Kritik PREIS, Prinzipien 473 mwN). Nicht bereits der provozierende Charakter einer Meinungsäußerung ist Kündigungsgrund. Eine inhaltliche Bewertung der abgegebenen Meinung ist verfassungsrechtlich unzulässig. Solange mit der Äußerung einer politischen Meinung keine Beleidigungen (Rn 156), die bewußte Verbreitung unwahrer Tatsachen (BAG 26.5. 1977 AP Nr 5 zu § 611 BGB Beschäftigungspflicht), der Verrat von Betriebs- und Geschäftsgeheimnissen oder sonstige Vertragsverletzungen zusammenhängen, ist eine gleichwohl ausgesprochene Kündigung unwirksam. Vertragspflichten können verletzt werden, wenn sich die Äußerungen gegen den Arbeitgeber richten oder Kundenkontakte vertragswidrig für eigene politische Betätigung ausgenutzt werden.

185 Etwas anderes gilt allerdings dann, wenn die Zurückhaltung in politischen Fragen zum Pflichtenkreis des Arbeitnehmers gehört, sei es aufgrund gesetzlicher oder tarifvertraglicher Regelungen für Beschäftigte im öffentlichen Dienst (vgl § 8 Abs 1 BAT; BAG 2.3. 1982 AP Nr 8 zu Art 5 Abs 1 GG Meinungsfreiheit; zur Kündigungsmöglichkeit wegen DKP-Mitgliedschaft BAG 6.6. 1984 EzA § 1 KSchG Verhaltensbedingte Kündigung Nr 12; 12.3. 1986 DB 1986, 2444; 20.7. 1989 EzA § 2 KSchG Nr 11; 28.9. 1989 AuR 1990, 130) oder aufgrund einzelvertraglicher Vereinbarungen, etwa in Tendenzunternehmen (ERMAN/HANAU Rn 58). Nach Auffassung des BAG obliegt einem *Angestellten* im öffentlichen Dienst jedoch nicht die gesteigerte politische Treuepflicht eines Beamten (BAG 6.6. 1984 EzA § 1 KSchG Verhaltensbedingte Kündigung Nr 12; 20.7. 1989 EzA § 2 KSchG Nr 11).

186 Die Rechtsprechung hat vielfach über diese Eingrenzungen hinaus Kündigungen wegen politischer Betätigung anerkannt. Zum Streit um das Plakettentragen im Betrieb vgl insbes BAG 9.12. 1982 (EzA § 626 BGB nF Nr 86 mit Anm LÖWISCH/SCHÖNFELD; ferner LAG Düsseldorf 29.1. 1981 DB 1981, 1987; LAG Rheinland-Pfalz 22.8. 1986 LAGE Art 5 GG Nr 2; ArbG Hamburg 18.4. 1978 EzA Art 5 GG Nr 3 mit Anm OTTO; ArbG Iserlohn 30.1. 1980 EzA Art 5 GG Nr 4 mit Anm OTTO). Die Rechtsprechung sieht hier vielfach eine kündigungsrelevante Störung des Betriebsfriedens als gegeben an (BAG 13.1. 1956 AP Nr 4 zu § 13 KSchG; 6.2. 1969 AP Nr 58 zu § 626 BGB; zur parteipolitischen Betätigung des Betriebsrates BAG 15.12. 1977 AP Nr 2 zu § 13 KSchG; 15.12. 1977 AP Nr 69 zu § 626 BGB). Nach Auffassung des LAG Berlin ist es von der Meinungsäußerungsfreiheit des Arbeitnehmers gedeckt, wenn nach einer Betriebsratswahl Flugblätter verteilt werden, in denen die durchgeführte Wahl des Betriebsrates als undemokratisch dargestellt wird (LAG Berlin 14.1. 1985 LAGE § 626 BGB Nr 21). Im Rahmen der Güterabwägung muß stets die besondere Bedeutung des Art 5 Abs 1 GG hinreichend berücksichtigt werden.

Das BAG ist gegenwärtig der Auffassung, daß im Zusammenhang mit politischer **187**
Betätigung des Arbeitnehmers nicht schon die abstrakte Möglichkeit, sondern nur
die konkrete Beeinträchtigung des Betriebsfriedens kündigungsrelevant sein kann
(BAG 6. 6. 1984 DB 1985, 341 f; 20. 7. 1989 EzA § 2 KSchG Nr 11). Dem ist insoweit zuzustimmen, als für eine verhaltensbedingte Kündigung eine konkrete vertragswidrige Verhaltensweise gefordert ist (siehe oben Rn 100; MünchKomm/Schwerdtner Vor § 620 Rn 475;
Preis, Prinzipien 471 ff). Störungen des Betriebsfriedens oder Betriebsablaufes zu vermeiden, ist aber eine vertragliche Nebenpflicht des Arbeitnehmers. Einer Kündigung
muß auch in diesen Fällen eine Abmahnung vorausgehen. Besonders sorgfältig zu
prüfen ist, ob eine Beeinträchtigung des Betriebsfriedens tatsächlich vorliegt.

Außerbetriebliche (partei-)politische Betätigung ist nicht vertragswidrig und damit **188**
grundsätzlich auch nicht kündigungsrelevant. Nur im *öffentlichen Dienst* und in *Ten-*
denzbetrieben kann eine bestimmte politische Grundeinstellung unter Umständen
die Eignung für die geschuldete Tätigkeit entfallen lassen. Im öffentlichen Dienst
kann sich die fehlende Eignung auch aus begründeten Zweifeln an der Verfassungs-
treue des Arbeitnehmers ergeben. Ob eine Kündigung durchgreift, hängt in diesem
Falle entscheidend von der geschuldeten Aufgabe ab. Hierfür ist unter engen Voraussetzungen die personenbedingte Kündigung einschlägig, die regelmäßig aber nur
als ordentliche Kündigung ausgesprochen werden kann (BAG 6. 6. 1984 EzA § 1 KSchG
Verhaltensbedingte Kündigung Nr 12).

In jüngerer Zeit haben die Arbeitsgerichte Kündigungen wegen **rechtsextremistischer** **189**
Betätigung befaßt (ausführlich ArbG Siegburg 4. 11. 1993 NZA 1994, 698). Die Weitergabe
von Texten mit Hetze gegen Ausländer, Aussiedler oder Asylbewerber im Rahmen
der Arbeitstätigkeit ist eine grobe, in der Regel nicht entschuldbare Verletzung der
arbeitsvertraglichen Verhaltenspflichten; dies gilt insbesondere für einen Außen-
dienstmitarbeiter im Verhältnis zu Kunden. Dennoch ist auch hier eine zukunfts-
orientierte Betrachtung angezeigt, die eine außerordentliche Kündigung ausschließen dürfte, wenn der Arbeitnehmer die Pflichtwidrigkeit seines Verhaltens einsieht,
von sich aus zur Entschuldigung seines Verhaltens bei dem Betroffenen bereit ist und
es sich um einen einmaligen Vorfall im Rahmen eines langjährigen Arbeitsverhältnisses handelt. Rein generalpräventive Gesichtspunkte sind zur Rechtfertigung einer
Kündigung in jedem Falle ungeeignet (ArbG Hannover 22. 4. 1993 BB 1993, 1218 mit Anm
Däubler). Auch hier ist stets zu prüfen, inwieweit der Arbeitnehmer Vertragspflichten verletzt hat (zum ganzen Korinth ArbuR 1993, 105). Rassistische und volksverhet-
zende Äußerungen im Betrieb sind nicht vom Schutzbereich des Art 5 Abs 1 GG
gedeckt, stören den Betriebsfrieden und verletzen gegenseitige Rücksichtnahmepflichten im Arbeitsverhältnis. Bei nachhaltigen uneinsichtigen ausländerfeindlichen
Äußerungen kann die sofortige Unzumutbarkeit der Weiterbeschäftigung eintreten
(LAG Hamm 11. 11. 1994 LAGE § 626 BGB Nr 82; 30. 1. 1995 LAGE § 626 BGB Nr 83; LAG Köln
11. 8. 1995 NZA-RR 1996, 128; LAG Rheinland-Pfalz 10. 6. 1997 BB 1998, 163 = LAGE § 1 KSchG
Verhaltensbedingte Kündigung Nr 62; LAG Frankfurt 15. 10. 1999 AuR 2000, 116; ferner ArbG
Frankfurt 28. 1. 1993 ArbuR 1993, 415 zum Aufhängen eines Hitler-Bildes; 17. 12. 1993 ArbuR
1994, 315; vgl auch BVerfG 2. 2. 1995 ArbuR 1995, 152, 153, wo es für unzumutbar erklärt wurde,
daß ein Ausbildungsbetrieb einen Arbeitnehmer beschäftigt, der ausländerfeindliche Tendenzen
offen zur Schau trägt). Mitarbeiter des öffentlichen Dienstes, insbesondere Lehrperso-
nal, unterliegen insoweit besonderen Verhaltenspflichten (BAG 5. 11. 1992 ArbuR 1993,

124: antisemitische Witze; BAG 14. 2. 1996 EzA § 626 BGB nF Nr 160 = NZA 1996, 873: ausländerfeindliche Pamphlete; LAG Berlin 22. 10. 1997 LAGE § 626 BGB Nr 118).

ss) Sexuelle Belästigung

190 Sexuelle Belästigungen eines Vorgesetzten gegenüber Arbeitnehmerinnen können
ebenfalls die Kündigung rechtfertigen (BAG 9. 1. 1986 EzA § 626 BGB nF Nr 98). Beschäftigte einer psychiatrischen Einrichtung können wegen sexueller Kontakte mit
Patienten fristlos entlassen werden (LAG Frankfurt/Main 10. 1. 1984 AuR 1984, 346). Zu
einer tätlichen Auseinandersetzung zwischen einer Arbeitnehmerin und ihrem Vorgesetzten, der eine Liebesbeziehung vorausgegangen war, LAG Frankfurt/Main 23. 7.
1987 (LAGE § 626 BGB Nr 33; ausführlich zu Belästigungen und Beleidigungen von Arbeitnehmern durch Vorgesetzte vHOYNINGEN/HUENE BB 1991, 2215).

191 Zu beachten ist das im Zuge des 2. Gleichberechtigungsgesetzes vom 24. 6. 1994
(BGBl I 1406; dazu STEINMEISTER PersRat 1994, 345) verabschiedete Gesetz zum Schutz
der Beschäftigten vor sexueller Belästigung am Arbeitsplatz (BeschschG). Kündigungsrechtlich hat sich aber durch diese Neuregelung keine Veränderung der Rechtslage ergeben. So ist bei leichteren Verstößen zunächst eine Abmahnung geboten
(LAG Hamm 13. 2. 1997 LAGE § 626 BGB Nr 110; 22. 10. 1996 LAGE § 626 BGB Nr 96 = NZA
1997, 769). Die Kündigung setzt ferner voraus, daß dem Arbeitnehmer die sexuelle
Belästigung auch nachgewiesen werden kann. § 4 BeschschG erweitert insoweit nicht
die Kündigungsmöglichkeiten des Arbeitgebers. In Ausnahmefällen kann auch die
Verdachtskündigung möglich sein (hierzu Rn 223 ff). Eine strafgerichtliche Verurteilung ist für das Arbeitsgericht nicht bindend (BAG 8. 6. 2000 AP § 2 BeschschG Nr 3 =
EzA § 15 KSchG nF Nr 50; LAG Düsseldorf 8. 12. 1999 ArbuR 2000, 194 mit Anm BELL = AiB 2000,
703 mit Anm MALOTTKE). Kündigungsgrund kann auch schon die nachhaltige Aufforderung zur Vornahme sexueller Handlungen sein, auch wenn es noch zu keiner tätlichen
Belästigung gekommen ist (LAG Hamm 10. 3. 1999 NZA-RR 1999, 623 = LAGE § 1 KSchG
Verhaltensbedingte Kündigung Nr 75). Die wahrheitswidrige Behauptung einer sexuellen
Belästigung kann als Beleidigung ihrerseits die Kündigung rechtfertigen (LAG Rheinland-Pfalz 16. 2. 1996 NZA-RR 1997, 169).

tt) Spesenbetrug

192 Verlangt ein Arbeitnehmer in besonderer Vertrauensstellung Spesen, die ihm gar
nicht entstanden sind, so kann dies ein Grund zur fristlosen Entlassung sein, selbst
wenn es sich um einen einmaligen Fall und um einen geringen Betrag handelt (BAG
2. 6. 1960 AP Nr 42 zu § 626 BGB; 22. 11. 1962 AP Nr 49 zu § 626 BGB; dazu auch BAG 27. 2. 1969
DB 1969, 932). Einer Abmahnung bedarf es hier in aller Regel nicht, weil in diesem
Vertrauensbereich der Arbeitnehmer im allgemeinen keinen Grund zur Annahme
hat, sein Handeln würde gebilligt (LAG Niedersachsen 11. 8. 1977 DB 1978, 750). Etwas
anderes kann jedoch dann gelten, wenn der Arbeitgeber ein derartiges Verhalten in
ähnlichen Fällen hingenommen oder gefördert hat (LAG Kiel 18. 10. 1963 BB 1964, 473).
Verhält sich der Arbeitgeber in diesen Fällen selbst widersprüchlich, bedarf es vor
Ausspruch der Kündigung einer Abmahnung. Im übrigen sind auch in den Spesen-
betrugsfällen alle Umstände abzuwägen. So hat das LAG Frankfurt/Main im Einzelfall bei einem langjährig beanstandungsfrei beschäftigten Arbeitnehmer die Kündigung wegen Spesenbetrugs für unwirksam erklärt, nachdem dieser den einmaligen
Verstoß zugegeben und wiedergutgemacht hat und aus dessen gesamten Verhalten

hervorgegangen ist, daß eine weitere Verfehlung nicht wieder vorkommen wird (LAG Frankfurt/Main 5. 7. 1988 LAGE § 1 KSchG Verhaltensbedingte Kündigung Nr 20).

uu) Strafbare Handlungen

Strafbare Handlungen im Arbeitsverhältnis, insbesondere Vermögensdelikte (Dieb- **193** stahl, Unterschlagung, Betrug, Untreue), sind schwerwiegende Vertragsverletzungen und rechtfertigen regelmäßig die fristlose Kündigung ohne Abmahnung. Gerechtfertigt sind Kündigungen insbesondere, wenn der Arbeitnehmer seine Tätigkeit zu betrügerischen Handlungen zum Nachteil des Arbeitgebers mißbraucht (LAG Düsseldorf 27. 7. 1966 DB 1966, 1571). Besondere praktische Bedeutung hat die Kündigung wegen **Entwendung geringwertiger Sachen** des Arbeitgebers (BAG 17. 5. 1984 AP Nr 14 zu § 626 BGB Verdacht strafbarer Handlungen; 20. 9. 1984 AP Nr 80 zu § 626 BGB; 13. 12. 1984 AP Nr 81 zu § 626 BGB; 10. 2. 1999 AP § 15 KSchG 1969 Nr 42; LAG Düsseldorf 6. 11. 1973 DB 1974, 928; 13. 1. 1976 DB 1976, 680; 17. 10. 1984 LAGE § 626 BGB Nr 17; LAG Köln 12. 12. 1989 LAGE § 1 KSchG Verhaltensbedingte Kündigung Nr 25; ArbG Frankfurt/Main 10. 4. 1985 BB 1986, 459). Das BAG hat sogar die fristlose Kündigung einer Kuchenverkäuferin wegen erstmaligen unberechtigten Verzehrs eines Stückes Kuchen im Wert von 1,– DM ohne Abmahnung für zulässig gehalten (BAG 17. 5. 1984 AP Nr 14 zu § 626 BGB Verdacht strafbarer Handlungen). Dies ist sehr weitgehend und mit anderen kündigungsrechtlichen Wertungen kaum zu vereinbaren (abl PREIS, Prinzipien 459; ders DB 1990, 630 ff; ERMAN/HANAU Rn 55; OETKER SAE 1985, 177). Besonders sorgfältig wird man in Bagatellfällen die Notwendigkeit einer Abmahnung und die Zumutbarkeit der Einhaltung der Kündigungsfrist zu prüfen haben (vgl hierzu LAG Köln 24. 8. 1995 LAGE § 626 BGB Nr 86 = NZA-RR 1996, 86 zur Entwendung von Essensresten; LAG Köln 30. 9. 1999 NZA-RR 2001, 83 zur Entwendung geringfügigen Büromaterials; ArbG Paderborn 17. 12. 1998 EzA § 626 BGB nF Nr 175: Entwendung eines Fladenbrotes im Werte von DM 1,50; ArbG Hamburg 21. 9. 1998 EzA § 1 KSchG Verhaltensbedingte Kündigung Nr 54: Mitnahme von Schutzbrillen; ArbG Hamburg 27. 8. 1998 ArbuR 1998, 503 = RnK I 5i Nr 144: bei Erstverstoß stets Abmahnung erforderlich; hierzu auch ArbG Düsseldorf 5. 4. 1995 ArbuR 1995, 334 = BB 1995, 1698).

Ein kündigungsrelevantes vertragswidriges Verhalten soll auch angenommen werden **194** können, wenn ein Arbeitnehmer in einem rechtlich selbständigen Konzernunternehmen stiehlt, bei dem ihm für Einkäufe ein Personalrabatt eingeräumt worden ist (BAG 20. 9. 1984 EzA § 1 KSchG Verhaltensbedingte Kündigung Nr 14). Auch wenn bei eindeutig strafrechtlich relevanten Verhaltensweisen regelmäßig eine Abmahnung entbehrlich ist, bedarf es gleichwohl noch einer sorgfältigen **Interessenabwägung.** Zu Lasten des Arbeitnehmers fällt ins Gewicht, wenn die Tatbegehung mit der vertraglich geschuldeten Tätigkeit zusammenhängt (BAG 20. 9. 1984 AP Nr 80 zu § 626 BGB). In die Interessenabwägung ist aber auch die Dauer der Betriebszugehörigkeit des Arbeitnehmers einzubeziehen (BAG 13. 12. 1984 AP Nr 81 zu § 626 BGB; ArbG Frankfurt/Main 10. 4. 1985 BB 1986, 459; **aA** TSCHÖPE NZA 1985, 589). Generell wiegen geplante Taten schwerer als einmalige Ausrutscher. Art und Weise sowie Schwere der Tatbegehung sind von besonderer Bedeutung. Der Arbeitgeber darf dem Arbeitnehmer grundsätzlich **keine Falle stellen** (LAG Hamm 29. 6. 1989 LAGE § 626 BGB Nr 44). Billigkeitserwägungen sind jedoch fehl am Platze. So sind Unterhaltspflichten des Arbeitnehmers im Rahmen der Interessenabwägung grundsätzlich nicht zu berücksichtigen (BAG 2. 3. 1989 EzA § 626 BGB nF Nr 118).

Von den vorstehenden Fällen sind solche Straftaten zu unterscheiden, die der Ar- **195** beitnehmer **außerhalb des Dienstes** begeht und die seine Eignung für die geschuldete Tätigkeit berühren (vgl Rn 215). Überhaupt können strafrechtliche Verurteilungen bei objektiver Betrachtung ernsthafte Zweifel an Zuverlässigkeit oder Eignung des Arbeitnehmers für die von ihm zu verrichtende Tätigkeit begründen. Unabhängig von der Vertragswidrigkeit kann hier eine ordentliche oder außerordentliche personenbedingte Kündigung gerechtfertigt sein. Lehrer oder Erzieher, die wegen Körperverletzungs- oder Sittlichkeitsdelikten verurteilt worden sind, können gekündigt werden (LAG Berlin 15. 12. 1989 LAGE § 626 BGB Nr 45; anders, jedoch problematisch, im Falle eines Schulhausmeisters LAG Niedersachsen 27. 6. 1989 AuR 1990, 130). Hier kommt ggf. auch eine Verdachtskündigung in Betracht (ArbG Braunschweig 22. 1. 1999 NZA-RR 1999, 192: Staatsanwaltliche Ermittlungen gegen Kindergartenleiter, der auf seinem PC kinderpornographische Dateien gespeichert hat). Außerdienstlich begangene Straftaten berühren jedenfalls dann die Eignung des Mitarbeiters, wenn es um fortgesetzte Handlungen geht (BAG 20. 11. 1997 AP § 1 KSchG 1969 Nr 43 über mehrere Jahre begangene Vermögensdelikte) oder bei Straftaten, die im unmittelbaren Widerspruch zu der Aufgabe des Mitarbeiters stehen (LAG Düsseldorf 20. Mai 1980 EzA BGB § 626 nF Nr 72; LAG Düsseldorf 14. 3. 2000 ZTR 2000, 423: vorsätzliche Steuerverkürzung durch einen Finanzbeamten) oder die die öffentliche Sicherheit und Ordnung gefährden können (BAG 14. 2. 1996 AP § 626 BGB Verdacht strafbarer Handlungen Nr 26: Volksverhetzung durch ausländerfeindliche Propaganda). Besonders strenge Anforderungen werden insoweit an Bedienstete staatlicher Behörden gestellt, insbesondere an Mitarbeiter in Steuer- und Justizbehörden. Treten sie strafrechtlich in Erscheinung, müssen sie mit fristloser Kündigung rechnen (BAG 20. 11. 1997 BB 1998, 429; LAG Düsseldorf/Köln 20. 5. 1980 EzA § 626 BGB nF Nr 72; LAG Berlin 27. 9. 1982 EzA § 626 BGB nF Nr 80; LAG Frankfurt/Main 4. 7. 1985 LAGE § 626 BGB Nr 22; vgl aber auch LAG Hamm 15. 11. 1990 LAGE § 626 BGB Nr 53). Ob es allerdings gerechtfertigt ist, über die Generalklausel des § 8 BAT insoweit die Vertragspflichten des Arbeitnehmers im öffentlichen Dienst auf den Privatbereich auszuweiten, erscheint zumindest zweifelhaft (so BAG 20. 11. 1997 AP § 1 KSchG 1969 Nr 43 = EzA § 1 KSchG Verhaltensbedingte Kündigung Nr 52; BAG 8. 6. 2000 AP § 626 BGB Nr 163). Das BAG meint, die dienstliche Verwendbarkeit könne durch außerdienstliche Vorgänge beeinflußt werden, da die Öffentlichkeit das Verhalten eines öffentlichen Bediensteten an einem strengeren Maßstab mißt als das privat Beschäftigter. Die Aussage, der Angestellte müsse sein außerdienstliches Verhalten so einrichten, daß das Ansehen des öffentlichen Arbeitgebers nicht beeinträchtigt werde, geht in dieser Allgemeinheit zu weit. Richtig ist nur, daß massive Verstöße gegen die Rechtsordnung auch außerhalb des Dienstes die Eignung des Mitarbeiters ausschließen können. Einerseits ist zweifelhaft, daß dadurch das Abmahnungserfordernis auch auf private Verfehlungen ausgedehnt wird; andererseits ist die personenbedingte Kündigung (Eignungswegfall) das hinreichende und adäquate Instrument. Die dogmatisch fehlerhafte Einordnung durch das BAG zeigt sich auch an den merkwürdig anmutenden Ausführungen, ob der Arbeitgeber bei einem außerdienstlich begangenen Tötungsdelikt eines Behördenmitarbeiters vor Ausspruch einer Kündigung noch eine Abmahnung aussprechen muß (BAG 8. 6. 2000 AP § 626 BGB Nr 163).

vv) Tendenzträger

196 Im Bereich der Kirchen und der Tendenzbetriebe sind die Möglichkeiten zu einer außerordentlichen Kündigung wegen außerdienstlicher Verhaltensweisen weitergehend als bei anderen Arbeitsverhältnissen. Den Tendenzträgern bzw den kirchlichen Mitarbeitern obliegt die **Pflicht,** sich **nicht tendenzwidrig** bzw im Gegensatz zu den

tragenden Grundsätzen der kirchlichen Glaubens- und Sittenlehre **zu verhalten** (BUCHNER ZfA 1979, 335; DUDENBOSTEL/KLAS AuR 1979, 300 f; RÜTHERS NJW 1977, 1918). In Tendenzbetrieben ist die Tendenzförderungspflicht des Arbeitnehmers Vertragspflicht. Die kündigungsrechtlichen Auswirkungen werden von der Tendenznähe des sich tendenzwidrig verhaltenden Arbeitnehmers mitbestimmt. Der Redakteur einer Tageszeitung gehört zu den Tendenzträgern und kann außerbetrieblichen Beschränkungen der Meinungsäußerungsfreiheit unterliegen (LAG Berlin 6.12. 1982 EzA § 1 KSchG Tendenzbetrieb Nr 11). So darf ein Gewerkschaftssekretär sich nicht gegen die grundsätzliche Zielsetzung seines Arbeitgebers richten (BAG 6.12. 1979 EzA § 1 KSchG Tendenzbetrieb Nr 5; LAG Berlin 6.12. 1982 EzA § 1 KSchG Tendenzbetrieb Nr 11).

Im **kirchlichen Bereich** hat die Frage, ob und inwieweit tendenzwidriges Verhalten die **197** Kündigung rechtfertigen kann, durch den grundlegenden Beschluß des Bundesverfassungsgerichts vom 4.6. 1985 (AP Nr 24 zu Art 140 GG) eine grundsätzliche Klärung erfahren. Mit diesem Beschluß wurden Entscheidungen aufgehoben, in denen das BAG im Einzelfall Kündigungen wegen öffentlicher Stellungnahme für den legalen Schwangerschaftsabbruch eines in einem katholischen Krankenhaus beschäftigten Arztes (BAG 21.10. 1982 AP Nr 14 zu Art 140 GG) oder wegen Kirchenaustritts eines bei einer kirchlichen Einrichtung beschäftigten Arbeitnehmers (BAG 23.3. 1984 AP Nr 16 zu Art 140 GG) für unwirksam erklärt hatte. Das BVerfG lehnt die Auffassung des BAG ab, wonach das Arbeitsgericht im Falle einer Kündigung zu prüfen habe, welche Tendenznähe der jeweilige Arbeitnehmer zu den spezifisch kirchlichen Aufgaben habe. Nach der Verfassungsgarantie des kirchlichen Selbstbestimmungsrechts (Art 140 GG iVm Art 137 Abs 3 WRV) hat die Kirche selbst das Recht, über die Maßstäbe vertraglicher Loyalitätspflichten zu befinden. Es bleibt danach grundsätzlich den verfaßten Kirchen überlassen, verbindlich zu bestimmen, was „die Glaubwürdigkeit der Kirche und ihrer Verkündigung erfordert", was „spezifisch kirchliche Aufgaben" sind, was „Nähe" zu ihnen bedeutet, welches die „wesentlichen Grundsätze der Glaubens- und Sittenlehre" sind und was als – ggfs schwerer – Verstoß gegen diese anzusehen ist. Auch die Entscheidung darüber, ob und wie innerhalb der im kirchlichen Dienst tätigen Mitarbeiter eine **Abstufung der Loyalitätspflichten** eingreifen soll, ist grundsätzlich eine dem **kirchlichen Selbstbestimmungsrecht** unterliegende Angelegenheit.

Frühere Überlegungen zur Tendenznähe kirchlicher Arbeitnehmer sind durch diese **198** Entscheidung des BVerfG weitgehend hinfällig geworden. Freilich werden durch diese Grundsätze kündigungsschutzrechtliche Prinzipien nicht verdrängt. Auch bei Verletzung der so definierten Loyalitätspflichten unterliegt die Kündigung der Überprüfung nach den §§ 1 KSchG, 626 als für alle geltendes Gesetz im Sinne des Artikel 137 Abs 3 Satz 1 WRV. Den Arbeitsgerichten ist es lediglich versagt, das Gewicht des Loyalitätsverstoßes eigener Bewertung zu unterziehen. Unter Umständen kann die Möglichkeit einer Abmahnung (BAG 30.6. 1983 AP Nr 15 zu Art 140 GG) oder diejenige zu einer Weiterbeschäftigung auf einem anderen Arbeitsplatz die Unwirksamkeit der Kündigung bedingen. Absolute Kündigungsgründe gibt es mithin auch im kirchlichen Bereich nicht. Im Bereich der *katholischen Kirche* ist mit Wirkung vom 1.1. 1994 eine „Grundordnung des kirchlichen Dienstes im Rahmen kirchlicher Arbeitsverhältnisse" verabschiedet worden (abgedruckt in NJW 1994, 1394), die in ihren §§ 4 und 5 die Loyalitätspflichten und die kündigungsrechtlichen Grundsätze in Anwendung der verfassungsrechtlichen Maßstäbe regelt (hierzu DÜTZ NJW 1994, 1369). Das BAG hält die Kirchen im Rahmen des Kündigungsrechts an ihren eigenen Grundsätzen fest. Art 5 Abs 1. der Grundordnung ist bei Verstößen gegen Loyalitätsobliegenheiten vor Ausspruch einer Kündigung mit dem Mitarbeiter ein Beratungsgespräch bzw ein „klärendes Gespräch" zu führen ist. Spricht der Arbeitgeber die Kündigung unter Mißachtung dieser Vorschrift aus, verstößt die Kündigung gegen das ultima-ratio-Prinzip (BAG 16. 9. 1999 NZA 2000, 208 = EzA § 611 BGB Kirchliche Arbeitnehmer Nr 45). Die Arbeitsgerichte prüfen auch, ob auf der Basis der Grundordnung der jeweilige Mitarbeiter zu dem Kreis der Arbeitnehmer mit gesteigerten (außerdienstlichen) Loyalitätspflichten gehört (LAG Düsseldorf 13. 8. 1998 LAGE § 611 BGB Kirchliche Arbeitnehmer Nr 9).

199 **Einzelfälle** aus der Rechtsprechung: Kirchenaustritt eines katholischen Arztes: BAG 12. 12. 1984 AP Nr 21 zu Art 140 GG; Heirat eines geschiedenen Mannes durch katholische Lehrerin: BAG 25. 4. 1978 EzA § 1 KSchG Tendenzbetrieb Nr 4 mit Anm Dütz; 31. 10. 1984 AP Nr 20 zu Art 140 GG; 18. 11. 1986 EzA § 611 BGB Kirchliche Arbeitnehmer Nr 26; homosexuelle Betätigung eines kirchlichen Mitarbeiters: BAG 30. 6. 1983 AP Nr 15 zu Art 140 GG; Eheschließung einer katholischen Kindergärtnerin mit nicht laisiertem katholischen Priester: BAG 4. 3. 1980 AP Nr 3 zu Art 140 GG; vgl ferner LAG Niedersachsen 9. 3. 1989 LAGE § 611 BGB Kirchliche Arbeitnehmer Nr 3; Entziehung der kirchlichen Lehrbefugnis: BAG 25. 5. 1988 EzA § 611 BGB Kirchliche Arbeitnehmer Nr 27 mit Anm Dütz; fristlose Kündigung eines Chefarztes in einem katholischen Krankenhaus wegen homologer Insemination: BAG 7. 10. 1993 NZA 1994, 443.

ww) Treuepflicht (Schmiergeldverbot, Geschäfts- und Rufschädigung)

200 Wie in jedem Schuldverhältnis obliegen den Arbeitsvertragsparteien **Rücksichtnahme- und Leistungstreuepflichten,** die im Arbeitsverhältnis herkömmlicherweise unter dem Stichwort „Treuepflichten" behandelt werden (ausf. hierzu Stahlhacke/Preis Rn 661 ff). Sie unterscheiden sich in dogmatischer Hinsicht jedoch nicht von Nebenpflichten in anderen (Dauer-)Schuldverhältnissen. Die – nicht leistungsbezogenen – Rücksichtnahmepflichten sind jetzt allgemein, auch für Arbeitsverhältnisse in § 241 II genannt (dazu Gotthardt, Arbeitsrecht nach der Schuldrechtsreform, Rn 11 ff). Der erhebliche Verstoß gegen diese Nebenpflichten kann ggfs nach Abmahnung die ordentliche oder außerordentliche Kündigung rechtfertigen. Der Arbeitnehmer ist unter dem Gesichtspunkt der unverzichtbaren Loyalität im Sinne eines widerspruchsfreien Verhaltens verpflichtet, der Unternehmenszielsetzung nicht zuwider zu arbeiten, sondern mit dem Arbeitgeber zu kooperieren. Insbesondere Arbeitnehmern in leitender Position wird regelmäßig in intensiver Weise Vertrauen eingeräumt, das demzufolge auch besonders störungsempfindlich ist (LAG Nürnberg 13. 1. 1993 LAGE § 626 BGB Nr 67).

201 Aufgrund der allgemeinen vertraglichen Schutzpflicht ist der Arbeitnehmer verpflichtet, Schaden vom Betrieb des Arbeitgebers abzuwenden. Die fristlose Kündigung ist gerechtfertigt, wenn ein Arbeitnehmer bzw Betriebsrat die Arbeitnehmerschaft zur Schädigung des Arbeitgebers aufruft (LAG Hamm 23. 2. 1965 DB 1965, 1052). Ob und inwieweit ein Arbeitnehmer arbeitsvertraglich verpflichtet ist, dem Arbeitgeber von unerlaubten Handlungen anderer Arbeitnehmer Mitteilung zu machen, wird unterschiedlich beurteilt (LAG Berlin 9. 1. 1989 EzA § 1 KSchG Verhaltensbedingte

Kündigung Nr 21; ArbG Stuttgart 9. 12. 1981 DB 1982, 1626). Auch bei Treuepflichtverletzungen bedarf es in aller Regel einer Abmahnung.

Versucht der Arbeitnehmer, einen ihm nicht zustehenden Vorteil durch eine **unzulässige Drohung** zu erreichen, so verletzt er bereits hierdurch seine arbeitsvertragliche Rücksichtnahmepflicht, die es verbietet, die andere Seite unzulässig unter Druck zu setzen (vgl für den Fall der Androhung einer Erkrankung, wenn eine bezahlte oder unbezahlte Freistellung von der Arbeit nicht gewährt wird, BAG 5. 11. 1992 EzA § 626 BGB nF Nr 143). Ebenso wird die Vertrauensgrundlage des Arbeitsverhältnisses zerstört, wenn ein (leitender) Mitarbeiter ernsthaft zum Ausdruck bringt, er werde den Interessen des Arbeitgebers in dessen Existenz gefährdender Weise zuwiderhandeln (LAG Nürnberg 13. 1. 1993 LAGE § 626 BGB Nr 67). **202**

Ein erheblicher Verstoß gegen die Treuepflicht ist anzunehmen, wenn der Arbeitnehmer von Kunden sogenannte **Schmiergelder** annimmt (BAG 15. 11. 1995 AP § 102 BetrVG 1972 Nr 73; BAG 21. 6. 2001 – 2 AZR 30/00). Als solche gelten nicht kleine Geschenke, die zu besonderen Anlässen, zB Neujahr, gegeben werden. Durch die Annahme des Schmiergeldes wird das Vertrauen des Arbeitgebers in die Unbestechlichkeit des Arbeitnehmers erschüttert (STAHLHACKE/PREIS Rn 734). Der Arbeitgeber kann dann nicht mehr davon ausgehen, daß der Arbeitnehmer seine Entschlüsse frei faßt. Dabei ist nicht von ausschlaggebender Bedeutung, ob der Arbeitnehmer pflichtwidrig gehandelt hat oder nicht. Auch wenn der Arbeitnehmer korrekt handelt, darf er vom Kunden keine Schmiergelder annehmen. Ferner ist für die Charakterisierung des Handelns als Verletzung der Treuepflicht auch nicht entscheidend, ob dem Arbeitgeber ein Schaden entstanden ist oder nicht. Ob die Gewährung wirtschaftlicher Vorteile von betriebsfremden Personen allerdings einen fristlosen Kündigungsgrund darstellt, kann nicht generell bejaht werden. Wenn auch im Regelfall eine fristlose Entlassung in Betracht kommt, bedarf es im Einzelfall noch immer der Einzelfallabwägung. Dabei ist vor allem zu berücksichtigen, ob der Angestellte pflichtwidrig gehandelt und der Arbeitgeber einen Schaden erlitten hat. Ferner ist von Bedeutung, ob eine Wiederholungsgefahr besteht und inwieweit Vorsorge getroffen werden kann, diese Gefahr auszuschließen. Bei leitenden Angestellten kann die Zerstörung des Vertrauensverhältnisses genügen (BAG 17. 8. 1972 AP Nr 65 zu § 626 BGB). **203**

Fordert eine bei einem Rechtsanwalt als Dolmetscherin tätige ausländische Arbeitnehmerin von den vorwiegend ausländischen Mandanten finanzielle Zuwendungen, dann verletzt sie in grober Weise die Treuepflicht. Der Versandleiter einer Firma, der Gesellschafter einer Speditionsgesellschaft ist, kann fristlos entlassen werden, wenn er für jeden erteilten Auftrag von der Speditionsgesellschaft eine feste Provision erhält (LAG Düsseldorf 12. 8. 1980 EzA § 626 BGB nF Nr 73). Dieses Verhalten stellt in aller Regel einen wichtigen Grund zur außerordentlichen Kündigung dar (LAG Berlin 16. 5. 1978 EzA § 626 BGB nF Nr 62). **204**

Fordert und kassiert ein Arbeitnehmer eine „Vermittlungsprovision" für die Einstellung eines Arbeitnehmers bei seinem Arbeitgeber, so kann dies nach Auffassung des BAG eine Kündigung nicht rechtfertigen, wenn es weder zu einer konkreten Beeinträchtigung des Arbeitsverhältnisses noch zu einer konkreten Gefährdung des Vertrauensbereichs kommt (BAG 24. 9. 1987 EzA § 1 KSchG Verhaltensbedingte Kündigung Nr 18 mit abl Anm LÖWISCH; abl auch VAN VENROOY Anm AP Nr 19 zu § 1 KSchG Verhaltens- **205** bedingte Kündigung). Diese Auffassung ist schon deshalb zweifelhaft, weil auch das Fordern einer solchen Vermittlungsprovision eine Vertragspflichtverletzung darstellt, weil der Arbeitnehmer seine Stellung als Vertragspartner zu vertragsfremden Zwecken mißbraucht (PREIS DB 1990, 633). Grundsätzlich läßt sich der Rechtssatz aufstellen, daß die Verquickung dienstlicher Angelegenheiten mit privaten Interessen die Kündigung rechtfertigen kann (BAG 20. 4. 1977 EzA § 626 BGB nF Nr 55; zur Führung privater Telefongespräche auf Kosten des Arbeitgebers LAG Düsseldorf 14. 2. 1963 BB 1963, 732; zur zweckentfremdeten Verwendung eines Arbeitgeberdarlehens LAG Düsseldorf 20. 9. 1967 BB 1967, 1426; zur Entgegennahme privater Vergünstigungen im Zusammenhang mit einer öffentlichen Auftragsvergabe LAG Hamburg 26. 9. 1990 LAGE § 626 BGB Nr 58). Arbeitnehmer mit bedeutsamen Entscheidungsbefugnissen sind verpflichtet, vor Entscheidungen im Rahmen ihres Verantwortungsbereiches den Arbeitgeber über mögliche Konflikte zwischen eigenen und Arbeitgeberinteressen zu unterrichten. Ein Verstoß hiergegen ist geeignet, einen wichtigen Grund iS von § 626 Abs 1 abzugeben (LAG Nürnberg 5. 9. 1990 LAGE § 626 BGB Nr 51).

xx) Verschwiegenheitspflicht

206 Schwere Verstöße gegen die arbeitsvertragliche Verschwiegenheitspflicht können die fristlose Kündigung rechtfertigen. Es ist aber im Einzelfall genau zu prüfen, ob eine Abmahnung ausreicht und ob tatsächlich die sofortige Auflösung erforderlich ist (LAG Hamm 22. 7. 1981 ZIP 1981, 1259; LAG Düsseldorf 13. 10. 1981 ZIP 1982, 217). Vorrangig ist zu prüfen, ob nach Gesetz oder Vertrag überhaupt eine rechtswirksame Schweigepflichtverletzung vorliegt (allgemein zu den Schranken der Verschwiegenheitspflicht PREIS/ REINFELD AuR 1989, 361; zur fristlosen Entlassung eines Arbeitnehmervertreters im Aufsichtsrat BAG 4. 4. 1974 AP Nr 1 zu § 626 BGB Arbeitnehmervertreter im Aufsichtsrat). Verstöße gegen den **Datenschutz** – wie das unbefugte Abfragen einer Geheimliste vom Computer – können einen wichtigen Kündigungsgrund darstellen (LAG Köln 29. 9. 1982 DB 1983, 124, wo allerdings eine vorherige Abmahnung verlangt wird; ferner LAG Schleswig-Holstein 15. 11. 1989 DB 1990, 635). Das Kopieren von Dateien und Programmen des Arbeitgebers für private Zwecke kann, sofern nicht schon ein Bruch der Verschwiegenheitspflicht vorliegt, ebenfalls eine Kündigung rechtfertigen (LAG Sachsen 14. 7. 1999 MDR 2000, 710 = LAGE § 626 BGB Nr 129).

4. Personenbedingte Gründe

a) Ausgangslage, Prüfungskriterien

207 Als personenbedingte Kündigungsgründe kommen nur solche Umstände in Betracht, die aus der **Sphäre des Arbeitnehmers** stammen (BAG 21. 11. 1985 NZA 1986, 713; 13. 3. 1987 NZA 1987, 629). Sofern vertragswidrige Verhaltensweisen in Rede stehen, ist die verhaltensbedingte Kündigung als der speziellere Kündigungsgrund einschlägig. Der personenbedingte Kündigungsgrund ist rein objektiv zu interpretieren; ein **Verschulden** setzt er **nicht** voraus. Die personenbedingte Kündigung ist dadurch gekennzeichnet, daß der Arbeitnehmer von seinen persönlichen Voraussetzungen her die *Fähigkeit* und die *Eignung* verloren hat, die geschuldete Arbeitsleistung ganz oder teilweise zu erbringen. Die Erreichung des Vertragszwecks muß durch diese Umstände – nicht nur vorübergehend – unerreichbar geworden sein (STAHLHACKE/PREIS Rn 1189).

208 Kennzeichnend für die personenbedingte Kündigung ist, daß dieser Verlust der vorausgesetzten Eignung oder Fähigkeiten zur Erbringung der Arbeitsleistung arbeitnehmerseitig nicht oder nicht mehr steuerbar ist. Dies ist der innere Grund, weshalb bei personenbedingten Kündigungsgründen das Erfordernis vorheriger **Abmahnung generell entfällt** (LAG Düsseldorf 6.3. 1986 NZA 1986, 431). Nicht steuerbare Umstände sind auch nicht abmahnungsfähig.

Aus der Vertrags- oder Betriebsbezogenheit aller Kündigungsgründe (HERSCHEL, in: FS **209** Schnorr von Carolsfeld [1972] 170 f; PREIS, Prinzipien 224, 227, 433) folgt, daß die personenbedingte Kündigung nur dann gerechtfertigt sein kann, wenn vertragliche oder betriebliche Interessen erheblich durch die persönlichen Umstände des Arbeitnehmers beeinträchtigt werden. Die Rechtsprechung stellt insoweit strenge Anforderungen.

Die Prüfungskriterien sind im einzelnen: Die Kündigung ist nur dann gerechtfertigt, **210** wenn **erhebliche vertragliche oder betriebliche Interessen** diese notwendig machen. Es müssen *konkrete Auswirkungen* auf den Betrieb feststellbar sein. Nicht ausreichend sind bloße (abstrakte oder konkrete) Gefährdungen des Betriebs; vielmehr müssen konkrete Störungen *bereits eingetreten* sein (BAG 6.6. 1984 NJW 1985, 507). Aus diesen Gründen stellt allein der Umstand, daß ein nebenberuflich tätiger Arbeitnehmer als Beamter auf Lebenszeit weitgehend wirtschaftlich und sozial abgesichert ist, keinen personenbedingten Grund dar (BAG 13.3. 1987 NZA 1987, 629). Besonders bei der personenbedingten Kündigung bedarf es einer **Negativprognose.** Zweck der personenbedingten Kündigung ist nicht die Sanktionierung des Arbeitnehmers, sondern die Bewahrung des Arbeitgebers vor künftigen unzumutbaren Belastungen (BAG 23.6. 1983 NJW 1984, 1836; STAHLHACKE/PREIS Rn 1195). Deshalb kommt es für die Rechtfertigung der Kündigung darauf an, ob der Arbeitnehmer in Zukunft seine Arbeitsleistung ganz oder teilweise nicht erbringen kann.

Auch die personenbedingte Kündigung ist nur erforderlich, wenn **kein milderes Mittel 211** zur Verfügung steht. Schließlich bedarf es einer **Interessenabwägung,** an die nach herrschender Meinung strenge Maßstäbe anzulegen sind (BAG 20.10. 1954 AP Nr 6 zu § 1 KSchG; 10.12. 1956 AP Nr 21 zu § 1 KSchG; 25.11. 1982 AP Nr 7 zu § 1 KSchG 1969 Krankheit). Hieran ist richtig, daß sich der „strenge Maßstab" als Konsequenz aus der Gewichtigkeit der konkret zu schützenden Arbeitnehmerinteressen ergeben kann (PREIS, Prinzipien 433). Durch die personenbedingte Kündigung können Wertentscheidungen des Grundgesetzes (Art 1 Abs 1, 2 Abs 1 GG) berührt sein. Arbeitsverhältnisbezogene Umstände sind stets zu berücksichtigen. Die Einschränkung der Eignung oder Fähigkeit zur Erbringung der Arbeitsleistung kann auf betriebliche Umstände zurückzuführen sein (zB bei einem Betriebsunfall) oder die normale Folge des Alters und der jahrelangen Tätigkeit im Betrieb sein. Das, was der Arbeitgeber an personenbedingten Beeinträchtigungen hinzunehmen hat, richtet sich ua nach der Betriebszugehörigkeit des Arbeitnehmers und dem bisherigen Verlauf des Arbeitsverhältnisses. Je länger das Arbeitsverhältnis fehlerfrei verlaufen ist, um so größer muß das Ausmaß der betrieblichen Belastungen sein, damit die Interessenabwägung letztlich zugunsten des Arbeitgebers ausschlagen kann. Umgekehrt genügen bei kürzeren und von Anfang an mit Fehlzeiten belasteten Arbeitsverhältnissen weitaus geringere betriebliche Belastungen zur Rechtfertigung der Kündigung (BAG 15.2. 1984 NZA 1984, 86; 12.4. 1984 DB 1985, 873; PREIS DB 1988, 1446). Vielfach wird es an der notwendigen sofortigen Unzumutbarkeit bei objektiven personenbedingten Kündigungsgründen fehlen, wenn diesen kein schuldhaftes Verhalten zugrunde liegt und der Arbeitgeber wegen der fehlenden Fähigkeit des Arbeitnehmers, die geschuldete Arbeitsleistung anzubieten, bei einer Freistellung nicht in Annahmeverzug gerät.

b) Einzelfälle
aa) Alkohol- und Drogensucht

212 Kündigungen wegen Alkohol- und Drogenmißbrauchs sind unter den gleichen Voraussetzungen möglich wie krankheitsbedingte Kündigungen (BAG 9.4. 1987 EzA § 1 KSchG Krankheit Nr 18). Außerordentliche Kündigungen sind nur unter den dort wiedergegeben Voraussetzungen möglich (vgl Rn 218).

bb) Eignungsmangel

213 Die fehlende Eignung oder mangelnde Fähigkeit des Arbeitnehmers für die vertraglich geschuldete Arbeitsleistung sind personenbedingte Kündigungsgründe, die **grundsätzlich nur die ordentliche Kündigung** nach § 1 KSchG rechtfertigen. Eine außerordentliche (fristlose) Kündigung kann nur gerechtfertig sein, wenn ein sofortiger Eignungswegfall eintritt, der auch eine Weiterbeschäftigung bis zum Ablauf der Kündigungsfrist als unzumutbar erscheinen läßt.

214 In **Ausnahmefällen** kann außerdienstliches, nicht vertragswidriges Verhalten die Eignung des Arbeitnehmers für die geschuldete Tätigkeit entfallen lassen (zu sexuellen Beziehungen eines Bewährungshelfers zur Ehefrau seines Probanden LAG Rheinland-Pfalz 22.2. 1989 LAGE § 626 BGB Nr 40). Insoweit kann Trunkenheit am Steuer im außerdienstlichen Bereich Kündigungsgrund für einen Berufskraftfahrer oder für einen Kfz-Sachverständigen sein (BAG 22.8. 1963 AP Nr 51 zu § 626 BGB; LAG Köln 25.8. 1988 LAGE § 626 BGB Nr 34). **Straftaten,** die mit dem Arbeitsverhältnis in keinem Zusammenhang stehen, reichen in aller Regel zur fristlosen Entlassung nicht aus. Handelt es sich jedoch um einschlägige Delikte (Vermögensdelikt bei einem Kassierer oder Lagerverwalter, Geldboten oder Geldbegleiter; Sittlichkeitsdelikte bei Erziehern), so kann die fristlose Entlassung wegen Fortfalls der Eignung für die geschuldete Tätigkeit möglich sein. An die **Mitarbeiter im öffentlichen Dienst** sind besondere Anforderungen zu stellen, weil von ihnen, insbesondere wenn sie im Bereich der Justiz beschäftigt sind, besondere Gesetzestreue verlangt wird. Ihnen gegenüber kann auch bei verhältnismäßig geringfügigen Straftaten die Kündigung gerechtfertigt sein (LAG Düsseldorf/Köln 20.5. 1980 EzA § 626 BGB nF Nr 72; LAG Berlin 27.9. 1982 EzA § 626 BGB nF Nr 80; LAG Frankfurt/Main 4.7. 1985 LAGE § 626 BGB Nr 22). Gekündigt werden kann auch dem Arbeitnehmer, der in seiner Freizeit einen Diebstahl bei einem mit seinem Arbeitgeber in enger Zusammenarbeit stehenden Vertragspartner begeht (LAG Nürnberg 29.8. 1985 LAGE § 626 BGB Nr 24).

215 Die **mangelnde fachliche Qualifikation** kann nur in Ausnahmefällen die personenbedingte Kündigung rechtfertigen, nämlich dann, wenn die fehlende Eignung (etwa wegen fehlender beruflicher Qualifikationsnachweise) nicht mehr durch den Arbeitnehmer steuerbar ist. Beispiele: Homosexualität eines kirchlichen Mitarbeiters (BAG 30.6. 1983 EzA § 1 KSchG Tendenzbetrieb Nr 14); betriebsbeeinträchtigende Persönlichkeitsveränderungen bei Transsexualität (LAG Berlin 21.1. 1980 EzA § 1 KSchG Personenbedingte Kündigung Nr 1). Im übrigen sind Qualifikationsmängel grundsätzlich der verhaltensbedingten Kündigung zuzuordnen.

cc) Erlaubniswegfall

Der Wegfall von Erlaubnissen, die zur Berufausübung notwendig sind, stellt einen **216** personenbedingten Kündigungsgrund dar. Freilich wird eine außerordentliche Kündigung nur in seltenen Fällen gerechtfertigt sein, zB wenn mit dem Entzug eines Führerscheins und einer dahinterstehenden Straftat ein sofortiger und dauerhafter Wegfall der Eignung zur Verrichtung der vertraglichen Tätigkeit verbunden ist (vgl. BAG 30. 5. 1978 EzA § 626 BGB nF Nr 66 = NJW 1977, 332; 14. 2. 1991 RnK I 6 a Nr 70; sehr großzügig BAG 4. 6. 1997 AP § 626 BGB Nr 137 = NZA 1997, 1281 zum Entzug der Fahrerlaubnis eines U-Bahn-Fahrers wegen privater Trunkenheitsfahrt; vgl im übrigen LAG Schleswig-Holstein 16. 6. 1986 NZA 1987, 669; ArbG Düsseldorf 15. 1. 1974 DB 1974, 975; LAG Hamm 13. 9. 1974 DB 1974, 2164; LAG Köln 22. 6. 1995 NZA-RR 1996, 170). Bei dem Entzug von Fahrerlaubnissen ist deshalb zu prüfen, aus welchem Grund und für welchen Zeitraum die Erlaubnis entzogen worden ist. Kurzzeitige Einziehungen der Fahrerlaubnis dürften Kündigungen kaum rechtfertigen. Bei **Außendienstmitarbeitern,** die nicht zwingend auf den Führerschein angewiesen sind, kann ein Kündigungsgrund nicht bejaht werden, wenn nur die geschuldete Arbeitsleistung, sei es auch durch eigene Maßnahmen des Arbeitnehmers, erbracht werden kann (LAG Rheinland-Pfalz 11. 8. 1989 LAGE § 626 BGB Nr 43). Die Notwendigkeit zur fristlosen Kündigung besteht in Fällen des Erlaubniswegfalls schon deshalb regelmäßig nicht, weil der Vergütungsanspruch regelmäßig mangels Annahmeverzugs des Arbeitgebers entfällt (vgl BAG 18. 12. 1986 EzA § 615 BGB Nr 53 mit Anm Kraft = NZA 1987, 377. Annahmeverzug tritt aber ein, wenn es möglich war, dem Kraftfahrer eine andere Beschäftigung zuzuweisen.). Das Fehlen einer zur Berufsausübung notwendigen Erlaubnis suspendiert sowohl die Beschäftigungspflicht als auch die Entgeltpflicht des Arbeitgebers, so daß das Interesse des Arbeitgebers an der sofortigen Beendigung des Arbeitsverhältnisses kein besonderes Gewicht hat (Hanau, Festschrift 25 Jahre Bundesarbeitsgericht, 1979, S 190).

dd) Krankheit

Die Erkrankung eines Arbeitnehmers vermag die fristlose Kündigung regelmäßig **217** nicht zu rechtfertigen (MünchKomm/SCHWERDTNER Rn 107; KR/FISCHERMEIER Rn 425), wenn sie auch nicht prinzipiell ausgeschlossen ist (BAG 9. 9. 1992 AP Nr 3 zu § 626 BGB Krankheit; 4. 2. 1993 EzA § 626 BGB nF Nr 143). Eine sofortige Unzumutbarkeit ist auch deshalb schwer vorstellbar, weil bei langanhaltenden Erkrankungen nach Ablauf von sechs Wochen die Lohnfortzahlungspflicht entfällt. Die frühere Rechtsprechung, die in Ausnahmefällen auch die fristlose Kündigung wegen Krankheit anerkannte (BAG 9. 12. 1954 AP Nr 1 zu § 123 GewO; LAG Schleswig-Holstein 21. 8. 1969 DB 1969, 2091; LAG Berlin 3. 12. 1968 AuR 1969, 314), dürfte überholt sein. Auch bei ansteckenden Erkrankungen ist ein Bedürfnis für eine fristlose Entlassung nicht erkennbar.

Die **außerordentliche Kündigung** kann **nur zulässig** sein, **wenn** die **ordentliche Kündi- 218 gung** wegen einzelvertraglicher oder tarifvertraglicher Vereinbarungen **unzulässig** ist. Entsprechend der Rechtsprechung zur Betriebsstillegung muß dem Arbeitgeber die Möglichkeit gegeben werden, sich von einem auf Dauer nicht mehr arbeitsfähigen Arbeitnehmer zu lösen. So hat auch das BAG mit Urteil vom 4. 2. 1993 (EzA § 626 BGB nF Nr 144) für den Fall einer krankheitsbedingten dauernden Unfähigkeit, die geschuldete Arbeitsleistung zu erbringen, entschieden. Bei einer derartigen Kündigung hat der Arbeitgeber die *Kündigungsfrist* einzuhalten, die gelten würde, wenn die ordentliche Kündigungsmöglichkeit nicht ausgeschlossen wäre (BAG 4. 2. 1993 EzA § 626 BGB nF Nr 144; LAG Hamm 31. 1. 1990 LAGE § 1 KSchG Krankheit Nr 14; **aA** LAG Hamm 22. 1. 1987

LAGE § 626 BGB Unkündbarkeit Nr 1; 22. 1. 1988 DB 1988, 715; siehe zur betriebsbedingten Kündigung BAG 28. 3. 1985 AP Nr 86 zu § 626 BGB). Dies betrifft den Sonderfall der dauernden Arbeitsunfähigkeit. Für den Fall häufiger, an der Grenze zur Arbeitsunfähigkeit liegender Fehlzeiten BAG 9. 9. 1992 AP Nr 3 zu § 626 BGB Krankheit; abgelehnt jedoch für ein nach § 15 KSchG besonders geschütztes Betriebsratsmitglied BAG 18. 2. 1993 EzA § 15 KSchG nF Nr 40.

219 Der dringende Verdacht, der Arbeitnehmer habe die **Arbeitsunfähigkeitsbescheinigung erschlichen,** rechtfertigt die außerordentliche Kündigung (BAG 12. 8. 1976 AP Nr 3 zu § 1 KSchG 1969; LAG Düsseldorf 3. 6. 1981 EzA § 626 BGB nF Nr 78; LAG Schleswig-Holstein 28. 11. 1983 DB 1984, 1355; LAG Köln 9. 6. 1982 EzA § 626 BGB nF Nr 82; LAG Hamm 20. 12. 1974 DB 1975, 841; ArbG Wuppertal 11. 6. 1976 DB 1977, 121). Eine fristlose Kündigung kann überdies gerechtfertigt sein, wenn ein Arbeitnehmer im Bewußtsein, in Wirklichkeit nicht arbeitsunfähig zu sein, unter Vortäuschung einer Erkrankung der Arbeit fernbleibt (BAG 26. 8. 1993 NZA 1994, 63; LAG Berlin 30. 4. 1979 EzA § 626 BGB nF Nr 67).

220 Kündigt ein Arbeitnehmer seine Erkrankung an, nachdem ihm Arbeitsbefreiung verweigert worden ist, und wird er dann tatsächlich arbeitsunfähig geschrieben, so kann eine Kündigung nach den Grundsätzen der Verdachtskündigung (hierzu Rn 223 ff) gerechtfertigt sein (LAG Hamm 27. 5. 1982 DB 1982, 2705; 23. 5. 1984 DB 1985, 49; 18. 1. 1985 LAGE § 626 BGB Nr 20; LAG Köln 14. 6. 1982 DB 1982, 2091; LAG Rheinland-Pfalz 3. 6. 1981 EzA § 626 BGB nF Nr 78; LAG Düsseldorf 17. 2. 1980 DB 1981, 1094). Das BAG hält die **Androhung einer Erkrankung** zu Recht schon für sich genommen für einen wichtigen Kündigungsgrund, wenn der Arbeitnehmer im Zeitpunkt dieser Ankündigung nicht krank war und sich aufgrund bestimmter Beschwerden auch noch nicht krank fühlen konnte (BAG 5. 11. 1992 EzA § 626 BGB nF Nr 143). Bereits in der Androhung liegt ein Verstoß gegen die arbeitsvertragliche Rücksichtnahmepflicht (STAHLHACKE/PREIS Rn 686); eine Abmahnung ist entbehrlich (ArbG Paderborn 11. 5. 1994 EzA § 1 KSchG Verhaltensbedingte Kündigung Nr 46).

ee) Sicherheitsbereich

221 Bei Sicherheitsbedenken, die die persönliche Eignung des Arbeitnehmers für die geschuldete Tätigkeit berühren, reichen als Kündigungsgrund keine allgemeinen Besorgnisse, sondern es bedarf der Darlegung bestimmter Tatsachen, die den Sicherheitsbereich konkret beeinträchtigen (BAG 28. 2. 1963 AP Nr 3 zu § 1 KSchG Sicherheitsbedenken; 26. 10. 1978 EzA § 1 KSchG Nr 38; LAG Frankfurt/Main 7. 2. 1985 DB 1985, 1900). Als *verhaltensbedingter Kündigungsgrund* geeignet ist jedoch die Verletzung konkreter Sicherheitsvorschriften, etwa im Bankbereich (ArbG Frankfurt/Main 21. 12. 1987 RnK I 6 a Nr 39).

ff) Untersuchungshaft; Freiheitsstrafe

222 Die Kündigung eines Arbeitnehmers wegen Verbüßung einer Haftstrafe ist nach den Maßstäben eines personenbedingten Kündigungsgrundes zu beurteilen (BAG 15. 11. 1984 EzA § 626 BGB nF Nr 95; LAG Berlin 19. 8. 1985 RnK I 6 a Nr 14; ArbG Elmshorn 9. 8. 1984 BB 1984, 1749). Es hängt danach entscheidend von Art und Ausmaß der betrieblichen Auswirkungen ab, ob eine ordentliche oder uU sogar eine außerordentliche Kündigung gerechtfertigt ist. Verfehlt ist es, in der haftbedingten Arbeitsverhinderung in jedem Fall einen (absoluten) Kündigungsgrund zu erblicken. Schon § 72 Abs 1 Nr 3 HGB aF sah lediglich eine längere Freiheitsstrafe als Kündigungsgrund an. Auf dieser Basis haben Rechtsprechung und Lehre bislang auf die Dauer der Straf-

bzw Untersuchungshaft abgestellt (BAG 10. 6. 1965 AP Nr 17 zu § 519 ZPO; 14. 3. 1968 AP Nr 2 zu § 72 HGB; KR/Fischermeier Rn 451). Das BAG hält es in Anlehnung an die Rechtsprechung zur krankheitsbedingten Kündigung nicht mehr allein für entscheidend, ob die Haftdauer „verhältnismäßig erheblich" ist. Vielmehr wird entscheidend auf die wirtschaftliche Belastung des Arbeitgebers abgestellt. Um die fristlose Kündigung eines inhaftierten Arbeitnehmers zu rechtfertigen, muß vorgetragen werden, daß der Arbeitsplatz sofort neu besetzt werden mußte und es nicht möglich war, durch Aushilfskräfte oder andere zumutbare Maßnahmen die Abwesenheit des Arbeitnehmers zu überbrücken (BAG 15. 11. 1984 EzA § 626 BGB nF Nr 95). Das BAG will allerdings bei der Interessenabwägung weniger strenge Maßstäbe als bei der krankheitsbedingten Kündigung anlegen, weil die Haft regelmäßig vom Arbeitnehmer verschuldet worden ist. Unter diesem Gesichtspunkt ist auch erheblich, daß die Strafhaft hinsichtlich ihrer betrieblichen Auswirkungen leichter zu kalkulieren ist als die Untersuchungshaft.

gg) Verdachtskündigung

Der Verdacht eines Vertrauensbruches oder einer strafbaren Handlung oder einer **223** anderen schwerwiegenden Vertragsverletzung kann die außerordentliche Kündigung nach § 626 rechtfertigen, wenn **objektive tatsächliche Anhaltspunkte** einen **dringenden Verdacht** begründen und es gerade die Verdachtsmomente sind, die das **schutzwürdige Vertrauen** des Arbeitgebers in die Rechtschaffenheit des Arbeitnehmers zerstören und die weitere Fortsetzung des Arbeitsverhältnisses unzumutbar machen (BAG 12. 5. 1955 AP Nr 1 zu § 626 BGB Verdacht strafbarer Handlung; 4. 6. 1964 AP Nr 13 zu § 626 BGB Verdacht strafbarer Handlungen; 10. 2. 1977 AP Nr 9 zu § 103 BetrVG 1972; KR/Fischermeier Rn 210 ff). Die Verdachtskündigung ist ein Fall der personenbedingten Kündigung wegen Vertrauenswegfalls (Belling, in: FS Kissel [1994] 11, 49; vgl auch bereits Herschel/Löwisch, KSchG § 1 Rn 157; Preis, Prinzipien 326 FN 56). Aus diesen systematischen Gründen ist vor einer Verdachtskündigung auch eine Abmahnung entbehrlich, weil eine Vertragswidrigkeit gerade nicht nachgewiesen werden kann bzw braucht (Unklar und die grundsätzliche Rechtsfrage offenlassend BAG 13. 9. 1995 AP § 626 BGB Verdacht strafbarer Handlungen Nr 25 = NZA 1996, 81; BAG 12. 8. 1999 AP § 626 BGB Verdacht strafbarer Handlungen Nr 28).

Eine Verdachtskündigung liegt nur dann vor, wenn und soweit der Arbeitgeber die **224** Kündigung damit begründet, gerade der Verdacht eines nicht erwiesenen Verhaltens habe das für die Fortsetzung des Arbeitsverhältnisses erforderliche Vertrauen zerstört (BAG 3. 4. 1986 AP Nr 18 zu § 626 BGB Verdacht strafbarer Handlung; 26. 3. 1992 EzA § 626 BGB Ausschlußfrist Nr 4). Kündigt der Arbeitgeber nach rechtskräftiger Verurteilung des Arbeitnehmers mit der Begründung, der Arbeitnehmer habe die ihm vorgeworfene Straftat tatsächlich begangen, dann ist die Wirksamkeit der Kündigung in der Regel nicht nach den Grundsätzen der Verdachtskündigung zu beurteilen (BAG 26. 3. 1992 AP Nr 23 zu § 626 BGB Verdacht strafbarer Handlung). Es handelt sich um **verschiedene Kündigungssachverhalte.** Der Arbeitgeber kann nicht ohne weiteres von dem einen auf den anderen Kündigungsgrund im Prozeß umschwenken, wenn der Betriebsrat nicht zuvor entsprechend angehört worden ist (BAG 3. 4. 1986 AP § 626 BGB Nr 18 = EzA § 102 BetrVG Nr 36). Dies dürfte aber nach der jüngeren Rechtsprechung nur für den Fall gelten, daß der Arbeitgeber von der Kündigung wegen Tatbegehung auf die Verdachtskündigung umschwenken will, da die Erhärtung eines Verdachts bei ausgesprochener Verdachtskündigung nicht ausgeschlossen ist (BAG 14. 9. 1994 AP § 626

BGB Verdacht strafbarer Handlungen Nr 24). Vorsichtshalber sollte der Betriebsrat stets zu beiden Kündigungsalternativen angehört werden.

225 Da aber bei einer Verdachtskündigung die Gefahr nicht zu vermeiden ist, daß ein Unschuldiger getroffen wird, müssen an ihre **Zulässigkeit strenge Anforderungen** gestellt werden (grundsätzlich ablehnend zum Institut der Verdachtskündigung DÖRNER NZA 1992, 865). Daraus folgt zunächst, daß der Arbeitgeber vor Ausspruch der Kündigung selbst eine Aufklärung der Verdachtsumstände versuchen muß. Er muß sämtlichen möglichen Fehlerquellen nachgehen, um entweder die Unschuld des verdächtigen Arbeitnehmers festzustellen oder aber zu versuchen, konkretes Beweismaterial für das Vorliegen einer strafbaren Handlung zu bekommen. Welchen Umfang die Nachforschungspflichten erfordern, richtet sich nach dem Umstand des einzelnen Falles. Der Arbeitgeber muß „alles ihm Zumutbare zur Aufklärung des Sachverhalts tun" (BAG 4. 6. 1964 AP Nr 13 zu § 626 BGB Verdacht strafbarer Handlung). Mit Urteil vom 11. 4. 1985 (AP Nr 39 zu § 102 BetrVG 1972) hat das BAG die Erfüllung der Aufklärungspflicht jedenfalls hinsichtlich **der Anhörung** des verdächtigten Arbeitnehmers zur **Wirksamkeitsvoraussetzung** für die Zulässigkeit einer Verdachtskündigung erhoben (bestätigt durch BAG 30. 4. 1987 AP Nr 19 zu § 626 BGB Verdacht strafbarer Handlungen; krit PREIS DB 1988, 1448 f). Allerdings soll nur die **schuldhafte Verletzung dieser Anhörungspflicht** zur Unwirksamkeit der Kündigung führen. So trifft den Arbeitgeber kein Verschulden, wenn der Arbeitnehmer von vorneherein nicht bereit ist, sich zu den Verdachtsgründen substantiiert zu äußern.

226 Der Verdacht muß auf ein Verhalten des Arbeitnehmers gerichtet sein, das als **Grund zur fristlosen Kündigung** ausreicht, wenn der Verdächtige sich dessen tatsächlich schuldig gemacht hat. Der Verdacht reicht also dann nicht für eine fristlose Entlassung aus, wenn der Arbeitnehmer selbst bei tatsächlich nachgewiesener Tat nicht entlassen werden könnte (BAG 23. 2. 1961 AP Nr 9 zu § 626 BGB Verdacht strafbarer Handlung). Zwischen der Verdachtshandlung und der vertraglich geschuldeten Tätigkeit muß ein kündigungsrechtlich erheblicher Zusammenhang bestehen (LAG Köln 16. 1. 1990 LAGE § 1 KSchG Verhaltensbedingte Kündigung Nr 27, allerdings mit der verfehlten Wertung, der Verdacht einer vorgetäuschten Arbeitsunfähigkeit wirke sich auf die vertragliche Tätigkeit eines Sozialpädagogen nicht aus). Dem Arbeitgeber bleibt es unbenommen, auch bei einem „erdrückenden" Verdacht lediglich eine Verdachtskündigung auszusprechen, entweder um den Arbeitnehmer nicht vorzeitig einer Tat zu bezichtigen oder um das Risiko einer Tatkündigung zu vermeiden, wenn die Tat mit hoher Wahrscheinlichkeit vom Arbeitnehmer begangen wurde, aber ein letztes Beweisrisiko besteht (BAG 14. 9. 1994 AP § 626 BGB Verdacht strafbarer Handlungen Nr 24). Die Verdachtskündigung wird nicht deshalb unwirksam, weil es dem Arbeitgeber gelingt, im Prozeß den vollen Beweis zu führen.

227 Der Verdacht muß ferner **dringend** sein, dh bei kritischer Prüfung muß sich ergeben, daß eine auf Beweisanzeichen gestützte große Wahrscheinlichkeit für die Tat gerade dieses Arbeitnehmers besteht. Hierbei kann von Bedeutung sein, ob der verdächtigte Arbeitnehmer durch schuldhaftes Verhalten erhebliche Gründe für den Verdacht gegeben hat und sich nicht um die Aufklärung der ihm zur Last gelegten Taten bemüht hat (BAG 4. 6. 1964 AP Nr 13 zu § 626 BGB Verdacht strafbarer Handlung). Verdachtsverstärkende Umstände können einschlägige Vorstrafen, ferner vor allem bei Eigentums- und Vermögensdelikten hohe Schulden und verschwenderischer Lebenswandel sein (LAG Heidelberg 22. 5. 1960 BB 1950, 704; MONJAU DB 1960, 1069). Verdachtsverstärkend ist in

der Regel auch die Erhebung der Anklage und die Eröffnung des Hauptverfahrens. Wird der Verdächtige im Strafverfahren wegen mangels an Beweisen freigesprochen, ist nach bisheriger Auffassung dem Arbeitgeber aber nicht die Möglichkeit abgeschnitten, gleichwohl wegen Verdachts wirksam zu kündigen (vgl NIKISCH I 729; HUECK/NIPPERDEY I 585). Da der Freispruch mangels Beweises den Verdacht gegen den Arbeitnehmer aber entkräften kann, ist in diesem Fall besonders sorgfältig zu prüfen, ob die Dringlichkeit des Verdachts und die Erschütterung des Vertrauens des Arbeitgebers noch ausreichen, um eine fristlose Kündigung zu rechtfertigen. Das BAG hat insoweit zu Recht Zweifel geäußert. Ein Arbeitgeber wird nach Abschluß des Strafverfahrens in der Regel wegen erwiesener Tat kündigen können und wollen (BAG 26. 3. 1992 EzA § 626 BGB Ausschlußfrist Nr 4). Die Alternativität von Verdachtskündigung und Tatkündigung ist aber auch im Falle der (rechtskräftigen) Verurteilung des Arbeitnehmers durch Strafgerichte zu beachten. Die Tatsachenfeststellungen der Strafgerichte binden die Arbeitsgerichte nicht! Diese für den Laien schwer verständliche Konsequenz folgt aus Art 14 II Nr 1 EGZPO. Bestreitet der Arbeitnehmer trotz rechtskräftiger strafgerichtlicher Verurteilung die Tat, so hat das Arbeitsgericht die erforderlichen Feststellungen ohne Bindung an das strafgerichtliche Urteil zu treffen, kann aber dabei die Ergebnisse des Strafverfahrens nach allgemeinen Beweisregeln verwerten. Insoweit erweist es sich uU als Kunstfehler, nach einer strafgerichtlichen Verurteilung „nur" eine Tatkündigung auszusprechen; vielmehr sollten stets die strengeren Voraussetzungen der Verdachtskündigung gewahrt werden (Dies zeigt anschaulich der Fall der Kündigung eines Betriebsratsvorsitzenden wegen des Vorwurfs sexueller Belästigung; BAG 16. 9. 1999 AP § 103 BetrVG 1972 Nr 38; nachfolgend LAG Düsseldorf 8. 12. 1999 ArbuR 2000, 194 mit Anm BELL und erneut BAG 8. 6. 2000 AP § 2 BeschSchG Nr 3 = NZA 2001, 94).

228 Weiterhin ist zu prüfen, ob dem Arbeitgeber statt der Kündigung **mildere Mittel** zur Verfügung stehen. Möglicherweise kann der Verdächtige auf einen Arbeitsplatz **versetzt** werden, der keine konkrete Vertrauensbeziehung zwischen Arbeitgeber und Arbeitnehmer voraussetzt (ERMAN/BELLING Rn 71). Kommt die Versetzung angesichts der konkreten Pflichtverletzung oder mangels freier Arbeitsplätze nicht in Betracht, ist die Möglichkeit der vorübergehenden **Suspendierung** des Arbeitsverhältnisses bis zur abschließenden Klärung des Vorganges zu erwägen (vgl auch oben Rn 15). Zur Wahrung der **Ausschlußfrist** nach § 626 Abs 2 siehe unten Rn 282 f.

229 **Beurteilungspunkt** für die Rechtmäßigkeit einer Verdachtskündigung ist die Sachlage im Zeitpunkt des **Zugangs der Kündigungserklärung.** Die Auffassung des BAG (BAG 14. 9. 1994 EzA § 626 BGB Verdacht strafbarer Handlung Nr 5 = DB 1995, 534; 4. 6. 1964 AP § 626 BGB Verdacht strafbarer Handlung Nr 13; 10. 12. 1977 EzA § 103 BetrVG Nr 8; ebenso LAG Schleswig-Holstein 3. 11. 1988 NZA 1988, 798), wonach die Wirksamkeit der Verdachtskündigung von später bekannt gewordenen oder eingetretenen, be- oder entlastenden Umständen abhängen soll, könnte von allgemeinen kündigungsrechtlichen Grundsätzen abweichen. Es geht darum, festzustellen, ob im Zeitpunkt der Kündigungserklärung der Verdacht gerechtfertigt war. Insoweit sind alle be- und entlastenden Umstände aufzuklären (BAG 18. 11. 1999 AP § 626 BGB Verdacht strafbarer Handlungen Nr 32). Ergeben sich weitere neue belastende Tatsachen, die einen neuen Verdacht begründen, und nicht nur den alten Verdacht erhärten, muß der Arbeitgeber ggf. eine weitere Kündigung erklären (BAG 18. 11. 1999 AP § 626 BGB Verdacht strafbarer Handlungen Nr 32). Erweist sich die Unschuld des Arbeitnehmers während oder nach Ablauf des Kündigungsschutzprozesses, kann dem Arbeitnehmer nach herrschender Meinung

Ulrich Preis

ein **Wiedereinstellungsanspruch** zustehen (BGH 13. 7. 1956 AP § 611 BGB Fürsorgepflicht Nr 2 = NJW 1956, 1513; BAG 14. 12. 1956 AP § 611 BGB Fürsorgepflicht Nr 3 = NJW 1957, 764; HEILMANN, Verdachtskündigung und Wiedereinstellung, 1964, S 78 ff, 95 ff; KR/FISCHERMEIER, § 626 BGB Rn 234; PREIS, S 349 ff; STEIN, RdA 1991, 85; BRAM/RÜHL, NZA 1990, 753 ff; LANGER, NZA Beilage 3/1991, 23 ff; zu den Voraussetzungen einer Restitutionsklage BAG 22. 1. 1998 EzA § 580 ZPO Nr 3). Die Unschuld ist aber noch nicht erwiesen, wenn die Staatsanwaltschaft nach § 170 Abs 2 Satz 1 StPO die Ermittlungen einstellt. Dadurch wird weder die Kündigung unwirksam noch ein Wiedereinstellungsanspruch begründet (BAG 20. 8. 1997 EzA § 626 BGB Verdacht strafbarer Handlung Nr 7 = AP § 626 BGB Verdacht strafbarer Handlung Nr 27). Gelingt dem Arbeitnehmer bereits der Entlastungsbeweis im laufenden Kündigungsschutzprozeß, stellt sich die Frage, wie hierauf prozessual zu reagieren ist. Grundsätzlich sind zwar bis zum Schluß der mündlichen Verhandlung in der Tatsacheninstanz Be- und Entlastungsvorbringen zu berücksichtigen, so daß der Arbeitgeber, der seinen Verdacht nicht hinreichend substantiieren kann, den Kündigungsprozeß verliert (BAG 14. 9. 1994 EzA § 626 BGB Verdacht strafbarer Handlung Nr 5). Doch ist zu berücksichtigen, daß nach der Rechtsprechung Kündigungsgrund allein der objektiv begründete Verdacht im Zeitpunkt der Kündigungserklärung ist. Es kommt daher bei der Verdachtskündigung nicht auf den objektiven Kündigungssachverhalt, sondern den Wissensstand des Arbeitgebers an (BUSCH, MDR 1995, 217, 222). Verändert sich die tatsächliche Beurteilung, ist es nach den Grundsätzen der gerechten Risikoverteilung nicht gerechtfertigt, daß der Arbeitgeber den Kündigungsschutzprozeß verliert. Vielmehr muß der Arbeitnehmer einen ausdrücklichen Antrag auf Fortsetzung des Arbeitsverhältnisses stellen (PREIS S 349).

5.   Betriebsbedingte Gründe

a)   Ausgangslage, Prüfungskriterien

230 Aus betrieblichen Gründen kann regelmäßig **nur ordentlich gekündigt** werden, weil der Dienstgeber sein Wirtschafts- und Betriebsrisiko nicht auf die Dienstnehmer abschieben darf (so für den Arbeitsvertrag BAG 28. 9. 1972 EzA § 626 BGB nF Nr 17; 9. 7. 1981 AP Nr 4 zu § 620 BGB Bedingung; 28. 3. 1985 AP Nr 86 zu § 626 BGB; MünchKomm/ SCHWERDTNER Rn 127). Selbst wenn es durch unvorhergesehene Ereignisse (Brand, Rohstoffausfall etc) zu einer Betriebsstockung kommt, für die der Arbeitgeber das Betriebsrisiko trägt, ist eine **außerordentliche Kündigung ausgeschlossen** (BAG 28. 9. 1972 EzA § 626 BGB nF Nr 17; MünchKomm/SCHWERDTNER Rn 127). Erst recht rechtfertigt eine Betriebsumstellung aufgrund vorangegangener wirtschaftlicher Verluste eine fristlose Kündigung eines Handelsvertretervertrages durch den Unternehmer nicht, wenn sie seit längerer Zeit voraussehbar war (BGH 30. 1. 1986 NJW 1986, 1931).

b)   Einzelfälle
aa)   Behördliche Anordnung

231 Die behördlich verfügte Betriebsschließung fällt grundsätzlich in das unternehmerische Risiko des Arbeitgebers, der für die öffentlich-rechtliche Zulässigkeit seiner Betriebsführung allein verantwortlich ist. In Übereinstimmung mit den vorstehenden Ausführungen ist daher auch in diesem Falle die außerordentliche betriebsbedingte Kündigung ausgeschlossen (LAG Berlin 16. 2. 1961 BB 1961, 605; ArbG Wilhelmshaven 23. 2. 1959 BB 1959, 413; KR/FISCHERMEIER Rn 157; **aA** LAG Düsseldorf 23. 7. 1964 BB 1964, 1259). Dies gilt auch, wenn der Unternehmer die Betriebsschließung nicht durch eigenes schuldhaftes Handeln herbeigeführt hat (**aA** SOERGEL/KRAFT Rn 35).

bb) Betriebsstillegung

Grundsätzlich stellt auch die Betriebsstillegung keinen Grund für die außerordent- **232** liche Kündigung dar, weil der Arbeitgeber sein Wirtschafts- und Betriebsrisiko nicht auf die Arbeitnehmer abschieben darf (BAG 8. 10. 1957 AP Nr 16 zu § 626 BGB). Nur **wenn die ordentliche Kündigung ausgeschlossen** ist, liegt ein Ausnahmefall vor, in dem die Rechtsprechung uU eine außerordentliche Kündigung zuläßt, wenn eine Versetzung in einen anderen Betrieb des Unternehmens nicht möglich ist (BAG 28. 3. 1985 AP Nr 86 zu § 626 BGB; 22. 7. 1992 EzA § 626 BGB nF Nr 141). Der Arbeitgeber soll nicht über Jahre hinaus verpflichtet sein, das vereinbarte Entgelt zu zahlen, ohne die Dienste des Verpflichteten in Anspruch nehmen zu können. Da der Ausschluß der ordentlichen Kündigung jedoch einen besonderen Schutz für den Arbeitnehmer bedeutet, soll er in diesem Falle nicht schlechter stehen, als wenn die ordentliche Kündigung nicht ausgeschlossen wäre. Das BAG verpflichtet daher den Arbeitgeber im Falle der außerordentlichen Kündigung, die gesetzliche oder tarifvertragliche **Kündigungsfrist einzuhalten,** die gelten würde, wenn die ordentliche Kündigungsfrist nicht ausgeschlossen wäre (ausf SCHWERDTNER, in: FS Kissel [1994] 1077, 1087 ff; **aA** ZÖLLNER/LORITZ § 22 III 6).

Auch die vorübergehende Betriebsstillegung durch unvorhergesehene Ereignisse **233** (Brand, Rohstoffausfall etc) rechtfertigt eine außerordentliche Kündigung nicht (BAG 28. 9. 1972 EzA § 626 BGB nF Nr 17). Auch die Eröffnung der Insolvenz berechtigt nicht zur außerordentlichen Kündigung (BAG 25. 10. 1968 AP Nr 1 zu § 22 KO).

cc) Betriebsveräußerung

Nach § 613a Abs 4 sind Kündigungen wegen Betriebsveräußerung unwirksam. Auch **234** der Tod des bisherigen Arbeitgebers berechtigt die Erben nicht zur fristlosen Kündigung des Personals (MünchKomm/SCHWERDTNER Rn 132; zum Sonderfall des Todes eines Notars BAG 2. 5. 1958 AP Nr 20 zu § 626 BGB).

dd) Druckkündigung

Die Druckkündigung wird, soweit eine personen- oder verhaltensbedingte Kündi- **235** gung nicht gerechtfertigt ist, von der Rechtsprechung in engen Grenzen als betriebsbedingte Kündigung zugelassen (BAG 19. 6. 1986 EzA § 1 KSchG Betriebsbedingte Kündigung Nr 39; 4. 10. 1990 AP Nr 12 zu § 626 BGB Druckkündigung). Diese Auffassung ist problematisch (ablehnend PREIS, HAS § 19 F Rn 70; BLAESE DB 1988, 178 ff, der für die Anwendung der Grundsätze über den Wegfall der Geschäftsgrundlage plädiert). Zwar zieht das BAG enge Grenzen. So ist die Kündigung schon unwirksam, wenn der Arbeitgeber auf Druck Dritter kündigt, aber nichts getan hat, um die Dritten von ihrer Drohung abzubringen (BAG 11. 2. 1960 AP Nr 3 zu § 626 BGB Druckkündigung; 26. 1. 1962 AP Nr 8 zu § 626 BGB Druckkündigung; 18. 9. 1975 AP Nr 10 zu § 626 BGB Druckkündigung), wobei allerdings die **vorherige Anhörung** des Arbeitnehmers **keine Wirksamkeitsvoraussetzung** für eine Druckkündigung ist (BAG 4. 10. 1990 AP Nr 12 zu § 626 BGB Druckkündigung). Das Arbeitsrecht darf dem Dritten prinzipiell keinen Weg eröffnen, unberechtigte Forderungen durchzusetzen. Die betriebsbedingte Kündigung ist hierfür ein ungeeignetes Mittel. Eine andere Frage ist, ob der Arbeitnehmer Vertragspflichtverletzungen begangen hat oder ob in seiner Person liegende Umstände die Kündigung bedingen können. Liegen dem Grunde nach derartige Kündigungssachverhalte vor, kann der wirtschaftliche oder betriebliche Druck auf den Arbeitgeber im Rahmen der Interessenabwägung berücksichtigt werden (weitere Einzelheiten bei KR/FISCHERMEIER Rn 204 ff;

MünchKomm/SCHWERDTNER Rn 353 ff). In jedem Fall kann sich der Arbeitgeber auf keine Drucksituation berufen, die er selbst in vorwerfbarer Weise herbeigeführt hat (BAG 26. 1. 1962 AP Nr 8 zu § 626 BGB Druckkündigung; MünchKomm/SCHWERDTNER Rn 153).

ee) Insolvenz

236 Auch die Gefahr der Insolvenz bzw die Eröffnung des Insolvenzverfahrens rechtfertigt die außerordentliche Kündigung des Arbeitgebers nicht (BAG 25. 10. 1963 AP § 22 KO Nr 1 = EzA § 626 BGB nF Nr 10; LAG Baden-Württemberg 23. 12. 1976 BB 1977, 296). Das zeigen schon die Sonderregelungen zur Kündigung im Insolvenzrecht (vgl § 113 Abs 1 InsO).

V. Kündigungsgründe des Dienstverpflichteten (Arbeitnehmers)

1. Ausgangslage, Prüfungskriterien

237 Für die außerordentliche Kündigung des Arbeitnehmers gelten dieselben Maßstäbe wie für die des Arbeitgebers (BAG 19. 6. 1967 EzA § 124 GewO Nr 1; LAG Berlin 22. 3. 1989 NZA 1989, 968; für geringere Anforderungen ERMAN/BELLING Rn 85 unter Hinweis auf das Fehlen von Kündigungsschutznormen zugunsten des Arbeitgebers). Die außerordentliche Kündigung setzt auch insoweit eine umfassende Interessenabwägung voraus (BAG 26. 7. 2001 – 8 AZR 739/00). Auch dem Arbeitnehmer ist Vertragstreue abzuverlangen, grundsätzlich muß er von der vorrangigen Möglichkeit der ordentlichen Kündigung Gebrauch machen. Auch die Ausschlußfrist des § 626 Abs 2 ist zu wahren (APS/DÖRNER, § 626 BGB Rn 394). Der Arbeitnehmer ist beweispflichtig für die Tatsachen, aus denen er das Vorliegen eines wichtigen Grundes herleitet (BAG 25. 7. 1963 AP Nr 1 zu § 448 ZPO). Der Arbeitgeber kann die Unwirksamkeit der Kündigung durch Feststellungsklage nach § 256 ZPO geltend machen. Ein Rechtsschutzinteresse ist in der Regel zu bejahen (BAG 20. 3. 1986 EzA § 256 ZPO Nr 25).

238 Wichtigster außerordentlicher Kündigungsgrund für den Arbeitnehmer sind Haupt- und Nebenpflichtverletzungen des Arbeitgebers. Da dem Arbeitnehmer regelmäßig das freie ordentliche Kündigungsrecht zur Seite steht, muß die Vertragsverletzung so gewichtig sein, daß sie die sofortige Vertragsbeendigung gebietet. In der Regel muß aber auch der Arbeitnehmer den Arbeitgeber vor der Kündigung abgemahnt haben oder – in Anwendung des § 314 Abs 2 – eine seitens des Arbeitnehmers zur Abhilfe bestimmte Frist erfolglos abgelaufen sein (BAG 9. 9. 1992 – 2 AZR 142/92 –, unveröffentlicht; LAG Hamm 18. 6. 1991 LAGE § 626 BGB Nr 59). Ist die Kündigung durch vertragswidriges Verhalten des Arbeitgebers veranlaßt worden, kann der Arbeitnehmer nach § 628 Abs 2 Schadensersatz verlangen.

2. Einzelfälle im Arbeitsverhältnis

a) Arbeitsplatzwechsel

239 Die Aussicht auf eine Stellung mit wesentlich günstigeren Bedingungen berechtigt einen Arbeitnehmer nicht, ein Arbeitsverhältnis außerordentlich zu kündigen (BAG 1. 10. 1970 AP Nr 59 zu § 626 BGB; LAG Schleswig-Holstein 30. 1. 1991 LAGE § 626 BGB Nr 55). Es ist dem Arbeitnehmer grundsätzlich zuzumuten, das bisherige Arbeitsverhältnis bis zu dem vertraglich vereinbarten Ende fortzusetzen, auch wenn er dadurch die Aussicht auf die besseren Arbeitsbedingungen verliert. Die Grundsätze der Vertragstreue, der Rechtssicherheit und des ultima-ratio-Prinzips bei der außerordentlichen Kündigung gelten auch bei dieser arbeitnehmerseitigen Kündigung (LAG Schleswig-Holstein 30. 1. 1991 LAGE § 626 BGB Nr 55). Auch die Möglichkeit, in ein Beamtenverhältnis zu wechseln, berechtigt nicht zur fristlosen Kündigung (BAG 24. 10. 1996 AP § 256 ZPO 1977 Nr 37 = EzA Art 12 GG Nr 29). Das Gleiche gilt, wenn der Arbeitnehmer den Arbeitsplatz aufgegeben will, um ein Studium zu beginnen (ErfK/MÜLLER-GLÖGE, § 626 BGB Rn 202). Auch wenn der Arbeitgeber einen wechselwilligen Arbeitnehmer im Rahmen seines Direktionsrechts versetzt, etwa um den Abfluß von Know how oder Kundenkontakten zu dem neuen Arbeitgeber zu unterbinden, rechtfertigt dies nicht die fristlose Kündigung durch den Arbeitnehmer (LAG Niedersachsen 12. 10. 1998 LAGE § 315 BGB Nr 5).

b)   Arbeitsschutz

Mißachtet der Arbeitgeber zugunsten des Arbeitnehmers bestehendes zwingendes **240** Arbeitsschutzrecht, so kann je nach Lage des Falles eine fristlose Kündigung auch dann gerechtfertigt sein, wenn der Arbeitnehmer zunächst dennoch weitergearbeitet hat (BAG 28. 10. 1971 AP Nr 62 zu § 626 BGB). Grundsätzlich muß der Arbeitnehmer den Arbeitgeber jedoch vor einer Kündigung abmahnen, es sei denn, diese ist zwecklos.

c)   Beleidigung; Belästigung

Im Falle einer groben Beleidigung kann der Arbeitnehmer nach den oben Rn 156 ff **241** dargelegten Grundsätzen außerordentlich kündigen. Während eines laufenden Kündigungsrechtsstreits kann ein ausländischer Arbeitnehmer einen Auflösungsantrag gegen Zahlung einer Abfindung nach §§ 9, 10 KSchG stellen, wenn der Arbeitgeber durch ausländerfeindliche Äußerungen oder ausländerdiskriminierende Maßnahmen die für das Arbeitsverhältnis erforderliche Vertrauensbasis zerstört hat (LAG Hamm 27. 5. 1993 AiB 1994, 54).

d)   Gewissenskonflikt

Zunehmend an Bedeutung gewonnen hat die Frage, welche Reaktionsmöglichkeiten **242** die Arbeitsvertragsparteien bei einem Gewissenskonflikt des Arbeitnehmers haben, der ihm die Ausübung seiner Tätigkeit ganz oder teilweise verbietet (ausführlich KONZEN/RUPP, Gewissenskonflikte im Arbeitsverhältnis, vgl auch schon oben Rn 77). Werden dem Arbeitnehmer einzelne Aufgaben zugewiesen, die er mit seinem Gewissen nicht vereinbaren kann, steht ihm uU ein **Leistungsverweigerungsrecht** zu. Dieses hat zwar zur Folge, daß eine fristlose arbeitgeberseitige Kündigung wegen beharrlicher Arbeitsverweigerung ausgeschlossen ist (BAG 20. 12. 1984 AP Nr 27 zu § 611 BGB Direktionsrecht; BGB-RGRK/CORTS Rn 112), andererseits erhält der Arbeitnehmer auch kein Entgelt, da sich der Arbeitgeber nicht in Annahmeverzug (§ 615) befindet. Man wird dem Arbeitnehmer daher, wenn es ihm nicht zuzumuten ist, auch nur für eine begrenzte Zeit bis zum Ablauf der ordentlichen Kündigungsfrist die anfallenden Arbeiten zu erledigen, selbst das Recht zur Kündigung aus wichtigem Grund einräumen müssen (ArbG Heidelberg 28. 3. 1967 ARST 1967, 165; ArbR BGB/CORTS Rn 198). Andererseits kann, wenn eine Gewissensentscheidung des Arbeitnehmers es dem Arbeitgeber verbietet, diesem eine an sich geschuldete Arbeit zuzuweisen, eine personenbedingte ordentliche arbeitgeberseitige Kündigung gerechtfertigt sein, wenn eine andere Beschäftigungsmöglichkeit nicht besteht (BAG 24. 5. 1989 EzA § 611 BGB Direktionsrecht Nr 3).

e) Verdächtigung

243 Verdächtigt ein Arbeitgeber den Arbeitnehmer zu Unrecht einer Unredlichkeit, so kann – je nach Lage des Einzelfalles – die fristlose Kündigung berechtigt sein (BAG 24. 2. 1964 AP Nr 1 zu § 607 BGB; LAG Baden-Württemberg 20. 5. 1960 BB 1960, 985).

f) Krankheit

244 Ist ein Arbeitnehmer infolge Krankheit nur noch in der Lage, halbe Tage zu arbeiten, so kann er nicht fristlos kündigen, ohne vorher seinem Arbeitgeber die Gelegenheit gegeben zu haben, ihn nach Maßgabe seiner verbliebenen Arbeitskraft weiter zu beschäftigen (BAG 2. 2. 1973 AP Nr 1 zu § 626 BGB Krankheit). Ist der Arbeitnehmer dauernd arbeitsunfähig, verliert auch der Arbeitgeber das Interesse an der Arbeitsleistung. Dennoch ist auch hier die ordentliche Kündigung vorrangig (richtig APS/ DÖRNER, § 626 BGB Rn 398). Fraglich ist, ob der Arbeitnehmer wegen Ansteckungsgefahren im Betrieb fristlos kündigen kann (so LAG Düsseldorf 20. 10. 1960 BB 1961, 49; KR/ FISCHERMEIER, § 626 BGB Rn 473). Dies ist zweifelhaft, weil die Infektionsgefahr ausgeräumt werden kann. Zwischenzeitlich kann der Arbeitnehmer die Arbeitsleistung verweigern und Entgelt nach § 615 verlangen. Die außerordentliche Kündigung wegen Krankheit ist jedoch zulässig, wenn auch für den Arbeitnehmer die ordentliche Kündigung ausgeschlossen ist (zB bei befristeten Arbeitsverträgen).

g) Vertragsverletzungen

245 Wichtigster Fall der fristlosen Kündigung ist die **Nichtzahlung des Entgelts (Hauptpflichtverletzung).** Denkbar ist ferner, daß der Arbeitgeber den Arbeitnehmer nicht vertragsgemäß beschäftigt und damit seiner **Beschäftigungspflicht** nicht genügt (zum Fall einer unberechtigten Teilsuspendierung BAG 15. 6. 1972 EzA § 626 BGB nF Nr 14 = AP § 628 BGB Nr 7 = NJW 1972, 2279; 19. 8. 1976 EzA § 611 BGB Beschäftigungspflicht Nr 1; sa ErfK/ MÜLLER-GLÖGE, § 626 BGB Rn 197). In beiden Fällen kann der Arbeitnehmer nur nach erfolgloser Abmahnung oder nach fruchtlosem Fristablauf fristlos kündigen (LAG Hamm 18. 6. 1991 LAGE § 626 BGB Nr 59 = NZA 1992, 314; LAG Baden-Württemberg 10. 10. 1990 RnK I 9 k Nr 17 = BB 1991, 415). Bei der Nichtzahlung des Entgelts soll nach der Rechtsprechung nur dann außerordentlich gekündigt werden können, wenn der Rückstand für eine erhebliche Zeit besteht oder einen erheblichen Betrag ausmacht (Vgl LAG Hamm 29. 9. 1999 NZA-RR 2000, 242; LAG Köln 23. 9. 1993 LAGE § 626 BGB Nr 73; LAG Düsseldorf 12. 9. 1957 DB 1957, 1132; LAG Frankfurt 27. 10. 1964 DB 1965, 186; KR/FISCHERMEIER, § 626 BGB Rn 467). Vor Ausspruch einer Kündigung ist jedoch eine Abmahnung erforderlich. Zahlt der Arbeitgeber nach Abmahnung gleichwohl nicht, ist eine fristlose Kündigung gerechtfertigt.

246 Auch bei anderen Vertragsverletzungen des Arbeitgebers kann je nach Lage des Falles und erfolgter Abmahnung die außerordentliche Kündigung gerechtfertigt sein (zur Kündigung wegen Nichtabführung der Sozialversicherungsbeiträge LAG Baden-Württemberg 30. 5. 1968 BB 1968, 874). Bei Widerruf einer erteilten oder zugesicherten Prokura kann bei Vorliegen besonderer Umstände die außerordentliche Kündigung gerechtfertigt sein (vgl BAG 17. 9. 1970 AP Nr 5 zu § 628 BGB). Auch die Heranziehung zu Mehrarbeit im Übermaß kann die Kündigung durch den Arbeitnehmer rechtfertigen, wenn ein vertragswidriger Einsatz vorliegt. Eine vorhergehende Abmahnung ist jedoch auch hier unentbehrlich (LAG Hamm 18. 6. 1991 LAGE § 626 BGB Nr 59).

h) Werkswohnung

Der nicht vertragsgemäße Zustand einer Werkswohnung kann nur bei unzumutbaren **247** Wohnverhältnissen die Kündigung des Arbeitsverhältnisses rechtfertigen (LAG Düsseldorf 24. 3. 1964 BB 1964, 927). Eine Teilkündigung allein der Werkmietwohnung hat das BAG abgelehnt (BAG 23. 8. 1989 EzA § 565 b–e BGB Nr 3). Das Ergebnis erscheint unbefriedigend, weil die Teilkündigung ein milderes Mittel gegenüber der Vollkündigung des Arbeitsverhältnisses ist. Im konkreten Falle half das BAG mit einem Anspruch auf Entlassung aus dem Mietverhältnis.

VI. Kündigungserklärung

1. Allgemeines (Inhalt, Kündigungsberechtigung)

Die Wirkung der außerordentlichen Kündigung, die wie die Kündigung eine ein- **248** seitige empfangsbedürftige Willenserklärung ist, tritt erst mit ihrem Zugang ein. Auch für die **Form** (§ 623) und den **Inhalt** der außerordentlichen Kündigung gelten die allgemeinen Regeln (Kliemt § 5 I). Die Kündigungserklärung muß jedoch unzweideutig erkennen lassen, daß das Dienstverhältnis außerordentlich aus wichtigem Grund aufgelöst werden soll (SOERGEL/KRAFT Rn 40). Der entsprechende Erklärungswille kann sich aus einem konkludenten Verhalten ergeben (BAG 13. 1. 1982 NJW 1983, 303). Durch Erklärung einer fristlosen Kündigung wird dies hinreichend deutlich.

Kündigungsberechtigter ist der Arbeitgeber selbst oder die allgemein bzw für den **249** Einzelfall bevollmächtigte dritte Person. Durch Vereinbarung der Parteien kann aber das Recht, die außerordentliche Kündigung auszusprechen, allein auf die Person des Arbeitgebers beschränkt werden (BAG 9. 10. 1975 AP Nr 8 zu § 626 BGB Ausschlußfrist).

2. Fristlose oder befristete außerordentliche Kündigung

Im Regelfall wird die außerordentliche als **fristlose Kündigung** ausgesprochen. Sie **250** beendet das Arbeitsverhältnis mit **sofortiger Wirkung.**

Der Kündigende, der bei Vorliegen eines wichtigen Grundes das Recht hat, das **251** Arbeitsverhältnis fristlos zu lösen, kann die Beendigung jedoch auch zu einem späteren Zeitpunkt erklären (sog außerordentliche befristete Kündigung). Die Gründe für die Gewährung der **Auslauffrist** sind ohne Bedeutung. Die Auslauffrist braucht der gesetzlichen, tariflichen oder vereinbarten Kündigungsfrist *nicht* zu entsprechen. Der Kündigende muß bei dieser Form der Kündigung jedoch stets deutlich machen, daß eine außerordentliche Kündigung erklärt worden ist (BAG 16. 7. 1959 AP Nr 31 zu § 626 BGB; STAHLHACKE/PREIS Rn 558). Ob eine außerordentliche Kündigung oder eine ordentliche Kündigung vorliegt, ist Tatfrage. Hat der Kündigende das Arbeitsverhältnis mit ordentlicher Frist gekündigt und ist diese Kündigung etwa wegen des Ausschlusses des ordentlichen Kündigungsrechts unwirksam, so kann in dieser Kündigung nicht ohne weiteres eine außerordentliche Kündigung gesehen werden, selbst wenn der Kündigende einen wichtigen Grund hatte.

Der Kündigende muß die außerordentliche Kündigung erklären, dh der Gekündigte **252** muß **erkennen können,** daß ihm trotz Einhaltung einer Frist, ggfs der ordentlichen Kündigungsfrist, außerordentlich gekündigt wird (BAG 9. 12. 1954 AP Nr 1 zu § 123 GewO;

16. 11. 1979 AP Nr 1 zu § 154 BGB; LAG Düsseldorf 30. 10. 1973 EzA § 626 BGB nF Nr 32; LAG Frankfurt/Main 16. 6. 1983 BB 1984, 786; KR/Fischermeier Rn 30). Grundsätzlich ist der Arbeitgeber nicht verpflichtet, eine Auslauffrist einzuhalten. Ebensowenig ist aber der Arbeitnehmer verpflichtet, die Auslauffrist zu akzeptieren. Er kann sie auch ablehnen. Dann endet das Arbeitsverhältnis bei Vorlage eines wichtigen Grundes mit sofortiger Wirkung (ArbG Freiburg 22. 10. 1985 NZA 1986, 295; ArbG Siegen 8. 4. 1986 NZA 1986, 683; KR/Fischermeier Rn 29; zum ganzen Pieper NZA 1986, 277 ff; aA ErfK/Müller-Glöge § 626 Rn 228).

253 Zur Frage der Beendigung des Annahmeverzuges, wenn der Arbeitgeber sich bereit erklärt, den Arbeitnehmer bis zur erstinstanzlichen Entscheidung weiterzubeschäftigen (vgl BAG 21. 5. 1981 EzA § 615 BGB Nr 40).

254 Ist **die ordentliche Kündigung** einzel- oder tarifvertraglich **ausgeschlossen** und besteht keine Weiterbeschäftigungsmöglichkeit im Betrieb oder Unternehmen, hat das BAG in Ausnahmefällen eine außerordentliche Kündigungsmöglichkeit anerkannt, bei der die **gesetzliche oder tarifvertragliche Kündigungsfrist** einzuhalten ist, die gelten würde, wenn die ordentliche Kündigungsfrist nicht ausgeschlossen wäre (BAG 7. 6. 1984 EzA § 22 KO Nr 4; 28. 3. 1985 EzA § 626 BGB nF Nr 96; 6. 3. 1986 EzA § 15 KSchG nF Nr 34; 9. 9. 1992 EzA § 626 BGB nF Nr 142; 4. 2. 1993 EzA § 626 BGB nF Nr 144; Schwerdtner, in: FS Kissel [1994] 1077; näher Rn 282).

3. Anhörung des Gekündigten

255 Die Anhörung des Arbeitnehmers vor Ausspruch der außerordentlichen Kündigung ist **keine Wirksamkeitsvoraussetzung** der Kündigung. Allerdings trägt der Arbeitgeber das Risiko, daß der Arbeitnehmer im Rechtsstreit ihn entlastende Umstände vorträgt, die bei der gebotenen umfassenden Interessenabwägung zu einer Verneinung des wichtigen Grundes führen. Dem Arbeitgeber obliegt die Darlegungs- und Beweislast für das Vorliegen der Voraussetzungen des § 626 Abs 1 (vgl Rn 313 f). Muß jedoch nach dem objektiven Sachverhalt der wichtige Grund bejaht werden, so kann die außerordentliche Kündigung nicht allein deshalb unwirksam sein, weil der Arbeitnehmer vorher nicht angehört worden ist (BAG 23. 3. 1972 AP Nr 63 zu § 626 BGB; 10. 12. 1977 AP Nr 9 zu § 103 BetrVG 1972).

256 In **Ausnahmefällen** kann allerdings die Nichtanhörung des Arbeitnehmers zur Unwirksamkeit der Kündigung nach § 242 führen. So darf der Arbeitgeber nicht auf der Basis von Gerüchten, die unsubstantiierte Verdächtigungen mit weitreichender Bedeutung für das berufliche Fortkommen des Arbeitnehmers zum Inhalt haben, Kündigungen aussprechen, ohne dem Arbeitnehmer vor Ausspruch der Kündigung Gelegenheit zur Stellungnahme gegeben zu haben (BAG 2. 11. 1983 AP Nr 29 zu § 102 BetrVG 1972). Für den Fall der **Verdachtskündigung** hat das BAG mit Urteil vom 11. 4. 1985 die Anhörung zur Zulässigkeitsvoraussetzung für die Kündigung erhoben (BAG 11. 4. 1985 AP Nr 39 zu § 102 BetrVG 1972; 30. 4. 1987 AP Nr 19 zu § 626 BGB Verdacht strafbarer Handlung; krit Preis DB 1988, 1449; zur Verdachtskündigung im einzelnen Rn 223 ff). Diese Sonderrechtsprechung hat das BAG nicht auf die Druckkündigung übertragen (BAG 4. 10. 1990 AP Nr 12 zu § 626 BGB Druckkündigung).

4. Mitteilung der Kündigungsgründe

Nach § 626 Abs 2 Satz 3 hat der Kündigende auf Verlangen dem anderen Teil den **257**
Kündigungsgrund unverzüglich (§ 121) schriftlich mitzuteilen. Der Wortlaut der
Norm („auf Verlangen") verdeutlicht bereits, daß die Pflicht zur Begründung der
Kündigung des Gekündigten **keine Wirksamkeitsvoraussetzung** der Kündigung ist.
Diese Auffassung wird auch durch die Entstehungsgeschichte des Gesetzes bestätigt
(BT-Drucks V/4376 S 3). Sie entspricht einhelliger Auffassung in Rechtsprechung (BAG
17. 8. 1972 AP Nr 65 zu § 626 BGB) und Literatur (KR/FISCHERMEIER Rn 35; MünchKomm/
SCHWERDTNER Rn 258; KLIEMT § 5 I 3 a). Wirksamkeitsvoraussetzung ist die Begründung
der Kündigung allerdings nach § 15 Abs 3 BBiG und nach § 9 Abs 3 Satz 2 MuSchG
(APS/ROLFS, § 9 MuSchG Rn 42)

Die Angabe der Kündigungsgründe hat vollständig und wahrheitsgemäß zu erfolgen. **258**
Werden die Kündigungsgründe nicht, nicht vollständig oder unrichtig angegeben,
wird der Kündigende für den entstandenen Vertrauensschaden schadensersatzpflichtig (BAG 17. 8. 1972 AP Nr 65 zu § 626 BGB). Der Schaden kann in den Kosten eines
Prozesses liegen, wenn der Gekündigte die Gründe erst im Prozeß erfährt und danach die Klage zurücknimmt (BAG 21. 3. 1959 AP Nr 55 zu § 1 KSchG; SCHWERDTNER
BlStSozArbR 1981, 147).

5. Umdeutung

Mit der Erklärung der außerordentlichen Kündigung gibt der Kündigende in aller **259**
Regel zu erkennen, daß er das Vertragsverhältnis auf jeden Fall aufgelöst wissen will.
Ist die außerordentliche Kündigung jedoch unwirksam, sei es, daß kein wichtiger
Grund vorliegt, sei es, daß die Ausschlußfrist des § 626 Abs 2 verstrichen ist oder
Mitwirkungsrechte des Betriebs- oder Personalrats nicht eingehalten wurden, stellt
sich die Frage der Umdeutung nach den Voraussetzungen des § 140.

a) Ordentliche Kündigung

Die Umdeutung einer unwirksamen außerordentlichen Kündigung in eine ordent- **260**
liche Kündigung ist in der Regel möglich und geboten. Die Umdeutung erfolgt im
Prozeß freilich nicht von Amts wegen; vielmehr muß der Kündigende seinen **Willen
zur ordentlichen Kündigung** eindeutig erkennen lassen (BAG 20. 9. 1985 NZA 1985, 268,
288; 3. 8. 1987 AP Nr 3 zu § 6 KSchG 1969; MünchArbR/WANK § 120 Rn 17). Voraussetzung ist
allerdings die **Wahrung der Mitbestimmungsrechte** des Betriebs- oder Personalrats
auch für die ordentliche Kündigung (vgl BAG 12. 8. 1976 AP Nr 10 zu § 102 BetrVG 1972;
16. 3. 1978 AP Nr 15 zu § 102 BetrVG 1972). Die Umdeutung in eine ordentliche Kündigung
ist möglich, wenn der Betriebsrat der außerordentlichen Kündigung ausdrücklich
zugestimmt hat und die ordentliche Kündigung auf denselben Sachverhalt gestützt
wird (LAG Hamm 9. 7. 1975 DB 1975, 1899; LAG Düsseldorf 17. 3. 1976 EzA § 102 BetrVG 1972
Nr 22) oder wenn der Arbeitgeber den Betriebsrat vorsorglich auch zu einer ordentlichen Kündigung angehört hat (BAG 16. 3. 1978 AP Nr 15 zu § 102 BetrVG 1972). Nach
rechtskräftiger Feststellung der Unwirksamkeit einer außerordentlichen Kündigung
ist jedoch die Umdeutung der Kündigung in einem späteren Prozeß nicht mehr
möglich (BAG 19. 2. 1970 AP Nr 12 zu § 11 KSchG; KR/FISCHERMEIER Rn 396 mwN).

b) Aufhebungsvertrag

261 Die unwirksame Kündigung kann unter Umständen in einen Antrag auf Abschluß eines Aufhebungsvertrages umgedeutet werden (zur früheren Rechtslage BAG 13. 4. 1972 AP Nr 64 zu § 626 BGB; LAG Berlin 22. 3. 1989 BB 1989, 1121). Die Umdeutung scheitert aber heute daran, daß der Aufhebungsvertrag dem Schriftformerfordernis nach § 623 unterliegt (vgl STAUDINGER/OETKER § 623 Rn 74 mwN).

VII. Sonderfragen

1. Außerordentliche Änderungskündigung

262 Ist die ordentliche Kündigung gesetzlich, kollektivrechtlich oder einzelvertraglich ausgeschlossen, scheidet grundsätzlich auch die Möglichkeit einer ordentlichen Änderungskündigung aus. Einseitige Änderungen des Arbeitsvertrages sind dann nur über die außerordentliche Änderungskündigung zu erreichen. Sie setzt voraus, daß die Änderung der Arbeitsbedingungen **unabweisbar notwendig** ist und die neuen Arbeitsbedingungen für den Arbeitnehmer **zumutbar** sind (BAG 7. 6. 1973 AP Nr 1 zu § 626 BGB Änderungskündigung; 25. 3. 1976 AP Nr 10 zu § 626 BGB Ausschlußfrist; 6. 3. 1986 AP Nr 19 zu § 15 KSchG 1969; KR/FISCHERMEIER Rn 201). Mit der zunehmenden Zahl der sog unkündbaren Arbeitnehmer dürfte die Bedeutung des Rechtsinstituts der außerordentlichen Änderungskündigung steigen (LÖWISCH NZA 1988, 633, 640 ff). Maßstab für die Prüfung der Frage, ob die außerordentliche Änderungskündigung berechtigt ist oder nicht, ist das Angebot des Arbeitgebers, das Arbeitsverhältnis unter den neu angebotenen Bedingungen fortzusetzen. Eine Interessenabwägung ist erforderlich.

263 Die außerordentliche Änderungskündigung ist nicht nur dann wirksam, wenn auch eine Beendigungskündigung gerechtfertigt wäre (BAG 6. 3. 1986 AP Nr 19 zu § 15 KSchG 1969). Der Prüfungsmaßstab ist im einzelnen umstritten (KR/FISCHERMEIER Rn 199 ff; MünchKomm/SCHWERDTNER Rn 658 ff; LÖWISCH NZA 1988, 640). Zu berücksichtigen ist, daß die Änderungskündigung ein **milderer Eingriff** gegenüber der Beendigungskündigung ist. Die Besonderheit der Änderungskündigung liegt darin, daß die Unzumutbarkeit der Weiterbeschäftigung zu bisherigen Bedingungen nicht ohne Prüfung der Zumutbarkeit der angebotenen Änderungen beurteilt werden kann. Wenn die Änderungen gerade das Ziel haben, sonst zulässige Beendigungskündigungen zu vermeiden, ist die Änderungskündigung berechtigt. Dies setzt freilich die logisch vorrangige Frage voraus, ob bei Hinwegdenken der Änderung die Beendigungskündigung gerechtfertigt wäre. Dieser Prüfungsansatz verhindert, daß über das Mittel der außerordentlichen Änderungskündigung die strengen Voraussetzungen der außerordentlichen Beendigungskündigung umgangen werden. Andererseits ist bei Änderungskündigungen stets zu berücksichtigen, daß durch sie das Äquivalenzverhältnis und der Grundsatz pacta sunt servanda gefährdet werden können. Deshalb sind fristlose Änderungskündigungen aus wirtschaftlichen Gründen von der Rechtsprechung bislang nur sehr zurückhaltend anerkannt worden. Zum Zwecke der Lohnkürzung sollen fristlose Änderungskündigungen nach Auffassung des LAG Köln (30. 11. 1989 LAGE § 2 KSchG Nr 10) nur wirksam ausgesprochen werden können, wenn der Betrieb in seiner Existenz akut gefährdet ist oder zumindest die Reduzierung eines nicht unerheblichen Teiles der Arbeitsplätze droht und die Lohnkürzung ein geeignetes Mittel ist, dieser Gefahr zu begegnen. Ferner ist zu prüfen, ob die wirtschaftliche Notlage nicht durch andere, weniger einschneidende Maßnahmen

behoben werden kann. Freilich sind hier die schon bei ordentlichen Kündigungen außerordentlich strengen Voraussetzungen für Änderungskündigungen zu beachten (BAG 20. 8. 1998 und 12. 11. 1998 AP NR 50 und 51 zu § 2 KSchG 1969), so daß eine fristlose Kündigung in der Praxis kaum durchgreifen wird. Die Entscheidung des BAG vom 21. 6. 1995 (AP Nr 36 zu § 15 KSchG 1969 mit abl Anm Preis; krit auch Hilbrandt NZA 1997, 465 ff), in der eine fristlose Änderungskündigung eines Betriebsratsmitglieds wegen Änderung des organisatorischen Konzepts anerkannt wurde, dürfte eine nicht übertragbare Einzelentscheidung sein.

Der Prüfungsmaßstab ist nicht davon abhängig, wie sich der Arbeitnehmer auf das **264** Änderungsangebot einläßt. Lehnt er es – vorbehaltlos – ab, ist aus den vorstehenden Gründen nicht der für eine Beendigungskündigung geltende Prüfungsmaßstab zugrundezulegen (so aber Löwisch/Knigge und Lieb, Anm BAG AP Nr 1 zu § 626 BGB Änderungskündigung; Schwerdtner, in: FS 25 Jahre BAG [1979] 555, 566 ff). Die – möglicherweise – unberechtigte Ausschlagung des Änderungsangebots geht zu seinen Lasten. Dem Gekündigten geschieht hierdurch nichts Unbilliges, weil er das Änderungsangebot nur unter dem Vorbehalt der sozialen Rechtfertigung anzunehmen braucht.

§ 2 KSchG ist auf die außerordentliche Änderungskündigung entsprechend anwend- **265** bar (BAG 17. 5. 1984 NZA 1985, 62; 19. 6. 1986 EzA § 2 KSchG Nr 7; aA Löwisch, KSchG § 2 Rn 74 f). Dies hat zur Folge, daß der Arbeitnehmer die Annahme des Änderungsangebots unter Vorbehalt **unverzüglich,** dh ohne schuldhaftes Zögern, erklären muß. In der widerspruchslosen und vorbehaltlosen Weiterarbeit kann eine Annahme des Änderungsangebots gesehen werden, wenn sich die neuen Arbeitsbedingungen alsbald auf das Arbeitsverhältnis auswirken (BAG 19. 6. 1986 EzA § 2 KSchG Nr 7). Diesen Rechtssatz hat das BAG in einer Folgeentscheidung freilich erheblich relativiert, weil es dem Arbeitnehmer eine Überlegungsfrist zubilligen will, innerhalb derer er sich Rechtsrat einholen könne (BAG 27. 3. 1987 EzA § 2 KSchG Nr 10 mit abl Anm Peterek). Entscheidend ist auf die allgemeinen Grundsätze zum Begriff der Unverzüglichkeit nach § 121 Abs 1 Satz 2 abzustellen.

Auch bei der außerordentlichen Änderungskündigung ist die Ausschlußfrist des § 626 **266** Abs 2 zu beachten (BAG 25. 3. 1976 AP Nr 10 zu § 626 BGB Ausschlußfrist).

2. Sonderkündigungsrechte im Insolvenzverfahren

Bei Insolvenz des Arbeitgebers bestehen ein Sonderkündigungsrecht nach § 113 **267** Abs 1 InsO. § 626 bleibt von diesen Sondervorschriften unberührt. Die Kündigung aus wichtigem Grund ist auch im Insolvenzverfahren möglich. Deren Eröffnung stellt jedoch für sich genommen noch keinen wichtigen Grund zur außerordentlichen Kündigung dar.

3. Kündigung betriebsverfassungsrechtlicher Funktionsträger

Die **bloße Amtspflichtverletzung** kann **niemals** die individualrechtliche Kündigung **268** rechtfertigen (BAG 22. 8. 1974 BAGE 26, 219, 230). Betriebsverfassungsrechtliche und personalvertretungsrechtliche Funktionsträger können aus diesem Grund lediglich aus dem entsprechenden Gremium ausgeschlossen werden (§ 23 Abs 1 BetrVG; § 28 Abs 1 BPersVG). Ein wichtiger Grund iS des § 626 Abs 1 kann allerdings dann vorliegen, wenn sich die Handlung eines Amtsträgers **sowohl** als eine **Amtspflicht-verletzung als auch** als ein **Verstoß** gegen die **Vertragspflichten** aus dem Arbeits-verhältnis darstellt (BAG 3. 12. 1954 BAGE 1, 185; 22. 8. 1974 BAGE 26, 219). Fristlos kann einem Betriebsratsmitglied nach §§ 15 KSchG, 626 nur gekündigt werden, wenn dem Arbeitgeber bei einem vergleichbaren Nichtbetriebsratsmitglied dessen Weiterbeschäftigung bis zum Ablauf der einschlägigen ordentlichen Kündigungsfrist unzumutbar wäre. Nur so kann der Schutzbestimmung des § 78 Satz 2 BetrVG ange-messen Rechnung getragen werden, wonach Betriebsratsmitglieder wegen ihrer Be-triebsratstätigkeit nicht benachteiligt werden dürfen (BAG 10. 2. 1999 AP Nr 42 zu § 15 KSchG 1969; vgl PREIS, Anm zu AP Nr 36 zu § 15 KSchG 1969; KR/ETZEL § 15 KSchG Rn 22; KR/ FISCHERMEIER § 626 BGB Rn 133). Deshalb kann einem Betriebsratsmitglied bei Vermö-gensdelikten gegen den Arbeitgeber unter gleichen Voraussetzungen gekündigt wer-den wie sonstigen Arbeitnehmern. Das BAG hat auch eine Abmahnung wegen Arbeitsverweigerung für zulässig erachtet, wenn ein Betriebsratsmitglied während der Arbeitszeit an einer nicht nach § 37 Abs 6 BetrVG erforderlichen Schulungsmaß-nahme teilgenommen hat, obwohl bei sorgfältiger objektiver Prüfung für jeden Drit-ten erkennbar war, daß die Teilnahme an der Schulungsmaßnahme für dieses Be-triebsratsmitglied nicht erforderlich war (BAG 10. 11. 1993 NZA 1994, 500). Im Rahmen der Interessenabwägung ist allerdings zugunsten des Arbeitnehmers die **spezifische Konfliktsituation** zu berücksichtigen, in die der Amtsträger gerät, wenn er zur Er-füllung seiner gesetzlichen Aufgaben tätig wird und dabei zugleich seine Vertrags-und Amtspflichten verletzt (BAG 2. 4. 1987 AP Nr 96 zu § 626 BGB; KR/ETZEL § 15 KSchG Rn 26d; vgl im übrigen aus dem Schrifttum BIEBACK RdA 1978, 82; GAMILLSCHEG, in: FS 25 Jahre BAG [1979] S 117; MATTHES DB 1980, 1165; OETKER BB 1983, 1671; SCHMIDT RdA 1973, 294).

269 Die Rechtsprechung legt bei der Prüfung der (Un-)Zumutbarkeit der Vertragsfort-setzung einen **besonders strengen Maßstab** an. Die Formel „besonders strenger Maß-stab", die das BAG bei der gleichzeitigen Verletzung von Amts- und Vertragspflich-ten durch einen betriebsverfassungsrechtlichen Funktionsträger im Rahmen der Prüfung des § 626 Abs 1 verwendet (BAG 22. 8. 1974 BAGE 26, 219, 230), ist allerdings insoweit mißverständlich, als dem Zumutbarkeitsbegriff selbst ja kein eigener nor-mativer Maßstab zugrundeliegt, der verschärft oder abgeschwächt werden könnte. Es verwundert daher auch nicht, wenn der Rechtsprechung vorgeworfen wird, sie ver-stieße mit dieser Verschärfung des für alle Arbeitnehmer gleichermaßen geltenden § 626 Abs 1 gegen das Begünstigungsverbot für Amtsträger (KR/ETZEL § 15 KSchG Rn 26a unter Bezugnahme auf § 78 Satz 2 BetrVG). Dieser Vorwurf erweist sich aber als unberechtigt, wenn verdeutlicht wird, daß sich als bloße Folge der bei einer gleich-zeitigen Amts- und Vertragspflichtverletzung zu berücksichtigenden Interessen ein strengerer Maßstab ergeben kann (so schließlich auch KR/ETZEL § 15 KSchG Rn 26d).

270 So gebietet der Schutzzweck des § 15 KSchG, daß zugunsten des Arbeitnehmers bei einer **„Doppelpflichtverletzung"** berücksichtigt wird, ob es hierzu nur durch eine spezifische Konfliktsituation kommen konnte, die in irgendeiner Weise mit der Amts-tätigkeit zusammenhängt (RICHARDI, BetrVG § 23 Rn 19 f). Wenn der Amtsträger zur Erfüllung seiner gesetzlichen Aufgaben tätig wird und ihm dabei eine Amtspflicht-verletzung unterläuft, die sich zugleich als eine Verletzung des Arbeitsvertrages darstellt, so entspricht es der Zielrichtung des § 15 KSchG, den Arbeitnehmer bei dieser Tätigkeit zu schützen (vgl zur Kündigung eines Betriebsratsmitglieds wegen unzulässiger Tonbandaufnahme einer Betriebsratssitzung LAG Düsseldorf 30. 11. 1999 AiB 2000, 171; vergleichbare Fallgestaltung bei LAG Hamm 5. 11. 1997 NZA-RR 1998, 350 ff). Aus dieser materiellen Wertung ergibt sich ein deutliches Interessenübergewicht zugunsten des Arbeitnehmers bei der erforderlichen Abwägung nach § 626 Abs 1. Dieses Ergebnis folgt aber nicht aus einem von vornherein strengeren Maßstab bei der Kündigung von Amtsträgern, sondern allein aus der exakten Ermittlung konkreter Interessen und Rechtspositionen. Hinzu kommt, daß die Interessen des Arbeitgebers in solchen Fällen zumeist durch amtsspezifische Sanktionen (zB Amtsenthebung nach § 23 BetrVG) ausreichend gewahrt werden können und nicht die Lösung des Arbeitsverhältnisses erfordern. Schließlich darf der durch § 15 KSchG verfolgte Schutzzweck, die Kontinuität und Unabhängigkeit der Amtsführung zu sichern, nicht dadurch vereitelt werden, daß man die außerordentliche Kündigung für den Arbeitgeber deshalb erleichtert, weil sie infolge des Ausschlusses der ordentlichen Kündigung für ihn die einzige Lösungsmöglichkeit ist.

Im Falle einer außerordentlichen Kündigung nach § 15 Abs 1 KSchG, § 626 Abs 1 ist **271** bei der Zumutbarkeitsprüfung auf die (fiktive) Kündigungsfrist abzustellen, die ohne den besonderen Kündigungsschutz bei einer ordentlichen Kündigung gelten würde (BAG 18. 2. 1993 EzA § 15 KSchG Nr 40; BAG 10. 2. 1999 AP Nr 42 zu § 15 KSchG 1969).

4. Außerordentliche Kündigung ordentlich Unkündbarer

Vielfach werden Arbeitnehmer aufgrund eines Sonderkündigungsschutzes als „un- **272** kündbar" bezeichnet. Dies ist irreführend. Denn der Rückgriff auf das unverzichtbare Recht zur außerordentlichen Kündigung ist immer möglich. Freilich entfällt bei Ausschluss der ordentlichen Kündigung eben das gegenüber der außerordentlichen Kündigung spezifische mildere Mittel der ordentlichen Kündigung. Fristlos kann allerdings einem tariflich unkündbaren Arbeitnehmer nach § 626 allenfalls dann gekündigt werden, wenn dem Arbeitgeber bei einem vergleichbaren kündbaren Arbeitnehmer dessen Weiterbeschäftigung bis zum Ablauf der einschlägigen ordentlichen Kündigungsfrist unzumutbar wäre. Nur so kann der Wertungswiderspruch verhindert werden, daß sonst der tariflich unkündbare Arbeitnehmer allein wegen seines besonderen Schutzes benachteiligt würde (zutr BAG 12. August 1999 AP § 626 BGB Verdacht strafbarer Handlungen Nr 28; BAG 6. 7. 2000 – 2 AZR 454/99 – nv). In jüngerer Zeit ist eine Mehrung der Fälle außerordentlicher Kündigungen ordentlich Unkündbarer festzustellen. Die Problematik ist daher von hoher praktischer Relevanz, weil viele Tarifverträge, insbesondere die des öffentlichen Dienstes Unkündbarkeitsklauseln vorsehen.

a) Grundsätze der Interessenabwägung

Der Wertungsproblematik muß durch eine teleologische Interpretation der Aus- **273** schlusstatbestände begegnet werden, um Widersprüche zu vermeiden. Folgende Kontrollüberlegung sollte vorangestellt werden: Ist die außerordentliche Kündigung eines ordentlich Unkündbaren nur dann zulässig, wenn auch die außerordentliche Kündigung eines ordentlich Kündbaren zulässig wäre? Nach § 626 Abs 1 kommt es für die Zumutbarkeit der weiteren Beschäftigung entscheidend auf die Frist für die reguläre Beendigung des Arbeitsverhältnisses an. Grundsätzlich ist die ordentliche Kündigung vorrangig. Dabei ist die fristlose Kündigung um so eher ungerechtfertigt, je kürzer die dann einzuhaltende Kündigungsfrist ist. Die zu verlangende Dringlichkeit des wichtigsten Grundes steht also grundsätzlich in einem umgekehrten, also diametralen Verhältnis zur Bindung des Kündigenden (vgl. BAG 15. 12. 1955 AP § 626 BGB Nr 6; Herschel Anm zu AP Nr 1 zu § 44 TV AL II). Dies führt im praktischen Ergebnis aller BAG-Entscheidungen dazu, daß bei ordentlich Unkündbaren doch ein „minder wichtiger Grund" für die außerordentliche Kündigung ausreicht. Dies erkennt das BAG und versucht nunmehr generell diesen Benachteiligung durch eine zwingende soziale Auslauffrist aufzufangen (BAG 13. 4. 2000 NZA 2001, 277 = EzA § 626 BGB nF Nr 180; BAG 21. 6. 2001 – 2 AZR 30/00; BAG 21. 6. 2001 – 2 AZR 325/00; krit ErfK/Müller-Glöge § 626 Rn 74). Die Dauer des Arbeitsverhältnisses kann indes nur als *ein* Kriterium in die Interessenabwägung einfließen (KR/Fischermeier § 626 BGB Rn 300). Nach Auffassung der Rechtsprechung kann sich die Unkündbarkeit im Einzelfall zugunsten oder zuungunsten des Arbeitnehmers auswirken (BAG 14. 11. 1984 AP § 626 BGB Nr 83; so auch KR/Fischermeier § 626 Rn 301; Kania/Kramer RdA 1995, 287, 294; kritisch MünchKomm/Schwerdtner Rn 61; Bröhl, in: FS Schaub [1998] 55, 56, 60 f). Welche Betrachtungsweise den Vorrang verdiene, sei insbesondere unter Beachtung des Sinns und Zwecks des Ausschlusses der ordentlichen Kündigung zu entscheiden. Das Gericht unterscheidet dann wie folgt: Bei einmaligen Vorfällen ohne Wiederholungsgefahr wirke sich die längere Vertragsbindung zugunsten des Arbeitnehmers aus; bei Dauertatbeständen oder Vorfällen mit Wiederholungsgefahr könne die Fortsetzung des Arbeitsverhältnisses für den Arbeitgeber aufgrund der „Unkündbarkeit" unter Umständen eher unzumutbar sein als bei einem ordentlich kündbaren Arbeitnehmer. Diese Unterscheidung der Rechtsprechung hilft dem Rechtsanwender nicht weiter und ist lediglich irritierend (Preis, Prinzipien, S 486; MünchKomm/Schwerdtner Rn 81; Walker Anm zu EzA Nr 2 zu § 626 BGB Unkündbarkeit; vgl ErfK/Müller-Glöge § 626 BGB Rn 74): Ohne eine Wiederholungsgefahr besteht ohnehin kein Kündigungsgrund: Jede Kündigung ist zukunftsbezogen; auch im Rahmen der außerordentlichen Kündigung ist das Prognoseprinzip zu beachten (ErfK/Müller-Glöge § 626 BGB Rn 38; KR/Fischermeier § 626 BGB Rn 110). Im Ergebnis bewertet die Rechtsprechung daher die lange Bindungsdauer im Regelfall zuungunsten des Arbeitnehmers (Preis, Prinzipien, S 486). Diese Konsequenz steht offensichtlich im Widerspruch zu dem Grundsatz der Rechtsprechung, daß die Unzumutbarkeit nur unter Anlegung eines besonders engen Maßstabs bzw nur in eng begrenzten/umrissenen Ausnahmefällen zu befürworten sei (BAG 3. 11. 1955 AB § 626 Nr 3; BAG 15. 12. 1955 AP § 626 BGB Nr 6; BAG 9. 9. 1992 AP § 626 BGB Krankheit Nr 3; BAG 12. 7. 1995 AP § 626 BGB Krankheit Nr 7; BAG 5. 2. 1998 AP Nr § 626 BGB Nr 143). Hilfreich bei der Lösung des Problems könnte die Erkenntnis sein, daß Sinn und Zweck der Unkündbarkeitsklausel von entscheidender Bedeutung bei der Interessenabwägung nach § 626 sein dürfte. Immerhin hat das BAG jetzt entschieden, daß die „Unkündbarkeit" nicht nur zu Lasten des Arbeitnehmers berücksichtigt werden dürfe (BAG 13. 4. 2000 NZA 2001, 277 = EzA § 626 BGB nF Nr 180).

b) Betriebsbedingte Kündigung

274 Das BAG hat im Jahre 1957 festgestellt, es gebe keinen Rechtssatz, nach dem „ein wichtiger Grund niemals in unpersönlichen, lediglich im Betriebe liegenden Umständen gefunden werden kann". Ebensowenig gibt es allerdings den umgekehrten Rechtssatz, daß die völlige Betriebsstillegung eines Betriebes oder eines Betriebsteils stets und immer ein wichtiger Grund ist, der zur Entlassung auch der sonst unkündbaren Arbeitnehmer ausreicht (BAG 8. 10. 1957 AP § 626 BGB Nr 16). Ausgangspunkt aller Überlegungen ist, daß dringende betriebliche Gründe regelmäßig nur eine ordentliche Arbeitgeberkündigung gemäß § 1 KSchG rechtfertigen. Dies ergibt sich aus dem ultima-ratio-Prinzip und dem Grundsatz, daß der Arbeitgeber das

Wirtschaftsrisiko nicht auf den Arbeitnehmer abschieben kann (BAG 28.3. 1985 AP
§ 626 BGB Nr 86; BAG 22.7. 1992 EzA § 626 BGB Nr 141; BAG 7.5. 1984 AP § 22 KO Nr 5). Die
Rechtsprechung macht eine Ausnahme bei ordentlicher Unkündbarkeit. Hier könne
eine unzumutbare Belastung dann bestehen, wenn der Arbeitgeber den Arbeitnehmer nicht weiterbeschäftigen kann, aber über einen längeren Zeitraum das Entgelt
fortzuzahlen hätte.

Entscheidungserheblich ist danach, wo die **Grenze wirtschaftlicher Zumutbarkeit** zu   **275**
ziehen ist. **Sie kann nicht** abstrakt und absolut bestimmt werden. In der Entscheidung
vom 5.2. 1998 (AP § 626 BGB Nr 143) nahm das BAG an, es sei unzumutbar, über einen
Zeitraum von mehr als fünf Jahren zur Zahlung des Arbeitsentgelts ohne Gegenleistung verpflichtet zu sein. Dies kann nicht überzeugen. Zu berücksichtigen ist
insoweit die Wertung aus § 624, § 15 IV TzBfG. Danach steht dem Dienst- bzw
Arbeitnehmer nach Ablauf von fünf Jahren ein Kündigungsrecht zu (näher zu Sinn
und Zweck § 624 Rn 1). Im Umkehrschluß kann der Regelung entnommen werden,
daß der Gesetzgeber den Arbeitgeber nicht im gleichen Maße als schutzbedürftig
angesehen hat. Wird im Vertrag allein das Recht des Arbeitgebers zur ordentlichen
Kündigung ausgeschlossen, so ist diese Vereinbarung zulässig. Der Arbeitgeber kann
sich also wirksam auf Lebenszeit binden (BGH 22.4. 1986 NJW-RR 1986, 982, 983; ErfK/
Müller-Glöge § 15 TzBfG Rn 21 f; hier § 624 BGB Rn 7). Ihm bleibt lediglich die Möglichkeit, sich bei Vorliegen eines wichtigen Grundes von der lebenslangen Bindung zu
trennen. Eine über fünf Jahre hinausgehende Bindung und das damit verbundene
Risiko der Entgeltfortzahlung kann dann daher für sich genommen keinen absoluten
Kündigungsgrund im Rahmen des § 626 darstellen. Entscheidend ist vielmehr auch
insoweit der Sinn und Zweck der Vereinbarung: Bei einem Rationalisierungstarif-
vertrag mit einer Laufzeit von fünf Jahren, der als Gegenleistung für den Ausschluß
betriebsbedingter Kündigungen Lohnminderungen oder Arbeitszeitverlängerungen
vorsieht, kann beispielsweise eine fünfjährige Lohnzahlungspflicht ohne Verwen-
dungsmöglichkeit der Arbeitskraft sicher kein wichtiger Grund iSd § 626 sein. Es
sind also stets alle normativ schutzwürdigen Kriterien zu berücksichtigen.

Der Arbeitgeber wird durch Art 2, 12 und 14 GG auch in seiner Freiheit geschützt,   **276**
einen Beruf und eine Unternehmenstätigkeit aufzugeben. Der Unternehmer muß
daher die (auch ordentlich unkündbare) Arbeitsverhältnisse wirksam kündigen können, um seinen Beruf und seine Unternehmenstätigkeit aufgeben zu können. Fragwürdig ist aber, daß das BAG die Betriebsstillegung regelmäßig mit der Unterneh-
mensaufgabe gleichsetzt (vgl etwa BAG 5.2. 1998 AP § 626 BGB Nr 143). Dies ist allerdings
keineswegs geboten, soweit in einem Unternehmen mit mehreren Betrieben lediglich
ein Betrieb stillgelegt wird. Bei der Vereinbarung einzelvertraglicher Unkündbarkeitsvereinbarungen mutet sich der Arbeitgeber in Wahrnehmung seiner Freiheits-
rechte das Risiko wirtschaftlicher Belastungen ohne entsprechende Gegenleistung
selbst zu. Auch kündigungsbeschränkende Tarifnormen beruhen nach Art 9 Abs 3
GG *„auf kollektiv ausgeübter Privatautonomie“*. Der Arbeitgeber nimmt im Wege
der mitgliedschaftlichen Tarifbindung seine Koalitionsfreiheit wahr. Es besteht also
kein Grund, daß die tarifgebundenen Arbeitgeber aufgrund tariflicher Unkündbarkeitsklauseln weniger gebunden sein sollen als bei einzelvertraglichen Regelungen.

Die Wertungen aus § 113 InsO und § 1 KSchG legen den Schluß nahe, daß eine   **277**
betriebsbedingte außerordentliche Kündigung nur im Interesse der Sicherung des

Unternehmens oder bei existenznotwendigen Umstrukturierungen gerechtfertigt sein kann (Buchner Anm zu EzA Nr 96 zu § 626 BGB nF; Bezani Anm zu AP Nr 7 zu § 626 BGB). Bei der Interessenabwägung muß die Risikoverteilung im Arbeitsverhältnis berücksichtigt werden. Insoweit ist der Ansicht des BAG zu folgen, daß *„Umstände, die in die Sphäre des Betriebsrisikos des Arbeitgebers fallen,* [...] *nicht als wichtige Gründe für eine außerordentliche Kündigung geeignet"* sind (BAG 25. 10. 1984 – 2 AZR 455/83 –; BAG 6. 3. 1986 AP § 15 KSchG 1969 Nr 19). Eine unternehmerische Entscheidung allein genügt nicht, um sich von vertraglichen Bindungen zu lösen. Arbeitgeber können sich als Unternehmer auch nicht von Verpflichtungen gegenüber anderen Vertragspartnern allein etwa aufgrund betrieblicher Umstrukturierungen lossagen. Trifft ein Arbeitgeber eine unternehmerische Entscheidung, dann muß er auch deren negativen und finanzielle Folgen in Kauf nehmen. Nichts anderes kann grundsätzlich bei der Entscheidung gelten, auf ein ordentliches Kündigungsrecht zu verzichten, sei es aufgrund einzelvertraglicher Vereinbarung oder durch Tarifbindung. Allgemein gilt, daß die Beschränkung des Kündigungsrechts zu einer Verstärkung der Vertragsbindung führt; jegliche engere Bindung hat die Rechtsfolge, daß die Lösung von einem Vertrag schwieriger wird. Der Kündigungsgrund muß daher so gewichtig sein, daß er selbst gegenüber der vertraglichen Zusage einer nur unter ganz besonderen Umständen kündbaren Dauerstellung durchdringt. Die Verbesserung des arbeitsvertraglichen Status muß sich der Arbeitgeber bei der Interessenabwägung also entgegenhalten lassen (Buchner Anm zu EzA Nr 96 zu § 626 BGB nF). Voraussetzung für ein außerordentliches Kündigungrecht ordentlich unkündbarer Arbeitsverhältnisse muß dann aber grundsätzlich eine wirtschaftliche Notlage sein, die einen Wegfall der Geschäftsgrundlage der Unkündbarkeitsvereinbarung bewirkt. Es müssen Umstände vorliegen, die von dem autonom erhöhten Risiko nicht mehr gedeckt werden. Bei der Interessenabwägung kann nur berücksichtigt werden, daß der Arbeitgeber nicht in der wirtschaftlichen Lage ist, die Entgeltfortzahlung über Jahre hinaus zu tragen. Es kommt nicht darauf an, daß er nicht gewillt ist.

278 Entscheidend ist schließlich auf den Sinn und Zweck der Unkündbarkeitsklauseln abzustellen. Nur aus der verständigen Wertung der jeweiligen Vereinbarung kann erschlossen werden, welches Risiko jede Vertragspartei tragen soll, insbesondere inwieweit der Arbeitgeber sein Unternehmerrisiko gegenüber anderen Arbeitsverhältnissen erhöht. Dementsprechend kommt der Auslegung der betroffenen Arbeitsvertrags- oder Tarifvertragsklauseln eine besondere Bedeutung zu. Von besonderem Interesse ist die Frage, ob der Arbeitgeber das Risiko übernommen hat, das Arbeitsverhältnis auch ohne Beschäftigungsmöglichkeit fortzusetzen (näher Preis/Hamacher, in: FS 50 Jahre LAG Rheinland-Pfalz [1998] 245, 261 ff).

c) Personen- und verhaltensbedingte Kündigung
279 Bei **personenbedingten Kündigungen** ist zu beachten, daß Kündigungsausschlüsse zugunsten von Arbeitnehmern, die ein gewisses Lebensalter erreicht haben oder eine bestimmte Betriebszugehörigkeit aufweisen können, regelmäßig vor altersbedingten Nachteilen geschützt werden sollen. Altersbedingte Einschränkungen der Leistungsfähigkeit bei längerer Betriebszugehörigkeit sollen in erster Linie nicht durch Kündigungen, sondern durch andere betriebliche Maßnahmen – zB Umsetzung – bewältigt werden (BAG 12. 7. 1995 AP § 626 BGB Krankheit Nr 7). Eine außerordentliche Kündigung aus personenbedingten Gründen, insbesondere aus Krankheitsgründen ist grundsätzlich nicht von vornherein ausgeschlossen (BAG 4. 2. 1993 EzA

§ 626 BGB nF Nr 144; BAG 9. 9. 1992 AP § 626 BGB Krankheit Nr 3; BAG 9. 7. 1964 AP § 626 BGB Nr 52; LAG Hamm 11. 10. 1995 LAGE § 626 BGB Nr 92; LAG Hamm 24. 11. 1988 LAGE § 626 BGB Unkündbarkeit Nr 2; KR/FISCHERMEIER § 626 BGB Rn 132); sie ist vielmehr in eng zu begrenzenden Ausnahmefällen möglich (BAG 9. 9. 1992 AP § 626 BGB Krankheit Nr 3; BAG 12. 7. 1995 AP § 626 BGB Krankheit Nr 7 mit zust Anm BEZANI; BAG 18. 10. 2000 NZA 2001, 219 = EzA § 626 BGB Krankheit Nr 3; BAG 18. 1. 2001 – 2 AZR 616/99). Sie wird allerdings nur für den Ausnahmefall zugelassen, daß die ordentliche Kündigung einzel- oder tarifvertraglich ausgeschlossen ist (vgl BAG 18. 1. 2001 – 2 AZR 616/99). Allerdings müssen bereits bei der ordentlichen krankheitsbedingten Kündigung die betrieblichen Interessen des Arbeitgebers aufgrund der Entgeltfortzahlung *unzumutbar* beeinträchtigt sein (BAG 23. 6. 1983 AP § 1 KSchG 1969 Krankheit Nr 10). Da über den sechswöchigen Zeitraum des § 3 EFZG hinaus der Arbeitgeber im Regelfall keine Entgeltfortzahlung leisten muß, besteht keine wirtschaftliche Belastung, so daß sich die unzumutbare Interessenbeeinträchtigung aus anderen Umständen ergeben muß. Ein wichtiger Grund iSd § 626 wird regelmäßig nur bei dauernder Arbeitsunfähigkeit befürwortet werden können (BAG 4. 2. 1993 EzA § 626 BGB nF Nr 144; BAG 12. 7. 1995 AP § 626 BGB Krankheit Nr 7; zust KANIA/KRAMER RdA 1995, 287, 296). Nur dann liegt eine nicht korrigierbare Störung des Austauschverhältnisses vor, da der Arbeitnehmer nicht mehr in der Lage ist, wenigstens einen Teil seiner geschuldeten Arbeitsleistung zu erbringen. Bei anderen personenbedingten Gründen ist häufig zu prüfen, ob überhaupt eine wirtschaftliche Belastung besteht. Dies ist etwa dann nicht der Fall, wenn bereits kein ordnungsgemäßes Angebot der Arbeitsleistung vorliegt, so daß auch kein Annahmeverzug bei Nichtbeschäftigung in Betracht kommt (ErfK/PREIS § 615 BGB Rn 18 ff; 43 ff). So ist etwa die Beschäftigungs- und Vergütungspflicht bei Fehlen der Arbeitserlaubnis suspendiert. Der Arbeitgeber wird regelmäßig nicht wirtschaftlich belastet. Etwas anderes gilt dann, wenn der Arbeitsplatz sofort neu besetzt werden muß und keine Überbrückungsmöglichkeit gegeben ist.

Bei **verhaltensbedingten Kündigungen** stellt sich die Problematik ganz anders. Sowohl **280** Tarifvertrags- als auch Arbeitsvertragsparteien werden aufgrund von Unkündbarkeitsklauseln nicht ohne weiteres den Schutz solcher Arbeitnehmer bezwecken, die ihre Vertragspflichten schuldhaft verletzen. Deshalb kann auch ordentlich unkündbaren Arbeitnehmern verhaltensbedingt außerordentlich gekündigt werden (vgl. schon BAG 3. 11. 1955 AP § 626 BGB Nr 4; BAG 16. 7. 1959 AP § 626 BGB Nr 31). Bei verhaltensbedingten außerordentlichen Kündigungen ist vielfach die Störung des Vertrauensverhältnisses kennzeichnend. Umstände, die zur verhaltensbedingten Kündigung berechtigen, sind vom Arbeitnehmer steuerbar. Eine besondere Schutzbedürftigkeit gegenüber seinem eigenem Verhalten besteht grundsätzlich nicht und wird regelmäßig auch nicht von Unkündbarkeitsklauseln bezweckt sein. Bei einer langen Betriebszugehörigkeit darf ohnehin nicht jedes Fehlverhalten als Kündigungsanlaß genommen werden. Problematisch ist, ob bei verhaltensbedingten Gründen **eine außerordentliche Kündigung mit Auslauffrist** das angemessene Mittel ist (So MünchKomm/SCHWERDTNER 109; ders, in: FS Kissel [1994] 1077, 1090; KR/FISCHERMEIER § 626 BGB Rn 305). Regelmäßig dürfte bei verhaltensbedingten Kündigungen die Vertrauensgrundlage dermaßen schwer gestört sein, daß eine weitere Zusammenarbeit sofort unzumutbar ist; die Beschäftigung für die Dauer einer Auslauffrist ist in solchen Fällen ebenfalls unzumutbar. Das sieht das BAG anders für den Fall einer verhaltensbedingten Kündigung, bei dem einem vergleichbaren Arbeitnehmer ohne Ausschluß der ordentlichen Kündbarkeit bei (theoretisch) gleichem Kündigungssachverhalt zwar nicht nach § 626 außerordentlich, jedoch fristgerecht gekündigt werden könnte. Die lange Bindungsdauer aufgrund einer Unkündbarkeitsklausel könne dann zu Lasten des Arbeitnehmers so wirken, daß ein wichtiger Grund zur außerordentlichen Kündigung des betreffenden Arbeitnehmers nach § 626 Abs 1 anzunehmen ist. Zur Vermeidung eines Wertungswiderspruchs räumt das BAG auch in diesen Fällen dem tariflich besonders geschützten Arbeitnehmer eine der fiktiven ordentlichen Kündigungsfrist entsprechende Auslauffrist ein, wenn bei unterstellter Kündbarkeit nur eine fristgerechte Kündigung zulässig wäre (BAG 13. 4. 2000 NZA 2001, 277 = EzA § 626 BGB nF Nr 180; BAG 11. 3. 1999 AP § 626 BGB Nr 150). Eine außerordentliche Kündigung ohne Gewährung einer derartigen Auslauffrist sei nur dann gerechtfertigt, wenn es dem Arbeitgeber nicht einmal zumutbar sei, den tariflich unkündbaren Arbeitnehmer auch nur bis zum Ablauf der „fiktiven" Frist zur ordentlichen Beendigung des Arbeitsverhältnisses weiterzubeschäftigen. Da Prüfungsmaßstab derjenige bei vergleichbaren ordentlich kündbaren Arbeitnehmern sei, sei es nicht gerechtfertigt, für die Bejahung der Zulässigkeit einer fristlosen oder vor Ablauf der fiktiven ordentlichen Kündigungsfrist wirksam werdenden Kündigung nochmals zu Lasten des Arbeitnehmers seine tarifliche Unkündbarkeit zu berücksichtigen.

d) Angleichung mit der ordentlichen Kündigung

281 Die in der Rechtsprechung festzustellende Absenkung der Kündigungsschwelle für ordentlich unkündbare Arbeitnehmer geht einher mit einer weitgehenden Angleichung der Kündigungsvoraussetzungen von ordentlicher und außerordentlicher Kündigung. Im Regelfall werden die ordentlich unkündbaren Arbeitnehmer wegen der beabsichtigten Schutzerhöhung zumindest mit ordentlich kündbaren Arbeitnehmer gleichgestellt werden müssen, wenn die Unzumutbarkeit gerade auf der langfristigen wirtschaftlichen Belastung beruht. Dem BAG ist insofern zu folgen. Der Gedanke, daß dem besonders geschützten Arbeitnehmer aus einer Unkündbarkeitsvereinbarung kein Nachteil erwachsen darf, ist anzuerkennen. Freilich gibt es hier manche Ungereimtheit zu beachten.

282 Bei einer außerordentlichen Kündigung wegen einer langen Bindungsdauer ist nach allgemeiner Ansicht grundsätzlich eine **Auslauffrist** einzuhalten. Dies dient der Vermeidung eines Wertungswiderspruchs; dem Schutzzweck widerspräche es, wenn unkündbare Arbeitnehmer schlechter stünden als kündbare (BAG 5. 2. 1998 AP § 626 BGB Nr 143; BAG 13. 4. 2000 NZA 2001, 277). Problematisch ist die Länge der Auslauffrist. Ist lediglich die gesetzliche oder tarifliche Kündigungsfrist einzuhalten, die ohne den Ausschluß der ordentlichen Kündigung gelten würde (dazu BAG 28. 3. 1985 AP § 626 BGB Nr 86; BAG 5. 2. 1998 AP § 626 BGB Nr 143; ErfK/MÜLLER-GLÖGE § 626 BGB Rn 228; WALKER Anm zu EzA Nr 2 zu § 626 BGB Unkündbarkeit)? Das Ziel der Auslauffrist ist, einen Wertungswiderspruch zwischen dem Ziel der Unkündbarkeitsregelung und den Folgen zu vermeiden. Sinn und Zweck des Kündigungsausschlusses ist eine Besserstellung der betroffenen Arbeitnehmer, genaugenommen sogar eine „Beststellung". Ihnen wird nicht nur eine Verlängerung der Kündigungsfrist, sondern der bestmögliche Kündigungsschutz zugestanden. Abzustellen sein könnte daher regelmäßig auf die längste tarifliche bzw gesetzliche Kündigungsfrist (KANIA/KRAMER RdA 1995, 287, 295; BAG 9. 9. 1992 AP § 626 BGB Krankheit Nr 3: *"... die von der Bekl gewählte Auslauffrist.... die jedenfalls der längsten ordentlichen Kündigungsfrist entspricht, wird vom Kläger nicht beanstandet."* BAG 4. 2. 1993 EzA § 626 BGB nF Nr 144: *... zur Verpflichtung, die längste Kündigungsfrist einzuhalten, die er ohne Ausschluß der ordentlichen Kündigung einzuhalten hätte*). Die neuere Rechtsprechung scheint sich jedoch damit zu begnügen, daß die **„einschlägige"**, dh die bei Zugrundelegung der Betriebszugehörigkeit anzuwendende **ordentliche Kündigungsfrist** als soziale Auslauffrist zu wahren ist (BAG 18.10. 2000 NZA 2001, 219). Danach ist also nicht die längste, sondern die fiktiv anwendbare Kündigungsfrist als Auslauffrist zu wahren (BAG 13.4. 2000 NZA 2001, 277 = EzA § 626 BGB nF Nr 180: *„so ist jedoch auf der Rechtsfolgenseite zur Vermeidung eines Wertungswiderspruchs dem tariflich besonders geschützten Arbeitnehmer, wenn bei unterstellter Kündbarkeit nur eine fristgerechte Kündigung zulässig wäre, eine der fiktiven ordentlichen Kündigungsfrist entsprechende Auslauffrist einzuräumen";* sa BAG 15.11.2001 – 2 AZR 605/00; BAG 11.3. 1999 AP § 626 BGB Nr 150). Bis zum Ablauf dieser Frist ist dem Arbeitgeber die Fortsetzung eines Arbeitsverhältnisses nicht wirtschaftlich unzumutbar, denn auch bei ordentlich kündbaren Arbeitnehmern ist der Arbeitgeber an diese Frist gebunden.

Besonders signifikant ist die Gleichstellung des ordentlich Unkündbaren mit dem **283** kündbaren Arbeitnehmer bei der **Anhörung des Betriebsrats/Personalrats.** Da der ordentlich Unkündbare nur mit Auslauffrist, die mindestens der einzuhaltenden Kündigungsfrist entspricht, gekündigt werden kann, wendet das BAG bei der Anhörung die Grundsätze der ordentlichen Kündigung an (BAG 21.6.2001 – 2 AZR 325/00). Bei seiner Stellungnahme ist der Betriebsrat daher nicht an die dreitägige Frist gemäß § 102 Abs 2 S 3 BetrVG (außerordentliche Kündigung) gebunden, vielmehr gilt die Wochenfrist nach Satz 1 der Vorschrift (ordentliche Kündigung). Bei einer konsequenten Gleichstellung mit ordentlichen kündbaren Arbeitnehmern sind zutreffend auch die § 102 Abs 3 bis 5 BetrVG anzuwenden (BAG 5.2. 1998 AP § 626 BGB Nr 143). Die Gleichstellung wirkt sich kündigungserschwerend nicht im Geltungsbereich des BetrVG, aber wohl des BPersVG und einiger LPVG aus, weil dort nur die ordentliche Kündigung einem weitergehenden Mitbestimmungsverfahren, zT sogar der Zustimmung durch die Personalräte unterliegt (vgl §§ 72, 79 BPersVG, zB § 65 Abs 2 Nr iVm § 68 LPVG Niedersachsen; § 72 a LPVG NW), bei außerordentlichen Kündigung dagegen der Personalrat regelmäßig nur angehört werden muß (§ 79 Abs 3 BPersVG, § 72a Abs 2 LPVG NW). Die Rechtsprechung überspitzt die Gleichstellung im Bereich des öffentlichen Dienstes, wenn es das Anhörungsverfahren für „außerordentliche Kündigungen" bei „außerordentlichen Kündigungen mit Auslauffrist" nicht für ausreichend hält. (BAG 18.10. 2000 NZA 2001, 219 für den Fall der Personalratsbeteiligung nach §§ 72, 79 BPersVG). Stelle das Gesetz für die Mitwirkung des Betriebs- oder Personalrats bei der ordentlichen Kündigung schärfere Anforderungen auf als bei der außerordentlichen Kündigung, so würde sich im Ergebnis der tarifliche Ausschluß der ordentlichen Kündigung gegen den betreffenden Arbeitnehmer auswirken, würde man die Mitwirkung des Betriebs- oder Personalrats nur an den erleichterten Voraussetzungen bei einer außerordentlichen Kündigung messen. Da diese weitreichende Neuorientierung nicht vorhersehbar war, gewährt das BAG Vertrauensschutz für alle vor dem 5.2. 1998 (Stichtag der Neuorientierung in der Rechtsprechung: BAG 5.2. 1998 AP § 626 BGB Nr 143) durchgeführten Beteiligungsverfahren, und sieht bis dahin die Beteiligung nach den Grundsätzen der außerordentlichen Kündigung nicht als fehlerhaft an (BAG 18.1. 2001 EzA Nr 4 zu § 626 BGB Krankheit).

Der Arbeitgeber hat bei betriebsbedingten außerordentlichen Kündigungen mit **284** Auslauffrist eine **Sozialauswahl** entsprechend § 1 Abs 3 KSchG durchzuführen (BAG 5.2. 1998 AP § 626 BGB Nr 143; zust Anm SCHLEUSENER SAE 1998, 218, 221; BRÖHL, in: FS Schaub, [1998] 55, 63; WALKER Anm zu EzA Nr 2 zu § 626 BGB Unkündbarkeit; MünchKomm/ SCHWERDTNER Rn 149, hält eine Sozialauswahl bei einer außerordentlichen Kündigung nur für schwer vorstellbar). Grundsätzlich sind nach überwiegender und zutreffender Auffassung unkündbare Arbeitnehmer nicht in der Sozialauswahl nach § 1 Abs 3 KSchG zu berücksichtigen. Das gilt aber nur, soweit der Kündigungsgrund so gelagert ist, daß Kündbare und Unkündbare gleichermaßen gekündigt werden können (BAG 17.9.1998 AP § 626 BGB Nr 148). Andernfalls muß der Arbeitgeber vorrangig kündbaren Arbeitnehmern kündigen, wenn er den ordentlich Unkündbaren nicht anderweitig beschäftigen kann.

VIII. Ausschlußfrist (Abs 2)

285 Die außerordentliche Kündigung kann nur innerhalb einer Frist von zwei Wochen erfolgen. Die Frist beginnt mit dem Zeitpunkt, in dem der **Kündigungsberechtigte** von den für die Kündigung maßgebenden Tatsachen Kenntnis erlangt (§ 626 Abs 2 Satz 1). Die Ausschlußfrist gilt für jede außerordentliche Kündigung. Sie gilt auch für selbständige Dienstverhältnisse (BGH 19.11.1998 DB 1999, 378). Sie gilt auch für den Fall, daß die ordentliche Kündigung ausgeschlossen ist, sei es kraft Gesetzes (für § 15 KSchG BAG 18.8.1977 AP Nr 10 zu § 103 BetrVG 1972), kraft Tarifvertrages (BAG 19.1.1973 EzA § 626 BGB nF Nr 24; 20.4.1977 EzA § 626 BGB nF Nr 55; 28.3.1985 EzA § 626 BGB nF Nr 96; 4.2.1993 EzA § 626 BGB nF Nr 103) oder kraft Einzelvertrages (BAG 12.2.1973 EzA § 626 BGB nF Nr 32). Die Ausschlußfrist **gilt** jedoch **nicht** für das Verfahren nach § 78a Abs 4 Satz 1 Nr 2 BetrVG (BAG 15.12.1983 EzA § 78a BetrVG 1972 Nr 13). Auch für die Verhängung einer Dienststrafe gegen einen Dienstordnungs-Angestellten gilt § 626 Abs 2 nicht (BAG 3.2.1972 AP Nr 32 zu § 611 BGB Dienstordnungs-Angestellte).

1.   Zweck und Bedeutung

286 § 626 Abs 2 ist eine **materiell-rechtliche Ausschlußfrist,** die als verfassungsgemäße Konkretisierung des Verwirkungstatbestandes anzusehen ist (BAG 28.10.1971 AP Nr 1 zu § 626 BGB Ausschlußfrist; 9.1.1986 AP Nr 20 zu § 626 BGB Ausschlußfrist; 29.7.1993 A Nr 31 zu § 626 BGB Ausschlussfrist; KR/FISCHERMEIER Rn 312 ff). Nach ihrem Ablauf gilt die unwiderlegbare Vermutung, daß die Fortsetzung des Arbeitsverhältnisses für den Kündigenden nicht mehr unzumutbar ist. Eine **Wiedereinsetzung** in den vorherigen Stand ist **nicht möglich.**

287 Die Bestimmung des § 626 Abs 2 Satz 1 ist **zwingend** und durch Parteivereinbarung nicht abdingbar (BAG 12.2.1973 AP Nr 6 zu § 626 BGB Ausschlußfrist; KR/FISCHERMEIER Rn 317). Sie kann auch nicht durch kollektive Normen ausgeschlossen oder geändert werden (BAG 12.4.1978 EzA § 626 BGB nF Nr 64; KR/FISCHERMEIER Rn 318). Die Versäumung der Ausschlußfrist muß fristgerecht nach § 13 Abs 1 Satz 2 iVm § 4 KSchG durch Kündigungsschutzklage geltend gemacht werden (BAG 8.6.1972 AP Nr 1 zu § 13 KSchG 1969; 6.7.1972 AP Nr 3 zu § 626 BGB Ausschlußfrist).

288 Nach Ablauf der Ausschlußfrist bleibt die Begründung einer **ordentlichen Kündigung mit demselben Kündigungsgrund möglich** (BAG 4.3.1980 AP Nr 4 zu Art 140 GG; KR/ FISCHERMEIER Rn 315; **aA** LAG Hamm 16.10.1978 DB 1979, 607). Die entgegengesetzte Auffassung würde zu einer nicht zu rechtfertigenden Ausdehnung des § 626 Abs 2 auf die ordentliche Kündigung führen.

2. Beginn der Ausschlußfrist

a) Positive Tatsachenkenntnis

Die Ausschlußfrist beginnt, wenn der Kündigungsberechtigte eine **zuverlässige und** 289 **möglichst vollständige positive Kenntnis der für die Kündigung maßgebenden Tatsachen hat.** Auch grob fahrlässige Unkenntnis ist ohne Bedeutung (BAG 28. 10. 1971 EzA § 626 BGB nF Nr 8; 6. 7. 1972 EzA § 626 BGB nF Nr 15; 10. 6. 1988 EzA § 626 BGB Ausschlußfrist Nr 2; 31. 3. 1993 EzA § 626 BGB Ausschlußfrist Nr 5; 15. 11. 1995 EzA § 102 BetrVG 1972 Nr 89). Zu den für die Kündigung maßgebenden Tatsachen gehören sowohl die für als auch gegen die Kündigung sprechenden Umstände. Ohne Kenntnis des Kündigungsberechtigten vom Kündigungssachverhalt kann das Kündigungsrecht nicht verwirken (BAG 9. 1. 1986 AP Nr 20 zu § 626 BGB Ausschlußfrist).

Der Kündigende, der Anhaltspunkte für einen Sachverhalt hat, der zur fristlosen 290 Kündigung berechtigen könnte, kann Ermittlungen anstellen und den Betroffenen oder Zeugen anhören, ohne daß die Frist zu laufen beginnt. Es können auch Urkunden eingesehen bzw geprüft oder erst beigezogen werden. Sind die Ermittlungen abgeschlossen und hat der Kündigende nunmehr die Kenntnis des Kündigungssachverhalts, so beginnt die Ausschlußfrist zu laufen. Die Ermittlungen dürfen *nicht hinausgezögert* werden (BGH 19. 5. 1980 NJW 1981, 166). Andererseits darf nicht darauf abgestellt werden, ob die Maßnahmen des Kündigenden etwas zur Aufklärung des Sachverhaltes beigetragen haben oder überflüssig waren. Bis zur Grenze, die ein verständig handelnder Arbeitgeber oder Arbeitnehmer beachten würde, kann der Sachverhalt durch erforderlich erscheinende Aufklärungsmaßnahmen vollständig geklärt werden. Der Ausgang eines Strafermittlungs- oder Strafverfahrens, der für das Gewicht des Kündigungsgrundes von Bedeutung ist, darf abgewartet werden (BAG 14. 2. 1996 EzA § 626 BGB nF Nr 160 = NZA 1996, 873). Der Beginn der Ausschlußfrist ist gehemmt, solange der Kündigungsberechtigte die zur Aufklärung des Sachverhalts **nach pflichtgemäßem Ermessen notwendig erscheinenden Maßnahmen mit der gebotenen Eile** durchführt (BAG 10. 6. 1988 EzA § 626 BGB Ausschlußfrist Nr 2; 31. 3. 1993 EzA § 626 BGB Ausschlußfrist Nr 5). Ob diese Voraussetzungen erfüllt sind, hängt von den Umständen des Einzelfalles ab. Eine Regelfrist gilt, anders als für die Anhörung des Kündigungsgegners, für die Durchführung der übrigen Ermittlungen nicht. Nach Ansicht des LAG Frankfurt/Main (12. 3. 1987 LAGE § 626 BGB Ausschlußfrist Nr 1) soll jedoch eine dreimonatige Aufklärungsdauer in der Regel zu lang sein. Gesteht der Betroffene die ihm zur Last gelegten Handlungen zu, so bedarf es weiterer Aufklärungen allerdings nicht mehr. Die Einholung von Rechtsrat hemmt die Frist des § 626 Abs 2 nicht (LAG Hamm 1. 10. 1998 LAGE § 626 BGB Ausschlußfrist Nr 10).

Vor einer abschließenden Würdigung aller Umstände **kann** der Kündigende den 291 Betroffenen auch schriftlich oder mündlich **anhören.** Die dafür notwendige Zeit hemmt die Frist des § 626 Abs 2. Um den Lauf der Frist jedoch nicht länger als unbedingt notwendig hinauszuschieben, muß die Anhörung innerhalb einer kurz zu bemessenden Frist, die im allgemeinen nicht länger als **eine Woche (Regelfrist)** sein darf, erfolgen (BAG 6. 7. 1972 EzA § 626 BGB nF Nr 15; 12. 2. 1973 EzA § 626 BGB nF Nr 26; LAG Hamm 11. 12. 1991 LAGE § 626 BGB Ausschlußfrist Nr 3; LAG Köln 20. 7. 1995 LAGE § 626 BGB Ausschlußfrist Nr 8 = NZA-RR 1996, 317). Bei Vorliegen besonderer Umstände darf diese Regelfrist auch überschritten werden. Ein solcher Fall kann vorliegen, wenn der Kündigende den Betroffenen nach einer schriftlichen Anhörung noch einmal wegen offener Fragen mündlich anhört. Dies muß allerdings innerhalb einer kurzen Frist geschehen (BAG 12.2. 1973 EzA § 626 BGB nF Nr 26).

b) Fristbeginn bei Dauertatbeständen

292 Bei sogenannten **Dauergründen** bzw **Dauertatbeständen** beginnt die Frist mit dem letzten Vorfall, der ein weiteres und letztes Glied in der Kette der Ereignisse bildet, die zum Anlaß für eine Kündigung genommen werden. Unter diesen Voraussetzungen sind auch frühere Ereignisse zu berücksichtigen (BAG 17.8. 1972 EzA § 626 BGB nF Nr 16; 10.4. 1975 EzA § 626 BGB nF Nr 37; KR/FISCHERMEIER Rn 325). Abgeschlossene Tatbestände mit Fortwirkung im Vertrauensbereich (zB Straftaten) sind keine Dauertatbestände in diesem Sinne (STAHLHACKE/PREIS Rn 843). Das gilt auch für den Fall der Verdachtskündigung (BAG 29.7. 1993 EzA § 626 BGB Ausschlußfrist Nr 4).

293 Handelt es sich um Dauertatbestände, die bis in die Ausschlußfrist hineinragen, zB um eine **Verletzung von Arbeitsschutzvorschriften bis unmittelbar vor Ausspruch der Kündigung,** können Bedenken gegen die Wirksamkeit der Kündigung aus § 626 Abs 2 Satz 1 nicht hergeleitet werden (BAG 28.10. 1971 AP Nr 62 zu § 626 BGB). Das gilt auch im Falle eines andauernden unbefugten **Fernbleibens vom Arbeitsplatz** (KR/FISCHERMEIER Rn 325; LAG Düsseldorf/Köln 29.4. 1981 EzA § 626 BGB nF Nr 77). Bei unentschuldigtem Fehlen beginnt die Ausschlußfrist mit dem Ende der Fehlzeit (BAG 22.1. 1998 EzA § 626 BGB Ausschlussfrist Nr 11), bei **eigenmächtigem Urlaubsantritt** mit der Rückkehr aus dem Urlaub zu laufen (BAG 25.2. 1983 AP Nr 14 zu § 626 BGB Ausschlußfrist; LAG Düsseldorf/Köln 29.4. 1981 EzA § 626 BGB nF Nr 77; LAG Hamm 5.1. 1983 BB 1983, 1473; KAPISCHKE BB 1981, 189; **aA** ArbG Münster 2.9. 1982 BB 1982, 1987; GERAUER BB 1980, 1332).

294 Bei **personenbedingten Gründen** beginnt die Frist in dem Zeitpunkt zu laufen, in dem der Arbeitgeber von dem dauerhaften Ausfall weiß und hierauf seine Personalplanung einstellen muß (BAG 12.4. 1978 AP Nr 13 zu § 626 BGB Ausschlußfrist; 4.2. 1993 EzA § 626 BGB nF Nr 144). Das ist allerdings nicht bei Dauertatbeständen wie der dauernden Arbeitsunfähigkeit der Fall. Hier entsteht mit jedem Fehltag eine weitere Störung des Austauschverhältnisses. Den Arbeitnehmer über § 626 Abs 2 zum frühestmöglichen Zeitpunkt zu kündigen, entspräche auch nicht dem Sinn und Zweck der Ausschlußfrist. Wenn der Arbeitgeber mit der Kündigung bei fortdauernder Arbeitsunfähigkeit zuwartet, wird kein schutzwürdiges Vertrauen des Arbeitnehmers enttäuscht, nicht doch irgendwann gekündigt zu werden, da keine Arbeitsleistung mehr erbracht wird (BAG 21.3. 1996 EzA § 626 BGB Ausschlußfrist Nr 10 = AP § 626 BGB Krankheit Nr 8 mit Anm BEZANI.). Die Entziehung einer Fahrerlaubnis ist kein Dauertatbestand. Hier ist dem Arbeitgeber zuzumuten, binnen zwei Wochen nach Kenntnis zu reagieren (LAG Köln 22.6. 1995 LAGE § 626 BGB Ausschlußfrist Nr 7).

295 Bei **betriebsbedingten Gründen** vertrat das BAG zunächst die Auffassung, daß die Frist nach § 626 Abs 2 erst mit dem Tage beginnt, an dem der Arbeitnehmer nicht mehr weiterbeschäftigt werden kann; erst mit Durchführung der geplanten betrieblichen Maßnahme, etwa einer Betriebsstillegung, wisse der Arbeitgeber mit Sicherheit, daß das Arbeitsverhältnis nicht fortgesetzt werden könne (BAG 28.3. 1985 AP § 626 BGB Nr 86 mit zust Anm HERSCHEL; BAG 22.7. 1992 EzA § 626 BGB nF Nr 141; BAG 21.6. 1995 AP § 15 KSchG 1969 Nr 36; 5.10. 1995 RnK I 6g Nr 26; so auch ErfK/MÜLLER-GLÖGE § 626 BGB Rn 276). Das BAG hat diese Rechtsprechung geändert und sieht jetzt den dauerhaften Wegfall der Beschäftigungsmöglichkeit als einen Dauerstörbestand an: Mit jeder

weiteren Gehaltszahlung trete eine weitere Störung des Arbeitsverhältnisses ein
(BAG 5.2. 1998 AP § 626 BGB Nr 143; bestätigt BAG 17.9. 1998 AP § 626 BGB Nr 148; zust
KR/FISCHERMEIER § 626 BGB Rn 329; WALKER Anm zu EzA Nr 2 zu § 626 BGB Unkündbarkeit;
MünchKomm/SCHWERDTNER Rn 216; ders, in: FS Kissel [1994] 1077, 1088). Im Ergebnis kann
dieser Rechtsprechung zugestimmt werden. Die Ausschlußfrist als Verwirkungstat-
bestand ist auf die verhaltensbedingte Kündigung zugeschnitten (BUCHNER Anm zu EzA
Nr 96 zu § 626 BGB nF). Ihr Zweck läßt sich nicht bei einem endgültigen Wegfall des
Arbeitsplatzes erreichen (BRÖHL, in: FS Schaub [1994] 55, 61; SCHLEUSENER SAE 1998, 218,
221). Der Gesetzgeber verfolgt mit § 626 Abs 2 das Ziel, im Interesse der Rechtssicherheit alsbald zu klären, ob der andere Vertragsteil aus dem Vorliegen eines
wichtigen Grundes Folgen zieht. Zögert er zu lange, wird unterstellt, daß die Situation nicht unzumutbar ist. Die Ausschlussfrist verhindert darüber hinaus die Aufspa-
rung des Kündigungsgrundes, um den Vertragsgegner unter Druck zu halten (Münch-
Komm/SCHWERDTNER Rn 188). Dieses Ziel kann bei betriebsbedingten Kündigungen
nicht erreicht werden. Der Kündigungsgrund stammt aus der Sphäre des Kündigungsberechtigten, des Arbeitgebers. Bei diesem Kündigungsgrund kann der Kündigungsgegner kein schutzwürdiges Vertrauen bilden, daß der Wegfall des Arbeitsplatzes nicht doch (irgendwann) auch zur Kündigung führt. Bis zum Wegfall des
Arbeitsplatzes kann der Arbeitnehmer aber keine Reaktion des Arbeitgebers erwarten, vielmehr ist es in seinem eigenen Interesse, wenn der Arbeitgeber die Kündigung möglichst weit hinauszögert (aA wohl BRÖHL, in: FS Schaub [1998] 55, 68). Bei einem
endgültigen Wegfall des Arbeitsplatzes kann der Arbeitnehmer kein Vertrauen entwickeln, weiterbeschäftigt zu werden (WALKER Anm zu EzA Nr 2 zu § 626 BGB Unkündbarkeit; BUCHNER Anm zu EzA Nr 96 zu § 626 BGB nF). Zu bedenken ist darüber hinaus, daß
der Arbeitgeber seine unternehmerische Entscheidung wiederholen und so immer
wieder einen neuen Kündigungsgrund anführen kann. Diese Sonderrechtsprechung
ist aber auf die ausnahmsweise Möglichkeit einer betriebsbedingten Kündigung wegen Betriebsstillegung beschränkt. Bei außerordentlichen betriebsbedingten Änderungskündigungen steht das LAG Rheinland-Pfalz (19.9. 1997 LAGE § 2 KSchG Nr 31;
wohl auch BAG 21.6. 1995 AP § 15 KSchG 1969 Nr 36) auf dem Standpunkt, daß kein
Dauertatbestand vorliegt.

Bei **strafbaren Handlungen** und auch im Falle von sogenannten **Verdachtskündigungen** **296**
kann der Kündigende grundsätzlich den Ausgang des Strafverfahrens abwarten. Der
Fristablauf ist gehemmt (BAG 11.3. 1976 EzA § 626 BGB nF Nr 76; 12.12. 1984 AP Nr 19 zu
§ 626 BGB Ausschlußfrist; 29.7. 1993 EzA § 626 BGB Ausschlußfrist Nr 4; LAG Berlin 27.9. 1982
EzA § 626 BGB nF Nr 80; abw für den Fall, daß der Arbeitnehmer die strafbare Handlung gesteht,
LAG Düsseldorf/Köln 17.2. 1981 EzA § 626 BGB nF Nr 76). Das gilt nicht, wenn der Sachverhalt einwandfrei feststeht, sei es durch ein Geständnis des betroffenen Arbeitnehmers oder in anderer Weise. Es sind aber auch Fälle denkbar, in denen es nicht
auf die Klärung des Sachverhalts ankommt, sondern auf das dem Strafurteil zugrundeliegende Werturteil (BAG 11.3. 1976 EzA § 626 BGB nF Nr 76; BAG 14.2. 1996 EzA § 626
BGB nF Nr 160; KR/FISCHERMEIER Rn 321; GRUNSKY ZfA 1977, 172). In diesem Fall kann dem
Arbeitgeber durch das Abwarten kein Nachteil entstehen (HERSCHEL Anm AP Nr 9 zu
§ 626 BGB).

Es gelten hier jedoch gewisse Grenzen. Weder der Verdacht strafbarer Handlungen **297**
noch eine begangene Straftat stellen Dauerzustände dar, die es dem Arbeitgeber
ermöglichen, bis zur strafrechtlichen Verurteilung des Arbeitnehmers zu irgendei-

nem beliebigen Zeitpunkt eine fristlose Kündigung auszusprechen. Hält der Arbeitgeber einen bestimmten Kenntnisstand für ausreichend, eine fristlose Kündigung wegen Verdachts einer strafbaren Handlung oder wegen begangener Straftat auszusprechen, so muß er nach § 626 Abs 2 binnen zwei Wochen kündigen, nachdem er diesen Kenntnisstand erlangt hat. Entscheidet sich der Arbeitgeber, nachdem sich aufgrund konkreter Tatsachen bei ihm ein Anfangsverdacht entwickelt hat, selbst weitere Ermittlungen durchzuführen, muß er diese Ermittlungen zügig durchführen und binnen zwei Wochen nach Abschluß der Ermittlungen, die seinen Kündigungsentschluß stützen, kündigen. Es steht dem Kündigenden zwar grundsätzlich frei, statt eigene Ermittlungen durchzuführen, den Ausgang des Ermittlungs- bzw Strafverfahrens abzuwarten. Das bedeutet aber nicht, daß der Arbeitgeber trotz eines hinlänglich begründeten Anfangsverdachts zunächst von eigenen weiteren Ermittlungen absehen und den Verlauf des Ermittlungs- bzw Strafverfahrens abwarten darf, um dann spontan, ohne daß sich neue Tatsachen ergeben hätten, zu einem willkürlich gewählten Zeitpunkt Monate später selbständige Ermittlungen aufzunehmen und dann zwei Wochen nach Abschluß dieser Ermittlungen zu kündigen (BAG 29.7. 1993 EzA § 626 BGB Ausschlußfrist Nr 4).

298   Ist **rechtskräftig** festgestellt, daß eine **Verdachtskündigung** wegen Versäumung der Ausschlußfrist **unwirksam** ist, so hindert die Rechtskraft dieses Urteils den Arbeitgeber nicht, nach Abschluß des Strafverfahrens eine erneute – nunmehr auf die Tatbegehung selbst gestützte – außerordentliche Kündigung auszusprechen, wenn er bis dahin noch keine sichere Kenntnis von der Tatbeteiligung des Arbeitnehmers hatte (BAG 12.12. 1984 AP Nr 19 zu § 626 BGB Ausschlußfrist).

3.   Ablauf der Ausschlußfrist

299   Die Frist ist gewahrt, wenn die Kündigungserklärung innerhalb der Frist dem Kündigungsempfänger nach den allgemeinen Regeln **zugegangen** ist. Es ist *nicht ausreichend,* daß die Kündigungserklärung *den Machtbereich* des Erklärenden innerhalb der Frist *verlassen* hat (BAG 9.3. 1978 EzA § 626 BGB nF Nr 63; HERSCHEL Anm EzA § 103 BetrVG 1972 Nr 20). Fraglich ist, was gilt, wenn der Kündigende gar nicht in der Lage ist, die Frist einzuhalten, zB wegen langer Postlaufzeiten oder wenn das Kündigungsschreiben zum fernen Urlaubsort des Arbeitnehmers befördert werden muß. Dem Kündigenden kann zwar nicht das normale Beförderungsrisiko abgenommen werden. Zuzustimmen ist jedoch der Auffassung, die für eine Hemmung des Fristablaufs (in analoger Anwendung des § 203 Abs 2) eintritt, falls die Verzögerungen der Postbeförderung ungewöhnlich sind, denen der Kündigende machtlos gegenübersteht (KR/FISCHERMEIER Rn 359 f; **aA** KRAFT Anm EzA § 626 BGB nF Nr 63). Dies wird auch bei Streiks im Post- und Luftpostdienst zu gelten haben.

300   Die Ausschlußfrist des § 626 Abs 2 Satz 1 wird nicht um die Frist von drei Tagen verlängert, die bei der **Anhörung des Betriebsrates** nach § 102 BetrVG 1972 zu beachten ist (BAG 18.8. 1977 AP Nr 10 zu § 103 BetrVG 1972; STAHLHACKE/PREIS Rn 847). Die nach § 102 BetrVG und § 79 Abs 3 BPersVG erforderliche vorherige Anhörung des Betriebs- bzw Personalrats muß daher, um die außerordentliche Kündigung rechtzeitig erklären zu können, spätestens am 10. Tage nach Kenntnis der die Kündigung tragenden Tatsachen eingeleitet werden (BAG 18.8. 1977 AP Nr 10 zu § 103 BetrVG 1972; MünchKomm/SCHWERDTNER Rn 220; **aA** MEISEL DB 1974, 138; WEISEMANN DB 1974, 2476).

Die Ausschlußfrist findet auch auf die außerordentliche **Kündigung betriebsverfas-** 301
sungsrechtlicher Funktionsträger Anwendung, die den besonderen Kündigungsschutz
nach § 15 KSchG und § 103 BetrVG genießen (BAG 22.8. 1974 AP Nr 1 zu § 103 BetrVG
1972; 24.4. 1975 AP Nr 3 zu § 103 BetrVG 1972; 18.8. 1977 AP Nr 10 zu § 103 BetrVG 1972).
Stimmt der Betriebsrat der Kündigung zu, muß der Arbeitgeber noch innerhalb
der Zweiwochenfrist kündigen (vgl BAG 17.9. 1981 AP Nr 14 zu § 103 BetrVG 1972). Verweigert der Betriebsrat die Zustimmung bzw gibt dieser innerhalb von drei Tagen
keine Stellungnahme ab, muß der Arbeitgeber noch innerhalb der Zwei-Wochen-
Frist das gerichtliche Verfahren auf Ersetzung der Zustimmung nach § 103 Abs 2
BetrVG einleiten. Die Frist wird durch den Zustimmungsersetzungsantrag gewahrt
(BAG 7.5. 1986 AP Nr 18 zu § 103 BetrVG 1972; 22.1. 1987 AP Nr 24 zu § 103 BetrVG 1972;
FITTING/KAISER/HEITHER/ENGELS § 103 BetrVG Rn 27), außer wenn dieser unwirksam ist,
zB weil vor Zustimmungsverweigerung gestellt (BAG 7.5. 1986 AP Nr 18 zu § 103 BetrVG;
24.10. 1996 AP Nr 32 zu § 103 BetrVG 1972). Ist die Entscheidung über die Ersetzung der
Zustimmung rechtskräftig bzw unanfechtbar, muß der Arbeitgeber analog (§ 91
Abs 5 SGB IX (§ 21 Abs 5 SchwbG aF) nunmehr unverzüglich die außerordentliche
Kündigung erklären (BAG 24.4. 1975 AP Nr 3 zu § 103 BetrVG 1972; 25.1. 1979 AP Nr 12 zu
§ 103 BetrVG 1972; LAG Berlin 21.4. 1997 ZTR 1997, 468; **aA** FITTING/ KAISER/HEITHER/ENGELS,
§ 103 BetrVG Rn 29: binnen zwei Wochen).

Für die wichtigsten öffentlich-rechtlichen Kündigungsverbote mit Erlaubnisvorbe- 302
halt, also den **Mutterschutz** (§ 9 Abs 3 MuSchG), den Schutz des in **Elternzeit** befindlichen Arbeitnehmers (§ 18 Abs 1 BErzGG) und den des **Schwerbehinderten**
(§§ 85, 91 SGB IX) gilt gleichermaßen, daß der Antrag auf Zulässigerklärung bzw
Zustimmung zur Kündigung innerhalb der Ausschlußfrist gestellt werden muß (ausdrücklich geregelt in § 91 Abs 2 SGB IX). Nach behördlicher Zulassung der Kündigung oder Wegfall ihrer Notwendigkeit zB durch Fehlgeburt muß die Kündigungserklärung seitens des Arbeitgebers dann unverzüglich erfolgen (§ 91 Abs 5 SGB IX,
dazu BAG 3.7. 1980 AP Nr 2 zu § 18 SchwbG; zu § 9 Abs 3 MuSchG: BAG 11.9. 1979 AP Nr 6 zu
§ 9 MuSchG 1968; LAG Hamm 3.10. 1986 DB 1987, 544; KR/PFEIFFER § 9 MuSchG Rn 79).

4. Kenntnis des Kündigungsberechtigten

Die Frist beginnt zu laufen, wenn der zur Kündigung Berechtigte die positive Kennt- 303
nis der erforderlichen Tatsachen hat. Kündigungsberechtigter ist derjenige, der befugt ist, im konkreten Fall die Kündigung auszusprechen (BAG 6.7. 1972 AP Nr 3 zu § 626
BGB Ausschlußfrist). Ist der gesetzliche Vertreter der Kündigungsberechtigte, entscheidet seine Kenntnis von den der Kündigung zugrundeliegenden Tatsachen (§ 166
Abs 1 BGB).

Bei **Gesamtvertretung** ist für den Beginn der Frist auf die **Kenntnis schon eines Ver-** 304
treters abzustellen (BAG 20.9. 1984 AP Nr 1 zu § 28 BGB; BGH 5.4. 1990 EzA § 626 BGB
Ausschlußfrist Nr 3; **aA** DENSCH/KAHLO DB 1987, 581, vgl zum ganzen KR/FISCHERMEIER Rn 349).
Etwas anderes soll im Grundsatz jedoch für die außerordentliche Kündigung eines
Vorstandsmitgliedes, etwa einer Genossenschaft, gelten. Hier steht das Recht zur
fristlosen Kündigung allein der Generalversammlung zu. Die Kenntnis eines einzel-
nen Aufsichtsratsmitglieds ist ohne Bedeutung (BAG 5.5. 1977 AP Nr 11 zu § 626 BGB
Ausschlußfrist; dazu ferner BGH 19.5. 1980 NJW 1981, 166; anders BGH 5.4. 1990 EzA § 626 BGB
Ausschlußfrist Nr 3; zum Kuratorium einer Stiftung LAG Hamm 26.2. 1985 LAGE § 626 BGB Nr 19;

vgl auch WIESNER BB 1981, 1356). Ist die Gesellschafterversammlung für die Kündigungserklärung zuständig, so beginnt die Frist erst zu laufen, wenn alle Gesellschafter
Kenntnis haben. Dabei löst nach neuester Rechtsprechung des BGH nicht schon
deren außerhalb der Gesellschafterversammlung, sonder erst die nach dem Zusam-
mentritt erlangte Kenntnis der für die Kündigung maßgeblichen Tatsachen den Lauf
der Ausschlussfrist aus (BGH 15. 6. 1998 BB 1998, 1808). Die Grundsätze der passiven
Stellvertretung können nicht auf Aufsichtsratsgremien oder Gesellschafterversamm-
lungen übertragen werden (BGH 17. 3. 1980 NJW 1980, 2411; ERMAN/HANAU Rn 90; vgl jedoch
auch sogleich Rn 291). Hiervon macht der IX. Zivilsenat des BGH jetzt eine gewichtige
Ausnahme. Prinzipiell ist das Wissen eines Mitgliedes des zuständigen Vetretungs-
organs einer juristischen Person dieser zuzurechnen. Kennt ein Mitglied die eine
fristlose Kündigung eines Vorstandsmitglieds tragenden Tatsachen, so ist sein Wissen
jedenfalls ab dem Zeitpunkt zuzurechnen, *indem es die anderen Mitglieder hätte
unterrichten können* (BGH 5. 4. 1990 EzA § 626 BGB Ausschlußfrist Nr 3). Die ohne hinreichende Vertretungsmacht erklärte außerordentliche Kündigung kann vom Vertretenen mit rückwirkender Kraft nach § 184 genehmigt werden, allerdings nur innerhalb der zweiwöchigen Ausschlußfrist (BAG 26. 3. 1986 AP Nr 2 zu § 180 BGB; 4. 2. 1987 AP
Nr 24 zu § 626 BGB Ausschlußfrist).

305 Die **Kenntnis anderer Personen** ist dann von Bedeutung, wenn diese eine ähnlich
selbständige Stellung haben wie gesetzliche oder rechtsgeschäftliche Vertreter des
Arbeitgebers und nicht nur zur Meldung, sondern vorab auch zur Feststellung der für
eine außerordentliche Kündigung maßgebenden Tatsachen verpflichtet sind (BAG
6. 7. 1972 AP Nr 3 zu § 626 BGB Ausschlußfrist). Der Kündigungsberechtigte muß sich
die Kenntnis eines Dritten dann zurechnen lassen, wenn seine Stellung im Betrieb
erwarten läßt, er werde den Kündigungsberechtigten informieren (BAG 5. 5. 1977 AP
Nr 11 zu § 626 BGB Ausschlußfrist). Nach Ansicht des BAG (26. 11. 1987 RnK I 6g Nr 13) setzt
dies weiter voraus, daß diese Personen auch rechtlich und tatsächlich in der Lage
sind, den Sachverhalt so umfangreich aufzuklären, daß mit seiner Meldung der
Kündigungsberechtigte ohne weitere Erhebungen eine Entscheidung treffen kann.
Das BAG hat diese Rechtsprechung jedoch auf den eigentlichen arbeitsrechtlichen
Bereich beschränkt und klargestellt, daß es Fälle im Auge hat, in denen etwa der
Leiter eines nachgeordneten Betriebes oder Betriebsteils praktisch die Funktion
eines Arbeitgebers ausübt, ohne jedoch selbst kündigungsberechtigt zu sein (BAG 5. 5.
1977 AP Nr 11 zu § 626 BGB Ausschlußfrist). Im Verhältnis zu dem **Geschäftsführer einer
GmbH** können diese Regeln dagegen keine Anwendung finden, hier ist die Kenntnis
mindestens eines Mitgliedes der zur Kündigung berechtigten Gesellschafterversammlung erforderlich (BGH 9. 11. 1992 NJW 1993, 463, 464). Organisationsmängel, die
den Informationsfluß beeinträchtigen, muß sich der Arbeitgeber allerdings zurechnen lassen (BAG 5. 5. 1977 AP Nr 11 zu § 626 BGB Ausschlußfrist; 20. 4. 1977 AP Nr 1 zu § 54 BAT;
7. 9. 1983 NZA 1984, 228; Fehlverhalten solcher Personen, die dem Kündigungsberechtigten gleichstehen, muß sich der Arbeitgeber nach § 278 zurechnen lassen, KR/FI-
SCHERMEIER Rn 355 mwN).

306 Im **öffentlichen Dienst** gelten – aus Gründen der im einzelnen geregelten Entschei-
dungskompetenzen – überwiegend formale Organisationszuständigkeiten (hierzu
BERGER/DELHEY/LÜTKE ZTR 1990, 47). Im Kommunalverfassungsrecht sind zahlreiche
Sonderregelungen zu beachten, die die Kündigungsberechtigung betreffen (zu § 54
Abs 3 Satz 2 GO NW BAG 4. 2. 1987 AP Nr 24 zu § 626 BGB Ausschlußfrist; zu § 37 Abs 1 Satz 2 BW-

LKRO BAG 14. 11. 1984 AP Nr 89 zu § 626 BGB; zur BayGO BAG 20. 4. 1977 AP Nr 1 zu § 54 BAT;
18. 5. 1994 EzA § 626 BGB Ausschlußfrist Nr 6).

Durch Vereinbarung können die Parteien des Arbeitsvertrages das Recht zur außer-   **307**
ordentlichen Kündigung ausschließlich dem Arbeitgeber vorbehalten. Das hat entsprechende Folgen für den Fristbeginn (BAG 9. 10. 1975 AP Nr 8 zu § 626 BGB Ausschlußfrist; KR/FISCHERMEIER Rn 353 f).

5.   Fristberechnung

Für die Berechnung der Ausschlußfrist gelten die §§ 187 ff, auch § 193. Die Kündi-   **308**
gung ist nur rechtzeitig, wenn sie innerhalb der Frist dem Kündigungsgegner zugegangen ist (BAG 9. 3. 1978 EzA § 626 BGB nF Nr 63).

6.   Darlegungs- und Beweislast

Für die tatsächlichen Voraussetzungen des § 626 Abs 2 Satz 1 ist der Kündigende   **309**
darlegungs- und beweispflichtig (vgl BAG 17. 8. 1972 EzA § 626 BGB nF Nr 16; 10. 4. 1975 EzA
§ 626 BGB nF Nr 37; BGH 5. 4. 1990 EzA § 626 BGB Ausschlußfrist Nr 3). Sie fallen in den
Einfluß- und Kontrollbereich des Kündigenden. An den Nachweis der Fristwahrung
werden **strenge Anforderungen** gestellt (Einzelheiten bei KR/FISCHERMEIER Rn 385 f). Da
die Parteien die Voraussetzungen des § 626 Abs 2 unstreitig stellen können, darf
einer Kündigungsschutzklage nicht ohne weiteres mit der Begründung stattgegeben
werden, der Kündigende habe nichts zur Fristeinhaltung vorgetragen (KR/FISCHER-
MEIER Rn 388; STAHLHACKE/PREIS Rn 856). Die Wahrung der Ausschlußfrist muß der Kündigende nur dann ausdrücklich und eingehend darlegen, wenn nach dem Sachverhalt
Zweifel an der Fristwahrung bestehen oder der Gekündigte den Fristablauf geltend
macht (BAG 28. 3. 1985 EzA § 626 BGB nF Nr 96; BECKER/SCHAFFNER BB 1992, 557, 562).

7.   Einwand des Rechtsmißbrauchs

Die Anwendung der Ausschlußfrist kann zu unerträglichen Ergebnissen führen. Im   **310**
Einzelfall ist der Einwand des Rechtsmißbrauchs gerechtfertigt (BAG 28. 10. 1971 AP
Nr 1 zu § 626 BGB Ausschlußfrist; KR/FISCHERMEIER Rn 361 f). Dies kann insbesondere dann
der Fall sein, wenn der Kündigungsgegner selbst veranlaßt oder bewirkt hat, daß der
Kündigende die Frist nicht einhält. Räumt der Kündigende dem anderen Teil auf
seinen Wunsch oder doch mit seinem Einverständnis eine Bedenkzeit ein, sich über
ein Angebot zur Vertragsaufhebung schlüssig zu werden, so kann sich der Gekündigte auf den Ablauf der Ausschlußfrist dann nicht berufen, wenn die Kündigung
unverzüglich nach Ablauf der Bedenkzeit ausgesprochen wird (BGH 5. 6. 1975 EzA § 626
BGB nF Nr 36). Haben die Parteien des Arbeitsverhältnisses vereinbart, ein laufendes
Strafverfahren abzuwarten, so ist die Berufung des später Gekündigten auf die
Ausschlußfrist arglistig (LAG Düsseldorf/Köln 12. 8. 1980 EzA § 626 BGB nF Nr 73). Im
übrigen kommt der Einwand des Rechtsmißbrauchs jedoch nur in engen Grenzen
in Betracht (KR/FISCHERMEIER Rn 362 ff; vgl im übrigen BAG 19. 1. 1973 AP Nr 5 zu § 626 BGB
Ausschlußfrist; 12. 2. 1973 AP Nr 6 zu § 626 BGB Ausschlußfrist).

IX. Prozessuale Fragen

1. Klageerhebung

311 Arbeitnehmer, die dem KSchG unterliegen, müssen gem §§ 4, 13 Abs 1 Satz 2 KSchG die Unbegründetheit einer außerordentlichen Kündigung innerhalb von drei Wochen nach Zugang der Kündigung durch eine **Kündigungsschutzklage** geltend machen. Das Erfordernis der fristgebundenen Kündigungsschutzklage gilt auch für die Rüge des Arbeitnehmers, die Ausschlußfrist des § 626 Abs 2 sei versäumt (BAG 8.6. 1972 EzA § 626 BGB nF Nr 12). Keine Anwendung findet die Klagefrist dagegen, wenn der Arbeitnehmer lediglich andere Unwirksamkeitsgründe geltend machen will, zB die fehlerhafte Anhörung des Betriebsrates oder die Sittenwidrigkeit (§ 134) der Kündigung. Auf die **außerordentliche Änderungskündigung** ist § 2 KSchG ist entsprechend anwendbar; der Arbeitnehmer muß den dort vorgesehenen Vorbehalt unverzüglich erklären (BAG 19.6. 1986 AP Nr 16 zu § 2 KSchG).

312 Dagegen ist bei außerordentlichen Kündigungen eines Dienst- oder Arbeitsverhältnisses, das nicht oder noch nicht dem allgemeinen Kündigungsschutz unterliegt, eine Kündigungsschutzklage nach §§ 4, 13 Abs 1 Satz 2 KSchG weder erforderlich noch möglich (BAG 17.8. 1972 EzA § 626 nF Nr 22; 31.5. 1979 EzA § 4 KSchG nF Nr 16). Dies gilt auch im Berufsausbildungsverhältnis (BAG 13.4. 1989 EzA § 13 KSchG nF Nr 4; LAG Baden-Württemberg 5.1. 1990 LAGE § 15 BBiG Nr 7) sowie für alle Klagen des Dienstherrn bzw Arbeitgebers. Alle Arbeitnehmer oder Dienstverpflichteten, die nicht den Regelungen des KSchG unterliegen, können auch nach Ablauf der Drei-Wochen-Frist eine Feststellungsklage nach § 256 ZPO erheben. Diese ist zwar zeitlich nicht befristet, kann aber nach allgemeinen Grundsätzen gem § 242 prozeßrechtlich verwirkt werden (BAG 2.11. 1961 AP Nr 1 zu § 242 BGB Prozeßverwirkung; 4.6. 1965 AP Nr 2 zu § 242 BGB Prozeßverwirkung; LAG Hamm 25.7. 1986 LAGE § 134 BGB Nr 3; KR/FRIEDRICH § 13 KSchG Rn 303 ff). An der Feststellung der Unwirksamkeit einer arbeitgeberseitigen Kündigung hat der Arbeitnehmer stets das nach § 46 Abs 2 ArbGG iVm § 256 ZPO für die Feststellungsklage erforderliche rechtliche Interesse; der Arbeitgeber selbst dagegen nur, wenn er den Vorwurf pflichtwidrigen Verhaltens ausräumen will (BAG 20.3. 1986 EzA § 256 ZPO Nr 25). Ein rechtliches Interesse kann auch an der Feststellung der Unwirksamkeit einer eigenen Kündigung bestehen, wenn man das Dienstverhältnis doch fortsetzen will.

2. Darlegungs- und Beweislast

313 Die Darlegungs- und Beweislast hinsichtlich der zur Kündigung berechtigenden Umstände trägt grundsätzlich diejenige Partei, die die Kündigung erklärt hat (BAG 17.4. 1956 AP Nr 8 zu § 626 BGB; BAUMGÄRTEL, Handbuch der Beweislast im Privatrecht, Bd 1 [2. Aufl 1991] § 626 BGB Rn 1). Das gilt auch für alle Umstände, aus denen im Rahmen der Interessenabwägung die Unzumutbarkeit der Weiterbeschäftigung abgeleitet wird (BAG 17.8. 1972 AP Nr 4 zu § 626 BGB Ausschlußfrist; 30.5. 1978 AP Nr 70 zu § 626 BGB; BECKER/SCHAFFNER BB 1992, 557, 562).

314 Das BAG hat in mehreren Entscheidungen (12.8. 1976 EzA § 1 KSchG Nr 33; 24.11. 1983 EzA § 626 BGB nF Nr 88; 6.8. 1987 EzA § 626 BGB nF Nr 109) verdeutlicht, daß ebenso wie bei der ordentlichen Kündigung (hier ausdrücklich geregelt in § 1 Abs 2 Satz 4

KSchG) auch bei der außerordentlichen Kündigung nach § 626 den Kündigenden die Darlegungs- und Beweislast für diejenigen Tatsachen trifft, die einen vom Gekündigten behaupteten Rechtfertigungsgrund ausschließen. Die Darlegungs- und Beweislast ist *nicht* so aufzuteilen, daß der Kündigende nur die objektiven Merkmale für einen Kündigungsgrund und die bei der Interessenabwägung für den Gekündigten ungünstigen Umstände und der Gekündigte seinerseits Rechtfertigungsgründe und für ihn entlastende Umstände darzulegen und zu beweisen hätte. Weil dann, wenn sich das Verhalten nach dem Vertrag rechtfertigen läßt, kein Vertragsverstoß vorliegt, muß der Kündigende auch diejenigen Tatsachen beweisen, die die vom Gekündigten behauptete Rechtfertigung durch Einwilligung ausschließen (BAG 12. 8. 1976 EzA § 1 KSchG Nr 33; BECKER/SCHAFFNER BB 1992, 557, 562). Der Arbeitgeber hat also beispielsweise nicht nur zu beweisen, daß der Arbeitnehmer der Arbeit ferngeblieben ist, sondern auch, daß dies unbefugt geschehen ist. Selbst dann, wenn der Arbeitgeber wegen **beharrlicher Arbeitsverweigerung** gekündigt hat, trägt er die volle Beweislast, ohne daß ihm Hilfe nach den Regeln des prima-facie-Beweises zuteil würde. Denn einen Erfahrungssatz des Inhalts, daß ein Arbeitnehmer, der der Arbeit fernbleibt, dies unberechtigt tut, gibt es nicht (BAUMGÄRTEL, Handbuch der Beweislast im Privatrecht, Bd 1 [2. Aufl 1991] § 626 BGB Rn 3).

Der Arbeitgeber muß aber nicht alle denkbaren **Rechtfertigungsgründe** ausschließen. **315** Eine Überforderung der mit der Darlegungs- und Beweislast belasteten Partei ist zu vermeiden. Das BAG erreicht dies durch die Verteilung der konkreten Beweisführungslast, die sich danach richtet, wie substantiiert der gekündigte Arbeitnehmer auf die vorgetragenen Kündigungsgründe reagiert (BAG 12. 8. 1976 EzA § 1 KSchG Nr 33; 24. 11. 1983 EzA § 626 BGB nF Nr 86). Dadurch wird die den Kündigenden treffende Darlegungs- und Beweislast **abgestuft.** Der Arbeitnehmer muß also substantiiert auf den Vortrag des Arbeitgebers erwidern. Die notwendigen tatsächlichen Umstände liegen in seiner Sphäre, und er muß sie in den Prozeß einführen. Der Arbeitnehmer muß also zB vortragen, die Anordnung der Überstunden sei gesetz- bzw vertragswidrig gewesen. Dann obliegt es dem Arbeitgeber darzulegen und ggfs zu beweisen, daß der vom Arbeitnehmer vorgetragene Rechtfertigungsgrund nicht bestanden hat, also zB die Anordnung der Überstunden noch im Rahmen des Direktionsrechts gelegen hat (BECKER/SCHAFFNER BB 1992, 557, 562). Im Falle des **Fernbleibens von der Arbeit** obliegt dem Arbeitgeber nicht nur der Nachweis dafür, daß der Arbeitnehmer überhaupt gefehlt hat, sondern auch dafür, daß er unentschuldigt gefehlt hat, also zB die vom Arbeitnehmer behauptete Krankheit nicht vorliegt (BAG 26. 8. 1993 NZA 1994, 63, 64). Freilich obliegt es gem § 138 Abs 2 ZPO dem Arbeitnehmer, im einzelnen vorzutragen, warum sein Fehlen als entschuldigt anzusehen ist. Nur diese vom Arbeitnehmer behaupteten Tatsachen hat der Arbeitgeber zu widerlegen. Beruft sich der Arbeitnehmer auf eine Krankheit, hat er entweder ein ärztliches Attest vorzulegen oder darzutun, welche tatsächlichen physischen oder psychischen Hinderungsgründe vorgelegen haben. Ein ärztliches Attest begründet in der Regel den Beweis für die Tatsache der arbeitsunfähigen Erkrankung. Es kann jedoch dann ohne Beweiswert sein, wenn sich der Arzt ersichtlich nicht mit den Auswirkungen der Krankheit auf die vom Arbeitnehmer zu leistende Arbeit auseinandergesetzt hat (LAG Hessen 11. 6. 1993 NZA 1994, 886, 887 f). Der Arbeitgeber, der sich darauf beruft, der Arbeitnehmer habe den Arzt durch Simulation getäuscht oder der Arzt habe den Begriff der krankheitsbedingten Arbeitsunfähigkeit verkannt, muß die Beweiskraft des Attestes durch die Darlegung näherer Umstände, die gegen die Arbeitsunfähigkeit sprechen, erschüttern. Ist dem Arbeitgeber dies gelungen, obliegt es wiederum dem Arbeitnehmer, weiter zu substantiieren, welche Krankheiten vorgelegen haben, welche gesundheitlichen Einschränkungen bestanden haben und welche Verhaltensmaßregeln der Arzt gegeben hat. Hierzu hat er die behandelnden Ärzte ggfs von ihrer Schweigepflicht zu entbinden (BAG 26. 8. 1993 NZA 1994, 63, 64 f).

316 Diese Abstufung der Darlegungs- und Beweislast findet auch dann Anwendung, wenn der Arbeitnehmer vorträgt, zur Vermeidung einer außerordentlichen Kündigung hätte der Arbeitgeber ein milderes Mittel, insbesondere eine **Versetzung auf einen anderen Arbeitsplatz** wählen können und müssen. Der Arbeitnehmer wäre überfordert, wenn er die Beschäftigungsmöglichkeiten beim Arbeitgeber, die in dessen Sphäre liegen, nachweisen müßte (BAG 30. 5. 1978 AP Nr 70 zu § 626 BGB); ebenso aber der Arbeitgeber, wenn er jeden einzelnen freien Arbeitsplatz darstellen und vortragen müßte, warum eine Beschäftigung des Gekündigten auf diesem nicht in Betracht kam. Es ist daher Sache des Arbeitnehmers, in groben Zügen darzutun, wie eine Fortbeschäftigung auf einem anderen Arbeitsplatz möglich gewesen wäre; erst dann kann vom Arbeitgeber verlangt werden, hierauf konkret zu reagieren und der Darstellung des Arbeitnehmers, ggfs unter Beweisantritt, entgegenzutreten (G Hueck Anm AP Nr 70 zu § 626 BGB).

317 Will der Arbeitnehmer für sich in Anspruch nehmen, daß in seiner Person ein **Rechtsirrtum** vorgelegen hat, so muß er die Einzelumstände hierzu beweisen. Es handelt sich um Tatbestände, die in seinem Bereich liegen. Der Arbeitnehmer muß also zB beweisen, daß er sich bei einer kompetenten Stelle vor der Arbeitsniederlegung erkundigt hat, auf deren Sachkundigkeit er vertrauen konnte (BAG 14. 2. 1978 EzA Art 9 GG Arbeitskampf Nr 22).

3. Rechtskraftwirkung

318 Die Rechtskraft eines der Kündigungsschutzklage stattgebenden Urteils bewirkt, daß der Arbeitgeber eine erneute Kündigung nicht auf Kündigungsgründe stützen kann, die er schon zur Begründung der ersten Kündigung vorgebracht hat und die im ersten Kündigungsprozeß materiell geprüft worden sind mit dem Ergebnis, daß sie die Kündigung nicht rechtfertigen. Das gilt sowohl für eine sog Wiederholungskündigung als auch für eine Trotzkündigung nach Rechtskraft des Urteils im ersten Prozeß. Gegen die zweite Kündigung muß der Arbeitnehmer jedoch nach §§ 4, 13 Abs 1 Satz 2 KSchG Klage erheben; allerdings ist der (rechtzeitig erhobenen) Klage aus Gründen der Präjudizialität ohne weiteres stattzugeben (BAG 26. 8. 1993 NZA 1994, 70). Die Rechtskraftwirkung beschränkt sich freilich auf diejenigen zur Begründung der Kündigung herangezogenen Tatsachen, die Streitgegenstand des Prozesses gewesen sind. Nicht um eine wiederholte Kündigung handelt es sich daher beispielsweise, wenn im Vorprozeß die Kündigung lediglich auf den *Verdacht* einer Straftat gestützt worden ist und der Kündigende nunmehr aufgrund neuer tatsächlicher Erkenntnisse eine Kündigung wegen *begangener Straftat* ausspricht (BAG 26. 8. 1993 NZA 1994, 70, 73).

4. Revisionsgerichtliche Überprüfung

319 Die Generalklausel des § 626 bzw der Begriff des wichtigen Grundes kann nach ständiger Rechtsprechung des BAG nur daraufhin überprüft werden, ob das Berufungsgericht die **Rechtsbegriffe** verkannt hat, die Unterordnung des Sachverhalts unter die Vorschrift **Denkgesetzen** und **Erfahrungsregeln** widerspricht und die erforderliche Interessenabwägung alle wesentlichen Umstände berücksichtigt, insbesondere ob sie widerspruchsfrei oder offensichtlich fehlerhaft ist (BAG 4. 6. 1964 BAGE 16, 72, 77; 13. 1. 1977 BAGE 29, 1, 5). Etwas weitergehender noch erscheint die Formulierung des BAG (4. 6. 1964, BAGE 16, 72, 76; 13. 1. 1977 BAGE 29, 1, 5; 17. 8. 1972 AP Nr 65 zu § 626 BGB), es sei zu prüfen, „ob alle vernünftigerweise in Betracht zu ziehenden Einzelumstände berücksichtigt worden sind". Hinsichtlich der tatsächlichen Besonderheiten allerdings soll dem Tatrichter ein Beurteilungsspielraum zustehen, der revisionsgerichtlich nicht zu überprüfen ist. Allerdings hat schon JESCH (Anm AP Nr 7 zu § 626 BGB; ähnlich SÄCKER JZ 1975, 740; ADOMEIT, AR-Blattei Kündigung IX unter B II 2b) zutreffend darauf hingewiesen, daß das BAG – entgegen seiner zunächst zurückhaltenden Formulierung – sich in der Praxis nie damit begnügt habe zu prüfen, ob der Kündigungsgrund „an sich", „allgemein" oder „in abstracto" richtig aufgefaßt worden ist. Vielmehr habe das BAG stets überprüft, ob der Tatrichter für die Anwendung des Begriffs alle wesentlichen Elemente herausgearbeitet und diese zu dem gesamten Sachverhalt in die richtige Beziehung gesetzt hat. Diese Verdichtung der revisionsgerichtlichen Rechtskontrolle wird im Blick auf die Kündigungsgründe allgemein als notwendig und wünschenswert erachtet (vgl A HUECK Anm AP Nr 4 zu § 626 BGB; BIRK Anm AP Nr 65 zu § 626 BGB; GALPERIN DB 1964, 1115; KRISCHER DB 1964, 1519).

So ist im Rahmen der in § 626 vorzunehmenden **Interessenabwägung** auch revisions- **320** gerichtlich zu prüfen, ob die in Betracht kommenden Umstände und Interessen überhaupt rechtlich geschützt sind und ob der Tatrichter ein Interesse rechtlich zutreffend im konkreten Fall in Ansatz gebracht hat. Ein Beurteilungsspielraum bzw ein Ermessen des Berufungsgerichts, ein bestimmtes Interesse überhaupt (nicht) zu berücksichtigen – mag diese Entscheidung auch auf einer vertretbaren Rechtsansicht beruhen –, besteht nicht (BAG 18. 6. 1959 AP Nr 38 zu § 626 BGB). Weder für Rechtsfragen noch im Bereich der Subsumtion besteht ein Vertretbarkeitsspielraum der Tatsacheninstanzen (vgl STEIN/JONAS/GRUNSKY, ZPO § 549 Rn 9 ff, 27; KRISCHER DB 1964, 1520). Denn bei dieser Frage geht es um das richtige Auffinden und Auslegen einer Rechtsnorm, wobei es grundsätzlich nur eine richtige Entscheidung gibt. Die Auslegung eines unbestimmten Rechtsbegriffs ist regelmäßig nur in der Weise möglich, daß das Gericht konkretisierende Obersätze aufstellt. Dies gilt auch, soweit eine Interessenabwägung vorgenommen wird. So bildet die Aussage, ein bestimmtes Interesse sei schutzwürdig, einen rechtlichen Obersatz (DÜTZ Anm EzA § 626 BGB nF Nr 91). Es handelt sich nicht um den Bereich der nicht revisiblen, individualisierenden Subsumtion. Die einen unbestimmten Rechtsbegriff oder eine Generalklausel konkretisierenden Obersätze sind insoweit nachprüfbar, als sie Rechtsfragen beantworten, die auch für andere Fälle Leitbildfunktion haben können (vgl STEIN/JONAS/GRUNSKY, ZPO § 549 Rn 9; DÜTZ Anm EzA § 626 BGB nF Nr 91).

§ 627
Fristlose Kündigung bei Vertrauensstellung

(1) Bei einem Dienstverhältnis, das kein Arbeitsverhältnis im Sinne des § 622 ist, ist die Kündigung auch ohne die im § 626 bezeichnete Voraussetzung zulässig, wenn der zur Dienstleistung Verpflichtete, ohne in einem dauernden Dienstverhältnis mit festen Bezügen zu stehen, Dienste höherer Art zu leisten hat, die auf Grund besonderen Vertrauens übertragen zu werden pflegen.

(2) Der Verpflichtete darf nur in der Art kündigen, daß sich der Dienstberechtigte die Dienste anderweit beschaffen kann, es sei denn, daß ein wichtiger Grund für die unzeitige Kündigung vorliegt. Kündigt er ohne solchen Grund zur Unzeit, so hat er dem Dienstberechtigten den daraus entstehenden Schaden zu ersetzen.

Materialien: E I –; II § 565 Abs 2, 567; III § 618;
Mot –; Prot II 302; JAKOBS/SCHUBERT, SchR II
814; geändert durch Erstes Arbeitsrechtsbereinigungsgesetz vom 14. 8. 1969 (BGBl I
1106).

Schrifttum

DÖRNER, Verbraucherschutz bei privatem
Direktunterricht, NJW 1979, 241
LEDIG, Schadensersatzpflichten bei vorzeitiger
Kündigung des Dienstverhältnisses, NZfA 1924,
343
OETKER, Das Dauerschuldverhältnis und seine
Beendigung (1994)
RUMPF, Wirtschaftsrechtliche Vertrauens-
geschäfte, AcP 119, 1

SCHLOSSER, Erleichterte Kündigung von
Direktunterrichtsverträgen?, NJW 1980, 273
KLAUS SCHNEIDER, Die Kündigung freier
Dienstverträge (1987)
ULMER, Kündigungsschranken im Handels- und
Gesellschaftsrecht, in: FS Ph Möhring (1975) 295
VAN VENROOY, Unwirksamkeit der unzeitigen
Kündigung in den gesetzlich geregelten Fällen,
JZ 1981, 53
WÜST, Die Kündigung zur Unzeit, BB 1963, 609.

Systematische Übersicht

I.   Allgemeines

1.   Entstehungsgeschichte

Während der I. Entwurf zum BGB noch eine einheitliche Vorschrift über den „Rück- **1**
tritt für die Zukunft" für alle Arten von Dienstverhältnissen (Entw I § 566) vorgesehen
hatte, setzte sich in der II. Kommission die Auffassung durch, daß es Dienstverhältnisse gebe, die auf einem besonderen Vertrauen zwischen dem Dienstherrn und dem
Dienstnehmer beruhen und die deshalb einer besonderen Kündigungsmöglichkeit
bedürften. Bei gewissen höheren Dienstleistungen, insbesondere bei den Diensten
der Ärzte, Lehrer und Rechtsanwälte, sei es erforderlich, ein freies beiderseitiges
Kündigungsrecht zur Anerkennung zu bringen, das jedoch nur in Frage kommen
solle, wenn eine genau bestimmte Leistung den Gegenstand des Vertrages bildet,
deren Ausführung eine besondere persönliche Beziehung zwischen den Vertragsparteien voraussetzt (vgl Mugdan II 913; Jakobs/Schubert, SchR II 823 ff).

2 Auch die Denkschrift zum Recht der Schuldverhältnisse hatte darauf aufmerksam gemacht, daß die allgemeinen Vorschriften über die Berechtigung zur Kündigung von Dienstverhältnissen einer Erweiterung dort bedürften, wo Dienste höherer Art Vertragsgegenstand sind, die aufgrund besonderen Vertrauens übertragen zu werden pflegen. Nach der Natur solcher Vertragsverhältnisse könne keinem der beiden Teile eine Fortsetzung zugemutet werden, wenn das persönliche Vertrauen zwischen ihnen erschüttert sei. Auch ohne das Vorhandensein eines nachweisbaren wichtigen Grundes müsse daher beiden Teilen die Kündigung jederzeit möglich sein, vorausgesetzt, daß es sich nicht um ein dauerndes Dienstverhältnis mit festen Bezügen handele (vgl MUGDAN II 1256).

3 Die Vorschrift hat seit dem Inkrafttreten des BGB lediglich eine Änderung, nämlich durch das Erste Arbeitsrechtsbereinigungsgesetz vom 14. 8. 1969 (BGBl I 1106, in Kraft seit 1. 9. 1969; Materialien dazu s § 621 Rn 3) erfahren. Den bisherigen Voraussetzungen wurde das negative Tatbestandsmerkmal, daß es sich bei dem Dienstverhältnis nicht um ein Arbeitsverhältnis im Sinne des § 622 handeln darf, hinzugefügt. Eine sachliche Änderung bewirkte dies aber lediglich in wenigen Grenzfällen, da Arbeitsverhältnisse ohnehin in aller Regel auf Dauer angelegt sind und feste Bezüge vereinbart werden (ERMAN/BELLING Rn 2).

2. Normzweck

4 Die Vorschrift soll im Falle einer **besonderen Vertrauensstellung,** die nicht nur Beweggrund, sondern Tatbestandsmerkmal der hier in Rede stehenden Dienstverhältnisse ist (MUGDAN II 914), eine gegenüber § 626 erweiterte Kündigungsmöglichkeit eröffnen. Bei derartigen, ganz auf persönliches Vertrauen gestellten und zudem lockeren, nicht auf eine ständige Tätigkeit gerichteten Dienstverhältnissen soll die Freiheit der persönlichen Entschließung eines jeden Teils im weitesten Ausmaß gewahrt bleiben. Der Grund für diese erleichterte, jederzeitige Lösungsmöglichkeit liegt also in dem „besonderen Vertrauen". Dieses kann schon durch unwägbare Umstände, sogar durch rational nicht begründbare Empfindungen gestört werden, die objektiv keinen wichtigen Grund zur außerordentlichen Kündigung iS von § 626 Abs 1 darstellen (BGH 18. 10. 1984 LM § 627 BGB Nr 6).

3. Anwendungsbereich

5 § 627 findet – ebenso wie § 621 und insoweit in wörtlicher Übereinstimmung mit diesem nur dann Anwendung, wenn „kein Arbeitsverhältnis" gegeben ist. Die Vorschrift ist mithin, positiv formuliert, nur auf freie Dienstverträge anwendbar. Da der in Bezug genommene § 622 seinerseits jedoch offenläßt, was unter einem Arbeitsverhältnis zu verstehen ist, muß insoweit auf die allgemeinen Begriffsbestimmungen zurückgegriffen werden. Faßt man Arbeitsverträge als solche Dienstverträge auf, durch die jemand eine abhängige, fremdbestimmte Tätigkeit verspricht, so beschränkt sich der Anwendungsbereich des § 627 auf diejenigen Dienstverträge, durch die der Dienstnehmer eine eigenbestimmte Tätigkeit bestimmter Art, regelmäßig zum (wenigstens vermeintlichen) Nutzen des Dienstberechtigten, verspricht (so LARENZ II 1 § 52 I; zu Einzelheiten der Abgrenzung s STAUDINGER/RICHARDI [1998] Vorbem 125 ff zu §§ 611 ff).

II. Rechtscharakter

1. Abdingbarkeit des Kündigungsrechts

a) Das Kündigungsrecht des § 627 kann durch **einzelvertragliche Abrede** abbedun- 6
gen werden (RG 24. 10. 1908 RGZ 69, 363, 365; 2. 7. 1912 RGZ 80, 29, 30; AG Göppingen 24. 2.
1981 NJW 1981, 1675; HUECK/NIPPERDEY I 613, Fn 114; **aA** für Partnerschaftsvermittlung OLG
Düsseldorf 27. 11. 1986 NJW-RR 1987, 691, 693). Im Gegensatz zu § 626 ist § 627 dispositiv,
zumal § 626 und damit das Recht zur außerordentlichen fristlosen Kündigung bei
Unzumutbarkeit der Fortsetzung des Dienstverhältnisses auch bei einem Ausschluß
von § 627 erhalten bleibt (LG München II 26. 11. 1991 NJW-RR 1992, 444; MünchKomm/
SCHWERDTNER Rn 17). Zulässig ist auch, die Ausübung des Kündigungsrechts nach
§ 627 an die Einhaltung einer Kündigungsfrist oder eine vorherige Ankündigung
zu binden (ERMAN/BELLING Rn 10). Sonderfälle regeln § 15 Abs 1 BBiG für das Berufsausbildungsverhältnis und § 5 Abs 1 S 1 des Gesetzes zum Schutz der Teilnehmer an
Fernunterricht (FernUSG) idF vom 4. 12. 2000 (BGBl I 1670) für Fernunterrichtsver-
träge (zur Frage der analogen Anwendung dieser Vorschrift auf Direktunterrichtsverträge s BGH
8. 3. 1984 BGHZ 90, 280, 282 und unten Rn 23 f).

Der Ausschluß des § 627 kann sich zwar auch konkludent oder aus den Umständen 7
des Schuldverhältnisses ergeben, hierfür bedarf es jedoch des klaren und eindeutigen
Ausdrucks eines entsprechenden Parteiwillens (RG 5. 12. 1922 RGZ 105, 416, 417; BGH
13. 12. 1990 LM § 627 BGB Nr 11). Aus der Vereinbarung eines bestimmten Zeitraums für
die Tätigkeit des Dienstverpflichteten allein ergibt sich ein solcher Ausschluß noch
nicht (RG 2. 7. 1912 RGZ 80, 29, 30). Weitere Umstände des Vertragsverhältnisses, insbesondere das beiderseitige Interesse oder auch nur das dem anderen Teil erkennbare
erhebliche (wirtschaftliche) Interesse einer Seite an der Durchführung der Vereinbarung, können jedoch einen stillschweigenden Ausschluß der jederzeitigen grund-
losen Kündigungsmöglichkeit nahelegen (BGH 13. 12. 1990 LM § 627 BGB Nr 11). Wenn
besondere Gründe zur vorzeitigen Lösung festgelegt werden, kann daraus im Umkehrschluß zu entnehmen sein, daß aus anderen Gründen und vor allem ohne Grund
nach § 627 eine Kündigung nicht möglich sein soll (vgl BGH 24. 6. 1987 LM § 627 BGB
Nr 9).

b) Durch **allgemeine Geschäftsbedingungen** kann das außerordentliche Kündi- 8
gungsrecht des § 627 nicht ausgeschlossen werden, da dics – unabhängig von der
Laufzeit des Vertrages und damit der Anwendbarkeit von § 309 (§ 11 Nr 12 a
AGBG aF) – eine unangemessene Benachteiligung des Vertragspartners des Verwenders iS von § 307 Abs 2 Nr 1 (§ 9 Abs 2 Nr 1 AGBG aF) darstellen würde. Dies
entspricht jedenfalls für die Fälle, in denen § 627 klar anwendbar ist, der ganz überwiegenden Auffassung in Rechtsprechung und Schrifttum (BGH 1. 2. 1989 BGHZ 106,
341, 346 betr Partnerschaftsvermittlung; BGH 19. 11. 1992 LM § 627 BGB Nr 13; BGH 5. 11. 1998
NJW 1999, 276; OLG Koblenz 18. 5. 1990 NJW 1990, 3153, 3154 jeweils betr Steuerberatung; BGH
8. 3. 1984 BGHZ 90, 280, 284; DÖRNER NJW 1979, 241, 246 jeweils betr Unterrichtsverträge; SCHNEI-
DER 128 ff; STAUDINGER/COESTER [1998] § 9 AGBG Rn 448; ERMAN/BELLING Rn 11; ULMER/
BRANDNER/HENSEN, AGBG § 11 Nr 12 Rn 15). Im Rahmen der vorzunehmenden inhaltlichen **Angemessenheitskontrolle** ist davon auszugehen, daß nicht nur die dispositiven
gesetzlichen Regelungen im Sinne einer Ordnungs- und Leitbildfunktion zu beachten, sondern vielmehr sämtliche Umstände im Sinne eines angemessenen vertrag-

lichen Interessenausgleichs gegeneinander abzuwägen sind. Das Merkmal des „wesentlichen Grundgedankens der gesetzlichen Regelung" (§ 307 Abs 2 Nr 1) besagt in diesem Zusammenhang, daß die Klausel nicht mit einem auf einem Gerechtigkeitsgebot beruhenden Rechtsgrundsatz unvereinbar sein darf. § 627 Abs 1 bezweckt einen derartigen sachgerechten Ausgleich der beiderseitigen Interessen. Das Gesetz trägt mit der jederzeitigen Kündigungsmöglichkeit für beide Teile dem gegenseitigen Vertrauensverhältnis in der Weise Rechnung, daß es für den Fall des Vertrauensverlustes, aus welchem Grunde er auch immer eintreten sollte, eine sofortige Beendigung des Vertragsverhältnisses ermöglicht. Die Verweisung auf das Kündigungsrecht aus § 626 genügt demgegenüber nicht, weil für den dort geforderten wichtigen Grund ein subjektiver Vertrauensverlust gerade nicht ausreichen würde, der Kündigende vielmehr Umstände darlegen und beweisen müßte, die auch bei objektiver Betrachtung eine Kündigung rechtfertigen (OLG Koblenz 18. 5. 1990 NJW 1990, 3153, 3154; BGB-RGRK/Corts Rn 13).

9   c)   Die in § 627 Abs 2 vorgesehenen Regelungen sind gleichfalls dispositiv (Jauernig/Schlechtriem Rn 5). Jedenfalls einzelvertraglich kann daher auch dem Dienstverpflichteten ohne wichtigen Grund und ohne, daß daraus eine Schadensersatzpflicht für ihn folgen würde, die Kündigung zur Unzeit gestattet werden. Die Regelung dürfte jedoch, ebenso wie Abs 1, einen AGB-festen Gerechtigkeitsgehalt aufweisen, so daß der Dienstverpflichtete sich eine solche Möglichkeit nicht formularmäßig ausbedingen kann.

2.   Abdingbarkeit der Vergütungsregelung

10   Daß dem Dienstverpflichteten individualvertraglich die volle Vergütung auch für den Fall zugesichert wird, daß die Dienstleistungen durch Ausübung des Kündigungsrechts ein vorzeitiges Ende finden, wird durch § 627 nicht ausgeschlossen (BGH 4. 6. 1970 BGHZ 54, 106, 110). Wie § 649 S 2 zeigt, ist eine derartige Regelung der Vergütungsfrage in dem zu behandelnden Konfliktsfall auch dem Gesetz keineswegs fremd. In allgemeinen Geschäftsbedingungen jedoch verstößt eine solche Vereinbarung gegen Treu und Glauben (§ 307 Abs 1), weil und soweit sie bei der Höhe des dem Dienstverpflichteten im Falle der vorzeitigen Beendigung des Dienstverhältnisses ohne wichtigen Grund verbleibenden Vergütungsanspruchs den Umfang der von ihm geleisteten Dienste überhaupt nicht berücksichtigt, sondern ihm das volle Entgelt auch dann zuspricht, wenn er noch gar keine oder eine nur ganz geringfügige Tätigkeit entfaltet hat, wenn also das ursprünglich ausgemachte Honorar in keinem vernünftigen und vertretbaren Verhältnis zu den tatsächlich erbrachten Leistungen steht (BGH 4. 6. 1970 BGHZ 54, 106, 111; weitergehend Ulmer/Brandner/Hensen, AGBG Anh §§ 9–11 Rn 561 aE; zur formularmäßigen Regelung der Vergütungsfrage nach *ordentlicher* Kündigung BGH 26. 1. 1994 NJW 1994, 1069, 1070).

11   Gemäß § 628 Abs 1 S 1 kann der Dienstverpflichtete im Falle der Kündigung einen seinen bisherigen Leistungen entsprechenden Teil der Vergütung verlangen. Ein bis zum Zeitpunkt der Kündigung bereits entstandener Vergütungsanspruch bleibt bestehen. Das gilt vor allem für entstandene Gebühren von Ärzten, Architekten, Rechtsanwälten usw (vgl für Rechtsanwälte ausdrücklich § 13 Abs 4 BRAGO; ferner BGH 316. 10. 1986 LM § 627 BGB Nr 8; OLG Karlsruhe 8. 3. 1994 NJW-RR 1994, 1084; Pabst, Gebührenrechtliche Folgen der Kündigung des Mandates, MDR 1978, 449). Etwas anderes kann

sich aber aus § 628 Abs 1 S 2 für den Fall des vertragswidrigen Verhaltens des Dienstverpflichteten ergeben, soweit die bisherigen Leistungen infolge der Kündigung für den anderen Teil kein Interesse mehr haben (Einzelheiten § 628 Rn 26 ff).

3. Verhältnis zum Rücktrittsrecht

Grundsätzlich tritt bei Dauerschuldverhältnissen – und somit auch beim Dienstver- **12** trag – das Kündigungsrecht an die Stelle des Rücktritts mit der Folge, daß § 627 die Anwendung der Rücktrittsrechte aus §§ 323, 326 V ausschließt. Dies entspricht jedenfalls für bereits in Vollzug gesetzte Dienstverhältnisse der allgemeinen Auffassung (grundlegend vGIERKE, Dauernde Schuldverhältnisse, JherJb 64 [1914] 355, 390 FN 60; s ferner RG 11. 2. 1913 RGZ 81, 303, 305; 5. 2. 1918 RGZ 92, 158, 160; LARENZ I § 26 d; ErfK/MÜLLER-GLÖGE Rn 2; OETKER 352 ff; SOERGEL/WIEDEMANN Rn 47 ff vor § 323 und § 323 Rn 25). Auch für eine Kündigung *vor* Dienstantritt kann nichts anderes gelten. Das von § 627 vorausgesetzte und als Geltungsgrund für das Sonderkündigungsrecht anerkannte besondere Vertrauen der Vertragspartner zueinander kann nämlich nicht nur während, sondern in gleicher Weise schon vor Aufnahme der Dienste und damit vor dem Eintritt des Erfüllungsstadiums verloren gehen. § 627 schließt also bereits in diesem Stadium die Anwendbarkeit der Rücktrittsvorschriften aus (G SCHMIDT, AR-Blattei D Kündigung I C, Kündigung vor Dienstantritt, zu II mwN).

Unangetastet bleiben die §§ 281, 283 jedoch im Hinblick auf die dortigen **Schadens- 13 ersatzansprüche.** Die Geltendmachung des durch die Nichterfüllung entstehenden Schadens hängt nämlich nicht davon ab, daß der Gläubiger zugleich die Kündigung des Dienstverhältnisses erklärt (MünchKomm/EMMERICH § 325 Rn 14; BENGELSDORF, Schadensersatz bei Nichtantritt der Arbeit, BB 1989, 2390; ErfK/MÜLLER-GLÖGE Rn 2; OETKER 365 ff). Diese Vorschriften behalten also ihre Geltung für nicht erbrachte Teilleistungen des Dienstverpflichteten, soweit dem Berechtigten dadurch ein Schadensersatzanspruch wegen Nichterfüllung erwächst. Der Verschuldensmaßstab ist insoweit jedoch mit den Sonderregeln der §§ 615, 616 abzustimmen (SOERGEL/WIEDEMANN § 325 Rn 17).

III. Voraussetzungen

Das Sonderkündigungsrecht des § 627 hat verschiedene Voraussetzungen, die kumu- **14** lativ, also sämtlich nebeneinander vorliegen müssen: 1. Es muß ein Dienstverhältnis vorliegen, daß kein Arbeitsverhältnis iSd § 622 ist. Es darf sich 2. bei dem Dienstverhältnis nicht um ein dauerndes Dienstverhältnis mit festen Bezügen handeln. Bei dem Dienstverhältnis muß der Dienstverpflichtete 3. Dienste höherer Art zu leisten haben, die 4. auf Grund besonderen Vertrauens übertragen zu werden pflegen. Ausweislich der Protokolle (Prot II 303) lag der Eingrenzung der Anwendbarkeit des § 627 die Erwägung zugrunde, daß das Kündigungsrecht nur eingreifen sollte, wenn eine genau bestimmte Leistung den Gegenstand des Vertrages bildet, deren Ausführung eine persönliche Beziehung zwischen dem Dienstleistenden und dem den Dienst in Anspruch Nehmenden voraussetzt, wie dies beispielsweise bei Ärzten, Lehrern und Rechtsanwälten regelmäßig der Fall sei. Demgegenüber sollten die allgemeinen Vorschriften Anwendung finden, wenn diese Personen fest angestellt sind, beispielsweise bei einem „Leibarzt, Hofmeister, Syndikus" (Prot II 303).

1. Kein dauerndes Dienstverhältnis mit festen Bezügen

15 Die Anwendung von § 627 ist ausgeschlossen, wenn der Dienstverpflichtete in einem dauernden Dienstverhältnis mit festen Bezügen steht. Wann ein Dienstverhältnis als „**dauernd**" anzusehen ist, bestimmt das Gesetz nicht näher. Hierüber muß deshalb im Einzelfall nach der Verkehrsanschauung und dem Sprachgebrauch befunden werden; es handelt sich mithin um eine Tat- und Ermessensfrage (RG 11. 12. 1934 RGZ 146, 116, 117; BGH 31. 3. 1967 BGHZ 47, 303, 305). Im Grundsatz kann davon ausgegangen werden, daß ein dauerndes Dienstverhältnis dann gegeben ist, wenn es auf längere Dauer angelegt ist oder tatsächlich bereits eine längere Zeitspanne besteht; hierbei kommt es auf die Lohnzahlungsperioden ebensowenig an wie auf vereinbarte oder gesetzliche Kündigungsfristen. Nicht erforderlich ist, daß das Dienstverhältnis auf unbestimmte Zeit eingegangen worden ist. Es genügt vielmehr, daß der Vertrag auf eine bestimmte längere Zeit geschlossen worden ist, wobei auch die Verpflichtung für ein Jahr ausreichen kann, wenn es sich um ständige oder langfristige Aufgaben handelt und die Vertragspartner von der Möglichkeit und Zweckmäßigkeit einer Verlängerung ausgehen (BGH 8. 3. 1984 BGHZ 90, 280, 282 mit krit Anm HEINBUCH NJW 1984, 1532, 1533; ferner BGH 19. 11. 1992 LM § 627 BGB Nr 13). Dies gilt sogar, wenn der Verpflichtete jeweils nur eine Woche im Monat tätig sein soll (BGH 31. 3. 1967 BGHZ 47, 303, 305). Andererseits spricht die zeitliche Begrenzung des Vertragsverhältnisses dann für eine nur vorübergehende Verbindung, wenn sie sich aus der Art der übertragenen Aufgabe ergibt, so beispielsweise bei Urlaubs- oder Krankheitsvertretung, Aushilfe bei besonderem Arbeitsanfall, Mitwirkung bei einer einmaligen Veranstaltung (BGH 31. 3. 1967 BGHZ 47, 303, 307; OLG Stuttgart 21. 3. 1986 NJW 1986, 2374, 2375). Ein dauerndes Dienstverhältnis erfordert nicht, daß die Erwerbstätigkeit des Verpflichteten durch die Dienstleistung vollständig oder hauptsächlich in Anspruch genommen wird. Eine soziale oder wirtschaftliche **Abhängigkeit** des Schuldners ist also keine notwendige Voraussetzung (BGH 31. 3. 1967 BGHZ 47, 303, 305; 8. 3. 1984 BGHZ 90, 280, 282; 1. 2. 1989 BGHZ 106, 341, 346; 19. 11. 1992 LM § 627 BGB Nr 13); auch bei einer sozialen und wirtschaftlichen Unabhängigkeit des Verpflichteten kann mithin der Ausschlußtatbestand „ohne in einem dauernden Dienstverhältnis mit festen Bezügen zu stehen" erfüllt und die Anwendbarkeit des § 627 ausgeschlossen sein.

16 **Feste Bezüge** sind eine auf Dauer vereinbarte bestimmte Entlohnung für eine Gesamtdienstleistung, nicht einzelne Dienstleistungsakte, unabhängig von den Modalitäten der Auszahlung (BGB-RGRK/CORTS Rn 10). Entscheidend für die Annahme fester Bezüge ist damit, ob der Dienstverpflichtete sich darauf verlassen kann, daß ihm auf längere Sicht bestimmte, von vornherein festgelegte Beträge als Dienstbezüge zufließen werden, die nicht von außervertraglichen Entwicklungen abhängen und deshalb der Höhe nach schwanken (BGH 13. 1. 1993 LM § 627 BGB Nr 14). **Provisionen** genügen diesem Erfordernis in der Regel nicht, auch nicht Bezüge, die sich nach der Menge der abgelieferten Erzeugnisse (zB landwirtschaftlicher Art oder in Heimarbeit erstellter Produkte, SOERGEL/KRAFT Rn 2) richten. Solche Entgelte sind nur insoweit feste Bezüge, als dem Dienstverpflichteten ein bestimmtes Mindesteinkommen garantiert ist (BGH 13. 1. 1993 LM § 627 BGB Nr 14). Nur in diesem Falle kann sich der Dienstnehmer auf die Zahlung eines bestimmten, nämlich des garantierten Mindestbetrages verlassen und diesen für seine Existenzsicherung fest einplanen. Einkünfte, deren (Mindest-)Höhe nicht im voraus feststeht und die demgemäß schwanken und im ungünstigsten Falle sogar ganz ausbleiben, sind demnach keine festen Bezüge

(BGH 19.11. 1992 LM § 627 BGB Nr 13).Weiterhin wird in der Rechtsprechung die Ansicht vertreten, daß feste Bezüge nur vorlägen, wenn sie dem Dienstverpflichteten in einem Umfang zufließen, daß sie die Grundlage seines wirtschaftlichen Daseins bilden können (RG 11.12. 1934 RGZ 146, 116, 117; BGH 13.1. 1993 LM § 627 BGB Nr 14). Dieser Auffassung kann jedoch nicht beigepflichtet werden. Im Gegensatz zu § 617 nämlich braucht das Dienstverhältnis im Anwendungsbereich des § 627 gerade nicht in der Weise ausgestaltet zu sein, daß der Verpflichtete von dem Dienstberechtigten wirtschaftlich abhängig ist (oben Rn 15). Daraus folgt aber zugleich, daß es keine Rolle spielen kann, ob der Dienstpflichtige mit dem Entgelt seinen Lebensunterhalt ganz oder teilweise bestreitet oder auch nur die Kosten für eine Institution, die die Dienstleistung erst ermöglicht, abdeckt (OLG Karlsruhe 16.6. 1981 NJW 1981, 1676, 1677; OLG Hamm 24.11. 1981 NJW 1982, 1053).

Problematisch ist, wie das Verhältnis zwischen dem Merkmal „dauerndes Dienst- **17** verhältnis" einerseits und dem Merkmal „feste Bezüge" andererseits zu bewerten ist, dh ob beide Merkmale oder nur eines der beiden für einen Ausschluß der Anwendbarkeit des § 627 vorliegen müssen. Der Wortlaut „ohne in einem dauernden Dienstverhältnis mit festen Bezügen zu stehen" spricht dafür, die Anwendbarkeit des § 627 nur dann auszuschließen, wenn sowohl ein dauerndes Dienstverhältnis als auch feste Bezüge gegeben sind (so RG 2.7. 1912 RGZ 80, 29; 11.12. 1934 RGZ 146, 116, 117; BGH 31.3. 1967 BGHZ 47, 303, 305). Jedenfalls bei der Fallgruppe „nicht dauerndes Dienstverhältnis mit festen Bezügen" wird man den Ausnahmetatbestand nicht als erfüllt ansehen können. Vielmehr handelt es sich hierbei gerade um die typische Fallgruppe, die von § 627 erfaßt werden soll (siehe Rn 14). Bei der Fallgruppe „dauerndes Dienstverhältnis ohne feste Bezüge" ist jedoch zweifelhaft, ob aufgrund der Nichtvereinbarung fester Bezüge der Ausschlußtatbestand nicht verwirklicht und in der Folge der Anwendungsbereich des § 627 eröffnet ist. Sofern überhaupt keine Bezüge vereinbart worden sind, stellt sich die Problematik nicht, da dann ohnehin kein Dienst-, sondern vielmehr ein Auftragsverhältnis (§§ 662 ff) vorliegt. Haben die Parteien indes anstelle fester Bezüge rein variable (etwa erfolgsbezogene) Bezüge vereinbart, wäre uU ein Ausschluß der Anwendbarkeit des § 627 – ggf im Wege der Analogie – ebenso wie bei festen Bezügen gerechtfertigt. Freilich handelt es sich bei einem Dienstvertrag mit einer allein vom Erfolg des Dienstberechtigten abhängigen Gegenleistung – sofern das Rechtsverhältnis dann nicht ohnehin als Gesellschaft zu qualifizieren ist – um einen in der Praxis kaum vorkommenden Ausnahmefall.

2. Dienste höherer Art

Dienste höherer Art sind solche, die ein überdurchschnittliches Maß an Fachkennt- **18** nis, Kunstfertigkeit oder wissenschaftlicher Bildung, eine hohe geistige Phantasie oder Flexibilität (AG Köln 3.3. 1993 NJW-RR 1993, 1207, 1208) voraussetzen und aufgrunddessen eine herausgehobene Stellung verleihen. Aus den Protokollen (Prot II 302), die als Beispiele die Dienste der Ärzte, Lehrer und Rechtsanwälte aufführen, ist zu schließen, daß der Gesetzgeber vorwiegend solche Tätigkeiten erfassen wollte, die einer akademischen Ausbildung bedürfen und sich durch ein besonders qualifiziertes Berufsbild auszeichnen. Dazu treten qualifizierte Tätigkeiten, die den persönlichen Lebensbereich betreffen; gegebenenfalls ist hier auch die Höhe der Vergütung zu berücksichtigen (BAG 25.8. 1955 AP Nr 1 zu § 622 BGB; 6.12. 1968 AP Nr 4 zu § 622 BGB; MünchKomm/SCHWERDTNER Rn 5). Für die Beurteilung maßgeblich ist der Geschäftsinhalt des Vertrages. Dieser kann sich sowohl aus den Vereinbarungen der Beteiligten als auch aus der praktischen Durchführung des Vertrages ergeben. Im Zweifel genießt – trotz des Wortlauts der Vorschrift („zu leisten hat") – letztere den Vorrang (MünchKomm/SCHWERDTNER Rn 9; ERMAN/BELLING Rn 3; aA BGB-RGRK/CORTS Rn 2).

19 Zu den Diensten höherer Art zählen unter anderem die der Ärzte (LG Mannheim 27. 6. 1973 VersR 1973, 1175); Arzthelferinnen und Krankengymnasten (BAG 24. 8. 1967 AP Nr 7 zu § 249 BGB; AG Andernach 11. 8. 1993 NJW-RR 1994, 121); Architekten (BGH 26. 11. 1959 BGHZ 31, 224, 228; aA RG 20. 5. 1913 RGZ 82, 285, 287); Ehe-, Partner- und Bekanntschaftsvermittler (BGH 24. 6. 1987 LM § 627 BGB Nr 9; 1. 2. 1989 LM Nr 10 zu § 627 BGB; 5. 11. 1998 NJW 1999, 276; OLG Schleswig 11. 10. 1973 NJW 1974, 648, 650; OLG München 12. 12. 1991 NJW-RR 1992, 1205, 1206; OLG Nürnberg 27. 5. 1997 NJW-RR 1997, 1556); Heilpraktiker, auch bei der Durchführung von Seminaren mit Gruppentherapie (LG Kassel 7. 1. 1999 NJW-RR 1999, 1281); Inkassobeauftragten (OLG Hamburg 13. 12. 1940 DJ 1941, 797; LG Bonn 11. 2. 1998 NJW-RR 1998, 1744); Kommissionäre (RG 24. 1. 1925 RGZ 110, 119, 123); Manager und Promoter für Künstler (BGH 28. 10. 1982 LM § 627 BGB Nr 3; 13. 1. 1993 LM § 627 BGB Nr 14); Personalvermittler (OLG Köln 5. 7. 1996 NJW-RR 1997, 885); Projektsteuerer (OLG Düsseldorf 16. 4. 1999 NJW 1999, 3129); Rechtsanwälte (BGH 16. 10. 1986 LM § 627 BGB Nr 8; OLG Karlsruhe 8. 3. 1994 NJW-RR 1994, 1084); Steuerberater (BGH 19. 11. 1992 LM § 627 BGB Nr 13; OLG Koblenz 18. 5. 1990 NJW 1990, 3153); Wirtschafts- und Werbeberater (BGH 31. 3. 1967 BGHZ 47, 303, 305; 13. 12. 1990 LM § 627 BGB Nr 11); der Betrieb von Wirtschaftsdatenbanken (AG Dortmund 6. 3. 1990 NJW-RR 1990, 891; AG Köln 3. 3. 1993 NJW-RR 1993, 1207, 1208); Zahnärzte (OLG Düsseldorf 12. 6. 1986 MDR 1986, 933, 934). Bei Lehrtätigkeiten ist die Einordnung davon abhängig, ob sie eine anspruchsvolle Aus- oder Weiterbildung (wie etwa an einer Privatschule; BAG 29. 11. 1962 AP Nr 6 zu § 419 BGB Betriebsnachfolge; oder bei der Ausbildung zum Fahrlehrer, OLG Schleswig 8. 2. 1977 MDR 1977, 753) oder lediglich mechanisch-manuelle Fertigkeiten vermitteln (OLG Karlsruhe 16. 6. 1981 NJW 1981, 1676, 1677; SCHLOSSER NJW 1980, 273, 274; zweifelhaft dagegen LG Detmold 8. 3. 1978 MDR 1978, 756, AG Göppingen 29. 9. 1978 NJW 1979, 273).

20 **Abgelehnt** wurde die Anwendung des § 627 jedoch bei einem Buchmachergehilfen, weil allein das besondere Vertrauen, das ihm von seinem Dienstherrn naturgemäß entgegengebracht wird, seine Tätigkeit noch nicht als Dienst höherer Art erscheinen läßt (RAG 7. 11. 1928 ARS 4, 143, 145 f) sowie bei einem Schiedsrichter, weil ihm nach §§ 1025 ff ZPO eine Stellung *über* den Parteien zukommt, die bei einem Dienstvertrag nicht zu finden ist (RG 29. 11. 1904 RGZ 59, 247, 249; aA THOMAS/PUTZO, ZPO [24. Aufl 2002] Vorbem § 1029 Rn 11).

4. Übertragung aufgrund besonderen Vertrauens

21 Es muß sich um Dienste handeln, die aus besonderem Vertrauen übertragen zu werden pflegen. Dieses Merkmal tritt selbständig neben das der Dienste höherer Art, es handelt sich nicht lediglich um eine einer Legaldefinition nahekommende Erläuterung jenes Tatbestandsmerkmals (BGH 18. 10. 1984 LM § 627 BGB Nr 6). Dabei ist die tatsächliche Vertrauensstellung im Einzelfall weder notwendige noch hinreichende Voraussetzung für die Anwendbarkeit von § 627 (RG 20. 5. 1913 RGZ 82, 285, 286; 11. 12. 1934 RGZ 146, 116, 117; BGH 26. 11. 1959 BGHZ 31, 224, 228). Vielmehr müssen die in Rede stehenden Dienste im allgemeinen, also ihrer Natur nach aus besonderem Vertrauen übertragen werden. Ob dann im Einzelfall die Dienste wirklich aus einem besonderen Vertrauen heraus übertragen werden und in welchem Grad das Vertrauen vorhanden war, ist unerheblich (VAN VENROOY JZ 1981, 53, 55).

Das besondere Vertrauensverhältnis ist dabei als **persönliches Vertrauen** zu verstehen, **22** das sich nicht lediglich auf die fachlichen Kenntnisse oder Fertigkeiten, sondern auch auf die Person des Vertragspartners selbst zu erstrecken hat (BGH 18.10. 1984 LM § 627 BGB Nr 6; OLG Celle 19.6. 1981 NJW 1981, 2762). Die Beispiele des Arztes und Anwalts zeigen, daß schon Mißtrauen oder persönliche Aversion eine Lösung selbst dann ermöglichen können soll und muß, wenn die fachliche Qualifikation des Verpflichteten weiterhin außer jedem Zweifel steht (SCHLOSSER NJW 1980, 273, 274; vgl auch BGH 28.10. 1982 LM § 627 BGB Nr 3 für Verträge zwischen Künstlern und deren Promotern). Damit werden aber auch persönliche Bindungen und eine Verbundenheit zwischen den Parteien vorausgesetzt, die es in aller Regel ausschließen, auch Verträge mit **Institutionen** (Volkshochschulen, Sprachinstituten, privaten Bildungseinrichtungen für Stenographie und Schreibmaschine, Repetitorien; Einzelheiten unten Rn 23) als aufgrund besonderen Vertrauens übertragen anzusehen (OLG Frankfurt/Main 12.5. 1981 NJW 1981, 2760; OLG Celle 19.6. 1981 NJW 1981, 2762; OLG Celle 10.5. 1995 NJW-RR 1995, 1465; ERMAN/BELLING Rn 4; aA OLG Schleswig 8.2. 1977 MDR 1977, 753). Zwischen einem Schulträger und den Schülern fehlt es mithin regelmäßig an einem besonderen persönlichen Vertrauensverhältnis, während es auf eine etwaige Vertrauensstellung zwischen den Schülern und den Lehrern nicht ankommt, weil der Vertrag mit dem Schulträger, nicht mit dem Lehrer persönlich geschlossen wird. Zwischen dem Schulträger und den Lehrern liegt demhingegen zumeist eine besondere Vertrauensstellung vor, da gerade an Privatschulen solche Dienste höherer Art iS von § 627 auf Grund besonderen Vertrauens übertragen werden (BAG 29.11. 1962 AP Nr 6 zu § 419 BGB Betriebsnachfolge); allerdings wird eine Anwendbarkeit des § 627 in diesem Verhältnis zumeist daran scheitern, daß es sich bei dem Dienstverhältnis um ein dauerndes mit festen Bezügen handelt.

Umstritten ist, ob **Unterrichtsverträge*** dem Anwendungsbereich des § 627 unter- **23** fallen und ob, wenn dies bejaht wird, eine analoge Anwendung des für den Fernunterricht geltenden unabdingbaren Sonderkündigungsrechts des § 5 Abs 1 S 1 FernUSG auf Direktunterrichtsverträge in Betracht zu ziehen ist. Entgegen einer in der Literatur vielfach vertretenen Ansicht (DÖRNER NJW 1979, 241, 245 f; HEINBUCH MDR 1980, 980, 983; vgl – mit unterschiedlichen Standpunkten – auch OLG Karlsruhe 16.6. 1981 NJW 1981, 1676, 1677; OLG Hamm 24.11. 1981 NJW 1982, 1053; OLG Düsseldorf 3.3. 1982 MDR 1984, 229; LG München II 26.11. 1991 NJW-RR 1992, 444) hat der BGH in seinem Urteil vom 8.3. 1984 (BGHZ 90, 280, 282 f) die Anwendung von § 627 auf derartige Vertragstypen abgelehnt. Bei ihnen stehe die qualifizierte, erfolgversprechende Vermittlung von Fachwissen ganz im Vordergrund; der Gesichtspunkt des besonderen Vertrauens, der im Erziehungsbereich sonst allgemein und insbesondere bei der Schul- und Berufsausbildung

---

* **Schrifttum:** DÖRNER, Verbraucherschutz bei privatem Direktunterricht, NJW 1979, 241; HEIDEMANN/PEUSER, Allgemeine Geschäftsbedingungen in Unterrichtsverträgen, VuR 1991, 209; HEINBUCH; Erleichterte Kündigung von Direktunterrichtsverträgen?, MDR 1980, 980 ders, Kündigung von Direktunterrichtsverträgen nach sechs Monaten?, NJW 1981, 2734; MÜLLER, Unwirksame Kündigungsklauseln in Direktunterrichtsverträgen, MDR 1998, 1197; NASALL, Ordentliche Kündigung von Direktunterrichtsverträgen?, NJW 1984, 711; SCHLOSSER, Erleichterte Kündigung von Direktunterrichtsverträgen?, NJW 1980, 273.

bedeutsam sei, trete demgegenüber ganz zurück. Derselbe Gedanke schließt auch bei einem Kurzseminar die Anwendung von § 627 aus, selbst wenn der Vertrag mit einer Individualperson geschlossen wurde (BGH 18.10. 1984 LM § 627 BGB Nr 6).

24 Auch das Sonderkündigungsrecht des § 5 Abs 1 FernUSG findet auf Direktunterrichtsverträge weder unmittelbare noch entsprechende Anwendung (BGH 8.3. 1984 BGHZ 90, 280, 284 mwN; OLG Köln 16.6. 1982 NJW 1983, 1002, 1003; **aA** OLG Karlsruhe 16.6. 1981 NJW 1981, 1676, 1677). Ausweislich der Gesetzesmaterialien (BT-Drucks 7/4245 S 13) „ist der Teilnehmer (beim Fernunterricht) im Vergleich zu dem sogenannten Direktunterricht erheblich schutzbedürftiger, weil er in der Regel in einer isolierten Situation und ohne Möglichkeit, sich einen Überblick über den Markt verschaffen zu können, eine Entscheidung über die Teilnahme an einem möglicherweise sehr aufwendigen Fernlehrgang treffen muß. Anders als bei den Teilnehmern am Direktunterricht ist es dem Fernunterrichtsteilnehmer … vor allem nicht möglich, sich so kurzfristig über die Zweckmäßigkeit des Fernunterrichtsangebots zu vergewissern, daß bei mangelnder Eignung des Fernlehrganges ein unzumutbarer Aufwand an Geld oder Zeit vermieden werden könnte." Diese Entstehungsgeschichte der Vorschrift schließt ihre entsprechende Anwendung auf Direktunterrichtsverträge aus (BGH 8.3. 1984 BGHZ 90, 280, 285). Freilich darf der Veranstalter von Unterrichtslehrgängen den Teilnehmer nicht formularmäßig über Gebühr lange an sich binden. Der Ausschluß des Rechts zur ordentlichen Kündigung für die Dauer von 21 Monaten benachteiligt daher jedenfalls in einem Vertrag, der ständigen Einsatz, Motivation und Leistungsbereitschaft des Schülers verlangt, diesen iS von § 307 Abs 1 unangemessen (BGH 4.11. 1992 BGHZ 120, 108, 119 betr Ausbildung zum Tänzer).

IV. Kündigung ohne/mit Frist

25 Wie sich aus dem Zusammenhang mit § 626 Abs 1 ergibt, beziehen sich die Worte „die Kündigung" in § 627 auf die außerordentliche, fristlose Kündigung iS von § 626 Abs 1. Das schließt freilich nicht aus, daß die Kündigung zwar außerordentlich, aber unter Einräumung einer Auslauffrist erklärt wird (BGH 21.4. 1975 WM 1975, 761, 762). Der Kündigende ist dann jedoch, anders als im Anwendungsbereich des § 626, nicht durch Ausübung und Verbrauch des Kündigungsrechts an die selbst gesetzte Frist gebunden, sondern kann auch innerhalb dieser Frist erneut und fristlos die Kündigung erklären. Im Anwendungsbereich von § 627 ist die jederzeitige Lösung vom Dienstverhältnis unabhängig von dem Vorhandensein, der Geltendmachung und dem Beweis eines wichtigen Grundes iS des § 626 (RAG 7.11. 1931 JW 1932, 3529). Die fristlose Kündigung nach **freiem Ermessen** sowohl des einen wie des anderen Teiles ist somit an keine anderen Voraussetzungen als die Natur des Dienstverhältnisses geknüpft. Irgendwelche Verpflichtungen zur Rücksichtnahme bestehen nicht.

V. Kündigungsberechtigter

26 Zur Kündigung nach § 627 sind sowohl der Dienstberechtigte als auch der Dienstverpflichtete berechtigt. Für letzteren gilt allerdings der Grundsatz, daß die Kündigung nicht zur Unzeit ausgesprochen werden darf, dem Dienstberechtigten also die Möglichkeit erhalten bleiben muß, sich eine Ersatzkraft zu verschaffen (zu Einzelheiten und Ausnahmen unten Rn 27 ff). Freilich führt ein Verstoß hiergegen nicht zur Unwirksamkeit der Kündigung, sondern nur zur Schadensersatzpflicht (Abs 2).

VI. Unzeitige Kündigung (Abs 2)

§ 627 Abs 2 stellt den Ausfluß des allgemeinen Rechtsgedankens dar, daß die ein- **27**
seitige fristlose Beendigung eines auf besonderes Vertrauen angelegten Dauerschuldverhältnisses nicht „zur Unzeit" erfolgen darf (van Venrooy JZ 1981, 53). Die Norm
bewirkt einen gewissen Dispositionsschutz zugunsten des Dienstberechtigten (Oetker S 312 ff). Parallelregelungen finden sich in § 671 Abs 2 für den Auftrag, § 723
Abs 2 für die Gesellschaft sowie den §§ 712 Abs 2 (Geschäftsführung) und 2226
(Testamentsvollstrecker), die jeweils auf das Auftragsrecht verweisen. Letztlich handelt es sich um einen Teilaspekt des Verbots rechtsmißbräuchlichen Verhaltens. Die
Vorschrift gilt jedoch nur für die Kündigung durch den Dienstverpflichteten. Der
Dienstberechtigte kann frei kündigen, da der Dienstverpflichtete, der ja ohnehin
keine festen Bezüge auf Dauer erhält, nicht im gleichen Umfang wie jener schutz-
würdig ist (Larenz II 1 § 56 IV).

1. Kündigung zur Unzeit

Eine Kündigung zur Unzeit liegt vor, wenn sie zu einem Zeitpunkt erfolgt, in dem der **28**
Dienstberechtigte nicht in der Lage ist, sich die Dienste anderweit zu beschaffen.
Dabei ist nicht erforderlich, daß die anderweitigen Dienste zu denselben Bedingungen und in derselben Art und Weise und Güte zu erlangen sind. Maßgeblich ist nicht
der Zeitpunkt der Kündigungserklärung, sondern der der tatsächlichen Beendigung
des Dienstverhältnisses. Gewährt der Kündigende also eine Auslauffrist (vgl oben
Rn 25), so ist die Kündigung nur dann unzeitig, wenn der Dienstberechtigte sich
auch innerhalb dieser Frist keinen **Ersatz** zu verschaffen vermag. Dies bedeutet zB
für *Rechtsanwälte,* daß sie das Mandat in der Regel nicht im oder unmittelbar vor
einem Termin zur mündlichen Verhandlung oder kurz vor dem Ablauf wichtiger
Fristen niederlegen dürfen (Erman/Belling Rn 9; vgl OLG Düsseldorf 24. 3. 1988 VersR
1988, 1155). Der Schadensersatzpflicht kann der Rechtsanwalt allerdings durch die
Wahrnehmung der ihm in § 87 Abs 2 ZPO eingeräumten Rechte entgehen (BGH 5. 2.
1965 BGHZ 43, 135, 138). Eine *ärztliche Behandlung* darf nur abgebrochen werden,
wenn bis zum Eintreffen eines anderen Arztes weder Leben noch Gesundheit des
Patienten gefährdet sind (Laufs, Arztrecht [5. Aufl 1993] Rn 111).

2. Rechtsfolgen

Auch die zur Unzeit erklärte Kündigung ist wirksam (BGH 24. 6. 1987 LM § 627 BGB Nr 9; **29**
Wüst BB 1963, 609; MünchKomm/Schwerdtner Rn 16). Wenn dem entgegengehalten wird,
das den Vertrag tragende Vertrauen umfasse auch den Schutz vor unzeitiger Auflösung desselben, das Dienstverhältnis bestehe also bis zu einer erneuten Kündigung
zur rechten Zeit fort (so van Venrooy JZ 1981, 53, 57), so wird übersehen, daß das Gesetz
in Abs 2 S 2 eine abschließende Regelung in bezug auf die Folgen unzeitiger Kündigungen getroffen hat.

Der Dienstberechtigte kann also in einem solchen Falle lediglich **Schadensersatz** **30**
verlangen. Dieser geht jedoch nicht auf das Erfüllungsinteresse, denn der Schaden
des Dienstberechtigten besteht ja nicht in der Auflösung des Dienstverhältnisses
überhaupt, sondern in der fehlenden Rücksicht auf seine Interessen bei der Wahl
des Kündigungszeitpunkts (Ulmer, in: FS Ph Möhring [1975] 295, 310). Außerdem könnte

andernfalls im Wege der Naturalrestitution (§ 249 S 1) dann doch wieder die Fortführung des Dienstverhältnisses verlangt werden (insoweit zutreffend VAN VENROOY JZ 1981, 53, 57 f). Der Anspruch ist daher auf das negative Interesse, also den Vertrauensschaden, begrenzt (BGB-RGRK/CORTS Rn 18).

3. Wichtiger Grund

31 Die Schadensersatzpflicht tritt nicht ein, wenn für die Kündigung zur Unzeit ein wichtiger Grund vorliegt. Damit ist nicht der wichtige Grund des § 626 gemeint, so daß nicht die Unzumutbarkeit der Fortsetzung des Dienstverhältnisses überhaupt gefordert wird (ERMAN/HANAU Rn 9; MünchKomm/SCHWERDTNER Rn 16). Denn dann wäre auch § 626 unmittelbar anwendbar, so daß es auf die besonderen Voraussetzungen des § 627 gar nicht ankäme. Vielmehr muß lediglich für die unzeitige Kündigung ein wichtiger Grund vorliegen. Es müssen also Gründe gegeben sein, die eine Kündigung ohne Rücksicht auf die anderweitige Beschaffungsmöglichkeit der Dienste rechtfertigen. Das wird in der Regel der Fall sein, wenn der Dienstberechtigte selbst die Tätigkeit beanstandet oder sonst einen Grund für die Kündigung gegeben hat. Der wichtige Grund kann aber auch in dem Anlaß der Kündigung und in einem objektiven Grund liegen, zB in der Tatsache, daß eine Vertretung als Arzt wegen eines Unfalls und der damit verbundenen Unmöglichkeit, Hausbesuche durchzuführen, nicht übernommen werden kann (LG Mannheim 27. 6. 1973 VersR 1973, 1175, 1176).

VII. Darlegungs- und Beweislast

32 Die Darlegungs- und Beweislast für die Voraussetzungen des § 627 Abs 1 obliegt dem Kündigenden, der alle Grundlagen für die Anwendung der erleichterten Kündigungsmöglichkeit darzulegen und im Streitfall zu beweisen hat. Bei Geltendmachung des Schadensersatzanspruches aus Abs 2 muß der Dienstberechtigte die Umstände darlegen, die die Kündigung als unzeitig erscheinen lassen, der Dienstverpflichtete trägt demgegenüber die Darlegungs- und Beweislast für diejenigen Tatsachen, die den „wichtigen Grund" ergeben sollen (BAUMGÄRTEL, Handbuch der Beweislast im Privatrecht, Band 1 [2. Aufl 1991] § 627 Rn 2).

§ 628
Teilvergütung und Schadensersatz bei fristloser Kündigung

(1) Wird nach dem Beginne der Dienstleistung das Dienstverhältnis auf Grund des § 626 oder des § 627 gekündigt, so kann der Verpflichtete einen seinen bisherigen Leistungen entsprechenden Teil der Vergütung verlangen. Kündigt er, ohne durch vertragswidriges Verhalten des anderen Teiles dazu veranlaßt zu sein, oder veranlaßt er durch sein vertragswidriges Verhalten die Kündigung des anderen Teiles, so steht ihm ein Anspruch auf die Vergütung insoweit nicht zu, als seine bisherigen Leistungen infolge der Kündigung für den anderen Teil kein Interesse haben. Ist die Vergütung für eine spätere Zeit im Voraus entrichtet, so hat der Verpflichtete sie nach Maßgabe des § 347 oder, wenn die Kündigung wegen eines Umstandes erfolgt,

den er nicht zu vertreten hat, nach den Vorschriften über die Herausgabe einer ungerechtfertigten Bereicherung zurückzuerstatten.

(2) Wird die Kündigung durch vertragswidriges Verhalten des anderen Teiles veranlaßt, so ist dieser zum Ersatze des durch die Aufhebung des Dienstverhältnisses entstehenden Schadens verpflichtet.

Materialien: E I § 566; II § 566; III § 619; Mot II 470; Prot II 305; Jakobs/Schubert, SchR II 814.

Schrifttum

Cl Becker, Schadensersatz in Geld für Arbeitsleistungen des Geschädigten zum Zwecke der Schadensabwehr, BB 1976, 746

Becker/Schaffner, Zum Haftungsumfang des Arbeitnehmers bei Vertragsbruch, BlStSozArbR 1982, 97

Bengelsdorf, Schadensersatz bei Nichtantritt der Arbeit, BB 1989, 2390

Berkowsky, Aktuelle Probleme des Schadensersatzanspruchs des Arbeitgebers gegenüber dem vertragsbrüchigen Arbeitnehmer, DB 1982, 1772

Beuthien, Pauschalierter Schadensersatz beim Vertragsbruch des Arbeitnehmers, BB 1973, 92

Birk, Schadensersatz und Konkursausfallgeld, SGb 1981, 144

Birk, Die provozierte Auflösung des Arbeitsverhältnisses. FS für Zöllner Bd. 2 (1998) 687

Coen, Das Recht auf Arbeit und der Bestandsschutz des gekündigten Arbeitsverhältnisses (1979)

Diekhoff, Zur Anwendbarkeit des § 254 BGB bei unzulässiger außerordentlicher Kündigung des Arbeitgebers, DB 1959, 1004

Dittmayer, Das Zusammenspiel von Steuerrecht und Schadensrecht bei Erwerbsschadensberechnung (1987)

Frey, Schadensersatzpflicht des Arbeitgebers wegen Verletzung arbeitsverhältnisrechtlicher Vorschriften, BB 1959, 528

Fuchs, Berechnung des Gehalts für einzelne Tage eines Monats, BB 1972, 137

Gagel, Schadensersatzanspruch nach § 628 Abs 2 BGB im Konkurs, ZIP 1981, 122

ders, Sozialrechtliche Konsequenzen von Vergleichen in Kündigungsschutzprozessen (2. Aufl 1987)

Galperin, Die Rechtsmängel der Kündigung des Arbeitsverhältnisses, BB 1966, 1458

Gessert, Schadensersatz nach Kündigung (1987)

Halbach, Historisches und Aktuelles zu einem Unikum, ArbuR 1982, 280

ders, Nochmals: Historisches und aktuelles zu einem Unikum, ArbuR 1983, 269

Hanau, Die Kausalität der Pflichtwidrigkeit (1971)

R Hildebrandt, Disparität und Inhaltskontrolle im Arbeitsrecht (1987)

Hornung, Der Schadensersatzanspruch des Arbeitnehmers nach § 628 Abs 2 BGB im Konkurs des Arbeitgebers, RPfleger 1976, 386

Knobbe/Keuck, Möglichkeiten und Grenzen abstrakter Schadensberechnung, VersR 1976, 401

Krause, Haftung wegen Auflösungsverschulden, JuS 1995, 291

Motzer, Die „positive Vertragsverletzung" des Arbeitnehmers (1982)

Oetker, Das Dauerschuldverhältnis und seine Beendigung (1994)

Pabst, Gebührenrechtliche Folgen der Kündigung des Mandats, MDR 1978, 449

Röhsler, Zum Schadensersatzanspruch des Arbeitnehmers nach § 628 Abs 2 BGB und § 70 Abs 2 HGB, DB 1957, 358

Roeper, Abfindung nach dem Kündigungsschutzgesetz als Schadensersatz (§ 628 Abs 2 BGB), DB 1970, 1489

Ruland, Die Arbeitskraft als vermögenswertes Rechtsgut im Schuldrecht (1984)

SPIEKER, Interessenausgleich bei Eigenkündigung im Insolvenzverfahren, DB 1987, 1839
STOFFELS, Der Vertrgsbruch des Arbeitnehmers (1994)

WEISS, Die Haftung des Arbeitgebers aus § 628 Abs 2 BGB, JuS 1985, 593
WUTTKE, Vorteilsausgleich bei Schadenersatzansprüchen wegen Arbeitsvertragsbruchs, DB 1967, 2227.

Systematische Übersicht

Alphabetische Übersicht

I. Allgemeines

1. Entstehungsgeschichte

Bereits der erste Entwurf hatte eine dem heutigen Abs 2 entsprechende Regelung in **1**
der Erwägung vorgesehen, daß die allgemeinen Rechtsgrundsätze es gebieten würden, demjenigen Teil, der durch sein vertragswidriges Verhalten den Grund zur Auflösung des Dienstverhältnisses herbeigeführt hat, die Pflicht zum Schadensersatz
aufzuerlegen (Mot II 470; JAKOBS/SCHUBERT SchR II 819). Vorläufer und Parallelregelungen finden sich sowohl im Dresdener als auch im bayerischen Entwurf zum BGB
(dazu WEISS JuS 1985, 593, 594) sowie im preuß ALR und im Schweizer Obligationenrecht (Art 346 OR). Die Vorschriften über die Teilvergütung (Abs 1) waren zunächst
in anderem Zusammenhang, nämlich im Auftragsrecht, vorgesehen. Bei den Beratungen zum zweiten Entwurf (Prot II 305) entschloß die Kommission sich jedoch, den
Auftrag als grundsätzlich unentgeltliches Rechtsgeschäft auszugestalten, alle die Vergütung betreffenden Fragen in das Recht des Dienst- und Werkvertrages zu verlagern

und für die entgeltliche Geschäftsbesorgung (§ 675) lediglich auf diese Regelungen zu verweisen. § 628 ist seit dem Inkrafttreten des BGB unverändert geblieben.

2. Normzweck

2 Die Vorschrift regelt einen Teil der Rechtsfolgen der Beendigung von Dienst- und Arbeitsverhältnissen. Sie behandelt das gekündigte Dienst-/Arbeitsverhältnis als reines Abwicklungsverhältnis, das nicht mehr persönliche Leistungspflichten zum Gegenstand hat, sondern nur noch bestehende gegenseitige finanzielle Ansprüche ausgleichen soll. Darin liegt zugleich ihre Unvollkommenheit, die das Fortbestehen einzelner Nebenpflichten außer acht läßt. § 628 gilt sowohl für die Beendigung des unabhängigen Dienstvertrages wie des Arbeitsvertrages und betrifft die Folgen einer außerordentlichen Kündigung nach §§ 626, 627 und zwar, über ihren Wortlaut hinaus, auch für den Fall der Kündigung *vor* Dienstantritt (BGB-RGRK/Corts Rn 4). Sie gewinnt besondere Bedeutung, wenn die Kündigung einen Abrechnungszeitraum unterbricht oder eine Vergütung nur für die Gesamtleistung vereinbart war. Die Regelung des Abs 2 will verhindern, daß der wegen eines Vertragsbruchs zur fristlosen Kündigung veranlaßte Vertragsteil die Ausübung seines Kündigungsrechts mit Vermögenseinbußen bezahlen muß, die darauf beruhen, daß infolge der Kündigung das Arbeitsverhältnis endet (BAG 23. 8. 1988 AP Nr 17 zu § 113 BetrVG 1972).

II. Anwendungsbereich und Sonderregelungen

3 Der in § 628 zum Ausdruck kommende Rechtsgedanke ist bei anderen Dauerschuldverhältnissen entsprechend anzuwenden (Gessert 248 ff; Oetker S 367 f; s auch unten Rn 13), so im Mietrecht (BGH 17. 1. 1968 NJW 1968, 692, 693), beim Leasing (BGH 28. 10. 1981 BGHZ 82, 121, 130; 31. 3. 1982 WM 1982, 666, 668) und bei Sukzessivlieferungsverträgen (BGH 11. 2. 1981 WM 1981, 331, 332 f). Für das Werkvertragsrecht ist § 649 S 2 vorrangig. Die Regelung des Abs 1 kann auf ordentliche Kündigungen nicht übertragen werden (BGH 26. 1. 1994 NJW 1994, 1069, 1070), Abs 2 hingegen findet auch bei anderen Formen der Vertragsbeendigung als der außerordentlichen Kündigung nach §§ 626, 627 Anwendung (unten Rn 41 f). Für alle Dienst- und Arbeitsverträge gilt die Vorschrift unmittelbar, freilich sind für einzelne Berufsgruppen und Dienstleistungsarten sowohl für die Frage der Teilvergütung als auch des Schadensersatzanspruches Sonderregelungen einschlägig.

4 Im Hinblick auf die Teilvergütungsregelung des **Abs 1** findet für **Rechtsanwälte** § 13 Abs 1 BRAGO mit der Folge Anwendung, daß die Gebühr für einen Teil der aufgetragenen Leistung regelmäßig derjenigen für die ganze Leistung entspricht, so daß, was § 13 Abs 4 BRAGO nochmals klarstellt, § 628 Abs 1 S 1 bei einer vorzeitigen Entziehung oder Niederlegung des Mandats regelmäßig nicht zu einer Kürzung der bereits angefallenen Gebühren führen kann. Dies gilt jedoch nur, soweit die Abrechnung auch nach der BRAGO erfolgt; ist dagegen ein Pauschalhonorar vereinbart, bleibt § 628 anwendbar (OLG Köln 6. 12. 1971 AnwBl 1972, 159), § 3 BRAGO ist ergänzend heranzuziehen (BGH 16. 10. 1986 AP Nr 4 zu § 628 BGB Teilvergütung; OLG Düsseldorf 6. 12. 1984 MDR 1985, 845). Kündigt ein **Besatzungsmitglied** das Heuerverhältnis aus wichtigem Grund ohne Einhaltung einer Frist (§ 67 SeemG; Einzelheiten dazu bei KR/Weigand, Kündigung im Seearbeitsrecht Rn 136 ff), so bestimmt § 70 S 1 SeemG, daß der

Anspruch auf Zahlung der Heuer für einen weiteren Monat (sog Abtrittsheuer) bestehen bleibt.

Die Regelung des **Abs 2** ist abschließend insoweit, als sie auch außerhalb ihres An- 5
wendungsbereichs den Rückgriff auf die allgemeine Regel des § 280 verbietet, beispielsweise, wenn dem Arbeitnehmer durch eine selbstgewollte Vertragsbeendigung
die Erfüllungsansprüche aus dem Arbeitsverhältnis verloren gegangen sind, ohne
daß der Arbeitgeber die Auflösung des Vertragsverhältnisses zu vertreten gehabt
hätte (BAG 11.2. 1981 AP Nr 8 zu § 4 KSchG 1969). Allerdings finden sich eine Reihe von
Sonderregelungen.

Nach Ablauf der Probezeit können in einem **Berufsausbildungsverhältnis** sowohl der 6
Ausbilder als auch der Auszubildende bei vorzeitiger Beendigung desselben gemäß
dem § 628 Abs 2 verdrängenden (BAG 17.7. 1997 NZA 1997, 1224) § 16 Abs 1 S 1 BBiG
Schadensersatz verlangen, wenn der andere Teil den Grund für die Auflösung zu
vertreten hat. Dies gilt jedoch nicht für den Fall, daß der Auszubildende die Berufsausbildung aufgeben oder sich für eine andere Berufstätigkeit ausbilden lassen will,
§§ 15 Abs 2 Nr 2, 16 Abs 1 S 2 BBiG. Der Anspruch erlischt gemäß § 16 Abs 2 BBiG,
wenn er nicht innerhalb von drei Monaten nach Beendigung des Berufsausbildungsverhältnisses geltend gemacht wird. Für den Auszubildenden sind auch die Kosten für
die Begründung eines neuen Berufsausbildungsverhältnisses sowie die Mehraufwen-
dungen, die beispielsweise durch die Ausbildung an einem anderen Ort verursacht
werden, ersatzfähig (BAG 11.8. 1987 AP Nr 1 zu § 16 BBiG). Da das Berufsausbildungsverhältnis jedoch kein Arbeitsverhältnis ist und der Auszubildende folglich auch
keinen Anspruch auf Arbeitsentgelt hat, kann er bei einem vorzeitigen Abbruch
der Ausbildung durch den Auszubildenden den Differenzbetrag zwischen dem
Wert der von ihm geleisteten Arbeit und der Ausbildungsvergütung weder als Schadensersatz noch aus anderen Rechtsgründen verlangen (LAG Düsseldorf 26.6. 1984 DB
1985, 180, 181).

Für **Handelsvertreter** enthält § 89 a Abs 2 HGB eine von § 628 Abs 2 in der Formu- 7
lierung leicht abweichende, inhaltlich aber identische Regelung (BGH 29.11. 1965
BGHZ 44, 271, 273; 3.3. 1993 NJW 1993, 1386). Die Kündigung des Heuerverhältnisses
durch ein **Besatzungsmitglied** und die Geltendmachung der Abtrittsheuer schließen
das Verlangen nach weiterem Schadensersatz aus § 628 Abs 2 nicht aus (§ 70 S 2
SeemG).

Für den Fall des Vertragsbruches kann sich jede Seite durch die Vereinbarung einer 8
Vertragsstrafe* (§§ 339, 340) absichern. Vertragsbruch ist die vom Schuldner einseitig

---

* **Schrifttum:** BERGER-DELHEY, Der Vertragsbruch des Arbeitnehmers – Tatbestand und
Rechtsfolgen, DB 1989, 2171; BEUTHIEN, Pauschalierter Schadensersatz und Vertragsstrafe,
in: FS Larenz (1973) 495 ff; BÖTTICHER, Wesen
und Arten der Vertragsstrafe sowie deren Kontrolle, ZfA 1970, 3; ENGEL, Konventionalstrafen
im Arbeitsvertrag (1990); FRIEDRICH, Der Vertragsbruch, AcP Bd 178 (1978) 468; HERGET,
Der Vertragsbruch des Arbeitnehmers und seine
Folgen, DB 1969, 2340; LANGHEID, Vertragsstrafenvereinbarungen in Arbeitsverträgen, DB
1980, 1219; LINDACHER, Die Phänomenologie
der „Vertragsstrafe" (1972); LÖWISCH/WÜR-
TENBERGER, Vertragsstrafe und Betriebsstrafe
im Arbeitsrecht, JuS 1970, 261; POPP, Schadensersatz und Vertragsstrafe bei Arbeitsvertragsbruch, NZA 1988, 455; PREIS/STOFFELS,

und ohne Willen des Gläubigers herbeigeführte faktische Vertragsauflösung, also auf Arbeitnehmerseite der Fall der Nichtaufnahme oder rechtswidrigen vorzeitigen Beendigung des Vertragsverhältnisses (BAG 18. 9. 1991 NZA 1992, 215, 216 f; ausführlich zu Begriff und Wesen des Arbeitsvertragsbruchs; STOFFELS, S 7 ff). Der Vereinbarung von Vertragsstrafen im Arbeitsverhältnis steht § 888 Abs 2 ZPO, der die Vollstreckung zur Erwirkung einer Dienstleistung aus einem Dienstverhältnis für unzulässig erklärt, nicht entgegen. Die Vertragsstrafe hat nämlich eine Doppelfunktion: sie will nicht nur den Arbeitnehmer zur ordnungsgemäßen Erfüllung der vertraglich vereinbarten Leistung anspornen und so die Erfüllungswahrscheinlichkeit erhöhen, sondern zugleich eine vertragliche Schadenspauschalierung begründen, die den Nachweis eines Schadens und dessen Höhe im Einzelfall entbehrlich werden läßt (BGH 23. 6. 1988 BGHZ 105, 24, 27; LAG Berlin 19. 5. 1980 AP Nr 8 zu § 339 BGB; BENGELSDORF BB 1989, 2390, 2393; PREIS/STOFFELS, Vertragsstrafe Rn 11; aA LANGHEID DB 1980, 1219). Einer analogen Anwendung von § 555, der Vertragsstrafenvereinbarungen zu Lasten des Wohnraummieters ausschließt, steht entgegen, daß die arbeitsrechtlichen Instrumentarien zum Ausgleich des zwischen den Parteien typischerweise bestehenden sozialen Gefälles von den mietrechtlichen grundverschieden sind, der Arbeitnehmer also nicht besser oder schlechter, sondern anders steht als der Mieter (POPP NZA 1988, 455, 457; SÖLLNER AuR 1981, 97, 102; STOFFELS, Vertragsbruch 205 f; aA DÄUBLER, Das Arbeitsrecht, Band 2, 357 f). Die Vertragsstrafe kann auch formularmäßig lediglich einseitig zum Nachteil des Dienstnehmers vereinbart werden, da dieser bei einem Vertragsbruch des Dienstherrn durch die Annahmeverzugsregelung des § 615 ausreichenden Schutz genießt (MÜNCHKOMM/GOTTWALD, Rn 9 vor § 339). Die Bestimmung des § 309 Nr 6 läßt sich auf das Arbeitsverhältnis nicht übertragen, da die normalen zivilrechtlichen Sanktionen wegen der Schwierigkeit des Schadensnachweises versagen und dem Arbeitgeber sonst kein adäquates Instrument zur Verfügung steht (PREIS, Grundfragen [1993] 471 ff mwN; PREIS/STOFFELS, Vertragsstrafe Rn 55 ff). An dieser Einschätzung ändert sich durch die ab 1. 1. 2003 (Art 229 § 5 EGBGB) unmittelbar auch im Arbeitsrecht geltende AGB-Kontrolle (vgl § 310 Abs 4) nichts (s GOTTHARDT ZIP 2002, 277, 283; ErfK/MÜLLER-GLÖGE §§ 339–345 Rn 10; aA DÄUBLER NZA 2001, 1329, 1336; REINEKE, DB 2002, 583, 586).

9 Die Vertragsstrafe kann seitens des Arbeitgebers auch durch **Lohneinbehalt** realisiert werden, gegenüber gewerblichen Arbeitnehmern und Heimarbeitern jedoch nur mit den Einschränkungen der §§ 119 a, 119 b GewO. Die Verwirkung rückständigen Lohns über den Betrag eines durchschnittlichen Wochenlohnes hinaus ist für gewerbliche Arbeitnehmer in Betrieben mit in der Regel mehr als zwanzig, für einzelne Arbeitnehmergruppen auch bereits in Betrieben mit mehr als zehn Arbeitnehmern unzulässig, §§ 133 g, 133 h, 134 GewO. Im übrigen sind die Sozialschutzbestimmungen der §§ 394 BGB, 850 ff ZPO zu beachten, so daß eine Aufrechnung nur mit dem pfändbaren Anteil des Entgelts in Betracht kommt (PREIS/STOFFELS, Vertragsstrafe Rn 164, 167).

10 Grundsätzlich unzulässig sind Vertragsstrafenvereinbarungen in **Ausbildungsverträ-**

Vertragsstrafe, AR-Blattei, SD 1710; SCHWERDTNER, Grenzen der Vereinbarungsfähigkeit von Vertragsstrafen im Einzelarbeitsverhältnis, in: FS Hilger und Stumpf (1983) 631; SÖLLNER, Vertragsstrafen im Arbeitsrecht, AuR 1981, 97; STEIN, Arbeitsvertragsbruch und formularmäßige Vertragsstrafe, BB 1985, 1402; STOFFELS, Der Vertragsbruch des Arbeitnehmers (1994) 186 ff.

gen, § 5 Abs 2 Nr 2 BBiG (näher zu Zweck und Anwendungsbereich der Vorschrift STOFFELS, Vertragsbruch 200 f mwN). Diese Vorschrift verbietet jedoch nicht, daß die Parteien des Ausbildungsverhältnisses in einem innerhalb der letzten drei Monate vor dessen Beendigung (§ 5 Abs 1 S 2 BBiG) geschlossenen *Arbeitsvertrag* für den Fall des Nichtantritts der Arbeit eine Strafabrede treffen. Dies gilt auch dann, wenn sich das Arbeitsverhältnis zeitlich unmittelbar an die Beendigung der Ausbildung anschließen sollte, da § 5 Abs 2 Nr 2 BBiG ausschließlich für das Berufsausbildungsverhältnis selbst Geltung beansprucht (BAG 23. 6. 1982 AP Nr 4 zu § 5 BBiG).

Anstelle der außerordentlichen Kündigung kann der Arbeitgeber im Falle des Ver- **11** tragsbruches auch auf Erbringung der Arbeitsleistung klagen und gleichzeitig beantragen, den Arbeitnehmer für den Fall, daß dieser seine Arbeit nicht innerhalb einer bestimmten Frist erbringt, zur Zahlung einer vom Arbeitsgericht nach freiem Ermessen festzusetzenden **Entschädigung** zu verurteilen, § 61 Abs 2 ArbGG. Dasselbe gilt für die Durchsetzung des klageweise geltend gemachten Beschäftigungsanspruchs des Arbeitnehmers (MünchArbR/BLOMEYER § 95 Rn 21; **aA** ArbG Wetzlar 8. 12. 1986 NZA 1987, 536). In beiden Fällen ähnelt die Festsetzung der Entschädigungshöhe der Schadensschätzung nach § 287 ZPO (LÜKE, Die Vollstreckung des Anspruchs auf Arbeitsleistung, in: FS Ernst Wolf [1985] 459, 468 f; GRUNSKY, ArbGG [7. Aufl 1995] § 61 Rn 14). Bei der notwendigen Einzelfallabwägung sind ua zu berücksichtigen: die Länge der vertragsgemäßen Kündigungsfrist, die Aufwendungen für eine Ersatzkraft, die Kosten für die Suche nach Ersatz und weitere Schäden aufgrund des Vertragsbruches, ohne daß es der konkreten Feststellung einzelner Schadensposten bedürfte (BECKER/SCHAFFNER BlStSozArbR 1982, 97, 99 f).

Arbeitnehmer, die im Rahmen einer geplanten **Betriebsänderung** (§ 111 S 2 BetrVG) **12** entlassen werden, weil der Arbeitgeber ohne zwingenden Grund von einem Interessenausgleich abgewichen ist oder einen solchen erst gar nicht versucht hat, steht gemäß § 113 Abs 1 BetrVG ein Anspruch auf **Nachteilsausgleich** in Form einer Abfindung zu. Entlassen im Sinne dieser Vorschrift wird ein Arbeitnehmer auch dann, wenn der Arbeitgeber den Arbeitnehmer mit Rücksicht auf die von ihm geplante Betriebsänderung dazu veranlaßt, sein Arbeitsverhältnis selbst zu kündigen (BAG 23. 8. 1988 AP Nr 17 zu § 113 BetrVG 1972), oder aus diesem Grunde ein Aufhebungsvertrag geschlossen wird (FITTING/KAISER/HEITHER/ENGELS, BetrVG [20. Aufl 2000] § 113 Rn 19), nicht jedoch, wenn der Arbeitnehmer die Kündigung aus eigenem Entschluß – etwa wegen beträchtlicher Lohnrückstände – erklärt hat.

III. Der Vergütungsanspruch (Abs 1)

Bei der Beendigung eines Dauerschuldverhältnisses kann der eine Teil grundsätzlich **13** eine seinen bisherigen Leistungen entsprechende Vergütung verlangen. Veranlaßt der Verpflichtete die Beendigung des Vertragsverhältnisses durch sein Verhalten oder löst er es ohne wichtigen Grund selbst, mindert sich sein Vergütungsanspruch auf den Wert, den die Teilleistung für den anderen Teil hat. Hat dieser die ihm obliegende Leistung bereits für einen nach dem Wirksamwerden der Kündigung liegenden Zeitpunkt erbracht, kann er sie gemäß §§ 812 ff kondizieren. Diese allgemeinen Grundsätze (BGH 15. 1. 1959 BGHZ 29, 171, 174; ausführlich – und zT kritisch – zur Allgemeingültigkeit GERNHUBER, Das Schuldverhältnis [1989] § 16 II 9, III 5; vgl zur Vergütung nach *ordentlicher* Kündigung BGH 26. 1. 1994 NJW 1994, 1069, 1070) erfahren ihren Ausdruck und ihre Bestätigung in § 628 Abs 1, der sie zugleich insoweit modifiziert, als er unter bestimmten Umständen – nach §§ 347, die Haftung des Dienstverpflichteten mit der Folge verschärft, daß er auf Wertersatz haftet und sich nicht auf einen Wegfall der Bereicherung berufen kann. Im **Handelsvertreterrecht** finden vorrangig die §§ 87, 88 HGB Anwendung; § 628 Abs 1 ist aber auf feste Vergütungen entsprechend anwendbar (BAUMBACH/HOPT, HGB [30. Aufl 2000] § 89 a Rn 2). Zur Anwendung auf andere Fälle als der Beendigung des Dienst- oder Arbeitsverhältnisses (vgl oben Rn 3).

1. Rechtscharakter

14 Die Vergütungsregelung des Abs 1 ist durch **einzelvertragliche Vereinbarung** bei Dienstverträgen, die keine Arbeitsverträge sind, abdingbar, soweit der Anlaß für die außerordentliche Kündigung nicht vorsätzlich herbeigeführt worden ist, § 276 Abs 2 (BGH 28. 6. 1952 LM § 611 BGB Nr 3). Bei Arbeitsverhältnissen kann zu Ungunsten des Arbeitnehmers eine abweichende Vereinbarung erst *nach* Beendigung des Vertragsverhältnisses geschlossen werden (SOERGEL/KRAFT Rn 2).

15 Die Vorschrift hat jedoch einen gegenüber **allgemeinen Geschäftsbedingungen** weitgehend bestandsfesten Gerechtigkeitsgehalt. Im Anwendungsbereich des AGB-Gesetzes sind Vereinbarungen, die dem Verwender eine nicht nur unwesentlich höhere Vergütung von Teilleistungen zusprechen, unangemessen iS von § 308 Nr 7 a (§ 10 Nr 7 a AGBG aF) (BGH 4. 6. 1970 WM 1970, 1052, 1054; 29. 5. 1991 NJW 1991, 2763, 2764; ULMER/BRANDNER/HENSEN/SCHMIDT, AGBG [9. Aufl 2001] § 10 Nr 7 Rn 16). Unwirksam sind auch Klauseln, die den Vertragspartner zur Zahlung der Teilvergütung auch für den Fall verpflichten, daß der Verwender die Kündigung des Dienstverhältnisses schuldhaft veranlaßt hat und seine bisherigen Leistungen für den anderen Teil ohne Interesse sind (LG Osnabrück 5. 2. 1986 AP Nr 4 zu § 611 BGB Partnervermittlung). In AGB vorgesehene Vergütungspauschalen müssen für den regelmäßigen Anwendungsfall der nach dem Gesetz zu beanspruchenden Vergütung entsprechen und dürfen dem Vertragspartner den Gegenbeweis unangemessener Höhe nicht entgegen § 309 Nr 5 b (§ 11 Nr 5 b AGBG aF) abschneiden (BGH 16. 1. 1984 NJW 1984, 2093, 2094). Dies gilt auch für Teilvergütungen und Abstandszahlungen an den Verwender, wenn der Vertrag *vor* Beginn der Dienstleistung gekündigt wird, § 309 Nr 6 und 10, § 308 Nr 7, § 307 (ERMAN/BELLING Rn 4). Umgekehrt kann eine Klausel gegen § 307 (§ 9 AGBG aF) verstoßen, mit der der Dienstgeber den Anspruch auf Teilvergütungsansprüche bei vorzeitiger Beendigung des Dienstverhältnisses abzubedingen sucht (BGH 4. 10. 1984 BGHZ 92, 244, 250).

16 Seit 1. 1. 2000 finden diese Grundsätze auch unmittelbar auf das Arbeitsverhältnis anwendung (§ 310 Abs 4). Die vor diesem Zeitpunkt bei **Formulararbeitsverträgen** vorgenommene Inhaltskontrolle (BAG 31. 10. 1969 AP Nr 1 zu § 242 BGB Ruhegehalt-Unterstützungskassen; 21. 12. 1970 AP Nr 1 zu § 305 BGB Billigkeitskontrolle; Einzelheiten bei PREIS, Grundfragen [1993] 191 ff) führte insoweit zu denselben Ergebnissen. Von § 628 Abs 1 divergierende Regelungen verstoßen gegen den Grundsatz von Treu und Glauben, weil entweder für den Vertragspartner die Kündigung erschwert wird, der Verwender mehr beansprucht, als seine erbrachten Leistungen wert sind und/oder der Grundsatz des Vorteilsausgleichs ungenügend beachtet wird (ULMER/BRANDNER/HENSEN/SCHMIDT, AGBG [9. Aufl 2001] § 10 Nr 7 Rn 16).

2. Vorleistung der Dienste

a) Teilweise Vergütung

Hat eine Vorleistung der Dienste stattgefunden, was nach § 614 die Regel ist, tritt der **17**
Grundsatz des § 628 Abs 1 S 1 ein. Danach kann der Dienstverpflichtete oder Arbeitnehmer den seinen bisherigen Leistungen entprechenden Teil der Vergütung
fordern. Das kann pro rata temporis zu verstehen sein (OLG Nürnberg 27.5. 1997
NJW-RR 1997, 1556), doch darf die Teilvergütung nicht ausschließlich nach dem Zeit-
verhältnis berechnet werden (BGH 5.11. 1998 NJW 1999, 276; so auch PALANDT/PUTZO
[61. Aufl 2002] Rn 3, abw noch 51. Aufl); die Berechnung kann vielmehr auch qualitative
Momente enthalten, wenn die Dienste zu verschiedener Zeit in verschiedener Art
geleistet werden (Bereitschaft, Sonderleistungen, zuschlagsberechtigte Tätigkeit).

Zu den Leistungen gehören nicht nur die eigentlichen Dienste, die den unmittelbaren **18**
Gegenstand des Dienst- oder Arbeitsvertrages bilden, sondern auch vorbereitende
oder sonst damit verbundene Maßnahmen und Aufwendungen (BGH 29.5. 1991 LM
§ 628 BGB Nr 10), zB die Reise an den Ort der Dienstleistung, aufgewendete Auslagen,
etwa für benötigte, sonst aber nicht zu verwendende Kleidung, Schutzausrüstung usw.
Aufwendungen, die der Dienstverpflichtete im Interesse des Dienstberechtigten
macht, sind ihm entsprechend § 670 zu erstatten (BAG 10.11. 1961 AP Nr 2 zu § 611
BGB Gefährdungshaftung des Arbeitgebers).

b) Berechnung

Unproblematisch ist die Berechnung der Teilvergütung bei vereinbartem **Stunden-** **19**
lohn; hier stellt sie sich als Produkt von Lohnsatz und Stundenzahl dar. Bei **Zeitlohn**
bestehen die bisherigen Leistungen iS von § 628 Abs 1 in der bis zum Wirksamwerden der Kündigung abgeleisteten Arbeitszeit einschließlich der Feiertage (ArbG Marburg 1.7. 1963 BB 1963, 1376). Insbesondere beim Monatslohn können hier Berechnungs-
schwierigkeiten auftreten, da die einzelnen Monate unterschiedlich viele Arbeitstage
aufweisen. Gemäß § 157 ist in diesen Fällen eine beiden Interessen möglichst gerecht
werdende Methode zu wählen, dh dem legitimen Bedürfnis des Dienstherrn nach
einem möglichst einfachen und gleichmäßigen Verfahren muß ebenso entsprochen
werden wie dem Anspruch des Dienstverpflichteten auf eine möglichst konkrete
Berechnung der ihm zustehenden Vergütung. In der Regel ist daher das Monatsgehalt durch die Summe der Arbeits- und Feiertage zu teilen und mit der Summe der
bereits abgeleisteten Arbeits- und bisherigen Feiertage (§ 2 Abs 1 EFZG) zu multiplizieren (FUCHS BB 1972, 137). Nicht zu beanstanden ist allerdings auch, wenn in
Anlehnung an § 11 Abs 1 S 2 BBiG in einem Betrieb bei der Berechnung anteiliger
Gehälter für jeden Monat stets pauschal auf der Grundlage von 30 Kalendertagen
abgerechnet wird, wobei die tatsächlich angefallenen Kalender-, Werk- und Arbeitstage unberücksichtigt bleiben (BAG 28.2. 1975 AP Nr 1 zu § 628 BGB Teilvergütung; FUCHS
BB 1972, 137, 138).

Ist eine Vergütung nur für die **Gesamtleistung** vereinbart, so ist bei vorzeitiger Be- **20**
endigung des Vertragsverhältnisses das Entgelt auf einen der bisherigen Leistung
entsprechenden Anteil zu kürzen, der notfalls nach § 287 ZPO der Schätzung unterliegt (LG Hannover 17.2. 1981 NJW 1981, 1678). Daher kann ein Rechtsanwalt, der ohne
sonstige Nebenabreden mit dem Mandanten eine bestimmte Vergütung für seine
gesamte Tätigkeit vereinbart hat, in der Regel bei vorzeitiger berechtigter Kündi-

gung des Mandats durch den Mandanten nur eine seiner bisherigen Tätigkeit entsprechende Vergütung verlangen (BGH 27. 2. 1978 BGHSt 27, 366, 368). Wenn das nach § 628 Abs 1 S 1 geschuldete Teilhonorar immer noch unangemessen hoch ist, kommt eine weitere Herabsetzung gem § 3 Abs 3 BRAGO in Betracht (BGH 16. 10. 1986 AP Nr 4 zu § 628 BGB Teilvergütung; OLG Düsseldorf 6. 12. 1984 MDR 1985, 845).

21 Erfolgt die Vergütung nach **Akkordlohn,** so ist nach dem erzielten Akkordergebnis abzurechnen, also die bis zur wirksamen Beendigung erbrachte tatsächliche (Stück-) Leistung quantitativ zu bestimmen und entsprechend zu vergüten. **Gewinnbeteiligungen** bleiben erhalten und stehen dem Dienstverpflichteten anteilig zu, sie können in aller Regel jedoch erst am Ende des Geschäftsjahres errechnet und damit fällig werden. **Provisionen** können auch dann verlangt werden, wenn der Tätigkeitserfolg erst nach Beendigung des Dienstverhältnisses eintritt; die insoweit für Handlungsgehilfen geltenden besonderen Vorschriften der §§ 65, 87 Abs 3 HGB finden auf alle Arbeitnehmer entsprechende Anwendung (MünchKomm/Schwerdtner Rn 20). Sonderzuwendungen wie das **13. Monatsgehalt,** die fest in das Vergütungsgefüge eingebaut sind, stehen dem Dienstverpflichteten als Entgelt anteilig entsprechend seiner Beschäftigungszeit im Arbeitsjahr zu, auch wenn er sich zum Zeitpunkt der Fälligkeit (der freilich durch die vorzeitige Beendigung unberührt bleibt, BAG 8. 11. 1978 AP Nr 100 zu § 611 BGB Gratifikation) nicht mehr in den Diensten des Arbeitgebers befindet (LAG Frankfurt/Main 9. 9. 1971 DB 1972, 2116; LAG Hamburg 2. 10. 1972 DB 1973, 479; **aA** LAG Düsseldorf/Köln 5. 11. 1970 DB 1970, 2376). Steht im Zeitpunkt der Kündigung noch fälliger **Urlaub** aus, so kann der Dienstverpflichtete sowohl das Urlaubsentgelt als auch die vereinbarten Urlaubszuwendungen verlangen (KR/Weigand Rn 13). Anders verhält es sich jedoch mit **Gratifikationen,** die die Betriebstreue während des gesamten Bezugszeitraums honorieren sollen; sie entfallen bei einem Ausscheiden des Arbeitnehmers vor dem Stichtag in vollem Umfang (BAG 27. 10. 1978 AP Nr 96 zu § 611 BGB Gratifikation; 19. 11. 1992 NZA 1993, 353, 353 f). Auf die umfangreiche Kasuistik des BAG zum Gratifikationsrecht sei verwiesen (hierzu APS/Rolfs Rn 9; ErfK/Preis § 611 BGB Rn 800).

3. Herabsetzung der Vergütung

22 Eine Ausnahme von der Vergütungspflicht enthält § 628 Abs 1 S 2. Unter den dort genannten Voraussetzungen kann eine Minderung der Vergütung oder sogar deren völliger Wegfall (OLG Köln 3. 10. 1973 JurBüro 1974, Sp 471, 473) in Betracht kommen. Dabei hat das BAG bislang unentschieden gelassen, ob die Anwendbarkeit der Vorschrift eine *wirksame* außerordentliche Kündigung voraussetzt. Hierfür scheinen Wortlaut und systematische Stellung zu sprechen. Unter Berücksichtigung von Sinn und Zweck der Vorschrift tendiert der 7. Senat jedoch dahin, auch bei unwirksamer Kündigung eine Minderung der Vergütung in Betracht zu ziehen (BAG 21. 10. 1983 AP Nr 2 zu § 628 BGB Teilvergütung). In der Tat ist nicht ersichtlich, warum ein Dienstverpflichteter, der aus persönlichen Gründen (zB eigener Krankheit) außerordentlich kündigt, schlechter gestellt sein soll, wenn seine Gründe als wichtig iS von § 626 anzuerkennen sind, als dann, wenn dies nicht der Fall ist (Hanau, Die Rechtsprechung des Bundesarbeitsgerichts im Jahre 1983, ZfA 1984, 453, 578; **aA** Weitnauer Anm AP Nr 2 zu § 628 BGB Teilvergütung).

a) Kündigung ohne Veranlassung

23 Der erste Fall ist der, daß der Dienstverpflichtete oder Arbeitnehmer selbst eine außerordentliche Kündigung erklärt, ohne durch vertragswidriges Verhalten des anderen Teiles dazu veranlaßt zu sein. Das sind vor allem die Fälle, in denen der Dienstverpflichtete die Arbeit unbefugt verläßt und selbst ohne ausreichenden Grund kündigt, etwa weil er eine andere Stelle gefunden hat, ihm die Arbeit nicht zusagt oder er Streit mit Arbeitskollegen hat. Aber auch objektive Gründe können dazu führen, zB Heirat, Auswanderung oder Krankheit sowie sonstige Gründe wie Arbeitsunfähigkeit oder ein Unglück (zB Tod von Angehörigen) und dadurch bedingte Arbeitsaufgabe. Gibt ein Rechtsanwalt seine Zulassung freiwillig auf, muß er, wenn er dazu imstande ist, das Mandat so auf einen anderen Rechtsanwalt übertragen, daß Honoraransprüche nicht doppelt entstehen; andernfalls verliert er seine Honoraransprüche (OLG Köln 3. 10. 1973 JurBüro 1974, Sp 471, 473; OLG Hamburg 27. 3. 1981 MDR 1981, 767).

Veranlassung zur außerordentlichen Kündigung durch den anderen Teil ist nur eine **24** von dem Dienstberechtigten bzw Arbeitgeber zu vertretende (§§ 276, 278) Vertragsverletzung. Der Vergleich mit der zweiten Alternative von Abs 1 S 2 und mit Abs 2, der dieselbe Formulierung („durch vertragswidriges Verhalten veranlaßt") verwendet, läßt keine andere Interpretation zu (BAG 5. 10. 1962 AP Nr 2 zu § 628 BGB; PALANDT/ PUTZO Rn 4). Keine Veranlassung zur Kündigung stellt die organschaftliche Ablösung des Geschäftsführers einer GmbH gemäß § 38 GmbHG dar. Bei einer von diesem daraufhin selbst erklärten außerordentliche Kündigung des Dienstvertrages muß er mithin die Herabsetzung der Vergütung nach § 628 Abs 1 S 2 hinnehmen (OLG Frankfurt aM 28. 11. 1980 BB 1981, 265). Dasselbe gilt für den Fall, daß der Dienstgeber die Erteilung einer Prokura ablehnt oder sich weigert, eine widerrufene Prokura zu erneuern, nachdem der Anlaß für ihre Entziehung weggefallen ist, es sei denn, dem Angestellten wäre aus besonderen Gründen die Fortführung des Dienstverhältnisses ohne Prokura unzumutbar (BAG 17. 9. 1970 AP Nr 5 zu § 628 BGB). Ein **Rechtsanwalt** hat Veranlassung zur Kündigung des ihm erteilten Auftrages, wenn ihm die weitere Durchführung des Mandats billigerweise nicht zugemutet werden kann, bspw weil der Mandant trotz vorheriger Mahnung und dem Hinweis auf die mit der Mandatsniederlegung verbundenen Folgen mit seiner Vorschußpflicht aus § 17 BRAGO in Verzug bleibt (OLG Düsseldorf 24. 3. 1988 VersR 1988, 1155). Ist das Vertrauensverhältnis zwischen dem Rechtsanwalt und seinem Mandanten aus von diesem zu vertretenden Gründen erschüttert, berechtigt dies zur Niederlegung des Mandates (OLG Nürnberg 28. 7. 1972 MDR 1973, 135). Dazu zählt auch die Ablehnung der vergleichsweisen Erledigung eines rechtlich außerordentlich komplizierten Streits in anmaßender Form. Sie kann es einem Anwalt unzumutbar machen, die Vertretung gegen seine Überzeugung weiterzuführen (OLG München 14. 6. 1938 HRR 1938 Nr 1527). Das Beharren des Mandaten auf der Durchführung eines Rechtsmittelverfahrens kann nicht als vertragswidrig bezeichnet werden, selbst wenn es wegen Aussichtslosigkeit unvernünftig gewesen sein sollte (OLG Karlsruhe 8. 3. 1994 NJW-RR 1994, 1084). Allgemein zur Frage, wann in Anweisungen des Mandanten an seinen bevollmächtigten Rechtsanwalt ein vertragswidriges Verhalten zu sehen ist, s OLG Köln 6. 12. 1971 AnwBl 1972, 159.

b) Veranlassung zur Kündigung
Der Kündigung des Dienstberechtigten ohne Veranlassung durch die Gegenseite **25** steht gleich der Fall, in dem der Dienstberechtigte oder Arbeitgeber außerordentlich wegen des vertragswidrigen Verhaltens des Dienstverpflichteten (Arbeitnehmers)

kündigt. Dabei muß ein schuldhaftes vertragswidriges Verhalten vorliegen (BGH 30. 3. 1995 NJW 1995, 1954). Wollte man objektive Gründe (zB Krankheit oder unverschuldete Fehlzeiten usw) ausreichen lassen, würde das zu unannehmbaren Konsequenzen führen (Prot II 306; RG 5. 11. 1913 Recht 1914 Nr 1898). Wegen des dispositiven Charakters der Vorschrift (oben Rn 14) können die Parteien eines Dienstverhältnisses, das kein Arbeitsverhältnis ist, den Wegfall der Vergütung allerdings auch schon bei bloß objektiver Pflichtwidrigkeit vereinbaren (RG 4. 12. 1912 Gruchot Bd 57 [1913] 961, 963). Die Vertragsverletzung kann sich dabei sowohl auf die Haupt- wie auch auf Nebenpflichten beziehen, auch auf vertraglich übernommene Verpflichtungen (RG 4. 12. 1912 Gruchot Bd 57 [1913] 961, 963). Auch eine unwirksame außerordentliche Kündigung stellt eine schuldhafte Vertragsverletzung dar, wenn der Kündigende die Unwirksamkeit der Kündigung oder die ungehörigen Begleitumstände kannte oder bei gehöriger Sorgfalt hätte erkennen müssen (BAG 24. 10. 1974 AP Nr 2 zu § 276 BGB Vertragsverletzung). Das Erfordernis der Veranlassung hat zum Inhalt, daß die schuldhafte Vertragsverletzung der Grund für die außerordentliche Kündigung gewesen sein muß (BGH 12. 6. 1963 BGHZ 40, 13, 14; OLG Koblenz 28. 4. 1975 MDR 1976, 44).

26 Ein Anwalt kann Veranlassung zur Entziehung des Mandats geben, wenn er gleichzeitig in einer anderen Sache die Interessen eines Dritten gegen seinen Mandanten wahrnimmt, ohne diesen zuvor über die Tragweite der hierzu erteilten Einwilligung ausreichend unterrichtet zu haben, weil dies einen Verstoß gegen seine Pflicht enthält, alles zu unterlassen, was das Vertrauensverhältnis mit dem Mandanten beeinträchtigen kann (BGH 7. 6. 1984 LM § 628 BGB Nr 7). Gleiches gilt, wenn ein Anwalt strafbare Handlungen zum Nachteil anderer Auftraggeber begründet und dadurch Zweifel an seiner beruflichen Zuverlässigkeit und Redlichkeit ausgelöst hat (BGH 30. 3. 1995 NJW 1995, 1954). Dagegen stellt es keine Treuwidrigkeit dar, wenn ein Rechtsanwalt einen Klageauftrag nicht sofort ausführt, sondern zunächst in einem längeren Schriftwechsel Bedenken gegen die Schlüssigkeit und Vollständigkeit des Sachvortrages äußert, auch wenn dadurch die Klageerhebung verzögert wird (OLG Koblenz 24. 3. 1976 AnwBl 1976, 214, 214 f), wie ganz allgemein ein Anwalt Weisungen des Mandanten nicht zu befolgen braucht, die seinem wohlbegründeten Rat zuwiderlaufen und bei deren Ausführung nennenswerte Nachteile zu besorgen wären (LG Hamburg 20. 6. 1984 AnwBl 1985, 261). Erteilt der Mandat entgegen dem wohlbegründeten Rat des Anwalts die Weisung, ein Revisionsverfahren weiter durchzuführen, stellt es keine Pflichtverletzung dar, wenn der Anwalt daraufhin das Mandat niederlegt (OLG Karlsruhe 8. 3. 1994 NJW-RR 1994, 1084). Ein **Zahnarzt** ist verpflichtet, vor Beginn der Behandlung die Zustimmung der gesetzlichen Krankenversicherung zum Heil- und Kostenplan sowie die Zusage des Kostenanteils einzuholen (Anlage 6 zum Bundesmanteltarifvertrag-Zahnärzte, s KassKomm/Höfler, Sozialversicherungsrecht § 29 SGB V Rn 16); unterläßt er dies, so liegt hierin eine Vertragsverletzung gegenüber dem Patienten, die zum Wegfall des Teilvergütungsanspruchs führen kann (OLG Düsseldorf 20. 8. 1986 NJW 1987, 706, 707 f).

c) Wegfall des Interesses

27 In beiden Fällen hat der Dienstverpflichtete (Arbeitnehmer) keinen Anspruch auf Vergütung, wenn und soweit seine bisherigen Leistungen gerade infolge der Kündigung für den anderen Teil kein Interesse haben (BAG 21. 10. 1983 AP Nr 2 zu § 628 BGB Teilvergütung). S 2 ist ein Ausnahmetatbestand und bezieht sich allein auf den Teilvergütungsanspruch nach S 1 (BGH 17. 10. 1996 NJW 1997, 188). Eine Leistung ist für den Dienstberechtigten ohne Interesse, wenn er sie nicht mehr wirtschaftlich verwerten kann, sie also für ihn nutzlos geworden ist (BGH 7. 6. 1984 LM § 628 BGB Nr 7). Bei vereinbartem Zeitlohn wird die bisher erbrachte Leistung ihren Wert in der Regel nicht durch die außerordentliche Kündigung verlieren, da sie durch einen anderen Mitarbeiter fortgeführt werden kann. Etwas anderes kann aber bei künstlerischen und wissenschaftlichen Tätigkeiten – insbesondere im Forschungs- und Entwicklungsbereich – der Fall sein, weil das Spezialwissen des ausscheidenden Beschäftigten für den Arbeitgeber verloren ist und ein neuer Arbeitnehmer den bereits erarbeiteten Wissensstand für sich selbst zunächst noch einmal nachvollziehen muß (KR/WEIGAND Rn 17). Erfolgt die Kündigung während des **Urlaubs** des Arbeitnehmers, so kann der Arbeitgeber die bis zu diesem Zeitpunkt erdiente Urlaubsvergütung nicht mit der Begründung zurückhalten, er habe an der Ferienzeit des Beschäftigten kein „Interesse", denn gerade weil während des Urlaubs kein Anspruch auf die Arbeitsleistung besteht, kann das Interesse an ihr in dieser Zeit nicht wegfallen (BAG 21. 10. 1983 AP Nr 2 zu § 628 BGB Teilvergütung).

Bei Stücklohn und **Akkord** widerspricht der Wechsel des Dienstverpflichteten vor der **28** Fertigstellung des Teiles häufiger den Interessen des Arbeitgebers, so daß die angefangene Arbeit weniger wert ist. Oft entstehen durch die Fertigstellung mit anderen, neuen Arbeitnehmern erhöhte Kosten, die dann vom Teilvergütungsanspruch in Abzug gebracht werden können, so daß nur der verbleibende Restbetrag oder gar nichts zu zahlen ist.

4.   Vorleistung der Vergütung

Hat entgegen der Regel des § 614 eine Vorleistung der Vergütung stattgefunden, **29** findet § 628 Abs 1 S 3 Anwendung. Der Dienstverpflichtete bzw Arbeitnehmer ist zur Rückerstattung dessen verpflichtet, was cr bereits für die spätere Zeit erhalten hat. Dabei wird auf § 347 oder die Vorschriften über die Herausgabe einer ungerechtfertigten Bereicherung verwiesen, je nachdem, ob die Kündigung wegen eines Umstandes erfolgt, den der Dienstverpflichtete (Arbeitnehmer) zu vertreten hat (dann findet Rücktrittsrecht Anwendung) oder ob dies nicht der Fall ist (dann §§ 812 ff). *Unwirksam* ist eine Vereinbarung, wonach ein Arbeitnehmer zur Rückzahlung der übertariflichen Lohnbestandteile verpflichtet ist, wenn er vor einem bestimmten Zeitpunkt ausscheidet, weil sich der Lohn grundsätzlich nach der Leistung zu richten hat (BAG 7. 12. 1962 AP Nr 28 zu Art 12 GG). Die Vorschrift ist entsprechend anwendbar, wenn es um die Frage geht, ob ein Ehevermittler eine im voraus empfangene erfolgsunabhängige Vergütung bei vorzeitiger Kündigung des Eheanbahnungsvertrages erstatten muß (BGH 25. 5. 1983 BGHZ 87, 309, 319); hat das Vermittlungsinstitut den Betrag zwar noch nicht erhalten, jedoch bereits einen Vollstreckungsbescheid erwirkt, kommt eine Durchbrechung der Rechtskraft dieses Titels gemäß § 826 in Betracht (OLG Oldenburg 16. 12. 1991 NJW-RR 1992, 445, 446; LG Bielefeld 27. 7. 1990 NJW-RR 1991, 182).

Für die Rückzahlung von anderen Vorleistungen als Vorschüssen hat das BAG eine **30** Reihe von Sonderregeln entwickelt. Mit einiger Verallgemeinerung wird man festhalten können: Die Parteien können durch ausdrückliche Vereinbarung verabreden, daß **Gratifikationen** zurückzuzahlen sind, wenn das Arbeitsverhältnis während eines bestimmten Zeitraums im Anschluß an den Stichtag für die Jahressonderzahlung beendet wird. Dies gilt insbesondere für den Fall einer vom Arbeitgeber nicht zu vertretenden Kündigung des Arbeitnehmers (BAG 25.2. 1974 AP Nr 80 zu § 611 BGB Gratifikation). Dagegen hält das BAG an seiner früheren Rechtsprechung (13.9. 1974 AP Nr 84 zu § 611 BGB Gratifikation), Rückzahlungsklauseln würden nicht den Fall einer betriebsbedingten oder sonst vom Arbeitgeber zu vertretenden Kündigung betreffen, seit dem Urteil vom 4.9. 1985 (AP Nr 123 zu § 611 BGB Gratifikation; bestätigt und ausgeweitet durch das Urteil vom 19.11. 1992; NZA 1993, 353, 353 f) nicht mehr fest, sondern unterwirft solche Vereinbarungen Angemessenheitskontrolle, die nach dem 1.1. 2003 (Art 229 § 5 EGBGB) auf der Basis des § 307 zu erfolgen hat. Im übrigen ist die zulässige zeitliche Bindung davon abhängig, wie hoch der Gratifikationsbetrag absolut und in Relation zum Bruttogehalt im Auszahlungsmonat ist. Die hier bislang geltenden Regeln (Einzelheiten bei SCHIEFER, Die schwierige Handhabung der Jahressonderzahlungen, NZA 1993, 1015, 1021 ff) sind allerdings durch die Neuregelung der Kündigungsfristen durch das Gesetz zur Vereinheitlichung der Kündigungsfristen von Arbeitern und Angestellten vom 7.10. 1993 (BGBl I 1668) in Frage gestellt (dagegen PALANDT/PUTZO § 611 Rn 89).

31 Auch die Rückzahlung von **Ausbildungsbeihilfen** kann für den Fall vereinbart werden, daß der Arbeitnehmer das Arbeitsverhältnis vor Ablauf bestimmter Fristen beendet. Dies gilt jedoch nur mit der Einschränkung, daß das Grundrecht auf freie Wahl des Arbeitsplatzes aus Art 12 GG nicht beeinträchtigt werden darf. Deshalb kommt es darauf an, ob den möglichen Nachteilen für den Arbeitnehmer ein angemessener Ausgleich gegenübersteht, wobei alle Umstände zu berücksichtigen sind. Die Rückzahlungspflicht muß vom Standpunkt eines verständigen Betrachters einem begründeten und zu billigenden Interesse des Arbeitgebers entsprechen; der Arbeitnehmer muß mit der Ausbildungsmaßnahme eine angemessene Gegenleistung für die Rückzahlungsverpflichtung erhalten haben. Insgesamt muß die Erstattungspflicht dem Arbeitnehmer nach Treu und Glauben zumutbar sein, wobei es ua auf die Dauer der Bindung, den Umfang der Fortbildungsmaßnahme, die Höhe des Rückzahlungsbetrages und dessen Abwicklung ankommt (BAG 24.7. 1991 AP Nr 16 zu § 611 BGB Ausbildungsbeihilfe; 16.3. 1994 DB 1994, 1726; HANAU/STOFFELS, Beteiligung von Arbeitnehmern an den Kosten der beruflichen Fortbildung [1992]). Einzelvertragliche Klauseln, die die Rückzahlung von Ausbildungskosten für den Fall der betriebsbedingten Kündigung vorsehen, hat das BAG (BAG 6.5. 1998 AP Nr 28 zu § 611 Ausbildungsbeihilfe) für unwirksam erklärt.

a)   Ungerechtfertigte Bereicherung

32 Ist die Kündigung wegen eines Umstandes erfolgt, den der Arbeitnehmer nicht zu vertreten hat, richtet sich seine Rückzahlungsverpflichtung nach den Vorschriften der §§ 812 ff über die Herausgabe einer ungerechtfertigten Bereicherung. Dies gilt insbesondere also, wenn der Arbeitgeber durch sein Verhalten Veranlassung zur fristlosen Kündigung gegeben hat oder dieser ohne wichtigen Grund das Dienst-/ Arbeitsverhältnis auflöst. Ausnahmsweise kann die Anwendung des Bereicherungsrechts auch bei einer nach § 626 gerechtfertigten fristlosen arbeitgeberseitigen Kündigung in Betracht kommen, wenn der wichtige Grund nicht in einem vom Dienstverpflichteten zu vertretenden (§ 276) Verhalten bestand (vgl § 626 Rn 64). Die Anwendung der §§ 812 ff hat insbesondere zur Folge, daß der Dienstverpflichtete geltend machen kann, nach Maßgabe der §§ 818 Abs 3 und 4, 819 Abs 1 bei Zugang der Kündigungserklärung nicht mehr bereichert gewesen zu sein.

b) Anwendung des Rücktrittsrechts

Die Vorschrift des § 347 findet Anwendung, wenn die Kündigung aus einem Um- **33**
stand erfolgt, den der Dienstverpflichtete (Arbeitnehmer) zu vertreten hat, also sowohl bei dessen eigener Kündigung ohne Veranlassung durch den anderen Teil als
auch, wenn er selbst einen wichtigen Grund zur Beendigung des Vertragsverhältnisses gegeben hat. In diesem Falle ist der Einwand des Wegfalls der Bereicherung
ausgeschlossen. Der praktische Vorteil, den die Verweisung auf § 347 hatte, nämlich
die Verzinsung des Rückzahlungsbetrags nach den §§ 347 S 3 aF mit dem gesetzlichen Zinssatz, ist durch die Neufassung des § 347 durch das Gesetz zur Modernisierung des Schuldrechts entfallen. Die Vorschrift ist nunmehr beschränkt auf
Wertersatz, wenn der Schuldner entgegen den Regeln einer ordnungsgemäßen Wirtschaft keine Nutzungen zieht, obwohl ihm dies möglich gewesen wäre.. Damit steht
der Schuldner bei § 628 nicht mehr wesentlich besser als nach § 818 Abs 2. Die
Alternativen sind daher weitgehend funktionslos geworden. Bei einer Geldleistung
wie sie § 628 Abs 1 S 3 zugrundeliegt, wird der Schuldner nur noch nach Maßgabe des
§ 347 Abs 1 S 1 Zinsen beanspruchen konnen, wenn er nachweist, welche Zinsen bei
ordnungsgemäßer Wirtschaft als Nutzung zu erzielen möglich gewesen wäre (vgl Regierungsbegründung BT-Drucks 10/6040 S 197). Bei der hier in Rede stehenden Dienstvergütung scheidet eine Zinspflicht damit praktisch aus. Überdies hat der Gesetzgeber
übersehen, dass § 347 nF keinen Herausgabeanspruch mehr regelt, den § 347 aF
jedoch beinhaltete und den die Regelung in § 628 Abs 1 S 3 praktisch voraussetzte.
Wenn keine dementsprechende Korrektur des § 628 erfolgt, wird man den Herausgabeanspruch teleologisch korrigierend in die Verweisung des § 628 Abs 1 S 3 „hineinlesen" müssen, weil sonst die in der Norm enthaltenen Alternativen keinen Sinn
machen.

IV. Der Schadensersatzanspruch (Abs 2)

Nach § 628 Abs 2 hat derjenige dem anderen Teil Schadensersatz zu leisten, der **34**
durch vertragswidriges Verhalten Anlaß zur außerordentlichen Kündigung gegeben
hat. Die Vorschrift ist Ausdruck eines allgemeinen Rechtsgrundsatzes; sie ist auf alle
Dauerschuldverhältnisse entsprechend anzuwenden (RG 27.11. 1906 RGZ 64, 381, 384 f;
6. 2. 1917 RGZ 89, 398, 400; GERNHUBER, Das Schuldverhältnis [1989] § 16 II 9; OETKER 365 ff). Da
sie ein Spezialfall der allgemeinen Regelung einer Pflichtverletzung (§ 280 Abs 1)
darstellt (vor dem Schuldrechtsmodernisierungsgesetz ein Fall der gesetzlich nicht
geregelten positiven Vertragsverletzung), setzt sie unausgesprochen voraus, daß das
vertragswidrige Verhalten vom anderen Teil zu vertreten gewesen ist (BAG 25.5. 1962
AP Nr 1 zu § 628 BGB; 24.2. 1964 AP Nr 1 zu § 607 BGB; GESSERT 14 f; siehe auch jetzt § 280 Abs 1
S 2). Daher zieht nicht notwendig jede nach § 626 gerechtfertigte Kündigung auch
eine Schadensersatzpflicht nach sich, wobei allerdings eine unverschuldete Vertragswidrigkeit kraft besonderer Abrede ausnahmsweise als zu vertreten gelten kann (RG
4.12. 1912 Gruchot Bd 57 [1913] 961, 963). Die Schadensersatzpflicht kann sowohl den
Dienstberechtigten (Arbeitgeber) wie den Dienstverpflichteten (Arbeitnehmer)
treffen. Ihr Zweck ist es, zu verhindern, daß der wegen eines Vertragsbruches zur
fristlosen Kündigung veranlaßte Vertragsteil die Ausübung seines Kündigungsrechts
mit Vermögenseinbußen bezahlen muß, die auf der vorzeitigen Beendigung des
Dienstverhältnisses durch die außerordentliche Kündigung beruhen. Der Kündigende soll so gestellt werden, als ob das Vertragsverhältnis ordnungsgemäß fortge-

führt oder wenigstens durch eine fristgerechte Kündigung beendet worden wäre
(BAG 9. 5. 1975 AP Nr 8 zu § 628 BGB).

1. Rechtscharakter

35 § 628 Abs 2 ist dispositiv und kann durch **einzelvertragliche Abrede** geändert, aber
auch ausgeschlossen werden. Für Arbeitsverhältnisse muß dabei jedoch die Regelung
des § 622 Abs 6 berücksichtigt werden, die über ihren Wortlaut hinaus allgemein die
Vereinbarung ungleicher Kündigungsbedingungen zum Nachteil des Arbeitnehmers
verbietet (Einzelheiten § 622 Rn 52).

36 Bei der Vereinbarung **allgemeiner Geschäftsbedingungen** sind darüber hinausgehende
Schranken zu beachten. Der einseitige Ausschluß oder die einseitige Beschränkung
des Schadensersatzanspruches zugunsten des Verwenders stellt eine unangemessene
Benachteiligung des Vertragspartners iS von § 307 (§ 9 Abs 1 AGBG aF) dar
(GESSERT 66 f). Die **Pauschalierung** von Schadensersatzansprüchen ist grundsätzlich
zulässig. Für *freie Dienstverträge* ist die Grenze des § 309 Nr 5 (§ 11 Nr 5 AGBG
aF) zu beachten. Daher darf die Pauschale weder den in den geregelten Fällen nach
dem gewöhnlichen Lauf der Dinge zu erwartenden Schaden, also den branchentypi-
schen Durchschnittsschaden übersteigen, noch dem anderen Teil den Nachweis abschneiden, daß ein Schaden gar nicht oder wesentlich niedriger als pauschaliert
eingetreten ist (BGH 16. 1. 1984 NJW 1984, 2093, 2094; BEUTHIEN BB 1973, 92, 93). Nach
§ 309 Nr 5b ist ein ausdrücklicher Vorbehalt dieses Nachweises erforderlich. Für
die Zulässigkeit formularmäßiger Pauschalierung von Schadensersatzansprüchen
bei *Arbeitsverhältnissen* spricht bereits die Nähe derartiger Pauschalierungen zur
(zulässigen) Vertragsstrafe (BGB-RGRK/CORTS Rn 53; MünchKomm/SCHWERDTNER Rn 68).
Auch § 5 Abs 2 Nr 4 BBiG geht offenbar von der Zulässigkeit derartiger Vereinbarungen im allgemeinen aus. Die Rechtsprechung hat die Frage bislang offen gelassen
und Schadensersatzpauschalierungen stets als Vertragsstrafen aufgefaßt (PREIS/STOF-
FELS, Vertragsstrafe Rn 40).

2. Voraussetzungen

a) Vertragswidriges Verhalten

37 Das schuldhafte vertragswidrige Verhalten des anderen Teils muß die Veranlassung
zur Vertragsauflösung gegeben haben (BGH 12. 6. 1963 BGHZ 40, 13, 14; OLG Koblenz 28. 4.
1975 MDR 1976, 44). Maßgeblich ist, daß der Anspruchsberechtigte außerordentlich aus
dem vom Kündigenden zu vertretenden Grund hätte kündigen können. Unbeachtlich ist, ob er von seinem Kündigungsrecht auch Gebrauch gemacht hat (s unten
Rn 41). In jedem Falle aber dürfen zwischen Vertragsverletzung und Beendigungstatbestand nicht mehr als zwei Wochen (§ 626 Abs 2) liegen (BAG 22. 6. 1989 AP Nr 11 zu
§ 628 BGB; ArbG Freiburg 13. 10. 1987 DB 1988, 715). Eine Vertragsverletzung kann auch in
einer unberechtigten Teilsuspendierung (BAG 15. 6. 1972 AP Nr 7 zu § 628 BGB) oder
einer unwirksamen außerordentlichen Kündigung liegen (BGH 14. 11. 1966 AP Nr 4 zu
§ 628 BGB; 1. 12. 1993 NJW 1994, 443, 444), die zum Schadensersatz dann verpflichtet,
wenn der Kündigende die Unwirksamkeit kannte oder bei gehöriger Sorgfalt hätte
erkennen müssen (BAG 24. 10. 1974 AP Nr 2 zu § 276 BGB Vertragsverletzung).

38 Fehlt es dagegen bereits an einem wichtigen Grund iS von § 626, der den einen

Vertragsteil zur fristlosen Kündigung berechtigt, so scheidet das in § 628 Abs 2 geforderte Auflösungsverschulden ebenso wie ein darauf gestützter Schadensersatzanspruch aus (BAG 10. 5. 1971 AP Nr 6 zu § 628 BGB; BAG 20. 11. 1996 NZA 1997, 647). Aus dem Zusammenhang der beiden Absätze des § 628 folgt zwingend die gesetzliche Wertung, daß nicht jede geringfügige schuldhafte Vertragsverletzung, die Anlaß für die Beendigung des Arbeitsverhältnisses gewesen ist, die schwerwiegende Folge der Schadensersatzpflicht nach sich ziehen soll; das für § 628 Abs 2 erforderliche Auflösungsverschulden muß vielmehr das Gewicht eines wichtigen Grundes iS von § 626 haben (BAG 11. 2. 1981 AP Nr 8 zu § 4 KSchG 1969). Schafft der Kündigende selbst schuldhaft und vertragswidrig eine Lage, die ihn zur außerordentlichen Kündigung berechtigt, kann der Gegner Schadensersatz in analoger Anwendung von § 628 Abs 2 verlangen. Der Fall ist zwar selten, aber trotzdem möglich, da auch vom Kündigenden selbst geschaffene Gründe seine außerordentliche Kündigung rechtfertigen können und bei schuldhaftem Verhalten zum Schadensersatz verpflichten (GESSERT 82).

b) Beiderseitige Pflichtwidrigkeit

Bei dem Schadensersatzanspruch wegen vertragswidrigen Verhaltens ist konkurrie- **39** rendes Verschulden des anderen Teils nach § 254 zu beachten, dessen Voraussetzungen von Amts wegen zu prüfen sind (BAG 27. 1. 1972 AP Nr 2 zu § 252 BGB; BGH 26. 6. 1990 NJW 1991, 166, 167). Die Schadensersatzpflicht kann sich danach mindern oder entfallen, wenn der Kündigende seinerseits eine schuldhafte Pflichtverletzung begangen und dadurch den anderen Teil zur Vertragsverletzung veranlaßt hat (BAG 17. 9. 1970 AP Nr 5 zu § 628 BGB; BGH 29. 11. 1965 AP Nr 3 zu § 628 BGB; 14. 11. 1966 AP Nr 4 zu § 628 BGB; GESSERT 82 ff).

Ein Schadensersatzanspruch ist gänzlich ausgeschlossen, wenn auch der andere Teil **40** wegen schuldhaften vertragswidrigen Verhaltens des Kündigenden hätte außerordentlich kündigen können (BAG 12. 5. 1966 AP Nr 9 zu § 70 HGB; STAHLHACKE/PREIS Rn 857). Dies gilt selbst dann, wenn die gegenseitigen Kündigungsgründe in keinem inneren Zusammenhang stehen (BAG 12. 5. 1966 AP Nr 9 zu § 70 HGB; SOERGEL/KRAFT Rn 6). Wenn nämlich beide Teile schuldhaft vertragswidrig handeln, ist das Arbeitsverhältnis inhaltsleer und als Grundlage für Schadensersatzansprüche nicht mehr geeignet, so daß auch § 254 nicht zur Anwendung kommen kann (BAG 12. 5. 1966 AP Nr 9 zu § 70 HGB).

c) Form der Beendigung

Über den Wortlaut des § 628 Abs 2 hinaus, der nur auf die fristlose Kündigung im **41** Rahmen des § 626 abstellt, hat die Rechtsprechung des BGH und des BAG mit weitgehender Billigung der Literatur den Anwendungsbereich der Vorschrift auf alle Fälle ausgedehnt, in denen das Arbeitsverhältnis in anderer Weise als durch fristlose Kündigung beendet wurde, sofern nur der andere Vertragsteil durch ein schuldhaftes vertragswidriges Verhalten den Anlaß für die Beendigung gegeben hat. Es kommt daher nicht darauf an, ob das Dienst- oder Arbeitsverhältnis tatsächlich durch eine fristlose Kündigung beendet worden ist. Wurde an ihrer Stelle eine außerordentliche Kündigung mit Auslauffrist, eine fristgerechte Kündigung, ein Aufhebungsvertrag oder eine Eigenkündigung des anderen Teils gewählt, findet § 628 Abs 2 entsprechende Anwendung (BGH 29. 11. 1965 BGHZ 44, 271, 274; BAG 10. 5. 1971 AP Nr 6 zu § 628 BGB; 11. 2. 1981 AP Nr 8 zu § 4 KSchG; BAG 8. 6. 1995 RnK I 6i Nr 9; LAG Düsseldorf/ Köln 29. 8. 1972 EzA § 628 BGB Nr 4; ERMAN/BELLING Rn 23; **aA** PALANDT/PUTZO Rn 1). Entscheidend ist also nicht die Form der Beendigung, sondern ihr Anlaß; wesentliches Element des Schadensersatzanspruchs ist das Vorliegen eines **Auflösungsverschuldens** (BAG 10.5. 1971 AP Nr 6 zu § 628 BGB). Wählt der Berechtigte freilich eine andere Form der Beendigung als die außerordentliche Kündigung, so muß er sich seine Schadensersatzansprüche ausdrücklich vorbehalten; andernfalls kann der andere Teil die Einigung über die Auflösung dahingehend verstehen, daß etwaige Rechte aus dem Auflösungsverschulden nicht mehr geltend gemacht werden sollen (BAG 10.5. 1971 AP Nr 6 zu § 628; BGB; KR/WEIGAND Rn 20; **aA** CANARIS Anm AP Nr 6 zu § 628 BGB). Bei einer fristgerechten Kündigung wird es zudem regelmäßig an einem ersatzfähigen Schaden fehlen (s unten Rn 44).

42 Die Auflösung des Arbeitsverhältnisses durch das Gericht nach § 9 KSchG, bei fristloser Entlassung iVm § 13 Abs 1 S 3 KSchG, ist ebenfalls eine anderweite ordnungsgemäße Beendigung des Arbeitsverhältnisses; vom Zeitpunkt der Auflösung an entfällt ein Lohnanspruch und folglich auch ein Schadensersatzanspruch wegen entgangenen Lohnes (BAG 15.2. 1973 AP Nr 2 zu § 9 KSchG 1969; **aA** HERSCHEL Anm AP Nr 2 zu § 9 KSchG 1969; GUMPERT BB 1971, 960, 961). Ersatz anderen Schadens kann jedoch auch über die Dauer des Vertrages hinaus verlangt werden, wenn er durch die fristlose Entlassung entstanden ist, zB dadurch, daß der Arbeitnehmer erhöhte Fahrtkosten hat oder umziehen muß, wenn und soweit dies bei ordentlicher Kündigung nicht der Fall gewesen wäre (RG 1.5. 1912 JW 1912, 747, 748).

3. Kausalität

43 Der Schadensersatzanspruch setzt eine doppelte Kausalität voraus: Zum einen muß in jedem Fall die schuldhafte Vertragsverletzung der Anlaß für die Auflösung gewesen sein. Allein eine Vertragsverletzung reicht nicht aus, es muß vielmehr ein unmittelbarer Zusammenhang zwischen dem vertragswidrigen Verhalten und der Kündigung bzw dem Aufhebungsvertrag gegeben sein (BGH 12.6. 1963 BGHZ 40, 13, 14; OLG Koblenz 28.4. 1975 MDR 1976, 44). Zum anderen muß der eingetretene Schaden gerade auf die Beendigung des Dienstverhältnisses zurückzuführen sein. Der Berechtigte darf durch die vorzeitige Beendigung des Vertragsverhältnisses nicht besser gestellt werden als bei dessen ordnungsgemäßer Abwicklung; daher kann etwa der Arbeitgeber nicht gemäß § 252 Ersatz des entgangenen Gewinns verlangen, den er zu einer Zeit erzielt hätte, in welcher der fristlos entlassene Arbeitnehmer arbeitsunfähig krank und daher ohnehin nicht zur Arbeitsleistung verpflichtet gewesen wäre (BAG 5.10. 1962 AP Nr 2 zu § 628 BGB).

44 Das BAG hat dem Ersatzpflichtigen lange Zeit unter Hinweis auf das „Prinzip der zivilrechtlichen Prävention" die Berufung auf **rechtmäßiges** (hypothetisches) Alternativverhalten mit der Begründung abgeschnitten, der Arbeitsvertragsbruch würde andernfalls weitgehend sanktionslos bleiben, was dem Interesse an einem vertragstreuen Verhalten widerspräche (BAG 18.12. 1969 AP Nr 3 zu § 276 BGB Vertragsbruch). Demgegenüber betont das Gericht nunmehr (seit BAG 26.3. 1981 AP Nr 7 zu § 276 BGB Vertragsbruch) in Abkehr von seiner bisherigen Rechtsprechung den Schutzzweck der Norm. Dieser geht nicht soweit, daß etwa der Dienstherr dem vertragsbrüchigen Dienstnehmer alle Kosten einer Nachfolgersuche auferlegen kann. Er ist vielmehr darauf beschränkt, beiden Parteien ausreichenden Zeitraum zu gewährleisten, um die Voraussetzungen für den Abschluß eines Anschlußvertrages zu schaffen. Der vertragsbrüchige Teil muß deshalb seinem Vertragspartner nur den Schaden ersetzen, der durch die überstürzte Vertragsbeendigung entstanden ist, jedoch bei vertragsgemäßer Einhaltung der Kündigungsfrist nicht entstanden wäre (BAG – 3. Senat – 26. 3. 1981 AP Nr 7 zu § 276 BGB Vertragsbruch unter Aufgabe der gegenteiligen Rechtsprechung des 5. Senats, 14. 11. 1975 AP Nr 5 zu § 276 BGB Vertragsbruch; vorher schon ArbG Hagen 22. 7. 1980 DB 1980, 2294; zusammenfassend STOFFELS, S 135 ff). Daher gestattet das Erfordernis des Rechtswidrigkeitszusammenhangs dem Verpflichteten zugleich, sich auf hypothetisches rechtmäßiges Alternativverhalten zu berufen, insbesondere also geltend zu machen, er hätte das Dienstverhältnis selbst zu einem bestimmten Zeitpunkt lösen können mit der Folge, daß der Kündigende nur den durch Einhaltung der Kündigungsfrist vermeidbaren Schaden, den sog **Verfrühungsschaden** (grundlegend MEDICUS Anm AP Nr 5 zu § 276 BGB Vertragsbruch), ersetzt verlangen kann (siehe Rn 50). Dabei kommt es nicht darauf an, ob der andere Teil von seinem Kündigungsrecht tatsächlich Gebrauch gemacht hätte (BGH 29. 11. 1965 BGHZ 44, 271, 277; BAG 23. 3. 1984 AP Nr 8 zu § 276 BGB Vertragsbruch). Nicht ersatzfähig sind daher zB die Vorstellungskosten eines Bewerbers für die freigewordene Stelle, weil diese auch bei fristgerechtem Ausscheiden des Gekündigten angefallen wären (BAG 26. 3. 1981 AP Nr 7 zu § 276 BGB Vertragsbruch). Zur Frage, ob auch aufgewandte bzw neu anfallende Ausbildungskosten zu ersetzen sind (STOFFELS, Vertragsbruch 142 ff).

4. Schadensersatz

Im Rahmen des Schutzzwecks der Norm (oben Rn 44; sa ErfK/MÜLLER-GLÖGE § 628 Rn 65) **45** kann der Berechtigte den Ausgleich aller adäquat kausal verursachten Schadensfolgen verlangen, die durch die vorzeitige Beendigung des Dienstverhältnisses aufgrund des Auflösungsverschuldens des anderen Teils entstanden sind (BAG 26. 3. 1981 AP Nr 7 zu § 276 BGB Vertragsbruch). Der Anspruch geht auf das **Erfüllungsinteresse;** der Berechtigte ist so zu stellen, wie er bei Fortbestand des Dienstverhältnisses gestanden hätte (BGH 3. 3. 1993 NJW 1993, 1386; BAG 20. 11. 1996 NZA 1997, 647; BAG 26. 7. 2001 – 8 AZR 739/00). Der Schaden wird nach der sog Differenzmethode berechnet; dem tatsächlichen, durch die Kündigung eingetretenen Zustand ist der hypothetische ohne das schädigende Ereignis (Kündigung) zu zeichnende Güterstand gegenüberzustellen (BGH 29. 4. 1958 BGHZ 27, 181, 183; 30. 9. 1963 BGHZ 40, 345, 347; 9. 7. 1986 BGHZ 98, 212, 217; BAG 20. 11. 1996 NZA 1997, 647).

Eine etwaige Befristung des Dienstverhältnisses bildet zugleich die **zeitliche Grenze 46** für die Schadensersatzpflicht(ErfK/MÜLLER-GLÖGE Rn 65). In Rechtsprechung und Literatur umstritten ist die Frage dagegen bei unbefristeten Vertragsverhältnissen (zum Meinungsstand ausführlich WEISS JuS 1985, 593, 594 f; STOFFELS, S 134 ff). Teilweise wird die Ansicht vertreten, die Schadensersatzpflicht unterliege in der Dauer keiner Begrenzung, der Berechtigte könne auch Schäden für die Zeit nach der potentiellen ordnungsgemäßen Beendigung des Arbeitsverhältnisses ersetzt verlangen (RG 7. 6. 1910 Warn 1910, Nr 267; 1. 5. 1912 JW 1912, 747, 748; BAG 17. 12. 1958 AP Nr 3 zu § 1 TVG Friedenspflicht). Dagegen steht die überwiegende Auffassung auf dem Standpunkt, die Schadensersatzpflicht sei temporär begrenzt durch den Zeitpunkt, an dem bei unbefristeten Arbeitsverhältnissen die erstmögliche fristgerechte Kündigung wirksam geworden wäre, weil nach Ablauf dieser Frist der ursächliche Zusammenhang zwischen der Vertragswidrigkeit und dem Schaden entfalle. Mit der ordentlichen Kündigung müsse jeder der beiden Vertragsteile immer rechnen, so daß die Grenze des

Schadensersatzanspruches in der ordentlichen Beendigung des Arbeitsverhältnisses zu sehen sei (BAG 9.5. 1975 AP Nr 8 zu § 628 BGB; BAG 26.7.2001 – 8 AZR 739/00). Dem ist grundsätzlich zuzustimmen. Freilich bedarf die Schutzwirkung, die § 1 KSchG bei der Kündigung von Arbeitnehmern entfaltet, besonderer Beachtung. Daraus ergibt sich:

47 Ist der Ersatzberechtigte der **Dienstherr,** so ist zu berücksichtigen, daß der Dienstnehmer grundsätzlich jederzeit unter Einhaltung der gesetzlichen, tariflichen oder vertraglich vereinbarten Kündigungsfrist das Dienst- oder Arbeitsverhältnis auflösen kann, weil dem keine weiteren Grenzen entgegenstehen. Der Einwand rechtmäßigen hypothetischen Alternativverhaltens führt daher dazu, daß die Schadensersatzpflicht ihre zeitliche Grenze in der Regel im Ablauf der ordentlichen Kündigungsfrist findet (so jetzt auch BGH 3.3. 1993 NJW 1993, 1386, 1387 zu § 89 a Abs 2 HGB; ErfK/MÜLLER-GLÖGE Rn 67 mwN). Soweit der Schadensersatzanspruch des Arbeitgebers sich darin begründet, daß der Arbeitnehmer während dieser Zeit in Wettbewerb zu ihm getreten ist, erwägt das BAG, den Anwendungsbereich des § 628 Abs 2 der gesetzlichen Regelung bei nachvertraglichen Wettbewerbsverboten anzugleichen und nach einem Auflösungsverschulden des Arbeitnehmers dessen Konkurrenztätigkeit insoweit außer Betracht zu lassen, als sie einem nachvertraglichen Wettbewerbsverbot nicht unterworfen werden könnte (BAG 9.5. 1975 AP Nr 8 zu § 628 BGB). Ein etwaiges Wettbewerbsverbot beginnt in jedem Falle aber unmittelbar im Anschluß an das Ausscheiden des Arbeitnehmers und nicht erst mit Ablauf der ordentlichen Kündigungsfrist (ArbG Düsseldorf 4.12. 1980 DB 1981, 1338).

48 Der Ablauf der ordentlichen Kündigungsfrist bildet bei Schadensersatzansprüchen des **Dienstnehmers** die zeitliche Grenze dann, wenn dessen Vertragsverhältnis *nicht* dem Schutz des § 1 KSchG unterfällt. Ist der Ersatzberechtigte allerdings Arbeitnehmer, ohne leitender Angestellter iS von § 14 Abs 1 KSchG zu sein, hat sein Arbeitsverhältnis in demselben Betrieb oder Unternehmen ohne Unterbrechung länger als sechs Monate bestanden und beschäftigt sein Betrieb in der Regel sechs oder mehr Arbeitnehmer, so besteht die Schadensersatzpflicht grundsätzlich unbegrenzt (MünchKomm/SCHWERDTNER Rn 56; KR/WEIGAND § 628 Rn 35; STAHLHACKE/PREIS Rn 859; aA BAG 26.7.2001 – 8 AZR 739/00; ErfK/MÜLLER-GLÖGE § 628 Rn 65, 68 ff). In diesem Rahmen ist eine Kündigung, die sozial ungerechtfertigt iS von § 1 Abs 2 KSchG ist, rechtsunwirksam, so daß der Arbeitgeber das Arbeitsverhältnis nicht ohne weiteres durch eine ordentliche Kündigung beenden kann. Aber auch eine Schadensersatzpflicht ad infinitum liefe den Wertungen des KSchG zuwider (KR-WEIGAND § 628 Rn 35). Der Schutzzweck des § 628 Abs 2 ist deshalb in Ansehung der Kündigungsschutzbestimmungen neu zu definieren. Ein Arbeitnehmer, der aus vom Arbeitgeber zu vertretenden Gründen das Arbeitsverhältnis löst, begibt sich in die gleiche Lage wie der Arbeitnehmer, der nach Ausspruch einer unwirksamen außerordentlichen Arbeitgeberkündigung im deswegen geführten Kündigungsschutzprinzip einen Auflösungsantrag nach § 13 Abs 1 Satz 3 stellt. Der Abfindungsanspruch ist deshalb eine dem Arbeitnehmer auch in der Situation des § 628 Abs 2 zustehende Rechtsposition. Er ist so zu stellen wie ein Arbeitnehmer in der herangezogenen Vergleichssituation. Als Schadensposition steht ihm deshalb eine Abfindung entsprechend §§ 13 Abs 1 Satz 3, 9 KSchG neben der entgangenen Vergütung bis zum Zeitpunkt der nächstmöglichen Beendigung des Arbeitsverhältnisses (so jetzt BAG 26.7.2001 – 8 AZR 739/00 im Anschluß an ErfK/MÜLLER-GLÖGE § 628 Rn 71 ff; ebenso KR/WEIGAND § 628 Rn 35; APS/ ROLFS § 628 Rn 55; sa Rn 54).

a)   Schaden des Dienstberechtigten (Arbeitgebers)

Der Dienstberechtigte kann bei unberechtigter vorzeitiger Beendigung des Dienst- **49** verhältnisses durch den anderen Teil den (vollen, dh der Höhe nach nicht begrenzten) Ersatz derjenigen Kosten verlangen, die bei einem vertragstreuen Verhalten des Dienstverpflichteten vermeidbar gewesen wären. Dazu gehören zunächst die angemessenen Mehrausgaben, die durch die notwendige Fortsetzung der vom Arbeitnehmer unterbrochenen Arbeit entstehen (LAG Berlin 27. 9. 1973 DB 1974, 538), einschließlich etwa notwendiger Überstundenvergütungen (LAG Düsseldorf/Köln 19. 10. 1967 DB 1968, 90). Ersatzfähig ist auch der Differenzlohn, der durch die Einstellung einer neuen, teureren Ersatzkraft verursacht wird (LAG Schleswig-Holstein 13. 4. 1972 BB 1972, 1229, 1230) sowie uU etwaige Reisekosten oder Kosten für die Hotelunterkunft einer auswärtigen Ersatzkraft (LAG Düsseldorf 6. 11. 1968 EzA § 249 BGB Nr 3; BECKER/ SCHAFFNER BlStSozArbR 1982, 97, 98). Gerät der Arbeitgeber mit der Lieferung seiner Ware oder seines Werkes in Verzug, so hat ihn der Arbeitnehmer vom Anspruch des Dritten auf Ersatz des Verzugsschadens ebenso freizustellen wie von etwa anfallenden Vertragsstrafen (GESSERT 85). Auch der Wegfall der vertraglichen Nebenpflichten kann einen ersatzfähigen Schaden begründen. Dies gilt beispielsweise für die vorzeitige Beendigung des Wettbewerbsverbots nach § 60 HGB (BAG 9. 5. 1975 AP Nr 8 zu § 628 BGB). Der Arbeitnehmer hat in diesen Fällen bis zum Ablauf der ordentlichen Kündigungsfrist Wettbewerb zu unterlassen (HADDING SAE 1976, 219; STOFFELS, S 147 ff; APS/ROLFS § 628 BGB Rn 46; aA LAG Köln 4. 7. 1995 NZA-RR 1996, 2).

Ersatzfähig sind in gewissem Umfang auch die Kosten für die Suche nach einer **50** Ersatzkraft. Freilich geht der Zweck der arbeitsvertraglichen Kündigungsfrist, vor deren Verletzung § 628 Abs 2 schützen will, nicht soweit, dem Arbeitgeber die Kosten für die Suche eines Nachfolgers schlechthin zu ersparen. Nur wenn der Arbeitgeber bei Einhaltung der Kündigungsfrist eine Ersatzkraft auch durch eine innerbetriebliche Stellenausschreibung oder Umfragen in Fachkreisen hätte finden können (BAG 26. 3. 1981 AP Nr 7 zu § 276 BGB Vertragsbruch), sind **Insertionskosten** gerade durch die vorzeitige Vertragsbeendigung veranlaßt. Im übrigen ist der Grundsatz der Verhältnismäßigkeit in besonderer Weise zu berücksichtigen. Das betrifft die Relation von der Bedeutung des Arbeitsplatzes zu den Anzeigenkosten (BAG 18. 12. 1969 AP Nr 3 zu § 276 BGB Vertragsbruch), die Größe des Inserats (BAG 30. 6. 1961 AP Nr 1 zu § 276 BGB Vertragsbruch) und die Dichte und Häufigkeit, mit der die Stellenanzeige wiederholt wird (BAG 14. 11. 1975 AP Nr 5 zu § 276 BGB Vertragsbruch). Bei hochqualifizierten Tätigkeiten und in Führungspositionen kann freilich auch die Einschaltung eines Personalvermittlungsservices („head-hunters") für die Suche nach einem geeigneten Nachfolger erforderlich sein (ArbG Düsseldorf 12. 1. 1993 – 1 Ca 4434/92; im dort entschiedenen Fall annähernd 200 000 DM; STOFFELS, S 142; zu restriktiv dagegen noch BAG 18. 12. 1969 AP Nr 3 zu § 276 BGB Vertragsbruch).

Ferner ersatzfähig ist nach Maßgabe des § 252 auch etwa **entgangener Gewinn** des **51** Arbeitgebers. Dies gilt für den Fall, daß der Arbeitgeber vorübergehend einen Beschäftigten aus einer anderen Abteilung abzieht, um den Arbeitsplatz des vertragsbrüchigen Mitarbeiters nicht vakant werden zu lassen, auch im Hinblick auf den Gewinn, der durch das Fehlen des umgesetzten Arbeitnehmers in der anderen Abteilung entgangen ist (BAG 27. 1. 1972 AP Nr 2 zu § 252 BGB). Zur Schadensschätzung nach § 287 ZPO in diesen Fällen s unten Rn 66. Nach Ansicht des BAG (24. 8. 1967 AP Nr 7 zu § 249 BGB; zustimmend PALANDT/HEINRICHS Vorbem vor § 249 Rn 126) soll sich der

Arbeitnehmer nicht darauf berufen können, durch die überobligationsmäßige Leistung des Arbeitgebers sei der Eintritt eines Vermögensschadens vermieden worden, wenn der nach § 254 Abs 2 hierzu nicht verpflichtete Arbeitgeber selbst die dem Arbeitnehmer obliegende, aber aufgrund des Vertragsbruches nicht erbrachte Arbeit verrichtet hat. Dagegen wird mit Recht geltend gemacht, ersatzfähig sei lediglich eine angemessene Vergütungsdifferenz zwischen dem Entgelt des ersatzpflichtigen Arbeitnehmers und dem Wert der Eigenleistung des Arbeitgebers (KNOBBE/KEUCK VersR 1976, 401, 410).

b) Schaden des Dienstverpflichteten (Arbeitnehmers)

52 Der Schaden des Dienstverpflichteten besteht in der Regel im Ausfall des Lohnanspruches einschließlich der nach Maßgabe des § 2 Abs 1 EFZG zu bezahlenden Feiertage (ArbG Marburg 1. 7. 1963 BB 1963, 1376), etwaiger Naturalvergütungen und Tantiemen (KR/WEIGAND Rn 37). Daneben kann er auch die ihm zustehenden Gewinnanteile am Betriebsertrag, die Ruhegeldansprüche sowie die Sonderzuwendungen und Gratifikationen als Schadensersatz verlangen, ohne daß sich allerdings deren Fälligkeitstermin durch die vertragswidrige Beendigung des Dienstverhältnisses vorverschieben würde (s oben Rn 21). Zum Schaden gehört auch ein durch die Abwertung einer Währung entstehender Verzugsschaden (LAG Hamburg 2. 8. 1971 DB 1972, 1587), ferner im Rahmen des Verfrühungsschadens die Aufwendungen, die dem Dienstverpflichteten aufgrund der unerwarteten Suche nach einem neuen Arbeitsplatz entstehen (BAG 11. 8. 1987 AP Nr 1 zu § 16 BBiG) sowie etwaige Einarbeitungskosten (LAG Berlin 27. 9. 1973 DB 1974, 538; BERKOWSKY DB 1982, 1772, 1774). Ist an den Verlust des Arbeitsplatzes die vorzeitige Fälligkeit einer **Darlehensrückzahlung** gekoppelt, hängt die rechtliche Bewertung davon ab, wer der Darlehensgeber ist: Bei einem Arbeitgeberdarlehen steht schon dem Rückzahlungsverlangen der Rechtsgedanke des § 162 Abs 1 entgegen, wenn der Arbeitgeber die vorzeitige Auflösung des Arbeitsvertrages verschuldet hat, so daß ein Schaden gar nicht eintreten kann (ArbR BGB/CORTS Rn 48). Wurde das Darlehen dagegen von einem Dritten gewährt, gehört auch die vorzeitige Rückzahlungspflicht zum nach § 628 Abs 2 ersatzpflichtigen Schaden (vgl BAG 24. 2. 1964 AP Nr 1 zu § 607 BGB).

53 Im Rahmen der Pflicht zur Naturalrestitution (§ 249 S 1) hat der Dienstberechtigte auf die Lohnersatzleistung auch **Sozialabgaben,** dh freiwillige Beiträge zur Kranken- und Rentenversicherung zu entrichten. Dies führt zu Schwierigkeiten insbesondere im Bereich der Arbeitslosenversicherung, die eine freiwillige Weiterversicherung außerhalb eines bestehenden Beschäftigungsverhältnisses nicht zuläßt. Der Dienstnehmer kann daher im Falle der Arbeitslosigkeit, wenn und soweit die Bundesanstalt für Arbeit Leistungen nach dem SGB III (früher AFG) nicht gewährt, entsprechenden Ersatz nach § 628 Abs 2 verlangen (BGB-RGRK/CORTS Rn 60). § 143a Abs 4 S 1 SGB III sieht aber jetzt die sog „Gleichwohlgewährung" vor, wenn der Arbeitnehmer vom Arbeitgeber keine Leistungen erhält (vgl Rn 63).

54 Umstritten ist die Frage, ob ein unter den Schutz des § 1 KSchG fallender Arbeitnehmer abstrakt geltend machen kann, bei einer sozialwidrigen ordentlichen Kündigung des Arbeitgebers hätte ihm eine **Abfindung** gemäß §§ 9, 10 KSchG zugestanden, deren Verlust sich nunmehr als Schaden für ihn darstelle (zum Meinungsstand ausführlich GESSERT 59 ff; ErfK/MÜLLER-GLÖGE § 628 Rn 71 ff; s auch schon RG 24. 6. 1922 RGZ 105, 132 ff zu der entsprechenden Frage bei § 84 BetriebsräteG). Für die Einbeziehung der Abfindung spricht entscheidend eine Gegenüberstellung der Rechtslage bei einer gerichtlichen Auflösung des Arbeitsverhältnisses einerseits und einer vom Arbeitgeber verschuldeten Eigenkündigung des Arbeitnehmers andererseits. Im ersteren Falle stünde dem Arbeitnehmer eine Abfindung zu, wenn die Kündigung unwirksam, ihm jedoch die Fortsetzung des Arbeitsverhältnisses nicht mehr zumutbar ist. Im zweiten Fall hingegen ist das Arbeitsverhältnis durch seine außerordentliche Kündigung bereits beendet, so daß eine Kündigungsschutzklage ausgeschlossen ist und er den Abfindungsantrag nicht mehr stellen kann. Es ist jedoch kein plausibler Grund dafür ersichtlich, warum der Arbeitnehmer in diesem Falle schlechter stehen soll, als wenn erst die arbeitgeberseitige Kündigung oder der Kündigungsschutzprozeß zu einer Zerrüttung des Vertrauensverhältnisses führen (BAG 26. 7. 2001 – 8 AZR 739/00; ROEPER DB 1970, 1489; STAHLHACKE/PREIS Rn 859; aA LAG Hamm 12. 6. 1984 NZA 1985, 159; BGB-RGRK/CORTS Rn 51; ein Wahlrecht zwischen der Abfindung und dem Schadensersatzanspruch befürworten WOLF Anm AP Nr 8 zu § 4 KSchG 1969 und SCHWERDTNER SAE 1974, 82, 85 ff; vgl hier Rn 48).

Bei der Berechnung des Schadensersatzanspruchs ist ein etwaiges **Mitverschulden** des **55** Arbeitnehmers nach Maßgabe des § 254 zu berücksichtigen. Dies gilt gem Abs 1 dieser Vorschrift zunächst für die Umstände, die zur vorzeitigen Beendigung des Dienstvertrages geführt haben. Hat also beispielsweise der Arbeitnehmer die das Auflösungsverschulden begründende Handlung des Arbeitgebers provoziert, muß er sich dies durch eine Minderung, in schwerwiegenden Fällen auch durch einen völligen Wegfall des Ersatzanspruchs anrechnen lassen (BAG 17. 9. 1970 AP Nr 5 zu § 628 BGB; BGH 29. 11. 1965 AP Nr 3 zu § 628 BGB; 14. 11. 1966 AP Nr 4 zu § 628 BGB). Gemäß § 254 Abs 2 erfolgt nach den Grundsätzen der **Vorteilsausgleichung** darüber hinaus die Anrechnung der durch die vorzeitige Beendigung ersparten Aufwendungen. Dasselbe gilt für den Betrag, den der Arbeitnehmer durch die anderweitige Verwendung seiner Arbeitskraft erwirbt oder schuldhaft (mindestens fahrlässig, § 276, aber nicht notwendig böswillig; § 615 gilt hier nicht; BGH 14. 11. 1966 AP Nr 4 zu § 628 BGB; ERMAN/BELLING Rn 33) zu erwerben unterläßt. In diesem Rahmen ist der Arbeitnehmer verpflichtet, alles Zumutbare zu unternehmen, um einen geeigneten Arbeitsplatz zu finden; eine Meldung beim Arbeitsamt reicht hierfür in der Regel nicht aus (OLG Düsseldorf 23. 6. 1980 FamRZ 1980, 1008, 1009; OLG Köln 10. 1. 1990 VRS Bd 80, 84, 85). Verwertet der Dienstverpflichtete seine Arbeitskraft neu, so hat er sich den Neuverdienst auf den gesamten Abgeltungszeitraum anrechnen zu lassen, nicht nur auf den Zeitraum, in dem er tatsächlich gearbeitet und verdient hat.

Wenn mehrere Dienstverpflichtete bzw Arbeitnehmer desselben Arbeitgebers sich **56** vertragswidrig verhalten und es deshalb zur Auflösung der Dienst- oder Arbeitsverhältnisse kommt, entsteht die Frage der **gesamtschuldnerischen Haftung.** An sich haften mehrere Arbeitnehmer, auch wenn sie gleichzeitig vertragsbrüchig werden, nicht als Gesamtschuldner. Es handelt sich um Verletzungen der Vertragspflicht durch jeden einzelnen, so daß die Voraussetzungen der §§ 421, 427 (ebenso wie § 840 Abs 1) nicht gegeben sind. Das gilt auch für den Fall einer *Arbeitsgruppe,* gleichgültig ob es sich um eine sog Betriebsgruppe, also vom Arbeitgeber gebildete und zusammengestellte Gruppe, oder um eine sog Eigengruppe handelt, die sich schon als Gruppe zur Arbeit verdingt. Es kann nämlich selbst bei einer Eigengruppe nicht davon ausgegangen werden, daß die einzelnen Mitglieder für die Erfüllung des Vertrages durch die übrigen Mitglieder gewöhnlich die Haftung übernehmen (BAG 30. 5.

1972 AP Nr 50 zu § 4 TVG Ausschlußfristen; 13. 7. 1972 AP Nr 4 zu § 276 BGB Vertragsbruch). Eine gesamtschuldnerische Haftung könnte nur ausnahmsweise dann in Betracht kommen, wenn eine entsprechende vertragliche Vereinbarung vorliegt oder der Vertragsbruch aufgrund eines gemeinsamen Entschlusses begangen wird (BAG 30. 5. 1972 AP Nr 50 zu § 4 TVG Ausschlußfristen).

c) Besonderheiten des Lohnersatzanspruches

57 Da das Dienstverhältnis beendet ist und auch nicht fiktiv weiterbesteht, ist der Schadensersatzanspruch des Beschäftigten, auch soweit er auf Fortzahlung des Entgelts gerichtet ist, kein echter Lohnanspruch. Er entspricht diesem lediglich, was im Rahmen der durch § 249 S 1 statuierten Naturalrestitution zu einigen hervorzuhebenden Besonderheiten führt.

58 Wenn und soweit der Schadensersatzanspruch an die Stelle des Entgeltanspruchs tritt, richtet sich die **Verjährung** jetzt einheitlich nach § 195. Die auf § 628 Abs 2 gestützte Forderung unterliegt im Rahmen ihrer Lohnersatzfunktion dem **Pfändungsschutz** der §§ 850 ff ZPO (Zöller/Stöber, ZPO [23. Aufl 2002] § 850 Rn 15; vgl auch BAG 12. 9. 1979 DB 1980, 358, 359 f betr Abfindung nach §§ 9, 10 KSchG). Andererseits wird der Anspruch als unselbständiges Nebenrecht auch von einem Pfändungs- und Überweisungsbeschluß hinsichtlich des entgangenen Vergütungsanspruchs erfaßt, sofern er nach Wirksamwerden der Beschlagnahme entstanden ist (§ 832 ZPO; s Zöller/Stöber § 832 Rn 2, § 850 Rn 15).

59 In Rechtsprechung und Literatur umstritten war die Behandlung des Schadensersatzanspruches im **Konkurs** des Arbeitgebers, wenn der Arbeitnehmer rückständige Lohnzahlungen zum Anlaß genommen hatte, das Vertragsverhältnis fristlos zu kündigen. Nach Auffassung des BAG waren derartige Ansprüche lediglich als einfache Konkursforderung iS von § 61 Abs 1 Nr 6 KO aF zu behandeln (BAG 13. 8. 1980 AP Nr 11 zu § 59 KO), da § 628 Abs 2 gerade nicht an ein bestehendes, sondern an die Beendigung eines Arbeitsverhältnisses anknüpfe. Dieser Argumentation wurde indes entgegengehalten (s Voraufl), daß der Arbeitnehmer in der Regel zur Vorleistung verpflichtet ist, da er die vereinbarte Arbeitsleistung sofort und ohne Sicherheitsleistung erbringen muß, während das Arbeitsentgelt erst nach Ablauf der vertraglich festgelegten Zeitabschnitte gezahlt wird. Deshalb hätte es eines besonderen Schutzes aller Lohn- und Lohnersatzleistungen, auch und gerade im Konkurs, bedurft, so daß Ansprüche aus § 628 Abs 2 gemäß § 59 Abs 1 Nr 3 a bzw § 61 Abs 1 Nr 1 a KO aF bevorrechtigt gewesen seien (ArbG Herne 28. 7. 1993 AiB 1994, 58; Uhlenbruck, Anm AP Nr 11 zu § 59 KO; Gagel ZIP 1981, 122, 124; obiter dictum auch BSGE 56, 201, 204; **aA** Jaeger/ Henckel, KO [9. Aufl 1981] § 22 Rn 42; **krit** Birk SGb 1981, 144, 149).

60 Masseschuld sei der Schadensersatzanspruch des Arbeitnehmers nach § 59 Abs 1 Nr 1 KO aF auch dann gewesen, wenn seine außerordentliche Kündigung erst durch ein schuldhaft vertragswidriges Verhalten des Konkursverwalters veranlaßt wurde (BGB-RGRK/Corts Rn 55). Eine fristgerechte Kündigung nach Konkurseröffnung gegenüber dem Konkursverwalter habe hinsichtlich der Vergütungsansprüche für den Zeitraum der Kündigungsfrist nicht zu einem Schadensersatzanspruch geführt. Vielmehr habe der Lohn, wenn die Arbeitsleistung nicht entgegengenommen wurde, unter dem Gesichtspunkt des Gläubigerverzuges nach § 59 Abs 1 Nr 2 und 3 a KO geltend gemacht werden können (LAG Baden-Württemberg 1. 9. 1981 DB 1982, 285). Im übrigen sei der Ersatzanspruch für die Zeit nach Konkurseröffnung nicht unter § 59 KO aF gefallen, sondern habe eine einfache Konkursforderung mit dem Rang nach § 61 Abs 1 Nr 6 KO aF dargestellt. Mit dem Inkrafttreten der **Insolvenzordnung** am 1.1. 1999 (Art 110 EGInsO) ist diese Streitfrage durch §§ 53, 55 InsO dahin geklärt, daß ein auf § 628 Abs 2 gestützter Schadensersatzanspruch nur dann als Masseverbindlichkeit vorweg zu berichtigen ist, wenn er durch eine Handlung des Insolvenzverwalters begründet wurde (ErfK/MÜLLER-GLÖGE Rn 110).

Soweit der Schadensersatzanspruch Lohnersatzfunktion hat, unterliegt er nach § 2 **61** Abs 2 Nr 4 LStDV der **Besteuerung** (Einzelheiten bei GESSERT 219 ff). Hiernach gehören zum Arbeitslohn trotz der Beendigung des Arbeitsverhältnisses solche Entschädigungen, die dem Arbeitnehmer als Ersatz für entgangenen oder entgehenden Arbeitslohn oder für die Nichtausübung einer Tätigkeit gewährt werden. Als Arbeitnehmer im Sinne dieser Vorschrift gelten nach § 1 Abs 1 S 1 LStDV auch solche Personen, die in öffentlichem oder privatem Dienst angestellt waren und die aus einem früheren Dienstverhältnis Arbeitslohn beziehen. Steuerfreiheit kommt jedoch nach und in den Grenzen des § 3 Nr 9 EStG in Betracht, da die Ersatzleistung auf Arbeitsentgelt aufgrund einer vom Arbeitgeber veranlaßten Auflösung des Arbeitsverhältnisses eine Abfindung im Sinne dieser Vorschrift darstellt (BFH 11.1. 1980 BB 1980, 667, 668). Die weitergehenden Ersatzleistungen unterliegen, da sie lediglich an die Stelle des Arbeitslohns treten und folglich nicht „außerordentlich" im Sinne von § 34 Abs 1 und 2 Nr 2 iVm § 24 Nr 1 EStG sind, dem vollen Steuersatz.

Sozialversicherungsbeiträge sind auf die Ersatzleistung für die entgangene Vergütung **62** *nach öffentlichem Recht* nicht zu entrichten. Dies folgt aus § 14 SGB IV, der nur Einnahmen „aus einer Beschäftigung" der Beitragspflicht unterstellt. Mit der außerordentlichen Kündigung und der tatsächlichen Einstellung der Arbeit durch den Arbeitnehmer aber endet das Beschäftigungsverhältnis, so daß auch die Pflicht zur Entrichtung der Sozialbeiträge entfällt. Aus dem Grundsatz der Naturalrestitution (§ 249 S 1) folgt freilich die *schuldrechtliche* Verpflichtung des Arbeitgebers, dem Arbeitnehmer den Schutz in der Sozialversicherung auch weiterhin zu verschaffen (dazu oben Rn 53).

Der Anspruch auf **Arbeitslosengeld** ruht gemäß § 143a SGB III bis zu dem Tage, an **63** dem das Arbeitsverhältnis bei Einhaltung der ordentlichen Kündigungsfrist geendet hätte; längstens jedoch für ein Jahr. Soweit der Schadensersatzanspruch nämlich Lohnersatzfunktion hat, stellt er eine einer Abfindung ähnliche Leistung wegen der Beendigung des Arbeitsverhältnisses iS von § 143a Abs 1 S 1 SGB III dar (BSG 14.2. 1978 BSGE 46, 20, 30; 13.3. 1990 NZA 1990, 829, 829 f). Erhält der Arbeitslose jedoch trotz des bestehenden Anspruches tatsächlich keine Leistungen von seinem ehemaligen Arbeitgeber, gewährt die Bundesanstalt für Arbeit, auf die der Anspruch sodann im Umfang ihrer Leistungen nach § 115 SGB X übergeht, das Arbeitslosengeld trotz des Ruhens des Anspruchs gemäß § 143a Abs 4 S 1 SGB III (Gleichwohlgewährung).

Fällt der Arbeitnehmer mit dem Schadensersatzanspruch wegen Insolvenz des **64** Arbeitgebers aus, so steht ihm kein Anspruch auf **Insolvenzgeld** gemäß §§ 183 ff SGB III zu. Ansprüche aus § 628 Abs 2 fallen nämlich nicht in den Zeitraum, für den nach § 183 Abs 1 SGB III Insolvenzgeld zu gewähren ist. Durch diese Leistung

geschützt sind nur Ansprüche auf Arbeitsentgelt aus den letzten drei vor dem In-
solvenzereignis liegenden Monaten „des Arbeitsverhältnisses". Der Schadensersatzanspruch entsteht aber erst mit Beendigung des Arbeitsverhältnisses. Für Ansprüche
„wegen der Beendigung des Arbeitsverhältnisses oder für die Zeit nach der Beendigung des Arbeitsverhältnisses" schließt § 184 Abs 1 Nr 1 SGB III den Anspruch auf
Insolvenzgeld ausdrücklich aus.

V.   Darlegungs- und Beweislast

65 Der Dienstverpflichtete oder Arbeitnehmer muß im Rahmen des Teilvergütungsanspruchs nach **Abs 1** darlegen und beweisen, daß und welche Dienstleistung bis zur
Kündigung erfolgt ist. Der Dienstberechtigte oder Arbeitgeber muß dartun und
beweisen, daß der Beschäftigte ohne Veranlassung gekündigt oder wegen schuldhaften vertragswidrigen Verhaltens entlassen wurde und an den Leistungen infolge
der Kündigung für ihn kein Interesse besteht (BGH 17.10. 1996 NJW 1997, 188; BAUM-
GÄRTEL/LAUNEN, Handbuch der Beweislast im Privatrecht, Band 1 [2. Aufl 1991] § 628 Rn 2). Beim
Rückzahlungsanspruch nach S 3 trägt der Dienstberechtigte die Darlegungs- und
Beweislast dafür, daß er einen Vorschuß geleistet hat; der Dienstverpflichtete haftet
dann nach Maßgabe der §§ 347, 987 ff (dazu a Rn 33), es sei denn, er widerlegt den
zunächst vom anderen Teil substantiiert vorzutragenden Umstand, daß er die außerordentliche Kündigung zu vertreten hat.

66 Für den Schadensersatzanspruch nach **Abs 2,** dessen Voraussetzungen der Anspruch-
steller darzulegen hat, gelten die Beweiserleichterungen des § 252 BGB und § 287
ZPO sowohl für die haftungsausfüllende Kausalität als auch die Höhe des Schadens
(RAG 19.9. 1941 ARS 43, 66, 81; BAG 27.1. 1972 AP Nr 2 zu § 252 BGB). Dabei erleichtert
§ 287 ZPO nicht nur die Beweisführung, sondern auch die Darlegungslast mit der
Folge, daß eine Substantiierung der klagebegründenden Tatsachen nicht im gleichen
Rahmen wie hinsichtlich anderer Fragen verlangt werden kann. Die vorgetragenen
Umstände müssen aber für eine Schadensschätzung eine hinreichende Grundlage
abgeben, diese darf nicht mangels greifbarer Anhaltspunkte „völlig in der Luft hängen" (BAG 27.1. 1972 AP Nr 2 zu § 252 BGB; BGH 22.5. 1984 BGHZ 91, 243, 256 f; BGH 12.10.
1993 NJW 1994, 663, 664 f; weitergehend BEUTHIEN BB 1973, 92, 93). Auch wenn damit der
Sachverhalt nicht in vollem Umfang erschöpft wird, ist jedoch stets zu prüfen, in
welchem Umfang dieser eine hinreichende Grundlage für die Schätzung eines in
jedem Falle eingetretenen Mindestschadens bietet (BGH 5.5. 1970 BGHZ 54, 45, 55;
BGH 12.10. 1993 NJW 1994, 663, 664). Schaden und verschuldete Veranlassung der Auflösung einschließlich des Zusammenhangs muß derjenige als anspruchsbegründende
Tatsachen beweisen, der den Schadensersatzanspruch begehrt.

§ 629
Freizeit zur Stellungssuche

**Nach der Kündigung eines dauernden Dienstverhältnisses hat der Dienstberechtigte
dem Verpflichteten auf Verlangen angemessene Zeit zum Aufsuchen eines anderen
Dienstverhältnisses zu gewähren.**

Materialien: E I –; II –; III –; Mot –; Prot –;
JAKOBS/SCHUBERT, SchR II 828.

Schrifttum

BECKER/SCHAFFNER, Die Rechtsprechung zur
Frage der Erstattung von Vorstellungskosten,
BlStSozArbR 1985, 161
BRILL, Der Anspruch des Arbeitnehmers auf
Freizeit zur Stellensuche, AuR 1970, 8
BRUNE, Vorstellungskosten, AR-Blattei SD
1770, November 1999
DÜTZ, Eigenmächtige Arbeitsversäumnis und
Freizeitnahme durch Arbeitnehmer und Be-
triebsratsmitglieder, DB 1976, 1428 (Teil 1), 1480
(Teil 2)
EHRICH, Vorstellungskosten, in: Handwörter-
buch des Arbeitsrechts, Mai 1999
ENDERLEIN, Das Recht des Arbeitnehmers auf
Freizeit zur Stellensuche, Arbeitskammer 1961,
78
GIESE, Rechtsfragen über Stellenbewerbung,
Betriebsverfassung 1957, S 11
HABERKORN, Freizeit zum Aufsuchen eines
neuen Arbeitsplatzes, ArbuSozPol 1963, 24

HOPPE, Rechte älterer Arbeitnehmer auf Zeit
für Stellensuche, ABA 1969, 192 BB 1970, 399
ders, Zeit zur Stellensuche für ältere Arbeit-
nehmer, BlStSozArbR 1972, 260
MARTIN, Freizeitgewährung zum Aufsuchen
eines anderen Arbeitsplatzes, BlStSozArbR
1956, 365
MÜLLER, Der Anspruch des Bewerbers auf Er-
stattung seiner Vorstellungskosten, ZTR 1990,
237
ROTHE, Der Anspruch des Stellenbewerbers auf
Auslagenersatz, DB 1968, 1906
STEINWEDEL, Der Anspruch des Arbeitnehmers
auf Sonderurlaub, DB 1964, 1481
VOGT, Freizeit zur Stellensuche, DB 1968, 264
WEIMAR, Freizeit zur Stellensuche, BlStSoz-
ArbR 1959, 380
WÜNNENBERG, Zeitgewährung bei Stellensuche,
BB 1951, 420.

Systematische Übersicht

Alphabetische Übersicht

I. Allgemeines

1. Entstehungsgeschichte

1 Ein Vorläufer der seit dem 1. 1. 1900 unveränderten Vorschrift findet sich weder in den Motiven noch den Protokollen zum BGB. In den ersten beiden Entwürfen hielt man eine Regelung noch für überflüssig, weil sich die Pflicht des Dienstherrn zur Freizeitgewährung bereits aus Treu und Glauben sowie der Vertragssitte von selbst ergebe. Erst in der vom Reichstag nach der ersten Lesung eingesetzten Kommission setzte sich die Auffassung durch, daß es sich um eine „im gewöhnlichen Leben so häufig praktisch werdende Frage" handele, daß „eine ausdrückliche Regelung wünschenswert" erscheine (MUGDAN II 1290; JAKOBS/SCHUBERT, SchR II 828 f). Auch während der täglichen Arbeitszeit soll dem Beschäftigten eine besondere Freizeit zur Stellensuche gewährt werden, um ihn in die Lage zu versetzen, unmittelbar nach Beendigung des alten Dienst- oder Arbeitsverhältnisses eine neue Stellung anzutreten und seinen Unterhalt zu verdienen. Dabei sind allerdings nicht alle Fragen geklärt worden.

2. Normzweck

2 § 629 ist Ausfluß der **Fürsorgepflicht** des Dienstherrn, der bei sich abzeichnender Beendigung eines Dienstverhältnisses den berechtigten Interessen des Verpflichteten nach Gewährung von Freizeit zur Stellensuche zu entsprechen hat. Selbst bei einfacheren Tätigkeiten genügt eine schriftliche Bewerbung nämlich in aller Regel nicht, sondern ist eine persönliche Vorstellung erforderlich. Soweit diese wie üblich während der gewöhnlichen Arbeitszeiten zu erfolgen hat, müßte der Dienstverpflichtete andernfalls Teile seines Erholungsurlaubs für Vorstellungsgespräche opfern. Das würde nicht nur zu Unzuträglichkeiten führen, wenn der Urlaubsanspruch bereits komplett erfüllt worden ist, sondern auch dem Zweck des Erholungsurlaubs widersprechen (BAG 26. 10. 1956 AP Nr 14 zu § 611 BGB Urlaubsrecht).

3. Anwendungsbereich

3 Die Vorschrift gilt für alle Dienst- und Arbeitsverhältnisse ohne Rücksicht darauf, ob es sich um einen unabhängigen Dienstvertrag oder einen abhängigen Arbeitsvertrag handelt. Voraussetzung ist nur ein dauerndes Dienstverhältnis. Auf die Art der Bezüge und der Bezahlung kommt es nicht an. Eine entsprechende Anwendung des § 629 auf den **Werkvertrag** scheidet aus (SOERGEL/KRAFT Rn 1). Auch sonst kann § 629 nicht ergänzend eingreifen, da er ganz auf das Dienst- und Arbeitsverhältnis zugeschnitten ist. Allerdings bestand schon in den Beratungen der Kommission Einigkeit darüber, daß der *Mieter* verpflichtet ist, nach eingetretener Kündigung dem Vermieter die Vorweisung der Wohnung an Mietsuchende in angemessener Zeit zu gestatten

(MUGDAN II 1290); dies entspricht auch heute allgemeiner Auffassung (PALANDT/WEI-
DENKAFF § 535 Rn 82).

II. Rechtscharakter

Die Regelung des § 629 ist zwingend (RAG 2.5. 1928 ARS 3, 21, 23) und kann weder **4**
durch Einzelvertrag noch durch Betriebsvereinbarung oder Tarifvertrag abbedungen
werden. Möglich ist vielmehr nur eine **Konkretisierung** der Begriffe der angemessenen Freizeit nach Dauer, Zeit und Häufigkeit. Aber auch eine solche Konkretisierung
muß sich im Rahmen billigen Ermessens (§ 315) halten (ERMAN/BELLING Rn 1) und darf
nicht zu einem praktischen Ausschluß der Freizeit zur Stellensuche oder deren unangemessener Beschränkung führen. Dagegen kann eine Bezahlung im Rahmen des
§ 616 ausgeschlossen werden (unten Rn 22).

III. Voraussetzungen

Der Anspruch auf Gewährung von Freizeit zur Stellensuche setzt voraus, daß 1. ein **5**
dauerndes Dienstverhältnis 2. gekündigt worden ist und 3. der Berechtigte die Gewährung verlangt hat.

1. Dauerndes Dienstverhältnis

§ 629 kommt zur Anwendung, wenn ein Dienst- oder Arbeitsverhältnis besteht. Auch **6**
auf **Auszubildende** findet die Vorschrift über die Verweisungsnorm des § 3 Abs 2
BBiG Anwendung. Dem steht nicht entgegen, daß bei diesen der Ausbildungszweck
und nicht die Arbeitsleistung im Vordergrund steht, denn Auszubildende sind bei der
Beendigung ihres Ausbildungsverhältnisses ebenso wie andere Dienstverpflichtete
darauf angewiesen, möglichst ohne Zeitverzögerung ein neues Dienst-, Arbeits- oder
Ausbildungsverhältnis zu beginnen (BGB-RGRK/EISEMANN Rn 5; ErfK/MÜLLER-GLÖGE
Rn 6; aA BRILL AuR 1970, 8, 9).

Das Dienstverhältnis muß allerdings ein „dauerndes" sein. Das Gesetz verwendet hier **7**
dieselben Worte wie in den Vorschriften der §§ 617 Abs 1 S 1, 627 Abs 1, 630 S 1.
Danach liegt ein dauerndes Dienstverhältnis immer dann vor, wenn das Dienstverhältnis rechtlich oder faktisch auf längere Zeit angelegt ist oder faktisch bereits längere
Zeit gedauert hat (grundlegend SCHULTZENSTEIN ArchBürgR 23 [1904] 254). Unter Rückgriff
auf den Zweck der vorgenannten Bestimmungen, die Ausdruck einer gegenüber nur
kurzzeitigen Dienstverhältnissen gesteigerten Fürsorge- und Rücksichtnahmepflicht
sind, läßt sich der Begriff dahingehend definieren, daß ein „dauerndes" Dienstverhältnis dann vorliegt, wenn sich die vom Dienstverpflichteten geschuldeten Dienste
nicht in der Erbringung einmaliger oder mehrmalig wiederholender Einzelleistungen
erschöpfen, sondern ihm ständige und langfristige Aufgaben übertragen sind (ErfK/
MÜLLER-GLÖGE Rn 3). Daraus kann gefolgert werden, daß § 629 bei **Aushilfsarbeitsverhältnissen und befristeten Probearbeitsverhältnissen keine Anwendung** (ErfK/MÜLLER-
GLÖGE Rn 4, 11; SCHAUB § 26 Rn 1; Erman/BELLING; aA VOGT DB 1968, 264) sehr wohl aber bei
unbefristeten Arbeitsverhältnissen bei **Kündigungen innerhalb der Probezeit** Anwendung findet (ErfK/MÜLLER-GLÖGE Rn 5; aA VOGT DB 1968, 264; SCHAUB § 26 Rn 1).

Vereinzelt (MünchKomm/SCHAUB § 617 Rn 7) wird die Auffassung vertreten, daß der **8**

Begriff des „dauernden Dienstverhältnisses" in den vorgenannten Vorschriften einen jeweils unterschiedlichen Bedeutungsinhalt habe. Dem steht allerdings schon der allgemeine methodische Grundsatz entgegen, daß das Gesetz, wenn es innerhalb eines Regelungssystems denselben Begriff mehrfach verwendet, ihn auch in immer derselben Weise verstanden wissen will, wenn nicht ausnahmsweise besondere Gründe dafür ersichtlich sind, daß dem Begriff gerade an dieser Stelle eine andere Bedeutung zukommt (LARENZ, Methodenlehre der Rechtswissenschaft [6. Aufl 1991] 321 f). Dafür ist jedoch im hiesigen Zusammenhang nichts ersichtlich (so auch MünchKomm/ SCHWERDTNER § 630 Rn 6).

9 Von der herrschenden Begriffsbestimmung abweichend vertritt EISEMANN (in: ArbR BGB Rn 4) die Ansicht, der Begriff des dauernden Dienstverhältnisses korrespondiere lediglich mit der Angemessenheit des Freizeitanspruches. Das Gesetz bringe durch die Wortwahl nur zum Ausdruck, daß auch eine kurzfristige Freistellung zur Stellensuche unangemessen sein könne, wenn das Beschäftigungsverhältnis nicht eine gewisse Zeit gedauert habe. Diese Auslegung vernachlässigt indes den dargestellten Normzusammenhang, der es ausschließt, den Begriff des „dauernden Dienstverhältnisses" allein aus § 629 heraus zu interpretieren.

2. Kündigung

10 Das Dienst- oder Arbeitsverhältnis muß nach dem Wortlaut des Gesetzes gekündigt sein. Die Verpflichtung zur Gewährung von Sonderurlaub zur Stellensuche setzt eine Kündigung voraus und beginnt erst mit der Kündigung. Er kann auch erst nach der Kündigung verlangt werden. Dabei macht es keinen Unterschied, von welchem Teil die Kündigung erklärt wurde. Auch ist unbeachtlich, ob es sich um eine ordentliche oder eine außerordentliche Kündigung mit Auslauffrist handelt. Bei einer außerordentlichen fristlosen Kündigung scheitert hingegen seine Realisierung (ErfK/MÜLLER-GLÖGE Rn 8). Es genügt, daß es sich bei der Kündigung um eine **Änderungskündigung** handelt, denn diese kann – wenn der andere Teil das Angebot zum Abschluß des neuen Vertrages nicht annimmt und sie im Anwendungsbereich des KSchG sozial gerechtfertigt ist – das Beschäftigungsverhältnis beenden (MünchKomm/SCHWERDTNER Rn 5). Auch das Angebot des Dienstherrn, den Dienstverpflichteten zu einem späteren Zeitpunkt wiedereinzustellen, hindert den Anspruch nicht (VOGT DB 1968, 264).

11 Auch im Falle einer **anderen Vertragsbeendigung** als einer Kündigung findet die Vorschrift – über ihren Wortlaut hinaus – Anwendung. Das gilt sowohl für den Fristablauf bei einem befristeten Dienstverhältnis als auch für den Fall der Zweckerreichung (MünchArbR/RICHARDI § 45 Rn 44; ERMAN/BELLING Rn 2). Bei einem **Aufhebungsvertrag** wird teilweise primär auf dessen Auslegung abgestellt (SOERGEL/KRAFT Rn 2). Diese Auffassung ist jedoch mit dem zwingenden Charakter von § 629 nicht zu vereinbaren. Lediglich für den Fall, daß der Aufhebungsvertrag zu einer sofortigen Beendigung des Dienstverhältnisses führt, scheitert, ebenso wie bei einer fristlosen Kündigung, die Realisierung des Anspruches. Der Anspruch entsteht im Falle anderer Vertragsbeendigung als durch Kündigung zu dem Zeitpunkt, an dem das Dienstverhältnis hätte gekündigt werden müssen, um zum vereinbarten Termin beendet zu werden (ErfK/MÜLLER-GLÖGE Rn 10; SCHAUB § 26 I 1).

12 Vor dem Ausspruch der Kündigung bzw dem Zeitpunkt, an dem die Kündigung hätte

erklärt werden müssen, kann Urlaub zur Stellensuche grundsätzlich nicht verlangt werden. Allein die Absicht des Dienstverpflichteten, sich möglicherweise zu verändern, reicht zur Anspruchsbegründung nicht aus (LAG Düsseldorf/Köln 15. 3. 1967 DB 1967, 1227, 1228). Nicht ausreichend ist auch, daß der Arbeitgeber lediglich allgemein Rationalisierungsmaßnahmen bzw Entlassungen ankündigt oder daß wegen Absatzrückgangs oder vorgesehener Rationalisierung mit Kündigungen in dem Betrieb gerechnet werden kann. Erst wenn entweder der Arbeitnehmer konkrete Anhaltspunkte für den Wegfall des eigenen Arbeitsplatzes hat, die Vertragsbeendigung also vorhersehbar ist (BGB-RGRK/Eisemann Rn 9) oder der Arbeitgeber dies sogar ankündigt, entsteht der Anspruch aus § 629. Dies gilt erst recht dann, wenn der Dienstberechtigte ausdrücklich empfiehlt, sich nach einer anderen Stelle umzusehen (ArbG Ulm 9. 4. 1959 DB 1959, 575; Hoppe BB 1970, 399, 401) oder Angebote auf Aufhebungsverträge mit Abfindungen in Aussicht stellt.

3. Urlaubsverlangen

Der Urlaub zur Stellensuche ist **auf Verlangen** zu gewähren. Dies bedeutet einerseits, **13** daß der Dienstberechtigte Freizeit nicht von sich aus zu gewähren braucht, andererseits, daß der Dienstverpflichtete sie nicht einfach nehmen und der Arbeit fernbleiben kann, sondern darum nachsuchen muß (LAG Düsseldorf/Köln 15. 3. 1967 DB 1967, 1227, 1228; 11. 1. 1973 DB 1973, 676). Das gilt selbst dann, wenn er sich zu einem bestimmten Zeitpunkt bei einem anderen Arbeitgeber vorstellen soll, nicht jedoch, wenn der Dienstverpflichtete ohnehin freigestellt ist und bis zum Ende des Vertrages keiner Dienstpflicht unterliegt. Wurde dem Arbeitnehmer *nach Zugang der Kündigung* bis zum Ablauf der Kündigungsfrist Erholungsurlaub gewährt, muß der Anspruch auf Freizeit zur Stellensuche bis zum Zeitpunkt der Gewährung des Erholungsurlaubs geltend gemacht worden sein (BAG 26. 10. 1956 AP Nr 14 zu § 611 BGB Urlaubsrecht). Eine nachträgliche Umwandlung des Erholungsurlaubs in Freizeit zur Stellensuche mit der Folge, daß dann zusätzlich eine Urlaubsabgeltung zu zahlen wäre, ist nicht möglich (LAG Düsseldorf/Köln 23. 10. 1962 DB 1962, 1704; 11. 1. 1973 DB 1973, 676; ArbG Köln 16. 8. 1963 DB 1963, 1364; Dersch/Neumann, BUrlG [8. Aufl 1997] § 7 Rn 46). Erfolgte die Festlegung des Urlaubs jedoch schon *vor der Kündigung,* kommt es entscheidend darauf an, ob der Dienstverpflichtete zusätzlich Urlaub zur Stellensuche beantragt. In diesem Fall nämlich hat der Antrag auf die erst jetzt erforderlich werdende Stellensuche Vorrang vor dem Erholungsurlaub.

Das Fernbleiben ohne Antrag stellt zwar ein unberechtigtes Verlassen der Arbeit dar, **14** berechtigt aber im allgemeinen jedenfalls dann nicht zur außerordentlichen Kündigung, wenn der Dienstberechtigte bei Stellung des Antrags Anspruch auf Urlaub zur Stellensuche auch zu diesem Zeitpunkt gehabt hätte (LAG Düsseldorf/Köln 23. 4. 1963 DB 1964, 338; 15. 3. 1967 DB 1967, 1227, 1228; LAG Baden-Württemberg 11. 4. 1967 DB 1967, 1048).

Zweck der Freistellung muß das Aufsuchen eines anderen Dienstverhältnisses sein. **15** Damit ist nicht nur das Aufsuchen eines neuen Arbeitgebers (LAG Düsseldorf 16. 6. 1956 BB 1956, 925) und des Arbeitsamtes gemeint. Auch die erforderliche oder vom zukünftigen Dienstherrn gewünschte Vervollständigung der Bewerbungsunterlagen durch psychologische Eignungstests oder medizinische Untersuchungen gehört dazu (ArbG Essen 31. 8. 1961 BB 1962, 560; Erman/Belling Rn 5).

IV. Rechtsfolgen

16 Wenn diese Voraussetzungen vorliegen, hat der Dienstberechtigte dem Dienstverpflichteten angemessene Freizeit zur Stellensuche zu gewähren. Ob er sie als Arbeitszeit zu entgelten hat, bestimmt sich nach § 616.

1. Freizeitgewährung

17 Die zur Stellensuche zu gewährende Freizeit muß **angemessen** sein. Die Bestimmung der Einzelheiten hinsichtlich Lage und Dauer der Freistellung ist eine einseitige Leistungsbestimmung des Dienstberechtigten im Sinne von § 315. Zu gewähren ist nicht nur die unbedingt und zwingend geringstmögliche, sondern die dem Zweck entsprechende Zeit (STEINWEDEL DB 1964, 1481, 1484), ohne daß der Dienstverpflichtete freilich Anspruch darauf hätte, zu einem bestimmten Zeitpunkt freigestellt zu werden. In welchem Umfang die Zeit nach der Dauer der Freistellung, der Zahl der Ausgänge und dem Zeitpunkt im Verhältnis zur Arbeitszeit zweckentsprechend gewährt werden muß, beurteilt sich nach den Umständen des Einzelfalles (BRILL AuR 1970, 8, 11 ff). Zwei Freistellungen sind in der Regel jedoch ohne weiteres zu gewähren.

18 Dabei sind die Interessen beider Teile in billiger Weise zu berücksichtigen. Zu den Obliegenheiten des Dienstverpflichteten gehört es, das Verlangen so rechtzeitig zu stellen, daß sich der andere Teil im Betrieb darauf einstellen kann (ArbG Düsseldorf 9. 6. 1959 BB 1959, 777; MünchArbR/RICHARDI § 45 Rn 45). Auch die betrieblichen Belange müssen bei der Lage und Dauer berücksichtigt werden (ArbG Marburg 13. 8. 1964 BB 1964, 1259). Freilich wird man entgegen der Ansicht des ArbG Marburg § 7 Abs 1 BUrlG nicht entsprechend, sondern allenfalls den Rechtsgedanken anwenden können mit der Folge, daß der Arbeitgeber nur bei dringenden betrieblichen Belangen den für einen bestimmten Zeitpunkt geäußerten Freistellungswunsch zurückweisen darf. Dabei ist eine Verweisung auf die arbeitsfreie Zeit trotz schwerwiegender betrieblicher Belange dann nicht möglich, wenn die Stellensuche etwa wegen der Notwendigkeit, sich während der Arbeitszeit vorzustellen, nur in der Arbeitszeit erfolgen kann. Maßgeblich ist, daß betriebliche Belange bei einem gekündigten Arbeitsverhältnis kaum jemals so dringend sein werden, daß die Arbeit nicht für verhältnismäßig kurze Zeit auch von einem anderen Mitarbeiter verrichtet werden könnte (ArbR BGB/EISEMANN Rn 13). Zulässig wäre es allerdings, den Beschäftigten etwa auf Sprechstunden des Arbeitsamtes am Dienstleistungsabend (§ 3 Abs 2 LadenschlußG) zu verweisen. Im Geltungsbereich eines den Anspruch aus § 629 konkretisierenden Tarifvertrages drücken die tariflichen Normen in der Regel auch für nicht tarifgebundene Parteien die angemessene Dauer der Freizeitgewährung aus (ERMAN/ HANAU Rn 5).

2. Anspruchsdurchsetzung

19 Es besteht ein Rechtsanspruch auf Urlaub zur Stellensuche. Der Dienstberechtigte (Arbeitgeber) muß den Urlaub gewähren. Auf die Gewährung von Freizeit kann Klage erhoben und (praktisch bedeutsamer) der Erlaß einer einstweiligen Verfügung beantragt werden. Wird die Freizeit überhaupt nicht oder nicht in angemessener Weise gewährt, liegt eine Vertragsverletzung durch den Arbeitgeber vor. Der Beschäftigte kann dann unter den Voraussetzungen des § 626 fristlos kündigen und nach

§ 628 Abs 2, aber auch nach den allgemeinen Grundsätzen Schadensersatz verlangen.

Problematisch und umstritten ist demgegenüber, ob der Dienstverpflichtete im Falle **20** der unberechtigten Verweigerung der Freizeit diese eigenständig nehmen, sich also **„selbst beurlauben"** kann. Soweit diese Frage bejaht wird, wird als Rechtsgrundlage das allgemeine Zurückbehaltungsrecht herangezogen (LAG Düsseldorf/Köln 15. 3. 1967 DB 1967, 1227, 1228; HOPPE BlStSozArbR 1972, 260; SOERGEL/KRAFT Rn 5). Der Anwendung von § 273 ist entgegengehalten worden, im hier in Rede stehenden Falle fehle das erforderliche Verhältnis von Anspruch zu Gegenanspruch, die Gegenseitigkeit (DÜTZ DB 1976, 1480, 1481). Das ist indessen nicht zutreffend, denn der Arbeitnehmer hat den Anspruch auf Freizeitgewährung nach § 629 inne, während dem Arbeitgeber der Anspruch auf die Arbeitsleistung aus § 611 zusteht. Ein darüber hinausgehendes Gegenseitigkeitsverhältnis ist jedenfalls im Rahmen von § 273 nicht zu verlangen. Im Ergebnis kann der Dienstverpflichtete also, wenn ihm die Freizeit unberechtigterweise versagt bleibt, seinen Anspruch auf Sonderurlaub praktisch selbst verwirklichen, indem er die angemessene Zeit wegbleibt. Umgekehrt bedeutet dies, daß der Arbeitgeber den Anspruch nicht vereiteln kann, wenn das Verlangen berechtigt war. Die Nichtleistung der Arbeit durch Ausübung des Zurückbehaltungsrechts geht insoweit auf die Vertragsverletzung der Gegenseite zurück (LAG Düsseldorf 16. 6. 1956 BB 1956, 925; LAG Düsseldorf/Köln 23. 4. 1963 DB 1964, 338; 15. 3. 1967 DB 1967, 1227, 1228; LAG Baden-Württemberg 11. 4. 1967 DB 1967, 1048; ArbG Ulm 9. 4. 1959 DB 1959, 575; SCHAUB § 26 I 4; WÜNNENBERG BB 1951, 420; **aA** PALANDT/PUTZO Rn 2).

3.   Vergütung

Nicht ausdrücklich regelt § 629 die Vergütung für die Zeit, in der der Dienstver- **21** pflichtete wegen der Stellensuche von der Arbeit fernbleibt. Nach nahezu allgemeiner Auffassung findet jedoch, soweit es sich bei der Freizeit um eine verhältnismäßig nicht erhebliche Zeit handelt, § 616 Anwendung, weil die in § 629 gewährte gesetzliche Vergünstigung unmittelbar mit dem Dienst- oder Arbeitsverhältnis zusammenhängt (RAG 2. 5. 1928 ARS 3, 21, 23; BAG 11. 6. 1957 AP Nr 1 zu § 629 BGB; 13. 11. 1969 AP Nr 41 zu § 616 BGB; ERMAN/BELLING Rn 7; MünchArbR/RICHARDI § 45 Rn 46; **aA** offenbar JAUERNIG/ SCHLECHTRIEM Anm 4, nach dessen Auffassung die Vergütungspflicht für die Dauer der angemessenen Zeit ohne weiteres bestehen bleibt). Daraus folgt, daß die Bezahlung nur für die Fälle erfolgt, in denen die Stellensuche eine nicht erhebliche Zeit ausmacht (ErfK/MÜLLER-GLÖGE Rn 25). Diese nicht erhebliche Zeit folgt nicht schon daraus, daß die Freizeit zur Stellensuche angemessen iS des 629 ist, da sich beide Begriffe nicht decken (BAG 13. 11. 1969 AP Nr 41 zu § 616 BGB; ErfK/MÜLLER-GLÖGE Rn 25; MünchArbR/RICHARDI § 45 Rn 46; **aA** JAUERNIG/SCHLECHTRIEM Anm 4). Es kann durchaus sein, daß eine angemessene Zeit zur Stellensuche, etwa eine weite Vorstellungsreise, eine nicht unerhebliche Zeit iS des § 616 ist und dann keinen Lohnanspruch auslöst.

Außerdem ergibt sich aus der Anwendung des § 616 Abs 1, daß die Bezahlung wie **22** jeder Lohn nach dieser Vorschrift **abbedungen** werden kann (BAG 11. 6. 1957 AP Nr 1 zu § 629 BGB; BRILL AuR 1970, 8, 15; ErfK/MÜLLER-GLÖGE Rn 26; MünchArbR/RICHARDI § 45 Rn 46). Der gegenteiligen Auffassung des RAG (2. 5. 1928 ARS 3, 21, 23), es sei mit Treu und Glauben im Verkehr nicht zu vereinbaren, dem zur Beschaffung des Lebensunterhalts auf seine Arbeitskraft angewiesenen Arbeitnehmer den Anspruch auf Vergütung je nach dem Ergebnis der Auslegung der entsprechenden vertraglichen

Bestimmungen zu versagen, ist schon HUECK in seiner Anmerkung (ARS 3, 23 f) entgegengetreten. Hält man mit der einhelligen Auffassung § 616 für dispositiv, so könnte nur die Annahme von Sittenwidrigkeit zu einem abweichenden Ergebnis führen, für das freilich nichts ersichtlich ist (HUECK Anmerkung ARS 3, 23, 24).

23 Ob im Einzelfall die Vorschrift des § 616 auch für den Fall der Freizeit zur Stellensuche abbedungen ist, muß nach den allgemeinen **Auslegungskriterien** der §§ 133, 157 anhand der Abdingungsbestimmung ermittelt werden. Nicht jede Regelung von Fällen, in denen Lohnfortzahlung nach § 616 festgelegt wird (Hochzeit, Todesfall usw), schließt, wenn sie den Fall des § 629 nicht ausdrücklich nennt, den Anspruch auf Vergütung der Freizeit zur Stellensuche aus, weil diese Sondervorschrift häufig übersehen wird (BAG 13. 11. 1969 AP Nr 41 zu § 616 BGB mit Anm HESSEL). Nur wenn die Stellensuche ausdrücklich genannt wird, besteht Klarheit, was und wie lange zu zahlen ist; sonst muß die Auslegung helfen.

V. Vorstellungskosten

24 Fordert der Arbeitgeber den Stellenbewerber zur **persönlichen Vorstellung** auf, muß er ihm in der Regel alle Aufwendungen ersetzen, die der Bewerber den Umständen nach für erforderlich halten durfte (BAG 14. 2. 1977 AP Nr 8 zu § 196 BGB; LAG Düsseldorf/ Köln 5. 1. 1956 BB 1956, 817; BECKER/SCHAFFNER BlStSozArbR 1985, 161; MünchArbR/BLOMEYER § 94 Rn 84). Der Anspruch ergibt sich nach hM aus §§ 662, 670 (BAG 14. 2. 1977 AP Nr 8 zu § 196 BGB; BAG 29. 6. 1988 NZA 1989, 468; ErfK/PREIS § 611 BGB Rn 298; BECKER/SCHAFFNER BlStSozArbR 1985, 161, nach anderer Auffassung (ArbG Wuppertal 1. 6. 1976 DB 1976, 1917, 1918) aus der in der Aufforderung liegenden konkludenten Zusage der Kostenübernahme. In der Praxis werden vielfach – was empfehlenswert ist – ausdrückliche Vereinbarungen getroffen. Da die Erstattung der Vorstellungskosten jedoch verkehrsüblich ist, kann von einer stillschweigenden Abrede bei der Aufforderung zur Vorstellung ausgegangen werden, wenn kein ausdrücklicher Ausschluß erfolgt (ErfK/PREIS § 611 BGB Rn 298). Kein Anspruch besteht, wenn der Bewerber sich unaufgefordert vorstellt oder vom Arbeitsamt zugewiesen wird (ROTHE DB 1968, 1906, 1907; MÜLLER ZTR 1990, 237, 240; BRUNE AR-Blattei SD 1770 Rn 19). Freilich ist hier zu differenzieren je nach dem, wie der Bewerber und der Arbeitgeber zusammenkommen. Lädt der Arbeitgeber einen Bewerber ein, dessen Arbeitsgesuch ihm vom Arbeitsamt mitgeteilt worden ist, kommt ein Auftragsverhältnis zustande (Richtig BRUNE AR-Blattei SD 1770 Rn 17 f) Neben der ausdrücklichen Einladung zum Vorstellungsgespräch liegt eine Aufforderung auch vor, wenn der AG einen Besuch anheim- oder freistellt (BECKER/SCHAFFNER BlStSozArbR 1985, 161; ErfK/MÜLLER-GLÖGE Rn 27; BRUNE AR-Blattei SD 1770 Rn 25; **aA** MÜLLER ZTR 1990, 237, 239). Es genügt, wenn die Vorstellung mit Wissen und Wollen des AG geschieht (LAG Nürnberg 25. 7. 1995 LAGE BGB § 670 Nr 12, ErfK/PREIS § 611 Rn 296, str.). Bei Unklarheiten ist gem § 133 festzustellen, ob der AG ein konkretes Interesse daran hat, den Stellenbewerber persönlich kennenzulernen. Will er die Erstattung ausschließen, was zulässig ist (ArbG Kempten 12. 4. 1994 BB 1994, 1504), muß er dies unmißverständlich erklären (BECKER/SCHAFFNER BlStSozArbR 1985, 161; MünchArbR/BLOMEYER § 96 Rn 84; LAG Nürnberg 25. 7. 1995 LAGE § 670 BGB Nr 12). Die Aufforderung kann durch einen Stellvertreter, zB den mit der Personalsuche beauftragten Unternehmensberater, erfolgen (BAG 29. 6. 1988 NZA 1989, 468).

25 Etwas anderes soll nach der – abzulehnenden – Ansicht des BAG uU dann gelten können, wenn der Arbeitgeber es unterlassen hat, dem Arbeitsamt mitzuteilen, daß die ausgeschriebene Stelle bereits besetzt ist (BAG 27. 6. 1957 AP Nr 1 zu § 611 BGB Vertragsabschluß; dagegen wie hier BECKER/SCHAFFNER BlStSozArbR 1985, 161, 163). Ob eine Aufforderung zur Vorstellung durch den Arbeitgeber vorliegt, muß nach den gesamten Umständen des Einzelfalles beurteilt werden. Einerseits ist nicht erforderlich, daß der Arbeitgeber als erster die persönliche Vorstellung angeregt hat (LAG Hamm 18. 7. 1951 AP 1952 Nr 92), andererseits liegt in der Veröffentlichung eines Stellenangebotes nicht schon die Aufforderung zur Vorstellung, sondern nur zur schriftlichen Bewerbung (RAG 10. 2. 1932 ARS 14, 341, 343; ROTHE DB 1968, 1906, 1907; ErfK/PREIS § 611 Rn 297; EHRICH Rn 3; MÜLLER ZTR 1990, 237, 239; ArbG Bremen 1. 6. 1971 DB 1972, 540), für die die Kosten grundsätzlich nicht zu ersetzen sind. Ein Aufwendungsersatzanspruch kommt auch nicht aus den Vorschriften der Geschäftsführung ohne Auftrag (§§ 683, 677 BGB) in Betracht. Er scheitert bereits am Fremdgeschäftsführungswillen (Richtig BRUNE AR-Blattei SD 1777 Rn 10; aA wohl ArbR BGB/EISEMANN § 629 Rn 21). Kommt der vereinbarte Vorstellungstermin aus Verschulden des Arbeitgebers nicht zustande, hat dieser dem Bewerber dennoch die entstandenen Kosten zu ersetzen (ArbG Solingen 12. 5. 1980 ARSt. 1981, 29). Die Vorstellungskosten unabhängig von der späteren Begründung eines Arbeitsverhältnisses zu erstatten. Deshalb kann der Erstattungsbetrag vom Arbeitgeber auch nicht zurückverlangt werden, wenn der Bewerber die Stelle vertragswidrig nicht antritt (BECKER/SCHAFFNER BlStSozArbR 1985, 161, 163).

26 Vorbehaltlich ausdrücklicher Vereinbarung sind nach § 670 erstattungsfähig alle Kosten, die der Bewerber nach den Umständen *für erforderlich halten* durfte (BAG 14. 2. 1977 AP Nr 8 zu § 196 BGB; BAG 29. 6. 1988 NZA 1989, 468). Dazu gehören neben den Fahrtkosten vom Wohnsitz des Bewerbers zur Betriebsstätte bzw dem Ort des Vorstellungsgespräches (öffentliche Verkehrsmittel oder privater PKW, bei Benutzung des letzteren allerdings nur pauschale Abrechnung) insbesondere Mehrkosten für Verpflegung, die freilich pauschal unter Berücksichtigung der einschlägigen steuerrechtlichen Vorschriften abgegolten werden können (BECKER/SCHAFFNER BlStSozArbR 1985, 161, 162). **Übernachtungskosten** sind nur zu ersetzen, wenn dem Stellenbewerber aufgrund des langen Reiseweges oder der schlechten Verkehrsverbindungen Hin- und Rückreise am gleichen Tag nicht zumutbar sind (ErfK/PREIS § 611 Rn 302; BGB-RGRK/EISEMANN Rn 22). Im übrigen richtet sich die Höhe der ersatzfähigen Kosten wesentlich nach der Bedeutung der ausgeschriebenen Stelle und des für sie üblicherweise gezahlten Entgelts. **Verdienstausfall** ist in der Regel nicht zu ersetzen, da der Dienstgeber unter normalen Umständen damit rechnen darf, daß der Bewerber von seinem bisherigen Dienstherrn Entgeltfortzahlung nach § 616 erhält. Ist dies nicht der Fall, trägt der Bewerber das Risiko beruflicher Veränderungen selbst, so daß ein Verdienstausfall nicht zu den ersatzfähigen erforderlichen Aufwendungen zu zählen ist (BECKER/SCHAFFNER BlStSozArbR 1985, 161, 162; ErfK/PREIS § 611 Rn 303; EHRICH Rn 18; aA ErfK/MÜLLER-GLÖGE § 629 Rn 29; MÜLLER ZTR 1990, 237, 241).

27 Umstritten ist der Umfang der ersatzfähigen **Fahrtkosten.** Das LAG München (30. 5. 1985 LAGE BGB § 670 Nr 4; dem folgend MÜLLER ZTR 1990, 237, 240; differenzierend BRUNE AR-Blattei SD 1770 Rn 31) hält den Arbeitgeber nur für verpflichtet, die Fahrtkosten zu ersetzen, die bei Benutzung der Bundesbahn – 2. Wagenklasse – entstehen. Demgegenüber geht die hM davon aus, daß zu den erstattungsfähigen Kosten auch die Fahrtkosten mit dem eigenen Kraftfahrzeug gehören. Diese sind nach den steuerrechtlichen Vorschriften über die Abgeltung der Benutzung eines Privatfahrzeuges für Dienstreisen zu berechnen (LAG Nürnberg 25. 7. 1995 LAGE BGB § 670 Nr 12; ArbG Berlin 25. 6. 1975 BB 1975, 1205; BECKER/SCHAFFNER BlStSozArbR 1985, 161, 162; Münch-KommBGB/SCHWERDTNER § 629 Rn 10, 11). Bezüglich der Entfernung ist wie im Lohn-steuerrecht der kilometermäßig günstigste Weg zugrunde zu legen, Umwege für die Besichtigung nahegelegener Sehenswürdigkeiten werden demnach nicht erstattet (ArbG Wuppertal 1. 6. 1976 DB 1976, 1917). Die Erstattung der Fahrtkosten kann aber bei Bewerbern für leitende Führungspositionen im Einzelfall anders zu beurteilen sein (LAG Frankfurt 6. 8. 1980 DB 1981, 1000). Eine konkrete Absprache – auch über die Benutzung der 1. Wagenklasse bei Bahnanreise – empfiehlt sich. Befindet sich der Bewerber ohnehin aus anderen Gründen am Vorstellungsort, sind die Fahrtkosten im Regelfall nicht zu ersetzen (ArbG Wuppertal 1. 6. 1976 DB 1976, 1917). Grds sind Flug-kosten ohne ausdrückliche Vereinbarung nicht zu ersetzen (ArbG Hamburg 2. 11. 1994 NZA 1995, 428; BRUNE AR-Blattei SD 1770 Rn 36). Es kommt jedoch auf die Abwägung im Einzelfall an. Je bedeutender die zu besetzende Stelle ist, desto eher darf der Be-werber die Erstattung höherer Vorstellungskosten erwarten.

VI. Darlegungs- und Beweislast

28 Es obliegt dem Dienstverpflichteten, die Voraussetzungen des § 629 darzulegen und im Streitfall zu beweisen, also das Vorliegen eines dauernden Dienstverhältnisses, den Zugang der Kündigung und das Urlaubsverlangen. Welche Zeit angemessen im Sinne von § 629 ist, hat das Gericht nach Maßgabe des § 315 Abs 3 unter Heranzie-hung der dargelegten Grundsätze selbst festzusetzen.

§ 630
Pflicht zur Zeugniserteilung

Bei der Beendigung eines dauernden Dienstverhältnisses kann der Verpflichtete von dem anderen Teile ein schriftliches Zeugnis über das Dienstverhältnis und dessen Dauer fordern. Das Zeugnis ist auf Verlangen auf die Leistungen und die Führung im Dienste zu erstrecken. Die Erteilung des Zeugnisses in elektronischer Form ist aus-geschlossen.

Materialien: E I –; II § 568; III § 620; Mot –;
Prot II 307; JAKOBS/SCHUBERT, SchR II 829;
geändert durch Gesetz vom 13. 7. 2001 (BGBl. I,
1542); BT-Drucks. 14/4987; 14/ 5561; 14/6353.

Schrifttum

1. Selbständige Darstellungen
BECKER/SCHAFFNER, Die Abwicklung des be-endeten Arbeitsverhältnisses (1983)
BISCHOFF, Die Haftung gegenüber Dritten für

Auskünfte, Zeugnisse und Gutachten (Diss Tübingen 1971)
DACHRODT, Zeugnisse lesen und verstehen (6. Aufl 2001)

DIETZ, Arbeitszeugnisse ausstellen und beurteilen (8. Aufl 1993)

ECKERT, Arbeitszeugnisse schreiben und verstehen (2000)

FRIEDRICH, Zeugnisse im Beruf, richtig schreiben, richtig verstehen (14. Aufl 1993)

GÖLDNER, Grundlagen des Zeugnisrechts (1989)

HUBER, Das Arbeitszeugnis in Recht und Praxis (3. Aufl 1994)

KADOR, Arbeitszeugnisse richtig lesen – richtig formulieren (4. Aufl 1992)

KRUMMEL, Zeugnis und Auskunft im Arbeitsrecht (Diss Bielefeld 1983)

KÜCHLE/HESSEL/BOPP, Zeugnismuster für die betriebliche Praxis (11. Aufl 1992)

LIEGERT, Das Arbeitszeugnis in der Praxis (1975)

LUCAS, Arbeitszeugnisse richtig deuten (10. Aufl 1991)

MONJAU, Das Zeugnis im Arbeitsrecht (2. Aufl 1969)

SABEL, Arbeitszeugnisse richtig schreiben und bewerten (1994)

SCHLESSMANN, Das Arbeitszeugnis (16. Aufl 2000)

SCHULZ, Alles über Arbeitszeugnisse (4. Aufl 1995)

VAN VENROOY, Das Dienstzeugnis (1984)

WEUSTER/KERSTEN, Arbeitszeugnisse in Textbausteinen (1989).

2. Aufsätze und Beiträge

BECKER/SCHAFFNER, Die Rechtsprechung zum Zeugnisrecht, BB 1989, 2105

BERSCHEID, Zeugnis, HwbAR 1980 (1993)

BRAUN, Das Arbeitszeugnis, RiA 2000, 113

BRILL, Angabe der Betriebsratstätigkeit im Zeugnis?, BB 1981, 616

DIEKHOFF, Pflicht und Recht des Arbeitgebers zur Auskunftserteilung, BB 1961, 573

DOCKHORN, Das Zeugnis, AuR 1961, 106

GEISSLER, Der Anspruch auf Erteilung eines Arbeitszeugnisses in der Vollstreckungspraxis des Gerichtsvollziehers, DGVZ 1988, 17

GLEISBERG, Der Schadensausgleich zwischen Arbeitgebern wegen eines unwahren Arbeitszeugnisses, DB 1979, 1227

GÖLDNER, Die Problematik der Zeugniserteilung im Arbeitsrecht, ZfA 1991, 225

GRIMM, Zeugnis, AR-Blattei SD 1850 (2000)

GROBE, Der Inhalt des Arbeitszeugnisses, BlStSozArbR 1967, 265

HOFFMANN, Die Berichtigung von Arbeitszeugnissen, BlStSozArbR 1969, 318

HOHMEISTER, Zeugnisanspruch für freie Mitarbeiter?, NZA 1998, 571

HOHN, Über den Inhalt von Zeugnissen, BB 1961, 1273

KÖLSCH, Die Haftung des Arbeitgebers bei nicht ordnungsgemäßer Zeugniserteilung, NZA 1985, 382

LIEDTKE, Der Anspruch auf ein qualifiziertes Arbeitszeugnis, NZA 1988, 270

LOEWENHEIM, Schadenshaftung unter Arbeitgebern wegen unrichtiger Arbeitszeugnisse, JZ 1980, 469

LUDWIG, Vorläufiges Zeugnis für Arbeitnehmer in ungekündigter Stellung, DB 1967, 2163

MONJAU, Das Zeugnis im Arbeitsrecht, DB 1966, 264 (Teil 1), 300 (Teil 2), 340 (Teil 3)

D NEUMANN, Auskunftspflicht des Arbeitgebers, DB 1957, 868

G NEUMANN, Das Arbeitszeugnis – Hinweise für die betriebliche Praxis, BB 1951, 226

NEUMANN/DUESBERG, Falsches (arbeitnehmerschonendes) Zeugnis und § 826 BGB, JR 1956, 411

NOWAK, Pflichten des Arbeitgebers beim Erteilen eines Zeugnisses, AuA 1992, 68

PALME, Das Arbeitszeugnis in der neueren Rechtsprechung, BlStSozArbR 1971, 378

POPP, Die Bekanntgabe des Austrittsgrundes im Arbeitszeugnis, NZA 1997, 588

REWOLLE, Zeugnis und Auskunft, DB 1951, 306

RICK, Die Zwangsvollstreckung von Zeugnisansprüchen, DB 1958, 1361

SCHICKEDANZ, Klage auf Erteilung einer Arbeitsbescheinigung?, DB 1981, 1880

SCHLESSMANN, Geheimzeichen und Merkmale bei Arbeitszeugnissen, BB 1975, 329

ders, Das Arbeitszeugnis, BB 1988, 1320

SCHMID, Leistungsbeurteilungen in Arbeitszeugnissen und ihre rechtliche Problematik, DB 1982, 1111

ders, Rechtsprobleme bei der Einholung von Auskünften über Bewerber, DB 1983, 769

ders, Aussagen über Führungsleistungen in Arbeitszeugnissen und ihre rechtliche Problematik, DB 1986, 1334

ders, Zur Interpretation von Zeugnisinhalten, DB 1988, 2253

SCHMIDT, Zum Zeugnisanspruch des Arbeitnehmers im Konkurs einer Handelsgesellschaft, DB 1991, 1930

SCHULZ, Zur Auskunftserteilung unter Arbeitgebern über Arbeitnehmer, NZA 1990, 717

SCHWERES, Zwischen Wahrheit und Wohlwollen – Zum Eiertanz kodierter Zeugniserteilung, BB 1986, 1572

TILKA, Das Zwischenzeugnis, AuR 1958, 79

TRINKHAUS, Die Auskunft des Arbeitgebers und ihre Grenzen, RdA 1961, 221

VOGEL, Der Anspruch des GmbH-Geschäftsführers auf Zeugniserteilung, DB 1967, 370

WEUSTER, Praxis der Logik: Die unvermeidliche „vollste Zufriedenheit“, BB 1992, 638

ders, Zeugnisgestaltung und Zeugnissprache zwischen Information und Werbefunktion, BB 1992, 58

ders, Arbeitsgerichtliche Zeugnisprozesse, AiB 1995, 701

WITT, Die Erwähnung des Betriebsratsamts und der Freistellung im Arbeitszeugnis, BB 1996, 2194

WOHLGEMUTH, Darf der Arbeitgeber ein Führungszeugnis anfordern?, DB 1985, Beil 21 zu Heft 37.

Systematische Übersicht

Alphabetische Übersicht

I.   Allgemeines

1.   Entstehungsgeschichte

Die Vorschrift wurde durch die 2. Kommission in den Gesetzesentwurf aufgenom- **1** men (Prot II 307; JAKOBS/SCHUBERT, SchR II 830). Dem lag die Erwägung zugrunde, daß die Bestimmung dem § 113 GewO entspreche und derselbe Rechtssatz auch in vielen Gesindeordnungen enthalten sei. Es entspreche dem Interesse des Dienstleistenden, daß er ein Zeugnis über das Dienstverhältnis und dessen Dauer fordern könne. Deswegen empfehle es sich, ein solches Recht allgemein in das BGB aufzunehmen, soweit dauernde Dienstverhältnisse betroffen seien. Für andere Dienstverhältnisse hingegen bestehe kein entsprechendes praktisches Bedürfnis; vielmehr führe der Zeugnisanspruch dort zu großen Belästigungen für den Dienstgeber. Der Anspruch des Dienstleistenden, das Zeugnis auch auf Leistungen und Führung zu erstrecken, sei zwar nicht unbedenklich, jedoch vielfach zu seinem Fortkommen von großer Wichtigkeit. Mißstände hätten sich dort, wo eine Verpflichtung auch bislang schon bestanden habe, nicht herausgestellt, und die mit jenem Zeugnis für den Aussteller vielfach verbundene Unbequemlichkeit und Verantwortung müsse gegenüber dem praktischen Bedürfnis zurücktreten (MUGDAN II 916 f).

2. Normzweck

2 Da der Dienstherr bei der Anbahnung eines Dienstverhältnisses ein verständliches und berechtigtes Interesse daran hat, eine Dokumentation über den bisherigen beruflichen Werdegang des Stellenbewerbers zu erhalten, die die bisher ausgeübte Tätigkeit, die Leistung und die Führung des Arbeitnehmers wiedergibt (BAG 8. 2. 1972 AP Nr 7 zu § 630 BGB), muß jenem bei dem Ausscheiden aus einem Dienstverhältnis ein entsprechender Anspruch eingeräumt werden. Mögen auch heute bei Bewerbungen vielfach telefonische Auskünfte eingeholt werden, kann man doch nicht unterstellen, daß das Zeugnis daneben keine Bedeutung mehr hätte. Besonders bei einem Ortswechsel oder nach längerer Zeit, wenn der frühere Arbeitgeber sich nicht mehr an den Arbeitnehmer erinnert, können Zeugnisse nach wie vor eine wesentliche Rolle spielen. Nicht selten legen Arbeitnehmer Wert darauf, ein erfolgreiches Arbeitsleben durch eine vollständige Reihe guter Zeugnisse belegen zu können. Das Arbeitszeugnis ist daher für das Fortkommen des Arbeitnehmers von *entscheidender Bedeutung* (BAG 16. 9. 1974 AP Nr 9 zu § 630 BGB; BGH 15. 5. 1979 BGHZ 74, 281, 289). Die Erstellung des Zeugnisses ist eine durch § 630 fixierte gesetzliche Nebenpflicht (ErfK/MÜLLER-GLÖGE Rn 1). Es bescheinigt dem Arbeitnehmer die bei dem Arbeitgeber ausgeübte Tätigkeit und enthält als qualifiziertes Zeugnis (§ 630 S 2) eine Leistungsbeurteilung, die für den Arbeitnehmer von *hohem persönlichen Wert* ist (SCHLESSMANN 19). Das Zeugnis dient vornehmlich als Unterlage für eine Bewerbung um einen neuen Arbeitsplatz und stellt deshalb einen wichtigen Faktor im Arbeitsleben dar. Vor allem bei der Vorauswahl der Bewerber und der Frage, wer zu einem Vorstellungsgespräch eingeladen wird, spielt es eine wesentliche Rolle, da es zu diesem Zeitpunkt die einzige Informationsquelle darstellt, die nicht vom Bewerber selbst, sondern von einem Dritten stammt. Für den Arbeitnehmer ist das Zeugnis gleichsam die „Visitenkarte" für weitere Bewerbungen; für den künftigen Arbeitgeber schafft es eine Unterlage für seine Entscheidung (BAG 3. 3. 1993 AP Nr 20 zu § 630 BGB; SCHLESSMANN 19 f; SCHULZ 5).

3. Anwendungsbereich

3 Den Zeugnisanspruch nach § 630 haben, trotz des scheinbar abweichenden Wortlauts der Vorschrift, grundsätzlich nur **Arbeitnehmer,** nicht aber solche Dienstpflichtige, die selbständige Arbeit verrichten (LAG Hamm 9. 9. 1999 NZA-RR 2000, 575; ErfK/MÜLLER-GLÖGE Rn 8; aA HOHMEISTER NZA 1998, 571). Dies entsprach schon der früher vorherrschenden Auffassung (RG 7. 1. 1916 RGZ 87, 440, 443; BGH 9. 11. 1967 BGHZ 49, 30, 31), an der auch das Erste Arbeitsrechtsbereinigungsgesetz vom 14. 8. 1969 (BGBl I 1106) nichts geändert hat). § 630 muß teleologisch reduziert werden, weil derjenige, der im Regelfall weisungsfreie Dienstleistungen erbringt, schon mit seinen Leistungen und dem Ergebnis der Tätigkeit wirbt, die er eigenständig erbracht hat. Wer dagegen abhängig arbeitet und an Weisungen gebunden ist, braucht für das Arbeitsergebnis nur in beschränktem Umfang einzustehen und ist daher von der Beurteilung desjenigen abhängig, der ihm bindende Vorgaben gegeben hat (ArbR BGB/EISEMANN Rn 9; ähnlich ERMAN/BELLING Rn 3). Lediglich **arbeitnehmerähnliche Personen** (§ 5 Abs 1 S 2 ArbGG; MünchArbR/WANK § 128 Rn 3) einschließlich der in Heimarbeit Beschäftigten

(GRIMM, Zeugnis Rn 9), Einfirmenhandelsvertreter (§ 92 a HGB; vgl RAG 25. 4. 1936 ARS 27, 7, 9), „kleine" Handelsvertreter (§ 84 Abs 2 HGB) sowie GmbH-Geschäftsführer, die nicht zugleich Mehrheitsgesellschafter sind (BGH 9. 11. 1967 BGHZ 49, 30, 31 f; KG 6. 11. 1978 BB 1979, 988 f; VOGEL DB 1967, 370), können gleichfalls den Anspruch aus § 630 geltend machen, weil auch sie in nicht unwesentlichem Umfang weisungsgebundene Dienste leisten. Der Anspruch ist aber unabhängig davon, ob der Mitarbeiter in Vollzeit oder Teilzeit, im Hauptberuf oder im Nebenberuf beschäftigt war (MünchArbR/WANK § 128 Rn 5; MünchKomm/SCHWERDTNER Rn 6); auch das Probearbeitsverhältnis reicht aus (SCHULZ 11). Zu den Voraussetzungen, unter denen ein **Betriebsarzt** als Arbeitnehmer anzusehen und zeugnisberechtigt ist vgl LAG München 2. 8. 1984 NJW 1985, 696 und SCHULZ 15 f.

§ 630 beschränkt den Zeugnisanspruch auf „**dauernde**" Dienstverhältnisse. Der Begriff ist wie in §§ 617 Abs 1 S 1, 627 Abs 1, 629 dahingehend auszulegen, daß er solche Dienstverhältnisse erfaßt, die rechtlich oder faktisch auf längere Zeit angelegt sind oder faktisch bereits längere Zeit gedauert haben (aA ERMAN/BELLING Rn 5; zwischen einfachen und qualifizierten Zeugnissen differenzierend GRIMM, Zeugnis Rn 14 f; MünchKomm/ SCHWERDTNER Rn 6). Die Voraussetzung wird jedoch bei Arbeitsverhältnissen in aller Regel erfüllt sein, da diese im allgemeinen auf Dauer angelegt sind, selbst wenn zunächst nur eine Probezeit vorgesehen ist und diese nicht zum Erfolg führt. Für ein auf Dauer angelegtes Arbeitsverhältnis ist deshalb auch dann ein Zeugnis auszustellen, wenn tatsächlich nur zwei Tage gearbeitet wurde (LAG Düsseldorf/Köln 14. 5. 1963 DB 1963, 1260; s.a. LAG Köln 30. 3. 2001 BB 2001, 1959). Außerdem ist bei nur kurzzeitigen Dienstverhältnissen zu berücksichtigen, daß im Anwendungsbereich der §§ 73 HGB, 113 GewO, 8 BBiG diese Voraussetzung fehlt. Der Zeugnisanspruch ist auch bei fehlerhaften (faktischen) Arbeitsverhältnissen (ERMAN/BELLING Rn 5; ErfK/ MÜLLER-GLÖGE Rn 5) und im Weiterbeschäftigungsverhältnis gegeben (unten Rn 17). **4**

4. Entsprechende Vorschriften

Für die **gewerblichen Arbeiter** einschließlich der Bergleute findet § 113 GewO Anwendung, für die **kaufmännischen Angestellten** § 73 HGB und für **Auszubildende** § 8 BBiG. Die Bestimmung des § 630 entspricht diesen Vorschriften jedoch nicht nur, sondern stimmt mit ihnen sogar so wesentlich überein, daß man – abgesehen von der Beschränkung des § 630 auf dauernde Dienstverhältnisse – von einem einheitlichen Zeugnisrecht sprechen kann (SOERGEL/KRAFT Rn 1; ErfK/MÜLLER-GLÖGE Rn 3). Insbesondere können die Bestimmungen hinsichtlich Form und Inhalt nicht unterschiedlich ausgelegt werden. In der **See- und Binnenschiffahrt** ist darüber hinaus freilich § 19 SeemG bzw das Gesetz über Schifferdienstbücher zu beachten; hiernach sind Art und Dauer der geleisteten Schiffsdienste (der Tag des Beginns und der Beendigung des Dienstverhältnisses und die Art der Beschäftigung) im Seefahrts- bzw Schifferdienstbuch einzutragen (GRIMM, Zeugnis Rn 3). Ein einheitliches Zeugnisrecht sah auch § 143 des Diskussionsentwurfs eines Arbeitsvertragsgesetzes 1992 – ArbVG 1992 – (Gutachten D zum 59. Deutschen Juristentag) vor. **5**

II. Rechtscharakter

Der Zeugnisanspruch ist nicht öffentlich-rechtlicher, sondern *zivilrechtlicher Natur*. Das gilt für § 630 ebenso wie für § 113 GewO und die übrigen, einen Zeugnisan- **6** spruch normierenden Vorschriften (Prot II 308). Kennzeichnend für das Zeugnis ist sein *vertrauenheischender Bescheinigungscharakter;* dessen Anerkennung im Verkehr macht erst den Wert des Zeugnisses für den ausscheidenden Dienstverpflichteten aus. Man wird diesem Wesen des Zeugnisses nur gerecht, wenn man ihm immerhin eine rechtsgeschäftliche Komponente zuerkennt. Sie besteht in der von der Funktion des Zeugnisses verlangten und daher mit seiner Ausstellung erklärten Bereitschaft des Ausstellers gegenüber demjenigen, den das Zeugnis später angeht, weil er es als künftiger Arbeitgeber in seinen Einstellungsentschluß einbezieht, wenigstens eine nach Treu und Glauben unerläßliche, weil ohne weiteres zumutbare Mindestgewähr für die Richtigkeit zu übernehmen (BGH 15.5. 1979 BGHZ 74, 281, 290).

7 § 630 ist weitgehend **zwingender Natur.** Entgegen der Ansicht des RAG (4.12. 1929 ARS 8, 45, 49; 18.2. 1933 ARS 17, 464, 467; dem folgend noch ArbG Berlin 3.12. 1968 DB 1969, 90) besteht heute Einigkeit darüber, daß auf das Zeugnis jedenfalls nicht *vor* Beendigung des Arbeitsverhältnisses verzichtet werden kann, weil es, allen evidenten Mängeln zum Trotz, für den Stellenwechsel des Arbeitnehmers von größter Bedeutung ist und sein Fortkommen erleichtert (BAG 16.9. 1974 AP Nr 9 zu § 630 BGB; ErfK/MÜLLER-GLÖGE Rn 104; PALANDT/PUTZO Rn 1). Zu diesem Zeitpunkt abgegebene Verzichtserklärungen, Erlaßverträge oder den Zeugnisanspruch ausschließende Vereinbarungen sind daher gemäß § 134 nichtig. Umstritten ist dagegen, ob über den Zeugnisanspruch *nach* seiner Entstehung vertraglich disponiert werden kann (eingehend KÜCHENHOFF Anm AP Nr 9 zu § 630 BGB). Das BAG hat diese Frage bislang ausdrücklich offen gelassen (BAG 16.9. 1974 AP Nr 9 zu § 630 BGB). Jedoch muß daraus, daß das Gesetz dem Arbeitnehmer lediglich das *Recht* verliehen hat, ein Zeugnis zu fordern, gefolgert werden, daß er ebenso rechtlich wie faktisch auf ein Zeugnis verzichten kann (KG 21.12. 1910 OLGE 22 [1911] 304, 305 f; LAG Köln 17.6. 1994 MDR 1995, 613; SOERGEL/KRAFT Rn 1; aA STAHLHACKE/BLEISTEIN, GewO § 113 Anm I 3a; LANDMANN/ROHMER, GewO § 113 Rn 2). Das soziale Schutzbedürfnis des Arbeitnehmers entfällt in dem Moment, wo das Beschäftigungsverhältnis endet, weil der tatsächliche oder vermeintliche Druck, zum Schutze des Arbeitsfriedens auf gesetzliche Ansprüche zu verzichten, dann nicht mehr besteht. Mithin besteht zu diesem Zeitpunkt auch kein Grund mehr, seiner privatautonom gebildeten Willenserklärung grundsätzlich die Wirksamkeit zu versagen.

8 Zurückhaltung ist jedoch bei der Beantwortung der Frage geboten, ob eine Willenserklärung des Arbeitnehmers, insbesondere die Unterzeichnung einer **Ausgleichsquittung** oder die Aufnahme einer **Ausgleichsklausel** in einen Vergleich oder Aufhebungsvertrag, dahingehend ausgelegt werden kann, daß in ihr der Verzicht auf ein Zeugnis zu erkennen ist (BAG 16.9. 1974 AP Nr 9 zu § 630 BGB; KG 21.12. 1910 OLGE 22 [1911] 304, 306). Im Zweifel muß, will der Arbeitnehmer auf die Ausstellung eines (qualifizierten) Zeugnisses verzichten, dieser Verzicht ausdrücklich in die Erklärung mit aufgenommen werden (BAG 16.9. 1974 AP Nr 9 zu § 630 BGB; BAUMBACH/HOPT, HGB [23. Aufl 2000] § 73 Rn 1; SCHULTE, Rechtsfragen der Ausgleichsquittung bei Beendigung des Arbeitsverhältnisses, DB 1981, 937, 940; PALANDT/PUTZO Rn 1; KÜCHENHOFF Anm AP Nr 9 zu § 630 BGB). Der anläßlich der Beendigung des Arbeitsverhältnisses erklärte ausdrückliche Verzicht auf den Zeugnisanspruch ist wirksam (LAG Köln 17.6. 1994 LAGE Nr 2 zu § 630 BGB). Der Anspruch auf Erteilung eines Zeugnisses kann aber **verwirkt** werden, wenn er nicht angemessene Zeit nach Beendigung des Dienst- oder Arbeitsverhältnisses geltend gemacht wird (ErfK/MÜLLER-GLÖGE Rn 106). Dem Aussteller muß noch zuzumuten sein, daß er eine hinreichende Erinnerung an die zu bezeugenden Tatsachen hat, so daß das Zeitmoment des Verwirkungstatbestandes bereits nach 10 Monaten erfüllt sein kann (BAG 17. 2. 1988 AP Nr 18 zu § 630 BGB mit zust Anm van Venrooy). Noch schneller soll der Anspruch auf **Berichtigung** verwirkt werden können (vgl LAG Saarland 28. 2. 1990 LAGE § 630 BGB Nr 9). Auch tarifliche Ausschlußfristen können den Zeugnisanspruch erfassen (BAG 23. 3. 1983 AP Nr 10 zu § 70 BAT; LAG Hamm 24. 8. 1977 BB 1977, 1704). Weitere Einzelheiten unten Rn 52 ff.

Die Erfüllung des Zeugnisanspruchs unterfällt – wie die Aushändigung der anderen **9** Arbeitspapiere – den Regeln über die **Holschuld,** die nach § 269 Abs 2 am Ort der gewerblichen Niederlassung des Schuldners (Arbeitgebers) zu erfüllen ist (BAG 8. 3. 1995 AP Nr 21 zu § 630 BGB). Der Dienstberechtigte bzw der Arbeitgeber ist daher grundsätzlich nur verpflichtet, das Zeugnis auf seine Kosten zu erstellen (Monjau DB 1966, 340, 344) und bereitzuhalten. Eine **Schickschuld** ist – mit den sich daraus für die Kostentragung ergebenden Konsequenzen – jedoch dann anzunehmen, wenn sich aus den Umständen (§ 269 Abs 1) etwas anderes ergibt, insbesondere, wenn der Arbeitgeber das Zeugnis bei Beendigung des Dienst- oder Arbeitsverhältnisses aus betriebstechnischen oder von ihm zu vertretenden Gründen nicht aushändigen konnte (MünchArbR/Wank § 128 Rn 21; Schaub § 146 Rn 9). Aus dem Gedanken der nachwirkenden Fürsorgepflicht wird man eine *Übersendungspflicht* auch dann annehmen können, wenn dem Arbeitnehmer das Abholen der Arbeitspapiere unzumutbare Schwierigkeiten bereitet (BAG 8. 3. 1995 AP Nr 21 zu § 630 BGB; LAG Düsseldorf/ Köln 18. 12. 1962 DB 1963, 419; MünchKomm/Schwerdtner Rn 50) oder er nach einer fristlosen Kündigung Hausverbot erhalten hat (LAG Düsseldorf/Köln 9. 3. 1954 DB 1954, 371).

Der Arbeitnehmer hat ein **Wahlrecht,** ob er ein einfaches oder ein qualifiziertes **10** Zeugnis verlangt; er kann jedoch nicht beide Zeugnisse fordern. § 630 beinhaltet daher eine gesetzliche Wahlschuld im Sinne von § 262 (zweifelnd ArbR BGB/Eisemann Rn 6) mit der Folge, daß der *Arbeitgeber* den Arbeitnehmer dadurch in Verzug setzen kann, daß er ihm zumindest wörtlich beide Zeugnisse anbietet. Fordert er ihn zugleich zur Wahl auf und bestimmt hierzu eine angemessene Frist, geht mit Ablauf der Frist das Wahlrecht auch ohne vorherige Androhung auf ihn über, so daß der Anspruch nunmehr erfüllbar wird.

III. Voraussetzungen des Zeugnisanspruchs

Die Zeugnisvorschriften regeln übereinstimmend, daß das Zeugnis bei Beendigung **11** des Beschäftigungs- bzw Ausbildungsverhältnisses verlangt werden kann. Der Anspruch entsteht zu diesem Zeitpunkt und ist fällig (BAG 23. 3. 1983 AP Nr 10 zu § 70 BAT), jedoch für den Arbeitgeber zunächst noch nicht erfüllbar, da der Arbeitnehmer erst noch sein Wahlrecht, ein einfaches oder qualifiziertes Zeugnis zu verlangen, ausüben muß (Schlessmann 39 f). Im *Berufsausbildungsverhältnis* ist ein (einfaches) Zeugnis gemäß § 8 Abs 1 BBiG auch ohne Verlangen zu erteilen (Herkert, BBiG § 8 Rn 2), lediglich das qualifizierte Zeugnis muß besonders eingefordert werden (vgl Schlessmann 91).

1. Endzeugnis

Der Anspruch besteht nach dem Wortlaut des Gesetzes erst bei **Beendigung** des **12** Dienstverhältnisses (entsprechend §§ 73 HGB, 113 GewO „beim Abgang"). Bei den Beratungen im Reichstag (vgl JAKOBS/SCHUBERT, SchR II 831) wurde es ausdrücklich abgelehnt, den Anspruch schon von der Kündigung ab zu gewähren. Dennoch entspricht es heute weit überwiegender Auffassung, daß das Zeugnis nicht erst *nach,* sondern bereits *anläßlich* der Beendigung des Dienstverhältnisses verlangt werden kann (BAG 27. 2. 1987 AP Nr 16 zu § 630 BGB; ErfK/MÜLLER-GLÖGE Rn 21; PALANDT/PUTZO Rn 3; STAHLHACKE/BLEISTEIN, GewO § 113 Anm I 1; **aA** BAUMBACH/HOPT, HGB [30. Aufl 2000] § 73 Rn 2). Das BAG hat insoweit zutreffend auf den funktionalen Zusammenhang von § 630 und § 629 hingewiesen, der es gebietet, dem stellensuchenden Arbeitnehmer das Zeugnis in der Regel bereits zu einem früheren Zeitpunkt als dem tatsächlichen Ausscheiden aus dem Arbeitsverhältnis zu gewähren (BAG 27. 2. 1987 AP Nr 16 zu § 630 BGB; TILKA AuR 1958, 79). Der Anspruch auf Freizeit zur Stellensuche kann nämlich normalerweise nur dann sinnvoll verwirklicht werden, wenn der Arbeitnehmer ein Zeugnis seines bisherigen Arbeitgebers vorlegen kann (GRIMM, Zeugnis Rn 19). Im einzelnen ist je nach Art der Vertragsbeendigung wie folgt zu unterscheiden:

13 Bei einer **ordentlichen Kündigung** entsteht der Zeugnisanspruch mit dem *Zugang* der Kündigungserklärung (KÖLSCH NZA 1985, 382, 383). Das auszustellende Zeugnis ist ein echtes Endzeugnis, das auch nicht als „vorläufiges" oder dergleichen bezeichnet werden darf (GRIMM, Zeugnis Rn 21; **aA** MünchKomm/SCHWERDTNER Rn 32). Die für ein *einfaches Zeugnis* notwendigen Angaben stehen aufgrund des Kündigungstermines fest. Daß das Zeugnis noch vor der tatsächlichen Beendigung ausgestellt worden ist, ergibt sich bereits aus dem Datum. Auch ein *qualifiziertes Zeugnis* kann schon jetzt verlangt werden. Der Arbeitgeber dürfte in aller Regel aufgrund der bisherigen Leistungen des ausscheidenden Mitarbeiters in der Lage sein, dessen Führung und Leistung sachgemäß zu beurteilen. Stellt sich bei der tatsächlichen Beendigung des Dienstverhältnisses heraus, daß das bereits erteilte Zeugnis unrichtig geworden ist, kann von beiden Seiten eine spätere Berichtigung des Zeugnisses in der Weise verlangt werden, daß ein neues Zeugnis Zug um Zug gegen Rückgabe des alten übergeben wird (BAG 27. 2. 1987 AP Nr 16 zu § 630 BGB). Dies kann beispielsweise der Fall sein, wenn die Leistungen des Arbeitnehmers im Abwicklungszeitraum eine nunmehr andere Gesamtbewertung erfordern, aber auch, weil sich der im Zeugnis bescheinigte Zeitpunkt des Ausscheidens – etwa aufgrund eines abweichenden Vergleichs im Kündigungsschutzprozeß – nachträglich als nicht richtig herausstellt.

14 Etwas anderes kann ausnahmsweise dann gelten, wenn die Zeit vom Beginn der Beschäftigung bis zum Zugang der Kündigung nur *verhältnismäßig kurz* war, insbesondere kürzer als die Zeit zwischen Kündigung und tatsächlicher Beendigung der Tätigkeit. Dann kann eine sachgerechte Beurteilung des Arbeitnehmers erst zum letztgenannten Zeitpunkt erfolgen, so daß der Arbeitnehmer zunächst nur Anspruch auf ein Zwischenzeugnis hat (DOCKHORN AuR 1961, 106, 109).

15 Bei einer **außerordentlichen Kündigung,** gleich durch welchen Teil, kann das Zeugnis vom Arbeitnehmer sofort verlangt werden (LANDMANN/ROHMER, GewO § 113 Rn 10; MünchArbR/WANK § 128 Rn 9; hinsichtlich arbeitgeberseitiger Kündigungen **aA** LUDWIG DB 1967, 2163, 2164). Da *insoweit* die tatsächliche und nicht die rechtliche Beendigung des Dienst- oder Arbeitsverhältnisses maßgebend ist, kommt es auch nicht darauf an, ob die Kündigung berechtigt war oder nicht. Die **Einrede des nichterfüllten Vertrages** kann dem Zeugnisanspruch auch bei einem Vertragsbruch des Arbeitnehmers nicht entgegengehalten werden (GRIMM, Zeugnis Rn 17; **aA** SOERGEL/KRAFT Rn 2), da der Anspruch auf Dienstleistung mit der Zeugnispflicht nicht im synallagmatischen Verhältnis iS von § 320 steht. Auch ein Zurückbehaltungsrecht nach § 273 steht dem Arbeitgeber nicht zu, weil dies das Fortkommen des Arbeitnehmers übermäßig erschweren würde (ERMAN/BELLING Rn 19; MONJAU DB 1966, 264, 267). Wenn SCHLESSMANN 50 meint, der Arbeitgeber brauche in einem solchen Fall die Arbeitspapiere nur „ohne besondere Eile" auszufertigen, so ist dem nur insoweit zuzustimmen, als bei einem Vertragsbruch keine Verpflichtung besteht, das Zeugnis *schneller* als gewöhnlich auszustellen; eine Berechtigung, die Zeugniserteilung zu *verzögern*, besteht demgegenüber nicht.

Erhebt der Arbeitnehmer gegen die (ordentliche oder außerordentliche) Kündigung **16** **Kündigungsschutzklage,** so kann er gleichwohl bereits jetzt ein Endzeugnis verlangen, weil der Anspruch *spätestens* mit dem tatsächlichen Ausscheiden entsteht (BAG 27.2. 1987 AP Nr 16 zu § 630 BGB; MünchArbR/WANK § 128 Rn 12). Der Arbeitgeber widerspräche sich selbst, wenn er ein Zeugnis mit der Begründung verweigerte, über seine Kündigung sei noch nicht rechtskräftig entschieden. Damit setzte er sich in Gegensatz zu seinem vorangegangenen Verhalten. Hinzu kommt, daß ein Zwischenzeugnis dem Arbeitnehmer die Stellensuche unnötig erschweren würde, weil dann, wenn er nach längerem tatsächlichen Ausscheiden aus dem Arbeitsverhältnis immer noch kein (End-)Zeugnis vorlegen kann, der neue Arbeitgeber hieraus zwangsläufig schließen muß, daß noch Bestandsstreitigkeiten wegen des alten Arbeitsverhältnisses bestehen (BAG 27.2. 1987 AP Nr 16 zu § 630 BGB).

An dieser Bewertung ändert sich auch dann nichts, wenn der Arbeitgeber den Ar- **17** beitnehmer während des Kündigungsrechtsstreits aufgrund von § 102 Abs 5 S 1 BetrVG oder aufgrund eines entsprechenden Instanzurteils **weiterbeschäftigt.** Das BAG hat das erzwungene Weiterbeschäftigungsverhältnis nicht als faktisches Arbeitsverhältnis anerkannt (BAG 10.3. 1987 AP Nr 1 zu § 611 BGB Weiterbeschäftigung und 12.2. 1992 AP Nr 11 zu § 812 BGB; dazu HANAU/ROLFS JZ 1993, 321), so daß es dem Arbeitnehmer nicht zugemutet werden kann, sich mit dem gegenüber dem Endzeugnis minderwertigen Zwischenzeugnis (BAG 27.2. 1987 AP Nr 16 zu § 630 BGB) zufriedenzugeben (ähnlich SCHULZ 24 f und SCHLESSMANN 47, die das zu erteilende Zeugnis allerdings als „vorläufiges" bezeichnen). Es besteht kein Grund dafür, den Arbeitnehmer, der von seinem Weiterbeschäftigungsanspruch Gebrauch macht, zeugnisrechtlich schlechter zu stellen als denjenigen, der hierauf verzichtet. Die gegenteilige Auffassung (ArbR BGB/EISEMANN Rn 21; MünchArbR/WANK § 128 Rn 13) verkennt überdies, daß ein Zwischenzeugnis zu diesem Zeitpunkt gegen den Grundsatz der Zeugniswahrheit verstieße, weil es den Eindruck erweckte, daß das Arbeitsverhältnis zwischen den Parteien (unstreitig) ungekündigt fortbestünde.

Bei einem **befristeten Arbeitsverhältnis** ist für das Entstehen des Anspruchs aus § 630, **18** ebenso wie für jenen aus § 629 (dort Rn 11 aE), der Tag maßgebend, an dem das Arbeitsverhältnis hätte gekündigt werden müssen, um zum selben Zeitpunkt zu enden. Unter Umständen kann das Zeugnis jedoch schon eher verlangt werden, wenn sich nämlich der Arbeitnehmer im Hinblick auf den Fristablauf um eine neue Stelle bewerben will (ERMAN/BELLING Rn 6). Umstritten ist, ob auf die fiktive Kündigungsfrist auch für den Fall eines **Aufhebungsvertrages** abzustellen ist (SCHAUB § 146 Rn 4), oder ob der Anspruch hier mit Abschluß dieses Vertrages entsteht (ERMAN/ BELLING Rn 6). Angesichts der Tatsache, daß Aufhebungsverträge nicht selten zur

Vermeidung einer arbeitgeberseitigen Kündigung abgeschlossen werden, wird man schon aus praktischen Gründen der letztgenannten Ansicht den Vorzug einräumen müssen.

2. Zwischenzeugnis

19 Nicht aus § 630 herleitbar ist ein Anspruch auf Erteilung eines Zwischenzeugnisses. Auch aus den *betriebsverfassungsrechtlichen Ansprüchen* auf Erörterung der Beurteilung seiner Leistungen und der Möglichkeiten seiner beruflichen Entwicklung im Betrieb (§ 82 Abs 2 BetrVG) sowie der Einsichtnahme in die über ihn geführten Personalakten (§ 83 BetrVG) folgt kein Recht des Arbeitnehmers, ein Zwischenzeugnis verlangen zu können (GK-BetrVG/WIESE [6. Aufl 1998] § 82 Rn 16). Dieses kann jedoch zum einen aus **tariflichen Vorschriften,** insbesondere § 61 Abs 2 BAT folgen. Danach ist der Angestellte berechtigt, „aus triftigen Gründen auch während des Arbeitsverhältnisses ein Zeugnis zu verlangen". Als triftig ist ein Grund anzuerkennen, wenn dieser bei verständiger Betrachtungsweise den Wunsch des Arbeitnehmers als berechtigt erscheinen läßt, weil das Zwischenzeugnis geeignet ist, den mit ihm angestrebten Erfolg zu fördern (BAG 21. 1. 1993 NZA 1993, 1031). Bei der Auslegung des Begriffs ist nicht kleinlich vorzugehen. Als **triftiger Grund** allgemein anerkannt sind ua die Bewerbung um eine neue Stelle, Vorlage eines Zeugnisses bei Behörden, Gerichten oder zur Stellung eines Kreditantrages, strukturelle Änderungen innerhalb des Betriebsgefüges, zB Betriebsübernahme durch neuen Arbeitgeber oder Konkurs sowie bevorstehende persönliche Veränderungen des Arbeitnehmers wie Versetzung, Fort- und Weiterbildung, geplante längere Arbeitsunterbrechungen, Wehr- oder Zivildienst (BAG 21. 1. 1993 NZA 1993, 1031 f).

20 Soweit tarifliche Vorschriften nicht eingreifen, kann sich die Verpflichtung des Dienstherrn zur Erteilung eines Zwischenzeugnisses unter besonders begründeten Umständen zum anderen als allgemeine **vertragliche Nebenpflicht** ergeben. Diese liegen etwa vor, wenn das Arbeitsverhältnis eine rechtlich oder tatsächlich *wesentliche Veränderung* erfährt, die einen erkennbaren Einschnitt in das Vertragsverhältnis bildet. Dementsprechend ist anerkannt, daß ein Zwischenzeugnis bei einer Versetzung, der Zuweisung einer neuen Tätigkeit oder dann verlangt werden kann, wenn das Arbeitsverhältnis (beispielsweise nach § 1 Abs 1 ArbPlSchG oder § 15 BErzGG) für längere Zeit ruht (SCHLESSMANN 51 ff). Ferner kann bei einer konkret zu erwartenden Beendigung oder Inhaltsänderung des Arbeitsverhältnisses ein Zwischenzeugnis verlangt werden, so, wenn der Arbeitnehmer sich nach einer neuen Stelle umsehen will oder dies wegen geplanter Betriebseinschränkungen, Rationalisierungen etc sogar im Interesse des Arbeitgebers liegt (LUDWIG DB 1967, 2163; TILKA AuR 1958, 79, 80). Eine Verletzung des Arbeitsvertrages unter dem Gesichtspunkt des *Abkehrwillens* liegt in dem Verlangen nach einem Zwischenzeugnis unter keinen Umständen (SCHLESSMANN 57). Die in der Literatur umstrittene Frage, wie konkret die Absicht zum Stellenwechsel sein muß, um ein Zwischenzeugnis verlangen zu können, hat wenig praktische Relevanz, da es keinem Arbeitnehmer verwehrt sein kann, auf eine Bewerbung zu verzichten, wenn er sich wegen der Bewertung seiner Leistungen durch den bisherigen Arbeitgeber hiervon ohnehin keinen Erfolg verspricht. Ein Anspruch besteht weiter dann, wenn der Arbeitnehmer Dritten gegenüber zur Vorlage eines Zeugnisses verpflichtet ist, etwa um an Fortbildungsmaßnahmen teilnehmen oder eine Fach- oder Hochschule besuchen zu können (SCHULZ 26; MünchKomm/

SCHWERDTNER Rn 40). Auch der Wechsel des Vorgesetzten löst den Anspruch aus, weil der Arbeitnehmer andernfalls für längere Zeit keine sachgerechte Beurteilung erwarten könnte. Insbesondere bei Führungskräften ist von einem Wechsel des Leistungsbeurteilers auch bei einer Änderung des Unternehmensgefüges oder einer Betriebsübernahme auszugehen (GRIMM, Zeugnis Rn 28; MünchKomm/SCHWERDTNER Rn 40).

IV. Inhalt des Zeugnisanspruchs

Einfaches und qualifiziertes Zeugnis unterscheiden sich im Grundsatz lediglich dadurch, daß letzteres neben den Angaben über das Dienstverhältnis und dessen Dauer auch solche über die Leistungen und die Führung im Dienst enthält. Hinsichtlich der Formalien aber gelten für beide Zeugnisarten einheitliche Regeln.   **21**

1.   Allgemeines

a)   Aussteller
Zur Ausstellung des Zeugnisses ist der Dienstberechtigte verpflichtet. Das ist zu-   **22**
nächst die Person des Arbeitgebers, bei juristischen Personen deren gesetzlicher Vertreter. Die Aufgabe der Zeugniserteilung kann aber auch durch einen **Bevollmächtigten** (Betriebsleiter, Prokuristen, Stellvertreter, Vorgesetzten; aA hinsichtlich solcher Personen, deren Vollmacht sich nicht aus dem Handelsregister ergibt VAN VENROOY 76 f) erfolgen (BAG 21.9. 1999 AP Nr 23 zu § 630 BGB; LAG Hamm 17.6. 1999 MDR 2000, 590; ErfK/ MÜLLER-GLÖGE Rn 10), wie das in größeren Unternehmen die Regel sein wird, wenn der Arbeitgeber selbst keine Kenntnisse über die Leistung und Führung des einzelnen Arbeitnehmers hat. Man muß jedoch verlangen, daß derjenige, der das Zeugnis ausstellt, dem Arbeitnehmer erkennbar *übergeordnet* war, da eine Beurteilung durch Gleichstehende oder gar Untergeordnete wegen der darin liegenden Geringschätzung gegen Treu und Glauben verstieße (BAG 26.6.2001 AP Nr 27 zu § 630 BGB; BAG 16.11.1995 EZA Nr 20 zu § 620 BGB; PALME BlStSozArbR 1971, 378, 379; Unterzeichnung nicht durch Geschäftsführer, sondern durch Vorstandsmitglied eines Vereins LAG Köln 14.7. 1994 MDR 1995, 612; allein auf die Möglichkeit einer qualifizierten Bewertung abstellend und insoweit zwischen einfachem und qualifiziertem Zeugnis differenzierend MünchKomm/SCHWERDTNER Rn 29). Der Unterzeichnende muß selbst *Betriebsangehöriger* sein. Daher ist es unzulässig, das Zeugnis durch einen freiberuflichen Rechtsanwalt ausstellen zu lassen (LAG Hamm 2.11. 1966 DB 1966, 1815; 17.6. 1999 MDR 2000, 590). In Ausnahmefällen kann der Arbeitnehmer die Ausstellung und Unterzeichnung des Zeugnisses durch einen bestimmten Vorgesetzten nach Treu und Glauben ablehnen, wenn es etwa zu schweren Zerwürfnissen gekommen ist; daraus folgt aber nicht umgekehrt, daß die Zeugniserteilung durch eine bestimmte Person verlangt werden kann. Stets bleibt jedoch der Arbeitgeber für den Inhalt des Zeugnisses verantwortlich (DOCKHORN AuR 1961, 106, 107).

Im **Berufsausbildungsverhältnis** ist das Zeugnis gemäß § 8 Abs 1 BBiG auch ohne   **23**
Verlangen zu erstellen und vom Ausbilder zu unterschreiben. Hat der Ausbildende (Lehrherr) die Ausbildung nicht selbst durchgeführt, *soll* auch der Ausbilder das Zeugnis unterschreiben (§ 8 Abs 1 S 2 BBiG; vgl HERKERT, BBiG § 8 Rn 21; SCHLESSMANN 91).

Im Falle der **Insolvenz** hat nicht der Insolvenzverwalter, sondern der Gemeinschuld-   **24** ner das Zeugnis auszustellen (BAG 30. 1. 1991 AP Nr 18 zu § 630 BGB; STAHLHACKE/BLEI-STEIN, GewO § 113 Anm I; ErfK/MÜLLER-GLÖGE Rn 14). Diese Verpflichtung besteht sogar nach Löschung der Firma im Handelsregister fort (vgl BAG 9. 7. 1981 AP Nr 4 zu § 50 ZPO). Ein etwa anhängiger Rechtsstreit wegen der Zeugniserteilung wird durch die Insolvenz nicht unterbrochen (BAG 28. 11. 1966 AP Nr 2 zu § 275 ZPO; MünchArbR/WANK § 128 Rn 6). Die Pflicht zur Erteilung des Zeugnisses trifft jedoch den Insolvenzverwalter, wenn er den Betrieb fortführt und den Arbeitnehmer noch längere Zeit (dauernd iS des Gesetzes) weiterbeschäftigt; dann allerdings muß er die Leistungsbeurteilung auch auf die Zeit *vor* Insolvenzeröffnung erstrecken (BAG 30. 1. 1991 AP Nr 18 zu § 630 BGB; ERMAN/HANAU Rn 4; weitergehend KARSTEN SCHMIDT DB 1991, 1930 ff, der die Pflicht zur Zeugniserteilung dem Insolvenzverwalter auch dann auferlegen will, wenn das Arbeitsverhältnis die Insolvenz nicht überdauert).

b)   Form

25 Das Zeugnis muß – auch im Falle des § 113 GewO – **schriftlich** sein (LAG Hamm 17. 6. 1999 MDR 2000, 590; zur Form des Zeugnisses allgemein KLIEMT, Formerfordernisse im Arbeitsverhältnis [1994], § 5 III). Die Erteilung in elektronischer Form iSd § 126 Abs 3 ist durch § 630 S 3 ausdrücklich ausgeschlossen. Das Zeugnis ist, soweit vertraglich nichts abweichendes vereinbart ist, in deutscher Sprache abzufassen (GRIMM, Zeugnis Rn 34; ErfK/MÜLLER-GLÖGE Rn 29; NOWAK AuA 1992, 68, 69) und vom Aussteller eigenhändig zu unterschreiben (LAG Bremen 23. 6. 1989 LAGE § 630 BGB Nr 6). Erforderlich ist nicht, dass der Name des Unterzeichnenden maschinenschriftlich wiederholt wird (wie hier ErfK/MÜLLER-GLÖGE Rn 30, **aA** LAG Düsseldorf 23. 5. 1995 LAGE § 630 BGB Nr 24). Die **Unterschrift** darf nicht faksimiliert oder kopiert sein, sondern muß persönlich mit einem dokumentenechten Stift (Tinte oder Kugelschreiber) erfolgen. Die gesetzliche Schriftform wird ferner weder durch e-Mail oder Telefax gewahrt. (LAG Bremen 23. 6. 1989 LAGE § 630 BGB Nr 6; LAG Hamm 28. 3. 2000 NZA 2001, 576 [LS]). Für ihre Lesbarkeit gelten die für bestimmende Schriftsätze im Prozeßrecht entwickelten Grundsätze entsprechend, dh es bedarf eines die Identität des Unterschreibenden ausreichend kennzeichnenden Schriftzuges mit individuellem Charakter, der wenigstens die Andeutung von Buchstaben enthält und es ermöglicht, die Unterschrift von anderen Unterschriften zu unterscheiden und die Nachahmung zu erschweren (BGH 29. 10. 1986 NJW 1987, 1333, 1334; THOMAS/PUTZO, ZPO [24. Aufl 2002] § 129 Rn 8). Die bloße Paraphe genügt nicht (LAG Hamm 28. 3. 2000 NZA 2001, 576). Wird das Zeugnis von einem *Vertreter* des Arbeitgebers ausgestellt, muß es die Vertretungsmacht erkennen lassen (BAG 21. 9. 1999 AP Nr 23 zu § 630 BGB) und deutlich machen, daß der Vertreter dem zu beurteilenden Arbeitnehmer gegenüber weisungsbefugt war (BAG 26. 6. 2001 AP Nr 27 zu § 630 BGB). Das Zeugnis kann durch einen beauftragten unternehmensangehörigen Vertreter als Erfüllungsgehilfe ausgefertigt werden, der das Zeugnis erteilt und unterschreibt. Das Vertretungsverhältnis und die Funktion sind regelmäßig anzugeben, weil die Person und der Rang des Unterzeichnenden Aufschluß über die Wertschätzung des Arbeitnehmers und die Kompetenz des Ausstellers zur Beurteilung des Arbeitnehmers gibt (BAG 21. 9. 1999 AP Nr 23 zu § 630 BGB; BAG 16. 11. 1995 EzA Nr 20 zu § 630 BGB). Schließlich muß der maschinenschriftlich genannte Aussteller des Zeugnisses mit dem Unterzeichnenden identisch sein. Andernfalls wird der Eindruck erweckt, der als Aussteller Genannte distanziere sich von dem Inhalt, wenn es von einem beliebigen Dritten unterzeichnet wird.

26 Seinem Zweck entsprechend, dem Arbeitnehmer als verbindliche Erklärung und Teil

seiner Arbeitspapiere für künftige Bewerbungen zu dienen und sein Fortkommen nicht unnötig zu erschweren, muß das Arbeitszeugnis auch seiner **äußeren Form** nach, deren Gestaltung grundsätzlich dem Arbeitgeber obliegt (ArbG Düsseldorf 19. 12. 1984 NZA 1985, 812, 813), gehörig sein. Es ist haltbares Papier von guter Qualität zu benutzen. Das Zeugnis muß sauber und ordentlich mit Maschinenschrift (MünchKomm/ SCHWERDTNER Rn 26) geschrieben sein und darf keine Flecken, Radierungen, Verbesserungen, Durchstreichungen oder ähnliches enthalten (BAG 3. 3. 1993 AP Nr 20 zu § 630 BGB; GRIMM, Zeugnis Rn 31). Die äußere Form des Zeugnisses muß außerdem so gestaltet sein, daß es nicht einem seinem Wortlaut nach sinnentstellenden Inhalt gewinnt. Namentlich darf durch sie nicht der Eindruck erweckt werden, der Aussteller distanziere sich vom buchstäblichen Wortlaut seiner Erklärung, wie dies etwa beim Weglassen eines in der Branche oder dem Gewerbe üblichen Merkmales oder Zusatzes oder bei der Benutzung sonst nicht üblicher Formulare der Fall wäre (BAG 3. 3. 1993 AP Nr 20 zu § 630 BGB). Daher ist, wenn im Geschäftszweig des Arbeitgebers für schriftliche Äußerungen üblicherweise Firmenbögen verwendet werden und auch der Arbeitgeber solches Geschäftspapier verwendet, ein Zeugnis nur dann ordnungsgemäß, wenn es auf Firmenpapier geschrieben worden ist (BAG 3. 3. 1993 AP Nr 20 zu § 630 BGB; LAG Köln 26. 2. 1992 LAGE § 630 BGB Nr 15; LAG Hamburg 7. 9. 1993 NZA 1994, 890; LAG Hamm 17. 6. 1999 MDR 2000, 590). Dabei sind **Fotokopien** zuzulassen, wenn sie eine gute Kopierqualität aufweisen und mit einer Originalunterschrift versehen sind (LAG Bremen 23. 6. 1989 LAGE § 630 BGB Nr 6; LAG Hamm 13. 2. 1992 LAGE § 630 BGB Nr 16). Ferner kann der Arbeitnehmer verlangen, daß das Zeugnis in einheitlicher Maschinenschrift erstellt wird, insbesondere die Datumsangabe nicht mit anderen Typographen gesetzt ist als der Rest des Textes. Ansonsten würde das Zeugnis für einen Dritten befremdlich wirken und den Eindruck erwecken, es handele sich um ein vom Arbeitnehmer vorformuliertes Zeugnis, dem der Arbeitgeber nur äußerlich als Aussteller beigetreten wäre (BAG 3. 3. 1993 AP Nr 20 zu § 630 BGB; LAG Köln 26. 2. 1992 LAGE § 630 BGB Nr 15).

Mängel des Zeugnisses in der **Rechtschreibung,** Grammatik, Syntax etc braucht der **27** Arbeitnehmer nicht hinzunehmen. Er kann vielmehr verlangen, daß das Zeugnis hinsichtlich seiner äußeren Form den im Geschäftsverkehr üblichen Gepflogenheiten entspricht. Maßstab kann wegen der einem Zeugnis wesensimmanenten Beurkundungsfunktion *Dritten* gegenüber nicht die uU unterdurchschnittliche Sorgfalt des Ausstellers in solchen Angelegenheiten sein. Daraus folgt, daß der Arbeitnehmer allenfalls kleine, auch nach der Verkehrsauffassung nicht ins Gewicht fallende Unvollkommenheiten hinzunehmen braucht (ArbG Düsseldorf 19. 12. 1984 NZA 1985, 812, 814), wie etwa die unauffällige Korrektur weniger Schreibfehler. Sobald jedoch **Berichtigungen** erforderlich sind, die einen größeren Umfang erreichen oder die den Sinngehalt des Zeugnisses tangieren, insbesondere eine inhaltliche Änderung erkennen oder auch nur vermuten lassen, muß das Zeugnis neu geschrieben werden (RAG 25. 1. 1936 ARS 26, 22, 23 f; LAG Baden-Württemberg 27. 10. 1966 BB 1967, 161). Eine Berichtigung ist in diesem Falle auch dann unstatthaft, wenn sie durch den Aussteller paraphiert wird, weil dies Rückschlüsse auf einen Streit über den Zeugnisinhalt ermöglicht und den Arbeitnehmer daher in seinem beruflichen Fortkommen zu behindern geeignet ist.

Nach § 113 Abs 3 GewO ist es untersagt, die Zeugnisse mit Merkmalen zu versehen, **28** die den Zweck haben, den Arbeitnehmer in einer aus dem Wortlaut des Zeugnisses nicht ersichtlichen Weise zu kennzeichnen. Obwohl das in § 630 nicht ausdrücklich ausgeführt ist, gilt das Verbot von **Geheimzeichen** auch hier (LAG Hamm 17. 12. 1998 BB 2000, 1090; VAN VENROOY 81 ff, 110). Die Benutzung bestimmter Zeichen, eines gewissen Papiers, einer besonderen Tinte oder Farbe, einer bestimmten Schrift, eines besonderen Stempels, die Benutzung gewisser Ausdrücke, die neben der natürlichen Bedeutung noch eine Nebenbedeutung haben sollen (LAG Hamm 17. 12. 1998 BB 2000, 1090; BISCHOFF, Haftung 215; SCHLESSMANN BB 2000, 1090; WEUSTER BB 1992, 58, 63 f) ist daher ebenso unzulässig wie die doppeldeutige Hervorhebung einzelner Textstellen durch Unterstreichung, Benutzung von Anführungs- oder Ausrufungszeichen (ArbG Bochum 21. 8. 1969 DB 1970, 1085, 1086; LANDMANN/ROHMER, GewO § 113 Rn 26), ungewöhnliche Satzstellung oder Wortwahl (BAG 23. 6. 1960 AP Nr 1 zu § 73 HGB; MünchKomm/SCHWERDT-NER Rn 25).

c)   Allgemeine Angaben

29   Eine **Überschrift** als „Zeugnis" ist nicht zwingend erforderlich. Es genügt, daß sich aus dem Inhalt des Schriftstückes sein Charakter als Zeugnis ergibt. Dies gilt auch für Zwischenzeugnisse, deren vorläufiger Charakter dann aber aus dem Text klar erkennbar sein muß (MONJAU DB 1966, 300). Notwendig ist stets die Angabe eines **Datums** (Hessisches LAG 2. 9. 1997 MDR 1998, 544; ErfK/MÜLLER-GLÖGE Rn 32; PALANDT/PUTZO Rn 3), und zwar regelmäßig des Ausstellungsdatums (**aA** PALME BlStSozArbR 1971, 378, 379: Tag des Zeugnisverlangens), jedoch können die Parteien eine abweichende Datumsangabe vereinbaren. Dies gilt insbesondere für gerichtliche Vergleiche. Eine Rückdatierung kann auch bei verspäteter Zeugniserteilung nicht verlangt werden (LAG Hamm 21. 3. 1969 DB 1969, 886; offen gelassen von BAG 9. 9. 1992 AP Nr 19 zu § 630 BGB). Demgegenüber muß ein nachträglich *berichtigtes* Zeugnis das Datum des Ursprungszeugnisses tragen (BAG 9. 9. 1992 AP Nr 19 zu § 630 BGB mit Anm VAN VENROOY; LAG Köln 17. 6. 1994 LAGE Nr 22 zu § 630 BGB). Dies gilt auch dann, wenn die Änderung erst nach einem längeren Rechtsstreit erfolgt (LAG Bremen 23. 6. 1989 LAGE § 630 BGB Nr 6; **aA** LAG Hamm 21. 3. 1969 DB 1969, 886 f). Der Eindruck, das Zeugnis sei erst nach Auseinandersetzungen mit dem Arbeitgeber ausgestellt worden, entwertet das Zeugnis und ist geeignet, Mißtrauen gegen seinen Inhalt zu erwecken (BAG 9. 9. 1992 AP Nr 19 zu § 630 BGB; LAG Hamm 17. 6. 1999 MDR 2000, 590).

30   Die **Personaldaten** des Arbeitnehmers sind in das Zeugnis aufzunehmen, soweit sie zu dessen Identifikation erforderlich sind (SOERGEL/KRAFT Rn 6). In aller Regel genügt daher die Angabe von Name (ggfs mit akademischem Grad) und Vorname des Arbeitnehmers, die unter Hinzufügung der Anrede „Frau" oder „Herr" zu erfolgen hat (LANDMANN/ROHMER, GewO § 113 Rn 13). Weitergehende Informationen, insbesondere Geburtsdatum, Geburtsname, Staats- oder Konfessionsangehörigkeit sind zur verwechslungsfreien Bezeichnung der Person kaum jemals erforderlich und daher wegzulassen, es sei denn, der Arbeitnehmer wünscht deren Aufnahme. Die Angabe der **Anschrift** ist überflüssig und sollte jedenfalls nicht im für Briefe üblichen Anschriftenfeld erfolgen, weil dies den Eindruck erweckte, das Zeugnis sei dem ausgeschiedenen Arbeitnehmer nach Auseinandersetzungen über den Inhalt postalisch zugestellt worden (LAG Hamburg 7. 9. 1993 NZA 1994, 890, 891; ArbR BGB/EISEMANN Rn 29); aus demselben Grunde sollte das Zeugnis in ungefaltetem Zustand ausgehändigt werden (LAG Hamburg 7. 9. 1993 NZA 1994, 890, 891; Schlessmann, Anm zu BAG AP Nr 23 zu § 630 BGB; **aA** BAG 21. 9. 1999 AP Nr 23 zu § 630 BGB). Mit dem BAG ist jedoch anzunehmen, dass die Übersendung eines Zeugnisses heutzutage üblich ist und vielfach dem Wunsch der Arbeitnehmer entspricht. Aus der Übersendungsart (An-

schriftsfeld, „geknicktes Zeugnis") kann daher nicht gefolgt werden, es sei zu Auseinandersetzungen mit dem Arbeitgeber gekommen. Das „geknickte" Zeugnis enthält kein unzulässiges Geheimzeichen (BAG 21. 9. 1999 AP Nr 23 zu § 630 BGB mit abl. Anm Schlessmann).

2. Einfaches Zeugnis

a) Tätigkeitsbeschreibung

Das einfache Zeugnis enthält eine schlichte Tätigkeitsbeschreibung. In dieser Hin- **31** sicht jedoch muß es *vollständig* und *genau* sein (BAG 12. 8. 1976 AP Nr 11 zu § 630 BGB; Palandt/Putzo Rn 4). Es genügt nicht, daß das Zeugnis ein abgerundetes Bild vermittelt, es muß vielmehr auch den Tatsachen entsprechen. Die Tätigkeiten des Arbeitnehmers sind in chronologischer Reihenfolge (Grimm, Zeugnis Rn 52; Schlessmann 63) so vollständig und genau zu beschreiben, daß sich künftige Arbeitgeber ein klares Bild machen können (RAG 22. 2. 1933 ARS 17, 382, 386 ff; Göldner ZfA 1991, 225, 228 ff; Schlessmann Anm AP Nr 11 zu § 630 BGB). Ob die einzelnen Tätigkeiten nach Art und Umfang besonders bedeutungsvoll waren, ist nicht ausschlaggebend. Es kommt nur darauf an, ob ihr Umfang und ihre Bedeutung ausreichen, um sie im Falle einer Bewerbung des Arbeitnehmers für einen künftigen Arbeitgeber interessant erscheinen zu lassen. Unwesentliches darf verschwiegen werden, nicht aber Aufgaben und Tätigkeiten, die ein Urteil über die Kenntnisse und die Leistungsfähigkeit des Arbeitnehmers erlauben (BAG 12. 8. 1976 AP Nr 11 zu § 630 BGB), insbesondere, wenn ihm zeitweise besondere Spezialaufgaben übertragen waren. Bei *gemischten Tätigkeiten* ist auch gegen den Wunsch des Arbeitnehmers ein einheitliches Zeugnis auszustellen (LAG Frankfurt/Main 23. 1. 1968 AP Nr 5 zu § 630 BGB).

Nach Auffassung des BAG soll der neue Arbeitgeber beim Einstellungsgespräch in **32** der Regel nicht nach der zuletzt erhaltenen Vergütung zu fragen berechtigt sein (BAG 19. 5. 1983 AP Nr 25 zu § 123 BGB); daraus wird überwiegend gefolgert, daß auch die **Eingruppierung** des Arbeitnehmers nicht in das Zeugnis aufgenommen werden darf (BGB-RGRK/Eisemann Rn 32 mwNw, aA ErfK/Müller-Glöge Rn 65; Schlessmann 71). Das hindert aber nicht, zur Beschreibung der Tätigkeit auf die tarifvertraglichen Vergütungsmerkmale zurückzugreifen, soweit sie zur Charakterisierung des konkreten Arbeitsplatzes geeignet und hinreichend bestimmt sind. **Wettbewerbsabreden** sind nur auf Wunsch des Arbeitnehmers aufzunehmen (LAG Hamm 10. 5. 1962 BB 1962, 638, 639). Dasselbe gilt für eine **Betriebsratstätigkeit,** die sich schon wegen des Benachteiligungsverbots aus § 78 S 2 BetrVG ohne oder gegen den Willen des Betroffenen weder unmittelbar (LAG Frankfurt/Main 10. 3. 1977 DB 1978, 167; LAG Hamm 6. 3. 1991 LAGE § 630 BGB Nr 13; Brill BB 1981, 616, 617; Witt BB 1996, 2194) noch mittelbar (ArbG Ludwigshafen 18. 3. 1987 DB 1987, 1364; Fitting/Kaiser/Heither/Engels/Schmidt, BetrVG [20. Aufl 2000] § 37 Rn 13; § 78 Rn 15a) aus dem Zeugnis ergeben darf (aA offenbar Münch-Komm/Schwerdtner Rn 21), sowie für eine Tätigkeit im Personalrat (BAG 19. 8. 1992 AP Nr 5 zu § 8 BPersVG; LAG Frankfurt/Main 19. 11. 1993 BB 1994, 1150 (Ls); Witt BB 1996, 2194). Etwas anderes gilt lediglich dann, wenn der Mitarbeiter lange Zeit als Betriebsratsmitglied freigestellt war und deshalb eine den durchschnittlichen Anforderungen an seinen Beruf entsprechende Leistung nicht mehr ohne weiteres erbringen kann (LAG Frankfurt/Main 10. 3. 1977 DB 1978, 167; Brill BB 1981, 616, 618 f; Jauernig/Schlechtriem Anm 3 b; offen gelassen von ArbG Kassel 18. 6. 1976 DB 1976, 1487). Die Zugehörigkeit zu einer **Gewerkschaft** muß schon wegen Art 9 Abs 3 GG unerwähnt bleiben (ArbG

Ludwigshafen 18. 3. 1987 DB 1987, 1364). Daraus folgt sogar, daß dann, wenn das Original-zeugnis nach einer Auseinandersetzung über dessen Inhalt einer Gewerkschaft zuge-sandt und dort irrtümlich mit einem Eingangsstempel versehen wurde, der Arbeit-nehmer Anspruch auf die Erteilung eines neuen Zeugnisses hat (LAG Hamm 15. 7. 1986 LAGE § 630 BGB Nr 5). Die Teilnahme an **Fortbildungsmaßnahmen** ist zu erwähnen, wenn sie für die berufliche Entwicklung des Mitarbeiters (noch) von Bedeutung ist und die durch ihren Besuch erzielte Qualifikation sich nicht ohnehin in der Tätig-keitsbeschreibung niederschlägt, insbesondere also dann, wenn sie kurz vor dem Ausscheiden des Arbeitnehmers aus dem Betrieb erfolgte (ähnlich SCHLESSMANN 72).

b)   Angabe des Dienstzeitraumes

33 Die Angabe des Dienstzeitraumes ist in verkehrsüblicher Form, das heißt nach An-fangs- und Enddatum zu bezeichnen. Maßgebend ist der **rechtliche Bestand** des Ver-tragsverhältnisses, nicht die (uU kürzere) Dauer der tatsächlichen Beschäftigung (MONJAU BB 1966, 300, 301). Von diesem allgemein anerkannten Grundsatz wird man jedoch für den Fall der erzwungenen *Weiterbeschäftigung* während des Kündigungs-rechtsstreits eine Ausnahme zulassen müssen. Hier kann der Arbeitnehmer zunächst bei Zugang der Kündigung ein (End-)Zeugnis verlangen, das den Kündigungstermin als Beendigungsdatum ausweist (oben Rn 17). Setzt er dann mit Hilfe eines seiner Kündigungsschutzklage stattgebenden Instanzurteils seinen (Weiter-)Beschäfti-gungsanspruch durch, wird die Klage später jedoch rechtskräftig abgewiesen, steht zugleich fest, daß die Weiterbeschäftigung *ohne rechtlichen Grund* erfolgt ist (BAG 12. 2. 1992 AP Nr 11 zu § 812 BGB). Dennoch wird man dem Arbeitnehmer auch für diesen Zeitraum ein Zeugnis zubilligen müssen, da er andernfalls für uU viele Mo-nate keinen Tätigkeitsnachweis führen könnte. Das Problem läßt sich sachgerecht nur lösen, indem man in diesem Fall ausnahmsweise den tatsächlichen Bestand des Arbeitsverhältnisses der Zeugniserteilung zugrunde legt; der Arbeitnehmer kann daher bei Beendigung des Weiterbeschäftigungsverhältnisses Zug um Zug gegen Rückgabe des alten Zeugnisses (BAG 27. 2. 1987 AP Nr 16 zu § 630 BGB; LAG Hamm 13. 2. 1992 LAGE § 630 BGB Nr 16) ein neues Endzeugnis verlangen, das als Datum seines Ausscheidens nicht das rechtliche, sondern das spätere tatsächliche Ende des Arbeitsverhältnisses benennt.

34 Kürzere **Unterbrechungen** der Tätigkeit durch Krankheit, Urlaub, Arbeitskampf etc bleiben unberücksichtigt (ErfK/MÜLLER-GLÖGE Rn 67; NOWAK AuA 1992, 68, 69; aA für *rechts-widrige* Arbeitskämpfe HOHN BB 1961, 1273), es sei denn, es handelte sich um eine Unter-brechung aufgrund einer Freiheitsstrafe. Diese darf in ein Zeugnis unter den gleichen Umständen aufgenommen werden, unter denen der neue Arbeitgeber beim Einstel-lungsgespräch nach ihr fragen darf, also dann, wenn sie mit der Arbeitsstelle oder der zu leistenden Arbeit im Zusammenhang steht (Einzelheiten unten Rn 47). *Längere Un-terbrechungen*, beispielsweise Erziehungsurlaub, Wehr- oder Zivildienst, sind wegen des Grundsatzes der Zeugniswahrheit zu erwähnen, weil andernfalls für einen un-befangenen Dritten der falsche Eindruck einer kontinuierlichen Arbeitsleistung und entsprechender Berufserfahrung entstünde (ErfK/MÜLLER-GLÖGE Rn 67; SCHLESSMANN BB 1988, 1320, 1322; für Krankheit und Urlaub aA MünchKomm/SCHWERDTNER Rn 6). Zu frei-gestellten Betriebsrats-/Personalratsmitgliedern oben Rn 32.

35 Der Grund und die **Art des Ausscheidens** dürfen ohne oder gegen den Willen des Arbeitnehmers aus dem Zeugnis nicht ersichtlich sein (LAG Düsseldorf 22. 1. 1988 LAGE

§ 630 BGB Nr 4; LAG Köln 29. 11. 1990 LAGE § 630 BGB Nr 11 mit Formulierungsvorschlägen für einzelne Beendigungsmodalitäten; MünchKomm/SCHWERDTNER Rn 10; krit BAUMBACH/HOPT, HGB [30. Aufl 2000] § 73 Rn 5; aA ArbG Düsseldorf 1. 10. 1987 DB 1988, 508; nach PALANDT/PUTZO Rn 4 ist die Angabe „nur aus sachlichen Gründen" zulässig; ausführlich zur Bekanntgabe des Austrittsgrundes POPP NZA 1997, 589); freilich kann sich bei einem *Vertragsbruch* des Arbeitnehmers dieser Umstand mittelbar aus den Zeugnisdaten ergeben (LAG Düsseldorf 22. 1. 1988 LAGE § 630 BGB Nr 4; LAG Köln 8. 11. 1989 LAGE § 630 BGB Nr 8; zur Erwähnung eines Vertragsbruchs im Zeugnis ausführlich STOFFELS, Der Vertragsbruch des Arbeitnehmers [1994] 179 ff). Etwas anderes gilt nur, wenn der übrige Zeugnisinhalt einen tatsächlich nicht zutreffenden Schluß diesbezüglich nahelegen würde. Dies ist beispielsweise der Fall, wenn das Vertragsverhältnis zu einem ungewöhnlichen Zeitpunkt einvernehmlich endete, weil dann, wenn der Hinweis auf das beiderseitige Einvernehmen fehlte, der Eindruck einer fristlosen Kündigung oder eines Aufhebungsvertrages zur Vermeidung einer arbeitgeberseitigen Kündigung entstünde (BECKER/SCHAFFNER BB 1989, 2105, 2108). Hier wird freilich der Arbeitnehmer regelmäßig ohnehin mit der Aufnahme des Beendigungstatbestandes in das Zeugnis einverstanden sein. Auf sein Verlangen hin sind die entsprechenden Angaben im Zeugnis stets zu machen (LAG Köln 29. 11. 1990 LAGE § 630 BGB Nr 11; GRIMM, Zeugnis Rn 65); wünscht er die Angabe des Beendigungsgrundes, so ist hierunter nur das „warum", nicht aber das „wie" der Auflösung zu verstehen (LAG Hamm 24. 9. 1985 LAGE § 630 BGB Nr 1). Wird die einverständliche Aufhebung erst vergleichsweise im *Kündigungsschutzprozeß* vereinbart, darf der Arbeitgeber im Zeugnis nicht auf den Prozeßvergleich hinweisen (vgl LAG Baden-Württemberg 27. 10. 1966 DB 1967, 48; 9. 5. 1968 DB 1968, 1319; LAG Hamm 17. 6. 1999 MDR 2000, 590 für außergerichtlichen Vergleich), vielmehr kann der Arbeitnehmer den Hinweis darauf verlangen, daß das Arbeitsverhältnis „im beiderseitigen Einvernehmen aufgelöst" wurde (LAG Baden-Württemberg 9. 5. 1968 DB 1968, 1319; GRIMM, Zeugnis Rn 67). Auch ein erfolgreicher *Auflösungsantrag* nach § 9 Abs 1 S 1 KSchG darf aus dem Zeugnis nicht zu erkennen sein (LAG Köln 29. 11. 1990 LAGE § 630 BGB Nr 11).

c) Beurteilung

Aus der Formulierung des BAG, der Arbeitgeber habe auch bei der Tätigkeitsbe- **36** schreibung einen – wenn auch im Vergleich zur Leistungsbewertung weit geringeren – **Beurteilungsspielraum** (BAG 12. 8. 1976 AP Nr 11 zu § 630 BGB), wird teilweise der Schluß gezogen, auch bei einem einfachen Zeugnis stehe dem Arbeitgeber eine Bewertungsmöglichkeit zu (LAG Baden-Württemberg 19. 6. 1992 LAGE § 630 BGB Nr 17). Dies trifft jedoch im Ergebnis nicht zu. Das Zeugnis hat im dargestellten Umfang (oben Rn 31 f) die verrichtete Arbeit des ausscheidenden Mitarbeiters chronologisch und allenfalls unter Weglassung völlig unerheblicher Teiltätigkeiten vollständig *zu beschreiben*. Dabei ist der Arbeitgeber zwar in der Wahl seiner Worte frei (LAG Baden-Württemberg 19. 6. 1992 LAGE § 630 BGB Nr 17; ArbG Düsseldorf 19. 12. 1984 NZA 1985, 812, 813), so daß er einzelne Bereiche mehr oder weniger hervorzuheben imstande ist (BAG 29. 7. 1971 AP Nr 6 zu § 630 BGB). Für eine Beurteilung jedoch ist bei einem einfachen Zeugnis kein Raum (SCHULZ 64 f).

3. Qualifiziertes Zeugnis

Dem Arbeitnehmer ist gemäß § 630 S 2 **auf Verlangen** ein sog qualifiziertes Zeugnis **37** auszustellen. Wird ein solches Verlangen gestellt, muß der Dienstberechtigte ein qualifiziertes Zeugnis ausstellen, der Arbeitnehmer kann ein einfaches Zeugnis ablehnen (RAG 25.11.1933 ARS 19, 227, 229). Dieses Verlangen kann, wie grundsätzlich jede Willenserklärung, auch in einem *schlüssigen Verhalten* liegen (Monjau DB 1966, 264, 265). Da heute selbst bei einfachen Tätigkeiten qualifizierte Zeugnisse verkehrsüblich sind, hat die Praxis das Verhältnis von Regel und Ausnahme in § 630 faktisch umgekehrt. Die Bitte des Arbeitnehmers, ihm ein Zeugnis zu erteilen oder ihm „die Papiere fertigzumachen", ist gem §§ 133, 157 regelmäßig als Forderung nach einem qualifizierten Zeugnis aufzufassen (Liedtke NZA 1988, 270). Etwas anderes kann ausnahmsweise dann gelten, wenn eine Leistungsbeurteilung den Interessen des Arbeitnehmers erkennbar widerspricht, ihm beispielsweise wegen einer in Beziehung auf den Dienst stehenden Straftat fristlos gekündigt wurde. Liegt ein solcher Fall *nicht* vor, muß der Wunsch nach einem lediglich einfachen Zeugnis ausdrücklich erklärt werden (ArbR BGB/Eisemann Rn 15), ein dennoch erstelltes qualifiziertes Zeugnis kann dann abgelehnt werden.

a) Allgemeine Grundsätze

38 Als allgemeine Grundsätze sind die Einheitlichkeit des Zeugnisses, die Vollständigkeit und die Wahrheit des Zeugnisses anerkannt. Unumstritten ist auch, daß die Wortwahl im Ermessen des Ausstellers liegt, bei der Abfassung des Zeugnisses jedoch der wohlwollende Maßstab eines verständigen Arbeitgebers anzulegen ist (BAG 23.6.1960 AP Nr 1 zu § 73 HGB; BGH 26.11.1963 AP Nr 10 zu § 826 BGB).

39 Der Grundsatz der **Einheitlichkeit** besagt zunächst, daß die Darstellung von Führung und Leistung des Arbeitnehmers nicht an die Stelle, sondern *neben* die Angaben tritt, die auch ein einfaches Zeugnis enthält; das gilt selbst dann, wenn der Mitarbeiter ausdrücklich etwas anderes wünscht (LAG Frankfurt/Main 23.1.1968 AP Nr 5 zu § 630 BGB). Eine Ausstellung nur über Leistung oder nur über Führung ist unzulässig (LAG Düsseldorf 30.5.1990 LAGE § 630 BGB Nr 10; Jauernig/Schlechtriem Anm 3 b; Soergel/Kraft Rn 8; **aA** BAG 29.1.1986 AP Nr 2 zu § 48 TVAL II); dasselbe gilt für ein entsprechendes Verlangen (MünchKomm/Schwerdtner Rn 12; Grimm, Zeugnis Rn 69; Schlessmann 82). Leistung und Führung hängen so eng zusammen, daß eine Trennung die Gefahr der Verschiebung des Gesamtbildes mit sich bringt. Das Verlangen nach einem qualifizierten Zeugnis bezieht sich deshalb stets auf Führung *und* Leistung, auch wenn dadurch ungünstige Angaben gemacht werden müssen (RAG 25.11.1933 ARS 19, 227, 229; 12.10.1935 ARS 25, 107, 110; Schnorr vCarolsfeld Anm AP Nr 10 zu § 630 BGB). Der Grundsatz der Einheitlichkeit bezieht sich darüber hinaus auch auf die **Bewertung.** Daher müssen Leistung und Führung während der *gesamten Vertragsdauer* beurteilt werden. Einzelne Vorfälle – seien sie positiv oder negativ – dürfen *nicht hervorgehoben* werden, da nur die Gesamtleistung und Gesamtführung zu beurteilen sind (RAG 22.2.1933 ARS 17, 382, 388; LAG Frankfurt/Main 25.10.1950 DB 1951, 308). Auch gemischte Tätigkeiten sind in einem einheitlichen Zeugnis vollständig darzustellen, so daß ein Verlangen des Arbeitnehmers, einzelne Teilabschnitte wegzulassen oder nicht in die Bewertung einzubeziehen, ebenso unwirksam ist wie eine entsprechende Zusage des Arbeitgebers (LAG Frankfurt/Main 23.1.1968 AP Nr 5 zu § 630 BGB; 14.9.1984 NZA 1985, 27; Palme BlStSozArbR 1971, 378, 379 f).

40 Das Zeugnis muß **vollständig** und **genau** sein (BAG 12.8.1976 AP Nr 11 zu § 630 BGB). Diesen Anforderungen wird in der Regel nur ein individuell abgefaßter Text gerecht (LAG Baden-Württemberg 9.5.1968 DB 1968, 534; MünchKomm/Schwerdtner Rn 19; Schmid DB 1986, 1334, 1335). Beschreibt ein Zeugnis sehr ausführlich die dem ausscheidenden

Arbeitnehmer übertragenen Tätigkeiten, dann muß es sich in entsprechender Breite auch zu seinen Leistungen verhalten, weil sonst der Eindruck entsteht, der Arbeitnehmer habe sich bemüht, aber im Ergebnis nichts geleistet (BAG 24. 3. 1977 AP Nr 12 zu § 630 BGB). Nicht ausreichend ist es in aller Regel auch, Führung und Leistung lediglich mit einer eine Note umschreibenden Floskel zu bewerten (ArbR BGB/EISE-MANN Rn 40). Im übrigen finden die oben Rn 31 dargestellten Regeln Anwendung.

Große praktische Bedeutung hat die **Zeugniswahrheit,** die von BAG und BGH ein- **41** heitlich als *oberster Grundsatz des Zeugnisrechts* bezeichnet wird (BAG 23. 6. 1960 AP Nr 1 zu § 73 HGB; 5. 8. 1976 AP Nr 10 zu § 630 BGB; 12. 8. 1976 AP Nr 11 zu § 630 BGB; BGH 26. 11. 1963 AP Nr 10 zu § 826 BGB; LAG Düsseldorf 22. 1. 1988 NZA 1988, 399, 400; GÖLDNER ZfA 1991, 225, 232). Das Zeugnis muß sowohl seinem Wortlaut wie seinem Sinnzusammenhang nach objektiv richtig sein. Hatte beispielsweise ein Angestellter nicht während der gesamten Dauer des Arbeitsverhältnisses Prokura, so kann er die Formulierung „Er hatte Prokura" nicht verlangen, weil sonst ein falscher, zumindest aber mißverständlicher Eindruck entstünde (LAG Baden-Württemberg 19. 6. 1992 LAGE § 630 BGB Nr 17). Das Zeugnis darf einerseits nichts Falsches enthalten, andererseits aber auch nichts auslassen, was der Leser eines Zeugnisses erwartet (BAG 29. 7. 1971 AP Nr 6 zu § 630 BGB). Die *Persönlichkeit* des Dienstverpflichteten muß so gekennzeichnet sein, daß ein Dritter ein zutreffendes Gesamtbild erkennt. Deshalb muß es sich auf **Tatsachen** stützen. Behauptungen, Annahmen und bloße Verdächtigungen scheiden aus (RAG 17. 11. 1928 ARS 4, 166, 167; LAG Hamm 13. 2. 1992 LAGE § 630 BGB Nr 16; SCHAUB § 146 III 5). Die Würdigung muß zwar notwendig subjektive Wertungen enthalten. Schon die Frage, welche Tatsachen maßgeblich sind, bedarf der individuellen Bewertung. Das ist Aufgabe desjenigen, der das Zeugnis ausstellt, in der Regel also des Arbeitgebers. Diese subjektive Wertung darf aber nicht auf Vorurteilen beruhen oder durch eine Voreingenommenheit beeinflußt sein; vielmehr ist zu verlangen, daß ein objektiv richtiges Urteil gefällt wird (SCHNORR vCAROLSFELD Anm AP Nr 6 zu § 630 BGB). Dabei sollen alle *wesentlichen Tatsachen* Berücksichtigung finden, die für die Gesamtbeurteilung von Bedeutung und für Dritte von Interesse sind. Das gilt im günstigen wie im ungünstigen Sinn, so daß alle *erheblichen* Tatsachen, auch die für den Arbeitnehmer nachteiligen, aufzunehmen sind (RAG 17. 11. 1928 ARS 4, 166, 167; 22. 2. 1933 ARS 17, 382, 386 ff; BAG 23. 6. 1960 AP Nr 1 zu § 73 HGB; 29. 7. 1971 AP Nr 6 zu § 630 BGB; GROBE BlStSoz-ArbR 1967, 265, 266 f). Umgekehrt bedeutet die Beschränkung auf Tatsachen, daß bloße **Verdachtsmomente** – etwa hinsichtlich einer dem Arbeitnehmer vorgeworfenen Straftat – nicht in das Zeugnis aufgenommen werden dürfen (RAG 17.11. 1928 ARS 4, 166, 167; 9. 2. 1938 ARS 33, 37, 44); das gilt selbst dann, wenn der Verdacht so schwer war, daß er eine Kündigung zu begründen vermochte (SCHLESSMANN 97; zur Verdachtskündigung s § 626 Rn 223 ff). Tatsache ist dagegen wiederum, ob gegen den Mitarbeiter ein Straf- oder Ermittlungsverfahren anhängig ist (BAG 5.8. 1976 AP Nr 10 zu § 630 BGB; a**A** ArbR BGB/EISEMANN Rn 59).

Der **Wortlaut** steht im Ermessen des Arbeitgebers. Er hat im Rahmen seiner Wahr- **42** heitspflicht zunächst zu entscheiden, welche Tatsachen und Vorfälle in das Zeugnis aufgenommen werden sollen, welche positiven oder negativen Leistungen und Eigenschaften des Arbeitnehmers er hierin mehr hervorheben will als andere, welche Folgerungen und Werturteile daraus gezogen werden und wie die Gesamtdarstellung erfolgt (BAG 29. 7. 1971 AP Nr 6 zu § 630 BGB). Die Wahl der Worte bestimmt der Arbeitgeber ebenso wie die Abfolge. Der Arbeitnehmer hat keinen Anspruch auf eine bestimmte Formulierung oder einen bestimmten Wortlaut (BAG 29. 7. 1971 AP Nr 6 zu § 630 BGB; LAG Köln 8. 11. 1989 LAGE § 630 BGB Nr 8). An Formulierungen in einem Zwischenzeugnis ist der Arbeitgeber nicht gebunden, wohl aber im Rahmen des Zeitraums, für den das Zwischenzeugnis Geltung beansprucht, an dessen Inhalt (BAG 8. 2. 1972 AP Nr 7 zu § 630 BGB), was insbesondere dann Bedeutung gewinnt, wenn das letzte Zwischenzeugnis erst kurz zuvor erteilt worden ist (LAG Köln 8. 7. 1993 LAGE § 630 BGB Nr 18; vgl im übrigen auch unten Rn 74).

43 Ist der Dienstverpflichtete mit dem Wortlaut oder der Formulierung nicht einverstanden, muß er allerdings den beanstandeten Ausdruck selbst neu formulieren und einen genauen Antrag auf Ersetzung durch einen anderen Begriff, Satz, Absatz usw formulieren (LAG Düsseldorf/Köln 5. 1. 1961 BB 1961, 482). Da das Zeugnis jedoch ein einheitliches Ganzes ist, können nicht einzelne Teile herausgenommen, eingefügt oder umformuliert werden. Es besteht auch dadurch die Gefahr der Sinnentstellung, so daß den Gerichten die Befugnis zusteht, das gesamte Zeugnis zu überprüfen und ggfs neu zu formulieren (BAG 23. 6. 1960 AP Nr 1 zu § 73 HGB; 24. 3. 1977 AP Nr 12 zu § 630 BGB; aA SCHNORR vCAROLSFELD Anm AP Nr 6 zu § 630 BGB).

44 Anerkannt ist ferner, daß das Zeugnis von einem verständigen **Wohlwollen** gegenüber dem Arbeitnehmer getragen sein muß und ihm das weitere Fortkommen nicht ungerechtfertigt erschweren darf (BGH 26. 11. 1963 AP Nr 10 zu § 826 BGB; BAG 8. 2. 1972 AP Nr 7 zu § 630 BGB; 3. 3. 1993 AP Nr 20 zu § 630 BGB; LAG Hamm 19. 10. 1990 LAGE § 630 BGB Nr 12). Dem Arbeitgeber obliegt es als *nachwirkende vertragliche Nebenpflicht,* nach Maßgabe des billigerweise von ihm zu Verlangenden alles zu vermeiden, was sich bei der Suche des ausscheidenden Arbeitnehmers nach einem neuen Arbeitsplatz für ihn nachteilig auswirken kann (BAG 31. 10. 1972 AP Nr 80 zu § 611 BGB Fürsorgepflicht), wobei zu bedenken ist, daß das Zeugnis den Arbeitnehmer während seines ganzen Berufslebens (ver-)folgt (HOECHST, AuR 1986, 152, 153). Es ist nicht zu verkennen, daß zum Grundsatz der Zeugniswahrheit ein gewisses *Spannungsverhältnis* besteht (GÖLDNER ZfA 1991, 225; SCHWERES BB 1986, 1572). Ein Zeugnis kann und darf jedoch nur im Rahmen der Wahrheit verständig wohlwollend sein (BGH 26. 11. 1963 AP Nr 10 zu § 826 BGB; BAG 9. 9. 1992 AP Nr 19 zu § 630 BGB), weil es sein primärer Zweck ist, Dritten zur Beurteilung zu dienen. Den Maßstab bildet eine verständige, nicht zu viel, nichts Übertriebenes, aber auch nicht zu wenig fordernde *Verkehrsanschauung* (BGH 26. 11. 1963 AP Nr 10 zu § 826 BGB). Die Praxis hilft sich deshalb weitgehend mit nichtssagenden Wendungen, bei denen dasjenige, was *nicht* im Zeugnis steht, vorrangige Bedeutung gewinnt (WEUSTER BB 1992, 58, 59 f; vgl LAG Hamm 24. 9. 1985 LAGE § 630 BGB Nr 1; GRIMM, Zeugnis Rn 81 f). Damit wird einerseits der Wahrheitspflicht entsprochen, andererseits aber auch das Fortkommen nicht unnötig erschwert. Wegen dieser Praxis darf das Zeugnis eines Mitarbeiters, der den ihm gestellten Anforderungen gerecht geworden ist, dort nicht schweigen, wo der Leser eine positive Hervorhebung erwartet, weil sonst ungerechtfertigt ein negativer Eindruck entstünde (BAG 29. 7. 1971 AP Nr 6 zu § 630 BGB, vgl zB zur Ehrlichkeit unten Rn 48). Wegen des Grundsatzes der wohlwollenden Beurteilung hat sich in der Zeugnissprache eine vorsichtige Ausdrucksweise herausgebildet, bei der schon neutrale oder nicht geradezu abwertende Urteile als Tadel verstanden werden und verstanden werden wollen (LAG Hamm 13. 2. 1992 LAGE § 630 BGB Nr 16; 17. 6. 1999 MDR 2000, 590; 28. 3. 2000 BB 2000, 2578 [LS]). Wenn versucht wird, die in beamtenrechtlichen Leistungsbeurteilungen vorherrschende klarere Terminologie auf die Privatwirtschaft zu übertragen (LAG Hamm 13. 2. 1992

LAGE § 630 BGB Nr 16; vgl auch ArbG Bayreuth 26. 11. 1991 NZA 1992, 799 zum Begriff „pünktlich"), so wird verkannt, daß dort andere Beurteilungsgrundsätze Anwendung finden.

b) Führung

Im Rahmen der Angaben über die Führung enthält das Zeugnis eine *zusammen-* **45** *fassende Darstellung* der für die Beschäftigung wesentlichen *Charaktereigenschaften* und *Persönlichkeitszüge* des Arbeitnehmers (GRIMM, Zeugnis Rn 73). Dazu gehören namentlich: Führungseigenschaften, also die Fähigkeit, nachgeordnete Mitarbeiter anzuleiten und die Bereitschaft, eigene Verantwortung zu übernehmen; das Sozialverhalten, also die Kooperations- und Kompromißfähigkeit, die Reaktion auf sachliche Anforderungen und Kritik, die Beachtung der betrieblichen Organisation; das Auftreten gegenüber Dritten, insbesondere Geschäftspartnern und Kunden (SCHLESSMANN BB 1988, 1320, 1325 f; SCHMID DB 1986, 1334, 1335 f). Einzelne Vorfälle dürfen hier – wie auch sonst – nur dann geschildert werden, wenn sie für das Verhalten des Arbeitnehmers charakteristisch sind. Die Führung ist nur die dienstliche Führung. Die **außerdienstliche Führung,** vor allem Vorstrafen, bleiben grundsätzlich außer Betracht. Dagegen kann ausnahmsweise die außerdienstliche Führung die dienstliche Führung beeinflussen und dann ggfs ins Zeugnis aufzunehmen sein, wenn sie für das Gesamtbild wesentlich erscheint und Einfluß auf das Arbeitsverhältnis hat (BAG 29. 1. 1986 AP Nr 2 zu § 48 TVAL II).

c) Leistung

Im Rahmen der Leistungsbeurteilung erfolgt eine Darstellung der Art und Weise, in **46** der der Arbeitnehmer die ihm übertragenen Aufgaben erledigt hat. Als Einzelmerkmale kommen hier beispielsweise die Qualität der Arbeit, das Arbeitstempo, die Arbeitsökonomie, die Leistungsbereitschaft, die Belastbarkeit, die Selbständigkeit und Eigeninitiative, die Entscheidungsfähigkeit, das Urteils- und Ausdrucksvermögen und das Verhandlungsgeschick in Betracht (MünchArbR/WANK § 128 Rn 33; eingehend GÖLDNER ZfA 1991, 225, 245 ff). Die Erwähnung *besonderer Fachkenntnisse* kann jedenfalls insoweit verlangt werden, als sie dem Arbeitgeber möglich ist und für einen an der Einstellung des Arbeitnehmers interessierten anderen Arbeitgeber von Bedeutung sein kann. Das gilt insbesondere dann, wenn der Arbeitnehmer seine grundlegende Ausbildung im Ausland erworben hat (BAG 24. 3. 1977 AP Nr 12 zu § 630 BGB). Einzelne Vorfälle dürfen auch hier nur dann hervorgehoben werden, wenn sie für das Vertragsverhältnis charakteristisch waren. Dies kann bei einem im Forschungsbereich tätigen Mitarbeiter auch eine Erfindung sein (BAG 24. 3. 1977 AP Nr 12 zu § 630 BGB; NOWAK AuA 1992, 68, 69).

d) Sonstige Angaben

Außerdienstliches Verhalten darf in aller Regel im Zeugnis nicht erwähnt werden, **47** weil sich der Arbeitnehmer vertraglich nur zur Leistung einer bestimmten Tätigkeit, nicht aber zu einer bestimmten Lebensführung verpflichtet (was, soweit es ausnahmsweise dennoch geschieht, überdies weitgehend unwirksam ist, dazu PREIS, Grundfragen [1993] 520 ff); dies gilt nicht nur im Anwendungsbereich des § 630, der schon nach seinem Wortlaut nur Führung und Leistung „im Dienst" erfaßt, sondern auch für die Parallelregelungen der §§ 73 HGB, 113 Abs 2 GewO, 8 Abs 2 BBiG (GRIMM, Zeugnis Rn 74; SCHAUB § 146 Rn 15; SOERGEL/KRAFT Rn 8). Eine Ausnahme kommt ausschließlich dann in Betracht, wenn die Ereignisse und Vorgänge im privaten Lebensbereich Auswirkungen auf das Arbeitsverhältnis haben oder hatten (BAG 29.1. 1986 AP Nr 2

zu § 48 TVAL II; ERMAN/BELLING Rn 15; GROBE BlStSozArbR 1967, 265; weitergehend DOCKHORN
AuR 1961, 106, 107), wobei der Grundsatz der Einheitlichkeit (oben Rn 39) zu berücksichtigen ist. Dies gilt insbesondere auch für **Straftaten,** die wegzulassen sind, wenn
sie mit dem Arbeitsverhältnis nicht im Zusammenhang stehen (BAG 5. 8. 1976 AP Nr 10
zu § 630 BGB; ArbG Wiesbaden 21. 12. 1957 BB 1958, 412; ErfK/MÜLLER-GLÖGE Rn 89), und zwar
auch dann, wenn die Straftat den Entlassungsgrund bildet (LAG Essen 3. 2. 1940 ARS 39,
20, 22; MünchKomm/SCHWERDTNER Rn 15 verweist indes zu Recht darauf, daß eine Straftat ohnehin
nur beim Bezug zum Arbeitsverhältnis einen Entlassungsgrund bilden kann). Aufgenommen
werden dürfen sie nur, wenn sie eine dienstliche Verfehlung darstellen, insbesondere
also sich während der Arbeitszeit im Betrieb ereignet haben (BAG 5. 8. 1976 AP Nr 10 zu
§ 630 BGB; OLG Hamburg 14. 12. 1954 DB 1955, 172; ArbG Coburg 18. 9. 1934 ARS 23, 115, 117 f),
in jedem Falle jedoch nur, solange sich der Mitarbeiter nach dem BZRG noch nicht
wieder als nicht vorbestraft bezeichnen darf (ArbR BGB/EISEMANN Rn 5S). Ein **polizei-
liches Führungszeugnis** (Auszug aus dem Bundeszentralregister) soll der Arbeitgeber
nicht anfordern dürfen (WOHLGEMUTH DB 1985, Beil Nr 21 zu Heft 37). Zum **Verdacht** einer
Straftat und zu laufenden Ermittlungsverfahren oben Rn 41.

48 Krankheiten dürfen – auch hier wieder im Rahmen des Grundsatzes der Einheitlichkeit – erwähnt werden, wenn sie für die Gesamtbeurteilung der Führungseigenschaften oder der Leistungsfähigkeit des ausscheidenden Arbeitnehmers von Bedeutung
sind (ErfK/MÜLLER-GLÖGE Rn 91; PALME BlStSozArbR 1971, 378, 380, vgl zB ArbG Hagen 17. 4.
1969 DB 1969, 676: „trotz der sich von Zeit zu Zeit zeigenden gesundheitlichen Schwierigkeiten" bei
einem Bankangestellten, der häufig unter krampfartigen Anfällen litt). Eine Krankheit darf
aber dann nicht erwähnt werden, wenn sie keinen Bezug zu „Führung und Leistung"
aufweist. Deshalb darf eine Krankheit auch dann nicht im Zeugnis erwähnt werden,
wenn sie selbst den Kündigungsgrund bildet (Sächsisches LAG 30. 1. 1996 NZA-RR 1997,
47). Krankheitsbedingte Fehlzeiten können aber dann erwähnt werden, wenn sie
außer Verhältnis zur tatsächlichen Arbeitsleistung stehen und wenn Erkrankungen
Auswirkungen auf die Arbeitsleistung gehabt haben. Hieran ist, entgegen SCHULZ
95 f, festzuhalten. Denn es liegt gerade bei längerdauernden, aber vorübergehenden
Krankheiten, die ein Arbeitsverhältnis maßgeblich beeinflußt haben, auch im Interesse des Mitarbeiters, daß die Gründe für eine uU nur mäßige Bewertung aus dem
Zeugnis selbst erkennbar sind. Ließe man den Hinweis auf die Krankheit weg,
könnte leicht der Eindruck entstehen, der Beschäftigte habe aus von ihm zu vertretenden Gründen eine für seine Person unterdurchschnittliche Leistung erbracht. Der
Mißbrauch von **Drogen,** übermäßiger **Alkoholkonsum** etc darf nur erwähnt werden,
wenn er Einfluß auf die Qualität der Arbeitsleistung hatte (MünchKomm/SCHWERDTNER
Rn 15). Die **Ehrlichkeit** ist dem Arbeitnehmer zu bescheinigen, wenn das in dem
betreffenden Berufskreis üblich ist und das Fehlen eines entsprechenden Hinweises
das berufliche Fortkommen hindern würde; so für alle Berufsgruppen, die sich durch
ein besonderes Vertrauen auszeichnen (Kassierer, Hausgehilfinnen etc, BAG 29. 7. 1971
AP Nr 6 zu § 630 BGB), nicht aber für Tankwarte (LAG Frankfurt aM 21. 5. 1962 DB 1962,
1215); im übrigen ist sie als selbstverständlich nicht in das Zeugnis aufzunehmen (BGH
26. 11. 1963 AP Nr 10 zu § 826 BGB; zu sonstigen Selbstverständlichkeiten GÖLDNER ZfA 1991, 225,
232 f). Werden im Laufe des Arbeitsverhältnisses **Prüfungen** abgelegt oder unternommen, so ist dies im Zeugnis zu erwähnen; daraus folgt, daß auch das Nichtbestehen
einer Prüfung aufzunehmen sein kann (ArbG Darmstadt 6. 4. 1967 DB 1967, 734; GROBE
BlStSozArbR 1967, 265, 267).

Schlußformeln (zu ihnen eingehend SCHMID DB 1988, 2253 ff) können das Zeugnis abrun- **49** den, sind aber nicht notwendiger Bestandteil desselben und können folglich nicht verlangt werden (BAG 20.2. 2001 BB 2001, 1957; ArbG Bremen 11.2. 1992 NZA 1992, 800; ErfK/ MÜLLER-GLÖGE Rn 93; aA LAG Köln 29.11. 1990 LAGE § 630 BGB Nr 11; Hessisches LAG 17.6. 1999 BB 2000, 155; GRIMM, Zeugnis Rn 91 ff). Sie drücken zwar häufig eine besondere Wertschätzung aus, werten das Zeugnis uU auf. Umgekehrt läßt ihr Fehlen aber nicht den Schluß zu, daß das Arbeitsverhältnis im Streit auseinandergegangen wäre (aA SCHLESSMANN BB 1988, 1320, 1323). Wichtiger ist ohnehin, daß eine tatsächlich vorhandene Schlußformel nicht im Widerspruch zum sonstigen Zeugnisinhalt stehen und diesen damit relativieren darf (BAG 20.2. 2001 BB 2001, 1957; SCHULZ 111 f; vgl auch MünchArbR/WANK § 128 Rn 26 f).

e) Beurteilung

Anders als das einfache Zeugnis, das im Rahmen der Tätigkeitsbeschreibung ledig- **50** lich Tatsachen zu enthalten hat, fordert das qualifizierte Zeugnis eine **Bewertung** von Führung und Leistung. Bei der Abfassung des Zeugnisses steht dem Arbeitgeber daher ein **Beurteilungsspielraum** zu (BAG 23.3. 1983 AP Nr 10 zu § 70 BAT; 17.2. 1988 AP Nr 17 zu § 630 BGB; LAG Frankfurt/Main 10.9. 1987 LAGE § 630 BGB Nr 3), wobei er als Maßstab keinesfalls seine subjektiven, ggfs überzogenen Leistungserwartungen neh- men darf, sondern vielmehr unter objektiven Gesichtspunkten den durchschnittlich befähigten und vergleichbaren Arbeitnehmer seines Betriebes heranziehen muß (GRIMM, Zeugnis Rn 72; aA NEUMANN BB 1951, 226, 227). Der Beurteilungsspielraum findet seine Grenzen in den dargelegten Grundsätzen des Zeugnisrechts. Die Beurteilung muß also insbesondere den gesamten Tätigkeitszeitraum erfassen, darf einzelne Er- eignisse nur hervorheben, wenn sie für das Arbeitsverhältnis charakteristisch waren und muß im Rahmen der Wahrheitspflicht so wohlwollend formuliert sein, daß da- durch das weitere Fortkommen des Mitarbeiters nicht unnötig erschwert wird.

In der Praxis hat sich eine fünfstufige **Notenskala** (zu ihr ErfK/MÜLLER-GLÖGE Rn 72 ff; **51** SCHULZ 98 ff; WEUSTER BB 1992, 58) eingebürgert, an der trotz vereinzelter Kritik (LAG Hamm 13.2. 1992 LAGE § 630 BGB Nr 16) im Interesse der Rechtssicherheit, vor allem für die Betroffenen, festzuhalten sein wird (zu den Auswüchsen der Zeugnissprache kritisch ErfK/MÜLLER-GLÖGE Rn 72 ff.). Danach hat eine *sehr gute* Leistung erbracht, wer die ihm übertragenen Aufgaben „stets (oder: jederzeit) zu unserer vollsten Zufrieden- heit" erledigen konnte. Das ist zwar grammatikalisch anzweifelbar, weil „voll" nicht mehr steigerungsfähig ist, hat sich aber allgemein eingebürgert (vgl LAG Düsseldorf 12.3. 1986 LAGE § 630 BGB Nr 2; LAG Saarland 28.2. 1990 LAGE § 630 BGB Nr 9; LAG Hamm 28.3. 2000 4 Sa 1578/99 n.v.; HOHMEISTER PersR 1992, 381; WEUSTER BB 1992, 638; krit ArbG Düsseldorf 25.7. 1991 PersR 1992, 380). Auf diese Bewertung freilich hat ein Arbeitnehmer nicht schon dann Anspruch, wenn der Arbeitgeber seine Leistungen niemals bean- standet hat; vielmehr müssen sie in jeder Hinsicht überdurchschnittlich gewesen sein bzw den Mitarbeiter besonders auszeichnende Umstände vorliegen (vgl SCHMID DB 1982, 1111, 1112). Gute Leistungen, die mit „stets zu unserer vollen Zufriedenheit" charakterisiert werden, verlangen demgegenüber nur, daß sie nicht zu beanstanden waren, sich aus dem Durchschnitt herausheben und der Arbeitnehmer die Aufgaben so erledigt hat, wie man es von ihm erwarten konnte. Hat der Mitarbeiter bei einer langjährigen Beschäftigung nur in wenigen Fällen zu Beanstandungen Anlaß ge- bende minderwertige Leistungen erbracht, wird man diese als *befriedigend* (KG 14.5. 1915 OLGE 33 [1916] 334) mit der Formulierung kennzeichnen, daß er seine Aufgaben „zu unserer vollen Zufriedenheit erledigt" oder „stets zu unserer Zufriedenheit erfüllt" hat (LAG Köln 2. 7. 1999 NZA-RR 2000, 235). Auf diese Weise wird auch sonst eine einwandfreie, im ganzen nicht zu beanstandende gute Durchschnittsleistung attestiert (LAG Düsseldorf 12. 3. 1986 LAGE § 630 BGB Nr 2; Schmid DB 1982, 1111, 1112). In dem Formulierungszusatz „zum großen Teil" liegt aber eine Abwertung, die der Arbeitnehmer bei feststehender guter Durchschnittsleistung nicht hinnehmen muss (LAG Köln 18. 5. 1995 NZA-RR 1996, 41). Müssen die Leistungen bereits als unterdurchschnittlich, aber noch *ausreichend* gekennzeichnet werden, ist die Formulierung „zu unserer Zufriedenheit" üblich (LAG Frankfurt/Main 10. 9. 1987 LAGE § 630 BGB Nr 3; LAG Hamm 19. 10. 1990 LAGE § 630 BGB Nr 12; LAG Köln 2. 7. 1999 NZA-RR 2000, 235); liegen sie in ihrer Qualität noch darunter und können nur noch als *mangelhaft* bewertet werden, findet dies mit den Worten „insgesamt (oder: im großen und ganzen) zu unserer Zufriedenheit erledigt" seinen Ausdruck (LAG Hamm 13. 2. 1992 LAGE § 630 BGB Nr 16: LAG Köln 30. 6. 1999 LAGE § 630 BGB Nr 34). Teilweise werden völlig indiskutable, *ungenügende* Leistungen davon nochmals abgehoben, indem lediglich das Bemühen oder Interesse des Arbeitnehmers erwähnt wird, die ihm übertragenen Aufgaben zu erledigen (BAG 24. 3. 1977 AP Nr 12 zu § 630 BGB). Gegen derartige Formulierungen wird freilich der Einwand der Unvollständigkeit erhoben, weil sie das Ergebnis des Bemühens nicht erkennen lassen (van Venrooy 92).

V.   Erlöschen des Zeugnisanspruchs

1.   Allgemeines

52 Der Zeugnisanspruch kann, wie jeder schuldrechtliche Anspruch, erlöschen oder seiner Durchsetzung können andere Einwendungen entgegenstehen. Dazu gehört zunächst die **Unmöglichkeit,** die nach Vernichtung der Personalakten, für die gemäß § 257 Abs 4 HGB eine sechsjährige Aufbewahrungsfrist gilt (Baumbach/Hopt, HGB [30. Aufl 2000] § 73 Rn 1; zweifelnd Schlessmann 63), sowie uU auch beim Tod des Arbeitgebers eintreten kann (BAG 29. 1. 1986 AP Nr 2 zu § 48 TVAL II; ArbG Münster 10. 4. 1990 BB 1990, 2266; Erman/Belling Rn 20). Ferner ist hier zu nennen der **Verzicht,** der jedoch erst *nach* Entstehung des Anspruches zulässig ist und auch nicht ohne weiteres angenommen werden kann, insbesondere in der Regel nicht bei der Unterzeichnung von Ausgleichsquittungen oder Ausgleichsklauseln in Vergleichen oder Aufhebungsverträgen (Einzelheiten oben Rn 8). Der Anspruch **verjährte** nach der Regelfrist des § 195 aF, nach 30 Jahren (Grimm, Zeugnis Rn 96). Nach Art 2 § 6 EGBGB gilt für nach dem 1. 1. 2002 noch nicht verjährte Ansprüche die neue Regelverjährung von drei Jahren (§ 195). Freilich kann auch schon früher **Verwirkung** eintreten (LAG Hamm 9. 9. 1999 NZA-RR 2000, 575; LAG Köln 8. 2. 2000 NZA-RR 2001, 130). Hierfür ist nämlich lediglich erforderlich, daß der Gläubiger sein Recht längere Zeit nicht ausgeübt und dadurch beim Schuldner die Überzeugung hervorgerufen hat, er werde sein Recht nicht mehr geltend machen, wenn sich der Schuldner hierauf eingerichtet hat und ihm die Erfüllung nach Treu und Glauben unter Berücksichtigung der Umstände des Einzelfalles nicht mehr zumutbar ist (BAG 14. 11. 1978 AP Nr 39 zu § 242 BGB Verwirkung). Angesichts der Funktion, die ein Zeugnis im Arbeitsleben zu erfüllen hat, muß es alsbald nach Beendigung des Arbeitsverhältnisses verlangt und erteilt werden, so daß bereits ein zehnmonatiges Zuwarten des Beschäftigten ausreicht, um das *Zeitmoment* der Verwirkung zu erfüllen (BAG 17. 2. 1988 AP Nr 18 zu § 630 BGB; sa LAG Düsseldorf 11. 11. 1994 DB 1995, 1135; MünchKomm/Schwerdtner, Rn 55). Hinsichtlich des *Umstandsmo-*

ments wird man unterscheiden müssen danach, ob ein einfaches oder ein qualifiziertes Zeugnis verlangt wird. Die Angaben für ersteres dürften dem ehemaligen Arbeitgeber auch nach längerer Zeit erinnerlich oder anhand der Personalunterlagen
nachvollziehbar sein (MünchKomm/SCHWERDTNER Rn 66; SCHULZ 30; SOERGEL/KRAFT Rn 3;
bedenklich dagegen BAG 17. 2. 1988 AP Nr 18 zu § 630 BGB mit krit Anm VAN VENROOY). Im
übrigen gilt:

2. Erfüllung

Der Anspruch auf Erteilung eines Zeugnisses ist erfüllt, wenn der Arbeitgeber seiner **53**
Verpflichtung nachgekommen ist, dem Arbeitnehmer einen Tätigkeitsnachweis zu
übergeben, der nach Form (LAG Hamm 28. 3. 2000 NZA 2001, 576 [LS]) und Inhalt den
Anforderungen an ein Zeugnis genügt, also beim einfachen Zeugnis neben den
Personaldaten eine Tätigkeitsbeschreibung, beim qualifizierten Zeugnis darüber hinaus eine Bewertung von Führung und Leistung des Arbeitnehmers enthält. Ob das
Zeugnis inhaltlich richtig ist, ist für die Frage der Erfüllung unerheblich (LAG Düssel-
dorf/Köln 21. 8. 1973 DB 1973, 1853; LAG Hamm 13. 2. 1992 LAGE § 630 BGB Nr 16; 27. 4. 2000 BB
2000, 1786; **aA** BAG 17. 2. 1988 AP Nr 18 zu § 630 BGB; ArbG Düsseldorf 25. 7. 1991 PersR 1992,
380; MünchKomm/SCHWERDTNER Rn 51), so daß entsprechende Änderungswünsche des
Arbeitnehmers nur im Berichtigungsverfahren verfolgt werden können (LAG Frank-
furt/Main 16. 6. 1989 LAGE § 630 BGB Nr 7; SCHAUB § 146 VI 1).

Erfüllung tritt nur, aber auch stets dann ein, wenn der Arbeitgeber der Art nach **54**
(einfach oder qualifiziert) dasjenige Zeugnis erteilt, das der Arbeitnehmer verlangt
hat; andernfalls hat er nicht die nach Ausübung des Wahlrechts gemäß § 263 Abs 2
geschuldete Leistung erbracht. Problematisch unter dem Gesichtspunkt der Erfüllung ist ein **Wechsel der Zeugnisart** (dazu LIEDTKE NZA 1988, 270 ff) durch den Arbeitnehmer. Hat er zunächst nur ein einfaches Zeugnis verlangt, stellt sich für ihn aber
später heraus, daß er doch ein qualifiziertes benötigt, soll der Arbeitgeber verpflichtet sein, auch diesem Verlangen noch nachzukommen (MünchKomm/SCHWERDTNER
Rn 44; SOERGEL/KRAFT Rn 7). Dem wird man bei einem berechtigten Interesse des
Arbeitnehmers grundsätzlich zustimmen können. Freilich folgt der Anspruch auf
das zweite Zeugnis dann nicht mehr aus dem bereits durch Erfüllung (§ 362) er-
loschenen Anspruch aus § 630, sondern als allgemeine (nachwirkende) *Vertragspflicht* des Arbeitgebers (so iE auch ArbR BGB/EISEMANN Rn 71). Dabei ist das alte
Zeugnis Zug um Zug zurückzugeben (BAG 27. 2. 1987 AP Nr 16 zu § 630 BGB; MONJAU
DB 1966, 264, 265). Umgekehrt dürfte der Wechsel vom qualifizierten zum einfachen
Zeugnis ausgeschlossen sein (LIEDTKE NZA 1988, 270, 272; MünchArbR/WANK § 128 Rn 23).
Es hieße, die vertraglichen Nebenpflichten zu überspannen, wollte man den Dienstherrn verpflichten, einem Beschäftigten, der mit dem (inhaltlich zutreffenden) qualifizierten Zeugnis unzufrieden ist, den Anspruch auch noch auf ein einfaches Zeugnis einzuräumen, um seine unterdurchschnittliche Leistung bei einer Bewerbung
nicht offenlegen zu müssen. Daß der für die Ausstellung eines einfachen Zeugnisses
demgegenüber erforderliche Aufwand nicht erheblich ins Gewicht fällt, kann keine
Rolle spielen, denn eine etwa fehlerhafte Selbsteinschätzung seiner eigenen Leistungen im Arbeitsverhältnis hat der Arbeitnehmer selbst zu vertreten (**aA** Münch-
Komm/SCHWERDTNER Rn 44; SCHLESSMANN BB 1988, 1320, 1323 f).

Ebensowenig wie die Einrede des nicht erfüllten Vertrages bei unberechtigter außer- **55** ordentlicher Kündigung durch den Dienstverpflichteten (oben Rn 15) kann der Arbeitgeber ein **Zurückbehaltungsrecht** an dem Zeugnis wegen irgendwelcher Ansprüche aus dem Dienst- oder Arbeitsverhältnis geltend machen. Es fehlt an der Verbindung der Ansprüche, da der Zeugnisanspruch unabhängig und selbständig besteht und eine Zurückbehaltung dem Zweck des Gesetzes und dem Fürsorgegedanken entgegensteht (LAG Stuttgart 4. 5. 1935 ARS 24, 174, 175; MONJAU DB 1966, 340, 344; SOERGEL/ KRAFT Rn 5).

3. Verfall

56 Ob der Zeugnisanspruch einer **tariflichen Ausschlußfrist** unterfällt, hängt von der *Auslegung* der entsprechenden Norm ab. Dabei hat die Tarifauslegung – entsprechend den Grundsätzen der Gesetzesauslegung – zunächst von dem Tarifwortlaut auszugehen, darüber hinaus jedoch den Willen der Tarifvertragsparteien und den damit von ihnen beabsichtigten Sinn und Zweck der Tarifnorm mitzuberücksichtigen, sofern und soweit er in der tariflichen Norm seinen Niederschlag gefunden hat (BAG 12. 9. 1984 AP Nr 135 zu § 1 TVG Auslegung). Anders als nachvertragliche Ansprüche, die von Ausschlußfristen grundsätzlich nicht erfaßt werden, entsteht der Zeugnisanspruch bei Beendigung des Arbeitsverhältnisses, so daß er auch weiterhin als Anspruch „aus" dem Arbeitsverhältnis zu charakterisieren ist (BAG 23. 3. 1983 AP Nr 10 zu § 70 BAT; 30. 1. 1991 AP Nr 18 zu § 630 BGB). Deshalb wird er beispielsweise von der Ausschlußfrist des § 70 BAT erfaßt (BAG 23. 3. 1983 AP Nr 10 zu § 70 BAT); ob dies auch für ganz allgemein gehaltene Verfallklauseln („alle sonstigen Ansprüche") gilt, ist angesichts der Bedeutung des Zeugnisses für den gesamten beruflichen Lebensweg des Arbeitnehmers zweifelhaft (bejahend LAG Hamm 24. 8. 1977 BB 1977, 1704; verneinend GRIMM, Zeugnis Rn 100; MünchArbR/WANK § 128 Rn 36; krit. auch ErfK/MÜLLER-GLÖGE Rn 107). Da Ausschlußfristen den Inhalt des Rechts selbst nicht verändern, sondern nur deren Geltendmachung betreffen, können sie auch **einzelvertraglich** vereinbart werden und entfalten dann Wirkung grundsätzlich auch gegenüber gesetzlichen Ansprüchen (BAG 24. 3. 1988 AP Nr 1 zu § 241 BGB; Einzelheiten bei PREIS, Grundfragen [1993] 481 ff; zum Zeugnisanspruch insbesondere SCHULZ 33); ob sie auch den Zeugnisanspruch erfassen, ist eine Frage des Einzelfalles, wobei Unklarheiten in Formularverträgen zu Lasten des Verwenders, regelmäßig also des Arbeitgebers gehen (vgl BGH 10. 1. 1974 BGHZ 62, 83, 88 f).

57 Stellen tarifliche oder vertragliche Ausschlußfristen auf die **Fälligkeit** des Anspruches ab, beginnt die Frist mit Ablauf des Tages, an dem das Zeugnis erstmals verlangt werden konnte. Der Fristbeginn hängt mithin von der Art der Beendigung des Arbeitsverhältnisses ab. Die **Geltendmachung** des Zeugnisanspruchs liegt schon in der Forderung nach „den Papieren", da ein solches Verlangen gemäß §§ 133, 157 auch die Aufforderung enthält, ein (regelmäßig qualifiziertes, vgl oben Rn 37) Zeugnis zu erstellen. Eine kurze Ausschlussfrist kann der Arbeitnehmer jedoch unangemessen benachteiligen und seinen gesetzlichen Zeugnisanspruch entwerten. Eine entsprechende Klausel in Arbeitsverträgen hält einer Inhaltskontrolle nicht stand (LAG Nürnberg 18. 1. 1994 LAGE Nr 20 zu § 630 BGB). Eine Kündigungs- oder sonstige Bestandsschutzklage allein genügt demgegenüber nicht, weil der Zeugnisanspruch nicht vom Ausgang dieses Rechtsstreits abhängt, sondern vielmehr bereits mit Zugang der Kündigung auch dann fällig geworden ist, wenn der Arbeitnehmer im Bestandsschutzprozeß letztlich obsiegt (BAG 17. 10. 1972 AP Nr 8 zu § 630 BGB; MünchArbR/ WANK § 128 Rn 42).

4. Verlust des Zeugnisses; Neuausstellung

Gerät das Zeugnis in Verlust oder wird es beschädigt, so ist der Arbeitgeber ver- **58** pflichtet, ein weiteres schriftliches Zeugnis auszustellen, sofern das ohne übermäßige Schwierigkeiten möglich ist (ERMAN/BELLING Rn 20; ErfK/MÜLLER-GLÖGE Rn 114). Das gilt auch dann, wenn der Arbeitnehmer den Verlust oder die Beschädigung zu vertreten hat. Der Arbeitgeber hat als *nachwirkende vertragliche Nebenpflicht* das Zeugnis im Rahmen des Möglichen und Zumutbaren zu rekonstruieren (LAG Hamm 15.7. 1986 LAGE § 630 BGB Nr 5; LAG Hamm 17.12. 1998 LAGE § 630 BGB Nr 31 = NZA-RR 1999, 455 zum Anspruch auf Neuausstellung eines Zeugnisses einer transsexuellen Person mit geändertem Geschlecht und Vornamen). Daraus folgt einerseits, daß das neue Zeugnis möglichst in jeder Hinsicht dem alten zu entsprechen hat (also zB nicht lediglich eine Durchschrift oder Kopie desselben mit Beglaubigungsvermerk darstellt, SCHULZ 39), andererseits, daß beispielsweise kein Wechsel auf eine andere Zeugnisart (einfaches bzw qualifiziertes Zeugnis) verlangt werden kann. Die nachwirkenden Nebenpflichten gehen nur soweit, daß das Zeugnis nach vorhandenen Durchschlägen oder anderen Unterlagen, evtl aus dem Gedächtnis, neu zu erstellen ist; der Arbeitnehmer kann jedoch übermäßige Anstrengungen, etwa Rückfragen bei ausgeschiedenen Mitarbeitern oder Vorgesetzten, nicht fordern (ArbR BGB/EISEMANN Rn 79). Wenn wegen Zeitablaufs die Rekonstruktion des *qualifizierten* Zeugnisses nicht mehr möglich ist, kann ausnahmsweise auch ein einfaches Zeugnis erteilt werden. Die Kosten hat in jedem Falle der Arbeitnehmer zu tragen (ArbR BGB/EISEMANN Rn 79).

VI. Abänderungen des Zeugnisses

Da das Zeugnis nicht Willens-, sondern *Wissenserklärung* ist, ist es weder nach § 119 **59** noch nach § 123 anfechtbar (SOERGEL/KRAFT Rn 12; ErfK/MÜLLER-GLÖGE Rn 111; aA LAG Frankfurt/Main 25.10. 1950 DB 1951, 308); auch Besitz- bzw Eigentumsansprüche oder solche auf Rückgabe wegen ungerechtfertigter Bereicherung greifen nicht durch. Jedoch kann das Zeugnis vom Arbeitgeber unter bestimmten Voraussetzungen widerrufen werden; umgekehrt kann der Arbeitnehmer die Berichtigung eines fehlerhaften Zeugnisses verlangen.

1. Widerruf

Unterläuft dem Aussteller bei der Abfassung des Zeugnisses **unbewußt** ein Irrtum, **60** kann er das Zeugnis widerrufen und vom Arbeitnehmer herausverlangen, dem freilich hieran gemäß § 273 ein Zurückbehaltungsrecht bis zur Erteilung eines neuen Zeugnisses zusteht (ERMAN/BELLING Rn 22; ErfK/MÜLLER-GLÖGE Rn 111). Dies gilt freilich nur, wenn sich der Irrtum auf *wesentliche* Grundlagen des Zeugnisses erstreckt (GRIMM, Zeugnis Rn 109; GROBE BlStSozArbR 1967, 265, 267; vgl BGH 15.5. 1979 BGHZ 74, 281, 292), wobei jedoch gleichgültig ist, ob der Irrtum seinen Grund in einer falschen Einschätzung der tatsächlichen Sachlage findet oder lediglich den durch den Zeugnisinhalt objektiv zum Ausdruck kommenden Inhalt betrifft, also etwa auf einer Verkennung der Bedeutung der üblichen Zeugnisfloskeln beruht. Ferner muß die Einschränkung gemacht werden, daß nur wegen *tatsächlicher Unrichtigkeiten,* nicht jedoch wegen *falscher Wertungen* ein Widerruf statthaft ist (BECKER/SCHAFFNER BB 1989, 2105, 2110), andererseits aber auch erforderlich ist, um nicht uU Schadensersatzansprüche Dritter auszulösen (MünchArbR/Wank § 128 Rn 34; vgl BGH 15.5. 1979 BGHZ 74, 281, 290 ff).

61 Hat der Arbeitgeber aber **bewußt** ein Zeugnis ausgestellt, das der objektiven Lage nicht voll entspricht, kommt ein Widerrufsrecht grundsätzlich nicht in Betracht. Er kann nicht widerrufen, was er bewußt so gewollt hat (ArbG Duisburg 3.2. 1950 DB 1951, 548). Auch mit Rücksicht auf Haftungsfolgen und einen Berichtigungsanspruch kann das nicht gelten. Eine Ausnahme ist lediglich dann zuzulassen, wenn die Unrichtigkeit dergestalt ist, daß der Gebrauch eines solchen Zeugnisses gegen die guten Sitten verstoßen würde (LAG Berlin 10.2. 1939 ARS 35, 137, 138; ErfK/Müller-Glöge Rn 112; Schaub § 146 Rn 23). Nur scheinbar eine weitere Ausnahme bildet der Fall, daß zwar eine bewußte Ausstellung vorliegt, durch eine bestimmte Wortwahl oder Satzstellung aber ein Eindruck hervorgerufen wurde, der weder beabsichtigt noch übersehbar war. Auch dann ist der Widerruf des Zeugnisses zuzulassen; freilich liegt schon gar kein bewußter, sondern eine *unbewußter* Irrtum über den Zeugnisinhalt vor (vgl Stahlhacke/Bleistein, GewO § 113 Anm IV 2).

62 Alle diese Regeln folgen aus dem Zeugnisrecht unmittelbar. Sie können weder allein aus dem Gedanken der *nachwirkenden Treuepflicht* des Arbeitnehmers (so aber ArbR BGB/Eisemann Rn 72) noch aus einer Übertragung des Rechtsgedankens der §§ 119, 123 hergeleitet werden. Vielmehr ergeben sie sich erst, wenn man unter Abwägung der beiderseitigen vertraglichen Nebenpflichten die wesentlichen Grundgedanken des Zeugnisrechts, insbesondere das erforderliche und zumutbare Mindestmaß an Richtigkeitsgewähr, in die Betrachtung miteinstellt (Monjau DB 1966, 340, 341).

63 Wird der Zeugnisinhalt durch gerichtliches **Urteil** festgelegt, kommt ein Widerruf wegen der Rechtskraftwirkung der Entscheidung (§§ 46 Abs 2 ArbGG, 322 Abs 1 ZPO) nicht in Betracht. Insoweit ist der Arbeitgeber allein auf die *prozessualen Rechtsbehelfe* zu verweisen. Dies gilt freilich nur, *soweit* das Zeugnis durch das Urteil neu gefaßt wurde; erstreckt sich der Urteilstenor – wie häufig – nur auf einen Teil desselben, bleibt die Möglichkeit des Widerrufs im übrigen unberührt. Ist der Inhalt des Zeugnisses Gegenstand eines **Vergleichs** gewesen, kann er nur bei Unwirksamkeit des Vergleichs, also unter den Voraussetzungen des § 779 abgeändert werden. Das erfordert, daß der nach dem Vergleichsinhalt außerhalb des Streits befindliche und von beiden Seiten als feststehend zugrunde gelegte Sachverhalt der Wirklichkeit nicht entspricht und der Streit oder die Ungewißheit bei Kenntnis der Sachlage nicht entstanden sein würde. Diese Regeln gelten sowohl für den *außergerichtlichen* als auch für den *gerichtlichen Vergleich*, bei letzterem freilich mit der Besonderheit, daß wegen seiner Doppelnatur als materiell-rechtliches Rechtsgeschäft und als den Rechtsstreit ganz oder teilweise erledigende Prozeßhandlung (BGH 29.9. 1958 BGHZ 28, 171, 172) der Streit über die Wirksamkeit durch Fortsetzung des alten Verfahrens auszutragen ist, indem die Partei, die den Vergleich für unwirksam hält, mit dieser Begründung Terminsantrag stellt (BAG 14.7. 1960 AP Nr. 8 zu § 794 ZPO; Küchenhoff Anm AP Nr 9 zu § 630 BGB).

2. Berichtigung

64 Der Arbeitnehmer kann ein objektiv richtiges, dh ein solches Zeugnis fordern, das den oben im einzelnen dargelegten Grundsätzen entspricht. Ist das erteilte Zeugnis nach seiner Auffassung unrichtig, kann er die Ausstellung eines neuen, zutreffenden Zeugnisses verlangen. Zwar kennt das Gesetz einen Berichtigungsanspruch nicht ausdrücklich, doch macht nach Ansicht des BAG derjenige, der die Ergänzung oder Berichtigung eines ihm bereits ausgestellten Zeugnisses verlangt, damit einen **Erfüllungsanspruch** geltend, der dahin geht, ihm ein nach Form und Inhalt den gesetzlichen Vorschriften entsprechendes Zeugnis zu erteilen (BAG 17.2. 1988 AP Nr 18 zu § 630 BGB; Hoffmann BlStSozArbR 1969, 318 f; van Venrooy Anm AP Nr 17 zu § 630 BGB). Erst wenn das Zeugnis formuliert sei und der Arbeitnehmer von seinem Inhalt Kenntnis erlangt habe, könne er beurteilen, ob der Arbeitgeber den ihm zustehenden Beurteilungsspielraum richtig ausgefüllt und ein den gesetzlichen Erfordernissen entsprechendes Zeugnis ausgestellt habe. Sei das nicht der Fall, habe der Arbeitnehmer weiterhin einen Erfüllungsanspruch auf Erteilung eines ordnungsgemäßen Zeugnisses (BAG 23.3. 1983 AP Nr 10 zu § 70 BAT; 17.2. 1988 AP Nr 17 zu § 630 BGB).

Dem kann so nicht beigepflichtet werden. Folgte man nämlich der Ansicht des BAG, **65** würden die auch sonst im Schuldrecht üblichen Grenzen zwischen Nicht- und Schlechterfüllung verwischt. Vielmehr ist zu differenzieren: Hat der Arbeitgeber ein den gesetzlichen Vorschriften *formell* genügendes Zeugnis erteilt, dh die erforderlichen Angaben in der gehörigen Form gemacht und beim qualifizierten Zeugnis auch Führung und Leistung des Arbeitnehmers bewertet, hat er den Anspruch aus § 630 in jedem Falle erfüllt (LAG Frankfurt/Main 16.6. 1989 LAGE § 630 BGB Nr 7; LAG Hamm 13.2. 1992 LAGE § 630 BGB Nr 16; oben Rn 53), wenn auch uU nicht ordnungsgemäß. Dann steht dem Arbeitnehmer, der eine inhaltlich abweichende Formulierung begehrt, weil er etwa die Tätigkeitsbeschreibung für unvollständig oder seine Leistungen für zu schlecht bewertet hält, ein **Berichtigungsanspruch** (nach LAG Hamm 27.4. 2000 BB 2000, 1786 aufgrund der allgemeinen Fürsorgepflicht) zu. Dieser freilich ist wegen der Funktion des Zeugnisses auf die Ausstellung eines neuen, richtigen Zeugnisses gerichtet (Hoffmann BlStSozArbR 1969, 318). Eine bloße Verbesserung der Urkunde braucht der Arbeitnehmer sich nicht gefallen zu lassen. Das gilt nicht nur, wenn das Zeugnis im Äußeren (Papier, Fehler) und im Hinblick auf die Angaben (falsche Daten) nicht den Anforderungen und Tatsachen entspricht, sondern auch hinsichtlich der Bewertung von Leistung und Führung. Nur dann, wenn das Zeugnis schon formell nicht den gesetzlichen oder tariflichen Bestimmungen entspricht, liegt ein Fall der Nichterfüllung vor, so daß die „Berichtigung" in Wahrheit noch die Geltendmachung des ursprünglichen Erfüllungsanspruchs darstellt (LAG Frankfurt/Main 16.6. 1989 LAGE § 630 BGB Nr 7; LAG Hamm 13.2. 1992 LAGE § 630 BGB Nr 16).

Die Unrichtigkeit des Zeugnisses muß aber in angemessener Zeit gerügt werden. **66** Dabei geht es weniger darum, daß der Arbeitnehmer durch die beanstandungslose Entgegennahme eines Zeugnisses auf den Berichtigungsanspruch **verzichten** würde, sondern vielmehr darum, daß der Anspruch auf Nachbesserung – ebenso wie der Erfüllungsanspruch – in relativ kurzer Zeit **verwirkt** werden kann. Für das Zeitmoment genügen auch hier schon wenige Monate (BAG 17.10. 1972 AP Nr 8 zu § 630 BGB: fünf Monate; MünchKomm/Schwerdtner Rn 55: fünf bis acht Monate nach Aushändigung; noch weitergehend Grobe BlStSozArbR 1967, 265, 267: Rüge muß unverzüglich erfolgen); für das Umstandsmoment bereits das Schweigen des Arbeitnehmers (vgl LAG Saarland 28.2. 1990 LAGE § 630 BGB Nr 9), es sei denn, der Arbeitgeber hätte – etwa durch dem Arbeitnehmer nicht erkennbar verschlüsselte Formulierungen – dessen Zustimmung erschlichen. Die dreijährige **Verjährung** gewinnt angesichts dessen praktisch keine Bedeutung.

VII. Klage und Vollstreckung

1. Erfüllungsanspruch

67 Verweigert der Arbeitgeber bzw Dienstberechtigte die Ausstellung des Zeugnisses oder erteilt er ein Zeugnis, das schon formell den gesetzlichen Anforderungen nicht entspricht, hat der Arbeitnehmer ein **Klagerecht**, ggfs auch den Anspruch auf Erlaß einer *einstweiligen Verfügung* (MünchKomm/SCHWERDTNER Rn 51). Dabei ist zunächst nur der Antrag auf ein einfaches oder qualifiziertes Zeugnis zu stellen (LAG Düsseldorf/Köln 21. 8. 1973 DB 1973, 1853; GÖLDNER ZfA 1991, 225, 249). Der gewünschte Inhalt ist nicht notwendiger Bestandteil der Klage, weil die Formulierung eines Zeugnisses grundsätzlich dem Arbeitgeber obliegt (BAG 29. 7. 1971 AP Nr 6 zu § 630 BGB). Es ist aber schon aus prozeßökonomischen Erwägungen zulässig, einem evtl Berichtigungsstreit zuvorzukommen und einen genauen Wortlaut zu verlangen, wenn die Differenzen nicht über das Zeugnis an sich gehen, das der Arbeitgeber durchaus auszustellen bereit ist, sondern sich der Inhalt des Zeugnisses schon als das Hindernis für die Erfüllung des Anspruchs erwiesen hat (STAHLHACKE/BLEISTEIN, GewO § 113 Anm V; aA GRIMM, Zeugnis Rn 112 unter Hinweis auf das Erstformulierungsrecht des Arbeitgebers). Die **Darlegungs- und Beweislast** hinsichtlich der anspruchsbegründenden Tatsachen liegt beim Arbeitnehmer, der also das dauernde Dienstverhältnis und die Fälligkeit des Zeugnisanspruchs, beim Anspruch auf ein qualifiziertes Zeugnis auch sein Verlangen danach vortragen muß. Verlangt ein Arbeitnehmer auch einen bestimmten Zeugnisinhalt, so hat er im Klageantrag genau zu bezeichnen, was in welcher Form das Zeugnis enthalten soll (BAG 14. 3. 2000 FA 2000, 286). Liegt bereits ein Zeugnis vor, muß er auch darlegen, warum dies in formeller Hinsicht nicht dem Gesetz entspricht. Der Arbeitgeber kann demgegenüber die Erfüllung, den Verzicht, den Verfall, die Verjährung oder die Verwirkung einwenden; hierfür trägt er die Beweislast (BGB-RGRK/EISEMANN Rn 94). Beim Streit um den Zeugnisinhalt, insbesondere die Leistungsbewertung, gelten für die Darlegungs- und Beweislast die gleichen Regeln wie im Berichtigungsprozeß (dazu unten Rn 70). Der **Streitwert** beläuft sich auf einen Bruttomonatsverdienst (BAG 20. 1. 1967 AP Nr 16 zu § 12 ArbGG; LAG Düsseldorf 5. 11. 1987 LAGE § 3 ZPO Nr 6; LAG Baden-Württemberg 4. 2. 1985 DB 1985, 2004). Wird der Zeugnisanspruch nur anläßlich der Beendigung einer Bestandsstreitigkeit mitverglichen, ohne anhängig gemacht worden zu sein, ist nur das „Titulierungsinteresse" maßgebend, das sich auf ein Viertel der Bruttomonatsbezüge bemißt (LAG Düsseldorf 14. 5. 1985 LAGE § 3 ZPO Nr 4).

2. Widerruf

68 Widerruft der Arbeitgeber das alte Zeugnis, muß er darlegen und beweisen, was an dem Zeugnis unrichtig ist (BAUMGÄRTEL, Handbuch der Beweislast im Privatrecht [2. Aufl 1991] § 630 Rn 5; MONJAU DB 1966, 340, 341). Der **Antrag** ist auf die Herausgabe des alten Zeugnisses zu richten und – schon zur Vermeidung der mit einer teilweisen Klageabweisung verbundenen Kosten – mit dem Angebot, Zug um Zug ein neues, richtiges Zeugnis zu erstellen, zu verbinden. Dabei ist der Wortlaut des neu angebotenen Zeugnisses in den Antrag (und für das Gericht in den Urteilstenor) mitaufzunehmen, weil bei einer Zug-um-Zug-Verurteilung auch die Gegenleistung aus dem Tenor so genau ersichtlich sein muß, daß der Gerichtsvollzieher bei der Vollstreckung des titulierten Anspruchs die Ordnungsgemäßheit der angebotenen Gegenleistung überprüfen kann (OLG Frankfurt/Main 26.6. 1979 JurBüro 1979, 1390; LG Düsseldorf 16.4. 1986 DGVZ 1986, 139; ZÖLLER/STÖBER [21. Aufl 1999] § 756 Rn 3).

3. Berichtigungsanspruch

Muß der Arbeitnehmer den Klageweg zur Berichtigung des Zeugnisses beschreiten, **69** hat er einen im einzelnen genau spezifizierten **Klageantrag** zu formulieren (LAG Hamm 13.2. 1992 LAGE § 630 BGB Nr 16; ErfK/MÜLLER-GLÖGE Rn 137) und kann nicht mehr auf bloße Erteilung eines (qualifizierten) Zeugnisses klagen (LAG Düsseldorf/ Köln 21.8. 1973 DB 1973, 1853 f). Das erfordert, daß er die angegriffene Textstelle, bei Kritik am Zeugnistext im ganzen das Zeugnis insgesamt, selbst neu zu formulieren hat (LAG Düsseldorf/Köln 21.8. 1973 DB 1973, 1853 f; LAG Hamm 13.2. 1992 LAGE § 630 BGB Nr 16; einschränkend GÖLDNER ZfA 1991, 225, 250: allenfalls Formulierungsvorschläge). Das Gericht prüft, ob die im Zeugnis aufgeführten Tatsachen zutreffen, ob sie vollständig sind und ob das Werturteil aus den Tatsachen bei verständiger Würdigung gerechtfertigt ist (BAG 29.7. 1971 AP Nr 6 zu § 630 BGB; MONJAU DB 1966, 340, 343). Dabei muß das Zeugnis als *einheitliches Ganzes* erhalten bleiben und darf nicht durch Einfügungen und Streichungen sinnentstellend auseinandergerissen werden (BAG 23.6. 1960 AP Nr 1 zu § 73 HGB). Mit Rücksicht auf die Zwangsvollstreckung nach § 888 ZPO muß der Text im Urteil genau festgelegt werden. Das Gericht ist dabei berechtigt, den gesamten Wortlaut des Zeugnisses zu überprüfen und *neu zu formulieren* (BAG 23.6. 1960 AP Nr 1 zu § 73 HGB; eingehend GÖLDNER ZfA 1991, 225, 251 ff; aA SCHNORR vCAROLSFELD Anm AP Nr 6 zu § 630 BGB). Der **Streitwert** ist – je nach Umfang der geforderten Berichtigung – mit bis zu einem Bruttomonatsverdienst anzusetzen (vgl LAG Düsseldorf 5.11. 1987 LAGE § 3 ZPO Nr 6; LAG Baden-Württemberg 30.11. 1976 BB 1977, 400).

In Literatur und Rechtsprechung umstritten ist die Frage der **Darlegungs- und Be- 70 weislast** im Berichtigungsprozeß (eingehend ErfK/MÜLLER-GLÖGE Rn 149 ff; VAN VENROOY 118 ff). HUECK (Anm AP Nr 1 zu § 73 HGB) und andere weisen darauf hin, daß es bei der Berichtigung um die Geltendmachung eines Anspruchs wegen Schlechterfüllung geht, für die nach allgemeinen Regeln derjenige darlegungs- und beweispflichtig sei, der die nicht ordnungsgemäße Erfüllung behaupte, so daß stets der Arbeitnehmer diese Last zu tragen habe (so auch STAUDINGER/NEUMANN[12] § 630 Rn 32; MONJAU DB 1966, 340, 341; STAHLHACKE/BLEISTEIN, GewO § 113 Anm V); woran auch § 619a BGB nichts ändern würde, der sich auf die Haftung des Arbeitgebers nicht bezieht. EISEMANN (in ArbR BGB Rn 126) orientiert sich an der Aussage des BAG, der dem Arbeitgeber zustehende Beurteilungsspielraum ähnele der einseitigen Leistungsbestimmung nach § 315 (BAG 17.2. 1988 AP Nr 18 zu § 630 BGB) und wendet dementsprechend die zu dieser Vorschrift anerkannten Regeln an. Danach hat der Vertragsteil, der die Leistung nach billigem Ermessen zu bestimmen hat, auch darzulegen und zu beweisen, daß die getroffene Bestimmung der Billigkeit entspricht (BGH 6.3. 1986 BGHZ 97, 212, 220 f), so daß diese Obliegenheiten hier stets den Arbeitgeber treffen. Zu diesem Ergebnis gelangt auch das BAG, das selbst freilich anders argumentiert. Nach seiner Ansicht handelt es sich auch bei der Berichtigung in jedem Fall um die Geltendmachung des ursprünglichen Erfüllungsanspruchs, so daß stets der Arbeitgeber als Schuldner der Zeugnispflicht darzutun habe, daß er mit dem bereits er-

teilten Zeugnis seiner Verpflichtung aus § 630 nachgekommen, dieses also auch inhaltlich richtig sei (BAG 23.6. 1960 AP Nr 1 zu § 73 HGB; 24.3. 1977 AP Nr 12 zu § 630 BGB;
17.2. 1988 AP Nr 17 zu § 630 BGB; zust LAG Frankfurt/Main 10.9. 1987 LAGE § 630 BGB Nr 3;
LAG Saarland 28.2. 1990 LAGE § 630 BGB Nr 9; ArbG Frankfurt 25.8. 1999 ARST 2000, 112;
BAUMGÄRTEL, Handbuch der Beweislast im Privatrecht, Band 1 [2. Aufl 1991] § 630 Rn 1). Dem
folgt die *Instanzrechtsprechung* nur zu einem Teil, zum anderen Teil macht sie die
Verteilung der Darlegungs- und Beweislast von der erstrebten Gesamtbewertung
abhängig. Diese liegt danach beim Arbeitnehmer, wenn ihm das Zeugnis „sehr
gute" oder „gute" Leistungen bescheinigen soll (LAG Düsseldorf 12.3. 1986 LAGE
§ 630 BGB Nr 2; LAG Frankfurt/Main 6.9. 1991 LAGE § 630 BGB Nr 14; LAG Köln 2.7. 1999
NZA-RR 2000, 235); umgekehrt ist der Arbeitgeber mit ihr belastet, wenn er dem
Arbeitnehmer eine nur „ausreichende" oder noch schlechtere Bewertung zukommen
lassen will (LAG Hamm 13.2. 1992 LAGE § 630 BGB Nr 16).

71 Allein die letztgenannte Auffassung erscheint auch unter praktischen Gesichtspunkten sachgerecht. Der Arbeitnehmer ist, da er sich vertraglich nur zur Leistung von
Arbeit *mittlerer Art und Güte* (§ 243 Abs 1) verpflichtet (zur Anwendbarkeit von § 243 auf
den Dienstvertrag STAUDINGER/SCHIEMANN[12] § 243 Rn 46 f), lediglich gehalten, eine „befriedigende" Leistung zu erbringen. Ist er der Auffassung, die ihm obliegenden Aufgaben
überobligationsmäßig, also mit überdurchschnittlichem Einsatz erbracht oder einen
überdurchschnittlichen Erfolg erzielt zu haben, ist es auch an ihm, die dieser Einschätzung zugrundeliegenden Tatsachen vorzutragen und im Bestreitensfalle zu beweisen. Ein „gutes" oder „sehr gutes" Zeugnis stellt eine Gegenleistung für entsprechenden Arbeitseinsatz oder -erfolg dar, der daher einer anspruchsbegründenden
Voraussetzung entspricht. Fordert der Arbeitnehmer eine „sehr gute" Gesamtbewertung ein, muß sein Vortrag nicht nur erkennen lassen, daß er sich nichts zuschulden
kommen lassen hat, nicht kritisiert worden ist und dazu auch keinen Anlaß gegeben,
sowie keine deutlichen Schwächen gezeigt hat. Vielmehr erfordert die Reklamierung
einer solchen Bestbewertung eine kontinuierlich oder jedenfalls überwiegend zu
beobachtende, nicht mehr steigerungsfähige Bestleistung, an der der Arbeitgeber
trotz seines Beurteilungsspielraums nicht mehr vorbeigehen kann (LAG Frankfurt/
Main 6.9. 1991 LAGE § 630 BGB Nr 14). Will umgekehrt der Arbeitgeber geltend machen,
der Arbeitnehmer habe schlechtere Dienste als solche von mittlerer Art und Güte
erbracht, ist er dafür schon nach allgemeinen Grundsätzen beweispflichtig. Daraus
folgt zugleich das allein sachgerechte Ergebnis, daß bei mangelndem Vortrag oder
Beweisfälligkeit beider Parteien im Prozeß ein Zeugnis mit durchschnittlicher, „befriedigender" Bewertung ausgeurteilt werden muß (LAG Hamm 13.2. 1992 LAGE § 630
BGB Nr 16, vgl auch LAG Düsseldorf 12.3. 1986 LAGE § 630 BGB Nr 2; aA ArbG Düsseldorf 25.7.
1991 PersR 1992, 380: „volle Zufriedenheit").

4. Zwangsvollstreckung

72 Die Erstellung eines Zeugnisses durch den Arbeitgeber ist eine **unvertretbare Handlung** selbst dann, wenn im Zeugnisrechtsstreit der genaue Wortlaut des Zeugnisses
tituliert worden ist, weil jedenfalls die eigenhändige Unterschrift des Ausstellers von
keiner anderen Person vollzogen werden kann. Dementsprechend erfolgt die
Zwangsvollstreckung stets im Wege des § 888 ZPO durch Androhung von Geldstrafe
und Haft (STEIN/JONAS/BREHM, ZPO [21. Aufl 1996] § 888 Rn 5; ErfK/MÜLLER-GLÖGE Rn 141;
Einzelheiten bei GEISSLER DGVZ 1988, 17 ff). § 894 ZPO ist demgegenüber schon deshalb

nicht anwendbar, weil das Zeugnis nicht Willens- sondern Wissenserklärung ist, im übrigen wäre die Anwendung dieser Vorschrift auch nicht sachgerecht (ZÖLLER/STÖ-BER, ZPO [23. Aufl 2002] § 888 Rn 3). Macht der Arbeitnehmer geltend, der Arbeitgeber habe einen titulierten Anspruch **nicht erfüllt,** weil das übersandte Zeugnis mangelhaft sei, so ist zu unterscheiden: Weist der Titel nur die Verpflichtung des Arbeitgebers aus, ein einfaches oder qualifiziertes Zeugnis zu erteilen, ohne ihm einen bestimmten Wortlaut vorzuschreiben, kommt ein Antrag auf Festsetzung eines Zwangsgeldes nur in Betracht, wenn das erstellte Zeugnis schon formell nicht dem Gesetz entspricht (BECKER/SCHAFFNER BB 1989, 2105, 2110). Die inhaltliche Richtigkeit hingegen ist im Vollstreckungsverfahren nicht nachprüfbar, muß also klageweise im Berichtigungs-prozeß erstrebt werden (LAG Düsseldorf 8. 1. 1958 AP Nr 1 zu § 888 ZPO; LAG München 23. 5. 1967 AP Nr 7 zu § 888 ZPO; LAG Frankfurt/Main 16. 6. 1989 LAGE § 630 BGB Nr 7; GERMELMANN/ MATTHES/PRÜTTING, ArbGG [4. Aufl 2002] § 62 Rn 48). Ist dagegen – insbesondere in einem vorangegangenen Berichtigungsprozeß – bereits ein bestimmter Wortlaut tituliert worden, kann ohne weiteres im Vollstreckungsverfahren nicht nur geltend gemacht werden, daß das Zeugnis formell mangelhaft ist (LAG Hamburg 7. 9. 1993 NZA 1994, 890), sondern auch, daß der Text des überreichten Zeugnisses mit dem Titelinhalt nicht übereinstimme. Gemäß § 61 Abs 2 ArbGG kann der Arbeitnehmer zugleich mit dem Hauptanspruch für den Fall, daß die Handlung nicht binnen einer bestimmten Frist vorgenommen ist, den Arbeitgeber zur Zahlung einer vom Arbeitsgericht nach freiem Ermessen festzusetzenden **Entschädigung** verurteilen lassen; in diesem Falle ist die Zwangsvollstreckung nach § 888 ZPO ausgeschlossen (vgl GERMELMANN/MAT-THES/PRÜTTING § 61 Rn 28).

Das Zeugnis darf in keinem Falle erkennen lassen, daß es erst nach einer gerichtli- **73** chen Auseinandersetzung ausgestellt worden ist; Vermerke wie „ausgestellt aufgrund des Urteils" (LAG Berlin 10. 10. 1927 ARS 1, 160, 161; NEUMANN BB 1951, 226, 228) oder die Unterzeichnung durch einen nicht betriebsangehörigen Rechtsanwalt (LAG Hamm 2. 11. 1966 DB 1966, 1815) sind daher unzulässig; weitere Beispiele zu diesem Problem-kreis auch oben Rn 35.

VIII. Bindungswirkung

Der Arbeitgeber soll an den Inhalt eines Zeugnisses in mehrfacher Hinsicht gebun- **74** den sein: Unproblematisch und sicher zutreffend wird allgemein angenommen, daß er sich an der Beurteilung in einem **Zwischenzeugnis** *für den Zeitraum, auf den sich dieses Zeugnis erstreckt,* zwar nicht dem Wortlaut nach (LAG Düsseldorf 2. 7. 1976 DB 1976, 2310; ErfK/MÜLLER-GLÖGE Rn 113; MünchKomm/SCHWERDTNER Rn 46; PALANDT/PUTZO Rn 7), aber inhaltlich insoweit festhalten lassen muß, als eine abweichende Wertung in einem späteren (Zwischen- oder End-)Zeugnis unzulässig ist (BAG 8. 2. 1972 AP Nr 7 zu § 630 BGB; ErfK/MÜLLER-GLÖGE Rn 113; SCHLESSMANN BB 1988, 1320, 1322), wenn nicht nachträglich Tatsachen bekannt geworden sind, die eine Abweichung rechtfertigen. Hierfür trägt der Arbeitgeber die Beweislast (LAG Hamm 1. 12. 1994 LAGE Nr 25 zu § 630 BGB). Daraus kann im Einzelfall auch eine Bindung hinsichtlich der Gesamtbewer-tung entstehen, etwa wenn erst kurz vor dem Ende eines langjährigen Beschäfti-gungsverhältnisses das letzte Zwischenzeugnis erteilt worden war. In diesem Falle ist der Arbeitgeber in aller Regel an seiner letzten Beurteilung auch inhaltlich fest-zuhalten (LAG Köln 8. 7. 1993 LAGE § 630 BGB Nr 18; LAG Köln 22. 8. 1997 LAGE Nr 30 zu § 630 BGB).

75 Bedenklich ist dagegen die weit verbreitete Auffassung, daß ein Zeugnis den Arbeitgeber im Innenverhältnis auch insoweit bindet, als er nicht berechtigt sein soll, gegen einen Mitarbeiter vorzugehen und beispielsweise Schadensersatzansprüche geltend zu machen, den er im Zeugnis gut beurteilt hat. So hat etwa das BAG angenommen, daß der Arbeitgeber seine Ansprüche auf Ersatz von Kassenfehlbeständen gegen einen Filialleiter nach Treu und Glauben nicht mehr geltend machen könne, wenn er diesem in einem Zeugnis bescheinigt habe, ehrlich, fleißig und gewissenhaft gewesen zu sein (BAG 8. 2. 1972 AP Nr 7 zu § 630 BGB; zust BAUMBACH/HOPT, HGB [30. Aufl 2000] § 73 Rn 5; SCHAUB § 146 Rn 18). Diese Ansicht verkennt, daß das Zeugnis lediglich eine *zusammenfassende Darstellung* der von dem Arbeitnehmer im Dienst gezeigten Leistungen und Führungseigenschaften enthält und einzelne Vorfälle, die für das Arbeitsverhältnis nicht charakteristisch waren, nicht nur nicht hervorheben, sondern nicht einmal mehr erwähnen darf (ErfK/MÜLLER-GLÖGE Rn 113). Danach kann es *zeugnisrechtlich* beispielsweise geboten sein, einem langjährig beschäftigten Arbeitnehmer eine überdurchschnittliche Beurteilung auch dann zukommen zu lassen, wenn er sich im Verlaufe oder gegen Ende des Dienstverhältnisses einer einzelnen Verfehlung schuldig gemacht hat. In derartigen Fällen dem Arbeitgeber Schadensersatzansprüche zu versagen oder eine Kündigung mit Rücksicht auf den Inhalt eines Zeugnisses zu verwehren, ist nicht angebracht. Die Grundsätze der *Einheitlichkeit* und des *Wohlwollens* gelten nur im Zeugnisrecht, im Bereich der Arbeitnehmerhaftung oder des Kündigungsrechts haben sie keine Bedeutung. Dort gelten jeweils unabhängige Regeln darüber, wie schwerwiegend oder dauerhaft ein Fehlverhalten sein muß, um für den Arbeitnehmer nachteilige Konsequenzen zu haben (zB in der Regel keine Haftung für Schäden aufgrund einfacher Fahrlässigkeit, BAG 25. 9. 1957 AP Nr 4 zu §§ 898, 899 RVO; 24. 11. 1987 AP Nr 93 zu § 611 BGB Haftung des Arbeitnehmers; keine Kündigung bei nur unerheblichen einmaligen Pflichtverletzungen s STAHLHACKE/PREIS Rn 1167 ff). Genausowenig, wie diese Wertungen auf das Zeugnisrecht Auswirkung haben, ist dieses geeignet, Einfluß auf andere Rechte aus dem Arbeitsverhältnis zu nehmen.

IX. Haftung

1. Haftung gegenüber dem Arbeitnehmer

76 Gerät der Arbeitgeber mit der Ausstellung des Zeugnisses in **Verzug,** hat er dem Arbeitnehmer gemäß §§ 280 Abs 2, 286 den Verspätungsschaden zu ersetzen (BAG 16. 11. 1995 EzA Nr 20 zu § 630 BGB; ErfK/MÜLLER-GLÖGE Rn 121). Das Zeugnis ist *unverzüglich* nach Ausübung des Wahlrechts (einfaches oder qualifiziertes Zeugnis) zu erstellen; überwiegend werden maximal drei Tage für ausreichend gehalten (LAG Düsseldorf 10. 6. 1953 DB 1953, 695; KÖLSCH NZA 1985, 382, 383; MünchArbR/WANK § 128 Rn 8: „angemessene Bearbeitungszeit"), häufig wird der Arbeitgeber jedoch auch zu einer noch früheren Ausstellung in der Lage sein. Wegen des Holschuldcharakters muß der Arbeitgeber das Zeugnis regelmäßig lediglich an seinem Betriebssitz bereitlegen; eine *Übersendungspflicht* besteht nur in Ausnahmefällen (oben Rn 9). Verzug tritt nur ein, wenn der Arbeitnehmer die Erteilung des Zeugnisses **angemahnt** hat, § 286 Abs 1; die (erste) Forderung nach einem Zeugnis genügt nicht, weil diese erst die die Erfüllbarkeit herstellende Ausübung des Wahlrechts darstellt. § 326 ist demgegenüber unanwendbar, weil die Pflicht zur Zeugniserteilung nicht im Synallagma steht (VAN VENROOY 129). Erteilt der Arbeitgeber das Zeugnis zwar fristgerecht, ist der Arbeitnehmer jedoch mit dem Inhalt nicht einverstanden, muß unterschieden werden: Bei *formellen* Mängeln ist der Anspruch noch nicht erfüllt, so daß Verzug eintreten und der Arbeitgeber aus dem Gesichtspunkt des §§ 280 Abs 2, 286 schadensersatzpflichtig werden kann (BGB-RGRK/EISEMANN Rn 82). Bei *inhaltlichen* Einwänden kommt dagegen nur ein Fall der Schlechterfüllung in Betracht (JAUERNIG/ SCHLECHTRIEM Anm 4).

Erteilt der Arbeitgeber ein Zeugnis, das zwar formell ordnungsgemäß ist, inhaltlich **77** jedoch nicht den Anforderungen des § 630 entspricht, liegt eine **Vertragsverletzung** vor, die, wenn er den Mangel *zu vertreten* (§§ 276, 278) hat, nach § 280 Abs 1 zum Schadensersatz verpflichtet (noch zur Haftung nach den Grundsätzen der pVV BAG 25.10. 1967 AP Nr 6 zu § 73 HGB; 16.11. 1995 EzA Nr 20 zu § 630 BGB; KÖLSCH NZA 1985, 382, 384; SCHNORR V CAROLSFELD Anm AP Nr 8 zu § 630 BGB). In Betracht kommt hier beispielsweise eine unrichtige oder unvollständige Tätigkeitsbeschreibung, die Überschreitung des Beurteilungsspielraums, die Verkennung allgemein anerkannter Zeugnisgrundsätze usw. Das BAG unterscheidet demgegenüber nicht streng zwischen Verzögerungs- und Schlechterfüllungsschaden, weil es auch die Überreichung eines nur inhaltlich unzutreffenden Zeugnisses nicht als Erfüllung ansieht (BAG 17.2. 1988 AP Nr 18 zu § 630 BGB). Dementsprechend unterschiedlich beurteilt wird auch die Frage, ob der Arbeitnehmer den fehlerhaften Zeugnisinhalt zunächst rügen muß, bevor er Ansprüche auf Schadensersatz geltend machen kann. Wendet man § 280 Abs 2 als Anspruchsgrundlage an, so ergibt sich die Rügeobliegenheit schon aus dem Gesichtspunkt der Mahnung (§ 286 Abs 1), die zugleich erkennen lassen muß, warum der Arbeitnehmer die Erfüllung nicht für gehörig hält. Geht man demgegenüber von § 280 Abs 1 aus, kommt eine Pflicht des Arbeitnehmers, vor Erhebung von Schadensersatzansprüchen zunächst eine Abänderung des Zeugnisses zu verlangen, nur unter dem Gesichtspunkt des § 254 Abs 1 in Betracht (SCHNORR V CAROLSFELD Anm AP Nr 8 zu § 630 BGB). In der Tat wird man annehmen können, daß der Arbeitnehmer, der Einwände gegen das Zeugnis meint erheben zu können, in aller Regel zunächst seine Gegenvorstellungen dem Arbeitgeber mitteilen muß, bevor er von diesem Schadensersatz verlangen kann (ähnlich KÖLSCH NZA 1985, 382, 384). Das gebietet bereits die jedem Schuldverhältnis innewohnende Pflicht zur Vermeidung und Minimierung der beim Vertragspartner möglicherweise entstehenden Schäden (LARENZ I § 10 II e).

Der **Schaden** des Arbeitnehmers wird in der Regel darin bestehen, daß er wegen des **78** unrichtig schlechten Zeugnisses keine, keine adäquate oder erst mit Verzögerung wieder eine neue Stelle gefunden hat und ihm aus diesem Grunde *Lohnansprüche entgangen* sind (KÖLSCH NZA 1985, 382, 383 f). Dabei muß er sich unter dem Gesichtspunkt der *Vorteilsausgleichung* (dazu STAUDINGER/SCHIEMANN[12] [1998] § 249 Rn 137 ff) dasjenige anrechnen lassen, was er von dritter Seite erhalten hat, insbesondere also Arbeitslosengeld und -hilfe sowie Sozialhilfe (BAG 17.10. 1972 AP Nr 8 zu § 630 BGB). Auch die Kosten für *erfolglose Bewerbungen* stellen einen Schaden dar, soweit sie nicht nach §§ 662, 670 von dem Arbeitgeber, der zur Vorstellung aufgefordert hatte, zu übernehmen sind (dazu § 629 Rn 24 f). Unter den Voraussetzungen des § 847 soll auch ein **Schmerzensgeld** gefordert werden können, wenn etwa der Arbeitnehmer durch Verschulden des Arbeitgebers längere Zeit arbeitslos blieb und es hierdurch zu einer schwerwiegenden Gesundheitsschädigung kam (BAG 12.8. 1976 AP Nr 11 zu § 630 BGB). Das wird freilich kaum jemals praktisch werden (SCHMID DB 1982, 1111, 1114).

Erhebliche Schwierigkeiten wirft die Anspruchsdurchsetzung jedoch wegen der Ver- **79** teilung der **Darlegungs- und Beweislast** auf, die nach allgemeiner Ansicht jedenfalls im Hinblick auf die objektive Pflichtwidrigkeit, die Kausalität und den Schaden den Arbeitnehmer trifft (BAG 25. 10. 1967 AP Nr 6 zu § 73 HGB; 26. 2. 1976 AP Nr 3 zu § 252 BGB; 24. 3. 1977 AP Nr 12 zu § 630 BGB; BAUMGÄRTEL, Handbuch der Beweislast im Privatrecht, Band 1 [2. Aufl 1991] § 630 Rn 4; SOERGEL/KRAFT Rn 13). Es ist für den Arbeitnehmer in hohem Maße schwierig nachzuweisen, daß er eine schlechtere oder gar keine Anstellung *nur deswegen* erhalten hat, weil er entweder das Zeugnis nicht vorlegen konnte oder dieses unrichtig war. Allerdings hat das BAG seine ältere Rechtsprechung, es gebe keinen Erfahrungssatz, daß die verspätete oder nicht ordnungsgemäße Ausstellung eines Zeugnisses ursächlich für den Mißerfolg bei dem Bemühen um einen neuen Arbeitsplatz ist (BAG 25. 10. 1967 AP Nr 6 zu § 73 HGB), später relativiert (BAG 26. 2. 1976 AP Nr 3 zu § 252 BGB; 24. 3. 1977 AP Nr 12 zu § 630 BGB; MünchKomm/SCHWERDTNER Rn 57). Auch kommen dem Arbeitnehmer die **Beweiserleichterungen** der §§ 252 S 2 BGB, 287 ZPO sowohl für die haftungsausfüllende Kausalität als auch für die Höhe des Schadens zugute (BAG 25. 10. 1967 AP Nr 6 zu § 73 HGB; 26. 2. 1976 AP Nr 3 zu § 252 BGB; 16. 11. 1995 EzA Nr 20 zu § 630 BGB; KÖLSCH NZA 1985, 382, 384; MünchArbR/WANK § 128 Rn 51). Dabei erleichtert § 287 ZPO nicht nur die Beweisführung, sondern auch die Darlegungslast mit der Folge, daß eine Substantiierung der klagebegründenden Tatsachen nicht im gleichen Rahmen wie hinsichtlich anderer Fragen verlangt werden kann. Die vorgetragenen Umstände müssen aber für eine Schadensschätzung eine hinreichende Grundlage abgeben; diese darf nicht mangels greifbarer Anhaltspunkte „völlig in der Luft hängen" (BAG 27. 1. 1972 AP Nr 2 zu § 252 BGB; BGH 22. 5. 1984 BGHZ 91, 243, 256 f; 12. 10. 1993 NJW 1994, 663, 664 f; ZÖLLER/GREGER, ZPO [23. Aufl 2002] § 287 Rn 4). Auch wenn damit der Sachverhalt nicht in vollem Umfang erschöpft wird, ist mithin stets zu prüfen, in welchem Umfang dieser eine hinreichende Grundlage für die Schätzung eines in jedem Falle eingetretenen Mindestschadens bietet (BGH 5. 5. 1970 BGHZ 54, 45, 55; 12. 10. 1993 NJW 1994, 663, 664). Ob den Arbeitnehmer darüber hinaus auch hinsichtlich der Fehlerhaftigkeit des *Zeugnisinhalts* die Darlegungs- und Beweislast trifft, wird hier genauso unterschiedlich beantwortet wie im Zusammenhang mit dem Berichtigungsanspruch (oben Rn 70 f).

80 Im Hinblick auf **Verjährung, Verwirkung** und **Verfall** soll der Schadensersatzanspruch dem Anspruch auf Erteilung bzw Berichtigung des Zeugnisses folgen (SCHLESSMANN 131; MünchKomm/SCHWERDTNER Rn 57), also gleichfalls von tariflichen Ausschlußfristen erfaßt und durch die unbeanstandete Entgegennahme des Zeugnisses verwirkt werden können. Ob dem insbesondere angesichts der kurzen Fristen, die das BAG (17. 10. 1972 AP Nr 8 zu § 630 BGB) für die Verwirkung dieser Ansprüche angenommen hat, uneingeschränkt gefolgt werden kann, erscheint zweifelhaft. Gerade wenn der Arbeitgeber selbst durch die verspätete oder fehlerhafte Erteilung eines Zeugnisses gegen seine durch § 630 konkretisierte Fürsorgepflicht verstoßen hat, ist es bedenklich, seinem Vertrauen unter Berufung auf die Grundsätze von Treu und Glauben anspruchsvernichtende Wirkung zuzugestehen (ähnlich ArbR BGB/EISEMANN Rn 116).

2. Haftung gegenüber Dritten

81 Hinsichtlich der Haftung gegenüber Dritten, insbesondere dem neuen Arbeitgeber, der aufgrund eines unrichtigen Zeugnisses einen Arbeitnehmer eingestellt hat, hat die Rechtsprechung eine Ersatzpflicht lange Zeit nur unter den Voraussetzungen einer **vorsätzlich sittenwidrigen Schädigung** nach § 826 angenommen (BGH 26. 11. 1963

AP Nr 10 zu § 826 BGB; 22.9. 1970 AP Nr 16 zu § 826 BGB; JAUERNIG/SCHLECHTRIEM Anm 6).
Dabei wird die wissentliche Unwahrheit der Angaben und die zumindest billigende
Inkaufnahme möglicher Schäden vorausgesetzt; eine nur fahrlässig falsche Ausstellung des Zeugnisses reicht nicht aus (SOERGEL/KRAFT Rn 14). Andererseits ist für den
Anspruch aus § 826 nicht erforderlich, daß der Arbeitgeber sich auch bewußt ist,
sittenwidrig zu handeln; die Ausstellung des falschen Zeugnisses muß lediglich objektiv gegen die guten Sitten verstoßen. Wenn also der Arbeitgeber die begründete
Hoffnung haben kann, ein Vorfall sei einmalig, werde sich nicht wiederholen und
brauche deshalb nicht im Zeugnis angegeben zu werden, entfällt eine Haftung Dritten gegenüber. Ist das aber nicht der Fall, können auch verschwiegene oder aus-
gelassene Angaben zur Haftung nach § 826 führen. Hat sich ein Beschäftigter als
unzuverlässig oder unehrlich erwiesen, ist das aber wegen der Auslassung oder unrichtig formulierter Wendungen im Zeugnis nicht zum Ausdruck gekommen, tritt
Haftung nach § 826 ein, wenn dem neuen Arbeitgeber ein Schaden entsteht, also der
Arbeitnehmer beispielsweise erneut Diebstähle oder Unterschlagungen begeht
(BGH 22.9. 1970 AP Nr 16 zu § 826 BGB; OLG München 30.3. 2000 OLGR München 2000, 337;
OLG Hamburg 14.12. 1954 DB 1955, 172). Das Schweigen führt allerdings dann nicht zur
Haftung, wenn es „beredt" ist, zB wenn trotz allgemeiner Üblichkeit die Ehrlichkeit
nicht bescheinigt wird. Gehört jedoch Ehrlichkeit zu den Selbstverständlichkeiten,
die nicht im Zeugnis anzugeben sind, ist die Unehrlichkeit, deren Wiederholung
droht, im Zeugnis anzugeben, wenn Schadensersatzansprüche Dritter vermieden
werden sollen. Erst recht dürfen keine unrichtigen Angaben gemacht werden
(BGH 26.11. 1963 AP Nr 10 zu § 826 BGB; 22.9. 1970 AP Nr 16 zu § 826 BGB). In jedem Falle
aber steht dem Arbeitgeber, der das Zeugnis nicht selbst, sondern durch einen *Ver-
richtungsgehilfen* hat ausstellen lassen, die **Exkulpationsmöglichkeit nach § 831** offen
(BGH 15.5. 1979 BGHZ 74, 281, 289).

Diese Schwächen der Deliktshaftung hat der BGH durch die Annahme einer **ver-   82
tragsähnlichen Rechtsbeziehung** zwischen dem Zeugnisaussteller und dem neuen Arbeitgeber umgangen (BGH 15.5. 1979 BGHZ 74, 281, 290 ff; siehe auch OLG München 30.3.
2000, OLGR München 2000, 337; gegen die Ansicht des BGH ErfK/MÜLLER-GLÖGE Rn 134 mit dem
Argument, der Arbeitgeber wolle sich nicht rechtsgeschäftlich zu Auskünften verpflichten, sondern
nur seiner gesetzlichen Verpflichtung nachkommen). Die Funktion des Zeugnisses besteht
nicht nur darin, *dem Arbeitnehmer* seine Tätigkeit und die dabei erbrachten Leistungen zu bescheinigen, sondern auch darin, dem *interessierten Dritten* eine Unterlage an die Hand zu geben, die er bei seinem Einstellungsentschluß mit heranziehen
kann. Diese Aufgabe kann das Zeugnis für jeden Aussteller erkennbar nur erfüllen,
wenn es eine nach Treu und Glauben unerläßliche und ohne weiteres zuzumutende
Mindestgewähr für die Richtigkeit seines Inhalts bietet, die sich jedenfalls auf die
Punkte zu erstrecken hat, die die Verläßlichkeit des Zeugnisses im Kern berühren
(BGH 15.5. 1979 BGHZ 74, 281, 290 ff). Diese Mindestgewähr beinhaltet zunächst eine
Einstandspflicht des Ausstellers dafür, daß der Dritte durch eine bewußte Unrichtigkeit des Zeugnisses keinen Schaden erleidet. Sie erstreckt sich ferner aber auch auf
den Fall, daß dem Aussteller die objektive Unrichtigkeit eines zunächst in gutem
Glauben ausgestellten Zeugnisses nachträglich bewußt geworden und ihm zugleich
bekannt ist, daß ein bestimmter Dritter auf das Zeugnis vertraut hat und dadurch
schweren Schaden zu nehmen droht, soweit einer umgehenden Warnung des Dritten
weder tatsächliche Schwierigkeiten noch billigenswerte Rücksichtnahmepflichten
entgegenstehen (BGH 15.5. 1979 BGHZ 74, 281, 290 f; zustimmend BAUMBACH/HOPT, HGB

[30. Aufl 2000] § 73 Rn 10; GLEISBERG DB 1979, 1227 ff; GRIMM, Zeugnis Rn 134; aA KÖLSCH NZA 1985, 382, 385; LOEWENHEIM JZ 1980, 469 ff; MünchKomm/SCHWERDTNER Rn 17, 60; VAN VENROOY 212 ff).

X. Auskünfte

83 Der Arbeitgeber ist **auf Wunsch des** ausgeschiedenen **Arbeitnehmers** aus dem Gesichtspunkt der *nachwirkenden Vertragspflicht* gehalten, über die Erstellung des Zeugnisses hinaus in dessen Interesse Auskünfte an solche Personen zu erteilen, mit denen der Arbeitnehmer in Verhandlungen über den Abschluß eines Arbeitsvertrages steht (BAG 5.8. 1976 AP Nr 10 zu § 630 BGB; 18.12. 1984 AP Nr 8 zu § 611 BGB Persönlichkeitsrecht; DIEKHOFF BB 1961, 573). Jedoch kann der Arbeitnehmer entsprechende Bemühungen des alten Arbeitgebers nur verlangen, wenn er hieran ein berechtigtes Interesse hat und die Erteilung der Auskunft keine größeren Anstrengungen verlangt (SOERGEL/KRAFT Rn 16; ErfK/MÜLLER-GLÖGE Rn 116). Auf den Inhalt der Auskunft kann er nur insoweit Einfluß nehmen, als er deren Gegenstand und Umfang zu bestimmen vermag; inhaltlich bleibt der Arbeitgeber auch dann zur Wahrheit verpflichtet, wenn die Auskunft dem Arbeitnehmer schadet (BAG 5.8. 1976 AP Nr 10 zu § 630 BGB; anders LAG Berlin 8.5. 1989 LAGE § 242 BGB Auskunftspflicht Nr 2). Im übrigen gelten die Grundsätze einer vollständigen, gerechten und nach objektiven Grundsätzen getroffenen Beurteilung auch hier (MünchKomm/SCHWERDTNER Rn 67). Sowohl derjenige, der die Auskunft eingeholt, als auch der, der sie erteilt hat, ist auf Verlangen verpflichtet, dem Arbeitnehmer den Inhalt der Auskunft mitzuteilen (BGH 10.7. 1959 AP Nr 2 zu § 630 BGB; SCHULZ NZA 1990, 717, 719).

84 Erheblich problematischer sind demgegenüber solche Auskünfte, die **gegen den Wunsch des Arbeitnehmers** erteilt werden. Wegen der erheblichen Schwächen des Zeugnisses sind Arbeitgeber vielfach daran interessiert, weitergehende Informationen über den Stellenbewerber von dessen bisherigem Arbeitgeber zu erlangen. Fest steht, daß eine **Verpflichtung** des bisherigen Arbeitgebers zur Erteilung von Auskünften in der *Privatwirtschaft* in keinem Falle besteht; ob rechtsgeschäftliche Verpflichtungen zur Auskunftserteilung – etwa unter Konzernunternehmen – wirksam sind, ist streitig (bejahend MünchArbR/WANK § 128 Rn 58; SCHAUB § 147, 2; verneinend BGB-RGRK/EISEMANN Rn 69; MünchKomm/SCHWERDTNER Rn 67). Sicher können zwischen dem ausscheidenden Mitarbeiter und dem Arbeitgeber Vereinbarungen darüber getroffen werden, ob überhaupt, unter welchen Voraussetzungen und in welchem Umfang Auskünfte erteilt werden sollen und können (ErfK/MÜLLER-GLÖGE Rn 119 unter Verweis auf BAG 29.9. 1994 – 8 AZR 570/93 nv). Im Bereich des *öffentliches Dienstes* dagegen soll nach Auffassung des BAG aus der Pflicht zur Amtshilfe nach Art 35 GG auch die Pflicht zur wechselseitigen Auskunftserteilung und zur Überlassung von Personalakten bezüglich solcher Arbeitnehmer bestehen, die bereits im öffentlichen Dienst beschäftigt waren und nunmehr zu einer anderen Dienststelle wechseln (BAG 15.7. 1960 AP Nr 1 zu Art 35 GG). Unterliegt schon diese Auffassung jedenfalls dann Bedenken, wenn es sich um Dienststellen zweier verschiedener Dienstherren handelt (krit a im Hinblick auf § 90d Abs 2 BBG, § 56 Abs 2 BRRG ErfK/MÜLLER-GLÖGE § 630 Rn 120), so ist umso schwieriger zu beurteilen die Frage, unter welchen Voraussetzungen und in welchem Umfang eine **Berechtigung** zur Erteilung zeugnisergänzender Auskünfte in der *Privatwirtschaft* besteht. Das BAG hat angenommen, die Arbeitgeber seien aus dem Gesichtspunkt der *Sozialpartnerschaft* berechtigt, andere Arbeitgeber bei der

Wahrung ihrer Belange zu unterstützen (BAG 25. 10. 1957 AP Nr 1 zu § 630 BGB) und
daraus hergeleitet, daß Auskünfte nicht nur ohne Zustimmung, sondern auch gegen
den ausdrücklich erklärten Willen des Arbeitnehmers zulässig sind (BAG 5. 8. 1976 AP
Nr 10 zu § 630 BGB; 18. 12. 1984 AP Nr 8 zu § 611 BGB Persönlichkeitsrecht; ArbG Darmstadt 1. 7.
1976 BB 1977, 797; **aA** DIEKHOFF BB 1961, 573 f).

Dem wird man nur mit Einschränkungen zustimmen können. Zum einen findet das **85**
Auskunftsrecht seine Grenze im *Fragerecht* des neuen Arbeitgebers beim Einstel-
lungsgespräch. Dieses geht nur soweit, als er ein berechtigtes, billigenswertes und
schutzwürdiges Interesse an der Beantwortung seiner Frage für das Arbeitsverhältnis
hat. Das Interesse muß objektiv so stark sein, daß dahinter das Interesse des Arbeitnehmers am Schutz seines *Persönlichkeitsrechts* und an der *Unverletzbarkeit seiner
Individualsphäre* zurücktreten muß (BAG 7. 6. 1984 AP Nr 26 zu § 123 BGB). Es kann nicht
angehen, diesen Persönlichkeitsschutz durch Nachfragen beim alten Arbeitgeber zu
unterlaufen (BGB-RGRK/EISEMANN Rn 68; zu **unaufgeforderten** Auskünften SCHNORR V CA-
ROLSFELD Anm AP Nr 10 zu § 630 BGB). Zum zweiten dürfen die Auskünfte dem Zeugnisinhalt nicht widersprechen (LAG Berlin 8. 5. 1989 LAGE § 242 BGB Auskunftspflicht Nr 2;
aA BAG 5. 8. 1976 AP Nr 10 zu § 630 BGB; wie hier dagegen § 143 Abs 4 S 2 des Entwurfs eines
Arbeitsvertragsgesetzes 1992 – ArbVG 1992 –), sie unterliegen also auch denselben Erfordernissen im Hinblick auf Vollständigkeit, Einheitlichkeit und Wahrheit wie das
Zeugnis selbst (BAG 25. 10. 1957 AP Nr 1 zu § 630 BGB; NOWAK AuA 1992, 68, 69 f). Letztlich
können Auskünfte daher nur **ergänzenden Charakter** haben, also entweder Ereignisse
oder Persönlichkeitsmerkmale betreffen, die für das Gesamtbild des Arbeitnehmers
nicht charakteristisch waren und daher nicht in das Zeugnis aufgenommen werden
durften, oder die nicht von allgemeinem Interesse sind und deshalb keinen Niederschlag im Zeugnis gefunden haben, an denen aber gerade der potentielle neue Arbeitgeber ein spezifisches Interesse geltend macht (ähnlich ArbR BGB/EISEMANN Rn 67).
In jedem Falle aber muß der Arbeitgeber auch hier den Inhalt etwaiger Auskünfte
dem Arbeitnehmer mitteilen (oben Rn 83 aE); ferner können in der *Privatwirtschaft*
zwischen dem ausscheidenden Mitarbeiter und seinem Arbeitgeber **bindende Verein-**
barungen darüber getroffen werden, ob, unter welchen Voraussetzungen und in welchem Umfang letzterer zur Erteilung von Auskünften berechtigt sein soll (LAG Hamburg 16. 8. 1984 DB 1985, 284, 285; SCHMID DB 1983, 769, 773). Im *öffentlichen Dienst* soll
dagegen die Pflicht zur Amtshilfe derartigen Vereinbarungen entgegenstehen (BAG
15. 7. 1960 AP Nr 1 zu Art 35 GG).

Verletzt der Arbeitgeber die ihm danach obliegenden Pflichten in zu vertretender **86**
Weise, steht dem Arbeitnehmer ein **Schadensersatzanspruch** aus § 280 Abs 1 wegen
Verletzung der nachvertraglichen Nebenpflichten (zur Haftung aus pVV: LAG Frankfurt/
Main 20. 12. 1979 DB 1980, 1224; LAG Hamburg 16. 8. 1984 DB 1985, 284, 285; LAG Berlin 8. 5. 1989
LAGE § 242 BGB Auskunftspflicht Nr 2), uU auch aus §§ 824, 826 zu (MünchArbR/WANK
§ 128 Rn 60; SOERGEL/KRAFT Rn 16). Für diese Ansprüche gelten die gleichen Regeln wie
für Schadensersatzforderungen wegen der Erteilung eines unrichtigen Zeugnisses
(PALANDT/PUTZO Rn 6; SOERGEL/KRAFT Rn 16). Darüber hinaus kann der Arbeitnehmer
sowohl aus dem Gesichtspunkt der Naturalrestitution (§ 249) als auch entsprechend
§ 1004 verlangen, daß unrichtige Auskünfte berichtigt werden (SCHLEGELBERGER/
SCHRÖDER, HGB [5. Aufl 1973] § 73 Rn 14); dauert die Beeinträchtigung an und besteht
Wiederholungsgefahr, ist auch ein quasinegatorischer Unterlassungsanspruch nach
der letztgenannten Vorschrift gegeben (BGH 10. 7. 1959 AP Nr 2 zu § 630 BGB).

XI. Andere Arbeitspapiere

87 Bei Beendigung des Beschäftigungsverhältnisses hat der Arbeitgeber dem Arbeitnehmer gemäß § 312 SGB III unter Verwendung des amtlich vorgesehenen Vordrucks eine **Arbeitsbescheinigung** auszustellen (SCHULZ 1 ff), in der alle Tatsachen zu bescheinigen sind, die für die Entscheidung des Arbeitsamtes über den Anspruch auf Arbeitslosengeld erheblich sein können. Darin sind insbesondere die Art der Tätigkeit des Arbeitnehmers, Beginn, Ende, Unterbrechungen und Grund für die Beendigung des Beschäftigungsverhältnisses sowie das Arbeitsentgelt und die sonstigen Leistungen im Sinne von §§ 143, 143a SGB III anzugeben, die der Arbeitnehmer erhalten oder zu beanspruchen hat. Der Anspruch auf *Erteilung* der Arbeitsbescheinigung ist nach Ansicht des BAG vor den Arbeitsgerichten (BAG 15. 1. 1992 AP Nr 21 zu § 2 ArbGG 1979), der Anspruch auf *Berichtigung* vor den Sozialgerichten geltend zu machen (BAG 13. 7. 1988 AP Nr 11 zu § 2 ArbGG 1979; BSG 12. 12. 1990 SozR 3–4100 § 133 Nr 1); beides ist jedoch nicht unumstritten (zum Streitstand GAGEL, SGB III, § 312 Rn 62 ff; vgl auch SCHICKEDANZ DB 1981, 1880). Die Arbeitsbescheinigung vermag das Zeugnis in keinem Falle zu ersetzen, da sie lediglich dem Arbeitsamt als Entscheidungs- und Bemessungsgrundlage für die Leistungen der Arbeitslosenunterstützung dient (GRIMM, Zeugnis Rn 22).

88 Gemäß § 41b Abs 1 S 4 EStG, LStR 114 Abs 2 muß der Arbeitgeber die **Lohnsteuerkarte** mit der auf ihr enthaltenen Lohnsteuerbescheinigung dem Arbeitnehmer aushändigen, wenn das Dienstverhältnis vor Ablauf des Kalenderjahres beendet oder der Arbeitnehmer zur Einkommensteuer veranlagt wird; ansonsten hat er die Lohnsteuerbescheinigung dem Betriebsstättenfinanzamt vorzulegen. Wird für die Lohnabrechnung ein maschinelles Verfahren angewendet, so ist die Lohnsteuerbescheinigung nicht sofort bei Beendigung des Dienstverhältnisses auszuschreiben, sondern die Lohnsteuerkarte ist bis zur Ausschreibung der Lohnsteuerbescheinigung zurückzuhalten; dem Arbeitnehmer ist für die Zwischenzeit eine Bescheinigung über alle auf der Lohnsteuerkarte eingetragenen Merkmale auszuhändigen, die auch die Angabe über den Zeitpunkt der Beendigung des Dienstverhältnisses enthalten muß, § 41b Abs 1 S 5 EStG.

89 Zurückzugeben war nach § 280 SGB IV auch das **Versicherungsnachweisheft,** das der Arbeitnehmer schon deshalb braucht, weil der nächste Arbeitgeber die darin enthaltenen Versicherungsnachweise für die Anmeldung nach § 28a Abs 1 Nr 1 SGB IV benötigte. Die amtliche Begründung betont, daß der Arbeitgeber für die Zeit nach Beendigung des Beschäftigungsverhältnisses kein Zurückbehaltungsrecht an dem Versicherungsnachweisheft wegen etwaiger eigener Ansprüche gegen den Arbeitnehmer habe. Dem ist zuzustimmen; freilich ist dies so selbstverständlich, daß es (entgegen KassKomm/SEEWALD § 280 SGB IV Rn 6) keiner eindeutigeren Formulierung im Gesetz mehr bedurfte. Mit Wegfall des Sozialversicherungsnachweisheftes zum 1. 1. 1999 sind auch die entsprechenden Bestimmungen in § 280 SGB IV entfallen (KassKomm/SEEWALD § 280 Rn 6).

90 Der Arbeitgeber ist ferner verpflichtet, dem Arbeitnehmer bei Beendigung des Arbeitsverhältnisses eine **Urlaubsbescheinigung** auszuhändigen, aus der sich der im Kalenderjahr gewährte oder abgegoltene Urlaub ergibt, § 6 Abs 2 BUrlG. Zweck dieser Bescheinigung ist es vorrangig, zu erreichen, daß dem Arbeitnehmer beim

Wechsel des Arbeitsplatzes nur einmal der volle Erholungsurlaub gewährt wird (DERSCH/NEUMANN, BUrlG [8. Aufl 1997] § 6 Rn 1, 14). Daher kann der neue Arbeitgeber bei der Einstellung die Vorlage einer entsprechenden Bescheinigung verlangen und die Gewährung des Urlaubs solange hinausschieben, bis der Arbeitnehmer seiner Pflicht zur Vorlage nachkommt (DERSCH/NEUMANN § 6 Rn 14). Daraus folgt umgekehrt, daß sich der Arbeitgeber schadensersatzpflichtig macht, der die Ausstellung der Bescheinigung verzögert oder ganz unterläßt, wenn der Arbeitnehmer deshalb seinen Urlaubsanspruch gegen den neuen Arbeitgeber nicht durchsetzen kann (DERSCH/NEUMANN § 6 Rn 15).

Sachregister

Die fetten Zahlen beziehen sich auf die
Paragraphen, die mageren Zahlen auf die
Randnummern.

Vollmacht
Arbeitnehmer-Überschreitung als Kündigungsgrund **626** 174
Kündigungserklärung **Vorbem 620 ff** 64
und Schriftformerfordernis **623** 45
Volontäre
Beendigung, Schriftformerfordernis **623** 11
Berufsbildungsbegriff des EFZG **616** 188
Vorbehalt
Abschluß eines weiteren befristeten Arbeitsvertrags **620** 41
Vorläufige Einstellung
Arbeitnehmereinstellung **Vorbem 620 ff** 8
Vorleistungen
und Beendigung des Arbeitsverhältnisses/ Dienstvertrages (teilweise Vergütung) **628** 17 ff
Rückerstattung der Vergütung im Kündigungsfall **628** 29 ff
Vergütung von Diensten im Kündigungsfall **628** 17 ff
Vorsorge- und Rehabilitationsmaßnahmen (Entgeltfortzahlung)
Ärztliche Verordnung **616** 270, 272
Anrechnung auf den Erholungsurlaub **616** 274
Anzeigepflichten **616** 275
Bewilligung **616** 267 f
Entgeltfortzahlung **616** 274
Kostenübernahme **616** 267
Mitteilungspflichten **616** 275
Private Versicherungsträger **616** 270
Schonungszeit **616** 276 f
Sozialleistungsträger **616** 268
Stationäre Maßnahmen **616** 266
Zusatzversicherung **616** 270
Vorsorgliche Kündigung
Arbeitsverhältnis, Dienstvertrag **Vorbem 620 ff** 60
Vorstandsmitglieder
s. a. Organstellung
Kündigung, außerordentliche **626** 19, 99
Vorteilsausgleichung
und Schadensersatzanspruch wegen Auflösungsverschuldens **628** 55

Wachstums- und Beschäftigungsförderungs-ErgänzungsG
Änderung des EntgeltfortzahlungsG, gescheiterte **616** 169
Wahlbewerber
Kündigung, außerordentliche **626** 24
Wahlvorstand
Kündigung, außerordentliche **626** 24
Warnfunktion
und Schriftformerfordernis (Beendigung von Arbeitsverhältnissen) **623** 5

Wartefrist
Krankheitsfall (Entgeltfortzahlung) s. dort
Wartezeit
KSchG, sechsmonatige und Abgrenzung zur Probezeit **620** 119
Waschräume
Arbeitsstätten-Richtlinien **618** 78
Schutzpflichten des Dienstberechtigten **618** 114
Wehrdienst
im Ausland **626** 140
Beendigung von Arbeitsverhältnissen **Vorbem 620 ff** 5, 166 ff
Befristetes Arbeitsverhältnis wegen Arbeitnehmervertretung **620** 105
Ruhendes Dienstverhältnis nach Einberufung **Vorbem 620 ff** 25
Weiterarbeit
als Annahme eines Änderungsangebotes **626** 265
Weiterbeschäftigung
Allgemeiner Anspruch **Vorbem 620 ff** 42
Entgeltfortzahlung bei Dienstverhinderung **616** 43
Entgeltfortzahlung im Krankheitsfall **616** 186
Fortsetzungsfiktion und vereinbarte – **625** 17
nach Kündigungswiderspruch (Betriebsrat, Personalrat) **Vorbem 620 ff** 142
Schutzpflichten **618** 94
Zeitbefristete, zweckbefristete – **625** 17
und Zeugnisverlangen **630** 17
Weiterbildung
Befristetes Arbeitsverhältnis **620** 148
Werkbeurlaubung
Arbeitsverhältnis, Dienstvertrag **Vorbem 620 ff** 28
Werkstudenten
Berufsausbildungsbegriff des EFZG **616** 188
Problematik der Befristungsabreden **620** 100 ff
Werkswohnung
Nichtvertragsgemäßer Zustand **626** 247
Werkvertrag
Schutzpflichten **618** 100
Werkvertragsähnliche Vertragsverhältnisse
Schutzpflichten **618** 103
Wettbewerbsabreden
und Beendigung des Arbeitsverhältnisses, des Dienstvertrages **Vorbem 620 ff** 190
Wettbewerbsrecht
Arbeitsschutzrecht, mißachtetes **618** 405 ff
Wichtiger Kündigungsgrund
s. Kündigung des Arbeitsverhältnisses (außerordentliche)

J. von Staudingers
Kommentar zum Bürgerlichen Gesetzbuch
mit Einführungsgesetz und Nebengesetzen

Übersicht vom 1. August 2002

Die Übersicht informiert über die Erscheinungsjahre der Kommentierungen in der 13. Bearbeitung und deren Neubearbeitungen (= Gesamtwerk STAUDINGER). *Kursiv* geschrieben sind die geplanten Erscheinungsjahre.

Die Übersicht ist für die 13. Bearbeitung und für deren Neubearbeitungen zugleich ein Vorschlag für das Aufstellen des „Gesamtwerk STAUDINGER" (insbesondere für solche Bände, die nur eine Sachbezeichnung haben). Es wird empfohlen, die Austauschbände chronologisch neben den überholten Bänden einzusortieren, um bei Querverweisungen auf diese schnell Zugriff zu haben. Bei Platzmangel sollten die ausgetauschten Bände an anderem Ort in gleicher Reihenfolge verwahrt werden.

	13. Bearb.	Neubearbeitungen
Erstes Buch. Allgemeiner Teil		
Einl BGB; §§ 1–12; VerschG	1995	
§§ 21–103	1995	
§§ 104–133; BeurkG	*2003*	
§§ 134–163	1996	
§§ 164–240	1995	2001
Zweites Buch. Recht der Schuldverhältnisse		
§§ 241–243	1995	
AGBG	1998	
§§ 244–248	1997	
§§ 249–254	1998	
§§ 255–292	1995	
§§ 293–327	1995	
§§ 255–314		2001
§§ 315–327		2001
§§ 328–361	1995	
§§ 328–361b		2001
§§ 362–396	1995	2000
§§ 397–432	1999	
§§ 433–534	1995	
Wiener UN-Kaufrecht (CISG)	1994	1999
§§ 535–563 (Mietrecht 1)	1995	
§§ 564–580a (Mietrecht 2)	1997	
2. WKSchG; MÜG (Mietrecht 3)	1997	
§§ 581–606	1996	
§§ 607–610	*J.*	
VerbrKrG; HWiG; § 13a UWG	1998	
VerbrKrG; HWiG; § 13a UWG; TzWrG		2001
§§ 611–615	1999	
§§ 616–619	1997	
§§ 620–630	1995	
§§ 616–630		2002
§§ 631–651	1994	2000
§§ 651a – 651l	2001	
§§ 652–704	1995	
§§ 705–740	*2003*	
§§ 741–764	1996	2002
§§ 765–778	1997	
§§ 779–811	1997	
§§ 812–822	1994	1999
§§ 823–825	1999	
§§ 826–829; ProdHaftG	1998	
§§ 830–838	1997	2002
§§ 839, 839a	*2002*	
§§ 840–853	*2002*	
Drittes Buch. Sachenrecht		
§§ 854–882	1995	2000
§§ 883–902	1996	
§§ 903–924; UmweltHaftR	1996	
§§ 903–924		2002
UmweltHaftR		2002
§§ 925–984	1995	
§§ 985–1011	1993	1999
ErbbVO; §§ 1018–1112	1994	
§§ 1113–1203	1996	

Nachbezug: Um sich die Vollständigkeit des „Gesamtwerk STAUDINGER" zu sichern, haben Abonnenten jederzeit die Möglichkeit, die ihnen fehlenden Bände früherer Jahre zu für sie erheblich vergünstigten Bedingungen nachzubeziehen (z. B. 52 bis Dezember 1999 erschienene Bände [1994 ff., 35.427 Seiten] seit 1. Januar 2002 als Staudinger-Einstiegspaket 2002 für € [D] 4.598,-/sFr 7.357,- ISBN 3-8059-0960-8). Auskünfte erteilt jede gute Buchhandlung und der Verlag.

Dr. Arthur L. Sellier & Co. KG – Walter de Gruyter GmbH & Co. KG oHG, Berlin
Postfach 30 34 21, D-10728 Berlin, Telefon (030) 2 60 05-0, Fax (030) 2 60 05-222